Der Wehrbau Europas im Mittelalter

Bodo Ebhardt

Der Wehrbau Europas im Mittelalter

Band III

Unveränderter Reprint.

Herausgegeben
von der
Deutschen Burgenvereinigung.

FLECHSIG

Die Deutsche Bibliothek – CIP-Einheitsaufnahme
Ebhardt, Bodo:
Der Wehrbau Europas im Mittelalter / Bodo Ebhardt
– Sonderausgabe – Würzburg: Flechsig, 1998
ISBN 3-88189-243-5

Umschlagabbildung: *Das Leben auf einer Ritterburg des 13. Jahrhunderts – der Ausritt zur Jagd* (Ausschnitt), Lithographie des 19. Jahrhunderts
Bildnachweis: bpk Bildarchiv Preußischer Kulturbesitz, Berlin.

Sonderausgabe für Flechsig-Buchvertrieb
Unveränderter Nachdruck der Ausgabe von 1939 (I), 1958 (II, III)

Umschlaggestaltung: Monika Götz
Printed in Spain

ISBN 3-88189-243-5

INHALTSÜBERSICHT DES ZWEITEN BANDES

Teil II

Schwedische Burgen

Burgen des Sudetenlandes, Böhmens und Mährens

Burgen des ehemaligen Polen

Abb. 375. Älvsborg (Elfsborg). B. E. Zustand 1502 nach Darstellung des Landsknechts Paul Dolnstein.

Schwedische Burgen

Kriegerische Sagas sind die ersten vorgeschichtlichen Lebenszeichen der germanischen Bewohner der nordischen Halbinsel, die später den Namen Skandinavien annahm. Ungeheure Lebenskräfte waren aber schon jahrhundertelang vor den ersten Jahren der neuen Zeitrechnung am Werke, um ein scheinbar unstillbares Überschäumen ganzer Volksgruppen über die Grenzen ihrer rauhen Heimat zu ermöglichen. Die Länder und Küsten ganz Europas besuchten diese Massen als Händler und Räuber, befruchteten sie aber auch mit urkräftigen kampffähigen und kampfbereiten heldenhaften Menschen und staatenbildenden Herrschergeschlechtern.

Früheste Befestigungen

In einer so kriegerischen Rasse aber, wie es diese nordischen Germanen waren, mußten auch einzelne unter sich immer wieder innere furchtbare Kämpfe ausfechten und, um ihren Bestand behaupten zu können, schon früh auch feste, verteidigungsfähige Wohnsitze schaffen.

Wir sehen solche Wehrbauten der vorgeschichtlichen Zeit in den bekannten Wallburgen aus Erde und Stein[1]), meist groß genug, um ganze Stämme zu schirmen. Wir sind aber gerade bei den heldischen Nordstämmen geneigt, auch einen Bestand fester Einzelsitze von den Heimen früher Großbauern ab bis zu den Königshallen großer Helden und Herren als vorhanden zu vermuten. Sie mußten diesen ermöglichen, sich mit Gefolgsleuten eng zu umgeben, um ihre wehrbaulichen Hallen auch gegen wilde Gegner zu behaupten. Solche Sitze wurden nach den alten Quellen immer wieder umkämpft, zerstört und wieder erbaut.

Während der langen Frühzeit altgermanischer Jahrhunderte finden solche festen Saalbauten in alten Sagen, Dichtungen und Liedern immer wieder Erwähnung. Nach den Be=

[1]) Stenberger: Ismantorps Borg och Graborg.

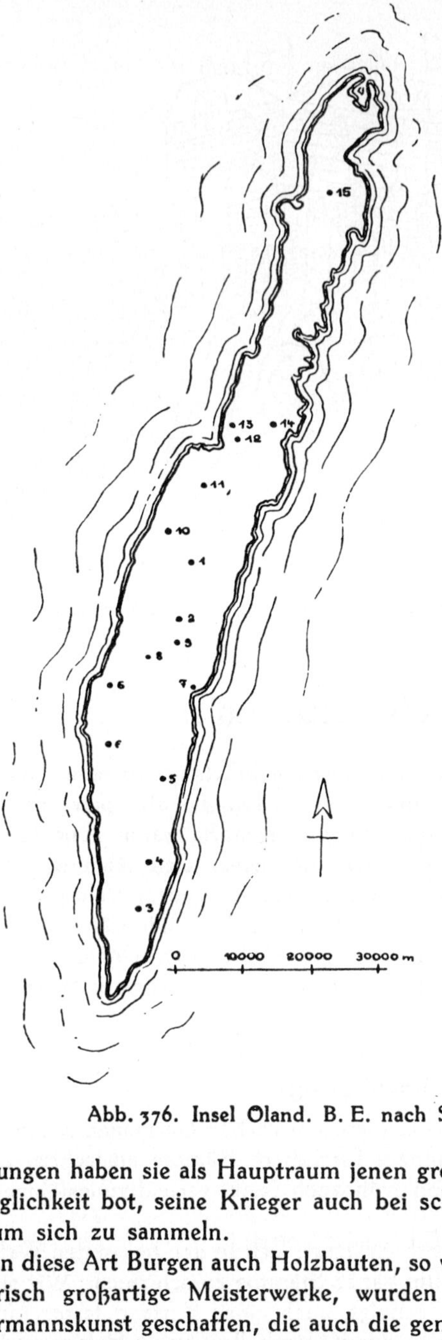

1. Ismantorps Burg
2. Gråburg
3. Eketorps Burg
4. Treby Burg
5. Triberga Burg
6. Barby Burg
7. Sandby Burg
8. Lenstads Burg
9. Norra Möckleby Burg
10. Mossberga Burg
11. Svarteberga Burg
12. Hässleby Burg
13. Vannborga Burg
14. Löts Burg
15. Vedby Burg

Abb. 376. Insel Oland. B. E. nach Stenberger, Ismantorps Borg.

schreibungen haben sie als Hauptraum jenen großen Saal umschlossen, der einem Führer die Möglichkeit bot, seine Krieger auch bei schlechtem Wetter oder großer und langer Kälte um sich zu sammeln.

Waren diese Art Burgen auch Holzbauten, so waren sie doch sicher schon technisch und künstlerisch großartige Meisterwerke, wurden sie doch von wirklichen Meistern der Zimmermannskunst geschaffen, die auch die genialen Schiffsbauten jener Zeit ausführten. Wir müssen uns auch rings um solche Holzbauten starke Außenwerke aus Holz, Stein oder Erdwällen vorstellen[2]). Beispiele gibt Marten Stenberger[3]) von der Insel Oland, neben Ismantorps Borg auch Graborg (Abb. 376).

In alten Quellen werden auch Steinsockel erwähnt, die die Holzaufbauten trugen, dazu bestimmt, das Holz vor Fäulnis und Verrottung zu bewahren, aber auch Brandstiftung zu

[2]) Strasser: Die Nordgermanen. — [3]) Stenberger: in Svenska Fornminnesplatser Nr. 21: Ismantorps Borg och Gråborg.

erschweren[4]). Oft genug gingen die Hallen trotzdem in den endlosen Kleinkämpfen in Flammen auf, wie die Skaldenlieder das melden.

Eine solche Halle in Hleidra (heute das Dorf Leire, 8 km von Roeskilde entfernt) verherrlicht das Beowulflied als die „Halle Hirsch"[5]); sie wird auch in der „Chronik von den Lethra=Königen"[6]) erwähnt. In dem Eddischen Lied von der „Mühle Groti" wird ebenfalls eine Burg erwähnt, in der König, Mannen und Mühle verbrannt wurden[7]). Auch Wilhelm von Malmesbury spricht 1130 in seiner Angelngeschichte von einer Burg, die im alten Sliasvich Haithabu gelegen hat[8]).

Für die spätere Zeit sind von einer großen Zahl schwedischer Burgen Name und Ortsbestimmung festgestellt[9]). Schwierig ist es, sich ein Bild von den kennzeichnenden Formen solcher frühmittelalterlichen, schwedischen Burgen zu machen. Bestimmte Bauzeiten kennen wir kaum, ebensowenig völlig erhaltene Beispiele, da so viele frühe Wehrbauten von der Erdoberfläche verschwunden sind[10]).

Schwedische Forscher glauben, daß man außer Holzburgen bis zum Ende der Wikingerzeit, also bis zum Anfang des 11. Jahrh., der Zeit, in der Schweden, Dänemark und Norwegen als christliche Königreiche nebeneinander bestehen, nur Steinwälle und Erdwallburgen annehmen könne. Erst mit dem Christentum sei die Mauertechnik, und damit der Bau steinerner Burgen eingeführt worden[11]), der um 1150 üblich gewesen sei. Daß der Holzbau freilich daneben immer noch fortbestand, ja sich in einzelnen Beispielen noch als widerstandsfähig erwies, zeigt das Beispiel der Holzburg Älvsborg[12]) (Abb. 375).

Welche Formen hatten nun die ersten Steinburgen?

Lundberg erwähnt als erste gemauerte schwedische Burg Visingsö, auf einer Insel im Wettersee gelegen, erbaut wahrscheinlich von König Sverker d. Ä. oder von seinem Sohn Karl VII. in den Jahren 1150—1170. Die Burg ist eingestürzt, und der größte Teil liegt auf dem Boden des Sees. Unbedeutende einstöckige Mauerreste sind noch vorhanden von einem Rundturm, einem Vierecksturm und dazwischen liegenden Verbindungsmauern, an die sich ursprünglich ein Wohnbau anlehnte[13]).

Die Burg Visingsö scheint lange die einzige Wohnanlage in abendländisch=burglicher Form gewesen zu sein. Im Anfang des 14. Jahrh. ist sie zerstört worden und seither Ruine.

Die übrigen Königsburgen wurden noch im 12. Jahrh. wahrscheinlich durch Holzgebäude erweitert; oft standen eine große Menge der prächtigsten Gebäude nebeneinander.

Lag die Burg Visingsö mitten im Reich und die Königsgüter alle zerstreut, so hatte der König noch eine ganze Anzahl von Wehrtürmen aufmauern lassen, und zwar im Küstengebiet an wichtigen Pässen, die zu den an den innersten Punkten der Buchten liegenden Handelsorten führten. Ein ganzes Verteidigungssystem scheint schon in den 80er Jahren des 12. Jahrh. fertiggestellt gewesen zu sein. Gerade um diese Zeit griffen die noch heidnischen Völker des Ostens immer wieder als Seeräuber an. Es kam auch vor, daß neben den Königen Gemeinden

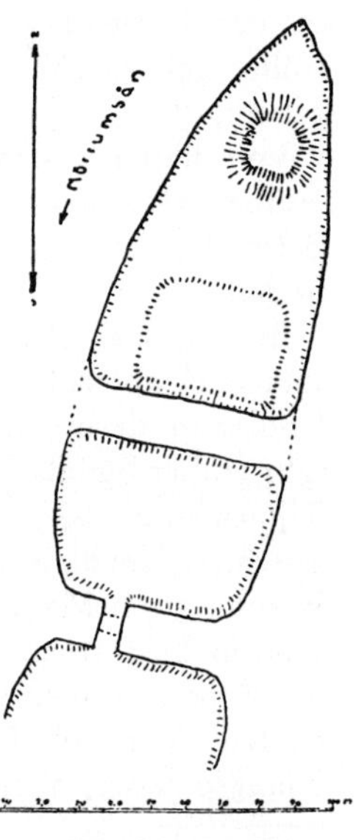

Abb. 377. Bauplatz der Burg Elleholm auf Landzunge (Holm) m. 2 Halsgraben nach Wrangel: En Bok om Borgar.

[4]) Wrangel: Bok om Borgar, S. 74. — [5]) Abb. bei Strasser: Die Nordgermanen, S. 59. — [6]) Ebenda S. 55. — [7]) Ebenda S. 60. — [8]) Ebenda S. 56. — [9]) Siehe u. a. die Burgenkarte bei Wrangel: En Bok om Borgar (nur Schonen betreffend). — [10]) Hahr: Schwedische Burgen aus dem Mittelalter und der älteren Wasazeit, in Burgw. 1935. — [11]) Wrangel: a. a. O. S. 73/74. — [12]) Siehe unten S. 340. — [13]) Lundberg: Herremannens Bostad, S. 170.

gemeinsam Wehrtürme errichteten. Auch Kirchen wurden damals zur Verteidigung gebaut[14]).

In gewissen Fällen sind einige von den ursprünglich nur für eine Besatzung bestimmten königlichen Wehrtürmen, durch ihre Lage in der Nähe einer aufblühenden Stadt, zu einer Wohnburg herangewachsen (Stockholm, Kalmar, Stegeborg, Nyköping, Borgholm).

Wir nehmen aber auch für spätere Zeit nicht an, daß im Anfange ganze Burgen, d. h. alle Bauteile, aus Stein errichtet wurden. Man baute eher in alten Holzanlagen zerstörte Teile in Stein wieder auf, denn einmal als verteidigungsgünstig und schon früh als zum Wehrbau brauchbar erkannte Baustellen blieben kaum je unbenutzt.

Erst allmählich oder im Einzelfall nach gründlicher Zerstörung überwog beim Wiederaufbau das Steinwerk, wie etwa bei der großen vielgliedrigen Burg Tönsberg in Norwegen[15]).

Als Bauplätze wählte man später bevorzugt Holme, d. h. Landzungen, die lang und schmal ins Meer oder in die schönen schwedischen Seen hinausragten. Dadurch erhielten die Burgen Schwedens in der Landschaft eine besonders malerische Form. Bauplätze dieser Art sind die von Skagaholm und Elleholm (Abb. 377). Viele Burgen und heutigen Schlösser lassen noch durch ihren Namensschluß, z. B. in Svaneholm, auf die Bedeutung des Bauplatzes als verteidigungsfähigen Ort schließen.

Die schwedischen Kastale

Um den Mälarsee ist die Landschaft burgenkundlich besonders reich. Zu Beginn des Mittelalters war der See noch eine Ostseebucht, deren Küsten feindlichen Plünderungen ausgesetzt waren; — an Ufern und Inseln sehen wir hier, wie auch an der offenen schwedischen Ostküste, Türme zur Wacht und Verteidigung errichtet.

Der unerschöpfliche Reichtum der Insel Gotland, die besonders reich an Sand- und Kalkstein, an Granit- und Porphyrfindlingen war, begünstigte früh den Steinbau. Auch an der Gotland gegenüberliegenden, buchtenreichen Ostküste Schwedens wurden in früher Zeit an strategisch wichtigen Stellen, auf Holmen, Landspitzen zahlreiche Kastale gebaut.

Von diesen frühen Viereck- oder Rundtürmen — in Schweden Kastale genannt — erwähnen wir einige teilweise noch ganz oder wenigstens bis zu einer gewissen Höhe erhaltene Beispiele, die sich an der Ostküste Schwedens, am Mälarsee und auf den Ostseeinseln finden.

So wurde am Ausgang der Bucht gegen 1150 eine Burg angelegt, die den Kern für die spätere Hauptstadt des Landes, Stockholm, bildete (Abb. 378). In dem dortigen Schloßhofe fand man davon neuerdings die Fundamente eines Rundturmes, die das Vorhandensein sehr früher Steinbefestigungen beweisen[16]). Nach Olsson wurde auf dem Gipfel des Stadsholmen in Stockholm im späten 12. Jahrh. oder um 1200 ein mehrgeschossiger Rundturm errichtet. Um diesen Rundturm entstand um 1250 zur Zeit Birger Jarls eine fast quadratische Kernburg mit Mantelmauer, an die sich eine weitere Vorburg rechteckiger Form mit viereckigen Ecktürmen anschloß, diese im späten 14. oder Anfang des 15. Jahrh. Innerhalb der Ringmauern entstanden vom 14. bis zum 16. Jahrh. Steinbauten an Stelle älterer Holzbauten. Vom 16. Jahrh. an entwickelte sich dann der Prachtbau des heutigen stolzen Königspalastes, aber nicht mehr als Wehrbau.

---

[14]) Siehe unten: Abschnitt: Runde Wehrkirchen. — [15]) Johnsen, Tönsbergs Historie. S. 139. — [16]) Wrangel: a. a. O. S. 74/75, u. Olsson: Stockholms Slotts medeltida byggnadshistoria in „Samfundet St. Eriks Arsbok 1929“ Grdr. S. 90. — Siehe Aug. Hahr: Schwedische Burgen im Mittelalter und der älteren Wasazeit. (Burgwart 1936) S. 1, 2 u. 4.

Festes Schloß K a l m a r , Schweden

Festes Schloß K a l m a r , Schweden

Burg B o r g h o l m , Schweden

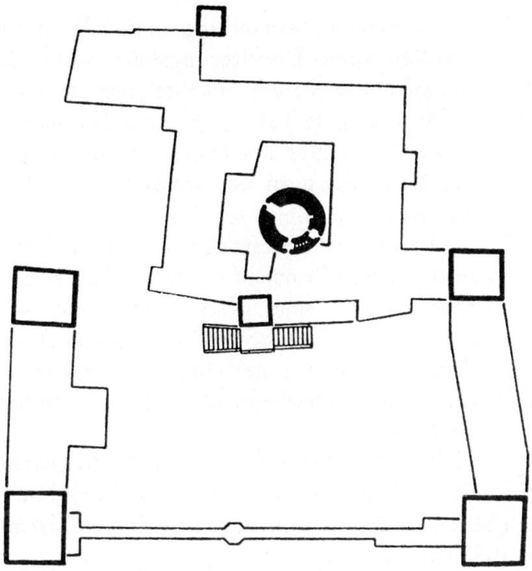

Abb. 378. Grundriß vom Schloß Stockholm aus Samfundet: St. Eriks Årsbok, auch August Hahr, Nordiska Borga.

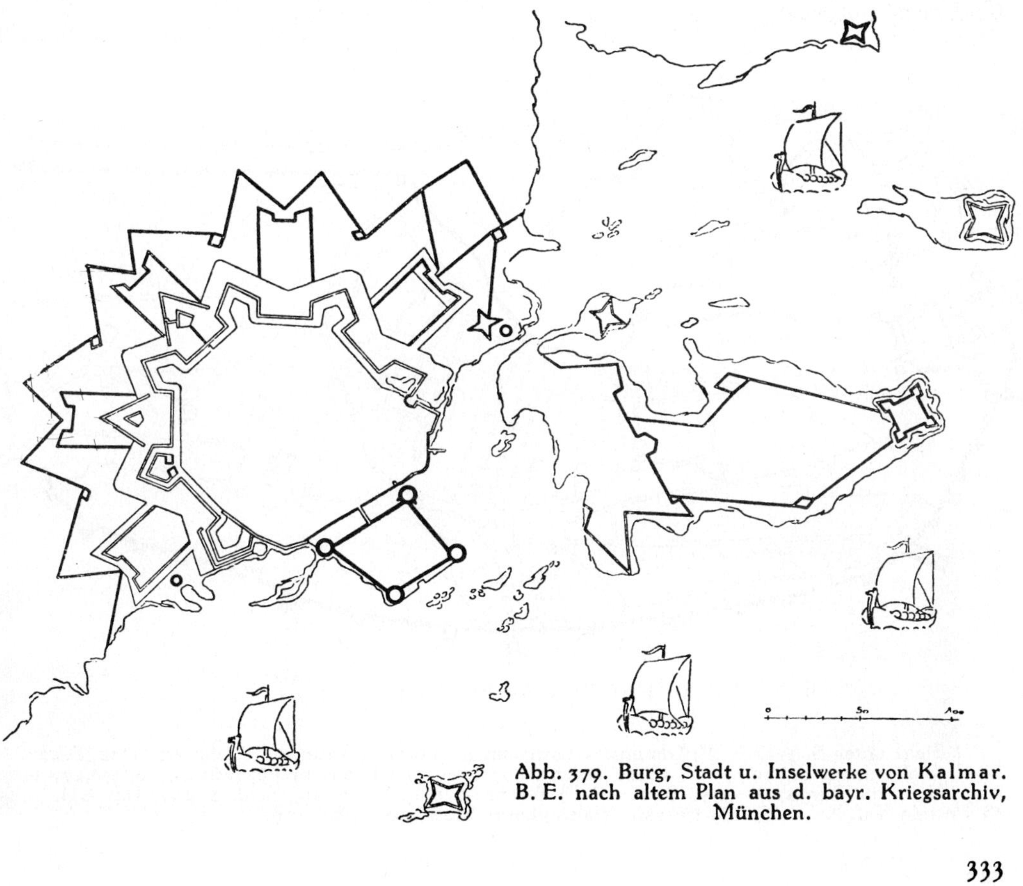

Abb. 379. Burg, Stadt u. Inselwerke von Kalmar. B. E. nach altem Plan aus d. bayr. Kriegsarchiv, München.

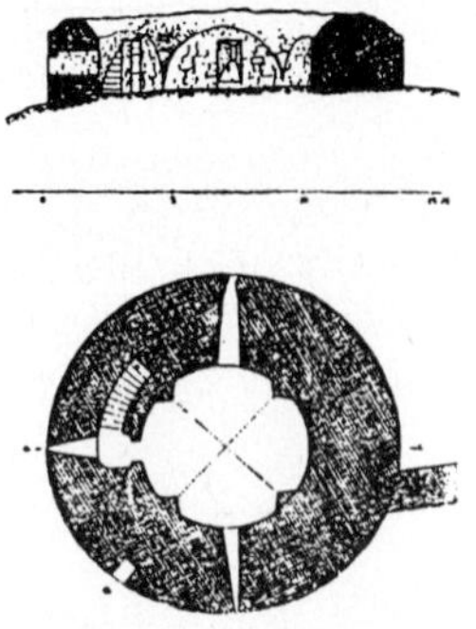

Abb. 380. Stensöborg. Starker Rundturm mit Treppe im Mauerwerk. Grundriß 1 : 500 nach E. Wrangel, En Bok om Borgar.

Die gleiche Feststellung, daß sich aus einem frühen Kastal allmählich durch Erweiterungsbauten eine Burg und schließlich ein Schloß entwickelten, machte man bei der späten Burg Kalmar (Abb. 379, 411, Taf. 65, 66) am Kalmarsund in der Landschaft Möre[17]), im Hof des festen Schlosses Borgholm auf Öland[18]), bei Nyköping an der schwedischen Ostküste[19]) und der Burg Svaneholm[20]).

Der im Durchmesser 13,50 m starke Rundturm zu Stensöborg in der Bucht Braviken an der Ostküste Schwedens bei Norrköping zeigt bereits sehr geschicktes Mauerwerk, — Reste von vier Graten eines Kreuzgewölbes und eine Treppe in der Mauerstärke der noch etwa 3 m hohen und 3,5 m dicken Ringmauerreste (Abb. 380). Man kann bei diesem Turm fast an eine etwas spätere Bauzeit denken.

Der Rundturm Stegeborg[21]) in Östergötland an der Ostseebucht Slätbaken ist noch drei Stock hoch erhalten, die Mauern sind freilich von späten Stückpforten durchbrochen. Auffallend ist hier eine steile Böschung des untersten Drittels des Turms.

Der Rundturm von Solvesborg[22]) an der Südostküste Schwedens, nahe Karlshamn, ist etwa in einer Höhe von 10 m erhalten bei einem Durchmessser von 15 m.

Wrangel[23]) nennt auch noch ein Kastal bei Hultaboda; auch die Grabungen im Gebiet der Burg zu Hälsingborg[24]) haben ein rundes, angeblich um 1100 errichtetes Turmfundament freigelegt.

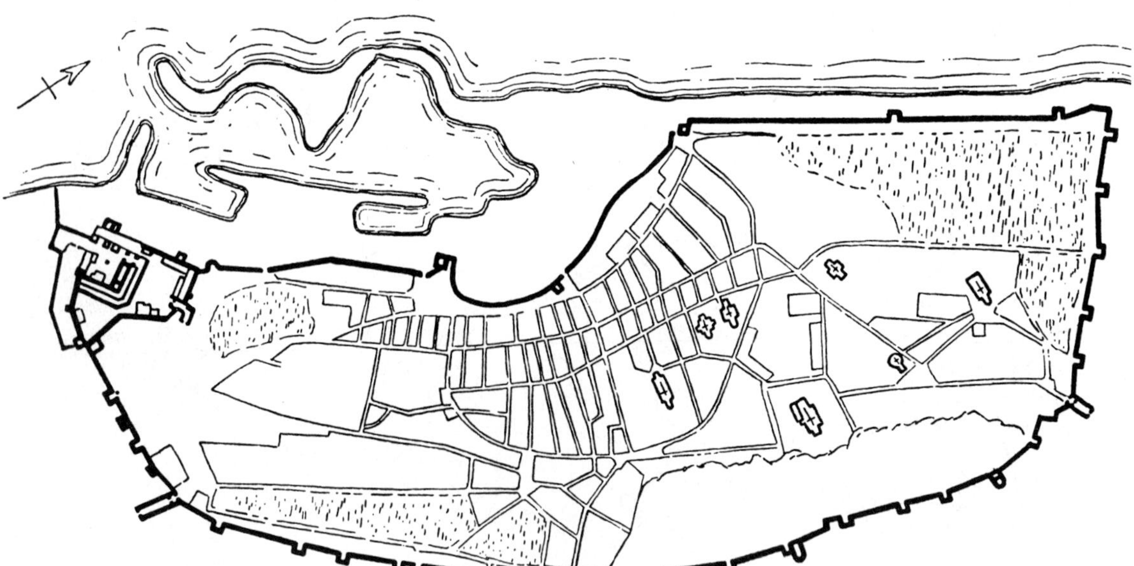

Abb. 381. Lageplan v. Visby. Nach Otto Janse.

[17]) Siehe unten S. 352. — [18]) Olsson: in Fornvännen. En Grupp runda Kastaler etc. 1932, S. 297. — [19]) Siehe unten S. 339. — [20]) Siehe unten S. 351. — [21]) Olsson: in Fornvännen, S. 278/279 u. Aug. Hahr im Burgwart 1935, S. 2. — [22]) Wrangel: a. a. O. S. 49, Schnitt und Taf. XII. — [23]) Ebenda Taf. X. — [24]) Martensson: Hälsingborgs Slott usw. Abb. 130.

An der schwedischen Ostküste waren also die wichtigsten Verteidigungswerke der Rundturm auf dem Stadsholmen zu Stockholm, genannt Tre Kronor, Stensöborg an der Meeresbucht Braviken und Stegeborg an der Bucht Slätbaken.

An der Nordwestküste der Insel Gotland liegt als ein Teil der Stadtmauer von Visby das älteste Verteidigungswerk des Hafens, der sog. Pulverturm (Abb. 381). Dieser „Kruttornet" ist eines der Kastale mit quadratischem Grundriß. Der Bau hat sechs Stockwerke mit einer höchst eigenartigen Inneneinteilung. Die zwei obersten Geschosse sind mit Umgängen in der Mauerstärke versehen[25]).

Der stattliche Rest des Rundturms von Sundre an der Südspitze der Insel ist an beherrschend strategischem Punkte errichtet.

Von Oja auf Gotland ist eine Zeichnung aus dem 18. Jahrh. bei Olsson[26]) abgebildet, die einen Rundturm in malerisch ruinenhaftem Zustand zeigt. Die Unterschrift besagt, daß die Mauern noch in Höhe von 8,5 m bestanden, und daß der Durchmesser etwa 13,8 m beträgt.

Lundberg[27]) nennt noch Gothem, ebenfalls auf Gotland, mit quadratischem Grundriß, und Olsson (St. Eriks Årsbok) Västergarn als Rundturm.

Auch in Dänemark, auf der Insel Seeland, sind eine Anzahl Kastale anzutreffen, die der gleichen Gruppe angehören, z. B. Badstrup[28]), welches nur noch einen Turmstumpf aufweist. Ob Vordingborgs[29]) großartiger schlanker und hoher Turm zu den wohl selten so hohen alten Kastalen zu zählen ist — wie das wiederholt geschieht — steht dahin.

Runde Wehrkirchen

Runde Wehrkirchen schließen sich, sowohl was die Bauzeit betrifft wie durch Bevorzugung der Rundform, diesen nordischen festen Kastalen an.

Befestigte Kirchen spielen in allen Teilen Europas eine bedeutende Rolle. Wir finden sie über ganz Deutschland verteilt (einige Beispiele sind Fulda, Drüggelte in Westf.), in Böhmen und Mähren, Österreich, in Italien (Neustift bei Brixen, S. Tomaso bei Bergamo), in Irland und in Schottland.

Ganz besonders heben sich die skandinavischen Rundkirchen hervor, die in großer Zahl in Dänemark und Schweden, insbesondere aber an der Ostseeküste als würdige kirchliche Wehrbauten errichtet wurden[30]).

Allein zwischen Eiderfluß, Lofoten und dem Angermanself werden 150 Baustellen dieser Rundkirchen genannt, mit wenigen Ausnahmen von Bauten quadratischen Grundrisses. Die wohlerhaltensten stehen auf Bornholm und auf dem schwedischen Festland (in Schonen und bei Stockholm und Kalmar). Ein Drittel dürfte abgebrochen oder verfallen sein.

Das Alter mancher dieser Rundkirchen ist bestimmt: Bjernede[31]) durch Inschrift auf 1160—70 — der Bau der Kirchen in Agnestad auf 1191[32]) und in Dimbo auf die Zeit vor 1150[33]). 1207 wird die Olafkirche in Tönsberg (Norwegen) erwähnt[34]).

Mit diesen Daten stimmen auch die romanischen Bauformen und die künstlerische Ornamentik, die wir hier vielfach beobachten können, überein.

Im Laufe der Jahrhunderte haben die verschiedensten An- und Umbauten aus den strengen Rundkirchen und unter deren Benutzung höchst malerische Baugruppen verschiedenster Stile geschaffen, aber die Wirkung dieser Kirchen als Wehrbauten teilweise beeinträchtigt.

[25]) Olsson: in Fornvännen u. Lundberg, S. 107. — [26]) Olsson: in St. Eriks Årsbok, S. 133. — [27]) Lundberg: a. a. O. S. 168. — [28]) Olsson: in St. Eriks Årsbok, S. 128. — [29]) Ebenda S. 123ff., siehe auch Abschnitt: Tieflandburgen in Dänemark. Wehrbau I. — [30]) Frölen: Nordens befästa Rundkyrkor — [31]) Ebenda I, S. 128. — [32]) Ebenda II, S. 106. — [33]) Ebenda II, S. 101. — [34]) Ebenda II, S. 15.

Uns muß hier der wehrbauliche Teil beschäftigen.

Der Zweck dieser Verteidigungsanlagen war wohl ein doppelter. Ursprünglich dienten die meisten Dorf- und Stadtkirchen in Kriegszeiten als Zuflucht der Bewohner des flachen Landes, und erst in romanischer Zeit, d. h. im 12. Jahrh., dürften weltliche Gemeinden planmäßig die Kirchen wehrfähig durchgebildet haben.

Im Norden mag von der herrschenden Kirche, d. h. den Bischöfen, unter dem Vorwande eines Kirchengebäudes mancher Bau absichtlich als Burg gestaltet worden sein, um der weltlichen Macht der Könige Widerstand leisten zu können. Waren doch die gotischen, steinernen Bischofssitze fast alle durchaus burglich gestaltet.

Sehen wir die wehrbaulichen Einzelheiten der Rundkirchen an. Schon die runde Form ist kennzeichnend für den militärischen Charakter. Ihrer Festigkeit und Übersichtlichkeit wegen mag sie bei mancher Verteidigung besondere Vorzüge bewiesen haben.

Starke kreisrunde Mauern umgeben den Rumpf der Kirche. Gekrönt waren sie durch einen gezinnten ringsum laufenden Wehrgang, der für eine große Menge von Schützen Scharten bot[35]). Bei der Osterlarskirche auf Bornholm war der Wehrgang außen und innen von mannshohen Mauern begleitet. Die Kirchen hatten zwei oder auch drei Stockwerke, das obere konnte Menschen und Vorräten bei langen Belagerungen zum Unterkommen dienen, während als Kirchenraum das (gewölbte) Erdgeschoß diente.

In beiden Stockwerken liefen kreisförmige Tonnengewölbe um eine starke tragende Mittelsäule herum (Olskirche, Abb. 385), an deren Stelle manchmal ein Mittelturm mit Durchgangsbögen im Kirchenstock trat (Osterlarskirche, Abb. 383, 384).

Über das Dach erhob sich darauf noch ein hoher gezinnter Rundturm, der den Schützen erlaubte, über das hohe Zeltdach hinweg die Belagerer zu beschießen. Der Eingang zum oberen Gewölbe war u. U. von außen nur durch eine Leiter erreichbar, von innen meist durch Treppen in der Mauerstärke.

Einige der Rundkirchen waren von einer Ringmauer umgeben, außerdem sind die Bauten teils durch frei abseits stehende Kastale geschützt, von denen Beipiele noch bis heute erhalten sind (Valleberga in Schonen).

Die dänische Insel Bornholm bewahrt vier berühmte Rundkirchen von hohem künstlerischen Ernst und starker Wehrhaftigkeit[36]): die Nylarskirche (Abb. 386), die Nykirche, die Osterlars- und die Olskirche.

Der Grundriß aller vier Bauten ist im wesentlichen wie oben schon beschrieben. Ein Rundbau mit schwerer starker Mittelsäule und, mit Ausnahme der Nykirche, anliegende, langgestreckte, doppelt geknickte Apsis, sind auch hier die Wahrzeichen.

Die ernst-feierlichen Bauten stellen sich von außen dar als schwere zylindrische Türme, heute meist mit Kegeldach (die ursprüngliche Bedachung ist nicht genau festlegbar). Fenster sind nur sparsam angeordnet. Um das oberste Geschoß der Nylars-, der Osterlarskirche und anderer zieht jeweils ein Wehrgang, zu dem Treppen in der Mauerdicke hinaufführen. Dafür sprechen auch die rundlaufenden Tonnengewölbe.

Auffallend ist die teilweise Übereinstimmung dieser großen Wehrkirchen mit einem kleineren ähnlichen Kirchentypus in Mähren[37]).

Auch dort handelt es sich um Kirchen, die zur Verteidigung errichtet wurden. Die Grundform ist die gleiche: Ein rundes Hauptgebäude mit großer, meist hufeisen- bzw. eiförmiger Apsis. Es fehlt lediglich der Mittelpfeiler, der in Bornholm als Stütze für die bedeutend größeren, lastenden Stockwerkgewölbe errichtet wurde[38]).

---

[35]) Frölen: a. a. O. I, S. 102. Abb. 87. — [36]) Frölen: s. a. Laske: Die 4 Rundkirchen auf Bornholm. Trotz der politischen Zugehörigkeit zu Dänemark sollen die Kirchen Bornholms, als zum schwedischen Kulturkreis gehörig, in diesem Abschnitt behandelt werden. — [37]) Vgl. den Aufsatz von Salm-Reifferscheidt in Burgw. 1936 und Frölen: a. a. O. S. 2 u. S. 8. — [38]) Weitere Behandlung der mährischen Rundkirchen in Abschnitt „Böhmen und Mähren", Bd. II.

Einige festländische Beispiele schwedischer Rundkirchen, die, wie oben schon erwähnt, durch späte An- und Umbauten stark verändert wurden, seien noch genannt.

Zu dem Typ der Osterlarskirche mit durchbrochener Mittelsäule gehörte vor dem Umbau der Rundbau von Hagby (Abb. 388) bei Kalmar. Außer einem späteren Kapellenanbau ist die alte, äußere Form noch beherrschend[39]).

Bromma[40]) (Abb. 389) und Munsö[41]), beide am Mälarsee gelegen, wurden nachträglich gotisch eingewölbt — die Mittelsäule ist nicht (mehr?) vorhanden. In den starken Rundmauern sind lange Treppen zum Oberstock eingelassen.

Auch Solna[42]) bei Stockholm erhielt spätgotische Gewölbe und ist ebenso wie die beiden Kirchen am Mälarsee durch große Anbauten verändert.

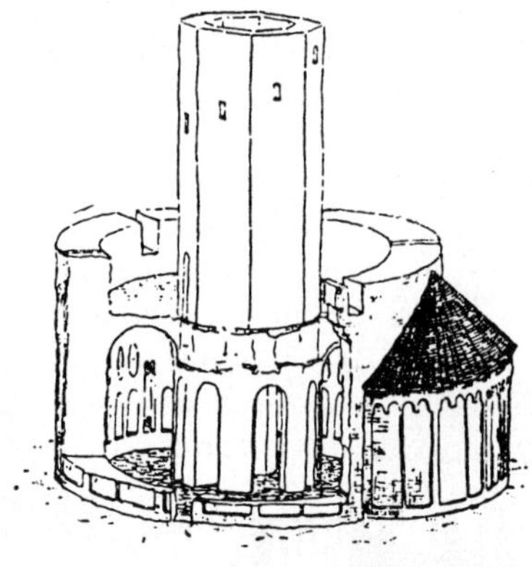

Abb. 382 Vårdsberg, Rundkirche, Ostergotland. Perspektive und perspektivischer Schnitt durch die ursprüngliche Anlage.

Das später umgebaute Valleberga im sö. Skane weist als besondere Eigenart noch heute ein abseits der Kirche stehendes Kastal auf[43]) (Abb. 387).

Es sind noch zu erwähnen die beiden Kirchen Skörstorp[44]) und Agnestad[45]), beide in Västergotland. Letztere ist nur noch Ruine; bei beiden fehlt die Mittelsäule.

Vårdsberg in Östergötland[46]) (Abb. 382) gehörte mit seinen ringförmig angelegten Mittelpfeilern zur Osterlarsgruppe. Neuerdings ist der Bau durch große Anbauten beeinträchtigt. In Voxtorp bei Kalmar[47]) trug auch ehemals ein mittlerer Pfeilerring die Gewölbe.

In diesem Zusammenhang wären noch 2 dänische Kirchen zu nennen: Bjernede auf Seeland[48]) und Horne auf Fünen[49]). Sie zeigen beide gleiche Raumaufteilung: vier im Quadrat zueinander stehende Säulen nehmen die Mitte des Rundbaues ein.

Burgen des 14.–16. Jahrh.

Höher organisiert und zielbewußter entwickelt sind die Steinburgen der nächsten Zeit, die vielfach den deutschen Burgformen verwandt erscheinen. Wir finden nun Burgen mit geräumigen, rechteckigen und ovalen Mantelmauern, mit Bergfrieden und pallasartigen Wohnbauten. Es handelt sich vornehmlich um das 13. und 14. Jahrh. und um Beispiele wie Nyköping in Södermannland mit seiner rechteckigen Mantelmauer[50]).

Lehrreich ist die wechselvolle Baugeschichte dieser an der Ostküste Schwedens gelegenen Burg[51]). Sie ist heute Ruine; immerhin ist aus den Resten die Entwicklung des Baues in großen Zügen zu verstehen.

Das oben S. 334 schon erwähnte, durch Grabungen festgestellte Kastal, gehört der ersten Bauperiode an. Als nächstfolgender Bauteil ist die kräftige Mantelmauer um den Innenhof anzusprechen. An der Nordostecke der Angriffsseite wurde später ohne Verband ein bergfriedartiger Turm errichtet. Einer noch späteren Zeit gehört der Pallasbau der gegenüberliegenden Schmalseite an. Auch der Flügel der Breitseite zwischen Pallas und Bergfried ist

---

[39]) Frölen: a. a. O. II, S. 53ff. — [40]) Frölen: a. a. O. II, S. 118ff. — [41]) Ebenda II, S. 108ff. — [42]) Ebenda II, S. 131ff. — [43]) Ebenda II, S. 33ff. — [44]) Ebenda II, S. 94ff. — [45]) Ebenda II, S. 102ff. — [46]) Ebenda II, S. 66ff. — [47]) Ebenda II, S. 61ff. — [48]) Frölen: a. a. O. II, S. 16ff. — [49]) Ebenda II, S. 28. — [50]) Lundberg: a. a. O. S. 169. — [51]) Olsson: in St. Eriks Arsbok, S. 137/140.

Runde Wehrkirchen. Maßstab 1 : 500.
B. E. nach Frölen: Nordens befästa Rundkyrkor.

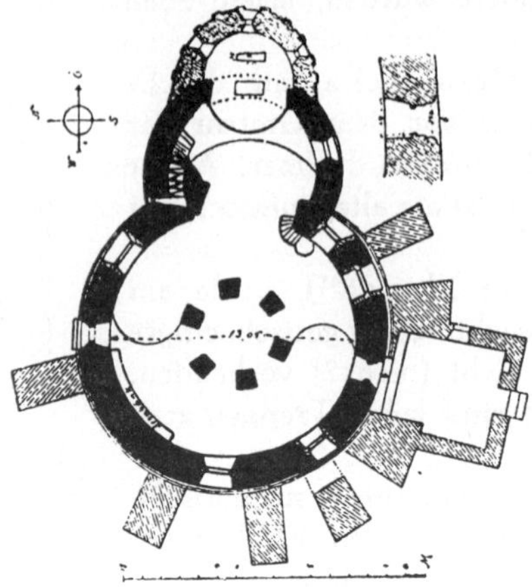

Abb. 383, 384.
Osterlarskirche auf Bornholm, Dänemark.

Abb. 385.
Olskirche auf Bornholm, Dänemark

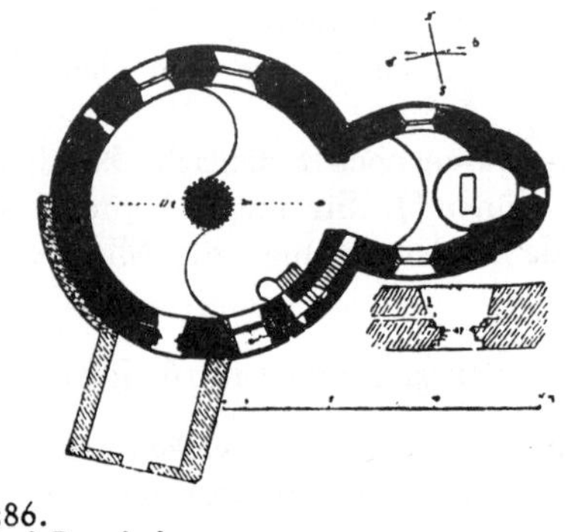

Abb. 386.
Nylarskirche auf Bornholm,
Dänemark.

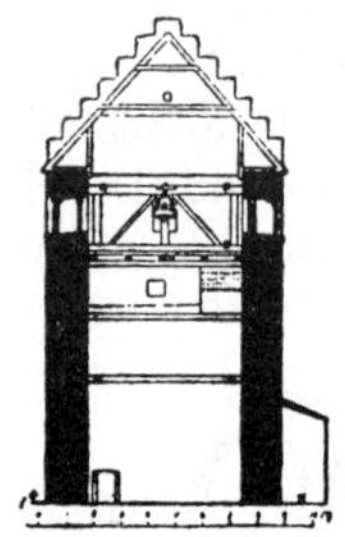

Abb. 387.
Kastal Valleberga in Schonen,
zum Schutz der zugehörigen Rundkirc

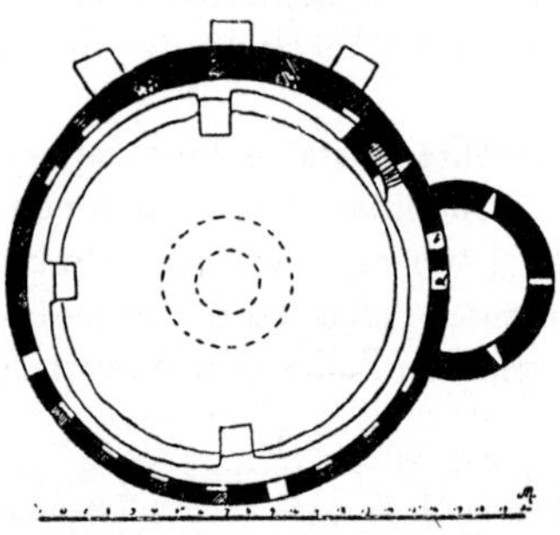

Abb. 388. Kirche Hagby bei Kalmar.

Abb. 389. Kirche Bromma am Mälarsee.

durch Wohnbauten ausgefüllt. Zur Zeit Gustav Wasas wurde zur Verstärkung der schon im Mittelalter besonders befestigten Angriffsseite ein Batterieturm angebaut. Unter teilweiser Benutzung der ursprünglichen Ringmauer erhebt sich dort jetzt ein Schloß aus dem 17. Jahrh.

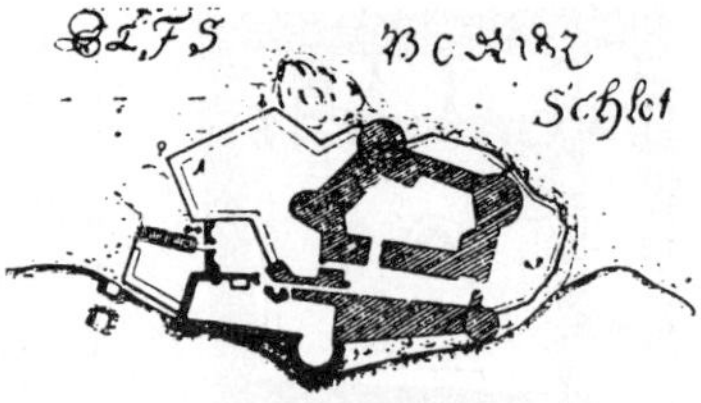

Abb. 390. Älvsborg, späterer Zustand, n. St. Eriks Årsbok 1929.

Die 3 m dicke Mantelmauer aus Feldstein war 8 m hoch. Der unterste Stock des Bergfriedes umfaßt einen verliesartigen Raum von rund 4 m Durchmesser; er ist nur durch ein Loch im Boden des oberen Stockwerkes zugänglich.

Auch das unterste Stockwerk der Pallasmauern besteht aus Feldstein, der Oberbau aus Ziegeln.

Die Aufeinanderfolge der einzelnen Bauteile scheint bisher nur nach den vorhandenen Ruinen festgelegt — die Zeitbestimmung macht Schwierigkeiten.

Bei Burg Nyköping stammen nach Olsson die ältesten Teile — Ringmauer und Bergfried — aus der Mitte des 13. Jahrh., der Pallas wahrscheinlich aus dem 14. Jahrh.

Ähnlich ist der Grundriß von Ahus in Skane (Schonen)[52] mit Mantelmauer, Turm und Pallas in Zwingerumkreis und Ringgraben.

Dazu gehört auch der Urkern des erst später mit Batterierundtürmen verstärkten Orebro[53], der Nyköping, sehr ähnlich war.

Die finnische Burg Abo, ursprünglich mit 2 Bergfrieden und einem Turm an jedem Ende des länglichen Burghofes, gehört auch zu dieser Gruppe.

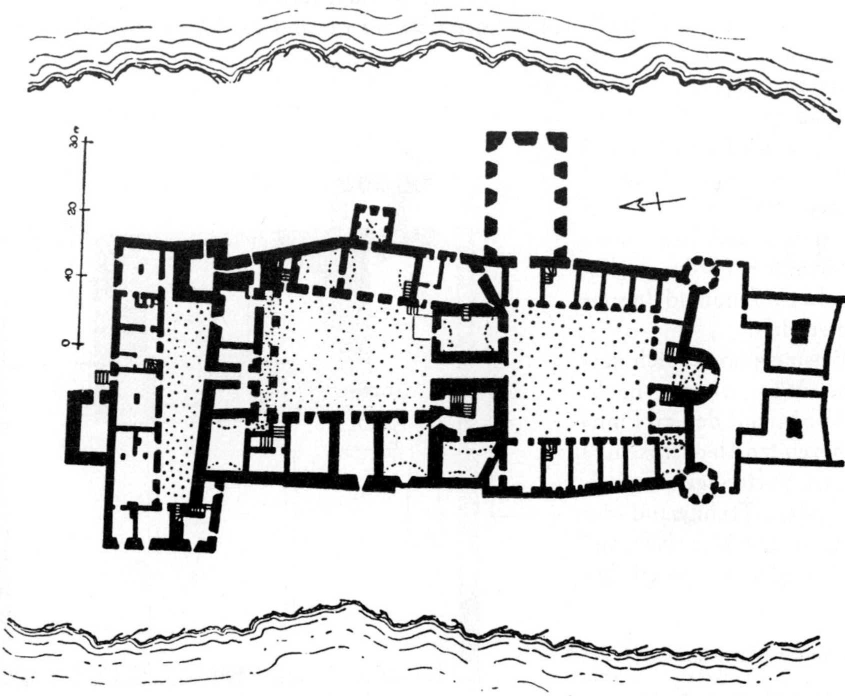

Abb. 391. Wasserburg Läckö Slott. Grundriß 1:1000. B. E. nach Ärland Noreen.

[52]) Lundberg: a. a. O. S. 176. — [53]) Olsson: in St. Eriks Arsbok, S. 144/145 (Rekonstruktion). Upplands fornminnesförnings Tidskrift XLIII, Bilaga S. 18/19.

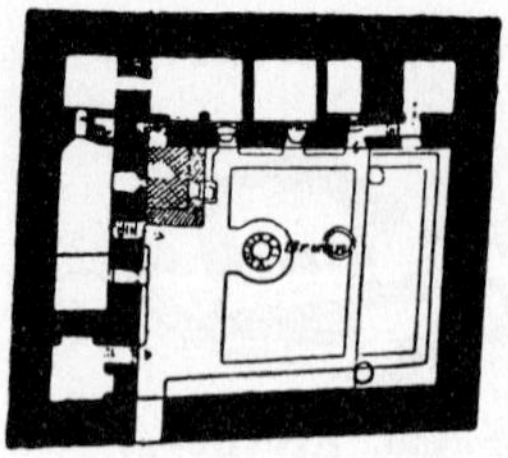

Abb. 392. Stäkeholm, frühe Mantelmauerburg mit Pallasflügeln u. Eck=türmen. Grundr. 1 : 500. B. E. nach Hahr: Nordiska Borgar.

Die Holzburg Älvsborg Slott (Elfsborg) liegt am Götaelf und war Schwedens einziger Zugang zum Westmeer. Wie weit Älvsborg ursprünglich in diese Zahl von Mantelmauerburgen gehört, ist noch zu klären (Abb. 375, 390). Die starken runden Batterietürme sind spätere Verstärkungen, ebenso die weiten Bastionen des 17. Jahrh.

Diese Burg hat eine ganz besondere Geschichte. Daß sie 1502 bei der Belagerung durch Prinz Christian von Dänemark zum größten Teil aus Holz bestand, ist bezeugt[54]) durch eine Zeich=nung aus dem Skizzenbuch des deutschen Landsknechts Paul Dolnstein, der im dänischen Heer an dem Feldzug gegen die aufständischen schwedischen Bauern teilnahm.

Später ist die Burg zu einer Festung ausgebaut worden mit Batterietürmen und Bastionen, wie Dahlberg[55]) in seinem Stich von 1660 es zeigt.

Die großartige Wasserburg Läckö Slott (Abb. 391) wurde etwa 1298 erbaut durch den Bischof Brynolf Algotsson[56]). Der heutige um drei Höfe gegliederte Grundriß besteht aus dem ältesten, vierflügeligen, um einen 38 × 28 m großen Hof angeordneten mittelalterlichen Kernbau mit vier Ecktürmen. Nördlich dem Wasser zu liegt ein neuerer niedriger Küchen=flügel, — südlich der Angriffsseite zu dehnt sich eine starke, halbhohe Vorburg, recht=winklig mit 2 Ecktürmen und in der südnördlichen Hauptachse mit einem hohen, runden, starken Torturm. Nur der Mittelbau gehört dem Mittelalter an. Weitere An= und Neu=bauten sind 1470, 1528 und in der Barockzeit entstanden.

Stark abweichend sind die Burgen dieser Zeit des 13. und 14. Jahrh., sobald der Bauplatz veranlaßt oder zwingt, zu einer völlig unregelmäßigen Mauer=führung zu greifen. Ein strah=lenförmig gegliedertes Beispiel ist die Burg Kuustö (Finnland) auf einer Halbinsel[57]). Der höchst reiche und beachtens=werte Grundriß (Abb. 439) ist im Abschnitt Finnland beson=ders gewürdigt.

Die Beispiele lassen sich ver=mehren. Wir nennen noch: Kastelholm auf den zu Finn=land gehörenden Ålandsinseln[58]) mit seinem zweiteiligen Grund=riß, in deren Trennwand der mächtige, rechteckige „Kärnan" steht, das hier Bergfried be=deutet.

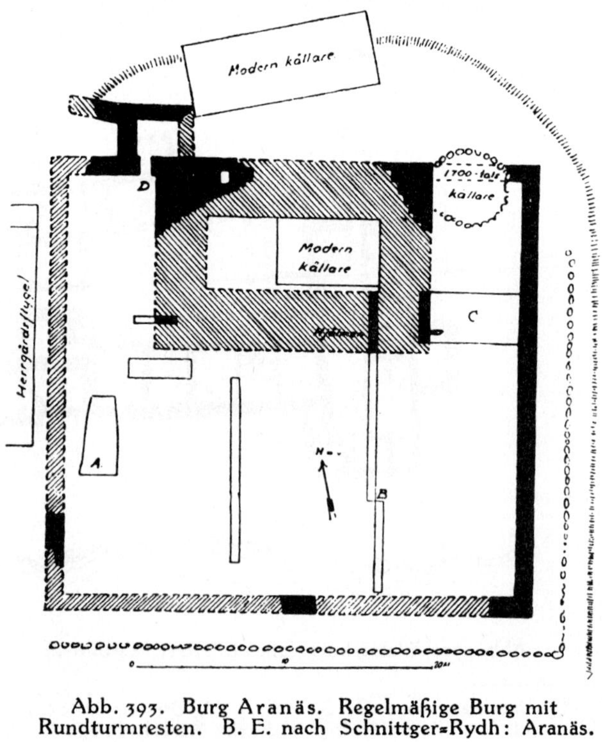

Abb. 393. Burg Aranäs. Regelmäßige Burg mit Rundturmresten. B. E. nach Schnittger=Rydh: Aranäs.

[54]) Dihle: in Fornvännen Jg. 25, 1930. — [55]) Dahlberg: Suecia antiqua et hodierna. S. 235. — [56]) Noreen: Lackö Slott, S. 5. — [57]) Hahr: Nordiska Borgar, S. 91. — [58]) Ebenda S. 90. Gesonderte Behandlung von Kuustö und Kastel=holm im Abschnitt „Finnland".

Wasserburg Örebro, Schweden

Burg Borgeby, Pallas, Schweden

Ein kleiner 19 m langer Mantelmauerab= schnitt südlich des Kärnan steht der großen in Richtung nach Norden gestreckten Vor= burg gegenüber. Beide Mauerringe umschlie= ßen Wohnbauten. Hahr weist den Bau dem 14. Jahrh. zu.

Burg Stäkeholm ist 1364 bis 1389 erbaut (Abb. 392)[59]) durch König Albrecht von Mecklenburg in 3 m starken 53×30 m langen Mantelmauern mit drei Ecktürmen aus Feld= stein errichtet. Zwei Seiten des fast quadra= tischen Mantels nehmen Wohnbauten ein, die beiden anderen stehen frei. Im bleibenden viereckigen Hof liegt der Brunnen.

Ragnhildsholm, am Götaelf in Söder= manland gelegen, ist eine Mantelmauerburg, im Kern fast quadratisch und 40 zu 36 m groß. Einige Anbauten, eine hufeisenförmige Vorburg und ein rechteckiger Ausbau beleben die Umrisse. Zu ihr wurde um 1250 durch den König Haakon Haakonson der Grund gelegt[60]).

Schon um 1300 wurde die Burg zerstört, und nur durch Ausgrabungen in den Jahren 1881/82 ist der Grundriß festgelegt. Sie ge= hört zu der zweiten großen Formengruppe der Mantelmauerburgen mit inneren Wohn= bauten in Pallasform, die sich an die Mantel= mauern lehnen.

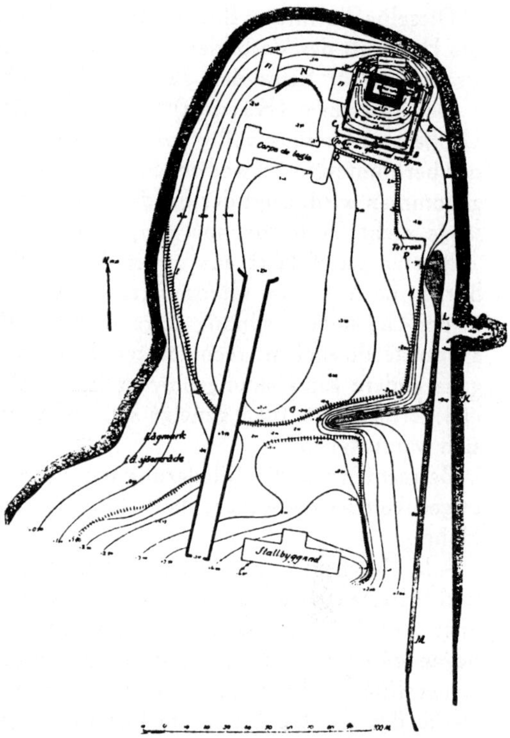

Abb. 394. Burg Aranäs. Lageplan.
B. E. nach Schnittger=Rydh: Aranäs.

Die Burg Aranäs (Arnäs)[61]), auf einer bis zu 6 m hohen Landzunge am Wänersee in Västergötland bietet ein ungewohnt regelmäßiges Bild (Abb. 393, 394). Die bis zu 4 m starken Mauern der rechteckigen 18,80 zu 13,30 m messenden Turmruine des Kernwerkes ragen noch bis 5 m empor. Der Turm erhob sich in der Mitte der Nordmauer eines 30 zu 31 m großen Mauervierecks, das als innere Vorburg gegen die Landseite diente.

Weite Erd= und Steinwälle umschlossen einen weiteren Vorburgbezirk. Die weit ins Wasser ragende Zunge war von der Kernburg und dem Lande durch zwei Halsgräben ab= getrennt, die die Halbinsel von Wasser zu Wasser durchschnitten.

Der einzige bedeutende Steinbau war der Turm, seine Fundamente sind aus Granit= findlingen bis zu 0,80×1,30×0,80 Größe geschichtet, darüber folgt schönes, glattes Sand= steinquadermauerwerk auf vorgestrecktem Sockel von 0,35 m Schichthöhe abgeschrägt in romanischer Form. Die höheren Schichten sind unregelmäßig in 20—25 cm Schichthöhe. Reste alter, innerer Wölbung sind nicht feststellbar, auch nur 2—3 bearbeitete Formsteine. Der Hof war mit Granit gepflastert.

Ein Teil des schwächeren Mauervierecks besteht aus Ziegelwerk. Zugbrückenreste fehlen. Über den hohen Kellermauern lagen wahrscheinlich Balken, ebenso wohl auch über höheren Geschossen, man fand Ofen= und Kaminreste. Schnittger nimmt als Bauzeit Mitte 12. Jahrh. an und bringt die Zerstörung mit dem Sturz des Marschall Torgils Knuts= son um 1306 in Zusammenhang.

[59]) Hahr: Nordiska Borgar, S. 69. — [60]) Hahr: Nordiska Borgar, S. 47/48. — [61]) Schnittger und Rydh Aranaes: en 1100=talsborg (mit engl. Resumé).

Dieselbe Turmform finden wir vielfach in Südostdeutschland, in Böhmen und Mähren[62]; die Herkunft des Vorbildes im Bereich der französischen Normandie ist unwahrscheinlich. Fremd ist für Schweden das überaus saubere Sandsteinquaderwerk[63]).

Der Burgturm (Kärnan)[64]) in Hälsingborg am Sund in Südwestschweden fällt nach Größe und Umfang völlig aus jeder Regel. Er wird mit Recht unter den älteren als einer der berühmtesten schwedischen Wehrbauwerke genannt. Ob er so spät erbaut ist, wie angenommen wird, zeigt der quadratische, über 30 m hohe 5stöckige Turm von 15 m Seitenlänge nicht (Abb. 395, 396, 397, 398).

Martensson folgert aus einem Vergleich des Hälsingborger Turmes mit den Pallasburgen nach Art des Glimmingehusbaues, daß die augenscheinliche Übereinstimmung (?) in der Gebäudeanordnung zeigt, daß ein Wohnturm wie der Kärnan in Wirklichkeit den spätmittelalterlichen, rechteckigen Häusern sich nähere, selbst wenn dieser Bautyp eine ganz andere Entwicklungslinie verfolge. Der Unterschied sei, zumindest in diesem Fall, viel geringer, als man geneigt sei, auf Grund der Verschiedenheiten der äußeren Form sich vorzustellen.

Betrachten wir die Gliederung des Innern: Der Keller und die untersten 2 Stockwerke tragen Holzbalkendecken, die beiden oberen Geschosse sind gewölbt und haben doppelte Höhe.

Alle Geschosse sind durch in den Mauerstärken liegende Treppen verbunden; Türen und Scharten bieten ein Bild kluger Anordnung. Die Mauern sind unten 5 und oben noch über 4 m dick und werden fast nur von einfachen, schartenartigen Schlitzen mit dahinter liegenden breiten Schießkammern durchbrochen. Eine Wendeltreppe liegt in einem, später südwestlich angebauten, achteckigen, schlankeren Turm. Eine Kapelle ist in der Mauerstärke des zweithöchsten Stockwerkes angeordnet, das selbst mit hohem Kreuzgewölbe überdeckt ist (Abb. 395, 396, 397)[65]).

Neben dem Hauptturm (Abb. 398) stellt Martensson einen starken kleineren Vierecksturm in der Mantelmauer dar, von dem durch Zugbrücken das dritthöchste Stockwerk und die höchste Plattform erreichbar gewesen sein sollen[66]). Die ganze Anlage bot mit älteren Außenwerken einen mächtigen, heroischen Eindruck[67]). Von den starken, hohen Ringmauern, die quadratisch den Fuß dieses Riesenturmes eng umgeben, sind noch erhebliche Reste erhalten, in der Südwestecke des Zwingers liegt auch ein Brunnen. Neuere Bastionswerke erhellen aus den Plänen von 1640, 1650, 1669 und 1679[68]).

In diesen Vorwerken sind bei den Grabungen Reste einer alten Kapelle gefunden worden, die in engem, formalen Zusammenhang steht mit den befestigten Rundkirchen auf Bornholm[69]).

Eine ganz getrennte Form nehmen die Burgen Schwedens im 15. Jahrh. an. Sie ist zweifellos für Schweden ganz kennzeichnend und wiederholt sich in gleicher Form und so großer Zahl in keinem anderen Lande.

Der Kern der Burg ähnelt nun einem großen Pallas, der ohne Bergfried oder andere Türme, frei in Zwingern, Wassergräben oder Sümpfen stehend, allein der Verteidigung dient. Noch nicht ganz klar erscheint diese Form in den älteren Bauten.

Beispiele sind u. a. die von Uppsala abhängige, bischöfliche Burg Linköping in Östergotland[70]), erbaut im 15. Jahrh. Die große Anlage erinnert an norwegische Bischofsburgen, — z. B. Trondheim, aber auch an die Königshalle in Tönsberg.

Hier wird nach Cnattingius' Ausgrabungen ein weiter Vorhof angenommen.

---

[62]) Ebhardt: Wehrbau II, Abschnitt Böhmen und Mähren. — [63]) Schnittger-Rydh: a. a. O. S. 98. — [64]) Martensson a. a. O. Erschöpfende Bearbeitung der mittelalterlichen Bauperiode. — [65]) Hahr: Nordiska Borgar, S. 42. — [66]) Rekonstruktionszeichnung von Martensson auf S. 119. — [67]) Ebenda S. 109 mit der mittelalterlichen Stadtringmauer. — [68]) Ebenda Abb. 1, 2, 3 und 4. — [69]) Ebenda Abb. 20, 21, 22 und 23. — [70]) Lundberg: a. a. O. S. 174. Grdr. u. Wiederherst. nach Cnattingius.

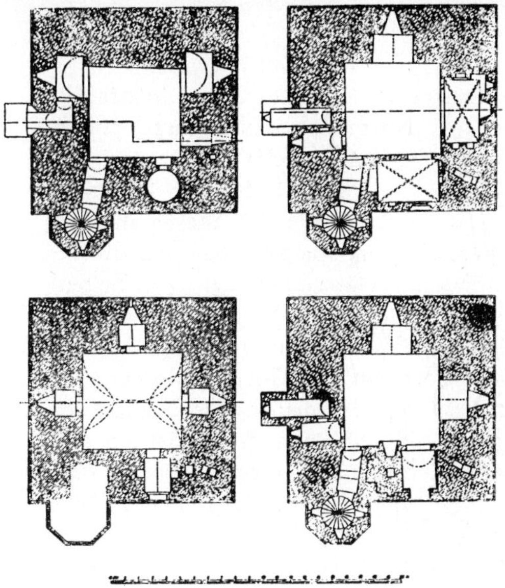

Abb. 395.

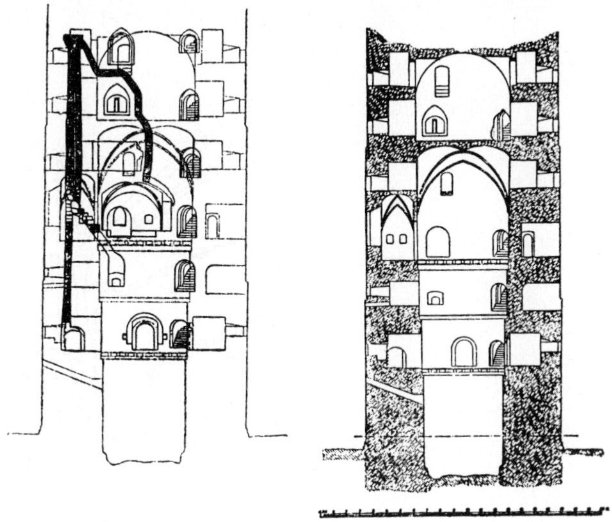

Abb. 396 und 397.

Hälsingborg.

Abb. 395. Grundriß des Kärnan. 1 : 500.

Abb. 396, 397. Schnitte durch den Kärnan. 1 : 500.

Abb. 398. Kärnan und frühe Ringmauern m. Kastalresten. B. E. nach Martensson: Hälsingborgs slott under Medeltiden.

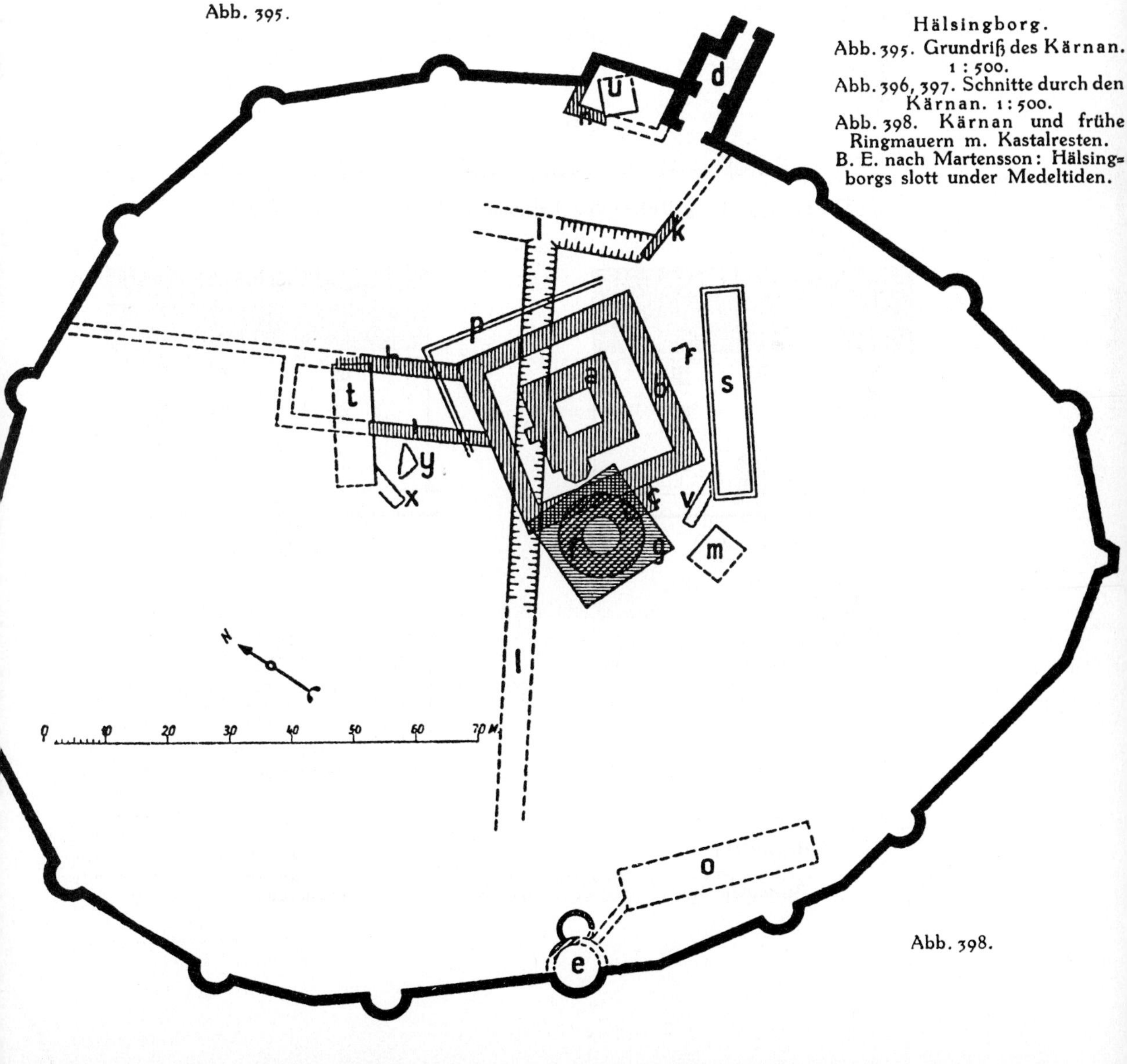

Abb. 398.

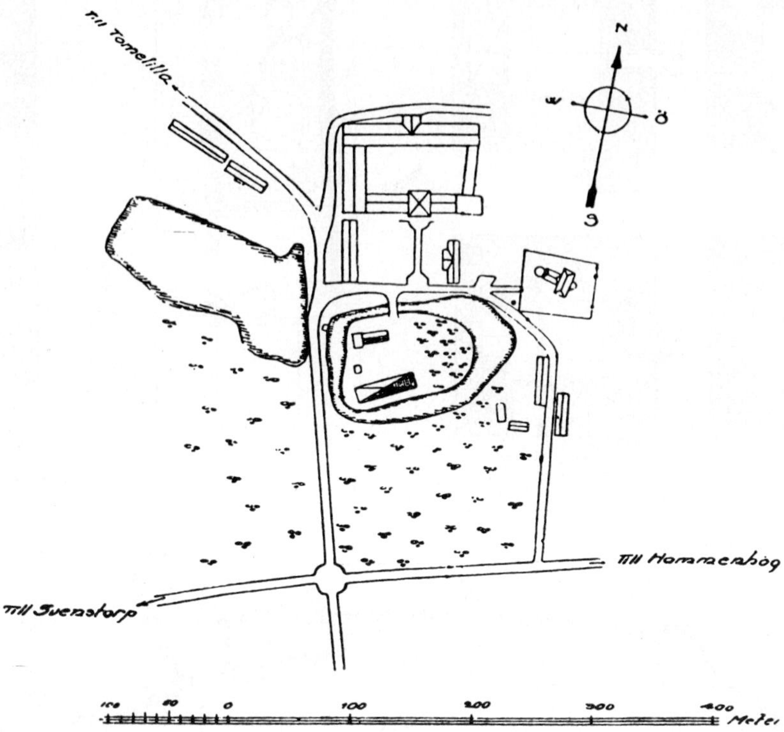

Abb. 399. Burg Bollerup. Lageplan nach Hahr: Skanska Borgar.

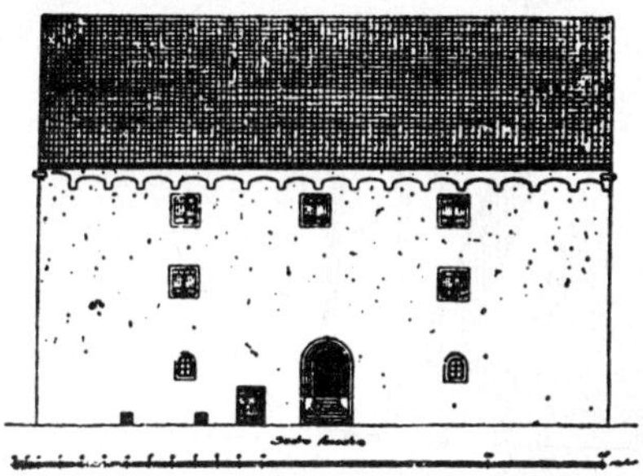

Vorderansicht

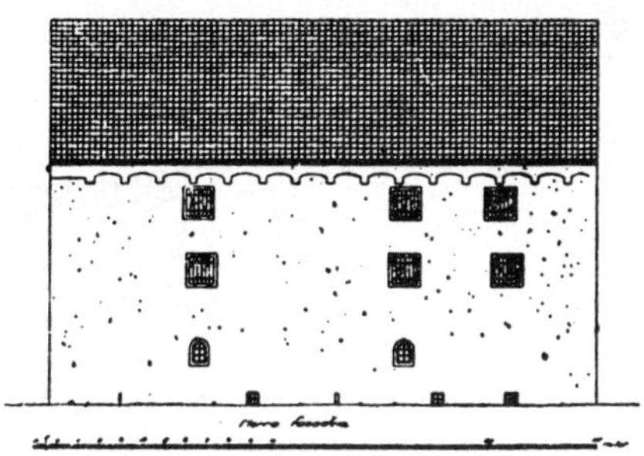

Hinteransicht

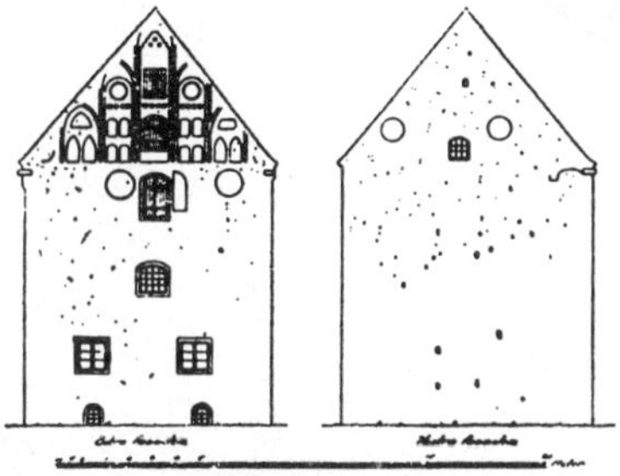

Seitenansicht

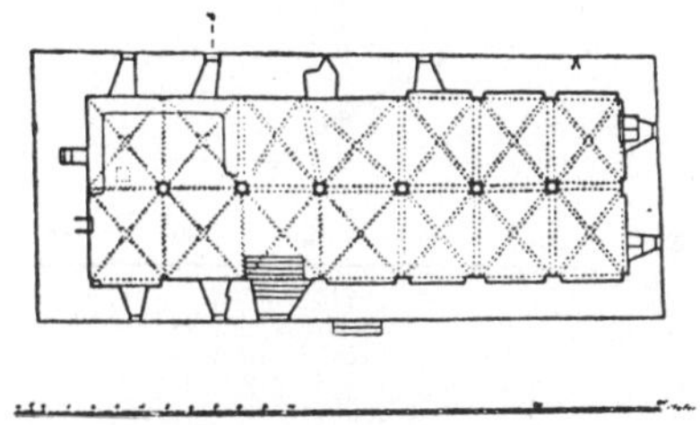

Grundriß des Kellers

Abb. 400 u. 401. Burg Bollerup. Pallasförmiger Hauptbau.
Ansichten und Grundriß. 1:500. Nach Hahr: Skanska Borgar.

Burg Trolleholm, Schweden

Festes Schloß Vadstena, Schweden

Burg Bergenhus, Norwegen

Verwandt ist auch der Bischofsbau in Arnö, von dem ein mit 6 Kreuzgewölben überspannter Keller erhalten ist, der dem 13. Jahrh. zugewiesen wird[71]).

Dem ausgehenden 15. und beginnenden 16. Jahrh. gehören die starken, rechteckigen Kernbauten an, deren Form aus dem Grundgedanken der deutschen altgermanischen Halle entwickelt wurde. Der deutsche Pallas findet hier sein Ebenbild, nur ist in Schweden die Form schlichter, roher.

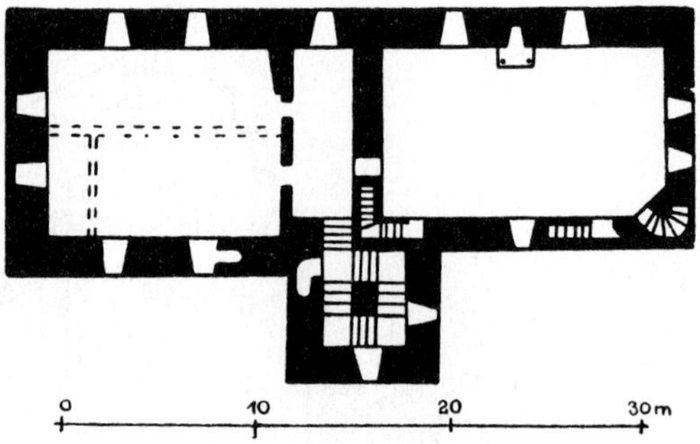

Abb. 402. Burg Torpa. Grundriß 1:500. B. E. nach Lundberg.

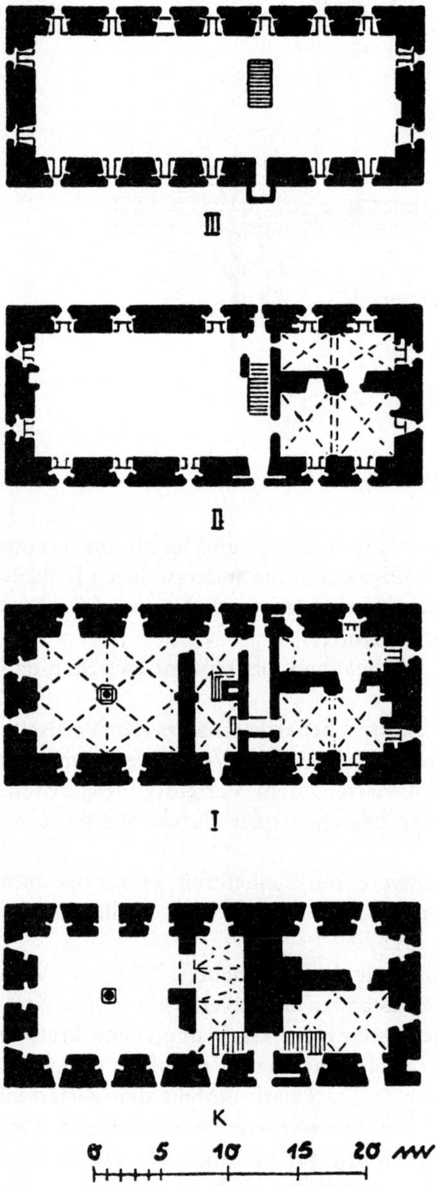

Abb. 403. Burg Glimmingehus, gegliederte Pallasform. Grundriß durch 4 Stockwerke. 1 : 500. B. E. nach Hahr 1927.

Größere Beispiele von Pallasburgen einfacherer Art sind folgende: Visingsborg in Smaland[72]) auf einer Insel im Wettersee zeigt auf den ersten Blick nur mittelalterliche Form, doch wurde 1615 ein Südflügel angebaut, die Bischofsburg Strängnäs, Tynnelsö[73] Bollerup, Haardenberg auf Laaland, Torpa[74]), vor allen Dingen aber Glimmingehus[75]) in Südschweden und Wik am Mälarsee.

Glimmingehus ist die größte und festeste der rechteckigen pallasartigen Burgen Schwedens (Abb. 404). Sie ist zwischen Ystad und Eslöf gelegen und fast unverändert in der Urform erhalten. Das Baumaterial ist Granit, die Burg wurde in schwer zugänglichem Sumpfgelände von Wasser umgeben in der Südostecke Schonens errichtet.

Bei neueren Wiederherstellungsarbeiten wurde ein 10—13 m breiter und 6—8 m tiefer Graben freigelegt, der Pallas und Nebengebäude umgab. Außenschutz durch Wasser und Holzzäune sind auch in größerem Umfang als jetzt noch vorhanden dagewesen. Der Bau wird dem Ende des 15. Jahrh. zugeschrieben. Vielleicht entstand ein Teil schon eher. Ein deutscher Baumeister, Adam van Düren, war von 1499 bis 1502 in Glimmingehus beschäftigt[76]).

[71]) Hahr: Burgw. 1935, S. 8. — [72]) Lundberg a. a. O. S. 124. Abb. 111, Grdr. — [73]) Ebenda S. 145, 147. — [74]) Hahr: Nordiska Borgar, S. 123, 124, 128. Skandinaviska Adelsborgar, S. 26 u. 34. — [75]) Ebenda S. 27—32. Rydbeck: Glimmingehus in „Svenska Fornminnesplatser“, 1932. — [76]) Rydbeck: a. a. O. S. 34. Thieme-Becker: Allgem. Lex. d. bildenden Künstler X, S. 60.

Abb. 404. Burg Glimmingehus. B. E.

Der Bau bedeckt eine Fläche von 12,5 m Breite zu rd. 29 m Länge und ist bis zur Traufe (den Keller mit eingerechnet) 4 Stock hoch, davon 2 halbgewölbt, die anderen durch Balkenlagen gedeckt. Das oberste Geschoß mit 7 großen Schartenfenstern und ebensoviel Schlitzscharten in jeder Längsseite diente völlig der Verteidigung.

Ein schlichtes, langes Satteldach, heute ohne alle Dachgauben, überspannt zwischen den beiden breiten Stirngiebeln den ganzen Bau.

Zum Innern führt in der Achse des von links aus fünften Schartenfensters der Nordseite eine ungefähr 1,50 m über dem Außengelände angeordnete mit drei Wappen geschmückte Tür. Diese wird von einem Gußerker, der sich im vierten, dem Verteidigungsgeschoß, öffnet, beherrscht, indem man daraus den Angreifer begießen oder durch Steinbrocken zerschmettern konnte (Abb. 403).

Eine knapp 2 m breite Treppe führt über 8 schwere Kalksteinstufen geradeaus zum Erdgeschoßfußboden, während rechts und links je 8 Stufen in den Kellertreppen liegen[77]).

Der Kellergrundriß zeigt die gleiche Raumeinteilung wie das Erdgeschoß. Über den Vorratsräumen des Kellers zieht sich auf der einen Seite des ersten Stockwerks ein großer Saal, dessen Gewölbe durch eine, von einem achteckigen, steineren Tisch umgebene kräftige Mittelsäule gestützt wird. Auf der anderen Seite liegt ein einfacherer, ebenfalls gewölbter Wohnraum und ein kleines Schlafgemach. Das nächste Stockwerk umfaßt den Rittersaal mit gerader Balkendecke und das mit Nischen und Kamin versehene, wiederum gewölbte Prachtgemach. 16 Stufen führen dann zum Dachgeschoß, das niedriger als die übrigen Stockwerke, etwa 3 m hoch, durch Holzbalken flach überdeckt ist[78]).

[77]) Rydbeck: a. a. O. Taf. I u. II. — [78]) Rydbeck: a. a. O. S. 24ff.

Alle Räume wirken lastend und düster aber auch unzerstörbar. Über das Schicksal dieses Baues schreibt Rydbeck[79]): Seine kriegerische Ausrüstung erhielt Glimmingehus, soweit man weiß, ohne daß die Wasserburg irgendeine Belagerung erduldete.

So steht dieser trutzige Bau noch heute unversehrt, neuerdings pfleglich wiederhergestellt. Höchst kennzeichnend ist der Querschnitt des herrlichen Baues, der die 4 Stockwerke teils gewölbt, teils balkenüberdeckt in klarer wohlüberlegter Form zeigt. Als Bauherr wird Jens Holgersen Ulfstand genannt (1487)[80]).

Baumeister wie Adam van Düren, Bildhauer, Steinmetzen und andere Handwerker kamen von Köln und anderen deutschen Städten nach Schweden, und wie 1499 in Glimmingehus, so arbeitete derselbe Adam van Düren 1513 bis 1517 am Linköpinger Dom[81]).

Glimmingehus ist in der Grundform mehr oder weniger verwandt mit einer Reihe anderer Pallasburgen Schwedens, die ebenfalls dem ausgehenden 15. bzw. der ersten Hälfte des 16. Jahrh. (?) angehören.

Da ist zu nennen Bergkvara im südlichen Småland, heute nur mehr eine malerische Ruine, deren Äußeres uns in einer Zeichnung von E. Dahlberg[82]) erhalten ist. Ein verschoben rechteckiger Grundriß mit Hängetürmchen, die überhaupt an vielen dieser Burghäuser zu finden sind, bestimmt den Eindruck dieser Burg ebenso wie den des prächtigen, stimmungsvoll erhaltenen Wikshus in Uppland am Mälarsee[83]).

Allerdings muß man sich am Wikshus die heutigen 3 Fensterreihen und späteren Aufbauten wegdenken und sich die große Wandfläche nur durch einige Schießlucken belebt vorstellen, damit man einen Eindruck des unzugänglichen, schwer einzunehmenden Wehrbaues bekommt[84]) (Abb. 405, 406). Dieser köstliche Wehrbau birgt im Innern edle, reichgeschmückte Räume in den alten, wenig veränderten Gemächern, wie den würdigen Rittersaal und andere ernste Raumschöpfungen.

Zu den pallasartigen, schlichten, länglichen Burghäusern gehört auch Utö in Uppland am Mälarsee mit seinen beiden Treppengiebeln an den Stirnseiten. Auffallend sind die sehr starken Kellermauern, auf denen freilich schwächere Mauern der Wohnräume des ersten Stockes aufstehen[85]). Die mächtigen Kellermauern wirken durchaus wehrhaft und waren sicherlich wirkungsvoll gegen Untergrabungen und Beschießung.

Der einzige Zugang führt über eine Freitreppe zum ersten Stock, der durchaus wohnlich aufgeteilt ist, auch viele größere Fenster aufweist. Der Bau darf danach dem Ende des 15. Jahrh. zugewiesen werden.

Der 25, 11 zu 11 m messende reichgegliederte Hauptwehrbau der auf einem Holm gelegenen Wasserburg Bollerup, in Pallasform gestaltet, zeigt ausnahmsweise einen einräumigen, von 14 Kreuzgewölben überdeckten Keller, über den sich ein gewölbter und 3 balkengedeckte Stockwerke erheben (Abb. 400, 401). 6 Pfeiler tragen die innere Last, 8 kleine Fenster bieten wenig Licht. Ein Eingang über eine breite Treppe gibt von außen durch die 1,75 m starke Mauer Zugang[86]).

Die drei, heute in anderen Stockwerken nicht mit den alten Fensterlagen übereinstimmend

Abb. 405. Burg Wikhus. Seitenansicht, gez. B. E.

[79]) Ebenda S. 31. — [80]) Ebenda S. 33. — [81]) Rydbeck: a. a. O. S. 33. — [82]) Dahlberg a. a. O. S. 268. — [83]) Thordemann: Wiks Hus in: Svenska Fornminnesplatser 1928. Hahr: Nordiska Borgar, S. 113. — [84]) Rekonstruktionszeichnung bei Thordemann: a. a. O. S. 46. — [85]) Hahr: Skandinaviska Adelsborgar, S. 34/36. — [86]) Ebenda S. 46. Skanska Borgar, Heft 5, S. 43.

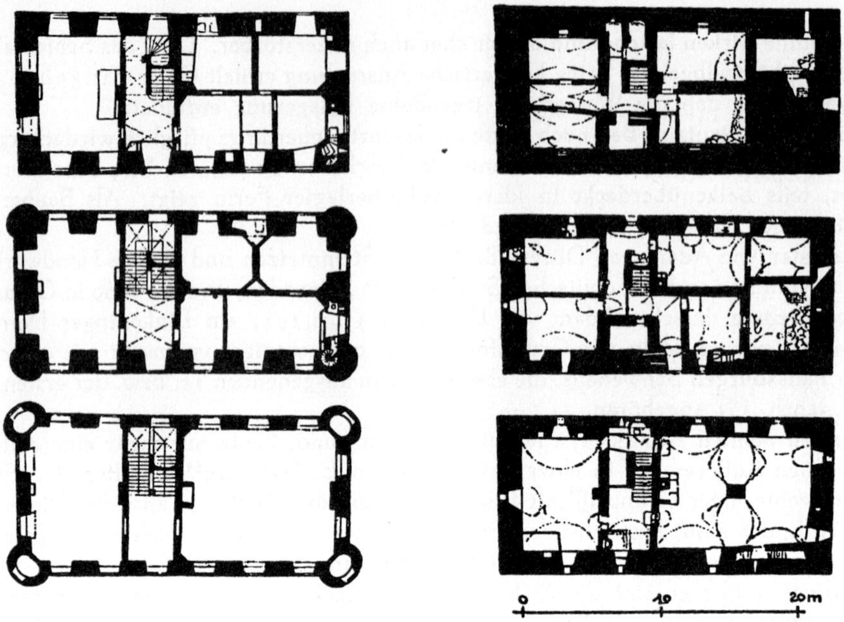

Abb. 406. Burg Wikhus. Grundriß 1:500 der sechs Geschosse. Nach Bengt Thordeman.

eingeteilten Obergeschosse, werden von fast quadratischen Fenstern erleuchtet; unter der heutigen Dachtraufe zieht sich ein langgespannter Bogenfries hin, der den mittelalterlichen Wehrgang getragen hat. Ganz deutsche Formensprache finden wir in dem gotisch spitzbogig, fünfmal aufgeteilten Ostgiebel (Abb. 400).

Außenwerke haben einst auch diesen Bau umgeben (Abb. 399)[87]), so daß die Gesamtmaße 110 m Länge bei 75 m Breite ergeben. Über Feldsteingrundmauern sind Ziegelschichten hochgeführt mit schmalen Kalksteinplatten dazwischen.

Noch klarer als bei Glimmingehus sind in der Grundrißaufteilung die schönen Räume in den 4 Geschossen des Burghauses von Torpa (in Westgotland) angeordnet (Abb. 402)[88]). Der 6 Räume umfassende Keller hat zwei (alte? bei Lundbergs Teilwiederherstellung fehlende) Eingänge von außen, aber nur im ganzen 4 enge Fenster in den dicken Mauern, davon zwei in dem später nach dänischer Art an der einen Längsseite ausgebauten, ausgezeichnet gegliederten Treppenturm.

Über den durch den Erweiterungsbau verursachten schweren inneren Trennungsmauern liegen auch noch starke Mauern des Erdgeschosses auf mit einem Haupteingang.

Das Geschoß birgt rechts des Eingangs einen großen Kirchenraum, der die halbe Länge des Baus füllt. Links des Hauptganges, der hier wie regelmäßig quer durch die Baumitte führt, liegt ein durch zwei Kreuzgewölbe überdeckter Raum, dann folgt eigentümlicherweise ein nur durch den späteren Keller zugänglicher Eckraum. Die zwei weiteren Geschosse haben je zwei große, teils durch leichte Wände getrennte Wohnräume. Sehr reiche Treppen und Gänge in den Mauerstärken zeigen sorgfältige Wertung der Wehrbauanforderungen. Einen Wehrgang dürfen wir unter der Traufe vermuten. Der Bau wird dem Ende des 15. und dem 16. Jahrh. zugewiesen.

Demselben Typus gehören noch einige weitere Burgen an, wie das jetzt verschwundene Ervallahus in Västmanland, nahe Orebro, von dem aber eine Ansicht und zwei Pläne aus dem Jahre 1761 erhalten sind[89]). Der Grundriß ist rechteckig, in der Mitte der einen

[87]) Skanska Borgar: Aufmessungen 1916. — [88]) Hahr: Skandinaviska Adelsborgar, S. 34. Lundberg, S. 142. — [89]) In der Universitätsbibliothek Uppsala.

Langseite war ein Viereckturm vorgebaut. Die innere Raumaufteilung ist einfach, im ersten und zweiten Stockwerk befinden sich Schießluken[90]).

Hjälmarnäs in Narke ist auch dieser Gruppe zuzuzählen[91]).

Seltener dagegen sind Wohntürme von quadratischem oder nahezu quadratischem Grundriß, deren Schnitt aber ähnliche Gestaltung aufweist — wie z. B. Rydboholm[92]) und Orbyhus[93]), beide in Uppland.

In Dahlbergs Stichsammlung befindet sich eine Ansicht von Orby aus dem Jahre 1662[94]). Danach ist der Bau kubisch, hat wie Wik und Bergkvara Hängetürmchen an den vier Kanten des obersten Stockwerkes und ist von einem breiten Festungsgürtel aus Feldstein umgeben, der aber erst von Gustav Wasa aufgeführt wurde. Durch ein Barockschloß des 17. Jahrh. ist Orby wesentlich verändert worden.

Lundberg[95]) weist auf die Verwandtschaft all dieser pallasähnlichen Burgen mit deutschen Wohntürmen, wie etwa das Schleglerschloß in Heimsheim und Heimhof[96]), hin.

Übergang zum Schloßbau

Chronologisch betrachtet, schließen sich den einflügeligen, pallasähnlichen Burgen die schon fast schloßförmigen vierflügeligen Wehrbauten an, die um einen oftmals quadratischen Hof angeordnet sind.

Bei schwedischen Wehrbauschilderern finden wir bei Bauten dieser Art Erwägungen darüber, welche ausländischen Vorbilder heranzuziehen sind. Zur Klärung dieser Frage bedarf es weitreichender Kenntnis vieler Länder Werke. Das trifft auch bei vielgewählten einfachen Formen der Grundrisse zu.

Sehen wir die Entwicklung quadratischer oder nahe verwandter Burgengrundrisse an. Der Schäfer, der nachts seine Schafe in eine Hürde treiben will, die bei geringster Hürdenlänge den weitesten Raum umfaßt, baut seine Zaunstücke so auf, daß ein Quadrat entsteht.

Dasselbe Ziel geringster Mauerlänge zur Ersparung von Verteidigungskräften verfolgt der Burgenbauer, sobald das Baugelände flach und hindernisfrei ist. Am sichersten baut er wohl quadratisch auf flachem Grund und Boden oder im Wasser, in Seen oder fließenden Strömen, deren Sohle den Bauanforderungen entspricht. So kommen wir zu den späteren Burgformen auch in Schweden, wo als eine häufige Burgform die gradlinig vierflügelige erscheint. Frühe Musterbeispiele dafür boten die nahegelegenen Deutschordensritterwerke mit ihren Kernburgen.

Naheliegende Beispiele sind: Reden, Marienburg, Komturei Schwetz, Mewe, Schlochau, Insterburg, Labiau — außerhalb Preußens Bischofsburg, Arensburg, Fellin, Narva[97]).

Aus solchen schlichten Vierecksburgen entwickeln sich Bauten mit 4 Wohnflügeln um einen quadratischen Hof (mit vorspringenden oder auch mit nicht vorspringenden Ecktürmen) (Abb. 407).

Eine Entwicklungsreihe von Vierflügelburgen ergibt sich aus folgenden Burgennamen: Svaneholm ohne Ecktürme, — Trolleholm, Torup, Vidtsköfle und die norwegische Burg Steinvikholm mit 2 Diagonaltürmen und Uppsala mit 2 Türmen an einer Seite.

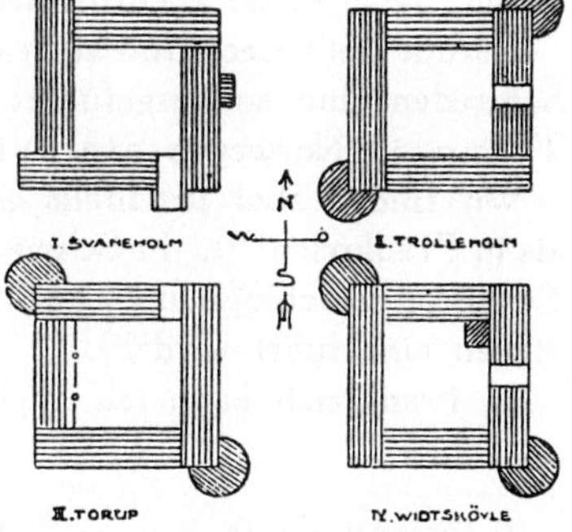

Abb. 407. Vierflügelige Burgen mit Ecktürmen.
B. E. nach Hahr: Nordiska Borgar.

90) Hahr: Sk. Adelsborgar. S. 38/39. — 91) Lundberg a. a. O. S. 220. Nur der Keller erhalten. — 92) Ebenda S. 170. — 93) Hahr: Sk. Adelsborgar. S. 15. — 94) Dahlberg a. a. O. S. 102. — 95) Lundberg a. a. O. S. 143. — 96) Ebh.: Burg Heimhof im Hausener Tal 1928. — 97) Siehe Ebh.: Wehrbau I.

Diese Burgen mit den weit vorspringenden Rundtürmen gehören dem 16. Jahrh. an. Als Vorbild wird irrig Rigas Stadtburg genannt.

In der beginnenden Renaissance, etwa um 1500, werden diese Grundrisse in Schweden zahlreich. Die neue Burgform, die schon früher in anderen Ländern, namentlich in Italien üblich war, beeinflußt nun den schwedischen Burgenbau. Auch in den Ruinen der viertürmigen Burg Kronoborg[98]) in Smaland dürfen wir vielleicht einen Zeugen italienischen Einflusses erblicken. Besonders auffällig sind solche in verschobenen Vierecksburgen mit zwei diagonal angelegten flachen Rundtürmen, wie sie Steinvikholm in Norwegen hat[99]). Es trifft auch nicht zu, wenn wir diese Burggrundrisse von Frankreich herleiten. Viel frühere Versuche, so zu formen oder vielmehr die Zweckmäßigkeit dieser Formen zu erforschen, finden wir in Italien, und zwar erstaunlicherweise bei keinem geringeren als Leonardo da Vinci[100]).

In den Jahren 1483—1499 lebte der Meister am Hofe der Sforza in Mailand, mit wehrbaulichen Forschungen beschäftigt. Er war damals in den 30er Jahren, ein reifer Mann und sicher wohlbewandert in der Kunst der Erfindung widerstandsfähiger Befestigungsarbeiten.

Trotzdem unternahm er unermüdlich Untersuchungen über die beste Form einfacher Burgen — Stadtburgen oder Festungskerne, er zeichnete mehrfach verschobene gemauerte Viereckbauten, an denen zwei oder vier diagonal gegenüberliegende Ecken durch schwere Rundtürme verstärkt sind[101]).

Den großen Leonardo hat — nach seinen Skizzen — die Frage beschäftigt, wie die größte Festigkeit der den Schüssen der Feinde ausgesetzten Massen erreicht werden könnte. Weiterhin erwog er aber auch die Verteidigungsmöglichkeiten der Burg durch Artillerie. Dabei scheint ihm das Flankenfeuer die am meisten Erfolg versprechende Abwehr zu sein, und zwar die Bestreichung des Angriffsgeländes von stark vorspringenden, diagonal angelegten Ecktürmen aus.

Im Codex Atlanticus des Leonardo (entstanden um 1500)[102]) finden sich auch Entwürfe zu Quadratburgen mit 4 runden Ecktürmen. Auch dieser Burgengrundriß war zu jener Zeit in Italien ein allgemein gebräuchlicher.

Den Leonardo befriedigte aber diese Form anscheinend nicht. Sei es, daß er eine Vereinfachung durch Fortlassung von 2 Türmen anstrebte oder es besser fand, nur 2 Türme zu wählen, um zu verhindern, daß die eigenen Geschütze des einen Turmes leicht die zwei benachbarten Türme trafen.

Freier weg konnten die Verteidiger jedenfalls dicht an den eigenen Mauern entlang auf die stürmenden Feinde schießen, wenn nur 2 Türme blieben, die weit genug vorgerückt waren. Jeder dieser 2 Türme hatte dann an 2 Seiten des Viereckes entlang freie Schußbahn.

Darum stellt Leonardo auch die zweitürmige Anlage sehr ausführlich und klar dar. In Schweden sind so ausgeführt: Eriksholm, Trolleholm (Taf. 69), Vidtsköfle und Torup, in Norwegen Steinvikholm.

Wir finden aber jedenfalls eine größere Zahl Burgen dieser Grundrißform in Italien als in Frankreich[103]). In Schweden treten diese Formen erst ab 1500 etwa auf, als mit den Renaissance-Schloßbauten auch ein dem Geschützfeuer besser angepaßter Burgenbau aus Italien eingeführt wird[104]).

In Frankreich kann ich mich nicht erinnern, eine zweitürmige Vierecksburg gesehen zu haben.

---

[98]) Wrangel a. a. O. S. 9. — [99]) Wallem: Steinvikholm. — [100]) Siehe das große italienisch-deutsche Werk über Leonardo, welches seine Entstehung der „Mostra Leonardo da Vinci" verdankt, aus dem Jahre 1939. — [101]) Ebenda Abb. S. 229 nach Ms. B. fol. 12 recto. — [102]) Ebenda Abb. S. 300 nach Cod. Atl. fol. 43 verso a und b. — [103]) Siehe auch Abschnitt „Französische Burgen" I. — [104]) Siehe auch die Erwähnung im Abschnitt Norwegen.

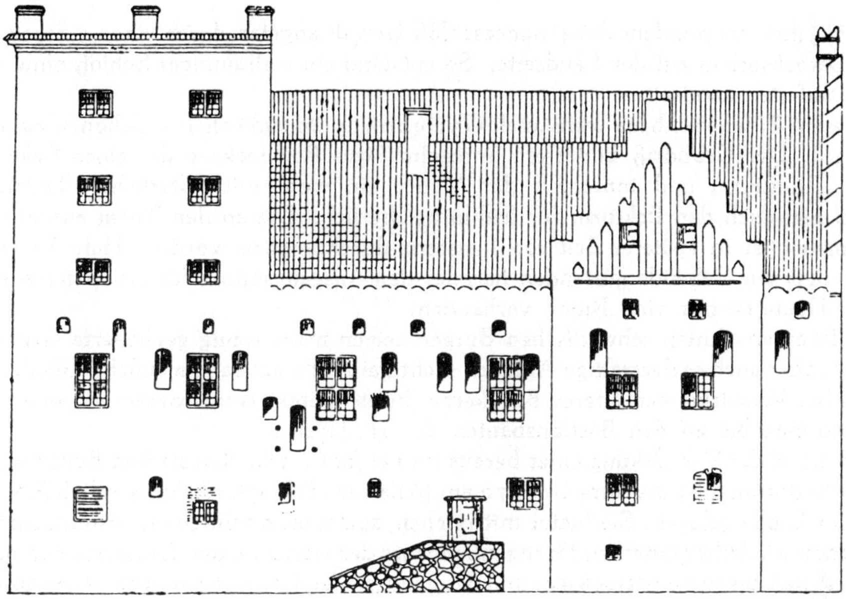

Abb. 408 u. 409. Burg Svaneholm, vierflügelig. Ansicht und Grundriß 1 : 1000.
B. E. nach Hahr: Skanska Borgar.

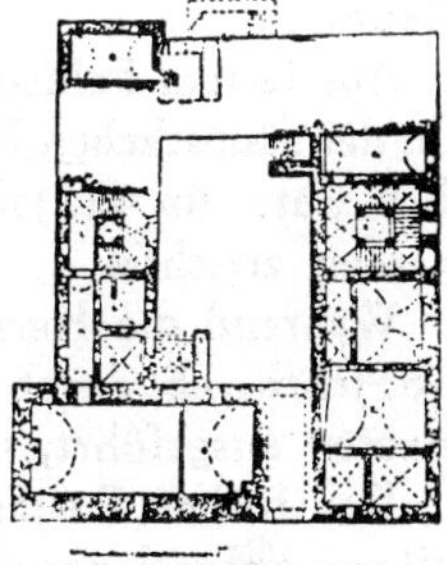

Auf der Spitze eines Holmes dicht über dem Wasserspiegel erhebt sich das stattlich feste, vierflügelige Schloß Svaneholm[105]) um einen quadratischen Hof (Abb. 408, 409).

Die 3 Flügel an der Seeseite umzieht noch ein frei im Wasser liegender Wall wie eine Zwingermauer, die die Landung feindlicher Schiffe erschweren sollte. An der Landseite ist kein Hals- bzw. Ringgraben mehr vorhanden. Die Parkanlagen ziehen sich heute bis an das Schloß, dessen Hauptansicht durch einen späten Ausbau mit rd. 50 Fenstern völlig schloßartig wirkt, nicht zur Veredelung des Bildes, das durch die frühen Giebel der anderen Flügel noch an das Mittelalter anklingt.

1516 wird der Besitz, Skuruborg (Skurup) genannt, durch Mauritz Sparre abgerissen und das neue Svaneholm erbaut[106]).

Wie das damals errichtete Schloß aussah, zeigt ein alter Stich nach Burman-Fischer[107]). Der vierflügelige Bau mit seinen Giebeln lag auf einer kleinen Insel, die wie ein schmaler Zwinger wirkte, — rings vom Wasser umgeben und nur über eine lange, flache Holzbrücke zugänglich. Ein vorgebauter, niedriger Torturm trug eine Zugbrücke. Auf der Landseite waren 2 Gräben angeordnet. Wirtschaftsgebäude aus Fachwerk lagen landseits der Gräben.

Unter der Dachtraufe deuten eine Reihe von Offnungen auf Wehrgangzinnen. Hahr gibt nach Aufmessungen von Pär Axel Olsson genaue Schnitte, Grundrisse und Ansichten von Schießluken[108]).

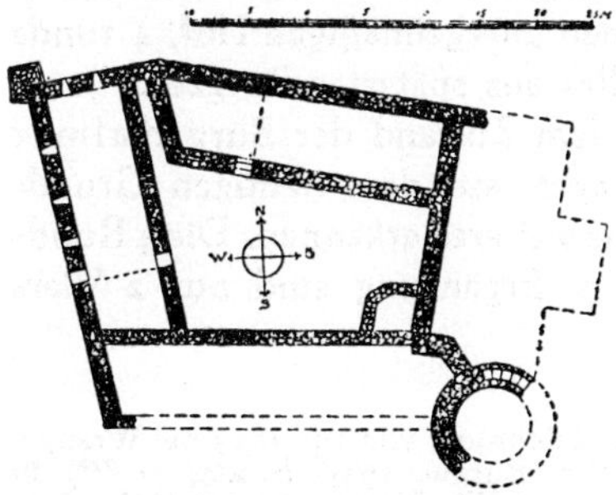

Abb. 410. Burg Gyllebohus, Ruine, unregelmäßiger vierflügeliger Bau. Grundr. 1 : 1000. B. E. nach Olsson.

[105]) Hahr: Nordiska Borgar. S. 164. Skandinaviska Adelsborgar. S. 62/63 Abb. 54/55. — [106]) Skanska Borgar Heft 7. S. 21. — [107]) Skanska Borgar 7. S. 5. — [108]) Ebenda S. 11.

Im 17. Jahrh. wurde dem Renaissanceschloß Gewalt angetan durch einen 3 Stock hohen langen Barockvorbau auf der Landseite. So entstand ein vielräumiges Schloß ohne Wehranlagen auf der Landseite.

In diesem Zusammenhang wäre auch Gyllebohus im südöstlichen Schonen zu nennen (Abb. 410). Der Grundriß bildet ein unregelmäßiges Rechteck, in der einen Ecke ist ein kräftiger Rundturm und innerhalb der Mauer ein wohl mittelalterlicher Torturm[109]). Wrangel hält auch den Eckturm für frühmittelalterlich. Die an den Turm anschließende Mantelmauer ist in späterer Zeit von Fenstern durchbrochen worden. Hahr[110]) gibt an, daß um 1437 ein Gebäude gestanden hat, das den Ausgangspunkt für die späteren Bauten bildete. Heute ist nur eine Ruine vorhanden.

Die bisher erwähnten schwedischen Burgen zeigen meist wenig gegliederte Grundrisse. Es fehlen aber auch vielgestaltige Anlagen nicht ganz. Es entstanden solche Gliederungen vielfach bei Verstärkungen älterer Burgkerne durch spätere Außenwerke von den runden Batterietürmen bis zu den Bastionsbauten des 16. Jahrh.

Ein Beispiel der Verstärkung einer bereits im 13. Jahrh. erbauten starken Burg mit späteren Eckrundtürmen ist die Burg Örebro am Mälarsee (Taf. 67), 180 km westlich Stockholm mitten im Lande gelegen. Sie bietet mit reichen, späteren, mächtigen Eckrundtürmen und ihren schön wiederhergestellten Dachgauben trotz des vierstöckigen, fensterreichen quadratischen Mittelbaus (8 Fensterachsen) und des heute steilen Dachs das Bild eines gedrungenen, festen Wehrbaues[111]). Überblicken wir die allmähliche Entwicklung dieses malerischen Baues:

Aus festem Feldstein errichtet, zeigt der ursprüngliche Grundriß regelmäßige Formen. In der südöstlichen Ecke stand der 30 m hohe Bergfried, der von der Mantelmauer zugänglich war. Im 14. Jahrh. schon wurde anschließend daran ein dreistöckiger Saalbau aus Granit errichtet.

Während die Kernmauern die alten blieben, wurden durch Gustav Wasa ferner vom 16. Jahrh. ab durch die mächtigen Batterietürme die wehrbaulich bedeutendsten Umbauten ausgeführt, vor 35 Jahren erfolgte endlich eine gute Wiederherstellung.

Den frühen Zustand ohne die runden Ecktürme bringt Hahr[112]) — nach M. Dalander. Einen rechteckigen Bau mit Bergfried, Mantelmauer und Wehrgang, Torturm und Zugbrücke völlig im Wasser stehend, der so vielleicht erbaut durch Birger Jarl, von Gustav Wasa, zu Beginn des 16. Jahrh., wiederhergestellt wurde[113]).

Auch das berühmte feste Renaissanceschloß Kalmarhus auf einer kleinen Insel in der Nähe der gleichnamigen Stadt am Kalmarsund zwischen der Insel Öland und der schwedischen Ostküste, enthält ebenso wie viele andere größere und spätere Wehrbauten Schwedens noch rein burgliche Reste. Die oben schon erwähnte älteste Kastalburg, die hier an der Ostseite der Schloßinsel lag, wurde in eine nächstjüngere Ringmauer einbezogen (Abb. 411).

Jetzt bietet der Gesamtbau 4 vielräumige Flügel um einen unregelmäßigen Hof, 4 runde Ecktürme und 2 viereckige Seitenbestreichungstürme, alles aus spätester Burgzeit[114]).

Olsson[115]) bietet einen rekonstruierten Grundriß von dem Zustand der Burg Kalmar aus der Zeit um 1300. Ein Vergleich dieses Mauerringes mit dem heutigen Grundriß[116]) läßt die neueren Zutaten vom 16. bis 18. Jahrh. ohne weiteres erkennen. Die 4 Rundtürme und die 2 viereckigen Tortürme sind alt, spätere Ergänzung sind nur 2 Vierecktürme.

---

[109]) Aufmessungen von P. A. Olsson in Skanska Borgar 13 und Zeichnung von vor 1813 bei Wrangel a. a. O. Abb. IX. — [110]) Skanska Borgar 13. S. 14. — [111]) Hahr: Burgw. 1935. S. 2/4. — [112]) In Upplands Fornminnesförenings Tidskrift XLIII (1929). S. 18/19. — [113]) Olsson: in St. Eriks Arsbok. S. 144—147. Hist. georg. och statist. Lexikon otvar Sverige VII 705/07. — [114]) Hahr: Burgw. 1935. S. 2. — Olsson: in Fornvännen 1932. S. 286 u. 297. — [115]) Olsson: in Sankt Eris Arsbok. S. 155. — [116]) Lundberg a. a. O. S. 116.

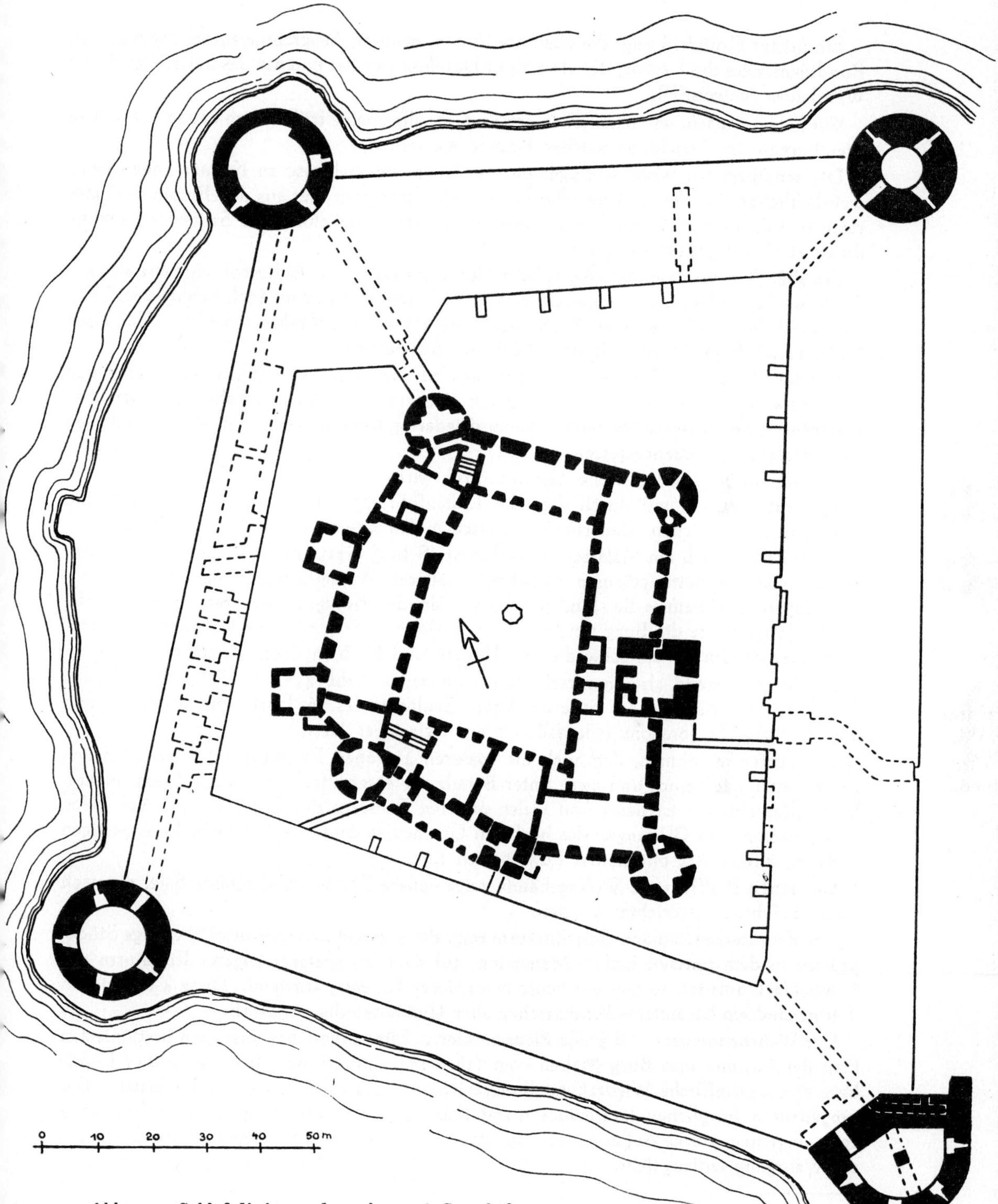

Abb. 411. Schloß Kalmar. Lageplan und Grundriß 1 : 1000.
B. E. nach Hahr: Kalmar Slott.

Ein dritter Grundriß zeigt die oben erwähnten, neueren Ausgrabungen des romanischen Rundturmrestes des Kastals, der etwa 14 m Durchmesser hat und auf das hohe Alter dieses Wehrbaues hinweist[117]).

Wir haben danach, wie schon oben erwähnt, als allgemeine frühe Form der schwedischen Steinburgen die Errichtung solcher Kastale anzusehen.

Die schloßartigen Wohnbauflügel des 16. Jahrh. am Schlosse zu Kalmar haben keine wehrbaulichen Zwecke. Solche erkennen wir aber trotzdem hier aus den Resten der zahlreichen Außenwerke, Gräben und Dämmen und der Möglichkeit der Seitenbestreichung durch stark vorspringende Türme.

Ein alter Plan aus dem Münchener bayerischen Kriegsarchiv (Abb. 379) zeigt, wie weit die Außenwerke auf kleinen Felseninseln sich in das Meer erstreckten, auch Schloß und Stadt waren auf der Landseite in der Bastionszeit von glänzenden Werken umgeben. Galt doch Kalmar jahrhundertelang als der „Schlüssel Schwedens".

Vor der Haupt- und Torturmseite liegt noch ein bastionsartiger Außentorbau, über den die Hauptfassade hoch emporragt. Der mit kriegerischen Zinnen geschmückte herrliche Hauptturm, der Wasserturm, wirkt fast bergfriedartig, trotz der (auch den übrigen Türmen aufgesetzten) Renaissancespitzen.

Der wunderbare kriegerische Gesamtumriß wird verstärkt durch die freie Lage im spiegelnden Wasser und durch die edle Linienführung der Dächer, Turmspitzen und Giebel und die reichen Mauerflächen zwischen den bescheidenen Fenstergrößen.

Auch das herrlich am Mälarsee liegende feste Schloß Gripsholm[118]) (Abb. 413) gehört zu den spät mit Batterietürmen ausgebauten älteren Wasserburgen. Sie war Eigentum des großen Edelmannes Bo Jonsson Gripp, den die Königin Margarete 1389 besiegte. Gustav Wasa baute die Burg um (1571—73 weilte hier Erik XIV. als Gefangener), später kam Gripsholm an die schwedischen Könige und blieb in deren Besitz bis 1809.

Die Burg entstand also in verschiedenen Bauzeiten (Abb. 412)[119]). Schon ehe Gustav Wasa 1537 Gripsholm im Stile der festen Schlösser des 16. Jahrh. umgestaltete, stand hier die Burg Jo Jonssons jedenfalls als ein vieleckiger Kern.

Wir dürfen annehmen, daß auch die späteren 4 großen Rundtürme zu verschiedenen Zeiten entstanden sind, und zwar unter Benutzung einer alten, vieleckigen Mantelmauer. Diese Mantelmauer ist heute von vielen neueren Fenstern durchbrochen, nur die vielen schießlukenartigen Öffnungen des höchsten Geschosses deuten auf einen wehrgangartigen Umgang älterer Art mit hohen Fußscharten hin.

Das innen fünfflügelige Wohngebäude zeigt neuere Zimmer und schöne Säle, die nach dem 16. Jahrh. eingerichtet wurden.

Von dem starken, runden Geschützturm zeigt der sogenannte Greifturm[120]) wenige Stückpforten in dem unteren dicken Mauerring, auf dem ein späterer engerer Rundturm mit Kuppeldach aufsitzt, so daß ein heute zinnenloser Umgang entstand. Diese 4 ungleichen Türme sind ein besonderes Kennzeichen aller Umbauten des 16. Jahrh.

Der Wehrbaumeister und große Plansammler v. Fürstenhoff hat uns einen bastionierten Plan der Festung und Burg Malmö vom Jahre 1740 hinterlassen, dem gegenüber Lundberg eine vortreffliche Wiederherstellungszeichnung des 1536—1542 durch Christian III. umgebauten burglichen Kernbaues bietet (Abb. 415)[120a]. Der lange schmale Wohnbau zeigt ungemein starke Außermauern, in deren Dicke sich an der Außenseite in Dachnähe ein Wehrgang entlangzieht.

---

[117]) Olsson: in Fornvännen 1932. S. 286. — [118]) Hahr: Skandin. Adelsborgar. S. 48. Burgw. 1935. S. 7 u. 9. — [119]) Lundberg a. a. O. S. 117. — [120]) Hahr: Burgw. 1935. S. 7 u. 9. Lundberg S. 117. — [120a]) Lundberg, a. a. O. S. 110.

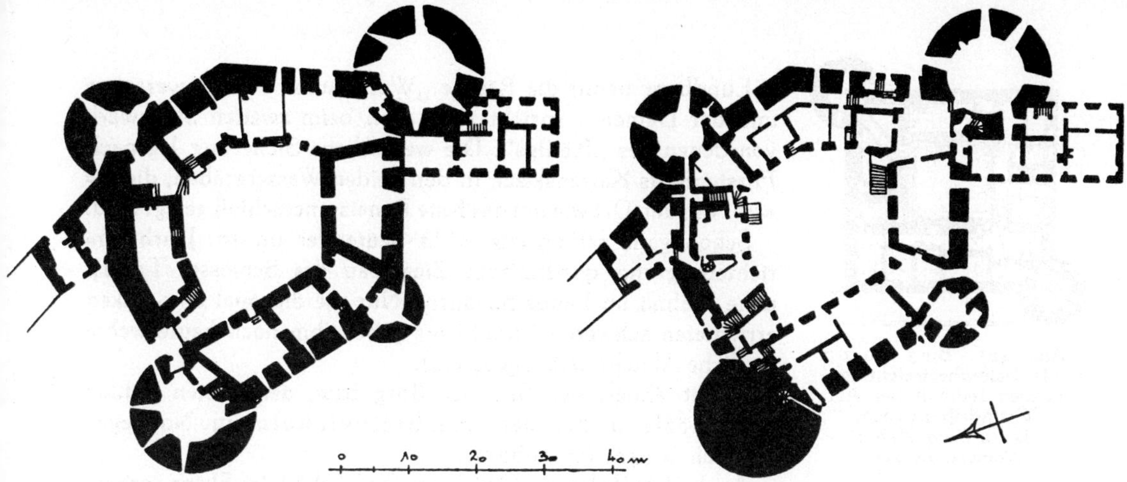

Abb. 412. Burg Gripsholm, unregelmäßiger Bau m. runden Ecktürmen. Grdr. 1 : 1000. B. E. nach: Gripsholm Slotter 1937.

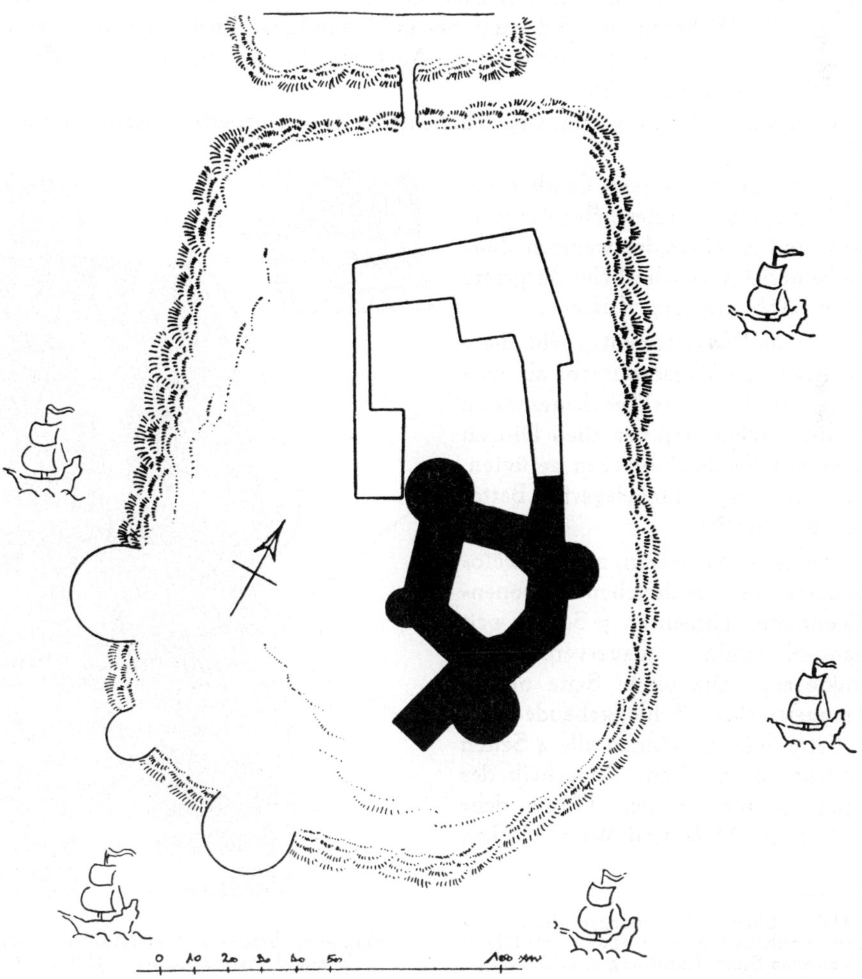

Abb. 413. Burg Gripsholm. Allgemeiner Lageplan m. Vorburg u. Außenwerken. B. E. nach: Gripsholm Slotter 1937.

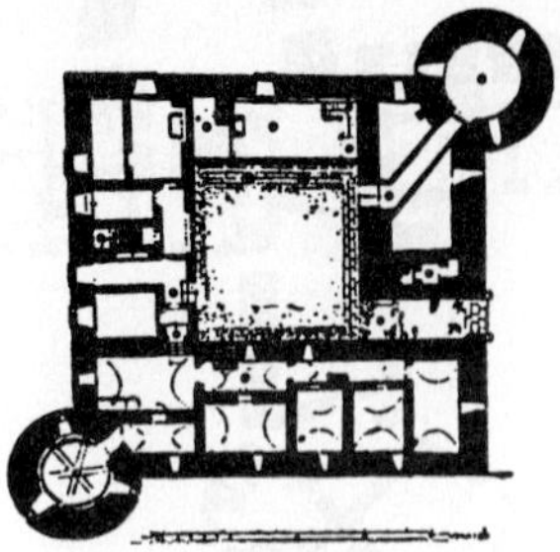

Abb. 414. Burg Torup mit Seitenbestreichungstürmen italienischer Art. Grundriß 1 : 1000. B. E. nach Hahr: Skanska Borgar.

Lundberg nennt die Räume „Wohnräume des Gouverneurs und der Damen", spricht aber auch beim zweiten Stockwerk von denen des „Königs". Die wesentliche Sicherung lag nach Fürstenhoffs Kartenskizze in den beiden Wassergräben, die sowohl um den Ort wie um das feste Renaissanceschloß gelegt sind.

Schon ganz schloßartig wirkt heute der im 16. Jahrh. errichtete große quadratische Ziegelbau des Schlosses Torup nahe Malmö im Lande Schonen. Nur die diagonal an 2 Ecken errichteten schweren Rundtürme geben ihm noch heute wehrbauliche Wucht (Abb. 407, 414).

Damit ähnelt der Bau der Burg bzw. dem festen Schloß Vidtsköfle in Schonen und Steinvikholm in Norwegen (s. auch S. 350, Kronoburg).

Auch Trolleholm (Abb. 407, Taf. 69)[121]) in Skane, erbaut 1538, zeigt die quadratische Form dieser Schloßbauten mit 2 runden Ecktürmen.

Torup ist auch im Grundriß mit reichen Festräumen und der reichen Zimmereinteilung ein Werk des 16. Jahrh. Aber im höchsten Geschoß unter Traufhöhe läuft doch noch ringsum ein alter Wehrgang mit Scharten, der in Verbindung mit den gleich hohen Stockwerken der beiden runden Ecktürme steht. Auch ein Zwinger ringsum mit Mauer und Graben fehlte einstmals nicht.

Der Hof inmitten der Burg zeigt eine schöne dreiachsige Quaderbogenstellung auf Rundsäulen[122]).

Das späte Vadstena zeigt deutlich die klare Lösung eines festen Renaissanceschlosses, und ist einer der wenigen Bauten, die keinerlei mittelalterliche Burgreste benutzten (Abb. 416, 417, Taf. 69).

Die Lage am Wettersee entspricht allerdings den älteren Wasserburgen, als modernes Kennzeichen eines Wehrbaues treten aber Gräben, Wälle und vor allen Dingen die außen aus Sandsteinblöcken gefügten, breit und gedrungen hingelagerten Batterierundtürme auf[123]).

Diese letzteren, schweren, ziegelgewölbten Batterien mit zahlreichen Kanonenschießkammern nehmen an 3 Seiten weit auseinanderliegende mauerverbundene Eckpunkte ein. Die vierte Seite nimmt das langgestreckte Schloßgebäude ein. Diese Batterietürme können alle 4 Seiten des Bezirkes bestreichen. Innerhalb der 3 Verbindungsmauern der Türme dehnen sich glatte Hof- und Wasserflächen aus.

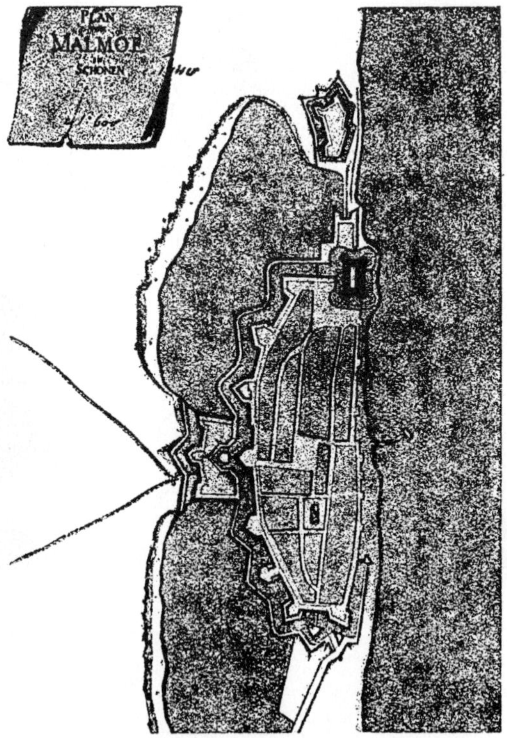

Abb. 415. Stadt- und Hafenburg Malmö. Zustand etwa 1740 nach altem Plan von v. Fürstenhoff.

---

[121]) Hahr: Skand. Adelsborgar. S. 63. — [122]) Hahr: Nordiska Borgar. S. 169. — [123]) Klemming: Vadstena Slott. Lundberg a. a. O. S. 242. Hahr: Nordiska Borgar. S. 143.

Abb. 416. Schloß Vadstena, Gesamtansicht. B. E.

Ihre etwa 6—7 m dicken Wände finden etwas Ähnliches nur im Erdgeschoß des einzigen Schloßflügels, und zwar in dem gezinnten dicken Torturm.

Der Bau wurde 1545 begonnen unter Gustav Wasa, von seinem Sohne, Johann III. (1569—1592) erweitert und innen aufs Prächtigste ausgestattet. Der Architekt war ein Niederländer, Arent de Roy. Hahr[124]) ist der Meinung, daß überhaupt alle Künstler, die dort arbeiteten, niederländischer oder nordwestdeutscher Herkunft gewesen seien. Er weist hin auf verwandte Formen am Rathaus zu Emden und an einigen westfälischen Schlössern.

Der Bau ist künstlerisch befriedigend — schlicht und weiträumig. Die stattliche Wirkung wird besonders hervorgerufen durch den mächtigen Torturm und die beiden auf der Innenseite gelegenen Treppentürme. Die kurzen Stirnseiten zeigen bescheidene Renaissancegiebel mit Wappen und Figurenschmuck. Alle Außentore, Säulen- und Pilasterstellungen sowie die Türme haben gewandte Profilierungen und schmuckhafte Ornamentik. Vadstena entstand nach dem Ende der Entwicklung des mittelalterlich-burglichen Wehrbaus.

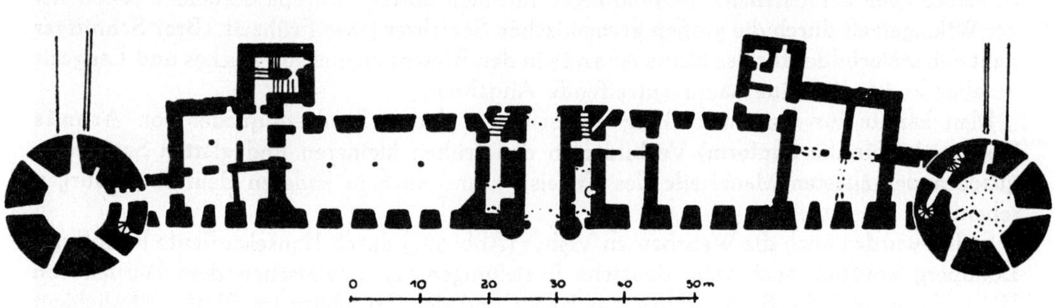

Abb. 417. Schloß Vadstena.
Grundriß 1:1000. B. E. nach Vadstena Slott, Specialupplaga av Svensk Arkitektur.

[124]) Hahr: Burgw. 1935. S. 10.

Zusammenfassende Betrachtung

Entstehung der Steinburgen und ihre Entwicklung ist nicht erschöpfend erforscht, doch werden urkundliche Quellen vielfach befriedigend angeführt. Man weist die ältesten Formen den Kastalen zu, die häufig an derselben Stelle errichtet wurden, wo in vor- und frühgeschichtlicher Zeit Wall- oder Holzburgen zu finden waren.

Einen wichtigen Formenkreis erblicken wir in den im 12. Jahrh. im Norden besonders schön und großartig durchgebildeten festen Rundkirchen, die reich gestaltete Beispiele wehrbaulich klug durchgebildeter Werke bieten.

Allmählich beginnt sich der Steinbau in den schwedischen Burgen des 13. Jahrh. reicher zu entfalten. Burgen wie Aranäs in Ringmauern oder in Mantelmauern wie Stäkeholm oder Nyköping aus dem 13. und 14. Jahrh. (auch Orebros alte Form gehört hierher) folgen in vielfacher, unregelmäßiger Gestaltung bis zum 14. Jahrh. Damals entstehen auch die gewölbten, bischöflichen Wohnburgen (Strängnäs, Tynnelsö). Dann erscheinen die nur pallasartigen Burgen, wie Glimmingehus, 1492, Bollerup und Vikhus, bei denen wir heute fehlende Außenwerke, wie Wassergräben, Palisaden, Zwingermauern als ursprünglich doch vorhanden annehmen müssen. Vielleicht hängt der Mangel oder die Vernichtung starker gotischer Außenwerke mit dem Verbot des Burgenbaues 1396 durch die Königin Margarethe zusammen, einem Verbot, das erst König Johann II. 1483 wieder aufhob[125]).

Es folgen diesen schweren oft 25—30 m langen vielstöckigen Pallasburgen die vierflügeligen Burgen, deren Entwicklung durch die nachgewiesene frühe Gründung von Kastaltürmen an gleicher Stelle und durch dauernde Umbauten bis zur Entstehung der „festen Schlösser“ schwer kenntlich ist.

Die älteren, wie Svaneholm und Borgeby (Taf. 68), 1452 abgebrannt, zeigen keine runden Ecktürme. Dann folgen viertürmige Burgen, wie die schon 1280 genannte Burg Borgholm (Taf. 66) auf Oland, umgebaut 1572, 1651 und 1681. Auch das unregelmäßig vieleckige Gripsholm, ein Bau vom Ende des 14. Jahrh., erhielt später durch Gustav Wasa 4 Rundtürme.

Später folgen dann vierflügelige Burgen mit 2 Türmen, wie Torup, Vidtsköfle, Trolleholm. Endlich sehen wir seit der Wasazeit die großen vieltürmigen Schlösser zu Kalmar und das völlige Renaissanceschloß Vadstena.

Welche Einflüsse in Schweden auf die Burgenbaukunst formend oder artbildend wirkten, ist verschieden darzustellen. Verbindungen mit dem übrigen Europa bestanden schon seit der Wikingerzeit durch die großen germanischen Seefahrer jener Frühzeit. Bror Schnittger sieht daher Vorbilder für das kleine Aranäs in den Riesendonjons von Loches und Langeais — aber es ist dies eine kaum zutreffende Annahme.

Man könnte für die Anwendung der schönen glatten Sandsteinquader von Aranäs (aber nicht für die Bauform) Vorbilder in den frühen kleineren und glatten Sandsteinquadern der ältesten Mauerteile des Trifels[126]) und auch in anderen deutschen Burgen sehen.

Sicher wurden auch die Wehrbauten Visbys (Abb. 381) durch Hansekaufleute beeinflußt. Lundberg erwähnt auch viele deutsche Beziehungen, z. B. zwischen dem Kärnan von Hälsingborg und der Brömserburg am Rhein und der Ortenburg im Elsaß. Ähnlichkeit besteht auch zwischen dem Schleglerschlößchen in Heimsheim und Torpa.

Es entwickeln sich dann die Mantelmauerburgen des 13. und 14. Jahrhunderts und die Pallasformbauten des 15. Jahrh., denen sich die vierflügeligen Wehrbauten und festen Schlösser des 16. Jahrh. anschließen.

---

[125]) Burgw. 1935. S. 6. — [126]) Ebh.: Trifels. Taf. 8.

Als letzte wehrbauliche Verstärkungen folgen dann die Bastionsbauten der Neuzeit, die aber von dem eigentlichen Burgenbau grundsätzlich zu scheiden sind, sie dienten der waagerechten Verteidigung durch moderne Pulvergeschütze an Stelle der senkrechten Verteidigung durch Abwurf schwerer Steine oder Güsse siedenden Öls.

Wenn wir uns nun klarmachen wollen, welche besonderen Burgformen die Bodengestaltung, das Klima und die Rasse der Bevölkerung in Schweden bedingten, oder welche politischen Vorgänge dort einwirkten, so ist die Antwort nicht einfach.

Von der Frühzeit an übten Boden und Klima auf das Material der Wehrbauten entscheidend Einfluß. Das Land bot leichter aus den gewaltigen Waldbeständen Bauholz als handliche fertige Bausteine trotz der sich weit hinziehenden Gebirge.

Außerdem war der Holzbau wärmer, leichter zu formen, und die Vorliebe für dieses Material war um so größer, als die Holzbaukunst durch den lebensnotwendigen Schiffsbau ausgezeichnete Lehrmeister hatte. So entschloß sich die Bevölkerung, trotz der großen Gefahr, die dem Holzbau durch Feuer und Brandstiftung drohte, erst spät zum Steinbau.

Auch im 14. und 15. Jahrh. blieb man, selbst in großen Burgen, dabei, nur die untersten Stockwerke zu wölben, während die höheren Geschosse Balkenlagen erhielten. Damit blieb man deutschen Vorbildern verwandt — ebenso wie die dem deutschen Pallas ähnlichen Wehrbauten der Spätzeit die meistgewählten Burgenformen des 14. und 15. Jahrh. blieben.

Im Laufe der Zeit wurden ferner, den Bodenformationen entsprechend, mehr Wasserburgen als Höhenburgen errichtet. Dazu trugen die ausgedehnten Meeresufer ebenso bei, wie die zahllosen Binnenseen des im Süden reich damit gesegneten Landes zu einer Bebauung herausforderten.

Überraschend ist, wie spät die Entwicklung des schwedischen steinernen Burgenbaus der allgemein-europäischen folgt. Während im europäischen Süden mannigfaltige Grundrißaufteilung und kunstreiche Gebäudeentwicklungen üblich waren, findet man in Schweden bis ans 16. Jahrh. noch schwere althergebrachte Formen.

Betrachtet man etwa Glimmingehus, sein düsteres abweisendes Äußere und seine rauhe und schmucklose ältere Inneneinrichtung, so erwartet man nicht, daß dieser Bau erst um 1500 errichtet wurde, also in derselben Zeit, die in anderen Ländern die reichsten künstlerischen Burgbauten mit wohnlich eingerichteten Räumen entstehen läßt.

Wenn Ornamente bei solchen schwedischen Burgen des ausgehenden Mittelalters verwandt werden, so sind die Schmuckformen oft noch romanischen Bildungen verwandt. Das hängt mit einer Bevorzugung der Holzverwendung zusammen, deren größte leider fast verschwundene Meisterwerke wir sicher nicht gering schätzen dürfen. Finden wir doch begeisterte Schilderungen hölzerner wehrhafter Herrensitze und Königshallen in alten Berichten. Noch heute kann man auch an Kirchenbauten (an Portalen, Kapitellen und in Museen) die phantasiereiche Schnitzkunst der Skandinavier bewundern. Ein anschauliches Bild dieser Holzbaukunst gibt die Sammlung des Herrn Sandvig in Lillehammer, die sich allerdings auf Wohnhäuser beschränkt, von der man aber immerhin schließen kann, daß auch der hölzerne Burgenbau eine glänzende Rolle im nordischen Wehrbau spielte. Man ist leider nur spärlich unterrichtet über das Aussehen und die Entwicklung dieser Burgen. Auf Grund späterer Forschungen kann man vielleicht mehr darüber aussagen.

Eine recht eigenartige Form des Wehrbaus in Schweden sind die im Mittelalter errichteten Herrensitze, die eine Mischung darstellen zwischen dem alten hölzernen Wohnbau und wirklichem Wehrbau. Es fanden sich oft bis zu 50 Holzhäuser innerhalb der Palisaden, von denen nur ein einziger ein Steinbau war: ein Turm oder ein einfacher Wohnbau[127]).

[127]) Nach einer Mitteilung des Dr. Erik Lundberg, Stockholm.

Die Schlösser des 16. Jahrh. ändern schroff die altertümliche Bauweise der burglichen Herrensitze durch die Berührung Schwedens mit dem Süden, mit der Renaissance, die hier oben im Norden auf die Bau= und Wohnkultur einen belebenden Einfluß ausübte.

Es entstehen dann freilich weniger reine Wehrbauten als prachtvolle Schlösser, wie Gripsholm, Vadstena, Vidtsköfle usw., deren stolzes Äußere den reich geschmückten Gemächern in nichts nachsteht.

Sicher ist eine Beziehung der vorhin erwähnten, schlichten Burgformen zu der ernsten Landschaft Schwedens vorhanden. Aus dem Charakter des Landes, seinen langen nordi= schen Wintern mit Dunkelheit und Kälte rührt gewiß auch der unnahbare, fast nüchterne ältere Steinbau her, während sich in Sonnenländern des Westens und Südens der farben= frohe und weiträumige Burgenbau entwickelte.

Die Bodenverhältnisse begünstigten auch nicht das Zustandekommen weniger großer Besitztümer oder politischer Machtansammlungen in einer Familie. Ebenso ließ es der germanische Freiheitsdrang nicht zu, daß sich auf eine lange Dauer hin Zustände bildeten wie in Frankreich, wo wenige Geschlechter auf Grund der Erträge des reichen Landes und der Möglichkeit, eine große Zahl abhängiger Krieger zu werben, riesige Burgen bauen konnten.

Es fehlten gleichfalls große Handels= und Heerstraßen, die, wie in Deutschland, den Bau von Schutzburgen für die Sicherheit des „Geleites" auf des Reiches Straßen erforderten.

Ströme fehlten, welche Zollburgen, wie am Rhein, entstehen ließen, die es ermöglichten und bedingten, daß von den Bergeshöhen zum Stromesufer weithinziehend Wehrbauten erwuchsen.

Es fehlten auch Landesgrenzen, deren günstige natürliche Beschaffenheit Ketten mächti= ger Burgen ermöglichte, wie im Elsaß die Berge der Vogesen.

Auffallend ist auch, daß in Schweden kaum Stadtburgen bestanden, daß es auch keine Hafenburgen kennt, die Italien so zahlreich besitzt. Die Uferschutztürme (Kastale) kommen solchen umfangreichen und großartigen südlichen Burgen bei weitem nicht nahe.

So bleiben in der Frühzeit wohl in Norwegen, aber selten in Schweden, die festen Königshallen als Sonderbildungen bestehen, während die zahlreichen festen Stammessitze, die Pallasburgen, die kennzeichnenden Burgformen der ebenen Ländereien bis zur Neu= zeit geblieben sind. Prächtigere und ausgedehntere Schlösser gehören nicht der gotischen Spätzeit, sondern der Epoche großzügigerer Machtverteilung nach der Renaissance an.

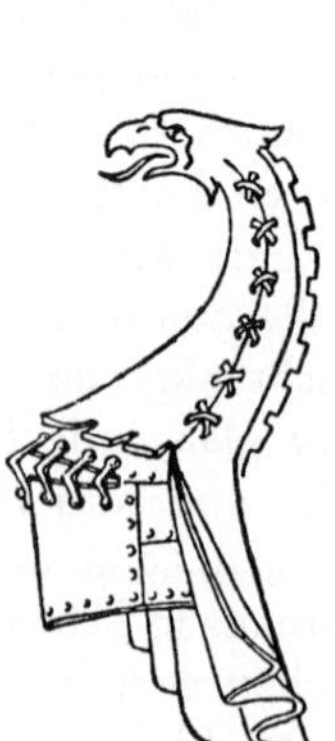

Rosenkrantzturm in Bergen, Norwegen

Håkonshalle in Bergen, Norwegen

Ausgrabungen auf dem Schloßberg bei Tönsberg, Norwegen

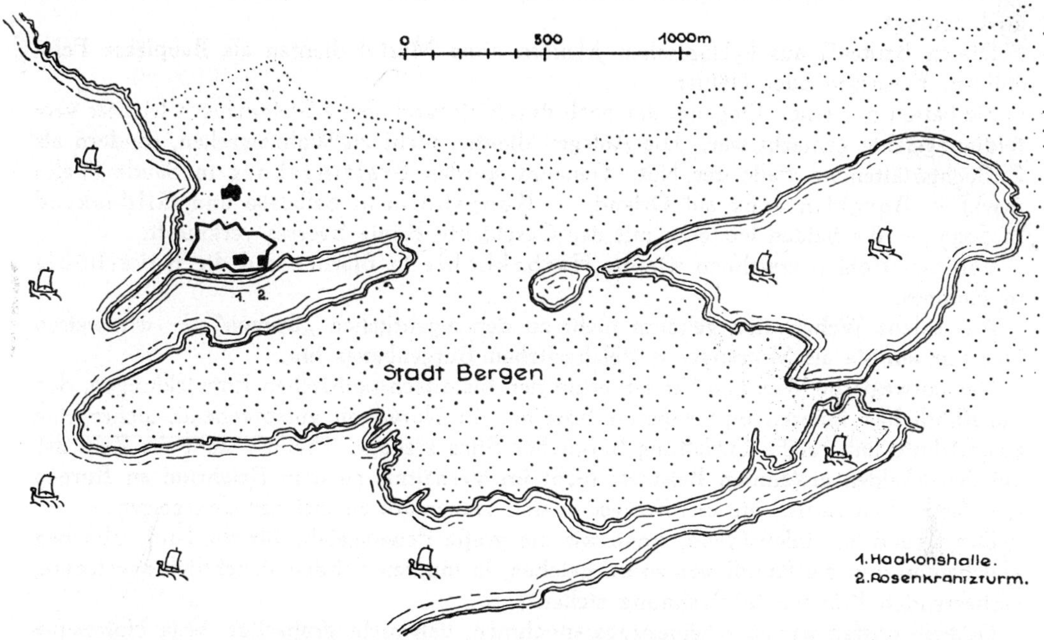

Abb. 418. Hafenstadt Bergen. Lage von Bergenhus und Ruinen der Sverresburg. B. E. nach Stadtplan von Bergen.

Norwegische Burgen

Obwohl aus den frühesten Zeiten keine klaren geschichtlichen Nachrichten überliefert sind, hören wir aus Skaldenliedern und Sagadichtungen, daß in Norwegen dauernd wilde Kämpfe unter zahlreichen kleineren Macht-habern und Stammeshäuptern tobten. Schon vor dem 6. Jahrh. wird aber Norwegens Bewohnern als Fischern, Jägern, Ackerbauern und Kriegern höchst vollendete Bewaffnung nachgerühmt[1]). Diese tüchtigen Männer waren also sicher auch imstande und geübt, ihre Wohnbauten verteidigungsfähig her-zurichten.

Von solchen Wehrbauten sind uns freilich nur allgemeine Schilderungen reicher und fester Saalbauten erhalten, von Sitzen heldischer Häuptlinge zahlloser kleiner Herrschafts-bezirke, namentlich aus den Jahrhunderten zwischen 650 und 850. Damals wird unter anderem Oslo als Herrensitz genannt und die Gegend um den Oslofjord als ein Reich für sich gekennzeichnet.

Harald Schönhaar (860—933) beherrschte anschließend schon von Drontheim aus von seinem holzkunstverzierten Königssitz Lade ein großes Reich[2]).

Für die Bauten des nächsten Jahrhunderts (von 950—1030 etwa) finden wir wiederum in der Saga[3]) auch Nachrichten über Wehrbauten.

---

[1]) Strasser: Die Nordgermanen. S. 73ff. — [2]) Ebenda S. 78. — [3]) Ebenda S. 174.

Aus vorgeschichtlicher Zeit hat Rygh[4]) etwa 80 Burgen nachgewiesen, denen er auf Grund von Ortsnamen in Zusammensetzungen mit „slot" oder „borg" noch mehr als 20 hinzufügt.

Diesen Bauten[5]) aus kyklopischen Mauern ohne Mörtel dienten als Bauplätze Fels=spitzen, Felsnasen oder Höhlen.

Sie hatten nur einen Eingang, der noch durch eingeschobene Steinmauern leichter ver=teidigungsfähig gemacht war. Die Anlagen dienten nicht zu Wohnzwecken, sondern als Zufluchtsstätten im Falle der Not. Genannt werden Brattingsborg in Saude (Tele=mark) — Borgklinterne auf Orland, — Kongsholm in Selbosöe und Gildeskred in Sogn, — die beiden letzteren mit der Geschichte König Sverres verknüpft.

Von den Höhlen erwähnen wir die Harbakhöhle in Björnör und die Röverhöhle in Komnes.

Alle solche Wehrbauten gehören nicht zu den eigentlichen „Burgen", — wir weisen hier nur auf sie als Vorgänger mittelalterlichen Burgenbaues hin.

Der norwegische Wehrbau hat fernerhin den historisch=politischen Entwicklungen, den unaufhörlichen inneren und äußeren Kämpfen in Norwegen entsprechend, sicher eine ausgedehnte und reiche Entfaltung burglicher Sitze erzeugt. Freilich steht die Zahl der bei den Skalden erwähnten Beispiele nicht im Verhältnis zu dem Reichtum an Burgen und festen Schlössern, die uns Schweden und Dänemark zu gleicher Zeit zeigen.

Der Grund ist einleuchtend, wenn wir die große Feuersgefahr für die landesüblichen Holzbauten und die Kunde von so zahlreichen, in inneren Fehden absichtlich angelegten, verheerenden Bränden in Rechnung stellen[6]).

Deshalb dürfen wir aber keineswegs annehmen, daß nicht großartige, feste Holzwehr=bauten manchem Ansturm getrotzt hätten, daß die norwegischen Holzbaumeister, die Meister der Zimmermannskunst, nicht auch dort große Holzburgen errichtet und künst=lerisch und sachgemäß hergestellt hätten, wie das bereits im Abschnitt Schweden ge=schildert ist.

Wie eine solche Holzburg noch in späterer Zeit ungefähr aussah, lehrt uns die Zeichnung[7]) (Abb. 375) Älvsborg in Schweden. Anscheinend war der Kern eine hohe, langgestreckte Burg, aus deren Blockwänden eine Menge von Kanonenrohren dreuen. Davor strecken sich vielgestaltige „Zwingerholzschranken" mit Schalentürmen von Holz mit zahllosen Scharten, auch von Zugbrücke, Torturm und von Gräben umgeben.

Wer könnte aber auch an der Zimmerkunst der alten Meister zweifeln, der sich die noch heute ragenden Stabkirchen im Freilichtmuseum zu Oslo[8]) ansieht oder in der Sand=vigschen Sammlung in Lillehammer die kleine Isum=Kapelle mit viereckigem Turm und Blockhauswänden!

Besser noch überzeugt die „Borgund Stavkirke" in der öden Landschaft von Sogn[9]) oder die Lom Stavkirke in Gudbrandsdalen bei Lillehammer[10]).

Auch die herrlichen Blockhäuser zu Nomeland i Valle und Aamlid i Valle, beide in Setesdal[11]), zeugen von der gediegenen Holzbautechnik der Norweger.

Weiter oben (Absatz Schweden) haben wir außerdem die großen Hallen der frühen nordischen Könige erwähnt, die auch die besten Vorbilder für holzgedeckte Hallen auf Steinringmauern boten.

Wenn man also den Burgenbau in Norwegen vergeblich in einem Umfange sucht, wie er in anderen europäischen Ländern uns als eine selbstverständliche Übung erscheint (da

---

[4]) Dietrichson: Unserer Väter Werk. — [5]) Dietrichson a. a. O. — [6]) ebendort. — [7]) Die Photo=kcpie der Zeichnung von 1502 (Signatur Reg. S. fol. 460 Nr. 6) wurde gütigst vom Thürin=gischen Staatsarchiv Weimar zur Verfügung gestellt. — [8]) Malina: Der germanische Norden und wir. S. 118/119. — [9]) Norsk Bygningskunst Taf. 20. — [10]) Ebenda Taf. 32. — [11]) Ebenda Taf. 62 u. 48.

die Burgen überall ein unentbehrliches Wehrmittel gegen äußere Feinde oder innere Unruhen waren), so mag das zwei Gründe haben.

In der geschichtlichen Entwicklung anderer Völker und Länder spielt das Kriegergeschlecht, aus dem zumeist ein dauernder, bodenständiger Adel erwächst, eine andere Rolle als hier im Norden — in diesem rauhen Klima und bei einer Bevölkerung von nur rund 3 Millionen Menschen auf 322599 qkm — das sind 9 Menschen auf 1 qkm —, in einem weithin unbewohnten Lande also.

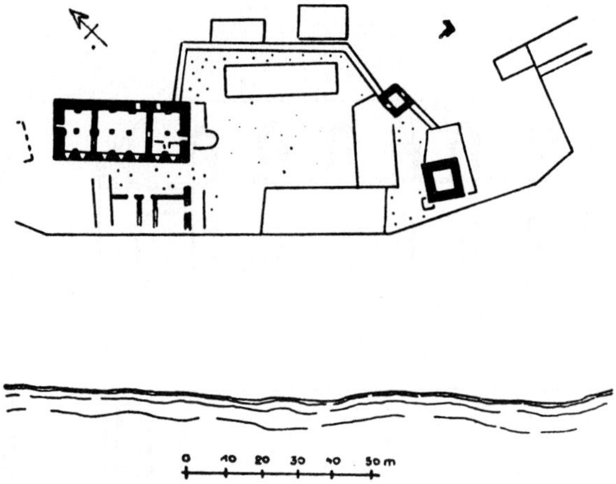

Abb. 419. Bergenhus. Lage der mittelalterlichen Teile. 1:2000. B. E. nach: Bergens historisk. Forening Skrift. 1939.

Auch der schon oben (Schweden) erwähnte ungeheure, nordische Drang zur Auswanderung oder besser zum Handel, zur Eroberung und zum Raub in reichen Ländern, löste viele der tüchtigsten Männer vom heimatlichen norwegischen Boden und verhinderte einen heimischen Staatsaufbau, wie ihn so manche Nordländer in den verschiedensten europäischen Landen: Nordfrankreich, England, Italien und auch im rohen Rußland meisterhaft zustande brachten.

In Norwegen dagegen wurden schon durch Harald I. Harfagr um 900 die kleineren Stammeshäupter ausgeschaltet, ein bedeutender bodenbesitzender Adel hat sich daher dort nicht entwickelt. Genug, der Adel und seine Burgen spielten auf die Dauer keine bleibende Rolle, da auch noch die langen und schweren Bürgerkriege am Ende des Mittelalters zu seiner fast restlosen Vernichtung beitrugen.

Trotzdem haben einige größere Wehrbauten in den inneren Kämpfen und in den Kriegen zwischen Norwegen, Dänemark und Schweden doch eine Rolle gespielt und sich als stolze Werke oder malerische Reste bis heute erhalten, sei es als Ruinen, als Wehrbauten selbst oder als Wiederherstellungen.

Zu nennen sind: Bergenhus als ummauerte Veste mit der Haakonshalle (1261) und dem späteren Rosenkrantzturm[12]), die Bergener-Sverresburg-Ruine aus dem 12. Jahrh., ferner die bedeutende Burg Akershus in Oslo[13]), die noch heute benutzt wird, dann Drontheim mit einer zweiten Sverresburg aus dem 12. Jahrh., jetzt Ruine, und Erkebispegaarden ebenfalls in Drontheim[14]), der erzbischöfliche Hof, der geschichtlich bekannt ist als der älteste nordische Steinbau (1178—80) erbaut)[15]), gegenüber der Stadt die befestigte Insel Munkholmen und die Batterie von 1682, Tönsberg[16]) am Eingang des Oslofjords, Vardöhus, die nördlichste Feste jenseits des 70. Breitengrades, Østraat[17]), ein festes Wohnschloß des 17. Jahrh. und die spätgotische Ruine Steinvikholm[18]) bei Drontheim, ein verschoben viereckiger Wehrbau mit zwei diagonal gestellten Rundtürmen[19]). Dann sind noch von Bedeutung die malerische Bohusburg[20]), die 1658 mit dem Bohusland an Schweden kam, Ringerike, die Kongsvinger Feste am Flusse Glomme mit Vorwerk, die Ruinen der ehemals bischöflichen Feste und die

---

12) Norsk Bygningskunst Taf. 52. — 13) Sinding-Larsen: Akershus. Oslo 1924. — 14) Norsk Bygningskunst Taf. 46. — Lundberg a. a. O. S. 175. — Johansen: Den tusenårige by ved Nidelven Trondhjem. — 15) Ebenda S. 28. — 16) Gjessing: Tunsbergs Geschichte im Mittelalter bis 1536. — 17) Norsk Bygningskunst Taf. 72. — Ree und Wallem: Østraat. — 18) Wallem: Steinvikholm. — 19) Siehe auch Abschnitt Schweden, S. 356 u. f. — 20) Plan aus der Sammlung Max v. Fürstenhoff v. Jahre 1740.

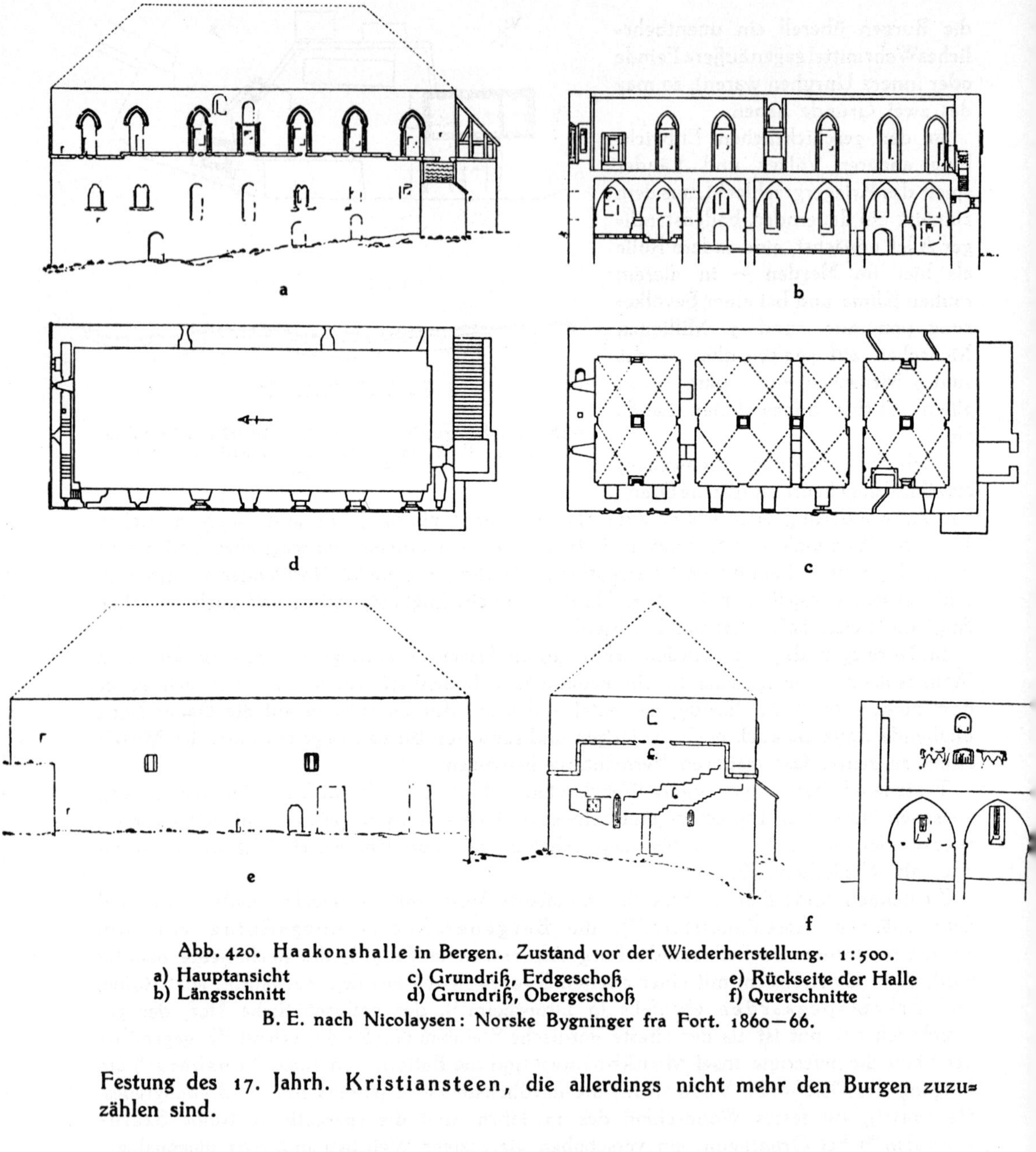

Abb. 420. Haakonshalle in Bergen. Zustand vor der Wiederherstellung. 1:500.

a) Hauptansicht — b) Längsschnitt — c) Grundriß, Erdgeschoß — d) Grundriß, Obergeschoß — e) Rückseite der Halle — f) Querschnitte

B. E. nach Nicolaysen: Norske Bygninger fra Fort. 1860—66.

Festung des 17. Jahrh. Kristiansteen, die allerdings nicht mehr den Burgen zuzuzählen sind.

Am besten wird der Übergang vom Holzbau zum Steinbau empfunden werden bei der Betrachtung einer der großen Kirchen mit Steinmauern und Holzdach, wie etwa der Varneskirche[21]). Ihr gleichen einige der erwähnten norwegischen Wehrbauten, und zwar zunächst die Werke, die in Bergen erhalten sind (Abb. 418).

Nahe der deutschen Brücke erheben sich in Resten alter Mauern der Stadtburg — Bergenhus genannt (Taf. 70) — eine Reihe früher Steinbauten. Ihnen gegenüber, etwa

[21]) Nicolaysen: Norske Bygninger. S. 14 Taf. XVII, Nr. 3.

100 m entfernt, sehen wir die Bergener Sverresburgruine[22]), jenseits eines tiefen Bodeneinschnittes auf einer Anhöhe gelegen.

In Bergenhus dürfen wir schon zu Magnus des Guten Zeiten 1035—1047 das Vorhandensein einer steinernen Halle annehmen, der heutigen Haakonshalle[22a]).

Wir können aber voraussetzen, daß diese erste Halle nur Steinringmauern besaß, über die ein großartiger, sichtbarer Dachstuhl als Decke gestreckt war. Bis heute aber blieb uns als Steinbau jene Halle, die Haakon IV. — Haakonson —, der 1217—1263 regierte, im Jahre 1261 bei der Hochzeit des Thronerben einweihen konnte[23]), die sogenannte Haakonshalle (Abb. 419, 420, Taf. 71).

Der stolze Bau dieser heutigen Halle, errichtet zwischen 1240 und 1261[24]), erstreckt sich von Norden nach Süden in rund 40 m Länge und rund 17 m Querbreite, nahe am Wasser der „Vaagen" Bucht. Von den in alten Stadtplänen noch angedeuteten äußeren Ringmauern bzw. dem späteren Bastionswerk sind noch — allerdings vielveränderte — Reste wahrzunehmen. Der ursprünglich zweistöckige Saalbau selbst enthielt über niedrigen aushilfsweise balkenüberdeckten Kellern ein durch 14 Kreuzgewölbe abgeschlossenes Untergeschoß, dessen Stützen auf Teilungsmauern des Kellers bzw. des Erdgeschosses aufstehen. Über den Gewölben erstreckt sich der Hauptsaal mit sichtbarem Holzdachstuhl über dem ganzen Bau. Dieser ist erneuert nach dem Kirchendach der Verneskirche, das als Vorbild eines echten alten, reichgeschnitzten Dachstuhles gilt[25]). Der 1880—95 wiederhergestellte Bau[26]) zeigt gotische Spitzbogenfenster in zwei Stockwerken.

Aus den vorzüglichen Stichen von 1860—66[27]) erkennen wir die Reste des alten Zustandes (Abb. 420). Im Nordgiebel sind besonders die Treppenanlagen sehr überlegt entwickelt[28]). Nach alter wehrbaulicher Art finden wir Räume für Gänge und Treppen zwischen den verschiedenen Stockwerken vom Keller bis zum Dach in den starken Umfassungsmauern ausgespart.

Die Grundrisse zeigen gleiche Überlegung in allen Teilen des Saalbaues und seiner Nebenräume. Türen, die von solchen Gängen an der Nordseite in verschiedenen Höhen ins Innere des Saales führten, geben einen Hinweis darauf, daß ein erhöhter Königssitz an der Nordseite, an der Stirnwand entlang, angeordnet war. Eine Feuerstelle im Untergeschoß scheint späterer Zeit anzugehören. Im Nordgiebel liegt auch der Brunnenschacht, dessen Unentbehrlichkeit selbstverständlich einen besonders sicheren Platz erforderte. Die westliche Hauptmauerflucht ist im alten Zustand von 1860 dargestellt und bietet den Beweis für

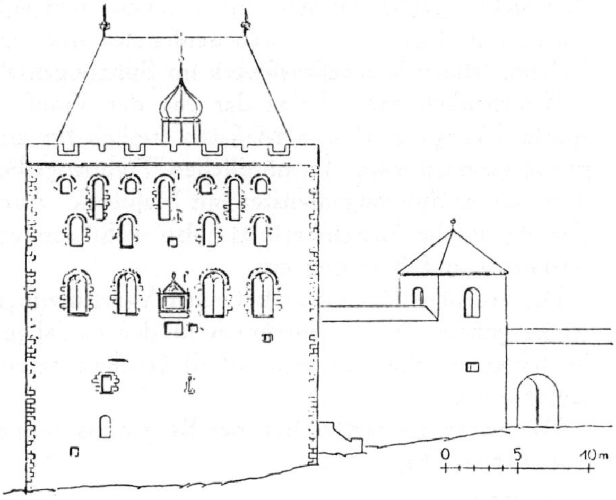

Abb. 421. Rosenkrantzturm in Bergen.
B. E. nach: Bergens histor. Forening Skrift. 1938.

---

22) Erbaut von König Sverres 1177 bis 1202, wie auch die Sverresburg bei Drontheim. — 22a) Untersuchungen des Architekten Peter Blix von 1880—93, beschrieben von Gerhard Fischer in den Schriften der Bergenschen historischen Gesellschaft Nr. 45 v. 1939, S. 221 f. — 23) Dietrichson: Unserer Väter Werk. Nicolaysen: Norske Bygninger fra Fortiden 1860 bis 66. — 24) Norsk Bygningskunst Abb. 29 u. ebenda Register S. VI. — 25) Nach Dietrichson: Unserer Väter Werk. — 26) Ebenda. — 27) Nicolaysen: Norske Bygninger. Vgl auch den von J. Wahl gebrachten Kupferstich von etwa 1580 aus der Sammlung „Civitates orbis terrarum" v. Braun u. Hogenberg, in Schriften d. Bergenschen historischen Gesellschaft Nr. 34 v. 1928, S. 103, sowie die Abbildung von etwa 1560 in Lorentzen: Bergens by i svunne dager, S. 31. — 28) Ebenda S. 13 u. Taf. X.

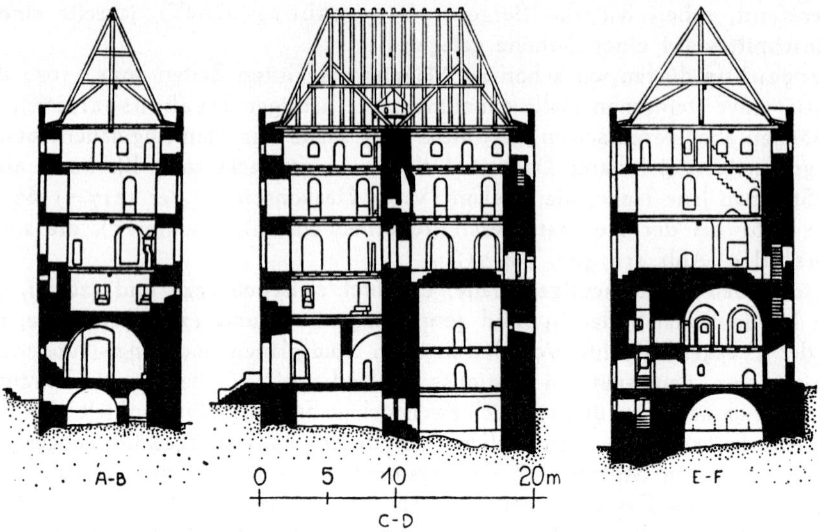

Abb. 422. Rosenkrantzturm. Schnitte. 1:500. B. E. nach Bergens histor. Forening Skrift. 1938.

die Richtigkeit der Wiederherstellungsformen. Der Schnitt, gegen Norden gesehen, zeigt Reste des großen Fensters im Nordgiebel (Abb. 420).

Das war der Zustand des 13. bis 14. Jahrh. Gegen Ende des 15. Jahrh. wurde ein neues Haupttor errichtet, dessen Korbbogenprofilierung einer völlig fremden Stilform angehört. Im 16. Jahrh. hören wir von einem Dach= und Giebeleinsturz und seit dieser Zeit von dauerndem Verfall und Mißbrauch[29]). Die dänischen Könige hatten offenbar wenig Liebe für die norwegische Königshalle, die unter ihrer Herrschaft als Kornhaus und Vorrats=keller diente.

Die westliche Hauptansicht des Gesamtbaues vom Wasser aus zeigt heute über den kleinen, schartenartigen Kellerfenstern etwa in halber Höhe der schlichten glatten Haupt=mauer Zweilichtfenster mit Mittelsäulen und weichen Spitzbogen, im Hauptgeschoß öffnen sich sieben große Fenster mit schönen, feingegliederten ernsten Ecksäulen und Ver=dachungsprofilen. Die Spitzbogenfenster sind von erheblicher Höhe, schlank mit ein=fachem, frühen Vierpaßmaßwerk im Spitzbogenfeld über einer Mittelsäule.

Wehrbaulich wirkt heute der vor der Traufe herlaufende Zinnenkranz bzw. der ge=zinnte Wehrgang, dessen Maßstab freilich für einen kriegerischen Ernstfall kaum hoch genug gewesen wäre. Im nördlichen Treppengiebel öffnet sich ein erneuertes, mächtiges, dreigeteiltes Spitzbogenfenster mit Maßwerk. Auch dieses ist nicht wehrbaulich gestaltet. Die eigentliche Abwehr erfolgte also wohl von vorgebauten Ring= und Zwingermauern, Bastionen und Batterien aus.

Der würdige Hallenbau hat einst Verteidigungsmöglichkeiten durch hölzerne Außen=werke geboten[30]). Er entsprach in der damaligen Wirkung vielleicht deutschen Pfalz=bauten einer etwas späteren Art als Dankwarderode oder Goslar, eher wie Wimpfen oder Gelnhausen.

Der zweite großartige Bau der Bergenhusgruppe ist der Walkendorfs= oder Rosen=krantzturm[31]).

[29]) Nicolaysen a. a. O. S. 8. — [30]) Nicolaysen: Norske Bygninger Abb. S. 8, 9, 10. — [31]) Norsk Bygningskunst Taf. 52 und Register S. VIII.

Neben dem alten viereckigen Kastel aus Haakon Haakonsons Zeit, dessen Mauerführung wir im Keller und dem ersten und zweiten Stockwerk des Rosenkrantzturmes und manchmal auch höher wiederfinden, wurde in den Jahren 1562—68 an der Ostseite ein unregelmäßiger, vierkantiger Bau errichtet und südwärts eine Mauer in der ganzen Turmbreite. Vom Fundament reicht sie hinauf bis in den fünften Stock und zum obersten Mauerkranz, dem Wächter= und Schützenwehrgang. Der Turm ist bedeckt mit einem Walmdach, während die Wendeltreppe ein spätes Zwiebeltürmchen bekrönt. Der Bau ist eingerichtet sowohl zur Verteidigung als auch zum Wohnen. Die spätere Verstärkung des Turmes ist erbaut von dem Lehnsherrn Rosenkrantz, dessen Wappen mit Namens= zug und Jahreszahl 1563 auf einer Tafel in der Mitte der Hoffassade angebracht ist. Er ließ damals, wie urkundlich bezeugt ist[32]), Maurermeister und Steinhauer von Schottland kommen. Weitere Arbeiten folgten 1748. Lange Zeit wurde der Turm als Rüstkammer benutzt. 1848 und 1864 folgten Ausbesserungen[32a]) (Abb. 422, 423, Taf. 71).

Der Walkendorfs= oder Rosenkrantzturm wirkt in wehrbaulicher und künstlerischer Hinsicht am abgerundetsten in der Bergenhusgruppe. Trotz mancher neueren Glätten an dem krönenden Zinnenwehrgang und an einigen Profilen, beeindruckt doch der Gesamtkörper durch die schweren Mauerflächen und die malerisch verteilten ungleichen Rundbogenfenster (Abb. 421).

In der Mitte der Gesamthöhe, also sturmfrei, liegen auf der Langseite 4 große Hauptfenster, darunter ist eine fast lückenlose Mauerfläche, darüber angeordnet sind 4 viel kleinere, schmale Wohnraumfenster, wieder ein Stockwerk höher 4 kurze Schießluken und zwischen diesen 3 lange Fußscharten besonderer Art. Das Ganze wirkt trotz aller Umbauten der Jahrhunderte wuchtig und geschlossen[33]).

Im 11. Jahrh. wurde eine frühe Burg auf dem Akerberg zugleich mit der Stadt Oslo durch den König Harald Haardraade errichtet, die nach Untersuchungen des Architekten Blix schon für jene Zeit imponierende Abmessungen gehabt haben muß[34]). Aber erst nach 1285

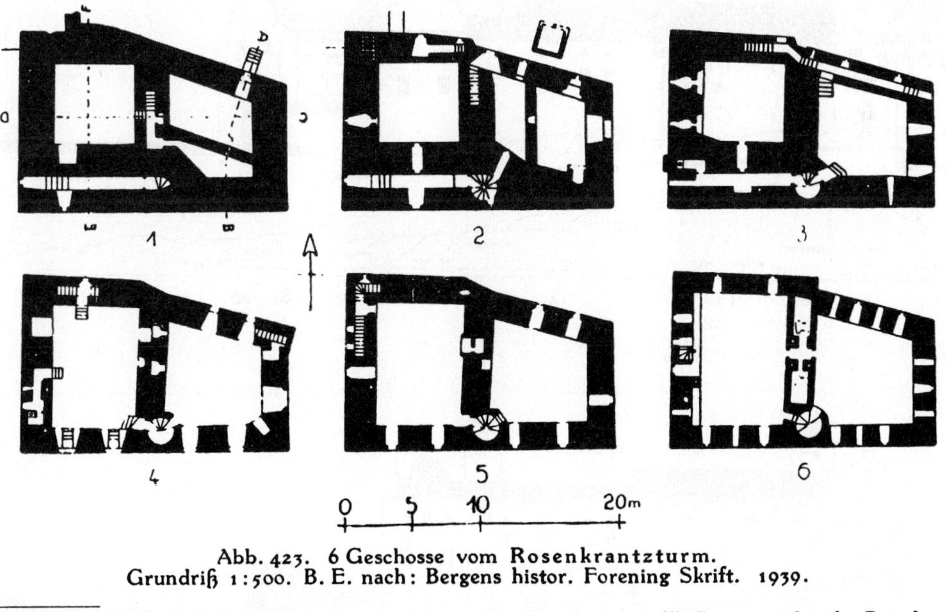

Abb. 423. 6 Geschosse vom Rosenkrantzturm.
Grundriß 1:500. B. E. nach: Bergens histor. Forening Skrift. 1939.

[32]) Norsk Bygningskunst, Register S. VIII. — [32a]) Ebendort. — [33]) Der eingehende Bericht v. J. Wahl üb. Ausbau v. Bergenhus zu einer neuzeitlichen Festung betrifft bereits die nachburgliche Zeit. Vgl. Schriften der Bergenschen historischen Gesellschaft Nr. 32 v. 1926, S. 7f., u. Nr. 35 v. 1929, S. 9f. — [34]) Sinding=Larsen: Akershus 1924. S. 16. — Norsk Bygningskunst 1927 Taf. 57 u. S. IX.

Abb. 424. Akershus, Norwegen. Zustand der Burg von 1300—1905. Nach Sinding Larsen: Akershus.
Erklärung der Zahlen siehe rechts.

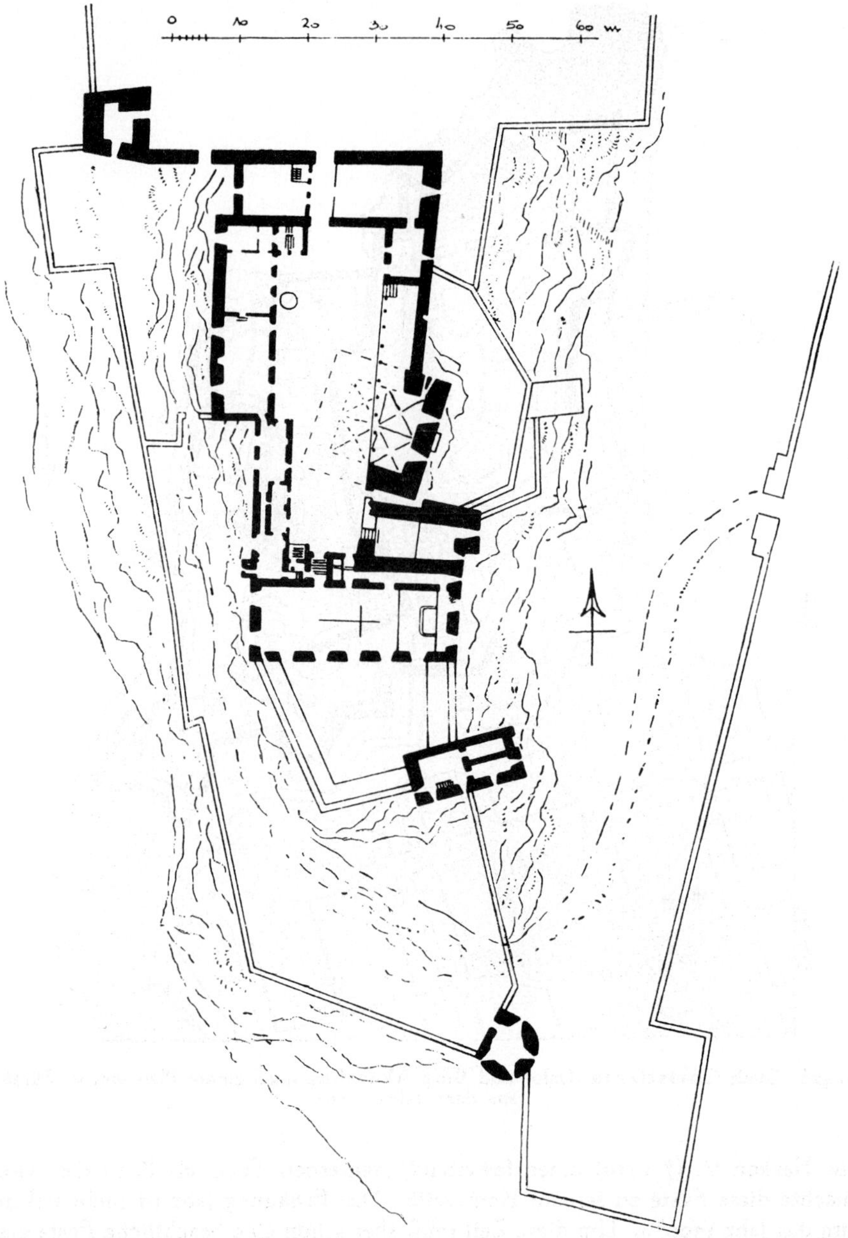

Abb. 425. Burg Akershus bei Oslo. Grundriß 1:1000. B. E. nach Sinding-Larsen: Akershus.

Erklärung der Zahlen zu Abb. 424.

1. Knut-Turm
2. Nordflügel
3. Westflügel
4. Außengarten
5. Turm Vaagehals
6. Vogelsang
7. Südflügel
8. Jungfernturm
9. Pforte
10. Vorburg
11. Uferturm
12. Verlauf der langen Vorburg zwischen Knutturm und Munketurm
13. Romerikeflügel
14. Schreiberstuben
15. Munke-Turm
16. Romerike-Turm
17. Frauengemächer
18. Blau-Turm
19. Jungferngang
20. Dienerwohnung
21. Romerike-Bastion

Abb. 426. Stadt Christiania (Oslo) und Burg Akershus nach einem Plan von v. Fürstenhoff aus dem Jahre 1740.

erbaute Haakon V. († 1319) einen (zweiten?) steinernen Turm als Kern des Akershus und machte diese Feste zu seinem Königssitz. Das Erbauungsjahr ist nicht bekannt. Es liegt um das Jahr 1300[35]). Um diese Zeit muß aber schon eine beachtliche Feste gestanden haben; denn die schwedische Reimchronik vom Jahre 1320 berichtet von starkem, sieg=reichem Widerstand, den die Burg dem Schwedenherzog Erik 1308 bei seiner vergeb=lichen Belagerung leistete (Abb. 425, 426).

Aus den Resten des fast 20 × 20 m starken Bergfriedes kann man sich das Bild eines heroischen Baues vor Augen rufen, obgleich von diesem Bau leider nur noch geringe Reste übrig sind.

Durch die bedeutenden Vorarbeiten, die der Architekt Holger Sinding=Larsen in seinem Werke vom Jahre 1924 geleistet hat, sind wir in der Lage, uns eine befriedigende Vor=

[35]) Sinding=Larsen: Akershus S. 9.

stellung von der Entwicklung der Burg Akershus zu machen. In den Wiederherstellungs-skizzen, die Larsen seinem Buch vorausschickt und deren Bilder er S. 18/19 bringt (Abb. 424), und in den Außenansichten hat er versucht, die verschiedenen Jahrhunderte zu charakterisieren.

Am wichtigsten ist danach als Ausgangspunkt: der erwähnte mächtige, bergfriedartige Wohnturm von 19 × 17 m Seitenmaßen, der den höchsten Punkt südlich unweit des Nordflügels einnimmt: der „Vaagehals". Ein solches Bauwerk ist in Norwegen eine völlige Einzelerscheinung, auch in Deutschland nicht häufig, obwohl hier Wohntürme ähnlicher Form und Größe vollständig erhalten stehen[36]). Man könnte also versucht sein, in diesem gewaltigen Wohnturm, den Larsen[37]) darstellt, die Nachbildung eines schottischen Keep oder französischen Donjons zu erblicken. Von beiden liegen aber die besonderen Kennzeichen nicht vor, wie ein Vergleich mit englischen und französischen Burgen[38]) zeigt. Larsen vergleicht diesen „Vaagehals" mit dem wohl noch höheren Kärnan in Hälsingborg[39]).

Larsen nennt einen vierstöckigen Bau, in dem sämtliche Stockwerke gewölbt und durch Mittelpfosten gestützt sind. Er nimmt an, daß der Turm im 13. Jahrh. gebaut sei. Zu dieser Zeit waren in Schottland sowohl wie in Frankreich die Keeps bzw. die Donjons bis aufs äußerste sorgfältig durchdacht und vielgestaltig ausgeführt.

Dieser mächtige Wohnturm war aber bereits im Jahre 1556[40]) zum größten Teil Ruine. Larsen stellt die Reste von 3 gewölbten Geschossen dar. Es ist aber Ende des 13. Jahrh. wohl auch schon der Nordflügel der Gesamtburg als vorhanden anzunehmen, der der nordischen Form der Werke in Bergenhus, in Tönsberg usw. entspricht, wo Königshallen als große Saalbauten mit sichtbarem hölzernem Dachstuhl die Regel sind. So gibt auch Larsen in seinen Schnittdarstellungen eine zweistöckige Königshalle als Werk Haakons V.[41]) an.

Die Burg Akershus entwickelte sich weiter von diesem Nordflügel aus auf dem Basaltkamm des Akerberges zwischen Pipervik- und Björvikhafen am Oslofjord. Dort steht parallel mit diesem quer über dem Kamm errichteten Nordflügel Haakons V., etwa 50 m südlich ein zweiter Saalbau, der Südflügel oder Christian-IV.-Saal genannt. In diesem Bau befindet sich die in später Zeit errichtete Burgkapelle. Sinding-Larsen sieht nicht wie Gustav Storm, den er zitiert, eine Verwandtschaft zwischen dem Süd-

Abb. 427. Burg Tönsberg. Ansicht nach Johann Meyer.

---

[36]) Heimsheim siehe Lundberg: Herremannens Bostad S. 143 und Heimhof (Oberpfalz), s. Bodo Ebhardt: Burg Heimhof S. 11. — [37]) Sinding-Larsen II S. 16. — [38]) Abschnitt Engl. und franz. Burgen Bd. I. — [39]) Larsen II S. 17. — [40]) Larsen II S. 16. — [41]) Larsen II: Schnitt. S. 139.

flügel und Glimmingehus in Schweden[42]).

In der Mitte des Abstandes stehen noch die Reste des großen Wohnturms, die noch bis in spätere Zeit den langen Raum in einen nördlichen und einen südlichen Burghof teilten. Verbunden sind die beiden Querflügel (beides Saalbauten) durch den Romerikeflügel und Saalbau an der Westseite (bis zur Hälfte der Länge), weiter durch den schweren, langen Bau mit den sogenannten Schreiberstuben (Abb. 424).

Auf der Ostseite schließt die beiden Höfe ein langer, schmaler Flügelbau ab, dem weiter gegen Osten unregelmäßige Bauten angefügt sind. Hier liegen ganz nördlich die Speisekammer und ein Bau, der als Statthalterwohnung bezeichnet wird, dazwischen die Reste des Vaagehals (Wohnbau äußerlich völlig unsichtbar) und im letzten Drittel das Frauenstubenhaus. Dadurch entsteht also ein langgestreckter Gesamtkernbau um einen 50 m langen und durchschnittlich 10 m breiten Hof.

Noch weiter der Südspitze zu zeigt sich ein oberer Vorburghof, der Jungferngarten, etwa 32 × 40 m, und dort erhebt sich auch der etwa 15 × 7 m messende Jungfernturm.

Die ganze Westseite der Burg umzieht ein etwa 150 m langer Zwinger, durch den ursprünglich der Haupteingang führte und dessen Südspitze der halbrunde Mönchsturm (Munke) bildet. Etwas nördlich vom Munketurm führt heute noch eine Zugbrücke zu dem äußersten Tor und durch dieses an der ganzen Westseite entlang bis zum außerhalb der Burg gelegenen Knutsturm mit einer Art von Schildmauer, als die sich heute die nördliche Längswand des Nordflügels darstellt. In der Mitte des Nordflügels und in dem untersten Stockwerk liegt zur Zeit die Hauptzufahrt von Norden zum Burg=

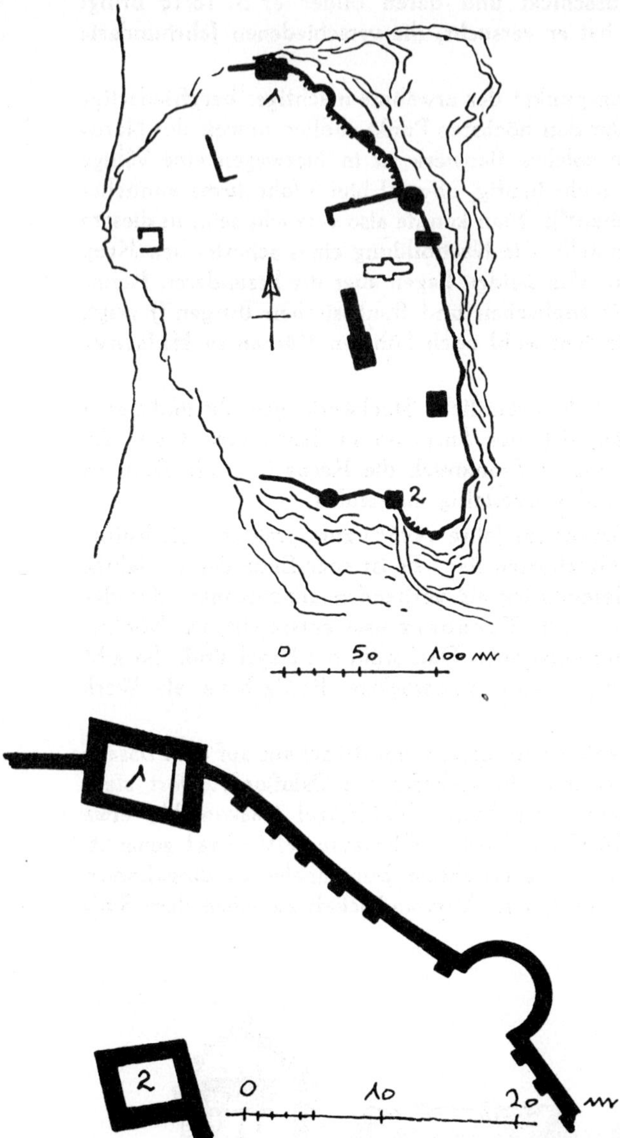

Abb. 428. Burg Tönsberg.
Planskizze der durch Ausgrabung freigelegten Anlagen.
B. E. nach Johnsen: Tönsbergs Historie.

42) Larsen II S. 78.

hof. An der Nordwestecke steht vorgeschoben eine Bastion an Stelle des ursprünglichen Knutsturmes.

Die von Larsen bearbeiteten Wiederherstellungsentwürfe und Darstellungen der äußeren Ansichten (Abb. 424, 437), die der verschiedenen Jahrhunderte, des 14., 16., 17., 20.[43]), geben ein außerordentlich anregendes Bild der gesamten Entwicklung. Ebenso wertvoll ist die Darstellung des Inneren, d. h. in der Hauptsache der beiden Saalbauten von Haakon V. und Christian IV. Höchst merkwürdig ist die Art, wie die gesamten Bauten verbunden sind durch den unterirdischen Mørkegang oder Løngang, der von der Haakonschen Königshalle bis zum Jungfernturm, mit höchst interessanten Wölbungen versehen, geführt wurde, also bei Belagerungen eine Zusammenarbeit der Besatzung der verschiedenen Burgteile ermöglichte[43a]).

Die Bedeutung der Burg, die sich von Nord nach Süd am Fjord entlangzieht, wuchs, seit sie als Sitz der Könige diente, bis zur Zeit der großen Königin Margaretha (1387—1412) bzw. bis zur „Union" mit Dänemark (1397).

Fortdauernde Um= und Ausbauten waren das Schicksal aller besonders wichtigen europäischen Burgen, es traf auch Akershus. Der Basaltbauplatz selbst, auf der West=seite der Halbinsel zwischen Piperwiks= und Björvikbucht des Oslo=Fjord, beeinflußte von vornherein die längliche, reichgegliederte Form des Grundrisses, die 1308 schon starke Werke aufweisen mußte. Haakon VI. (1343—80) verstärkte die Burg noch durch mittelalterliche Türme und Wehrbauten. Nach 1500 wirkte dort Christian II., der, wie erwähnt, bis 1512 außerhalb der Mauer ein hohes, nach ihm genanntes Gebäude errichtete, das Christiansschloß. Die hohe Lage über dem Wasser hebt den alten Wehrbau trotz der vielen späteren Um= und Anbauten immer noch zu schöner Wirkung im Stadtbilde hervor.

1527 traf ein großes Brandunglück die Burg. Danach folgen bedeutende Bauarbeiten bis Anfang des 17. Jahrh., z. B. entstand der Blauturm 1623 an der Nordseite des Süd=flügels.

1623 wurde nahe der Nordecke der Romerikflügel und der batterieartige Romerik=turm erbaut als Verbindung zwischen Nord= und Romerikflügel, er besteht aus Ziegel=steinen.

1638 wird ein langes Haus am Kirchenflügel gebaut, auch am jetzigen Vaagehals und am Ostflügel. Neuere Ausgrabungen unter dem Architekten Gerhard Fischer sind im Gange.

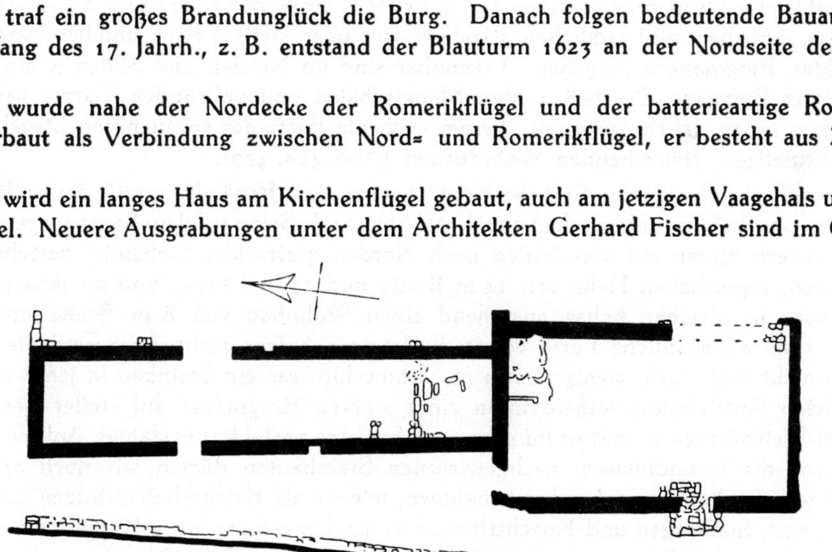

Abb. 429. Burg Tönsberg. Grundriß des Königshauses. 1 : 500.
B. E. nach Johnsen: Tönsbergs Historie.

---

43) Larsen II S. 138/39. — 43a) Die interessanten Brunnenanlagen sind ersichtlich in Widerberg: Akershus S. 183f., wenn auch die Schrift im übrigen nur die nachburgliche Zeit behandelt.

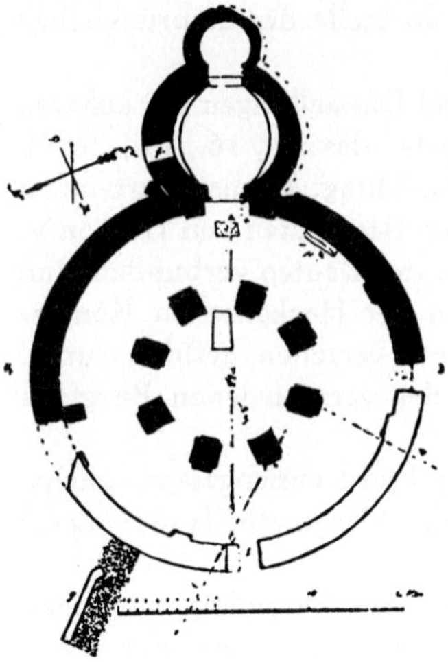

Abb. 430. Reste der Olafskirche in Tönsberg. Grundriß 1:500. B. E. nach Frölen: Nordens befästa Rundkyrkor.

Ort und Burgberg Tönsberg im Bezirk Vestfold im Südosteck Norwegens liegen am Meer, am westlichen Ufer der Oslo-Fjordöffnung, an einem Platze, dessen strategische Bedeutung schon in vorgeschichtlichen Zeiten erkannt worden sein dürfte[44]) (Abb. 427, Taf. 72).

Zahlreiche geschichtliche Nachrichten künden dann sowohl von den großen Ringmauerbauten auf der Höhe wie von der Stadt, wo ebenfalls Reste von Königshallen und einer Kirche (Abb. 430) erforscht wurden. Die Geschichtsquellen könnten also auf beide zu beziehen sein[45]).

Johnsen teilt die Bergfeste ein:

1. in die Ringmauer mit Frontkastellen, den befestigten Nord- und Südturm und das Westkastell;

2. das Königshaus, das ein früheres Holzhaus ersetzte, in alten Urkunden „Husa alt Bergit" genannt, Baubeginn 1234;

3. das Ziegelkastell, das nach isländischen Angaben aus der Zeit von Haakons des Alten Nachfolger, Magnus Lagaböter (1263—80) stammt und

4. die Michaelskirche.

Betrachten wir eine Planskizze, die auf Grund vorläufiger Ausgrabungen 1927 vom Architekten Fischer dargestellt ist[46]) und deren aufgezeichnete Reste z. T. dem Ziegelkastell der Zeit des Magnus Lagaböter angehören sollen[47]).

Die eiförmige Bergkuppe von etwa 200 m Breite und 350 m Länge ist noch zu zwei Drittel auf ihren östlichen und südlichen Rändern, die über steile Felsen abfallen, von turmverstärkten Ringmauern umgeben. Erkennbar sind im Norden und Süden je ein früher, verteidigter Eingang. Die halbrunden Mauerschalen und vollrunden Türme kann man schon dem 14./15. Jahrh. zuweisen, diesem auch die Reste des sogenannten Ziegelkastells, eines ehemaligen, freistehenden Wohnturmes (Abb. 428, 429).

Älter ist nach Johnsen der Rest des Königshauses, das „Husa alt bergit", dessen Bau 1234 begonnen wurde[48]) (wie oben schon erwähnt) (Abb. 429). Seine auf dem Berge ausgegrabenen Grundmauern zeigen ein von Süden nach Norden gestrecktes Gebäude, bestehend aus der kurzen, eigentlichen Halle von 14 m Breite und 23 m Länge, und an dessen breiter Nordmauer in gleicher Achse anstoßend einen Wohnbau von 8 m Breite und 35 m Länge. Eine wehrbauliche Form verrät die letztere Anlage nicht, auch sind die Hauptmauern nicht sehr stark, wenig über 1 m. Immerhin war ein Steinbau in jener Zeit und von solcher Ausdehnung außerdem in einer starken Ringmauer auf steiler Bergeshöhe und von Wehrtürmen umgeben im ganzen sicher eine verteidigungsfähige Anlage. Neben den durch die Grundmauern nachgewiesenen Steinbauten dürfen wir noch zahlreiche Holzbauten als ehemals vorhanden annehmen, wie sie als Kriegerbehausungen und Wirtschaftsräume, Stallungen und Knechtshäuser in der Umgebung eines Königshauses selbstverständlich notwendig waren. Reste eines Brunnens wurden 1887 durch Eisenbahnbauten zerstört.

Auch eine Hofkirche, die Michaelkirche, fehlte, wie die Ausgrabungen beweisen, nicht.

[44]) Johnsen: Tønsbergs Historie. — [45]) Ebendort. — [46]) Grundriß der Gesamtanlage nach Gerhard Fischer, in Johnsen a. a. O. S. 140. — [47]) Johnsen a. a. O. siehe Grundriß. — [48]) Johnsen a. a. O.

Baugeschichtlich wichtig ist, daß in der Burg Tönsberg durch Funde reicher Art die Anwendung des Ziegelbaues nachgewiesen ist. Selbst eine Ziegelei war in der Zeit Magnus Lägaböters hier vorhanden[49]).

Wir hören auch von einem Briefe, den Bischof Haakon 1340 geschrieben hat und in dem davon gesprochen wird, daß Magnus Erikson den Befehl gegeben hat, die Burgen Tönsberghus und Vardöhus zu „verbessern[50])", also muß zu dieser Zeit schon eine Burganlage vorhanden gewesen sein.

Die Burg Bohus, die mit dem zugehörigen Gebiet Bohusland bis 1658 norwegisch war, liegt beherrschend an dem sogenannten Nordre=elf, einem Arm des Goethaflusses nahe den Trollhättafällen. Angeblich wurde sie 1308 durch König Haakon V. (1299—1319) errichtet[51]). 1340 sind Verbesserungsarbeiten vom Erzbischof von Drontheim befohlen. Unter Christian I. (1448—81), dem dänischen König, wurde Bohus in Stein ausgebaut.

Einen rohen Grundriß der Burg und Feste von 1638 bietet Johannes Mejer[52]). Da= neben bringt Sarauw einen genauen Plan nach Widerberg von 1648—58. Ein dritter Grundriß, wesentlich nach einem Plan von 1771 und nach älteren Zeichnungen des 16. und 17. Jahrh. zusammengetragen, stammt von Gerhard Fischer[53]).

Der Mejersche Plan ist freihändig unklar im einzelnen, betont aber dabei die Gesamt= lage der Burginsel in den Fjorden bzw. den schmalen Meeresarmen, die eine Verteidigung der Insel in früher Zeit ohne weittragende Verteidigungs= und Angriffsmittel in der Tat möglich machte.

Der Widerbergische Grundriß dagegen zeigt den mittelalterlichen Kern klarer. Wir sehen die hohe und starke Mantelmauer ehemals ein unregelmäßiges Rechteck bilden mit zwei späteren (?) Rundtürmen, wie es in dem Dahlbergschen Stich auch zu sehen ist, je einem an der Nordost= und der Südostecke.

Abb. 431. Burg Bohus (jetzt zu Schweden gehörend). Ansicht nach Stich von 1680 aus Dahlberg: Suecia antiqua et hodierna.

---

49) Gjessing: Tönsbergs Geschichte im Mittelalter bis 1536 u. Dietrichson, Unserer Väter Werk. — 50) Sinding=Larsen: Vardöen. Oslo 1937. — 51) Dahlberg: Suecia antiqua et hodierna. Sinding= Larsen a. a. O. — 52) G. Sarauw: Studier rörande Bohus som norsk Fästning (Festung) S. 55/56 in Göteborgs och Bohusläns Fornminnesförenings Tidskrift. Jg. 1927. — 53) Gerhard Fischer: ebenda S. 42. Jg. 1928.

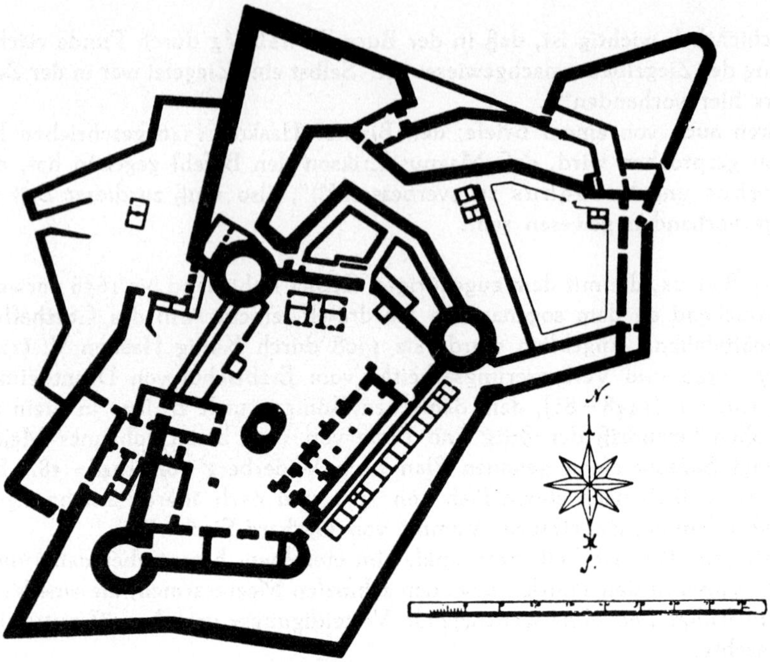

Abb. 432. Burg Bohus. Grundriß 1:2000. Nach Hahr: Nordiska Borgar.

Die Südseite wird durch ein langgestrecktes, späteres Steinbollwerk von rund 50 m Länge und etwa 13 m Breite südlich halbrund geschlossen. Dieses war gewölbt und wurde durch ungeheuer starke Außenmauern geschützt. Der 47 m lange östliche zweite Bau hat innen 9 m lichte Weite und 2 m innere Mauerstärke und wird als „Neues Magazin" bezeichnet.

Der dritte Flügel gegen Süden fehlt völlig, dagegen ist der Westflügel durch die Kirche, die Kommandantenwohnung und einen Torquerbau reich gegliedert und auch im Stich der Gesamtdarstellung Dahlbergs noch bewohnbar und neuzeitlicher wiedergegeben. Ein Nordwesteckturm ist völlig abgetragen und durch einen kleinen vierkantigen Turm ersetzt. Der wichtige Brunnen lag mitten im Hofe der Westseite.

Das Hauptburgtor lag mit zwei Vortoren drei- oder vierfach verschließbar vor der Mitte des Westflügels[54] (Abb. 432).

Soweit die mittelalterliche später um- und ausgebaute Mittelburg, die sich hoch aus den weit vorgestreckten 7 verschieden gegliederten Bastionen der Festungsspätzeit hervorhebt.

Baukünstlerisch wirken außen die Flügel und Türme über den stolzen Bastionen mehr schloßartig und wie Werke des 16. Jahrh. als wie mittelalterliche Wehrbauten.

Gotische oder noch frühere Reste fehlen auf den ersten Blick durchweg, die Ruinen sind leider sehr zerrissen und bieten wohl nur dem örtlichen Forscher Erkenntnisse.

Von Belagerungen, die die Burg, später mehr als Feste anzusehen, aushalten mußte, wird aus den Jahren 1502, 1513, 1563 und 1570 berichtet, aber erst 1658, als Schweden auf dem Gipfel seiner Macht stand, gelang es ihm, Bohus zu erobern, so daß König Karl X. die beherrschende Feste dem dänischen Norwegen abnehmen konnte, die seitdem schwedisch blieb.

[54]) Gerhard Fischer a. a. O. Bd. 1930 S. 20/21.

Burg Åbo, Finnland

Burg T a v a s t e h u s, Finnland

Der schöne Stich aus Dahlbergs Suecia[55]) (Abb. 431) zeigt in hoher Mantelmauer mit Wehrgangkrone eine mittelalterliche Kernburg zwischen zwei runden Bergfrieden, inmitten eines hochgetürmten Kranzes von Bastionen auf stolzem Felsklotz. Die kleine Felseninsel Elfebaken am nördlichen Ende der Insel Isingen ist ringsum vom Wasser des Nordelf umgeben, das auch den mächtigen Felsen durch einen breiten Wasserarm von der gegenüberliegenden Stadt Kongelf trennt.

Die Burg Bohus war so von allen Seiten von Armen des Götaelf umgeben und galt bis zum 17. Jahrh. für uneinnehmbar. Lange Holzbrücken, von Zugbrücken unterbrochen, vermittelten allein den Verkehr zwischen Burg und Stadt und dem Vorgelände.

Im 18. Jahrh. verfiel die Burg, die noch 1678 eine 56 Tage dauernde Beschießung ausgehalten hatte, allmählich. Sie ist heute eine der schönsten und wehrbaulich am kernhaftesten wirkenden Burgruinen Schwedens in malerischster und großartigster Lage auf den wild zerklüfteten Felsen des Meeresufers gegenüber Skagen.

Über Bohus schreibt Sinding=Larsen, daß es sich bei dem Bau Haakons V. nach eingehenden Forschungen von vornherein (wie bei Akershus) um damals uneinnehmbare Burgen mit zweistöckigen Wohnbauten gehandelt habe[56]).

An der nordöstlichsten Spitze Norwegens östlich des Nordkaps, wo auch heute wieder Kriegsstürme toben, liegt, der Varanger Halbinsel vorgelagert, die alte Feste Vardö. Angelegt nach 1310 durch Haakon V. wie Akershus und Bohus an einer der drei äußersten Ecken des Reiches, ist Vardö ein alter Hafenort auf einer Insel gelegen und war strategisch schon früh als wichtig zur Verteidigung Finnmarkens gegen die Moskowiter und die Karelier erkannt (Abb. 433).

Von der alten Burg des 14. Jahrh., deren Errichtung in dieser weltenfernen Einsamkeit sicher eine Wertung des Wehrbaus eigener Art bietet, hat Sinding=Larsen noch Reste von Mauerwerk ohne Mörtel gefunden.

Schon um 1599 war das Schloß Vardö in einem elenden Zustand. Es hat 1634 eine Verbesserung erfahren, wird aber im Jahre 1731 als verfallene Burg gekennzeichnet, so daß man sich 1734 zu dem Bau der Festung entschließt, die noch heute im wesentlichen unverändert erhalten ist. Aus dem Jahre 1731 befindet sich in der Universitätsbibliothek in Oslo eine wahrscheinlich rekonstruierte Karte, „Ellevation und Grundriß" der Festung Vardö, die den mittelalterlichen Zustand der Burganlage wiedergibt. Danach befinden sich innerhalb eines quadratischen, wohl im frühen 16. Jahrh. bastionierten Mauergürtels mehrere rechteckige und quadratische Bauten, die wohl der mittelalterlichen Burg angehört

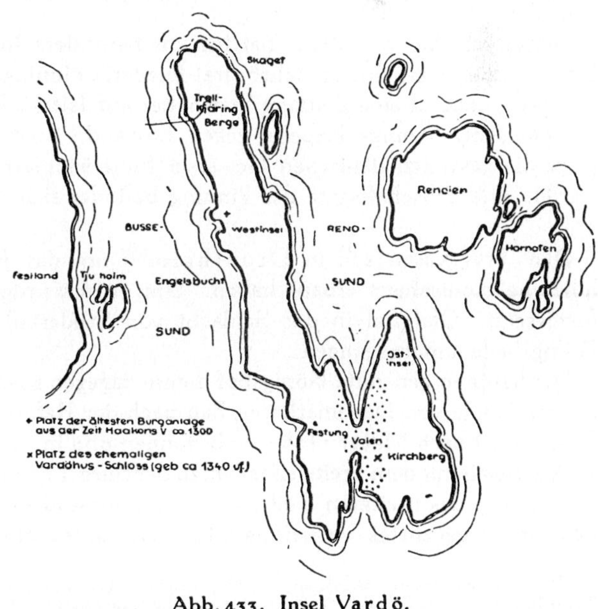

Abb. 433. Insel Vardö.
Lageplan nach Sinding=Larsen.

[55]) Dahlberg a. a. O. — [56]) Sinding=Larsen: Vardöen.

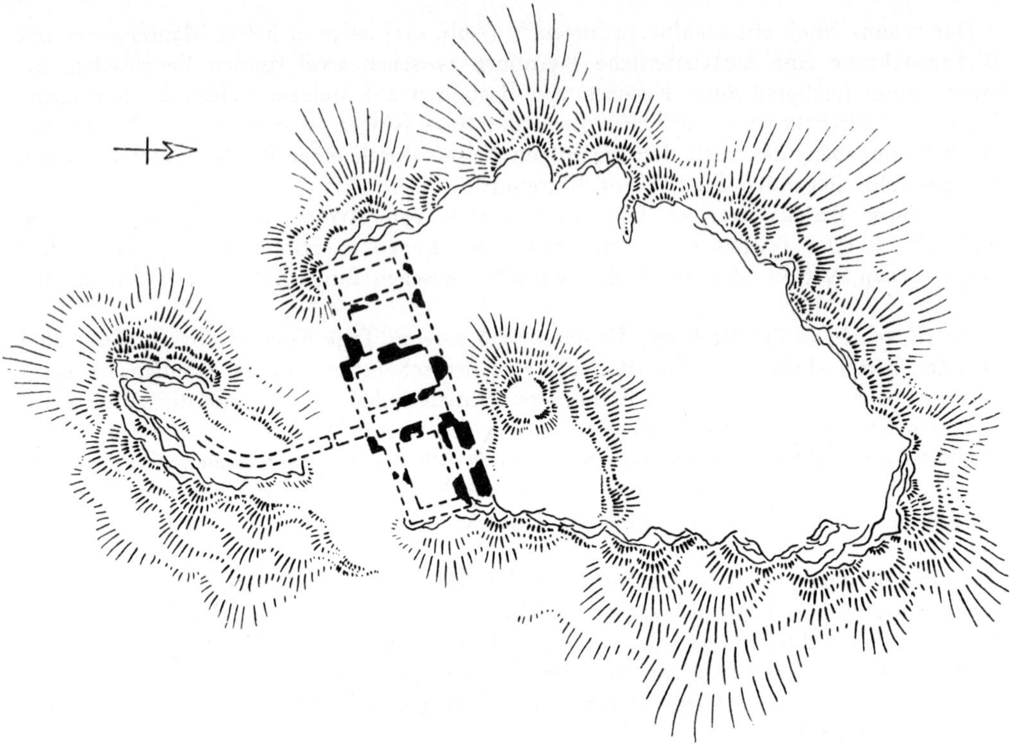

Abb. 434. Sverresburg bei Drontheim.
Nach einer Planskizze der Nordischen Gesellschaft.

haben. Nach Sinding=Larsen soll aber diese Burg auch schon eine Vorgängerin gehabt haben[57]).

Die Geschichte von Vardö hat für uns besonders Interesse, da ein Deutscher dort einst Kommandant war. Im 15. Jahrh. trat Diederik Pinning aus Hildesheim in dänische Dienste und war zunächst eine Zeitlang Statthalter auf Island, betrieb aber gleichzeitig im Auftrage des dänischen Königs Kaperei gegen England. Später wurde er dänischer Admiral und hatte die gesamten dänischen Gewässer für Dänemark zu sichern; seinen Sitz hatte er in Vardö. Die Erbschaftsakte des Pinning befindet sich im Hildesheimer Archiv[57a]).

Olaf Tryggvason soll in Drontheim[58]) um das Jahr 1000 das erste, wahrscheinlich hölzerne Königshaus erbaut haben. Um 1016 wurde durch Olaf den Heiligen der Bau fortgesetzt. Olaf fiel in der Schlacht von Stiklestad 1030[59]). Schon früh ist dann die Königshalle untergegangen.

Der heute so genannte Königshof diente dagegen solange als Wohnung des Erzbischofs[60]), bis der König von Dänemark den Bau nach der Reformation in Besitz nahm. Der gotische Steinbau ist nach Meyer 1178—80 begonnen und in heu iger Form im 13. Jahrh. ausgebaut. Im Vergleich mit dem breiten Saalbau in der Burg Tönsberg zeigt die in Drontheim gewählte Anordnung des breiteren Teiles als Wohnung und des längeren schmalen Teiles als Saal=bau ein umgekehrtes Verhältnis wie dort. Immerhin hat der Bau eine damals offenbar

[57]) Sinding=Larsen: Vardöen. — [57a]) Gunnar Gunnarsson: Island, die Sagainsel. — [58]) Johansen: Trondhjem S. 16/17. — [59]) Paul: Nordische Geschichte. S. 47. — [60]) Dietrichson: Unserer Väter Werk. Lundberg: Herremannens Bostad. S. 175 mit Abbildung nach Johann Meyer.

gebräuchliche Form, die sich, etwas verschoben, wiederholt in dem Bischofssitz zu Linköping[61]). Der Drontheimer Bau gilt als der älteste Steinbau des Landes, der erhalten ist.

Die Sverresburgreste zu Drontheim sind nach ihrem Erbauer, dem König Sverre (1177—1202) genannt, dessen Geschlecht bis 1319 in Norwegen herrschte und der auch über Bergen eine zweite Burg desselben Namens errichtete (s. S. 363) (Abb. 434).

Die feste steinerne Burg Steinvikholm bei Drontheim ließ der letzte Erzbischof Engelbrektsson auf einem Holm im Drontheimer Fjord um 1524—31 aufführen, also für das übrige Europa in nachburglicher Zeit[62]) (Abb. 435).

Die Grundform entspricht der bei der Besprechung ähnlicher schwedischer Burgen (Svaneholm, Trolleholm usw.) erwähnten, gewissermaßen klassischen Form, die als Burg des 15. Jahrh. in Italien, Holland usw. angewandt wurde.

Zwei Ecktürme in der Südwest- und Nordostecke genügten zur Bestreichung aller 4 Seiten, vielleicht noch besser als 4 Ecktürme, da jeder der 4 Türme mit seinen Schüssen 2 Nachbartürme bedrohte, während zwei Einzeltürme, wie hier z. B. der Südwestturm, mit zwei seiner vier Schießscharten rückhaltslos an den anstoßenden, beherrschten Längsmauern entlangschießen konnten[63]). Der Südwestturm hat 5 m Mauerdicke und etwa 8 m Innendurchmesser.

Wer waren nun die Baumeister und Steinmetzen dieser Burg? Nach den Steinmetzzeichen, deren Formen ein ganz spätes, undeutsches, nicht mehr mittelalterliches Aussehen haben und durch Übereinstimmung mit den Zeichen vom Drontheimer Dom verblüffen, kommen die Steinmetzen des Drontheimer Domes in Frage[64]).

Die vier Flügel, die den Burghof umschließen, waren nicht hoch. An den freigelegten Mauerresten können wir nur zwei Stockwerke über verschieden hohen Bodenlagen erkennen.

Die Mauerstärken sind dagegen ganz bedeutend, neben den rund 5 m starken Mauern der Batterietürme haben die Mantelmauern 4 m Stärke. Das entspricht einer Regel, nach der die späten Wehrbauten sehr starke Mauern und niedrige Batterietürme anwenden.

Der vortreffliche Schilderer der Burg Steinvikholm, Wallem, führt deren Gesamtform auf das Urvorbild der deutschen Ordensburg Reden und, unter deren Einfluß, auf die Burg zu Riga zurück.

Wir können da nicht folgen. Daß die vierflügelige Kernburg von Riga dem Deutschordensbau folgt, kann wahrscheinlich sein; ein Ordensrittervorbild finden wir aber damit für Steinvikholm nicht, denn vierflügelige Burgen mit Ecktürmen gibt es viel früher in Europa, vor allem aber in Italien, ganz besonders in Süditalien, in Apulien

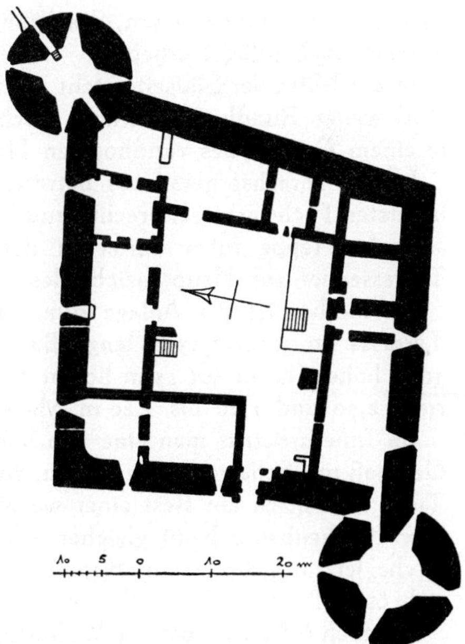

Abb. 435. Burg Steinvikholm, nördlich Drontheim. Grundriß 1:1000. Zweitürmige Anlage nach italienischer Art. B. E. nach Wallem: Steinvikholm.

---

[61]) Lundberg: Herremannens Bostad. S. 175. Johansen: Den tusenårige by ved Nidelven Trondhjem 1936 m. Abb. S. 28/29. — [62]) Wallem: Steinvikholm und Dietrichson: Unserer Väter Werk — [63]) Siehe Abschnitt Schweden S. 350. — [64]) Wallem: Steinvikholm. S. 20/21.

Abb. 436. Burg Steinvikholm.
Flache Anlage. B. E. nach Wallem: Steinvikholm.

und in Sizilien. Es fehlt aber dort über= all an den runden überstarken diago= nalen 2 Ecktürmen, die wir erst spät, Ende des 15. Jahrh., in Norditalien finden.

Es ist der Beginn des Festungsbaues. A. a. O. habe ich schon auf den großen Italiener Leonardo da Vinci hingewie= sen, der sich am Ende des 15. Jahrh. in der gründlichsten Weise mit Verteidigungs= fragen dieser Art beschäftigt hat[65]).

Mit den hochtürmigen, großfenstrigen festen Schlössern mit 4 Batterietürmen hat dieser Bau aber wenig gemein. Übereinstimmend ist, daß die Burg niedrig bleibt, da Ende des 15. Jahrh. den waagerecht schießenden Pulvergeschützen niedrige Wehrbauten entgegen= gestellt wurden, aber nicht hohe Türme. (Siehe den Abbruch des Bergfriedes der Hoh= königsburg[66]) und der Türme der späten italienischen und holländischen Burgen) (Abb. 436).

Unter den alten Wohn= und Wehrbauten Norwegens wird das edle Haus **Østraat**[67]) nie zu nennen vergessen, das nach Form und Lage durchaus eine Sonderschöpfung ist.

Wenn der heutige Bau zu den Burgen gerechnet wird, so ist dagegen einzuwenden, daß allein die zahlreichen Fenster, die die Mauern des Hauptbaues durchbrechen, eine Verteidigung selbst gegen mittelalterlich bewaffnete Angreifer unmöglich machen mußten.

Doch wird der stolze Sitz — 1223 als Wehrkirche — schon zur Zeit Olaf Tryggvasons (995—1000) erwähnt. Um 1400 ging er auf die Familie Bjelke über.

In der Turmwetterfahne lesen wir E. H. (Emil Hollermann) 1781, die Zahl deutet nur auf eine spätere Ausbesserung.

Der Grundriß des festen Schlosses **Østraat** bildet fast ein Quadrat, dessen nördlich lie= gender, starkwandiger Kern, das Wohnviertel, sich 3 m über den Vorhof und zwei tief= liegende Nebenflügel erhebt.

In der Mitte der Südseite steht ein niedriger Torturm von 5×6 m Breite und Tiefe mit einer weiten Rundbogenöffnung, geschmückt durch Wappen vornehmer Geschlechter auf je einem Quader des rundbogigen Haupttores zum Vorhof.

In der Torachse geradeaus betreten wir den unteren quadratischen Hof mit Umgang im ersten Fachwerkstock, rechts und links eingefaßt von zweistöckigen Gästeflügeln. Eine schmale Treppe führt weiter in der Mittelachse 12 Stufen hinauf auf einen breiten Terrassenhof zur Hauptansicht des Kernbaues der ganzen Anlage.

Bis hierher ist die Anlage dünnwandig und schloßartig. Der getrennt jenseits der Terrasse im ganzen 33 m lange Bau zeigt aber in der Mitte einen starkwandigen über 30 m hohen Turm auf 15 m hohen Mauern von 7,30 m Breite und 6,50 m Tiefe und mit rund 2,50 und 1,80 bis 1,20 m Mauerstärke.

Im Innern betritt man eine 7 m hohe Halle mit Spitzbogentonne gewölbt, darüber ein Geschoß mit Scharten später Form, zu dem die Treppen in der Mauerstärke führen. Der Turm ist danach ein Rest einer wehrhaften Anlage. Nur der östlich anschließende Saal bzw. Kirchenbau scheint gleichen Alters, vielleicht war er ursprünglich nur eine Wehr= kirche, jetzt liegt unten eine Kapelle, oben der Rittersaal. Außerhalb des Quadrates schließt sich östlich ein Grabgewölbe an.

Westlich folgt ein späterer Wohnflügel gleicher Größe, der zu ebener Erde Küche und Wirtschaftsräume und oben zwei größere Wohnräume umfaßt.

[65]) Siehe Abschnitt Schweden S. 350. — [66]) Akten der Hohkönigsburg. Samml. Ebh. — [67]) Ree und Wallem: Østraat u. Dietrichson, Unserer Väter Werk.

Als letzte entscheidende Bauzeit wird die Veränderung der Burg unter Ove Bjelke, 1654—56, genannt.

Der Gesamteindruck ist sehr würdig und ganz eigenartig und für das 17. Jahrh. ungewöhnlich, vor allem in der Raumanordnung, ebenso auch in den Einzelschmuckformen wie den figürlichen Dachträgern im Vorhofbau und den nordischen Schnitzereien der Kapelle.

Der geschlossene befriedigende Gesamteindruck dieses aus Bauten verschiedener Jahrhunderte bestehenden Schlosses ist überraschend und zeugt vom ernsten, klaren Willen des Architekten, ein würdiges, festes Haus einer vornehmen alten Familie zu errichten, das noch im 17. Jahrh. einen ritterlichen Sitz darstellt.

Das Werk bildet einen würdigen Ausklang kriegerischen Geistes in einer längst nicht mehr ritterlichen Zeit. Würdig war es dem Geiste des großen norwegischen Dichters Ibsen, wenn er sein erschütterndes Jugendwerk nach diesem Bauwerke „Frau Inger auf Østraat" nannte.

Abb. 437. Burg Akershus. Zustand 1739. Nach Zeichnung Phil. de Lange.

Abb. 438. Olofsburg (auch Nyslott), frühe Burg in späten Bastionen. gez. B. E.

Finnische Burgen

Ebenso zum schwedisch-deutsch beeinflußten Wehrbaukreis des Nordens gehört der größere Teil der allerdings geringen Zahl burglicher Bauten in Finnland.

Abgesehen von den frühen Erd- oder Wasserburgen sind eine Reihe von Bauten zu nennen, bei denen es sich wohl lohnt, sie näher zu betrachten.

Es sind dies die Burgen Åbo Slott (finnisch Turunlinna) an der Südküste Finnlands (Abb. 442, 445, 448), Tavastehus (Abb. 440, 444, 446) (finnisch Hämeenlinna) in der Provinz Tavastland in Südfinnland, Olofsborg (Abb. 438), auch Nyslott genannt (finnisch Olavinlinna), zwischen den Seen Pihlajavesi und Haukivesi gelegen, Junkarsborg, eine Wasserburg, die turmreiche, vielgegliederte Bischofsburg Kuustö (finnisch Kuusisto) (Abb. 439), die, gegen Süden und Osten von einer breiten Vorburg umgeben, auf einer Halbinsel erhöht liegt.

Dann ist noch zu nennen Kastelholm (Abb. 443), eine Burg auf einer der Ålandsinseln; lang und zweiteilig gestreckt liegt die Ruine zu beiden Seiten eines mächtigen Wohnturms. Der Grundriß zeigt wie Raseborg mit deutschen Burgen Ähnlichkeit. Ferner Raseborg mit rundem Bergfried und runder Mantelmauer, an einer kleinen Meeresbucht gelegen, die ganze Anlage von einem Ringgraben umgeben — schließlich noch Wiborg (finnisch Viipuri), eine Burg an Finnlands Südküste. Von kleineren Adelsburgen seien auch noch die Ruinen von Grabbacka in Südfinnland genannt.

Namentlich einige größere dieser Burgen lohnt es, sich eingehender zu betrachten:

Die bedeutende Burg der alten finnischen Hauptstadt Åbo (finnisch Turku) Turunlinna oder Åbo Slott, liegt am Meer gegenüber den Ålandsinseln im Südwesteck Finnlands. Die Erbauung der ersten an dieser Stelle gelegenen Burg wird König Erich dem Heiligen zugeschrieben, der 1157 Südwestfinnland eroberte und Åbo zur Hauptstadt machte[1]).

Der trutzige Bau wird von 2 Bergfrieden beherrscht. Zwei lange, pallasartige, vielfach in späterer Zeit um- und ausgebaute feste Wohnflügel bilden die Längswände des rechteckigen langen Innenhofes, dessen kurze Seiten die beiden Quadrattürme als Abschluß haben. Eine weite Vorburg mit einem runden Eckbatterieturm liegt östlich ein wenig

[1]) Rinne: Finlands medeltida Borgar in: Finlands Kulturhistoria Medeltiden, S. 206. —

tiefer. Doch fehlen längst Meerwassergräben und andere Außenwehren neben Resten der Zwingermauern. An Stelle alter Zinnen und Schießscharten sind hoch oben an einem der Türme später Kanonenstückpforten angelegt worden.

Trotzdem wirkt der kahle ernste Granitbau durchaus als steinerner Zeuge einer jahrhundertealten Geschichte, die auch heute noch aus den Räumen spricht (Taf. 73).

Der strategisch wohlgewählte Bauplatz gibt dieser Burg selbst in der Neuzeit noch eine beherrschende Wirkung.

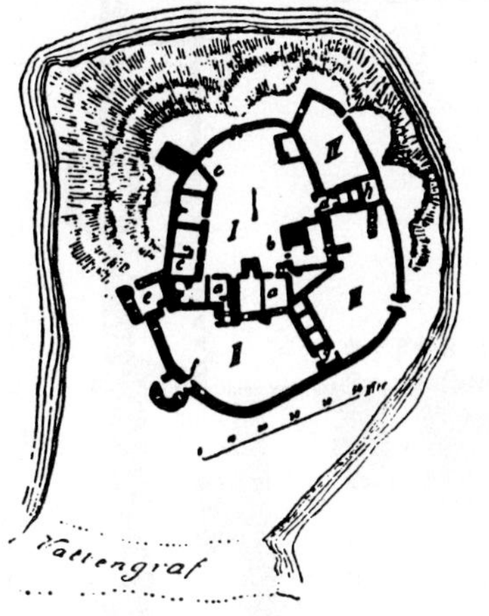

Abb. 439. Bischofsburg Kuustö nach Hahr: Nordiska Borgar.

Wiborg (finnisch Viipuri), der älteste Hafen Finnlands am östlichen Ende des Wiborgsund, wurde 1293 nach der Eroberung eines Teiles von Karelien als schwedische Grenzfeste gegen Rußland erbaut[2]).

An breiter Wasserfläche, auf wenig erhöhter Landspitze, ragt die von gewaltiger hoher Mantelmauer umschlossene, im Grundriß hufeisenförmige Kernburg hoch über die flachen Ufer. Ein schwerer, viereckiger Bergfried mit achteckigem Aufsatz schließt die Öffnung des Hufeisens[3]).

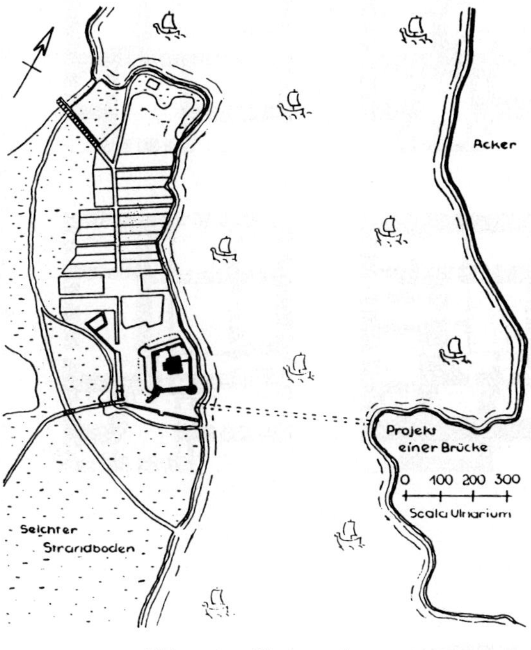

Abb. 440. Tavastehus, Lageplan.
B. E. nach Ailio: Burg Tavastehus.

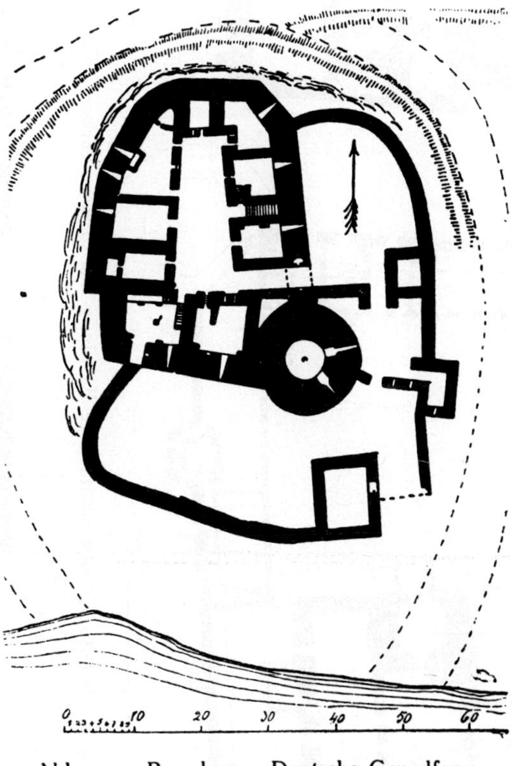

Abb. 441. Raseborg, Deutsche Grundform. Grundriß 1 : 1000, nach Plan im Nationalmuseum in Helsingfors.

[2]) Hahr: Nordiska Borgar, S. 88. — [3]) Rinne: a. a. O. S. 209/10.

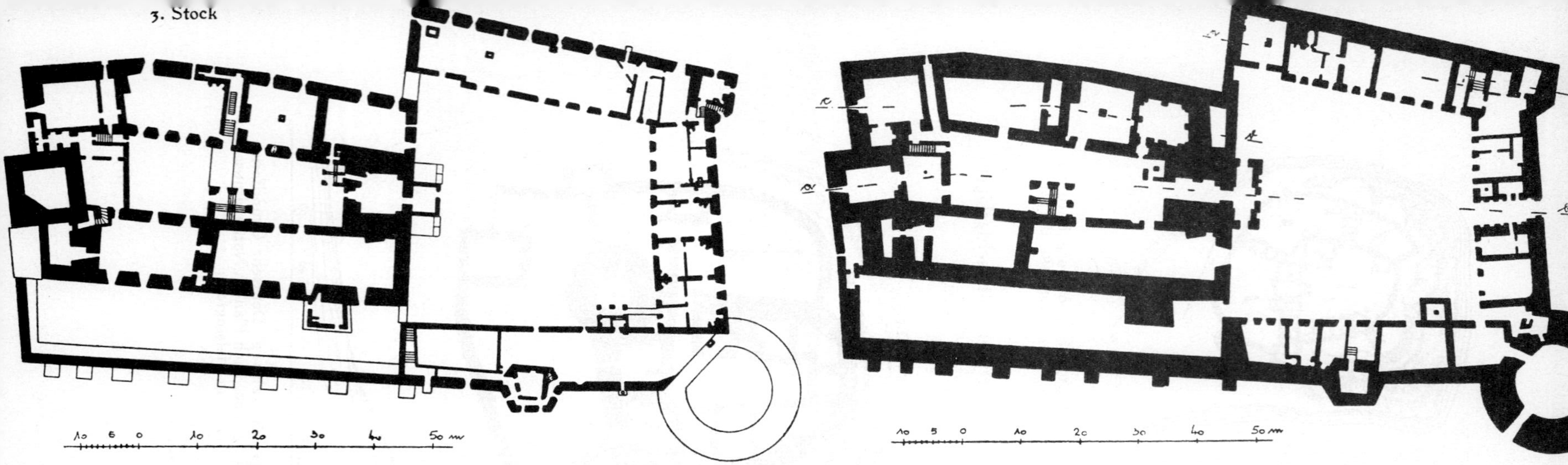

Abb. 442. Åboslott, frühe zweiturmige Kernburg mit späterer Vorburg. Grundriß 1 : 1000. B. E. nach Snellmann: Archeolog. Fen. 1890.

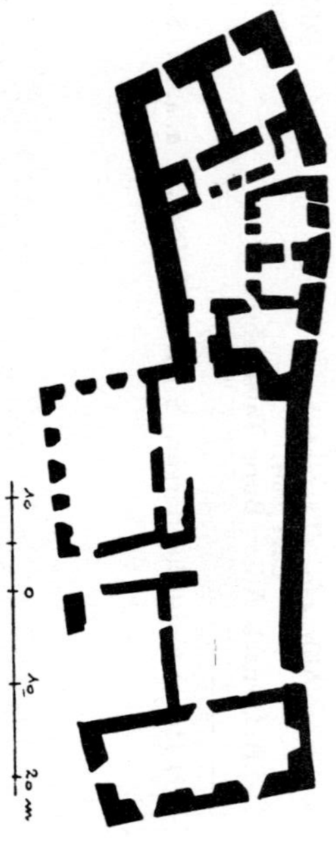

Abb. 443. Burg Kastelholm auf einer Ålands=Insel.

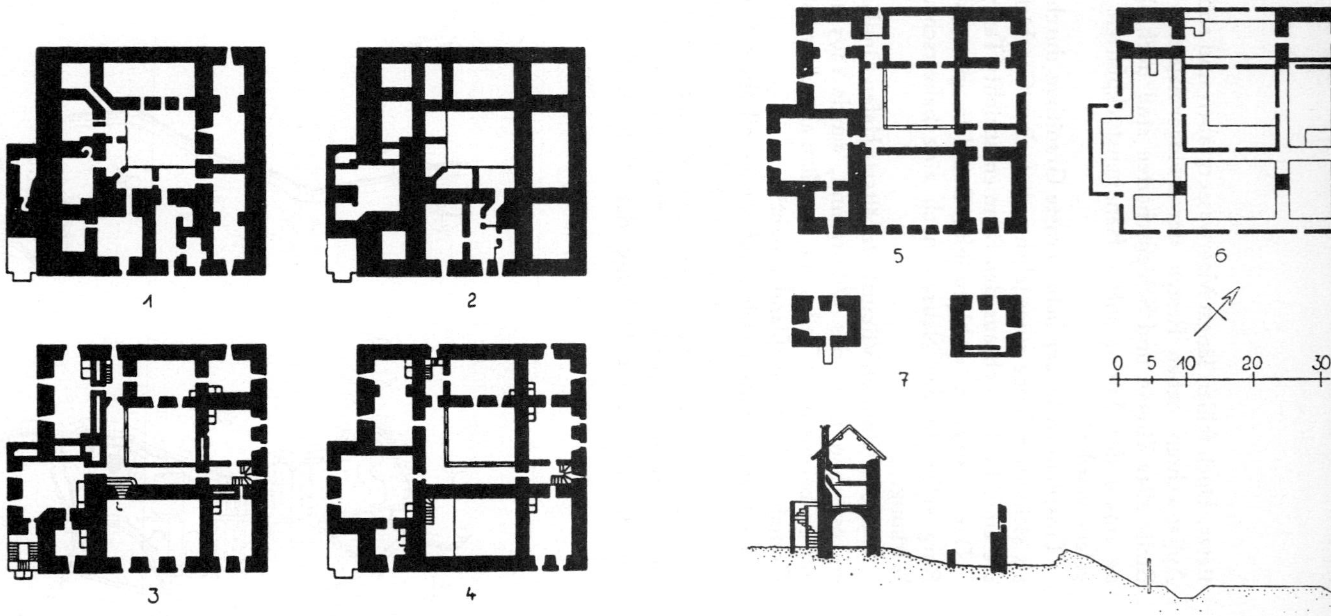

Abb. 444. Burg Tavastehus.
Sechs Stockwerke der Kernburg nebst Schnitt.

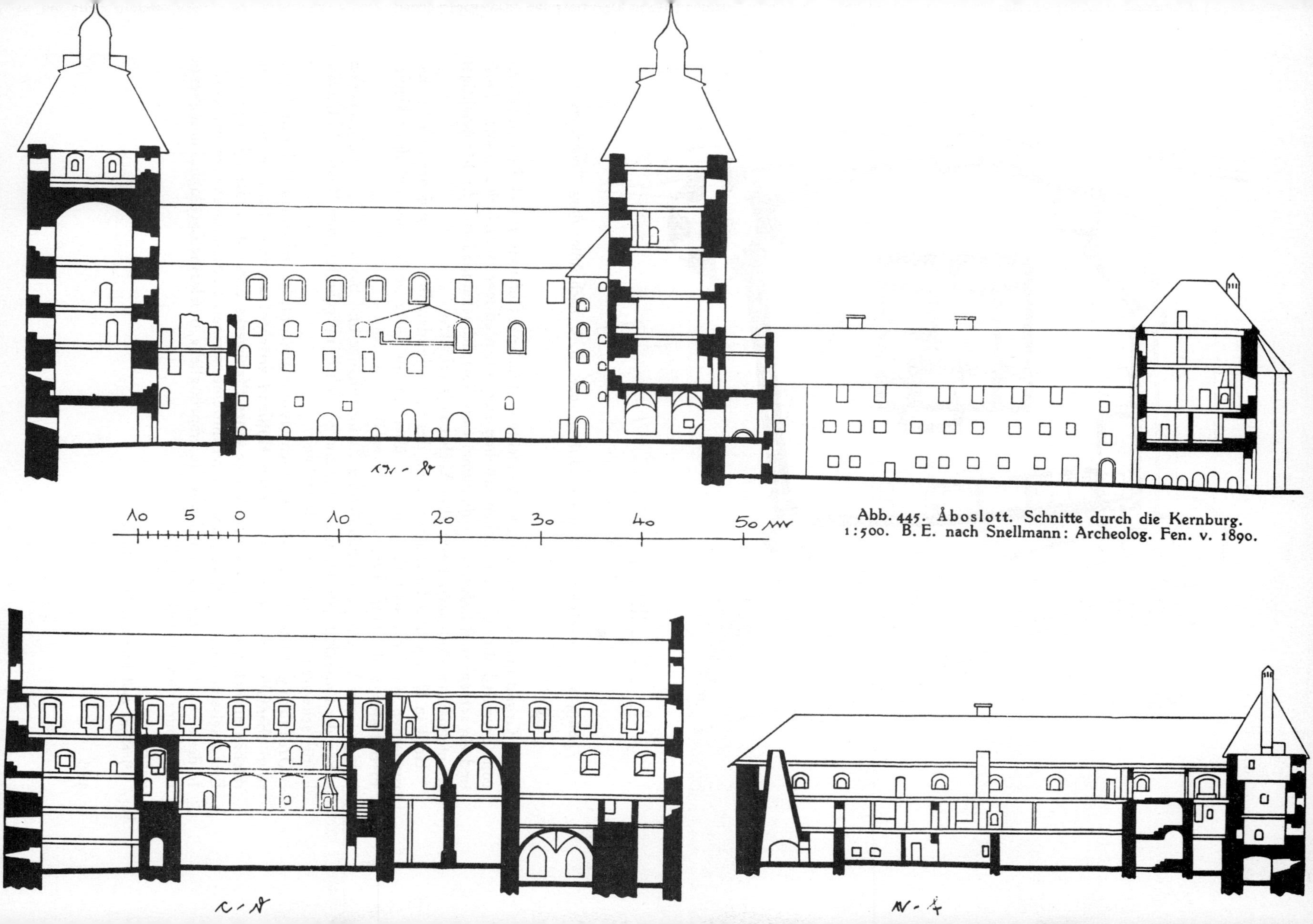

Abb. 445. Åboslott. Schnitte durch die Kernburg.
1:500. B. E. nach Snellmann: Archeolog. Fen. v. 1890.

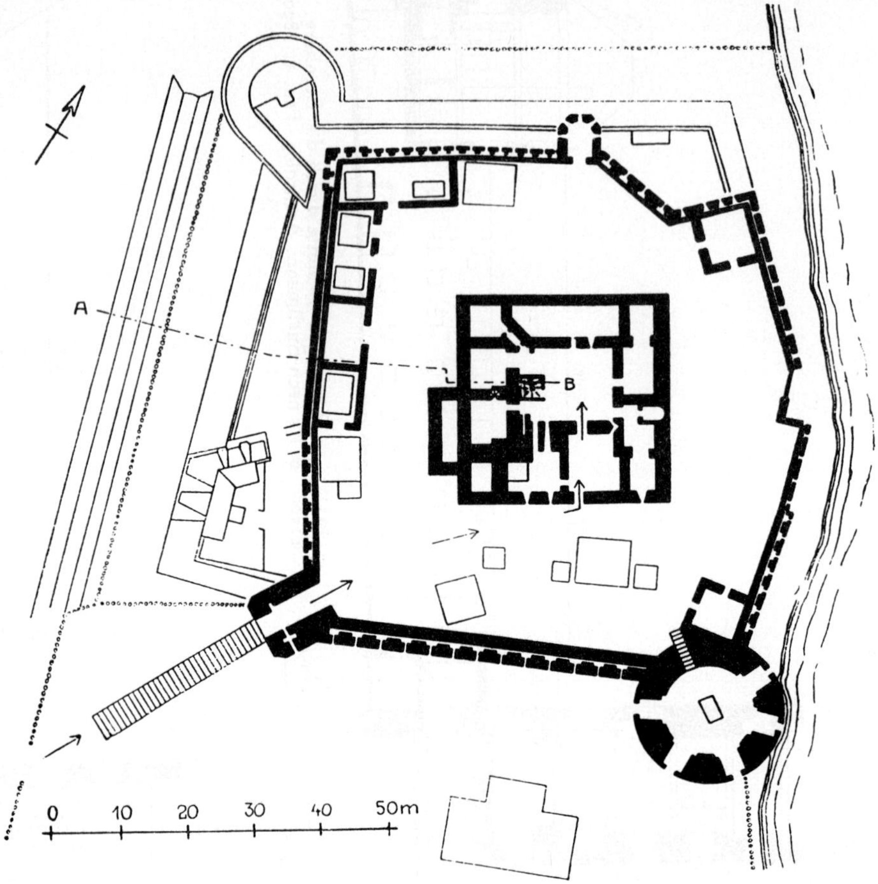

Abb. 446. Tavastehus. Gesamtgrundriß 1 : 1000. B. E. nach Ailio: Burg Tavastehus.

Der Grundriß (Abb. 447) zeigt 3 vielgeteilte Wohn= bzw. Gefängnisflügel. An den beiden, vom Bergfried abgewandten Ecken erheben sich ein niedriger, schiefeckig breiter' Turm und ein schlanker Rundturm, beide zumeist aus Granitbuckelquadern. In den mächtigen Mantelmauern sind noch Reste alter Wehrgänge erhalten.

Uralt in Umriß und Grundform trotz des verheerenden Brandes und der unkritischen russischen Wiederherstellung von 1890 überragt die Burg noch heute auf ihrer kleinen Insel Hafen und Stadt (Taf. 75).

Eine weite Vorburg mit umlaufender Zwingermauer und bastionsartigen Außenwerken haben der finnischen Besatzung im 16. und 17. Jahrh. mitgeholfen, den Russen in helden= mütig schweren Stürmen zu widerstehen.

Olofsborg (finnisch Olavinlinna), auch Nyslott genannt, ist auf einem Holm im Kyrö= sund ebenfalls als Grenzfestung gegen Rußland errichtet worden. Seine älteren Teile reichen zurück bis 1475 mit der Anlage eines Pfahlwerks unter dem Schloßhauptmann Erik Axelsson Tott, das einige Jahre später mit einer steinernen Schutzwehr ergänzt wurde. In der ersten Hälfte des 16. Jahrh. war die ursprüngliche, den kleinen Schloßhof umgebende Hauptburg fertig[4]) (Abb. 438).

[4]) Rinne und Maconi: Olavinlinna.

Der Wende des 16. Jahrh. gehören wohl spätestens die 3 schönen Rundtürme an und die hohe Mantelmauer, die an 3 Seiten den Kern der Burg umschließt. Die heute zum Wasser zu offene Seite wird von einer späten Bastion in der Mitte und von 2 weiteren Bastionen gegen die kurzen Seiten verteidigt.

Die durch Wasser nach 3 Seiten geschützte Lage am Kyrösund mußte ohne weittragende Geschütze fast immer uneinnehmbar sein, und erst 1714 ergab sich die Festung den Russen[2]).

Der Umriß wirkt noch heute von allen 4 Seiten heroisch.

Raseborg, in der Landschaft Nyland gelegen (Abb. 441), hat als bedeutenden Abschluß der Anlage im Südosten einen gewaltigen Rundturm[5]).

Von dem Bau der Burg Kastelholm auf Aland sind noch Mauerreste bis zu einer ziemlichen Höhe übrig. Der Hauptburg mit einem schweren „Kärnan" lagert nach Norden zu eine weite Vorburg mit Ringmauer vor. Sowohl Kastelholm wie auch Raseborg wurden begonnen von dem Schweden Bo Jonsson Grip 1371—88[6]).

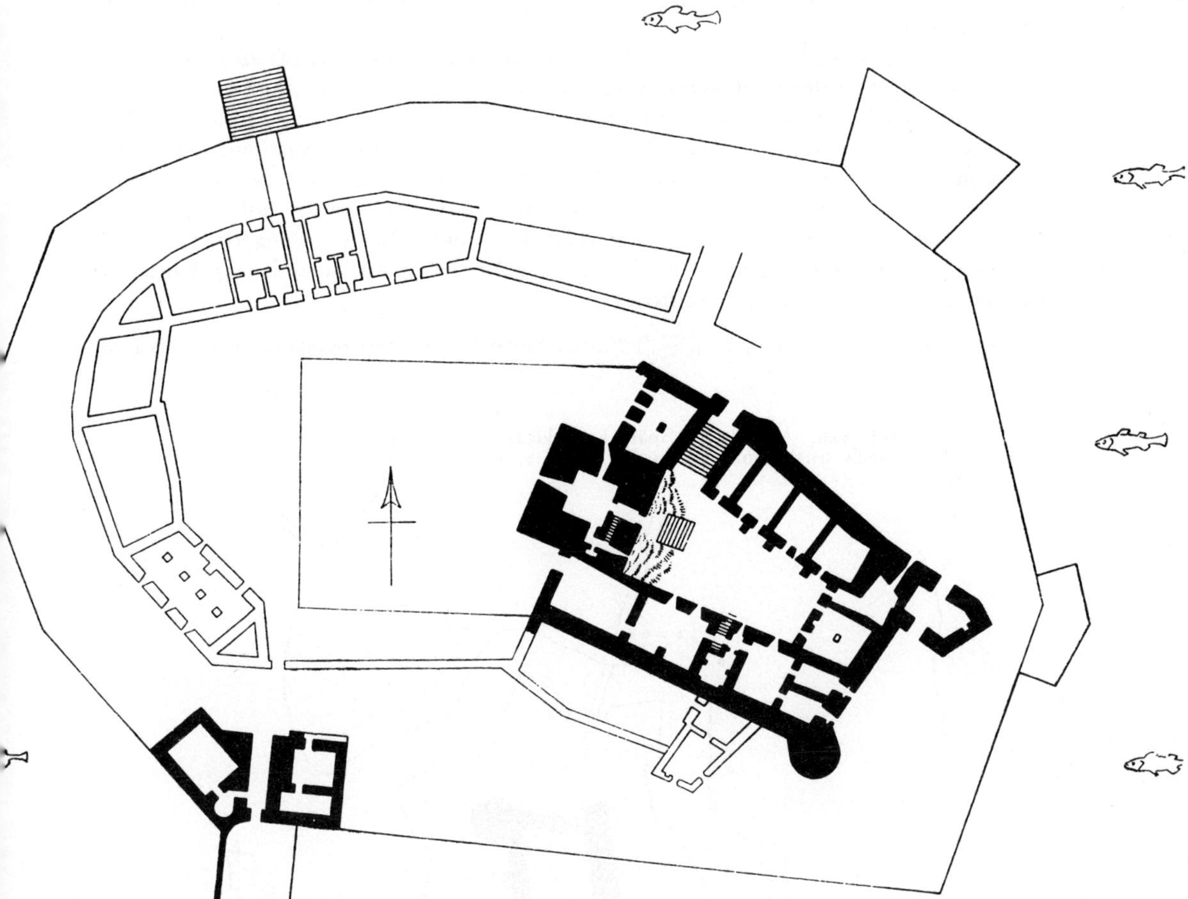

Abb. 447. Wiborg, frühe Kernburg mit starkem Bergfried und später Vorburg. Grundriß 1 : 1000. B. E. nach Rinne: Finlands Kulturhistoria Medeltiden.

[5]) Hahr: Nordiska Borgar, S. 89. — [6]) Ebenda S. 90 und Rinne: Finlands medeltida Borgar, S. 315.

An einem Binnensee als Wasserburg, an strategisch wichtiger Stelle gelegen, daher geschichtlich bedeutend, ist die Burg Tavastehus (finnisch Hämeenlinna) zu erwähnen (Abb. 444, 446), die 1249 von Birger Jarl in dem eroberten Tavastland für Schweden erbaut worden sein soll. Urkundlich erwähnt wird die Burg zum erstenmal 1309[7]).

Auch dieser alte Bau ist wohlerhalten, er ist allerdings immer wieder ausgebessert worden. Wir finden hier eine völlig quadratische Kernburg, deren Seiten 33 m lang sind und zwei quadratische ungleich hohe Ecktürme mit Mittelhof[8]).

Starke, zum Teil doppelte Zwingerbauten ziehen sich ringsum und laufen in der Ostecke in einem starkwandigen, runden Batterieturm zusammen.

In der Südecke liegt das äußere Haupttor, und in einem alten Plan finden wir noch 7 Bastionen an der Landseite vorgebaut[9]). Heute ist die Burg Gefängnis (Taf. 74).

Die großen finnischen Burgen haben gemeinsam eine massige Geschlossenheit starker Türme und einst weiter Vorwerke. Am malerischsten und trotz ihrer Bastionen am mittelalterlichsten auch im Grundriß wirkt noch Olofsborg, namentlich wohl durch die drei schönen Rundtürme.

Doch auch Wiborg, Åbo und Tavastehus sieht man es ohne weiteres an, daß mächtige große Herren hier bauten und sich mit der Burg eine Machtposition schaffen wollten.

Waren nun auch Schweden die Bauherren, so sind doch unter dem Einfluß von Land und Leuten, bodenständigem Baustoff und späteren Um- und Ausbauten, den Finnen eigentümliche Wehrbauten entstanden, die verdienten, auch geistige Mittelpunkte des Volkes zu werden. Gibt es doch auch in Finnland kaum großartigere edlere Denkmäler der Geschichte des Landes und der Tapferkeit des Volkes als diese kriegerischen Schöpfungen, die ursprünglich nicht zu Kerkerzwecken bestimmt waren und auch heute dazu nicht ferner verwendet werden sollten.

---

[7]) Ailio: Die Burg Tavastehus, S. 4. — [8]) Rinne: Finlands medeltida Borgar, S. 211. — [9]) Rinne: a. a. O. S. 211.

Abb. 448. Åboslott. Späte Lageskizze.
B. E. nach Snellmann: Archeolog. Fen. v. 1890.

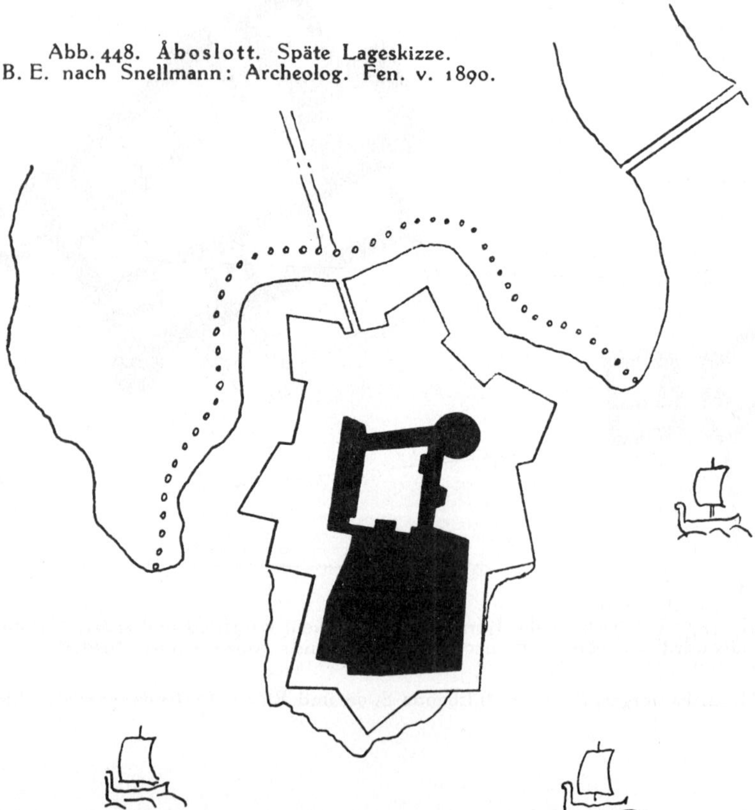

Abb. 449. Burg Friedland, Nordsudetenland. Gesamtansicht nach Heber.

Burgen des Sudetenlandes, Böhmens und Mährens

Historische Voraussetzungen

Im 2. Jahrh. v. Chr. schon sollen germanische Stämme nach Böhmen eingedrungen sein. Im Jahre 9 und 1 v. Chr. zogen die Markomannen in Böhmen und die Quaden in Mähren und die Slowakei ein, wo sie über ein halbes Jahrtausend gewohnt haben, bis auch sie von der Völkerwanderung erfaßt wurden. Nach ihrem Wegzug besiedelten vorübergehend andere germanische Stämme die Sudetenländer, so die Langobarden. Das Land, umfaßt von Österreich, Bayern, Sachsen und Schlesien, durchströmt von Moldau und Elbe, hat baukünstlerisch und rassisch immer stark unter deutschem Einfluß gestanden.

Im 6. Jahrh. n. Chr. nahmen die von Nordwesten gekommenen, unter avarischer Knechtschaft stehenden slavischen Stämme die von den Markomannen und Quaden verlassenen Länder Böhmen und Mähren in Besitz. Der Franke Samos vereinigte 627 alle Slaven zwischen Thüringen und der Donau bis zur Tatra zu einem mährischen Reich. Nach Samos' Tod fallen die Avaren wiederholt ein, werden aber 792 von Karl d. Gr. mit Hilfe mährischer Slaven geschlagen. Böhmen wurde dem fränkischen Reich angeschlossen und blieb in der Folgezeit, abgesehen von einzelnen Lockerungen, unter deutscher Schutzherrschaft. 907 machte Ungarn dem großmährischen Reich ein Ende. Der Südwesten und das eigentliche Mähren fallen an Ungarn. 1026 entriß Böhmen den Ungarn den südlichen Teil Mährens und 1029 den Polen den nördlichen, und dieses Land wurde Böhmen als Provinz einverleibt. Seit Ende des 10. Jahrh. hatte Böhmen immer

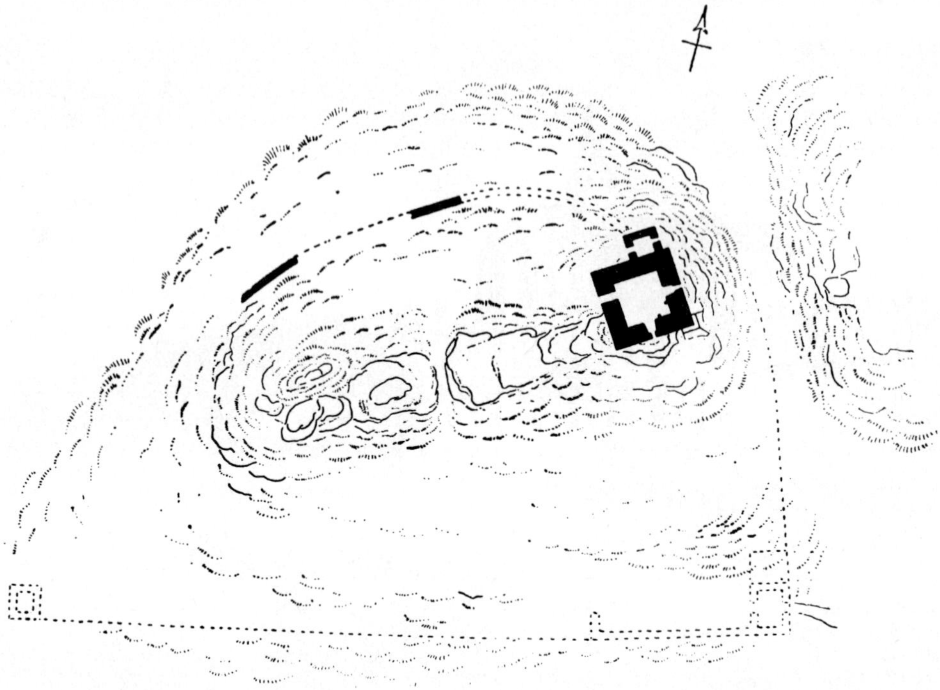

Abb. 450. Burg **Pfraumberg**, Sudetengau. Lageplan der Ruinenreste.
B. E. nach Weinelt: Zur Burgenkunde des Egerlandes und nach eigenen Aufmessungen.

mehr Einfluß gewonnen, auch hinsichtlich der Kunst. 1055 teilte Brzetislaw, Herzog von Böhmen, Mähren in 3 Fürstensitze: Olmütz, Brünn und Znaim. Daraus erklären sich die Wechselbeziehungen zwischen Böhmen und Mähren, obwohl Mähren zeitweise auch reichsunmittelbar deutsches Lehen war. Die Beziehungen Böhmens und Mährens mit Deutschland machen es erklärlich, daß beide in ihren immer kriegsdurchtobten Ländern auch in ihrem Burgenbau nicht zurückstanden[1]).

Die Wehrbauten des Sudetenlandes, namentlich jene, die sich rings um das böhmisch-mährische Gebiet verteilen, sind vom deutschen Burgenbau stark beeinflußt[2]). Aber auch im tschechischen Gebiet stehen den deutschen Werken nahe verwandte Wehrbauten. Alle diese oft bemerkenswert großen Baugruppen haben in vielen Kriegen zwischen Ost und West, zwischen Deutschen und Ungarn, zwischen Deutschschlesiern und Polen, zwischen Böhmen und Mähren und vor allen Dingen in den inneren Kämpfen mit den Hussiten furchtbare Zerstörungen erfahren, auch Wiederaufbauten, und erst durch letztere die heutige Form erhalten.

Als Burgenbauer erscheinen nach der Überlieferung schon die Karolinger, wobei wir von den Volkswallburgen[3]) der Zupen oder Zupane ganz absehen, die bis in vorgeschichtliche Zeiten zurück errichtet wurden.

Otto III. (983—1002) wird in der Frühzeit die Zerstörung von 46 Burgen in Böhmen nachgerühmt[4]). Doch kann es sich dabei wohl meist nur um Volkswallburgen aus Erde und Holz gehandelt haben. Denn die Entwicklung und Blütezeit des mittelalterlichen Burgenbaues in Böhmen setzt erst vom 11. Jahrh. an ein und reicht bis zum Ende des 15.

[1]) Prokop: Die Markgrafschaft Mähren I, S. 1 ff.; Gierach-Loesch: Böhm. u. Mähr. i. Deutschen Reich. — [2]) Beispiele sind: Eger, Elbogen, Großskal, Karlstein, Komotau, Rosenberg, Göding u. a. — [3]) Vogt: Die Burg i. Böhmen bis z. 12. Jahrh. Vgl. Jelinek: Über Schutz- u. Wehrb. aus d. vorgeschichtl. u. ält. gesch. Zeit mit bes. Rücksicht auf Böhmen. — [4]) Prokop: I, S. 68.

Ältere Forscher wie Prokop nennen für diese Zeit 900 böhmische Burgen[5]), von denen ein großer Teil im sudetendeutschen Lande liegt. Seit dem 13. Jahrh. setzt dazu in Böhmen und Mähren eine steigende deutsche Wiederbesiedlung ein, die auch die Burgbauten beeinflußt. Hier wirkt durchweg die schöpferische Tätigkeit der einwandernden Deutschen, deren Siedlung zugleich mit dem Burgenbau und den ersten Städtegründungen in Böhmen verbunden war. Sie schufen mit den Siedlungen auch deren Befestigungen, selten ohne Stadtburg. In ihrem Mauerkranz und unter dem Schutz dieser Stadtburgen lebten die Bürger dann nach deutschem Stadtrecht. Wie Palacky, der Nestor der modernen tschechischen Geschichtsschreibung, bestätigt, waren die Städte Böhmens und Mährens „deutscher Art und Herkunft . . . ein Erzeugnis nicht der eigenen (tschechischen), sondern einer fremden (deutschen) Entwicklung“[6]). Wir dürfen aber nicht vergessen, daß neben diesen Stadtburgen auch immer Fürsten- und Adelsburgen entstanden.

Bestimmte Wehrbauschulen zwischen diesen und den ersteren lassen sich schwer abgrenzen. Die Burgen tragen ursprünglich meist deutsche Namen, und erst später erhalten sie tschechische.

Die Bedeutung der Burgen der Sudeten, Böhmens und Mährens liegt vielfach in dem Zusammenhang mit ihrer strategischen Lage an Plätzen, die zum Schutz oder als Sperre großer Handelsstraßen geeignet waren. So dienten der Straße Nürnberg—Prag als Schutz die 847 m hoch ü. d. M. liegende Burg Pfraumberg (Abb. 450) an der Kammüberquerung im Böhmerwald oder Burg Karlsberg 840 m ü. d. M. bei Bergreichenstein am „Goldenen Steg“[7]). Den 939 m hoch gelegenen Egerpaß schirmte die Kaiserpfalz Eger[8]). Ebenso führte von Schlesien nach Böhm.-Leipa eine wichtige Handelsstraße, die durch die Wasser- und Felsenburg Bürgstein beherrscht wurde. Eine wichtige Hauptstraße, wie heute zwischen Wien und Berlin, führte von Wien über Lundenburg, Brünn und durch die

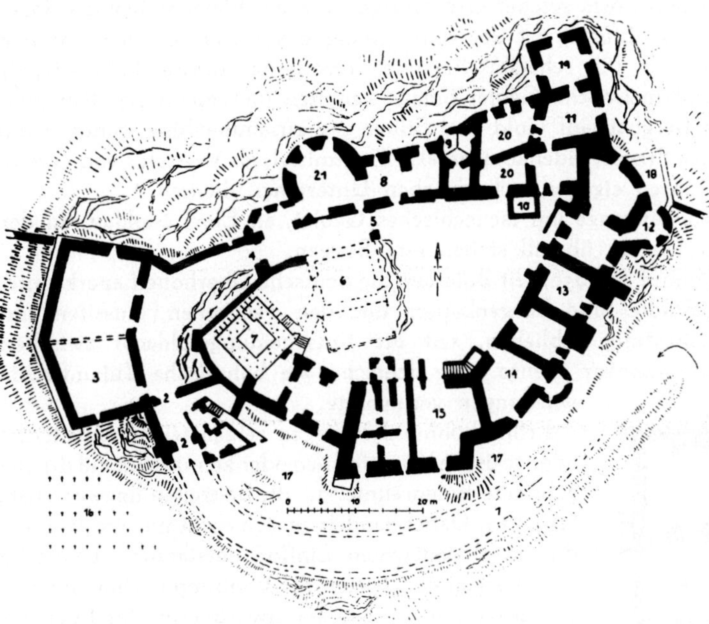

Abb. 451. Burg Elbogen. Gesamtplan 1:1000. B. E. nach Gnirs: Elbogen 1928.

[5]) Prokop: I, S. 208. — [6]) Nach Hoenig: Deutscher Städtebau i. Böhm. S. 1. Vgl. Zycha: Über d. Ursprung d. Städte i. Böhm. — [7]) Wenzig-Krejči: D. Böhmerw. S. 209ff. — [8]) Siehe B. E.: Wehrb. Europas i. Mittelalter I, S. 14, 79, 110, 468, 505, 507, 516 (Abb.), 517 (Abb.), 520f., 538, 539, 596.

Abb. 452. Burg Klingenberg. Gesamtansicht nach Heber.

nordöstliche Sudetenburgengruppe durch das Tal des Marchflusses nach Jauernig und über Ziegenhals, Neiße, Breslau nach Dresden. Der ganze mährische und sudetische Teil war burgenbesetzt.

Naturgemäß wurde Art und Form solcher Grenzburgen von der höher stehenden Rasse stark beeinflußt. Ebenso von Einfluß ist der vom Anfang des 12. Jahrh. an großartige Zustrom deutscher, fränkischer (?), schwäbischer oder bayerischer Einwanderer, die bis weit in das böhmische und mährische Gebiet hinein siedelten und mit deren Kommen nicht nur der auflebende Bergbau auf Gold und Silber eng zusammenhing, sondern die auch selbst den böhmischen Przemyslidenkönigen als Machtmittel, als Vertreter von Gesetz und Ordnung gegenüber ihren eigenen tschechischen Untertanen dienten.

Deutsche Siedler finden wir rings um tschechisches Gebiet, an Elbe, Moldau, an der deutschen Thaya, an der March, überall stehen ihre Burgen.

Politisch ist dabei der Kampf seit 950, seit Boleslaw die deutsche Oberhoheit anerkannte, zwischen den deutschen Städte- und Burgenbauern und den Tschechen, Hussiten und Slaven ohne klare Entscheidung geblieben, seit die Entscheidungsschlacht zwischen Rudolf von Habsburg und Ottokar ebenso viele deutsche wie böhmische Zukunftsentwicklungen vernichtete.

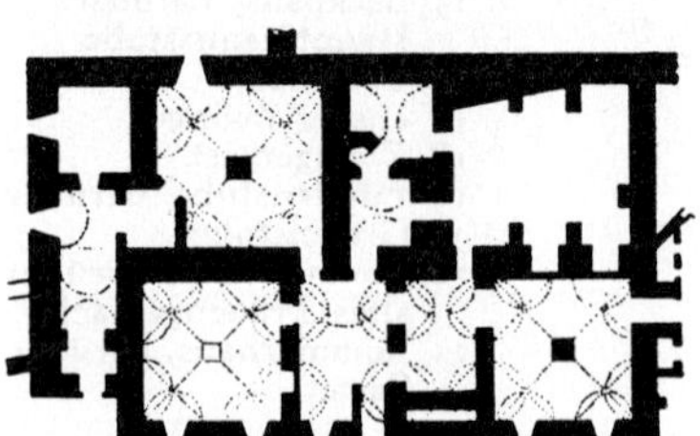

Abb. 453. Komotau. Grundriß der Kernburg in der Stadt 1:1000. B. E. nach einem Plan aus dem Ratsarchiv von Komotau.

Frühe böhmische Burgen zeigen reiche romanische oder gotische Kunstformen oder kennzeichnend durchgebildete Innenräume, die die Bauzeiten unzweifelhaft festlegen. Dabei handelt es sich nicht nur um Burgen, die unter deutschem Einfluß entstanden. Deutsche Steinburgen errichteten die Vohburger schon vor den Hohenstaufen. Barbarossa erwarb 1167 das Egerland und wird um 1183 an der ehemals Vohburgschen Veste Eger gebaut haben, die Heinrich VI. vollendete. Auch die vielleicht Vohburgsche Burg Elbogen entstammt derselben Zeit. Auch sie kommt 1167 an Barbarossa.

Burg Wiborg, Finnland

Gipfelburg B ö s i g bei Hirschberg, Sudetengau

Ruinen der Paßsperrburg P f r a u m b e r g , Sudetengau

Dem Ende des 12. und Anfang des 13. Jahrh. entstammen die meisten romanischen Steinburgen. Spuren derselben Kunst und der frühgotischen Zeit zeigt die im Zusammenfluß von Wattawa und Moldau ragende Höhenburg Klingenberg[9]) (Abb. 452, Taf. 77) mit den großartigen Resten der Burghofmauern, der herrlichen Burgkapelle und den frühen Malereien dort. Romanische Säulen finden wir an der Wasserburg Neuhaus in Böhmen. Ernst und stolz erhebt sich in beherrschender Lage die gotische Burg Bösig (Abb. 489, 490) mit den Resten ihrer herrlichen Saalbauten und der wunderbaren doppelwandigen Burgkapelle.

Später war Karl IV. (1347–78) für Böhmen wohl der fruchtbarste Burgenschöpfer. Karlstein, südwestlich von Prag, ist weltberühmt. Ein Umbau von Bösig wird Karl IV. gleichfalls zugeschrieben. Genannt wird dieser in der gotischen Zeit.

Nicht unerwähnt darf ferner die mährische Burg Pernstein bleiben und die reiche Meisterschaft ihres Architekten.

Bezüglich der Burgenformen kann man feststellen, daß der Wehrbau im Mittelalter keinen ausgesprocheneren slavischen oder tschechischen Zug gezeigt haben dürfte, als uns heute die Reste von Burgruinen oder zu Schlössern ausgebauten Burgen bieten. Man kann auch z. B. nicht die langgestreckte Form vieler Burgengrundrisse für ein slavisches Merkmal erklären, sie ist ausschließlich eine Folge der Boden- und Berggestaltung in Böhmen und Mähren und der Macht, die die Burgenbesitzer — vielfach deutscher Adel — hatten, um zahlreiche Krieger und Knechte unter ihrer einheitlichen Gewalt und Lei-

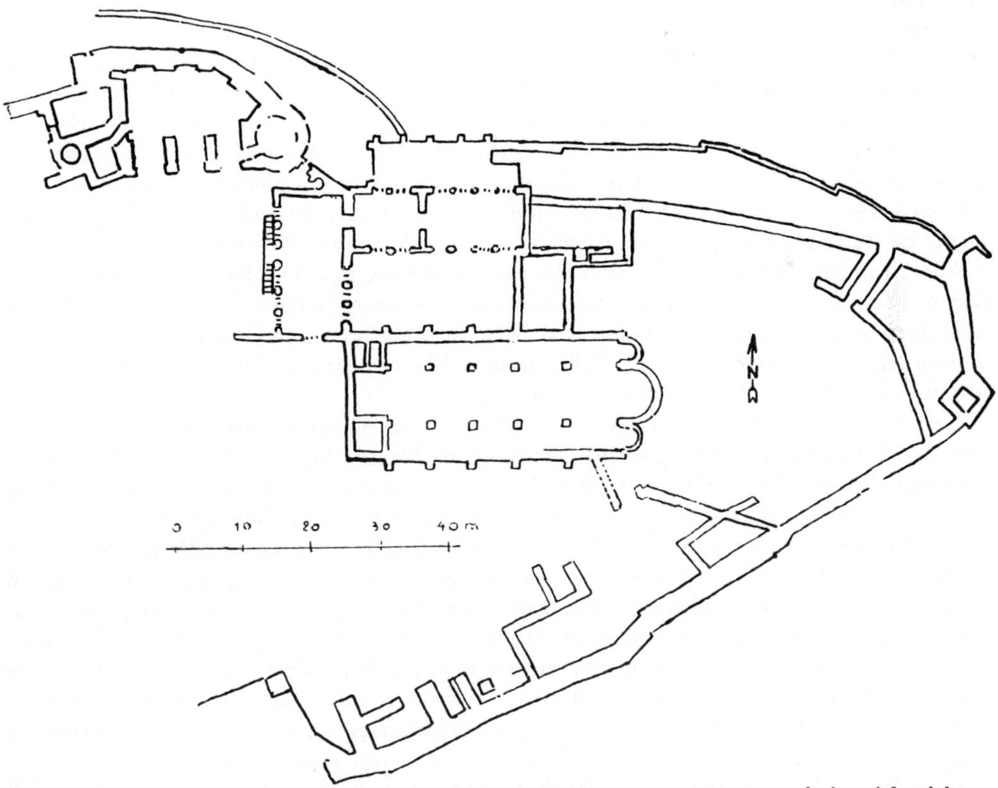

Abb. 454. Olmütz. Rekonstruktionsgrundriß von Herzogsburg und Dom im frühen Mittelalter. Handskizze B. E. nach Prokop.

[9]) Bernau: Burgen- u. Schlösser-Album S. 417ff.; Heber: Böhmens Burgen, Vesten u. Bergschl. II, S. 114ff.; Sedláček: IX, S. 1ff.

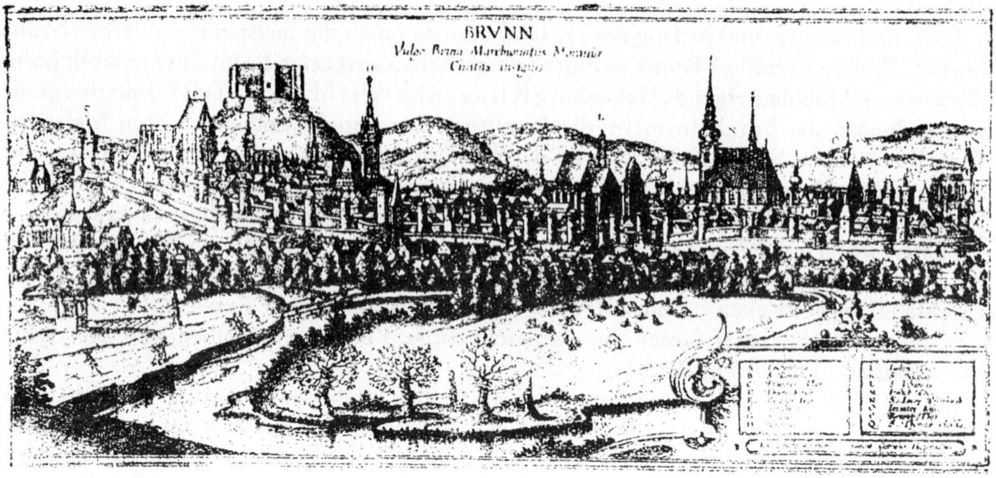

Abb. 455. Brünn in Mähren. Stadtbild mit Burg. Zustand 1527. Nach Braun und Hogenberg.

tung sowohl für den Bau wie für die Verteidigung so großer, weitläufiger Burgen zusammenzufassen.

Langgestreckte Anlagen gibt es in Europa überall, ich erinnere nur in Spanien an Peñafiel, in Frankreich an Chinon, in Italien an Volterra, Piombinara, Monsummano u. a. In Deutschland genügt es, auf Burghausen hinzuweisen, das wohl alle böhmischen langgestreckten Grundrisse übertrifft. Eckartsberga wird man auch nicht slavisch nennen, ebensowenig die Burgen Greifenstein bei Schwarzburg oder Hohkönigsburg im Elsaß oder die langgestreckte Felsenburg Aggstein im oberen Donaugebiet. So zahlreich wie in Böhmen und Mähren sind so lange Bauten in anderen Ländern freilich nicht, da dort nicht so viele langgestreckte Bergrücken oder Ausläufer vorhanden sind.

Alle Grundrißformen ergeben sich aus der Gestaltung des Bauplatzes, und sobald hier flache Täler wie in den Ebenen Norddeutschlands oder Hollands jede Form zulassen, wird auch in den Sudeten, Böhmen und Mähren die Kreis- oder Viereckform durchweg verwendet, die Wasserburgen in Böhmen und Mähren sind dafür Beispiele, wie z. B. Neuhaus, Ungar.-Ostra oder Göding.

Karl Vogt[10]) nimmt in seiner Arbeit über die böhmischen Burgen Stellung zur Burg von der Einwanderung der slavischen Stämme ab bis zur beginnenden deutschen Kolonisation, also von der Volks- und Fluchtburg zur einzelnen Fürstenburg, dann zur Burg der Przemysliden, die zugleich Staatsmittelpunkt ist, endlich zur Burg beauftragter Kastellane. Alle jene Burgen kommen für unsere Arbeit, soweit sie keine ritterlichen Burgen sind, kaum in Betracht. Zu würdigen sind dagegen die zahlreichen, mit den deutschen Städtegründungen verbundenen Stadtburgen, wie Neuhaus, Melnik, Jungbunzlau, Eger, Wittingau, Elbogen, Leitomischl, Kolin, Königgrätz, Budin, Tachau, Komotau (Abb. 453), Krumau, Braunau u. a.[11]). Als mährisches Beispiel wäre die später leider vielfach umgebaute Stadtburg von Brünn zu nennen, deren Kernbau einen bemerkenswert rechteckigen Grundriß mit Innenhof zeigt. Die Stadtburg von Olmütz liegt auf dem Domhügel in engstem Zusammenhang mit dem Dom.

Nach Prokop baut im 11. und 12. Jahrh. in Böhmen und Mähren vielfach der Hochadel. Dynasten tragen von der deutschen Siedlung im 13. Jahrh. ab nach ihren Burgen Namen

[10]) Die Burg i. Böhmen bis z. Ende des 12. Jahrh. — [11]) Vgl. hierzu Zycha: Über d. Ursprung d. Städte i. Böhmen.

wie Krumau, Rosenberg, Neuhaus, Landstein, Riesenburg, Lichtenberg, Winterberg, Kunstadt, Anschelberg, Stralek, Pottenstein, Sternberg, Schwamberg u. a. Schon früher werden in Mähren erwähnt: Cimburg, Eulen=berg und Lomnitz.

Gruppierung und Eigenart

Form und Art der Burgen wechselt von der Volksburg zur ritterlichen Steinburg ihrer=seits vielfach in der Erscheinung. Einzelteile sind dabei nicht kennzeichnend! Runde und viereckige Türme, die bei Erwähnung böhmischer Burgen als Kennzeichen für verschiedene Bauzeiten und Stammeseigentümlichkeiten genannt werden — man kann dem aber nicht folgen — kommen in ein und derselben böhmischen Burg vor.

Es wird willkürlich behauptet oder vermutet, daß es Kennzeichen für den Zubehör zu einer tschechischen oder deutschen Schule gäbe, z. B. daß die Wasserburgen slavisch, aber die auf schroffen Felsen liegenden Burgen germanisch seien. Deshalb ist es nötig, um ein Bild der in den besprochenen Gebieten herrschenden Burgenarten zu gewinnen, einige wichtigste Burgen zu betrachten und die unter sich ähnlichen — soweit das möglich ist — so zusammenzustellen, daß eine Reihe von Gruppen entsteht, die einigermaßen gleiche Baugedanken und Hauptgrundformen aufzeigt. Solche Gruppen werden sich nach den Grundrissen, namentlich nach denen der Kernbauten bilden lassen. Betrachtet man diese, so ergeben sich folgende Gruppen:

Rundlinge, kreisförmige Burgen=Baustellen, einerlei ob Höhen= oder Wasserburgen.
Ovale oder eiförmige Burgkerne.
Dreieckige Burgkerne.
Quadratische Burgen bzw. Burgkerne, erstere öfter in flachen Tälern.
Rechteckige Kerne oder regelmäßiges Burgganzes einschließlich Zwinger.
Unregelmäßig vier= oder vieleckige Burgkerne, oft mit weiten Außenwerken.
Höhlenburgen.
Langgestreckte, frühgeschlossene Burgformen.
Langgestreckte, späte, vielgeteilte Burgformen.
Burgkerne mit Schloßan= oder =umbauten.

In der merkwürdigen Gebirgsbildung mit ihren ungewöhnlich zahlreichen langen Berg=kämmen finden wir die Ursache der oft wiederholten Grundform bodenständig böhmisch=mährischer Burgen, mit langen, oft schmalen Wehrbauten, die z. T. auch heute noch in Schloßumbauten erhalten sind. Selbstverständlich sind auch kleinere Burgen errichtet worden, wo besondere Baustellen, etwa Felsenspitzen, wie Trosky[12]) in Nordböhmen, das erfordern oder sichere Felskämme mit geringer Baufläche, wie bei den zwei böhmischen Nachbarburgen Točnik (Tafel 78) und Žebrák im Protektorat, dazu herausforderten.

Die Größe vieler böhmischer Burgen hebt sich von den im rein deutschen Gebiet üblichen Anlagen stark ab. Sie entstand — wie an anderer Stelle betont — aus der rassenmäßig bedingten Herrschaft nicht zahlreicher großer Geschlechter über zur Staatenbildung un=fähigere Stammesmassen anderer Rassen. In Böhmen waren zugewanderte alte deutsche Geschlechter oft die in dieser Beziehung maßgebenden Kräfte.

Im Sudetenland, in Böhmen und Mähren wirkte wie in allen Ländern zwingend auch die geologische besondere Beschaffenheit der Burgbaustellen. Mächtige Basalte im böh=mischen Mittelgebirge und eisenhaltige Klingsteine, Phonolyte und Sandsteine sind im Nordwesten maßgebend. Im südlichen Gebirge finden wir Gneis und Granit, die maß=

[12]) Heber: IV, S. 51; Sedláček: X, S. 63 ff.; Piper: Österr. Bg. V, S. 161 ff.; Burgv. u. Ritterschl. II, S. 241 ff.

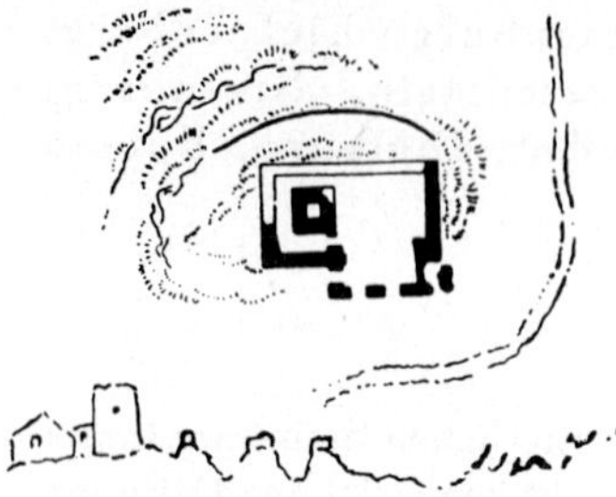

Abb. 456. Burg Lauseck. Grundriß- und Ansichtsskizze.

gebend für die Formen sind. Unweit Prag liegen Steinkohlenformationen. Phonolyte und Basalte mit engen Gipfelbaustellen, wie z. B. Kostial, treten auch östlich der Elbe auf, an der westlichen Grenze herrscht Urschiefer vor. Porphyr erscheint in den Sudeten. Wenn an Burg Pernstein (Taf. 79) in Mähren gotische Architektur ausnahmsweise in Marmor ausgeführt ist, kann man die Zufuhr dieses sonst seltenen edlen Gesteins aus nächster Nähe feststellen, als die Art der Baustoffbeschaffung, die im Mittelalter gewöhnlich war.

Beim Durchfahren des Sudetenlandes fallen uns ferner Sandsteinkuppen und Felsblockbildungen auf, die zu ihrer Wahl als Burgbaustellen herausfordern mußten. Kein Wunder, daß daher in Böhmen auch viele Felsen wirklich ausgehöhlt sind und märchenhafte Raumbildungen ergaben. Abweichend von den kammhoch erbauten Pfälzer Felsenburgen haben in Böhmen solche Blockbildungen oft ziemlich flach gelegene dickbäuchige Gestaltung angenommen, die zahlreichen Innenräumen Platz bietet, z. B. Waleczow bei Münchengrätz in Böhmen oder die Wasserburg Bürgstein im Sudetenland. Im allgemeinen ist von frühen Burgformen, zu denen man vielleicht Burg Alttitschein rechnen muß, weniger unverändert auf unsere Tage gekommen, dazu haben die endlosen Kriegszerstörungen beigetragen. So kam z. B. mit der Überwindung der wahnwitzigen Hussitenstürme besonders unter Georg Podiebrads Herrschaft eine lebhafte Burgenbautätigkeit zur Wirkung, um die Kriegsverwüstungen wieder auszugleichen. Diese Zeit hinterließ Bauten gotischer Art mit regelmäßig rechteckigen Grundrissen. Es wurden Innenhöfe geschaffen und äußere Strebepfeiler, z. B. an Burg Göding oder an Buchlau, Kunstadt, Komotau (Abb. 453, 468) und Malenowitz.

Es folgen Kriege zwischen Georg Podiebrad und Mathias Corvinus von Ungarn. Nach dem Tode des letzteren kommt über König Wladislaw Böhmen an die Habsburger, und damit beginnt eine weitere Bauzeit im Süden, die wehrbaulich namentlich gegen die Türkengefahr gerichtet war und daher spätere und andere Formen entwickelte. Eine ungeheure Bautätigkeit hat endlich der Reichtum des Landes entwickelt, der auch noch im 17. und 18. Jahrh. viele Burgen in Schlösser verwandelte, ohne die burglichen Teile ganz zu vernichten. Auch infolge dieser Umbauten ist es nicht leicht, vorherrschende Urformen festzustellen. Es entstanden aber in allen Landesteilen künstlerisch höchst reizvolle Baudenkmäler, die trotz wechselnder Stile und Kunstformen der Jahrhunderte, in denen die heute erhaltenen Baugruppen vollendet wurden, in größter Würde und unerschöpflicher Pracht in solch malerischer Lage und Landschaft einen Reichtum bedeuten, wie ihn nicht viele andere deutsche Länder besitzen. Ein deutscher Grundzug ist auch an Bauten dieser Zeit neben italienischen Palastanlagen und barocken Prachtlösungen unverkennbar.

Die Einzelformen der Bauteile der Burgen wechseln. Viereckig sind die Bergfriede von Heidenreichstein, Helfenburg bei Auscha, Kumburg, Littitz, Lauseck (Abb. 456), Okor, Riesenburg, Tollenstein, Kost (Taf. 84) bei Sobotka in Böhmen und die der Burgen Frain, Vöttau, Kremsier, Ungarisch-Ostra, Kunstadt, Teschen, Aussee, Pernstein (Bibliotheksturm), Buchlau (Torturm und Verließturm), Mährisch-Trübau, Teltsch, Alt-Cimburg, Tobitschau, Drahanowitz, Wischau, Helfenstein in Mähren u. a.[13]).

[13]) Prokop: I, S. 78.

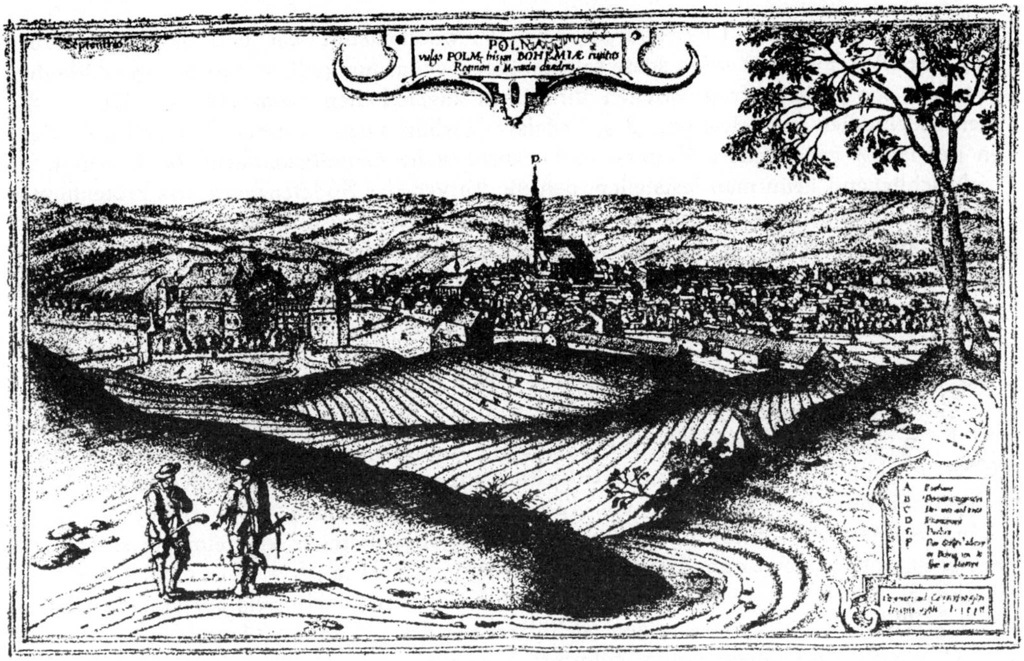

Abb. 457. Polna. Stadtbild mit Burg. Zustand 1527. Nach Braun und Hogenberg.

Rundtürme haben die Burgen (auch z. T. in späteren Schloßbauten): Friedstein, Grafenstein, Hammerstein, Kostenblatt, Pirkstein, Bösig, Friedland, Lämberg, Strakonitz, Polna (Abb. 457) und Schreckenstein[14]) in Böhmen und die Burgen Eulenberg, Hochwald, Jamnitz, Namiest (Archivturm), Stramberg, Weißkirchen, Nowyhrad, Eichhorn, Goldenstein, Sternberg, die prachtvolle Ordensburg Busau, Nikolsburg (Flaggenturm), Pernstein (Barborka), Budischau, Nikolsburg (Selchturm), Buchlau (Andelka?) in Mähren. Im heutigen Sudetengau und der Ostmark liegen außer den eben genannten noch folgende mit runden Türmen: Schellenburg bei Jägerndorf, Raabs, Krumau[15]).

Die Formen von Pallas, Türmen, Zinnen und Scharten geben Anhaltspunkte für die Annahme der Verwendung deutscher Lehrmeister, bis sich mit der Hochrenaissance und dem Barock auch fremde Einflüsse einstellen. Solche finden wir u. a. in Jauernig durch die dort erhaltenen Maschikuli und in Heidenreichstein durch halbrunde Zinnen.

Dagegen erinnern in gotischer Zeit böhmische Burgen, wie die Kaiserburg Karlstein, oder viele Wohnturmburgen, wie Pfraumberg, in ihren Wohntürmen nicht an normannisch-fränkische Vorbilder. Man vergleiche nur französisch-normannische „donjons" in Form und Zweck, namentlich in Größe und innerer Raumeinteilung mit irgendeiner dieser böhmischen Türme, um die grundfremde Lösung der beiden Arten bewiesen zu sehen[16]). Eher könnte man in einigen kleineren irischen Haupttürmen Ähnlichkeiten mit böhmischen Türmen suchen. Das gilt freilich nur für die ungegliederten nicht zweischiffigen der frühesten Zeit[17]). Abgesehen von diesen Vergleichen, erinnert der Karlstein in seinem Grundgedanken an den schwäbisch-deutschen Trifels[18]), dessen berühm-

[14]) Piper: II, 201 ff.; Heber: V, S. 82; Taubmann: Burgruine Schreckenstein; Umlauft: Schreckenstein. — [15] Prokop: I, S. 75. — [16]) Ebh.: Wehrb. Europas i. Mittelalter I, S. 259, Abb. 304, S. 260, Abb. 305, S. 273, Abb. 312, S. 305, Ab. 351. — [17]) Ebenda: S. 202, Abb. 219, S. 212, Abb. 240; Schott. Türme wie S. 229. — [18]) Ebh.: Bg. Trifels.

ter Kapellenturm dem Luxemburger Karl IV. wohlbekannt war und deshalb als Vorbild oder Anregung für seine späte selbständige Schöpfung gedient haben mag. Offenbar hat dem sonst vielen französischen Einflüssen zugänglichen Kaiser für den Zweck, die Reichskleinodien zu bewahren, das Trifelser Vorbild noch in einer Zeit wohl gefallen, in der längst ganz andere Formen und wehrbauliche Grundgedanken üblich waren.

Abschließend kann man feststellen, daß die Burgen des Sudetengaues, des Protektorates und die angrenzenden Burgen der nördlichen Ostmark — also die Burgen des böhmisch-mährischen Raumes — viele Spuren deutschen Charakters zeigen.

Betrachten wir zum Vergleich eine Reihe der bedeutendsten oder eigenartigsten Burgen dieses Gebietes.

Rundlinge

Von einer sehr frühen ehemaligen Burg der Rundlinggattung (und heute seit 1796 eingebauten Kirche) zu Friedeberg im Sudetengau können wir uns an Hand von von Weinelt[19]) veröffentlichten alten Plänen ein gutes Bild machen. Diese schlesische Burg liegt südöstlich von Jauernig im Sudetengau.

In einer fast kreisförmigen, nur an zwei Seiten abgeplatteten Mantelmauer steht noch heute ein runder, jetzt zum Kirchturm umgebauter Bergfried frei, aber nicht im Mittelpunkt des Kreises. Trotzdem mag man im Grundriß einen Hinweis auf eine sehr frühe Anlage erblicken. Alte Pläne zeigen auch die Lage des fest an die Mantelmauer gebauten Pallas, ebenso drei unregelmäßig geformte Zwinger.

Weinelt erwähnt „auf Friedeberger Ortsgebiet" noch zwei weitere Rundlingsanlagen. Alle dürften auf landesübliche, sehr frühe Wehrbauten zurückgehen wie auch in Niederdeutschland und unter den dänischen bis belgischen Burgen. Es ist eine Burgenart, die meist aus künstlich aufgeschütteten runden Erdkegeln, zu deren Erhöhung der Boden ringsum ausgehobener Gräben diente, besteht.

Ovale Burgkerne

Wasserburgen sind im Böhmerland seltener. Zu nennen wäre Blatna[20]) (Abb. 458), in flacher, durch viele Seen bewässerter Gegend gelegen, etwa 40 km südöstlich von Pilsen, eine schöne böhmische Wasserburg auf eiförmiger Insel im Blatnasee, an drei Seiten noch von einem frei im See aufgeschütteten Damm umschlossen, der wohl Schiffe der Angreifer fern halten sollte. Zwei feste Brücken, vor 100 Jahren errichtet, verbinden die beiden schmalen Enden der Insel mit dem Lande.

Blatna hat einen frühen, gotischen Torturm und eine zierliche gotische St. Andreas-Kapelle, deren Chor außen neben dem Torturm hervortritt. Dieser Torturm mit 2,10 m starken Mauern enthielt in dem sehr reichen gotisch gewölbten 10,40 m hohen zweiten Stock[21]) kulturhistorisch reiche Malereien, die Heber denen von Klingenberg an die Seite stellt, mit zahlreichen Wappen deutschböhmischer Familien, deren Kulturkreis auch der Blatnaer Schloßherr von Rožmital und Blatna angehörte[22]).

Große schloßartige Wohnbauten weist die ovale Anlage auf, die der Inselform folgen. Der nördliche Flügel ist ein gotisch gestalteter hoher Wohnbau. Die Bauten an der Westseite sind vor längerer Zeit abgebrochen worden.

---

[19]) Weinelt: Burgw. 1936, S. 48f. — [20]) Bernau: Alb. d. Bg. u. Schl. i. Kgr. Böhmen S. 58, 61 Abb.; Heber: Böhmens Burgen, Vesten u. Bergschl. Abb. Bl. 5 u. 6. Gdr.; Ebenda: III, S. 116ff. Aquarell von J. Venuto v. 1819 in National-Bibl. Wien, dortselbst auch 2 Aquarelle von Manes v. 1830. — [21]) Prokop: I, S. 238. — [22]) Wappen der Familien: Schwanberg, Rosenberg, Kunstadt, Neuhaus, Guttenstein u. a.

Abb. 458. Wasserburg Blatna. Ansicht nach Heber.

Umriß und Einzelform der Burg Blatna bieten keine Merkmale für nicht deutsche Entstehung der Burg. Das Alter der Steinbauten mag bis zum Anfang des 14. Jahrh. zurückgehen; die günstige Insellage dürfte aber schon in viel älterer Zeit als Wehrbau bzw. Zufluchtsstelle gedient haben.

Der für die frühe romanische Burg Elbogen gewählte Bauplatz ist von Natur für die Verteidigung höchst günstig gestaltet. Die Burg steht auf der felsigen Spitze der Nord=seite eines Granit=Bergklotzes, der fast von allen vier Seiten von der Eger umflossen wird. Nur die Nordostecke hängt durch einen niedrigen Sattel mit dem jenseits ansteigenden Berg zusammen. Hier unten lag als Sperre der halsgrabenartigen Senkung ehemals eine „unter Burg", die zugleich das einstmals einzige Tor zu der Stadt Elbogen beherrschte (Abb. 451).
Diese Stadt füllte den von der Eger umflossenen Fels in seinen höheren Teilen völlig aus, und das schöne Stadtbild von Südosten zeigt die obere Burg über der Stadtmitte als stolze Krone. Nördlich hinter der aus Granit und Sandstein errichteten Burgmauer fällt der Felsen steil unmittelbar zur Eger ab.

Von jeder Seite gesehen beherrscht die außen so würdige Baugruppe nicht nur im Bilde, sondern auch strategisch Stadt und Landschaft und selbst der Mangel eines Zinnen=kranzes, der nur im Anschluß an den Markgrafenbau gleich links hinter den Haupttoren noch erhalten ist, und die zahlreichen neueren Fensterdurchbrüche können den edlen burglichen Eindruck nicht verwischen. Die Baugruppe selbst krönt der mächtige Berg=

fried, der im westlichen Ende auf höchstem Fels steht und nach drei Seiten die drei Eingangstore beherrscht.

Der Gesamtgrundriß zeigt die Burg unregelmäßig eiförmig. Die Einfahrt folgt einer Schneckenlinie von Südosten bis zur Westecke, wendet sich dort dicht unter dem Bergfried nach Norden und Osten in den Burghof. 5 Tore sperrten einst diesen Zugang, deren erstes im Südosten der Burg ist mit den wegbegleitenden, äußeren südlichen Zwingermauern verschwunden.

In den Burghof ragt von Westen der hohe Felsblock herein, dessen Westende den Bergfried trägt. Darauf stand nach neueren Forschungen[23]) der Felsstubenbau, d. h. der ältere Pallas, der 1810 abgebrochen wurde. Die übrigen Seiten des länglich-dreieckigen Hofes umziehen heute rohe Mauern, in ihrer Bestimmung unkenntlich durch einen verständnislosen Umbau ab 1795 zum Gefängnis gestaltet. Dieser trostlose Bauzustand entspricht weder der Würde noch der ursprünglichen Bestimmung der Burg als fast pfalzartigen Königssitz.

Für die Baugeschichte sind die Besitzwechsel bedeutungsvoll. Angeblich herrschten hier Vohburger Markgrafen, die als ursprüngliche Erbauer gelten. Durch die Ehe Friedrich Barbarossas, des Erbauers der Kaiserpfalz in Eger, wäre dann auch die Burg Elbogen an die Hohenstaufen gefallen, ging aber bald an die Krone Böhmen über, deren König Wladislaw schon um 1184 im Besitz der Burg erscheint. Mitte des 13. Jahrh. ist sie Eigentum des böhmischen Königs Wenzel (gest. 1253). Seit dem Tode des letzten Przemysliden Wenzel III. 1307 kommt durch viele Wirren auch Elbogen an das Luxemburger Königshaus, so daß Kaiser Karl IV. verfügen konnte, daß die Burg dauernd der Krone Böhmen erhalten bleiben sollte. Er weilte auch persönlich öfter dortselbst. Mitte des 15. Jahrh. verpfändet König Sigismund Burg Elbogen an die Grafen Schlick.

Wir dürfen annehmen, daß die romanischen Reste: in der Hofmauer des Saalflügels eingemauerte, profilierte Quaderstücke Bauten der Burg angehörten, denen deutsche Baumeister ihre würdigste Form gaben. Derselben Zeit gehört auch der sehr schöne Quaderturm an der Nordostecke mit dem glatten bossenlosen Mauerwerk an. Späterer Zeit gehören die gotischen Bauteile, nach jüngerer Zeit gehören wohl die runden Batterietürme an.

Es folgt dann eine lange Zeit wilder Wirren, bis Karl IV. Böhmen regiert und beruhigt. Die Baulust Karls wird ihn kaum gegen die schöne Burg Elbogen teilnahmslos gelassen haben — in der er zudem in seiner Jugend als Gefangener in strenger Haft gehalten wurde — doch können wir urkundlich kaum seine etwaigen Bauarbeiten nachweisen.

Erst die Zeit nach den Hussitenkriegen und die wohl aus Geldnot seitens der Krone erfolgte Verpfändung an die reichen baulustigen Grafen Schlick bietet bestimmtere Nachrichten über Bauten dieses Geschlechtes. Das würde dann eine vierte Bauzeit bedeuten, der endlich Vernachlässigung vom 17. Jahrh. ab folgte. Anfang des 19. Jahrh. erlitt die edle Burg dann die verhängnisvolle Schändung durch Umbau zum Gefängnis.

Betrachten wir den heutigen Zustand mit dem Ziele, etwa vorhandene Vohburgsche Bauten zu suchen, so bleibt die Möglichkeit, diesen den überstarken Bergfried und das Felsstubenhaus zuzurechnen, das Gnirs[24]) als Pallas (?) ansieht. Ferner deutet der Verlauf der nördlichen Hofmauer in grader Fortsetzung der Stadtmauer auf die Möglichkeit hin, daß sie einst die äußere Hofmauer der frühesten Feste war. Alle äußeren Flügelanbauten daran sind offenbar planlos entstanden. Man könnte also in ihr die früheste Burgringmauer vermuten. Weitere so frühe Bauteile würden wohl durch planmäßige Ausgrabungen und Freilegungen gefunden werden.

---

[23]) Gnirs: Elbogen b. Karlsbad. Nach briefl. Mitteilung Prof. Zimmermanns v. 27. 4. 40 stellt dieser es als fraglich hin, ob der Felsstubenbau zu den ältesten Gebäuden gehört. — [24]) Gnirs: S. 27.

Suchen wir nun Hohenstaufenbauten, wie einen romanischen Pallas oder Saalbau, so scheint nicht sicher, daß der „Markgrafenbau", wie bisher angenommen wurde, damit gleichgeachtet werden darf! Von frühgotischer Zeit, also der hohenstaufischen Bauzeit, zeugen die mächtigen reichprofilierten Haupttore. Die Glieder der beiden Tore erinnern an auf dem Trifels ausgegrabene Profilsteine der Hohenstaufenzeit[25]).

Die drei im Gräflich Schlickschen Testament von 1489[26]) erwähnten Ganerbensitze für die Grafen Niklas, Hironymus und Kaspar: das Markgrafenhaus, die zwei Kemenaten und die rote Kemenate darf man alle drei nicht ungeprüft lassen. Sie heißen später „im alten und neuen Frauenzimmer", der „Saalbau" und das „Hauptmannshaus". Der Form und Lage nach ist das Hauptmannshaus höchstens als ein gotischer Pallasbau anzusehen, und zwar als ein späterer, dagegen ist der Saalbau im Nordflügel vielleicht durch den Grafen Schlick nicht neu erbaut. Ein Blick auf den Grundriß des Saalgeschosses zeigt Ähnlichkeiten mit den Hauptformen romanischer Pallassäle. Heute sitzen in der Hofmauer noch romanische Bruchstücke, auch in den Fensternischen und Pfeilern könnten nach dem Grundrisse romanische Reste stecken. Am wenigsten scheint der Markgrafenbau als früher Pallas wahrscheinlich. Auch hier können vielleicht Grabung und Freilegung Klarheit bringen. Heute erschwert die gleiche Dachhöhe nach dem Abbruch der oberen Geschosse das Urteil.

Die Außenwerke, die in Böhmen sonst weitläufig sind, fehlen hier über dem nördlichen Egerufer fast ganz, gegen die Stadt zu lag nur ein Eingangszwinger fast im Viertelkreis verlaufend. Im alten Plan[27]) muß man noch eine Mauer mit 4 Halbrundtürmen annehmen. Westlich vorgeschoben liegt das Markgrafenhaus und die Kirchenterrasse, östlich lag die untere Burg.

Die Bedeutung der ganzen Anlage mit dem gewaltigen Bruchstein- und Buckelquader-Bergfried ist bisher nicht genügend gewürdigt worden. Die völlige Entstellung des Inneren durch den Gefängnisumbau hat nur an den beiden gotischen Haupttoren noch wuchtige Kunstformen zurückgelassen, die einen Begriff des großen Maßstabes geben, der den romanischen Baumeistern für eine so wichtige Hofburg selbstverständlich war. Die häufigen Königsbesuche und der oft längere Aufenthalt der Königsfamilien[28]) (Wenzel III., Johann v. Luxemburg, Kaiser Karl IV. u. a.) erforderte auch sicher große Säle, wie sie andere Hofburgen oder Pfalzen zeigen[29]).

Die frühere Anlage und Form der Burg Elbogen zu finden, wäre eine Arbeit des Schweißes eines örtlichen Forschers und der Förderung des Staates wert.

Der Grundriß der 240 m über der Eger sich erhebenden Burg Egerberg[30]) im Sudetenland zeigt ebenfalls ein längliches Oval von 280 m Umkreis und 56 m Breite. Ein tiefer Graben und Wall, der bei einer Höhenburg auf hohes Alter der Burg deuten kann, zieht rings um, an zwei Seiten innen von einem Zwinger, gegen Nordosten von der Außenmauer einer weiten Vorburg begleitet.

An der Südwestseite der Burg liegen 15 m hohe Reste eines Torturmes, zu dem eine Brücke führte, von der der Aufstieg durch einen langen oberen Zwinger und durch die erwähnte Vorburg zum innersten gegen Nordosten gerichteten Haupttor führte. Das lange Torgewölbe lag unmittelbar an dem wahrscheinlich dreigeschossigen Turm und führte in den engsten Kernburgraum, der einst zum Teil überdacht war. Die Kernburg wird nach Nordosten durch einen vierstöckigen Pallas gebildet, der im 3. Stock einen durch drei

[25]) B. Ebh.: Burg Trifels. — [26]) Gnirs: S. 36f. — [27]) Gnirs: S. 9 nach Prökls Geschichte d. Stadt Elbogen. — [28]) Vgl. Heber: V, S. 3ff. — [29]) Vgl. Aquarell v. J. Venuto v. 1806 i. Nationalbibl. Wien, dortselbst befinden sich auch noch andere Abb. — [30]) Karell: Burg u. Schl. d. Erzgeb. u. Egertales I, S. 44ff.; Piper: Österr. Bg. I, S. 50ff.; Heber: III, S. 131ff.; Bernau: Burg u. Schl.-Album 25, S. 190ff.; Derselbe: Studien u. Materialien z. Spezialgesch. u. Heimatkunde S. 341ff. Lithogr. v. Gregor i. Nationalbibl. Wien.

Fenster erhellten Saal besitzt. Die länglich rechteckige, von starker Mantelmauer umgebene Kernburg endet im Südwesten in den starken Resten eines turmartigen Halbrundes.

Die einfache Wucht der Ruine, Reste von Kellern und Wirtschaftsbauten in der Vorburg verraten einen kühnen Bauwillen und klare Planung.

Die erste Erwähnung eines Herrn von Egerberg (als Zeuge) wird am 10. Juli 1254 angegeben[31]). In diese Zeit ist auch ungefähr der Bau der Burg anzusetzen.

Ebenfalls zu den ovalen Anlagen gehört die ungewöhnlich kühn über der gleichnamigen Stadt erbaute Burg Engelhaus östlich von Karlsbad, die als beispielhafte Felsenburg Erwähnung findet[32]). Die höchst malerischen Reste der großen Burg erheben sich auf einem weit und breit sichtbaren Phonolitfelsen, der dicht neben der Stadt emporschießt bis zu 713 m ü. d. M. Der willkürlich zerklüftete Felsen nötigte zur Errichtung ganz getrennter unbedeutender Bauten, nur Teile der Ringmauer liegen noch am Felsrand ansteigend.

Um die breite Westspitze zieht sich der Zugang hin, der aber seinerseits nur über eine lange, neue Steintreppe zu erreichen ist. Einst mag eine leichte abwerfbare Holzverbindung hier gewesen sein. Durch ein erstes Tor führt der Weg an dem Nordabhang entlang. Wir durchschreiten dann das Haupttor zu einem Vorburghof, entlang an einer Mauer mit drei Kanonenscharten und finden auf der etwas unter der Höhe liegenden Ostspitze des Felsens einen Baurest, der weit über die Felsspitze vorgeschoben und innen zweiteilig ist, einer der Teile zeigt Gewölbereste. Auf dem höchsten Felsenteil steht ein neuerer Hausrest und gegen Westen über dem unteren Wegbeginn ältere, noch teils gewölbte Trümmer. Wichtig ist auch die noch teils erhaltene Zisterne nahe hinter dem Haupttor, deren Anlage in dem Klingstein große Mühe verursacht haben dürfte.

Als Beispiel einer mährischen Burg, die ebenfalls ovalen Grundriß zeigt, ist die wunderliche Anlage der eiförmig angelegten Burg Neuhäusel (= Nowy hrádek oder Castellum Hradek)[33]), die aus zwei ganz verschieden geformten und verschieden alten Werken besteht, die durch eine gemeinsame Vorburg verbunden sind, anzuführen. Prokop[34]) schreibt diese mährische Burg vermutungsweise (!) Johann von Luxemburg zu, also den Jahren 1310—46; jedenfalls kann die ovale Ringform der Kernburg mit Ringgraben, den außen abermals eine Ringmauer umfaßt und die etwa 57,10 : 31,5 m groß ist, auf ein höheres Alter schließen lassen.

Länge und Breite des Innenrings ist 43,10 : 15,5 m; er umfaßt nur geringe, ziemlich planlos liegende Wohnbauten, anscheinend keinen Turm.

Gegen Osten (!?) liegt eine kleine Vorburg mit zwei Toren, durch die der einzige Zugang in die Ringburg führt. Der Angreifer mußte den Graben zwischen den beiden Mauerringen fast ganz durchschreiten, und zwar mit der schildlosen Seite gegen den Feind, der ihn von der hohen Innenringmauer beschießen konnte. Eine starke Sperrmauer mit Eckturm deckte die kleine Vorburg gegen den 21 m breiten Graben, der die Ringburg von der großen 40 m breiten und 80 m langen, mittleren Vorburg absperrte. Im Norden schließt an die Ringburg eine große Vorburg von 72 : 41 m an, an deren Nordspitze dann auch wieder höher als die Vorburg, die Hochburg, ein späteres festes Werk liegt. Zwei 20 m Stirnbreite kurze Flügel stoßen innen rechtwinklig zusammen, außen wird die Ecke durch einen halbrunden Batterieturm von 18 m Durchmesser gebildet. Diese drei

---

[31]) Karell: S. 45. — [32]) Heber: Abb. Bl. 42 Grdr.; Ebenda: III, S. 74ff.; Piper: Österr. Bg. I, S. 74ff.; Bernau: Studien u. Materialien z. Spezialgesch. u. Heimatsk. S. 425ff. Aquarell v. J. Venuto v. 1818 i. Nationalbibl. Wien u. andere Abb. dort vorh. Mittlg. d. k. k. Centralkommission f. Baud. Bd. 19/20, S. 4 Grdr. — [33]) Prokop: II, S. 369f. — [34]) Ebenda S. 370 Grdr.

Bauteile zeichnen sich durch Mauerstärken bis zu 6,3 m aus (!), so daß innen nur ganz enge Räume bleiben, namentlich, da noch ein 10 : 10 m großer Hof die Mitte bildet.

Ein bastionsartig starker, spitzer Ausbau zieht über den restlich liegenden, langen Eingangszwinger hin. Das Ganze bildet ein einzigartig durchdachtes Wehrsystem.

Eine ganz besondere Form unter den mährischen Burgen zeigt die Burg Boskowitz[35]). Sie liegt auf hohem Berge nördlich Brünn an der Bélá, einem Zufluß der Zwittawa. Die gleichnamige, etwa 5000 Einwohner zählende Stadt gilt als eine der ältesten Orte Mährens.

Der Grundriß der 40 m breiten und 50 m langen Kernburg, dem ursprünglich ältesten Teil der Anlage, vieleckig eiförmig, deutet auf eine Bergspitze als Baustelle. Weite, spätere Zwingermauern, die an der steilen Südseite dicht an die Kernburg heranrücken, bilden gegen Norden, Osten und Westen einen weiten, vielgeknickten Ring. Von der äußeren Nordwestecke führt der Zugangsweg rings um die ganze Burg herum durch 5 Tore durch die Vorburg bis zur Südostecke der Kernburg. Dort durchbricht er eine 2,5 m dicke Mantelmauer, die die rund 50 m lange, vielgeknickte Nordostseite bildet. Der hochragende Fels ist schräg abgeböscht.

Das Innere der Kernburg zeigt einen weiten Hof mit Spuren ehemaliger Wohnbauten; außen sind an die starke Mantelmauer ein Torturm an der Nordostseite und innen an der Südwestseite 4 geräumige Wohnräume eingebaut. Die fünf Erker, die an der Südwestseite über den Hauptzugang heraushängen, zeigen eine gewisse Verwandtschaft mit den Erkern der Burg Pernstein und dürften dem 15. Jahrh. angehören. Es ist anzunehmen, daß diese späteren Ausbauten einer Wiederherstellung nach dem Hussitensturm angehören. Es fällt auf, daß die alten schön gemauerten Mantelmauern keinen Bergfried umschließen, daß sie aber auch keine Seitenbestreichung aus früher Zeit ermöglichten. Die äußeren, weiten Zwingermauern haben an der steilen Bergseite ebenfalls keine vorspringenden Mauertürme für diesen Zweck, dagegen auf der flacheren Ost- und Nordseite viele vorgestreckte eckige Werke und einen Rundturm, die den Längsschuß an den Mauern ermöglichen sollten.

Noch im 16. Jahrh. wurde an der Burg gebaut, deren äußeren Maße dadurch sich auf 76 : 110 m beliefen.

Eine fest geschlossene frühe Form zeigt der eiförmige Grundriß der Burg Johannesberg über Jauernig im Sudetenland, ein hochentwickelter spätmittelalterlicher Wehrbau, eine wichtige schlesische Burg[36]). Die unregelmäßig ovale Form deutet auf frühen Ursprung, auch trotz des nachhussitischen Wiederaufbaues ab 1482.

Die Angriffsseite lag hier wie auch andererorts ungünstig mit einer Längsseite der Burg gegen den Bergstock hinter tiefem Graben, den man daher kaum noch Halsgraben nennen kann. Ein runder Bergfried schirmt die Südwestecke der ehemals wohl fast geschlossenen Mantelmauer. Daran schließt sich eine kurze, starke Schildmauer, die an die abgerundete Schmalseite des Pallas stößt. Eine starke Quermauer teilt von Westen nach Osten den Gesamtburgraum. Dadurch entstehen 2 Höfe, wovon der äußere durch Bergfried, Pallas und Kapelle, letztere auf der Westseite liegend, umschlossen wird. Das Haupttor führt durch eine Vorhalle bzw. einen Torbau in den mittleren „wehrhaften" Burghof. Die nördliche Spitze der hohen Mantelmauer umschloß ehemals einen zweiten Burghof.

Heute ist alles stark verbaut und erweitert. Sehr merkwürdig sind die beiden, sehr an Strebepfeiler erinnernden Türme an der Westseite, deren bekrönende Wehrerker heute noch ihre Bestimmung zur Seitenbestreichung verraten.

[35]) Prokop: II, S. 522 Grdr.; Burgv. u. Ritterschl. IV, S. 6ff. — Rosner: Kl. Rosa coeli i. Kanitz u. Burgruine Boskowitz S. 223f. — [36]) Weinelt: Burgw. 1936, S. 45ff.

Weinelt setzt das Alter für Johannesberg-Jauernig, obwohl sie 1307 urkundlich genannt wird, etwa 100 Jahre früher an. Johannesberg war im Anfang des 13. Jahrh. vom Bistum Breslau als Sicherung gegen Böhmen und Mähren aufgeführt worden.

Ebenfalls zu den oval gestalteten Burgen ist die mittelgroße Höhenburg Gratzen[37]), die über dem neuen Schloß und am Ostende der gleichnamigen Stadt auf 50 m hoher Bergnase liegt, zu nennen. Der Burgplatz fällt nach 3 Seiten steil ab. Der ovale Bering der Burg mißt etwa 100 : 60 m, 2 feste Tore befinden sich an den spitzen Enden. Die jetzige Burg besteht aus dem Ostturm, dem einstöckigen Beamtenhaus mit anschließendem zweigeschossigen ehemaligen Pallas. Daran schließt sich der untere Turm, im südwestlichen Winkel ein einstöckiges Gebäude, in dem früher die Burgkapelle untergebracht war. Ein ungewöhnlich tiefer Ringgraben umgibt die Burg, demzufolge man sie zu den frühen Burgbauten rechnen kann (Abb. 459, 460).

Die erste urkundliche Erwähnung soll auf 1279 zurückgehen. Gratzen ist späterhin oft zerstört und wieder renoviert worden. Neu- und Umbauten werden z. B. aus den Jahren 1471, 1562, 1605, 1633, 1792—98, 1911—12 gemeldet. So bietet heute Gratzen das Bild eines im Empirestil erbauten Schlosses.

Dreieckiger Burgkern

Pürglitz[38]) gehört zu den bedeutendsten böhmischen Burgen. Sie erhebt sich auf einem 50 m hohen Schieferfelsen, der an 3 Seiten vom Rakonitzerbach, der in die Mies mündet, umflossen wird (Abb. 461, Taf. 85). Die erste baugeschichtliche Nachricht haben wir vom Jahre 1109, wo von einem Umbau der Burg berichtet wird. Ein weiterer Umbau wird 1230—50 gemeldet, aus dieser Zeit wird auch die noch heute erhaltene eigentliche Kernburganlage stammen. Eine wichtige neue Bauzeit setzte für Pürglitz 1480 an. Der 1422 zum Teil abgebrannte Bergfried erhielt einen neuen Aufbau in dieser Bauperiode. 1592 wird von einem neuerlichen Brand berichtet, ebenso 1638. Daraufhin wurde von Ferdinand III. eine Renovation durchgeführt, der aber 1826 wieder ein Brand folgte und abermalige Neubauten zur Folge hatte.

Die im Grundriß (Abb. 462) dreieckige Burg weist auch eine ebenso gestaltete Kernburg auf, die aus dem Pallas, dem Nordwohnbauflügel, dem Kapellenbau und dem runden Bergfried, dem sogenannten „Hohen Turm" besteht. Letzterer nimmt den höchsten Punkt in dem spitzen Winkel des dreieckigen Grundrisses ein, ist 27 m hoch und hat 12,20 m Durchmesser. Zur Ostspitze läuft der Bergfried scharfkantig aus und hat hier eine Mauerstärke bis zu 10,50 m.

Die anschließende Vorburg, die mit der Kernburg ebenfalls im Grundriß ein Dreieck bildet, ist rings von Mauern und Bauten umgeben. Die Südwestecke verstärkt der „Goldene Turm", die Südostecke die „Huderka", ein quadratischer Turm.

Quadratische Burgkerne

Westlich der Weißen Karpathen im Marchtal liegt an einem Mühlwasser und der March die mährische Wasserburg Ungarisch-Ostra (Abb. 463), im Westen des Protektorates[39]).

Die ebene Fläche bot ohne weiteres Gelegenheit, ein ganz regelmäßiges Quadrat als Burggrundriß zu wählen, das fast an eine Ordensburg erinnert, aber verschiedenen Jahrhunderten seinen heutigen Zustand verdankt.

---

[37]) Topographie d. hist. u. Kunstd. i. Kgr. Böhmen XLII, S. 44ff. v. d. Gabelentz: Burgw. 1939, S. 25. — [38]) Eingehende Darstellung in: Topographie d. hist. u. Kunstdenkm. i. Kgr. Böhmen XXXIV, S. 1ff.; Heber: VII, S. 3ff.; Burgv. u. Ritterschl. III, S. 21ff. — [39]) Prokop: I, S. 95f.; Burgv. u. Ritterschl. VII, S. 78.

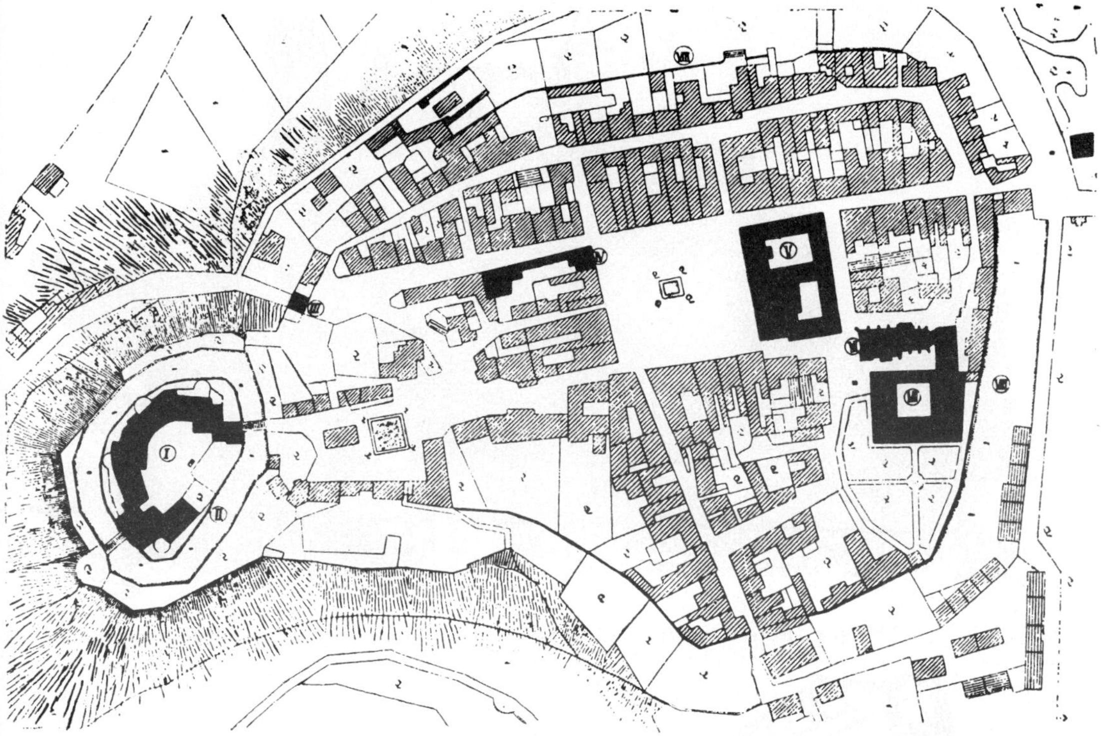

Abb. 459. Burg Gratzen, Sudetengau, über gleichnamiger Stadt. Lageplan 1:4000.
B. E. nach einem vom Besitzer des Schlosses, Graf Buquoy, freundlichst zur Verfügung gestellten Plane.
I. Burg III. Stadttor V. Residenz VIII. Überreste der Stadtbefestigung.
II. Burgtor IV. Rathaus VI. VII. Kirche mit Kloster

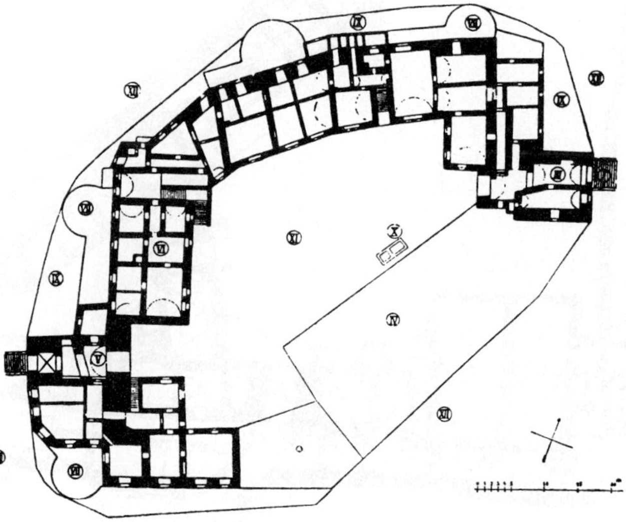

Abb. 460. Ovale Burg Gratzen, Sudetengau. Grundriß 1:1000.
B. E. nach dem vom Besitzer, Graf Buquoy, freundlichst zur Verfügung gestellten Plane.
I. II. Brücken IV. ehemaliger Burgflügel VII. ehemalige Basteitürme XI. Burghof
III. V. Tore VI. Pallas IX. Zwinger XII. Graben

Abb. 461. Burg Pürglitz a. d. Beraun. Ansicht nach einem alten Stich.

Abb. 462. Burg Pürglitz. Grundriß 1:1000.
B. E. nach Topographie der historischen und Kunstdenkmale im Königreich Böhmen. Bez. Rakonitz I.

Ein starker viereckiger Bergfriedrest von 9,80 : 11,20 m — der romanischen Zeit zugeschrieben — ist in der Südostecke ein=gebaut und in Haushöhe erhalten. In der Nordwestecke des Turmes verbindet in der Mauerstärke eine Wendeltreppe das Erdgeschoß mit Zwischen= und Hauptge=schoß. Der an den Wohnturm angebaute Pallas der Südostseite ist in etwas späterer Zeit entstanden, der südlich an den Berg=fried anschließende Pallas zeigt spätgotische Merkmale. Der Westflügel wird dem 16. Jahrh. (einem Umbau dieser Zeit?) zu=geschrieben.

Der heutige Zugang zur Burg liegt auf der Westseite, ehemals lag er wahrschein=lich auf der Südseite. Die Südostseite scheint die Angriffsseite gewesen zu sein, da hier sich das stärkste Mauerwerk be=findet.

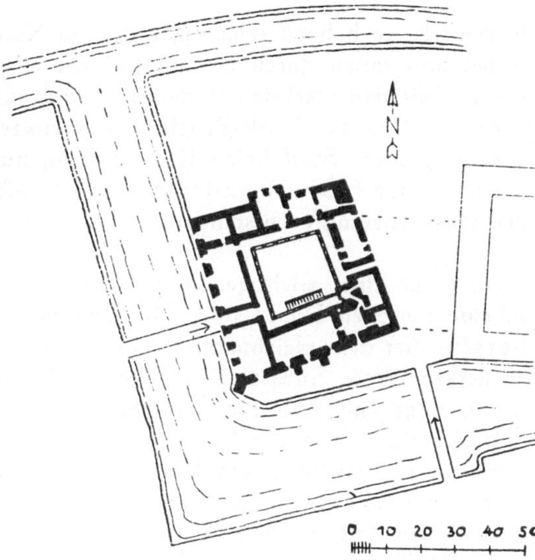

Abb. 463. Burg Ungar. Ostra, Mähren
Viereckige Wasserburg mit Vorburg.
Grundriß 1:2000. B. E. nach Prokop.

In Blickweite von der Burg Egerberg liegt auf hohem Bergkegel unweit Klösterle über der heutigen großen Landstraße und dem Egerfluß die ausgedehnte Basaltruine der Burg Schönburg (= Neu=Schönburg)[40]).

Man erreicht von der großen Straße auf fahrbarem Wege zunächst auf breiter Bergnase einen großen Gutshof. Steiler steigt der Wegrest empor bis zu der unbewaldeten, aus=gedehnten Ruine, die ihrerseits das Blickfeld weithin beherrscht.

In einem länglich ovalen, wohl älteren Ringgraben von 50 : 95 m Abmessung, dessen südliche Biegung auf etwa 30—40 m Länge dem späteren Haupttorumbau zur Vorburg weichen mußte, steht die mittelalterliche Burg mit der Längsachse von Nordwesten nach Südosten gerichtet. Am Nordwestende ist auf dem höchsten Felsen ein bedeutender Kernbaurest von 13 : 14 m fast quadratischer Fläche, unter dessen Schutz sich eine 55 m lange und 25 m breite Außenburg gegen Südosten hinzieht. In der abgestuften Südost=spitze liegt das Haupttor hinter etwa 6 m breitem Graben.

Sehr wohl überlegt und zweckmäßig sind die Verteidigungsanlagen des Zuganges. Naht man sich denselben von der Westecke durch den langen Südwestzwinger der Burg, so liegt schon ein erstes Außentor unter dem Beschuß vom hohen Kernwerke. Weiter kann der Feind von der ganzen Mantelmauer der Außenburg beschossen werden. Aus dieser langen Mantelmauer springt über einem zweiten Zwingertor, kurz vor dem Ende, ein viereckiger Mauerturm quer etwa 6 m vor, von dem aus der ganze Zugangsweg der Länge nach beschossen werden kann. Von demselben Turm ist rückwärts die Zugbrücke und der Haupttorgraben zu bestreichen. Das Haupttor selbst liegt in der hier eingeknickten kurzen Mantelmauer unter deren Feuer.

Wir treten in der Längsmittelachse durch das erneuerte Rundbogen=Haupttor und finden rechts und links lange unregelmäßige Wohnbaureste von geringen Mauerstärken und links geringe Keller, innen an die Mantelmauer gebaut. 50 m weiter erhebt sich gradeaus das

[40]) Langhammer: Burgen d. Egertales S. 23; Karell: I, S. 35ff.; Piper: I, S. 194ff.; Bernau: S. 374, Abb.; Knapp: Burgw. 1939, S. 27 Grdr. v. Knapp. 3 Aquarelle v. Manes v. 1834 i. Nationalbibl. Wien.

Kernwerk, noch hoch erhalten, mit 2 im Norden und Westen angebauten hohen Turmresten und innen durch 2 Längsmauern in 3 schmale Räume geteilt. Hier bildet der älteste Teil den stärksten Widerstand und auch wohl ausreichende Unterkunft für Verteidiger. Grobes Basalt-Bruchsteinmauerwerk formt alle Bauteile; wir finden daher aus so sprödem Stoff keine Kunstformen, nur einige Erker auf Kragsteinen.

Die genaue Erbauungszeit der Burg ist nicht bekannt. Wahrscheinlich ist sie zur Zeit der Hussitenkämpfe entstanden.

An einer einst wichtigen Verbindungsstraße Nürnberg-Pilsen-Prag, auf der Wasserscheide zwischen Donau und Elbe liegt in beträchtlicher Höhe die Burgruine Pfraumberg[41]) über dem gleichnamigen Städtchen auf einem vielzerklüfteten Granitfelsenkamm, an dessen West-, Süd- und Ostseite sich bedeutende Vorburgen entlang ziehen. Zwinger laufen rings um (Abb. 450, Taf. 76).

Wir besitzen von der Burg Pfraumberg verschiedene Grundrisse und Ansichten, die ältesten von Heber aus dem Jahre 1859[42]). Heber gibt den dreieckigen Gesamtringmauerplan der felsgratgekrönten Bergspitze, in dem der große quadratische Wohnturm aus romanischer Zeit auf dem höchsten Punkt am Ostende des Felsgrates bestimmend hervortritt. Die Ringmauer war zu Hebers Zeit wohl noch besser kenntlich wie heute, ebenso das Tor mit einem kleinen Turmrest in der Südecke des schildmauerartigen Ostteils derselben am Halsgraben. In der langen Südseite gibt Heber einen Brunnen an, in der Westspitze des gleichschenkligen Dreiecks 2 starke Widerlagen einer ehemaligen viereckigen Bastion.

Der Felsgrat mit Mitteleinschnitt ist genau dem heutigen Zustand entsprechend dargestellt. Die Hebersche Ansicht von Südwesten zeigt die Südwestwand des Wohnturmes eingestürzt, die anderen drei zerklüftet und noch höher als heute emporragend[43]).

Der Bergfried ist aus glatten, schönen mittelgroßen Basaltquadern hergestellt und ragt heute noch dreigeschossig empor.

Rechteckige Burgkerne und regelmäßige Gesamtanlagen

Eine rätselhafte Eigenheit der Gesamtanlage und der Einzelheiten bewundern wir an der vom Luxemburger Kaiser Karl IV. südwestlich von Prag auf dem Wege nach München erbauten Burg Karlstein im abgelegenen Berauntal auf dreieckig unregelmäßig 72 m emporstrebendem Kalkfelskegel[44]) (Abb. 464, 465, 466, 467, Taf. 80).

Von allen Seiten überrascht der malerisch zerklüftete Umriß. Ein fast religiöser Zweck und eine wehrhafte Bestimmung gebaren einen einzigartigen Bau, dessen rechteckig zweischenkliger Kerngrundriß in 6 Gruppen zerfällt wie folgt:

1. Der von Norden nach Süden gestellte halbkirchliche Wohnturm, die Kreuzkapelle auf dem höchsten Felsabsatze.
2. Der zweite kleinere Wohn- und Kapellenturm St. Mariae auf dem von Norden nach Süden sich hinziehenden Gipfelkamm.
3. Der tiefer, rechtwinklig dazu (von Westen nach Osten) ziehende Kaiserpallas, wie ein Pfalz- und Saalbau mit Kapelle am Ostende gestaltet.
4. Die Vorburg mit den burggräflichen und ritterlichen Wohnbauten um den geknickt eiförmigen Hof.

---

[41]) Schmid: II, S. 106ff.; v. d. Gabelentz: Burgw. 1939, S. 23; Knapp: Burgw. 1939, S. 26ff. — [42]) Heber: Abb. Bl. 117 Grdr., Bl. 115, 116 Ans. — [43]) Heber: III, S. 3ff. — [44]) 4 Aquarelle v. J. Venuto i. Nationalbibl. Wien.

Burg K o k o r s c h i n bei Melnik, nördlich Prag, Böhmen

K l i n g e n b e r g (Burghof) zwischen Moldau und Wotawa, Böhmen

Höhenburg Točnik und Burg Žebrák, zwischen Prag und Pilsen, Böhmen

5. Der weit nach Westen vorgestreckte Mauergang zum Brunnenturm.
6. Der an der langen Westseite tief am Berg vorgelegte Torzwinger mit dem eigentlichen Torbau an der Nordspitze.

Wir müssen uns zunächst fragen, ob der Bau in allen seinen Teilen von vornherein einheitlich geplant war und stellen dann vielleicht fest, was dagegen spricht, daß nämlich ganz verschiedene Grundformen untereinander verwendet werden (Abb. Grdr. Hartmann).

Die beiden Kernwerke haben Wohnturmform, die in Österreich (z. B. Mansberg), in der Oberpfalz (z. B. Heimhof) und Bayern unter Verzicht auf den Bergfried als Bekrönung oft verwendet werden. Die Form erscheint auch in Böhmen z. B. in Raby (spätgotisch) aber auch in der kaiserlich salischen und hohenstaufischen Reichsburg Trifels.

Der mächtigste höchst gelegene Turm Nr. 1 enthält die Kreuzkapelle (Abb. 467, Turmschnitte), diese liegt im dritten Stock. Die Raumeinteilung der Grundfläche von 17:25 m ist zwangsläufig verwandt dem kaiserlichen Bau der Reichsburg Trifels. Auch letztere diente den Reichsinsignien als sicherer und würdiger Aufbewahrungsort. Sie entsprang aber einer vollendet klaren und schönen Kunstschule voll reiner und edler Formen und einem zielbewußten Willen. Der letztere ist auch bei Karlstein in der herb-rohen Außengestaltung spürbar, aber die Schmuckformen des Inneren deuten mit dem Edelsteinschmuck der Wände mehr auf orientalischen Prunk als auf edle abgeklärte germanische Formen.

Die Katharinenkapelle, das Privatoratorium des Kaisers, liegt in der Südwestecke des Turmes Nr. 2, erhielt eine ebenso kostbare Ausschmückung. Die Kapelle war von 2 Kreuzgewölben überdeckt. Die eigentliche Kapelle, die Marienkirche, in dem kleineren Wohnturm lag ebenso wie die Kreuzkapelle im dritten Stock. Sie ist flach gedeckt.

Neben den beiden dickwandigen Wohntürmen oder vielmehr Kapellentürmen auf der höchsten und zweithöchsten Felsenstufe steht erst auf der dritten Stufe der Pallas bzw. der kaiserliche Wohn- und Saalbau, lang und schmal und nur durch einen schmalen, wenig kaiserlichen schiefen Hof davor von dem zweiten Turm getrennt. Ihn und den Hof umgibt eine starke Mantelmauer etwa 48 m lang und mit 17 m langer Stirnmauer gegen Westen, die die kaiserliche dritte Wohnstufe von dem vierten Felsabsatz trennt.

Hier bilden 2 Flügel eines unregelmäßigen, geknickten Hufeisens einen verschoben sechseckigen Hof, gegen Süden durch einen etwa 34 m langen sechsräumigen, gotisch gewölbten Flügel, gegen Westen durch einen schmaler zulaufenden, etwa 24 m breiten und 16 m tiefen Baublock geschlossen, während im kleinen Nordflügel unten als offene Halle in seiner Mitte das Haupttor dieser Vorburg sich öffnet.

So schließen sich 3 grundverschiedene Baugruppen aneinander, die wohl nur durch die gleichmachende glatte Wiederherstellung und die Viollet-le-Duc-Dächer von 1901 ff. das heutige gleichartige Bild bieten.

An anderer Stelle hat es an Mißbilligung dieser Umbildung nicht gefehlt, der freilich keine Wiederherstellung zu entgehen pflegt[45]).

Wehrbaulich betrachtet ist die Aufgabe großartig gelöst, obwohl auch hier eine gewisse Rückständigkeit auffällt. Die beiden Kapellentürme zeigen nur die einfachste Form, die sich für die Verteidigung mehr auf die ungeheure Dicke der Mauern stützte, als auf die Möglichkeit, die den Verteidigern geboten ist, den Gegner vernichtend durch Wurf oder Schuß zu treffen.

Es ist nicht sicher, ob die heute wiederhergestellten ausgekragten Wehrgänge an den Dächern der beiden Kapellentürme ursprünglich so vorhanden waren, selbst dann aber war nur der Fuß der Turmmauer durch senkrechten Wurf zu treffen. An den Ring-

[45]) Piper: V, S. 52 ff.; Burgw. 1902 (III, Nr. 12), S. 93 ff., V, Nr. 5, S. 41. — Schottky: Bg. Karlstein S. 12; Mikowec: Königl. Bg. Karlstein i. B.; Auge: Beschrbg. d. k. k. Bg. Karlstein S. 9 f.; Heber: I, S. 7 ff.; Bock: Schl. Karlstein i. B. (Mittlg. d. k. k. Centralkommission f. Baud. 1862, Bd. 7 (S. 75 Grdr.); Piper: V, S. 45 Anm.; Sedláček: VI, S. 1 ff.

Abb. 464. Burg Karlstein. Ansicht nach Heber.

mauern fehlt jede Möglichkeit einer seit dem Ende des 13. Jahrh. doch allgemein bekannten Seitenbestreichung. Hier verließ man sich ganz auf die Steilheit der Felsen.

Ebenso glatt war der Kaiserpallas, überhaupt die ganze 144 m lange Südseite von der Nikolaus-Kapelle (Apsisturm) im Osten bis zum Brunnenturm am Westende. Trotzdem widerstand die Burg noch 1422 einer langen, sehr ernsten Belagerung durch 24000 Mann des Prager Heeres.

Als Bauherr müssen wir in erster Linie den 1347—78 regierenden Kaiser und König von Böhmen Karl IV. ansehen, der am 10. Juni 1348 den Grundstein zu dem großartigen Wehrbau legte. Als Baumeister wird ohne Beweis[46]) der Franzose Mathias von Arras genannt, doch stirbt derselbe schon 1352 vor Vollendung des Baues, der Deutsche Peter Parler aus Schwäbisch-Gmünd soll, ebenso ohne Beweis, sein Nachfolger gewesen sein. Der Bau mußte naturgemäß jahrelang dauern, angeblich wurde er in knapp 10 Jahren vollendet. Am 27. März 1357 wurden bereits die Kapellen der Burg geweiht unter größtem Prunk und in Gegenwart vieler Bischöfe, Herzöge und Dynasten. Karl IV. hat später oft hier in Karlstein völlig zurückgezogen geweilt. 1371 erkrankte er in der Burg sehr schwer. Sein Sohn und Nachfolger König Wenzel IV. bewohnte die Burg nur selten. Er zog die wohl noch sicherere Burg Točnik vor. Wenn Karl IV. der Burg Karlstein dadurch, daß er sie zum Aufbewahrungsort der Reichskleinodien bestimmte, ein besonderes Ansehen verschafft hat, sank dieses nach seinem Tode doch bald dahin.

Die Geschichte berichtet, daß 1422 die Burg durch die hussitisch gesinnten Prager von 24000 Mann belagert wurde. Sie schossen mit 5 Bleiden (Schleudermaschinen), 4 großen Pulvergeschützen und mit 46 Doppelhaken. Die Mühen der Belagerer aber waren vergeblich. Trotzdem blieb mancher Schaden an der Burg zurück.

Den größten Schaden erlitt sie aber durch die Feuersbrunst, die 1487 ausbrach und in der vor allem der Saalbau abbrannte. Trotzdem wurde Karlstein noch als so stark

[46]) Siehe Thieme, Künstlerlexikon unter Mathias von Arras Bd. XXIII, S. 242, und unter Peter Parler Bd. XXVI, S. 244.

Abb. 465. Burg Karlstein, südwestlich Prag. Wiederherstellungsentwurf von Architekt Jos. Mocker.

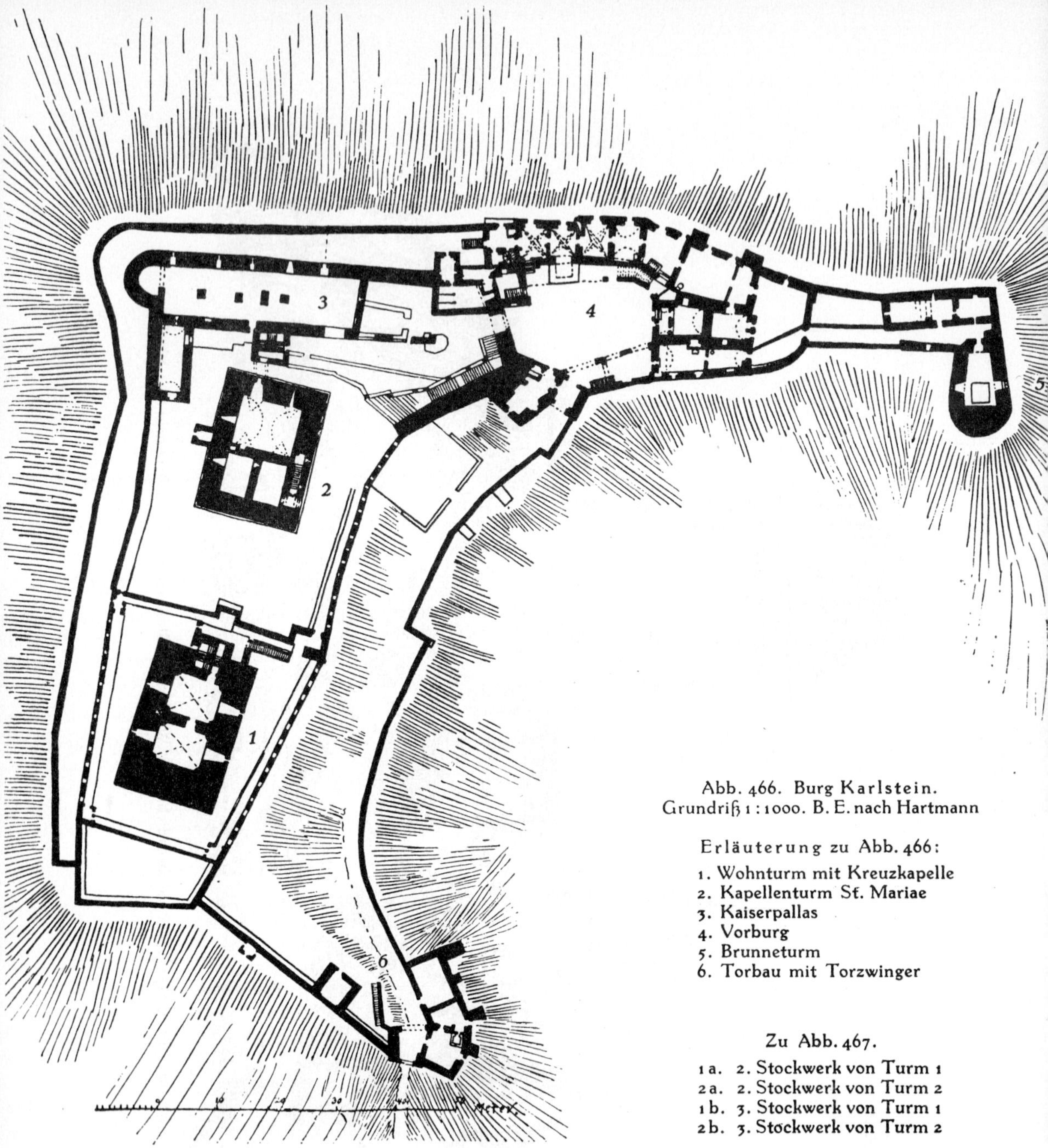

Abb. 466. Burg Karlstein.
Grundriß 1 : 1000. B. E. nach Hartmann

Erläuterung zu Abb. 466:

1. Wohnturm mit Kreuzkapelle
2. Kapellenturm St. Mariae
3. Kaiserpallas
4. Vorburg
5. Brunneturm
6. Torbau mit Torzwinger

Zu Abb. 467.

1a. 2. Stockwerk von Turm 1
2a. 2. Stockwerk von Turm 2
1b. 3. Stockwerk von Turm 1
2b. 3. Stockwerk von Turm 2

angesehen, daß eine Doppelausführung der Akten der Landtafel 1543 in die Burg zur sicheren Aufbewahrung gebracht wurde. Deshalb bewilligten die böhmischen Stände 1545 und auch später Mittel zur Ausbesserung der Burg. Die meisten Gelder zur Wiederherstellung bewilligte aber Kaiser Rudolf II. aus eigenen Mitteln.

Mit der Aufhebung des Burggrafenamtes 1622 kamen Krone und Reichsinsignien nach Prag; in Karlstein selbst blieben nur noch für kurze Zeit einige Reliquien.

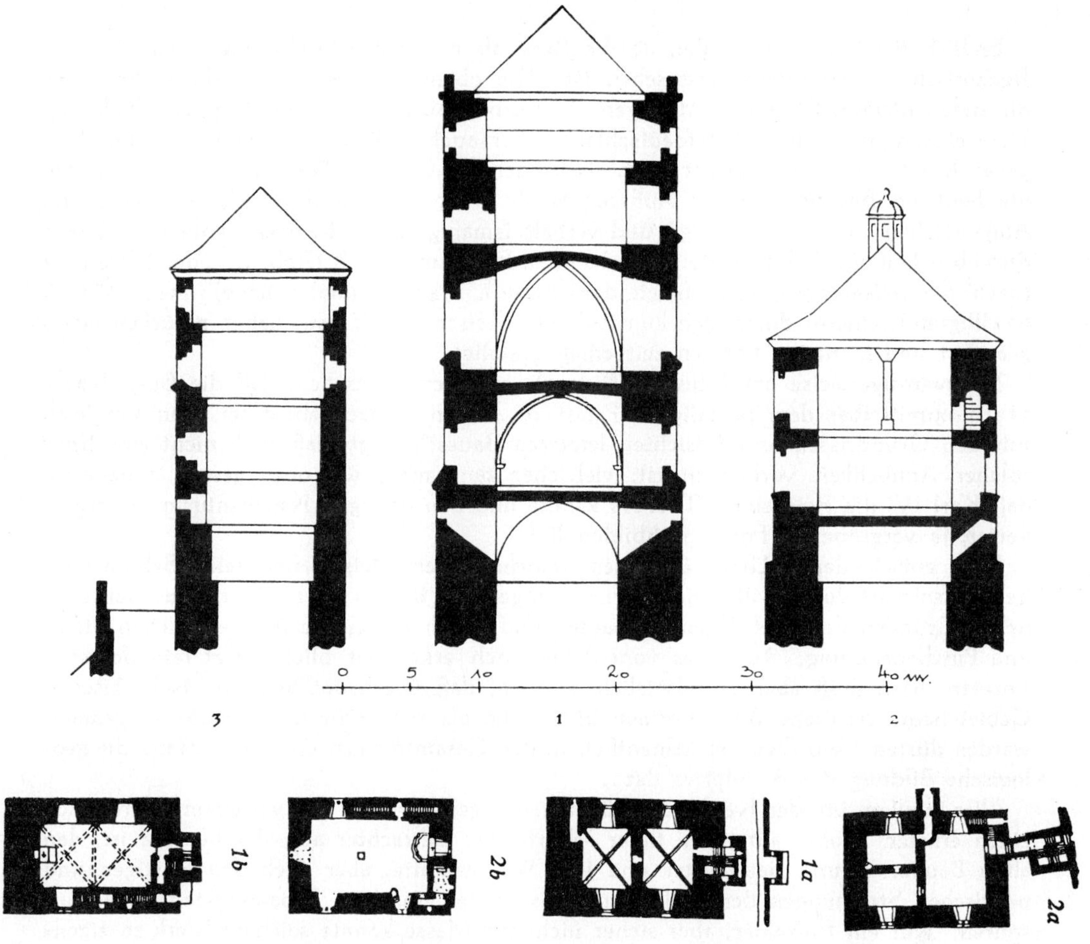

Abb. 467. Burg Karlstein. Schnitte durch die Türme und den Pallas.
1:500. Eigene Aufnahme.

Im Dreißigjährigen Krieg ist die Burg ziemlich mitgenommen worden. Engländer und Schotten haben auch in ihr gelegen. 1648 suchten die Schweden die Burg heim und verwüsteten verschiedene Räume, wie sich aus Baurechnungen ergab.

Von 1761 wird berichtet, daß die Nikolaikirche im Kaiserpallas durch Maria Theresia erneuert worden ist. 1812 ordnete Franz I. anläßlich seines Besuches auf der Burg Erhaltungsarbeiten an. 1815, 1818 werden für Wiederherstellungen 18000 fl. aufgebracht. Nach Heber werden allein 7000 fl. für ein neues Dach verwendet. 1837 und 1838 werden ebenfalls Instandsetzungen ausgeführt[47]).

1888—1897 vollzog sich dann die wenig glückliche Restauration durch den Wiener Dombaumeister Friedrich Schmidt, der 1891 starb. Sein Nachfolger war der Prager Dombaumeister Mocker[48]).

1901 wurde bei dem Besuch der Wiederherstellungsarbeiten durch Kaiser Franz Josef (Prof. Neuwirth) festgestellt, daß Karlstein heute nicht mehr als Königssitz genüge und deshalb als Museum gelten solle.

[47]) Siehe für die geschichtl. Daten die oben auf S. 15 Anm. 46 genannten Werke. — [48]) v. Helfert: Wiederherst. d. Bg. Karls=Tein i. B. gibt nähere Darstellung.

Endlich liegt die Frage nahe, ob die Burg als eine tschechische oder deutsche oder französisch-luxemburgische anzusehen ist. Die obengenannten Jahreszahlen geben für die erste Annahme keinerlei Unterlagen. Der Luxemburger Karl, der vielgereist, Böhmen, Deutschland, namentlich Westdeutschland, aber auch Italien und Frankreich mit Paris genau kannte, baute hier weder französisch noch tschechisch. Über die Formen verraten die heutigen Bauzustände des Äußeren wenig. Echt wirken die Teile, an denen die Außenflächen nur durch wenige und verhältnismäßig kleine Fenster, Tore und Türen durchbrochen sind. Schon die uns bekannten Erhaltungs- und Umbauten der Jahre 1422 (nach der Belagerung), 1487 (nach dem Brand), 1543 (Landtafeleinzug), 1545 (Mittelbewilligung), ebenso durch den kunstsinnigen Kaiser Rudolf usw. haben natürlich vieles geändert und in neuen Formen zeitgemäß gestaltet.

Merkwürdigerweise hat Neuwirth[49]) es als erwiesen angesehen, daß die Burg Karlstein unmittelbar dem päpstlichen Palast zu Avignon nachgebaut sei. Ein Vergleich mit den Grundrissen und Ansichten letzteren Baues[50]) zeigt, daß auch nicht eine Spur solcher Ähnlichkeit vorhanden ist, viel eher kann man, wie oben gesagt, annehmen, daß Karl IV. die Reichsburg Trifels kannte und den dortigen Kapellenturm in vergrößerter, ja vergröberter Form nachbilden ließ.

Jedes entscheidende Urteil über den ursprünglichen Meister und seine Schule wird heute erschwert durch willkürliche Erneuerungen von bereits im 15. Jahrh. aus wehrbaulichen Gründen durchgeführten Umbauten und durch die Glätte der neuerlichen Stein- und Putzbehandlung. Aber was vom Alten noch erkennbar blieb, zeigt rein deutsche Formen. Man muß aber grundsätzlich betonen, daß überhaupt keine im tschechischen Gebiet heute erhaltene Burg Formen bietet, die als rein tschechisch eigenartig genannt werden dürfen. Wo Eigenart namentlich in den Gesamtformen erscheint, zwang die geologische Bildung des Bauplatzes dazu.

Alles in allem übt der Karlstein künstlerisch, geschichtlich und vor allem wehrbaulich einen ernsten Zauber auf jeden tiefer schürfenden Betrachter aus, der bemüht ist, den alten Bauherren und Baumeister und ihre Willenskräfte, aber auch den geistigen und politischen Strömungen der Völker und Rassen der einzelnen Erbauungszeiten nachzuspüren. Nur ein Einzelner, aber sicher nicht die Masse konnte solchem Werk so eigenartige Formen geben.

Zu den rechteckig vielräumig geteilten Kernburgenresten gehört das heutige Komotauer Rathaus. Es ist der Nachfolger einer ursprünglich vom deutschen Ritterorden 1261 errichteten Burg, die in Komotau gebaut wurde, nachdem der Ort dem Orden von Friedrich von Komotau geschenkt worden war. Durch König Wenzels Eingreifen mußte der verschuldete Orden Komotau an Stefan Harnischmeister und nach weiterem Wechsel 1420 an Wilhelm von Hasenburg, einem Gegner der Taboriten, abtreten. 1421 stürmten die Hussiten die Burg, die nun völlig verwüstet zurückblieb. Sie kam dann an die Herren von Waldenburg, die sie mit großen Opfern wiederherstellten und danach an andere Besitzer. Die Deutschritter hatten in dieser Zeit nur noch die Seelsorge, und sie entsagten 1488 allen ihren Rechten an Komotau[51]). Der Rechtsnachfolger Benesch von Weitmühl baute wieder an der Burg, und zwar durch die deutschen Meister: den Zimmerer Hans Schaffer, den Maler Paul — beide aus Eger —, vielleicht baute auch der Komotauer Steinmetz daran mit.

Wir haben also hier urkundlich belegte Bauzeiten bis zum Ende des 15. Jahrh. 1525 brannte die Burg ab und wurde vergrößert wieder aufgeführt, blieb aber im heutigen

[49]) Neuwirth: Gesch. d. bild. Kunst i. Böhmen. — [50]) Ebh.: Wehrbau Europas i. Mittelalter I, S. 281 ff. — [51]) Opitz: Das Komotauer Rathaus; Karell: I, S. 61 ff.

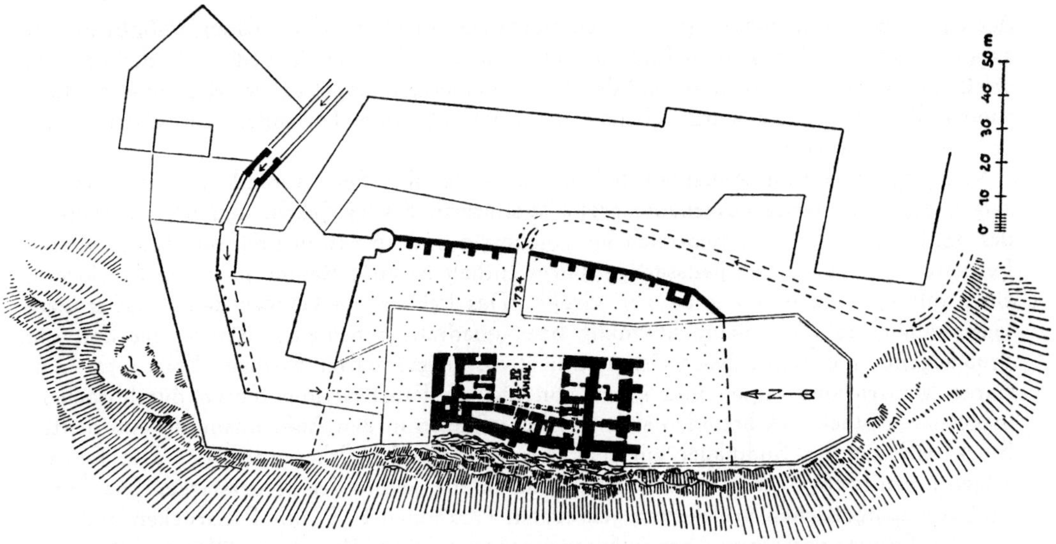

Abb. 468. Burg Kunstadt. Lageplan 1:2000. Regelmäßig. Grundriß nach Prokop.

Zustand des Grundrisses (Abb. 453). Von der Aufteilung der Räume gibt der Zustand des Kellergeschosses des ehemaligen Burgbaues der Ende des 15. Jahrh. ausgebauten Stadtburg einigen Begriff, die heute, abermals oft verändert, als Rathaus der Stadt Komotau dient.

Der Gesamtbau zeigt ein regelmäßiges Rechteck in 8 reichgliedrig gewölbte Haupträume geteilt. Die größeren Raumabmessungen sind etwa 11,15 : 11,35 m oder 13,20 : 13 m oder 13,30 : 13,20 m, also sehr großartig und fast quadratisch angelegt. Die Mauerstärken im Keller betragen außen 2—2,30 m, die der Mittelmauer 2,50 m, also auch Zeugen für den alten Wehrbau wie bei der Burg Malenowitz. Leider verhindern die vielfachen Umbauten, der ringsum führende Straßenbau und die anstoßende Katharinenkirche ohne weitere Grabungen die Möglichkeit, die alten äußeren Wehrbaureste auch nur einigermaßen zu beurteilen. Immerhin gleichen Raumformen, Mauerstärken usw. vielen größeren Burgresten, wie z. B. Kunstadt (Abb. 468), Göding und Mürau in Mähren, deren Bauzeiten danach andeutungsweise geschätzt werden können. In den Obergeschossen bewundern wir die herrlichen Gewölbe.

Am Mittellauf des Flusses Tepl, unweit der seit 1293 entstandenen Prämonstratenserabtei, erheben sich auf steilem Bergausläufer zwischen Fluß und Seitentälern die Burgreste und das Schloß Petschau an einer Stelle, an der von alters her die vom Saazer Land und vom Pilsener Becken kommenden Handelswege nach Westen ziehend den Fluß kreuzten.

Die älteste Erwähnung der Burg stammt erst vom 22. Dezember 1387 im Zusammenhang mit dem Namen eines Borso von Riesenburg, dessen Geschlecht um 1226 bereits Grund und Boden hier erwarb[52]).

Der Lageplan (Taf. 86) zeigt eine dreieckige Gesamtform der Gruppe alter und neuerer Burg- und Schloßbauten, von denen uns nur die frühen burglichen Reste beschäftigen. Die ältesten erhaltenen burglichen Reste gehören dem Ende des 14. Jahrh. an, sie bilden durch 2 unregelmäßige Flügel der schmalen Bergnase folgend ein langes spitzes Dreieck,

[52]) Gnirs: Petschau S. 3ff.; Bernau: Geschichte des alt. Schl. Petschau b. Karlsbad.

dessen Spitze durch einen ungewöhnlich mächtigen, quadratischen, späten Wohnturm eingenommen wird. Am offenen Ende des Dreiecks liegt frei vor dem Südende des neueren westlichen Flügels ein heute bis auf den Grundmauerklotz abgetragener Rest eines starken, runden Bergfrieds. Er wurde ebenso wie einst mächtige Torbauten am Ostende, im 19. Jahrh. abgetragen.

Vielfache Um- und Anbauten haben also viele alte Teile verändert. Alte Fassung zeigen der nicht fertig ausgebaute große Wohnturm des 15. Jahrh. und die Burgkapelle des 14. Jahrh. Ersterer erhebt sich viergeschossig und 16 : 16 m breit auf der äußersten Felsnase. Der großartige pallasartige Turm enthält innen 3 Räume in jedem Stockwerk, einen mit 13 : 6 m und 2 je 6 : 7 m Größe. Das Fehlen von Gängen deutet auf frühere Gewohnheit, während die rechtwinklig bzw. quadratischen weiten Räume der Zeit um 1500 angehören dürften. Nach Osten zu liegt ein unveränderter Saalbau. Etwa 1,50—4 m starke Mauern sind außen und innen von kleinen Fenstern und Türen durchbrochen, im obersten Stockwerk befinden sich je 3 Schießluken in den Außenmauern. Am dritten Stock tritt aus der Südmauer ein schwerer gotisierender Erker weit vor. Die Fenster zeigen innen hochgelegene Fensternischen mit Sitzbänken in der Mauerstärke. Die Türen sind von spätgotischen profilierten gekreuzten Gewänden z. T. mit Eselsrücken und verwandten Formen versehen. Aber auch renaissanceprofilierte Rundbogenöffnungen kommen als Innentüren vor.

Die Burgkapelle, abermals östlich an den oben erwähnten Saalbau anstoßend, wird dem ersten Jahrzehnt des 15. Jahrh. zugeschrieben. Der wohlgeformte Raum ist im Gewölbescheitel $7^3/_4$ m hoch und etwas verschoben rechteckig innen 9,5 m lang und 5,75 m breit, durch 2 Kreuzgewölbe mit Graten und reichen Schlußsteinen überdeckt. Gotisch spitzbogig geschlossene Fenster mit schwerem Maßwerk deuten den Beginn des 14. Jahrh. an, ebenso die bedeutenden Reste sehr reizvoller gotischer Malereien. Der außen völlig schlichte Bau, der über dem Gewölbe noch ein Geschoß aufweist, wirkt wie ein einfacher Wohnturm.

Dem Ort zu, der auffallend geringe Befestigungsreste zeigt, sind noch hohe, spätbarocke Schloßbauten an Stelle der alten Vorburg vorgelagert, durch die die alte Auffahrt zur oberen Burg führt. Der breite Burggraben ist stimmungsvoll durch gärtnerische Anlagen geschmückt. Die ganzen oberen Hochbauten gehören aber der spätesten Burgzeit an. Wir müssen uns also vorstellen, daß das spitze Dreieck der Bergnase schon vor dem Bau des spätgotischen Wohnturmes durch ältere Mantelmauern eingefaßt war. An der damals kaum offenen nördlichen (?) Angriffsseite stand hinter einer Schildmauer frei ein runder Bergfried. 2 Gräben durchschnitten den Rest der heute durch den Schloßbau eingenommenen, sich verbreiternden Bergnase.

Zu nennen wäre in diesem Zusammenhang auch Burg Sonnburg (Sunenburg, Zumberk) (Abb. 469). Einer späteren mehr wohnlichen Einrichtung diente der rechteckige Burgkern und seine regelmäßige Raumverteilung[52a]). Die Burg liegt auf einer sanften sich nach Südwesten neigenden Anhöhe. Der Wohnbau befindet sich in der einen Ecke der weiten Ringmauer über dem erhöhten Ufer eines Baches. Der längliche quadratische Gesamtbau umfaßt innen einen quadratischen Hof mit einer langen Reihe geräumiger gewölbter Zimmer und Säle, die durch starke Mauern geteilt werden. Der Hof ist durch eine gewölbte Halle zugänglich. Die Ringmauer umfaßt außer der eigentlichen Burg eine Kirche und einen Meierhof. Vor ihr liegen Umfassungsgräben, die durch sechs Rundtürme verteidigt werden; fünf Türme sind noch erhalten. Die Gesamtanlage ist spät und darf dem 15. Jahrhundert zugewiesen werden.

[52a]) Topographische und historische Kunstdenkmale in Böhmen, Abschn. XLII, des politischen Bezirks Kaplitz, Prag 1929, S. 412f.

Die ziemlich regelmäßig rechteckige Burg Konopischt bei Beneschau in Böhmen, auf einem Granitberg soll dem 14. Jahrh. entstammen[53]). Nach Heber[54]) zeigt diese Burg 1746 7 Türme, war ringsum von einem tiefen Graben umgeben, hatte 5 Tore und eine Zugbrücke. 4 der Türme wurden bis in die Höhe des heutigen Baues abgetragen und einer ganz vernichtet. Heute erhebt sich noch in der schmalen Ostseite ein mächtiger Rundturm von 11,5 m Durchmesser mit sich daran schmiegendem Stiegenturm. Die Raumeinteilung der Burg ist durchaus mittelalterlich (Abb. 470).

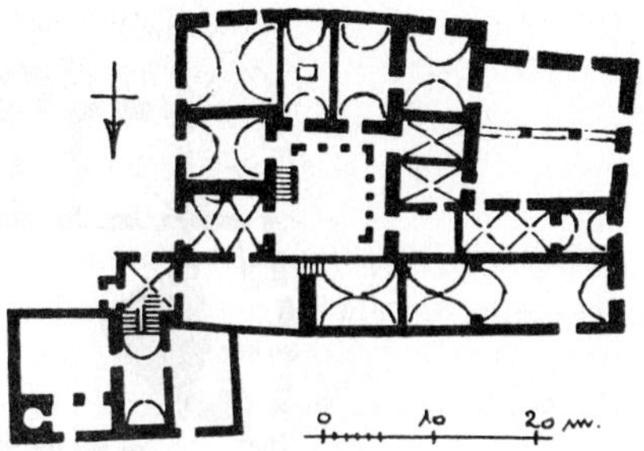

Abb. 469. Burg Sonnburg. Gewölbte Stockwerke. Grundriß 1:1000. B. E. nach Topographie pp. Bez. Kaplitz, XIII, 413.

Die ehemalige Burg Lämberg[55]) bei Deutsch-Gabel im Sudetenland hat einen in wehrbaulicher Beziehung gut gewählten Bauplatz. Der mittelalterliche Baumeister durchschnitt die Bergnase durch einen kühnen, sehr breiten Halsgraben, der durch 2 Holzbrücken überschreitbar war (Abb. 471).

Noch heute, nachdem die Kernburg längst in einen breitgelagerten Palast umgebaut wurde, gelangt man zu diesem erst durch 3 Tore und über 2 Steinbrücken. Zwischen diesen und mitten im Garten steht ein fester, schwerer Viereckstorturm schief zur Baulängsachse. Außen neben einem barocken Torwarthaus sperrt noch ein Rundbogentor mit Fallbrückenfalz ringsum den Eingang. Dann führt ein langer Tortunnel mit Schlüsselscharte durch einen letzten Torbau in den Schloßhof.

Diesen beherrscht noch der gewaltige runde Bergfried, freilich mit barocker Spitze, den der Wehrbaumeister wohlüberlegt an die Angriffsseite und neben dem Tore als starke Abwehr aller Angriffe errichtete. Im Barockbau stecken wohl noch alte Grundmauern und Gewölbe und Treppen.

Nicht unerwähnt bleiben darf die am linken Angelufer liegende ehemalige Wasserburg Schwihau[56]), die teils vom Fluß und teils von einem Mühlgraben umflossen wird (Abb. 472).

Die Erbauungszeit dieser einst stolzen burglichen Anlage ist unbekannt. Schwihau liegt aber strategisch gesehen sehr günstig an der Straße von der Westgrenze zum Inneren Böhmens. In der wechselvollen Geschichte ist für die Baugeschichte das Jahr 1425 von Bedeutung. Es wird berichtet, daß die 130 Mann starke Burgbesatzung nach 14tägiger Belagerung durch die Hussiten die Burg übergeben mußte, deren Befestigungen geschleift und deren Inneres verwüstet wurde. Danach muß die Burg erst teilweise, später gegen Ende des 15. Jahrh. aber vollkommen wiederhergestellt worden sein. Die herrliche gotische Kapelle entstammt dieser Bauzeit. Nach dem Dreißigjährigen

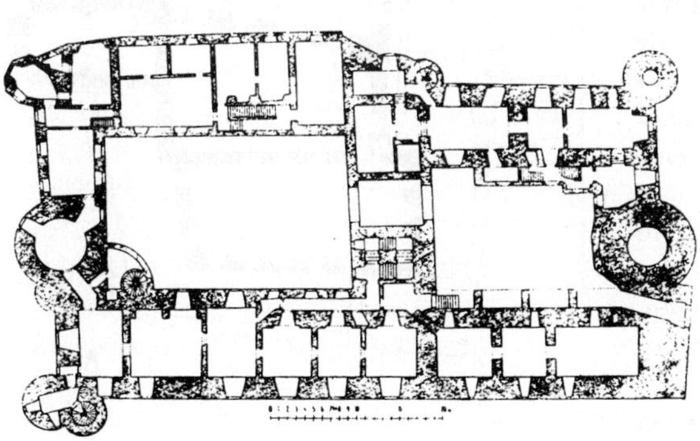

Abb. 470. Burg Konopischt, moderner Umbau. Grundriß 1:1000. B. E. nach Topographie pp. Bez. Beneschau.

[53]) Topogr. d. hist. u. Kunstdm., Kgr. Böhm. XXXV, Polit. Bez. Beneschau S. 119ff.; Bernau: Alb. d. Bg. u. Schl. i. Kgr. Böhmen S. 24, Abb. 68/69. — [54]) Heber: Abb. Bl. 68, 69 Ans.; Ebenda: II, S. 34ff. Mehrere Lithographien v. Konopischt i. Nationalbibl. Wien. — [55]) Sedláček: X, S. 270ff. — [56]) Bernau: S. 395ff.

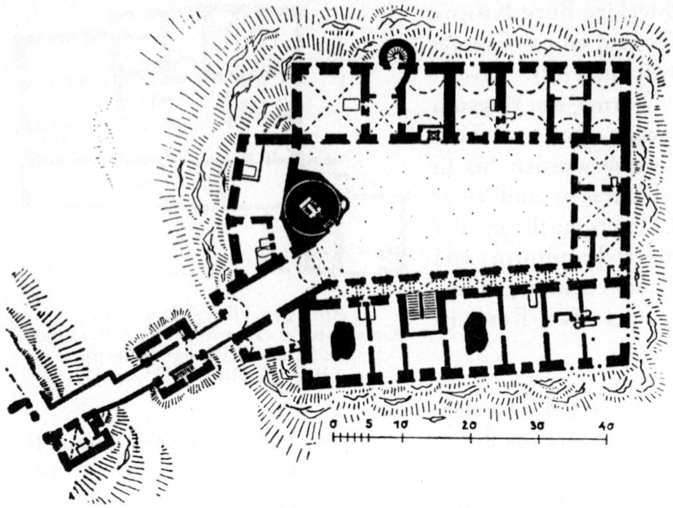

Abb. 471. Burg Lämberg mit Torbau, Bergfried und später Schloßanlage. Grundriß 1:1000. B. E. nach Plan von 1817 aus Schloßarchiv von Friedland.

Krieg wurde Schwihau wie viele andere böhmische Burgen gebrochen[57]).

Die Kernburg zeigte den für Wasserburgen typischen regelmäßigen, hier rechteckigen Grundriß, umgeben von mächtiger Mauer mit 4 halbrunden Ecktürmen. Über eine Steinbrücke – ehemals war es eine Zugbrücke – gelangte man vom Vorhof durch den für Schwihau heute noch so charakteristischen Torturm in der Mitte der Westseite der Anlage in einen Zwinger und von dort in die innerste Kernburg, die aus 2 mächtigen Gebäudeflügeln mit Verbindungsbau an der Westseite bestand. An den durch diese Gebäude gebildeten innersten sehr unebenen Burghof springt nach Osten an die Burghofmauer und den nördlichen Burgflügel anschließend die schöne gotische Kapelle vor.

Der quadratische, fünfstöckige Torturm hat eine Seitenlänge von 10 m. Über der Tordurchfahrt befindet sich ein gewölbter Raum mit 2 Fenstern. Die Kernburggebäude sind sehr verfallen und ihre ehemalige Bestimmung schwerlich genau zu bestimmen. Nach dem Bernauschen Grundriß müssen aber mehrere Säle vorhanden gewesen sein.

Die Wasserburg Göding in Mähren, angeblich schon im 9. Jahrh. genannt, liegt auf einer von der March und einem Mühlgraben gebildeten Insel (Abb. 473). Sie sperrte die wichtige Handelsstraße Brünn-Wien an der March[58]). Das flache Marchtal erlaubte wie bei Burg Ungarisch-Ostra (Abb. 463), die regelmäßige Viereckform des Baues, an dessen 2,20 m starker Mauer die Straße ehemals durch eine Vorburg unmittelbar entlang führte.

Der Ort gleichen Namens wird auch 1050 genannt, 1228 war wohl schon die Burg der Witwe König Ottokars I. Constantia zu eigen, der Prokop[59]) den Auf- oder Ausbau der Burg zuschreibt. Die heutigen ältesten Flügel der 44 : 55 m großen Kernburg mit starken

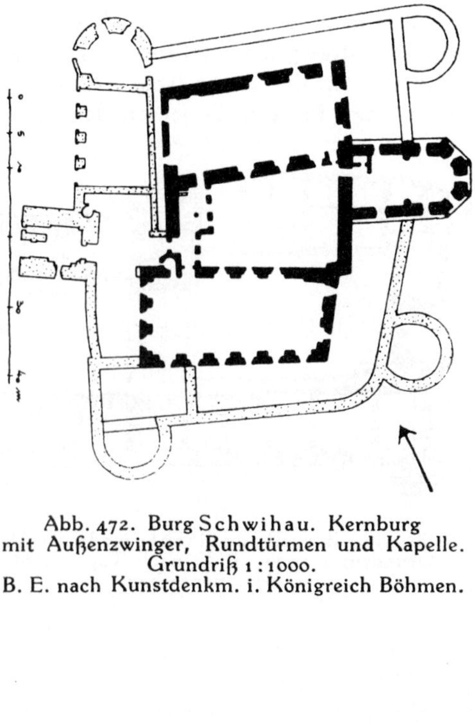

Abb. 472. Burg Schwihau. Kernburg mit Außenzwinger, Rundtürmen und Kapelle. Grundriß 1:1000. B. E. nach Kunstdenkm. i. Königreich Böhmen.

[57]) Sedláček: IX, S. 1ff. Topogr. d. hist. u. Kunstdm. i. Böhmen VII, S. 193ff. — [58]) Burgv. u. Ritterschl. VII, S. 78. — [59]) Prokop: II, S. 543, 544.

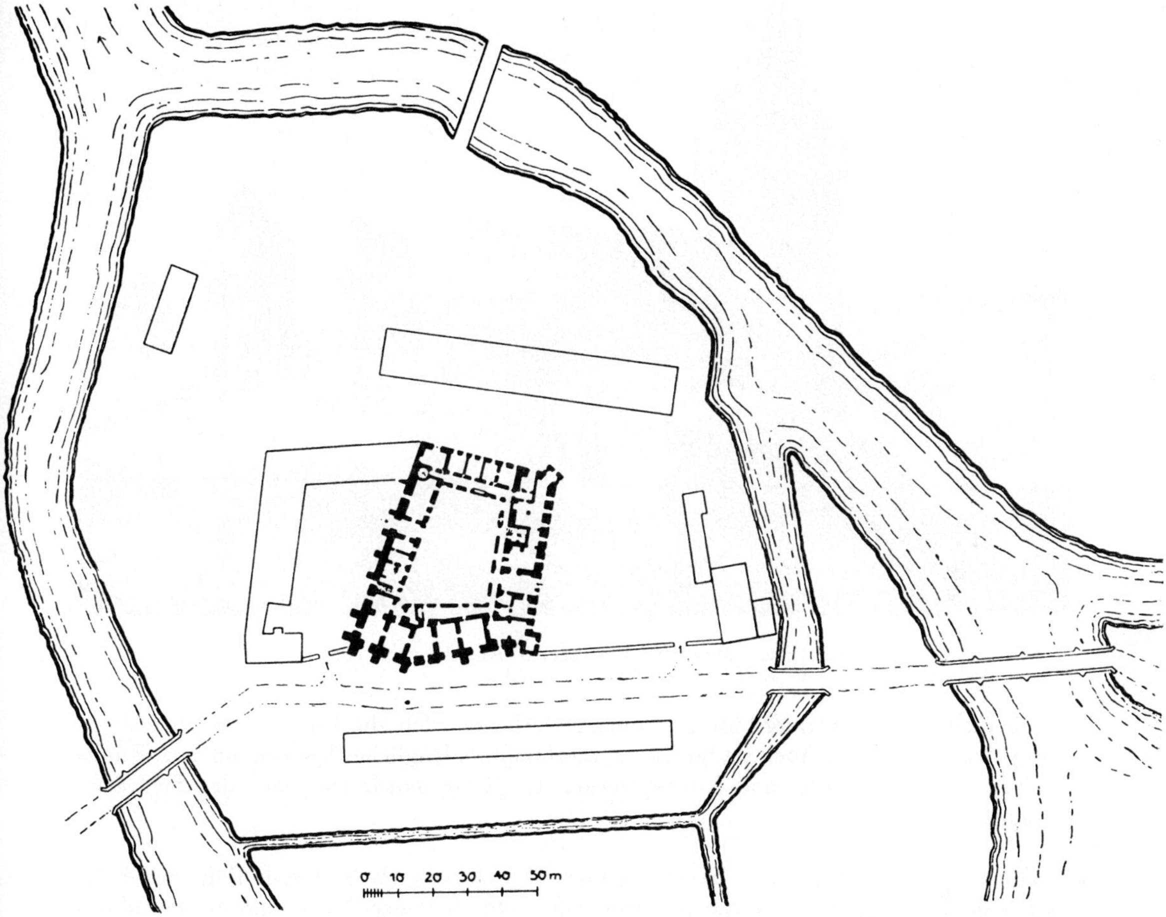

Abb. 473. Lageplan der Wasserburg Göding. 1:2000. Regelmäßiger Grundriß mit Vorbauten und Strebepfeilern. B. E. nach Prokop.

Strebepfeilern werden wohl mit Recht der Georg Podiebradschen lebhaften Burgenbau=zeit vor 1458 zugeschrieben, der nach den schlimmsten Hussitenstürmen viele zerstörte Burgen zur Beruhigung und Sicherung des Landes wieder aufrichten mußte.

1620 belagerte der siebenbürgische Fürst Bethlen=Gabor die Burg, die er nach 6 Monate langem Widerstand eroberte.

Die Burg ist eine jener vielräumigen Bauten mit starken Außenmauern der älteren Flügel und zahlreichen Strebepfeilern, die wir z. T. der spätgotischen Zeit zuschreiben dürfen.

Die alte Wasserburg Teltsch in Mähren des 13. Jahrh. liegt zwischen Gräben und Wassern. Ein gotischer Wohnturm, sehr wohnlich und künstlerisch ausgestaltet — ähnlich wie der Turm von Blatna — ist das rechteckige Kernwerk der Burg und besonders be=achtenswert durch seine schönen gotischen Kreuzstockfenster. Die Verteidigungsfähig=keit der Burg beruht in erster Linie auf den Seen, Gräben und den Sümpfen der Um=gebung[60]) (Abb. 475).

[60]) Prokop: I, S. 236ff., 256; Abb. d. Fensters S. 48, Fig. 77.

Abb. 474. Burg Freudenstein. Ansicht nach Heber.

Oberhalb der alten Bergstadt Joachimsthal erheben sich die Ruinen der ehemaligen Burg Freudenstein. Auch sie bilden ein regelmäßiges längliches Viereck mit zwei Rundtürmen in der Südwest= und Nordwestecke. Die Burg wurde 1634 von den Schweden zerstört (Abb. 474).

Die über die gleichnamige Stadt ragende Burg. Polna im Südosten Böhmens hatte gleichfalls regelmäßigen viereckigen Grundriß. Durch Feuersbrunst und gedankenloses Abtragen der Steine für Straßenbau ist fast nichts mehr von ihr erhalten, alle noch jetzt sichtbaren Teile der Burg gehören späteren Jahrhunderten an (Abb. 457).

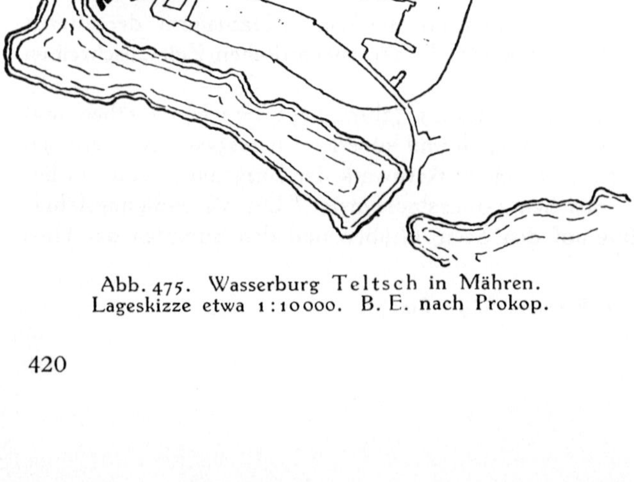

Abb. 475. Wasserburg Teltsch in Mähren.
Lageskizze etwa 1:10000. B. E. nach Prokop.

Eine so regelmäßige, lange viereckige Grundrißform wie die der mährischen Burg Mürau nahe der March im nordöstlichen deutschen Sudetenland ist in Böhmen und Mähren selten zu finden. Prokop[61]) schreibt die

[61]) Prokop: II, S. 542; Weinelt: Grdr. d. Schönhengster Burgenkde S. 44ff.; Kubitza: Burgengeogr. S. 12f.; Burgv. u. Ritterschl. IV, S. 167f.

Abb. 476. Burg Raby, Südböhmen. Ansicht nach einem alten Stich.

heutige Form einer Reihe von Umbauten aus den Jahren 1482—1497 und 1679 bis 1684 zu.

Mürau liegt auf einem vom Mürauer Bache umflossenen Berg, außen von späten bastionierten Erdwerken umgeben. Der Zugang führt durch ein starkes Tor, zunächst genau durch die Mittelachse einer langhufeisenförmigen späten Vorburg. Nur deren Außenmauern zeigen größere Stärke, aber bis auf 2 schräg gestellte schartenreiche flache Ecktürme keine wehrbaulichen Mauertürme oder Wehrgänge.

Das Tor zur Kernburg liegt an der von der Vorburg gesehenen rechten Ecke in sehr starkem torturmartigen Rechteckbau. Die heutige Form der Kernburg bildet auch hier ein Hufeisen mit 2 kurzen Seiten= und etwa 57 m langem Mittelflügel, dessen Achse im rechten Winkel zur Vorburgachse liegt. Alle Mantelmauern sind sehr stark; die offene Seite des Hufeisens durch Pfeiler verstärkt, trug wohl einst einen Wehrgang.

Die ungewohnt rechteckige Form, die auch an Ordensburgen erinnert, spricht für die spätgotische Zeit, die Prokop Ende des 15. Jahrh. ansetzt. Dieser späten Bauzeit gehört wohl auch der schwere viereckige Treppenturm an.

Die Besitzer tragen wiederholt deutsche Namen — schon um 1373 kommt die Burg an einen Ritter Gerhard Burkmann —, 1390 kam sie an die Olmützer Bischöfe, von denen ein Niklas von Rosenberg 1397 auf seiner Burg Mürau starb. Den Hussiten konnte Mürau nach 1420 widerstehen. Durch die letzten Um= und Ausbauten zur Festung und jetzt Strafanstalt erinnert der Grundriß schon an einen Übergang zum Schloßbau. Durch die Einrichtung der Strafanstalt wurde vor allem das Innere der Burg stark verändert.

Auch die böhmische Burg Raby[62]) (Abb. 476, Taf. 83) an der Wattawa, auf einem Hügel unweit der „Goldenen Straße" Pilsen=Burg Karlsberg bei Bergreichenstein, gehört zu den bedeutendsten Wehrbauten des Landes. Sie bildet einen Gegensatz gegen die

[62]) Piper: IV, S. 116ff., VI, S. 225; Bernau: Alb. d. Bg. u. Schl. i. Kgr. Böhmen S. 357 Grdr.; Wenzig=Krejči: D. Böhmerwald S. 199ff.

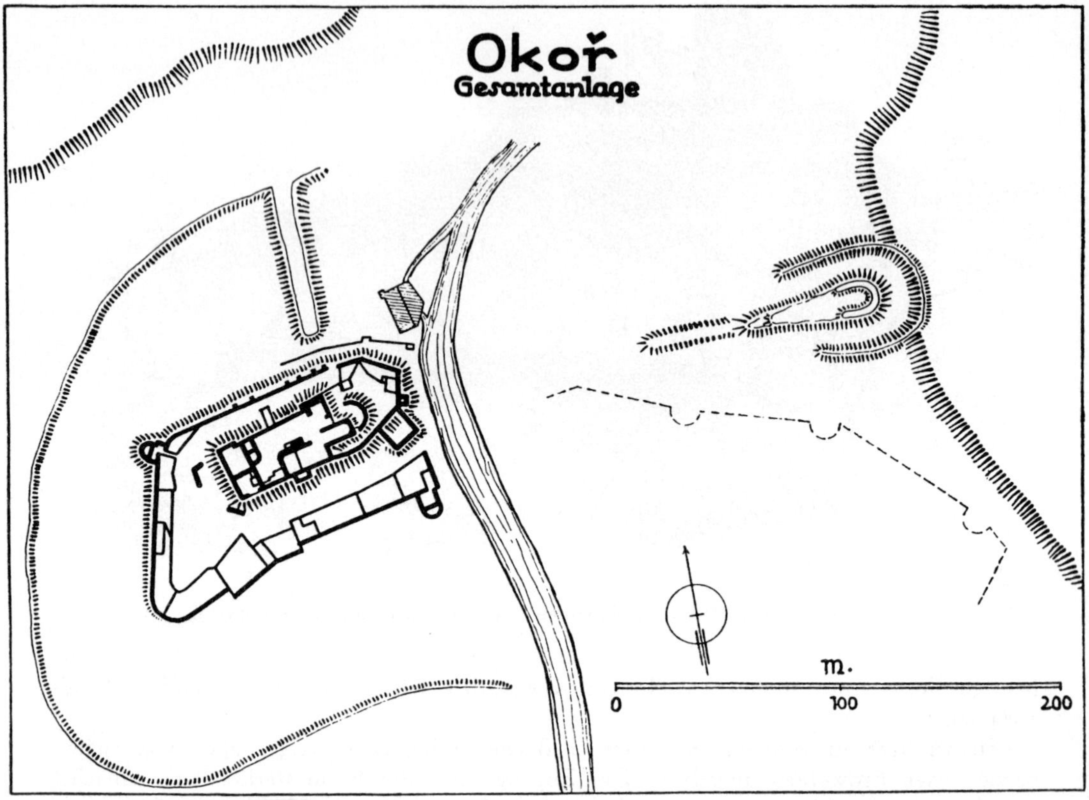

Abb. 477. Burg Okoř, nordöstlich Prag. Lageplan. 1:3000. B. E. nach Weinelt.

meisten übrigen, noch leidlich erhaltenen sudetendeutschen, böhmischen Burgen, indem hier ein sehr einfacher 11 : 14 m großer Wohnturm den höchsten Kern einer etwa 80 : 40 m ausgedehnten inneren Wehranlage bildet. Eine tiefere zweite Vorburg besteht aus unbedeutenden Wohn= und Wirtschaftsbauten. Um diese ziehen sich abermals tiefer gewaltige Außenzwingermauern, mit 5 schartenreichen Halbrundtürmen verstärkt. Die krumme Form folgt der Hügelform.

Die Burg zeigt in ihren inneren Resten — die offenbar älter sind als die starken späteren Außenmauern — keine planvoll überlegte Form, wenn die publizierten Pläne sachlich richtig sind, auch wenig besondere Festigkeit. Auch war der Bauplatz von Westen her unschwer ersteigbar, daher ist dann auch (im 15. Jahrh.?) die große Vorburg=Wehrmauer von etwa 3—5 m Stärke mit Seitenbestreichungstürmen errichtet worden, die die Nord= west= und Südseite der höher liegenden Kernburg verteidigt und die Burg zu einem be= deutenden Werk stempelt. Die Zerstörung muß dann aber früher erfolgt sein, denn spä= tere Werke, etwa bastionsartiger Form, fehlen hier.

Die Wasserburg Heidenreichstein[63]) im Niederdonaugebiet, ebenfalls eine rechteckige Anlage, zählt zu einer in ihrer alten Form wohlerhaltenen Burg dieser Gegend. Sie besteht aus Vor= und Hauptburg, die beide ringsum von Wasser umgeben sind. Die Hauptburg zeigt an 3 Ecken je einen Dreiviertelrundturm von verschiedener Stärke und auf der Ost=

[63]) Piper: III, S. 46ff.; Dehio: Österr. II, S. 193; Knapp: Burgw. 1939, S. 29.

seite einen quadratischen Bergfried mit 3 m starken Mauern. Die Wohnflügel schließen sich ringsum an und lassen nur einen engen inneren Hof frei.

Der Bergfried aus dem 13. Jahrh. ist der älteste Teil, im übrigen stammt die Burg zur Hauptsache aus dem 15. Jahrh. und hat auch noch später vielfach Änderungen erfahren.

Die bedeutenden Ruinen der Burg Okoř[64]), die sich nordöstlich von Prag auf einem Felsen erheben, verdienen besondere Aufmerksamkeit, da sie nicht nur in erheblichen Resten erhalten sind, sondern auch nicht einem späteren größeren Umbau unterworfen wurden.

Die Höhenlage war klug gewählt. Der steile Fels hob die Burg hoch genug über den angreifenden Feind (Abb. 477, 478). Nach Weinelt[65]) war aber der Bauplatz auch noch von einem künstlich angelegten Teich und dem Zakolaner Bach umgeben, also dann zugleich Wasser- und Höhenburg.

Die in einer langen rechteckig gestalteten Mantelmauer zusammengefaßte weite Kernburg ähnelt deutschen Burgen wie der allerdings künstlerisch und wehrbaulich viel abgeklärteren romanischen Hohenstaufenburg Wildenberg im Odenwald, aber auch der Burg Kinzheim im Elsaß der romanisch-gotischen Zeit. Jedenfalls fällt diese wenig grundsätzlich gestaltete Burg Okoř ganz aus dem Rahmen.

Aus dem großen Rechteck tritt an der schmaleren Ostseite der hohe, rechteckige Wohnturm von 15,5 : 8,9 m bei 1,9 m starken Mauern vollständig hinaus. Hier wirkt daher der vierstöckige Turm als Bergfried, um so mehr, als der Turm von seiner Höhe nördlich,

Abb. 478. Ruinen der Burg Okoř, nordöstlich Prag. Ansicht nach Heber.

[64]) Heber: Abb. Bl. 102—104; Ebenda: II, S. 59ff. — [65]) Weinelt: Burgw. 1937, S. 44ff. Vgl. Gregory: Der Hasenberg u. seine Burgruine Okor.

östlich und westlich den Hauptzugang völlig beherrscht. Weinelt erwähnt im Erdgeschoß des Turmes eine Kapelle mit 2 großen gotischen Fenstern, die vielleicht, wie Weinelt meint, Ursache der Verlängerung des ursprünglich quadratischen Turmes gewesen sind. Dann hätte ursprünglich der Bergfried frei nahe vor der östlichen Mantelmauer gestanden, was allerdings sehr ungewöhnlich gewesen wäre.

Im Inneren der rechteckigen oberen Mantelmauer stehen die Reste eines Pallas. Zu Hebers Zeit waren dort noch Räume bewohnt. Alle Bauten sind übrigens rechtwinklig an die rechtwinklige Mantelmauer gelehnt.

Der Aufstieg führte den Feind mit seiner schildlosen Seite rings um die ganze Kernburg vom Bach neben der östlichen schmalen Angriffsseite unter der ganzen südlichen Lang=seite her, um die schmale Westseite und an der nördlichen Langseite zurück zur östlichen Vorburg zu Füßen des Bergfrieds. Eine wohlüberlegte Führung!

Südlich und westlich außerhalb dieses Weges liegen tiefer weite, lange Vorburgs= und Wirtschaftsbauten.

Die Bauzeit verlegt Weinelt[66]) sehr spät, um das Jahr 1359, als Bauherr nennt er einen damals erwähnten Prager Patrizier. Man kann daraus freilich nur folgern, daß an dieser Stelle um 1359 eine Burg Okoř bestand. Die Burg erlag dann dem Ansturm der Hussiten und spielte in der Folgezeit keine Rolle mehr[67].)

Heber bietet in seinem Werk über „Böhmens Burgen, Vesten und Bergschlösser" eine höchst reizvolle Darstellung der Ansicht vom Burgschloß Groß=Skal bei Turnau[68]) (Abb. 479).

Auf fast senkrecht (30 Klafter!) abfallendem Sandsteinfelsen liegt hoch über dem Tal eine lange mehrteilige Baugruppe. Der Zugang erfolgt von Norden (?) über die Höhe der Felsenwand und über eine breite Schlucht, als Halsgraben benutzt, über die eine Drei=bogenbrücke führt. Auf eine ehemalige Zugbrücke deutet ein großes und ein Fußgänger=tor. Damit ist die Vorburg erreicht, die auf einem nach allen Seiten abfallenden, völlig getrennten Felsblock errichtet wurde. Eine zweite Brücke über eine Felsenschlucht führt zum heutigen — nach einem Brand von 1710 errichteten — Schloß, einem kastenartigen Bau in der nachburglichen Zeit errichtet. Ein Viertel des Gebäudes steht quer über einer tiefen Felsschlucht auf einem ehemals offenen Bogen. Man vermutet hier den ehemaligen Burgbrunnen.

Durch den ersten Flügel erreicht man einen langen, schloßartigen Freiplatz, dessen westliche Seite durch den späten regelmäßigen Bau eingenommen wird, während an der Ostseite von der Hofhöhe der Felsen offen senkrecht abstürzt.

Viel mittelalterlicher und früher wirkt der am Nordende des Felsenzuges stehende wohnturmartige Baukörper, ein vieleckiger schlichter Bau, dessen Südwestecke ein berg=friedartiger, viereckiger Turm einnimmt.

Die Baustelle ist ein Beispiel der fabelhaften Kühnheit, mit der die Bauleute der Burgenzeit die schwierigsten technischen Aufgaben überwanden. Sie zeigt aber auch, daß die Bauherren schon bei den ersten Entschlüssen über die Wahl des Bauplatzes auf die Unnahbarkeit, die die geologische Gestaltung des Platzes bot, den größten Wert legten.

Burg Točnik, östlich von Pilsen auf einer Jaspiskuppel, gehört der Grundform nach zu den viereckigen Wohntürmen der Spätzeit[69]) (Tafel 78).

---

[66]) Weinelt: Burgw. 1937, S. 46. — [67]) Aquarell v. J. Venuto 1821 in Nationalbibl. Wien, dort auch Aquarell v. Manes v. 1834. — [68]) Heber: Abb. B. 38, 39 Ans., II S. 108ff. — [69]) Heber: III, S. 151ff. u. Abb. Bl. 117 Grdr., Bl. 141, 142, 143 Ans.; Piper: V, S. 151ff.

Burg Pernstein bei Brünn, Mähren

Kaiserburg Karlstein, südwestlich Prag, Böhmen

Abb. 479. Burgschloß Groß=Skal. Ostansicht nach Heber.

Der Versuch, aus dem nur laienhaft skizzierten Grundriß und den Ansichtszeichnungen nach Hebers reizvollen Aufnahmen, die Fark so künstlerisch gestochen hat, eine plan=volle Anordnung der Burgteile zu erkennen, ist vergeblich.

Durch einen breiten Felsengraben — durch seine Lage zwischen Seen, die 3 seiner Seiten umgeben, vom inselartigen Bauplatz der Wasserburg Žebrák abgetrennt — führt ein alter Fahrweg, den ein Fußweg abkürzt, an dem scharfen Felsgrat entlang bis zum höchsten Endpunkt des Felsens. Der z. T. künstlich verbreiterte Bauplatz auf dem Berg=ausläufer (Bergnase) verleiht der Burg eine dreieckige Gesamtform. An der südöstlichen Längsseite entlang wendet der Weg, von hier durch eine Mauer gegen den Abhang ge=schützt, bis an die Spitze des Dreiecks. Dort führt er abermals rechts rückwärts in das wappengeschmückte gotische Haupttor der Burg. Durch einen kleinen Vorhof kommt man durch eine Torhalle am angeblichen Pallas vorbei, während rechts Bergfriedreste ragen. Den Bergfried (?) und sehr langen Pallas — letzterer zur Nachburgenzeit „modernisiert" — kann man als vorhanden annehmen, beide sind aber nicht bestimmt nachzuweisen. Jenseits geht es durch ein zweites Tor in den höher liegenden zweiten Hof, nur von Mauerresten begleitet. Alle Bauten, die bisher geschildert wurden, die Heber[70]) noch als von armen Leuten bewohnt bezeichnet, sind burglich unbedeutend. Gradeaus aber am etwa 70 m langen Halsgraben steht der rechteckige Hauptbau oder Wohnturm der Angriffsseite entgegen von etwa 22 : 17 m Bodenfläche. Er gibt der Ruine den glänzend beherrschten Umriß.

[70]) Heber: III, S. 154.

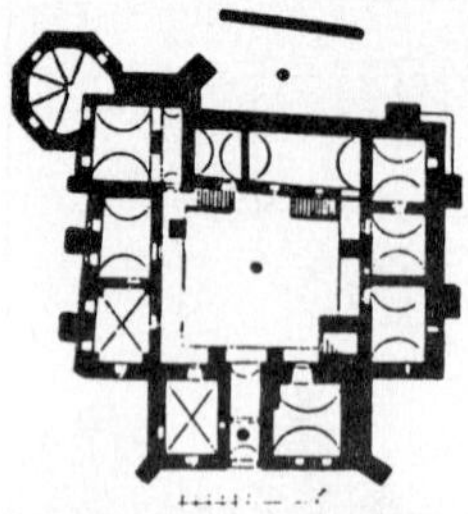

Abb. 480.
Burg Zuckenstein.
Grundriß 1:1000.
Regelmäßige Kernburg, gewölbtes Geschoß.
B. E. nach Topographie pp. Bez. Kaplitz.

Man rühmt der Burg nach, daß sie Sitz des Königs Wenzel (1378—1419) und Schauplatz glänzender Feste war, die der König hohen Gästen gab[71]). Daß sich der träge und grausame Böhmenkönig hierher lange Zeit zurückzog, ist wohl nur mit einer Art Verfolgungswahn und Angst vor den schon brodelnden hussitischen Unruhen erklärlich. Ein Wohnturm an solcher Stelle und aus spätgotischer Zeit ist eine Ausnahme, jedenfalls kaum ein üblicher ritterlicher oder gar königlicher Bau. Der mächtige, aus Bruchsteinen mit Eckquadern und Hausteintür und Fenstergewänden errichtete, im Grundriß viereckige Bau, der nach Osten eine Rundung zeigt, steht auf einer Felsstufe gegen die Burg zu vierstöckig, gegen die jenseits des breiten Halsgrabens hoch fortziehenden Bergrücken zweistöckig errichtet. 2 untere Stockwerke haben nur zum Burghofe hin Fenster. Das dritte Geschoß zeigt gegen den Halsgraben 4 Scharten, je eine in den hinteren östlichen Seitenräumen und 2 in dem quer durchgehenden saalartigen Hauptraum; dem westlich gelegenen Burghof zu befinden sich ebenso etwas breitere 4 Fenster. Die östliche schildmauerartige Wohnturmwand ist etwa 2,5 m stark und flach rund. Die Räume sind spätgotisch auf Graten gewölbt und z. T. mit schweren Steinkaminen ausgestattet. Kennzeichnend für das Gefühl der Unsicherheit des Bauherrn ist der Umstand, daß eine innere Verbindung der Stockwerke nicht bestand. Die beiden unteren Geschosse waren nur über eine äußere (Holz-?) Treppe verbunden. Vom dritten, über 6 m hohen Hauptgeschoß, ebenso zum vierten, dem Saalgeschoß, führte nur eine sehr enge, halb in der Hofmauerstärke, halb rund in den Hof vorgebaute Wendeltreppe. So waren die Obergeschosse durch geringste Kräfte gegen plötzlichen Überfall zu verteidigen. Gotische Türgewände deuten auf eine Erbauungszeit dieses Wohnturmes um 1400.

3 mächtige Pfeilerreste im Halsgraben haben wahrscheinlich einst die Burg mit äußeren Vorwerken auf dem Bergkamme verbunden, an dem Heber noch Spuren sah.

Die 2 km von Gratzen entfernt auf niederer Anhöhe liegende Burg Zuckenstein[72]) (Abb. 480, 481), die 1488—91 von Wilhelm Paupar erbaut worden war, gehört dem Grundriß nach auch zu den viereckigen Wehrbauten. Ein einstöckiger Bau aus verputztem Bruchsteinmauerwerk mit Graniteinfassungen umfaßt einen quadratischen Hof. Der Bau war ehemals von einem 6—7 m breiten Graben umgeben. Vor den beiden östlichen Ecken sind Spuren ehemaliger Türme vorhanden. Aus der südwestlichen Ecke ragt mit 7 Seiten ein zweistöckiger, regelmäßig oktogoner Turm hervor. An der Nordseite befindet sich ein Erker mit Abort.

Schon 1844 zeichnet Heber[73]) die ebenfalls im Kern viereckige Burg Brozan in Nordböhmen, d. h. eigentlich nur den auf steilem Burghügel stehenden schlanken Wohnturm mit

Abb. 481. Burg Zuckenstein. Ansicht der heutigen Umrisse. B. E. nach Topographie pp. Bez. Kaplitz.

[71]) Heber: III, S. 154; Piper: V, S. 153. — [72]) Topogr. d. hist. u. Kunstdm. i. Böhmen XLII, S. 482ff. — [73]) Heber: Abb. Bl. 11 u. III, S. 240.

nur einem Fenstergeschoß. Darunter fehlen in dem Stich von Roth alle Öffnungen, darüber zeigt ein Wehrgeschoß breite waagerechte Schießscharten.

Burg Brozan[74]) war ursprünglich der Sitz der 1417 ausgestorbenen Ritter von Brozan. Die jetzige Burg soll etwa 1599 von Jan Zbyněk Zaic erbaut mit viel Aufwand erneuert worden sein. Erhalten ist nur ein Teil der Burg, der im Grundriß ein ungleiches Viereck bildet. Sie war ehemals bedeutend größer. Auf der Zeichnung von Heber sieht man wie am Wohnturm der Burg Tocnik einen sehr dünnen Wendeltreppenturm angebaut und einen halb achteckigen Erkerturm (?). Weitere Außenwerke sind nicht angedeutet, aber wohl als ehemals vorhanden anzunehmen. Der Bau ist heute einstöckig mit 2 gemauerten, mit Gesimsen versehenen und glatt verputzten Erkern. Unter dem Verputz sind Spuren von Sgraffito kenntlich, wobei uns vor allem die Jahreszahl 1563 interessiert.

Auf einem langen, nicht sehr hohen Felsgrat, wie solche in Südostbayern z. B. auf dem Pfahl am Regen, aber auch im Harz z. B. der Regenstein bei Blankenburg gern als Burgenbauplatz gewählt werden, erhebt sich im Westen von Tabor die Burg Kamen[75]).

Der hervorstehendste Bauteil ist der rechteckige hohe Wohnturm, der mit seinen kleinen und wenigen Fenstern bzw. Schießscharten auf der höchsten, schmalen Spitze des Felsgrates steht. Eine kleine Zwingermauer nur streckt sich noch etwas vor. Um 2 kleine, viereckige Höfe geordnet schließen sich erheblich breiter der spätere feste Schloßbau und abermals tiefer eine unregelmäßig geformte Vorburg mit Wirtschaftsbauten und Torturm an. Der burgliche Bergfried fehlt in dem schönen Bilde, auch ein Außenzwinger liegt nur auf der einen Längsseite, während auf der anderen Seite der steil abfallende Felsen als genügende Sicherheit angesehen wurde.

Als besonders kennzeichnendes Beispiel einer rechteckigen Wohnturmburg kann man die Ruine Kostial bezeichnen, die auf enger Basaltkuppe über der Stadt Trebnitz in Resten noch bis ins vierte Stockwerk emporragt.

Heber[76]) bietet aus dem Jahre 1844 einen vorzüglichen Kupferstich, der über dem flachen Platz der ehemaligen Vorburg den rechteckigen Wohnturm oder Pallas vortrefflich darstellt. Nach Bernau[77]) maß der Wohnturm 20,3 : 9,5 m, und wäre zum mindesten dreigeschossig gewesen. Die Mauern sind 1,80—2,20 m stark. Der Bau ist aus Bruchstein errichtet, dieser wurde in der Regel an Ort und Stelle gebrochen und hier in verhältnismäßig kleinen Brocken zu Bruchsteinmauerwerk verarbeitet.

Von den Außenwerken scheint außer dem vortretenden Zwingerrest wenig mehr erhalten zu sein[78]). Bewunderung verdient aber selbst der Rest des Wohnbaues und die Kühnheit des Erbauers.

Im Hussitenkrieg widerstand die Burg dem Feind.

Unregelmäßige Gesamtanlagen

Friedland im deutschen Nordsudetenland sieht auf eine bewegte Geschichte zurück. Die im 13. Jahrh. erfolgte erste urkundliche Erwähnung der oberen, alten Burg beweist nicht, daß nicht schon früher auf diesem schwer erstürmbaren Kegel eine Burg stand. Bis zum Dreißigjährigen Krieg wurde dauernd an der Feste gebaut. 1622—34 besaß, erhielt und verbesserte Wallenstein die Burg. Sein Wappen hängt über dem Eingangsbollwerkstor, zu dem noch eine Zugbrücke führt. Selbst die Schweden verstärkten

[74]) Matějka: Soupis památek historických a uměleckých v Království Českém. — [75]) Heber: Abb. Bl. 50 Ans.; Bl. 51 Grdr., VI, S. 221 ff. Ein Aquarell von 1809 von J. Venuto befindet sich in der Nationalbibl. Wien. — [76]) Heber: Abb. Bl. 63. — [77]) Vgl. auch Bernau: Studien u. Materialien z. Specialgesch. u. Heimatskunde S. 142 ff. — [78]) Piper: VII, S. 130 ff. 2 Aquarelle v. Manes v. 1834.

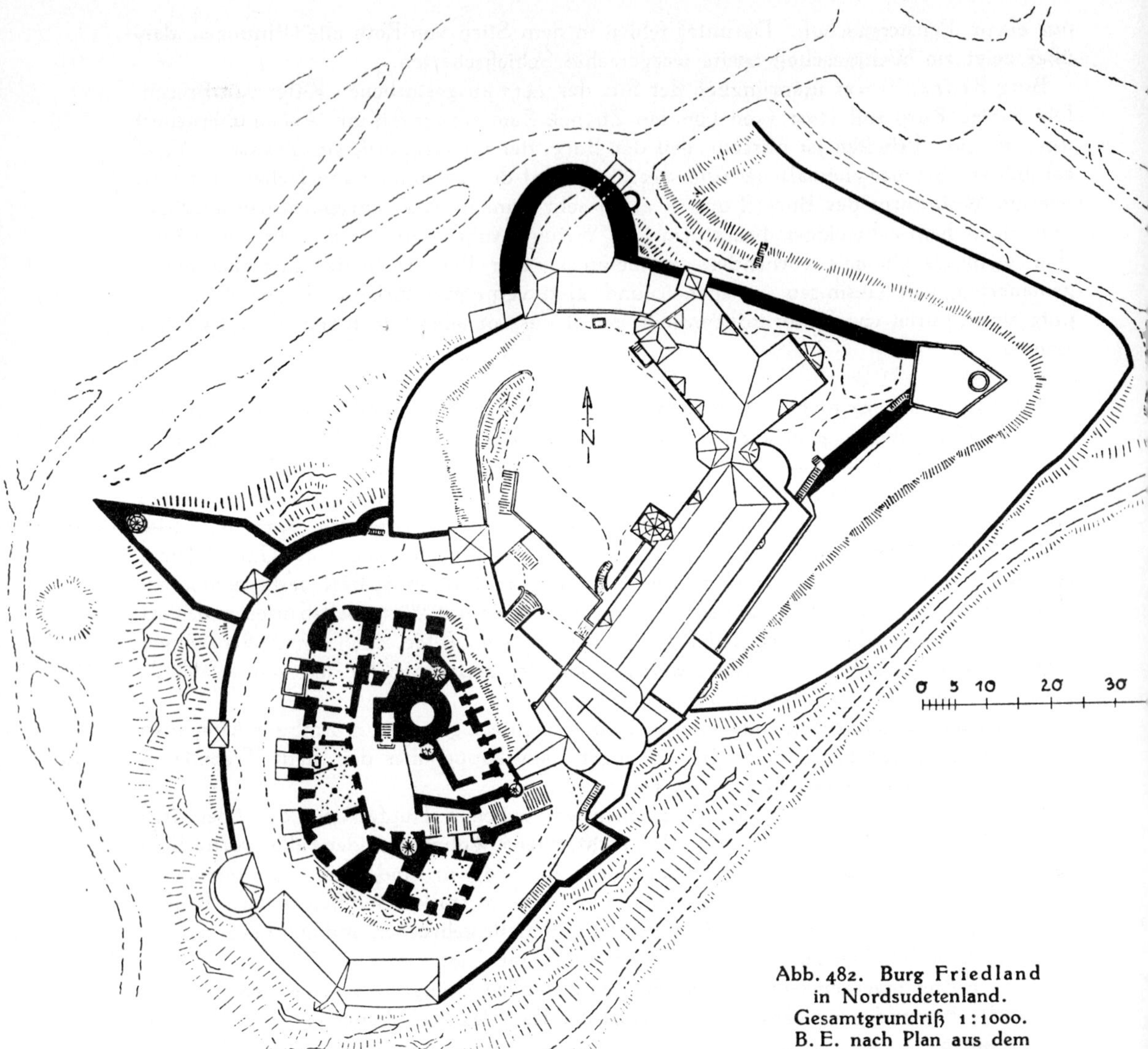

Abb. 482. Burg Friedland in Nordsudetenland. Gesamtgrundriß 1:1000. B. E. nach Plan aus dem Schloßarchiv zu Friedland.

noch die rings um die Kernburg laufenden Zwinger durch starke Bastionen 1646—47, wie das „scharfe Eck".

Friedland[79]) erhebt sich südöstlich der Stadt auf 60 m hohem Basaltkegel, dessen Fuß von der Wittig umflossen wird. Noch heute, nachdem 1598 in den unteren Burghof das „niedere Schloß", ein Renaissancebau, errichtet worden ist, macht der höchste Kernbau einen völlig burgartigen Eindruck, den auch die späten Fenster in der Mantelmauer nicht verwischen können (Abb. 449, 482, 483).

Die um einen engen, winkligen Hof errichteten innersten Flügel zeigen heute 4 Stock= werke, die von einem neuen Dach schlicht abgedeckt werden. Ein mächtiger runder Berg=

[79]) Bergel: Friedland; Bernau: Burgen u. Schlösser=Alb.; Sedláček: X, S. 177 ff.; Burgv. u. Ritterschl. I, S. 88 ff.

fried krönt und beherrscht das Bild. Er steht über dem Hauptanstieg zur inneren Burg, zur Zeit umschlossen durch spätere Bauten. Heute ist die Kernburg verputzt und trotz unbewohnten Zustandes noch überreich mit Waffen, Bildern und Gerät, ja selbst mit Archivalien angefüllt, also ein Schatzhaus für die Burgenkunde und den Wehrbau.

Die Vorburg zeigt noch wesentliche Außenzwinger hinter dem Torgraben.

Eine Wasserburg auf Ausläufer, die zugleich einer Burgengruppe mit der Königsburg Točnik angehört, war die böhmische Wasserburg Žebrák. Die Ruinen liegen eng um einen hochragenden runden Bergfried, der im Westen der schmalen, abgeflachten Felsspitze steht (Taf. 78).

Heber[80]) bietet 2 sorgfältig gezeichnete Ansichten der aus ebenem Talboden, dem Rothenbach, Seen und Dämmen wenige Meter aufsteigenden Burg Žebrák. Vor 100 Jahren standen noch Reste des Pallas der unteren Burg, einer tieferen Zwingermauer mit einem zweiten niedrigen Rundturm und Kernbauresten. Vom anschließend aufsteigenden Grat ist der Bauplatz durch einen Halsgraben getrennt. Nur über einen Damm und ehemals eine Zugbrücke führt der Zugang zur Burg zunächst in einen langen, schmalen Hof mit neueren Bauten. Von diesem Hof der unteren Burg brachte ein steiler Fußweg zu den Trümmern der 12 Klafter hochragenden Baureste und zum Bruchsteinbergfried mit hochgelegenem alten Eingang. Heute sind neben Mauerresten nur 2 Rundtürme erhalten.

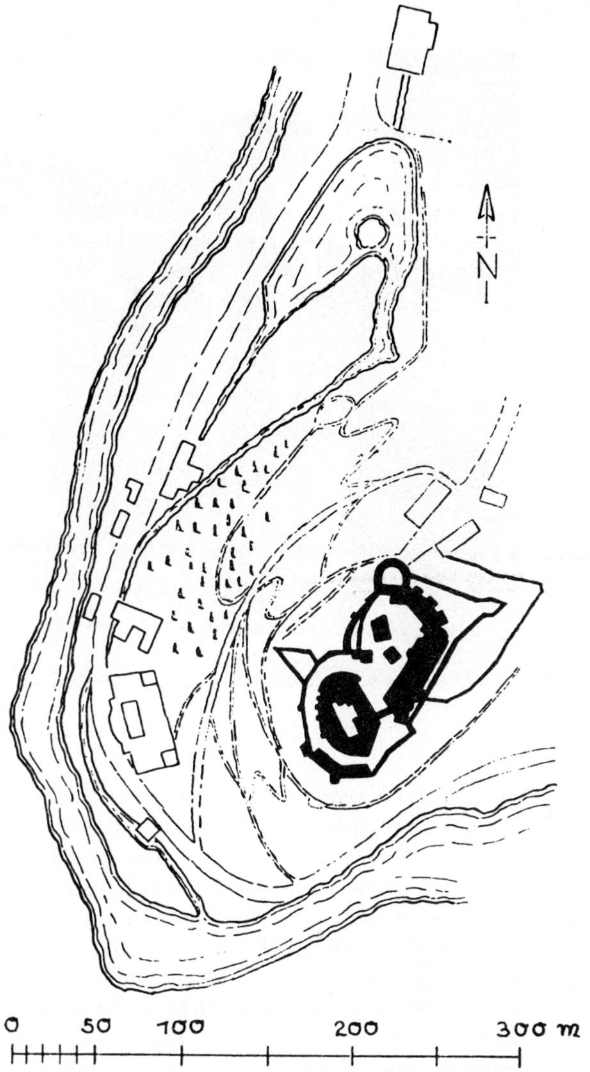

Abb. 483. Burg Friedland. Gesamtlageplan 1 : 4000.
B. E. nach Plan aus dem Schloßarchiv zu Friedland.

Offenbar verhinderte diese zweite Burg erfolgreich die Annäherung an den Felsengrund und den Aufstieg etwaiger Belagerer zur oberen Burg Točnik und bot ein Beispiel einer ganz besonderen Umsicht der Wehrbaumeister, jedenfalls auch ein wirklich romantisch ritterliches Bild einer einheitlich geplanten Burgengruppe.

Die böhmische Burg Neuhaus[81]) (Abb. 484) südöstlich von Tabor an der Nezarka im Protektorat, nördlich der Grenze des Oberdonaugebietes, ist eine der mächtigsten böhmi-

---

[80]) Heber: Abb. Bl. 141, 157; Ebenda: III, S. 151ff. 2 Aquarelle v. J. Venuto v. 1813 in Nationalbibl. Wien. — [81]) Heber: Abb. S. 99 Grdr., Bl. 96—98 Ans.; Ebenda: VI, S. 5ff.; Piper: VI, S. 124ff. Aquarell v. J. Venuto v. 1811 in Nationalbibl. Wien; Hoenig: Deutscher Städtebau i. Böhmen.

Abb. 484. Ansicht der Burg Neuhaus. Nach Heber.

schen Groß=Wasserburgen. Sie besteht aus zahlreichen, verschiedenen Bauten romanischer, gotischer und späterer Zeit, die um 3 Höfe geordnet sind. Als Bauplatz ist ein bis zu 8 m über dem Wasser ansteigender Felsen gewählt. Ringsum ist sie von Wasser eingeschlossen, im Osten durch einen breiten Teich, von dem entlang der ausgedehnten Nordfront ein Mühlgraben bis zum Fluß Nezarka führt. Dieser begleitet die Westseite, während die Südseite abermals durch einen Graben geschützt war. Im dritten Hof sind im Felsen unterirdische Gänge ausgehauen, und die Batterietürme an der West= und Südwestseite stehen, wie man von außen sieht, auf Felsen, die nicht sehr hoch über die anschließende Stadt emporragen. Von den 2 Batterietürmen erhebt sich ein stärkerer an der südlichsten Spitze der ehemaligen Zwingermauer. Heute enthält er innen einen 12,5 m großen barocken Saal, offenbar nach Abbruch an Stelle und auf den Grundmauern des Batterieturmes errichtet. Der zweite, hufeisenförmige Mauerturm ist unverändert erhalten. Beide dürften vor oder um 1500 errichtet sein.

Der unregelmäßige viereckige Kern der Burg ist mittelalterlich gestaltet. Die ganze Anlage wurde aber später — meist im 16. Jahrh. — schloßartig ausgebaut mit vielen Höfen und Flügeln.

Man tritt von Norden über eine Brücke ein, durch einen auf alten Vorburgmauern errichteten Beamtenflügel, in dem sich auch die Burgschmiede befand. Die hier noch erhaltene gotische Durchfahrt der alten Vorburg führt in den ersten, nicht mehr wehr=haften Hof, aus dem man durch eine zweite Durchfahrt, dicht gegenüber dem Nordost=flügel des Schlosses, einen langen, schmalen Hof erreicht, der sich von Südosten nach Nordwesten erstreckt.

Hier erheben sich der gotische Nordostflügel, die „Heinrichsburg", der burglichste Bauteil, der etwa 60 m lang, ziemlich rechtwinklig zum Ostflügel bis zum runden Berg=fried aus Bruchsteinmauerwerk — genannt der Hungerturm — reicht. Aus der Mitte des etwa vierstöckigen Flügels der „Heinrichsburg“ springt ein schlanker Kapellenchor vor. 4 lange Strebepfeiler stützen die 3 fensterlosen Untergeschosse und schließen darüber die 5 schlanken gotischen Chorfenster ein. Noch ein gewölbtes Geschoß darüber zeigt außen heute unbedeutende kleine Viereckfenster.

Ein großer Stadtbrand hat 1773 auch diesen Flügel, in dem wir den alten Pallas vermuten dürfen, schwer geschädigt.

Der Gotik gehört auch der sogenannte Räucherturm an, die Burgküche, die eine oft, namentlich in Frankreich (z. B. bei Dijon) und Italien (z. B. bei Bracciano) vorkommende Anlage zeigt. Für den großen Schwarm von Menschen, den der Herr einer so bedeutenden Burg tagaus, tagein um sich hatte und verpflegen mußte, mußte natürlich auch die Küche geräumig sein, um so mehr, als die Verpflegung an Stelle von barem Entgelt erfolgte. Hier hat der gesamte Bau die Form eines umgestülpten viereckigen Trichters, aus dem nicht nur aus der hohen Mitte der Qualm abziehen konnte, sondern auch noch durch 5 weitere Schornsteine an den Ecken des Baues entweichen konnte.

Durch den schmalen Gang neben dem Hungerturm kommt man links rechtwinklig umbiegend zu einer vielfach verbauten Torfahrt, in der romanische Säulen erhalten sind, die auf eine ältere Burg des 12. oder 13. Jahrh. deuten.

Betrachten wir nun die Schloßflügel der Zeit nach, so können wir folgende Hauptbauzeiten nennen:

Ende des 12.—13. Jahrh. erbaute nach Heber[82]) ein Heinrich von Witek (1205—1234) die romanische Burg. Reste davon, unter anderem romanische Kragsteine, sind als Rippenträger in der gotischen Kirche erhalten, daneben die verschiedenen romanischen Säulen im Torbogen.

Vor 1338 entstand eine hochgotische Burg, die Zahl ist in dem schönen gemalten Raum der Dionysius=Kapelle neben der Hauptkapelle zum Heiligen Geist erhalten.

1472 entstand in spätgotischer Bauzeit der Kirchenchor in der Heinrichsburg.

Nach 1528 erfolgten bedeutende Umbauten zum Renaissanceschloß. Die Jahreszahl 1649 steht über dem Hauptportal an der ehemaligen Angriffsseite mitten in dem Nordflügel.

1773 entstand ein großer Brand, darauf folgte spätbarocke Bautätigkeit.

War schon der Kernbau mit dem frühen runden Bergfried mit romanischen und schönen gotischen Räumen und Türmen großzügig, so ist der heutige Gesamteindruck noch breitgelagerter durch die Fülle der späteren Flügelbauten. Man bewundert die gotische Küche, den zu einem Barocksaal verbauten Rundturm in der Südspitze der Anlage, aber noch mehr die frommen Malereien der Dionysiuskirche, die Kapelle der weißen Frau und die Schloßkapelle zum Heiligen Geist. Man staunt über diese Baulust eines einzigen burgherrlichen Geschlechtes, das solchen Aufwand jahrhundertelang aufzubringen vermochte.

Es ist aber schwer, in der Fülle der späteren Um= und Anbauten den ursprünglich gewollten Wehrbauplan nachzuweisen, es würde sich daher lohnen, eine erschöpfende Untersuchung zur Klarstellung der Baugeschichte der Wasserburg Neuhaus durchzuführen.

Die südlich von Neuhaus gelegene böhmische Burg Landstein[83]) erhebt sich auf mäßiger Anhöhe. Die Kernburg ist fünf= bzw. vieleckig im Grundriß gestaltet. 2 mächtige viereckige Türme verstärken die Nordostseite der Burg, zwischen ihnen liegt ein rechteckiger vierstöckiger Bau, vielleicht der ehemalige Pallas. Der nordöstliche Bergfried, dessen Maße 10,5 : 13 m betragen, ragt oben stark beschädigt über die Gebäudegruppe hinaus, der nördliche kleinere Turm ist nur in gleicher Höhe mit Gebäuden er=

[82]) Heber: VI, S. 28. — [83]) Piper: III, S. 117ff.; Heber: VI, S. 118ff.; Weinelt: Probleme schles. Burgenkde S. 10f.

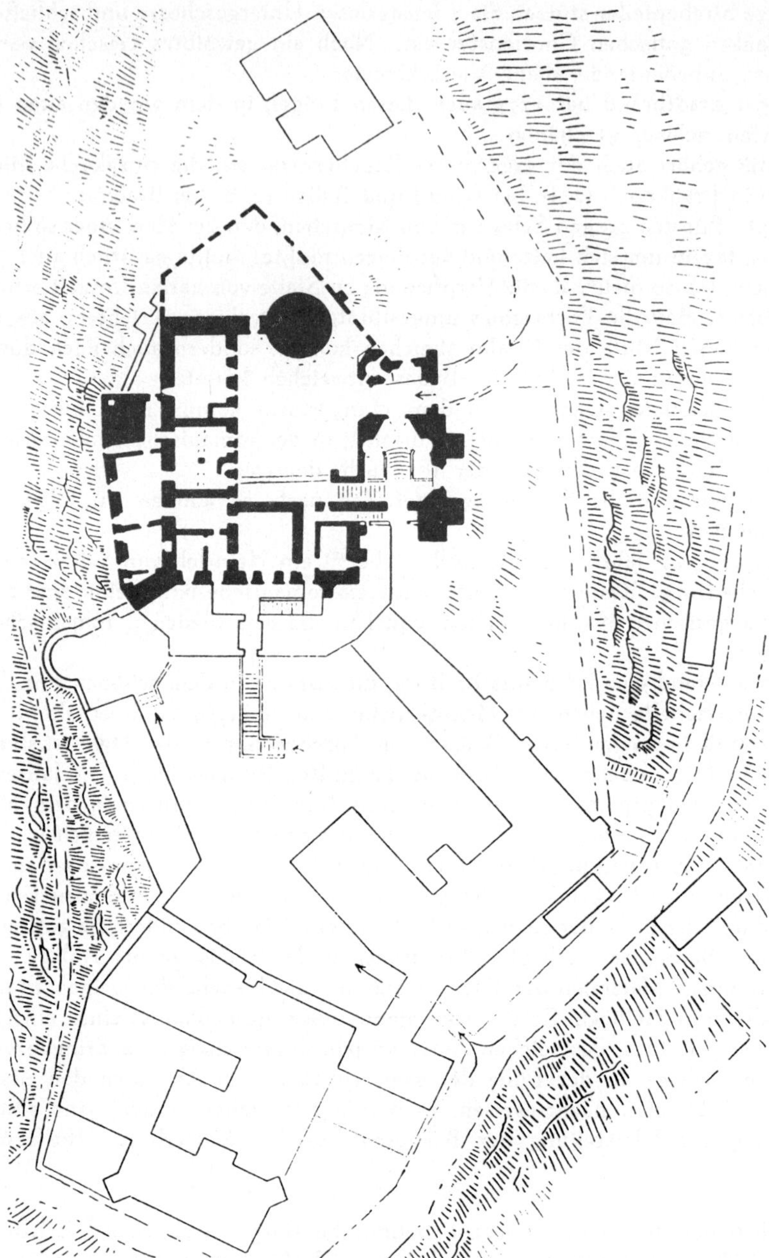

Abb. 485. Burg Sternberg in Mähren. Grundriß 1:1000. B. E. nach Prokop.

halten. Um die Nordost= und Nordseite der inneren Burg läuft ein Zwinger, ein zweiter Zwinger umspannt den ersten und die Ostseite, an der Südwestseite sind sogar 3 Zwinger vorgelegt. Die äußerste Zwingermauer ist im Norden nach innen durch 2 halbrunde und im Südwesten durch 3 halbrunde Türme verstärkt.

Abb. 486. Burgruine Wittinghausen, Südböhmen. Umrisse. B. E. nach Topographie pp. Bez. Kaplitz.

Die erste urkundliche Erwähnung der Burg soll auf 1261 zurückgehen. Die Burg weist in ihrem Bau verschiedene Bauzeiten auf vom Mittelalter bis zu dem späten schloßartigen Wohnflügel.

Ein Brand im Jahre 1771 machte auch diese Burg zur Ruine.

Der Kern der merkwürdigen Sandstein=Gipfelburg Kumburg in Nordböhmen besteht aus einem S=förmig geknickten vielgliedrigen Felsenkamm, der eine dieser Form folgende Gruppe von Burgresten trägt, aus der besonders ein starker quadratischer Wohnturm aus Sandsteinquadern und ein runder Bergfried hervorragen[84]).

Um diesen vermutlich romanischen Kern zieht sich aber schneckenförmig eine doppelte Zwingerreihe, deren innere Mauer unregelmäßige Vorbauten zeigt, die einige Seiten=bestreichung ermöglichen könnten, während die äußerste Mauer dazu nicht weniger als 6 hinten offene, halbrunde, wohl der Hussitenzeit angehörige Mauertürme aufweist.

4 Tore, aus Quadern errichtet, sperrten den Aufgang, das zweite und dritte Tor wurden je von einem der beiden genannten unmittelbar daneben bzw. darüber stehenden großen Türme verteidigt.

Die im Grundriß (aufgenommen von Heber 1843) dargestellte Vereinigung früher viel=eckiger Kernbauten — die dem 13. Jahrh. (nach Heber[85])) den Herren von Wartenberg als Besitzern zugeschrieben werden, später finden wir um 1350 einen Herrn von Kum=burg, dann in hussitischer Zeit die Krussina von Lichtenberg — mit den späteren Zwinger=mauern bieten ein Beispiel geschicktester Anpassung beider Zeit= und Stilformen an den steilen Bauplatz und an die wechselnden Anforderungen der Kriegsführung. Ein male=risches Bild der Kernburgreste bringt Heber nach dem Zustand von 1785 nach einer Zeichnung von F. K. Wolf, gestochen von Jos. Fark.

Die Burgruine Wittingshausen oder Wittigstein[86]) an der südlichen Grenze Böh=mens erhebt sich auf 1032 m hohem Felsen. Der fünfeckige Grundriß mißt etwa 60 m Breite und 80 m Länge. Reste des Pallas von 13,40 : 16,40 m sind erhalten. Im Südosten des Pallas erhebt sich der viereckige Bergfried mit 2,20 m dickem Mauerwerk (Abb. 486).

Die böhmische Burg Sternberg an der Sazawa ist eine langgestreckte unregelmäßige Burganlage ohne weite Außenwerke. Sie entstammt dem 13. Jahrh., erfuhr aber An= und Umbauten im 15. und 17. Jahrh.[87]) (Abb. 485).

Sternberg[87a]) zieht sich auf einem Felsen von Norden nach Süden schmaler werdend hin. Auf der Nordseite steht — heute in gleicher Höhe mit den übrigen Bauten — der mächtige runde Bergfried von etwa 10 m Durchmesser, etwa 5 m aus den übrigen Bauten nach Norden vortretend. Auf der Westseite schließen sich im ersten Stock ein großer

[84]) Heber: Bl. 75, 76 Ans., Bl. 77 Grdr.; ebenda: III, S. 95ff. — [85]) Ebenda S. 105. — [86]) Topogr. d. hist. u. Kunstdenkm. i. Böhmen XLII, S. 472f. — [87]) Topogr. d. hist. u. Kunstdm. i. Kgr. Böhmen XXXV, Bez. Beneschau, S. 259ff.; Heber: I, S. 240ff.; Burgv. u. Ritterschl. II, S. 198ff. — [87a]) Prokop: I, S. 234.

Saal und eine Kapelle an. Auf der Ostseite befindet sich im ersten Stock ebenfalls ein Saal.

Die unregelmäßig dreieckige Johanniterburg Strakonitz an der Wattawa zeigt in der westlichen Breitseite einen runden Bergfried, dem zur Angriffsseite eine Spitze vorgesetzt ist, die über die Ringmauer vorragt. An diesen interessanten Bergfried schließt sich nach Südwesten und Süden ein Wohnbau an, der Beachtung verdient, obgleich er jünger als der Bergfried ist. Nach außen zeigt er 2 reizvolle Erker und in der Mitte der Südseite den spätgotischen vorgebauten Hirschturm mit ebenfalls reizvollen Erkern.

Die Burg Buchlau liegt am Ostrand des Marchgebirges östlich Brünn nahe dem Marchtal auf steilem Berge[88]). Der Hauptburg dient ein aus den weiten Außenwerken aufsteigender Felsenklotz als Bauplatz. Sie steht in dieser Höhe in einem weiten, etwa achteckigen Zwinger — und zwar im Osten und Westen mit 2 quadratischen Türmen (davon einer als Bergfried) —, südlich mit einem langgestreckten und nördlich mit einem dreifach geknickten Flügelbau um einen schief-sechseckigen Innenhof. Die gesamten Außenmauern bilden einen bis zu 2 m starken Mantel um die gesamte Kernburg. Die späten Außenwerke des 16.—18. Jahrh. umfassen im Osten eine tiefe Vorburg, eine weitere, nächst höhere Vorburg mit Wirtschaftsbauten nimmt den Westen und Süden ein. Der schon genannte, hochgelegene Zwinger bildet also die dritte Verteidigungsstufe. Eine mit Schlüsselscharten und Wehrgang ausgestattete Mauer schließt sie ringsum ein. Gewölbte Innenräume und spitzbogige Tore deuten auf gotische Bauzeit, während die beiden Türme älter sein dürften. Der dritte wohnturmartige Turm an der Südostecke hatte früher mehrere gotisch gewölbte Geschosse und hohe Spitzbogenfenster. Hier wird die Burgkapelle gesucht.

Die ganze geschlossene unregelmäßig eckige Gestaltung des Grundrisses der Kernburg, die bei deutschen Burgen sehr häufig erscheint, ist auch unter mährischen Wehrbauten nicht selten.

In Buchlau wird schon 1044 ein Herr von Buchlau genannt, um 1300 soll die Burg durch königliche Kastellane verwaltet worden sein. Ein sehr frühes Dasein einer festen Burg ist also durchaus wahrscheinlich.

Gotischer Zeit scheinen aber doch die Pallasflügel zu sein, hier, wie auch bei den Burgen Göding, Lomnitz, Mürau, Mährisch-Trübau (allerdings mit großen neuen Treppen), altertümlicher wieder bei der rundlich vieleckigen Burg Busau mit ihrem frühen runden Bergfried und starken Strebepfeilern u. a.[89]). Die Erneuerungsbauten auf Burg Busau zu Anfang des 20. Jahrh. haben den mittelalterlichen Grundriß im wesentlichen unberührt gelassen (Abb. 488). Alle diese Burgen zeigen auffallend starke Mantelmauern der Kernburgen, die verhältnismäßig regelmäßige Vielecke sind, und viele ähnliche Strebepfeiler.

Die nur von Osten zugängliche Grenzburg Vöttau[90]) liegt auf der höchsten Stelle einer an den 3 übrigen Seiten schroff zur Thaya abfallenden Bergnase (Abb. 487).

Der unregelmäßig fünfeckigen Kernburg lag nach Westen die innere, von Wirtschaftsbauten umgebene Vorburg, noch weiter westlich eine tiefere und nur aus einem betürmten Maueroval bestehende äußere Vorburg vor.

---

[88]) Piper: VII, S. 12ff.; Prokop: I, S. 223, II, S. 374f., 467f., 546ff.; Mittlg. d. k. k. Centralkommission f. Baudenkm., Neue Folge 1892, Bd. 18, S. 220 Grdr.; Burgv. u. Ritterschl. I, S. 31ff. — [89]) Alle bei Prokop, dessen Grundrisse aber z. T. mit Vorsicht zu benutzen sind, da oft verschiedene Zustände willkürlich dargestellt sind. Für Busau siehe auch Fuchs: Gesch. d. deutschen Ordensbg. u. Herrschaft Busau; Weinelt: Grdr. d. Schönhengster Burgenkde S. 20f. — [90]) Prokop: I, S. 92f., II, S. 378f., 515f.

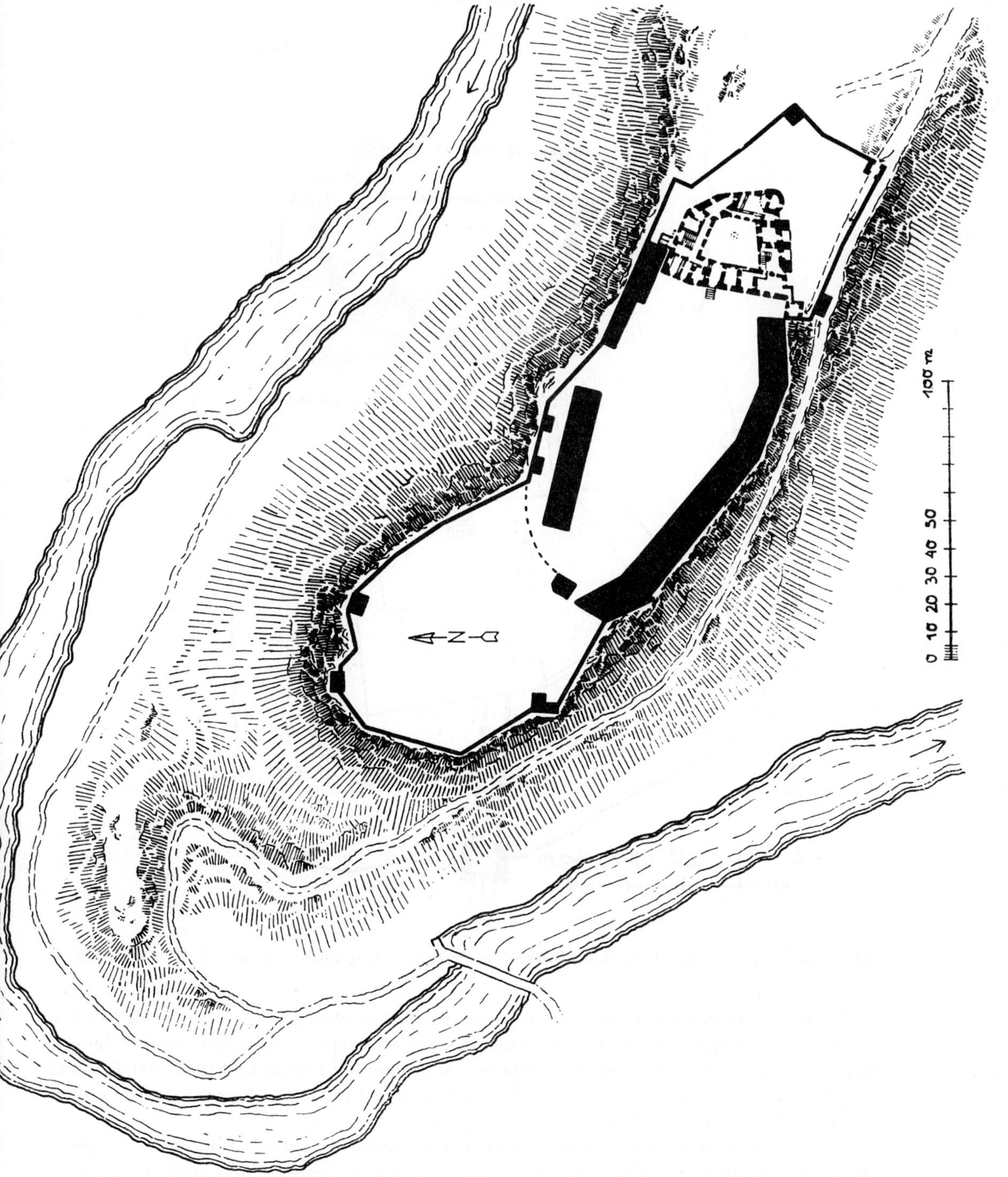

Abb. 487. Grenzburg Vöttau in Mähren.
Gesamtlage einer Höhenburg auf Bergnase. 1:2000. B. E. nach Prokop.

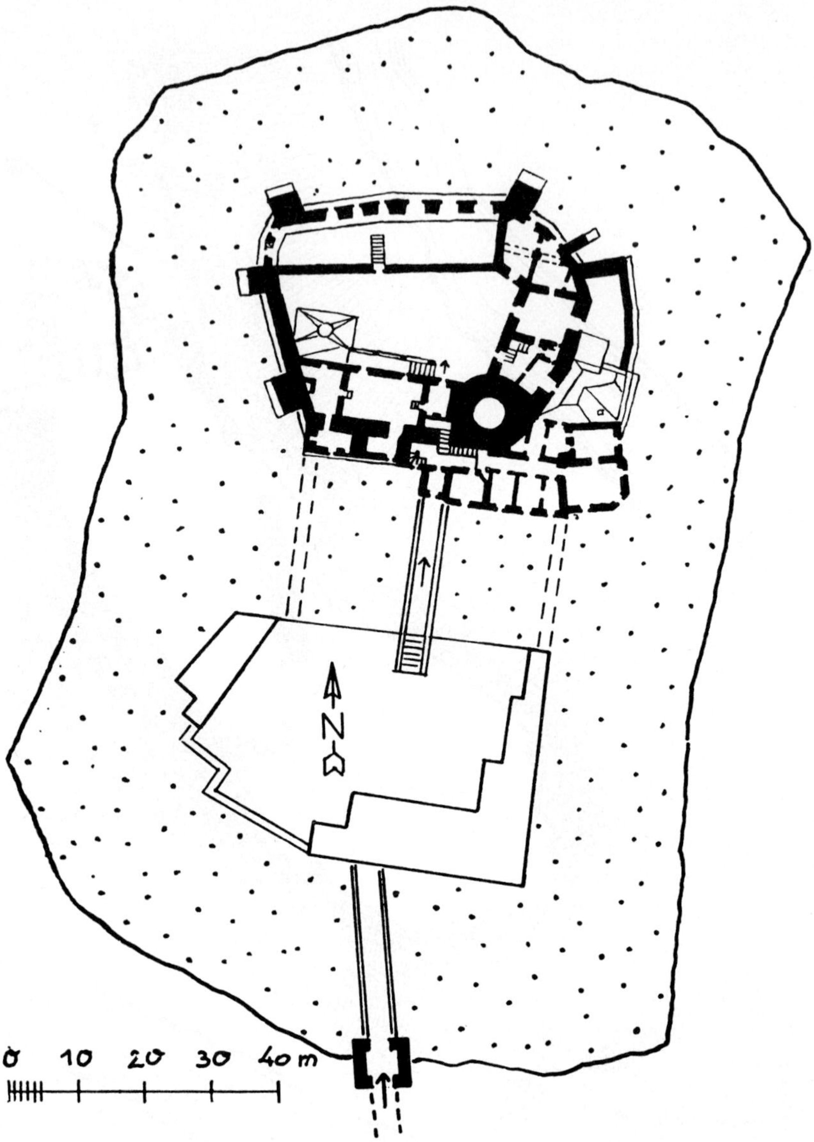

Abb. 488. Deutschritter=Ordensburg Busau in Mähren. Grundriß 1:1000. B. E. nach Prokop.

Alle 3 Teile bilden einen etwa 120 m langen und bis zu etwa 40 m breiten, an den Enden abgerundeten Bezirk, an dem eine bedeutende Fernstraße unmittelbar an der langen Südwestseite vorüber und am Westende tief hinab zur Thayabrücke führt. Schon diese Ausdehnung und die Lage an einer Hauptstraße und Flußbrücke beweist, welch großer Wert strategisch auf die Beherrschung dieses Punktes gelegt wurde.

Die schwere Masse der vierflügelig um einen Mittelhof errichteten Hauptburg ist gegen die Südostangriffsseite gelegt, wo quer über den hohen Berggrat nur noch eine starke Mauer gespannt ist, die einen breiten Torzwinger gegen Südosten abschließt. 2 Türme verstärken die beiden Enden dieser Sperrmauer, sie dienen zugleich als 2 Tortürme, von denen der südliche dazu noch die unmittelbar entlangführende Hauptstraße beherrscht, die bei der Kernburg noch einmal durch einen Tordurchgang gesperrt werden konnte.

Frei neben dem Kernbau an der Südecke steht ein bergfriedartiger, viereckiger Torturm, durch den man durch einen inneren, von Süden nach Norden verlaufenden Burggraben unter der Zugbrücke hindurch ansteigend in die äußere Vorburg gelangen konnte. Die Brücke vermittelte dann den Eingang zur Kernburg, die heute vielfach umgebaut und erneuert ist.

Die Gesamtanordnung ist also ungewöhnlich. Die großen mährischen Burgen, wie Znaim, Frain, Hochwald, Pernstein, auch böhmische, wie Helfenstein in den Sudeten, zeigen die Kernburg gemeinhin am Ende der Vorburgen, sogar hinter Bergfrieden und Burgkapellen, an letztangreifbarer Stelle, während sie hier bei Vöttau an der Angriffsseite liegt. Dabei ist auch Burg Vöttau schon sehr früh, 1052, erwähnt. Die Wendigkeit der Wehrbaumeister richtet sich also nicht nach Schulvorschriften oder Gewohnheiten[91]).

Zornstein liegt am linken Ufer der sie an 3 Seiten umspülenden Thaya auf breitem Bergrücken. Die Burg wird als Weg- und Flußsperre zwischen Frain und Vöttau genannt und ist heute eine vollständige Ruine[92]).

Erwähnt wurde die Burg 1342 und 1349, sie ist aber angeblich früher erbaut. 1465 wurde sie durch einen Sohn des Georg Podiebrad zerstört. Seit 1612 liegt sie vollständig in Trümmern.

Man erreichte auf einer Schneckenlinie durch 5 Tore den innersten Burghof mit 2 Pallasgruppen. Der beherrschende, durch 2 Türme verstärkte Wehrbau liegt höher wie die Burg in der 138 m messenden Gesamtlängsachse der Burg, die Gesamtbreite betrug etwa 80 m.

Höhlenburgen

Oberhalb Bleiswedel[93]) befindet sich die Höhlenburg Altes Haus auf einem mächtigen brüchigen Felsblock. Im Norden und Westen war der Hügel von einem Graben umgeben. Im Südosten an der Steilseite sollen sich ehemals Ringmauern befunden haben. Die Reste der Felsenburg sind gering und mit Gesträuch überwuchert, so daß die Anlage nicht mehr zu erkennen ist.

Die Felsenburg Habichtstein[94]) in der Leitmeritzer Gegend ist ein Sandsteinblock, dessen Ränder oben stark überstehen; er bietet damit dem höheren Kernbau einen äußeren, von unten unzugänglichen Aufstiegschutz. Viele Hohlräume sind noch erhalten, wenig dagegen an aufsteigendem Mauerwerk.

Die Burg Silberstein[95]) westlich von Trautenau im Sudetenland ist ebenfalls zu den Höhlenburgen zu rechnen. Sie liegt auf einem schroffen Sandsteinfelsen und ist so verfallen, daß sie noch schwerlich in ihrer Anlage zu erkennen ist.

Auch Blumstein[96]) ist eine mächtige böhmische Felsen-Höhlenburg, von geringen Mauerresten bekrönt.

Die nordböhmische Burg Bürgstein[97]) im Sudetenland, 354 m ü. d. M. und 60 m über dem Tale gelegen, zeigt ganz besonders eigentümliche und ausgedehnte mehrstöckige Hohlräume in sorgfältiger Arbeit, die leider später zu einer Einsiedelei umgebaut wurden. Zu ihrem Schutze waren im Mittelalter Teiche benutzt, die von Nordwesten betreten werden konnten.

[91]) Burgv. u. Ritterschl. VII, S. 251f. — [92]) Prokop: II, S. 385, Fig. 527, oberflächlicher Lagepl.; Burgv. u. Ritterschl. VII, S. 269ff. — [93]) Heber: Abb. Bl. 1, III, S. 215. — [94]) Burgv. u. Ritterschl. IV, S. 114ff.; Piper: VI, S. 62ff. — [95]) Heber: Abb. Bl. 132 Ans.; ebenda: I, S. 97ff. — [96]) Ebenda Abb., I, Bl. 7 Ans., III, S. 215. — [97]) Piper: I, S. 32ff.; Moschkau: Burg Bürgstein u. Schwoika i. Nordböhmen. Dort ausführl. hist. Beschreibg. Aquarell v. J. Venuto v. 1815 u. 1821 i. Nationalbibl. Wien.

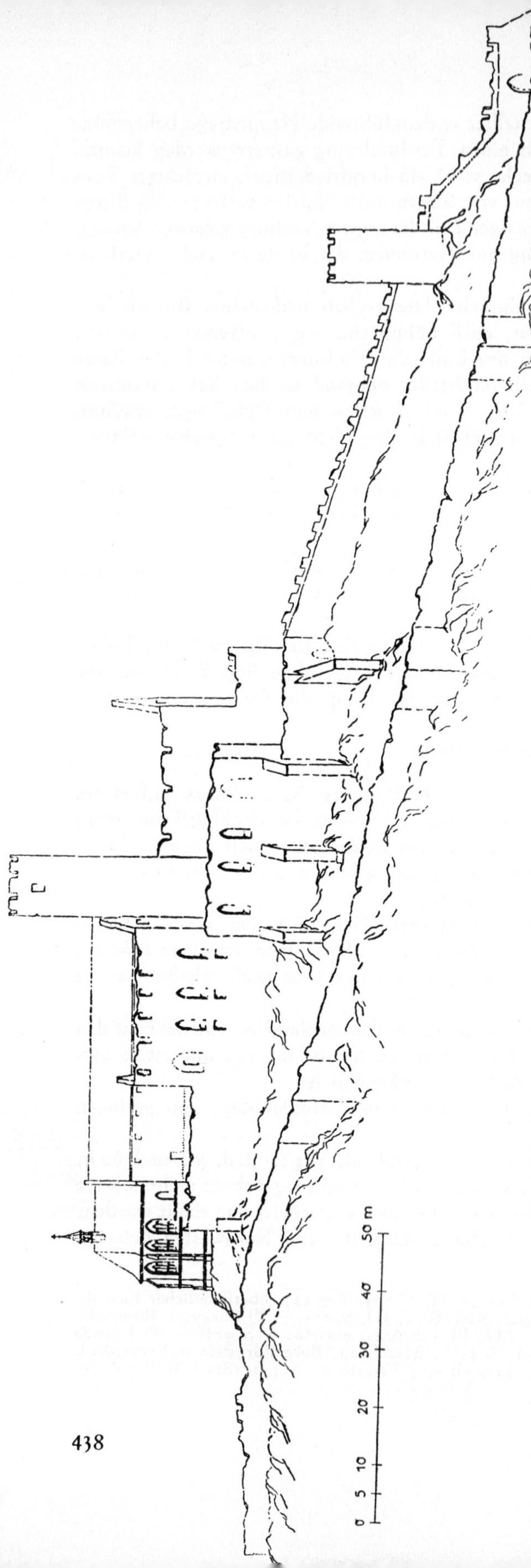

Abb. 489. Ruinen der frühgotischen Höhenburg Bösig. Anischt. B. E. nach Architekt König, Hirschberg.

Benachbart liegt die Felsenburg Schwoika, die wie Burg Bürgstein ins Gestein gehauene Räume enthält[98]).

Langgestreckte zusammengefaßte Burgformen

Zu den langgestreckten frühzusammengefaßten Burgformen gehört Burg Hasenburg[99]) (Taf. 81) südlich von Leitmeritz im Sudetenland auf langem Grat gelegen. Die westlich auf dem höchsten Teil des Rückens erbaute Kernburg scheint eine eiförmige Mantelmauer gehabt zu haben, in der sich Pallasreste und ein viereckiger Bergfried, der sogenannte „weiße Turm", erhoben. Ein zweiter, ganz freistehender, runder, 25 m hoher Bergfried von 9 m Durchmesser, der „schwarze Turm", schützte die Ostspitze des Grates. Die Nordseite des Burggeländes stürzte ziemlich senkrecht ab, die leicht erreichbarere Südseite wurde durch eine unter der Hauptburg liegende Zwingermauer geschützt.

Hervorzuheben ist das schöne Basaltmauerwerk.

Die erstmalig 1357 erwähnte Burg Hammerstein[100]) auf steilem Fels über der Neiße ist im Grundriß ein langgestrecktes Rechteck mit abgerundeten Ekken. Reste der Ringmauer und zweier Rundtürme sind vorhanden.

---

[98]) Moschkau: S. 46ff.; Piper: VIII, S. 198. — [99]) Piper: VII, S. 75ff.; Heber: Abb. Bl. 43 Ans. u. I, S. 149ff. 3 Aquarelle v. Manes 1830 i. Nationalbibl. Wien, gez. u. gest. v. W. Berger; Mittlg. d. k.k. Centralkommission f. Baudm. Bd. 19 bis 20, S. 17 Grdr. — [100]) Topogr. d. hist. u. kunstgesch. Denkm. i. Bez. Reichenberg S. 112; Heber: III, S. 67.

Die Burg Hassenstein[101]), unweit Kösterle und der Schönburg gelegen, ist durch neue Zweckbauten und ver=ständnislose Wiederherstellungen ent=stellt. Der länglich geschlossene Grund=riß ist aber durch seine Grabenanlagen für böhmisch=sudetendeutsche Gebirgs=bauplätze ungewöhnlich.

Aus einem an der Westseite schroff abfallenden, gegen Osten und Norden weniger steil liegenden Boden ist durch einen 10—20 m breiten Graben ein 90 m langer, felsiger Burgplatz mit nördlich etwa 55 m Breite und südlich nur 20 m Breite ausgeschnitten.

Diesen Platz umgibt ein nördlich, öst=lich und südlich nur schmaler Zwinger, den ein eckiger und ein halbrunder Batte=rieturm zur Seitenbestreichung verstärkt.

Dahinter erhebt sich die Kernburg in starker Mantelmauer, während gegen Westen eine Vorburg künstlich durch einen langen, gewölbten, hohen Keller verbreitert liegt.

Für den runden Bergfried ist die Mantelmauer an der Nordwestecke der Kernburg ausgebogen. Der ganze übrige innere Raum der Mantelmauer wird von vielen Einzelbauten und Höfen und Treppen dazwischen eingenommen.

Die großartigen Ruinen der Burg Bösig[102]) erfordern eine besonders ein=gehende Betrachtung, sowohl ihrer Größe und der beherrschenden Lage auf dem Kamme eines gleichnamigen, vereinzelt bis zu 600 m hoch aus flacher Gegend aufsteigenden Berges, als auch wegen ihres wehrbaulichen wichtigen, gotischen Baubestandes, der sich trotz späterer Zerstörungen und Umbauten noch weit=gehend bis heute erhalten hat (Abb. 489, 490, Taf. 76).

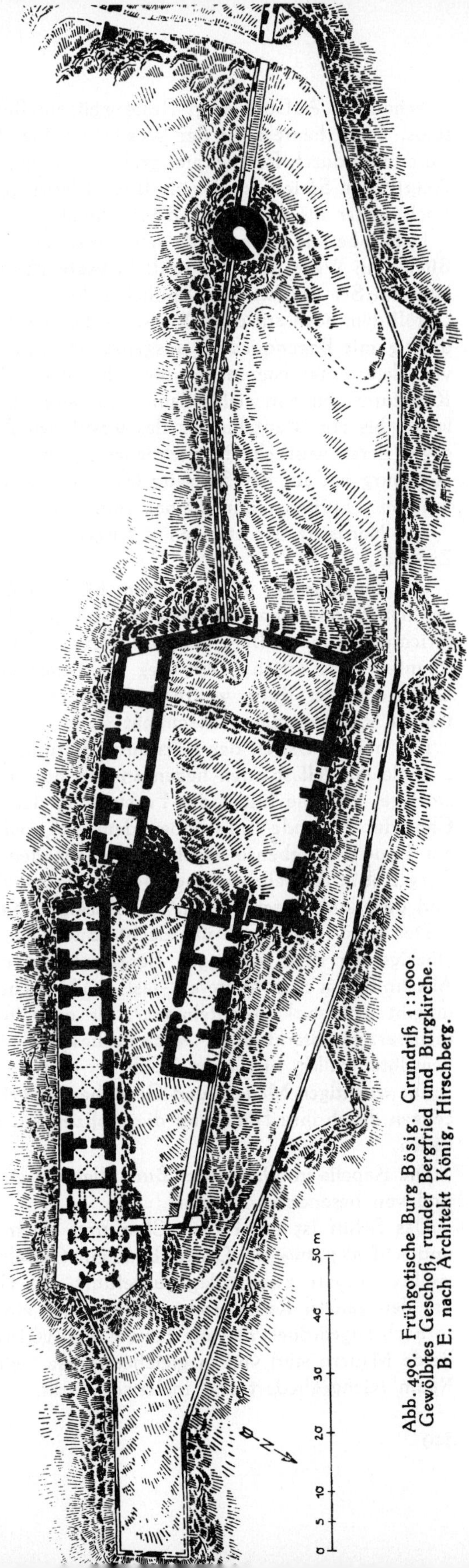

Abb. 490. Frühgotische Burg Bösig. Grundriß 1:1000. Gewölbtes Geschoß, runder Bergfried und Burgkirche. B. E. nach Architekt König, Hirschberg.

[101]) Jentscher: Hassenstein; Piper: VII, S. 80ff.; Karell: I, S. 54ff.; Aquarell v. Manes v. 1814 i. Nationalbibl. Wien. — [102]) Piper: V, S. 1ff; Brantl: Ruine des Berges Bößig; Heber: IV, S. 3ff. Überlassung genauer Pläne und eingehender Darstellung in Handschrift verdanke ich Herrn Architekt König aus Hirschberg am See. Aquarell v. J. Venuto in Nationalbibl. Wien. Sedláček: X, S. 1ff.

Schon der Aufstieg zeigt Reste weit am Berg herab errichteter Mauern großen Maßstabs. Noch heute zieht der Weg von halber Höhe ab, an der Südseite breit über Felsstufen und durch Reste dreier großer gotischer Tore etwa 200 m empor, gegen feindlichen Angriff von Süden durch eine lange Mauer geschützt. Ursprünglich zog sich diese wohl noch weiter bis zum Dorf Bösig hinab.

Heber berichtet um 1846 noch von dortigen Mauerresten. Bald schwingt sich der Blick vom Wege über die sanft bewegte Ebene gegen West, Nord und Ost bis Hirschberg am See und weiter. Endlich nahen wir uns über Basalt und Klingsteinstufen und Geröll dem hoch auf dem Westende des Bergkammes angelegten Vorburgtor. Der breite, dürftig mit Bogenquadern ausgebesserte Spitzbogen öffnet sich im letzten Stück einer viereckgezinnten Kammauer, die sich zunächst bis zu einem starken, geschlossenen unteren Rundturm von 9 m zieht, dann wehrgang= und zinnengekrönt auf der scharfen Kammkante, bis zur Mantelmauer des westlichen Abschnitts der Kernburg hoch emporläuft, gegen deren westliche Mantelmauer sie in der Mitte rechtwinklig anstößt. Die gesamte Kernburg hat auf der Südseite keinerlei Zwinger, sie erhebt sich ähnlich wie die Wartburg in Thüringen unmittelbar vom Felsen.

Die Nordseite der etwa 90 m langen Kernburg dagegen deckt ein etwa 180 m langer Zwinger.

Der Eingangsweg steigt langsam bis zum heute formlosen Tor am schmalen Ostende der hohen gotischen Kernburg an. Sie besteht durch den auf dem höchsten Felsengrat errichteten runden Bergfried von 10,75 m Durchmesser von etwa 30 m Höhe aus 2 getrennten Abschnitten. Der Weg dreht sich voll rückwärts nach Westen in die mittlere Längsachse der Burg, während die schmale Ostspitze der Vorburg in einem unbedeutenden Viereckgemäuer abschließt.

Der höhere Ostteil der Kernburg ist rund 50 : 25 m groß, er läuft östlich schmal zu. 2 ungleiche Pallasbauten liegen an den nördlichen und südlichen Längsseiten, der dreistöckige, südliche bildet die Fortsetzung der zweistöckigen Burgkapelle, deren strenges Chor der Nahende links neben dem Tor malerisch emporragen sieht. Die Anordnung der Kapelle ist ebenso wie bei Burg Vianden oder in der Nürnberger Burg, denen die Burg Bösig an wehrbaulicher Bedeutung nahekommt. Zwischen diesem südlichen Pallas und dem kurzen schmaleren zweistöckigen Nordbau liegt ein schmaler Mittelhof.

Der 50 m lange, noch überdachte Südflügel endet wie der kurze nur 20 m lange zweistöckige vor dem mächtigen Bergfried, der nebst einer Quermauer diesen wichtigsten Abschnitt von dem breiteren, fast quadratischen, 28 : 32 m großen Westteil trennt. Ihn umgibt eine starke Mantelmauer, die quer über den Kamm am Westende fast schildmauerartig verstärkt ist. — Auch in diesem Teil liegt an der Südseite ein schwerer, gotisch gewölbter Pallas, hier ohne Dach.

Die wuchtigen Mauern und Gewölbereste gehören der frühen Gotik an, die Wohnräume zeugen durch ihre Höhe und die großzügigen Abmessungen von einem königlichen Bauwillen.

Die Kapelle im Ostteil der Burg allein ist ein Meisterwerk in Entwurf und Ausführung und von besonderer Eigenart.

Das Schiff ist unter dem Chor und einem anschließenden Kreuzgewölbe sehr hoch und schlank; etwa ein Drittel bzw. ein Gewölbejoch des Raumes ist aber durch eine gewölbte Empore zweistöckig ausgeführt. In Höhe des Emporenbodens führt außerdem um den ganzen Raum und um den Chor ein 1,30—1,50 m breiter Umgang, und zwar so hoch angeordnet, daß die Kirche eine vollständige doppelte Umfassungsmauer erhielt. Beide Mauern sind von in gleicher Achse liegenden Fenstern durchbrochen, so daß der Raum reichgegliedert und malerisch wirkt.

Ruine H a s e n b u r g auf Bergkamm, südwestlich Leitmeritz, Böhmen

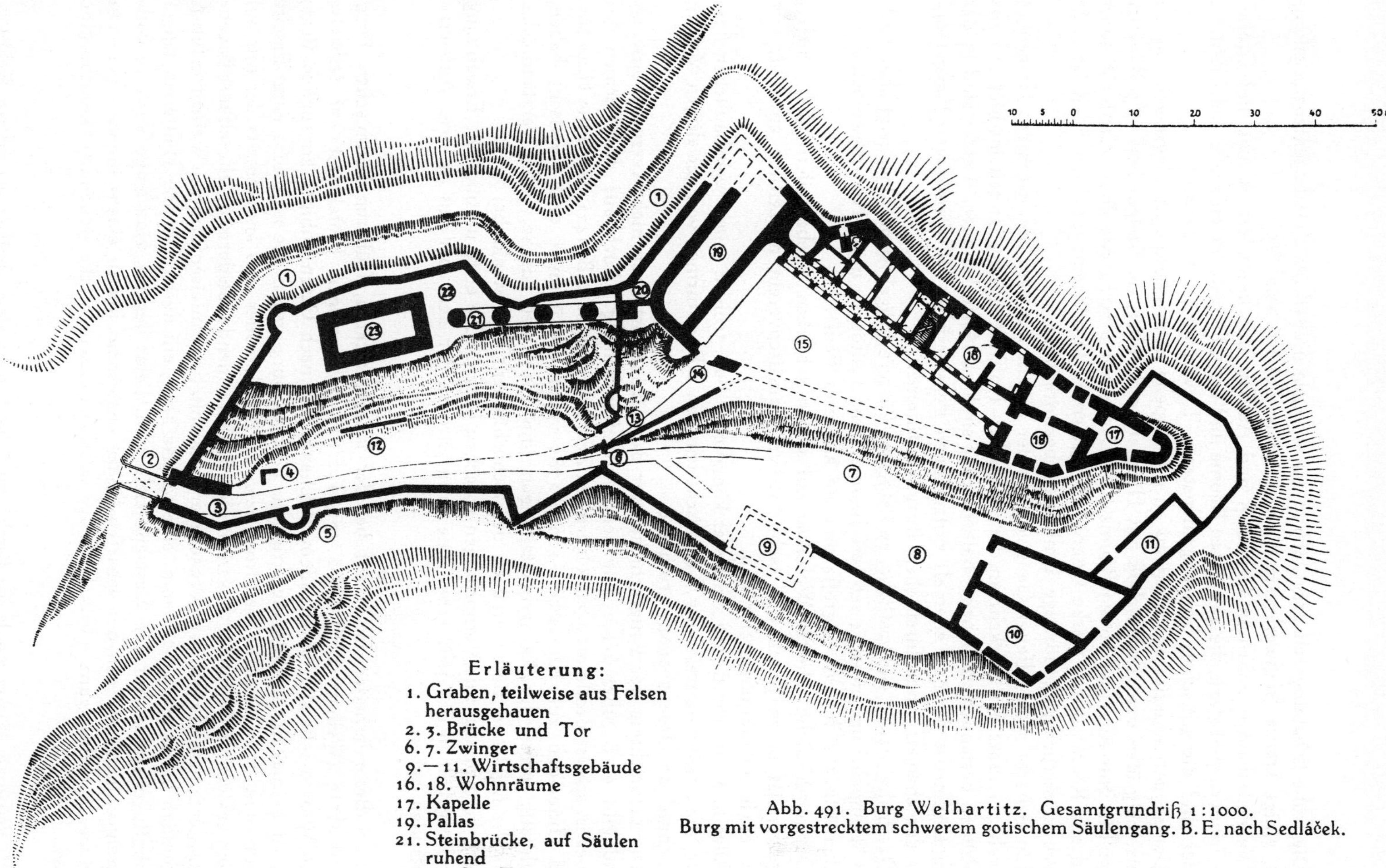

Erläuterung:
1. Graben, teilweise aus Felsen herausgehauen
2. 3. Brücke und Tor
6. 7. Zwinger
9.—11. Wirtschaftsgebäude
16. 18. Wohnräume
17. Kapelle
19. Pallas
21. Steinbrücke, auf Säulen ruhend
23. großer Turm

Abb. 491. Burg Welhartitz. Gesamtgrundriß 1:1000.
Burg mit vorgestrecktem schwerem gotischem Säulengang. B. E. nach Sedláček.

Die frühe Erbauungszeit prägt sich in der strengen dreiteiligen Spitzbogenfensterteilung aus, einige krause Maßwerkreste könnten späte Zutaten sein[103]).

Die Pallasbauten haben in Grundriß und Aufbau eine besondere Wucht und Größe. Die Mauern sind stark, die gewölbten Räume und Gewölbereste bieten große, hohe Räume, leider sind die gotischen Spitzbogenfenster z. T. verbaut, z. T. zerstört.

Der an der Südseite anschließend an die Kapelle noch überdachte Hauptwohnbau ist dreistöckig über dem Erdgeschoß mit Holzbalken darüber, im Saalgeschoß in 7 Räumen gewölbt. Nur einer der hohen Räume ist saalartig mit 2 Kreuzgewölben überdeckt, sonst sind alle Räume durch starke Querwände getrennt. Die Wucht und Schönheit ist z. T. durch klösterliche, notdürftige Umbauten beeinträchtigt.

Ein späterer, wohl offener Gang, der an der Kirche aus dem Steinwerk des Umganges besteht, erlaubte den Verkehr an der nördlichen Hofseite entlang, er scheint hier nur aus Holzwerk bestanden zu haben. Balkenlöcher sind im Hof erkennbar. Leider sind in der Hauptsüdmauer die nun ehemals spitzbogigen Fenster beim behelfsmäßigen Klosterausbau der ehemals landesfürstlichen Burg verstümmelt.

Der frühe, starke, südwestliche, zweistöckige kürzere Flügel ist dachlos, zeigt aber noch den Westgiebel und innen 4 schwere Räume, einer saalförmig mit 2 Kreuzgewölben. Gen Süden öffnen sich noch 3 große und ein kleineres Fenster.

Der nordöstliche schwere Wohnbau mit seinen 3 starken Strebepfeilern und 3 hohen Fenstern ist innen durch den tschechischen Touristenverein neuzeitlich entstellt, war aber auch ein monumentaler Bau.

Alles in allem war Bösig ein fester königlicher Bau, früh in seiner wehrbaulichen Fassung, ohne Seitenbestreichung, beherrscht von den 2 Rundtürmen von gewaltigen Maßen, manchmal an Ordensbauten erinnernd.

Die Erforschung der Baugeschichte der Burg Bösig ist noch nicht versucht, anscheinend gibt es darüber keine eingehende Veröffentlichung. Auch aus den Formen des Baues ist schwer Bestimmtes zu folgern, da Zerstörungen, so z. B. 1421 durch die Hussiten, und Umbauten zur Klosterzeit 1661—1785 vieles verstümmelt und verwischt haben. Wohltätig waren die Wiederherstellungen (um 1913) der Kirche, völlig verständnislos aber die häßlichen Betonversuche des tschechischen Touristenklubs.

Wir können also nur Vermutungen sprechen lassen. Die erste urkundliche Erwähnung der Burg fällt in das Jahr 1185. Die Burg wird zu der Zeit aber nur in ihren Anfängen bestanden haben.

Zwei Besonderheiten fallen auf bei der langgestreckten, früheren böhmischen Burg Welhartic (Welhartitz)[104]) (Abb. 491, Taf. 82) im heutigen Protektorat auf teilweise nach Westen sehr steil abfallendem Felshang, der nach Osten ruhiger zugänglich liegt; das ist einmal der schildmauerartig die höchste Burg gegen die nördliche Angriffsseite schützende, sehr längliche Bergfried bzw. die Schildmauer und andererseits der nur auf einem eckigen Pfeiler und 4 dicken runden Säulen ruhende, beiderseitig angreifbare Bogengang, der zum nordwestlich gelegenen starken Wohn- bzw. hufeisenförmigen Wehrturm führt.

Südlich bildet der hohe Kamm eine scharfe Nase, auf deren östlicher Hälfte ein langer Wohnflügel steht. Auf der Westseite zieht sich, tiefer liegend, eine lange Vorburg vollständig entlang, die von der scharfen Spitze ansteigend bis zu einem inneren Tor vom Zwinger und dem ganz nördlich an der westlichen Zwingerecke stehenden Hauptburgtor führt.

---

[103]) Von Arch. Walker wurde die Kirche durch die kunstsinnigen Besitzer der Grafen Waldstein von etwa 1913 ab feinsinnig wiederhergestellt. — [104]) Heber: Abb. Bl. 146, 147, 149 Ans.; Bl. 148 Grdr., VI, S. 213ff.; Piper: I, S. 232ff.

Die Angriffsseite wird dann abermals nördlich durch einen mehrfach gekrümmten langen Halsgraben noch besonders gesichert.

Bogengänge zu einzeln vorgestreckten Türmen sehen wir z. B. auch bei der siebenbürgischen Burg Vajda Hunyad[105]), aber auch bei Ordensburgen, z. B. bei der Ordensburg Marienwerder[106]).

Abb. 492. Burg Malenowitz in Mähren. Außenumrisse. B. E. nach Prokop.

Auf einer Bergnase, einem Tonschieferfelsen, umflossen vom Flusse Mies und dem Plešnicer Bach, streckt sich die ernste schwere Mantelmauer(?)burg Buben geschlossen vor[107]). Die Bergnase wird vorn breiter und zeigt dort als westliche kurze Front der Kernburg Reste des Pallas, um diese zieht an 2 Seiten ein breiter Zwinger, darunter läuft ein Wall und Graben, aus dem Felsabhang gehauen, abermals tiefer finden sich Reste eines ähnlichen.

Der Hof der obersten Kernburg selbst wird erst von Südosten über einen Halsgraben, dann durch 4 Tore erreicht. Ganz am Ende des Hofes ist noch wieder der Rest eines Quergrabens vor dem Pallas angelegt.

Der Grundriß nach Heber zeigt rein mittelalterliche Gestaltung ohne Seitenbestreichungsversuche bis auf einen Mauerturm am Ostanfang des oberen Zwingers. Der Bau könnte ebenso im Reich bzw. in Mitteldeutschland errichtet sein.

Als mährisches Beispiel einer langgestreckten frühgeschlossenen Grundrißform nennen wir die Burg Alt-Titschein[108]). Zwischen dem Grundriß der weit im Nordosten Mährens liegenden Burg und den Grundrissen der ebenfalls mährischen Burgen Hochwald oder Helfenstein und Pernstein ist ein auffallender Unterschied festzustellen.

Die Alt-Titscheiner Burg liegt auch auf steilem, kahlem Bergkegel eines nördlichen Ausläufers der Karpaten. Der geschlossene Kern allein ist 100 m lang. Er besteht aus einer langen Mantelmauer, die einen fast ebenso langen Wohn- oder Wirtschaftsflügel und einen Hof davor, zusammen rund 20 m breit, umgibt. Etwa 37 m lang zeigt der Burgkern einen zweiten kürzeren Parallelflügel von etwa gleicher Breite wie der lange Flügel. Quer verbindet beide, indem er zugleich den Hof abschließt, ein etwa 27 m langer, 14 m tiefer Pallasrest.

Ein schmaler Zwinger umgibt diesen Kern. Ihm ist an dem breiteren Ende später eine weitere Vorburg mit Torturm angefügt. Im spitzeren Ende stehen die Reste eines großen Rundturmes (Bergfriedes). Hier ist in dem ganz schmalen Fels eine tiefe, 19 m breite Schlucht als Halsgraben eingehauen, jenseits streckt sich noch ein ganz schmales Werk vor, das mit dem Rundturm durch eine Brücke verbunden war.

Die Burg wird bereits 1201 genannt und könnte, der geschlossenen Anlage nach, gut als frühe Form betrachtet werden, man müßte dabei allerdings die vielen gleichgroßen Fensteröffnungen als spätere Zutat bzw. Veränderung annehmen. Nach Weinelt[109]) soll

[105]) Siehe Abschnitte „Siebenbürgen". — [106]) Vgl. Ordensburgen I; B. Ebh.: Der Wehrb. Europas i. Mittelalter S. 478ff. — [107]) Heber: Abb. Bl. 12, 13, Ans.; Bl. 14 Grdr. VI, S. 281f. Schmidt: Bg. Westböhmens S. 5ff. — [108]) Prokop: I, S. 238f. mit Grundriß. — [109]) Weinelt: Burgengeographie Nordmährens u. Sudentenschles. S. 11.

die Burg, die an der „Bernsteinstraße" nach Polen liegt, nach den Mongoleneinfällen 1241 erbaut worden sein. Als sicher bezeugt führt Weinelt das Jahr 1278 an. Der seit 1620 verfallenden Burg fehlt die vielgegliederte Form und Teilung der späteren Großburgen.

Die wahrscheinlich um 1400 erbaute Burg Malenowitz östlich von Brünn nennt Prokop[110]) wegen ihrer langgestreckten, völlig in einer hohen Mantelmauer fest zusammengeschlossenen Form eine deutsche Erscheinung (Abb. 492).

Der Grundriß zeigt etwa 10 regelmäßige Räume in den beiden langen, bis 10 m tiefen Flügeln und Mauerstärken von über 2 m um den 7 m breiten und 35 m langen gradlinigen Hof. Leider leidet der burgliche Eindruck unter den (später) eingebrochenen viereckigen Fenstern und dem Mangel an Zinnen. Ein tiefer, 15 m breiter Graben trennt den Torturm der Kernburg von dem noch gotischen Brückenkopf.

Langgestreckte vielteilige Burgformen

Hauptsächlich in Mähren findet sich die Gruppe der langgestreckten, späten und vielgeteilten Burgformen. Im Gebiet der oberen Thaya sind Raabs, Vöttau, Frain und Znaim u. a. zu nennen, in der Marchgegend Helfenstein, Mährisch-Trübau, Mährisch-Aussee usw.

Einige der wenigen böhmischen Burgen der langgestreckten Grundrißform ist die Burg Riesenburg[111]), nach der sich schon früher die Deutschen von Riesenburg nannten; sie hat einen rechteckigen, wohnturmartigen Bergfried, einen zweiten quadratischen Turm

Abb. 493. Stadt und Burg Znaim in Mähren.
Ansicht nach Braun und Hogenberg. Zustand im Jahre 1617.

---

110) Prokop: II, S. 372f. — 111) Mittlg. d. k. k. Centralkommission f. Baudm. Bd. 19/20, S. 13 Grdr.; Piper: III, S. 174ff.; Grunert: Ossegg u. Umgebg. S. 22, 283; Karell: I, S. 78f. Aquarellv. J. Venuto nach Wolf v. 1820 i. Nationalbibl. Wien.

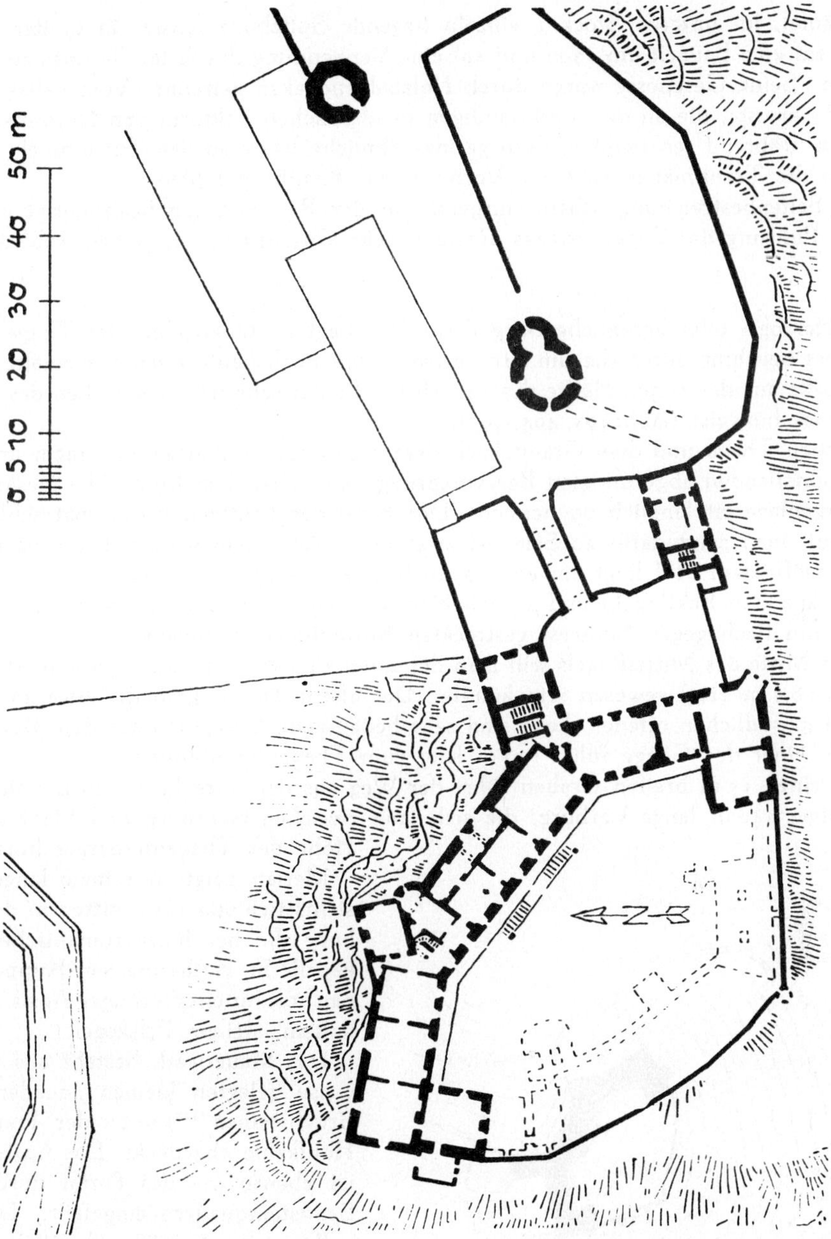

Abb. 494. Burg Znaim in Mähren. Grundriß 1:1000. B. E. nach Prokop.

zwischen Vorburg und Kernburg und 2 innen einzeln stehende Rundtürme, der südöstliche davon ist ein weiterer, hier runder Bergfried.

Die Ruine liegt 561 m hoch, eine Stunde von dem bekannten im Tal liegenden Kloster Ossegg im böhmischen Erzgebirge entfernt. Ein weiter unregelmäßiger Zwinger über 180 m lang umfaßt den Bergfried, nordwestlich davon liegt eine rechteckige Vorburg, daran anschließend die unregelmäßig dreieckige Kernburg mit den 3 übrigen Türmen, endlich 3 nördliche gestufte, sehr schmale Außenzwinger. Im eckigen Wohnturm deuten im ersten Stock ein Zweilichtfenster mit frühgotischem Spitzbogen und (heute fehlender

Mittelsäule), im unteren Stock 2 einzeln liegende Spitzbogenfenster in breiter innerer Nische auf eine Bauzeit um 1300 und auf eine Verwendung des festen Turmes zu Wohn=zwecken. Seine Geschosse waren durch Holzbalkendecken getrennt. Vom Pallas zeugen noch Mauerreste, die an den starkwandigen quadratischen Eckturm von Nordwesten her anstoßen, während rechtwinklig dazu geringe ähnliche Reste an den Turm anlehnen und zugleich die Trennmauer zwischen Vorburg und Kernburg bilden.

Eine Seitenbestreichung scheint nirgends an der Riesenburg beabsichtigt zu sein, nur die Führung des Zugangsweges dürfte zwecks Verteidigung desselben wohl überlegt sein.

Die Herzogs= oder königliche Burg Znaim[112]) liegt im Quellgebiet der Thaya, sie ist besonders berühmt durch die um 1100 erbaute und noch heute reich ausgemalte, runde Pfalzkapelle aus der ersten Hälfte des 12. Jahrh., die auf sehr frühes Bestehen des großen Wehrbaues hinweist (Abb. 493, 494, 495).

Zwischen Thaya und dem Granitzbach liegt die gewaltige Anlage auf einem dreiseitig schroff abfallenden abgerundeten Bergvorsprung 75 m über dem Fluß. Die Gesamtform der Burganlage ist länglich zu nennen. Der Kern der heutigen Burg, spät schloßartig umgebaut, man zeigt darin 20 Säle, ist zwar oval. An einem weiten, heute nach Süd=westen geöffnetem Hof liegt ein etwa 85 m weit aufgeklappter Hufeisenbau aus 2 nach innen geknickten Eckflügeln und 2 nach Nordwest und nach Südost gestreckten Schloß=flügeln und flach gegen Südwest gestreckten Mittelflügeln bestehend.

In der Mitte des Mittelflügels will man den alten Pallasbau erkennen, dessen Saal dann etwa 28 : 8,5 m groß gewesen sein könnte. Der offene Hof mißt heute etwa 40 : 60 m. Unter dem südlichen offenen Teile sind sehr bedeutende Gänge (?) aus dem Burgfelsen gehauen, einer der Gänge führt 120 m lang zum Thayaufer hinunter.

Über einen 15 m breiten Graben führt der Weg aus der Burg hinaus in die auch hier weitläufige, 140 m lange Vorburg, die sich lang zwischen Kernburg und Stadt auf der Höhe des Thayauferberges hinzieht.

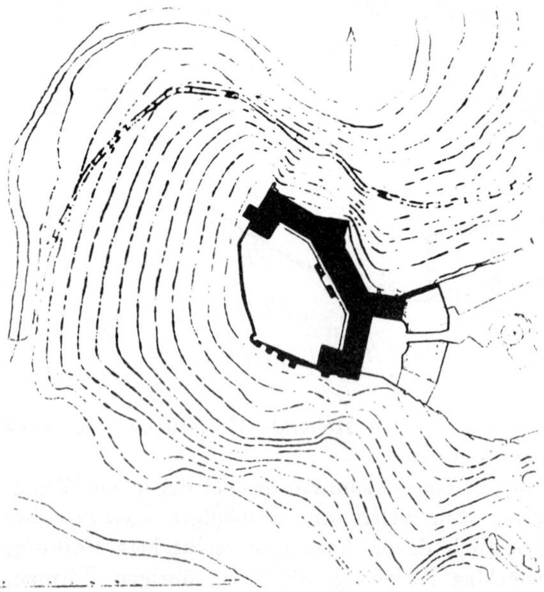

Abb. 495. Burg Znaim.
Lageplan der Kernburg 1:3000. B. E. nach Prokop.

Merian zeigt in seinem langen An=sichtsstich von 1650 mitten in der Vor=burg die berühmte romanische Pfalz=kapelle St. Katharina, ein Kuppelrund=bau mit hufeisenförmiger Apsis auf 6 m hohem, steilem Felskegel.

Das Mauerwerk besteht aus reihen=weise gelegten kleinen „quaderartigen Bruchsteinen"[113]) unter der Traufe mit Hohlkehle abgedeckt. Das Apsisfenster ist ebenso wie das Portal durch rote Sandsteinquadern eingefaßt. Die Ka=pelle ist innen 6,88 m breit und reich mit Fresken geschmückt aus dem An=fang des 13. Jahrh.

Ein mächtiger, achteckiger Turm, über 30 m hoch, der den Zugang von

[112]) Prokop: I, S. 76, Fig. 114 Lagpl., S. 52, Fig. 87 Grdr., S. 216ff.; Burgv. u. Ritterschl. V, S. 174f. — [113]) Graf Salm=Reifferscheidt: Burgw. 1936, S. 63f.

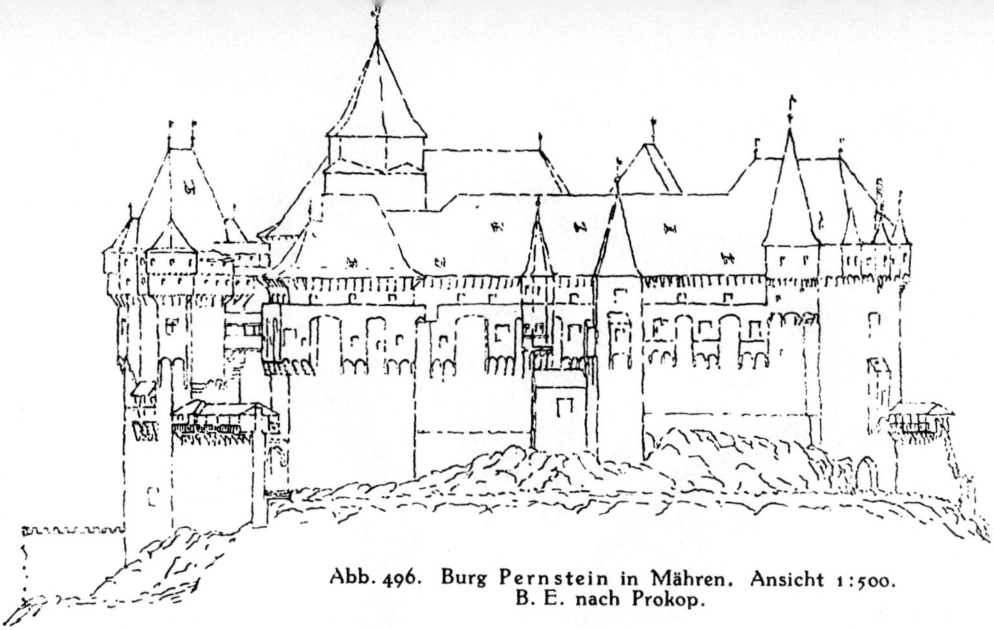

Abb. 496. Burg Pernstein in Mähren. Ansicht 1:500.
B. E. nach Prokop.

der östlich gelegenen Stadt her verteidigte, stürzte 1892 ein, ein unersetzlicher Verlust für die Stadt Znaim[114]).

Ein wunderbares Bild großartigster Burg= und Schloßbaukunst bietet die glänzende Baugrube der hochbarock umgebauten Burg zu Frain.

Schon die 280 m langgestreckte schmale Baustelle auf senkrechten Felshöhen hoch über dem Wasser der Thaya mit weitem Blick auf die Ebene und durch eine fast über 60 m lange Brücke[115]) über den breiten Halsgraben von der gleichnamigen Stadt herrisch abgetrennt, kennzeichnet den ritterlichen Sinn des ersten Erbauers aus, des Herzogs von Frain, Luitpold (1093—99). 44 Jahre, 1183—1227, besaßen die Johanniter die Burg, aber erst 1227 wird die Burg zum erstenmal urkundlich als befestigt erwähnt[116]).

Uns berühren vor allem die wehrbaulichen Reste. Erhalten ist ein Bergfried, am Haupt=tor der Burg aufgerichtet, wohl nicht ohne die Absicht, den Zugang zu überschauen und zu beherrschen. Ein zweiter, ebenfalls viereckiger Bergfried steht hinter einem ehemals gewesenen Quergraben, an ähnlicher Stelle befindet sich auch ein dritter viereckiger Turm weit östlich am anderen Schloßende in der Nordmauer, eine gotische Burgkapelle, und vor allem die die weniger steil gelegene Südseite der Burg in voller Länge umziehende Ring=mauer, mit mehr als 7 viereckigen, hinten offenen Mauertürmen zur Seitenbestreichung ganz offenbar wohlüberlegt bestimmt, zeugt von der durchaus burglichen Anlage. Diese in Böhmen und Mähren so selten erhaltene Wehre deutet, wie Prokop wohl richtig an=nimmt, auf die Johanniter als Baumeister, also auf romanische Kunst.

Die großartige Wirkung der Baumassen der Burg Pernstein in Mähren rührt her aus der allmählichen Gestaltung der Baugruppe in verschiedenen Bauzeiten. Prokop versucht 11 Abschnitte nachzuweisen, die er alle an der Kernburg erkennen will[117]).

Betrachten wir zunächst die Gesamtanlage: Der Bauplatz ist ein großer Bergausläufer, dessen breite, dem Tal zugewendete Spitze, die im Grundriß mit ihren Zwingern von Westen nach Osten ein flaches Dreieck von 100 m Höhe und 170 m Breite bildet, in dessen

---

[114]) Prokop: I, S. 77 Anm. 1: Durch fahrlässige Arbeiten in der Nähe. — [115]) Derselbe: I, S. 49, Fig. 78 Lagepl. — [116]) Derselbe: I, S. 226. — [117]) Prokop: I, S. 101, Fig. 148 Grdr. mit Legende; I, S. 230ff.; II, S. 379f., 523ff.; Piper: VI, S. 159ff.; Mittlg. d. k.k. Centralkommission f. Baudm. 1862 Bd. 7, S. 215 Grdr.; Burgv. u. Ritterschl. II, S. 191f.

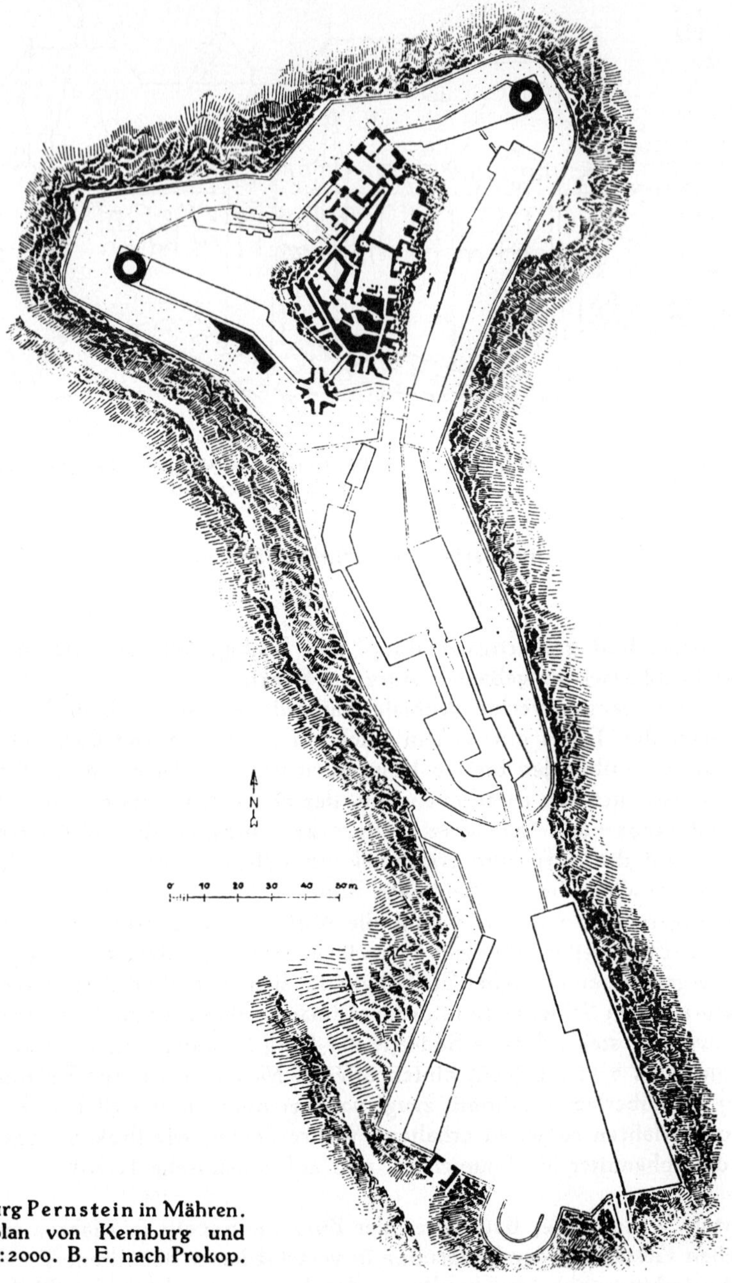

Abb. 497. Burg Pernstein in Mähren. Gesamtlageplan von Kernburg und Vorburgen 1:2000. B. E. nach Prokop.

Mitte die Hochburg fast quer von Norden nach Süden steht. Der nach Süden weit vorspringende Teil des Bergkammes wird durch eine 130 m lange, schmale und eine ebenso 130 m lange, wieder etwas breiter werdende äußerste Vorburg verteidigt, so daß die ganze Länge der Burg etwa 400 m beträgt. 4 Gräben durchschneiden zwischen und vor den einzelnen Burgteilen den Bergkamm (Abb. 496, 497, Taf. 79).

Der Haupteingang führt durch einen Torturm und neben einem hufeisenförmigen Batterieturm (des 16. Jahrh.) über einen äußersten Graben (?), sodann durch die lange äußerste Vorburg zum zweiten Graben, hinter dem ein zweites, sehr starkes Torbollwerk steht, durch das die dritte Grabenbrücke erreicht wird.

Durch den Wirtschaftshof der zweiten Vorburg gelangen wir an den Ringgraben, der die dreieckige Hauptburg und ihre Zwinger rings umgibt.

Über die vierte Zugbrücke und durch einen Torbau betreten wir den Zwinger, der den letzten hohen Kernbau umgibt und in dem die Auffahrt um den Felsenbau verläuft. Links stand zunächst der alte runde Bergfried, ursprünglich frei mit scharfer Eckkante gegen die Angriffsseite, jetzt völlig umbaut im Keller von starker Mantelmauer, oben von Stockwerken mit zahlreichen Zinnen. Daran schließt sich im ersten Stock gegen Südwesten in einem langen Flügel zunächst ein Festsaal, dann der 9,60 m breite und 18,20 m lange Rittersaal.

Die Südecke des Kernbaues bildet ein außen 11,5 m breiter und 18,5 m langer Pallasbau des frühen 16. Jahrh., der ebenerdig einen Saal und darüber 2 Stock Wohnräume enthält. Ein Wehrganggeschoß mit Wehrtürmchen und steilem Dach bekrönt den schlanken Bau. Unten führt durch das Kellergeschoß die Auffahrt. Die Südseite nehmen am Ende weitere Wohnbauten, gleichhoch mit dem Eckpallas ein. Zwischen diesem und dem erwähnten Pallas steht ein viereckiger Turm, der ins 13. Jahrh. gesetzt wird. Nur eine Brücke verbindet hoch oben das Hauptgeschoß mit einem nordöstlich frei neben dem Kernbau stehenden Wohnturm.

Rings um die vielgegliederte Gruppe zieht sich oben in verschiedener Höhe ein Wehrgang, unten dreieckig starke, niedere Zwingeraußenmauern. Einzigartig wirksam und ohnegleichen ist die Gliederung der Mantel- und Pallasmauern! Nicht weniger als etwa 25 Erker zeigt Burg Pernstein. Alle sind einheitlich, wenn auch verschieden groß gebildet, alle durch schöne Kragsteine getragen, die an einem größeren Wappenerker zu schönster künstlerischer Ausführung gekommen sind und in edlem bodenständigem Marmor die höchste Pracht entwickeln.

Die Bauzeit der Burg dauert vom 12. Jahrh. (der runde Bergfried) durch das 13. (der zweite viereckige, eingebaute Turm am gotischen Pallas) bis über das baulich weitreichendste 15. Jahrh. und in die Frührenaissance hinein. Der Grundeindruck ist gotisch, z. T. spätgotisch, trotz aller Gliederung festgeschlossen. Die prachtvolle Kernburg wirkt durchaus mittelalterlich trotzig, doch fällt auf, daß die übrigen Befestigungen nicht sehr planmäßig durchgebildet sind. Die geringe Bemühung, die beiden Vorburgen für äußerste Ernstfälle zu befestigen, muß schon auffallen. Nennenswert sind dort nur die 2 hufeisenförmig gebildeten Batterien an der nördlichen Angriffsseite der ersten Bastion und hinter dem zweiten Graben bzw. in diesem errichtet. Die zweite ist noch mit Wehrgängen gedeckt und im Inneren mehr ausgebildet. Beide sind nur in Richtung des Bergkammes gegen die Abhänge bzw. kurz rechts und links wirksam.

Den langen Flanken aber der beiden Vorburgen fehlt jede Seitenbestreichung durch vorgebaute hufeisenförmige Halbrundtürme. Man sah anscheinend die steilen Abhänge als genügende Sicherheit (?) an.

Aber auch die Kernburg bzw. die dreieckigen Zwingermauern zeigen Türme, die wenig der Seitenbestreichung dienen können, so stark sie an sich sein mögen.

In sozialer Hinsicht war ein solcher Bau nur in einem rassisch sehr gespaltenen Grenzlande durchführbar.

Künstlerisch und großräumig als ein glänzender Herrensitz eines überreichen Geschlechtes ist die Burg dagegen mehr wie viele andere; ein Wunder hat sie, wie so erstaunlich viele böhmische und vor allem mährische Burgen, vielmehr Riesenburgschlösser, in sehr beachtlichem Zustand erhalten. Die gotische Vielgliederung der Kernburg erinnert von fern an die Albrechtsburg in Meißen, auch Burgen wie Kunstadt, auch ein späterer

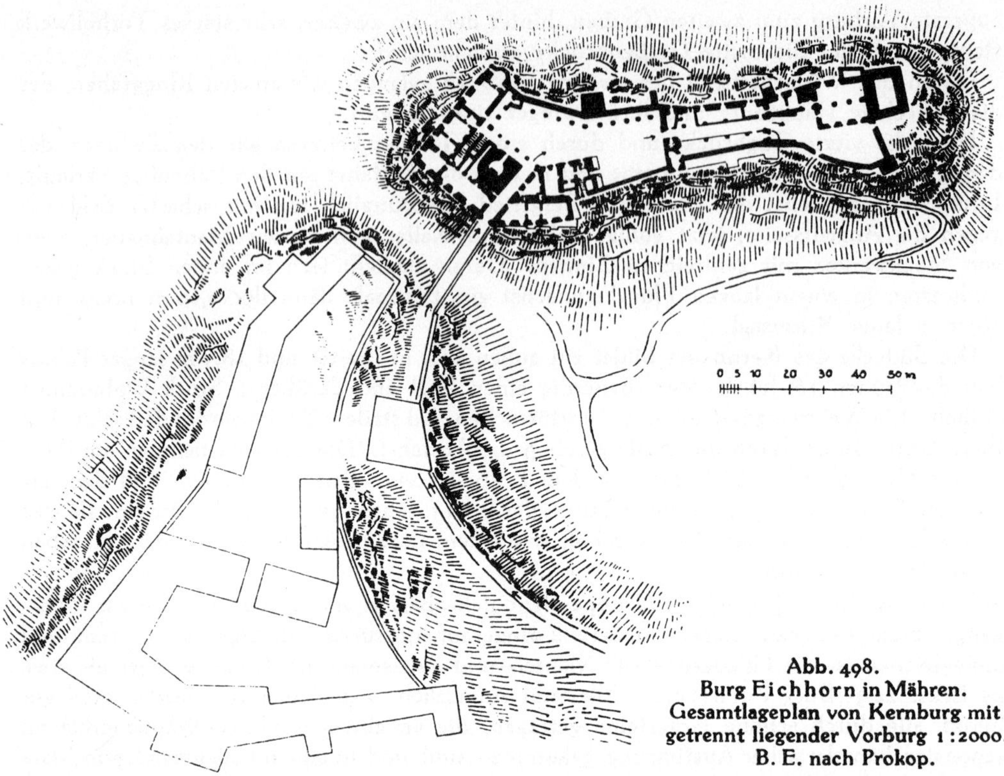

Abb. 498.
Burg Eichhorn in Mähren.
Gesamtlageplan von Kernburg mit getrennt liegender Vorburg 1 : 2000.
B. E. nach Prokop.

Kern wie in den Burgen Mährisch-Trübau, Buchlau und Sternberg zeigen entfernte Ähnlichkeiten. Keine kann freilich der Eigenart, Größe und hochstrebenden Form der Burg Pernstein nahekommen.

Die in der Nähe gelegene Burg Eichhorn, auf erheblicher Höhe westlich von Brünn an der Schwarzawa, die mit einem Bach Wewerka den Fuß des Burgfelsens umspült, ist im Grundriß ähnlich gestaltet (Abb. 498).

Mit der weitläufigen, vielgliedrigen Vorburg, die von der etwas tiefer liegenden Hauptburg durch einen tiefen, von einem Brückenbogen überspannten Felsgraben getrennt ist, mißt der ganze langgestreckte, im Halbkreis dem Felsrücken angepaßte Wehr- und Wohnbau 300 m.

Die Kernburg mißt 144 m Länge und ist ihrerseits noch wieder dreiteilig, wobei der uralte, runde Bergfried mit scharfer Kante gegen die Angriffsseite auf der höchsten Stelle steht, eingebaut von den 3 Flügeln der spät ausgebauten Pallasflügel. An den größten Pallas schließt sich die bemerkenswerte Kapelle an, deren äußere Mauer 4,30 m Stärke aufweist[118]).

Reste der alten Mantelmauer der landesfürstlichen, angeblich schon 1062 von einem Peter von Boskowitz als Burggrafen von Eichhorn verwalteten, aber wohl erst nach 1200 erbauten Burg sind noch feststellbar[119]), nach der Felsspitze liegen dann noch 2 Stall- bzw. Wirtschaftsflügel (des 14. Jahrh.?), während die äußerste Spitze ein schwerer wohnturmartiger Klotz krönt.

---

[118]) Näheres über die Kapelle siehe Prokop: II, S. 467. — [119]) Prokop: I, S. 219ff.; Burgv. u. Ritterschl. II, S. 31ff.

Die ganze, noch völlig erhaltene, wenn auch oft erneuerte und umgebaute Burggruppe bietet noch ein bezeichnendes Bild einer mährischen Herrenburg. Die Burg war eines Landesfürsten, eines Herzogs von Brünn, später des Königs Wenzel I. von Böhmen wohl immer würdig, auch des Georg Podiebrad. Sie wurde aber immerfort verliehen, verpfändet und gehörte 1253—1311 den Templern, denen Wenzel sie zusprach. Sie widerstand 1428 den Hussiten, 1456 den Ungarn bzw. Mathias Corvinus. 1643 und 1645 griffen die Schweden vergeblich die Burg an.

Die Kosten der baulichen Erhaltung, der Umbauten, der Besatzungen müssen schwer aufbringbar gewesen sein. Die Errichtung und Erhaltung so zahlreicher böhmisch-mährischer Burgen war nur auf Grund ganz besonderer sozialer Zustände und Machtverteilung möglich, dort aber durchaus allgemein und üblich. Noch heute ist eine Unzahl solcher Wehr- und Prunkbauten in der Hand alter Geschlechter erhalten.

Die auch als Ruine noch beherrschend wirkende mährische Feste Helfenstein bei Leipnik im Protektorat begeistert noch heute die Besucher[120]).

Die 187 m lange, 52 m an dem Nordostende breite Burg gehört zu den eigenartigsten Wehrbauten, deren vielgliedrige Form nur aus der völligen Unterwerfung der Bauformen unter den Bauplatz erklärlich ist.

Die Anpassung geht hier sicher zu weit, trotzdem gilt Helfenstein als eine der bedeutendsten und wehrhaftesten Feste des Landes.

Sicher forderte eine so weitläufige Anlage unverhältnismäßig viele Verteidiger, die wohl nur in einem z. T. halbwilden Lande — im reichsdeutschen wohl höchst selten — verfügbar waren[121]).

Für die Höhenburg benutzt allerdings der Erbauer (der dem angeblich „berüchtigten" Raubrittergeschlecht (?) der vor 1278 aus Deutschland kommenden Familie von Cinavi entstammte[122])) die Felsklüfte des von der Bečwa umspülten langen Bergrückens mit Überlegung, so daß die langen Vorburgmauern schwer zu berennen waren.

Die offenbar spät in gotischer Zeit von Grund auf neugestaltete Kernburg am Nordostende wurde wohl viel früher mit einem ovalen, 10 m breiten Graben eingeschlossen. Rechteckig vom Südostende des Ovals schließt sich erst eine kleinere Vorburg, dann nach Westen weit gestreckt eine zweite etwa 70 m lange Vorburg, dann endlich eine breite äußerste dritte Vorburg in gleicher Richtung nach Westen an. Zwischen diesen 4 Burgteilen liegen 3 Gräben quer durch den Bergrücken gezogen.

Als letztes Beispiel der in Mähren oft vorkommenden langgestreckten Grundform und vielgestaltigen Gesamtgruppierung sei Hochwald[123]) genannt, die von 1234 an genannte größte Burg Mährens.

Sie liegt unweit Freiberg und Mistek östlich von Olmütz und bietet ähnlich den Burgen Eichhorn, Helfenstein und Pernstein als Bauplatz einen Bergkamm von 340 m Länge von Westen nach Osten, von dem 4 ungleich lange Stücke durch Gräben getrennt zu 3 Vorburgen und einer Kernburg benutzt wurden. Eine häufig gewählte und vom Gebirge begünstigte Form!

Die westlichste Vorburg besteht aus einem hohen 24 : 35 m messendem, länglich unregelmäßig achteckigen Werk, im Grundriß gleich einer frühmittelalterlichen Mantelmauer wirkend, oben mit einem rohen (späteren) Wulst umzogen. Daneben liegt tiefer,

---

120) Kahlig: Bg. Helfenstein i. Mähren; Prokop: II, S. 536ff.; Piper: II, S. 80ff. — 121) Wir wissen von einem so seltenen Falle in Bayern, wo der Herzog Georg d. Reiche Burghausen 1480—1488 unter Aufgebot von täglich 4000 Mann ausbaute; ähnliche Menschenmassen müssen wir auch bei den großen mährischen Burgen annehmen. — 122 Prokop: II, S. 536. — 123) Prokop: I, S. 35, 228f. — Piper: III, S. 79ff.

etwa 40 : 30 m messend, eine leere Vorburg. Prokop will dieses Werk als die ursprüng=liche Burg ansehen. Dann folgt eine Sperrmauer mit Rundturm zur Beherrschung des Tores zum 130 m langen Mittelteil, in das von Süden ein Kapellenbau vorsteht, dessen Chor in einem halbrunden Mauerturm liegt. Nun folgen 3 Quergräben zwischen 2 Sperr=mauern mit 2 Tortürmen zwischen 4 weiteren Halbrundtürmen (Schalen) und 3 Brücken. Endlich ist die Hochburg erreicht!

Diese besteht aus einer langovalen Mantelmauerburg von 85 : 50 m Ausmaß, deren beider Spitzen grade abgeschnitten sind. Der westlichen Angriffsseite zu steht in der schmalen Spitze ein halbhoher, schwacher massiver Rundturm (ohne Innenraum), mehr wie ein Stützpfeiler wirkend. Das Innere des Mantels mit 50 m Länge und etwa 20 m größter Breite wird durch eine grade Längsmauer in 2 Teile geteilt. Der schmalere Teil war ein zweistöckiger Wohnbau, aus je 5 Zimmern bestehend.

Die Außenmauern sind wie die inneren von zahlreichen späten Fenstern durchbrochen; unter der ehemaligen Traufe läuft eine Reihe von Schießluken. Das Ganze ist enttäuschend nüchtern!

Für das Eingangstor ist ein flacher, gleichhoher Vorbau (rechteckiger Turm) angesetzt. Um das Ganze läuft weitläufig eine geknickte Zwingermauer mit 2 späten Bastionseck=bauten; in der Sperrmauer an der letzten Brücke steht ein zweiteiliger, niederer Torbau.

So ist die ganze Ruine wohl weit ausgedehnt, einst für eine sehr zahlreiche Besatzung bestimmt, aber ohne Würde und ohne Kunstformen, auch wehrbaulich spät ohne beson=dere eigenen Gedanken gestaltet.

Umgebaute Burganlagen

In Mähren gibt es besonders viele Burgruinen, die später im 16. Jahrh. zu Schlössern um= und ausgebaut worden sind. Auch Böhmen weist einige Beispiele auf. Außer den nachstehend näher erwähnten seien noch Rothenhaus, Rosen=berg (Abb. 499) und das oben behandelte Petschau zu nennen.

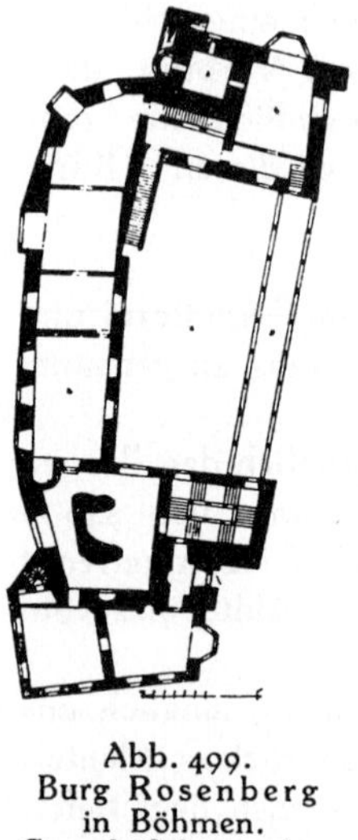

Abb. 499. Burg Rosenberg in Böhmen. Grundriß der vorder=sten Burg mit Berg=fried und Pallas 1:1000. B. E. nach Topographie pp. Bez. Kaplitz.

Zwischen Prag und Beraun liegt auf einem Jaspisfelsen die Burg Zbirow (Zbiroh)[124]. Burglich sind an der heutigen Anlage die Grundrißform der Kernburg an sich und der mitten darin stehende runde Bergfried, der noch aus dem 13. Jahrh. stammen soll. Er ist nur 11 m hoch. Die Kernburg war von der Vorburg durch einen Graben getrennt, der aber 1849 verschüttet wurde (Abb. 500, 501).

Die im Nordosten des heutigen Schlosses der Kernanlage liegende Kapelle ist länglich=rechteckig und zeigt 3 Erker, die auf Tragsteinen ruhen. Der älteste östliche entstammt dem 14. Jahrh., die beiden anderen Erker dem 15. Jahrh., die aber im Barockstil später um=gebaut wurden.

Zbirow ist eine der wenigen böhmischen Burgen, die später schloßartigen Aus= oder Anbau erfahren haben.

In Nordböhmen wäre Eisenberg[125]) zu nennen, das 1549—1696 in barockem Stil auf alter Burgstelle aufgebaut wurde.

Auch Klösterle links der Eger erfuhr die verschiedensten Um=bauten und zeigt heute durchaus schloßartigen Charakter.

---

[124]) Topogr. d. hist. u. Kunstdm. i. Kgr. Böhmen IX, Polit. Bez. Rokytzan, S. 175ff., S. 174 Grdr. Vgl. Sedláček X, L. 13, S. 207ff. Vgl. auch Heber: Abb. Bl. 156; ebenda: I, S. 48ff. Aquarell v. J. Venuto nach Traux 1792 befindet sich in Nationalbibl. Wien. — [125]) Karell: S. 71f.

Abb. 500. Burg Zbirow. Ansicht nach Heber.

Burg Eulenberg[126]) in Nordmähren ist eine im Kern deutsche Burg mit rundem Bergfried (Abb. 502). Wir stellen hier ein Übergreifen der Ringmauer nach der Art der Burgen des Neckarstromgebietes fest.

Die nach Prokop angeblich um 1000 begründete Burg — Weinelt gibt als Baujahr 1318 an — zeigt im Grundriß durch ihre verschiedenen Mauerringe — ebenso wie die Burgen Sternberg und Goldenstein — die allmähliche Entwicklung von einer frühen (romanischen?) Anlage zur fast schloßartigen Ausbildung. Im Kern steht auf massivem Felsklotz ein runder Bergfried mit polygonalem Unterbau von 9,10 m äußerem Durchmesser und 3,10 m Mauerstärke im Erdgeschoß. Tief unter der daran anschließenden Mantelmauer verläuft durch 7 Tore rings um den Felsenkern der Zugang zur Kernburg. Außerhalb, rechts dieses Weges, schließen sich lange schloßartige Flügel an, die ihrerseits wieder durch 5 spätere Bastionen und ein Katzenkopf genanntes rechteckiges langes Werk, das in eine feste Treppe weithinaus in einen Rundturm ausläuft, geschützt werden.

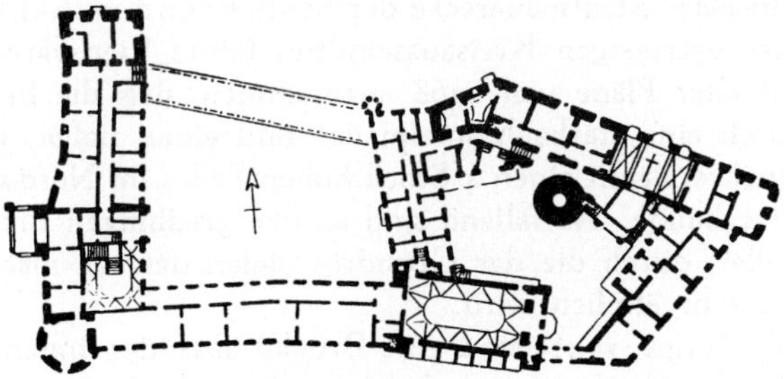

Abb. 501. Burg Zbirow.
Schloßartiger Ausbau mit rundem Bergfried und Kirchenbau. Grundriß 1:1500.
B. E. nach Topographie der historischen und Kunst-Denkmale im Königreiche Böhmen.
Politischer Bezirk Rokytzan.

126) Weinelt: Burgw. 1936, S. 49ff.; Bergmann: Eulenburg; Prokop: I, S. 98ff., 550f. (Weinelt zweifelt die stilkritischen Untersuchungen Prokops an.)

Die merkwürdig gespreizte Gesamtform ist nur aus der besonderen Form des Burggipfels erklärlich. Zahlreiche unterirdische Gänge und Felsenkeller sind bemerkenswert.

Die wahrscheinlich im 13. Jahrh. erbaute mährische Burg Sternberg[127]) gehört ebenfalls zu den Burgen, die im Laufe der Jahrhunderte viele Um- und Anbauten erhielten. Der Grundriß zeigt denn auch eine ganz unregelmäßige Anlage. Als ältester Teil ist der runde romanische Turm mit dem anschließenden dreieckigen Burghof anzusehen. Der nach der anderen Seite sich anschließende viereckige Burghof war von Wohn- und Wirtschaftsbauten umgeben. Wie bei der Burg Eichhorn war auch in Sternberg die Burgkapelle zur Verteidigung gestaltet. In spätgotischer Zeit wurden weitere Wohnbauten errichtet. Im 16. Jahrh. wurde die ausgedehnte Vorburg angelegt, die aus Dienst- und Wirtschaftsbauten besteht.

Wie eigenartig und unregelmäßig die Baugruppen mährischer Burgen und Schlösser entstehen und welche scheinbar willkürlichen Grundrißlösungen nötig werden, zeigt die mährische Höhenburg Goldenstein in ihrer Dreiteilung der Anlage in Ruine mit rundem freistehenden Bergfried, den verschoben hufeisenförmigen eigentlichen Schloßflügeln und der daran anschließenden Vorburg mit Wirtschaftsbauten und hohem Torbau von 1597, einem typischen Anbau eines Schlosses an alte Burganlage[128]) (Abb. 503).

Die mährische Burg Aussee[129]) im Sudetenland ist im 13. Jahrh. am Rande eines mäßig hohen Talufers erbaut. Mittelalterlich erhalten sind in neuen Teilen vor allem in der 14,5—23 m hohen Mantelmauer 3 vollrunde Türme und ein flacher Halbrundturm, alle 20—30 m voneinander entfernt, mit 8,70 m Durchmesser und etwa 2,50 m Mauerstärke.

Diese starken, halb oder dreiviertel kreisrund vorspringenden Mauertürme kommen an der Mantelmauer der Burg Aussee vor, wie an vielen sudetischen, böhmischen, mährischen und Burgen anderer Länder des 15.—16. Jahrh., ebenso die späteren, spitzen Bastionen des 17. Jahrh. Schon die Mauertürme weisen auf spätere Verstärkung hin, selten finden sie bei der Errichtung älterer Kernburgen schon Verwendung, um die Seitenbestreichung zu ermöglichen, die seit dem 13. oder 14. Jahrh. als wichtiges Verteidigungsmittel Anwendung findet.

Das neue Schloß wurde in die mittelalterliche Burg 1691 eingebaut und zeigt unregelmäßige Form, weil alte Teile der Burg in den Bau einbezogen wurden, und zwar ein viereckiger Wohnturm und ein Halbrundturm.

Durch die Lage in einer Stadtmauerecke der Stadt Freudenthal hat die gleichnamige Burg die Form eines dreieckigen Kreisausschnittes (eines Viertelkreises)[130]).

Es ist auf Grund alter Pläne von 1768 anzunehmen, daß die breiteste Dreiecksseite gegen die Stadt durch eine starke Mantelmauer und einen tiefen, breiten Graben verteidigt wurde. Weinelt erwähnt einen 4 Stock hohen Pallas im Nordwesten und ein zweistöckiges Wirtschaftsgebäude. Auffallend sind an den gradlinigen Flügelbauten die vielen Strebe- und Eckpfeiler, durch die der Grundriß vielen deutsch-mährischen Burggrundrissen gotischer Zeit sehr ähnlich wird.

Im Plan (Abb. 86, Burgw. 1936) sind eine Brücke über den inneren Graben und eine an der Ecke über den Stadtgraben angegeben, die allgemein kennzeichnend für die Stadtburgen waren und die das Bedürfnis nach freiem Außenverkehr ohne städtische Einwirkung befriedigten.

---

[127]) Prokop: I, S. 100f., 234ff., II, S. 468, 534f., III, S. 775ff., 889; Olbrich: Bg. Sternberg i. M. — [128]) Prokop: III, S. 827ff. — [129]) Derselbe: II, S. 518f., IV, S. 1180ff.; Piper: V, S. 89ff. — [130]) Weinelt: Burgw. 1936, S. 51f.; derselbe: Burg u. Schloß Freudenthal i. Wandel d. Gesch.

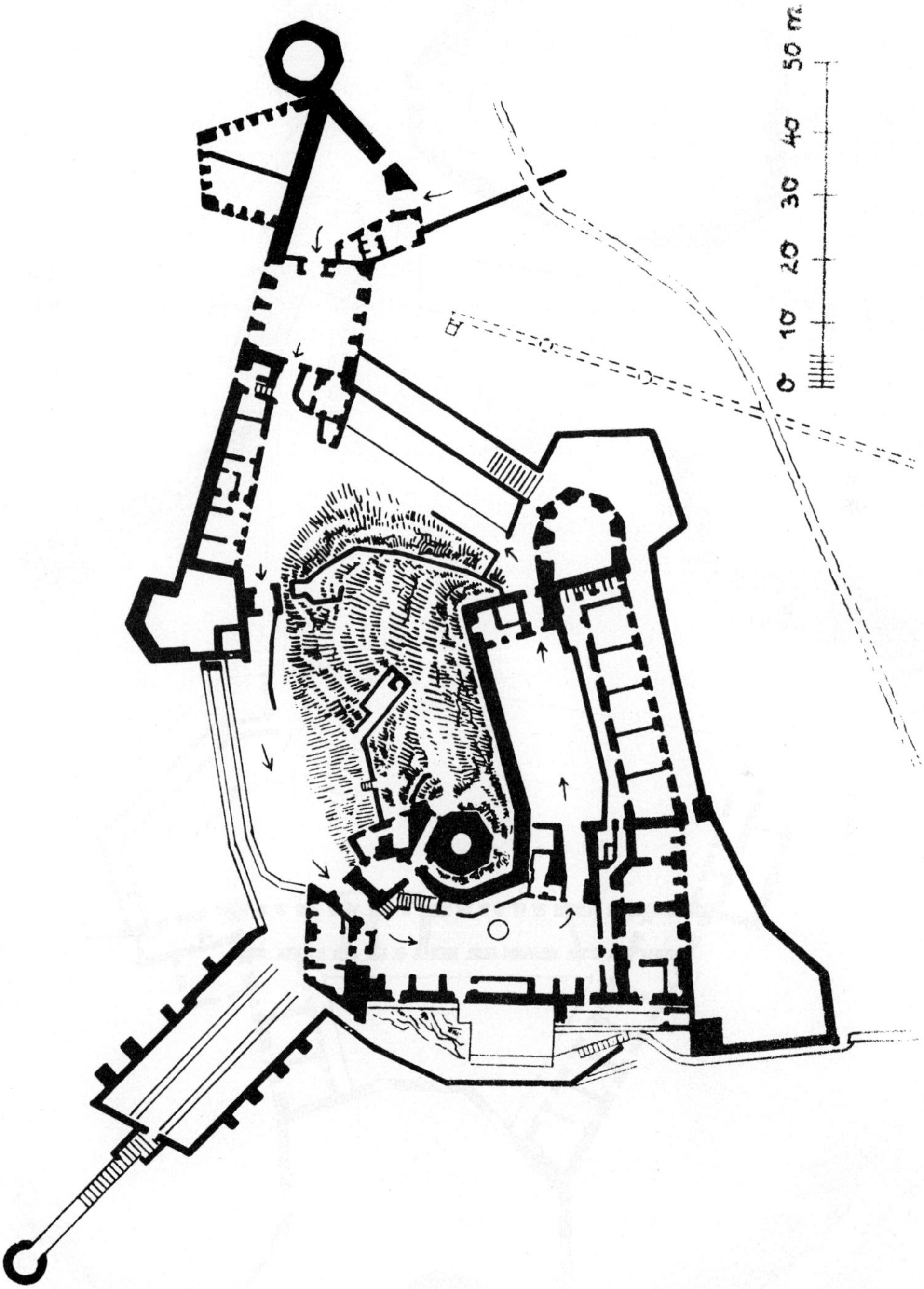

Abb. 502. Vielgliedrige Burg Eulenburg in Mähren. Grundriß 1:1000. B. E. nach Prokop.

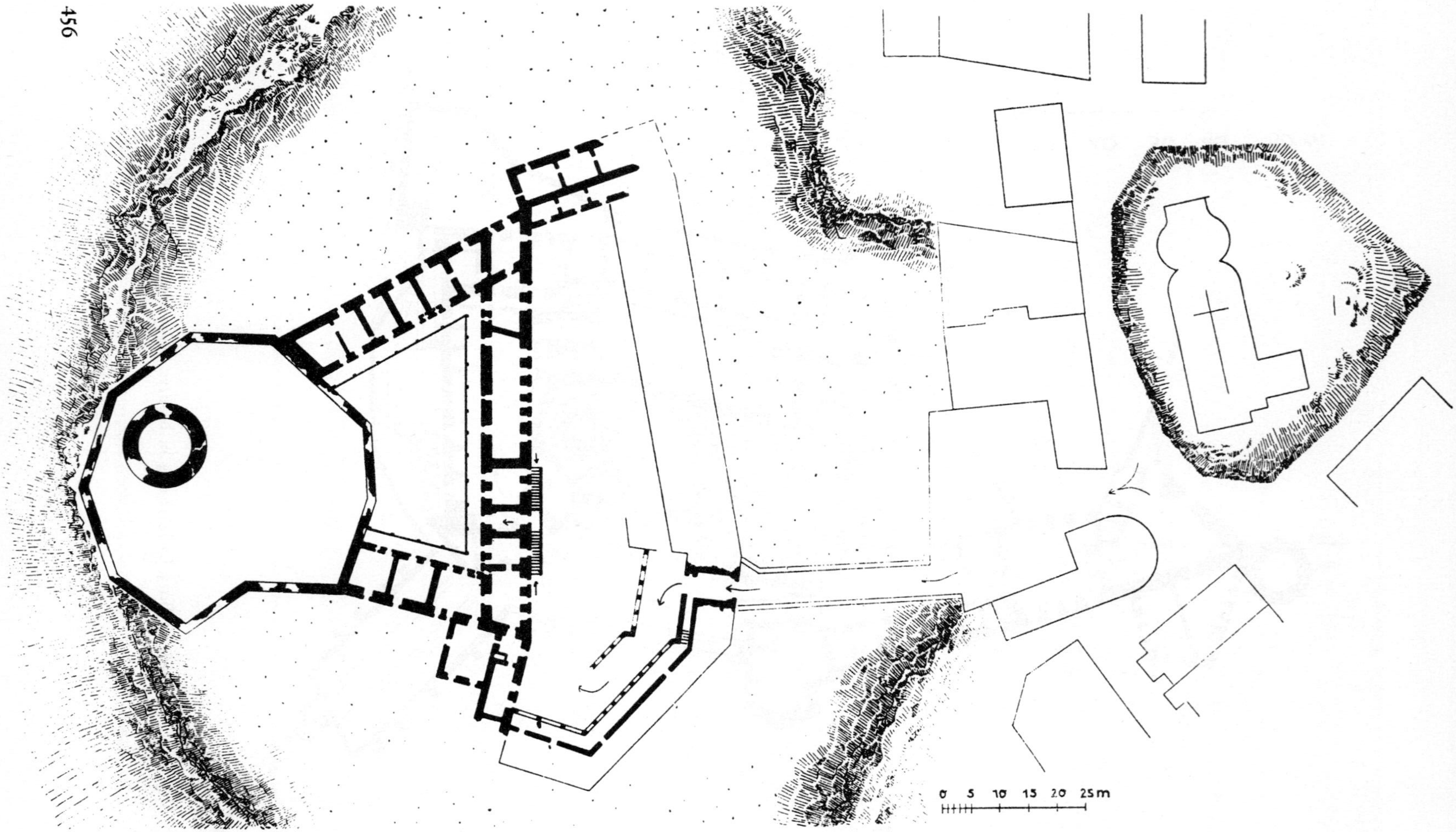

Abb. 503. Burg Goldenstein in Mähren. Gesamtlageplan 1:1000. B. E. nach Prokop.

Burg R a b y bei Schüttenhofen, Böhmen

Urkundlich wird die Burg erst 1432 erstmalig genannt. Doch ist anzunehmen, daß sie schon früher bestanden hat. Der dreieckige Grundriß weist auf frühe Anlage hin. Durch den Umbau in den verschiedenen Jahrhunderten entstand das heutige Schloß.

Zu diesen Nordostburgen, denen Eulenburg angehört, zählen wir noch die schloßartig ausgebauten Burgen Groß-Ullersdorf (= ehemalige Wasserburg). Um Brünn und Olmütz liegen in der Südostecke des mährischen Raumes die ebenfalls schloßartig aus- und umgebauten Burgen Raabs, Lundenburg, Eisgrub, Nikolsburg, Ungarschütz, Hardegg, Blansko, Blauda u. a.[131]). Alle sind von deutschen Geschlechtern erbaut. Die aus dem 12. Jahrh. stammende Burg Dürnholz bei Nikolsburg erfuhr, nachdem sie im 15. Jahrh. von den Schweden zerstört worden war, 1580 einen völligen Neubau. Der unregelmäßig viereckige Grundriß zeigt wenig burgliche Anklänge. Ebenso ist es in Schloß Lettowitz, das hufeisenförmig angelegt ist, allerdings noch einen gotischen Bau aufweist.

Die 4 diagonal gestellten Türme des Schlosses Milotitz in Mähren lassen vermuten, daß beim Bau des Schlosses um 1720 die alte burgliche Anlage der Wasserburg benutzt worden ist.

[131]) Näheres siehe bei Prokóp a. a. O.; Seifert: Nikolsburg. Die ebenfalls schloßartig ausgebauten Burgen: Mürau, Vöttau, Zornstein sind an anderen Stellen dieses Abschnittes behandelt.

Burgen des ehemaligen Polen

Politische und geologische Einflüsse

Die Betrachtung des nordosteuropäischen Burgenbaues führt zur Erkenntnis des weitausstrahlenden Einflusses deutschen Baukönnens und deutscher Bausitten in technisch und künstlerisch formvollendeten Werken der weiten Gebiete, die früher oder später zum polnischen Staate gezählt wurden.

Die deutschen Vorbilder wirken sich sehr verschieden aus: Aus dem Posener Lande dringen die Formen nach Großpolen, in Kleinpolen und im Krakauer Gebiet ist der Einfluß von Schlesien stark. In Galizien, Podolien und Wolhynien erkennen wir bis nach 1500 Spuren derselben Schule, allerdings in zeitlichem Abstand, während für die nördlichen Bauten in Masovien und vor allen Dingen im östlichen Litauen für die großen fürstlichen und herzoglichen Herrschersitze der Einfluß der älteren deutschen Ordensburgen überwiegend maßgebend war.

Die Arbeit von Kazimiera Paszkowa-Jezowa[1]) setzt sich u. a. auch mit der Verteilung der Burgen nach Landschaften auseinander. In Großpolen und Kujawien herrschte danach ursprünglich der Sumpfburgtyp, der vielfach auf die frühen Wallburgen, also vor die ritterlichen Burgen, zurückgeht. Die an Flüssen liegenden späteren Burgen sind aber auch sehr häufig (Czersk, Beberen, Dobrin an der Weichsel, Uniejow an der Warthe). Auf der Lubliner Hochfläche kommen Wasser- und Höhenburgen vor (Kazimierz). In Kleinpolen war die felsige Juraschwelle mit den sie durchziehenden Flüssen Dunajec und Popper für die Anlage der Burgen auf den Höhen am Ufer des Flusses maßgebend.

Die Tieflandburgen nehmen außerdem durchweg den quadratischen Typ der Deutschordensburgen zum Vorbild.

Eine große Menge deutscher Burgen weist Walter Krause[2]) für das an Schlesien grenzende Südostgebiet Polens schon um 1200 nach. Er nennt u. a. Peskenstein (Pieskowa Skala), das in einer Verleihungsurkunde des Königs Ladislaus Ellenlang an einen deutschen Ritter 1315 erwähnt wird. Auch Tenczynek, nahe Krzeszowice, soll ein deutscher Ritter in polnischen Diensten errichtet haben[3]).

Weitere deutsche Burgen schirmten die polnische Grenze gegen Ungarn. So die Burgen an Dunajec und Popper, alle noch heute als Ruinen auf den Höhen am Ufer dieser Flüsse ragend, die von der Tatra zur Weichsel ziehen (s. unten). Über dem Weichseltal selbst, auch zum Schutz gegen Einfälle der Ungarn und Tataren, liegt die Höhenburg der Bischöfe von Krakau, Lipowiec[4])

Die Grundrisse einer Reihe von Burgen beschreiben wir zunächst einzeln. Wir teilen sie am klarsten nach ihren Formen oder nach den Vorbildern bzw. den Lehrmeistern ein, die diese Formen beeinflußt haben.

Die wichtigste Schule und die bedeutendsten Lehrer sind jedenfalls die Baumeister des deutschen Ritterordens, deren regelmäßige Kerngrundrisse im Quadrat, seltener im Rechteck, auch bei beschränkter Nachbildung in polnischen Bauten klar erkennbar sind. Es

[1]) Geografja Ruin w Polsce. Posen 1927. — [2]) In: Schlesische Stimmen, Heft 1—2, 1941. — [3]) Ebenda. — [4]) La Pologne hist., littér., monumentale et pittoresque, Bd. II, S. 254/55.

handelt sich bei fast allen regelmäßigen Bauten Polens bis zum Beginn des 16. Jahrh. um Werke dieser Schule.

Ausgesprochen polnische eigene Erfindungen oder Burgen einer polnischen Schule finden wir nicht. Vielleicht hätten frühe Holzburgen (nicht Wallburgen), möglicherweise Hoch=bauten, uns Näheres über wirklich polnische Burgen sagen können, wenn nicht fast alle frühen Werke in den ungeheuren dauernden Kriegen niedergebrannt worden wären. Einen ungefähren Begriff einer derartigen Holzburg kann man sich machen bei Betrachtung der Abbildung einer vor 300 Jahren bei Irkutsk am Baikalsee (Südrußland, nahe der Grenze zur Mongolei) errichteten Holzbefestigung. Man sieht eine mit Vor= und Rück=sprüngen versehene Holzwand, die von viereckigen Türmen unterbrochen ist.

Wir können so nur allgemeine Schlüsse ziehen, um dem Zeitpunkt des Überganges nahe=zukommen, an dem an Stelle des Holzes und der Zimmermannskunst der burgliche Stein=bau tritt.

Im neuen wie auch im alten Schrifttum über Polen finden wir aber immer wieder die Bemerkung, daß König Kasimir der Große ein hölzernes Polen in ein steinernes verwandelt habe[5]). Jedenfalls brachte seine Regierungszeit der Baukunst einen bedeutenden Auf=schwung[6]).

Das ergäbe die Zeit von 1333 bis 1370. Wir wissen, daß noch 1265 das Schloß in Krakau in Holz errichtet wurde, ebenso die Burgen Racziacz und Santoch[7]). Noch 1426 wird laut Vertrag zwischen dem Posener Kanzler Nicolaus von Gorka und dem Posener Zimmermann Nicolaus vereinbart, das Kur=niker Schloß in Holz zu bauen, und zwar wird angegeben, daß es u. a. 3 Stockwerke haben soll, Wehrgänge, Erker, Bollwerke, Heizanlagen, Aborte, Kanäle, Zugbrücken usw., der Keller allerdings solle gemauert werden.

Andererseits sollen schon 1252 laut Befehl des Herzogs Kasimir die Burgen Bromberg und Wissegrod aus Feldstein und Ziegeln errichtet werden[8]). Vielleicht geschah dies unter Einfluß des Deutschen Ordens. Dafür spricht auch die Tatsache, daß verschiedene romanische Kirchen nicht nur in dieser Zeit in Stein errichtet wurden, sondern auch als Wehrkirchen dienten[9]).

Besonders die teilweise erhaltene Burg Kruschwitz mit dem bekannten achteckigen „Mäuseturm" ist ein steinernes Zeugnis, welches früh, möglicherweise unter den Kreuzrittern, errichtet wurde, die von dort den Goplo=See zu beherrschen suchten. Der Orden müßte diese Herrschaft freilich bald wieder verloren haben[10]). Den Grundriß bildete ein unregelmäßiges Viereck. Erhalten vom alten burglichen Kern ist nur der Turm ohne jegliche Kunstform von 31 m Höhe und 11,50 m Durchmesser, zugänglich durch eine Tür, die 9,60 m über dem Boden liegt (Abb. 504). Im 18. Jahrh. wurde die Burg bis auf den Turm abgebrochen[11]).

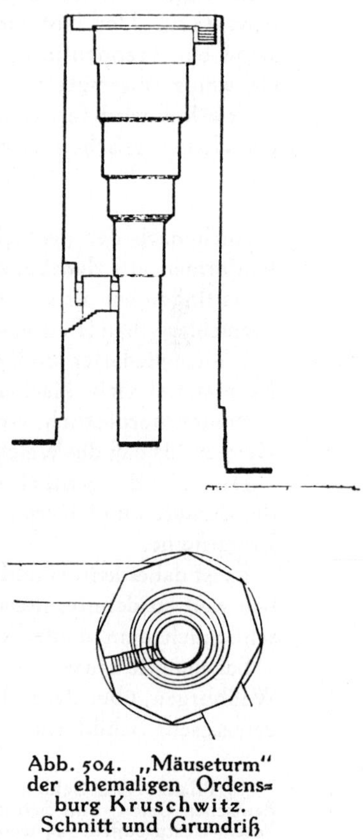

Abb. 504. „Mäuseturm" der ehemaligen Ordens=burg Kruschwitz. Schnitt und Grundriß 1 : 500. B. E. nach Plan der Techn. Hochschule Warschau.

---

[5]) Schmidt in: Zt. d. Hist. Ges. f. d. Prov. Posen Jg. 13, 1898, S. 387 u. a. — [6]) Ehrenberg: Kunstgesch. der Prov. Posen. Nach zeitgenössi=scher Chronik des Gnesener Archidiakons Joh. v. Czarnkow. Mon. Pol. hist. II, S. 624ff. — [7]) Ehrenberg: Gesch. d. Kunst im Gebiete der Provinz Posen, S. 45/46. — [8]) Ebenda S. 47. — [9]) Ebenda S. 53. — [10]) Ebenda S. 47. — Kohte, Verz. d. Kunstd. d. Prov. Posen IV, S. 44. — [11]) Kohte a. a. O. IV, S. 142, und nach Aufnahmen des Landeskonser=vators des Warthegaues. — Beer: Burgen und Schlösser im Posener Lande in: Aus dem Posener Lande Heft 8, 1910.

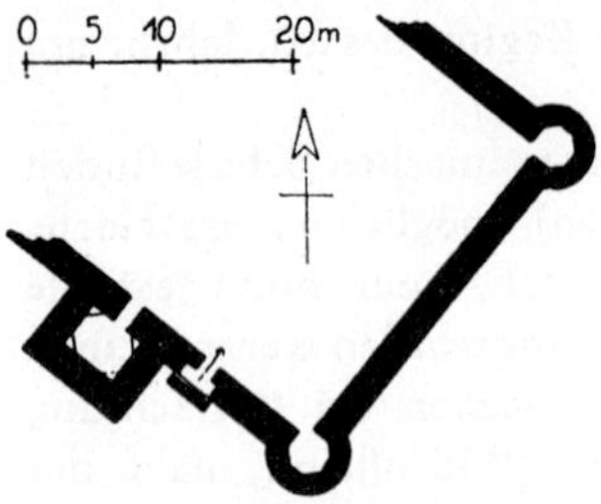

Abb. 505.
Ruinen d. Burg Schildberg.
Grundriß 1 : 1000.
B. E. nach Zeichnung des Bürgermeisteramts Schildberg.

Ein Chronist, der Gnesener Archidiakon Johann von Czarnkow, nennt dagegen unter den vielen Burgen, die Kasimir aus Stein errichtet habe, Kruschwitz, Stawiszyn, Konin, Filehne, Boleslawiec und Zlotterie. Weiter werden Kasimir zugeschrieben Peisern, Rest und Ruinen von Steinbauten in Schildberg, Kalisch und Meseritz, das aber späterer Zeit angehören dürfte.

Von der seiner Zeit recht bedeutenden Burg Samter steht nur noch ein Turm aus roten Ziegeln, von der Schwertburg (Gollantsch) am Smolarysee im Kreise Wongrowitz stehen die Halbruinen des spätgotischen Ziegelpallas und Reste der hohen Außenmauern des 32 : 50 m weiten Hofes, sowie eines runden Eckturms. Auch Strebepfeiler und der ursprüngliche Eingangsbau im Norden mit Fallgatterfalz und Gußerker sind vorhanden. Der Rest wurde 1656 von den Schweden zerstört.

Genannt wird noch die Burg Koschmin, die vor dem Umbau von 1862 bis 1865 beschrieben wird als ein offenes Rechteck mit rundem Eckturm am Ende, der sich oberhalb des ersten Stockwerkes des einen Wohnflügels zu einem Achteck verwandelt, von welchem 2 Ecken im Mauerverband eingeschlossen sind. Die Mauern des Turmes sind 2,50 m dick, die der Umfassungsmauer 1,80 m. Der Hauptflügel mißt 46 m, die Seitenflügel 40 bzw. 42 m. Der Hof umfaßt einen Raum von 660 qm. In der Nordostecke des Hofes stand ein Treppenturm, der vor der Wiederherstellung 1865 das Dach der Wohnflügel ein wenig überragte[12]).

Erwähnt wird ferner noch als später umgebaut die bedeutende Burg Goluchow an der alten russischen Grenze im Kreise Jarotschin.

Auch nach der geologischen Gestaltung des weiten Geländes ist ein Einfluß auf die Bauformen aus der Lagerung der Gesteinsarten zu folgern.

Da finden wir als südwestliche Grenze das deutsch=schlesische Odergebiet, das mit dem oberschlesischen (Beuthener) Bezirk Muschelkalk und Keuper enthält. Nordöstlich schließt sich ungegliederter und schwarzer Lias, Jurakreide an. Diese Steine haben natürlich als Baumaterial viele Nachteile.

Weiter nordöstlich Krakaus folgt über dem linken Weichselufer Buntsandstein und Keuper, bis daß die Weichsel unterhalb des Zuflusses des San das Kreidegebiet durchbricht.

Damit sind eigentlich die Bausteine des nördlichen Polen erschöpft. Im Süden bieten die Beskiden und Karpaten wenig Granit, Kreide und Kalk für Hausteine, mehr aber für Bruchsteine.

Es ist daher kein Wunder, daß im größten Teil des ehemaligen Polen sich bald der Ziegelbau weit ausdehnte, dessen Einführung und Herstellung (Backstein) überhaupt wohl ausschließlich dem deutschen Ritterorden zu danken ist.

Sogenannte slawische Burgen bestanden, wie erwähnt, zahlreich schon früh, meist als Wallburgen, über deren Form wir durch Ausgrabungen, wie in Zantoch, und durch zeitgenössische Schilderungen im Bilde sind[13]). Die meisten weist Schmitz der Zeit zwischen

[12]) Pflanz: Das Schloß in Koschmin. — [13]) Brackmann u. Unverzagt: Zantoch, eine Burg im deutschen Osten, und Schmitz a. a. O. S. 23 nennt 30 Burgwälle im ehem. Reg.=Bez. Grenzmark Posen=Westpreußen. 44 weitere nennt er nach der Landeskunde Schmitz=Frase. In der Arbeit von Brackmann=Unverzagt werden auf Grund umfangreicher Ausgrabungen in Zantoch 12 aufeinanderfolgende Burgen vom 9. und 10. bis ins 15. Jahrh. hinein nachgewiesen, von denen heute keinerlei Reste über der Erde mehr vorhanden sind.

Burg Pürglitz an der Beraun, Böhmen

Burg Michalowitz bei Jungbunzlau, Böhmen

Schloß Petschau a. d. Tepl, Sudetengau

Abb. 506. Wasserburg Zichenau, Masowien im heutigen Zustande, Ansicht. B. E. nach Lichtbild.

800 und 1000 zu. Die Schilderung einer derselben bietet uns ein jüdisch=arabischer Händler Ibrahim Ibn Jakub[14]).

Diese und die vorgeschichtlichen Wallburgen beschäftigen uns hier nicht. Sehen wir uns zunächst die Burgen mit regelmäßigem Grundriß an.

Regelmäßige Grundrisse

Recht bedeutende Reste der Wasserburg Zichenau (Ciechanow), an der Lidynia, außerhalb des gleichnamigen Ortes bei Praschnitz in Masovien gelegen, erheben sich auf einem flachen Hügel an einem strategisch wichtigen Flußübergang in sumpfigem Gelände[15]) (Abb. 506, 507, 508, Taf. 87).

Die Burg wird schon 1207 als Besitz Konrads I. von Masovien genannt und soll 1267 zerstört sein. Ein Wiederaufbau nach dieser Zeit etwa unter Semowit III. (1341–1381)

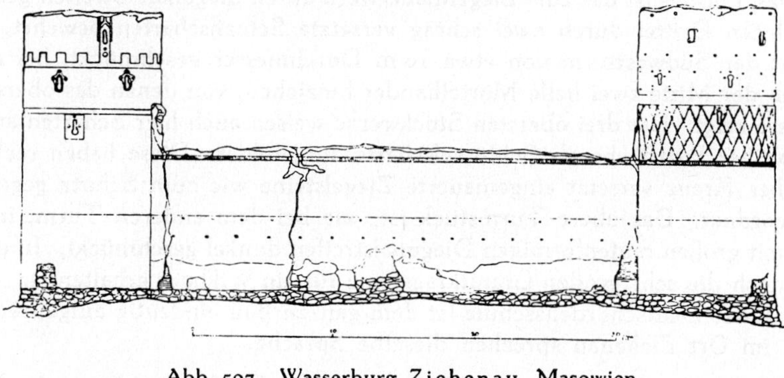

Abb. 507. Wasserburg Zichenau, Masowien. B. E. nach Plan der Techn. Hochschule Warschau. Schnitt 1 : 500.

[14]) Ebenda S. 24 nach einer Übersetzung von Georg Jakob. — [15]) Siehe Burgw. 1918, S. 9/10.

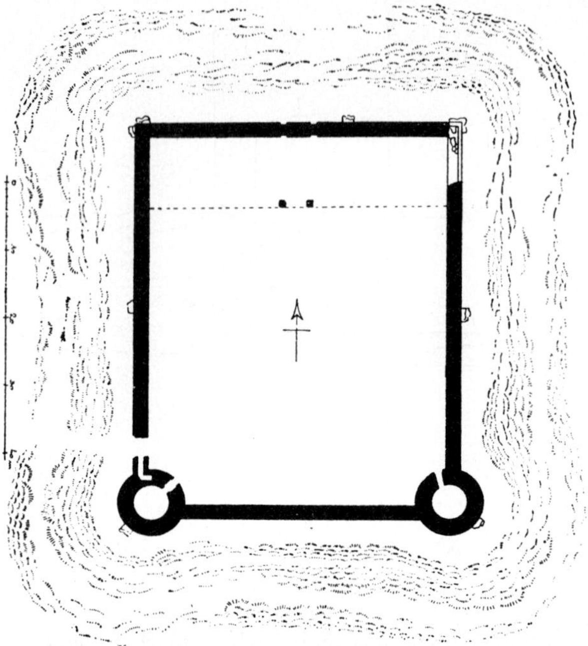

Abb. 508. Wasserburg Zichenau. Grundriß 1 : 1000.
B. E. nach Plan der Techn. Hochschule Warschau.

oder dessen Nachfolger Janus I. von Warschau (1381—1429) würde den erhaltenen Formen entsprechen.

Die zwei Rundtürme gleichen ähnlichen Anlagen an der Deutschen Ordensburg in Bütow, auch der Granitfindlingssockel und die schönen Ziegelputzfriese an den mächtigen Rundtürmen, die noch in alter Höhe erhalten sind, haben entsprechende Formen in der Deutschordensbaukunst[16]) (Abb. 506, 507).

Eine starke Mantelmauer bildet ein kurzes Rechteck von 48 . 58 m, dessen südliche Ecken durch diese beiden Rundtürme von 2 m Mauerdicke verstärkt werden. Türme und Mauer entstammen wohl der gleichen Zeit.

Durch einen breiten Eingang in neuerem Mauerwerk, das zwischen schmalen alten Blenden liegt, betreten wir den leeren Innenraum. Die Mantelmauer zeigt fast keine Scharten oder Fenster, sondern nur Spuren ehemaliger Wehrgänge und Gußerker.

Die Höhenlage der Wehrgänge ist durch die Zugangstüren zu den Rundtürmen festgelegt, die in der höheren Nordmauer an der Nordwestecke neu vermauert sind. Eine Treppe in der westlichen Turmmauerstärke öffnet sich im Turminnern 3 m über dem heutigen Boden. Beide Türme sind jetzt durch rohe Türlöcher vom Hofe aus zugänglich.

Danskerreste (?) zeigen sich innen an der Nordwestecke der Mantelmauer neben roh vermauerten höheren Kirchenfenstern. Auf den einstigen Platz des Wohnbaues deuten heute nur Spuren an der Nordmauer.

Der Südostturm ist schlichter gestaltet, aber ebenso hoch wie der benachbarte. In mittlerer Höhe des Turmes ist das edle Ziegelmauerwerk durch diagonale Streifen geschmückt und im höchsten Drittel durch zwei schräg versetzte Schießscharten bewehrt.

Reicher ist der Südwestturm von etwa 10 m Durchmesser geschmückt, bei dem sich weit oberhalb der Mitte zwei helle Mörtelbänder hinziehen, von denen das obere zinnenartige Umrisse zeigt. Die drei obersten Stockwerke weisen auch hier Scharten auf, davon ist eine in weißer Putzfläche als Schlüsselscharte ausgebildet. Diese haben rechts, links und oben über Kreuz versetzt eingemauerte Ziegelsteine wie zum Schutz gegen Streifschüsse angeordnet. Das obere Turmstück ist, wie bei dem anderen Turm, im glatten Mauerwerk mit großen rautenförmigen Diagonalstreifen dunkel geschmückt. In der Westmauer sind noch die sehr großen Granitkragsteine für ein Wikhaus erhalten[17]).

Der Einfluß der Deutschordensschule ist dem ganzen Bau eindeutig aufgeprägt. Backsteinkirchen im Ort Zichenau sprechen dieselbe Sprache.

[16]) Steinbrecht in: Die Ordensburgen der Hochmeisterzeit in Preußen, spricht von der Ähnlichkeit der Burg Schwetz mit Zichenau. Ebenso Frey: Deutscher Wehrbau im Osten in: Die Kunst im Deutschen Reich, Ausg. B., 4. Jg., Folge 12, Dez. 1940, S. 210. — [17]) Schmid: Arch. Studienfahrten usw., S. 28. Sonderdr. aus: Altpreuß. Forschungen Jg. 17, Heft 1, 1940.

Wir finden auch mancherlei urkundliche Nachrichten von der Anwesenheit deutscher Meister in Polen. So schreibt 1414 der Großfürst Witold von Litauen an den Hochmeister des deutschen Ritterordens, er, der Hochmeister, möge doch Frau und Kind des Maurers Radika von Königsberg, der in Litauen tätig sei, nachsenden, was dann auch geschah.
Um die mächtige Ruine liegen noch kümmerliche Reste von Erdwällen.

Wichtig ist auch die Beschreibung des alten verschwundenen Schlosses in Posen im Briefwechsel des Grafen Gorka mit Albrecht von Preußen, worin 1538 ein völlig mittelalterliches (deutschordensmäßiges) Bild entworfen wird[18]).
Das ganze Schloß war massiv, mit Kreuzgewölben versehen, deren Last im Hauptsaal ein steinerner Mittelpfeiler trug. Von außen war es mit Giebeln verziert, die gleiche Höhe hatten wie ein viereckiger, massiver Turm.

Im Gebiet des Warthegaus sind eine Anzahl Burgen zu treffen, die in ihren Formen ebenfalls von den Bauten der Deutschordensritter abhängig sind[19]).

Die Burgruine Warthbrücken (Kolo) auf künstlichem Hügel am linken, sumpfigen Wartheufer wurde an der Stelle einer vorgeschichtlichen Siedlung errichtet. Über die Zeit der Erbauung liegen keinerlei urkundliche Nachrichten vor. 1390 wird ein Wehrturm auf dem Marktplatz der deutschrechtlichen Siedlung urkundlich genannt. Das Material ist Backstein auf Feldsteinfundament.

Im Kreis Warthbrücken liegt am Rande eines sumpfigen Geländes auf künstlichem Hügel die Burgruine Borsdorf (Boryslawice). Die viereckige Anlage war von einem Graben umgeben, der noch heute deutlich erkennbar und z. T. mit Wasser gefüllt ist. Zu interessanten Vergleichen mit den Vorbildern der Deutschordensburgen veranlaßt die erhaltene Ornamentik an den Außenfassaden des Mauerwerks. Borsdorf ist ein gutes Beweisstück für die Abhängigkeit polnischer Wehrbauten von Ordensburgen.
Dem späten Mittelalter gehört die am Rande eines Sumpfes auf künstlichem Hügel in ebenem Gelände errichtete Burg Besiekiery, an vier Seiten von Wasser umgeben.
Um 1500 baute der Wojewode von Lentschütz Lorenz Sokolowski diese Burg, und sie blieb bewohnt bis 1800.
Die Umfassungsmauern und Mauern des Wohnflügels sind z. T. bis zu 5 m Höhe erhalten; stark beschädigt ist der Torturm.

Die Burg von Gollantsch (Schwertburg), die oben S. 460 schon einmal erwähnt wurde, liegt ebenfalls in flachem, sumpfigem Gelände. Die viereckige Anlage ist an allen Seiten von Wasser umgeben. Die Burg wurde vor dem Jahre 1330 erbaut, da in diesem Jahr ein Matthäus Swiatopolk Gollantschewski urkundlich bei seiner Gefangennahme durch den Deutschen Orden in der Burg Racionschek erwähnt wird.
Im 17. Jahrh. wurde das Wohngebäude der Burg verändert, die ursprüngliche Gestalt ist aber noch erkennbar.

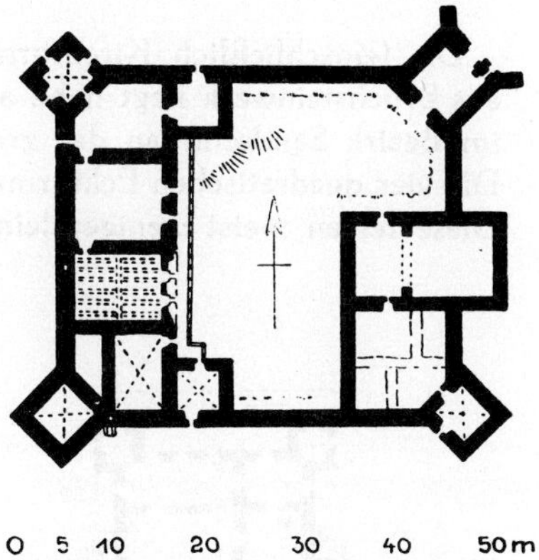

Abb. 509. Burg Drzewica.
Regelmäßiger Grundriß 1 : 1000.
B. E. nach Luszczkiewicz.

---

[18]) Ehrenberg a. a. O. S. 49. — [19]) Die folgenden Angaben wurden einer Beschreibung des Landesamtes für Denkmalpflege (Warthegau) entnommen.

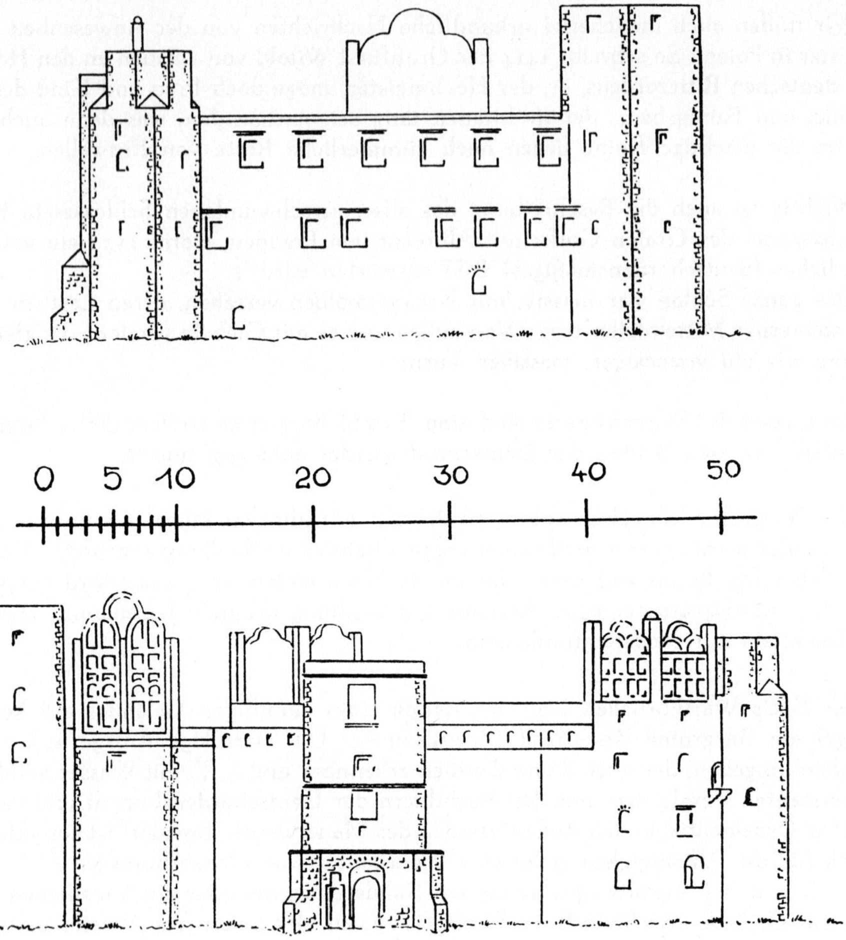

Abb. 510. Burg Drzewica, Vorder= und Seitenansicht 1 : 500. B. E. nach Luszczkiewicz.

Die (einschließlich Kirchturm) fünftürmige, regelmäßig rechteckige Burg **Drzewica** aus Bruchsteinwerk liegt nahe an dem gleichnamigen Fluß, einem Nebenfluß der Pilica, im Bezirk Sandomir an der großen Straße Warschau—Krakau (Abb. 509, 510, Taf. 92). Die vier quadratischen Ecktürme stehen im Winkel von 45° zu den hohen Mantelmauern. Diese zeigen meist wenige kleine Fenster.

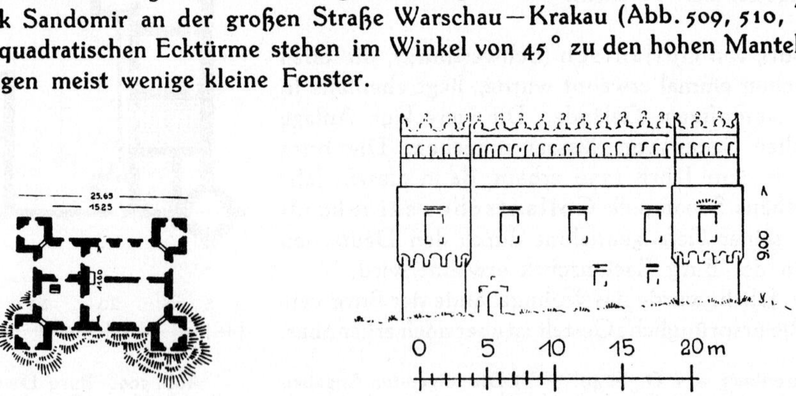

Abb. 511. Viereck=Burg Szymbark. Grundriß 1 : 1000 und Ansicht 1 : 500. B. E. nach Luszczkiewicz.

Abb. 512. Burgruine Ilza im Bezirk Radom. Ansicht B. E. nach „La Pologne".

Die drei viereckigen Türme an der Wasserseite gleichen im Gesamtumriß sehr denen der Burg Mir, doch fehlen die gotischen Flächenrücklagen. Dagegen sind die Reste von zwei Maßwerkfenstern, Ziegelgiebeln ähnlich, erhalten.

Seit 1814 ist die Burg eine dicht umwachsene Ruine[20]).

Ähnlich der Grundrißform von Drzewica wurde die viereckige späte zweistöckige Burg Szymbark, südlich Tarnow (?), gestaltet, aber mit vier quadratischen Ecktürmen (Abb. 511) von gleicher Höhe wie die Mauern des Kernbaues[21]).

Auf halber Höhe tragen Doppelkonsolen (nur an den Türmen) einen stark vorstehenden Bogenfries, stockhoch darüber umzieht ein wehrgangartiger Umgang mit wenigen groben Schlüsselscharten und kreisrunden Schießlöchern, zur Seitenbestreichung bestimmt, die gesamte Burg.

Die späten Renaissancefenster aus profilierten Hausteinen wirken schon schloßartig, ebenso die wehrgangartigen Brüstungen, die wie oft in polnischen späten wehrhaften Schlössern, namentlich auch in größeren Städten, den ganzen Bau bekrönen.

Der gewaltige Bau, der wohl einst von Gräben und Zwingern umgeben war, besteht aus schwerem Bruchsteinmauerwerk mit stattlichen Hausteinkonsolen und Fenstergewänden der Renaissancezeit.

Noch 6 Burgen seien kurz erwähnt: Die bedeutende Ruine Ilza, unweit davon Korzkiew an der Weichsel westlich Lublin, dann Majkowice an der Pilica, — Modliszewice an einem Nebenfluß zur Pilica, — Szydlov westlich Sandomir und die ansehnliche Ruine von Teczye westlich Krakau.

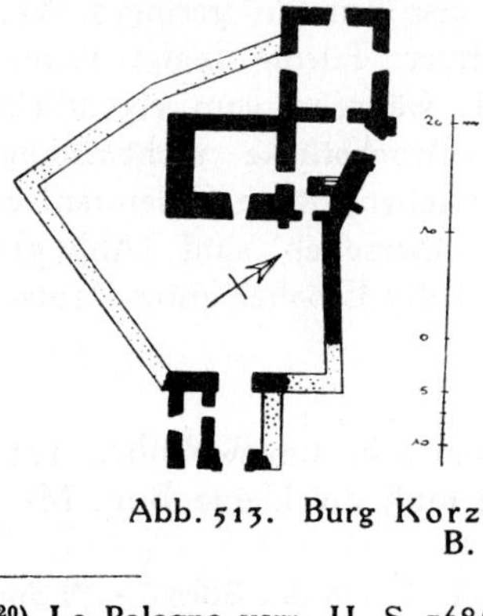

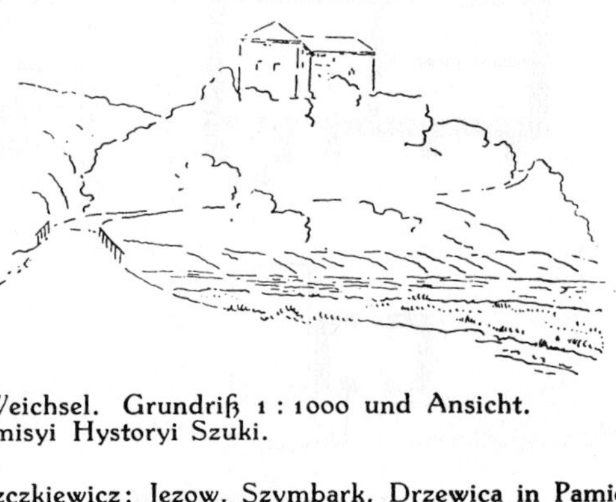

Abb. 513. Burg Korzkiew a. d. Weichsel. Grundriß 1 : 1000 und Ansicht.
B. E. nach Komisyi Hystoryi Szuki.

---

[20]) La Pologne usw. II, S. 368/369, u. Luszczkiewicz: Jezow, Szymbark, Drzewica in Pamietnik Akademii Umiejetnosci w Krakowie, 1890, S. 213. — [21]) Luszczkiewicz a. a. O. S. 207.

Abb. 514. Ruine und Burg Majkowice. Grundriß 1 : 1000 und Ansicht.
B. E. nach Stanislawa Tomkowicza.

Die Burg Ilza (Abb. 512) im Distrikt Radom ist noch als weitläufige Ruine hoch über der gleichnamigen Stadt erhalten. Ein runder Bergfried bekrönt das malerische Bild der Höhenburg aus Bruchstein und Ziegeln.

Die ausgedehnte Wehranlage wird schon 1240 in den Berichten über die Tatarenkämpfe erwähnt[22]). 1347 hören wir, daß sie durch Jean Grot, Bischof von Krakau, neu ausgebaut wird, auch 1603 werden große Arbeiten ausgeführt, bis 17. September 1655 die Schweden die Feste besetzten und die Stadt zum großen Teil zerstörten, doch diente die Burg noch teils zur Verteidigung, bis die Österreicher 1796 die Reste verbrannten.

Die Burg Korzkiew liegt an der Weichsel westlich Lublin Sie besteht aus einem noch teilweise überdachten rechtwinklig geknickten niedrigen Bau, mit einem engen Hof an der Südseite, dessen unregelmäßige winklige Form dem Umkreis des Burgfelsens folgt (Abb. 513).

Im Südosten führt ein viereckiger Torturm in diesen Hof. Er zeigt als Zugbrückenreste eine breite Einfahrt und daneben eine schmale Fußgängertür. Die ganze Anlage hat etwa 80 m Länge von Südosten nach Nordwesten gemessen, war also nur ein geringes Werk.

Reste mächtiger Türme bietet dagegen Majkowice[23]), während vom eigentlichen Wohnbau nur Bruchstücke rechtwinkliger Räume aufrechtstehen, deren Gesamtanlagen kaum klar zu übersehen sind (Abb. 514). Immerhin stand der Erbauer unter Deutschordenseinfluß.

Eine für Polen sehr ungewöhnlich regelmäßige Anlage muß die kleine Burg Mod-

Abb. 515. Burg Modliszewice, regelmäßige Anlage. B. E. nach Stanislawa Tomkowicza.

[22]) La Pologne I., S. 376 mit Stich. — [23]) Sprawozdania Historyi Sztuki, W. Polne Krakau VIII 1907, S. 167ff.

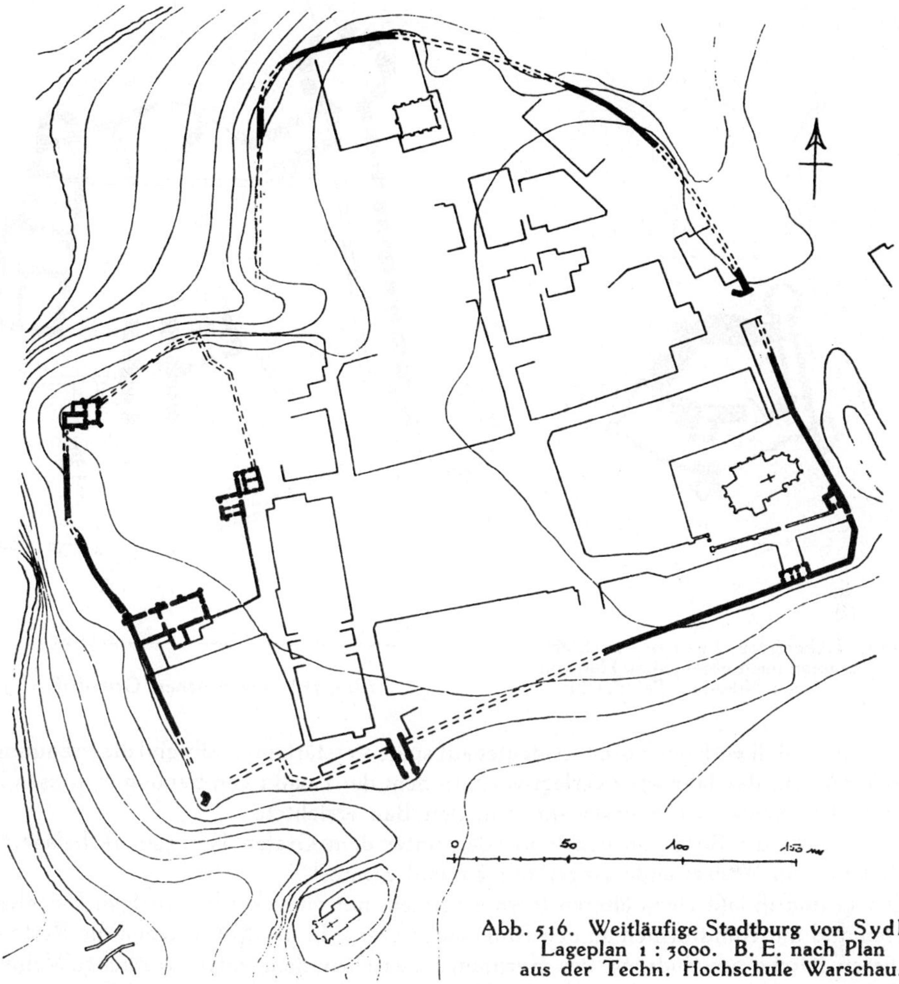

Abb. 516. Weitläufige Stadtburg von Sydlow. Lageplan 1 : 3000. B. E. nach Plan aus der Techn. Hochschule Warschau.

liszewice genannt werden, die an einem rechten Nebenfluß zur Pilica sich aus einem rechteckigen kleinen See erhebt (Abb. 515)[24].

Sie besteht nur aus einem Torhaus und einem kleinen Pallas rechteckig mit zwei halbrunden Türmen an den entgegengesetzten Längswandenden, die allein burgliche Scharten aufweisen. Die Burginsel war wohl kaum von einer Zwingermauer umgeben, vielleicht nur von Pallisade oder Erdwall oder Hecken, bot also kaum mehr als ein festes Wohnhaus.

Eine weitläufige Stadtburg zeigt der Grundriß (Abb. 516, Taf. 88) von Szydlow[25]), westlich Sandomir gelegen, bietet sie eine unregelmäßige Anordnung. Die eigentliche Burg liegt in der Stadtmauer hoch über dem westlichen steilen Abfall des hochliegenden Stadtbauplatzes. Ein langrechteckiger fester Wohnbau zieht sich von der Westringmauer genau nach Osten.

Die Ruinen der Höhenburg Teczyn westlich Krakau ist[26]) im Zustand von 1807 dargestellt (Abb. 517, 518, 519).

[24]) Tomkowicz, Z wyciezki do Krolestwa Polskiego. S. 187. — [25]) Tadeusz Szydlowski, Pomniki architektury. — [26]) La Pologne. Bd. III 1839—42. S. 470 Lageplan in Historiji Szuki 1912 VII von Dr. Nikodem Pajzderski vom Jahre 1655.

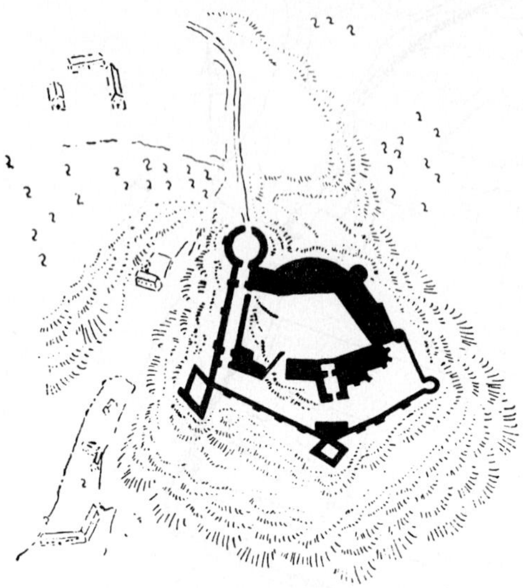

Abb. 517. Höhenburg Teczyn, westlich Krakau. Lageplan nach einem alten Plan von 1655. B. E. nach Nikodem Pajzderski.

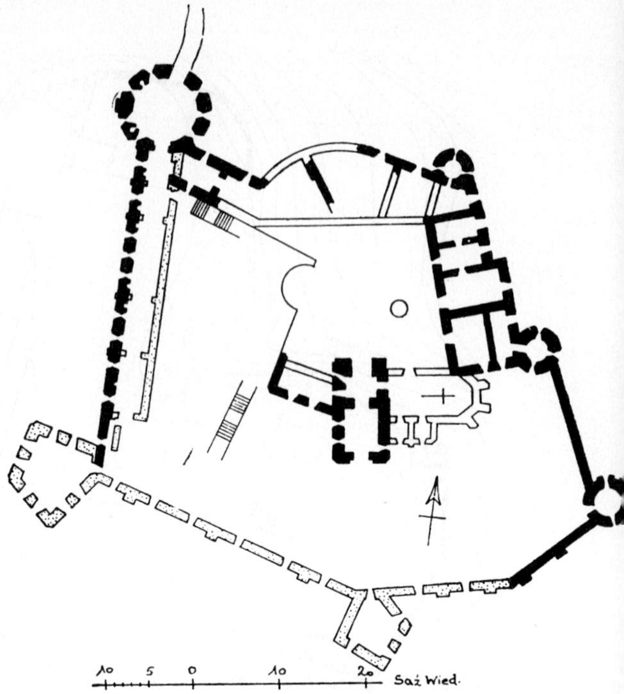

Abb. 518. Desgleichen Grundriß 1 : 1000.

Das runde Bollwerk des Torbaues deutet auf späte Verstärkung, während die Erbauung des Burgkernes auf das Jahr 1319 verlegt wird, in dem der Palatin von Sandomir, dessen Sohn danach den Namen Zenezynski annahm, den Bau errichtete.

1633 wurde die Burg von den Schweden unter dem Grafen Königsmark belagert und nach längerem Widerstande eingenommen und zerstört.

Der Grundriß läßt einen älteren Kern erkennen, mit viereckig turmartigen Einzelwohnbauten und mit Rundtürmen an den Ringmauerecken. In der Mitte stehen die Reste einer größeren Kirche am Südrand des Kernhofes zwischen dem einen westlichen Wohnturm und dem westlichen Hauptbau. In der Hofmitte ist der Burgbrunnen in Resten erhalten.

Gegen Süden ziehen sich tiefer liegend 50 und gegen Westen 40 m lange Zwingermauern mit vielen Scharten hin, daran als Südspitze und an der Südwestecke je eine fünfeckige späte Bastion.

Abb. 519. Ruinen der Höhenburg Teczyn westlich Krakau. Ansicht vom Jahre 1807. B. E. nach Nikodem Pajzderski.

Spät dagegen ist die Burg Jezow, östlich Litzmannstadt, die den Übergang zum Schloßbau verrät, ein kubischer Bau mit Eckturm an einer Seite[27]).

Die Wasserburg Mir (Mirce) (Abb. 520, 521), Kreis Stolpce, ist der unregelmäßigen Burg Teczyn

[27]) Luszczkiewicz a. a. O. S. 202/203.

Burg Z i c h e n a u im ehemaligen Polen

Burg Szydlow im ehemaligen Polen

Burg Bedzin im ehemaligen Polen

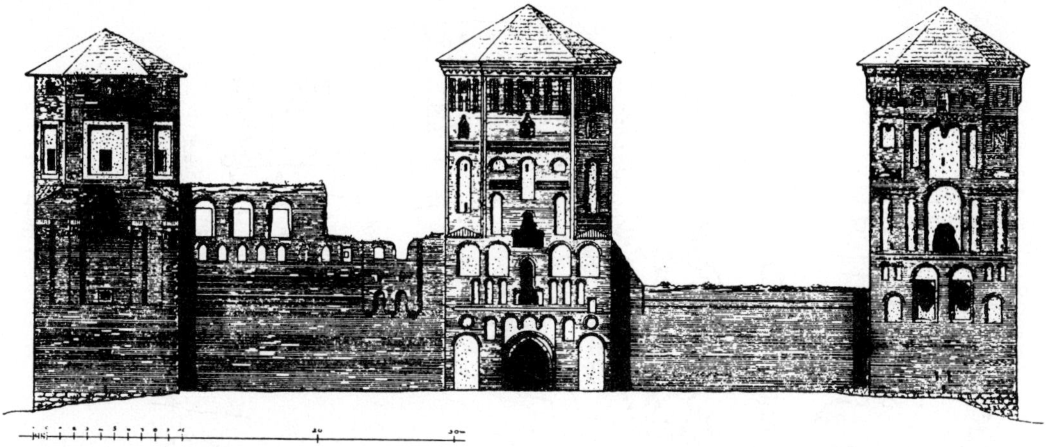

Abb. 520. Wasserburg Mir im Ordensbaustil. Aufriß 1 : 500. Nach Prof. Dr. Schmid, Marienburg.

gegenüber völlig rechteckig. Sie liegt malerisch an einem ausgedehnten See, nahe einem Seitenwasser der Memel, und ist eine der schönsten und großartigsten gotischen Burg=ruinen im Stil der Deutschordensbaukunst im nordöstlichen Polen (Abb. 520).

Vier mächtige, 9 m dicke, in den hohen untersten Feldsteinsockeln quadratische, oben achteckige Ecktürme, zeigen die dem Orden eigenen, im Rundbogen geschlossenen Putz=felder aller Größen und Formen. In der Mitte der Westfassade steht der fünfte, der Tor=turm. Alle erheben sich quer zum schützenden Wasser in 5 Geschossen bis zu 30 m um das Mantelmauerquadrat von 63 m Länge. Der Seitenbestreichung der Türme, die sonst Ordensburgen fremd ist, dienten hier zerstörte Scharten, gering an Zahl, was dagegen mit der Ordensgewohnheit übereinstimmen würde.

An die Nord= und Ostseite lehnen sich innen bedeutende Wohnbaureste an, der Südflügel fehlt jetzt, wodurch der Innenhof quadratischen Grundriß von 43 m Seitenlänge zeigt[28]).

Die Außenwerke bestehen heute aus einem niedrigen Vorwall, der an der Nordostecke eine viereckige Bastion aufweist. Zinnen, Scharten und Wehrgänge sind zerstört.

Die Abmessungen der Burg sind ganz be=deutend, die künstlerisch würdige Gestaltung des rohen Ziegelbaues noch wohlerhalten. Der Platz unmittelbar am Wasser verlangte zweifellos technisch sorgfältigste Gründung (Abb. 521).

Die Lage der Burg Mir weit östlich Bialy=stok, nahe der ehemaligen altrussischen Grenze, zeigt, wie erstaunlich weit der Einfluß deut=scher Baukunst reichte[29]).

Die noch gotische Burg gehörte den Fürsten Radziwill, denen auch die Errichtung zuge=sprochen wird. Die Fertigstellung erfolgte spätestens um 1530[30]).

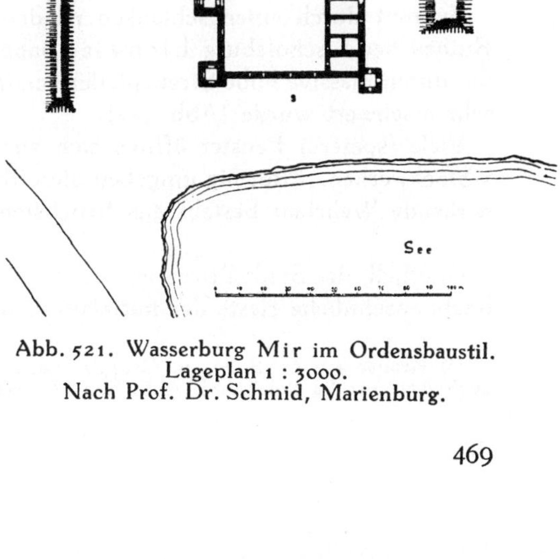

Abb. 521. Wasserburg Mir im Ordensbaustil.
Lageplan 1 : 3000.
Nach Prof. Dr. Schmid, Marienburg.

[28]) Schmid: Die Burgen Litauens, in Burgw. 1942. — [29]) Abb. bei Sappok: Deutsche Baukunst in Polen, in: Der deutsche Baumeister Heft 10, Jg. 1, 1939, S. 6. — [30]) Schmid: in Burgw. 1942.

Abb. 522. Ruinen der Bischofsburg Lipowiec. Ansicht. B. E. nach „La Pologne".

Zu den viereckig gegliederten polnischen Burgen gehört auch Ojcow (Ojcor) am Krakauer Jura[31]). Zwischen 1290 und 1300 soll sich hier Wladislaus Lokietek versteckt gehalten haben. Kasimir dem Großen wird, wie so vieler anderer Burgen in Polen, auch die Errichtung Ojcows zugeschrieben (Abb. 547, 548).

Die Bauumrisse werden freilich trotz der Regelmäßigkeit durch die tragenden Jurafelsen bestimmt.

Ein achteckiger Bergfried von gewaltiger Mauerstärke krönte den höchsten Felsen, zu dessen Füßen eine von 4 Pfeilern getragene Brücke über eine als Halsgraben benutzte breite Felsspalte führt. Die Brücke reichte bis zu einem Tortunnel, der dem Höchstfelsen entlang bis zum inneren Haupttor führt. Ein späterer, schloßartiger Wohnraum steht auf einer breiten, tieferen Felsenbank, seine sechsfenstrigen Längsmauern springen rechts vor. Zwei achteckige Wendeltreppentürmchen führten zu höheren Geschossen.

An die kurze Vorderseite und den Bergfriedfelsen schließt eine weite, rechteckige Vorburg an.

Wir haben also bei Ojcow einmal eine im Süden gelegene Burg, von der sich rechteckige Bauteile erhalten haben, obgleich sie auf breit malerisch bewegter Felsengruppe erbaut war[32]).

Bekrönt durch einen schlanken runden Bergfried erheben sich auf steilem Kegel die Ruinen der Bischofsburg Lipowiec nahe Krakau mit starker rechteckiger Mantelmauer, die durch massive hohe Strebepfeiler verstärkt ist, wodurch freilich die Seitenbestreichung sehr erschwert wurde (Abb. 522).

Viele (spätere) Fenster öffnen sich zur Erleuchtung zahlreicher enger Innenräume in 3 Stockwerken. Eiförmig umgeben diese Burg mehrfache Zwingermauerreste. Der deutsch wirkende Wehrbau besteht aus Bruchsteinwerk von großer Stärke.

Oberhalb der Stadt Plock an der Weichsel, auf einem langgestreckten Hügel, sind noch heute ansehnliche Reste der mittelalterlichen Burganlage zu sehen. Ursprünglich standen

[31]) Krause a. a. O. S. 25, u. Grundr. nach Plan der Techn. Hochschule Warschau. — [32]) Siehe auch Ans. in: La Pologne I, Abb. S. 41 (soweit man der Darstellung trauen darf).

in engem Zusammenhang damit der Dom und ein Benediktinerkloster, das schon 1038 gegründet wurde[33]). Im Jahre 1300 wird in einer herzoglichen Urkunde der neue Bau der Burg erwähnt. 1356—60 wurde die Burg mit hohen Türmen, doppelten Mauern und Gräben verstärkt.

Die Kernburg besteht aus 4 Flügeln, die einen unregelmäßig viereckigen Hof umschließen. Nach Osten und Süden war eine Vorburg vorgelagert, insgesamt besaß die Anlage eine Längenausdehnung von 180 m. Die umgebende Ringmauer war vieleckig geknickt.

Die Anlage gleicht den frühen Ordensburgen der Zeit um 1240—70[34]).

1632, als die Burg in den Besitz des Klosters überging, wurde in den Südflügel eine Kirche eingebaut.

Noch heute steht der unten viereckige, im oberen Teil achteckige, wie bei der Ordensburg Strasburg zurückgesetzte, Adelsturm, den Kasimir der Große 1353 erbaut haben soll[35]).

Die Stadt Traken (Troki) mit ihren zwei Burgen (eine Landburg in Neu-Traken und eine zweite auf einer Insel im Galvasee) liegt am Ufer des malerischen Sees, kaum 10 km von Wilna entfernt (Abb. 523, 524, 525).

Sie war geschichtlich und politisch bedeutend und zeitweise, wie Wilna, eine Hauptstadt Litauens. Die Erbauung der Landburg wird der Zeit vor 1381 zugeschrieben[36]). Sie spielte schon damals in der Geschichte Litauens eine Rolle.

Von den litauischen Fürsten wird Keistut besonders als ihr Bewohner genannt, und ihm wird auch die Erbauung einer zweiten Burg, 6 km nordwestlich der alten, zugeschrieben[37]).

Dauernde innere Kämpfe mit den Deutschordensrittern oder gegen sie erfüllen die ersten Jahrhunderte. Erst als Jagiello 1386 durch die Vermählung mit der polnischen Königstochter Hedwig die Würde als König von Polen erhielt, verlor Traken viel von seiner politischen und wirtschaftlichen Bedeutung.

Der sogenannten alten Burg in der Stadt Traken (s. unten) folgte sehr bald (vor 1414)[38]) der zweite Burgbau im Galvasee. Von ihm sind noch einige Reste erhalten: ein stark an die Ordensburgen anklingender rechteckiger Mantelmauerbau, bestehend aus zwei parallelen Flügeln von 14,4 und 10,60 m Breite, zu seiten eines Hofes von 11,70 m Breite.

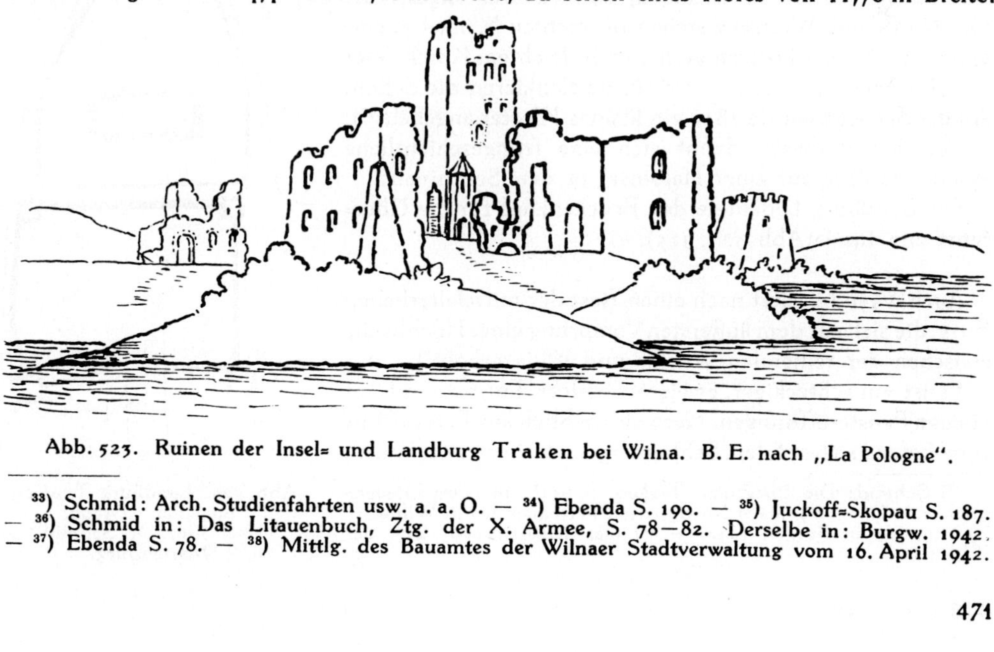

Abb. 523. Ruinen der Insel- und Landburg Traken bei Wilna. B. E. nach „La Pologne".

[33]) Schmid: Arch. Studienfahrten usw. a. a. O. — [34]) Ebenda S. 190. — [35]) Juckoff-Skopau S. 187. — [36]) Schmid in: Das Litauenbuch, Ztg. der X. Armee, S. 78—82. Derselbe in: Burgw. 1942. — [37]) Ebenda S. 78. — [38]) Mittlg. des Bauamtes der Wilnaer Stadtverwaltung vom 16. April 1942.

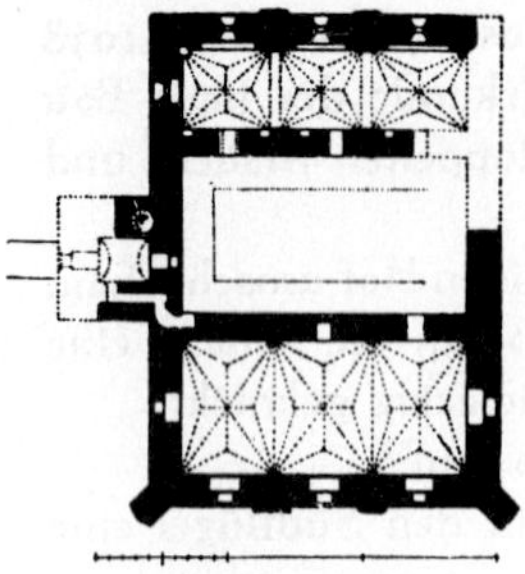

Abb. 524.
Inselburg Traken.
Grundriß 1 : 1000.
Nach Prof. Dr. Schmid,
Marienburg.

Ein Torturm nahm die Mitte der 36,7 m langen Westfront ein. Die Schmalseite ist 26 m lang (Abb. 523, 524).

Eine ziemlich weite Vorburg zieht sich westlich dieses Kernbaus großenteils am See entlang; sie umfaßte Wirtschaftsbauten, wie Ställe, Schmiede, Brauhaus, Backhaus und Scheunen. Zwischen Vorburg und Kernbau zog sich ein Graben hin[39]), über den eine Zugbrücke führte. Zwei starke Ecktürme schlossen die Vorburg ab. Das Vorburgtor lag südwestlich.

An dem gesprengten Torturm des Kernbaus erkennen wir noch als Bekrönung der Mantelmauer die Umrisse eines Wehrganges. Er führte bis zum Obergeschoß des Saalbaues.

Dieser erhob sich über dem Untergeschoß zu einem prachtvollen gewölbten Hauptstock, worüber noch ein zweites Obergeschoß angeordnet war. Der südliche Saalbau umschloß unten einen Raum von 22,5 m Länge und einer Gewölbespannweite von 10 m. Die drei Joche waren überdeckt von je einem reichen Sterngewölbe. Fünf rundbogige, vergitterte Fenster, drei nach außen, zwei dem Innenhof zu, erhellen den Raum. Dieser Saal kann Burgkapelle oder Speisesaal gewesen sein.

Der nördliche Saalbau enthielt Prunkräume und Schlafgemächer.

Der Bau ist technisch mustergültig; wahrscheinlich wurde auch er von kühnen deutschen Baumeistern weit im Osten aufgeführt. Sauberes Granitfindlingsmauerwerk bildet die tieferen Schichten, darüber ruht gleich vortreffliches Ziegelmauerwerk verschiedener Schichthöhen. An den Ecken des Baues sind die Abmessungen 32×17×7. Die Ziegelsteine um die Fenster messen 30×14×7; in den Fundamenten finden wir Ziegel von 31×14×18½ cm, aber auch von 28×13×7 cm[40]). Der Gesamteindruck des bedeutenden Burgbaues ist der einer Leistung des deutschen Ritterordens.

Die Lage der Burg am See ist für Litauen einzigartig, in Preußen allerdings häufiger.

Bei der früher errichteten Landburg von Traken (Nove Troki) ist im Grundriß ein Quadrat angestrebt: Die Nord- und Westseite stehen im rechten Winkel zueinander, die beiden übrigen verlaufen in leichtem Knick. Vier verschiedene, quadratische Ecktürme flankieren die Seiten. An der Südseite wurde 1846 ein kleines Kloster angebaut[41]).

Vor der Nordseite dehnt sich eine frühgeschichtliche Wallburganlage auf einer Halbinsel in den See hinaus.

Die Landburg bedeutete den Brückenkopf für die Überfahrt zur Insel (Abb. 523, 525).

Auch Wilna besitzt noch einen Rest der mittelalterlichen Burg, die sich auf dem äußersten Vorsprung einer Hochfläche zwischen der reißenden Wileika und Wilja erhob[42]).

Es ist ein achteckiger, zweigeschossiger Turmstumpf mit einigen Fensteröffnungen. Nach einem Stich aus Force d'Europe befand sich auf dem Schloßberg noch ein zweiter Turm.

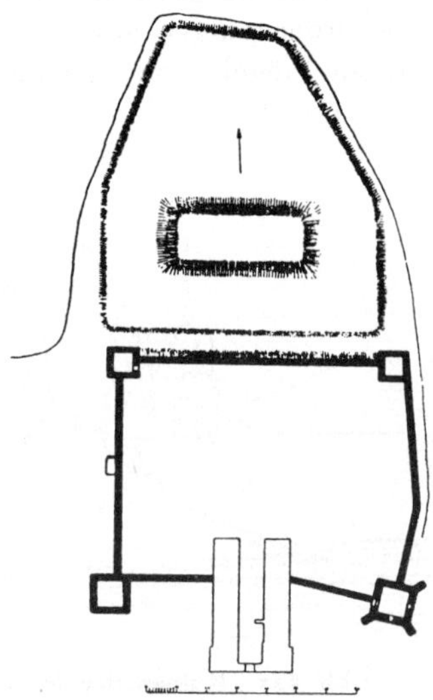

Abb. 525. Landburg Traken. Lageplan 1 : 3000. Nach Prof. Dr. Schmid, Marienburg.

39) Schmid: Die Burgruine Traken, S. 81 ff., in: Das Litauenbuch a. a. O. — 40) Nach Mittlg. des Stadtbauamtes in Wilna. — 41) Schmid: in Burgw. 1942. — 42) Das Litauenbuch, Ztg. der X. Armee.

Die Stadt und Burg Kauen (Kowno), im östlichen Litauen am Zusammenfluß von Memel und Wilia gelegen, wird erst verhältnismäßig spät in den Urkunden der Ordensritter erwähnt. 1362 belagerte Winrich von Kniprode das „castrum muratum" 4 Wochen lang, die Burg wurde genommen und zerstört. 1363 erbaute Kynstut eine zweite Burg, „Neu-Kauen", die 1368 verbrannt wurde. Auch die dritte Burg, die Kynstut daraufhin erbaute, zerstörte 1369 der Hochmeister.

Der allein heute noch bestehende Turm muß mit einem völligen Neubau nach 1410 in Zusammenhang gebracht werden[43]). Er hat 7 m lichten Durchmesser und 3,20 m Mauerstärke mit Scharten in den einzelnen Stockwerken, war also als Batterieturm gedacht.

Als Material dienen Feldsteine mit Ziegeln vermischt. Nach einer Karte der Preußischen Landesaufnahme von 1795 bis 1800 bestand in Kauen ein viereckiges Kastell mit zwei Ecktürmen an der Landseite. Zwei Ecktürme an der Westfassade scheinen (nach einem Stich bei Chodzko) in den Fluß gestürzt zu sein. Die Anlage war eine den Deutschordensburgen verwandte.

26 km südöstlich Wilna, westlich der Straße, auf flachem nach Norden und Westen steil abgeschnittenem Geländerücken und im Süden und Osten hinter Grabeneinschnitten, liegen die Ruinen der Burg Medniken.

Der Grundriß ist rechteckig mit einem quadratischen Außenturm von 18 m Länge an der Nordostecke und einem in der Südecke befindlichen, 9,50 m breiten, etwa noch 5 m hohen Turm. Der Nordostturm hatte Wandtreppen und gewölbtes Obergeschoß. Zum Unterbau dienten Feldsteine, oben folgen Ziegel.

Der nördliche Teil der Hoffläche liegt niedriger, etwas sumpfig, die Mauern sind innen wie außen dicht mit Bäumen bestanden, ebenso wie der Graben; nach Norden schließt sich Sumpfgelände an[44]). Die Anlage ist wenig durchdacht und nicht eigenartig durchgebildet.

Nordwestlich Naugarten auf hohem, gleichmäßig abfallendem Kieshügel, mitten in sumpfigem Gelände, also offenbar an schon vorgeschichtlich verteidigter Stelle, liegt am Lidabach die Burgruine Lida. Der Grundriß ist trapezförmig mit quadratischen Innentürmen an der Nordost- und Südwestecke. Ob die Südostecke früher durch einen Turm bewehrt war, ist zweifelhaft; in der Nordwestecke, in der der bequemste Zugang ist, hat wohl ehemals die Toreinfahrt gelegen. Der Wehrgang der Südmauer ist erhalten, die Öffnungen wechseln regelmäßig zwischen einer Scharte und 3 Sehschlitzen. Die Mauern sind aus gut geschichteten Feldsteinen in stark lehmhaltigem Mörtel ausgeführt, der obere Teil besteht aus Ziegeln unregelmäßigen Formates. An den Außenseiten der Gebäude sind nur 2 Fenster, je eins an der Süd- und Ostfront. An die Wand lehnten sich innen wohl die Holzbauten.

Die Erbauung der jetzigen Burg soll Gedejmin (1. Hälfte des 14. Jahrh.) vorgenommen haben. Jagiello gab sie 1391 an Korybut, 1392 an Wito. Kämpfe des Deutschritterordens gegen Lida werden 1392 und 1394 erwähnt. 1422 feierte man dort die Hochzeit Jagiellos mit der Fürstin Sophie von Kijew[45]). Die Burg muß also damals sowohl gewisse strategische wie wohnliche Bedeutung gehabt haben.

An der Krewianka, einem kleinen Zufluß zur Beresina, südöstlich Wilna, liegt in einer von Nordosten nach Südwesten ziehenden Talmulde die Burg Krewen (Krewo). Der Grundriß ist rechteckig, etwa 69×95 m lichtes Maß, und die schön gefugten Ziegelmauern haben 2,5—2,8 m Dicke.

---

[43]) Schmid: in Burgw. 1942. — [44]) Ebenda. — [45]) Ebenda.

Abb. 526. Ruinen der Burg Novogrodek (Naugarten) in Schwarzrußland. Ansicht. B. E. nach „La Pologne".

An der Nordecke nach außen zu steht ein 19 m breiter Wohnturm mit je zwei spitzbogigen schweren und mehrfach gestuften Fenstern in den 3 Stockwerken der Außenfronten. Die Südecke des Rechtecks verstärkt ein innerhalb der Mauer liegender Turm von 10,5 m Durchmesser. Ein grabenartiger Einschnitt ist nur an der Nordseite erkennbar, sonst war der einzige äußere Schutz die sumpfige Niederung.

Obwohl die Mantelmauern noch bis 8 m hoch sind, fehlen jetzt Wehrgang und Fenster[46]).

Bei Johannes Pasilge[47]) finden wir eine Notiz, wonach eine Burg Naugarten (Novogrodek) 1394 verbrannt wurde. Es mag sich aber nur um Stadt und Vorburg gehandelt haben, da die Burg selbst noch lange Zeit von dem litauischen Herzog Wito bewohnt wurde. Sie liegt etwa 45 km südöstlich Lida, in Schwarzrußland, auf einem abgeflachten Hügel. Es stehen noch 3 mehrere Stockwerke hohe Türme (Abb. 526). Der mächtige quadratische Torturm mit 2 Eckstrebepfeilern zeigt innen unten Brandreste, die Nordwand bietet hellrote Ziegel. Die spätgotische Torumrahmung zeigt Steine von 6 × 14 × 13 bei 82 cm Höhe und 10 Schichten. Den Kern des Mauerwerks bildet Findlings-Gußmauerwerk aus großen und kleinen Granitsteinen. Die Eckstrebepfeiler sind alt, aber später mit Granit verblendet. Die ursprüngliche Anlage muß man sich vorstellen als umschlossen von einer vieleckigen Mantelmauer, an die sich innen die Gebäude (teils Holz, daher verschwunden) anlehnen. Verteidigungswerke wie Gräben und Außenmauern sind nicht mehr erkennbar.

Die Burgenform geht zurück auf die frühgeschichtlichen Wallburgen, die in Litauen wie in Preußen (Zantoch z. B.) zahlreich vorhanden waren.

Die rechteckige Anlage von Beberen (Bobrowniki) 37 km oberhalb Thorn, liegt auf einer einsamen Insel in der Weichsel. Die Burg wurde von einem Mauerviereck umschlossen, das 46 m Seitenlänge hat. Die Stützmauer des West- und Südflügels aus mächtigen Granitsteinen ist noch erhalten, ebenfalls steht der Hauptturm in der Südostecke noch in einer Höhe von 13 m, Die Ziegel haben die Größe 9 × 13 × 27, die Mauertechnik ist sehr solide wie in der besten Zeit der Ordensbaukunst. 1401 wurde das „Gebäude zwischen der Küchen und dem Turme zu Beberen" fertiggestellt, wofür der Zimmermann 17 Mark erhielt[48]).

Unregelmäßige Grundrisse

Trotz des Einflusses des Deutschen Ordens zeigt aber wohl die Mehrzahl polnischer Burgen unregelmäßige Grundrisse, soweit nicht in der Ebene in der Regel die vorgeschichtlichen Wallburgen — ausgesprochene Rundlinge — bestimmend noch bei späten Um- oder Ausbauten mitwirkten.

Solange wie die vorgeschichtlichen und im polnischen Gebiet auch noch die frühgeschichtlichen Burgen für größere Mengen von Verteidigern üblich und zweckmäßig

[46]) Schmid: in Burgw. 1942. — [47]) Ebenda. — [48]) Schmid: Architekt. Studienfahrten usw., S. 11.

waren, sind auch wohl Holz= und Erdwallburgen noch gebaut worden. Sobald dagegen wenige, vollendet gepanzerte Ritter als Verteidiger ihrer Burgen, auf Einladung der Für= sten, in Polen einwanderten, kann man — nach deutscher Sitte — das Auftreten über= wiegend unregelmäßiger Bauten erwarten. Auch die Polen suchten sich natürlich ihrer= seits solche Bauplätze dort, wo die natürliche Unzugänglichkeit des Geländes allzu große Kosten für baulichen Aufwand ersparte.

Das war der Fall in den wilden Berggegenden der Beskiden oder Karpaten und des Tatra= gebirges. Besonders auch am Ufer des Dunajec oder im Gebiet des Dnjestr fanden sich solche Bauplätze.

So ist z. B. die Burg Olsztyn nahe der Warthequelle bei Tschenstochau auf unwahr= scheinlich zerklüftetem Felsenkamm regellos aus Türmen und Wohnturmresten, aus Bruch= steinen zusammengebaut. Diese Burg zeigt aber trotz ihrer Regellosigkeit an der Erhöhung eines der Bruchsandsteintürme, daß die Lehren des Ziegelbaues der Ordensritter auch hier ihren Einfluß nicht ganz verloren.

Ähnlich die Burg Bentschin (Bedzin), nordwestlich von Krakau, die auch auf einem, allerdings etwas weniger wilden, Berggipfel in unregelmäßiger Form errichtet wurde.

Die Ruine Bobolice, Kreis Bentschin, ist dagegen auf ganz nacktem, zerklüftetem Felsen erbaut, dessen Regellosigkeit sich die Ringmauer langgestreckt anfügen mußte. Der Felsenkamm allein war maßgebend für den Umriß der Mantelmauer (Abb. 527). Die langgestreckte Kernburg, deren Mantelmauer vier ungleiche Räume umfaßt, steht auf dem höchsten schmalen Felsen westlich; südlich und östlich umfaßt ein breiter, tiefer= liegender Zwinger den Kern der kleinen An= lage.

Noch unregelmäßiger ist die Form bei der anderwärts geschilderten Burg Ogrodzieniec, obwohl hier Ende des 15. Jahrh. versucht wurde, einen Hufeisengrundriß auf den unregelmäßigen Felsgipfeln zu errichten.

Eine ungewöhnlich regelmäßige Form ist auch durch späteren Umbau gelungen bei der Burg Ojcow am Krakauer Jura (s. S. 470 u. 490).

Am Zufluß des Strypa in den Dnjestr liegen die hohen Mauern= und Turmreste der Burg Jazlowiec im Kreise Buczacz. Die hier allein vorliegende Radierung[49]) (Abb. 539) gibt einen ungenügenden Begriff einer malerischen, turm= reichen, breiten Ruine über einem neuen Schloß auf Bergnase von der Angriffsseite dargestellt, die die Lage der Tore und Wohnbauten be= stimmte.

Der Wehrbau aus der Zeit der Jagellonen spielte eine Rolle als Besitz der im 17. Jahrh. ausgestorbenen Familie Jazlowiecki schon vor der Zeit des Königs Sigismund III., oder Maxi= milians und anderer.

Völlig der zufälligen Form der Felsen folgt endlich die Ruine Mirow (Abb. 528). Es ist

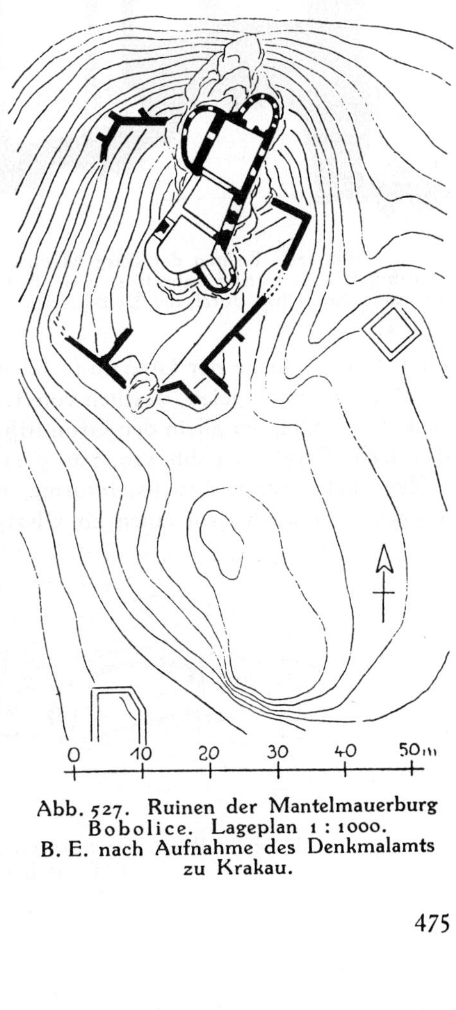

Abb. 527. Ruinen der Mantelmauerburg Bobolice. Lageplan 1 : 1000. B. E. nach Aufnahme des Denkmalamts zu Krakau.

[49]) La Pologne hist., littér., monum., Bd. I, S. 441.

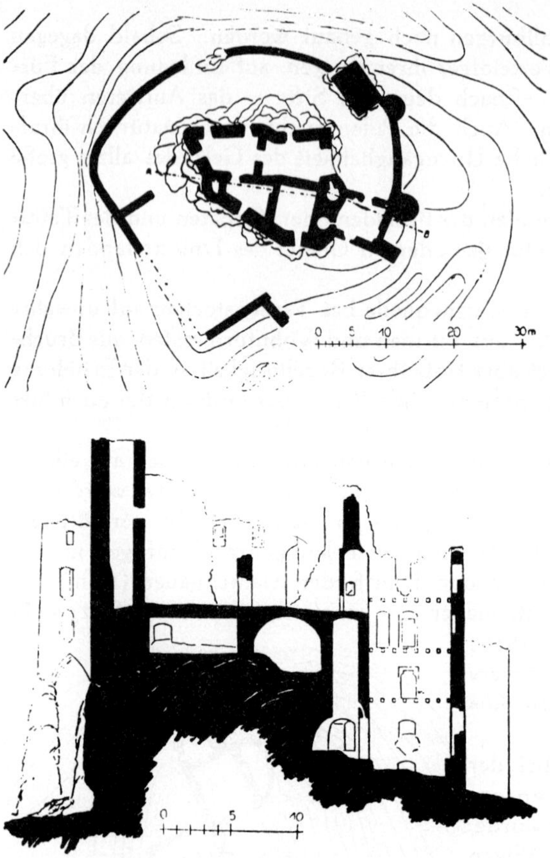

Abb. 528. Ruinen der Burg Mirow.
Grundriß 1 : 1000 und Schnitt 1 : 500. B. E. nach architekt. Aufnahme durch das Denkmalsamt Krakau.

schwer, eine Absicht herauszuerkennen, nach der die dreiviertelrunden Eckstrebepfeiler angeordnet sind. Kaum ist es möglich, darin mehr als die zufällige Platzwahl für die Verstärkung der Pallasmauern zu erblicken.

Doch der schmächtige Wartturm, der die Mantelmauer verstärkt, ist wohl nur aus wehrtechnischen Gründen und nicht aus dem Wunsche nach malerischer Schönheit hier angeordnet.

Eine ganze Reihe unregelmäßiger Burgenformen finden wir in den weiter hier angeführten Beispielen aus der Frühzeit vor dem Übergang aus der Burgform zum festen Schloß.

Fast alle zeigen planlose Grundrisse, die durch spätere An= und Umbauten hervorgerufen sind.

Dem deutschen Einfluß waren auch die gebirgigen Gegenden unterworfen, namentlich die Gebiete bis an die Ufer des Dunajec und die Abhänge der Karpaten und der Beskiden.

Die Felsenburgen zeigen durchweg viele Türme, sind oft sehr malerische Ruinen, aber sie zeigen keine Kunstformenreste oder klaren Zweck beweisende Grundrisse, die eine Zeitbestimmung der Schule erlaubten.

Einen stolzen, malerischen Umriß bieten die 3 Türme der Grenzfeste Kleinpolens gegen Masovien der Burgruine Chęciny bei Kielce in Kleinpolen, westlich vom Lisa=Gora=Gebirge. Auf kahlem, schmalem Felsenrücken errichtet, der allein den Grundriß bestimmt, bietet sie einen weiten Umblick über das flache Bergland (Abb. 529, 530, 531).

Zwei helle, runde Bruchsteintürme, richtige Bergfriede, tragen dunkle Ziegelaufstokkungen — ähnlich dem einen zu Olsztyn. Eine etwa 2 m starke, 125 m langgestreckte

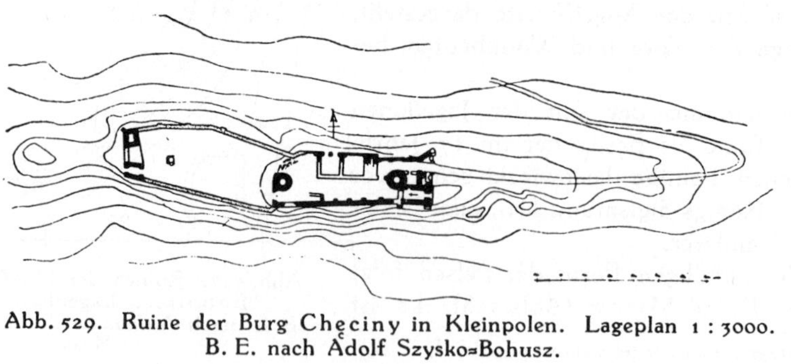

Abb. 529. Ruine der Burg Chęciny in Kleinpolen. Lageplan 1 : 3000.
B. E. nach Adolf Szysko=Bohusz.

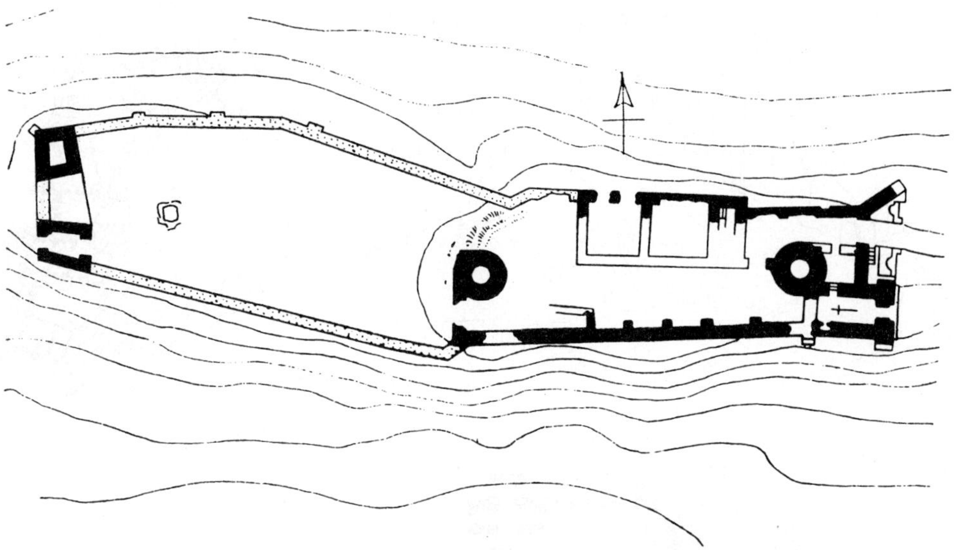

Abb. 530. Ruinen der Burg Chęciny. Grundriß 1 : 1000. B. E. nach Adolf Szysko=Bohusz.

Ringmauer aus dem teilweise offenbar nicht besonders wetterbeständigen hellen Kalkstein umgibt die Bergfriede und wenige anlehnende niedrige Wohnbau=Pallas=Reste. Die eine schmale Endseite ist etwas tiefer durch eine kurze gerade Stirnmauer quer über dem Hügel=kamm geschlossen. Nahe einer Ecke liegt das heute weiter ausgebrochene Tor, die andere Querecke nimmt ein schlanker Vierecksturm mit hochgelegenem Eingang ein, der das große Tor und einst wohl auch einen Graben beherrschte.

Der Turm mag, wenn man den Abstand seiner 13 Rüstlöcherschichten in der Innenseite mit je 1,40 m rechnen darf, noch ungefähr 18 m hoch sein[50]).

Wie die meisten sehr zerstörten polnischen Burgruinen bietet Chęciny keinerlei Kunstformen und kaum Schartenschlitze oder Anlagen, die der Seitenbestreichung dienten, wir dürfen sie aber der hohen Türme bzw. Bergfriede halber als Werk des 14. Jahrh. betrachten.

Ganz großartig vielgegliederte Ruinen bilden die Reste des burglichen Schlosses Ogro=dzieniec, das von dem deutschen Kaufmann Hans Boner errichtet wurde, der 1483 in Polen einwanderte[51]) (Abb. 532).

Als Bauplatz dienen kahle Felsgruppen der Hügel des Krakauer Jura, aus dessen Grundstoff auch die hoch aufstrebenden Türme und die Mauern der sechsstöckigen Wohnflügel aufge=türmt sind.

Von den 4 Rundtürmen machen zwei beson=ders hohe mit Resten ausgekragter Wehrgang=

Abb. 531. Ruinen der Burg Chęciny in Kleinrußland. Ansicht. B. E. nach Adolf Szysko=Bohusz.

[50]) Abb. s. Frey: Deutscher Wehrbau im Osten, a. a. O. — [51]) Frey: Deutscher Wehrbau im Osten, a. a. O.

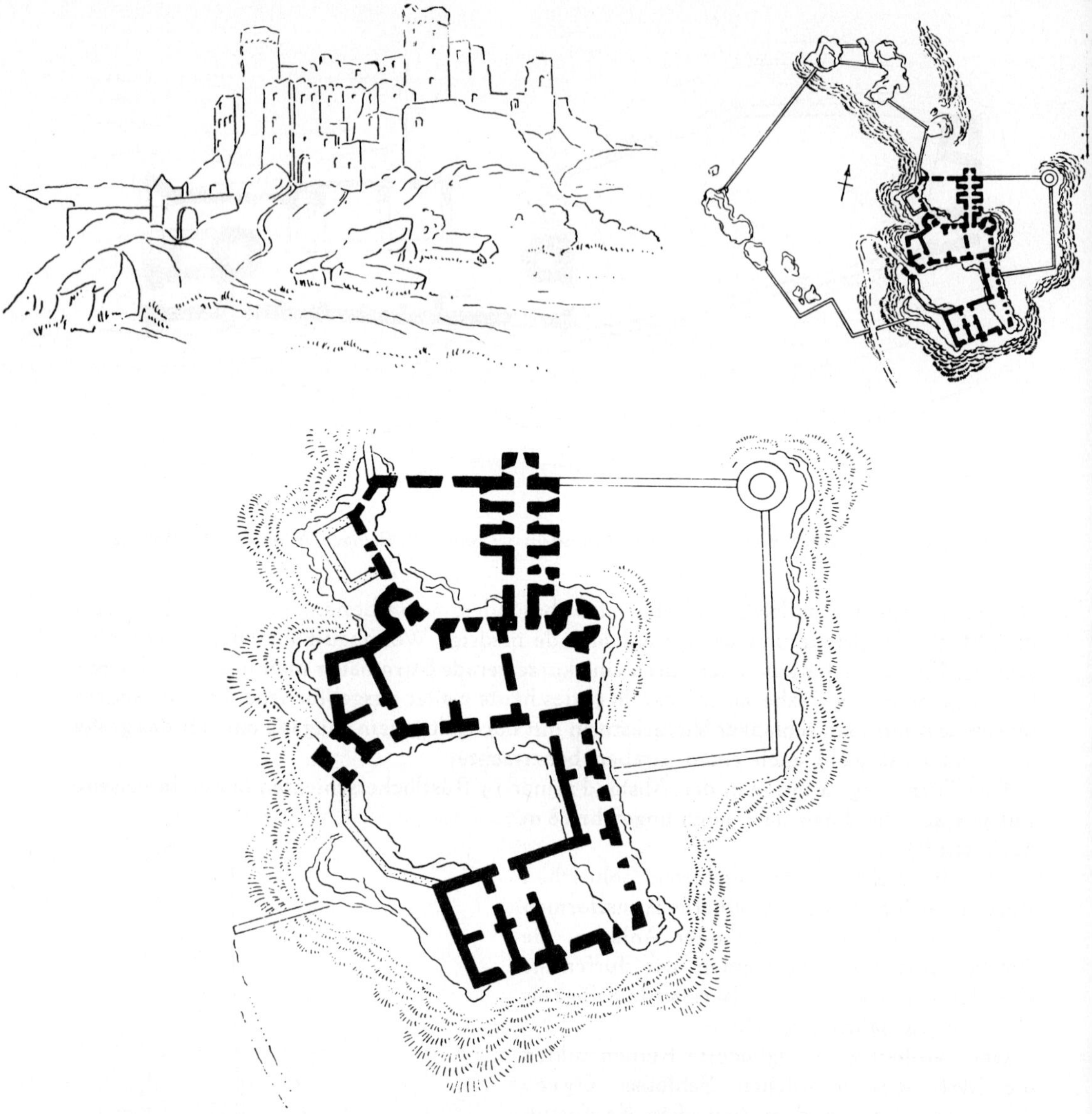

Abb. 532. Deutsche Kaufmannsburg Ogrodzieniec. Späte Anlage.
Ansicht. Lageplan 1 : 3000. Grundriß 1 : 1000. B. E. nach Adolf Szysko=Bohusz.

bekrönungen noch einen wehrbaulichen Eindruck; die hufeisenförmig angelegten Wohn=flügelgruppen zeigen durch die zahlreichen regelmäßigen Fensterreihen schon das Über=wiegen des Wohnschloßgedankens, während der Bauplatz wohl ursprünglich ganz der Sicherheit bzw. Unangreifbarkeit halber gewählt wurde.

Der Angriffsseite zu ziehen sich auf der Höhe der Bergnase noch lange, starke Vorburg=mauern hin.

Die Burg macht durchweg noch einen hochstrebenden Eindruck, während künstlerisch gebildete Gesimse und andere geringe Reste stilmäßiger Durchbildung schon auf die Renaissancezeit hinweisen.

Der fünfstöckige Nordwesteckflügel hat eine Sonderform, die aber durch wehrbauliche Absichten leicht erklärbar ist.

Man wollte diesen merkwürdigen (nur im Grundriß als besonders fest gekennzeichneten) mit einem langen Mittelgang und 3 Querschiffen versehenen Bau nach außen hin nicht besonders kennzeichnen, seine drei höchsten Geschosse gehen außen glatt durch.

Fast muß man an eine beabsichtigt unauffällige Anlage einer Art feuerfesten Schatzhauses denken, denn Verteidigungswünsche hätten Schießscharten, besondere Vorzwinger u. dgl. erfordert.

Auffallend ist auch, daß nur an den schlanken Rundtürmen Reste von Wehrgängen auf ausgekragten Bogenfriesen erkennbar sind.

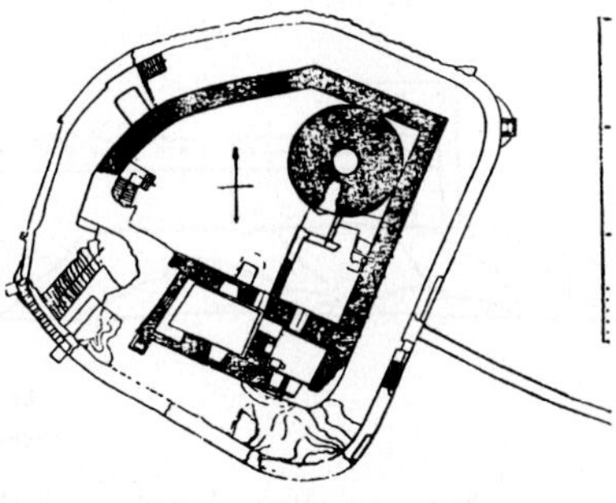

Abb. 533.
Höhenburg Bentschin (Bedzin).
Grundriß 1 : 1000. B. E. nach Plan der Techn. Hochschule Warschau.

Aus dem Lageplan, Abb. 532, ersehen wir, daß die Erbauer zwei große Vorburgen im Westen und Osten unter wohlüberlegter Benutzung weiterer Felsgruppen errichteten, so daß durch den Bauplatz die unregelmäßige Grundform bestimmt ist. Die Hauptauffahrt führt von Süden durch die westliche Vorburg.

Die Bauzeit wird nach der Einwanderung der Elsässer Familie Boner 1483, aber um ein Erhebliches später, anzunehmen sein; darüber, ob bereits vorher an gleicher Stelle eine Burg bestand, haben wir keine Kenntnis.

Die unregelmäßige, im Grundriß dreieckig-rund gestaltete Höhenburg Bentschin (Bedzin) bei Beuthen in Oberschlesien bildet eine Ausnahme unter den kleineren polnischen Anlagen[52]).

Ein mächtiger, runder Bergfriedstumpf von 4 m Mauerstärke nimmt die nordwestlich gelegene spitze Ecke einer 2 m starken Mantelmauer ein, die von Fenstern, rund- und spitzbogiger Form, vielfach durchbrochen ist.

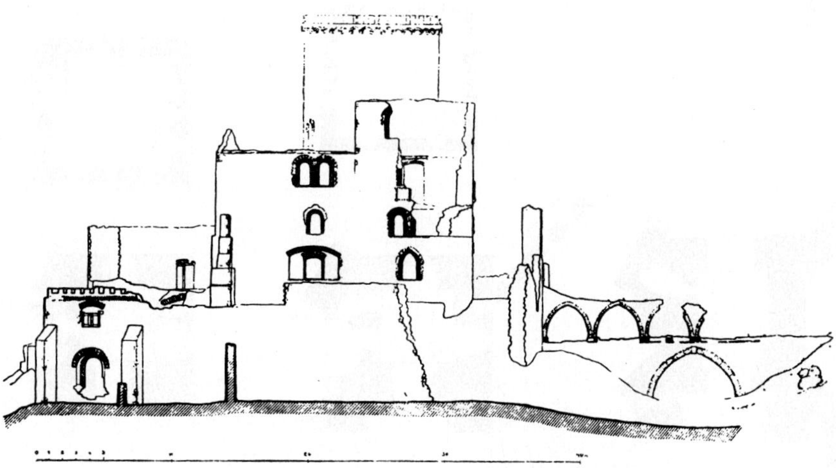

Abb. 534. Höhenburg Bentschin (Bedzin). Schnitt 1 : 500.
B. E. nach Plan der Techn. Hochschule Warschau.

[52]) Frey: Deutscher Wehrbau im Osten, a. a. O.

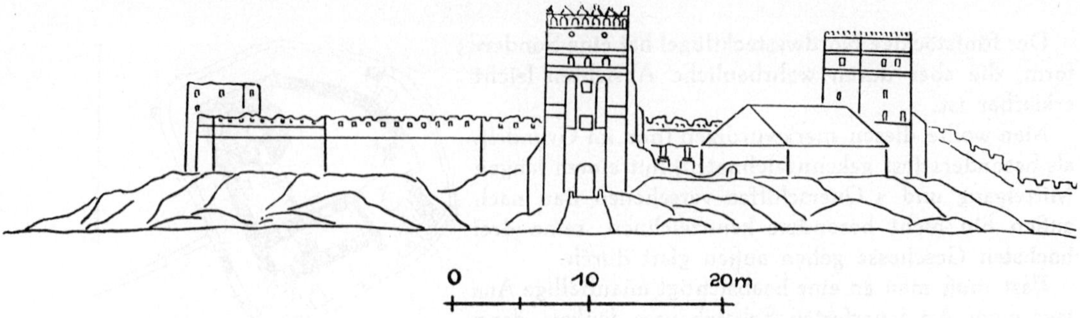

Abb. 535. Burg Luck in Wolynien. Ansicht 1:500. B. E. nach amtlichem Plan.

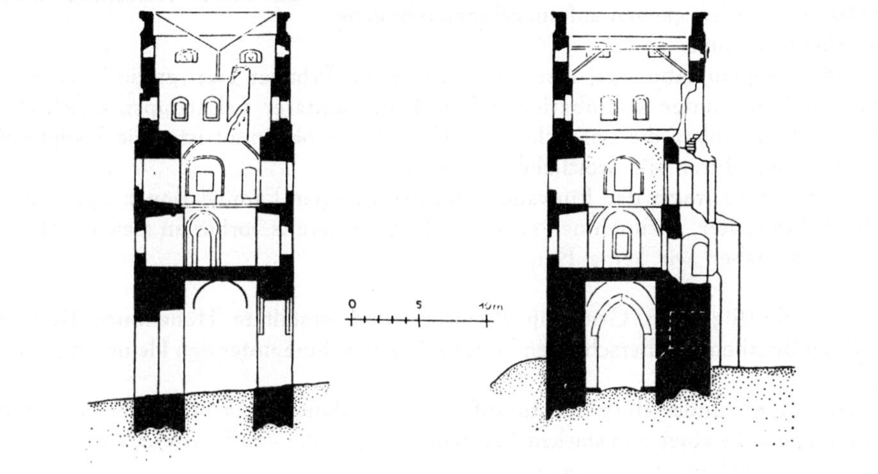

Abb. 536. Burg Luck in Wolynien. Einfahrtsbastei. Schnitte und Grundrisse 1:500.
B. E. nach amtlichen Plänen.

Oben:
Abb. 537. Burg Luck in Wolynien.
Ansicht B. E. nach „La Pologne".

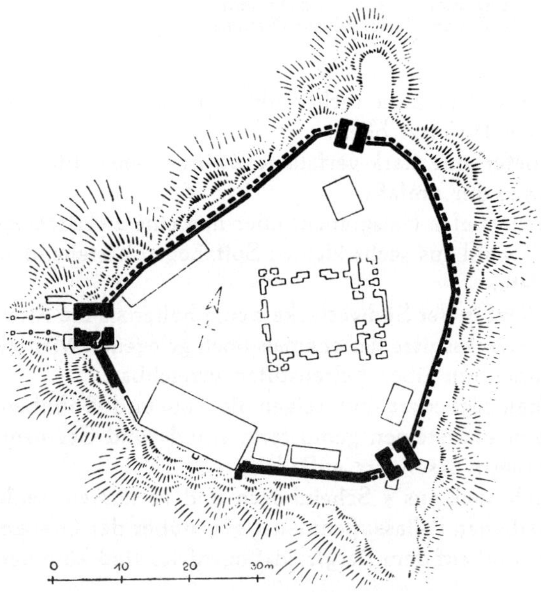

Links:
Abb. 538. Burg Luck in Wolynien.
Grundriß 1 : 1000.
B. E. nach amtlichem Plan.

Unten:
Abb. 539. Burg Jazlowiec
im Kreis Buczacz.
Ansicht B. E. nach „La Pologne".

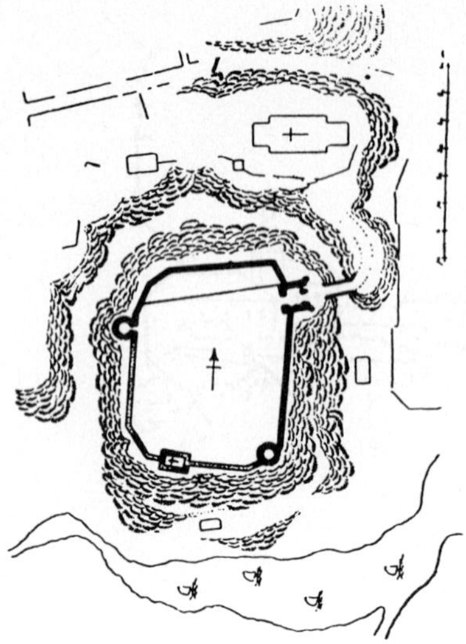 

Abb. 540. Hügelburg Czersk a. d. Weichsel.
Lageplan 1 : 3000 und Ansicht.
B. E. nach Adolf Szysko-Bohusz.

Innen bot diese höchste Kernburg außerdem zwei rechtwinklig zusammenstoßenden Pallasbauten Raum, während der Rest als Hof frei blieb.

Um diese höchste Gruppe zieht sich tiefer eine stark verfallene Zwingermauer hin, mit der der gesamte bebaute Raum etwa 1300 qm umfaßt.

Von nahen Wohnhäusern scheidet sie ein tiefer Halsgraben, über den eine zweistöckige Brücke — unten aus einem, oben ehemals wohl aus sechs kleinen Spitzbogen bestehend — den Zugang zum äußeren Zwinger bildete.

Ein zweites Tor zum unteren Zwinger liegt in der Südwestecke wenig höher als die Ringgrabensohle. Dahinter ist die westliche Dreiecksspitze der ehemals hoch gelegenen Mantelmauer völlig zerstört, war aber hier immer nur über Felsenstufen erreichbar.

Während alle Bauteile unruhig im Aufbau gegliedert sind, zeigen die Tor- und Wohnbaufenster eigentümlicherweise aus schwarzen Plattsteinen gemusterte Rund- und Segmentbögen, die in den weißen Bruchsteinmauern besonders auffallen.

Besonders wunderlich ist ein Mauerschmuck aus 5 Scheinbögen und 10 kurzen, senkrechten, flachen Mauerschlitzen in der östlichen Pallasaußenmauer gegenüber der Grabenbrücke. Die Zinnen über dem Grabentor und auf dem Bergfried-Bogenfries sind kümmerliche neue Ergänzungen.

Irgendeine eigenartig polnische Form findet sich weder im Grundriß noch im Aufriß[53]) (Abb. 533, 534, Taf. 88).

1434 war die Burg Schauplatz des Friedensschlusses zwischen den Krakauern und den schlesischen Piasten, 1579 unterschrieben hier deutsche und polnische Bevollmächtigte Sigismunds III. und Maximilians den Verzicht der Habsburger auf den polnischen Thron[54]).

Südlich Warschau, bei Gora Kalwarya in Masovien, erhebt sich auf isoliertem Hügel über dem Flusse Czarna, der hier in die Weichsel mündet, die von Wasser umgebene Hügelburg Czersk. Der unregelmäßige Grundriß des Ziegelbaues bildet ein breites Vieleck. Die starke, nicht überhohe Ringmauer wird durch zwei willkürlich verteilte hohe Rundtürme an der Ost- und Westseite und einen starken quadratischen Torturm im Norden verstärkt[55]) (Abb. 540, 541, 542, Taf. 90).

[53]) Plan aus den Beständen der Technischen Hochschule Warschau. — [54]) Mitteilung Ekkehard Schesmer. — [55]) Karczewski: Czersk.

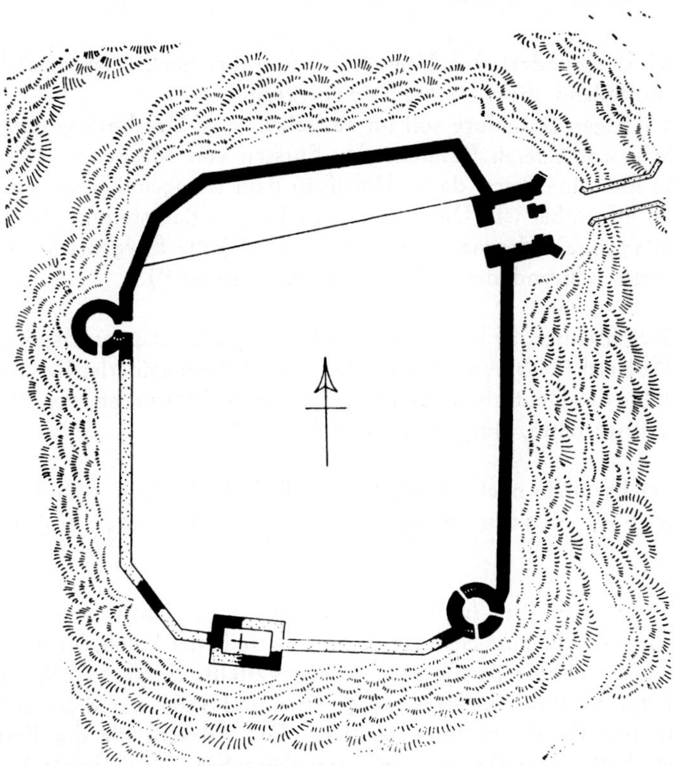

Abb. 541. Höhenburg Czersk a. d. Weichsel. Grundriß 1 : 1000. B. E. nach Adolf Szysko-Bohusz.

Die hohe, breite Toröffnung deutet auf eine breite befahrbare Zugbrücke, begleitet von einer schmalen Fußgängerbrücke. Die anstoßende Ringmauer war mit einem ringsumlaufenden Wehrgang bekrönt, zu dem von den Türmen Pforten führten. Die beiden höchsten Stockwerke aller Türme zeigen große Schießluken, der Torturm — zugänglich durch Wandtreppen —, mit einigen gotischen Mauerblenden, ist besonders sorgfältig ausgeführt[56]).

Ringgrabenreste und Spuren eines Zwingers deuten auf ehemalige Außenwerke. Zum Haupttor führt heute eine mehrbogige feste Brücke. An die südliche Ringmauer lehnen sich innen Pallas- bzw. Wohnbaureste.

Die ausgezeichnete Ziegeltechnik mit Schmuckrauten, die flachen Mauerblenden, die Treppenanlagen in den Mauerstärken der Türme, zeigen als Lehrer des Wehrbaues die Deutschordensritter. Es fehlt freilich auch hier die quadratische Gesamtform des Baues,

[56]) Schmid: Architekt. Studienfahrten.

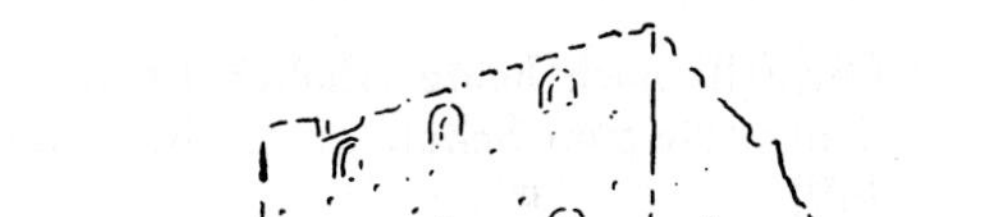

Abb. 542. Höhenburg Czersk a. d. Weichsel. Ansicht des Torturms. B. E. nach Adolf Szysko-Bohusz.

völlig fehlen auch die wunderbaren Innenräume und ihre herrlichen Gewölbe. Die Ziegel sind kurz und auffallend dick, 10×12×27 cm groß.

An Stelle der jetzigen Steinburg soll im 10. Jahrh. eine Holzburg gestanden haben; im 12. und 13. Jahrh. war Czersk Residenz der Fürsten von Masovien. Herzog Konrad I. (1207—47) hatte hier eine Burg, deren Umriß in dem unregelmäßigen Verlauf der Ringmauer wohl noch erkennbar ist. Der jetzt noch erhaltene Bau stammt aber wahrscheinlich aus der Zeit um 1350, als Herzog Ziemowit (1341—81) die Burg wiederherstellen ließ[57]. 1656 wurde Czersk während des Schwedenkrieges zerstört[58].

Am rechten Weichselufer, 27 km unterhalb Plock, lag die schon zu Beginn des 13. Jahrh. wichtige Burg Dobrin (Dobrzyn), von der heute allerdings keinerlei Reste übriggeblieben sind. 1228 schenkte der Deutsche Orden einem anderen Ritterorden, den Bischof Christian von Preußen gestiftet hatte, Burg und Land Dobrin[59].

Am linken Weichselufer, noch im nördlichen Teile Kujawiens, gründete der Deutsche Orden 1230 die Burg Nessau (Nieszawa), die aber schon 1442 abgebrochen werden mußte[60].

In Medschibosh am Bug in Podolien wurde im 13. Jahrh. von den Fürsten von Galizien eine Burg gebaut zum Schutze gegen Überfälle der Polen, Tataren und Türken. Der Bau ist teils aus Granit, teils aus Sandstein hergestellt. Spätere Ausbesserungsarbeiten sind mit Ziegel durchgeführt worden. 1515, 1541 und 1566 war diese Burg Stützpunkt gegen Überfälle der Osmanen und Tartaren. Die Türken, die die Festung vorübergehend in Besitz hatten, errichteten darin eine Moschee. Noch heute ist das Gebäude bewohnbar; es dient als Gefängnis[61].

Ebenfalls noch heute erhalten ist die im Jahre 1542 erbaute Festung Letischew in Podolien, die zum Schutz gegen die Tataren errichtet wurde. Das Baumaterial ist Kalkstein[62].

Auch Starokonstantinow am Flusse Sslutsch in Podolien besaß ehemals eine Burg, von der heute noch Ruinen zu sehen sind[63].

Hoch am Flusse Styr, nordöstlich von Lemberg, liegt die regelmäßige Uferburg des Lubartschlosses in Luck in Wolhynien, das Sappok[64] zu den Bauten Kasimirs im Osten Polens rechnet.

Die Burg, um die Mitte des 14. Jahrh. erbaut, an der Stelle eines schon um 1000 erwähnten Baues (?), diente im Mittelalter als königliche Residenz, wo sich 1429 der Polenkönig Wladislaus Jagiello mit dem deutschen Kaiser Sigismund traf[65].

Der Grundriß erhielt seine eiförmig abgerundete Dreiecksform wohl durch die natürliche Gestaltung des flach ansteigenden Hügels (Abb. 535, 536, 537, 538, Taf. 89)[66].

Von Nord nach Süd beträgt die Länge der Innenhofachse etwa 111 m, von West nach Ost ebenfalls rund 100 m; die Burg in Luck umfaßt also etwa 10000 qm.

Drei viereckige Türme erheben sich in den drei abgerundeten Ecken. Der kleinste in der Nordecke mißt etwa 8:8 m, der in der Südostecke etwa 10:10 m; in der Südwestecke steht

[57] Schmid: Architekt. Studienfahrten usw., S. 13ff. — [58] Juckoff-Skopau: Arch. Atlas v. Polen, S. 220. — [59] Schmid: Architekt. Studienfahrten usw., S. 6, 16. — [60] Ebenda. — [61] Nach einer Mitteilung des Gebietskommissars von Letischew. — [62] Ebenda. — [63] Nach einer Mitteilung des Gebietskommissars von Starokonstantinow. — [64] In: Der deutsche Baumeister, a. a. O. S. 6. — [65] Samml. Ebh. — [66] Grundriß dieser Burg aus der Sammlung v. Fürstenhoff, Berlin, Staatsbibl.

Abb. 543. Stadtburg Biecz in Galizien. Nach Braun und Hogenberg.

der Torturm, der größte der Türme[67]), 11,50:12 m stark und etwa 24 m (5 Stockwerke) hoch. Letzterer ist später durch vier rohe Strebepfeiler verstärkt worden. Die gebogenen Ringmauern tragen noch die Wehrgänge, deren Zinnen 8 bis 12 m hoch ragen, sowie unten 2 Reihen Scharten in rundbogig geschlossenen Nischen; darüber laufen doppelt so viele kleine runde Schießlöcher.

Das schwere Ziegelmauerwerk zeigt viele Rüstlöcher. Anklänge an die Formen der Bauten des deutschen Ordens beweisen den weitreichenden Einfluß dieser glänzenden Schule.

Die Ruine ist so zerklüftet, daß ein planvoll durchgebildeter Wehrbau nicht ohne weiteres erkennbar ist.

In Tajkury, nördlich Ostrog in Wolhynien, auf einem sanften Berghang, liegen die Ruinen einer aus dem 16. Jahrh. stammenden Burg, die teils aus Ziegeln, teils aus Bruchsteinen gebaut ist. Zwei Mauerstücke, die wohl die Ecken des Baues ausmachten, ragen allein noch in ziemlicher Höhe empor[68]).

Einen schlanken, runden Bergfried bewahrt die Burgruine (Olsztyn) Hohlstein im Krakauer Jura auf dem Wege nach Kielce. Sie wird dem 14. Jahrh. und Deutschordenseinfluß zugeschrieben. Auf dem hohen Bruchsteinturm ist, wie bei Burg Chęciny, noch ein gleich starker kantiger Zylinder aufgesetzt, ein zweiter viereckiger Bruchsteinturm steht erheblich tiefer, ist mit der unteren Hälfte dem Felsen verwachsen, oben frei ragend. Zu seinen Füßen streckt sich ein bedeutendes, viereckiges Werk über den Abhang vor.

Die Ringmauern der auf dem Felsen erbauten Burg sind sehr zertrümmert, sie bestanden meist aus Bruchsteinen[69]).

In die wilden Felsen eingebaut, läßt sich kein klarer Grundrißwille — etwa der Deutschordensritter — erkennen; der Felsen erzwang die Gesamtform.

Es gibt zwei Orte des Namens Kamieniec, welche Burgen beherbergen: einen bei Brest-Litowsk, Kamieniec Litewski, und einen, die Haupt- und Bischofsstadt in Podolien. Von der Burg dieses Ortes, Kamieniec Podolski, lesen wir auf einem Kupferstich von etwa 1740[70]): „... so diese ist, welche von Königs Sigismundi Gemahlin Bona einer Hertzogin von Meyland erbaut worden" am Flusse Smotrijez auf hohem Felsen (Abb. 544, 550, Taf. 91).

Die auf senkrechten hohen Felsen gelegene Stadt wird fast an allen vier Seiten vom Flusse Smotrijez umflossen, nur ein schmaler Felsgrat und eine Brücke verbinden die steilen

---

[67]) Zeichnung La Pologne, a. a. O. Bd. II, S. 227. — [68]) Nach Mitteilung des Gebietskommissars von Sdolbunow. — [69]) Krause in: Schles. Stimmen. Heft 1. 1941. Siehe auch: Der Deutsche Baumeister Jahrg. 1. Heft 10. — [70]) In: Force d'Europe 1725—28.

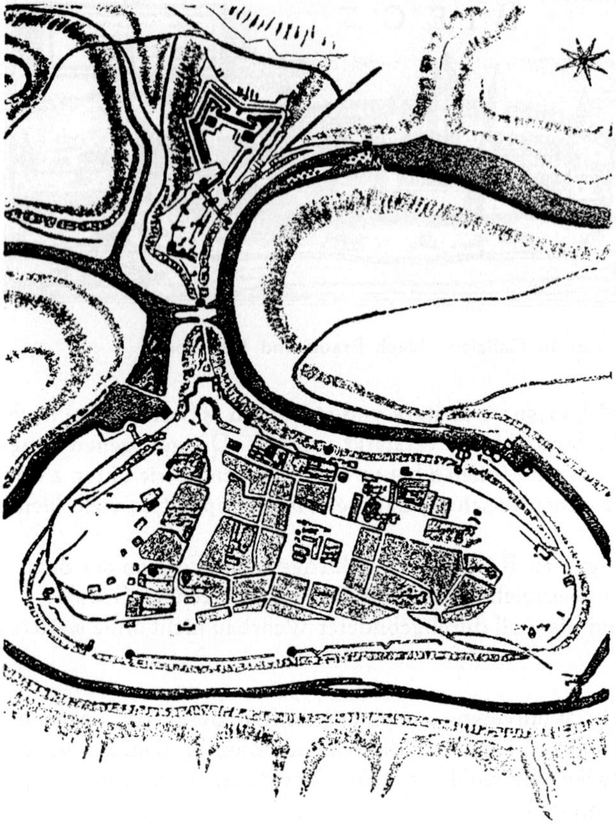

Abb. 544. Burg und Stadt Kamieniec Podolski.
Lageplan nach von Fürstenhoff.

Blöcke und bieten den einzigen Zugang zur Außenwelt. An dieser Stelle liegt die vieltürmige Sperrburg. Lang und schmal deckte sie den einzigen Zugang, der unter der Brücke noch durch Flußarme durchbrochen war[71]).

Die Lage der Stadtburg zwischen der fast uneinnehmbaren Stadt und neueren, weit vorgeschobenen Bastionswerken, wurde schon in früher Zeit gewählt und hat ihre Wichtigkeit offenbar bis in die Neuzeit bewahrt. Nicht weniger als ein Dutzend mächtiger Türme (außer drei Toren) stärken die Stadtmauer auf der hohen Felskante des von braunem Kalkstein bedeckten Granitblockes, der die Stadt selbst trägt. Die Stadtburg, die den schmalen Hals zwischen Ort und Außenwerken sperrt, zeigte allein ebenso viele Türme; sicher bot das Ganze über dem Fluß Smotrijez ein unvergleichliches Bild eines Wehrbaus.

Dargestellt ist die Burg bei von Fürstenhoff (Abb. 544) als verbogen längliche Mantelmauer mit vielen Türmen, also in ganz mittelalterlicher Form[72]).

40 km von Brest-Litowsk entfernt, bei Kamieniec-Litewski, erhebt sich ein mächtiger, zinnengekrönter Turm, den angeblich König Mendog von Litauen 1263 erbaute. Die aus Ziegelsteinen errichtete, dicke Mauer ist von Schießscharten und zugemauerten rundbogigen sowie spitzbogigen Fenstern durchbrochen[73]).

Eine wichtige Gruppe von Wehrbauten finden wir im Südwesten Polens (teilweise schon zur Slowakei gehörig), nämlich das Befestigungssystem an den Flüssen Dunajec und Popper (Poprad).

In der Zips, unterhalb Kesmark am Popper (Slowakei), liegen die drei Burgen Podolinec (Pudlein), Gniadzo (Nest) und Lubowla (Alt-Lublau), die in Zusammenhang mit der ungarischen Pforte entstanden sind[74]). Diese Burgen liegen am gleichen von Norden nach Süden führenden Handelsweg, Lubowla war auch ein wichtiger Straßenknotenpunkt.

---

[71]) Nach einem Plan aus der Samml. v. Fürstenhoff, Berlin, Staatsbibl. — [72]) Siehe auch La Pologne II, S. 93. — [73]) Nach einer Mitteilung des Generalkommissars für Wolhynien und Podolien. Abb. Samml. Ebh. — [74]) Langerowna: System obronny doliny Dunajca w XIV w Krakau 1929. Die Heranziehung dieser wegen der polnischen Sprache unzugänglichen Arbeit war mir möglich durch eine gekürzte Übersetzung, die der Direktor der Posener Universität und Stadtbibliothek, Herr Dr. Lattermann, so gütig war, für mich anzufertigen. Im folgenden ist auf diesen Aufsatz Bezug genommen.

Alle drei Burgen geraten um 1300 durch Verleihung der Dörfer Gniadzo und Lubowla an den Grafen Görgey unter ungarischen Einfluß.

Podolinec bestand schon 1245, war wohl schon zu Beginn des Jahrhunderts gegründet worden. Es richtete seine Angriffsseite gegen Kesmark, war also Grenzfestung. Erhalten ist nur der in das spätere Schloß der Lubomirski eingemauerte Turm.

Die östlich Lubowla (Alt=Lublau) gelegene Burg war Ritterbesitz und ist um 1250 entstanden. Noch 1790 war der Bau bewohnt.

Ebenfalls am Popper, an drei Seiten von Bächen umgeben, erhebt sich auf 520 m hohem Berg das ehemalige Bischofsschloß Muszyna. 1288 urkundlich erwähnt, stammen die Reste des viereckigen Bruchsteinturmes offenbar aus dem 14. Jahrh.

Auf steilem, 463 m hohem Hügel, 100 m über dem rechten Ufer des Dunajec, stehen die Reste der Burg Ritter (Rytro). Ein runder Turm, zur Hälfte zerfallen, und Mauerreste aus späterer Zeit der Feuerwaffen sind noch zu sehen. Als Zollstation hatte diese heute infolge der wüsten Verwitterung der weichen Kalksteine kaum noch erkennbare Burg wohl schon im 13. Jahrh. Bedeutung.

Einen künstlerisch reizvollen Umriß bietet die großartige Ruine der Burg Zornstein (Czorsztyn), die auf 589 m hohem, 100 m über dem Dunajectal gelegenen schroffen Felsen erbaut ist (Abb. 545). Durch ihre Lage beherrschte sie die Wegkreuzungen aus Neusandez (Nowy Sacz), Neumarkt (Nowy Targ) und Altdorf (Stara Wies). Kasimir der Große er= richtete angeblich auch diese gemauerte Burg, an deren Stelle aber vorher schon ein hölzerner Bau gestanden haben soll. Die Burg war immer im Besitz staatlicher Beamten (Starosten). Erhalten ist noch ein viereckiger Turm aus der Bauzeit Kasimirs. 1765 war die Burg schon unbewohnt. Auffallend ist der anscheinend früher quadratische Kern der Hochburg auf einem alten Steindruck[75]). Im Grundriß bietet eine zerstreute

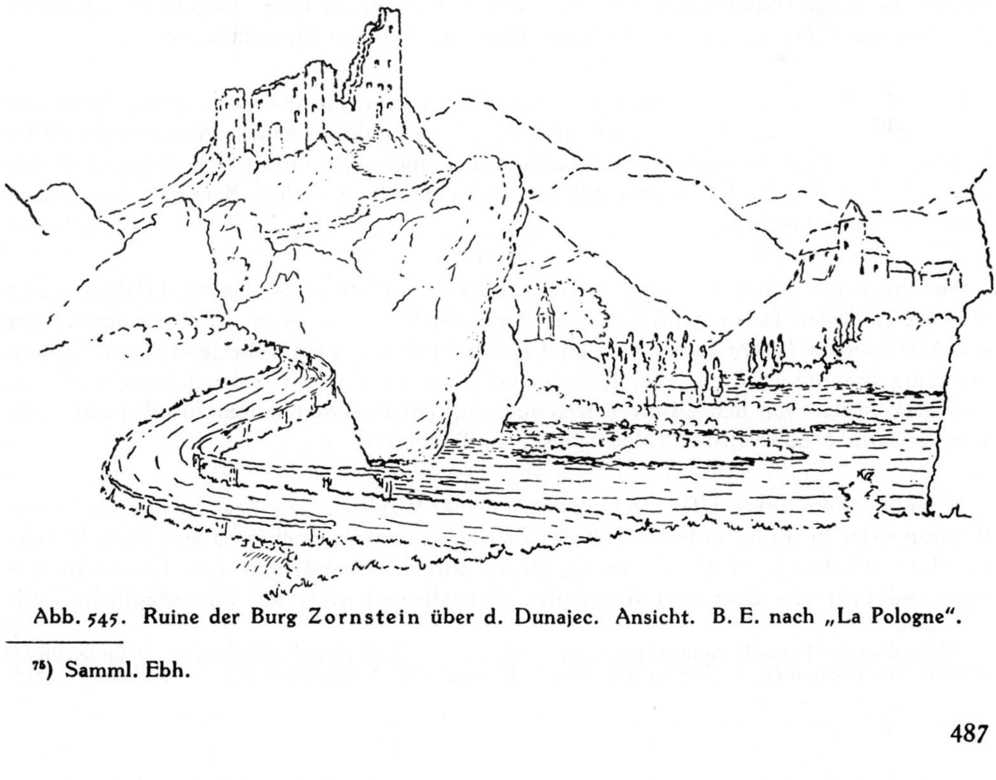

Abb. 545. Ruine der Burg Zornstein über d. Dunajec. Ansicht. B. E. nach „La Pologne".

[75]) Samml. Ebh.

Menge von Mauerresten Zeugnis für die ehemalige Größe. Nur ein unregelmäßig viereckiger dreigeschossiger Wohnturm und Mantelmauerreste ragen noch auf der größten Höhe empor.

In der Nähe der Burg Zornstein am Dunajec ist die noch heute wohlerhaltene Burg Niedzica (Nedec) gelegen, mit hohen Mantelmauern, die von runden Ecktürmen flankiert sind, und Torturm am Zufahrtswege[76]) (Abb. 546).

Der fast zu einem Viertelkreisausschnitt geformte Grundriß[77]) dieser Sperrburg zeigt das starke Torgebäude an dem rechteckigen Zusammentreffen der beiden geradlinigen Radien, also als Eckturm. Die zwei anderen Radienenden sind dagegen mit Rundtürmen verstärkt. Ein viereckiger Bergfried bekrönt den hochgelegenen Kern der Burg, während eine geräumige Vorburg, in welche das Haupttor führt, an zwei Außenseiten durch Wohnflügel bebaut ist und die dritte Außenseite durch eine gebogene Mantelmauer geschlossen wird, über deren 6 inneren Strebepfeilern ein ausgekragter Wehrgang mit Fußscharten führte, der den Torseitenflügel mit der Kernburg verbindet. — Die Burg scheint erst kürzlich verlassen zu sein und ist höchst malerisch mittelalterlich erhalten.

Erwähnt wird bei H. Langerowna der Name der Burg Wronin, die wohl zum Schutz der nahe gelegenen Gründungen des Klarissinnenklosters, wie Tylmanowa usw., gegen Anfang des 14. Jahrh. entstand. 1320 wird das „castrum" in einer Urkunde erwähnt[78]). Reste dieser Anlage sind nicht gefunden worden.

Als Zufluchtsort für die Bürger von Sandez und auch für die Landbevölkerung ist die Burg Pieniny, etwas abseits vom Wege, 720 m hoch, auf hohem, steilem, nur durch einen Fußweg zugänglichen Felsen, errichtet worden.

1287 wird sie erwähnt[78a]). Sie entstand vielleicht zwischen der Verleihung des Sandezer Kreises an Kinga (Kunigunde) 1257 und dem Tatareneinfall 1287. Es sind noch erhalten ein viereckiger Turm, eine 100 m lange Mauer und einige Grundmauerreste.

Ebenfalls nur urkundlich bekannt ist die Burg Lemiesz, die wohl in der Nähe von Sandez gelegen hat: „post mortem autem Lesconis, Teutonicis terram sandecensem hostiliter occupantibus et per quosdam nobiles castrum in Lemes edificantibus"[79]). Vermutlich war sie im Gebiet des Dorfes Bryzna gelegen, auf dem 680 m hohen Berg auf dem linken Ufer des Obidzabaches.

Auf einem 321 m hohen Hügel, nur 12 m über dem Fluß, in der Gabel, die Popper und Dunajec bei ihrem Zusammenfluß bilden, liegen die Reste der im 13. Jahrh. erbauten Burg von Alt-Sandez (Stary Sacz). 1224 ist die erste Erwähnung eines Burggrafen von Sandez. Die Burg brannte 1768 ab, aber Bastei- und Mauerreste und ein Bruchstein-Rundturm sind noch in den von den Österreichern aufgeführten Kasernenbauten zu erkennen. Seit 1292 gewann Neu-Sandez (Nowy Sacz) an Bedeutung.

Hoch über dem linken Ufer des Dunajec, an einer Wegkreuzung, liegt die mit mächtigem Rundturmrest in ihrem unteren Teil der Bruchsteinmauern noch erhaltene Burg Weißkirchen (Czchow). Noch in das 13. Jahrh. zurückreichend, sprechen Urkunden von 1356 und 1363 von Burg und Burggrafen (Kastellanen) dort, die für ordentliche Zoll-

[76]) Szydlowski: Pomniki Architektury usw., Abb. 111. — [77]) Ebenda S. 120/121. — [78]) Codex diplomaticus von Kleinpolen. — [78a]) In der „Vita S. Kingae" (Mon. Pol. Hist. IV). — [79]) Ebenda S. 717.

Ringmauerturm der Burg L u c k , Wolhynien im ehemaligen Polen

Burg Czersk im ehemaligen Polen

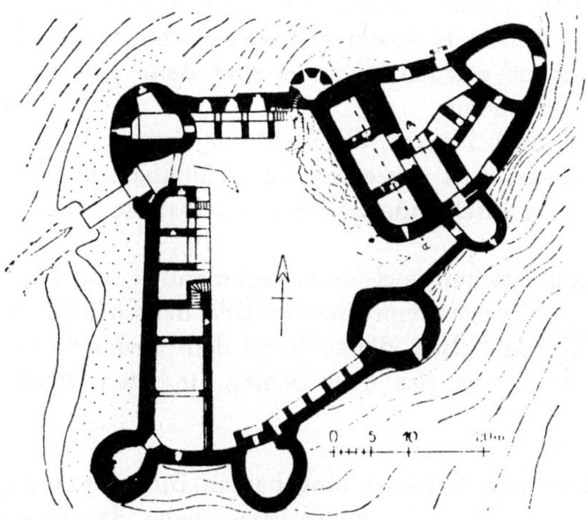

Abb. 546. Mantelmauerburg Niedzica mit runden Türmen.
Ansicht. Grundriß 1 : 1000. Schnitt 1 : 500.
Grundriß und Schnitt B. E. nach Plan des Denkmalsamts Krakau. Ansicht nach Lichtbild.

erhebung verantwortlich waren. Die strategische Bedeutung der Burg lag in der Möglichkeit, den Zugang zum Dunajectal zu beherrschen.

Die rechts des Dunajec auf sehr steilem, 429 m hohem Felsen errichtete Burg Tropfstein (Tropftyn) soll von deutschen Rittern aus dem Rheinland errichtet worden sein[80]. In einer Urkunde von 1382 wird ein Besitzer de Swirad erwähnt. Erhalten sind noch die Umfassungsmauern in einer Höhe, die die Form des Grundrisses zu bestimmen erlaubt. Er bildet ein nicht ganz regelmäßiges Dreieck mit bastionsartigen Ecktürmen, der Form des spitz zulaufenden Felsens angepaßt.

Auf dem gegenüberliegenden Ufer liegt eine Kirche mit wehrhaftem Charakter, die ins 11. Jahrh. zurückgehen soll.

Die Burg Melstein (Melsztyn) ist der Rittersitz eines Geschlechtes, das sich im 14. Jahrh. dort ansiedelte. Die Burg wurde Mitte des 14. Jahrh. auf einem über dem Fluß vor-

[80]) Paszkowa-Jezowa: „Geografja Ruin w Polsce" nennt Ritter Gerhard vom Rhein als Gründer dieser Burg.

geschobenen Berg erbaut. 1363 wird die St.-Johannes-Kapelle in „castro Melstein"[81]) genannt. Um 1453 wird die Burg in eine Bastion verwandelt und eine Wohnung angebaut.

So finden wir also in den Tälern des Dunajec und Popper eine ganze Anzahl Burgen staatlicher und ritterlicher Herkunft[82]). Auf der Strecke Zornstein bis Weißkirchen sind allein 6 von den Herrschern erbaute und unterhaltene Burgen: Podolinec, Zornstein, Ritter, Sandez, Weißkirchen und wohl auch Lemiesz und 9 private kleinere Ritterburgen, die hier wohl mehr aus wirtschaftlichen Gesichtspunkten errichtet worden waren. Die Wichtigkeit dieser Burgenkette erhellt ohne weiteres, wenn man bedenkt, daß das Dunajectal während des ganzen Mittelalters den hauptsächlichsten Heer- und Handelsweg zwischen Polen und Ungarn, somit ganz Südosteuropa darstellte.

Spätere Um- und Ausbauten

Wie in anderen Ländern sind auch in Polen manche Burgen wenigstens bis ins 19. Jahrh. bewohnt geblieben, die dann in späteren Jahrhunderten mehr oder weniger reich um- und ausgebaut wurden. Daraus sind dann eine Reihe malerischer und großartiger Baugruppen entstanden.

So wurde der Burg Ojcor (Ojcow), die nördlich Krakau, von Wald umgeben, auf hohem Felsen gelegen ist, im 16. Jahrh. ein klotziger, weit vorgestreckter Schloßbau angefügt. Merkwürdig ist hier, wie die Flügel rechteckig aufeinanderstoßen und selbst die Vorburgmauern noch regelmäßig gestaltet sind.

Eine malerisch reizende Sammlung von Stichen aus dem beginnenden 19. Jahrh. (Abb. 548)[83]) gibt ein unserem Grundriß (Abb. 547) entsprechendes Bild der Gruppe, auf der der achteckige Bergfried auf dem höchsten Felsen, die auch auf dem Grundriß vorhandene Brücke über den breiten Halsgraben und das neue Schloß (in alten Mantelmauern?) erkennbar sind.

Sehr reizvoll ist auch der Umriß der teils zum Schlosse umgebauten Burg Brzizany in Galizien nahe der gleichnamigen Stadt an einem linken Zufluß zum Dnjestr gelegen. Ein mächtiger achteckiger, ehemaliger Bergfried nimmt eine Ecke einer gezinnten Ringmauer ein, die diesen mit einem späteren bewohnten Torbau verbindet. Ein weiter Schloßhof schließt sich auf dem Stich (Abb. 549)[84]) an. Vom Wasser trennt die Baugruppe ein breiter bastionierter Wall.

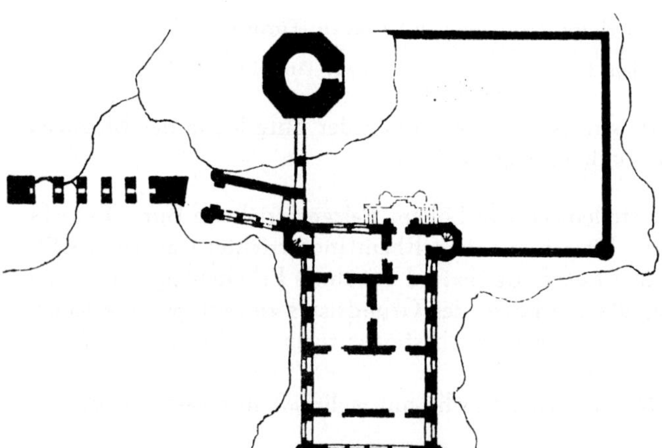

Abb. 547. Regelmäßige Burg Ojcor nördlich Krakau.
Grundriß 1 : 1000.
B. E. nach Plan der Techn. Hochschule Warschau.

[81]) Monumenta Poloniae Vaticana III, 442. — [82]) Leider konnte zu dem Aufsatz von Langerowna (siehe oben) kein ergänzendes Planmaterial für diese Burgengruppe beschafft werden. — [83]) La Pologne I, Abb. S. 41. — [84]) La Pologne Bd. III, S. 84.

Abb. 548. Burg Ojcor (Ojcow) nördlich von Krakau.
Alte Felsenburg, der in nachburglicher Zeit ein ausgedehnter Schloßbau angefügt wurde.
Ansicht. B. E. nach „La Pologne".

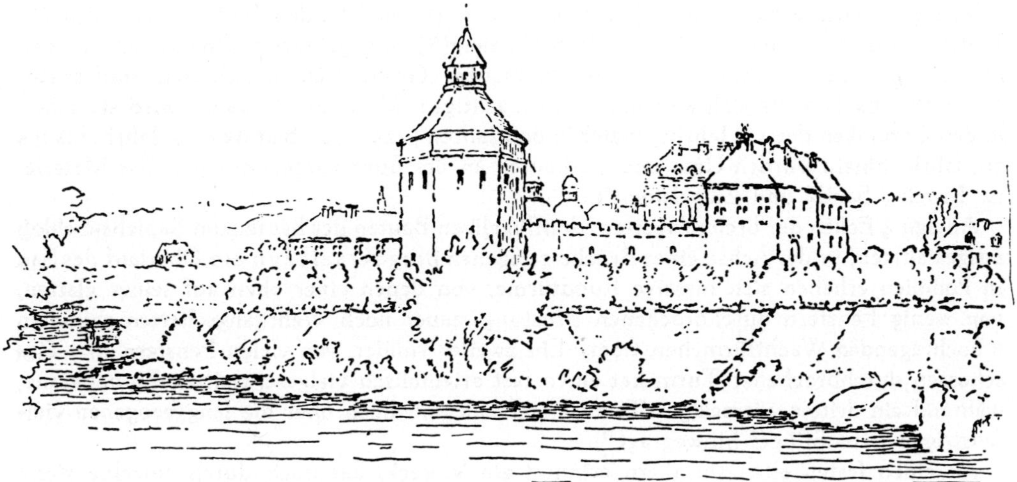

Abb. 549. Burg Brzizany. Galizien.
Späte Anlage mit bastioniertem Wall. B. E. nach „La Pologne".

Abb. 550. Burg und Stadt Kamieniec Podolski.
Ansicht. B. E. nach „La Pologne".

Noch reicher ist der Umriß der Burg= bzw. Schloßruine Ostrog in Wolhynien am Ufer des Flusses Goryn. Die sehr alte Anlage ist ganz als Ruine dargestellt[85]), der Kernbau auf höchstem Felsen, zweitürmig mit dazwischenliegenden kirchlichen Spitzbogenöffnungen und Mantelmauerresten, der tiefere Teil der Kernburg zeigt einen späten Pallasbau. Abermals tiefer, mehr an die hohe und lange Brücke über dem Halsgraben gerückt, liegt die Nordburg, zu der von der Brücke ein späteres großes Tor führt.

Verstärkt wird dieser Teil durch einen mächtigen halbrunden Batterieturm, den ein Italiener entworfen haben könnte: Sein Umgang(?) und gezackter Zinnenkranz zeugen dafür, wie auch die schräg dossierte Fußmauer. Große Kanonenscharten sind später Herkunft. Es handelt sich also um einen mächtigen Wehrbau. Erwähnt wird sie schon in den Chroniken des 11. Jahrh., weiter in den Jahren 1325—86. Seit dem 15. Jahrh. bis ins 20. Jahrh. hinein wurden Um= und Ausbauten an der Burg vorgenommen. Das Material ist Bruch=, Sand= und Ziegelstein[86]).

An den 4 Ecken der breitgelagerten, dreiflügeligen Bauten der heute zum Sapieha=Schloß ausgestalteten, in der Achse einer Brücke gelegenen Burg Krasiczyn am Oberlauf des San in Podolien erheben sich massive Rundtürme, von denen einer oben auf seiner glatten, von wenig Fenstern durchbrochenen Brüstungsmauer noch Wehrgangscharten zwischen 6 hochragenden Wachttürmchen trägt. Ein zweiter runder, von vielen Fenstern in 3 Geschossen durchbrochener Turm hat einen fast orientalisch vielgeschweiften Zinnenkranz, während ein dritter, viereckiger Torturm schlank und hoch über die langgezogenen vielfenstrigen Schloßflügel hinwegragt[87]).

An einen festen alten Burgkern erinnert ein Viereck, das noch durch einzelne Reste erkennbar ist. Die Arbeit italienischer Bauleute von 1592 bis 1619 erkennt man an den späten dreiflügeligen Schloßformen[88]) in der quadratischen Mantelmauer, die dem Ende des 16. Jahrh. angehören.

[85]) La Pologne Bd. I, S. 20. — [86]) Nach einer Mitteilung des Gebietskommissars von Sdolbunow, der auch berichtet, daß die Burg 5 Stockwerke, davon 3 unter der Erde aufweise. — [87]) La Pologne Bd. III, Abb. 159. — [88]) Ehrler in: Das Generalgouvernement, Jg. 1, Sept. 1941, S. 43—45.

Abb. 551. Burg Pinczow. Ansicht. Zustand 1655. B. E. nach „La Pologne".

Burglicher wirkt der schöne, auf steiler Bergnase liegende Bau von Pinczow im gleichnamigen Kreis, Wojewodschaft Kielce, nach einer Darstellung vom Jahre 1655[89]). Heute ist der Bau z. T. Ruine (Abb. 551). Unser Bild, das natürlich nur eine Andeutung geben kann, zeigt einen ganz deutsch erscheinenden Bau mit hohem Pallas, mit Erkertürmchen in der Mitte und an den Kanten des Baues und oben einem Wehrgang, der ein Satteldach trägt. Eine gleich hohe Mantelmauer verbindet den hohen Wohnbau mit dem Torturm, zu dem eine rechtwinklig geknickte Brücke über einen Halsgraben führt. Nur hoch oben sind in 2 Stockwerken Fenster angeordnet. Ein Doppeltorturm erhebt sich zwischen Brücke und ausgedehnter Vorburg. Auch diese war stark befestigt mit Mauern, Wirtschaftsbauten und Türmen.

Der Name der Burg Halitsch[90]) (Abb. 552) am Dnjestr in Galizien wird um 1000 als Hauptort eines gleichnamigen Herzogtums genannt, 1178 wird sie von Kasimir dem Gerechten eingenommen, 1220 von Polen und Ungarn vergeblich gegen Russen und Kumanen verteidigt[91]). Auch als Handelsplatz war die Stadt von Bedeutung[92]).

Die alte Burg und Kreisstadt Trembowla (Abb. 553) liegt in der Südostecke Polens, unweit des Sereth. Der Wehrbau wird sehr alt geschätzt, eine Bauzeit wird der Königin Bona, aber auch dem Herzog von Halitsch zugeschrieben. Berühmt ist die Verteidigung zur Zeit des Königs Sobiesky[93]) um 1674.

Die Fliegeraufnahmen bieten ein gutes Bild des Grundrisses. Eine spitze Bergnase, teils in senkrechtem Felsen zum Flusse abstürzend, wird von lang und spitzwinklig zulaufenden

Abb. 552. Burg Halitsch in Galizien, bastionierte Anlage. Ansicht. B. E. nach „La Pologne".

[89]) La Pologne Bd. III, S. 468/469. — [90]) La Pologne Bd. II, S. 240, Abb. — [91]) Fessler: Geschichte von Ungarn, Bd. I. — [92]) Litauenbuch, Ztg. der X. Armee. — [93]) La Pologne Bd. I, S. 388.

Abb. 553. Burg Trembowla, spätmittelalterliche Anlage. Ansicht. B. E. nach „La Pologne".

Trümmern der Ring= mauern bekrönt.

Die Hauptecke des schmalen Winkels nimmt ein noch dreiviertelrun= der Hauptturm ein, von dem noch starke, viele Meter hohe, innen offene Mauern erhalten sind.

Die beiden langen Win= kelmauern verbinden den Hauptturm mit zwei et= was kleineren Rundtür= men; die kurze Quermauer, die die Angriffsschildmauer bildet, ist in der Mitte des Berg= sattels noch durch einen etwas vorgeschobenen vierten Halbturm verstärkt. Innere Wohn= oder Wehrbauten sind nicht mehr erhalten. Bergwärts durchschnitt ein breiter Halsgraben den flacher werdenden Bergrücken.

Die Batterietürme zeigten zwei Reihen Scharten und alte Kasematten. Die Gesamtform deutet auf eine Bauzeit des 15. Jahrh.

Bis in das frühe Mittelalter zurück reicht die Geschichte der sich heute als Renaissance= bau darstellenden Burg zu Krakau. Der sogenannte Wawel liegt hoch über der alten Stadt in einer weiten Weichselschlinge. Schon Ende des 9. Jahrh., als Boleslaw der Tapfere Krakau eroberte, bekrönte eine feste Burg den Platz, der heute noch Burg Wawel trägt, und man vermutet nach dem Vorhandensein steinerner romanischer Reste der Krypten der Leonhard=Kirche und des ersten romanischen Domes, daß schon damals teilweise Stein= bauten dort aufgeführt wurden[94]), und man kann mit einiger Berechtigung vermuten, daß erst recht ein Wehrbau, wie die bedeutende Burg zu Krakau, in Stein errichtet wurde.

Die Geschichte überliefert freilich keine bestimmte Jahreszahl als Bauzeit für einen so frühen Steinbau. Jedenfalls dürfte aber eine ursprüngliche Erdwall= und Holzburg auch hier den Anfang gebildet haben. Der Bauplatz wurde durch die alte, südlich näherfließende Weichsel bestimmt, die mit ihren sumpfigen Ufern westlich und südlich einen Schutz der höhergelegenen Burg bildete (Abb. 554, 555).

1241 ist dann ein steinerner Bau errichtet worden[95]), der 1259 schon wieder zerstört wurde. 1265 baute Boleslaw die Burg neu aus Holz auf. Erst 1298 begann Herzog Wenzel Stadt und Burg mit steinernen Mauern zu umgeben[96]). Der Bauplatz erhebt sich zunächst einige Klafter über dem Flußufer, und zwar lag dem Fluß nahe die weite Vorburg, die durch eine dicke, durch 7 Türme verstärkte Mauer umgeben ist.

Nordwestlich lag höher, auf ansteigendem Felsen, die Kernburg, bestehend aus 4 um einen unregelmäßig rechteckigen Hof liegenden Flügeln, die aber bereits schloßartig ge= staltet sind.

Zwischen Vorburg und Burg zog sich einst ein breiter Graben hin[97]), der später am nörd= lichen Ende durch den gotischen Dom überbaut wurde. Dieser gotische Dom entstand

[94]) H. Kurtz: Die Krakauer Burg, S. 147. — [95]) Essenwein: Die mittelalterlichen Kunstdenkmale der Stadt Krakau, Taf. XV. — [96]) Essenwein: Handbuch der Architektur, die Kriegsbaukunst, S. 31. Nach Essenwein und neueren Forschungen wie den Sammelberichten aus Rocznik Krakowski und Stanislaw Tomkowicz: Wawel. Tom I. Zabudowania Wawelu i ich dzieje, habe ich versucht, den mittelalterlichen Zustand der Burg und der Stadtmauern klarzulegen. Siehe Abb. 554, 555. — [97]) Frey: Krakau, S. 4.

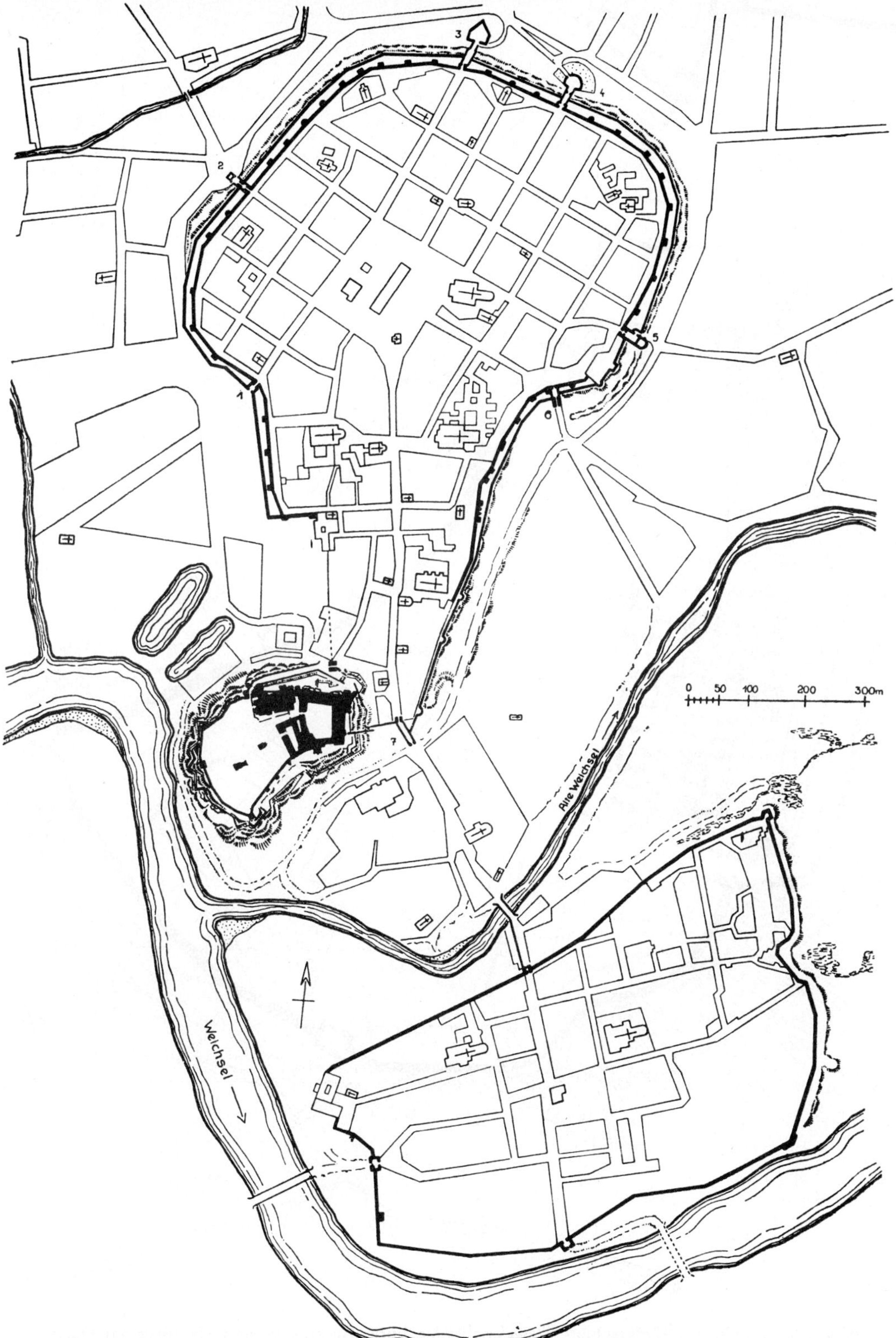

Abb. 554. Krakau. Lageplan vom Königsschloß und Stadt. 1 : 10000. B. E. nach Essenwein u. a.

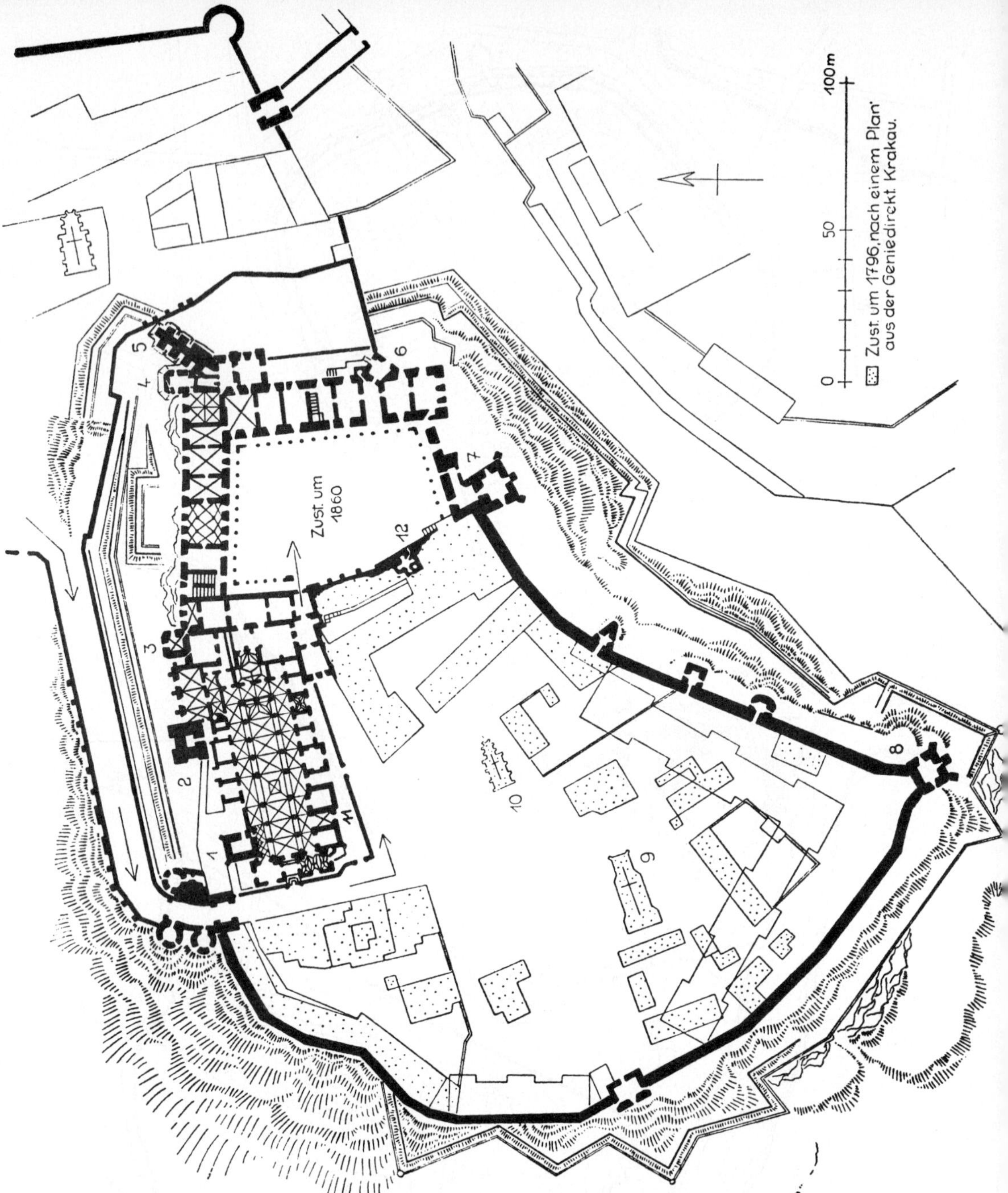

Abb. 555. Krakau. Königsschloß Wawel nebst Vorburg, Ringmauer und Haupttor am Dom. Grundriß 1 : 2000. B. E. nach Essenwein u. a.

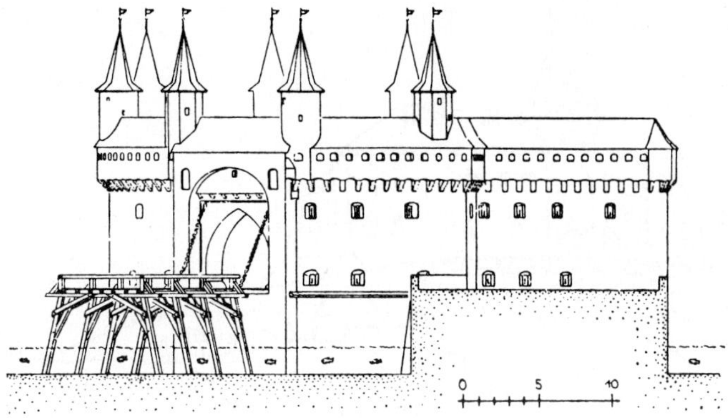

Alter Zustand mit Graben und Brücke. Ansicht. B. E. nach Essenwein.

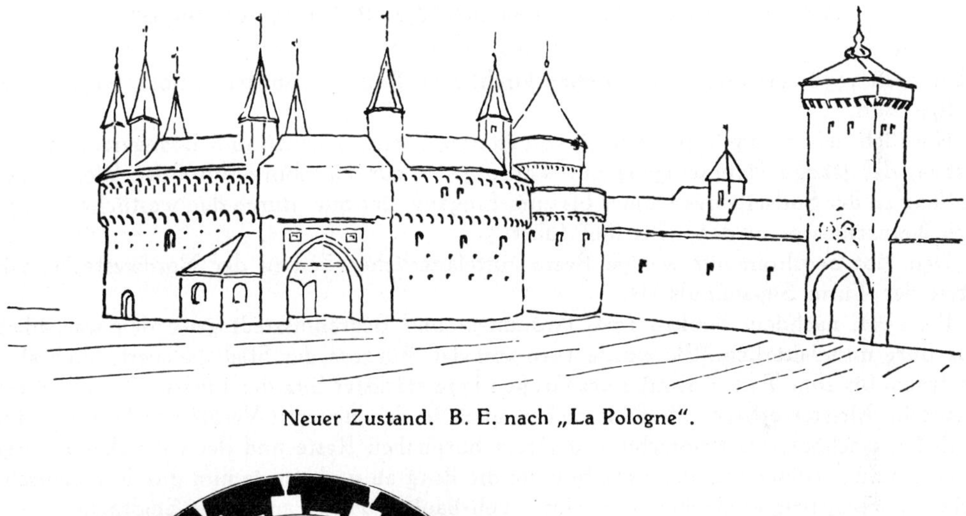

Neuer Zustand. B. E. nach „La Pologne".

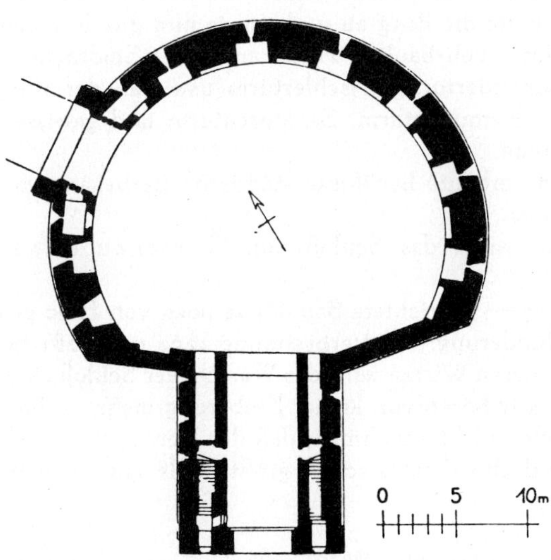

Grundriß 1 : 500.

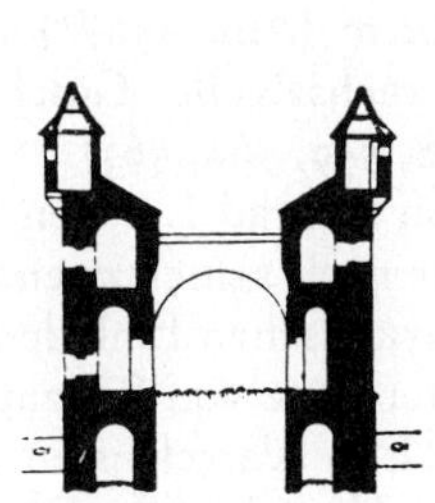

Schnitt durch Toreinfahrt 1 . 500. B. E. nach Plan der Techn. Hochschule in Warschau.

Abb. 556. Krakau. Toranlage Barbakane.

Abb. 557. Burg Olesko. Zustand etwa 1830. B. E. nach „La Pologne".

über nach 1038 zerstörten romanischen kirchlichen Bauten, von denen noch Krypten erhalten sind.

Nördlich neben dem Westtor liegt, von älteren Toren, Türmen und Zwingerresten umgeben, der jetzige Haupteingang zur Vorburg, — zur Kernburg führt der Weg weiter entlang an der Südseite des Domes bis zum Eingang, der quer durch den westlichen Hügel des Kernschlosses in den Mittelhof führt.

Den Hof berühren nur wenige Reste mittelalterlicher Zeit in der Nordwestecke, wie etwa der Turm Sigismunds III.

Bis 1537, nachdem Krakau 1320 Krönungs- und Begräbnisstadt geworden war, blieb die Burg mittelalterlich. Sie wurde 1310 von den Bürgern der Stadt belagert, blieb aber trotzdem bis zum Tode Kasimirs des Großen 1370 stärkster Sitz der Fürsten Polens, durch deutsche Meister erbaut. Es fehlt bisher, auch in den neueren Veröffentlichungen, eine örtliche, erschöpfende Erforschung der rein burglichen Reste und der ehemaligen Burggräben und Zwingermauern. 1492 brannte die Burg ab und wurde nun durch italienische Meister schloßartig großzügig ausgebaut. Wehrbaulich wirken außer den Stadtmauern und Türmen, wie der Floriansturm, Posamentierturm, Tischlerturm usw., an der Burg nur noch die Türme: der Lubrankaturm, Sigmundsturm, Senatorenturm und gewisse Teile der Untergeschosse sowie Kirchenräume.

Wehrbaulich ist auch noch die 1497 erbaute berühmte städtische Barbakane vor dem Floriansturm (Abb. 556)[98]) einzuschätzen.

Eine wechselvolle Geschichte kann auch das Schloß von Warschau aufweisen[99]) (Abb. 558, 559, 560, 561).

Der von Konrad I. in den Jahren 1207—17 errichtete Bau dürfte noch von Holz gewesen sein, aber nach seiner zweimaligen Plünderung und Verbrennung 1262 und 1281 bei den litauisch-russischen Einfällen und in inneren Wirren wird das Warschauer Schloß ein fester, gemauerter Platz von Bedeutung, und wir hören von keiner Eroberung mehr. 1280 weilte Konrad II. in Warschau, und wir können nicht annehmen, daß der Herzog dort noch kein steinernes Haus besaß. Die Burg wird also damals schon größtenteils aus Stein bestanden haben.

[98]) Gute Angaben bietet allein Essenwein. In Schädels Weltchronik sehen wir noch ein gotisches Bild, bei Houfnagel (Braun und Hogenberg) Bilder, die um 1600 entstanden. — [99]) Nach einem übersetzten Auszug aus: Skorewicz, Zamek Królewski w Warszawie (Das Königsschloß in Warschau) verändert und ergänzt.

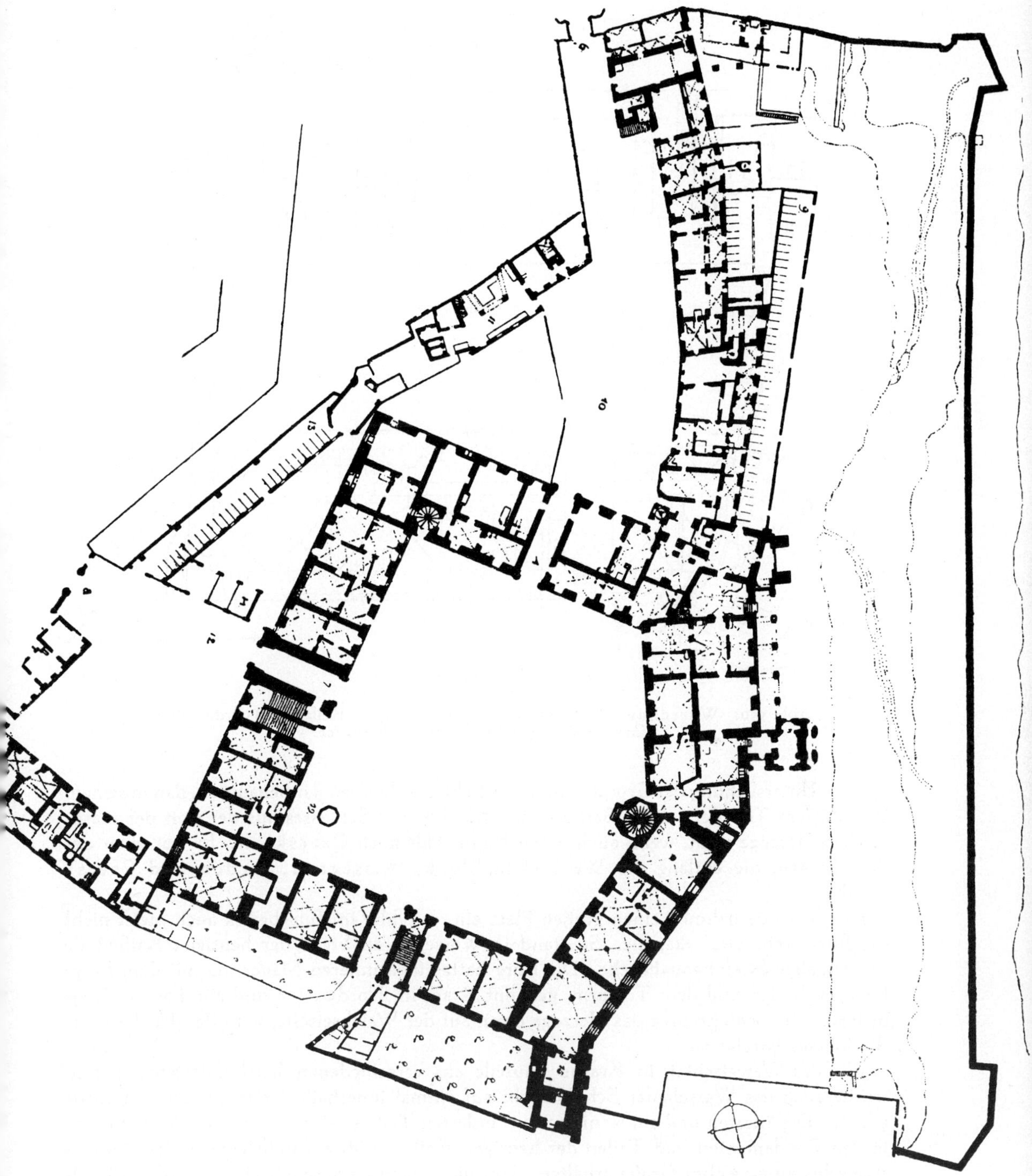

Abb. 558. Burg von Warschau. Lageplan 1 : 1000. Nach Stanislawa Patka.

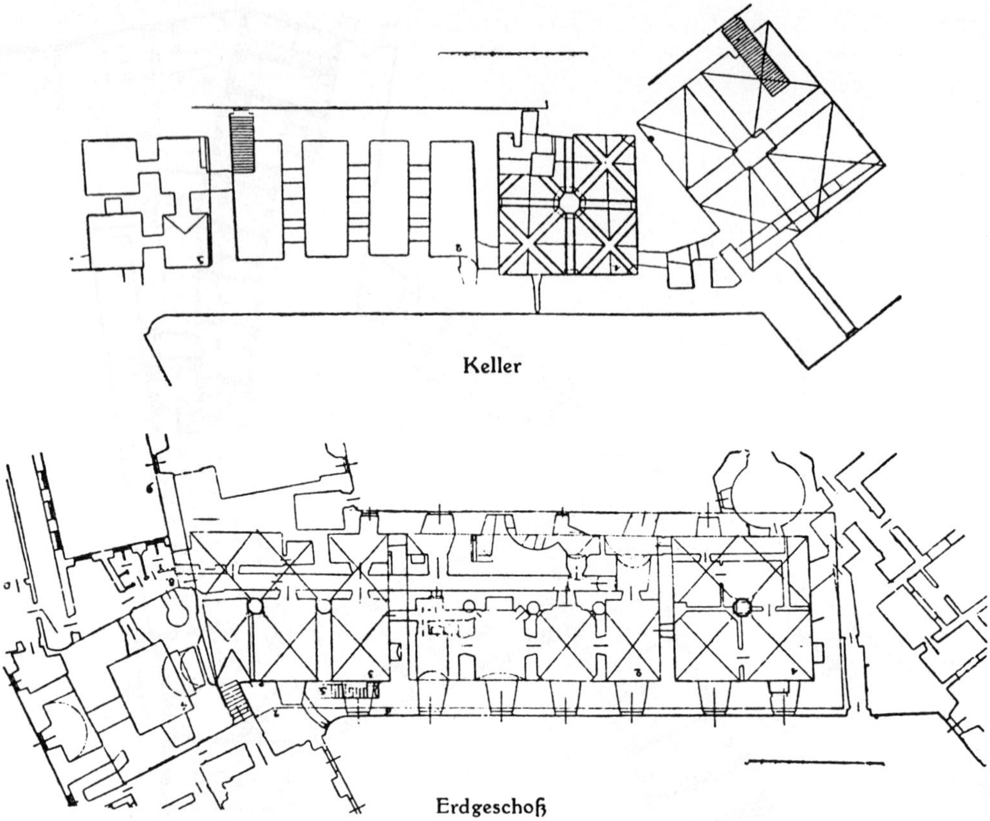

Abb. 559. Warschau. Königsschloß, ältester Flügel, Keller und Erdgeschoß. Grundriß 1 : 500. B. E. nach Skorewicz.

Nach Untersuchung der Grundmauern des Schlosses können wir behaupten, daß in seinem südöstlichen Teil der jetzige Bau auf den Mauern des Schlosses aus der Zeit der masovischen Herzöge steht, wenn auch deren Hauptstadt noch Czersk war. Es war einer der Wehrbauten, die entlang der Weichsel in Plock, Wissegrod, Jazdow und Czersk standen.

Die Gebäude nahmen einen großen Platz ein, es fehlte im Burgbezirk auch meist nicht die Burgkirche oder -kapelle. So stand in Warschau an Stelle der heutigen Kathedrale die damalige St.-Johann-Kirche. Die Burg hatte einen inneren Mauerring mit dem Bergfried im Süden und dem Torturm, genannt ‚Kran, im Nordwesten und ein Tor mit Zugbrücke. Die Schloßräume des Herzogs lagen auf der Weichselseite, vom Bergfried auf die St.-Johann-Kirche zu.

Wie das Wawelschloß in Krakau Bauteile aus verschiedenen Jahrhunderten aufweist, wurde auch das Warschauer Schloß nicht auf einmal innerhalb der masovischen Epoche erbaut. Die ältesten und am wenigsten veränderten Teile sind im Nordosten des Schlosses in den Fundamenten und Teilen der heutigen Kellerwände als unbehauene Granit-Feldsteine bis zu 0,75 cbm Größe erhalten. Um die Schichten auszugleichen, wurden Ziegelschichten verwendet, ähnlich wie in Czersk, nur wurde hier meist Lehmmörtel genommen. Das Mauerwerk erscheint auch in wendischem Ziegelbau: 2 laufend, 1 Kopf und in polnischem System: Kopf, längs in Kalkmörtel gebunden. Die Verwendung von

Lehm kennzeichnet diese Bauteile als älter als Czersk. Die Maße der Ziegel sind ebenso wie in Czersk: 0.10×0,13 – 0,13×0,26–0,27. Unbearbeitete Granitsteine bilden die Sockel. Es dürften danach die ersten Mauern des Warschauer Schlosses dem 13. Jahrh., also der Regierungszeit Konrads II., angehören.

Zum ältesten Abschnitt der Burg gehören auch Fundamente unter dem jetzigen Schloß=platz.

In das spätere Mittelalter gehört der größte Teil der Grund= und Sockelmauern. Es sind dies die Zeiten, in denen im Warschauer Schloß Anna, die Witwe Konrads II., Hof hielt, oder auch die Zeit Boleslavs II. und Trojdens, in der das Schloß vergrößert wurde.

Diese spätere Bauzeit zeigt sehr sorgfältiges Ziegel=Kalk=Mauerwerk. Ein quadratischer, gewölbter Keller mit Mittelsäule trägt die Mauern des ersten Stockes. Der Hof bietet ein prächtiges Bild mittelalterlicher, einstöckiger Architektur. Wir finden in diesen Mauern drei verschiedene Ziegelgrößen, die die verschiedenen Bauabschnitte bezeichnen.

Zeitgenössische Chroniken bieten die ältesten Nachrichten vom Warschauer Schloß aus den Jahren 1337 und 1345. In dem „Diplomaticum" der masovischen Herzöge Zemowita und Kasimir wird als Prokurator von Warschau (Gehilfe und Vertreter des Kastellans) Mikolaij 1350 erwähnt. Der masovische Herzog behält sich damals nach der Verfassung des piastischen Polen das Recht vor, die Dörfer Rokitno und Zbikowo zu Abgaben und Frondiensten für die Ausbesserung des Warschauer Schlosses heranzuziehen.

Die bedeutenden Kellergewölbe dieser Zeit in dem alten südwestlichen Hauptflügel an der Weichselseite des Schlosses zeigen noch die mittelalterliche Gesamtform dieses wich=tigen Burgteiles.

Der etwa 46 m lange und 14 m breite Bau zeigt zwei im Lichten annähernd 10×12 m große Räume mit Mittelsäule, dazwischen einen 20 m langen dreiteiligen Raum. Die Längsmauern sind innen 2,50 m, außen 4,50 m stark. Über dem Tiefkeller bestand ur=sprünglich dieselbe Raumteilung. Die Zimmer waren mit Kreuzgewölben überdeckt, die von Rundsäulen getragen wurden.

Südlich erkennt man die Grundmauern eines starken, diagonal angeordneten Turmes – des Bergfrieds? –, wir dürfen also hier Pallas und Hauptturm der alten Burg des 13. oder 14. Jahrh. vermuten.

Derselben Zeit gehören gotische Spitzbogenreste an, die in neuerer Zeit in den hof=seitigen Mauern freigelegt wurden und die auf einen besonders großzügigen Bau hindeuten.

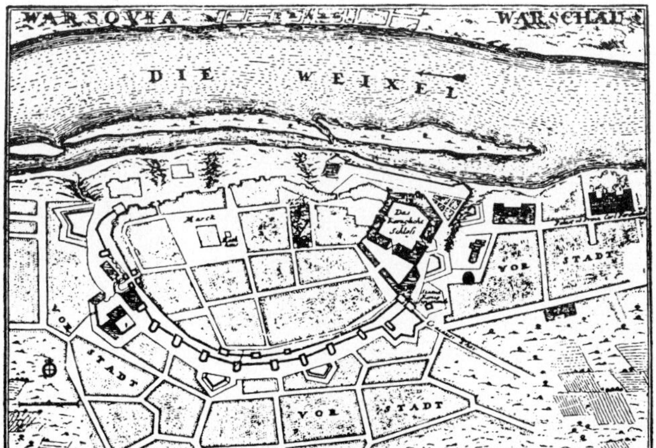

Abb. 560. Warschau. Stadt und Schloß. Zustand etwa 1700. Nach Stich aus „Force d'Europe".

Die rein deutsche Formensprache deutet auf deutsche Baumeister hin, die auch in den Akten oft genug genannt werden.

Eine Glanzzeit trat für das Schloß ein, als an Stelle von Czersk Warschau Hauptstadt wurde, weil die Weichsel ihr Flußbett veränderte und den Zugang zur Burg Czersk frei= gab, während sie jetzt unmittelbar an den Mauern der Burg von Warschau entlang floß, die dadurch leichter verteidigt wurde.

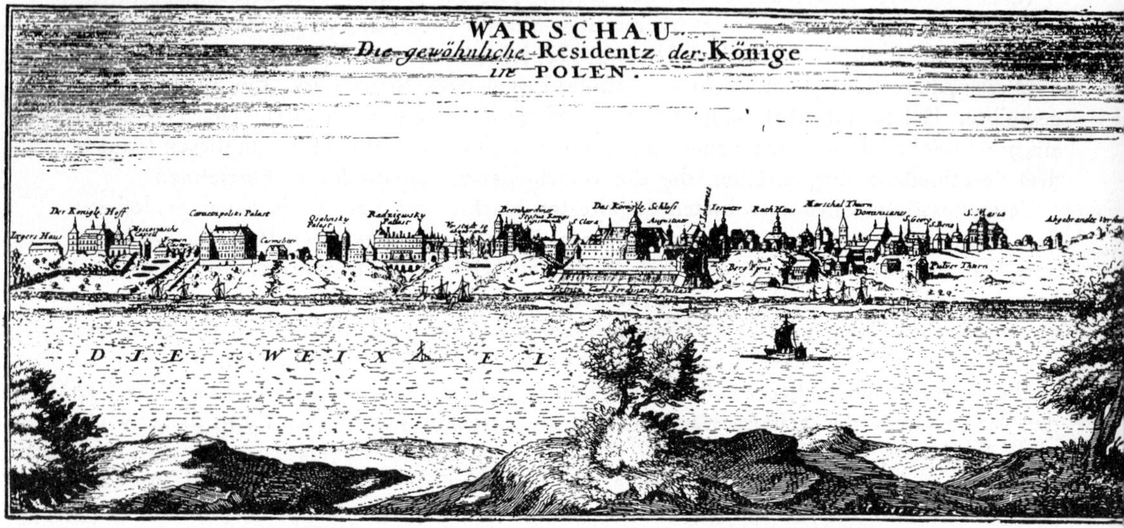

Abb. 561. Warschau. Nach einem Stich von Bodenehr. Zustand etwa 1740.

Ungarische Burgen

Geopolitische Grundlagen

Der große Donaustrom verbindet zwei Welten. Im Schwabenlande entspringt sein Quell, in einer Heimat uralter Gesittung und eines immer wiederkehrenden deutschen Völkerfrühlings, einem Lande, das gerade auf dem Gebiet des Burgenbaus herrliche Werke schuf. Diese oberen Donau-Uferburgen fanden eine Andeutung ihrer Würdigung im Abschnitt „Deutsche Burgen"[1]).

Der alte reichsdeutsche Einfluß strömt aber von dort aus weit über die alten Donauländergrenzen. Ein abgestorbenes Grenzland des oströmischen Reiches, das seit Beginn der Völkerwanderung bis zur Neuzeit nicht zu ruhiger Staatenentwicklung kam, schließt sich am unteren Donaulaufe an und reicht bis zum Adriatischen und Schwarzen Meer.

Es kann nicht wundernehmen, daß die Donau als ein Verkehrsweg von unabsehbarer Bedeutung, der so viele schwankende Machtgrenzen durchbricht, auch im wahren Sinne des Wortes eine Heerstraße war und als solche ungezählte Wehrbauten an ihren Ufern erzwang.

Schon zwischen Passau und Wien sahen wir an den Ufern der Donau mehr als 40 Burgen, von dort bis Belgrad und weiter bis Vidin (Bulgarien) ist die Zahl nicht weniger bedeutend. Ein gewaltiger Abschnitt der Geschichte ist an diesen Mauern vorübergerauscht, Kämpfe, die nicht nur Ringen um die örtliche Macht waren, sondern den Zusammenprall griechisch-römischen Heidentums mit dem Germanentum bedeuteten — dann die Kämpfe des abendländischen Christentums mit Mongolen, Tartaren und türkischen Mohammedanern und endlich das Ringen der slawischen Rassen untereinander.

Die Schöpfungen der verschiedenen Zeiten, Rassen und Stämme seit der Ostgotenzeit im einzelnen zu bestimmen, müßte ein besonderer Gewinn für die Burgenkunde sein. Im Rahmen dieser Arbeit kann nur auf eine solche Aufgabe hingewiesen und ein Überblick gesucht werden durch eine Betrachtung der Burgen, die sich bis heute in Ungarn, der Slowakei, Altserbien, Rumänien und Bulgarien erhalten haben.

Beginnen wir mit Ungarn. — Die Untersuchung der Kräfte, die zum Entstehen und zur Formentwicklung der ungarischen Burgen beitrugen, lenkt den Blick auf die königliche Macht der Arpaden bis 1301, auf die Anjou bis 1382, die Hunyady bis 1490 und auf den hohen Kriegsadel, der für glückliche Heerführungen und persönliche Taten mit großem Besitz belohnt wurde, — endlich auf die bodenständigen Kleinfürsten der Moldau und Siebenbürgens, welche Landschaften heute zum rumänischen oder ungarischen Staat gehören.

Seit 895 nahmen die Ungarn unter den Arpaden das Land. 1001 wird Stephan I., „der Heilige", vom Papst zum König von Ungarn gekrönt. 1301 stirbt der Arpadenmannesstamm mit Andreas III. aus. In die Mitte des 13. Jahrh., 1241—42, während der Regierungszeit Belas IV., fällt der Mongolensturm, von dem die osteuropäische Landschaft verödet zurückblieb.

---

[1]) Bd. I, S. 435.

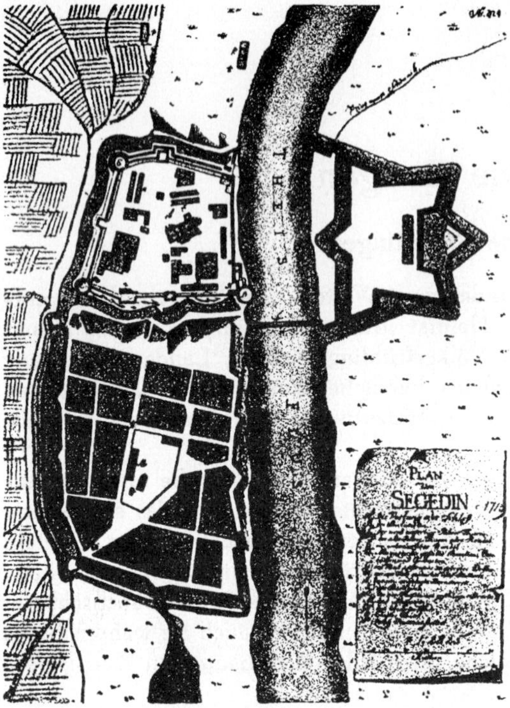

Abb. 562. Burg und Stadt Szeged (Szegedin), mittelalterlicher Kernbau mit Mauertürmen und späteren Vorwerken mit Bastionen. Lageplan nach v. Fürstenhoff, von etwa 1715.

Die Errichtung einer besonderen Burgengruppe gegen solche von Osten kommenden Angriffe auf den nordöstlichen Teil, des von den ersten Fürsten und Königen beherrschten ungarischen Gebietes, war eine zwingende Maßnahme.

Eine mächtige Burgenbautätigkeit erfolgte dann auch nach ungarischen Quellen[2]) im 13. Jahrh., namentlich an der heute slowakischen Grenze, an den Karpaten im heutigen Siebenbürgen, als dorthin und in die Zips deutsche Siedler von Bela IV. gerufen wurden, denen schon 1211—1225 Deutschordensritter vorausgegangen waren. Ihnen und den deutschen Bauern in Siebenbürgen verdankt das Land eine solche Vielzahl von Burgen, daß über das gesamte Siebenbürgen ein besonderer Abschnitt handeln soll.

Im 13. Jahrh. erhielten die Großen des Landes Erlaubnis[3]), feste Steinburgen zu bauen, die der umwohnenden Bevölkerung als Zufluchtsort dienen sollten. So entstanden überall Burgen auf steilen Felsen oder an schwer zugänglicher Stelle in Sümpfen und am Wasser in der Ebene[4]).

Seit früher Zeit wirken Ströme deutscher Siedler am Burgenbau mit, die bis zum Banat, der Zips und Siebenbürgen noch heute ihr Volkstum bewahren. Ihrer Schöpfungskraft verdanken wir viele noch heute erhaltene Burgen, vor allen Dingen die Wehrkirchen der Siebenbürger Sachsen.

Gegenüber den zahlreichen, im Umfang beschränkten Burgen Mitteldeutschlands finden wir in Ungarn wenigere, aber größere Wehrbauten.

Das Bild des ungarischen Wehrbaus ist nicht leicht klar darzustellen — zu oft haben Ungarns Grenzen andere Gestalt angenommen. Bis in die neueste Zeit wechselten die Burgen oft die Landeshoheit, und selbst die Bevölkerung des betreffenden Gebietes änderte sich. Besonders in der frühen Burgenbauzeit und vor der türkischen Eroberung haben die verschiedensten Rassen die wehrbaulichen Formen beeinflußt.

Vieles haben dann die Türken verändert, ohne daß die Burgen klarere türkische Kennzeichen hinterlassen hätten. Die Türken waren keine Wehrbaumeister. Zerstört haben sie um so mehr — man denke nur an die herrliche Königsburg zu Budapest, deren wüste Trümmer das General Hallartsche Bild der Beschießung im Jahre 1686 bietet.

Ebensooft sind aus Burgen Festungen geworden, wie das bei Peterwardein, Semlin, Szegedin (Abb. 562) usw. der Fall ist, deren Zitadellen im Grundriß selten noch klare

[2]) Fessler: Gesch. v. Ungarn, Bd. I. Zimmermann-Werner: Urkundenbuch zur Gesch. d. Deutschen in Siebenbürgen. — [3]) Fessler: Gesch. v. Ungarn, Bd. I. — [4]) Ebenda.

Burg K a m i e n i e c P o d o l s k i im ehemaligen Polen

Burg Drzewica im ehemaligen Polen

Burgenreste erkennbar werden lassen. Viele Burgenkerne sind später, vom 16. Jahrh. ab, schloßartig umgebaut und von dieser Zeit ab mit Batterietürmen und späteren Bastionen umgeben worden, so daß im Ganzen höchst malerische, massige Baugruppen entstanden. Weit ausgedehnte Wehrbauten, wie sie in den östlichen Grenzgebieten durchweg üblich sind, zeugen von der Großmacht der adeligen Bauherren, und noch heute hängt der Großgrundbesitz eng mit den stolzen Resten zusammen.

Eine Übersicht der heutigen ungarischen Burgengebiete können wir gewinnen, wenn wir das Land teilen nach der Fluß=, Grenz= und Landschaftsgestaltung.

Die kultur= und wehrbaugeschichtlich wichtigste Landschaft nimmt der Donaustrom selbst ein mit seinem breiten Ufergelände, ein Gebiet, das in der Kriegsgeschichte des Mittelalters das Rückgrat des Landes bildete.

So finden wir an den ungarischen Ufern der Donau, von Preßburg ab (in Fortsetzung der Burgenkette auf deutschem Reichsgebiet) bis Belgrad eine große Zahl von Burgen und Burgruinen, die durch die jeweilige Landschaftsform als Höhen=, Tiefland= oder Wasserburgen ausgestaltet erscheinen.

In dem großen Winkel rechts der Donau bildet die Landschaft um den Plattensee ein geschlossenes Gebiet. Es reicht südlich bis zur Mur und Drau.

Das dritte Gebiet ist das breite Flußtal des parallel der Donau nach Süden laufenden Stromgebietes der Theiß, die von den Vorbergen der Karpaten durch eine große Ebene fließt und bei Semlin in die Donau mündet. Von Szegedin gen Osten liegt das Flußtal der Marosch mit seinem reichen Zuflußgebiet aus Siebenbürgen (Transsylvanien). Hier bildet die rumänische Grenze den Abschluß.

Wir beginnen mit der Schilderung der ungarischen Burgen am Donaustrom entlang, also mit den Uferburgen, wobei wir die Grenzen Ungarns mit kurzer Nennung einiger anderer Donauburgen überschreiten.

Abb. 563. Donauuferburg Theben. Ansicht nach einem alten Stich.

Donauuferburgen

Unterhalb Wiens auf dem rechten Ufer beginnen schon die ersten Burgruinen. Hainburg, angeblich 892 genannt[5]), und etwas stromab Rotenstein auf steilem Kalkfels jäh über dem Fluß, spielten in den Kämpfen mit den Avaren, Magyaren bis zu der Erstürmung Hainburgs durch die Türken 1529 eine Rolle. Erhalten sind in der Hainburg Reste der romanischen Kapelle von 1250, der Quaderbau des quadratischen Bergfrieds mit zierlichem romanischem Eingang[6]) und Wohnbaureste im Mauerbering.

Die nahegelegenen bedeutenden Reste der noch 1683 von den Türken belagerten, in 521 m Höhe errichteten Felsenburg Theben (Abb. 563) bieten eines der großartigsten Burgenbilder des Donautals. Hier bilden Granitausläufer der Karpaten eine wichtige Landscheide[7]).

Von Raab (Györ) bringen Braun und Hogenberg[8]) ein Bild, aus dem die günstige Lage der Burg am flachen Ufer der Donau, die hier eine Insel bildet, erkennbar ist. Die Befestigungswerke sind an allen Seiten von Wasser umgeben.

Die von dem großen Matthias Corvinus neubefestigte Wasserburg an der Mündung der Waag in die Donau Komorn (Komárom) ist längst zur Festung geworden, spielte aber als Burg schon im 13. Jahrh. eine Rolle, im 16. beschäftigt sie den großen deutschen Kriegsbaumeister Daniel Speckle[9]) (1534—89), der sie mit neuen Basteien abbildet.

Gran (Esztergom), ebenfalls an der Donau, besitzt neuerdings Ausgrabungen bedeutender romanischer Reste der Burg (Abb. 564, Taf. 93), die aber teils von Festungswerken, teils von der neueren Renaissancebasilika überbaut sind[10]). Hier gab ein strombeherrschender Granitfels schon früh Veranlassung für einen Wehrbau. Gran wird 975 als Geburtsort Stephans des Heiligen genannt. 1241—42 widerstanden Stadt und Burg dem Tartarenangriff.

Die dortigen königlichen Paläste wurden 1595 zusammengeschossen, den Türken abgenommen, die frühromanischen Trümmer wurden später verschüttet und mit Bastionen überbaut (Abb. 564).

Neue Ausgrabungen haben Kleinode romanischer Raumkunst zutage gefördert, deren Formen — Knospenkapitelle, Säulenfüße und Bogenprofile — die Verwandtschaft mit Einzelheiten von deutschen und apulischen Hohenstaufenburgen, wie am Trifels[11]) oder am Castel del Monte[12]) zeigen. Ein Schlafsaal des Pallas wird von Koloman Lux dem 12. Jahrh. zugeschrieben. Derselbe gibt den Grundriß dieses für den Wehrbau höchst wichtigen Gebäudes. Leider ist erst der Teil des Baues freigelegt, der in der Südspitze des weiten Festungsgeländes liegt, dessen Überreste aber aus den im Burgwart 1935, S. 30 und 31 gebotenen Grundrissen noch nicht endgültig zu beurteilen sind. Die Südspitze trug die romanische Burg, die im Norden bis zu einem Halsgraben bzw. bis zum heutigen Haupttor reichte (s. Abbildung des alten Planes von 1756 in Burgwart 1935).

Noch großartiger ist die Plintenburg, ungarisch Visegrád[13]), erbaut 1259 nach dem Tartarenkriege von der Königin Maria, Gemahlin König Belas IV.[14]), erweitert durch spätere Bauten unter König Karl Robert von Anjou (1307—42), seinem Sohn Ludwig dem Großen und besonders unter Matthias Corvinus, unter dessen Regierung (1458—90) der Burgenbau des Landes überhaupt eine Blütezeit erlebte. Den Stürmen der Türkenkriege 1529 bis 1684 ausgesetzt und 1720 auf Befehl Leopolds I. zerstört, blieben heute nur Trümmer der ausgedehnten Anlage, von der Aurelius Fessler sagt, daß König Karl I. darin einen Palast mit 350 (?)[15]) Sälen erbaut habe (Taf. 95).

---

[5]) Binder: Niederösterr. Burgen I, S. 46ff. — [6]) Ebenda. — [7]) Varjú S. 38/39. — [8]) Bd. V, Taf. 54. — [9]) Speckle: Architektura von Vestungen, nach Bl. 20. — [10]) Lux in: Burgw. 1935, S. 29ff. — [11]) Ebh.: Trifels. — [12]) Abschnitt „Italien". — [13]) Lux: Visegrad Vára; derselbe in: Burgw. 1938, S. 74. — Varjú: Magyar Várak. S. 199—203. — [14]) Lux in: Burgw. 1938, S. 74. — [15]) Gesch. v. Ungarn II, S. 47.

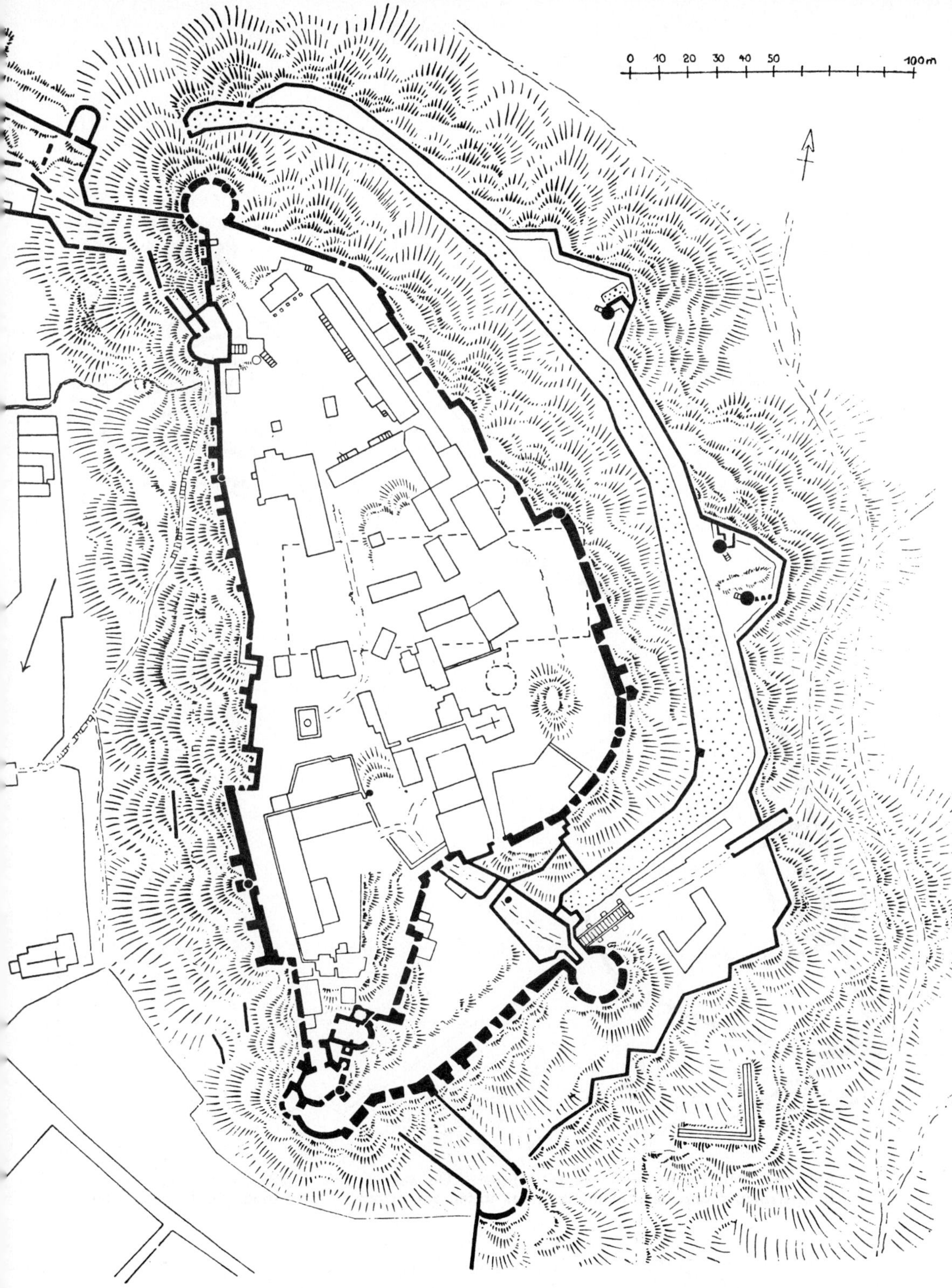

Abb. 564. Höhenburg Gran (Esztergom), Ungarn. Lageplan M. 1 : 2000.
B. E. nach den Aufmessungen Dr.-Ing. Andreas Krey, 1756.

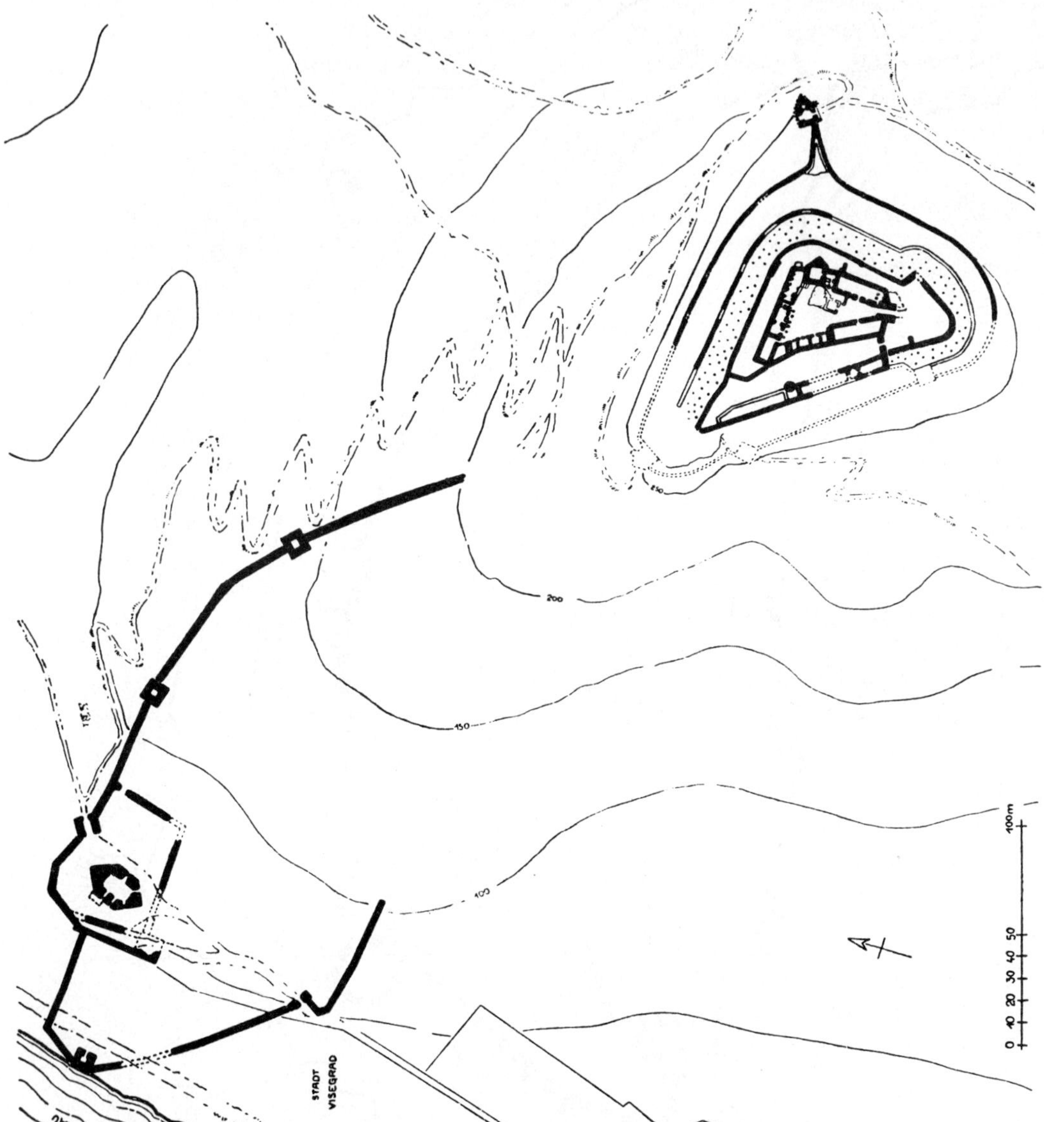

Abb. 565. Plintenburg (Vísegrád), Ungarn, Donausperrburg. Lageplan der Hochburg, der Sperrmauer und des Salamonsturmes unten am Strom. M. 1 : 3000. B. E. nach Lux.

Die Anlage bildet eine vollständige Talsperre, sie besteht aus der dreieckigen Gipfelburg, deren drei Wohnflügel von doppelten Zwingern und dazwischen von einem aus dem Felsen gehauenen Ringgraben umgeben war (die Festung liegt 230 m über der Donau!) und einem sich etwa 30 m über der Talsohle erhebenden Wohnturm (Abb. 565).

Die drei Flügel der oberen Burg müssen zur Zeit des Ungarkönigs Karl Robert von Anjou im 14. Jahrh., namentlich aber unter Kaiser Sigismund und Matthias Corvinus herrliche Räume enthalten haben.

Leider ist zur Türkenzeit 1529—1685, wie in der kaiserlichen Burg zu Ofen so auch in Visegrad, alles gründlich zerstört worden, so daß wir von „köstlichen gotischen" Formen, die jener Zeit angehören könnten, nichts mehr finden. Feststellbar ist noch, daß spätgotisch-burgwohnliche Pallasflügel vielräumig ohne Korridore vorhanden waren. Für die gotischen Bauzeiten sprechen diese Raumformen und deren Verteilung.

Der fünfeckige Bergfried von Visegrad kehrte eine scharfe Schneide gegen den Feind aus der Mitte der Ostseite des Dreiecks. Mauerreste und zwei Segmentbogen eines Doppeltores zeigen noch spätgotische Linien seines Mauerwerkes. Weitläufige Zwingermauerzüge, eine Zisterne und in dem Burgkern ein Zimmer des Burggrafen, das Schlafzimmer der Königin und andere werden noch benannt.

Die großartige Gesamtanlage gehörte zu den bedeutendsten der ungarischen Geschichte, die hier freilich auch greulichste Erinnerungen hinterließ[16]).

Besser erhalten ist der feste Wohnturm, der Salomonturm unterhalb der Gipfelburg, etwa 30 m über dem Strom, mit seinen engeren Vorwerken. Er gleicht trotz seiner großen bebauten Bodenfläche von 230 qm durchaus einem deutschen Wohnturm, keinem raffinierten französischen Donjon (Taf. 94).

Zwei scharfe Kanten streckt der sechseckige Turm nach stromauf und stromab, in fünf Stockwerken bietet er fast ebenso viele von Fenstern erhellte oder von außen zugängliche, großräumige Aufenthaltsräume.

Nur ein Geschoß zeigt Scharten. Heute ist außen unter den z. T. noch alterhaltenen Zinnen ein hölzerner Wehrgang erneuert worden.

Ein Torturm kleinerer Art führt von Norden in den Zwinger, durch den sich noch eine äußere Sperrmauer bis zum Donauwasser weiter hinabzieht. Auch hier im Wasser steht ein Turmrest, der vor der Zerstörung das Ufer bewachte.

Im ganzen sehen wir also eine wirklich königliche Wehranlage, die nicht nur eine nahe Uferstraße und den Strom selbst, sondern auch von dem Berggipfel aus das Land weit hinaus einem durchziehenden Feinde versperrte.

Eine königliche Burg von gewaltiger Ausdehnung und schon in vorgotischer und gotischer Zeit ein Saalbau größten Stiles war Budapest (Ofen-Pest) (Abb. 566). Eine wertvolle Untersuchung der Zustände der mittelalterlichen Burg gibt Koloman Lux in seinen glänzend dargestellten Studien: La Reggia di Buda, Budapest 1922. Das Werk bietet meisterhaft entworfene Wiederherstellungsversuche aller mittelalterlichen Teile der entschwundenen Königsburg auf Grund von Ausgrabungen und in alten Bauteilen gefundenen Resten.

Der Bauplatz der mittelalterlichen Burg auf dem länglichen Hügel am rechten Ufer der Donau, die einst Bela IV. im 13. Jahrh. begann und die König Sigismund und Matthias Corvinus in stolzer Gotik ausgebaut haben, ist durch die großen Barockbauten der Maria Theresia und die Veränderungen der neuesten Zeit völlig verdeckt.

Im Stadtgrundriß ist aber ihr alter turmverstärkter, schmaler, länglicher Mauerring noch erkennbar.

[16]) Lux in: Burgw. 1938 S. 74—85.

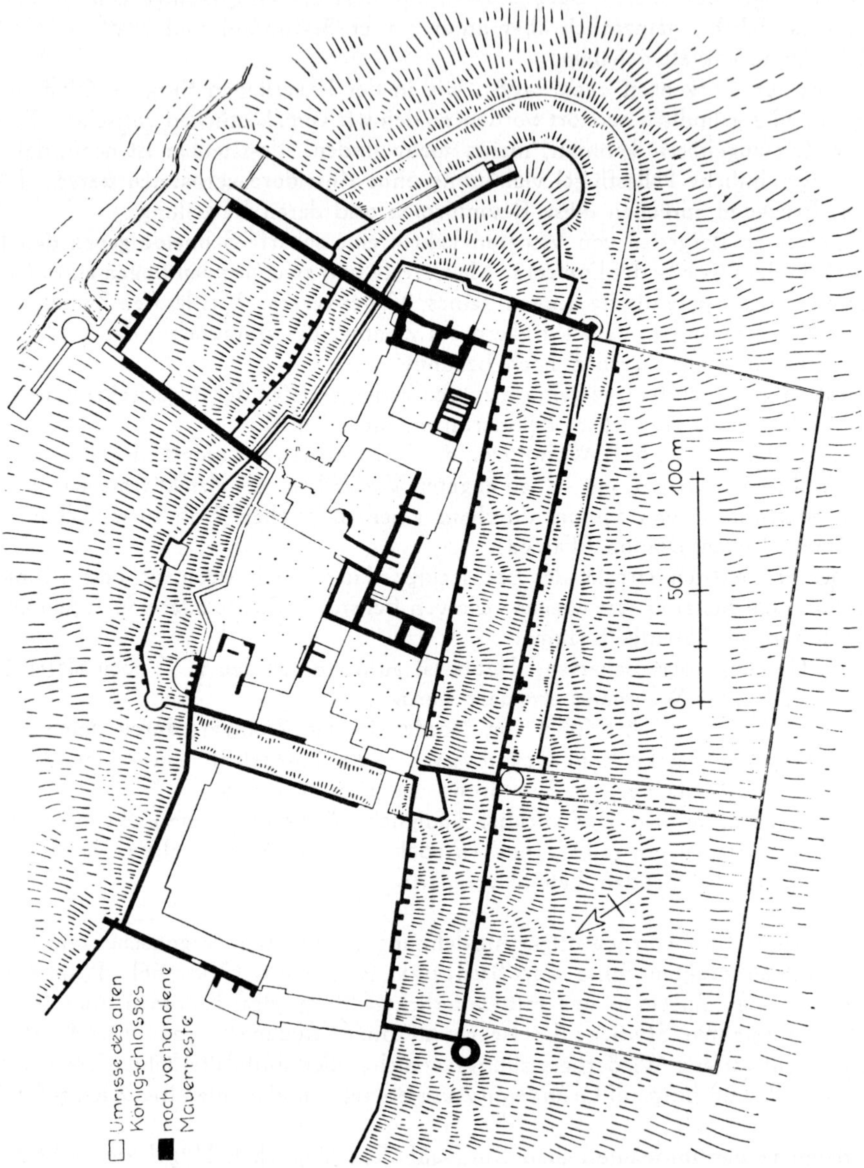

Abb. 566. Königsburg Budapest, Ungarn, Übersicht der erhaltenen mittelalterlichen Mauerreste. Lageplan. 1 : 3000. B. E. nach Lux: La Reggia di Buda, S. 28.

Von der „Primásbástya“ bis zur Südspitze der königlichen Burg stromab verjüngt sich der höchstens 40—45 m breite Hügelrücken bis zu den ehemaligen südlichsten Batterieturmresten.

Die gotische Burg mag etwa 400 m lang gewesen sein, den Rest nahm die älteste Kernstadt bzw. die „Festung“ ein. Die Türkenherrschaft nach der Eroberung 1541 dauerte bis 1686 und bedeutete zugleich die fast völlige Zerstörung dieses Bauwerks. Seine stolzen Umrisse zeigt das herrliche Blatt in Schedels Weltchronik von 1493, den völligen Ruin durch die Beschießung und Eroberung durch den Kurfürsten von Bayern 1686 ersehen wir aus den Skizzen des General Hallart[17]).

Viele alte Pläne, namentlich der letzten Reste vom Ende des 17. Jahrh.[18]) und eigene Vermessungen ermöglichten es Koloman Lux, ein Bild des gotischen Baus zu entwerfen, das den inneren Wohnbau zeigt und von den Außenwerken die Türme, Ring- und Zwingermauern noch in wehrbaulichen Formen gibt.

Lux bietet in seinem Werk (S. 43) eine Rekonstruktion des Zustandes der Burg in der Zeit des Königs Matthias. Danach besteht das gotische Haus auf der Bergnase aus vier Kernabschnitten von Südosten nach Nordwesten:

1. Die große Vorburg wird eingefaßt gegen Südwesten und Südosten von zwei Wirtschaftsflügeln. Gegen den Halsgraben und den tiefer liegenden Nordostzwinger ist sie offen. An der Nordspitze des großen Halsgrabens liegt die Hauptzugbrücke zum zweiten Abschnitt.

2. Nördlich entlang am Halsgraben zieht sich quer über den Hügelkamm auf dem zweiten Abschnitt ein großer Saalbau hin — der Rittersaal König Sigmunds. Westlich an den Saal anschließend liegt die große Prunkküche. Hinzu kommen ein Vorbau gegen Nordosten und ein unvollendeter Turm. Dann folgt auf der Mitte des Längskamms ein Schloßflügel.

3. Um den ersten Innenhof liegen vier Schloßflügel. Von einem Bau gegen Südwesten springt die große Burgkapelle vor. Gegen Nordosten liegt außen ein Festsaal (Tanzsaal).

4. Auf der Spitze (Bergnase) liegen um den zweiten Innenhof vier Wohnflügel, aus deren Mitte sich der große Hauptturm erhob, in dem sich königliche Gemächer befanden.

Diese vielgliedrigen Prunkgebäude bildeten den königlichen Palast, man erkennt sie als späte Bauten durch die reiche Gliederung in eine große Anzahl Zimmer, die an langen Gängen angeordnet waren.

Um diesen langen Wohnbau erhoben sich schützend die Wehrbauten an den steilen Abhängen. Stufenweise sind nach allen drei Seiten riesige Zwingermauern angeordnet und durch zahlreiche, z. T. mächtige Rundtürme verstärkt.

Besonders genannt sind Tortürme, Gefängnisturm im Nordwesten, der Turm Karakas Paschas, der große Wasserturm und eine Zisterne.

Der oben erwähnte Hallartsche Plan von 1686 bietet das Bild einer Bergnasenburg, deren gotischer Kern die Wohnburg des 15. Jahrh. schon mit vielen gotischen Fenstern und Giebeln zeigt. Dieser Teil erhob sich auf der südlichen Spitze stromab, reichgegliedert in mehreren Mauerkränzen um einen innersten Hof.

Besonders kennzeichnend ist der frühe Küchenbau, der wesentlich der Küche des Palastes Karls des Kühnen in Dijon von Fontevrault in Frankreich gleicht[19]).

Die Saal- und Wohnbauten mit reichen Hausteingewölben an großen Verbindungsgängen haben wenig wehrbauliche Verteidigungsmittel, die vielmehr in den großen äußeren Schildmauern, Zwingermauern, Batterietürmen und dem Halsgraben bestanden.

---

[17]) Abb. nach Schedel in La Reggia di Buda, Abb. II, nach Hallart ebenda, Abb. III. — [18]) Lux: La Reggia di Buda. S. I. La antica benche non antichissima reggia . . . gia nei tempi della real casa di Arpad. — [19]) Viollet le Duc IV, 466.

Abb. 567. Burg Güns, Ungarn. B. E. nach Varju.

Die glänzenden Giebelbauten müssen aber trotzdem einen überwältigenden Gesamteindruck eines reichen Fürstensitzes gemacht haben.

Es folgen nun donauabwärts auf dem rechten Ufer Tétény mit altem Kastell und Schloßruine[20]), links Erd mit altem Schloß, dessen Forsthaus Kutyvár (Hundsschloß) genannt wird, weil es die Rüdenmeisterei von Matthias Corvinus war[21]).

Ebenfalls auf dem linken Ufer liegt das alte Kastell von Ordas[22]). Am rechteckigen Knick der Donau Vukovár (auf kroatischer Seite) mit alter Burg[23]), links Novosello mit einem Kastell[24]). Auch Sárengrad, auf dem rechten Donauufer, hat Überreste einer alten Feste aufzuweisen[25]).

In der Nähe, nicht unmittelbar an der Donau, bei Bács liegen die Ruinen einer von König Stephan erbauten Burg. Noch 1525 zieht sich der ungarische Feldherr Tomori dorthin vor den Türken zurück[26]).

Auf dem rechten Ufer des Stromes erhebt sich auf einem Felsenkegel über der Stadt Ilok (Illok), magyarisch Ujlak, eine alte Burg. Die Mauern zeigen noch Scharten für Bogenschützen, die der Bauweise nach aus der vortürkischen Zeit stammen[27]). 1525 wurde die Burg von den Türken belagert[28]).

Die berühmte Festung gegen die Osmanen Peterwardein (in Kroatien) steht ebenso wie Semlin auf historischem Boden an Stelle des römischen Acumincum. Auch im Mittelalter wird dort eine burgliche Anlage gewesen sein, die dann später zu einer Festung ausgebaut wurde. Die Lage ist äußerst geschickt gewählt: Auf einem 200 m hohen Ausläufer des Frusca-Goragebirges gelegen, ist die Festung an drei Seiten von dem Wasser der Donau umgeben, an der Westseite fällt der Hang steil gegen die Donau ab. Jenseits des Flusses schließt sich morastiges Gelände an, so daß die Erstürmung durch natürliche Hindernisse erschwert war. Prinz Eugen eroberte Peterwardein 1716 im Kampfe gegen die Türken[29]).

Kurz vor der Einmündung der Save in die Donau, auf kroatischer Seite, ist Semlin (Zemun) gelegen. Schon zur Römerzeit befestigt, erbauten die Türken hier auf der Höhe des Berges ein Kastell, dessen Ruinen noch heute zwischen neueren Bauten zu sehen sind[30]).

In diese Reihe der Donauburgen mag noch Belgrad einbezogen werden, obgleich es, ebenso wie Semlin und verschiedene oben genannte Burgen, nicht mehr zum ungarischen Gebiet gehört. Es ist von Römerzeiten her eine der stärksten Donaufestungen gewesen und hat im Laufe der Geschichte ein wechselvolles Schicksal erlebt. Die viel verbauten Reste der alten Kernfeste der Burg tragen heute den Namen Kalemagdan (Taf. 114).

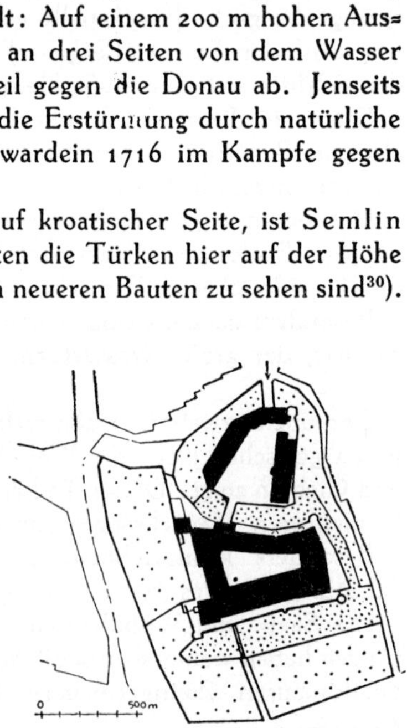

Abb. 568. Burg Güns, Ungarn. Lageplan M. 1 : 4000. B. E. nach amtl. Plan.

[20]) Handbuch für Donaureisen. S. 200ff. (Die geschichtlichen Daten bearbeitete Gert Luithlen.) — [21]) Ebenda. — [22]) Ebenda. — [23]) Ebenda. — [24]) Ebenda. — [25]) Alföldi: Führer durch Ungarn. S. 84. — [26]) Kupelwieser a. a. O. S. 230. — [27]) Nach einer Mitteilung des Prof. Szabo, Agram. — [28]) Kupelwieser S. 231. — [29]) Nach einem Plan von etwa 1740 aus „Force d'Europe", herausgegeben von Gabriel Bodenehr. Taf. 143. — [30]) Handbuch für Donaureisen. S. 204.

Gebiet um den Plattensee

Außerhalb der großen Burgenkette an der Donau, die eben verfolgt wurde, liegt gegen Westen das etwas gebirgige Gebiet um den Plattensee. Hier erhebt sich die Burg Szigliget (Abb. 569, 570), heute Ruine, hoch über dem nördlichen Seeufer[31]). Sie liegt ostwestlich in langgestreckter, rechteckiger Grundform auf hohem, felsigem Sattel; ein S=förmiger Aufstieg führt durch eine weite Vorburg, die — wie die lange Kernburg — durch halbrunde Mauertürme verstärkt ist (Taf. 95).

18 km nordwestlich erheben sich auf beherrschendem breitem Rücken die furchtbar zerklüfteten Ruinen der schon 1293 erwähnten Burg Sümeg, die im 17. Jahrh. von den Kaiserlichen gesprengt wurde. Die Grundform ist langoval, birnförmig und bedeutet eine reife Lösung[32]) (Abb. 571, 572, 574). Die Burg ist von mächtiger Ausdehnung und auf vereinzeltem kurzen Bergkamm in breitem Tal gelegen (Taf. 96). Sie weist heute nur noch eine Kernburg auf, einen Wohnturm von 13:9 m, eine weitläufige Ringmauer, Torburg und Torreste, diese aber ohne Kunstformen. Errichtet wurde sie im 13. Jahrh. durch das Kapitel von Veszprém.

Die im Süden Ungarns unmittelbar an der kroatischen Grenze liegende Burg Siklos wurde im 14. Jahrh. erbaut, im 16. verändert und erhielt ihr heutiges Gesicht im 18. Jahrh. Einige Außenwerke, Batterietürme usw., wohl aus dem 15. Jahrh., haben sich noch bis heute erhalten[33]). Der Schloßkern ist umgeben von alten hohen Zwinger= und Mantel=mauern, die mit runden Ecktürmen und breitem Zugbrücken=Rundbogentor ver=sehen sind.

Von der Burg Nagyvászony, nahe Burg Sümeg nördlich des Plattensees gelegen, ist noch der mächtige rechteckige Bergfried des 14. Jahrh. erhalten[34]). Der vierstöckige Bau ist nur im Erdgeschoß gewölbt (Taf. 98).

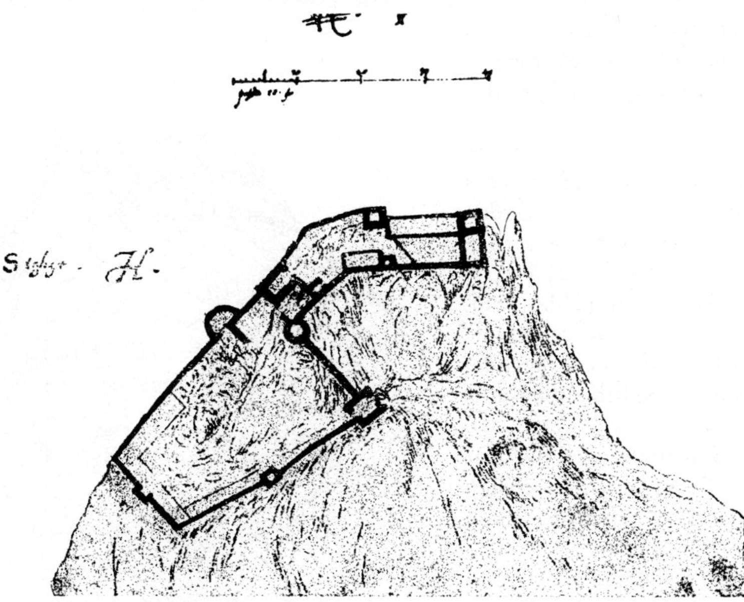

Abb. 569. Burg Szigliget, Ungarn, am Plattensee. Grundriß von 1572 aus dem Heeresarchiv Wien.

[31]) Abbildung bei Könyöki: Közepkori Várak. S. 601, Abb. 657c. — [32]) Könyöki S. 597, Abb. 654b. Varjú S. 158/60. — [33]) Ebenda S. 150/51. — [34]) Ebenda S. 118/19.

Abb. 570. Burg Szigliget, Ungarn, am Plattensee. Ansicht von 1572 aus dem Heeresarchiv Wien.

Die anderen, in geringen Resten erhaltenen Teile der Burg stammen aus dem 15. Jahrh. In den Türken=kriegen hat diese Feste vielmals feindlichen Angriffen widerstanden. 1857 ist sie abgebrannt[35]).

Die 47 km südlich Raab gelegene ehemals feste Stadt Pápa (Abb. 573) im Norden des Bakonywaldes be=herbergte bis zum Brande vom Januar 1942 das Esterházysche Schloß, welches im Mittelalter die Stadt als Burg beherrschte. Auf der Zeichnung des Georg Houf=nagel[36]) erheben sich ein später er=niedrigter runder Bergfried, ein pallasartiger Wohnbau und an des=sen Westseite ein viereckiger Turm mit Holzwehrgang sowie eine später gegen die Stadt hin durch halb=runde Eckbollwerke verstärkte Vor=burg.

Die Burg und die Ostseite der Stadt wurden durch einen See geschützt, während ein Graben die übrigen Seiten des Festungsvierecks umzog.

Mit Raab war Pápa das letzte ungarische Bollwerk gegen die Türkenangriffe: aber schon vorher haben diese Burgen starke wehrbauliche Bedeutung gegen den verrufenen Bakonywald gehabt.

In Niederungarn, in dem großen Donauwinkel, den der Strom bei seiner Wendung nach dem Süden bildet, liegen im Esterhazyschen Schloßbezirk in Tata (Data, Totis) die Reste einer Wasserburg (Abb. 576), die noch zu Zeiten Georg Houf=nagels[37]) bedeutende hochragende, turmgeschmückte Wehrbauteile auf=wies.

Houfnagel zeichnete nach der Na=tur in der Burg einen höchsten mächtigen Bergfried, daneben einen gezinnten, pallasartigen Kernbau, davor eine Art Zwinger aus späte=rer Zeit oder Bogengang auf wöl=

Abb. 571. Burg Sümeg, Ungarn, am Plattensee. Ansicht von 1572 aus dem Heeresarchiv Wien.

35) Varjú S. 118. — 36) Braun u. Hogen=berg, Bd. VI, 1618. — 37) Braun u. Hogen=berg, VI, 1618 und Thieme=Becker, Bd. 17.

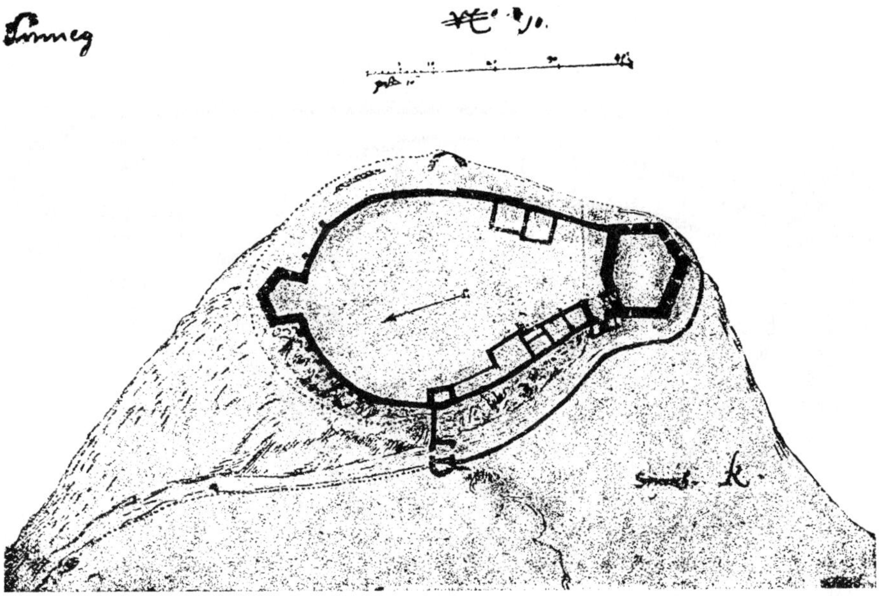

Abb. 572. Burg Sümeg, Ungarn, am Plattensee. Grundriß von 1572 aus dem Heeresarchiv Wien.

Abb. 573. Burg Papa, Ungarn. Ansicht nach Stich von Georg Houfnagel (Braun und Hagenberg, Bd. VI, 1617).

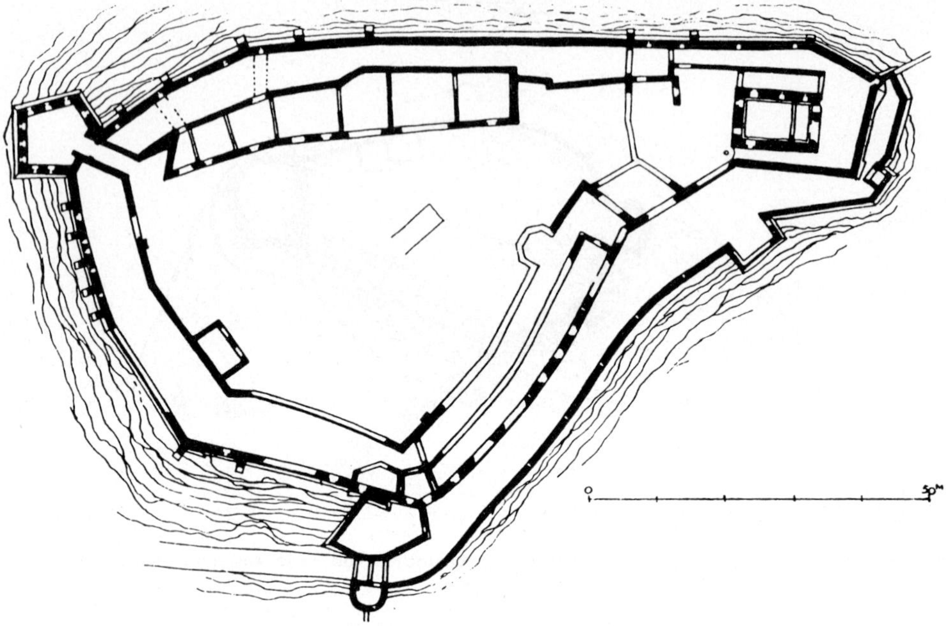

Abb. 574. Burg Sümeg, Ungarn, NW des Plattensees. Grundriß 1 : 1000. Nach Lux.

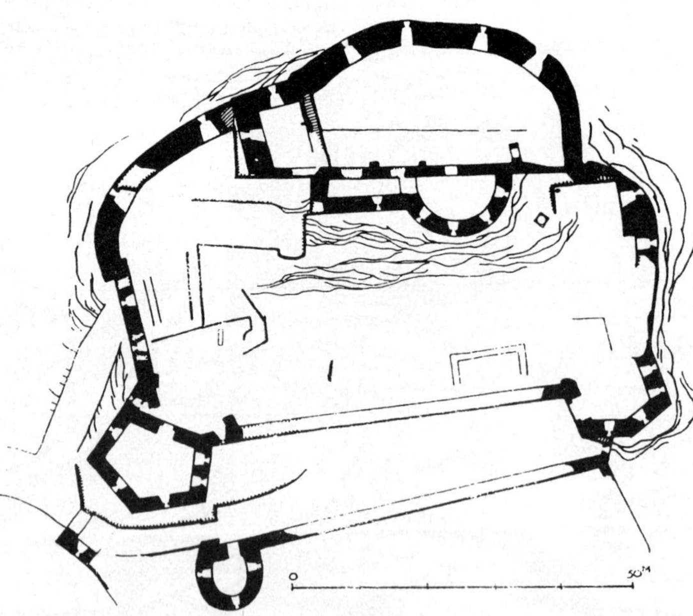

Abb. 575. Burg Fülek, Ungarn, auf Basalthügel nahe der slowakischen Grenze. Grundriß M. 1 : 1000. Nach Lux.

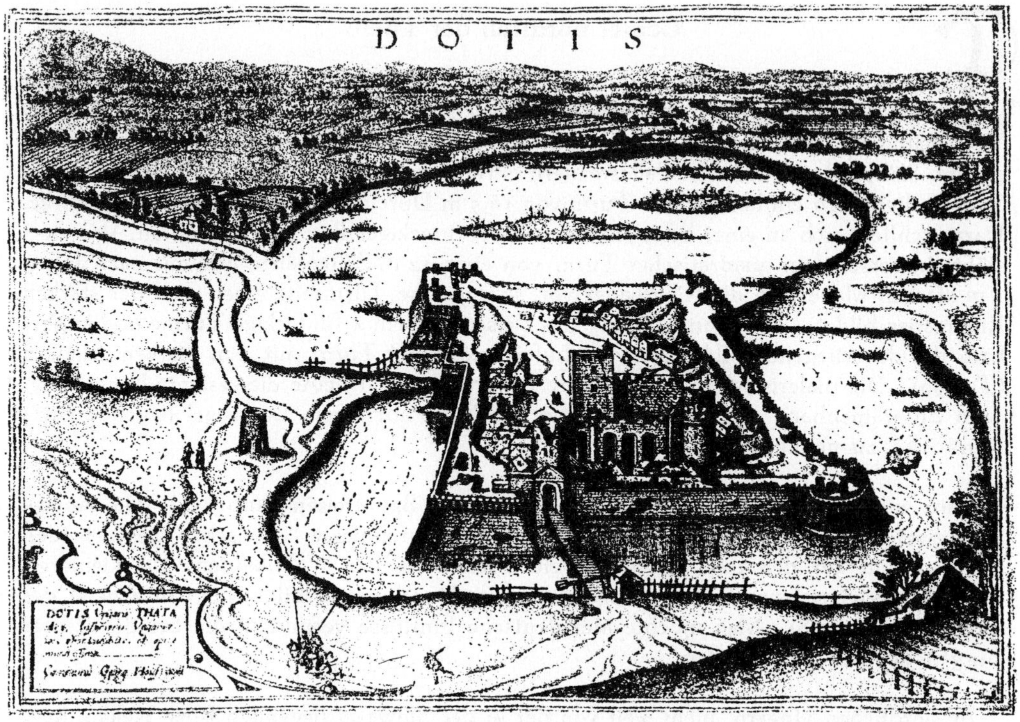

Abb. 576. Burg Tata (Dotis), Ungarn. Ansicht nach Stich von Georg Houfnagel (Bronn und Hagenberg Bd. VI, 1617).

bungsverbundenen Strebepfeilern, dazu zwei hohe Reste von starken Eckrundtürmen. Im 16. Jahrh. bestand also noch eine gotische Burg von bedeutendem Umfang.

Diese rechteckige frühe Burg war jedenfalls auch an sich schon eine Wasserburg, ehe sie umschlossen wurde durch ein kleines festungsartiges Mauerquadrat, das seinerseits drei viereckige spätere Bastionen und an der vierten Ecke eine runde Bastei aufwies. Die ganze Anlage ist in einem flachen, mehrfach überbrückten, großen See gelegen.

Simontornya, am Flüßchen Sio östlich des Plattensees, war eine der mächtigsten Festungen dieses Gebietes. Der schwere Bergfried stammt aus dem 13. Jahrh.[38]).

In der Nähe von Fünfkirchen, das selbst eine der ältesten Städte des Landes ist, liegen eine Reihe Ruinen, wie z. B. die ehemalig bedeutende Festung Szigetvár, von der heute nur Mauern und Gräben sichtbar sind. Ebenso hat Tetye eine Burgruine aufzuweisen[39]).

Nordöstlich Fünfkirchens ist in Pécsvárad eine alte Abtei aus dem 10. Jahrh., die, öfters erneuert, im 15. Jahrh. als Festung ausgebaut wurde und während der Besetzung durch die Osmanen als türkische Festung diente[40]).

Im Südwesten Ungarns, nördlich der Drau, liegt die Burg Berencs (Berzencse) des Grafen Festetics[41]).

[38]) Varjú S. 152/53. — [39]) Alföldi: Führer durch Ungarn, S. 227. — [40]) Varjú S. 124/25. — [41]) Könyöki a. a. O. S. 533, Abb. 587.

Gebiet nördlich der Theiß

Felsenburg Fülek[42]) (Abb. 575), im 13. Jahrh. auf einem Basalthügel über einem zur Eipel fließenden Bach in der Nähe der slowakischen Grenze erbaut, zeigt einen unregelmäßigen Grundriß. Die äußere, 4 m dicke Ringmauer ist der Form des Felsens angepaßt, während die inneren Pallasmauern streng gerade verlaufen. Auf der höchsten Spitze erhebt sich ein halbrunder Turm von 16,5 m Durchmesser und 2½ m Mauerstärke. Daran schließt sich an einer Seite ein schmaler rechteckiger Bau von 7:13 m an. Von dort stößt ein verschoben quadratischer Turm von etwa 12 m Seitenlänge und mit nach außen 4 m starken Mauern in die Ringmauer vor, so daß eine Turmseite einen Teil der starken Ringmauer bildet. Tiefer am Abhang des Felsens stehen 2 fünfeckige Türme und außerhalb des davorliegenden Zwingers ein hufeisenförmiger Turm mit 2 m starken Mauern (Taf. 99). Die malerisch grimmige Ruine beherrscht noch heute die gesamte Umgebung.

In Zusammenhang mit Fülek ist die in der Nähe auf einem Bergkegel liegende Burg Ajnácskö zu nennen[43]).

Ganz in der Nähe liegt Somoskö[44]) auf wilden Basalttelsen (Abb. 577). Die Anlage zeigt zwei Dreiviertelrundtürme von 15 bzw. 16 m Durchmesser. Zwischen diesen beiden Türmen und auf den zwei anderen Dreiecksseiten standen Wohnbauten. Ein kleinerer, ebenfalls dreiviertelrunder Turm von etwa 10 m Durchmesser bildet die dritte Seite des Dreiecks (Abb. 578). Man möchte hier deutsche Einflüsse vermuten, die bei der Zipser Burg[45]) deutlich hervortreten.

Im nördlichen Ungarn, nicht weit von der in der Slowakei liegenden Burg Kékkö, liegt auf einem Bergkegel am Ende eines langen Berggrates und in langer Schlinge des Flusses Eipel die ungewöhnlich starke Wohnburg Kövár[46]). An der schmalsten Stelle des langen Grates erhebt sich für das Tor ein Vorwerk, das durch zwei schmal zusammenlaufende, etwa 100 m lange Mauern mit dem Kernbau zusammenhängt.

Vor dem Kern durchschneidet ein breiter, tiefer Halsgraben den Bergkamm, an dessen einer Seite sich noch eine dreieckige Vorburg gegen das Wasser hin herunterzieht (Abb. 579).

Die Hauptburg zeigt drei innere Höfe, runde und eckige Ecktürme und ein Haupttor rechts an der Angriffsseite anschließend an eine lange Halsgrabenbrücke. Die Lage muß also, wenigstens bis zur Anwendung weittragender Geschütze, als sehr fest angesehen werden. Die Burg sollte gegen die Türken Schutz leisten.

Der heutige Bau der Burg Gács am Flusse Tugar, hart an der slowakischen Grenze auf einem Bergrücken gelegen, stammt aus dem Anfang des 17. Jahrh. Er ist aber an die Stelle einer Burg getreten, die schon 1350 errichtet worden war[47]).

Abb. 577. Burg Somoskö, Ungarn, im Quellgebiet der Theiß. B. E. nach Varjú.

Hoch über dem gleichnamigen Ort wurde im 13. Jahrh. die Adelsburg Kraznahorka[48]) (in Nordungarn, an der slowakischen Grenze) durch Matthias Bebek erbaut. Sie

[42]) Varjú S. 56/57. — [43]) Hecksch: Führer durch Ungarn. S. 248. — [44]) Ebenda S. 156/57. — [45]) Siehe Abschnitt „Slowakei". — [46]) Nach einem Plan aus der Zeit um 1800 aus der Armeebücherei München. — [47]) Varjú S. 58/59. — [48]) Ebenda S. 82/83.

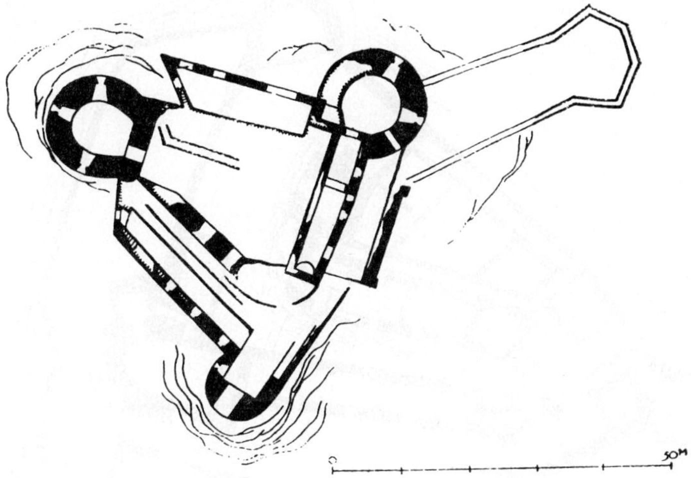

Abb. 578. Felsenburg Somoskö, Ungarn, dreieckiger Grundriß mit späten Batterietürmen. Grundriß M. 1 : 1000. Nach Lux.

Abb. 579. Paßsperrburg Kövár, Ungarn, zwischen Transsylvanien und Ungarn. Lageplan etwa 1 : 2000. Zustand 1800. B. E. nach Plan der deutschen Heeresbücherei München.

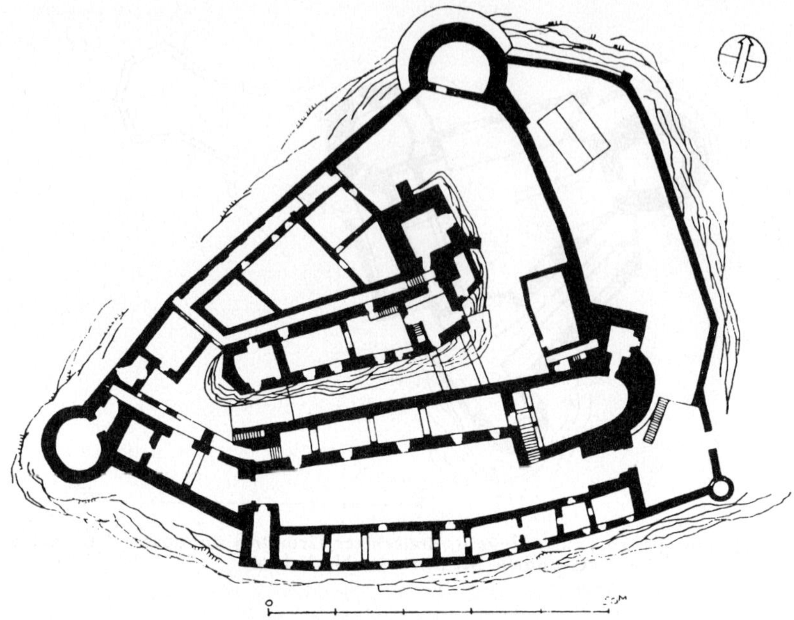

Abb. 580. Bewohnte Höhenburg der Frühzeit, Krasznahorka, Ungarn, nahe der Nordgrenze. Grundriß M. 1 : 1000. Nach Lux.

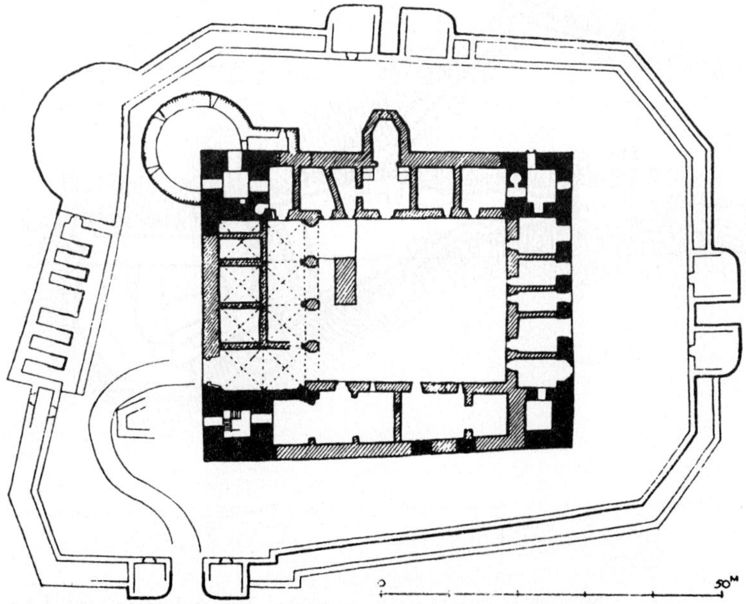

Abb. 581. Höhenburg Diosgyör, Ungarn, mit regelm. Grundriß M. 1 : 1000. Nach Lux.

Reste der romanischen Burg zu G r a n (Esztergom a. d. Donau), Ungarn

Burg Visegrád a. d. Donau, Ungarn. Salomonsturm

Burg Visegrád a. d. Donau, Ungarn. Salomonsturm (Zustand 1860)

ist noch heute z. T. bewohnt. Sie war lange Zeit königlich, dann ab 1580 Eigentum der Familie Andrassy.

Höchst merkwürdig ist der dreieckige Grundriß der am höchsten gelegenen Kernburg (Abb. 580). Sie liegt auf 40 m langer Felsenbank, die nächste Vorburg auf der Südseite ist 90 m lang und 80 m breit, besteht aus einem langen Pallasbau, auf der Nordecke steht der 11:11 m breite quadratische Bergfried. Die weitere südliche, 70 m lange Dreiecksseite birgt an der Westecke die Hauptdurchfahrt, am Ostende erhebt sich die 22 m lange und 10 m breite Burgkapelle. Diese Seite wird durch eine starke Schildmauer verteidigt, die an einer Ecke durch einen runden Batterieturm mit flachem Zeltdach verstärkt ist und am anderen Ende durch ein starkwandiges vieleckiges Werk, hinter dessen vielkantiger Stirn die Kapelle und die Sakristei liegen. Die beiden Längsseiten des spitzwinkligen Dreiecks werden von den Wohnflügeln eingenommen. Drei dicke Halbrundtürme verteidigen die drei Hauptecken der auf steilem Bergkegel errichteten Burg. Die Auffahrt führt durch 4 Tore zwischen der Wohnburg, einem tieferen Zwinger und Vorzwinger und der einen langen Wohnflügelseite. Die obere Burg wurde 1817 durch Blitzschlag zerstört. Die Ähnlichkeit mit der Burg Schlaining im Burgenland ist, allerdings nur im Gesamtumriß, bemerkenswert (Taf. 98).

Abb. 582. Höhenburg Diosgyör, Ungarn. B. E. nach Varjú.

Ebenfalls von der Familie Bebek erbaut ist die in der Nähe Krasznahorkas liegende Burg Torna im Szadellöertal rechts der Bodra. Heute ist nur noch eine malerische Ruine auf hohem, kahlem Berge übriggeblieben[49]).

Der slowakischen Grenze zu, in Nordostungarn, liegen die Ruinen der schon dem 12. Jahrh. zugeschriebenen und im 13. verstärkten Burg Diosgyör, die noch einmal unter Ludwig I. (1342—82) eine Veränderung erlitt[50]) (Taf. 100).

In Ungarn ist vor dem 16. Jahrh. die hier gewählte viertürmige Form selten, wie auch die frühe öffnungslose Form der vier quadratischen Ecktürme auffallend ist. Der Kernbau mißt etwa 55:45 m. Einem der Ecktürme war ein dreiviertelrunder Turm vorgelegt. Eine vieleckige Ringmauer umschloß den Kernbau (Abb. 581).

Ungewöhnlich ist auch der auf Kragsteinen umlaufende Wehrgang in halber Höhe der Türme (Abb. 582). Als königliche Burg der Anjou könnte man französischen Einfluß vermuten, doch erinnert das harte Quadrat eher (abgesehen von der ungewöhnlichen Höhe der Türme) an ältere apulische Burgen. Auch dort, in Süditalien, konnte ein Anjou Anregungen erhalten haben, da er 1267—1282 König von Sizilien und Neapel war.

Mit Diosgyör ist die Feste Sárospatak[51]) am Bodrog (Abb. 583), nordöstlich Tokay an der ungarisch-slowakischen Grenze in seiner heutigen Form, eine sehr späte Schöpfung und z. T., wie in dem überstarken Hauptturm (Abb. 584), mehr eine Batterie (allerdings eine bewohnbare) zu nennen. Man könnte den fast würfelförmigen Block mit seinen kleinen, schlanken vier Ecktürmen mit einem normannisch-englischen Keep vergleichen, wenn nicht die Renaissancekapitelle und -profile im Innern und an den

[49]) Hecksch: Führer durch Ungarn. S. 240. — [50]) Varjú S. 40/41. — [51]) Ebenda S. 136/41.

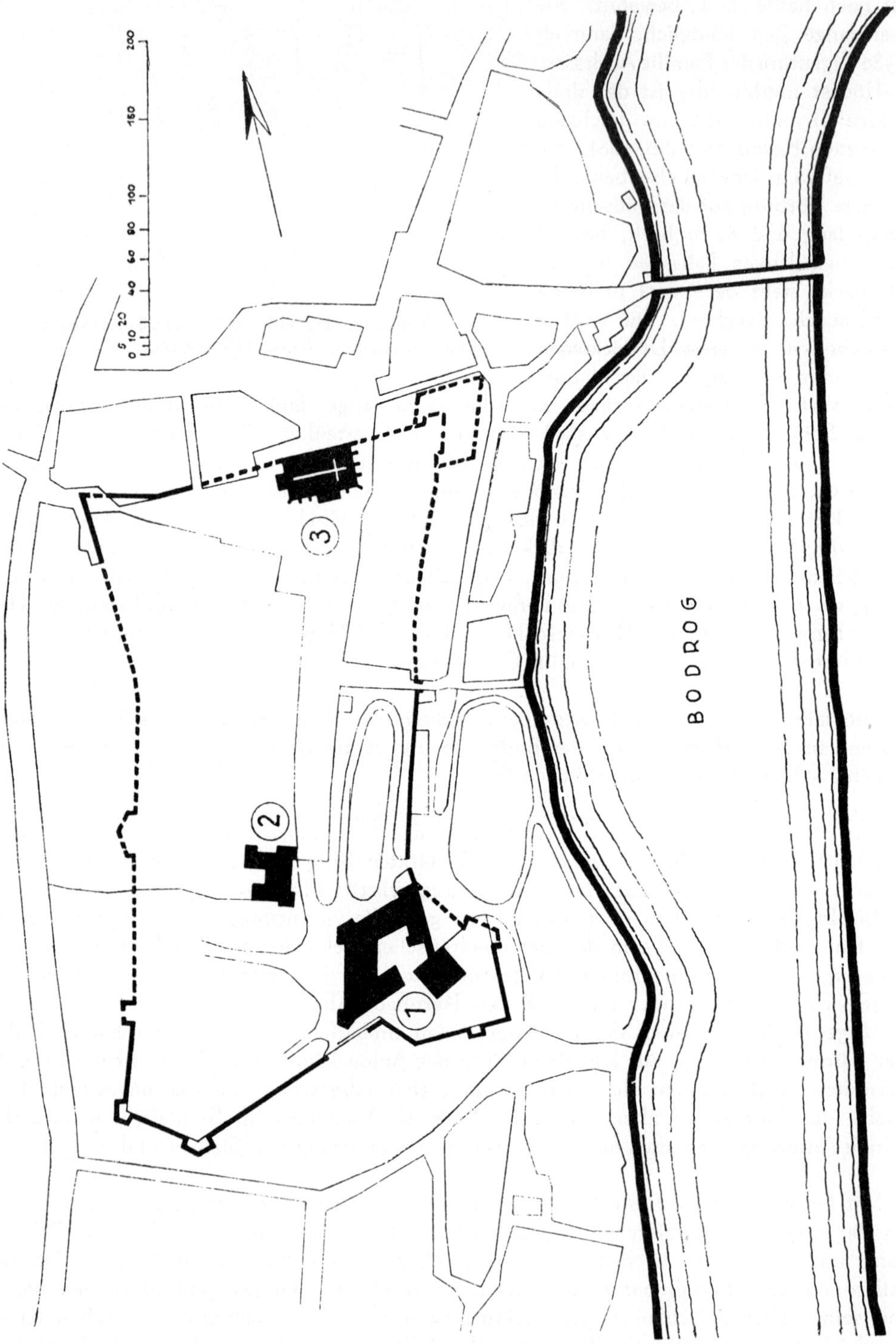

Abb. 583. Burg **Sárospatak**, Ungarn, Lage im Stadtplan. M. 1 : 4000. B. E. nach Lux.
1. Schloß. 2. Kl. Bau. 3. Kirche.

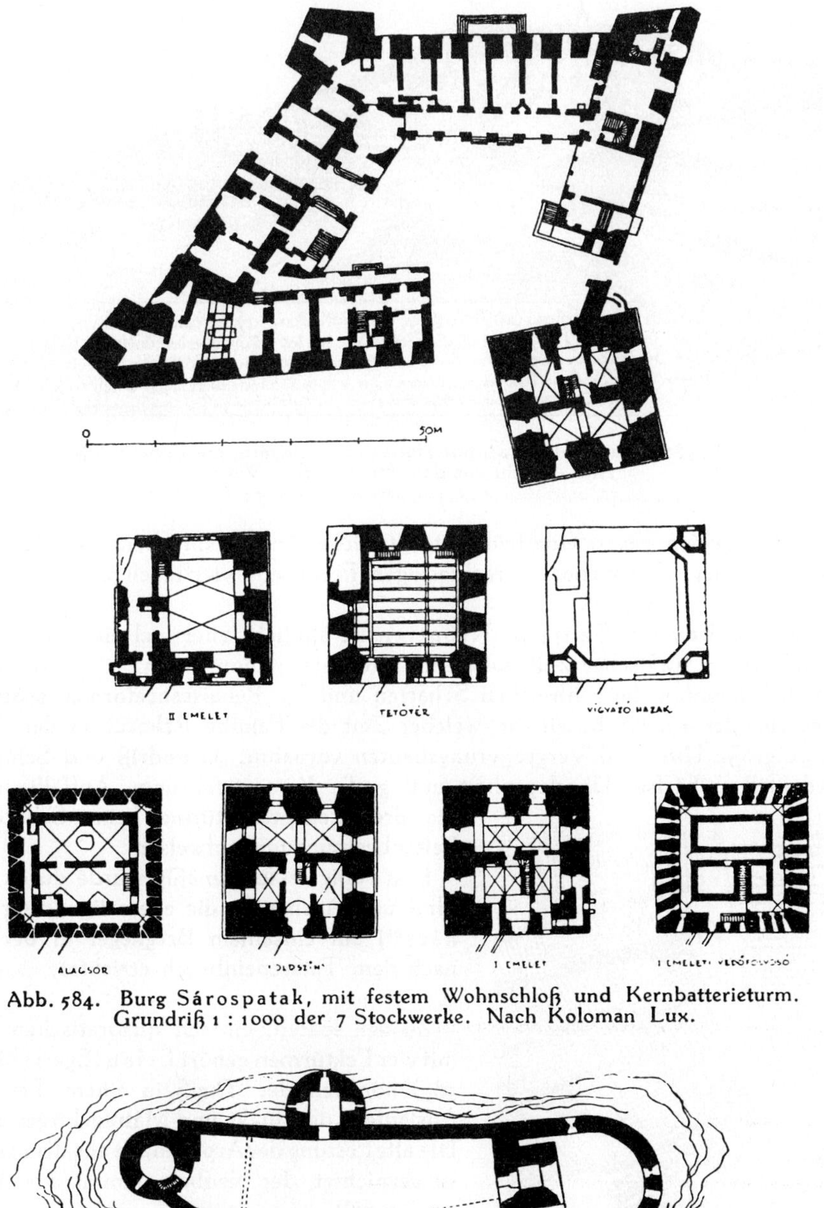

Abb. 584. Burg Sárospatak, mit festem Wohnschloß und Kernbatterieturm. Grundriß 1 : 1000 der 7 Stockwerke. Nach Koloman Lux.

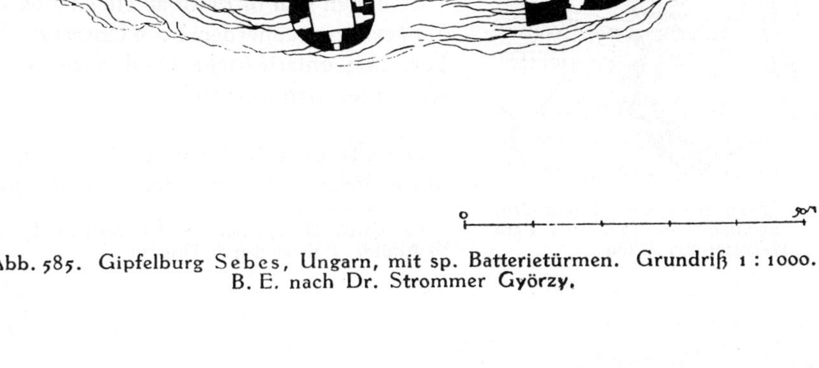

Abb. 585. Gipfelburg Sebes, Ungarn, mit sp. Batterietürmen. Grundriß 1 : 1000. B. E. nach Dr. Strommer Györzy.

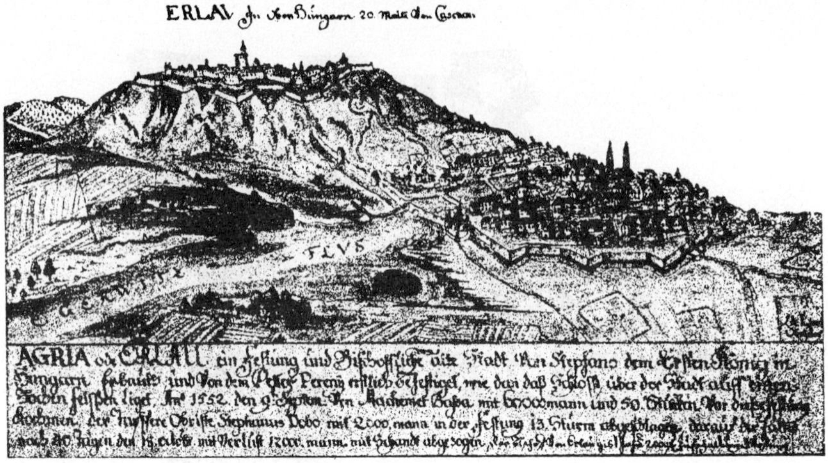

Abb. 586. Stadtbild Erlau mit Höhenburg, Ungarn, am Erewitzfluß. Alte Ansicht aus dem Heeresarchiv Wien.

schlanken Ecktürmen gegen eine frühmittelalterliche Bauzeit sprächen. An den Haupt= turm schließt sich in verschoben rechteckiger Form ein vierflügeliger Schloßbau an (Taf. 101).

Der Klotz Nehay bei Senje in Kroatien ist ähnlich, aber viel einfacher. Er ent= stand wohl erst in türkischer Zeit, während Sárospatak schon im 13. Jahrh. genannt sein soll. Freilich könnten die zahlreichen Scharten und die Renaissanceformen spätere Zu= taten des 16. oder 17. Jahrh. sein, in welcher Zeit die Familie Rákoczi an der Gesamt= baugruppe große Um= und Vergrößerungsbauten vornahm. Grundriß und Schnitt ver= raten jedenfalls schärfste Überlegenheit und große Kriegserfahrung. Auffällig ist, daß die drei Eckbatterietürme keine Scharten zur Seitenbestreichung aufweisen.

Abb. 587. Erlau mit später Höhenburg, Ungarn. Lageplan von 1764 aus dem Heeresarchiv Wien.

Fast völlig festungsmäßig wurde durch spätere Um= und Ausbauten die ehemalige Burg Munkács[52]) auf einsamem Bergkegel in der Ebene nach dem Tatareneinbruch errichtet.

Zu den späten, einfach quadratischen Burgen mit vier Ecktürmen gehört Erlau (Eger) (Abb. 586, 587) nördlich der Theiß in einem Tal an den Ausläufern des Bükk= und Mátragebirges gelegen. Die alte Festung der Arpadenzeit aus dem 14. Jahrh. ist vernichtet, der Neubau stammt aus der Zeit um 1500[53]).

Es finden sich in Erlau an einem Ausläufer des Almágyberges außerdem noch Überreste (Mauern, Tore und unterirdische Höhlungen) eines einst berühmten Schlosses[54]).

Die alte Burg in Ungvár (Uzhorod) liegt auf einem Felsen, der von der Ung umspült wird

[52]) Varjú S. 102/05. — [53]) Ebenda S. 42/43. — [54]) Alföldi: Führer durch Ungarn. S. 105.

Abb. 588. Burg Tokaj. Ungarn. B. E. nach altem Stich.

und soll in ihrem Ursprung der Arpadenzeit angehören[55]). Sie wurde in neuerer Zeit umgebaut und dient als Priesterseminar, nimmt aber einen kleineren Raum ein als die alte Anlage, so daß noch Trümmer der Burg zu sehen sind.

Zwischen den Flüßchen Huszt und Baranga bei ihrem Einfluß in die Theiß liegen auf einem kegelförmigen Berge die malerischen Ruinen der Burg Huszt, deren Bau unter Bela III. 1191 beendet worden sein soll[56]). 1766 wurde sie durch Blitzschlag zerstört.

Nicht weit von Forro-Encs, ebenfalls im nördlichen Ungarn, liegen die Ruinen der Burg Bódokövár, von denen Mauern und Gebäudeteile noch z. T. erhalten sind[57]).

Die Burg Tokay (=Tokaj) am Zusammenfluß von Bodrog und Theiß, von der heute nur wenige Reste erhalten sind, ist zu den Wasserburgen zu zählen, ebenfalls die in der Slowakei liegende Burg Budatin. Eine alte Abbildung (siehe Umzeichnung Ebhardt) (Abb. 588) zeigt einen hohen runden Bergfried, an den sich Wohnbauten anschließen und eine Ringmauer mit späteren Bastionen. Daniel Speckle[58]) beschreibt ausführlich die Einnahme Tokays durch Lazarus von Schwendi im 16. Jahrh., der aber die vom Wasser umgebene Burg erst nehmen konnte, als der Graben zugefroren war.

Gebiet südlich der Theiß

In der südöstlichsten Ecke des heutigen Ungarn an der rumänischen Grenze erhebt sich an der Körös, einem Nebenfluß der Theiß, noch der mittelalterliche Stadtburgbau von Gyula[59]), ein riesenhafter, rechteckiger Block (Abb. 589, 590), bestehend aus hoher Mantelmauer, in deren Längsflucht ein mächtiger Torturm ragt. Darin ist, hoch über dem heutigen Boden, noch das halbrunde Zugbrückentor erhalten. An der Ecke derselben Mantelmauerflucht steht noch ein niedriger viereckiger Eckturm.

Mannshoch krönt eine Wehrgangbrüstung mit Schartenresten den Mantel, der im übrigen, außer wenigen senkrechten Scharten, kaum irgendeine alte Öffnung aufweist.

Eine Handskizze von Baranski[60]) zeigt die malerischen Massen des alten Wasserburgkernes. Die Burg wurde erbaut in der ersten Hälfte des 15. Jahrh. von Johann Marothy und ging später in den Besitz des Matthias Corvinus über. Als wichtige Grenzfestung

Abb. 589. Burg Gyula, Ungarn. B. E. nach Varjú.

[55]) Alföldi S. 161. — [56]) Ebenda S. 164/65. — [57]) Alföldi S. 126. — [58]) Architectura von Vestungen S. 49/50. — [59]) Varjú S. 60/61. — [60]) Ebenda.

gegen die Türken fiel sie im Jahre 1566. Die äußeren Befestigungen sind nicht mehr erhalten, nur der mittelalterliche Kern ist noch vorhanden (Taf. 99).

Szegedin, am Einfluß der Marosch in die Theiß, war bis zur Überschwemmung 1879 eine bedeutende Festung. Ein Plan aus der von Fürstenhoffschen Sammlung gibt ein Bild der Befestigungen an der Theiß (Abb. 562). Die inneren Mauern mit den runden und eckigen Türmen sind durchaus mittelalterlich[61]). Die Legende zeigt unter A die Festung oder das „Schloß" im Kern der Stadt stromauf gelegen. Starke Mauern und vielgegliederte Türme umgeben Pallas, Kapelle (?) und zwingerartige Bauten früher Zeit.

Ungefähr an der Mündung der Theiß in die Donau liegt die Burg von Titel, für die 1526 König Ludwig von Ungarn zwei Schloßvögte ernennt[62]).

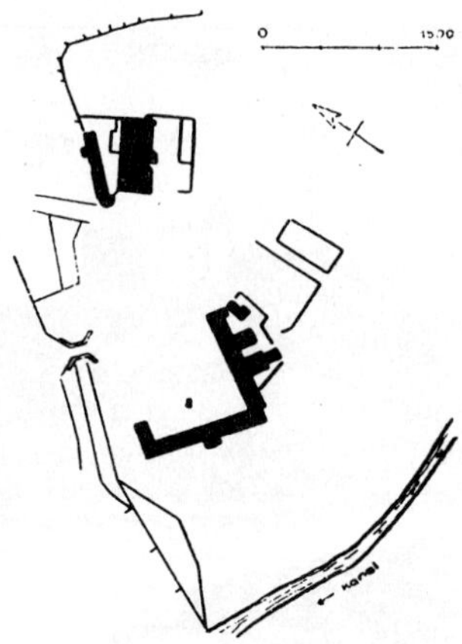

Abb. 590. Burg Gyula, Ungarn. Lageplan etwa M. 1 : 1800. B. E. nach amtl. Plan. 1. Burg. 2. Schloß.

Im südlichen Ungarn, an der Grenze nach Siebenbürgen, liegt die malerische Ruine von Sebes (Abb. 585) auf alleinstehendem Gipfel über dem Köröstal. Sie wurde im Zeitalter der Arpaden erbaut, gelangte im 15. Jahrh. in den Besitz der Familie Banffy und wurde im 18. Jahrh. niedergerissen[63]).

Das in gotischem Stil errichtete Kloster Lelesz[64]) zeigt burgartigen Charakter, der viereckige Turm wurde 1362 erbaut.

Es wären noch zu nennen die an der Marosch liegenden Burgen wie Déva, Dobra, Alvincz und Radna. (Siehe darüber die ausführlichere Behandlung im Abschnitt Rumänien.)

[61]) Plan von Szegedin, kolorierte Handzeichnung. — [62]) Kupelwieser: Kämpfe Ungarns mit den Osmanen. S. 229. — [63]) Varjú S. 142. — [64]) Ebenda S. 144/45.

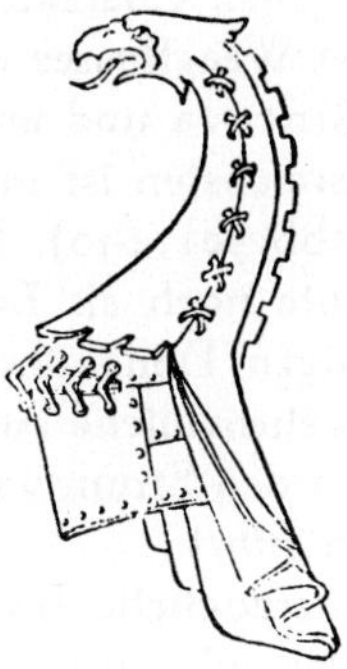

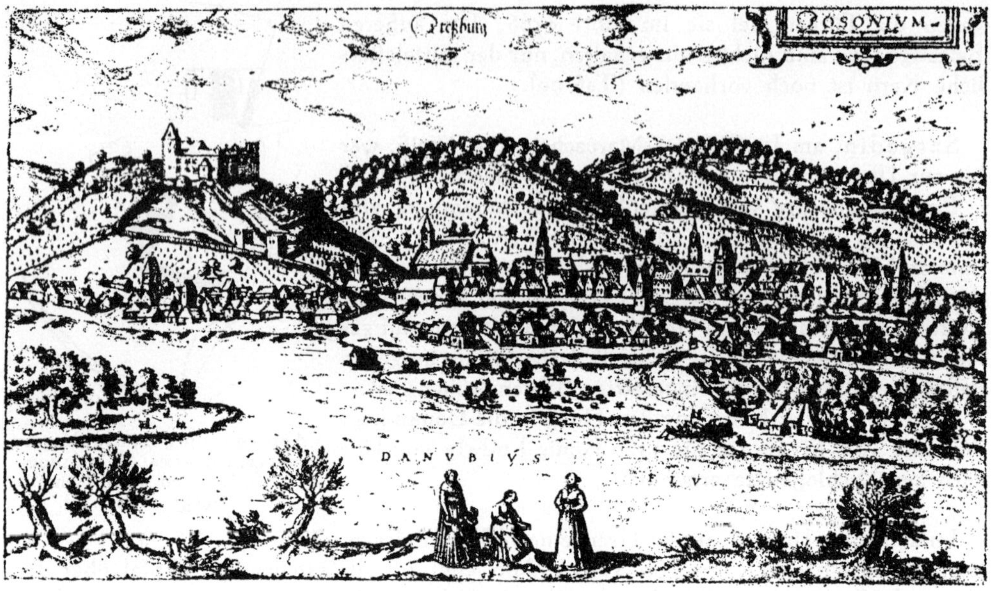

Abb. 591. Burg zu Preßburg (Bratislava), Slowakei, nach Georg Houfnagel (Braun und Hogenberg, Bd. VI, 1617).

Burgen der Slowakei

In den letzten Regierungsjahren Stephans des Heiligen von Ungarn wurde die politische Einteilung der Slowakei durchgeführt. Die Grenzen der alten slawischen Fürstentümer wurden beibehalten und ihre Burgen zu Mittelpunkten der Gespanschaften erhoben[1]). In diesen sogenannten Schloßgespanschaften konzentrierte sich die obrigkeitliche Macht des Herrschers. In der Slowakei waren die Burgen Preßburg, Hont (heute Ungarn), Nitra (Neutra) und Tekov[2]) schon im 11. Jahrh. Schloßgespanschaftssitze, gleichzeitig auch Mittelpunkt der kirchlichen Einteilung des Landes. Es ist auch bekannt, daß daneben im 11. Jahrh. auch Burgen rein militärischen Charakters bestanden. So ist gegen Böhmen zu das Befestigungssystem entlang des Waagflusses mit den Burgen Trenčin, Bludinec (Beckov), Bana, Hlohovec und Šintava und andere, siehe unten, zu verstehen.

Am überragendsten und geschichtsreichsten ist in der Slowakei die später zum Schloß umgebaute Burg von Preßburg[3]) (Abb. 591, 610). Eine vierwöchige tapfere Verteidigung gegen Heinrich V. um 1108 wird heute noch als Beweis ihrer starken Befestigungswerke gerühmt. An dem strategisch wichtigen Donauübergang nahe des Marchtales erhoben sich wohl schon vor der Römerzeit wehrbauliche Anlagen auf dem letzten 164 m hohen Granitsporn, den die Karpaten hier an den Strom vorstrecken, da, wo durch das Marchtal eine uralte Handelsstraße gen Süden führt.

Die schon im 9. Jahrh. erwähnte herzogliche Burg zu Preßburg liegt 94 m über der Donau. Von ihren frühesten Kernteilen soll nach neuesten Arbeiten nichts mehr erhalten

---

[1]) Mencl: Stredoveka Architektura na Slovensku. S. 410ff. — [2]) Von Tekov, ferner Bana, Hlohovec und Šintava (siehe unten) ist nur die Lage feststellbar. Nähere Unterlagen waren nicht erreichbar. — [3]) Fessler: Gesch. von Ungarn. Bd. I. — Menclova: Hrad Bratislava. S. 54. — Varjú: Magyar Várak. S. 126—131.

sein, auch nichts von der königlichen Steinburg der Mitte des 13. Jahrh. Erst die Hussitenkämpfe gegen König Sigismund hätten diesem zu Anfang des 15. Jahrh. Anlaß zur Errichtung des mächtigen, schiefen, gotischen Viereckblockes gegeben, dessen Grundriß dann gewisse Verwandtschaft mit den erheblich früheren Deutschordensritterburgen zeigt.

Die weiten gotischen Vorburgmauern schließen an die etwa 7 m dicke westliche Schildmauer an, zu deren Füßen und von dort beherrscht der Aufstieg zur Burg erfolgte. Nach Nordosten steht in der Vorburgmauer noch der schöne gotische Torturm, zwei hufeisenförmige gotische Walltürme schieben sich an den Nordwest- und Nordostecken vor. Nach alten Abbildungen des 16. Jahrh. war der Kernbau mit seinem Eckturm noch damals von sehr hoher, mit Wehrgang gekrönter Mantelmauer umgeben, die auch an Ordensburgen erinnert, aber nicht etwa aus Ziegeln errichtet sein dürfte.

Der gotischen Zeit entstammen die vier Wohnflügel, die sich genau den ungeheuer starken Mantelmauern anschließen und durchschnittlich im Lichten 7—8 m breite Innenräume aufzeigen. Allerdings wurden diese Räume in vier weiteren großen Bauabschnitten durch Umwandlung in Prunkräume des Barock ihrer burglichen Formen und Bestimmungen entkleidet. Die Nordwestecke nahm die Burgkapelle (?), Schloßkirche ein.

Die Verwandtschaft mit den Ordensburgen finden wir übrigens auch im mährischen Südostgebiet an mehreren Wasserburgen wie Bösig, Göding, Komotau, Ungarisch-Ostra.

Das Bild der äußerlich sichtbaren, großartigen Werke ist das Ergebnis unendlicher Aufbauten, Zerstörungen, Umbauten aus kriegerischen Gründen im Mittelalter und aus Gründen der Prunklust der fürstlichen Repräsentation bis zum Ende des 18. Jahrh. 1811 endlich brannte der immer noch burglich wirkende Bau ab. Das Feuer ließ vom Kern nur die Hauptmauern übrig.

50 km stromab von Wien taucht zur Linken der Donau der erste slowakische Ort, Theben, auf, über dem, auf schroffem Felsen — dem Thebener Kogel — die Ruinen der gleichnamigen Burg auftauchen.

Sicherer aber auch malerischer liegt kaum eine Burgruine an dem mächtigen Strome als diese auf der Landspitze zwischen Donau und der wasserreichen March.

Auf der Höhe des Kogels ragt eine schlanke Säule aus den schweren Resten des 1809 durch die Franzosen zerstörten Wehrbaues (Abb. 563, Taf. 102).

An dem 212 m hohen Kogel zieht auf halber Höhe eine lange malerische Sperrmauer hin, die in der Mitte durch einen schlanken Rundturm mit Zinnenkronen unterbrochen wird.

Auf einzeln noch einmal hochragendem Felsgipfel, unten, näher der Donau, endet die Sperrmauer in einem vieleckigen Wehrturm.

Eine breite Senke des Kogels trennt dann dessen Höhe vom landwärts ansteigenden Bergmassiv, wo auf einem weiteren Felsblock die Ruinen einer Vorburg den Zugang verteidigten.

Schon 864 hören wir von einer Belagerung der Burg Theben durch den König Ludwig dem Deutschen, dem sie der Herzog Wratislaw des Großmährischen Reiches übergeben mußte.

Dann treffen wechselvolle Schicksale die einzigartige Grenzburg, die bald deutsch, bald böhmisch, bald ungarisch, bald österreichisch, bald türkisch, bald — erobert durch den kaiserlichen General Bouquoy — abermals österreichisch war.

Burgen an der Waag

Eine überaus wichtige Rolle für die Verteidigung des Landes spielte die Burgenkette, die entlang der Waag im 11. und 12. Jahrh. entstand.

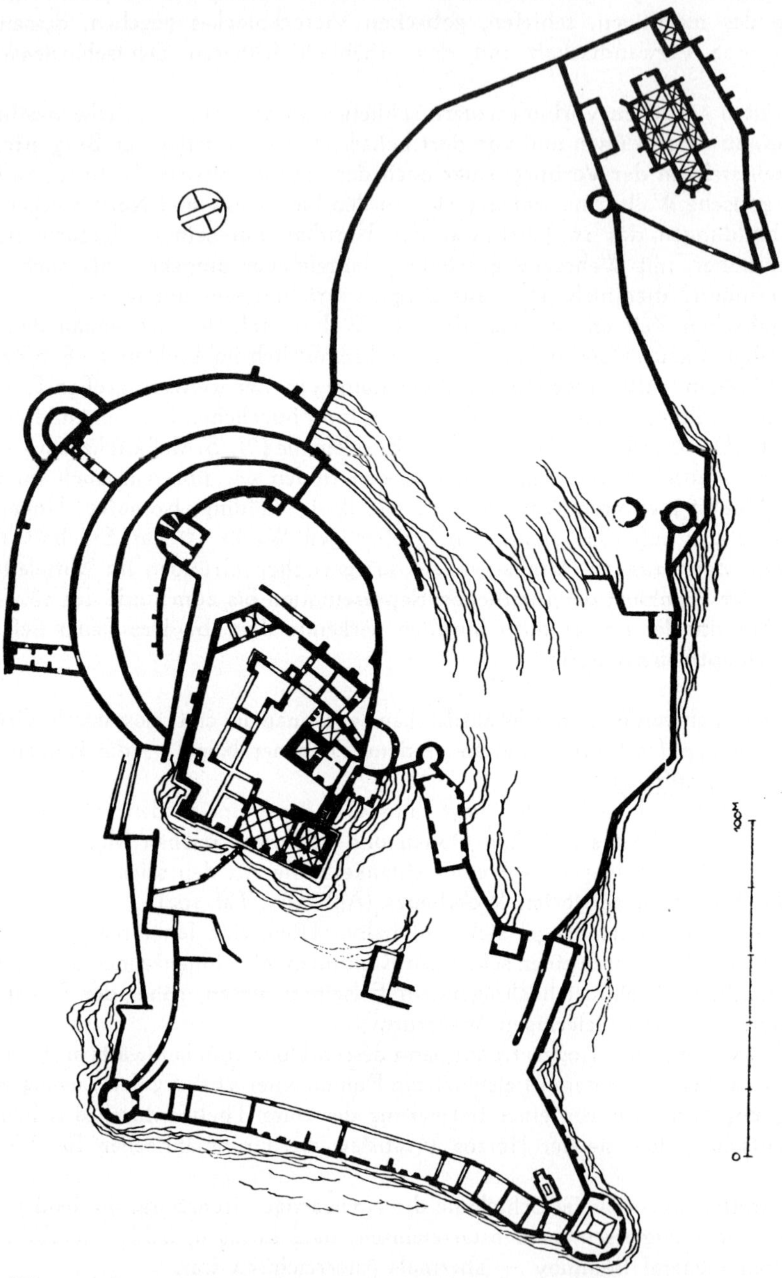

Abb. 592. Burg Trenčín (Trentschin), Slowakei, vielgliedrige Gipfelburg. Grundriß mit weiten Außenwerken und angegliederter, befestigter Burgkirche. Grundriß M. 1 : 1000. Nach Lux.

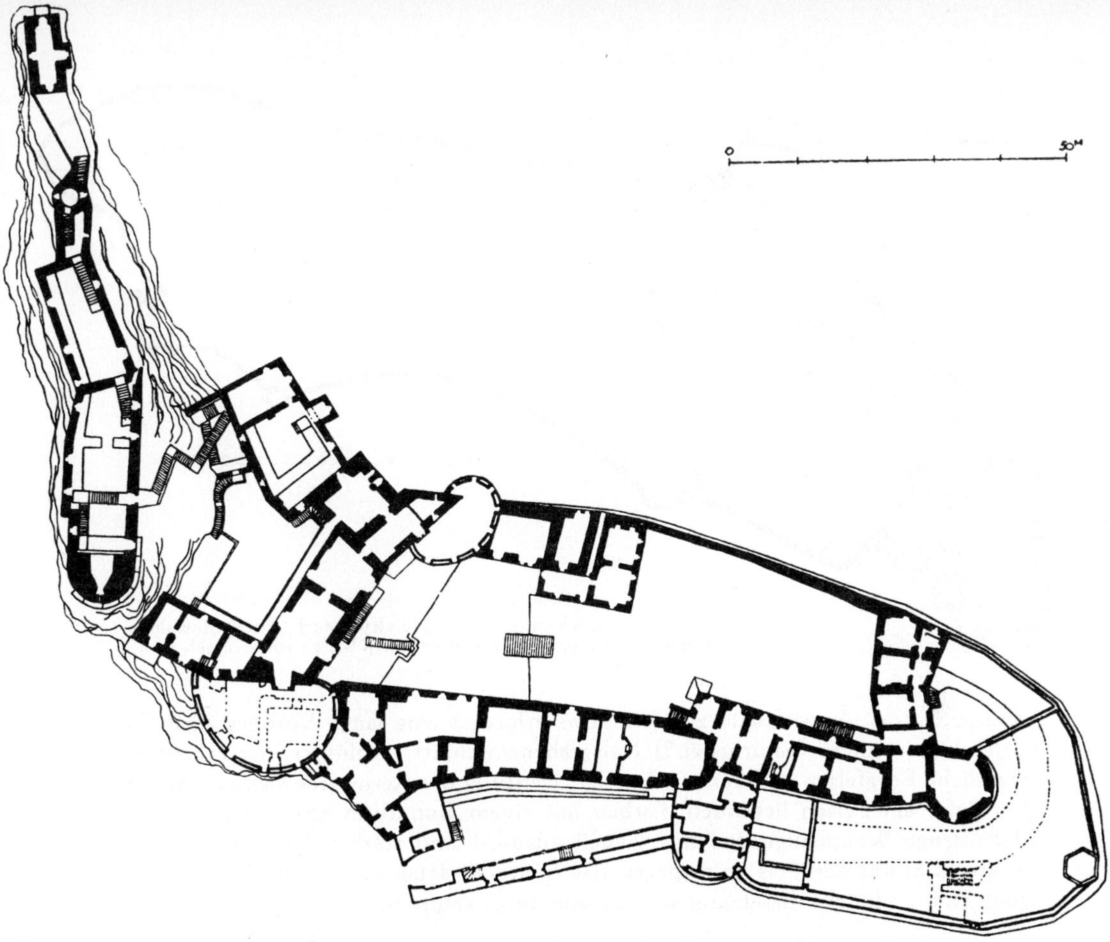

Abb. 593. Burg Orava (Árva) Slowakei, dreiteilige Felsenburg an der Árva.
Grundriß M. 1 : 1000. Nach Lux.

Eine Gipfelburg von großer Ausdehnung mit länglichem Kernwerk, weiten doppelten Zwingern und wenig Seitenbestreichung ist Sklabiňa an der Waag[4]), eine Halbruine, während sehr ausgedehnt auf wenig hohem und wenig festem, felsigen Bauplatz die an deutsche Vorbilder erinnernde, im Kernwerk rechtwinklig gebildete Burg Trenčin (Trentschin) mit quadratischem, sich verjüngendem Bergfried von 11 m Seitenlänge und Pallas sich erhebt. Im Kern ist sie eine zentrale Anlage von etwa 50×60 m[5]) (Abb. 59 , Taf. 104).

An dem scharfen Knick der Waag bei Sillein liegt die Höhenburg Hričov (Also Hrisco) auf klippigem Felsen[6]). Der Grundriß zeigt einen viereckigen Bergfried und rechteckige Wohnbauten.

Links der Waag, südlich von Trentschin erhebt sich auf einem steilen Hügel über der Stadt die Ruine Beckov (Bludinec = Bolondóc). Beträchtliche Gebäude- und Ringmauerreste — letztere ziehen sich den Berg herunter — zeugen von einer ehemals beträchtlichen Anlage mit viereckigem Bergfried an der Angriffsseite, welcher sich ebenso zeigt bei der Burg Čachtice (Csejte), südlich von Becko am rechten Ufer der Waag gelegen[7]).

Unregelmäßig gegliedert liegt die großartige, im 12. Jahrh. nachweisbare, 1388 umgebaute Ruine Beckov auf einem Felsenkamm im Waagtal, der seine Breiten aus-

[4]) Varjú: Magyar Várak S. 172ff. — [5]) Ebenda S. 180—183. — [6]) Könyöki S. 533, Abb. 588. — [7]) Schürer-Wiese: Deutsche Kunst in der Zips. S. 119.

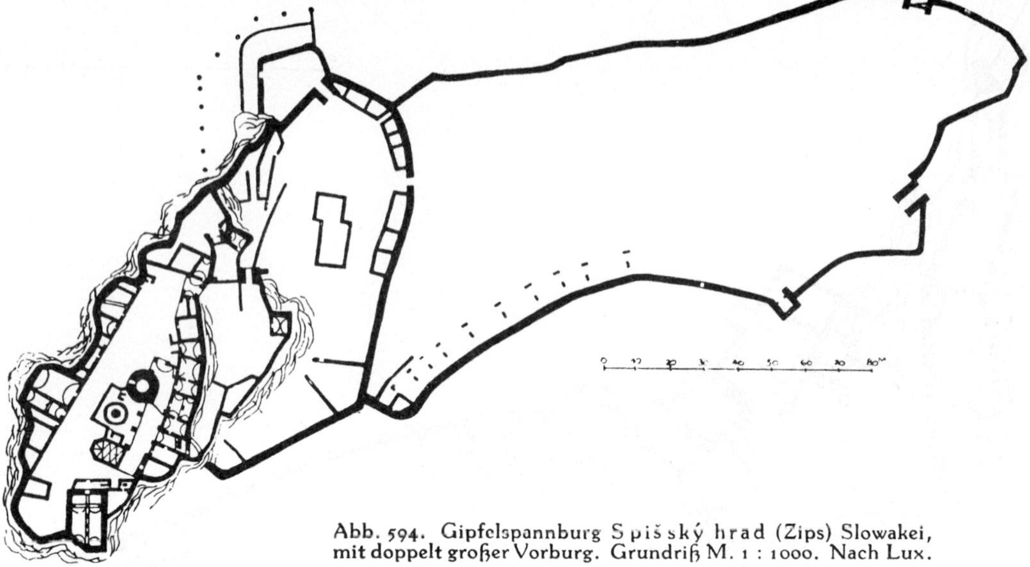

Abb. 594. Gipfelspannburg Spišský hrad (Zips) Slowakei, mit doppelt großer Vorburg. Grundriß M. 1 : 1000. Nach Lux.

nahmsweise der Angriffsseite zukehrt. Das erfordert eine lange Vorburg bzw. Zwingermauer hinter einem (natürlichen?) Halsgrabeneinschnitt. Dahinter erst erhebt sich der eigentliche Burgfelsen, auf dem auch noch zweistufig die Kernwerke sich erheben. Hinter dem tiefer am Felsen liegenden Torbau mit einem Rundturm zieht sich oben die viele Meter lange Wohnbaugruppe mit Kapellenbaurest und starken Viereckturmresten hin. Senkrecht stürzt der Fels 30 m gegen das breite Waagtal ab, das die Burg beherrschte. Ohne eine zahlreiche Besatzung war sie allerdings kaum zu verteidigen[9]).

Das schloßartige Nagy=Bicse (Groß=Bicse) am rechten Ufer der Waag mit vier Rundtürmen ist eine quadratische Vierturmanlage[10]).

Eine Wasserburg war die Sillein an der Waag gegenüber, flach gelegene Ruine Budatín[11]), deren hufeisenförmiger, mächtiger Bergfried bereits 1330 urkundlich erwähnt wird. Die flachen, schloßartigen Baureste um den Turm gehören späteren Umbauten an. Seit dem 16. Jahrh. gehört der Bau der Familie Szunyogh. Durch die Lage an der Mündung eines kleinen Flusses in die Waag liegen Ort und Burg wie auf einer Halbinsel.

Die Burg Árva[12]) an der Árva, einem rechten Zufluß zur Waag, lehnt sich an eine steile Felsspitze, die rechteckige Pallasbauten mit rundem Wehrturm trug (Abb. 593). In drei Stufen zogen sich die Vorburgbauten bergab, um in einer späteren Bastion zu enden. Die Burggruppe hat durch dauernde Wohnbenutzung und durch die Wiederherstellung nach dem Brand von 1800 in den unteren Teilen das Wehrbauliche eingebüßt, zeigt aber in der jeder Schulzuteilung widersprechenden Gesamtbauform doch noch den Einfluß des felsigen Bauplatzes auf die Anlage (Taf. 103).

Burg Bájmoc (Bojnice) am Flusse Neutra in der Slowakei[13]), im 13. Jahrh. als Mittelpunkt einer königlichen Domäne errichtet, wurde im 19. Jahrh. schloßartig umgebaut. Im Grundriß bietet sie aber durchaus burglichen Charakter.

[9]) Varjú S. 20/21. — [10]) Ebenda S. 110/111. — [11]) Ebenda S. 30/31. — [12]) Ebenda S. 12ff. — [13]) Ebenda S. 14ff.

Neutra (Nitra) selbst am Flusse Neutra, war schon im 9. Jahrh. Mittelpunkt des politischen Lebens in diesem Teil der Slowakei. Die Burg der Fürsten Pribina dort be= stand schon im ersten Viertel des 10. Jahrh., denn um die Jahre 824—36 wurde in der Burg das erste christliche Gotteshaus errichtet[14]).

Südwestlich Bajmoc liegt die Burg Uhrovec (Ugrocz), von der Mencl[15]) erwähnt, daß dort eine romanische Schloßkapelle erhalten ist, die in die Zeit um 1260 zu datieren ist.

Burgen der Zips

Für die mittelalterliche ungarische Grenze war die Zips, die Landschaft zu Füßen des Gebirgsmassivs der Tatra, von großer Bedeutung als Sperrfort gegen den Norden. So wurde diese Grenze schon früh bewehrt. Auf der Hochfläche über dem Hernad= tal auf einem mächtigen, zerrissenen Kalksteinfelsklotz, der nach drei Seiten schroff ab= fällt und nur nach Süden sich allmählich nach einem länglichen Hügel abflacht, ragt die großartige, 1241 von den Tartaren eroberte Ruine der um 1200 begonnenen Burg der Zipser Burggespanschaft Spišský hrad (Zips) bei Kirchdrauf (Spišske Podhradie) (Abb. 600). Der Kernbau hat eine langovale, vielverwinkelte Ringmauer, deren spitzes Ende nach Süden weist. Dort liegt auch das Haupttor, ein Torzwinger mit 3 Tor= türmen, einem oberen weiteren Zwinger, vor dem bis zur Mitte der Kernburgwestseite eine weitere obere Vorburg südlich mit Stallungen liegt[16]). Vor dieser streckt sich noch eine größere Vorburg, an deren Westecke der äußerste Torturm stand. Ein gewaltiges Gelände bot also auch zahlreichen Landleuten mit ihrem Vieh in Notzeiten Zuflucht (Abb. 594).

In der Kernburg steht frei in der Mitte ein runder, sich nach oben zu verjüngender Bergfried von 10 m Durchmesser und 3 m Mauerstärke, daneben ist eine Zisterne und quer zur südnördlichen Hauptachse frei eine Kapelle. Am breiteren Vorderende stehen

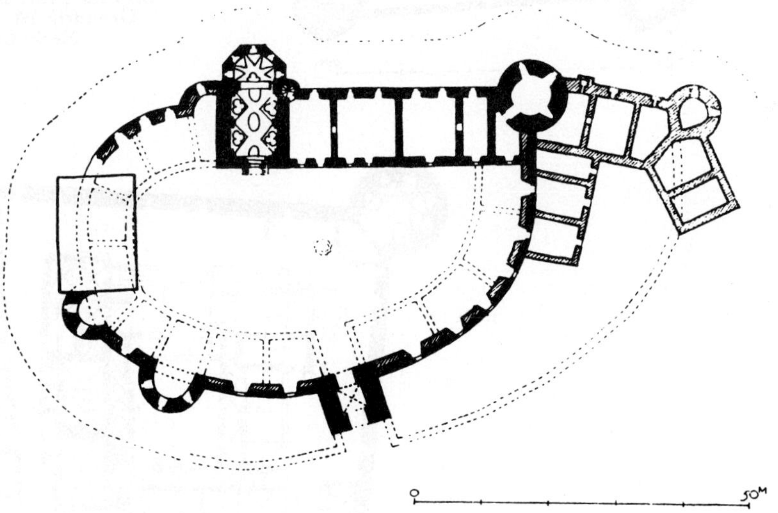

Abb. 595. Wassersperrburg Kežmarok (Käsmark), Slowakei, Mantelmauerburg mit runden und halbrunden Mauertürmen. Grundriß M. 1 : 1000. Nach Lux.

[14]) Mencl a. a. O. S. 407. — [15]) Ebenda S. 440. — [16]) Varjú S. 168ff. u. Schürer=Wiese: Deutsche Kunst in der Zips.

Abb. 596. Burg Jokö, Slowakei. B. E. nach Varjú.

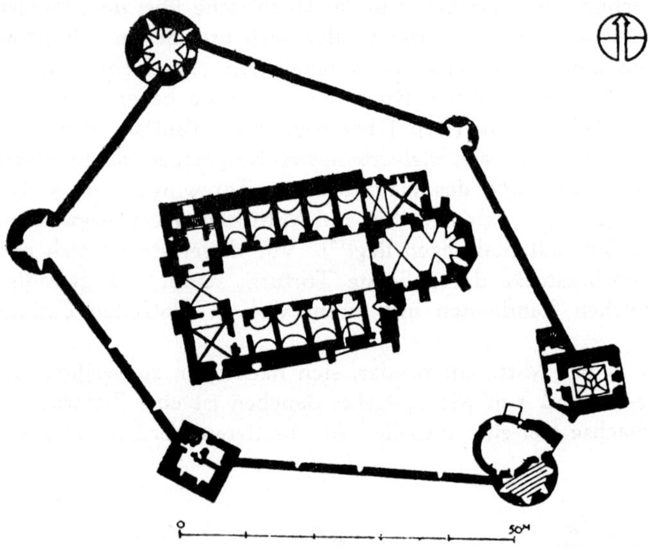

Abb. 597. Kirchenburg Schemnitz (Banská Štiavnica), Slowakei, mit Ringmauer. Grundriß M. 1 : 1000. Nach Lux.

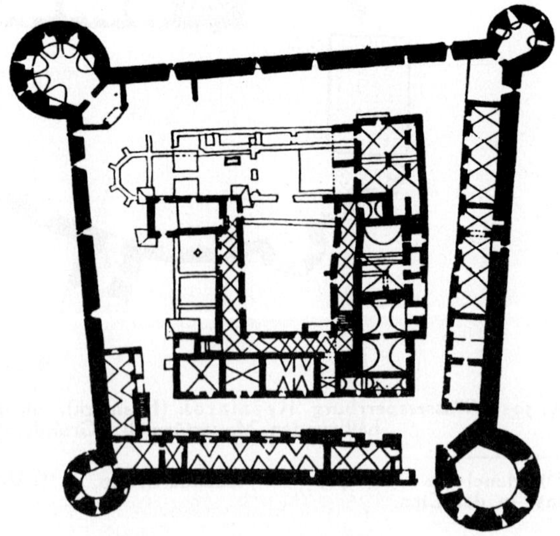

Abb. 598. Burg Bzovik (Bozók), Slowakei, ursprünglich Prämonstratenserabtei im Süden der Slowakei. Quadr. Wasserburg mit Kirchenresten und vier starken runden Batterietürmen.

Abb. 599. Dreieckige Gipfelburg Zborov, Slowakei, mit doppeltem Außenzwinger. B. E. nach Varjú.

auf höchstem Felsen starke dreistöckige Reste eines fast regelmäßig rechteckigen Pallas von 22 m Länge und 12 m Breite, in dessen Mitte 4 schwere Pfeiler einst den langen Unterzug des weiträumigen Innenraums trugen. Die beiden Längsseiten waren zeitweise mit vielzimmerigen Wohn- und Kasernenbauten ausgefüllt.

Besonders beachtenswert als Zeugen deutscher Bauschule sind die einfachen romanischen Zweilichtfenster im mittelsten Stockwerk, wovon drei und eine Tür, deren Schwelle 3,30 m über dem Außenboden liegt, die Westseite schmücken, zwei in der kurzen rechtwinkligen Seite gegen Süden und zwei gegen Norden an der schrägen Quermauer eingebaut sind[17]).

Alle Fensterrahmen sind ebenso wie die Hauptmauerecken durch saubere Quader eingefaßt. Spätere Renaissancefenster bezeugen verschiedene Umbauten, die von den Geschlechtern der Zapolya und Thurzo vorgenommen wurden. Schon 1209 in einer Urkunde unter dem Namen Spiš[18]) erwähnt, schützte die Zipser Burg die umliegende Burggespanschaft und teilte deren Schicksale zur Zeit der Tartareneinfälle.

Die Burganlage wird zum erstenmal bezeugt 1202 durch Erwähnung eines Burggespans. 1249 erhält der Zipser Propst von Bela IV. die Ermächtigung, auf dem Burgberg Pallas und Bergfried zu errichten und die Burg nach westlicher Art zu befestigen. Bis 1465 war sie Eigentum der ungarischen Könige. Durch Brand 1780 ist sie zerstört worden[19]).

In der Zips, an einer der wichtigsten Heer- und Paßstraßen, die von Süden nach Norden über Vadna Tornalja, Pelsc und Rosenau (Rozsnyo) in Ungarn, nach der Zips über Leutschau (Leutschauer Gebirge) führt, liegt die Stadt Käsmark nahe der Nordgrenze der Slowakei am Fuße der Tatra in 626 m Höhe.

Der nicht ganz klare Grundriß (Abb. 595) zeigt eine frühere eiförmige Ringmauer, in deren nördliche Osthälfte ein später Renaissancepalast mit stattlicher Schloßkapelle eingebaut wurde. Ein breiter Ringgraben umgibt die Mantelmauer und scheint um einen östlichen Anbau unregelmäßig herumgeführt. Vier Halb- bzw. Ganzrundtürme verstärken die Mauer, in deren Südmitte ein ganz schwerer viereckiger Torturm durch den Mantel in den Graben vorspringt. Die späte Kapelle streckt ihren Chorbau als Mauerturm, zur Seitenbestreichung brauchbar, vor.

Die Ansicht[20]) der Ruine zeigt viele unregelmäßige An- und Neubauten, die der Stadtburg ein spätes Erscheinungsbild aufprägen. Neben den Renaissancezinnen hat auch diese Änderungen wohl der Besitzer Sebastian Thököly Ende des 16. Jahrh. vorgenommen[21]).

[17]) Mencl a. a. O. S. 369/370. — [18]) Schürer-Wiese Deutsche Kunst in der Zips. S. 7. — [19]) Ebenda: S. 119. — [20]) Varjú S. 66/67. — [21]) Schürer-Wiese S. 176.

Abb. 600. Höhenburg Spišský hrad (Zips), Slowakei. B. E. nach Varjú.

Die malerischen Turm= und Mauerreste des 15. Jahrh. zeigen die Spuren von Feuer=schäden des 18. Jahrh.

Stará Ľubovňa, gegenüber der hochgelegenen Stadt Alt Lublau (Ólublo) am Flusse Popper in der Zips zeigt im Grundriß, ebenso wie Zips, eine dreieckige Anlage von etwa 130 m Länge und 90 m größter Breite. Zu Beginn des 14. Jahrh. wurde diese Burg zum Schutze gegen die Polen errichtet, in der Renaissancezeit zum Schloß umgewandelt[22]).

Ebenfalls dreieckig ist der Grundriß von Marksdorf (Markušovec). Die mittelalter=liche Burg wurde im 16. Jahrh. in Renaissanceformen umgewandelt[23]).

Im Süden der Slowakei liegt in sechseckiger Ringmauer, die durch 2 rechteckige, 3 halb=runde und einen runden Turm verstärkte Kirche von Schemnitz (Banska Štiavnica), die im 15. Jahrh. erbaut wurde und im 16. zu einer Festung ausgebaut worden ist[24]) (Abb. 597).

Eine gewaltige, der Arpadenzeit entstammende Höhenburg mit gedrungenen Viereck=türmen, früh, mit Bergfried und sehr hoher Mantelmauer der Kernburg und mächtiger Vorburg ist Csábrág (Abb. 602), südlich Schemnitz, unweit von Karpfen (Korpona, Krupina), seit 1629 dem Hause Kohary, dann der Familie Sachsen=Koburg=Gotha gehörig. Erbaut wurde sie durch die Hont=Paznan zur Zeit der Arpaden (letzter Arpade: Andreas III. 1290—1301). Die riesige Ruine zeigt schon durch ihre Ausdehnung, daß den Erbauern zahlreiche Hilfskräfte zur Verfügung standen, wie im nahen Südosten so oft. Der lang=gestreckte, aber breite Bergrücken ermöglichte eine rechteckige, geradlinige Anordnung z. T. auf vorgeschobenen Zubauten[25]) (Abb. 601).

Bzovik (Bozók)[26]), auch im Süden der Slowakei gelegen, war ursprünglich als Prämon=stratenserabtei errichtet worden. Der regelmäßige Grundriß zeigt, auch mit romanischen Resten, Ähnlichkeit mit deutschen Ordensburgen, aber keineswegs deren Höhenentwick=lung. Der viereckige Kern mißt 35×40 m. Die umgebende sehr starke Ringmauer ist verschoben viereckig mit vier schweren drei= und vierstöckigen Dreiviertelrundtürmen (Hufeisentürme) verschiedener Größe an den Ecken und mit zahlreichen Kanonen=scharten (Abb. 598). Ein breiter tiefer Graben umschließt das Ganze.

Auch das südlich gelegene Kékkö besitzt eine Burgruine[27]. Die Burg wurde erbaut nach dem Tartareneinbruch von der Familie Balassa, in deren Besitz die Burg fast 600 Jahre blieb. Heute sind nur mehr spärliche Reste des mittelalterlichen Baues vorhanden.

[22]) Schürer=Wiese: S. 12 u. 27. — [23]) Varjú S. 100 ff. — [24]) Ebenda S. 145—149. — [25]) Ebenda S. 32/33. — [26]) Hecksch S. 65. — [27]) Mencl a. a. O. S. 106.

Burg S z i g l i g e t am Platten-See, Ungarn

Donau-Sperrburg V i s e g r á d , Ungarn

Im Westen der Slowakei, fast unmittelbar an der heutigen Grenze, liegt die Burg Detrekö (Plavecký hrad) auf der Höhe eines Berges. Ursprünglich war sie eine königliche Festung, die 1393 dem Woiewoden Stibor, im 16. Jahrh. dem Raubritter Menyhért Balassa zufiel. Seitdem sie im 18. Jahrh. Besitz der Familie Pálffy war, geriet sie allmählich in Verfall[28]) (Abb. 608).

Im Westen der Slowakei, zum Schutze eines gegen Mähren führenden Talweges der Kleinen Karpaten, wurde die Burg Jókö am Blava im 12. Jahrh. errichtet (Abb. 596). Sie veränderte ihr Aussehen durch dauernde Umbauten zuletzt 1657 durch die Gräfin Gabriel Erdödy. Seit dem Anfang des 19. Jahrh. ist sie dem langsamen Verfall preisgegeben.

Eine Kammburg, die als königliche Grenzfestung nach dem Tartareneinbruch am Jablunkapaß (?) errichtet wurde, ist die noch heute imposante und wilde Ruine Lietava[29]) (Abb. 604).

Ebenfalls als königliche Festung zum Schutz der nordöstlichen Grenze wurde im 13. Jahrh. die mit drei Ringmauern trotzende Hochkegelburg Zborov (Makovica) an einem Nebenfluß des Topla errichtet. Das höchste dreieckige Kernwerk ließ man ohne Seitenbestreichungswerke, dagegen ermöglichten zahlreiche Mauertürme an den äußeren Ringen diese Abwehr[30]) (Abb. 599).

Östlich von Kremnitz liegt auf steilem Felsen die Burgruine Murany, die um 1440 wiederaufgebaut wurde[31]).

Die ehemalige Burg Šariš (Sárosivár) nordwestlich Eperies wurde von Bela IV. auf der Höhe des Berges errichtet und gehört zu den ausgedehntesten Anlagen des Landes[32]). Nach einer Abbildung von 1617[33]) (Abb. 609) umgab eine vieltürmige Ringmauer den Berggipfel; Wohnbauten und viereckiger Bergfried wurden von ihr eingeschlossen.

Eine auf leichter Anhöhe inmitten der Häuser gelegene Stadtburg besitzt Kremnitz[34]) (Kremnica). Der mächtige Mauerring der alten Stadt wurde unter Kaiser Sigismund errichtet. Innerhalb der Burg befindet sich eine mächtige gotische Kirche.

Slovenská Ľupča, nördlich von Altsohl, ist eine deutsch geformte Burg, die im 13. Jahrh. vom König erbaut wurde und wegen der hier veranstalteten Jagden durch die Herrscher besonders gern aufgesucht wurde[35]).

Die Burg von Altsohl (Zvolen) ist eine spätmittelalterliche Anlage. Sie wurde erst 1550 erbaut und ist bemerkenswert durch ihre Zinnen. Der Grundriß erinnert im Kern an deutsche Ordensburgen. Die umfassende, ungefähr fünfeckige Ringmauer ist durch zwei halbrunde und zwei dreiviertelrunde Türme verstärkt. An der fünften Ecke steht ein viereckiger Eingangsturm[36]) (Abb. 605).

Bei der Burg Víglaš handelt es sich um eine quadratische Anlage, die deutlich die Kennzeichen des Übergangs vom Burgen- zum Schloßbau zeigt (Abb. 607). Im Zeitalter der Anjou (14. Jahrh.) erbaut[37]), stammt sie in ihrem Aufbau wohl aus dem 16. Jahrh. Sie

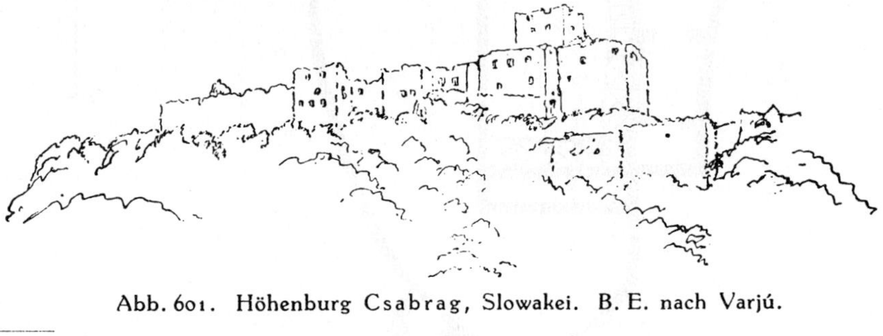

Abb. 601. Höhenburg Csabrag, Slowakei. B. E. nach Varjú.

[28]) Varjú S. 36/37. — [29]) Ebenda S. 62/63. — [30]) Ebenda S. 92/93. — [31]) Ebenda S. 94/97 u. Könyöki S. 581, Abb. 641 b. — [32]) Varjú S. 112/114. — [33]) Ebenda S. 113. — [34]) Ebenda S. 76/77. — [35]) Ebenda S. 206/207. — [36]) Ebenda S. 204/205. — [37]) Ebenda S. 194/95.

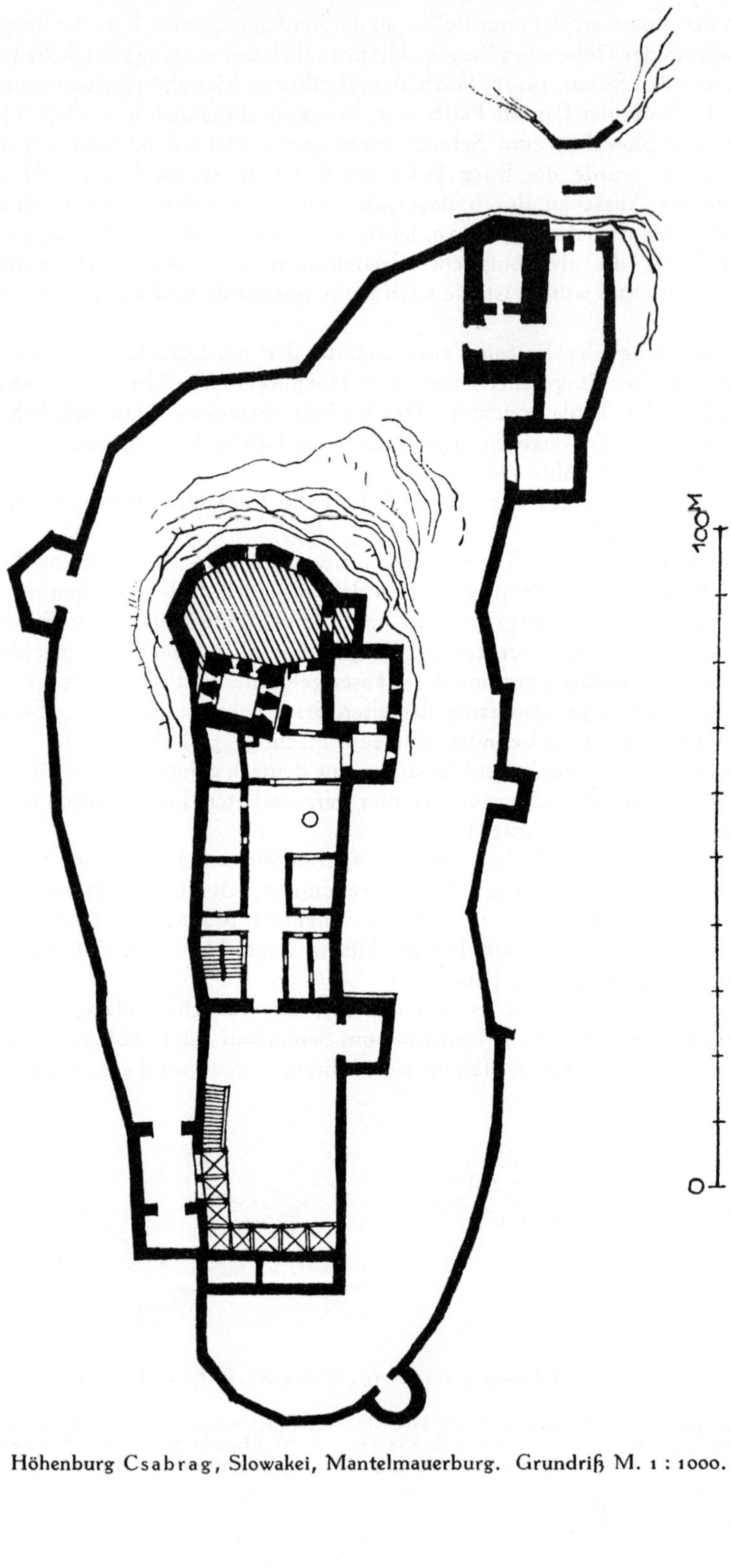

Abb. 602. Höhenburg Csabrag, Slowakei, Mantelmauerburg. Grundriß M. 1 : 1000. Nach Lux.

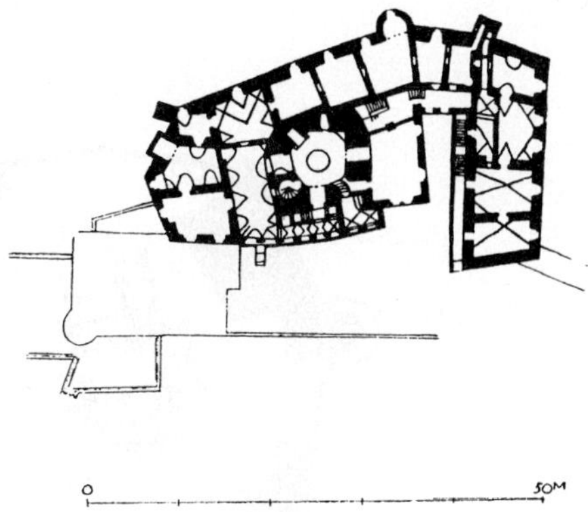

Abb. 603. Burg Budatín, Slowakei, eng geschlossene Mantelmauerburg mit rundem Bergfried. Grundriß M. 1 : 1000. Nach Lux.

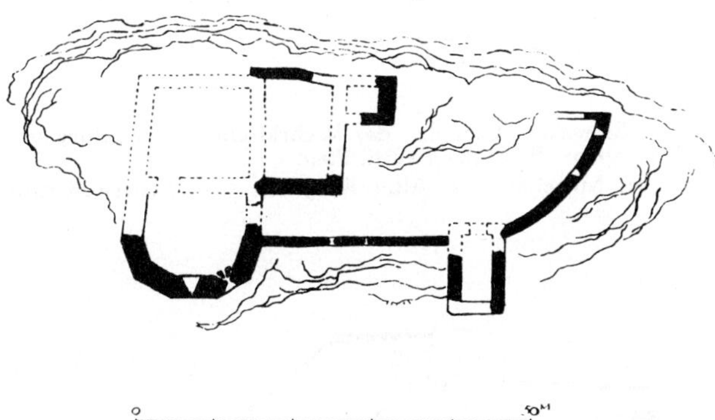

Abb. 604. Kammburg Lietava, Slowakei, Ruine am Fluß Gran (Hron). Grundriß M. 1 : 1000. Nach Lux.

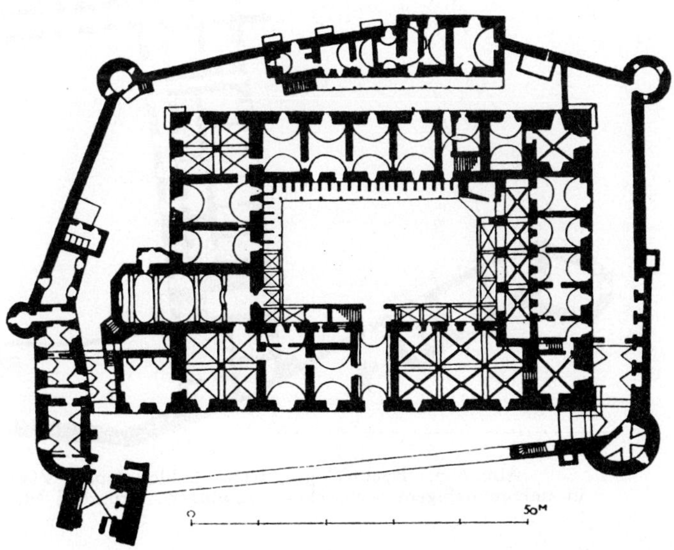

Abb. 605. Burg Altsohl (Zvolen), Slowakei, rechteckige Kernburg in fünfeckiger Zwingermauer m. Ghivelinenzinnen. Grundriß M. 1 : 1000. Nach Lux.

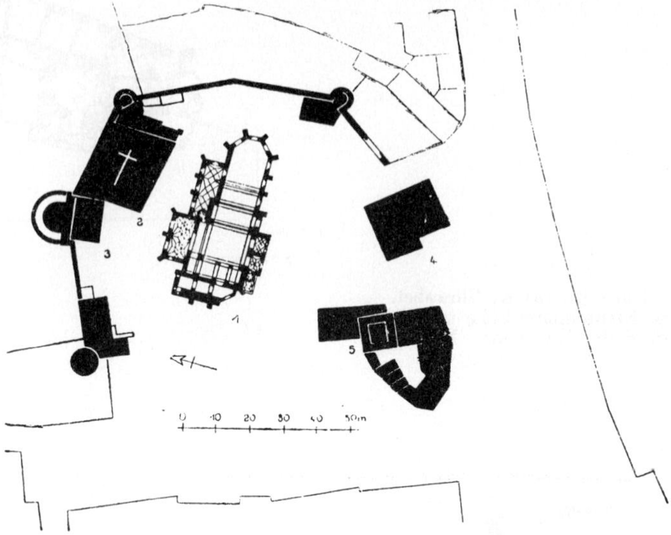

Abb. 606. Burg Neusohl (Banská Bystrica), Slowakei. Lageplan der Wehrkirche (1) mit Burg und Bergfried (5), M. 1 : 2000. B. E. nach amtl. Plan.

1. Burgkirche 2. Heilige=Kreuz=Kirche 3. Museum 4. Altes Burghaus 5. Feuerwehrturm

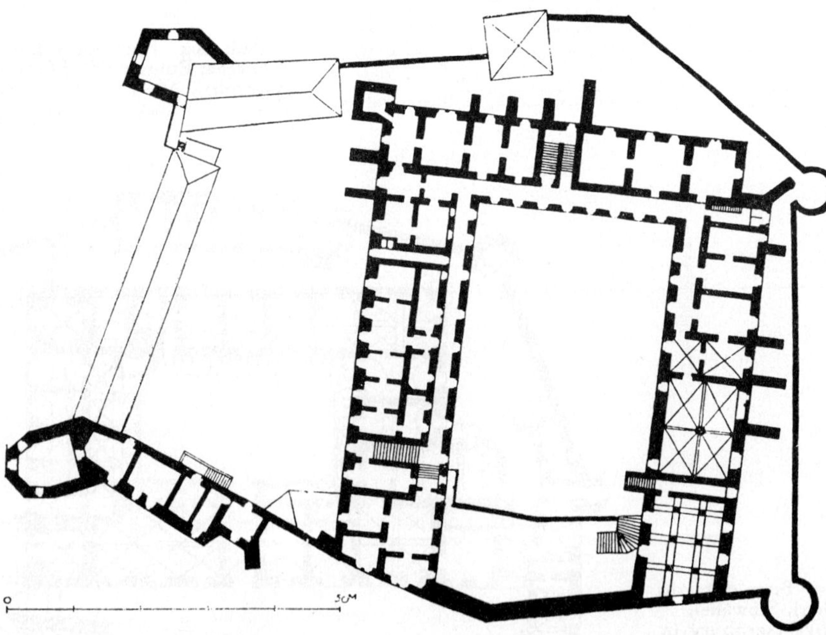

Abb. 607. Rechteckiges, festes Schloß (spät) Víglaš, Slowakei, in unregelmäßigem sechseckigem Zwinger. Grundriß M. 1 : 1000. Nach Lux.

Abb. 608. Höhenburgruine Plavecký hrad (Detrekövára), Slowakei, mit hohem Kernwerk und späteren Batterietürmen. B. E. nach Varjú.

Abb. 609. Höhenburg Zaros (Šariš), Slowakei, Ansicht von Georg Houfnagel (Braun u. Hogenberg, Bd. VI, 1617).

widerstand erfolgreich türkischen Belagerungen. Im 19. Jahrh. wurde diese Burg stark umgestaltet und modernisiert.

Zusammenfassend läßt sich sagen, daß im slowakischen Teil große Herrensitze auf hohen Bergen überwiegen, wie die mächtigen Höhenburgen bzw. Ruinen Csejte auf starrem Kamm, breiter liegt Detrekö mit runden Batterietürmen an den Außenwerken (Abb. 608). Jókö zeigt im Kern hohe viereckige Turmreste auf hoher Bergnase, gegen die Angriffsseite lange, hohe Zwingermauer mit schwachem, rundem Batterieturm, vielleicht des 15. Jahrh. (Abb. 596).

Erstaunlich ist die hier angedeutete Zahl ganz großer Burgen, die auf verhältnismäßig wenig große Herrschaften deuten, ganz anders als in deutschen Bezirken.

Wenig zahlreich sind dagegen erhaltene Wasserburgen. Unwesentlich bleibt Budatín, die zu einer der viereckigen, viertürmigen schloßartigen Wehrburgen gehört, Nagy-Bicse, mit Hof und Bogengängen und hohem Torturm.

Als Stadtburg haben wir Käsmark[38]) genannt.

Es fehlen nicht herrlich malerisch emporragende Felsenburgen wie Árva, Bolondóc oder Theben (Devín). Vielseitig gebildet verweisen die vielen Höhenburgen vor allem auf die politisch oft wechselnden Machthaber über große Gebiete, die ihre ursprünglich königlichen Burgen erst im 14. oder 15. Jahrh. erhielten.

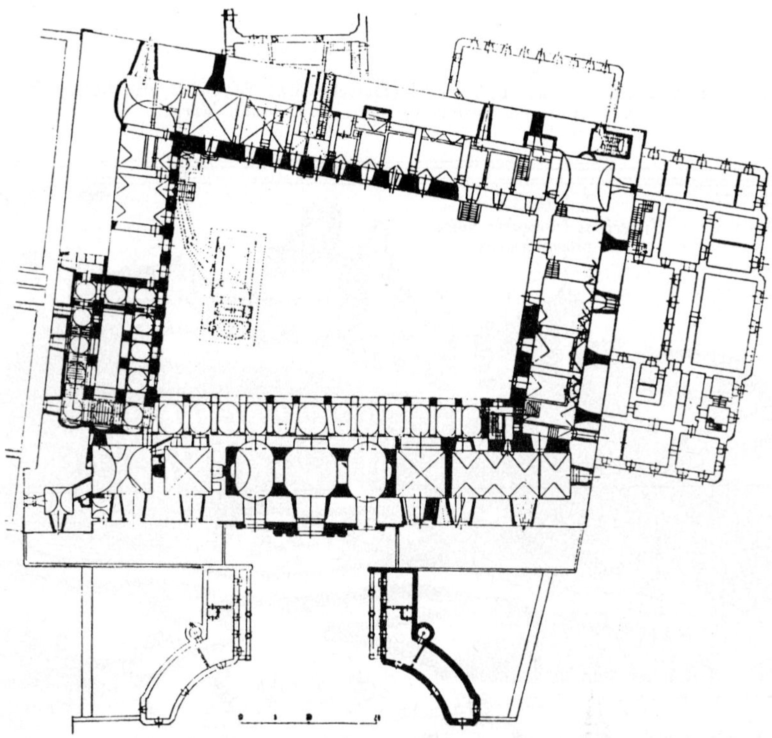

Abb. 610. Burg Preßburg, Slowakei. Mit barock umgebautem Vestibül und Treppenhaus. Grundriß 1:1000 nach Menclová, Hrad Bratislava.

[38]) Siehe oben.

Abb. 611. Gipfelburg Reps, Siebenbürgen, Ansicht nach alten Abbildungen. Heeresarchiv Wien.

Burgen Siebenbürgens

Burgliche und landschaftliche Kennzeichnung

Das Gebiet des deutschbäurisch besiedelten Siebenbürgen ist ein schönes Hochbecken und Bergland, dessen deutsche Bewohner, wie nirgends sonst in Europa, inmitten fremder Volksstämme während 700 Jahren[1]) ihr deutsches Volksleben erhalten haben. In der Form seiner herrlichen Wehrkirchen setzte es sich in wilden Zeiten selbst Denkmäler seiner Rassentreue, seines Freiheitssinnes, seiner Glaubensstärke und seiner heldenhaften Tapferkeit. 300 solcher Wehrbauten haben noch unlängst gestanden, noch heute bestehen mehr oder weniger erhalten etwa 110 wehrhafte Gotteshäuser[2]) neben den Paßsperrburgen und den Resten von ritterlichen und Ordensburgen.

Die malerisch betürmten Baugruppen dienten als Kirchen und jederzeit kriegsbereite Festungen, die schon im Frieden für den Belagerungsfall mit Getreidespeichern und als Vorratsräume eingerichtet waren. Dazu waren oft innen an den mächtigen ringförmigen Mantelmauern für die ganze Bauernschaft Fruchtkammern angebaut.

Diese Wehrbaugruppe als ganz besonders durchdachte Bildung näher zu kennzeichnen, wird daher eine reizvolle Aufgabe sein.

Das Gelände, das die „Sachsen" im 12. bis 13. Jahrh. besiedelten, ist von Westen, also vom germanisch=bäurisch besiedelten Donautal und vom Banat her offenes Hochland bzw. Hügelland. An zwei weiteren Seiten schirmen die Ost= und Südkarpaten (die transsylvanischen Alpen) das Bauerngebiet Siebenbürgens, nur übersteigbar durch mehr als 20 Pässe, wie Bosauer Paß, Tartarenpaß, Törzburger Paß, die schon vor dem 13. Jahrh. durch Burgen verteidigt bzw. gesperrt wurden. Überwiegend deutsch sind hier auch die Städte mit ihrer

---

[1]) Seit 1143, s. Fessler: Gesch. v. Ungarn I. S. 461. — Schlötzer: Gesch. d. Deutschen in Siebenbürgen. — Schuller: Umrisse u. krit. Studien z. Gesch. v. Siebenbürgen. — Kóváry: Gesch. Siebenbürgens. — Teutsch: Gesch. d. siebenbürg. Sachsen. — [2]) Sigerus: Siebenbürg.=sächs. Burgen u. Kirchenkastelle. Vorwort. — Horwath: Karte von Siebenbürgen mit Kirchenburgen. — Roth: Gesch. d. deutschen Bauk. in Siebenbürgen.

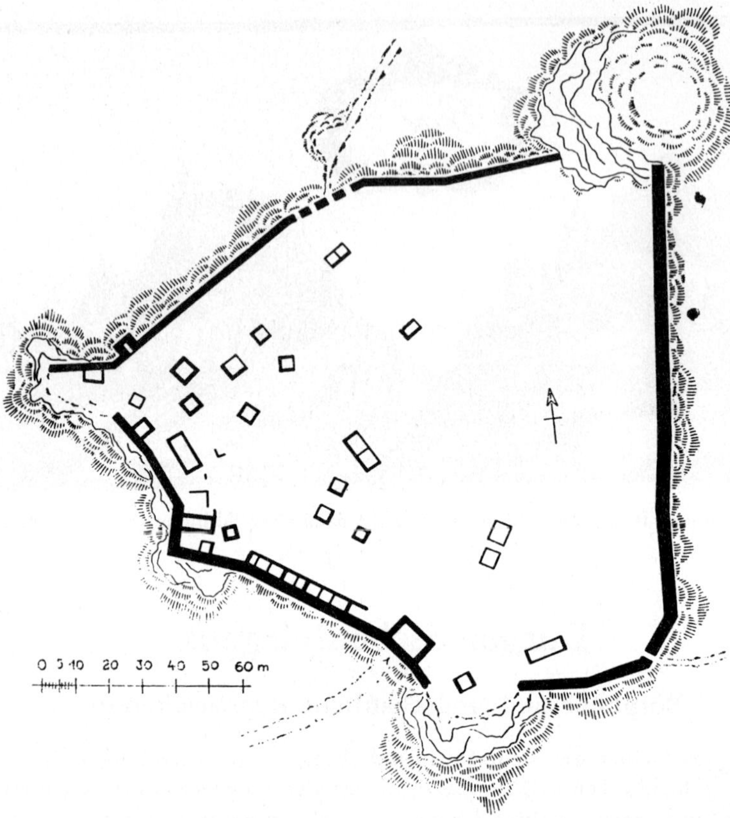

Abb. 612. Brasoviaburg, Siebenbürgen. Fliehburg von großem Umfang. Grundriß 1 : 2000. B. E. nach Treiber in „Dörfer d. Burzenland.“.

weiteren Umgebung: Broos, Mühlbach im Westen, Schäßburg im Norden, Hermannstadt im Süden und im Südosten, in dem durch Bergpässe getrennten Burzenland, Kronstadt.

Von den Karpaten her entspringen zwei große Flüsse, der westlich strömende Marosch und der nach Süden ziehende Altfluß. Beider Quellgebiet benetzt das siebenbürgische Sachsenland.

Ordens- und Paßsperrburgen

Neben der großen Zahl der Kirchenburgen finden wir — meist an den Pässen — auch Reste des Burgenbaues, die im allgemeinen den schon um 1211 in Siebenbürgen wirkenden Deutschordensrittern zugeschrieben werden.

Marienburg im Burzenland an der Alt, Rosenau am Weidenbach (Abb. 631, Taf. 110), Kreuzburg am Bosauer Paß östlich von Tartlau, Brasoviaburg (Abb. 612), Heldenburg im Burzenland, Schwarzburg bei Zeiden und Törzburg am Törzburger Paß werden als solche genannt; wieweit es reine Ordensbauten sind, wieweit sie unter unmittelbarem Einfluß der Arpadkönige entstanden sind, wird verschieden beurteilt[3]). Jedenfalls sind eine große Reihe von Wehrbauten noch nach den furchtbaren Raub=

[3]) Horwath: Das Burzenland IV, Bd. 1, S. 33ff. — Schuster: Korrespondenzblatt d. V. f. Siebenbürg. Landeskde. 48. Jg. 1925, S. 8ff. — Horwath: Korrespondenzblatt d. V. f. Siebenbürg. Landeskde. 48. Jg. 1925, S. 74ff.

Burg C s e s z n e k , nördlich des Platten-Sees, Ungarn

Burg K r a s z n a h o r k a, unweit der slowakischen Grenze, Ungarn

Burg N a g y v á z s o n y am Platten-See, Ungarn

zügen der Mongolen um 1242 verstärkt oder neu errichtet worden, die der Bevölkerung rettende Zuflucht boten, während das flache Land völlig zur Einöde wurde[4]).

Nach Treiber[5]) haben die Deutschordensritter nach Rückkehr aus dem Morgenlande im Jahre 1211 durch päpstlichen Einfluß kurze Zeit im Burzenland Fuß gefaßt. Der König von Ungarn belehnte sie mit diesem Gebiet, das sie durch eine Reihe von Burgen zu sichern suchten, womit sie zugleich den Grenzschutz gegen den wilden Osten übernahmen.

Wenn es zutrifft, daß die obengenannten Burgen alle 11 bis 22 km voneinander entfernt lagen, darf also damit gerechnet werden, daß die Verteilung der nicht der bäuerlichen Ortssicherung dienenden Burgen nach einem einheitlichen Verteidigungsplane gegen die östlichen heidnischen Völker, also gegen die Einfälle der Kumanen, Mongolen usw., verteilt und errichtet wurden. Der Baustoff bestand meist aus Kalkstein, Kalktuff und Sandstein.

Über die ersten fünf festen Plätze und das „Castrum munitissimum" der Deutschritter schreibt Horwath[6]), daß die Deutschritter gegen die seit 1070 währenden Einfälle der heidnischen Kumanen zur Verteidigung der Südostgrenze Ungarns von den ungarischen Königen um Hilfe gerufen wurden und zum Lohn von denselben mit dem von ihnen gesicherten Grenzlande begabt wurden[7]).

Sigerus und Horwath berichten, daß der König den Deutschordensrittern zunächst nur den Bau von hölzernen Burgen erlaubte. Eine Urkunde von 1222 gewährte dagegen den Steinbau[8]).

Sie bauten nach dieser Urkunde „Castra et urbes lapideas" und das oben erwähnte „Castrum munitissimum". Horwath findet 4 dieser Burgen in den heutigen Resten von Marienburg, Schwarzburg bei Zeiden, in der Rucarburg am Törzburger Paß und in der Kreuzburg am Bosauer Paß. Die Grundrisse dieser Burgen wären jedoch danach zu untersuchen, ob noch Deutschordensformen darin zu erkennen sind.

Der Grundriß der Marienburg (Abb. 613), die als einzige Burg der Umgebung auf mittelmäßig hohem Hügel liegt, zeigt eine langovale Ringmauer (eine bei den Ordensrittern nicht übliche Form), die ein Gelände[9]) von etwa 100 m Länge und 35 m Breite umfaßt. Das östliche Spitzende wird durch einen heute dreistöckigen, quadratischen Turm

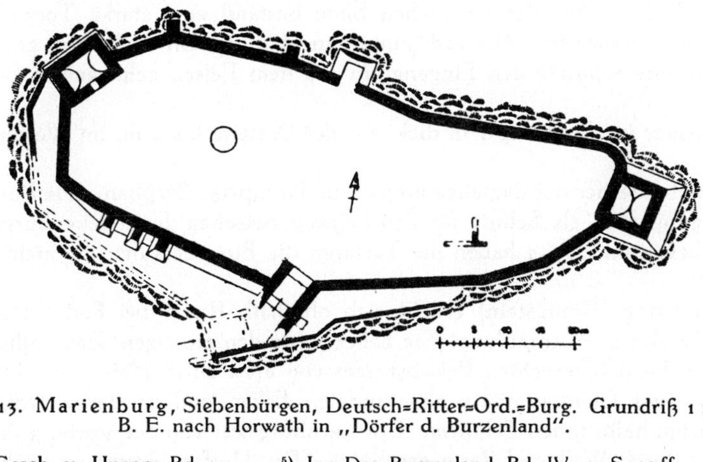

Abb. 613. Marienburg, Siebenbürgen, Deutsch-Ritter-Ord.-Burg. Grundriß 1 : 1000.
B. E. nach Horwath in „Dörfer d. Burzenland".

[4]) Feßler: Gesch. v. Ungarn Bd. 1. — [5]) In: Das Burzenland Bd. IV, 1, S. 10ff. — [6]) Ebenda S. 33, 37. — [7]) Ebenda S. 37 : 1222 Erneuerung der Schenkungsurkunde durch Papst Gregor IX. — [8]) Ebenda S. 37. — [9]) Horwath in: Das Burzenland Bd. IV, Taf. 4, Abb. 43 u. 44. — Bergmann: Reste deutscher Ordensburgen in Siebenbürgen. S. 19ff.

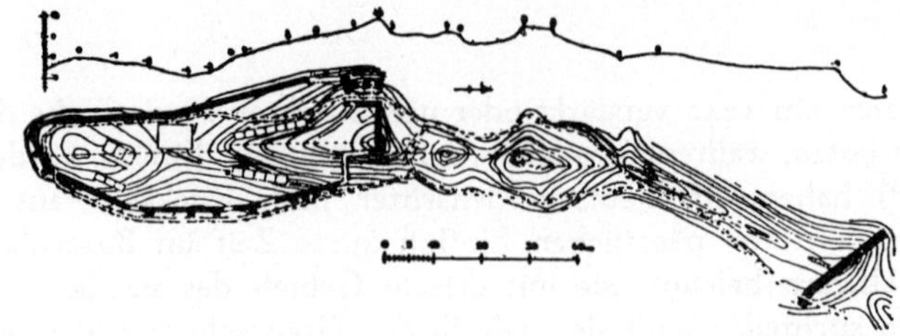

Abb. 614. Schwarzburg i. Siebenbürgen. Paßsperrburg zwischen Innerem von Siebenbürgen und Burzenland. Grundriß 1 : 2000. B. E. nach Horwath in „Dörfer des Burzenlandes".

mit Böschung verteidigt. Das breitere Westende zeigt einen heute vierstöckigen Wehr=turm, der spätgotischer Zeit angehören kann. Da wir aber auch im Innern des Beringes keine größeren etwa um quadratischen Hof errichteten Bauten finden, so kann man hier kaum Deutschordensbauten vermuten.

Böschungen sind sonst in Europa erst spät üblich, sie können aber von Kreuzfahrern bzw. den Deutschordensrittern von Palästina mitgebracht sein, was hier allerdings nicht als ein zwingender Beweis ihrer Urheberschaft an dem Bau gelten kann.

Das Mauerwerk der Marienburg besteht aus Bruchsteinen und Bachkieseln in sehr wetterfestem Mörtel. Die Mauerdicke wechselt zwischen 2 bis 4 m. Die Gewölbe der Türme bestehen aus Kalktuff, der obere Teil der Ringmauer teilweise aus Ziegeln, aus demselben Material auch die Pechnasen.

Die Ziegel stammen unter Umständen aus dem Wiederaufbau, der nach den Mongolen= und Türkeneinfällen von 1457 mit Erlaubnis des Königs Sigismund durchgeführt wurde. 1838 zerstörte ein Erdbeben die Ringmauern und die innen darangebauten Kornhäuser (!), seitdem liegt die Marienburg als Ruine da.

Die Schwarzburg[10]) stand auf 980 m hoher Kuppe des Bergrückens, der vom Zeidner Berg nach Süden die Grenze des Burzenlandes bildet. Die auf drei Seiten sturmfreie Kuppe ragt etwa 100 m über die sie umgebenden Wiesen auf. Eine Schildmauer von 32 m Länge und 3 m Dicke schützte den Burgberg auf der allein gefährdeten zugänglichen Seite. Nach außen und innen war die Mauer aus Kalkbruchsteinen sorgsam gefügt, der Raum zwischen Innen= und Außenwand mit Gußmauerwerk ausgefüllt (Abb. 614).

Die Länge des eigentlichen Burgberinges betrug rund 100 m bei zwischen 12 und 55 m wechselnder Breite. Auf der nördlichen Seite bestand eine starke Torwehre, wie aus Überresten zu schließen ist. Horwath nimmt an, daß hier ein Wehrturm gestanden habe. Auf der Nordseite schützte den Eingang ein aus dem Felsen gehauener 1 bis 2 m tiefer Graben.

Die Ringmauer ist durchweg 1 m dick, auf der Ostseite bis 4 m, im Westen bis zu 2 m hoch.

1262 flüchtete hierher der damalige ungarische Kronprinz Stephan. Die Burg war neben der Verteidigung auch als Schutz für den Paßweg zwischen Innersiebenbürgen und dem Burzenland bestimmt. 1345 haben die Tartaren die Burg zerstört, die nicht wieder auf=gebaut wurde.

Die Rucarburg (Königstein) erhebt sich oberhalb Rucar bei Podul Dambovitei an der Straße Törzburg—Campulung. Sie beherrschte den einstigen Weg vollkommen vom Rande eines nahezu senkrechten Felsabsturzes von etwa 20 m Höhe aus. Der Grundriß zeigt verschobenes Quadrat mit 3 abgerundeten Ecken und an der vierten einen nach innen geöffneten halbrunden Eckturm. Die Kernburg war von der Vorburg durch Graben getrennt und durch Wall und Zaun geschützt. Die Umfassungsmauer mißt am Steil=abfall 1,80 m, sonst 2,50 bis 2,80 m Höhe.

[10]) Horwath in: Das Burzenland. S. 63 u. Taf. 11.

Das Bruchsteinmauerwerk, außerordentlich sauber aus kopfgroßen Kalksteinen mit Ausgleichsschichten, aus dickem Mörtelband mit kleinen Steinen, verrät großes technisches Können, wie auch die runde Zisterne aus Sandsteinquadern.

Horwath hält die Burg für Deutschordensritterarbeit. Die glänzende Mauertechnik, der Schalenturm und die Wichtigkeit der Straße sprechen (nach Horwath) für die Urheberschaft des Ordens. Die spärlichen Geschichtsquellen erlauben keine Bestimmung[11]).

Die Brasoviaburg ist oberhalb Kronstadt gelegen, 375 m über der Talsohle am Südwestabhang der Zinne zwischen Spitze und Sattel, deren steile Abhänge eine günstige Lage bedeuten.

Der Grundriß ist dem Gelände entsprechend dreiecksförmig, durch zwei Ecktürme verstärkt. 60 m unterhalb des Sattels war die Vorburg, von Graben, Wall und Zaun umgeben. Die Burg (aus Bruchstein gebaut) wurde schon vor 1455[12]) abgetragen. Die Mauerstärke ist zur Stadtseite zu 0,80 m, im übrigen 1,70—1,80 m. Im unteren, ebeneren Teil der Burg liegen viele Grundmauern von Wohnbauten 0,65 m—1 m stark und 12—16 qm groß, auch sind Reste eines Turmes in der Ringmauer gefunden worden.

Ob die Brasoviaburg eine Deutschordensgründung war, ist unsicher. Sie wird nach ihrer Größe von 23000 qm für eine frühe Fliehburg gehalten.

Neben dem Krizbaer Paß zwischen dem Burzenland und dem Altland, oberhalb des Geisterwaldes, ist die Heldenburg auf einem etwa 300 m hoch aus der Ebene aufragenden, auf drei Seiten sturmfreien Konglomeratfelsen erbaut. Auf der vierten Seite zieht sich ein 3—4 m tiefer und 3 m breiter in Stein gehauener Halsgraben hin. Auf der Westseite steht ein quadratischer Torturmrest, von dem heute noch drei niedere Seitenmauern vorhanden sind. Nach Balkenlöchern in der Innenmauer zu schließen, hatte der Turm zwei Stockwerke über einem Keller oder Verlies. Der Turm hat klafterdicke[13]) Mauern und ist etwa 7 Klafter hoch und 5 Klafter breit.

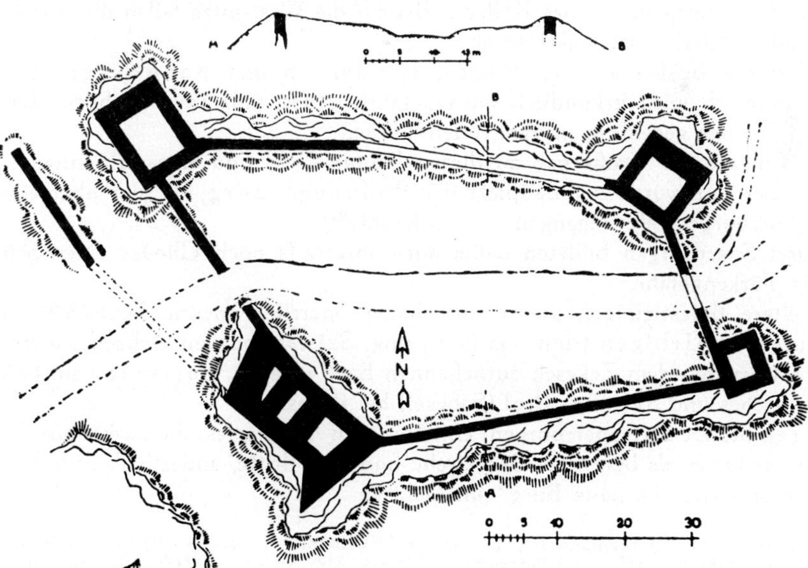

Abb. 615. Kreuzburg, Ruinen am Tartarenpaß. Grundriß 1 : 1000.
B. E. nach Horwath in „Dörfer des Burzenlandes".

[11]) Horwath in: Das Burzenland. S. 56, Taf. 8. — [12]) Treiber in: Das Burzenland. S. 84. — [13]) Ein Klafter = 6 Fuß = 1,9 m.

Der Grundriß zeigt den halbkreisförmigen Rest einer Mantelmauer, die, nahe am Turm, vom Haupteingang durchbrochen ist. In der Zeichnung von 1754[14]) war die Halsgrabenkluft durch eine Brücke überschreitbar. Der Felskopf deutet auf einen nicht sehr bedeutenden Umfang der Burganlage, deren Ringmauerreste wohl schon seit langem als Steinbruch dienten.

Urkundlich wird die Burg zum erstenmal erwähnt, als der ungarische König Ludwig I. 1344 einen Thomas Veres als Burggrafen auf der Heldenburg einsetzt[15]).

Der Aufbau der Kreuzburg (Abb. 615) wurde den „cruciferi de Borza" 1212 gestattet[16]). Wo aber ihre Reste heute liegen, kann man nur nach Wahrscheinlichkeitsgründen ver=muten. Die von dem verdienstvollen Horwath angenommenen Ruinen am Tartarenpaß können sehr wohl eine Burganlage der Ritterzeit sein[17]). Man wird diese Burgen auch sehr wohl mit den Deutschordensrittern in Verbindung bringen können, es fehlt aber bei allen genannten Bauten der Beweis durch Formen, die man mit Bestimmtheit den Deutschordensherren zuschreiben dürfte.

Außer diesen im Südosten Siebenbürgens gelegenen Paßsperrburgen zieht sich im Süden längs der Transsylvanischen Alpen ebenfalls eine Burgenkette hin, von denen aber nur geringe Reste übriggeblieben sind, da diese Grenzgebiete oftmals in Kriege verwickelt wurden[18]).

Zu diesen Grenz= oder Paßburgen zählen die Burgen Sibiel = Budenbach, Radu=Negru bei Breaza[19]), beide mit eiförmigem Grundriß, und Landskron bei Talmesch nördlich des Rotenturmpasses.

Die erste Burg Sibiel (1322 erwähnt) liegt 1099 m über d. M. auf dem hohen Vârful Zidului. Sie war von einer starken, 26 m breiten und von West nach Ost 49 m langen Ringmauer umgeben, an deren Westspitze ein runder, 10 m dicker, 12 m hoher Turm der Angriffsseite gegenüber steht.

Inmitten der 2,50 m starken und bis 8 m hohen Ringmauer sieht man noch die Spuren einer runden Zisterne oder eines Kellers. Bis auf die Westspitze fallen die drei Felsseiten des tragenden Felsens fast senkrecht ab.

Der Bau der beiden anderen Burgen, Landskron und Radu=Negru bei Breaza unweit Fogarasch wird urkundlich im 14. Jahrh., 1370 und 1377 nachgewiesen[20]), und zwar zum Schutze gegen die andrängenden Türken.

König Ludwig der Große gab zu diesen Bauten Geld und entsandte einen Fachbau=meister. Gewählt wurde der Bauplatz der Radunegruburg, da hier über einen Reit=paß der Törzburger Paß umgangen werden konnte[21]).

Alle drei Sperrburgen bildeten dabei auch ihrerseits noch Glieder einer Schutzkette gegen die Türkengefahr.

Als weitere Befestigungen dieser südlichsten Sperrlinie nennt Teutsch[22]) noch die Höhenburgen in Urbigen (rum. Gârbova, ung. Szász=Orbo) am Urbach, einem aus den südlichen Karpaten dem Zekesch zufließenden Bach gelegen, Sastschor am linken Ufer des Mühlbaches und Schebeschel (Sebeşel) bei Broos.

Urbigen besitzt drei Sperrburgen, eine inmitten des Dorfes, die zweite auf dem Berge oberhalb des Ortes als befestigte Bergkirche und eine dritte, anderthalb Stunden von der Gemeinde entfernt, die „alte Burg" im Gebirge.

---

[14]) Horwath in: Das Burzenland IV, Taf. 16. — [15]) Ebenda S. 70. — [16]) Ebenda S. 47, Anm. 1. Taf. 6—7. Bergmann S. 69ff. — [17]) Horwath, Taf. 6—7, Abb. 46/47. — [18]) Teutsch in: Jb. d. Siebenbürg. Karp.=Ver. IX. Jg. 1889, S. 61. — K. Horedt, Zur Siebenbürg. Burgenforschung. In „Südost=forschungen". München, Jg. 1941, S. 576—614. — [19]) Horwath: Die Burg bei Sibiel und ihre Be=deutung. S. 6/7. — [20]) Ebenda S. 3/4. — [21]) Ebenda. — Horwath: Korrblatt d. Sieb. Landeskunde. 47. Jg. 1924, S. 44ff. — [22]) In Jb. d. Siebenbürg. Karp.=Ver. 1889, IX. Jg., S. 65ff. Zwei andere Paß=burgen bei Hermannstadt erwähnt K. Horedt in „Zur Sieb. Burgenforschung", erschienen in „Südost=forschungen" Jg. 1941, München S. 576—614, und zwar: Die Ruetelburg (Reschinar) und die Burg bei Tilischka. Beide in Ruinen. Nur die Grundmauern teilweise vorhanden.

Eine in Siebenbürgen seltene Erscheinung und nur mit Kelling zu vergleichen ist die Burg im Dorfe von Urbigen, heute nur noch Ruine. Der Grundriß zeigt die Ringmauer ungefähr quadratisch mit abgestumpften Ecken, von denen zwei mit Türmen bewehrt waren. Das Material sind unbehauene Steine. In der Mitte dieses Beringes steht der massive, heute nicht mehr in der ursprünglichen Form erhaltene Wehrturm von 10 Klafter Höhe. Die Mauer rings um den Turm hatte ursprünglich einen Zinnenkranz, der später durch Schießscharten ausgefüllt wurde. 1889 berichtet Teutsch, daß man den unteren Umgang für die Schützen, der auf festen Steingewölben ruhe, erkennen könne.

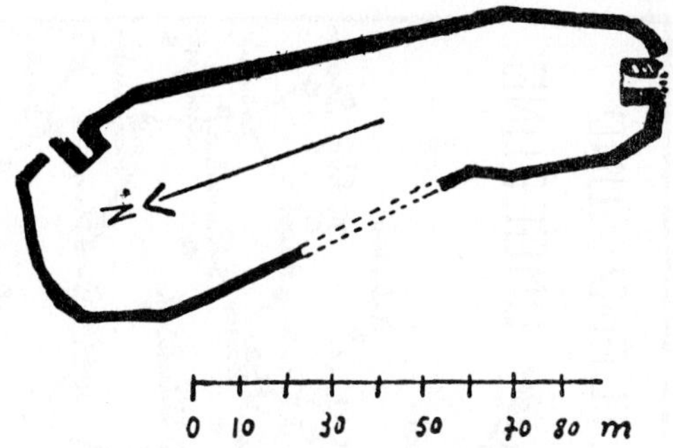

Abb. 616. Sastschorer Burg, Grenzburg nach Süden, geringe Ruinen. Grundriß 1 : 2000. B. E. nach Streitfeld.

Die Bergkirche, von der nur noch Trümmer übrig sind, war umgeben von Mauern und Graben.

Die Ruinen der „alten Burg" im Gebirge auf steilem Berg gelegen, zeigen rechteckigen Grundriß, die Länge beträgt etwa 80, die Breite 20 m. Die Mauer ist 2 m breit[23]).

Die Sastschorer (rum. Sascior, ungar. Szászcsor) Burg am linken Ufer des Mühlbaches war ebenfalls an der südlichen Grenze Siebenbürgens errichtet worden[24]) auf einem nach allen Seiten steil abfallenden, isolierten Kegel (Abb. 616).

Der Grundriß zeigt ein unregelmäßiges, langgezogenes Oval, das in der Mitte wahrscheinlich durch eine Mauer geteilt war. Im westlichen Teil deuten Gebäudereste ehemalige Wohnanlagen an. Die z. T. heute noch 3 m hohen Burgmauern waren 2 m stark und mit 2 Türmen bewehrt. Der noch einigermaßen erhaltene Nordostturm gibt eine Vorstellung der gewaltigen Größe der Gesamtanlage. Das Spitzbogentor ist nach außen zu 3 m hoch und 2,75 m breit, an der Innenseite 5 m hoch und 3,20 m weit[25]). An der östlichen Seite ist noch eine zweite Umfassungsmauer erkennbar[26]).

Die Burgstelle soll schon in vorsächsischer Zeit befestigt gewesen sein – liegt die Burg doch an einem wichtigen Verkehrsweg in die Walachei.

Im Nordwesten von Siebenbürgen ist die Burg Torda bemerkenswert; in eine alte Burganlage ist eine spätere bastionierte Befestigungsanlage eingebaut (Abb. 617).

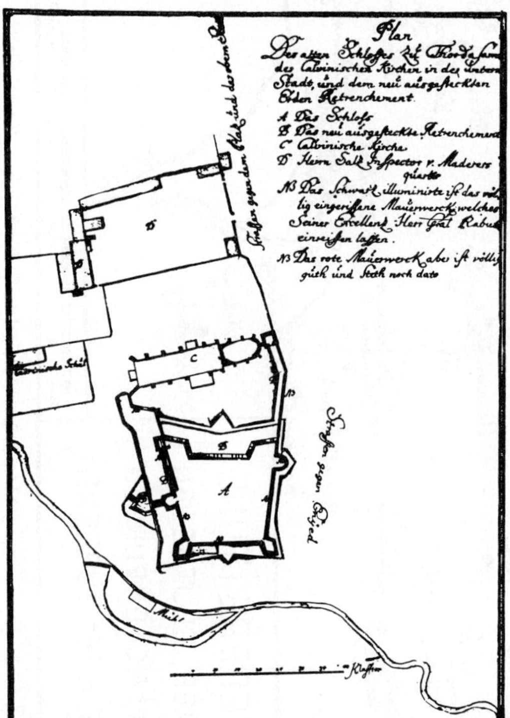

Abb. 617. Burg Torda (Torenburg). Grundriß nach altem Plan im Heeresarchiv Wien.

[23]) Teutsch in: Jb. d. Siebenbürg. Karp.-Ver., IX. Jg. 1889. S. 70. – [24]) Eingehende Darstellung: Streitfeld in: Siebenbürg. Vierteljahrsschrift 1939, Heft 2, S. 126ff.; Heft 3, S. 157ff. – Vgl. auch Bielz S. 57. – [25]) Teutsch in: Jb. d. Siebenbürg. Karp.-Ver., IX. Jg., 1889, S. 76/77. – [26]) Ebenda.

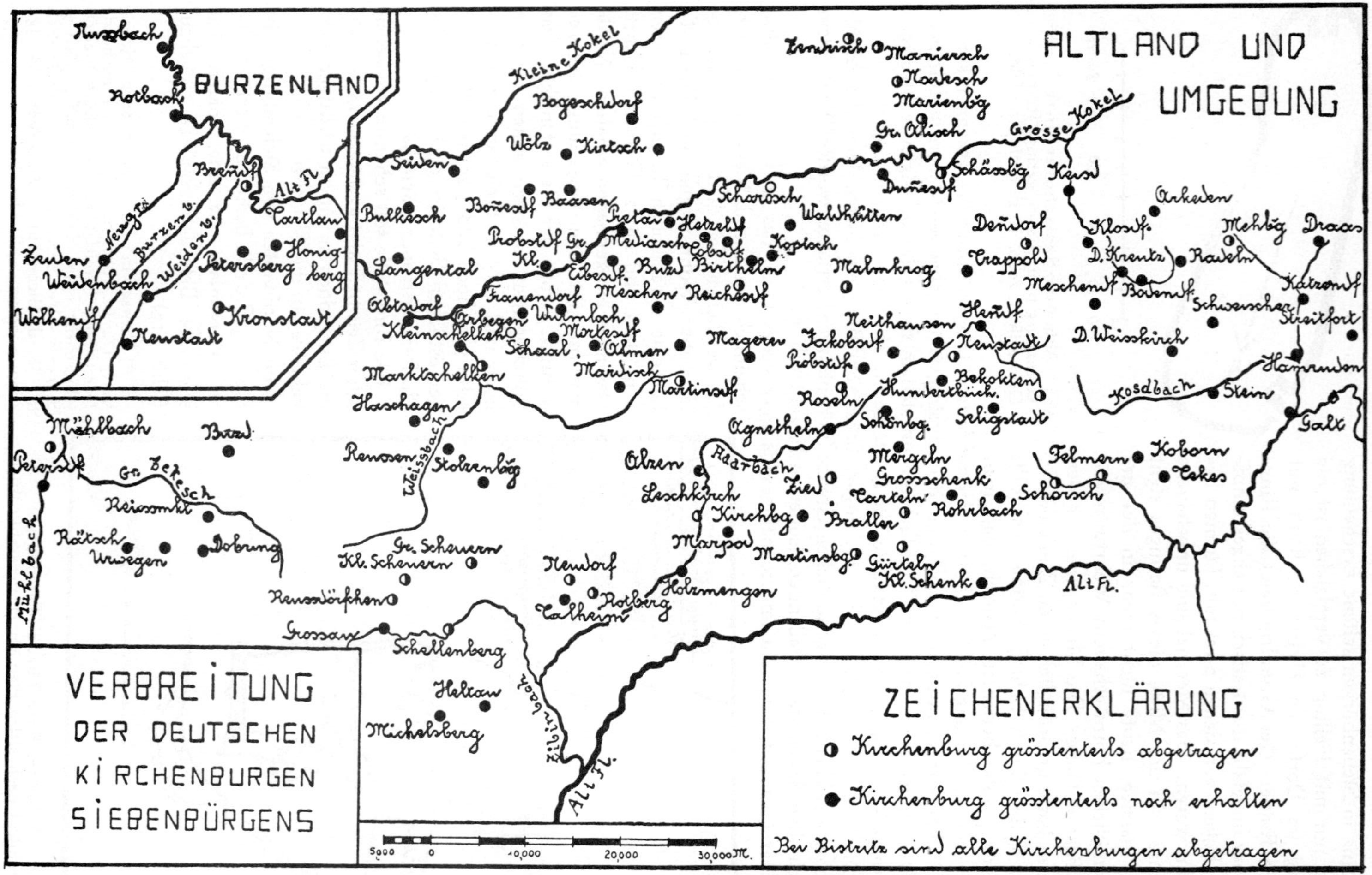

Abb. 618. Altland in Siebenbürgen. Karte mit Kirchenburgen. Nach Horwath. 1 : 75000.

Die Burg von Schebeschel bei Broos ist auf einem Bergesrücken 300 m über der Talsohle gelegen. Ein mächtiger Torturm mit Spitzbogenöffnung von 4,5 m Höhe, 2,75 m Breite und einer Dicke der Wölbung von 1,75 m[27]) zeugt von der stattlichen Größe dieser Burg ebenso wie die 52 m lange, ungefähr 2 m dicke und 4—5 m hohe Ringmauer auf den beachtlichen Umfang der Anlage schließen läßt.

Der „Rote Turm" wurde 1453 auf Geheiß Ladislaus V. am Einschnitt errichtet, der von den Südkarpaten nach Rumänien führt und durch den Altfluß gebildet wird. Auf halbem Berge gelegen, ist er zum Schutze und zur Sperre der Straße bestimmt[28]).

Die Burg Reps[29]) (rum. Rupea, ung. Köhalom) (Abb. 611, Tafel 110) erhebt sich auf etwa 120 m hohem Basaltkegel am Kosdbach, Mauern winden sich am Berg zu ihr empor. Im Grundriß stellt sich die Burg als dreiteilige Anlage dar. Die untere, unregelmäßig vier= eckige Burg ist von einer 4—5 m hohen Ringmauer umgeben, die zahlreiche Schießscharten aufweist und an 2 Ecken und auf den Seiten durch viereckige Türme verstärkt ist. An der Südseite der unteren Burg stößt ein fünfeckiger Turm der mittleren Burg vor. Auch die Ringmauer der mittleren Burg war mit Schießscharten versehen. Nach außen springt ein viereckiger Turm vor, der als der stärkste dieser Werke anzusprechen ist. Die mittlere Burg umschließt die obere Burg an der Süd= und Ostseite durch eine Mauer mit Rund= gang. Durch einen viereckigen Turm gelangt man dann von der Westseite der mittleren Burg aus in die obere, in der sich noch Wohnbaureste befinden.

Die Burg wurde am Ende des 13. Jahrh. erbaut. 1324 diente sie den Sachsen als Schutz. 1619—21 wurde sie im oberen Teil verstärkt, 1644 ein Turm in der unteren Burg auf= geführt und 1718 die Ringmauern der oberen Burg erneuert[30]).

Nördlich von Kronstadt erhebt sich die Burg Várhegy[31]) auf einem südlich vom gleich= namigen Dorf (bei N. Borosnyo) gelegenen Bergausläufer. Im Grundriß ist die Burg fast quadratisch mit 4 Eckbastionen, der Eingang führt über einen 6 m tiefen Graben durch die südliche Bastei.

Der regelmäßige Grundriß stimmt mit dem späten Baujahr 1562—64 unter König Johann Sigismund überein. In der Folgezeit wurde die Burg oft belagert und zerstört.

Der Ursprung dieser Burgenreihe ist nicht ganz eindeutig, jedenfalls aber haben wir in Siebenbürgen neben den sogenannten Ordens= und Paßsperrburgen königliche (wie Vajda=Hunyad) und Bauernburgen (Rosenau usw.).

Zunächst betrachten wir aber eine besonders diesen Gebieten eigene und im Land= schafts= und Ortsbild noch heute charakteristische Wehrbauform, die der

Kirchenburgen

Honigberg[32]) (Abb. 620) bietet ein besonders schönes Beispiel dieser Art. In der Mitte des kurz eiförmigen, hohen Mauerringes, der den meisten Wehrkirchen Siebenbürgens eigen ist, erhebt sich die dreischiffige Kirche. Der 5—6stöckige Glockenturm, der gleich= zeitig dem Hauptwehrbau, dem Bergfried entspricht, hat die volle Breite des Mittelschiffes und unten eine Mauerstärke von 3 m. Sein Erdgeschoß mit einer schlichten, sechsstufig zurücktretend gotisch spitzbogigen Kirchentür bildet zugleich die Kirchenvorhalle.

Außen und innen setzen die Turmmauern in jedem Geschoß erheblich ab; wohl nur die vier untersten stammen aus der Wehrbauzeit. Der reizvolle Turmhelm ist der Schön= heit halber gestaltet, während andere Kirchen verteidigungsfähige Wehrganggeschosse tragen, wie Hamruden, Deutsch=Weißkirch und Wurmloch (Tafel 112).

[27]) Teutsch in: Jb. d. Siebenbürg. Karp.=Ver., IX. Jg., 1889. S. 81. — [28]) Sigerus: Siebenbürg.= sächs. Burgen u. Kirchenkastelle. — [29]) Könyöki: A középkori Várak, S. 603, Abb. 659 Grundriß. — Müller: Repser Burg. — [30]) Bielz S. 43. Varjú: Magyar Várak. S. 74/75. — [31]) Könyöki, S. 619, Abb. 669 Grundriß. Bielz S. 33. — [32]) Horwath in: Das Burzenland, Bd. IV, 1, S. 146ff., Taf. 86/87, Abb. 187—190 Grundr. u. Schnitte.

Um die geradlinig rechteckige Kirche Honigberg dehnt sich ein 15—22 m breiter Hof bis zu der 2 m starken und 8—10 m hohen Ringmauer. Ihr lehnen sich, wie in allen diesen Wehrkirchen, teilweise mehrstöckige, lange Fruchtkammern an, hier noch 16 Abschnitte vorhanden.

Die Hauptverteidigung besorgen in Honigberg 6 aus der Ringmauer stark vorspringende viereckige Mauertürme. In einem der Türme liegt, innen vortretend, eine niedere Kapelle, auch ihr Obergeschoß ist durch Scharten wie alle anderen zur Seitenbestreichung eingerichtet.

Das stärkste Werk bildet der Torbau. Er schiebt sich durch den äußeren Zwinger 15 m weit in den 23—29 m breiten Graben vor, von dort führt eine 14 m lange, überdachte Brücke über den Graben (Abb. 620). Dicht an die Ringmauer lehnt sich der eigentliche Torturm, drei starke Torflügel schließen Torturm und Vortor.

Zu den stärksten Wehranlagen gehören die Außenwerke des frühen Rundlings der Kirchenburg von Tartlau[33]). Die im Mittelpunkt liegende frühgotische Kirche selbst ist nicht verteidigungsfähig, sie blieb ohne Wehrgänge und Wehrturm. Zwei nur 28 m lange Schiffe durchkreuzen sich und tragen über der Vierung auf vier Eckpfeilern den gotischen Turm (Abb. 619, Tafel 105).

Um so stärker ist die äußere Abwehr. Eine 4 m starke und 8 m hohe Mantelmauer von fast 70 m Durchmesser bildet den ältesten Hauptschutz. Vor derselben liegt ein schmaler Zwinger, durch den drei kleine Halbrundtürme vortreten, die aber wenig Seitenbestreichung gestatten.

Ringsum läuft ein 40 m breiter Graben, in den sich gegen Süd ein mächtiges späteres Torbollwerk und eine Vorburg strecken, bestehend aus dem gegen Süd senkrecht vorgezogenen 19 m langen Tortunnel mit gleichfalls $3^1/_2$ m starken Mauern und einer Vorburg mit 17 Kornbehältern in zwei Höfen, die in den hier 45—60 m breiten Graben vorspringen, über dessen Rest noch die 15 m lange Brücke führt. Die Vorburg ist gegen den Angriff von Süd durch eine hohe Schildmauer gedeckt.

Die starke Mantelmauer bietet innen etwa 180 Getreidelagerräumen Platz, die in 3 Stockwerken 7 m tief an die Mauer gebaut sind, das dürfte über 10000 cbm Lagerraum ohne die Lagerräume der Vorburg bedeuten (Abb. 619, Tafel 105).

Sehr merkwürdig ist die Vorburgschildmauer mit etwa 16 Gußerkern und ungezählten Scharten durchgebildet. Auf allen Mauern war Platz für Wehrgänge[34]).

Der Plan des Dorfes zeigt die Lage des Wehrbaues mitten im Ort ohne besondere Bodenerhöhung.

Während in Tartlau und Honigberg die Kirchen selbst nicht wehrfähig erscheinen, auch nicht in der eigentlichen Wehrlinie stehen, wie das z. B. in der 1895 abgetragenen Kirchenburg Heldsdorf[35]) der Fall war, wo der Kirchturm fast an der inneren Wehrmauer stand, sind bei anderen Anlagen die Kirchen und ihre Türme selbst mit Wehrgängen aus Holzwerk und Fachwerk und aus Stein bekrönt.

So zeigen Probstdorf bei Agnethelm und Klein-Schelken (Tafel 109) Fachwerkwehrgänge auf Mantelmauertürmen und auf dem Kirchturm, Hamruden[36]) brettverschalte, weit ausgekragte Wehrgänge auf 2 Türmen und dem Hauptkirchturm, ebenso die Türme einschließlich Hauptkirchturm von Deutsch-Weißkrich[37]) (Abb. 618). Der Chor der Kirchenburg in Draas[38]) ist im 15. Jh. ebenfalls mit einem Wehrgang versehen worden.

---

[33]) Horwath in: Das Burzenland, Bd. IV, 1, S. 149ff., Taf. 97/98. — [34]) Abbildung, Grundriß u. Schnitt nach Horwath in: Das Burzenland. Taf. 97/98. — [35]) Horwath in: Das Burzenland. S. 125ff., Taf. 48, Abb. 129 Grundriß. — [36]) Horwath in: Korrespondenzblatt d. V. f. siebenbürg. Landeskde. 51. Jg. 1928, S. 15ff. — [37]) Horwath: Siebenbürg.-sächs. Kirchenburgen, 2. Heft, S. 33f. Probstdorf (Grundriß), 42ff. Hamruden (Grundriß). Abbildung nach Sigerus: Siebenbürg.-sächs. Burgen u. Kirchenkastelle. — [38]) Horwath in: Der Burgwart 1929, S. 37.

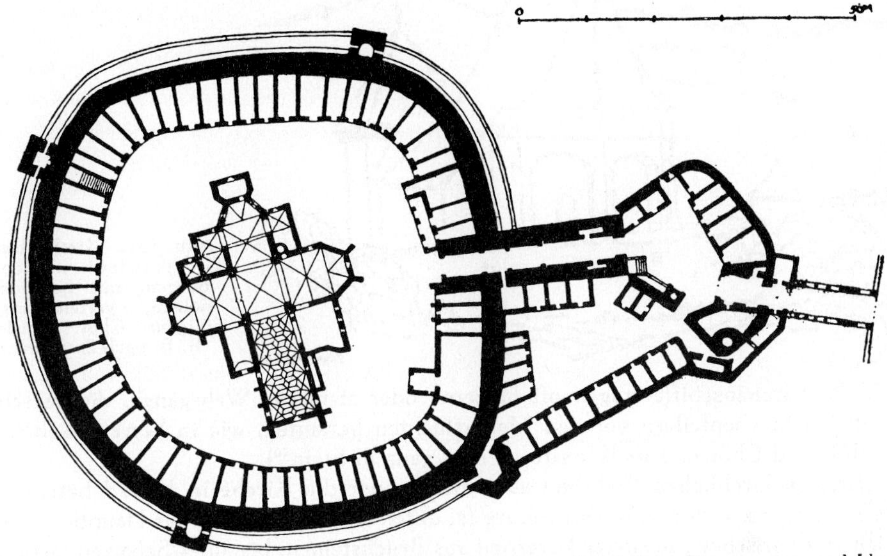

Abb. 619. Kirchenburg Tartlau i. Siebenbürgen, mit besonders hohen Ringmauern und Vorburg. Grundriß 1 : 1000. Nach Lux.

Abb. 620. Kirchenburg Honigberg i. Siebenbürgen mit noch gut erhaltener Torwehr. Grundriß 1 : 1000. Nach Lux.

Abb. 621. Kirchenburg Gr. Kopisch i. Sieben=bürgen, mit besonders hohem, verteidigungs=fähigem Chor. Ansicht. B. E. nach E. Sigerus.

Auch die Kirchenschiffe tragen oft hölzerne oder steinerne Wehrgänge, die zwischen bzw. auf den Strebepfeilern vor den Mauerfluchten herlaufen, wie in Wurmloch[39]) an Hauptschiff und Chor und in Klosdorf, dort ganz in Stein[40]).

Als stärksten kirchlichen Wehrbau aber müssen wir die Kirche in Keisd betrachten. Das Dorf besaß außerdem eine Höhenburg (s. unten S. 561). Hier ist der Hauptkirchturm ein mächtiger gotischer gewaltiger Bergfried aus Bruchsteinen, bis auf 3 Scharten fast ohne Öffnungen (Abb. 618, Tafel 107).

Auf schweren, gemauerten Konsolen mit Senkscharten und Maschikuli dazwischen ruht der gemauerte Wehrgang, der Fuß ist etwas steil geböscht. Nur die bunte, unruhige Dachspitze dieser Wehrkirche stammt von 1833. Sowohl die Maschikuli wie die Böschung des Fußes deuten auf italienischen Einfluß, den wir sonst in Siebenbürgen sehr selten finden.

Quer hinter dem dicken Turm zieht sich nach beiden Seiten das schöne, gotisch ernste Kirchenschiff hin mit hohem, steilem Dach und Spitzbogenfenstern. Unter der Traufe läuft der gemauerte Wehrgang mit 40 viereckigen Scharten, er wird von den Strebepfeilern getragen, zwischen die 23 flache ovale Bogen gespannt sind. Sigerus schreibt den ernsten, würdigen Bau dem 15. Jahrh. zu[41]).

Abb. 622. Kirchenburg Denndorf i. Siebenbürgen. Ansicht. B. E. nach E. Sigerus.

[39]) Abbildung nach Sigerus: a. a. O. — [40]) Abbildung bei Sigerus a. a. O. — Horwath: Sieben=bürg.=sächs. Kirchenburgen. S. 10ff. — [41]) Abbildung nach Sigerus: Siebenbürg.=sächs. Burgen u. Kirchenkastelle.

Betrachten wir an Hand der erwähnten und weiterer Beispiele die wechselnden Grundrißformen Siebenbürgens, die sich in allmählicher Entwicklung gebildet haben.

Die Wehrkirchen lassen verschiedene Grundformen erkennen. In fast allen stehen die Kirchen selbst frei in dem großen Wehrring.

Die Kirchen selbst gehören teils der romanischen, teils der gotischen Zeit an, schönste Reste von Torbogen, innerer Bogenstellung, romanischen Säulen und Fenstern bezeugen die Entstehung bis zum 13. und 15. Jahrhundert.

Aber fast alle Kirchen sind in den unaufhörlichen, wilden Kämpfen der deutschen Bauern um ihre Freiheit und zum Schutze der Reichsgrenzen gegen Kumanen, Mongolen und Türken mehrfach zerstört und in gotischen und späteren Formen um= und ausgebaut oder wiederhergestellt worden.

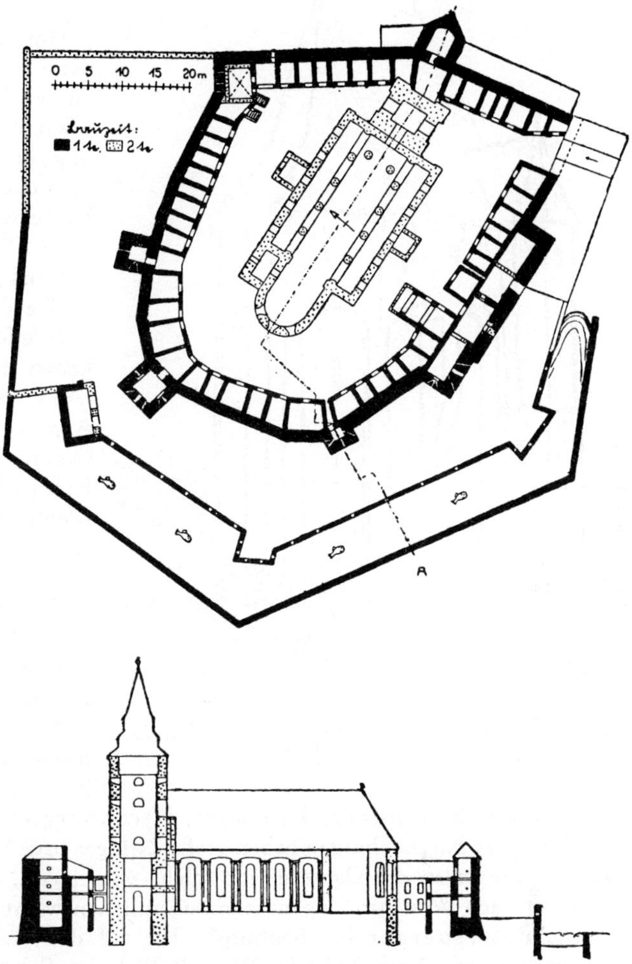

Abb. 623. Kirchenburg Petersberg i. Siebenbürgen.
Umfassungsmauer schildmauerartig vorspringend.
Grundriß 1 : 1000 und Schnitt 1 : 1000.
B. E. nach Horwath in „Dörfer des Burzenlandes".

Wie wir sahen, sind die Kirchen selbst nur zum Teil Wehrbauten wie die in Keisd, wo der Mauerring später abgetragen wurde. Häufig aber ist auch der Kirchturm Wehrbau und in seinen unteren Geschossen ganz besonders stark, wie bei der Brenndorfer Kirche[42]) oder bei der Marienburger Kirche[43]), bei Rothbach oder Honigberg[44]). Sehr oft sind die alten Türme später stark ummantelt, wie in der Neithausener Wehrburg[45]) oder in Radeln, Meeburg, Nußbach, Scharosch und Bodendorf, und von innen verstärkt wie in Denndorf[46]). Selten gehört der Typ wie Meschendorf ganz der ersten Bauzeit an. In Seligstadt ist der gesamte dreijochige Chor als mächtiger, fachwerkgekrönter Turm hoch emporgezogen[47]). Die gotische Kirche in Groß=Kopisch (Abb. 621, Tafel 108) wurde dagegen erst später verteidigungsfähig ausgebaut, und zwar soll dies mit dem Material der 1477 zerstörten Burg östlich der Kirche geschehen sein[48]).

---

[42]) Horwath in: Das Burzenland. Taf. 46, Abb. 125 Grundriß. — [43]) Ebenda S. 116ff. — [44]) Ebenda S. 115 u. S. 146. — [45]) Horwath: Siebenbürg.=sächs. Kirchenburgen. S. 21ff. — [46]) Ebenda S. 1ff., 3ff., 12ff., 18ff., 28ff. — [47]) Ebenda S. 15ff. — [48]) Sigerus: Siebenbürg.=sächs. Burgen u. Kirchenkastelle.

Abb. 624. Wehrkirche zu Bussd i. Siebenbürgen. Ansicht. B. E. nach E. Sigerus.

Um diese freistehenden Kirchen ist dann – anscheinend später zum Ersatz älterer Holzwehren – ein mächtiger Mauerring gelegt worden, und zwar wohl ursprünglich meist oval, wie in Neustadt im Burzenland, Honigberg, Bodendorf, Radeln, Tartlau (Abb. 619), Probstdorf (Tafel 106), Deutschkreuz, Großschenk, Draas, oder eckig-eiförmig wie in Zeiden, Waldhütten und Pretai, oder eiförmig mit einigen Unregelmäßigkeiten wie in Wolkendorf, Denndorf (Abb. 622), Groß-Lasseln, Meschen, Almen, Petersberg (Abb. 623), Scharosch, Seligstadt[49]). Die Heldsdorfer Kirchenburg allein hat um den rundlichen Mantel mit seinen 2 Ecktürmen noch eine regelmäßig viereckige Außenmauer mit 4 Ecktürmen. In allen Ringmauern sind Türme zur Seitenbestreichung eingefügt.

Endlich taucht später auch eine mehr oder weniger viereckige Grundrißform auf, an deren Ecken die Mantelmauer durch rechtwinklige oder schräggestellte Viereckstürme zwecks Seitenbestreichung verstärkt ist. Solche Kirchenburgen sind die von Henndorf, Schönberg, Klosdorf, Kirchberg, Hamruden, Rohrbach[50]).

Nur einige Kirchenburgen haben große Zwinger bzw. Vorburgen, wie die von Meschendorf. Ihr ist an der Ostseite eine solche vorgelagert, durch die ein einfaches Tor quer von Ost nach West den Zugang zum eigentlichen Mantelmauereingang erlaubt.

Die Petersberger Kirchenburg[51]) hat auf der West- und Nordseite eine doppelte Zwingeranlage. Auch Arkeden[52]), südöstlich von Schäßburg gelegen, ist von einer zweifachen Ringmauer umgeben, da es jeden natürlichen Schutzes wie Graben, Bergkuppe oder Wasser entbehrt.

Die Lage der Burgen ist an die der Dörfer gebunden, in deren Mitte in der Regel auf sehr geräumigem Platz, der durch ein weites Schußfeld ringsum die Verteidigung erlaubte, sich die Burg in breitem, tiefem Graben erhob. Die Kirchenburg Tartlau mitten im Dorf und in breitem, tiefem Graben ist ein lehrreiches Beispiel.

In flacher Gegend wird zum Schutz auch das Wasser in breiten Gräben herangezogen, so für die Burgen Denndorf[53]) (Abb. 622), Bussd (Abb. 624), Weidenbach[54]).

Selten war eine Höhenburgform wie die der durch 5 Türme und 3 Basteien geschützten, gotischen, selbst turmlosen Kirche zu Birthälm (Abb. 625), auf spitzem, hohem Felsbergkegel. Hier ziehen mehrere Mauerringe eng um die Spitze.

Die größte Kirchenburg des Burzenlandes ist die von Zeiden, am südlichen Rande des Burzenlandes am Paßweg gegen Siebenbürgen gelegen (Abb. 626). In der ellipsen-

[49]) Abbildung nach Horwath: Siebenbürg.-sächs. Kirchenburgen. Für Draas vgl. Horwath: Der Burgwart 1929 Nr. 2, S. 37ff. – [50]) Abbildung nach Horwath: Siebenbürg.-sächs. Kirchenburgen. S. 42, 45. – [51]) Horwath in: Das Burzenland IV, 1, S. 141. – [52]) Horwath in: Der Burgwart 1929. S. 68. – [53]) Horwath: Siebenbürg.-sächs. Kirchenburgen. S. 18. – [54]) Horwath in: Das Burzenland IV, 1, S. 138.

förmig, nach Westen zu spitz ausgezogenen Ringmauer sind 4 Türme eingebaut, von denen der größte, der bergfriedähnliche Glockenturm, eine Mauerdicke von 5 m am Turmfuß hat, mit einem aus Tuffstein gemauerten Wehrgang versehen ist und nachträglich verteidigungsfähig ummauert wurde, wie in Nußbach, Rotbach und Heldsdorf[55]).

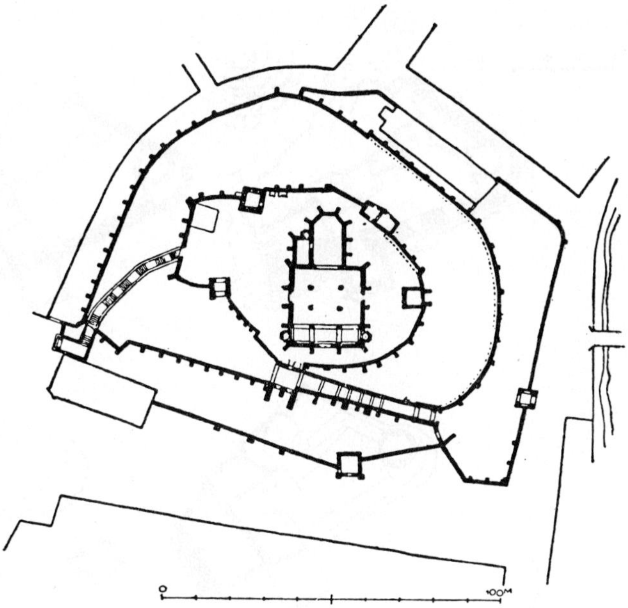

Abb. 625. Kirchenburg Birthälm i. Siebenbürgen. Ringmauern bis 12 m hoch. Grundriß 1 : 2000. Nach Lux.

An die starke Mantelmauer lehnten sich innen etwa 50 zwei- bzw. dreistöckige Lagerräume an, die bis vor dem Brande von 1685 aus Holz bestanden, jetzt verschwunden sind. Eine Zwingmauer zog sich an drei Seiten um die Burg, dann folgte ein Wassergraben, der wiederum von einer Mauer umschlossen war. Diese Anlage setzt Horwath[56]) in die Zeit Gabriel Bathorys um 1600.

Auch die Kirche von Weidenbach im Burzenland[57]) ist im 17. Jahrh. wieder erneuert worden. Die vieleckige, doppelte Ringmauer aus dem 15. Jahrh. ist – außer der Torwehre – noch gut erhalten. Zwischen der Innen- und der Außenmauer liegen die zweistockhohen Vorratskammern, teils mit Stein, teils mit Brettern abgeteilt. Aus dem obersten Stockwerk wurde der jetzt abgetragene Wehrgang bestiegen. Er war aus der 1,50—2 m starken inneren Ringmauer ausgespart. Oberhalb der Wehrganghöhe sind Schießscharten und Pechnasen angebracht[58]). Charakteristisch für die Weidenbacher Burg sind die kästchenartig hervortretenden, doppelten Pechnasen, die anderswo im Burzenland nicht vorkommen. Sechs viereckige Steintürme sind an der Außenseite des Mauerringes angebaut. Von der Zwingeranlage sind nur im Norden noch Reste vorhanden. Nach J. Teutsch (Besondere Nachrichten) war die Kirchenburg von einem vermauerten Wassergraben umschlossen.

Auch die Kirchenburg in Neustadt (Burzenland)[59]) ist

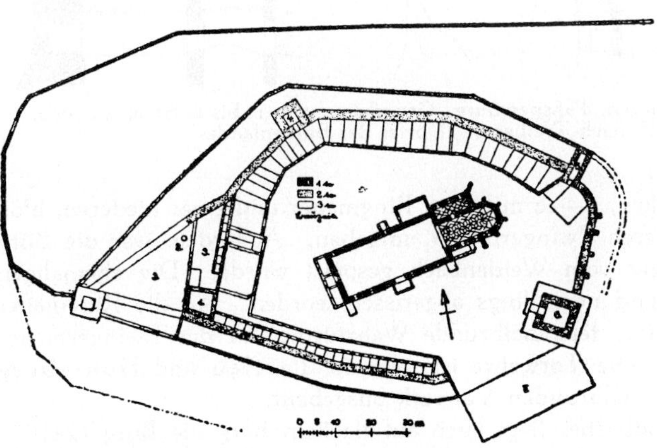

Abb. 626. Kirchenburg Zeiden, größte des Burzenlandes. Grundriß 1 : 2000.
B. E. nach Horwath in „Dörfer des Burzenlandes".

[55]) Ebenda S. 128, Abb. 138—153. – [56]) In Jb. d. Burzenländer Sächs. Museums 1. Jg. 1925, S. 128. – [57]) Horwath in: Das Burzenland IV, S. 138ff., Abb. 83, 170—172. – [58]) Ebenda Abb. 83. – [59]) Ebenda S. 135, Abb. 161—165.

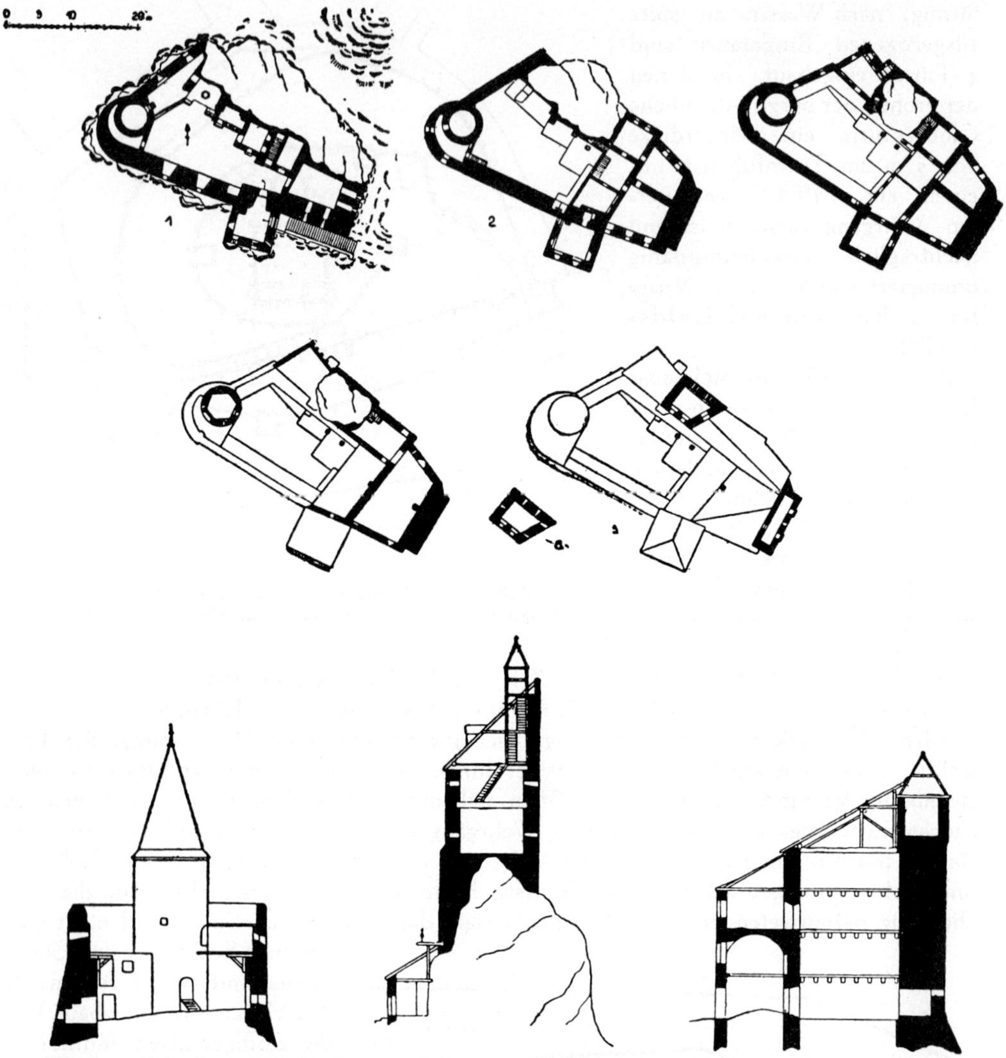

Abb. 627. Törzburg i. Siebenbürgen. Paßsperrburg. Grundrisse vom 1. bis 6. Stock 1 : 1000. Schnitt 1 : 500. B. E. nach Treiber in „Dörfer des Burzenlandes".

von einer inneren 1,50—2 m dicken, 6—10 m hohen Ringmauer und einer niederen, bloß 3—4 m hohen, 1 m dicken äußeren Zwingermauer umgeben. Außerdem war die Burg von einem Graben umgeben, der vom Weidenbach gespeist wurde. Die ehemaligen Unterkunfts= und Lagerräume sind neuerdings abgerissen worden. An die Ringmauer angelehnt liegen 8 teils viereckige, teils halbrunde Wehrtürme, an der Zwingermauer außerdem 1 fünfeckiger Turm. Die Torwehre ist wie in Tartlau und Honigberg stark ausgebildet, hier zu einem halbrunden Vorwerk ausgebaut.

Am rechten Ufer des Homorodbaches liegt auch auf flachem Berg die Burg Galt[60]), deren Kirche von einer mit Türmen bewehrten Ringmauer umgeben ist.

[60]) Bielz S. 43. In der Vergabungsurkunde des Burzenlandes an die deutschen Ritter wird Galt im Jahre 1211 als die Grenze desselben bezeichnet (Sigerus).

Abb. 628. Törzburg im Südosten von Siebenbürgen, Paßsperrburg. Ansicht. B. E. nach Varjú.

Leicht ließe sich die Zahl der Beispiele vermehren. Wir verweisen zwecks der Übersicht auf unsere Landkarte[61]) (Abb. 618). Nirgends finden wir hier eine Verwandtschaft mit den nordischen Rundkirchen von Dänemark und Schweden, die sich auch in Mähren wiederholen (Znaim usw.), siehe Abschnitte „Schweden" und „Böhmen und Mähren" Es handelt sich hier um eine eigenschöpferische Leistung.

Königliche, ritterliche, städtische und Bauernburgen

Nun gab es in Siebenbürgen nicht nur kirchliche, sondern auch ritterliche und Bauernburgen. Diese zweite Art der königlichen, ritterlichen und Bauernburgen hat mit den Kirchenburgen keine Ähnlichkeit. Zu ihnen gehören, wenn wir die oben angedeuteten früh zerstörten Ordens- und Paßsperrburgen fortlassen, als schöne, lehrreiche Beispiele unter anderen die Burgen Törzburg, Keisd, Kelling, Michelsberg, Reps, Stolzenburg (Abb. 629), Rote Turm, Rosenau[62]) und vor allen Dingen die im Südwesten von Siebenbürgen in den westlichen Ausläufern der Südkarpaten errichtete Burg der königlichen Familie Vajda Hunyad.

Die Törzburg (Abb. 627, 628) krönt, auf 60 m hoher steiler Kalksteinfelszunge aufgetürmt, das Orts- und Landschaftsbild am nördlichen Ende der Törzburgpaßsperre.

Die ganze 45 m lange Südseite der etwa 23 m breiten Burg ist durch ebenso lange, durchschnittlich 3 m starke Mauern gedeckt[63]).

---

[61]) Siehe auch Heinrich Zillich: Siebenbürgen und seine Wehrbauten in: Die Blauen Bücher, mit einer Reihe guter Abbildungen. — [62]) Sigerus: Siebenbürg.-sächs. Burgen u. Kirchenkastelle. 1901. — [63]) Treiber in: Das Burzenland. Taf. 24, Abb. 73—77 Grundriß. Varjú: Magyar Várak. S. 176ff.

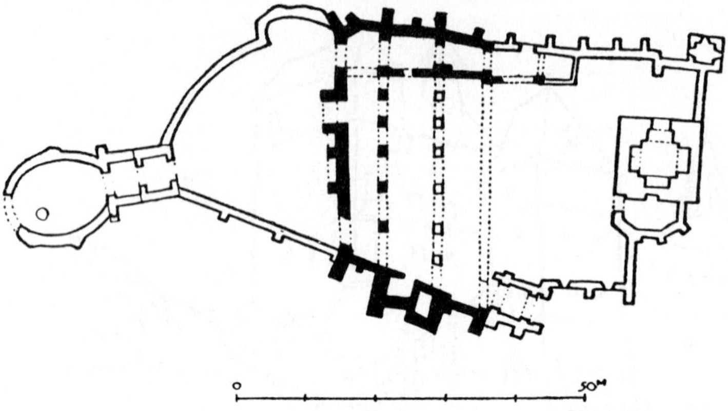

Abb. 629. Stolzenburg in Siebenbürgen, am Nordrande des Hermannstädter Bezirks. Grundriß 1 : 1000. Nach Lux.

Die Hälfte des nach oben spitz anlaufenden Burgfelsens ist noch 4 Stock höher als die Südhälfte, so daß zwischen Mauer und Fels ein Hof von etwa 8 m Breite und 20 m Länge bleibt, der an 3 Seiten von Nutzräumen umgeben ist. Auf der höchsten Spitze steht dann ein bergfriedartiger Turm mit steilem Pultdach.

Die dünne Mauer des runden Westendes der länglichen Burg umgibt einen Rundturm mit spitzem Zeltdach. Die Burg macht einen schmalen, sehr schlank aufsteigenden Eindruck (Abb. 628).

Zugang bietet eine Treppe von 30 Stufen, die am Felsen entlang auf einen vorgebauten, viereckigen Torturm mit Zugbrückentor zuführt. Aus dem Turm kann also sowohl der Treppenaufgang bestrichen, als auch rückseitig die Seitenbestreichung an der starken Mauer hin ausgeübt werden.

Im Torturm biegt der Zugang rechts ab in den Hof, in dem an den Felsen Backstube und Brunnenraum angebaut sind. An der Ostspitze ist ein Raum mit 4 Scharten angeordnet, solche sind auch in der dicken Längsmauer vorhanden. 3 Stockwerke mit regelmäßigen Wohnräumen liegen über dem Eingangsende. Im höchsten derselben ist ein Saal angeordnet. Damit ist ein richtiger Pallas gegeben, wie er in Deutschland gebräuchlich ist (Abb. 627).

Die Betrachtung des Grundrisses ist lehrreich. Die Gesamtanlage wirkt durchaus regelmäßig und wohlgeformt geschlossen, doch wird man schwerlich eine Grundform feststellen, die auf eine bestimmte Schule hindeutet. Der Bauplatz, die Form des Felsens, verlangen die Gesamtform.

Die Burg wurde 1377 von den Kronstädtern „aus freien Stücken unaufgefordert, auf eigene Hand und in freigebiger Weise" (wie König Ludwig selbst rühmend anerkennt)[64]) erbaut und ist in einem Zuge nach einheitlichem Plan entstanden[65]).

Im Tal lag eine dazugehörige Vorburg, worin Wirtschafts- und Unterkunftsräume untergebracht waren. Reste davon sind noch vorhanden. 1619 verbrannte die halbe Burg, worauf sie das heutige Aussehen erhielt.

Im Törzburger Paß erwähnt Horwath südlich von Rucar die Ruine der Burg Negru Voda[66]), die oftmals in der Literatur mit der Rucarburg verwechselt wird, aber wesentlich kleiner ist und noch heute mit einer Kirche und Mönchen besetzt ist.

Die Burg Kelling[67]) (Abb. 630), inmitten des Dorfes gelegen, kann man kaum noch zu den Kirchenburgen rechnen, obwohl in den innersten Mauerring im 15. Jahrh. noch eine Kapelle gebaut wurde.

Der Hauptwehrbau ist hier ein starker, romanischer, wohnturmartiger, viereckiger Bergfried des 13. Jahrh. Um ihn legen sich drei Mauerringe. Der dritte Mauerring wurde erst spät angelegt, er endet an der einen Seite in einer Bastei.

[64]) Teutsch in: Jb. d. Siebenbürg. Karp.-Ver. VI. Jg. 1886, S. 47. — [65]) Treiber in: Das Burzenland. S. 87. — [66]) Horwath in: Das Burzenland IV, S. 59. — [67]) Bielz: Burgen u. Ruinen in Siebenbürgen. S. 57f. — Sigerus: Siebenbürg.-sächs. Burgen u. Kirchenkastelle. — Horwath: Sieb.-sächs. Kirchenburgen S. 117.

Burg F ü l e k , Ungarn

Burg G y u l a im Südosten Ungarns

Burg D i ó s g y ö r bei Miskólcz, Ungarn

Nach Sigerus waren die Vorrats= und Wohnbauten der Bauern zwischen dem innersten und zweiten Ringe angeordnet, während der innerste Platz anscheinend einer Herrschaft vorbehalten war. Die Länge des äußersten Ringes wird dagegen auf 258 m angegeben, ihn schützte ein großer Weiher. 2 Türme verstärkten den innersten Ring. 1438, beim Türkeneinfall, bot diese Bauernburg noch sicheren Schutz für die Bewohner der benach= barten Ortschaften.

Kelling hat außerdem als zweiten Zufluchtsort eine befestigte Bergkirche, die auch ehemals Mauer und Graben umzog[68]).

Stolzenburg[69]) ist eine sächsische Bauernburg auf mäßig hohem Bergrücken, die heute bis auf den Hauptturm und einen Eckturm stark verfallen ist. Im Grundriß (Abb. 629) ist die Burg eine unregelmäßige Anlage. Stolzenburg war die nördlichste, befestigte Burg des Hermannstädter Stuhls. 1394 ist eine Volksschule in der Mitte des Ortes ur= kundlich bezeugt[70]).

Am Altfluß liegt die quadratische Vierturmburg Fagaraş (= Fogarasch) in hohem Außenmauerkranz[71]). Die Burg ist von tiefem Graben umgeben. Die Ecktürme sind acht= eckig. Die im Grundmauerwerk dem 14. Jahrh.[72]) angehörige Burg ist noch wohlerhal= ten – 1613 erhielt sie die jetzige Gestalt, fast ganz schloßartig wirkend, dient sie als Kaserne und war ein wichtiger strategischer Punkt.

Burg Rosenau[73]) (Abb. 631, Tafel 110) erhebt sich auf 150 m hohem Kalkfelsen. Sie bildet eine langgestreckte, unregelmäßige Anlage, die aus großer Vorburg und kleinerer Kernburg besteht. Ein viereckiger Turm verteidigt die Ostseite der Vorburg, die als einzige über einem Bergsattel Angriffsmöglichkeit bot, während die Felskuppe nach den übrigen drei Seiten steil und unersteigbar abfiel. Acht weitere Türme verteidigen die teils 5 m hohe Ringmauer der Kernburg. Die Reste der Bauten im Innern deuten nicht auf einen Pallas hin, sondern auf kleinere Bauten, die von den Bauern ihren Zwecken entsprechend ge= baut worden sind. Als Baumaterial ist durchweg Bruchstein und Ziegel verwandt.

Kühlbrandt[74]) sieht in Rosenau – wenn auch ihre erste Anlage in die Zeit der deutschen Ritter fallen sollte – eine Bauernburg.

Westlich des Ortes Keisd, in welchem sich die oben schon erwähnte Kirchenburg befindet, an einem Nebenfluß des Großen Kokel gelegen, erhebt sich die teilweise noch wohlerhaltene Burg. Stellenweise ist die Umfassungsmauer, die von einer Reihe Türmen

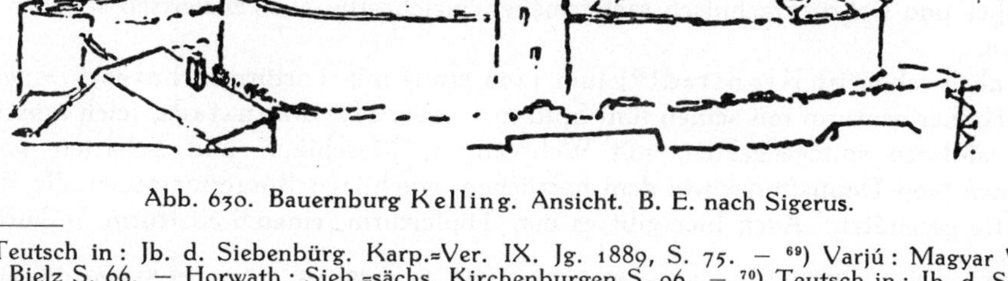

Abb. 630. Bauernburg Kelling. Ansicht. B. E. nach Sigerus.

[68]) Teutsch in: Jb. d. Siebenbürg. Karp.=Ver. IX. Jg. 1889, S. 75. – [69]) Varjú: Magyar Várak. S. 164. Bielz S. 66. – Horwath: Sieb.=sächs. Kirchenburgen S. 96. – [70]) Teutsch in: Jb. d. Sieben= bürg. Karp.=Ver. 1883, III. Jg., S. 131. – [71]) Varjú: Magyar Várak. S. 45. – [72]) Nach Bielz, S. 41, wurde die Burg 1310 vom siebenbürg. Woiwoden Ladislaus Apor gebaut. – [73]) Groß u. Kühl= brandt: Rosenauer Burg. – [74]) Kühlbrandt in: Das Burzenland, Bd. IV, 1, S. 73ff.

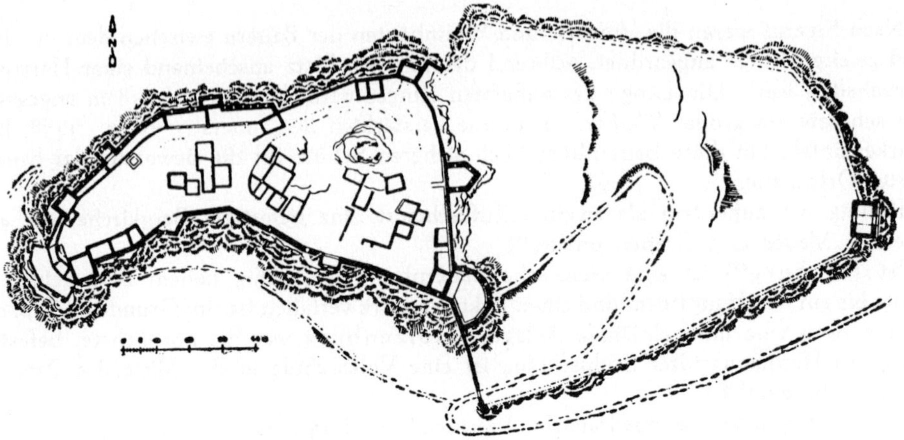

Abb. 631. Bauernburg Rosenau in Siebenbürgen, mit ausgedehnter Vorburg. Grundriß 1 : 2000. B. E. nach Kühlbrandt in „Dörfer des Burzenlandes".

bewehrt ist, noch 9 m hoch. Innerhalb des Beringes waren kleine Häuser aufgeführt, die in Notzeiten den Bewohnern der umliegenden Ortschaften Unterkunft boten. Die Form der Burg ist länglich rund, die größte innere Breite beträgt ungefähr 45 m. Die Länge etwa 92 m[75]).

Die Bauzeit dieser Bauernburg ist unbekannt, seit 1470 war die Hälfte aller Keisder Männer bei einem allgemeinen Aufgebot von der Heeresfolge befreit, um die Burg zu verteidigen[76]). Zu den ältesten Bauten gehören wohl der Pulverturm und der Schulturm, die beide aus der Mauer heraustreten[77]) (Abb. 632).

Die Burg von Michelsberg im Hermannstädter Bezirk, auf einem Bergkegel ober= halb des gleichnamigen Dorfes gelegen, ist eine der ältesten Befestigungen. Schon 1242, vor dem ersten Mongoleneinfall, stand die romanische Kirche innerhalb des weiten Mauer= rings[78]).

Teutsch[79]) nennt noch die Kirchenburg in Broos, östlich von Deva gelegen, als das nach Westen als Äußerstes ausgesetzte Bollwerk der ehemaligen deutschen Ansiedler.

Außer den schönen ernsten Kirchenburgen der deutsch=sächsischen Dörfer zeigen auch die siebenbürgischen Städte Reste ehemaliger Stadtburgen, deren Lage z. B. in Schäß= burg – wo die Stadtburg einen eigenen Stadtteil bildete – noch auf dem sogenannten Schulberg zu erkennen ist[80]). Von der Ringmauer, die bis hier hinauf steigt, stehen noch die malerischen Türme aufrecht, deren Namen zugleich einen Begriff von der Ver= teidigungsart der einzelnen Türme durch die Zünfte bieten: Schusterturm, Fleischer= turm, Seilerturm, Kürschnerturm, Zinngießerturm und Goldschmiedeturm, einer sinn= gemäßer und wehrbautechnisch sachgemäßer, gleichzeitig auch malerisch schöner als der andere.

Ähnlich schön ist Kronstadt[81]) (um 1400 etwa) mit Tortürmen bewehrt – wie etwa dem Katharinenturm mit seinen fünf Spitzen – oder Hermannstadt, reich umschlossen von zahllosen spitzgedeckten, mit Wehrgängen, Maschikuli und Scharten übersäten Türmen, von Doppeltoren wie dem herrlichen, wuchtigen Bürgertor gegen alle Feindes= angriffe geschützt. Auch hier gibt es den Töpferturm, einen Lederturm – kurz, Hin=

[75]) Teutsch in: Jb. d. Siebenbürg. Karp.=Ver., IV. Jg., 1884, S. 80. – [76]) Sigerus: Siebenbürg.= sächs. Burgen u. Kirchenkastelle. – [77]) Teutsch a. a. O. S. 81. – [78]) Sigerus a. a. O. – [79]) Teutsch a. a. O. S. 63. – [80]) Sigerus: Aus alter Zeit. – [81]) Ebenda und Teutsch in: Jb. d. Siebenbürg. Karp.= Ver. 1886, VI. Jg., S. 50/51.

weise auf die tapferen Bürger der Städte als Verteidiger der deutschen Heimat in fremdem, wildem Osten.

Weitere Landstädte wie Mediasch oder Mühlbach hüten ähnliche herrliche, steinerne Zeugen heldischen Verteidigungswillens, der sich weit über die östlichen Staaten er= streckte.

Wir beschränken uns auf diese kurze Andeutung eines städtischen Wehrbaues, da wir den rein burglichen Wehrbau schildern, der nur in Einzelheiten dem städtischen Wehrbau verwandt erscheint.

Vajda Hunyad, eine ungarische Königsburg

Eine künstlerische und wehrbauliche Musterleistung ist die Höhenburg Vajda Hunyad in Siebenbürgen, auf der Mitte der Luftlinie zwischen Hermannstadt und Temesburg, in gebirgiger Gegend gelegen. König Mathias Corvinus war der Sohn des Hunyady, der die Burg nach der Mitte des 14. Jahrh. vollendete[82]). 1409 erhielt „Bojk" Serba von König Sigismund eine Bestätigung einer älteren Dotation für seine ganze Familie auf das große königliche Dominium Hunyadvár, dessen Namen sie annahmen[83]).

Der Grundriß ist in genauer Anpassung an die Bergform allmählich fast eiförmig ge= staltet, doch sind die einzelnen Baukörper selbständig durchgebildet. Herrlich ist der Pallas als gotischer Saalbau, er erhebt sich auf strengen Strebepfeilern zu einem über= reichen Fest= und Saalgeschoß, dessen nach außen gekehrte lange Fensterwand, eine durch vier Erker gegliederte Wehrganganlage, die die künstlerisch vollendete ganz deutsche Bekrönung des mächtigen Baukörpers bildet, 30 m Länge und 14 m Tiefe bieten einen stattlichen Innenraum. Zu Füßen des Saalbaues fließt die Cserbe, westlich der Burg der Zalasd.

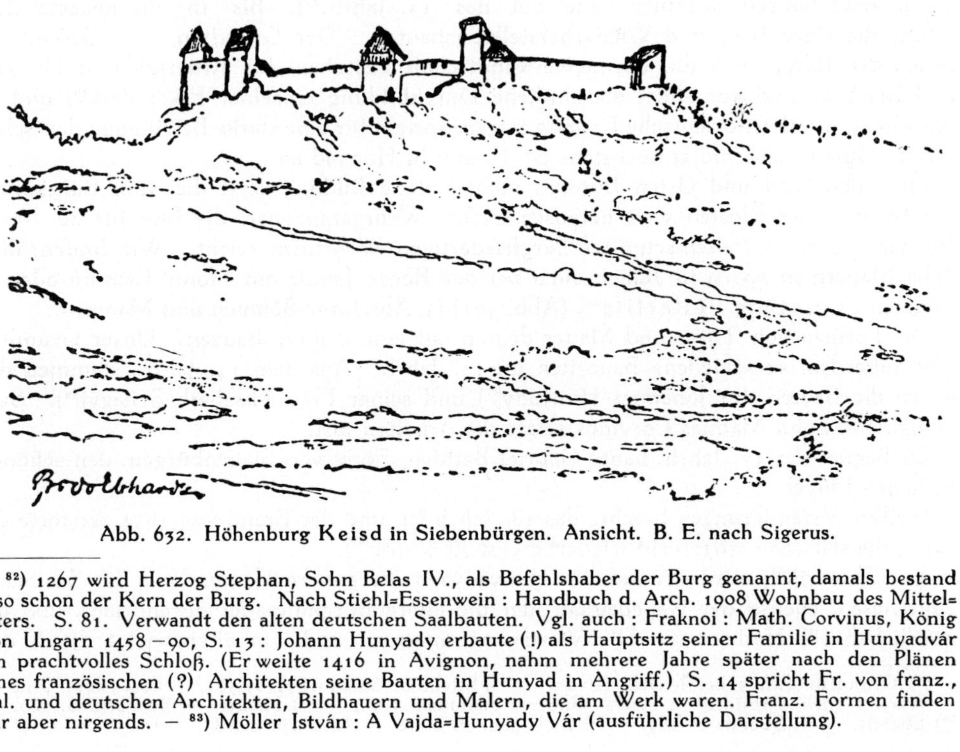

Abb. 632. Höhenburg Keisd in Siebenbürgen. Ansicht. B. E. nach Sigerus.

82) 1267 wird Herzog Stephan, Sohn Belas IV., als Befehlshaber der Burg genannt, damals bestand also schon der Kern der Burg. Nach Stiehl=Essenwein : Handbuch d. Arch. 1908 Wohnbau des Mittel= alters. S. 81. Verwandt den alten deutschen Saalbauten. Vgl. auch : Fraknoi : Math. Corvinus, König von Ungarn 1458–90, S. 13 : Johann Hunyady erbaute (!) als Hauptsitz seiner Familie in Hunyadvár ein prachtvolles Schloß. (Er weilte 1416 in Avignon, nahm mehrere Jahre später nach den Plänen eines französischen (?) Architekten seine Bauten in Hunyad in Angriff.) S. 14 spricht Fr. von franz., ital. und deutschen Architekten, Bildhauern und Malern, die am Werk waren. Franz. Formen finden wir aber nirgends. — 83) Möller István : A Vajda=Hunyady Vár (ausführliche Darstellung).

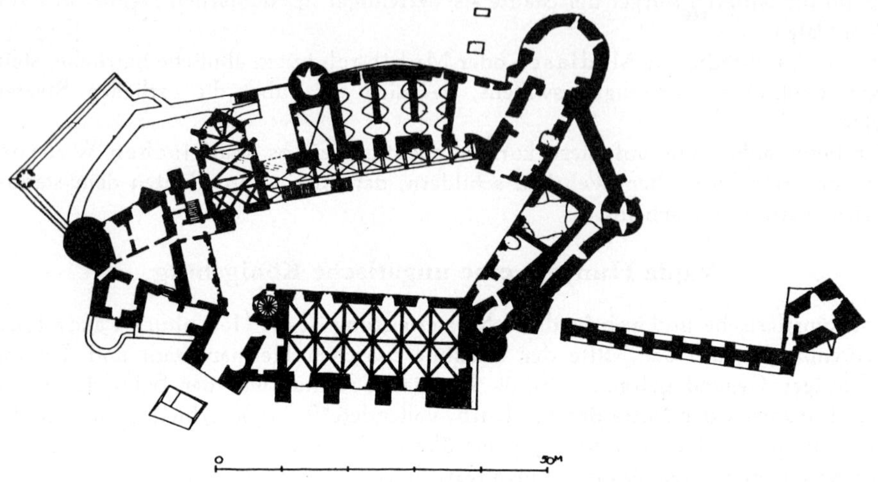

Abb. 633. Ehemalige Königsburg Vajda Hunyad. Grundriß 1 : 1000. Nach Prof. K. Lux, Budapest.

Die sämtlichen übrigen Bauten von Vajda Hunyad stehen im Zwang der sehr unregelmäßigen Bodengestaltung, so daß die Ringmauer entsprechend oft geknickt ist.

Die Burg Vajda Hunyad (Abb. 633 u. Tafel 111) ist eine der wenigen Siebenbürger Burgen, an der sich eine Fülle früher architektonischer Kunstformen, meist gotischer Zeit, erhalten zeigt, die über ihre Bauzeit Auskunft geben.

Die erste Bauzeit einzelner Teile bot das 13. Jahrh.[84]). Bis in die neueste Zeit erfuhr die Burg Um= und Wiederherstellungsbauten. Der Grundton, der Gesamteindruck der Burg, auch die Formenverwandtschaft zwischen den Rittersälen in Hunyad und Marburg und vor allem die ähnliche Durchbildung einzelner Erker dort[85]) und in Nürnberg, die gleiche deutsche Formen zeigen, spricht für eine starke Beteiligung deutscher Kräfte. Französisch mutet höchstens ein Kamin in Hunyad an.

Eine im Süden und Osten Europas nicht seltene Bildung zeigt die vom Burgkörper auf Säulen oder Pfosten weit herausgestreckte Wehrgangmauer, die hier bis zu einem frei jenseits eines Felseinschnittes bergfriedartigen Wehrturm reicht. Wir finden ähnliche Mauern in Assisi in Italien auch bei der Rocca Janula am Monte Cassino oder in Böhmen an der Burg Vellartitz[86]) (Abb. 491) (s. Abschnitt Böhmen und Mähren).

Die Formen von Turm und Mauer deuten auf eine frühere Bauzeit. Unser Grundriß gibt außerdem verschiedene Bauzeiten im 13. Jahrh. Aus dem 14. Jahrh. stammen dagegen die Bauten des Johannes Hunyady[87]) und seiner Frau Elisabeth Szilágyi[88]). Sein königlicher Sohn Mathias Corvinus setzte die Arbeiten fort.

Zu Beginn des 17. Jahrh. baute Gabriel Bethlen, Fürst von Siebenbürgen, den schönen östlichen Flügel.

Weitere Veränderungen brachte das 18. Jahrh.[89]), und der Brand von 1854 zerstörte die Burg, die seit 1870 stilgerecht wiederhergestellt wurde[90]).

Im Grundriß[91]) wird der zweiten Hunyadyzeit die äußere Hauptmauer des Saalbaues zugewiesen, ebenso der Kapellenbau, der die ältere Burghofmauer durchbricht, und die nördlichen (?) Hofbauten. Die Westzwingermauern und ein älterer jetzt durch den

[84]) Grundriß Taf. 5 bei Möller István. — [85]) Stiehl S. 82/83—275/77/364. — Essenwein S. 140 ff. — Varjú: auch Grundriß u. viele Bilder. Koloman Lux. — [86]) Kanitz. — [87]) Varjú S. 187. — [88]) Ebenda. — [89]) Ebenda S. 189. — [90]) Bielz a. a. O. S. 78. — [91]) Varjú S. 189.

großen runden Batterieturm ersetzter Torturm gehören wohl spätestens dem ersten Hunyadybau an.

Jedenfalls handelt es sich hier um eine künstlerisch und wehrbaulich musterhafte Leistung. Fremd in der heutigen Wirkung wirken allein die hohen Turmdächer und die neuen Zinnen der Wiederherstellung des 19. und 20. Jahrh. (Abb. 633 u. Tafel 111).

Burgen an der Marosch

Zu nennen ist in dieser Westecke Siebenbürgens noch manche Burg an der Marosch, z. B. die erst 1849 gesprengte Burg Déva[92]). Sie lag auf 187 m hohem, nahe an die Marosch herangeschobenem einzelnen Trachytkegel westlich der gleichnamigen Stadt. Die Burg muß vor 1269 erbaut worden sein, denn sie wird 1269 als „Castrum Deva" genannt. 1510 wurde sie wiederhergestellt, liegt aber seit der Sprengung 1849 in Trümmern. Die Ring=mauer ist von gleichmäßigem Oval.

Das westlicher gelegene Dobra[93]) auf dem linken Maroschufer war zum Schutz des Maroschpasses gegen aus dem Banat vordringende Türken angelegt worden.

Auch Solymos (Solymoskö) bei Radna (Abb. 634) beherrschte die Marosch und den Straßendurchbruch nach Siebenbürgen. Auf einer Bergspitze liegen die malerischen Trümmer der unregelmäßigen Burg. Ein Burgtor ist noch vorhanden. Der Burghof ist dreieckig. Auf 2 Seiten liegen Wohnbauten. Die Westseite schützen 2 viereckige Türme, in der Nordwestecke steht 1 vieleckiger Turm.

Am Fuße des 596 m hohen Gebirges Magura an beiden Ufern des Krasznaflusses er=hebt sich die Stadt Szilágy=Somlyo, darin die Burg Somlyo[94]) (Abb. 635). Von der ehe=maligen Burg, die im 17. Jahrh. durch den türkischen Pascha von Ofen vernichtet wurde, ist noch eine beträchtliche Ruine vorhanden. Der unregelmäßig längliche Grundriß und

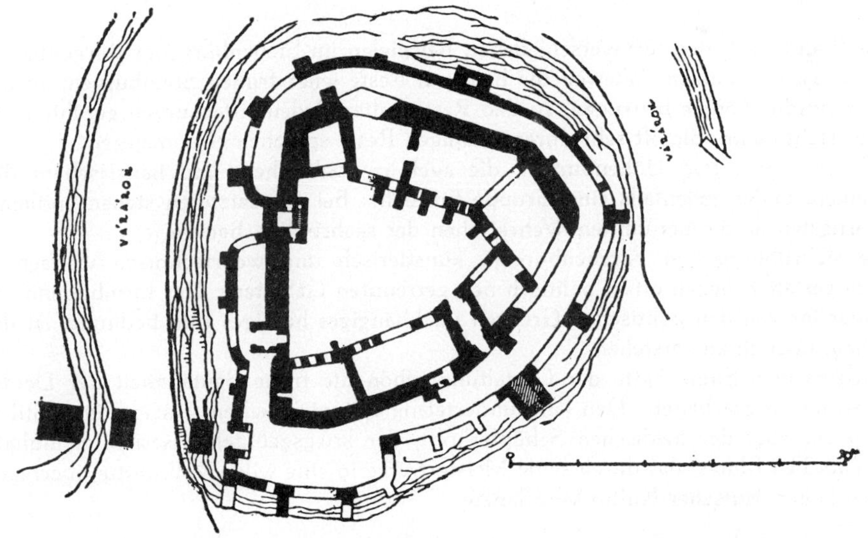

Abb. 634. Burg Solymos i. Siebenbürgen, an d. Marosch, unregelmäßiger Grundriß 1 : 1000. Nach Lux.

[92]) Bielz S. 69. — Schuster: Schloß Déva in Siebenb. Erschienen im Jb. d. Sieb. Karp.=Vereins XXV. Jg. S. 59—144. — [93]) Bielz S. 71. — [94]) Ebenda S. 4f.

Abb. 635. Stadtburg Somlyo i. Siebenbürgen. Ansicht der Ruinen. B. E. nach Varjú.

eine Ansicht[95]) zeigen Wohnbaureste und Reste der Ringmauer, die von außen durch Strebepfeiler gestützt sind. Ende des 13. Jahrh. gehörte die Burg der Familie Vata[96]).

Bei dem Dorfe Csucsa an der siebenbürgischen Grenze liegen langgestreckt die Ruinen der Burg Sebes = Mühlbach an einem Zufluß der Marosch, auf einem Bergkegel. Um die Bergspitze legen sich Ringmauerreste. An der einen Schmalseite steht ein runder Turm von etwa 11 m Durchmesser mit etwa 3 m dicken Mauern. Die gegenüberliegende Schmalseite besteht aus einem großen Halbrundturm von 20 m Durchmesser, von dem zum Hof hin ein quadratischer Turm von 10 m Seitenlänge und 3 m starken Mauern vorspringt. Die beiden Längsseiten sind durch 2 Dreiviertelrundtürme verstärkt.

Ganz schloßartiges Aussehen hat die am kleinen Kokel gelegene Burg Kokelburg (rum. Cetatea de Baltă, ung. Küküllövár)[97]). Der von schmalem Grabenrest umgebene Bau, ein Rechteck durch vier schwere, runde Ecktürme verstärkt, wird dem 14. Jahrh. zugeschrieben. Der gleichen Zeit dürften die ringsum laufenden Wehrgänge am Kernbau und an den Rundtürmen angehören. Damals war die Burg königliche Feste.

Die zahlreichen in beiden Stockwerken und teilweise im alten Wehrgange eingebrochenen neuen Fenster, auch das hohe Zeltdach des Baukernes und der Ecktürme gehören dem 16. und 17. Jahrh. an. Dem Jahre 1757 wird ein Umbau durch die siebenbürgischen Fürsten zugeschrieben.

Wir finden nach den formverschiedenen Beispielen im Siebenbürgener Burgenbau eine Reihe von Baugedanken: Wieweit die heutigen Reste jener frühen Steinburgen, zu deren Errichtung die Könige beitrugen, zu den Resten alter Ordensritterburgen gezählt werden dürfen, steht dahin, die oft sehr unregelmäßigen Reste sprechen eher dagegen.

Paßsperrburgen und Höhenburgen, die auch in städtischem und bäuerischem Besitz erscheinen, bilden jedenfalls eine Gruppe für sich. Bei den letzteren stehen endlich am eigenartigsten da die berühmten Wehrkirchen der sächsischen Bauern.

Die siebenbürgischen Kirchenburgen, künstlerisch und wehrtechnisch vielfach einheitlich gestaltet, liegen oft in politisch neu getrennten Gebieten. Der formbildende Einfluß, der ihr von den politischen Grenzen unabhängiges heutiges Bild bedingte, ist daher vor allem rassisch zu verstehen.

In deutschem Sinne hatte der Gestaltung schon die frühe Bautätigkeit der Deutschordensritter vorgearbeitet. Den jahrhundertelang fortentwickelten, einzigartigen Stil verdanken wir aber der heldischen Schöpferkraft, der kriegsgeübten, eisernen Standhaftigkeit deutschen Blutes, das durch seine Meisterwerke in eine wilde Volksmitte überragende Zeugen hoher deutscher Kultur verpflanzte.

[95]) Varjú a. a. O. S. 154, Grundriß, Ans. 155. — [96]) Bielz a. a. O. S. 4. — [97]) Ebenda S. 50. — Varjú a. a. O. S. 84, 85.

Abb. 636. Burg Cesargrad, Kroatien, an der Steiermärker Grenze, ehem. Zustand nach altem Stich.

Burgen Kroatiens und Slawoniens

Kroatien und Slawonien, die unter der römischen Herrschaft zur Provinz Pannonien gehörten, liegen später zwischen Krain, Steiermark, Ungarn, Serbien und Bosnien. Wie stark das ganze Balkangebiet von der Donau bis nach Griechenland schon zur Zeit Justinians durch Burgen verteidigt war, ergibt eine Nachricht Prokops, nach der zur Zeit dieses Kaisers an der Donau 80 und südlich bis Griechenland 370 Burgen wieder aufgebaut wurden (nach dem Erdbeben von 518)[1].

Beide Länder wurden seit der Mitte des 7. Jahrh. von kroatischen Einwanderern besiedelt. Im 11. Jahrh. stand das kroatische Gebiet unter eigenen Königen, später mit Slawonien unter Ungarn, bis der Anschluß an Österreich durch eine Huldigung auf der Burg Cetin erfolgte.

Seit 1527 bis zum Weltkriege gehörten Kroatien und Slawonien zum österreichisch-deutschen Kulturgebiet, nachdem schon während der ganzen Burgenzeit, seit Karl dem Großen, deutscher Einfluß fühlbar war. Einige Burgen dieses Gebietes sind heute bewohnt, zahlreiche als Ruinen noch erhalten. Aus einer vergleichenden Zusammenstellung dieser vielgestaltigen Wehrbauten ergibt sich vielleicht ein Rückschluß auf die soziale Art und Rasse der Erbauer[2]).

Es konnte in einem Lande, das so in altem Kriegsgebiet liegt, das schon vor den Türkenkriegen Kämpfe mit Ungarn, Serben und Deutschen erlebte, nicht ausbleiben, daß die Burgen zum Teil mehrfach zerstört wurden und trotz mancher Umbauten heute vielfach noch als Ruinen dastehen. Besser erhalten und zum Teil noch erhalten sind die Burgen im Westen Sloweniens.

[1]) v. Sufflay: Städte und Burgen Albaniens S. 17. — [2]) Szabo: Sredovječni Gradovi.

Abb. 637. Burg Ribnik, Kroatien, an der Kupa nordwestl. Karlstadt. Ans. B. E. nach Szabo.

Abb. 638. Burg Krstinja, Kroatien, Ruine. Ans. B. E. nach Szabo.

Szabo[3]) zählt etwa 300 Burgen und Burgruinen. Gering sind die künstlerischen Reste romanischer oder gotischer Formen, nach denen man die Bauzeiten bestimmen könnte. Den deutschen Einfluß in Kroatiens und Slawoniens Burgen kann man trotzdem unschwer erkennen, ebenso wie im benachbarten Krain.

Burgen, wie der späte Bau von Feistenberg (Krain), könnten gut in Niederbayern stehen, ebenso die Wasserburg Otočac (Kroatien), die Höhenburg (Stari Grad) Altenburg oder die Wasserburg Ainöd (Krain).

Zu nennen sind von vielen Burgen in Slowenien, die sich vielfach dem späteren Schloßbau nähern: Lichtenwald mit 4 Ecktürmen, die 1127 im Auftrage des Erzbischofs von Salzburg erbaute Burg Reichenburg an der Save, die Burgen Katzenstein oder Kamen bei Begunje an den Karawanken, heute Ruine, Savenstein und Weichselstein[4]).

Dem Fürsten von Windischgrätz gehört Wagensberg an der Save. Zu nennen ist ferner die „Bergfeste" Thurn am Hart. Burg Wildeneck wurde durch Bauernrevolten zerstört[5]). An der Krka ist das vieltürmige Seisenberg zu erwähnen, das einen durchaus burglichen Eindruck macht.

Szabo lehnt für Kroatien eine Anlehnung des Burgenbaues an römische Bauten – die so gern angenommen wird – ab. Die Burgen Kroatiens-Slawoniens waren entweder Herrensitze oder Mittelpunkte von Gauen, von einer Familie bewohnt. Die Ortsburgen im Küstenland – die Frankopanenburgen – waren durchweg italienisch beeinflußt. Der übrige Burgbau zeigt durchschnittlich deutschen Einfluß. Ostischer oder türkischer Einfluß ist gering.

Manche Einzelheiten, wie die Bergfriede, tragen deutsche Formen, so der Bergfried der Burg Čaklovac, der Plätteisenform zeigt[6]). Natürlich sind an der Steiermärker Grenze

Abb. 639. Burg Cesargrad, Kroatien, an der steiermärk. Grenze. Jetzig. Zustand B. E. nach Szabo

[3]) Herrn Prof. Szabo, Agram, verdanke ich viele wertvolle briefliche Mitteilungen, wofür ihm auch an dieser Stelle mein Dank ausgesprochen werden soll. – [4]) Die Ehre des Herzogtum Crayn von Freiherrn v. Valvassor. – [5]) Adelsblatt vom Mai 1938 (Max Krick). – [6]) Szabo: a. a. O. S. 113f.

Abb. 640. Burg **Novigrad**, Kroatien, an der Dobra, südl. Karlstadt. Vorder= und Rückansicht nach alten Bildern im Heeresarchiv Wien.

deutsche Formen besonders allgemein, so bei der Burg Kaisersberg (Cesargrad)[7]) am Paß Zelenjak, die zur Pulverzeit stark umgebaut wurde, daher die halbrunde starke Batterie am Westende neben altem Rundturm am tiefen Graben zwischen Vorburg und Kern. Der Eingangsturm steht in der Vorburgsmauer (Abb. 636, 639). An Baumaterial wurde in Kroatien und Slawonien wie überall das jeweilig vorhandene Gestein verwandt, Gußmauern waren sehr beliebt. Ziegel kommen fast gar nicht vor.

Neben größeren, ausgedehnten Burganlagen weist dieses Gebiet viele Turmburgen auf, die zwar später teilweise großartig ausgebaut wurden. Einige Beispiele nach Szabo seien hier genannt[8]): Medvedgrad, Veliki=Tabor, Samobor (Tafel 114), Konjšćina, Ribnik (Abb. 637), Dubovac, Sisak, Cesargrad, Milengrad, Grobnik, Novigrad (Abb. 640), Lukavec u. a.

Auch hier ist der Bauplatz formbestimmend, ohne daß damit alle Kennzeichen der Erbauerrasse und der Einflüsse fremdvölkischer Lehrer verwischt werden.

Die Gesamtburgengrundrisse sind schwer in ein Schema zu zwängen. Nachstehend sei eine Einteilung nach einigen Grundformen gegeben: Wir betrachten eine Anzahl Beispiele und versuchen, die sehr vielgestaltigen Bauten in Gruppen zu ordnen, soweit das bei der großen Regellosigkeit möglich ist.

---

[7]) Szabo S. 71 ff. — [8]) a. a. O.

Die Burgen Kroatiens scheinen namentlich im Flachlande durch Krieg und Vernachlässigung mehr zerstört zu sein, als jene Sloweniens, die zum Teil noch heute bewohnbar und bewohnt sind.

Auch die Grundformen der kroatischen Burgen sind im allgemeinen schwer zu bestimmen.

Rundlinge

Wir sehen Rundlinge als Wasserburgen, wie Ribnik an der Kupa, eine Burg der Frankopane, mit mächtiger Mantelmauer, einem Seitenbestreichungsturm in Spitzform (Plättbrettform) und einem starken Quadratturm, der vielleicht ehemals der Bergfried war[9]). Daneben ein dickwandiger Turm mit Scharten. Heute ist die wohlerhaltene Burg sehr schlicht im Umriß durch niedrige Türme und Mantelmauer unter gleich hohem Dach, aber wohl erst seit dem 16. oder 17. Jahrh. ausgebaut (Abb. 637, 641).

Ein Rundling ist auch die Burg Gračanica[10]). Die runde Ringmauer wurde im Südwesten von einem fast runden Turm von etwa 6 m Durchmesser durchbrochen.

Die noch erhaltene Wasserburg Gjurgjevac (St. Georgen) zeigt auf altem Rundlingserdkegel ein wohl elfeckiges Gebäude um ebensolchen Hof in hoher – auf alter Abbildung – von Fenstern durchbrochener Mantelmauer.

Eine breite Vorburg, hufeisenförmig gegen die Kernburg geöffnet, ist an beiden Außenwerken durch zwei schwere Rundtürme verstärkt[11]).

Eiförmige Anlagen

Eine etwas spätere Form als die des Rundlings von Ribnik bietet die mächtige, bewohnte Burg Veliki Tabor (= Groß-Tabor) (Abb. 642), an der Grenze von Steiermark gelegen, mit kurzer Eiform der Mantelmauer um einen offenen Hof. Die Mantelmauer umschließt nur den Hof, außen ist sie verstärkt durch 4 Halbrundtürme, zwei mit etwa 15 m stehen gegen die Angriffsseite, einer mit 18 m auf der gegenüberliegenden Spitze, und einer mit 11 m Durchmesser steht gegenüber dem Eingang. In diesen späten Bastionstürmen befinden sich Wohnräume, die aber späterer Zeit ihre Einrichtung verdanken. Die Renaissance hat deutlich ihre Spuren in Veliki Tabor hinterlassen. Überall sind die Oberstöcke auf Konsolen vorgekragt.

Als Eingang ist eine zum Teil späte Halle aus 2 Gewölben und mit sehr starker Außenmauer an einer Längsseite viereckig außen vorgebaut. In dem 24 × 32 m großen Hof steht frei ein bewohnbarer, fünfeckiger, plätteisenförmiger gotischer Wohnturm[12]).

Das Ganze hat im Grundriß sehr ferne Ähnlichkeit mit dem elsässischen Hoheneck.

Der geschlossene und großartig geformte Bau bekrönt eine mäßige Höhe, die noch von höheren Bergen umgeben wird. Die späteren Um- und Anbauten fügen sich harmonisch ein, denn die ursprüngliche Anlage war kleiner.

Der äußere, grabenumgebene Mauerring der Ruinen der Burg Krstinja[13]) (Abb. 638, 642) ist auch annähernd eiförmig. Er wird innen durch eine geknickte Quermauer in zwei durch kleinen quadratischen Torturm verbundene, fast gleich große Teile zerlegt. Die Eispitze ist zum Teil grade abgeplattet, das starke runde Ende durch drei halbrunde Mauertürme verstärkt, die innen ungebräuchlicherweise geschlossen waren. In der Mitte des Halbrundes steht ein starker, runder Bergfried.

---

[9]) Szabo S. 54, 55, 58f. – [10]) Ebenda S. 121 Grdr. – [11]) Ebenda S. 106 Abb. 95. – [12]) Ebenda S. 74ff. – [13]) Ebenda S. 162, 164.

Abb. 642.
Unten fünf kroatische Burgen mit eiförmigem Grundriß 1 : 1000.

1. Vel. Tabor an der Steiermärker Grenze, noch gut erhalten.
2. Krstinja, Ruine.
3. Oštrc, unbedeutende Ruine an der Una.
4. Vrdnik, Ruine bei Ruma.
5. Garič, B. E. nach Szabo.

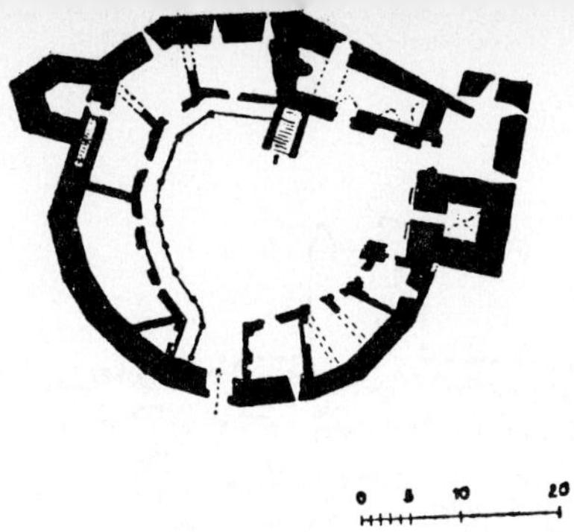

Abb. 641.
Links nebenstehend Burg Ribnik, Kroatien, nordwestl. Karlstadt. Grundriß 1 : 1000. B. E. nach Szabo.

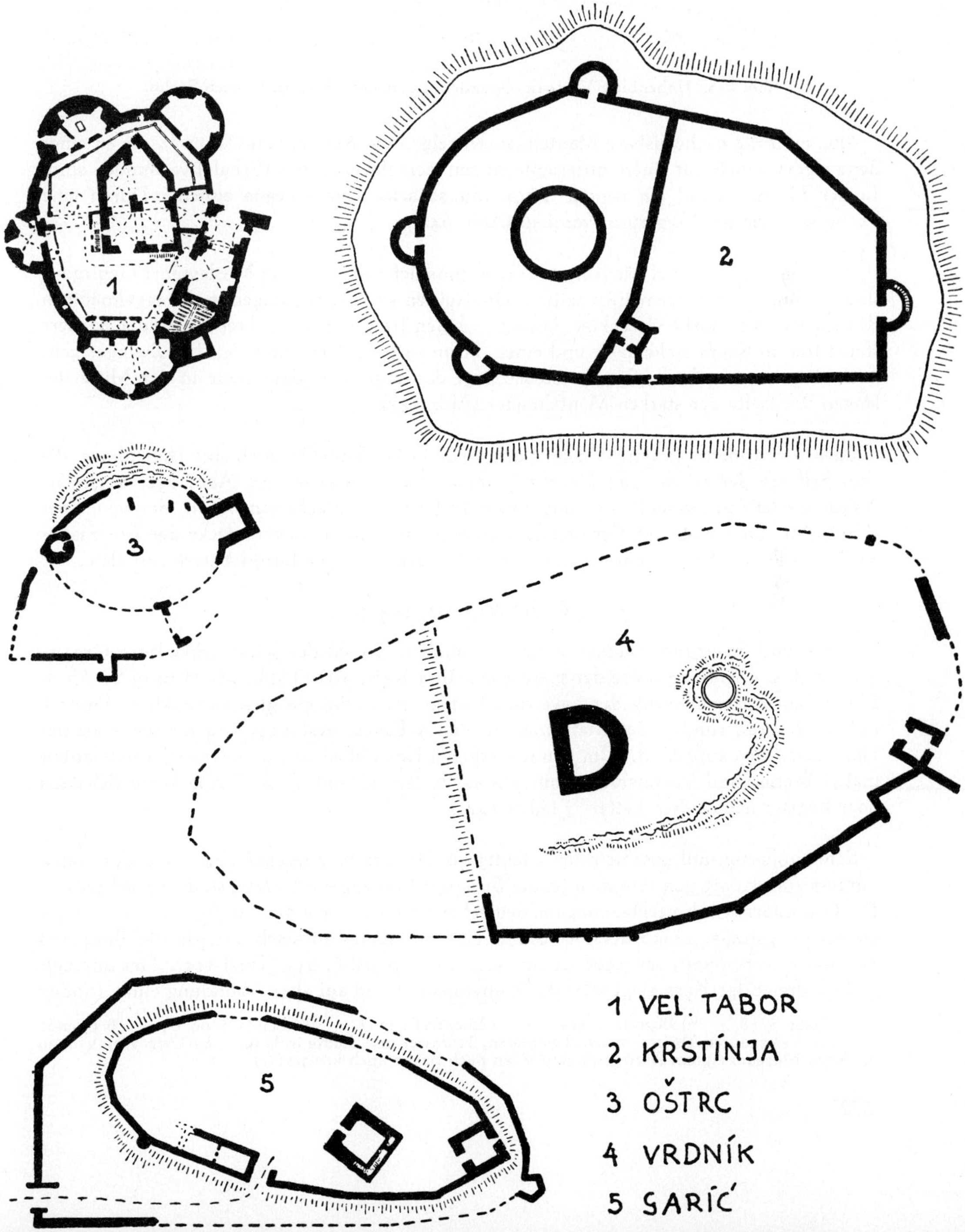

Abb. 643. Höhenburg Vrdnik, Kroatien, bei Ruma. Ans. B. E. nach Szabo.

Alte, eiförmig nachweisbare Mantelmauern zeigen die Ruinen von Oštrc[14]), die an einer Seite eigentümlich mit einem hufeisenförmigen viereckigen Turm (Schale) verbunden sind. In der Eispitze stand ein runder Turm mit scharfer Kante gegen außen. Durch eine Vorburg führte der Weg zum Kernbau (Abb. 642).

Eiförmig oder langoval wie Burg Garić nordöstlich von Sisak im Moslavinaer Gebirge[15]) sind die Burgen im allgemeinen selten. Die Ruinen von Garić zeigen in der regelmäßigen Ringmauer zwei starke viereckige Türme – einen Bergfried? mit Treppen in der Mauer=stärke frei im Raum stehend – und einen Turm spitz in dem Südende. Ein Zwinger geht noch ringsum, in dessen Nordwestecke liegt das erste Tor, das zweite in der Mitte der langen Westseite der starken Mantelmauer (Abb. 642).

Ebenso eiförmigen Grundriß zeigt Burg Vrdnik bei Ruma[16]), auch eine Höhenburg, die zum Schutze der ehemaligen Heerstraße hier errichtet worden ist (Abb. 642, 643). Die Anlage besteht im wesentlichen aus einem D=förmigen, mächtigen Turm, der von einer eiförmigen Ringmauer mit Turmresten umgeben ist. In der Nordwestecke der Ringmauer springt in den Hof ein quadratischer, kleinerer Turm vor. Die Burg ist stark zerfallen.

Dreieckige Anlagen

Selten und im Grundgedanken auffallend ähnlich sowohl der schottischen Burg Craig=millar (Bd. I, Abb. 289) wie der spanischen Burg Belmonte (Abb. 18) ist Burg Sisak = Sissek am Zusammenfluß der Save und Kupa. Sie bildet ein gleichschenkliges Dreieck mit 3 schweren runden Batterietürmen an den 3 Ecken, erst 1545—52 für das Agramer Domkapitel neu aufgebaut. Um den dreieckigen Hof ziehen sich an der niedrigen Mantel=mauer Wohn= und Vorratsräume hin, die nach dem Grundriß bei Szabo keine Scharten oder Fenster nach außen hatten[17]) (Abb. 644).

Sehr großartig und geschichtlich wichtig als Ort der Königswahl Ferdinand des Habs=burgers zum König von Kroatien ist die Burg der Frankopane Cetin, südlich Karlstadt[18]). Die Grundform ist dreieckig, ein ganz deutscher Grundriß, wie der der Auerbacher Burg an der Bergstraße. 1410 zerstört durch Ungarn, später türkisch, wurde die Burg erst neuerdings vergrößert, seit 1866 ist sie vernachlässigt (Abb. 645, Tafel 115). Der unregel=mäßige dreieckige Kern zeigt stärkste Mantelmauern und auf alter Abbildung einen runden

[14]) Szabo S. 78. – [15]) Ebenda S. 105 f. – [16]) Ebenda S. 152 f. – [17]) Ebenda S. 60, 63. – [18]) Ebenda S. 165 ff. – 42 saubere Abrisse versch. Festungen, Schlösser und Städte in Ungarn auf Orig. Plan v. 1790 im Arch. Museum Agram (Kriegs=Archiv Wien nach Szabo auch kroatische).

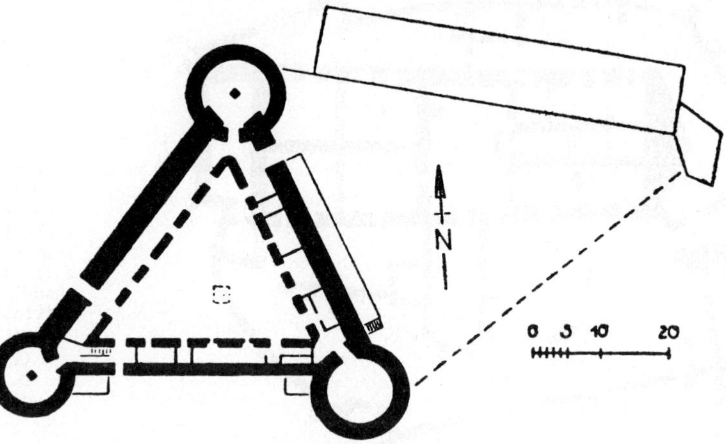

Abb. 644. Uferburg Sisak, an Mündung v. Kapa in Save. Grdr. 1 : 1000. B. E. nach Szabo.

Bergfried. Die weite, ebenfalls dreieckige, rings um den Kern gelagerte Vorburg enthält weite Kasernen und einen besonders wuchtigen Torbau. Drei halbrunde und eckige Basteien (Tabije genannt) verstärken die Ecken. An der Angriffsseite ist noch ein breiter Zwinger vorgelagert.

Quadratische Anlagen

Die regelmäßig quadratischen Burgen, wie Burg Cirkvena = Cerquena[19]), sind meist Wasserburgen, ebenso Burg Bisag und Kaptol, die zum Teil jünger sein dürften.

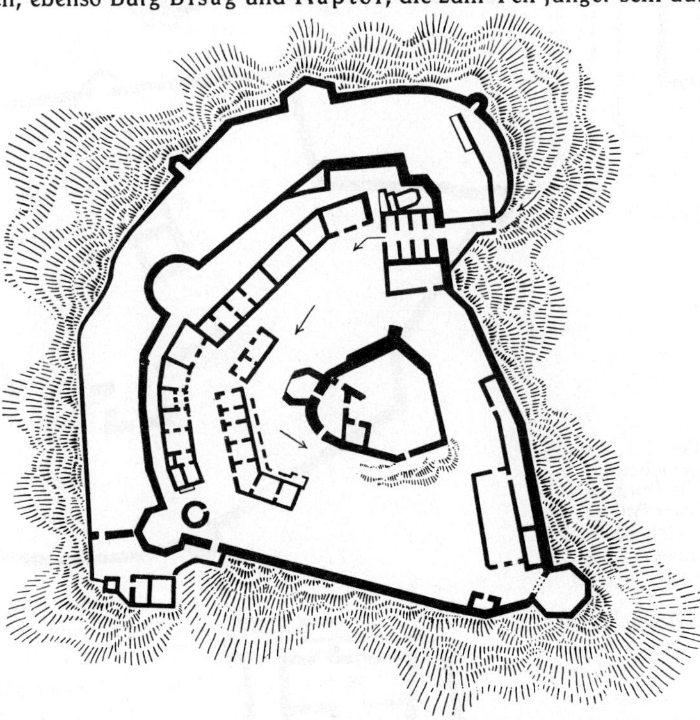

Abb. 645 Burg Cetin. Grundriß nach Szabo.

[19]) Szabo S. 108.

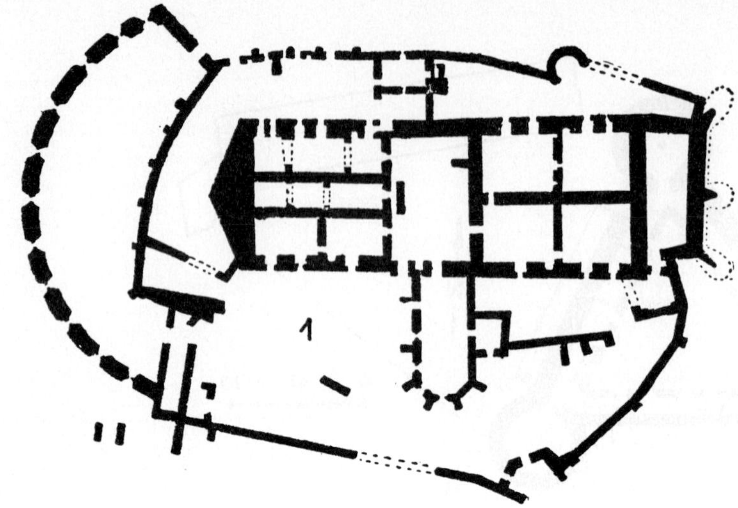

Abb. 646.
Links nebenstehend:
Drei kroatische Burgen mit rechteckigem Kernbau.

1 Orahovica, gr. Ruine in Slavonien
2 Drežnik, Ruine südl. Karlstadt
3 Klokoč, Ruine westl. Bihac.

Grundriß 1 : 1000.
B. E. nach Szabo.

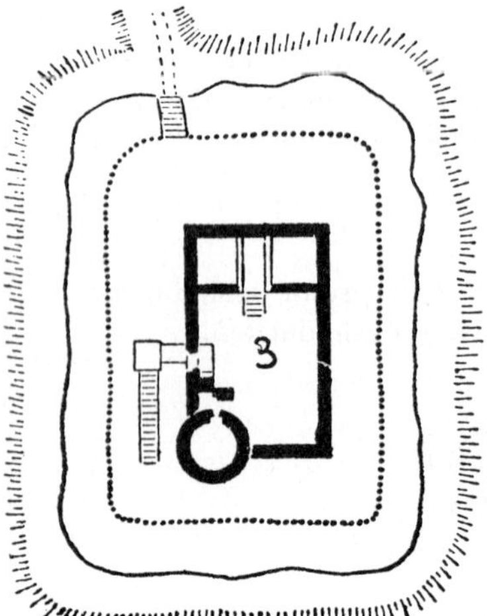

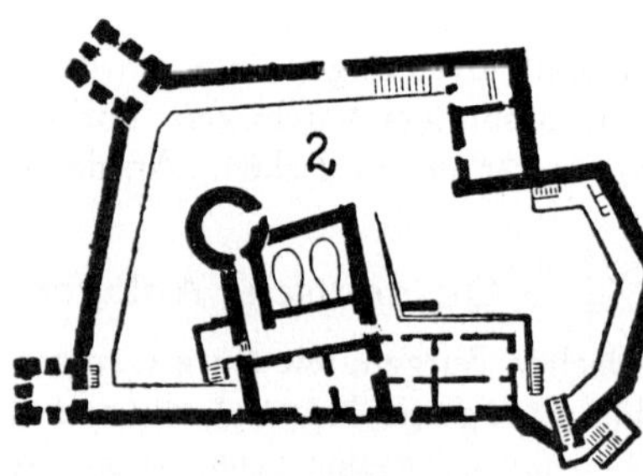

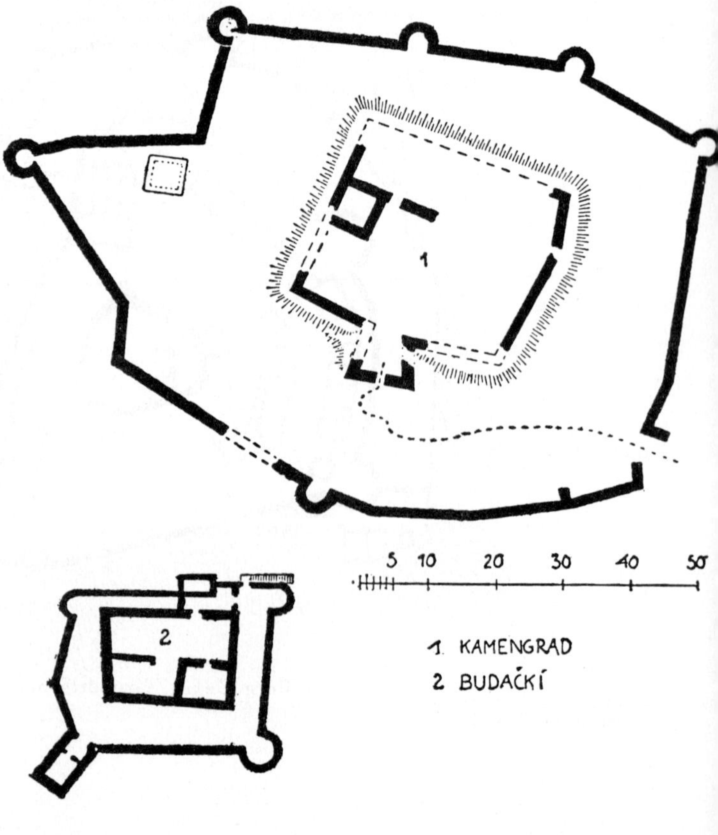

Abb. 647.
Rechts nebenstehend zwei kroatische Burgen von quadratischer Anlage.

1 Kamengrad, Höhenburg-ruine in Slawonien
2 Budački, Ruine.

Grundriß 1 : 1000.
B. E. nach Szabo.

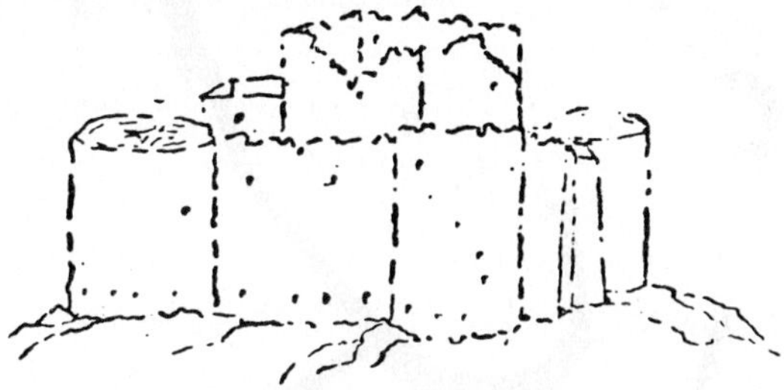
Abb. 648. Burg Budački, Kroatien. Ruine. B. E. nach Abb. aus Kriegsarchiv.

Bisag ist eine schöne Burgenanlage in der Ebene. Nach einer alten Abbildung bei Szabo[20]) war sie mit 3 Rundtürmen bewehrt. Neuerdings soll ein großer Teil der Burg abgetragen worden sein.

Kaptol[21]) stellt sich als eine teilweise restaurierte Burg mit 4 Türmen und einem Eingangsturm dar. Ringsum läuft ein Graben, den ehemals eine Zugbrücke überbrückte. Die Burg entstammt vortürkischer Zeit. An österreichische Spätburgen, Schloßburgen, erinnert dagegen die oben bereits erwähnte Burg Cirkvena, eine quadratische Wasserburg mit starkem Viereckbergfried in einer Ecke und 4 Flügeln um regelmäßigen Hof. Außerhalb des Grabens zieht sich an 2 Seiten eine Vorburg hin, die durch 4 runde Ecktürme verteidigt wurde.

Burg Nehaj (Abb. 655) bei Senj besteht aus einem quadratischen Batterieturm mit innerem quadratische Hof, die Dächer der 4 Flügel sind nach innen geneigt.

Auch Burg Budački[22]) zeigt viereckigen Kernbau, einen Wohnturm in unregelmäßigen Zwingermauern, deren 3 Ecken durch Rundtürme verstärkt waren, die 4. Ecke zeigt im Grundriß von 1701 einen schmaleren, ganz vorstehenden rechteckigen Turm, der heute ganz verschwunden ist (Abb. 647, 648).

Eine fast quadratische Form hat die Kernburg der Höhenburgruine Kamengrad in Slawonien[23]) (Abb. 647) östlich von Sisak. Reste eines viereckigen Torturmes sind außen an der Mantelmauer vorhanden. Innen rechtwinklig dazu steht ein Bergfriedrest (Wohnturm?). Der weite Zwinger ist von starker, früher, unregelmäßiger Mauer umgeben, die durch 6 kleine gotische Halbrundtürme zur Seitenbestreichung verstärkt ist.

Rechteckige Anlagen

Sehr bedeutend, aber für Slawonien ganz ungewöhnlich, ist die im Kern ein ganz regelmäßiges, sehr langes Rechteck bildende Burg Orahovica[24]) (Abb. 646, Tafel 115), eine im Nordosten Slawoniens abseits gelegene Ruine.

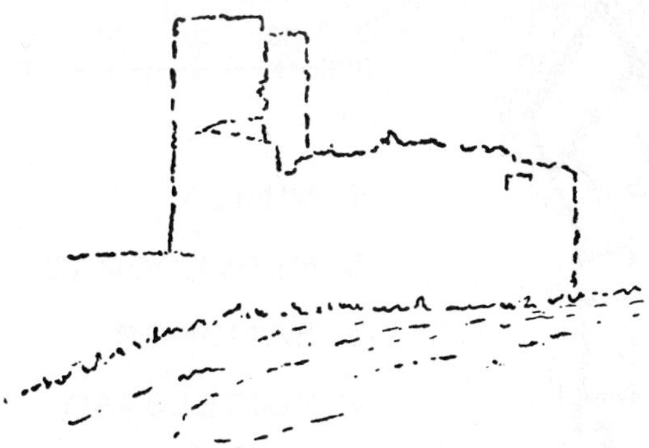
Abb. 649. Burg Klokoč, westl. Bihac, Kroatien. Jetziger Zustand. B. E. nach Szabo.

Der rechteckige Kernbau war 66 m lang und etwa 22 m breit. Die an der Angriffsseite liegende Stirnmauer ist zugleich Schildmauer von in der Mitte 9 m Stärke. Die langen Seitenwände sind $2^1/_2$—3 m stark. Quer im Gesamtraum liegt eine 12 m breite Halle mit dem Haupteingang in der Ost- (?) Mauerecke, daneben in der Mittelachse der weite gotische Eingang zu einer 20 m weit quer vorgestreckten Kirche. Die große gotische Burgkirche war zweimal

20) Szabo S. 92, Abb. 77, S. 82f. — 21) Ebenda S. 119. — 22) Ebenda S. 159ff. — 23) Ebenda S. 116ff. — 24) Ebenda S. 133f.

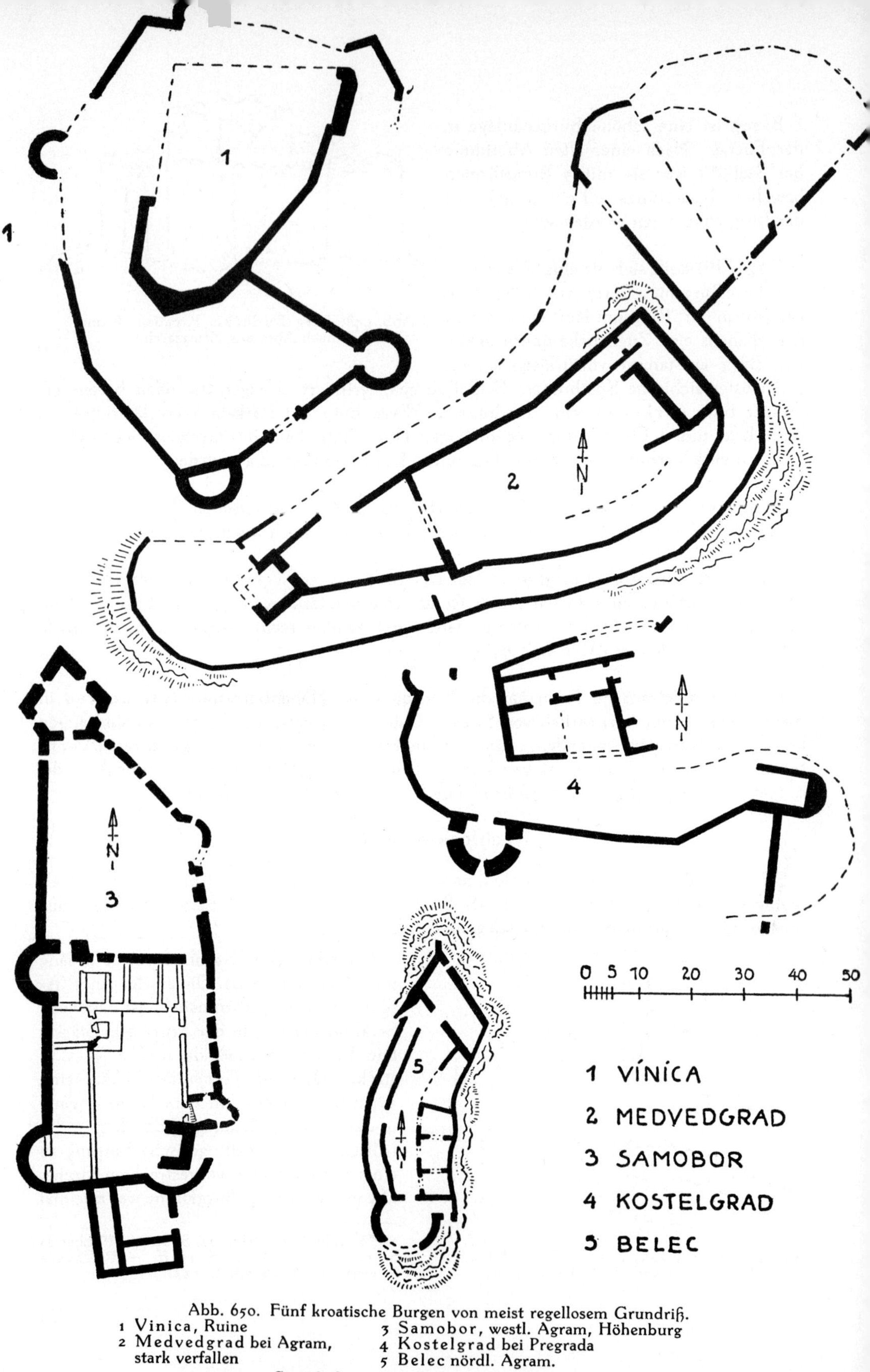

Abb. 650. Fünf kroatische Burgen von meist regellosem Grundriß.
1 Vinica, Ruine
2 Medvedgrad bei Agram, stark verfallen
3 Samobor, westl. Agram, Höhenburg
4 Kostelgrad bei Pregrada
5 Belec nördl. Agram.
Grundriß 1 : 1000. B. E. nach Szabo.

Burg Sárospatak, nördlich von Tokaj, Ungarn

Burg Theben (Dévény) a. d. Donau. Slowakei

gewölbt. 4 Wohn= und Vorratsräume liegen rechts südlich und 7 links nördlich der Eingangshalle, zum Teil von 10 × 12 m Größe. Von den vielen Gemächern zeigen einige Kamine und Fenstersitze.

Um den ungeheuren Kernbau liegt westlich ein weiter und südlich ein schmaler Zwinger, an der nördlichen Angriffsseite ein höherer Zwinger, darunter eine spätere, 60 m lange viertelrunde Ziegelbau=Batterie mit 11 Kanonenscharten. Nach Szabo erfolgte der Eingang in die Burg Orahovica über eine Holzbrücke.

Abb. 651. Burgruine Držnik, Ansicht. B. E. nach Szabo.

Besonders rechteckig ist die Burgruine Klokoč durchgebildet[25]) (Abb. 646). Eine starke Mantelmauer umfaßt einen Burghof, dessen eine Stirnseite ein länglich=rechteckiger Pallas einnimmt. Ein Eingang liegt in der Mitte, führt in einen Mittelgang, von dem rechts und links je ein Wohnraum zugänglich ist. Der Haupteingang liegt in der einen Längsmauer und führt durch einen außen frei vor ihr stehenden Viereckstturm. Beherrscht wird diese Toranlage außerdem durch einen sehr starken Rundturm, den Bergfried, der sich in der einen Ecke der Mantelmauer hoch erhebt. Zwinger, Graben und Wall umgeben die auffallend regelmäßige Anlage. Eine Ähnlichkeit mit thüringischen Burgen, wie Ehrenfels, ist bemerkenswert (Abb. 649).

Älter ist die Burg Drežnik[26]) mit viereckigem Wohnturm als Kernbau in einer rechteckigen Vorburgmauer mit 2 frühen, streng viereckigen Ecktürmen. Nur die Eingangsecke zeigt einen späteren, mehr geknickten (Batterie?) Ausbau. An einer Ecke des Wohnturmes springt ein kleiner, runder Turm vor (Abb. 646, 651). Die seit 1700 in Trümmern liegende Burg war ehemals Mittelpunkt eines Komitates.

Regellose Anlagen

Die völlig zerrissenen und geschweiften Burggrundrisse der Frühzeit sind sehr willkürlich gestaltet, sie fügen sich keiner Form und Regel, sondern passen sich nur dem Gelände an. Als Beispiel möge u. a. die 1250 erbaute Burg Medvedgrad (Bärenburg)[27]) genannt werden, eine stark verfallene Ruine bei Agram. Bauherr war der Bischof von Agram, später war die Burg im Besitz der Grafen Cilli und des Johannes Corvinus u. a. Bemerkenswert ist der ganz deutsche Umriß sowie ein regelmäßiger Pallas. Die geschweifte Ringmauer um die innere Burg umschließt 2 Burghöfe, die durch eine innere Quermauer abgetrennt sind. Das Ganze wird von weiten Zwingermauern mehrteilig umschlossen, die zum Teil durch viereckige Mauertürme verstärkt sind. 4 Tore sind in Resten erhalten. Der bewohnbare Bergfried bestand ursprünglich aus 2 Stockwerken. Als Randsteine sind Bossenquadern verwendet (Abb. 650).

Die Höhenburg Kostelgrad[28]) (Abb. 650) erhebt sich malerisch aus dem Gipfelwald bei Pregrada mit rechteckigen Kernbauresten ohne Bergfried, aber mit späteren weiten Zwingeranlagen mit rundem Batterieturm. Sie verteidigt den Eingang zum Tal Kostel (Castellum).

---

[25]) Szabo S. 161 ff. — [26]) Ebenda S. 170 ff. — [27]) Ebenda S. 41 ff. — Derselbe: Burgw. 1938, S. 69 ff. — [28]) Szabo S. 73 ff.

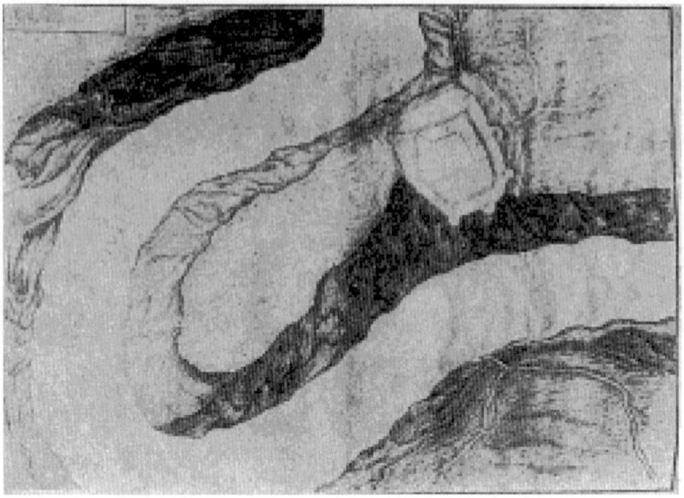

Abb. 652. Burg Sluny, Kroatien, südl. Karlstadt. Lageplan nach altem Plan von Stier, etwa 1650.

Ein Beispiel unregelmäßiger Grundform ist die Ruine der Burg Vinica[29]) (Abb. 650), deren älterer Kern sich durch das Fehlen der Seitenbestreichung von der neueren Vorburg mit ihren 5 halbrunden Mauertürmen deutlich abhebt.

Die Höhenburg Barilović[30]) an der Korona, eine unregelmäßige viereckige Anlage, zeigt heute einen runden Hauptturm, einen kleineren Dreiviertelhalbrundturm und einen größeren rechteckigen an der dazwischenliegenden Ecke.

Die Ruinen von Belec[31]) (Abb. 650), auf einer Bergnase nördlich von Agram, zeigen eine geschweifte Form, die lebhaft an Medvedgrad erinnert, nur fehlt hier ein Bergfried, an dessen Stelle ein wohl späterer Rundbau steht.

Südlich Karlstadt in einem Bogen des Korona=Flüßchens liegt die noch 1790 gut erhaltene Burg Sluny[31a]). Seit 1822 ist sie Ruine. Sie bildet ein von der Ringmauer mit Halbtürmen umgebenes Fünfeck, das noch heute ein beachtliches Baugefüge dar=stellt (Abb. 652).

Ein unregelmäßig langgestreckter, klarer Plan lag der bedeutenden Burg Samobor west=lich Agram zugrunde (Abb. 650, 653, Tafel 114). Die Burg erhebt sich über gleichnamigem Städtchen. Der Grundriß zeigt als Kern einen Bergfriedrest mit anliegender gotischer Ka=pelle, ihm gegenüber zwei rechteckig zueinander angeordnete Flügel, einer fast pallasartig. Dem dadurch entstandenen Kern sind später zwei halbrunde Batterietürme an=gebaut, einer davon könnte die alte Mi=chaelskirche gewesen sein. In der Längs=achse liegt an einer Seite eine zweite Vor=burg, an der anderen ein späterer (?) Wohnbau. Die Spitze jenseits der Vor=burg bildet eine spätere, fünfeckige Bastei.

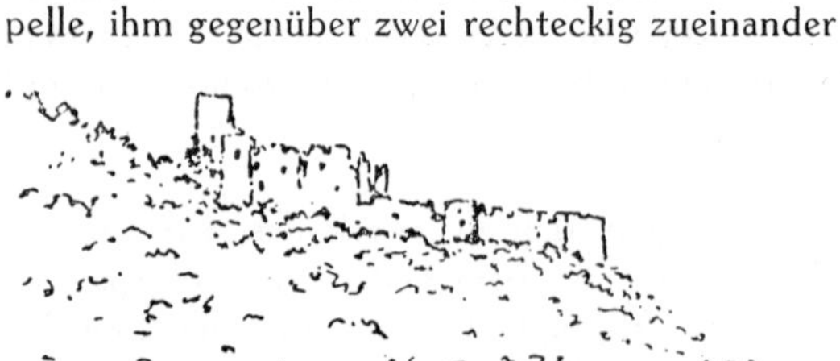

Abb. 653. Burg Samobor, Kroatien. Ansicht. B. E. nach Szabo.

29) Szabo S. 87f. — 30) Ebenda S. 159f. — 31) Ebenda S. 78f. — 31a) Ebenda S. 162f.

Abb. 654. Stadtburg Senj an der dalmat. Küste mit Burg Nehaj rechts daneben. B. E. nach Szabo.

Als Erbauer wird 1260—68 König Ottokar II. genannt, der die Burg als Stützpunkt zur Sicherung des Saveüberganges bauen ließ. Spätere Besitzer waren die Babonic, die Franko=pane, Ungnads, Erdödy u. a.[32]).

Stadtburgen

Die Burgen der Frankopane hatten nach Szabo besondere Kennzeichen (?), so sind bei allen Frankopanenburgen Ringmauern auch um den Ort herumgezogen. Es fragt sich freilich, ob wir sie darum zu den Stadtburgen rechnen dürfen.

Die alte Ansicht der Burg und Stadt Senj = Zengg[33]) (Abb. 654, 661), eines maleri=schen dalmatinischen Küstenortes, gibt ein gutes Stadtburgbeispiel.

Der Plan zeigt 2 Stadtburgen, eine ist die sogenannte Nehajburg, die unmittelbar neben der Stadt liegt (Abb. 655); die andere, die in der Südecke der Stadtmauern liegt, stammt aus dem 14. Jahrh. und zeigt schulmäßig viereckige Form mit drei viereckigen Seitenbestreichungstürmen. Auch hier werden die Frangipani als Besitzer genannt.

Die Frankopanenburg Brinje ist eine alte Anlage, die auf römische Siedlung zurück=geht[34]) (Abb. 661). Die Ruinen zeigen einen hohen viereckigen Wohn= (?) Turm, fast bergfriedartig, oben mit 4 schmalen Lisenen, die in einem Bogenfries enden und eine hohe Doppelkapelle (nach Szabo auch heute noch prachtvoll), im Äußeren schlicht. Die Doppelkapelle wird der goti=schen Zeit zugeschrieben. In dem schönen Stich von M. Stier aus dem 18. Jahrh. tritt sie besonders beherr=schend hervor[35]) (Abb. 656).

Der Stadtgrundriß, sehr unregelmäßig sechseckig, zeigt als Burg zwischen Turm und Kapelle die dreiviertelrunden Reste einer Batterie und dem

Abb. 655. Viereckfeste Nehaj bei Senj, an der dalmat. Küste. B. E. nach Szabo.

[32]) Szabo S. 45, S. 49ff. — Derselbe: Burgw. 1938, S. 69ff. — [33]) Szabo S. 196ff. — [34]) Ebenda S. 192ff. — [35]) Ebenda S. 195 Abb. 210.

Abb. 656. Burg Brinje, Kroatien, westl. v. Zengg. Ehemal. Zustand nach altem Stich von Stier.

Ort zu rechteckige Mauern mit Wohnbau=resten.

Die Stadtmauern sind verstärkt durch drei Seitenbestreichungsrundtürme und einen Torturm, dazu eine späte Bastion.

Die Reste sind sehr zerstört, aber noch als Beispiel einer großen Burg mit kleinem Ort auf Bergeshöhe erkennbar.

Bemerkenswert ist auch die Burg und Stadtbefestigung von Illok[36]) (Ujlak im Magyarischen). Sie liegt am Fuße der Fruska=Gora, südlich der Donau. Schon zur Römerzeit war der Ort eine wichtige Siedlung. Die Mauern zeigen quadratische Türme und runde Halbtürme. Reste von 4 Halbtürmen, einem runden Turm und einer großen Bastion sind noch erhalten (Abb. 670).

Zu den Frankopanenburgen gehört auch die Höhenburg Ozalj[36a]) (Abb. 657, 661, Tafel 113) nördlich von Karlstadt an der Kupa, eine länglich ovale Anlage, die später zum Schloß ausgebaut wurde. 1550 erbaute Nikolaus Zrinjski (Zrinyi) den sogenannten „Getreide=speicher", eine Art Pallas, der sich auf hohem, starrem Felsen erhebt. Der Grundriß zeigt die unregelmäßige, vierflügelige Burg in starken Zwingermauern mit Torturm und Halb=rundtürmen.

Befestigte Kirchen

Befestigte Kirchen kommen als selbständige Anlagen auch vor, doch fehlt die in Sieben=bürgen so schön durchgebildete Gesamtform[37]). Genannt sei die auf vorgeschichtlichen Resten errichtete gotische Kirche Drenovac Požeški[38]) mit starkem Hauptturm und turmartigem Chor, mit ihrem schartenreichen Wehrturm und von uraltem Graben um=geben.

Am Zusammenfluß von Save und Bosut liegt die Wehrkirche Morović[39]), ein reicher Ziegelbau. An den älteren, romanischen Teil fügt sich ein neuer gotischer Zubau mit Turm, derselbe ist mit Schießscharten in Kreuzform statt Fenstern versehen.

Die schöne, gotische Burgkirche in der gleichfalls schon genannten großartigen Ruine Orahovica ist dagegen wieder ein Teil der Burg[40]) (Abb. 646).

Schloßbau

Dem beginnenden Schloßbau, das sind später wohnlicher ausgebaute burgliche Kernbauten, ge=

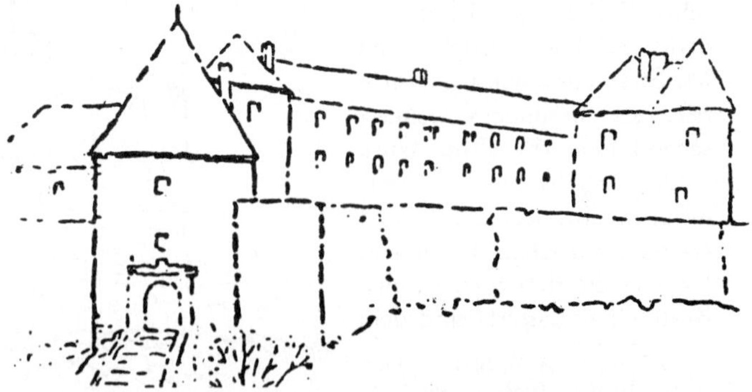

Abb. 657. Höhenburg Ozalj, Kroatien, nördl. Karlstadt. B. E. nach Szabo.

[36]) Szabo S. 149f. — [36a]) Ebenda S. 56ff. — [37]) Siehe Abschn. „Siebenbürgen". — [38]) Szabo S. 124f. — [39]) Ebenda S. 156f. — [40]) Siehe oben S. 575.

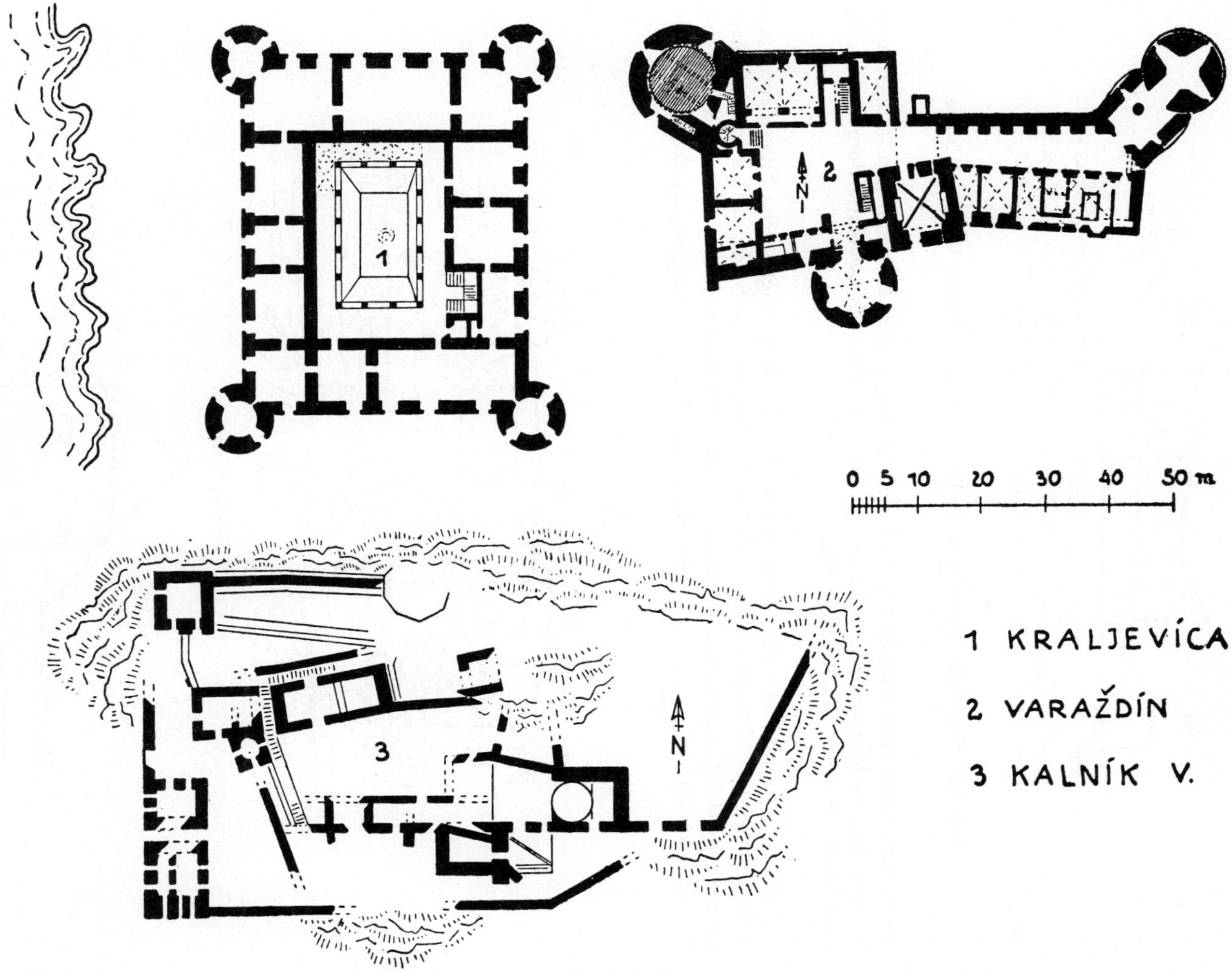

Abb. 658. Drei kroatische Burgen mit späterem Schloßausbau.

1 Kraljevica, in äußerster Westecke gelegen
2 Varaždin, in Nordecke gelegen. Noch leidlich erhalten.
3 Veliki Kalnik, südl. Varaždin, verfallen.

Grundriß 1 : 1000.
B. E. nach Szabo.

Abb. 659. Stadtburg Grobnik an der Fiumer Grenze. Ansicht B. E. nach Szabo.

hören dann wohl viele Burgen an, die hufeisenförmige oder unregelmäßige Flügelbauten in ihren Grundrißformen zeigen. Dazu gehört z. B. die noch bewohnte Burg Ozalj, die oben bereits erwähnt ist (Abb. 657, 661).

Auch der Grundriß der Frankopanenburg Grobnik[41]) zeigt solche Flügelbauten mit 4 Rundtürmen und Zwingermauern. Gegen die gleichnamige Stadt, die bei Frankopanenburgen selten fehlt, ist der zweiflügelige, rechteckige Wohnbau offen und durch Zwinger und Graben verteidigt (Abb. 659, 662). Eine Ringmauer geht von der Burg um die ganze Stadt.

Früheres Aussehen.

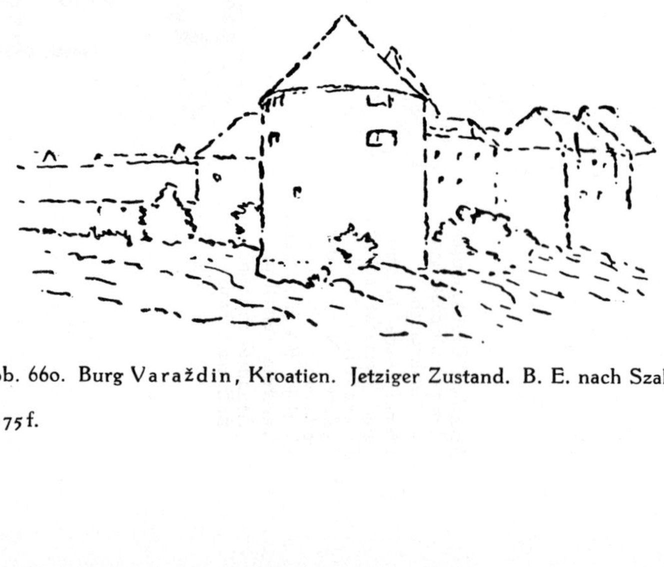

Abb. 660. Burg Varaždin, Kroatien. Jetziger Zustand. B. E. nach Szabo.

[41]) Szabo S. 175f.

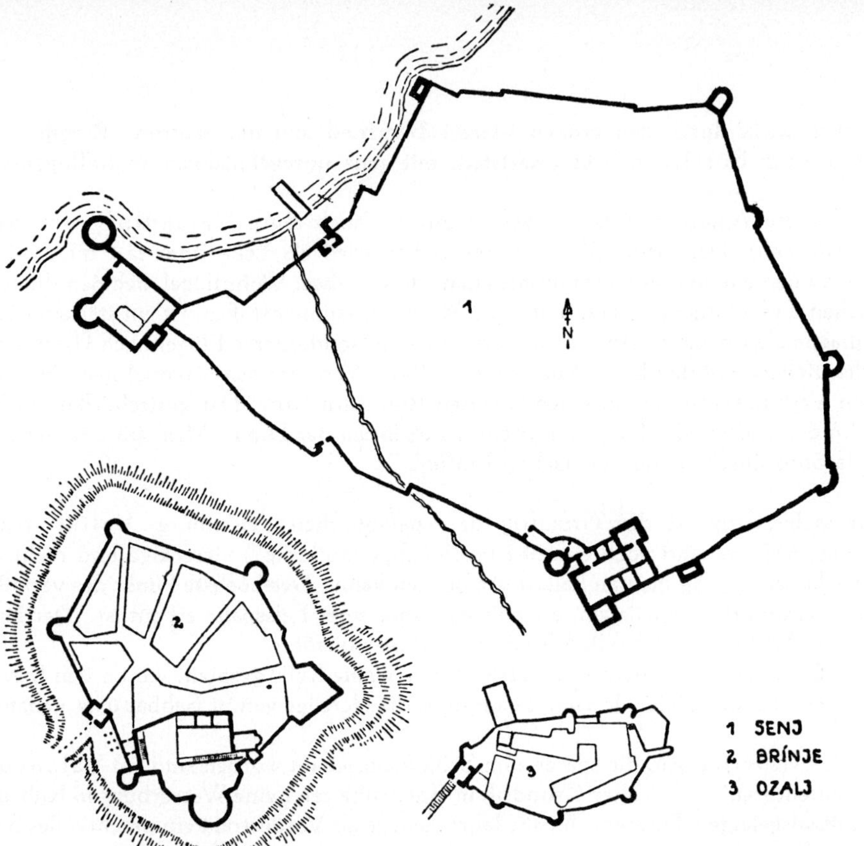

Abb. 661. Oben.
Drei kroatische Burgen.

1 Stadtburg Senj an der dalmat. Küste
2 Brinje, westl. Zengg
3 Ozalj, Höhenburg nördl. Karlstadt.

Grundriß 1 : 4000.
B. E. nach Szabo.

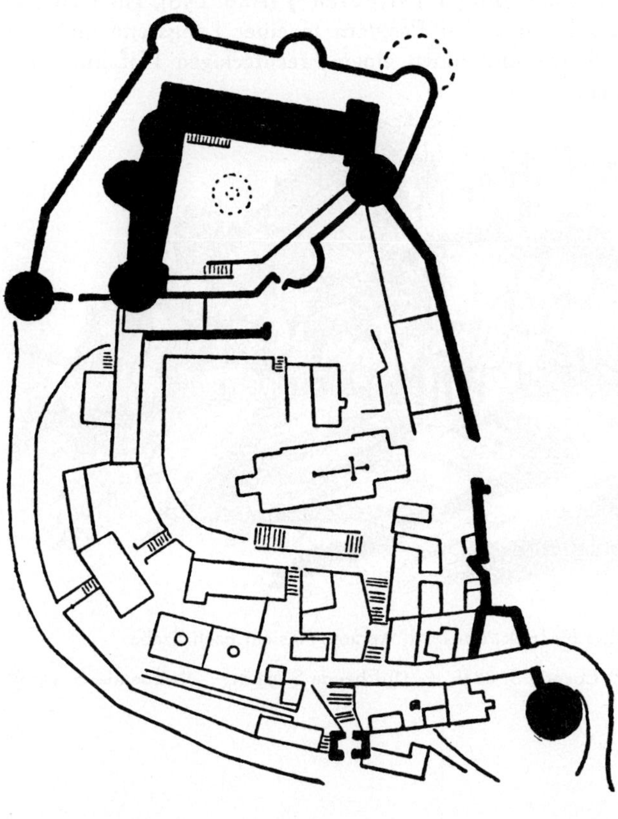

Abb. 662. Links:
Stadtburg Grobnik, an der Fiumer Grenze.

Grundriß etwa 1 : 2000.
B. E. nach Szabo.

Burglich wirkt durch den großen Viereck=Bergfried und die betürmte Ringmauer die erneuerte Burg Bosiljevo[42]) bei Karlstadt mit ganz unregelmäßigen Wohnflügelbauten.

Eine neuere Anlage mit burglichem Kern ist auch Burg Varaždin (Varasdin)[43]) (Abb. 658, 660). Der Grundriß bietet einen Bergfried als Ecke eines fast quadratischen Kernes, an den ein Rundtorturm unmittelbar stößt. Zwei Wohnflügel nehmen die beiden nördlichen und westlichen Mauerteile ein. Wo sie zusammenstoßen, ist ein stärkerer Rund=turm diagonal ausgebaut. An diesen Kern stößt ein sonderbarer Flügel nach Osten aus, an dem die pfeilerverstärkte lange Nordmauer auffällt. Von ihm aus diagonal nach Nordosten ragt ein Verbindungsraum zu einem zweiten Rundturm vor. Der gotische Bau ist heute Museum der uralten gleichnamigen Stadt Varaždin an der Drau. Man spürt so nahe Graz und Marburg durchaus den deutschen Einfluß.

Sehr vielgestaltig ist der Grundriß der spätgotischen Felsenburg Veliki Kalnik (Abb. 658, 663); es sind noch einzelne regelmäßige (gotische?) viereckige und rechteckige Werke erhalten, so daß man an Pallasreste denken kann. Der höchste Punkt des verfallenen Schlosses nimmt die Kapelle ein, die teilweise über einer Felsspalte erbaut ist. Der Haupt=turm, eine Art bewohnbarer Bergfried, zeigt Bossenquadern.

In der Geschichte Kroatiens hat Veliki Kalnik eine Rolle gespielt. Unter den Besitzern der Burg werden die Cillier, Johannes Corvinus, die Herzöge von St. Sabbas usw. genannt[44]).

Von den vielen Burgen, die später zum Schloß ausgebaut worden sind, ist Valpovo eine der bedeutendsten[45]). Ein alter Grundriß in Karlsruhe zeigt eine Wasserburg in halbrunder Form mit vorgelegten Türmen. Im 18. Jahrh. wurde als Vordertrakt ein prachtvolles Schloß erbaut, doch ist der Bergfried und sind die Umfassungsmauern noch erhalten.

Eine späte, schloßartige Form bietet Burg Kraljevica[46]) (Abb. 658), ein rechteckiger Bau mit 4 Rundtürmen an den Ecken und 7 Fenstern in einer Längsseite und 6 bzw. 5 Fenstern in den anderen 3 Seiten und innen einem rechteckigen Hof mit offenen Säulengängen an den 4 Wänden.

Abb. 663. Burg Veliki Kalnik, nordöstl. Agram. Ansicht nach Szabo.

[42]) Szabo S. 179 Abb. 188. — [43]) Ebenda S. 88ff. — [44]) Ebenda S. 94ff. — [45]) Ebenda S. 137ff. — [46]) Ebenda S. 182.

Abb. 664. Burg Sokolač, Bosnien, bei Bihac an der Una. Ansicht E. B. nach Truhelka.

Burgen Bosniens und der Herzegowina

Bosnien schließt sich südlich an Kroatien=Slawonien an, ja dringt mit einem nördlichen Zipfel weit in das kroatische Gebiet ein. Im Norden bildet der Fluß Save, im Osten die Drina die Grenze.

Die Goten brachen hier zuerst in die ehemalige Provinz Dalmatien ein. Um 600 begannen die Slawen ihre Eroberungen und drängten die Oströmer ans Meer. Erst im 12. Jahrh. hören wir sichere geschichtliche Nachrichten über bosnische, meist von Kroatien, Ungarn oder Serbien abhängige Fürsten.

Die Burg Bobovac wird als Hüterin der Königskrone genannt. 1463 eroberte Sultan Mehemmed II. das bosnische Königreich, eroberte die überraschten Burgen und ließ den letzten König bei der Burg Kljuc an der Sana enthaupten. Als Burgen und Residenzen werden vordem dort auch Sutiska, Visoko (Visuk), Fojnica, Kreševo und die Königsburg Jaice mit ihren überragenden Türmen und Zinnen genannt, in neuerer Zeit die Bergfeste Groß Kladusa.

Es ist schwierig, in Bosnien und der Herzegowina die Erbauer der Burgen festzustellen. Sie stammen wohl alle aus der Vortürkenzeit[1]).

[1]) Ivancevic: Wissensch. Mittlg. aus Bosn. u. Herceg. I, S. 476. – Busch=Zantner: Burgw. 1936.

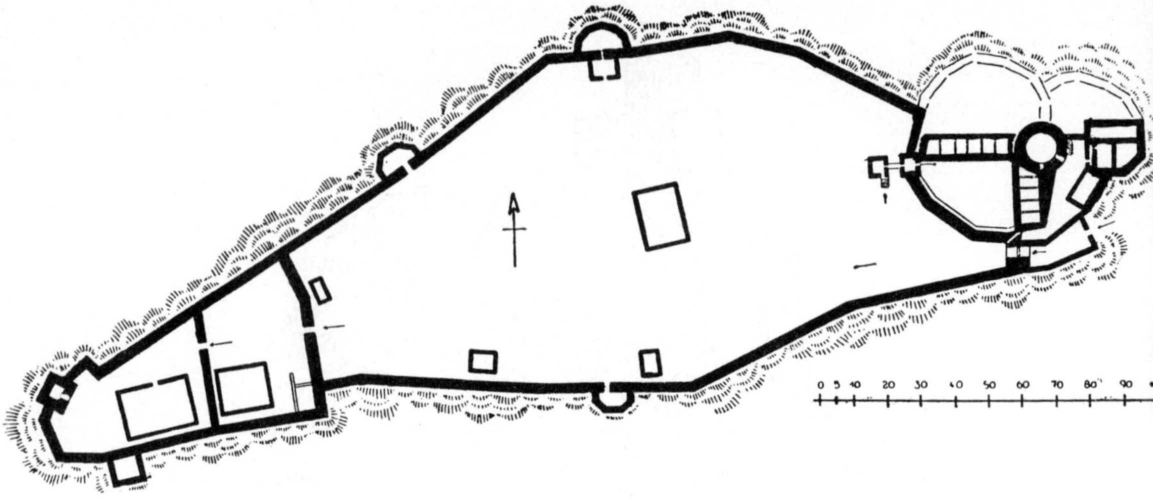

Abb. 665. Große bosnische Wohnburg Ostrožac westl. Jablanica. Grundriß 1 : 2000.
B. E. nach Truhelka.

Eine Grenzburg Kroatiens gegen Bosnien war die noch erhaltene Wasserburg Kostajnica[2]) an der Una, breit gelagert mit starken Türmen und sehr verwandt mit deutschen festen Schlössern.

Von der Burg Hrk am linken Ufer des Ganjonicaflusses ist wenig erhalten, ebenso von der ehemals langgestreckten Felsenburg Obrovac bei Brkic an der Una oder der „großen" und „kleinen" Burg Kijevo (Bez. Sanski), oder der Höhenburg Borač (Boratsch)[3]).

In Bosnien gab es bis zur Eroberung durch die Türken 1463 zum Unterschied von dem Küstenland Dalmatien, Albanien usw. noch einen Feudaladel, dessen ritterliche Burgen zum Teil noch als Ruinen erhalten sind. Provinzadel gab es noch im 19. Jahrh.

Danach müßte im dortigen Gebiet auch eine Grundform erkennbar sein von Burgen, die weniger als reine Besatzungsbauten durchgebildet wären, dafür aber mehr Teile aufweisen, die deutlich als Wohnbauten: Pallas, Stallungen usw. erkennbar wären.

Rundlinge

Wir haben als bosnische Wohnburg vielleicht die große Ruine Ostrožac an der Grenze von Herzegowina bei Jablanica am linken Ufer der Narenka zu betrachten[4]), die freilich ein sehr vielgestaltiges Bild bietet infolge zahlreicher Umbauten verschiedenster Zeiten. Im Grundriß erscheint eine fast runde Kernburg (Abb. 655).

In der Mitte steht ein etwa 16 m starker runder Bergfriedstumpf, an den 2 starke lange Pallasbauten (?) rechtwinklig stoßen. Den dadurch entstehenden östlichen Hof schließt gegen außen im Viertelkreis eine strake Wehrmauer ab. An der anderen Seite des Rundturmes erheben sich Reste von 2 runden (türkischen?) Bastionen, während die starke Wehrmauer das westliche Viertel umschließt. An diesem letzten Viertel liegt ein starker Torbau mit Vortor.

An diesen rund 75 m Durchmesser starken Kern schließt sich in schwächeren Mauern eine etwa 300 m bis zum Südturm lange Vorburg mit etwa 6 verschieden schwächeren Türmen an, an der Südspitze noch zweimal durch Querwände abgetrennt.

[2]) Szabo S. 63 Abb. 43, S. 65f. — [3]) Ivancevic : Wissensch. Mittlg. aus Bosn. u. Herceg. I, S. 472f., 474f., u. Radimsky : Wissensch. Mittlg. aus Bosn. u. Herceg. III, S. 43. Mazalić : Borač, bosanksi door srednjeg vieka. — [4]) Truhelka : Naši Gradovi S. 22ff.

Form und Art wirkt wie eine Adelsburg. Sie war erbaut bzw. bewohnt durch die kroatische Familie Babonic und dieser 1395 geraubt, war bis 1436 bosnisch, später türkisch.

Selten dürfte in den wilden Karstgebieten der Rundling verteidigungsfähig anzulegen gewesen sein, ihn finden wir in flacherer Lage, wie Groß Kladusa[5]) zeigt, und zwar bestehend aus einem kreisrunden starken Kernwerk mit Rundturm mit scharfer Spitze gegen den Feind in einer Seite.

Eine weite, fast kreisrunde Zwingermauer ist ringsum angeordnet. Daran sind außen gleichmäßig verteilt 3 viereckige Türme angebaut, einer davon wird als Moschee, der zweite als Torturm bezeichnet.

Eiförmige Anlagen

Die Ruine Podzvizd[6]) bildet durch ihre weite Ringmauer eine Eiform. Ein mächtiger einstöckiger Rundturm mit schräg anlaufender Mauer mit Holzbalkenlagen steht frei. Die Ringmauer läuft mit dem breiteren Ende an die Mitte der Kopfenden eines Pallasbaues. Die Eispitze bildet ein achteckiger Turm, und ein Torturm an einer Langseite der Ringmauer dient als Haupteingang. Der Bauplatz ist ein auffallend wenig steiler Hügel.

Einen vielgliedrigen frühen Eindruck macht der birnförmige (eiförmige) Grundriß der schon 1382 als Königssitz genannten mächtigen Burg Blagaj an der Buna[7]), heute auch Stjepan-grad (Stefansburg) genannt. Unterhalb der Burg dringt ein mächtiger Quell aus dem Felsen und bildet einen kleinen See. Auf der höchsten Spitze steht ein unregelmäßig viereckiger Wartturm (Bergfried), von dem sich eine vieltürmige Ringmauer um die hohe Bergnase zieht, die sich an dem breiten Ende gegen die Angriffsseite zu einer gewaltigen, auch noch durch 3 gezinnte Mauertürme verstärkten Schildmauer verdickt.

In der Mitte der 60 m langen und 40 m breiten Innenfläche steht ein fast quadratischer Pallas mit 3 Räumen. Aus der Ringmauer steht nach innen ein starkwandiger Bau vor, der als Kerker bezeichnet wird. Von außen führt durch einen Vortorhof und einen Torturm der Weg ins Innere. Die großartigen Trümmer der Burg stammen der Form nach aus erheblich vortürkischer Zeit.

Vierturmburgen

Die überall vorkommende Burgform des Vierecks mit 4 Ecktürmen findet sich auch in Bosnien. Die auf wenig steiler Höhe gelegene Burg Bužim[8]) zeigt im Kerne diese Anordnung sogar in doppelter Ausführung. Sowohl die Kernburg (25 × 27 m) bildet ein schräges Viereck mit runden Ecktürmen, wie der diese umschließende 55 × 75 m bzw. 45 m große gleichgeformte Zwinger, dessen spätere türkische (?) 4 Ecktürme achteckig sind. Weitere Außenwerke dürften an diesen äußeren Zwinger sich angeschlossen haben. Einer der 10 m dicken Rundtürme zeigt 3 gewölbte Geschosse, das oberste in schwächeren Mauern ist bewohnbar.

Der Zwingereingang liegt dicht neben einem Eckturm glatt in der Zwingermauer, führt dann an der Kernmantelmauer so vorbei, daß die schildfreie rechte Seite des Angreifers von innen beschossen wird, bis zu einem Treppentor dicht an einem Rundturm, dann zum Torturm, der zwischen 2 runden Ecktürmen steht.

Im innersten Hof steht frei eine große Moschee, vielleicht in türkischer Zeit aus einem Pallas umgebaut.

---

[5]) Truhelka S. 52ff. – [6]) Ebenda S. 49ff. – [7]) Ebenda S. 63ff. – [8]) Ebenda S. 35ff.

Das Mauerwerk besteht meist aus groben Bruchsteinblöcken ungleich und roh verarbeitet. Über dem rundbogigen Eingang ist ein Wappen eingemauert.

Die Burgruine Brekovica[9]), östlich von Sumarselo auf dem linken Unaufer, sei als ziemlich regelmäßige rechteckige Anlage kurz erwähnt. Von der ehemaligen Burg scheint nicht mehr viel erhalten zu sein.

Langgestreckte Anlagen

Sokolač[10]) (Abb. 666) bei Bihac an der Una ist eine langgestreckte Burg mit kleiner Wohn- und Kernburg auf einem Kalkfelsen. Auch hier bildet ein auf dem höchsten senkrecht abstürzenden Felsen errichteter, bewohnbarer, runder 10 m dicker Turm das Kernmauerwerk, an das sich ein kleiner Mauerbering an drei Seiten anlegt. Nach Norden zu fällt die Oberfläche des von einer sehr weiten, zum Teil gezinnten Vorburgmauer geschützten Felsenkammes noch ab und endet in weit vorgeschobenen Mauertürmen bzw. Basteien. Der an drei Seiten senkrecht abstürzende Fels war an sich schon fast uneinnehmbar.

Der runde Turm war dreistöckig gewölbt, im ersten Obergeschoß lag der nur durch Leiter oder Holztreppe erreichbare Zugang.

Burg Maglaj[11]) am rechten Bosnaufer ist eine langgestreckte Ruine, die auf hohem Kamm sich schmal in verschiedenen Stufen hinzieht. Zwei starke Viereckstürme sind erhalten, ein langer Zwinger liegt tiefer auf der Westseite, auf der Kammhöhe sind später türkische Kasematten eingebaut, ein Gefängnisbau lehnt an dem höherliegenden Turm.

Die Ruine Bugar auf dem rechten Koranufer nordwestlich von Ilidze zeigt einen langgestreckten Mauerring. Der Eingang liegt auf der schmalen Westseite und wird durch 2 kleine Rundtürme geschützt. Die Ringmauer ist auf der Südseite ebenfalls durch 3 Halbrundtürme verstärkt[12]).

Ähnlich langgezogen, aber sehr regelmäßig und einfach ist der Grundriß der Burg Vranduk[13]), der nur aus breitem viereckigem Wohnturm und infolge des ruhig gestalteten Hügelrückens aus einem langen Rechteck als Vorburg besteht. Zwingermauerreste liegen völlig parallel mit einem neueren (?) Turm an der Eingangsseite.

Reicher gestaltet ist der lange Grundriß der Burg Ključ a. d. Sana – ehemaliger Wohnort des Bogumilenkönigs Sandalj, der als der Gründer der Herzegowina angesehen werden muß –, die, über einem schmalen, fast senkrecht abfallenden Abgrund errichtet, einen gegliederten Pallas von 12 m Breite und 15 m Länge zeigt, während die ganze Länge der Burganlage 130 m beträgt[14]). Außer dieser Burg sind noch eine im Grundriß unregelmäßig gestaltete Türkenburg und der Turm Ljubica vorhanden.

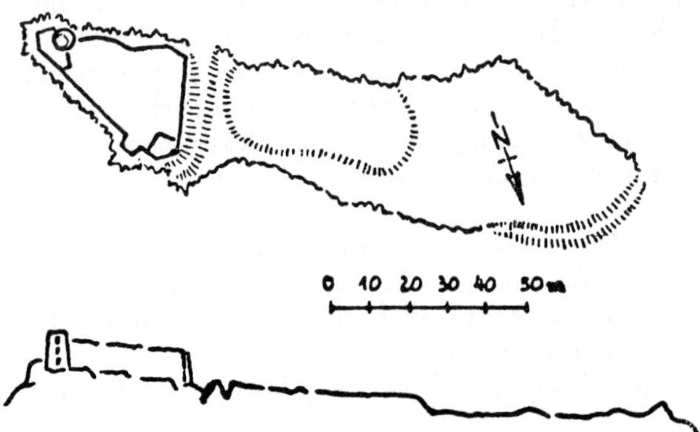

Abb. 666. Burg Sokolač bei Bihac an der Una. Grundriß 1 : 2000. B. E. nach Radimsky.

[9]) Radimsky : III, S. 41 f. – [10]) Truhelka S. 30 ff. – Vgl. Radimsky : III, S. 45 f. – [11]) Truhelka S. 80 ff. – [12]) Radimsky : III, S. 50 f. – [13]) Truhelka S. 84 ff. – [14]) Ebenda S. 59 ff.

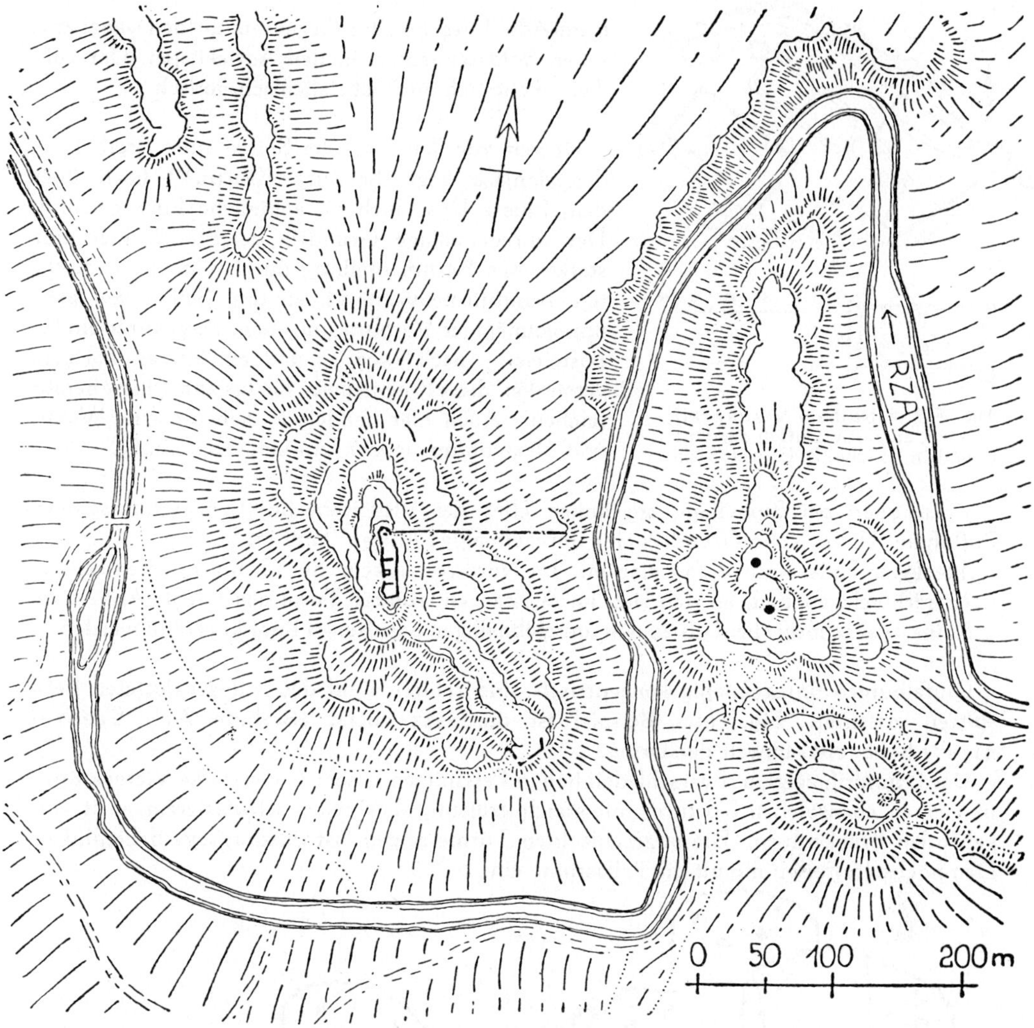

Abb. 667. Burg Dobrun, östl. Grenzfeste an der Rzav. Lageplan 1 : 5000. B. E. nach Mazalic.

Eine langgestreckte Anlage bildet auch die Ruine der alten östlichen Grenzburg Dobrun auf einer von der reißenden Rzav umspülten Höhe[14a]) (Abb. 667).

Unregelmäßige Anlagen

Sehr wichtig sowohl der bedeutenden Reste wie ihrer Geschichte halber ist die berühmte bosnische Königsburg Jajce[15]), hoch über der malerisch zwischen Pliva und Vrbas auf Felsen gelegenen gleichnamigen Stadt. Sie gehört in ihrem heutigen Zustande dem 14. Jahrh. an. Der Umfang der Burg ist bedeutend, der unregelmäßig rechteckige Burghof allein mißt 200 × 100 m. Türme flankieren die Mauern, die sich nordwestlich bis zum Vrbas und westlich zur Pliva, zur Stadt hinabziehen. Die reiche Ausgestaltung weist auf eine Herren=

[14a]) Curipeschütz: Itinerarium usw. S. 40 u. 67 u. Mazalic: Starine u. Dobrunu, S. 102 ff. — [15]) Busch=Zantner: Burgw. 1936.

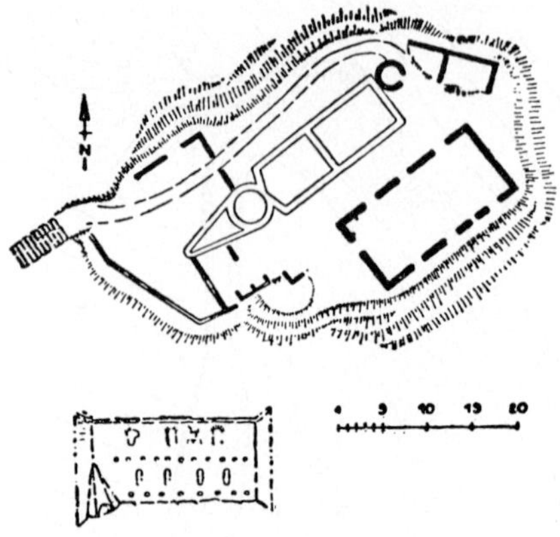

Abb. 668. Felsenburg Visuégrad, Bosnien, an einem Zufluß der Una. Grundriß 1 : 1000. B. E. nach Fiala.

burg=Adelsburg hin, im Gegensatz zu den venetiani=schen Soldatenbauten an den Adriaküsten. Der zum Teil reiche Schmuck ist italienisch=gotisch.

Unweit von Jajce auf der Spitze eines Steilfelsens der Manjača liegt die Burg Krupa[16]) hoch über dem Flusse Una, auch als königliche Burg genannt. Der unregelmäßige Grundriß zeigt auch hier eine starke enge Kernmantelburg durch 3 ungleich mäch=tige Rundtürme verstärkt, an drei Seiten von ganz unregelmäßiger Vorburg umgeben. Zwei türkische(?) Basteien – nach 1509 – und ein älterer Torturm verstärken diese Ringmauern, die bis zum Flusse herab=reichen. Auch hier handelt es sich um eine Wohn= und Herrenburg, jedoch um eine Gipfelburg.

Visuégrad bei Zipovljani, am linken Ufer des Visucicabaches (einem linksseitigen Zufluß des Unac) ist im Grundriß eine unregelmäßige Anlage[17]) mit im Südosten liegendem rechteckigen Pallas von 18,20 × 9,30 m. Im Nordwesten zeigt der Grundriß einen schma=leren rechteckigen Bau, an den sich im Westen ein runder Turm anschließt (Abb. 668).

Ruine Isačić muß ebenfalls zu den unregelmäßigen bosnischen Burgen gezählt werden[18]).

Gipfelburgen unregelmäßig konzentrisch sind zahlreich auf den wildzerklüfteten Fels=spitzen errichtet. Ein gutes Beispiel ist die 1333 zuerst erwähnte Burg Srebre=niča[19]) (Abb. 669) unweit der Drina.

Der Grundriß zeigt, auf verschieden hohen Felsspitzen, 3 sehr mauerstarke Vierecktürme und einen ebensolchen Torturm mit gleich großem, aber etwas schwächerem, weit vor=gebautem Brückenturm. Die ungeschlachten Türme zeigen fast quadratische Schießluken. Den höchsten Felsen nimmt die Pallasruine ein.

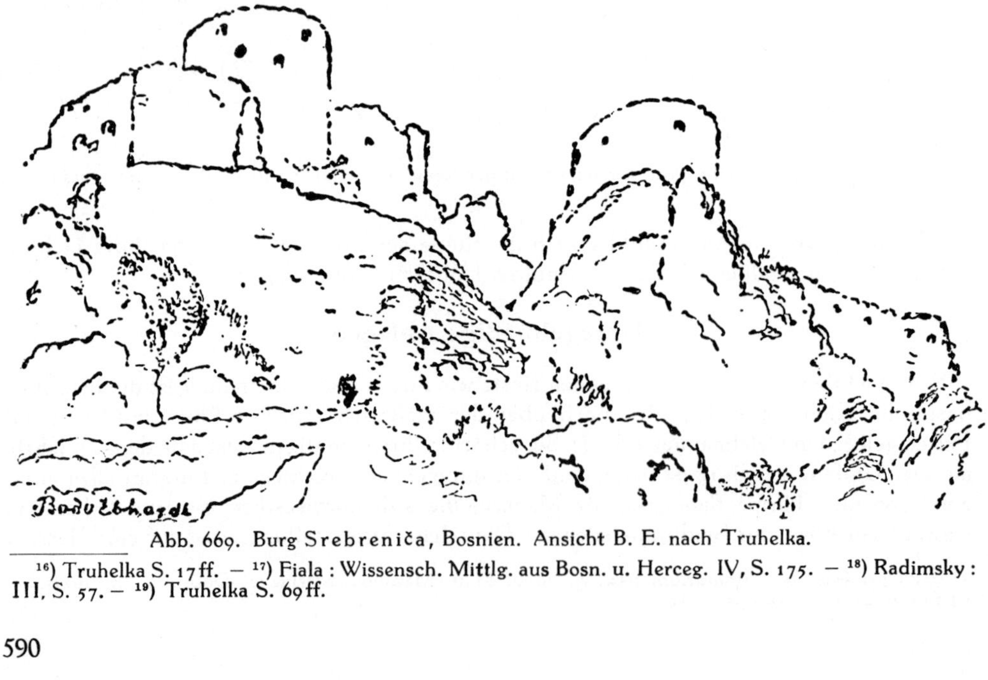

Abb. 669. Burg Srebrenica, Bosnien. Ansicht B. E. nach Truhelka.

[16]) Truhelka S. 17 ff. – [17]) Fiala : Wissensch. Mittlg. aus Bosn. u. Herceg. IV, S. 175. – [18]) Radimsky : III, S. 57. – [19]) Truhelka S. 69 ff.

Das Ganze ist wild auf die durch einen ehemals überbrückten Felsengraben abgetrennte Felsspitze getürmt, die aus den Felsen vorgestreckten Zwinger sind (vielleicht türkisch) bastionsmäßig gestaltet.

Ein Rundbogentor und eine kleine Ausfallpforte sind erhalten.

1408 erobert König Sigismund die Burg und schenkt sie dem Despoten Stefan Lazarevića, 1452 wird der Despot Georg Brankovićem genannt. König Matthias Corvinus erobert Bosnien um 1464 zurück. Doch fällt die Burg 1512 endgültig an die Türken.

Am linken Ufer des Janjinaflusses, wo dieser den letzten Ausläufer des Gostiljagebirges durchbricht, liegt die Burg Samobor[20]). Sie lag in der „Podrinje" oder „Herzogtum Drina", das 1376 vom serbischen Staat abfiel und dem bosnischen angegliedert wurde. Bis zum Anfang des 16. Jahrh. hat Samobor den türkischen Angriffen widerstanden, doch dann ereilte sie das Schicksal aller Burgen Bosniens und der Herzegowina, die fast alle durch Verrat fielen.

Von der ehemaligen Burg sind 3 Türme und die Ringmauer erhalten. Die Burg ist zweiteilig. Der Zugang zur äußeren Burg lag im Südwesten, dort befand sich ein 2 m hohes und 1,4 m breites Tor. In die innere Burg führt im Südwesten ein Tor von 1,7 zu 1,2 m. Zwei schlanke, 8 m hohe Türme schützen das Tor. Eine Mauer fällt in südöstlicher Richtung steil ab und endet beim Gefängnisturm, die andere steigt gegen Nordwesten an und endet bei dem runden Wartturm. Der aus Kalksteinquadern erbaute Bergfried in elliptischer Form lehnt mit der Rückseite gegen eine Felswand, die ihn bis zu 15 m Höhe umschließt. Vom Bergfried aus ziehen sich nach Südosten Mauern.

Im Osten von Blagaj in der Herzegowina liegt auf 520 m hohem Felsrücken die Ruine Stjepanovgrad, eine von Zinnen und Türmen umgebene ehemals stattliche Burg.

Auf dem linken Flußufer der Narenta ist die Felsenburg Počitelj zu erwähnen, die 1338 erbaut worden ist. Sie ist von Zinnenmauern und Türmen umgeben.

Östlich der Stadt Sarajevo liegt die gleichnamige Burg, die seit 1224 in heutiger Gestalt erweitert worden sein soll. Der ursprüngliche Erbauer ist schwer festzustellen. 1480 nahm Matthias Corvinus die Burg und 1698 Eugen von Savoyen[21]).

Die Burg beherrscht die Stadt, sie hat 4 große Tore und oberhalb von zweien sind Türme erbaut.

Südöstlich von Sarajevo erhebt sich auf steilem Felsen Burg Stari Grad[22]), die im Grundriß dem unregelmäßigen Felsen angepaßt ist. Der Eingang zur Burg lag auf der zugänglichen nordöstlichen Seite, durch das innere Tor gelangte man in einen kleinen Hof, der von einem Turm geschützt war. Von dort ging es durch ein drittes Tor zu den eigentlichen Burgbauten. Auf der höchsten Felsenspitze ragte der Bergfried empor. 1463 wurde Burg Stari Grad mit vielen anderen bosnischen Burgen durch die Türken vernichtet. Nur geringe Reste sind erhalten.

Schloßbau

Die Ruinen der späten Burg Vranograč[23]) zeigen den üblichen Viereckbau, hufeisenförmig, bestehend aus einem Hauptsaalbau mit schildmauerartiger Außenmauer zwischen 2 Dreiviertelrundtürmen. Zwei Flügel stoßen rechtwinklig an, einer als Gang ausgebaut, führt zu einem starken Vierecksturm, der den Eingang beherrscht, der gegenüberliegende zweite Flügel endet in dem runden Chor einer Kapelle und birgt daneben einen großen Saal. Eine einfache Mauer schließt die offene Hufeisenseite.

[20]) Delic: Wissensch. Mittlg. aus Bosn. u. Herceg. I, S. 402ff. — [21]) Ebenda S. 502f. — [22]) Mazalić. — [23]) Truhelka S. 44ff.

Abb. 670. Stadtburg Illok, Slavonien, am Südufer der Donau.

Eine nicht große Vorburg birgt das Außentor; man durchschreitet mit der schildlosen Seite gegen den Kernburgbau diesen Torzwinger, dann die große Vorburg, um zum innersten Hoftor zu gelangen.

Der Bau war also ein wehrhafter, bosnischer Wohnbau.

Holzbau

Als eine Sonderheit mag die Holzburg Dubica (Dubiza) an der Una, kurz vor ihrer Einmündung in die Save an der Nordgrenze Bosniens erwähnt sein. Ein altes Doppelbild zeigt zwei Burgansichten, die eine mit wesentlich steinernen Bauten, die zweite mit Holzwehrbauten – Blockhäuser mit vorgekragten Obergeschossen, alles mit waagerechten Schießscharten versehen[24]) (Abb. 671, 672).

Die letztere Ansicht erinnert an Rußland. Wir besitzen ein Bild der sibirischen Holzfestung Ostrog bei Irkutsk, in dem eine ganz ähnliche turmverstärkte Mauer aus waagerecht gelegten starken Stämmen dargestellt ist.

Die kleine Zahl vorgenannter Burgen zeigt die ungewöhnliche Vielgestaltung der dortigen Werke. Es ist daher sehr schwierig, bestimmte oder gar bodenständige Werke zu erkennen.

Mazalić[25]) erkennt sehr treffend, daß die mittelalterlichen rein bosnischen Burgen sich im Grundriß stets dem Gelände geschickt anpassen und die Burgbauten zweckentsprechend aufgeführt wurden, massiv und stark, aber plump und künstlerisch nachlässig, fast ohne Steinbearbeitung.

[24]) Herr Professor Szabo in Agram machte mich 1937 auf die Abbildungen aufmerksam. Die Abbildungen stammen aus dem Heeresarchiv Wien. – [25]) Mazalić a. a. O.

Burg Á r v a in den West-Beskiden, Slowakei

Burg Trencsén a. d. Waag, unweit der mährischen Grenze, Slowakei

Abb. 671. Holzburg Dubica, Bosnien, an der Una. Ansicht nach Lichtbild.

Im allgemeinen sind die schlanken höheren Türme einer frühen Bauzeit, die breit=gelagerten Werke dagegen späterer, auch türkischer Zeit zuzurechnen. Wir erfahren dazu z. B., daß der Sultan Mohamed II. nach der Eroberung Bosniens 1463—64 sogleich an Ort und Stelle bei der Burg neues Geschütz gießen ließ, das den bosnischen Burgherren wohl noch wenig bekannt war.

Mit der türkischen Eroberung des Landes schwanden natürlich auch die Adelsherren und überhaupt die ganze soziale Verfassung der ehemaligen Landesherrschaft dahin, der die türkische Gewaltherrschaft folgte, die sich an der ferneren Umbauart der burglichen Sitze mehr oder weniger erkennen läßt – die keine ritterlichen Familiensitze mehr waren, sondern durch die Basteien wie kleine Festungen mit Batterien erscheinen.

Abb. 672. Steinburg Dubica, Bosnien, an der Una. Ansicht nach Lichtbild.

Burgen Alt-Serbiens

Die Balkanburgen hatten in den serbischen Bezirken schon sehr früh eine besondere Be=deutung, ja, das serbische Volk erscheint in der Frühgeschichte zuerst in Verbindung mit einer Burg Ras an dem Flusse Raska und mit Siedlungen an den Flüssen Lim und Ibar. Es drang von dort bis zum Adriatischen Meer vor. Die Kämpfe freilich zwischen bulgarischen, byzantinischen und serbischen Fürsten führten zwischen dem 10. und 13. Jahrhundert zu dauernden Grenzverschiebungen, die die Klärung des Ursprungs der hier gelegenen Burgen sehr erschweren. Ich halte mich in der Begrenzung des Serbiens, das der Burgenzeit entspricht, an Kanitz[1]), der Serbien wie folgt begrenzt: Drinamündung – Eisernes Tor – Sip – Timokmündung – Sv. Nicola – Balkan – untere Drina. Serbiens Haupt=fluß ist die Morava.

Auch der häufige Namenwechsel vieler Festen, je nach der zeitweisen politischen oder rassischen Herrschaft in den verschiedenen Landschaften, macht die Bestimmung der Zusammenhänge der einzelnen Baugeschichten schwierig.

Dazu kommt, daß der Zustand der meisten Burgen ein so trümmerhafter ist, daß eine Altersbestimmung nach erhaltenen künstlerischen Resten ausgeschlossen ist. Kanitz[2]) nennt von den wenigen in Resten erhaltenen serbischen Burgen folgende: Maglič, Svrljig, Koznik, Stalac, Krusevac, Ravanica, Manassija, Smederevo, Golubac, Ram u. a. Die Bauplätze auf den Höhen wilder Karstberge sind ferner meist so abgelegen, daß eine Erforschung der Ruinen bisher meist unterblieb.

So gibt es denn auch in dem vorhandenen Schriftwerk sehr wenige burgenkundliche klare Beschreibungen, technische Vermessungen und Pläne nur von wenigen serbischen Wehrbauten, wie von Semendria oder von dem Kloster Manassija oder der großen Höhenburg Maglič am Flusse Ibar mit ihren 7 Türmen, die die alte Straße am Ibar sperrte[3]) (Abb. 674).

An dem Nebenfluß Vuka der Donau liegt unweit Vucovar die gotische Wasserburg Bac = Vacia[4]) aus dem 14. Jahrh., ein Ziegel= und Bruchsteinbau, wohl auf Resten einer durch König Stefan I., also um das Jahr 1000, erbauten Burg. Erhalten sind Ruinen einer Turmkapelle mit gotischen Spitzbogenresten, dreier Rundtürme (jüngerer?) und einem mächtigen Schalenturm, der durch die offene vierte Seite und die ungeheure Mauerstärke an Semendrias Mauertürme erinnern. Nach Standort und Form kann man ihn für einen Bergfried halten. Rings um den Burgbering fließt breites Wasser, einst wohl durch Holzbrücken zugänglich, deren Brückenkopfturm am äußeren Landufer noch steht. 1870–72 wurden Ausgrabungen in der Burg durch den Architekten Henselmann vor=genommen.

Unregelmäßige Anlagen

Die Burg Užice[5]) (Abb. 673) an der Djetinja, 430 m hoch gelegen, bot vor der Sprengung ein besonders gutes Bild einer altserbischen Burg. Auf schroffem Felsgrat, der nach Süden

[1]) Kanitz: Das Königreich Serbien u. das Serbenvolk. III, S. 2. – [2]) Kanitz: III, S. 789. – [3]) Abb.: Ansichtsskizze bei Kanitz 1., 2., II., S. 12. – Grundriß aus den Bulletin du Musée de Bosnie et de Her=zegowina XLVI, 1934, Sarajevo, fig. 3, S. 83–90. – [4]) Vgl. die Sonderschrift Donauburgen Tafel III u. Abb. 4. Diese Abbildungen stimmen überein mit der Abbildung „Citta di Vacia" in Ottone Sponcir: Historia delle Attioni de're'dell'Ungaria. Venedig 1685. S. 98. – Schmidt=Bošković: Mittelalterliche Burgen i. Vojvodina. – [5]) Kanitz: I, S. 496ff.

Abb. 673. Burg Užice an der Djetinja. Ansicht B. E. nach Kanitz.

spitz abfällt, strecken sich kleinere Mauern von einem breiten Mittelteil bis zum Flusse Djetinja auf schmalen, engen Mauern mit vielen Türmen herunter. Kanitz schildert: Die hohe Schmalseite krönte eine Rundbastion, welche mit der Mittelpartie auf einem Fels= vorsprung durch bedeckten Gang verbunden war.

Diese Mittelpartie bildete ein Viereck mit vielen kleinen Türmen und „riesigem Donjon“, der den Zugang an der Stadtseite sperrte. Hier lag 156 Stufen tiefer der Quellbrunnen. Ganz vereinzelt, nur über schmalem Pfad erreichbar, krönte den höchsten Felskegel ein Kernwerk mit 4 Ecktürmen und Luginsland (Bergfried).

Auch Zupanjevac führt Kanitz[6]) wohl irrtümlich auf ein römisches Kastell zurück. Inmitten der burglichen Mauern erhebt sich eine 1851 auf Benutzung älterer Reste erbaute Kirche. Kanitz gibt zu, daß die Burg im Mittelalter „mindestens teilweise erneuert und bewohnt wurde“. Die Grundrißform und die beiden innen freistehenden Rundtürme sind aber völlig unrömisch.

Kennzeichnend für altserbische Burgen sind die hohen Türme, die wir oft finden. Sie fehlten auch nicht in der heute fast verschwundenen (?) Burg auf dem Berge Avala[7]) bei Belgrad oder in der Klosterburg Manassija[8]) mit ihrem Bergfried und Mauertürmen.

Kanitz gibt (1904) ein Bild der 565 m hoch liegenden Ruine Avala auf kahlem Hügel – er nennt sie ein altserbisches Schloß Zrnov. Die damals noch ziemlich gut erhaltene, unregelmäßig angelegte oblonge Burg zeigt einen quadratischen Eckturm (Bergfried?), 3 halbrund vorspringende kleine Basteien und einen verschütteten breiten Graben. Der Bau wurde 1442 von Hadom Pascha errichtet.

[6]) Kanitz: I, S. 620ff. – [7]) Ebenda I, S. 119ff. – [8]) Siehe unten.

Zwischen dem Oblik und der Bogdanica, in enger Schlucht, liegt die Felsenburg Svrljig = Isferlik[9]). Ein 90 cm breiter Durchlaß zwischen 2 Felsen ist der einzige Eingang im Westen, von dort geht es in den höher ansteigenden dreiseitigen Vorhof, den dem Felsrand sich anschließende Mauern mit einer nördlichen, halbkreisförmigen Bastion abschlossen. Durch einen quadratischen Turm gelangt man weiter in einen breiteren Burgteil, dessen 1 m starke Mauern sich in einem am Nordostrand des Plateaus kühn vorspringenden vierstöckigen Rundturm vereinigen. Die Südseite der kühnen Burganlage war durch Vorwerke verstärkt, die Nordseite zeigt tieferliegende Spuren ehemaliger Gebäude.

Die über Varos gelegene Burg Svrljig soll auf Trümmern eines Römerkastells erbaut sein. Doch ist die genaue Erbauungszeit nicht zu bestimmen. Die heutigen Reste gehören der altserbischen Zeit an, nur zum Teil der türkischen. 1185[10]) wurde Svrljig den Byzantinern durch Stefan Nemanja entrissen, Ende des 13. Jahrh. kam die Burg an Bulgarien, 1413 wurde sie zerstört und seit 1454 stand sie dauernd unter türkischer Herrschaft, doch auch in dieser Zeit wird daran gebaut worden sein.

Die noch gut erhaltenen Mauern und Türme der Burg Ram unterhalb Semendria an der Donau, die auf einer spitz zur Donau vorspringenden Syenitporphyrzunge liegt, zeigt türkische Anklänge. Die Burg bildet in ihrem Grundriß ein Vieleck mit 5 Ecktürmen, von denen 2 gegen die Donau vorspringen. Außer dem südwestlichen Pulverturm sind alle Türme Schalen, d. h. nach innen kehlförmig als „Schalen" geöffnet[11]).

Die Burg wurde von Kaiser Justinian Lederatus zu einer starken Burg ausgebaut. Nach 1444 wurde Ram von den Türken wieder aufgebaut, 1482 von den Ungarn erobert.

Die Höhenburg Zvornik (Zvonik) a. d. Drina lag an einem wichtigen Kreuzungspunkt zwischen Belgrad und Sarajevo an der ehemaligen türkisch-serbischen Grenze. Schon zur Römerzeit mag hier ein Wehrbau gestanden haben. Bestimmte Zahlen finden wir aber erst, als 1433 Vuk Brankovic die Burg besetzte. Sie war dann zwischen Serbien, Ungarn und der Türkei viel umstritten, 1688 von kaiserlichen Truppen erobert.

Über der gleichnamigen Stadt in stolzer Höhe, von der sich bis zum Ufer der Drina Mauern und Türme herabziehen, sind Umriß und Lage von Kanitz an Ort und Stelle gezeichnet. Die Baugruppe wird von einem starken Bergfried überragt, um den sich Wehrbauten und niedrigere Rundtürme ordnen. Es scheint, daß um diesen älteren Kern dann die letzten Bastionsanlagen von den Türken errichtet wurden.

Nach der alten Skizze des Kanitz, die nur sparsame Unterlagen bietet, kann man nicht mit Sicherheit die Grundrißform der damaligen Burg klären, doch ist wohl die turmreiche, altserbische Form hier unverkennbar. Das wilde Gebirgsland an den Ufern der Drina forderte zu solchen Höhenburgen heraus und bestimmte auch Umriß der reichgegliederten Grundrißform[12]).

Die langgestreckte Burg Maglič im Gebiet des altserbischen Staates Raška mit ihrer hohen Mantelmauer liegt auf beherrschender Höhe auf felsigem Rücken über dem Fluß Ibar[13]). Die Formen sind noch völlig mittelalterlich, kennzeichnend serbisch sind die 7 schlanken hohen Mauertürme und der hohe, hufeisenförmige Kernbau[14]). Ein mächtiger Halsgraben schneidet nordöstlich diesen von der Angriffsseite ab[15]) (Abb. 674).

Der kurze, nur 25 m lange Südwestabschluß wird durch 3 ganz dicht nebeneinander stehende Viereckttürme gebildet. Die Mantelmauer umfaßt ein schmales, 100 m langes

---

[9]) Kanitz: II, S. 362ff., III, S. 789. — [10]) Ebenda. — [11]) Kanitz: II, S. 531ff., III, S. 789. — [12]) Kanitz: I, S. 392, 399. Kupelwieser: S. 148. — [13]) Kanitz: II, S. 11f. — [14]) Ebenda S. 12. — Radovanovic: Bulletin du musée de Bosnie et de Herzegovina XLVI. Sarajevo 1935. — [15]) Derocco: S. 39ff. (1937).

Kirchenburg Tartlau, Siebenbürgen. Kornkammern in den Mantelmauern

Kirchenburg P r o b s t d o r f , Siebenbürgen

Ansicht. B. E. nach Kanitz.

Erläuterung:
1. Eingang
2. Wohnturm
3.—9. Wehrtürme
10. Kirche St. Georg
11. Pallas
12. Küche
13. Zisterne
14. Unterirdischer Gang
15. Kleines Tor

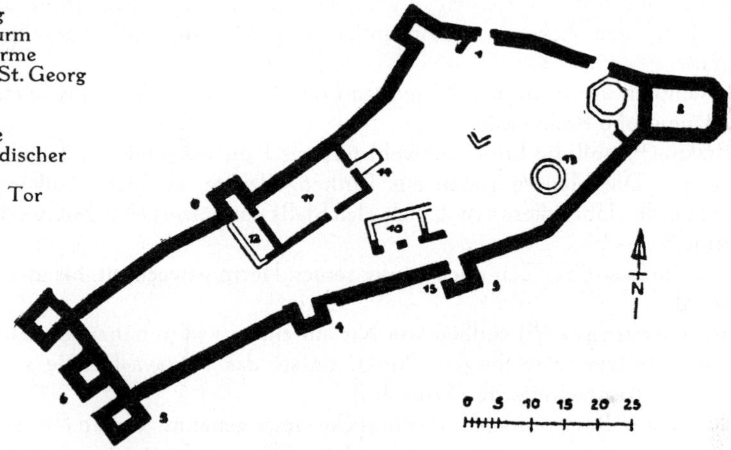

Abb. 674. Höhenburg Maglič, über dem Ibarfluß.
Grundriß 1 : 1000. B. E. nach Radovanovic.

Gelände, in dem noch Reste erhalten sind von einem 20 m langen Pallas, einer kleinen freistehenden Burgkirche, Küche und Zisternen. Das Eingangstor liegt in der Westecke der Schildmauer am Halsgraben, eine kleinste Ausfallpforte in einem der südlichen Mauer= türme.

Der Grundriß gehört durchaus dem Mittelalter an (Abb. 674), Die Burg ist aus Bruch= steinen (Serpentin) gebaut, nur für bessere Maurerarbeiten wurde Tuffstein verwandt[16]).

Neben den Höhenburgen auf einzelnen Gipfeln zwangen die strategischen Verhältnisse auch oft, wie bei der serbischen Burg Marco Kraljević bei Vranje (auch bei der ita= lienischen Burg Assisi), zur Sicherung eines langen, schmalen Grates, von dem aus eine Burg immerhin sehr wohl angreifbar sein konnte. Um nun nicht den ganzen langen Grat mit einer Ringmauer umgeben zu müssen, beschränkte sich der Erbauer mit der Errichtung nur einer sehr langen, sehr starken, nach beiden Seiten verteidigungsfähigen Wehrgang= und zinnengekrönten höchsten Kamm=Mauer[17]). Eine starke Kernburg liegt am Südende des Kammes, von ihr zieht sich eine gezinnte Mauer 50 m lang bis zu einem Viereckstrum

[16]) Radovanovic: Maglič a. Ibar. — [17]) Kanitz: II, S. 250—252.

am Nordende des Kammes. Der Vorteil, beide Seiten durch geringe Besatzung beherrschen zu können, liegt auf der Hand.

Rechteckige Anlagen

Jagodina über dem linken Ufer der Morava[18]) bildet nach dem Plan im Wiener Kriegs=archiv ein längliches Rechteck mit Wällen und 6 Türmen.

Auf dunklem Tonschieferfelsen an der Saskamündung erheben sich die Reste des alten Römerkastells mit dem rein serbischen Namen Miloševa Kula[19]), das auch im Mittel=alter noch Bedeutung gehabt hat. In die Reste des römischen „Castrums" wurde dem Gelände entsprechend ein langer, rechteckiger Bau errichtet. Der Grundriß ist länglich=rechteckig. An der Nordostseite läuft die Anlage in einem starken, fast quadratischen Turm= oder Wohnbau von etwa 7 m Seitenlänge aus.

Sabac, oberhalb Belgrad an der Save, wurde vom Sultan Mohamed II. 1471 auf römi=schen Grundmauerresten errichtet. Es bildet ein an der Nordostfront unregelmäßiges Viereck mit an den Ecken vorspringenden Rundtürmen und „verpallisadierter Um-wallung"[20]).

In den Kämpfen zwischen dem Magyaren Pret und dem Ungarnkönig Matthias Corvinus hat Sabac eine große Rolle gespielt.

Nach Fraknoi[21]) soll die Burg, „obwohl nur aus Holz aufgeführt", doch ein starker Bau gewesen sein. „Die Mauern waren aus Ruthengeflechte, an Eichenbalken befestigt und mit Erde gestopft. Über diese erhob sich gleichfalls ein hölzernes Schutzwerk und ringsum acht Thürme."

Sabac hat im Laufe der Zeit noch häufig seinen Herrn gewechselt, bis es 1521[22]) dauernd türkisch wurde.

Die Burg Kurvingrad[23]) südlich von Nis auf einem 338 m hohen Ausläufer der Seliče=vica liegt auf strategisch wichtigem Punkt, da sie das Morava=Defilée sperrt. Sie zeigt seltenerweise einen quadratischen Grundriß.

Als Erbauer der Burg wird oft Matthias Corvinus genannt, dessen Herrschaft sich aber nicht bis zur Toplicamündung ausgedehnt hat. Erbauungszeit ist unbestimmt.

Eine dreieckige Anlage

Im Mündungswinkel der Jezava in die Donau liegt, ein ausgesprochenes Dreieck bildend, die mächtige Wasserburg Semendria (Smederevo), eines der großartigsten Werke des mittelalterlichen Wehrbaues der Balkanländer (Abb. 675).

Die dreieckige Gesamtform erinnert in der Mauer= und Turmbildung an den Grundriß der Stadtmauern von Konstantinopel. Der Kernbau ist altserbisch (Kanitz sieht 24 Türme als serbisch an)[24]). 1566—1686 war die Feste wohl politisch türkisch; nach einer auf einem Turm zwischen der großen und kleinen Burg befindlichen Inschrift[25]) war der ursprüng=liche oder teilweise Erbauer aber zwischen 1428 und 1430 Georg Fürst von Serbien bzw. ein Brankovic – das Mauerwerk beider Teile ist uneinheitlich. Dieser mag als Vorbild für die Türme jene von Byzanz gewählt haben.

Gewinnen wir einen Gesamtüberblick: An der Donau entlang zieht sich eine 550 m lange schwächere Mauer des spitzwinkligen Dreiecks mit nur 3 halbrunden und 2 viereckigen

[18]) Kanitz: I, S. 607ff., II, S. 542. – [19]) Kanitz: II, S. 442f. – [20]) Kanitz: I, S. 345ff. – Kupelwieser: S. 156, 220. – [21]) Fraknoi: Matth. Corv. S. 178f. – [22]) Kanitz: I, S. 352. – [23]) Kanitz: II, S. 174. – [24]) Kanitz: Serbien I, S. 143ff. – [25]) Kanitz: I, S. 144. – Semendria 1430—1930 (viele Abb. mit aus=führl. Darstellung). – Vgl. auch Kupelwieser: S. 46. – Vgl. Busch=Zantner: Burgwart 1936, S. 57.

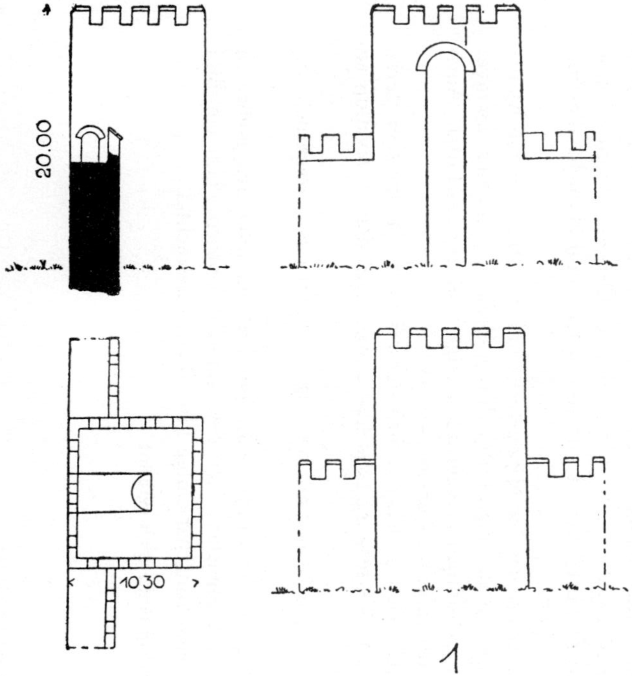

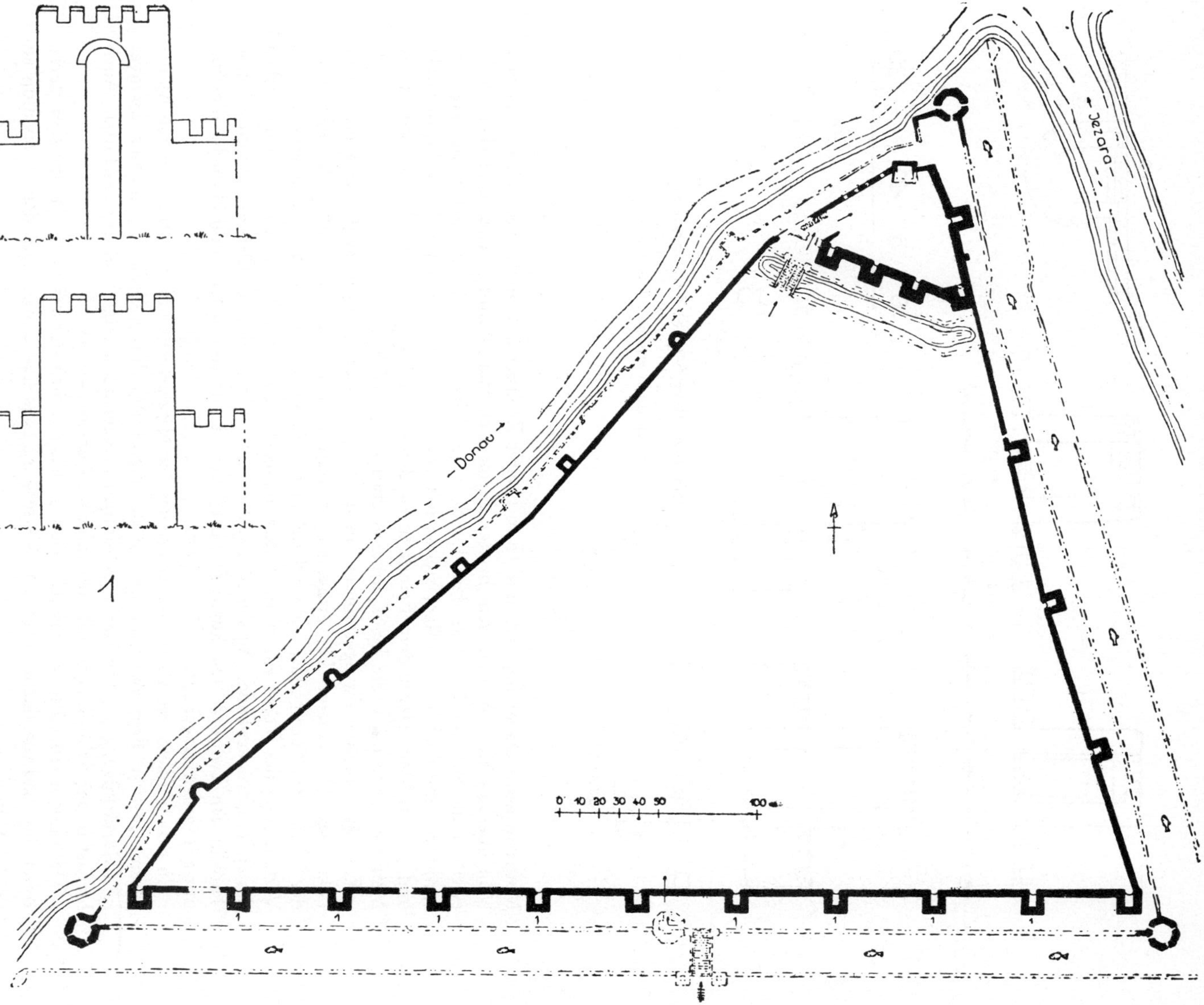

Abb. 675.
Wasserburg Semendria
an der Donau. Serbien.
Grundriß 1 : 3000,
Schnitte 1 : 500 durch
Hauptmauer mit Turm.
B. E. nach Festschrift:
„Semendria 1430 – 1930“
und eigenen Aufnahmen.

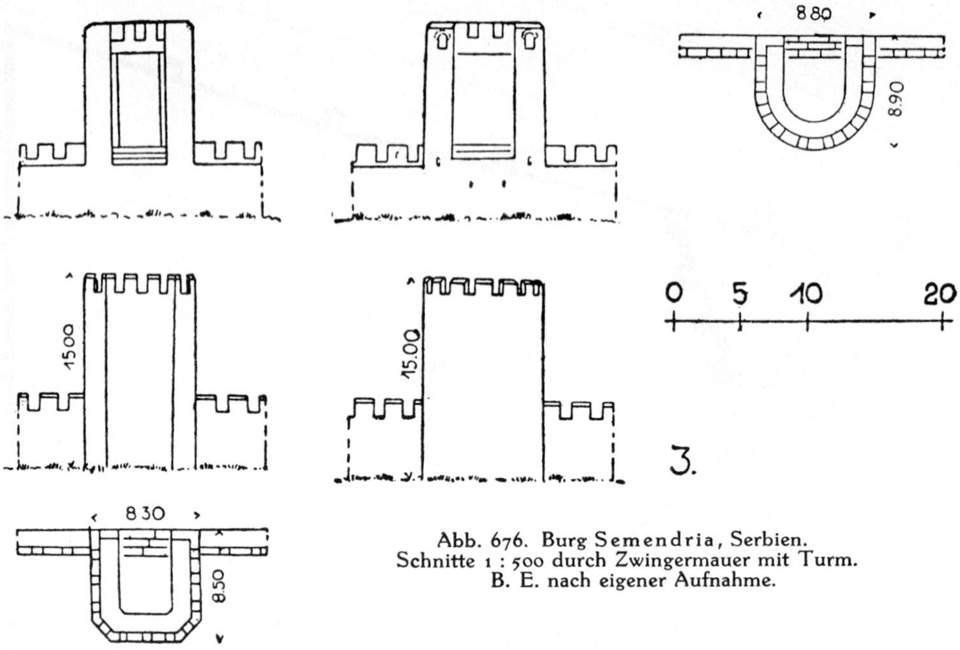

Abb. 676. Burg Semendria, Serbien.
Schnitte 1 : 500 durch Zwingermauer mit Turm.
B. E. nach eigener Aufnahme.

Mauertürmen. Davor liegt ein nur 10 m breiter Zwinger mit nur 2 viereckigen Türmen. Man überließ hier offenbar dem breiten Strom den Hauptschutz. Um so stärker ist die zweite Langseite des Dreiecks dem Lande zu gesichert. 11 Türme, alle rechteckig vorspringend und nach innen offen, stehen mit etwa 39 m Zwischenraum bei $11^1/_2$ m Dicke und 3,70 m Mauerstärke dem Feinde in rund 500 m Länge entgegen. Die 3,70 m starke Mauer ist 10 m hoch, die Zwingermauer etwa 5 m[26]) Abb. 676).

Ein 16 m breiter Zwinger hinter einem 25 m breiten Graben zeigt nur 2 achteckige Ecktürme. Das einzige Tor öffnet sich zwischen dem 5. und 6. Turm, also nahezu in der Mitte der Kernmauer, während neben der Grabenbrücke in der Zwingermauer zur Verteidigung des Tores ein 16 m starker achteckiger Turm steht, 2 kleine Türme decken das äußere Brückenende. An der Südwestspitze und in der kurzen Ostseite führen 2 kleine Tore in den Zwinger. Die kurze Dreiecksseite ist nur 400 m lang und ähnlich, aber mit nur 4 Türmen ausgebaut.

In den Winkeln, wo sie donauabwärts an der Nordostecke mit der stromseitigen Mauer zusammenstößt, liegt zwischen beiden die Kernburg, durch Graben, schmalen Zwinger und viertürmige, 4,5—5 m starke Schildmauer gegen die riesige Vorburg geschützt. Auch hier ist in der Schildmauer nur ein einfaches Tor angeordnet.

Der Gesamtgrundriß ist ziemlich geistlos. Man verließ sich offenbar auf eine sehr starke Besatzung und die flache Lage der Wasserburg zwischen Donau und dem Jezavafluß an der Ostseite.

Trotzdem wirkt das Bild der riesigen Mauer mit den ragenden Türmen namentlich von der Donau aus überwältigend.

Wie schon eingangs angedeutet, ist die Frage nach dem Erbauer oder den mehreren Schöpfern der riesigen Anlage oft Gegenstand der Erwägungen gewesen. Um ein Bild des Bauvorganges zu gewinnen, seien zunächst einige Einzelheiten betrachtet.

[26]) Alle Mauertürme sind im Grundriß einheitlich geformt.

Abb. 677. Fluß=Sperrburg Golubac, am rechten Donauufer. Ansicht. B. E. nach Kanitz.

In der heute zweitobersten Quaderschicht sind Steine mit halbrunden Vertiefungen versetzt, wie wir solche bei romanischen Bogenfriesen finden, doch sind sie in Semendria nicht über die Mauerflucht auf Kragsteine vorgerückt, sondern flach im Mauerwerk, er=scheinen also als kleine Nischen, saßen auch vielleicht früher an anderer Stelle. Zwei Schichten tiefer liegt der Scheitel eines Fensterrundbogens, der aus 4 schön behauenen Quadern besteht und eine 50 cm breite Öffnung überdeckt. Einige Profilsteine sind will=kürlich wieder vermauert. Zwei schlanke, profilierte Kragsteine würden auch in eine Früh=zeit passen.

An anderer Stelle finden wir eine vermauerte 2 m hohe schmale gotische Tür, deren Spitzbogen aus roten Ziegeln besteht. Auch im Mauerwerk sind dort einige sehr flache Ziegel verwandt.

Ferner sehen wir einen Zinnenkranz aus Quadern und fugenartig dazwischen waagerecht und senkrecht Ziegel versetzt, auch ein rundes Schartenloch mit Ziegeln umwölbt, dar=unter ein meanderartiger schmaler Fries aus rechtwinklig verwendeten Ziegeln. Ebenso ist eine Tür in einer spitzbogigen Nische ganz buntfarbig orientalisch geschmückt.

In einer Mauer liegt in einem Rundbogen ein zweibogiges Fenster mit gotisierender Mittelsäule. Auch finden wir Rundbogen, abwechselnd aus Quadern und dazwischen aus je 4 Ziegeln gewölbt, auch eine spitzbogige Tür aus Quadern.

Ähnliches wiederholt sich vielfältig und willkürlich nebeneinander, auch senkrechte Scharten sind rechts und links durch flach gelegte, sehr schmale lange Ziegel eingefaßt. Große Flächen der Mauertürme erscheinen im übrigen verputzt. Reizende Ziegelornamente dieser Art zeigen sich überall in großer Mannigfaltigkeit.

Daneben sind zahlreiche Mauern der äußeren Türme, die aus Bruchsteinen mit oder ohne Eckquadern bestehen, steinsichtig verputzt, ohne Zierstücke irgendwelcher Art zu zeigen. Ebenso sind die gegen die Vorburg gewandten Türme der Kernburg gebaut, auf=fällig ist an mehreren dieser die schlechte Handwerksarbeit, nach der die Eckquader ohne Binder in den Ecken senkrecht aufeinanderstehen.

Zinnen sind auf Mauern und Türmen mit rechteckigen Häuptern fast gleichmäßig ge=staltet, in den längs laufenden Ringmauern öfters durch senkrechte Scharten durchbrochen. Auch auf die Scharten ist keine große Sorgfalt gelegt. Alles deutet auf Massenarbeit, viel=leicht im Drange kriegerischer Spannung entstanden. Auch die Türme sind außen alle gleicher Art und fast einer Größe, nur die Wehrmauer zwischen Kern= und Vorburg zeigt größeren Maßstab. Innen fehlt den unverhältnismäßig dickwandigen Bauten die vierte Mauer. Es sind alles „Schalen".

Bemerkenswert ist nur die Gruppe am sogenannten Wasserturm.

Man findet vielfach Hinweise auf die Ähnlichkeit der Mauern von Semendria mit denen von Konstantinopel; es lohnt sich, daraufhin beide Bauwerke zu vergleichen.

Die Wehraufgabe könnte gemeinsame Formen herausfordern, wenn nicht der unendlich verschiedene Maßstab dagegen wirken müßte. Die Anordnung der Mauertürme von der Ringmauer in Semendria ist nicht ungewöhnlich.

Turmburgen

Das wilde Bergland zwang, die Höhenburgen auf schroffen, hohen Gipfeln zu errichten. So meldet Kanitz[27]), daß die fünftürmige (!), innen sehr geräumige Burg Koznik isoliert 963 m hoch liegt.

Auch die byzantinisch=altserbische Höhenburg Draskova Kutina[28]), östlich der Mo=rava, südöstlich von Nis, mit ihren 4 Rundtürmen krönt eine hohe Bergspitze über der alten Straße des Kutinatales und ist ein Beispiel für eine eiförmige Anlage.

Eine der ausgesprochensten Turmburgen an der Donau auf unmittelbar aus dem Strom emporschießenden Felsen ist die Ruine Golubac am Grebenpaß[29]). Die frühen, 10 hohen gezinnten Türme sind untereinander durch starke, von Wehrgängen und Zinnen gekrönte Mauern verbunden und bilden dadurch einen ganz eigenartigen netzförmigen Grundriß. Aus dem Wasser der Donau aufsteigend und am Fels empor bis zu dessen krönendem Gipfel in doppelter Reihe angeordnet, bilden ihre stolzen Ruinen mit dem gewaltigen Strom das glänzendste Bild mittelalterlichen Wehrbaues (Abb. 677).

Die Seitenbestreichung ermöglichten die unregelmäßig vor= und zurückstehenden Türme. In den Felsen führte landwärts ein zum Teil wohl künstlich erweiterter Halsgraben an der Burgmauer entlang, zum Teil ist eine natürliche Schlucht benutzt. Die Eingangsanlage ist durch die moderne Uferstraße, die mittels eines Tunnels den Burgfelsen und auch die Burgmauern unten am Strome durchbricht, sehr verwischt. Vom Strome führte einst von der tiefsten Uferstelle ein Pfad unterhalb von dem vorgestreckten Mauerturm entlang in den unteren Burghof.

Jedenfalls ist die Wahl dieses Bauplatzes sowohl ein Zeugnis glänzenden technischen Mutes, wie ein solches strategisch klaren Zielbewußtseins. Die Burg ist eine Flußsperre und eine Straßensperre.

Baugeschichtlich haben wir nur späte Nachrichten, denn die Bauformen dürften späte=stens auf das 13. Jahrh. hinweisen, während vor der Eroberung durch die Türken 1391 kaum bestimmte urkundliche Berichte vorliegen. Freilich war das Donaugebiet im Beginn

[27]) Kanitz: II, S. 75/76. — [28]) Ebenda S. 191 f. — [29]) Ebenda I, S. 197.

Abb. 678. Burg Manassija mit Kloster, auf rechtem Donauufer. Ansicht. B. E. nach Kanitz.

des 12. Jahrh. bulgarisch beeinflußt. Auch Golubac kann also unter deren Einfluß oder nach der Eroberung Bulgariens durch die Byzantiner 1018 auch von diesen erbaut oder umgebaut sein. Die Türme entsprechen wohl byzantinischen Bauten und Grundrissen, aber die großblöckige Bruchsteinmauertechnik zeigt nicht unbedingt überzeugende Schichtungsformen.

Eine sechseckige Anlage

Im südlichen Serbien unweit Pristina liegt die sechseckige Höhenburg Novi=Brdo[30]) auf stolzem Gipfel als Kernwerk der zerstörten berühmten Stadt Novibrod in weitem dreieckigem Trümmerfeld mit alten Stadtmauerresten umgeben. Die Bedeutung der vor dem 14. Jahrh. bereits befestigten Stadt und Burg lag in der Ausnutzung der großen Blei= und Silberwerke des Gebietes (des Vilajet) von Kosovo. Die Burg mit ihren 6 starken Mauertürmen liegt wie eine Krone auf der Berghöhe, anscheinend fehlen die kennzeichnend serbischen hohen, schlanken Türme, doch ist noch ein Bergfriedrest (?) innen angedeutet. Auch ein Pallasrest scheint noch vorhanden.

Boskovič hält die Erbauung durch den König Milutin im beginnenden 14. Jahrh. für wahrscheinlich[31]). Kennzeichnend sind die zur Seitenbestreichung besonders stark vorgestreckten 6 Ringmauertürme der Burg.

Befestigte Kirchen und Klöster

Unruhige Zeiten brachten es mit sich, daß nicht nur weltliche Wohnsitze und strategisch wichtige Machtmittelpunkte burglich befestigt, sondern daß auch Kirchen und Klöster mit Mauern und Türmen umgeben wurden.

Die so geschützte Klosterkirche Ravanica (Rawanitza) rechts der Morava bei Crupija östlich Krakujevac gelegen, ist dafür ein Beispiel. Wir hören, daß trotzdem die Bauten

[30]) Boskovič: La Fort. Novo Brdo. — [31]) Ebenda nach S. 162 Grdr.

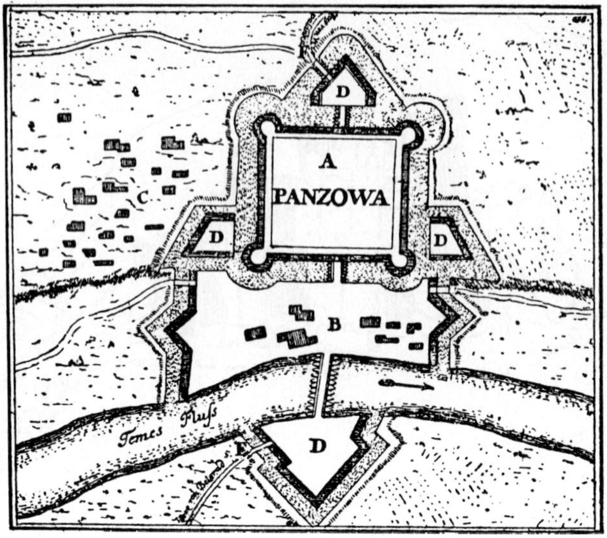

Abb. 679. Sperrburg Panzowa, Serbien, am Fluß Temes östl. Belgrad.
Grundriß nach Bodenehr von etwa 1740.

schon 1398 teilweise und die nahe Schloßruine mit ehemals 7 Türmen 1438 bis auf wenige Reste zerstört wurden[32]).

Neuerdings (1938) stellte Architekt M. Dj. Boskovič Pläne zur Wiederherstellung der festen Klosterkirche Banjska[33]) auf, die unter Aufsicht der Kommission der historischen Denkmäler ausgeführt werden sollen. Nur ein Hauptturm steht in den Ruinen der Kirche.

Manassija, auf dem rechten Donauufer eng umschlossen von mächtigen Bergen, groß=artig gelegen, ist durch Zinnenmauern verbunden und bildet ein malerisches Vieleck, dem im Nordosten ein kleineres Werk vorliegt. Von diesem lief eine dem Burggrundriß fol=gende Außenmauer mit tiefem Graben im Halbkreis zur Resava, über deren Brücke man von Westen, z dem von hart zusammengerückten Türmen verteidigten Haupteingang gelangte. Die 12 gut erhaltenen Türme, von denen einer den anderen überragt, sind durch krenelierte Mauern verbunden.

Das feste Kloster wurde 1407 begonnen, 1418 eingeweiht und 1439 von den Türken erobert, 1444 wieder serbisch, 1458 von Mahmud Pascha, 1489 von den Kaiserlichen ge=nommen, 1717, 1739 wieder österreichisch[34]) (Abb. 678).

Die Stadt Krusevac mit den Ruinen der ehemaligen Serbenburg liegt nahe der Vereinigung der serbischen Morava in die bulgarische Morava. Ein geborstener Turm von 3 m Mauerstärke mit erhaltener Innentreppe erinnert an die ehemalige Burg des Zaren Lazar. Aus den Steine der Burg wurde die Moschee erbaut, die ebenfalls in Ruinen liegt[35]).

Zum Schluß seien noch einige weitere Burgen dieses Gebiets genannt. Die Landschaft um Novi Pazar hieß im Mittelalter Rassia oder Rascia, war also das Stammland des späteren Serbenreiches. Novi Pazar selbst hieß altserbisch Trgoviste, erst die Türken

[32]) Kanitz: I, S. 271 mit ganzseitiger Abb. — Hellwald u. Beck: Die heutige Türkei I, S. 203. — [33]) Boskovič: Wiederherstellung der Ruine der Klosterkirche Banjska. — [34]) Kanitz: I, S. 265. — Hell=wald u. Beck I, S. 202. — [35]) Kanitz: II, S. 82ff., III, S. 789.

Kirchenburg K e i s d , Siebenbürgen. Turm mit italienischen Maschikuli

Die Großkopischer Kirchenburg, Siebenbürgen

gaben ihm den heutigen Namen. Die Burg ist eine viertürmige, mittelalterliche serbische Anlage, die von den Türken weiter benutzt wurde.

Kanitz[36]) nennt Novi Pazar oder Jeni Pazar in Alt=Serbien = Sbara Srbija „eine der wichtigsten militärischen Positionen der neuen Türkei. Es ist sozusagen der Schlüssel, der ihr die Verbindung mit Bosnien offenhält und zugleich Serbien von Montenegro trennen könnte".

Bemerkenswert ist Burg Panzowa mit quadratischer Anlage als Sperrburg des Über=ganges über den Temes, östlich Belgrad. In den Türkenkriegen hat die Burg große Be=deutung gehabt. Auf alter römischer Anlage ist sie erbaut und später mit bastionierten Befestigungen versehen worden (Abb. 679).

Ivanova liegt auf isoliertem hohen Bergkegel von 1076 m Höhe. Von der ehemaligen mittelalterlichen Burg, die Kanitz[37]) wieder römisch beeinflußt nennt, ist ein rechteckiger Turm, 14 m hoch, erhalten, mit 7,78 m langen und 5,8 m breiten Seiten; das Fundament besteht aus 1,34 m starkem Mauerwerk aus rohen Sandsteinblöcken und Ziegelstückchen mit Mörtel. In den Grundresten ist natürlich anschließend ein 56 m im Umkreis messender mittelalterlicher Bering erkennbar. Auch südlich finden sich Baureste.

Stalac (Stalazsch?) war für die Morava=Schiffahrt und für den Handel Belgrad—Nisch ein wichtiger Platz. Auf römischen Kastellresten entstand die den Hafen schirmende alt=serbische Burg Stalac[38]). Erhalten ist fast nur noch der sogenannte „Todorturm", der geborsten ist, ein ehemals quadratischer fünfgeschossiger Turm von 6,5 m Seitenlänge. Nach Kanitz sollen die unteren Bauten der Burg von den beiden Moravaarmen – der west=lichen und der bulgarischen Morava – die oft ihr Bett ändert, umspült worden sein. Die untere Burg war schon 1413 sehr stark verwüstet.

Abb. 680. Burg Soko, Serbien, auf spitzem Kegel an dem Fluß Banjanica.
Ansicht. B. E. nach Kanitz.

[36]) Kanitz: II, S. 45ff. – [37]) Ebenda II, S. 317ff. – [38]) Ebenda II, S. 87, 95ff., 543, 544, III, S. 789.

Zwischen Dibra und Ochrid bei dem türkischen Dorf Kodzadzik auf hohem Felsen liegt die stattliche Ruine Svetigrad mit gut erhaltener vortrefflich erbauter Zisterne. Diese byzantinische Burg ist gegen Goten und Normannen errichtet worden[39]).

Eines der schönsten Beispiele mittelalterlich=serbischer Feudalbauten nennt Kanitz die Burgruine Soko (d. h. Falke; auch Sokolnica) bei Svrljik über dem Fluß Banjica. In drei Abschnitten ist die Burg verteidigungsfähig bis zu 983 m Höhe aufgetürmt auf mächtigen Grundmauern auf einem völlig vereinzelten Kalkfelsen. Zahlreiche Turmreste kennzeich= nen die frühe serbische Feste[40]), die 1862 nach dem Abzug der Türken geschleift wurde.

Ein Turm mit im Quadrat anschließenden niederen Mauern führte in den gleich hoch mit der Stadt liegenden Schloßvorhof. Sodann folgte der eigentliche Torturm, zu Kanitz' Zeiten (1904) noch mit eisernem Tor[41]) (Abb. 680).

Zum Schluß sei die alte Burg und spätere Festung Peterwardein[41a]) erwähnt, deren Bedeutung in den Türkenkriegen als eine der stärksten Festungen der ehemaligen öster= reichischen Monarchie genugsam bekannt sein dürfte. Die mittelalterliche Anlage, be= stehend aus einem rechteckigen Kern, umgeben von einer großen Vorburg, zeigt die Wiedergabe eines alten Stiches, bei Szabo, dessen Original sich im Archiv zu Karlsruhe befindet; den nachmittelalterlichen Zustand gibt der Stich von Bodenehr wieder (Abb. 681).

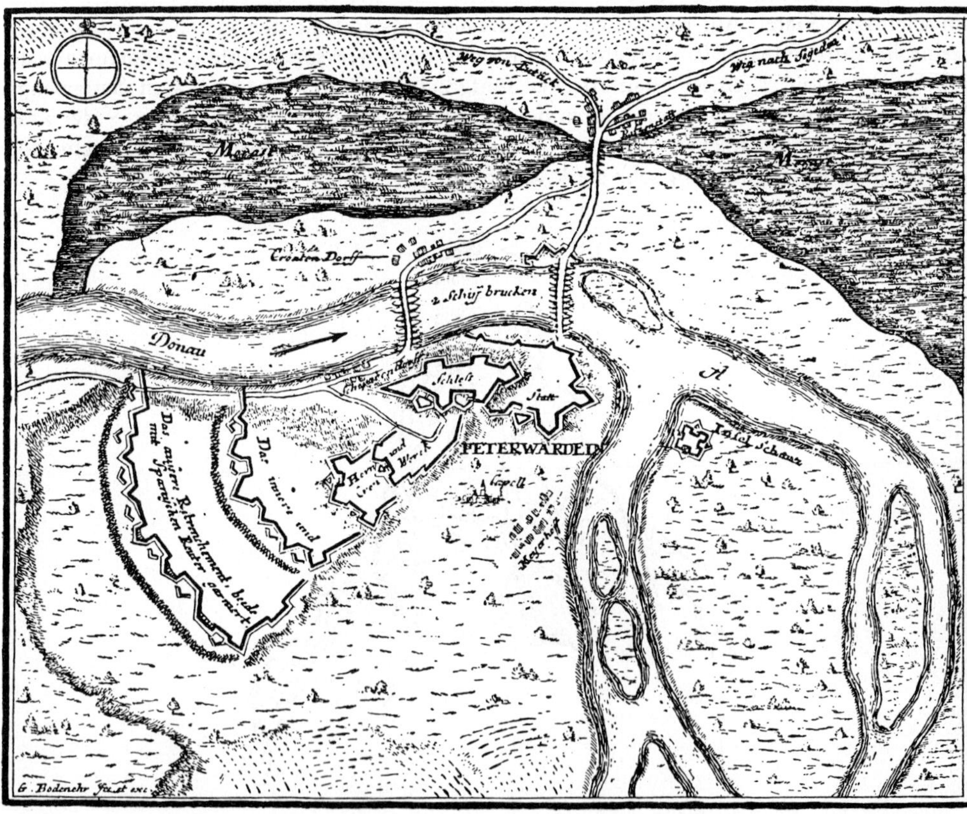

Abb. 681. Burg und spätere Festung Peterwardein, Lageplan nach Bodenehr aus dem Jahre 1740.

[39]) v. Sufflay: Städte u. Burg. i. Alb. S. 18. — [40]) Abb. bei Kanitz II, S. 117. — Hellwald u. Beck I, S. 207. — [41]) Kanitz: I, 1 S. 415, II, S. 114. — [41a]) Szabo, S. 150.

Rumänische Burgen

Landschaftliche Übersicht

Die landschaftliche und damit wehrbauliche Teilung des heutigen Rumänien nach der geologischen Beschaffenheit, der Bodengestaltung, ergibt sich wie folgt. Die große und kleine Walachei – das südliche Vorland der Transsylvanischen Alpen, die Moldau – das an die Siebenbürgischen Karpaten im Osten angrenzende Gebiet, weiter Bessarabien zwischen Pruth und Dnjestr gelegen und rechts der Donau bis zum Schwarzen Meer das Hügel= und Seenland der Dobrudscha. Dazu kommt als burgenkundlich bedeutendstes Gebiet das siebenbürgische Sachsenland mit dem Burzenland zwischen den fast rechtwinklig zusammenstoßenden Karpaten[1]). Das östlich der Linie Kronstadt—Schäßburg sich hinziehende Szeklergebiet endlich, das heute zu Ungarn gehört, ist voll von kleinen Burgruinen, von denen meist nur noch Grundrißreste feststellbar sind.

Die geologisch sehr verschiedenen Bodenformationen der einzelnen Gebiete üben natürlich auch ihre Wirkung auf Bauart und Baugestaltung der Burgen. Im Westen waren die Grenzen durch Gebirge aus kristallinischem Massiv bestimmt. Das Mittelgebirge besteht meist aus Schiefer und Kreideformationen, die die Bauformen, weil schwerer bearbeitlich, ungünstig beeinflußten.

Die landschaftlich verschiedenen Gebiete wie Gebirge, Flußläufe und Ebenen bestimmen weiterhin die Verteilung und Gestaltung der Burgenbauten.

Wie im ganzen südosteuropäischen Raum spielt auch hier die Donau eine entscheidende Rolle. Die Gestaltung der Ufer bestimmte die in strategischer Hinsicht wichtigen Flußübergänge.

Durchweg lag das linke rumänische Ufer der Donau flach sumpfig dem felsigen bulgarischen Steilufer gegenüber. Nur selten traf eine wegbare feste Stelle am linken Ufer auf dem rechten Ufer auf eine günstige Landstelle, die dann schon zur Römerzeit stark befestigt wurde.

In Altrumänien und in Bessarabien finde wir als Sperre der Dnjestrübergänge einige landesfürstliche Wehrbauten. Ritterliche Sitze gab es zwei[2]). Das „Castrum munitissimum" der Deutschritter in der Moldau aus dem Jahre 1222, dessen Lage uns bis jetzt unbekannt ist. Die zweite Ordensburg bauten die Johanniter im Jahre 1247 bei Turnu=Severin[3]). Beide ritterlichen Sitze waren deutsche Gründungen.

Die Grenze Rumäniens gegen Rußland bestimmte der Dnjestr, der mit dem in gleicher südöstlicher Richtung verlaufenden Pruth Bessarabien umfaßt.

Die Bukowina endlich bildet die nördlichste Spitze der rumänischen Landesteile.

Altrumänien zeigt nur eine geringe Anzahl wehrhafter Burgbauten, worunter auch kaum einer von besonders hohem künstlerischen Wert ist.

Donauuferburgen

Den schon im Abschnitt Ungarn genannten Donauuferburgen folgen nach dem kurzen serbischen Teil auf rumänischem Gebiet bis zur Mündung der Donau ins Schwarze Meer eine Reihe Burgen und Burgruinen.

---

[1]) Siehe Abschnitt „Siebenbürgen". – [2]) Nachstehende Angaben verdanke ich z. T. dem verehrten siebenbürgischen Burgenforscher Walter Horwath, der uns allen aus seinen erschöpfenden Untersuchungen der siebenbürgischen Kirchen bekannt ist – [3]) A. Bărcăcila, Cetatea mediăvală a Severinului, Buc. 1937.

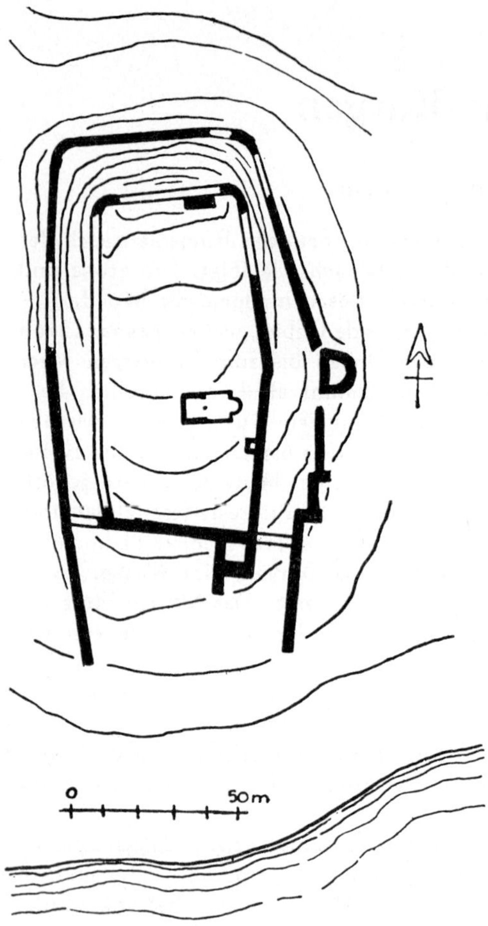

Abb. 682. Burg Turnu=Severin, an der Donau, Grundriß 1 : 2000. B. E. nach Barcacila.

Zunächst ist zu nennen die noch auf serbischem Gebiet gelegene, in den Türkenkriegen wiederholt umkämpfte Feste Golubac, von der noch 1899 stattliche Reste bestanden haben[4]). Schon zur Römerzeit war an diesem Platze ein Kastell. Im Mittelalter erhoben sich die mit 9 Türmen versehenen Mauern terrassenartig durch mehrere Abschnitte zu der obersten, etwa 70 m hohen Felsplatte. Dort erhob sich ein Rundturm mit achteckigem Unterbau, den die Türken wegen seines stark vorragenden Galeriekranzes „sesir kula" = Hutturm nannten. Zu dem untersten Abschnitt führte der Eingang über einen 7 m breiten Graben durch ein spitzbogiges Haupttor[5]) (Abb. 677).

1389 wurde die Burg von den Türken erobert. In den Kämpfen des ganzen folgenden Jahrhunderts war Golubac wechselweise in Händen der Ungarn und Osmanen.

Auf der linken Seite der Donau, gegenüber Golubac, errichtete König Sigismund von Ungarn 1427 die Burg Laszlovar (St. Ladislaus), welche bei Wiedeoberung der verlorenen Feste Golubac einen festen Stützpunkt bilden sollte[6]).

Etwas donauabwärts liegt Orsova, welches 1524 in einer Belagerung durch die Türken erwähnt wird[7]). Auf einen Stich des Gabriel Bodenehr von etwa 1720[8]) ist der Lageplan einer dreiteiligen Befestigung wiedergegeben, Anlagen diesseits und jenseits der Donau und auf einer Insel im Strom.

Ungefähr 20 km nördlich Orsova ins Land hinein lag die Burg Mehadia (Mihald), die den Brüdern Hunyady für hervorragende Leistungen (wahrscheinlich 1438 oder 1439)[9]) zum Geschenk gemacht wurde.

Einen wichtigen militärischen Übergangs= und Knotenpunkt bildete die Stadt Turnu=Severin an der Donau für die Heere von Byzanz und der Osmanen. Schon in römischer Zeit befestigt, besaß sie im Mittelalter eine Burg, die sogar eine kurze Zeit (von 1247—61) dem Deutschen Johanniter= und von 1429—32 dem Deutschen Ritterorden zum Schutz gegen die Türken übergeben worden war. Die Burg bestand aus zwei annähernd rechteckigen, mit Türmen bewehrten Ringmauern, mit einer kleinen Ordenskirche inmitten der Burganlage (Abb. 682). Die innere Burg ist 70 m lang und 53 m breit[10]).

An der Mündung des Alt in die Donau liegt die Festung Turnu Magurele), ebenfalls eine Stadtburg.

[4]) Kupelwieser: Kämpfe Ungarns mit den Osmanen, Wien/Leipzig 1899. — [5]) Ebenda S. 41. — [6]) Ebenda S. 41. — [7]) Ebenda S. 211. Anm. 9: „Unter Orsova ist Alt=Orsova zu verstehen. Neu=Orsova (Adakaleh, Inselfeste), sowie das seit 1870 demolierte Fort Elisabeth sind späteren Ursprungs." — [8]) In Force d'Europe Taf. 134. — [9]) Kupelwieser a. a. O. S. 52. — [10]) Al. Bărcăcila, Cetatea mediavală a Severinului. Buc. 1937. Abb.

Kirchenburg Klein-Schelken, Siebenbürgen

Burg R e p s , Siebenbürgen (Burzenland). Heute Bauernburg

R o s e n a u e r Burg, Siebenbürgen (Burzenland)

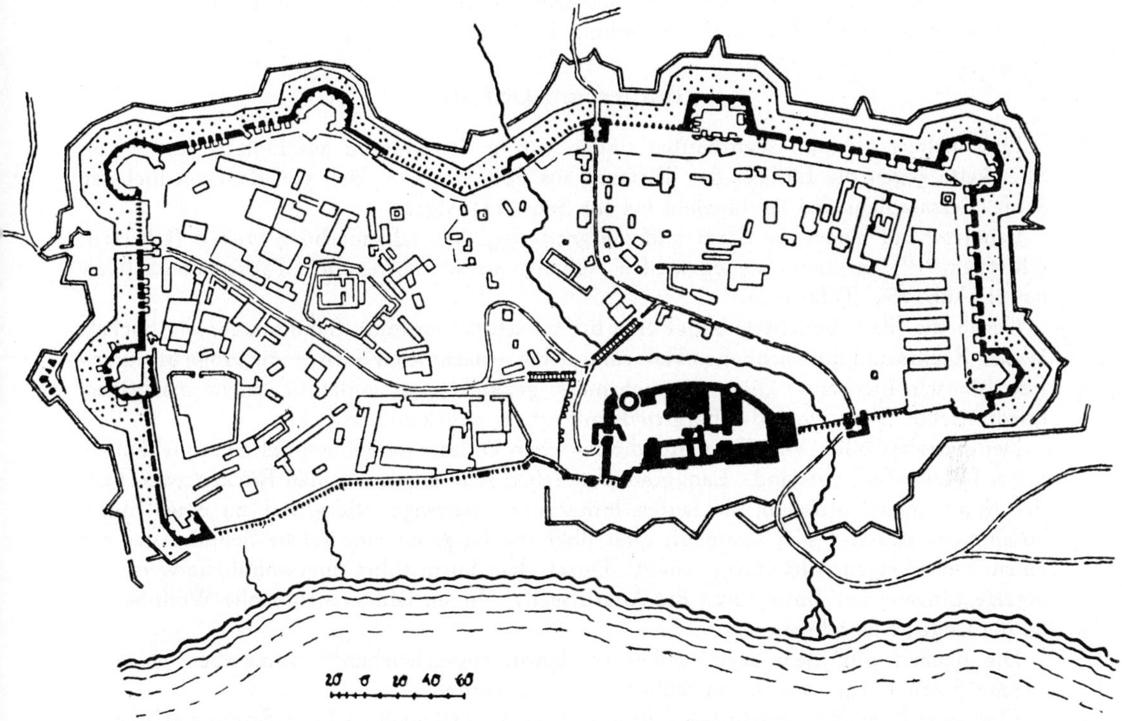

Lageplan von Stadt und Burg.
Grundriß 1 : 1000.
B. E. nach Memoriile sectiunii istorice.

Abb. 683. Hotin am Dnjestr.

Ansicht der Burg.
B. E. nach Romstorfer.

Giurgievo (Giurgiu) war eine im Mittelalter bedeutende Stadt und Burg, die in den Türkenkriegen wiederholt eine Rolle gespielt hat. 1418 verwüstete Sultan Mohammed die Walachei und nahm die Burgen St. Georg (Giurgievo) und Severin an der Donau[11]).

Als mittelalterliche Stadtburgen an der Donau sind noch zu nennen Braila an der unteren Donau und Kilia, an der Mündung der Kilia in die Donau.

Burgen am Dnjestr

Eine weitere Gruppe Wehrbauten finden wir in den Burgen am Dnjestr, die – als Sperrkette gegen die Einfälle der Tartaren aus dem Osten – sich von dem nördlichsten Zipfel Bessarabiens 900 km hinzieht bis ans Schwarze Meer.

Beherrschend liegen die Stadt und die großartige Mantelmauerburg Hotin (Chotin, Chotzim?)[12]) an einem steilen kahlen Abhang, 50 km nordöstlich Tschernowitz (Cer=nauți) (Abb. 683, Tafel 116).

Gegen die Stadt gerichtet, bildet eine breite, schmal gezinnte Schildmauer die höchste Wehr. Rechts und links schließen Halbrundtürme – fast gleich hoch – die große öffnungs=lose Mantelmauer ein. Diese ist mehrmals geknickt und endet in einem mächtigen, quadratischen Turmblock des Bergfrieds mit schräg abgekanteten Ecken.

Den Bauplatz bildet eine Bergnase, die zwischen Dnjestr und einem tief einschneidenden kleinen Nebenfluß entstand. Langgestreckt ziehen sich auf dem hohen Rücken zwei Teile der Mantelmauer stromab, sie laufen hinter dem mächtigen Bergfried zu einer Spitze zusammen, während sich stromauf, quer über die Bergnase eine starke Schildmauer mit einem rechteckigen Mittelturm erhebt. Durch den Turm führt ungewöhnlicherweise der einzige Eingang zur Burg durch die Angriffsseite. Innen lehnen sich große Wohnbauten an die langen Mantelmauern.

Die Bauzeit wird dem beginnenden 15. Jahrh. zugeschrieben[13]), kann aber der un=regelmäßigen Form nach schon früher geschätzt werden.

Eine ganz besonders regelmäßige Anlage zeigt die kreismäßige Burg Soroca (Cetatea Sorocii) am Dnjestr in Bessarabien (Abb. 684). Sie ist ein merkwürdiger Rund=ling mit vier, zur Seitenbestreichung bestimmten, an die Mantelmauer angebauten kleineren Rundtürmen und einem ebenso star=ken, rechteckigen Torturm[14]). Stephan der Große, Woiwode der Moldau (1457—1504), erbaute sie am Ende seiner Regierung zum Schutz gegen die Tartaren ebenso wie die süd=licher, nicht unmittelbar am Fluß gelegene Burg Orheiu (Orhei).

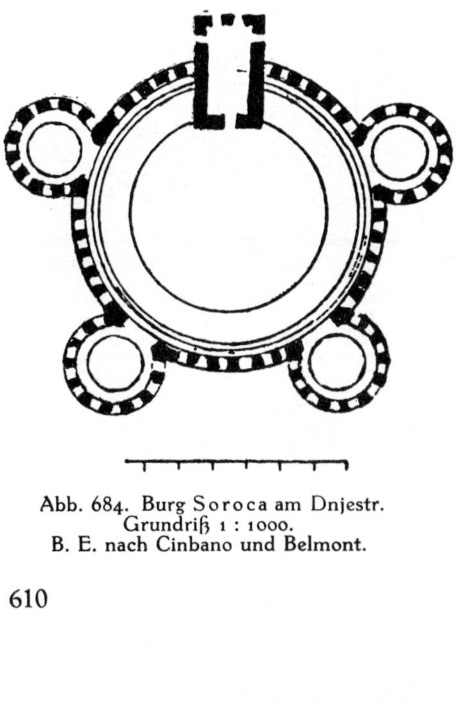

Abb. 684. Burg Soroca am Dnjestr. Grundriß 1 : 1000. B. E. nach Cinbano und Belmont.

Ähnliche regelmäßige Grundrisse finden wir unter den Dardanellenburgen. Es ist italie=nischer Einfluß, den wir für die Regelmäßigkeit heranziehen müssen.

Eine klotzige Stadtburg besitzt Bender (Tig=hina) an der rumänisch=russischen Grenze. Der Name Bender = Tor kennzeichnet zugleich die

11) Kupelwieser a. a. O. S. 37. – 12) Ghidul tur., hist. si balnear de Prof. Vlad Bănățeanu und Knittel. S. 101—105. – 13) Ebenda. – 14) Lăpě=datu: Cetatea Sorocii. Buletinul etc. VII. 1914. Ans. S. 87ff. – Gral Scarbat Panaitescu: Orașul și ceta=tea Soroca.

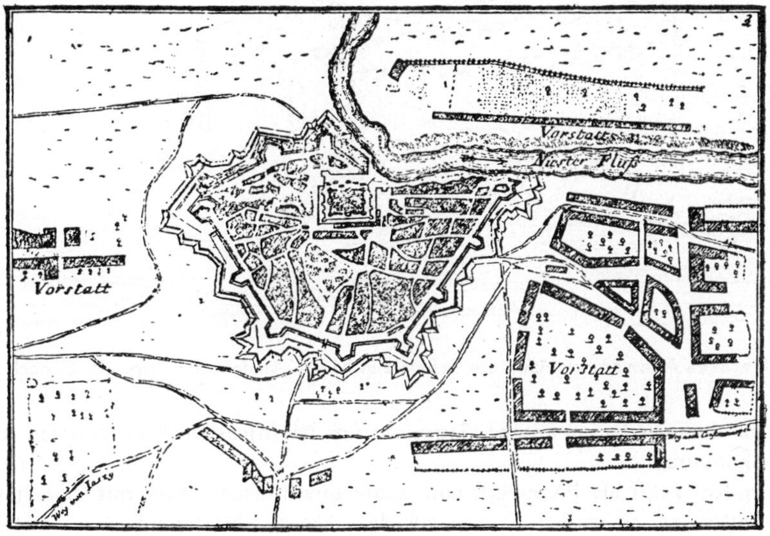

Abb. 685. Bender, am Dnjestr. Plan nach Stich von Bodenehr aus Force d'Europe.

strategische Bedeutung des Platzes und seiner Lage am Dnjestr, etwa 110 km oberhalb seiner Mündung in das Schwarze Meer.

Ein Kupferstich des Augsburgers Gabriel Bodenehr stellt Stadt und Burg am Fluß Dnjestr dar[15]), wobei das rechteckige Kernwerk der Burg in früheren burglichen Formen mit vier wenig vorspringenden Ecktürmen und je einem ebenso flachen Mittelturm an jeder der vier Seiten dargestellt ist[16]) (Abb. 685).

Eine Zwingmauer, gleichfalls turmverstärkt, und ein viereckig geführter Ringgraben deuten ebenso auf mittelalterlichen Wehrbau, während die Stadt mit bastionierten Wällen späterer Zeit angehört. Die Kernburg stößt diagonal ans Flußufer.

Hier weilte der Schwedenkönig Karl XII. nach der verlorenen Schlacht von Pultawa zu langem finsterem Aufenthalt.

Zum Schutze ihres Handels errichteten die Genueser an der Küste des Schwarzen und Asowschen Meeres verschiedene Stützpunkte – neben Akkerman (Bender, etwas oberhalb der Mündung des Dnjestr in das Schwarze Meer ist auch noch dazuzurechnen) Inkerman auf der Halbinsel Krim, Asow an der Mündung des Don, Kastell Taganrogg (?) am Asow=schen Meer[17]).

Da, wo sich der Dnjestr bei seiner Mündung ins Schwarze Meer zu einem See ausdehnt, erhebt sich über den städtischen Wehrbauresten der Stadt Akkerman die weiße Burg Cetatea Alba[18]) (Abb. 686, 687, Tafel 117). Oder wie sie

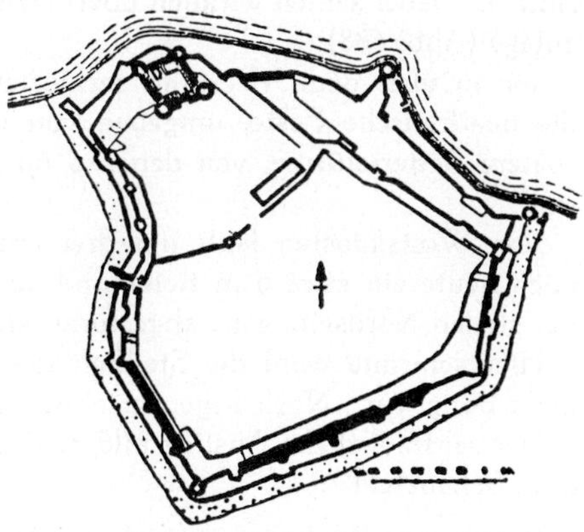

Abb. 686. Cetatea Alba (Akkerman), am Schwarzen Meer. Plan von Burg und Stadt. Grundriß 1 : 1000. B. E. nach Memoriile.

[15]) In Force d'Europe etwa zwischen 1725 und 1746. – Gral Scarlat Panaitescu: Cetețuile și orașul Thigina. – [16]) Möglicherweise teilweise willkürlich. – [17]) Force d'Europe. – [18]) Lapedatu: Gravuri ... Cetatea Alba. Ans. von Akkerman und Burgen in der Moldau. In: Bul. etc. VI, 1913.

Abb. 687. Cetatea Alba (Akkerman), am Schwarzen Meer. Ansicht der Burg. B. E. nach Memoriile.

die byzantinischen Quellen nannten: Maurocastrum, Mo(n)castro, Asprocastron, zu deutsch: Nester Weißenburg.

Der Grundriß zeigt als Kernwerk eine späte quadratische Burg mit vier runden Eck=türmen unmittelbar auf steilem Felsen aus dem Meere aufsteigend. Eine mächtige Vor=burg reckt rechtwinklige Stützmauern empor, die sich mit den städtischen Ringmauern verbinden, welche zwei= und dreifach hintereinander emporsteigen (Abb. 686).

In der Burg sind noch Reste von Wohnbauten erkennbar.

Der Maßstab ist sehr bedeutend. Man muß dem Genueser Einfluß die italienische Form der viertürmigen Stadtburg zuschreiben.

Akkerman war nämlich ein bedeutender Handelsstützpunkt der Genueser, den ihnen erst der Moldauer Woiwode Alexander der Gute (1401—33) nahm[19]).

Die Burg ist wahrscheinlich im 15. und 16. Jahrh. gebaut worden.

Höhen- und Stadtburgen

Zu den älteren Wehrbauten der Bukowina gehört die Burg Țețina, nordwestlich Tschernowitz. Nach Romstorfer[20]) wurde diese Burg um 1500 erbaut.

In derselben Landschaft liegt die berühmte Burgruine Suczawa, deren noch gewaltige Trümmer seit 1895—1901 von Romstorfer ausgegraben und erschöpfend behandelt worden sind[21]). Dabei kamen wirklich überragende, großartige Massen planvoll gestalteter Mauern zutage (Abb. 688).

300 m über dem Meere an zerklüfteten Bergabhängen erhob sich auf einer Bergnase die quadratische Feste, umgeben von ihrer starken Zwingmauer, beide verstärkt durch spätere Batterietürme, von denen 6 innere und 8 an den Außenringmauerresten erhalten sind.

Von Westsüdosten läuft um drei erhaltene Flügelbauten und um die Zwingerbauten noch heute ein etwa 9 m tiefer und 30 m breiter Graben, während der vierte Flügel an der steilen Nordseite ganz abgestürzt ist.

Hier schirmte wohl die Steilheit des Bergabhanges den Bau, so daß ein Graben hier nicht nötig war. Noch liegen mächtige Mauerblöcke in der Tiefe.

Der sanfte östliche Anstieg bildete dagegen die Hauptangriffsseite. Er heißt heute noch das „Schanzfeld".

[19]) Ullmann: Die Völker im Südosten. S. 191. — N. Bănescu: Maurocastrum — Mo(n)castro — Cetatea Alba. — [20]) Ältere Verteidigungsanlagen in der Bukowina in Jb. d. Bukowiner Landes=museums II, 1895. Vgl. auch Kaindl: Über die Erbauung der Burg auf dem Cecinaberge bei Cer=nowitz. S. 75—77. — [21]) Romstorfer: Das alte Fürstenschloß in Suczawa.

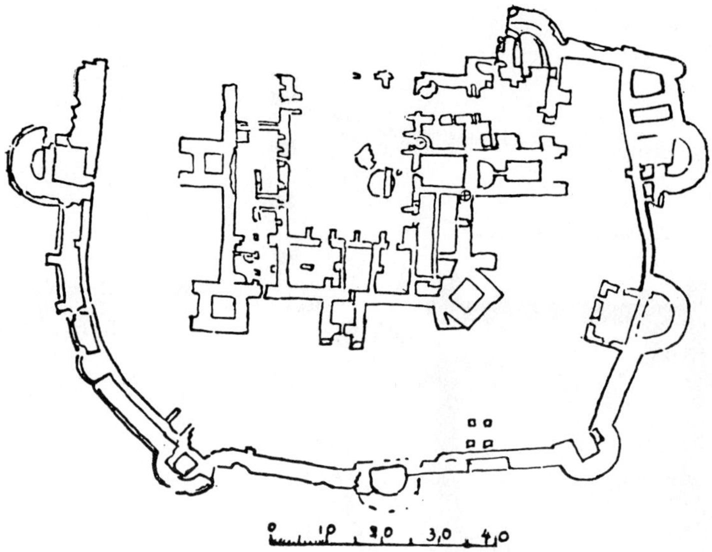

Abb. 688. Burg Suczawa, in der Bukowina. Grundriß ungefähr 1 : 1200.
B. E. nach Akademia Română București.

Betrachten wir nun die Lage der einzelnen Ruinen näher. Die Burg war 41 m über einer nahen Bachschlucht gelegen. Der Hauptzugang erfolgte von Osten aus, zwischen der Südostecke und der Burgkapelle.

Die vierflügelige Kernburg hat eine Ost=Westbreite von 40 m. Drei erhaltene, etwa 12 m breite Flügel sind außen von 2 m starken Mauern umschlossen (Abb. 688).

An der erhaltenen Nordostecke sind die Flügel verstärkt durch einen diagonal gestellten viereckigen Turm; an der Nordwestecke durch einen gleichen, aber parallel der Mantelmauer fast ganz frei vor der Ecke stehenden Turm. Beide Türme dienten zur Seitenbestreichung. Platt vor die Mitte der Nordseite hat man einen dritten, vieleckigen Turm gestellt – ebenso je einen vierten und fünften vor die Mitte der Ost= und Westflügel. Drei weitere Türme des Südflügels sind abgestürzt. Einst gab es also im ganzen 8 Türme. Man könnte bei solcher Grundform an byzantinische Anklänge denken.

Das Innere aller drei Flügel ist reich in viele Zimmer eingeteilt, im Westflügel ist sogar ein Saal. Korridore fehlen völlig – ein Maßstab für die späte Bauzeit.

Ein rundlicher breiter Zwinger umgibt diesen quadratischen Kernbau, der auch an Ordensritterburgen erinnern könnte, wenn nicht die nach Byzantiner Art weit vorspringenden Türme wären.

Von einem Vorhofe an der Nordostecke, der dort mit der Zwingmauer und dem Ostflügelrande in Berührung steht, erreicht man ein Durchfahrtstor, das zu dem quadratischen Hauptinnenhof Zulaß gewährt. Die Gesamtabmessungen der Kernburg zeigten 40 : 40 m in 4 Flügeln um einen Hof von 24 : 21 m, darum zog die betürmte, gewaltige Zwingermauer oval etwa 90 : 120 m messend.

Die große Zwingermauer umgibt die Kernburg an den Ost=, Süd= und Westseiten in 4 m Stärke. Sie scheint im 16. Jahrh. durch 7 schwere Halbrundtürme – Batterietürme – verstärkt zu sein, während man den Kernbau in das 14. Jahrh. versetzen darf.

Das sehr oft umgebaute, zerstörte oder verstärkte Mantelmauerwerk ist aus den verschiedensten Baustoffen hergestellt. Wir finden freilich meist Bruchsteine, aber auch Ziegel von 24 : 13 : $4^1/_2$ cm und größeren Abmessungen in Bogen= und Gewölberesten.

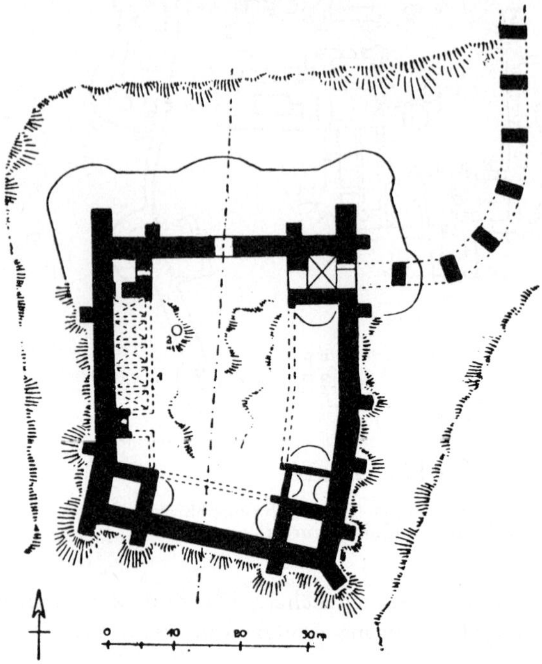

Abb. 689. Burg Neamţu, in der Moldau.
Grundriß 1 : 1000.
B. E. nach Horwath.

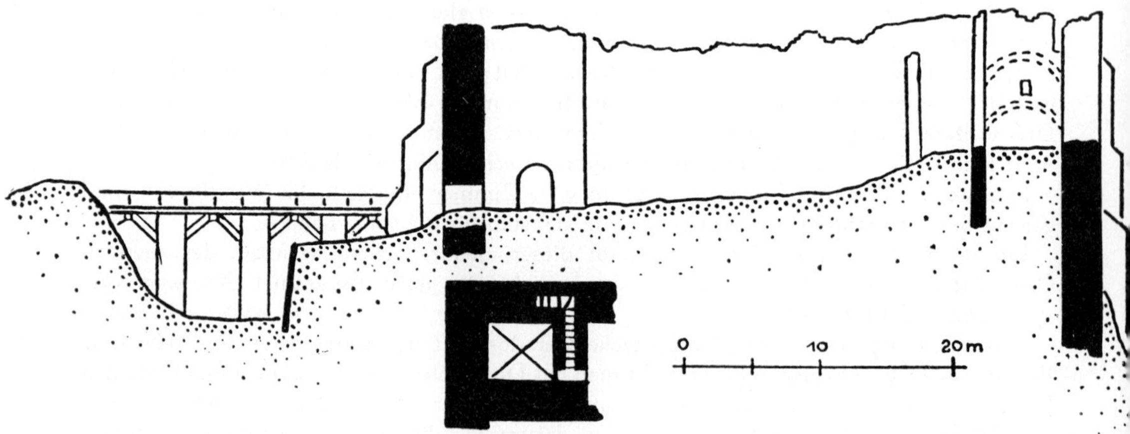

Abb. 690. Burg Neamţu, in der Moldau. Schnitt 1 : 500. B. W. nach Horwath.

Sehr schöne späte, reich profilierte gotische Maßwerke und noch spätere Bogenstücke berichten über reiche Quaderarchitekturen wahrscheinlich deutscher (schwäbischer) Meister aus Siebenbürgen.

Die sorgfältigen Ausgrabungen Romstorfers haben also einen gewaltigen, auch künstlerisch nicht ganz schmucklosen Wehrbau freigelegt, von dem schwerwuchtende Trümmer noch in mächtiger Höhe emporragen und die gleichnamige Stadt beherrschen.

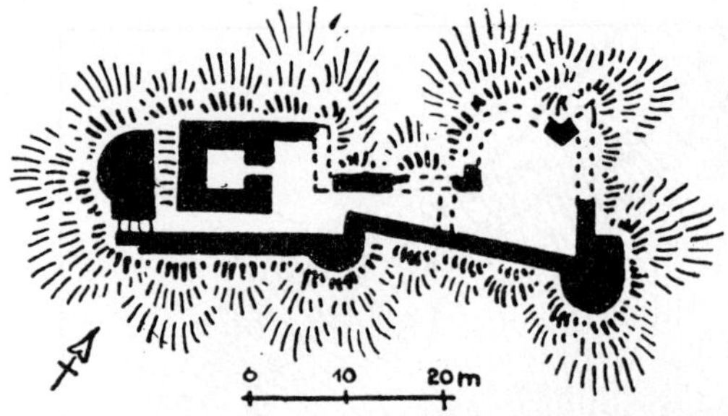

Abb. 691. Burg Vlad=Tepes bei Curtea de Argesch. Grundriß 1 : 1000. B. E. nach Horwath.

Als Besonderes gibt der Verfasser noch 27 Steinmetzzeichen von meist unklar geschweifter Form. Einige gleichen in der dargestellten Form deutschen Vorbildern.

Als das älteste wehrhafte Mauerwerk in der Moldau wird die Ruine der Burg Neamțu (Nianzo) am gleichnamigen Nebenfluß der Moldava angesehen, angeblich 1249 durch deutsche Ordensritter als Bollwerk gegen die Tartaren erbaut[22]).

Die Ruine zeigt in der Tat Verwandtschaft mit Deutschordensburgen durch die fast quadratische Form der dicken Mantelmauer, die vier innere Ecktürme ohne äußeren Vorsprung einschließt[23]) u. [24]) (Abb. 689, 690).

Zwischen den Türmen der Süd= und Ostseite waren, wie die in die Turmmauern gegen den Hof ausgesparten Stellen für Gewölbeansätze beweisen, in drei Stockwerken übereinander tonnengewölbte Räume für die Besatzung angebracht. Neben dem Südostturm war die geostete Kapelle. Auf der Westseite lag das 13,5 m lange Wohnhaus (Pallas) des Fürsten. Mittels einer Wendeltreppe konnte man in das erste Stockwerk des Pallas und darüber auf die Mauerbrüstung gelangen. Der Nordostturm hing mit dem Pallas mittels Türöffnungen zusammen und war heizbar. Die ganze Burganlage besitzt keine Schießscharten, sie dürfte vom Zinnenkranz aus verteidigt worden sein. Aus dem Tale führte ein S=förmiger Fahrweg, dessen letzterer, über den Halsgraben führender Teil als Brücke mit 6—7 Pfeilern ausgebaut war. Die dem Berge zugekehrte, gefährdete Nordseite wurde mit einer späteren aus dem 15. Jahrh. stammenden, mit 4 Eckbastionen verstärkten Vorburg ausgebaut. Diese wurde von den Türken bis auf die Grundmauern abgetragen[25]).

Als die älteste mittelalterliche Höhenburg der Walachei wird die Viad=Țepeș=Burg (Prienan) oberhalb der Stadt Curtea de Argesch, auf einer steilen vom Argeșfluß umspülten Felsennase erbaut, angesehen. Den Kern dieser Burganlage bildet ein viereckiger massiger Turmrest, an dem eine mächtige Bastei vorgebaut ist. Hinter dem Turm wurde die Felsnase mit drei halbrunden Türmen und anschließendem Mauerwerk ausgebaut. Sie diente bis zu ihrer Zerstörung im 18. Jahrh. als Aufenthaltsort politischer Gefangener (Abb. 691).

Auch an der Marosch und innerhalb seines Flußgebietes finden wir eine Reihe Wehrbauten, wie z. B. Radna am Oberlauf, das im 16. Jahrh. erbaut wurde und nach wechselvollem Schicksal 1649 an den Fürsten Georg Rakoczy gelangte, der ihm seine heutige Gestalt verlieh[26]).

Am linken Ufer der Marosch bei Mühlbach sind noch Reste der Mauern und des Wallgrabens der Burg Alvincz zu sehen[27]).

[22]) Bulet. Com. Mon. Istorice VI, 1913 und VIII, 1915. Neigebaur: Beschreibung der Moldau und Walachei. Leipzig. — [23]) Romstorfer: Schloß Neamțu, 1899. — [24]) Siehe Walter Horwath. — [25]) Boabe de Grâu, Revista, 1934 Matasa: Cetatea Neamțului. — Sulzer: Gesch. d. transalp. Daciens, 1781 Bd. I S. 416. — [26]) Varjú E. S. 133. — [27]) Hecksch: III. Führer durch Ungarn. S. 107.

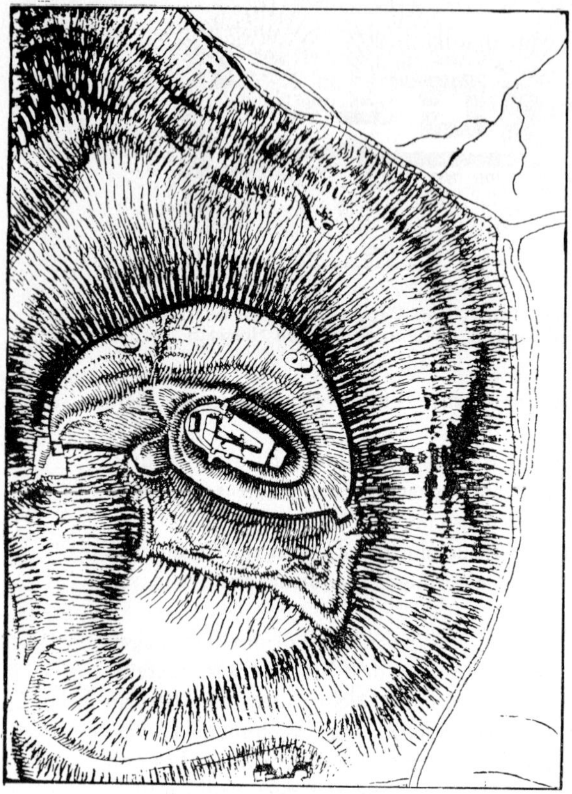

Abb. 692. Deva an der Marosch.
Die Burg mit mittelalterlicher Befestigung.
Plan aus dem Heeresarchiv Wien.

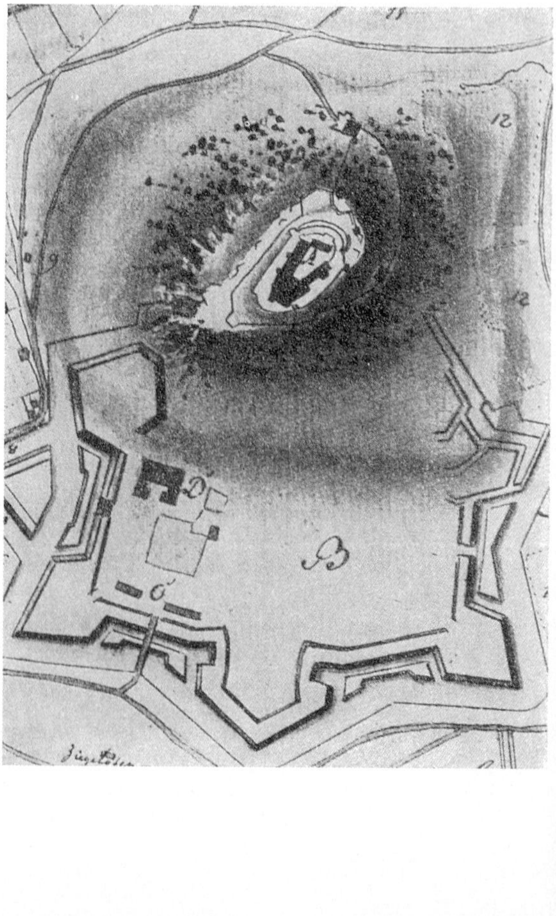

Abb. 693. Deva an der Marosch.
Die Burg mit nachmittelalterlicher Befestigung.
Plan aus dem Heeresarchiv Wien.

Abb. 694. Burg Sebes Vara, an der Körös. B. E. nach Varjú.

Eine alte, schon vor 1269 erbaute Burg[28]) ist die auf hohem, nahe an die Marosch heran=geschobenem isoliertem Trachytkegel westlich von der gleichnamigen Stadt gelegene Burg Deva. 1510 wurde sie renoviert. Die Ringmauer ist von regelmäßigem Oval. Die Burg hat 50 Schritt Länge und etwas weniger Breite. Der Graben wird von einer Zugbrücke überspannt, das Haupttor steht im Westen. Seit 1849 liegt die Burg in Trümmern (Abb. 692, 693).

Abwärts auf dem linken Maroschufer liegt die zum Schutze des Maroschpasses gegen die aus dem Banat vordringenden Türken erbaute Burg Dobra[29]).

An der siebenbürgischen Grenze, bei Csucsa über dem Tal der Körös, liegt die male=rische Ruine von Sebes Vara. Erbaut im Zeitalter der Arpaden, gelangte sie im 15. Jahrh. in den Besitz der Familie Banffy und wurde im 18. Jahrh. niedergerissen (Abb. 694). Die Ruine liegt heute wieder auf ungarischem Staatsgebiet[29a]).

Am Unterlauf, eine gute Strecke landeinwärts an der Körös, wurde Vilagos als könig=liche Festung nach dem Tartareneinbruch erbaut. Schon 1190 erwähnt, gelangt sie 1444 in den Besitz Johann Hunyadys[30]). Sie wechselte später oft ihren Besitzer, gelangte 1605 in türkische Hände und wird 1693 wieder befreit[31]). Noch heute sind auf einem Berg=kegel Reste der Burg zu erkennen.

Disipudac ist ein viereckiges Kastell mit vier runden Ecktürmen, an das sich im Westen eine fast runde Mantelmauer mit 5 runden Türmen und einem quadratischen Turm anschließt[32]).

Die Städte im heute rumänischen Gebiet waren im Mittelalter meist stark befestigt und außerdem durch Stadtburgen geschützt, an deren Stelle später Zitadellen traten. So blieben von den mittelalterlichen Wehrbauten meist nur geringe Reste.

Als Beispiel diene ein Plan der Stadt Temesvar aus der Zeit um 1725[33]) (Abb. 695). Bodenehr, der Stecher und Herausgeber dieses Buches, schreibt dazu:

---

[28]) Bielz: Burgen und Ruinen in Siebenbürgen. S. 69. — [29]) Ebenda S. 71. — [29a]) Varjú E. S. 143. — [30]) Hecksch a. a. O. S. 115. — [31]) Varjú E. S. 197. — [32]) Kalinderu in: Bul. Com. Mon. Ist. VI, 1913. S. 135 Lageplan. S. 136 Grundriß des Kastells. — [33]) In Force d'Europe. S. 171. (Die wenig abweichende, alte Schreibweise wurde verbessert.)

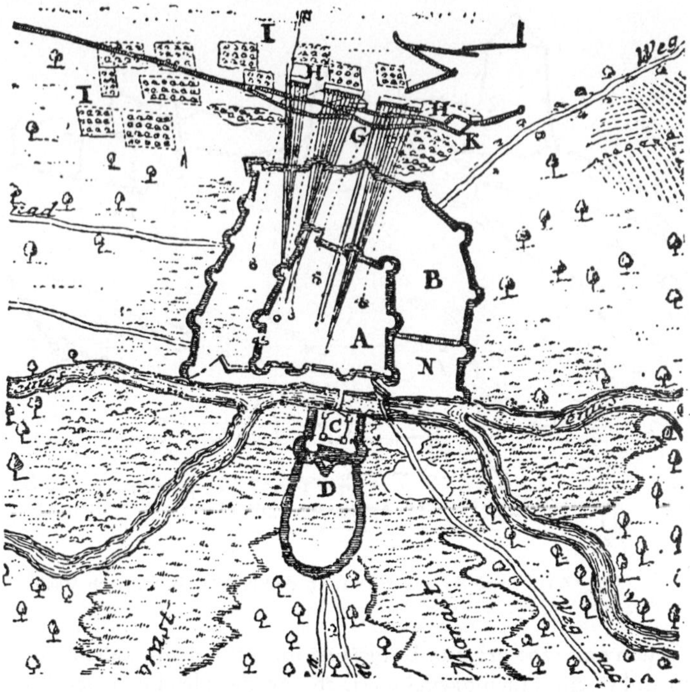

Abb. 695. Temesvar, nach dem Stich von Bodenehr aus Force d'Europe mit mittelalterlichen Mauern.

„Temeswar hatt ihren Namen von dem Fluße Temes, an welchem sie liegt und ist eine von den importantesten Städten und Vestungen in Ungarn. Sie wird von einigen zu Siebenbürgen gerechnet, liegt aber eigentlich in Ober=Ungarn, oberhalb Servien zwischen der Donau und Siebenbürgen und ist von den Ungarn erbaut worden, die Streifereien und Einfälle der Bulgaren und Tartaren zu verwehren.

Der Ort besteht außer dem 4=eckigen Schloß, welches eng und von keiner sonderlichen Defension ist, aus zwei Städten, davon die erstere, an welcher das Schloß liegt, etwas kleiner, und die Insel genannt wird, so mit einer Mauer, Wällen und Wassergraben von der größeren abgesondert ist, welch größere das eigentliche Temeswar ist, so mit einer festen Palancka, welches eine Art von Wällen ist, umgeben. Es ist auch auf der anderen Seite des Schloßes eine neue Vorstadt erbaut, nachdem die alte 1696 von den Christen verbrannt worden . . ."

Stadtburgen sind ferner Roman, kurz vor dem Einfluß der Moldava in den Sereth gelegen, Jaşi (?), Craciuna, und von den schon unten erwähnten gehören noch dazu Neamţu, Orhei, Giurgiu, Turnu Severin, Turnu Magurele, Kilia, Braila, Tighina.

Befestigte Klöster

Im Norden der Moldau und in der Bukowina finden wir eine ganze Reihe befestigter Klöster. Kein Wunder, daß sich in solch einer kriegserschütterten Gegend friedensuchende Menschen in Klöster flüchteten und daß diese bald wehrbaulicher Sicherungen bedürftig waren.

Wir nennen als solche: das feste Kloster Dragomirna im Bezirk Suceava oder Humora in der Bukowina, Bezirk Campulung, dann das feste Kloster Putna, ebenda, oder die späte Vierturmanlage Sucevița[34]), auch in der Bukowina, Bezirk Radauți, dann unter anderem noch Vatra=Moldovița, Voroneț, Bezirk Campulung, Zamka bei Suczawa sowie Cornet und Strehaia in der Walachei (Abb. 696).

Meist besteht die Wehre dieser Anlagen aus langen Ringmauern, in denen Wehrtürme neben Kirchen und Wohnbauten willkürlich errichtet sind. Gräben und Ecktürme ver=stärken die oft regelmäßigen Umfassungsmauern. Diese regellose und sehr zerstreute Bauweise steht ganz im Gegensatz zu der sinnvollen, auf engstem Raum zusammen=gefaßten Anlage der siebenbürgischen Kirchenburgen. Aber auch diese bewehrten Klöster in der Walachei, Moldau und Bukowina spielten im Mittelalter eine politische, kunst=historische, wirtschaftliche und strategische Rolle, so daß sie einer Erwähnung wert sind[35]).

Die quadratische Klosteranlage in Secu, im Jahre 1602 erbaut (Abb. 697), ist 100 m lang und 75 m breit und wird von 4 Ecktürmen flankiert. Im Innenhof laufen, an die Mauer angelehnt, die zweigeschossigen Wohnbauten der Mönche herum, die nur in der Nordwestecke von einer Kapelle unterbrochen werden. Der Nordwesteckturm steht mit einem Dansker außerhalb der Mauer in Verbindung.

Runde Wehrtürme an den Ecken hat die im Jahre 1688 erbaute Anlage des Klosters Golia in Jasi[35a]). Die quadratische Ringmauer ist mit paarweise angebrachten Schieß=scharten stark bewehrt. Der Torturm mißt 11 m im Geviert mit 2 m dicken Steinmauern, seine Höhe bis zur Dachgalerie beträgt 28 m. Er macht somit einen sehr streitbaren Eindruck, ist aber nur ein Wohnturm, der vielleicht nur von der Dachgalerie aus ver=teidigt werden konnte (Abb. 698).

Wehrhafte Führersitze[36])

Die rumänischen Woiwoden hatten in ihren Landeshauptstädten Altrumäniens fürstliche Wohnhäuser, die auch mit einer Wehrmauer und Torturm umgeben waren, errichtet. Ge=

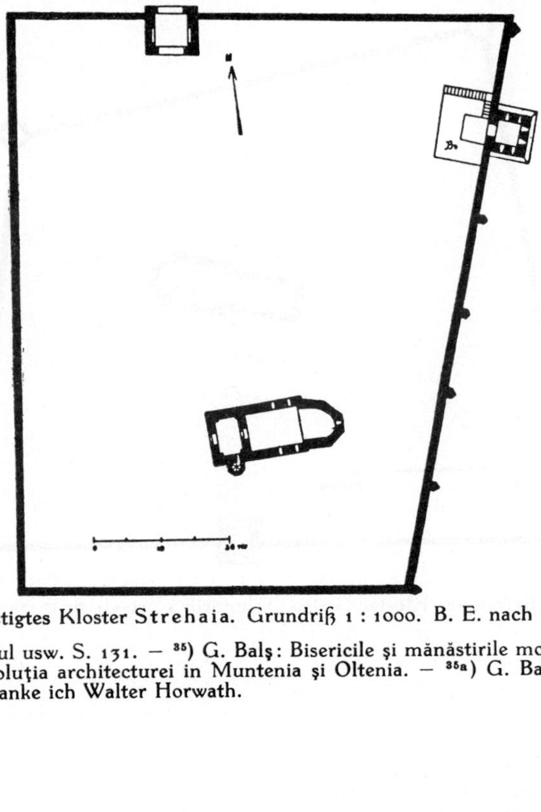

Abb. 696. Befestigtes Kloster Strehaia. Grundriß 1 : 1000. B. E. nach Ghika=Budești.

[34]) Banateanu: Ghidul usw. S. 131. — [35]) G. Balș: Bisericile și mânăstirile moldovenești, Buc. 1933. N. Ghika=Budeşti: Evoluția architecturei in Muntenia și Oltenia. — [35a]) G. Balș S. 316. — [36]) Auch diese Nachrichten verdanke ich Walter Horwath.

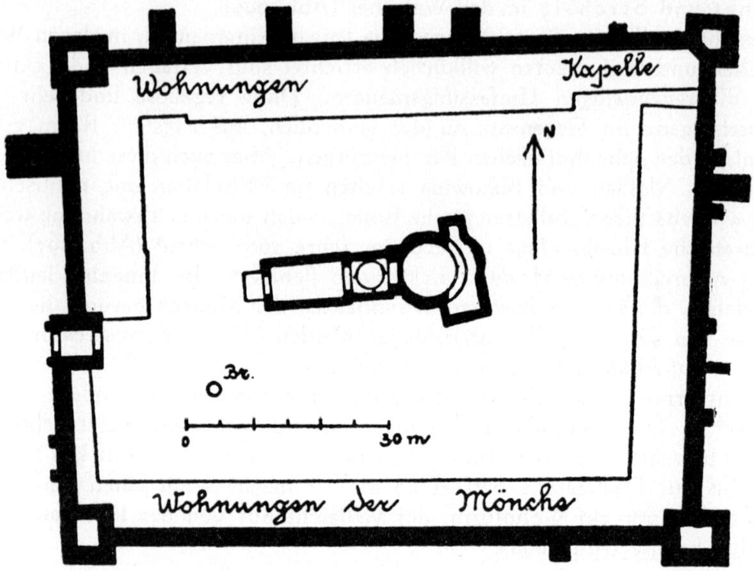

Abb. 697. Befestigtes Kloster Secu. Grundriß 1 : 1000. B. E. nach Bals.

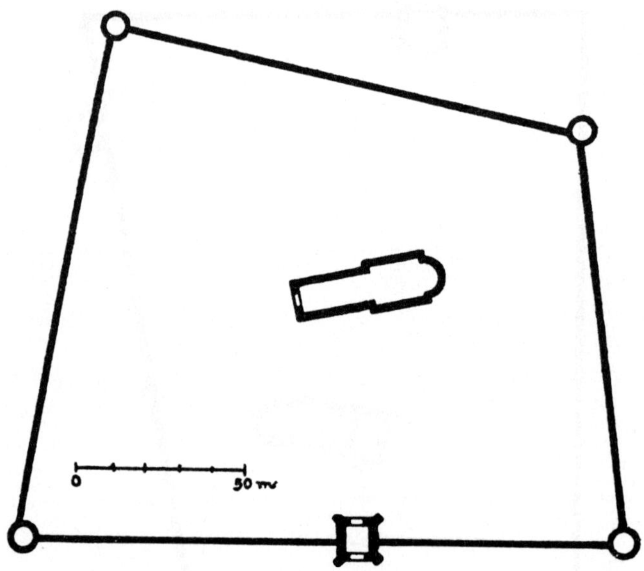

Abb. 698. Befestigtes Kloster Golia. Grundriß 1 : 1000. B. E. nach Horwath.

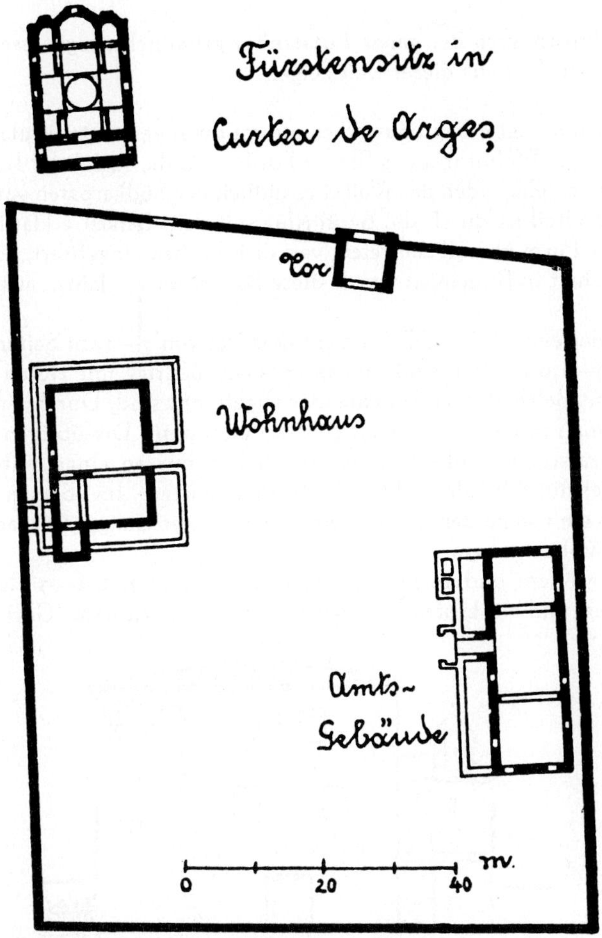

Abb. 699. Der Fürstensitz in Curtea de Argeş. Grundriß 1 : 1000. B. E. nach Horwath.

wöhnlich stand nicht weit davon auch die orthodoxe erzbischöfliche Kirche. Diese fürstlichen Residenzen hießen „Curtea domnească". Solche waren laut Überlieferungen in Câmpulung (=Langenau), Argeş, Târgovişte, Bukarest, Jaşi und Suczava.

Von dem Fürstensitz im Târgovişte ist nur noch der Wehrturm „Chindia" übriggeblieben. Von dem Fürstensitz in Bukarest wird unter dem Fürsten Grigore Voda Ghika (1672—1741) ein deutscher Turm „turnul despre nemţi" erwähnt[37]). Der Fürstensitz in Argeş wird als „castrum Argisch" bereits 1330 erwähnt, als er vom ungarischen König Karl Robert zerstört wurde (Abb. 699).

Wie dieser letztere Fürstensitz aussah, wissen wir erst, als im Jahre 1920/21 der rumänische Staat diesen Hof freilegen ließ. Er bestand aus einem viereckigen gemauerten Hof, der 79 m breit und 103 m lang war, an dessen Ostseite sich der mit Wehrturm beschützte Eingang befand. An der Nordseite des Hofes war das geräumige, viereckige Wohnhaus des Fürsten mit Keller und offenem Gang, an der Südseite eine kleinere langgestreckte Amtswohnung. Außerhalb dieses Hofes gegen Osten lag die erst nach 50 Jahren erbaute Kirche des heiligen Nikolaus. Sie wurde erst unter dem Woiwoden Vladislaus Vlaicu (1364—77) fertig=

[37]) Dr. E. Fischer: Kulturarbeit d. Deutschen in Rumänien. S. 32.

gestellt. Unter ihm ist auch der ganze Fürstenhof gründlich ausgebessert worden[38]). Der Grundriß dürfte den Hof aus dieser Zeit zeigen.

Eine Sonderstellung unter den Bauwerken nimmt die sogenannte „Cula" ein. Die „Cula" ist ein festungsartiger Wohnturm aus Stein (Turm = Cula, türk.) der Bojaren. Sie kommt nur in den gebirgigen Gegenden der Walachei südlich der Südkarpaten vor. Ihr Vorkommen nur in diesem Landteil ist durch die Berührung mit dem Balkan erklärlich, wo sie in ähn=licher turmartiger Form überall zahlreich, von den Türken eingeführt, vorkommt. Zur Zeit der Türkenherrschaft in Rumänien wurde diese Bauart im 17. Jahrh. aus dem Balkan über=nommen[39]).

Der Gundriß der einfachen „Cula" ist ein Quadrat von 7—12 m Seitenlänge. Die Turm=mauern, die 0,70—1,0 m stark sind, umfassen 3—4 niedrige mit Holztreppen verbundene Geschosse, die mit Balkendecken voneinander abgetrennt sind. Durch eine schwere eichene Bohlentür kann man in das Erdgeschoß (Keller) eintreten. Die übrigen Räume dienen als Wohn= und Vorratsraum. Alle diese Räume haben nur an einer Seite Fenster, an den übrigen keine oder nur schmale Licht= oder Schießscharten. Im obersten Geschoß befindet sich gegen Süden ein von kurzen Säulen getragener offener Gang, „Cerdac" genannt, auf den die Fenster des Wohnzimmers sehen.

Es gibt auch größere und reicher gegliederte „Culas" mit 2—3 Zimmern. Eine der ältesten (um 1700) und am besten erhalten ist die von Curtişoara (Gorj) (Abb. 700).

Abb. 700. Die „Cula" von Curtişoara. Ansicht. B. E. nach Netzhammer.

[38]) Grigore Jonescu: Curtea de Argeş, Buc. 1940. — [39]) R. Netzhammer: Aus Rumänien, Bd. I 1908 S. 364ff. W. Jänecke: Das rum. Bauern= und Bojarenhaus, 1918 S. 60ff. General R. Rsetti: Fortificaţiunea, S. 9.

Abb. 701. Burg Ochrid, Haupttor. B. E. nach Filow.

Bulgarische Burgen

Seit Ende des 7. Jahrh. dringt das türkisch=hunnische Volk der Bulgaren in Mösien ein und beginnt mit der Bildung des donaubulgarischen Staates. Vor und nach 900 griffen die Bulgaren dreimal die byzantinische Hauptstadt Byzanz an. Um 971 wurde die Haupt=stadt Preslav (Ostbulgarien) vom Kaiser Johannes Tzimiskes von Byzanz unterworfen. Die bedeutenden Reste der Stadt bzw. des starken Kernbaues dürften eines der ältesten nachweisbaren bulgarisch=burglichen Baudenkmale sein. Zeitgenössische Schriftsteller rühmen die ungeheure Pracht der mitten im Mauerring liegenden Palastburg, die aus gewaltigen Quadern erbaut ist. Wehrbaulich unzweckmäßig muß aber die Lage inmitten einer volkreichen Stadt immer gewesen sein.

1018 erscheint die am gleichnamigen See liegende Burg oder vielmehr Festung Ochrid (Abb. 701), von der heute noch mächtige Ruinen stehen, als bulgarische Hauptstadt.

Wechselnde Kriegsstürme tobten zwischen Byzanz und Bulgarien, dessen höchste Aus=dehnung und Blüte von 1218 bis 1366 andauerte. Damals machte der türkische Sultan Murad I. die Bulgaren abhängig, während sein Nachfolger Bajazet I. 1393 deren Reich völlig ein Ende machte. Die Burgenbaukunst der Bulgaren müssen wir also etwa von 900 bis 1400 suchen. Bis 1186 blieb das Land unter Byzantinerherrschaft[1]). Nach Filow[2]) findet der kriegerische Geist der damaligen Herrscher, der Schischmaniden, seinen Aus=druck in zahlreichen Burgbauten größten Maßstabes, also mehr in Volksburgen, vor allem in Mazedonien, wo Ochrid als Muster dienen kann.

Die Zahl der mittelalterlichen Burgen in Bulgarien ist gegen die in Kroatien vor=handenen nicht groß, immerhin dürften wir in den heutigen bulgarischen Staatsgrenzen

[1]) Filow: Altbulgarische Kunst S. 16 u. 26. — Anregung und aufschlußreiche Mitteilungen verdanke ich außer Prof. Filow dem archäolog. Institut in Sofia. — [2]) Ebenda S. 9.

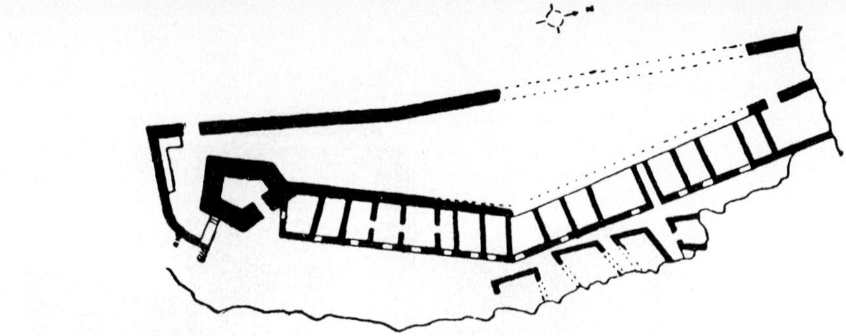

Abb. 702. Gotenburg bei Sadowetz.
Grundriß und Schnitt 1 : 1000.
B. E. nach „Germania" Bd. XIX.

doch noch einige Volksburgen mit Kernwerken namhaft machen, die eine Rolle spielten und in Resten erhalten sind.

Dabei müssen wir feststellen, daß die Wehrbauten der ältesten kaiserlich bulgarischen Zeit ebenso wie die damaligen basilikaähnlichen großen Kirchen besonders großartige Abmessungen aufweisen. Wir dürfen aber auch den Einfluß des nahen Byzanz nicht unterschätzen, wenngleich Filow die orientalische asiatische Wurzel der eigenen bulgarischen Kunst besonders betont. Freilich sind die großen Quaderbauten der Stadtburgen von Preslav und Pliska von dem üblichen byzantinischen Mauerwerk grundverschieden.

Filow erwähnt dagegen an einer Stelle[3]) als besondere Kennzeichen frühbyzantinischen Mauerwerkes abwechselnd aufeinderfolgende Schichten aus Bruchstein und Ziegeln, und zwar die letzteren regelmäßig in 4 Reihen geordnet. Den sehr festen Mörtel fand er mit viel Sand und zermalmten Ziegeln durchsetzt. So auch byzantinisches Mauerwerk in Hissar Banja und Pautalia, das er dem 6. Jahrh. zuschreibt.

Wertvoll ist für den Zweck der Burgen die Nachricht, daß allein um Sredeca[4]), Sofia, 35 Burgen lagen, die zugleich zum Schutze dieser Stadt dienten. Von diesen Burgen um Sofia nennen wir u. a. Lipnitza, Achievo, Pirst, Urvitsch, Samokov, Vratza u. a.

Eine besonders starke Burg darunter ist Bojana[5]), 4 km von Sofia, die lange vorher erbaut, zur Zeit der byzantinischen Kriege 1015 und 1041 durch Byzanz erobert, aber noch im 11. Jahrh. durch den Bulgaren (Petschnegenkönig) Batan wieder aufgebaut wurde. Neben der Burg wurde die Kreuzkuppelkirche zum Wehrbau ausgestaltet.

Ähnlich im Festungsgürtel um Sofia lag Burg Pernik[6]), an der Landstraße nach Radomir aus Rollsteinen erbaut, ebenfalls 1002 und 1016 von Byzanz belagert und nach 1018 erobert.

Weitere Burgstellen waren bei Vetren im Vakarel, im Burel und bei Nesla, Gaber, Vladislavei, Pistane und Dragvill. Erst 1018 gaben die Bergfesten ihren Widerstand gegen Byzanz auf[7]).

Prof. Filow hat die alte Befestigung in Hissar-Banja (Bad)[8]) (42 km nördlich von Plovdiv-Philippopel) untersucht, die als sehr frühes Beispiel eines Wehrbaues bulgarischen Einflusses erwähnt sei.

Die Festungsmauern, 2,50—3 m dick, sind stellenweise noch in einer Höhe von 8—10 m erhalten und bilden ein unregelmäßiges Quadrat (616 × 598 × 548 m), dessen Seiten, dem Terrain angepaßt, nicht ganz gerade verlaufen. Die nördliche Mauer ist bis auf unbe-

---

[3]) Jahrb. d. K. d. Archäol. Instituts XXV, S. 391, 403. — [4]) Wilhelmy, Hochbulgarien II, Sofia. S. 34/35.— [5]) Ebenda S. 34. — [6]) Ebenda. — [7]) Wilhelmy: nach Jirecek. — [8]) Bulgarien S. 84., 85. — Bull. de la Société archéologique bulgare II, 1911 S. 99ff. — Jahrb. des deutschen arch. Inst. XXV, 1910, Anzeiger, Sp. 394ff. — Kupelwieser: Kämpfe Ungarns mit den Osmanen S. 88 erwähnt ein „Tasch-Hissar" bei Proveria 1444, das auf einem Fels über der Stadt erbaut wurde und heute Ruine ist.

Burg Vajda Hunyad, westlich Hermannstadt, Siebenbürgen

R i l a , wehrhaftes Kloster, Bulgarien

Wehrkirche W u r m l o c h , Siebenbürgen. Turm

deutende Reste zerstört. Sie bestand an dieser Seite aus 2 parallelen, gleich dicken Mauern, die 10 m voneinander entfernt sind.

An den 4 Ecken der Festung befanden sich jetzt zerstörte Türme, und zwar an der nord=östlichen Ecke ein runder, an der südöstlichen Ecke ein viereckiger. Einige kleinere, vier=eckige Türme stehen an der westlichen Mauer.

Die Festung hat nur 3 Tore gehabt, östlich, wo das Gelände steil abfällt, ist kein Tor. Wichtig scheint das südliche, unter dem Volke „die Kamele" oder „Kamilite" genannt, gewesen zu sein.

Im westlichen Flügel befindet sich eine Treppe zur oberen Terrasse des Tores. Auf beiden Außenseiten war das Tor durch 2 viereckige Türme flankiert, durch Grabungen festgestellt. Das westliche Tor, ausgezeichnet erhalten, ist einfacher.

Die Festung gilt mit Unrecht für römisch. Die Mauern zeigen alle Eigenschaften der frühbyzantinischen Bauweise. Sie bestehen aus abwechselnd aufeinanderfolgenden Schichten aus Bruchstein und Ziegeln, und zwar sind die letzteren regelmäßig in 4 Reihen geordnet. Die Ziegel sind quadratisch (die Seite 0,35—0,37 m) und haben eine Dicke von 0,04—0,05 m. Der Mörtel, stark mit Sand und zermalmten Ziegeln vermengt, ist außer=ordentlich fest und in dicken Schichten aufgetragen. Für die Zeitbestimmung der Anlage, die einheitliche gleichmäßige Bauweise zeigt, ist wichtig der Vergleich mit der älteren Befestigung von Pautalia. Da Bauweise und Material ganz die gleichen sind, muß auch die Festung Hissar=Banja aus dem 6. Jahrh. stammen.

Die Größe der ganzen Wehranlage deutet auf eine städtisch befestigte Wohnsiedlung. Filow erwähnt nichts von einer damit verbundenen stadtburgartigen Kernfeste. Die Ähnlichkeit mit nord=afrikanischen Castra fällt in die Augen.

Der Grundriß von Preslav (Abb. 703), der altbul=garischen Hauptstadt im äußersten Nordwesten des Landes, zeigt weite Festungs=ringmauern, in deren Innern starke, aus gewaltigen Qua=dern erbaute Kernwerke sich erheben, ein Königspalast, den wir vielleicht als Stadt=burg bezeichnen dürfen. Die Gründung Preslavs wird dem Chan Ormotag und den Jahren 821—822 zugeschrie=ben. Reste einer großen alten Stadt sind durch Ausgrabun=gen freigelegt[9]).

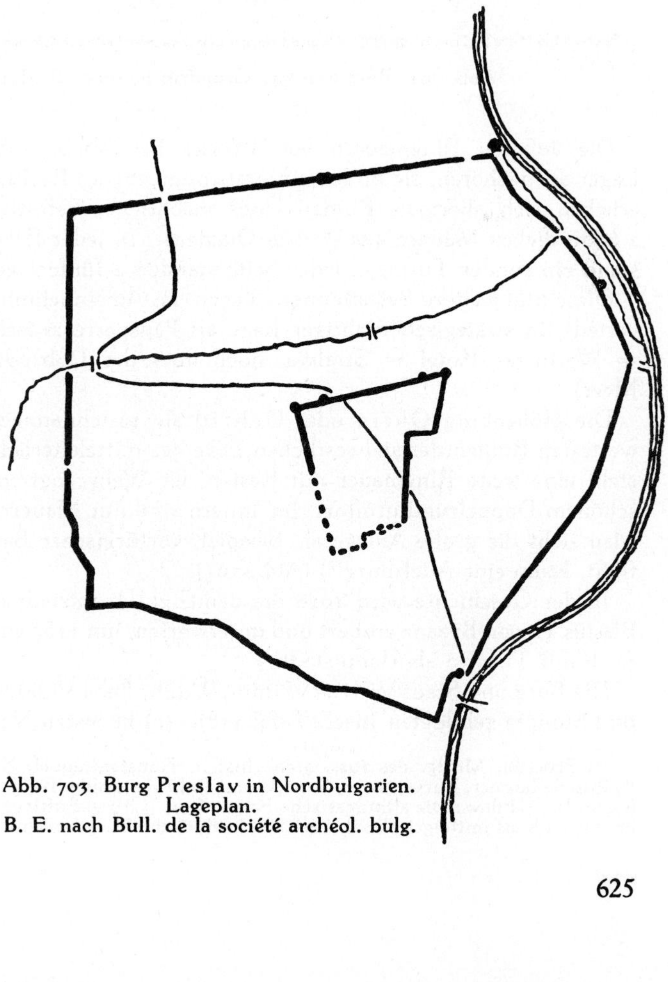

Abb. 703. Burg Preslav in Nordbulgarien. Lageplan.
B. E. nach Bull. de la société archéol. bulg.

[9]) Bull. de la Société archéo=logique bulgare IV, 1914 S. 129 ff. Busch=Zantner: Burgw. 1936 S. 59. — Fehér: Les monuments de la culture protobulgare II S. 39 ff.

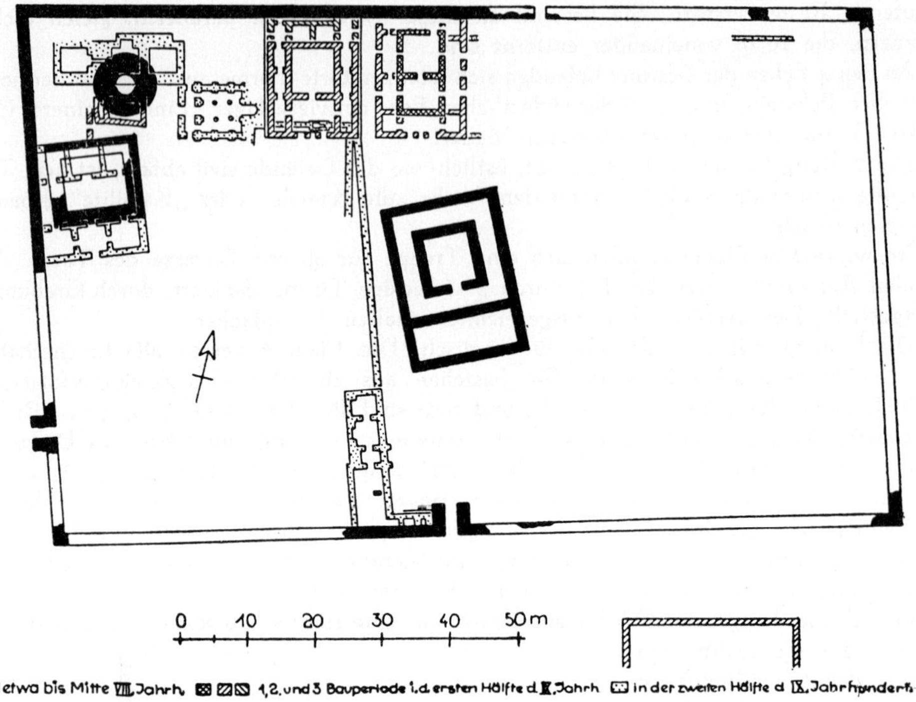

Abb. 704. Burg Pliska. Grundriß 1 : 1000. B. E. nach Karasimeonoff.

Die äußeren Ringmauern von Pliska bei Aboba scheinen mehr einem befestigten Lager anzugehören, sie bilden ein grabenumgebenes Rechteck, südlich dessen Mittelpunkt erheben sich abermals Ruinen eines mächtigen, befestigten Palastes (Stadtburg?) mit 2,60 m dicken Mauern aus starken Quadern. In jeder Ecke der weiten Umfassungsmauer stand ein runder Turm, in jeder Seite standen 2 fünfeckige Türme[9a]) (Abb. 704).

Diese und weitere Befestigungen liegen, fast uneinnehmbar, auf ein weites Höhendreieck verteilt (in strategisch wichtiger Lage als Paßsperre zwischen Provadia = Altos—Preslav = Warbitza—Kotel = Straldja, hoch über der Dobrudja und dem fernen Schwarzen Meer).

Die Höhenburg Ohrid oder Ochrid am gleichnamigen See ist eine der bemerkenswertesten Ruinen der südwestlichen Ecke des mittelalterlichen Landes Bulgarien. Aufrecht steht eine weite Ringmauer mit Resten der Wehrgangtreppen in den Mauertürmen und schönem Doppelrundturmtor. Im Innern sind nur Mauerreste und eine Zisterne erhalten. Man sieht die große Anlage als Beispiel vortürkischer Bauweise an, byzantinisch beeinflußt, kaum eine Adelsburg[10]) (Abb. 701).

In der Geschichte wird 1018 die damalige Hauptstadt des bulgarischen Reiches durch Blasius II. von Byzanz erobert und unterworfen, um 1186 entstand dann ein neues Bulgarenreich mit Tirnovo als Hauptstadt[11]).

Die Burg und Stadt Vidin (Widdin, Widin, Baba Vida) liegen auf einer durch die Donau und Sümpfe gebildeten Insel (Tafel 118). Im höchsten Nordwestteil der Stadt erhebt sich

[9a]) Szoestia, Mittlg. des russ. arch. Inst. i. Konstantinopel, X, 1905. — Bulgarien: S. 145f. — [10]) Busch-Zantner, Burgw. 1936, S. 60, nennt Ochrid als bulg. Burg. — v. Sufflay: alter Name Lychnidos (Ochrid). — Filow: Die altbulgarische Kunst S. 9. — [11]) v. Sufflay: Städte und Burgen Albaniens S. 13, bereits früh als mittelgriechisch-barbarisch-illyrische Burg erwähnt, nicht römisch.

die alte Burg, zunächst unter dem Namen Bdin bekannt. Die feste Lage nahe der ehemaligen jugoslawischen Grenze inmitten weiter Stadt- und Burggräben, die von der Donau und der Topolovitza jederzeit leicht unter Wasser gesetzt werden konnten, verlangte bzw. begünstigte seit römischen Zeiten starke Befestigungen dieses strategischen Platzes.

Auf römischen Grundmauern wurde vom 10. bis 14. Jahrh. der feste Burgbau errichtet, aus dessen ältester Bauzeit noch die Trümmer zweier alter Kapellen herrühren. Rings von tiefen Gräben und von Basteien von 1689 umgeben, erheben sich die mächtigen mittelalterlichen Steinmauern in unregelmäßigem Viereck mit 6 Türmen, von denen 2 noch hoch emporragen, der frühesten Zeit mittelalterlichen Burgenbaues Bulgariens angehörend.

Ein Plan Max von Fürstenhoffs (kolor. Handz.) etwa von 1740 zeigt Stadt und Burg wenig genau, er legt aber Zeugnis ab von der großen strategischen Bedeutung der Feste, die, wie Filow schreibt, neuerdings in altem Geiste „teilweise" wiederhergestellt wurde. Der Bau gehört nach Filow dem 13. oder 14. Jahrh. an. In byzantinischer, bulgarischer und ungarischer Zeit hatte Vidin große geschichtliche Bedeutung. 1454 wird die Burg durch Hunyadi zerstört[12]).

Aus der Zeit der Türkenkriege Ludwig von Badens ist die Eroberung im Jahre 1689 durch die Kaiserlichen erwähnenswert, ebenso die Wiedereinnahme durch die Türken durch Akord im Jahre 1690. Beides fällt in die Zeit, in der nach Filow die Bastionen gebaut wurden[13]).

Die Kernburg (Abb. 706, 707) umfaßt mit 4 massigen Flügeln mit fast quadratischer Mantelmauer einen rechtwinkligen Innenhof. Nach außen springen davon zur Seitenbestreichung 6 viereckige, starke Türme vor, von denen nur die 2 westlichen noch hoch über die Mantelmauer emporragen. Schräg strecken sich aus der Südwestecke und rechtwinklig südöstlich je ein besonders starker Turm vor. Daneben ein gleicher und an der Nordostecke ein fast vierseitig frei vorstehender Seitenbestreichungsturm. Alle vier Türme sind heute gleich hoch wie die Mantelmauer und wie diese mit Kanonenscharten versehen. Ursprünglich mögen sie höher gewesen sein (Abb. 705, 708).

Die mächtigen blockartigen Flügelbauten erinnern mit ihren 6 Türmen an die Grundform mancher apulischen Hohenstaufenbauten. Auch die niedrigeren Zwingermauern wirken schwer und massig.

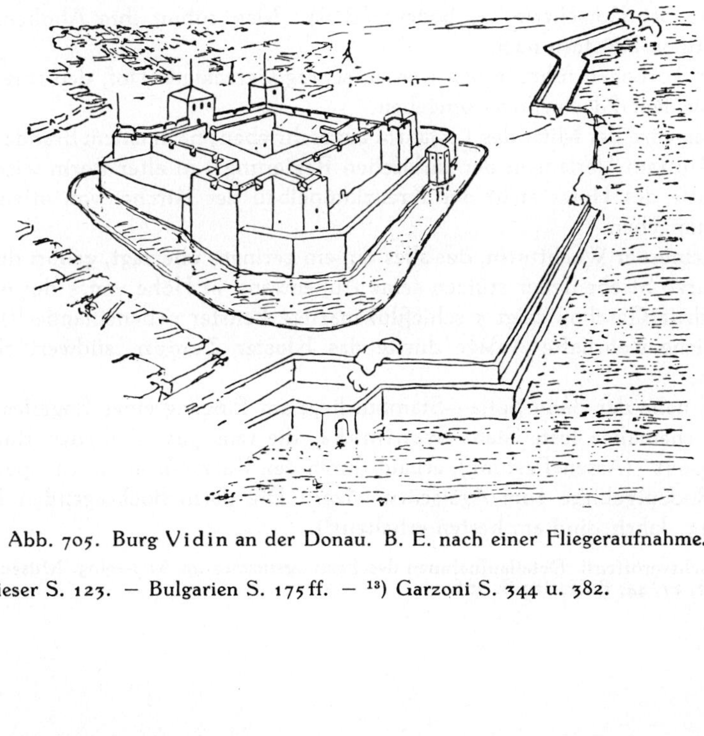

Abb. 705. Burg Vidin an der Donau. B. E. nach einer Fliegeraufnahme.

[12]) Kupelwieser S. 123. – Bulgarien S. 175 ff. – [13]) Garzoni S. 344 u. 382.

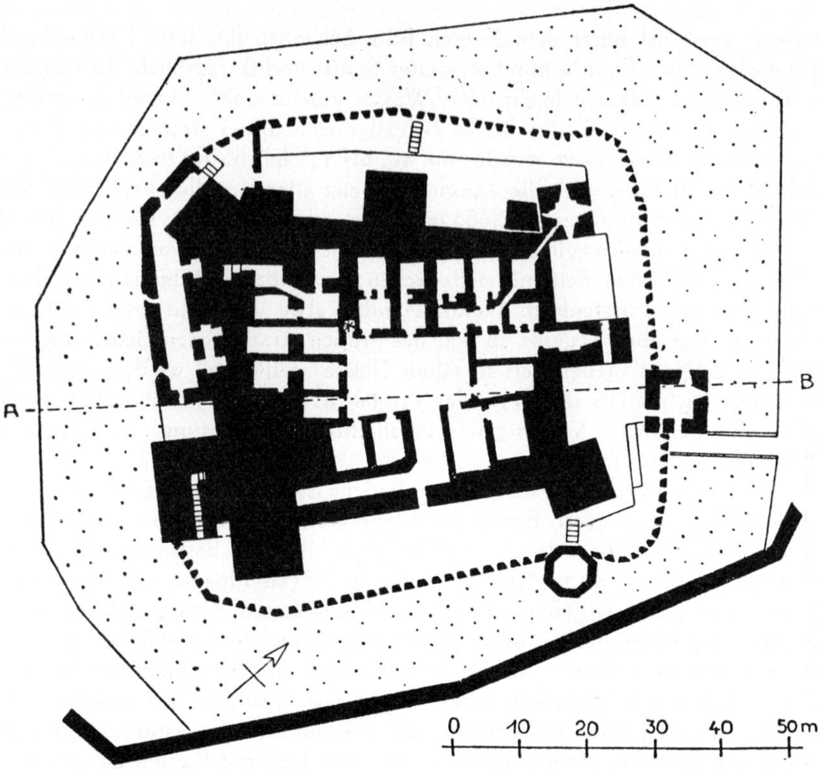

Abb. 706. Burg Vidin an der Donau. Grundriß 1 : 1000. B. E. nach Architekt Dinkcheff, Sofia.

Die Zierformen der Fenster deuten auf byzantinische und spätere osmanische Formen.

Auch in Bulgarien gibt es befestigte Klöster, unter denen das in enger Gebirgsschlucht liegende Rila bei Kotscherinowo bedeutend ist. Man rühmt ihm Ähnlichkeit mit den berühmten Athos=Klöstern nach.

Ein breiter Torbogen führt in den weiten, schräg viereckigen Hof, den rings die Säulen=hallen vierstöckiger Klosterflügel umgeben.

Der alte Bau wird der Mitte des 14. Jahrh. zugeschrieben; nach einem Brande im Jahre 1833 wurde der Bau (auf Verlangen der türkischen Regierung!) in alter Form wieder errichtet.

In der Mitte des Hofes steht der Kreuzkuppelbau der Kirche, von offener, niedriger Säulenhalle umgeben.

Nur ein steinerner Wachtturm, der alles um ein geringes überragt, gehört dem 14. Jahrh. an. Zwei starke Strebepfeiler stützen seine Außenwand in Höhe von 5 der 6 Stockwerke. Nur das höchste Geschoß zeigt 5 schießlukenartige Fenster nebeneinander[14]) (Tafel 112).

Eine ähnliche wehrhafte Anlage dürfte das Kloster Zemen, südwestlich von Sofia, gewesen sein.

Südöstlich nahe der Bahn Sofia—Stambul liegt am Eingang eines Engtales des Rodopi=gebirges die ehemalige feste Stadt Stanimaka, die teils gut erhaltenen Ruinen „Asse=nowa=Krepost" (Assen=Festung), erbaut durch den Bulgarenzar Assen, sperrte die Pässe durch das Rodopigebirge zum Ägäischen Meer. Die darin hochragenden Ruinen einer Kirche des 13. Jahrh. sind am besten erhalten[15]).

[14]) Gute, nichtveröffentl. Detailaufnahmen des Festungsturmes im Archäolog. Museum in Sofia. — [15]) Filow S. 22, 27, 44, Bulgarien S. 76f.

Burg O z a l j bei Lisak, nördlich Karlstadt, Kroatien

Burg S a m o b o r bei Agram, Kroatien

Wälle der alten Burg B e l g r a d s mit der Kapelle St. Petri, Alt-Serbien

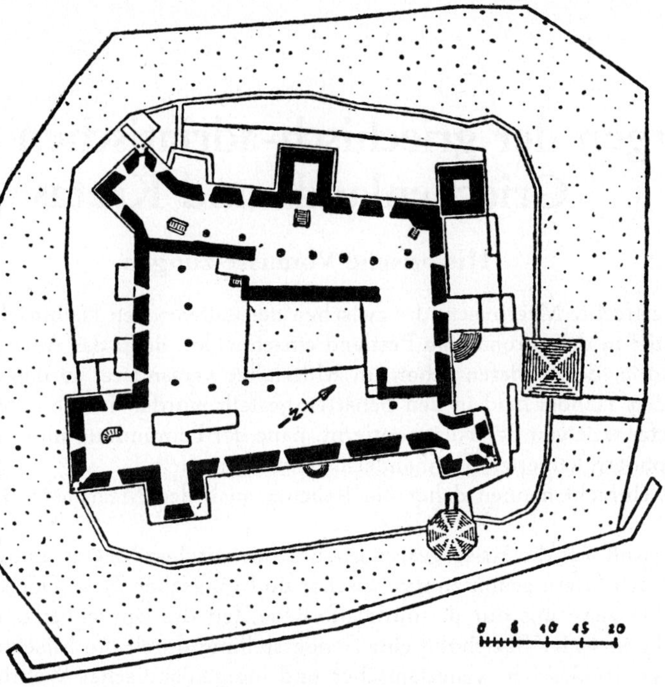

Abb. 707. Burg Vidin, an der Donau. Grundriß des Plattformgeschosses 1 : 1000. B. E. nach Architekt Dinkcheff, Sofia.

Eine Wehrkirche wird im Jahre 1259 genannt, als der bulgarische Edelmann Sevastokrator Kaloja[16]) die Kreuzkuppelkirche in Bojana nahe Sofia wiederherstellte und zu einer eigenartigen Festungskirche umbaute[17]).

Wenn auch nicht mittelalterlichen Ursprungs, verdient unter Bulgarien doch die Gotenburg bei Sadowetz[18]) (Abb. 702) Erwähnung, die sich durch Grabungen als germanische Burganlage aus der oströmischen Kaiserzeit erwiesen hat.

Mit dieser kurzen Betrachtung kommen wir zu der Feststellung, daß Bulgarien wohl zahlreiche Wehrbaureste besitzt, aber bisher keine Burgen im ritterlichen Sinne, außer etwa Vidin, erforscht und nachgewiesen sind.

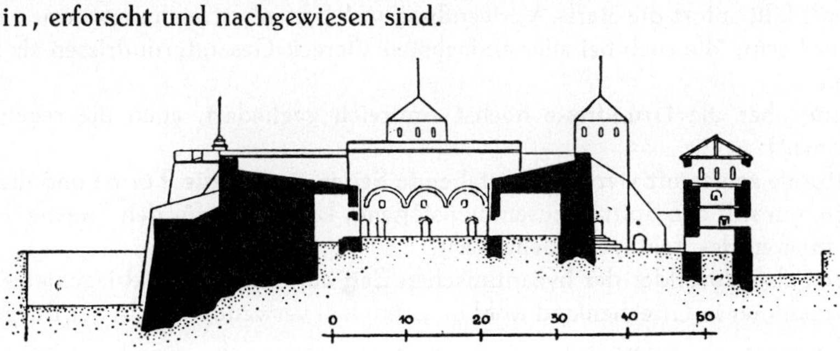

Abb. 708. Burg Vidin, an der Donau. Aufriß 1 : 1000. B. E. nach Architekt Dinkcheff, Sofia.

[16]) Lowetsch S. 118. – [17]) siehe oben. – [18]) Welkov in „Germania" Bd. XIX S. 149 ff. – Derselbe in „Das Bild" Heft 3, 1937, S. 65 ff.

Burgen der griechisch-adriatischen Küste, Griechenlands und Kretas

Historische Voraussetzungen

Der langgestreckte Meerbusen, der zwischen der italienischen Halbinsel und dem Balkan um 780 km tief in das europäische Festland einschneidet, heißt das Adriatische Meer nach der Stadt Adria, deren Hafen schon im Mittelalter versandete, so daß seine Bedeutung durch Venedigs Handel bald in den Schatten gestellt wurde. Heute liegt die Stadt Adria viele Kilometer weit von der Küste entfernt, nahe der Pomündung und hat mit ihren etwa 11000 Einwohnern keinerlei Großhandelsbedeutung mehr[1]).

Nicht mit Unrecht nennen daher die Italiener auch den Meerbusen das Venezianische Meer.

Bedeutungsvoll war die Kriegsgeschichte des Adriatischen Meeres und der Befestigungs=bauten an seinen Ufern schon zu griechischer und römischer Zeit. Doch aus der Aufgabe unseres Buches kann uns nur die mittelalterliche Zeit des Burgenbaues an der Adria be=schäftigen, die in vieler Beziehung eine Sonderstellung durch die Mischung europäischer, byzantinischer, fränkischer, venezianischer und morgenländischer Wehrbaugedanken ein=nimmt.

Auf die Berührung zwischen den im Kriegsbau alterfahrenen Byzantinern und dem im steinernen Wehrbau im 10. Jahrh. zurückstehenden nördlichen Abendlande wird ein für den Wehrbau vermuteter Einfluß zu begründen sein, der in der Regel auf die allgemeinen Erfahrungen der „Franken" in den Kreuzzügen zurückgeführt wird. Das letztere wäre kaum zu beweisen, vielleicht aber war hier in gewissen Einzelheiten Byzanz der Lehrmeister. Da wir aber im Balkan kaum unverändert erhaltene byzantinische Bauten finden, sind zur Be=urteilung byzantinischer Burgen die auf afrikanischem Boden länger verlassenen und daher unveränderter erhaltenen byzantinischen Burgreste besonders wertvoll. Ihre Grundformen dürften freilich auch denen der eigentlichen Kreuzfahrerbauten verwandt gewesen sein[2]).

Bei allen diesen afrikanischen Grundrissen von größeren Stadtmauern[3]) oder kleineren Burgbauten[4]) fällt sofort die starke Verwendung von Seitenbestreichungstürmen auf, meist rechteckiger Form, die auch bei aller einfachsten Viereck=Gesamtgrundrissen als Ecktürme vorkommen.

Meist sind aber die Grundrisse höchst sinnreich gegliedert, auch die regelmäßigerer Gesamtformen[5]).

Die Ecktürme zeigen oft vier fast freistehende Seiten, so daß die Türme und die Gesamt=mauerecken, nur mit den Spitzen zusammenstoßend, kaum Weg für den Zugang vom Burg=kern zum Inneren des Eckturmes behalten[6]).

Das waren also Vorbilder der byzantinischen Zeit außerhalb des Adriagebietes, die aber auch die Byzantiner in Griechenland wohl ursprünglich verwendeten. In der Burgenzeit war

[1]) Amati, Dict. Geograph. dell Italia I. — [2]) Diehl: L'Afrique byzant. — [3]) Ebenda S. 219, Zitadelle v. Aïn el Bordy. — [4]) Ebenda S. 216, Forteresse de Tobua u. S. 274, Forteresse de Aïn=Hedja. — [5]) Ebenda S. 276, Zitadelle v. Aïn=Tounga oder die von Haïdra, Lemsa und Mdaourouch. — [6]) In Syrien zeigt die großartige Tiefebene= u. Wasserburg Aleppo, erbaut durch Melik ez Zahir 1209, wohl die weitgehendste Durchbildung einer solchen zur Seitenbestreichung bestimmten Gliede=rung durch Vierecktürme, die bei dem riesigen Maßstab z. T. wie selbständige Burgen ganz frei vor der Ringmauer stehen.

das Adriatische Ufer umkämpft von Goten, Bulgaren, Serben, von Franko=Normannen, von Albanern und anderen Balkan=Völkerstämmen. Vor allem treten aber schon damals und bis in die Neuzeit hinein die Venezianer als Seefahrer, Händler und sehr früh auch als Eroberer, Herrscher und Burgenbauer an den Küsten und auf den Inseln auf[7]).

Unmittelbare Nachbildungen der Kreuzfahrerbauten, wie solche bei Rey behandelt sind[8]), dürfen wir dagegen an der Adria nicht suchen. Riesenbauten wie Krak der Ritter konnten nur entstehen, wo wenige Gewalthaber so große Massen von Arbeitskräften zu=sammenzuballen die Kraft hatten, wie das in Palästina zeitweise der Fall war.

Die Machtmittel der Burgenbauer an der Adria waren dazu zu klein. Während die Byzantiner mehr Stadtburgen, mehr feste Orte als Burgen edler Geschlechter aufrichteten, kommen ritterliche Bauten erst nach dem Einbruch der Normannen und anderer lateinischer Kreuzfahrer und der Eroberung von Byzanz vor.

Prüfen wir zunächst die wichtigsten Wehrbauten von der Südwestspitze Moreas am Adria=ufer bis nach Istrien, also der griechischen, albanischen und dalmatinischen Gebiete. Wir berühren damit ein Gebiet, zu dessen Wehrbauten z. T. schon in antiken Zeiten der Grund gelegt wurde, wie z. B. in Durazzo, wie zur Akropolis von Korinth und die dann oft zerstört oder umgebaut, verstärkt oder neuen Angriffswaffen entsprechend verändert wurden. Wir haben daher auch oft frühe Nachrichten über den Bau oder die Zerstörung von ältesten Zeiten an.

Burgen der griechisch-dalmatinischen Küste

Fast an der Spitze des südwestlichen Zipfels von Morea liegt Koron[9]), das bis 1205, in welchem Jahre Venedig die Hafenstadt und ihre Burg erbeutete, byzantinisch war. Koron am gleichnamigen Golf ist großartig befestigt. Die Mauern sind nach 1834 von deutschen Ingenieuren aufgenommen (Abb. 709), deren Pläne dem Zustand zur Zeit des Garzoni, also der Kampfzeit Ende des 17. Jahrh., 1675 bzw. 1685 z. T. gut entsprechen. Auch aus den Plänen der Bibliotheca Marciana ergeben sich zahlreiche Einzelheiten der starken Werke. Hier haben wir also einmal wirklich zuverlässige Vermessungen.

Burg und Vorburg liegen auf einem steil abfallenden dreieckigen, an allen 3 Seiten mauer=gekrönten Felsen, der weit ins Meer hinausragt. Merkwürdigerweise zeigt die Spitze des Dreiecks gegen das Land, also gegen die Angriffsseite, während die Breitseite nach der See zu noch eine flache unbebaute Felshalbinsel frei läßt. – Landwärts lag jenseits eines tiefen schmalen Felseneinschnittes die wenig feste Stadt.

Die höchste Spitze der hohen Ringmauer des Burgkernes zeigt auf den Zeichnungen der Marciana einen gewaltigen Batterieturm, der bis zur Sohle des Halsgrabens hinab durch starkes, vielleicht türkisches Böschungsmauerwerk verstärkt ist.

In der Ringmauer freistehend ist außerdem ein früherer mächtiger runder Bergfried, mit schwächerem Aufbau, dargestellt.

Durch die Mitte der Grundlinie des Kernburgdreiecks führte der Haupteingang von der weiter verbreiterten unregelmäßigen Vorburg aus durch starke Vortorwerke.

Der Aufstieg zum langen Burgfelsen erfolgt durch langen Torzwinger an der Nordseite bis zum Torwerk in der Mitte der Vorburgseite so, daß der Feind die rechte schildfreie Seite dem Verteidiger zuwenden mußte.

Zahlreiche vorspringende eckige Mauertürme (Schalen) ermöglichten, zusammen mit drei starken runden Batterietürmen, die Seitenbestreichung aller Teile.

---

[7]) Gerola: I monum. veneti nell'isola di Creta. – [8]) Rey: Etude sur l. monum. d. l'archit. milit. d. crois. en Syrie. – [9]) Garzoni: Istoria della Republ. di Venezia I. S. 106ff.

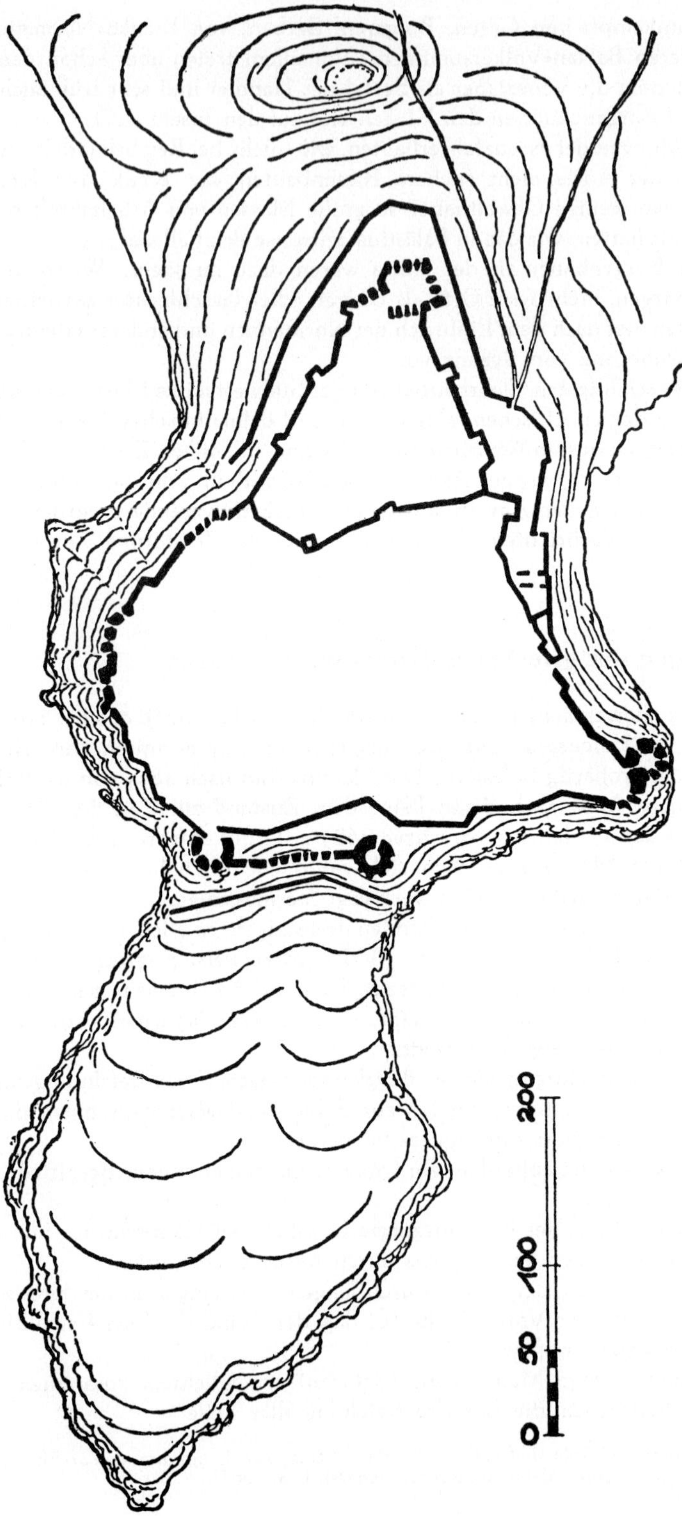

Abb. 709. Burg Koron. Grundriß 1 : 4000. B. E. nach Plan aus der deutschen Heeresbücherei München 1833/34.

Die Erbauungszeit ist urkundlich nicht festgelegt, doch gehört der Kern nach Vergleichen und Garzonis Bericht dem 13. Jahrh. an. Eine großartige Schilderung der Belagerung und Eroberung Korons durch die Venezianer mit braunschweigischen, deutschen, florentinischen, maltesischen und slawonischen Truppen finden wir bei Garzoni, der selbst Unterführer unter Morosini war.

Die Venezianer beschränkten ihr siegreiches Vordringen in jener Zeit aber nicht auf die ihnen zunächst gelegene Küste, sondern umsegelten mit ihren schnellen Schiffen ganz Morea. Eine Fülle von mittelalterlichen Wehrbauten, Hafen- und Wasserburgen war hier errichtet, die zum größten Teil erobert wurden.

Die Belagerung gab damals Veranlassung, daß man genaue Pläne der Mauern von Stadt und Burg Koron – Corone herstellte, in denen die Entwicklung der Belagerung des Jahres 1685 dargestellt ist.

Garzoni[10]) schreibt: „Die Ingenieure Graf Verneda und Bassignani werden zur Auskundschaftung nach Corone entsandt. Sie berichten, Corone sei ein stärkerer Platz als Modone, die alten Werke dreieckiger Form liegen auf langer Landzunge. Die Burg auf höchster Stelle gegen das Land gelegen, sei vor Jahrhunderten von Venedig erbaut. Die spitze Front wird durch einen großen Turm verteidigt. Von beiden Seiten konnte man gut anlegen und links ist ein weiter Hafen mit alter ausgebesserter Mole." Nach Garzoni war Corone im Altertum thebanische Kolonie, später in griechisch-römischem Besitz, nach der lateinischen Eroberung Konstantinopels venetianisch, bis es 1500 von Bajazet geraubt wurde. Auch Andreas Doria erobert Corone für kurze Zeit für Genua. Morosini findet es 1685 gut versorgt mit Munition, Geschützen, 900 Türken, dazu Griechen, Juden u. a.

Der auf den venezianischen Plänen dargestellte mächtige, runde Kernturm, der bergfriedartig wie in dem nahen Modone oben verjüngt ist, fehlt in den deutschen Plänen des ersten Drittels des 19. Jahrh.; er wird den Venezianern des 13. Jahrh. (1205) zugeschrieben. Die heutigen Bastionen fehlen dagegen im 17. Jahrh. Gegen die See war damals eine Art späte Schildmauer vorhanden[11]).

Ein ähnliches Schicksal wie Corone traf die nahegelegene Burg Modone, heute Metoni (Abb. 710, 711, Tafel 119). Die Bauten sind hier von ganz besonderem Interesse und stammen im Kern wieder aus der Zeit nach der ersten venezianischen Eroberung 1124.

1205/06 hatten die Venezianer unter Domenico Michieli die Burg Modone zerstört, die Franken stellten sie wieder her, also um 1205[12]).

Sebastian Münster schreibt darüber, daß die Türken die Stadt neben Corone und Lepanthum um 1500 den Venezianern nahmen, obgleich diese den Korinther Isthmus auf der schmalen Landzunge vermauert und einen zweifachen Graben davor gelegt hatten – und das in 15 Tagen, denn es waren 30000 Werkleute dabei beschäftigt[13]). Die Türken blieben Herr bis 1686. Aus der Zeit der damaligen Eroberung unter Morosini stammen die alten Pläne, die einen neuzeitlichen Umbau der Burg vorsehen.

Eine lange Halbinsel streckt sich gegen Süden ins Meer, deren Spitze – umgekehrt wie in Corone – die Stadt einnimmt. Die Pläne im Staatsarchiv zu Venedig zeigen als Zustand von 1686, noch völlig mittelalterlich, durch viereckige Seitenbestreichungstürme verstärkte hohe Mauern.

Weit ins Meer hinaus ragt ein Felsenriff wie eine Hafenmole, auf dem noch ein achteckiger dreistufiger Turm, genannt „Laterna da Mar" (Abb. 710, Tafel 119), steht, der 1686

[10]) Garzoni I. – [11]) Vgl. die Abb. bei Merian: Topographia Italiae, Anhang Kgr. Morea. – [12]) Struck, Mistra S. 20. – [13]) Münster: Cosmographia 1614. S. 1433f. – Fallmerayer: Gesch. d. Halbinsel Morea II. S. 416.

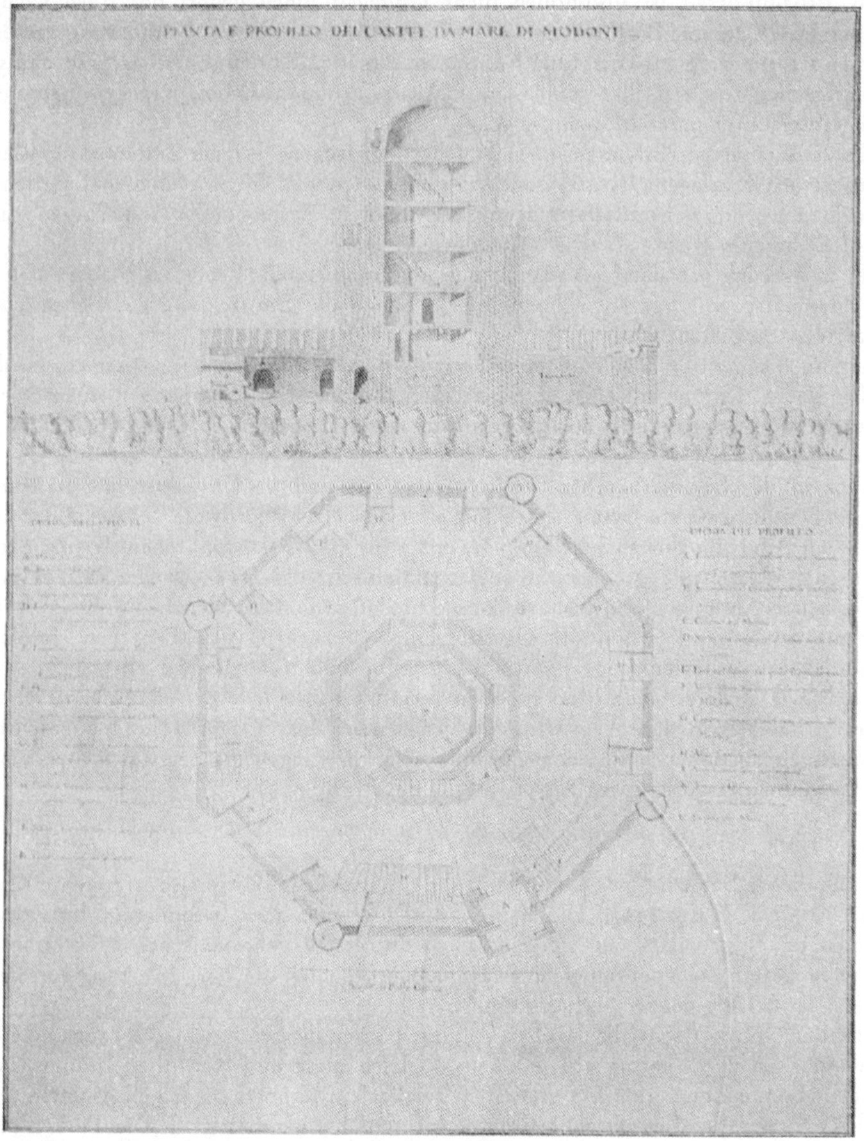

Abb. 710. Burg Modone. „Laterna da Mar" nach Plan aus der Bibl. Marc. Venedig.

nach jeder Seite mit 2 Kanonen bestückt war. Der Turm gehört dem Mittelalter an, der genaue Plan[14]) aus dem Staatsarchiv in Venedig zeigt eine klare Lösung der Aufgabe, einen nach allen Seiten wehrhaften Turm zu bauen. Der eigentliche Turm hat im unteren Teil etwa 7 m Mauerstärke, in der z. T. die Haupttreppe zu den unteren 6 inneren Geschossen emporführt. Das tiefste Geschoß des außen etwa 30 m dicken Turm=Achtecks beherbergt eine Zisterne. Eine Anmerkung auf dem Plane von 1833 berichtet, daß darüber auch ein Pulverkeller lag. Über dem dicken unteren Turm erhebt sich ebenfalls achteckig ein so viel

[14]) Siehe B. E.: Bg. Ital. I, Tafel 76 Abb. 1.

dünnerer Turm, daß ein gezinnter Wehrgang ringsum Platz fand. Leichte kleine Zinnen krönen seine Spitze, etwas stärkere, sehr hohe den dickeren Unterbau.

Um den Turm wurde später ein etwa 70—80 m Durchmesser zeigender niedriger (neuerer?) Mauerring gelegt, der um 1690 noch in 6 Seiten Kanonenscharten mit Schießkammern dahinter hatte, aber wohl doch nicht älter als 15. Jahrh. zu sein scheint.

Der venezianische Ingenieur schlägt 1686 in der Zeichnung vor, den gesamten Raum dahinter mit Boden zu füllen, offenbar gegen Kanonenangriffe. Das scheint auch erfolgt zu sein, denn die Abbildung zeigt, daß die Stückpforten vermauert und überputzt wurden. Die unteren Zinnen sind spätere Werke[15]).

Dem Lande zu sperrt hinter tiefem Halsgraben, wie in Koron, mit der Spitze gegen den dortigen Angriff, eine dreieckige Burganlage die ganze Breite der Halbinsel Modone.

Nur die Spitze zeigt hier eine mehrfach gestufte Batterie, deren Fortsetzung später der Westseite des Burgdreiecks außerhalb der mittelalterlich getürmten ersten venezianischen Mauer vorgebaut wurde.

Die hohen Mauern Modones mit den Schalentürmen dürften der venezianischen (?) Frühzeit ab 1124 angehören[16]).

Außer einer großen Kirche sind in dem Stadtgrundriß keinerlei Bauten angedeutet, auch der dreieckige Burgplatz ist leer dargestellt. Der Aufriß der Burg und Festung in dem Venezianer Plan ist aber mit seinen streng gezinnten Türmen noch ganz mittelalterlich. In den dreistöckigen 20 m hohen Mauertürmen sind z. B. noch heute seitlich in Wehrganghöhe strenggotische Tore erhalten. Der Maßstab ist ein gewaltiger.

Offenbar haben die Venezianer Modone nicht nur von 1124 an, sondern auch bis Bajazet 1499 die Veste eroberte, immer stark ausgebaut – ebenso auch nach der Eroberung von 1686 durch Morosini. Im Frieden von Passarowitz 1718 mußten sie trotzdem die Burg den Türken überlassen[17]). Die neuen deutschen Aufmessungen von 1833 zeigen[18]), abweichend

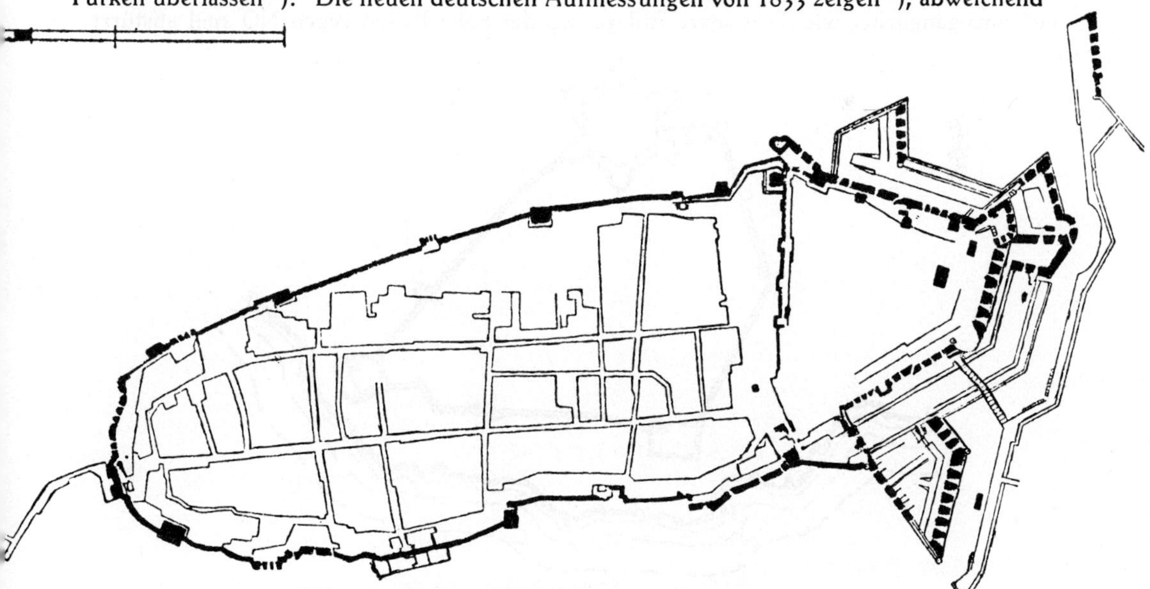

Abb. 711. Burg und Stadt Modone. Grundriß 1 : 4000.
B. E. nach Plänen der deutschen Heeresbücherei München 1833/34.

[15]) Ein ähnlicher Turm scheint als Bergfried in der höchsten Spitze der Burg Korone noch 1689 gestanden zu haben. Der mächtigste solcher Türme ist der in Ragusa so herrlich erhaltene Stufenturm Minceta. — [16]) Struck, Mistra S. 20. — [17]) Relatione delle mosse dell'armi ottomane. Bibl. Marciana: Akt. Z. Manusscr. ital. Cl. 7 Nr. 94/1779. — [18]) Original in der Heeresbücherei VII, München.

von den Venezianer Plänen von 1686, große neuzeitliche Bastionen (Abb. 711); die Ringmauer der Stadt ist aber noch unverändert mittel=alterlich.

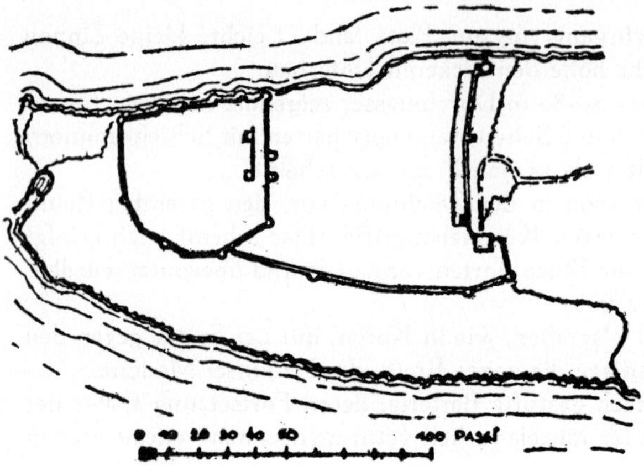

Abb. 712. Burg und Stadt Alt Pylos (Navarino vecchio).
Grundriß B. E. nach Plan der Bibl. Marc. Venedig.

Von der nächst nördlichen, bei Struck mehrfach erwähnten festen Hafenburg und Stadt Zonclon (später Navarino vecchio und nuovo)[19]) – Landestelle Gottfrieds von Villehardouin um 1205 – be=sitzen wir Pläne des 17. Jahrh. und von etwa 1830. Den Namen Na=varin soll Zonclon erst 1381 durch spanische Söldnertruppen aus Navarra, die hier kämpften, erhalten haben

Wir müssen unterscheiden zwischen Navarino vecchio, auch Sant Omer – Santa Ma=ria oder Alt=Pylos genannt, und Navarino nuovo, auch Pylos genannt. Alt=Navarin liegt am Nordeingang der Bucht, die durch die Felseninsel Sphagia, die dem Festland vorgelagert ist, gebildet wird. Die spätere Burg Neu=Navarin liegt an der südlichen Hafeneinfahrt.

Navarino=vecchio, auch Alt=Pylos bezeichnet, wird dem 13. Jahrh. zugeschrieben. Es soll damals von dem fränkischen Baron St. Omer erbaut worden sein[20]). Seine Lage ist viel unzugänglicher wie die spätere Anlage, wo der hohe Felsen gegen NO steil abstürzt.

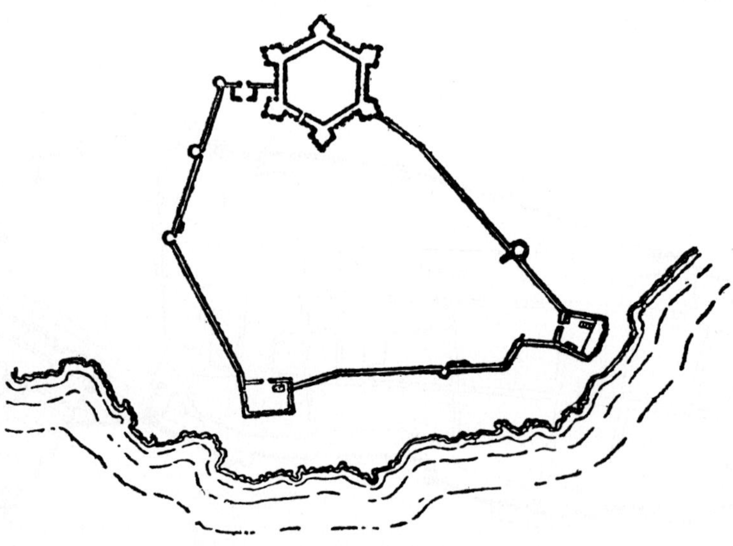

Abb. 713. Burg und Stadt Pylos (Navarino nuovo).
Grundriß B. E. nach Plan der deutschen Heeresbücherei München.

[19]) Siehe Struck, Mistra S. 18, 19, 26, 51, 57. – Gell: Narrative of a journey in the Morea S. 26. – [20]) Gregorovius: Gesch. d. Stadt Athen II. S. 201 gibt auch eine Erklärung des Namens Navarin. – Vgl. Fallmerayer II. S. 127.

Burg C e t i n in Kroatien

Burg O r a h o v i c a in Slavonien

Burg H o t i n am Dnjestr, Rumänien

Abb. 714. Burg Arkadia, nach einer Reiseskizze des Sir W. Gell.

Auf der höchsten Spitze des felsigen Berges gegen das Meer zu erhebt sich ein vielgeknickter Mauerring, durch 5 Türme verstärkt, im Plan (Abb. 712) von 1686 „Castello prima costrutto" bezeichnet; südöstlich schließt sich die Stadt etwas tiefer in starker weiter Ringmauer an Zwischen beiden liegt in der Teilungsmauer au. einem älteren (?) Venezianer Plan ein langer enger sechstürmiger Bau, der offenbar eine französisch geformte Mantelmauerburg darstellen soll. Dieser Bau scheint 1686 bereits zerstört (durch Morosini), aber noch in Resten erhalten zu sein. Wir dürfen wohl darin die fränkische Burg des Baron St. Omer vermuten.

Ebenso am Meere, auf der Höhe eines etwas niedrigeren stumpfen Felsvorsprunges liegt die sechseckig bastionierte Zitadelle eines Wehrbaues, Neu-Pylos[21]), dessen äußerer Mauerring mit zwei Armen bis zum steilen Meeresufer herabreicht und dort in zwei Eck-bastionen endigt (Abb. 713). Die sechseckige Zitadelle scheint einer älteren Stadtringmauer

[21]) Garzoni S. 156.

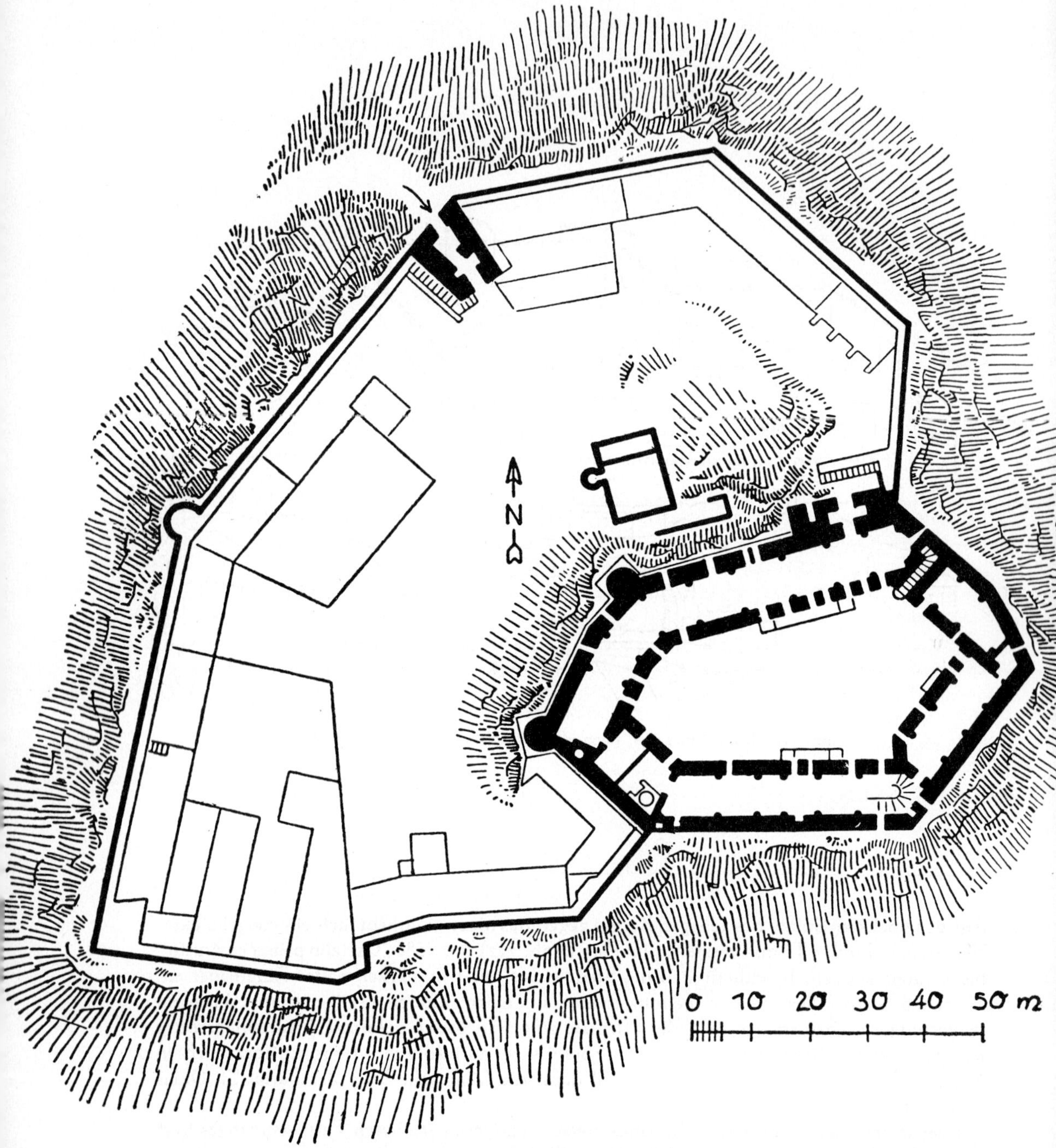

Abb. 715. Burg Chlemutzi, Castel Tornese. Grundriß 1 : 1000. B. E. nach George Sotiriou.

Abb. 716. Burg Chlemutzi. B. E. nach Adolf Struck.

angefügt zu sein. Aus letzterer springen 5 Rundtürme vor, die ähnlich gewölbten Kuppeltürmen von 1572 (?) in Koron entsprechen.

Die venezianischen Pläne von Alt- und Neu-Navarin stellen Mauerringe mittelalterlich dar, gezeichnet, um die Stadt so zu zeigen, wie sie 1686 durch Morosini erobert wurde.

Weiter ist die „mächtige Festung" Arkadia an der Westküste Moreas zu nennen. Von dieser ist ein Steindruck erhalten, den Sir William Gell[22]) vor 1823 an Ort und Stelle zeichnete. Danach stand damals noch eine reichgetürmte Burg mit hohem Kernbau, den ein viereckiger und zwei Rundtürme verstärkten. Weite Zwingermauern laufen am Berg abwärts, ihrerseits wieder durch 4 Rundtürme unterbrochen, ein höherer Zwinger liegt nach dem Meere zu (Abb. 714).

Sehr erhaben ragen heute die Mauern der Burg Arkadia von Bergeshöhe über flachen Meeresufern abermals nördlicher empor. Nach zunächst vergeblicher Belagerung eroberte Gottfried von Villehardouin um 1205 die Burg, die vor dem 10. Jahrh. entstanden, aber als bedeutende Stadt schon im 7. Jahrh. erwähnt sein soll[23]). Hier hätten wir danach eine byzantinische Gründung, deren Bauart wichtig sein kann[24]).

Arkadia ist nach Garzoni[25]) neben anderen Burgen eine der wenigen, die von den Türken wieder aufgerichtet worden ist, um – wie er sagt – ein besonders schönes Städtchen zu schützen[26]).

Sidheró-Kastro (nicht Eisenburg?)[27]) ist ein Dorf in Arkadia, im Grunde zwischen 2 Hügeln. Auf einem dieser Hügel liegt die Burg errichtet, und zwar nicht früher als zur Zeit der griechischen Kaiser. Die Burg – wie Bodonitza eine der nördlichst gelegenen – war angeblich eine starke Festung zur Zeit der Venetianer. Große Bedeutung erlangte sie besonders unter der spanischen Herrschaft. Die „Chronique de Morée" nennt Sidheró-Kastro 1304, die letzte Erwähnung datiert von 1382. Um 1820 wurde sie völlig zerstört[27a]).

Sehr bedeutend wird dann – abermals nördlicher – Chlemutzi oder Chlumutzi, Clermont oder Castel Tornese (von Tournois – Turnose – Geld, denn Chlemutzi war

[22]) Gell S. 76ff. – [23]) Gregorovius I. S. 120. – [24]) Struck: Mistra S. 12, 14, 20. – [25]) Garzoni S. 105. – [26]) Merian: Topogr. Italiae, Anhang Kgr. Morea S. 3 erwähnt nur die sehr feste Stadt, ohne die Burg besonders zu erwähnen. – [27]) Gell S. 94ff. – [27a]) Bon in: Bull. de correspond. hellénique LXI, S. 139.

Abb. 717. Burg Chlemutzi. B. E. nach George Sotiriou.

Münzstätte) genannt[28]), die von Gottfried II. von Villehardouin nach 1218 erbaute Frankenburg. Diese monumentale Burg wurde im Laufe von 3 Jahren aus den Erträgen der Lehngüter der lateinischen Geistlichkeit, deren sich Gottfried II. bemächtigt hatte, erbaut. Sie liegt auf einer wehrbaulich sehr günstigen Höhe über der östlichen Landspitze Moreas, westlich von Andravida, nahe dem Hafen Clarentza, auf einem Vorgebirge und gilt als eine der künstlerisch bedeutendsten echten Ritterburgen der Frankenzeit[29]).

In einer hohen langgezogenen Ringmauer erhebt sich ein höherer Pallas. Bergfriede deutscher Art scheinen in den griechischen Gebieten nicht üblich gewesen zu sein. Chlemutzi ist erst 1825 durch Ibrahim Pascha zerstört worden (Abb. 715, 717).

Struck gibt ein Lichtbild des Zustandes 1910, danach müssen wir die Genauigkeit des Stiches der Marciana (Abb. 716) bezweifeln. Chlemutzi ist in der Zeichnung von 1700 (?) ungefähr im Stile der Festungen des 17. bzw. des beginnenden 18. Jahrh. dargestellt mit runden Eckbatterien mit starken Böschungen und ähnlicher Vorburg, deren Rundtürme, sogar die laufenden Mauern selbst, ebenso späte Böschungen zeigen. In dem Lichtbild sind viereckige Türme mit senkrechten Mauern sowohl bei der Kernburg, dem Pallas, wie an der Vorburg dargestellt, die der Bauzeit von 1218 und des Fürsten Gottfried II. entsprechen. Die hohe Lage über dem Meeresufer dürfte richtiger sein. Der Grundriß bei Sotiriou zeigt eine vieleckige eiförmige Kernburg mit anschließender unregelmäßig achteckiger großer Vorburg. Die Gebäude der Kernburg laufen entlang der äußeren Mauer und sind durch eine Galerie verbunden und in 5 Säle geteilt, die außer einem zweistöckig sind. Der Saal an der Nordseite ist der größte. An ihn hat wahrscheinlich in einer östlichen Apside die Kapelle angestoßen. Die Säle der unteren Stockwerke sind vielgeteilt, im Oberstock befindet sich je ein großer Saal. Die Säle sind gewölbt, die unteren Gewölbe aber eingestürzt. Hervorzuheben ist die Heizung der Säle durch elegante Kamine. Nach der Beschreibung von Sotiriou sollen 5 runde Türme zur Verstärkung der Burg gedient haben. Sotiriou nennt als Baustoff in den Gewölben rohen Bruchstein (Sandstein) mit Kalk und feinem Sand (Tafel 120).

Wenig nördlicher öffnet sich in der Adriaküste der tiefe Golf von Korinth, der strategisch für jeden Eroberer oder Verteidiger von höchster Wichtigkeit war. Er bildete eine Art Halsgraben der Halbinsel Morea und ließ feindlichen Heeren zum Einmarsch von Norden nur den schmalen Isthmus von Korinth, der durch diese Stadt und ihre gewaltige Akropolis Akrokorinth beherrscht wurde (Tafel 121).

[28]) Vgl. Fallmerayer: II, S. 148: dieser italien. Slavenort wird in italien. Chroniken Castel Tornese genannt. — Ebenda I, S. 400ff. — George Sotiriou in Svorones, Journ. intern. d'archéolog. Numismatique S. 273ff. — Gregorovius: I. S. 380. — Merian: Topogr. Italiae, Anhang Kgr. Morea S. 28. — [29]) Struck: Mistra S. 31, 32, 34, 46, 148.

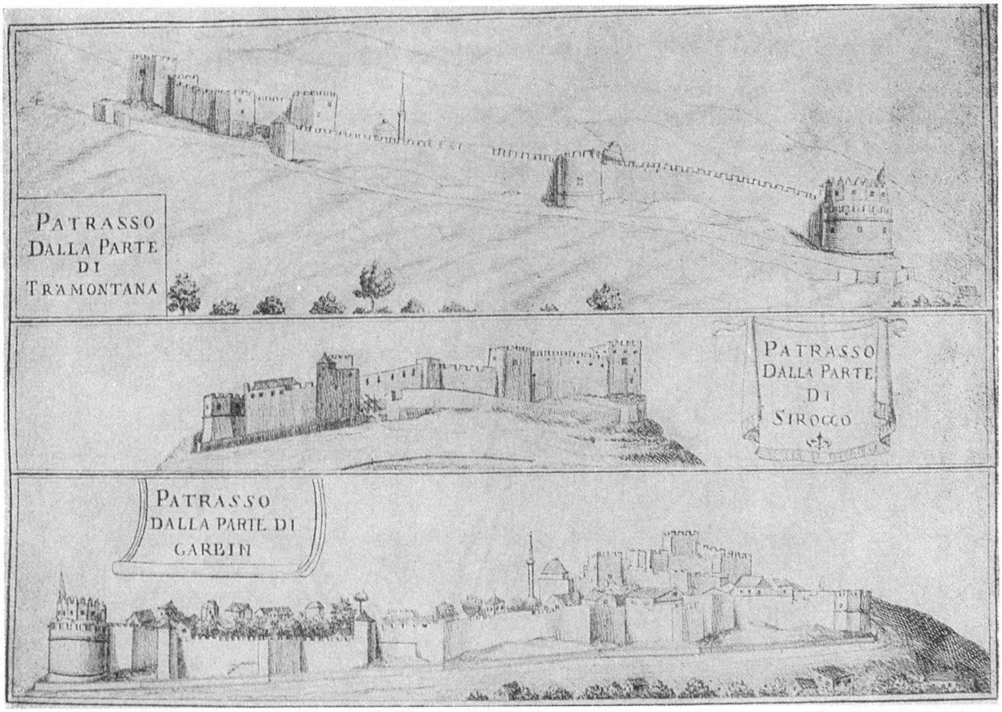

Abb. 718. Burg Patras. Alte Ansichten nach Plan aus der Bibl. Marc. Venedig.

Durch Justinian wurde 527—565 der gesamte Isthmus durch Wallmauern und Gräben festungsmäßig geschlossen, um unerschwingliche Kosten und Zeit, die die Befestigung aller einzelnen Städte des Peloponnes verursacht hätte, zu sparen[30]). Wir hören noch vom Jahre 1453, daß damals plötzlich 30000 Menschen zusammengerafft wurden, um die alten Werke zum Schutz gegen die Türken wieder zu erneuern.

Der Golf wurde an seiner schmalsten Stelle noch besonders gegen Einfahrt von Westen verteidigt durch die Werke am Südufer von Patras und gegenüber am Nordufer durch Naupaktus bzw. Lepanto. Der Engpaß wird von den Venetianern „Die kleinen Dardanellen" genannt.

Patras (Abb. 718, 719) selbst, heute eine Stadt von 60000 Einwohnern, liegt am Südufer des Golfes von Korinth. Die Venetianer Pläne des 17. Jahrh. zeigen mittelalterliche turmreiche, gezinnte Stadt- und Burgmauern, danach liegt die Burg auf hohem Ufer, auf dreieckiger Felsspitze. Das Haupttor liegt auf der Westseite. Die kurze Angriffsseite des Dreiecks ist zur Hälfte noch Vorburgmauer mit rundem Eckturm und großem Torturm mit Zugbrücke, z. T. die höher gelegene Kernburg. Das unregelmäßige rechteckige Kernwerk – noch in neuerer Zeit Gefängnis und Kaserne – ist durch rechtwinklig geknickten Graben von der Vorburg bzw. der alten Stadt abgetrennt. Ein wohnturmartiger Pallas mit Schwalbenschwanzzinnen liegt auf höchster Spitze im Nordosten über einer weiten Vorburg, deren hohe Mantelmauern durch starke Vierecktürme Seitenbestreichung ermöglichen.

[30]) Carpenter-Bon: Defenses of Acrocorinth.

Abb. 719. Burg und Stadt Patras. B. E. nach Plänen der deutschen Heeresbücherei München 1829/35.

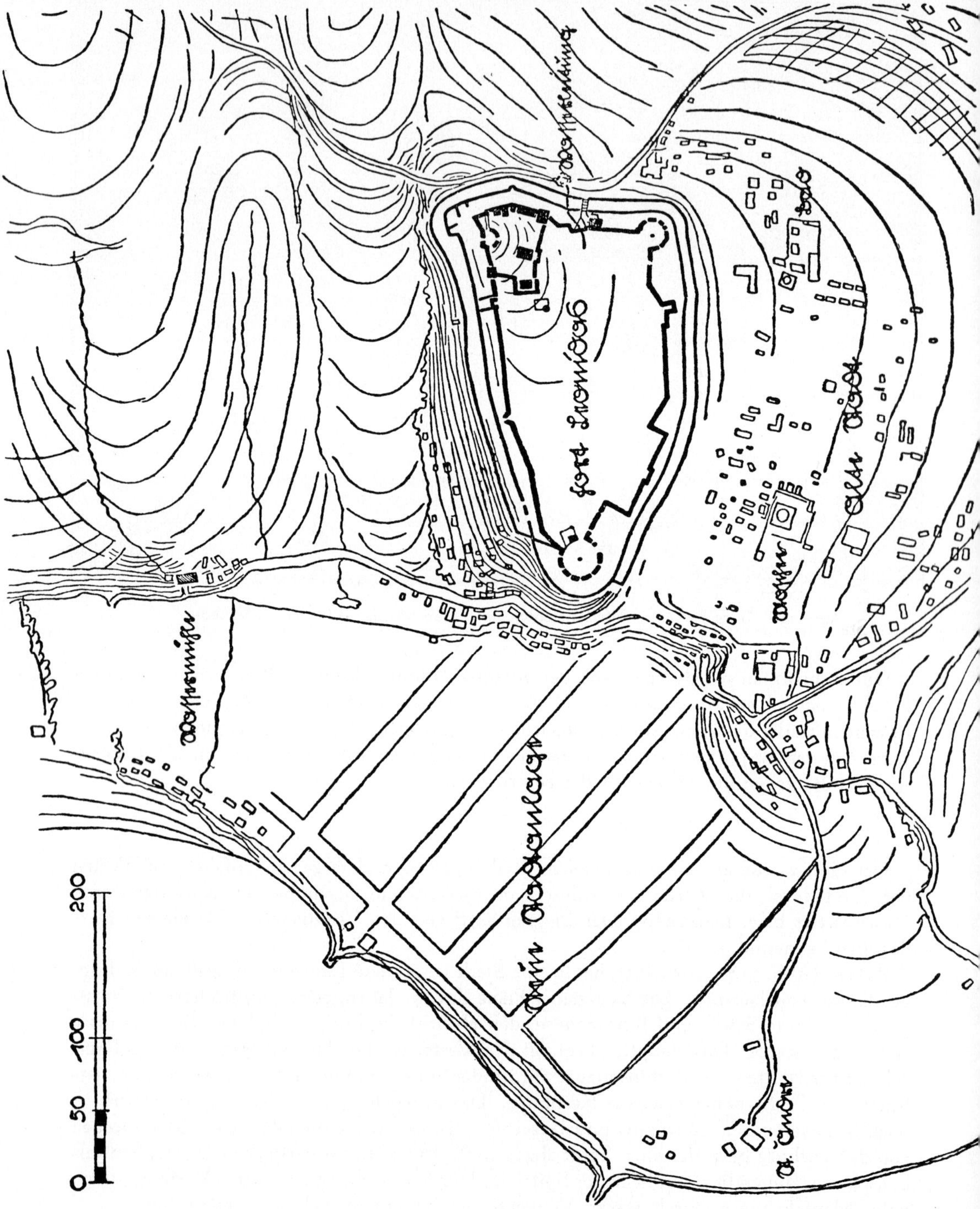

Ein zweiter Außengraben umgibt die alte 1770 und 1821 zerstörte vorburgartige Stadt und Burg. Über das Vorhandensein eines Bergfriedes gibt auch dieser Burggrundriß keine Auskunft. Im ganzen scheint nach den geschichtlichen Nachrichten und den Zeichnungen die Burg keine Adelsburg gewesen zu sein. In den Plänen des 19. Jahrh. fehlt der Burggraben, auch hat die Burg durch zahlreiche innere Bauten eine andere Einteilung erhalten (Abb. 719). Die Gesamtanordnung ist aber ähnlich früh dargestellt. Runde späte Batterietürme deuten auf venetianische Befestigungen. Getreppte Zinnen können türkische Zutat sein. Das Mauerwerk zeigt Wechsellage von Haustein und Ziegeln, was Filow[31]) als Kennzeichen byzantinischer Bauart ansieht, und Bruchsteinmauerung, regelmäßige dunkle Quadern sind ebenfalls eingebaut. Eingemauerte antike Steine beweisen, daß hier schon früh eine Befestigung gewesen ist[32]).

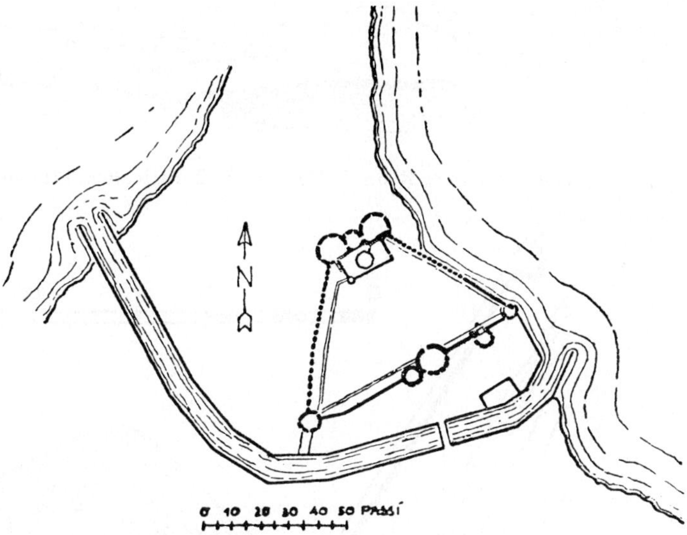

Abb. 720. Burg Rion di Morea. Grundriß.
B. E. nach Plan aus dem Staatsarchiv Venedig.

Garzoni[33]) sagt von der Festung: „Tausend Schritt vom Meere erhebt sich auf einer Höhe die Stadt und Vorstadt und auf dem Gipfel eine kleine Festung (die Burg) mit doppelter Ringmauer und Graben". Gregorovius[34]) erwähnt ihre vergebliche Belagerung durch die Slaven im Jahre 807 und 1429 ihren Fall.

Die Burg zu Patras wurde auch später fränkischer Rittersitz. Von Patras aus eroberte Gottfried von Villehardouin 1205—1278 den Peloponnes. Auch 1684 spielte Patras in den Kämpfen zwischen Morosini und Königsmark und den Türken eine bedeutende Rolle[35]).

An den „kleinen Dardanellen" bei Rion liegen zwei venezianische Ruinen, die zur Sperre des Korinthischen Meerbusens erbaut worden sind[36]).

Die südliche Burg „Dardanello Rion di Morea" (Abb. 720, 721) bei Naupaktos ist ein dreieckiger Wehrbau, ähnlich der schottischen Burg Caerlaverock[37]), am Meere flach gelegen, mit dreifach nebeneinandergestelltem Dreiviertel=Rundturmtor an der nördlichen Dreieckspitze. Ähnliche ungleich starke Doppelrundtürme stehen inmitten der breiten Südseite. Eine Seite streckt sich am Meer entlang, die südliche liegt hinter einer Art Halsgraben zwischen Land und Meer. Die Türme und Zinnen wirken gradlinig früh.

Nördlich der Kleinen Dardanellen liegt die Sperrfeste „Dardanello Molicreo" oder Burg von Rommelin (= Rumelias oder Romelia) (Abb. 723, 724). Diese erstreckt sich

[31]) Filow: Altbulg. Kunst. — [32]) Busch=Zantner: Burgw. 1936, S. 59. — Fallmerayer: II, S. 328f. — [33]) Garzoni S. 208. — [34]) Gregorovius: I, S. 85, 133 u. II, S. 299. — [35]) Garzoni S. 208. — [36]) Estata Notitia del Peloponneso . . . della Morea 1687, S. 32f. — Garzoni: S. 209, nennt 2 Burgen: Castelli di Morea und di Romelia. — [37]) Siehe Bd. I, S. 223, Abb. 259.

Abb. 721. Burg Rion di Morea. B. E. nach altem Plan aus der Bibl. Marc. Venedig.

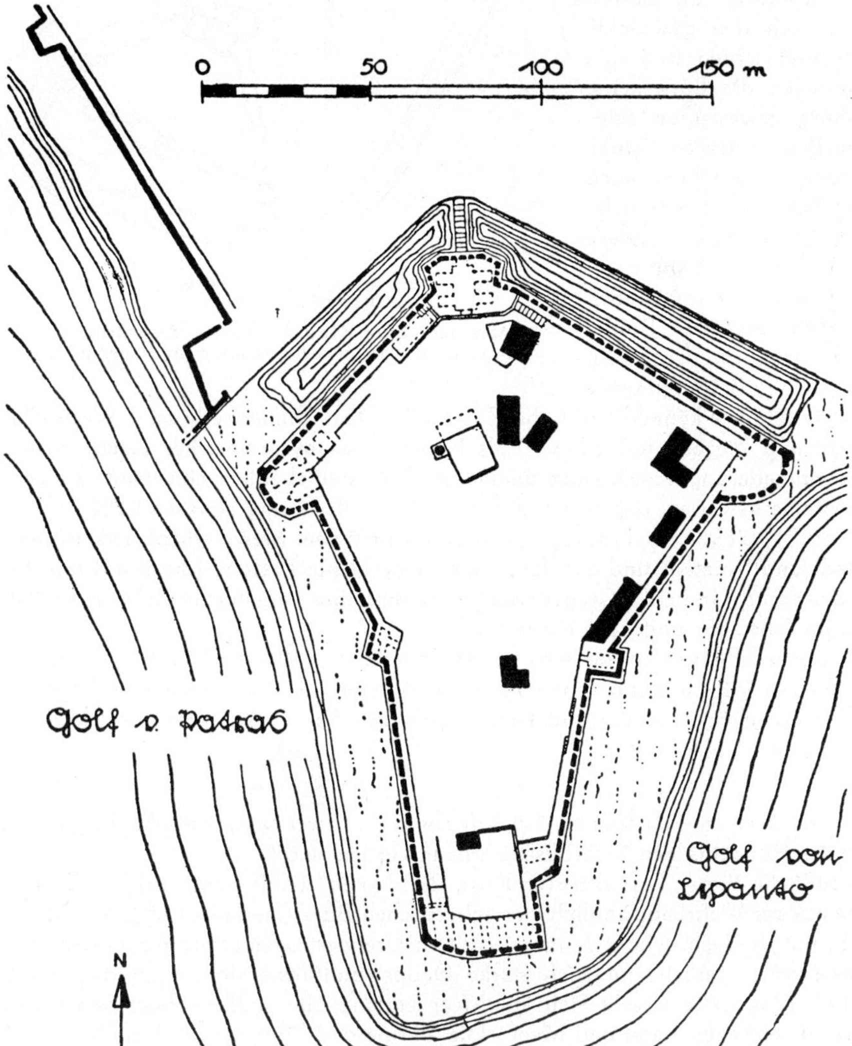

Abb. 722. Burg Dardanello Molicreo. Grundriß 1 : 2000. Nachmittelalterlicher Zustand. B. E. nach Plan der deutschen Heeresbücherei München 1833/34.

Cetatea Alba am Schwarzen Meer, Rumänien

Burg V i d i n an der Donau, Bulgarien

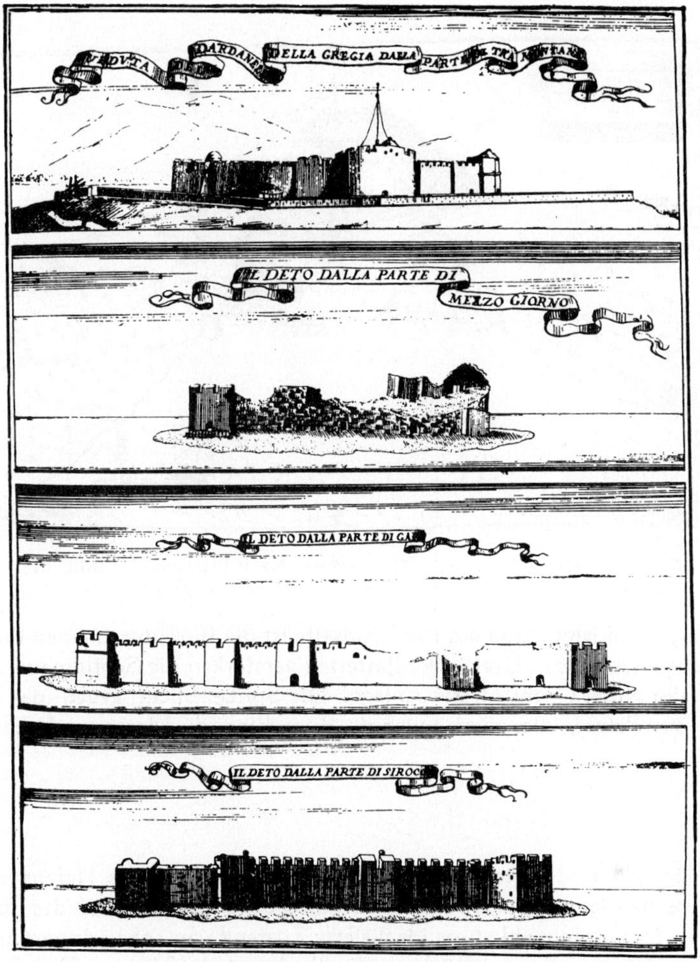

Abb. 723. Burg Dardanello Molicreo. 4 Ansichten nach altem Plan.

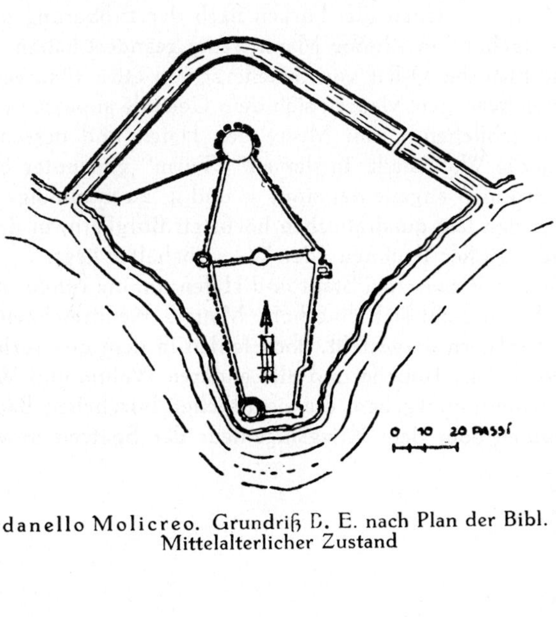

Abb. 724. Dardanello Molicreo. Grundriß D. E. nach Plan der Bibl. Marc. Venedig.
Mittelalterlicher Zustand

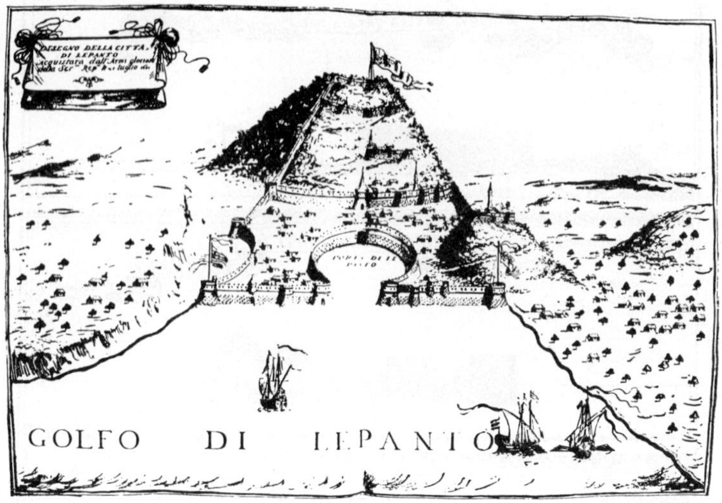

Abb. 725. Burg und Hafen Lepanto (Naupactos). Nach Plan aus der Bibl. Marc. Venedig.

länglich fünfeckig am Meer, und auf der Landseite ist die Burg durch einen mit Meerwasser gefüllten Graben geschützt. Drei frühe Batterien verstärken die Schildmauer. Die Abb. 722 von 1833/34 gibt einen Grundriß der Anlage. Die Spitze blickt gegen das Meer zu auf die Zitadelle von Patras, die oben genannte Burg Rion di Morea und die Zitadelle von Lepanto.

Ein merkwürdiges Bild bietet eine venezianische Zeichnung des Hafens von Lepanto (Abb. 725), des heutigen Naupactos[38]), berühmt durch den Seesieg des Juan D'Austria im Jahre 1571. Der darin wohl etwas idealisierte Zustand von 1687 erinnert an die Schilderungen antiker Häfen in den 10 Büchern der Baukunst des Vitruv. Der Zeichner stellte offenbar noch stark mittelalterliche Bauten dar, vielleicht aus der Zeit der ersten venetianischen Besitzergreifung, an denen die Türken nach der Eroberung durch Bajazet II. 1499 mit einem Heeresaufgebot von 150000 Mann wenig geändert haben.

Der vortreffliche Plan des Oskar von Schellerer von etwa 1830 zeigt durch die Höhenlinien, wie die mittelalterlichen Mauern sich dem Gelände anpassen (Abb. 726). Fünf ummauerte Bezirke umschließen 1. am Meere den Hafen und dessen merkwürdig rundes Becken, 2. darüber die Wohnstadt, in der ein „Turm" genannter burglicher Block, eine Moschee und ein Brunnen angedeutet sind, 3. und 4. zwei winklige Vorburgen, die oben schmaler werden, 5. den fast quadratischen höchsten Burgkern, in dessen beinahe ebenem Bezirk ein besonders großer Brunnen oder Wasserbehälter liegt.

An der See entlang und zwischen Stadt und Hafen um die runde, in die Stadtfläche einschneidende Hafenbucht zieht sich eine hohe Mauer. Kennzeichnend mittelalterlich sind die Stadt- und Burgmauern dargestellt, doch fehlen in dem uns vorliegenden eigentlichen Burgplan Bergfried, Pallas, Kapelle und alle anderen Wohn- und Wirtschaftsbauten. Es sind nur die Ringmauern angegeben, die eigentlichen burglichen Bauten entweder bereits verschwunden gewesen oder dem Kriegsingenieur der Spätzeit unwesentlich erschienen.

[38]) Garzoni S. 479.

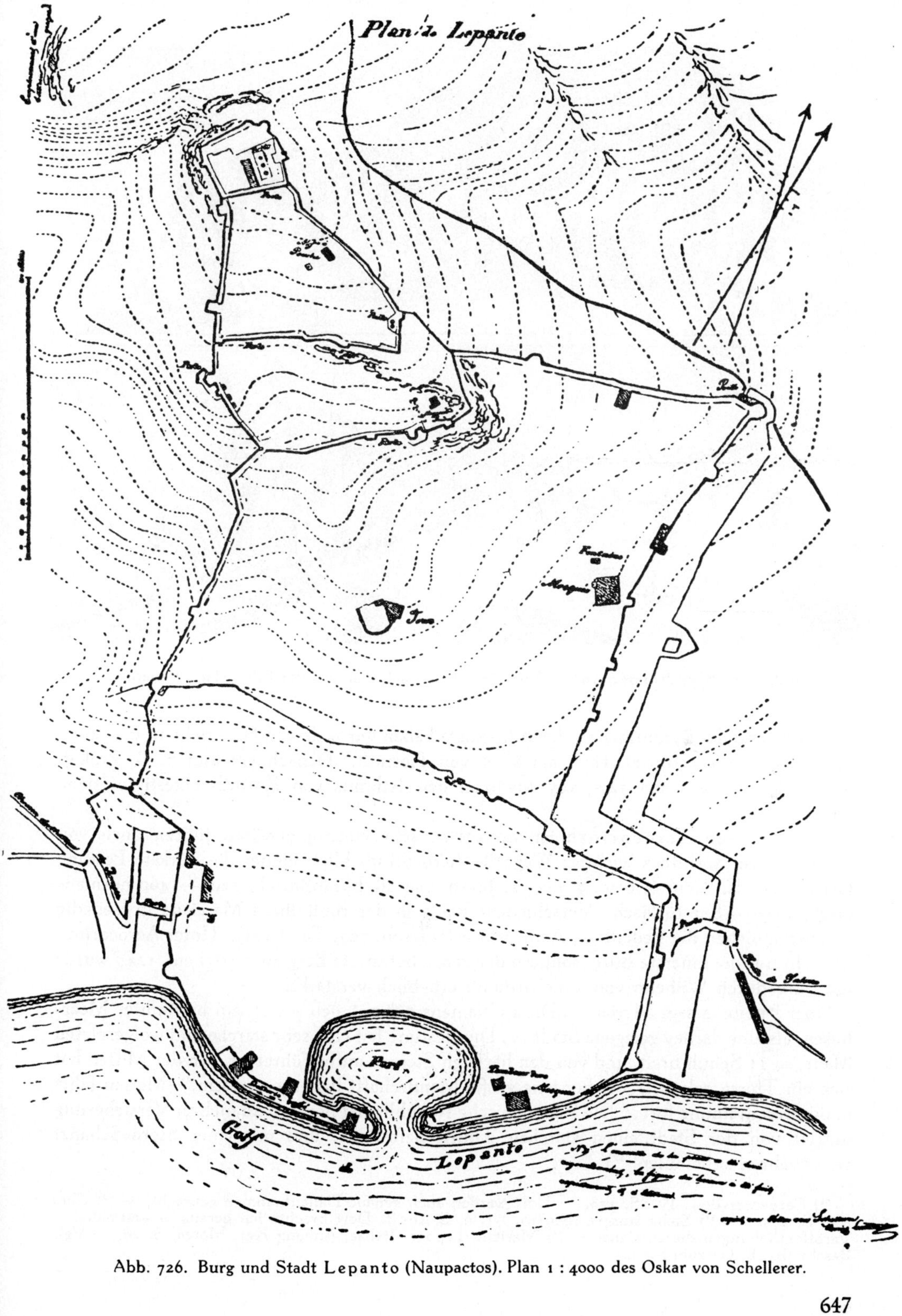

Abb. 726. Burg und Stadt Lepanto (Naupactos). Plan 1 : 4000 des Oskar von Schellerer.

Abb. 727. Burg Acrocorinth. Zwei Ansichten nach Plan aus der Bibl. Marc. Venedig.

Von Bauten der Byzantiner an der Adriaküste haben wir vielfache Nachrichten, u. a. auch genauere über Acrocorinth[39]) am Golf von Korinth. Danach erwähnt z. B. Prokop de Aedif, daß zwischen 527—565 Justinian den Isthmus von Korinth befestigte (siehe oben).

Die Lage von Acrocorinth ist strategisch sehr günstig gewählt, führen doch von Graezia nach Korinth 3 wichtige Wege[40]). Acrocorinth blieb immer die stärkste Festung Griechenlands. Vom 6. bzw. 9. bis 12. Jahrh. war sie byzantinisch, 1204—1460 normannisch, 1458—1821 türkisch. Verschiedene Pläne in der Bibliotheca Marciana in Venedig veranschaulichen die Bedeutung Acrocorinths[41]) (Abb. 727, Tafel 121). Unter Acrocorinth ist nicht nur die innerste Burg, sondern der ganze befestigte Berg zu verstehen. 1245 wurde die Burg durch Wilhelm von Villehardouin erheblich verstärkt.

Über Prevesa sagt Merian: „Dieses Namens rühmet sich sowol ein berühmter Meerbusen, als eine darbey gelegene Stadt . . . Die Vestung hat eine sehr starcke und wolgesetzten Maur, so 11 Schuh breit, und von den härtsten Steinen auffgeführet ist. In der Mitten hat sich ein Thurn gelagert, welcher eine große Mannschafft beherbergen kan." Merian fährt in der Beschreibung fort: „Die Venetianische Republic hat hernach zu mehrer Versicherung unweit von der Stadt einen starcken Thurn befestigen, und mit einer Stern=Schanzt zuverwahren anbefohlen"[42]).

[39]) Carpenter=Bon: IV., S. 128. — Dort werden auch genaue Planaufnahmen gebracht. — [40]) Garzoni S. 475. — [41]) Siehe Burgw. 1909/10, Nr. 6, S. 105ff. Dort brachte ich bereits — erstmalig — Veröffentlichungen dieser Pläne. — [42]) Merian: Topogr. Italiae, Anhang Kgr. Morea, S. 26. — Vgl. Beschreibg. b. Garzoni S. 72.

Der Plan im Staatsarchiv zeigt dagegen nur ein quadratisches Werk der Festungszeit unter Benutzung der von Merian beschriebenen älteren Werke. Burgliche Reste fehlen.

Die Stadt liegt auf einer Landspitze an der Nordseite der schmalen Einfahrt in den Golf von Arta, in starkem Mauerring mit Rundtürmen und späteren türkischen Bastionen. 1684 wurde Prevesa durch Morosini den Türken abgenommen.

Nahe von Prevesa liegt Santa Maura zwischen der Insel Levcas (Ionische Inseln) und dem Festland Epirus, fast unangreifbar, zwischen Meer und Sumpf auf langer, schmaler Landzunge, die die Insel Levcas (Leukas) mit dem Festland verbindet.

Die Stadtburg erhebt sich in der Nordostecke am Kanal zwischen dem Ionischen Meer und dem „Gran Stagno" (großer Sumpf) im Epirus, in langgestreckter Form durch Graben von der Stadt getrennt. Merian nennt eine Wasserleitung, die auf 360 Bogen durch den Großen Sumpf führt[43]).

Garzoni beschreibt die Lage zwischen 2 Gräben von 12 passi, etwa 10 m Breite und 4 Fuß Tiefe, die noch 1684 strategischen Wert hatten[44]).

Die 1684 von den Venezianern wieder eroberte Feste Santa Maura zeigt auf einer alten Darstellung[45]) die mittelalterliche Stadtburg und von einem Halsgraben abgetrennt eine neue Bastionsanlage des 17. Jahrh.[46]).

Der frühe Kern zeigt auf dem Münchener Plan von etwa 1700 (Abb. 728) eine eckige Eiform mit dem breiten Ende nach Norden gelegen. Die Nordostecke nimmt ein später dreiviertelrunder Batterieturm ein, 7 kleinere Halb= bzw. Dreiviertel=Rundtürme verstärken die vielgeknickte Mauer. Ein Bergfried könnte der Rundturm an der Südecke der älteren Kernburg gewesen sein. Die starke Ringmaueranlage kann im 15. Jahrh. verstärkt worden sein.

Im Mittelalter gehörte Santa Maura verschiedenen fränkischen Herrschern, 1467 kam die Festung unter türkische Herrschaft, 1684 eroberte sie Morosini.

Nahe Prevesa am Südufer des Golfes von Arta erhebt sich Vonizza auf einer dreieckigen Landzunge, ein länglich=eiförmiger steiler Felshügel, dessen Kamm eine Burg krönte (Abb. 729). Die flachen Vorländer zwischen Meer und Felsen waren städtisch bebaut. Die flache Spitze der Halbinsel wurde durch 2 gezinnte Sperrmauern von der Burg bis zum Wasser gegen Angriffe vom Lande her geschützt.

Die Burgmauern sind auf den Plänen aus der Mitte des 18. Jahrh.[47]) noch mittelalterlich dargestellt, hoch und gezinnt und durch zahlreiche halbrunde und rechteckige, meist fast gleich hohe Türme zur Seitenbestreichung verstärkt. Landwärts sind zwei, seewärts ist eine venezianische späte Bastion dargestellt. Die ausgedehnten Mauerringe beherbergten, um 1723 bereits vielfach verfallen, Wohnkasernen mit Magazinbauten. In der Mitte ragt auf dem höchsten Kamm ein hohes Kernwerk mit Rundturm empor, das die Türken „im letzten Jahr" (ihrer Herrschaft) errichtet haben sollen. Ein „Palazzo del primo Representante" liegt in der Mitte der südlichen Längsseite! Die Legende auf den Plänen erwähnt eine lateinische und eine griechische Kirche.

Dem Festland legt sich nun die große Insel Korfu vor (Abb. 730). Von dem mittelalter=lichen Korfu[48]) ist neben heutigen Aufnahmen ein Bild mit Befestigungen nach einer

[43]) Merian gibt Geschichte u. Lagepl. mit Prevesa. — [44]) Garzoni S. 68. — [45]) Plan von 1722 im Staatsarchiv Venedig. — [46]) Siehe Merian S. 27. — [47]) Staatsarchiv Venedig Elenco II, 20. — [48]) Mothes: Bauk. d. Mittelalt. i. Ital. S. 49. — B. E.: Burgw. 1916, S. 3f. — Pl. v. Joan Blaeuw i. Groot Stedeboek I, 1734.

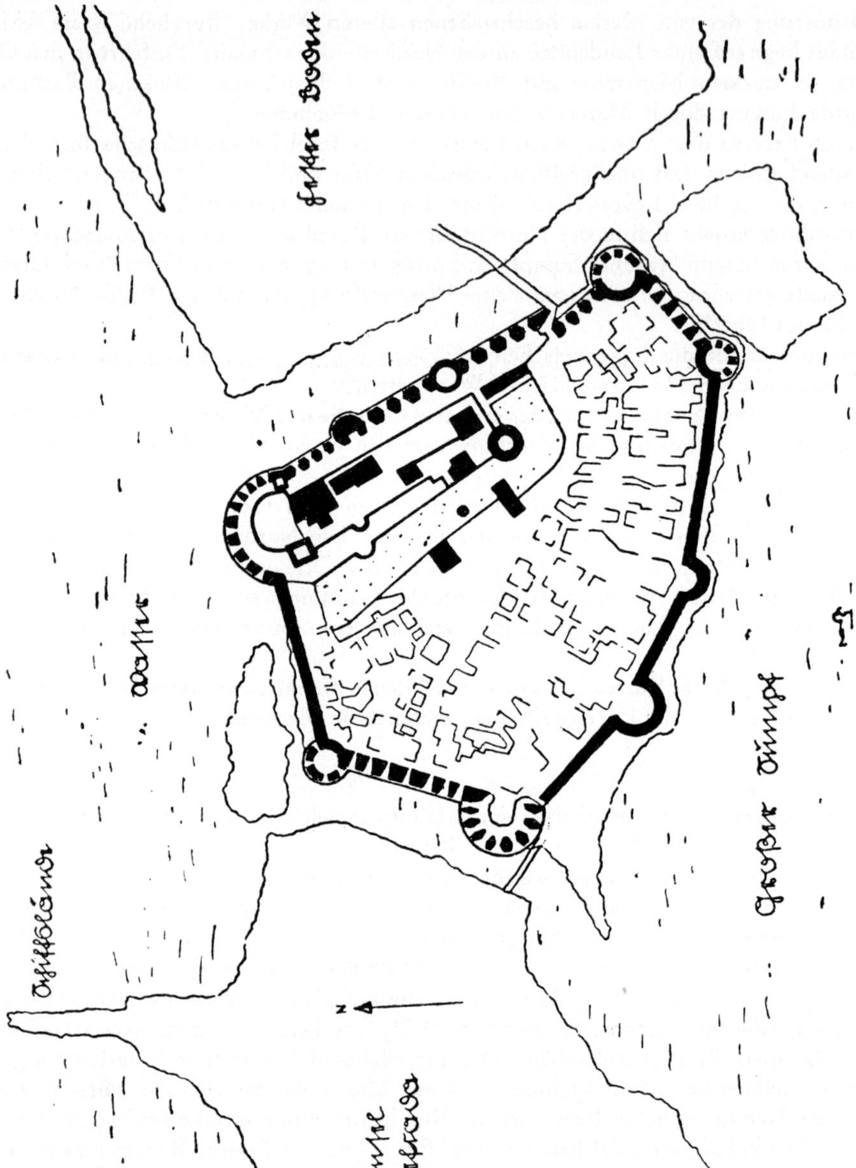

Abb. 728. Burg und Stadt Santa Maura.
Grundriß 1 : 2000. B. E. nach Plan der deutschen Heeresbücherei München 1700.

Zeichnung aus der Zeit Merians zu bringen; es gelang auch hier im Staatsarchiv Venedig viele Pläne z. T. erhaltener Befestigungen zu finden aus der Zeit des Feldmarschalls Grafen von der Schulenburg nach dessen berühmter Verteidigung vom Jahre 1716. Auch Korfu kam schon 1205 an Venedig, doch sind seine Wehrbauten so oft umgestaltet, daß nur noch in alten Kernwerken der Fortezza vecchia auf der vorgelagerten Felseninsel östlich der Stadt schwache Reste des Mittelalters erkennbar sein dürften. Burglich bietet Korfu nichts mehr.

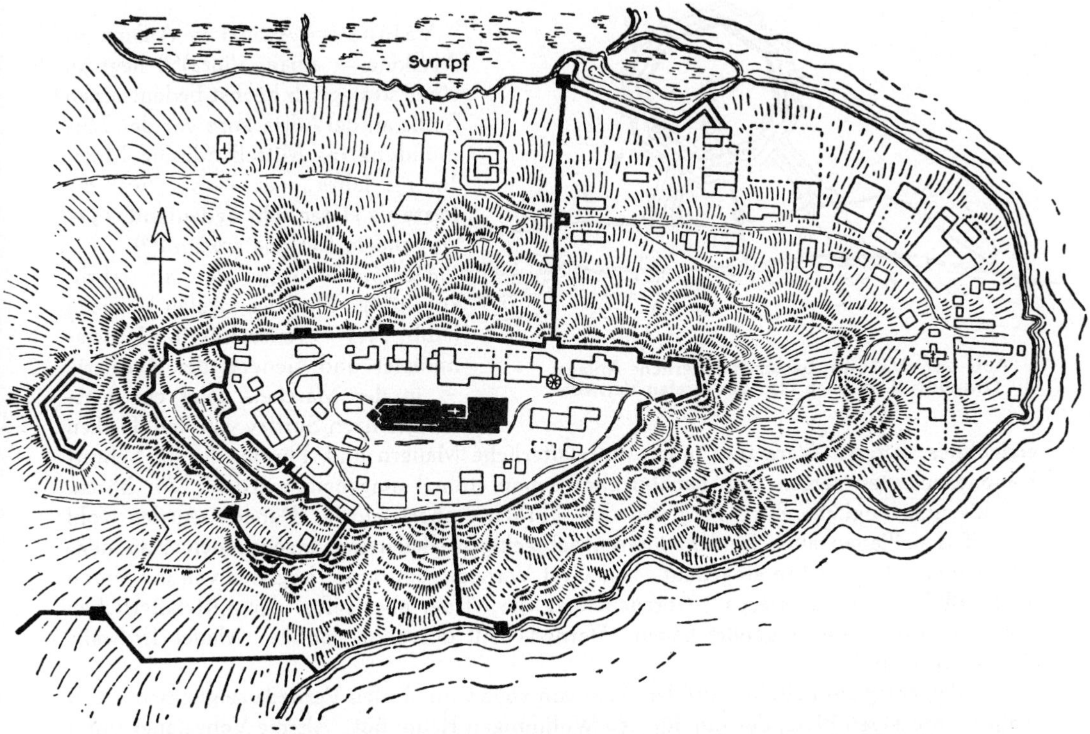

Abb. 729. Burg Vonizza. Lageplan B. E. nach Plan aus dem Staatsarchiv Venedig.

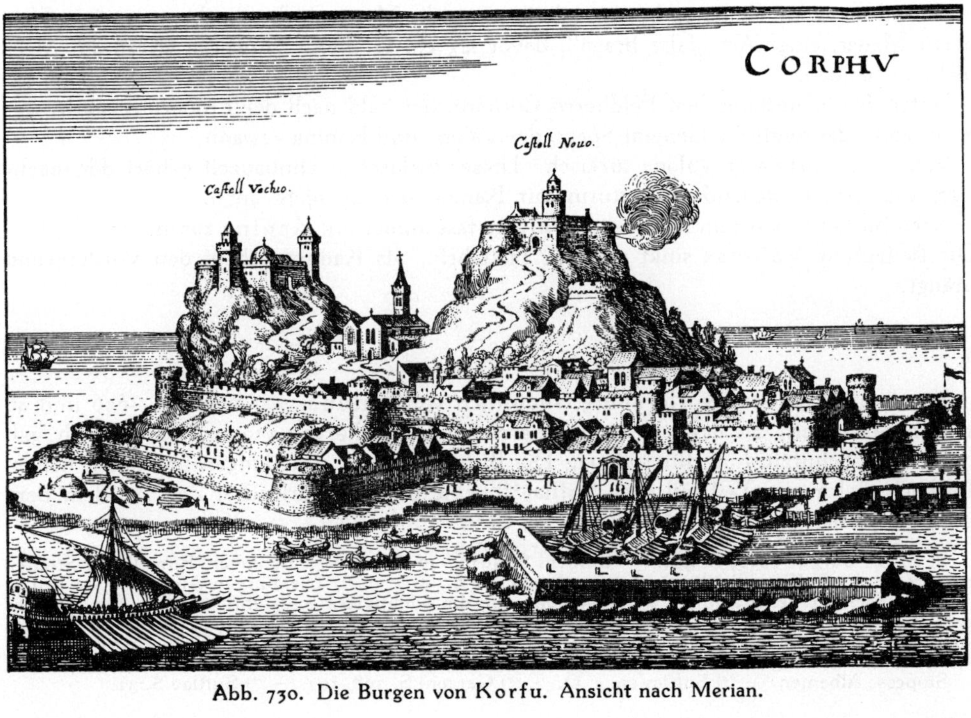

Abb. 730. Die Burgen von Korfu. Ansicht nach Merian.

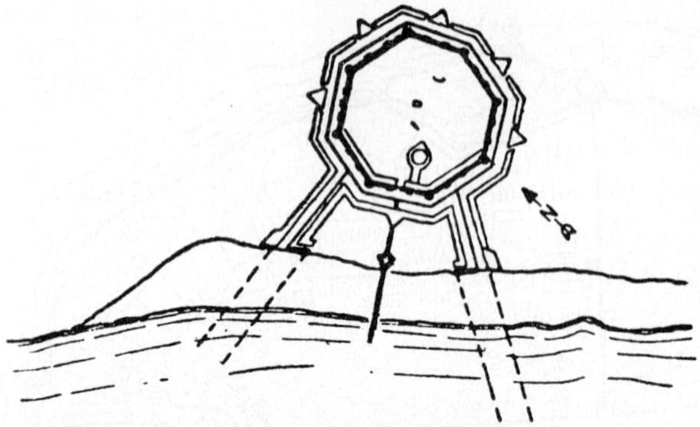

Abb. 731. Valona, nachmittelalterliche Anlage. Grundriß B. E. nach Plan des Grafen Verneda.

Valona (= Avonal = Aulona = Avellone = alban. Vlora)[49]) liegt an einer strategisch höchst bedeutsamen Stelle an der Adria, kurz vor der Einmündung ins Mittelländische Meer. Im 13. Jahrh., 1227—1332, war die Feste als Hafen sehr bedeutend, 1335 als Spiagia Avalona erwähnt[50]).

Der merkwürdige, dem 17. Jahrh. angehörige Plan des Grafen Verneda (Abb. 731) – venezianischer Kriegsminister und General der Artillerie – in der Marciana zeigt ein achteckiges nach Sufflay von den Türken errichtetes späteres Werk und innen mittelalterliche Mauern und Türme, die im Schnitt Kanonenscharten zeigen, also nachburglich schon einmal umgebaut wurden. Wir hören, daß die ursprüngliche Burg 1417 von den Türken erobert wurde. Danach wurden wohl die auf den Plänen auch in dem älteren achteckigen Mauerring angegebenen Kanonenscharten von den Türken eingebaut. Der Graf Verneda sagt in der Legende von ihr „buon Muro all'Antico senza scarpa", trotzdem mag die Mauer aber selbst der mittelalterlichen Burg der Venezianer angehört haben. Verneda will um diese „antike" Mauer Erdwälle als „provisionali" legen.

Der Vorschlag zum Umbau auf dem Plan von 1690 vom Grafen Verneda zeigt einen regelmäßig achteckigen Platz, der nur für 150 Wohnungen Raum bot. Als die Venezianer unter Cornaro nach einer sechstägigen Belagerung die Veste einnahmen, fanden sie auf den viereckigen Mauertürmen nur je eine Kanone und innen einen runden Bergfried alter Art, 40 Fuß hoch und mit 4—5 Kanonen besetzt. Außen war die Mauer noch umgeben von einer kleineren Mauer, einer Art „falsa braga", davor lag ein Graben. Vorwerke waren am Meer nicht vorhanden.

Unter dem venezianischen Feldherrn Cornaro, der bald nach der Eroberung starb, war es übrigens der deutsche General Sparr, der Valona und Kanina gewann.

Von 1512—1912 war Valona türkisch. Dieser türkischen Umbauzeit gehört der mächtige, südwestlich stehende Rundturm mit Kanonenzinnen nicht an[51]).

Nach Sufflay[52]) wird im Mittelalter Valona fast immer mit Kanina zusammen erwähnt. Die Bedeutung Valonas sinkt aber im 15. Jahrh., als Kanina sich in den Vordergrund drängt.

Kaninas[53]) dreistufige Hochburg, südöstlich von Valona, war von 395—636 und ab 1019 byzantinisch. Sie liegt auf einer beherrschenden Höhe von 379 m. Im 15. Jahrh. galt Kanina als Schutzfestung für Valona. Die Burg soll aus 3 Abteilungen bestanden haben. Im höchstgelegenen Teil soll nach Sufflay[54]) eine Bastei in türkischer Zeit aus dem Berg gebildet worden sein, damit ähnelt sie Skutari.

[49]) B. E.: Burgw. 1916, S. 42f. – Garzoni S. 367f., 405ff. – Vgl. Babinger: Rumelische Streifen S. 25ff. – [50]) Sufflay: Städte u. Burgen Albaniens S. 30f. – [51]) Die Burgen Albaniens werden in diesem Abschnitt behandelt. Es konnten aber nur die wichtigsten angeführt werden. Ich verweise deshalb außer der in diesem Abschnitt genannten Literatur noch auf folgende Werke, die zwar Burgenkundliches auch nur wenig und sehr verstreut anführen: Haberlandt: Kulturwissenschaftl. Beitr. z. Volkskd. v. Montenegro, Albanien u. Serbien. – Markgraf: In Alb. Bergen. – Hahn: Alban. Studien. – Stopcsa: Albanien. – [52]) Sufflay: a. a. O. – [53]) Garzoni S. 368, 397. – [54]) Sufflay S. 31.

Hafenturm der Burg M o d o n e an der Südwestecke des Peloponnes, Griechenland

Burg Chlemutzi („Münze"), Burgflügel, Tornese, Morea

Burg Chlemutzi („Münze"), Burghof, Tornese, Morea

Südöstlich von Durazzo landeinwärts liegt Elbassan = Elbasan[55]) in einer Talmulde am Flusse Škumbi, an der alten Via Egnatia. Die Burg wurde 1466 von Sultan Mehemmed II. gegründet. Sie soll in erstaunlich kurzer Zeit errichtet worden sein.

Der Grundriß (Abb. 732) stellt einen rechteckigen Bau von 327 m Seitenlänge an der Süd- und Nordseite und 362 m östlicher und westlicher Seitenlänge dar. Die Mauern betragen etwa 2,60 m Stärke. Die Ecken der Burg sind durch Rundtürme verstärkt. Aus den Mauern springen 16 Türme mit halbkreisförmigem Abschluß vor, außerdem an der Nord- und Südseite 2 bzw. ein Viereckturm. Von den Innenbauten des Kastells ist nichts mehr erhalten[56]).

Fraglich könnte es sein, ob die völlig regelmäßige Form der Anlage nicht auf den Einfluß römischer Reste zurückzuführen ist.

Pertreila am linken Ufer des Arzenflusses erhebt sich auf 400 m hoher Felsspitze südlich von Tirana.

Der Grundriß ist dreieckig und paßt sich der kleinen Gipfelfläche an. Drei runde Türme verstärken die Ecken des Baues. An der Nord- und Ostseite der Burg laufen am Berg noch Mauern zur Verstärkung. Das Mauerwerk besteht aus Bruchstein und erhebt sich auf älteren Resten, deren Mauern aus Gußwerk mit weißem, aus Ziegelstückchen durchsetztem Mörtel besteht[57]).

Praschniker und Schober[58]) nennen weiter in Albanien Berat, eine Zitadelle von beträchtlicher Ausdehnung. Der südöstliche Teil bildet eine eigene Anlage mit 4 Türmen. Die gesamte Stadtanlage mit Burg wird sich auf einer antiken Siedlung aufbauen, verschiedene Mauerteile geben davon Kunde.

Praschniker und Schober setzen den Ursprung Berats in dieselbe Zeit wie den Alessios. Beide Burgen sollen griechischem Einfluß unterliegen.

Nordöstlich von Alessio liegt am Flußbett des Gjadri die Burg Vigu[59]) (Abb. 732),

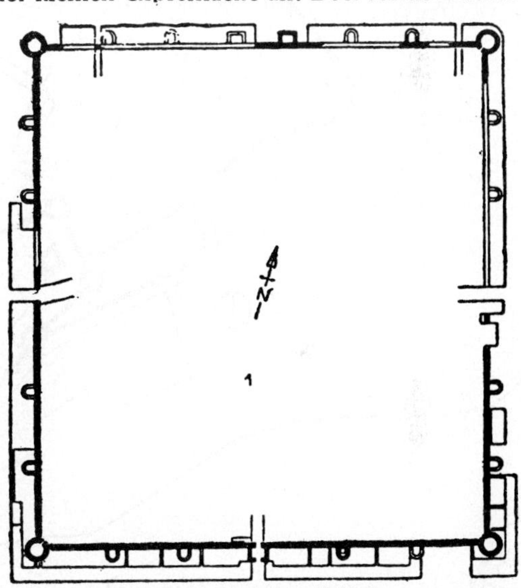

Abb. 732. Grundrisse von drei albanischen Burgen Elbassan – Preza – Vigu.
B. E. nach Praschniker und Schober.

[55]) Sufflay S. 35. – Praschniker und Schober S. 48ff. – Busch-Zantner: Burgw. 1936. – Vgl. vor allem Babinger S. 53ff. – [56]) Vgl. hierzu die Beschreibung von Elbassan von Ewlijâ Tschelebi aus dem 17. Jahrh., übertragen von Babinger in Rumelische Streifen, S. 32ff. – [57]) Praschniker und Schober S. 31f. – Ippen: Denkm. versch. Altersstufen i. Alb. – [58]) Praschniker und Schober S. 61 ff. – Babinger S. 17ff. – [59]) Praschniker und Schober S. 12f., 54f.

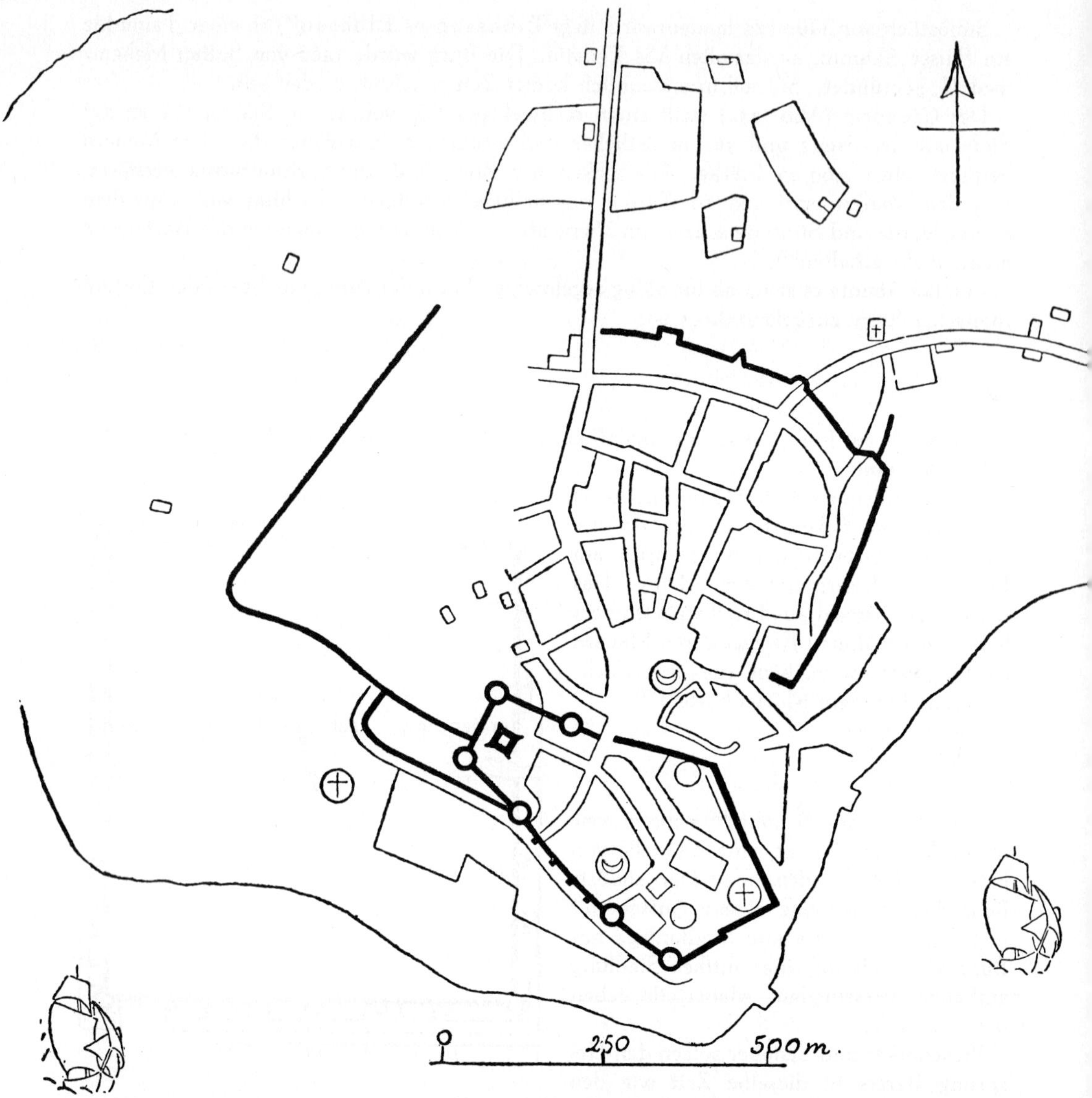

Abb. 733. Burg und Stadt Durazzo. Lageplan 1 : 1000. B. E. nach Praschniker und Schober.

ein regelmäßiges Rechteck mit 4 quadratischen Ecktürmen und je 2 rechteckig vorspringenden Türmen in 8,30 m Abstand auf allen vier Seiten, im ganzen zählt die Burg also 12 Türme. Die 4 Ecktürme sind mittels schief durch die Mauer führender Eingänge von innen zugänglich. Auf der Flußseite im Norden steht die Mauer noch teilweise, die übrigen Mauern sind meist verschüttet. Vigu macht im Grundriß durchaus byzantinischen Eindruck. Praschniker und Schober weisen in diesem Zusammenhang auf den Diokletianpalast in Spalato.

Auch Preza[60]) (Abb. 732) über dem Ismital, nordöstlich von Durazzo, zeigt ähnlich regelmäßigen Charakter, obwohl der Grundriß ein verzerrtes Rechteck darstellt. An den

[60]) Praschniker und Schober S. 81 f.

Ecken springen runde Ecktürme vor, auf der südwestlichen Langseite ein rechteckiger Turm. Der Eingang liegt auf der Mitte der Südseite.

Die byzantinische Grenzstadt Durazzo (Dyrrhachium = Durachium, Dorrachium, Duracium, alban. Durrës) ist auf antiken Resten 85 km südlich Skutari erbaut (Abb. 733). Die Umfassungsmauern, wahrscheinlich aus justinianischer Zeit, stehen trotz Zerstörung durch Theoderich im Jahre 481 heute noch. Daher zeigt Durazzo auch byzantinische Burg=reste, auf felsiger Halbinsel durch eine 240 m lange Brücke erreichbar. Den Grund der mittelalterlichen Wehrbauten hat der Kaiser Anastasios 491—518 geschaffen. Damals litt die Stadt noch unter den Folgen des Erdbebens von 345 und unter den Verwüstungen der Goten. Die Veste wurde im 11. und 12. Jahrh. viermal von den Normannen erobert. 1259 machte König Manfred Ansprüche auf die Herrschaft. 1272 huldigt Durazzo den Serben, ebenso von 1319—1322, von 1501—1912 den Türken. 1276 bedroht das Heer Paleo=logs Durazzo, daher werden dessen Mauern repariert[61]).

Sufflay[62]) nennt Durazzo den „Nunkleus aller byzantinischen Festungen von Neuepirus . . . die Kopfstation der Via Egnatia, zugleich der Kriegshafen der Adria". Er berichtet weiter, daß die Burg „von jeher viereckig" gewesen sei und spricht von einer dreifachen Befestigungsanlage: der Isthmussperre, der breiten Stadtmauer, auf der angeblich 4 Reiter zur gleichen Zeit reiten konnten, mit 11 Fuß hohen Türmen, und dann dem Kastell in der Höhe, auf dessen Platz noch heute die den Westwinkel der Stadt bildende türkische Zita=delle steht.

Von Durazzo führte eine uralte Heerstraße über Saloniki nach Byzanz. Hier endete auch die alte Überfahrt von Brindisi nach der Balkanhalbinsel. Die alte Akropolis, 400 m westlich von dem Kastell, und die römisch=byzantinische, nach Nordwesten verlaufende Stadtmauer lassen sich noch erkennen. Die Südstadtmauer steht heute noch in ihrer öst=lichen Hälfte aufrecht, darin sind „in zweiter Verwendung" nach Praschniker und Scho=ber[63]) schmale lange Quadern aus hellgelbem Tuff verwendet, die an achäische Bauten in Athen erinnern. Die Nordseite der jetzigen Stadtmauer wurde z. T. von den Türken er=richtet, andere Teile auf byzantinisch=venezianischer Grundlage wiederhergestellt. Letztere stammen etwa vom Jahre 1401, ebenso wie die seit 1392 venezianische und später türkische Burg[64]). Die runden geböschten Batterietürme an den Mauerecken deuten auf venezianische Arbeiten des 15. Jahrh., daneben laufen noch Viereckzinnen in mittelalterlicher Form.

Der runde Westturm der Zitadelle, der nach Praschniker und Schober anscheinend einem türkischen Umbau angehört, ist fast ganz aus römischen und byzantinischen Werkstücken errichtet. Schober erwähnt auch eine ausgedehnte byzantinische Kulturschicht.

Nach dem Plan Schobers ist die türkische Zitadelle etwa 500 m lang und 250 m breit.

Alessio (Lissos = alban. Lesh)[65]) bietet zwei Burgenreste auf sehr hohem Uferberg am linken Ufer des Drinaflusses, heute 2 Stunden vom Meere entfernt. Die 2200 m langen Mauern mit 27 Türmen schreiben Sufflay und Praschniker und Schober [66]) vollständig dem Dionys von Syrakus zu als Stützpunkt seiner politischen Unternehmungen in Nordgriechen=land. Nur die Stadtburg sei mittelalterlich (Abb. 734).

Die den etwa 200 m hohen Berg krönenden weitläufigen Ruinen gehörten 1393—1478 – nach von Hahn seit 1394[67]) – Venedig, das die Burg durch Vertrag von der Familie Dukagin (Dukadschin) erhielt.

[61]) v. Hahn in Akademie d. Wissensch. Bd. 16, S. 80. – Busch=Zantner: Burgw. 1936, S. 57. – v. Kausler: Atlas d. merkw. Schlachten S. 33. – [62]) Sufflay S. 19ff. – [63]) Praschniker und Schober S. 32. – [64]) v. Hahn S. 87, Abb. II. – [65]) Ippen: Denkm. verschied. Altersstufen i. Alban. X. Bd., S. 52ff. – Busch=Zantner: Burgw. 1936, S. 57. – Degrand: Haute=Alb. S. 174ff. – [66]) Sufflay S. 9, und Praschniker und Schober S. 15ff. – [67]) v. Hahn: a. a. O.

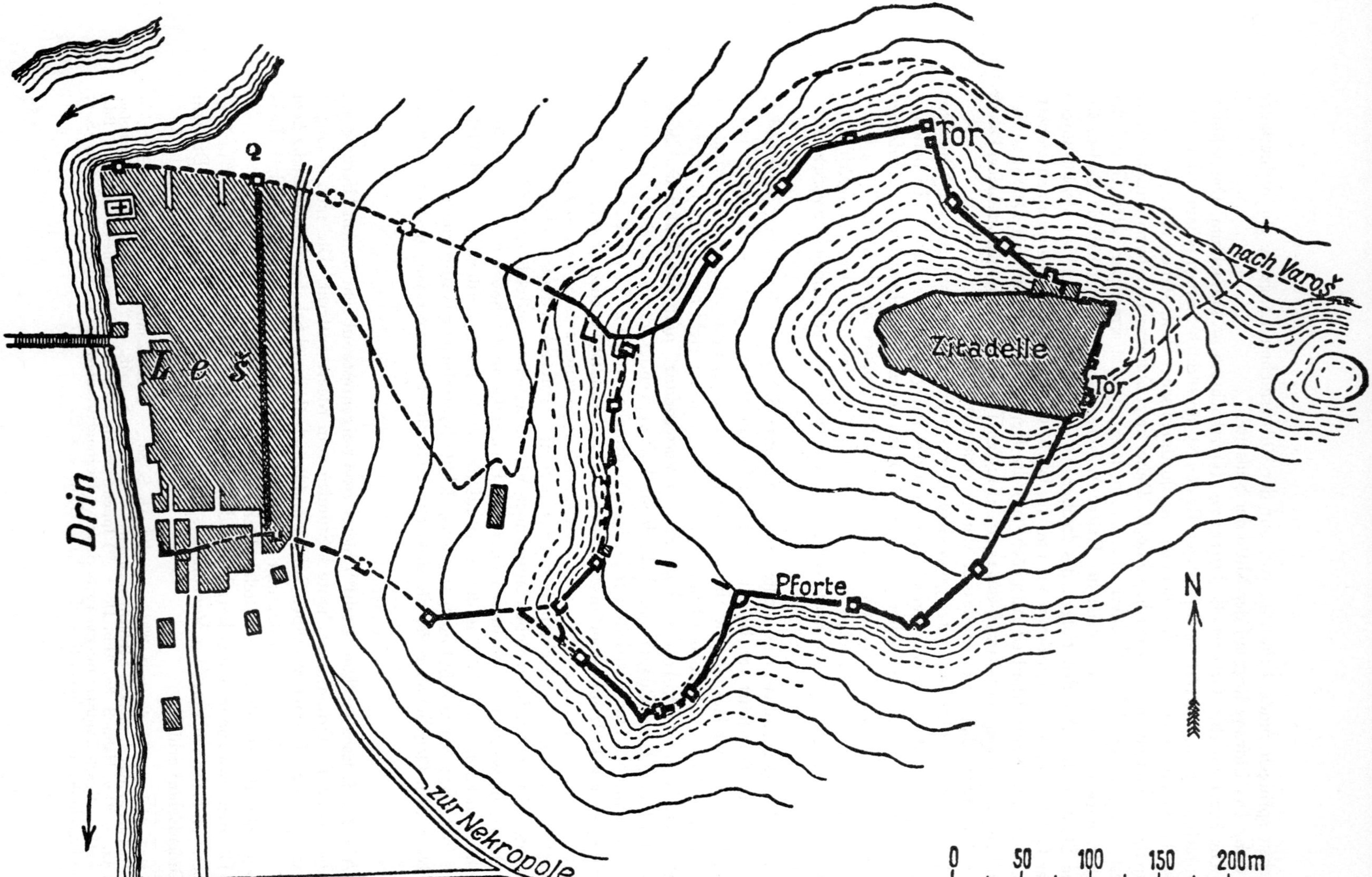

Abb. 734. Burg und Stadt Alessio.
Lageplan 1 : 4000
nach Praschniker und Schober.

A k r o k o r i n t h , mittleres Tor von Süden, Griechenland

Die mittelalterliche Zitadelle bildet ein Mauerrechteck, dessen Längsseiten von Westen nach Osten verlaufen. Je 1 Tor durchbricht die Ost= und Westseite. Das Osttor ist rundbogig geschlossen mit kleinem Gußerker darüber, das Westtor nur mit unbeholfenen Großquadern mit größerem Gußerker auf 4 Konsolsteinen. Weitläufige türkische (?) Palastruinen stam= men vielleicht von einem Wiederherstellungsbau von 1512 bis 1520 durch Sultan Selim I., dem wahrscheinlich auch die Batterien im Norden und Süden und die Bastion im Südwesten angehören; die Venezianer, die sich wohl für die Burg stark interessierten, haben sie aber nicht wiederhergestellt, sondern begnügten sich mit Befestigung der Stadt.

Abb. 735. Burg und Stadt von Bar (Antivari). Grundriß B. E. nach altem Plan von 1717.

Wie weit bei anderen Adriavesten die Stadtmauern z. B. von Alt= oder Neu=Navarin oder Patras und Lepanto u. a. überwiegend hellenisch antik sein sollten, wäre im Einzelfall noch festzustellen.

Nach Sufflay[68]) bestanden die Mauern der Akropolis aus gewaltigen Steinblöcken in der Art der zyklopischen Mauern des Hellas. Ein Beispiel für solche Fälle ist jedenfalls der Bericht über die Mauern von Alessio. Praschniker und Schober[69]) berichten, daß jetzt die ferner liegende Höhe, die früher vielleicht von der Akropolis eingenommen wurde, von einer mittelalterlichen Burg bekrönt wird. Alle Anzeichen sprechen dafür, daß das ganze (Stadt=) Mauersystem einheitlich in einem Zuge durchgeführt wurde. Die Stärke beträgt durchschnittlich 3,50 m. Als Baustoff diente harter, blaugrauer Triaskalkstein (der umliegenden Berge) und harter Konglomeratstein der unteren Schicht der Berge. Die Türme haben 8—10 m Stirnbreite und springen 1,50—8 m aus der Mauer vor.

Praschniker und Schober sind der Meinung, daß die Burg in ihrer Anlage venezianisch ist und vom Sultan Selim I. (1512—1520) wiederhergestellt und ausgebaut wurde, angeb= lich im Zuge antiker Anlagen und unter Wiederbenutzung antiker Quadern. Ein kleines mittelalterliches Westtor und das Haupttor im Osten entstammen auch dieser Zeit. Die Torgasse ist 9 m lang und 4 m breit[70]).

Im Zentrum der mittelalterlichen Landschaft Arbanum liegt in den Bergen zwischen dem Flusse Mat und Ismi auf 604 m hohem, nach allen Seiten steil abfallendem Felsen die Burg Kroja (= Krui = Croya = Kruja oder türkisch: Ak=Hissar oder Aktsche Hißâr, d. h. Weißenburg)[71]). Nach Westen ist der Abfall sanfter, dort liegt zur Verteidigung der Berg= fried. Dieser und auch die starke schwärzliche Ringmauer mit den Rundtürmen sind ziemlich gut erhalten. Die Burg galt noch im 16. und 17. Jahrh. als völlig uneinnehmbar. Ein Teil der Burg soll von Ismail Pascha wiederhergestellt worden sein. 1911 war sie noch z. T. bewohnt.

Bar=Antivari am Adriatischen Meer, 5 km von der Meeresküste entfernt, nahe Cetinji und Skutari, liegt an der Bucht von Bar (Antivari). Als Hafen ist der Platz heute noch von Bedeutung, auch sind noch Reste der Wehrbauten in höchst malerischer Gestaltung erhalten. Noch bis 1513 blieb Antivari venezianischer Besitz[72]).

[68]) Sufflay S. 9. — [69]) Praschniker und Schober: a. a. O. — [70]) Ebenda S. 19. — Vgl. die Ausführun= gen bei Sufflay S. 27ff. — [71]) Sufflay S. 18f. — Praschniker und Schober S. 27f. — Degrand: Souv. d. l. Haute=Albanie S. 217. — Ippen: Skutari u. d. nordalban. Küstenebene, S. 74ff. — [72]) Busch= Zantner: Burgw. 1936, S. 55. — Sufflay S. 24f.

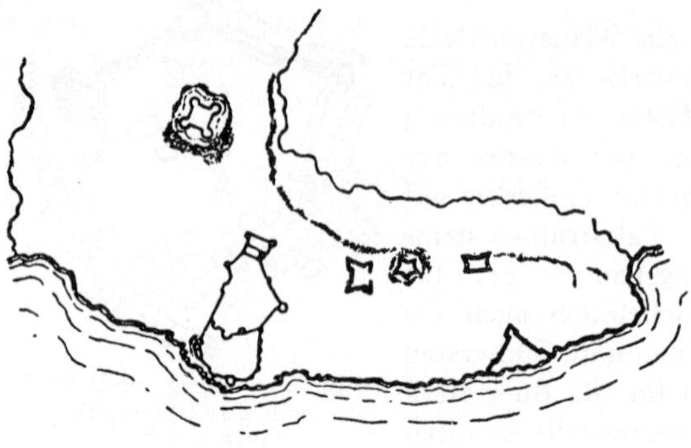

Abb. 736. Burg und Stadt Castelnuovo (Ercegnovi).
B. E. nach Plan der Bibl. Marciana. Venedig.

Aus der Zeit der Belagerung durch die Venezianer 1717 stammt eine venezianische Zeichnung, sie gibt die Bucht von Antivari und landeinwärts „Rocca e Borgo" von Antivari wieder, daneben einen Stadt= und Burggrundriß, unregelmäßig fünfeckig mit 4 Stadttürmen und an der Ostecke mit Stadtburg. Diese erhebt sich auf einem hohen Felsen im Nordosten der Stadt als ein später hufeisenförmig=dreiflügeliger Hauptbau, von dessen nördlichem Flügel nach Norden noch ein weiterer Bau vorspringt (Abb. 735).

Es fehlt auch dieser Veste an älteren burglich „persönlichen" Bauten, wie Bergfried oder Wohnturm und Pallas.

Die Stadt selbst war im Mittelalter von starken Mauern umgeben, die im Westen eine Bastion bildeten.

Castelnuovo (serbisch Ercegnovi) liegt am Eingang, links an der Bocche di Cattaro. Nach dem Venezianer Plan von 1687 (Abb. 736) und der Beschreibung bei Garzoni[73]) ist die Stadt gegen das Meer durch Mauer und Bastion abgegrenzt. Eine weitere Mauer teilt Castelnuovo in einen niederen und einen höheren Teil, die ihrerseits wieder von alten Mauern und Türmen umgeben sind. Der höchste Stadtteil ist von einer unregelmäßigen Burg gekrönt, um die Stadt gegen die benachbarten Hügel abzugrenzen und zu schützen. Aus diesem Grunde erbauten die Spanier 1538, als sie die Venezianer in ihrem Kampf gegen die Türken unterstützten, auf dem benachbarten Hügel eine Festung mit 4 runden Ecktürmen, das sogenannte Fort Spagnuola; diese Festung besteht heute noch. Sie diente ehemals als Schutz der Stadt. Auf den Venezianer Plänen sind um Castelnuovo noch mehrere kleinere Festungen zu sehen, die aber heute verschwunden sind.

Castelnuovo soll auf eine Gründung des 13. Jahrh. zurückgehen, wurde 1538 von Venedig erobert, die es aber 1539—1687 wieder an die Türken abtreten mußten.

Eines der großartigsten Landschaftsbilder an der Adriatischen Küste und zugleich einer der besten Häfen ist die Bucht von Cattaro (Kotor)[74]). Auch hier ist das Bild des heutigen Zustandes zu ergänzen durch eine schöne Zeichnung aus dem Ende des 17. Jahrh. Der Hafen, der hier dargestellt ist, ist der innerste von 6 Meerbusen und liegt zu Füßen des 1759 m hohen Berges Lovćen, der im Weltkrieg noch eine bedeutungsvolle Rolle gespielt hat. Die Stadt zeigt eine Kirche vom Anfang des 13. Jahrh. Cattaro ist 1420 venezianisch geworden und seit 1797 bzw. 1810 österreichisch.

Von Cattaro führte lange Zeit fast der einzige Aufstieg nach Montenegro, daher die strategische Bedeutung des Hafens!

Von der mauerumgürteten Stadt, deren Hafen noch besonders ummauert ist, ziehen sich hohe gezinnte, turmverstärkte Mauern steil und vielgeknickt bis zur Burg hinauf, die

[73]) Garzoni S. 225. – Vgl. Busch=Zantner: Burgw. 1936, S. 55. – [74]) B. E.: Burgw. 1916, S. 22f. – Vgl. Abb. von Joan Blaeuw i. Groot Stedeboek I, 1734.

allerdings ihrer hochragenden Türme und burglichen Wohnbauten beraubt ist, aber im Gesamtbild als krönende Stadtburg noch mittelalterlich wirkt, obwohl sie im Stil des 16. oder 17. Jahrh. umgebaut ist, ohne höhere Aufbauten, aber mit starken Bastionen.

Medun (Meteon)[75] hat schon im Altertum eine Rolle gespielt. Die ersten mittelalterlichen Erwähnungen fallen in die Zeit des serbischen Despoten Georg Brankovič. Medun liegt an dem Weg, der von Podgorica in das obere Limtal und nach Altserbien führt. Auf der höchsten Erhebung des westöstlich quer zur Talrichtung laufenden ungleich geteilten Felsrückens erhebt sich die Burg aus Bruchstein, die in der Hauptsache mittelalterlichen Ursprungs ist. Sie bildet ein langes Rechteck mit Halbrundtürmen an den 4 Ecken, einer steht auf ein Drittel Breite der Längsseite. Auf der nördlichen Längsseite springt ein breiteres Rechteck vor (Abb. 737).

1614 soll die Burg schon sehr zerstört gewesen sein.

Zu den wichtigsten burglichen Bauten gehört Skutari (Shkodra = Skadar, Ischkodra = Iskenderijl)[76]) an der Nordgrenze von Albanien.

Südlich über der lebhaften Handelsstadt Skutari steigt die gleichnamige Burg aus fruchtbarem Flachlande der Adriaküste empor (Tafel 122). Der Burgberg, gekrönt von einem Kalkfelsen, trägt die großartigen Ruinen einer starken eirunden – von einem schon 1416 als la fossa del castello erwähnten Graben umgebenen Umfassungsmauer. Das Innere teilen 2 Quermauern in 3 Teile. 4 Türme verstärkten die Ringmauer im Osten, drei im Norden und einer im Süden.

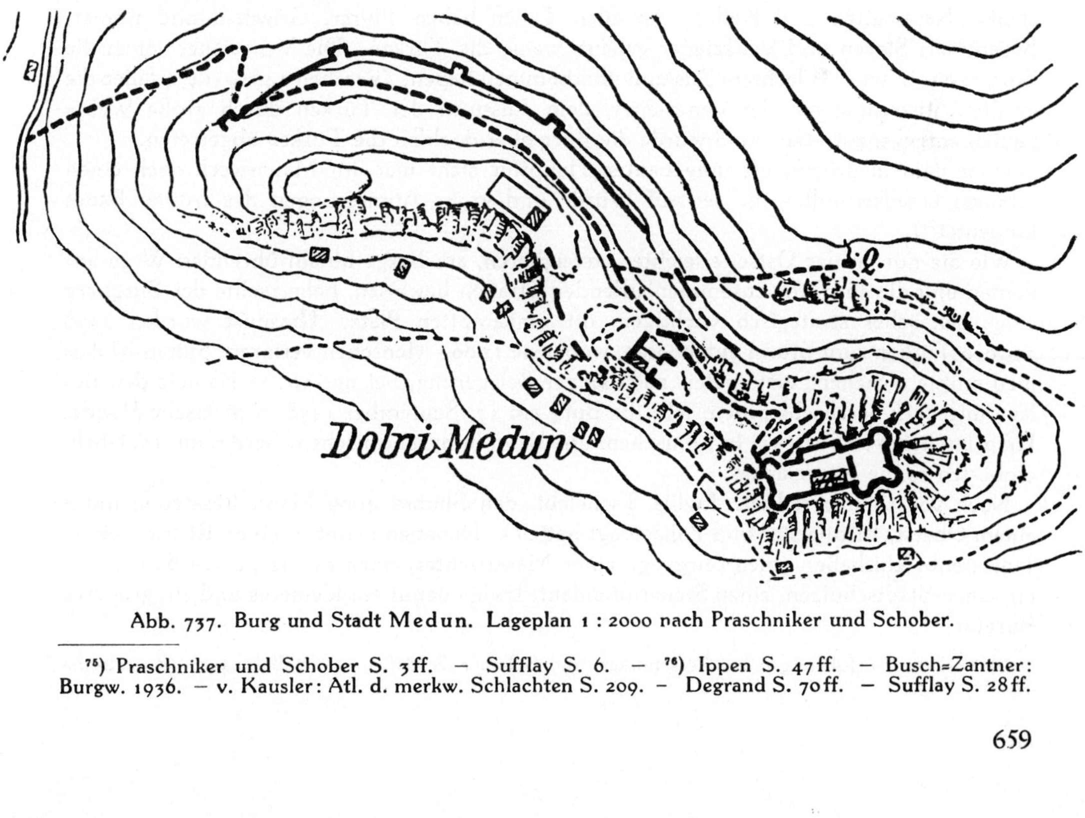

Abb. 737. Burg und Stadt Medun. Lageplan 1 : 2000 nach Praschniker und Schober.

[75]) Praschniker und Schober S. 3ff. – Sufflay S. 6. – [76]) Ippen S. 47ff. – Busch-Zantner: Burgw. 1936. – v. Kausler: Atl. d. merkw. Schlachten S. 209. – Degrand S. 70ff. – Sufflay S. 28ff.

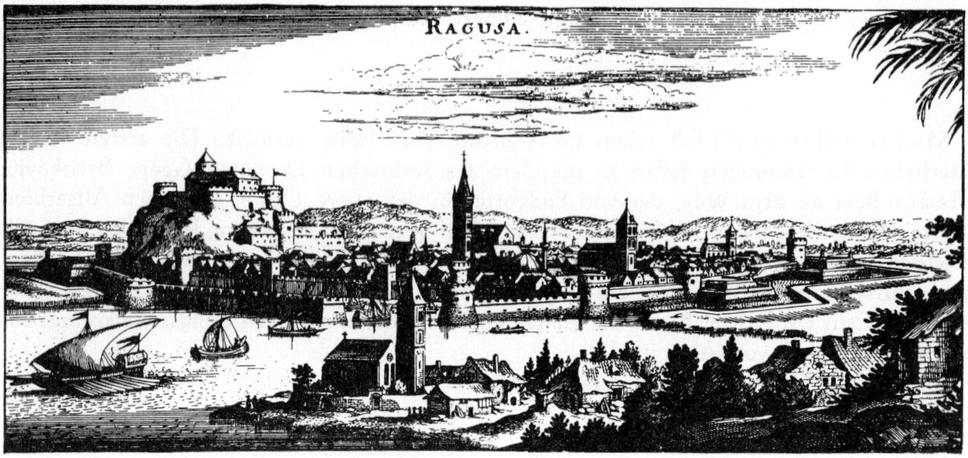

Abb. 738. Burg und Stadt Dubrovnik (Ragusa). Nach Merian.

Die erste Vorburg ist bis auf Reste von Zisternen und Grundmauern völlig verwüstet, die zweite ein großes Rechteck, besser erhalten, umfaßte wohl die Hauptbauten. Eine Moschee mit zertrümmertem Gebetsturm steht neben gotisch spitzbogigen Kirchenresten, der berühmten St.=Stefans=Kathedrale. Der dritte Burgteil, vom zweiten durch eine Mauer getrennt, bildet ein Dreieck, dessen Spitze durch eine halbrunde Bastei, in der Sufflay das domus munitionis (?) sieht, geschlossen ist. Hier sind noch Zisternenreste vorhanden, ebenso Kasematten und Keller. An allen Teilen haben Illyrer, Griechen und Römer, Byzantiner, Slaven und Venezianer gebaut, wenig die Türken. Die Venezianer sollen die Burg 1396 in sehr schlechtem Zustand übernommen haben. Zwischen 1461—1474 fallen die größten Anstrengungen der Venezianer, dem Ansturm der Türken durch große Wehr=bauten entgegenzutreten. 1478 wurde die Burg aber doch an die Türken abgetreten.

Über dem niedrigen, oft umgebauten Haupttor sieht man im Mauerwerk noch einen schönen Quaderrundbogen, der auf Würde und große Abmessungen des frühen Baues hindeutet[77]).

Wie die nur an der Ostseite leichter ersteigbaren, am Berge hinaufführenden Wege an=deuten und die am Fuße zusammenlaufenden Straßen beweisen, beherrschte der Burgberg einen seit jeher strategisch wichtigen, oft umkämpften Platz. Umsonst wurden 1478 150000 Türken zum Sturm aufgeboten, wobei sie 12000 Menschen verloren. Sultan Moha=med mußte abziehen; erst später, nach langer Belagerung, bei der 10000 Kamele den Be=lagerungspark heranschleppten, fällt die Burg am 17. September 1478 in türkische Hände. Ursprünglich war Skutari in römischem und dann in byzantinischem Besitz, im 13. Jahrh. eroberten es die Venezianer.

Noch vor 1680 berichtete Ewlijâ Tschelebi, daß Skutari 4000 Mann Besatzung unter einem Oberst, Rittmeister und Polizeivogt hatte[78]). Daneben nennt er einen Richter, einen Janicarenbefehlshaber, einen Burgvogt, einen Marktrichter, einen Zöllner, einen Baumeister (!), einen Stadtschulzen, einen Steuerintendant. Ewlijâ nennt ein kleineres und ein größeres Burgtor.

[77]) Vgl. die Ausführungen bei Praschniker und Schober S. 8ff. — [78]) Babinger: Rumelische Streifen S. 4.

Abb. 739. Burg Dubrovnik (Ragusa). Ansicht B. E. nach Hugo Charlemont.

Weiter ist nordöstlich von Skutari die im Grundriß unregelmäßig viereckig gestaltete Burgruine Drivasto mit vorgeschobenen Türmen zu nennen. Sie liegt am linken Ufer des Kiri[79]).

Um den nächsten bedeutungsvollen festen Platz an der Balkanküste Dubrovnik (Ragusa) sind höchst malerische Wehrbauten erhalten, die freilich heute nicht mehr die volle Wucht dieser Werke zeigen. Eine alte Zeichnung Merians bietet aber einen Begriff des ehemaligen Zustandes (Abb. 738)[80]). Die Stadt liegt auf einem ins Meer vorgeschobenen Felsen, umgeben von einem mächtigen Mauerring, den viereckige und runde Türme verstärken. Meerwärts auf hohem Küstenfelsen erhebt sich das Fort Lorenzo, 1050 gegen die Venezianer erbaut.

Sehr merkwürdig ist die geschichtliche Entwicklung der Stadt. Nach der byzantinischen Zeit war die venezianische Herrschaft hier nur kurz. Bald stellte sich die fast selbständige Stadt, die seit 663 eine Republik für sich bildete, unter serbischen, bald unter ungarischen Schutz (1358), 1453 unter den Schutz der Osmanen. Die Türken ließen die kleine Handelsrepublik, die ihnen seit 1440 Tribut bezahlte, unbehelligt. Erst 1809 wurde der Freistaat aufgelöst (Abb. 739).

Die städtischen Wehrbauten erfuhren im Nordosten ihre höchste Steigerung in dem angeblich[81]) 1456 errichteten mächtigen 65 m hohen Rundturm – Manza oder Minceta oder Mencetta – der für sich allein fast eine Stadtburg bilden könnte, andererseits mit den Türmen von Korone und Modone vielleicht Ergebnisse einer gewissen Schule bildete (Tafel 123).

Der herrliche Quaderbau erfordert wie die ganzen Stadtmauern allergrößte Mittel. Die Stadtherren waren aber auch nicht umsonst die Bankiers ungarischer, serbischer und anderer Fürsten und große Handelsherren eines sicheren Hafens.

Anagostum (Onogastum, Niksic)[82]) in Montenegro liegt an einem wichtigen Verkehrspunkt; die mittelalterliche rechteckige Burg liegt auf der oströmischen Burgenkette, die

[79]) Diese Mitteilung verdanke ich Herrn Prof. Dr. Franz Babinger, Berlin. – Vgl. auch dessen Darstellung Albaniens im Baedeker: Dalmatien und die Adria. Leipzig 1929, S. 227ff. – [80]) Merian: Topogr. Ital., Anhang Kgr. Morea S. 24. – [81]) Busch-Zantner: Burgw. 1936, S. 56. – Vgl. Vincentz: Baurätsel v. R. (Deutsche Bauhütte 1939, S. 2ff.). – Eitelberger v. Edelberg: Mittelalterl. Kunstd. Dalmatiens IV, S. 308ff. – [82]) Sufflay S. 17. – Praschniker und Schober S. 99 mit Plan.

Abb. 740. Burg Lesina (Hvar). B. E. nach einer Ansicht in Österr.=ungar. Monarchie 21/155.

gegen die Goten errichtet worden ist. Die Ruine selbst ist stark zerfallen, es stehen im wesentlichen nur noch einige Türme.

Die Stadt Lesina (Hvar)[83]) liegt südlich Spalato auf dem Südwestende der gleich= namigen Insel am Meeresufer. Sie ist in ihrem älteren Teil von Mauern umgeben und hat über sich 2 alte Befestigungen: das Fort Spagnola aus dem 15. Jahrh. und das Fort Na= poleon oder S. Nicolo aus der Zeit der französischen Okkupation. Von dem Spaniolenfort sind noch gewaltige Ringmauern mit Bastionen erhalten. Durch Mauern war diese Festung mit der Stadt verbunden (Abb. 740).

Die jetzige Veste wurde von den mit Venedig verbündeten Spaniern erbaut und war 1420—1497 venezianischer Besitz (Abb. 741).

Bedeutend in anderer Richtung ist dann Spalato (Split)[84]), berühmt durch seinen alten römischen Kaiserpalast aus dem 3. Jahrh., der die Stadtanlage beherrscht. Doch zeigt hier das Bild der Neuzeit wenig von mittelalterlicher Wehrhaftigkeit. Anders der Plan aus dem Venezianischen Archiv, der einen mittelalterlichen Mauerkranz und eine Stadtburg unmittelbar am Hafen und ringsherum eine spätere Bastionsbefestigung aufweist.

Ein Venediger Plan des 17. Jahrh. (Abb. 742) zeigt einen älteren, länglich viereckigen Mauerring von etwa 230 passi veneti Länge mit mittelalterlicher Toranlage Porta Pistora und eine Porta Marina. In der Mitte der Hafen= seite liegt das eckige vorspringende Kastell, das dem Stadtinnern 3 Rundtürme zuwandte. 5 spä= tere, große Bastionen sind landseitig vorgescho= ben. Ein mittelalterlicher Turm Hrvojeva Kula des 15. Jahrh. ist noch am Korso erhalten.

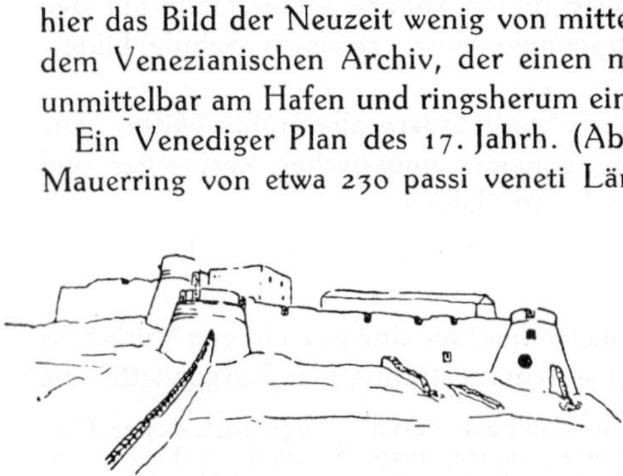

Abb. 741. Burg Lesina (Hvar). Nach Photographie.

[83]) Österr.=ungar. Monarchie 21. Heft, 155. Lief. S. 281, Abb. von Anton Weber. — [84]) Abb. von Joan Blaeuw i. Groot Stedeboek I, 1734.

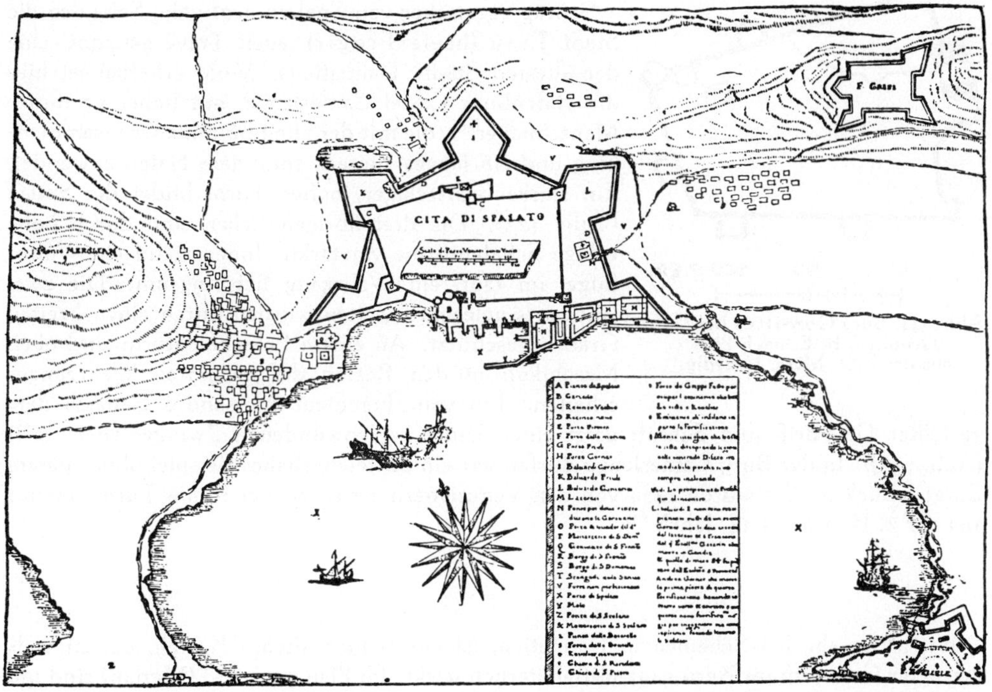

Abb. 742. Stadtburg und Stadt Spalato (Split). Nach Plan aus der Bibl. Marc. Venedig.

Über Klis (Clissa) erhebt sich die gleichnamige Festung, die einst als Sperre gegen Bosnien diente. Strategisch lag sie einstmals günstig zwischen dem Mosorgebirge und dem Kozjak[85] (Abb. 743).

Die Bucht nordwestlich von Spalato am Kozjakgebirge wurde von der Republik Venedig im 15. und 16. Jahrh. einzelnen Adligen zugewiesen unter der Bedingung, daß sie am Meer zum Schutz gegen die Türken Kastelle errichteten. Eines der 7 Kastelle, die der Gegend ihren Namen „Riviera dei Castelli" gaben, zwischen Split und Trogir, ist z. B. Gominizze (Gomilica).

Der Grundriß von Gominizze in der Biblioteca Marciana in Venedig (Abb. 744) bildet ein schiefes Rechteck, das an drei Seiten durch 7 rechteckige Türme zur Seitenbestreichung verstärkt ist. An der westlichen Angriffsseite ist mitten ein mächtiger Wohnturm angeordnet, an den sich innen eine Kernburgmauer anschließt.

Der Grundriß wirkt früh, die Vogelschau des Gesamtwerkes zeigt wenig Höhenentwicklung.

Abb. 743. Burg und Stadt Klis (Clissa). Ansicht B. E. nach Hugo Charlemont.

[85] Österr.-ungar. Monarchie i. Wort u. Bild. Küstenland u. Dalmatien, 21. Heft, Lief. 155, Abb. 285 von Hugo Charlemont. — Abb. von Joan Blaeuw i. Groot Stedeboek I, 1734.

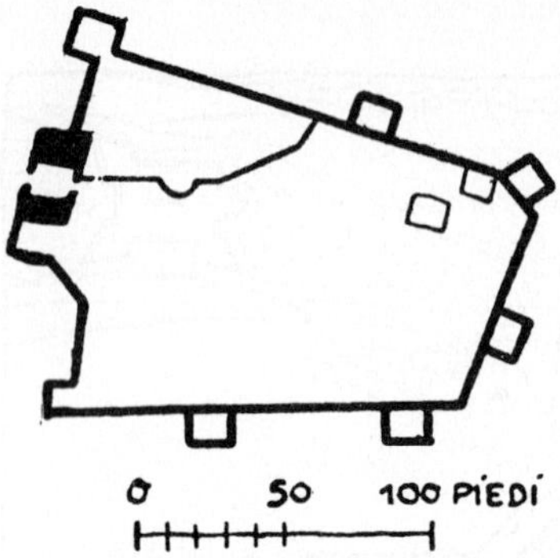

Abb. 744. Burg Gomilica bei Traù. Grundriß B. E. nach Plan aus der Bibl. Marc. Venedig.

Schräg gegenüber von Spalato liegt nahe Sebenico die Stadt Traù (heute Trogir), auch Trave genannt, eine der ältesten Städte Dalmatiens. Wohl erhalten ist hier die Hafenburg Castel Camerlengo, mit hoher gezinnter Mantelmauer[86]), die mit der alten Stadtmauer zusammen=hing und ein langes Viereck spitz dem Hafen zuwendet. Ein starker achteckiger, hoher Turm bildet die Spitze (Tafel 123). Die drei übrigen Ecken sind durch hohe eckige Schalentürme verstärkt. Innen stand ein Wohn=flügel im Hof, ein Wehrgang lief ringsum. Die zwei landwärts gelegenen Seiten wurden durch einen breiten Graben geschützt. An einem Eckschalenturm sind noch Maschikuli in den Resten des gezinnten Wehrganges erhalten. Ein vom Ingenieur Alessandro Ganassa dar=gestellter Grundriß und Schnitt zeigt einen heute verschwundenen Zwinger ringsum[87]) (Abb. 745). In der Burg Camerlengo dürfen wir ein mittelalterliches Beispiel ohne spätere Zutat erblicken. Sie wurde 1424 von den Venezianern errichtet, der runde Turm stammt aus der 2. Hälfte des 14. Jahrh.[88]).

Knin[89]), nahe bei Sebenico in Dalmatien, ist ein wohlerhaltenes Kastell, dessen viel=bewegter Grundriß im Kern ganz mittelalterlich wirkt. Im Plan von 1688 (Merian) sind um den frühen Mauerkern der Höfe späte Bastionsanlagen gezeichnet.

Die Burg liegt nordöstlich von Sebenico etwa 50 km von der Meeresküste am Kerkaflusse auf schmaler, schroffer Felsnase, die Vorburgmauer setzt sich als Stadtmauer fort. Nur einen dreiviertelrunden Batterieturm zeigt der Plan von 1688, sonst nur 3 quadratische Mauertürme.

Knin war einer der mächtigsten mittelalterlichen Bauten, an dem Kroaten, Venezianer, Türken und Franzosen gebaut haben. Ab 1525 beherrschten die Türken 160 Jahre lang die Festung.

Subicevac (Sebenico, Sibe=nik)[90]), eine der stolzesten Burgen der Adria, überragte die südlicher gelegene Stadt Sebenico. Ein herrlicher Plan von ihr vom Jahre

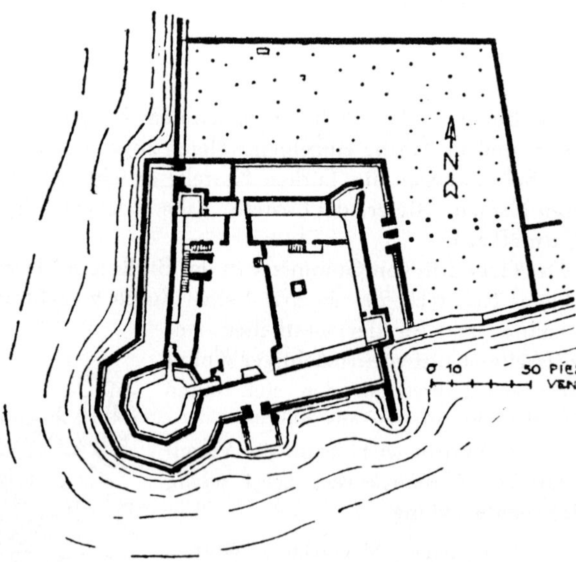

Abb. 745. Hafenburg Trogir. Grundriß B. E. nach Plan des Staatsarchivs Venedig.

[86]) Mauerformen und Zinnen sind italienisch. – Abb. von Joan Blaeuw i. Groot Stedeboek I, 1734. – [87]) Ebh.: Bg. Ital. II, S. 49. – [88]) Vgl. Busch=Zantner: Burgw. 1936, S. 56. – [89]) Eben=da S. 56f. – Album maler. Ans. aus Dalmatien. – [90]) Braun u. Hogenberg IV, S. 56. – Abb. von Joan Blaeuw i. Groot Stedeboek I, 1734.

1696 ruht im Archiv zu Venedig, der die Eroberung durch die Venezianer dar=stellt, von einem Niederländer Johann von Namur gezeichnet. Tieferliegende Stadtburgen, die Kastelle Sv. Ivan und Sv. Ana, hinterließen Reste.

Abb. 746. Burg Perušić bei Benkovac.
B. E. nach Hugo Charlemont.

Die Burgen sind bereits im 10. Jahrh. erwähnt, zweifelsohne nicht nur von den Venezianern ausgebaut. Ihr herrlicher Umriß ist aus Verteidigungsgründen leider abgeplattet bekrönt, beherrscht aber immer noch die Stadt und hat alle Stürme überstanden. Von einem Eckturm führen auf zwei Mauern zwei Treppenwehrgänge zur Stadtecke hinab.

Südlich von Starigrad, an der Mündung der Zrmanja ins Meer, ist die Stadt und Burg Novigrad zu nennen[91]). Erhalten ist heute noch ein Turm, in dem Königin Elisabeth von Ungarn mit ihrer Tochter Maria von der Partei des ermordeten König Karl des Kurzen 1386 gefangengehalten wurde.

Zara (Zadar), auf einer kleinen Halbinsel, war eines der Hauptkampfobjekte zwischen den Venezianern und den ungar=kroatischen Königen, war aber auch zur Zeit der Römer und Byzantiner von Bedeutung. 1409 ging Zara endgültig an Venedig über, obgleich es später noch oft hart von den Türken bedrängt wurde.

Nahe bei Zara muß im 14. Jahrh. eine starke Burg bestanden haben, die mit 34 Türmen versehene Mauern besaß, denn es wird berichtet, daß die Ungarn am 1. Juli 1346 diese Burg eroberten[92]).

Allen diesen Orten hat Venedig seine künstlerischen Formen aufgeprägt, freilich auf der anderen Seite die ehemals dicht bewaldeten Gebirge für seinen Schiffsbau rücksichtslos ihres herrlichen Schmuckes beraubt, so daß sie in erschreckender Kahlheit zurückgeblieben sind. Aber man muß die italienischen Verdienste für ganz Europa sehr hoch anschlagen, denn Habsburg hatte keine stärkere, vor allen Dingen ausdauernde Hilfe als diese italieni=sche Republik, die immer wieder gegen Ungarn, Serben und vor allen Dingen gegen die Türken zu Felde zog und ungeheure Tatkraft in der Bekämpfung der Ottomanen bewies.

Die Übersicht über die adriatischen Küstenburgen bietet viele bedeutende mittelalterliche Reste und malerische Bilder höchsten Reizes, auch sind mehrere einheitliche Gestaltungen der Burgen erkennbar, wenn nicht allzu viele Um= und Neubauten das Bild der frühen burglichen Zeit, die etwa von Beginn des 13. Jahrh. an dauerte, zerstört oder verwischt haben.

Allein die Küsten Moreas bieten nach den eben genannten Beispielen schon 20 oder 30 Ufer= bzw. Stadtburgen, fast ausnahmslos mit kleineren oder größeren ummauerten Städten verbunden. Die Stadtpläne, meist ältere von Kriegsingenieuren gefertigte Zeichnungen, zeigen, daß die Burg der festeste und wichtigste Teil war.

[91]) Nicht zu verwechseln mit Burg Novigrad am Dobrafluß. – Abb. v. Blaeuw i. Groot Stedeboek I, 1734. – [92]) Fessler: Gesch. v. Ungarn II, S. 104, 139. – Abb. von Joan Blaeuw i. Groot Stedeboek I, 1734.

Schon früh zeigen alle Stadt= und Burgmauern den Willen der Erbauer, die Seitenbestrei=chung mittels vorgestreckter, meist viereckiger Mauertürme zu ermöglichen. Hohe Türme sehen wir noch auf den viel späteren Plänen, wie z. B. in der Darstellung der Burg von Scitiia, deren Lage ganz einem deutschen mittelalterlichen Burgbilde entspricht, oder auf alten Abbildungen der Burg von Sebenico (Braun und Hogenberg), das selbst heute noch Reste solcher Türme oben in Höhe der Wehrmauer abgeplattet zeigt.

Es galt in der Frühzeit, auf die Verteidigung durch Wurf von oben nach unten vor=bereitet zu sein, später erniedrigte man die Türme, damit bei einer Beschießung derselben nicht die Steine von oben auf die Köpfe der Verteidiger der Mauern fielen.

Fast immer sind aber diese Burgen die Bekrönung fester Städte und die Bewohner der Burgen selten Mitglieder bodenständiger, langausdauernder Grundherrenfamilien. Die Wohnburg mit Bergfried und Pallas ist daher selten, außer in der Zeit der zwei Jahrhunderte fränkischer Herrschaft.

Die übrigen Wehrbauten der frühen byzantinischen Zeit – Stadtburgen auf Grund und Resten der griechischen Akropolis – gehören wohl den Jahrhunderten bis zum Jahre 1000 an, die ritterliche Geschlechterburg erscheint im Balkan erst mit der Feudalzeit als Leistung bodenfremder Eroberer.

Die Adriaburgen wurden, selbst wenn sie Reste feudaler Bauzeit erkennen lassen, doch durch Venedig, die große Beherrscherin des östlichen Mittelmeeres, bald überall zu Stadt=burgen und mehr und mehr zu Zitadellen gemacht.

Mittelalterliche Burgen Griechenlands

Um einen umfassenderen Blick über die südlichen, meist griechischen Burgen zu erhalten, blicken wir daher auf die Süd= und Ostküste der Halbinsel Morea, die vielfach den ver=schiedensten Herrschern diente. Es gilt hier in Morea besonders die fränkischen Ritter=burgen zu beachten, weiter müssen aber auch die Burgen Mittelgriechenlands und Thessa=liens in Betracht gezogen werden.

Im Mittelalter überzog ein System von Burgen das mittlere Griechenland. Leider fehlen über die Bauzeiten alle Dokumente oder historischen Quellen, weshalb nur eine unsichere Bestimmung möglich ist. Die Einwanderungen von Norden her im 7. und 8. Jahrh. und die Überfälle der Sarazenen vom 9. bis 11. Jahrh. waren Beweggrund zur Errichtung vieler fester Plätze.

1204/05 nahmen die Kreuzfahrer das Land in Besitz, bemächtigten sich der Burgen und befestigten sie neu. In der ersten Hälfte des 13. Jahrh. ist daher eine große Bautätigkeit zu vermuten. Der Sieg der Spanier über die Franken 1311 brachte wiederum Neubau und Verbesserung der alten Burgen. Am Ende des 14. Jahrh. erfolgte schließlich die Erobe=rung durch die Türken und die Zerstörung mancher fester Plätze. Seltener ist dagegen Neubau anzunehmen. Wahrscheinlich ist die Zahl der Burgen im 14. Jahrh. unter der spa=nischen Herrschaft am größten gewesen[92a]).

Die wichtigsten Burgbauten im Innern Griechenlands entstammen der Zeit der frän=kischen Herrschaft nach der Eroberung des Landes durch die Ritter des Lateinischen Vierten Kreuzzuges. Alle hervorragenden Führer der Kreuzfahrer, die sich damals des griechischen Bodens bemächtigten und dort ihre Feudalstaaten errichteten, waren große Burgenbauer. So der Markgraf Bonifacio von Montefeltre „König von Thessalonien", der z. B. auf den Resten der gewaltigen polygonalen Akropolismauern der Veste Amphissa

[92a]) Bon in: Bull. de correspond. héllenique LXI.

(Tafel 128) (das die Franken Salona nannten) eine Feudalburg auftürmte, die der Ritter Thomas v. Stromoncourt als Lehen erhielt. Dem heldischen Führer des Heeres, das Byzanz eroberte, folgte Otto de la Roche, der zunächst Stadt und Burg Megara mit seinen turmverstärkten Mauern, dann das „altersgraue byzantinische Felsenschloß" von Athen, die Akropolis, von ihm als Lehen erhielt. Auch in der Unterstadt von Korinth erbaute er eine Burg[93]).

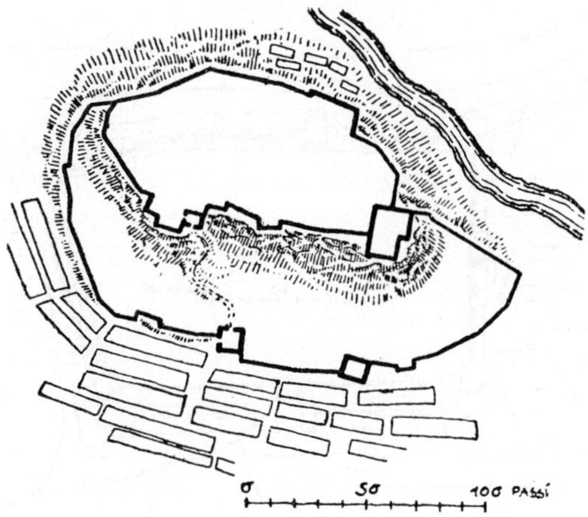

Abb. 747. Burg Kalamáta.
Grundriß B. E. nach Plan der Bibl. Marc. Venedig.

An dem Beispiel dieses einen Frankenritters könnte man annehmen, daß die Franken dem Beispiel des 50—100 Jahre früher von Wilhelm dem Eroberer gewählten Verfahrens folgten, der England sofort nach seiner Landung durch Burgbauten fest und dauernd in seine Hand brachte. Aus den ritterlich fränkischen Burgen in Griechenland werden mit der Zeit aber auch Zwingburgen, zunächst byzantinischer, dann venezianisch beamteter Vertreter der Kaiser oder der Republik Venedig.

Die fränkische Gipfelburg Kalamáta beim Hafen Scala am Golf von Korone liegt über dem Fluß Nedon. Sie wurde 1205 von Geoffroy I. von Villehardouin erbaut. Die Burg, im Nordosten der gleichnamigen Stadt, zeigt drei Abschnitte. Eine enge frühe Kernburg ist rechteckig mit ebensolchem Vorbau. Daran schließt sich eiförmig, aber gradlinig viel geknickt eine Vorburgmauer mit viereckigem Torturm an, zu diesem führt ein Aufstieg von dem äußeren zweiten Zwinger vom Außentor, ebenfalls in viereckigem Turm, der zugleich mit einem zweiten dicken Viereckstturm zur Seitenbestreichung dient. Der Grundriß (Abb. 747) der Burg deutet schon auf reifes Können und gewollte Seitenbestreichung. Die Burg ist auf antiken Resten aufgebaut. Die Venezianer haben hier auch gebaut, wie der Markuslöwe am Tor bezeugt. Merkwürdigerweise werden hier 1209 einmal deutsche Ordensritter erwähnt, die Güter in der Nähe erhalten[94]).

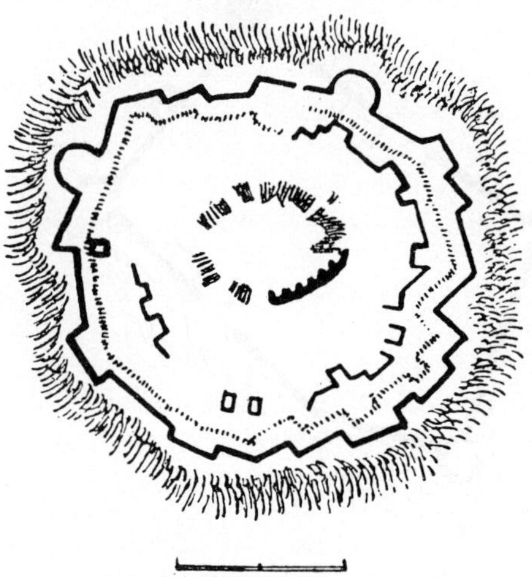

Abb. 748. Burg Zernata. Grundriß nach Plan im Heeresarchiv Wien 1800.

Genannt sei Zernata[95]) auf der südlichen Mittellandzunge Moreas, nicht mehr als 5 miglien vom festen Lande „Fra terra", auf rundem Hügel, nur 364 „passi" ringsum messend

[93]) Gregorovius: I., S. 298, 321. — Garzoni: I, S. 317, 475. — [94]) Struck: Mistra S. 27. — Garzoni S. 121. — [95]) Ebenda S. 119f.

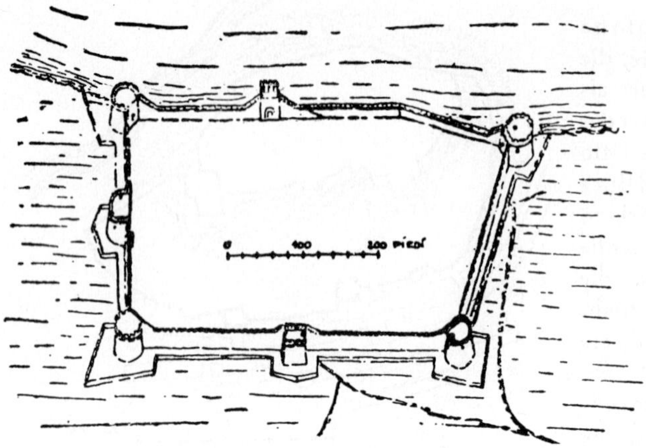

Abb. 749. Burg Chielafa.
B. E. nach Plan aus der Bibl. Marc. Venedig.

ohne Graben, aber verteidigt durch einige Türme „che opuntano all intorno", welche die Umgebung bestreichen. Da die Burg den Nachteil hatte, überhöht zu sein, mußte sie zur Zeit weiter tragender Geschütze nicht haltbar sein, so ergaben sich denn auch die Türken sehr schnell (Abb. 748).

Die Frankenburg Chielafa (Kifala, Kelefa) in Maina wurde als ebensowenig zeitgemäß befestigt, nach der Eroberung durch Morosini 1685 aufgelassen[96]) (Abb. 749, 750). Die Pläne in der Biblioteca Marciana zeigen einen fünfeckigen Grundriß mit 4 runden Dreiviertel-Ecktürmen. Die Westseite ist in der Mitte durch einen vorstehenden halbrunden Turm und die Südseite durch vorspringenden rechteckigen Turm verstärkt, ebenso die Nordseite.

Porto Vitelo[97]), Porto Lakonia, Passava (Abb. 751), Moretonise und Rafana werden genannt. Alle liegen an der südlichen Moreaküste. Dann folgen östlich die berühmte feste Insel Monemvasia, dann Stella.

Von der Burg Maina etwas nördlicher als Cap Matapan ist ein Steindruck in einem englischen Reisebericht von 1823[98]) erhalten. Es standen demnach damals vor der griechischen Revolution noch viele alte Burgen ziemlich wohlerhalten. Erst später wurden viele zusammengeschossen. Nach obiger Abbildung standen noch ein Bergfried, ein Tor, daneben 2 viereckige Ecktürme. Anscheinend hatte die Gesamtburg einen viereckigen Grundriß. Der Bergfried mit den 4 Ecktürmchen und dem Zinnenkranz könnte tatsächlich französische Vorbilder gehabt haben. Die ganze Burg ist von dem Verfasser an Ort und Stelle aufgenommen worden.

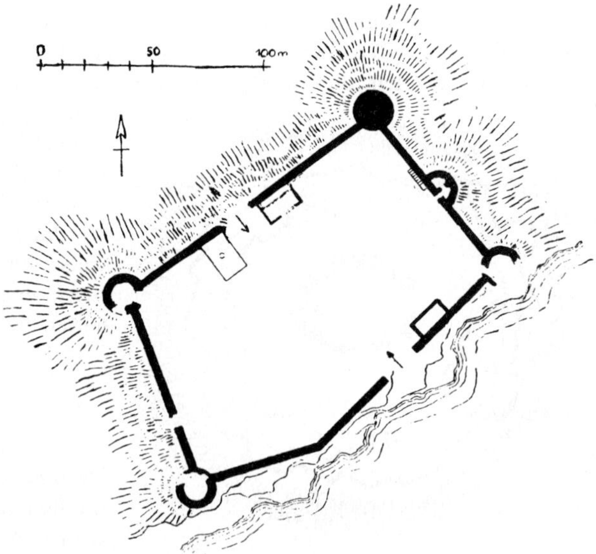

Abb. 750. Frankenburg Chielafa.
Grundriß B. E. nach Ramsay Traquair in Annal of the British School at Athens XII.

[96]) Garzoni S. 121, 147, 148. — [97]) Ebenda S. 121. — [98]) Gell S. 260. — Fallmerayer S. 412.

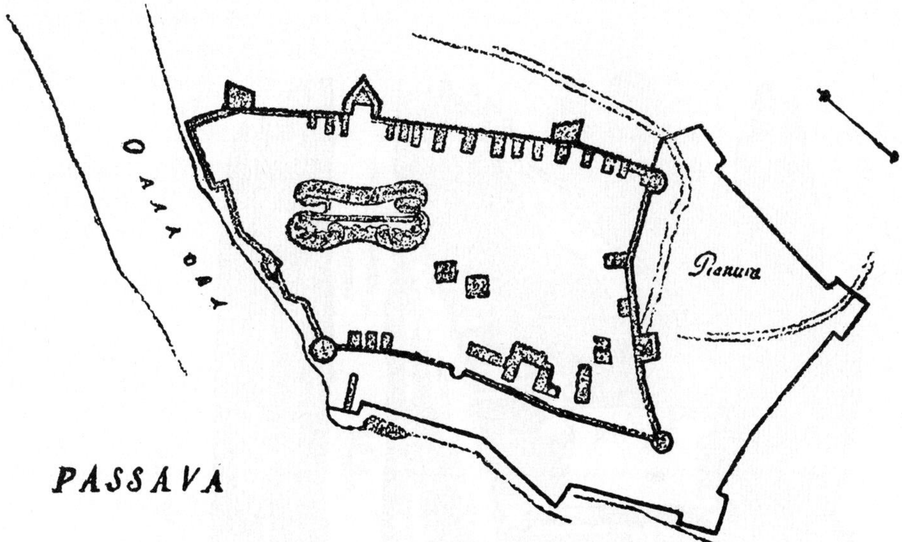

Abb. 751. Burg Passava. Grundriß nach altem Plan.

Mainiote auf Morea (Abb. 752)[99]) wird von Gell nur eben kurz erwähnt. Es ist eine einfache Turmburg, viereckig, mit Zinnen. Die kleine Turmburg verkörpert durchaus die französische Schule.

Wir nennen auch das an der Ostküste Moreas gelegene Napoli di Malvasia (Monem=vasia) auf einer mit dem Festland durch eine Brücke verbundenen Insel. Diese galt als eine der am stärksten mittelalterlich befestigten Inselstädte mit der Burg auf höchstem Gipfel und der Stadt mit turmgeschmückter Ringmauer unten am Meere. Letztere ist wohl wesentlich spätbyzantinisch.

Auf einem alten Plan in der Biblioteca Marciana, einer italienischen Kopie nach franzö=sischem Original des Ingenieur Erault, beschreibt ein Kriegsingenieur des 18. Jahrh. den strategischen Wert der Lage. Die Legende auf dieser Zeichnung der Marciana betont ausdrücklich, daß die Stadtmauer am Fuße des Burgberges sei, „fatto all'antico" und mit viereckigen Türmen versehen, „lo fiancheggiano", die also zur Seitenbestreichung be=stimmt sind. Die Burg auf der Höhe ist als ein Quadrat mit Viereckürmen an den Ecken und einer offenen Seite angedeutet.

Die feste Stadt Nauplia (Napoli di Romania)[100]) liegt auf engem Raum zwischen dem ins Meer vorspringenden Felsen Itsch=Kalé und der Festung Palamidi auf steilem Berg=plateau (Abb. 753, 754).

Der Palamidi wurde von Griechen, Türken, Franken und Venezianern abwechselnd ausgebaut.

Wehrbaulich Interessantes bietet für uns aber der Itsch=Kalé mit seinen Burgresten, der die antike Akropolis trug, die im Mittelalter und der Neuzeit wieder befestigt wurde. Ein

[99]) Fallmerayer S. 309. — Struck S. 33f. — [100]) Gerola Fortificazioni di Napoli di Romania. — Schäfer: Burgw. 1937, S. 57ff.

Abb. 752. Burg Mainiote. Nach einer Skizze des Sir W. Gell.

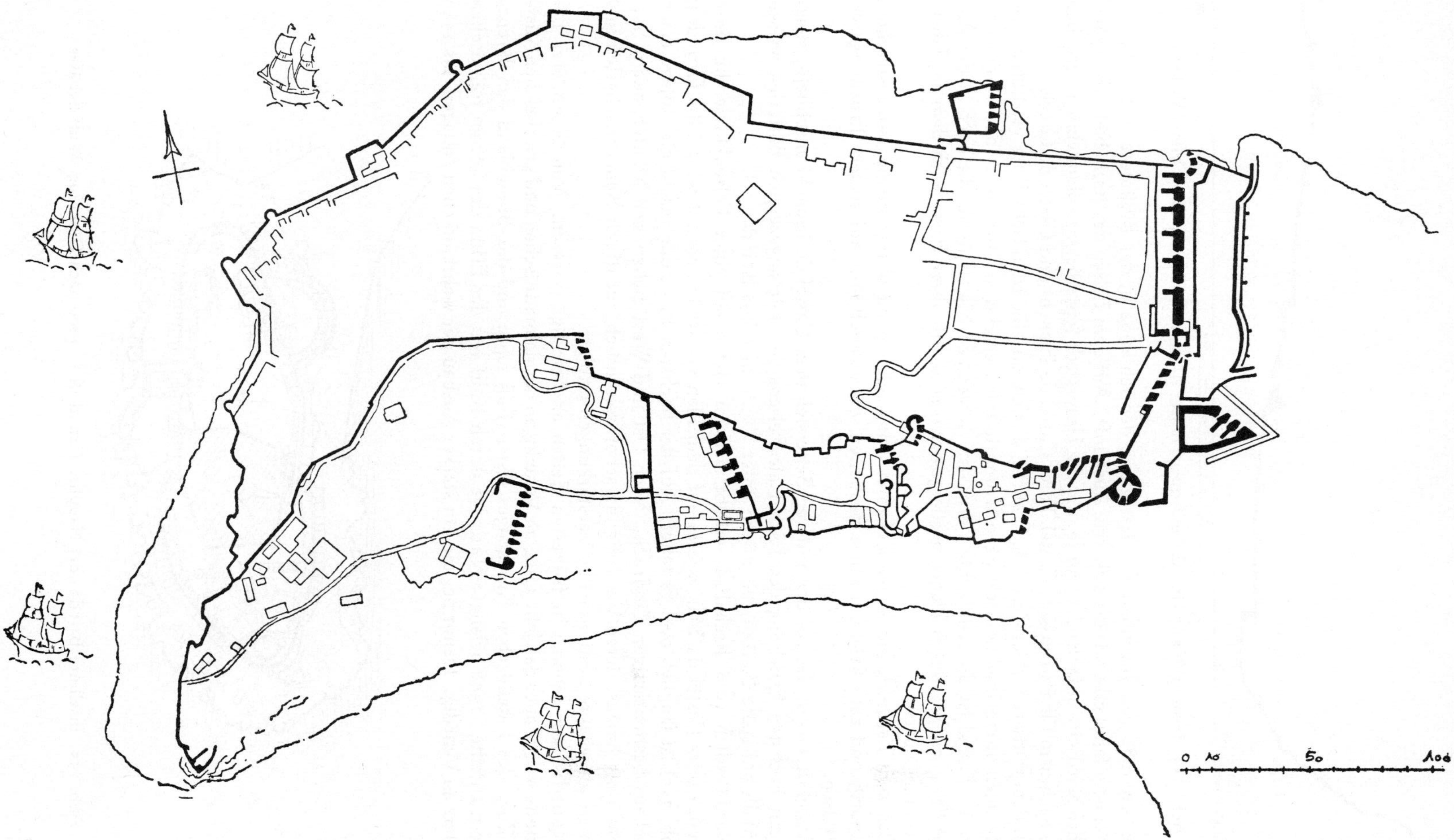

Abb. 753. Festung und Stadt Nauplia. Lageplan 1 : 2500. B. E. nach Plan der Bibl. Marc. Venedig.

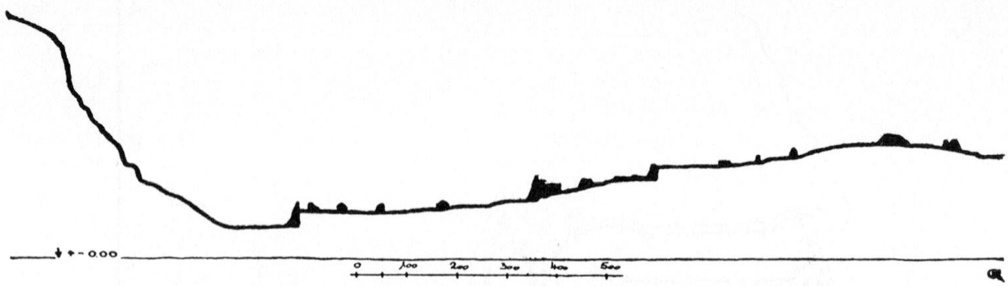

Abb. 754. Festung Nauplia. Geländequerschnitt. B. E. nach Plan der Bibl. Marc. Venedig.

Plan von 1686 von Ingenieur G. Bastegiani, den ich 1902 in der Biblioteca di San Marco in Venedig fand, gibt uns die sicherste Auskunft. Auf dem Felsen des Itsch=Kalé, der später an der Nordseite aufgelandet wurde, um die Unterstadt (citta bassa) aufzunehmen, erheben sich nach dem Plan 3 Burgen: Castel Toro, Castel de Franchi und Castel de Greci.

In dem mittleren, dem Castel de Franchi, dürfen wir eine fränkische Burg vermuten. Sie hatte einen unregelmäßig viereckigen Grundriß mit viereckigen Türmen in der Ringmauer. Kennzeichnend ist die senkrechte Form der viereckigen Mauertürme, die auch in der Ansicht des oben genannten Planes wiedergegeben sind, die ihrer Form nach dem 13. Jahrh. angehören mögen.

Das zum Palamidi hin liegende Castel Toro zeigt einen unregelmäßig langgestreckten Grundriß und zum Palamidi hin 2 Bastionen, die zweifelsohne auf spätere Erbauungszeit hinweisen.

Castel de Greci, das auf der anderen Seite sich dem Castel de Franchi anschließt, steigt bis zur höchsten Erhebung des Itsch=Kalé=Felsens an. Die angezeigten Batterien weisen ebenfalls auf späte Bauzeit, sie mögen unter Königsmarck entstanden sein.

Nordwestlich vom Itsch=Kalé erhebt sich im Hafen auf einer Felsenklippe die Burg Burdzi oder Castel da Mar, wie es auf dem Plan von 1686 genannt wird. Ihr Grundriß (Abb. 755) ist länglich oval gestaltet. Auf der höchsten Erhebung macht die Anlage einen durchaus bastionsartigen Eindruck. Nach Ost und West ziehen sich Mantelmauern hufeisenförmig hinaus, deren Verteidigung schon wesentlich nur durch Kanonenscharten und wenige vorgebaute bastionsartige Verstärkungen erfolgte.

Nauplia war schon von frühesten Zeiten an befestigt gewesen. Von besonderer Bedeutung wurde aber das Jahr 1204, als Venedig an der dalmatinischen und griechischen Küste im Zuge des Lateinischen Kreuzzuges festen Fuß faßte und das Binnenland den Kreuzrittern zuteilte. 1388 gelangte Nauplia durch Kauf von der Erbin des letzten fränkischen Ritters an Venedig. Damit begann ein starker Ausbau der wehrbaulichen Anlagen, bis 1540

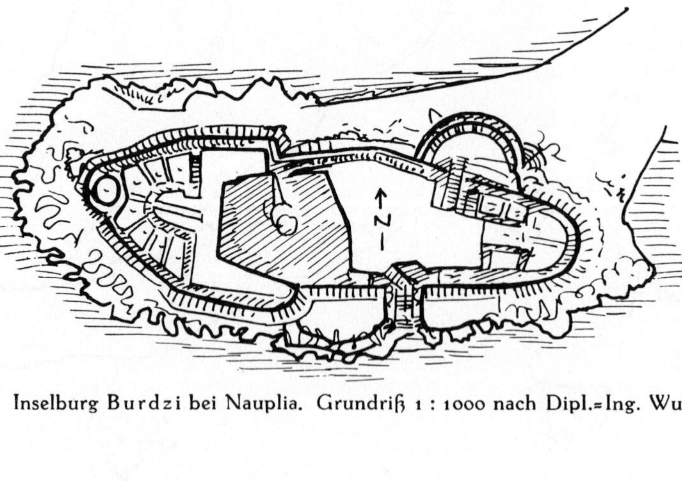

Abb. 755. Inselburg Burdzi bei Nauplia. Grundriß 1 : 1000 nach Dipl.=Ing. Wulf Schäfer.

Küstenburg T r o g i r (Trau) in Dalmatien

Hauptwerk der Stadtburg „M i n c e t a", Dubrovnik (Ragusa), Dalmatien

Burg M i s t r a bei Sparta, Griechenland

Venedig sich gezwungen sah, Nauplia und Napoli di Malvasia an die Türkei abzutreten Aus dieser Zeit stammen die Reste der heute noch vorhandenen orientalischen Bauspuren Es kam dann nochmals eine Wende für Nauplia, als Graf Königsmarck unter Morosini es zurückgewann im Jahre 1686.

Aus dieser und der nachfolgenden Zeit fand ich in der St. Marcus=Bibliothek in Venedig einen Band „Relatione delle Mosse dell'armi ottomane", der von Napoli di Romania folgende Pläne enthält:

1. Übergabe von Napoli di Romania am 29. August 1686.
2. Gefecht zwischen Venezianern und Türken vom 10. Juni 1695.
3. Plan und Ansicht, auch der Gefechte.
4. Gefechtsordnung der venezianischen Schiffe am 3. Juni 1697.
5. Die venezianische Flotte.

Am aufschlußreichsten für unsere Forschungen ist der zuerst genannte und oben bereits angeführte Plan.

1714 stürmten die Türken bereits wieder gen Nauplia und brachten es in ihre Hand, bis es 1822 an die Griechen fiel.

Am Südostende der übrigen Küste der Halbinsel werden mit geringen Resten Tornea und Thermisi (Termis bei Garzoni) auf 300 m hohem Felsen am Golf von Argolis genannt. Letztere wurde 1393 venezianisch umgebaut, sogar noch mit Schwalbenschwanzzinnen, von Morosini 1686 erobert[101]). Oft genannt wird auch Bodonitza als Ort und als Stadt=burg[102]) (Abb. 756). Gregorovius nennt u. a. als Stützen der fränkischen Herrschaft in Morea noch folgende Burgbauten: Akova, das wieder 24 Ritterlehen vergab, Kalavryta, Chalandritza, Karitena, das 22 Ritterlehen vergab, Passava, Veligosti und andere, die in der Geschichte der Franken dort eine wichtige Rolle spielten[103]).

Schon der Spätzeit der Frankenzeit gehört dann die durch Goethes Faust II. Teil be=rühmt gewordene fränkische Burg Moreas Mistra an, deren große Reste von der Höhe eines wüsten Felsengipfels herab das ungeheure Trümmerfeld beherrschen, das den ganzen Bergabhang des Taygetos bedeckt. Eine unübersichtliche Masse von Kirchen=, Kloster= und Wohnbauten in der Stadt mit rundbogigen Toren, romanischen zweiteiligen Fenstern mit Mittelsäulen und zweifarbigen, fast an Ravellos Burghof und seine sarazenisch=normanni=schen Spitzbogenformen erinnernde Bogenstellungen und Bandornamente geben Zeugnis vergangener Größe, aber auch dauernd wechselnder Kunstrichtungen (Tafel 124, 125).

Über byzantinisch städtischen Resten ruhen hoch auf dem Gipfel die burglichen Trüm=mer der 1248 erbauten Normannenburg des Wilhelm von Villehardouin II.[104]). Nach Struck[105]) sind allerdings in ihrer heutigen Gestalt die Burgreste byzantinisch, türkisch, doch sei der Grundriß noch durchaus abendländisch.

Pläne des 17. Jahrh. aus der Marciana in Venedig zeigen die Ansichten von Stadt und Burg und von letzterer einen Grundriß und 3 Ansichten (Abb. 757, 758, 759, 760). Im Grundriß sind sogar die einzelnen Bauten und ihre Bestimmung genannt, soweit sie dem Zeichner bekannt war, d. h. soweit ihre Benutzung Ende des 17. Jahrh. zu enträtseln gelang.

---

[101]) Garzoni S. 174. — [102]) Gregorovius: I, S. 335. — [103]) Ebenda S. 321. — [104]) Struck, Mistra: S. 139, 141, Abb. 70. — Gregorovius: a. a. O. Vgl. auch Fallmerayer S. 410, 423. — Busch=Zantner: Burgw. 1937. — [105]) Struck: a. a. O.

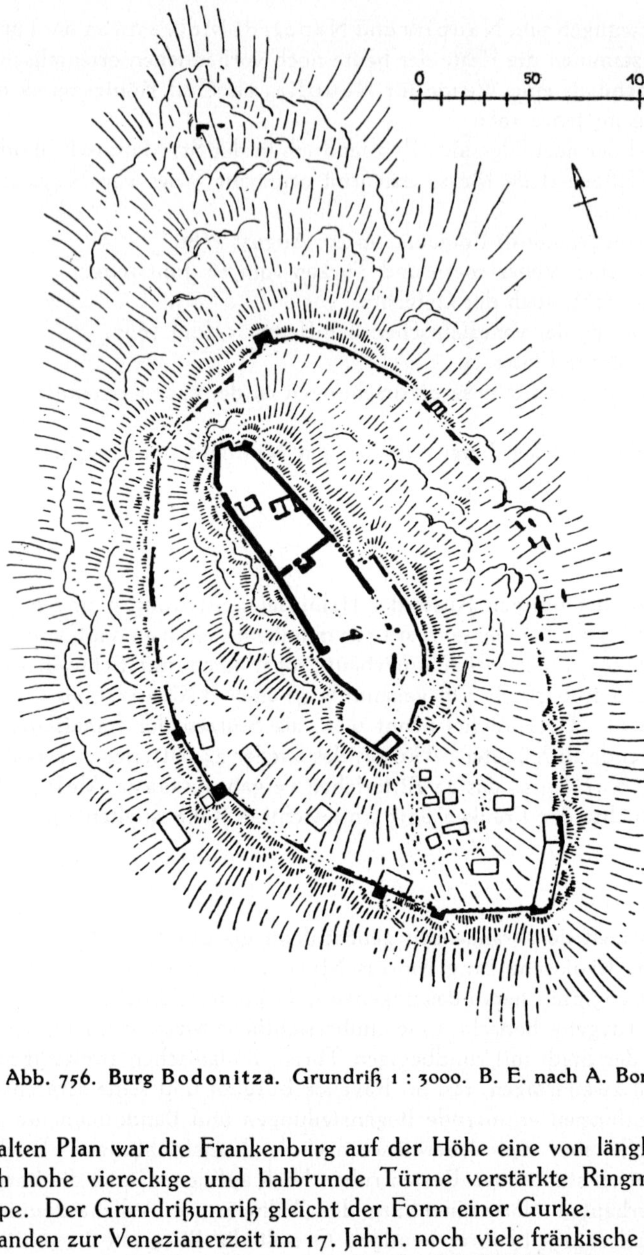

Abb. 756. Burg Bodonitza. Grundriß 1 : 3000. B. E. nach A. Bon.

Nach dem alten Plan war die Frankenburg auf der Höhe eine von länglicher, hoher gezinnter, durch hohe viereckige und halbrunde Türme verstärkte Ringmauer umgebene Gebäudegruppe. Der Grundrißumriß gleicht der Form einer Gurke.

Offenbar standen zur Venezianerzeit im 17. Jahrh. noch viele fränkische Bauten aufrecht, eine Legende nennt noch das Tor mit einem mauergleich hohen Viereckssturm mit niedrigem Vortor und Seitenbestreichung durch zu beiden Seiten ausspringende Wehren am nördlichen Ende der Nordostseite. Der Weg führt durch einen Zwinger zwischen Hausblöcken und durch einen Tunnel steigend auf die noch geringe Höhe der Vorburg des Waffenplatzes vor den Pallas. Dieser wird in der Zeichnung Casa del Governatore genannt, er steht östlich auf der Ringmauer. Am südlichen Ende der gezinnten hohen Ringmauer, hinter dem starken Rundturm der Südspitze, den Struck als Bergfried ansieht, nennt der Zeichner 2 große Zisternen, an der entgegengesetzten Ringmauer eine Moschee und eine weitere

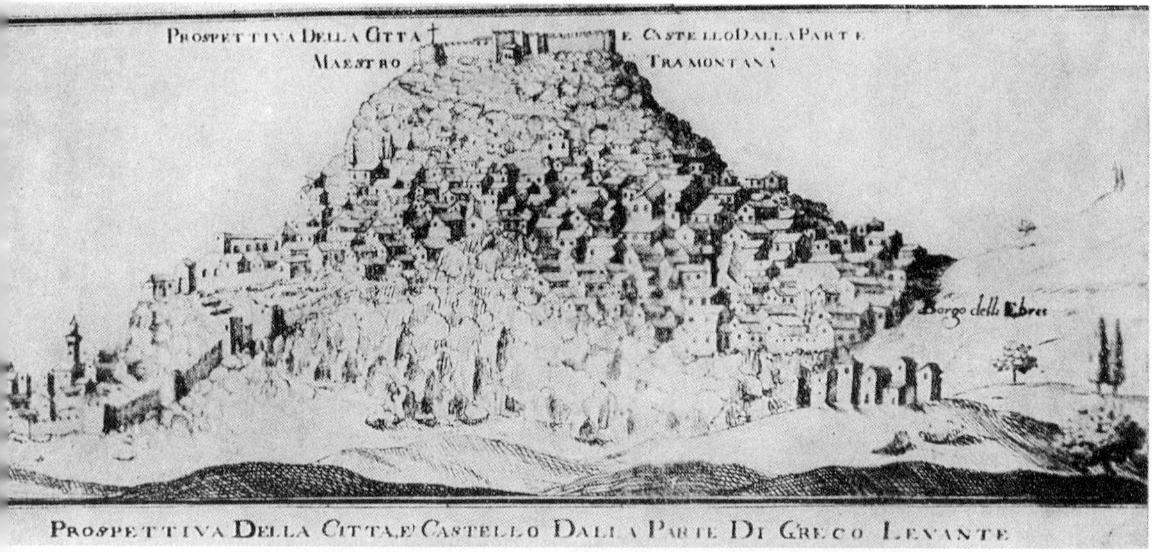

Abb. 757. Burg und Stadt Mistra nach altem Plan der Bibl. Marc. Venedig.

Conserva d'aqua, nahe dabei eine alte „griechische Kirche", wohl die ursprünglich fränkische Burgkapelle, daneben ein Pulvermagazin und verstreut etwa ein Dutzend leidlich erhaltene Paläste und (spätere?) Häuser.

Das Haupttor ist so angelegt, daß der Stürmende die rechte, also die schildfreie Seite der Mauer zukehren mußte, von der ihn die Verteidiger beschossen. Merkwürdigerweise bezeichnet der Venezianer Plan von Mistra die linke Ecke im Vortor als Zisterne, das wäre also eine dritte an der Ostseite.

Gezinnte Mauern verbanden Burg und Stadt über wildabstürzende Felsgruppen. Der Kern der Burg zeigt wohl noch hochragende Ruinen der fränkischen Bauten von 1248, byzantinisch und türkisch umgebaut. Die Bauten, die Struck als Pallas und Kemenate bezeichnet, nennen die Venezianer Moschee.

Auf halber Höhe des Burgfelsens ist außerdem eine Mura del secundo Recinto gezeichnet[106]).

Die ganze Stadtgruppe liegt westlich Sparta im unteren Gehänge des Taygetosberges (Abb. 757, 759). Auf über halber Höhe östlich nimmt der Despotenpalast, der für sich eine Wohnburg bildete, einen Hauptplatz ein, um den sich ein kleiner Palast und westlich die St. Nikolauskirche und eine kleinere Kapelle und nördlich die St. Josephkirche anordnen.

Das Naupliator und das zweitürmige Monemvasiator zeigen, daß dieser Stadtteil für sich stark befestigt war. Abermals tiefer sind südlich weit verstreut 7—8 Kirchen und 6 oder 7 Klöster mehr oder weniger gut erhalten. Hier zeigen die Venezianer Pläne eine gezinnte Ringmauer mit mehr als 7 viereckig starken Türmen, alles noch in mittelalterlichen Formen, also wohl aus fränkischer und frühbyzantinischer Zeit. Doch werden neben gotischen Gängen, byzantinischen Malereien, venezianische Formen der Frühzeit gefunden.

Dem stolzen fränkischen Geschlecht entspricht die stolze Bauart, deren Reste man nicht ohne Grund eine der großartigsten Ruinen der alten Welt nennt. Um so tragischer ist der Sturz des Hauses Villehardouin im Jahre 1259 in der Schlacht in der Ebene von Pelagonia, kurz nach Vollendung der glänzendsten Veste.

[106]) Die chiesa antiqua greca liegt an der Westmauer der Kernburg unmittelbar neben dem Pulverdeposito, das vielleicht auch zu einer älteren fränkischen Kapelle (?) gehörte. Den höchsten nördlichen Punkt nahm eine Warte ein.

Abb. 758. Burg Mistra nach altem Plan der Bibl. Marc. Venedig.

Abb. 759. Burg und Stadt Mistra. Nach altem Plan der Bibl. Marc. Venedig.

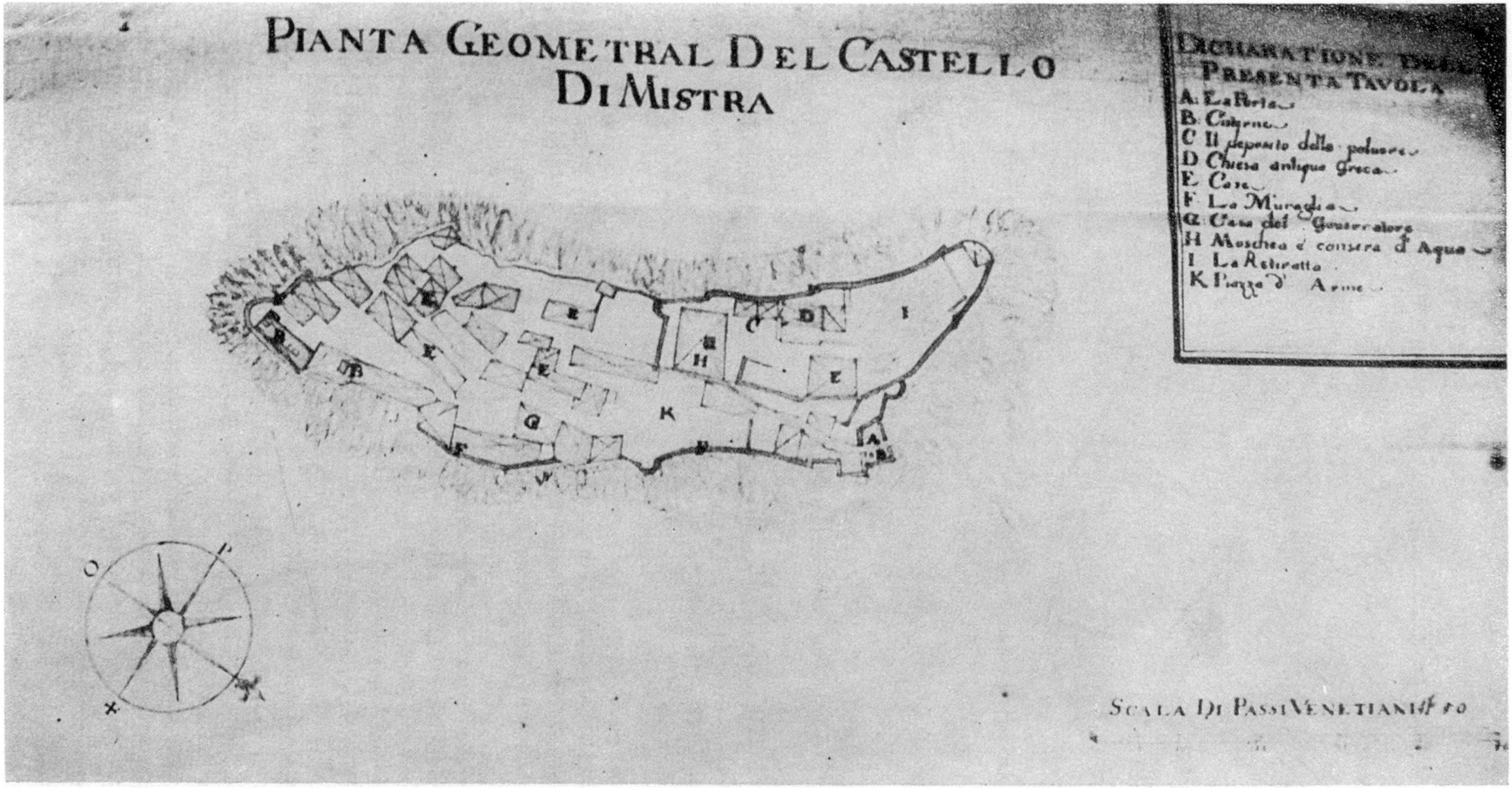

Abb. 760. Burg Mistra. Grundriß nach altem Plan der Bibl. Marc. Venedig.

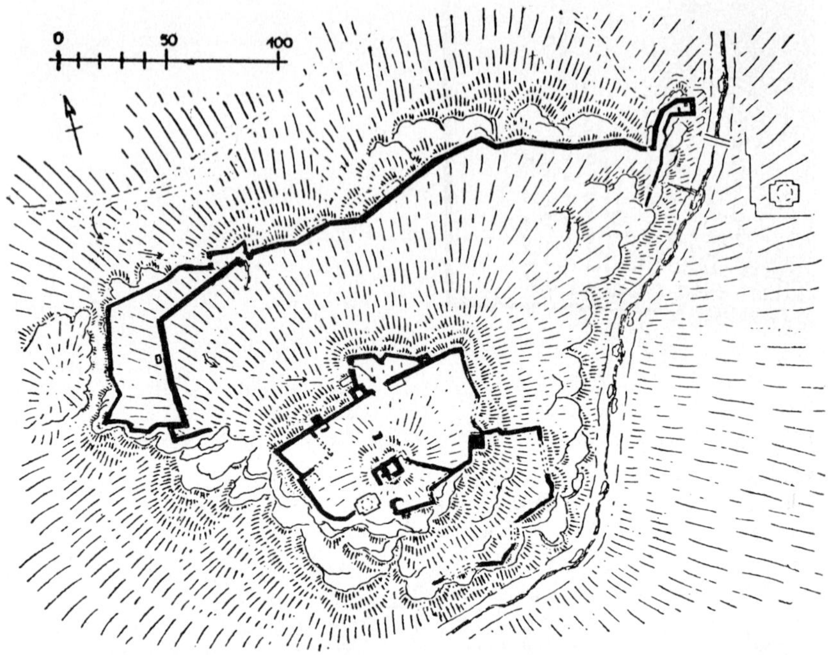

Abb. 761. Burg Livadia. Grundriß 1 : 3000. B. E. nach A. Bon.

Soweit von dieser mächtigsten Frankenburg Moreas; anschließend müssen daneben weitere Frankenburgen des Landesinnern genannt werden: Geraki, La Cremoni, Trapolizza, Basilico, Belveder, Antravida.

Nordöstlich des inneren Golfes von Korinth liegen im Lande Böotien die großartigen wohlerhaltenen Ruinen der Burg Livadia[107]) (Tafel 126). 2 Vierecktürme aus rohen Quadern erheben sich quer auf steinigem abfallenden Berggrat. Der eine Turm steht frei dem Berge zu, der tiefere neben einem Tor in der obersten Quermauer, die bergwärts durch eine halsgrabenartige Schlucht verteidigt wird (Abb. 761).

Eine tiefere längere Quermauer trennt das Gelände zwischen Burg und Stadt. Sie endet an der Stadt, am Rande eines senkrechten Felsabsturzes in einem malerischen Viereckturm aus Bruchstein mit Eckquadern.

Spuren des Wehrganges auf der oberen Mauer zeigen, daß in dieser Höhe eine viereckige Turmtür den einzigen Zugang zum Turminnern bot. Die senkrecht ansteigenden Turmreste deuten auf frühe Bauzeit.

Man nimmt an, daß spanisch-katalonische Ritter nach dem Sieg über den Herzog von Athen diesen Wehrbau errichteten. Eine der drei großen Straßen zwischen Grazia und Korinth berührt Livadia.

Athens Stadtburg wurde unmittelbar nach der Sprengung des Parthenon durch den venezianischen Kriegsingenieur Graf Vernada aufgemessen. Man sieht aus dieser Aufnahme, daß die antiken Reste der Ringmauer und die Grundform des Felsens zwingend für die Gesamtform blieben.

[107]) Garzoni S. 475.

Gregorovius[108]) erwähnt, daß Ende des Jahres 1204 die Lateiner ihren Einzug in Athen, d. h. in die feste Burg, „ein altersgraues byzantinisches Felsenschloß“, hielten. Zweieinhalb Jahrhunderte blieb die Burg in der Hand französischer und italienischer Herzöge, die den großen Frankenturm aufführten. Die Jahre 1458, 1645 und 1687 brachten die Vernichtung der herrlichen burglichen Anlage[109]).

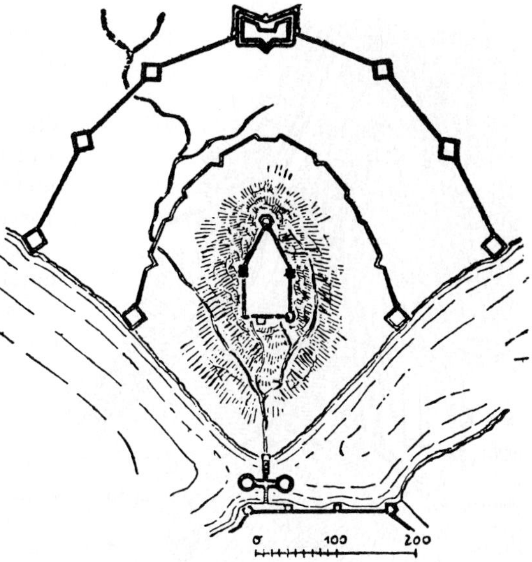

Abb. 762. Burg und Stadt Negroponte. Grundriß 1 : 850.
B. E. nach Plan der Bibl. Marciana Venedig.

Unter den Uferburgen ist im mittelalterlichen Sinne am bedeutendsten die Brückenburgstadt Negroponte (Chalkis), berühmt durch die furchtbare Belagerung und Eroberung durch die Türken 1470. Ein wundervolles Bild der von Mauern und Türmen umgürteten Inselfeste gibt Merian[110]). Die Wichtigkeit und strategische Bedeutung lag vor allem in der Brückenverbindung bzw. Brückensperre, die dieser venezianischen Kleinstadt jahrhundertelang erlaubte, alle türkischen Angriffe zum Besten des venezianischen Handels abzuweisen, bis die furchtbare Niederlage nach der Belagerung und Einnahme von 1470 dem heldenmütigen Widerstande ein grauenvolles Ende machte (Abb. 762).

Die Burg Lamia über gleichnamiger Stadt auf einer breiten Bergnase zeigt bei solchem Bauplatz die übliche lange Dreiecksform mit gerade abgeschnittener Spitze. Eine wohlerhaltene hohe Ringmauer (Mantelmauer) mit vielen erhaltenen frühen Vierkantzinnen umfaßt ein weit ausgedehntes Gelände (Tafel 127).

Es scheint nur bodenständiges (Kalkstein-?) Bruchstein-Mauerwerk verwendet zu sein. Über z. T. senkrecht abstürzendem Felsrande erheben sich fast keine vorspringenden Mauerknicke oder Mauertürme für Seitenbestreichung.

Burgen Kretas

Die byzantinischen Burgenreste oder Wehrbauten überhaupt aufzufinden, zu vermuten, ja wirklich zu erkennen – auch auf Kreta – ist sehr schwierig. Beweise über byzantinische Bauten an Hand von frühen Urkunden oder glaubhaften chronikalischen Nachrichten usw. vorzulegen, ist kaum möglich. Doch bieten Giuseppe Gerolas Forschungsergebnisse in seinem großen Werke Monumenti Veneti nell'Isola di Creta, Venedig 1905, Anhaltspunkte[111]).

[10]) Gregorovius: I, S. 298. – [109]) Nähere Literaturübersicht siehe bei Schede: Burg v. Athen, S. 133f. – [110]) Merian: Topogr. Ital. Anhang Kgr. Morea S. 24. – [111]) Die nachfolgende Darstellung der Burgen Kretas stützt sich auf die Arbeit Gerolas.

Auf Kreta findet Gerola selbst es unmöglich, alte Burgen der Sarazenen von neueren byzantinischen Werken zu unterscheiden. Was ferner die Werke betreffe, die man tatsächlich für byzantinisch halten möchte, so sei sein Urteil nicht absolut sicher, er halte sie aber für Werke vorvenezianischer Zeiten.

Jedenfalls seien viele von den Venezianern benutzte Burgen, wie z. B. Temene, viel älter.

Es ist daher nützlich, die einzelnen dort genannten kretischen Burgen zu prüfen.

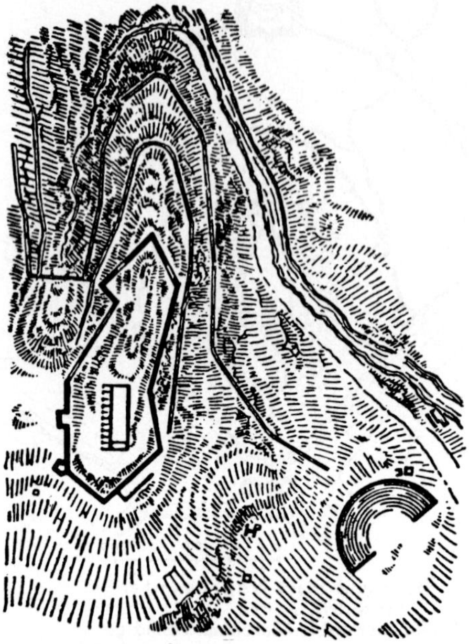

Abb. 763. Burg Gortyna. Grundriß B. E. nach Gerola.

Eine alte Stadtburg (?) Gortyna in Mittelkreta bezeichnete Gerola[112]) als „Acropolis" der berühmtesten gleichnamigen kretischen Stadt, die der religiöse Mittelpunkt Kretas in byzantinischer Zeit war. Die unregelmäßig längliche, vielgeknickte Burgmauer ist z. T. noch 5,50 bis 6,10 m hoch, mißt 500 m im Umkreis und ist über 2 m stark, sie besteht meist aus großen, sauber quadratisch bearbeiteten Kalksteinblöcken. Erhalten sind südwestlich an einem Angriffspunkt Reste eines etwa 10 m starken und 7,50 m vorspringenden Turmes und ein zweiter mit Sporn (Plätteisenspitze). Letzterer diente vielleicht auch als Zisterne. Eine zweite große Zisterne mit vielen eingemauerten alten Inschrifttrümmern darin lag in der Ringmauer. Ein weiterer Saalbau dürfte der römischen Zeit angehören (Abb. 763).

Nach der Mauerführung kann die wohl auf älteren Resten erbaute Burg in heutiger Form byzantinisch sein, doch ist die Seitenbestreichung, die die Byzantiner besonders ausgebaut haben, hier gering. Gerola schwankt, ob er die Burg den Byzantinern oder den Sarazenen zuschreiben soll.

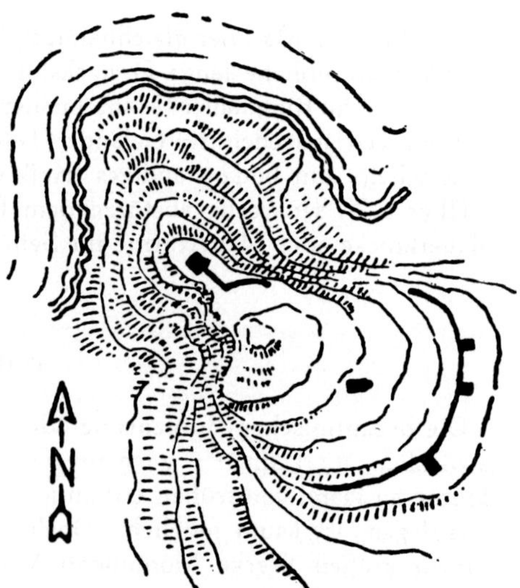

Abb. 764. Burg Liòpetro. Grundriß B. E. nach Gerola.

Unter den vielen ummauerten Gipfelstätten, deren Akropolis Gerola als byzantinisch nennt, zähle ich auf: Lyttos, Polyrhenion, Palleòkastro, Eleutherna, Axos, Kjèraton, Varipetro, Malàthiros. Besonders von der letzten gibt er einen Stadtmauer- und Burgplan, in dem die Verwendung von vielen halbrunden und hufeisenförmigen Türmen für die Seitenbestreichung festgelegt ist.

112) Gerola: I, S. 65

Abb. 765. Burg und Stadt Sitia. Ansicht B. E. nach Monanni aus Gerola.

Der Grundriß von Ljòpetro ist besonders lehrreich (Abb. 764). Hier ist auf einer Felsnase am Meere eine weite Vorburg oder kleine Stadt mit freistehender Kapelle in Dreiviertelkreis=Ringmauer dargestellt, die die landseitige Angriffsseite verteidigt. Die ins Meer ragende äußerste Spitze trägt einen quadratischen Turm (Wohnturm?), der rückwärts nur durch eine starke Mauer mit der Burg verbunden ist[113]). Für die Seitenbestreichung ist ausgezeichnet gesorgt, an der Halbrundmauer an der Südost=Angriffseite sind 3 weit vorgestreckte 5—7 m breite Mauertürme angeordnet und erhalten. Der Turm an der Spitze nordöstlich dem Meere zu beherrscht mit seiner langen zweiseitig zu verteidigenden Mauer fast die Hälfte der Stadt oder Vorburg. 1579 sagt der Proveditore Jakopo Foscarini: Liòpetro könne 6000 Menschen (!) aufnehmen, der Platz sei von Natur sehr fest und man finde oben Reste einer antiken starken Mauer und einzelner Türme. 1595 heißt es, dort seien viele alte Zisternen, z. B. eine große runde mit ausgezeichnetem Wasser.

[113]) Gerola: I, S. 89.

Abb. 766. Burg Pedida.
Ansicht B. E. nach Monanni 1631 aus Gerola.

Die kleine Felsenburg Roka auf wildem Gipfel zeigt noch 3 Zisternen, merkwürdigerweise finden sich hier viele Ziegel (!). Gerola[114]) nennt noch zwei weitere Stellen, wo solche verwendet werden.

Kreta wurde 1201 von dem Franken Bonifacio von Montferrat erobert und 1204 an Venedig abgetreten. Der Genuese Enrico Pescatore erobert Kreta 1206 sehr leicht[115]). Schon Genua hat damals mit der Befestigung oder Wiederherstellung verschiedener Kastelle begonnen. Darstellungen solcher Befestigungen finden wir in alten Plänen von Venedig sehr schön.

Zu nennen sind Pläne von Sitia. Eine sehr schöne Ansicht befindet sich in den Akten der Marciana in Venedig. Ein Vergleich dieser Abbildung mit der bei Gerola[116]) (Abb. 765) zeigt die dreieckige Stadt in Mauern mit Viereckstürmen zur Seitenbestreichung und an höchster Stelle eine Stadtburg mit frühem Bergfried. Man könnte also hier byzantinische Einflüsse vermuten, da Kreta von 395—823 byzantinisch war.

Der Name bzw. die Burg wird schon 1211, 1234 urkundlich erwähnt, 1303 gibt dazu das schwere Erdbeben Veranlassung[117]), 1442 heißt es: „. . . pro laboreriis et fabrichis fiendis in palacio et turribus hujus castri (!)".

Wichtig für die Zuschreibung der einzelnen Grundrißformen zu byzantinischen, fränkischen oder venezianischen und türkischen Einflüssen sind die urkundlich belegten zeitlichen Erwähnungen. Pediada war nach einer Zeichnung von 1631 eine viereckige Burg mit vier quadratischen Ecktürmen, also entfernt verwandt sowohl byzantinischen wie apulischen Burgen. Der sicher befestigte Ort Pediada wird 1212 genannt[118]). Die Burg wird aber ausdrücklich erst 1340 erwähnt. 1631 schreibt der Capitano Contarini über Schäden in der Burg an den Kornhäusern. Gerola[119]) schildert den Bau genau wie die Abbildung (Abb. 766).

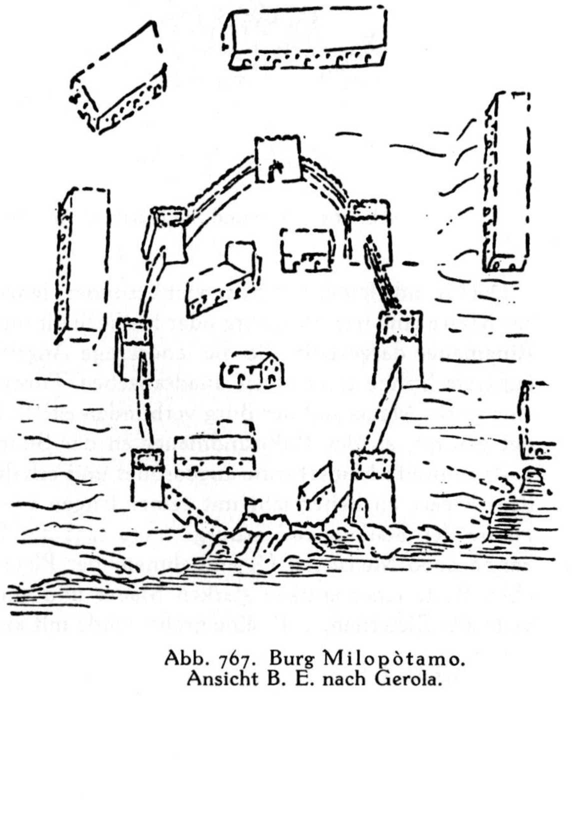

Abb. 767. Burg Milopòtamo.
Ansicht B. E. nach Gerola.

[114]) Gerola: I, S. 92 Anm. — [115]) Ebenda S. 170. — [116]) Ebenda S. 171, 175. — [117]) Ebenda S. 170, Gerola erwähnt die Stelle: „castrum nostrum Sithie cum sua torre . . . prostrata." — [118]) Gerola: I, S. 218. — [119]) Ebenda S. 218f.

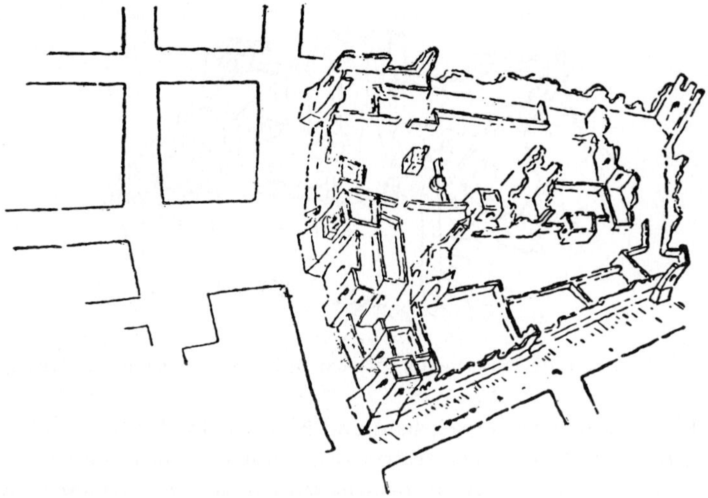

Abb. 768. Burg Chissamo. Ansicht B. E. nach Gerola.

Von dem ovalen Castello Milopòtamo[120]) hören wir in einer „Supplica" der Kretenser Bevölkerung von 1205—1228, auch hier spielen die 7 Seitenbestreichungstürme eine Hauptrolle (Abb. 767).

Chissamo[121]) soll als genuesischen Ursprungs 1212 erwähnt worden sein, der Ort bestand aber schon in der Antike. Nach einer Abbildung von 1631 hatte die Burg einen unregelmäßig rechteckigen Grundriß, und zwar durch rechteckige Ringmauertürme verstärkt (Abb. 768).

Abb. 769. Burg Selino. Ansicht aus der Vogelschau. B. E. nach Monanni aus Gerola.

[120]) Gerola: I, S. 219ff. — [121]) Ebenda S. 224ff.

Abb. 770. Burg Mirabello. Ansicht B. E. nach Monanni aus Gerola.

Sèlino[122]) (Abb. 769) wird 1279 erbaut und Mirabello[123]) (Abb. 770) entwickelte sich aus der ältesten antiken Stadt. Die viertürmige quadratische Burg könnte also byzantinische Reste enthalten, ja deren Grundform beibehalten haben. Die Gründung schreibt Gerola den Genuesen 1212 zu. Freilich wird von Mirabello 1631 auch berichtet[124]), daß eine Eckbastion auf einen Entwurf des berühmten Veroneser Baumeister Sammicheli errichtet sei.

Den byzantinischen Grundrissen glich am meisten (siehe die Ecktürme weit außen) der regelmäßig rechteckige von Gerapetra[125]), aber auch diesen Bau schreibt Gerola der Zeit um 1212 zu, freilich ohne sicher von völligem Neubau zu sprechen (Abb. 771).

Endlich ist das genau so rechtwinklig mit 4 Ecktürmen gestaltete Castelfranco ebenso wichtig. Hier gibt Gerola[126]) als Neubauzeit das Jahr 1340/1374 an, womit freilich nicht gesagt wird, daß keine älteren Nachrichten noch auffindbar wären (Abb. 772).

Merkwürdig ist ja der schroffe Unterschied zwischen den ganz willkürlich geformten zahlreichen und sehr zerstörten Höhenburgen und den z. T. noch erhaltenen rechteckigen oder quadratischen Uferburgen.

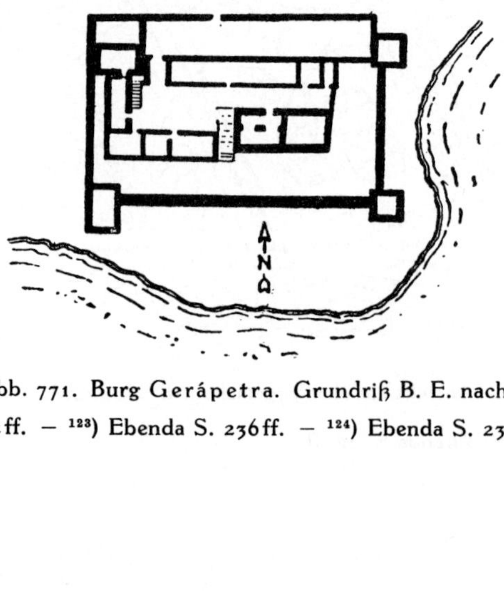

Abb. 771. Burg Gerápetra. Grundriß B. E. nach Gerola.

[122]) Gerola: I, S. 232ff. — [123]) Ebenda S. 236ff. — [124]) Ebenda S. 238. — [125]) Ebenda S. 243ff. — [126]) Ebenda S. 250ff.

Abb. 772. Burg Castelfranco. Ansicht B. E. nach Gerola.

Eine weitere Erforschung an Ort und Stelle und in zuverlässigen Schrift= und Urkunden=quellen könnte u. U. noch wertvolle Erkenntnisse vermitteln.

An anderer Stelle habe ich byzantinische Grundrisse und ihre häufige Regelmäßigkeit und fast nie fehlende sorgfältig durchgearbeitete Seitenbestreichungsmaßnahmen erwähnt.

An die dabei herangezogenen afrikanischen Grundrisse[127]) erinnern sehr lebhaft eine ganze Reihe von Burgplänen, die Gerola veröffentlichte.

Ich nenne davon Castelfranco, Gerápetra, Mirabello, Milopòtamo, Pediada als ganz regelmäßig eckig mit Hauptseitenbestreichung durch quadratische Türme von den 4 Ecken aus. Ausgesprochene Seitenbestreichung durch viereckige Türme zeigen die unregelmäßigen Burgen Sèlino, Chissamo, auch Sitia.

Wie in Morea ist auf Kreta viel Kalkstein der anstehenden Berge verwendet, dessen geringe Dauerhaftigkeit viel von dem trostlosen Verfall verschuldet hat.

---

[127]) Gerola: I, S. 250.

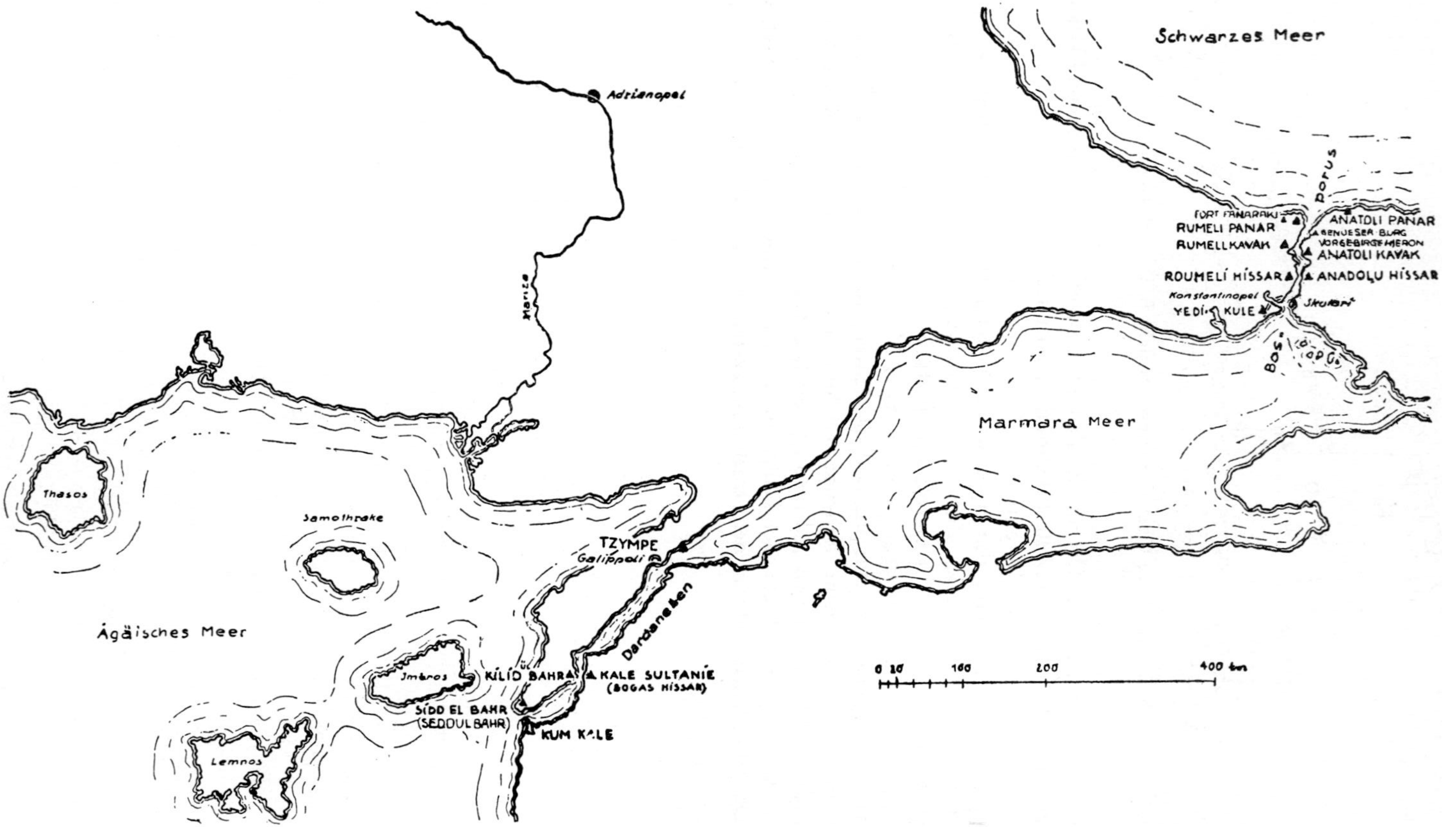

Abb. 773. Der Bosporus und die Dardanellen.

Burgen am Bosporus und an den Dardanellen

Bei der Darstellung der burglichen Wehrbauten Europas muß man auch einer Reihe von Werken gedenken, die an der Schwelle von der europäischen zur asiatischen Türkei errichtet wurden und muß sich bei deren Betrachtung die Frage vorlegen, wieweit man kennzeichnend asiatisch=türkische Formen dabei feststellen kann.

Den mohammedanischen Kriegermassen, die vom Inneren Asiens aus sich über die Reste des byzantinischen Reiches ergossen, blieben selbst nach jahrhundertelanger Berührung mit europäischer Kultur noch so viel nomadische Gewohnheiten anhaften, daß wir aus zeit=genössischen Quellen[1]) immer wieder hören, daß selbst die großen Gewaltherrscher – von Murad I., der Adrianopel zu seiner Hauptstadt machte, und Bajazet I. bis Mohammed II., die den Balkan siegreich besetzten – lange Zeit eine dauernde Befestigung der Städte ablehnen. Sie halten ihre beweglichen Heere für eine bessere Sicherung ihrer Reiche und ihrer Person, als Festungen und Burgen.

Doch als eines der Mittel, um die byzantinischen Kaiserstädte erobern zu können, bauen auch die Sultane an mächtigen, burgenartigen Wehren zur Sperre der Dardanellen und des Bosporus, aber auch diese Arbeiten werden anscheinend nicht nach neuen, eigenen Gedanken und Plänen ausgeführt, sondern unter Benutzung gewaltiger byzantinischer oder venezianischer älterer Werke, deren spätere Verstärkung natürlich nicht ausgeschlossen ist (Abb. 773).

Bosporus

Seit der Verlegung der Hauptstadt des römischen Reiches nach dem Osten durch Kon=stantin den Großen 330, der dort die durch Septimius Severus 196 zerstörten und danach wiederhergestellten Mauern des alten Byzanz bedeutend umfassender und stärker er=neuerte, entstehen durch byzantinische Bauleute auch an den Ufern der Dardanellen und des Bosporus großartige Wehrbauten. Über 1000 Jahre bewähren sich diese durch die Byzantiner oftmals umgebauten Werke – (so 415 durch Theodosius II.) – bis zur Er=oberung Konstantinopels durch die Türken 1453.

Der Anteil, den die Sultane an dem Bau oder der Verstärkung der Uferburgen haben, ist nicht geklärt, – doch beginnen die Türken schon lange vor dem Fall Konstantinopels mit der Verstärkung der Sperrburgen sowohl des Bosporus wie der Dardanellen, von denen aus erst nach Jahren die Belagerung und Eroberung Konstantinopels durchgeführt wurde.

Diese bedeutenden Sperren ragen noch heute empor; vom Schwarzen Meer ab bis zum Mittelmeer sind die europäischen und asiatischen Ufer mit den großartigsten Wehrbauten besetzt.

An der Öffnung des Bosporus ins Schwarze Meer liegen zunächst an beiden Seiten neuere Festungswerke, wie etwa das asiatische Anadolu Phanar mit Leuchtturm. Aber erst an einer der engsten Stellen des Bosporus liegen über den Dörfern Rumeli Kavak und auf dem gegenüberliegenden Ufer Anadolu Kavak Reste byzantinischer Burgen. Die auf asiatischer Seite gelegene Festung, türkisch Joros Kalesi, auf dem im Altertum

[1]) Siehe Anm. S. 7 bei Högg: Türkenburgen an Bosporus und Hellespont. Dresden 1932.

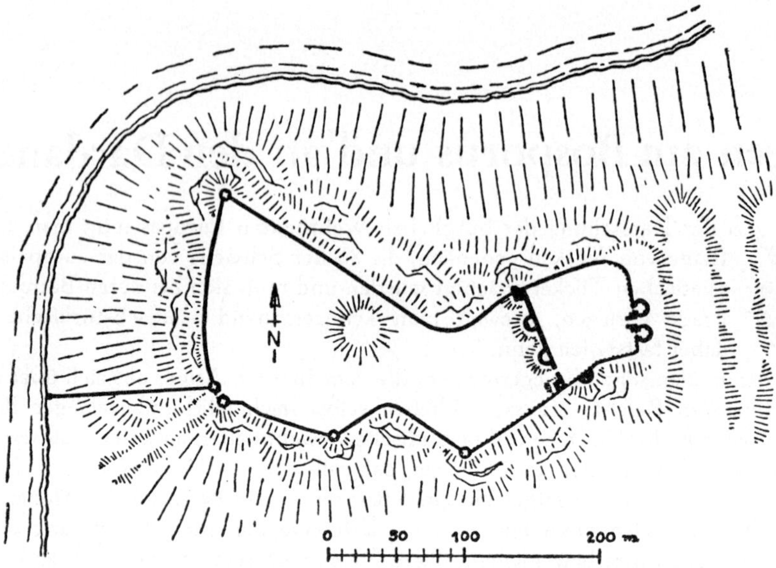

Abb. 774. Genuesische Höhenburg Joros Kalesi am Bosporus, auf dem Berg Hieron. Grundriß Maßstab 1 : 5000. B. E. nach Sidney Toy.

Hieron genannten Vorgebirge, war im 14. Jahrh. in Händen der Genuesen und fand ihre Ergänzung auf europäischer Seite in der byzantinischen Burg Imros Kalesi, von der aber kaum Reste übrigblieben.

Lange Mauern von Joros Kalesi dagegen ziehen sich von der östlichen Höhe „Hieron" hinab bis zum Meere. Auf der Höhe, am östlichen Ende, ragt ein Kernburgmauerring von rechteckiger Form, etwa 75 : 60 m weit ausgreifend. Bergab gegen Westen umlaufen die Mauern 650 m lang die abfallende weite Vorburg. In den östlichen Bering führte von Osten aus einst ein Tor, dessen runde, etwa 10 m starke Seitentürme an französische Vor=bilder erinnern. Das Tor dazwischen ist heute vermauert, schöne Quaderschichten aus Kalkstein wechseln ab mit Ziegelschichten, einem Schmuck, wie wir ihn oft in Balkan=burgen finden.

Von dem großen Vorburgbezirk wird die östliche obere Kernburg durch eine besonders starke Schildmauer abgetrennt, die an den Kreuzungsecken durch zwei quadratische, dazwischen durch zwei hufeisenförmige Türme verstärkt wird. Quer vor dem östlichen Haupttor wird der höhere Bergkamm durch zwei Halsgräben abgeschnitten.

Die weitere Ringmauer zeigt 3 runde Mauertürme in großer Entfernung voneinander und unten in der Südwestecke ein Tor zwischen zwei Rundtürmen, etwa 130 m vom Meere entfernt; diese letzte Länge wird durch eine gradlinige Sperrmauer geschlossen. Der Bau der Burg wird dem byzantinischen Kaiser Comnenus zugeschrieben (um 1150)[2]).

Ein Blick auf ihren Grundriß (Abb. 774) zeigt geringe Erfahrung im Wehrbau, die wir aber den hochgeschulten byzantinischen Kriegsbaumeistern kaum vorwerfen dürfen. Offen=bar ist hier kein planmäßiger Bau, sondern ein zufälliges Ergebnis vieler Um= und Aus=bauten erhalten.

Byzantinische Wehrbauten zeichnen sich dagegen seit früher Zeit durch besonders[3]) kluge und vielfache Ausnutzung der Seitenbestreichung aus, die hier völlig vernachlässigt

[2]) Toy: The castles of the Bosporus. S. 226/27. — [3]) Diehl, Charles, l'Afrique Byzantine, Hist. d. la domination Byz. en Afrique 1895.

M i s t r a bei Sparta, die höchstgelegene Burg des Peloponnes, Griechenland

Höhenburg L i v a d i a in Böotien, nördlich des Golfes von Korinth, Griechenland

scheint. Wir wissen aber auch, daß nicht nur Byzanz hier Herr war, sondern daß später auch Genueser die Burg zum Schutze ihres Handels im Schwarzen Meere benutzten (nach 1350)[4]), der lange Zeit sehr ausgedehnt und bedeutend war.

Später, im 14. Jahrh., schalteten die Türken die Italiener und ihren Handel aus. Den veränderten Zwecken entsprechen an der Burg am „Vorgebirge Hieron" zahlreiche Um= und Ausbauten. Schon von dem Herrscherhaus der Paläologen (1261—1453) zeugt ein Wappen über einem inneren Tor.

Keine der weiteren Burgen am Bosporus hat wesentliche Ähnlichkeit mit diesem nörd= lichsten alten Wehrbau des asiatischen Ufers.

Auch die beiden nächsten Uferburgen sind jede für sich völlig fremdartig gestaltet. Rumeli Hissar und Anadolu Hissar, näher zu Konstantinopel gelegen, bilden die stärksten Sperren des Bosporus.

Eine klare, widerspruchslose Baugeschichte dieser Riesenwerke ist aus neueren Quellen nicht zu entnehmen. Auch hier reichen aber einzelne bedeutende Bauteile weit in die mittelalterliche Frühzeit zurück, ohne daß die Forschungsergebnisse zur Zeit erschöpfend zu sein scheinen[5]).

Der asiatische, kleinere Bau, Anadolu Hissar, scheint der ältere zu sein. Die Kernburg besteht aus einer annähernd viereckigen, 20 m hohen, abgerundet 18 × 23 m großen Mantel= mauer von mehr als 1,50 m Stärke.

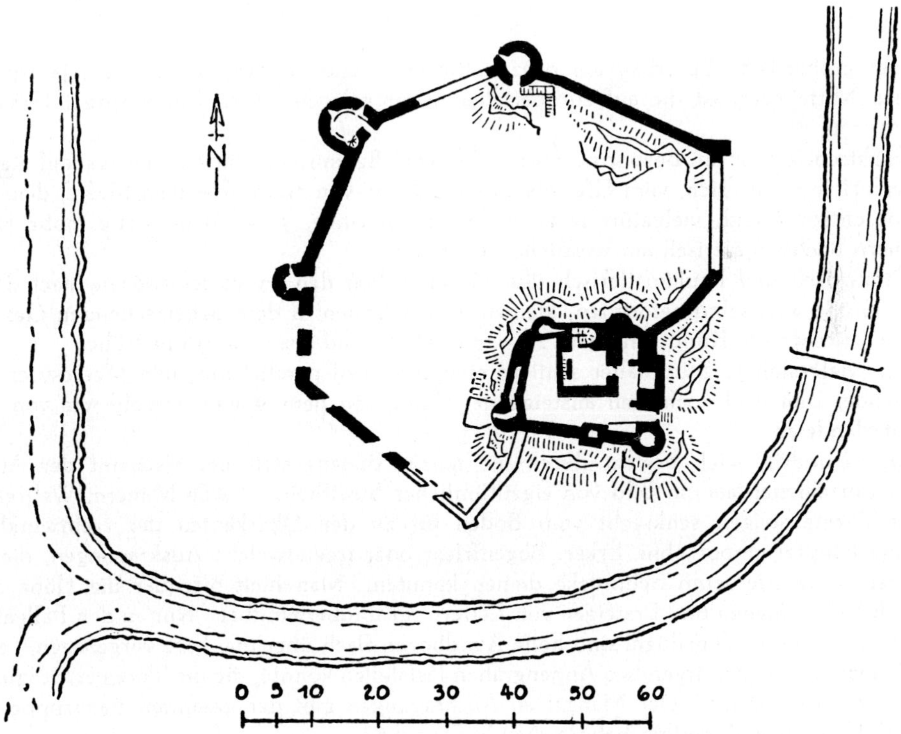

Abb. 775. Asiatische Uferburg. Anadolu Hissar, am Bosporus.
Grundriß Maßstab 1 : 1000. B. E. nach Sidney Toy.

[4]) Toy S. 227. Siehe auch Wehrbau Bd. II Abschnitt Rumänien: Burg Akkermann (Cetatea Alba) S. 611. — [5]) Toy nennt als Quelle aus dem 15. Jahrh. Ducas: Ducae Michaelis Nepotis Historiae Byzantinae Cap. XXXIV.

In dem 13×17 m im Lichten messenden Innern steht an die Mitte der Nordmauer gelehnt ein 9×10 m starker Bergfried, der von Hofboden bis Zinnenoberkante etwa 18 m Höhe mißt[6]). Das höchste Geschoß ist durch ein Tonnengewölbe überdeckt. In den bedeutenden Mauerstärken sowohl des Mantels wie des Turmes sind zahlreiche Treppen angeordnet. Zur Anlage von Wohnbauten blieb im Innern des Mantels kein Raum, höchstens bietet der Turm bescheidene Möglichkeiten für einen Kommandanten.

Außen ist der Mantel durch 4 runde und 2 eckige, strebepfeilerartig, teilweise voll ausgemauerte Türme verstärkt (Abb. 775). An der Südostecke führt der Zugang durch das einzige Tor der Mantelmauer in die Kernburg unmittelbar vom Außengelände über eine Treppe den hohen Felsblock empor. An 3 Seiten umfaßt, 20—50 m weit von der Kernburg ab, eine Vorburgmauer mit 3 starken Hufeisentürmen (Schalen) den flachen Vorraum. Einst mag das Meer bis an den Fuß gespült haben. Der malerische äußere Gesamtumriß erinnert an ältere deutsche Gebirgsburgen, denen im 15. Jahrh. oft annähernd gleiche, halbrunde Batterietürme angefügt wurden. Asiatisch-türkisch sieht nichts an diesem Wehrbau aus, es sei denn, daß man die Ziegelbänder im Bruchsteinmauerwerk dafür ansehen will.

Die Baugeschichte können wir weiter zurück nicht sicher erkennen. Bajezid I. (um 1400) und Mohammed I. (etwa 50 Jahre später) werden als Bauherren einzelner Teile angesehen[7]). Der älteste Kern mag der Zeit der Kreuzzüge des beginnenden 13. Jahrh. entstammen.

Der großartigste Sperrbau am ganzen Bosporus und an den Dardanellen, ja am östlichen Mittelmeer, ist die auf europäischem Ufer gelegene Burg von Rumeli Hissar[8]) (Abb. 776, 777).

Sie strebt empor am Bosporus, etwa 12 km vom Beginn des Marmarameeres, auf steilem Ufer. Hier ziehen sich, vom Ufer bis zu einer Höhe von 70 m über dem Meere, dem Gelände entsprechend, vielgetürmte, ungefähr 250 m lange, 50—100 m breite, hohe Ringmauern höchst malerisch am westlichen Ufer hin.

Strategisch und baukünstlerisch überwiegen neben den 13 verschiedenen, nach Form und Größe wechselnd geformten, kleinen Mauertürmen in dem beherrschenden Gesamtbilde 3 riesenhafte Rundtürme von 22—25 m Dicke und etwa 25—36 m Höhe.

Die vielgestaltete Stirnmauer schließt eine zum Teil parallel mit dem Meeresufer verlaufende, zum Teil auch steil ansteigende Mulde von dem Wasser sowohl wie von dem Hinterlande ab.

Im Grundriß reich bewegt durch die felsige Bodengestaltung, erscheint der Aufriß aller Einzelheiten als ein Bild von eigentümlicher Straffheit. – Alle Mauern, Wehrgänge und Türme steigen senkrecht vom Boden bis zu den Oberkanten der rechtwinkligen Zinnenhäupter empor ohne Erker, Bogenfriese oder irgendwelche Auskragungen, die zur Verteidigung oder zum Schmucke dienen könnten. Man hielt offenbar die Höhe auch durch Hochschieben und Ersteigen von Leitern für unüberwindbar. Nur an den Fallgatterschlitzen mehrerer Torflügel sind hohe Rundbogen flach über die Tore vorgezogen, während man kaum noch irgendwo Außengräben feststellen könnte, die die Tore verteidigungsfähig gemacht hätten. Der Mangel an Auskragungen gibt der gesamten Baugruppe eine starre Klarheit und weithin beherrschende Festigkeit.

Ungeheuer wird die Wucht noch gesteigert durch die 3 gewaltigen Haupttürme, wovon einer, der zwölfeckige Ostturm, dicht am Wasser steht; er mißt 27 m bis zum obersten Zinnenkranz (Abb. 777). Über seinen hohen Hauptturm ragt noch ein 9 m hoher Aufsatz

[6]) Toy Taf. LXXI u. LXXII. – [7]) Högg, Türkenburgen, S. 17 und S. 22. – [8]) Toy S. 218f.

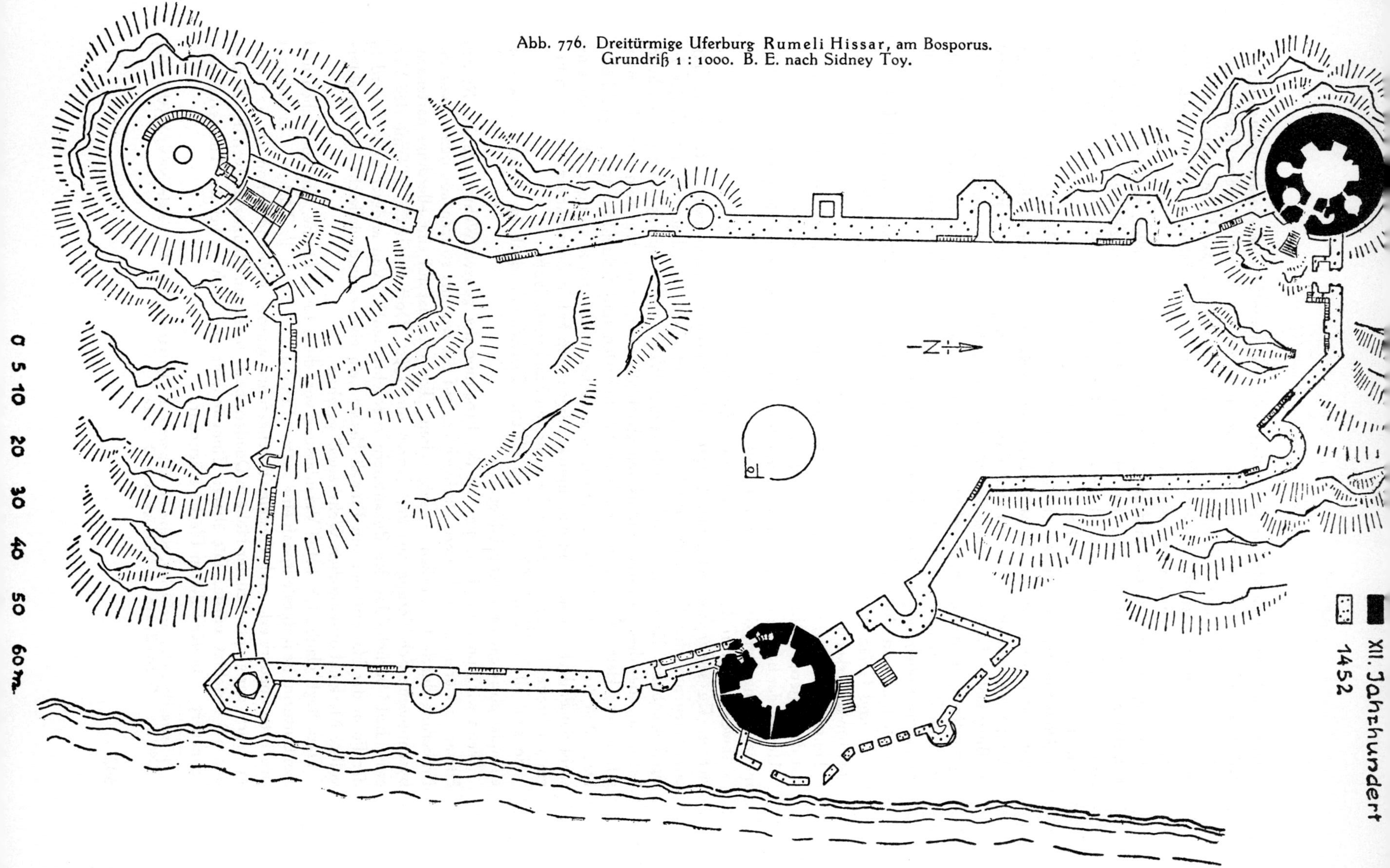

Abb. 776. Dreitürmige Uferburg Rumeli Hissar, am Bosporus.
Grundriß 1 : 1000. B. E. nach Sidney Toy.

empor. Fast 7 m dicke Mauern umschließen die 6 unteren Stockwerke des offenen Turmzylinders. Die zwei letzten Stockwerke umschließt ein 8 m hoher, dünnerer Turmaufsatz.

Vielgliedrige Treppen und Schartenanlagen öffnen sich – außen kaum wahrnehmbar – in den mächtigen düsteren Mauern. Diese bestehen aus Bruchsteinen, die etwa alle 2 m durch 3—5 Schichten von Backsteinen abgeglättet werden.

Der große, völlig runde Nordturm, wohl auch der höchste aller, steht oben auf dem Felsgrat an der Nordwestecke. Bei einer Mauerstärke von 7 m zeigt er 30 m Höhe bis zu der unter dem Zinnenkranz gleich breiten Oberkante, über welche noch ein kleinerer, 30 m im Durchmesser breiter Kranz 4 m emporragt (Abb. 777).

Reiches inneres Zimmerwerk (byzantinische Arbeit?) bildet in dem 10 m breiten Hohlraum 7 Stockwerke, deren oberstes durch ein schwaches Kuppelgewölbe geschlossen ist.

Vergleicht man diese Mauern und Gewölbe mit den asiatischen Ruinen zu Hiraqlah – Burg Qal'at Djabbar – und den Mauern von Zalubiyyah[9]), so überzeugen die völlig eigenartigen, fremden, reich geformten und gewölbten Palastbauten davon, daß die plumpen Bosporusburgen zu Rumeli Hissar usw. keine Spur von jener asiatischen Kunst und Vornehmheit zeigen, die diesen Werken eigen ist.

Auch hier sind die starken Mauern durch Treppen, Schießkammern und =scharten, Gänge und Gefängnisse mit größter Kunst gegliedert, wobei große Ähnlichkeit mit dem Ostturm unverkennbar ist.

Hinter dem Turm – durch ein Tor in den kürzesten, nördlichen Ringmauerabschnitt mit der äußeren Höhe verbunden – führt ein alter Landweg vorüber.

Unweit der beiden anderen Haupttürme finden wir ebenfalls je ein Haupttor in der Ringmauer so angelegt, daß es von der Turmhöhe beherrscht wird.

Abweichend von den beiden erwähnten Haupttürmen ist der Südturm (Abb. 777) errichtet. Zu seiner hochgelegenen Eingangstüre führen zwischen zwei südwestlich spitz zusammenlaufenden Enden der westlichen und südlichen Mantelmauern viele Stufen bis zur Felsenhöhe. Dieser kreisrunde, dickwandige Wehrturm ist nur 25 m im ganzen hoch, hat dafür aber den stärksten Radius von gleichfalls über 25 m. Nur seine östliche, etwas schwächere Halbseite ist innen reichlich für Scharten und Schießkammern durchhöhlt. Dazu aber steht in der leeren Mitte eine 3 m dicke, runde und 21 m hohe Säule, die einst wohl Balkendecken trug. Um den dünnwandigen, 6 m hohen Zinnenkranz führt auch hier ein 3 m breiter Umgang, der über die 4 unteren Stockwerke läuft.

So sind alle 3 Türme bei äußerlich gleicher Erscheinung doch im Innern stark voneinander abweichend durchgebildet.

Wenn wir nun versuchen, die Zeit der Erbauung der ganzen Wehranlage von Rumeli Hissar zu klären, so sind ältere Nachrichten, auf die wir uns stützen könnten – vor der Eroberung durch die Türken –, sehr selten. Toy verweist auf eine allerdings parteiische byzantinische Schilderung aus den Jahren um 1460. Dort werden 2 „Türme der Vergessenheit" vorbehaltlos den Byzantinern zugeschrieben[10]). Von anderer Seite[11]) wird in der Form der Haupttürme von Rumeli Hissar „ein eigenes und vielleicht das charaktervollste Merkmal osmanischen Wehrbaues" gesehen.

Dazu liegt, glaube ich, keine Veranlassung vor, denn für 2 Türme, den nördlichen und den Ostturm, ist festgestellt, daß eine spätere Erhöhung – durch die Türken – in anderem Bruchsteinmauerwerk und Gestein durchgeführt wurde, während schon im 12. oder 13. Jahrh. der größte Teil der Höhe in Quadern bzw. besserem Mauerwerk (von den Byzantinern?) errichtet wurde. Die älteren Zinnenreihen sind noch – bei der Turmerhöhung vermauert – in der äußeren Fläche erkennbar.

[9]) Sarre=Herzfeld, archäolog. Reise im Euphrat= u. Tigrisgebiet Bd. III. Tafeln XXV, XXVII und LXXVI. – [10]) Toy S. 218. – [11]) Högg, a. a. O. S. 44.

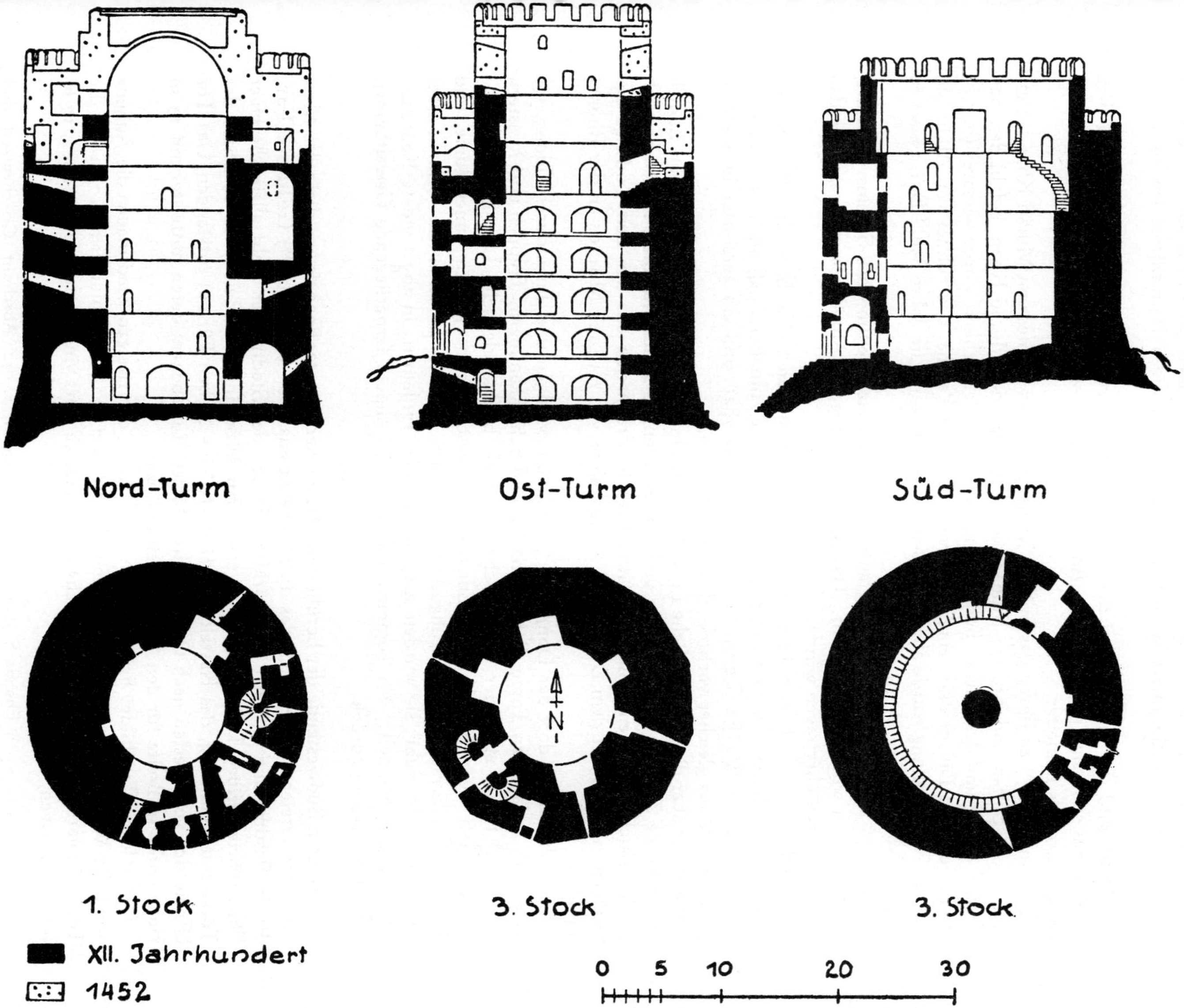

Abb. 777. Die 3 Türme der Uferburg Rumeli Hissar, am Bosporus. Grundriß und Schnitt Maßstab 1 : 500. B. E. nach Sidney Toy.

Der höchstgelegene Südturm scheint solche Spuren nicht zu zeigen. Die Bauzeit des Nordturmes versetzt Toy in die Regierungszeit eines der Komnenen, ungefähr zu Beginn des 12. Jahrh.

Gegen eine gleichzeitige Vollendung des gesamten großen Wehrbaus spricht auch der unvollständige uneinheitliche Wehrumgang, der durch die 3 Haupttürme jeweils unterbrochen ist.

Lebhaft wird der Hergang bei der Erhöhung des Nord= und Ostturmes und bei dem Neubau des südlichen geschildert[12]). Angeblich führte je ein Großvezir die Arbeiten an je einem Turm als Bauleiter.

Eine Inschrift[13]) zu Ehren des Sultans Mohammed, des Sohnes von Murad Khan lautet: „Der große Sultan und Khakan Muhammed, der Sohn des Murad Khan, befahl den Bau dieser Festung und des starken hohen Turmes. Seine Herrlichkeit wurde versorgt (durch) seinen geehrten Diener und seinen Großvezir Zoghnos Pascha, des Sohnes von Abdullah, und die Fertigstellung wurde abgeschlossen im Monat Rejeb im Jahre 856." D. i. zwischen dem 22. März und 22. April 1452.

Hier wird also nur ein Turm neu aufgebaut und unter Leitung des Sultans vollendet, beide anderen wurden nur erhöht. Das mag ein geringerer Anteil gewesen sein, der den beiden Veziren übertragen wurde.

Die unteren Massen der beiden anderen Türme muß man also wohl in die byzantinische Zeit zurückverlegen. Dafür spricht vielleicht auch die Annahme, daß auch zwei ähnliche Türme, wie der Weiße Turm in Saloniki (Abb. 782) und ein zerstörter in Valona (Albanien)[14]) aus gleicher vortürkischer Zeit stammen.

Wenn wir aber die ursprüngliche Errichtung einzelner der gewaltigen Türme von Rumeli Hissar in die Zeit der Kreuzzüge zu verlegen trachten, so spricht für diese Annahme auch ein Vergleich mit einem ähnlichen Gewaltbau in Frankreich aus der Zeit Ludwigs des Heiligen, nämlich mit dem Donjon des Kriegshafens von Aigues Mortes an der Rhônemündung.

Ganz ähnlich ist dort der Donjon in Gesamtabmessungen und Innendurchbildung, soweit es die Anlage von Toren, Schießscharten und Schießkammern, Treppen und Fenstern betrifft[15]). Höher steht der französische Turm als baukünstlerische Leistung durch die Meisterschaft der herrlichen Wölbungen der verschiedenen großen Innenräume und durch die Beherrschung der frühgotischen Formen an allen Einzelheiten. Zinnen trägt der Turm nicht mehr; sie wurden spät, im 16. oder 17. Jahrh., in abgerundete Kanonenscharten umgewandelt. Wir kommen auf diese und andere fernerliegende Gewaltbauten noch im einzelnen zurück.

Nahe dem Südwestende der berühmten Stadtmauer Konstantinopels, wo diese das Marmarameer erreicht, öffnete sich das unter Theodosius 388—91 erbaute[16]) Goldene Tor, dessen Bestimmung an einer der stärksten Stellen der Stadtmauer nicht allein die einer Ehrenpforte bleiben konnte. Bald – schon zur byzantinischen Zeit[17]) ist innerhalb des Tores eine Stadtburg, das Kastell „Yedi Kule" (= Sieben Türme) entstanden. Das Tor öffnete sich von Westen nach Osten in drei stolzen Rundbogen, deren mittelster mit 15 m Höhe und 8 m Breite für den Kaiser bestimmt war.

Das goldene Tor bildet heute noch in der Flucht der riesigen Stadtmauer die Außenwand des Wehrbaues der sieben Türme, dessen zwei weiße Marmortürme 17 m vor die Torflucht vorspringen. Eine heute schwache, niedrige Torzwingermauer zieht außen, 17 m vor den Türmen, vorüber.

[12]) Toy S. 222. – [13]) Ebenda S. 223. – [14]) Siehe unten S. 652 Abschnitt Griechenland und Adriaküste. – [15]) Siehe Wehrbau I, S. 269f u. Abb. S. 262 u. 270. – [16]) Högg: Luftbild des Schlosses der 7 Türme. S. 21 Grundriß der Mantelmauer. – [17]) Gurlitt: Konstantinopel.

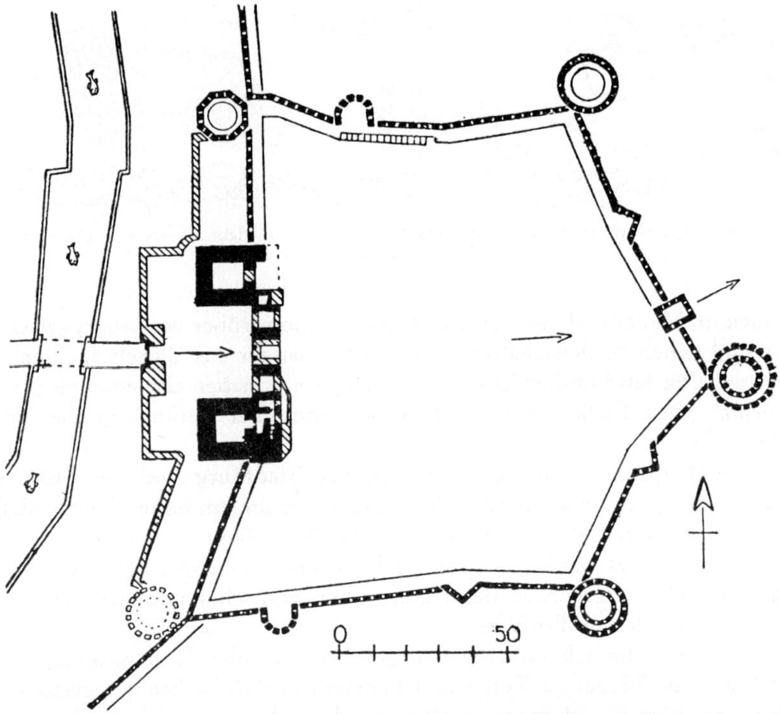

Abb. 778. Schloß der 7 Türme „Yedi Kulé" mit dem goldenen Tor der Stadt Konstantinopel am Marmara=Meer. Grundriß 1 : 2000. B. E. nach Gurlitt und Millnigen.

Ein schönes, säulengeschmücktes Außentor öffnet sich in der Mittelachse des Haupt=ehrenbogens in der Torzwingermauer zwischen zwei vieleckigen, späteren Türmen. 4 der 7 Türme liegen also in der Westmauer des Schlosses. Hinter diesen ziehen sich zwei östlich laufende, mit Schalentürmen besetzte Nord= und Südquermauern etwa 140 m lang bis zu zwei inneren mächtigen Eckrundtürmen. Von diesen schwingen sich zwei weitere Mauerzüge in der östlichsten Spitze des Mauerfünfeckes im 7. Turme zusammen (Abb. 778).

Auch die 2 innen stehenden Rundtürme und der elfeckige Mittelturm – der Janitscharenturm – haben bedeutende Abmessungen:

Sie ähneln in ihrer stumpfen Zylinderform und den eingezogenen schmäleren kurzen Aufsätzen den Türmen von Rumeli Hissar. Auch hier scheinen aber die Hauptarbeiten zur Zeit der Byzantiner ausgeführt zu sein.

Über die weißen Marmorquadern der Triumphbogentürme ist oben schon gesprochen. Nicht weit weicht die Höhe der Quaderschichten der Turmzylinder davon ab, doch fallen hier die Böschungssockel auf, die wir in alter Zeit in Erdbebengegenden schon allgemein finden, aber auch später noch in Palästina an den Kreuzfahrerburgen[18]).

Am Janitscharenturm folgen auf 6 Quaderschichten von 50—60 cm Höhe weitere, sehr sorgfältig ausgeführte, 40 cm hohe Quaderschichten.

Ziegel und überwiegend Mauerbrocken wechseln ab am Nordwestturm. Fremdes Mauer=werk finden wir an deren unterem Zinnenumlauf aus kleinen, wenig behauenen Bruch=steinbrocken mit breiten Ziegelschichtbändern dazwischen. Auch der schmalere Turm=aufsatz ist so behandelt[19]).

[18]) Rey: Etudes sur les monuments d'architecture des Croisés. S. 52 u. 53. – [19]) Högg: a. a. O. S. 20 u. S. 42, 44.

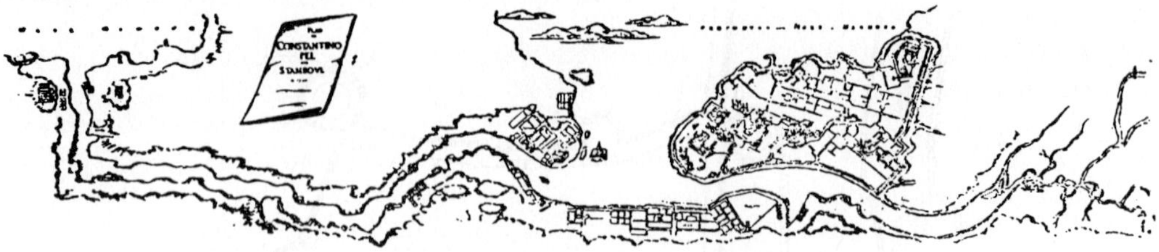

Abb. 779. Konstantinopel, Bosporus und Marmara=Meer, Karte von etwa 1740, aus der Heeresbücherei in München.

Wir finden im Mauerwerk des Nordwestturmes schon früher vermauert gewesene Blöcke, Trümmer und neben Säulenschäften auch wieder Bänder aus Ziegelschichten.

Das zweite halbe Jahrhundert lang – nach 1450 – haben also auch hier – am Schloß der 7 Türme – an Stelle kunstgerechter byzantinischer Baumeister die Türken Teile aufgeflickt.

Das innere Hauptverbindungstor zwischen der Stadtburg und der Stadt selbst liegt dicht nördlich des Janitscharenturmes, beherrscht von diesem hohen Turmkoloß.

Viele leichter gebaute Soldatenquartiere und Wohnbauten mögen den großen freien Platz in den Ringmauern des Schlosses willkürlich beherrscht haben, der heute völlig leer ist bis auf mancherlei dort lagernde Bautrümmer byzantinischer und späterer Zeit – Orna=mente, Säulenkapitelle und Profilsteine.

Türkischer Formschmuck findet sich kaum. Wenige rohe Ziegelmeander sind hier wie in Semendria in die Mauer an Toren und Fenstern in Putzflächen eingelassen.

Örtliche ausgiebige Forschungen dürften an den Meerengen, dem Marmarameer, den Dardanellen und dem Bosporus, als an einem Schauplatz weltbewegender Ereignisse, noch unschätzbare Meisterwerke der letzten Jahrtausende ans Licht fördern. Namentlich wird der Wehrbau des Mittelalters hier noch lehrreiche Aufschlüsse bieten, die zu erkennen die jahrzehntelangen Kriege der letzten Zeiten verzögerten.

Suchen wir, wie oben angedeutet, auf dem Balkan weitere Beispiele mächtiger Rund=türme, die den Türmen am Rumeli Hissar ähnlich sind und über die Zeit der Erbauung derselben Auskunft geben könnten, so finden wir in Saloniki den weißen Turm, Beyaz Kule, der gewisse Ähnlichkeiten mit den Großbauten von Rumeli Hissar hat. Aber auch der Donjon von Aigues Mortes[20]) und der Hauptturm des späteren, achteckigen Wehr=baues der Türken in Valona, der dem großen türkischen Meister Sinan zugeschrieben wird, könnten Rückschlüsse erlauben[21]). Auch hier fehlen aber beweisende Urkunden.

Die Lage des Salonikier Turmes am Meere, an der Südecke des fast quadratischen Stadtmauerringes, macht ihn zu einem vom Meere aus beherrschenden Blickpunkt im Stadtbild.

Die gewaltige Masse des Rundturmes wird auch hier bekrönt durch einen niedrigen Aufsatz von viel geringerem Durchmesser und erinnert damit an die 3 Haupttürme von Rumeli Hissar (Abb. 782).

Fremd sind aber jenen die in Saloniki ausgekragten Zinnenkränze auf Maschikoli=konsolen[22]).

Dicht über dem Spiegel des Golfes von Saloniki umzieht den Turmfuß ein gezinnter Zwingerring, verstärkt durch (erneuerte?) schlanke Mauertürme. Der Turm war einst wohl vom Wasser selbst umspült.

[20]) Siehe Wehrbau I, S. 262. – [21]) Enzyklopädie des Islams IV. Bd. – [22]) Trafali: La topographie Thessalonique S. 51 schreibt den Bau den Venezianern zu, gleichfalls Högg, S. 42 und 44.

Am Kernzylinder fallen die zahlreichen schartenartigen Fenster auf, die auf viele innere Treppen in der Mauerdicke und auf Schießkammern hindeuten.

Mir vorliegende geschichtliche Nachrichten erwähnen die Bauzeit des weißen Turmes nicht, doch liegt es nahe, an den Anfang des Kaiserreiches Salonikis im 13. Jahrh. zu denken, an die Zeit, in der die lateinischen Staaten entstanden[23]).

Ähnlicher aber ist der achteckige Hafenturm von Modone (Abb. 710). Im Abschnitt „Burgen der griechisch-adriatischen Küste" habe ich eingehend von der Anlage gehandelt. Hier sei noch besonders hingewiesen auf die Verwandtschaft zwischen den Wehrtürmen von Rumeli Hissar, Saloniki, Modone, Valona und von Aigues Mortes in Frankreich an der Rhônemündung, dessen Bauzeit, um 1246[24]), wir kennen. Man darf also die Frage stellen, wieweit an diesen Bauten die Venezianer, Byzantiner, die lateinischen Franken und die Türken beteiligt waren.

Modone war schon 1124 venezianisch und wurde erst 1499 durch Bajezit erobert, 1686 durch Morosino wieder venezianisch, im Frieden von Passarovitzi 1717 wieder türkisch.

Der achteckige Hafenturm kann schon von den Venezianern stammen, jedenfalls sind die strengen Zinnenformen nicht mehr dem 15. Jahrh. eigen.

Der Hafen zu Valona wird schon 1227 als sehr bedeutend erwähnt (s. S. 652), der starke Rundturm „Maschio" dürfte dieser Bauzeit angehören und in der türkischen Bauzeit (1417 oder nach 1499!) höchstens bei Errichtung des achteckigen Ringwerkes einem Umbau unterzogen worden sein, bei dem vielleicht ein älterer schmalerer Turmaufsatz verschwand. Die spitze, gegen die Angriffsseite errichtete Schärfe am dicken Rundturm spricht jedenfalls für das frühe Mittelalter.

Einen genauen Plan der vieleckigen Anlage bietet die dort erwähnte Vermessung des Grafen Verneda. Er nennt den zu seiner Zeit, 1690, noch vorhandenen mächtigen Turm einen solchen „alter Art" und noch 40 piedi hoch. Daß er überhaupt erst von den Türken erbaut sei, d. h. also noch nach 1512, ist danach fast unwahrscheinlich.

Wir dürfen dagegen alle diese mächtigen Rundtürme der Frühzeit den Byzantinern und den Genuesern, Venezianern oder Franzosen als Bauherren zuschreiben.

Auch wenn wir die Wehrbauten der Moslem des Ostens betrachten[25]), können wir kaum einen einzigen feststellen, der einen so mächtigen Rundturm als selbständigen Hauptbau darböte. An einer Stelle, wo so viele bauliche Einflüsse zusammenströmen, wo so viele Rassen und politische Mächte zusammenprallten, ist es natürlich besonders schwer, die Bauzeiten und Baumeister ohne erschöpfende Forschungen und örtliche Untersuchungen klar zu unterscheiden. Die Ufer des östlichen Mittelmeeres und des Schwarzen Meeres bergen also noch viele wehrbauliche Rätsel.

Dardanellen

An der engsten Stelle der Dardanellen sind zwei weitere Burgen um 1462 durch Mohammed II. errichtet oder weiter ausgebaut worden. Auch hier sind aber beide Burgen sowohl untereinander wie gegenüber den anderen Bosporussperren völlig verschieden und fremdartig gestaltet.

[23]) Finlay: Griechenland und Trapezunt, S. 13. — [24]) Siehe Franzesco di Marchi: Nat. Bibl. Florenz II, I, 281. — [25]) Sarre-Herzfeld: Archäol. Reise i. Euphrat u. Tigrisgebiet. — Atabinen: Les Caracteristiques de l'architecture turque. — Balducci: Architettura Turca in Rodi. — Neynaber: Wehrbauten des Irak.

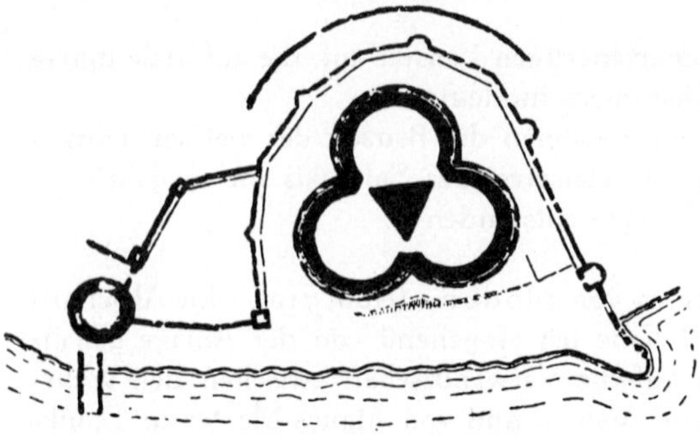

Abb. 780. Europäische Uferburg Kilid ül Bahir, Dardanellen.
Grundrißskizze B. E. nach Högg.

Kilid ül Bahir, auf europäischem Ufer, bietet eine dreipaßartige Grundform; die so gebildete Mantelmauer ist 18 m hoch und aus der umspannten Fläche streckt sich obendrein noch ein dreikantiger Bergfried hoch empor (Abb. 780).

Um diesen malerischen Kern legt sich gegen die Landseite halbrund eine schwächere Zwingermauer, deren jenseitiger östlicher Verschluß gegen die Meerenge heute völlig zerstört daliegt. Hier öffneten sich einst Kanonenpforten, von denen aus man die Meerenge bestreichen konnte. Ein halbrunder Graben umschloß die landseitige Zwingermauer. Die südlichste Ecke bildete einen zweiten dreieckigen Zwinger, dessen Eckspitze ein schwerer, runder Batterieturm verstärkte. Sechs kleine Mauertürme verstärkten die Dreiecks- und Halbkreismauerzüge.

Das rohe Bruchsteinmauerwerk – teils verputzt – scheint verschiedenen Zeiten anzugehören. Nach dem merkwürdig dreieckigen Kern der flachgelegenen inneren Burg scheinen auch verschiedene Bauherren in verschiedenen Jahrhunderten an deren Vollendung mitgewirkt zu haben.

Verwandt mit dem dreipaßartigen Mantelmauerbau scheint keine Balkanburg zu sein, auch kennen wir keine kleinasiatische Burg, die ähnliche Formgedanken zeigte, wohl aber finden wir in Frankreich den vierblättrigen Grundriß des Donjon von d'Etampes[26]). Auch hier scheint also eine Verwandtschaft mit französischen Gedanken vorzuliegen, deren Übertragung nach 1200 ja auch in der Einwanderung französischer Ritter in byzantinische Gebiete eine Ursache haben könnte.

In ausgesprochenem Gegensatz zu der Sperrburg Kilid ül Bahir – (Verschluß des Meeres) – steht die gegenüberliegende Feste auf dem asiatischen Ufer: Kalei Sultanije – das Sultansschloß[27]) (Abb. 781).

Völlig regelmäßig rechteckig liegt hier die Kernburg, ein ungegliederter Klotz, pallasförmig etwa wie ein englischer keep, frei und quer in der Mitte einer starken Zwingermauer in flachem Ufergelände.

Auch diese Umfassung ist breit rechteckig und regelmäßig, an den 4 Ecken durch 4 Batterietürme (etwa Ende des 15. Jahrh.) und dazwischen durch je einen oder zwei halbrunde Türme, aufgeführt. Die Burg könnte der Form nach in der italienischen Romagna oder der Poebene liegen.

In der Mitte des 17. Jahrh., wenn nicht schon erheblich früher, wurden endlich zum Schutze der Mündung der Meerengen ins Mittelmeer weitere Wehrbauten errichtet – auf asiatischem Boden Kum Kalesi[28]) und

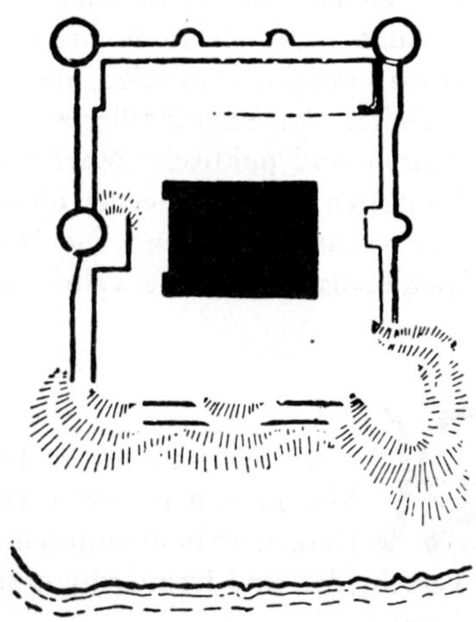

Abb. 781. Regelmäßige asiatische Uferburg Kalei Sultanije, Dardanellen.
Grundrißskizze B. E. nach H...

[26]) Siehe Wehrbau I, S. 263. – [27]) Högg: a. a. O. S. 18, Abb. 15, 16. – [28]) Im Heeresarchiv Wien befindet sich eine Abbildung aus dem Jahre 1786 (?) einer Festung gleichklingenden Namens („nominata iedi ckumlar o ckumla calehse"), die nach der beigefügten Beschreibung aber am Bosporus, zwischen Konstantinopel und Schwarzem Meer auf europäischem Ufer von einem Italiener, Vincenzo Piami aus Urbino, errichtet wurde. Die Burg ist quadratisch mit 4 Ecktürmen und ist auf steilem Felsen errichtet (s. Abb.) – Siehe auch Photokopie aus Wiener Heeresarchiv.

Abb. 782. Weißer Turm zu Saloniki. B. E.
Nach photographischen Aufnahmen.

auf der Spitze der europäischen Halbinsel Sedul Bahir (Sedil Bahr = Sidd el Bahr)[29]. Zu burglichen Wehrbauten sind so spät errichtete Werke nicht zu rechnen, wohl aber eine Felsenburg älterer Zeit, hoch über Gallipoli gelegen, deren sich die Osmanen 1356 bemächtigten. Ende des 14. Jahrh. wurden hier dann durch Bajezid II. Werke begonnen und von Mohammed II. erweitert. Die Hafenbefestigungen von Gallipoli sind heute fast verschwunden. Ob mit dem 1356 genannten Felsenbau Tzympe dieselben Werke gemeint sind[30], steht dahin. Kaiser Johannes VI. von Griechenland wies den osmanischen Söldnern 1352 die Festung Tzympe[31] an.

[29]) Högg: Türkenburgen. S. 18. – [30]) Kupelwieser: Kämpfe Ungarns mit den Osmanen. S. 3. – [31]) Wirth: Geschichte der Türken. S. 13.

Schlußwort

Europäische Erschütterungen der letzten Jahrzehnte politischer und kriegerischer Art haben die Ausführung von Burgenforschungen im Norden und Osten des Kontinents an Ort und Stelle unterbrochen oder verhindert. Als Ersatz konnten vielfach wertvolle Vorarbeiten örtlicher Burgenforscher dienen, die mir z. T. persönlich ihre Veröffentlichungen zur Verfügung stellten und mich auch auf ältere Arbeiten hinwiesen, wofür ich aufrichtig dankbar bin.

So war ich für die nordisch-skandinavischen Länder, wie auch für Polen, Ungarn und die Slowakei, Kroatien, Rumänien, für die Küstenländer am Adriatischen Meer und Griechenland auf vorhandenes reiches Schriftwerk, ältere und neueste Schriften angewiesen, während eigene Reisen bis Gibraltar und durch Italien und Sizilien reiche Ergebnisse hatten.

Die Meeresküsten vom Nördlichen Eismeer ab rings um Europa und um die europäischen Inseln bilden bis zum Schwarzen Meer und den Dardanellen klare Grenzen des europäischen Burgenbaugebietes. Klar scheiden sich die im Band II geschilderten Burgen großer Völker, Spanien, Portugal, Italien im Westen und Süden auch von den Balkangebieten im Südosten ab, nur zwischen dem Schwarzen und dem Eismeer waren die langen Landgrenzen zwischen dem alten ehemaligen Polen und Rußland Schauplatz dauernden Grenzwechsels.

Während aber vom germanischen Norden aus auf dem Seewege der Burgenbau durch die heldischen normannischen Seefahrer bis weit ins Mittelmeer hinein beeinflußt wurde, wirken römische Reste in Spanien und Italien auf den mittelalterlichen Wehrbau weniger, als man denken sollte, Reste griechischer Stadtburgen (Akropolis) dagegen klarer an den Küsten des Balkans und im ehemaligen Griechenland als Vorbild.

Völlig vielgestaltig sind endlich die Burgen der nordöstlichen Mischländer. Auch über Land durch ganz Osteuropa kamen die Germanen nach Byzanz, wo schon im Jahre 910 Waräger als Leibwache der oströmischen Kaiser erwähnt wurden.

Einen besonders großen Einfluß auf den Wehrbau üben auch germanische Nordfranken, Ritter, die aus Anlaß des 4. Kreuzzuges das byzantinische Reich zerstörten und anschließend das Kaiserreich Saloniki und das Königreich Morea gründeten und dann ganz Südgriechenland mit Burgen übersäten, die zum Teil noch bis zu den sogenannten griechischen Befreiungskriegen des 19. Jahrh. wehrhaft aushielten.

Weniger eindeutig wie die Sprache der Mittelmeerländer sind die Burgen der nördlicheren Ostländer, der polnischen, litauischen und galizischen Bezirke.

Hier überwiegen im ganzen Mittelalter die Wehrbauten der deutschen Ordensburgen.

Südlicher treten als Lehrmeister an Stelle der Ordensritter auch deutsche Bauernsiedler.

Blicken wir auf das Mittelmeer zurück, so überrascht es, die Schwankungen des mohammedanischen Einflusses und seiner politischen Eroberungen an den westlichen und östlichen Endpunkten dieses Meeres zu beobachten. Die Mauren und Sarazenen stürmen über Nordafrika gegen Gibraltar und Spanien und zertrümmern im 8. Jahrh. dort die westgotischen christlichen Staaten. Dann dringen sie über die Pyrenäen bis nach Frankreich hinein, um von dort zunächst – in der ersten Hälfte des 8. Jahrh. – nach Spanien zurückgeworfen zu werden; erst nach jahrhundertelangen Kämpfen werden sie 1492 endgültig aus Europa vertrieben.

Umgekehrt drängen 600 Jahre später, von Osten über Kleinasien und über die byzantinischen Meerengen, die Mohammedaner nach Nordwesten vor, bis die Türken, im 14. und

15. Jahrh., das morsche byzantinische Kaiserreich zertrümmerten und Konstantinopel trotz seiner ungeheuren Wehrtürme und Mauern eroberten. Aber auch sie wurden, nachdem sie weit donauaufwärts in Osteuropa eingebrochen waren, nach 6 Jahrhunderten zurückgeworfen.

Der so jahrhundertelang kämpfende und schwankende Ring also reicht vollständig um das Mittelmeer, von der Meerenge zu Gibraltar bis zu den Meerengen von Konstantinopel. An beiden heute noch glühenden Kurzschlußpunkten eines ewigen Religions- und Rassenkrieges bezeugen noch gewaltig ragende Burgen den Maßstab ungeheurer Kämpfe. Gleich blieb die Wichtigkeit der strategischen Punkte noch in unserer Zeit.

In der gleichen Zeit wie diese Kämpfe beginnt der Burgenbau des Mittelalters und klingt 1000 Jahre später endgültig aus. Seine höchste Glanzzeit entspricht den glänzendsten politischen und kriegerischen Leistungen großer Herrscher, wie der Hohenstaufen in Mitteleuropa. In allen Ländern haben sich damals große Führer durch den Burgenbau gleichgroße Denkmale gesetzt.

Jedes große Reich des europäischen Mittelalters hinterließ sie als Symbole großer geistiger und politisch-technischer oder künstlerischer Leistungen der Burgenzeit als vollendete Denkmale, die Zeugen der Höhepunkte seiner Kultur und Geschichte darstellen.

Deutschlands Kaiserreiche schufen sie von Karl dem Großen bis zu Karl V. Davon klingen Namen wie Aachen, Kyffhäuser, Kaiserswerth, Goslar, Nürnberg, Trifels, Gelnhausen oder Marienburg im Osten und Hohkönigsburg und Hagenau im Westen. – Spanien rühmt die Burgen zu Toledo oder Segovia oder die Alhambra – Frankreich Coucy le Chateau, Avignon, Loches, St. Michel oder Arques u. a. – England rühmt sich seines blutbefleckten Towers oder der Burgen Kenilworth, Warwicks und Dovers. Schottlands Burgen Edinburg und Linlithgow sind ebenso Wahrzeichen wichtiger Geschehnisse wie Stirlingschloß.

Tausende von italienischen Burgen schmücken noch heute die Berge und die Tieflande – die felsigen Ufer des Mittelländischen Meeres und seiner italienischen Inseln. Symbolisch wirken Neapels Hafenburgen oder Mailands Castel sforzesco oder Castel del Montes Hohenstaufenschloß.

Ungarn verehrt den Namen von Vajda Hunyad als ein Erinnerungsmal an einen seiner glänzendsten Könige, Matthias Corvinus.

In den germanisch-nordischen Gebieten Skandinaviens endlich sprechen die Denkmale des Wehrbaues eine ernste Sprache. Sie sind würdig der Urkräfte der heldischen nordischen Rasse, die jahrhundertelang die Küsten Nord- und Südeuropas mit Herrschergeschlechtern versorgte, deren staatsmännische Stärke und wehrhafte Klugheit jahrhundertlanges Bestehen gewährleisteten.

Auch die nordischen Länder sind stolz auf die großen Königshallen zu Bergen und Oslo, auf die Rundkirchen der Insel Bornholm und des schwedischen Festlandes oder auf den frühen gewaltigen Kärnan in Hälsingborg, endlich auf die festen späteren Schlösser in Orebro, Kalmar oder Gripsholm. Finnlands Burgen Wiborg und Tawestehus, Kastelholm oder Abo kennzeichnen Ernst und mächtigen Wehrwillen.

Selbst die rohere Burgenmasse des Balkans bekundet noch das klare Wirken der kriegerischen Kräfte der dort ewig wechselnden kampfbereiten Rassen, seien sie byzantinisch oder französisch, serbisch oder kroatisch oder deutsch beeinflußt, oder seien es an den Küsten des Adriatischen Meeres die Meisterwerke venezianischer Baukunst.

Heute ist die Bedeutung aller solcher Burgen und Burgruinen überall in Europa über ihre ursprüngliche Zweckbestimmung weit hinausgewachsen. Ihre Erforschung und Erhaltung gilt daher mit Recht als eine Ehrenpflicht des Volkes und als ein Stolz der Nationen. Ein erfülltes Menschenleben lang habe ich diesen Zwecken meine Kraft gewidmet, Burgen erforscht, zeichnerisch dargestellt, viele aus Trümmern wieder aufgebaut und mit neuem Leben gefüllt, heute wird im weiten Reich meine Stimme gehört und meine Bemühungen sind wirksam geworden. Möge auch diese Arbeit einen neuen Ausgangspunkt zur wachsenden gerechten Würdigung der heldischen Wehrwerke unserer Väter bilden.

Ich kann mein Werk nicht abschließen, ohne den vielen Dienststellen und Einzelpersönlichkeiten, die sich in Deutschland und in fast allen anderen europäischen Ländern zur Mitarbeit bereitgefunden haben und mir dadurch unschätzbare Dienste leisteten, tiefgefühlten Dank zu sagen.

Deutsche Behörden im In- und Auslande, Ministerien, Gesandtschaften, Botschaften, Konsulate, Wehrmachtsdienststellen, schließlich Burgenliebhaber, die der Krieg nach Südosteuropa verschlagen hat, in die Slowakei, nach Bulgarien, Griechenland, Polen, Finnland oder in den skandinavischen Norden, Schloß- und Burgenbesitzer im In- und Ausland haben mir wertvolles Material in Form von Abbildungen, Plänen, Vermessungen, Beschreibungen der von ihnen besuchten Burgen zugeleitet oder mich auf wertvolles Schrifttum in in- und ausländischen Bibliotheken aufmerksam gemacht.

Besonderen Dank schulde ich auch den ausländischen diplomatischen Behörden der verbündeten und befreundeten Staaten, die mich immer in großzügiger Weise unterstützt haben und die oft unerreichbar scheinende Dinge freundlich zugänglich gemacht haben.

Jahrelang, besonders seit meiner Reise durch das burgenbaulich fast unübertrefflich großartige und vielseitige Land Spanien, wurden meine Forschungen dort von Behörden wie von Gelehrten und Privatpersonen durch Ankäufe und Sammlung sonst schwer zugänglicher Bücher und Pläne reich gefördert.

Unter den privaten spanischen Burgenfreunden bin ich ganz besonders Herrn Ricardo Martin Mayobre, Madrid, zu Dank verpflichtet für die Überlassung zahlreicher gedruckter spanischer Werke, Berichte und Schilderungen. Nicht unerwähnt darf auch die Hilfeleistung von Herrn Professor Dr. Franz Babinger, Berlin, bleiben, dessen liebenswürdige Bemühungen für so viele und tragweite Fragen in bezug auf ganz Südosteuropa mir unentbehrlich gewesen sind.

Es ist mir aus begreiflichen Gründen unmöglich, jeden einzelnen zu erwähnen, der mich durch seine Hilfsbereitschaft oder freundliche Auskünfte förderte, es ist mir aber ein Herzensbedürfnis, wenigstens der hingebungsvollen Mitarbeit folgender Herren zu danken, die in der Anteilnahme an meinem Werke nimmer müde wurden:

Gesandtschaftsrat Ahrens, Auswärtiges Amt, Berlin; Professor Dr. Boehringer, Athen; Professor Dr. Leo Bruhns, Rom; Direktor des Städtischen Fremdenverkehrsamtes Franz Werner, Budapest; Legationssekretär Dr. Jenö von Zilahi-Sebess, Budapest; Ministerpräsident Professor Dr. Filow, Sofia; Professor August Hahr, Upsala; Professor Dr. Hoffmann, Dresden; Herr Walter Horwath, Kronstadt; Konsul Mihovil Janković, Split; Architekt Peter Karasimeonoff, Sofia; Professor M. Kašanin, Belgrad; Dozent Dr. Werner Knapp, Prag; Architekt König, Hirschberg am See; Regierung des Generalgouvernements, Hauptabteilung Wissenschaft und Unterricht, Abteilung Wissenschaft und Volksbildung, Denkmalamt, Krakau; Professor Karl Kühn, Brünn; Professor Lascaris, Saloniki; Architekt Raul Lino, Lissabon; Gesandter Baron von Huyningen-Haune, Lissabon; Professor Dr. Kolomán Lux, Budapest; Botschaftsrat Dr. Erich Heberlein, Madrid; Professor Macalić, Sarajevo; Professor Dr. Nicorescu, Jasy; Herr Dr. Funkenberg, Lübeck; Museumsdirektor Dr. Nordmann, Helsinki; Professor Dr. Scharnagel, Osseg; Direktor Dr. Rudolf Speck, Hermannstadt; Professor Gjuro Szabo (†), Zagreb; Ingenieur Wulf Schäfer, Allenstein; Oberbaurat Professor Hermann Schmid, Marienburg; Professor Stadtmüller, Leipzig; Konsul A. Pollow, Norrköping; Museumsdirektor Dr. Lundgren, Norrköping; Ministerium für Schulwesen und Volkskultur, Preßburg; Oberregierungsrat

Dr. Reinhold, Berlin; Schriftleiter Franz Riedl, Budapest; Professor Dr. Sarre, Potsdam-Babelsberg; Professor Arnim Tuulse, Dorpat; Professor Sten Karling, Dorpat; Don Manuel Gonzalez Simancas, Madrid; Professor Dr. Drewnowski, Warschau; Professor Dr. Erich Ziebarth, Göttingen; Stadtarchivar Heinrich Zimmermann, Elbogen.

Ferner habe ich zu danken den vielen Bibliotheken und Archiven im In- und Ausland, die meine Arbeiten bereitwilligst unterstützt haben: Staatsbibliothek Berlin, Bücherei des Volksbundes für das Deutschtum im Ausland, Berlin; Universitätsbibliothek Bonn, Bibliothek des Kunsthistorischen Institutes Bonn, Fürstlich Windisch-Graetzisches Archiv, Bürgel; Universitätsbibliothek Cernauti, Bibliothek der Technischen Hochschule Dresden; Herzogliche Anstalten für Kunst und Wissenschaft in Gotha; Nationalmuseum Helsinki; Baron Bruckenthalisches Museum, Hermannstadt; Staatsbibliothek Krakau; Institut für deutsche Ostarbeit in Krakau; Staats- und Universitätsbibliothek Königsberg; Staatsarchiv Lublin; Universitätsbibliothek Lund; Deutsche Bücherei in Leipzig; Südosteuropa-Institut in Leipzig; Deutsches Kulturinstitut Madrid; Universitätsbibliothek Marburg; Bayerische Staatsbibliothek München; Wehrkreisbücherei VII in München; Museum der Stadt Olmütz; Böhmisches Landesarchiv Prag; National- und Universitätsbibliothek Prag; Staats- und Universitätsbibliothek Posen; Fürstlich Lobkowitzsches Archiv und Bibliothek, Raudnitz a. E.; Bibliothek National, Lissabon; Landesmuseum Sarajevo; Thüringisches Staatsarchiv Weimar; Nationalbibliothek Wien; Heeresarchiv Wien; Nassauische Landesbibliothek Wiesbaden; Städtisches Museum Zagreb; Museum in Znaim.

Es ist mir eine angenehme Pflicht, noch einmal an dieser Stelle allen genannten Helfern und Förderern und vielen nicht ausdrücklich genannten meine ganze Erkenntlichkeit auszusprechen.

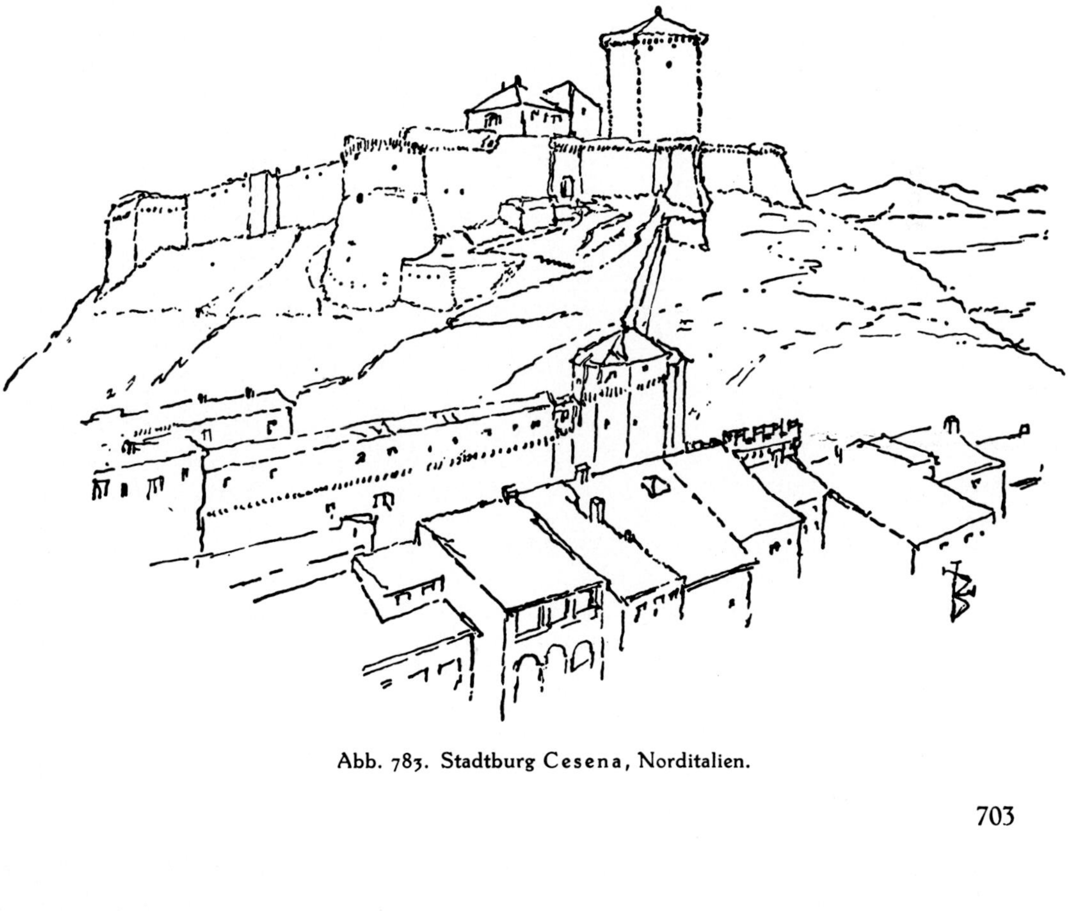

Abb. 783. Stadtburg Cesena, Norditalien.

Byzantinische Burg T r i k k a l a, westlich Larissa, Thessalien, Griechenland

Höhenburg L a m i a am gleichnamigen Golfe, Griechenland

Amphissa (Salona), Fränkische Feudalburg, nördlich des Golfes von Korinth, Griechenland

Verzeichnis des benutzten Schrifttums

Ackner, M. J.: Die römischen Alterthümer und deutschen Burgen in Siebenbürgen. Sonderdr. aus dem 1. Bd. des Jahrb. der k. k. Central-Comm. zur Erf. und Erh. der Baudenkmale. Wien 1857.

Adlerhold, Germanus: Beschreibung des Königreichs Portugal. 1700.

Agnello, Giuseppe: L'architettura sueva in Sicilia. Rom 1935.

Ahlberg, Gunnar, u. Lindälo, Elof: Halland. Uppsala 1925.

Ailio, Julius: Die Burg Tavastehus, ihre Entwicklung und ihr Alter. Sonderdr. aus der Zeitschr. der finnischen Altertumsges. XXI, Nr. 4.

Alföldi, Béla: Führer durch Ungarn, Croatien und Slawonien. Wien. Pest. Leipzig 1900.

d'Almeida, Alberto Pereiro: Portugal Monumental. Guardo 1939.

Amati, Amato: Dizionario corografico dell' Italia. 8 Bände. Milano 1878.

Amidei, Gaspero: Sulle Fortificazioni Volterrane Libri due. Volterra 1847.

Analecta Archeologica Fennica I. Helsingissä 1890.

d'Anchise, E.: Una pianta d'Ancona del sec. XVI. Ancona: Ivi. Morelli 1884.

Angolis: Commentario storico critico del Montefiascone. 1841.

Sten Anjou: Köks avdelningen på Glimmingehus. in Fornvännen. 1926.

Anuari de la Associacio d'excursions catalana. Bd. 2. Barcelona 1882.

Archivos Espanol. Nr. 29. Las Torres Balbas.

Arkeologiska Monografier 14—17, 1924—1927. Stockholm.

Armo, Ernesto: Il Castello di Mussomeli ed i suoi restauri. Turin 1911.

Atabinen, Resit Saffit: Les Caractéristiques de l'architecture turque. Paris 1938.

Auge, Franz: Beschreibung der kaiserlichen königlichen Burg Karlstein in Böhmen. Prag 1841.

Bååth, L. M.: Hälsingborgs Historia. Hälsingborg 1934.

Babinger, Franz, Prof.: Darstellung Albaniens im Baedeker: Dalmatien und die Adria. Leipzig 1929.

Babinger, Franz: Rumelische Streifen. Berlin 1938.

Baldiani, A.: I restauri della Fortezza (Prato). Archivio storico Pratese 1938, Bd. 16.

Balducci, Hermes: Architettura turca in Rodi. Mailand 1932.

Balparda, Gregorio de: Historia critica de Viscaya y de sus Fueros. Bd. I. Madrid 1924, Bd. II. Bilbao 1933/34.

Balş, G.: Bisericile şi mănăstirile moldoveneşti. Bucureşti 1933.

Bănăteanu, Vlad, Prof. si stud. ing. E. Knittel: Ghidul turesticistorie şi balnear al Tinutului Suceava. Cernauti 1939.

Bandau, Adelheid: Bilder aus Rumänien. Berlin 1882.

Bărcăcila, A.: Cetatea mediăvală a Severinului. Bucureşti 1937.

Beck, L. C.: Die heutige Türkei. Schilderung von Land und Leuten des Osmanischen Reiches in Asien vor und nach dem Kriege von 1877 bis 1878 mit Berücksichtigung der arabischen Halbinsel. Leipzig 1878, 1879. 2 Bände.

Beer, Paul: Burgen und Schlösser im Posener Lande. In: Aus dem Posener Lande. Heft 8. 1910.

Belmas, J.: Journaux des sièges faits ou soutenus par les Français dans la péninsule de 1807 à 1814; rédigés, d'après les ordres du gouvernement, sur les documents existants aux archives de la guerre et au dépot des fortifications. Band I—IV. Paris 1836/37.

Belmonte, Orti Vicente: Guia Artistica de Córdoba. En Español, ingles y Frances. Cordoba 1929.

Beltrami, Luca: Indagini e documenti riguardanti la Torre principale del Castello di Milano ricastrutta in memoria di Umberto I. Milano 1905.

Beltrami, Luca: Angera e la sua Rocca Arona e lu lue Memorie d'Arte. Milano 1904.

Beltrami, Luca: La Rocca Sforzesca di Soncino. Relazione che accompagna i disegni di Rilievo e di Restauro eseguiti per incarico del Ministerio della Publica Istruzione. Milano 1884.

Beltrami, Luca: La Vita nel Castello di Milano. Al Tempo degli Sforza. Milano 1900.

Beltrami, Luca: Resoconto dei Lavori di restauro eseguiti al Castello di Milano. Col Contributo della Sottoscrizione cittadina. Milano 1898.

Benazzi: Compendio della storia della città d'Imola. 1810.

Benger, G.: Rumänien. Ein Land der Zukunft. Stuttgart 1896.

Berenzi, Can Prof. Angelo: Il vescovo di Butrinto prigioniero nel castello di Pontevico. Brescia 1909.

Berenzi, Can Prof. Angelo: Strano preludio della vittoria imperiale di Cortenova. (Novembre 1237.) Brescia 1906.

Berenzi, Can Prof. Angelo: Pontevico e la lega di Cambrai 1508—1509. Brescia 1907.

Berenzi, Can Prof. Angelo: Eugenio di Savoia in Lombardia. 1701—1702. Brescia 1908.

Berenzi, Can Prof. Angelo: Storia di Pontevico. Cremona 1888.
Berenzi, Can Prof. Angelo: Resa del Castello di Pontevico al duca Franzesco Sforza. (8. Giugno 1452.) Brescia 1906.
Berenzi, Can Prof. Angelo: 11 vescovo di Butrinto prigioniero nel castello di Pontevico. Brescia 1909.
Berg, Adam (Herausgeber): Historien der Königreich/Hispannien, Portugal und Aphrica/ darauß dann zusehen / in welcher Zeit / sonderlich Portugal / seinen Anfang genommen / durch Abrecht Fürsten in das Hochdeutsch gebracht. München 1589.
Bergau, K.: Über Erhaltung und Zerstörung historischer Baudenkmäler in: Die Grenzboten, Zeitschrift für Politik, Literatur und Kunst. 30 Jg. 1 Sem. 1. Bd. Leipzig 1871.
Bergel, Dr. Josef: Friedland das Schloß Wallensteins. Leipzig 1940.
Bergens Historiske Forening Nr. 9—12. Bergen 1903—1906.
Bergmann, Wilhelm: Reste deutscher Ordensburgen in Siebenbürgen nebst einer Geschichte des deutschen Ritterordens in diesem Lande 1211—1225 und einem Anhange von Regesten. Freudenthal 1909.
Bergmann, Wilhelm: Die Eulenburg. Eine Deutsch-Ordens-Veste in Mähren, Festschrift. Papiermühle bei Roda i. Sa. 1904.
Berger, Rudolf: Rumänien. Eine Darstellung des Landes und der Leute. Breslau 1887.
Bernau, Friedrich: Studien und Materialien zur Spezialgeschichte und Heimatkunde des deutschen Sprachgebiets in Böhmen und Mähren. Prag 1903.
Bernau, Friedrich: Album der Burgen und Schlösser im Königreich Böhmen. Saaz 1881.
Bernau, Friedrich: Geschichte des alten Schlosses Petschau bei Karlsbad.
Bertaux, Emilio: I Monumenti Medievali della Regione del Vulture. Napoli 1897.
Besbinger: Enzyklopädie des Islams. Leiden 1934.
Bielz, E. Albert: Burgen und Ruinen in Siebenbürgen aus Jb. des Siebenb. Karpatenver. XVIII. u. XIX. Jhg. 1899. Hermannstadt.
Bielz, E. Albert: Die Törzburg. Jahrb. des Burzenländer Sächsischen Museums. 1. Jhg. Kronstadt 1925.
Binder, Georg: Die niederösterreichischen Burgen und Schlösser. Erster und zweiter Teil. Österreichische Bücherei. Herausgegeben v. Emerich Schaffran u. Friedrich Walter. Sonderband II. Wien und Leipzig o. J.
Bisso, Don José: Cronica generale de España. Cronica de la Provincia de Malaga. Madrid 1869.
Blaeuw, Joan: Nieuw Vermeerderd en Verbeterd Groot Steedeboek van Geheel Italie, en van Piemont en Savoye. 4 Bände. Gravenhage 1724/25.
Bock: Schloß Karlstein in Böhmen. Mitteilungen der k.k. Centralkommission für Baudenkmale, Bd. 7.
Bodenehr, Gabriel: Force D'Europe, oder Die Merckwürdigst- und Fürnehmteste, meistentheils auch Ihrer Fortification wegen Berühmteste Staette, Vestungen, Seehaefen, Paesse, Camps de Bataille, in Europa, in 200 Grundrissen. Augsburg o. J. (etwa zwischen 1725 und 1746).
von Boehn, Max: Spanien. Geschichte, Kultur, Kunst. Berlin 1924.
Boletim da Direcção Geral dos Edificios e Monumentos Nacionais. O Castelo de Pombal. Nr. 21, September 1940. Herausgeber: Ministerio das Obras Publicas e Comunicacões.
Boletim da Direcção Geral dos Edificios e Monumentos Nacionais. O Castelo de Guimarãis. Nr. 8, Juni 1937. Herausgeber: Ministerio das Obras Publicas e Comunicacões.
Boletim da Direcção Geral dos Edificios e Monumentos Nacionais. S. Pedro de Leiria. Nr. 12, Juni 1938. Herausgeber: Ministerio das Obras Publicas e Comunicacões.
Boletim da Direcção Geral dos Edificios e Monumentos Nacionais. O Castelo de S. Jorge. Nr. 25 bis 26, September—Dezember 1941. Herausgeber: Ministerio das Obras Publicas e Comunicacões.
Boletin de la Sociedad Castellana de Excursiones. 1913.
Boletin de la Sociedad Espanola de Excursiones. Arte, Arqueologia, Historia. III. Trimester, 36. Jhg. Madrid 1928.
Bon, Antoine: Forteresses médiévales de la Grèce centrale. Bulletin de correspondance héllénique LXI. 1937.
Borelli: La rocca d'Angera.
Borsari, L.: Il Castello di Bracciano. Guida storica artistica. Roma 1895.
Boskovic: Wiederherstellung der Ruine der Klosterkirche Banjska. 1938.
Boskovic: La Forteresse Novo Brdo. Annuaire du musée de la Serbie du Sud. Skoplje 1939.
Wissenschaftliche Mitteilungen aus Bosnien und Hercegovina. Bd. I, II, III, IV, V, VI.
Boson, G.: II Castello d'Issogne. (2. Teil.) V. Jhg. H. 7/8 d. Aosta Rivista della Provincia. Ivrea 1933.
Boson: Visita ai Castell Valdostani.
Brackmann, A. u. Unverzagt, W.: Zantoch. Eine Burg im deutschen Osten. In der Reihe: Deutschland und der Osten. Quellen und Forschungen zur Geschichte ihrer Beziehungen. Bd. I. Leipzig 1936.
Brantl, Carl: Ruine des Berges Bößig. (Mit einem Vorwort des Professors Julius Max Schottky.) Prag 1831.
Braun und Hogenberg: Civitates orbis terrarum. 6 Bände. Coloniae Agr. 1572—1618.
Brizi, Alfonso: Della Rocca di Assisi. Assisi 1898.
Brizi, Alfonso: Tracce umbro-romane in Assisi. Assisi 1909.
Brunius, C. G., Skanes Konsthistoria för Medeltiden. Lund 1850.

Buchon: Recherches historiques sur la Principauté française de Morée et ses hautes baronnis. Le Livre de la conqueste de la princée de la Morée. Premieré époque. Conquête et établissement féedal de l'an 1205 à l'an 1333. 1. Bd. Paris 1845.
Buchon, Jean Alexandre: Mémoire sur la géographie politique de la principauté d'Achaye.
Buchon, Jean Alexandre: Nouvelles recherches historiques sur la principauté française de Morée et ses hautes Baronnies. 2 Bde. Paris 1845.
Buchon, Jean Alexandre: Recherches et matériaux pour servir à une histoire de la domination française aus XIIIe, XIVe et XVe siècles dans les provinces démembrées de l'empire grec à la suite de la quatrième croisade. 1. Teil. Paris 1811.
Budesti, Ghika, N.: Evolutia arhitecturii in Muntenia si in Oltenia. 2 Bände. Bukarest 1931, 1933.
Bugge, Anders-Grevenor, Hendrik u. a.: Norsk Bygningskunst fra urnes til universitetet. Oslo 1927.
Ältere Verteidigungsanlagen in der Bukowina in Jahrbücher d. Bukowiner Landesmuseums II. 1895.
Buletinul comisiunii Monumentelor istorice. Publicatiume Trimestriala. Anul II, Bukarest 1909; Anul III, Bukarest 1910; Anul VI, Bukarest 1913; Anul VII, Bukarest 1914; Anul VIII, Bukarest 1915.
Bulgarien. Herausgeg. von der Generaldirektion der Bulgarischen Staatseisenbahnen und Häfen. Sofia (1932).
Bulletin de la Société archéologique bulgare. II. 1911, IV. 1914.
Bulletin del Centre Excursionista de Catalunya. Memorias de la Associacio Catalanista.
Bulletin du Musée de Bosnie et de Hercegovina. XLVI. Sarajevo 1934.
Burckhardt, Jacob: Der Cicerone. Eine Anleitung zum Genuß der Kunstwerke Italiens. 9. verb. Aufl. Leipzig 1904.
Burford, Robert: Description of a view of the city of Granada; with the celebrated fortress and palace of the Alhambra, and the surrounding beautiful Vega, or Plain. London 1853.
Die Burgvesten und Ritterschlösser der österreichischen Monarchie. 8 Teile in 4 Bänden. Brünn 1819/1820.
Der Burgwart. Zeitschrift für Wehrbau, Wohnbau und Städtebau. Jahrbuch der Vereinigung zur Erhaltung deutscher Burgen. Herausgeber: Professor Bodo Ebhardt, Architekt. Jhg. 1—43. Marksburg bei Braubach a. Rhein.
Bürger, Otto, Prof. Dr.: Spaniens Riviera und die Balearen. Leipzig 1924.
Busch-Zantner, Richard: Albanien. Neues Land im Imperium. Leipzig 1939.
Busch-Zantner, Richard: Südosteuropäische Burgen. Burgw. 1936.
Bussi: Istoria della cittá di Viterbo. Rom 1742.
Caffaro: Annali di Caffaro e dei continnatori (a cura di L. T. Belgrano e di C. Imperialedi S. Angelo) in „Fonti dell'istituto storico italiano". Rom 1895—1929.
Campanini, Naborre: Canossa. Guida Storica. Reggio nell'Emilia (1915).
Cantú, Cesare: Grande Illustrazione del Lombardo-Veneto ossia storia delle città, dei borghi, communi, castelli ecc. 6 vols (vol. 1—5½). Milano 1857/1861.
Cantú, Ignazio: La Torre di Frederico Barbarossa a Margiana. Milano 1838.
Capdevila: El Castell de Malda.
Carpenter, Rhys and Bon, Antoine: Corinth. Volume III, Part II. The defenses of Acrocorinth and the Lower Town. Cambridge 1936.
Carreras y Candi: Geografica general del Reino de Valencia.
Carreres, Carlos Sarthou: El Alcazar Setabense. Impresiones de una visita al Histórico Castillo de Játiva. Valencia 1922.
Carter, Franz: Reise von Gibraltar nach Malaga im Jahre 1772. Leipzig 1779.
Casanova, Adolfo, Fernandez: Castillo de Almodóvar del Rio. Madrid 1911.
Castañeda y Alcover: Relaciones geograficas, topograficas e historicas del Reino de Valencia. Madrid 1921.
Castellani, Guiseppe: L'assedio di Fano nel 1463 narrato da Pier Antonio Paltroni. Fano 1896.
Castillos en Castilla. Madrid 1930.
Memorias de la Associacio Catalanista. Excursions cientificas. Bd. 1. Barcelona 1880. Bd. 3. 1879.
Catálogo arqueologico y artistico de la Provincia de Sevilla von Jose Hernandex Diaz, Antonio Sancho Corbacho und Francisco Collantes de Teran. Bd. 1 (A—B). Sevilla 1939.
Catálogo Monumental De España. Provincia de Cáceres (1914—1916) von José Ramón Melida. 2 Textbände und 1 Tafelband. Madrid 1924.
Catálogo Monumental De España. Provincia de Cádiz (1908—1909) von Enrique Romero de Torres. 1 Textband und 1 Tafelband. Madrid 1934.
Catálogo Monumental De España. Provincia de Badajoz (1907—1910) von José Ramón Mélida. 2 Textbände und 1 Tafelband. Madrid 1925 und 1926.
Catálogo Monumental De España. Provincia de Zamora (1903—1905) von Manuel Gómez-Moreno. 1 Xextband und 1 Tafelband. Madrid 1927.
Catálogo Monumental de España. Provincia de León (1906—1908) von Manuel Gómez-Moreno. 1 Textband und 1 Tafelband. Madrid 1925 und 1926.
Mitteilungen der kaiserlich-königlichen Centralkommission für Baudenkmäler. Band 19/20.
Chierici: La Porta di Capua. Miscellanea di Storia del Arte. Florenz 1933.
Chierici, Gino: Rilievi raccolti a cura della r. Academia d'Italia Fasc. I. Castel del Monte, secolo XIII. Roma 1934.

Chodzko, Léonard: Tableau de la Pologne ancienne et moderne. 2 Bände. Paris 1830.

Colarossi-Mancini, Alfonso: Memorie storiche di Popoli. Popoli 1911.

Contreras, Rafael: Estudio descriptivo de los monumentos arabes de Granada, Sevilla y Cordoba, o sea la Alhambra, el Alcazar y la gran mezquita de Occidente. 2. Aufl. Madrid 1878.

Cronica general de España. 5 Bände. 1. Asturias, von Evaristo Escalera, Madrid 1865. 2. Gerona, von Marcisco Blanch e Illa, Madrid 1866. 3. Lerida, von Enrique Blanch, Madrid 1868. 4. Malaga, von José Bisso. 5. Granada, von Juan de Dios de la Rad y Delgado. Madrid 1869.

Cuciniello, Dominico u. Bianchi, Lorenzo: Viaggio pittorico nel regno delle due Sicilie. 3 Bde. Neapel.

Curipeschütz, Benedict: Itenerarium der Botschaftsreise des Josef von Lemberg u. Niklas Jurischetz durch Bosnien, Serbien, Bulgarien nach Konstantinopel. 1530. Aus einer gleichzeitigen Handschrift neu herausgegeben von Eleonore Gräfin Lemberg-Scharpenberg. Innsbruck 1910.

Dahlberg, Erik: Suecia Antiqua et Hodierna, neu herausgeg. von Dr. Aron Rydfors. Stockholm 1924.

Davidsohn, Robert: Forschungen zur Geschichte von Florenz. 3 Tl. Berlin 1896—1901.

Davillier, Carlo: Viaggio in Ispagna. Zeichnungen von Gustavo Doré. Mailand 1874.

Degrand, A.: Souvenirs de la haute Albanie. Paris 1901.

Dehio, Georg: Handbuch der deutschen Kunstdenkmäler Österreich. Band I und II. Herausgegeben von Dagobert Frey und Karl Ginhard. Berlin und Wien 1933, 1935.

Derocco, Aleksandre: Ein Aufsatz über serbische Burgen in serbischer Sprache. Belgrad 1937.

Geschichte und Kulturleben Deutschösterreichs von den ältesten Zeiten bis 1526. Auf Grundlage der „Geschichte Österreichs" von Franz Martin Mayer. Bearbeitet von Raimund Friedrich Kaindl. Wien 1929.

Geschichte und Kulturleben Deutschösterreichs von 1526 bis 1792. Auf Grundlage der „Geschichte Österreichs" von Franz Martin Mayer. Bearbeitet von Hans Pirchegger. Wien 1931.

Geschichte und Kulturleben Deutschösterreichs von 1792 bis nach dem Weltkrieg. Auf Grundlage der „Geschichte Österreichs" von Franz Martin Mayer. Bearbeitet von Hans Pirchegger. Wien 1937.

Diehl, Charles: L'Afrique Byzantine. Histoire de la Domination Byzantine en Afrique. Paris 1896.

Diercks, Gustav: Geschichte Spaniens von den frühesten Zeiten bis auf die Gegenwart. 2 Bd. Berlin 1895/1896.

Diercks, Gustav: Spanische Geschichte. Leipzig 1905.

Dietrichson, L.: Vore Faedres Verk. Norges Kunst i Middelalderen. Kristiania 1906.

Dihle, Helene: Zur Belagerung von Elfsborg im Jahre 1502. Aus den Papieren eines deutschen Landknechts. Fornvännen 25, 1930.

Dihle, Helene: Das Kriegstagebuch eines deutschen Landsknechts um die Wende des 15. Jahrh. Zeitschrift f. hist. Waffen- und Kostümkunde Bd. 3, Heft 1. Januar 1929.

Handbuch für Donaureisen. Herausgeg. von der Ersten Donau - Dampfschiffahrtsgesellschaft. 1935.

Drolsum, A. C.: Das Königreich Norwegen als souveräner Staat. Berlin 1905.

Dungern, Freiherr von: Rumänien. Perthes' kleine Völker- und Länderkunde zum Gebrauch im praktischen Leben. Gotha 1916.

Ebhardt, Bodo: Burg Heimhof im Hausener Tal bei Amberg in der Oberpfalz. Berlin-Grunewald 1928.

Ebhardt, Bodo: Die Burgen Italiens. Baugeschichtliche Untersuchungen über die Entwicklung des mittelalterlichen Wehrbaus und die Bedeutung der Burgenreste für die Kenntnis der Wohnbaukunst im Mittelalter. 6 Bände. Berlin 1909—1927.

Ebhardt, Bodo: Spanische Burgenfahrt 1930. Ein Reisebericht. Marksburg ob Braubach am Rhein 1934.

Ebhardt, Bodo: Burg Trifels. Untersuchungen zur Baugeschichte. Marksburg ob Braubach am Rhein 1938.

Ebhardt, Bodo: Wehrbauten Veronas. Berlin 1911.

Ebhardt, Bodo: Alte Pläne von Athen und Korinth. Der Burgwart. XI. Jhg. 1909/1910. Nr. 6.

Ebhardt, Bodo: Alte Abbildungen und Pläne der Festung Korfu. Der Burgwart. XVII. Jhg. 1916. Nr. 1.

Ebhardt, Bodo: Canossa. Der Burgwart. XIV. Jhg. 1913. Nr. 5.

d'Eça, Almeida: Castles of Portugal. Lissabon 1925.

Egger, Hermann: Römische Veduten. 2 Bde. Wien. 1. Bd. 2. Aufl. 1932. 2. Bd. 1931.

Ehrenberg, Hermann: Geschichte der Kunst im Gebiete der Provinz Posen. Berlin 1893.

Ehrler, Emmerich F.: Przemysl wieder vereint. In: Das Generalgouvernement. Jahrg. I. Sept. 1941. Folge 12.

Eitelberger von Edelberg, R.: Mittelalterliche Kunstdenkmale Dalmatiens in Arbe, Zara, Nona, Sebenico, Trau, Spalato und Ragusa. (Gesammelte Kunsthistorische Schriften. IV. Band.) Wien 1884.

Elemér, Varjú: Magyar Várak (Ungarische Burgen). Budapest o. J.

Eschwege, Oberst W. L. v.: Portugal in Skizzen und Bildern. Hamburg 1887.

Essenwein, A.: Die mittelalterlichen Kunstdenkmale der Stadt Krakau. Nürnberg (1866).

v. Essenwein, August: Handbuch der Architektur. Zweiter Teil: Die Baustile. Historische und technische Entwickelung. 4. Band: Die romanische und die gotische Baukunst. Erstes Heft: Die Kriegsbaukunst. Darmstadt 1889.

v. Essenwein, August — Stiehl, Otto: Handbuch der Architektur. Zweiter Teil: Die Baustile. Historische und technische Entwickelung. 4. Band: Die romanische und gotische Baukunst. Zweites Heft: Der Wohnbau. 1. u. 2. Aufl. Darmstadt 1892, 1908.

Estata Notitia del Peloponneso ... della Morea. 1687.

Fallmerayer, J. Phil.: Geschichte der Halbinsel Morea während des Mittelalters. Ein historischer Versuch. I. und II. Teil. Stuttgart und Tübingen 1830.

Fehér: Les monuments de la culture protobulgare.

Feroso, C.: Ancona: Semperoptimorum ingeniorum domi forisque praestantium foecunda genistrise Ancona: Morelli 1883.

Fessler, Ignatius Aurelius: Geschichte von Ungarn. 2 Bände. Leipzig 1867, 1869.

Figuera, Luis de la: El Monumento nacional: Castillo de Loarre. Zaragoza 1919.

Filangieri, Riccardo: Castel nuovo. Reggia Angioina ed Aragonese di Napoli. Napoli 1934.

Filow, Bogdan D.: Altbulgarische Kunst. Bern 1919.

Finlay, George: Die Geschichte Griechenlands von seiner Eroberung durch die Kreuzfahrer bis zur Besitznahme durch die Türken, und des Kaiserthums Trapezunt. 1204—1461. Aus dem Engl. übers. von Carl B. Reiching. Tübingen 1853.

Fischer, Gerhard: Arkitekt Peter Blix' undersøkelser på Bergenhus. 1880—1893 in: Bergens historiske Forening Nr. 44 1938. Bergen 1938.

Fischer, Gerhard: Arkitekt Peter Blix' undersøkelser på Bergenhus. 1880—1893 in: Bergens historiske Forening Nr. 45. 1939. Bergen 1940.

Rohault de Fleury, Georges: La Toscane au moyen âge. Lettres sur l'architecture civile et militaire en 1400. 2 Bände. Paris 1874.

Force d'Europe. Stichwerk von Festungen, verlegt und herausgeg. von Gabriel Bodenehr, Kupferstecher. Augsburg (1740).

Förster, C. F. L.: Allgemeine Bauzeitung mit Abb. 9. Jhg. 1844.

Fortia, d'Urban et Mielle, M.: Histoire générale de Portugal depuis l'origine des lusitaniens jusqu'à la régence de Don Miguel. 9 Bde. u. Atlas. Paris — Besançon.

Fraknoi, Wilhelm: Matthias Corvinus, König von Ungarn 1458—1490. Freiburg 1891.

Frey, Dagobert: Deutscher Wehrbau im Osten. In: Die Kunst im Deutschen Reich. Ausg. B. 4. Jhg. Folge 12. Dez. 1940.

Frey, Dagobert: Krakau. Berlin 1941.

Frölen, Hugo F.: Nordens befästa Rundkyrkor. Stockholm 1911.

Fuchs: Geschichte der deutschen Ordensburg und Herrschaft Busau. Wien 1905.

Fumagalli, Carlo: Il Castello di Malpaga. E le sue pitture. Milano 1894.

Gabelentz, Hans von der: Burgenfahrt ins Sudetenland. Burgw. 1939. 40. Jhg.

Gaetano die Giovanni: Sull'origine di Mussomeli. Girgenti 1873.

Garzoni, Pietro: Istoria della Republica di Venezia in tempo della Sacra lega. Parte I. 4. Aufl. Venedig 1720.

Gell, William: Narrative of a journey in the Morea. London 1823.

Gerardo: Vita di Ezzelino. 1560.

Gerola, Giuseppe: Le Fortificazioni di Napoli di Romania. Annuario della Reggia scuola Archeologica di Atene della Missioni Italiane in Oriente. Vol. XIII—XIV. 1934.

Gerola, Giuseppe: Monumenti Veneti nell'isola di Creta. 2 Bände. Venedig 1905.

Gerstfeld, O. v.: Umbrische Städte. Leipzig o. J.

Geyer, Manfred: Die Kreuzzüge und der Burgenbau im Abend- und Morgenland. Diss. Dresden.

Geymüller, Heinrich von: Zum Ideal-Grundriß der Kaiserburg von Castel del Monte: In: Burgw. 1910. 11. Jhg. Nr. 1—2.

Giacosa, Giuseppe: I Castelli Valdostani. Milano 1905.

Gierach, Erich u. Loesch, Karl: Böhmen und Mähren im deutschen Reich. München (1939).

Gil, Isidro: El Castillo de Loare y el Alkázar de Segovia. Capitulos de un libro niédito. Burgos 1905.

Giorgi, Fausti di: Storia del Castell di Chiavenna, Chiavenna o. J.

Giovanni, Gaetano di: Sull'origine di Mussomeli o Giregenti 1873.

Gjessing, Helge: Tunsbergs Historie i Middelalderen til 1536. Kristiana 1913.

Gnirs, Dr. Anton: Topographie der historischen und kunstgeschichtlichen Denkmale in den Bezirken Tepl und Marienbad. Augsburg 1932.

Gnirs, Anton: Petschau. Geschichte und Bauwerk einer Burg und der unter ihrem Schutze entstandenen bürgerlichen Siedlung. Sonderabdr. aus dem 50. Bd. der böhmischen Kunsttopographie. Augsburg 1932.

Gnirs, Anton: Elbogen bei Karlsbad. Eine Geschichte der alten Bauten der Denkmale und des Kunsthandwerks in dieser Stadt. Elbogen 1928.

Goldschmidt, Adolf: Die normannischen Königspaläste in Palermo. Zeitschr. f. Bauwesen, Jhg. XLVII, Heft X—XII.

Bidrag till Kännedom Göteborgs och Bohusläns Fornminnen och Historia Bd. 7. Göteborg 1904.

Göteborg, en handbok för Resande och Badgäster. Stockholm 1859.

Göteborgs och Bohusläns Fornminnesförenings Tidskrift. Jhg. 1927—1929 und 1930—1933.

Goury, Jules u. Owen, Jones: Plans, Elevations, Sections and Details of the Alhambra. From drawings taken on the spot in 1834 by the late M. Jules Goury and in 1834 and 1837 by Owen Jones, Archt. Vol. I. London 1842.

Grasset, Andre: Reise durch die Balearischen und Pithiusischen Inseln. Wien 1908.

Grave, João: Castellos Portuguezes. Porto o. J.

Gregorovius, Ferdinand: Wanderjahre in Italien. Wien—Leipzig 1937.

Gregorovius, Ferdinand: Lucrezia Borgia. 7. Aufl. Stuttgart und Berlin 1925.

Gregorovius, Ferdinand: Geschichte der Stadt Rom im Mittelalter. Leipzig 1926.

Gregorovius, Ferdinand: Geschichte der Stadt Athen im Mittelalter. Von der Zeit Justinians bis zur türkischen Eroberung. 3. Aufl. 2 Bde. Stuttgart 1889.

Gregory: Der Hasenberg und seine Burgruine Okoř.

Gripsholm Slottet och dess Samlingar 1537 bis 1937. Stockholm 1937.

Gross, Julius u. Kühlbrandt, Ernst: Die Rosenauer Burg. Herausg. vom Ver. f. Siebenbürg. Landeskunde. Wien 1896.

Grothe, Hugo: Zur Landeskunde von Rumänien. Angewandte Geographie. III 1. Halle a. d. S. 1907.

Grunert, Jos. R.: Osseg. Historisch-topograph. Führer für Osseg und Umgebung. Dux 1886.

Gumorski, Marjan: Ruiny Lednickie in Kurjes Poznanski. 1925.

Gunnarsson, Gunnar: Island. Die Saga Insel. Dresden 1936.

Gurlitt, Cornelius: Konstantinopel. In: Die Kultur. Berlin 1908.

Gustafsson, Gotthard: Ahus. Stockholm 1932.

Haberlandt, Arthur: Kulturwissenschaftliche Beiträge zur Volkskunde von Montenegro, Albanien und Serbien. Wien 1917.

von Hahn, G. J.: Reise durch die Gebiete des Drin und Wardar. In: Denkschriften der Kaiserlichen Akademie der Wissenschaften. Philosophisch-Historische Classe. 16 Bände. Wien 1869.

von Hahn, Johann Georg: Albanische Studien. Jena 1854.

Hahr, August: Schwedische Burgen aus dem Mittelalter und der älteren Wasazeit, in Burgw. 1935.

Hahr, August: Skandinaviska Adelsborgar från Senare Medeltid och Nyare Tidens Början. Uppsala 1927.

Hahr, August: Studier i Johan III: s Renässans I. Arkitekfamiljen Pahr. Uppsala 1907.

Hahr, August: Studier i Johan III: s Renässans II. Villens Boy. Bildhuggaren och Bygpmästaren. Uppsala 1910.

Hahr, August: Studier i Nordisk Renässanskonst I (mit einem Resumé in deutscher Sprache). Uppsala 1913.

Hahr, August: Studier i Nordisk Renässanskonst II. Osteuropeiska Steldrag I. Nordisk Renässansarkitektur. (Mit einem Resumé in deutscher Sprache.) Uppsala 1915.

Hahr, August: Studier i nordisk Renässanskonst III, Den äldre Vasatidens Svenska Borgar. Stockholm 1927.

Hahr, August: Skanska Borgar. Bd. 1—2, 1914. Bd. 3—6, 1916—17. Bd. 7—14, 1918—22. Stockholm.

Hahr, August: Uppsala forna Ärkebiskopsborg. Fornminnesförenings Tidskrift XLIII: Bilaga 1929.

Hahr, August: Nordiska Borgar fran Medeltid och Renässans. Uppsala 1930.

Hampel, Joseph: Altertümer des frühen Mittelalters in Ungarn. 3 Bde. Braunschweig 1905.

Haseloff, Arthur: Bauten der Hohenstaufen in Unteritalien. I Band Textband. Aufmessungen und Zeichnungen von Erich Schulz und Philipp Langewand. Leipzig 1920 und Tafelband.

Haupt, Albrecht: Die ältere Kunst insbesondere die Baukunst der Germanen von der Völkerwanderung bis zu Karl d. Großen. Leipzig 1909.

Haupt, Albrecht: Lissabon und Cintra. Leipzig 1913.

Heber, Franz Alexander: Böhmens Burgen, Vesten und Bergschlösser. 7 Bde. Prag 1843 bis 1849.

Hecksch, Alexander F.: Illustrierter Führer durch Ungarn und seine Nebenländer (Siebenbürgen, Croatien, Slavonien und Fiume). Wien, Pest, Leipzig o. J.

von Heeringen, Gustav: Meine Reise nach Portugal im Frühjahr 1836. 2 Teile in einem Bd. Leipzig 1838.

von Helfert, Jos. Alex. Freiherr: Die Wiederherstellung der Burg Karlstein in Böhmen. Wien 1902.

Hendrich, Johann: Die Burg Žleb in Ostböhmen. Ihre Besitzer, Geschichte und Sehenswürdigkeiten. Prag 1888.

Henke, Rudolf: Rumänien. Land und Volk. Leipzig 1877.

Lady, Herbert: Impressions of Spain in 1866. London 1867.

Hielscher, Kurt: Das unbekannte Spanien. Baukunst, Landschaft, Volksleben. Berlin 1922.

Hienz, Hermann: Quellen zur Volks- und Heimatkunde der Siebenbürger Sachsen. Hermannstadt/Leipzig 1940.

Histor. geogr. och stat. Lexikon otvar Sverige. VII.

Hoenig, Anton: Deutscher Städtebau in Böhmen. Berlin 1921.

Hoffmann, Walter: Rumänien von heute. Ein Querschnitt durch Politik, Kultur und Wirtschaft. Bukarest 1941.

Hofmann, Albert von: Das Land Italien und seine Geschichte. Eine historisch-topographische Darstellung. Stuttgart und Berlin 1921.

Högg, Hans: Türkenburgen an Bosporus und Hellespont. Ein Bild frühosmanischen Wehrbaus bis zum Ausgang des 15. Jahrhunderts. Dissertation. Dresden 1932.

Hope, Carlo: Storia di Carlo d'Angio e della Guerra del Vespero Siciliano brani della Storia inedita ... da Morrino Sanudo Torselle il Vecchio. Napoli 1862.
Hopf, Charles: Chroniques gréco-romanes inédites ou peu connues, publiées avec notes et tables généalogiques. Berlin 1873.
Horwath, Walter: Siebenbürgisch-sächsische Kirchenburgen baugeschichtlich untersucht und dargestellt. Hermannstadt 1940.
Horwath, Walter: Die Zeidner Kirchenburg. Jahrb. des Burzenländer Sächs. Museums. 1. Jhg. Kronstadt 1925.
Horwath, Walter: Siebenbürgisch-sächsische Kirchenburgen, Heft 1 und 2. Sonderabdr. aus den kirchl. Blättern, herausgeg. mit Beihilfe des Ver. f. Siebenb. Landeskunde. Hermannstadt 1931/32.
Horwath, Walter: Die Burg bei Sibiel und ihre Bedeutung. Sonderdr. aus: Siebenbürg.-Deutsches Tageblatt.
Horwath, Walter: Korrespondenzblatt des Vereins f. Siebenbürgische Landeskunde. 47. Jhg. 1924, 48. Jhg. 1925, 51. Jhg. 1928.
Horwath, Walter: Die Drasser Kirchenburg in Siebenbürgen. Aus: Der Burgwart XXX. Jhg., Heft 2. 1929.
Horwath, Walter: Die Heldenburg. Aus Erich Jekelius. Das Burzenland. Vierter Band. Die Dörfer des Burzenlandes. I. Teil. Kronstadt 1929.
Horwath, Walter: Die Schwarzburg und ihre Bedeutung. Aus Erich Jekelius. Das Burzenland. Vierter Band. Die Dörfer des Burzenlandes. I. Teil. Kronstadt 1929.
Horwath, Walter: Die Kreuzburg und der Bosauer Paß. Aus Erich Jekelius. Das Burzenland. Vierter Band. Die Dörfer des Burzenlandes. I. Teil. Kronstadt 1929.
Horwath, Walter: Die Marienburg. Aus Erich Jekelius. Das Burgenland. Vierter Band. Die Dörfer des Burzenlandes. I. Teil. Kronstadt 1929.
Horwath, Walter: Die fünf festen Plätze und das castrum munitissimum der Deutschritter. Aus Erich Jekelius. Das Burzenland. Vierter Band. Die Dörfer des Burzenlandes. 1. Teil. Kronstadt 1929.
Hruseoskyj, Michael: Geschichte des ukrainischen (ruthenischen) Volkes. 1. Bd. Leipzig 1906.

Jahrbuch des deutschen archäologischen Institutes. XXV. 1910.
Idoate, R. P. Gregorio Vera: Navarra y las Cruzadas. Pamplona 1931.
Janse, Otto: Visby Stadsmur. Stockholm 1935.
Jelinek, Bratislav: Über Schutz und Wehrbauten aus der vorgeschichtlichen und älteren geschichtlichen Zeit. Mit besonderer Berücksichtigung auf Böhmen. Prag 1885.
Jentscher, Karl: Ruine Hassenstein. 2. Aufl. Komotau 1912.
Johansen, O. J.: Den tusenårige by ved Nidelven Trondhjem fra Olav Tryggvason til Hakon VII. Drontheim 1936.
Johnsen, Oscar Albert: Tønsbergs Historie. Bd. I. Mittelalter. Oslo 1929.
Jonescu, Grigore: Curtea de Argeş. Bucureşti 1940.

Ippen, Theodor: Skutari und die nordalbanische Küstenebene. Sarajewo 1907.
Ippen, Theodor: Denkmäler verschiedener Altersstufen in Albanien. Wien 1907.
Juckoff-Skopau, Paul: Architektonischer Atlas von Polen. Beiträge zur polnischen Landeskunde. Reihe B, 8. Berlin 1921.
Jürgens, Oskar: Spanische Städte. Ihre bauliche Entwicklung und Ausgestaltung. In der Reihe der Hamburger Universität: Abhandlungen aus dem Gebiet der Auslandskunde. 1 Textband und 1 Atlas. Hamburg 1926.
Justi, Carl: Spanische Reisebriefe. Bonn 1923.

Kahlig: Burg Helfenstein in Mähren.
Kaindl, Raimund Friedrich: Geschichte von Czernowitz von den ältesten Zeiten bis zur Gegenwart. Czernowitz: Pardini 1908.
Kaindl, Raimund Friedrich: Zur Geschichte der Stadt Czernowitz und ihrer Umgebung. Czernowitz: Pardini 1888.
Kanitz, Felix: Das Königreich Serbien und das Serbenvolk. 3 Bände. Leipzig 1904—1914.
Karczewski, Antoni: Czersk. Warschau 1939.
Karell, Dr. Viktor: Burgruine Hassenstein. Brunnersdorf o. J.
Karell, Viktor: Burgen und Schlösser des Erzgebirges und Egertales. Bd. I. Kaaden 1935.
Kausler, Franz v.: Atlas der merkwürdigsten Schlachten, Treffen und Belagerung der alten, mittleren und neueren Zeit. Merseburg 1839.
Klemming, Frej: Vadstena Slott. Stockholm 1921.
Knapp, Werner: Burgen im Sudetenland. Burgw. 1939. 40 Jhg.
Köhler, G.: Die Entwicklung des Kriegswesens und der Kriegführung in der Ritterzeit von Mitte des 11. Jahrh. bis zu den Hussitenkriegen. 3 Bände und 1 Registerband. Breslau 1886 bis 1890.
Kohlrausch, Robert: Eine Hohenstaufenburg in Gefahr. Münchner Neueste Nachrichten, München, 29. Dez. 1925.
Kohte, Julius: Verzeichnis der Kunstdenkmäler der Provinz Posen. Bd. III: Die Landkreise des Regierungsbezirks Posen. Bd. IV: Reg.-Bez. Bromberg. Berlin 1896, 1897.
Könyöki: A középkori Varak.
Körte, Werner: Das Kastell Kaiser Friedrichs II. in Lucera. In: 25 Jahre Kaiser-Wilhelm-Gesellschaft zur Förderung der Wissenschaften. 3. Bd. Die Geisteswissenschaften. Berlin 1937.
Kövary: Geschichte von Siebenbürgen. Pesth 1859.
Krause, Walter: Burgen an der Südostgrenze Schlesiens. In: Schlesische Stimme 23. Heft 1 und 2, 1941.
Krumbacher, Karl (Herausgeber): Byzantinische Zeitschrift. 13. Band. Jhg. 1904. Leipzig 1904.

Kühlbrandt, E.: Die Rosenauer Burg. Aus Erich Jekelius. Das Burzenland. Vierter Band. Die Dörfer des Burzenlandes. 1. Teil. Kronstadt 1929.

Kuhn, Alfred: Das alte Spanien. Landschaft, Geschichte, Kunst. Berlin 1925.

Kuhn, Karl F.: Topographie der historischen und kunstgeschichtlichen Denkmale im Bezirk Reichenberg. 1934.

Kühnel, Ernst: Granada, Stätten der Kultur. Bd. 12. Leipzig 1908.

Kupelwieser, L.: Die Kämpfe Ungarns mit den Osmanen bis zur Schlacht von Mohaco 1526. Wien und Leipzig 1899.

Kurtz, Heinrich: Führer d. d. Stadt Krakau. Krakau 1940.

Kutschmann, Th.: Meisterwerke sarazenisch-normannischer Kunst in Sizilien und Unteritalien. Ein Beitrag zur Kunstgeschichte des Mittelalters. Berlin 1900.

Laborde, Alexandre de: Itineraire descriptif de l'Espagne, et Tableau Elementaire des différentes branches de l'administration et de l'industrie de ce royaume. 5 Bände. Paris 1808.

Laborde, Alexandre de: Voyage pittoresque et historique de l'Espagne. 4 Bände. Paris 1806, 1811, 1812, 1820.

Llaguno y Amirola, Eugenio: Noticias de los arquitectos y arquitectura de Espana, desde su Restauration. Illustradas y agrecentadas con notas, adiciones y documentos por D. Juan Agustin Cean-Bermudez. Band I—IV. Madrid 1829.

Lamperez y Romea, Vicente: Arquitectura civil espanola de los siglos i al XVIII. Bd. I. Arquitectura privada. Bd. II. Arquitectura publica. Madrid 1922.

Langerowna, Helena: System obronny doliny Dunajca w XIV w. Prace Krakowskiego odzialu Polskiego Towarzystwa Historycznego. Krakau 1929.

Langhammer, R.: Die Burgen des mittleren Egertales und die Stadt Klösterle. Klösterle 1934.

Lăpĕdatu: Cetatea Sorocii. Buletinul comisiunii Monumentelor istorice. Publicatione Trimestriala. Anul VII. Bukarest 1914.

Lăpĕdatu, Alex.: Gravuri şi vederi dela Cetatea Albă. Bul. Com. Mon. Ist. 1912.

Lapĕdatu, Alex.: Donă vechi cetăţi româneşti. Poenarii şi Dâmboviţa. Bul. Com. Mon. Ist. 1910.

das Neves Larcher, Jorge: Castelos de Portugal, Distrito de Leiria. Lisboa 1933.

das Neves Larcher, Jorge: Castelos de Portugal, Distrito de Coimbra. Coimbra 1935.

Laske, F.: Die vier Rundkirchen auf Bornholm. Berlin 1902.

Lautensach, H.: Portugal auf Grund eigener Reisen und der Literatur. Petermanns Mitteilungen, Ergänzungsheft 213. Gotha 1932.

Lehmann, Paul: Rumänien in: Unser Wissen von der Erde. Herausgegeb. v. Alfred Kirchhoff. III. Bd. 2. Teil, 2: Länderkunde von Europa. Wien, Prag und Leipzig 1893.

Lembke, F. W.: Geschichte von Spanien. 1. Bd. Hamburg 1831.

Lenzi, Gaspare: II Castello di Melfi et la sua costruzione. Amatrice 1935.

Leonardo da Vinci: Deutsch-italienisches Werk, entstanden durch die „Mostra Leonardo da Vinci". Berlin 1940.

L'histoire di Paolo Diacono Segventi á quelle d'Eutropio. Venedig 1548.

Lilienberg, Albert: Stadsbildninger och Stadsplaner i Götaälos Mynningsornräde. Göteborg 1928.

Lisca: La fortificazione di Verona dai tempi romani al 1866. Verona 1916.

Lopez, Angel del Castillo: El Patrimonio artistico de Galicia. La Coruña 1926.

Lopez: Relaciones geograficas, topograficas e historicas del Reino de Valencia. 2 Bände.

Lorentzen, Bernt: Bergens By. I Svunne Dager./ Utgitt av Bergens Historice Forening. Bergen 1935.

Lozinski, Wladyslaw: Polnisches Leben in vergangenen Zeiten. München o. J.

Lucena, Luis Seco de: Die Alhambra. Arbeiten volkstümlicher Geschichtsverbreitung über die Alhambra. (Deutsche Übersetzung von Dr. phil. Hans Jeschke, Frankfurt a. M.) Granada 1927.

Erzherzog Ludwig Salvator: 1. Die Balearen. 2. Bd. Würzburg. Woerl 1897. 2. Die Insel Menorca. Leipzig, Brockhaus 1881. (Sonderabdruck aus: „Die Balearen".)

Luengo, José Maria: El Castillo de Ponferrada. Monumentos Militares Leoneses. Leon 1929.

Lundberg, Erik: Herremannens Bostad. Studier över Nordisk och Allmänt Västerländsk Bostadsplanläggning. I. Före 1700. — Talets Mitt. Stockholm 1935.

Luszczkiewicz, W.: Jezow, Szymbark, Drzewica. Pamietnik Akademii Umiejetnosci w Krakowie. Krakau 1890.

Lux, Koloman: Visegrad Vara. Budapest 1932.

Lux, Koloman: Die Burg Visegrad (Blendenoder Plintenburg). Burgw. 1938.

Lux, Koloman: La Reggia di Buda nell' Epoca del Re Mattia Corvino. Budapest 1922.

Macca: St. d. Territoris Vicentino. Caldogno 1814.

Madoz, Pascual: Diccionario geografico — estadistico — historico de España y sus posesiones de ultramar. Tomo XII, Madrid 1849. Tomo X, Madrid 1847.

Maffei, J. S., Marchese: De gli Anfiteatri e singolanremente del veronese, libri due, ne'quali si tratta quanto appertiene all'istoria e quanto all'architettura. Verona 1728.

Malina, J. B.: Der germanische Norden und wir. Berlin 1934.

von Maltzahn, Hermann Freih.: Zum Cap St. Vincent, Reise durch das Königreich Algarve. Frankfurt am Main 1880.
Marchi, Francesco de: 1. Della Anchitettura militare. 2. Tl. in 1 Bd. Brescia 1599. 2. Architettura militare, 4 Tl. in 5 Bd. Rom 1810.
Markgraf, Dr. Friedrich: In Albaniens Bergen. Stuttgart 1930.
Martensson, Torsten: Hälsingborgs Slott under Medeltiden. Hälsingborg 1934.
Martorell, Jeroni — Amades, Joan: Castells de Catalunya. I. Castells i viles fortificades de Catalunya. II. Històries populars de castells. Barcelona 1933.
Martorell, Jeroni: El Castell de la Geltrú. La col Lecció Fontigumá. Conservacio i Catalogacio de Monuments. Institut d'Estudis Catalans. Barcelona 1919.
Matasa, C.: Cetatea Neamtului. In: Boabe de Grâu. Revista Lunara Illustrata de Cultura. Annul V. 1934.
Matějka, Bohumil: Soupis památek historických a uměleckych — politickém okresu eitom yšeském. Prag 1908.
Gãstao de Mello de Mattos: Nicolau de Langres e a sua obra em Portugal. Publicacoes da Comissão de Historia Militar. Lisboa 1941.
Maur, Gilbert in der: Die Jugoslawen einst und jetzt. 1. Bd. Aus der Geschichte der Südslawen. Leipzig und Wien 1936.
Maur, Gilbert in der: 2. Band Jugoslawiens Außenpolitik. Leipzig und Wien 1936.
Maur, Gilbert in der: Der Weg zur Nation. Jugoslawiens Innenpolitik 1918—1938. Stojadinovic als Vollstrecker. Berlin-Wien-Zürich 1938.
Mellado, Don Francisco de Paula: España geografica, estadistica y pintoresca. Madrid 1845.
Memoriile sectiunii istorice. Seria III. Tomul VI. Academia Românã. Bukurest 1927.
Mencl, Václav: Stredoveká architektúra na slovensku. Kniha Prvá. Stavebné umenie na Slovensku od najstaršich čias až do konca doby románskej. Praha-Presov 1937.
Menclová, D.: Hrad Bratislava (Die Burg von Preßburg). Sonderdruck aus der Zeitschrift „Bratislava" IX. 1935.
Merian: Topographia Italiae. Frankfurt 1688.
Meyer, Johan: Domkirken i Trondhjem under Bygning, Forfald og Gjenreisning. Kirkens historie og Kirkebygningens Beskrivelse. Drontheim 1914.
Don Miguel de Luna: La verdadera Historia del Rey Don Rodrico: En la quae se trata la causa principal de la perdida de Espana, y la conquista que della hizo Miramamolin Almançor, Rey que fue del Africa, y de les Arabias y vida del Rey Jacob Almançor. Compuesta porel sabio Alcayde Abulcacim Tarif Abentarique, nuevamente traduzida de la longua Araniga por Miguel de Luna vezino de Granada Interprete del Rey Don Felipo nuestro senor. Valencia MDCVI.
Mikovec, Ferdinand B.: Die königliche Burg Karlstein. Wien und Olmütz 1858.
van Millingen, Alexander: Byzantine Constantinople. The walls of the city and adjoining historical sites. London 1899.
Minea, J., N. Grigoraş şi ing. Gh. Cojoc: Din trecutul Cetăţii Neamţului. — In legătură cu campania noastră de săpături din vara anuli 1939. Jaşi 1940.
Miscellanea die Storia dell'Arte in onore de Igino Benevenuto supino. Florenz 1933.
Mitteilungen des russischen archäologischen Institutes in Konstantinopel. X. 1905.
Möller, Istvan: A Vajda-Hunyadi Vár Építési Korai. Budapest 1913.
Die Österr.-ungar. Monarchie in Wort und Bild. Küstenland und Dalmatien. Wien 1887—1902.
Monumentos arquitectonicos de Espana. Herausgeg. von E. Martin und Gamoneda. Madrid 1905.
Moreno, Don Manuel Gomez: Guya de Granada. Granada 1892.
Moschkau, Alfred: Burg Bürgstein und Schwoika in Nordböhmen. Leipa 1883.
Mothes, Oscar: Die Baukunst des Mittelalters in Italien von der ersten Entwicklung bis zu ihrer höchsten Blüte. Jena 1883.
Mothes, Oscar: Geschichte der Baukunst und Bildhauerei Venedigs. 2 Bde. Leipzig 1859/60.
Müller, Heinrich: Die Repser Burg. Herausgeg. vom Ausschuß des Ver. f. Siebenb. Landeskunde. Hermannstadt 1900.
Münch, Ernst: Die Geschichte von Portugal. Dresden 1827.
Munoz: Excursiones por Andalucia.
Münster, Sebastian: Cosmographei oder beschreibung aller Länder. Basel 1553.

Navarro, Felipe B.: Fortalezas y castillos en la Edad Media. (Maqueda y Escalona.) Madrid 1895.
Neigebaur, Joh. Ferd.: Beschreibung der Moldau und Walachei. 2 Bde. Leipzig 1878, 1879.
Neuwirth, Josef: Geschichte der bildenden Kunst in Böhmen vom Tode Wenzels III. bis zu den Hussitenkriegen. Prag 1893.
Neynaber, Adolf: Die Wehrbauten des Irak. Berlin 1920.
Nicolaysen, N.: Norske Bygninger fra Fortiden. Kristiania 1860—1866.
Nicorescu, Paul: Cetatea Alba. „Collection Apollo". Villes et Localités d'Art en Roumanie. Craïova.
Nigra, Carlo: Torri, Castelli e Case Forti del Piemonte dal 1000 al secolo XVI. I, II Novarese. Novara 1937.
Nigra, Carlo: Ricetti Piemontesi. Dalla Rassegna Mensile Municipale „Torino". N. 1. gennaio 1937. XV.
Nigra, Carlo, Com.: Zwei piemontesische Burgen. In Burgw. 1938.
Nigra, Carlo: Il Castello di Serralunga d'Alba. Turin 1936.
Nigra, Carlo: La Basilica di S. Maria Maggiore di Lomello. Aus Jhb. XXX Nr. 2 „Boll. del Sez. di Novarra. Novarra 1936.

Nigra, Carlo: Vicende di un Castello del Canavese. Il Castello di Malgra a Rivarolo Canavese. Jhg. XVIII N. 3/4 d. Bollettino della Soc. Piemontesdi Archeologia et Belle Arti. Turin 1934.
Nopsca, Franz Baron: Albanien. Bauten, Trachten, Geräte Nordalbaniens. Berlin 1925.
Noreen, Ärland: Läckö Slott. Svenska Fornminnesplatser, Nr. 12. Stockholm 1932.

Öhlmann: Die Alpenpässe im Mittelalter. Jahrbuch für schweizer. Gesch. III u. IV. Zürich 1878/79.
Olbrich, Rob., Prof.: Burg Sternberg in Mähren. Reichenberg 1936.
Oliver-Copons, Eduardo de: El Castillo de Burgos. Monografía Histórica. Barcelona 1893.
Olsson, Martin: Stockholms Slotts medeltida Byggnadshistoria. Samfundet St. Eriks Arsbok. Stockholm 1929.
Olsson, Martin: En Grupp Runda Kastaler Från Romansk Tid På Sveriges Östkust. Fornvännen, Meddelanden från Vitterhets och Äntikvitets Akademien under Redaktion av Sigurd Curman. Heft 5, 1932.
Opitz, J.: Das Komotauer Rathaus. Komotau 1932.
Orlowicz, Mieczyslaw: Ilustrowany Przewodnik po Polsce. Warszawa 1925.
Die österreichisch-ungarische Monarchie in Wort und Bild. Das Küstenland und Dalmatien. Wien 1891.

Pajzderski, Nikodern: Historiji Szuki 1912. VII. (Mit Lageplan von 1655.)
Pamietnik Akademii Umiejetnosci w Krakowie. III. Bd. Krakau 1876.
Papini, Roberto: Bergamo rinnovata. Istituto italiano d'arti grafiche. Bergamo 1929.
Papy, Louis: Le Portugal. 1935.
Pardoe, Miss: Ansichten des Bosphorus und Constantinopels. Übersetzt von Dr. Joh. von Horn. London o. J.
Paszkowa-Jezowa, Kazimiera: Geografja Ruin W Polsce. Posen 1927. Siehe dazu die deutsche Besprechung: Sonderabdruck aus Heft 18 der Deutschen Wissenschaftl. Zeitschr. f. Polen, herausgeg. von Dr. Alfred Lattermann im Verlag der Historischen Gesellsch. für Posen. Posen 1930.
Paul, Johannes: Nordische Geschichte. Breslau 1925.
Paz, Julian: Castillos y Fortalezas del Reino. Madrid 1914.
Pelicelli, Nestore: Pier Maria Rossi e i suoi castelli. Parma 1911.
Perez de Hita, Ginez: Die Geschichte der Bürgerkriege von Granada. Aus dem Altspanischen übertragen von Paul Weiland. 2 Bde. München 1913.
Pflanz, Konrad: Geschichte des Schlosses in Koschmin. Koschmin 1907.
von Pflugk-Harttung, Julius: Papstpolitik in Urkunden. Historische Zeitschr. LV (1866).
Phleps, H.: Die hölzernen Wehrgänge an den sächsischen Kirchenburgen in Siebenbürgen. Zeitschr. f. Gesch. der Architektur. Heidelberg 1909.
Pidal, Ramón Menéndez: Das Spanien des Cid. 2 Bde. München 1936/37.
Pina, Luis de: O Castelo de Guimarães. Portugal 1933.
Pinho Leal, Augusto Soarez d'Azevedo Barbosa de: Portugal antigo e moderno. 3 Bde. Lisboa 1874.
Piper, Otto: Österreichische Burgen. 8 Bände. Wien 1902—1910.
Statistisches Gemeindeverzeichnis des bisherigen polnischen Staates. Mit Berücksichtigung der am 28. Sept. 1939 festgelegten Grenze der deutschen und sowjetrussischen Reichsinteressen. Ausgearbeitet und herausgegeben von der Publikationsstelle Berlin-Dahlem. Berlin 1939.
La Pologne historique, littéraire, monumentale et pittoresque. 3 Bde. Paris 1836—1842.
Monumenta Poloniae Vaticana III.
Le Portugal. Lisboa.
Praschniker, C. u. A. Schober: Archäologische Forschungen in Albanien und Montenegro. Wien 1919.
Prokop, August: Die Markgrafschaft Mähren in kunstgeschichtlicher Beziehung. 4 Bände. Wien 1904.
Prümers, Rodgero: Kruschwitz. In: Zeitschr. der Histor. Gesellschaft für die Provinz Posen. 7. Jhg. 1892.
Pühl, Franz: Der deutsche Orden in Griechenland. In: Nord und Süd. 1899.

Quadrado, Don José: España, Aragon, Barcelona. 1886.

Radovanovic, M.: Maglic am Ibar. Bulletin du musée de Bosnie et de Herzegovina. Sarajevo 1934.
Ree, Lorentz Harboe und Wallem, Fredik B.: Østraat. Drontheim 1916.
Reissenberger, Ludwig: Überreste der Gothik und Renaissance an Profanbauten in Hermannstadt. Hermannstadt 1888.
Repetti, Emanuele: Dizionario geografica fisico storico della Toscana, contenente la descrizione di tutti i luoghi del granducato, ducato de Lucca garfagnana e Lunigiana. 6 Bände. Firenze 1833—46.
Reumont, Alfred von: Die Karafa von Maddaloni. Berlin 1851.
Revista di Archivos Bibliotecas y Museos. 1906.
Rey, G.: Etude sur les monuments de l'architecture militaire des croisés en Syrie es dans l'île de Chypre. Paris 1871.
Rigel, Fr. Xav.: Der siebenjährige Kampf auf der Pyrenäenhalbinsel vom Jahre 1807—1814. Rastatt 1819.
Rinne, J.: Finlands medeltida Borgar. Finlands Kulturhistoria Medeltiden. Helsingfors 1908.
Rinne und Maconi: Olavinlinna.

Rivoira, G. T.: Le Origini della Architettura Lombarda e delle sue principali derivazioni nei Paesi d'Oltr'Alpe. 2. Ausg. Milano 1908.

de Rogatis, P. Bartolomeo: Historia della perdita e riaquisto della Spagna occupata da Mori. 4 Bde. 1. Bd. Bologna 1676. Bd. 2—4 Venedig 1660.

Romstorfer, Carl A.: Schloß Neamţu. Czernowitz 1899.

Romstorfer, Carl A.: Cetatea Sucevii. Bukarest 1913.

Romstorfer, Carl A.: Das alte Fürstenschloß in Suczawa. Czernowitz 1902.

Rosaccio, Giuseppe: Viaggio da Venetia a Constantinopoli per mare e per terra. Venedig 1598.

Rosner, K.: Kloster Rosa coeli in Kanitz und Burgruine Boskovic. Mitt. der k. k. Central-Commission zur Erforsch. und Erhaltung der Kunst- und historischen Denkmale. XIX. Jhg. Neue Folge. Wien 1893.

Roth, Victor: Geschichte der deutschen Baukunst in Siebenbürgen. Studien zur deutschen Kunstgeschichte. 64. Heft. Straßburg 1905.

Guide de la Roumanie: Ouvrage couronné par l'Akademie Roumaine 1940. Bucarest.

Rovira y Virgili, A.: Historia nacional de Catalunya. Bd. I—IV. Barcelona 1922.

Rydbeck, Otto: Glimmingehus. Svenska fornminnesplatser. Stockholm 1927.

Rydbeck, Otto: Meddelanden fran Lunds Universitets Historika Museum in: K. Humanistiska Vetenskapssamfundèts i Lund. Argberättelse. 2 Bände. Lund 1940 u. 1941.

Rydbeck, Otto: Den Medeltida Borgen in Skanör (mit einer Zusammenfassung in deutscher Sprache) in: Skrifterutgiona ov Kungl. Humanistiska Vetenskapssamfundets i Lund. XX. Lund 1935.

Sacco, Antonio: La rocca di Bolsena, descrizione e disegni. Roma 1892.

Sacconi, Guiseppe: Relazione dell'ufficio Regionale per la conservazione dei Monumenti delle Marche e dell'Umbria. Perugia 1903.

Sainz de Robles, Federico Carlos: Castillos en España. Su historia, su arte, sus leyendas. Madrid—Barcelona 1932.

Ivana Kukukejevica Sakcinskoga. Njeke Gradine i gradovi u kraljevini Hrvatskoj. (2 Teile in einem Band.) Zagreb 1869.

Salm-Reifferscheidt, Christian: Die romanischen Rundkirchen Mährens mit besonderer Berücksichtigung ihrer Beziehungen zum Wehrbau. In: „Der Burgwart" 1936.

Sancho, Don Nicolas: Description de la Ciudad de Alcaniz. Alcaniz 1860.

Sappok, Gerhard: Deutsche Baukunst in Polen. In: Der deutsche Baumeister. Jhg. 1. Heft 10. 1939.

Sarauw, G.: Studier rörande Bohus forn norsk Fästning in Göteborgs och Bohusläns Fornminningesförenings Tidskrift.

Sarre-Herzfeld: Archäologische Reise im Euphrat- und Tigrisgebiet. In 4 Bänden. Berlin 1920.

Seco de Lucena, Luis: Die Alhambra. Arbeiten volkstümlicher Geschichtsverbreitung über die Alhambra. Granada o. J.

Sedláček, Augustin: Hrady, zamky a torze kralovsti ceskeho. 15 Bde. Prag 1882—1927.

Seifert, Theodor R.: Die Bergkirche (Sebastianskirche) auf dem hl. Berge bei Nikolsburg. Nikolsburg: Bartosch 1935.

Seiler, Friedrich: Griechische Fahrten und Wanderungen. Reiseeindrücke und Erlebnisse. Leipzig 1904.

Semendria 1430—1930. Festschrift zum 500-jährigen Jubiläum der Stadt (CHEDEPBO).

Serrano, Layna Francisco: Castillos de Guadalajara. Descripción e historia de los mismos y noticias de sus señores. Madrid 1933.

Sesti: Piante della Citta, Piazze e Castelli fortificati in questo Stato di Milano. 1718.

Die deutsche Kunst in Siebenbürgen. Berlin—Hermannstadt 1934.

Korrespondenzblatt des Vereins für Siebenbürgische Landeskunde. 17., 41., 32., 46., 48., 47., 51., 60 u. 62. Jhg. Hermannstadt 1894, 1918, 1919, 1923, 1925, 1924, 1928, 1937 u. 1939.

Sigerus, Emil: Siebenbürg.-sächsische Burgen u. Kirchenkastelle. Hermannstadt 1901.

Sigerus, Emil: Aus alter Zeit. Hermannstadt 1904.

Simancas, Don Manuel Gonzalez: Plazas de Guerra y Castillos medioevales de la Frontera de Portugal. Madrid 1910.

Simancas, González M.: La Puerta de Serranos en Valencia. Madrid 1915.

Simancas, González Manuel: Sagonte. IV Congrès international d'Archeologie. Barcelona 1929.

Simancas, González M.: Toledo. En Horas de Silencio y Emoción, a la Luz del Atardecer y de la Luna. Estampas de la España Monumental y Artistica. Madrid o. J.

Simancas, González M.: Toledo. Sus Monumentos y el Arte Ornamental. Madrid 1929.

Sinding-Larsen, H.: Vardøen. In: Avhandlinger utgitt av det Norske Videnskaps-Akademi i Oslo. 1937. Oslo 1938.

Sinding-Larsen, Holger: Akershus. 1300—1650. Oslo 1924.

Skanska Borgar. Bd. 1—2, 1914; Bd. 3—6 1916/17; Bd. 7—14, 1918/22.

Smoleński, Jerzy: Morze i Pomorze. Poznan (Posen) o. J.

Sokołorski, Maryjan: Ruiny na Ostrowie jeziora Lednicy. In: Pamiętnik Akademii Uniejetnosci w Krakowie. Krakau 1876.

Sotiriou, George: Mistra. Athen 1935.

Sotiriou, George: Svorones, Journ. intern. d'archéolog. Numismatique.

Speckle, Daniel: Architectura von Vestungen. Straßburg 1608.

Sponcir Ottone: Historia delle Attioni de're'dell' Ungaria. Venedig 1685.

von Sufflay, Milan: Städte und Burgen Albaniens hauptsächlich während des Mittelalters. (Akadem. Denkschrift Nr. 63.) Wien und Leipzig 1924.
Svoronos, J. N.: L'hellénisme primitif de la Macédoine prouvé par la numismatique et l'or du pangée. Paris 1919.
Szabo, Gjuro: Sredovjecni Gradovi u Hrvatskoj i Slavoniji. Zagreb 1920.
Szydlowski, Tadeusz: Pomniki architektury Piastowskiej. Krakau 1928.
Szyszko-Bohusz, Adolf: Trzy nasze zamki: Czersk, Checiny i Ogrodzieniec. Sprawozdania komisyi do Badania Historyi Sztuki w Polsce. Tom VIII. Krakau 1912.
Szysko-Bohusz: Wawel Sredniowieczny. In: Rocznik Krakowski. Wydawnictwo Towarszystwa Miłosnikow Historji i Zabytków. Krakowa. Tom XXIII. Krakau 1932.

Schaefer, Wulf: Nauplia. Heroische Geschichte einer Seestadt. Im Burgw. 38. Jhg. 1937.
Schäfer, Heinrich: Geschichte von Spanien. III. Bd. Gotha 1861.
Schäfer, Heinrich: Geschichte von Portugal. 5 Bde. Hamburg 1836—54.
Schaffran, Emerich: Die Kunst der Langobarden in Italien. Jena 1941.
Schede, Martin: Die Burg von Athen. Berlin 1922.
Schillmann, Fritz: Sizilien, Geschichte und Kultur einer Insel. Wien 1935.
Schipa, Storia del principato langobardo di Salerno. 1887.
Schirrmacher, Friedr. Wilh.: Geschichte von Spanien. 5. Bd. Gotha 1890; 7. Bd. Gotha 1902.
Schirrmacher, Friedr. Wilh.: Geschichte Castiliens im 12. u. 13. Jahrhundert. Gotha 1881.
Schlözer, August Ludwig v.: Kritische Sammlungen zur Geschichte der Deutschen in Siebenbürgen. Göttingen: Vandenhoeck u. Ruprecht 1795—97.
Schlunck, Helmut: Spanische Architektur aus der Zeit der asturischen Monarchie. Forschungen und Fortschritte, 13. Jhg. Nr. 20/21. Berlin 1937.
Schmerber, Hugo: Beiträge zur Geschichte Dintzenhofer. IV. Forschungen zur Kunstgeschichte Böhmens. Prag 1900.
Schmid, Bernhard: Die Burgen Litauens. Burgw. 1942.
Schmid, Bernhard: Die Burgruine Traken. In: Das Litauenbuch, eine Auslese aus der Zeitung der X. Armee. 1918.
Schmid, Bernhard: Architektonische Studienfahrten durch das ehemalige Polen. Altpreußische Forschungen. Jhg. 17, Heft 1 u. 2. 1940.
Schmidt, Erich: Zeitschr. der Historischen Gesellschaft f. d. Provinz Posen. Jhg. 13. 1898.
Schmidt, Georg: Burgen Westböhmens. Wies 1925.
Schmidt, Karl Eugen: Cordoba und Granada. Leipzig und Berlin 1902.
Schmidt, Richard: Die Burg Hassenstein. Baugeschichtlicher Führer. St. Joachimstal 1908.
Schmidt-Boskovic: Mittelalterliche Burgen in Vojvodina.
Schmitz, H. J.: Geschichte des Netze-Warthelandes. Leipzig 1941.
Schmitt, John: The Chronicle of Morea. London 1904.
Schneider, Fedor: Rom und Romgedanke im Mittelalter. Die geistigen Grundlagen der Renaissance. München 1926.
Schneider, Fedor: Die Entstehung von Burg und Landgemeinde in Italien. Studien zur historischen Geographie, Verfassungs- und Sozialgeschichte. Berlin-Grunewald 1924.
Schneider, Friedrich: Canossa. Zeitschr. für Kirchengeschichte. XLV. Bd. Neue Folge VIII, 2. Heft.
Schnittger, Bror u. Rydh, Hanna: Aranaes, en 1100-talsborg i Västergotland. Kungl. Vitterhets etc. Monografiserie 14—17, Stockholm 1927. (Mit engl. Resumé.)
Schottky, Julius Max: Die Burg Karlstein nebst ihren Umgebungen. Prag 1831.
Schubert, Otto: Geschichte des Barock in Spanien. Eßlingen a. N. 1908.
Schubring, Paul: Gioia del Colle. Zeitschr. f. bildende Kunst. N. F. XX, Heft 4. Leipzig 1909.
Schubring, Paul: Schloß- und Burgbauten der Hohenstaufen in Apulien. In: Die Baukunst, II. Serie, 5. Heft. Stuttgart o. J.
Schuller, Johann Karl: Umrisse und kritische Studien zur Geschichte von Siebenbürgen. 3. Bd. Hermannstadt 1840—72.
Schultze, Victor: Konstantinopel, Altchristliche Städte und Landschaften. 1. Leipzig 1913.
Schürer-Wiese: Deutsche Kunst in der Zips. Brünn, Wien, Leipzig 1938.
Schuster: Schloß Déva in Siebenbürgen. Jahrbuch des Siebenbürgischen Karp.-Vereins. Jhg. XXV.
Schuster: Korrespondenzblatt des Verein für Siebenbürgische Landeskunde. 48. Jhg. 1925. Hermannstadt.

Steinbrecht, C.: Die Ordensburgen der Hochmeisterzeit in Preußen. Berlin 1920.
Stenberger, Marten: Ismantorps Borg och Gråborg. In: Svenska Fornminnesplatser Nr. 21. Stockholm 1934.
Sthamer, Eduard: Dokumente zur Geschichte der Kastellbauten Kaiser Friedrichs II. und Karls I. von Anjou. Apulien und Basilicata (Ergänzungsband III, II), Leipzig 1926.
Sthamer, Eduard: Dokumente zur Geschichte der Kastellbauten Kaiser Friedrichs II. und Karls I. von Anjou. Capitanata (Ergänzungsband II, I). Leipzig 1912.
Sthamer, Eduard: Die Verwaltung der Kastelle im Königreich Sizilien unter Kaiser Friedrich II. und Karl I. von Anjou. Ergänzungsband I. Leipzig 1914.

Sthamer, E., Prof. Dr.: Die Rechtsstellung der Burg Rocca Janula im Mittelalter. Sonderdruck aus „Casinensia". Montecasino 1929.
Stiehl, Otto: Der Backsteinbau romanischer Zeit besonders in Oberitalien und Norddeutschland. Leipzig 1898.
Strasser, Karl Theodor: Wikinger und Normannen. Hamburg 1928.
Strasser, Karl Theodor: Die Nordgermanen. Hamburg 1933.
Streitfeld. In: Siebenbürgische Vierteljahrsschrift 1939, Heft 2 und 3.
Struck, Adolf: Mistra, eine mittelalterliche Ruinenstadt. Wien und Leipzig 1910.
Strzygowski, J.: Das goldene Thor in Konstantinopel. Jahrb. des kaiserlich-deutschen Archäologischen Instituts, Bd. VIII, 1893. Berlin 1894.

Taubmann, Josef Alfred: Burgruine Schreckenstein. Die Perle des Elbtales. Eger (um 1925).
Tettamancy y Gaston, F.: La Torre del Homenaje del Castillo de Villalba. Coruña 1913.
Teutsch, Friedrich: Geschichte der Siebenbürger Sachsen. Kronstadt 1852.
Teutsch, Friedrich: Unsere Burgen. In: Jahrb. des Siebenb. Karpathen-Vereins. 3. Jahrg. 1883; 4. Jahrg. 1884; 6. Jahrg. 1886; 9. Jahrg. 1889.
Thieme, Ulrich (u. Felix Becker): Allgemeines Lexikon der bildenden Künstler von der Antike bis zur Gegenwart. 32 Bände. Leipzig 1907—1938.
Thordemann, Bengt: Wiks Hus. In: Svenska Fornminnesplatser, Nr. 9. Stockholm 1928.
Toledo: Guia oficial. Segunda Edicion. 1927.
Tomasi, Tomaso: La vita del Duca Valentino. 1665.
Tomkowicz, Stanisław: Wawel. Tom I, Zabudowania Wawelu i ich Dzieje. Teka Grona Konserwatorów Galicyi Zachodniej. — Tom IV. Krakau 1908.
Tomkowicz, Stanisław: Z wyciezki do Krolestwa Polskiego.
Tonini, Cav Dottor Luigi: Il Porto di Rimini. Bologna 1864.
Topographie der Historischen und Kunst-Denkmale im Königreich Böhmen von der Urzeit bis zum Anfange des XIX. Jahrhunderts. VI. Der politische Bezirk Melnik, Prag 1901. VII. Der politische Bezirk Klattau, Prag 1905. IX. Der politische Bezirk Rokytzan, Prag 1901. XXXIV. Der politische Bezirk Rakonitz I. Teil, Prag 1914. XXXV. Der politische Bezirk Beneschau, Prag 1912.
Topographie der Historischen und Kunstgeschichtlichen Denkmale in der Tschechoslowakischen Republik. A. Land Böhmen. L. Die Bezirke Tepl und Marienbad. Verfaßt von Dr. Anton Gnirs. Augsburg 1932. LI. Der Bezirk Reichenberg. Brünn, Prag, Leipzig, Wien 1934.
Tosti, Luigi: Storia della badia di Monte Cassino. 2 Bände. Rom 1888—90.
Toy, Sidney: The castles of the Bosporus. In: Archaeologia or miscellaneous tracts relating to Antiquity. Published by the Society of Antiquaries of London. Second Series: Volume XXX. Oxford 1930.
Trafali, O.: Topographie de Thessalonique. Paris 1913.
Trap, I. P.: Danmark. III. Bd. Kopenhagen 1921.
Traquair, R.: Mediaeval Fortresses in Laconia. In: The Annual of the British School at Athens. Nr. XII. 1905/06.
Treiber, Gustav: Die Anlage der Törzburg. Aus Erich Jekelius. Das Burzenland. Vierter Band. Die Dörfer des Burzenlandes. I. Teil. Kronstadt 1929.
Treiber, Gustav: Die Anlage der Brasoviaburg. Aus Erich Jekelius. Das Burzenland. Vierter Band. Die Dörfer des Burzenlandes. I. Teil. Kronstadt 1929.
Treiber, Gustav: Die Burg bei Rucar. Aus Erich Jekelius. Das Burzenland. Vierter Band. Die Dörfer des Burzenlandes. I. Teil. Kronstadt 1929.
Treiber, Gustav: Die Törzburg. In: Jahrb. des Burzenländer Sächs. Museums. I. Jahrg. Kronstadt 1925.
Trepka, Jósef Nekanda: Najnowszy zwiezl y. Prezewodnik po Wawelu. Krakau o. J.
Truhelka, Ciro: Nasi Gradovi. Sarajewo 1904.
Truhelka, Ciro: Kraljierski Grad Jajce. Sarajevo 1904.

Ugolini, Luigi, M.: Albama antica. Volume II L'acropoli di Fenice. Milano—Roma 1932.
Ullmann, Hermann: Die Völker im Südosten. Jena 1938.
Umlauft, F. J.: Der Schreckenstein. Aussig 1926.
Upplands fornminnesförnings Tidskrift. XLIII.
Fortia d'Urban et Mielle: Histoire générale de Portugal, depuis l'origine des lusitaniens jusqu'a la régence de Don Miguel. 9. Bd. und Atlas. Paris — Besancon.

von Valvassor, Freiherr Weikhardt: Die Ehre des Herzogtums Crayn.
Venturi, G.: Compendio della storia sacra e profana di Verona. 2 Bände. Verona 1825.
Vernole, Ettore: Il Castello di Gallipoli. Illustrazione storica architettonica. (Pubblicato col concorso e sotto L'Egida dell'Istituto di architettura militare Museo del Genio — Castel Sant'Angelo.) Rom 1933.
Vico, Giovanni: Il real castello del Valentino, Turin 1858.
Vincentz, Curt K.: Baurätsel von Ragusa. Deutsche Bauhütte. 1939. Heft 1.
Viollet-le-Duc: Essai sur l'architecture militaire au moyen âge. Paris 1875.
Vogt, Karl: Die Burg in Böhmen bis zum Ende des 12. Jahrhunderts. Reichenberg: Leipzig 1938.
Volpicella, L.: Le Torri e il Castello di Maddaloni. Trani 1904.

Wahl, J.: Da Bergenhus blev en faestning. In: Bergens historiske Forening Nr. 32. Bergen 1926.

Wahl, J.: De gamle bygninger paa Bergenhus slot. In: Bergens Historiske Forening Nr. 34, 1928. Bergen 1928.

Wahl, J.: Bergenhus faestning. In: Bergens historiske Forening Nr. 35, 1929. Bergen 1929.

Walicki, Michał: Bibljoteka Zakładu Architektury Polskiej i Historji Sztuki Politechniki Warszawskiej Band III, Sprawa inwentaryzacji Zabytków w Dobie Królestwa Polskiego (1827—1862). Warschau 1931.

Wallem, Frederik B.: Steinvikholm. Drondheim 1917.

Ortsverzeichnis des Reichsgaues Wartheland. Stand vom 1. Oktober 1941. Posen.

Weigand, E.: Neue Untersuchungen über das goldene Tor in Konstantinopel. In: Mitteilungen des kaiserlich-deutschen Archäologischen Instituts, Bd. XXXIX. Athen 1914.

Weinelt, Herbert: Burg Mödlitz. In: Deutschmähr.-schles. Heimat. 22. Jhg., Heft 3—4. Brünn 1936.

Weinelt, Herbert: Die Burgruine Freudenstein. Aus: Deutsches Jahrbuch 1936. Olbersdorf, Schles.

Weinelt, Herbert: Darstellungen und Quellen zur schlesischen Geschichte. Herausgegeben vom Verein für Geschichte Schlesiens. 36. Bd. Probleme schlesischer Burgenkunde, gezeigt an den Burgen des Freiwaldauer Bezirkes. Breslau 1936.

Weinelt, Herbert: Zur deutsch-mährisch-schlesischen Burgenkunde. Burgw. 1936.

Weinelt, Herbert: Schlesische Burgen. Burg und Schloß Freudenthal im Wandel der Geschichte. Freudenthal 1937.

Weinelt, Herbert: Grundriß der Schönhengster Burgenkunde. Sonderabzug aus den „Mitteilungen zur Volks- und Heimatkunde des Schönhengster Landes". Jhg. 1937.

Weinelt, Herbert: Beiträge zur mährisch-schlesischen Volks- und Heimatforschung. Herausgegeben von Herbert Weinelt. Heft 1. Burgengeographie Nordmährens und Sudetenschlesiens. Von Dr. Franz Kubitza. Brünn 1938.

Weinelt, Herbert: Trümmerburg Wildenstein. Sterneck. In Altvater. Zeitschrift des Mähr.-schles. Sudeten-Gebirgs-Vereins. 54. Jhg. Nr. 7 bis 8. 1935.

Wenzel, Hermann: Forschungen in Inneranatolien. Band V. der Schriften des Geographischen Instituts der Universität Kiel. Herausgeg. von O. Schmieder, H. Wenzel und G. Wilhelmy. Heft 1, 2, 3. Kiel 1935.

Wenzig, Josef u. Krejci, Johann: Der Böhmerwald, Natur und Mensch. Prag 1860.

Widerberg, C. S.: Akerhus Festning. Oslo 1932.

Wilhelmy, Herbert: Hochbulgarien. Bd. IV der Schriften des Geographischen Instituts der Universität Kiel. Herausgeg. von O. Schmieder, H. Wenzel und H. Wilhelmy. Kiel 1935.

Wirth, Albrecht, Dr.: Geschichte der Türken. Stuttgart 1912.

Wollin, Nils G.: Rosersberg. Stockholm 1930.

Wrangel, Ewert: Smalandska Kulturbilder. Lund 1925.

Wrangel, Ewert: En Bok om Borgar. Malmö 1938.

Zakrzewski, Ign. von: Die Burgen Großpolens. In: Posener Archäolog. Mitteilungen. 1. 1887 bis 1890.

Zeillerum (Zeiller), Martin: Itinerarium Hispanie oder Kaiss.-Beschreibung durch die Königreiche Hispanien und Portugal, colligirt und verfertigt durch Martinum Zeillerum. Nürnberg 1637.

Zillich, Heinrich: Siebenbürgen und seine Wehrbauten. Mit einer Darstellung der Baugeschichte von Hermann Phleps. Königstein und Leipzig 1941.

Zimmermann, Franz und Werner, Karl: Urkundenbuch zur Geschichte der Deutschen in Siebenbürgen. Herausgeg. vom Ausschuß des Vereins für Siebenbürgische Landeskunde. 1. Bd. 1191—1342, Hermannstadt 1892. 2. Bd. 1342—1390, Hermannstadt 1897. 3. Bd. 1391 bis 1415, Hermannstadt 1902.

Zycha, Adolf: Über den Ursprung der Städte in Böhmen und die Städtepolitik der Premysliden. Prag 1914.

Durch die Kriegsverhältnisse und die damit verbundenen erschwerten Umstände im deutschen und internationalen Leihverkehr der Bibliotheken ist eine letztgültige Genauigkeit der Angaben über das benutzte Schrifttum der europäischen Länder leider nicht immer erreicht worden. Der Verfasser darf wohl aus diesem Grunde um Nachsicht bitten.

Nachweis der Fotos

Alinari: Tafel 50, 53, 56, 59, 62
Deutsches Archäologisches Institut, Athen: Tafel 119, 122, 125, 126, 127, 128
Archivo de Fotografias de Espana, Otto Wunderlich, Madrid: Tafel 4
Arquivo Fotografico Secret Riado da Propaganda Nacional, Lissabon: Tafel 37
Arxiv „Mas“ Barcelona: Tafel 18, 23, 27, 28, 29, 30, 31, 33, 35
Avakian, Bukarest: Tafel 17
Aviacion Militar de Espana: Tafel 2, 9, 10, 13, 14
Axel Barr: Tafel 67
Brogi: Tafel 58, 63, 64
Colleccìones Loty, Madrid: Tafel 21, 22
Centralni presbiro, Belgrad: Tafel 114
Denkmalamt d. Hauptabt. Wiss. u. Unt. d. Reg. d. G. G.: Tafel 89, 91, 92
Professor Bodo Ebhardt: Tafel 1, 5, 6, 8, 9, 11, 12, 15, 16, 17, 18, 22, 23, 32, 34, 41, 43, 46, 47, 48, 51, 52, 55, 57, 58, 61
Enit, Rom: Tafel 42, 54, 60, 64
Leopold Fiedler: Tafel 38, 39, 40
Finnlands Nationalmuseum, Helsinki: Tafel 73, 74, 75
Städtisches Fremdenverkehrsamt Budapest: Tafel 95, 96, 97, 98, 100, 102, 103, 104, 111
Fernando Garrorena, Badajoz: Tafel 24, 25, 26
Garzon, Madrid: Tafel 19, 20, 21
Istitute Italiano d'Arti Grafiche, Bergamo: Tafel 50
Architekt Dipl.-Ing. Peter Karasimeonoff, Sofia: Tafel 112, 118
K. Knudsen u. Co., Bergen: Tafel 70
Koloman Lux, Budapest: Tafel 93, 94
Karl Ernst Krafft: Tafel 105, 106, 107, 108, 109, 110, 112
I. Kulisic, Dubrovnik: Tafel 123
Kulturabteilung des königlich ungarischen Außenministeriums, Budapest: Tafel 98, 99, 101
Mittel u. Co., Bergen: Tafel 71
M. Müller u. Sohn, Berlin: Tafel 87
Nordische Gesellschaft, Lübeck: Tafel 72
Carl Normanns Kunstforlag, Bergen: Tafel 71
Augusto Pedrini, Turin: Tafel 43
Stelian Petres, Bukarest: Tafel 116
Putnik, Belgrad: Tafel 113, 114
Zikmund Reach, Prag: Tafel 77, 78, 80
Dipl.-Ing. Wulf Schäfer, Allenstein: Tafel 127
Staatliche Bildstelle Berlin: Tafel 120, 121, 124
Stühler, Split: Tafel 123
Professor Gjuro Szabo, Zagreb: Tafel 115
Technische Hochschule Warschau: Tafel 88, 90
Universität Sevilla: Tafel 1
„Volk und Reich“ (Else Hege): Tafel 76, 77, 79, 81, 82, 83, 85, 86

Verzeichnis

Abkürzungen

Abb.	= Abbildung	Kroat.	= Kroatien
Alban.	= Albanien	Landsch.	= Landschaft
bef.	= befestigt	Mähr.	= Mähren
Bg.	= Burg	maur.	= maurisch
Böhm.	= Böhmen	Norweg.	= Norwegen
Bosp.	= Bosporus	Pol.	= Polen
Bulg.	= Bulgarien	Portug.	= Portugal
Dänem.	= Dänemark	Rumän.	= Rumänien
Dalmat.	= Dalmatien	Rußld.	= Rußland
Dardan.	= Dardanellen	Schwed.	= Schweden
Deutschl.	= Deutschland	Serb.	= Serbien
Finnld.	= Finnland	Siebenb.	= Siebenbürgen
Fl.	= Fluß	Slowak.	= Slowakei
fr.	= früh	Span.	= Spanien
Frkr.	= Frankreich	Stdt.	= Stadt
Griechenl.	= Griechenland	Stdtbg.	= Stadtburg
Ital.	= Italien	Sudet.	= Sudetenland
Kap.	= Kapelle	Ung.	= Ungarn
Kibg.	= Kirchenburg	Wehranl.	= Wehranlage
Kg.	= König	Wehrki.	= Wehrkirche
Klost.	= Kloster	Wehrt.	= Wehrturm

Verzeichnis

Der Wehrbau Europas im Mittelalter

Burg Sprechenstein bei Sterzing am Brenner

Bodo Ebhardt

Der Wehrbau Europas im Mittelalter

Band II

Unveränderter Reprint.

Herausgegeben
von der
Deutschen Burgenvereinigung.

FLECHSIG

Die Deutsche Bibliothek – CIP-Einheitsaufnahme
Ebhardt, Bodo:
Der Wehrbau Europas im Mittelalter / Bodo Ebhardt
– Sonderausgabe – Würzburg: Flechsig, 1998
ISBN 3-88189-243-5

Umschlagabbildung: *Das Leben auf einer Ritterburg des 13. Jahrhunderts – der Ausritt zur Jagd* (Ausschnitt), Lithographie des 19. Jahrhunderts
Bildnachweis: bpk Bildarchiv Preußischer Kulturbesitz, Berlin.

Sonderausgabe für Flechsig-Buchvertrieb
Unveränderter Nachdruck der Ausgabe von 1939 (I), 1958 (II, III)

Umschlaggestaltung: Monika Götz
Printed in Spain

ISBN 3-88189-243-5

INHALTSÜBERSICHT DES ZWEITEN BANDES

Teil·1

Spanische Burgen

Portugiesische Burgen

Italienische Burgen

VORWORT

Der erste Band dieses Werkes erschien 1939, der zweite Band befand sich, noch in allen Einzelheiten von Bodo Ebhardt erarbeitet, im Druck und wurde durch Kriegseinwirkung zerstört, ein bitterer Schmerz für den greisen Verfasser. Manuskript und Abbildungen waren durch vorsorgliche Maßnahmen aller Beteiligten, insbesondere des Verlages, geborgen. Sie machten eine wahre Odyssee durch, bis sie durch unermüdliche Arbeit des Verlegers, Herrn Dr. Helmut Rauschenbusch, aufgefunden, in die Heimat zurückgebracht und für den Druck erneut vorbereitet werden konnten. Ihm sei dafür und für seine Sorge um eine würdige, sich dem ersten Band anschließende Ausstattung dieses Bandes besonders gedankt.

Weiterer Dank gebührt der Deutschen Forschungsgemeinschaft, die die Herausgabe durch großzügige Hilfe ermöglichte, und schließlich meinem verstorbenen Bruder Fritz Ebhardt, der das Erbe seines Vaters zu wahren als vornehmste Aufgabe betrachtete. Er plante mit dem Verleger die Vollendung des Werkes, als niemand daran glaubte, daß die Zeit des Zusammenbruches und des materiellen Wiederaufbaues für einen so ideell gedachten Plan Raum geben könnte. Gedacht sei auch der Witwe des Verfassers, die in den Jahren des Krieges, trotz äußerer Not und schwerer Sorgen, so manche Stunde ihm an seinem Werke half und die nun mit dankbarer Freude die fortschreitende Fertigstellung im höchsten Alter erleben darf.

Nun liegt das Werk vor, zunächst eine Darstellung des großartigen Burgenbaues Spaniens und Portugals, sowie der dem Verfasser durch langjährige Studien besonders ans Herz gewachsenen Burgen Italiens. Der Rest — die Burgen des Nordens, Ostens und Südostens — wird baldigst folgen. Möchte das Buch seinen Weg machen und der Forschung treue Dienste leisten. Für manche Bibliothek wissenschaftlicher Institute, für manchen Freund der mittelalterlichen Baukunst wird es von hohem Wert sein, als Arbeitshilfe wie als Quell künstlerischen Genusses.

Dr. Klaus Ebhardt

Im Juli 1958

Abb. 1. Stadtburg Alcazaba unterhalb Gibralfaro in Malaga (Andalusien), Spanien. B.E.

Spanische Burgen

Entwicklung des spanischen Burgenbaues

Für die Beurteilung der großen Meisterwerke der mittelalterlichen Wehrbautätigkeit Europas bilden die Burgen Spaniens eine bedeutungsvolle, selbständige Gruppe. Die Ursache solcher Entwicklung ist die eigenartige Lage Spaniens. Von allen vier Himmelsrichtungen ist die Iberische Halbinsel vom Meere umgeben, und selbst an der Nordostecke, wo eine fast 400 km breite Landverbindung mit Europa besteht, bilden die kühnen Kämme der Pyrenäen eine schwer übersteigbare Abwehrmauer gegen das übrige Europa. Kein Wunder, daß sich in einem so abgeschlossenen und auch innen durch wilde Gebirge zerrissenen Lande eine eigenartige Gestaltung des spanischen Wehrbaues entwickelte.

Wohl war auch die spanische Baukunst immer fremden Einflüssen ausgesetzt, aber diese Einflüsse kamen jahrhundertelang unbehinderter aus Afrika, das nur durch eine schmale Meerenge von Spaniens Südspitze getrennt ist, als über die wenigen Pyrenäenpässe. Sobald daher in Afrika starke politische und künstlerische Kräfte lebendig waren, wirkten sie auch nach Spanien hin. Ja, diese Einflüsse waren jahrhundertelang, sowohl zur Zeit der Phönizier als auch nach Sturz des Römischen Reiches, oft stärker als die Europas. Aus dem Altertum sind dementsprechend in Spanien iberische und phönizische neben römischen Wehrbauten in großer Zahl und in großartigen Resten erhalten. Man denke nur an Sagunt und an Jativa.

Während der westgotischen Königsherrschaft werden dann in Spanien wohl neue Wehrbauten entstanden sein. Die Germanen fanden aber auch so unendlich viele Römerbauten vor, die ihnen wieder als Wehrbauten dienen konnten, und sie selbst waren zahlenmäßig so gering, daß sie nicht viele neue Burgen bauen konnten.

Die ersten Nachrichten, die wir über spanische Wehrbauten des Mittelalters haben, stammen aus der Zeit der von Afrika noch unbeschwerten westgotischen Herrschaft. Die 3 Jahrhunderte von 415—711 waren durch dauernde Kämpfe mit Römern, Vandalen und Sueven erfüllt, seit der Mitte des 5. Jahrh. aber auch durch Kämpfe zwischen arianischen und katholischen Glaubensanhängern. Sieger blieben nichtgermanische Katholiken[1]). Diese Kämpfe fanden einen gewissen Abschluß 589 durch den Beschluß des Konzils zu

---

[1]) v. Boehn: Spanien.

Toledo, das den Übertritt des Königs zum Katholizismus besiegelte; damit besiegte die katholische nichtgermanische Mehrheit die arianisch westgotische Minderheit und erhob den Katholizismus zur Staatsreligion. Diese Mehrheit bestand aus romanischen Nachkommen der iberisch-römischen Bevölkerung, der vor allem die gesamte einflußreiche Geistlichkeit angehörte. Ihr Einfluß entrechtete zugleich die germanischen Könige.

Die Bedeutung, die damals dem Burgenbau beigelegt wurde, geht aus Nachrichten des 6.–8. Jahrh. hervor. Danach brach das Gotenreich angeblich auch deshalb so schnell unter dem ersten Ansturm der Mauren zusammen, weil, wie der angebliche arabische Feldherr und Geschichtsschreiber Albucacim Tarif Abentarique in seiner Geschichte des Königs Rodrigo berichtet[2]), der letzte Gotenkönig selbst die westgotischen Burgen zerstörte. Er fürchtete seine eigenen Untertanen, da er in ihren Augen ein Thronräuber war. Er strebte deshalb danach, sie seiner Herrschaft gegenüber wehrlos zu machen.

Solche parteiischen Berichte treffen wohl nur einen Teil der Begründung für die Niederlagen; wir hören aber auch, daß in der Schlacht von Jerez de la Frontera zwei Bewerber um den westgotischen Königsthron verräterisch zu den Osmanischen übergingen und dadurch die Niederlage verursachten, bei der König Rodrigo in ungeklärter Weise fiel, ohne daß seine Leiche gefunden wurde.

Entscheidend für den Zusammenbruch der Goten war aber auf die Dauer eher die ungeheure Mehrzahl, die von den Orientalen auch nach der Schlacht bei Frontera gegen die germanischen westgotischen Herren ins Feld geführt wurde, und die Rassengegensätze zwischen den Germanen und der unterworfenen romano-iberischen Bevölkerung. Auch der Verrat der zahlreichen, in Spanien wohnenden Juden wird in alten Berichten ausdrücklich erwähnt. Wir haben jedenfalls über spanische burgliche Bauten ungewöhnlich frühe Nachrichten[3]).

Wieweit die schon im 8. Jahrh. erwähnten Burgen freilich Neuschöpfungen des künstlerisch und bautechnisch hochbegabten Gotenvolkes waren, wird heute schwer zu beurteilen sein. Fälschungen arabischer Schriftsteller, wie der oben genannte angebliche Albucacim Tarif Abentarique, berichten in zu allgemeinen Wendungen, um diese Frage klar entscheiden zu können.

Da aber vor den Goten die Iberer, die Phönizier und die Römer viele großartige Wehrbauten in Spanien errichteten, wie in Numantia, Sagunt, Tarragona, Merida und in zahlreichen anderen in der Kriegsgeschichte berühmten Orten, haben die Westgoten nach der Eroberung Spaniens die damals noch erhaltenen Werke solcher älteren Befestigungskunst sicher auch für ihre Zwecke benutzen können. Sie fanden eine hohe Meisterschaft im Steinbau vor, die der ursprünglich germanischen Übung des Holzbaues bald ein Ende machen mußte in einem Lande, wie in dem trockenen und heißen Spanien, dessen Klima und Waldarmut den Holzbau nicht begünstigte. Dafür sprechen alle Nachrichten, von denen wir einige bestimmte Angaben über frühe Architekten und Burg- oder Stadtmauern bringen:

571 hören wir, daß der Gotenkönig Leovigildo die Stadt bzw. den Alcazar Malaga belagert und den Byzantinern entreißt[4]).

Ein Inschriftstein von 610 meldet, daß der gotische König Recesvinto eine Kirche San Juan Bautista erbauen ließ. Der König Wamba ließ um 674 Toledo mit Türmen und Mauern umgeben und dazu Steine des römischen Circus Maximus verwenden[5]).

[2]) La verdadera Historia del Rey Don Rodrico: En la quae se trata la causa principal de la perdida de España, y la conquista que della hizo Miramamolin Almançor, Rey que fue del Africa, y de las Arabias, y vida del Rey Jacob Almancor. Compuesta por el sabio Alcayde Albucacim Tarif Abentarique. Verfasser Don Miguel de Luna, Valencia MDCVI. — [3]) Llaguno y Amirola y Juan Augustin Cean-Bermudez: Noticias de los Arquitectos y Arquitectura Tom I. S. 1 ff. — [4]) Carter: Reise von Gibraltar nach Malaga i. J. 1772. II. S. 282. — [5]) Haupt: Die Baukunst der Germanen. S. 186. Llaguno y Amirola. I. S. XXI.

So hören wir auch, daß der gotische König Ervigio, Nachfolger des Wamba, die berühmte beschädigte Alcantarabrücke durch einen „duque o' gobernador", den Meister Sala, wiederherstellen ließ, der die schwierige Arbeit „con acierto é inteligencia" durchführte[6]). Deutlich erkennt man noch, daß die germanische Formensprache sich auch in den Steinbauten durchsetzte. Als Beweis dienen die Kerbschnittnachbildungen in Stein z. B. an der gewaltigen Burg Monzon in Aragon.

Ein günstiges Geschick hat auch eine Reihe vollständig steinerner germanisch-spanischer Großbauten aus sehr früher Zeit erhalten, die zum Teil dem Bilde entsprechen, das wir uns nach Schilderungen alter Dichter (im „Beowulf" des 8. Jahrh.) von altgermanischen, freilich hölzernen Königshallen machen.

Haupt hat in seinem höchst verdienstvollen Werk diese germanisch-spanischen Baudenkmäler des 9. Jahrh. dargestellt[7]); die wichtigsten sind die heute als Kirchen benutzten Bauten San Miguel de Escalada, Santa Maria de Naranco und San Miguel de Lino, die beiden letzteren um 842—850 von Ramiro I. errichtet. Santa Maria de Naranco erinnert nach Größe und Form an früheste hölzerne Pallasbauten, die germanischen Königshallen[8]).

Die Königshalle bzw. der „Königspalast mit Rädern", heute Kirche von Santa Maria de Naranco, hat einen sehr langen, rechteckigen Grundriß. 2 Stockwerke sind erhalten — wie in Goslar[9]) —, ein niederes, gewölbtes Untergeschoß und ein tonnengewölbtes, hohes Obergeschoß. Zwei offene Pfeilerstellungen an den beiden Enden trennen je eine Vorhalle (oder Nebenhalle) ab. Die Eingänge sind oben und unten in der Mitte der Längsseiten angeordnet. Ungewöhnlich ist die dreibogige hohe offene Halle im Oberstock an der 1932 wiederhergestellten Stirnseite. Anklänge der Gesamtanordnung an die jüngeren, romanischen Pallasbauten unserer deutschen Königsburgen von Goslar, Braunschweig und Gelnhausen fallen ins Auge. Santa Maria de Naranco ist ein früher westgotischer, burglicher, königlicher Hallenbau, ein Vorläufer des Pallas oder des „Pfalzsaales".

Auch die westgotische Kultur wurde sicher nicht im Jahre 711 mit einem Schlage vernichtet, als die Mauren von Afrika her übersetzten und in der Schlacht bei Jerez de la Frontera den letzten Gotenkönig Roderich entscheidend schlugen. In wenigen Jahren bemächtigten sich darauf die unzähligen, mohammedanischen Scharen — zunächst unter ihrem Feldherrn Târik, dann unter dem Statthalter des omaijadischen Kalifen Welid — fast der ganzen Halbinsel. Nur in Asturien, Galicien und in anderen nordwestlich gelegenen Teilen Spaniens hielten sich die westgotisch-germanischen Herrscher von dem halb sagenhaften König Pelayo an, dem Herzog von Biskaya, der angeblich in der berühmten Höhle von Covadonga in dem Berge Ausena lange Zuflucht fand, um nach seinem ersten großen Siege am Guadalete allmählich zum Gegenstoß auszuholen und die Halbinsel in hartem Ringen schrittweise dem Christentum und Europa wiederzuerobern[10]).

Das Vordringen und Zurückweichen der germanisch-europäischen und der afrikanisch-maurischen Herrschaft und das jahrhundertelange Verbleiben unterworfener Mauren, der sogenannten „mudejar" — moriscos — in den christlich-spanischen Reichen, mußte notwendig eine gegenseitige Beeinflussung der feindlichen Rassen auf allen Gebieten des Friedens und des Krieges mit sich bringen, um so mehr, als auch einzelne maurische und christliche Staaten gegenteiliger Stämme sich bündnishaft in Kämpfen gegen Rassen-

---

[6]) Ebenda I. S. XXII. — [7]) Haupt S. 196/197 Abb. 119, 129, S. 205 Abb. 125. — [8]) Schlunck: Span. Architekten aus der Zeit der asturischen Monarchie, S. 242, führt die Bauten auf karolingischen Einfluß zurück und lehnt Haupt ab. — Wir verweisen auf den Abschnitt Norwegen S. 361. — [9]) Vgl. B. E.: Wehrbau I. S. 512ff. — [10]) v. Boehn S. 77ff. Bartolomeo de Rogatis: Hist. della Perdita e Riacquisto della Spagna II. Venetia 1660. S. 43 u. 55. Pidal: Das Spanien des Cid I. S. 18.

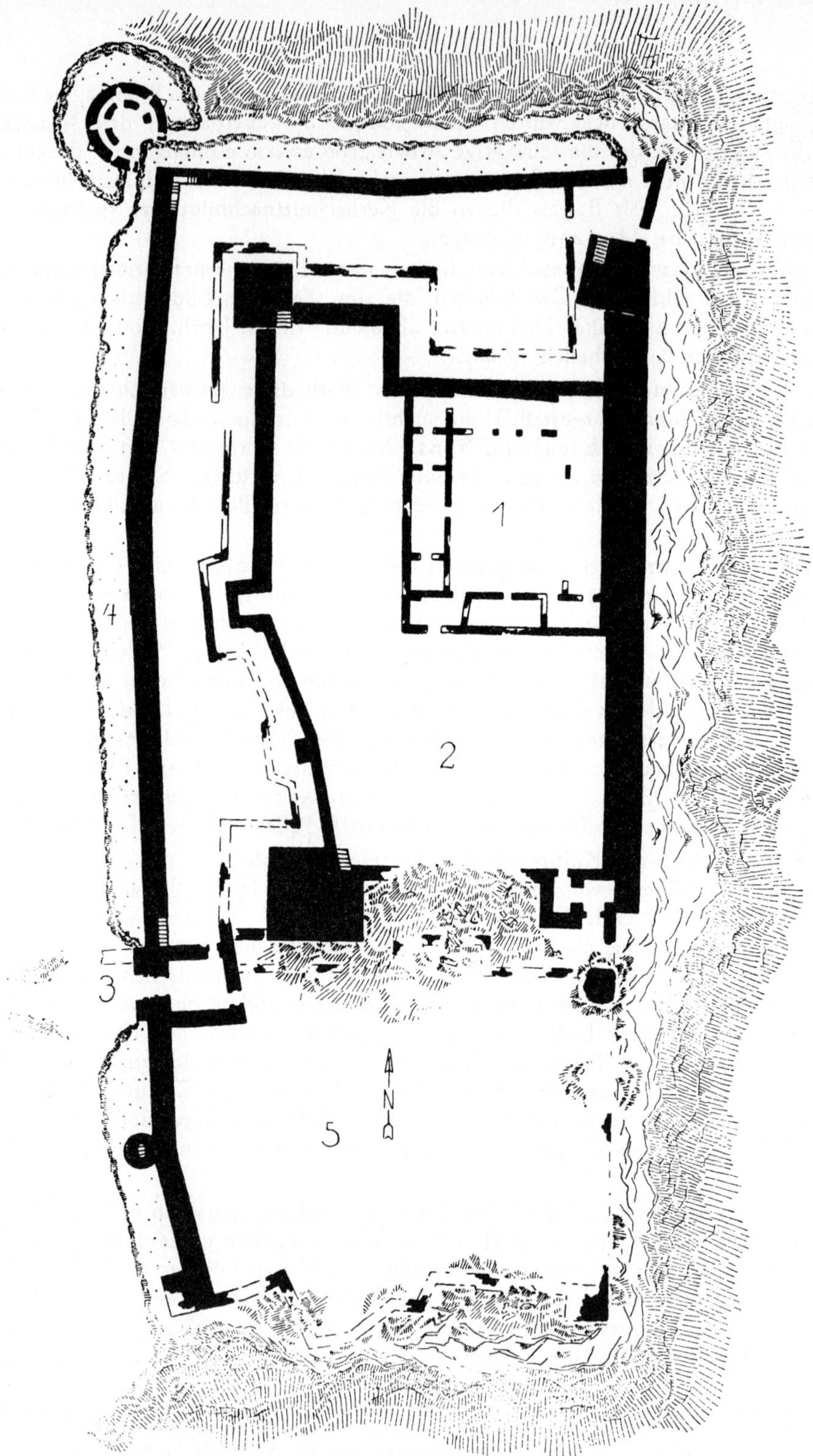

Abb. 2. Stadtburg Carmona (Andalusien), Spanien. Grundriß 1 : 1000. B.E.
1 Pallas. 2 Innere Vorburg. 3 Haupttor. 4 Graben. 5 Äußere Vorburg.

genossen zusammenschlossen[11]). Auch die germanische Baukunst endlich ebenso wie die morgenländische Kunst wurden ihrerseits wieder durch römische Überlieferungen beeinflußt, und es ist wohl richtig, wenn spanische Forscher[12]) das sogenannte maurische Haus mit seinem Patio, d. h. mit einem oder mehreren Höfen im Inneren, nicht als maurische Erfindung gelten lassen, sondern darin nur eine Fortbildung des in Spanien im Altertum verbreiteten römischen Hauses mit seinem Atrium sehen wollen.

Als alte Kalifatische Bauten werden die bedeutenden Ruinen von Medina Azzahara (= Medina azzahrâ) bei Cordoba betrachtet[13]). Sie werden dem 10. Jahrh. zugeschrieben. Massenhafte, geistlos wiederholte Steinornamente der Wandbekleidungen verraten byzantinisch (?) westgotischen Einfluß. Großartige Be= und Entwässerungsanlagen für 25000 Bewohner sind aus Resten zu erraten. Die starken Mauern der arabischen Residenz bestehen aus Kalksteinquadern.

Dem 11. Jahrh. gehören die bedeutenden Reste von Aljaferia über Zaragoza an, dem 14. Jahrh. das Schloß zu Granada. Dieser Zeit schließen sich die Arbeiten der unterworfenen Mauren an, die in christlichen Gebieten ausgeführt wurden. Wichtig für die Kenntnis des Mischstiles des Mudejar sind die Arbeiten in Tordesillas von 1340[14]).

Aus dem 10. Jahrh., vom Jahre 935, wird gemeldet, daß Abderrahmân III. die siebentürmige Burg über der Stadt Bujalance, 35 km von Cordoba entfernt, erbaut habe, die heute nur in Ruinen erhalten ist.

Die burglichen Bauten zeigen im Süden die gleichen Einflüsse wie das spanische Wohnhaus. Im Norden, wo die germanische Bautätigkeit nicht unterbrochen wurde, hat sich der steinerne Wehrbau durch die romanische und gotische Bauzeit hindurch bis ins 15. Jahrh. eigenwillig fortentwickelt. Die Einzelheiten des burglichen Wehrbaues sind dabei durch den Zweck und durch die Art der jeweiligen Verteidigungs= und Angriffswaffen wie im übrigen Europa bedingt. Das christlich=germanische Spanien wirkte von der nördlichen Ecke der Halbinsel aus auf die Formen und Gesamtanordnungen der Wehrbauten künstlerisch und technisch selbständig ein, wie es die strenge Größe der in den Glaubenskämpfen gestählten Willenskraft der Rasse verlangte.

Lage und Art der Burgen

Auf die Anordnung der Grundrisse und die künstlerischen und Zweckformen des Aufbaues der Burgen hatten auch in Spanien bei jeder Burg die Lage in der Landschaft, das Klima, die Rasse der Erbauer und die Zeit der Entstehung, endlich die wechselnden Kriegsmittel und Waffen ihren Einfluß.

Zuerst war die Landschaft im Sinne der gegebenen strategischen Wichtigkeit der Baustelle von Bedeutung. Es galt wie in anderen Ländern die Kriegs=Handelsstraßen zu beherrschen. Dafür sind die Wahl des Burgberges von Carmona[15]) oder der Baustelle von Medina del Campo[16]) an der Straße durch die Pässe zwischen der Sierra de Gredos und der Sierra de Guadarrama nach Neukastilien ganz besonders kennzeichnend, ebenso die Lage Leridas[17]) mit seiner Quaderburg La Zuda. Lerida sperrte mehrere Paßstraßen des katalonischen Küstengebirges und die Ausmündungen von Pyrenäentälern, die hier zusammentreffen. Pyrenäen=Pässe waren zu verteidigen von der Biskaya bis zum Pyrenäenübergang bei Le Perthus. Zahlreiche Häfen sollten geschützt werden, daher die großen Wehranlagen des Castillo Santa Barbara über Alicante (Abb. 99)[18]), der Burgen Alcazaba (Abb. 36, 37) und San Cristobal (Abb. 36, 38) über Almeria[19]), Castell

[11]) Pidal a. a. O. — [12]) v. Boehn S. 77ff. — [13]) B. E.: Span. Burgenfahrt. S. 98. — [14]) Ebenda S. 121. — [15]) Siehe unten S. 83. — [16]) Siehe unten S. 26. — [17]) Siehe unten S. 112. — [18]) B. E.: Span. Burgenfahrt. S. 63. — [19]) Ebenda S. 69ff.

Gibralfaro über Malaga[20]), der drei Burgen Castillo de la Concepcion, Castillo de las Galeras und Castillo de San Julian über Cartagena, des Castillos Santa Catalina auf der äußersten Felsenspitze der Landzungen von Cadiz und der alten Burg über San Sebastian. Die Burgen von Gibraltar — nach einer von Carter[21]) 1772 ge= lesenen Inschrift über dem Südtor 739—41 erbaut — und Algeciras werden schon unmittelbar nach dem Maureneinfall genannt[22]).

Auch die Städte sollten verteidigt und beherrscht werden durch Burgen, wie in Gra= nada durch die Alhambra (Abb. 39), in Cordoba durch den Alcazar (Abb. 53, 54, 55, 56), ebenso in Sevilla, in Ronda durch den Alcazaba, in Burgos durch das Castillo, in Segovia durch den stolzen hochgetürmten Alcazar und in Toledo durch den Alcazar, den wuchtigen Gewaltbau gleicher Art, der noch in unseren Tagen mit neuem Ruhm bedeckt wurde[23]).

Aus früherer Zeit wissen wir aber auch schon von spanisch=christlichem Burgenbau, von einem Bau der Burg Tudela nahe Oviedo, der 875 durch König Alfons dem Großen errichtet wird, ebenso vom Bau der Burg Gauzon mit einem hohen Turm als Warte gegen die Normannenflotten[24]).

Arten der Burgen, wie Höhenburgen, Wasserburgen, Stadtburgen, Hafenburgen, Kirchen= burgen und befestigte Klöster bzw. Ordensburgen, heben sich auch in Spanien je nach der Lage der Dinge voneinander ab[25]). Dabei überwiegen, der wild gebirgigen Gestaltung des Landes entsprechend, die Höhenburgen auf steilen Felsen und Berggipfeln.

Die Burgen zu Alcañiz (Taf. 27), Loarre (Taf. 28, 29), Morella (Taf. 33), Cardona (Abb. 90, 91), Onda und Archidona bei Antequera[26]) (Taf. VI), die ausgedehnten Ruinen von La Colonna de Larnes in Katalonien sowie die Stadtburgen zu Alba= late del Arzobispo, Lerida (Abb. 92) und der Alcazar zu Toledo (Taf. 8) sind aus= gesprochene Gipfelburgen, und nicht nur die vier ersten Bergfesten erheben sich zu alles beherrschender Größe aus der Landschaft. Die Mehrzahl der Burgen sind im Grundriß unregelmäßig, z. B. trifft das zu bei den Felsenburgen zu Jativa (Abb. 96, 97), Escalona und bei vielen Burgen Kataloniens.

Ganz zerrissen ist die Gestaltung der Felsenburg Zahara (Abb. 49), aber auch die mächtige Burg über Lorca (Abb. 103) zeigt weite, unübersichtliche Anlagen. Nur in Katalonien finden sich öfter bergfriedartige Turmsteigerungen, die die Bergspitze fort= setzen, dagegen sind im Süden oft schwere, viereckige Lehnstürme unerwartet und dem Gesamtbild widersprechend (wie in Zahara) in die wilden Felsen hineingesetzt. Noch zersplitterter und rätselhafter ist der Grundriß der königlichen Burg Olite[27]) in Navarra auseinandergerissen (Taf. 30).

Die beiden gewaltigen Anlagen in Carmona etwa 40 km ostsüdöstlich Sevilla in An= dalusien und Medina del Campo[28]) in Kastilien gehören hierher, beide auf geringerer Höhe in Verbindung mit einem städtischen Ort, ohne daß man die Festen eigentlich Stadtburgen nennen könnte, sind einige der bedeutendsten Höhenburgen. Beide Burgen liegen nicht auf schroffem Felsengipfel, sondern auf einem Hügel, der aber die gesamte Umgebung in weitem Umkreis zu übersehen ermöglicht. Beide Orte beherrschen wich= tige Straßen.

Die Wahl unzugänglicher Bauplätze auf stolzer Höhe führte in keinem Lande zu wilderen Umrissen der Burgen wie auf den tödlich kahlen, von Bergwassern zerrissenen spanischen Felsenbergen. Erschütternd wirkt so das Bild der im 11. Jahrh. begründeten, im 14. Jahrh.

---

[20]) Siehe unten S. 66. — [21]) Carter I. S. 17. — [22]) B. E.: Span. Burgenfahrt. S. 6. — [23]) Ebenda S. 77ff., 96ff., 90ff., 85, 125f., 116ff., 109ff. — [24]) Llaguno y Amirola I. S. 8. Lampérez y Romea: Arquitectura Civil Española I. S. 305. — [25]) B. E.: Wehrbau I. Abschnitt Burgenarten S. 22ff. — [26]) Braun und Hogenberg, V. Tafel 9. — [27]) Siehe unten S. 103. — [28]) Siehe unten S. 26.

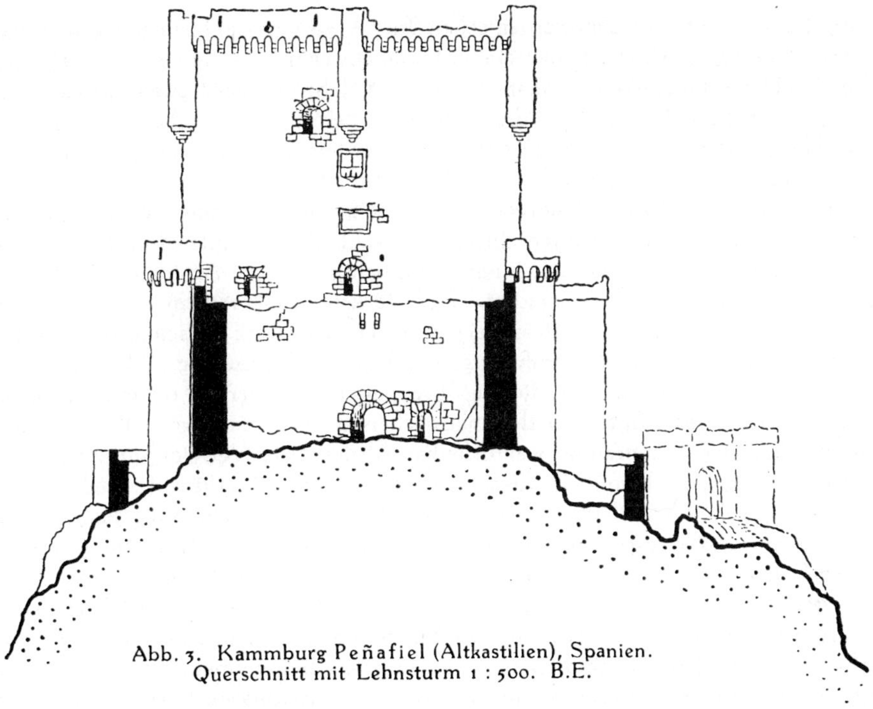

Abb. 3. Kammburg Peñafiel (Altkastilien), Spanien. Querschnitt mit Lehnsturm 1 : 500. B.E.

umgebauten Burg Peñafiel[29]). Die Form dieser Kammburg ist nur im Zusammenhang mit dem Charakter der Landschaft zu würdigen. Wie sie sich über der viel tiefer liegenden Stadt erhebt, so wächst auch die mächtige, im Kern ehemals fast quadratische, arabisch geformte Burg Antequera empor (Abb. 45). Hier wie bei der gewaltigen Ruine der Burg Lorca (Abb. 103) reicht die Stadt aber näher als bei Peñafiel an den Burgfelsen heran.

Fand so die schroffe, felsige Gestaltung der nordspanischen Gebirge eine Fortsetzung gleichen Geistes in den romanischen Kirchenburgen wie Loarre, Cardona, Altafulla oder in den scharfkantigen, zackigen Burgbauten in Peñafiel, Penaranda de Duero, Olite und ähnlichen Anlagen, so fügen sich die gewaltigen Bauten Jativas (Abb. 96, 97), der Burg der Borgia, in der Papst Alexander VI. geboren wurde, der Burgen zu Aledo, der kriegsberühmten Burg des Cid, und Lorca, der Stadtburgen von Almeria, die Graf Ramon Berengar IV. der Heilige 1148 erobert[30]), Alicante oder Tortosa, in ähnlicher Meisterschaft den südlichen kahlen Bauplätzen an.

Aragonien und Katalonien gemeinsam und eigentümlich scheint die Errichtung bedeutender Burgkirchen zu sein. Solche romanischer Zeit sind erhalten in Loarre, in den Burgen Cardona und Solsona, in Ulldecona, in Calafell, auch die vielfach erneuerte Kirche oben bei der Burg zu Altafulla mag hierher gehören. Beide letztere Burgen liegen nahe Tarragona. Manche Burgen scheinen hauptsächlich der Kirchen halber gebaut, wie z. B. Loarre, die schon 975 inschriftlich bezeichnete Kirchenburg, die wie Cardona eine große romanische Kirche umschließt, ferner die schon von den Mauren im 9. Jahrh. befestigte Burg Alquézar bei Huesca, erwähnt 1070, deren Kirche die anderen Teile überragt; oder auch die befestigte Bischofsburg Requesens in der Provinz Gerona bei La Junquera. Selbst in der Burg Manzanares el Real ist der Kirchenbau fast über-

[29]) Siehe unten S. 34. — [30]) Diercks: Geschichte von Spanien I. S. 432. Graf Ramon Berengar IV der Heilige von Katalonien nimmt 1148 Almeria, Tortosa, Lerida und Fraga (1149) ein.

wiegend, ebenso in der herrlichen romanischen Burg Alcaniz, der Hauptburg der Calatravaritter, seit dem 12. Jahrh. tritt hier ein fast mönchischer Zug hervor. Am stärksten ist aber der kirchliche Gedanke betont in der dem 13. Jahrh. angehörenden gewaltigen Burg Turegano bei Segovia (Taf. 4), die aus einer befestigten Kirche mit Außenwerken besteht. Über dem gleichnamigen Ort steht in einer hohen rundturmverstärkten Zwingermauer die rechtwinklige dreischiffige Kirche, rund 36 m lang und 20 m breit mit über 3 m starken Mauern. An den Chorecken ist dieselbe mit zwei ungleich starken Vierecktürmen, an der gegenüberliegenden durch drei schlanke gezinnte Rundtürme verstärkt, mit flachem Dach im Zinnenkranz, innen sechsjochig mit drei Absiden. Das Kirchentor zwischen 2 Türmen ist stark verteidigt. Der stärkste Choreckturm ist bewohnbar.

Auffallend ist als Ausfluß der Rasseneigenart der Gegensatz zwischen der Klarheit der kastilischen Burggrundrisse, der großzügigen Anlage von Torzugang und Raumverteilung, gegenüber der Enge der inneren Räume, Treppen und Türen in maurischen Gebieten. Darin spricht sich das Mißtrauen der maurischen Burgherren gegen alle aus. Die Unübersichtlichkeit der Innenräume war offenbar Absicht, ein Verteidigungsmittel, das die Spanier verschmähten, obwohl die Geschichte der Geschlechterkämpfe auch in den spanischen Königreichen wahrhaft genug Verrat und grausame Überfalle kennt.

Die Innenräume Antequeras bieten von der unklaren Grundrißbildung des Südens ebenso ein Beispiel, wie sich ein Gegenteil in der Höchstleistung der maurischen Wohnbaukunst in dem Grundriß der Alhambra ausdrückt. Ein Beispiel dafür ist auch Alanis[31]).

In Estremadura, in Andalusien und im Süden überhaupt mischen sich die Stile des Nordens und des Südens. Dicht beieinander erscheinen Bauten maurischer Art, „mudejar", granadische und gotische Werke, später platereske und kastilische Formen, dann Arbeiten der italienischen Renaissance und endlich auch Leistungen der herrerianischen, klassizistischen Zeit, die auch in älteren Burgen Paläste und Schlösser errichtete. Vieles ist auch für dauernden Kriegsgebrauch immer wieder umgebaut worden, bis aus der Burg eine Festung wurde, wie die Beispiele von Alicante und im Norden von Carmona und Tortosa zeigen.

Im Nordosten in Katalonien und Aragon sind die Burgenformen — Grundrisse — weniger einheitlich als im Süden und Nordwesten; neben gewaltigen Anlagen wie Cardona bietet namentlich Katalonien außer diesem unzählbare Burgen, meist kleineren Umfanges, aller Arten und Formen, wie sie auch andere Länder zeigen. Das kann teils an der Bergbildung und dem Baustoff, teils an der Machtverteilung an zahlreichere kleinere Vasallen, teils an der leichteren Beeinflussung des katalonischen Gebietes von Frankreich und Italien aus liegen.

Die Baustoffe endlich sind wie überall auch in Spanien von entscheidender Bedeutung für die Formengebung, ja für die gesamte Aufbaugestaltung. Im Süden und weit nach Kastilien hinein — z. B. bis zur Burg Escalona — finden wir die in Spanien eigentümliche Art, Mauern von großer Stärke aus Lehmschlag — Tapia — herzustellen. Diese heute noch übliche Bauweise ist von alters her bei maurischen Burgen angewendet worden. Sie entstammt dem Morgenlande. Große Lehmblöcke werden an Ort und Stelle in Kästen gestampft und in gewissen Abständen mit Ziegeln oder Steinschichten abgeglichen, so in Burg Lorca und der Stadtburg Loja.

Die Zerstörbarkeit des Lehms führte dann dazu, daß Mauerecken in Hausteinen oder Ziegeln verzahnt ausgeführt wurden. Ja, oft erscheinen auch rohe Steinblöcke als Verkleidung in die Lehmmasse eingedrückt. Beispiele bieten Escalona, Torre de Logar und Loja[32]). In den frischen Lehmschlag sind dort zur Verstärkung der Oberfläche

[31]) Catalogo Arqueologico y Artistico, Prov. Sevilla I. S. 35. — [32]) de la Rada y Delgado: Cronica General Bd. Granada. S. 34f.

gegen Witterung und Beschießung große Bruchsteine eingedrückt, in der zweitobersten Schicht sind diese in Loja herausgefallen. Die hier angewendeten Ziegel sowohl wie jene bei den Hufeisenbogen der Burg San Servando bei Toledo und beim Kastell in Carmona sind sehr flach, fast römisch geformt.

Auch an den großen Seitenbestreichungstürmen Escalonas finden wir so geformte Ziegel= und Bruchsteinverstärkung der Tapiamauern in weitestem Umfang verwandt. Die 1328 von König Alfons von Kastilien vergeblich belagerte Burg des Don Juan Ma=nuel[33]) dürfte damals schon den heutigen Umfang gehabt haben und ein wichtiges Beispiel rein spanisch=maurischer Technik sein.

Über die Pracht der Ausbildung des Inneren der dortigen Wohnbauten erfahren wir aus der Beschreibung der Feste, die der Burgherr des Condestabel Don Alvaros seinem Könige Juan II. 1449 in Escalona gab[34]). Man verschmäht aber auch bei solch besonders großartigem Bau den Lehmbeton nicht. Kennzeichnend sind an all diesen Tapiabauten zu Almeria oder an dem Alcazar zu Alcala de Guadaira und anderen Orten die stark verwitterten Rüstlöcher.

Eingestürzte Mauern in der Burg von Carmona ermöglichen, die blockweise Herstellung des Lehmschlages zu erkennen; in den hier zu Haufen liegenden Trümmern haben sich große, ziemlich kantige, gelbe Lehmblöcke übereinandergeschoben. Die Hauptringmauern sind ganz aus Lehm oder Ziegelabgleichung gestampft. Die Mauerstärken, stets groß, betragen hier 2 m und darüber.

Während aber die ältere Burg Carmona aus Lehm besteht, wurde später, Ende des 15. oder Anfang des 16. Jahrh., auf der Angriffsseite ein Batterieturm nach nordspanischer Art aus sorgfältig behauenen Quadern und Hausteinen angebaut. Eine Tür mit spät=gotischem Eselsrücksturz beweist die spätere Bauzeit.

Im größten Maßstabe ist an der elftürmigen Riesenburg Alcala de Guadaira bei Sevilla[35]) die Lehmbauweise durchgeführt. Die laufenden Mauerzüge und fast alle Türme sind aus braunem Lehm hergestellt, so daß die gewaltigen Massen in der südlichen Sonne goldgelb leuchten. Nur einige besonders wichtige spätere Bauteile, der starke Hauptturm, der ganz an der Spitze der Bergnase frei dasteht, durch eine hohe Brücke mit der Mauer=krone der Kernburg verbunden, ein wappengeschmückter, höherer Eckturm, ein Hufeisen=torbogen nahe dem Hauptturm, ein Rundbogentor und ein spitzbogig=gotisches Vortor usw. sind in den gut bearbeiteten Quadern ausgeführt. Quaderpfeiler und Ziegelecken geben einzelnen Lehmbauten verstärkten Halt.

Diese Beispiele lassen sich aus Andalusien und auch aus Mittelspanien beliebig vermehren. Auch die eigentlich feste Burg der Alhambra ist zum großen Teil in Tapia gebaut. In der schon im 9. Jahrh. begonnenen Alcazaba der Alhambra, der eigentlichen Burg, über=wiegt die „tapia" auch in den großen Mauermassen der Türme. Lampérez[36]) nennt übri=gens die Konstruktion des berühmten Prunkbaues der eigentlichen Alhambra einen groben Mischmasch von Lehmstampfmassen, Ziegel und Holzwerk.

Je weiter wir aber nach Norden kommen, von Valencia nach Kastilien, Aragon, Kata=lonien und Navarra usw., desto allgemeiner wird die Verwendung des Bruch= und Hau=steines. Das schließt natürlich die einzelne Verwendung von Hausteinen auch im Süden nicht aus.

Ein großartiges Beispiel dafür bietet der herrliche Lehnsturm der Burg zu Lorca. Der Turm mag nach der Eroberung Lorcas durch den Infanten Alfons den Gelehrten, also kurz nach 1234, doch noch teilweise maurisch beeinflußt, aber doch gotisch innen, erbaut sein, damit stimmen die strengen Formen der schönen gotischen Fenster im Oberstock

---

33) Siehe unten S. 44. — 34) Lampérez y Romea I. S. 208. — 35) Siehe unten S. 77. — 36) Lampérez y Romea I. S. 617.

Abb. 4. Stadtburg Tortosa am Ebro (Katalonien), Spanien. B.E.

überein. Ihre reich pro=filierten Gewände sind aus Hausteinen kunst=gerecht gemeißelt. Das aufgehende Mauerwerk ist dagegen zyklopen=artig aus regelmäßig viel=eckigen Steinen ge=schichtet.

Quaderbauten großen Maßstabes aus mauri=scher Frühzeit finden wir 1149 in dem nörd=lichen Lerida, dessen Burg La Zuda (Lage=plan Bd. I. S. 89. Abb. 93) als Wohnsitz des „Vali" schon lange vor der Eroberung durch Ludwig den Frommen 799 eine feste Burg war. Die Christen mußten Lerida aber 1117 und nochmals 1148[37]) durch den Grafen Ramon Berengar IV. von Katalonien erobern. Der Burgplatz auf dem rechten Ufer des Segre ist strategisch höchst wichtig, da hier zahlreiche Pyrenäentäler und =pässe zusammenlaufen. Hier geht auch die Hauptstraße von Barcelona nach Sara=gossa ab[38]).

Auch die hochragende Komturei, die Burg des Ordens von Calatrava über der Stadt Alcaniz in Aragonien ist ein prachtvoller, romanischer Quaderbau mit bedeutender, romanisch tonnengewölbter Burgkirche, freilich durch Umbauten vom 14. bis 18. Jahrh. viel geändert, schon 1411 Sitz des aragonischen Parlamentes[39]).

Die riesige Mantelmauer von Torroella de Montgri nordöstlich von Gerona ist ganz aus Quadern geschichtet. Auffallend und ungewöhnlich sind die Reste ungeheurer spitz=bogiger Gewölbe an der Innenseite der Mantelmauer, die Rückschlüsse auf die Größe der Räume erlauben. Die berühmte Burg Loarre bei Huesca aus dem 11. Jahrh. — gleich=falls ein Quaderbau — zeigt reichste, spätromanische Formen. Valderrobres und Teruel sind gleich großartig in der Quaderausführung, ebenso die kleine Burg Solsona des 13. Jahrh. bei Cardona, überwältigend die Burg Peñafiel in Kastilien und, wie bereits erwähnt, die seltsam zerrissen gestaltete Burg Olite. Der strenge Geist der christlichen Glaubenskämpfer spricht aus allen diesen scharfkantigen, großgedehnten und folgerichtig durchgebildeten Burgen.

In Granitgegenden, wie in Manzanares el Real oder um Avila, feiert die Überwindung des harten Steines durch die Kunst der Meißelführung höchste Triumpfe, und die Granit=quadermauern, Tore und Türme Avilas scheinen von Riesen für die Ewigkeit gebaut. Merkwürdig als ein beispiellos gesteigertes Bild einer ganz großartig gelegenen und durch die Abmessungen der Türme und Mantelmauern alles andere übertreffenden Burg muß dann noch der Granitquaderbau von Almodovar bei Cordoba[40]) genannt werden, leider unverstanden vollendet und wiederhergestellt.

Auf die unzähligen burglichen Bruchsteinbauten des Nordens ist nur hinzuweisen. Sie tragen weniger selbständige Züge, außer vielen quadratisch regelmäßigen Bildungen. Erwähnt werden müssen aber noch einige der in Spanien verhältnismäßig seltenen Ziegel=bauten. Ziegel treffen wir in allen Teilen des Landes als Aushilfsmittel zum Wölben,

[37]) Diercks: I. S. 432. — [38]) v. Kausler: Atlas merkwürdiger Schlachten. — [39]) Lampérez y Romea I. S. 271. Sainz de Robles: Castillas en España. S. 52. — [40]) Siehe unten S. 85.

zur Befestigung der Lehmbauecken, zur Herstellung der Hufeisentore und Fenster=bogen usw. an. Aber auffallend selten sind groß durchgeführte Burgbauten aus Ziegeln, die wir in anderen Ländern, wie in der norditalienischen Tiefebene und vor allem in Norddeutschland und Ostpreußen, so meisterhaft gestaltet finden.

Doch zeigt auch Spanien wenigstens in der oben erwähnten Burg größten Maßstabes Medina del Campo ein Bauwerk strengster, regelmäßigster Form und klarster Ver=wendung der Ziegel, das auf hohe Meisterschaft und große Vorübung schließen läßt. Hier finden wir auch Anklänge an deutsche Ziegelbauten.

Einzelheiten

Türme

Betrachten wir nun die Einzelgestaltung. Die spanischen Burgen zeigen weder den großen „keep" normannisch=englischer Wehrbauten, noch den Reichtum des vielgegliederten französischen „donjons". Sie haben seltener Türme, die dem deutschen Bergfried ähnlich sehen, was nur ausnahmsweise, z. B. im größten Maßstab bei dem Gefängnis des Cesar Borgia, der für Don Juan II. 1440 durch Meister Fernando de Carreno wiederhergestellten königlichen Burg Medina del Campo[41]), der Fall ist. Das Hauptwerk erscheint dagegen oft in der Form eines mächtigen, länglich viereckigen Wohnturmes, des „torre de homenaje", der den Kern der älteren spanischen Burgen in überwiegender Mehrzahl bildet. Solche Lehnstürme finden wir in Peñafiel, Consuegra, Punonrrostro, dem 80 km südlich Burgos gelegenen Penaranda, in der 1444—1462 erbauten Burg Guadamur bei Toledo, vor allem im Alcazar von Segovia. Fast südspanisch=maurisch ausgebildet ist der Lehnsturm von El Carpio.

Im maurisch beeinflußten Süden erscheint oft ein mächtiger quadratischer Block von geringerer Höhe und größten Mauerstärken als Lehnsturm, so in Aledo, Almeria und Lorca. Letztere Burg hat in ihren sonst unglaublich verwüsteten Ruinen einen besonders schönen, großen Lehnsturm südspanischer Art bewahrt. Dieser ist ein Werk von Wucht und Größe und kennzeichnend für viele südspanische Bauten ähnlicher Bestimmung. Bei einer Höhe von 18 m, einer Grundfläche von 22:22 m und Mauerstärken von 3,75 m, in der die Treppenläufe zu den Obergeschossen liegen, enthält er drei hohe, gewölbte Stockwerke. Die Mitte des Baues nimmt in allen drei Stockwerken ein mächtiger, vier=eckiger Pfeiler ein, um den 8 flache, rippenlose Kreuzgewölbe aus Ziegeln auf 8 starken Gurtbogen angeordnet sind. Die in Südspanien sonst üblichen maurischen Kuppelgewölbe, wie wir sie in El Carpio oder Zahara und Alcala de Guadaira finden, fehlen hier. Die Gurtbogen werden von 16 schönen romanischen Kragsteinen getragen.

Die Zinnenbekrönung der großen Plattform des Turmes in Lorca ist, wie fast überall, zerstört. Sein wuchtiger Umriß beherrscht aber noch heute weithin das Stadt= und Land=schaftsbild. Er vereinigt die maurische, klotzartige Grundform, die wir in Aledo (Abb. 100), Alhama de Murcia, Zahara (Abb. 6), Teba, El Carpio (Abb. 5), Haza (Abb. 10) finden, mit strengen gotischen Einzelformen.

Ein zweiter kleinerer Turm weit gegen Westen am Ende der ausgedehnten Anlage Lorcas zeigt innen spätere gotische Eckdienste und wie die Kirchenruine Reste pro=filierter Gewölberippen.

Der Turmblock ist überhaupt in den Burgen des spanisch=maurischen Südens stärker und monumentaler ausgebildet als das Wohnhaus, der Pallas. Das ist auch bei den städti=schen Palästen in der Regel der Fall[42]), wie denn auch in der Alhambra die Wohnbauteile denkbar schwächlich und nach außen unansehnlich ausgebildet sind. Aber auch in der

---

[41]) Siehe unten S. 26. — [42]) Lampérez y Romea I. S. 217. „La Torre."

nördlichen Stadt Segovia tritt das Turmübergewicht beim Palacio des Marques de Lozoya z. B. ganz besonders hervor. Ebenso wirkt der Turm des Palacio del Torreoi in Avila.

Auch in der eigentlichen Burg des großen Festungsberinges der Alhambra zu Granada überwiegen die Türme. La Alcazaba liegt auf der äußersten Bergnase gegen Westen. Auf der Spitze erhebt sich über niederen Zwingeranlagen der Hauptturm quadratisch mit starken Tapiamauern und ganz geringen Öffnungen nach außen. Hunderte Meter gegen Osten schneidet eine gewaltige Schildmauer von fast 70 m Breite, verstärkt durch 2 ungleiche Ecktürme und einen flachen Mittelturm, die Bergspitze rechtwinklig vom übrigen Burgbering ab. Die Schildmauer und der Hauptturm sind durch starke Mantelmauern verbunden. Das Ganze ist ringsum von tiefer liegenden ein= und mehrfachen Zwingern umgeben. Drei Toranlagen sind mit besonderer Sorgfalt durch Türme und rechtwinklig geführte Zugänge gesichert.

Auch in den Burgen Portillo bei Valladolid, Cuellar[43]), Villena (Prov. Alicante), in Barcienze, die im 13. Jahrh. dem Priorat Ucles gehörte, 1454 ausgebaut wurde, und anderen überragt ein viereckiger Wohnturm mächtig alles andere. Bei Villena ist ein Obergeschoß einem wenig starken Stumpf später aufgesetzt mit acht kleinen Runderkerchen, „cubos", die in Spanien oft wiederkehren. In Antequera, wo 1326 Don Juan Manuel die Sarazenen unter Othmann=Ibu=E=Ola besiegte, und das 1410 vom Regenten Ferdinand, danach „El Infante de Antequera" genannt, erobert wurde, sind außer den mächtigen Mauerresten eine ganze Reihe von Mauertürmen und zwei ungleich große Haupttürme mit einem Stück der höchsten Wehrmauer erhalten.

Die größte Zahl von Türmen bietet die bereits erwähnte Burg Alcala de Guadaira[44]). 11 Türme bedeutender Größe haben fast gleiche Abmessungen und innere Ausbildung, nur der an der äußersten Spitze der Bergnase mit der Mantelmauer durch eine hohe Brücke verbundene Hauptturm und ein wappengeschmückter Eckturm zeigen etwas größere Abmessungen. Die unregelmäßige Anlage besteht im wesentlichen aus diesen Türmen, die mit ihren Verbindungsmauern mehrere Vorburgen bilden. So wirkt das Ganze nicht hochstrebend, vielmehr wirr. Durch die fast gleich hohen Turmstümpfe wird die Gewalterscheinung aufgehoben.

Ein solcher Mangel an Steigerung im Gesamtaufbau begegnet uns übrigens auch im Norden, z. B. bei dem großartigen Castillo de Olite.

Wohnbau

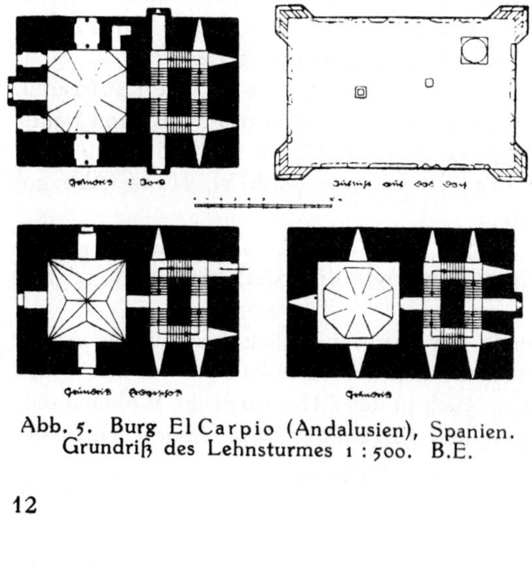

Abb. 5. Burg El Carpio (Andalusien), Spanien. Grundriß des Lehnsturmes 1 : 500. B.E.

Um solche Lehnstürme, die natürlich in großer Vielgestaltigkeit auftreten, man beachte z. B. die regelmäßige Anlage von Fuentesaldana (oder Fuensaldana) und Punonrrostro, wurden dann weit ausgreifende Mauerringe gelegt, je nach der Örtlichkeit regelmäßig oder unregelmäßig gestaltet, in denen Wohn= und Wirtschaftsbauten untergebracht waren. Dabei werden der älteren Zeit die unregelmäßigen Anlagen zugeschrieben, die sich rein nach dem gegebenen bzw. aus strate=

[43]) Lampérez y Romea I. S. 253. — [44]) Siehe oben S. 9 und unten S. 77.

gischen Gründen gewählten Gelände richteten, der späteren Zeit die mehr oder weniger regelmäßig geformten Grundrisse. Bei diesen wird je später je häufiger der fast immer viereckige Patio wie im Alcazar von Cordoba oder in der innersten Wohnbauruine des Kernwerkes von Carmona maßgebende Ausgangspunkt für die mehr oder weniger regelmäßige Gesamtanlage. Wenn wir Bauten wie Alacuas, die innere, spätere Burg von Escalona, die Burg Guadamur und die Burgen Buitrago, Manzanares el Real, selbst Coca und andere näher betrachten, spielt bei diesen und anderen wie Simancas, Cuellar, Canena der Patio, der säulenumgebene Mittelhof, eine Hauptrolle bei der Gesamtgrundrißbildung.

In Antequera finden wir sowenig wie in den ungeheuren Ruinen von Lorca bedeutende Wohnbaureste. Loja bildet mit einem langgestreckten, schmucklosen Saalbau eine seltene Ausnahme. Almeria zeigt in der zweiten Vorburg die Reste eines länglichen Wohnbaues.

Langgestreckte Säle finden wir im bischöflichen Palast in Santiago Compostela und in kleinem Maßstab in der Burg Solsona. In der Regel, jedenfalls in den späteren Burgen, ist dem Wohnbedürfnis mehr Rechnung getragen durch vier um den „Patio" gelegene Gebäudeflügel, wie sie im Alcazar in Cordoba, in Buitrago, Manzanares el Real, Alacuas, in Simancas, in Guadamur, Escalona, La Calahorra, Canena usw. ganz allgemein angeordnet waren. Natürlich kamen alle möglichen Unregelmäßigkeiten vor, so die Beschränkung auf zwei diagonal gestellte Flügel in dem reizvollen dreigliedrigen gotischen Grundriß des Jahres 1470 von Belmonte, Cuenca, oder im großen Maßstab im Alcazar von Segovia. Die Wohnbauten von Coca, so phantastisch der ganze Bau erscheint, waren im Innern doch in gleicher regelmäßiger Art um den Patio geordnet. Große Räume boten in der Alhambra zu Granada nur die Türme, das trapezförmige Innere der Burg wurde von zahlreichen unbedeutenden Wohnbauten, wohl für Besatzungsfamilien bestimmt, eingenommen. Bei allen genannten Burgen fehlt der Pallas.

Gänge und Treppen

Eine besondere Erwähnung verdienen die kunstvollen Treppenanlagen in den spanischen Burgen, besonders in den südlichen Landesteilen. Wo die großen Lehnstürme mit ihren ungeheuren Mauerstärken errichtet wurden, sind die Verbindungstreppen der Geschosse fast stets in den Mauerstärken angelegt, so in Zahara, Aledo und ganz besonders großzügig in dem Lehnsturm von Lorca, aber auch in dem gewaltigen Kernturm zu Almeria. Die fast 3 m starken Mauern von Lorca beherbergen in ihrer Stärke die ca. 1 m breiten Treppen. Dieselben sind so angeordnet, daß vom Tor zu ebener Erde aus, welches in der Mitte der Turmmauer liegt, die Treppe bis zur Ecke des Turmes hinaufsteigt, dort nach einem Podest rechtwinklig umbiegt und in den nächsten Mauern so weiterführt, daß die Eingänge zu den verschiedenen Stockwerken immer gerade in der Mitte der Seitenmauern angeordnet sind. Ein annähernd spitzbogiges Tonnengewölbe, dessen Teile stufenförmig dem Ansteigen der Treppe folgen, überdeckt die Treppenläufe. Gegenüber den Eingangstüren zu den Geschoßräumen ist sodann jedesmal ein Fenster angeordnet, so daß Burg Lorca in dem obersten Stockwerk eine

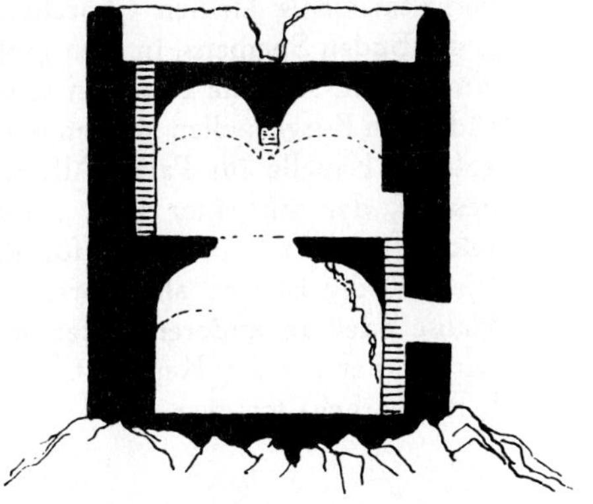

Abb. 6. Lehnsturm der Felsenburg Zahara (Andalusien), Spanien. Schnitt etwa 1 : 500. B.E.

reich profilierte Spitzbogenöffnung mit einer hohen schlanken Mittelsäule bildet. Ähnlich, wenn auch einfacher, sind die Treppen in Aledo und Zahara angeordnet, in letzterer Burg stark zerstört.

Abweichend von dieser Art ist in dem Lehnsturm der Burg von Fuentesaldana ein kleines, viereckiges Treppenhaus in einer Ecke des riesigen Turmes vorhanden, das um einen Mittelpfeiler vier gleiche Läufe und Podeste in den Ecken zeigt.

Sehr bemerkenswert ist sodann die Treppe des Lehnsturmes von El Carpio. Von dem 16,5 m langen und rund 11 m breiten Lehnsturm ist so viel für die Wohnräume abgeteilt, daß dieselben innerhalb der mehr als 2 m starken Mauern quadratische Räume bilden. Die Räume sind mit achteckigen Kuppelgewölben überdeckt und rund 8 m hoch. Der verbleibende Rest von etwa 4:6 m lichtem Innenraum nimmt eine mäßig breite Treppe auf, die um einen massiven Kern unter einem steigenden Tonnengewölbe in 4 Armen von je 8 bzw. 13 Stufen so emporsteigt, daß die Stockwerkshöhen jeweils mit einem Podest in der Mittelachse der Wohnräume erreicht werden. In dem höchsten der drei Stockwerke öffnen sich die drei übrigen Wände des Raumes mit großen künstlerisch ausgestalteten Fensteröffnungen nach außen (Abb. 5).

Natürlich kommen auch die verschiedensten Arten von Wendeltreppen vor, und in den späteren Bauten, wie der Riesenburg von La Calahorra oder in der schon ganz im Renaissancestil errichteten Burg von Canena, sind große, breite Prunktreppen eingebaut, wie sie in Renaissancebauten üblich sind.

Burgkapellen

Neben den großen Burgkirchen, die wir oben schon nannten, müssen auch kleinere Burgkapellen erwähnt werden, wie sie in einzelnen spanischen Vorburgen sich finden, so die einfache, rechteckige Burgkapelle in der Burg Palafolls, einschiffig mit halbrunder Apsis, knapp 5 m breit und 7 m lang. Sodann eine größere Kapelle in der Burg Cizur (oder Zizur), im übrigen von ähnlicher Form. In Olite deuten die Reste eines etwa 15 m langen und 5 m breiten Raumes mit flach angerundetem Chor auf ein kirchliches Gebäude hin; in der Calatravaburg in Aragonien Alcañiz ist eine prachtvolle großräumige Kapelle in den edelsten romanischen Formen, mit einem Tonnengewölbe, das durch Gurte verstärkt ist, die auf halbrunden romanischen Wandsäulen aufruhen, angeordnet.

In der Burg Escalona ist in dem Mudejar-Bau eine kleine reichgewölbte Kapelle in der Mauerstärke des Palastbaues im ersten Stock enthalten, die eigentlich nur aus einem verhältnismäßig kleinen Chörchen zu bestehen scheint.

Im Süden Spaniens, in dem großenteils der Kern der Burganlagen auf maurische Zeiten zurückgeht, sind die Kapellen seltener nachweisbar. Von der Art der Ausbildung solcher südlichen Burgkapellen können wir uns aber einen Begriff machen, wenn wir die sogenannte goldene Kapelle im Palast Alfons' XI. betrachten, die aus einem quadratischen Raum besteht, der mit einer ganz maurisch anmutenden Rundkuppel überdeckt ist, die ein reiches geometrisches, sternförmig nach der Mitte zusammenlaufendes Muster zeigt. Merkwürdig ist eine alte Vorschrift, wonach eine Kapelle mit Altar niemand in seinem Hause oder an anderen Orten anlegen durfte ohne Auftrag des Erzbischofs. Erwähnt wird ferner bei der Kapelle Olite, daß sie zweistöckig und der obere Stock dem Burgherrn vorbehalten war.

Tore.

Der tiefe Ernst und die große Auffassung der spanischen Baumeister spricht sich aber ganz besonders aus in der Ausbildung der älteren Burgtore, der Stadttore, ja selbst in der

Bildung der Tore städtischer, fester verteidigungsfähiger Wohnbauten, die im 12., 13. und 14. Jahrh. in großer Zahl errichtet wurden.

Eine frühe Form der Rundbogentore mit ungeheuren, 1,50 bis 3,00 m langen bzw. hohen Bogensteinen findet sich an der Stadtburg Alacuas, an der Mantelmauerburg Maqueda, Guadamur usw. und z. B. am Palast del Toreon, wohl einer alten Stadtburg in Avila (Abb. 14) bis zu den Renaissancepalästen Segovias, Ubedas usw., ja bis zu den unter spanischem Einfluß erbauten Palästen in Trapani und anderen Städten auf der Insel Sizilien.

Neben die Außenlinien der so entstehenden breiten Torbogen legt sich dann ein viereckiger Rahmen, der dem Tor trotz der an sich kleinen Öffnung eine großartige Gesamtwirkung verleiht.

Ähnliche breite und hohe Prunkrahmen finden wir vielfach in spanischen Burgen, auch noch in späterer Zeit. Ein spätes schönes Beispiel ist das Tor des 15. Jahrh. des innersten Kernwerkes der Alcazaba von Almeria. Hier ist das etwa 2 m breite Tor mit einem waagerechten Sturz und ausgerundeten Ecken ausgebildet. Rechts und links erheben sich dienstartig ausgebildete gotische Säulenbündel, die einen breiten gotischen Eselsrücken und zwei flach in der Mauer liegende Fialen tragen. Die Toröffnung wird dadurch auf das Sechsfache ihres Flächeninhaltes vergrößert.

Ein streng gotisches Tor zeigt die Burg Coca, der hohe, aus Ziegeln gemauerte Spitzbogen ist hier über der eigentlichen, mit Korkbogen geschlossenen Toröffnung auf breiten Kragsteinen vorgerückt und noch mal mit einem reichen, viereckigen Rahmen umgeben, so daß der gesamte Toraufbau auch hier die eigentliche Öffnung um ein Vielfaches übertrifft.

Beliebt ist, hier einfacher, auch die in Frankreich vollendet durchgebildete Torausbildung zwischen zwei Rundtürmen. Wir finden sie allerdings nur an den Zwingern bei den Burgen Manzanares el Real, Medina del Campo, Peñafiel und Guadamur. Bei allen diesen Toren handelt es sich um Vortore in der Zwingermauer. Bei Peñafiel liegt zwischen den beiden Rundtürmen nur ein einfaches, mit Segmentbogen geschlossenes Tor. Bei Manzanares el Real ist die Öffnung im Rundbogen geschlossen. Darüber spannt sich auf einem Segmentbogen ein Stück Wehrgang mit großen Maschikuliöffnungen in seinem Fußboden. Ganz eigenartig und reich ist die Vorkragung dieses Wehrganges, sowohl wie der Umgänge, an den beiden Rundtürmen ausgebildet, indem, wie übrigens an der ganzen Burg überall wiederholt, zwei versetzte Konsolenreihen übereinander angeordnet sind, bei denen die Kragsteine durch Spitzbogen und halbe Dreipässe darin verbunden sind. Die Ausführung dieser Kunstformen in Granit gibt der Burg Manzanares el Real ein unvergleichlich reiches Aussehen.

Natürlich ist für die Tore mit diesen kurzen Hinweisen der außerordentliche Reichtum der Gestaltung nicht erschöpft. Da, wo noch der Mudejar-Stil die Ausbildung beeinflußt, erscheinen mehrfach die reichen Hufeisenbogenbildungen, z. B. an der Burg San Servando bei Toledo, wo über dem waagerechten Steinbalken, der die viereckige Tür abschließt, noch ein Hufeisenbogen angeordnet ist und davor eine große höhere Nische, abermals durch einen erheblich größeren Hufeisenbogen geschlossen, sich öffnet, durch deren Decke Maschikuli angeordnet sind, die von einem Wehrgang aus bedient werden.

Ein Hufeisenbogen schließt auch das äußerste Tor der vielgegliederten Anlage der großen Burg von Carmona ab, deren Tor einen dreifachen Flügelverschluß zeigt und in dem mittleren Bogen auch noch einen Schlitz für ein eisernes Fallgatter.

Ein Nebentor dicht bei dem innersten, frei vor der Mantelmauer stehenden Kernturm der Burg Alcala de Guadaira ist gleichfalls als Hufeisenbogen ausgebildet.

Zugbrücken

Im Zusammenhang mit den Toren sind die Zugbrücken zu erwähnen, von denen freilich an den spanischen Burgen auffallend wenig Spuren erhalten geblieben sind. Solche Spuren, noch dazu nur für die Zugänge zum Bergfried, zeigen die Burgen Guadamur, Fuentesaldana, Medina del Campo und Peñafiel. Hier erheben sich im Innern des Burgberinges, zu Füßen des Bergfriedes oder, besser gesagt des Lehnsturmes starke Steinquaderklötze von etwa 4—5 m Höhe, von denen aus ehemals nur hölzerne Zugbrücken zu dem hochgelegenen einzigen Eingang des Lehnsturmes führten.

Eine erhaltene bzw. wiederhergestellte Zugbrücke an dem Haupttor zum Zwinger bewahrt die Burg Guadamur bei Toledo.

Gußerker

Über den Toren und den Zugängen zu diesen sind vielfach am Torbau selbst oder an großen Lehnstürmen Gußerker angebracht, die auf Kragsteinen vorgerückt sind und an Türmen oft die Form von ausgekragten Ecktürmchen annehmen. Besonders interessant sind für die letzte Art die Reste der diagonal an den vier Ecken des Lehnsturmes von El Carpio ausgekragten Gußerker. Ganz besonders reich sind Gußerker, Senkscharten, Fallgatter und dergleichen durchgebildet an den großen Stadttoren in Valencia, Toledo, Carmona, Ciudad Real, Avila, Daroca, Burgos usw., denen sich die Tore der Alhambra zu Granada als Gipfelleistungen auf diesem Gebiet anschließen.

Bemerkenswert ist übrigens zur Frage der Entstehung der Hufeisenbogen, daß diese bereits in bildlichen Darstellungen in alten Handschriften aus westgotischer Zeit vorkommen. Es ist also fraglich, ob die Araber bzw. die Mauren die Erfinder dieser allgemein als Kennzeichen orientalischer Baukunst betrachteten Form sind, oder ob diese nicht vielmehr, wie z. B. Haupt annimmt, einer viel älteren Kunstübung der germanischen Rasse angehören.

Burgverließe

Über die Burgverließe, die in den romantischen Berichten über die Burg stets eine so große Rolle spielten, kann bei der Betrachtung der spanischen Burgen wenig gesagt werden. Nur in der Burg von Jativa sind einzelne ausdrücklich als Gefängnis bezeichnete Räume vorhanden, und in den geschichtlichen Überlieferungen des 13. bis 15. Jahrh. kommen oft genug Berichte über wichtige Gefangene in den Burgen vor. In Jativa sind sogar auf einer späteren Marmortafel die Namen zahlreicher berühmter Gefangener verewigt. Auch wissen wir, daß z. B. in der Burg Medina del Campo Cesar Borgia als Gefangener bewahrt wurde.

Aber keine der von mir besichtigten Bauten zeigte Verließanlagen, wie manche der deutschen Bergfriede oder auch die städtischen Rathäuser, oder so raffinierte Gefängnisse, wie die französischen und italienischen Burgen (z. B. Montechiarugolo) vielfach bergen. Etwas Besonderes, Charakteristisches ist danach über die Verließe noch nicht zu sagen.

Zinnen

Die Ausbildung der Zinnen bietet dem Spanier Gelegenheit, seine unerschöpfliche Phantasie schrankenlos walten zu lassen. Die Freude an einer reichgegliederten, oberen Abschlußlinie, die bei dem trockenen Klima meist ohne Wehrgangdach frei gegen den Himmel steht, hat zu der reichsten Abwechslung in der Umrißbildung geführt.

Abb. 7. Höhenburg Papiol de Llobregat (Katalonien), Spanien.

Die Grundform der Zinnen, das einfache, rechteckige Zinnenhaupt, kehrt natürlich auch in Spanien oft wieder. Daneben finden wir Treppen- (Stufen?) Zinnen und spitze, scharfe, vierseitig abgewalmte, schlanke Zinnenhäupter und eine eigene spanische Zinne, Walmdächelchen mit länglichem Grat auf jedem Haupt. Der Bildungen gibt es unendliche. Höchst reizvoll ist die Belegung der Zinnenhäupter mit gekrönten Wappen, ein Schmuck, der die prunkvollste Wirkung hervorbringt. Der Turm Johanns II. am Alcazar von Segovia gibt davon ein schönes Beispiel.

Der herrliche gotische Bau der Lonja in Valencia bekrönt die Zinnenhäupter mit steinernen Kronen, während die prachtvollen Tore, z. B. die Türme der Puerta de Serranos, den strengen Ernst der einfachen Form des 13. Jahrh. zeigen.

Die Beispiele sind unerschöpflich. Einige wenige seien hier angeführt. Die Burg Encinas de Esgueva bei Valladolid aus dem 13. Jahrh., ein Quaderbau, zeigt auf dem Bergfried die einfachen, viereckigen Zinnenhäupter, daneben auf den Mantelmauern einmal abgetreppte Häupter.

Die Burgen Altafulla und Tamarit, beide bei Tarragona, haben reichere und spielerische Formen durch dreimal getreppte Häupter erreicht.

Vier- und fünfmal getreppt sind solche endlich in der hochbedeutsamen Burg Belmonte, deren merkwürdiger Grundriß mit dem der schottischen Burg Caerlaverock eigentümliche Ähnlichkeit hat. Englische Einflüsse sind nicht unmöglich (oder umgekehrt spanische auf England), finden wir doch unter anderem zur Zeit Peters des Grausamen große englische Hilfstruppen gegen die Mauren in Spanien.

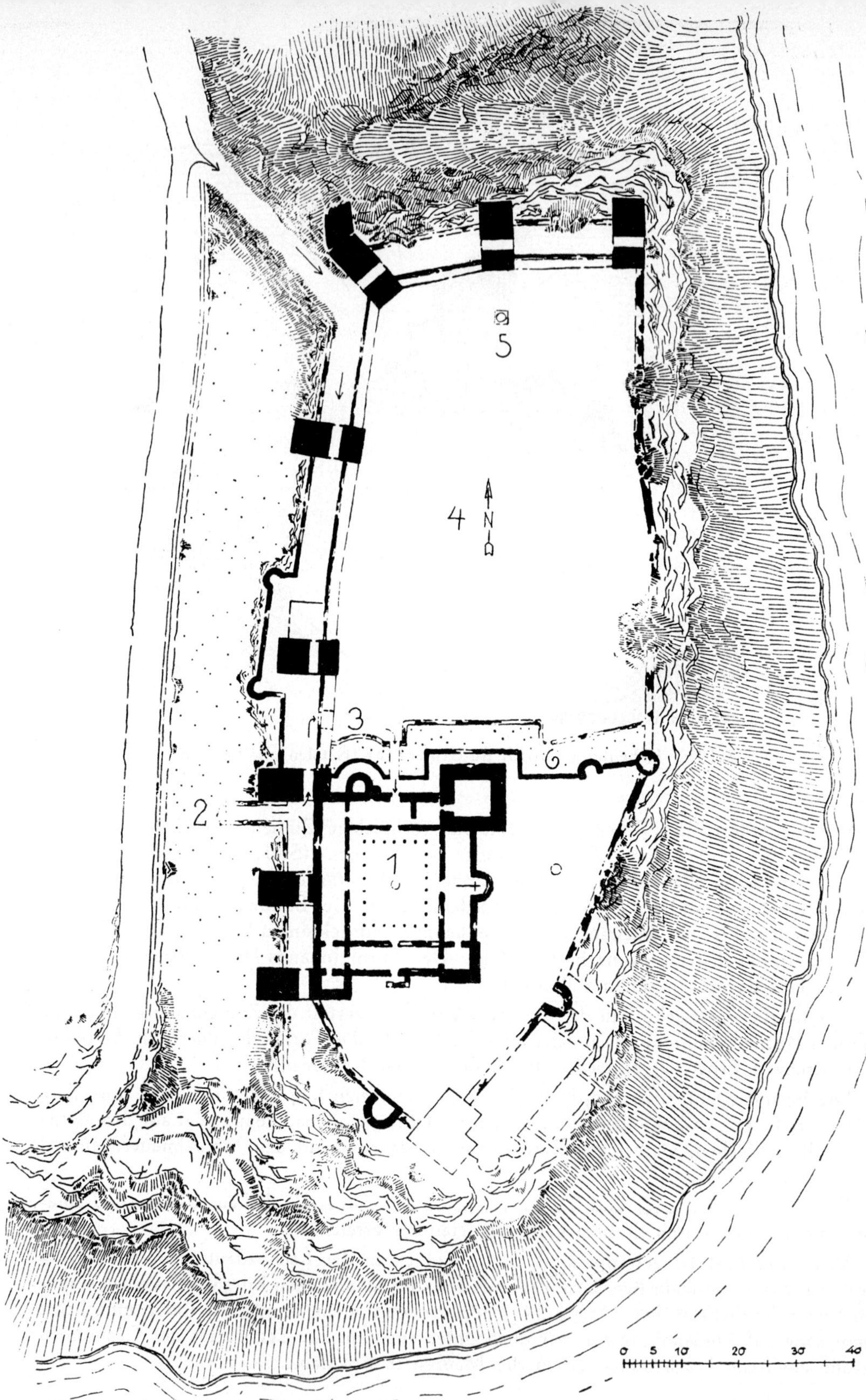

Abb. 8. Höhenburg Escalona (Neukastilien), Spanien. Grundrißskizze 1 : 1000. B.E.
1 Patio. 2 Außentor. 3 Haupttor. 4 Vorburg. 5 Brunnen. 6 Innerer Graben.

Mit profiliertem Satteldach abgedeckt sind die Zinnen der Granitburg von 1435 Manzanares el Real, die auch einen steinernen Wehrgang in reichster spätgotischer Durchbildung aufweist.

Die eigentlich spanische Zinne, das viermal abgewalmte schlichte Satteldach, ist weitverbreitet. Wir finden es an der Alhambra in weitester Verwendung, ebenso neben anderen Zinnen an dem Palast der Odaliske in der Alcazaba zu Almeria und durchweg an der stolzen Stadtburg von Alacuas bei Valencia und anderen.

Diese Zinnenhäupter werden oft auch schmal und hoch ausgebildet, so daß ihr Dach einer Turmspitze gleicht. Torrella de Montgri und vor allem die hochstrebende Burg Guadamur bei Toledo und die alles an Lage und Granitmassen überbietende Burg Almodovar zeigen diese stachelige und abschreckende Form. An der gewaltigen Mantelmauer von Maqueda sind je zwei solcher Spitzzinnen mit einer geringeren Senkung dazwischen zu einem breiteren Zinnenhaupt vereint. Auch die wenigen erhaltenen Zinnen der wunderlichen Burg Olite haben die spitze Form.

Die wunderlichsten Formen nehmen die aus Ziegeln aufgemauerten Zinnen an der Burg Coca an, deren gesamte Mauern und Türme durch Zinnen bekrönt sind, deren Häupter aus senkrecht, dicht nebeneinander gestellten Rundstäben zu bestehen scheinen. Diese Rundstäbe sind aus verschoben übereinandergelegten Ziegelsteinen hergestellt. Die Zinnenöffnungen sind willkürlich und unregelmäßig angeordnet. Die Abdeckung der Zinnenhäupter scheint durch turmspitzenartig übereinandergestellte Viertelkreise gebildet worden zu sein, die heute stark zerstört sind (Abb. 30, Bd. I).

Einzelne größere Zinnenhäupter tragen bis zu 5 Spitzen, aus abgetreppten Ziegelspitzen hergestellt. Das ganze Bild bietet durch diese sinnreiche Verwendung des Ziegelbaustoffes den Eindruck eines sinnverwirrenden Reichtums.

Es herrscht also in Zinnenformen eine unbeschränkte Vielseitigkeit. Auch die innere, sachliche Durchbildung der Zinnengänge leidet unter der Formenfreudigkeit nicht. Die Anlage der Zinnenöffnungen und der Scharten in den Zinnenhäuptern oder der Senkscharten hinter dem vorgekragten Brüstungsmauerwerk ist fast immer scharf überlegt. Das Beispiel z. B. des Zinnenganges auf den langen Mantelmauern der Burg Peñafiel zeigt die reiche, innere Zinnengliederung eines Quaderbaues.

Scharten

Es muß auffallen, daß die Durchbildung der Scharten in Spanien verhältnismäßig nachlässig behandelt ist. In der Regel sind nur einfache senkrechte oder waagerechte Scharten vorhanden, einfache Schlitzformen, die in Zinnenhäuptern, aber auch in der Fläche von Turm- und Mantelmauern angeordnet sind. Der Spätzeit, d. h. dem 14. und 15. Jahrh., gehören dann die bekannten Schlüsselscharten an. Damit ist im allgemeinen die Erfindung erschöpft, so daß über diesen Gegenstand auf die Abbildungen hingewiesen werden darf.

Heizung und Wasserversorgung

Zum Schluß der Einzelbetrachtungen noch einige Worte über die Heizung und Wasserversorgung.

Die wichtigste Feuerstätte in den Burgen war immer die der Küche, die bei der großen Zahl der Gefolgsleute in den großen spanischen Burgen auch von bedeutender Ausdehnung sein mußte. Gewisse Vorschriften Pedros IV. fordern, daß in den großen fürstlichen Häusern zwei Küchen angelegt wurden, eine große für die Dienerschaft und das Gefolge und eine kleine für die Herren. Erhaltene Burgküchen habe ich in Spanien nicht mehr gefunden, doch dürfen wir uns sie so denken wie die Küchen der spanischen Klöster, z. B. des Klosters von Huerta in Soria[45]) oder wie die Küche in dem Escurial[46]). Sie unterscheiden sich da= nach nicht wesentlich von den großen Küchen in Frankreich, z. B. Karls des Kühnen in Dijon, oder der Küche der italienischen Burg Bracciano und anderen.

Die Heizung spielte in Südspanien wohl eine geringere Rolle, in Nordspanien aber war sie unentbehrlich. Die eisigen Stürme der Hochebene von Kastilien machen noch im März und April oft genug den Aufenthalt in ungeheizten Räumen unmöglich. Wir finden denn auch im Norden großartige Kaminanlagen, aber selbst in der Gegend von Toledo, z. B. in Guadamur, ist in dem einen Saal des Lehnsturmes der Kamin so groß, daß er fast die ganze Wand des mächtigen Raumes einnimmt.

Über eine andere Art von Heizung, die die Spanier eine Gloria nennen, ist aus Berichten aus Salamanca, Santander und anderen Provinzen bekannt, daß dort Räume vorhanden sind, und zwar heute noch gebraucht werden, unter deren Fußboden stark angewärmte Luft hindurchgeleitet wird, also dem Sinne nach genau dieselbe Anlage wie die römischen Hipokausten.

Im Süden mag die Heizung auch vielfach durch die noch heute gebrauchten offenen Kohlenbecken bewirkt worden sein, die natürlich nur eine nach deutschen Begriffen kümmerliche Erwärmung der nächsten Umgebung bewirken konnten.

Die Wasserversorgung spielt in dem regenarmen Spanien eine ganz besonders wichtige Rolle. Wir sehen denn auch überall in den Patios der erhaltenen Burgen und Schlösser als Hauptschmuckstücke und zugleich dem Bedürfnis dienend die laufenden Brunnen und Wasserbecken aller Art aufgerichtet.

Am berühmtesten sind die Wasserleitungen der maurischen Landesteile, deren schönste uns noch in der Alhambra erhalten sind.

Wir müssen solche Wasserleitungen in allen Burgen des Südens als vorhanden annehmen, wenngleich nachweisbare Reste nur gelegentlich zutage treten. So in den Ruinen der Alcazaba in Almeria, wo neueste Ausgrabungen das Vorhandensein von 30 bis 40 cm langen, ineinander gesteckten Tonrohren, die Wasserleitungszwecken dienten, nach= gewiesen haben.

Ein Vorbild für Wasserleitungen größten Stils fehlte ja in Spanien nicht. Die ungeheuren römischen Aquädukte in Tarragona, in Merida, Segovia zeigten den Spaniern die Möglich= keit, Wasserleitungen allergrößten Stils unter Überwindung aller Höhenunterschiede und Entfernungen herzustellen. Wir haben daher auch ebensogut Nachrichten von Wieder= herstellungen römischer Aquädukte, z. B. des von Segovia aus dem Jahre 1071 für den König Al=Memmon, König von Toledo, wie auch von der Erbauung großer Aquädukte, z. B. von Morella, die für ein Werk des beginnenden 15. Jahrh. gehalten werden.

Für die einzelnen Burgen waren natürlich Werke solcher Größe nicht ausführbar. Dafür wurden überall Zisternen, spanisch, arabisch „aljibes" genannt, also unterirdische Wasser= behälter angelegt. Solche Zisternen nehmen manchmal allergrößte Maßstäbe an. In der sonst nicht sehr bedeutenden Burgruine von Loja ist in der höchsten Erhebung des Burgfelsens eine große Zisternenanlage erhalten, ein großer viereckiger Behälter, dessen Gewölbe von einer ganzen Reihe von Säulen getragen wird und der heute noch mit Wasser gefüllt und in Benutzung ist.

Kleinere Zisternen finden wir in fast allen, namentlich südspanischen Burgen, so in großer Zahl in den ausgedehnten Trümmern von Lorca, Almeria und Jativa, wo eine große, bis 15 m lange und 6—8 m breite Zisterne, deren Gewölbe eingestürzt ist, noch heute mit Wasser gefüllt ist. Eine zweite Zisterne in derselben sogenannten großen Burg zeigt auch das Gewölbe noch erhalten.

[45]) Lampérez y Romea II. Abb. 483. — [46]) Ebenda II. S. 485.

Lehnsturm von Zahara (Andalusien), Spanien

Burg Medina del Campo (Altkastilien), Spanien

Burg Coca (Ziegelbau), südlich Valladolid (Altkastilien), Spanien

Eine ganz besonders großartige Zisterne scheint in der Stadtburg von Tortosa erhalten zu sein, wenn es sich hier nicht um einen ungeheuren Brunnen handelt. Hier öffnet sich ein zylindrischer Brunnen, in dessen Ringwänden sich eine Treppe in die Tiefe schnecken= förmig hinabzuwinden scheint. Die Öffnung hat wohl 10 m Durchmesser und dürfte damit eine ähnliche Anlage darstellen wie der berühmte tiefe Brunnen der italienischen Stadtburg von Orvieto. Der große Alcazar von Carmona bewahrt eine noch heute im Gebrauch befindliche große Zisterne. Auch die Burgen des Nordens konnten die Zisternen nicht entbehren. So finden wir eine von bedeutender Abmessung in der Vorburg von Escalona, aber auch in den Burgen Medina del Campo und in Peñafiel fehlen Zisternen nicht.

Vielgestaltigkeit der spanischen Burgen

Eine unvollständige Übersicht über die prachtvollen Burgen Spaniens zeigt schon eine unerschöpfliche Vielgestaltigkeit der Formen, der Bestimmung, der Glie= derung und Anpassung der Burgen an die unregelmäßigen Bauplätze, aber da= neben auch eine streng quadratische, rechteckige, dreieckige oder kreisrunde Grundriß= form der Kernwerke, wie die Burg Bellver auf Mallorka, Wehrkirchen, Kloster=

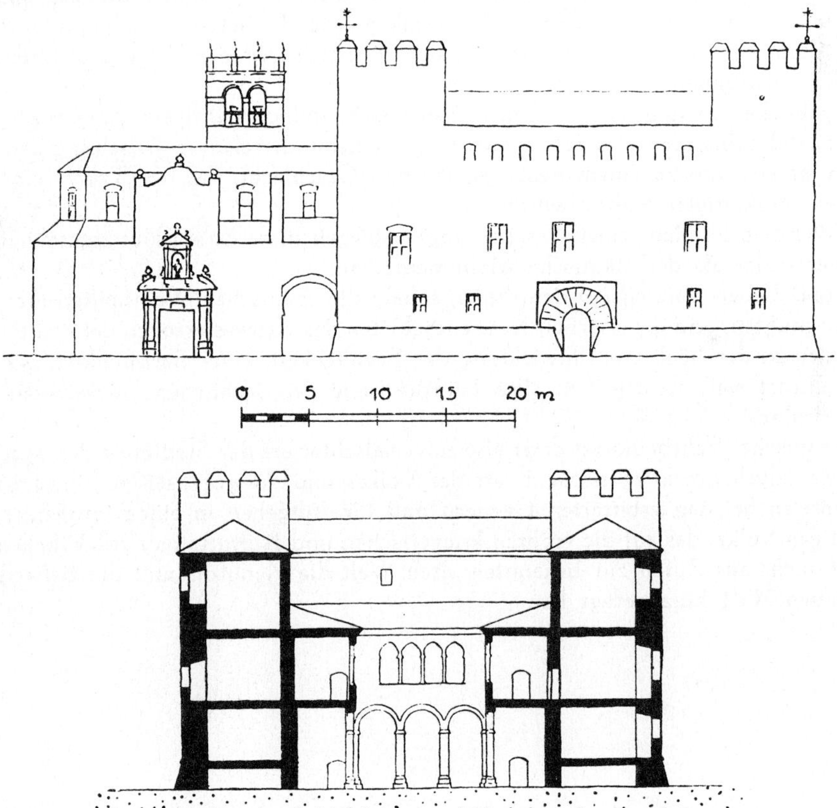

Abb. 9. Stadtwohnburg Alacuas bei Valencia, Spanien, Vorderansicht und Schnitt 1 : 500. B.E.

burgen, wie das herrliche, befestigte Kloster **Poblet**, und Komtureien und reine Ritterburgen, Lehnstürme und seltener bergfriedartige Türme, alle solche Einzelwerke in Zwingern aller Zahl und Formen, ebenso Mauertürme und Tortürme, auch Vortore. Nur selten finden wir dagegen Wasserburgen. Selbst die Hafenburgen scheinen alle Höhenburgen und Felsenburgen zu sein. Sie behielten ihre Bedeutung bis in die Neuzeit und entwickelten sich häufiger zu Festungen, was sonst in Spanien selten so geschah wie in Cardona.

Alle diese spanischen Burgen aber atmen einen ritterlichen Geist und eine Größe der Baugesinnung, die sie mindestens gleichberechtigt neben die stolzesten Leistungen des Burgenbaues anderer Länder stellen. Wie eingangs bemerkt, verbinden sie damit eine Eigenart der Erscheinung, die nur zu erklären ist aus der verhältnismäßigen Abgeschlossenheit des Landes und aus den ungeheuren Kämpfen zwischen Christen und Mauren, die jahrhundertelang den Wehrbau fortentwickelten, wie das jahrhundertelange Ringen zweier Rassen und zweier Weltanschauungen es mit sich brachte.

Wir aber stehen diesen Meisterwerken gegenüber mit Bewunderung für die unerschöpfliche Gestaltungskraft der Erbauer und in schaudernder Erschütterung im Andenken an die furchtbaren Schicksale, die sich — eine Folge der südlich heißen Leidenschaftlichkeit der Kampflust, ja der Rachsucht des Südländers — in diesen Mauern abgespielt haben, und mit immer neu angestachelter Wißbegierde, die tieferen Quellen ihrer künstlerischen Formensprache zu ergründen, die der Schaffenskraft der Völker des Orients und Okzidents entströmen.

Sieger blieben in den Rassenkämpfen nach siebenhundertjährigem Ringen die Nachkommen und Erben der Westgoten, aber in der jahrhundertelangen Mischung der Rassen bildeten sie sich um zu einem neuen spanischen Geschlecht, das der Träger einer selbständigen, großartigen Kultur wurde.

Der Wehrbau in allen seinen Erscheinungen spiegelt diese Entwicklungsgeschichte weit deutlicher wider als der städtische Monumentalbau.

Tod und Leben standen auf dem Spiel, sobald die spanischen Wehrbauten ihre Stärke beweisen mußten, und die eisernen Notwendigkeiten des Krieges erzogen daher die Kriegsbaumeister zu der höchsten Entwicklung der Sachlichkeit, einer Sachlichkeit, bei der es blutiger Ernst war, so daß sich alles Künstlerische den sachlichen Rücksichten unterordnen mußte.

Die spanische Wehrbaukunst zeigt also unverfälschter als der Städtebau den spanischen Geist, die ungeheure kriegerische Kraft des Volkes und die gegenseitige Durchdringung der Kulturen bei den erbitterten Gegnern und ihr Aufgehen in einem großen, stolzen, eigenartigen Volke, das auf die größten kriegerischen und Kulturtaten zurückblicken kann, und das nicht aus Zufall zur bekannten alten Welt die Kenntnis und die Beherrschung einer neuen Welt hinzugefügt hat.

Abb. 10. Höhenburg Haza (Altkastilien), Spanien. B.E.

Einzelbeispiele spanischer Burgen

Grundformen

Bei der Vielgestaltigkeit deutscher Burgen ist eine schulmäßige Aufteilung schwer durchzuführen; ich wies dazu im I. Band auf die deutschen, geologisch landschaftlichen Einflüsse hin. Nur einzelne Landes- und Volksteile, vornehmlich die Gebiete der Deutschordensritter, bauten nach einheitlichen Gedanken mit gleichen Baustoffen, Ziegeln und Feldsteinen und bildeten ihre Bauleute schulmäßig einheitlich aus.

Schärfer ist das Bild der spanischen Burgen abgegrenzt nach den sehr verschiedenen Erbauern, den Westgoten, den Sarazenen und Mauren, den Kataloniern im Nordwesten, den Kastiliern im Süden usw., aber auch hier ist eine klare Scheidung schwer.

Das Werk von Lampérez y Romea „Arquitectura civil espanola" findet beim Wehrbau nur eine Teilung nach regelmäßigen und unregelmäßigen Grundformen, selbst die maurischen und christlich-germanischen Schöpfungen werden darin im wesentlichen nach den Wohnbaugestaltungen und den schmückenden Kunstformen eingeteilt, weniger nach bestimmten strategischen, wehrbaulichen oder bautechnischen Gewohnheiten.

Staatliche Vorschriften mögen aber doch bei den Rassen auf die Grundformen gewirkt haben. Wirtschaftlich waren die Baulasten z. B. in Kastilien durch die sogenannte „Castelleria" für jede Burg auf bestimmte Orte verteilt[47]).

Wieweit der Burgenneubau und die Unterhaltungssteuer von Städten, Dörfern und Gemeinden zu tragen war, steht dahin; manche Orte weigern sich, erstere Last zu tragen. Berichtet wird ferner, daß neu eroberte Länder an die Teilnehmer der siegreichen Eroberung aufgeteilt wurden[48]), die dann die Verpflichtung hatten, dort Burgen zu bauen und damit die ihnen als Lehen übereigneten Gebiete zu verteidigen. So mögen die vielen einzelnen Burgbesitze, namentlich Kastiliens, entstanden sein.

Mit der Zeit kommen manchmal ungeheure Massen von Burgen in eine Hand, so daß der Verräter Alferez Don Juan, als er auf Befehl des Königs Alfons XI. von Kastilien hingerichtet wurde, 800 Kastelle (um 1325) besaß[49]), die der König einzog.

[47]) So hören wir, daß Alfons II. die Stadt Valquesta in den Fueros von dieser Auflage befreit. Vgl. Schirrmacher: Geschichte von Spanien II. S. 469. — [48]) Layna Serrano: Castillos de Guadalajara. — [49]) Schirrmacher: V. S. 165 ff.

Wir erfahren auch, daß, wie in anderen Ländern, der Burgenbau von den Königen erlaubt oder verboten, auch ausdrücklich gefordert wird und daß das Recht des Burgenbaues nicht nur an viele Ritter, sondern auch an Städte vergeben wird, wie z. B. an Sevilla, das im Jahre 1293 Burgen zur Erbauung (?), Pflege und Verteidigung erhält[50]).

Nachrichten aus früherer Zeit beweisen, daß auch einzelne Ritter ohne obrigkeitliche Sondererlaubnis Burgen errichteten, sei es auch in der Hoffnung, später solche zu erhalten[51]). So hören wir, daß der große Cid Campeador im Jahre 1091 die Burg Peña del Cid auf malerischem Felsen in der Straßenenge von Villel wieder errichtete. Sie diente ihm zur Sicherung der beiden einzigen Engpässe (von Jativa und Candia), über die die valencianische Ebene von Süden aus zugänglich ist. Eroberung und Pflege Valencias machten ihn gerade hier zum selbständigen Herrscher. Auch die Burgen Olocau und Aledo und andere brachte er wieder in Ordnung. Arbeitskräfte stellten ihm die besiegten Mauren.

In maurischen Reichen wurden an Stelle der eigenen Rassegenossen auch christliche Gefangene oder Sklaven als Bauarbeiter verwandt; die Kosten ihrer Unterhaltung trugen die maurischen Feldherren, Kalifen oder Könige. Dabei ist es ein Trugschluß zu glauben, daß Sklavenarbeit wesentlich billiger wurde als die entlohnter Arbeiter, denn Nahrung auch für Frauen und Kinder, Kleidung und Wohnung — sei das Gebotene noch so schlecht — muß auch der Sklavenhalter zahlen.

Die Baumeister werden in bestimmten Gegenden nach den Quellen[52]) einheitliche Grundformen geschaffen haben. Sie Orten und Rassen zuzuerteilen, können Vergleiche der folgenden Beispiele helfen.

Unter den regelmäßig gebauten Burgen finden wir quadratische und rechteckige Gesamtanlagen, vor allem in weniger wild gestaltetem Gelände.

Lampérez y Romea findet auch noch eine Unterscheidung in reine Kriegsbauten, die nur der Abwehr und der Unterbringung der Besatzung dienten, und in palacio-castillos,

Abb. 11. Kammlburg Peñafiel (Altkastilien), Spanien. B.E.

[50]) Catalogo arqueologico y artistico de la Prov. Sevilla I. S. 34. — [51]) Pidal: II. S. 110, 179. — [52]) Llaguno y Amirola I. S. XXIIff. Die Araber zerstörten die westgotischen Bauten gründlich, „keine Stadt, keinen guten Wehrbau (villa) ließen die Araber stehen aus Barbarei oder aus religiöser Wut gegen die Werke der Christen". „Als Herren errichteten sie aber überall im Reiche Neubauten mit größerem Geist als einst die Goten. Kundig der Mathematik (Statik) und formenfreudig, erfanden sie eine neue Architektur . . ."

also Bauten, die großartige Prunkräume für glänzende Hofhaltungen mit Wehrbaumitteln vereinen.

Als Sonderformen nennt Lampérez y Romea für Aragon auch noch fortalezas=palacios=conventos, wir würden sagen Palast=, Kloster= und Kirchenburgen[53]).

Die quadratische oder rechteckige Grundform ist in Spanien älter und daher hoch=strebender als in Italien, wo diese Form erst im 15. Jahrh. häufiger auftritt, oder Frank=reich, wo solche Bauart mit Vorliebe in der Spätgotik verwandt wird. In Spanien gehört eine niedrige Form der Spätzeit an. In der Frühzeit ist die Höhe der Türme wegen der Wichtigkeit der Verteidigung durch Wurf von großer Höhe herab besonders von Bedeutung.

Wir erleben auch, daß in maurischen Gebieten einzelne Burgteile regelmäßig gestaltet sind, die heute in einer völlig unregelmäßigen Gesamtanlage liegen, so der Turmblock, der als ungeheurer quadratischer Klotz in maurischen Burgen, wie Almeria, Lorca, Zahara oder Antequera, steht. Viel höher und schlanker ist der Lehnsturm oder die quadratische Kernburg im nördlichen Spanien. Im Süden wird auch der kennzeichnend maurische, breitgelagerte städtische Wohnbau mit innerem quadratischem Patio durch hohe starke Mantelmauern zur wehrhaften Burg umgestaltet, wofür besonders Zafra in Estremadura[54]) als Beispiel gelten kann.

Um die einzelnen spanischen Burgen in einem gewissen Zusammenhang darstellen zu können, genügt kaum die Einordnung in die alten Hoheitsgebiete, wie sie im Mittelalter machtpolitisch bestanden, also nach den maurisch=sarazenisch=mohammedanischen Herr=schaften und nach den christlich=westgotischen, spanischen, germanischen Gebieten. Die ersteren, z. B. Cordoba, Zaragoza, Valencia, Granada, und die vielen kleineren Gebiete, wie Murcia, Almeria usw., bieten Verbindungen vieler Burgen mit großen Städten (Stadt=burgen). Die zweiten, Galizien, Leon, schon 1086 vereint mit Alt= und Neukastilien, Aragon, Katalonien, Biskaya, Navarra, Estremadura, Asturien usw., zeigen dagegen mehr Einzelburgen in der Landschaft bei kleinen Orten.

Die Grenzen aller Machtbezirke schwanken aber dauernd in den acht Jahrhunderten von der mohammedanischen Eroberung bis zur „Reconquista" der Christen.

Die Wehrbauten entstehen zeitmäßig vom 8. und 9., ja 10. Jahrh. ab unter maurisch=orientalischer Führung (Malaga, Gibraltar, Tarifa, Alhambra, selbst Sevilla und Toledo, Valencia), dann geht die Führung in wehrbaulicher Beziehung in kastilisch=aragonisch=katalonische Hände über. Es entstehen viele Mischungen dadurch, daß der härtere Geist der Nordspanier die Burgformen im Äußeren bestimmt, die der Abwehr vor allem dienen, während die Formen des Inneren, die künstlerische Raumgestaltung, von den Mauren bis zum Einstehen des Mudejar=Stiles überwiegend beeinflußt werden.

Versuchen wir nun eine größere Zahl von Burgen einzeln zu kennzeichnen und dazu in Gruppen, je nach den bekannten alten Machtgebieten, zusammenzufassen. Noch heute sprechen wir von Leon, Kastilien, Aragonien, Galicien, Asturien, Estremadura, Biskaya, Katalonien usw. Es lohnt sich daher, Burgenbeispiele nach ihrer Lage in obigen alten Machtbezirken nebeneinander zu stellen.

Altkastilien

Tatsächlich trägt Altkastilien seinen Namen nach der Fülle der von den helden=mütigen Westgotennachkömmlingen dort errichteten trotzigen Burgen. Man baute Burg um Burg, je nachdem der Landgewinn in den Kämpfen gegen die Mauren Fortschritte machte und der neue Gewinn gegen Rückkehr der Ver=triebenen verteidigt werden mußte. Es waren heldisch klare und zweckdienliche Bauten,

[53]) Lampérez y Romea I. S. 306. — [54]) Catalogo Monum. de España, Prov. de Badajoz, Text, II. S. 434.

die die Größe der Baugesinnung und den Willen zur Behauptung des eroberten Landes widerspiegelten. Hier könnte sich also den Erfahrungen entsprechend eine eigene Wehrbauschule entwickelt haben. Betrachten wir dazu einige willkürlich gewählte Beispiele. Es überragen die regelmäßigen Grundrißformen, obgleich auch regellose Grundrisse nicht fehlen.

Stark erneuert ist die um 1300 genannte (?) Burg Simancas in Altkastilien bei Valladolid, die die berühmten Kronarchive des spanischen Staates beherbergt. Rohe, teils neuere Quadern bilden die Mauern, sowohl der im Kern viereckigen Hauptburg mit rechteckigem Mittelpatio[55]) und ihrer vier kleineren runden Ecktürme mit einem Hauptrundturm. Die durch neun Dreiviertel= oder Halbrundtürme verstärkten Zwingermauern sind ähnlich ausgeführt.

Den ganzen vielgegliederten Wehrbau umgibt ein breiter tiefer Graben, über den zum doppeltürmigen Torbau eine lange Brücke führt.

Der feuersichere Bau ist noch neuerdings ausgebaut und erscheint als ein Archivbau dauerhafter und wehrhafter Art und feuersicherster Lage.

Die Burg wurde vom König Alfons den Mauren abgewonnen[56]), kam 1580 an die katholischen Könige. Für Philipp II. baute Herrera das Innere zum Archiv aus.

Die strategisch höchst wichtig gelegene Höhenburg La Mota über Medina del Campo[57]), die schon als ein gewaltigster Bau aus gebrannten Ziegeln erwähnt wurde, ist von der gleichnamigen Stadt durch einen erheblichen — zum Teil durch spätere Festungswerke eingenommen — leeren Raum und durch bedeutende Höhenunterschiede getrennt (Taf. 4, Bd. I).

Das hervorragende Glied des Gesamtbaues ist der ungeheure maschikuli= und zinnengekrönte Lehnsturm mit 4 doppelten Eckrundtürmchen, der hier ganz bergfriedartig entwickelt ist. Sein quadratischer Grundriß mißt mehr als 13:13 m, die Höhe dürfte etwa 50 m betragen. Dadurch steigert sich das Bild dieser Höhenburg zu einer majestätischen Wirkung, die noch mehr betont wird durch die ungeheure Ausdehnung und mächtige Höhe der Mantelmauer (Abb. 13, 17).

Der Grundriß der Mantelmauer bildet ein verschobenes Rechteck, an dessen südwestlicher Spitze noch einmal ein

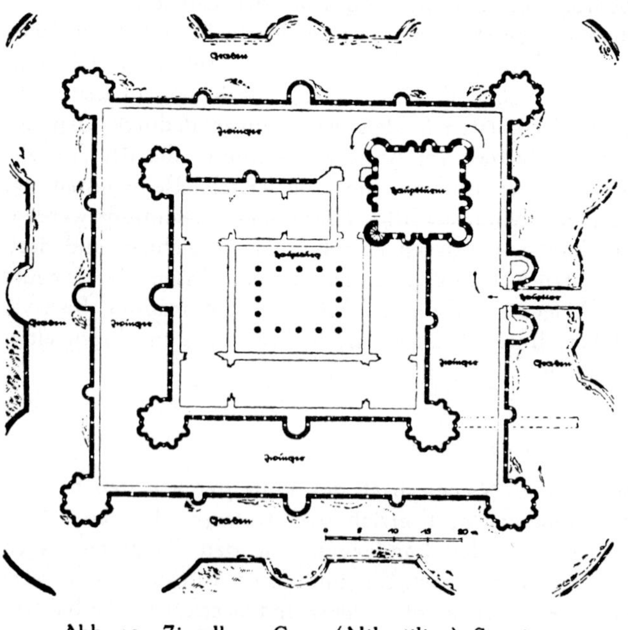

Abb. 12. Ziegelburg Coca (Altkastilien), Spanien. Grundriß 1 : 1000. B. E.

55) Castillos en Castilla. S. 179ff. Lampérez y Romea I. S. 265ff. Abb. Grdr. S. 265, Ans. S. 264, 276. — 56) Schubert: Geschichte des Barock in Spanien. S. 57 Abb. B.E.: Spanische Burgenfahrt. S. 122. Sainz de Robles S. 34ff. u. Abb. 23. — 57) Boletin de la soc. Cast. de Excurs. Bd. 266—69. (Ausführl. Bibliographie.) B.E.: Spanische Burgenfahrt. S. 7, 11, 121f. Lampérez y Romea I. S. 266ff. Abb. 276, 277. Sainz de Robles S. 28f. u. Abb. 15. Castillos en Castilla S. 163ff.

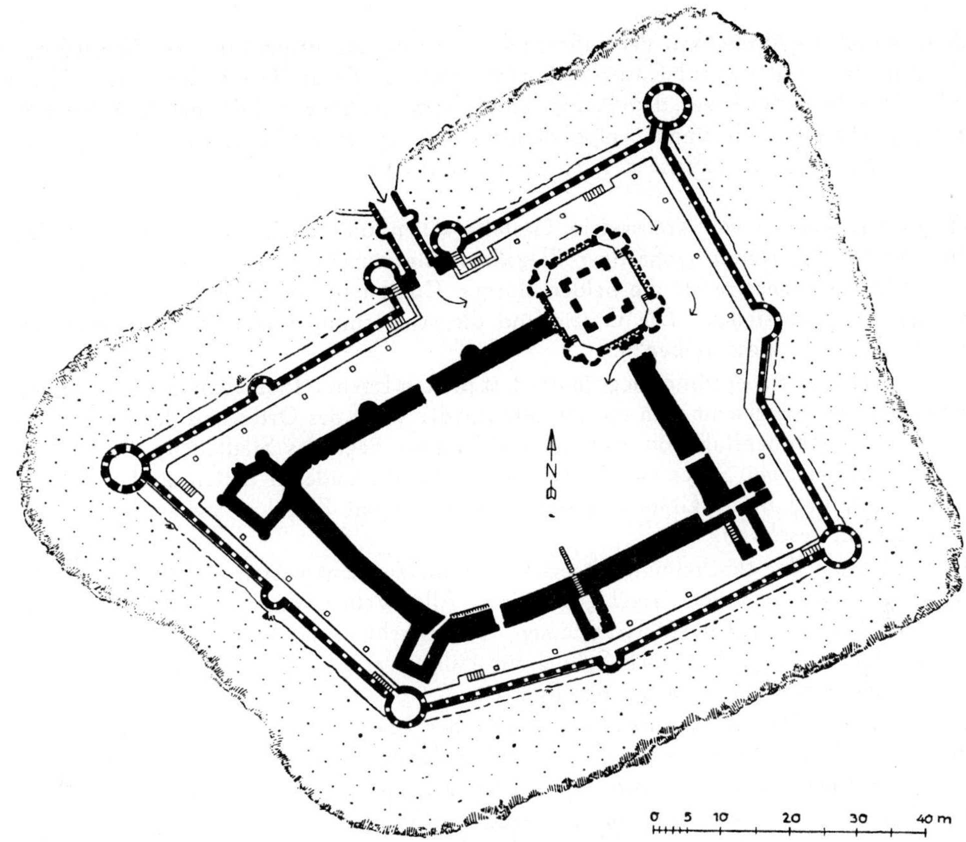

Abb. 13. Höhenburg La Mota über Medina del Campo (Altkastilien), Spanien. Grundriß 1:1000
B. E. nach eig. Aufnahmen und Lampérez.

besonderes, kleineres Bollwerk mit 4 Ecktürmen ausgebaut ist. Die Mantelmauer ist ferner verstärkt durch drei feste Mauertürme, während die gesamten inneren Wohn= und Wirtschaftsbauten heute verschwunden sind (Abb. 13, 17). Nur die unterirdischen Wallgänge mit Scharten sind klar erhalten.

Um die fast 20 m hohe Mantelmauer legt sich ein breiter Zwinger mit starken Mauer= schrägen, der allen Unregelmäßigkeiten des Bodens folgt und nochmals durch 7 Rund= türme verstärkt ist. Das Haupttor liegt auf der nordwestlichen Zwingermauer gegen den Rücken des fast in gleicher Höhe sich fortsetzenden Hügels zu. Es besteht aus einem statt= lichen Vortor, das von zwei kleineren Rundtürmen eingeschlossen wird. Um zu dem dritten inneren Tor in der Mantelmauer zu gelangen, mußte der Feind erst um die Ecke stürmen, die durch den großen Bergfried gebildet wird, war also dauernd den Würfen der Verteidiger von der großen Höhe des Turmes herab ausgesetzt. Alle inneren und äußeren Mauertürme sind offensichtlich zur Seitenbestreichung bestimmt.

Nach Llaguno[58]) wurde der heutige Ziegelbau 1440 durch Meister Fernando de Carreno wieder errichtet, 1479 im September wird ein Meister Alonso Nieto als Meister der Ar= beiten genannt. Der späten Bauzeit entsprechen die zahlreichen Schlüsselscharten in der äußeren Zwingermauer, die an der Kernburg fehlen.

[58]) Llaguno y Amirola I. S. 105, 123.

Auffällig ist die Ähnlichkeit der äußeren Erscheinung mit ostpreußischen Ziegelbauten.

Berühmt ist Medina del Campo als Gefängnis des Cesar Borgia von 1504—06, der von hier zu seinem Schwager, dem König von Navarra, flüchtete und der bei der Belagerung der Burg Viana durch einen „colpo di gianetta" getötet wurde am 12. März 1507[59]). Die Burg kam von den Fonseca 1475 an die „katholischen Könige" (Taf. 1).

Eine Märchenburg von krausestem Gestalterwillen und doch sachlich klarer Folgerichtigkeit ist ein zweiter großartiger Ziegelbau, die einzigartige Burg Coca (Abb. 12). Zwei größere Gegensätze als die beiden Burgen Coca und Medina del Campo kann man sich kaum vorstellen. Die Grazie und die scharfsinnig sachliche Überlegung von Coca ist kaum zu beschreiben[60]).

Die märchenhafte Ziegelburg liegt in der fast platten Ebene. Erst wenn man unmittelbar vor der Burg steht, erkennt man die Gründe für die Wahl des Ortes und der Burg. Zwischen dem Zusammenfluß von Eresma und Voltoya liegt das Städtchen; die Burg ist dadurch auch an zwei Seiten von Wasser umgeben, die anderen Seiten sind durch unglaublich tiefe und breite Gräben, deren Außenseiten mit Ziegel in steilem Anlauf ausgemauert sind, geschützt.

Der Reichtum der Erscheinung ist bei Coca mit den einfachsten Mitteln verschieden gestellter und geschichteter Ziegel geschaffen. Alle Wehrmittel sind angewandt: Gußerker über dem ersten Tor auf Kragsteinen, Gußschacht in der Mauer über dem großen Tor zur inneren Burg, dort auch Schlitz für Fallgatter, und überall raffiniert angelegte Scharten, meist Schlüsselscharten der Spätzeit.

Die Zahl der Türme vervielfältigt sich von der Mantelmauer des Kernbaues zu der Außenmauer des Zwingers um einen ursprünglich quadratischen Mittelhof, dessen Säulensockel noch erkennbar sind, darum die Spuren von vier schmalen Wohnflügeln.

Der Lehnsturm ist eine Burg für sich, jetzt sind innen nur noch zwei Gewölbe übereinander erhalten. Balkenlöcher deuten auf weitere Geschoßteilungen. Um die quadratische Kernburg und den Lehnsturm in der einen ihrer Ecken zieht sich außen eine mächtige, nicht hohe Zwingermauer, in der unterirdische Gänge entlangführen. Starke im Äußeren vieleckige Türme an den vier Ecken, und dazwischen nochmals kleinere Türme verteidigen den Graben durch Seitenbestreichung. Die Außenlinie des Grabens, die alle diese Vor= und Rücksprünge begleitet, nimmt ganz bizarre Formen an.

Im Hofe liegt eine große Zisterne und ein weiter Keller; in der starken Mantelmauer befinden sich Schießkammern, über dem Kerntor Wappen, innen überall Spuren von Malerei. Einzig in ihrer Art ist die Formung der Erkertürmchen und der senkrechten stabartigen Gliederung aller Brüstungen an Türmen und Mauern durch die unendlich vielseitigen und vielfältigen Vor= und Rückkragungen der Ziegelschichten. Erst bei genauestem Betrachten erkennt man die einfache Lösung der selbstgestellten Aufgabe des Künstlers. Die Wirkung dieser gewellten Brüstungsmauer ist gewollt rauh, grob samtartig und unglaublich künstlich — dennoch dient sie ganz offenbar dem Kugelfang und ist zur Verhinderung unerwünschten Rückschlages der Geschosse der Angreifer so errichtet.

Trotz der späten Bauzeit, in der schon längst hier kein Maure mehr herrschte, macht dieser in ganz Europa einzig dastehende Wehrbau einen morgenländischen Eindruck (Taf. 2).

---

[59]) Gregorovius: Lucrezia Borgia. S. 246. Tomaso Tomasi: La vita del Duca Valentino. S. 302f. (1665.) — [60]) B. E.: Spanische Burgenfahrt. S. 118ff. Lampérez y Romea I. S. 269f., S. 268 Abb. 278. Sainz de Robles S. 41 u. Abb. 37. Hielscher S. 184—187 Abb. Rigel: Der siebenjährige Kampf auf der Pyrenäischen Halbinsel v. Jahre 1807—14. Castillos en Castilla. S. 129f.

Stadtburg zu S e g o v i a — nach dem Brande — zwischen den Flüßchen Eresma u. Clamores (Altkastilien), Spanien

Burg Turégano nordöstlich Segovia (Altkastilien), Spanien

Die Burg Arevalo[61]) bietet einen vielgestaltigen Wehrbau. Etwa 35 km südlich von Medina del Campo liegt sie abseits von gleichnamiger Stadt auf breitem Höhenrücken als ein besonders mächtiger, viel um= und ausgebauter Wehrbau.

Reste einer starken Mantelmauer zeigen — soweit erhalten — zum Teil noch die übliche Gliederung: d. h. große Höhe, einen runden, etwas überragenden Rundturm an der Ecke. Die Burg ist mauer= und turmbekrönt und durch Wehrgangreste auf Kragsteinen und vorgestreckten Bogenfriesen ausgezeichnet. Die schwere Ringmauer zeigt in der Mitte einen halbrunden Erker, der unten scharf spitz zuläuft. Hier zeigen sich Reste zahlreicher Rüstlöcher in feinem Ziegelmauerwerk. Der frühe Teil der Burg ist noch wenig auf Seitenbestreichung bedacht.

Neben weiteren, sehr viel zerstörten Mauerteilen fällt erstaunlich aus allem Maßstab ein hufeisenförmiger, gewaltiger Eckturm, der aus Tapiablöcken, Quadern und Ziegelfüllmauerwerk besteht. Vier Fünftel der Höhe scheinen spätestens dem 14. oder 15. Jahrh. anzugehören, während der höchste Ring, aus Ziegelwerk und Lehmbeton bestehend, wenige große, späte Querscharten für grobes Geschütz darbietet. Beispielhaft für die widerspruchsvolle Umbauerei, ja Entweihung eines zielklaren Wehrbaues ist der heutige Zustand dieses spanischen Gewaltbaues. In einem ziegelvermauerten Teil war auch ein hochgelegenes, rundbogiges Tor angeordnet.

Kein Wunder, daß an der strategisch wichtigen Wegestelle zwischen Medina del Campo und den Pässen zwischen den Sierren von Guadarrama und de Gredos und Madrid ein besonders starker Wehrbau Platz fand, an heute noch wichtiger Landstraße, die jetzt hier auch von der Eisenbahn berührt wird, lag doch die Grenze zwischen Alt= und Neukastilien nahe[62]).

Barco de Avila, eine regelmäßig viereckige Höhenburg mit hoher Mantelmauer und vier etwas darüber ragenden Rundtürmen, aus schwerem Bruchstein erbaut, liegt über hohem Flußufer. Der Mantel zeigt fast keine Öffnungen[63]). In der Mitte einer Seite schiebt sich durch die Mantelmauer ein hoher starker, rechteckiger Lehnsturm vor mit Quadern

Abb. 14. Fester Palast des Pedro Davila in Avila (Altkastilien), Spanien, mit kennzeichnendem Prachttor. B. E.

[61]) Paz: Castillos y Fortalezas del Reino. S. 17f. Lampérez y Romea I. S. 429 nur eben erwähnt. — [62]) Pidal: I. S. 238 erwähnt einen Mönch und Geschichtsschreiber mit Namen Juan de Arevalo. — [63]) Sainz de Robles. Abb. 7.

an den Ecken, an der rechteckig links liegenden Mantelmauer ist ein kleiner halbrunder Erker aus Stein über spitz halbrund zulaufender Auskragung angebracht. Um die ganze Burg laufen dreifache Kragsteine, die einst die Wehrgänge trugen, nur der Lehnsturm zeigt keine solchen Reste. Burg Barco de Avila ist ein Beispiel eines nüchtern regelmäßigen Wehrbaues auf flacher Höhe.

Auch Mombeltran[64]), 10 km nordöstlich von Arenas de San Pedro, liegt in einer quadratischen, hohen Mantelmauer, an den vier Ecken durch stark überragende Türme verstärkt, und bildet eine regelmäßige Höhenburg. Stark gezinnte Wehrgänge krönen zwischen den oben einst ebenso abgeschlossenen runden Ecktürmen auf starken Kragsteinen die Mantelmauer.

Eine hohe Zwingermauer umgibt die Kernburg. Der ganz regelmäßige Bau bietet also keine kennzeichnend kastilischen oder auch nur spanischen Formen. Hier finden wir vielmehr eine Wehrbauweise, die in der wenig geistvollen Art der Spätzeit des französischen Burgenbaues in allen romanischen Ländern herrscht. Nur in Deutschland ist eine an den Ecken hochgetürmte Viereckburg sehr selten, ja außer den späten niedrigen Wasserburgen fast nie gewählt. Der Name Mombeltran gibt zu denken. Viele spanische Burgen wurden mit Überlegung und bestimmtem Zweck so, wie geschehen, genannt; ein Sprachforscher könnte aus diesen Namen viel Geschichte, viel Volksbrauch und symbolischen Willen deuten.

Die stattliche, nach bedeutendem spätbarockem Ausbau vom Besitzer noch teilweise bewohnte Burg Arenas de San Pedro[65]) in der Sierra de Gredos gehört zu den regelmäßigen, rechteckigen Bruchsteinbauten größten Maßstabes, die wir in Spanien, auch im bergig schwierigen Gelände, oft finden. Die durch viereckige Mittel- und runde höher ragende Ecktürme verstärkte hohe Mantelmauer wird innen von einem lang-rechteckigen Lehnsturm überragt. Die frühe Gesamtgestalt des alten Burgteiles zeigt einige feine zweilichtige Hufeisenbogenfenster, sonst außen keinerlei sarazenische oder gotische Anklänge. Das Bruchsteinmauerwerk ist kastilisch. Der Bau[66]) wurde um 1400 vom Condestable Don Alvaro wohl an Stelle älterer Reste errichtet. Der Besitz kam 1422 an die Gattin des Don Alvaro.

In bourbonischer Zeit, nach entsprechendem Umbau, entstand der „Palazo del Infante des Don Luis", des Bruders Karls III., dessen spätbarocker Anbau heute noch bewohnt ist[67]).

Nicht mit Unrecht war auch der künstlerische Ruf des Alcazars von Segovia ein glänzender. Hatten doch die Könige, die dort wohnten und herrschten, ebenso wie zu seiner wehrbaulichen Verstärkung auch zu seinem inneren und äußeren Glanz und Prunk großzügig beigetragen. Um so tragischer war das erschütternde Unglück, das den edlen Bau durch die schwere Feuersbrunst vom 7. März 1862 traf. Wenn trotzdem der großartige äußere Umriß nicht ganz verwischt wurde, so verdanken wir das der unerschütterlichen Festigkeit aller Hauptmauern und Türme, die wie für die Ewigkeit begründet sind. Das Bild (Taf. 3) zeigt eine Aufnahme nach dem Brande.

Die berühmte Burg „el Alcazar de Segovia"[68]) war eine der stolzesten und berühmtesten Kastiliens. Sie wirkt schon durch die Lage des Bauplatzes überwältigend. Auf einem schmalen, langen Felssporn errichtet, der an zwei Langseiten fast senkrecht abfällt

[64]) Sainz de Robles Abb. 14. Lampérez y Romea I. S. 243 u. 244 Abb. 245. — [65]) Lampérez y Romea I. S. 638 Abb. 713. — [66]) Boletin del Turismo Bd. 36. S. 128. Schirrmacher: VI. S. 452 u. 321. — [67]) Schubert S. 346. — [68]) Lampérez y Romea I. S. 254ff. Gil: El castillo de Loarre y Alcazar de Segovia. S. 45ff. Llaguno y Amirola. S. 110f.

und gegen Norden vom Rio Eresma und im Süden vom Bache Clamores umflossen wird, zeigt die 250 m lange Burg gegen Westen nur eine tiefer liegende scharfe Spitze mit späteren Außenbauten, die von einem donjonartigen, hohen rechteckigen Bau mit vier runden Ecktürmen und einem starken Halbrundturm in der Mitte der Westwand überragt wird. Gegen Osten schneidet ein tiefer Felsgraben die Burg von dem Stadtgelände ab. Dahinter liegt ein schmaler Zwinger vor einem gewaltigen flachen hohen Turm, der wie eine Schildmauer die lange Kernburg schützt.

Das äußere Gesamtbild wirkt durch den gewaltigen Turm Juans II. von Osten und den Lehnsturm an der Westspitze mit seinen vier runden Ecktürmen und dem halbrunden hohen Mittelwartturm besonders bewegt und malerisch.

Betreten wir das Innere von Osten von der Stadt her über die Zugbrücke, so erreichen wir durch den schmalen Zwinger und das Haupttor der Kernburg zuerst eine gewölbte Vorhalle unmittelbar rechts des Turmes Don Juans II., dann geradeaus eine zweite, zinnenartige, quadratische Halle und rechtwinklig links ab einen Längsgang, der in den ersten Hof, den Patio, führt[69]). Rechts dieses spät in der Renaissancezeit an drei Seiten mit strengen Bogengängen umgebenen zweistöckigen Hofes, der den Beschauer ziemlich kalt läßt, erhebt sich der zweischiffige Hauptsaalbau. Von der quadratischen Halle und vom Hofe aus folgen von Ost nach West nebeneinander rechts der quadratische Thronsaal mit reichsten Mudejarornamenten, Stalaktiten und gewölbter Holzdecke, der „Sala de ajimeces" (ajimen = Söller), „Sala de la Galera" (der Saal de la Galera oder Empfangssaal heißt so nach der bauchigen Decke), ein quadratischer kleinerer Saal, der gotische „Sala de las Pinas" (Pinien), der bedeutende Königssaal mit den goldenen Figuren und die Kapelle. Alle diese Räume waren strahlend, glänzend ausgestattet; was man heute daran noch sieht, kann zum Teil nur enttäuschen, jedenfalls nicht die Erwartungen befriedigen.

Die Wiederherstellung der langen Pallas- und Saalbauten der Nordseite ist strenger und glatter als die Ansicht von Süden.

Über den gewölbten Kellern der Wohnbauten erheben sich die hohen Saalgeschosse, deren große gotische Spitzbogenfenster auf das 15. Jahrh. hinweisen. Nach Norden öffnet das nächste Geschoß nur geringe kleine Fenster, nach Süden sind die vielen rechteckigen neueren Fenster auffallend, die auf drei bis vier Stockwerke hinweisen. Im Mittelalter zeigten diese langen Mantelmauern sicher nur wenige Öffnungen und wohl als Bekrönung Zinnenreihen. Die Nordmauer erhebt sich ohne Außenzwinger über senkrechtem Felsenabsturz. An der Südseite zieht sich eine viel geknickte Zwingermauer an dem weniger steilen Felsabhang hin.

Zahlreiche große und kleine spitze Rundtürme beleben das Bild, ihre gemauerten Schäfte wurden vom Feuer verschont.

Der rechteckige westliche Lehnsturmkern zeigt mehrfach romanische erneuerte Zweilichtfenster mit Mittelsäulchen, die auf frühe Bauzeit hindeuten würden. Der östliche Turm Don Juans II., der die Burg wehrbaulich und künstlerisch vollkommen beherrscht, zeigt eine eigentümlich flache Form, er deckte fast die Breite der Kernburg gegen den belagernden Feind von der Stadtseite her. Vier oder fünf hohe Stockwerke liegen über der Erdgleiche der Stadt, die noch außerdem durch eine starke Zwingermauer und den gähnenden Halsgraben abgetrennt ist. Die mächtigen Mauerflächen sind wie mit einem Spitzenschleier durch ein zierliches Stuckornament übersponnen, das an maurische Kunst erinnert, das Schönste aber bietet der Kopf des Turmes. An drei Seiten sind unter der wehrbaulichen Krone zierliche, gotisch reich verzierte dreieckige Gußerkerchen vorgestreckt, darüber aber steigen zwölf lange Rundtürmchen empor, die an dem letzten

[69]) Lampérez y Romea I. S. 255 Grdr.

Stockwerk halbrund emporsteigen und auch den reizend mit Zinnen und Wappen geschmückten Wehrgang an allen vier Seiten durchschneiden und überragen. Wahrlich eine wehrhaft harmonisch trotzende Mauerkrone!

Der lange Kernbau ist um zwei Höfe gegliedert, so daß an den Turm Juans II. zuerst ein rechteckiger Hof anstößt, der regelmäßig von 4 Flügeln eingefaßt wird. Gegen Westen liegt der zweite, unregelmäßig längliche Hof, den teils geringere Bauten einschließen.

Die ganze großartige Baugruppe ist wie die der meisten so schicksalsreichen Burgen allmählich durch zahlreiche Um- und Ausbauten entstanden.

Überschauen wir die wichtigsten Nachrichten: Zur Zeit Alfons VI. von Kastilien (1072—1109), der 1083 Segovia den Mauren abnahm[70]), war der heutige Burgfelsen befestigt, aber wohl weniger wesentlich durch die Mauren als noch aus römischer und westgotischer Zeit.

Der Bau wird zuerst als „Alcazar" genannt, in einer Urkunde, in der der König dem Bischof von Segovia Güter aus dem königlichen Besitz abtritt: „de hilo horto, quod est in Secovia subtus illud Alcazar in ripa fluvis"[71]).

Man nimmt an, daß Alfons VI. die Kernbauten der Burg errichtete unter Benutzung römischer und westgotischer Reste.

Hier starb Alfons VII. 1158, dessen Sohn Alfons VIII. erst drei Jahre zählte[72]).

Erst Alfons der Weise — man berichtet, daß er auf dem höchsten Turm eine Sternwarte einrichtete, angeblich nach Zerstörung eines Teiles des Alcazars durch ein Unwetter — scheint größere Bauten an der Burg nach 1258 ausgeführt zu haben[73]).

Bedeutendere Bauten folgten unter Pedro dem Grausamen, angeblich zum Teil durch maurische Bauleute, daher erscheinen auch verschiedene Säle durchaus in mudejaren Formen[74]).

Noch großartiger erscheint als Bauherr Juan II. (1410—12), der den prachtvollen Turm am Ostende errichtete, auch eine herrliche getäfelte Decke in der „Sala de Galera" ausführen ließ[75]), 1412 wurde auch die „Sala del arteson" vollendet[76]).

Heinrich IV. von Kastilien endlich schuf 1456 den berühmten Saal mit den goldenen Königsstatuen[77]) und drei weitere Säle: de las pinas, de la media naranja und del tocador.

Alle diese Pracht des Inneren erlitt eine furchtbare Zerstörung durch den Brand von 1862. Die Stadt beschloß die Förderung der Wiederherstellung durch eine Summe von 400000 Raalen. Die Architekten Bermejo y Arteaga, Odrizola y Grimaud stellten die Entwürfe her, nach denen ab 1882 gebaut wurde[78]).

Turegano bei Segovia ist eine riesige Mantelmauerburg, dreischiffiger Großquaderbau ohne Bossen und Randschlag. Der Kernbau, den die Kirche unten ganz einnimmt, besteht aus Großbruchsteinen, der Zwinger aus Bruchsteinmauerwerk, er ist mit späten Schlüsselscharten versehen (Taf. 4).

Eine hohe Zwingermauer mit runden Eckmauertürmen bildet einen äußeren Wehrring, aus dem der Kernbau der Wehrkirche selbst hoch und steil emporschießt. Viele schlankere, gezinnte Rundtürmchen, zum Teil wohl ohne Innenhohlraum, steigern den rätselhaften Eindruck des hochstrebenden Wunderbaues. Er wurde 1116 mit zweifachem Graben und dreifachen Ringmauern durch die Bischöfe von Segovia errichtet.

Drei Fünftel der rechteckigen Kernburg von 38 m Länge und 23 m Breite über der dreischiffigen Kirche bleiben erheblich niedriger. Über den restlichen Gewölben ragt turmartig ein Aufbau empor, der die Hauptwohnräume enthält. Davor liegt eine offene Wehrplatte (plaza de armas). Der älteste Bau des 12. bis 13. Jahrh. ist um 1460—97

---

[70]) Sainz de Robles S. 38f. Kuhn: Das alte Spanien. S. 103. Jürgens: Spanische Städte. S. 126ff. — [71]) Gil S. 49. — [72]) Ebenda S. 50. — [73]) Lampérez y Romea I. S. 254f. Gil S. 51f. — [74]) Llaguno y Amirola I. S. 66 u. 90. — [75]) Gil S. 57. — [76]) Llaguno y Amirola I. S. 90. — [77]) Ebenda I. S. 110f. — [78]) Gil S. 68ff.

Burg P e ñ a f i e l nördlich Valladolid (Altkastilien), Spanien. Blick vom Lehnsturm

Tafel 6

Burg P e ñ a f i e l, nördlich Valladolid (Altkastilien), Spanien

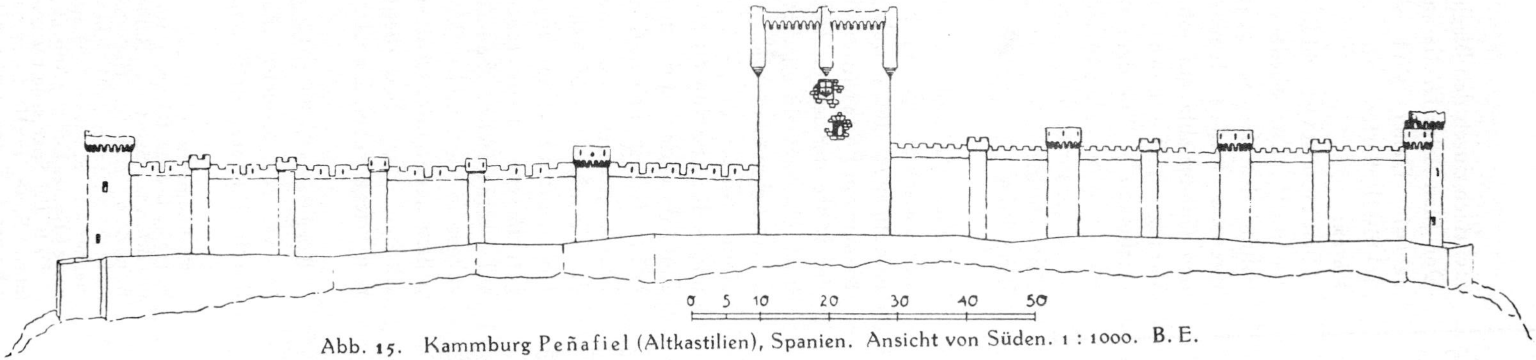

Abb. 15. Kammburg Peñafiel (Altkastilien), Spanien. Ansicht von Süden. 1 : 1000. B. E.

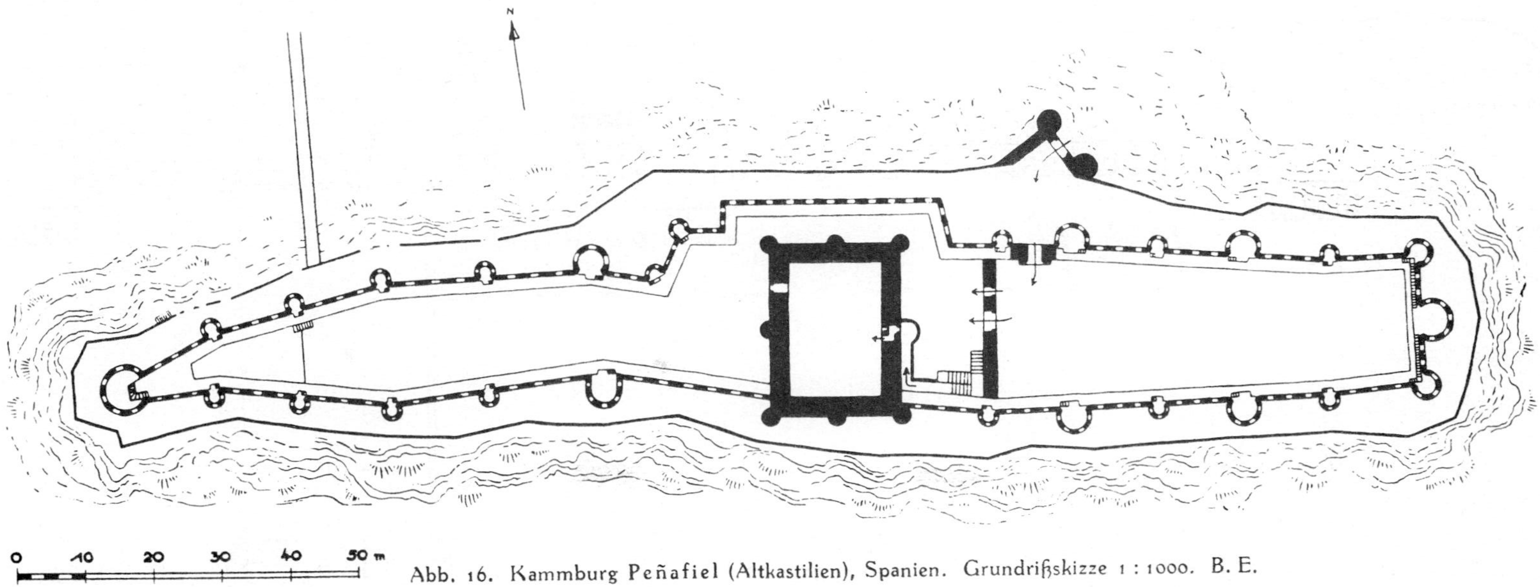

Abb. 16. Kammburg Peñafiel (Altkastilien), Spanien. Grundrißskizze 1 : 1000. B. E.

mehrfach durch den Bischof Don Juan Arias Davila ausgebaut. Daher sind die Schlüsselscharten zu erklären.

Seit 1166 ist Ort und Burg genannt[79]). Zur Wiederaufnahme des Krieges gegen Granada fordert Juan II. den Condestable auf, ohne Verzug zu Turegano zu erscheinen[80]). Die dem Bischof von Segovia gehörige, so oft genannte Burg spielte schon immer eine wesentliche Rolle.

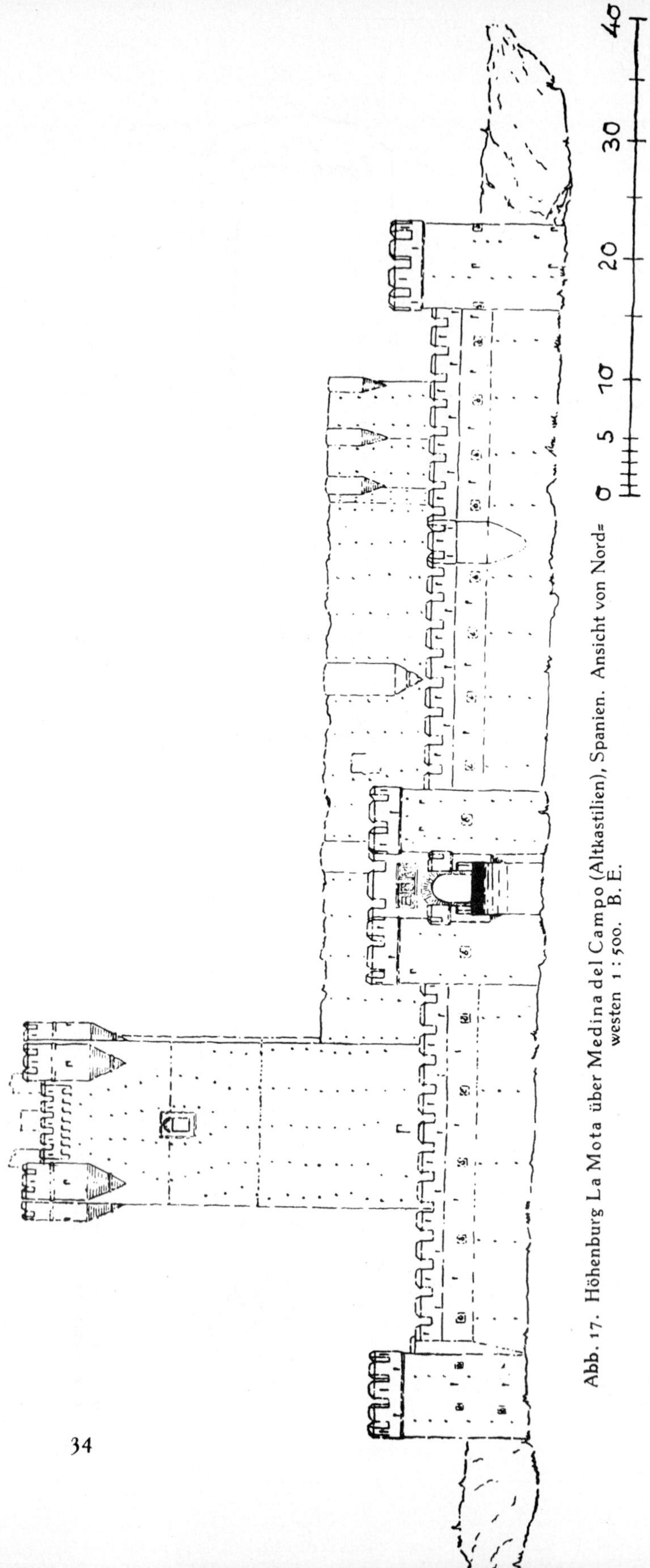

Abb. 17. Höhenburg La Mota über Medina del Campo (Altkastilien), Spanien. Ansicht von Nordwesten 1 : 500. B. E.

Östlich Valladolid erhebt sich zwischen zwei kleinen Rundtürmen die gewaltige Mauer von Penaranda. In der Mitte der langen Felsbank überragt ein quadratischer Lehnsturm die gezinnte Mauer durch seine ungewöhnliche Höhe[81]). Eine Zinnenbrüstung auf dreifachen Kragsteinen und ein Rundbogenfries bekrönen die Turmhöhe. Auf halber Höhe deuten zwei rundbogig geschlossene Fensterpaare auf romanische Bauzeit, ebenso in Viertelhöhe. Von pallasartigen Bauten ist nichts erhalten. Der Bau diente rein kriegerischen Zwecken.

Burg Peñafiel[82]) (Abb. 3, 11, 15, 16) erreicht man durch finstere und enge

[79]) Lampérez y Romea I. S. 259ff. Boletin Bd. 37, S. 1929 u. Bd. 12. Sainz de Robles S. 39f. u. Abb. 3. Hielscher Abb. S. 170, 171. — [80]) Schirrmacher VI. S. 232. — [81]) Lampérez y Romea I. S. 227 Abb. 224. — [82]) B. E.: Spanische Burgenfahrt. S. 38, 123ff. Lampérez y Romea I. S. 232, 243, 246ff., Abb. 225, 250, 251. Castillos en

Gassen des uralten Ortes, vorüber an einer ganz maurischen Kirche San Pablo, zum Fuße des unglaublich steilen, abenteuerlich geformten Burgberges, dessen weiße Kreidefelsen unten heute von zahlreichen Lüftungsschornseinen unterirdischer Keller durchstoßen werden. Weglos geht es hinan zu dem nur etwa 10—20 m breiten, wohl 200 m langen Kamm, der die umgebende Landschaft nach allen Himmelsrichtungen unnahbar überragt. Fast in der Mitte der Länge ist quer durch den schmalen Längsbau ein großer Lehnsturm gestellt von 14,3:20 m Grundfläche (Abb. 15, 16). Östlich liegt ihm ein enger Vorhof vor, der die schärfstens durchdachte Treppe und Zugbrücke zu dem hochgelegenen Eingange des bei 30—35 m Höhe nur dreigeschossigen Lehnsturmes schützt. Nach Osten erstreckt sich dann weiter ein ebenso schmales, langes Mauerviereck, verstärkt durch drei starke Halbrundtürme und sechs kleine Wachttürmchen dazwischen.

Nach Westen wird der Felsenkamm der Burg Peñafiel am schmalsten, er läuft in eine Spitze aus, die ein Rundturm einnimmt. Zwischen diesem und dem Lehnsturm springen aus den beiden dicht nebeneinenader auf der Felskante etwa 80 m lang hinlaufenden Mauern nach beiden Seiten je vier kleine, halbrunde Warttürme und zwei starke halbrunde bzw. hufeisenförmige Türme vor. Ein schmaler Zwinger begleitet viel tiefer die lange Schiffsform. Nur an der Nordseite führt ein zweitürmiges Tor zum Zwinger. Durch dieses gelangt man in das östliche lange Mauerviereck, dann durch ein drittes Tor in den Vorhof des Kernwerkes und dort zum Lehnsturmaufgang. Eine kleine Ausfallpforte scheint an der Westspitze vorhanden gewesen zu sein. Zur fernen Stadt führen lange Mauerzüge hinab (Abb. 11, Taf. 5, 6).

Die wildeste Ritterromantik kann sich keine „ritterlichere" Burg erdenken, und doch sind alle Teile von höchster Sachlichkeit erfüllt. In den furchtbaren Kämpfen zwischen König Alfons von Kastilien und Don Juan Manuel im ersten Drittel des 14. Jahrh. spielte Peñafiel als Besitz des letzteren eine entscheidende Rolle, bis Don Juan dem König die Burg als Friedenspfand 1336 übergeben mußte.

Nordwestlich Valladolid liegt in geringer Höhe in flacher Gegend die ganz aus Quadern in gutem Verbande erbaute Burg Fuensaldana als wohlerhaltene Ruine[83]) (Taf. II).

Der Grundriß ist besonders regelmäßig angeordnet. Fast quadratisch, rund 30:34 m, zieht sich eine wehrganggekrönte Mantelmauer, an deren drei inneren Seiten die Spuren von zwei- bis dreistöckigen Wirtschaftsbauten oder Soldatenquartieren sichtbar sind. Mitten in die vierte, 30 m lange Seite ist der ungeheure Lehnsturm gestellt, 11:17 m stark, mit etwa 3 m dicken Mauern. Unmittelbar daneben führt der einzige Eingang in die weite Vorburg.

An allen vier Ecken der oben genannten Mantelmauer und des Lehnsturmes sind stärkere und am Turm schlankere Rundtürme angeordnet, die den trotz der regelmäßigen Grundform malerischen Eindruck sehr hochstrebend wirken lassen. Die Seitenbestreichung ist nicht sehr erleichtert.

Zum sehr hoch liegenden Eingang zum Inneren des Lehnsturmes gelangt man nur über eine schmale Treppe, die im Inneren eines frei im „Patio de Arenas" stehenden Klotzes hochführt. Von der Mitte der inneren Längsseite des Lehnsturmes steht dieser Klotz 3,5 m ab und war nur über eine Zugbrücke erreichbar. In der Mauerstärke ist die Tür so geknickt, daß ein grader Schuß halbwegs von dem Inneren der Mauerstärke aufgefangen werden würde. In der inneren Turmecke führen viermal rechtwinklig geknickte, sehr enge, leicht zu verteidigende Treppen zu den zwei gewölbten höheren Turmgeschossen.

Castilla. S. 87ff. Sainz de Robles S. 29f., Abb. 39. Schirrmacher VI. S. 237, 239f., 246, 336, 482, 548. Pidal II. S. 202. — [83]) Castillos en Castilla. S. 14f.

In der gewölbten Eingangshalle öffnet sich ein Kamin, darunter liegt noch ein hohes Keller= gewölbe.

Die Burg liegt in der Ecke einer gleichnamigen kleinen Stadt. Sie war früher sicher durch Gräben und Außenwehren verteidigt. Heute ist der Kernbau ein Muster einer wohlüberlegten, besonders regelmäßigen Anlage.

Der Bau wird dem 15. Jahrh. zugeschrieben, wofür auch die Schlüsselscharten sprechen. Als Burgherr wird 1453 ein Alfonso Pérez de Vivero, ein „Contador" (Rechner) des Königs Juan II. genannt. Derselben Familie gehörte die Burg bis 1681 an[84]). Paz[85]) meldet kurz über Fuensaldana, daß unter Karl V. am 13. Dezember 1489 Juan de Cuero dort Alcaide war mit 25000 spanischen Kupfermünzen Gehalt.

Während unruhiger Zeiten des Aufruhrs wurde hier Don Pedro de Cisneros als Hüter der Burg eingesetzt, der jährlich 84000 spanische Kupfermünzen erhielt und dafür dauernd 6 Mann als Wächter halten mußte. Auch hier sollten die Mittel durch fünf benachbarte Orte und gewisse Pächter der Dueromühlen aufgebracht werden[86]).

Außer diesen näher dargestellten altkastilischen Burgen erwähnen wir die Burgen bzw Ruinen: Tordesillas, Encinas de Esgueva, Avila (Abb. 14), Burgos, Castillo de Frias, Haza (Abb. 10), Mucientes, Trigueros, Ampudia, Montealegre, Vill= alba de los Alcores, Paradilla, Fuentes de Valdepero, Monzon de Campos, Torrelobaton, Villalonso, Tiedra, Uruena, Villagarcia de Campos, Torde= humos, Curiel, Iscar, Belmonte de Campos, Villalpando, Madrigal de las Altas Torres und das oben bereits erwähnte Cuellar[87]).

Neukastilien

Wir nennen aus der Fülle der Burgen Neukastiliens: Barcienze, Castillo de Colatravo bei Ciudad Real, Villafranca del Castillo de Aulencia, Castillo de Chinchon und Fuentiduena bei Madrid, San Servando, Cuenca, Belmonte (Abb. 18), Hita, Cogolludo, Uceda, Alcorlo, Valfer= mosa, Arbeteta (Abb. 22), Cobeta, Estables (Abb. 23), Fuentelsaz, Castil= nuevo, Zafra, Belena, Riba de Santiuste, Siguenza, Torresaviñan (Abb. 22) oder das Castillo de Batres. Außer diesen seien im folgenden die interessantesten Bei= spiele näher behandelt, wie Maqueda, Toledo u. a.

Die verwendeten Grundformen und Baustoffe bieten in Neukastilien Anhaltspunkte für die Abgrenzung der Einflußgebiete des arabischen, gotischen und mudejaren Stiles und der regelmäßigen und unregelmäßigen Burgbauten nach der Bauzeit und der Rasse der Erbauer. Für die Madrider Gegend sind kennzeichnend die regelmäßig viereckigen, im Kern quadratischen Burgen.

Das fast quadratische Buitrago[88]) ist ein düsterer, strengster Kernbau aus Bruchstein, im Grundriß fast ähnlich der Hohenstaufischen Königsburg Prato in Toskana, aber ohne jede Spur solcher prachtvollen Tore oder Fensterbildung oder Kunstformen jeder Art. Hier wie in Escalona finden wir die an die Mauren erinnernde Verwendung auch von Tapia. Nur diese Bauart erinnert an die spanischen Baumeister (Taf. 7).

Großartiger und bewegter ist die 420 m hoch gelegene viereckige Burg Oropesa bei Toledo[89]), ein mächtiger Bau mit quadratischer Kernmantelmauer, mit zwei hochragenden

[84]) Castillos en Castilla. S. 13ff. — [85]) Paz S. 50. — [86]) Castillos en Castilla. S. 14. — [87]) Vgl. Lam= pérez y Romea I. S. 243ff. Castillos en Castilla. — [88]) Sainz de Robles S. 44. Lampérez y Romea I. S. 281f. u. Abb. 296. — [89]) Pidal II. S. 76, 188. Ramon III., Graf v. Barcelona belagert die Burg des Cid Oropesa. Lampérez y Romea I. S. 271 u. Abb. 281. Sainz de Robles Abb. 27.

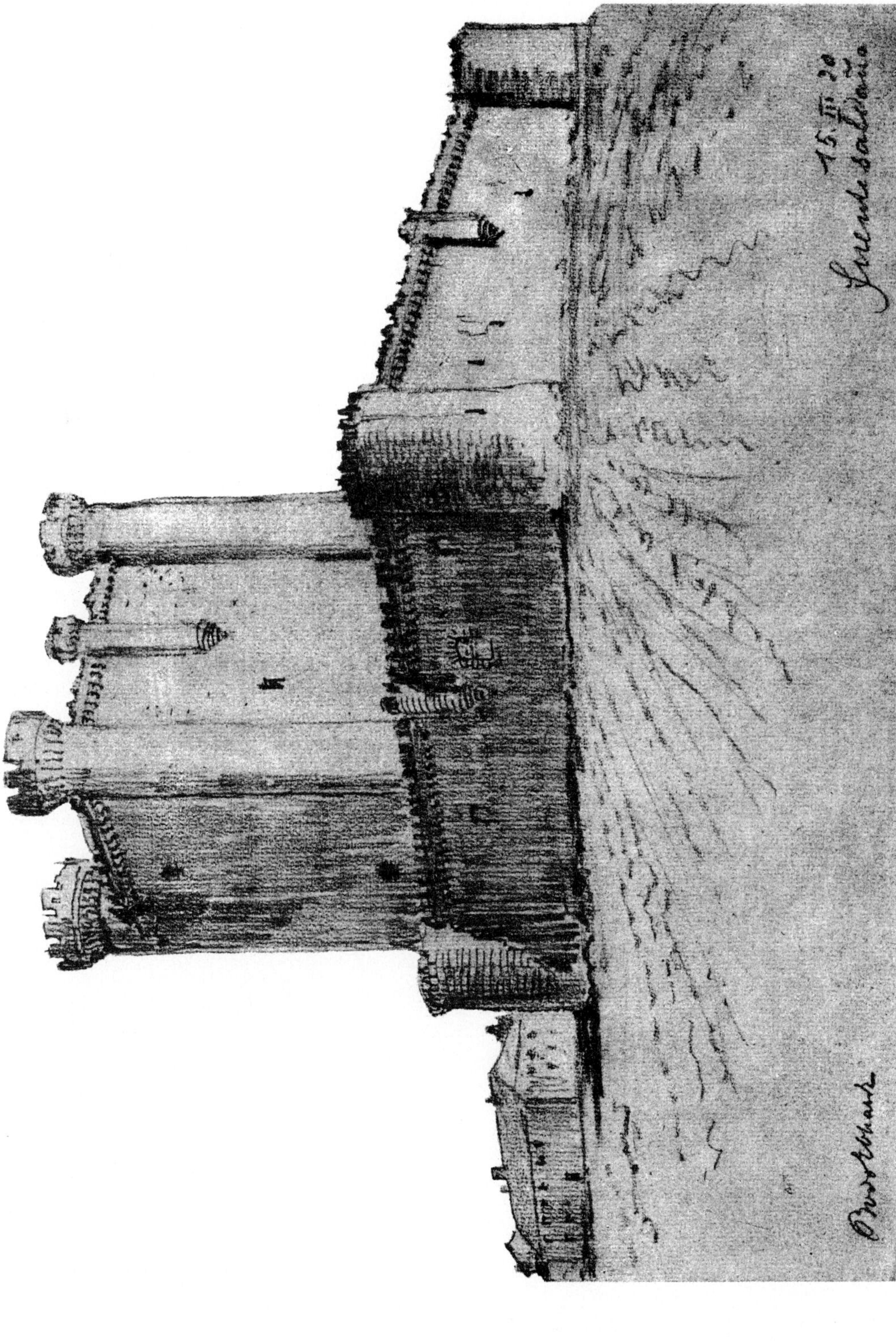

Burg Fuensaldaña, Spanien

Abb. 18. Burg Belmonte (Neukastilien), Spanien. B. E. nach Robles.

Quadrattürmen und mehreren, verschieden runden, kleineren Türmen, wovon einer an einer kleinen Vorburg gegen den Feind spitz zugeschnitten ist. Der Baustoff besteht zum Teil aus Labrador, d. h. rohen Blöcken, sonst nur aus Bruchsteinen (mamposteria), also nicht der der südlichen Technik. Die Bauzeit liegt hier etwa im 13. bis 14. Jahrh., freilich wird die Burg schon 1098 als die des Cid, Don Rodrigo el Campeador genannt.

Riesige gezinnte Wehrgänge krönten ehemals die Mantelmauern und Türme der Burg Oropesa, auf dreiteiligen Hausteinkragsteinen und Rundbogenfriesen vorgestreckt.

Einst Besitz der Herzöge von Frias, gehört die hoch und frei gelegene Feste heute der gleichnamigen Gemeinde und dient dem Fremdenverkehr. Berühmt sind die schönen keramischen Erzeugnisse des Ortes.

718 m über dem Meere nahe der Wasserscheide zwischen Tajo und Guadina liegt 72 km südlich von Madrid und etwa 20 km südwestlich von Toledo die Höhenburg=ruine Almonacid, ein prachtvoller, vielgezinnter Mantelmauerbau auf der Höhe[90]) (Taf. 9).

Inmitten der Burg steht frei ein schwerer, viereckiger, bergfriedartiger torre de homenaje. Schwere mehrgestaltig viereckige Mauertürme verstärken den vielkantig ovalen Kern=mantel. Um ihn zieht sich ein niedriger und schwächerer enger Zwinger mit Scharten=mauern, den endlich noch ein verfallener Graben umgibt. Hier haben wir ein Beispiel eines unregelmäßigen Wehrbaues.

Über die Bauzeit hören wir, daß der Erzbischof Pedro Tenorio von Toledo nach der Belagerung von Toledo durch Heinrich von Trastamara 1367—69 (Halbbruder des Königs Don Pedro) die Burg wiederherstellt[91]). Jetzt ist das Ganze eine malerische, wilde Ruine auf baumlos öder Höhe, doch sind die starken Mantelmauern vielfach noch bis zu den gezinnten Wehrgängen erhalten.

Die rechteckige Mantelmauer der frühromanischen Gewaltburg Maqueda[92]) wächst hoch aus einem felsigen Hügel empor, der die ganze Gegend und die wichtige Heerstraße nach Estremadura weithin beherrscht. Der heute völlig leere Innenraum von etwa 40:60 m Weite wird von am Tor 3,60 m starken Mauern umgeben. Vier halb= bzw. dreiviertelrunde Türme — zwei davon hufeisenförmig — verstärken zwei Ecken und zwei Mauermitten.

[90]) Paz S. 11f. — [91]) Monumentos arquitectonicos de Espana. Toledo S. 216. — [92]) B. E.: Spa=nische Burgenfahrt. S. 112, 113 Abb. und Taf. zu. S. 113. Lampérez y Romea I. S. 271.

Zu breiten, teils auf Ziegelgesims überkragten Wehrgängen führen in der Nordmauer innerhalb der Mauerstärke Steintreppen empor (Abb. 20).

Granit ist der Hauptbaustoff, teils als grobes Bruchsteinmauerwerk, teils als Quader verarbeitet. Die unzähligen spitzen Zinnen sind vielfach als Doppel= oder dreifache Häupter in Ziegeln ausgeführt (Abb. 21).

Unter den rundbogigen Toren ist architektonisch bedeutend das Haupteingangstor dicht an der Ecke des Steilhanges, der Stadt zu gelegen. Es ist in seiner heutigen Gestalt mit dem spätgotischen Wappen dem Umbau des „Comendador mayor de Léon" in der zweiten Hälfte des 15. Jahrh. zuzuschreiben[93]). Zusammen mit der Burg war die Stadt stark ummauert und befestigt.

Ein Bergfried oder Lehnsturm oder Reste eines Pallas oder Wohnbaues sind in der Burg selbst nicht erhalten. Navarro[94]) erwähnt als „dominante" des ganzen Wehrbezirkes den „torre de la Vela" gegen die Nordseite, einen hohen Rundturm, der zwei höchste Geschosse mit zahlreichen Rundbogenfenstern aus Ziegelsteinen trägt. Ziegelsteine finden sich auch in manchen Torbogen.

Aus der Geschichte kennen wir schon frühe (746)[95]) Erwähnungen des Namens. An= scheinend haben die maurischen Eroberer bereits den Platz ummauert oder wieder befestigt, lag er doch, wie noch heute, an der großen Heerstraße. Jedenfalls verstärkt 981 der be= rühmte Reisende und Baumeister Fatho ben Ybraim el Omeya die Wehrbauten Maquedas, die 1013 als Ort einer großen Schlacht und des Sieges über den Wali von Toledo, Obeidala, der sich gegen den König von Cordoba, Hixen, empört hatte. Ein maurischer Kern war also sicher vorhanden. 1083 eroberte Alfons VI. Maqueda mit dem ganzen Gelände zwischen Talavera und Madrid nördlich und östlich Toledos. Maqueda selbst kam 1177 an den Orden von Calatrava. 1166 wurde Toledo gewonnen, nachdem Alfons VIII. in Maqueda seine weltlichen Großen versammelt hatte[96]). Selbst zur Zeit Philipps II. 1575 erfolgt noch ein ausführlicher Bericht über die Wehrhaftigkeit von Burg und Stadt und den Fahnenturm.

In mehreren Quadraten zusammengeschachtelt sind die Bauten der Burgen von Pu= nonrrostro bei Sesena, ähnlich wie Fuentesaldana und das künstlerisch innen wieder= hergestellte Guadamur, sowie das künstlerisch einzig schöne gotische Manzanares el Real bei Madrid. Die Grundrisse zeigen die Einheitlichkeit des Grundgedankens der Burgen dieser kastilischen Landschaft.

Betrachten wir das zerstörte Kastell Punonrrostro näher. Es ist ein besonders klares Beispiel eines regelmäßigen Wehrbaues und im Grundriß sehr ähnlich Fuentesaldana, liegt aber ohne Zusammenhang mit einer Stadt. Die Höhenburg zeigt Tapiaverwendung.

Die quadratische, turmartige Mantelmauer mit ihren vier schlanken Ecktürmen steht fast in der Mitte über der inneren Vorburgmauer, auch in der Mittelachse des in der äußersten Zwingmauer gelegenen Haupttores. Die Regelmäßigkeit der Anlage ist dadurch besonders auffällig. Ebenso wiederholt sich der besonders hochstrebende Eindruck. Um die an Festigkeit und Höhe sich steigernden Mauerquadrate zieht sich endlich noch ein breiter und tiefer Trockengraben.

Zu den erregendsten geschichtlichen Entwicklungsbildern des Wehrbaues gehört das des glorreichen Alcazars zu Toledo, der erst in neuester Zeit wieder die Augen der Welt durch eine heldenhafte Verteidigung des großen Generals Moscardo auf sich gezogen

[93]) Schirrmacher VII. S. 1. Navarro: Fortalezas y castillos en la Edad Media (Maqueda y Escalona). S. 3ff. Sainz de Robles S. 47f. u. Abb. 36. — [94]) Navarro a. a. O. Schirrmacher II. S. 375. — [95]) Ebenda. — [96]) Ebenda IV. S. 188. Madoz: Diccionario geograf.=estadistico=histor. de Espana. XI. S. 207.

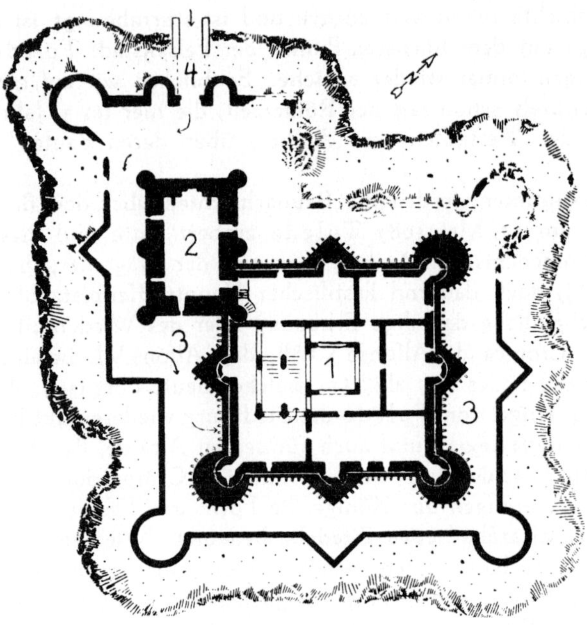

Abb. 19. Burg Guadamur (Neukastilien), Spanien, Grundriß. Regelmäßige Anlage um quadrat. Patio. B. E.
1. Patio. 2. Lehnsturm. 3. Zwinger. 4. Zugbrücke.

Abb. 20. Frühromanische Burg Maqueda (Neukastilien), Spanien. Grundriß 1 : 1000.

hat. Seine Baugeschichte reicht weit zurück und ist sturmbewegt, ist es doch, als ob die beherrschende Lage auf dem höchsten Punkte der Felsenstadt Toledo den Wetterstrahl schwerer Zerstörungen immer wieder anziehe. So blicken wir auf eine kriegerische Bestimmung dieses Gipfels schon seit der Römerzeit, die hier im 3. Jahrh. ein Kastell sah, und auf die Zeit der Westgoten und Araber, über deren Bauten wir freilich wenig wissen[97]) (Taf. 8).

Im einzelnen bestimmter werden die Baunachrichten über den Besitz seit Alfons VI. von Kastilien, der am 25. Mai 1085 Toledo erobert hatte und dieses trotz vielfacher Angriffe der mohammedanischen Araber, aber auch der Aragonier, also seiner christlichen Glaubensgenossen[98]), doch dauernd kastilischer Hauptwaffenplatz blieb.

Über die wahrscheinliche damalige Erbauung oder des Wiederaufbaues eines Alcazars hören wir aus der Cronica de Alfonso VI.[99]), daß Alfons VI. befahl, einen Alcazar zu machen (bauen), welcher „es hoy alli" (= welcher heute dort ist!). Das will sagen, daß er auf dem höchsten Hügel von Toledo die Stadtburg wiedererbaut habe, um dort einen Sitz zu haben „a morada regia" und auch für seinen Alcaide, den Herrn der Stadt. Der erste Alcaide war Rui Diaz de Vivar, der berühmte Cid Campeador[100]).

Nun trugen die Wohnungen der Könige die Form von Festungen (Burgen), wie denn das arabische Wort „alcazába" etwa Zitadelle bedeutet. Wie sah nun dieser Königsbau aus? Der jetzt zerstörte Bau war ein palastartig um einen regelmäßig rechteckigen Hof angeordneter Vierflügelbau, dem wenig Burgliches eigen war. Alfons X., dem Weisen (1252–84), wird der Bau der vier Türme zugeschrieben (sie sind kaum allein später angefügt, sondern „nach seinem reinen Geschmack" wohl die ganze östliche festungsartige Fassade, die zur Zeit Alfons' des Weisen errichtet wurde[101]).

Erst später unter Ferdinand III., dem Heiligen (1217–52), hören wir von einem neuen Umbau zum Palast, dem durch die katholischen Könige die heutige Westfassade angefügt wurde.

Auch Karl V. baute am Alcazar, aber wohl erst nach der Belagerung in den Kämpfen mit der aufständischen Stadt und ihrer Führerin Dona Maria de Pacecho, die die kühne Verteidigung der Burg gegen Karl V. leitete. Nach dieser Belagerung und den Kriegsstürmen befahl Karl 1535 die Wiederherstellung der Burg, deren Ergebnis wir dann wohl in Hufnagels Zeichnung erblicken, die dieser an Ort und Stelle aufnahm[102]). Er bietet uns ein Gesamtbild von Stadt und Burg und ein Bild der Burg allein, beide von Süden. Hier ist noch ein teilweise burglicher Bau dargestellt, gekennzeichnet durch die fast fensterlosen starren Ecktürme, deren Krönung damals ein Wehrgang war. Dazwischen ziehen sich aber zwei Stockwerke offener Renaissancebogengänge hin, die schon ganz schloßartig wirken. Unter diesen scheint Hufnagel eine hohe Zwingermauer haben darstellen wollen. Links innen im Bilde ist ein zweiter höherer Turm dargestellt, ebenfalls mit Wehrgang, im Hintergrund wohl der weit zurückliegende Parallelflügel. Hufnagel scheint von einem hohen Punkt jenseits des Tajo gezeichnet zu haben.

An den Bauten des Barock und späterer Zeiten wirkten Covarrubias, von dem das Vestibül stammt, Villalpando y Juan de Herrera (1554) und Gonzalez de Lara, die die Nordseite und den Patio schufen[103]). Die Hauptfassade schwankt zwischen Plateresco und klassischer Form. Das Haupttor von Enrique Egas trägt die Inschrift: „Carlos V. imperator hispaniarum rex MDLI."

Damit war schon die Renaissance völlig Herrin der Formen und der mittelalterliche Burgenstil zwecklos geworden.

---

[97]) Lampérez y Romea I. Schäfer II. S. 373. — [98]) Schirrmacher IV. S. 22f. 1113 wird Don Alvar Fanez als ruhmvoller Verteidiger Toledos gegen Aragon genannt. 1112 drang der Maure Taschufim bis zur Belagerung von San Servando bei Toledo vor. — [99]) Toledo, Guia oficial, 2. Aufl., S. 12. — [100]) Ebenda. — [101]) Ebenda S. 13. — [102]) Braun u. Hogenberg V. Tafel 15. — [103]) Toledo, Guia oficial, 2. Aufl., S. 13, 15.

Der Gesamtbau zeigt nach den beiden Bränden von 1770, 1772—75 wiederaufgebaut, und nach den Räubereien der Franzosen 1810 und nach der Sowjetrevolution der letzten Jahre nur noch heroische Ruinen.

Südwestlich von Toledo stößt der gewaltige Lehnsturm der im Grundriß regelmäßigen Burg Guadamur[104]) schroff in die Luft. Gespitzte Zinnen umkränzen die zahlreichen Ecktürme, Tor- und Zwingertürmchen und Batterietürme. Die Zugbrücke fehlt nicht, die über den Felsengraben führt (Abb. 19).

So schroff und finster das Äußere hoch zum Himmel strebt, so fürstlich wohnlich ist das Innere: gotische Kamine fabelhafter Größe im Lehnsturm, alter Hausrat überall feinsinnig den gewölbten alten Gemächern angepaßt, der Burghof — gotisch zweistöckig — ist heute ein reizvoller Patio, von Gängen umgeben. Eine alte Prachttreppe führt einläufig glänzend zum ersten Stock, dann tauchen geheimnisvolle Treppen auf in Ecktürmchen und Mauerdicken, die zu Wehrgängen führen, die heute ohne Brüstung sind, und zur schwindelnden Höhe des Lehnsturmes.

Die Grundform der Burg wurde durch den quadratischen Patio bestimmt, um den sich vier Flügel erhoben, die außen ungewöhnlich regelmäßig befestigt waren. Drei der vier Ecken deckte je ein starker Rundturm mit merkwürdiger schmaler runder gezinnter Spitze. Die vierte Ecke deckte der gewaltige Lehnsturm.

Um diese Baugruppe, deren Mantelmauerkern zum Teil wohl auf höheres Alter zurückgeht, zieht sich eine vielgeknickte Zwingermauer, durch die in der Längsachse des Lehnsturmes ein durch zwei kleinere Rundtürme verteidigtes Rundbogentor führt, das auch von der Lehnsturmhöhe aus bestrichen werden konnte.

Zu diesem Vortor führt über den äußeren Ringgraben die bereits erwähnte Zugbrücke. Über eine zweite innere Brücke, heute von Stein, erreicht man das schwere Rundbogenquadertor und durch die Mantelmauer den Kern der Burg.

Die Burg wurde in ihrer heutigen Gestalt erst 1444—62 erbaut, und zwar durch den Canciller Don Pero López de Ayala, später wiederhergestellt durch den Grafen Asalto. 1809 wurde sie von den Franzosen verbrannt[105]) (Taf. 13).

Nördlich Madrid liegt die halb verfallene Höhenburg Manzanares el Real[106]), ungefähr an der Mündung der kleinen Flüsse Gargania und Sanburiel in einen kleinen See. Die Kernburg ist fast quadratisch, mit drei runden und einem größeren viereckigen Turm und entstammt der Zeit des Lopez de Mendoza von etwa 1435. Umbauten führte dessen Sohn aus. An die Kernburg schließt die große Burgkirchenruine an, der Chorbogen deutet auf spätgotischen Umbau (Taf. IV, 10, 15).

Abb. 21. Burg Maqueda, Neukastilien. Nebeneingang in der Mantelmauer. B. E.

---

104) B. E.: Spanische Burgenfahrt. S. 111 u. Tafel zu S. 111. Sainz de Robles S. 48. Boletin de la Soc. Espan. de Excurs. XXXVI, III, 1928, S. 222ff. Lampérez y Romea I. S. 272 u. Abb. 283. — 105) Sainz de Robles a. a. O. — 106) B. E.: Spanische Burgenfahrt. S. 11, 104, 107f. u. Tafel zu S. 107. Lampérez y Romea I. S. 278f. u. Abb. 235, 291—294. Sainz de Robles S. 43.

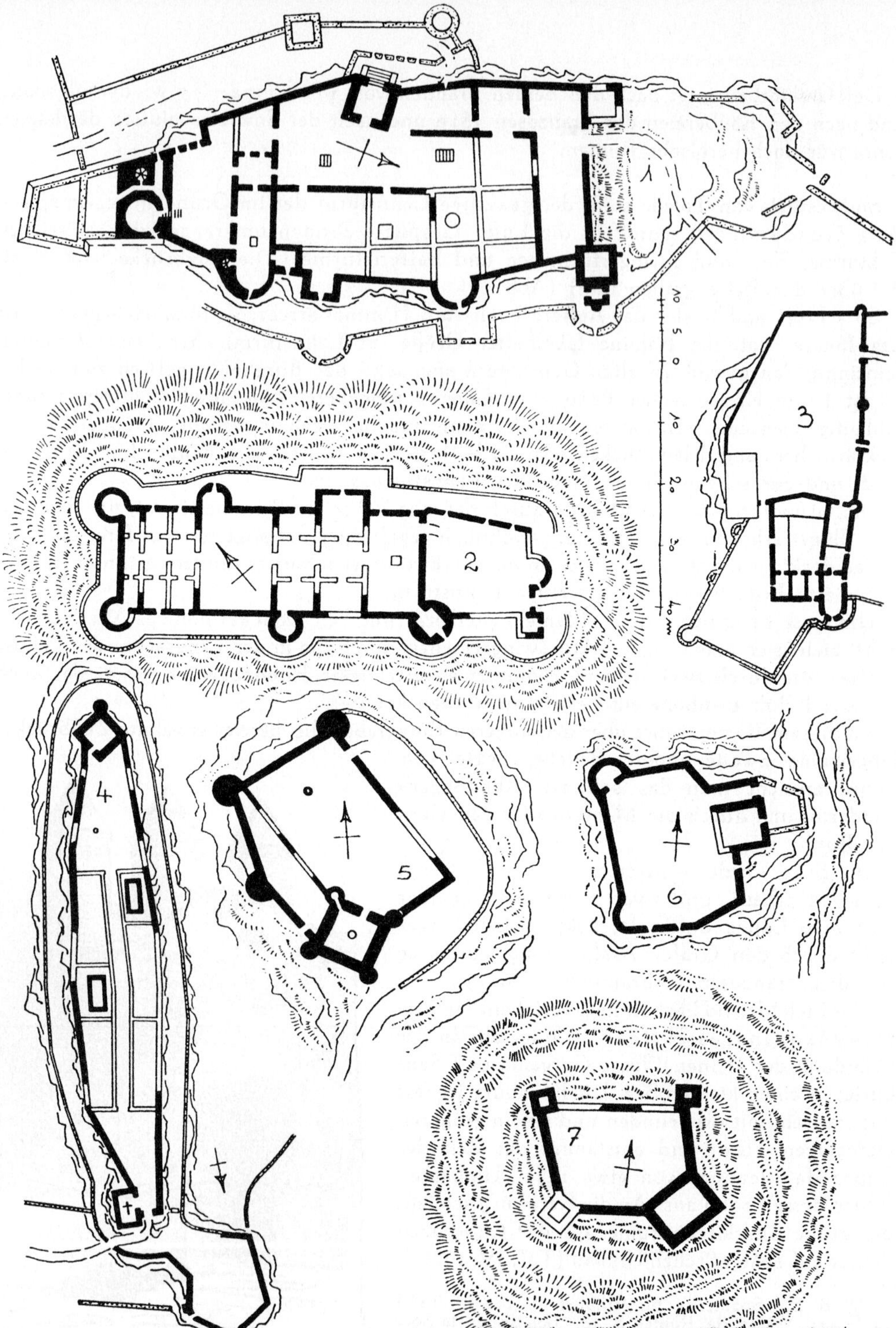

Abb. 22. Burgen der Provinz Guadalajara (Neukastilien), Spanien. Grundriß 1 : 1000. B. E. nach Layna Serrano. 1. Zorita de los Canes, 2. Jadraque, 3. Brihuega, 4. Atienza, 5. Anguix, 6. Arbeteta, 7. Torresaviñan.

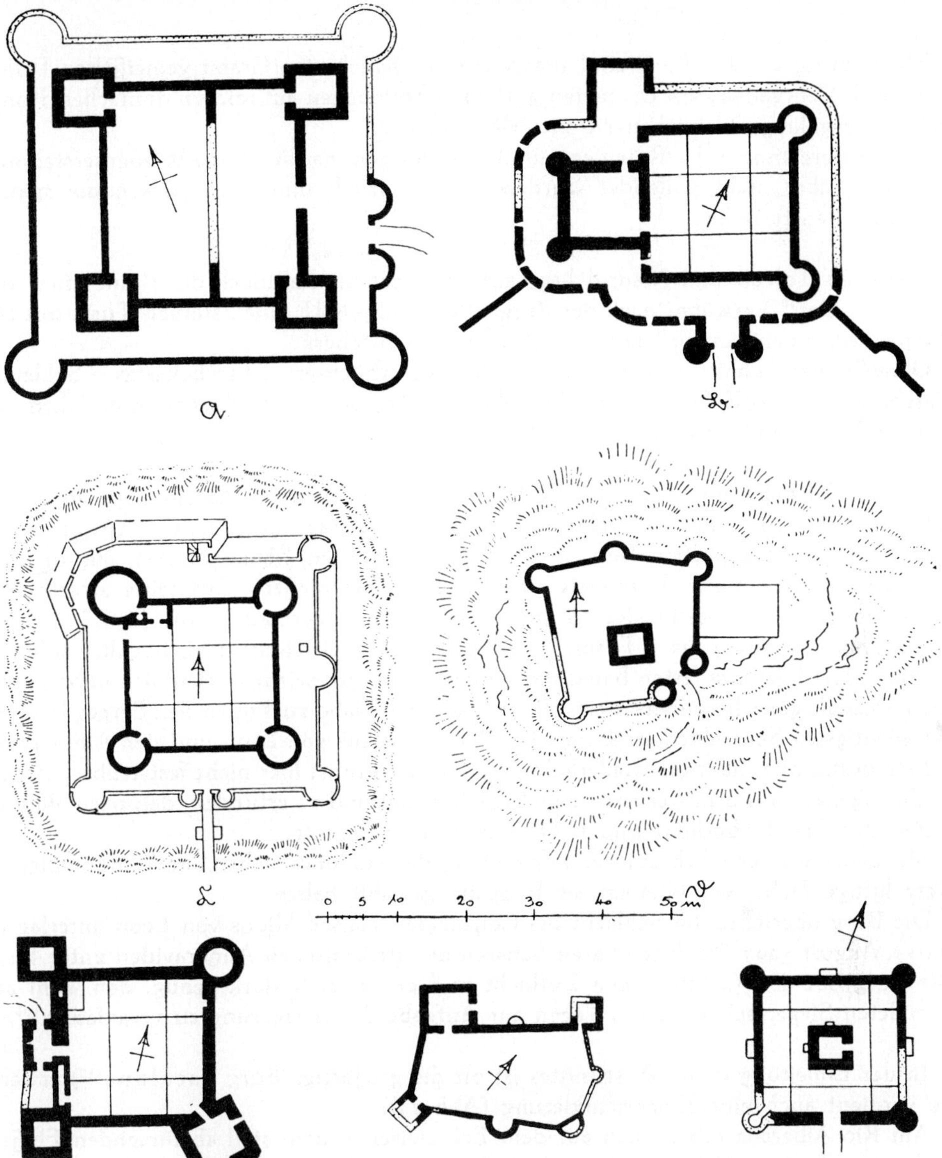

Abb. 23. Burgen der Provinz Guadalajara (Neukastilien), Spanien. Grundriß 1 : 1000. B. E. nach Layna Serrano. A. Santiuste, B. Palazuelos, C. Pioz, D. Embid, E. Cifuentes, F. Galve, G. Guijosa, H. Escamilla, J. Estables.

Merkwürdig an der Burg sind die reich aus dem harten Granit gemeißelten Fenster, Tore und Wehrgänge; mit doppelten gotischen Spitzbogen auf reichen dreifachen Konsolsteinen ausgekragt, umziehen sie die Mantelmauer.

Das finstere Innere der Ruine enttäuscht im übrigen, da nüchterne Wiederherstellungen begonnen, aber nicht vollendet wurden. Sehr reizvoll und reich wirken die späteren gotischen Fensterreihen.

Zwischen Toledo und Madrid liegt auf vereinzeltem Felsblock die Ruine einer Burg Illescas. Paz[107]) erwähnt nach der Burgenliste Philipps II. einen starken Turm mit einer Ringmauer, einen „cubos" mit guten inneren Gemächern.

Ohne Besatzung hatte die Burg um 1500 drei Pulverbüchsen, sieben ballestas — Schleudermaschinen —, zwölf Dutzend Pfeile, zehn Lanzen, acht Doppelhaken, vier Piken, acht lange Schilder und 25 Pfund Pulver[108]).

An der Mancha über der großen Heerstraße Valdepenas—Madrid liegt auf steilem kahlem Bergkamm, 7 km von Madridejos, die hochragende Burgruine Consuegra. Doppelte Zwinger umschließen Reste eines dritten niedrigen Mauervierecks, aus dem vier ganz überragende breite Turmreste prachtvoll emporschießen. Zweiseitig strecken sich Vorburgmauern fast bastionsförmig noch vor den Zwingermauern vor (Taf. III, 10).

Mauerspuren mit 4 bis 5 Türmen ziehen sich zum gleichnamigen, hochliegenden Ort hinüber. Die Lage des festen Baues war strategisch wegen seiner unglaublich unbeschränkten Fernsicht ganz besonders wertvoll. In nächster Nähe zu Füßen des Berges fand eine der wichtigsten Schlachten statt zwischen Kaiser Alfons von Leon und den Almoraviden.

Eine bestimmte, häufiger wiederkehrende Grundform ist hier nicht feststellbar, offenbar ist die eigenartige Form frei nach dem örtlichen Zustand so erfunden, daß nach allen vier Seiten der Feind überhöht und beherrscht werden konnte.

Merkwürdig zeigen sich auf der Fortsetzung des Kammes sieben alte Windmühlen, die diese luftige Höhe wohlüberlegt als Bauplatz gewählt haben.

Die Burg überlebte die Schlacht bei Consuegra. Kaiser Alfons von Leon unterlag hier am 15. August 1097 den furchtbaren Scharen der afrikanischen Almoraviden unter Jussuf. Die Burg bot den Geschlagenen Zuflucht und erwies sich stark genug, den wohl auch ermüdeten Sieger schon nach 3 Tagen zur Aufgabe der Belagerung zu veranlassen[109]).

In der Einleitung dieses Abschnittes ist oft die großartige Burg Escalona[110]) erwähnt, sie verdient auch eine Einzelschilderung (Abb. 25).

Am Rio Alberche erhebt sich auf dem Eck zwischen dem steil abstürzenden Flußufer und einem breiten Nebental die riesenhafte Ruine, deren vorderste Anlagen zum Teil mitsamt dem tragenden Felsen in das Strombett abgestürzt sind. Um so großartiger ist das Bild von einer uralten Brücke, die zu Füßen der Burg über den Fluß führt. Man sieht die Südseite des Kernbaues, der zugleich einen glänzenden Wohnpalast umfaßte, und dem gegen Norden nach der kleinen Stadt zu eine weite Vorburg vorgelagert ist.

Von der Brücke aus führt am Steilufer ansteigend die große Heerstraße in die Stadt durch den breiten und tiefen Westgraben, der die Burg von ihr trennt. Der Graben trennt auch die Nordseite der Vorburg von der Stadt, die so an zwei Seiten der Burg vorgelagert ist.

Diese beiden Seiten der Kernburg und der Vorburg werden gegen die Stadt durch eine hohe starke Mantelmauer verteidigt, die von einer Zwingmauer umgeben wird, in

[107]) Mellado: España geogr. S. 821. Paz S. 56. — [108]) Ebenda. — [109]) Pidal II. S. 62, 182—184, 230, 231. — [110]) Siehe oben S. 9 u. a. B. E.: Spanische Burgenfahrt. S. 112f.

Burg und Stadt Consuegra, Spanien

Burg B u i t r a g o , 75 km nördlich Madrid (Neukastilien), Spanien

Der Alcazar von Toledo mit Burg San Servando (Neukastilien), Spanien

der sich noch sieben mächtige Tapiatürme erheben, in die große, unregelmäßige Steinblockschichten eingepreßt sind zwischen dünnen Ziegelabgleichschichten und Ziegelmauerecken. Diese Türme sind höher als die Mantelmauer mit ihrem Wehrgang und alle sieben oben mit dieser durch spitzbogige gotische Ziegelbrücken verbunden. In den Türmen befinden sich oben kreisförmige Kuppelgewölbe aus Ziegeln. Man nimmt an, daß diese Türme älter sind als die Mantelmauer[111]) und noch von den Mauren erbaut wurden, denen 1080 oder 1085 Alfons VI. die Burg bereits entriß[112]). Sie stehen allerdings ohne Verzahnung vor der Flußkieselmantelmauer, können also eher nachträglich in maurischer Art angebaut sein.

Abb. 24. Burg Embid de Molina (Neukastilien), Spanien. Nach Layna Serrano.

Die kleinere Hälfte der Gesamtlänge nimmt die vom inneren Graben abgetrennte Kernburg ein. Hier erhebt sich ein um 1435 durch Don Alvaro de Luna errichteter Palast im gotischen Mudejarstil, dessen Prunk und Glanz überall gerühmt wird[113]), besonders in einem Bericht über die Bewirtung des Königs Juan II. und seiner Gemahlin durch Don Alvaro de Luna 1449. Der Palast zeigt um einen rechteckigen Patio Säulengänge der 4 Flügel, die nach außen durch 5 Türme verstärkt sind.

Reste mudejarartiger feinster gotischer Putzornamente sind an den Resten der Flügelbauten noch erhalten.

Von den halb abgestürzten Trümmern des Südendes der Burg stehen noch ein schlanker, hufeisenförmiger Turm und zahlreiche Mauerreste.

Wie bereits erwähnt, kam die Burg 1080 an Alfons VI. Diego und Domingo Alvarez, Söhne des Domingo Raiz, bevölkerten den Ort und bauten die Burg wieder auf, die immer Eigentum der Krone war, bis 1281 der Infant Don Manuel, Bruder Alfons' X., Escalona erwarb. Eine Verschwörung der Señores de Maqueda, Illescas, Mora und Escalona gegen Alfons XI. von Kastilien 1328 führte zu einer langen Belagerung. 1336 wurde die Burg von Don Juan Manuel dem König als Pfand abgetreten[114]).

Escalona war mit 420 m Umfang eine der größten Burgen Spaniens und bildet durch ihre Großartigkeit eine einzigartige Wehranlage (Abb. 8, 25). Ihre Bedeutung war schon groß während muselmännischer Zeit, größer nachher. Sie beherrschte den Paß zwischen Toledo und Kastilien-Leon. Von Bauten werden genannt im 15. Jahrh. der Empfangssaal, „la sala rica", „de los Embajadores", der im gotisch-maurischen Stile ausgeschmückt war, der Waffenplatz, patio de armas (una bóveda riquísima), ein Saal, so reich, daß er einzig in Spanien war „con nervios en el centro policromada"; un adarve — ein Wehrgang —, un foso — ein Graben —, eine tronera — eine Schießscharte[115]). 1443 waren König Juan II.

---

111) Navarro S. 19ff. — 112) Mellado S. 820f. Sainz de Robles S. 49. — 113) Lampérez y Romea I. S. 272ff. u. Abb. 228 Grdr. Navarro S. 27. B. E.: Spanische Burgenfahrt. — 114) Sainz de Robles S. 49. Schirrmacher VI. S. 280, 290, 294, 299, 323, 363, 367. Llaguno y Amirola I. S. 108f. Don Juan und Don Alvaro de Luna werden genannt auch als Erbauer der Burg Escalona „con muchos y ricos aposentamientos grandes y vistosos". — 115) Sainz de Robles S. 49.

Abb. 25. Burg Escalona (Neukastilien), Spanien.

und seine Gemahlin Gäste des Don Alvaro zur Taufe von dessen jüngst geborener Tochter.

Der edelste und berühmteste Besitzer war dieser Don Alvaro de Luna; er mußte die Burg und seine Schätze dem König 1454 abtreten und schließlich sein Leben auf dem Schafott lassen.

Den Untergang der Burg brachten alle diese inneren Kämpfe nicht. Erst die Brandstiftung durch den französischen Marschall in dem Napoleonischen Raubkriege 1809 vernichtete den Glanz dieser Burg, die zu den merkwürdigsten und größten Kastellen Spaniens gehörte (Taf. 11, 12, 15).

Aus dem Reichtum des Bezirkes am oberen Tajo, der Provinz Guadalajara, den Francisco Layna Serrano in seinem Werke[116]) so erschöpfend schildert — er zählt nicht weniger als 106 Burgen in diesem kleinen Bezirk auf —, kann ich nur kurz einige Beispiele kennzeichnen.

Die bedeutende Ruine der Burg Zorita de los Canes[117]) auf schroffem Felsgipfelblock am Rio Tajo nahe der Gebiete von Madrid und Cuenca, einer lang ovalen Burg in der Provinz Guadalajara, bietet ein ungewöhnlich klar gegliedertes Bild (Abb. 22). Zwischen dem an der Südspitze angeordneten vieleckigen Lehnsturm und dem künstlichen Felshalsgraben ziehen sich an der Ostringmauer großartige Wohnbauten zwischen zwei Querflügeln hin, in denen südlich eine bedeutende romanische Kapelle, nördlich merkwürdig unterirdische Reste alter Keller lagen. Bis zur Kirche hat die Burg 90 m Länge und 42 m Breite. An der westlichen Ringmauer zwischen den drei Wohnflügeln blieb ein offener Hof.

Durch einen westlichen langen Zwinger gelangte man in einen schmalen Torzwinger, durch den der Haupttorturm erreicht wurde. Durch diesen führten zwei Tore, das dritte und vierte in den Haupthof.

[116]) Castillos de Guadalajara. — [117]) Boletin de la Soc. Espanola de Excurs. 1919. S. 90. Sainz de Robles S. 53. Layna Serrano S. 353ff., S. 361 Grdr.

In der Geschichte wird Zorita schon in arabischer Zeit genannt, auch 1097 als Herrschaft des Neffen des Cid, Alvar Hañez. Zeitweise gehörte die Burg dem Orden von Calatrava[118]).

Die lange schmale Form eines Felsrückens hat auch der Burg Atienza[119]) ihre Gestalt gegeben. Der Burgfelsen streckt sich von der Nordspitze, wo das Haupttor liegt, bis zur Südspitze, die der Lehnsturm einnimmt, diagonal in die Stadt hinein. Spitzwinklig stoßen die Stadtmauern um das Nordende, so daß diese Stadtburg nur vom nördlichen Vorwerk aus durch die Stadtmauern unbehindert verlassen werden kann. Ein Zwingerring bildet eine senkrecht über der Stadt liegende Stufe, während diese selbst zwei hochliegende Ringmauern hat (Abb. 22).

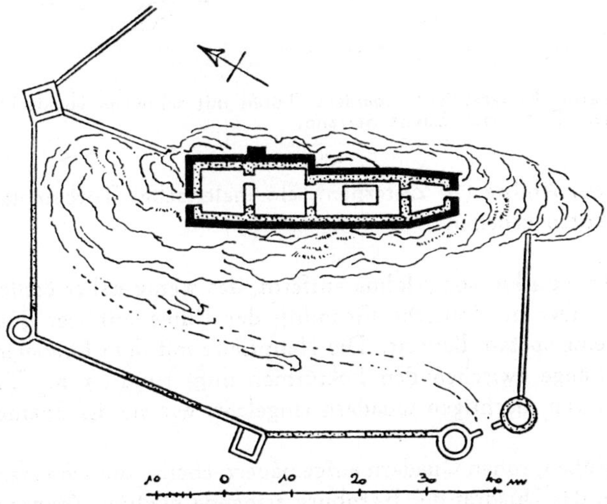

Abb. 26. Felsenburg Villel de Mesa (Neukastilien), Spanien. Grundriß 1 : 1000. B. E. nach Layna Serrano.

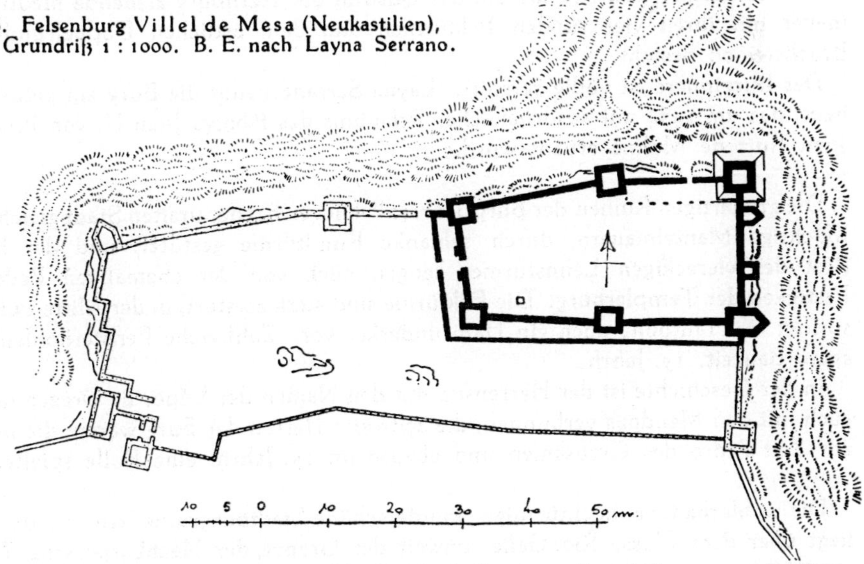

Abb. 27. Stadtburg Molina de Aragon (Neukastilien), Spanien. Grundriß 1 : 1000. B. E. nach Layna Serrano.

118) Pidal II. S. 183. — 119) Layna Serrano S. 51ff. Paz S. 18f.

Abb. 28. Stadtburg Molina de Aragon (Neukastilien), Spanien. Türen mit schmalen spanischen Zinnen. B. E. nach Layna Serrano.

In der Burgruine sind noch zwei Aljibes (= Zisternen), ein malerischer Torbau und niedrige Mauerreste von Wohnbauten erhalten.

Die Burg Castillo de Santiuste ist 4 km von Molina entfernt, das wenig näher östlich gleichfalls am Rio Gallo liegt[120]). Der quadratische Grundriß der Ruine mit vier quadratischen Ecktürmen deutet auf eine spätere Bauzeit. Die Hauptseite mit dem Eingangstor schaut nach Südosten; ihre Länge zwischen den Ecktürmen mißt rund 25 m. Das nicht übergroße Rundbogentor ist von mächtigen Quadern eingefaßt, wie sie die Spanier so sehr lieben (Abb. 23).

Die hohe Mantelmauer ist aus großen, rohen Quadern aufgemauert, ebenso die schweren, hohen Ecktürme; während die um das Quadrat der Kernburg ziehende niedrige Zwingermauer mit ihren vier runden Ecktürmen und dem östlichen Doppelrundturmtor aus Bruchsteinen besteht.

Das Burginnere ist völlig zerstört. Layna Serrano nennt die Burg ein getürmtes Palasthaus, das um 1434 mit ausdrücklicher Erlaubnis des Königs Juan II. von Kastilien durch Juan Ruiz de Molina erbaut wurde.

Die großartigen Ruinen der Burg Torija[121]) liegen bei der uralten Stadt gleichen Namens. Mächtige Mantelmauern, durch schlanke Rundtürme gestützt, und der hochragende Rest des viereckigen Lehnsturmes zeugen noch von der ehemaligen Bedeutung und Festigkeit der Templerburg. Die Ecktürme sind stark zerstört, in der Mitte zwischen ihnen springt in Traufhöhe noch ein Halbrunderker vor. Zahlreiche Fensterhöhlen deuten auf späte Bauzeit, 15. Jahrh.

In der Geschichte ist der Herrensitz mit den Namen der López de Orozco und Coronel, auch mit den Mendoza verbunden, die zeitweise Herren der Burg waren, die im 14. Jahrh. zur Zeit Pedro des Grausamen und ebenso im 15. Jahrh. eine Rolle spielte.

Die wohlerhaltene, hochtürmige, wunderschöne Stadtburgruine Molina de Aragon[122]) liegt über dem Flusse Rio Gallo, unweit der Grenze der Nachbarprovinz Teruel. Der

[120]) Layna Serrano S. 476ff. — [121]) Ebenda S. 211ff., ausführliche Geschichtsschilderung. — [122]) Ebenda S. 403ff. Paz S. 76. Anuari de la Associacio d'excursions Catalana Barcelona. 1883. S. 473ff.

Burg Almonacid de Toledo (Neukastilien), Spanien

Der Alcazar von Carmona (Andalusien), Spanien

Burg Manzanares el Real (Neukastilien), Spanien

Burg von Consuegra (Neukastilien), Spanien

Abb. 29. Nach Norden vorgeschobener Turm (Torre de Aragon) der Burg Molina de Aragon (Neukastilien), Spanien. B. E. nach Layna Serrano.

Grundriß zeigt planvolle Anordnung. Die rechteckige Kernburg mit ihren 6 Türmen, der Alcazar, bildet etwa die Nordostecke des Gesamtmauerbezirkes von Burg und Stadt. Die viereckigen Türme tragen schmale spanische Zinnen und zeigen dunkle Eckquadern, auch gleiche Einfassung der rundbogigen Fenster. Dem Umriß nach könnte die Kernburg eine deutsche oder italienische Burg sein (Abb. 27, 28).

Von der Stadt ist die offenbar sehr frühe Kernburg durch eine große Vorburg und von dieser durch einen Graben getrennt, durch die Vorburg führt der Hauptzugang. An der Südwestecke der Vorburg liegt der Haupttorbau, klug getrennt in Stadttor und Tor ins freie Feld. Ein Graben umzog Burg und Stadtmauer.

Der Kernburg ist als Vorwerk mit allumfassender Aussicht auf ansteigendem, hohem Felskamm noch ein starkes fünfeckiges Außenwerk, Torre de Aragon, mit scharfer sporn=artiger Dreieckspitze vorgelagert (Abb. 29). Layna Serrano erwähnt eine große Zisterne.

Die Ansicht bei Layna Serrano[123]) deutet auf hohes Alter hin. Geschichtlich wird die Erbauung dem Grafen Don Manrique zugeschrieben, der 1293 sein Testament macht[124]).

Ohne Berücksichtigung bestimmter Voraussetzungen nennen wir noch die folgenden Burgen: Villel de Mesa[125]) ist der Beachtung wert wegen der besonders malerischen Umrisse der Ruine und ihrer stolzen Lage auf kühnem schmalem Felsen. Auf schmalstem schiefem Bauplatz erhebt sich ein Turm von 3 m Mauerstärke, die Breite beträgt 5—10 m. Der Bau selbst ist im ganzen 40 m lang. Der Länge nach besteht der schmale Bau nur aus einem Turm, der als Tor= und Wohnbau zugleich diente, dann folgt ein enger Wohn=bau, dann ein Hof mit einer Zisterne und dann der schmalste Turm (Abb. 26, 33).

Die Höhenburg Embid[126]) zeigt uns eine vieleckige Ringmauer mit sechs runden Eck=türmen, in deren Mitte sich ein starker quadratischer Kern= (Lehns=) Turm erhebt (Abb. 24). An der Südostecke liegt zwischen zwei vollen Rundtürmen das Haupttor erheblich tiefer als der Lehnsturm. Eine Kreuzschlüsselscharte deutet auf eine spätere Bauzeit im 15. Jahrh.

123) a. a. O. S. 411 Abb. 102. — 124) Ebenda S. 421. — 125) Ebenda S. 495 ff. — 126) Ebenda S. 465.

Doch nimmt Layna Serrano nach einer Urkunde von 1331 als Bauzeit den Anfang des 14. Jahrh. an[127]).

Escamilla[128]) (Abb. 23) ist ein schwerer, einfacher Quadratbau mit vier Ecktürmen. Davon sind zwei Türme dreiviertelrund, einer ganz rund, der südöstliche, der Lehnsturm, ist größer und quadratisch. Er überragt die Mantelmauer sehr bedeutend.

Auf dem rechten Ufer des nördlichen Tajolaufes erheben sich über einem Ort die schweren Massen der Ruinen des Kastells Cifuentes (Abb. 23). Im Kern bilden die Mantelmauern ein Quadrat, ausgefüllt durch vier um einen Patio gelegene Wohn- und Wirtschaftsbauten. Die zwei westlichen der vier Außenwerke sind durch quadratische Türme verstärkt, zwischen denen sich in der Mitte ein späterer rechteckiger Torturm erhebt.

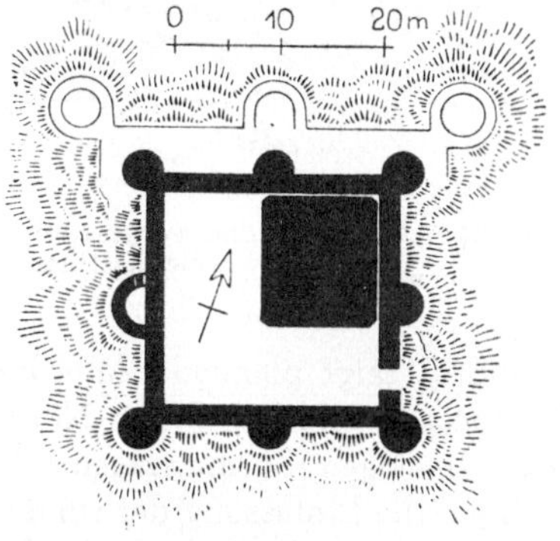

Abb. 31. Burg Aulencia (Neukastilien), Spanien. Grundriß 1 : 1000. Quadratisch. B. E. nach Aufnahmen von Ricardo Martin, Madrid.

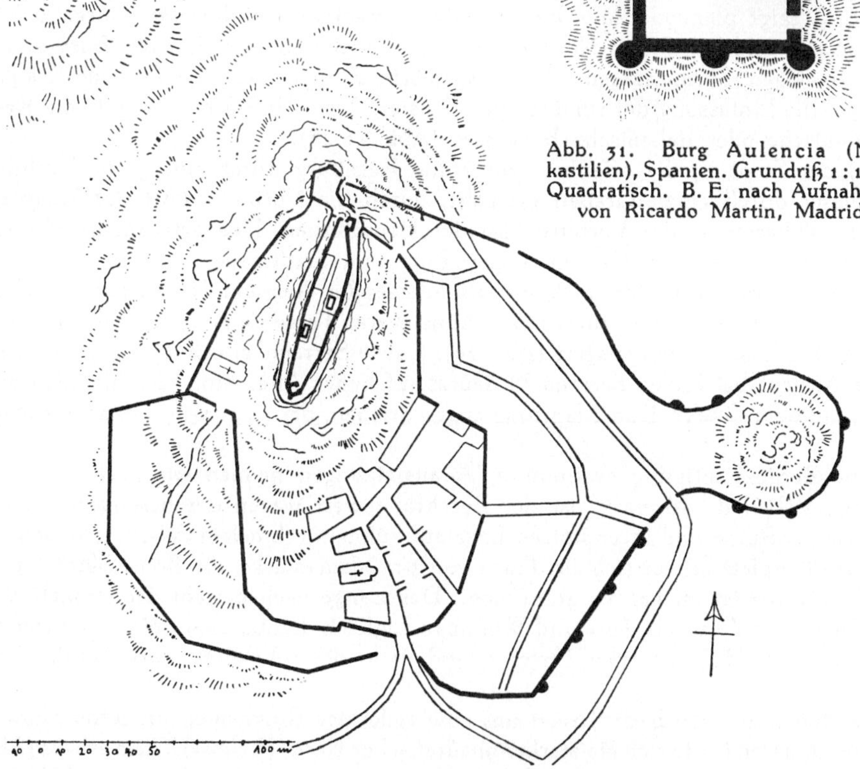

Abb. 30. Stadtburg Atienza (Neukastilien), Spanien, auf langem schmalen Felsen. Lgpl. 1 : 3000. B. E. nach Layna Serrano.

127) Layna Serrano S. 467. — 128) Ebenda S. 346ff.

Die nordöstlichste Ecke nimmt ein runder Turm ein, südöstlich streckt sich ein mächtiger fünfeckiger Lehnsturm von Plätteisenform mit seiner scharfen Kante weit hinaus. In der Nordwestecke sind innen Reste einer monumentalen Küche erhalten.

Neben dem so entstandenen Block erheben sich noch Reste teils höherer Außenwerke und teils flache Grundmauern auf dem kahlen hohen Bergrücken. Das Mauerwerk besteht durchweg aus gleichmäßigen Schichten rundlicher Quadern. Das spitzbogige Tor zum Patio und die dreiteilig ausgeschweifte spätgotische Türform zur Wendeltreppe im Lehnsturm sprechen für späte Bauzeiten.

Von der Burg Cifuentes wird erwähnt, daß dort 1274 König Alfons der Weise weilte[129]), ferner, daß 1324 Don Juan Manuel einen Bau oder den Neubau der Burg begann neben den Burgbauten von Galve, Salmeron, Trillo und Peñafiel[130]). Ende des 15. Jahrh. haben die Grafen von Cifuentes wohnliche Umbauten, so durch Brechung zwei großer Fenster im ersten Stock, vorgenommen[131]).

In malerischer Berglandschaft hoch über dem rechten Ufer des Tajo erhebt sich auf schroffer Felsspitze die merkwürdig regelmäßige Burg Anguix[132]) (Abb. 22), unweit der etwas abwärts auf dem linken Ufer ragenden Burg Zorita de los Canes (Abb. 22).

Erstaunlich wirkt es, daß auf einem solchen wilden Bauplatz mehr als 150 m über dem Tajo ein regelmäßiger Grundriß angelegt wurde. Den Kern bildet der hohe quadratische Lehnsturm, an den vier Ecken durch schlanke Rundtürme verstärkt, von denen der nördliche eine Wendeltreppe birgt. Der Turmeingang liegt von der Vorburg aus ebenso auf

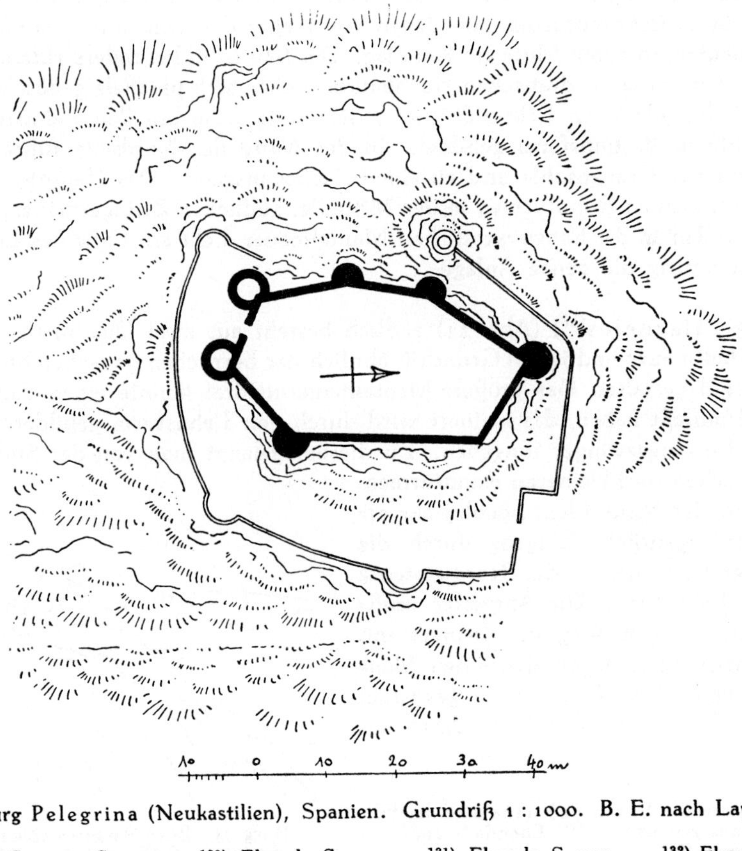

Abb. 32. Burg Pelegrina (Neukastilien), Spanien. Grundriß 1 : 1000. B. E. nach Layna Serrano.

129) Layna Serrano S. 300. — 130) Ebenda S. 302. — 131) Ebenda S. 307. — 132) Ebenda S. 319ff.

Abb. 33. Burg Villel de Mesa (Neukastilien), Spanien. B. E. nach Layna Serrano.

der Nordseite. Diese Vorburg wird von hoher, starker fünfeckiger Mauer eingefaßt. Das Innere ist noch einmal durch eine lange Mauer geteilt, so daß ein genaues Rechteck und ein langes schmales Dreieck entsteht. Drei starke Rundtürme schirmen die Nordecke und zwei Westecken. Die Bauten dürften dem 14. und 15. Jahrh. angehören (Abb. 34).

Im Lehnsturm und in der Vorburg liegt je eine Zisterne. Das Haupttor führt nahe der Nordecke durch die Ostwand. Die Burgstraße läuft dorthin über einen schmalen Felsenhals, den der Lehnsturm schon völlig beherrscht, dann unter der östlichen Vorburgmauer und von dieser gleichfalls leicht zu bestreichen. Reste einer äußeren Schutzzwingmauer sind angedeutet. Seit dem 12. Jahrh. wird die Burg genannt, später werden die Namen der Familien Carrillo, de Anguix und Mondéjar mit dem Besitz in Verbindung gebracht[133]).

Quadratisch im Grundriß ist auch der hohe Kernbau der Burg Pioz[134]) (Abb. 23). Besonders starke Eckrundtürme, von denen der größte der Lehnsturm ist, umgeben die vier Flügelbauten, in deren Mitte ein Patio lag. Der Bau ist in besonders gutem Quaderbau ausgeführt. Um diese quadratischen Hochbauten ziehen sich parallele geböschte Zwingermauern mit drei kleineren Eckrundtürmen, die vierte Ecke um den Lehnsturm ist fast festungsmäßig in Bastionsform gebildet. In der Mitte der Nordseite führt ein kleiner Treppenturm zur Grabensohle und zu einem Nebenausgang. Das Haupttor liegt außen zwischen zwei kleinen Rundtürmen in der Mitte der südlichen Zwingermauer; zum Kernbau führt ein Tor in der hohen westlichen Mantelmauer dicht am Fuße des Lehnsturmes. Ein Graben umzog die ganze Anlage.

Die Burg Palazuelos[135]) (Abb. 23) endlich besteht aus zwei Quadraten, sie liegt im Laufe der Stadtmauer und ist im Grundriß ähnlich der herrlichen gotischen Burg Manzanares el Real gestaltet. Das größere Mantelmauerquadrat könnte einen Patio und vier Wohnflügel umfaßt haben, das kleinere wird durch den Lehnsturm gebildet, beides wird von einem Eingangszwinger umgeben. Zu diesem gelangt man von der Südseite durch ein Tor, zwischen zwei kleineren Rundtürmen. das man von der Stadt (dem pueblo) aus erreichte. Der eigentliche Eingang durch die Mantelmauer liegt aber an der Nordwestecke hinter dem Lehnsturm. Die Angreifer mußten also einen langen Weg im Zwinger mit der schildlosen Seite gegen die hohen Mantelmauern und den Lehnsturm gewendet unter den Geschossen der Verteidiger zurücklegen.

Burg 34. Burg Anguix (Neukastilien), Spanien. B. E. nach Layna Serrano.

---

133) Layna Serrano S. 319, 326. 1165 wird der Edle Martin Ordonez genannt. — 134) Ebenda S. 266ff. — 135) Ebenda S. 42ff.

Manzanares el Real. 11 März 30.

Burg Manzanares el Real, Spanien

In den wenigen, hier als willkürliche Beispiele aus Layna Serranos[136]) vortrefflichem Werke gewählten Burgen finden wir also Atienza, Zorita als ganz lange lanzettförmige Anlagen, die sonst nicht sehr häufig in Spanien auftreten. Dagegen sind fünf andere Burgen dieses Gebietes, Cifuentes, Pioz, Palazuelos, Guijosa[137]) (Abb. 23), Escamilla oder Castillo de Santiuste, ganz regelmäßige Anlagen, im Kern quadratisch.

Abb. 35. Burg Villaluenga bei Illescas. B. E.

Galve[138]) (Abb. 23) ist schief rechteckig, Pelegrina[139]) (Abb. 32) ist wie Embid und Anguix unregelmäßig, aber doch in leidlich geschlossener Form. Zu diesen kommen noch Brihuega und Jadraque. Die späte Burg Jadraque[140]) (Abb. 22) auf hohem, schwer angreifbarem Kamm bildet im Grundriß des Umbaues des Kardinals Mendoza ein langes Rechteck mit fünf Rundtürmen. Die Burg ist heute eine dachlose Ruine, zeigt aber noch hohe Mantelmauerreste auf einsamer Höhe. Man erkennt kaum den Wehrbau des Mittelalters, von dessen charakteristischen Elementen viele fehlen, wie der Lehnsturm[141]). Die eigentliche Burg, ein Rechteck von 18:70 m Ausdehnung, war zugänglich durch eine südliche Vorburg von etwa 13:20 m. Das Innere war regelmäßig geteilt in vier Abschnitte. Von Norden folgen ein geräumiger Wohnbau mit zwei runden Ecktürmen, ein großer Hof, darunter unterirdische Vorratsräume (?) und eine Zisterne, ein sechsräumiger Wohnbau mit einem Mauerrundturm gegen Westen, dann folgt abermals ein Hof mit Zisterne. Die ganze Burg ist aber schon der hohen freien Lage nach eine Landwarte. Wehrhafter sind die Zwingermauern mit zahlreichen tiefliegenden Scharten.

Brihuega (Abb. 22) liegt am Fluß Tajuna. Es wird berichtet, daß die Burg dem in der Verbannung lebenden König Alfons VI. so gut gefallen habe, daß Mamun von Toledo dem Exkönig die Burg schenkte[142]). Der Grundriß dieser Burg ist unregelmäßiger, die Kernburg ist etwa fünfeckig, mit zwei Vorburgen[143]). Der Grundriß zeigt eine weitläufige

[136]) a.a.O. — [137]) Layna Serrano S. 138ff. — [138]) Ebenda S. 105ff. — [139]) Ebenda S. 167ff. — [140]) Ebenda S. 172ff. — [141]) Ebenda S. 177. — [142]) Pidal I. S. 118. — [143]) Layna Serrano S. 245ff. Paz S. 27f.

Anlage zwischen zwei ummauerten weiten Vorburgen. Halbrunde Türme verstärken beide Mauern. Zu dem weitläufigen westlichen Vorhof führen von der Stadt her zwei Tortürme. Die Kernburg bestand ehemals wohl aus 4 Flügeln um einen Patio, zwei Flügel sind erhalten. Der lange gewölbte Nordflügel ist heute Kirche mit rundbogigem Ost=chor. Der kürzere Ostflügel bildet drei Kreuzgewölbe.

Andalusien

An der großen Heerstraße von Almeria über Granada, Antequera, Cadiz bis zur portugiesischen Grenze finden wir eine Reihe herrlicher andalusischer Burgen.

Die Krone des schönen Stadtbildes von Almeria[144]) bilden die langgestreckten römisch=maurisch=christlichen Stadtburgen Alcazaba und San Cristobal.

Das sehr bedeutende Hauptwerk, die Alcazaba, wurde 773 durch Abderrahmân I. auf dem höchsten Punkt eines vereinzelt gegen das Meer vorgeschobenen Felsrückens unter Benutzung phönizischer und römischer Reste begonnen, seit 1489 haben auch christliche Gewalten an den noch in mächtigen Resten stehenden Burgen gebaut.

Quadermauerwerk, Lehmbeton, Fischgrätenmauerwerk aus großen Rundsteinen, Ziegel=mauern (maurisch?), Bruchsteinmauerwerk und solches aus sehr großen Rundsteinen zeugen in der Alcazaba für die verschiedenen Baumeister und Bauzeiten. Hufeisenbogen und gotische, reiche Formen in den späteren Anbauten des maurischen Kernes der Alcazaba er=lauben die allmähliche Entwicklung und Fortentwicklung dieses grandiosen Wehrbaues zu verfolgen. Das Ganze ist eine vielgegliederte Anlage, deren Mauern dem unregelmäßigen Felsen eng folgen und dadurch von allen Seiten höchst malerische Bilder bieten (Taf. 18).

Eine enge und steile alte Burgstraße zwischen niedrigen, weißen Häusern verbindet die Stadt durch ein dreifaches Tor mit der weiten untersten Vorburg, sie umfaßt den spitz nach Osten nach der Stadt auslaufenden Burgfelsen, stark gegen Nordwesten bis zur zweiten Vorburg ansteigend (Abb. 36, 37).

Auch die mächtigen Mauern einer großen Moschee sind in der Sperrmauer vor dem öden zweiten Mauerring erhalten. Alte Wasserleitungen aus Tonröhren liegen an verschie=denen Stellen offen zutage. Ein unterirdischer Baderaum (?) ist neuerdings ebenfalls auf=gedeckt, der nur durch enge und lichtlose Treppen zugänglich war. Unweit davon ein tiefer Brunnenschacht.

Die oft doppelten und mehrfachen Ringmauern zeigen Zinnenbekrönungen verschie=denster Art, Doppelzinnenhäupter und eng gestellte Zinnenscharten. Die schroffen spa=nischen Zinnen mit der beiderseitig abgewalmten Dachkrönung fehlen nicht. Hinter den Zinnen klettert der Wehrgang auf der Mauerstärke mit dem Felsen empor. Zahlreiche, nach innen offene Mauertürme verstärken die Wehr und ermöglichen die Seitenbestreichung.

Innere Wohnbauten in der weiten Vorburg, die uns den Gewaltbau menschlich näher=bringen würden, sind fast völlig zerstört. Nur noch weiß leuchtender Fels ohne Pflanzen=wuchs bildet den Boden. Eine mächtige Quadermauer schließt die zweite Vorburg gegen die erste ab. Wir durchschreiten ein Tor neben dem großen Mauerblock der Moschee und betreten den zweiten oberen Burgbering. Hinter dem Mauerblock sind noch die Reste der erwähnten zweiten großen Burgkirche, an denen sich der Hufeisenbogen der alten Moschee wiederholt, vorhanden. Über deren Mauer hängt eine Glocke von 1776.

Ein ehemals tiefer und breiter Quergraben vor der innersten Burg ist halb verschüttet, die Kernburg selbst ist abermals in zwei Beringe und einen letzten „terreon del homenaje" geteilt.

[144]) B. E.: Spanische Burgenfahrt. S. 69ff. Sainz de Robles S. 16f. Gregorio Vera Idoate: Navarra y la cruzades.

Burg E s c a l o n a (mit Storchnest), südöstlich Madrid (Neukastilien), Spanien

Burg E s c a l o n a , südöstlich Madrid (Neukastilien), Spanien

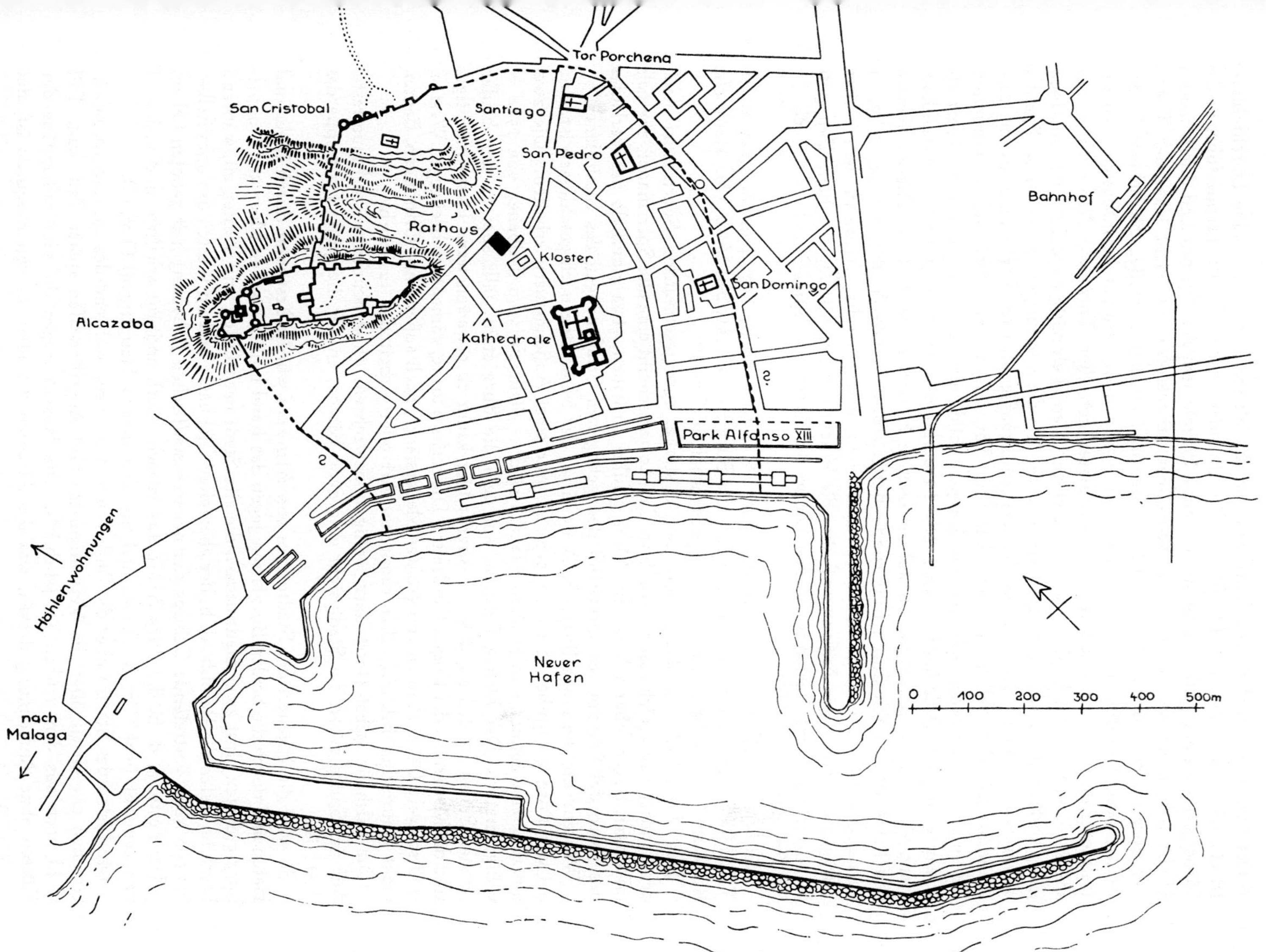

Abb. 36. Hafenstadt Almeria mit den Burgen Alcazaba und San Cristobal. Lageplan 1 : 10000. B. E. nach amtlichem Plan.

Der mächtige, quadratische Turmklotz ist der älteste Burgkern. Seine Durchbildung ist einfach: zwei hohe gewölbte Räume übereinander. Eine schmale Treppe führt in der Mauerstärke empor. Etwaige kennzeichnende Einzelheiten des Turmes sind durch spätere Umbauten vernichtet worden. Die gedrungene Blockform entspricht jener der Türme der Burgen von Lorca, Aledo, El Carpio und anderer Kastelle. Sie scheint in den letzten Jahrhunderten der Maurenherrschaft im maurisch stärker beeinflußten Teil der Halbinsel die Regel gewesen zu sein. An diesen gotischen Turm von Almeria ist nun später — wohl im 15. Jahrh. — ein rechteckiger Mantel einseitig angebaut, der mit einem jener köstlichen Torumrahmungen geschmückt ist, die wir nirgend sonst als in Spanien bewundern können. Breit neben der verhältnismäßig kleinen Toröffnung stehen zwei Wanddienste oder Halbfialen hoch über dem Tor, durch einen Eselsrücken verbunden. Darunter im Tympanon schwebt ein Wappenschild; aus der Krone darüber wächst ein streng geflügelter Adlerkopf hervor. Die Mauerhöhe bekrönt ein gotischer Maschikulikranz, dessen Zinnenbrüstung bis auf die reichen Kragsteine zerstört ist. Diesen Mantelbau hat Karl V. noch durch fünf runde Batterietürme verstärkt, die teils gegen innen, teils gegen den äußeren Steilhang gewendet, von nahem gesehen fremd in dem uralten Burggebilde stehen, im Außenumriß aber die Wucht der Erscheinung erhöhen. Eine gute Kennzeichnung des Zustandes finden wir in der Liste der Burgen und Festungen des Reiches Philipps II. (Taf. 17).

Nördlich des Felsrückens, der die Burg Alcazaba trägt, liegt jenseits einer tiefen Talschlucht auf einer zweiten Felsenhöhe die Burg San Cristobal (Abb. 38). Römische Reste sind hier in grimmer Großartigkeit erhalten (Taf. V).

Jene Talschlucht ist durch eine zweite starke, turmgeschmückte Sperrmauer nach der Landseite zu verschlossen. Von San Cristobal scheint eine alte Sperrmauer, ehemals im weiten Bogen, abermals bis ans Meer geführt zu haben, etwa innerhalb des Verlaufes des Paseo del Principe, entsprechend den gebogenen Straßenzügen des Stadtplanes.

Während um die große Burg, die Alcazaba, der Mauerring noch geschlossen ist, sind bei der Burg gegenüber, San Cristobal, nur zwei Außenmauern erhalten. Die zwei inneren, wohl immer schwächeren Mauern sind — vielleicht vom Erdbeben von 1522 — völlig zerstört. Der blanke Felsgrat, auf dem die Burg steht, fällt aber an den beiden offenen Seiten so steil ab, daß ein Angriff hier kaum zu erwarten war. Desto mächtiger sind die Mauern an der langen Nordseite! Die sechs Türme, namentlich drei gegen Westen, sind schwere Quaderbauten von größter Mauerstärke, nach außen ohne Öffnungen, Bauten nicht maurischer Bildung, eher römischer Art oder Arbeit des 12. Jahrh.

Die Felshöhe selbst starrt dürr, völlig unbewachsen, ohne nennenswerte Mauerreste. Auf der Spitze gegen die Stadt steht eine neue Kirche, an der die große Freitreppe das Beste ist.

So wird die Eigenart des Stadtplanes von Almeria würdig bestimmt durch Meer und Hafen und durch die beiden Burgfelsen gegen das Land hin. Zwischen Meer und Doppelburg grenzten einst zwei Stadtmauern die alte Stadt nach Osten und Westen ab, während heute im Osten die Rambla, d. h. der ehemalige Gießbach, und im Westen das unmittelbar bis ans Meer vortretende Gebirge der neueren städtischen Bebauung halt geboten haben.

Die Festung, d. h. die Burg Almerias ist sehr stark und gut erhalten, und vieles ist neu gemacht (wohl der Vorbaumantel um den dicken Hauptturm) (Taf. 16).

Die Listen des Staates über die Burgen und Festungen während des 15. und 16. Jahrh. erlauben ein Urteil über die Verteidigungs- und Angriffswaffen später Zeit, zum Teil wohl noch aus dem frühen 15. Jahrh.[145]). Die Kosten tragen die Generalkapitäne der Küsten ohne Anrechnung dessen, was des Alcaiden des Herzogs von Maqueda ist, der

[145]) Paz S. 10f.

dort einen Teniente (= Vertreter) hält, der oben wohnt. Man hat dort 10 Stück Artillerie und viele kleine Musketen, Piken, Ballisten, Krummsäbel, Blei und Kupfer, Eisenkugeln, solche von Stein, auch Vorräte, Mehl und Essig und Öl. 5766 spanische Kupfermünzen und 600 Dukaten und vieles andere sind für Ausbesserungen bestimmt. Weiter werden als Geschütze genannt: 8 Ribaduquinen (?) von Messing und 1 aus Eisen, 3 Falkonetten aus Metall, 2 ohne Lafetten oder Räder, 1 Steinkanone (pedrero), 4 Lombarden aus altem Eisen, dazu 3 unbrauchbare, viele Wurfmaschinen aus der Zeit der Mauren aus Holz und Stahl, 54 alte Doppelhaken, 31 Wurfmaschinen, 1000 terciados (= Pfeile?, eigentlich heißt flecha der Pfeil) aus der Zeit der Mauren, 13 Fäßchen alten Pulvers, 150 Lanzen und viele andere alte Waffen der Mauren usw.

Nach dem großen Erdbeben im Jahre 1522 gab man hier aus Sorge vor den Afrikanern in kurzer Zeit 200000 spanische Kupfermünzen für Wiederherstellungsbauten aus.

Am Meeresufer östlich vor Motril erhebt sich auf einem Bergrücken ein hoher Wachtturm und unmittelbar am Ufer ein zweiter ebenfalls runder Burgturm, dessen Fuß mächtige hohe, frühe Bastionen umspannen. Die Burg La Rabita[146]), an einer Talmündung westlich der Stadt Adra gelegen, war wichtig zur Überwachung der algerischen Seeräuber und maurischen Afrikaner, da sich hier der Zugang zu der reichen Landschaft Alpujarras öffnet und man von hier aus andere nahe Festungen und Burgen (durch Flammenzeichen?) von nahender Gefahr benachrichtigen konnte. In den Berichten an Philipp II.[147]) wird gesagt, daß ihre Bauten aus Tapia und anderem Mauerwerk bestehen, sie seien in schlechtem Zustand. Besonders ein Bollwerk sollte ausgebessert werden. Man zählte 12 Räume, die Quartiere der Soldaten seien mit Ginster (= atocha oder esparto) ausgestattet, die, wenn sie untereinander Verbindung haben, feuergefährlich seien.

Gegen das Meer hin sind die Werke zwölfeckig. Die Kosten der Werke werden mit 3000 Dukaten angegeben. Während des Aufstandes von 1568 wurde die Burg noch umkämpft.

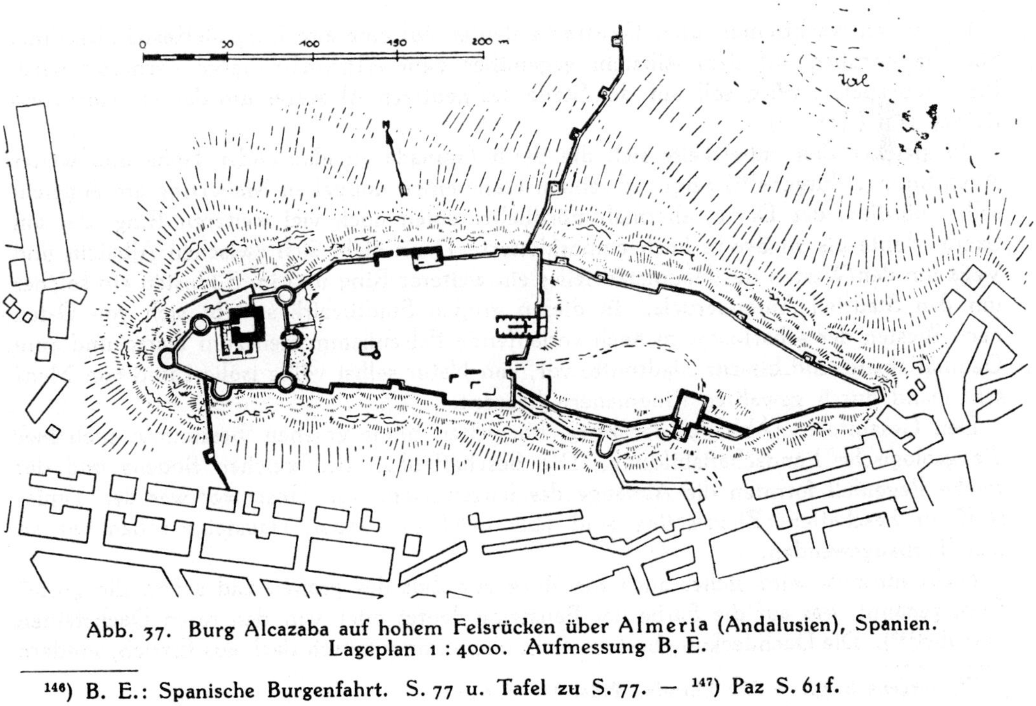

Abb. 37. Burg Alcazaba auf hohem Felsrücken über Almeria (Andalusien), Spanien. Lageplan 1 : 4000. Aufmessung B. E.

146) B. E.: Spanische Burgenfahrt. S. 77 u. Tafel zu S. 77. — 147) Paz S. 61f.

Abb. 38. Burg San Cristobal über Almeria (Andalusien), Spanien. Turmbewehrte Talsperrmauer.

Die Zahl der Alhambraschilderungen ist seit Jahrhunderten groß, deshalb sei hier nur eine Darstellung des Wehrbaues versucht:

Die ersten Nachrichten über Granada deuten auf eine alte Burg al=Kasbâ al=kadima hin, die nördlich auf dem Albaicin gegenüber dem Alhambraberge vermutet wird. Erst eine spätere Burg soll auf der Stelle des heutigen Alcazares um das 12. Jahrh. er=richtet sein (Taf. 19).

Zu gleicher Zeit entwickelte sich die Stadt Granada zu glänzender Höhe und weiter Ausdehnung. Jürgens[148]) zeigt auf seinem Plane einen doppelten Mauerring am Albaicin selbst nördlich des Darro, abermals nördlicher einen noch viel weiteren Ring, der am Sacro Monte bis zu 850 m hoch emporklettert. Dann zieht sich zwischen Albaicin und Vega um den Westen des Hauptstadtteiles ein weiterer Ring und im Südosten ein solcher um den Stadtteil Antequeruela. In diesen großen Stadtbezirk schiebt sich von Osten nach Westen der scharfe 770 m hoch verlaufende Felsenkamm steil zum Darro und zum Geniltal abstürzend bis zur Stadtmitte vor, von Natur selbst völlig isoliert und von Men=schenhand durch gewaltige Ringmauern bekrönt.

Den Gesamtplan (Abb. 39) der Burg, im weiten Sinne gesehen, bestimmte auch hier die geologische Landschaftsbildung. Die Beschaffenheit des weichen Bodens und der reiche Regenfall formten die Abhänge des langen Kammes. Unschwer war der Tapia=stoff zu beschaffen, Ziegelsteine sind ebensoviel verwendet, Hausteine sehen wir an den Torbaugewänden.

Nicht umsonst wird sicher auch die Burg zur Zeit des großen Cid schon die „rote" Burg genannt, was auf die Farbe der Bausteine deutet oder von den roten Dachsteinen herrührt[149]). Die Dachdeckung besteht nicht überall orientalisch flach aus Estrich, sondern

[148]) Jürgens S. 55. — [149]) Ebenda. Pidal II. S. 64/65. —

Burg G u a d a m u r (Neukastilien), Spanien

Burg C a l a t r a v a (Neukastilien), Spanien

Höhenburg S a n L u c i a d e O c o n bei Logroño (Aragonien), Spanien

hier beim Palast aus Dachziegeln. Die Fußböden in den Wehrbauten bestanden zum Teil aus Fliesen. Die glänzende Ausschmückung der Wände und Gewölbe mit einem feinen Stuckmörtelornament, Stalaktitengewölben und Azulejas zeugt von höchster Formen= und Farbenfreude. Die Paläste der Alhambra waren mit so unglaublichen Kostbarkeiten aus= gestattet, daß der rohe Führer der afrikanischen Almoraviden, der asketische Jussuf, nach der Gefangennahme des Königs Abdallah aus Habsucht den Boden aufreißen und selbst die Kloake nach diesen Schätzen durchsuchen ließ.

Wenn von dem weltberühmten spanischen Märchenschloß der Alhambra gesprochen, geschrieben oder gelesen wird, so taucht vor unserem geistigen Auge das Bild märchen= hafter Pracht und üppiger Wohnlichkeit auf, deren morgenländische Schöpfer einer grund= anderen Rasse angehörten.

Ein Leben in orientalischem Prunke und in poetischen Genüssen füllte die Höfe; es gab zauberhafte Gärten und Hallen, deren farbenprächtige Wände mit zartesten Orna= menten geschmückt und durch zierlichste Gewölbe überdeckt sind. Weniger denken wir daran, daß die Alhambra wohl ein Königsschloß, aber doch in erster Linie seit dem 9. Jahrh. ein uneinnehmbarer Wehrbau war, da auch die späteren zierlichen Palastbauten viel ritterliches Hofleben, aber auch viel Blutvergießen, Mord und Sklaverei sahen.

Die Burgenliste Philipps II.[150]) erwähnt Granada nur kurz. Nur 3 Alcaides ein und derselben Familie werden genannt: Don Inigo Lopez de Mendoza, Conde de Tendilla, Don Luis Hurtado de Mendoza, Marquer de Mondejar und Don Inigo Hurtado de Mendoza. Den Palast des Don Luis Hurtado kennen wir in der Mitte der Nord= westseite.

Uns soll bei der Würdigung der Burg in erster Linie die wehrbauliche Bedeutung be= schäftigen, die Palastbauten bedürfen kaum noch einer Darstellung, nachdem das beste darüber schon von berufenem Mund gesagt ist[151]).

In einem 720 m langen Bergrücken von 810 m Höhe ü. d. M. bot die Natur einen von allen Seiten steil abfallenden Bauplatz zur Errichtung einer Burg. Die Gesamtburg besteht aus dem Alcazar, dem westlichen eigentlichen Kernbau und der 180 m breiten und 630 m langen Vorburg, die sich bis zum schmalen östlichen Halsgraben erstreckt (Abb. 39, 40).

Der schwere älteste Wehrbau, der Alcazar, bildet eine 90 m lange trapezförmige Bau= gruppe, deren Spitze gegen die Stadt Granada gerichtet ist, während eine mächtige 70 m lange und 5 m starke Schildmauer, durch drei Türme verstärkt, sich über den östlich tieferliegenden Abschnitt, den Palastteil, erhebt. Der Alcazar war die „Zitadelle“ der Alhambra und von Granada.

Der spätere glänzende Palast der Alhambra, einst Sommer= und Winterschloß, nimmt den östlich anschließenden breitesten Teil des ummauerten Vorburggeländes ein (80:90 m ohne den Palast Karls V.). Den Rest füllen Kirchen, einst zum Teil Moscheen, Wohn= bauten, Klöster, Gärten und Kasernen. Mächtige unzerstörbare hohe Mauern von meh= reren Metern Stärke umgeben alle diese Baugruppen.

Für uns ist die Kernburg, der Alcazar, der burglich bedeutendste Teil, er ist auch wohl der älteste, dessen Anfängen einst Kaiser Alfons VI. um 1091 bereits gegenüber lagerte, als er den Almoraviden, den Herren Granadas, den Krieg erklärt hatte. Auch der große Cid nahm an dieser Belagerung teil, ja, lag zum Verdruß des Kaisers in der Vega, der Stadt noch näher als dieser selbst (Taf. 21).

[150]) Paz S. 53. — [151]) Kuhnel: Granada. Gomez Moreno: Guia de Granada. Schmidt: Cordoba u. Granada. Burford: Description of a view of the city of Granada. Contreras: Estudio descript. de Granada . . . Herbert: Impressions of Spain in 1866. S. 55ff. Seco de Lucena: Die Alhambra. de la Rada y Delgado: Cronica General=Bd. Granada. Perez de Hita: Gesch. der Bürgerkriege von Gra= nada. 2 Bde. Lampérez y Romea: I. S. 606 Abb. 683 Gesamtgrdr., S. 609ff. Vgl. auch Braun u. Hogenberg: V. Tafel 4.

Die zwischen den im Tale zusammenfließenden Wassern des Darro und Genil emporragende Felsenspitze trägt die Werke, die teils dem 12. Jahrh., teils wie der große Gesamtmauergürtel, späterer Zeit König Jussufs I. (1333—54) zugeschrieben werden[152].

Der Alcazar wird erst allmählich die heute noch erkennbare Form erhalten haben. Diese wird bestimmt durch die mächtige „Torre de la Vela", die sich 16:16 m breit und über 30 m hoch zwischen zwei großartigen Toranlagen, nördlich der „Torre de las Armas" und südlich der „Torre de la Polvora" — die beide viel tiefer liegen — und der östlichen Schildmauer erheben[153]. Diese endet im Norden in der „torre del homenaje", dem Lehnsturm (12:11 m).

Beide genannten Wehren sind trapezförmig durch hohe Mantelmauern verbunden, die durch tieferliegende Zwingermauern verstärkt werden.

Den Kern des Werkes bilden die Grundmauern einer kleinen maurischen Soldatensiedlung, bestehend aus zwei Gruppen bescheidener, wirklich zusammengeschachtelter Wohnhäuser. Nördlich erkennt man eine kleinere, südlich eine mittlere Längsgasse, vier etwas geräumigere Quartiere, die vielleicht für Höherstehende bestimmt waren.

Lampérez y Romea sieht darin Bauten des 13. Jahrh. aus der Zeit Mohammeds I. ben Alahmar[154].

Die ganze Anlage ist also in erster Linie als Wehrbau von größter Stärke ausgestaltet. Die Gesamtmauern zeigen im Umriß des Grundrisses eine Gurkenform von 720 m Länge und 180 m größester Breite. Nach allen drei Seiten fallen die Flanken steil ab, am schärfsten zum Darro, überall bekrönt von den mächtigen Tapiamauern, deren Lehmpasta die Jahrhunderte, Sturm und Ungewitter überstanden und deren Festigkeit selbst die Sprengversuche des französischen Landschadens der Napoleonischen Kriege der ersten Jahre des 19. Jahrh. vereitelten.

Ein ernster und edler Gleichklang bietet sich dar, wo man auf diesen reichen Panzer blickt, dessen 37 Türme im Grundriß den Perlen einer langen Kette gleichen.

Nur der sorgfältige Besucher der Alhambra findet den schwierigen Umgang und würdigt die schwere Wucht dieser breiten viereckigen und doch hochstrebenden Seitenbestreichungsbauten[155].

Der Mauerkranz zeigt 7 äußere Tortürme, die wir nach Contreras Plan wiedergeben[156]: die Puerta Iudiciaria (arab. Bib-Xarca), Tor des Gerichtes; die Puerta de los Siete Suelos (der 7 Sünden? oder 7 Stockwerke); die Puerta de Hierro, die eiserne Pforte, bei den Caballerizas de Mondejar; die Puerta de los Pozos und de las Cabezas, diese Türme sind innen rund, die Puerta del Agua und Ruinen am Südostende; die Puerta de las Granadas, tief neben der Westspitze des Alcazars.

Innere Tore sind die Puerta del Vino an der großen Zisterne und das Tor von der Südecke zum Alcazar.

Nicht alle Türme und Tore können wir einzeln würdigen, nur wenige betrachten wir genauer. Überwiegend aus Tapiaschichten bestehen sie, selten sind Quadersockel verwendet, vielleicht dann, wo bei Umbauten wie am Gerichtstor, auch die Torseitenwände profilierte Arbeit zeigen. Hier wie auch an anderen Türmen ist flaches Ziegelmauerwerk an den großen und kleinen Hufeisenbogen und in den höchsten Schichten sichtbar.

Schmuckformen sind außen nur sehr sparsam verwendet, Gesimse fast gar nicht. Auch die im Inneren mit feinstens abgewogenen Ornamenten, Stalaktiten, Säulen und Azulejos

---

[152]) Lampérez y Romea: I. S. 175. Schmidt S. 50. — [153]) Contreras S. 189ff., „la entrada del Alcazar" S. 295ff. — [154]) Lampérez y Romea: I. S. 175. — [155]) Die Namen der Türme sind: Torre de la Vela, de la Cautiva, de las Damas, de las Infantas, Puerta de los Siete Suelos, de las Cabezas, del Caputan, del Agua, del Candil, de los Picos, del Mitrah, de los Panales, de los Gallinos, del Cubo, del Homenaje, de las Armas, de la Polvora, dazu noch ungenannte zerstörte Türme. — [156]) Contreras S. 320/321 Gesamtplan.

Castillo San Cristobal
1930
Almeria

Burg San Cristobal über Almeria, Spanien

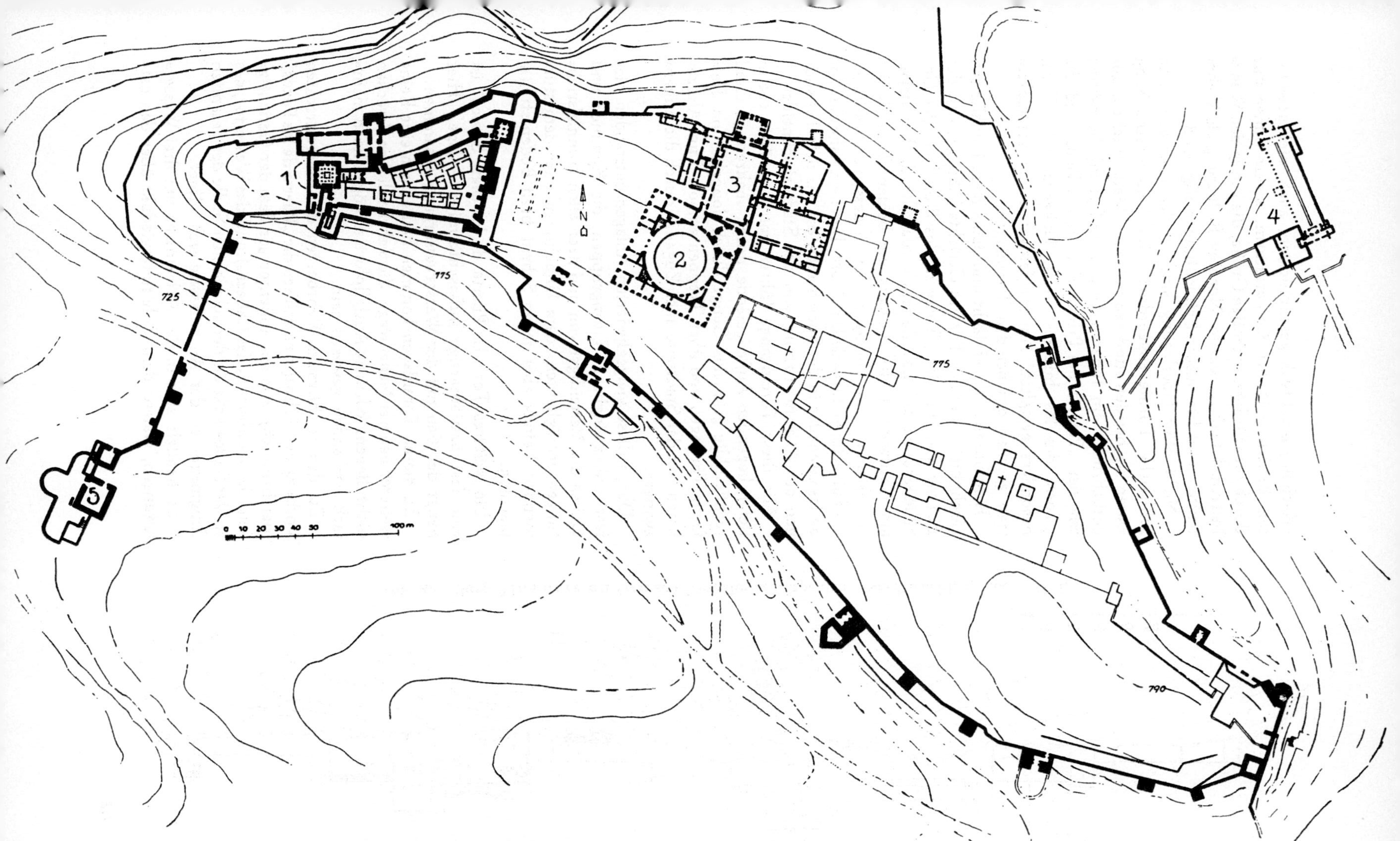

Abb. 39. Burg Alhambra bei Granada (Andalusien), Spanien. Lageplan 1 : 3000. B. E. nach eigenen Aufnahmen und nach Rafael Contreras und Lampérez.
1 Kernburg. 2 Palast Karls V. 3 Myrtenhof. 4 Generalife. 5 Torres bermejas.

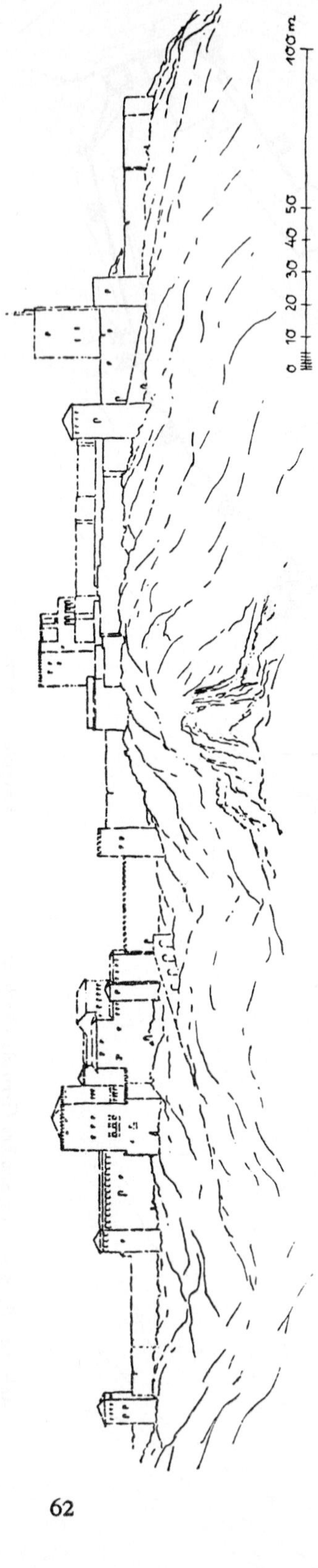

Abb. 40. Burg Alhambra bei Granada (Andalusien), Spanien. Nordansicht, 1 : 2000. B. E.

(Kacheln) prachtvoll geschmückten, auch reich gewölbten Bauten, wie der Comaresturm, wirken außen nur durch die würdige, wuchtige Größe, die durch den Wehrbauzweck bedingt wurde. Nur ihre Bedeutung als Wehrbauten sind für unsere Betrachtung maßgebend.

Nicht ohne Überlegung sind an den Ringmauern so zahlreiche Türme angeordnet. Zur Seitenbestreichung waren sie bei den rund 720 m langen Mauerfluchten unentbehrlich. Im Inneren bergen sie freundliche Räume wie der „Palacio del Principe" nahe am Palast und die „Torre des las Infantas" u. a. Dabei ist jeder Turm besonders gestaltet. Am sorgfältigsten und geschicktesten geschah das bei den Toranlagen.

Rein burglich durchdacht und dabei doch künstlerisch geschmückt sind das Tor des Gerichts (Abb. 41, 42), das Eiserne Tor mit der „Torre de los Picos" an der Gebäudegruppe der Caballerizas y cuarteles de Mondejar, am Nordwesteck des Alcazars die beiden Tore de las Armas und de los Hidalgos, und an dessen Südwestecke am Pulverturm, torre de la Polvora. Ihm liegt nahe das Tor de las Granadas in der Sperrmauer, die das tiefe Tal südlich der Alhambraburg von der Stadt abschneidet.

Alle diese Toreingänge führen von dem über 100 m tiefer liegenden Außengelände durch mehrere 90 Grad rechtwinklig geknickte Gänge durch doppelte und dreifache Torbogen und über Treppen empor. Zum Alcazar leiten von der Stadtseite auch Zugänge durch die Außenzwinger.

Durch diese vielgegliederten Anlagen entstanden hier fast unbezwingliche Turmgruppen, die Kommen und Gehen der Verteidiger von und nach allen Himmelsrichtungen ermöglichten, dem Unbefugten oder dem stürmenden Feinde aber jeden Schritt breit Boden streitig machten.

Ein weiteres Tor „La Puerta de los Siete Suelos" ist eine fast bastionsartige hufeisenförmige Anlage. Hier hängt der Bau mit der Wasserversorgung zusammen.

Zu diesen Toranlagen kommen heute noch eine Reihe weiterer neuerer Nebenwege, die wehrbaulichen Zwecken nicht dienen. Kleinere Ausfallpforten mögen noch mehrfach vorhanden gewesen sein.

Zu den wichtigsten Wehrbauten der weitgestreckten Vorburg der Alhambra zählten die „Puerta de los Pozos" (der Brunnen), also ein Außentor vor dem der Gerichtigkeit, das Kopftor (de las Cabezas) und das Wassertor, das an der Südostecke an der schmalsten Stelle der gesamten Ringmauer an der Angriffsseite sich öffnet.

Es handelt sich in der Alhambra um drei Wasserleitungen, erstens dem Zuleitungsviadukt über den östlichen Halsgraben, dann um eine Verbindungsleitung zwischen Burg und Stadt am Tor „de las Cabezas" und drittens um die Wasser am Gerichtigkeitstor („de los Pozos"), die Karl V. fassen ließ. Dazu scheint aber noch als viertes Wassertor die bereits erwähnte „Puerta de los Siete Suelos" (der 7 Stockwerke) zu kommen.

Betrachten wir noch weitere Türme etwas eingehender! Der „Torre de los Picos"[157]) diente zur Verteidigung des Eisernen Tores, ein Tapiabau mit spanischen Zinnen, sechs auf jeder Seite, und ausnahmsweise einmal ringsum laufendem Hohlkehlgesims darunter.

Ein reizvolles Zweilichtfenster mit Mittelsäulchen und Hufeisenbogen erscheint an der Außenseite. Kleine unregelmäßige, rein maurische Öffnungen sehen ebenfalls mehr wie Fenster als wie Scharten aus. Überhaupt fällt das Fehlen klar als Scharten ausgebildeter kleiner schmaler Schlitze sehr auf. Das Innere enthält drei Räume und ein viereckiges durch zwei Spitzbögen durchkreuztes schönes Gemach.

Zu den glänzendsten Türmen gehört die „Torre de la Cautiva" neben der „Torre de las Infantas", die im Inneren als köstliche Wohnung ausgebaut ist mit einem Luxus ohne gleichen. Ihre engen Räume bilden ein wahres Wunderwerk von Schönheit und Geschmack[158]) (Abb. 43, 44). Ein enger Eingang führt zu einem kleinen patio mit 4 Säulen, einem quadratischen Saal mit Azulejos und Inschriften, die sich auf Jussuf III. beziehen. Das Ganze strahlend wie ein Freudenfeuer! Und doch ist das einer der vielen Wehrtürme, ein quadratischer Bau. Der Widerspruch, der darin liegt, ist für maurische Bauten kennzeichnend. Nicht wie in germanischen Burgbauten ist der Plan, schon bei der Erbauung, einer edlen Familie auf die Dauer einen festen Sitz zu schaffen, der durch Generationen im Pallas eine stolze Heimstätte bietet und in Bergfried, Mantelmauer, Zwingern und Vorburgen Schutz findet. Hier ist im Alcazar keine bestimmte Wohnstätte, es finden sich wohl in vier oder fünf verschiedenen Torbauten und Türmen Wohnmöglichkeiten. Statt für Ritter und Knappen aber ist der größte Raum — wo man einen großen Burghof oder Waffenplatz vermuten sollte im Alcazar — für städtische Wohnhäuser für zahlreiche bezahlte Söldner hergerichtet.

Wenn man von Granada nach Antequera wandert, trifft man zunächst bald auf eine neblige Senkung und auf den Ort des Feldlagers der Belagerer von Granada vor dem letzten Fall, Santafé, dann bald wieder in ein Hügelland zu der strategisch wichtigen Talsperre der Stadt Loja. Hier liegt auf der linken Seite des Geniltales ein schlanker Hügelkamm, auf dem Stadt und Burg Loja (Abb. 46) sich erheben, zwischen ihm und der noch weiter links ansteigenden Haupttalseite führt die uralte Heerstraße hindurch, nicht auf der Talsohle, wie schon in römischen Zeiten üblich.

Die Talsperre wird also durch Burg und Stadt gebildet, da die tiefere rechte Talhälfte sumpfig oder wasserzerrissen, wegelos gewesen sein muß.

Stadt und Burg waren ummauert, der Burgflügel liegt in der Talrichtung parallel der großen Straße. Die Hügelhöhe nimmt ein Saalbau ein, ein seltenes Vorkommen im spanischen Burgenbau. Rechtwinklige Baureste mit niedrigen Wohnanbauten umstehen den noch bedeckten langen Saalbau.

Stadtseitig daneben liegt hoch im Hügelkamm ein großer Wassersammelraum von 9,50 m Länge auf 4 Säulen mit 9 Gewölben überspannt, der heute noch voll Wasser und in Gebrauch ist[159]).

Um den langen Saalbau, die Zisterne und den höchsten Burgteil mit seinen Anbauten führt auf der Nordseite der Aufweg zur Burg. Tiefer laufen rings um den schmalen langen Baukern doppelte Ringmauern, die an der westlichen und östlichen Längsseite in Turmbauten und anschließenden Stadtmauern enden. Schwere Türme verstärken die west-

[157]) Contreras S. 184f. — [158]) Ebenda S. 179ff. Von den Franzosen 1810 gesprengt, 1873—76 durch Contreras wieder hergestellt. — [159]) B. E.: Spanische Burgenfahrt. S. 80.

lichen Stadtmauern, quer zur großen Straße schnitt außerdem eine Hauptsperrmauer von Norden nach Süden durch, bis zu einem Hauptturm, dessen Trümmer drüben an der südlichen Hauptberglehne stehen (Abb. 46).

Tiefer, südöstlich der Burg an ihrem Bergabhang in den Häusergruppen, steht heute eine breite dreischiffige Kirche mit runder Kreuzkuppel und viereckigem Chor, ein Bau der Renaissance.

Die Burg und die weit ausgedehnte Stadt bilden also gemeinsam eine Talsperre schwer zu überwindender Art.

Über die sonderbare Art des Mauerwerkes aus Tapia, großen Bruchsteinen und Ziegel=abgleichschichten, ist schon an anderer Stelle gesprochen[160]).

An der Ostspitze der Kernburg steht ein hoher vermauerter Torturm, in dessen Nische über dem ehemaligen Torbogen noch arabische Inschriftreste erhalten sind. Der heutige Aufweg zur Kernburg führt daran vorüber und um die Nordseite herum aufwärts.

Aus der Baugeschichte erwähnen wir als wichtig die Nachricht, daß 1226 in den Kämp=fen am Genil zwischen Ferdinand III. und dem Almohaden die Christen die reiche Stadt Loja erstürmten, die Einwohner niederhieben und der Burg bzw. den Verteidigern des Alcazar das Trinkwasser entzogen. Offenbar zerstörten sie die Zuleitung zu der noch heute erhaltenen Aljibe und erschlugen dann im letzten Sturm 14000 Moslims[161]).

Danach muß der „Alcazar" viel größer gewesen sein als die Burg heute zunächst er=scheint. Eine alte Abbildung spricht dafür[162]), die vielleicht nach noch älterem Vorbild entstand.

Damals nach 1226 muß eine Wiederherstellung erfolgt sein. 1486 folgte die endgültige Eroberung durch die katholischen Könige nach 30tägiger Belagerung[163]).

Braun und Hogenberg[164]) bringt ein herrliches Gesamtbild von Loja, das den Zu=stand der volkreichen Stadt im 16. Jahrh. darstellt; die Burg erscheint als hochgelegene Ruine mit ihren zahlreichen Rundmauern und Türmen. Ein planmäßiger Wiederaufbau scheint nach der Erstürmung von 1486 nicht mehr durchgeführt zu sein.

Nahe Loja spaltet sich die große Straße in die Strecke nach Malaga und über Archidona nach Antequera. Archidona, zwischen hohen Bergen südlich des Monte Conjuro, liegt selbst 666 m hoch und sperrt den Weg nach Antequera. Hoch über dem kleinen Orte Archidona und nahe dem berühmten „Felsen der Liebenden" kränzen alte, schwarze Burgringmauern einen Gipfel, den heute ein strahlend weißes Kloster krönt. 14 km weiter liegt dann die bedeutende Stadt Antequera, südlich überragt von einer mächtigen Burgruine, deren Kern auf der höchsten Höhe des nach Süden senkrecht abstürzenden Felsens von einst quadratischer Form noch in großen Bruchstücken zwischen starken Vierecktürmen erhalten ist (Abb. 45). Die Burg, über 600 m hoch gelegen, war noch 1772 erhalten[165]). Die Mauern sind, der strategischen Wichtigkeit als Grenzburg ent=sprechend, von gewaltiger Stärke. Waren doch Burg und Stadt eine der wichtigsten Vor=werke des Königreiches Granda gegen Sevilla hin, so wichtig, daß ihre Eroberung durch den Regenten Ferdinand im Jahre 1410 bedeutend genug erschien, um diesem in der Geschichte den Namen „El Infante de Antequera" zu verleihen.

Heute stehen noch drei gewaltige Mantelmauern, die noch verteidigungsfähiger waren durch die Fülle der erwähnten Türme, die zum Teil sowohl wie Seitenbestreichung als auch wie Strebepfeiler wirken[166]).

---

[160]) Siehe oben S. 8. — [161]) Schirrmacher Bd. IV. S. 357. — [162]) de la Rada y Delgado S. 113. — [163]) Ebenda S. 35. — [164]) Braun u. Hogenberg Bd. II. Tafel 7. — [165]) Carter, S. 239ff., erwähnt in der Burg: Armbruste oder Balesta, Schilder oder Adargas, Brustharnische, Helme, Spieße, Zagayen oder kurze Wurfspieße, Bogen und Pfeile. — [166]) B. E.: Spanische Burgenfahrt. S. 82f. de la Rada y Delgado S. 106f. Paz S. 16f. Hielscher S. 64/65.

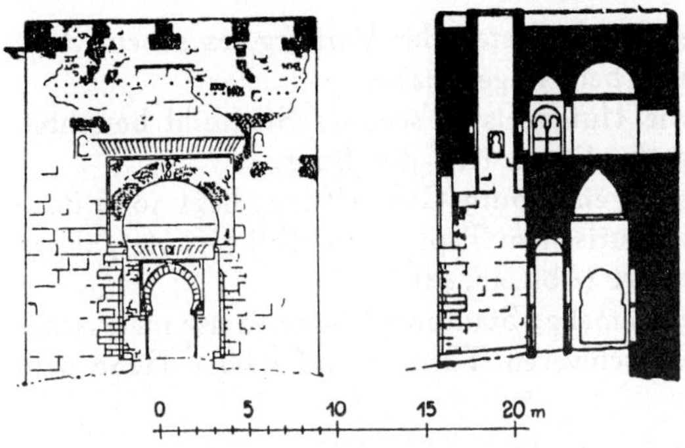

Abb. 41. Burg Alhambra bei Granada (Andalusien), Spanien. Gerichtstor, Ansicht und Schnitt 1 : 500. B. E. nach Goury-Jones.

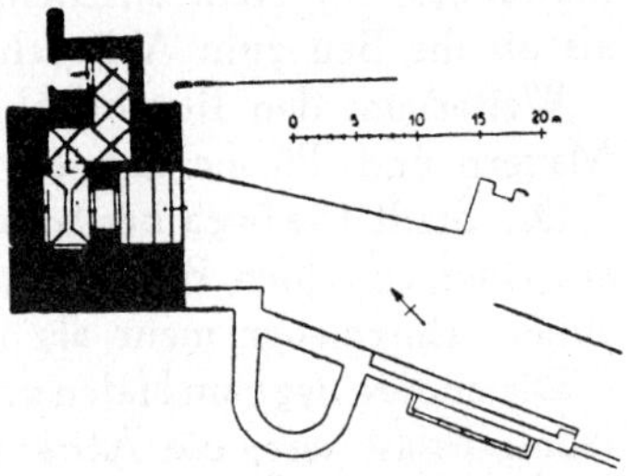

Abb. 42. Burg Alhambra bei Granada (Andalusien), Spanien. Gerichtstor. Grundriß 1 : 1000. B. E. nach Goury-Jones.

Am stärksten erscheint der Hauptturm an der Nordwestecke, den man für einen Lehnsturm halten könnte, wenn nicht die für eine Versammlung von Lehnsträgern notwendigen weiten Räume im Inneren völlig fehlen würden.

Dagegen stellt man beim Betreten des Inneren fest, daß man nur durch ganz enge Türen, die in dicksten Innenmauern liegen, von einer Art Vorhalle in je einen engen, langen Raum nach Norden und nach Osten gelangt. Den Rest der engen Innenfläche nimmt eine Art schmalen, hohen Treppenhauses ein.

Die gewollte Engigkeit erinnert an andere sarazenische Bauten, selbst in den beiden festen Palästen La Cisa und La Cuba in Palermo finden wir sie, sie entspricht der mißtrauischen Art der Maurenherrschaft und der Verteidiger solcher Burgen.

Eng und klein sind auch die Fenster im kleinen Südwestturm, hier Hufeisenform in großen Quadern, während viele Teile in Bruchstein, Tapia und mit Ziegelstückwerk und Ziegelecken ausgeführt sind.

Eine weite Vorburg schließt sich an der Ostseite dem Hauptviereck der Kernburg an, zu der von der Südseite ein in der Renaissancezeit stolz mit Wappen geschmücktes Tor führt, in das römische Inschriftsteine vermauert sind[167]). Eine eigenwillig geformte Re-

Abb. 43. Burg Alhambra bei Granada (Andalusien), Spanien. Prinzessinnentur Schnitt 1 : 500. B. E. nach Goury-Jones

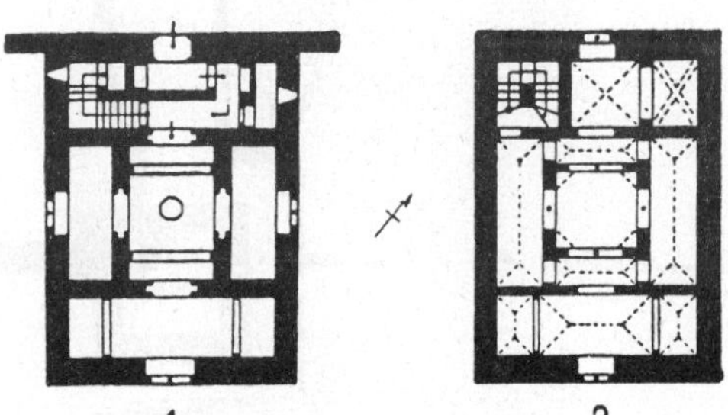

Abb. 44. Burg Alhambra bei Granada (Andalusien), Spanien. Prinzessinnenturm. Grundriß 1. Erdgeschoß und 2. Obergeschoß 1 : 500. B. E. nach Goury-Jones.

[167]) Justi: Spanische Reisebriefe. S. 183ff.

naissancekirche steht anscheinend planlos gegen Südosten der Vorburg, es scheint fast, als ob ihr Bau zum Abbruch der alten Burg beigetragen habe.

Weiter um den Burghügel zogen sich, wie Hufnagels[168]) schönes Stadtbild berichtet, Mauern und Türme teils zur Verteidigung der Stadt, teils der Burg.

Die Stadt Malaga besitzt zwei Burgen. Die eine, Burg Gibralfaro, liegt 30 m hoch auf einer einzelnen Bergspitze, ein Bau aus maurischem Tapia, zum Teil verputzt, deren äußere Ringmauer mehr als 10 Türme bewahrt (Abb. 47, 48).

Die andere liegt am Hafen von Malaga, die ehemalige Stadtburg, die zeitweise maurischer Königspalast war, die Alcazaba mit vielen schweren Türmen, auf halber Höhe dem

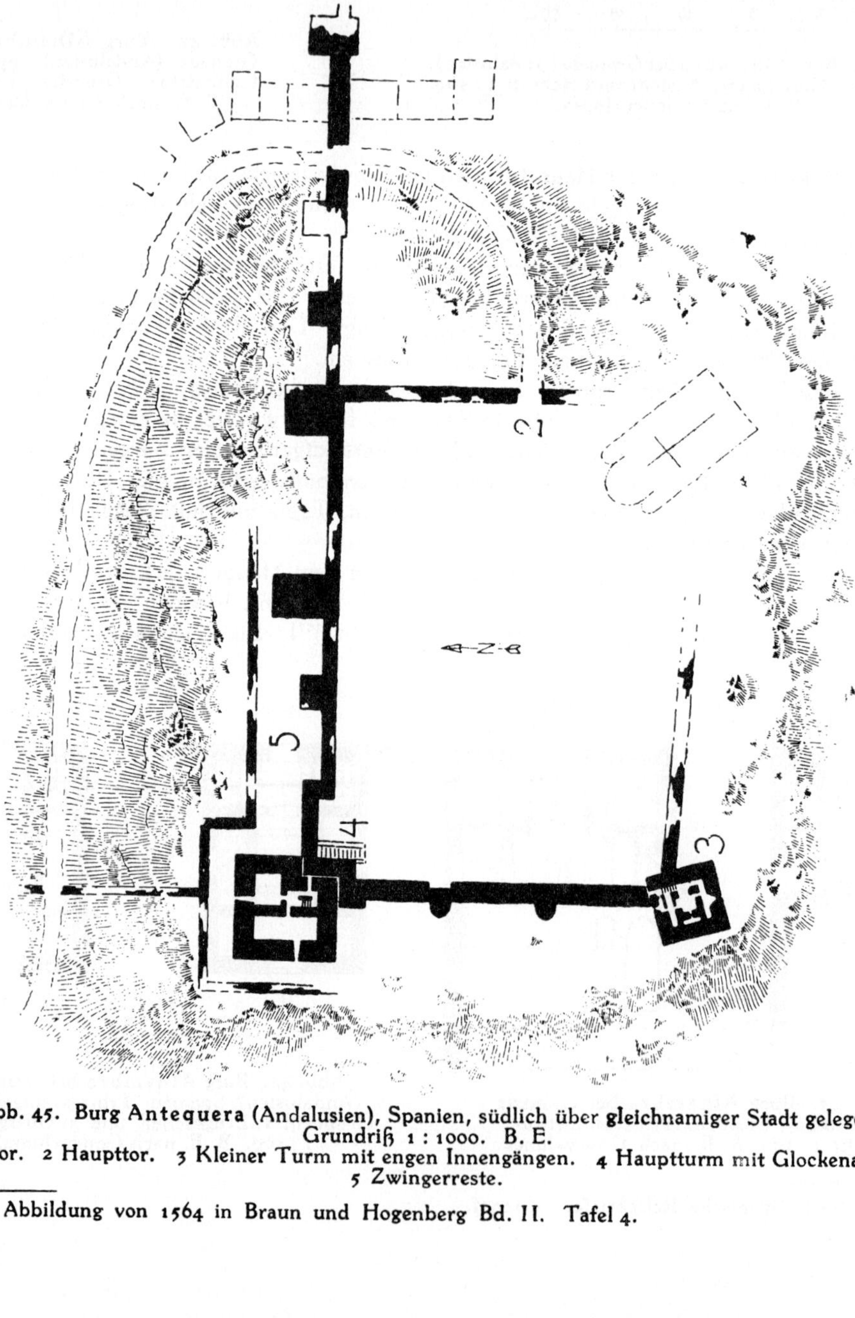

Abb. 45. Burg Antequera (Andalusien), Spanien, südlich über gleichnamiger Stadt gelegen. Grundriß 1 : 1000. B. E.
1 Vortor. 2 Haupttor. 3 Kleiner Turm mit engen Innengängen. 4 Hauptturm mit Glockenaufsatz. 5 Zwingerreste.

[168]) Abbildung von 1564 in Braun und Hogenberg Bd. II. Tafel 4.

Gibralfaro vorgelagert und mit ihm durch 2—3 m starke Parallelmauern verbunden. Die Alcazaba ist heute noch eine bevölkerte Ruine von riesiger Wucht; ihre halbzertrümmerten Türme bilden einen unregelmäßigen, dreieckigen Ring, der sich zwischen Gibralfaro und die Stadt einschiebt, von der Gipfelburg durch einen engen tiefen Sattel „La Coracha" genannt, getrennt[169]) (Abb. 47, 48).

Geschichtlich taucht hier schon eine feste Stadt der Byzantiner auf, die 571 der Westgotenkönig Leovigildo belagert und erobert[170]). Wieweit damals schon die Alcazaba und eine Höhenburg an Stelle des heutigen Gibralfaro bestanden, ist unbestimmt.

Den Mauren fiel die Stadt im Jahre 715 in die Hände[171]), schon 787 erbaut Abderrahmân I. die Höhenburg Gibralfaro mit zwei Mauerringen. Die Glanzzeit scheint das 11. Jahrh. gewesen zu sein, nachdem Abderrahmân III.[172]) die Feste weiter befestigte. Zwischen den beiden Mauerringen liefen verdeckte Umgänge.

Bedeutende Wehrbauten werden von nun ab immer wieder genannt, bis die Stadt 1487 von den katholischen Königen erobert und die christliche Fahne auf dem „Torre de la Vela" aufgepflanzt wurde[173]).

Die Alcazaba[174]), auch „fortaleza de la Cuesta" genannt, war im 11. Jahrh. Palast der Könige, „Reyes Edrisitas", später Sitz des Cordovanischen Machthabers. Sie liegt unter dem Gibralfaro auf dem höchsten Punkt der Stadt. Sieben Türme krönen die Mauer am Meer entlang, wohl noch mehrere die übrigen Seiten. Auch 6 Bollwerke: rund, viereckig und vieleckig sind erhalten. Einst schien den Kastiliern der Wehrbau uneinnehmbar (Abb. 1).

Im Inneren blieben verschiedene Baureste zum Teil als kümmerliche Wohnungen erhalten. Eine Moschee wurde später als Kirche dem Erzengel Michael geweiht.

Unter den vielen Türmen sind einige von Bedeutung, so der 17 m hohe Lehnsturm „la torre vigia", der Fahnenturm, der seit 1502 Glockenturm genannt wird, weiter wird ein Waffenplatz erwähnt. Auch 12 Tore bestanden, eines „de la Caba" bei dem heutigen Zollgebäude und eines „la Oscura" dem Coracha zu. Genannt werden auch das Sternentor, das Sonnentor, das Tor des Argwohns und des Sieges.

Die Stadtmauern verbanden die Alcazaba auch mit dem „Siete Arcos", wo sich ein Turm mit 7 Eingängen erhob, mit dem Atarazanas, dem Marinezeughaus und dem Kastell der Genesischen Kaufleute, das erst neuer Städtebauideen halber leider abgebrochen wurde.

Der Hauptturm des Gibralfaro erreicht eine Höhe von 172 „varas", etwa rund 138 m. Die Feste erhielt einen Gesamtmantel von allerstärksten Mauern ohne Scharten oder Fenster, mit Türmen und Zinnen gekrönt. Sie birgt Brunnen und Zisternen, unter denen wegen seiner Tiefe der „pozo Airon" berühmt ist. Der Brunnenaufbau wird getragen von vier starken Bogen. Seine Tiefe schätzt man auf „100" varas, etwa rund 80 m[175]).

Noch wird der Bering militärisch benutzt und durch einen Gouverneur bewohnt. Eine uralte Moschee dient als Kirche des hl. Ludwig, seit sie von den katholischen Königen bei ihrem Eintritt in die Stadt dazu bestimmt wurde. In späteren Zeiten wurde auch diese noch zu Kriegszwecken benutzt.

Was Maurisches erhalten war, ist verwüstet und verlor die Form, die die Mauren ihren Bauten verliehen, als 1809 nach dem räuberischen Einfall der Franzosen neue Verstärkungsbauten ausgeführt wurden. Ihnen verdankt die Burg auch das Vorhandensein einer künstlichen Straße, die an der Meeresseite zum Haupttor führt, das die Mauren erbaut haben. Durch seine schönen Bogen erreicht man heute eine Esplanade, den „Hof der Gefangenen",

---

169) Jürgens S. 64ff. u. Tafel XIII. — 168) Carter: II. S. 282. — 171) Ebenda S. 287. — 172) Sainz de Robles S. 17. — 173) Ebenda S. 17. — 174) Bisso: Cronica de la Prov. de Malaga. S. 58. — 175) Ebenda S. 60.

umgeben von unterirdischen Räumen, die den Mauren als Gefängnisse dienten. Die katholischen Könige befreiten hier bei ihrer Eroberung der Burg 500 Kettengefangene.

Besser erhalten sah ein Engländer, Franz Carter[176]), die Höhenburg, der sie 1772 besuchte und ausführlich und besser schilderte, als wir sie heute beschreiben können. Wir bringen deshalb einige Abschnitte in folgendem:

„Das maurische Casteel von Gibralfaro wurde von den Spaniern, zu der Zeit der Belagerung, für eine unüberwindliche Festung gehalten, und ist noch jetzt eins der vollkommensten Muster von der Art. Es ist mit einer gedoppelten Mauer umgeben. Die äußerste ist mit herausgehenden Thürmen, die gedoppelte Thore nach der Stadt und nach dem Gebürge hin haben, und von den Thoren der innern Mauer so weit entfernt sind, daß die Feinde, wenn sie auch jene im Besitz haben, doch noch von der Höhe der innern Mauer, auf ihrem Anzug zum Angriff derselben, beunruhigt und getödtet werden können.

Dieses Casteel nimmt (1772) den ganzen Gipfel des Berges ein, hat auf drey Achtel englische Meilen im Umfang, und ist außer allem Zweifel nach allen seinen Theilen ein Werk der Mauren ..."

„Dieses ist aus dem Namen zu schließen, der aus Gibel, im Arabischen ein Berg, und Φαριξ im Griechischen, eine Warte oder Wachtthurm, zusammengesetzt ist."

„Die Kuppel des ersten Thurms, wenn man hineinkömmt, ist mit mosaischer Arbeit vortrefflich geziert. Ich habe sie abgezeichnet, und will sie in Kupfer stechen lassen. Die Farben, welche blau, grün und weiß sind, haben von der Feuchtigkeit viel gelitten.

„Der nächste Gegenstand, der unsere Aufmerksamkeit verdient, ist eine viereckige Moschee, deren Thüren mit Kupferplatten überzogen sind. An den Wänden ist verschiedene Stucaturarbeit, und einige Stellen aus dem Alcoran nach maurischer Art geschrieben. Die katholischen Könige veränderten diese Moschee in eine christliche Kirche, die dem H. Ludwig, dem Bischof, geweihet wurde, weil an dem Gedächtnißtage dieses Heiligen, der in Spanien am 19ten August gefeyert wird, die Stadt den Christen übergeben wurde. Doch ist diese Kapelle lange schon verschlossen, und die Thürme des Casteels sind zu Pulvermagazinen gebraucht worden."

„Die größte Denkwürdigkeit von Gibralfaro ist ein tiefer Brunnen mit einem schönen Quellwasser, der 300 Yarden in das Innere des Berges hinabgeht. Das Wasser ist außerordentlich klar und von gutem Geschmack. Ich kostete und wog es und erstaunte, einen von den salzigen Wellen bespülten Berg von solchen vortrefflichen Quellen geschwängert zu finden, die zu den Zeiten der Mauren durch Röhren die ganze Vorstadt des Siegs (?) mit Wasser versorgten. Die Spuren davon habe ich noch an der Nordseite des Berges gefunden."

„Der Name des zweyten Casteels war القصر, im Spanischen Alcasar, daraus Alcasaba gemacht worden ... Es diente als eine Schanze, die Stadt im Zaum zu halten, als ein Palast für den Arrahaez, und als ein Arsenal für die Galeeren. Es liegt auf einer Höhe, und hat an allen Seiten einen allmähligen Abhang, außer gegen Morgen, wo es an den höchsten Berg von Gibralfaro stößt, mit dem es durch eine gedoppelte 300 Fuß lange Mauer Gemeinschaft hat. Wenn man die Richtung dieser Mauern betrachtet, die fast senkrecht auf dem ungemein jähen Berge angelegt, fünf Fuß dick, mit Thürmen, Zinnen und steinernen Treppen an der einen Seite, zur Bequemlichkeit und zum Schutze der Besatzung, versehen sind, so muß man nothwendig über ein so kühnes ungeheures Unternehmen erstaunen, welches diese beyden Festungen vor dem Gebrauch des Schießgewehrs unüberwindlich machte: und obgleich Ferdinand der Fünfte einen großen Zug Geschüt-

[176]) Carter: II. S. 320ff.

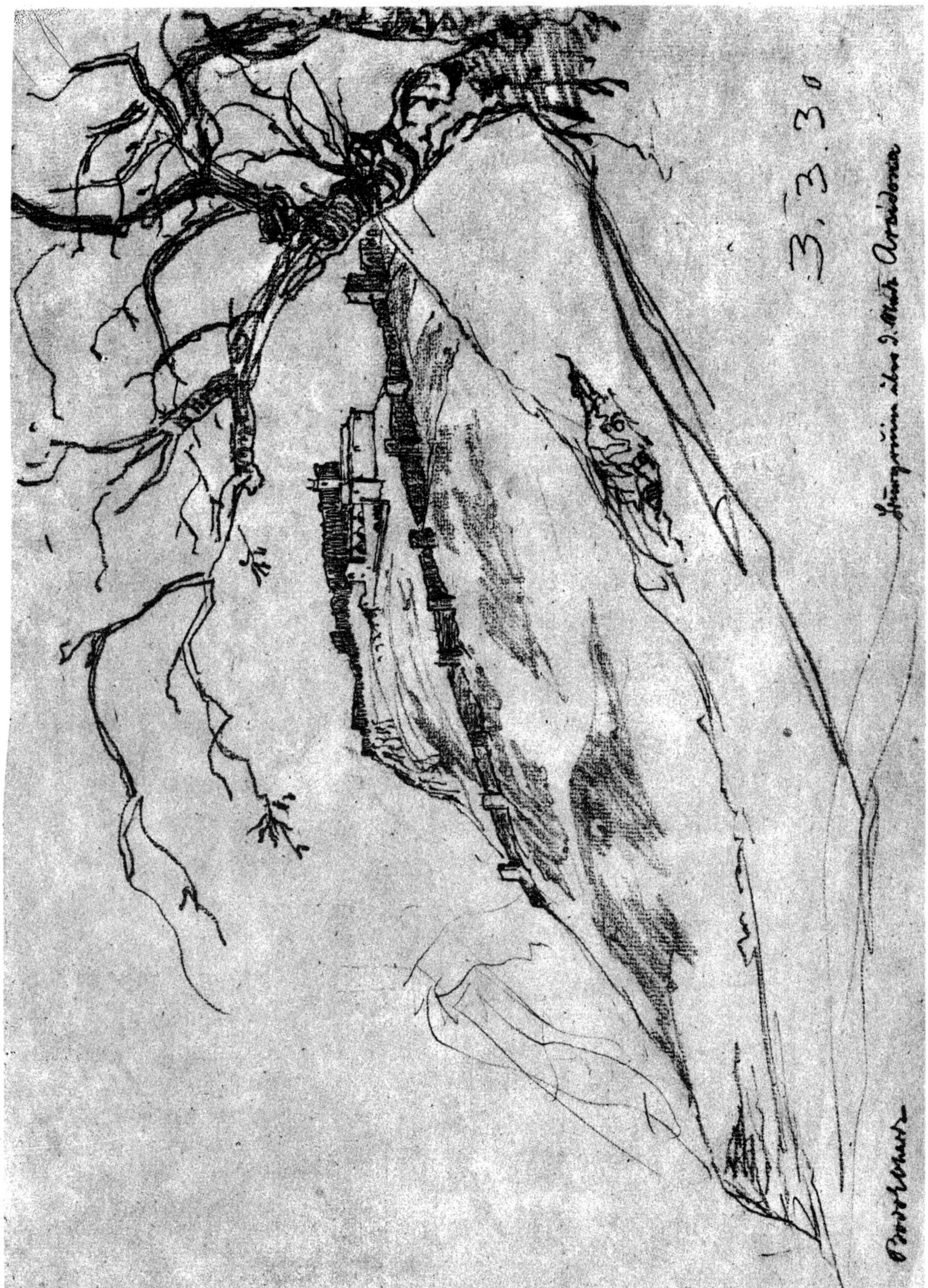
3.3.30

Burg bei Archidona, Spanien

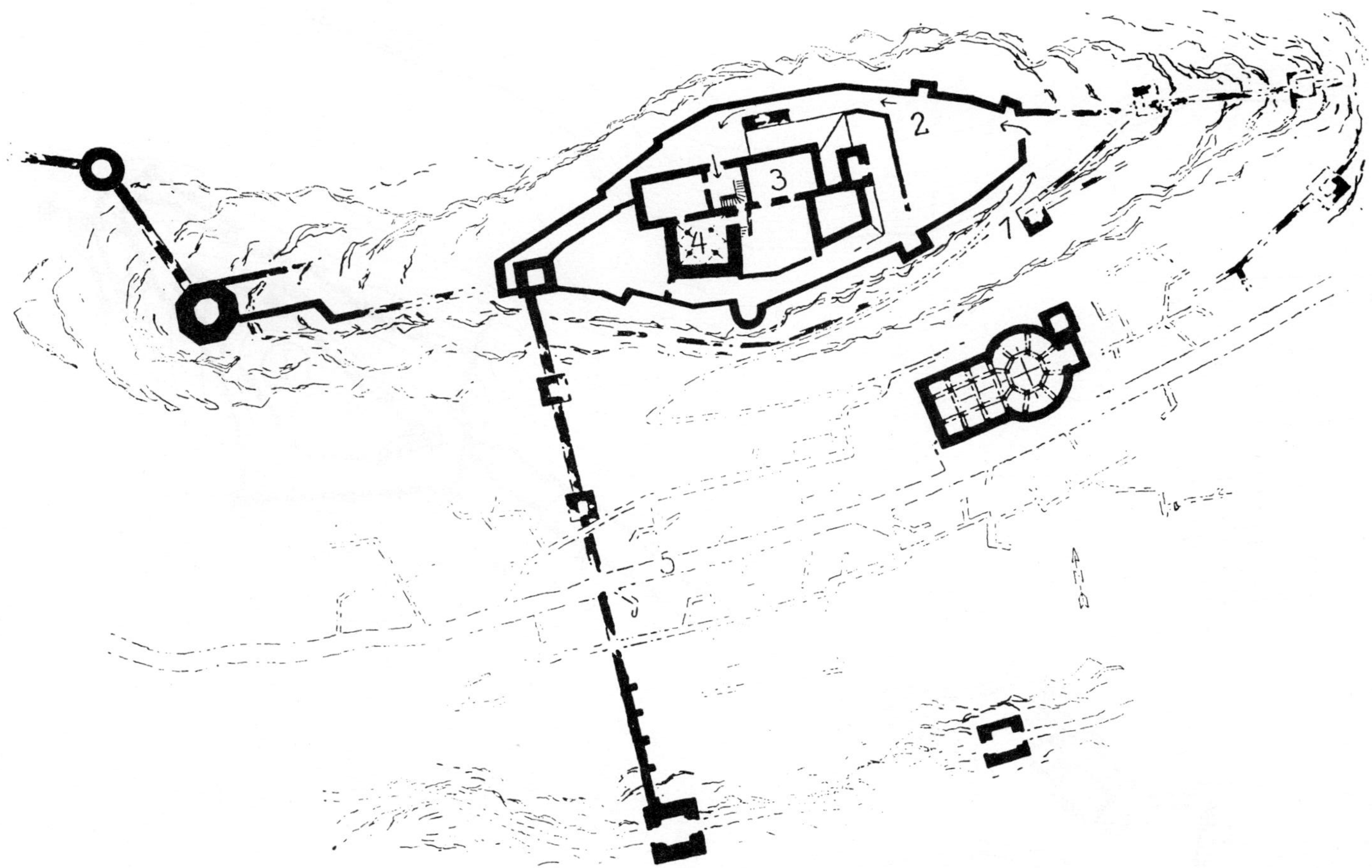

Abb. 46. Talsperrenburg Loja (Andalusien), Spanien. Skizzenhafter Grundriß, angenommener Maßstab 1 : 1000. B. E.
1 Vortor. 2 Haupteingang. 3 Saal. 4 Zisterne. 5 Stadt.

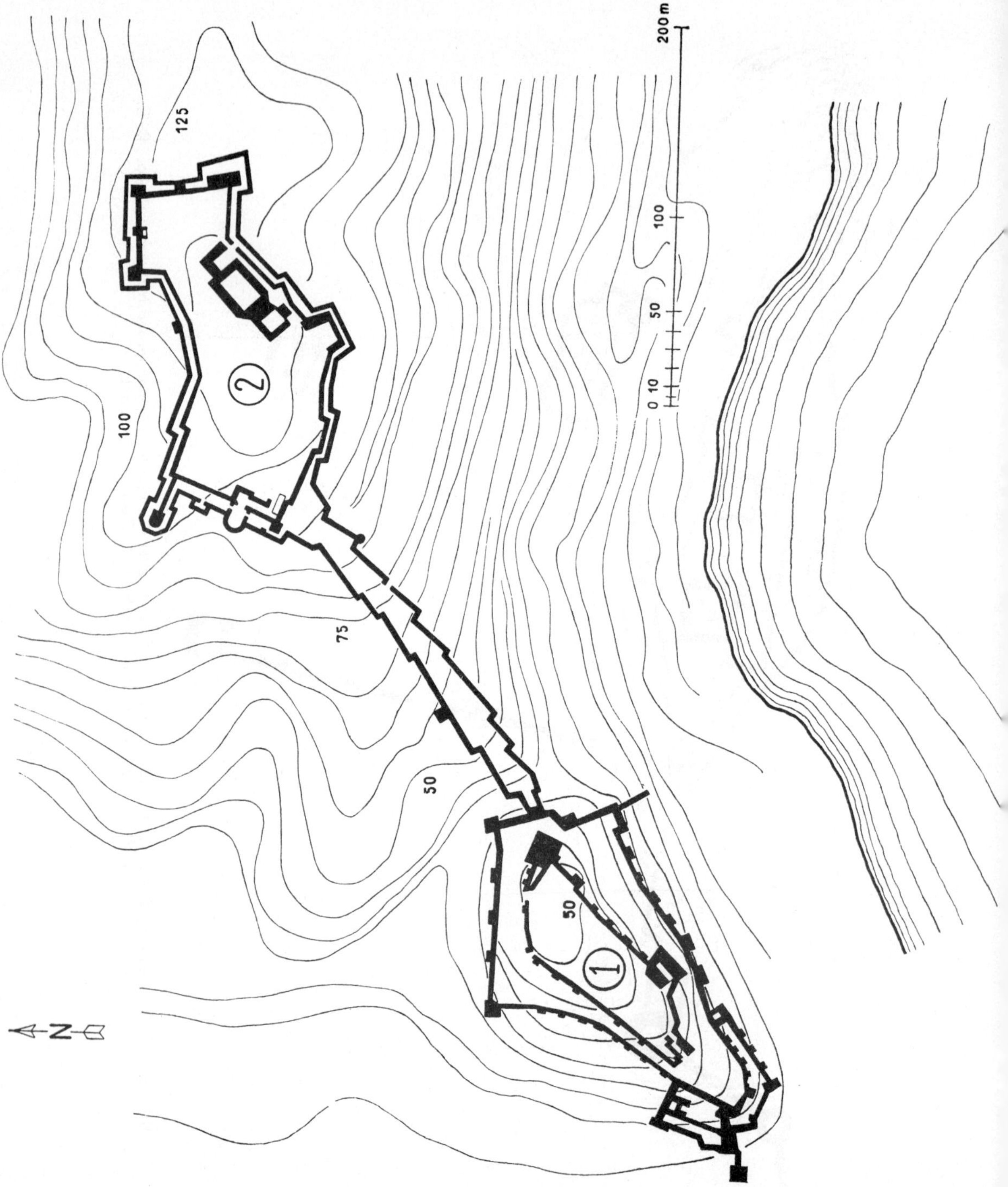

Abb. 47. Burg Malaga (Andalusien), Spanien, mit den Burgen 1 Alcazaba und 2 Gibralfaro. Lageplan 1 : 3000. B. E. nach amtlicher Karte.

Burg Manzanares el Real (Neukastilien), Spanien
Wehrgang

Burg Escalona, südöstlich Madrid (Neukastilien), Spanien
Inneres der Burg

Tafel 16

Die Hafenstadt Almeria (Andalusien), Spanien

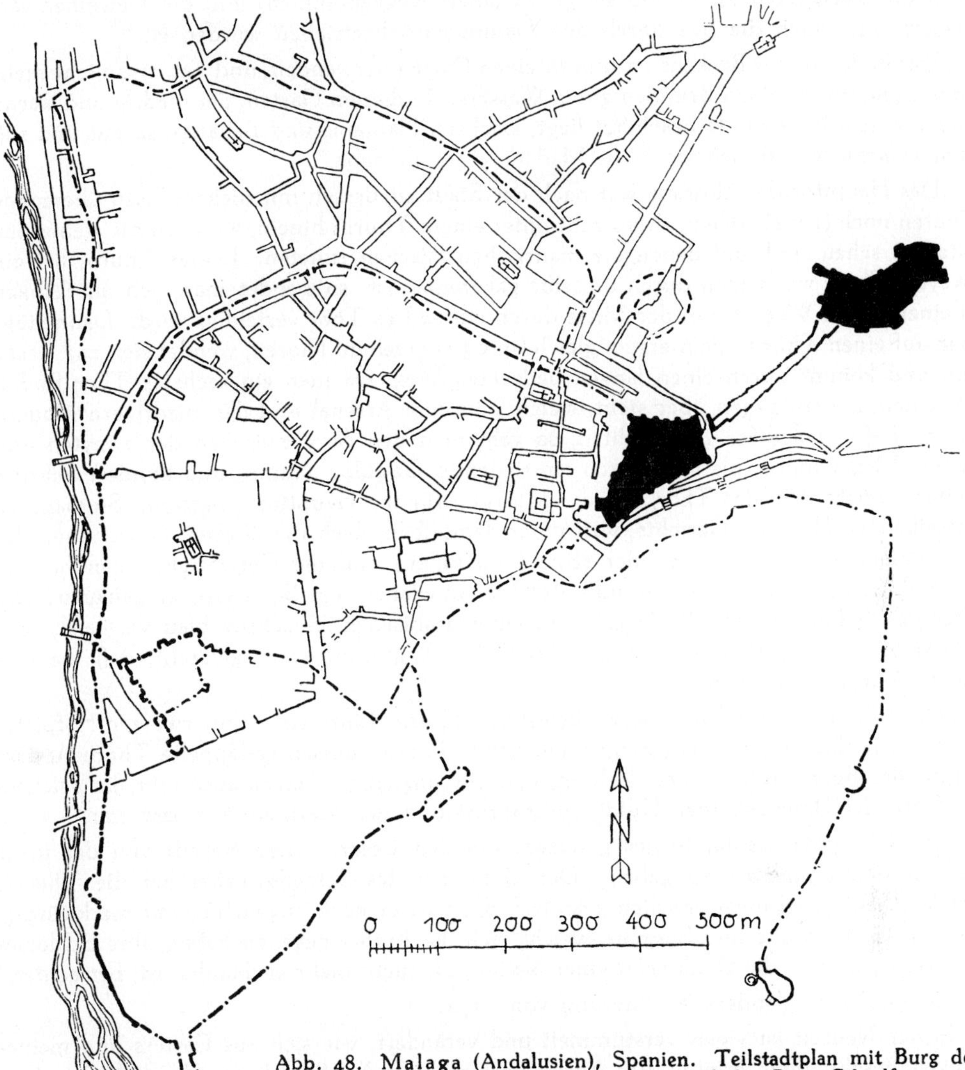

Abb. 48. Malaga (Andalusien), Spanien. Teilstadtplan mit Burg der Genovesen am Hafen, der Alcazaba und der Burg Gibralfaro. 1 : 10000. B. E. nach Jürgens.

zes bey der ganzen Belagerung brauchte, so bezwang er die Stadt doch endlich nur durch Hunger."

„Das Alcasaba war auf die außerordentlichste Art mit dreyen Mauern nach der See, und zweyen nach der Stadt zu befestigt. Anton von Nebrixa zählte in dem Umgang des Schlosses 110 große Thürme, außer einer großen Anzahl kleiner Spitzen, darunter diejenigen die größten waren, welche das Arsenal für die Galeeren umgaben, das in der Abendseite des Casteels hart an der See, und so niedrig lag, daß das Wasser hineinfloß und ein Becken machte, welches 20 Galeeren fassen konnte. Die Mauern um dasselbe waren 80 Fuß hoch, und die drey Gewölber zur Aufnahme der Barken 60 Fuß, 30 Fuß breit und 12 Fuß dick. Jedes von diesen Gewölbern hatte seine Thore, und man siehet noch die Löcher der Angel, ob sie gleich längst weggenommen, und die Gewölber vermauert sind, auch die See durch den Damm zurückgetrieben worden ist."

„Der Boden dieses Beckens ist nun in einen Garten verwandelt, und hat, was nicht mehr zu bewundern ist, einen Brunnen guten Wassers. In diesem Garten, der niedrig und warm, und vor dem Nordwinde beschützt liegt, wachsen Plantains und Bananas, so gut und süß vom Geschmack, als ich sie je in Madera gegessen habe."

„Das Haupttor des Alcasaba war nach der Stadt zu, dessen mit dickem Eisen überzogne Thüren noch (1772) stehen. Man geht unter einem Thurm hinein, wo noch die steinernen Sitze zu sehen sind, auf denen die maurischen Wachen ruheten. Dieser Thurm hat ein zweytes Thor; wenn man durch dasselbe gekommen ist, so wendet man sich zur Linken in einen engen Weg, der in der Mitte durch ein andres Thor verteidigt wird. Dann stößt man auf einen Thurm, dem ersten gleich, mit gedoppelten Thoren, wendet sich zur Rechten, und kömmt durch einen langen bedeckten Weg, wo man ein sechstes Thor findet, das einem andern gegen über steht, welches zu dem Arsenal und den niedrigern Mauern führt. Läßt man diese zur Rechten, so geht man den Berg zwischen der zweyten und dritten Mauer hinab, bis man durch ein siebentes Gewölbe kömmt, und hundert Schritte weiter erreicht man das Thor, das die Mauren für ihr Haupttor schätzten. Sie nannten dasselbe das Thor des Gerichts, weil unter demselben, nach der ältesten Gewohnheit der Morgenländer, der Arrahaez oder seine Cadi saßen, und die Gerichtigkeit handhabten. Über dasselbe ist das alte Sinnbild der Mohamedaner, ein Schlüssel, eingehauen; und über den Schlüssel zwey Backsteine mit einer arabischen Innschrift blau vermalet, jede von sieben Zeilen, aber von der unfreundlichen Witterung so ausgelöscht, daß sie garnicht mehr zu lesen sind."

„Dieser mit gedoppelten Thoren befestigte Thurm führt zu einem zweyten Hofplatz; gegen demselben über ist ein großer und hoher Thurm, dessen gedoppelte Thore zu dem Gipfel des Berges führen, der flach ist, und ein längliches Viereck ausmacht, in welchem la Torre del Omenage (der Huldigungsthurm) und des Statthalters Palast war."

„Ich bin desto umständlicher gewesen, um den Lesern einen Begriff von der maurischen Befestigungsart zu geben. Der Gebrauch des Schießgewehrs hat die Theorie der Vertheidigungskunst gänzlich geändert, doch ist es noch angenehm und merkwürdig, wenn man die Mühe und Sorgfalt, welche sich die Araber gegeben haben, ihre Schlösser zu befestigen, und die Denkmäler einer Nation, die nicht mehr vorhanden ist, betrachtet."

Soweit des Engländers Schilderung von 1772.

In der Neuzeit ist vieles verstümmelt und verändert, wie sich aus Carters und meiner obigen Beschreibung ergibt. Am Hafen bestand eine Art Stadtburg, Kastell des Genovesen[177]), mit Halbkreisturm an der Stadtmauer und 6 hohen Türmen. Sie ist heute bis auf geringe Reste abgebrochen (Abb. 48).

Die anschließende Stadtmauer zeigt noch mehr als 10 Türme. Auch in der Nähe der Stadt Malaga ragen noch einige Vorwerke und selbständige (?) Burgen.

Das nahe Ronda[178]) ist eine Zauberstadt, das lieblich-romantischste Städtebild in Spanien. Der Bauplatz ist zu einer Stadtburganlage besonders geeignet durch den hohen, malerischen Felsen, der noch durch eine unheimliche, 100 m tiefe Schlucht gegen die nördliche Angriffsseite von der Natur geschützt war. Nach Süden spitzt sich der Felsblock scharf zu und senkt seine Oberfläche. An der Spitze stehen die erneuerten Reste der alten Stadtburg, von wo aus die alten maurischen Stadtmauern an der Ostseite noch

[177]) Jürgens S. 66, Tafel XXIX. Abb. 61. Paz S. 69 ff. — [178]) B. E.: Spanische Burgenfahrt. S. 85. Jürgens S. 233. Erwähnung der Felsschlucht. Paz S. 93 f.

zu verfolgen sind. Heute kann man aber von einer burglichen Anlage nicht mehr sprechen. Die Felsenfeste liegt heute noch an der wichtigen Heerstraße Granada—Cadiz.

Wenig weiter nordwestlich ragt links der großen Straße auf glänzendem Felsaufbau die Stadt und hoch darüber die Ruine der in den Kämpfen um Granada berühmt gewordenen Burg Zahara[179]).

Links oben stößt ein unwahrscheinlich zerklüfteter weißer Felsgrat scharf in die blaue Luft, Burgtrümmer, darauf in der Mitte ein dicker Lehnsturm, dessen gewaltige Abmessungen erst beim Besteigen klar werden.

Es ist Zahara, das auf himmelhohem Felsen erscheint. Ein Traum von Kampf und Blut, Sturm und Verteidigung, Mord und Verrat. Die Wildheit der Lage übertrifft alles Denkbare. Die Verzweiflung des Angriffs und der Verteidigung, die die Geschichte der Glaubenskriege meldet, glaubt man den Felsen, die an allen vier Seiten starren, abzulesen.

Ein sichelförmiger Grat, von Nord nach Süd gerichtet, oben oft schmal bis auf wenige Meter, stürzt senkrecht ab. Die Größe des Landschaftsbildes, die Gewaltform der Felswände läßt selbst den mächtigen Wohnturm bescheiden erscheinen (Abb. 49, Taf. 1).

Überrascht steht man nach langem Klettern durch viele zerbröckelnde Außenwerke in dem wild zerstörten Innenraum des Lehnsturmes. Vielgeteilt ist der zweite Stock, überdeckt durch vier kuppelartige Gewölbe, die vier tragenden Gurte haben ihren Mittelpfeiler, die einst allein tragende Säule, verloren, trotzdem hält das gute Bindemittel immer noch die Wölbung, die die Plattform trägt, zusammen (Abb. 6).

Lebensgefährliche Kletterei allein ermöglicht, diese zu erreichen; eine unendliche Rundsicht bietet sich von der Höhe. Hier sahen die Westgoten die Araber schon meilenweit anrücken, ehe die Feinde den Fuß des Felsens erreichten.

Die Burg ist von weiten Zwingern umgeben, die sich dem zerklüfteten Felsen anpassen. Darunter, auf der Südseite, bildet die Stadt Zahara auf einer mittleren Felsstufe, hoch über dem Tal gelegen, ein weiteres, einst fast unersteigbares Vorwerk. Von der Heerstraße Ronda—Jerez schien der Felsen nur auf Fußpfaden zugänglich.

Vor dem Bilde dieser Felsenburg steigt das uralte Ringen des Morgenlandes mit dem damals noch germanisch beherrschten Europa auf. Zuerst Niederlage und Tod des verräterischen Königs Rodrigo im 8. Jahrh., der der Sage nach sein Land entwaffnet und aus Schwertern Pflüge gemacht hatte, der die Burgen seiner eigenen westgotischen Untertanen zerstörte, um seine durch Verrat errungene Herrschaft gegen seinen Neffen und sein Volk zu sichern. Damals, nach der Schlacht bei Jerez, drangen die Mauren auch hierher vor und eroberten Zahara. Fast 700 Jahre herrschten sie hier, bis 1483 die Kastilier den festen Platz wieder einnahmen.

Doch noch schwankte die Waage. Wegen der inneren Unruhen und des Krieges mit Portugal, hatten die katholischen Könige mit dem Königreich Granada Waffenstillstand geschlossen. Aber als der König Hali Abenhazan erfuhr, daß Zahara schwach mit Kriegern besetzt sei, überrumpelte er die durch Sturm uneinnehmbare Feste, ließ den Kastellan und dessen Soldaten grausam umbringen und führte die überlebenden Männer, Frauen, Jungfrauen und Kinder im Triumph davon. Starke Kräfte ließ er in der wichtigen Grenzsperrburg zurück. Dieser Verrat ward von Gott zugelassen, damit der Krieg mit Granada neu ausbreche und zum endgültigen Untergang dieses Königreiches und seiner Herrscher führe, wird berichtet. Die Christen zögerten nicht, Zahara wieder zu bestürmen. Der Markgraf von Gades erfuhr kaum, daß die Wachsamkeit der Mauren nachlasse, als er den

[179]) B. E.: Spanische Burgenfahrt, S. 86ff., Catalogo monum. de Espana Prov. de Cadiz, Text S. 314f.

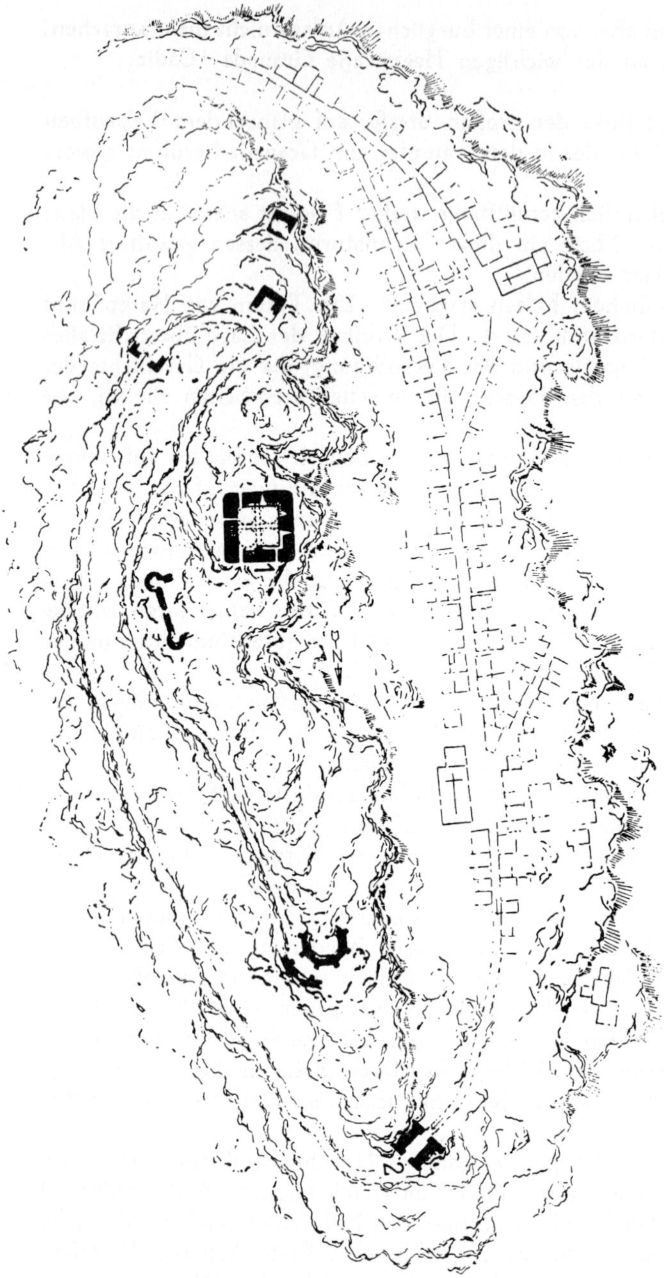

Abb. 49. Burg und Stadt Zahara (Andalusien), Spanien. Lageplan etwa 1 : 2000. B. E.

Luis de Portocarrera Senor de Palma mit schnell bei Asiuda zusammengerafften Menschen und Pferden zur Wiedereroberung aus=sandte[180]).

Das Burggebiet zeigt eine lange, schmale Felsensichel, deren Ränder senkrecht ab=stürzen. Die Stadt, die man nach langer Steigung erreicht — wie bereits erwähnt —, liegt wie eine Vorburg lang=gestreckt auf einem zweiten Felsabsatz. Von hier führt ein felsiger Weg zunächst an der Nordseite des Burgfelsens entlang, dann um die scharfe Ostschneide herum. Hier stand ein mächtiges Torwerk, zudem ist hier der Felsgrat tief eingeschnitten, so daß der Weg wohl einst durch einen Tunnel führte.

Sehr lange steigt nun der Weg auf der Südseite durch Kaktuswald und Ruinen der Außenmauern, vorbei an einem hohen, schweren acht=eckigen Turmrest, dann weiter unter einem zweitür=migen Werk, über dem weit oben der maurische Wohn= oder Lehnsturm, der Kern der ganzen Burg, von wüst zerrissenen Felsschroffen herabdräut (Taf. VII).

Eine weite Kalksteintor=ruine öffnet sich, und der Weg verliert sich völlig in den wilden Kalkfelsen. Links tie=fer unten ragen, wie am gan=zen Grat, noch viele Mauer=turmreste auf dem letzten Kammende (Abb. 49).

Auf den Grat zurückkletternd, gelangt man endlich wieder zum Lehnsturm, einem quadratischen Block, wie wir solche Maurenbauten schon in Almeria, Lorca, Aledo und anderen Stellen beobachteten. Das Gesamtbild ist überwältigend romantisch.

180) Nach Braun u. Hogenberg Bd. V. S. 12: siehe auch Tafel 12. Gesamtbild von Stadt und Burg.

Burg Almeria (Andalusien), Spanien. Der Lehnsturm vom Vorwerk Karls V. aus

Burg Carmona (Andalusien), Spanien. Ruinen der inneren Burg

Burg Alcazaba über Almeria (Andalusien), Spanien

Burg Valderrobres (Aragonien), Spanien

Die heutige Stadt Jerez de la Frontera liegt nahe dem Arroyo del Alcantarilla, ihr Alcazar steht in der Südecke der alten Stadt. Der Bau war sehr bedeutend und seit Ende des 13. Jahrhunderts unter kastilischer Herrschaft. Aber noch lange war das ganze Gebiet stark zwischen Mauren und Christen umstritten.

Eine ganze Reihe kleinerer Burgen erheben sich daher auch in der weiteren Umgebung der Stadt: Castillo de Rota, de Tempul, de Gigonza, la torre de Lopera, Melgarejo mit viereckigem Turm und großem Hofe, kein Wunder, daß auch die maurische Stadtburg von Jerez de la Frontera 1251, aber bald noch mehrmals, nach berühmter Verteidigung wieder verlorenging, bis sie den immer wieder anstürmenden Mauren endgültig streitig gemacht wurde[181]).

Der Alcazar[182]) ist eine maurische Feste mit schweren gezinnten Türmen. Der Umkreis bildet ein großes Rechteck mit einem achteckigen, gezinnten östlichen Eckturm mit maurischen, flachen Nischen aus Tapiawerk. Es stehen noch andere höhere Türme, so z. B. der Lehnsturm, wiederhergestellt durch D. Rodrigo Ponce de Leon mit dessen Wappen, 1253 wurde die Burg dem König Rey Sabio übergeben. Eine kleine Kapelle, die kreisrund ist, ließ Alfons X. bauen, dazu wurden maurische Bäder neu entdeckt.

Eine ältere Beschreibung[183]) von 1521 sagt: Die Burg ist sehr alt und war sehr gut (stark). Das meiste ist zur Zeit (um 1546) sehr verkommen, besonders sind die Wohnhäuser ganz verfallen, auch die Wohnung des Teniente de Alcaide ist ruiniert. Die Türme der äußeren Ringmauern sind „en pie", d. h. am Boden schlecht, nur einzeln gut, so daß sie durch einzelne Ausbesserungen noch lange halten und einen Alcazar bilden können. — Die Wohnung des Alcaide wäre nötig zu flicken, noch mehr die Kirche, die wegen der Jahresgedenktage an die Könige errichtet worden ist. Die Kosten betragen schätzungsweise 10000 ducados.

Das Haupttor ist zerstört, enthält Räume beiderseits des Einganges zum ersten Hof und darüber Waffensäle. Auf der rechten Seite, wenn man den Hof betritt, liegen Dienstbotenräume und darüber ein sehr guter Zwischenstock. Dieser Teil ist baufällig. Nur das Gemach und der Waffensaal sind ordentlich.

Links ist (vom Eingang aus?) eine Kapelle zum Messelesen zum Andenken an die verstorbenen Könige (die katholischen). Diese ist achteckig gewölbt und zeigt eine zweite Kapelle mit altem eisernen Gitter und Altar. Links vom Hauptaltar liegt eine zweite kleine Kapelle. Diese ist auszubessern. In der Kirche ist eine Zisterne, die Wasser für die Kriegsleute enthielt. Entlang der Kapelle war ein offener Gang.

Aus dem Patio führt eine kleine Pforte zu einem großen Gang, wo viele große Bauten standen . . . mit vielen Türen. Auch weitere Höfe scheinen viele Bewohner geborgen zu haben.

Es folgt ein Lehnsturm, uralt, teils eingefallen mit einem heilen Geschoß. Von weiteren vier Türmen sind vier eingefallen. Ein Orangegarten (Hof) enthält einen Brunnen. Hier lagen die Gemächer des Alcaide.

Unter den zahlreichen wehrbaulich merkwürdigen Hafenstädten Spaniens nimmt Cadiz einen ganz besonderen Platz ein. Während in San Sebastian Halbinseln und Inseln den Binnenhafen schützen oder in Barcelona oder Alicante burggekrönte Bergspitzen am Ufer die Häfen beherrschen, liegt hier die Hafenstadt selbst an der äußersten Spitze eines 9 km langen, sehr schmalen Felsengrates im Meere. Ein fast bei allen Windrichtungen sturmsicherer Hafen dehnt sich zwischen dem Muschelkalk-Felsdamm und dem Uferbogen. Im Norden besonders geschützt durch das lange Mündungsschwemmland des

[181]) Catalogo Monum. Prov. de Cadiz, Text S. 301ff. — [182]) Ebenda Abb. 160 und Text S. 299ff. — [183]) Paz S. 58ff.

Rio San Pedro und des Kanals del Trokadero, konnte er immer eine ganz große Flotte aufnehmen.

Die Stadt Cadiz selbst auf ihrer breiteren Felsspitze umgibt eine fast 15 m senkrecht aus dem Meere aufsteigende Grundmauer bis zu 6 m Stärke, aus deren westlicher Spitze noch einmal eine Zunge weit vorspringt, die das Kastell San Sebastian trägt, während nordöstlich jenseits der äußeren Hafeneinfahrt auf vorspringender Spitze das Kastell Santa Catalina drohte[184]).

Ein märchenhaftes Bild müssen alle diese einst hochtürmigen Burgen den mit vollen Segeln dem ersehnten Lande zu eilenden überseeischen Schiffern geboten haben. Kein Wunder, daß namentlich nach der Entdeckung Amerikas hier ein Mittelpunkt des Handels größten Stils erwuchs. Oft vom Orient aus, so von den Barbaresken vergeblich angegriffen, konnten damals nur die englischen Seeräuber, wie Drake und Lord Essex die Feste überrumpeln und beispiellos plündern, während die räuberischen Franzosen 1810—12 vergeblich anstürmten.

Wehrbaulich bedeutend ist noch heute der 34 m hohe Wartturm „Torre del Vizia" mitten in der Stadt. Der lange Felsdamm zur Stadt Cadiz hin wurde durch das Castillo Coctadura dem offenen Meere zu gelegen und beiderseits der Hafeneinfahrt durch die Kastelle Puntales und Trokadero verteidigt.

Als Außenwerke der Hafenfeste Cadiz[185]) ist an der Puente de Zuazo, der befestigten Zuazobrücke, eine Burg De San Romualdo in dem Ort San Fernando durch Alfons X. nach 1376 in arabischen Resten als „Castillo de la Puente" erbaut. König Juan II. erneuerte die Verleihung an Juan Sanchez del Zuazo am 20. August 1411[186]).

Der quadratische, regelmäßig betürmte Grundriß mit kahlen Türmen in den Ecken, von denen einer zerstört ist, enthält einen weiten Hof, umgeben von vier tonnengewölbten Hallen. San Romualdo hat einen gewaltigen, hohen, viereckigen Turm mit unten großen Bossenquadern ohne Rand und oben Kanonenscharten. Am Anbau sehen wir kleine Bossen, dann eine mächtige hohe Mauer.

Die Burgkapelle ist barock verbaut. Noch 1908 war die Burg bewohnt und Magazin. Die schweren Mauern zeigen teils verschieden rohe Quadern. Jetzt steht San Romualdo unter Denkmalschutz.

Noch weiter im Vorgelände liegen die Verteidigungswerke der alten oft umgebauten Brücke „de Zuazo", deren Entstehung schon in phönizischer Zeit behauptet wird[187]). Die Brücke hat 5 Bogen bei einer Länge von 380 Varas, 1579 folgte eine neue Befestigung, heute stehen noch malerische Reste als feste Geländer der Brücke und ein streng barockes Tor. Eine sorgfältige Aufnahme der Brücke wird im Archivo Historico Nacional in Cadiz aufbewahrt.

Der Bau des ältesten Kernes von Burg und Stadt Tarifa[188]) wird den Mauren zugeschrieben, obwohl heute der Wehrbau „El Castillo Guzmanes" genannt wird. Die unförmliche Massenhaftigkeit spricht für maurische Reste (Abb. 50).

Die Gesamtanlage zeigt eine, ein trapezförmiges Viereck bildende Mantelmauer mit 10 vierkantigen Türmen an drei Seiten. Die breiteste Angriffsseite hat höchstansteigend noch einen Felsaufbau. Innerhalb der Mantelmauer ist die Fläche durch einen späteren Mittelflügel in zwei Burghöfe geteilt. Das Haupttor liegt mitten in der kleinen Parallelseite des Trapezes. Zu ihm führt der Weg durch den Zwinger und Graben.

---

[184]) Catalogo Monum. de Espana Prov. d. Cadiz, Text S. 321 f. — [185]) Plan v. Cadiz, Kartenblatt Staatsbibliothek Berlin 35×47, Zeichnung von G. M. v. Fürstenhoff, X 40713. — [186]) Catalogo Monum. de Espana, Prov. de Cadiz, Abb. Fig. 499. — [187]) Ebenda Fig. 498 A und B und Text S. 491. — [188]) Catalogo Monum. de Espana, Prov. de Cadiz, Text S. 310f. u. Abb. Fig. 142—144. Lampérez y Romea: I. S. 293 nur erwähnt. Sainz de Robles Abb. 4.

Lehnsturm der Burg Z a h a r a , Spanien

Trotzdem bieten die Wehrmauern mit ihren viereckig vorspringenden Türmen, die ungewöhnlich nahe beieinanderstehen, kaum maurische Formen, wie sie Burgtürme in Antequera haben. Die zahlreichen spitzen Zinnen sind enggestellt ohne Vorkragung des Wehrganges. Eine lange Mauer führt vom Kern zu einem einzelnen tiefer vorgeschobenen ohne Zinnen und ohne alle Öffnung erhaltenen Turm von großer Dicke („el Torreon"). Von den tragenden Felsen ab ist seine Höhe etwa auf 18 m zu schätzen.

Die Lage Tarifas wurde zur Zeit des Cid vor 1085 als die südlichste Spitze oder Grenze des damaligen Andalusiens betrachtet und Kaiser Alfons von Leon war stolz darauf, nach einem Kriegszug durch das Gebiet des maurischen Königs Motamid von Sevilla mit seinem Pferde hier in die Wogen geritten zu sein und so seinen Fuß auf dessen fernste Grenze gesetzt zu haben. 1292 wurde Tarifa kurze Zeit kastilianisch, wenig später eroberte Jussufs, Feldherr des Herrschers der rohen afrikanischen Almoraviden, Sir Ibn Abu Bekr, Stadt und Burg[189]).

Sanchos IV. Belagerung traf, als er die Mauren vertreiben wollte, auf hartnäckigen Widerstand, er versuchte es daher mit Bestechung. Übrigens bringen die Nachrichten schon den Hinweis, daß die Kriegsführung bereits sehr fortgeschritten war, denn angeblich schossen die Könige von Fez und Granada vor Tarifa schon damals, 1240, eiserne Kugeln mit Naphtha in die Stadt[190]).

Über die Bauzeit der Araber wird eine Inschrift angezogen, in der das Jahr 960 unter Abderrahmân III. als Oberherr des Erbauers von Tarifa genannt wird (angezweifelt!)[191]).

Berühmt ist die Belagerung Tarifas um die Mitte des 14. Jahrh., durch 400000 afrikanische Mauren des Abdul Haßan im Feldzug gegen Alfons XI. Es gelang Alfons, Portugal und Aragon und gegen Geld auch Genua zum Entsatz zu bringen. Ein überwältigender Sieg und riesenhafte Verluste an Menschen und Kriegsmitteln war der Erfolg des Königs[192]).

Die strategisch höchst wichtige Stadt Alcala de Guadaira liegt nur 13 km östlich von Sevilla auf einer Bergeshöhe zwischen Tälern hoch über dem Flusse Guadaira (Abb. 52).

Der Platz wurde nicht umsonst der Schlüssel Sevillas genannt, da er einst vier große Straßen beherrschte, die von Cordoba und Carmona, von Malaga und Jerez de la Frontera kommend nach Sevilla streben. Der Vereinigungspunkt bei Alcala de Guadaira war somit von höchster strategischer Bedeutung, und hier erhebt sich denn auch auf einer Hügelnase als Ausläufer der gleichnamigen Stadt über dem Flusse die berühmte maurisch-spanische Königsburg, deren ungeheure Trümmer heute verlassen von vergangener Größe träumen[193]). Hier hatten die Araber eine uneinnehmbare Feste gebaut, noch ist ihre Formensprache in Hufeisenbogen und zierlichen Gewölben erkennbar, und hier haben später spanische Könige nach der Eroberung durch Ferdinand III. im Jahre 1246 oft gewohnt, Hoftage abgehalten und glänzende Feste gefeiert. Blutige Gewalttaten haben mit ihrem Lärm diese Mauern erfüllt (Taf. 22).

An der Ostspitze des Ortes laufen die weitgedehnten Stadtmauern in einer Spitze zusammen, die durch die 170 m lange und 100 m breite dreieckige großartige Burg, die sich an dieser Stelle erhebt, besonders betont wird. Das Kastell Alcala de Guadaira gehört zu den großartigsten Burgen Spaniens. Ein weiter doppelter Mauerring umfaßt außer der engen dreieckigen Kernburg drei weite Vorburgen. Gegen Osten schloß sich daran der noch erkennbare Mauerring der alten Stadt. Höchst malerisch wirkt die riesige Ruine

[189]) Pidal: I. S. 218 und II. S. 60. — [190]) Köhler: Entwicklung des Kriegswesens und der Kriegführung. Bd. III, 1. S. 223. — [191]) Lt. arabischer Inschrift — Stein über dem Tor des Castillo de los Guzmanes — Construir esta fortaleza Acabose de construir? Catalogo Monum. de Espana, Prov. de Cadiz, Text S. 311f., Abb. Fig. 165. — [192]) Schirrmacher Bd. V. S. 204. — [193]) Catalogo Arquelog. y Artistico Prov. de Sevilla, Bd. I. S. 45ff., Lageplan u. Grundriß S. 63 u. 64. Sainz de Robles S. 15 u. Abb. 4. Lampérez y Romea: I. S. 294, 295 Abb. 317. Munoz: Excursiones por Andalucia. S. 37. Revista de Archivos Bibliotecas y Museos, 1906.

Abb. 50. Burg Tarifa (Andalusien), Spanien, heute El Castillo Guzmanes genannt.

durch die Verstärkung der mächtigen Ringmauer durch elf gewaltige viereckige Türme, von denen der bedeutendste 10:10 m starke Lehnsturm frei vor der nordwestlichen Spitze steht und nur über eine steinerne Bogenbrücke zugänglich ist. Er ist 20 m hoch, in seinen Mauerdicken von zum Teil 2,40 m liegt die Treppe, die von der Höhe der Ringmauerkrone bis zur Wehrplatte führt.

Ein schöner gewölbter Raum liegt unter dieser Platte. Fast gleich hoch sind alle anderen Türme; auch ist der Bauplatz breit und eben genug, so daß die Ringmauern oben fast waagerecht abschneiden. Die Mauertürme aus Tapia sind stark zerstört, mächtige Löcher klaffen überall, besser ist ein großer Quadereckturm und der Quaderlehnsturm erhalten.

Ein zertrümmertes Tor zur innersten Burg zeigt noch Spuren eines breiten Gußerkers. Nur das oberste Geschoß des erwähnten Quadereckturmes ist mit drei edlen, frühen Wappen von Kastilien und Leon geschmückt.

Um die Burg von Westen zu erobern, mußten zunächst der steile Abhang, die Außenwerke innerhalb des Flußbogens und dieser selbst überwunden werden, dann war der Zwinger zu ersteigen. Hier war überall eine gute Seitenbestreichung vorgesehen durch die vielen niederen Zwingermauertürme und durch die weit vorspringenden hohen Türme der Ringmauer.

Von Norden war das Angriffsgelände günstiger, hier standen aber auch die Türme noch enger. Es waren zwei Tore zu durchbrechen, eines durch eine starke Außenmauer geschützt an der Spitze der Burg, nahe dem Lehnsturm und von diesem völlig beherrscht, ein zweites doppeltes an der Nordecke führte links zunächst in die erste Vorburg. Versuchte der Belagerer die zahlreichen Tore des Haupteinganges zu durchbrechen, so hatte er an der äußersten Nordostecke zu beginnen. Hier war das innere Mauertor anscheinend ursprünglich verschlossen, der Feind sollte links abbiegen, um unter der Ostmauer der zweiten Vorburg entlang in die erste zu gelangen. Hier scheinen Mannschaftsbauten gestanden zu haben. Dann waren die zweite und dritte Vorburg zu überwinden, ehe die Kernburg erreicht war.

Von der Stadt aus endlich war die Burg durch einen breiten und tiefen künstlichen Graben getrennt und durch eine mächtige hohe Mauer dahinter geschützt.

War so der gewaltsame Einlaß sehr erschwert, so erforderte auch die Verteidigung schon durch die große Ausdehnung des Kastells eine große Zahl von Verteidigern, die schwer von einem Punkte zu leiten und einzusetzen waren.

Auffallend ist endlich die Unübersichtlichkeit der Reste eines großen Wohnbaues, eines Pallas. Es scheint aber, daß außerdem die schweren Mauertürme als ebenso viele Einzel=wohnungen dienten, was auch wieder eine Zersplitterung der Kräfte bedeuten mußte. Wir müssen wohl das Nordwestdreieck der innersten Kernburg als Standort des eigent=lichen Alcazars oder Pallas ansehen, ohne aber dessen Grundform ohne weitere Grabungen feststellen zu können.

Von der Höhe der Burg und ihrer Zwingermauern ziehen sich die Mauern der Südwest=seite hinab bis an das Wasser des Guadaira, wo selbst die berühmten Mühlen[194]), die seit Jahrhunderten im großen Maße Mehl für Sevilla mahlen, wie trotzige Burgen aus dem Wasser des Stromes ragen, ist doch Alcala in erster Linie Bäckerstadt, daher auch Alcala de los Panaderos genannt. Viele Quellen versorgen den Ort aber durch eine lange Wasser=leitung, auch Sevilla.

Über die Baugeschichte der großartigen Burg liegen Nachrichten[195]) vor, die ein erschöp=fendes Bild nicht geben. Es ist darauf hinzuweisen, daß schon in phönizischer, karthagischer und römischer Zeit diese strategisch höchst wichtige, hochliegende Stelle befestigt gewesen sein dürfte, ohne daß davon Reste erhalten bzw. bisher gefunden wurden. In arabischer Zeit sind bestimmt hier unter dem Namen Gelves oder Cheber[196]) bedeutende Wehrbauten errich=tet worden, auf die geringe Reste hinweisen[197]).

Nach der Eroberung durch König Ferdi=nand III., den Heiligen, erst werden Ausbesse=rungen des gewonnenen Alcazars angedeutet. Der König mußte viele Tage im Alcazar verweilen „adobando sus carcabas e fortalezas", woraus Sr. Collantes de Teran[198]) auf das Vorhandensein eines mohammedanischen Alcazar schließt, der alt und wiederherstellungsbedürftig sei.

1247 wird Alcala mit Stadt und Mühlengebiet mit Sevilla verbunden erwähnt als eines von dessen Außenwehren, „als Schlüssel Sevillas"[199]).

1247 hören wir auch von bedeutenden Ar=beiten an der Burg, die weiterhin in den folgen=den Jahrhunderten sehr zahlreich waren, so hören wir 1424, daß 100 maravedis u. a. bezahlt werden an Alfon Sanchez, den Zimmermann, Alfon Martines, den Maurer usw.[200]).

1427 bekommt der Zimmermann Alvar San=chez 17000 maravedis für Arbeiten in der Burg, 1428 bezahlt das Domkapitel von Sevilla 16000 maravedis für Arbeiten in derselben Burg. Vom ersten Drittel des 15. Jahrh. wird von einem Pfleger der Paläste berichtet (Cura de Los

Abb. 51. Burg Carmona (Andalusien), Spanien. Schnitt durch Torwohnbau, römi=sche, westgotische, maurische und gotische Mauerreste. B. E.

[194]) Catalogo Arquelog. y Artistico Prov. de Se=villa, Bd. I. S. 75ff. — [195]) Ebenda S. 45ff. — [196]) Schirr=macher Bd. IV. S. 416, 421. — Vgl. Catalogo Arqueolog. y Artistico Prov. de Sevilla, Bd. I. S 63: Cheber. — [197]) Ebenda S. 63. — [198]) Ebenda S. 63. — [199]) Ebenda S 64. — [200]) Ebenda.

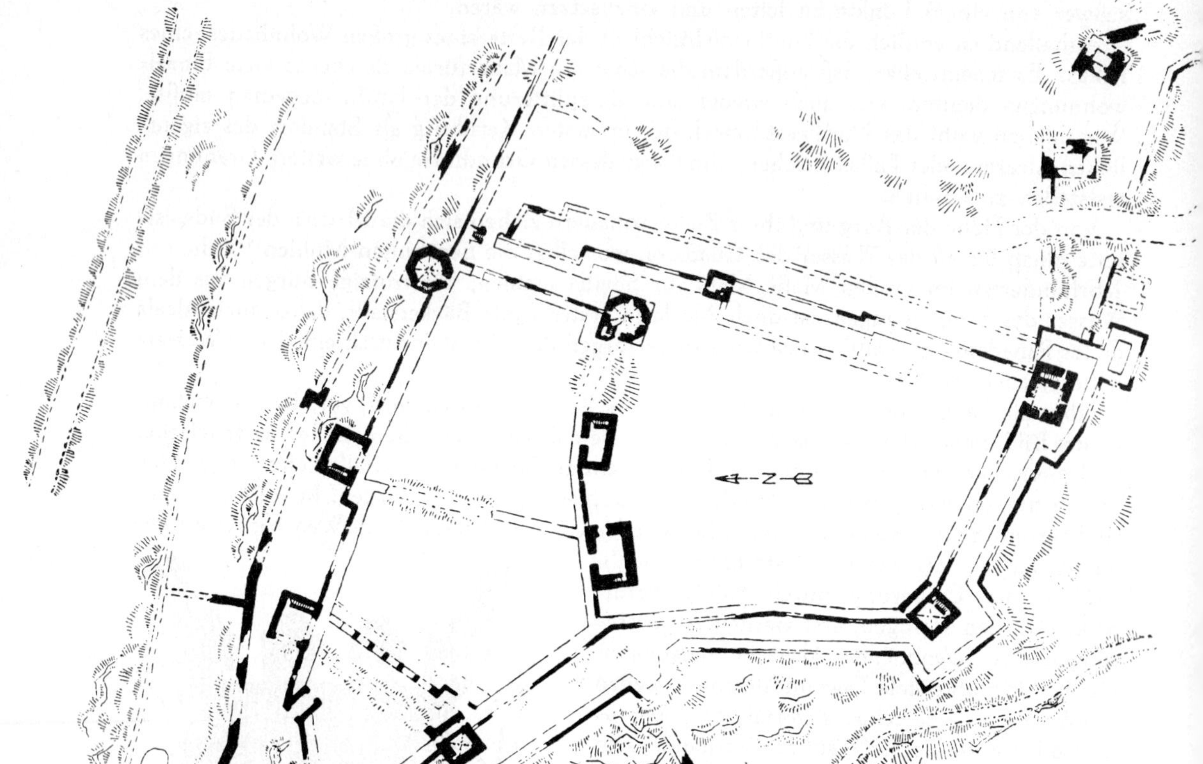

Abb. 52. Alcala de Guadaira (Andalusien), Spanien, mit bedeutendem Lehnsturm. Grundriß 1 : 1000.
B. E. nach eigenen Aufnahmen und nach Catalogo Arqueologico y Artistico de la Provincia de Sevilla I.

Die A l h a m b r a (Andalusien), Spanien

Gefängnisturm und Richterturm an der Ringmauer der A l h a m b r a (Andalusien), Spanien

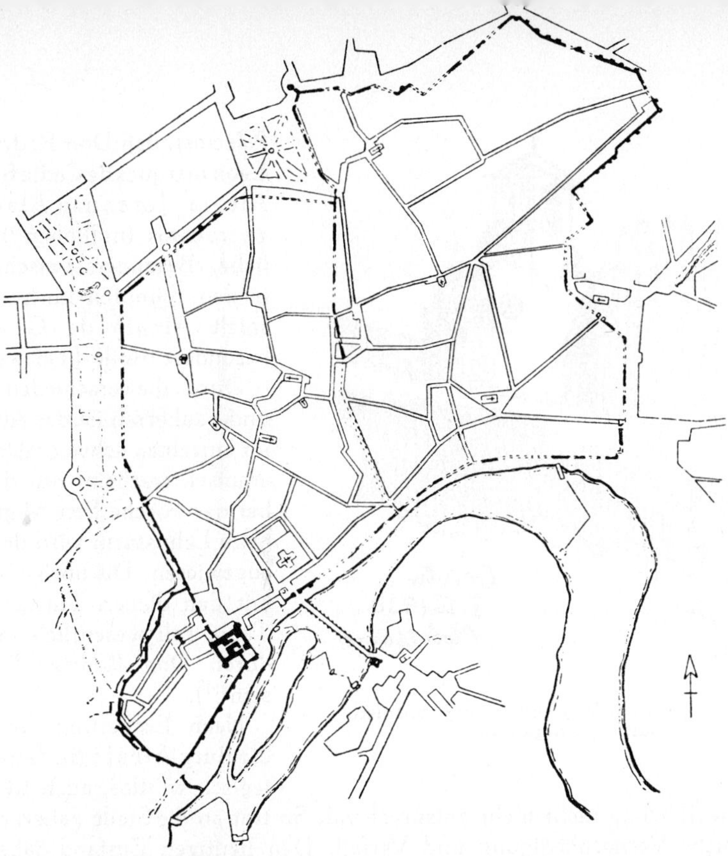

Abb. 53. Burg Cordoba (Andalusien), Spanien. Plan der gleichnamigen Stadt mit Burg in einem nach Südwesten vorgeschobenen Bezirk der Stadt. M. etwa 1 : 20000. B. E. nach Jürgens.

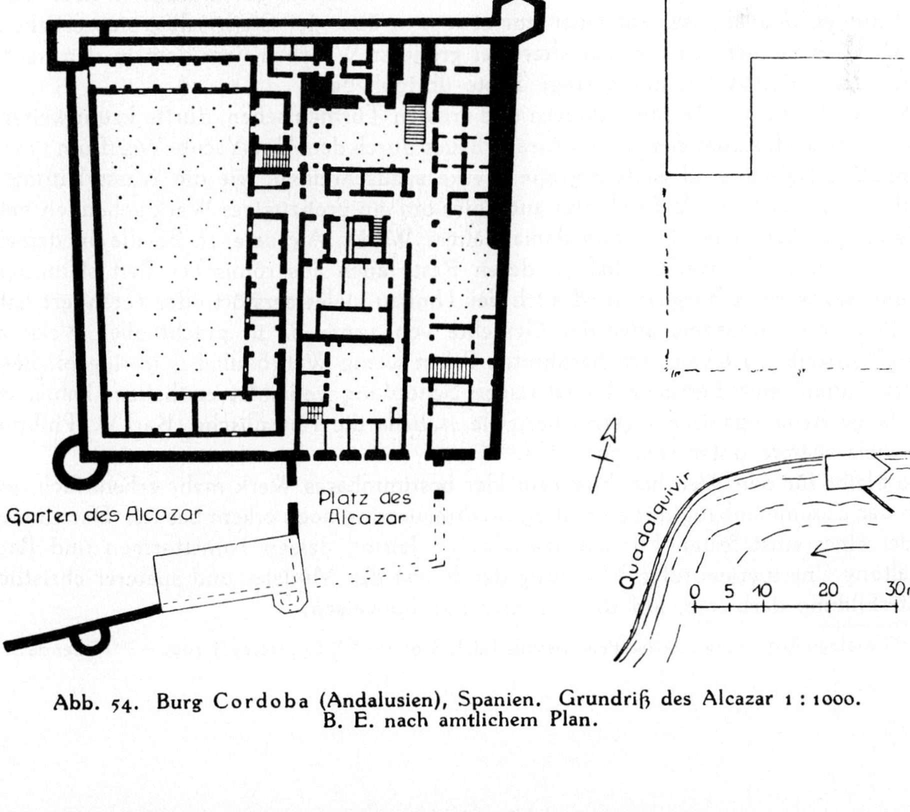

Abb. 54. Burg Cordoba (Andalusien), Spanien. Grundriß des Alcazar 1 : 1000. B. E. nach amtlichem Plan.

Abb. 55. Burg Cordoba (Andalusien), Spanien. Blick auf die Burgkirche.

Palacios), daß Don Rodrigo Ponce de Leon marqués de Cadiz für die Burgen Alcala, Jerez und Alanis mehr als 17 cuentos (millionen?) ausgegeben habe. Besonders zwischen 1470—77 in den Kämpfen im Sevillaner Adel spielt Alcala de Guadaira eine besondere Rolle (Taf. 23).

Durch die verschiedenen Bauzeiten und Bauherren ist das Alter der Burg im einzelnen schwer feststellbar. Als arabisch erscheint nur das Außentor bei der Kirche San Miguel, das Tor beim Lehnsturm wird dem 14. Jahrh. zugewiesen. Die übrige Mantelmauer mit den dicken Turmstumpfen aus Tapia soll wesentlich im 15. Jahrh. durch Don Rodrigo Ponce erbaut sein[201]).

Nach Eroberung Granadas wird die Burg Alcala de Guadaira strategisch wertlos, auch ist sie der veränderten Kriegführung nicht mehr entsprechend. So trat an die Stelle dauernder Fürsorge mehr und mehr Vernachlässigung und Verfall. Den heutigen Zustand haben aber sehr weitgehend die Franzosen durch ihre sinnlosen Verwüstungen 1807—10 herbeigeführt.

Die Stadtburg, der Alcazar, der prachtvollen Stadt Sevilla liegt wie in der Stadt Cordoba aus strategischen Gründen an der Südspitze des alten Mauerkranzes an dem Ausfluß des Stromes Guadalquivir auf einer nur etwa 5 m über der Stadt selbst sich erhebenden Höhe. Ursprünglich lag hier ein alter viel größerer Wehrbau, von dem in den heutigen glänzenden Palastbauten nur geringe Reste übrigblieben.

Was wir heute an gezinnten Mauern und ernsten Türmen sehen, dürfte kaum weiter zurückreichen als bis zum Beginn des Alcazarbaues durch den Abn-Yacub-Yusuf um 1171[202]). Demselben Kalifen sind weitere große Werke zuzuschreiben, wie die Wasserleitung von Alcala de Guadaira, es darf sich also auch hier um ein großzügiges Werk gehandelt haben.

Es dürfte aber vielleicht schon damals ältere Werke, Alcazare, in Sevilla an derselben oder anderer Stelle gegeben haben, deren Reste auch aus römischer Zeit stammten.

Vom eigentlichen Burgbau wird auch der Umbau vieles zerstört oder verändert haben, den Peter der Grausame oder der Gerechte von 1353—64 in prachtvoller Weise ausführte[203]), freilich ist von dem berühmten Palast wenig Wehrbauliches übriggeblieben.

Den Ruhm, eine herrliche künstlerische Schöpfung vollendet zu haben, haben dann eine lange Reihe spanischer Herrscher, wie Isabella die Katholische, Karl V., Philipp II. und viele spätere unter sich zu teilen.

So bleibt für den Wehrbau hier kein klar bestimmbares Werk mehr erkenntlich, wenn auch der Zusammenhang mit dem alten Stadtmauerring noch erkennbar ist. Der Eindruck ist der eines einst festen Fürstensitzes des 15. Jahrh., dessen Kunstformen und Raumgestaltung eine merkwürdige Mischung der Kunst des Mudejar und späterer christlicher Weiterbildung darbieten, auf die wir hier nur hinweisen.

[201]) Catalogo Arqueolog y Artist. Prov. Sevilla Bd. I, S. 66. — [202]) Contreras S. 109. — [203]) Ebenda S. 111.

Über die Erbauung des goldenen Turmes, Las torres del Oro y de la Plata[204]), in Sevilla wird berichtet, daß der Gouverneur der Stadt Abu el Ola denselben 1220—21 in der Zeit der Almohaden errichtete. Seitdem haben zahlreiche Umbauten und Wiederherstellungen den alten Zustand verändert, den Bau für militärische und Verwaltungszwecke hergerichtet. Vom 17. Jahrh. hören wir schon, daß der Turm außen mit vergoldeten azulejos bekleidet war und daher seinen Namen erhielt. Schon Georg Hufnagel[205]), der deutsche Architekt, hat bei Darstellung der Stadt Sevilla den Goldenen Turm ganz besonders hervorgehoben vor allen ungezählten Stadtmauertürmen seines herrlichen Bildes. Er mag auch neben dem Alcazar, der Stadtburg, hier als ein fast selbständiger Wehrbau kurz betrachtet werden.

Der Turm ist zwölfeckig und unten 15,20 m stark. In dieser Stärke bleibt derselbe über 20 m. Ein schlanker sechseckiger Turm von 6 m Dicke wächst dann noch über 16 m Höhe auf, er beherbergt eine winzige Wendeltreppe durch die ganze Turmmitte. In den 1,90 m dicken Außenmauern läuft in jedem der drei Stockwerke ein 3 m tiefer Raumring, oben auf dem 20 m hochliegenden flachen Dach des dicken Turmes ein 5 m breiter Umgang mit Zinnenbrüstung. Eine solche krönt auch den schlanken Oberturm. 5 Rundbogenfenster, bzw. schmale Schartenschlitze, bieten innen Raum für 5 Reihen Schützen, also für etwa 60 Mann, außer denen auf den Umgängen. Der unten schlichte Ziegelbau ist oben durch gemauerte reiche Säulen- und Bogenstellungen maurisch verziert. Annähernd ähnlich ist ja auch der einzelne Turm zu Escalona ausgestaltet.

Der Gesamtwohlklang des Turmumrisses liegt bei aller Einfachheit wohl in dem starken Gegensatz der breitflächigen bedeutenden Abmessungen und den spitzen spanischen Zinnen, die am schlanken Mitteltürmchen noch einmal verkleinert erscheinen. Das ist freilich sonst nicht echt wehrbaulich, da der Maßstab der alten Zinnenhäupter immer bei großen und kleinen Erkern oder Türmchen sich nach dem Schutzbedürfnis eines Menschen richtet. Hieran ist sonst zuerst eine falsche Wiederherstellung erkennbar.

Der achteckige Silberturm steht in der Mauer zwischen Alcazar und Goldturm. Er kann wehrbaulich in keiner Weise neben den Goldenen Turm gestellt werden, obwohl er mit rund 15 m Höhe auch nicht unbedeutend ist; einen Hinweis auf maurischen Entwurf bieten die Pläne des heutigen Inneren nicht. Die Erbauungszeit ist unbekannt[206]).

Die Römer und Araber erkannten bereits die durch die Lage auf der letzten großen Erhebung südlich der Mancha bedingte hohe strategische Bedeutung Carmonas als des Schlüssels Andalusiens

Abb. 56. Alcazar zu Cordoba. B. E.

[204]) Las Torres Balbas, Archivo Espanol Nr. 29, S. 89ff., dort auch weitere Quellenangabe. (Architekt Franzisco Fraguas.) — [205]) Braun und Hogenberg Bd. V. Tafel 2. — [206]) Las Torres Balbas, Archivo Espanol Nr. 29. S. 102.

und Sevillas und befestigten die Stadt immer neu. Zwei Festen, der Alcazar oben am Tor von Marchena und eine Torburg unten am Sevillaner Tor, sind in bedeutenden Trümmern erhalten (Abb. 2, 57).

Der großartige Alcazar[207]) — wichtig und übersichtlich auch noch als Ruine auf der Höhe über der Stadt und über dem Rio Corbones —, von dem man einen weiten Fernblick über welliges Land und ein noch gewaltigeres Bild furchtbarer Zerstörung und größter Baugesinnung hat, bildet einen ausgedehnten Mauerbezirk von ungefähr 200 m Länge und 90 m Tiefe. An drei Seiten sind Steilhänge, gegen Westen zur Stadt hin fällt das Gelände allmählicher ab. Hier ist an zwei Stellen ein Graben ausgeworfen, hinter dem die starke äußere, wehrganggekrönte Ringmauer mit Zinnen aufsteigt. Um den Kern einer späteren quadratischen, von Peter dem Grausamen für seine Geliebte La Padilla erbauten Palastburg in der Nordwestecke der inneren Burg mit ihren vier Wohnflügeln um einen rechteckigen Patio, legte sich nach der Stadt zu zunächst eine ausgedehnte Vorburg. Ihre schweren Mantelmauern wurden durch vier Türme, darunter den gewaltigen Bergfried verstärkt. Von letzterem ist noch ein viereckiger Quaderstumpf von riesigen Ausmaßen übriggeblieben[208]) (Taf. 9, 17).

Um diesen festen Mauerring ist noch eine zweite Vorburg gelegt, die man von der Stadt aus durch eine großartige vielgestaltige Toranlage mit Hufeisenbogen betritt. Die äußeren Bauten stammen spätestens aus dem 14. Jahrhundert und sind in der schwerfälligen Tapiaausführung hergestellt. Nur der Bergfried zeigt Quadern und das große Vorburgtor älteres Ziegelmauerwerk an den Hufeisenbogen.

Ende des 15. oder Anfang des 16. Jahrh. ist dann noch an der Nordwestecke — der Stadt zu — ein Batterieturm, rund und niedrig, mit wunderlichen Scharten, aus Quadern errichtet mit einer durch Hufeisenbogen geschlossenen Toranlage aus Kalk=, Bruch= und Ziegelstein.

Die sehr starke Ostseite der gesamten Burg= und Vorburganlage bildet eine schnurgerade Mauer von 100 m Länge und 7 m Stärke, die zugleich im Zuge der Außenmauern der alten Stadtbefestigung liegt und keinerlei Vorwerke hat. Die kurzen, nur 40—50 m langen Nord= und Südmauern zeigen keine Türme. Von der Burghöhe aus bietet sich eine überwältigende, meilenweite Rundsicht über reiche Äcker und Triften. Durch diese Landschaft ziehen sich vier Straßen nach Westen, Norden und Osten, zwei weitere Hauptverkehrsstraßen führen nach Südosten und Südwesten (Abb. 2, 57).

In der Stadt Carmona und unmittelbar am Abschluß der Almeda erheben sich die uralten Trümmer einer Stadttorburg[209]) mit spanischen Zinnen, maurischen Hufeisenfenstern und ganz

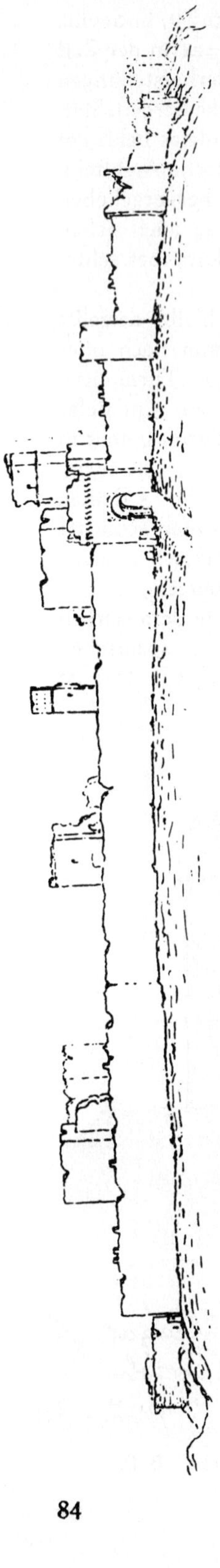

Abb. 57. Burg Carmona (Andalusien), Spanien. Ansicht von Westen. 1 : 1000. B. E.

[207]) B. E.: Spanische Burgenfahrt. S. 94ff. Sainz de Robles S. 14f. u. Abb. 40. Paz S. 31f. — [208]) Lampérez y Romea: I. S. 231, 233, 294ff. u. Abb. 319, 320. — [209]) B. E.: Spanische Burgenfahrt. S. 94.

Die A l h a m b r a (Andalusien), Spanien. Reste der eigentlichen Burg

Burg Z a f r a südöstlich Badajoz (Estremadura), Spanien. Alcazar del Duque

Burg T a r i f a bei Cadiz (Andalusien), Spanien

Burg A l c a l a d e G u a d a i r a (Andalusien), Spanien

gewaltigen Resten der ursprünglich von den Römern errichteten Puerta de Sevilla. Fast 30 m führt hier die Straße durch römische und maurische Bögen hindurch, an die sich unmittelbar die eine der beiden großen Burgen Carmonas mit Mauern und Türmen anfügt, deren zerrissenen Reste römische, maurische und gotische Formen zeigen. Aus maurischer Zeit wissen wir, daß Carmona schon am 10. Mai 1090 als letzter fester Platz des Emirs von Sevilla Motamid nach furchtbarem Sturm dem Sir Ibn Abu Beker in die Hände fiel[210]).

Die Burg Almodovar del Rio[211]) (Abb. 58), ein Granitquaderbau, erhebt sich in prachtvollen hochragenden Umrissen auf stolzem Gipfel über dem breiten Tal des Guadalquivir, 23 km von Cordoba entfernt, auf großartigen Felsen in wahrhaft heroischer Lage. Der Granitquaderbau, der lange als Halbruine stand, ist um 1930 durch den Besitzer zum Teil wiederhergestellt worden. Der Grundriß ist verwandt dem der Burg Alhambra (Abb. 60).

Eine gewaltige, hohe Granitmantelmauer, heute bekrönt durch unzählige, eintönig gleichgeformte Spitzzinnen, umgibt wohlerhalten den Kern der Burg. Neun, vielfach verschieden viereckige Türme verstärken den Mantel, von denen der mächtigste gegenüber dem Lehnsturm steht. Vorgeschoben auf der sichersten Felsenspitze trotzt der wohl 40 m hohe Lehnsturm, freistehend nur über eine Brücke von der Höhe der Mantelmauer zu erreichen, als letzter Zufluchtsort in höchster Not. Sein Inneres verrät in seinen Gewölbedecken maurischen Einfluß.

Eine vielgeknickte Zwingermauer umgibt den Fuß der Mantelmauer und deren zahlreiche Verstärkungstürme. Der Gesamtumriß wirkt durch diese hochmalerisch. In der vielgeknickten Mantelmauer erheben sich, zum Teil wiederhergestellt, Wohnbauten und eine freistehende Kapelle. Zwei Zisternen befinden sich im Hofgelände der Burg.

Geschichtlich spielt die Burg Almodovar eine große Rolle. Schon zur Zeit des Cid Campeador mußte Kaiser Alfons die Burg, die er in seiner Gewalt hatte, abtreten, um seine Gesandten, die er zur Beitreibung von Tributen zum sarazenischen Herrscher Motamid von Sevilla geschickt und die dieser eingekerkert hatte, zu retten. Damit ging Almodovar den Christen verloren[212]) (Taf. 10, Bd. I).

Wieder erwähnt wird die Burg in den inneren Kämpfen der letzten Almohaden, als in Almodovar der flüchtige Nebenbuhler des Kalifen von Sevilla von seinem eigenen Vezir ermordet wurde, der dessen Kopf dem Kalifen nach Sevilla brachte[213]).

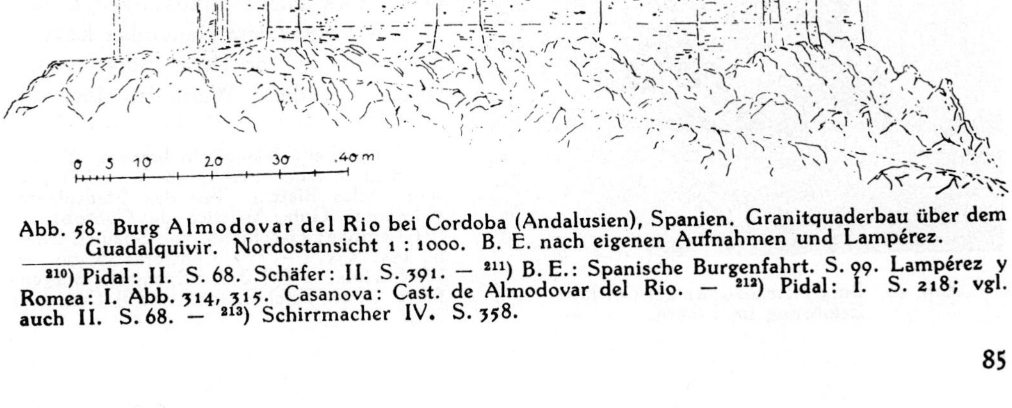

Abb. 58. Burg Almodovar del Rio bei Cordoba (Andalusien), Spanien. Granitquaderbau über dem Guadalquivir. Nordostansicht 1 : 1000. B. E. nach eigenen Aufnahmen und Lampérez.

[210]) Pidal: II. S. 68. Schäfer: II. S. 391. — [211]) B. E.: Spanische Burgenfahrt. S. 99. Lampérez y Romea: I. Abb. 314, 315. Casanova: Cast. de Almodovar del Rio. — [212]) Pidal: I. S. 218; vgl. auch II. S. 68. — [213]) Schirrmacher IV. S. 358.

Die Burg gilt, bzw. war zeitweise das Schatzhaus Peter des Grausamen[214]).

Die Stadt Cordoba gehörte schon seit der vorrömischen Zeit zu den wirtschaftlich und politisch=strategisch wichtigsten Orten Spaniens. Eine besonders glänzende Rolle aber spielte sie nach der Eroberung des Landes durch die Araber, bis 1236 Ferdinand III. die Stadt für die Christen eroberte und damit eine starke Entvölkerung durch die Flucht der Mauren herbeiführte[215]). Schon lange vorher wird aber ein Alcazar erwähnt, der als Palast und zur Verteidigung und Beherrschung der großen Stadt diente.

Ein Blick auf den Stadtplan zeigt, daß der Bauplatz der Burg des Kalifen in Cordoba[216]) nach der Bodengestaltung so gewählt ist, daß die Burg oder der Alcazar sich in einem vorgeschobenen Stadtmauerbezirk erhebt, der nach drei Seiten völlig frei aus dem übrigen städtischen Mauerring nach Südwesten vorspringt und noch heute Barrio del Alcazar viejo heißt. Der Fürstensitz war also immer zugängig, ohne Berührung der Stadt (Abb. 53, 54).

Erwähnt wird der alte Alcazar schon bei der Eroberung der Stadt durch Abderrahmân I. 756 und 759, als Abderrahmân aus der Burg die Besatzung vertrieb und den Kopf des besiegten Jussuf auf den Zinnen der Burg aufspießen ließ[217]).

Die Burgringmauern ziehen sich am Strome Guadalquivir hin, der die ganze lange Südostseite begleitet. Noch künden Rundturmreste von der ehemaligen Wucht der Gesamtwerke, die teils dem alten, teils dem 1328 durch Alfons XI. erbauten neuen Alcazar zugehörten. Von ersterem steht unter anderem noch ein vieleckiger hoher Turmstumpf[218]), aus römischen (?) großen Quadern errichtet. Weitere Türme, viereckig im Garten des Alcazars und rund an dem Südwesteck des Baues, sind auch in neueren Bauten erhalten. Diese dienten nacheinander verschiedenen Zwecken, so dem Tribunal der Inquisition oder als Gefängnis=[219]) oder als Militärkrankenhaus[220]). Die Türme tragen die Namen „torre de Paloma" im Südwesten und „torre de Diabolo" im Nordosten.

Abb. 59. Burg Almodovar bei Cordoba. Ecklösung im Innern.

Ein malerisches Bild bietet noch heute der Gefängnisteil, der die Ecke einer Straße einnimmt, die rechtwinklig vom Strome ansteigt. Dies ist nach Contreras[221]) der neue Alcazar, wo das Tribunal der Inquisition tagte und in dem dieses solche Grausamkeiten ausübte, wie unter dem Kanoniker Luzero, der mehr als 100 Unschuldige verurteilte. Auf diese Weise ist eines der

214) Davilier: Viaggio in Ispagna. S. 300. 215) Schirrmacher IV. S. 386ff. — 216) Jürgens: Atlas Blatt 4, Teil des Stadtplanes. Belmonte: Guia Artistica de Cordoba. — 217) Lembke: Geschichte von Spanien Bd. I. S. 333, 335. — 218) Contreras S. 76. — 219) Ebenda. — 220) B. E.: Spanische Burgenfahrt. S. 98 Tafel S. 100. — 221) Contreras S. 76.

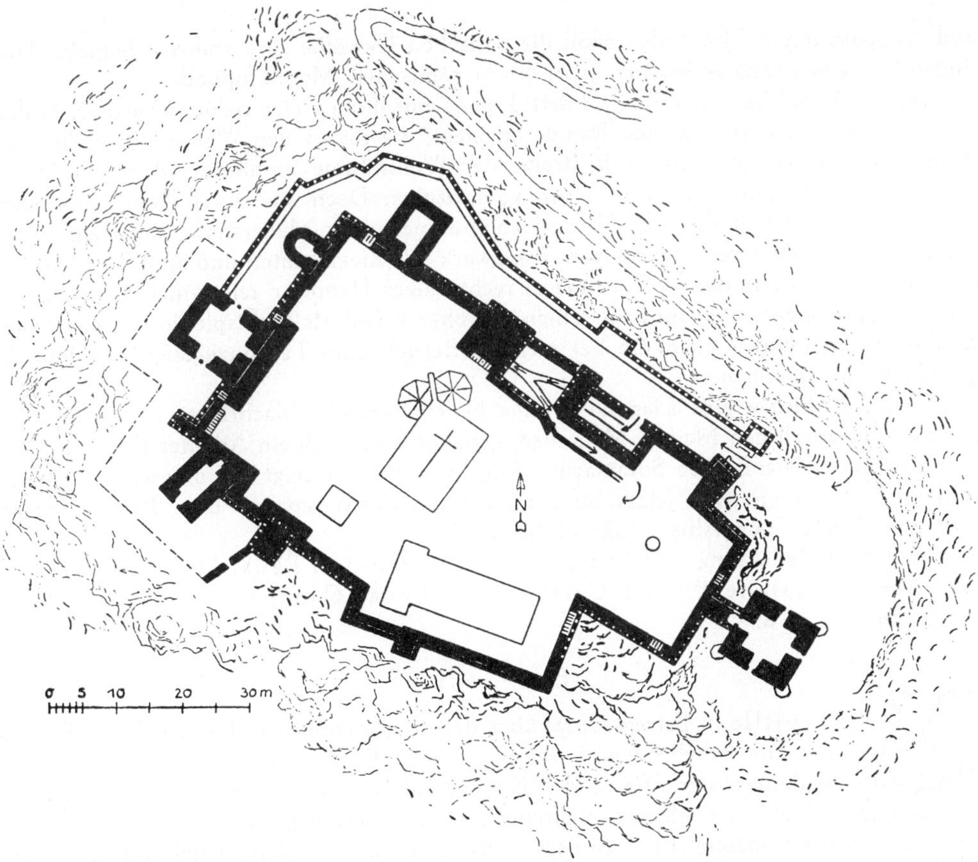

Abb. 60. Burg Almodovar del Rio bei Cordoba (Andalusien), Spanien. Grundriß 1 : 1000.
B. E. nach eigenen Aufnahmen und Lampérez.

wichtigsten historischen Denkmäler der arabischen Zeiten der anrüchigste Ort für die Bevölkerung geworden, ohne daß wir Schlüsse ziehen können über die ehemalige Pracht, die uns die Sarazenen in ihren Schilderungen ausgemalt haben. Contreras setzt voraus, daß Al-Makkari, der Mohrenkönig, der in der Burg Almodovar lebte, hier einen römischen Palast entdeckte, der vielfache Wiederherstellung durch die Araber erfuhr.

Alexander de Laborde[222]) beschreibt 1792/1808 den Alcazar als „Palais royal". An einem Ende der Stadt gelegen, sei es sehr groß und schön, umgeben von einem Mauerkreis, so daß man es für die Zitadelle, die von der Stadt getrennt war, halten könnte. Er lobt die schönen Ställe, in denen 1792 an 600 Pferde für den königlichen Dienst gehalten wurden. Die Nebenbauten müssen also damals noch sehr weitläufig gewesen sein.

In El Carpio[223]) liegen mitten in der Stadt auf deren höchstem Punkte heute an der Piazza bedeutende Reste einer großen Wohnburganlage.

Ein mächtiger Burgwohnturm überragt den ganzen Ort und die unübersichtlichen Baureste ringsum. Er zeigt innen, im Mudejarstil ausgeführt, drei herrlich gewölbte Wohnräume übereinander mit reizenden Säulenfenstern mit weißen Marmorsäulchen oben

[222]) Itinéraire descriptif de l'Espagne Bd. II. S. 21, 29, 36. — [223]) B. E.: Spanische Burgenfahrt. S. 99 f.

und Kuppeln innen. Im Erdgeschoß die gotischen Gewölbe sind arabisch bemalt. Hier finden wir einen (später hierher gebrachten) römischen Mosaikfußboden.

Merkwürdig ist die innere Rampe statt Treppe mit ihren vielen Schießscharten. Anstatt des Treppenhauses ist hier eine Rampe angelegt, die neben den Wohnräumen die volle Tiefe des Turmes, also die volle Breite der Wohnräume einnimmt (Abb. 5). Durch 4 Gußerker verteidigte man den Turm vom flachen Dach aus durch Wurf von oben. Im Hauptgeschoß befinden sich kleine Nebenräume in der Mauerstärke, auch ein Abort.

Zurückliegende ältere Flügel zeigen Tapiawerk mit Ziegelkanten und zum Teil Quaderbauten aus rotem Sandstein. Ein inneres rechteckiges Haupttor zeigt einen flach zurückgelegten Spitzbogen. Im Inneren schien ein oberer Saal als Lichtspieltheater zu dienen. Es dürfte sich lohnen, auch die bei meinem Besuch zum Teil unzugänglichen Bauteile gründlich aufzunehmen.

Zur Baugeschichte gibt Llaguno[224]) eine bedeutungsvolle Nachricht: 1325 wurde die Burg erbaut durch den Meister Mahomad, genannt wird auch ein Arbeiter Ruy Cil. Bauherr war Garci-Mendez de Sotomayor. Ein Inschriftstein zeigt die unleserliche Jahreszahl 1363. Die großartige, leider bis zur Neuzeit vielfach verbaute Burg El Carpio gehört dem Herzog von Alba, Duke of Berwik.

Weniger von Bedeutung sind die Burgen und Burgreste von Teba, Algeciras, Medina Azzahara, Bujalance[225]), La Calahorra, Ubeda, Canena, Alanis, Canete la Real, Luque u. a.

Estremadura

Burg Trujillo in Estremadura, über der gleichnamigen Geburtsstadt des Pizarro, etwa 40 km östlich Caceres, zeigt arabische Teile, verdient aber auch als eines der bedeutendsten Werke der Konquistadoren bezeichnet zu werden[226]).

Den Kern bildet ein höchster, quadratischer Turm des Alcazars, ein Bau der Araber, der aber erheblich spätere Teile enthält. Von seinen zwei Teilen ist der südliche, regelmäßigere der ältere. Der nördliche ist unregelmäßig, aber auch oft verändert. Zwei seiner Türme sind viereckig.

Eine vieltürmige Ringmauer umgibt den Kern. Der äußere oder erste Bering gegen Osten zeigt halbrunde Mauertürme vor dem höheren, quadratischen des Alcazars. Im zweiten regelmäßigen Teil steht eine kleine einschiffige Kapelle und eine Einsiedelei, die zu den ältesten christlichen Bauten gerechnet wird.

Mauerreste ziehen sich zur Stadt hinunter. Die Kernmauern bestehen aus großen Quadern ohne Bossen und Randschlag, zum Teil auch aus Bruchstein und Mörtel[227]).

Für die strategische Bedeutung der Lage spricht die Nachricht, daß noch Napoleons Marschall Marmont die alte Burg zur Beherrschung Estremaduras mehr befestigen ließ[228]).

Die Burg Alburquerque[229]) erhebt sich als Höhenburg 20 km von der portugiesischen Grenze entfernt stolz über der Stadt, die sie schützen soll, und mit der sie Mauern verbinden. Die Burg ist eine der großartigsten der Provinz Badajoz. Die prachtvollen alten Mauern sind außen wenig neuer beeinflußt (Taf. 24).

Bekannt sind die vier Mauerabschnitte, die stufenförmig von Norden herabsteigen. Von unten öffnet sich der Eingang von der Stadt. Viel steiler senkt der Hang sich gen Süden zum Flusse hin.

---

[224]) Llaguno: I. S. 60. — [225]) Siehe oben S. 5. — [226]) Catalogo Monum. de Espana, Prov. de Caceres, II, S. 352f., Abb. Fig. 337, 343. Lampérez y Romea: I. S. 299 nur erwähnt. Sainz de Robles S. 6f. Paz S. 112f. — [227]) Catalogo Monum. de Espana, Prov. de Caceres Bd. I, S. 247. — [228]) Rigel: III. S. 239. — [229]) Catalogo Monum. de Espana, Prov. de Badajoz, Abb. Fig. 242—246. Ebenda Text Bd. II. S. 146f. Lampérez y Romea Bd. I. S. 299. Mellado S. 164f.

Die unteren Wehrbauten ziehen sich von Osten nach Westen mit niedrigen Mauern und quadratischen Türmen. Im Osten liegt der Eingang, ein Torbau mit 2 Rundtürmen und rechtwinklig dazu eine Halle. Ein gewölbter Gang hängt im Viertelkreis mit dem ersten Mauerkreis zusammen. Zwei weitere Tore führen immer höher zum dritten und vierten Mauerkreis. Schwer erreicht nun der Angreifer das letzte Tor im äußersten Nordwesten, verbunden mit einem quadratischen Turm. Hinter dem dritten Tor liegt ein Waffenplatz oder Hof, von hier erreicht man die Burgkirche oder Kapelle, den über=ragend hohen Lehnsturm, der alles beherrscht. Zisternenreste sind auch erhalten.

Die dreischiffige Burgkirche zeigt strenge, romanische Form, einzelne gotische Spitz=bogen in anderen Bauteilen zeugen von späterer Bauzeit.

Die noch benutzten Flügel sind kahl und durch nüchterne Öffnungen verunstaltet und flach gedeckt. Doch ziehen sich lange Mauern mit zahlreichen starken Vierecktürmen, auch in der Längsachse der 150 m langen Burg, nach Westen. Dort bildet ein dicker Viereckssturm die Ecke, von der die Stadtmauer nach Norden weiterzieht. In dieser Rich=tung zieht sich auch etwa 240 m weiter östlich die dortige Stadtmauer.

Peter der Grausame oder besser der Gerechte versuchte vergebens, seine Töchter im Grenzkastell Alburquerque 1366 sicher unterzubringen, als er von seinem mörderischen Bastardbruder Heinrich verfolgt wurde, der ihn später eigenhändig erschlug[230]).

Aus den kriegerischen Schicksalen der Burg hören wir ferner, daß Juan II. im Oktober 1430 vor Alburquerque zog, das ihm bald übergeben wurde. In der festen Burg lag eine starke Besatzung, die mit allem reich versehen war[231]).

Die Burg Nogales, etwa 40 km südöstlich der berühmten Festung Badajoz, etwa 50 km östlich der portugiesischen Grenze, ist ein besonders klares Beispiel eines regelmäßig quadratischen Wehrbaues[232]). Ein Viereck von etwa 18,60 m Seitenfläche mit runden 3 m höheren Ecktürmen umgibt einen 25 m hohen, dreistöckigen und rund 12,50 m im Quadrat messenden Hauptturm, der nur wenige Öffnungen zeigt.

Hohes Granitbruchsteinmauerwerk von 2,54 m Dicke wird an den vier Ecken durch unregelmäßige große Eckquadern eingefaßt. Romanisch=gotische Tore mit Wappenschmuck darüber führen zum Innern. Eine Treppe liegt in der Nordecke. Im zweiten Turmgeschoß steht ein Kamin.

Die zum Teil wohlerhaltenen Viereckzinnen der nicht sehr hohen, 1,70 m starken Ring=mauer weichen ab von den spanischen hohen Spitzdach=Zinnenresten des Hauptturmes (Taf. 25). Eine Barbakane schützt das Haupttor.

Hohe Lage bietet der Burg einen herrlichen weiten Blick und die Herrschaft über eine Nebenstraße nach Badajoz.

Außen in rauhem Bruchsteinmauerwerk als quadratischer Wehrbau errichtet, stellt Zafra innen das Grundbild eines palastartigen Wohnbaues dar[233]). Die wehrbauliche Ausgestaltung ist durch den Wohnbau, dessen vier Flügel um den Patio liegen, bestimmt (Taf. 21).

Alles am Baugrundriß ordnet sich dem Kern, dem quadratischen Patio, unter, in dessen Mitte eine Brunnenschale steht, ähnlich wie bei Burg Portillo bei Valladolid[234]), also in Kastilien.

Die starken hohen Mantelmauern bilden zugleich die Wohnbauaußenwände. Die heutigen Innenwände stammen zum Teil aus einem Umbau von 1443[235]). Der Kern ist arabischen Ursprungs, wovon noch Spuren, wie eine maurische Kuppel[236]), zeugen.

---

[230]) Schirrmacher: V. S. 455. — [231]) Ebenda VI. S. 247ff. — [232]) Lampérez y Romea: I. S. 299. Catalogo Monum. de Espana, Prov. de Badajoz, Abb. Fig. 351 Grdr. Ebenda Text II. S. 366ff. — [233]) Lampérez y Romea: I. S. 299. Sainz de Robles S. 5f. u. Abb. 8. — [234]) Lampérez y Romea: I. S. 250 Grdr. — [235]) Catalogo, Monum. de Espana, Prov. de Bajadoz, II, S. 436. Inschrift über einer kleinen Tür in der Nordostecke, wo man zum Umgang innen an der Mantelmauer gelangt, am Lehnsturm. — [236]) Ebenda Abb. Fig. 402, Grdr. Fig. 399.

Burgen in Estremadura (Spanien) mit unregelmäßigen Grundrissen. 1 : 1000.
B. E. nach Ramon Mélida.

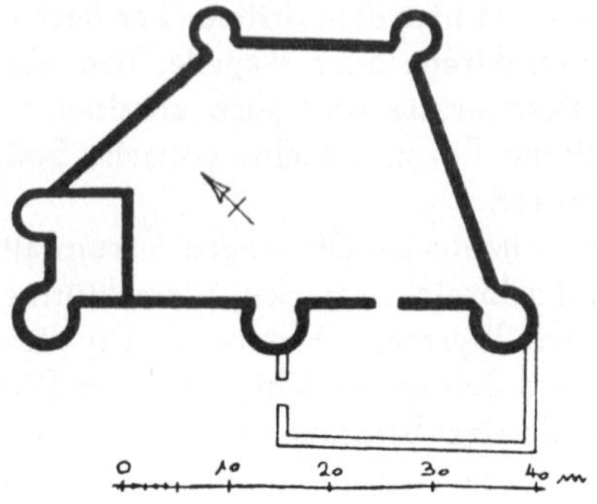

Abb. 61. Burg Capilla.

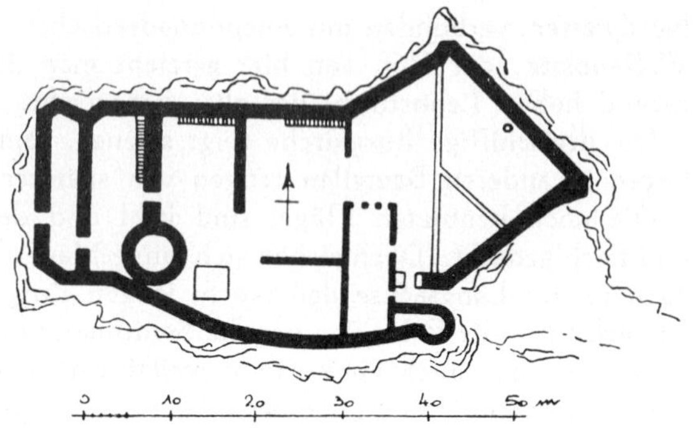

Abb. 64. Burg Puebla de Alcocer.

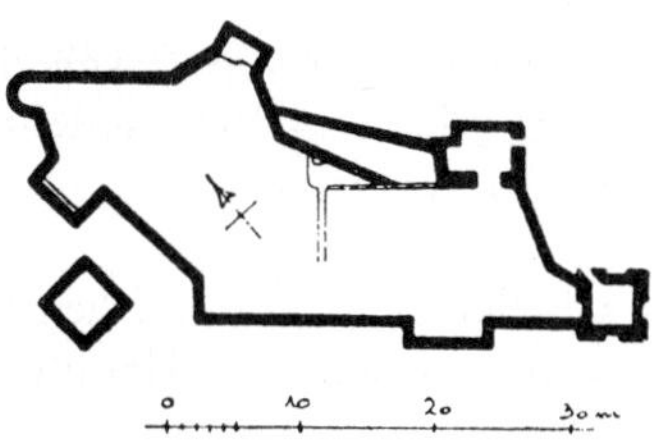

Abb. 62. Burg Alanje.

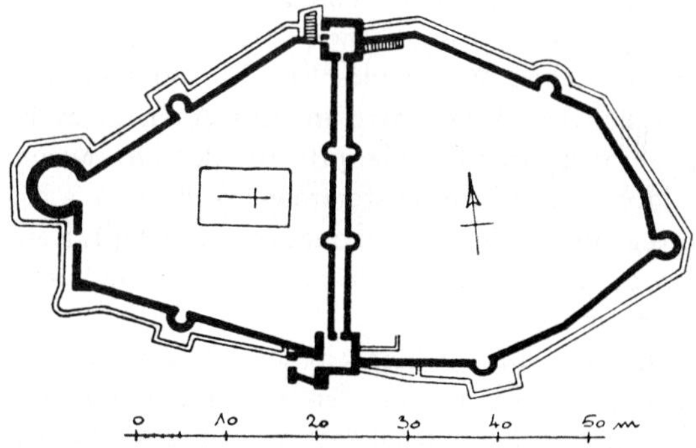

Abb. 65. Burg Medellin.

Abb. 63. Burg Herrera del Duque.

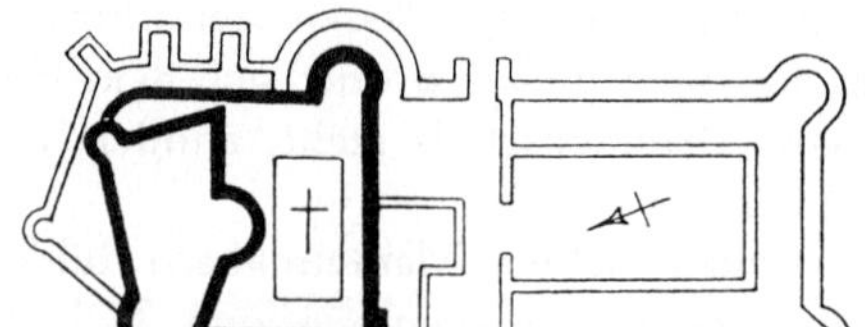

Abb. 66. Burg Castelnovo (Villanuova de la Serena).

Burgen in Estremadura (Spanien) mit unregelmäßigen (Abb. 67—69) und regelmäßigeren (Abb. 70—73) Grundrissen. 1 : 1000. B. E. nach Ramon Mélida.

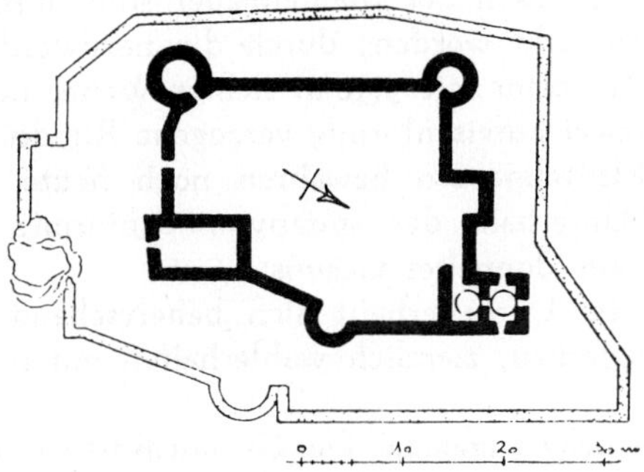

Abb. 67. Burg Burguillos.

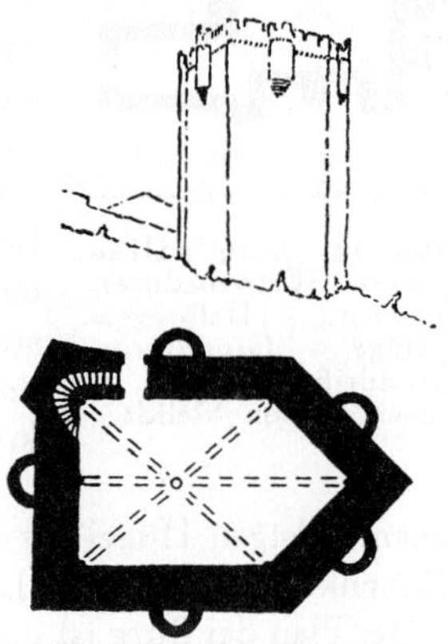

Abb. 70. Burg Coria, ohne Maßstab.

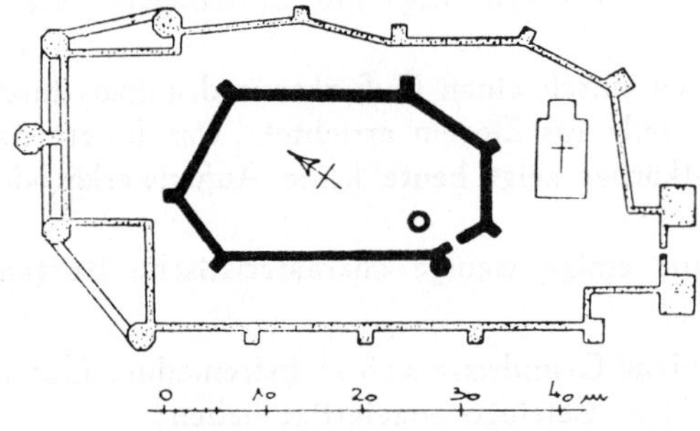

Abb. 68. Burg Reina.

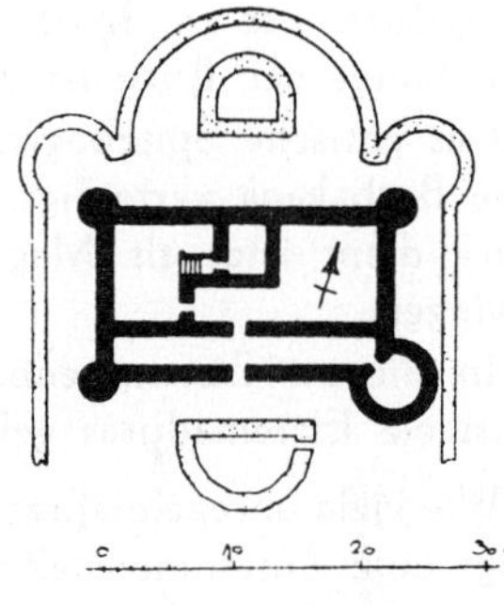

Abb. 71. Burg Encomienda de los Arcos.

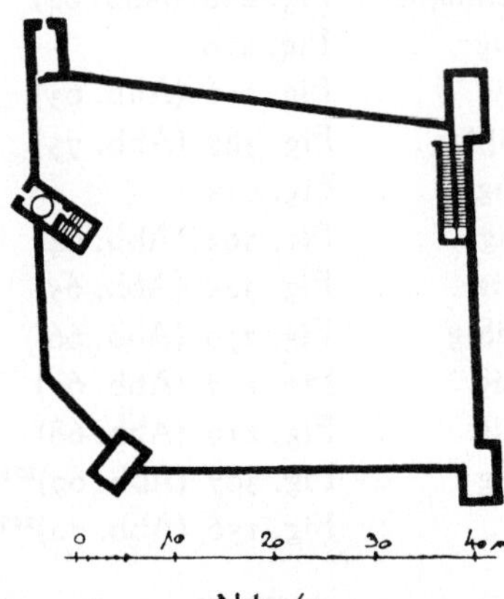

Abb. 69.
Burg Jerez de los Caballeros.

Abb. 72.
Die Burgen Azuaga und Planta.

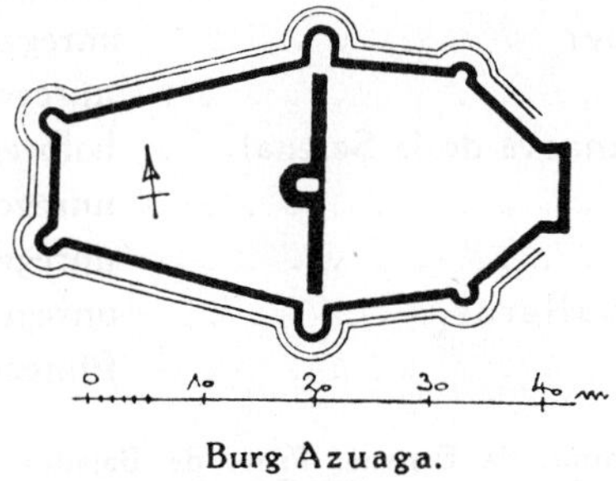

Burg Azuaga.

Burg Planta.

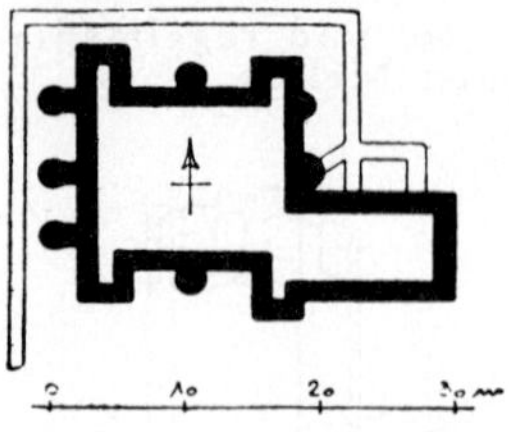

Abb. 73. Burg Villagarcia (Estremadura), Spanien. Halbregelmäßige Grundform. Grundriß 1:1000. B. E. nach Ramon Mélida.

Umbauten durch Lorenzo Suares de Figueroa[237]) stammen von 1437, weitere aus dem 16. Jahrh., ein anderer von 1707.

An dem quadratischen Mantelmauerviereck, das auf jeder Seite 43 m lang ist, steht an der Ostseite der runde Hauptturm, der Lehnsturm, 8,77 m stark. Er erhebt sich um $^1/_5$ über die Höhe der Mantelmauer. Die 4 Ecken der Mantelmauer sind durch 4 schlanke Rundtürme verstärkt worden; durch die nordwestliche Seite öffnet sich das Haupttor mit 3,30 m lichter Weite, neben dem rechts und links zwei hufeisenförmig verzogene Rundtürme stehen. Türme und Mantelmauern bewahren noch heute ihre malerischen Zinnen. Unterhalb der spitzpyramidenförmig gekrönten Zinnen läuft ein doppeltes Gesims.

Die Burg Segura de Leon erhebt sich beherrschend auf einem felsigen Hügel als Bruchstein- und Quaderbau, ziemlich wohlerhalten mit ihrem Zinnenkranz[238]) (Taf. 26).

Der Plan der Burg ist unregelmäßig der Hochebene angepaßt. Der Grundriß ist länglich, annähernd rechteckig von Südwesten nach Nordosten bis auf eine Seite, die gebogen, fast eine vieleckige ist.

Die vier Ecken der hohen Mantelmauer werden durch vier halbrunde Türme verteidigt. Eine Seitenlänge der Mantelmauer mißt 29,40 m bis zu einem nordwestlich quadratischen Hauptturm des 13. Jahrh. (dem der Burgbau angehören mag) mit Spitzbogenfenstern. Die Länge der Burg ist 70 m.

Das gotische Spitzbogentor wurde von oben durch einen Gußerker und außen durch eine Barbakana verteidigt. Die Zinnen sind teils aus Ziegeln errichtet. Das Innere der Burg dient jetzt als Magazin. Der Gesamtkörper zeigt heute keine Außenwerke oder Zwinger.

In diesem Zusammenhang haben wir nur einige wenige charakteristische Burgenbeispiele Estremaduras gekennzeichnet.

Wie viele unregelmäßige und sehr verschiedene Grundrisse sich in Estremadura finden, zeigt eine Zusammenstellung, die wir nach dem Catalogo angefertigt haben:

Capilla	unregelmäßig	Fig. 267 (Abb. 61)
Alanje	sehr unregelmäßig	Fig. 238 (Abb. 62)
Badajoz	unregelmäßig	Fig. 220
Herrera del Duque	unregelmäßig	Fig. 216 (Abb. 63)
Villagarcia	halbregelmäßig	Fig. 387 (Abb. 73)
Salvatierra	unregelmäßig	Fig. 373
Puebla de Alcocer	unregelmäßig	Fig. 362 (Abb. 64)
Medellin	unregelmäßig	Fig. 325 (Abb. 65)
Castelnovo (Villanuova de la Serena)	halbregelmäßig	Fig. 270 (Abb. 66)
Burguillos	unregelmäßig	Fig. 257 (Abb. 67)
Reina	unregelmäßig	Fig. 219 (Abb. 68)
Jerez de los Caballeros	unregelmäßig	Fig. 307 (Abb. 69)[239])
Coria	fünfeckig	Fig. 156 (Abb. 70)[240])

[237]) Catalogo, Monum. de Espana, Prov. de Bajadoz Text II. S. 434. — [238]) Ebenda Text II. S. 404 und Abb. Fig. 377, 378. — [239]) Für alle bisher genannten Burgen siehe Catalogo, Monum. de Espana, Prov. de Badajoz, Abb. — [240]) Ebenda Prov. de Caceres, Abb.

Abb. 74. Palacio de los Golfines in Caceres (Estremadura), Spanien.

Diesen durchweg unregelmäßigen Burgen stehen folgende regelmäßigeren gegenüber:

Encomienda de los Arcos . . . . Fig. 250 (Abb. 71)
Azuaga . . . . Fig. 215 (Abb. 72)[241]
Granadilla . . . . Fig. 171

dann die oben bereits erwähnten Burgen Zafra und Nogales.

In dem Bezirk Estremadura nennen wir noch folgende Burgen bzw. Ruinen:

Medina de las Torres, Piedrabuena, Puebla del Maestre, Villalba de los Barros, Hornachos, Azagala, Feria, Fregenal de la Sierra, Belvis de Monroy, Miajadas, Mirabel, Monfrague, Montanchez, Portezuelo, Zalamea[242]). Nach Lampérez y Romea[243]) werden außerdem noch Magacela, Plasencia, Valencia de Alcantara und Montemayor genannt.

Leon

Die Burg Valencia de Don Juan, im 12. Jahrh. Coyanca genannt, wurde 1127 durch Alfons VII. belagert und zerstört zur Strafe gewisser Aufstände und dann wiederbesiedelt durch Ferdinand II.[244]).

[241]) Ebenda Prov. de Badajoz, Abb. u. Prov. de Caceres, Abb. — [242]) Ebenda Prov. de Badajoz u. Caceres. — [243]) Lampérez y Romea: I. S. 299. — [244]) Catalogo Monum. de Espana, Prov. de Leon, S. 454f., u. Abb. 594/595.

Abb. 75. Burg Grajal de Campos (Leon), Spanien.
B. E. nach Catalogo Monum. Prov. de Léon.

Der Mauerring wurde zuerst mit Tapia, Lehmstampfmauern, und Türmchen rundum umgeben. Dann im 15. Jahrh. umgebaut unter Wiederbenutzung brauchbarer Mauern aus Bruchsteinen, die bis auf die Flußufer noch heute dem Verfall widerstehen. Ein Graben umzieht die Mantelmauer und den Zwinger, die zweite Mauer ist durch drei merkwürdig schlanke dreitürmige Vorbauten verstärkt.

Das Haupttor liegt neben einem stärkeren Block mit vier noch höheren überragenden Rundtürmen. Zwei dieser Türme sind zum Teil mit Wappen von Kastilien, Leon, Portugal, Acuna, Quinones und Enriquez und anderen geschmückt.

Burgen solch schlanker Form und so vielfach unregelmäßig gestaltet sind in Spanien selten.

Die Zwingermauer, scheinbar aus Tapia, Lehmbeton, ist durch halbrunde, breitniedrige Schalentürme verstärkt.

Der Hauptturm ist bekrönt durch verschiedene Runderker mit vorspringenden Gängen und gewölbten Batterien im dritten Stock. Dieser bekam vor dem Einsturz Risse, was den Zusammenbruch eines Teiles des Gebäudes bewirkte. Zwei Holzfußböden sind erhalten, und man tritt in die Zimmer durch einen Mauergang ohne Treppe. Ein Zimmer mißt 0,90:6,25 m. Ein Fenster zeigt feinen gotischen Schmuck. Unten öffnet sich eine Pforte an der Vormauer mit anderen Runderkern und Wendeltreppe.

In Leon liegt die Burg Grajal in Grajal de Campos[245]) unweit Sahagun, ein Bau des 15. Jahrh. Quadratisch ist die Grundform mit vier niedrigen Eckrundtürmen und dazwischen mit niedrigen bis Unterkante Wehrgang stark anlaufenden Zwingermauern (Abb. 75).

Die im Verhältnis breite und niedrige Anlage ist in der Form verwandt den italienischen späten Stadtburgen wie Imola oder Forli, nur im Maßstab viel gewaltiger.

Schön erhalten sind die gezinnten Wehrgänge an Türmen und Mauern, an einer Seite mit 4 „cubos", halbrunden, langen Erkertürmchen darin, alles aus rohen Quadern.

Eine Tapiazwingermauer ist in Resten erhalten. Quadergefaßte, breite Kanonenschießscharten sind sehr spät in die Türme des 15. Jahrh. eingebrochen.

In seiner unbedingten Regelmäßigkeit ist das Kastell Grajal ein für Spanien ungewöhnlicher Bau.

Die Gesamtringmauer der Ruinen der Burg Ponferrada[246]) ist eiförmig gestaltet, 160:93 m, und liegt von Südwesten nach Nordosten gerichtet auf dem hohen Ufer des Rio Sil. Die Südecke nimmt das vielgegliederte, doppelte Haupttor ein, das durch eine Menge hoher, schlanker Rundtürmchen mit Maschikuli Wehrgängen auf Kragsteinen, die hohe nadelspitze Zinnen tragen, gekennzeichnet ist.

---

[245]) Lampérez y Romea: I. S. 243, 447f. Catalogo Monum. de Espana, Prov. de Leon S. 471f. u. Abb. 603. — [246]) Ebenda S. 448ff. u. Abb. 589/590. Luengo: El Castillo de Ponferrada. Sainz de Robles S. 24f.

Die ganze Südwestecke zeigt doppelte Ringmauern zwischen zwei starken Türmen, von denen der westliche hufeisenförmig, der südliche rechteckig wie ein Lehnsturm gestaltet ist.

Während das Flußufer steil abfällt, werden die drei anderen Seiten durch Mauertürme und einen Graben verteidigt, der heute zum Teil durch Wohnhäuser überbaut ist.

Innerhalb der Ringmauern liegen ausgedehnte Längsmauern von Klosterbauten, die den Tempelrittern zugeschrieben werden.

Gegen die Stromseite liegt ein weiter Raum völlig frei, während die Nordostecke von einem kernburgartigen Mauertrapez von etwa 55 m Länge und 30 m Breite eingenommen wird mit drei Rundtürmen an den Ecken. Dieser Baublock scheint der festeste Wehrbau zu sein. Durch eine Barbakane mit Spitzbogentor steht er mit dem Vorlande in Verbindung.

Quer zum Flußlauf führt in der Mitte der Ringmauer eine verdeckte Treppe zu einer Zisterne am Flusse unter dem Zwinger hindurch hinunter, deren Wichtigkeit auf der Hand liegt.

Ein ernstes Bild zeigt die Felsenburg Cornatelo bei Villavieja[247]) — dem Grafen von Lemos und Marquesen von Villafranca gehörig — mit schwerer zum Teil rechteckiger Mantelmauer und bergfriedartigem viereckigem Lehnsturm, der weit über die Längsmauer vorsteht. Der Umriß macht fast einen deutschen Eindruck durch seine wuchtige zerklüftete Mantelmauer und die Turmmassen, die der an sich leicht zu ersteigende Bauplatz erforderte, um wehrhaft zu sein.

Der Turm umfaßt zwei gewölbte Geschosse. Mauerreste einer großen Kirche schließen sich an das wohl verteidigte Rundbogentor an. Innen erhebt sich eine Felsstufe mit der größten Erhebung gegen Osten. Über dem wohl verteidigungsfähigen Absturz erheben sich unerhebliche Baureste. Die Bauten bestehen aus Bruchstein. Die sämtlich rundbogigen Öffnungen lassen eine Bauzeit vor dem 15. Jahrhundert vermuten.

Zu erwähnen ist ferner noch die Burg der Grafen de Luna Quintana del Marco[248]) mit ihrem 12 m dicken Quadratturm aus Bruchstein mit 12 Gußerkern und paarweise angeordneten Rundbogenfenstern und verschiedenen großen Scharten. Wir finden auch an jeder Turmseite drei Schießscharten abwechselnd mit Schilderhäuschen. Ein schmaler Turmaufsatz mit 3 Wohnräumen erhebt sich als Bekrönung des Turmes.

Eine kleinere Ringmauer mit Türmchen und gotischem Tor und Wachthäuschen aus Bruchstein und Tapia umgibt den Lehnsturm. Innen liegen unbedeutende Reste.

Die Franzosen haben den herrlichen Wehrbau Benavente in Flammen gesetzt, aber noch heute kündet die großartige Ruine von einem kühnen Wehrwillen. Sie zeigt einen Ring von Türmen, ein Doppelrundturmtor, auf einem steilen Burgkegel, dessen zerstörte Stützmauern zwischen den großfenstrigen Mantelmauertürmen nur noch zu vermuten sind, überboten von einem in Spanien sehr seltenen Pallasbau (Abb. 76).

Die Bauzeit fällt in das späte 15. Jahrh., die Bauabsicht war nicht nur einen Wehrbau zu

Abb. 76. Burg Benavente (Leon), Spanien. B. E. nach Catalogo Monum. Prov. de Zamora.

[247]) Catalogo Monum. de Espana, Prov. de Leon, Abb. 608, u. Text S. 482. — [248]) Ebenda Abb. 602, Text S. 65ff.

schaffen, sondern einen jener in Spanien zahlreichen Bauten halb wehrbaulichen, halb wohnbaulichen Prunkes.

Der vierstöckige, rechteckige Wohnbau zwischen Wohnturm und Pallas zeigt über zwei niedrigen Untergeschossen zwei vornehme Stockwerke, an einer kurzen Seite zwei offene Sitzplätze großartiger Breite, mit ausgekragten Loggien, alles ist heute nur noch durch Reste ihrer dreifachen Tragsteine kenntlich.

An den Wohnbauecken springen starke Rundturmerker vor. Edles Quadermauerwerk zeugt von vornehmer Ausführung, so ist der „Torre de Caracol" in Benevent ein spätes Werk von Wucht und Eigenart.

Genannt wird König Heinrich II. als Besitzer, der es seinem Bastardsohn Don Fabrique vermachte (?). 1394 war ein Portugiese Alonso Pinnental als Graf von Benavente Besitzer[249]).

Wir nennen ferner noch die Burgruine Asmesnal[250]), die aus einem quadratischen Turm mit Rundtürmen an den Ecken besteht oder die Ruine Castrotorafe[251]) mit Turm und Mauerresten oder Bembibre.

Lampérez y Romea[252]) nennt ferner noch die Burgen bzw. Ruinen: Puebla de Sanabria, Castillo de Villanueva de Canedo, Sanfelices, Monleon, Tejada oder Castillo de Alba de Tormes[253]).

Galicien

Galicien ist im Binnenlande nicht ganz so reich an Burgen wie andere Teile Spaniens, obwohl Bauten aus gotischer Zeit, also aus der Burgenbauzeit, z. B. in Santiago de Compostella der bischöfliche Palast Zeugnis für den höchsten Stand der damaligen Baukunst ablegen.

Wir finden aber auch hier einzelne so gewaltige Wehrbauten wie in Kastilien oder anderen Machtbezirken.

Der galicische Hafen von La Coruna (Abb. 78) an der Meromündung wurde von Inselburgen Castillo de San Diego und der malerischen Felsenburg Castillo de San Anton verteidigt, von denen die letztere heute Gefängnis ist. Wie fast bei allen Hafenkastellen Spaniens sind auch die oben genannten wieder und wieder umgebaut und haben wenig Burgartiges mehr aufzuweisen. Wir hören zwar, daß zuzeiten der Raubfahrten der Normannen an den spanischen Küsten zahlreiche Warttürme errichtet wurden, doch haben sich Reste größerer Burgen hier nicht erhalten.

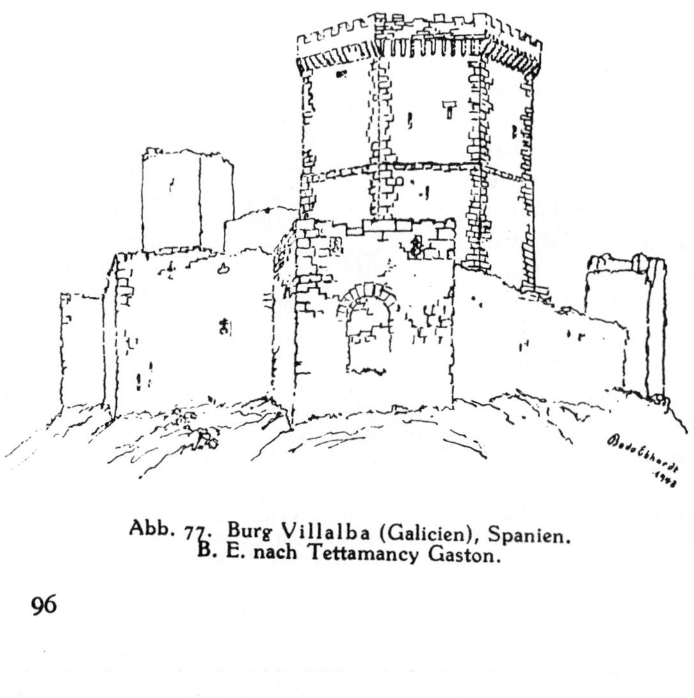

Abb. 77. Burg Villalba (Galicien), Spanien. B. E. nach Tettamancy Gaston.

249) Ebenda Prov. de Zamora, S. 257—259, Abb. 195, 293, 294. Sainz de Robles S. 27. — 250) Ebenda S. 299 u. Abb. 326. — 251) Ebenda S. 253f. u. Abb. 291. — 252) Lampérez y Romea: I. S. 243, 261f. — 253) Sainz de Robles S. 33f.

Abb. 78. La Coruna (Galicien), Spanien, mit den Burgen Castillo de San Diego und Castillo de San Anton. Lageplan B. E. nach Kausler.

Bieten wir einige Beispiele erhaltener Reste:

Wenige malerische Reste bilden die Ruine des Castillo de Andrade[254]). Fast wie ein deutscher Bergfried ragt der viereckige Lehnsturm empor, an den sich zwei schwere Mantelmauerreste mit zahlreichen Fensteröffnungen lehnen. Weiter ab von dem so gestalteten Kernbau, der einen geringen Felsklotz krönt, ziehen sich niedrige Zwingermauerreste um einen hohen Bauplatz, von dem aus man einen unbeschränkten Rundblick auf lange Ufer und Wasserflächen hat. Der Bau wird der edlen Familie der Andrade zugeschrieben[255]).

Die Burg Villalba nördlich von Lugo ist eine rechteckige Anlage mit einem Turm von 9 m im Quadrat — drei Seiten sehen nach Südosten, Südwesten, Nordosten — und einem achteckigen Lehnsturm von mehr als 40 m Höhe und 3 m Mauerdicke mit Maschikulischarten auf weit ausladenden Kragsteinen bekrönt. Jede der 8 Seiten mißt 8 m. Dieser Lehnsturm beherrscht die ganze Anlage. Die Wände zeigen vielerlei Fenster mit wechselnden Ornamenten und einfachen Scharten[256]) (Abb. 77).

Von der Burg Castillo de Ferreira de Pantón[257]) schreibt man der Frühzeit nur den quadratischen Hauptturm zu, an den dann im 16. Jahrh. der Alcazar angebaut sei[258]). Doch macht der ernste Umriß noch einen frühen, finsteren Eindruck, zeigt selbst noch zinnengekrönte Wehrgangreste, die weit über die Mantelmauer vorgekragt sind.

Südwestlich von Lugo nennen wir die Burg Vimianzo[259]), die ebenfalls einen mächtigen viereckigen Lehnsturm zeigt oder die Burg Villanueva de los Infantos[260]) südlich von Orense.

Die Klosterburg Monforte[261]) südlich Lugo über dem Fluß Cabe zeigt ein Bruchsteinmauerwerk ohne Zinnen. Ein Barocktürmchen deutet auf späteren Umbau (?).

Monforte war ehemals eine Burg der Herren von Lemos. Noch ziehen sich weite Zwingermauern mit starken Vierecktürmen um den Kernbau, der sich an mächtigere Turmreste anlehnt und als Kloster diente, heute als Hospital.

---

[254]) Tettamancy y Gaston: La torre del Homenaje del Castillo de Villalba. S. 13. — [255]) Ebenda S. 14 Anm. — [256]) Ebenda S. 23ff. Lopez: El partimonio artistico de Galicia. S. 29. — [257]) Tettamancy y Gaston S. 9. — [258]) Lampérez y Romea: I. S. 302, u. Abb. 327 Grdr. — [259]) Ebenda S. 302. — Lopez S. 29. [260]) Ebenda S. 26f. — [261]) Lampérez y Romea: I. S. 302.

Die Höhenburg Castillo Monterrey[262]) ist turmreich und vielwinklig innerhalb mehrfach hochgestufter Mauerringe gelegen.

Sie wird dem Jahre 1482 und auch einem Sancho de Ulloa zugeschrieben, besonders der mächtige, quadratische Lehnsturm mit seinen Scharten und Zinnen.

Der Bau der breit gelagerten Burg Sotomayor[263]) wird der Zeit des Kaisers Alfons VII., also dem 14. Jahrh. zugeschrieben.

Zwei Mauerringe verteidigten früh den Platz, der nur über eine Zugbrücke zugänglich gewesen sein dürfte.

Ein mächtiger, quadratischer Lehnsturm erhebt sich noch heute am sogenannten Waffenplatze, bekrönt durch weitgestellte, spitze Zinnen, die auch noch Teile der äußeren Quadermauerzüge zieren. Der Lehnsturm birgt unten ein Gefängnis, außerdem den großen Waffensaal. Noch bewohnte Teile sind später umgebaut.

Ein anderer Bauteil enthält eine gotische Kapelle und einen Wohnraum mit spitzbogiger Galerie.

Nördlich von Sotomayor ist die Burg Villagarcia und südlich Bayona zu nennen[264]).

Die Burg Pambre[265]) bildet ein regelmäßiges Vierturmquadrat mit schwerem Lehnsturm, einem Quaderbau ohne Bossen und Randschlag. Die Mantelmauer trägt einen Wehrgang auf sechs Konsolkragsteinen übereinander, und Reste spitzer Zinnen bekrönten ihn.

Durch doppelte Ringmauern erreicht man den Alcazar mit romanischer Burgkappelle. Eine Zugbrücke führt zum Haupttor. Das Wappen der edlen Familie Ulloa grüßt über diesem Eingang. Im Innern führen Gänge zu gewölbten Sälen und Zimmern, die um den Patio liegen.

Um das Burgenbild in Galicien abzurunden, nennen wir noch einige Burgen und Ruinen: Altamira, Sobroso, Doncos, Rivadavia, Cantoira, Moeche, Narahio, Mellid, Mens, Cirria, Alcazar de Milmanda, Torres del Oeste, Castroverde, Castro del Rey, Sarria[266]).

Aragon

Früher wurde das Nordostgebiet der spanischen Halbinsel eingenommen von dem Königreich Aragon bzw. die nordöstliche Ecke durch Katalonien. Zwischen Barcelona und Saragossa und der französischen Grenze in den Pyrenäen erstreckt sich ein burgenreiches Gebiet, dessen Wehrbauten einen eigenen Charakter tragen.

Sie sind hier dem gebirgigen Lande entsprechend meist aus rohen, fast quaderartigen Bruchsteinen aufgeführt. Kennzeichnend sind aber gewisse zierliche Zweilicht-Bogenfenster mit zarten, schlanken Teilungssäulen im ruhigen Gesamtumriß der Baukörper.

Ältere burgliche Anlagen gehen auch hier auf maurische Zeiten zurück, wie die 522 m hoch gelegene Burg Calatayud[267]), deren maurische Ruinenteile in das 8. Jahrh. auf ein Schloß des Ayub zurückgeführt werden. Heute sehen wir auf sehr hohem, wildem Burgfelsen zwei achteckige Bergfriede und dazwischen viele Bauten und Verbindungsmauern, die alte Wohnbauten umfaßten.

Eine lange Stadtmauer zieht sich auf dem Felskamm weit fort und deutet auf große Ausdehnung des Ortes in früherer Zeit.

Wir sehen uns hier in einem Gebiet, das im 11. Jahrh. die Taten des Cid erfüllte, der dicht bei Calatayud 1073 die alte Stadt Ateka mit maurischen Türmen und einem

[262]) Ebenda I. Abb. 326 u. S. 304. Lopez S. 29. — [263]) Ebenda S. 30f. Lampérez y Romea: I. S. 304. Sainz de Robles S. 10f. u. Abb. 17. — [264]) Lampérez y Romea: I. S. 302. — [265]) Ebenda I. S. 303. — [266]) Ebenda S. 303. Lopez S. 27ff. Tettamancy y Gaston: a. a. O. — [267]) Pidal: II. S. 28 u. 46. Mellado S. 903.

Schlosse eroberte. Der Talgrund von Jalon wurde erst 1119 von Alfons I., dem König von Aragonien, erobert.

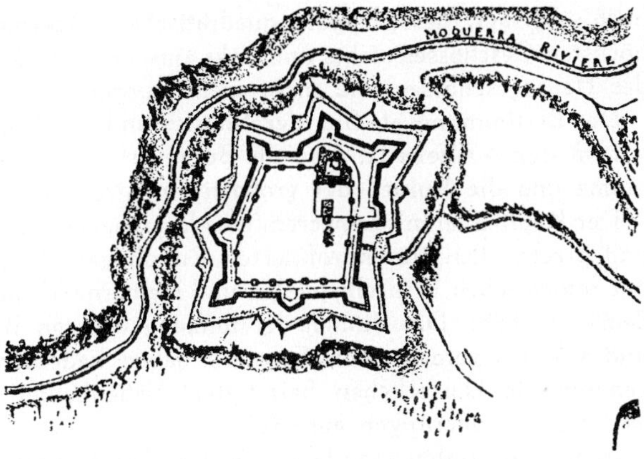

Abb. 79. Burg Ager an der Moquerra (Aragon), Spanien. Lageplan nach v. Fürstenhoff.

Nicht weit entfernt liegt auch der uralte feste Platz Daroca[268]), in dem 1088 der große Cid mit dem besiegten Grafen Berengar von Barcelona ein Bündnis schloß. Der Ort zeigt noch viele Meter (3 km) lange Ringmauern mit 114 Türmen und einem Felsenkastell (Kalat Daruca). Viele Rüstlöcher deuten auf Tapia, was hier im Norden selten ist. Die Stadtmauer zeigt hohe Quadern ohne Randschlag und Bossen.

Lampérez y Romea[269]) sieht hier Mudejarbauten des 12. und 13. Jahrh., entweder aus Tuffsteinen oder aus grauschwarzem Basalt.

Zu Cids Zeiten gehörte diese Gegend zum Reiche Mostains und des Königs von Albarracin.

Trotz dieser maurischen Vorgeschichte macht die Felsenburg, die wie eine Stadtkrone wirkt, heute den Eindruck nordischer Felsenburgen von geringer architektonischer Durchgliederung.

Die Burg Albalate del Arzobispo liegt in der Provinz Teruel nahe Hijar und der Burg Alcañiz, an einem Nebenfluß des Ebro über einer alten Stadt gleichen Namens auf steilstem Felsen.

Eine durch äußere Strebepfeiler gestützte leergebrannte Mantelmauer umgibt wilde Wohnbaureste und setzt sich in einer stolzen Kirchenmauer mit 3 frühen gotischen Maßwerkfenstern fort. Auch die Kirche ist innen wüst zerstört. Wehrbaulich wirkt die fast öffnungslose Mantelmauer über den tiefer am Felsen hinziehenden Zwingerresten. Malerischer sind die schönen hohen und schweren Spitzbogenfenster über den kleineren gotischen Fensterschlitzen und mit dem schlanken, achteckigen Glockentürmchen.

Schon 1149 wird die Feste erwähnt[270]), doch wird der Bau der Kirchenburg dem Bischof D. Eximeno de Luna (1297—1314) zugeschrieben. Damit stimmen auch die Kunstformen überein.

Alcañiz[271]), eine der mächtigsten Burgen Aragoniens, erhebt sich auf steilem Hügel über der gleichnamigen alten Stadt am Guadalupe (Taf. 27).

Schon als arabische Feste wird sie genannt, doch sind Reste aus jener Zeit durch die prachtvollen Innenräume romanischer Zeit verdeckt. Ihrerseits wurden diese durch zahlreiche spätere schloßartige Umbauten des Äußeren abgelöst. Im Gesamtumriß wirkt aber der mächtige turmreiche Bau in den wuchtigen Zwingerringen auf seiner Höhe noch beherrschend und wehrhaft genug.

Zur Höhe eines rundbogigen maschikulibekrönten Quadertores in der Zwingermauer steigt die Auffahrt allmählich an. Der weite Zwinger bzw. bastionsartige Ring wird dann von dem vierkantigen durch vier Ecktürme verstärkten hohen schloßartigen Kernbau

---

[268]) Pidal: II. S. 28, 43, 52ff., 221. Mellado S. 904. — [269]) Lampérez y Romea: I. S. 554. — [270]) Ebenda I. S. 311ff. u. Abb. 341. — [271]) Ebenda I. S. 308f. u. Abb. 335—338. B. E.: Spanische Burgenfahrt. S. 6f., 37. Mellado S. 804.

hoch überragt, dessen späte quadratische Ecktürme die lange Bogenfenstergalerie des höchsten Geschosses rechts und links einschließen. Diese Galerien und die großen Fenster des Hauptgeschosses sind nicht mehr burglich.

Der Bestimmung als Sitz der Meister und des Kapitels des Ordens der Ritter von Calatrava, denen Alfons II. 1179 die Burg verlieh, werden die schönen romanischen Innenräume und die Ruinen der großartigen Kirche eher gerecht.

Der Kapitelsaal mit schwerem Quaderkreuzgewölbe auf romanischen Rundstabgratbogen und prachtvollen stufenprofilierten Rundbogenöffnungen zeigt frühe ernste Wandsäulen mit romanischen Würfelkapitälen und steinerne Wandbänke. Frühe Wappen entsprechen dem 13. Jahrh. Die Ruinen der tonnengewölbten Burgkirche mit frühen Wanddiensten und schönen romanischen Fenstern haben bedeutende Raumwirkung. Dem 14. Jahrh. gehören die klösterlichen befestigten Nebenbauten an[272]). Bis ins 18. Jahrh. wurden weitere Vergrößerungen ausgeführt.

In der Burg trafen 1372 Pedro IV. von Aragon und Heinrich II. von Kastilien zusammen und beschlossen, ihre Streitigkeiten dem Papste zur Entscheidung zu überlassen.

Wesentlich prächtiger in den Einzelheiten erscheinen die Reste der ehemaligen arabischen Burg Alfajeria vor der Stadt Saragossa, 864—889 erbaut für Aben Alfaje[273]) (Abb. 80).

Bis zur Eroberung durch Alfons I. war die Burg Schloß der Mauren, dann nach der Eroberung 1118 wurde sie burglicher befestigt, endlich seit 1276 Wohnung der Enkelin des Jakob des Eroberers, der 1213—1276 hier Hof hielt, in spanischer Gewalt und noch im 14. Jahrh. diente sie als Schauplatz königlicher Feste.

Noch heute zeigt der Grundriß nur wenige burglich feste Teile wie den schweren Wehrturm „Torre del Trovador" von 13×16 m Grundrißabmessung und die quadratische St.-Georgs-Kirche mit ihren starken Mauern.

In allen anderen Teilen des heute für militärische Verwaltungszwecke benutzten fast quadratischen Gesamtbaues herrschen schwächere Mauern und unübersichtliche kleinere Räume vor.

Zu nennen sind die berühmten aragonischen, gotisch-maurisch gestalteten alten Säle und Räume, die in Formenreichtum geschmückt sind: Zuerst der Patio, der zu Königskrönungen der Herrscher von Aragon diente, dann die schönen Artesonadodecken im Grand Salon und der Wand- und Fensterschmuck im Treppenhaus und die Reste der Moschee. Bis zum 15. Jahrh. wurde so gebaut mit künstlerischen Erinnerungen aber mit wenig burglichen Resten, hat doch der Palast bis in die Neuzeit immer seinen Zweck gewechselt, z. B. auch der Inquisition als Sitz gedient, am schlimmsten aber gelitten durch die blutgierige Belagerung der heldenmütigen Stadt durch die räuberischen Franzosen.

Die hohe beherrschende Lage über der Nordwestecke der Stadt ist aber ein bleibender Nachweis, daß die ursprüngliche Burg aus wehrbaulichen Erwägungen an dieser Stelle errichtet wurde[274]).

Reicher ist dagegen die großartige Kirchen- und Ordensburg Loarre[275]) unweit Huesca (Taf. 28, 29). Dem inneren Kern mit den großen Saalbauten liegt westlich eine riesige Vorburg vor, die verstärkt wird durch stark ansteigende Zwingermauern mit 9 hohen Rundtürmen. Die Mauer wird von 2 Toren durchbrochen, ein viereckiger Torturm führt von Norden in die Burg, während das andere Tor von Westen zwischen 2 Rundtürmen liegt. Der ungemein malerische Eindruck wird noch erhöht durch die Reste der unregel-

---

[272]) Sainz de Robles S. 57/58. — [273]) Lampérez y Romea: I. S. 596 u. Abb. 640/641 Grdr. — [274]) Jürgen S. 90 u. Atlas Stadtplan Nr. 12. — [275]) Lampérez y Romea: I. S. 306ff. S. 306 Anm. 1 Quellenangaben. Sainz de Robles S. 55f. u. Abb. 2, 5, 6.

Burg Olite (Navarra), Spanien

Burg Alcala de Guadaira (Andalusien), Spanien

Burg Alburquerque (Estremadura), Spanien

26.2.1930

Burg über Ulldecona, Spanien

mäßig gestalteten Kernburg. Am meisten fällt hier der romanische Kirchenchor auf, der die Nordwestecke des Kernbaues einnimmt und sich durch äußere, flache Säulen aus=zeichnet. Er ist mit einer Kuppel überdeckt. Die Bauzeit der Kernburg wird mit dem 12. Jahrh. angegeben.

Romanische Fenster und Türen erscheinen durch drei Stockwerke. In den anschließenden Mantelmauern sind auch kleine zweilichtige romanische Fenster mit zierlicher Mittel=säule zu sehen. Die reichen Hausteinarchitekturglieder liegen in zum Teil glatten un=regelmäßigen Quaderwänden des Kirchenchores, zum Teil in rohem großem Bruch=steinmauerwerk. Die prachtvolle rundbogige Kirchentür mit ihrem schönen Fries und frühem Christusrelief, die zur Krypta führt, ist an einer Burg ungewöhnlich. Eine höhere Treppe führt zur Kirche selbst. Noch höher liegen sehr unregelmäßig die Wehr= und Wohnbauten, darunter der Lehnsturm, ein verschwundener Saal der Königin und eine Kapelle der Königin, Klosterräume, eine Zisterne usw.

Der Ritterorden erbaute sich in Loarre bereits 975 einen festen Sitz. Die Jahreszahl 975 will Lampérez[276]) auf einem Quader gelesen haben. 1071 wird in einer Papsturkunde die Burg als bewohnbar erwähnt. Eine Inschrift vom Jahre 1103 in der Kapelle lautet übersetzt: „Diese Burg wird unbesiegt bleiben" (Aedes has=munias invictas MCIII[277]).

Die uralte Feste Monzon liegt am Zusammenfluß des Sosa und Cinca, südöstlich von Huesca. Sie wird schon im 10. Jahrh. als befestigter Alcazar durch die Araber genannt. 1083 weilte dort der große Cid beim Maurenkönig Mutamin[278]), wenig früher schon zog er mit seinem Heere dort ein. Die Wichtigkeit des Ortes erhellt auch aus der Tatsache, daß um 1134 dort eine große Beratung zur Königswahl für Aragon stattfand[279]), wie denn auch Monzon immer wieder in der spanischen Kriegsgeschichte eine Rolle spielt. 1143 übergibt Raimund Berengar IV. von Barcelona die Burg den Tempelherren, 1306 ver=teidigten sich die letzten Templer abermals in der starken Burg. Karl V. kämpfte um den Platz, ebenso hören wir von Kämpfen um 1642 und von 1809, als bäurische Ver=teidiger Monzon gegen die Franzosen hielten[280]).

Alle Rassen und politischen Beherrscher des Landes mußten die uneinnehmbare Felsenburg 133 m über dem Ort benutzen. Kein Wunder, daß der Bau in seinen heutigen Ruinen alle Bau=stile von fast 900 Jahren aufweist.

Sehen wir den Lehnsturm mit seinen Ausblick=scharten im Kern noch als arabischen Bau, etwa 470 Fuß über der späteren Eskarpe, so finden wir Säulenkapitelle und Kerbschnittornamente in Rundbogenquadern, die arabisch oder gar west=gotisch wirken. Zierliche Zweilichtfenster finden wir in 2 m dicken Mauern, Tor und Zugbrücke fehlen nicht.

Im Gesamtumriß wirken neuzeitliche Bastionen sehr stark, und im Grundriß finden wir Reste einer Kirche der Templer, die dem 12. Jahrh. zugewiesen wird. Arabische Türme wechseln mit gotischen ab. Eine im 18. Jahrh. für die Soldaten in zwei Stockwerke zerlegte Kapelle stammt wohl

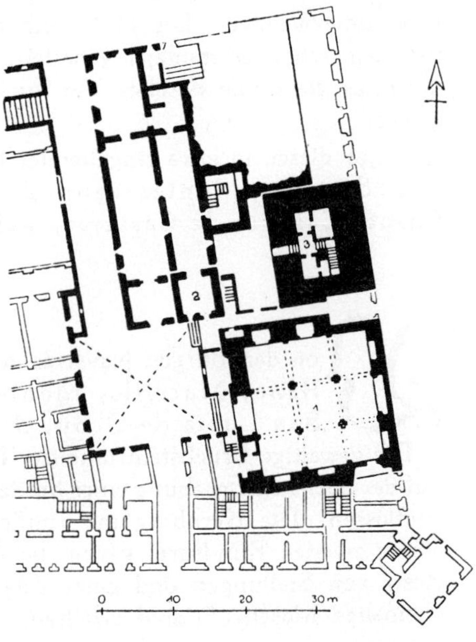

Abb. 80. Palacio de Alfajeria (Aragon), Spanien. Grundriß 1 : 1000. B. E. nach Arquitectura Civil Esp. I und Lampérez.

[276]) Lampérez y Romea: I. S. 306. — [277]) Gil S. 5ff. — [278]) Pidal: I. S. 206, 214. — [279]) Ebenda II. S. 227. — [280]) Sainz de Robles S. 57.

ebenfalls aus romanischer Zeit[281]). Wichtig sind die zahlreichen Steinmetzzeichen an den Quadern der Kapelle. Eine vortreffliche Zisterne fehlt nicht.

Noch Belmas[282]) schildert 1837 den Zustand der Feste als ausgestattet mit allen Bauten für eine Besatzung von 250 Mann.

Die neueren Werke waren damals aus Ziegelmauerwerk auf scharf glatt behauenen Felsen aufgelagert und unangreifbar durch ihre Höhe. Die Burg war nur von der südlichen Seite angreifbar, auch dort nur über einen ansteigenden, rund 200 m langen, schmalen Felsengrat. Belmas[283]) erwähnt eine damals zerstörte Santa-Quiteria-Kirche, die den Eingang zu einem Halsquergraben sperrte, der vor einem späteren Bastionsvorwerk hinläuft. Trotzdem blieben die sonst 1813 überall weichenden Franzosen in der Burg. Man sah die Feste als durchaus verteidigungsfähig an. Und richtig, hielten die Franzosen — ein kleiner Trupp — stand bis Ende Februar 1814.

Nur die von Natur hier ganz besonders gestaltete Unzugänglichkeit der Gipfelbildung hat wohl zur frühesten Nutzung des Bauplatzes als sicheren Zufluchtsort geführt und damit auch zur dauernden Erhaltung und Grundrißfortentwicklung durch fast ein Jahrtausend. Ergebnisreich für die spanische Burgenkunde dürfte eine gründliche Freilegung aller noch stehenden Baureste der rassisch so verschiedenen Schöpfung sein.

Unregelmäßig wie alle diese erwähnten Burggrundrisse war auch der der Höhenburg Alquézar bei Huesca, deren grobes Hausteinmauerwerk in den älteren Teilen noch charakteristisch ist[284]).

Alquézar ist mehr Kirchenburg als Palastburg. Der Bau wird in seinen Grundmauern dem 9. Jahrh. und den Mauren zugeschrieben. 1070 kam die Burg in die Hände des Sancho Ramirez und wurde durch eine Kirche der heiligen Jungfrau bereichert.

Steigt man empor, so trifft man zunächst links auf die „torre del vigia", den Wachtturm, und rechts auf die bezinnte Mauer und auf einen weiteren Turm, jetzt zum Glockenturm umgewandelt. Die Hufeisenbogenfenster im Palastbau neben der Kirche werden für maurisch oder mudejar gehalten. Auf der höchsten Spitze des Felsens unter einem Turmrest liegt eine Kirche. Vor ihr betreten wir einen Waffenplatz (Hof) am Abgrunde gelegen.

Außer diesen in etwa eingehender beschriebenen Burgen Aragons, erwähnen wir ferner noch: Sietamo, Montearagon, Zaidin, Ainsa, Benabarra, Torresecas, Nisano, Caspe, Castillo de Castejar, Valderrobres u. a.[285]) (Taf. 18).

Navarra

Von den Burgen Navarras nennen wir insbesondere: Artajona, Cortes, Gollano, Marcilla, Monjardin, Guendulain, Rada, Tafalla, Tiebas, San Lucia de Ocon, Olite, Javier, Cizur[286]).

Die gewaltige Bruchsteinruine der Höhenburg San Lucia de Ocon bei Logroño liegt auf der höchsten Erhebung eines breiten Kammes mit drei steilen Seiten, sie ist von Wasser umflossen. Die Kernburg mit rundem, bergfriedartigem Turm ist lang rechteckig mit einem zweiten Rundturm gegen die Angriffsseite hin. Reste eines Baues von 15:22 m, Reste von Stallungen und einer Zugbrücke, einer Kirche Santa Maria (angeblich eine ehemalige Moschee?) sind erhalten.

---

281) Vgl. Anuari de la Associacio d'excursions catalana Bd. 2. — 282) Belmas: Journeaux des Siéges. IV. S. 831 ff. — 283) Ebenda. — 284) Lampérez y Romea: I. S. 311. — 285) Ebenda I. S. 306. — 286) Ebenda I. S. 313 ff. Madoz: XII. S. 213 f., X, S. 419.

Burg zu Nogales bei Badajoz (Estremadura), Spanien

Burg Segura de Leon bei Badajoz (Estremadura), Spanien

Bedeutend tiefer gegen die Angriffsseite zu bildet eine innere Vorburg eine breite Stufe. Eine zweite Vorburg liegt abermals tiefer und zieht sich als breiter, ganz unregelmäßiger Außenzwinger um die ganze Burg. Außerhalb stehen noch wirre Reste von Außenwerken.

Das Ganze bietet ein wildes Bild der Zerstörung, ein Beispiel völliger Unregelmäßigkeit, die im wesentlichen durch das wüste Baugelände des nordöstlichen gebirgigen Spaniens bedingt wird (Taf. 14).

Die rätselhaften Ruinen der Burg Olite[287]) liegen am gleichnamigen Ort etwa 30 km nördlich des Ebro in flacher Gegend.

Die Burg bedeckt mit völlig zerstreut angeordneten Bauresten ein dreieckiges Gebiet von etwa 100:150 m mit 10 Türmen, 2 Höfen, Kirchen, Hallen und im Grundriß stufen=artig verschobenen Wehrbauten (Taf. 23).

So unbegreiflich die Gründe sind, die die Erbauer veranlaßten, die Türme, Mauern und Säle usw. so zerklüftet zu errichten, so klar sind die hochstrebenden Türme, Tore und Mauern in prachtvollem Quadermauerwerk hingestellt, ja übereinander getürmt. Alle Mauerzüge und Turmreste tragen Reste künstlerisch überraschend schön geglie=derter wehrgangtragender Konsolreihen von erstaunlicher Mannigfaltigkeit, ein vor=geschobener Achteckturm sogar in dreifachen Absätzen.

Schön gewölbte gotische Spitzbogen verbinden in Wehrganghöhe mächtige quadratische Mauertürme, tief daneben öffnen sich niedrige, gotische Tore, einzelne, reiche, spät=gotische, viereckige Maßwerkfenster wirken besonders eindrucksvoll in den schlichten, großen, unerschütterten Quaderflächen, aus denen alle Burgteile bestehen. Höchste Schönheit zeigen die zehnfach geteilten, zweistöckigen, schlanken Spitzbogen einer inneren Saalwand. Unerklärte Zweckbestimmung mancher Raumbestimmungen und wirklich königliche Maßstäbe der Ruinen wirken in dem Ruinenzustande des navaresischen Königs=baues besonders erschütternd, wenn man hört, daß ein spanischer Freiheitskämpfer, der General Mina, den herrlichen Bau zerstörte, um den weichenden napoleonischen Horden die Möglichkeit zu rauben, sich darin 1813 noch zu verteidigen.

Die Bauzeit wird seit 1403—1413 angenommen[288]), und die Gleichmäßigkeit des Quader=mauerwerkes an allen Bauteilen erlaubt nicht, wesentlich ältere Bauteile als schon früher vorhanden anzunehmen.

Die Burg Cizur (Zizur) liegt 6 km von Pamplona. Die Geschichte weiß nichts von einer Burg, der Name wird auch in keiner Urkunde erwähnt[289]).

Der Plan gehört zu den unregelmäßigen; um einen Patio willkürlich verteilt liegen eine im Verhältnis zu den anderen Räumen große Kirche, vier Türme außer dem Lehnsturm und drei Zimmer, von denen eines sich durch seine Größe als herrschaftlicher Lebens=raum zu erkennen gibt.

Der Stil der Kirche ist romanisch mit Spitzbogen, welche ungefähr auf die zweite Hälfte des 12. Jahrh. hinweisen.

Die Burg dürfte danach ähnlich der Ruine bei Ulldecona sein, soweit die Kirchen=form in Frage kommt.

Baskische Provinzen

Wering ist die Zahl der Burgen, die noch in den 3 baskischen Bezirken Guipuzcoa, Vizcaya und Alava erhalten ist. In früherer Zeit waren dem Freiheitsdrang des Volkes entsprechend kaum mehr als starke Türme vorhanden, die auch heute noch überwiegen. Auch die Bedeutung der Bauten ist nicht so groß wie in anderen Teilen Spaniens; es sind meist Bruchsteinbauten.

---

[287]) Lampérez y Romea: I. S. 317f. u. Abb. 342, 345, 346 (Grdr.). Sainz de Robles S. 58. — [288]) Lampérez y Romea: I. S. 317. — [289]) Ebenda I. S. 313f.

Lampérez y Romea[290]) nennt folgende Burgen und Ruinen: Mendoza, Guevara, Fontecha, Sajoyesti, Butron, Arteaga, Munatones und Fuenterrabia.

Butron in der Provinz Vizcaya ist ein Bruchsteinquaderbau mit gotischen Zwingertürmen[291]). Er macht im wiederhergestellten Zustande in Formen von 1850 einen prunkvollen Eindruck.

Die in den baskischen Landen bodenständigen Burgen bestehen meist in einem starken Kernturm, um den sich eine starke Mantelmauer zieht.

Eine äußere Zwingermauer mit runden Ecktürmen wiederholt sich mehrfach. Was daran alt ist, ist aber bei Butron durch die Neubauten nicht mehr klar zu erkennen.

In oder bei San Julian de Musques liegt die Burg Castillo de Munatones (Prov. Vizcaya), eine nüchterne Burgruine. Lampérez y Romey[292]) nennt diese Burgruine als architektonisch und geschichtlich bedeutendste des Gebietes.

Auch sie hat einen schweren Mittelturm, der von Mantelmauer und Zwingermauer mit runden Ecktürmen umgeben ist. Es wird nur ein Haupttor in viereckigem Torturm mit Spitzbogen erwähnt.

Fuenterrabia weist einen rechteckigen Grundriß von etwa 43:35 m auf mit Mauerstärken bis zu 3 m. Der rechteckige Bau umschließt einen quadratischen Hof von etwa 10:10 m. Von außen wirkt die Burg mit ihren hohen Mauern gewaltig[293]).

Von der Burg Arteaga[294]) ist nicht viel Burgliches erhalten. Sie zeigt heute einen modernen Schloßbau, der von französischen Architekten 1857—60 erbaut worden ist, und Blenden wie die Burg Avignon.

Katalonien

Wenn man die Burgen des katalonischen Gebirgslandes überblickt, das bis zur Küste des Mittelländischen Meeres hin kaum anders als gebirgiges, schroffes Gelände aufweist, so überrascht es nicht, daß die genannten, regelmäßig geformten Burgen doch eine Ausnahme sind.

Das Gelände zwang eben dazu, sich jeder Schwierigkeit anzupassen. Sehen wir folgende Burgen an:

Am nördlichsten liegt die große Ruine Peratallada oder Peralada mit ihren hohen Viereckstürmen und erheblichen Höhenunterschieden (Abb. 82).

Der Hauptturm, im Grundriß rechteckig, trägt noch heute wohlerhaltene Viereckzinnen und zeigt außer der hochgelegenen Eingangstür fast keine Öffnungen. Diese Tür ist durch gerade Steinbalken abgedeckt, der durch starken Halbkreisbogen entlastet. Das bodenlose, glatte Quadermauerwerk wird dem 13.—14. Jahrh. zugeschrieben[295]).

Innen sind noch rohe Holzdecken erhalten. Rundhölzer liegen raumlängs auf spitzbogigen Gurtbogen, darüber quergelegte Deckenschalung. Diese Raumform ist kennzeichnend für die gotische Zeit Spaniens, besonders Kataloniens — vgl. Solsona, Cardona (Abb. 83, 90).

Der Grundriß zeigt starke frühe Bauten, den obengenannten Wohnturm in rundlicher Mantelmauer und einen Saalbau außerhalb der Mauer in verschiedenen späteren Flügeln.

Ein Quadrat von höchster Regelmäßigkeit auf kahlem, felsigem Hügel ist die gezinnte, wohl 12 m hohe Mantelmauerburg von Montgri in Katalonien.

Der Grundriß zeigt an den vier Mantelmauerecken vier schmale Rundtürme und in diesen je zwei schmale Seitenbestreichungsscharten.

---

[290]) Lampérez y Romea: I. S. 319. Vgl. auch Balparda y las Herrerias: Historia critica de Vizcaya y de sus Fueros II, 3. — [291]) Lampérez y Romea: I. S. 319, u. Abb. 349. — [292]) Ebenda I. S. 319f. u. Abb. 348. — [293]) Ebenda S. 321f. u. Abb. 351—353. — [294]) Ebenda S. 320f. u. Abb. 350. — [295]) Martorell: Castells de Catalunya Abb. nach S. 8 (1284 erwähnt). Sainz de Robles S. 20. Rovira y Virgili: Historia nacional de Catalunya. IV. S. 201.

In der Mitte einer Vier=eckseite liegt ein einziges schweres, etwa 2 m brei=tes Rundbogenquadertor, hoch über diesem in Wehr=ganghöhe streckt sich in jeder Seitenmitte je ein Gußerker vor.

Innen lagen um einen quadratischen Mittelbau langrechteckige Wohn=bauten, deren zierliche Zweilichtfenster mit fei=ner Mittelsäule und zwei Rundbogen wie frühe Arbeiten erscheinen. Da=gegen sprechen die tief auf dem Boden jeder Seite und über der halben Höhe derselben liegenden regelmäßig 6—12 senkrechten wiederholten Schlitzscharten.

Abb. 81. Castelbell vor Cardona. B. E.

Vor dem einzigen Tor deutet der Grundriß eine einfache schmale Zwingermauer an. Das ganze klotzige Werk ist im Innern vielleicht gar nicht fertig geworden, darauf deuten die ungewöhnlich schweren Gewölbeverzahnungen, die durch die Quadermauern zweier Stockwerke reichen.

Jedenfalls ist wohl selten ein so formenarmer Wehrbau dieser Größe entstanden, dessen völlig flacher Innenboden öde Leere zeigt.

Ein anschließender Ort zeigt unter anderem ein zweistöckiges Stadttor einfachen Ge=wölbebaues.

Burg Palafolls ist bei Blanco über dem Tordera in Katalonien gelegen[296]). Ihr Grundriß bietet ein Beispiel besonderer Unregelmäßigkeit. Fast bergfriedartig strebt der Lehnsturm schlanker als sonst empor, an den sich ebenso auf der höchsten Felsklinge ein hoher Wohn=bau anschließt, in dessen Grundmauern eine Zisterne liegt.

Eine Mantelmauer schließt den kleinen, hohen Bezirk gegen den etwa 10 m tiefer lie=genden Teil der engen Kernburg ab, die um die Südostecke herum noch einen kleinen Saal und einen Nebenbau mit abschließt.

Im Süden und Osten zieht sich der tiefere und größere Teil, in dem westlich ein größerer, dreiteiliger Saal mit zwei deckentragenden Böden, eine zweite Zisterne und am Ostende eine Kapelle liegen. Damit ist der Wohnbau abgeschlossen. Die etwa 50 m langgestreckte Vorburg liegt tiefer. In der Nordwestecke steht ein länglich rechteckiger Turm, die übrige Ringmauer zeigt eine Fülle von eckigen Mauertürmen zur Seitenbestreichung. Der Haupt=eingang liegt unter der Südwestecke der Kernburg. Die Raumformen gleichen denen deutscher Burgen mit Bergfried, Pallas und Kapelle, Saalbau und anderem.

Völlig dem Boden angepaßt ist dagegen der Grundriß vom Kastell Montsoriu[297]). Hier zeigt sich ein Bauplatz als scharfe Spitze, der in der Kernburg eine längliche Form zwischen dem Bergfried auf dem höchsten Platz und der Spitze der Angriffsseite bildet.

Die längliche Kernburg umgibt eine tiefer liegende weite Vorburg. Die Lage ist so gewählt, daß die eine Längsseite über einem steilen Absturz keine weitere Zwingeranlage erforderlich machte. Auf der anderen Seite dagegen ist die Vorburg sehr viel stärker

[296]) B. E.: Spanische Burgenfahrt. S. 33. Martorell S. 25 Ans. — [297]) Ebenda S. 9 Grdr., S. 23 Ans.

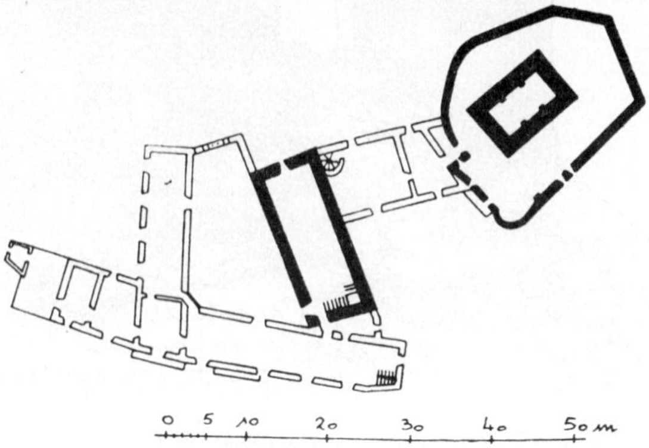

Abb. 82. Burg Peratallada=Peralada, Katalonien, Spanien. Grundriß 1 : 2000. B. E. nach Martorell.

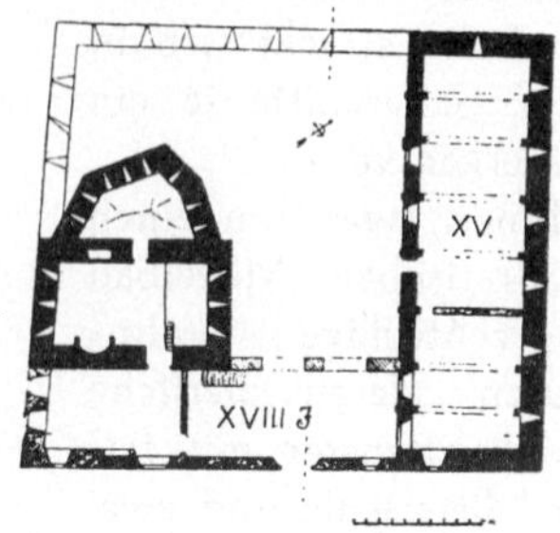

Abb. 85. Castell de Maldà (Katalonien), Spanien. Grundriß 1 : 1000 aus Capdevila: El Castell de Maldà.

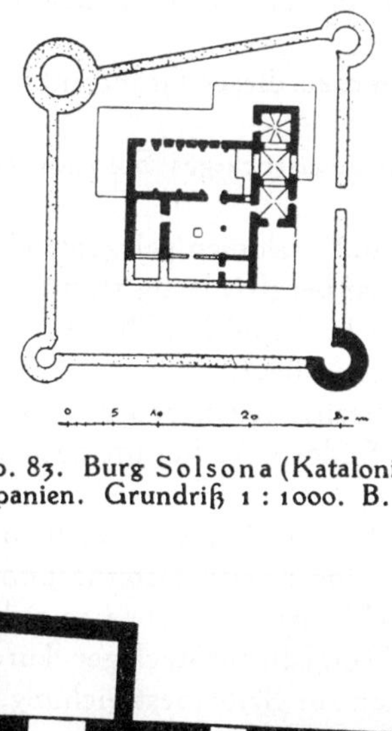

Abb. 83. Burg Solsona (Katalonien), Spanien. Grundriß 1 : 1000. B. E.

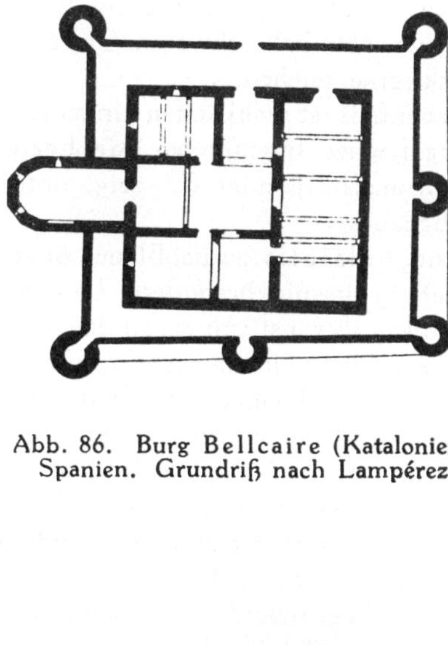

Abb. 86. Burg Bellcaire (Katalonien), Spanien. Grundriß nach Lampérez.

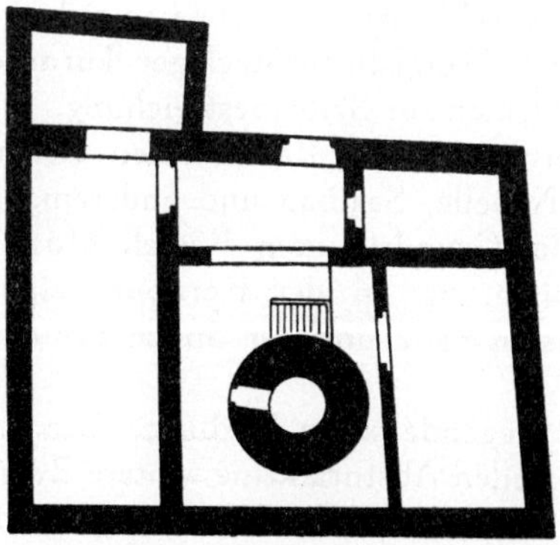

Abb. 84. Burg Vilasar (Katalonien), Spanien. Grundriß o. M. B. E.

Abb. 87. Burg Vilasar (Katalonien), Spanien. Schnitt.

und durch 5 Rundtürme verstärkt. Freilich sind die Türme zur Seitenbestreichung wenig weit vorgestreckt.

Zu Füßen dieser Vorburgmauer zieht sich ein breiter Graben entlang und jenseits tiefer liegend noch ein breiter Zwinger mit starker Mauer, dieses Mal durch vier vier=eckige Schalentürme verteidigt, die schon mehr auf Seitenbestreichung zugeschnitten sind.

Die Burg Cardona in Katalonien verdient eine Sonderstellung[298]). Ihr Bauplatz ist ein langer, auf 550 m hochragendem Sattel, tief unten umflossen vom Rio Cardoner und Riera de Navel und hoch über dem ummauerten und umtürmten Städtchen gleichen Namens.

Ein alter Plan, Kupferstich vom Jahre 1701[299]) und eigene Aufmessungen von 1930, boten die Unterlagen zum Grundriß (Abb. 90). Danach erstreckt sich die Kernburg etwa 130 m über dem höchsten Rücken; die tiefer liegenden Außenwerke und neueren Bastionen ziehen sich an 250 m hin. Von der Stadt, und damit von der Angriffsseite aus, steigt der steile Fahrweg stark an, zwei Enden der frühen Stadtmauer mit den Resten viereckiger Seitenbestreichungstürme schließen sich hier den Außenwerken der Burg an.

Mittelalterlich ist der runde Bergfried in die Mittelachse der Burg hier gegen den Feind gestellt. Der untere, stark ausgeböschte Turmfuß ist erhalten.

Etwa 18 m weiter zurück scheint ein 50 m weites, starkes Mauerquadrat mit verschobenem Patio und zweitem Hof und vielen Teilungswänden darin die frühe Kernburg bzw. deren Mantelmauer gebildet zu haben. Damit werden die an Ort und Stelle auch durch einen zweiten kleineren Hof und zahlreiche spätere Umbauten sehr übersichtlichen Wohnbauten etwas verständlicher.

Der Länge des von Westen nach Osten verlaufenden Bergkammes entsprechend, reiht sich an die Ostmauer des Wohnbaues nun noch ein mit Vorhalle etwa 45 m langer, ro=

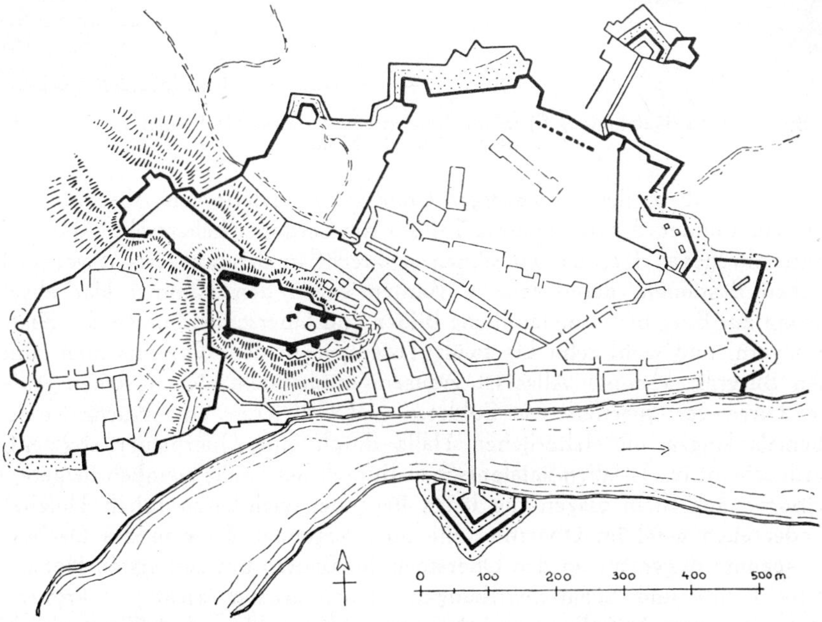

Abb. 88. Burg und Stadt Tortosa am Ebro (Katalonien), Spanien. Burg liegt zwischen Alt= und Neustadt. Lageplan 1 : 10000. B. E. nach Rigel und Guia Michelin.

298) B. E.: Spanische Burgenfahrt. S. 41 ff. Lampérez y Romea: I. S. 324. Sainz de Robles S. 19 f. — 299) In der Preuß. Staatsbibliothek, Berlin, M. 1:2660.

Abb. 89. Burg Vendú (Katalonien), Spanien. Inneres eines Saales. Nach einer Zeichnung des Service de Catalog. de Mom.

manischer Kirchenbau, dessen würdiger Chor einen malerischen Abschluß des mächtigen Kernbaues bildet, der das gesamte Tal des Rio Cardoner beherrscht (Abb. 91, Taf. 34).

Die mittelalterlichen Kernbauten stehen senkrecht in den waagerecht vorgeschobenen Vaubanschen Bastionen, deren scharfe Kanten gegen den Himmel klar abschneiden. Der Aufgang zur Burg bietet erstaunliche Bilder und Überschneidungen der Bastion- und Zwingermauern, und wohl zehn bis zwölf Tore sperren den Weg, bis man zum mittelalterlichen Burgrest kommt. Alles ist grausam mißhandelt. Noch stehen Aufschriften über den Türen der Quartiere von Soldaten und Offizieren, eine Küche ist dem Ende einer ehemals langen mittelalterlichen Halle durch eine Quermauer abgeteilt. Diese Hallenform scheint in fast allen katalonischen Burgen heimisch; ziemlich magere, gotische Quergurtbogen aus Stein tragen die längs liegenden sichtbaren rohen Holzbalken der Decken oder auch wohl im Oberstock die quer liegenden Sparren des Dachwerkes.

Weit gespannte Bögen tragen den Oberstock der Bauten um den ersten Hof und bieten wunderbare Licht- und Schattenwirkungen. Noch ernster wirkt der kreuzgangartige zweite Hof mit seinem Mittellicht und den unglaublich schlanken, leider in der Mehrzahl durch nüchterne Mauerpfeiler ersetzten Säulen, die das Dach wieder auf Gurtbogen tragen. Die Vorhalle der Kirche schließt sich düster an und leitet zu dem verstümmelten Inneren der mächtigen Kathedrale über.

Altafulla
bei
Tarragona
25.II.30

Kirchen-Burg Altafulla, Spanien

Burg des Ordens v. Calatrava, A l c a ñ i z (Aragonien), Spanien

Ordensburg L o a r r e (Aragonien), Spanien. Kirchenflügel

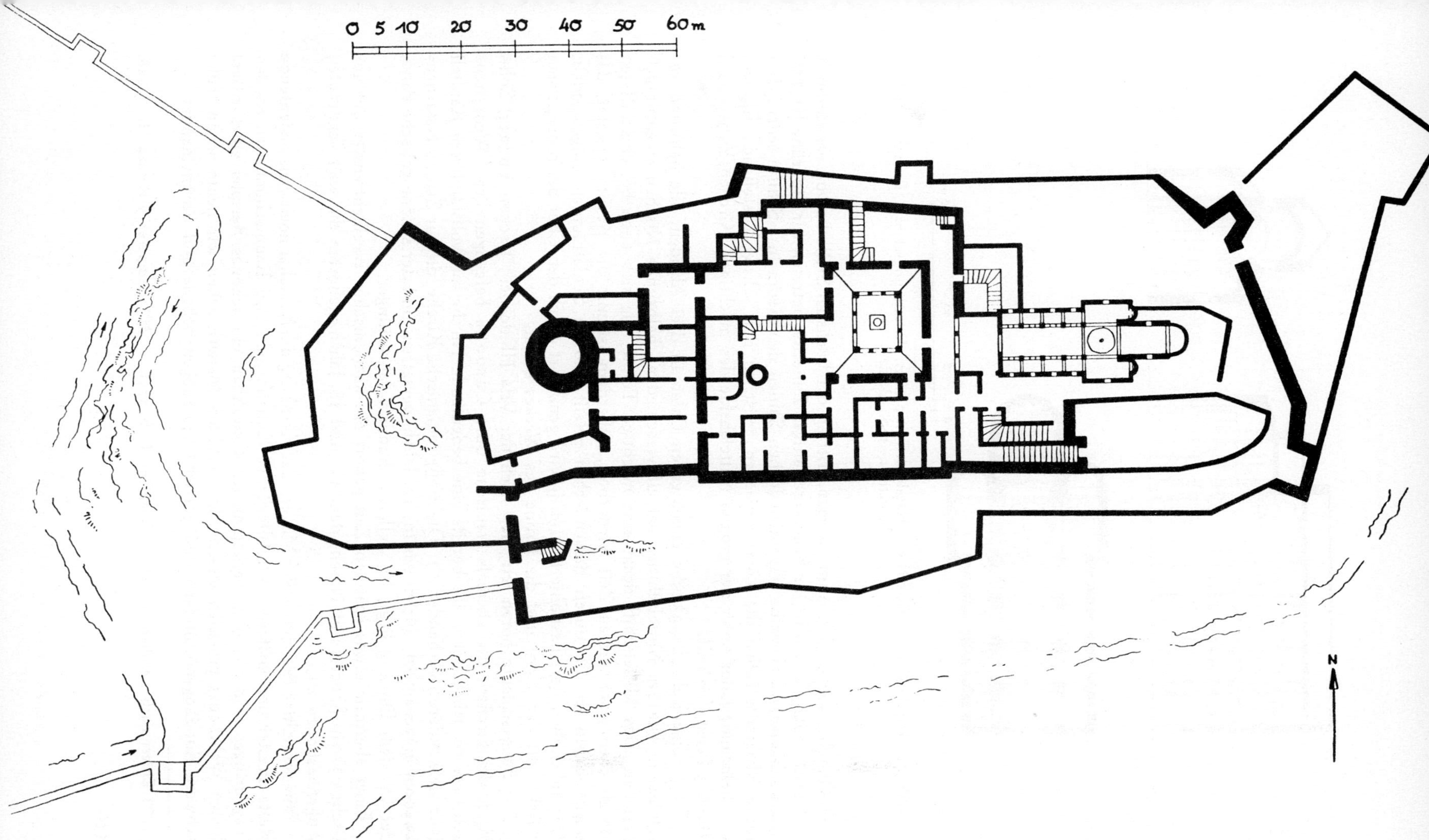

Abb. 90. Burg Cardona bei Barcelona (Katalonien), Spanien. Grundriß 1 : 1000. B. E. nach eigenen Aufnahmen und nach Kupferstich von 1701.

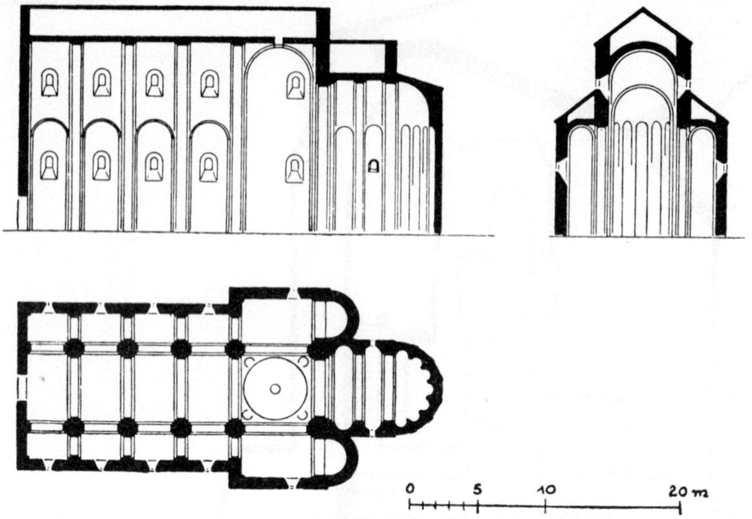

Abb. 91. Burgkirche von Cardona (Katalonien), Spanien. Erinnerungsskizze. Grundriß und Ansicht 1 : 500. B. E.

Die Kirche, von großen Abmessungen, tritt an der höchsten Stelle hervor, verstümmelt und geschunden. Innen ist ihr Bau vergewaltigt. Zunächst betreten wir die frühe Krypta, deren schlanke, 12 Gewölbe tragenden frühen Säulen den Raum in 3 Schiffe teilen. Barocke Malereien füllen die Gewölbeflächen zwischen den schwer bestoßenen Rippen. Der halbrunde Chor unter der großen Mittelabside des mächtigen Kirchenschiffes wird durch 3 Fenster erhellt.

Diese romanische Burgkirche endet gegen Osten in drei Absiden, alle halbrund geschlossen. Die des Mittelschiffes hat elf verschiedene halbrunde Nischen eigentümlich gestaltet. Das Mittelschiff deckt eine mächtige Tonne, die sich auch bei einschiffigen Burgkirchen jener frühen Zeit wiederholt, außerdem ist nur die Krypta gewölbt, das übrige Schiff ist roh durch Balkendecken geteilt und zu Schlafräumen umgewandelt. Der unheimlich starr bastionierte Umriß wird gemildert durch den Chor der romanischen Kirche, die den Kern und die Krone des Werkes bildet.

Zur Baugeschichte hören wir, daß nach der Vita Hludowici[300]) schon Ludwig, Sohn Karls des Großen, die ehemals arabische Burg Cardona befestigen ließ. Wenigstens seit dem 10. Jahrh. sei in ihr bereits eine bedeutende Kirche mit vollständigem Kapitell (wie viele andere!) vorhanden[301]). Die große romanische Kirche, die zur Zeit zu Kasernenzwecken umgebaut ist, dürfen wir ins 12. Jahrh. versetzen, und der schöne gotische Patio, der vor dem Eingang liegt, ist vielleicht hundert Jahre jünger.

Einer abermals etwas späteren Zeit gehört ein katalonisches Zweilichtfenster mit gotischen Dreipaßbogen mit Nasen, dem 17. und 18. Jahrh. gehörten die weit verstreuten Außenbastionen an.

Eine sorgfältige Freilegung der Mauern der Kernburg dürfte sicher noch viele bedeutende Reste ältester und späterer mittelalterlicher Kunstformen und Raumschönheiten an den Tag bringen und aus dem verkommenen Gewaltbau ein schönes Beispiel eines ritterlichen Wehrbaues gestalten lassen. In einzelnen Mauern sehen wir heute schon frühe schwere Rundbogenöffnungen und gotische Spitzbogen neben= und durcheinander.

---

[300]) Zitiert nach Lembke: Gesch. v. Spanien. I. S. 374f. — [301]) Lampérez y Romea: I. S. 228.

Südöstlich von Cardona liegt hoch die kleine Burg Castellbell mit reizenden früh=gotischen Säulenputten und malerischem Hof[302]) (Abb. 81).

Ein stolzer Bauplatz ist die kühne Bergspitze, die sich noch weit über dem 677 m hoch liegenden Orte Solsona erhebt. Hier bot sich Platz zur Anlage breiter, rechteckiger Bauten. Der Kern der noch bewohnten Halbruine Solsona zeigt strenge, romanische Kunstformen und Raumbildungen des 13. Jahrh.[303]).

Erhalten ist ein rechtwinkliger 13 m langer Saal von 5 m Breite, von der katalonischen Holzdecke auf vier steinernen Gurtbogen überspannt. Rechtwinklig dazu liegt ein 12 m langer und über 3 m breiter Raum mit drei quadratischen Kreuzgewölben. Eines davon trägt heute einen Kapellenturm. Zwei weitere, teils zerstörte Flügel schließen rechtwinklig an. Spuren älterer und späterer Mauerreste lassen veränderte, größere Räume erkennen (Abb. 83).

Um diesen romanischen Kern zieht sich noch ein fast quadratischer, weiter Zwinger mit vier runden ungleich starken Ecktürmen, der offenbar einer späteren Bauzeit angehört.

Die Burg Solsona gehört jedenfalls, so wenig das Quaderwerk heute noch davon zeugen mag, zu den edel durchgebildeten Werken; noch heute sind einzelne mächtige Säulenkapitelle erhalten, denen auch die verschwundenen Teile gleich gestaltet waren. Aus der Bauzeit des Ortes Solsona wissen wir aus Llaguno[304]), daß 1187 dort die Kathedrale vollendet wurde. Auch das berühmte Kloster von Poblet, dessen herrliche Quadern manchen Resten der Burg Solsona gleichen, wurde damals gebaut.

Man darf für Katalonien annehmen, daß dem viel zerrissenen Berglande entsprechend die Mehrzahl der Burgen sehr unregelmäßige Grundrisse zeigt.

Um so mehr fällt die Gestalt der Burg Bellcaire auf, einem Wehrbau des 13. Jahrh., der im Grundriß viele Ähnlichkeit mit der quadratischen Burg Solsona hat (Abb. 86).

Auch die Halbruine Bellcaire ist ungefähr quadratisch gestaltet um einen engen Mittelhof ohne innere Säulenstellung. Westlich nimmt ein Saal von 10 m Breite und etwa 24 m Länge die ganze Seitenlänge ein, dessen Decke durch fünf Gurtbogen getragen wurde[305]), neben dem Mittelhof liegt südlich die Eingangshalle, östlich daneben ein Ge=mach. In der Mittelachse des Patio liegt eine Vorhalle, zu der rechtwinklig die vollständig 13 m aus dem Kernbau vorgestreckte Burgkapelle hervortritt. Den Rest der Nordseite nimmt ein größeres Gemach ein.

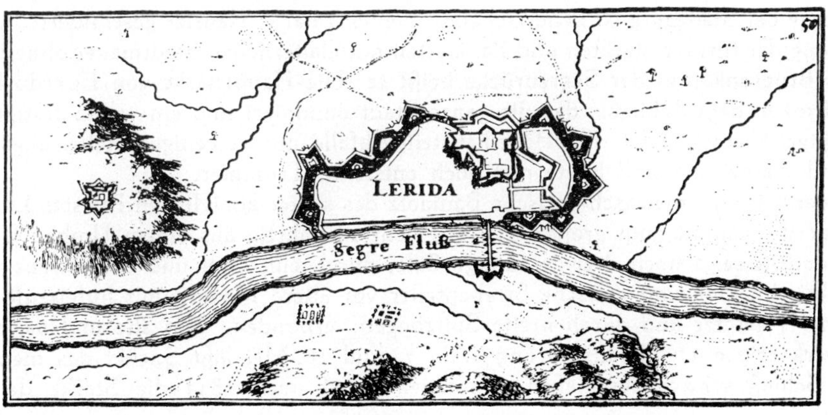

Abb. 92. Burg La Zuda in Lerida (Katalonien), Spanien. Lageplan von Stadt und Burg. Nach Gabriel Bodenehr.

— [302]) B. E.: Spanische Burgenfahrt. Abb. S. 41. — [303]) Ebenda S. 43f. — [304]) Llaguno y Amirola I. S. 31. — [305]) Lampérez y Romea I. Abb. 229 u. 357, S. 233, 324. Memorias de la Associacio Catalanista I. S. 257, 259.

Abb. 93. Castell de Maldà (Katalonien), Spanien. Heutiger Zustand. Ansicht aus Capdevila: El Castell de Maldà.

Um diesen Kernbau liegt ein völlig regelmäßig viereckiger, schmaler Zwinger mit vier schlanken, runden Ecktürmen und an zwei Seiten mit je einem halbrunden Mittelturm (Abb. 86).

Kennzeichnend für das 13. Jahrh. und Katalonien sind die äußerst dünnsäuligen zwei= und dreilichtigen Rundbogenfenster.

Unter den Halbruinen spanischer Burgen ist die der Burg La Zuda in Lerida be= sonders bemerkenswert[306]) (Lageplan Bd. I. S. 89. Abb. 93 u. Bd. II, Abb. 92).

Die Lage der Stadtburg ist beherrschend. Sie wird bei v. Kausler geschildert[307]). Nach Erwähnung der turmverstärkten und flankierten mittelalterlichen Stadtmauer ohne Graben und des Brückenkopfes der Segrebrücke heißt es: Die Hauptstärke von Lerida besteht (noch 1839) in dem Schlosse, das die ganze Stadt dominiert und ein wohlbefestigtes un= regelmäßiges Viereck bildet. Die Höhe hat steile Abfälle, nur an wenigen Stellen zugänglich. Burg und Kathedrale sind heute nur noch entstellte Trümmer.

Der merkwürdige maurisch=gotische Bauklotz des später königlichen Palastes La Zuda über Lerida stammt zum großen Teil aus dem 13. Jahrh., aus einem Umbau Jaimes I. Der Grundriß zeigt noch drei geräumige Säle, durch ein, zwei und drei Kreuzgewölbe überdeckt. Im Hof sind gotische Strebepfeiler vor ältere Mauern mit hufeisenförmigen Fenstern (!) gesetzt und durch breite Spitzbogen verbunden. Das alte und das spätere Mauerwerk zeigen Quaderausführung. Am 7. und 16. Mai läßt Suchet das menschen= gefüllte Schloß schwer beschießen. Trotzdem wird noch 1839 die Stärke der Burg erwähnt.

Wenn die Araber 713 Lerida eroberten und 799 es an Ludwig den Frommen verlieren, aber bald neu erobern, dann 1149 an den Grafen Berengar IV.[308]) wieder abtreten müssen,

[306]) Siehe oben S. 5. — [307]) v. Kausler. — [308]) Diercks I. S. 432.

Ordensburg L o a r r e (Aragonien), Spanien

Burg O l i t e (Navarra), Spanien

so ist es verständlich, daß 1214 eine Wiederherstellung durch Jaime I. nötig wurde. Damals rühmt eine Chronik[309]), daß der Bau starke, viereckige Türme habe (die wir heute noch sehen) und innen einen Waffenplatz mit schönen gotischen Pfeilern und Spitzbogen und Hufeisenfenster. Der Bau war also auch im Mudejarstil errichtet.

Zwei Flügel und fünf Vierecktürme stehen heute noch rechteckig zusammenstoßend aufrecht.

Von den Kriegsstürmen der letzten Jahrhunderte sprechen am ernstesten die Reste der ganz militärisch erbauten Kathedrale oben auf der Stadtburg, die von der französischen Beschießung 1810 stammen.

Man erkennt noch Spuren römischer Grundmauern.

Die Burg Burriach nördlich Barcelona ist, wie ihr verzwickt gestalteter Grundriß andeutet, als ein besonderes Beispiel der Kriegsbaukunst aus dem Ende des Mittelalters anzusehen, aus der Zeit, als ein reicherer Gebrauch der Feuerwaffen allgemein wurde.

Es lag nahe, in jener Zeit der drohenden Nachbarschaft des ländergierigen Franzosenkönigs Ludwig XI. die besten Kräfte des Wehrbaues aus Barcelona heranzuziehen. 1473 begann Joan Ferrer den Bau nach der Art seiner Zeit im ganzen und in allen Einzelheiten.

Der Grundriß[310]) zeigt aber auch Erinnerungen an frühere Wehrbauten, während der große Hauptrundturm nur durch zahlreiche Seitenbestreichungsmöglichkeiten an das Ende des 15. Jahrh. erinnert. Zunächst steht ein Wohnturm auf dem höchsten Gipfel, willkürlich dem zerklüfteten Bauplatz durch seine Ringmauern angepaßt, daneben eine sehr kleine Kernburg und viele Vorburgen. Sehr fein erwogen, aber spät, ist das zur Seitenbestreichung tief unten am Zugangswege angelegte bastionsartige Werk, das die Hauptstraße beherrscht.

Die Burg Malda[311]) (Abb. 85) zeigt einen quadratischen Kernbau, in dem sich drei ungleiche Flügel hufeisenförmig einordnen. Ein 10×32 m großer Saalbau rechts des Haupttores (Abb. 93) gehört dem 15. Jahrh. an. Er bietet das kennzeichnend katalonische Bild mit längs laufenden Deckenbalken, deren Last durch sieben quergestellte Steinspitzbogen getragen wird. Der schöne Bau, aus edlen Quadern gebildet, befriedigt bei aller Einfachheit in seinen einfachen Linien.

Älter und erheblich unregelmäßiger ist der Kernwohnbau des 12. Jahrh., ein länglich rechteckiger Wohnturm mit vorgebautem, fünfeckigem Keil, der frei in den Hof vorstößt, links hinter dem Haupttor.

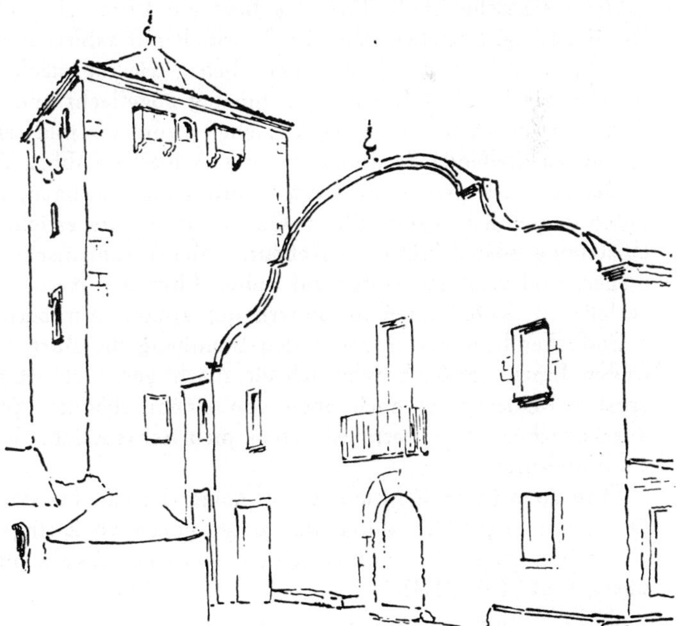

Abb. 94. Fester Hof mit Turm in Arema de Dalt (Katalonien), Spanien.

[309]) Lampérez y Romea I. S. 533f. Abb. 609—611. — [310]) Bulletin del Centre Excursionista de Catalunya. Memorias de la Associacio Catalanista. I. S. 161. III. S. 7ff. Rovira i Virgili IV. S. 199. — [311]) Capdevila: El Castell de Malda.

Über dieses hinweg ist zwischen beiden Flügeln im 18. Jahrh. ein neuerer Wohnbau errichtet, der im Erdgeschoß die Torhalle umfaßt. — Das innere und das äußere Quader=mauerwerk zeigen in ihren älteren Teilen eine besonders edle Formgebung. Um die glatte Mantelmauer, die nur an 2 Ecken noch Reste von runden Wehrtürmchen zeigt, haben sich nach der heute verwischten Bodengestaltung einst geringere Zwingermauern gezogen. Das Ganze war ein schlichter, aber kennzeichnender Burgbau katalonischer Sonderart und mag als solcher hier genannt sein.

Weniger bedeutend ist die Stadtburg der Uferstadt Tossa (14. und 15. Jahrh.) aus=gestaltet, während die Burg Castellpalau[312]) bei Albi sehr viel wohlüberlegter aussieht.

Hier besteht der Kern aus trapezförmig aufgestellten Flügeln um einen Patio, während der Haupteingang durch den vierten Halbflügelbau führt.

Ein an drei Seiten freistehender Hauptturm ist offenbar das Kernwerk. Das Ganze umgab eine starke Mantelmauer, an die sich nach allen Haupthimmelsrichtungen innen bedeutende Wohnbauten lehnten.

Der Zweck dieser großzügigen Unregelmäßigkeit kann nur aus der Gestaltung des Bau=platzes erklärt werden.

Von der Form der Burg Vilasar[313]) des 10. Jahrh., die um 1300 aus= oder umgebaut wurde, bietet Abb. 84, 87 einen Begriff. Bis auf den runden Bergfried, der nach deutscher Art frei im Hofe steht, erinnert der Plan an Solsona oder Bellcaire.

Die heutige Erscheinung entspricht zum Teil späteren Umbauten. Auch die reizvollen katalonischen Zwei= und Dreilichtfenster gehören wohl kaum einer sehr frühen Zeit an, da sie die Abwehr sehr beeinträchtigen. Allerdings ziehen sich um die Kernburg noch Zwinger und Graben.

Erwähnung verdient auch das Castillo de Montjuich[314]), das sich auf einem gleich=namigen Berg an der Südseite von Barcelona erhebt; heute ist es zwar eine modernisierte Festung, zeigt aber noch einen mittelalterlichen Kern.

Die malerische Stadt Tortosa liegt am Ebro, oberhalb der deltaartigen Mündung. Die Burg liegt zwischen Alt= und Neustadt mit zahlreichen spitz vorgeschobenen Mauer=türmen (Bügeleisenform), die oben ebenso wie die mächtige Mantelmauer der Burg für spätere Geschützverteidigung gleichmäßig abgeflacht und mit Kanonenscharten versehen sind. Großmächtige Außenwerke ziehen stromauf= und =abwärts von der Felshöhe hinab als weitausgreifende Stadtmauern und Wälle[315]) (Abb. 4, 88).

Die acht bis neun mächtigen, schiffsschnabelartigen, sehr frühen Mauertürme sind unten in ziemlich regelmäßigem Quadermauerwerk errichtet und nur oben zur Kanonen=aufstellung später kräftig ausgebaut. Kleine romanische Doppelrundbogenfenster, ver=mauert und zerstört, deuten auf hohes Alter des Kernes der jetzt nüchternen und sehr verfallenen Wohnbauten im Innern des großen Burgberinges.

Südlicher liegt auf einem steilen Steinhang die Burg Ulldecona[316]). Inmitten eines weiten Innenbezirkes erhebt sich ein mächtiger, blockartiger, viereckiger Wohnturm, die ernsten Mauern nur hoch oben von einem schönen gotischen Doppelkleeblattfenster durchbrochen. Die Form ist schon maurisch=südlich. Neben diesem Lehnsturm steht ein Rundturm.

Etwa 10 m tiefer steht ein starker langer Kirchenbau mit anscheinend flach gewölbtem Dach, nur zugänglich durch den tiefer liegenden Zwinger. Die romanische Kirche ist einschiffig, etwa 8—10 m im Lichten, von einer etwa 20 m langen Tonne auf Gurtbogen überspannt (Taf. VIII).

[312]) Martorell S. 13. — [313]) Plan des Service de conservacion de monumentos durch Direktor Jeroni Martorell. Sainz de Robles S. 22f. u. Abb. 45—46. Lampérez y Romea I. S. 324. Memorias de la Associacio catalanista I. S. 21ff. — [314]) B. E.: Spanische Burgenfahrt. S. 33ff. Sainz de Robles S. 21. — [315]) B. E.: Spanische Burgenfahrt. S. 48ff. — [316]) Ebenda S. 51ff.

Die Burg La Geltru[317]) im nördlichen Stadtteil von Villanueva y Geltru an der Küste, ein ungenaues Trapez, ist noch am wenigsten gegliedert. Sie besteht aus einer Mantelmauer, die ein großes, schiefes Viereck umgibt, mit einem rechteckigen Torturm, der zugleich wie ein Wohn- oder Lehnsturm aussieht.

Abb. 95. Palacio Abacial in Vilabertrán (Katalonien), Spanien. B. E. nach Lampérez.

Die Burg Tamarit[318]), 7 km von Tarragona, liegt malerisch am Meere auf steiler vorgestreckter Felsenklippe in Trümmern ihrer Außenwerke und naher Wohnbauten. Ein schmaler, viereckiger Turm ragt hoch über die breite Meeresseite des durch rohe Fenster neu gestalteten Wohnbaues, vor dem ein großer, ehemals ummauerter Zwinger sich ausdehnt.

Das Mittelstück des Quaderwohnbaues ist noch gekrönt von einer wehrgangartig wirkenden Bogengalerie, die wir an späten, festen Palästen in spanischen Stadtburgen häufig finden.

Hier war der Besitzer bemüht, sich und die Küstenorte gegen maurische Seeräuberei zu schützen, hier verlieh Graf Ramon Berenguer einem Sunyer um 1051 die Burg; erst im 12. Jahrh. aber wurde die romanische Burg durch die Herren von Claramunt mit dem gezinnten Turm ohne Scharten und der schönen romanischen Kirche errichtet.

1081 weilte hier Cid, der Held, wohin damals auch der König von Zaragoza — Mutamin — kam[319]). Dem 12. Jahrh. gehört auch das schöne breite Rundbogentor aus weißen und roten Quadern an.

Noch wilder sind die folgenden Felsgipfelburgen gestaltet: Das Castell de Sant Salvador de Verdera oder das Castell Centelles[320]), die Gipfelburg Castell de Farnés, das Castell de Subirats auf scharfer Bergnase, ebenso die hohe Felsenburg de Cabrenc[321]).

Lampérez[322]) zählt außerdem in dem burgenreichen katalonischen Gebiet noch die Burgen und Ruinen: Solivella, Aramprunya (= Arampruna?), Monteada, San Marsal de Cerdanoyla, Suria, San Jaime de Castelloi, Sort, Santa Florentina, Llorda, Balsareny, La Roca, Canyamass, Farners, Requesens, Castillo de la Bisbal, Castillo Marata, Pineda, Pals.

Wir fügen noch das befestigte Kloster Poblet, die Kirchenburg Altafulla (Taf. IX), deren Baugruppe einen weithin beherrschenden, wunderbar gewaltigen Umriß zeigt, und die Kirchenburg Calafell hinzu, ferner Cadaques, Castelldefels, Ciutadilla, Ciurana, Concabella, Escornalbou, Castello de Farfanya, Florejacs (Castillo de les Sitjes), Llor (Castell Meja), Montcortés, Mur, die Befestigungen von Olerdola, Papiol (Abb. 7), Pobla de Claramunt (Taf. 31), Sn. Feliu de la Garriga, San Hoisme, Vilaroma, San Llorens de la Muga, Torre de Encantados, Castillo de Carmenso, Vulpellac, Verdu, Vendú (Abb. 89), Orcan, Marmellá, Guimerá, Besora, Lluca, Canet, Castell d'Oberdola[323]).

---

[317]) Martorell S. 7—25. Martorell: El Castell de la Geltru. Rovira i Virgili III. S. 260. — [318]) Sainz de Robles S. 67 u. Abb. 18, 44. Memorias de la Associacio Catalanista III. S. 363. — [319]) Pidal S. 205/207. — [320]) Martorell a. a. O. — [321]) Ebenda S. 15, 19, 20/21, 26. Rovira i Virgili: III u. IV. — [322]) Lampérez y Romea: I. S. 324ff. — [323]) Rovira i Virgili III u. IV. Memorias de la Associacio Catalanista I u. III.

Felsen heben die ganze breite Burgmasse von Peñiscola[324]) nur wenig über die unmittelbar anstoßende Stadt, hoch aber stürzt der Abgrund auf der Wasserseite ins Meer hinab.

Die zehneckige, unregelmäßig geteilte Felsenuferburg Peñiscola bei Tortosa zeigt große Pallasbauten mit Kleeblatt=Zweilichtfenstern, drei Quadertürme, einen siebeneckigen Mittelhof, weiter einen hohen und einen niedrigen Pallasbau wohl erhalten. Die finstern Mauern der schweren Häuserblöcke zeigen sehr wenige weit auseinandergerückte kleine Rundbogenfenster, selbst im Hofe finden wir wenige Lichtquellen. Drei lange, schmale Freitreppen führen zu den hochgelegenen Erdgeschossen. Ringsumlaufende Kragsteine lassen auf einen verschwundenen Holzumgang schließen. An einem der Vierecktürme heben sich zwischen drei Schornsteinen Schießscharten, senkrechte Schlitze, die aus der Spitze gleichschenkliger Dreiecke herauswachsen. Auch auf der Meerseite öffnen sich nur wenige dürftige Fenster (Taf. 35).

Wir sehen einen Kleinquaderbau ohne Bossen und Randschlag. Rundbogentüren und ebensolche Fenster und flache Dächer sind noch heute an diesem seltsamen Papstabwehrbau erhalten.

Der Ort wurde 1233 durch Jakob I. von Aragon den Mauren abgerungen, 1415 flüchtete hierher in unbezwungenem Schweigen der entthronte Papst Benedikt XIII. bis zu seinem Tode.

Großartiger in ihren Abmessungen ist eine zweite wichtige Burg nahe Valencia, nämlich die Burg Alacuas[325]), die auch in kunstgeschichtlicher Beziehung ein Werk ersten Ranges darstellt (Abb. 98, Taf. X).

Das Äußere ist ein Bau von ganz gewaltiger Wucht und großartigen Abmessungen. Der gewaltige, viereckige Klotz war wohl ehemals von dem anschließenden Ort durch einen Graben getrennt. Drei Ecken sind durch starke viereckige Ecktürme, die aus Mauerfluchten glatt emporstreben, betont. Zwischen ihnen geht rings um den Bau ein Wehrgang. Die wenigen Öffnungen, die diese riesigen Mauern durchbrechen, sind großzügig durchgebildet, anscheinend in späterer Zeit teilweise erweitert.

Besonders prachtvoll ist die verhältnismäßig kleine Toröffnung durch die von dem Spanier so beliebte Vergrößerung der viereckigen Umrahmung und Einfassung der Öffnung durch gewaltige Bogenquadern durchgebildet.

Der Eindruck des Inneren ist überwältigend. Um einen Hof von erheblichen Abmessungen zieht sich eine zweistöckige, gotisierende Bogenstellung, hinter der vier Läufe eines Ganges den Verkehr der einzelnen Räume vermitteln. Ein mächtiges, großes Treppenhaus führt vom Erdgeschoß herauf. Alle Räume, sowohl des Erdgeschosses wie des ersten Stockwerkes, fast durchweg monumentale Prunkgemächer, sind mit den herrlichsten Decken überdeckt, die auf das reichste in Holz geschnitzt, bemalt und vergoldet, einen unerhört prachtvollen Eindruck machen. In jedem Augenblick könnten diese Prunkräume wieder bezogen werden und einem großartigen Haushalte bequeme Unterkunft bieten. Auch eine mächtige Küche mit riesigem Rauchfang ist erhalten.

Ausgebaut bzw. durch eine Brücke mit dem Hauptbau verbunden ist eine geräumige Burgkirche, die aus dem ersten Stock dieser Palastburg zugänglich ist. Der Bau steht auf der Scheide zwischen einem burglichen und einem Schloßbau. Das Äußere zeigt noch ganz die trotzige Wehrhaftigkeit des Mittelalters, während das Innere im reichsten Maße prunkvoll ausgestattet ist.

---

[324]) Sainz de Robles S. 63f. Belmas: Atlas Karte 18, Belagerung von 1812, u. Bd. IV, S. 235ff. Diercks I. S. 440. Schirrmacher VI. S. 194. — [325]) Lampérez y Romea I. S. 333f. u. Abb. 368, 369, 395.

Tafel X

Stadt-Burg Alacuas, Spanien

Leider steht auch dieser Bau wie so viele spanische Fürstensitze leer.

Wir müssen annehmen, daß einst Zwinger und Gräben, Vortore und Nebentürme, kurz große Außenwerke, die Kernburg umgaben, daß auch Stadtbefestigungen mit der Burg zusammenhingen.

Die 1248 vom König von Aragon eroberte, kühn errichtete Burg Jativa[326]) liegt auf messerscharfem Felskamm, von Ost nach West, etwa 300 m lang, oft nur wenige Meter breit. Der sehr hohe Berg steigt unmittelbar von der Stadt auf (Abb. 96, 97).

In dem höchst unregelmäßig dem zerrissenen Felsgrat angepaßten Ring und den Zwinger=mauern der Burg mischen sich die Reste iberischer, karthagischer, römischer, westgotischer, arabischer und mittelalterlicher Werke.

Die ursprünglich maurischen, sicher schon römischen oder noch älteren Doppelburgen, die große und die kleine, steigen von einer Senkung des Felsgrates in der Mitte nach beiden Seitenspitzen hoch auf. Klotzartige Baukörper bergen noch Verliese und Keller. Düstere Erinnerungen an königliche Gefangene, an Maurenkämpfe, Römer= und Phö=nizierzeiten umschweben diese Reste jahrhundertelang umkämpfter Mauern.

Der 175 m lang gestreckte schmale Mauerring auf dem steilen Grat senkt sich in der Mitte, wo der Raum zwischen den beiden Mauern nur 10 m breit ist. Hier ist ein neuer, häßlich=romanischer Wohnbau errichtet, dessen kleinliche Unruhe hart neben der würdigen Sachlichkeit und Größe der alten Grundmauern steht. Nach Osten steigt der Grat, immer schmaler werdend, bis zu dem stellenweise nur 5 m breiten und 30 m langen Castillo minor an. Nach Westen wird der Ring etwas geräumiger und erreicht die höchste Spitze in dem vielräumigen Castillo mayor, dessen enge Verliese so viele berühmte Gefangene beher=bergte, so bis 1288 die Brüder de la Cerda. Noch heißen einige Räume die Gefängnisse des Herzogs von Calabrien, nach dem Erben der Krone Neapels, Ferdinand de Aragon, der hier 15 Jahre bis 1522 als Gefangener saß.

Nach Westen wie nach Osten sind noch Wachttürme auf dem scharfen Felsgrat 70 bzw. 40 m weit auseinandergebaut. Starke turmbesetzte Mauern klettern nach Norden zur malerischen Stadt hinab. Vier Zisternen sind in den Beringen angeordnet, zum Teil heute noch voll Wasser (Taf. 32).

Valencia selbst wird städtebaulich bestimmt durch den alten Mauerring. Zu erwähnen ist das Tor „Puerta de Serranos" mit seinen zwei mächtigen Türmen. Die alte Stadtburg ist heute Kaserne, sie war einst von Karl V. als Schutz gegen die Seeräuber des Mittel=alters angelegt[327]).

Nördlich von Valencia hat die Burg Benisano[328]) eine bedeutende Rolle in der Ge=schichte gespielt als erstes Gefängnis Franz' I., Königs von Frankreich, nach der Schlacht von Pavia. Der malerische Bau liegt erheblich höher als Valencia, er stammt aus dem 15. Jahrh. und wurde errichtet von Mosen Luis de Villarasa y Cavanilles. Er ist heute noch völlig bewohnbar hergestellt und eingerichtet und bildet ein Kleinod unter den wenigen wiederhergestellten und bewohnbaren Burgen Spaniens. Von dem kleinen Ort aus führt ein Tor, vor dem sich ehemals ein Graben befunden haben dürfte, in einen engen Vorhof, unter dem sich der viereckige Burgbau erhebt. Mitten aus dessen Bau=masse, die oben rings von einem Wehrgang bekrönt wird, strebt dann noch besonders der viereckige Bergfried als Kern der Anlage empor. Winklige Zwingeranlagen mit Wehr=

---

[326]) B. E.: Spanische Burgenfahrt. S. 58ff. Lampérez y Romea I. S. 331. Sainz de Robles S. 64f. u. Abb. 10 (dort auch einige Literatur angegeben). Pidal II. S. 70f., 185. Schirrmacher V. S. 57. Carrerars y Candi: Geogr. general del Reino de Val. Bd. 4. — [327]) B. E.: Spanische Burgen=fahrt. S. 53ff. Jürgens S. 40f. Simancas: La Puerta de Serranos en Valencia. Belmas: Atlas Karte 17, u. Bd. IV. S. 149ff. — [328]) B. E.: Spanische Burgenfahrt. S. 56. Lampérez y Romea I. S. 331f. u. Abb. 366/367. Sainz de Robles S. 66f.

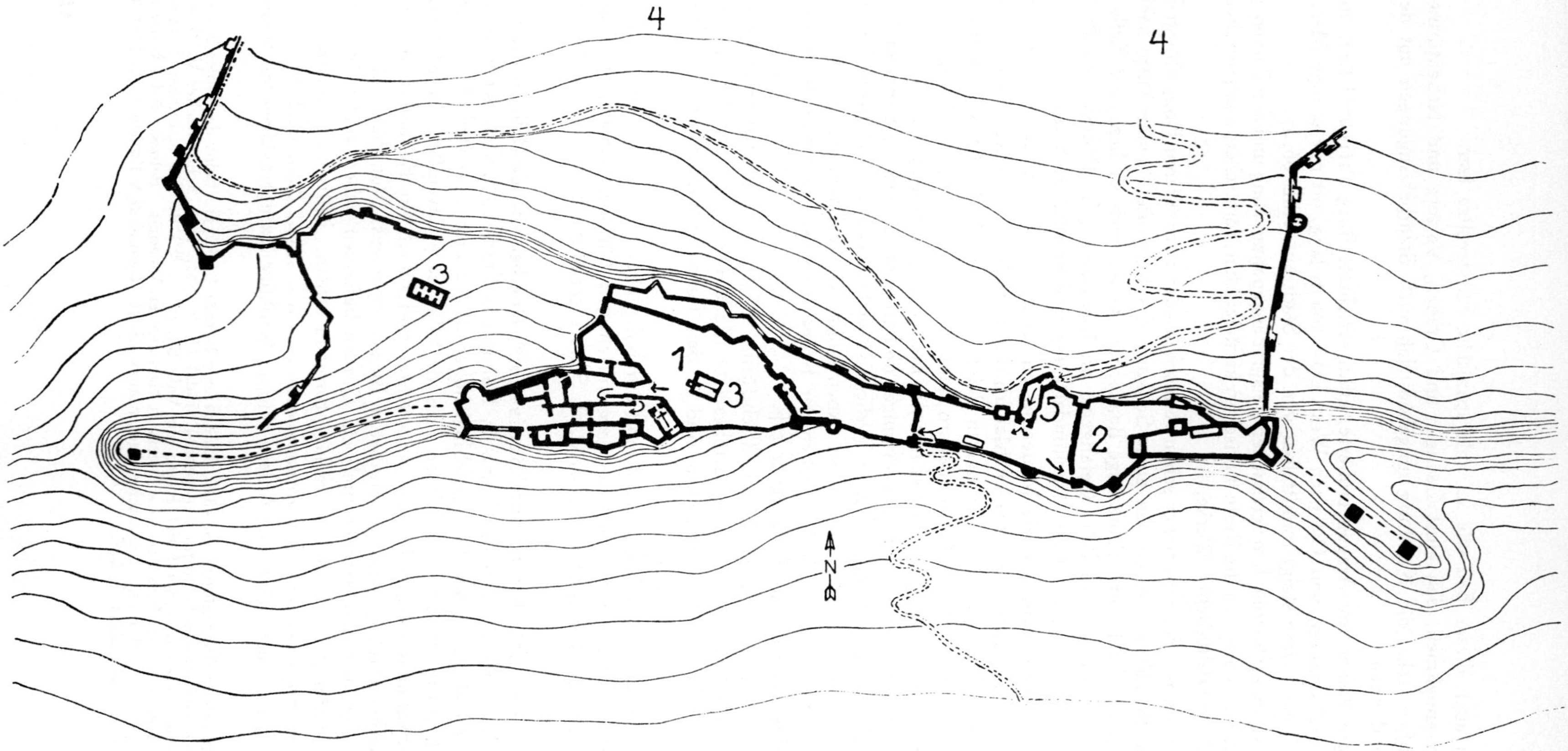

Abb. 96. Höhen=Doppelburg Játiva (Valencia), Spanien. Lageplan der Burg 1 : 4000. B. E. nach Dr. C. Sarthou Carreres.
1 Große Burg. 2 Kleine Burg. 3 Zisterne. 4 Stadt. 5 Haupttor.

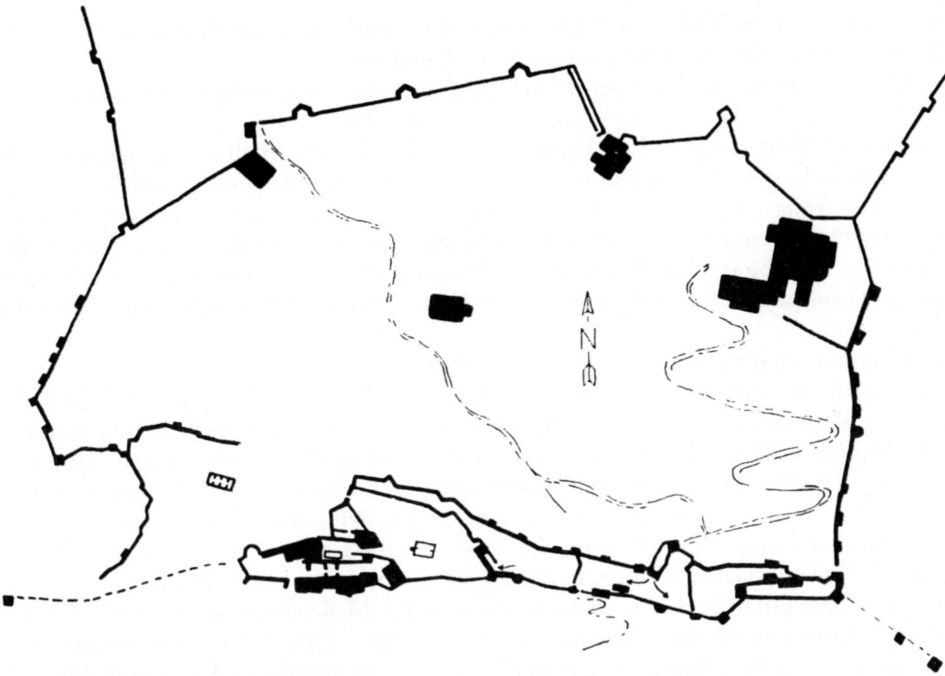

Abb. 97. Höhen=Doppelburg Játiva (Valencia), Spanien. Lageplan von Stadt und Burg, M. etwa 1 : 6000. B. E. nach Dr. C. Sarthou Carreres und nach einem Stadtplan.

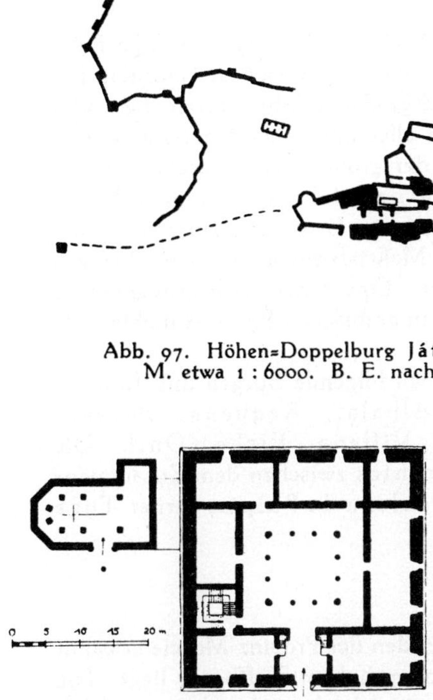

Abb. 98. Burg Alacuas (Valencia), Spanien. Gut erhaltener, prachtvoller Wehr= und Wohnbau. Grundriß des Erd= und Obergeschosses 1 : 1000. B. E.

Abb. 99. Stadt Alicante (Valencia), Spanien, mit der Burg St. Barbara. Lageplan 1 : 10000. B. E. nach amtlichem Plan.

gängen und Zinnen und Außentürme standen wohl ehemals mit der Befestigung des kleinen Ortes in Verbindung.

Das Innere ist zum Teil neuzeitlich ausgestattet, wertvoll namentlich das großzügige Innentreppenhaus. Die Kamine sind noch in Benutzung.

Die Dächer bestehen aus Ziegeln (Mönch und Nonne), die Geschoßböden aus Balken=werk. Gotische, fast katalonische Fenster zieren den Bau.

In Albaida[329]) ist ein stolz bekrönender Adelspalast in eine Stadtburg eingebaut. Vor Concentayna liegt rechts die Burg Christobal. In Concentayna[330]) selbst liegt eine ehemals viertürmige Stadtburg von quadratischem Grundriß mit vier gewaltigen, vier=eckigen Ecktürmen mit Gußerkern und frühgotischem Tor, darüber ein breiter Guß=schlitz in der Torlaibung. Im Hofe finden sich wüst zerstörte Renaissancebogenstellungen, der vierte Turm ist zerstört und verbaut. Der Umbau des 16. Jahrh. scheint nie vollendet zu sein.

Auch Jijona ist stolz von Burgtrümmern überragt.

Ganz ungeheuer ragt der Burgfelsen über der Stadt Alicante[331]) empor. Große Fels=blöcke sind abgestürzt, namentlich an der Stadtseite, und der ausgewaschene Kalkstein hat tiefe Höhlen und Risse. Die bastionierten Werke sind großartig, aber durch die völlig pflanzenlose Nacktheit von Fels und Mauerwerk sieht alles noch scharfkantig und neu aus, unbeschadet der geborstenen Quaderabdeckungen der großen Kanonenscharten und der Risse in der Mauer. Der Aufstieg zur Feste St. Barbara führt um die dem Meere abgewandte Seite in vielen Kehren über den Felsen bergan. Große bastionsartige Vor=werke liegen dem Gipfelwerk vor, alles im großartigsten Maßstab aus weißgrauen Quadern errichtet. Heute scheint die Felsenfeste ganz verlassen. Eine lange wehrganggekrönte Mauer klettert den Berg hinab bis zur Stadt. Von einem arabischen Kern ist nichts fest=zustellen (Abb. 99).

Lampérez[332]) nennt ferner für die Provinz Valencia noch folgende Burgen und Ruinen: Sagunt, Montesa, Morella, Onda, Bunol, Albalat, Requena, Bayren, Benicadell, Denia, Cullera, Orihueda, Biar, Villena, Elche, Onil. Die Burgen Olocau bei Morella, Olocau bei Sagunt, Cofrentes zwischen dem Zusammen=fluß von Jucar und Cabriel und die Ruine Sta. Magdalena de Pulpis, ferner Toga dürfen nicht vergessen werden.

Murcia

Zuerst mag Chinchilla[333]) (oder Chincilla) im Norden der Provinz Murcia erwähnt werden, das über der gleichnamigen Stadt auf 200 m hohem Tuffberge liegt. Die Burg war nach römisch=wisigotischer Zeit und mittelalterlich christlichem Wehr=bau bis ins 18. Jahrh. — noch durch die Franzosen 1812 eingenommen — kampfbereit.

Noch im 15. und 16. Jahrh. rühmt das Handbuch der Kastelle des Philipp II. die un=einnehmbare Lage auf lebendigem Felsensporne etwa in der Höhe des Ortes und daher auch die Möglichkeit, mit wenigen Leuten die Burg zu verteidigen.

Ein Halsgraben, 2 Piken tief und 27 Schritt weit, war aus dem Felsen gehauen.

Man betrat die Burg über eine Zugbrücke auf mächtigem Felsen schwebend, deren Ketten noch nach 1500 bestanden. Alle Mauerzüge waren gesund und fest aus Quadern errichtet. In der Festung waren viele Gewölbe als Wohnräume benutzt. Zur Zeit sind sie zerstört. Neben diesen dehnen sich geräumige Säle und eine Kapelle, viele hohe und nied=

---

[329]) B. E.: Spanische Burgenfahrt. S. 60. — [330]) Ebenda S. 61. — [331]) B. E.: Spanische Burgen=fahrt. S. 63f. — [332]) Lampérez y Romea I. S. 331. Vgl. ferner Lopez: Relaciones geograficas, topo=graficas e historicas del Reino de Valencia. I u. II. — [333]) Sainz de Robles S. 61f. Davillier S. 56 Abb. Paz S. 42.

rige viereckige Räume, groß genug für viele Leute, alle sind eingestürzt außer einer schlechten Küche. Ein sehr hoher 4 Varas breiter (de ancho?) Lehnsturm fehlt nicht, ganz aus Quadern.

Im Schornstein der Küche dieses Turmes gibt es eine sehr große Aljibe, Räume ebenso groß und breit darüber, dann die Wehrplatte des Turmes.

Es gibt auch einige Kanonen, doch wohl nicht mehr als 3 oder 4, doch sagt man, daß einige unter dem Schutt noch nicht gefunden sind. Alle sind sehr alt, einige auch groß, besonders zwei.

Der Burghauptmann befürwortete eine Wiederherstellung der Feste ihrer Bedeutung wegen. Nötig seien etwa 3000 Dukaten. Dem Herzog von Marquede als Alcaiden kämen jährlich 200 Dukaten zu. Teniente sei Jaime Soleo, der aber nicht in den zerstörten Räumen wohnen könne (28. II. 1503)[334]).

Die alte Burg Chinchilla gehöre der Krone Aragons, die sie der Macht der Mauren entrissen habe[335]), später dem König Alfons VIII. von Kastilien, dann als königlicher Kastellan dem Marques de Villena.

Don Juan Pacheco stellte die Burg Mitte des 15. Jahrh. wieder her, wie seine Wappen am Bau noch bekunden.

Im Erbfolgekriege 1707 zerstörten die Truppen des Erzherzogs Karl die Burg und führten die Geschütze fort, selbst 1812 mußten die Franzosen sie noch gegen 200 Verteidiger erstürmen. Berichtet wird noch heute, daß auch Cesar Borgia hier weilte.

Die Maurenburg Almansa liegt etwa 52 km östlich von Chinchilla, ebenfalls über einer gleichnamigen Stadt auf weißem Kreidefelsen[336]).

Der ganze Mauergürtel ist sehr zerstört (um 1500), an anderen Orten ist er aus Tapia aufgeführt, um Bruchsteinmauerwerk auszubessern.

Die Burg mißt 100:300 Fuß, andere Bauten finden sich innen, die aber nicht bewohnbar sind.

Nur der große Lehnsturm umfaßt noch zwei große Gewölbe übereinander. Der Turm ist größtenteils aus Quadern errichtet. Eine Aljibe war schon damals zur Zeit Philipps II. eingestürzt.

Die Kosten der Wiederherstellung der Burg schätzt der Berichterstatter auf 10000 Dukaten. Seit vielen Jahren sei diese Ruine unbewohnt, doch erhebt noch ein Leutnant von jedem „Haupt" Maulesel, das das Tor durchschreitet, eine Abgabe, die 6000 Maravedis jährlich abwirft.

1248 erklärten D. Jaime de Aragon und der Infant D. Alonso de Castilla feierlich, daß hier die Burg als Grenze zwischen Murcia und Valencia diene.

Eine der berühmtesten Burgen in den Kämpfen zwischen Mauren und Christen schon zu Cids Zeiten war Aledo[337]) in Murcia. Sie war eine Geißel, mit der Alfons (durch den Besitzer Garcia Jimenez) auf das Königreich Almeria, auf Murcia und Lorca einschlug. Die Burg wurde um 1087 noch ausgebaut, daß sie — wohl vor allem die Stadt — 12000 Mann Besatzung aufnehmen konnte. 1091 gibt aber Alfons VI. Aledo auf, dessen Mauern geschleift werden[338]) (Abb. 100).

Noch heute ist jedoch die ummauerte Stadt erhalten, und stolz die Umgebung beherrschend, bedecken die alten Häuser die vorgeschobene Felsnase. Die Wehranlage zerfällt in die Außenstadt, die innere Stadt oder die alte Vorburg, in der auch die Hauptkirche liegt; auf der äußersten Felsspitze steht der Lehnsturm, ein quadratischer, dreistöckiger Turmklotz der Kernburg.

---

[334]) Paz S. 42f. — [335]) Sainz de Robles S. 62. — [336]) Ebenda S. 61. Lampérez y Romea I. S. 239. Paz S. 9. — [337]) Pidal I. S. 7. — [338]) Ebenda II. S. 19, 30ff., 69. Diercks I. S. 354.

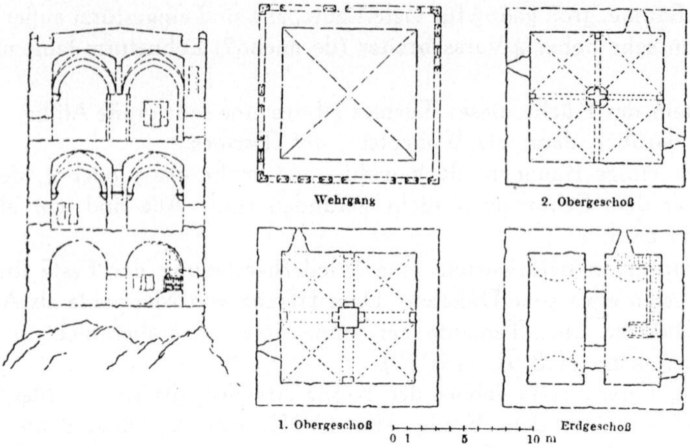

Abb. 100. Burg Aledo (Murcia), Spanien. Grundriß Erdgeschoß, 1. und 2. Obergeschoß, Wehrgang und Schnitt 1 : 500. B. E.

Die herrliche Lage bietet noch heute ein überwältigendes Bild ritterlichen Trotzes über der weiten Berg= und Tallandschaft.

Eine Höhenburg ist auch die mächtige Burg über Lorca[339]). Von ihr sind ungeheure, unübersichtliche Reste auf einem langen, schmalen, wilden Felsrücken über der gleich= namigen Stadt erhalten (Abb. 103).

Der Aufstieg zur Burg führt nach der Wohnhöhlenstadt durch ein scheinbar undurch= dringliches Kaktusdickicht ehe man den schroffen Felsrücken erreicht. Oben ist alles kahler Felsenkamm (Taf. XI, 32).

Die Kernburg Lorca ist unerhört großartig. Ein riesiger romanischer Wohnturm, der Lehnsturm, mit drei mächtigen — um einen Mittelpfeiler von 3×6 m Stärke — gewölbten Geschossen, von mehr als 25 m Gesamthöhe und 19,50:12 m Bodenfläche, bildet in der

Abb. 101. Lehnsturm der Höhenburg Lorca (Murcia), Spanien. Schnitt 1 : 500. B. E.

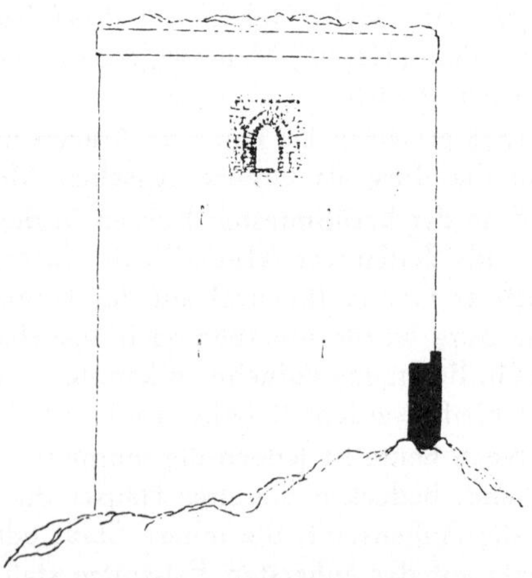

Abb. 102. Lehnsturm der Höhenburg Lorca (Murcia), Spanien. 1 : 500. B. E.

[339]) B. E.: Spanische Burgenfahrt. S. 11, 67f., 74, 84.

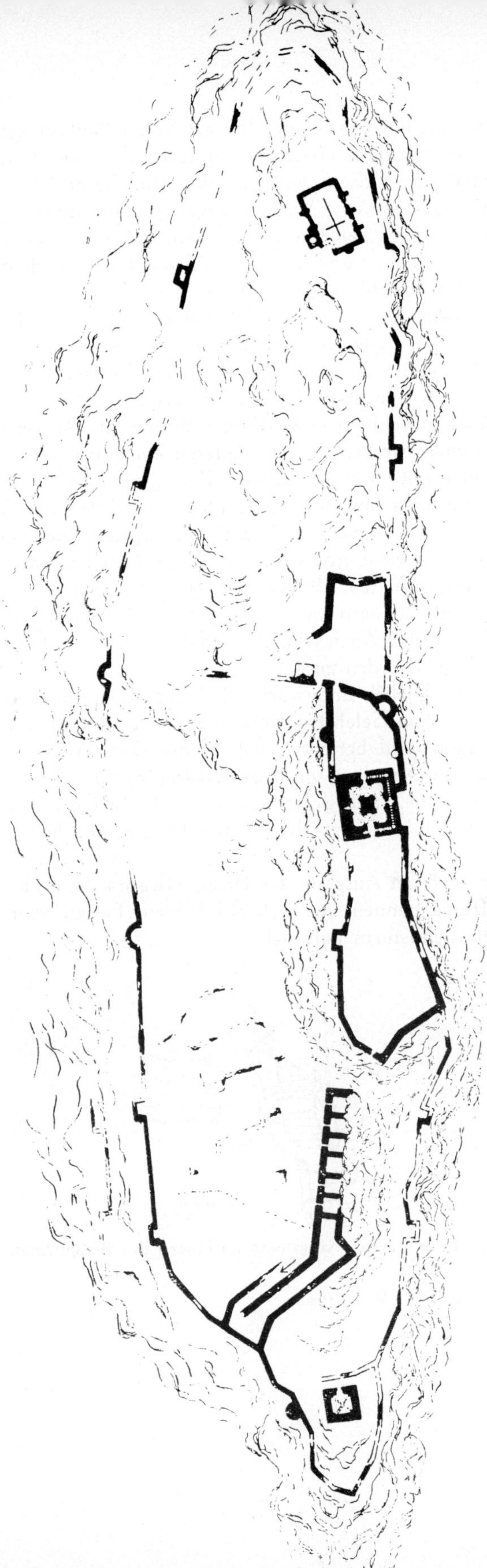

Abb. 103. Höhenburg Lorca (Murcia). Spanien. Lageplan 1 : 2000. B. E.

Mitte der langen Anlage die höchste Krone. Ein gewaltiger Bau von schönster Gestaltung, herrlich aus zyklopischen Quadern errichtet und feingliedrig-künstlerisch durchgebildet, nimmt die höchste Stelle des Felsens ein, und ihm sind beiderseits geringe, von hohen festen Mantelmauern eingeschlossene Vorhöfe angefügt. Im Innern, das man durch ein schweres, enges Quadertor mit halbrunden Entlastungsbogen über waagerechtem Tür-sturz erreicht, führt die Treppe von 1 m in der Mauerstärke durch drei stolze gewölbte Geschosse auf die Plattform (Abb. 101, 102, 104).

Höchst klug sind jeweils die Fenster und Scharten unter den Treppenläufen durch die Gesamtmauerstärke mit ungeheuer tiefen Fensternischen hindurchgeführt.

Besonders kennzeichnend ist ein mächtiges gotisches Fenster in schönster, dreifacher Quaderprofilierung in dem schweren Zyklopenmauerwerk.

Vielfache Mauerkränze umschließen den riesigen Burgraum. An einem Ende des großen Beringes ragt ein gotischer Kirchenbau, am anderen ein gotischer schlanker, viereckiger Turm ohne Mittelpfeiler mit zwei Geschossen Kreuzgewölben.

Von Wohnbauten ist in dem ganzen ausgedehnten mit goldgelbem Kalkstein stark über-bauten Burggelände nicht viel Kennzeichnendes erhalten. Die Felsoberfläche macht den Eindruck, als wenn hier einst eine ganze Stadt Zuflucht gesucht hätte. Überall sind Keller und Gewölbereste erhalten, die sowohl als Verteidigungs- wie als Vorratsräume gedient haben können. Ringmauern mit viereckigen und halbrunden Seitenbestreichungs-türmen fassen die Felshöhe ein. Auch scheint bis in die neuere Zeit hinein an den Festungs-werken von Lorca gebaut worden zu sein.

Nach der Schlacht von Djellâb unterwarf sich Lorca den Almohaden. 1234 wurde es von dem Infanten Alfons dem Gelehrten erobert, 1266 wurde Lorca von den Aragonesen besetzt. Vom Jahre 1300 wird berichtet, daß König Don Jayme von Aragon und die Königin Dona Maria von Kastilien um Lorca kämpfen[340]).

Die ehemaligen Burgen in Cartagena: Castillo de la Concepcion, Castillo de las Galeras und im Osten das Castillo de San Julian sind heute zu Festungen um-gebaut.

Ferner müssen wir noch am Ausgang des Ortes Alhama die große, aber nicht bedeu-tende gleichnamige Ruine nennen, die sich auf kahlem Felsen über der Straße erhebt und einen viereckigen Lehnsturm aufweist.

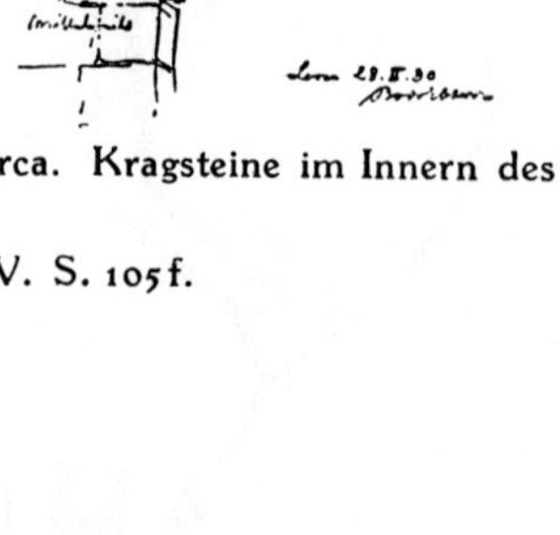

Abb. 104. Burg Lorca. Kragsteine im Innern des Burgturmes. B. E.

[340]) Schirrmacher IV. S. 207. V. S. 105f.

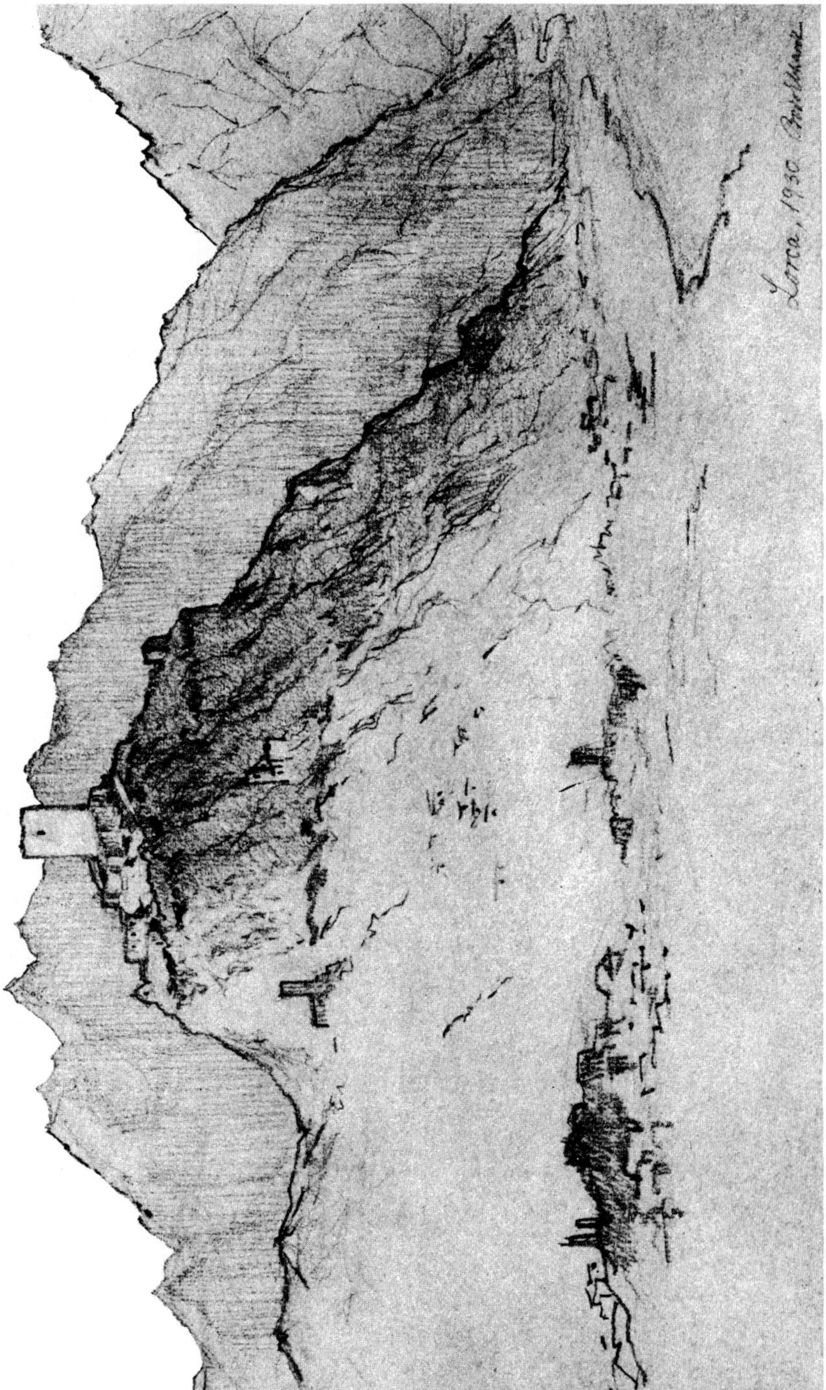
Lorca, 1930

Die Burg über der Stadt Lorca, Spanien

Burg Pobla de Claramunt (Katalonien), Spanien

Burg L o r c a (Murcia), Spanien. Lehnsturm

Burg J a t i v a (die kleine Burg) (Valencia), Spanien

Balearen

Auf den Balearen nennt Lampérez y Romea[341]) die Burgen Bellver, Capdepera, Santueri, Alaro, Pollensa, Benedinat.

Die Burg Santueri auf Mallorca ist eine noch wohl erhaltene Ruine mit rundem Eckturm und schlanken Vierecktürmen. Große Mauerteile sind noch durch Maschikulikragsteine gekrönt, deren Zinnendecken abgestürzt sind.

Die heute bischöfliche, einst arabische Stadt Palma auf Mallorca war von starken Mauern aus weichem Sandstein umgeben, mit fünf Toren dem Lande zu und drei gegen das Meer hin. Von den alten noch in der Stadt — am Meere — stehenden Resten des nicht fehlenden Alcazars haben praktische Umbauten nicht viel übriggelassen. Er enthält noch einen großen festen Turm.

Der 130 m über dem Meere liegende prachtvolle Rundbau des Königssitzes von 1309 Bellver auf den Balearischen Inseln, eines märchenhaft berühmten Königreiches, dürfte in Europa kaum seinesgleichen finden. Um einen runden Prachthof mit riesiger Zisterne liegen die Wohnräume der Burg mit gotischen Säulengängen und zwei Rundgalerien. Eine mächtige Mantelmauer, drei Stockwerke hoch, umgürtete den glänzenden Bau[342]). Seine Geschosse zeigen nach außen Zweilichtfenster mit hohen schlanken Mittelsäulen, die sich weiß von den dunklen Quadermauern abheben. Das Dach ist völlig flach, drei hohe halbrunde Türme schießen daneben empor, auch sie mit vielen Fenstern wie der Mantel, die den Blick über die Stadt Palma beherrschen. Aber außer dem Kernbau selbst wirkt neben ihm der herrliche schlanke Bergfried mit auffallend großen Öffnungen ganz beherrschend, er reicht fast zügellos über die Mantelringmauer empor.

Malerisch schwingt sich eine Quaderbrücke hinüber zum Turm, der vielleicht (!) als letzte Zuflucht dienen sollte, wenn einmal die Königsburg erobert werden sollte oder Ritter und Knappen erschlagen wurden oder treulos die Kernburg übergaben.

Sehr ungewöhnlich ist in Spanien der kreisrunde Bau der Burg von 182 m Durchmesser, noch dazu auf der Höhe gelegen und mit starken Vorwerken[343]). Wäre es noch eine Wasserburg in leicht beweglichem Boden, so hätte man nach holländischen Mustern auch hier eine Rundburg vermuten können, so aber und bei dem steinigen Baugrund kann ein so großer Rundbau in etwa 20 Innenräume aufgeteilt nur in Erstaunen setzen. Der Baumeister Pedro Salvat wird 1309—10 als Architekt dieses Baues genannt, ein Steinmetz Pedro Dezpuig arbeitete 24 Säulen[344]).

Unter den maurischen Burgen wird die ausgedehnte Bergfeste auf Menorca Santa Agueda mit Bergfried, Wohnbauresten, Rundtürmen und weiten Außenwerken genannt, unweit der einstigen Hauptstadt und auch eine Warte la torre del ram am Kap de Bajoli[345]). Eine Reihe weiterer Küstenwarten sind als Ruinen erhalten.

In der Stadt Mahon wird 1808 noch die Burg San Carlos genannt. Hier wie an allen anderen Plätzen der Inseln haben die Engländer wohl fast alle alten Wehrbauten durch neue Bauten zerstört[346]).

---

[341]) Lampérez y Romea I. S. 336. Bürger: Spaniens Riviera und die Balearen. — [342]) Lampérez y Romea I. S. 336f. Bürger S. 230ff. — [343]) Lampérez y Romea I. Abb. 232. — [344]) Sainz de Robles S. 69f. — [345]) Erzherzog L. Salvator S. 558. — [346]) Grasset: Reise durch die Balearischen Inseln vor 1808. S. 80ff.

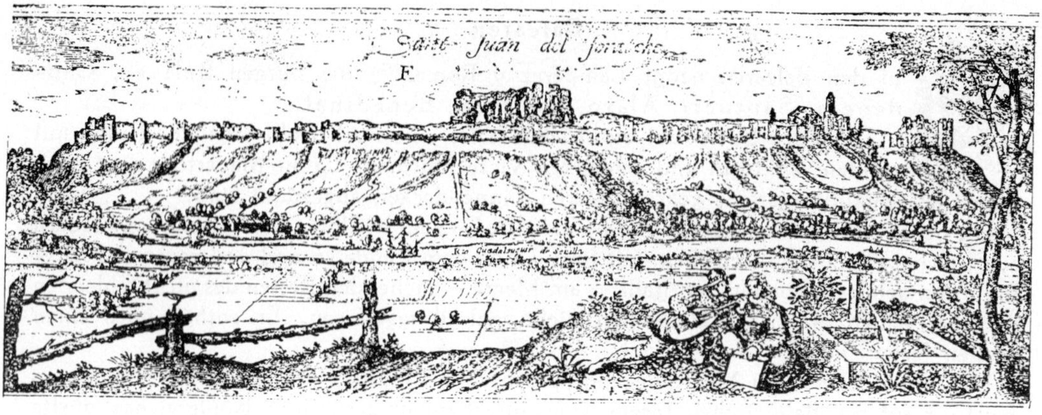

Abb. 105. Burg San Juan del Foratche am Guadalquivir. Nach Braun und Hogenberg[347]).

Schlußübersicht

Die Behandlung des ungeheuren Stoffes bot die größten Schwierigkeiten, wenn es gelingen sollte, dem Leser eine Übersicht über die Art der vorhandenen Burgen und Burgruinen zu geben und ihn in den Stand zu setzen, die Bedeutung der spanischen, mittelalterlichen Wehrbauten im Vergleich mit den Leistungen anderer europäischer Länder und Völker zu beurteilen.

Ich habe daher zunächst versucht, eine allgemeine Übersicht über wesentliche Werte des Wehrbaues zu bieten ohne ausführliche Beschreibung und Kennzeichnung der einzelnen Burgen. Dabei wurden kurz erwähnt die abgetrennte Lage des Landes, die fremden Einflüsse, die inneren politischen Umwälzungen, die rassischen Einflüsse der Westgoten, der Araber, der westgotischen Reste und der neu anwachsenden christlichen Eroberer. Unter den frühesten Nachrichten über Burgenbau folgen den wenigen bekannten westgotischen Bauherren zunächst die sarazenischen Burgenbauer von den südlichen Plätzen Gibraltar, Cadiz, Malaga aus bis zu den nördlichen Lerida, Saragossa bis Zamora, dann die Burgen der Valencianer Gebiete und der Nachbarschaft von Almeria, Lorca, Granada im Westen und Süden mit Hinweisen auf Kennzeichnung der Bauweisen nach Baustoffen (Tapia im Süden und Osten und Hau- und Bruchsteinbau im Norden).

Nebeneinander stehen dann die regelmäßigen quadratischen Burgen mit und ohne Patio, d. h. mit oder ohne offenen Mittelhof. Wir finden turmreiche, schlank aufstrebende Burgen im Norden und in allen Landschaften unregelmäßige Anlagen. Nicht fehlen die krönenden Haupttürme, die torre de homenaje, d. h. die Lehnstürme, überwiegend finden wir sie in Mittelspanien, dagegen im Süden schwere Turmblöcke in den länger orientalisch beeinflußten Gebieten, im Norden meist bergfriedartige Türme.

Auffällig selten sind pallasartige Wohnbaureste, auch im Norden. Gering sind heute in den Ruinen die Reste der Kunstformen und die Möglichkeit, danach das Alter der Burgen zu bestimmen. Ebenso fehlen vielfach urkundliche Nachrichten für spanische Burgen.

Endlich galt es eine große Reihe von Einzelburgen zu schildern und die genannten je nach ihrer Lage in die alten Machtbezirke einzuschalten.

Wir müssen zum Schluß noch bedenken, wo und wie sich in den großartigen Resten große Volksgeschicke und große Geister spiegeln, was bei den wilden inneren Entwicklungs-

[347]) Houfnagel erwähnt, daß die Goten diese Burg erbaut hätten.

kämpfen, die sich nicht nur zwischen Sarazenen und christlichen Spaniern, sondern auch innerhalb dieser Massen abspielen, zielstrebig oder doch schließlich in der Richtung auf den Sieg der christlichen stammesbewußten Rassenreinheit wirkte, auch nach der Wiedereroberung von Granada noch in harten inneren Kämpfen errungen werden mußte.

Am Anfang und Ende der Burgenzeit stehen in Spanien zwei Rittergestalten, in denen sich tiefsinnig das Schicksal des Rittertums in Spanien widerspiegelt, das sind die Gestalten des Cid Campeador, des siegreichen, Burgen bauenden und Burgen brechenden Feldherrn und des Don Quichotte, des Burgen erträumenden Echos in der Zeit des Burgenverfalls, einer Zeit der Verödung der Burgen, deren Ruinen wohl von Cervantes[348]), aber von der Menge nicht mehr verstanden wurden.

Tragisch vergessen wurden sie, und dem symbolischen Verfalle dieser stolzen Zeugen einer Heldenzeit folgte der politische Verfall einer Weltmacht. Heute mögen sie in der Auferstehung eines Volkes und eines Reiches auch wieder die ihnen gebührende Ehre gewinnen, nahm doch einst der Kernstaat Spaniens, Kastilien, seinen Namen von den Castillos an, durch deren Erbauung sein kriegerischer, siegreicher Bestand gesichert wurde.

---

[348]) Über einem Fischerdörfchen am Meere westlich Tarifa erheben sich die Ruinen einer schönen (?) Burg, die Cervantes durch seine wunderbare Schilderung in seinem „Ilustre Fregona" berühmt gemacht hat. Cervantes bezieht sich auf „las torres de la marina" — Teil der quadratischen Burg von 150:150 m, erbaut von den Herzögen von Medina-Sidonia. 2 Tore sind erhalten und die Mantelmauern mit den Ecktürmen. Vgl. dazu Catalogo Monum. de Espana, Prov. de Cadiz, S. 363f., u. Abb. 261/262.

Abb. 106. Castello de Guimarais mit 7 viereckigen Türmen. B. E. nach Cast. Port.

Portugiesische Burgen

Historische Voraussetzungen

Erwähnungen vorhandener burglicher Bauten im heute portugiesischen Gebiet finden wir schon aus der Zeit nach der Völkerwanderung, in der sich dort Wandalen, Westgoten und Suewen angesiedelt hatten. So wird der Name der Burg Vizeu schon im 5. und 6. Jahrh. genannt[1]). Seit der gewaltsamen Eroberung des Landes durch die sarazenischen Horden folgten seit dem 8. Jahrh. Wehrbauten der Mauren. Nur ganz allmählich konnten diese in langen Kämpfen von den wiedererstarkenden germanisch=westgotischen und spanischen Volksresten, die von Asturien her vorstießen, zurückgedrängt werden.

Mit der Wiedereroberung hielt der Burgenbau Schritt. Schon 1058 bezwingt König Ferdinand v. Kastilien die ausgezeichneten maurischen Bogenschützen der Burgbesatzung von Vizeu.

Erst um das Jahr 1090 nimmt das neugebildete Land auch den Namen Portugal an. Sein erster selbständiger Herrscher war Heinrich von Burgund, der mit seinem Vetter Graf Raimund von der Pfalz nach Spanien gezogen war, um seinen Glaubensbrüdern im Kampfe gegen die Sarazenen zu helfen. Er gewann in Lusitanien (das ist der alte Name des heute portugiesischen Gebietes) durch besondere Tapferkeit die Gunst des kastilischen Königs Alfons VI., der ihm seine Tochter Teresa zur Frau gab. Als Mitgift

[1]) Grave: Castellos Portuguezes, S. 62. Schäfer: Gesch. v. Portugal, Bd. II, S. 351: Ende des 14. Jahrh. vollständig zerstört, 1472 erneuert.

Die Felsenburg zu M o r e l l a (Valencia), Spanien

Burg Cardona (Katalonien), Spanien. Tor der Burgkathedrale

bekam diese die Grafschaft Porto, das sind die Gebiete zwischen Minho und Duero, der Kern für das spätere Portugal[2]). Der Sohn Heinrichs VI. und der Teresa, Alfons, errang bei Ourique einen glänzenden Sieg über die Mauren. Er soll sich (der Überlieferung gemäß) gegen fünf maurische Emire tapfer geschlagen haben. Dieser Sieg war nicht nur ein Triumph christlicher Waffen über die Ungläubigen, sondern Alfons setzte sich auch selbst die Königskrone von Portugal auf. Seit dem Jahre 1039 wird Alfons in den Urkunden als König geführt. Der damalige Landgewinn hatte freilich noch nicht den Umfang des heutigen Portugal; noch zur Stauferzeit bildete der Tejostrom die Südgrenze des Königreiches.

Planmäßig drangen die nachfolgenden Könige von Norden (Asturien) nach Süden vor. Über den Tejo hinaus wurde die christliche Macht in das Gebiet von Algarve vorgeschoben.

Im Jahre 1147 erst wurde Lissabon erobert. Es ist kennzeichnend dafür, daß die Befreiung europäischen Bodens von den Ungläubigen als eine Aufgabe der gesamten Christenheit angesehen wurde, daß dabei deutsche Kreuzritter, die nach dem heiligen Lande ziehen wollten, wesentliche Hilfe leisteten.

Abb. 107. Ruine der Stadtburg zu Beja mit Lehnsturm und Mantelmauer.
B. E. nach Cast. Port.

[2]) Schäfer: Gesch. v. Portugal, Bd. I, S. 16 u. Münch: Gesch. v. Portugal, S. 5.

Mehr und mehr trennte sich schon damals die Bevölkerung des lusitanisch-portugiesischen Teiles von der des spanischen Hauptstückes der iberischen Halbinsel.

Denn unter dem Einfluß des geologisch günstiger gestalteten Geländes, das zudem durch die feuchteren Lüfte vom Meere her fruchtbarer war als das trockene spanische, durch Sonnengluten verdörrte Tafelgebirgsland, entwickelte sich auch die Bevölkerung freundlicher und lebensfroher.

Doch hielt der dauernde Kampf mit den Mauren die kriegerisch-heldische Gesinnung der Lusitanier noch Jahrhunderte lang lebendig.

Auch auf den Burgenbau blieb dieser Kampf zwischen westgotisch-christlicher Kultur und mohammedanisch-maurischer Rasse nicht ohne Einfluß. Seit dem 8. Jahrh. bauten die arabischen Eroberer Burgen, Alkazare, oft als Stadtburgen fester Städte.

Allmählich wurden dann diese älteren maurischen Burgen nach Eroberung und Zerstörung bei Belagerung und Erstürmung durch die Christen für christliche Wohnsitten und Kriegsgewohnheiten um- und ausgebaut. So können die schweren Vierecktürme der Burg von Silves[3]), die 1060 schon Ferdinand von Kastilien in die Hände fiel und noch 1191 von Jakup Ibn Jussuf dem Kalifen wieder zurückerobert wurde, Reste sowohl maurischer wie christlicher Werke sein. Stand doch Silves als Hauptstadt des maurischen Königreichs Algarve noch lange unter der Herrschaft der Almoraviden und der Almohaden. Erst 1249 eroberte Alfons III. endgültig Burg und Stadt für Portugal[4]). Es ist heute nicht leicht, die Reste maurischer Burgen von den rein portugiesischen Wehrbauten zu scheiden. Wenn wir einzelnen Beispielen nachgehen, so können wir an gewissen Raumgestaltungen, an der Enge der Eingänge, Treppen und der Verdeckung der Eingänge der Wohnräume die maurische Herkunft ablesen. Diese Gewohnheiten finden wir auch in Spanien, so in Antequera, in Sizilien und Palermo. Berühmt waren auch die Zisternen und Wasserleitungen, Bauteile, die die Orientalen überall mit besonderer Sorgfalt ausbildeten.

Wir finden auch früh Erwähnung anderer maurischer Burgbauten, so der auf einem geringen Hügel liegenden großen Burg Alvor, die der König Sancho I. den Mauren, zuerst 1189, mit Hilfe einer Kreuzfahrerflotte von 55 Schiffen abnimmt[5]). Allerdings blieb die Burg nur bis 1191 in seinem Besitz. Endgültig gewann sie erst Alfons III. um 1250.

Noch lange blieben auch große Teile des heutigen portugiesischen Gebietes in den Händen der Mauren. Manche Burg, wie die nahe der spanischen Grenze in der heutigen Südostecke Portugals rechts des Guadiana liegende Burg Alcoutim, wurde den Mauren erst 1240 endgültig entrissen[6]).

Der Ort selbst war einer der bestbefestigten Plätze Portugals[7]), mauerumschlossen und von einer Stadtburg bekrönt. Die Burg ist eine schwere quadratische Ruine mit ehemaligem Magazin für Kriegsvorräte und einer seit mehr als 120 Jahren verschütteten Zisterne. Sie zeigt heute noch maurische und sogar römische Grundmauern. König Diniz ließ Burg und Mauern wiederherstellen[8]). Mit der Wiedereroberung des Geländes, zuerst des nördlich des Tejostromes liegenden Lusitaniens, dann des südlich auf dem linken Ufer desselben liegenden Algarve, hielt der portugiesische Burgenbau dann ebenfalls Schritt.

Ein Bild der zeitlichen Entwicklung des portugiesischen Burgenbaues gewinnen wir aus den Erwähnungen der Burgennamen, seien sie als erbaut, erobert, zerstört oder erweitert genannt, die in der Schrift „Castellos Portuguezes" oder in jener des Gonzales Simancas aufgezeichnet sind[9]).

---

[3]) Cast. Port. Abb. S. 48, 49. — [4]) d'Urban et Mielle, S. 183, Bd. III. — [5]) Pinho Leal: Portugal antigo e moderno. Bd. I, S. 186. — [6]) Ebenda S. 81. — [7]) Ebenda S. 80. — [8]) Ebenda S. 81. — [9]) Als Quelle für beide Pinho Leal.

Frühe Burgen[10])

Versuchen wir einen Überblick zu finden durch Prüfung der ersten Erwähnungszeiten der Burgen oder ihrer Schicksale:

5.—6. Jahrh. wird das Kastell Vizeu, wie eingangs schon bemerkt, als westgotische Burg erwähnt. Ende des 14. Jahrh. völlig zerstört. 1472 wiederhergestellt.

1039 Almeida (Abb. 147). Wiederherstellung durch Ferdinand den Großen an neuer Stelle.

1058 wird Vizeu den Mauren durch Ferdinand von Kastilien entrissen[10a]).

1060 Silves den Mauren durch Ferdinand I. entrissen.

1064 Coimbra erweitert (Abb. 108).

1080 Penela erwähnt. Begründung durch den Grafen Sisnando (Abb. 128).

1139 Trancoso wiederhergestellt und erweitert durch Alfons Heinrich.

1139 Graf Alfons I. nach der Schlacht bei Ourique, dem Sieg über die Mauren, zum ersten König von Portugal gekrönt.

1147 widerstand die Burg Santarem nicht dem Angriff des Alfons Heinrich. Burg Alcobaza durch denselben den Mauren entrissen.

1147 Stadtburg de Sao Jorge in Lissabon, erobert (Abb. 113, 114, 115, 116, 117).

1148 werden erweitert: Porto de Mos, Kastell Obidos, Torres Novas und Torres Vedras durch Alfons Heinrich. Abrantes durch ihn den Mauren entrissen. Penela den Mauren abgenommen.

1149 Castello Ourem gegründet von Alfons Heinrich (Abb. 111).

1165 und 1168 Palmella (auch geschrieben Palmela) erweitert[10b]).

1160 Pombal erbaut von D. Gualdim Paes (Abb. 143, 144, 145, 149).

1186 Palmella zerstört und wiederhergestellt (Taf. XII).

1187 Idanha a Nova erbaut von Gualdim Paes.

1189 Alvor den Mauren von D. Sancho abgewonnen.

Die Burg Cezimbra wird schon 1166 erwähnt[11]), Kastell Trancoso 1139, Abrantes 1148, Alcobaza 1147[12]).

Späte Burgen

1238 Alcoutim durch Sancho II. erobert und 1304 von Don Diniz wiederaufgebaut.

1253 Alfons III. erbaut Kastell de Beja.

1258 Castello de Extremos von Alfons III. erbaut.

1262 Castello Valenca von Don Alfons III. erbaut, erweitert von Don João IV.

1284 Castello Caminha erweitert von Don Diniz.

1290 Castello Novo erweitert, ebenso Montalegre (Abb. 120, 134, 139).

1290 Salvaterra do Extremo auf Befehl des Diniz errichtet.

1295 erbaut Diniz die Burg Serpa.

1296 erbaut Diniz die fünfeckige Brückenburg Sabugal[13]) (Abb. 124).

1298 erbaut Diniz die Burg Segura.

1300 Castello de Chaves wiederaufgebaut von Diniz (Abb. 123).

Der König Dionys (Diniz) (1279—1325) war also der große Burgenbauer. Er wird auch ferner erwähnt als Bauherr von:

Castro Marim, Cezimbra 1323, Chaves 1300, Covilha, Escalhão, Evora-Monte 1312 (Abb. 138), Freixo de Espada, Fronteira, Juromenha 1312, Lapela, Marvão, Miranda,

---

[10]) Die Jahreszahlen, soweit nicht anders im Text vermerkt, aus: Cast. Port. S. 60—62. — [10a]) Schäfer: Gesch. von Spanien, Bd. II, S. 351. — [10b]) Cast. Port. S. 47. — [11]) Pinho Leal S. 261. — [12] Cast. Port. S. 5. — [13]) Ebenda S. 52.

Monforte, Monsaraz, Moura, Mourão, Niza, Numão, Obidos, Pombal, Portalegre, Portel, Salvaterra do Extremo, Segura 1298, Serpa 1295, Tavira 1303, Viana do Alemtejo, Villa Flor, Villa Nova de Cerveira, Villa Real, Villa Viçosa, Vinhaes.

1303 Tavira wiederhergestellt und erweitert durch D. Diniz.
1310 Castello de Vide erwähnt, von Don Diniz gegründet.
1312 Castello Pinhel erweitert, vermutlich auch Kastell Escalhão.
1312 Castello Evora=Monte durch Don Diniz erbaut.
1312 Castello Juromenha von Don Diniz erbaut.
1323 Castello Cezimbra wiederaufgebaut.
1360 Castello de Ponte de Lima von Don Pedro I. erbaut (nur teilweise).
1375 Castello Braga von Don Fernando wiederaufgebaut. (Gründung durch Diniz.)
1385 Castello de Neva erweitert.
1390 Castello Belver erbaut.

Die heutige Zahl der Burgen beträgt nach der Karte von Grave 108. Sie beweist die heldische Kampffreude der herrschenden Geschlechter in den Glaubenskämpfen.

Es folgte dann die Zeit der Entdeckungen und Seefahrten. Diese größte Zeit Portugals dauerte vom Ende des Mittelalters, also von der gotischen Zeit, bis zum Beginn der Renaissance und war ebenso kriegerisch, wie es schon die Anfänge des portugiesischen Staates waren.

Als eine weitere vortreffliche Quelle zur Kenntnis portugiesischer Burgen und überhaupt zum Studium der dortigen mittelalterlichen Militärarchitektur muß der kostbare Foliokodex gelten, der den Namen Placas de Guerra trägt, ohne Jahr und Ort des Erscheinens und Namen des Verfassers anzugeben. Er wird dem Jahre 1498 zugeschrieben nach einem fest datierten Werk „Visitas de la Orden de Santiago", das gleiche Handschrift aufweist[14]). Der Inhalt wird gewürdigt und erläutert durch Don Manuel Gonzalez Simancas. Ihm verdanken wir außerdem wertvolle Denkmalsaufnahmen spanischer Provinzen.

Der Kodex umfaßt 57 Blätter Papier (papel de hilo — Hanfgewebe?), die Federzeichnungen von 29 befestigten Plätzen enthalten. Unter Placas de Guerra finden wir Burgen an der östlichen und nördlichen Grenze des lusitanischen Königreiches an den wichtigsten strategischen Plätzen, den Grenzen zwischen den Provinzen Alemtejo, Beira, Tras=os=Montes, zwischen Duoro und Minho auf portugiesischer Seite und Caceres, Salamanca, Zamora, Orense und Pontevedra auf spanischer Seite.

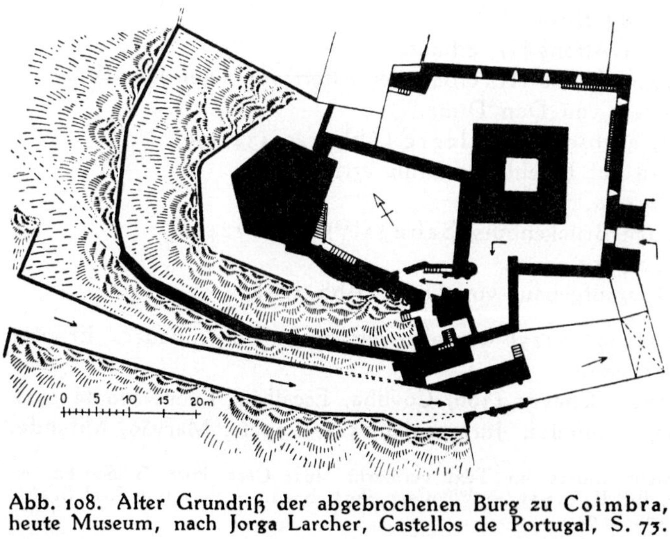

Abb. 108. Alter Grundriß der abgebrochenen Burg zu Coimbra, heute Museum, nach Jorga Larcher, Castellos de Portugal, S. 73.

Es fehlen in dem Werke die Blätter 1—14 und 17 bis 32, der Einband, der keinerlei Besonderheiten hat, ist aus Kalbsleder. Der obere Buchdeckel zeigt unter einem Kreuz mit

14) Simancas S. 179, Anm. 1.

gleichen Armen den kriegerischen und christlichen Spruch: „In hoc signo vinces."

Auf der inneren Vorderseite des Rückblattes ist eine Manuskriptzeile, die mit Absicht abgeschabt wurde; sie scheint auf eine offensichtliche Weise ausgelöscht, damit man nicht lesen konnte, was dort stand.

Auf der Rückseite des letzten Papierblattes steht in portugiesischen Buchstaben in einer Handschrift des 15. Jahrh.: Dieses Buch war ..... (Este liuro foy ....). Dies schien anzudeuten, daß der Name des Autors oder des Besitzers des Buches folgen sollte.

Abb. 109. Castello Portugueze Giella B. E. nach Cast. Port.

Die bildlichen Darstellungen der Burgen (fortalezas), zweifellos nach der Natur gezeichnet (von zwei Himmelsrichtungen), zeigen die künstlerischen Fähigkeiten der Hand des Künstlers und die große Genauigkeit der Darstellungen der Befestigungen und des Geländes.

Die Beschriftung entspricht der oben genannten Zeit in paläographischer Hinsicht und nennt bestimmte Wehrbauteile, wie baluartes, barbacanas, coraycas oder corachas; das folgende Wort kennen unsere Lexika nicht: Aclaratorias — Aufklärungstürmchen? Spähtürme?

Es scheint, daß der Zeichner und Berichterstatter Wert darauf legt, dem Empfänger (einem soldatischen Führer) die leichtesten Möglichkeiten eines Angriffs klarzumachen.

Man kann sich die Schwierigkeiten des Spions, der die Burgen zeichnete, vorstellen, war es ein Portugiese?

Er zeichnet genau die reductos (Reduten), Mauern, Tore, Barbakanen (Außenwerke), Vortore, ferner matacanes troneras (Schießscharten), auch die baufälligen Teile, durch die man leichter angreifen kann. Erwähnt werden postigos (Pförtchen), auch paraje (der Ort), wo die Besatzung se surtia (heimlicher Weg) zum Wasser gelangt, oder der Ort, wo dieses bewahrt wird (Ausfalltore).

Als eine der ersten Burgen aus diesem Kodex sei die schicksalsreiche Feste Almeida genannt (Abb. 147). Gonzales[15]) erwähnt einen Wiederaufbau, der schon im Jahre 1039 durch Don Ferdinand den Großen erfolgt sei über älteren maurischen Wehrbauten, die also auf diesem noch im französisch-spanischen Krieg 1810 strategisch wichtigen Platze schon so früh bestanden. Endlich wurde eine Burg Almeida an heutiger Stelle durch den großen Burgherrn König Diniz errichtet. Wir erfahren aus dem Madrider Kodex, daß die Burg damals zwei Türme und verschiedene Außenwerke aufwies.

Weiterhin wird berichtet[16]), daß im 15. Jahrh. zur Zeit des Kodex mehrere Zisternen in der Burg waren, darunter zwei mit lebendigen Quellen. Es werden auch erwähnt Magazine und Soldatenquartiere, gute Gräben und verdeckte Gänge, später Bollwerke, Ravelins und ein beherrschender „Kavalier" (Caballero). 1509 baut König Manuel weitere Außenwälle. Bekannt ist die berühmte Verteidigung der Festung (!) gegen die Heere Napoleons 1810.

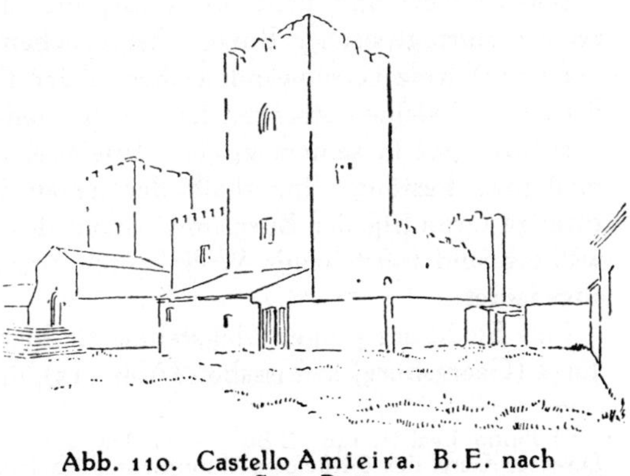

Abb. 110. Castello Amieira. B. E. nach Cast. Port.

[15]) Simancas S. 45ff. und Belmas: Journaux des sièges. Taf. 9. 1836. — [16]) Simancas S. 46.

Abb. 111. Castello de Vila Novo de Ourem. B. E. nach „Portugal Monumental".

Die Zeichnungen der Burg Almeida im Madrider Kodex bieten als mittelalterlichen Zustand zunächst, wie viele Burgenbilder darin, ein sehr starkes Burgbild gegenüber dem kleinen Maßstabe der Wohnbauten der nahen Stadt.

Eine mächtige hohe Mantelmauer scheint einen etwa rechteckigen Kernbau zu umgeben. Die Mauer ist gezinnt und zeigt an der linken Ecke einen runden, zweifach ausgekragten Erker mit Schlüsselscharten!

Die rechte Ecke nimmt der überragende starke „torre de menagem" (Lehnsturm) ein, oben gezinnt und, in der Mitte jeder Seite, mit einem Verteidigungserker versehen. Ein schlankerer, etwas niedrigerer Turm steht mehr zur Mitte der Mantelmauer hin.

Ein Torzwinger zieht sich um die Ecke des Lehnsturmes. Nahe der linken Mauer springt ein gegiebeltes kleines Haupttor aus der Mantelmauer vor (Abb. 147).

Der Umriß der Burg Almeida ist Ende des 15. Jahrh. noch durchaus mittelalterlich, stammt also wohl aus der Zeit vor dem Ausbau durch König Manuel 1510[17]).

Dasselbe kann man von fast allen gezeichneten Burgen des Kodex sagen. Sie zeigen durchweg viele und hohe Vierecktürme, die man immer wieder als besondere Kennzeichen portugiesischer Burgen hervorheben kann.

Diese Türme verschwanden aber in der Feste Almeida bei den späteren Umbauten, die aus der kleinen strengen Burg eine moderne berühmte Festung machten.

Belmas gibt in seinem großen Tafelwerk von 1836[18]) einen Plan des Ortes, d. h. der modernen Festung. Innerhalb der neuen Umrißlinien ist der etwa rechteckige, viertürmige Grundriß der Burg im Zustand des 16. Jahrh. abzulesen. In der innersten Umwallung sind freistehende Wohnbauten einzeln eingezeichnet. Die Bauzeiten sind nicht angedeutet.

Eine Stadtburg großen Maßstabes, die hier nicht erwähnt wurde, ist das Castelo de Sao Jorge (Georgsburg) in Lissabon (Abb. 113), die in den staatlichen Veröffentlichungen[19]) der

[17]) Pinho Leal S. 146, I. Bd. — [18]) Taf. 9 in: Belmas: Journaux des sièges. — [19]) Boletin da Direccao Geral dos Edificios e Monumentos Nacionais XXV/XXVI S. 5. Georg Houfnagel, Braun und Hogenberg 15. B. V, S. 2.

Wiederherstellungen das älteste Bauwerk Lissabons genannt wird, erhebt sich auf der Spitze des Berges, der schon den maurischen Alcazar trug.

Bis zum Jahre 1938 verdeckten neuere Kasernenbauten die gewaltigen Reste der königlichen Burg. die im 12. Jahrh., zur Zeit Alfons (1140), Sitz der portugiesischen Könige war.

Als „Acropole da Nacao" jüngst wiederhergestellt, beherrscht es das Stadtbild (Abb. 116) als Mittelpunkt der nahe dem Meere gelegenen alten maurischen Festung.

Wie so viele portugiesische Burgen ist auch das Kastell St. Georgs reich mit Türmen geschmückt und verstärkt. Zehn solcher zum Teil ungeheurer Quaderwerke stützen die vier Umfassungsmauern, ein elfter Turm verteidigt das einzige innere Tor, das die Teilungsmauern durchbricht, die das große unregelmäßige, fast quadratische Gesamtmauerviereck in zwei Teile — Burg und Vorburg — trennt (Abb. 113, 114, 115).

Die Bergspitze trug außer der Burg schon früh eine ummauerte enge gleichfalls viereckige Stadt, in deren Nordwestecke die Stadtburg sich erhebt. Unter 45° streckt sich von deren äußerster Nordwestecke eine spätere (?) Mauer eines weiteren Stadtberinges bergab.

Die großartige Freilegung der Stadtburg selbst, die durch Abbruch der allmählich entstandenen inneren Kasernen erfolgte, hat eine fast klassische, gewaltige Burg von großer Regelmäßigkeit freigelegt und den Architekten zum Ausbau einer höchst ebenmäßigen Stadtkrone herausgefordert.

Die strengen Linien der prachtvollen Turmgruppen mögen in alter Zeit kaum so aus einem Guß emporgeführt worden sein, künstlerisch wirkt das heutige Bild beherrschend und befriedigend (Abb. 116, 150).

Breite Gräben umgaben einst die Ringmauer, wo nicht der tragende Felsgipfelabhang unmittelbar abstürzt, wie an der West- und Nordseite.

Die Süd- und Ostseite wird dazu noch durch eine mächtige Zwingermauer geschützt, die durch eine bis zu 8 m hohe Böschung besonders gesichert erscheint.

Der Zweck der Böschung kann der Wunsch gewesen sein, die Standfestigkeit der Zwingermauer zu erhöhen, nicht nur gegen feindliche Mauerbrecher, sondern auch gegen die Wirkung schwerer Erdbeben.

Sehr eigenartig gestaltet sich dabei die Form der langen Scharten. In deren breiten, innen offenen Schrägen steht in der Mitte ein brettförmiger senkrechter Pfeiler, der den inneren Schützen gegen einen schrägen Schuß von links- oder rechtsaußen deckte, während ihm selbst bei dieser Anordnung die Möglichkeit blieb, nach außen schräg und fast rechtwinklig zu zielen (Abb. 114).

Die Gesamtform der Burg ist sehr einfach (Abb. 114). Die unregelmäßig quadratische Ringmauer ist durch eine grade innere Mauer in 2 fast gleiche Rechtecke geteilt, in den größeren östlichen Teil, der als Vorburg gelten kann, führt ein Haupttor, hinter dem zunächst nur ein enger Torhof liegt, aus dem man dann erst in die weite Vorburg gelangt.

Nur ein enges Tor führt schließlich in die innere Kernburg, es liegt neben einem schlanken Turm, der diesen Eingang beherrscht.

Die Kernburg zeigt dann nur noch in der Nordwestecke eine kleine Ausfallpforte, die erlaubt, gegen Norden aus der Burg zu kommen, ohne den engsten Stadtmauerbering zu berühren. Es ist ungewöhnlich, daß eine so bedeutende Burg nur so wenige Ein- und Ausgänge besitzt.

Die äußere Gesamtmauer sowohl wie die inneren Teilungsmauern tragen Wehrgänge (Abb. 116), die die zehn Türme untereinander verbinden. Diese zeigen auffallend wenige — manche gar keine — Scharten zur Seitenbestreichung, die doch der Hauptzweck der weit

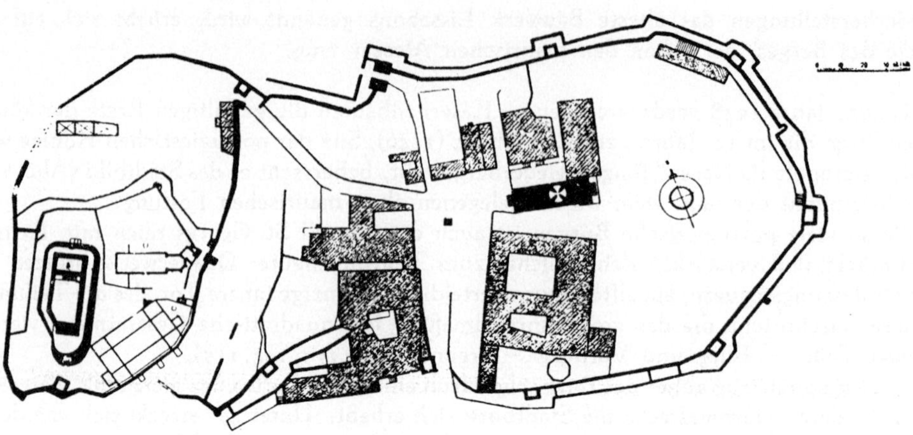

Abb. 112. Castello de Leiria. Lageplan 1:3000. Nach Boletim dos Monumentos, Heft 12.

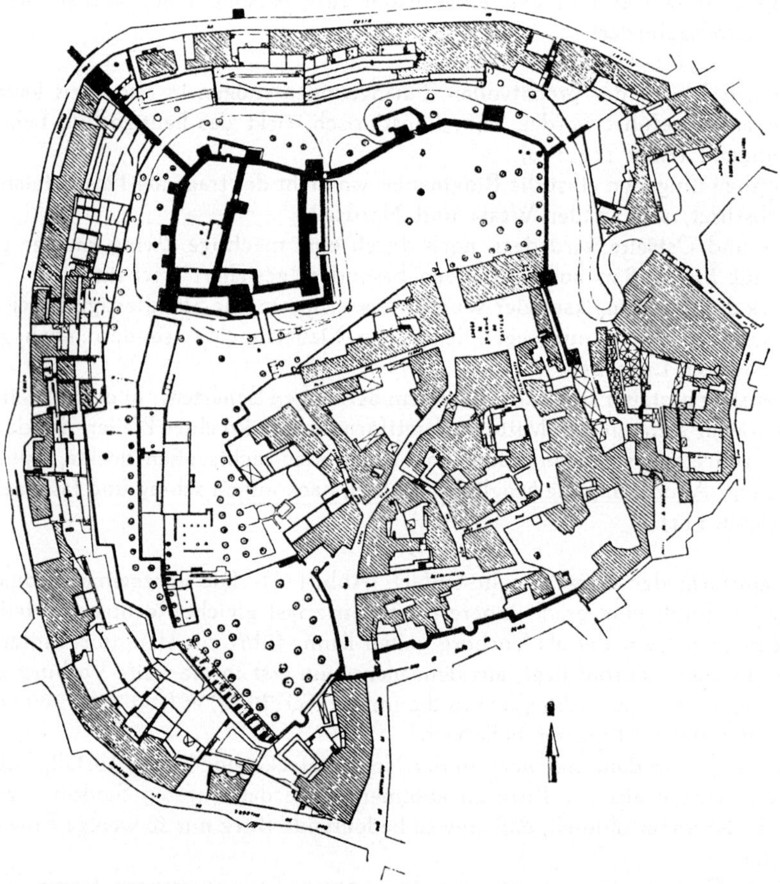

Abb. 113. Stadtburg zu Lissabon. Castello S. Jorge. Lageplan 1 : 3000.
Nach Boletim dos Monumentos, Heft 25—26.

Burg P e ñ i s c o l a am Mittelmeer (Valencia), Spanien

Lissaboner Hafenburg B é l e m , Portugal

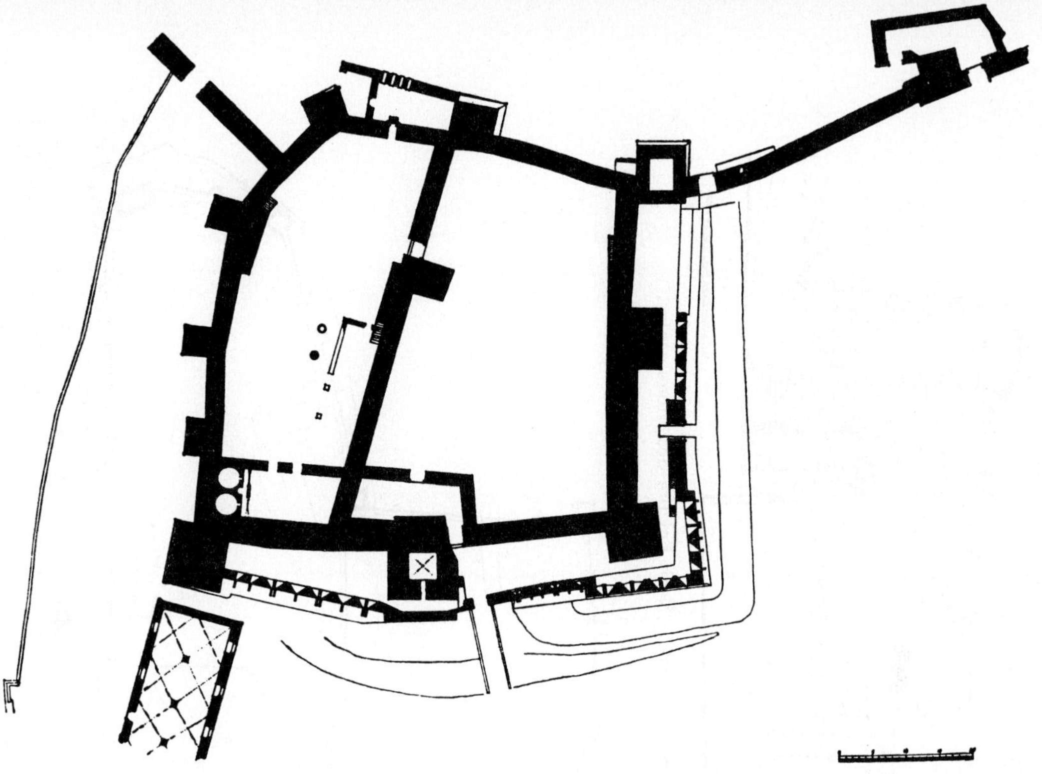

Abb. 114. S. Jorge. Grundriß 1 : 1000. Nach Boletim dos Monumentos.

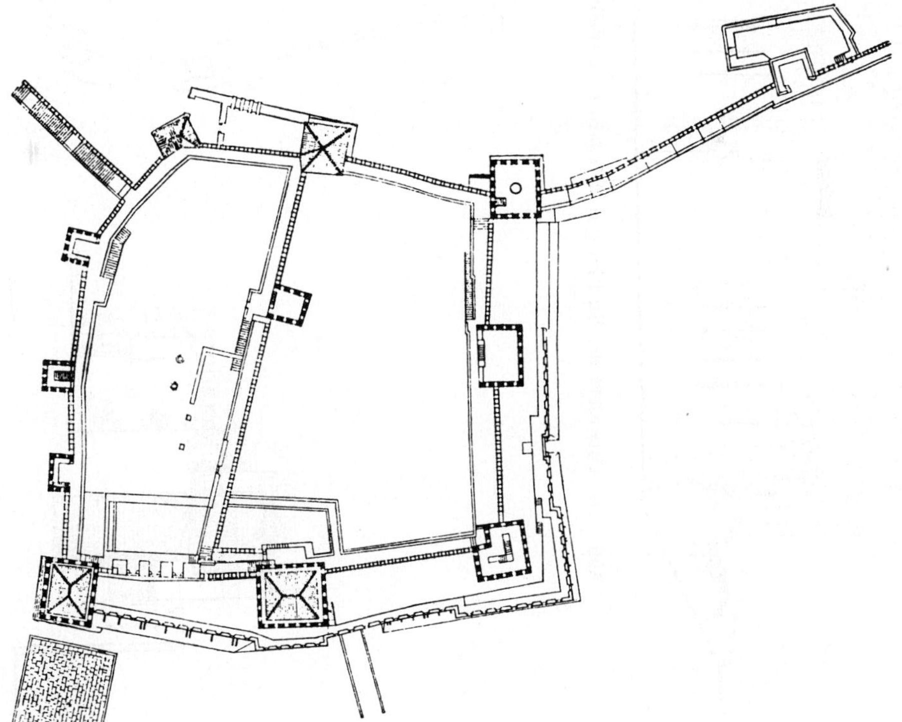

Abb. 115. Stadtburg zu Lissabon. Castelo S. Jorge, Obergeschoß. M. 1 : 1000.
Nach Boletim dos Monumentos.

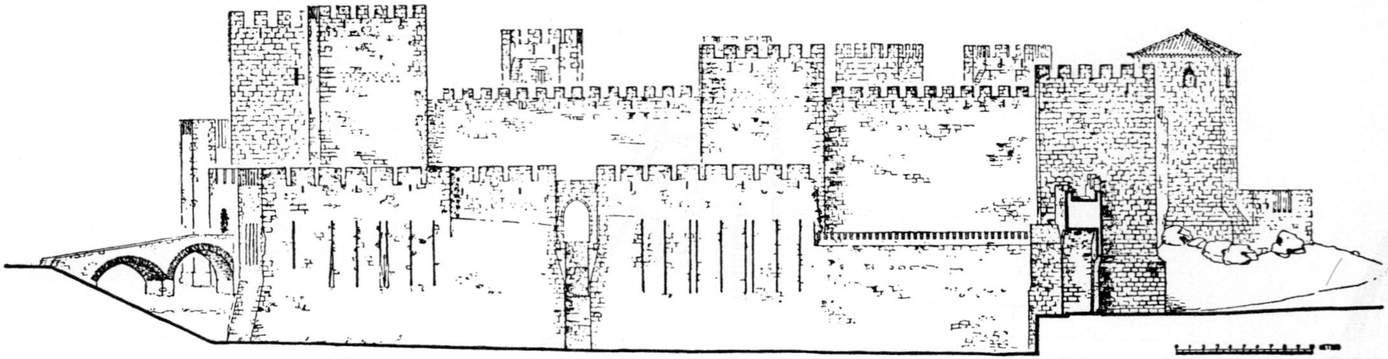

Abb. 116. Ostansicht der Stadtburg zu Lissabon, Castello S. Jorge. 1 : 500. Nach Boletim dos Monumentos.

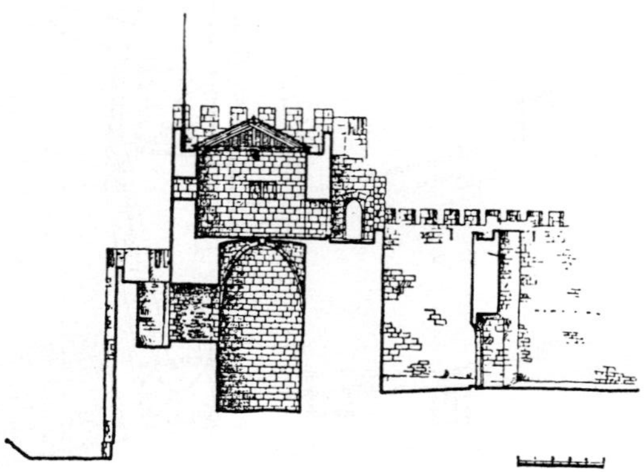

Abb. 117. Castello S. Jorge, Torturmschnitt.
Nach Boletim dos Monumentos.

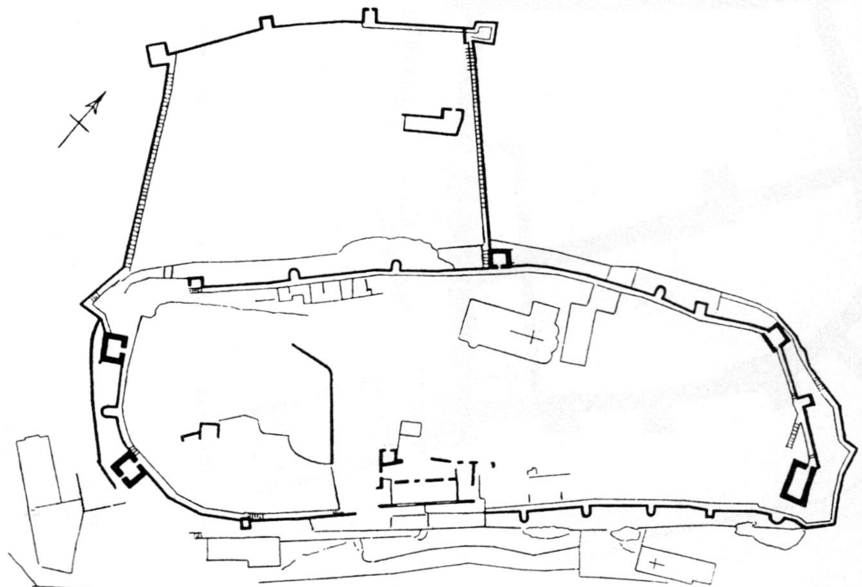

Abb. 118. Castello Montemor=o=Velho, Lageplan nach Baltazar de Castro.

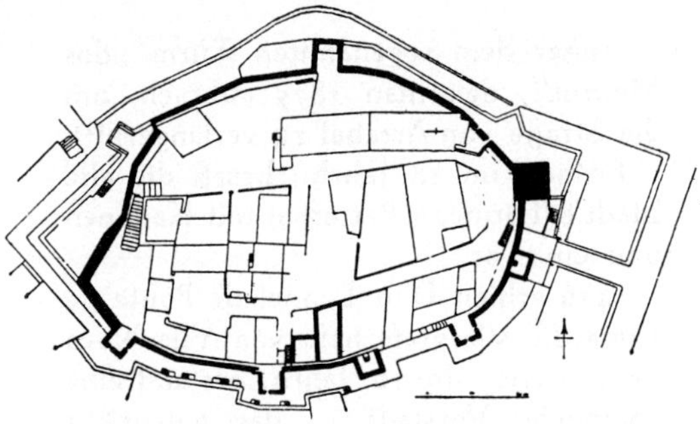

Abb. 119. Vila Nova de Cerveira (nahe der spanischen Grenze). Nach Baltazar de Castro.

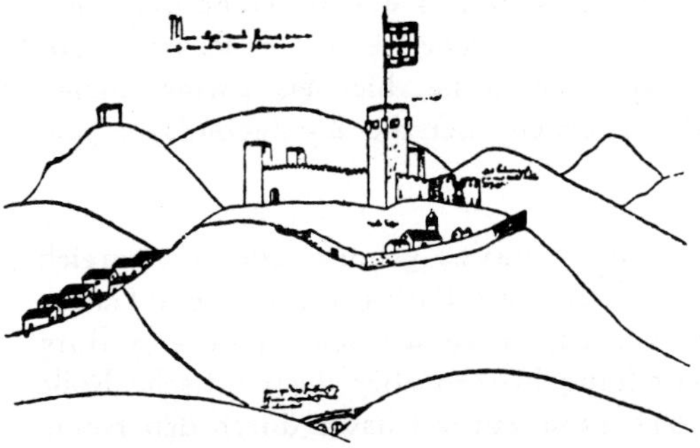

Abb. 120. Castello Montalegre, aus dem Madrider Kodex von 1498. Nach Simancas, S. 136.

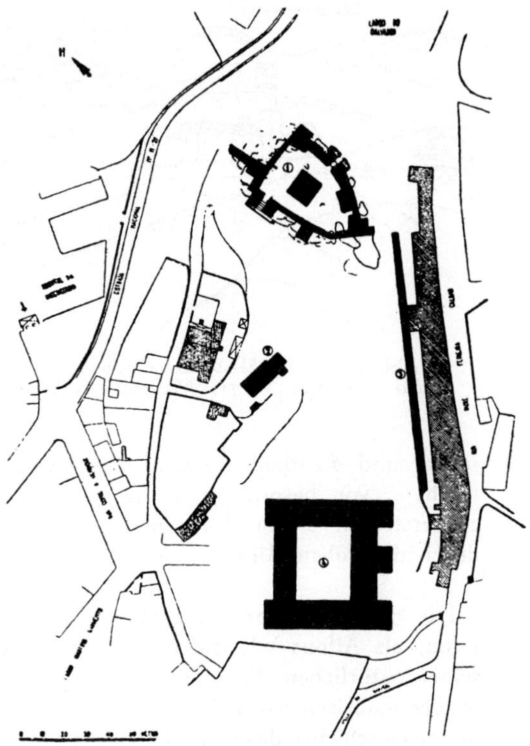

Abb. 121. Castello Guimarais. Nach: Boletim dos Monumentos, Heft 8, Abb. 6.

vorgezogenen Türme sein sollte. Nur die höchsten Geschosse hat man bei der Wiederherstellung mit regelmäßigen Zinnenkränzen versehen (Abb. 116, 117).

Im ganzen macht die riesige Burg den Eindruck eines allmählich entstandenen Wehrbaues einer nicht vielgliedrigen, aber schon durch ihre gewaltigen Mauermassen doch äußerst starken Wehr.

Die Riesenhaftigkeit der Mauermassen stellt sie in die Reihe der größten wehrbaulichen Leistungen der iberischen Halbinsel.

Einige Besonderheiten sind noch zu erwähnen. Darunter die eigenartige Treppe, die auf der Krone einer rechtwinklig von unten ansteigenden Stadtmauer in einer Flucht leicht bis auf die höchste Krone der inneren Burgmauer führt. Freilich konnte man diese ganze Anmarschstraße von oben glatt bestreichen. Ausfälle zu machen, war im übrigen für die Besatzung schwer durch die geringe Zahl kleiner Tore. Für Pulvergeschütze sind keine breiten Scharten oder Schießkammern vorhanden, alles deutet auf eine sehr frühe Gestaltung mittelalterlichen Bauwillens, dem noch maurische Meister Gestalt gaben, oder den sie doch beeinflußten. Wurde doch Lissabon erst im Jahre 1147 von den Christen erobert.

Die Burg Vila Nova de Cerveira ist eine alte Befestigung im Nordwesten Portugals im Distrikt von Vianna do Castillo, 10 km von Valenca, nicht weit vom Meer entfernt, am linken Ufer des Minho gelegen (Abb. 119).

Wohl 1320 oder 1321 wurde die Burg im Auftrage König Diniz erbaut oder wieder errichtet[20]). Noch stehen die schönen Türme und Mauern der Burg — obwohl in Ruinen

[20]) Simancas, S. 171.

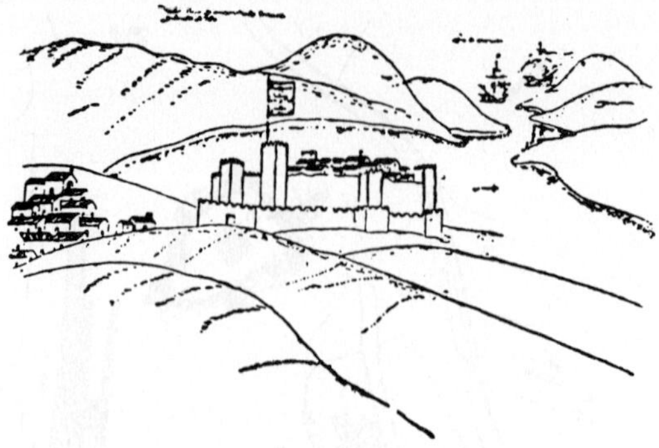

Abb. 122. Vila Nova de Cerveira.
Nach Simancas, S. 171. Madrider Kodex.

außer dem sogenannten Turm „dos Mouros", den man 1875 abbrach, um die Straße von Arrabal zu verlängern[21]).

Früher, im 18. Jahrh., besaß die alte Stadt 8 Türme, 3 Batterien mit Kanonen und ein Tor.

1476 erhielt Don Leonel de Ponte de Lima die Vizegrafschaft von Vila Nova de Cerveira. Im 16. Jahrh. bestand eine volkreiche Vorstadt — das entspricht durchaus der Darstellung im Madrider Kodex, die auch die Lage der Burg am Minho wiedergibt (Abb. 122). Simancas weist besonders auf die Höhe der Ring=mauer und die flankierenden viereckigen Türme hin, von denen einer — als letzte Zu=flucht — von besonderer Höhe sei. Davor sei eine barbacane, hier als Zwingermauer zu verstehen. 2 Tore führten von Westen und von Osten über die Zwingeranlagen und durch die hohen Ringmauern in die Burg.

Die nahe der Nordgrenze Portugals gelegene Burg Chaves gehörte zum Königreich Leon, als Alfons VI. die Feste mit der ganzen Grafschaft Portugal 1093 dem Gatten seiner natürlichen Tochter Teresa als Mitgift verlieh. 1129 wurden Stadt und Burg wieder maurisch bis 1160. Mit der ersten Verleihung begann aber die politische Rolle in der Geschichte des späteren Königreiches. Nach 1300 wurde Chaves durch den König Diniz verstärkt[22]).

In der Zeichnung des Madrider Kodex erscheint diese Burg oberhalb einer langen Brücke über den Tamega, einem Nebenfluß des Douro, dargestellt (Abb. 123).

Die Zeichnung zeigt im innersten höchsten Mauerring der Burg den starken viereckigen Lehnsturm mit vier, vielleicht durch König Diniz hinzugefügten krönenden Ecktürmchen. Als Hauptwerk der Stadtburg in der Westecke der ganzen Anlage sieht man neben den engsten Mauern des Kastells einen spitzen Kirchturm. Darum läuft eine weite hohe Mauer, die im Osten durch einen starken Turm abschließt. Sie ist ein Teil der quadra=tischen Stadtmauer und zieht sich bergan bis zu einem zweiten Turm auf dem nördlichen Hügelkamm.

Viele Bauteile sind arg zerstört, vieles wurde wohl kurz vor 1300 von dem großen Don Diniz neu erbaut.

Außerhalb der Ringmauer der eigentlichen Stadt Chaves finden wir noch einen be=merkenswerten Wehrbau. Es ist der Brückenkopf am Fluß Tamega, der den Zugang zur Stadt verteidigte, mit Vor=stadt und Mühle, die geschützt wurden durch eine gezinnte Mauer (Almenado) und zwei würfelförmige oder vieleckige Wehren.

Die Anlage erinnert an die Alcantara=brücke zu Toledo, die durch den Meister Mathes Paradiso 1255 errichtet wurde.

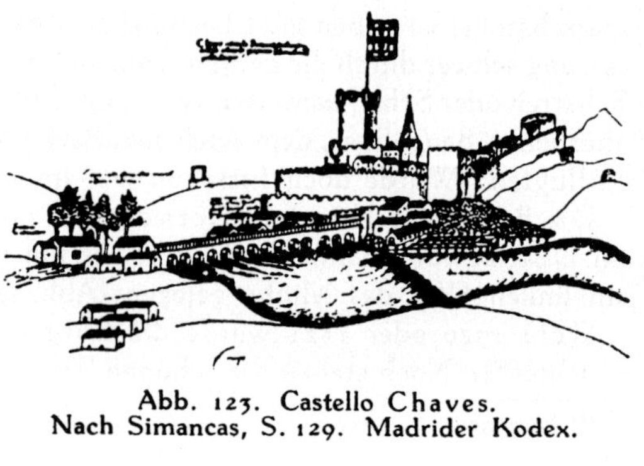

Abb. 123. Castello Chaves.
Nach Simancas, S. 129. Madrider Kodex.

---

[21]) Simancas S. 171. — [22]) Ebenda S. 129ff. mit Abb. u. zur Geschichte: Pinho Leal S. 283. II.

Insel-Burg A l m o u r o l , Mittel-Portugal

Schloß Cintra, Mittel-Portugal

Der mächtige 30 m hohe Bergfried der Burg Montalegre an der Nord=grenze Portugals in der Provinz Tras=os=Montes, 30 km von Chaves auf hohem steilem Felshügel, überragt da=gegen die drei kleineren Nebentürme, die durch eine eiförmige Mantelmauer verbunden, auch ihrerseits noch mäch=tig genug erscheinen[23]) (Abb. 134, 139).

Im Madrider Kodex ist auch hiervon eine Ansichtszeichnung erhalten[24]), die den hochtürmigen Wehrbau Portugals erweist (Abb. 120).

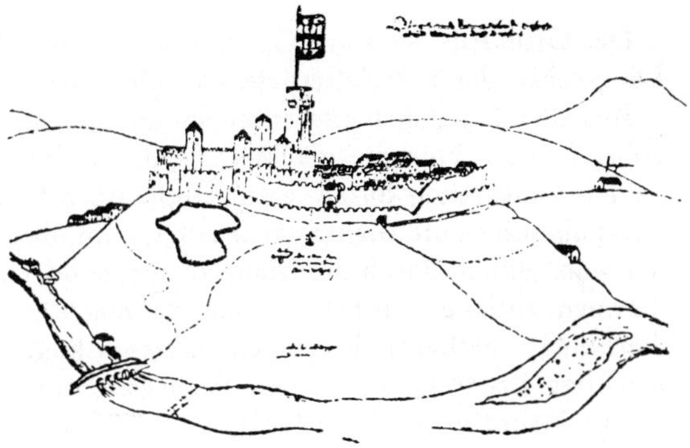

Abb. 124. Castello Sabugal.
Nach Simancas, S. 20. Madrider Kodex.

Die Darstellung im Kodex zeigt auch ein städtisches Gebiet, das, mit weiter Ringmauer umzogen, den Bergabhang umgibt. Der standartengeschmückt gezeichnete Lehnsturm gibt auch die noch heute teilweise erhaltenen Wurferker wieder — ein Beweis dafür, daß der Darsteller an Ort und Stelle gearbeitet hat, daß also die Zeichnungen Anspruch auf Wahrheit und Beweiskraft machen dürfen.

Um die eiförmige Mantelmauer ziehen sich an der Ostseite von Norden nach Süden Mauerreste, die an späte Bastionsformen erinnern.

Ein mit feinem Gefühl für seine Verhältnisse durchgebildeter wohnturmartiger Berg=fried überragt die Ruinen des 1253 durch Don Alfonso III. im Norden der Stadt erbauten Castello de Beja[25]), das König Diniz um 1300 vollendete[26]) (Abb. 107).

Kunstformen schmücken sowohl seine frühgotischen Fenster wie die hohen Wehrgang=erker.

Dieser Bergfried und ein niedriger, ebenfalls quadratischer Mauerturm sind in der Fläche aus rohen kleinen Quadern blaugrauen Marmors aufgetürmt. Einst standen hier vier Türme.

Durch eine Höhe von etwa 40 m[27]) zeichnet sich dieser Lehnsturm (Bergfried, torre de menagem) besonders auch unter den turmreichen Burgen Portugals aus.

Der Gesamtgrundriß der Burg wird bestimmt durch eine fünfeckige, starke, innen fast leere Mantelmauer, die an einer Ecke — gegenüber den 2 Haupttürmen — durch einen fünfeckigen Baublock verstärkt wird (Abb. 126, 127).

Eine weitere Ecke ist da hervorgehoben, wo ehemals die Stadtmauer anschloß, es sind dort noch Reste eines viereckigen Turmes übrig.

Die Stadt war im ganzen mit 40 Wehrtürmen versehen, fast 600 Jahre stehen die Reste dieser stolzen Wehrbauten seit den Kämpfen der Portugiesen gegen die Mauren[28]) (Abb. 107).

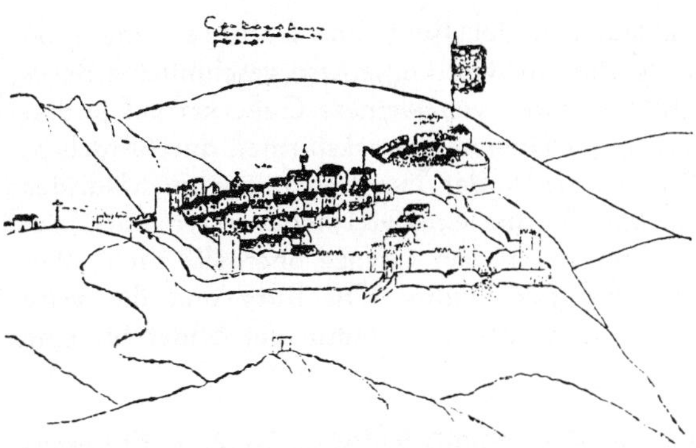

Abb. 125. Castello Mendo.
Nach Simancas, S. 34.. Madrider Kodex.

[23]) Cast. Port. S. 5. — [24]) Simancas S. 136. — [25]) Cast. Port. S. 60. — Ein wertvolles Werk über portugiesische Pläne verdanke ich der Güte des Herrn Direktor Linho: nämlich Mello de Mattos, Nicolau de Lan=gres e a sua obra em Portugal. — [26]) Pinho Leal, I. S. 359. — [27]) d'Eca: Castles of Portugal, S. 38. — [28]) Cast Port. S. 21.

Der Grundriß der Burg Guimarais — von der Form eines Bügeleisens — liegt in der Längsachse der mittelalterlichen Stadtmauer[29]) (Abb. 121).

Auffällig ist, daß heute anscheinend Spuren der üblichen Zwinger rings um die Burg völlig fehlen. Nur die mächtige, spitzspanisch gezinnte Mantelmauer ist hergestellt, an beiden Längsseiten durch je ein Doppelturmtor und einen Viereckssturm verstärkt. Dabei steigt allerdings die Mauerstärke auf 3,50 m, und der Wehrgang, der sie bekrönt, läuft nicht wie sonst üblich durch die Mauertürme, sondern ist noch in voller Breite innerhalb an den Türmen entlang geführt, so daß da mächtige Steinblöcke entstehen, die die üblichen Torzwinger entbehrlich erscheinen lassen konnten. Über dem östlichen Tor führen zwei mächtige Freitreppen zu dem Wehrgang empor.

Der Hauptturm, Lehnsturm, von 12,5 zu 12,5 m Abmessung, hat dagegen nur 2 m Mauerstärke bei 27 m Höhe. Ungewöhnlich ist auch der 1,5 m starke, durch 4 Stockwerke hochgeführte Mittelpfeiler, der die Holzbalkenlagen stützt. Der Turm steht frei in der Mitte des Hofes, der im übrigen nur geringe Wohnbaureste umfaßt (Abb. 129, 130). Nur an der Nordseite erhebt sich auf der Mantelmauer noch eine Wohnbaumauer mit vier Fenstern im unteren und drei größeren unregelmäßigen im Oberstock, die auf größere kamingeheizte Wohnräume hinweisen[30]). Der tragende Felsengipfel erlaubte allerdings auch keine Grabenaushebung.

Die Stadtburg bildet einen hoch und scharf vorstoßenden Winkel in der Stadtmauer, die an beiden Schmalseiten anstößt (Abb. 121).

Die vortrefflichen zeichnerischen und photographischen Aufnahmen im Boletim zeigen den heroisch-künstlerischen Gesamteindruck dieses prachtvollen Wehrbaues (Taf. 39).

Die Burg bedarf keines ornamentalen Schmuckes oder reicher Profilgliederungen, schon das prachtvolle Quadermauerwerk und die reich bewegten Umrisse der mit Spitzzinnen bekrönten Türme, die im mächtigen Lehnsturm ihre höchste Steigerung finden, bieten dem Beschauer ein vollendetes zeitgeprägtes Baudenkmal, das zugleich ein steinernes Zeugnis ritterlichen Willens und nationaler Größe ist (Abb. 131).

Geschichtlich hören wir, daß die Burg bereits im 10. Jahrh. erwähnt wird zusammen mit dem Namen einer galizischen Gräfin Mumadona Diaz aus dem königlichen Hause Leon. Damals, um 968, dürfte von der heutigen Burg, die wir dem 12. Jahrh. frühestens zuschreiben, kaum etwas gestanden haben[31]), wenn auch schon zum Schutze eines nahen Klosters ein früher Wehrbau hier errichtet worden sein mag, der damals von den Sarazenen bestürmt wurde. Hier wurde auch am 25. Juli 1109 dem Heinrich von Burgund und seiner Gemahlin Teresa ein Sohn, der spätere Affonso Henriques, geboren. Im ersten Viertel des 14. Jahrh. verteidigte Mem Rodrigues de Vasconcelos die Burg[32]) Guimarais.

Ähnlich gestaltet ist der fünftürmige Quaderbau der Burgruine Sabugal, die 1296 von Diniz erbaut wurde[33]) (Abb. 124). Der schöne, mit vier Gußerkern geschmückte Bergfried hat ausnahmsweise spanische Zinnen und oben vier kleinere Gußerker auf je drei Kragsteinen. Die hohe Mantelmauer ist von 4 kleineren Vierecktürmen durchbrochen, überragend erhebt sich der Bergfried. Ein Vergleich der Handzeichnung im Madrider Kodex mit neuen Photos zeigt, daß die kleinen Türme einst viel höher waren und Zeltdächer hatten. Die Burg liegt 18 km von der spanischen Grenze oberhalb einer alten Brücke über den Fluß Coa, einem Nebenfluß des Douro. Die Burg und die weite Vorburg umzieht eine niedrige Zwingermauer, die auch die Stadtmauer bildet für eine Ortschaft, die sich südlich anschließt.

---

29) Aufnahmen, Pläne u. Schnitte in: Boletim dos Monumentos, Juni 1937. Nr. 8. — 30) Ebenda Abb. 49/50. — 31) Ebenda S. 8. — 32) Ebenda S. 16. — 33) Simancas: Auf den S. 7, 10, 20, 26, 35, 43, 46, 67, 102, 147, 155, 158. Abb. S. 20.

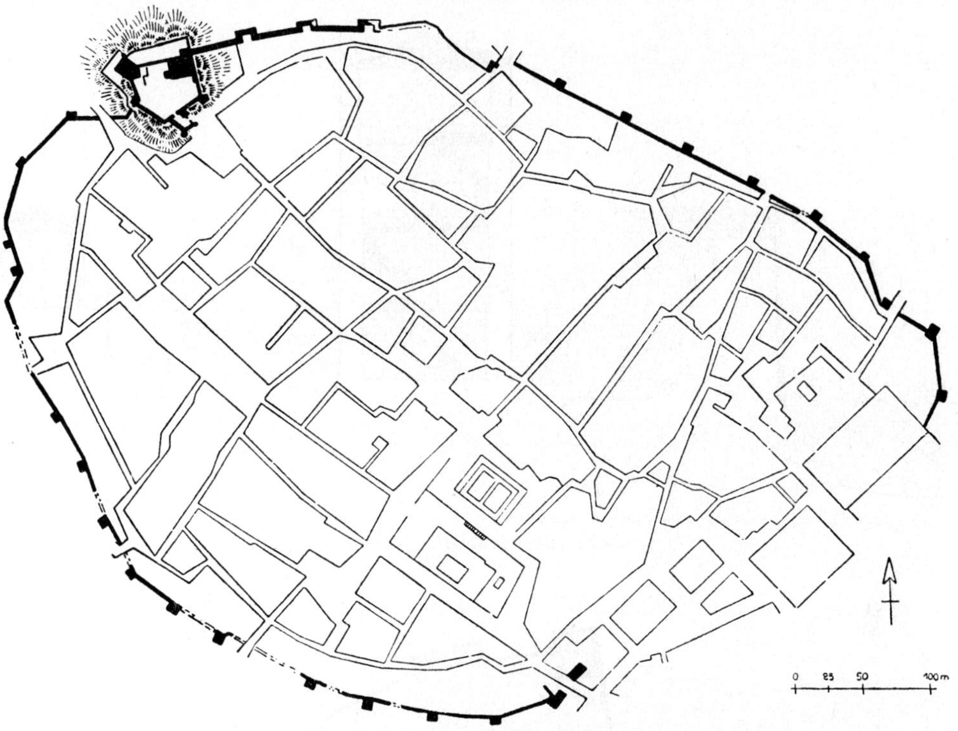

Abb. 126. Burg und Stadtplan von Beja mit 29 Türmen der Ringmauer. M. 1 : 5000. Nach amtlichem Stadtplan.

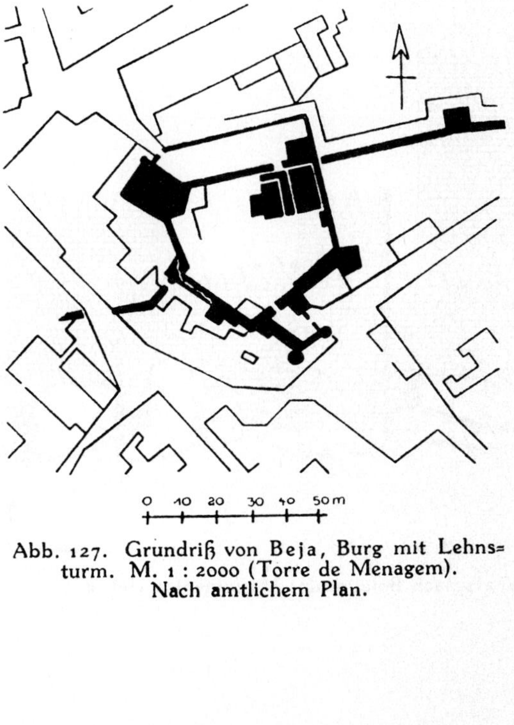

Abb. 127. Grundriß von Beja, Burg mit Lehns=turm. M. 1 : 2000 (Torre de Menagem). Nach amtlichem Plan.

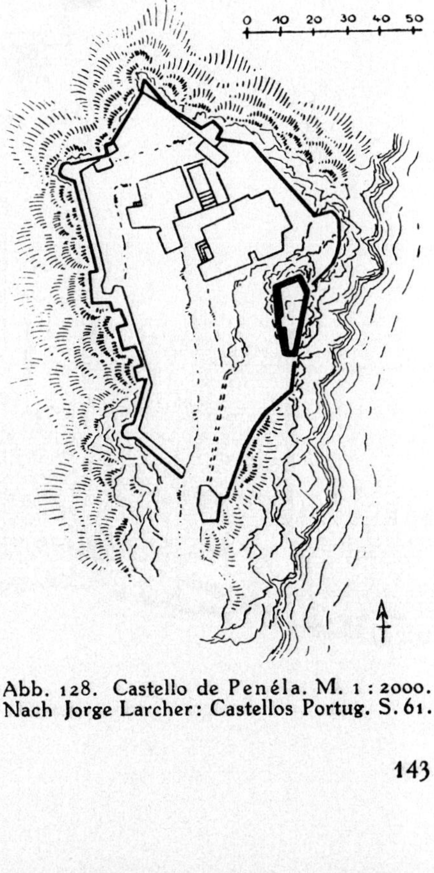

Abb. 128. Castello de Penéla. M. 1 : 2000. Nach Jorge Larcher: Castellos Portug. S. 61.

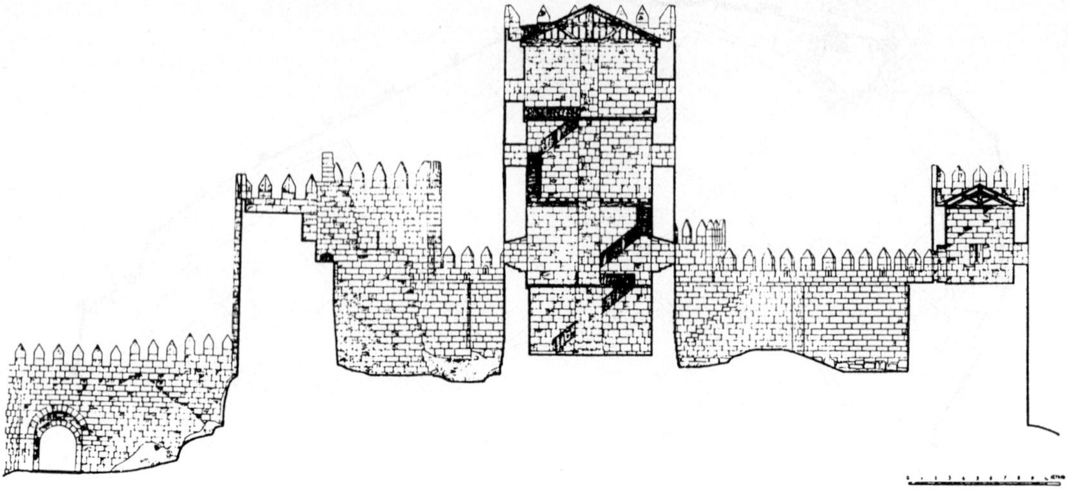

Abb. 129. Schnitt 1 : 500.

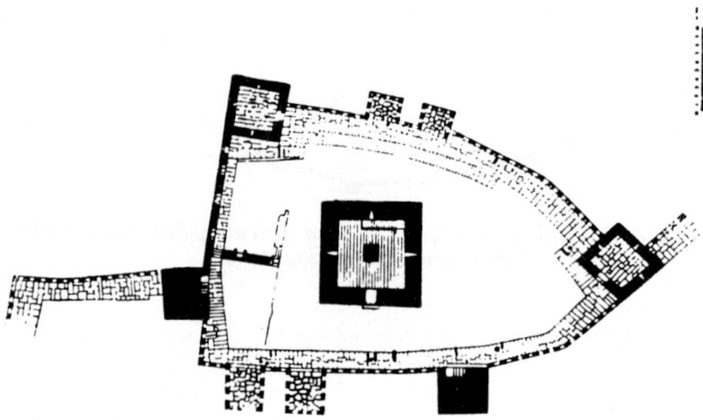

Abb. 130. Grundriß 1 : 1000.

Abb. 131. Ansicht 1 : 500. Castello Guimarais nach Boletim dos Monumentos Heft 8.

Auch Amieira zeigt eine rechteckige Mantelmauer mit starken Viereckstürmen an den Ecken[34]). Der größere Lehnsturm ist im obersten Geschoß durch ein gotisch reich profiliertes Fenster geschmückt, hinter dem man einen großen Wohnraum vermuten darf. Die sonst in Portugal überwiegende Schlankheit der Türme fehlt hier ganz. Die beherrschende Feste wurde erbaut durch D. Frei Alvaro Goncalves Pereira (Abb. 110).

Abb. 132. Braganca.
Madrider Kodex, nach Simancas, S. 111.

Vielfach erscheinen dann Burgen, die heute fast nur noch aus mächtigen Türmen bestehen mit geringen Nebenbauten, wie Vilharigues[35]), Melgaco[36]), Villa Real de Tras=os=Montes[37]), Lanhoso[38]), Penas Roias[39]) und andere.

Völlig entgegengesetzte Bilder bieten dagegen die unregelmäßigen, sehr großen landesfürstlichen oder königlichen Burgen von oft höchst malerischem Umriß, die in Portugal nicht selten sind.

Vielgegliedert mit breitem hohem Hauptturm thront hoch über der gleichnamigen Stadt die Höhenburg Braganca mit turmverstärkter langer Ringmauer. Die Burg liegt 14 km von der spanisch=portugiesischen Grenze, 684 m über dem Meere (Abb. 136).

Die beiden Skizzen von Braganca im Madrider Kodex von 1498[40]) (Abb. 132) zeigen den glänzenden Aufstieg der ehemaligen mittelalterlichen Burg. Der gewaltige Lehnsturm überragt noch heute die gesamte Feste. Er bildet einen rechteckigen 33 m hohen donjonartigen Turm mit Zinnenkranz und ist damit einer der größten Lehnstürme des Landes überhaupt[41]).

Vier diagonal vorspringende Eckerker rahmen gotische ernste Fenster eines wohl festlichen Wohnraumes im höchsten Stock ein; kleine gotische Spitzbogenöffnungen sind in einem sehr hohen Untergeschoß ungefähr in halber Höhe eingelassen.

Hinter einer schweren, durch Reihen vieleckiger Türme verstärkten langen Sperrmauer, die die Stadt von dem Donjon trennt, liegen viele Ruinen der ehemaligen herzoglichen Burg. Die überragenden Umrisse der Wohnbauten erkennt man auf der Zeichnung des Kodex in Madrid.

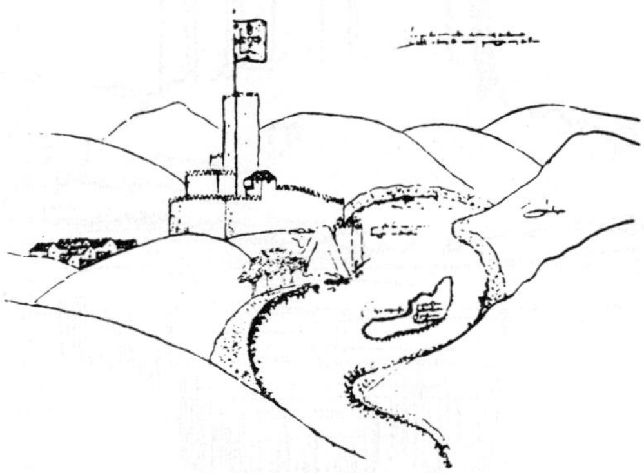

Abb. 133. Lapela.
Madrider Kodex, nach Simancas, S. 162.

Ein Vergleich der portugiesischen Burgen mit den spanischen liegt nahe. Dabei fällt die Neigung der Portugiesen auf, ihre Wehrbauten mit hohen, viereckigen schönen Türmen auszustatten. Wohl das schönste Beispiel bietet hierfür die Burg Guimarais[42]) mit ihrem quadratischen Bergfried und den vielen geringeren Viereckstürmen, die nahe beieinander die Mantelmauer verstärken (Abb. 131). Die hoch=

[34]) Cast. Port. S. 13. — [35]) Ebenda S. 13. — [36]) Ebenda S. 11. — [37]) Ebenda S. 28. — [38]) Ebenda S. 37. — [39]) Ebenda S. 54. — [40]) Simancas S. 110/111. — [41]) Cast. Port. S. 30 und 17. — [42]) Ebenda S. 53.

Abb. 134. Castello Montalegre.
B. E. nach Cast. Port.

strebenden Umrisse der prachtvollen Quadermassen, die alle Türme und Mauern bilden, sind unvergleichlich stolz (Taf. 39). Einen ähnlichen Eindruck geben auch die Zeichnungen in dem Madrider Kodex von 1498, in dem alle Abbildungen der Zeit viereckige, bergfriedartige Türme als Kern der ganzen Anlagezeigen.

Erkennbar ist noch an den Ruinen der Wille, die wehrhaften Einzelheiten der Türme schön im Wohlklang mit den großen glatten Massen als Schmuck auszugestalten.

Das sehen wir auch an den schwungvoll umrissenen Kragsteinen, die die Eckerker an den Bergfrieden der Burg Sabugal tragen, ganz besonders an der 1258 durch Alfons III. erbauten Burg Extremos[43]), ferner bei Vilharigues[44]) und Beja[45]) (Abb. 107). Ebensoviel künstlerischer Schmuck ist an den Fenstern und Toren verwandt, z. B. an der Burg Torres Vedras[46]) und manchen anderen, die wir nachstehend noch behandeln werden.

Im Distrikt Coimbra zählt Larcher[47]) eine Anzahl Burgen auf, die z. T. zerstört und nicht mehr vorhanden, teilweise aber noch in Mauerresten sichtbar sind.

Er nennt Avô, welches Don Sancho 1187 seiner Schwester D. Urraca als Tausch für Aveiro gab, ferner Miranda do Corvo, Penacova, das 1853—54 zerstört wurde, Santa Olaia, heute vollständig verschwunden wie auch Coja. Von Soure, südwestlich Coimbra, steht noch ein viereckiger, zinnengekrönter Turm. 1064 wurde die Burg den Mauren entrissen.

An der Meeresküste, westlich Coimbra, liegen Buarcos, deren Mauerstärke 2 m beträgt, und Figueira da Foz an der Mündung des Mondego, auf steilem Fels ins Meer hinausragend.

Von Louzâ, südlich Coimbra, sind nur noch der viereckige Lehnsturm und einige Mauerreste erhalten. Auch von Condeixa-a-Velha sind noch Mauerreste übrig.

Die Burg Germanelo wird urkundlich 1180 erwähnt als von Alfons Heinrich erbaut.

Penela (Penella) wurde 1080 gegründet, von den Mauren 1116 zerstört, 1187 von Don Sancho wiederaufgebaut und erweitert. Heute sind noch einige Türme und Mauerteile sichtbar (Abb. 128).

Die bedeutenden Ruinen der Burg Montemor-o-Velho (Abb. 118), nahe der Meeresküste in der Provinz Coimbra gelegen, des Schauplatzes wichtiger geschichtlicher Ge-

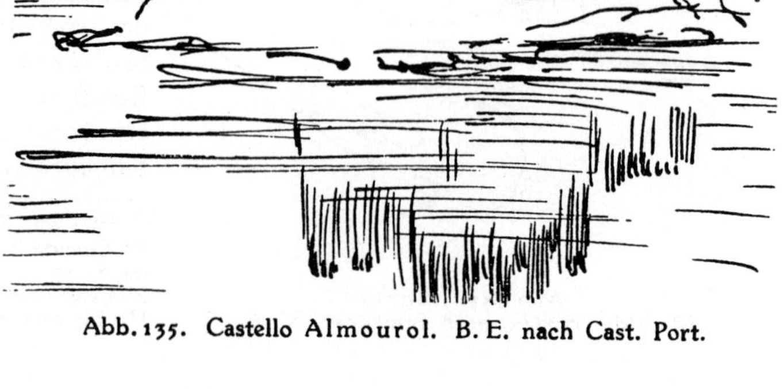

Abb. 135. Castello Almourol. B. E. nach Cast. Port.

43) Cast. Port. S. 59—61. — 44) Abb. ebenda S. 13. — 45) Abb. ebenda S. 21. — 46) Abb. ebenda S. 29. — 47) Larcher: Castelos de Portugal, Distrito de Coimbra.

schehnisse, bieten uns einen klaren Begriff von der Größe und Festigkeit der Machtmittel der frühesten Monarchie. Nur ein Vandalismus schlimmer Art konnte wichtige Teile eines nationalen Denkmals soweit zerstören.

Abb. 136. Stadt und Burg Braganca. B. E. nach Cast. Port.

Es handelt sich bei Montemor um eine der strategisch wichtigsten Festen des Landes. Die Burg wird schon früh — 716 — als Besitz der Mauren genannt, denen sie 848 von Ramiro I., König von Leon, wieder für die Christen entrissen wird. Abermals, 985, wechselte der Besitz nach der Eroberung durch den Kalifen Al-Mansor von Cordoba, der den wichtigen Platz für die Mauren wieder aufbaute, und 1088 machte König Ferdinand I. von Leon die Christen wieder zu Herren[48]).

Zahlreiche Ruinen eines bedeutenden Pallas stehen oben an der Mitte der Außenmauer, die ferner Reste zweier Kirchen innerhalb der heute bestehenden Burg umfaßt[49]).

Auf einer vom Wasser des Tejo umspülten Granitfelseninsel erhebt sich — ein höchst malerisches Bild — auf maurischen Grundmauern die Burg Almourol nahe Tancos, mit hoher, hier durch zehn schlanke, miteinander verbundene Rundtürme verstärkter Mantelmauer. Ein hoher rechteckig gezinnter Bergfried fehlt auch hier nicht als aufstrebendes Zeichen portugiesischer Bauweise[50]) (Abb. 135, 148, Taf. 37).

Der weite Mantelmauerring ist durch eine innere Teilungsmauer in eine Kernburg und Vorburg geschieden. Die äußere Gesamtmauer wurde, vielgeknickt, durch schlanke Hufeisen- und Rundtürme hochragend verstärkt und in ihrem ganzen inneren Teilungs- und äußeren Ringmauerverlauf durch gezinnte Wehrgänge verteidigt.

Die Burg wurde 1160 durch den Großmeister des Templerordens Gualdim Paes auf maurischen Resten erbaut. Man weist auf eine gewisse bauliche und wehrhafte Ähnlichkeit mit den Burgen Thomar, Monsanto, Pombal, Idanha und Zezere hin[51]).

Am bedeutendsten ragt dann hoch die vielgegliederte herrliche Ruine der Burg Leiria am Liz nahe der Meeresküste, von dem großen königlichen Bauherrn Diniz unweit der Burgen Thomar und Pombal erbaut (Abb. 112). Die frühgotische Burgkirche grüßt von dem steilen Felsenkamm über die weiten Lande. Noch strecken sich die Quader von Tor und Türmen und ein langer Wohnbaurest empor, dessen Untergeschoß zehn Bogenfenster dem Abgrund zuwendet, darüber noch Reste einer köstlichen spitzbogigen Galerie auf Doppelsäulen[52]).

In dem Distrikt von Leiria nennt Larcher[53]) noch eine Anzahl Kastelle wie etwa Alcobaca, eine alte maurische Festung, Alfeizerao, welches 1147 von Alfons Heinrich den Mauren entrissen wurde und noch im 18. Jahrh. Reste einer zinnenbekrönten, von schlanken Rundtürmen bewehrten Mantelmauer erkennen ließ, und das reizvolle Obidos mit seinen vielen schlanken Rundtürmen (Taf. 40).

Ferner ist zu nennen Porto de Mos, das 1148 von Alfons Heinrich erobert wurde, sich jetzt aber in sehr zerfallenem Zustand befindet.

Als Küstenbefestigung auf einer felsigen Halbinsel ins Meer hinausragend, gehört die Festung Peniche einer späten Zeit an. Sie wurde auf Befehl Joas III. (1521—1557) erbaut.

---

[48]) Larcher: Castelos de Portugal, Distrito de Coimbra, S. 275 ff. — [49]) d'Eca: Castles of Portugal, S. 21. — [50]) Cast. Port. S. 41—42. — [51]) Ebenda S. 42. — [52]) Ebenda S. 38, 39 mit Abb. — [53]) Castelos de Portugal, Distrito de Leiria.

Der Turm von Lapela, „sehr elegant in seiner Einfachheit"[53a]), wurde erbaut[54]) im Auftrag von Alfons Heinrich. Die Burg ist von geringem Umstande, überwiegend wirkt in der Darstellung des Madrider Kodex (Abb. 133) wie im neuzeitlichen Grundriß (Abb. 140) sowohl der mächtige Bergfried oder Lehnsturm, der im quadratischen Inneren besonders regelmäßig durch 4 bzw. 2 Licht= oder Sehschlitze gegliedert ist.

Ein Stockwerk erhielt einen Wurferker, ein anderes zeigt einen Eckkamin — das höchste Geschoß wurde durch einen gezinnten Wehrgang verteidigt. An den Turm schloß sich ein Wohnbau an; über der Mantelmauer ragt ein kleiner Turm mit Holzbalken (?) hervor. Die Ringmauern ziehen sich bis zum Flußufer hinab, zu dem sich, nach der Abbildung des Kodex, ein abermals gezinnter Torturm öffnet.

Unter römischen und westgotischen Wehrbauresten erheben sich die ungewöhnlich regelmäßigen späten Trümmer des umfangreichen Kastells Evora=Monte in der Nähe der vielfach befestigten Hauptstadt der Provinz Alemtejo (Abb. 138).

Ein starker, quadratischer Bau, dessen Inneres auf 4 Säulen 9 Kreuzgewölbe trägt, wird an den 4 Außenwerken durch dickwandige Rundtürme verstärkt. Die Form deutet auf späte Bauzeit; als Bauherr wird Alfons IV. genannt[55]). Der Um= bzw. Ausbau durch Alfons VI. wurde wohl nie vollendet. Ein Doppelrundturmtor wird dem Jahre 1312 zu=geschrieben[56]).

In der Provinz Alemtejo, westlich Portalegre, liegt das Kastell Alter do Chao. Die noch hochragenden Mantelmauern mit 3 quadratischen Türmen bilden ein fast regel=mäßiges Quadrat, dessen Inneres einst ein dreiflügeliger Wohnbau einnahm. In den offenen Hof führte ein rechteckiger Torturm, der dreifach geschlossen werden konnte (Abb. 138).

Der regelmäßige Bau wurde auf Befehl Don Pedros I. errichtet[57]) und bis in die Neu=zeit vielfach entstellend umgebaut, bietet aber ein gutes Beispiel besonders kennzeich=nender Grundform.

Burg Thomar war eine Templerburg, die 1319, nachdem der Templerherrenorden 1314 aufgehoben wurde, in den Besitz des von Diniz gegründeten Christusritterordens überging[58]).

Burg und Ort liegen, letzterer 122 m über dem Meere, am Nabao (Abb. 142). Die Burg wurde 1160 am rechten Ufer hoch über Fluß und Stadt im Kampf gegen die Mauren erbaut[59]). Noch bestehen bedeutende Burgreste und Ruinen. Heinrich der Seefahrer (1418 bis 1460) errichtete dort ein gotisches Kapitelhaus.

Der Bau ist großenteils aus Quadern und schweren Bruchsteinen aufgeführt, wie über=haupt solche Bauart, ja selbst reine Quaderbauten, in Portugal sehr bevorzugt wurden. Das beruht vor allem auf dem großen Vorrat guten Hausteins in dem gebirgigen Land, manche Gegenden verwendeten sogar weißen Marmor zu ihren Wehrbauten.

Selten ist im allgemeinen die Verwendung der in Spanien so viel benutzten Tapia=bauweise.

Die Burg Feira schreibt das Diccionario geografico[60]) schon der frühen westgotischen Zeit zu, nennt auch aus kastilischer Zeit schon 990 Burg und Besitzer (Mem Guterres und Mem Lucidio) und ihre Zerstörung und den Wiederaufbau (Abb. 137). Die viertürmige hohe quadratische Mantelmauer der wohlerhaltenen Burgruine ist durch zwei Tore in

[53a]) d'Eca: Castles of Portugal S. 28. — [54]) Cast. Port. S. 61. — [55]) d'Eca: Castles of Portugal S. 37. — [56]) Cast. Port. S. 45. — [57]) Ebenda S. 12: „fiel amante de D. Ignez de Castro (Cl. Lello)." — [58]) d'Urban et Mielle: S. 247. III. Bd. — [59]) Cast. Port. S. 49/51 mit Abb. — [60]) Pinho Leal: III. S. 155.

Burg Palmela, Portugal

der Zwingermauer und eine Schlupfpforte zugänglich[61]). Die Porta da Villa wird verteidigt durch zwei Türme und einen gedeckten Gang. Ein Wappen Don Manuels deutet auf ihn als Wiedererbauer. Das Nordtor, Porta da traicao, ist zerstört; die Ausfallspforte hat auch einen gedeckten Gang.

Der älteste Kernbau dient als Lehnsturm oder Vorratsturm (torre de menagem). Darin finden wir eine große verschüttete Zisterne und, außerhalb gelegen, eine zweite von 10—12 m Tiefe. Daneben besteht noch eine wohlerhaltene Wendeltreppe.

Abb. 137. Burg Feira. B. E. nach Cast. Port.

Man schreibt Don Manuel diese Umbauten zu.

Hohe Mantelmauern verbinden die Türme der inneren Burg zu geschlossenem Kernwerke dieser fast quadratischen Höhenburg mit ihren vier gleichen, durch runde steinere Spitzkegel gekrönten Granitquaderecktürmen[62]).

Dieser stolz emporragende Bau beherrscht seine vielgegliederten und schöngezinnten Vorburgmauern aus edlem Quadermauerwerk. Durch diese führen gotische Tore, durch Kreuzscharten verteidigt, die teilweise zu Schlüsselscharten weitergebildet sind. Daß die Mauren oder frühere Bodenherren schon diese Mauern errichteten, ist nicht anzunehmen. Ein Wappen der Herren von Feira über dem ersten Tor mit diagonal gestellten Doppeltürmen entstammt dem 15. Jahrh. Berühmt sind auch hier die Zisternen und unterirdischen Räume.

Unfern der kleinen Hafenstadt Setubal erheben sich auf schroffem Berge die bedeutenden Reste der umfangreichen frühmaurischen Burg Palmella. In früheren Kämpfen zerstört, wurde sie im Auftrag des Königs Alfons Heinrich 1165 wiederhergestellt. Sie liegt über dem linken Ufer des Tejo unweit Lissabon[63]) (Taf. XII).

Schon 1186 verlieh der König diesen Wehrbau der geistlichen Ritterschaft von San Jago[64]). 1191 wurde Palmella abermals von den Mauren zerstört, und erst 1205 konnten die Christen die Burg wieder aufbauen.

Heute noch stehen bedeutende Reste von ravelinverstärkten Ringmauern der Zwinger und von Mantelmauern und Giebeln, die meist aus Bruchsteinen errichtet sind.

Ein kleiner schlanker Turm mit Hufeisengrundriß und Spitzdach erhebt sich neben einem späteren Rundbogentor aus großen Quadern. Über der Toröffnung zwischen zwei Schwunggertenschlitzen ist noch Platz für Wappenschmuck.

Von links überschaut ein mächtiger quadratischer Lehnsturm (Torre de menagem) die Innen- und Außenwerke.

Im Innern ist ein Platz mit vier Zisternen und ein quadratischer Bau mit einer Treppe zu unterirdischen Gefängnisräumen. Scherben bunter Kacheln finden sich im innern Schutt, die auf schmuckvolle Wandbekleidung der Wohnräume deuten.

Die Burg Alvito, quadratisch mit runden Ecktürmen, bildet in Portugal eine Ausnahme. Dies ist in Spanien wie in Italien im 15. Jahrh. eine besonders häufige Grundform. Don

[61]) Cast. Port. S. 32—36 mit Abb. — [62]) Ebenda S. 32. — [63]) Ebenda S. 46—48 mit Abb. — [64]) Ebenda S. 47.

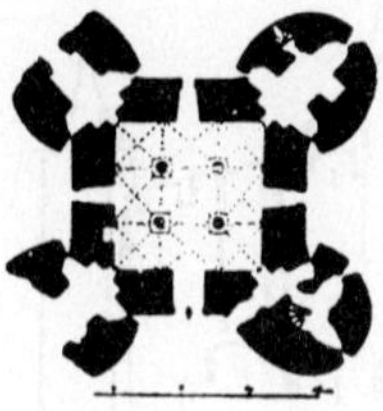

Evora Monte, 1 : 1000.

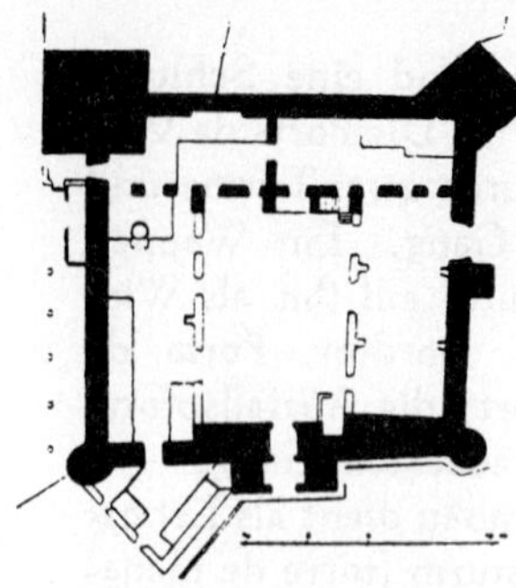

Alter do Chao, 1 : 1000.

Abb. 138. Nach Aufnahmen durch Baltazar de Castro.

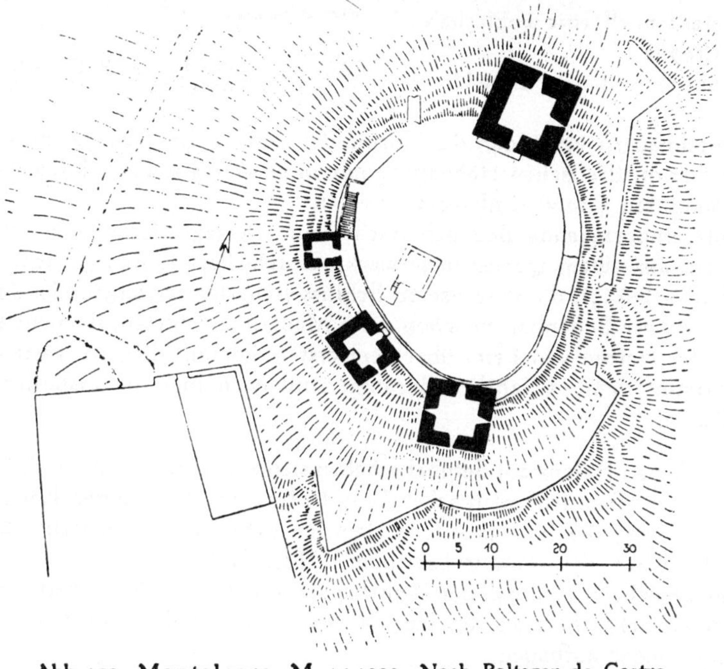

Abb. 139. Montalegre. M. 1 : 1000. Nach Baltazar de Castro.

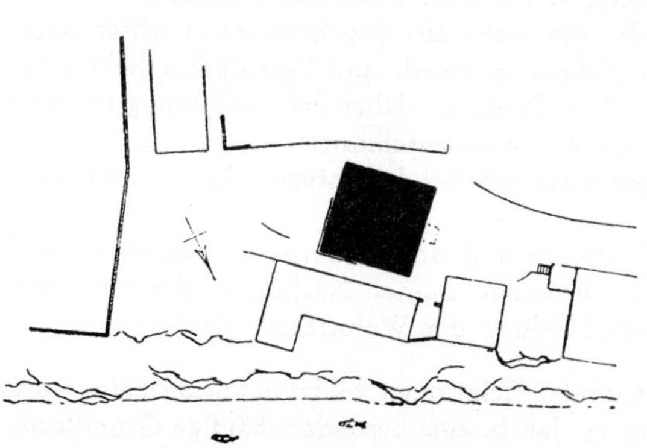

Castello Lapela, Lageplan.

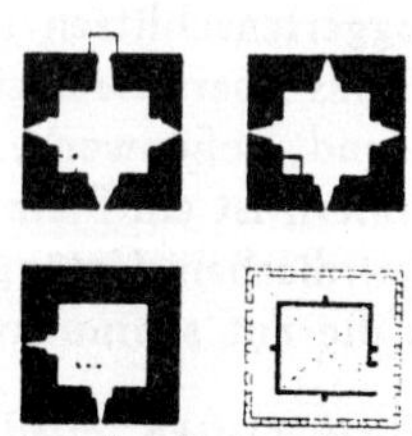

Grundriß 1 : 1000.

Abb. 140. Nach Baltazar de Castro.
Die Abbildungen 138—140 verdanken wir der Güte des Herrn Raul Lino.

Abb. 141. Castello de Alvito. Ansicht. B. E. nach Cast. Port.

João II. ließ die Burg ab August 1494 wohl unter Benutzung arabischer Grundform wieder errichten (Abb. 141).

Der Bau ist noch bewohnt und büßte nur durch neuere Fensterdurchbrüche und dergleichen manche ihrer kriegerisch abweisenden Einzelheiten der Gestaltung ein.

Auch der ehemalige Ringgraben fehlt z. T. heute mit seiner Zugbrücke. Ein viereckiger Lehnsturm tritt im Gesamtbilde wenig hervor. Hohe viereckige Zinnen mit schmalen Scharten dazwischen krönen die Mantelmauern des Wohnbaus, hinter denen ein ringsum laufender Wehrgang alle Türme verbindet.

Neben großen Sälen wird im Innern auch eine große Kapelle erwähnt, daneben auch noch unterirdische Fluchtgänge.

Abb. 142. Castello Thomar. Ansicht. B. E. nach „Portugal Monumental".

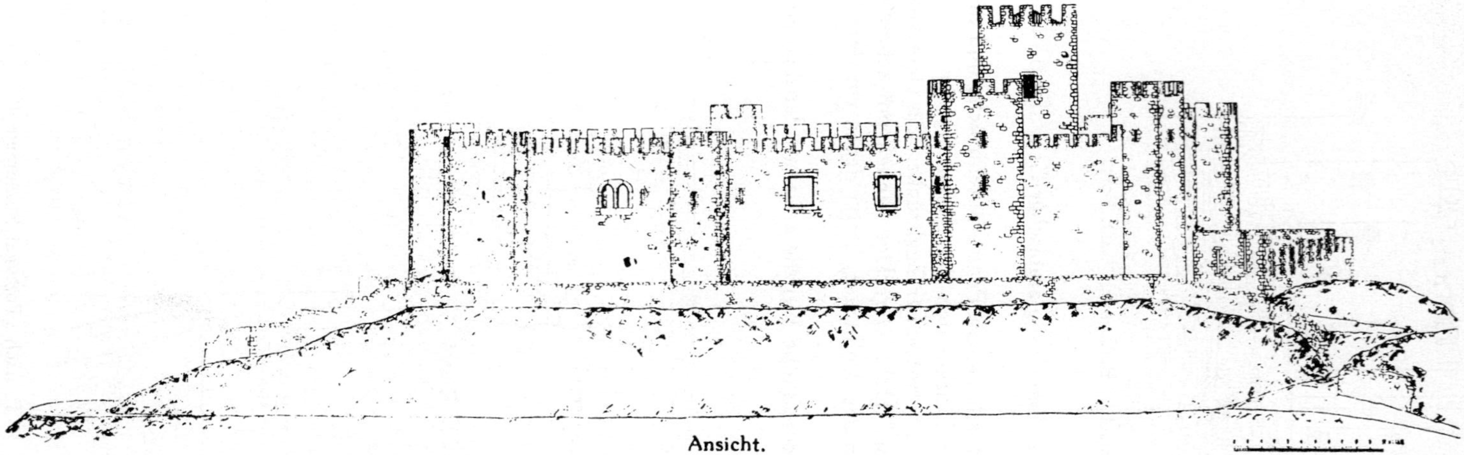

Ansicht.

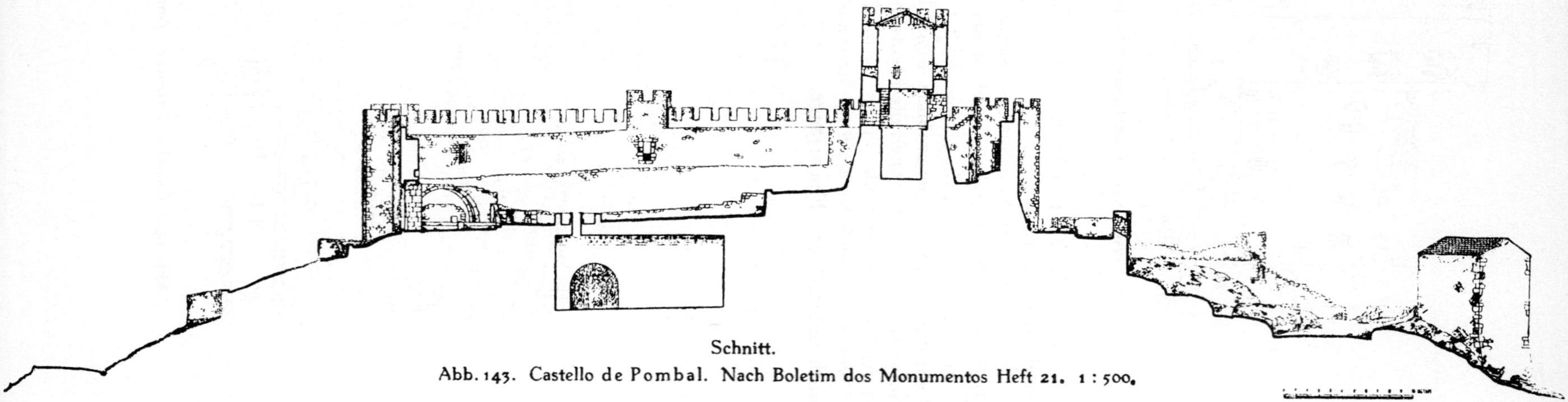

Schnitt.

Abb. 143. Castello de Pombal. Nach Boletim dos Monumentos Heft 21. 1 : 500.

Künstlerisch köstliche Fenster, Bogenstellungen und Kirchenfenster, wie sie an der Ruine Leiria oder am Torre de Belem, am Castel de Beja, Castel de Braganca erhalten sind, lassen vermuten, daß auch manche der vielen kahleren, ja finsteren Burgruinen in Portugal einst reich durchgebildete Werke großer Baumeister waren.

Dafür zeugen auch die späteren Prachtbauten, die planmäßig mächtige Wehrwerke, Türme und Bastionen mit dem reichsten architektonischen Schmuck vereinen.

Die glanzvolle Hafenschutzburg Belem, ursprünglich zur Hälfte von den Wellen des Tejo umspült, ist erst spät, in nachburglicher Zeit, 1520 errichtet worden[65]). Dabei wirkt der Hauptturm wie ein stattlicher Lehnsturm, könnte doch der schwere Klotz noch mittelalterlich sein, wenn nicht der köstliche gotisierende architektonische Schmuck schon den Reichtumswillen der Renaissance offenbarte (Taf. 36). Vier Stockwerke bilden den unteren Block. Die kleinen schlichten Tore im untersten Stock dürften neuer sein, ebenso die rundbogigen einfachen großen Öffnungen in der Mittelachse darüber. Um so reicher sind die reizenden Erker im dritten Stock, die — „mudejar" — gotisch spätes Maßwerk reichster Art zeigen. — Darüber sind früherscheinende Zweilichtfenster mit Mittelsäulen angeordnet.

An den Ecken des ersten Stockes springen vier fremdartig reich profilierte Rundtürmchen vor, die der Seitenbestreichung durch Handfeuerwaffen dienten und sich an den Ecken der anschließenden flachen Bastion wiederholen.

Über dem vierten Stock umzieht den Turm ein prunkvoller Wehrgang auf doppelten Kragsteinen. Jedes der regelmäßigen Zinnenhäupter ziert — dem Feinde zu — ein aus seinen Quadern herausgemeißeltes Wappenschild. Ein herrlicher Schmuck, den wir übrigens auch an der Börse von Valencia und anderen Ortes finden.

Gleiche Zinnenhäupter decken auch die nicht übergekragte Brüstung der Bastionen, deren Böschungsmauern von großen Stückpforten durchbrochen werden.

Aus dem Wehrgang des Turmes streckt sich noch ein etwas schmalerer Turmaufsatz empor, der gekrönt wird von schmalen Zinnen und vier kleinen runden Ecktürmchen.

Der Haupteingang endlich liegt dicht am Hauptturm in der Ecke an der Bastionsböschung.

Turm und Bastionen bieten ein befriedigendes Gesamtbild, das der reiche, fast maurisch anmutende plastische Schmuck und die stolze Verwendung der einheitlich benutzten Prachtquader zu einem wirklich edlen Prunkstück erhebt.

Ähnlich wirkt auch die schloßartige Höhenburg Palacio da Penha da Cintra, deren Grundmauern ebenfalls auf die maurischen Meister zurückgehen. Auf der höchsten Spitze des Berges wurde hier eine königliche Burg erbaut von Johann I. (1385—1433), von dessen Enkel Alfons V. (1448—1481), Johann II., der 1495 starb, und Emanuel dem Großen (1521)[66]) erweitert. Viele weitere Um= und Ausbauten haben den burglichen Charakter stark verändert. Spuren maurischer Bauten, auf denen im 15. Jahrh. aufgebaut wurde, sind noch feststellbar; maurische Motive sind auch in den gotischen Arbeiten späterer Zeit wieder verwendet. Das Baumaterial ist Granit mit Quarz und grauweißer Kalkstein.

Der neuzeitliche Ausbau hat den burglichen Ernst beeinträchtigt, aber noch bedeutende Reize bewahrt.

Auf der nördlichen, 429 m hohen Spitze des Granitkammes, dem Cruz alta, sind weitere maurische Burgreste mit Moscheeruinen erhalten.

---

[65]) Abschluß des Baues 1520, Werk des Don Manuel. (Pinho Leal I. S. 369.) — [66]) Pinho Leal II. S. 301.

Die Burg Pombal, über der gleichnamigen Stadt am rechten Ufer des Arunca gelegen[67]) wurde 1171 durch den Meister der Templer D. Gualdim Paes auf annähernd von Nord=westen nach Südosten gestrecktem Hügel errichtet (Abb. 144, 145).

Der unregelmäßig rechteckige 2 m starke, 9 m hohe Mantelmauerring, der neuerdings auch gezinnt ist, ist gegen Norden etwa 30 m breit, bis zum spitzen Nordwesteck rund 50 m lang und wird durch zehn unregelmäßig viereckige Türme verstärkt[68]).

Hinter dem südlichen nur rund 15 m breiten Ende steht frei der quadratische Lehns=turm, 15 m hoch, von denen die untersten 5 m stark geböscht sind (Abb. 143).

Zwei ungleich hohe Stockwerke, ein niedriges mit Holzbalken überdecktes und ein hoher Raum darüber ist unmittelbar unter dem flachen Dachstuhl gelegen.

Hufeisenförmig, gegen den freistehenden Lehnsturm geöffnet, standen an der Mantel=mauer drei Wohnflügel. Mitten im Hof liegt eine 8 m tiefe gewölbte Doppelzisterne.

Das Haupttor zur Kernburg liegt scharf in der Südecke zu Füßen des Lehnsturms, von dessen Höhe etwaige Eindringlinge mit Steinen überschüttet werden konnten, wie wir das in zeitgenössischen Berichten oft geschildert lesen.

Außen vor dem Tore liegt, ein wenig tiefer, ein rechteckiger 20 m langer Torzwinger von starken, noch etwa 6 m hohen Mauern, die von 13 hohen Schlitzscharten und von je einem nach Ost und West gerichteten Vortor durchbrochen sind (Abb. 144, 145).

Ein weiteres Tor nach Südwesten durchbricht die dortige Mantelmauer. Tiefer liegt gegen Osten ein 60 m langer Mauerzug, verstärkt durch drei quadratische Türme von z. T. noch ungefähr 10 m hohen Mauerresten.

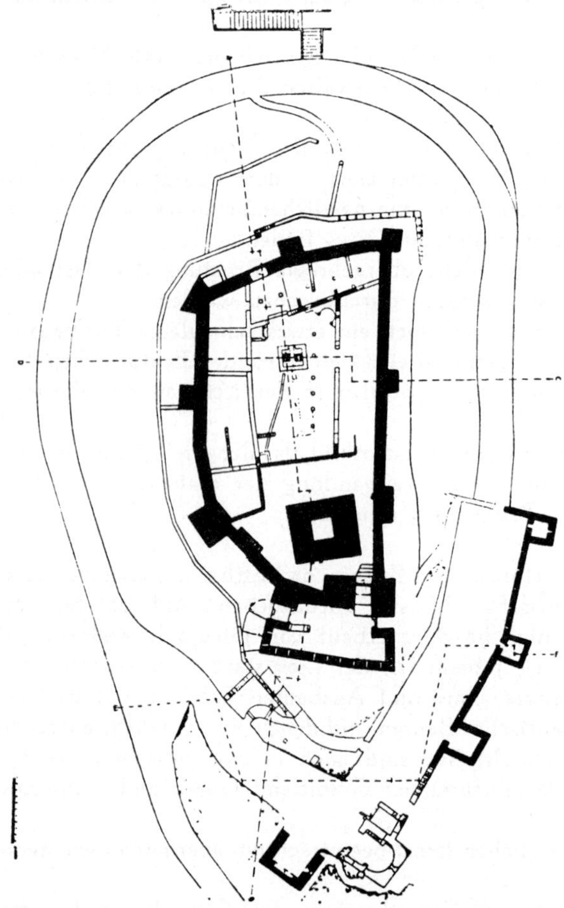

Abb. 144. Pombal. Lageplan 1 : 1000. Abb. 145. Pombal. Grundriß 1 : 1000.
Abb. 144, 145 nach Boletim dos Monumentos Nr. 21.

[67]) Boletim dos Monumentos Nr. 21. S. 8. — [68]) Abb. in Boletim dos Monumentos.

Burg Guimarais, Nord-Portugal

Burg Obidos, Mittel-Portugal

In der südlichsten Ecke liegt neben dem äußersten Zwingertor eine Kapelle rechtwinklig zu einem vierten Turm[69]) (Abb. 144).

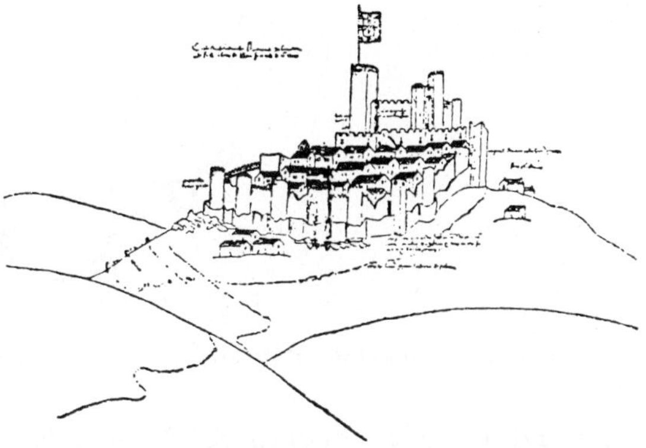

Abb. 146. Castello Rodrigo. Madrider Kodex, nach Simancas S. 62.

Die würdige Wiederherstellung hat allen Hauptmauern und Türmen regelmäßige Viereckzinnen wiedergegeben, die dem Gesamtbilde einen beherrschenden Eindruck geben (Abb. 143, 149).

Einige gotische spitzbogige Tor- und Fensterbogen deuten auf frühe Bauzeit, ein rechteckiges Fenstergewände war einst geziert durch vier kleine Spitzbogen, die von drei Säulchen oder Pfosten getragen wurden.

Ein strenges zweiteiliges breites Spitzbogenfenster deutet ebenso auf eine Bauzeit im ausgehenden 12. Jahrh. hin[70]).

Die Vielzahl der schlanken Mauertürme, wie sie sich an der Burg Pombal finden, wiederholt sich an vielen portugiesischen Burgen, die dadurch einen besonders stolzen Umriß erhalten.

In der Schrift über Pombal[71]) finden wir auch Erwägungen über Wiederherstellungen. Es wird gesagt, daß die Burg Pombal nicht Reste besonderer architektonischer Meisterwerke aufweist, die aus rein künstlerischen Gründen eine Wiederherstellung als erstrebenswert erscheinen ließen. Trotzdem sei mit Recht die Wiederherstellung beschlossen und ausgeführt, denn die Burg sei ein wertvolles Denkmal vaterländischer Geschichte, das erhalten und gesichert werden müsse. Eine Begründung, der wir uns voll anschließen müssen.

Soweit ich portugiesische Werke in der Ursprache lesen kann, bewegen die Verfasser der neuesten dortigen Burgenwerke ähnliche Fragen wie sie die deutschen Fachleute negativ bis vor 20 Jahren beschäftigten. So ist es eben auch die Frage der Berechtigung der Wiederherstellungen, der man Interesse zuwendet.

Die portugiesischen Burgen zeigen ganz abweichend von den spanischen eine gewisse schlanke Starrheit, und schon früh ist der Wunsch spürbar, die Verteidigungsfähigkeit durch Seitenbestreichung zu erhöhen.

Die äußere Umrißlinie hat sogar oft eine entfernte Ähnlichkeit mit byzantinischen Wehrbauten in Afrika[72]). Freilich müßte dann der byzantinische Maßstab stark verkleinert werden.

Erstaunlich ist auch die lange, unveränderte Lebensdauer der frühen portugiesischen Burgen des 12. und 13. Jahrh., von denen die meisten verhältnismäßig wenig umfassende Umbauspuren des 14. und 15. Jahrh. aufweisen. So finden wir hier früh eine gut durchdachte Bauweise.

Zu untersuchen wäre auch, wie weit die geistlichen Ritterorden, etwa durch die

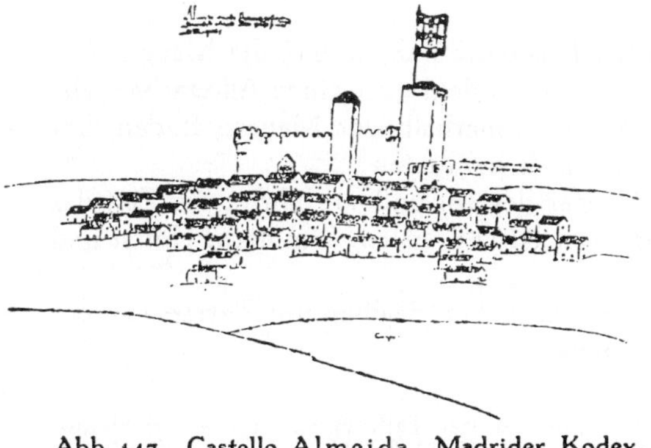

Abb. 147. Castello Almeida. Madrider Kodex, nach Simancas, S. 45.

[69]) Boletim dos Monumentos. Abb. 8 (Lageplan). — [70]) Boletim Abb. 15. — [71]) Ebenda S. 26. — [72]) Diehl: L'Afrique Byzantine. Siehe auch die im Abschnitt Griechenland angeführten Grundrisse aus Diehl.

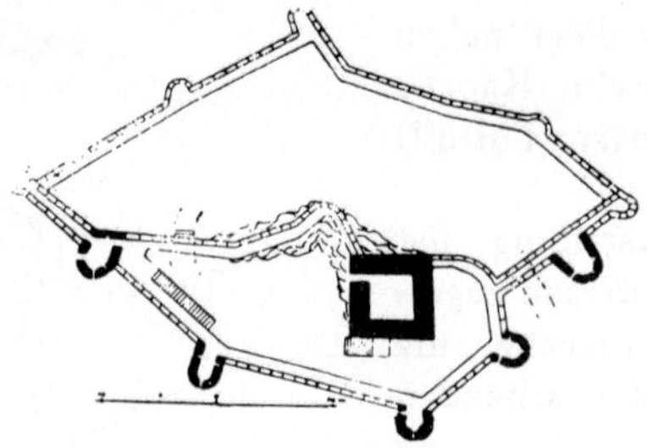

Abb. 148. Almourol. Grundriß nach Baltazar de Castro. 1 : 1000.

Kreuzzüge, auf die Formen der Burgen, die diese Ritter in so reicher Art bauten, ausländische Einflüsse ausübten.

Das im maurisch-gotischen Stil erbaute Schloß Cintra (Taf. 38), 600 m über dem Meere[73]), erhebt sich an der Nordseite der Stadt auf einer Anhöhe. Tore und Höfe mit ihren Stufen, Terrassen und Arkaden hat man zu durchwandern, bevor man zum Innern gelangt. Die Spitzbögen, die gewundenen Säulen, die Bekleidung der Fenster und Portale, die Fontänen und Wasserbecken auf den Terrassen, in den Vorhallen und Sälen, die dünnen, minarettartigen Türme, die Verzierung der Wände und Decken, alles erinnert an ein fremdes Element, etwa an die Alhambra. Die Gemächer sind noch bewohnbar trotz der gepflasterten Fußböden. Becken von Marmor oder Granit finden sich in vielen Gemächern, mit dem klaren Quellwasser des Gebirges gefüllt. Auch den Saal, den König Don Manuel I. mit den Wappenschildern aller ältesten Fidalgo-Geschlechter des Landes ausschmücken ließ, kann man sehen.

Eigentümlich sind die Küchen in dem Schloß Cintra. Zwei sehr weitläufige Räume, nebeneinander gelegen, sind gefüllt mit allen Gerätschaften und Bequemlichkeiten einer königlichen Küche. Über jedem dieser Räume aber erhebt sich in großer Höhe ein mächtiger Schlot, der sich mehr und mehr verengt und zuletzt in einer durchbrochenen Spitze endigt. Solche Schlote findet man auch in alten deutschen und französischen Burgen, wie in „Burg" an der Saale oder in Dijon in Burgund. Die beiden einzigen Rauchfänge des Schlosses bilden, von außen gesehen, ein paar hohe, glatte, kegelförmig zulaufende Türme.

Das Kloster Peña liegt auf dem höchsten Gipfel der Serra, und gegenüber liegen die Trümmer einer alten maurischen großartigen Sultanenburg.

Diese schweren Mauerzüge des Castello dos Mouros, das auf dem höchsten Gipfel der Serra de Cintra liegt, sind rein burglich vor 1093 entstanden[74]), das einzige einigermaßen unverletzte Bauwerk aus der Maurenzeit.

Mauern und Türme passen sich den schroffen Felshängen an, so daß die Mauern fast einen weiten Festungsring gebildet zu haben scheinen, in dem man einen Alkazar vergeblich sucht. Reste einer romanischen Kirche, die wir innerhalb der Mauern finden, beweisen, daß auch die Christen den festen Platz noch benutzten.

Der ganze Bau entwickelte sich aus einem Alkazar des 10. und 11. Jahrh., der Zeit des Alfons Heinrich[75]), zu einer malerischen Gruppe von Kirche, Sälen, Zimmern, Höfen und Küchen.

König João I. fügte Ende des 14. Jahrh.[76]) einen stattlichen Saalbau mit Terrasse an der Südseite hinzu, darunter eine gewölbte Bogenhalle.

---

[73]) Heeringen, Reise nach Portugal im Frühjahr 1836, Zweiter Teil. S. 32—35. — [74]) Haupt: Lissabon und Cintra. S. 124. — [75]) Simancas: S. 51. — Pinho Leal Bd. II. S. 283. — [76]) Haupt: a. a. O. S. 124ff.

Der größte Saal der Burg, der Schwanensaal, wurde 1426 nach den für König Johann I. in die Kassettendecke gemalten Vögeln so genannt. Malerisch geschmückte Säulenfenster liegen in den Azulajoswänden. Auch ein gotischer Kamin ist für die Zeit des 15. Jahrh. kennzeichnend.

Ähnliche Säle und Zimmer zeigen den gleichen Schmuck, doch ist von alten Zwingerbauten oder Toren nichts mehr erhalten, man müßte denn die Nebenbauten für die Reste solcher halten. Um so künstlerisch glänzender sind die prachtvoll geschmückten Innenräume, bedeutend für die portugiesische Kunst und Geschichte.

Portugiesische Eigenart

Eingangs habe ich schon darauf hingewiesen, daß an portugiesischen Burgen die Vielzahl hoher schlanker Türme auffällt. Diese Tatsache muß im 15. Jahrh. noch stärker hervorgetreten sein, wenn die Burgendarstellungen des Duarte d'Armas (den man mit großer Wahrscheinlichkeit als den Urheber dieser Zeichnungen ansieht) in dem Madrider Kodex nach der Natur getreu wiedergegeben sind, wie Gonzales Simancas betont[77]). Die Bauten scheinen weit vor dem 15. Jahrh. entstanden zu sein, dafür spricht die strenge Einfachheit der starren Türme und der geringen Außenwerke. Sehr viele Burgen, meist durch Don Diniz entstanden, zeigen vier= oder vieleckige Türme, seltener runde, die stark über die Mantel= oder Ringmauer aufsteigen und schlanker wirken als wir es von Spanien her gewohnt sind. Oft zeichnet der Künstler des 15. Jahrh. allerdings auch Turmdächer und Spitzen, die zur Erhöhung beitragen und die wir selten auf neuen Photos sehen.

Jedenfalls ist durch die Schlankheit der Türme das Bild portugiesischer Burgen durchweg freundlicher und der Volksart näher als die tiefernsten spanischen Gewaltbaublöcke.

Zu solcher Eigenart trägt aber auch wohl der Reichtum an schönen Kalkstein=, Granit= und selbst Marmorquadern bei, die in Portugal leicht erreichbar anstehen. Seltener finden wir neben Quaderbauten, wie bei den Kastellen Guimarais, de Miranda, de Melgaco, da Feira, de Lanhoso (Turm) — irgendwelche Tapiabauten mit ihren ungeheuer großen Mauerstärken, die eine zu große Höhe verhindern. Schöne Beispiele des Madrider Kodex sind die

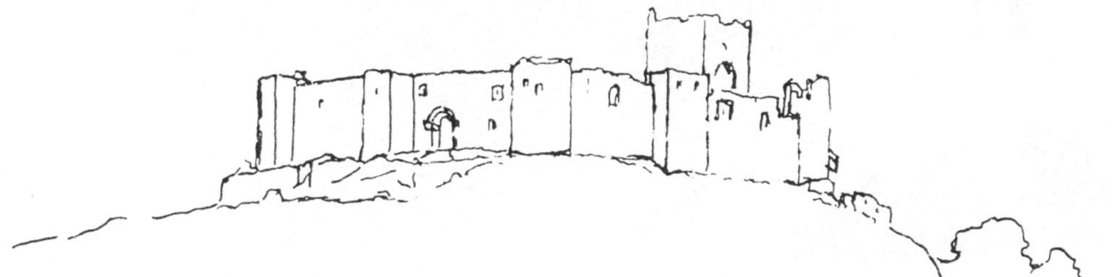

Abb. 149. Castello de Pombal. B. E. nach Boletim dos Monumentos.
Ansicht vor der Wiederherstellung.

77) Simancas S. 1/2.

Zeichnungen von Freixo da Espada a Cinta, das Castel Rodrigo (Abb. 146), Almeida (Abb. 147), Sabugal (Abb. 124), Lapella (oder Lapela) (Abb. 133), Bragança (Abb. 132) u. a.

In Portugal scheint der schwere Torre de homenaje Spaniens selten vorzukommen, soweit ich den Denkmälerbestand überblicken kann, so wie wir ihn in Lorca, Almeria oder in Peñafiel kennen. Jedenfalls beginnt sich eine wachsende Formenfreude im Schmuck durch Ornamente und in der Vielseitigkeit der Gliederung mit dem wachsenden Reichtum zur Zeit der Entdeckungen Heinrichs des Seefahrers (1418–60) und Vasco da Gamas auch am Wehrbau zu äußern, bis am Ende des 15. Jahrh. die so überreiche Zier üblich wurde, wie die Hafenburg Belem sie uns in herrlichster Form zeigt.

Nicht mit Unrecht darf man den Wehrbau Portugals als eine bodenständig eigene Leistung bezeichnen, die selbständige vornehme Burgen geschaffen hat. Ein tieferes Eingehen und Forschen erst wird den kriegerischen Wert dieser Werke erkennen lassen[78]). Selbständig bleiben auch viele Kunstformen trotz des Einflusses der maurischen Frühzeit und der Zeit der Seefahrer gegen Ende der Burgenzeit, in dem die eine oder andere Schmuckform auf indische Bauvorbilder zurückgeführt wird.

Möge der erwachende Geist des lebhaften, kunstliebenden Volkes, das stolz auf seine kriegerische Zeit der Entdeckungen ist, in den Denkmälern des Wehrbaus Erinnerungsmäler seiner großen heldischen Epoche erhalten und bewahren.

Abb. 150. Stadtburg Lissabon, Castello S. Jorge. Ansicht B. E. nach Boletim dos Monumentos, 25/26.

[78]) Durch die Kriegsverhältnisse ist es mir leider nicht möglich gewesen, an Ort und Stelle die Denkmäler zu studieren, wie das bei Spanien der Fall war. Die Beschaffung guter Literatur über dieses Gebiet stieß ebenfalls anfangs auf Schwierigkeiten, obgleich man in Portugal in den letzten Jahren Interesse gewinnt an den mittelalterlichen Burgen dieses Landes, über die im Auftrage des Ministério das Obras publicas e comunicacóes gründliche Arbeiten erschienen sind, die ich mit großem Dank in letzter Stunde benutzen konnte.

Burg U s s e l bei Chatillon, Val d'Aosta, Norditalien

Küche der Burg Issogne, Val d'Aosta, Norditalien

Abb. 151. Montecchio Maggiore bei Verona. Obere Burg. Auf Befestigungen ältester Zeit errichtet.

Italienische Burgen

Beginn des italienischen Burgenbaues

Die Entwicklung der italienischen Burgenbaukunst ist eine so eigenartige, daß sie einer sorgfältigen Würdigung bedarf. Sie wurde vielseitig dadurch, daß in dem Italien des Mittelalters Einflüsse von allen Seiten zusammenströmten, die zu hochentwickelten Wehrbauleistungen anregten und solche auch ermöglichten.

Die Rasseneigentümlichkeiten der verschiedenen Völkerschaften, die in Italien jahrhundertelang als Eroberer und Herrscher wirkten, mußten bei ihnen als Lehrer und Zerstörer sehr verschiedenen Einfluß auf die Form der Wehrbauten ausüben. Es ist nützlich, diesen Einflüssen nachzuspüren.

Was wir von vorgeschichtlichen wie etruskischen Burgen hören, und was wir an Resten solcher frühen Burgen in Italien heute noch sehen, beweist, daß diese Bauten, wie in anderen Ländern nicht Burgen im Sinne mittelalterlichen Wehrbaues waren, sondern in der Frühzeit befestigte Wohnsitze ganzer Stämme, Volks- und Fliehburgen später befestigte Massensiedlungen. Wir lassen sie deshalb hier unerwähnt, ebenso die städtischen Befestigungsbauten der Römer und deren castren, die militärisch befestigten Lager. Wir betrachten vorwiegend die ritterliche Burg des Mittelalters.

Der Antrieb, kleine befestigte Wohnsitze des herrschenden ritterlichen Adels zu bauen, dürfte nach Italien durch germanische Völkerschaften schon durch die Ostgoten in geschichtlicher Zeit verpflanzt worden sein.

In vielen Fällen wurden strategisch wichtige Punkte, die schon vorgeschichtlich und bei den Römern benutzt waren, wieder befestigt und in germanischen Tagen und im

Mittelalter weiter benutzt. So erfahren wir, um nur einige Beispiele zu nennen, daß die Burg zu Montecchio Maggiore bei Verona den Galliern als Feste diente, bis sie 50 v. Chr. von den Römern daraus vertrieben wurden, die dann auch denselben Bauplatz wieder befestigt haben[1]). 256 zerstört Kaiser Valerian Montecchio Maggiore. 360 wird es von den Goten geplündert. 407 hat nach Macca[2]) Alarich die Burg erobert, und heute stehen dort noch bedeutende Reste der mittelalterlichen Burg[3]) (Abb. 151, 152).

Nach dem Verfall des römischen Reiches haben viele der von den Römern errichteten Wehrbauten noch lange bei kriegerischen Anlässen ihre Stärke bewiesen, und vielleicht hängt es mit dem Reichtum an vorhandenen alten, meist städtischen Wehrbauten zusammen, wenn sich der Burgenbau in Italien erst verhältnismäßig spät entwickelte. Nicht nur die Reste der römischen Wehrbauten und von vornherein zu Verteidigungszwecken bestimmter Anlagen boten den germanischen und anderen Eroberern des Landes Schutz und Sicherheit, sondern es wurden auch römische Baudenkmale, die zu ganz anderen Zwecken errichtet wurden, im Mittelalter zur Verteidigung eingerichtet, wobei naturgemäß der Zweck keinen klaren grundsätzlichen Ausdruck in der Form finden konnte. So waren z. B. auf den obersten Reihen des Kolosseums in Rom und auf verschiedenen dortigen Triumphbogen zeitweise Burgtürme errichtet, ohne daß an dem Bau selbst nachhaltige Veränderungen vorgenommen worden wären[4]), auch die „Arena" in Verona diente Wehrzwecken[5]). Immerhin sind manche dieser Werke das ganze Mittelalter hindurch, ja bis in die Neuzeit hinein, als Wehrbauten benutzt worden und bieten in den zugefügten Einzelheiten, wie Wehrgängen, Toren usw., Bauteile, die wir beachten müssen.

Das bekannteste Beispiel ist dafür die Engelsburg in Rom, die, als Grabmal Hadrians erbaut, bis 1870 als Feste gedient hat, und noch heute Reste aus der Zeit einer solchen Bestimmung zeigt.

Abb. 152. Montecchio Maggiore bei Verona. Untere Burg.

[1]) Macca: St. d. Territoris Vicentino. Caldogno 1814. — [2]) Ebenda. — [3]) B. E.: Bg. It. VI, S. 36. — [4]) Siehe alte Kupferstiche bei Merian: Topogr. Ital., bei Braun und Hogenberg und bei Blaeuw: Nieuw Vermeerderd en Verbeterd Groot Steedeboek van Geheel Italie. — [5]) B. E.: Wehrbauten Veronas. Venturi: Compendio della Storia sacra e profana di Verona. Da Lisca: La fortificazione di Verona dai tempi romani al 1866. — Verona 1916.

Burg Pontremoli, Nord-Italien

Auch das Grabmal der Caecilia Metella, als Burg Capo di Bove bekannt, wurde durch An- und Aufbauten zur Burg umgeschaffen.

Ein römischer Triumphbogen dient bis zum heutigen Tage in Rimini als Tor der Stadt. Man hat ihm im Mittelalter zu Verteidigungszwecken einen Wehrgang mit Schwalbenschwanzzinnen aufgesetzt, und rechts und links die Stadtmauer angeschlossen. Leicht ließen sich diese Beispiele vermehren. So kann man auch auf die römischen Tore von Aosta hinweisen. Wer jedoch der Entwicklung des italienischen Burgenbaues nachgehen will, sieht in solchen Bauten, so malerisch sie wirken und so mannigfache wehrbauliche Sonderheiten sie bieten, nicht mehr als Zufallserscheinungen.

Indessen begnügten sich die eindringenden Germanen nicht nur mit diesen wehrhaften Umbauten römischer Baudenkmale, sondern es werden ihnen auch verschiedene neue Burggründungen zugeschrieben. So sagt vom Kastel San Leo (Abb. 211) der mächtigen Felsenhöhenburg, Cassarini, daß es im 5. Jahrh. unter westgotischem Einfluß (?) erbaut sei. Ferner berichtet Cantù[6]), daß um 407 die Westgoten eine Burg im Mantovanischen erbaut hätten, die nach ihnen auch Theoderich benutzte. Sie sei daher Castello Goito genannt.

Auch die Burg Monselice (mons Silicis) dürfte nach Maffei[7]) schon vor 568 bestanden haben, obwohl die erste urkundliche Erwähnung der Burg erst aus langobardischer Zeit vorliegt (Abb. 214). Von Bergamo berichtet Cantù[8]), daß dort um 600 „in der Burg" der Herzog Rothari von Bergamo von Aribert eingeschlossen wurde. 754 werden die Städte und „castra" der Langobarden genannt, die der Frankenkönig Pippin zerstörte[9]). Paulus Diaconus erwähnt in seiner Geschichte der Langobarden die Burg Formigar oder Formicaria, die heutige Ruine Sigmundskron bei Bozen in Tirol[10]).

Den Beginn des mittelalterlichen Burgenbaues in Italien wird man also mit dem Eindringen der gotischen Stämme ansetzen dürfen. Fortgesetzt und erweitert wurden die gotischen Anfänge von den Langobarden, unter denen die aus der Gegend von Como stammenden Magistri Commacini als Maurer und Steinmetzen in ihrem zunftartigen Zusammenschluß einen bedeutenden Einfluß auf die Bautätigkeit gewannen[11]). Es muß freilich betont werden, daß wir eine erschöpfende und genauere Einzelkenntnis des gotischen und langobardischen Burgenbaues nicht besitzen. Wird ein befestigter Platz in dieser frühen germanischen Zeit urkundlich genannt, so besteht infolge der unklaren Ausdrucksweise der urkundlichen Sprache vielfach darüber Zweifel, ob die Erwähnung die Burg oder gleichnamige Stadt betrifft. Die Nachrichten über die langobardische Bautätigkeit sind vielfach von deutschen, italienischen, französischen und englischen Fachleuten bearbeitet worden, von denen wir insbesondere Essenwein[12]), Haupt[13]), Stiehl[14]), Thieme[15]), Mothes[16]) und Rivoira[17]) nennen.

Wollen wir aber die Tausende italienischer Burgen in unter sich verwandte Gruppen teilen, so kann das nach landschaftlichen und geschichtlichen Voraussetzungen erfolgen, wie die Ereignisse und Schicksale die verschiedenen Landesteile in die Hände der langobardischen, sarazenischen, normannischen, deutschen, französischen und spanischen Herrscher brachten, bis ein eigentlicher italienischer Baugebrauch sich abklärte.

---

[6]) Vgl. Grande Illustr. V, S. 217, 526ff. — [7]) Maffei, J. S., Marchese: De gli Anfiteati e singolanremente del veronese, libri due, ne'quali si tratta quanto appartiene all'istoria e quanto all'architettura. Verona: 1728. I. S. 500. — [8]) Vgl. V S. 876. — [9]) Benazzi: Compendio della storia della cittá d'Imola, 1810 — [10]) Vgl. B. E.: Wehrbau Europas I, S. 580. — [11]) Rivoira: Le Origine della Architettura Lombarda, 2. Aufl. Als Baumeister gewannen die Commacini besondere Bedeutung, die namentlich die Baugesetzgebung der langobardischen Könige erhellt. Vgl. dazu Haupt: Die älteste Kunst, insbes. die Baukunst der Germanen, S. 161. — [12]) Hdb. d. Architektur 1889. — [13]) a. a. O. — [14]) Backsteinbau roman. Zeit bes. i. Oberit. u. Norddeutschland. 1898. — [15]) Allgem. Lexikon d. bild. Künstler. 34 Bde. 1907—40. — [16]) Bauk. d. Mittelalters i. Italien. 1883. — [17]) Rivoira: L Origine della Architettura Lombarda. 2. Aufl. 1908. — Während des Druckes erschien von Schaffran, Die Kunst des Longobarden in Italien, 1941, das ich leider nicht mehr genügend benutzen konnte.

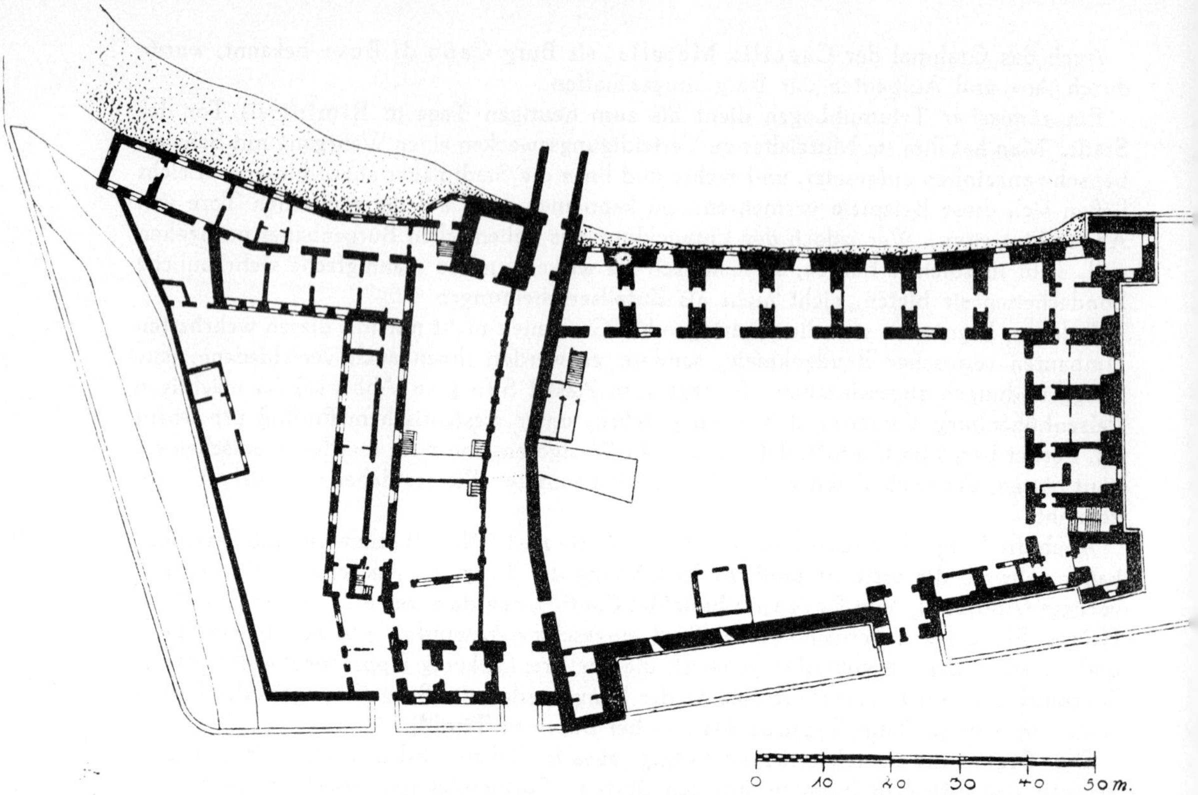

Abb. 153. Verona. Castelvecchio. Skaligerburg, die den Flußübergang beherrscht. Grundriß 1:1000. B. E.

Abb. 154. Verona. Castelvecchio. Befestigte Brücke. Grundriß 1:1000. B. E.

Italien bietet uns daher burgenkundlich gesehen nicht ein so eindeutiges Bild, wie z. B. Frankreich oder England. Hier im Süden haben zu viele Rasseneinflüsse politisch und baulich im Laufe der Jahrhunderte eingewirkt. Im Norden können wir besonders deutsche Einflüsse feststellen, die sich u. a. in der Errichtung kleiner Einzelburgen auswirkten.

Im 10. und 11. Jahrh. bauten in Süditalien und Sizilien unter sarazenischem Einfluß die Normannen. Später, Anfang des 13. Jahrh., hat in Süditalien vor allem der Hohenstaufe Friedrich II. Burgbauten großen Stils hinterlassen, freilich nicht ausschließlich in Sizilien, Calabrien und Apulien, sondern auch in Norditalien, wo auf ihn Burgen, wie die schöne Burg in Prato, hinweisen.

Montefiascone z. B. war eine jener Ordensritterburgen, die zu den zahlreichen Kastellen gehörte, die Friedrich II. 1230 dem Deutschen Orden in Italien verlieh. Der Orden war offenbar wie im nordischen Altreich, in Siebenbürgen, in Böhmen und in ganz Italien als strategischer Machtausdruck und deutscher Kultur- und Bildungsträger eingesetzt.

Mit Karl von Anjou macht sich französischer Einfluß geltend, dessen glänzende Leistung das Castelnuovo in Neapel ist. Auch Bracciano (Taf. XXXII) bei Rom bietet Erinnerungen an französische Burgen durch seine hohen, runden Mantelmauertürme, die sonst in Italien nicht üblich sind. Der nachbarlich französische Einfluß ist naturgemäß besonders in den Burgen des Val d'Aosta zu spüren.

Die ungleichartige Durchbildung der landschaftlich und politisch viel getrennten Gebiete Mittelitaliens, die so viele römische Reste aufweisen, die den verschiedensten Einflüssen durch die immer wiederkehrende

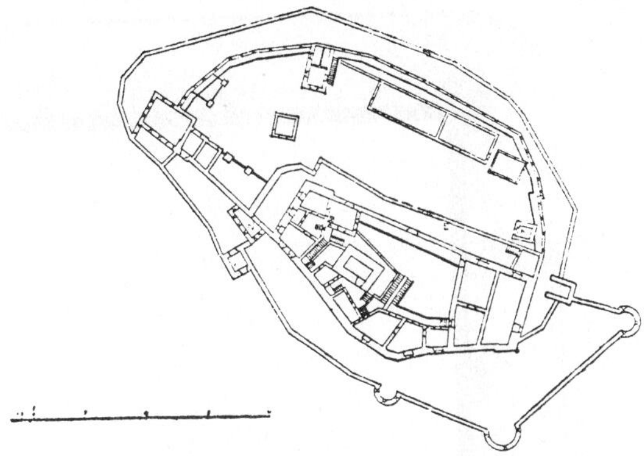

Abb. 155. Burg Ivano bei Agnedo. Grundriß etwa 1:1000. B. E. nach Plan des 16. Jahrh. aus dem Statthalterei-Archiv Innsbruck.

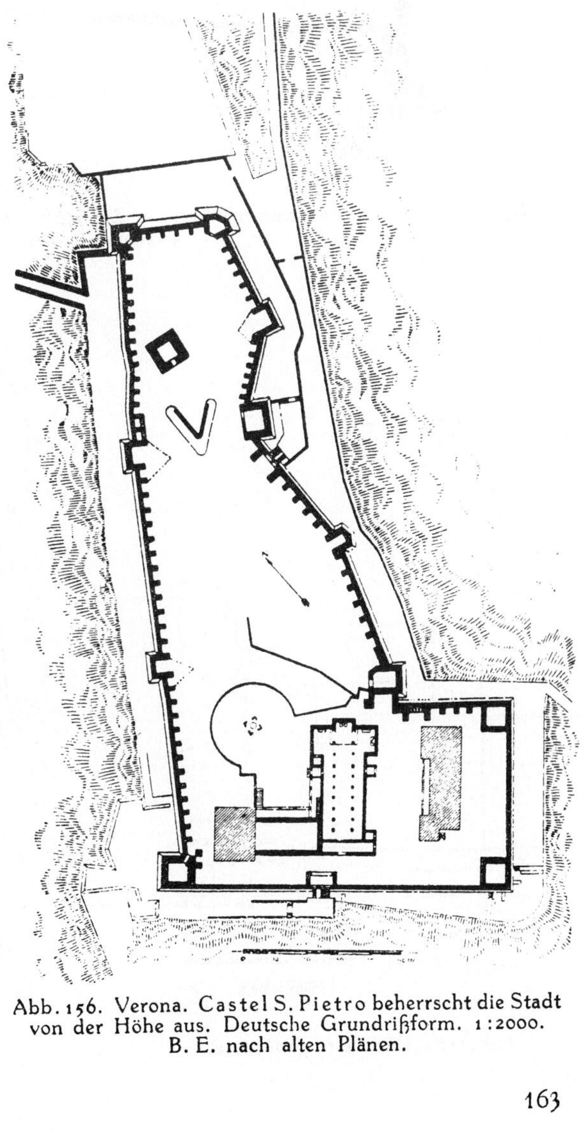

Abb. 156. Verona. Castel S. Pietro beherrscht die Stadt von der Höhe aus. Deutsche Grundrißform. 1:2000. B. E. nach alten Plänen.

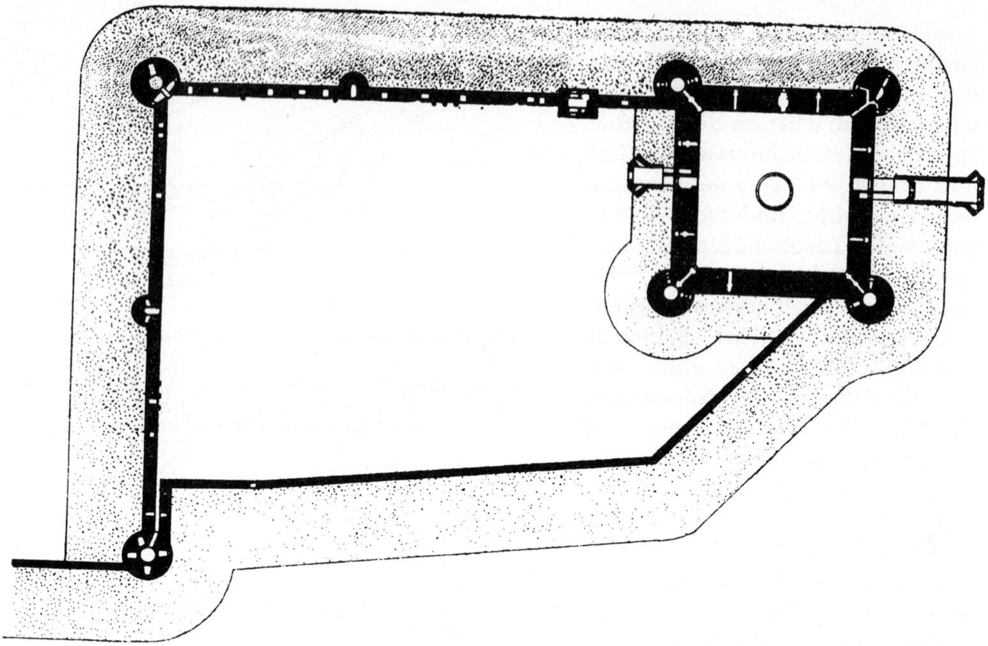

Abb. 157. Burg Brancaleone in Ravenna. Zur großen Vorburg sind Teile der Stadtmauer verwendet. Lageplan. 1:2000. B. E.

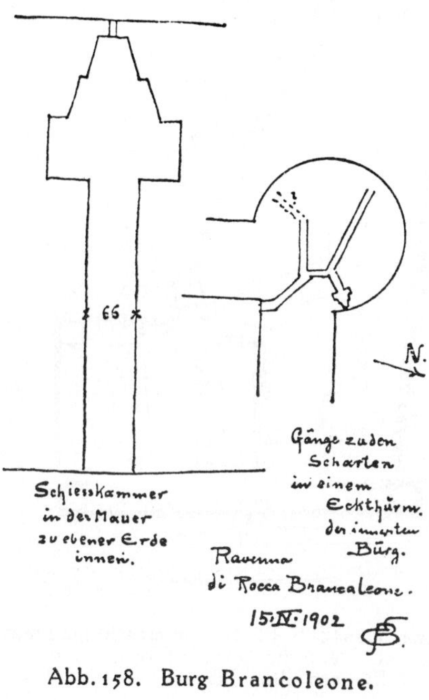

Abb. 158. Burg Brancoleone.

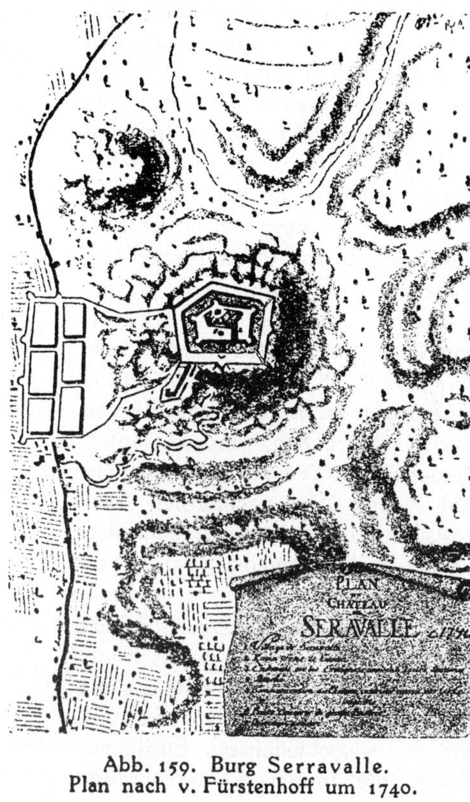

Abb. 159. Burg Serravalle. Plan nach v. Fürstenhoff um 1740.

Hafenburg von S e r m i o n e, Gardasee, Norditalien

Burg F é n i s, Val d'Aosta, Norditalien

Burg d i C o r t e in Mantua, Norditalien

Florenz, Palazzo Vecchio

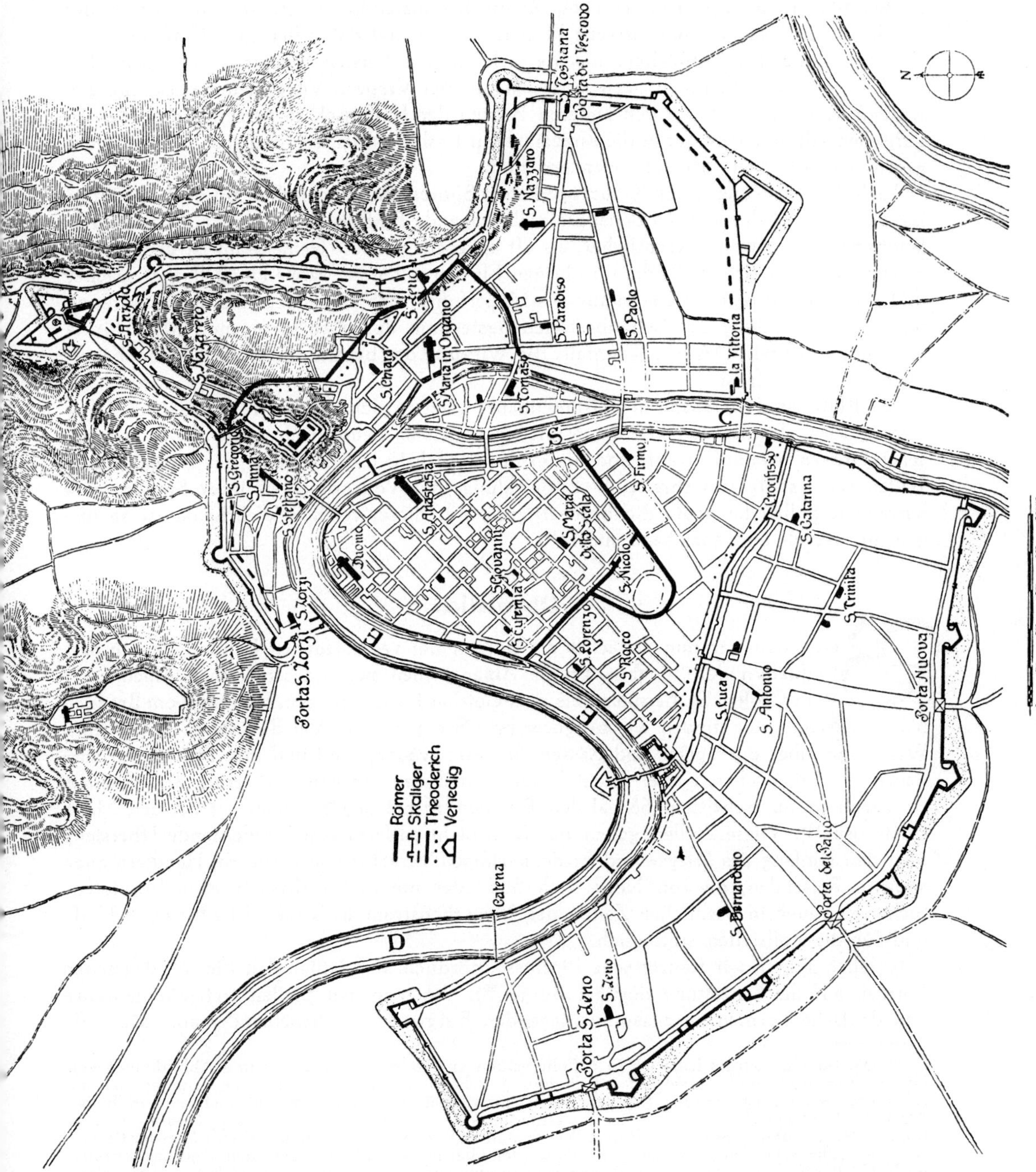

Abb. 160. Verona. Stadtplan. 1:15000. B.E.

deutsche Kaisermacht ausgesetzt waren, die die kurze Herrschaft französischer Eroberungsheere und das Wirken der verschiedensten Päpste erlebten, spricht deutlich aus den Resten einer 1000 jährigen Geschichte. Ziemlich selbständig formte seit den Tagen der Gotik schon Toskana seine Burgen; Florenz selbst bietet dafür Beispiele (Taf. XIV).

Gegen Ende des Mittelalters machte sich an den Küsten Siziliens auch spanischer Einfluß geltend, namentlich nach der sizilianischen Vesper. Viele kleine Küstenburgen wurden dort, aber auch an den anderen Küsten der Halbinsel, so namentlich an den ligurischen Ufern, zuerst gegen die sarazenischen Eroberer Siziliens und später zur Abwehr gegen die türkischen Seeräubereien errichtet.

Auch die Erfahrungen der Kreuzzüge haben Spuren am italienischen Burgenbau hinterlassen. Doch ist der vielfach behauptete überragende Einfluß des Orients auf den abendländischen Wehrbau unwesentlicher, als oft angegeben wird. Gemeinsam ist den Burgen Palästinas und Italiens z. B. die im übrigen Europa seltenere Verwendung flacher Dächer und der Dossierung, die Verstärkung des Mauerfußes nach außen gegen Erdbebenwirkung und die Entwicklung der Seitenbestreichungstechnik durch vorspringende Mauertürme und andere Mittel. Das war jedenfalls die Wirkung der byzantinischen Bauten in Kleinasien und Nordafrika.

Die Blütezeit des italienischen Burgenbaues setzt in der zweiten Hälfte des 12. Jahrhunderts ein. Damals tauchen die Namen der meisten heute noch vorhandenen italienischen Burgen urkundlich auf, und bis in das 16. Jahrh. hinein erfährt der Burgenbau in Italien seine stetig fortschreitende Entwicklung und Vollendung zu jener bunten, verwirrenden Fülle, die heute die Beschäftigung mit dieser reichen Wehrbaukunst so ungemein reizvoll und anziehend macht[18]).

Oberitalien

Betrachten wir nun zunächst die Burgen der verschiedenen Landesteile. In den Flußtälern der Südabhänge der Alpen öffnen sich die zahlreichen Alpenpässe. Vom Großen St. Bernhard bis zum Gotthard über Splügen, Bernina, vom Brenner bis zum Semmering finden wir burgbewehrte Straßen. Das Val d'Aosta z. B. war eine Weltstraße, über die Völker und Rassen aller Art gezogen sind und ihre Spuren zurückließen. Die deutschen Kaiser allein haben 20 mal den Großen und 4 mal den Kleinen St. Bernhard überschritten, 66 mal den Brenner, 17 mal den Septimer, 13 mal den Mont Cenis usw.[19]). Diese Zahlen geben natürlich nicht entfernt eine erschöpfende Übersicht über den Umfang des kriegs- und friedensmäßigen Verkehrs von Kriegern, Händlern oder anderen Reisenden, die von Nord nach Süd oder umgekehrt diese Straßen benutzten. Sicher war auch in friedlichen Zeiten der Menschenstrom in beiden Richtungen lebhaft und für die Zollstellen einträglich.

Westlich spüren wir französische Einflüsse, nördlich und östlich den Einfluß deutscher Formen auf die Gestaltung dortiger Burgen[20]). An manchen Stellen treten italienische und deutsche Formen an zusammenliegenden Burgen klar nebeneinander auf wie z. B.

[18]) Die Burgen Italiens habe ich in 6 Foliobänden mit vielen Lichtdrucken und Abbildungen von Grundrissen usw. und eingehender Erläuterung behandelt (Bodo Ebhardt, Die Burgen Italiens. Bd. 1—6, Berlin 1909—1927). Ergänzendes ist inzwischen zusammengetragen, auch wird in Italien durch die Denkmalpflege zur Zeit der Burgenbestand mit Mitteln, wie sie nur dem Staate zur Verfügung stehen, aufgenommen. Wertvolle Werke sind außerdem in den letzten Jahren über bestimmte einzelne italienische Burgen erschienen. Es werden aber in diesem Werke über den Wehrbau Europas im Mittelalter auch die italienischen Burgen eine zusammenfassende Würdigung erfahren müssen, doch beschränke ich mich auf das Wesentliche und auf neue Ermittlungen: für technische Fragen verweise ich auf mein obengenanntes Werk. Wegen des Schrifttumes, das ich in der Fülle nicht alle hier nennen kann, verweise ich vor allem auf Band VI meines obigen Werkes. — [19]) Öhlmann: Alpenpässe im Mittelalter. — [20]) Vgl. B. E.: Wehrbau I. Abschn. Österreich S. 540—596 und Schweiz S. 598—625.

Wasserburg San Martino dei Manzoli in Soverzano, Norditalien

Stadtburg Cesena, Emilia, Norditalien

Abb. 161. Burg Montecchio bei Tavernello, Italien. B. E. 1906.

bei der Burgengruppe der Talsperre Bellenz, deren 280 m hoch in Talmitte liegenden älteren Teile, genannt Castel S. Michele, dem älteren überwiegend deutschen Einfluß entsprechen, während von den Burgen Montebello (310 m) und Corbaro (464 m) nur noch die untere mit der großen Talsperrmauer zusammenhing (Abb. 56, S. 58, Bd. I).

Das Gelände der Alpenpässe ist vielfältig machtpolitisch geteilt.

Val d'Aosta

Savoyen ist im Westen Italiens seit etwa 1000 maßgebend, nachdem das burgundische Reich (seit 534 merowingisch) um 933 von Rudolf II. beherrscht und seit 1033 durch Konrad II. dem Deutschen Reich angehörig wurde. 1003 ist das Haus Savoyen von Humbert Weißhand begründet[21]). In seinem Gebiet liegen die Paßsperrburgen nicht nur des Val d'Aosta mit der Straße zum Großen St. Bernhard, sondern auch die Dora Baltea und um Susa die Dora Riparia, an der Strecke Turin—Grenoble.

Von Susa wissen wir, daß Karl der Große den Paß noch umgehen mußte, da er durch eine Belagerung der Burg viel Zeit verloren hätte. Noch stehen dort bei der Stadt, die die Alpenpässe am Mont Genèvre und Mont Cenis seit jeher beherrschte, teils in Trümmern, teils noch bewohnt und erhalten die Burgen Cesana Torinese, Oulx, Exilles, Bruzolo San Giorio, Sacra di San Michele, Avigliana, Casellette, Collegno und die leider sehr entstellte Burg Susa hoch über der gleichnamigen Stadt. Auch die anderen liegen meist auf der Höhe, wenige im Tal.

Seit der Mitte des 10. Jahrh. gehörten sie zur Markgrafschaft Turin und durch die Gemahlin Kaiser Heinrich IV. zum Deutschen Reich. Kein Wunder, daß auch dieser Paß durch so viele Burgen gesperrt war, haben ihn doch nach den Römern Ostgoten, Byzantiner und Langobarden zu verteidigen gehabt.

Herrlich thront die Sperrburgenkette im Val d'Aosta an der berühmten Straße über den Großen St. Bernhard[22]). Nicht weniger als 72 meist sehr bedeutende Kastelle — davon 12 in Seitentälern — zeugen von der strategischen Wichtigkeit der Straße. An der schäumenden Dora Baltea entlang zieht sich die prachtvolle Burgenkette in allen möglichen Formen, Höhenburgen wie Ussel (rechteckig) (Abb. 167), Montjovet (unregelmäßig), Montalto Dora (rechteckig) (Abb. 164, 174), Fenis und Quart (Abb. 169).

[21]) Vgl. v. Hofmann: Land Italien und seine Geschichte. — [22]) Giacosa: Castelli Valdostani. Turin o. J. fol. weist S. 5—7 72 Kastelle mit Namen und nach Bauzeiten nach. Giacosa: Castelli Valdos tani. Mailand 1905. B. E.: Bg. It.

Abb. 162. Burg Verres im Tal von Aosta.

Die Stadtburgen zu Ivrea aus dem 10. und 13. Jahrh. und Aosta, hier unter Benutzung römischer Mauerreste, sind besonders bedeutungsvoll für hohes Alter und geschichtliche Bedeutung.

Dem 10. Jahrh. entstammen Bauteile der Burgen Montalto Dora, Montestrutto am rechten Ufer, Castruzzone, Cesnola, Bard — noch heute Festung —, Champorcher, Challant-St.-Victor b. Verres, Montjovet, Brissogne, Gressan, Roisan (= Castello di Rhins), Châtel-Argent, Montmajeur, Avise mit Château Cré. Schon diese Zahl ist bedeutungsvoll für die Möglichkeit einer Burgenbautätigkeit in so früher Zeit.

Sehr merkwürdig ist auch die große Mannigfaltigkeit der Form. Wir finden regelmäßig quadratische Kernburgen, wie Ivrea[23]) (Abb. 168) heute mit 4 schlanken Backstein-Ecktürmen mit ausgekragten, teils ghibellinisch, teils vierkantig gezinnten Wehrgängen. Sie gehören nicht dem 10. Jahrh. an wie ältere Teile der Burg. Schon die alte römische Kolonie Eporedia am Ausgang des Tales von Aosta auf dem linken Ufer der Dora Baltea bei der alten Brücke beherrschte die Paßstraße des Großen St. Bernhard. Der Ort war dann uralter Bischofssitz, später Hauptstadt des langobardischen Herzogtums, dann unter Karl dem Großen Mittelpunkt eines Markgrafentums. Einen Stadtplan von 1740 hat uns Fürstenhoff hinterlassen[24]) (Abb. 163).

[23]) Giacosa: Valdostani. Leo: Gesch. Ital. I. u. V. B. E.: Bg. It. VI, S. 29. — [24]) Johann Georg Max v. Fürstenhoff: Plansammlung i. d. Staatsbücherei Berlin.

Während die Stadt selbst bereits im 10. Jahrh. durch eine Stadtmauer befestigt war, von der heute noch ein Stück von der Porta Vercelli bis zur Burg erhalten ist, wurde die jetzige Feste auf dem höchsten Punkt einer gewaltigen Moräne, die sich hier in Jahrtausenden abgelagert hatte, in der Mitte des Ortes errichtet. Die heutige Form erhielt der Kernbau 1358 von dem Herzog Amadeus VI. von Savoyen, um die Stadt beherrschen und das Tal von Aosta sperren zu können (Abb. 168).

Aus Ziegeln erbaut, bewahrt die Burg schöne gotische Fenster in Haustein. Das Hauptgesims ist durch Maschikuli und 2 Türme durch Zinnen gekrönt gewesen, wie 2 der Türme noch wohlerhalten beweisen. Der Baustoff der Kragsteine ist schön bearbeitet und gotische Ziegelspitzbogen verbinden sie.

Eine verschoben rechteckige Mantelmauer mit großen spitzbogigen Fenstern mit drei runden Ziegel-Ecktürmchen mit Ghibellinenzinnen und einem größeren Rundturm zeigt Montalto Dora, dazu einen viereckigen klotzigen Bergfried, Bauten des 11.—14. Jahrh., mit Pallas und Kapelle[25]) (Abb. 164, 165, 174).

Viertürmig, quadratisch, mit kurzen Mauern zwischen den sehr starken Rundtürmen an den Ecken ist auch die Burg Aymavilles gestaltet. Viereckige Bergfriede zeigen auch Castel Graines, die hochgelegene Ruine Montjovet, die noch bewohnte Burg Sarre, die erneuerte Burg St. Pierre, ferner das reizvoll malerische Urbild der reichen gotischen und spätgotischen Burg Fenis, dann die Burgen Cly bei St. Denis[26]) und die wohlerhaltene, mit frühem viereckigen Bergfried, Pallas und malerischen Zwingern und Außentürmen versehene, bewohnbare Burg Sarriod (= Canavesa).

Abb. 163. Burg Ivrea im Tal von Aosta. Heute 4 Backsteinecktürme. Plan nach v. Fürstenhoff.

[25]) B. E.: Bg. It. VI S. 35. — [26]) Nigra: Burgw. 1938, S. 38ff.

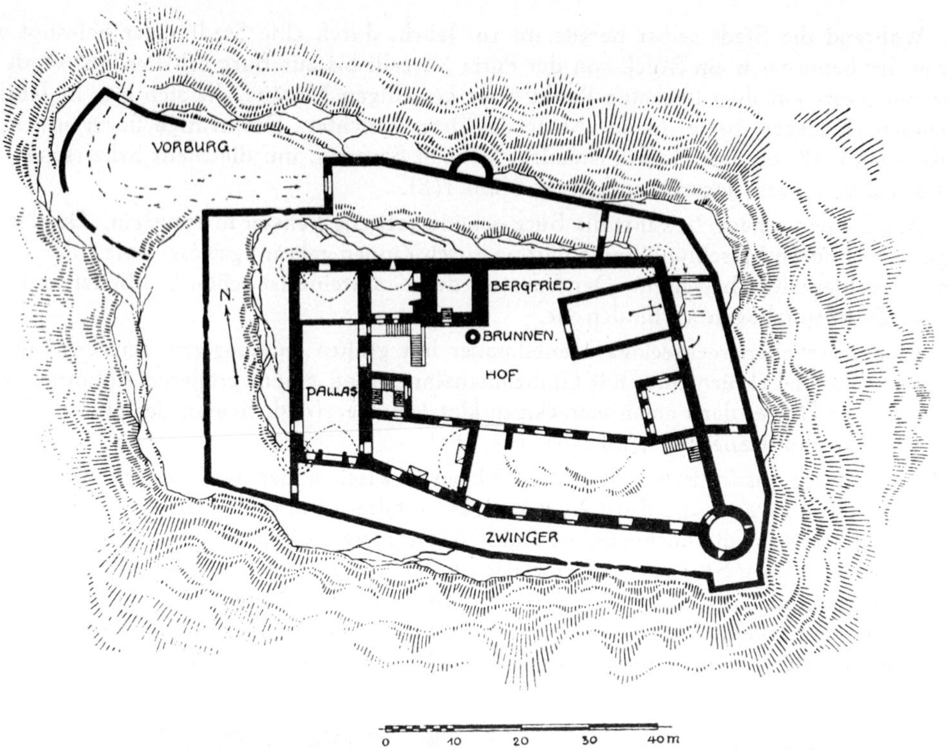

Abb. 164. Burg Montalto=Dora im Tal von Aosta mit überragendem Bergfried. Grundriß 1:1000. B. E.

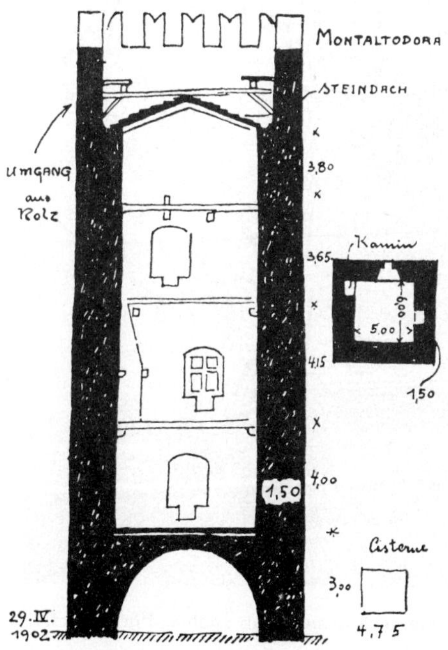

Abb. 165. Burg Montalto=Dora. Schnitt durch den Bergfried. Skizze. E. B.

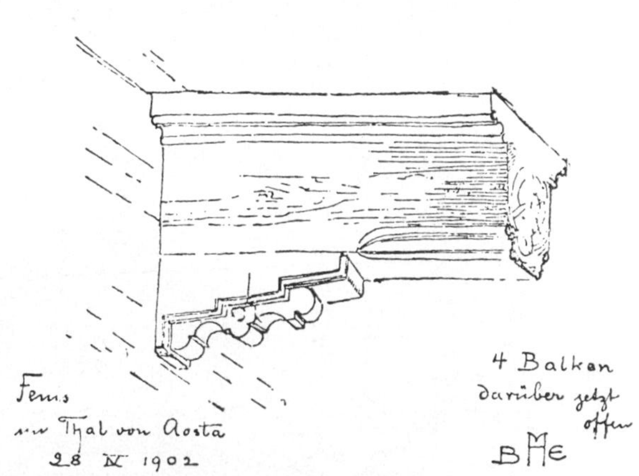

Abb. 166. Burg Fenis im Tal von Aosta. Konsolenprofil.

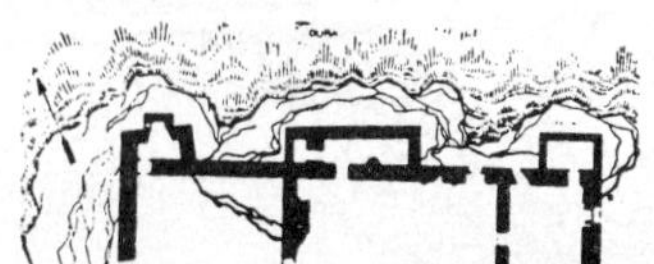

Abb. 167. Burg Ussel bei Chatillon über der Dora Baltea. Deutsche Grundrißform. Romanischer Pallas. Kein Turm vorhanden. Grundriß. B. E.

Sehr früh ist der gewaltige romanische Pallas von Ussel ohne jeden Turm und mit völlig zerstörten Außenwerken anzusetzen[27]) (Taf. 41), man sehe die romanischen Doppelfenster mit Mittelsäule, aber auch die rohe Gesamtform. Ussel weicht durch seine stolze Lage und die im Val d'Aosta einmalige Form überhaupt von den späteren italienischen Formen ab, entstand auch wohl unter deutschem Einfluß. Ähnliche Steinhäuser finden wir auch im hohen germanischen Norden, z. B. in Schweden in der Burg Glimmingehus (Abb. 402). Mit Berechtigung spricht der beste Kenner der Burgen des Val d'Aosta mit Begeisterung

Abb. 168. Burg Ivrea im Tal von Aosta.

27) Giacosa gibt S. 7 als Erbauungszeit „um 1350“ an. (Ob Umbau?)

Abb. 169. Höhenburg Quart aus dem 12. Jahrh., gut erhalten.

von der beherrschenden Lage der Burg Ussel auf gewaltig hoher Felskuppe und der drohenden Gewalt der düsteren Erscheinung dieses Wehrbaues[28]) (Abb. 175).

Das gerade Gegenteil in Gesamtform und Stil bietet die viel spätere Burg Verres, eine spätgotische, völlig quadratische, 30 m hohe Kernburg in starken, nach Osten weit vorgeschobenen späteren hohen Bastionen mit breiten Kanonenscharten. Sie liegt auf völlig kahlem, breiten Felskegel. Innen zeigt der 1390 errichtete Bau einen quadratischen Hof, in dem breite Treppen sich auf gotischem Quaderbogen leicht emporschwingen[29]). Vier Stockwerke hat der Bau, davon das unterste gewölbt, das zweite mit Balkendecken,

Abb. 170. Burg Issogne im Tal von Aosta, unregelmäßiger viereckiger Grundriß. Nach 1872 wiederhergestellt. B. E.

---

[28]) Giacosa a. a. O. — Vgl. auch B. E.: Bg. It. VI, S. 63. — [29]) Wegen der Geschichte siehe Giacosa, a. a. O. Im übrigen verweise ich auf meine Darstellung in Bg. It., Näheres siehe dort VI, S. 65.

Burg Montjovet, Tal von Aosta

Abb. 171. Burg Plou. Tal von Aosta. Wartturm. B. E.

das dritte abermals gewölbt, trägt das krönende Wehrganggeschoß ringsum mit weit vorgestreckten Kragsteinen. Unter dem Mittelhof ist eine tiefe Zisterne aus dem Felsen gehauen (Abb. 162, 173, Taf. 55).

In jedem Stockwerk liegen 7 große Gemächer ohne Gangverbindung, deren wenige kleine Außenfenster frühgotisch wirken, also auf eine Bauzeit vor 1390 weisen, ebenso wie die fast romanischen Profile des spitzbogigen Tores im Hofe. Sehr früh wirkt auch das vierspitzbogige Fenster und die Rundbogentür zu ebener Erde im Hofe.

Spät ist dagegen das gotische Kreuzstockfenster und auch, wie der Anschluß des Mauerwerkes an die Hofwände beweist, die schwungvolle Treppe im Hofe, die wohl aus der Zeit von 1390 stammen. Eine Inschrift von 1536 am Haupttor gibt die Bauzeit der Bastionen dicht am Kernbau an, doch war auch der ganze Rest des Felsgipfels durch hohe starke Mauern vielgeknickt eingefaßt. Nach einer brieflichen Notiz meines verehrten Freundes Geymüller schätzt er die erste Erbauung vor 1376. Wehrbau und Wohnbau ist selten so köstlich vereint wie hier in der Burg der Herren von Challant, die in jeder Beziehung ein Edelstein unter den Burgen des Tales von Aosta ist. In einzelnen inneren Gestaltungen, namentlich den Kaminen, kann man französische Formen erkennen, im Gesamtkörper eigentlich nicht[30]). Man beachte aber die grundlegenden Gegensätze zwischen der Vierecksburg zu Ivrea und dieser von Verres, die zeitlich nicht weit nacheinander erbaut und auch räumlich so nahe liegen.

[30]) Mir ist ein gleicher Bau weder in Frankreich noch Deutschland bekannt.

Abb. 172. Höhenburg Arnaz im Tal von Aosta. B. E. 1902.

Abb. 173. Gipfelburg Verres. Spätgotisch. Bedeutende Burg im Aostatal.

Vielgegliedert, wie eine deutsche Burg, ist die unregelmäßig fünfeckige, malerisch wohlerhaltene Burg Fenis mit ihren berühmten Hofmalereien. Ein dicker, früher, zinnengekrönter Bergfried steht besondererweise getrennt vom Kern in der Zwingermauer, unmittelbar neben einem niedrigen Torturm mit ausgekragtem Wehrgang. Die Burg, schon

Abb. 174. Montalto Dora. Mantelmauerburg. B. E.

1242 genannt, wurde 1330 durch Aimone von Challant, und im 16. Jahrh. abermals ausgebaut[31]) (Taf. 43).

In dem ringsumlaufenden weiten Zwinger erhebt sich dann die hohe dreistöckige, vielgetürmte Mantelmauer mit Ghibellinenzinnen, Ecktürmen und einem zweiten sehr starken Turm, der große spätgotische Kreuzstockfenster zeigt, die wohl ebenso wie die ausgekragte Wehrgangkrone einem späten Umbau angehören. Um einen viereckigen Hof ziehen sich 4 dreistöckige spätgotische Wohnflügel mit hölzernen Umgängen (Abb. 166).

Alles Innere ist im 15. Jahrh. schloßartig, sehr altertümlich ausgebaut, liegt auch wenig steil erreichbar auf rundlichem Hügel. Das Ganze ist höchst malerisch mit Granitbruchstein und Quadern, mit wuchtigen Holzdecken und Kaminen als eine jüngere Ausgabe etwa der Burg Montalto Dora anzusehen.

Mehr festes Schloß als Burg ist schließlich Issogne[32]), am Abhang gelegen, 1480 vom Grafen Challant reich und künstlerisch gestaltet als spätestes Beispiel der Entwicklung. Nur das Äußere des dreiflügeligen Schlosses erhält durch 3 stattliche Türme und malerisch unregelmäßig verteilte Öffnungen noch ein festes burgartiges Aussehen. Die scharfe gotische Steinarchitektur hat viele französische Anklänge, die in den schönen steinernen Kreuzstockfenstern und Kaminen besonders zum Ausdruck kommt (Abb. 170, Taf. 42).

Die Fülle trutziger und malerischer Wehrbauten, die sich oft wie bei Montjovet[33]) (Taf. XV), Mantalto Dora, Ussel und Arnaz (Abb. 172) zu höchster Wucht der Ruinenbilder steigern, oder wie bei Sarriod und Fenis feste erhaltene Burgen zeigen, oder in Verres einen einzigartigen Quaderburgklotz oder in Plou (Abb. 171) einen Werkturm, oder bei Bard ein noch heute benutztes Fort verwenden, verrät, wie wichtig den Anwohnern die Verteidigung der Paßstraße war und welche Fülle baukünstlerischer Gedanken hier durchgebildet wurde. So ist das Tal von Aosta eine lehrreiche Schatzkammer des Wehrbaues des Mittelalters im italienisch-französischen Grenzgebiet. Erstaunlich ist die Vielseitigkeit der Burgformen sowohl im Umriß wie in den immer wieder wechselnden Grundrißformen.

Paßsperrburgen

Es waren auch andere Paßstraßen von frühester Zeit an mit Burgen besetzt. Dabei wurden die bekannten großen Pässe, vor allem der Brenner, am frühesten benutzt und gesperrt. 66 mal wurde er von den Kaisern überschritten. Ähnlich mag es früher oder später an allen anderen Steigen gewesen sein.

Der Simplonpaß öffnet den Weg über den Lago Maggiore nach Mailand. Südlich Domodossola[34]) liegen quer zur Paßstraße bei Vogogna über der wilden Tosa 2 Sperrburgen, eine Besitzung der Visconti, und eine höhergelegene Ruine, endlich mitten in der Stadt ein eindrucksvoller Wehrturm.

Der ursprüngliche Bau beider Burgen wird unbewiesen den Langobarden zugeschrieben, also dem 6. Jahrh. Die bedeutenden Einzelwerke der Ruinen des Castello di Vogogna[35]) sollen von dem Erzbischof Giovanni Visconti 1348 neu erbaut worden sein auf der vorher hier bestehenden alten Burg. Ein mächtiger späterer Halbrundturm mit Dossierung und auf dreifach vorgestreckten Kragsteinen vorgebauter Wehrgang ist durch gezinnte Mauerreste mit kleineren Türmen und einem viereckigen Turme verbunden. Dazwischen darf man vielleicht den Pallas vermuten. Der Burg ist nach Osten eine Vorburg, die durch eine Schildmauer verteidigt wurde, vorgelagert. Diese Wehranlagen sperrten am Fuße

[31]) Giacosa: S. 168ff. — Boson: Visita ai Cast. Valdostani. — Leo: Gesch. It. III. — [32]) Boson: Il Cast. d'Issogne. — Giacosa: S. 175ff. — [33]) B. E. Bg. It. VI, S. 39. — [34]) Nigra: Torri Cast. e case forti del Piemonte S. 100ff., Abb. 144—146. — [35]) Ebenda S. 58f., 96ff., Abb. 45—48 u. 136—143. — Cantù: I, 604 Abb.

Abb. 175. Burg Ussel über Chatillon im Tal von Aosta.

des Berges die große Paßstraße. Hoch darüber liegen die starken Trümmer der Rocca di Vogogna, eines unregelmäßig fünfeckigen Mauerringes mit niederen, halbrunden Ecktürmen und mit viereckigem hohem Turmrest auf vorspringender Bergnase. Es handelt sich also um eine ausgedehnte Sperranlage, verwandt der größten Talsperre in Bellinzona. Die Burg Vogogna wird seit dem 8. Jahrh. genannt. Sie war eine der letzten Stützpunkte zum Schutze der Mailänder Gegend. Die wichtige große Handelsstraße führte hier schon im Altertum vorüber, zu deren Schutz und Beherrschung die Burg jahrhundertelang befestigt blieb.

Südlich von Vogogna ist am Lago Maggiore die unregelmäßig vieleckige Burg Arona zu nennen mit ihren vielen halbrunden und eckigen Mauertürmen[36]).

Gegenüber liegt die gut erhaltene Burg Angera an schmalster Stelle oberhalb des Südendes des Lago Maggiore auf schroffem Felsblock, im Grundriß trapezförmig gestaltet[37]). Um den Seeweg nach der Landsperre von Bellenz zu beherrschen, wurde diese Burg schon früh errichtet. Im 13. Jahrh. gehörte sie den Visconti und ab 1439 den Boromeo[38]).

Grundriß und Aufbau der romanisch und frühgotisch gestalteten Burg Angera weichen von den lombardischen Formen ab. Ungewöhnlich als edler Quaderbau ist schon der viereckige Bergfried, die sogenannte Castellana; sehr edel sind die gewölbten Pallasräume des Erzbischofes Ottone Visconti gestaltet, die spitzbogigen Zweilichtfenster entsprechen formschönen Lösungen, auch reiche frühe Malereien sind berühmt (Abb. 179, 180).

Der dreistöckige Pallas steht heute zum Teil schloßartig frei um 2 Höfe. Großartig sind die rundbogigen und spitzbogigen Tore, während von den äußeren Wehrbauten außer einigen langen Resten der nördlichen Vorburg oder Zwingermauern vieles durch Umbauten zerstört ist. Diese hohen Mauern tragen Wehrgänge mit Ghibellinen-Zinnen auf Verstärkungspfeilern.

Die rechteckige Ziegelburg Briona b. Novara aus dem 14. und 15. Jahrh., ebenfalls gut erhalten, in der Zwischenzeit aber stark modernisiert, weist am Eingang zur Burg

---

[36]) Nigra a. a. O., S. 93f., Abb. 131, 132. — [37]) B. E.: Bg. It. VI, S. 6. — Beltrami: Angera e la sua Rocca. — Borelli: La rocca d'Angera. — [38]) Amati I, S. 294.

bei Chatillon im Thal von Aosta
28. IV. 1902
BME

Burg bei Chatillon, Tal von Aosta

zur Verteidigung einen rechteckigen, wahrscheinlich älteren Turm von 13,5 : 10 m ohne ausgekragten Wehr=gang auf[39]).

Nigra[40]) nennt in diesem Gebiet noch folgende Burgen: Vico=lungo[41]), eine rechteckige Anlage mit 2 großen Vorburgen, die eben=falls regelmäßig rechteckige Anlage von Castello di Castellazzo, die im Grundriß fünfeckige Burg Ba=rengo, Burg Pombia, die Burgen Galliate und Caltignaga, erstere viereckig mit 4 eckigen Türmen. Fast allen diesen und anderen Bur=gen dieses Gebietes sind starke Dos=sierungen eigen.

Um Bellinzona und Chiavenna münden wichtige Paßstraßen, wie der Gotthard=, der Bernhardin=, der Luckmanier=, der Julier=, Septimer=, Splügen= und Berninapaß.

Am Südabhang des St. Bernhar=din=Passes erhebt sich vor Bellinzona die große Sperr=burg Misox (Mesocco)[42]). Bellinzona[43]) selbst sperrte den einzigen gangbaren Weg nach Norditalien auf den Tessinufern und beherrschte mit 3 Burgen den Gotthard= und den Kleinen Bernhardinpaß (Abb. Bd. I, S. 58, Lageplan u. Tafel XXXII). Ich verweise auch auf meine ausführliche Darstellung der großartigen Anlage in „Die Burgen Italiens"[44]).

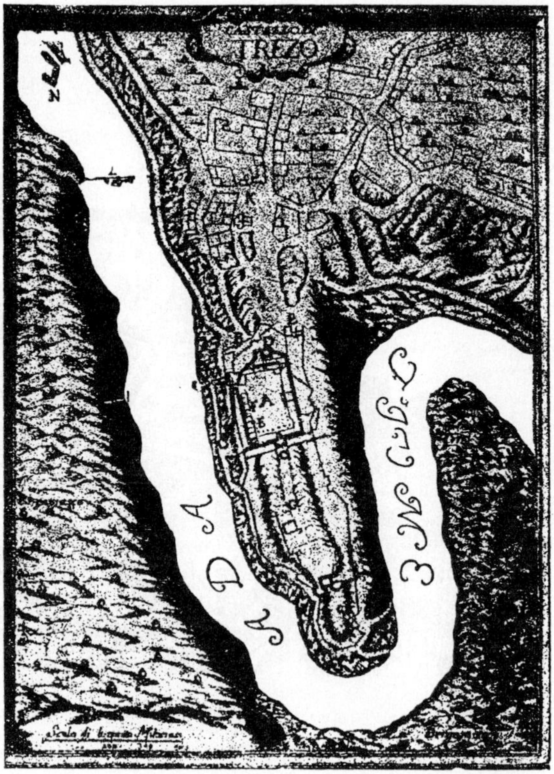

Abb. 176. Burg Trezzo an der Adda. Um 1000 erwähnt, erobert und neu befestigt von Barbarossa mit 4 Ecktürmen. Nach Plan aus der Biblioteca Marciana zu Venedig.

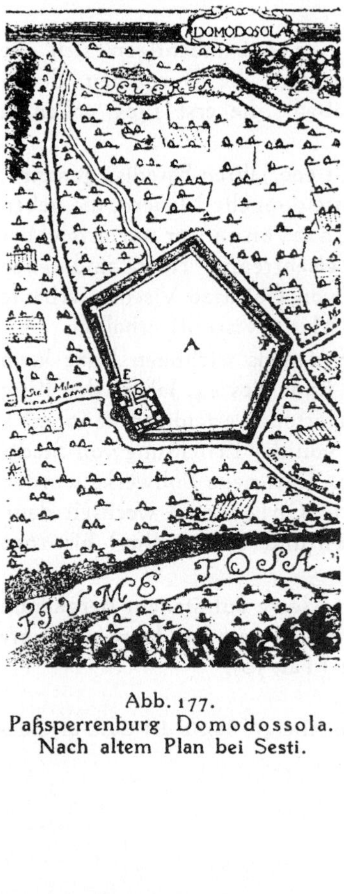

Abb. 177. Paßsperrenburg Domodossola. Nach altem Plan bei Sesti.

Chiavenna, ein großer Durchgangsort am Maloja= und Splügenpaß, der schon von Lothar und Arnulf überschritten wurde, war schon 995 befestigt, wie aus einer Urkunde Otto III. hervorgeht. Die Stadtburg lag beherrschend über der Stadt. Sie wird um 1162 wegen der Auflehnung der Bewohner gegen Friedrich Rotbart zerstört. In den Kriegen der Welfen und

[39]) Nigra S. 78ff., Fig. 94—106. — [40]) Nigra a. a. O. — [41]) Nigra: Burgw. 1938, S. 38ff. — [42]) B. E.: Wehrbau I, S. 319, Abb. 365, Grdr., S. 321. — [43]) B. E.: Wehrbau I, S. 57, 58, 59, 599, 624f. — [44]) VI, S. 10 nähere Angaben.

Abb. 178. Stadtburg Bellenz, Bellinzona.

Ghibellinen belagern erstere die Burg 1304 vergeblich. 1335 bemächtigen sich die Visconti des festen Platzes und Galeazzo Visconti befestigt die Burg neu durch einen großen Turm und durch große Felsabbrüche (Gräben), die erst 1405 vollendet werden.

Auf hohem Felskegel erheben sich verbaute Burgreste, seit 100 Jahren Paradiso genannt; eine zweite Burg stand in der Talebene. Die obere Burg hatte doppelte Mauern, die neben dem Torrante Mera den Burgfelsen umgaben. Die Burg Chiavenna war nur erreichbar durch eine 150 m lange, 50 m tief in den Felsen gehauene Felsentreppe. Heute sind neben den alten Resten am Fuße des Burgfelsens noch die 1363 von Galeazzo Visconti erbaute Burg der 2 Türme und 1 großer Turm des Giovanni Maria Visconti erhalten.

Zur Beurteilung der Größe und Widerstandskraft einer damals wichtigen Burg kann die Nachricht dienen, daß sich 7 (!) kühne Soldaten am Ende des 14. Jahrh. der Burg durch Überrumpelung bemächtigten und sie bis zum Hungertode verteidigen konnten[45]). 1478 wird Giovanni Galeazzo Sforza Herr, 1488 hören wir von der Errichtung von Stadtmauern und Türmen und 1500 von Brand und Zerstörung. Drei neue Bollwerke wurden nun erbaut und alle Zinnen an Stadt und Burg vermauert. Chiavenna wechselt dann dauernd den Herrn (Grisonen, Italiener, Spanier, Franzosen und Österreicher) bis 1639 die Zerstörung beschlossen wurde.

Deutschem Einfluß muß man die 431 m hoch über dem Meere auf steilem Bergkamm thronende Burg Baradello[46]) zuschreiben, die Friedrich Barbarossa im Jahre 1158 urkundlich nachweisbar gegen die Stadt Mailand errichtete (Taf. 50).

---

[45]) B. E.: Bg. It. VI, S. 20f. — Amati: II, S. 1022ff. — Fausto di Giorgi: Storia del Cast. di Chiavenna. — [46]) B. E.: Bg. It. VI, 9; II, Taf. 65.

Burg C a n o s s a , Norditalien

Burg Francavilla bei Gavi, Alessandria, Norditalien

In alter Zeit bildete Camerlata[47]) mit der Burg Baradello ein Festungssystem, das in der Zeit, als Como im Kriege mit Mailand stand, sehr wichtig war. Der Burgplatz war seit uralter Zeit befestigt, vielleicht durch eine von den Comascen erbaute Burg. Man sagt, sie habe 5 Türme gehabt, von denen der heute stehende (Bergfried) der höchste war. Der Eingang in die Burg führte von Westen durch einen unterirdischen Gang, verschlossen durch mächtige blaue Mühlsteinbrocken (Macigni). Innen gab es herrschaftliche Räume, Soldatenkasernen und eine Kapelle des hl. Nikolaus. 1527 zerstörte Antonio de Leyva, spanischer General Karl V., die Burg (Abb. 189).

Abb. 179. Höhenburg Angera am Lago Maggiore. Gotisches Zwillingsfenster. B. E.

Burg Baradello schirmte die Stadt Como und sperrte den Gotthardpaß. Der unregelmäßig vieleckige Bauplatz ist in eine weite Vorburg oder Nebenburg und — darüber erhaben — in eine viereckige Kernburg mit gezinnter Mantelmauer und gewaltigem Bergfried geteilt. Der Turm beherrscht auch heute noch das gesamte Landschaftsbild. Man stellt noch in den Ringmauern neben dem Bergfried aus Buckelquadern und Pallasresten, Ruinen einer Kapelle und 5 Zisternen fest. Ältere Zinnen der Mantelmauer sind später übermauert durch einen höheren Kranz gleicher, nicht vorgekragter Zinnen. Der Mühlstein, ein harter Haustein, der zur Burg Baradello verwendet ist, hat zur jahrhundertelangen Erhaltung der Ruine beigetragen.

Abb. 180. Höhenburg Angera am Lago Maggiore. Gotisches Zwillingsfenster. B. E.

Die schloßartig ausgebaute Burg Carimate mit viereckigem Bergfried liegt etwas südlicher (Abb. 182).

Zu den Paßsperrburgen in weiterem Sinne muß man auch die Burg Trezzo[48]) an der Adda rechnen, an den Straßen vom Splügen- und vom Bernhardinpaß, die vom Comosee an der Adda entlang durch das Bergamaskische führen. Trezzo sperrte einen der 4 meist beschrittenen Pässe. Schon zur Langobardenzeit errichtet, hat Trezzo in allen Kriegen eine wichtige Rolle gespielt. Um 1000 kam es in die Hände Otto III., und Friedrich Barbarossa verstärkte um 1158 die Burg, in der er unter Aufsicht einer Wache von 100 Rittern seinen Schatz niederlegen wollte, durch 3 weitere Türme, so daß nun an allen 4 Ecken ein solcher stand, einer davon aus schwarzem Marmor hieß „la torre nera di Barbarossa". Die Burg wurde 1158 von den Mailändern zerstört, 1211 abermals verstärkt aufgebaut durch den Kardinal Gerhard von Sessa im Auftrage des Papstes. Ein nächster Be-

[47]) Amati II, 194ff. — [48]) Literaturangaben siehe B. E.: Bg. It. VI, S. 62. — Vgl. Wehrbau I, S. 311, 619.

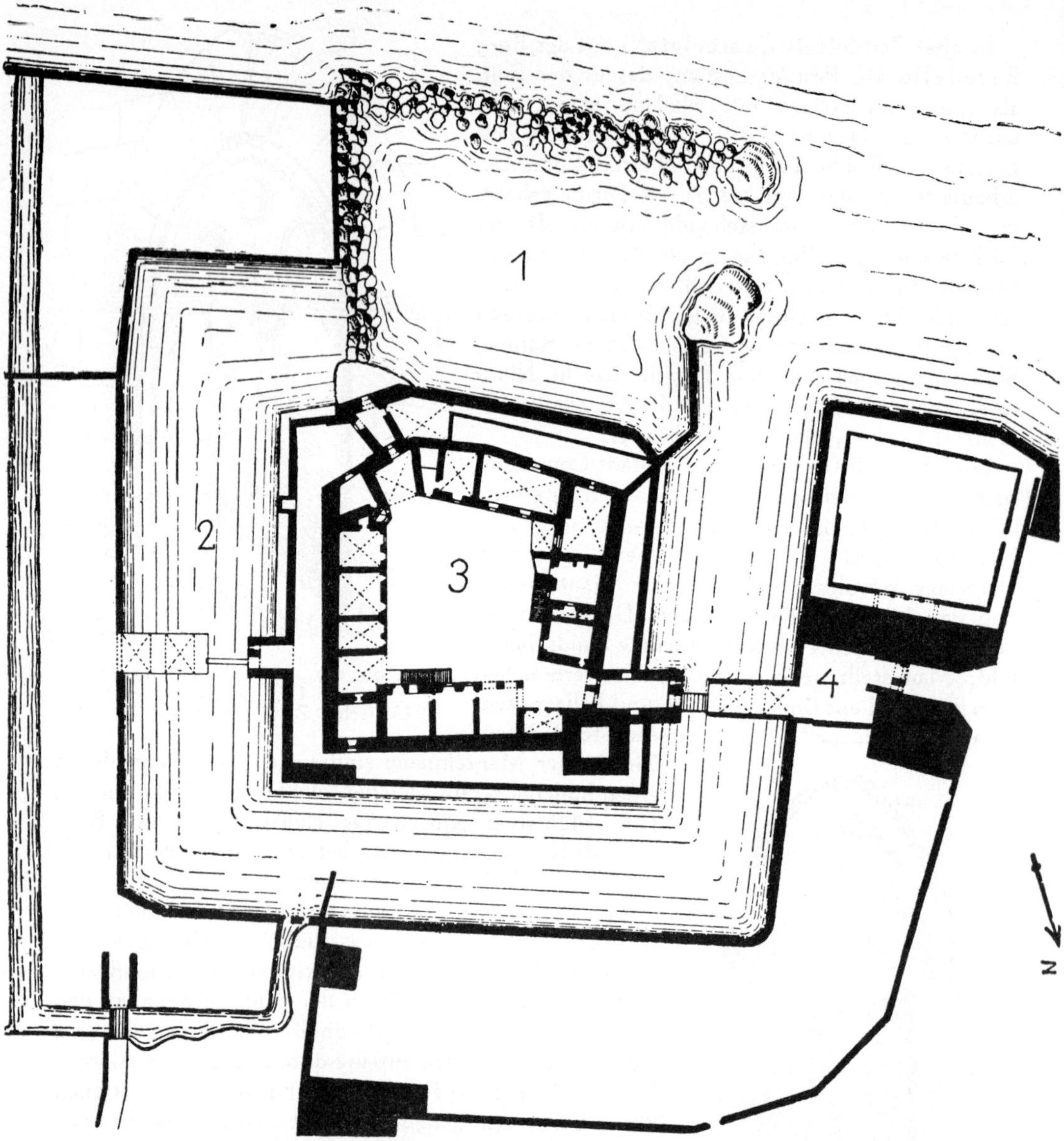

Abb. 181. Wasserburg Riva am Nordende des Gardasees aus dem 12. bis 15. Jahrh. Grundriß 1:1000.
1. Hafen, 2. Wassergraben, 3. Burghof, 4. Haupttor.
B. E. nach Zeichnung im Ferdinandeum in Innsbruck.

sitzer fügte eine „maestoso" Brücke über die Adda durch einen Bogen hinzu. Architektonisch kann man sich kaum ein schöneres Bild als Burg und Brücke denken, strategisch kaum ein wichtigeres Werk. Ezzelino da Romano zerstörte Brücke und Burg.

Immer wieder auferstehend werden die Ruinen 1370 durch Barnabò Visconti „presso le medesime", also nahe den Ruinen, wieder aufgebaut, und so fort.

Die Burg bildet 3 Abschnitte. Der Grundriß zeigt die einzigartig günstige Lage, die auch erklärt, warum sie unermüdlich wieder aufgebaut wurde[49]). Weilt man aber erst an Ort

[49]) Sesti: Piante delle Città, Piazze e Castelli fortificati in questo Stato di Milano, 1718. Das Werk befindet sich in der Bibl. Marciana, Venedig.

Abb. 182. Burg Carimate bei Como. Schloßartig ausgebaut. B. E.

und Stelle, so ist der Eindruck des reißenden Stromes, der im engsten Bogen den langen schmalen felsigen Bauplatz umbraust, überwältigend. Die Gewalt der Mauermassen setzt noch heute in Erstaunen und Bewunderung trotz der nüchternen neuen großen Straße und des poesieverwüstenden neuen Elektrizitätswerkes.

Die Kühnheit der Bauleute wird gekrönt durch den mächtigen, unerschütterlichen Bergfried, den wir dem von Norden kommenden deutschen Bauwillen und der Zeit zwischen Otto III. und Friedrich Barbarossa zuschreiben dürfen.

Die wüsten, hochragenden Trümmer werden etwas übersichtlicher durch den Sestischen Grundriß, der das Kernwerk als fast rechteckigen Flügelbau darstellt mit dem Bergfried in der Angriffsseite der hohen Mantelmauer, große Vorwerke zogen sich gegen die schmale äußerste Felsspitze (Abb. 176).

Am Fuße der Bergamasker Alpen, nahe dem Seriotal, erhebt sich die befestigte Stadt Bergamo. Der alte Teil liegt auf der Höhe und weist Reste burglicher Bauten auf. Alte Wehrtürme zeugen von der ehemaligen Festigkeit[50]). Von der alten Stadtburg überblickt man die ganze Stadt und die gesamte Umgebung bis zu den Alpenabhängen, strategisch also jeden nahenden Feind. Von der Burg stehen noch die starken Mantelmauern und stufenweise die Zwinger und Vorwerke, alles über der hochgelegenen Stadt.

Nördlich des Iseosees und nordwestlich des Idrosees und der Sperre der Rocca d'Anfo liegt im Ogliotal bzw. im Val Camonica eine Sperre durch die Burg Edolo und eine Kette von 8 „Fortini". Hier treffen eine Reihe von Straßen zusammen, die in einem Berichte an den Proveditori und in einem Plan im Staatsarchiv zu Venedig von 1635 dargestellt und beschrieben werden[51]).

Die Straßen werden genannt: Strada che va a Ponte de Legno et a Monte Tonale (gesperrt durch das forte delli Albanesi), Strada che va a Orten e Zapelli d'Avriga, Strada che va a Mono et a Mortarolo, Strada che va a Breno. Der lange Sperrwall mit neuen Reduten und Palisaden führt über ein Flüßchen und den Oglio die Brenostraße bis zur Höhenburg Edolo hoch hinauf, die 1410 durch die Visconti mittelalterlich erbaut ist[52]). Der Paß liegt hoch am Fuße des Monte Mola und nahe dem Quellgebiet.

In den Kriegen von 1796—1813 und noch 1848—66 war Edolo der Mittelpunkt aller kriegerischen Ereignisse zur Verteidigung des Tonalepasses.

[50]) B. E.: Bg. It. VI, S. 11; I, Abb. 105; II, Taf. 75. — Papini: Bergamo Rinnovata. — [51]) Archivio di Stato in Venezia Bd. I, S. 102 (autore Ventini). — [52]) Amati III, S. 501 ff.

In den Brescianer Alpen liegt am Iseosee eine Uferburg der Skaliger, Burg Iseo, nördlich an der großen Straße von Bergamo nach Brescia. Ihre 2 viereckigen hohen Türme ragen rechts und links neben der Mantelmauer des breiten Wohnbaues. Ein breiter niederer Torbau führt in den langen Torzwinger[53]).

Etwas südlicher liegt die Höhenburg Adro, die im 17. Jahrh. zerstört worden ist. Am Oglio folgen in der Ebene die beiden Stadtburgen Soncino und Orzinuovi. Von der letzteren haben wir einen vorzüglichen Grundriß in einem Stadtplan von etwa 1600 mit späteren Bastionen. Der Grundriß zeigt noch die frühen burglichen quadratischen Wohnbauten mit Zwinger und Gräben und viereckigen und runden Türmen. Soncino ist bekannt als der Sterbeort des Ezzelino Romano[54]).

Wie alle Alpenstraßen zur Poebene hinab befestigt waren, zeigt die Burg am Idrosee Anfo[55]). Ein alter Plan im Staatsarchiv zu Venedig gibt einen Begriff, wie erfahren die Bauleute in der Anlage solcher Sperren zwischen See- oder Flußufern und steilen Berghöhen waren. Von Trient und von Norden her führte hier ein wichtiger Übergang, der nicht nur durch Tore und Zugbrücken an der Straße selbst, sondern auch durch eine hochgelegene Burg und weiter den Berg hinauf durch eine Doppelmauer gesperrt wurde. Die von den Venezianern noch 1486 ausgebauten Werke sind durch unterirdische Gänge zugänglich und, wie besonders erwähnt wird, mit Brunnen versehen. Die Franzosen zerstörten die Sperre, aber Napoleon ließ sie noch 1802—05 wieder aufbauen. Millionen wurden von den Venezianern für die Verstärkung und 1815 von den Österreichern für Wiederherstellungen aufgewendet.

Am dichtesten nach dem Reichtum des Tales von Aosta folgen die Burgen an der Brennerstraße, die Innsbruck mit Verona verbindet.

Hier beginnt die Reihe der italienischen Wehrbauten mit der Veroneser Klause[56]). Dieser von der Natur selbst geschaffene, nur 60 m breite Engpaß spielt in der Geschichte

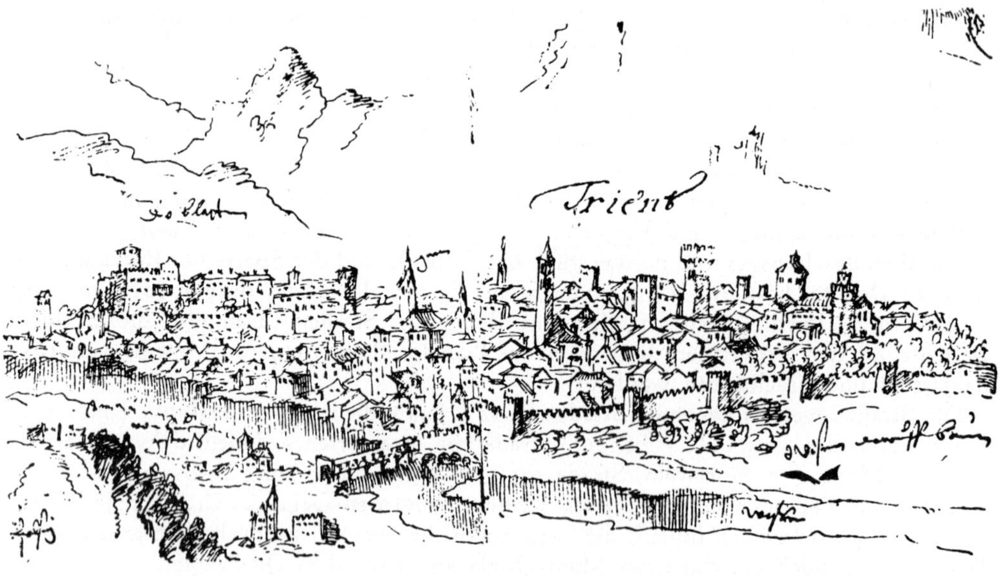

Abb. 183. Burg und Stadt Trient an der Etsch. Nach altem Plan.

[53]) B. E.: Bg. It. VI, S. 29. — [54]) Cantù III, S. 594. — Gerardo: Vita di Ezzelino, 1560. — B. E.: Bg. It. VI, S. 42, 58. — B. E.: Wehrb. Veronas S. 24ff. — [55]) BE.: Bg. It. VI, S. 6. — Cantù III, S. 281. — [56]) B. E.: Bg. It. IV, S. 125f. eingehende Darstellung. Vgl. auch Wehrbau I, S. 60.

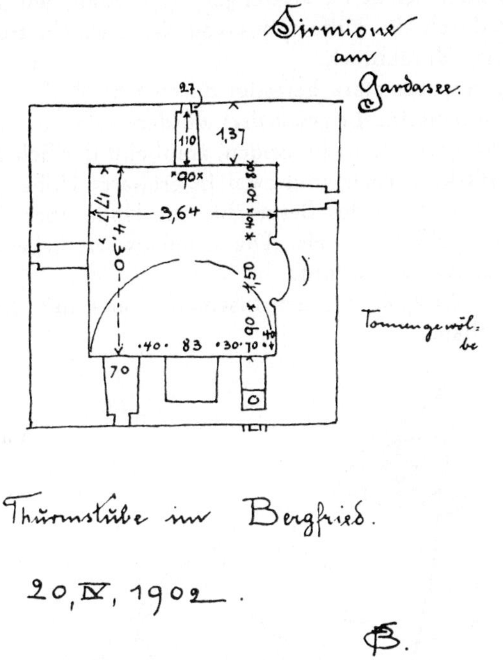

Abb. 184. Wasserburg Sermione.
Grundrißskizze der Turmstube im Bergfried.

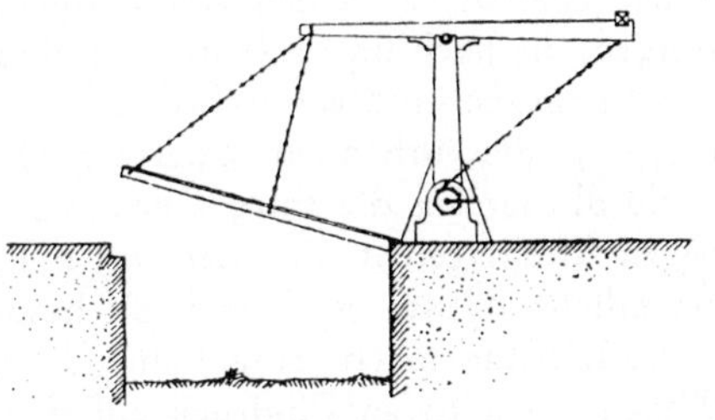

Abb. 185. Pecchiara.
Konstruktion der Zugbrücke.

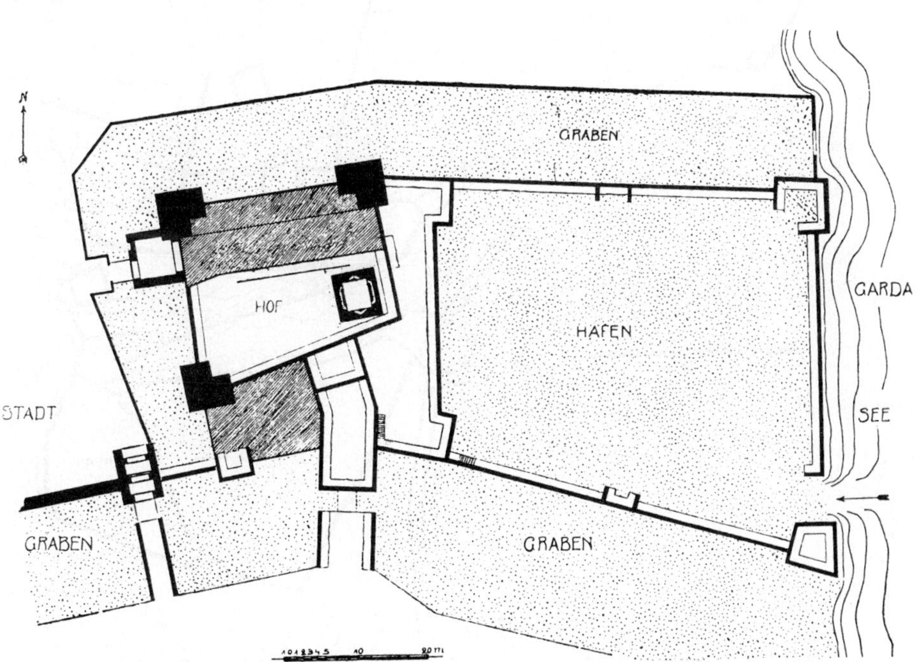

Abb. 186. Wasser- und Stadtburg Sermione am Gardasee, mit ummauertem Hafen.
Tore zu Türmen ausgebaut. Grundriß 1:1000. B. E.

jahrhundertelang eine große Rolle, namentlich bei den Kaiserzügen nach Rom, wie im Jahre 1155, wo Friedrich Barbarossa nur durch die Hilfe Ottos von Wittelsbach, trotz der drohenden Veroneser Macht, die Sperre durchbrach.

Die Klause, 12 Meilen von Verona entfernt, war stark befestigt durch eine Reihe von Burgen, die noch im 17. Jahrh. von den Venezianern sehr gewürdigt wurden, wie aus zwei Schriftstücken im Staatsarchiv zu Venedig hervorgeht[57]). Im Süden, empfiehlt der Schreiber, solle die vorhandene Sperre noch verstärkt werden, und zwar in größerer Höhe.

Nördlicher lag die Burg Crovara, die vom Fuße des Berges bis zur Höhe über der engen Straße reicht, die man mit 2 Toren geschlossen hielt. Die stromabwärts liegende eigentliche Klause wird noch als besonderes Werk erwähnt.

Noch heute macht eine Fahrt durch den Engpaß mit der Eisenbahn oder mit dem Wagen einen tiefen Eindruck auf den Beschauer.

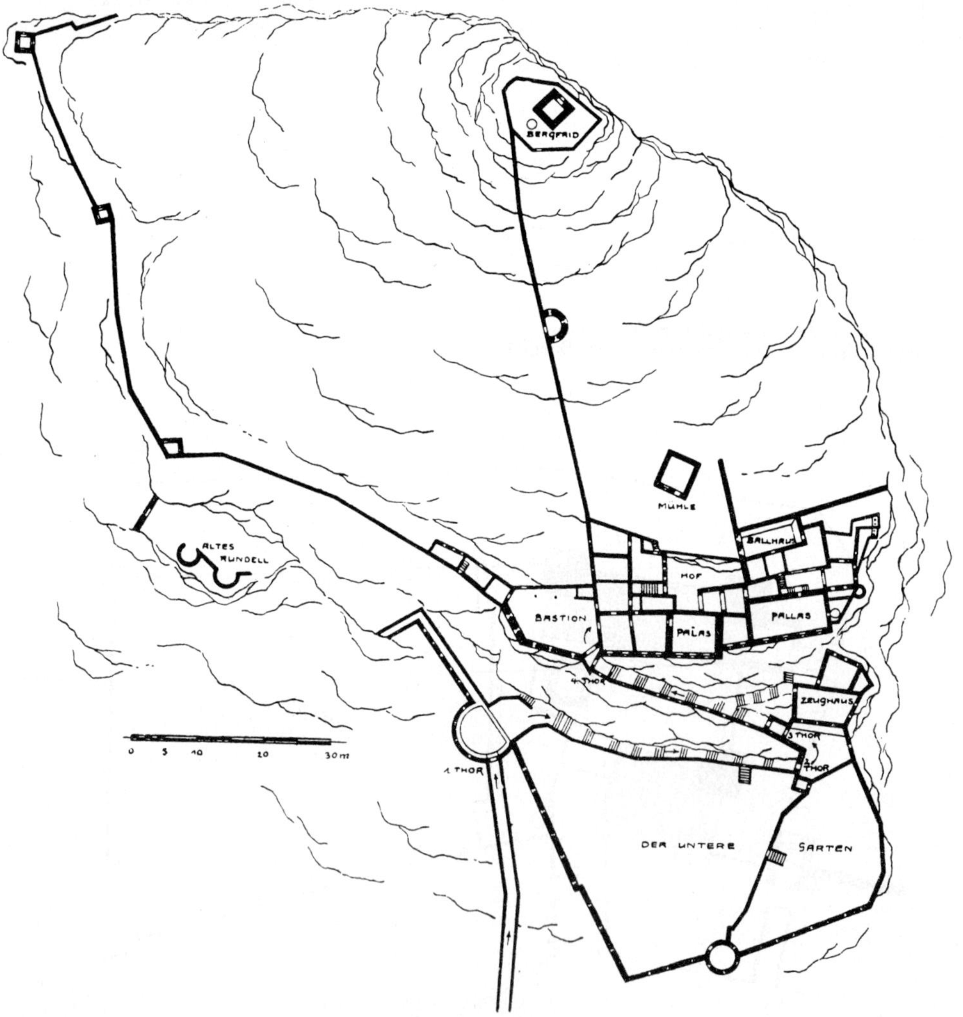

Abb. 187. Höhenburg Arco an der Sarca mit vorgeschobenem Bergfried. Grundriß 1:1000. B. E. nach einem Plan des 17. Jahrh. aus dem Statthalterei-Archiv Innsbruck.

[57]) B. E.: Wehrb. Veronas Taf. 26 u. S. 87f. — B. E.: Smlg. Ebh.

Zu den Wegsperren — schon in dem bewegteren Gelände des nördlichen Potales — und zum Veroneser Befestigungssystem gehört die große Minciosperre auf dem linken Ufer des Mincio, zu Füßen der Burg Valeggio[58]) (Abb. siehe Bd. I, S. 59, Abb. 58). Das technische Kunstwerk aus Ziegelmauerwerk hat bis zu den Feldzügen Napoleons I. standgehalten und wurde vor kurzem wiederhergestellt. Es besteht in einem rechts und links durch gezinnte Mauern eingefaßten Sperrdamm, der quer zum Mincioﬂuß liegt, dem er in der Mitte durch eine Schleuse Durchlaß gewährt. War die Brücke über diese Schleuse hochgezogen, so war auch der Querverkehr von West nach Ost gesperrt. Tore und Türme machten den ganzen Damm zu einem geschlossenen Wehrbau. Das war nötig, da die hochliegende Burg Valeggio zugleich das Endstück einer langen hohen Ziegelmauer mit zahlreichen Schalentürmen zur Seitenbestreichung war. Diese reichte von Valeggio bis nach Villafranca (Abb. 238) und weiter.

Die Skaliger hatten die heute noch zum Teil stehende Mauer errichtet, um auf dieser langen Grenze ihr Herrschaftsgebiet gegen plötzliche Überfälle ihrer südwestlichen Nachbarn zu schützen, also ein Grenzwall des 13. und 14. Jahrh., der hier gegen Süden gerichtet war.

Die Burg Valeggio selbst besteht aus einer langen Vorburg, dem Bergrücken zu steht die quadratische Kernburg mit Schildmauer und dem spitz gestellten Bergfried zwischen

Abb. 188. Burg Riva. Am Nordende des Gardasee.

58) B. E.: Bg. It. VI, S. 63. — B. E.: Wehrb. Veronas Taf. 27. — B. E.: Wehrbau I, S. 60.

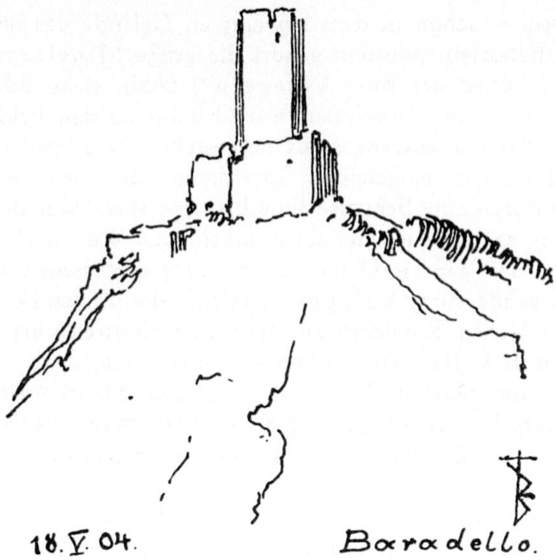

Abb. 189. Höhenburg Baradello, Prov. Como. 1158 von Friedrich I. errichtet.

2 Quergräben. Die bedeutenden Reste von 5 weiteren Türmen bieten ein wehrhaftes Bild (Abb. siehe Bd. I, Taf. IV unten).

Das Etschtal bildet weiter die große Paßstraße, die sich dem westlich liegenden Garda=see bis auf 6 km (bei S. Ambrogio) nähert und östlich von hohen Alpenvorbergen begleitet wird. Kein Wunder, daß hier zu allen Zeiten die alte Heerstraße herführte.

Wie an allen Seen sich die Haupt=Nord=Südstraßen hinziehen, so natürlich auch an dem bedeutendsten, dem Gardasee. Das Südende des Sees wurde von der Hafenburg Sermione beherrscht (Abb. 184, 186, Taf. 43). Peschiera (Abb. 185) südöstlicher gelegen, nur eine wichtige Flußsperre, die Stadtburg wurde später durch Festungswerke ersetzt. Nach Norden, am See entlang, ziehen sich unter anderem die Burgen Lazise und die uralte, fast verschwundene Rocca di Garda[59]). Letztere wird schon zu Karl d. Gr. Zeit als wichtigster Wehrbau am See genannt, der ihr Gebiet zu einer Grafschaft erhob. Sie trotzte verschiedenen Belagerungen und ist berühmt als Gefängnis der Königin Adelheid, die von hier nach Burg Canossa entfloh und später die Gemahlin des Kaisers Otto d. Gr. wurde. Nachdem die Venezianer im 16. Jahrh. die Burg schleiften, sind ihre Ruinen verschwunden. Weiter sind zu nennen Malcesine (Taf. XVII), endlich am Nord=ende Riva (Abb. 181, 188), dann an der Arca=Straße die Burg Arco (Abb. 187), nach Trient zu Castel Toblino, an der Etsch die Burg Avio auf dem rechten Ufer, dann bei Avio die berühmte Burg Castelbarco (Abb. 190) des gleichnamigen großen gräf=lichen Geschlechtes. Südlich Trient vor der Klause Serravalle all'Adige erhebt sich am rechten Ufer Rovereit (Abb. siehe Bd. I, Abb. 708, S. 591, u. Tafel 86), es folgen Castel Nomi, Castello Dante bei Lizzana, deren halb deutsche, halb italienische Form die Burg besonders kennzeichnet. Weiter ist die Seitentalsperre Bisein (Abb. siehe Bd. I, Abb. 689, S. 576, und Abb. 697, S. 581) zu nennen[60]). So setzt sich die bewehrte Straße fort über Trient nach Bozen. Von Salurn an meldet sich mehr und mehr der deut=sche Burgenbau.

---

[59]) B. E.: Bg. It. VI, S. 27. — [60]) Diese ist in Bd. I, Wehrbau, S. 572ff. behandelt.

Abb. 190. Burg Castelbarco bei Avio. Geschlossene Anlage.

Abb. 191. Hügelburg Montorio Veronese.
Alleinstehender Bergfried mit Marmorbossen. Mauern und Türme ohne Dossierung.

Die Poebene

Die gesegnete große Ebene des Pogebietes zwischen der gewaltigen Bergkette der Alpen, die sie im Westen und Norden umfassen, den Ligurischen Alpen im Südosten und dem Apennin im Süden bis an das Ende der Via Emilia am Meer, hat im Wehrbau ganz bestimmte selbständige Formen entwickelt.

Hier hat der geologische Zustand im großen ganzen gleichmäßige Gestaltungen der Baumassen bedingt, denn die Ebene bot überall den Stoff zum Ziegelbrennen, welche Kunst dann hier auch zur höchsten Vollendung gedieh. Die wenig bewegte Ebene erlaubte auch dem Erbauer den Burgen überall regelmäßige, meist viereckige Grundrisse zu verleihen.

Das ändert sich, wo die Abhänge der Bergketten mit den Tälern der Ponebenflüsse in die Ebene übergehen und Bausteine der verschiedensten Art bieten, die zur Verwendung von Bruchsteinmauerwerk oder gar zu edlen Quaderbauten herausfordern.

Höhergelegene Hügel und namentlich die oft steilen Ufer der Nebenflüsse von Norden und Süden wurden dann aus Sicherheitsgründen als Baustellen gewählt und zeigen nur näher der Ebene noch Ziegelbauten von gewisser Regelmäßigkeit, während jede höhergelegene Baustelle die übliche Anpassung an die Unregelmäßigkeit der Berge forderte.

Die Burgen der Poebene zeigen dabei schwere, wuchtige Formen. Hohe mächtige Mantelmauern wie im Castello di Corte in Mantua zwischen meist viereckigen massigen Ecktürmen sind die Regel (Abb. 196, Taf. 44). Beispiele unter den lombardischen Vierecksburgen von fast finsterem Ernst und doch schönen Verhältnissen, auch reichen schönen Umrissen bei wehrbaulich wohlüberlegter Verteilung der Tore, Türme und Pallasbauten sind vielfach zu finden.

Die Stilformen der Fenster, Tore und Zinnen der romanischen, gotischen, spätgotischen und Frührenaissancezeiten werden in alle wehrbaulich wechselnden Gesamtgestaltungen eingefügt. Es zeigt sich, daß die mehr oder weniger regelmäßigen großen Burgformen — vierflügelige Bauten um einen viereckigen Mittelhof — lange Zeit unabhängig von dem Wechsel der Zeiten verwendet werden, wenn auch die Stilformen an Fenstern, Türen und Innenräumen oder Hofansichten wechseln. Die unregelmäßigen Burgen scheinen meist die älteren zu sein, während die lateinische Grundform des vierflügeligen Hauses mit offenem Mittelhof, entsprechend den antiken Bauten in Norditalien erst mit dem 14. Jahrh. wieder überwiegend üblich wird.

Eine echte Wasserburg, Gaglianico genannt, liegt südlich der Alpenpässe, etwa 30 km östlich von Ivrea und des Aostatales bei Biella. Höchst reizvoll aus wasserreichen Parkanlagen erhebt sich der vieltürmige quadratische Bau um einen quadratischen Hof. Vier breite quadratische Ecktürme verleihen dem Burgbilde große Wucht, während ein schlanker Torturm sich weit über die Ecktürme erhebt. Alle diese tragen als Krönung auf Kragsteinen vorgestreckte Wehrgänge, die heute wohnlich ausgebaut sind. Ein älterer, glatt gezinnter schlanker Bergfried bildet innen die höchste Spitze der Baugruppe.

Eine feine Ziegelbogenstellung trägt die 4 Innenmauern der 4 Flügel der Burg und erweitert den Hof beträchtlich. Großartige Malereien verschiedener Zeiten schmücken die schönen Innenräume der Hauptgeschosse und machen die Burg zu einem wahren Kleinod.

Gräben umgeben nicht nur den gesamten Burgkernbau; zu dem Torturm führt nur eine zweiteilige Zugbrücke, deren lange Sprunggerten die Stirnwand bis über die Hälfte seiner Höhe offen durchschneiden. Eine weite Vorburg liegt an der Nordseite der Burg.

Alle Formen sind rein italienisch, obgleich 1449 als Bauherr ein Franzose Karl von Amboise genannt wird und diese Zeit den Bauformen entspricht.

Tafel XVII

Burg Malcesine am Gardasee

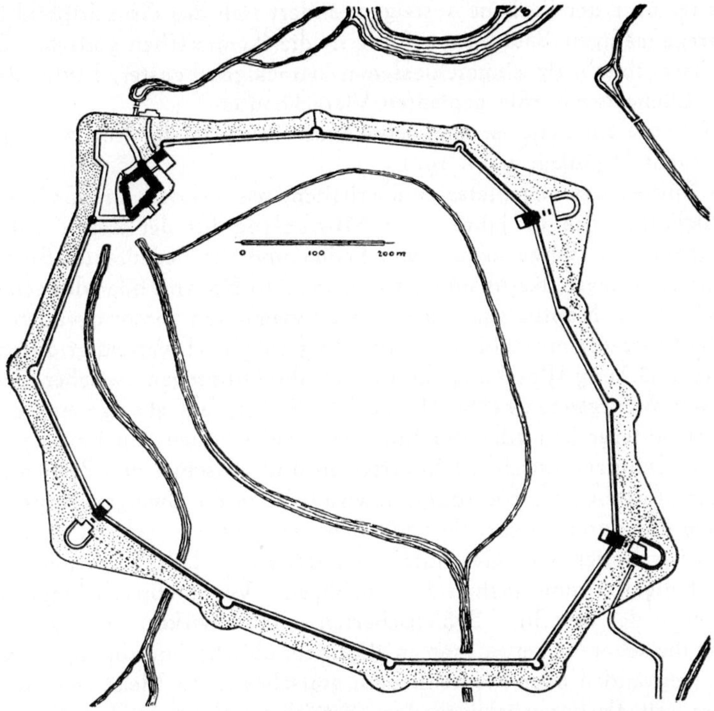

Abb. 192. Wasserburg Crema am Serio mit mittelalterlicher Stadtbefestigung.
Lageplan 1:10000. B. E. nach Plänen aus dem Staatsarchiv zu Venedig.

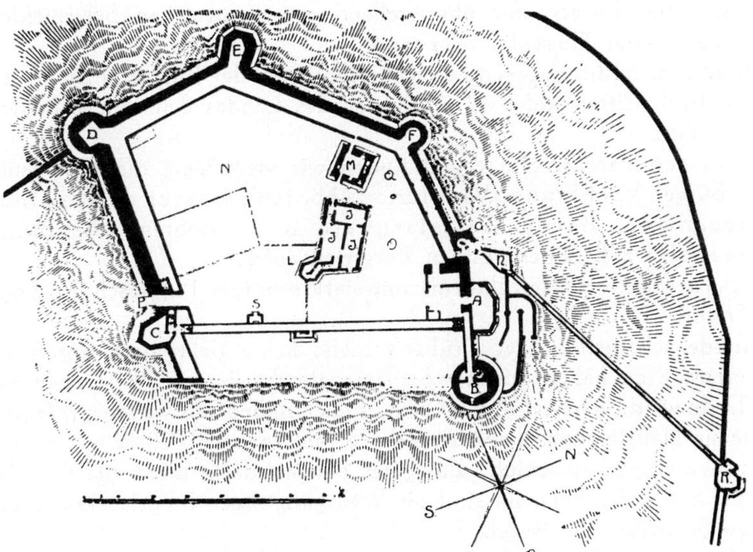

Abb. 193. Stadtburg Cesena über gleichnamiger Stadt am Serio.
Im inneren Burghof nur noch Bergfried und 1 Pallasbau erhalten. Lageplan 1:2000. B. E.

Wo die Randgebirge der Poebene ansteigen, ändert sich das Grundrißbild der Burgen, wie es die unregelmäßigen Bauplätze erfordern, die Kennzeichen gotischer Zeit bleiben aber, wie die flach spitzbogig eingeschlossenen viereckigen Fenster, häufig dieselben wie bei den in der Ebene regelmäßig geplanten Viereckbauten.

Auch Burg Crema am Serio ist eine echte Wasserburg in der Ebene, zeigt aber eine unregelmäßige Grundrißanlage (Abb. 192).

Romanische Burgen des Pogebietes sind erhalten, wir nennen nur Cologna Veneta mit einer Skaligerburg des 13. Jahrh. oder Monselice aus der Zeit Friedrichs II. auf einem der Euganeischen Berge unweit von Padua und die bedeutende Burg Este.

Die gotischen viereckigen Kernbauten, wie Castello Briona oder das schon genannte Castello di Corte in Mantua sind nicht nur umgeben von vorspringenden Ecktürmen, die die Seitenbestreichung ermöglichen, beider Fuß wird auch verteidigt durch die untere schräge Mauerverstärkung (Böschung) und durch die Offnungen zwischen den Konsolen im Fußboden der Wehrgänge zwecks Abwurf von Steinen auf etwaige Angreifer, die den Fuß der Mauern untergraben oder durchbrechen wollen. Den von Ferne anstürmenden Feind treffen die Schützen durch die Scharten in und zwischen den Zinnenhäuptern.

Innere Gräben umgeben die Kernburg, äußere Gräben die Zwinger, ringsum in beiden stehen Tortürme nur durch Zugbrücken mit Schwunggerten — schmal für einzelne Fußgänger — breit für Reiter oder Geschütze — zugänglich. Die Tortürme zeigen eiserne oder hölzerne Fallgatter und mehrfache Torflügel. Wenig abwechslungsreich sind in Italien die Formen der einzelnen Schießscharten und Gußerker.

Auffallend ist die schon von etwa 1300 an allgemein übliche Anordnung größerer Fenster in den Pallasaußenwänden oder Mantelmauern gotischer Zeit. Meist sind die Offnungen rechteckig, aber mit flach zurückliegendem, gotisch spitzbogigen Tympanon überdacht. Sie erscheinen aber auch von einfachster Form im großen Wohnturm von Vicolungo und Castello di Casalgiate in Piemont (beides Ziegelbauten und beide ohne Tympanon) wie in Castello di Maegnano im Val Chero oder in Vigolzone bei Piacenza mit seinen 8 spitzbogigen Fenstern und gleichem Tor im Pallas bis zu den großen Fenstern an den großartigsten Burgen mit überquellend ornamentreichen Schmuckformen wie Castel Vigevano oder Castel Sforzesso[61]).

Der Bergfried tritt in der Pogegend als Hauptbollwerk der Burgen nicht so stark hervor wie in Deutschland. Ofter bildet er im Norden des Landes den stolzen beherrschenden Teil der Baugruppe.

Aber auch in der Piacentiner Gegend finden wir viereckige, meist schlanke Haupttürme in den Burgen Vigolzone, Vigoleno (Abb. 198), Castel di Bordinezza, San Giorgio Piacentina, Bardi, Castelarquato u. a., während die Burg Rivalta Trebbia (Gazzola) z. B. einen runden Bergfried aufweist.

Die späte Form stärkerer Vierecktürme mit stark schräger Fußböschung zeigt Bobbio im Val di Trebbia.

Die Bergfriede scheinen in der Frühzeit meist keine Bekrönung durch ausgekragte Wehrgänge erhalten zu haben, meist scheinen vielmehr damals die Zinnen glatt in der Flucht der Turmwände hochgeführt zu sein, später bilden die weitausgekragten, oft von 3 oder gar mehr Hausteinkonsolen übereinander getragenen Wehrgänge einen malerisch höchst wirksamen oberen Abschluß. Ein gutes Beispiel dafür bietet die Burg S. Severa. An den Ziegelbauten der Poebene sind als Wehrgangträger Ziegelverkragungen von oft bis zu 30—40 Schichten die Regel.

Die Einzelformen der Ziegelburgen, wie des Castello di Corte in Mantua oder Castel Guelfo zeigen kennzeichnend italienische Eigenart. Die erwähnten Steilschrägen

[61]) 1368 erbaut, 1450 nach Zerstörung von Francesco Sforza aufgebaut.

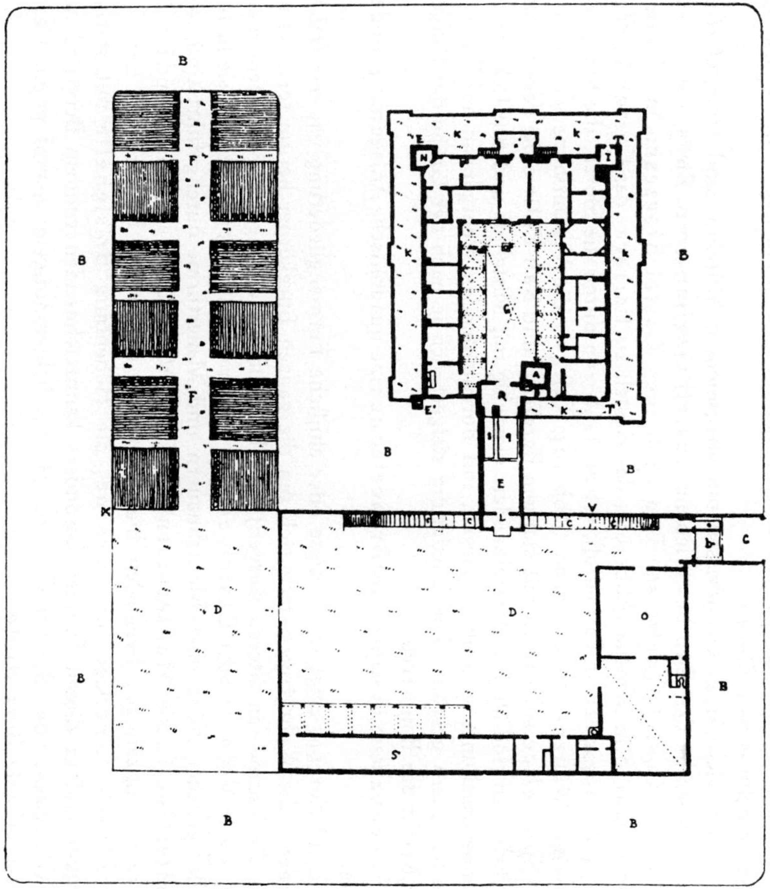

Abb. 194. Wasserburg San Martino dei Manzoli in Soverzano aus dem 14. Jahrh. Grundriß 1:1000. Nach altem Plan.

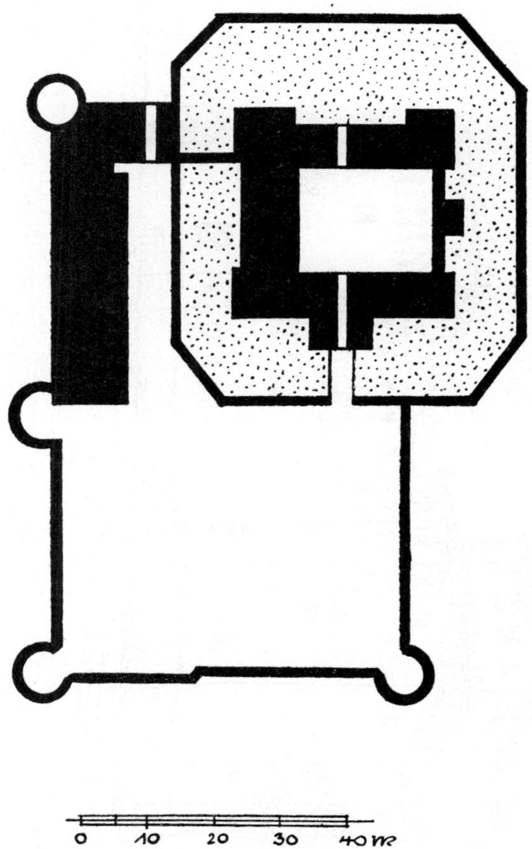

Abb. 195. Stadtburg Castel Guelfo, Poebene. Geschlossene Anlage. Bergfried in der Mantelmauer. Ghibellinische Zinnen. Grundriß 1:1000. B. E.

Abb. 196. Mantua. Castello di Corte. Viereckiger Grundriß mit Mittelhof. B. E.

(Dossierungen) bilden den Fuß der Türme und Mauern bis zu etwa ein Viertel deren Höhe, darüber steigen senkrechte Mauern auf, die von langen Ziegelkonsolen aus den schichtweise sehr fein vorgeschobenen Ziegeln bekrönt sind, diese tragen die Wehrgänge mit meist ghibellinischen Zinnen.

Beispiele von viereckigen Grundrissen mit ebensolchem Mittelhof sind zahlreich, folgende seien genannt: das oben beschriebene Castell Gaglianico b. Biella, Benna aus dem 15. Jahrh., Castel Guelfo am Taro (Abb. 195), Castel Sforzesco in Mailand, Castello di Corte in Mantua (Abb. 196), das Kastell zu Ferrara, das Castel Torrechiara[62]) (Abb. 197, 202) am Parmafluß, erbaut 1448—60 durch die Sforza, die Burg San Martino dei Manzoli in Soverzano (Abb. 194, Taf. 45), die Viscontiburg Vigevano, die Burg San Felice sul Panaro mit starkem Bergfried und San Felino bei Parma. Alle diese Wehrbauten sind ähnlich untereinander: viereckig mit Mittelhof und mit Ecktürmen zur Seitenbestreichung, in Gräben gelegen, mit durchlaufenden Wehrgängen auf Türmen und Mantelmauern gekrönt. Die Gliederung steigert sich je nach der Größe der Burgen und der Macht der Bauherren.

Auch Ravenna zeigt in seiner Burg Brancaleone eine quadratische Anlage mit 4 runden Ecktürmen.

Kein Land Europas zeigt so oft diese oder ähnliche Formengliederung wie das Italien des Nordens; die Wehrgänge setzen sich um die ganzen Burgkörper herum fort, sei es, daß sich die Türme (an älteren Burgen) sehr hoch über die Ring- oder Mantelmauern erheben, wie in Vignola oder Castelvecchio in Verona (Abb. 153), oder daß sie in fast oder voller gleicher Höhe über Mantelmauern und Mauertürme durchgeführt sind, wie beim Castel Guelfo oder Montechiarugolo (Taf. XVIII), Gradara, Imola und Forli.

Weitere von unzähligen Beispielen bieten weniger regelmäßig Faenza am Lamone, die unregelmäßig fünfeckige Burg Cesena, die Höhenburg Brisighella mit starker Schildmauer und in diesen Formen besonders kennzeichnenden rundem Bergfried auf steilem Gipsfelsen, oder die bei Caterina Sforzas heldenmütigem Kampf gegen Cesar Borgia neu erbaute Burg Riolo.

[62]) B. E.: Bg. It. VI, S. 60f. — Pelicelli: Pier Maria Rossi e i suoi castelli S. 20ff.

Höhenburg S e r m o n e t a , Mittelitalien

Höhenburg B a r a d e l l o bei Como, Norditalien

Burg M o n t e c c h i o V e s p o n i, Toscana, Mittelitalien

Abb. 197. Burg Torrechiara am Parmafluß. Gipfelburg auf niedriger Höhe. Charakteristische Turmaufbauten. Bekrönung der Mauern und Türme mit Ziegelkonsolen. Ans. 1:500. B. E.

Abb. 198. Burg Vigoleno. Provinz Parma.
Für Norditalien charakteristische Schwalbenschwanzzinnen mit runden oberen Endigungen. B. E. 1905.

In Riminis unregelmäßig geformter Burg sehen wir einen Ziegelbau echtester Art. Rimini[63]), am Adriatischen Meer zwischen den Mündungen der Marecchia und der Ausa, hatte schon als römische Kolonie hervorragende militärische Bedeutung, besonders seit die von Rom heranführende Via Flaminia dort mit der anderen sehr wichtigen Heerstraße, der Via Emilia, zusammentraf. Aus dieser Zeit stammt auch der Triumphbogen des Augustus, der, später durch einen Wehrgang mit Schwalbenschwanzzinnen verstärkt, wie eine mittelalterliche Befestigung aussieht. Neben solchen Wehrbauten der Stadt bietet aber die Rocca Malatesta das größte Interesse.

Der Grundriß ist durchaus unregelmäßig (Abb. 200). Nach Verschüttung der Gräben sind die Gründe dafür z. T. unverständlich. Nach einer alten Zeichnung[64]) ist aber die kennzeichnende Lage einer Stadtburg mit ihren Toren, der langen Brücke durch die Vorwerke der Stadt zu und eine Vorburg auf das freie Vorland zu klar zu sehen. Für die Seitenbestreichung ist reichlich durch die vorspringenden Türme und Bastionen gesorgt. Im übrigen haben in und um Rimini so viele Verschiebungen der Marecchiamündung stattgefunden, daß der Burgzustand vor 1400 heute schwer erkennbar ist.

Die massigen viereckigen Ecktürme mit außerordentlich starker Dossierung geben der Burg ein besonderes Gepräge. Beachtenswert ist der Torturm mit dem schönen riesigen Wappen der Malatesta über dem spitzbogig gewölbten Eingang und einer Inschrift mit der Jahreszahl 1446 (Abb. 206).

Dieser Torturm trägt als einziger noch Maschikulikonsolen, Zinnen sind auch hier nicht mehr erhalten. Das gesamte Mauerwerk besteht aus Ziegeln mit weiten regelmäßigen Fugen. Nur am Haupttor sehen wir Marmor.

Die Außenwerke sind eingeebnet, auch die Vortore verschwunden.

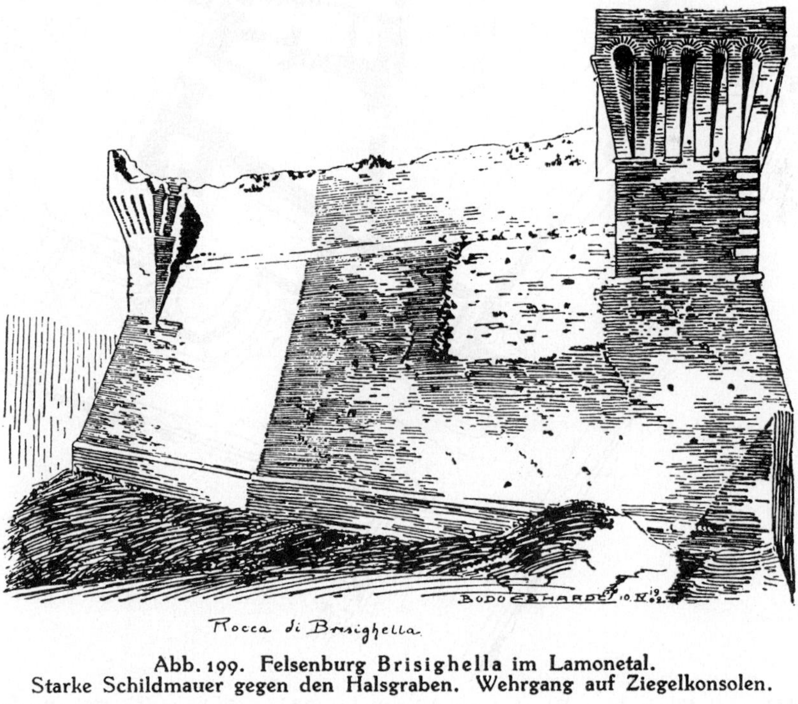

Abb. 199. Felsenburg Brisighella im Lamonetal.
Starke Schildmauer gegen den Halsgraben. Wehrgang auf Ziegelkonsolen.

---

[63]) B. E.: Bg. It. VI, S. 49; Amati VI, S. 930; Köhler I, S. 398; Tonini: Il porto di Rimini, S. 9. — [64]) Im Photographischen Archiv des Castel Sforzesco in Mailand.

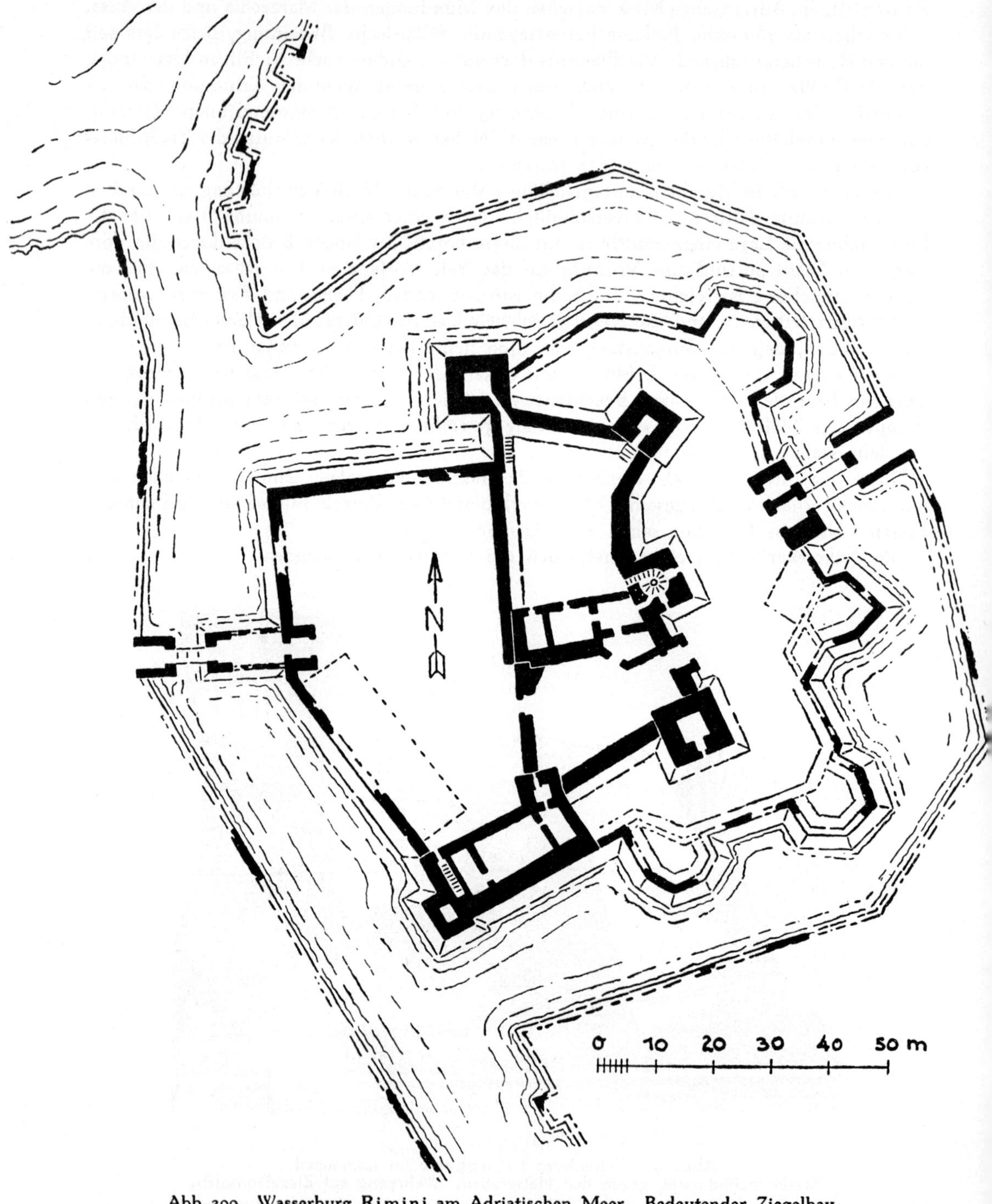

Abb. 200. Wasserburg Rimini am Adriatischen Meer. Bedeutender Ziegelbau. Vorspringende Türme und Basteien zur Seitenbestreichung. Grundriß 1:1000. B. E. nach Ant. und B. G. Picconi da Sangallo und Michell Sammichuli, 1526—35.

1239 erscheint zum erstenmal ein Malatesta als Podesta in Rimini, in dessen unbestrittenen Besitz die Familie sich 1295 für über 2 Jahrhunderte lang setzen konnte. Nach der Inschrift über dem Tor wird die Bauzeit der Burg durch Sigismund Malatesta auf 1446 festgelegt. 1500 wird Rimini von Cesare Borgia erobert und 1503 verkaufte der letzte Malatesta Stadt und Burg an Venedig.

Neuer ist die Burg zu Forli mit niedriger, sehr später Vierecksform mit runden Ecktürmen. Sie zeigt die gleiche Grundform in später, fast festungsartiger Entwicklung (Abb. 201).

Castel del Rio (Abb. 204) bei Imola ist eine Stadtburg, die spätere Wiederherstellung erfuhr.

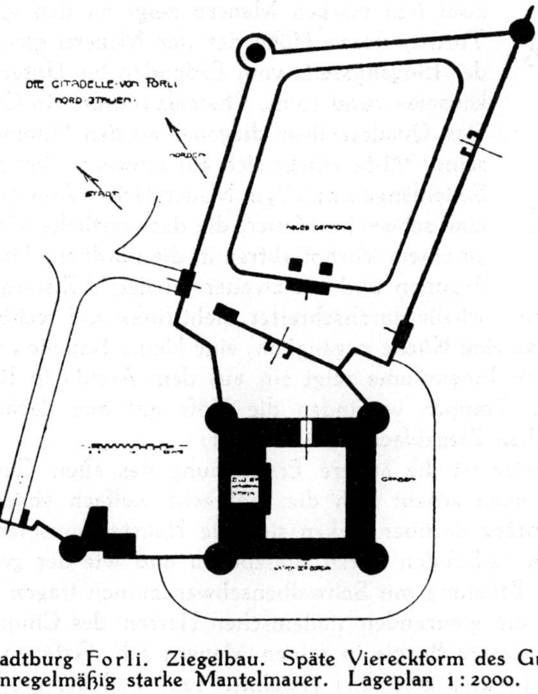

Abb. 201. Stadtburg Forli. Ziegelbau. Späte Viereckform des Grundrisses. Unregelmäßig starke Mantelmauer. Lageplan 1 : 2000.

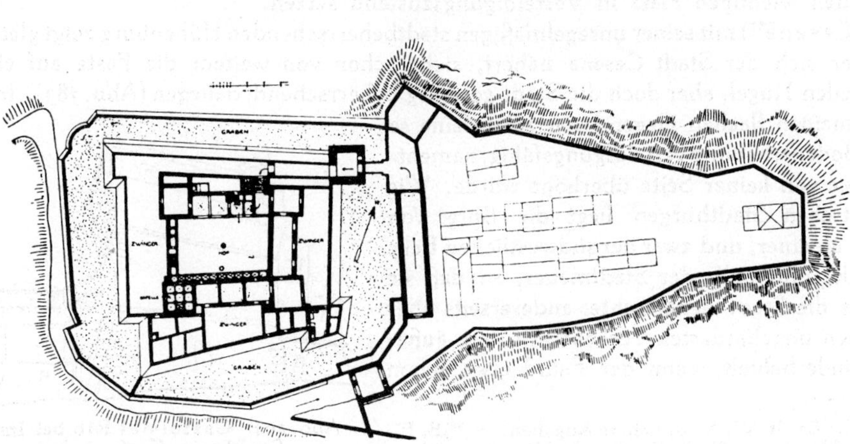

Abb. 202. Gipfelburg Torrechiara am Parmafluß. Ziegelbau. Lageplan 1 : 2000. B. E.

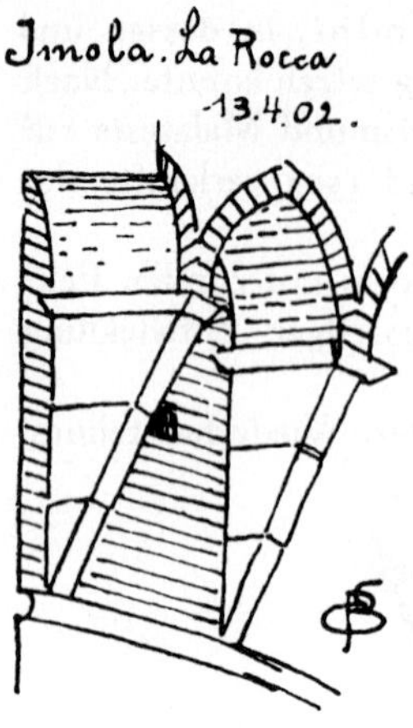

Abb. 203. Stadtburg Imola an der Via Emilia. Ziegelbau. Weitvorgestreckte Hausteinkonsole der Wandgänge.

Burg Imola[65]) liegt an der alten Via Emilia in den reichgesegneten und vielumkämpften Feldern der Romagna, am linken Ufer des Santerno. Noch umgeben Reste der alten Mauern die Stadt. Eine lange Kriegsgeschichte ist mit dem Namen Imola verknüpft, da der Ort durch natürliche Festigkeit früh wehrbauliche Besiedlung herausforderte. Der Platz, zur Römerzeit Forum Cornelii genannt, wurde 422 Bischofssitz, der Name Imola taucht erst im 8. Jahrh. auf.

Das Kernwerk der städtischen Befestigungen, die heutige Burg, zeigt alle Merkmale der Spätzeit. Ihr Quadrat von zwei 4 m und zwei 6 m starken Mauern zeigt an den vier Ecken 14 m starke Türme, deren Höhe der der Mauern gleich ist. Sie beträgt an der Eingangsseite vom Erdboden bis Unterkante der Maschikulikonsolen rund 10 m. Ehemals trennte ein Graben Stadt und Burg. Das Quadrat liegt diagonal zu den Himmelsrichtungen; fast in seiner Mitte erhebt sich ein schwerer viereckiger Turm von 10 m Seitenlänge und 2½ m Mauerstärke. Vom Tor bis zum Turm zieht eine schwache Mauer, die das westliche Viertel des Innenraumes zu einem Vorhof abtrennt, die nördliche Hälfte ist ungeteilt. Ein Brunnen und ein zweiter (vielleicht Zisterne) liegen in der Burg. Wer die 9 m lange Torhalle durchschreitet, sieht links und rechts kleine Wachtstuben. Vom Hof aus ist links eine Küche zugänglich, eine kleine Kapelle nimmt die Südecke ein. Die geringen übrigen Innenräume zeigt ein aus dem Archiv in Rom stammender alter Grundriß[66]). Breite Treppen verbinden die Höfe mit den flachen Mauerkronen teils offen, teils mit flachen Ziegeldächern überdeckt.

Wuchtig und düster ist die äußere Erscheinung des alten Gewaltbaues. Über den mächtigen Dossierungen erhebt sich die senkrecht vielfach abgestürzte Mauer. Etwa 6 m in scharfer Schräge darüber recken sich die Hausteinkonsolen der Mordgänge fast auf Meterweite vor, verbunden durch Spitzbogen und wie der ganze Bau aus Ziegeln, die die schwächere Brüstung mit Schwalbenschwanzzinnen tragen (Abb. 203). Heute ist der Bau, der einst die glänzenden italienischen Herren des Cinquecento die Manfredi, Riario, Sforza und Cesare Borgia in seinen Mauern sah, Gefängnis.

Das Kastell Imola wird erst 1221 erwähnt. 1226 ließ der große Hohenstaufe Friedrich II. den wichtigen Platz in Verteidigungszustand setzen.

Auch Cesena[67]) mit seiner unregelmäßigen stadtbeherrschenden Höhenburg zeigt gleichen Stil. Wer sich der Stadt Cesena nähert, sieht schon von weitem die Feste auf einem wenig steilen Hügel, aber doch die Stadt gewaltig beherrschend, daliegen (Abb. 783). In der im allgemeinen flachen Gegend war schon eine so geringe Bodenerhebung verteidigungsfähig, namentlich da sie von keiner Seite überhöht wurde. Wie die deutschen Stadtburgen liegt die Burg von Cesena an einer, und zwar der südwestlichen Ecke der Stadt, innerhalb der Stadtmauer, so daß sie einerseits die Stadt beherrschte, andererseits aber auch einen ungehinderten Verkehr mit dem äußeren Gelände behielt, wenn der Feind etwa schon

Abb. 204. Castel del Rio bei Imola. Stadtburg. Große Anlage. Wiederhergestellt. B. E.

[65]) B. E.: Bg. It. VI, S. 29 nähere Angaben. — [66]) B. E.: Bg. It. I, Abb. 63. — [67]) B. E.: Bg. It. VI, S. 20 nähere Angaben.

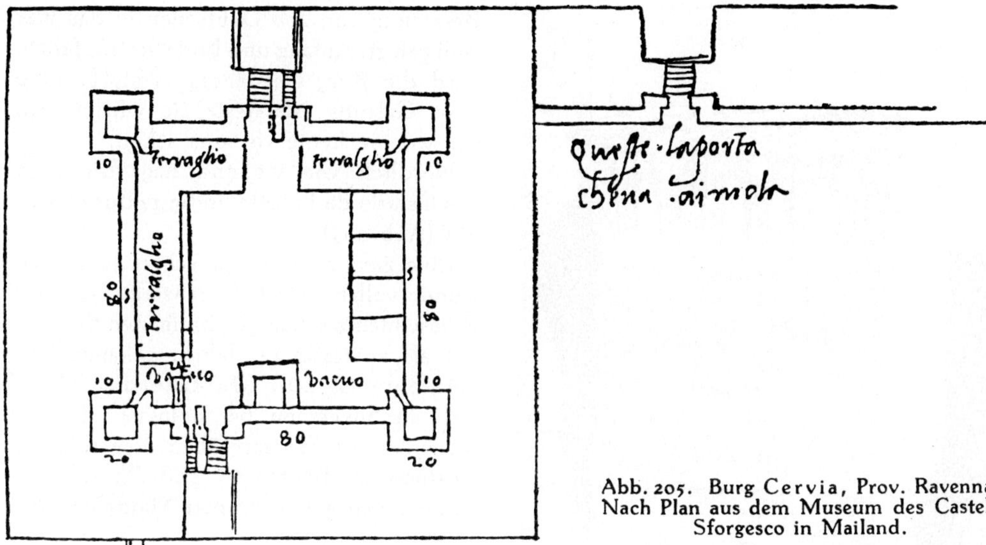

Abb. 205. Burg Cervia, Prov. Ravenna. Nach Plan aus dem Museum des Castels Sforgesco in Mailand.

die Stadt erobert haben sollte. Nur nach Südosten steigt das Gelände noch einmal hügelförmig an. Dieser Hügel wurde von einem starken Stadtmauerturm verteidigt, der weit nach Süden vorgeschoben war. Die Senkung zwischen den beiden Hügeln ist durch eine schnurgerade Mauerstrecke geschlossen, die an einen Eckturm der Burg anstößt. Die Burg selbst nimmt mit ihrem unregelmäßigen Fünfeck die Spitze des Berges voll in Anspruch. Gewaltig starke Mauern umgeben den abgeflachten Gipfel, verstärkt durch 7 Türme verschiedener Form (Abb. 193, Taf. 46).

Die Stadtmauer, heute halb Ruine, klettert den Abhang zur Stadt hinab, um dort einen gewaltigen Torbau zu erreichen, der den Haupteingang zur Burg bildet. Durch diesen vorgeschobenen Bau gelangt man in die ehemalige Vorburg, die den ganzen östlichen Abhang des Burgberges einnimmt. Durch das Tor am südöstlichen Eckturm erreicht man den inneren Bering. Nur 2 trotzige Bauwerke der früheren Burg erheben sich noch über die kleinen inneren Mauern, ein niedriger dicker Turm von quadratischer Grundrißbildung, der Bergfried, und ein wenig größeres, fast gleichhohes ehemaliges Wohngebäude, beide jetzt als Gefängnis benutzt. Beim Bergfried sind die Zinnen ganz abgestürzt, das Mauerwerk ist dicht über den üblichen langen Ziegelkonsolen abgedeckt. Beim Pallas sieht man noch die vollständigen Zinnen, allerdings vermauert und nur einzelne Zinnenöffnungen sind noch teilweise als Fenster erhalten. Die Ringmauer, wie die beiden ebenerwähnten Bauten ganz aus Ziegeln errichtet, zeigt nach der Angriffsseite eine ungeheure Stärke, nur an der Stadtseite ist die Breite des oberen Umganges stellenweise durch hinter die Mauer gestellte Pfeiler erreicht. Die Mauertürme sind teils rund, teils viereckig, teils auch schon bastionsartig gebaut. Alle Türme der Umfassungsmauer haben die gleiche Höhe wie diese selbst und zeigen unten die lange steile Böschung, die für die späteren italienischen Burgen kennzeichnend ist.

Cesena, das alte Caesa Senensis oder Caesenula, wird schon 1160 als Grafschaft erwähnt; Genaues über die Burg erfahren wir aus den Annalen Cesenas. Es heißt dort zum Jahre 1241, daß die Einwohner der Stadt Friedrich II. die neue Burg übergeben. Der Kaiser läßt alle in diesem Kastell vorhandenen Häuser und Türme niederreißen und den neuen Bau mit muris et turribus grossis versehen. Zum Schutze der Stadt wird eine

Abb. 206. Torturm der Stadtburg der Malatesta in Rimini.

Besatzung von 200 Deutschen in das Kastell gelegt. Anfang und Ende des 14. Jahrh. wird die Burg vollständig zerstört; 1380 baut Galeotte Malatesta sie wieder auf, wie wir sie heute vor uns sehen.

Nördlich von Cesena liegt die 1333 von Ostasio da Polenta eroberte Burg Cervia (Abb. 205).

Eine ganz späte Form, schon durch den wundervollen, durch Bogenstellungen des Rinascimento schön geschmückten Binnenhof als spätestes 14. Jahrh. gekennzeichnete Burg ist San Martino dei Manzoli in Soverzano bei Bologna. In unregelmäßigen Wassergräben liegen seine einstöckigen Bauten in ghibellinisch gezinnten, wehrganggekrönten Mantelmauern (Abb. 194, Taf. 45).

Torgebäude mit von langen Schwunggerten getragenen Zugbrücken führen durch befestigte Vorwerke und einen kleinen Ort. Alles ist in der wasserreichsten Ebene gelegen, ein fast spielzeugartig zierliches und doch außen wehrbaulich ernst durchgebildetes spätes Beispiel einer Wasserburg.

Die südlichen Abhänge der Apennin-Randgebirge der Poebene sind besonders reich an vielgestaltigen, z. T. sehr frühen Burgen. Der erinnerungsreichste Wehrbau ist die schon um 940 vom langobardischen Markgrafen Azzo, Sohn des Siegfried von Lucca, erbaute, unvergeßliche Burg Canossa[68]). Sie blieb 953 für Berengar II. trotz $3^1/_2$jähriger Belagerung uneinnehmbar und bietet nach Art und Lage auf riesigen weißen Felsen über dem Tal Enza ein gewaltiges, hoch aus dem gesamten Bergland der Umgebung emporragendes Bild.

Eine parteiische Darstellung des am 25. Januar 1077 auf dieser Burg ausgetragenen Ringens zwischen Kaiser und Kirche wob um ihre wunderbar thronenden Trümmer ein erschütterndes Bild, und noch heute klingt eine Schilderung oft falsch und verzerrt.

Gewaltig treten schon bald nach Reggio aus der Ferne die ungeheuren Felsgruppen hervor, die die höchste Spitze 576 m ü. d. M. dieses Vorberges der Apenninen bekrönen; sie erinnern an die Felsen der deutschen Rheinpfalz. Schon der lange Aufstieg ist schwer für Truppen mit Belagerungsmaschinen, selbst noch für uns heute. Ist die Höhe aber erreicht, so bietet sich von dem kahlen Berghang ein unbegrenzter Blick gegen Norden über die weite Poebene und wildromantisch steigen die Hänge südlich und jenseits der beiden steilen Abhänge, die den Weg begleiten, auf.

Nach langem Anstieg ist der Burgort Giano erreicht, ebener geht nun der Weg oben auf dem Kamme hin. Links weitet sich der Blick mehr und mehr, die Quattro Castella[69]) zeigen sich etwa in gleicher Höhe auf geringeren Vorbergen, alle 4 waren Eigen-

[68]) B. E.: Bg. It. VI, S. 15 nähere Angaben. — B. E.: Burgw. 1913, 14. Jg., Nr. 5, S. 83ff. Vgl. Campanini: Canossa; Schneider: Canossa. — [69]) Siehe unten S. 204.

tum eines Vetters der berühmten Mathilde, und Lehen, die von dieser Gräfin abhingen, und die in den Tagen Heinrichs IV. eine Rolle spielten.

Weiter führt der steinige Pfad an immer wilder werdenden Abstürzen hin, an denen bis zu Mussolinis Aufforstungen weder Baum noch Strauch haftete und deren mergeliger, loser Boden von tausend Regenstürzen zerrissen ist. Vorüber geht es an der erhaltenen Burg Rossena. Dann taucht der gewaltige Felsklotz der Burg Canossa auf, oben auf dem Kamm des Gebirges hingelagert, nur zugänglich über diesen Kamm (Taf. 47).

Einzelne mächtige Blöcke sind abgestürzt und liegen zu seinen Füßen haushoch, und doch Zwerge gegen den Hauptblock. Nun erreichen wir den schmalen, steilen Bergpfad zwischen einzelnen armseligen Steinhäusern hindurch, und endlich ist die letzte Höhe erklommen. Wir gelangen, auf der Westseite des Bergfelsens emporsteigend, zunächst zu den Resten eines Torzwingers, dessen westliche Außenmauer über dem steilen Berghange schwebt. Nach kurzer Zeit biegt dann der Weg, nachdem wir eine Zisterne passiert haben, nach rechts nach Osten um und führt steil ansteigend in das Innere der Burg. Vorüber an unübersichtlichen Mauerwerksresten, die vielleicht den ältesten Konstruktionen angehören und die jetzt die nordöstliche Ecke einnehmen, wenden wir uns rechts gegen Süden und stehen auf dem Wege, beinahe in der Mittelachse der heute vorhandenen Burg. Rechts von dem Wege steigt die Felskuppe noch sehr stark empor, während links die Ausgrabungen der letzten Jahre eine Reihe von schmalen, länglichen, kellerartigen Räumen freigelegt haben.

Die frühere Bedeutung dieser Keller wird von den Forschern verschiedenartig ausgelegt, zum Teil sind sie für Zisternen gehalten worden. Ich glaube, daß es einfache Vorratskeller waren. Gleich links vom Eintretenden ist sichtbar, wie die fortschreitende Zerstörung durch die Witterung zu Abstürzen von großen Felsblöcken geführt hat, die, bedeutende Teile des burglichen Baues mitreißend, in die Tiefe stürzten. Auch an der Süd- und Westseite werden wir die Spuren solcher Abstürze finden, die im Laufe der Zeit das Bild ganz wesentlich verändert haben.

Zu den kleinen erwähnten Kellerräumen führt heute ein schmaler Gang, von dem aus rechts und links eine Tür in die Kellerräume geht.

Donizone[70]) erwähnt gelegentlich seiner Beschreibung der ersten Belagerung des Kastells, es würde nicht bezwungen werden weder durch das Eisen noch durch den Hunger. Azzo, der damalige Verteidiger, rühme sich, daß seine Mauern hervorragten über alle anderen Kastelle, und daß sie voller Früchte, Fleisch und Weines seien.

Campanini[71]) führt auch den Vers des Ariost an, mit dem er im rasenden Roland die Burg der Atlante beschreibt, und der auf die Burg Canossa, deren Burgvogt Ariost ja gewesen ist, passen könnte:

„Che quanto averne da tutte le bande
Si può del mondo, è tutto in quella rôcca:
Suoni, canti, vestir, giuochi, vivande,
Quanto può cor pensar può chieder bocca."

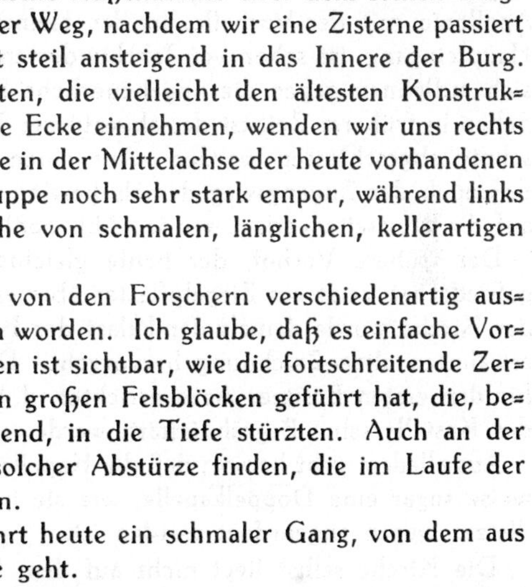

Abb. 207. Felsenburg Canossa.
Stärkste Burg Norditaliens.
Lageplan 1 : 2000. B. E. nach Campanini.

[70]) Campanini, S. 76ff. — [71]) Ebenda S. 126.

Vorüber an diesen Kellern führt der Weg geradeaus auf die Kirche San Apollonio zu, jene Kapelle, in deren Vorhalle einst Heinrich IV. die widerwillig gewährte formale Verzeihung des Papstes erhielt. Wohl verstanden, nur noch zum Schein als Pilger kommend, nachdem alle politischen Verhandlungen tagelang vorher geführt worden waren. Diesem Bauteil ist gegen Osten der monumentalste noch erhaltene Teil der Burg vorgelagert, ein starkes Stück der Mantelmauer, das dem ältesten Bau zuzurechnen sein dürfte. Tief zu seinen Füßen führt die alte Burgstraße empor, eingemeißelt in den steilen Kalkfelsen. Nur noch auf der Ostseite sind kümmerliche Reste davon vorhanden. Diese Straße wand sich, von Norden nach Süden emporführend, auf der kurzen Südseite des Felsens (wie es auch der Beschreibung des Donizone über die Anwesenheit Heinrichs IV. auf Canossa entspricht), rechtwinklig herum, um nach dem eigentlichen Tor der Burg zu gelangen. Der ganze südliche Teil der Straße und die Südwestecke der Kirche San Apollonio mit der Vorhalle, in der Heinrich IV. wartete, endlich auch der eigentliche Haupteingang, ist schon vor Jahrhunderten abgestürzt, gerade als wollte die Natur selbst sich auflehnen gegen die ungeheuerliche Rolle eines deutschen Kaisers an dieser Stelle. Schon in früherer Zeit ist der abgestürzte Teil der Kirche mit einer rohen Mauer einfach schräg abgeschlossen worden. Aus einem alten Grundriß des 16. Jahrh. geht hervor, daß auch der Zugangsweg damals bereits vor der Zeit, in der die Este Besitzer waren, auf die Westseite verlegt wurde (Abb. 208).

Der frühere Vorhof, der heute gleichfalls ringsum von geschlossenen Mauern eingefriedet ist, zeigt ein Ziegelpflaster über einem älteren Fußboden, und über den Ruinen der Kirche wurde damals der Palast des Kastellans erbaut, wie gleichfalls aus der obenerwähnten alten Zeichnung hervorgeht. Die Kirche war ursprünglich als Grabeskirche für den ersten Besitzer Azzo errichtet, d. h. er wollte, daß die Kirche bei der Vorhalle des Kastells seine Begräbnisstätte werde.

Aus alledem geht hervor, daß die Kapelle zu Canossa eine Grabkirche war, möglicherweise sogar eine Doppelkapelle, wie sie in den deutschen Burgen so häufig des engen Platzes wegen angeordnet worden ist.

Die Kirche selbst liegt nicht auf dem höchsten Punkte des Felsens, sondern an der Südostecke desselben, so verborgen, daß man heute nur über verschiedene Treppen zu dem Reste, in dem wir die Krypta der Kapelle zu erblicken haben, hinuntergelangt.

Auf dem höchstgelegenen Teile des Felsens haben sich regelmäßige Mauerreste erhalten, in denen wir vielleicht den romanischen Pallas erblicken dürfen. Der Grundriß gibt die regelmäßig rechteckigen Formen wieder (Abb. 207). Ein Teil dieser Mauerreste ist heute bei Errichtung eines kleinen Museums ohne weiteres benutzt worden.

Der nördlichste Teil dieses Felsens endlich, um den der neuere Eingang herumführt, ist heute vollständig kahl, es ist aber nicht unmöglich, daß auch hier früher Bauten gestanden haben, z. B. ein Bergfried, dessen Reste in dem Plan des 16. Jahrh. angedeutet, heute sichtbar sind. Die ganze Burg ist von italienischen Gelehrten sorgfältig untersucht worden, Ausgrabungen haben soweit wie nur irgendmöglich alle alten Mauerreste freigelegt. Nicht nur Mauerreste sind zutage gekommen, sondern auch Stücke der alten Architektur, die darauf hindeuten, daß, wenn nicht Kapitäle und Säulen verwendet worden sind, eine Beeinflussung der Formen durch antike Vorbilder stattgefunden hat. Es sind aber auch Arbeiten ausgegraben, wie der große steinerne Taufstein, dessen Formen auf nordischen Einfluß hindeuten und auf Erbauung durch langobardische Künstler. Es ist nicht nur anzunehmen, daß der Bauher ein Langobarde war, sondern daß auch die ausführenden Kräfte diesem Volksstamm angehörten. Zweifellos entsprechen die heute erhaltenen Mauern nur wenig dem ursprünglichen alten Bau. Nur gering sind selbst die Reste, die dem Museum zugetragen worden sind, im Verhältnis zu den ursprünglich

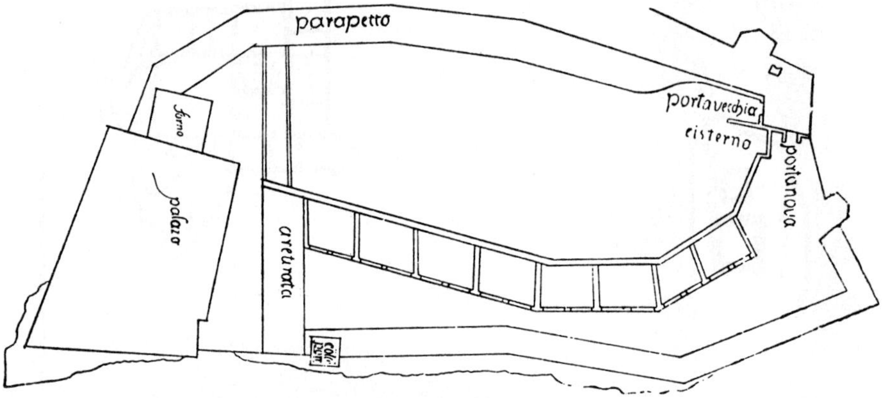

Abb. 208. Felsenburg Canossa.
Grundriß etwa 1:3000. Nach Plan des 16. Jahrh. aus dem Staatsarchiv Modena.

vorhanden gewesenen. Wir wissen aus der Geschichte, daß Azzo Alberto allein 12 Kanoniker anstellte, um den Kirchendienst der Burg zu besorgen und daß die berühmte Mathilde zwischen 1072—1082 an die Stelle der Kanoniker Mönche von St. Benedetta einsetzte.

Der reiche Schatz der Burg wird erwähnt bei seiner Übergabe an den Papst zum Besten der Bestreitung der Kriegskosten in seinem Kampfe gegen den Kaiser. Dabei wird auch ein Abt (Gerhard) von Canossa genannt. Erst in der Mitte des 14. Jahrh. hat der letzte der Äbte die Burg verlassen, um von da ab in der Nähe der Kirche des heiligen Leonhardt in Reggio zu leben.

Im Jahre 1392 wurde die Kirche von einem Burgvogt der Visconti verwüstet, der den Altar zerbrach und die Reliquien nach Pavia verkaufte. Infolge einer Beschwerde der Stadt Reggio wurde der Altar wiederhergestellt, die Reliquien freilich wurden nicht wieder zurückgebracht. Die Abtei bestand weiter und wurde mit dem Kloster S. Pietro in Reggio vereinigt. Vom 21. April 1543 existiert noch ein Besichtigungsprotokoll[72]), das folgenden Wortlaut hat: „Der Herr Kommissar ging in die vorgenannte Burg Canossa, wo eine Kirche oder Kapelle ist mit dem Namen San Apollonio, fast ganz zerstört. Von dieser ist Abt und Rektor der ehrwürdige Don Raffaello Corti.“ Campanini fügt hinzu, daß in diesem Jahre 1543 der Erdsturz schon geschehen war und die Kirche ohne Zweifel nur noch aus der Krypta allein bestanden hätte, ebenso im Jahre 1575, als der apostolische Delegat Antimo Marchesani Bischof von Città di Castello, die Burg besuchte. Er fand den Altar zerstört und das Gewölbe mißbraucht als Weinkeller. Der Rektor, der immer noch Don Raffaello Corti war, wurde bestraft und die Fässer wieder herausgeschafft. In der Mitte des 18. Jahrh. findet der Kastellan die Kirche wiederum zu profanem Gebrauch verwendet, und bald nachher ereignete es sich, daß die Gewölbe während eines Unwetters einstürzten.

Ein Rundgang um den gewaltigen Burgfelsen zeigt, wie der mergeldurchsetzte Kalkstein allmählich verwittert, wie hausgroße Blöcke abgestürzt sind, die auch große Stücke der Außenmauer mit in die Tiefe rissen und wie ein Teil des Bestehenden von demselben Schicksal bedroht ist.

Canossa war eine der stärksten, wenn nicht die festeste Burg des Landes. Unvergeßlich ist der Eindruck der majestätischen Burg.

---

72) Campanini S. 121f.

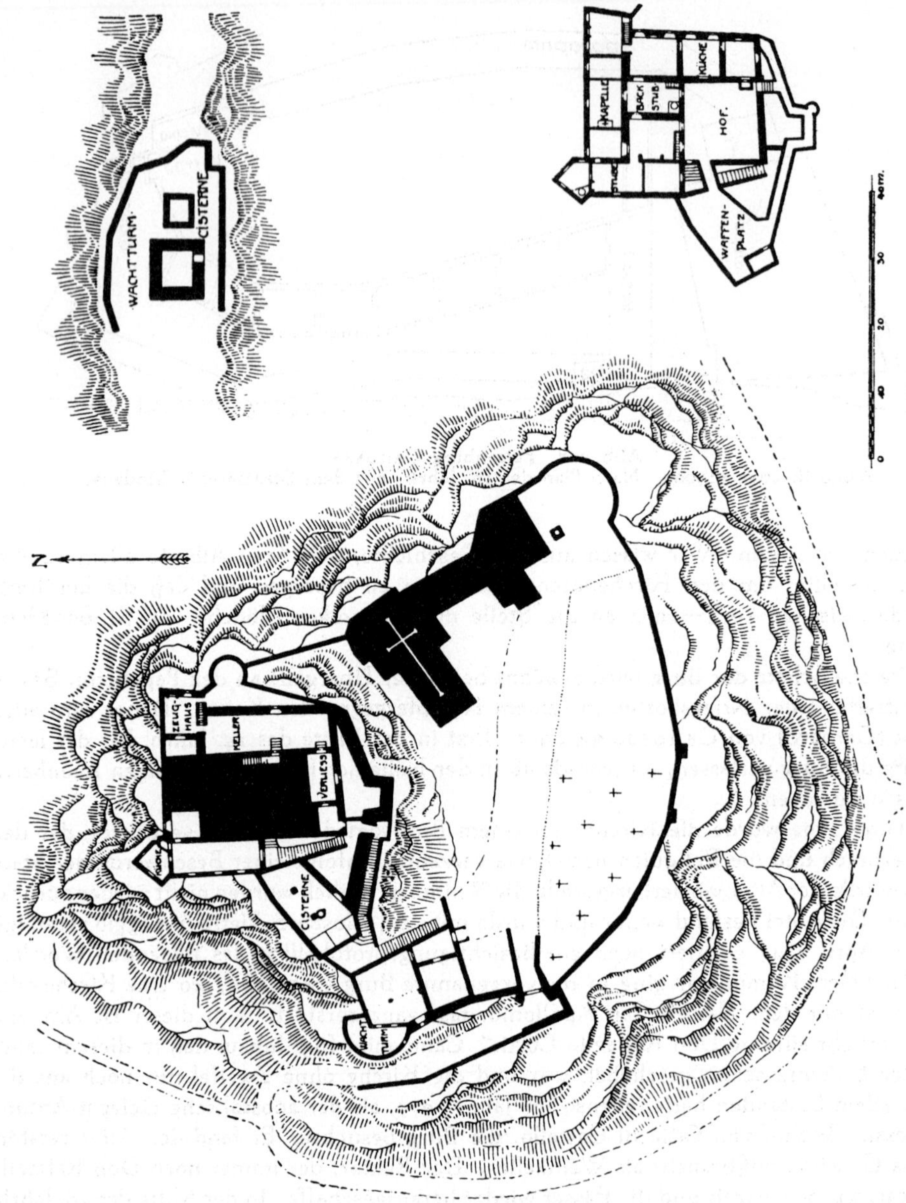

Abb. 209. Höhenburg Rossena bei Canossa. Eng geschlossene innere Burganlage. Östlich vorgeschoben ein eigener Wartturm. Grundriß 1:1000. B. E.

Um Canossa liegen — wie oben bereits erwähnt — eine Reihe von Burgen. Ihre Bedeutung ist noch erkennbar in Rossena, Quattro Castella mit den 4 Burgen: Bianella, Montevetro, Monteluzzo und Montecano[73]). In dem Namen des nahen Ortes „Quattro Castella" klingt eine Erinnerung an die einstige gemeinsame Bedeutung der Burgen noch an. Sie liegen auf einzelnen Höhen der Vorberge des Apennin über Quattro Castella. Früher führte der einzige rauhe Pfad von San Polo aus empor, zunächst auf schmalem Grat, vorüber unter einem starken, einzel vorgeschobenen, von einer Zwin=

[73]) Vgl. B. E.: Bg. It. I, Taf. 5.

Burg Montechiarugolo, Nord-Italien

germauer umgebenen Wart= oder Wohnturm, dann an der ersten Burg Montecano vorbei. Der westlich ausweichende Gratweg bietet dann einen Blick auf die fernerliegende wohlerhaltene Burg Bianello (Abb. 236), in der Kaiser Heinrich IV. während der langen Vorverhandlungen mit dem Papste Gregor VII. im Jahre 1077 wohnte. Weiter tritt näher der Berggipfel heran, auf dem sich die Burg Rossena wohlerhalten erhebt (Abb. 209).

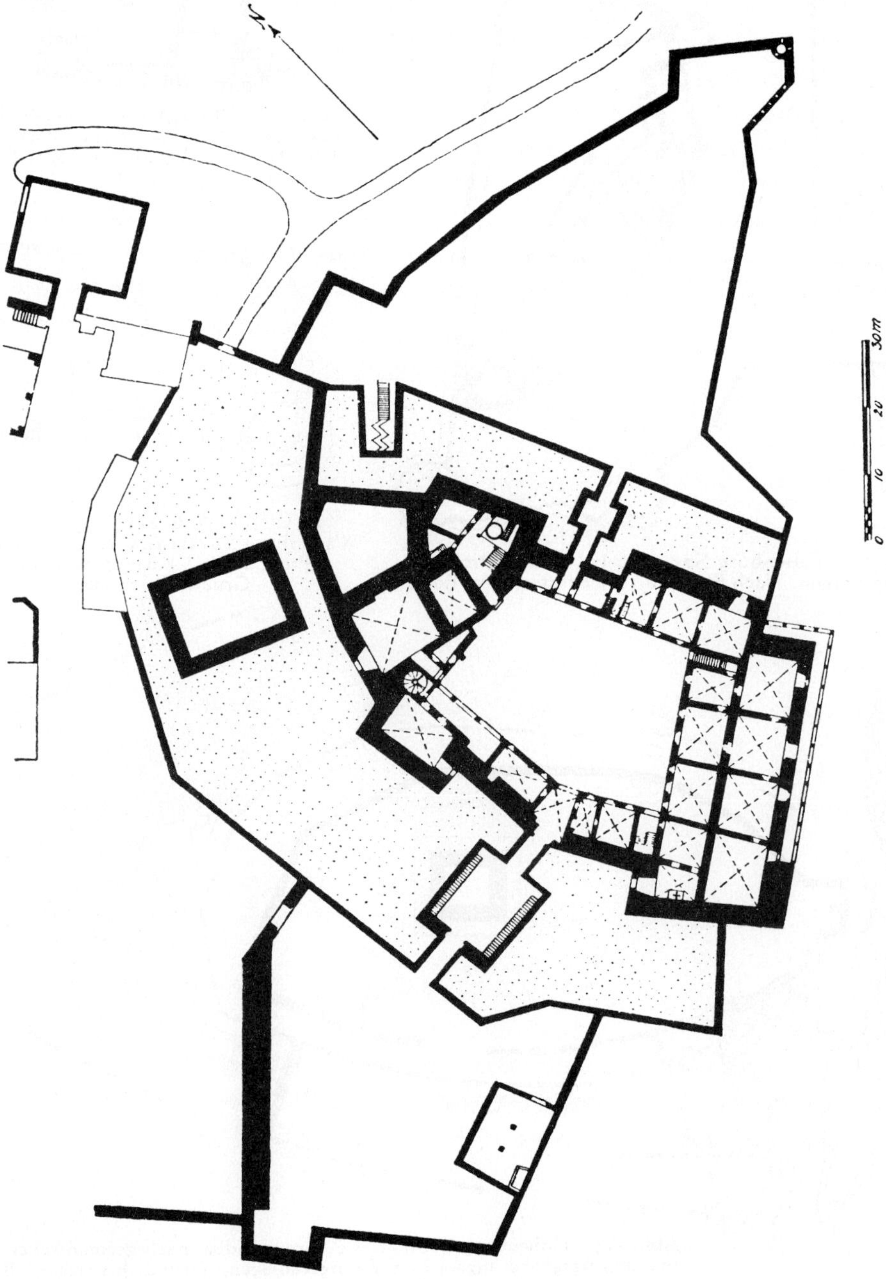

Abb. 210. Burg Montechiarugolo am Enza. Ziegelbau.
Halbmondförmige durch tiefe Gräben herausgeschnittene Burgstelle. Grundriß 1:1000. B. E.

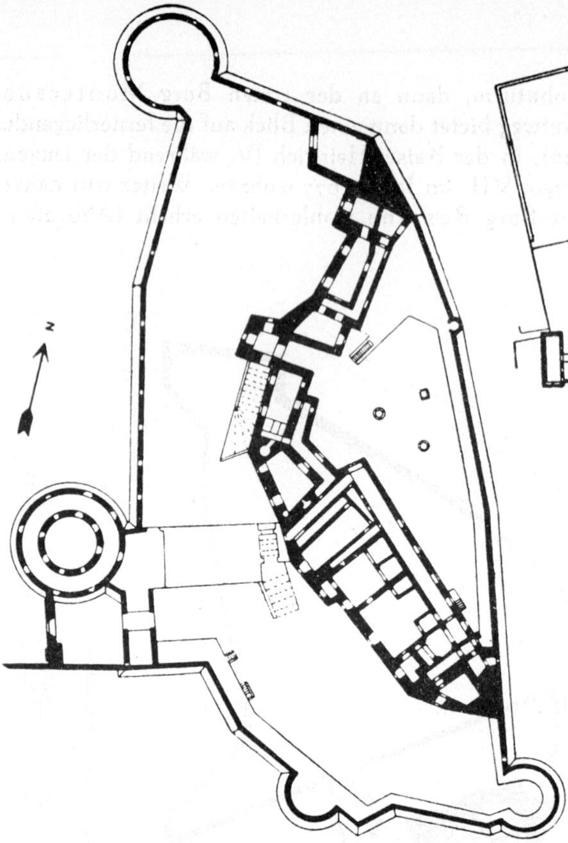

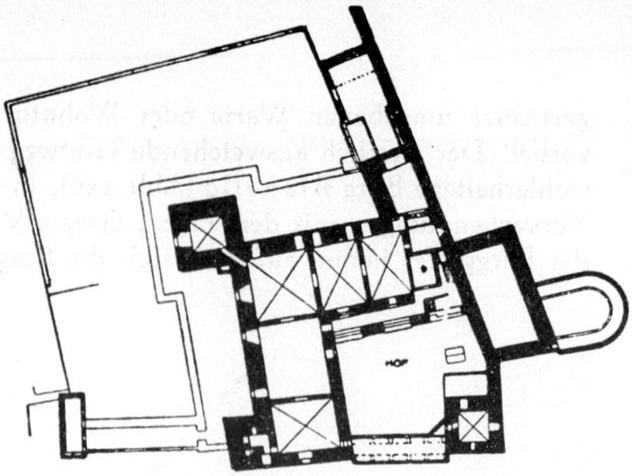

Abb. 212. Stadtburg Vignola am Panaro. Zweckmäßige schöne Anlage. Bastions-artiger Torbau. Grundriß 1:1000. B. E.

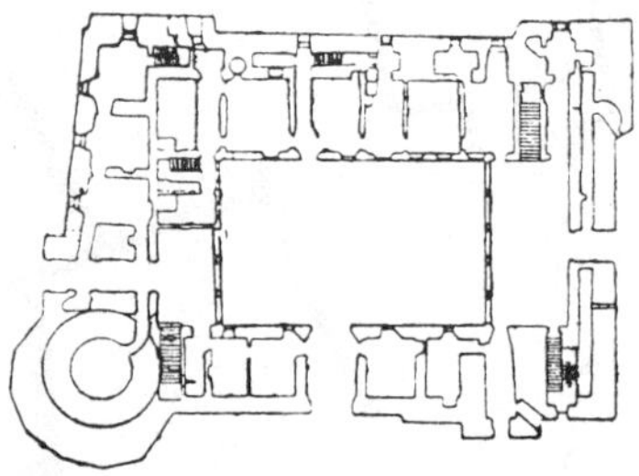

Abb. 213. Wasserburg Sartirana di Lomellina. Prov. Pavia. Kleines Kastell. Grundriß 1:1000.

Abb. 211. Felsenburg San Leo (= Montefeltro). Grundriß 1:1000. Nach Plan von 1816 Staatsarchiv, Rom.

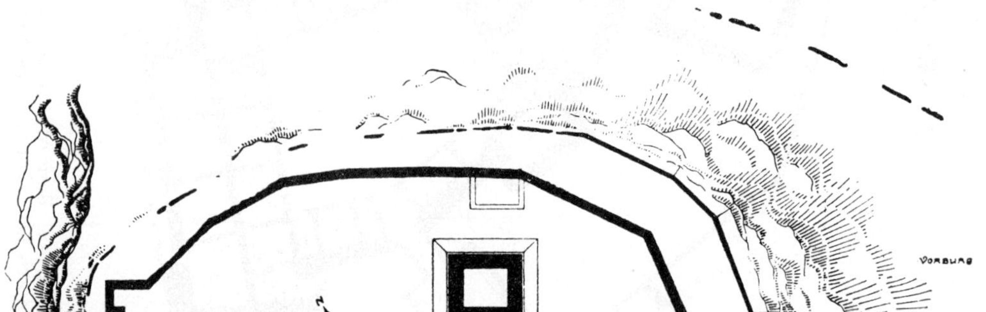

Abb. 214. Höhenburg Monselice, Prov. Padua, nach germanischer Art um den Bergfried angeordnet. Zwingeranlagen. Grundriß 1:1000. B. E.

Burg Celano, Burghof, Abruzzen, Mittelitalien

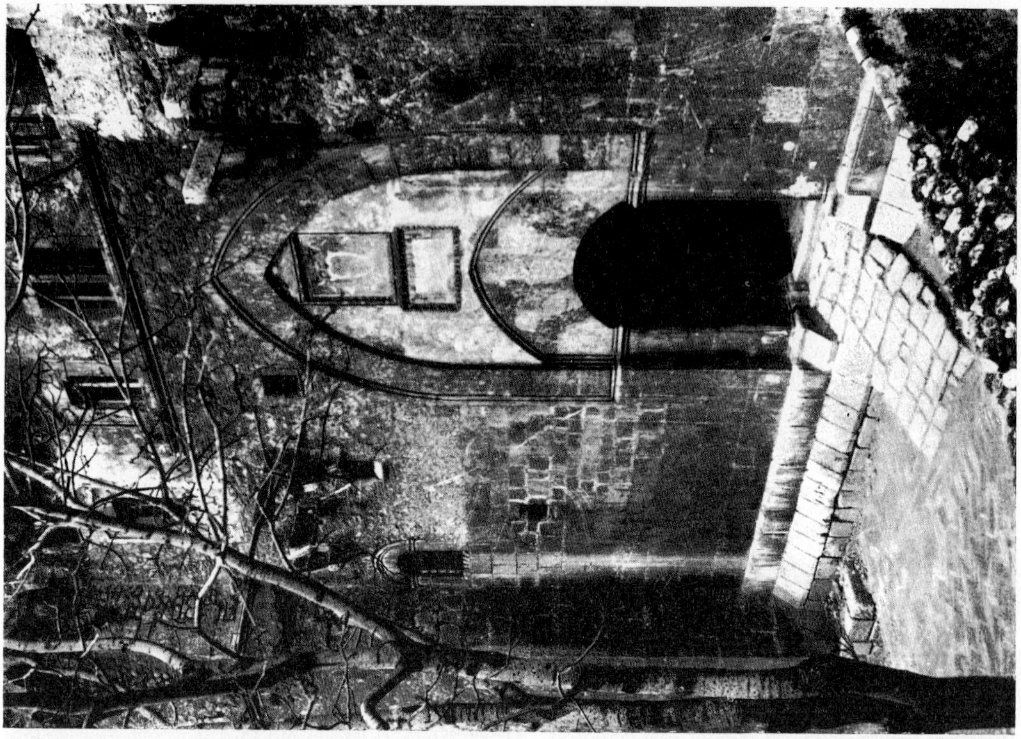

Rückseite   Burg C e l a n o, Abruzzen, Mittelitalien   Hauptinnentor

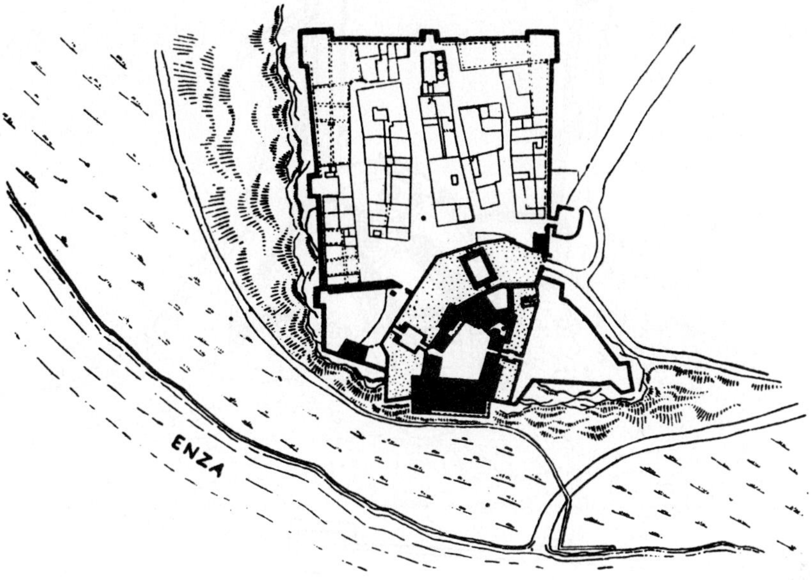

Abb. 215. Burg Montechiarugolo am Enza. Lageplan 1:4000. B. E.

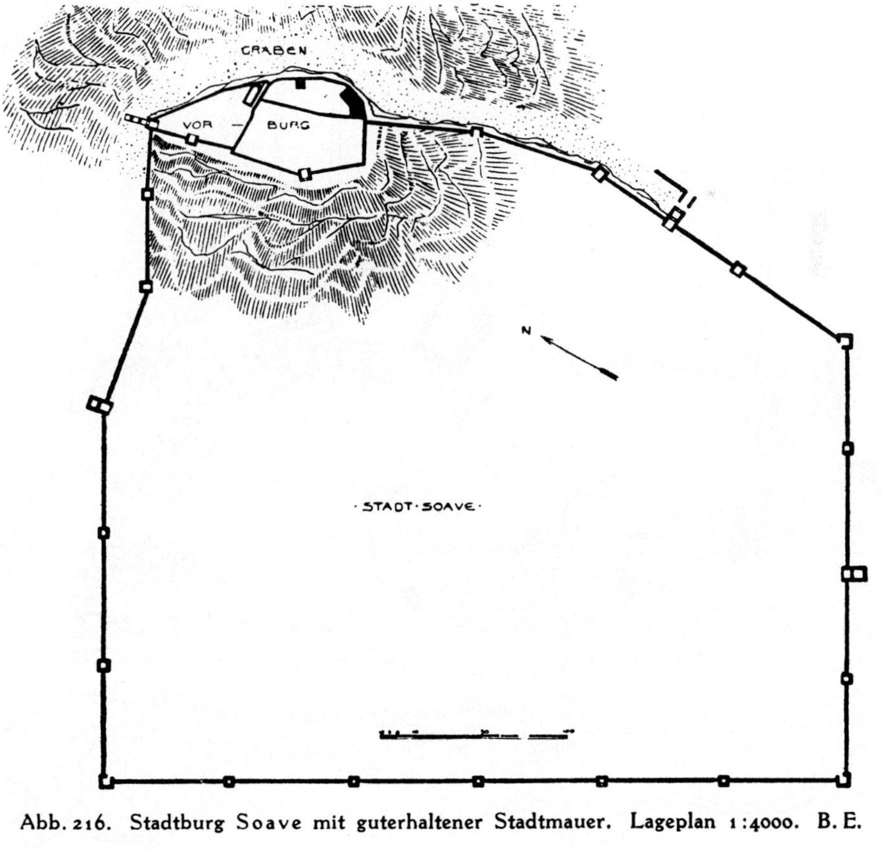

Abb. 216. Stadtburg Soave mit guterhaltener Stadtmauer. Lageplan 1:4000. B. E.

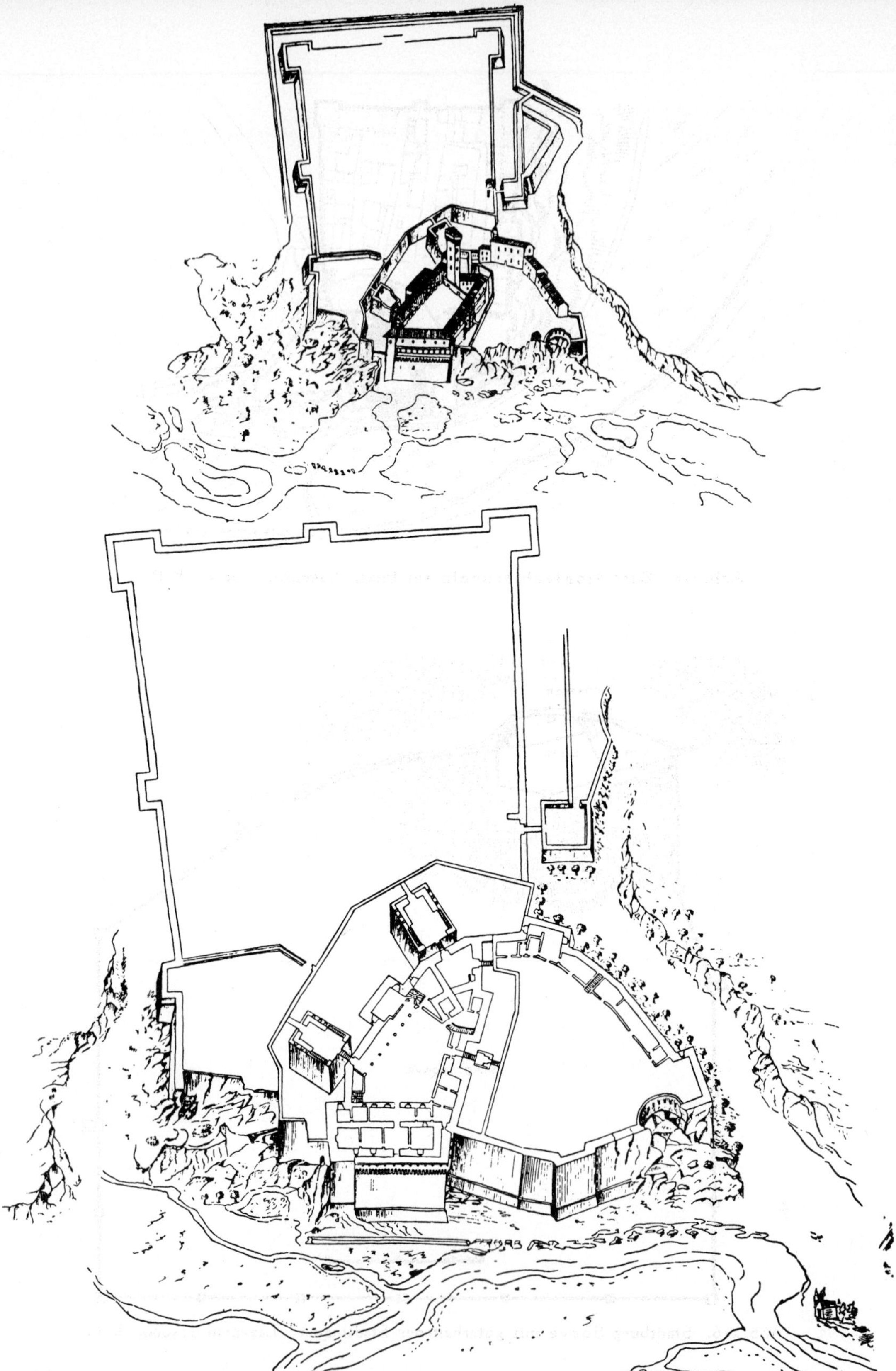

Abb. 217. Burg Montechiarugolo am Enza. Nach einer Zeichnung von Smeraldo Smeraldi 1595.

So bilden die erwähnten Burgen eine kaum zufällig entstandene Gruppe, zu der auch noch die nahe Burg Carpineti 556 m hoch ü. d. M. gelegen, gehört, die schon Zuflucht desselben trotzigen geistlichen Herrn war, als er noch als Mönch Hildebrand kämpfte und stritt.

Diese Burgen verteidigen planmäßig längs des Enza und anderer Wässer die Pässe, die von Parma oder Reggio nach Sarzena und Spezia zur Ligurischen Küste führten.

Fontanellato, eine der zahlreichen Wasserburgen der Poebene im alten Herrschaftsgebiet der Pallavicini, 19 km nordwestlich von Parma an dem Flüßchen Fossacchia, einem Zufluß des Tarno, der sich in den Po ergießt, ist noch heute von einem Wassergraben umgeben, sie ist erhalten und bewohnt. Ihre Lage mitten in der Stadt ist eigenartig (Abb. 219).

Für dauernde Benutzung sind einige wohnliche Anlagen umgebaut. Wohl schon im 16. Jahrh. ist gegen Norden eine edle große Halle entstanden. Umgebaut ist auch eine Torfahrt zur Kapelle. Rechts vom jetzigen Haupttortum sind die Zinnen der Mantelmauer und des Eckturmes durch Wohnbaumauern erhöht. Fast unberührt ist der Hof mit seinen Säulenhallen, der wenig von seinem altertümlichen Eindruck verlor. Der äußere Gesamteindruck wird durch Türme und Ghibellinenzinnen echt burgartig gestaltet, nach 1407 ist ein Ausbau anzunehmen. Die Zimmer, reich mit alten Möbeln, Kaminen, Gobelins u. dgl. geschmückt, weisen viele und reiche Malereien und schöne Holz- und Stuckdecken auf. Am berühmtesten sind Malereien von Mazzola, genannt „Pamigianino". Im Grundriß erkennt man die stärkeren Mauern älterer Bauteile und die späten Zimmerteilungen, und im Hof sieht man noch die frühen gotischen Spitzbogenfenster des Pallas.

Abb. 218.
Burg Montechiarugolo am Enza. Weitausladende Wehrgänge auf Ziegelkonsolen.

Abb. 219. Wasserburg Fontanellato, Prov. Parma. Guterhaltene Stadtburg. Viereckiger Bergfried mit Toröffnung, daneben besonderer Torturm.

Die Engelsburg in Rom (Rückseite), Mittelitalien

Burg Rocca Pia in Tivoli, Mittelitalien

Burg Fondi bei Gaëta, Süditalien

Fontanellato war seit 1124 Besitz der Pallavicini, später der Terzi, schließlich wurde es 1407 vom Herzog von Mailand den Gebrüdern Giberto und Giovanni Martino Sanvitale als Grafschaft verliehen, deren Geschlecht noch heute in 500jähriger ununterbrochener Folge im Besitz der Burg ist[74]).

Durch ihre Lage ist die Burg San Leo in der Grafschaft Montefeltro, Prov. Pesaro, eine der schönstgelegenen und romantischsten Burgen Italiens (Abb. 234). Sie liegt auf mächtigem Felskegel, der nach 3 Seiten steil abfällt, nur erreichbar von der Seite her, wo der Berg einen allmählich abfallenden Rücken bildet. Wo der Bauplatz von Natur außerordentlich stark und leicht verteidigungsfähig ist, sind die Befestigungsanlagen einfachster Art. Nach dem flacheren Rücken ist eine späte stark in flachem Winkel nach außen gebrochene Mauer errichtet, an beiden Enden durch späte runde Geschütztürme verstärkt, die die Mauer nur um ein Geringes überragen. Sie weisen starke, hoch hinaufreichende Dossierung auf. Vorspringende Maschikulikonsolen tragen einen Wehrgang mit großen quadratischen Schießluken. Die Batterietürme sind mit flach kegelförmigen Ziegdächern (?) gedeckt.

Eine frühe Benutzung des unzugänglichen Felsens ist nicht zu bezweifeln. San Leo wird in den Kämpfen der Ostgoten mit den Oströmern unter Vitiges, Belisar und Totila mehrfach erwähnt. Kaiser Otto I. belagert hier Berengar II. und erobert die Feste 964.

Grundriß und Ansicht[75]) (Abb. 211) zeigen, daß äußere Wehrbauten später gegen die flachere Angriffsseite vorgeschoben sind und die alte innere Schildmauer durch viele spätere Öffnungen durchbrochen wurde, um den für Wohn- und Gefängniszwecke bestimmten Räumen Luft und Licht zuzuführen. Der Hauptzugang führt südlich neben dem späteren mittleren Batterieturm über einen Graben und durch das breite Bollwerk, dann an der Burgkirche entlang zu dem hochgelegenen inneren Tor. Der mondsichelartig gebogene Kernbau ist gegen den Hof und den ungeheuren Felsabsturz hin völlig offen.

Sehr wichtig und kennzeichnend für die Poebene ist die großartige, wohlerhaltene Ruine der zum Veroneser Befestigungssystem des Mittelalters gehörigen quadratischen

Abb. 220. Höhenburg Monselice.

[74]) B. E.: Bg. It. VI, S. 26. — [75]) B. E.: Bg. It. Bd. I, Abb. 18, 19, 20.

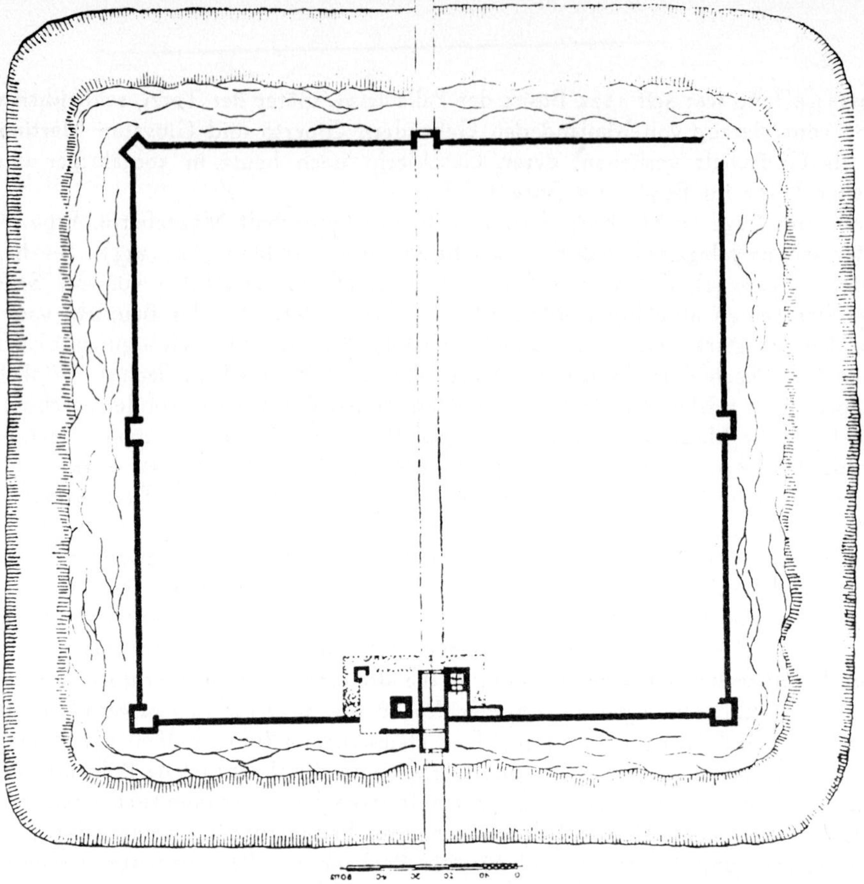

Abb. 221. Stadtburg Villafranca, Poebene. Zum Veroneser Befestigungssystem gehörend. Grundriß 1:2000. B. E.

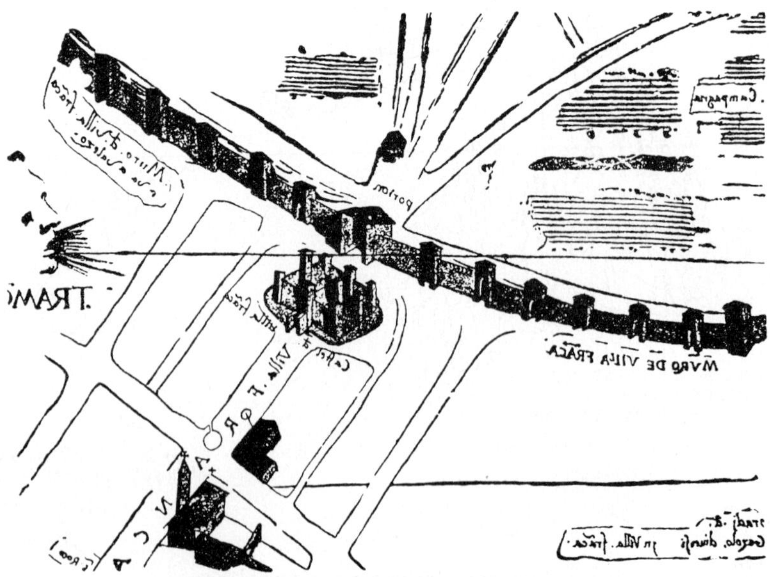

Abb. 222. Villafranca, gewaltige Talsperre der Skaliger. Nach altem Plan.

Abb. 223. Stadtburg Este, Prov. Padua. Zahlreiche Türme. Von Ezzelin belagert und erobert. Grundriß 1:2000. B. E.

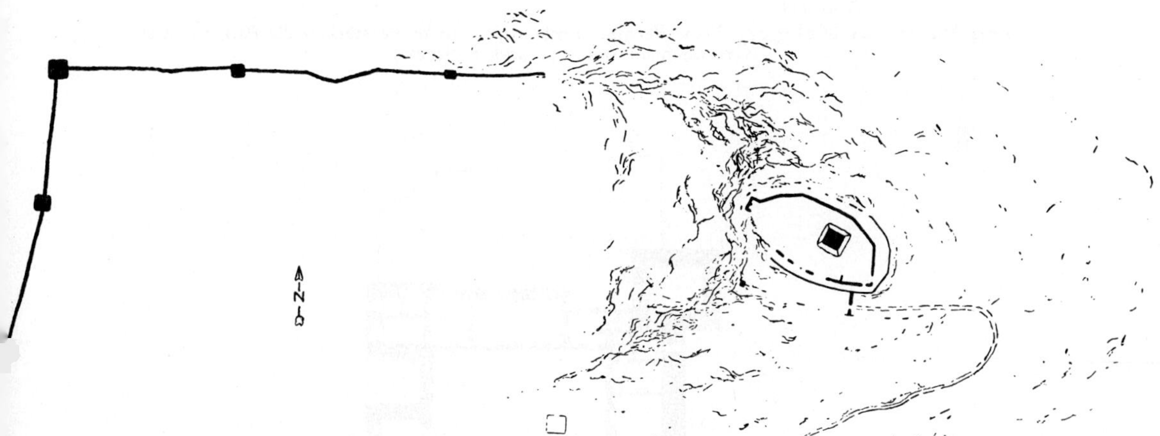

Abb. 224. Höhenburg Monselice. Deutsche Reichs= und Kaiserburg. Lageplan 1:4000. B. E.

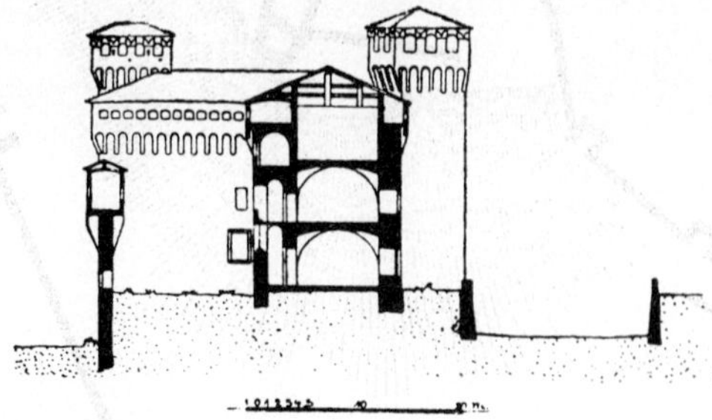

Abb. 225. Stadtburg Vignola am Panaro. Schnitt 1:1000. B. E.

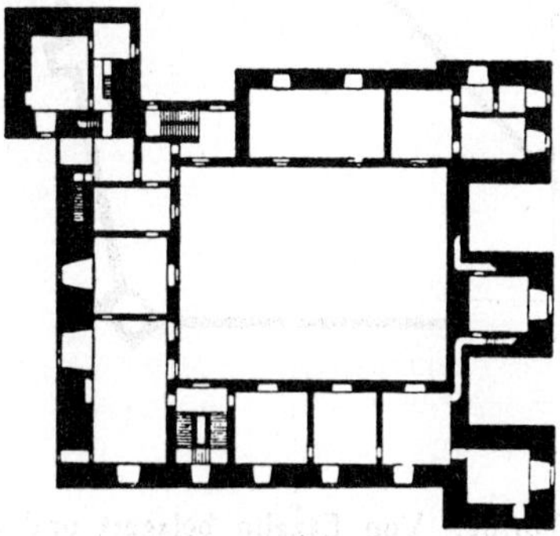

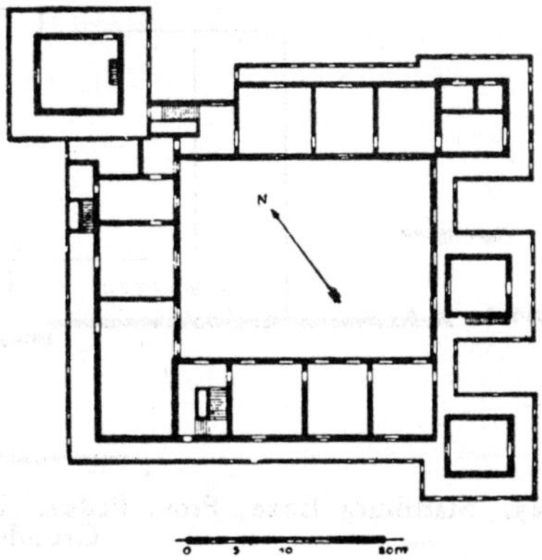

Abb. 226. Abb. 227.
Burg Varano de Melegari, Prov. Parma. 3 mächtige Türme verstärken die Angriffsseite.
Grundriß 1:1000. 1. und 2. Stock.

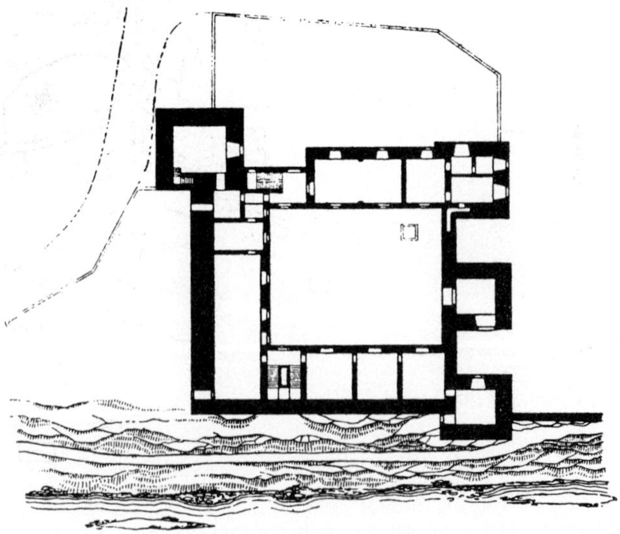

Abb. 228. Burg Varano de Melegari, Prov. Parma. Grundriß 1:1000. Erdgeschoß.

Abb. 229. Stadtburg Soave, Prov. Verona. Glatt aus der Mauer hochsteigende Zinnen. Schalentürme in Burg= und Stadtbefestigung.

Abb. 230. Burg Varano de Melegari, Prov. Parma. Gedeckte Zinnen und gedeckter Konsolenwehrgang.

Abb. 231. Burg Montechiarugolo.
Profil einer Konsole. B. E. 1908.

Stadtburg Villafranca, die wie die Burg Valeggio und die als Minciosperre dienende Brücke dortselbst an der erwähnten langen Grenzmauer liegt, die Veronas Gebietszuwege gegen Mantua schützte[76]).

Villafranca, flach gelegen, in der Mauer der gleichnamigen Stadt errichtet, zeigt einen sehr weiten, ebenfalls quadratischen Mauerring, beherrscht durch den hohen viereckigen Bergfried, der mit mehreren geringeren Türmen und Vortoren fast abermals eine Burg für sich bildet, die das Tor zur Stadt sperrt (Abb. 221, 222, 238).

Auch in Finale nell Emilia am Panaro und Borgoforte am Po bei Mantua erheben sich noch bedeutende Burgreste des 15. Jahrh.

Es konnte nicht ausbleiben, daß die wehrbauliche Bedeutung der Euganeischen Berge schon früh erkannt und auch im Mittelalter ausgenutzt wurde. Die beiden Burgen Este und Monselice zeugen besonders davon. Ihre Bedeutung kannte schon der große Hohenstaufe Friedrich II.

Der Ort Monselice, etwa 22 km südwestlich Padua, liegt nur 12 m ü. d. M., fast 150 m höher aber ragt der Trachytkegel empor, der über senkrechten Steinbruchschroffen die Reste von Friedrichs hier nach der Eroberung älterer Werke sofort erbauten Burg trägt[77]). Im Schneckenzug führt der uralte Burgweg empor, vorüber an einem malerischen alten Palazzo, der noch romanische Innenräume mit frühen Kaminen enthält, höher ragt hinter Zwingervorwerken ein eiförmiger Mantelmauerkranz empor, in dem frei ein früher Bergfriedstumpf steht. Die malerische Form der Burg ist unitalienisch (Abb. 214, 220, 224).

Dem alten Geschlecht der Este verlieh seit 961 der am Monte Calaone nahe Monselice liegende feste Ort Este den Namen (Abb. 232, 237). In den Kriegen Friedrich II. 1238 erwähnt[78]), dicht über der nur 15 m ü. d. M. liegenden Stadt ragen am Fuße des Monte Calaone die völlig italienisch gestalteten schweren Mauern der seit 1339 auch Castello Carrarese nach dem Wiedererbauer Umbertino da Carrara genannten Burg, mit ihren zahlreichen Schalentürmen und Wehrgängen mit Ghibellinenzinnen gegen Osten schildmauerartig ausgebogen. Ihren ersten Aufbau schreibt man den Jahren 1056 und dem Markgrafen Azzo II. zu, die heutigen Mauern und

Questo e el castello de este. elquale anticamente si chiamaua Ateste: ⁊ era cittade grāda assai e populosa.

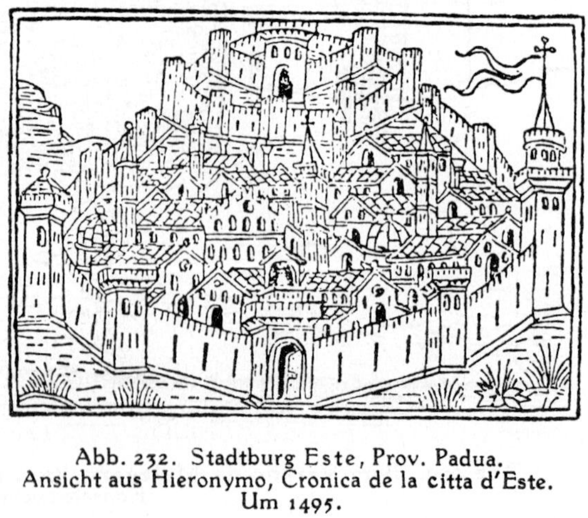

Abb. 232. Stadtburg Este, Prov. Padua.
Ansicht aus Hieronymo, Cronica de la citta d'Este.
Um 1495.

[76]) Cantù IV, S. 663. Im übrigen siehe oben S. 185. — [77]) Cantù IV, S. 284; vgl. B. E.: Bg. It. VI, S. 24. — [78]) Köhler I, S. 241.

1905
Bodo
Ebhardt

Burg Dolce Aqua, Nord-Italien

Palazzo Rufolo in Ravello, Burgtor, Süditalien

Burg Verrès, Val d'Aosta, Norditalien

Burg T r a n i in Apulien, Süditalien

Burg B r i n d i s i , Italien

Abb. 233. Burg Montebello bei Monselice. B. E.

Türme dem Umbertino da Carrara bis auf den wüsten Turm am borgo S. Girolamo zu, der viel älter ist[79]). Daneben lag der stark befestigte Palast der Markgrafen von Este.

Frei in der Mitte des abfallenden Burgbauplatzes ragt der Kernbau mit seinem kennzeichnenden Mauerwerk empor. Ein Ausgrabungsgrundriß von Ort und Stelle weist Reste seit vorrömischer Zeit nach[80]). Der heute nach der Stadt zu offene Burgbezirk ist völlig als Ausgrabungsstätte anzusehen, unten bildet ein alter Palast ein Museum. An den zahlreichen Türmen sind auch verschiedene mittelalterliche Bauzeiten festzustellen, so zeigt ein Turm z. B. den unteren Teil mit glatt hochgehenden Zinnen, die bei seiner Erhöhung unverändert bestehen und sichtbar blieben, während einige Meter höher neuere Zinnen auf langen Konsolen ausgekragt wurden (Abb. 223).

Das ältere Mauerwerk besteht aus Bruchsteinen mit Ziegelausgleichbändern über jeder Bruchsteinschicht. Die Ziegel messen 29 : 5 : 13 cm, sind also sehr flach. Eines der rechteckig oben scharf abgedachten Ziegelhäupter ganz aus Ziegeln ist 1,43 m breit.

Die wehrbauliche Bedeutung der Burg geht aus einer Nachricht hervor, die meldet, daß Ezzelin der große Parteigänger Friedrich II., 1249 die Stadt Este überfällt und einnimmt, die Burg aber noch 8 Wochen belagern muß, wozu er 1000 Fußknechte aus Padua kommen läßt und ebenso viele aus dem Gebiete der Stadt und alle aus Vicenza. Die Burg wurde mit 13 großen Wurfmaschinen beschossen[81]).

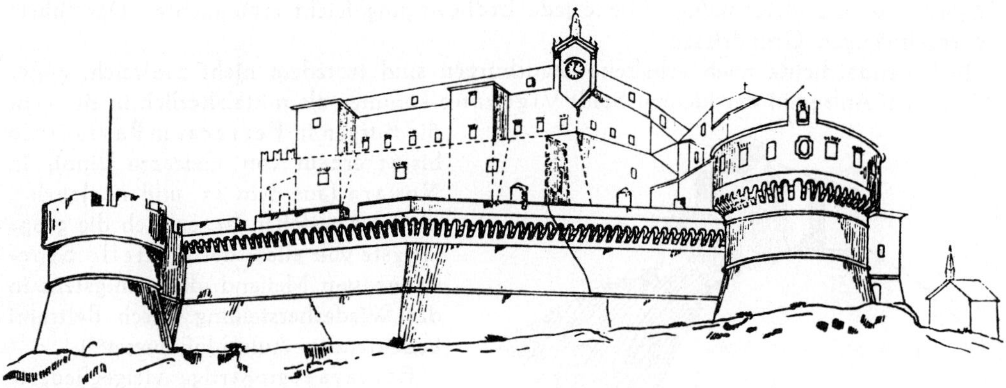

Abb. 234. Felsenburg San Leo (Montefeltro). Rundbogen auf wenig ausladenden Konsolen an der massigen Wehrmauer. B. E. nach einer Ansicht von 1859.

---

[79]) Cantù IV, S. 269. — [80]) Grundriß nach Aufnahme von Prof. Prosdocimi. — [81]) Köhler I, S. 417.

Abb. 235. Hügelburg Illasi, nordwestlich von Soave. Von Ezzelin erobert. Ansicht B. E.

Ein einheitliches Bild einer Kleinstadthöhenburg in der Veroneser Landschaft, also am Südabhang der Alpen, bietet die malerisch wohlerhaltene Burg Soave (Abb. 229), die auch ganz besonders den Einfluß der geologischen Beschaffenheit der Baustoffe, hier der Geröllrundsteine der reißenden Alpenwässer zeigt. Man schichtete die stahlharten Rundsteine in dickem Mörtelbrett auf und glich dann die Mauer immer in Reichhöhe sicherheitshalber mit Ziegelschichten waagerecht ab[82]). Alle Ecken sind mit Ziegeln gesichert.

Der Burggrundriß (Abb. 216) gibt, besonders klar entwickelt und innig mit den Stadtmauern verbunden, ein vortreffliches Beispiel einer mittelalterlichen festen Stadt der Skaligerzeit des 13. Jahrh. Der Wehrgang auf den langen Mauern wird von vorgekragten Ziegelschichten getragen, auf die Steinplatten von erforderlicher Breite gelegt sind. Die Zinnen sind z. T. viereckig, z. T. ghibellinisch schwalbenschwanzartig ausgebildet. Zahlreiche Schalentürme verstärken die Burg- und Stadtmauern[83]).

Nordwestlich erhebt sich die Hügelburg Illassi (Abb. 235) mit schlankem viereckigen Bergfried. 1243 wurde die Burg von Ezzelin erobert.

Auch alle größeren Städte Norditaliens wurden zur Verteidigung oder fast noch mehr zu ihrer Beherrschung von den jeweiligen Machthabern und Gewaltherren durch Stadtburgen geschmückt und bekrönt. Eine einheitliche Form entwickelte sich dabei in der Poebene, wo die gleichmäßige Ebene jede Erdbewegung leicht ermöglichte. Das führte zu regelmäßigen Grundrissen.

Bedeutende, heute noch erhaltene Stadtburgen sind trotzdem nicht zahlreich, außer der großen Anlage in der kleinen Stadt Vigevano kommen als mittelalterlich in Betracht die Burgen in Ferrara, in Pavia (1360 bis 65 erbaut von Galeazzo Vino), in Novara (aus dem 13. und 14. Jahrh.), die jetzt verfallen ist, endlich die großartigste von allen, das Castello Sforzesco von Mailand, das wenigstens in der Wiederherstellung durch Beltrami bedeutenden Aufschluß bietet[84]).

Abb. 236. Hügelburg Bianello (zur Burgengruppe Quattro Castella gehörend) bei Canossa. B. E.

Ferraras großartige vielgegliederte Burg ist ab 1385 nach Plänen des Bartolino Ploti erbaut, 1554 und 1570

[82]) Wie in Verona an den Stadtmauern und Türmen. — [83]) B. E.: Bg. It. Bd. VI, S. 58. — [84]) B. E.: Bg. It. VI, S. 32.

Abb. 237. Stadtburg Este, Prov. Padua.

umgebaut. Als Stadtburg ist sie noch am burglichsten erhalten. Der Kern mit viereckigem Hof und 4 Türmen an den Ecken der 4 Wohnflügel ist ebenso wie die Tortürme mit den alten beweglichen Zugbrücken noch durch weite Wassergräben umgeben. In der Kernburg ist der Hauptturm unter den Wohngeschossen in Kellerhöhe noch durch einen Graben verteidigt. Großartig sind auch die äußeren Tortürme zwischen den 2 Zugbrücken freistehend im Wasser angeordnet, während weitere Außenwerke verschwunden sind, die der das Pulvergeschütz liebende Herzog Alfonso I. im 1. Viertel des 16. Jahrh. sicher entsprechend ausstatten ließ. Die Burg ist seit Anlage der Stadterweiterung nicht mehr frei mit dem Vorgelände verbunden, sondern liegt mitten in der Stadt. Trotzdem ist sie ganz besonders beispielhaft als eine der bedeutendsten Stadt-Wasserburgen anzusehen[85]) (Abb. Wehrbau I, S. 50).

Die große Paßstraße, die über den Po den Lago Maggiore erreicht, setzt sich von dessen Südspitze nach Novara fort, das noch einmal eine starke Sperre gegen den Norden bildet. Novaras Stadtburg zeigt freilich heute keine hochragenden Türme mehr. Die einst großartige Stadtburg, auf deren Zugbrücke Ludovico il Moro ehrgeizig verbrecherisches Fürstenleben ein Ende fand, da ihn seine eidbrüchigen Schweizer Landsknechte den belagernden Franzosen auslieferten, ist heute zerfetzt, verbaut und verändert als ein unwürdig erhaltenes Denkmal großer Kämpfe[86]).

Nach einer Erwähnung einer „Turricella" genannten Burg im Jahre 1272[87]) hören wir, daß Matteo Visconti 1290 an ihrer Stelle eine starke Burg erbaut, deren Reste der Grundriß bei Nigra noch darstellt[88]).

Viel Besitzwechsel brachte viele Um- und Neubauten mit sich. Die Burg fiel der Stadt Novara zu, dann abermals den Visconti, den Monferrato, den Sforza und verlor mit dem Zusammenbruch Ludwig des Mohren seine Hauptbedeutung. Auch der Mohr baute

85) Ebenda VI, S. 25. — 86) Nigra: Torri, castelli, e case forti del Piemonte I, S. 61ff. und Abb. 52—56. — 87) Ebenda I, S. 61. — 88) Ebenda I, Abb. 52.

Abb. 238. Stadtburg Villafranca bei Verona.
Bei Mauern und älteren Türmen fehlt Dossierung.

noch 1495 in großem Stil an der Burg und beauftragte damit u. a. Ambrogio Ferrario, der auch an der Burg Vigevano baute[89]).

Kennzeichnend ist der alte etwa quadratische Bau der Kernburg, deren 4 Ecktürme verschwanden. Die großen Außenmauern wurden Ende des 15. Jahrh. durch flache Bastionen ersetzt.

Nur das grimmige Drachenwappen der Visconti und das durch den gekrönten Adler bereicherte Sforzaschild erinnern an die kriegerischen Besitzer.

Die Wasserburg Sartirana di Lomellina ist eine guterhaltene kleine Anlage (Abb. 213). Der runde Bergfried zeigt einen viereckigen Aufsatz.

Ligurien

Von der französischen Grenze bis zum Golf von Spezia ist die schöne ligurische Küste seit dem frühen Mittelalter immer durch Burgen auf den steilen Felsen, an den engen Bach- und Flußmündungen und den Paßstraßen geschützt gewesen. Die meisten dieser Burgen sind nur in Ruinen erhalten. Nennen wir zunächst eine Reihe wichtiger Namen, so wächst vor uns ein Bild empor von der großen Bedeutung dieser Wehrbauten.

Die alte Col-di-Tenda-Straße wurde einst durch die Burgruine Roccavione und bei S. Dalmazzo di Tenda durch die längst zerstörte Burg Saorgia verteidigt. Über Breil (Breglio) erhebt sich die Ruine Crivella, es folgt die römische Triumphruine La Turbie. Am Ausgang des Col-di-Tenda-Passes liegen die Burgen Ventimiglia, Castel d'Appio, die im Renaissancestil umgebaute große Burg Dolceaqua, Isolabona u. a.

Weiter die Ligurische Küste entlang sind die Burgen Taggia, Diano Castello zu nennen, im Tale von Arroscia, nach dem Passe von Nava zu, die Burgen Pornassio, Ranzo, an der Küste Andora, der Wehrturm Gallinari bei Albenga und die feste Stadt Albenga selbst mit ihrer Stadtmauer und den hohen Backsteintürmen. Es folgen die Burgen Cisano, Zucarello, Castelvecchio di Rocca Barbera, Balestrino, Borghetto S. Spirito, Loano, Pietra Ligure, die Höhenburg Gavone mit plätteisenförmigem Bergfried aus Spitzquadern (Abb. 241, 257, Taf. XX), die im 11. Jahrh. erbaute Burg der Orsini in Noli, Spotorno mit geringen Resten, Segno, dann die Hafenburg Savona.

Von Savona nach dem burggeschmückten Ort Millesimo und über die Burgruine Cosseria (Abb. 240) führt die große, von Napoleon I. ausgebaute Straße über die Liguri-

[89]) Nigra: Torri, Castelli I, S. 64 u. 66.

Burg Gavone
bei Finalborgo
Riviera
25 April 1902.

Burg Gavone, Nord-Italien

schen Alpen nach Cuneo. Dahin führt ebenso heute die Bahn über den Tendapaß durch die Seealpen. Von allen diesen Burgen können wir nur wenige einzelne kurz betrachten; wir sehen dabei, daß es schwer ist, irgendeine Einheitlichkeit hier festzustellen.

Millesimo (Abb. 243, 247) an der Bormida di Millesimo wurde durch 2 Stadtburgen verteidigt, eine am Fluß gelegen, vielfach verbaut, als Rathaus erhalten, mit viereckigem Bergfried und hoher Mantelmauer, auch kleineren Türmen, ehemals von Graben und Außenwerken umgeben, liegt vor der Stadt. Die zweite Burg liegt hoch auf dem Felsvorsprung am anderen Ende über der Stadt in rechteckiger hoher, dachloser Mantelmauer mit schlankem Viereckturm und romanischem Spitzbogenfenster mit Mittelsäule. Vor ihr streckte sich eine starke Mauer bis zu einem starken hohen Torturm dicht am Ufer, durch die einst die Paß- und Uferstraße gesperrt wurde. So bildete die Stadt selbst mit den 2 Burgen an den 2 Enden und einer Steinbogenbrücke, auf deren Scheitel sich unerhört kühn ein Turm erhebt, eine besondere Wegsperre.

Genua erlangte früh die Vormachtstellung über die ganze Ligurische Küste. So erklärt sich die Befestigung dieses wichtigen Ortes selbst. Ein doppelter Festungsgürtel umgibt die Stadt, viele Geschlechtertürme erheben sich in ihr. Die Burgen Castellaccio (Abb. 250, 251, 252, 253), Prà liegen hoch am Berg in unmittelbarer Nachbarschaft. Besonders genannt wird die ehemalige Bastia di Peralto an der Stelle des derzeitigen Fort Sperone. In der Stadt Genua erhoben sich eine ganze Reihe fester Türme, 1425 werden 33 solcher gezählt[90]), keiner durfte höher als 80 Fuß sein. Bekannt und erhalten ist der Turm der Embriaci und der heutige Leuchtturm[91]). Alte Stadtbilder geben von dem ehemaligen Reichtum Kenntnis.

An den über den Apennin kommenden Flüssen Stura und Scrivia reihen sich viele Burgen, wie die Stadtburg Melazzo, die Talsperrenburg Serravalle-Scrivia an der Straße Tortona—Genua, die die alte sechsbogige Steinbrücke über den Scrivia beherrscht. Diese im Grundriß dreieckige Burg wird schon im 11. Jahrh. als Grenzfeste der Stadt Tortona gegen Genua genannt[92]). Die Baustoffe wechseln hier vielfach: Gneis, Marmor, Kalkstein und Granite treten auf und beeinflussen die Bauformen, seltener ist Ziegel.

Die Höhenburg Isola del Cantone, die Ruine Busalla, Crocefieschi, Montoggio, die sehr malerische Burg Torriglia ziehen sich am Scrivia entlang. Die Burgruine Campo Ligure am Stura zeichnet sich durch sehr hohen Turm aus.

An der Riviera di Levante von Genua bis Spezia folgen die Burgen Castello Dragone auf schroffem Felsen am Meer, Castello S. Giorgio und dann die heute zu Villen ausgebauten Burgen in Portofino, die Felsenburg Paraggi bei Rapallo auf

Abb. 239.
Albenga, Prov. Genua. Stadtturm.

90) B. E.: Bg. It. VI, S. 28. — 91) Merian: Topogr. Italiae. — 92) B. E.: Bg. It. IV 124, Abb. 38, Taf. 64.

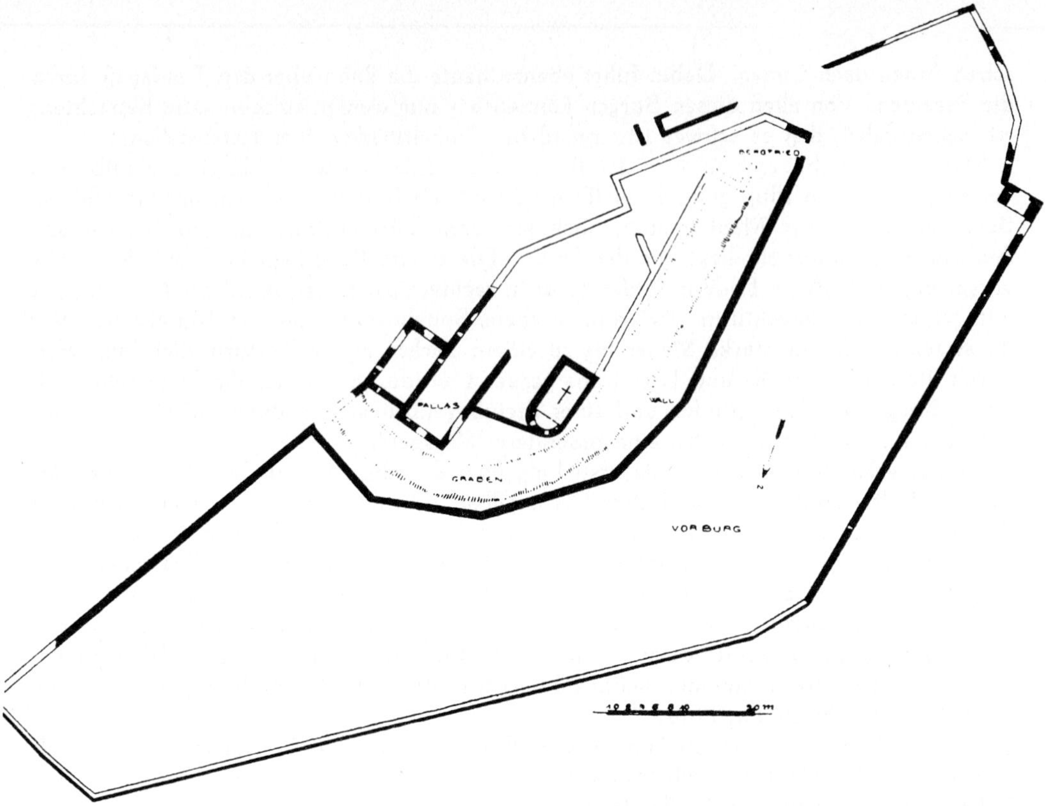

Abb. 240. Burg Cosseria auf der Paßhöhe des Apenin. Von Napoleon zerstört. Grundriß 1:1000. B. E.

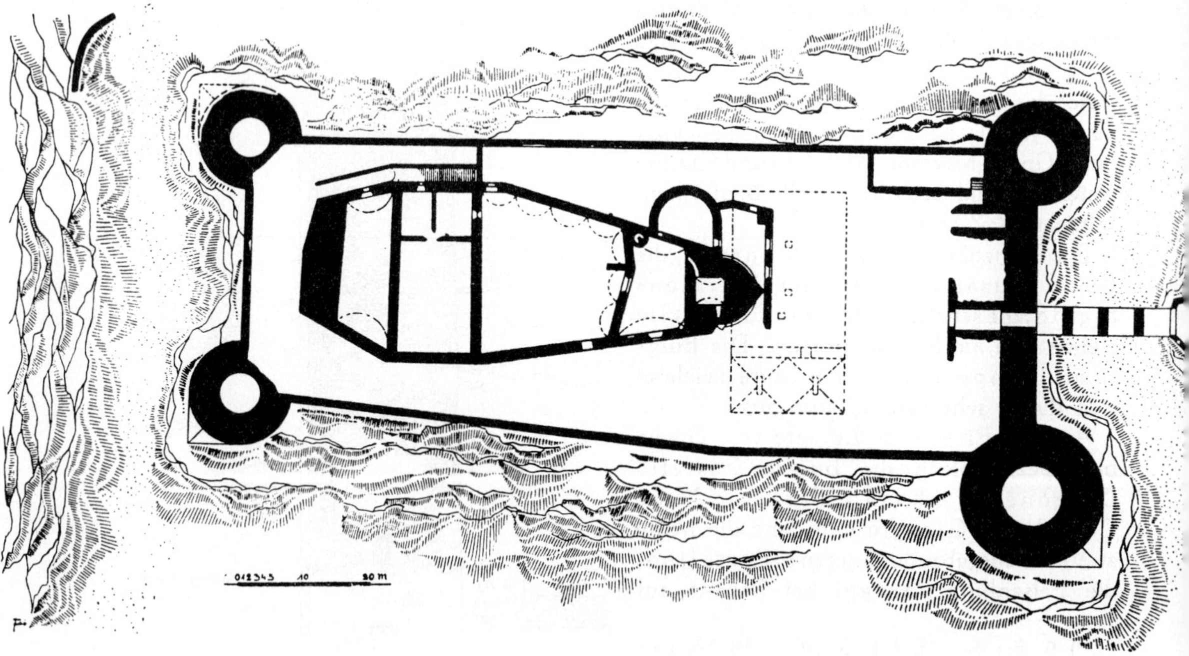

Abb. 241. Höhenburg Gavone, Prov. Genua. Langgestreckte viereckige Anlage mit Rundecktürmen. Plätteisenförmiger Bergfried. Grundriß 1:1000. B. E.

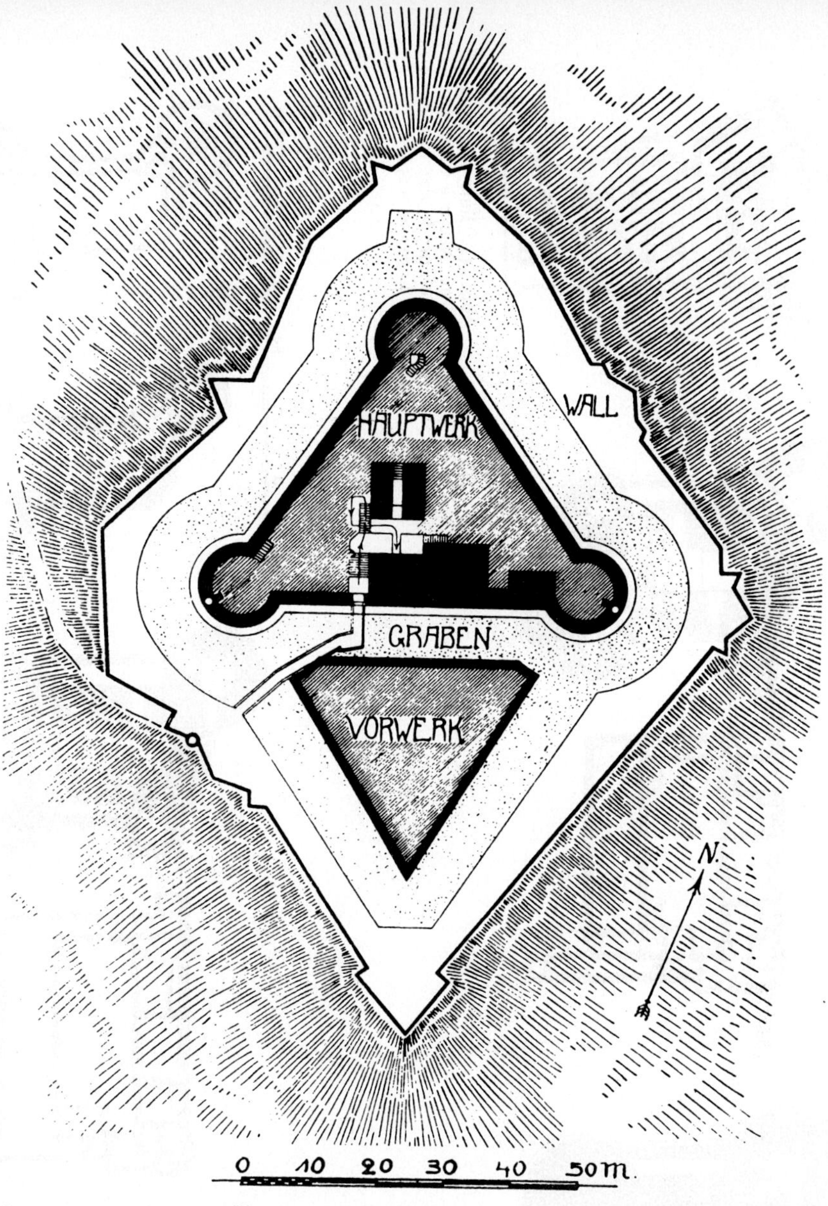

Abb. 242. Burg Sarzanello vor der Stadt Sarzana. Dreieckige Kernburg. Grundriß.

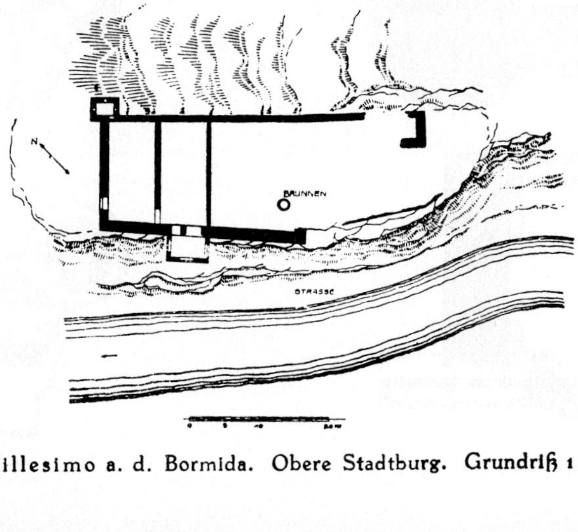

Abb. 243. Millesimo a. d. Bormida. Obere Stadtburg. Grundriß 1:1000. B. E.

Abb. 244. Burg Avenza
Prov. Massa e Carrara.
Tiefburg in der Ebene.
Lageplan 1:5000.

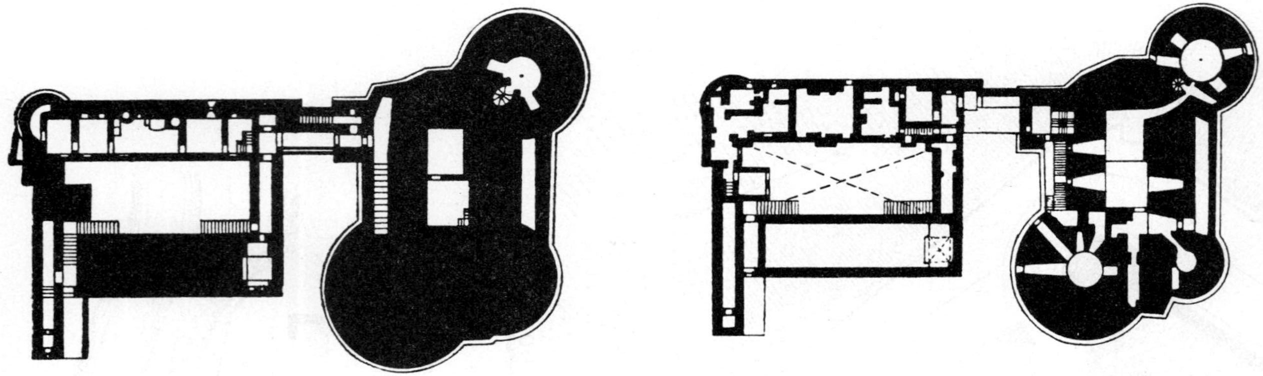
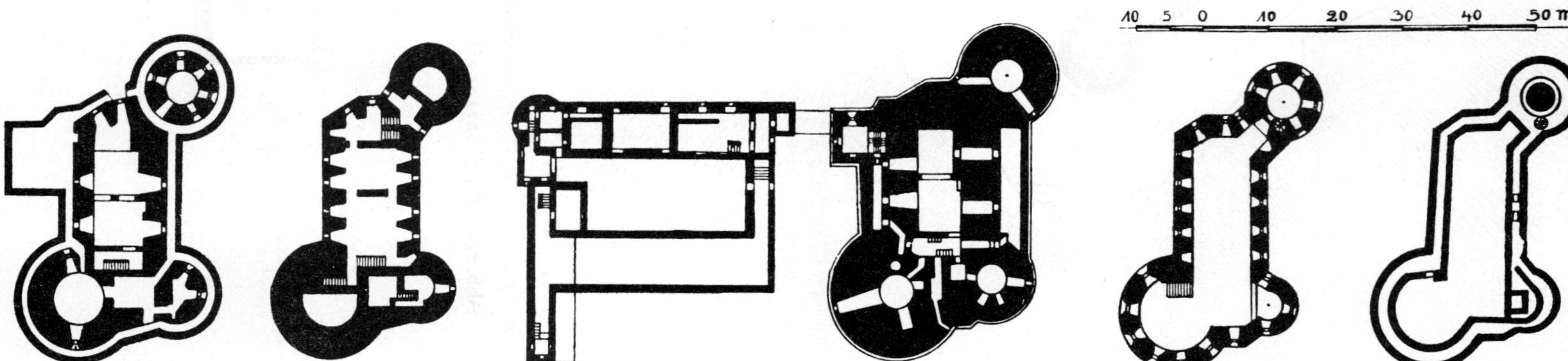

Abb. 245. Burg Avenza, 3 runde Türme, bemerkenswerte zweistöckige Kapelle. Grundriß Erdgeschoß bis 5. Obergeschoß 1:1000.

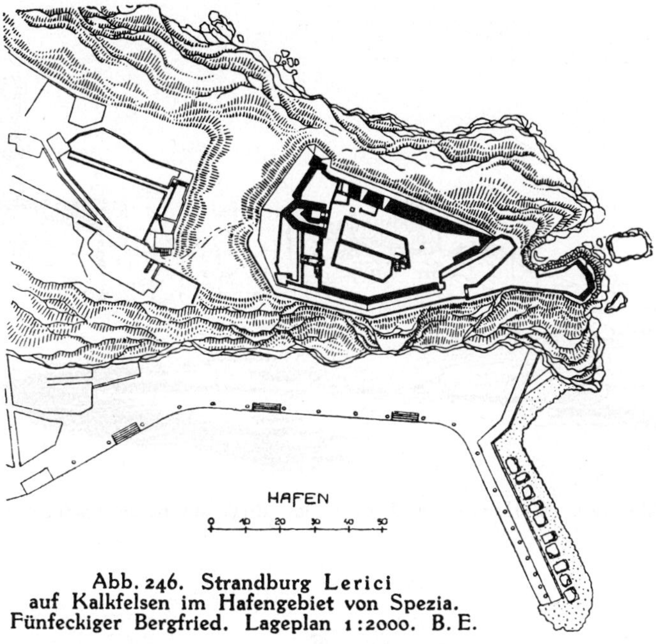

Abb. 246. Strandburg Lerici auf Kalkfelsen im Hafengebiet von Spezia. Fünfeckiger Bergfried. Lageplan 1:2000. B. E.

einer Klippe im Meere, heute neu ausgebaut, dann Rapallo selbst mit der zum Gefängnis ausgebauten Burg, die verfallene Burg in Chiavari aus dem 12. Jahrh., die bewohnte Burg Castello Gualino bei Sestri Levante, Moneglia mit 2 alten Burgen, Levante mit mittelalterlicher Stadtmauer und Burg, die Burgruine Monterosso al Mare und Vernazza, dann Portovenere mit seinen Befestigungen.

Der massive Turm, der sich am Eingang der Vorstadt von Portovenere[93]) befindet, ist ein Bau aus dem 13. oder beginnenden 14. Jahrh. Das Tor stammt nach einer in der Nähe angebrachten Inschrift aus dem Jahre 1242. Die Aufführung der die Vorstadt umgebenden Mauer reicht bis 1160 zurück. Hierüber schreibt der Chronist Caffaro im ersten Band seiner Annalen, daß die Mauern von Portovenere in jenem Jahre erbaut, ein Werk von solcher Großartigkeit und Schönheit seien, daß alle, die vorübergingen, anhielten, um es zu bewundern: „Intuitu Transeuntium Inde Ceteras Cordis Opiniones Pro Pulchritudine Novi Operis Ab Eis Removeat." (Chr. Pertz, Monumenta Germaniae historiae).

Die neue „Burg", wie sie jetzt besteht, ist ein Werk aus dem 17. Jahrh., die alte ist zerstört.

Um Spezia häufen sich wieder die Burgen. Hier mündet der Paß von Pontremoli oder Cisapaß, wodurch Spezia einen wichtigen strategischen und handelspolitischen Punkt bildet.

Die Burg Spezia wurde in zwei verschiedenen Zeiträumen erbaut. Die beiden Bauarten sind daher in sich ganz verschieden. Der untere Teil der Burg sowie die mit Zinnen versehene Mauer wurden im 14. Jahrh. (1371) beendet, der obere Teil hingegen wurde im Anfang des 17. Jahrh. (1608) angebaut. Sie diente zur Verteidigung der Vorstadt.

Die im 13. Jahrh. erbaute Burg San Terenzo am Golf von Spezia zeigt heute noch einen viereckigen Bergfried und guterhaltene runde Ecktürme an den Ecken der Vorburg. Sie dient heute noch kriegerischen Zwecken.

---

[93]) Mitteilg. d. Generalkonsulats in Genua. B. E.: Bg. It. VI, S. 47.

Abb. 247. Millesimo a. d. Bormida. Blick auf beide Stadtburgen.

Abb. 248. Strandfelsenburg Lerici im Hafengebiet von Spezia. Schildmauer mit Bergfried.

Abb. 249. Turm über Genua.

Abb. 250. Genua. La Torre di Castellacio. B. E. 1902.

Abb. 251. Genua. Burgen von Castellacio. B. E. 1902.

Es folgt die von den Pisanern im 12. Jahrh. erbaute prachtvolle, guterhaltene Burg Lerici[94]), Castrum et Portus Ilicis, die sich auf einem weit in das Meer hinausragenden Kalkfelsen am Golf von Spezia erhebt, an dessen Füßen ein kleiner Nothafen liegt. Ort und Burg liegen in der Provinz Genua zwischen Sarzana und Portovenere. Dieses Hafengebiet des Golfes von Spezia ist heute noch eins der wichtigsten von ganz Italien.

1185 wurde der Berg nebst Hafen und Fischrecht von Kaiser Friedrich I. dem Bischof Peter v. Luni und seinen Nachfolgern zu Lehen gegeben. Zu jener Zeit hatten die Genuesen ihre Herrschaft noch nicht bis zu der östlichen Ecke des Golfes von Spezia ausgedehnt. Im 12. und 13. Jahrh. herrschte vielmehr über Lerici die Republik Pisa, welcher 1161 Friedrich Barbarossa die Herrschaft überlassen hatte. Heinrich VI. (1192) und Otto IV. (1209) forderten die Pisaner auf, zu verhindern, daß irgendeine andere Macht zwischen Monte del Corvo und der Mündung des Arno Befestigungen errichtete.

Die Burg Lerici (Abb. 246, 248) bildet ein besonders schönes Beispiel eines Felsnasenbaues, der sich hier genau den Umrissen der hochragenden Klippe anschließt. Sie hat ihre jetzige Gestalt und Größe zu verschiedenen Zeiten erhalten. 100 m der scharfen Spitze sind durch einen 20 m breiten tiefen Halsgraben abgeschnitten. Dahinter erhebt sich quer eine 40 m lange Schildmauer von gewaltiger Höhe, durch deren Mitte die scharfe Spitze eines fünfeckigen Bergfriedes dringt. Dieser ist der älteste Teil der Burg, der später erweitert und zur jetzigen Gestalt umgebaut wurde. Im Inneren des Turmes sieht man noch bis zu einer gewissen Höhe auf der Nord- und Nordostseite, mit spitzem Winkel gegen Norden und Nordnordost die Mauern des älteren Baues, der gegen Westen noch jetzt die schöne Architektur des 12. Jahrh. mit Quadern vom Capo Corvo gehauenen Steinskulpturen aufweist,

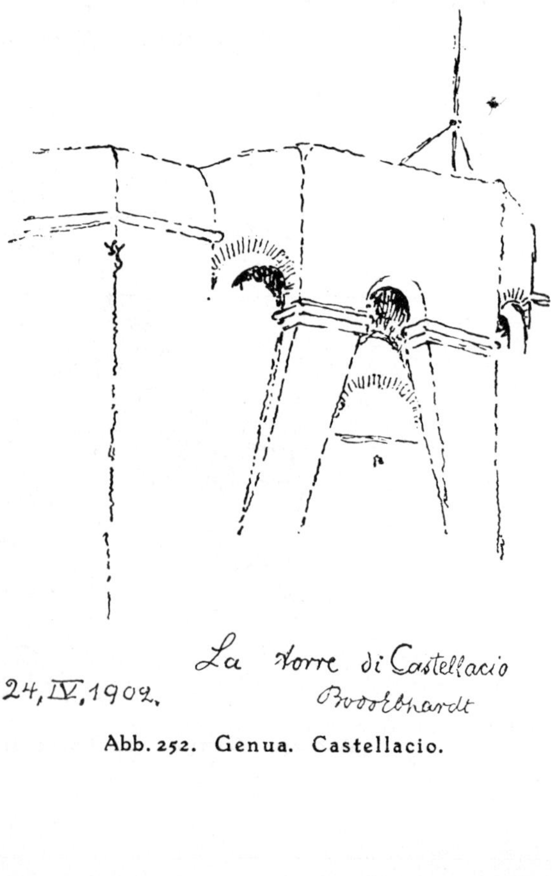

Abb. 252. Genua. Castellacio.

[94]) Repetti II, S. 684 ff.; Caffari: Annal. Genuens. III.; B. E.: Bg. It. Abb. 182, Grdr.

Burg L e r i c i, Nord-Italien

während der angebaute Teil die Architektur gegen Ende des folgenden und 14. Jahrh. zeigt mit gotischen Säulenreihen und Wölbungen. Als Material wurde schwarzer Kalkstein von der Insel Palmaria und von Portovenere und weißer Marmor von Carrara benutzt. Die im gotischen Stil errichtete Kapelle aus dem Ende des 13. oder dem 14. Jahrh. stammt aus der Zeit der Genueser Kapitäne Spinola und Doria.

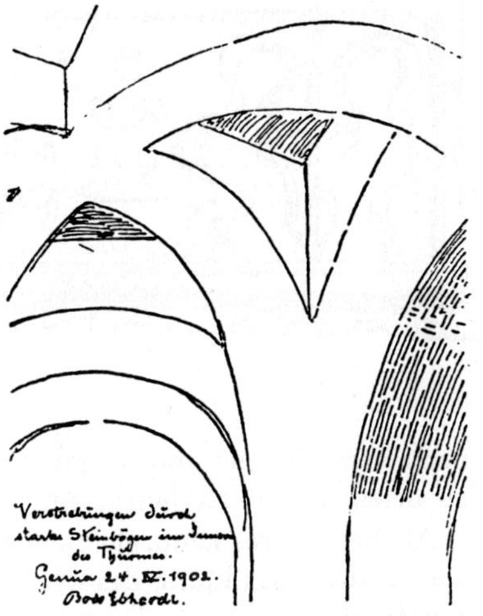

Abb. 253. Genua. La Torre de Castellacio. Gewölberippen im Innern des Turmes. B. E.

Zwei mächtige Längsmauern laufen an der Spitze des Bergfrieds scharf zusammen. Ein höchst malerischer bogengetragener Aufgang geht am Felsen entlang (Taf. XXI).

Das ganze Burgbild begeisterte den großen Böcklin zu einem seiner schönsten Bilder.

Zwei Steininschriften, die seinerzeit an den Mauern der Burg Lerici standen, geben Nachricht über den wiederholten Besitzwechsel. Die eine war eine Spottinschrift der Pisaner auf die Bewohner von Zeno, Portovenere und die Luccheser, die andere, in lateinischer Sprache, von den Genuesen aufgesetzt, warf ihren Feinden geringe Wachsamkeit vor, wodurch es den Genuesen ermöglicht worden sei, sich der Burg 1265 zu bemächtigen. Damals wurde die Burg mit stärkeren Mauern und Türmen umgeben[95]). Auch die Fertigstellung der neuen Befestigungen im Dezember 1273 meldet eine Inschrift; als Oberto Spinola und Oberto Doria als Volkshauptleute über Genua regierten, ließen sie die Burg neu erstehen „fecerunt de novo fieri huns burgum et hoc opus Illicis". Von der ersten Hälfte des 14. Jahrh. ab sah Lerici

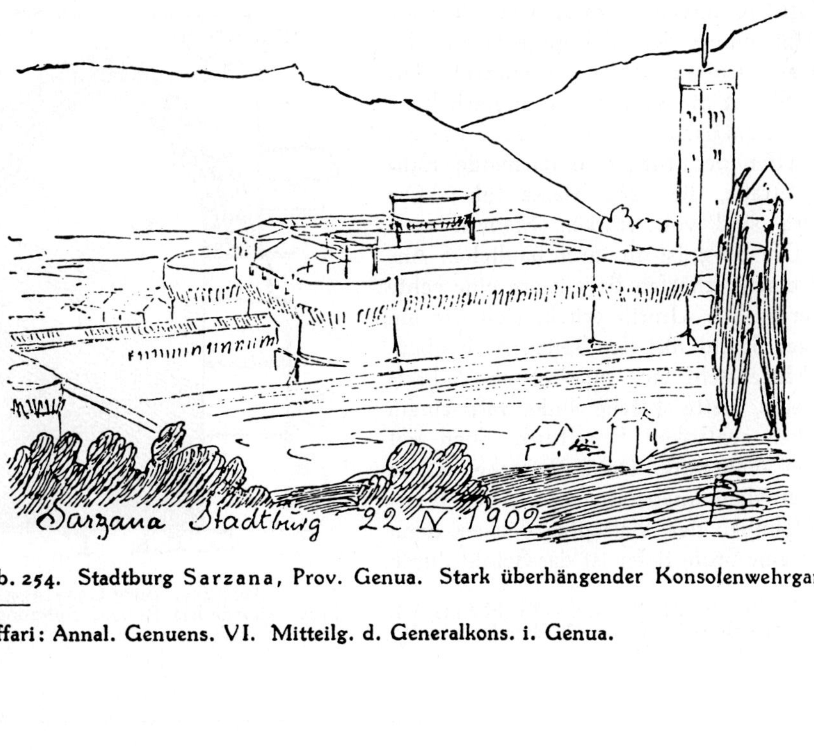

Abb. 254. Stadtburg Sarzana, Prov. Genua. Stark überhängender Konsolenwehrgang.

[95]) Caffari: Annal. Genuens. VI. Mitteilg. d. Generalkons. i. Genua.

noch verschiedene andere Herren. Spätere Erweiterungen gehören nach den Inschriften zu urteilen dem 16. Jahrh. an.

Als besonderes kennzeichnendes Merkmal der Burg Lerici und vieler ligurischer Burgen ist die Ausbildung des drei- oder vierbogigen Bogenfrieses anzusehen, mit denen der Bergfried gekrönt ist. Diese Form finden wir auch an der obenerwähnten Torre digli Embriaci in Genua.

Vor der Mündung des Flusses Vara liegen die Burgen Arcola und Ameglia. Besondere Bedeutung kommt hier aber der Stadt- und Wasserburg Sarzana[96]) im Zuge der Stadtmauer zu (Abb. 254). Die Stadt selbst weist viele Warttürme auf, die im 11. Jahrh. erbaut worden waren und im 14. und 15. Jahrh. Wiederherstellungen erfuhren zur Zeit der Herrschaft von Genua und Pisa. Außerhalb der Stadt liegt 121 m hoch die Burg Sarzanello, eine regelmäßig dreieckige Anlage mit 3 Rundtürmen an den Ecken und einem viereckigen Bergfried (Abb. 242, 258). Durch einen Graben ist die Burg von einem ebenfalls dreieckigen Vorwerk getrennt. Diese Burg wurde 1320—28 erbaut, erfuhr im 15. und 16. Jahrh. aber Umbauten[97]).

Nordöstlich, unweit Carrara, erhebt sich die starke Höhenburg der Malaspina in Fosdinova[98]) aus dem 12. Jahrh. mit späteren Anbauten. Sie ist die größte und besterhaltene Burg der Lunigiana und beherrscht die am rechten Ufer der Magra hinziehende militärische Straße, die nach Massa führt. Ort und Burg sind von starken Mauern umgeben. Die Burg ist in ihrer baulichen Anlage auf einem scharfen Bergkamm eine echte Wegesperre. Der Umriß erhebt sich wie ein dreieckiger Schild mit der Spitze nach oben. In der Mitte steht eine quadratische Schildmauer, eine glatte Fläche links mit einem gleichhohen schlanken Rundturm, oben mit gezinntem Wehrgang. Dahinter stehen etwas tiefer zwei Mantelmauerstücke, die den fürstlichen Wohnbau der Malaspina decken, dann abermals eine Stufe tiefer ist das Schild durch

Abb. 255. Burg Casaleggio
Prov. Alessandria Rivera. Spitzbogenfenster im Turm aus einem Stein gehauen. B. E.

[96]) B. E.: Bg. It. VI, S. 55. — [97]) Ebenda VI, S. 55f. und I; Abb. 108, Grdr. — [98]) Ebenda, S. 62 IV.

Rundtürme verschiedener Höhe verbreitert, so daß an der Seite — von der die große Straße senkrecht darauf zuläuft — in wachsender Stärke nur gezinnte Abwehrmauern sichtbar sind.

In großzügigen Wohnblöcken stehen hinter dieser Wehr reich gegliederte Flügel, an die sich endlich die kleine lange Stadt schmal anschließt. Berühmt ist die Burg durch die Anwesenheit Dantes in ihren Mauern.

Abb. 256. Höhenburg Bigliolo bei Aulla. Wohnbau von hoher Mantelmauer umschlossen. B. E.

Fosdinova war viele Jahrhunderte lang Residenz eines Zweiges der Markgrafen Malaspina, ein Vorgang, der in Italien sehr selten ist. Fosdinova wird zum erstenmal am 13. Mai 1202 erwähnt in einem zwischen den Bischöfen von Luni und den Malaspinas einerseits und den Herren von Vezzano andererseits abgeschlossenen Frieden. Damals saßen als Lehnsträger der Markgrafen Malaspina die Edlen von Erberia und jene aus dem Hause Buttafava in Fosdinova, diesen wird auch die Erbauung der Burg im Jahre 1202 zugeschrieben[99]).

1340 erwarb Markgraf Spinetta Malaspina für 500 Goldgulden die Burg mit dazugehörigem Landbesitz. Sie wurde so erweitert, daß sie dieser Familie und ihren Nachkommen noch lange als Residenz dienen konnte. 1663 geht die Herrschaft auf Pasquale über, dem Leopold I. das alte Recht der Familie, Geld zu prägen, erneuert, wie aus einer Inschrift über der Tür der alten Münze in Fosdinova hervorgeht.

Wir haben hier bei der Burg das in Italien sehr seltene Schauspiel, daß sie entweder in direktem Besitz oder doch in Abhängigkeit von einer Familie — der Malaspina — jahrhundertelang geblieben ist, bis die Französische Revolution dem ein Ende machte.

An der Mündung der Aulella in die Magra erhebt sich die Burg Aulla, eine geschlossene rechteckige Hügelburganlage mit Eckbastionen ohne Türme. Sie erfuhr viele Umbauten und wurde bis in die Jetztzeit bewohnt[100]). Wir sehen hier wie in Deutschland, daß ein Burgenbauplatz auf einem Eck zwischen dem Zusammenfluß von zwei Wasserläufen einerlei ob im Gebirge oder in der Ebene ausreicht, die Burg durch Jahrhunderte zu schützen. Ferner nennen wir die Höhenburgruine Bigliolo (Abb. 256) bei Aulla mit viereckigem Turm.

Aus der Fülle der Burgen des Magratales, der Lunigiana, nennen wir westlich der Magra die Burgen Tresana mit viereckigem und Pontremoli mit hufeisenförmigem Bergfried, weiter die Burgen Mulazzo, Calice und Rocchetta an der Vara. Östlich der Magra sind zunächst die Burgen Villafranco di Lunigiana und Bagnone zu erwähnen, beides Burgen der Malaspina, ebenso Licciana und Fivizzano. Letztere

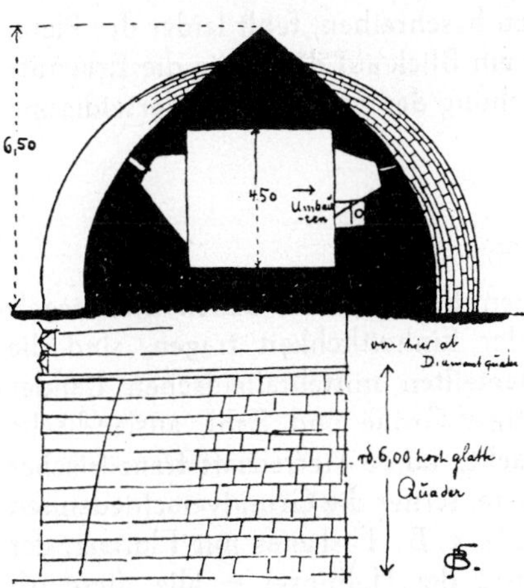

Abb. 257. Höhenburg Gavone bei Finalborgo. Bergfried in Bügeleisenform.

[99]) Memorie istoriche di Lunigiana II. — [100]) B. E.: Bg. It. VI, S. 8.

Abb. 258. Burg Sarzanello bei Sarzana. Haupteingang zur Kernburg.

zeigt einen selten mächtigen, rechteckigen Bergfried an der höchsten Stelle des Berg=hügels[101]).

An bemerkenswerten Burgen und Ruinen der Provinz Carrara zählen wir auf: Ca=stelnuovo di Magra und Carrara mit dem Castello di Moneta, das schon 1242 zer=stört wurde und der im 16. Jahrh. erbauten Burg Ducale, ferner die Burg Avenza, eine unregelmäßig rechteckige Anlage mit 3 mächtigen Rundtürmen an den Ecken und einer bemerkenswerten zweistöckigen ehemaligen Kapelle[102]). Es folgt die Höhenburg über Massa[103]) (Pr. Massa Carrara), eine große, guterhaltene Burg ohne Türme, und die Burg Montignoso (Pr. Massa Carrara), eine unregelmäßig achteckige Kernanlage, in deren Mitte sich ein runder Turm erhebt[104]).

Die Burgen der Garfagnana, des Serchiotales, verdienen hier Erwähnung. Rechts des Serchio liegt das Castello di Perpoli in Gallicano, dann das Castell Nuovo di Gar=fagnana, die Burg Camporgiano mit viereckigem Bergfried, sie ist im ganzen gut erhalten.

Nahe der Quelle des Serchio liegt die Burg Piazza, auf der linken Flußseite Casti=glione di Garfagnana mit einer Stadtburg und die Burg Fosciandora.

Sie alle hier einzeln ihrer Bedeutung entsprechend zu beschreiben, fehlt leider der Platz. Nach der Kenntnis der Art ihrer Lage vermittelt aber ein Blick auf die Karte die Erkennt=nis der Zweckmäßigkeit solcher Platzwahl zur Beherrschung der Straßen und Verteidigung der ganzen Landschaft, nicht nur der Burgen selbst.

Mittelitalien

Trotz aller Vielgestaltigkeit der norditalienischen Burgen, von denen die Ziegel=bauten im großen doch wieder einen Zug der Einheitlichkeit tragen, sind die Burgen der landschaftlich und politisch vielgeteilten mittelitalienischen Länder bedeutend ungleicher. Römische Überreste in gewaltiger Größe und Zahl, ausländische Einflüsse durch lang andauernde deutsche Kaisermacht, kurze Herrschaft französischer Eroberungsheere, spanischer und anderer fremder Päpste, ferner die Grundverschiedenheit der einzelnen Volkscharaktere der einzelnen Landesteile, z. B. Toskanas mit Florenz, der römischen und der Abruzzenländer oder der Ostküste der Halbinsel — alle diese oft

[101]) Ebenda VI, S. 26. — [102]) In Italien sehr selten und kaum irgendwo den deutschen, plan=mäßig geschaffenen Doppelkapellen ähnlich. — [103]) B. E.: Bg. It. VI, S. 33. — [104]) Näheres über Montignoso siehe unten S. 237.

Burg Gioja del'Colle, Apulien, Süditalien

Burg G i o j a d e l ' C o l l e, Apulien, Süditalien

Burg M a n i a c e in Syrakus, Sizilien

widerstreitenden Einflüsse sprechen deutlich aus den burglichen Zeugen einer tausend=jährigen Geschichte.

Das Gebiet Mittelitaliens ist daher auch schwer zu umgrenzen; es wird bei der Beurteilung von Alter und Schule seiner Wehrbauten immer zu berücksichtigen bleiben, daß die vielfachen Umwälzungen in seiner politischen Entwicklung das fortdauernde Übergreifen bald des einen, bald des anderen baukünstlerischen Einflusses im Nord= oder Südgebiete von Mittelitalien auch Spuren in den architektonischen Leistungen dieser Landesteile hinterlassen haben.

Obwohl das Bild der mittelitalienischen Burgen auch hier also kein einheitliches ist, sollte man doch versuchen zu erkennen, ob gewisse Gruppen von Burgformen sich ergeben, die durch eigenartige Fortentwicklung gemeinsamer Grundformen des italienischen Wehr=baues sich voneinander abheben.

Toskana mit dem Mittelpunkt Florenz läßt eine streng gradlinige Hausteinarchitektur erkennen, sehr schlanke Türme, lange Zinnen mit gradlinigen Schwalbenschwanzenden, Konsolen der Wehrgänge von besonders spitzer, scharfer Form und von oft mehreren Meter großer Länge. Seltener wie in Norditalien ist hier die Verwendung von Dossierungen, die in der römischen Gegend oder im Osten der Halbinsel in der Spätzeit häufig ist. Beeinflußt wird der Formenkreis Mittelitaliens auch durch die Kunst Sienas. Hier spielt der Ziegel eine beherrschende Rolle. Die reich geschmückte Zinne, die fest an der Mauer liegenden Bogenfriese, die reicheren Ziegelfriese, steile Spitzbogen der Fenster und Tore sind hier Kennzeichen dieser Kunstübung. Älter und breiter, aber immer noch

Abb. 259. Stadtburg Nepi am Treia, Prov. Rom. Nach E. Fries um 1823—27 (Rom).

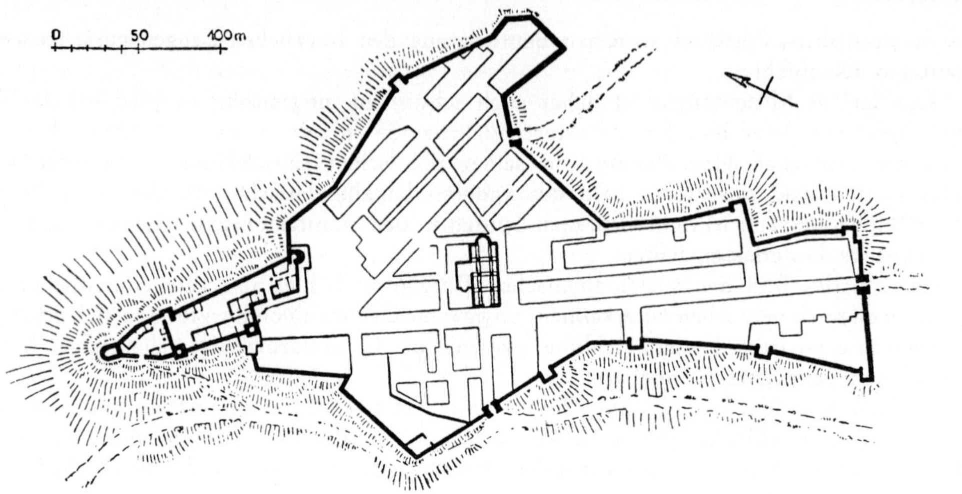

Abb. 260. Stadt und Höhenburg Montecarlo, Prov. Lucca. Erbaut durch Karl IV. von Luxemburg nach 1333. Lageplan 1:4000. B. E. nach Bernau in Burgwart 1903 und eigener Aufnahme.

verwandt, sind die Formen an der Westküste Toskanas und das meist romanische Bauwesen Pisas, Massa Maritimas und des unteren Arnotales. Höchst bedeutungsvolle Beispiele mittelalterlichen Wehrbaues sind aber in Toskana gar nicht selten. Wir brauchen nur einige zu nennen: San Miniato, San Gimignano, Trebbio, das nahe Monte Oliveto und die Burgen des Tales der Orcia zeigen kennzeichnende Beispiele toskanischer Wehrbaukunst. Im einzelnen müssen ihre Burgen noch eingehend betrachtet werden.

Volterra zeigt in seiner Kernburg dann freilich mitten in dieser Gegend genau die Form der rein schablonenförmigen Burgen der Romagna, das Viereck mit den niedrigen 4 Rundtürmen an den Ecken und einem wenig höheren Bergfried (oder Cassero, Maschio) in der Mitte.

Eine weitere Gruppe bildet sich um die herrlichen Wehrbauten der Orte Assisi, Borghetto, Spoleto und Narni in Umbrien heraus. Viereckige Burgkerne mit Ecktürmen, oft ein schlanker Bergfried in einer Ecke der sehr hohen Mantelmauer oder, wie in Spoleto und Narni, dort 4 oder 6 hohe Türme. Die scharfkantige ausgesprochene Gotik Toskanas ist aber hier verschwunden. Wir können diese Beispiele noch erweitern, vielleicht ohne sehr ähnliche Burgen zu nennen.

Die Umgebung Roms selbst nimmt in der Geschichte des italienischen Wehrbaues eine Sonderstellung ein. Über das ganze Land waren so gewaltige Reste römischer Kriegsbauten verstreut, daß sie den Wehrbau des Mittelalters beeinflussen mußten; das bewiesen in Norditalien die Tore in Aosta, in Rimini und die ganze Anlage vieler Städte, wie Bologna oder Verona. Nirgends aber häuften sich naturgemäß römische Reste wie in und um Rom. Sie haben Veranlassung gegeben zu den eigentümlichsten Mischbildungen.

Auf den römischen Triumphbogen errichtete das Mittelalter hohe Wehrtürme. Die Engelsburg war mehr als 1000 Jahre lang die stärkste Stadtburg Italiens. Das Grabdenkmal Caecilia Metallas wurde als Capo di Bove zur Burg der Gaetani, und an dem Ponte Lucano wurde das Grabdenkmal der Plautia zum mittelalterlichen festen Brückenkopf.

Diesen mächtigen Bauten gesellten sich die Riesenburgen der übermächtigen römischen Adelsfamilien der Borghese, der Sermoneta, der Orsini (Bracciano), die Burgen in Nepi (Abb. 259) und Nemi, dann die Bauten der Päpste vom alten unregelmäßigen, jetzt verstümmelten Subiaco bis zum schlanken systematischen Rocca Pia in Tivoli und bis zu den Übergangsformen zum Festungsbau, die San Gallos Werke in Civitavecchia und Senigallia darbieten.

Ein vierter Kreis wird in den Abruzzen durch die Schule der hohenstaufischen Bau=meister gebildet. Celano ist das beste Monumentalbeispiel. Spätere Werke, wie der schöne Orsinibau zu Avezzano, nähern sich wieder den Romagnabauten. Endlich fol=gen die ersten Renaissancefestungen, wie die mächtigen Wehr=bauten San Gallos in Nettuno mit ihrer vorherrschenden Waagerechten, also Bauten, die schon den Kreis der Burgen verlassen.

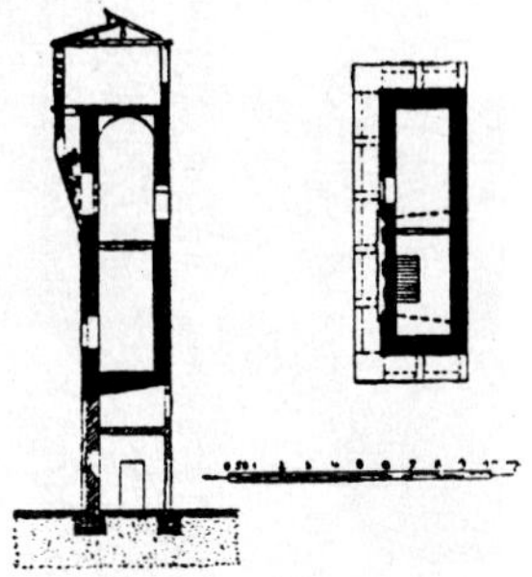

Abb. 261. Bef. Kloster Badia a Settimo Prov. Florenz.

Die Ostküste zeigt im Norden in Gradara und Fano den Ziegelbau Norditaliens, im Süden in Senigallia wieder die quadratische fünftürmige Burg der Spätzeit (Abb. 287). Auch Ascoli=Piceno ist dem verwandt. Selbständig eigene Form hat sich hier nicht entwickelt.

Es handelt sich bei Mittelitalien um die 6 Provinzen: Toskana, Marche, Umbria, Roma, Abruzzi, Molise.

Wie abwechslungsreich innerhalb dieser Gebiete die Formen=gebung bleibt, zeigt ein Blick auf jede einzelne derselben, zuerst auf Toskana selbst nahe Florenz. Das zeigt auch der Ver=gleich naheliegender Anlagen, von denen nur Montelupo, San Pietro a Sieve, die Burg von Mugnana und die Burgen von Sezzate zu nennen sind, um die nur geringe Verwandtschaft unter=einander zu fühlen.

Erwähnt wurde schon der Un=terschied, der sich in dem ehe=maligen Einflußgebiet des romani=schen Pisa bemerkbar macht. Die Burg Ripafratta ist fast nur noch hohe Mantelmauer in einem Kranz von Wehrtürmen. Monsummano alto dagegen ein „Castello" im toskanischen Sinne, d. h. ein fester, sehr früher kleiner Ort. Nozzano und Fucecchio, im Kern sehr früh, gehören auch dem romani=schen Formenkreis an. Letztere spielt auch in der Kriegführung Friedrich II. in dessen letzten Jahren (1249) eine Rolle[105]).

Ganz vereinzelt steht eine der wehrbaulich interessantesten Städte Italiens, das romanische

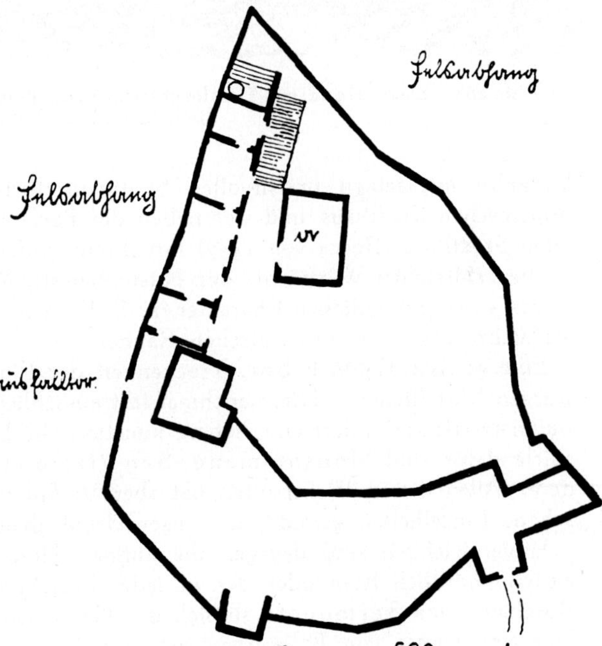

Abb. 262. Stadtburg Anagni, Prov. Rom. Grundskizze nach Marchi, National=Bibl. Florenz. B. E.

[105]) Köhler I, S. 409.

Abb. 263. Stadt Siena mit Geschlechtertürmen. Belagerung Sienas durch die Kaiserlichen. Stich von Florio Vavassore.

Viterbo mit seinen prachtvollen Stadtmauertürmen und Toren, mit seinem reichen romanischen Stadthaus und der neben der Porta Fiorentina an der Stadtmauer errich= teten Stadtburg (Rocca von 1457) mit ihrem großen Bergfried[106]).

Die zahlreichen Warttürme der Küstenbefestigung von Pisa bis Rom, ja bis Neapel, tragen einen einheitlichen Charakter, z. T. Formen, die bis zur Zeit Karls V. erbaut sind als Wehre gegen die sarazenischen Räuber.

Eine gewisse Kahlheit bzw. Trockenheit der Einzelformen kennzeichnete die meisten Burgen Mittelitaliens. Die manchmal fast ausschließliche Verwendung eines ungünstigen Baumaterials verhindert eine höhere künstlerische Durchbildung der Einzelformen. Bei= spiele dafür sind Monsummano, San Pietro über Palestrina, Subiaco und viele an= dere. Allen diesen Wehrbauten hat aber Verfall und Zerstörung sicher viele edle und schöne Einzelheiten geraubt, die unser Urteil abweichend beeinflußt haben.

Unvergleichlich sind dagegen die kühnen Umrisse von Orten, wie Corneto Tar= quinia nördlich Rom oder des in jeder Beziehung formal gegensätzlich ausgebildeten Burgbaues von Sermoneta südlich der Hauptstadt. Dort eine Stadt von Burgtürmen, hier eine Masse von Bollwerken um einen Kern von romanischen Pallasbauten. Viel trägt zu der herrischen Form beider Burgumrisse die schroffe und harte Kahlheit der Berge bei, die in Steinfarbe und Massenverteilung harmonisch mit den sie bekrönenden Bauten zusammenwachsen.

106) Siehe unten S. 269.

Bergfried von Süden.
San Miniato dei Tedeschi
1 April 1911.

Burg San Miniato dei Tedeschi, Toskana

Toskana

Zwischen den Burgen des ligurischen Küstengebietes und den anschließenden toskanischen Wehrbauten bestehen kennzeichnende Unterschiede in den Formen. Wir finden in Ligurien sehr malerisch zufällige Gestaltung, wie den gewaltigen Diamantquaderbau des Bergfriedes von Castel Gavone bei Finalborgo und die Stadttürme von Albenga oder die Felsnasenuferburg von Lerici mit ihrer mächtigen Schildmauer. Alle drei zeigen turmbekrönende dreifache Bogenfriese, die ganz abstechen von den weit ausladenden Kragsteinen der übrigen Teile Italiens. Anders sind dagegen die vielen, streng schlank hochstrebenden Pallas- und Turmbauten der Florentiner Gegend. Dort malerische Gruppenbildung, die man fast der durch die Seefahrt Genuas entstandenen Wirkung östlicher Vorbilder zuschreiben möchte, — hier seit dem 13. Jahrh. die strenge Schulung der Architekten durch die Übung im Quaderbau der Florentiner Stadtburgen oder der Marmorbauten Carraras oder der von der Poebene eingeführten Ziegelbauten.

Auch zwischen dem toskanischen und umbrischen Gebiet und dem von Ancona bestehen Unterschiede der Einzelformen. Vgl. Vincigliata, Brolio, Castiglione d'Orcia, Poppi u. a. Wir finden vor allem den regelmäßigen Vierecksgrundriß der Burg Narni und die völlig regellosen Gestaltungen der Ruinen von Montignoso (Prov. Massa Carrara).

Untereinander so gegensätzlich gestaltete toskanische oder umbrische Burgen wie San Miniato al Tedesco (Burg des Adalbert, 938 erwähnt)[107]), Ripafratta (970 erwähnt)[108]), Volterra (1144, 1145, 1154 und 1179 erwähnt)[109]), Prato (1035 erwähnt)[110]), Narni, Rocca Flea-Gualdino Tadino, Rocca d'Orcia (915 und 1027 erwähnt)[111]) und Spoleto (1155 zerstört)[112]) sind hier als Beispiele gewählt, um den Reichtum des Gebietes dem Leser einzuprägen und zu zeigen, wie durch grundverschiedene Baustoffe, Gesamtformen, Innenbauten, Bauplätze und Kunstschmuckformen bedingte vielgestaltige Burgbilder sich grundlegend voneinander abheben.

Es lohnte sich sicher, und es wird sich ein Meister der Forschung und Darstellung dafür finden, der geschichtlichen Entstehung der wichtigsten Burgen Toskanas und der nahen Gebiete nachzugehen, wenn bei dem ungeheuren Umfang des Stoffes dafür Platz wäre, leider müssen wir uns auf ganz wenige Daten beschränken, da wir in erster Linie die Formen der gesamt-italienischen Wehrbauten kennenlernen wollen. Immerhin kennzeichnet es die Besitzzustände, wenn wir Montignosos Schicksale sehen. 1058 gehörte laut Genehmigung Kaiser Heinrich II. ein Drittel der Burg Montignoso[113]) (Pr. Massa Carrara) dem Bischof von Luni, dem auch Friedrich Rotbart es 1186 bestätigt. 1063 weilte hier Papst Alexander II. Bald ist Pisa dann Herr, bald Lucca, dem es wieder von den Malaspina streitig gemacht wird. Bis Ende des 12. Jahrh. gehört die Burg den Valecchia und den Corvinara, worauf abermals Lucca und 1438 Florenz folgen. Länger hielten sich die Ghibellinen Aghinolfo, auch Castruccio, dessen Anhänger die Hälfte der Burg Montignoso für 1000 Goldgulden kauften. Gebaut wird an den Mauern mit Genehmigung der Republik auf Kosten der Bewohner, und zwar an Mauern am Abhang des Berges und an Türmen der Außenmauer dem Meere zu. 1478 baut wieder Lucca.

Abb. 264. Burg Montecarlo. Deutscher Reichsadler Karls IV.

107) Repetti V, S. 79. — 108) Ebenda IV, S. 768. — Vgl. Rohault de Fleury II, Taf. XLIX. — 109) B. E.: Bg. It. VI, S. 66. — 110) Ebenda S. 47. — 111) Repetti IV, S. 787. — 112) Siehe unten S. 248. — 113) B. E.: Bg. It. VI, S. 39; Amati V, S. 409.

Vorübergehend (10 Tage) hielt der französische König Karl VIII. 1494 die Burg, von der erwähnt wird, daß sie damals u. a. 2 Türme und verschiedene Vorwerke besaß. 1500 wird berichtet, daß die Bewohner von 40 Hütten der „Montignosini" in Kriegszeiten in den ersten Bezirk der Burg flüchten und im Frieden dort ihre Vorräte verwahren. Im zweiten Zwinger, der nur über eine Zugbrücke erreichbar ist, werden 87 Häuschen und im innersten Bering einige Wohnbauten (Case), die Kapelle, Zisterne, der „maschio", hier der achteckige dicke Kernbau und 1 Turm (der Bergfried?) erwähnt. 1513 baute hier Cosimo I. an Türmen und Zugbrücken. Der „maschio" wird 1585 vom Blitz zerstört, und da er zu hoch war, niedriger wiederhergestellt.

Die Burg Montignoso blieb bis 1750 unter der Herrschaft Luccas und wurde seit 1800 völlig vernachlässigt.

Wir sehen das übliche Schicksal italienischer Burgen, den fortwährenden Wechsel der Besitzer-Geschlechter, gewissermaßen bleiben die Burgen dauernd ein unpersönlicher Besitz. Erkennbar wird aber auch die wohl allgemein übliche Art der Benutzung der Burgen als Zufluchtstätte für die Bevölkerung.

Betrachten wir ein anderes Beispiel für Form und Zweck der toskanischen Burgen. Unmittelbar am Serchio, auf niedriger Bergnase, liegt am Engpaß über der alten Straße Lucca–Pisa, am äußersten Westende des Monte Pisano, die schon 970 erwähnte Burg Ripafratta[114]) über gleichnamigem Ort. Die Wichtigkeit der Straßensperre an dieser Stelle geht hervor aus den 10 Wachttürmen, die in nächster Nähe vom 11. Jahrh. bis 1264 errichtet wurden gegen Pisas alte Gegnerin Lucca. Ripafratta bildet mit den freistehenden Türmen und der offenbar befestigten Mühle eine ungewöhnliche Wehrbaugruppe für Italien (Taf. XXIII).

560 m entfernt liegen in dieser Gruppe, die sich um Ripafratta bildet, Reste, Castello di Cotone genannt, mit über 2,15 m starken Mauern, weitere Türme, die Castello di Mulina di Quosa Tortum, Torre Aquila, Torre della Rocca, Torre di Centino hießen und die dem Besitzer so wichtig erschienen, daß noch 1314 die Gesandten Pisas vergeblich mit Lucca um Rückgabe der Türme verhandelten.

Das Kernwerk der Burg Ripafratta selbst zeigt in weiten Außenzwingern einen etwa 80 m langen und 35 m breiten, vieleckig-langovalen Kernbau mit über 13 m hoher Mantelmauer. Aus dem bis 25 m breiten Außenzwinger führt vom südlichen Außentor, an der östlichen Langseite entlang, der tiefliegende Eingangsweg bis zur NO.-Ecke zu einem nur 0,90 m breiten zweitem Tor, durch dieses gelangt man zum 45 m langen, nur 3,50 m breiten inneren Torzwinger, dessen NO.-Ecke ein 12 m im Durchmesser starker niedriger halbrunder Batterieturm bildet. Rückwärts bis zur Mitte der Gesamtkernburglänge endlich erreicht man das letzte schmale Tor (0,80 m!) in der Mantelmauer. Den Rest derselben umzieht im Norden und Westen eine starke Böschung oder ansteigender Felsen.

Im Innern ist nur ein 3,50 m starker Turm in der NW.-Ecke der Mantelmauer und ein 5,07 zu 4,20 m freistehender kleiner Bergfried aus Quadern in der Mitte des leeren Innenraumes noch erhalten. Die scharfe Südspitze steigt etwa 16–17 m an.

Die Mantelmauerzinnen und Wehrgänge sind noch weit erhalten, auch eine große Zisterne, endlich 2 Wappen (Florentiner Lilie und Kreuz) mit der Jahreszahl 1504 (MD 4), im Burghof ferner außer Wohnbaumauerresten in der Südspitze einige späte Schlüsselscharten und Kanonenscharten. Das Mauerwerk besteht meist aus Kalkbruchstein.

970, 980 und 983 werden 2 Brüder Ildebrando und Gherardo von Teuperto, Lehnsträger der Mensa von Lucca, in bischöflichen Urkunden erwähnt, deren offenbar lango-

[114]) B. E.: Bg. It. VI, S. 49; Rohault de Fleury: Taf. XLIX; Amati II, S. 957.

bardisches Geschlecht dort lange weilt[115]). Lucca, Pisa und Florenz kämpfen später dauernd um die Oberherrschaft. Friedrich II. von Hohenstaufen urkundet 1244 hier. Die starken Werke des wichtigen Platzes wurden noch 1504 im Auftrage von Florenz besichtigt, kein Geringerer als Antonio da San Gallo urteilt damals, daß er nichts Besseres vorschlagen könne, als was bereits ausgeführt sei.

Eine Höhenburg von einzigartiger Lage und Form ist die von tragischen Ereignissen und wilden Kriegsstürmen umwitterte Kaiserburg San Miniato al Tedesco, deren Gründung deutschen Kriegern zur Zeit des Langobardenkönigs Desiderius zugeschrieben wird (Taf. XXII).

Repetti[116]) erwähnt eine Burg des Adalbert um 938, aber erst 1172—78 hören wir von Kämpfen von Pisa, Florenz und San Miniato (als Stadt!) gegen Lucca, das in diesem Jahre die Stadt verbrennt. Sechs Jahre später aber urkundet hier kein Geringerer als Friedrich Barbarossa (1178). San Miniato wird unmittelbar kaiserliches Vikariat — noch unter Rudolf von Habsburg —, dieses bleibt die Stadt 100 Jahre bis zur Schlacht von Meloria. Heinrich VII. versucht vergeblich 1313 die Wiedereroberung, Karl IV. war die Stadt „treu", 1432 jedoch versucht Kaiser Sigismund vergeblich sie einzunehmen.

Ihre Bedeutung verdankt die Burg ihrer einzigartigen Lage, 156 m über dem Meere (Abb. 265). Schon die Ortslage ist fast beispiellos. Der Burgberg bildet einen hohen Gipfel, von dem aus noch 4 lange, tiefer liegende Kämme sich fingerartig vorstrecken, über deren Höhe läuft je eine Straße der Stadt zum Burgkegel. Ihre Häuser kehren die Rücken den steilen Bergabhängen zu, über die der Blick ringsum in fernen Weiten schweift. Der Gipfel bot wahrlich einen beherrschenden Bauplatz für eine kaiserliche Burg. Der Stadtplan zeigt heute nur noch den viereckigen schlanken Bergfried, einen Ziegelbau, dessen höchste Spitze noch einen Glockenturm trug (Aufbauten, wie wir sie in Toskana, in Florenz und Siena kennen). Heute starren auch davon nur noch 2 Rundsäulen gespenstig gen Himmel. An dem genau meßbaren Bergfried von 34 m Höhe und 8,5 m zu 7 m Grundfläche sind noch 2 kurze, 4 m hohe Reste der 1,75 m dicken Mantelmauer der Kernburg erhalten (Abb. 268).

Reste von Vorburgbauten und weite Ringmauerspuren, die bis 120 m vom Turm noch feststellbar sind, sind heute in die Kirche del S. S. Crocifisso eingemauert; selbst der Turm der Kathedrale dürfte noch einen Teil von den großartigen Erweiterungen und Verstärkungen gebildet haben, die dem großen Friedrich I. und dem gewaltigen Kaiser Friedrich II. für die Burg als Schatzhaus und seit 1225 als Reichsvikariat und Gefängnis für seinen geliebten verräterischen Kanzler Peter von Vinea genügen sollten. Frühgotische Tore an den nahen Kirchenmauern deuten auf eine Bauzeit Friedrich II., auch der Turm der Kathedrale könnte darauf hinweisen.

Als Baustoff sind Ziegel von 29 zu 5 zu 14 cm am Bergfried, von 30 zu 7 zu 13,5 cm an der oberen Ringmauer verwendet worden; an den gotischen Toren und Fenstern der nahen Kirchen und im ehemaligen Zeughaus finden wir auch schön geschnittene Quadern und Quaderprofilsteine.

Bastionsreste finden sich an der NW.-Ecke der einst völlig befestigten Stadt nahe dem heutigen Gefängnis.

Mit dem Sturz der Hohenstaufen verlor auch San Miniato al Tedesco seine große Bedeutung. Wohl ernannte Rudolf von Habsburg, als er 1282 dort weilte, noch einen

[115]) Repetti IV, S. 768f. Man nehme von Repettis vortrefflicher Arbeit einmal genau Kenntnis und wird mit Erstaunen sehen, wie allgemein durch die urgermanischen Namen zahlreicher Burg- und Landherren bewiesen wird, wie rein germanisch-langobardisch in Toskana die z. T. noch heute führenden Familien waren. — [116]) Repetti V, S. 79. Weitere Literaturangaben in B. E.: Bg. It. VI, S. 54.

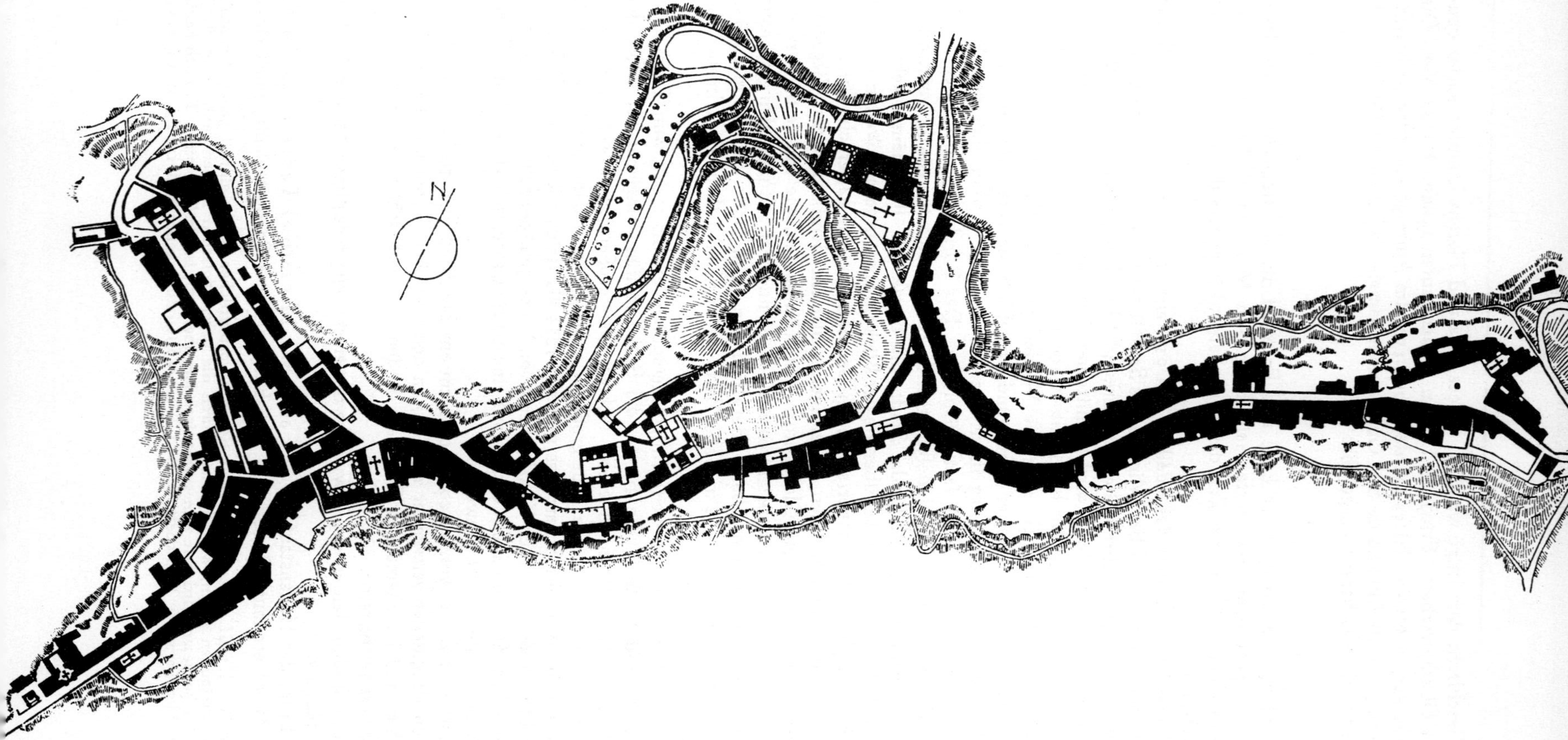

Abb. 265. Höhenburg San Minialo al Tedesco am Arno. Lageplan der Stadt= und Burgruine 1:5000. B. E.

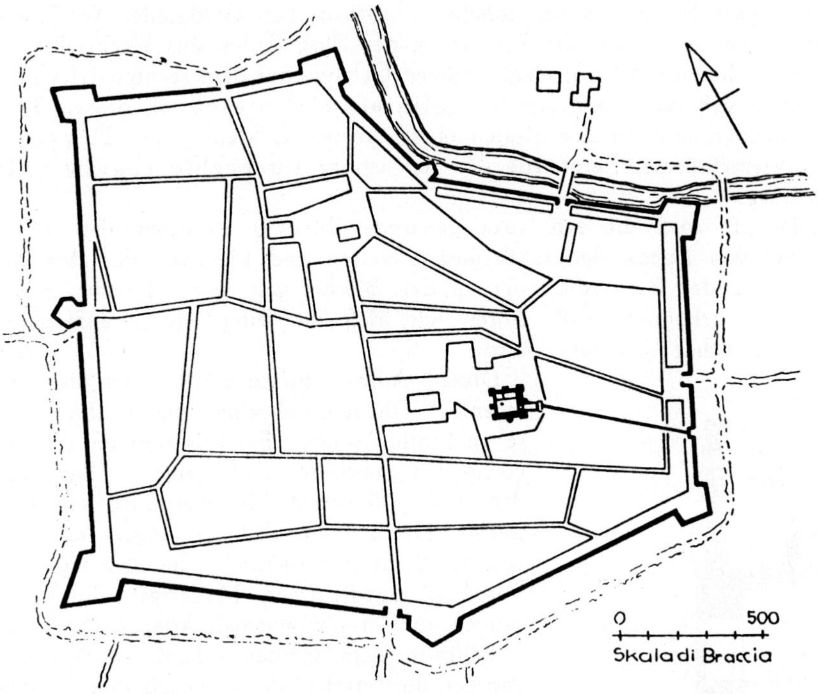

Abb. 266. Hohenstaufen=Stadtburg Prato in Toskana. Stadtplan nach Marchi.

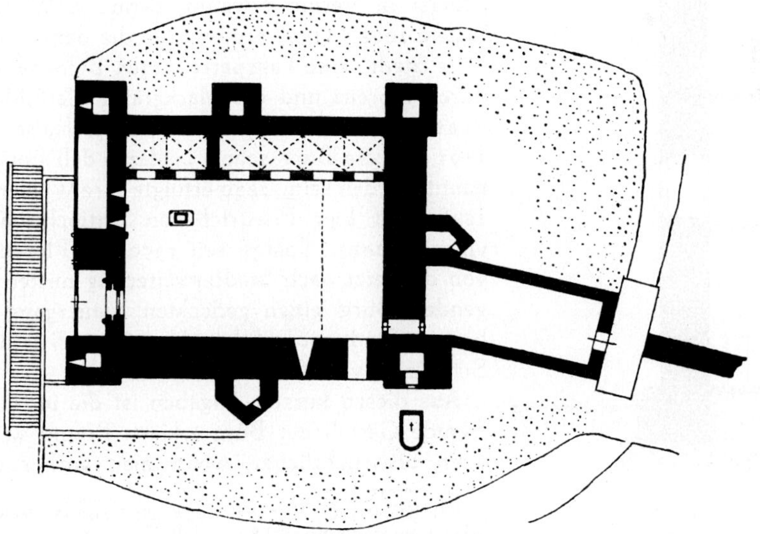

Abb. 267. Stadtburg Prato in Toskana. Grundriß 1:1000. B. E.

Generalvikar von Toskana, der aber einflußlos blieb, und nach 1453 hören wir noch, daß nach Kaiser Sigismund vergeblichem Ansturm 600 Goldgulden für Mauerbauten aufgewendet werden. Über die Zerstörung der Burg fehlen uns Nachrichten.

Auf beherrschender Höhe in dem welligen Gelände auf dem rechten Ufer des unteren Arno erheben sich etwa 7 km von San Miniato al Tedesco, als dessen Brückenkopf sie das Reich erbaute, in den Resten einer turmverstärkten weiten Zwingermauer die schweren Vierecktürme, Bergfriede der Reichsburg Fucecchio und die ovale Mauer der Kernburg.

Vielumkämpft wird die seit 1034 genannte Burg[117]) zwischen den Kaiserlichen, dem Bischof von Lucca, den Ghibellinen, Welfen und Florenz. Für ihre Bedeutung spricht, daß in der Burg, die 1113 an den Bischof von Lucca kommt, Kaiser Heinrich VI. 1184 urkundet. 1187 hören wir, daß die Burg wieder aufgebaut[118]) und Amtssitz kaiserlicher Vizegrafen wird.

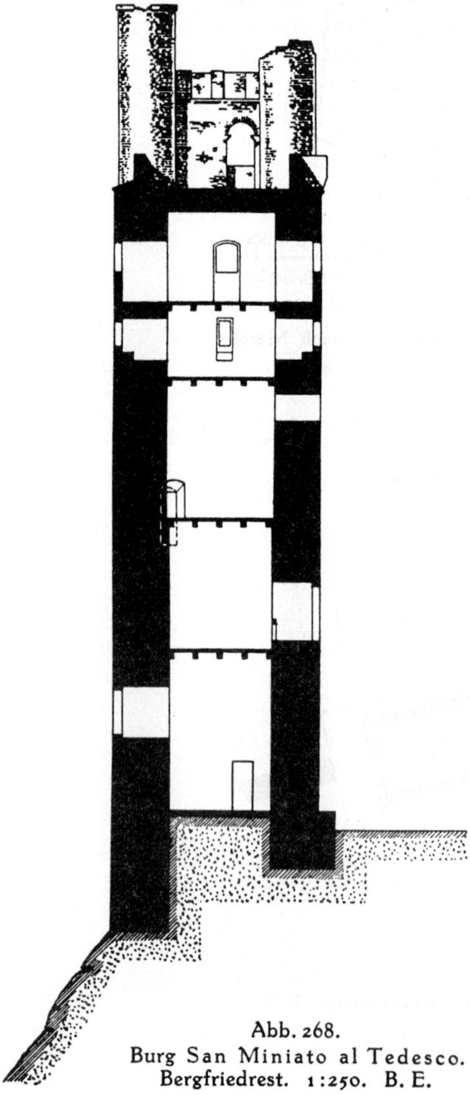

Abb. 268.
Burg San Miniato al Tedesco.
Bergfriedrest. 1:250. B. E.

Diesem Aufbau dürfen wir die noch über 13 m hochragenden Türme zuschreiben und in ihnen reichsdeutschen Einfluß sehen. Freilich sind die daneben sicher vorhanden gewesenen Pallasbauten völlig zerstört, nur den ovalen Mauerring der Kernburg können wir verfolgen. Der größere Teil des Hügels wird noch heute von der Stadt eingenommen, die einst als Vorburg der Veste selbst gedient hat. Mauerreste und Tortürme bezeugen auch dessen ehemals kriegerischen Zustand.

Völlig aus dem Rahmen toskanischer Wehrbauten fällt dagegen der Burgbau des Hohenstaufen Friedrich II. in dem mittelalterlichen Prato am Bisenzio (Abb. 266).

Schon vor der Zeit des erhabenen Bauherrn, 1035, wird eine Burg an dieser Stelle als Besitz der Grafen Alberti di Vernio erwähnt, dann als Wohnsitz seiner Witwe 1092. 1107, 1109 wurde die damals noch kaiserliche Stadt, eine Paßsperre gegen Bologna zu, belagert durch Florenz und die Markgräfin Mathilde, 1191 kam Prato durch Kauf in den Besitz des Kaisers. 1191 und 1193 soll die Burg schon „palazzo dell'Imperatore" genannt worden sein. 1220 erfolgte ihre Wiederherstellung, 1248 wird hier Friedrich von Antiochia als Generalvikar genannt. Später, seit 1350, ist Florenz Herr, das von der jetzt nach Stadterweiterung mitten im Ort liegenden Burg einen gedeckten Mauergang als Radius bis zur Stadtmauer führt. Von jetzt ab teilt Prato alle Schicksale von Florenz[119]).

Aus diesen kurzen Angaben ist die in Toskana ganz fremde Gestalt der Burg erklärt. Fremd wirkt der Bau noch offensichtlicher, wenn man vorher das Castel

[117]) Repetti II, S. 349ff. 923 wird zuerst ein Graf Currado oder Cunerado erwähnt. — [118]) Davidson: Gesch. v. Florenz I, S. 583. Im übrigen vgl. B. E.: Bg. It. VI, S. 27. — [119]) Repetti V, S. 636ff.; Rohault de Fleury II, S. 272 (an anderer Stelle wieder aufgebaut? nach Malaspina); B. E.: Bg. It. III, S. 87; IV, S. 137, 141, 144, 145, 148, 149, 150, 152, 153, 155, V, S. 161, 184. Vgl. Taf. 97—99, 137, Abb. 455, 459; v. Hofmann: S. 217f.; Baldiani: I restauri della Fortezza.

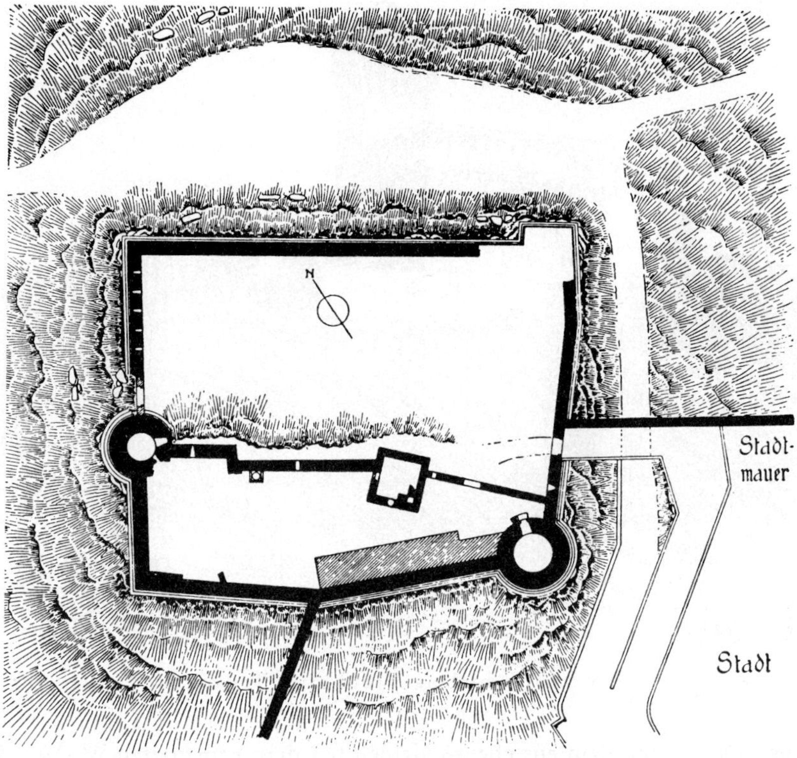

Abb. 269. Burg Staggia in Toskana. Grundriß 1:1000. B. E.

del Monte in Apulien sieht. Hier wie dort ist die Ähnlichkeit der Tore der Kernburgen überzeugend dafür, daß derselbe Bauherr und nur sein damals in Italien fremder „klassischer" Geist die Burgtore (Triumphtore) der beiden Hohenstaufensitze gebaut haben kann. Das war Friedrich II. von Hohenstaufen.

Friedrichs großartige Bauschöpfungen zeigen auch an anderer Stelle eine merkwürdige Mischung römisch=klassischer und mittelalterlich romanisch=gotischer Bauformen und Baugedanken. In Prato tritt das römische Haus mit seinem Mittelhof auch im Wehrbauquadrat sogar noch klarer als antiker Gedanke hervor als in dem mittelalterlich gotischen Achteckbau des Castel del Monte mit seinen romanischen Fenstern und Toren.

Der Pratoer Viereckgrundriß ist dagegen — soweit die heutigen Reste des Inneren ein Urteil erlauben — im Grundgedanken eher verständlich. Ein Mittelhof, wie es das römische Atrium war, bedingt die Gesamtform der Burg (Abb. 267).

Den einfachen Quadratkern der Burg verstärken 8 Türme, 4 quadratische, an den Ecken weit vorspringend, und 4 inmitten der 4 Seiten der Mantelmauer, von denen 2 im Grundriß plätteisenförmig vorstoßen. Damit war hier eine starke Seitenbestreichung möglich, die bei dem mächtigen Pallas der toskanischen Burg Poppi völlig fehlte.

Wir finden in Pratos Grundriß aber auch eine Ähnlichkeit mit byzantinischen Grundrissen, die wir an anderer Stelle schon berührt haben[120]), deren Ursprung bei den lebhaften Beziehungen Friedrichs zum Orient erklärbar ist.

Zwischen dem weit vorspringenden, fast öffnungslosen SW.=Eckturm aus wenig großen Serpentinquadern, der nach Westen nur eine einzige senkrechte Scharte in schöner Hau=

[120]) Siehe Abschnitt: „Die Burgen der griechisch=adriatischen Küste, Griechenlands und Kretas."

Abb. 270. Höhenburg Trebbio in Toskana.

steinfassung zeigt — und dem aus ebenso kleinen Quadern gemauerten W.=Mittelturm — liegt in der tiefen Nische das prachtvolle Marmorquadertor. Bis zur Mantelmauerhöhe reicht der antike, von 2 dunklen Halbsäulen mit Kaneluren und korinthisierenden Blatt=kapitälen getragene Sima=Giebel. Die Sima aus dunklem Stein, von 10 heute abgehauenen dunklen Konsolsteinen unter jeder Giebelseite getragen, bildet heute ein leeres, einst vielleicht durch Metallfiguren oder Ornamente geschmücktes Giebelfeld. Darunter liegt eine hohe glatte Quaderstirn von 9 Schichten Höhe, in die ein stattliches gotisches Spitzbogentor einschneidet mit Hakenbogensteinen, die an apulischen Steinschnitt erinnern.

Um so germanischer wirken die beiden Löwen als Kämpfersteine, die wir in Deutsch=land, aber auch in der Lombardei an so vielen ehrwürdigen Gotteshäusern kennen. Vom Kämpfer des gotischen Torbogens ab wechseln schichtweise wieder helle und dunkle Quaderschichten. In der eigentlichen Türnische standen an jeder Seite abermals 2 kleinere Säulen, deren Kapitelle noch erhalten, die Säulenschäfte aber verschwunden sind. Zwi=schen ihnen durchschneidet ein scharfer Schlitz — für ein eisernes Fallgatter wie im Castel del Monte — die Torleibung, eine Sicherung, die sonst in Italien selten nach=weisbar ist.

Im Inneren sind heute an der N.=Seite des Mauerquadrates 6 kreuzgewölbte Wohn=räume erhalten (16. Jahrh.?), die mit dem kaiserlichen Bau wenig mehr gemein haben mögen. Der Hof, der wie die Torschwelle 6—8 m über Außengelände liegen mag, birgt noch einen Brunnen. Auf den romanischen Mantelmauern sind Zinnen und Wehrgang noch teilweise erhalten. Die NO.= und S.=Seiten umgab noch ein Außengraben.

Die W.=Hauptseite ist spät, am schlimmsten verstümmelt durch Reste von Gefängnis=flickereien und eine zweiläufige spätere Treppe an Stelle des Grabens und einer Torzug=brücke sowie durch Reste späterer Vorburgbauten.

Burg R i p a f r a t t a , Toskana

Burg L u c e r a in Apulien, Süditalien

Burg Ursino in Catania, Sizilien

Stadtburg von Vignola, Norditalien

Von der östlichen Rückseite aus erbauten im 14. Jahrh. die Florentiner einen geheimen gedeckten Treppen= und Fluchtgang. Die Beherrschung der erweiterten Stadt, in deren Mitte nun der Cassero, d. h. die kaiserliche Burg, stand, erforderte die Möglichkeit, die Burg unstörbar mit dem Vorgelände zu verbinden. Der kaiserlich vornehme, gewaltig feste Bau hat trotz des Mordbrandes der Franzosen und mancher Flickarbeit noch heute alte kaiserliche Wucht und Würde behalten.

Die baulich deutsch beeinflußte Burg Poppi war der Sitz eines mächtigen Geschlechtes, das von dort große Teile Toskanas beherrschte. 1191 wurde durch Kaiser Heinrich VI. ein Mitglied dieses Geschlechtes zum Grafen von ganz Toskana ernannt. Der Burgbau ist völlig anders gestaltet wie die bisher als kennzeichnend geschilderten toskaner oder die nachfolgenden umbrischen Burgen zwischen Lerici (Spezia) im Norden und Borghetto bei Civita Castellana, die auf dem Wege nach Orte und Rom im Süden liegen.

1169 wird die Burg zuerst erwähnt als castel di Poppi in Casentino[121]). Sie bleibt im Besitz der Grafen Guido, 1228 erscheint urkundlich ein Teudegrimo in dieser seiner Burg Poppi. Er wird auch 1220 in einer Urkunde Kaiser Friedrichs II. — der die Grafen Guido sogar zu seinen Verwandten zählte — erwähnt. In allen örtlichen großen Händeln sind die Guidi dann beteiligt bis zur Übergabe von Grafschaft und Burg Poppi nach 500jähriger Herrschaft der Grafen Guido da Battifolle an die Republik Florenz am 29. Juli 1440.

Ein einziger gewaltiger Pallas beherrscht, hoch über dem Arno gelegen, das stolze Bild, alle geringen Vorburg= oder Stadtmauerteile sowohl wie die kleine Stadt, die auf dem abfallenden Hügel liegt, dessen Spitze der Prachtbau zugleich mit dem gesamten Land=schaftsbilde krönt.

Der schwere Block des viereckigen dreistöckigen Pallasbaues mit seinen großen romani=schen Rundbogenfenstern im ersten und zweiten Stock und der hohen fensterlosen Stirn des dritten wird durch die Zinnen des Wehrganges bekrönt. Seine dem Florentiner Pa=lazzo vecchio überlegene Masse ohne jede Wehrgangauskragung deutet auf deutsche Wohn=türme hin, die großen Rundbogenfenster mit Mittelsäule, die wir auch in Montefiascone finden, ebenso. Von vorgekragten italienischen Mordgalerien oder Seitenbestreichungen

Abb. 271. Stadtburg Cortona in Toskana. B. E.

121) Repetti: IV, S. 565f.; v. Hofmann: S. 230f.; B. E.: Bg. It. VI, S. 47; III, Abb. 391; IV, Abb. 541, 544, 546, 549, 550, 577; Rohault de Fleury: I, S. 273, 56/57.

Abb. 272. Höhenburg Montepescali in Toskana. B. E.

ist in diesem frühen Bau nicht die Rede. Germanischem Sinn entspricht mehr das Vertrauen auf die gewaltige Kraft des Verteidigers als auf die Ausnutzung klug erwogener Behelfe.

Das Innere umfaßt einen majestätischen romanischen Saal mit sichtbarem Holzdachstuhl, einst farbenprächtig bemalt. Eine prachtvolle Steintreppe mit reichem säulchengetragenen Steingeländer führt in die oberen Stockwerke, sie steht frei in einem engen, aber überreich mit künstlerisch schönen Steinwappen und Figuren geschmückten Hof. Auch hier sind Malereien in bedeutenden Spuren erhalten.

Aus der Mitte der Haupteingangsseite wächst ein bergfriedartiger Turm empor, neben dem das niedrige Haupttor den Pallaskörper unter dem Prachtsaal durchbricht. Nur der untere Teil des Bergfriedes ist unverändert alt, der obere Turmaufsatz ohne Verständnis erneuert.

Von der Stadt trennt ein tiefer Graben die Burg, über den (heute) eine feste Brücke führt; als Brückenkopf dient ein schwerer niedriger Torturm.

Jede kleinere Gliederung tritt an dem wuchtigen Kernbau völlig zurück. Zum Bau sind Bruchsteine und Quadern verwendet.

Zu den ältesten Gipfelburgen Italiens gehört Burg Cortona (Abb. 271).

Gegenüber der Höhenburg Montignoso (Prv. Massa Carrara) mit Kernbauten, innerer winkliger Burg und weiter Vorburg steht im krassen Gegensatz Volterra. Diese Stadtburg ist heute ein langgestreckter Doppelbau von geometrisch gradlinigem Grundriß. Die Bauzeit der berühmten alten Stadtmauern Volterras reicht dagegen bis in die etruskische Vorgeschichte zurück; mittelalterliche Erwähnungen der Burg finden wir seit dem 10. Jahrh. und in Papsturkunden[122]). Sie zeigen, daß der strategisch bedeutende hochgelegene Platz seit jeher befestigt war.

Heute sehen wir auf der äußersten südlichen Spitze ein 1343 von Walter von Brienne errichtetes reichgegliedertes Werk mit bügeleisenförmiger Südspitze, das durch Parallelmauern mit einer 1472—74 durch Lorenz v. Medici errichteten neueren quadratischen

[122]) 3. März 1144 erwähnt i. Bestät.=Urkunde Colestins II. an den Kanonikerkonvent v. Volterra; 29. April 1145 wiederhergestellt von Eugen III.; 25. Mai 1154 wiederhergestellt von Anastasius IV.; 1179 Bestät.=Urkunde Alexanders III. Vgl. Pflugk=Harttung: Papsturkunden III, 53a, 67a, 152b, 271b. Vgl. auch Davidsohn: Gesch. v. Florenz II, 1, 430 und Repetti V, S. 811, 818. Näheres siehe bei Amidei: Sulle fortif. volterrane.

Burg (una fortissima rocca) verbunden ist. Diese hat — wie schon erwähnt — 4 niedrige runde Batterieecktürme und einen hohen runden Mittelturm (maschio)[123].

Die Burg Volterra ist also ein später echt italienischer Wehrbau, dem im 12. und 13. Jahrh. große Bauten vorausgingen, denn schon 1144 heißt es „in Curte de Castello veteri"[124].

Der nüchterne, zinnenberaubte Wehrgang, der heute die ganze Gruppe umzieht, gehört neuerer Zeit an. Die gleichmäßige Dreiteilung aller Außenmauern in hohe schräge Böschung, gleichhohe senkrechte Mauer und ein mit Zinnen gleichhoher Wehrgangteil gehört der letzten Zeit des Burgenbaues an, die eine reine Verstandesarbeit war, aber niemals von dem Geist einer Wohnburg erfüllt war, die jahrhundertelang als Sitz eines wehrhaften Geschlechtes diente.

Besonders klare Beispiele für die Sperrung der Hauptwege durch himmelanstrebende Wehrbauten bieten u. a. die Straßen von Florenz nach Pisa. Auf dem südlichen Wege, der dem Tal des Arno folgt, zieht sich die Kette von Burgen und festen Plätzen von Lastra a Signa, Capraja, Montelupo, Empoli, Fucecchio, San Miniato, Monsummano Alto, Buggiano, Altopascio und die ehemalige Grenzfestung zwischen Florentinern und Lucchesen Nozzano entlang, endlich liegt am Durchbruch des Serchio Ripafratta[125] (Taf. XXIII).

In Toskana ist der Unterschied zwischen Burg und kleinem befestigtem Ort und zwischen ritterlichem Burgherrn und kleingemeindlichem festem Ort oft gering. Der Begriff des Wortes „Castello" ist schwankend. „Castello" wird vielfach für einen festen Ort wie Monsummano alto[126] oder Monteriggioni bei Siena[127] u. a. gebraucht.

Aus der Fülle der toskanischen Burgen wollen wir noch Trebbio bei San Piero im Sievetal (Abb. 270), Staggia (Abb. 269) bei Siena und Sezzate und Mugnana bei Greve nennen, die als Beispiele alleinliegender Burgen in Mittelitalien dienen mögen gegenüber den vielen mit Städten zusammenhängenden Burgen.

Bei San Piero im Sievetal hatten dagegen mehrere Burgen die Aufgabe, den Paßübergang, der durch das Tal nördlich unterhalb Fiesole nach Faenza führt, zu sperren. Außer dem bereits genannten Trebbio dienten als Sperre der Turm Scifanoja, die Burg San Martino[128], die nahe Talsperre Cafaggiolo.

Weitere Festen liegen an der Hauptstraße, die vom Sievetal in das Tal der Elsa bergan führt und dann später im Tale des Lamone wieder herabgeht.

Trebbio bildet im Grundriß eine geschlossene rechteckige Anlage mit viereckigem Bergfried in der Ecke der Mantelmauer. Die Wohnbauten haben gerade Zinnen unter den Dächern ähnlich wie in Cafaggiolo.

Abb. 272.
Burg San Minialo al Tedesco.
Kirchentor. B. E.

---

123) Riccobaldi del Bavas S. 133; Rohault de Fleury II, Taf. XXXI—XXXIII; B. E.: Bg. It. I, S. 8; IV, S. 105, 117, 133, 134, 149, Taf. 168 u. Abb. 433. — 124) Pflugk-Harttung III, 53a. — 125) B. E.: Bg. It. Taf. 102, Abb. 338, 354, Taf. 112, Abb. 337, 342, 343, Taf. 104, 106. — 126) B. E.: Bg. It. Taf. 106, 154. — 127) Ebenda Taf. 117, 121. — 128) B. E.: Bg. It., Taf. 144.

Die Burgen Sezzate[129]) und Mugnana[130]) sind beides unregelmäßige Anlagen. Der Hof von Mugnana zeigt keine einheitliche Durchbildung. In einem Wohnbau sind die vermauerten Bogenöffnungen einer ehemaligen Hofhalle von schöner toskanisch-gotischer Formengebung noch erkennbar. Auf den Wehrbau deuten die Reste einer vorgestreckten Konsolenreihe bzw. eines Bogenfrieses über dem 1. Stockwerk desselben Baues, der ehemals eine gezinnte Wehrgangbrüstung getragen haben dürfte.

Umbrien

Umbrien als Burgengegend unterscheidet sich schon aus abweichender politischer Machtverteilung von dem städtisch glänzend blühenden Toskana.

Die Stadt Spoleto[131]) — oder irgendeine andere umbrische Stadt — erreichte nie die Bedeutung etwa von Florenz. Sie soll freilich schon von Theoderich mit Bauten geschmückt sein, die ihre große Bedeutung beweisen. Da seit 570 das Herzogtum Spoleto in der langobardischen Geschichte erscheint, müssen wir auch annehmen, daß die frühen Herzöge von Spoleto die beherrschende Höhe über der Stadt schon damals durch eine Burg sicherten und daß die lange Lebensdauer dieses Herzogtums auf langobardischer Kraft und Stammesgesundheit beruhte (Taf. XXXI).

Der große Umfang des Bauplatzes auf dem langen, von der Stadt von Südwesten nach Nordosten sich hinziehenden Bergkamm — die große geschichtliche Bedeutung und die politische Macht der Herzöge, von denen einer 617 als Erbauer des unmittelbar benachbarten Domes genannt wird, läßt ebenso darauf schließen, daß die Herzöge von Spoleto besonders machtvolle Burgenbauer waren (Abb. 276, 277, 279).

Ob vorher an dieser Stelle eine römische Arx stand und ob die berühmte, etwa 230 m lange, herrliche, quer durch das Tal führende Wasserleitung von 80 m Höhe auf römischen Resten oder von den Langobarden 604 erbaut worden ist oder später erneuert wurde, alles das kann nur wahrscheinlich machen, daß ein Wehrbau an Stelle der heutigen Burg gleichzeitig bestanden haben muß. Die mittelalterliche Burg wurde freilich im wesentlichen 1364 durch den spanischen Kardinal Albornoz wieder aufgebaut und 1367 vollendet. Im Mittelalter war das Nordende der herrlichen Wasserleitung durch die Burg, das Südende durch einen mauerumringten Turm verteidigt. Um so schwieriger aber findet man den geistigen Zusammenhang eines frühen Wehrbaues mit den heutigen Bauformen der Burg. Völlig abweichend von allen Burgbauten Mittelitaliens steht der Bau, genau regelmäßig

Abb. 274. Asissi. Stadttor von außen.

129) Ebenda: VI, S. 57, III, Abb. 351, Lgpl., vgl. Taf. 105, 167. — 130) Ebenda: VI, S. 39; III, Abb. 352, Grdr., vgl. Taf. 102. — 131) v. Hofmann: S. 307ff. Eingehende Darstellung bei B. E.: Bg. It. I, S. 20; III, S. 89; IV, S. 103, 138, 139, 141, 145, 146, 148, 149, 151, 153, 158; V, S. 186, Abb. 344, 136, 137, 383—87, 421—423. Taf. 1, 3, 11, 132—134.

Tafel XXIV

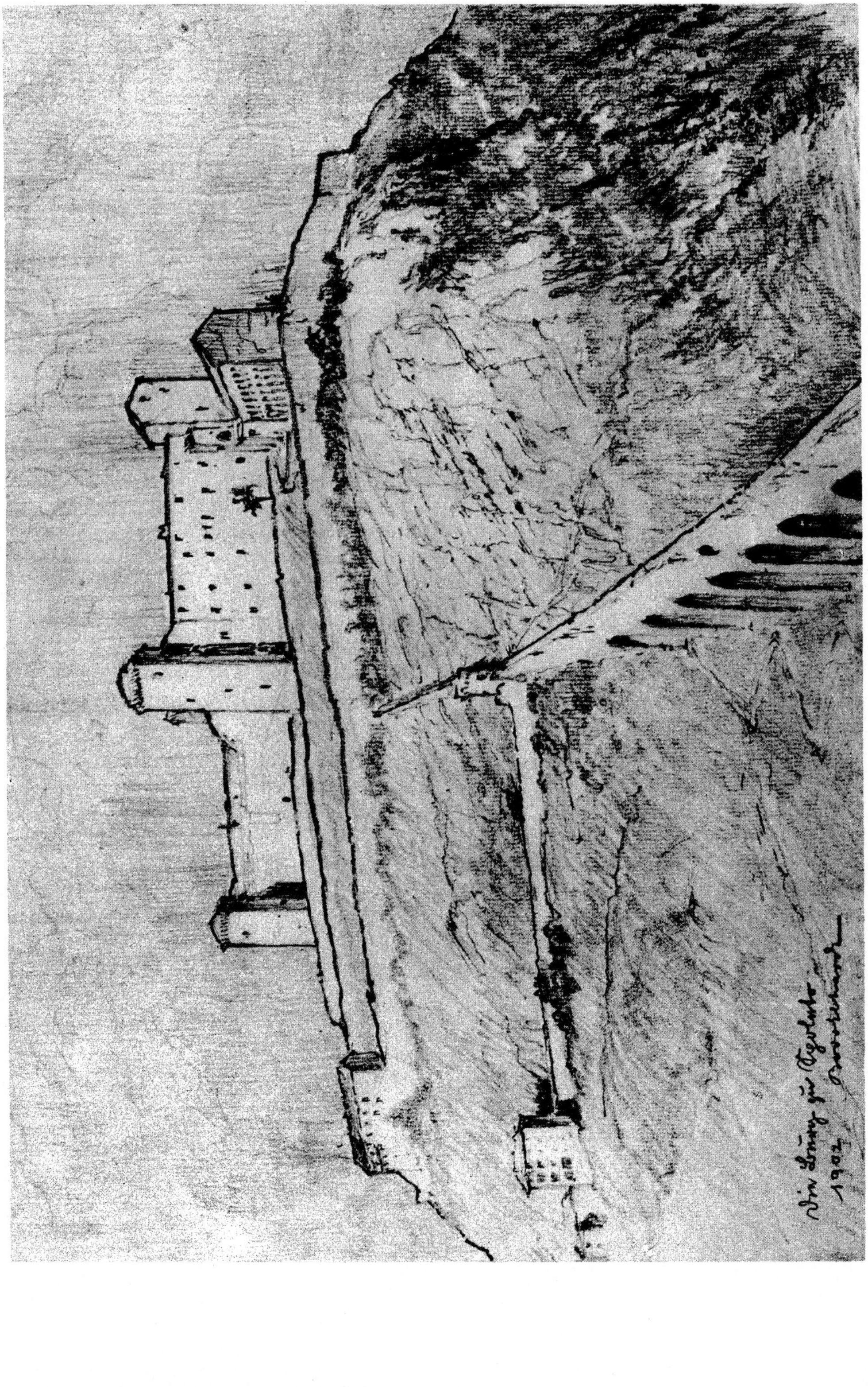

Burg über S p o l e t o, Mittel-Italien

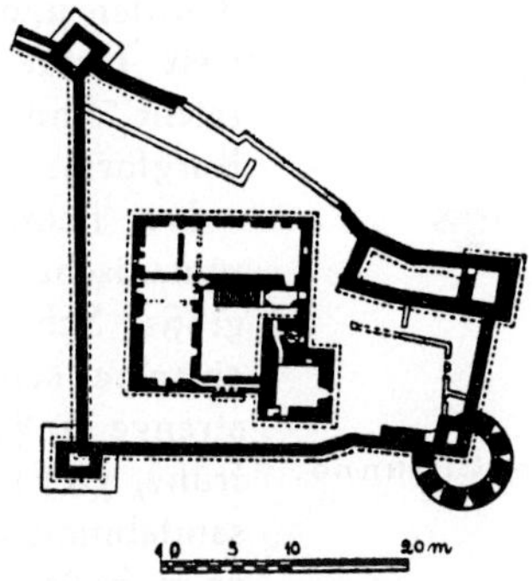

Abb. 275. Die größere Stadtburg Assisi (Rocca Maggiore), Umbrien. Grundriß 1:1000. B. E.

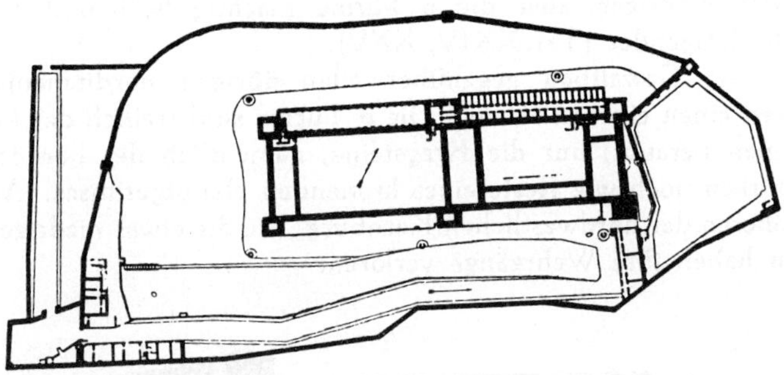

Abb. 276. Burg Spoleto, Umbrien. Lageplan 1:3000. B. E.

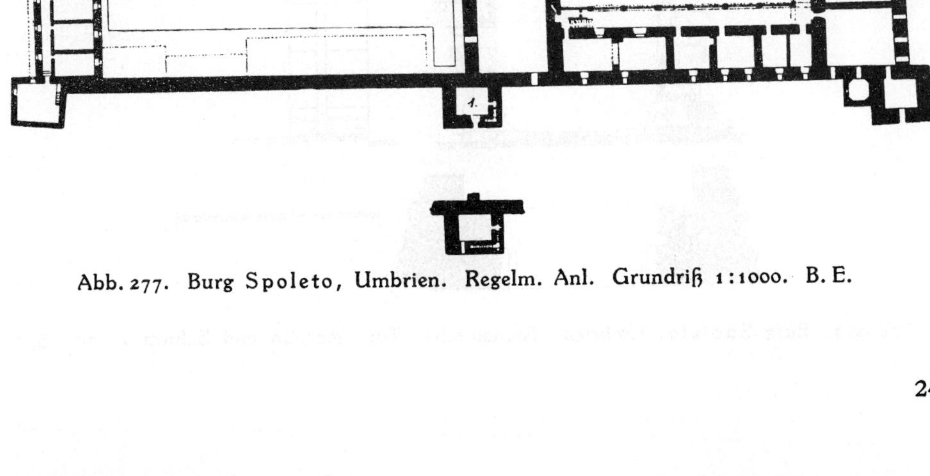

Abb. 277. Burg Spoleto, Umbrien. Regelm. Anl. Grundriß 1:1000. B. E.

Abb. 278. Burg bei Campello sul Clitunno Umbrien. B. E.

um 2 lange Höfe mit 6 viereckigen hohen Türmen und hohen Mantelmauern da. Soweit meine Kenntnis spanischer Burgen reicht, finde ich auch dort keine ähnliche Burgform.

Der heutigen Burg muß aber ein spätromanischer und frühgotischer Gewaltbau großer Schönheit vorangegangen sein, denn einzelne schöne romanische Fenster und strenge große Tore und Wappen zeugen für frühe, großzügige Planung. Auch die Gesamtabmessungen des Baues: 125 m lang, 33 m breit, sind großzügig. Der Grundriß einer zweiteiligen Burg ist auch in der flachen Poebene z. B. im bescheidenen Castel Vigolzone wie in Spoleto andeutungsweise gestaltet, also in lang rechteckiger Form mit 2 fast gleichlangen, genau gleichbreiten Höfen. In Spoleto sind aber beide Teile gewaltig, die Vorburg auch niedriger, aber die 6 Türme mächtig hoch und die Mantelmauern schwerer und hochragender (Taf. XXIV, XXV).

Dadurch hat der Gewaltbau gegenüber allen übrigen norditalienischen und toskanischen Burgen einen eigenen Klang. Die 6 Türme sind freilich der krönenden Wehrgänge und Zinnen beraubt, nur die Kragsteine, namentlich des nordöstlichen dicksten der 6 Türme wirken noch wie Reste eines krönenden Hauptgesimses. Auch die Mantelmauern, die höheren der nordwestlichen Kernburg, wie die etwas niedrigeren südöstlichen Vorburgmauern haben ihre Wehrgänge verloren.

Abb. 279. Burg Spoleto, Umbrien. Romanisches Tor. Ansicht und Schnitt 1:100. B. E.

An beiden Mauern und Türmen sind aber noch Reste der toskanischen langen, geradlinigen, unten spitzen Kragsteine (oft aus 6—10 Quaderschichten) zu erkennen, die aus den Wehrgang-Maschikuli (Bodenlöcher — Fußscharten) ein breiteres Schußfeld nach unten ermöglichten, auch die üblichen vierfachen gerundeten Konsolsteine kommen vor. Die Dächer sind mit Ziegeln (Mönch und Nonne) gedeckt.

Die scheußlichsten Zerstörungen haben nicht Krieg und Unwetter, sondern hat der Nützlichkeitssinn verursacht. Hier ist ein mehr als tausendjähriger Herrschersitz in ein ungeeignetes Gefängnis verwandelt. Dazu sind allein in der Südostfront des Kernbaues etwa 20 viereckige Fensterlöcher gebrochen, wahrscheinlich unter Vernichtung einer ganzen Reihe von formenschönen alten Bogenfenstern.

Abb. 280. Assisi (Rocca Minore). B. E. 1902.

Alles das wirkt zusammen, um die rechte Alterseinschätzung zu erschweren. Erleichtert wird eine Feststellung auch nicht, wenn wir aus der Stammesart des Albornoz als Spanier irgendeinen Einfluß spanischer Kunstformen in diesem Burgenbau suchen. Es ist nach unserer Kenntnis spanischer Burgen in Spoleto nirgendwo ein Einfluß spanischer Bauteile des Bauherrn des Kardinals Gil Alvarez Cavillo Albornoz (1310—67) festzustellen.

Als Baustoff des Äußeren dient hauptsächlich Kalkstein, an den Kanten der Bruchsteintürme durch unregelmäßige Quadern verstärkt. Aus schönen Basaltquadern sind einzelne spätgotische Fenster gefügt, andere zeigen ältere Rundbogen. Viele Torbogen, z. B. im romanischen Mittelflügel — der einen Saalbau von 28,65 m Länge, 10,60 m Breite und 8,00 m Höhe beherbergt — zeigen romanische Quaderrundbogen; z. T. ist die Oberkante der Quader spitzbogig in der Mitte erhöht, auch senkrechte Scharten zeigen Quaderabschlüsse. Am schönsten ist ein rundes Quadertor im Mittelflügel mit großer Quadertafel mit Wappenzier darüber.

Völlig abweichend in Zeit und Kunstformen ist dagegen der Kernburg-Innenhof. Ziemlich flache weite Rundbogenumgänge umziehen 3 Seiten, zweistöckig getragen von 18 achteckigen, spätgotischen Quadersäulen. Alle Bogen sind aus Ziegeln gemauert, mit feinen Gesimsen umschlossen.

Diese Umgänge gehören den Formen nach der Zeit des Albornoz 1364 an, der offenbar keinen vollen Neubau aufführte. Leider sind frühere Bauzeiten nicht belegt, und bei den frühen Nennungen Spoletos in den Jahren 570, 617, 703, 788, 891, 914, 975, 1155 handelt es sich meist um die Herzöge oder um die Stadt. Für den 27. Juli 1155 wird ausdrücklich erwähnt, daß Friedrich Barbarossa die mit nahezu 100 Türmen befestigte Stadt, die auch mit der Burg durch Mauern verbunden war, stürmt, plündert und anzündet[132]). Von der Burg hören wir nichts. Möge es einem glücklichen italienischen Kollegen beschert sein, die sicher überreiche Baugeschichte dieses herrlichen Bauwerkes erschöpfender zu klären und die schwebenden Pläne zu verwirklichen.

Nördlich von Spoleto liegt die Hügelburgruine Campello (Abb. 278).

[132]) Amati VII, S. 935 ff.

Abb. 281. Castiglion fiorentino (= Montecchio vesponi), Umbrien. B. E.

Eine der berühmtesten umbrischen Burgen ist die schon um 506 genannte Rocca Maggiore in Assisi[133]), angeblich 773 erbaut, die von 1174—1198 in deutschem Besitz gestanden hat und als Aufenthaltsort Friedrich II., der hier, dreijährig, getauft wurde, genannt wird, bis sie 1198 gestürmt und zerstört wird[134]) (Abb. 275).

Die Burg zu Assisi liegt auf der Spitze eines Ausläufers des Monte Subasio im Laufe der Stadtmauer. Auf alten Grundmauern wurden später neue Bauten aufgerichtet, und zwar unter Kardinal Albornoz 1367[135]). Die Burg erhebt sich 505 m ü. d. M. und ist eine langgestreckte Anlage von 270 : 60 m Ausdehnung[136]). Der unregelmäßig trapezförmige Zwinger weist einen fast quadratischen Kern mit rechtwinklig aneinanderstoßenden Wohnbauten auf von 24 m Länge und 9,5 m Tiefe, also bescheidene Ausmaße für die große Anlage. Die Wohnbauten haben 3 Stockwerke und werden von gleichmäßig hoher Mantelmauer umschlossen. Wie so viele mittelitalienische Bergfriede steht derselbe in Assisi in einer Ecke der nichtquadratischen Kernburganlage. Der mächtige viereckige Turm ist heute noch bis hoch über die Wehrgangkonsolen erhalten. Vor ihm ist nur die verhältnismäßig schwache Zwingermauer noch gegen den Feind vorgeschoben, obwohl das Angriffsgelände an dieser Stelle nicht sehr ungünstig für den Belagerer ist. Merkwürdig ist ein vieleckiger, zweistufiger, weit vorgeschobener Verteidigungsturm, eine 100 m lange und 3 m starke Mauer verbindet ihn mit der engeren eigentlichen Burg, während eine fast ebenso lange Vorburg vor der Ostseite der Burg liegt. Durch viele Umbauten ist in Assisi mancherlei an den Einzelheiten, wenig aber an der Gesamtdisposition der Burg geändert worden.

Abb. 282. Castiglione del Lago am Trasimenischen See. B. E.

133) Brizi: Della Rocca di Assisi S. 32, 33. — 134) Ebenda S. 34, 35. — 135) Ebenda S. 42: er wollte, daß die Burg wieder erbaut würde, die seit der Verjagung des Herzogs Conrad zerstört geblieben war. — 136) B. E.: Bg. It. VI, S. 7; IV, Abb. 554, Lageplan. — v. Hofmann S. 304.

Spoleto
1902

Burg über S p o l e t o , Mittel-Italien. Brunnen im Hof

Abb. 283. Höhenburg Narni, Umbrien.

An uralter Hauptverkehrs= und Heerstraße liegt Burg und Stadt Narni (Abb. 283). Noch stehen tief zu Füßen mächtige, herrlich gestaltete römische Brückenpfeiler, die auf die alte Bedeutung des Ortes hinweisen. Die Höhenburg[137]), in 363 m Meereshöhe stolz über dem Fiume und dem gleichnamigen Ort gelegen, zeigt im Gegensatz zu Burgen wie der völlig unregelmäßigen, vielgegliederten Ruine zu Montignoso (Prov. Massa Carrara) in Tos= kana ein völlig regelmäßiges Quadrat. Nur 2 Pallasflügel sind freilich an Mantelmauern gelehnt, die beiden weiteren Mantelmauern bilden mit diesen Flügeln den quadratischen Hof. Die Nordost= und Südostflügel zeigen je 3 quadratische, mit Kreuzgewölben über= deckte Räume, von denen im südöstlichen Flügel 2 zu einem größeren Saal zusammen= gezogen sind.

Die Ausdehnung der Wohnbauten ist nicht sehr groß. Die Räume haben eine Tiefe von 7,5—8 m, und jeder Flügel hat eine Länge von etwa 32 m. Die Höhe des Oberstockes ist aber beträchtlich. In den mit Holzbalken bedeckten Räumen beträgt sie 4,91 m und in den gewölbten Räumen 5,32 m. Unter dem Erdgeschoß befand sich noch ein hoher gewölbter Keller von 4,32 m Höhe.

Bauteile aus romanischer Zeit und spätere Anlagen deuten auf eine lange Vorgeschichte von Burg und Stadt, die nach langer größerer Blüte durch die Zerstörung im 16. Jahrh. schwere Rückschläge erduldete.

In der Provinz Perugia nennen wir noch die zum Teil gut erhaltene Höhenburg am Trasimener See Castiglione del Lago (Abb. 282) mit ihrem viereckigen Bergfried.

Nördlich von Assisi ist die gut erhaltene Burg Gualdo Tadino oder Rocca Flea zu nennen[138]). Auch sie hat durch ihre Lage strategische Bedeutung. Sie besteht aus einer inneren Burg, die an der starken nördlichen Schildmauer liegt. Eine eigene Mantel= mauer umfaßt den Pallas von nur 2 Räumen, der zwischen 2 Türmen — dem frei vor der Schildmauer stehenden Bergfried und einem inneren Eckturm — liegt. Die hohe kahle Schildmauer, an die sich ein späterer Wohnbau mit der schmalen Seite lehnt, ver=

[137]) Ebenda S. 305; B. E.: Bg. It. III, S. 91 Pläne, Taf. 131 Ans.; VI, S. 40. Vgl. Gerstfeldt: Umbrische Städte S. 68f. — [138]) B. E.: Bg. It. III, S. 95; IV, S. 135, 137, 139, 147, 148, 149; V, S. 189, Abb. 408—410, 540 u. Taf. 152· v. Hofmann S. 310.

deckte die ganze Burg dem Auge des Angreifers. Der viereckige Bergfried an der Ecke des Burgmantels erhebt sich 535 m ü. d. M. Vom Zinnenkranz sind nur noch lange schräge Konsolen erhalten, auf denen das moderne Zeltdach ruht.

Im Torzwinger, aber noch hinter der Schildmauer, steht obengenannter zweiter Wohnbau. Auch er wird außen noch durch 2 Türme verteidigt. Beide Wohnbauten im Innern von Burg und Vorburg bilden länglich viereckige Häuser. Die Räume des stärkeren inneren Pallas sind in beiden unteren Geschossen mit Steingewölben überdeckt, im obersten Geschoß sind Holzdecken angeordnet.

Die verhältnismäßig einfachen Tür= und Fensterformen zeigen in der Burg Renaissancefaschen, sind also erst im 15. oder 16. Jahrh. in die Außenmauern gebrochen. In dem Wohnbau der Vorburg ist noch der Rest einer gotischen Tür erkennbar.

Mittelitalienische Küstenburgen

Die große Ausdehnung der Küsten Italiens bot zahlreichen kriegerischen und räuberischen Völkerschaften, die das Mittelmeer umwohnten, eine Menge von Landungsstellen, die zu verteidigen rings an den italienischen Küsten größere oder kleinere Burgen errichtet wurden, Häfen und frei gelegene Orte durch Mauern und Türme widerstandsfähig gemacht wurden. In keinem Lande finden wir so zahlreiche kleine Küstenburgen oder Warttürme wie in Italien. Alle diese Wehrbauten waren zugleich gegen einen Angriff von Land und von See her zu sichern.

Groß war die Bedeutung des Wassers in Hafenstädten, wie Genua, Neapel, Livorno[139]) (Abb. 288) an der Westküste. Während an den Burgen des Tieflandes Wassergräben den Verkehr sperren, war hier gerade das Wasser das Verkehrsmittel, es galt hier umgekehrt, die Wasserstraße durch feste Werke zu sperren. Deshalb wird z. B. die alte Hafenstadt Livorno schon im Mittelalter von mächtigen Türmen verteidigt. Ein ganzer Kranz von Türmen war um die Hafeneinfahrt errichtet, fast alle auf Felseninseln im Meer.

Unter den wehrhaften Wachttürmen sind besonders der 53,69 m hohe Torre del Marzocco Calambrone, 1433 von Florenz auf Resten eines alten Turmes nördlich der

Abb. 284. Höhenburg Populonia bei Piombino.

139) B. E.: Bg. It. VI, S. 31, dort werden Türme und Befestigungen genauer aufgezählt.

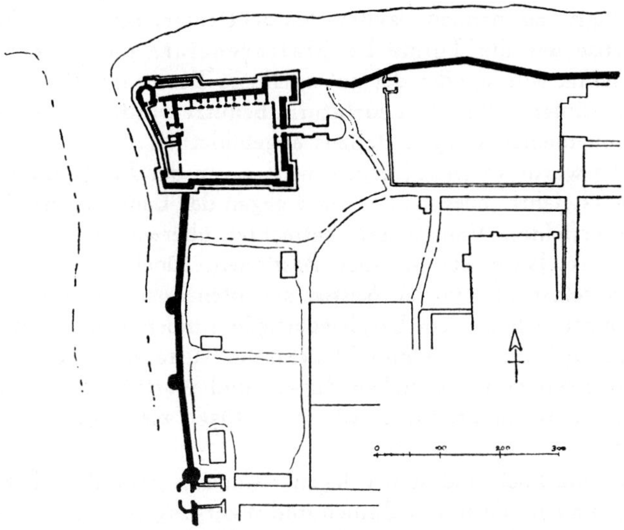

Abb. 285. Hafenburg Fano, Ostküste Mittelitaliens. Ziegelbau. Grundskizze nach Zeichnung des 18. Jahrh. Staatsarchiv Rom.

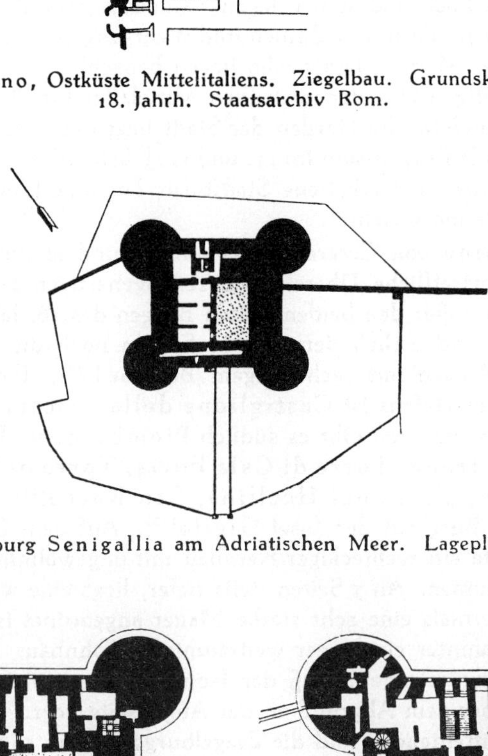

Abb. 286. Hafenburg Senigallia am Adriatischen Meer. Lageplan 1 : 2000. B. E.

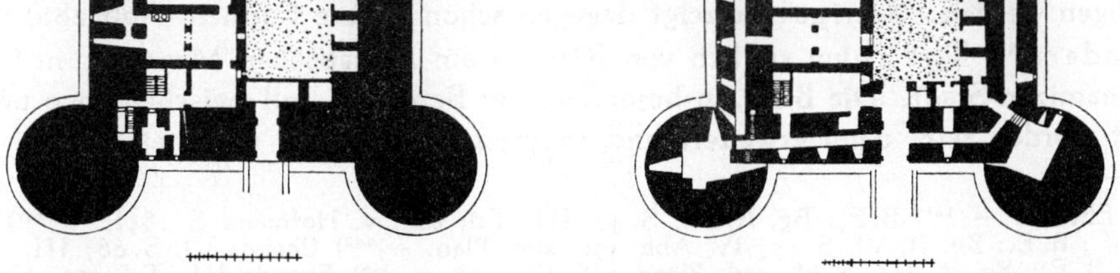

Abb. 287. Hafenburg Senigallia am Adriatischen Meer. Unter= und Oberstock 1:1000. B. E.

Hafeneinfahrt erbaut, zu nennen, weiter der achteckige, schlecht erhaltene Turm La Magna, der ebenso wie die Türme La Maftarecciata und Torre della Meloria 1154 von Pisa errichtet wurde, oder der gut erhaltene Torre del Fanale, um 1300 ebenfalls von Pisa erbaut, der später als Leuchtturm benutzt wurde u. v. a. Alte Pläne solcher Burgen habe ich in meinen Burgen Italiens abgebildet[140]).

Der Hafen selbst wurde verteidigt gegen die See von der Fortezza vecchia — schon 1103 erwähnt, im 15. Jahrh. ausgebaut — und gegen das Land von der Fortezza nuova in der Stadt 1590 errichtet. Vom Wasser betrachtet, überwiegen bei der Fortezza vecchia die aus dem 16. Jahrh. stammenden Bastionen. Doch ist der ältere Kern sowohl in dem Baukörper selbst, also in den Resten der alten quadratischen Anlage der Pisaner erkennbar, wie namentlich in dem bergfriedartigen runden Hauptturm.

Wir müssen uns auch die ganze mittelitalienische Küste am Meere und hoch auf den Felsen reich übersät mit mittelalterlichen Burgen und Warttürmen denken. Einige wichtige, wie Lerici und Spezia, erwähnten wir schon, fügen wir hier aber noch einige kleinere Wehrbauten hinzu.

Populonia ist eine hoch und steil gelegene Ruine in dem alten Ort Populonium mit Ringmauerresten, rundem Turm mit Zinnen und Wehrgang auf Kragsteinen[141]) (Abb. 284).

Auf der Südseite des Monte Massoncello liegen benachbart die Burgen Piombino[142]) im gleichnamigen wichtigen Ort, der im frühen Mittelalter für Pisa Stützpunkt für ihren Besitz der Insel Elba bildete. Im Norden der Stadt liegt das Castello und am Kanal nach Elba die Rocchetta, beide Burgen sind im 11. und 12. Jahrh. erbaut von den Grafen Appiani und Adalberti. Der dritte, gut erhaltene Stadtturm Torrione (Porta a Terra) wurde erst 1447 durch Rinaldo Orsino errichtet.

1501 wurde Piombino von Cesare Borgia erobert und abermals befestigt. Der alte Stadtplan gibt eine vortreffliche Übersicht dieser eigenartigen Hafenburg.

Die Insel Elba weist außer den beiden späten Burgen des 16. Jahrh. in Portoferraio, dem Forte Falcone und östlich dem Forte Stella noch die Burgruine Volterraio auf, eine burgartige Anlage mit rechteckigem Bergfried[143]). Ein unbekanntes Beispiel eines befestigten kleinen Hafens ist Castiglione della Pescaia westlich von Grosseto.

Eine Menge kleinster Anlagen gibt es südlich Piombino, so Torre di Castiglioncello, Torre del Motrone, Torre di Cala Furia, Torre di Vada, Torre del Ranito, Talamonaccio, Torre del Ucellina, San Rocco[144]).

Bedeutender ist die Burg auf der Insel Giglio[145]). Auf dem Granitfelsen erhebt sich hart an der Felsenkante ein rechteckiger Kernbau mit ungewöhnlich starker Mantelmauer und 9 inneren Wohnräumen. An 3 Seiten, teils tiefer, liegt eine weite Vorburg, vor deren langer Parallelseite abermals eine sehr starke Mauer angeordnet ist. In ihrer Mitte liegt auch das Haupttor, dahinter ein langer weiträumiger Wohnbau.

Um zur Kernburg zu gelangen, muß der Kommende um diesen an 3 Seiten herumsteigen, da das Tor über dem Abgrund an der Außenseite liegt.

An der Ostküste Mittelitaliens sind die Ziegelburgen genau so festzustellen wie in der Poebene. Als Beispiele mögen die Burgen Gradara, Fano (Abb. 285), Macerata usw. angezogen werden. Senigallia zeigt dagegen schon andere Formen (Abb. 286, 287).

Gradara[146]) liegt 25 km südlich von Rimini am Adriatischen Meer, 142 m über der gleichnamigen Stadt. Die Burg, insbesondere der Bergfried, soll zwischen 1000 und 1182 erbaut worden sein, dann erweitert und 1307—25 wieder neu errichtet.

---

[140]) Ebenda. — [141]) B. E.: Bg. It. VI, S. 47, III, Taf. 124; v. Hofmann S. 184f. — [142]) Ebenda S. 184ff.; B. E.: Bg. It. VI, S. 45; IV, Abb. 436, alter Plan. — [143]) Ebenda VI, S. 66; III, Taf. 110. — [144]) B. E.: Bg. It. III, S. 98, vgl. Pläne auf Taf. 110. — [145]) Ebenda III, Taf. 109, Grdr. und Ansicht. — [146]) Ebenda VI, S. 28; Sacconi: Relazione dell'Ufficio Regionale S. 387ff.

Tafel XXVI

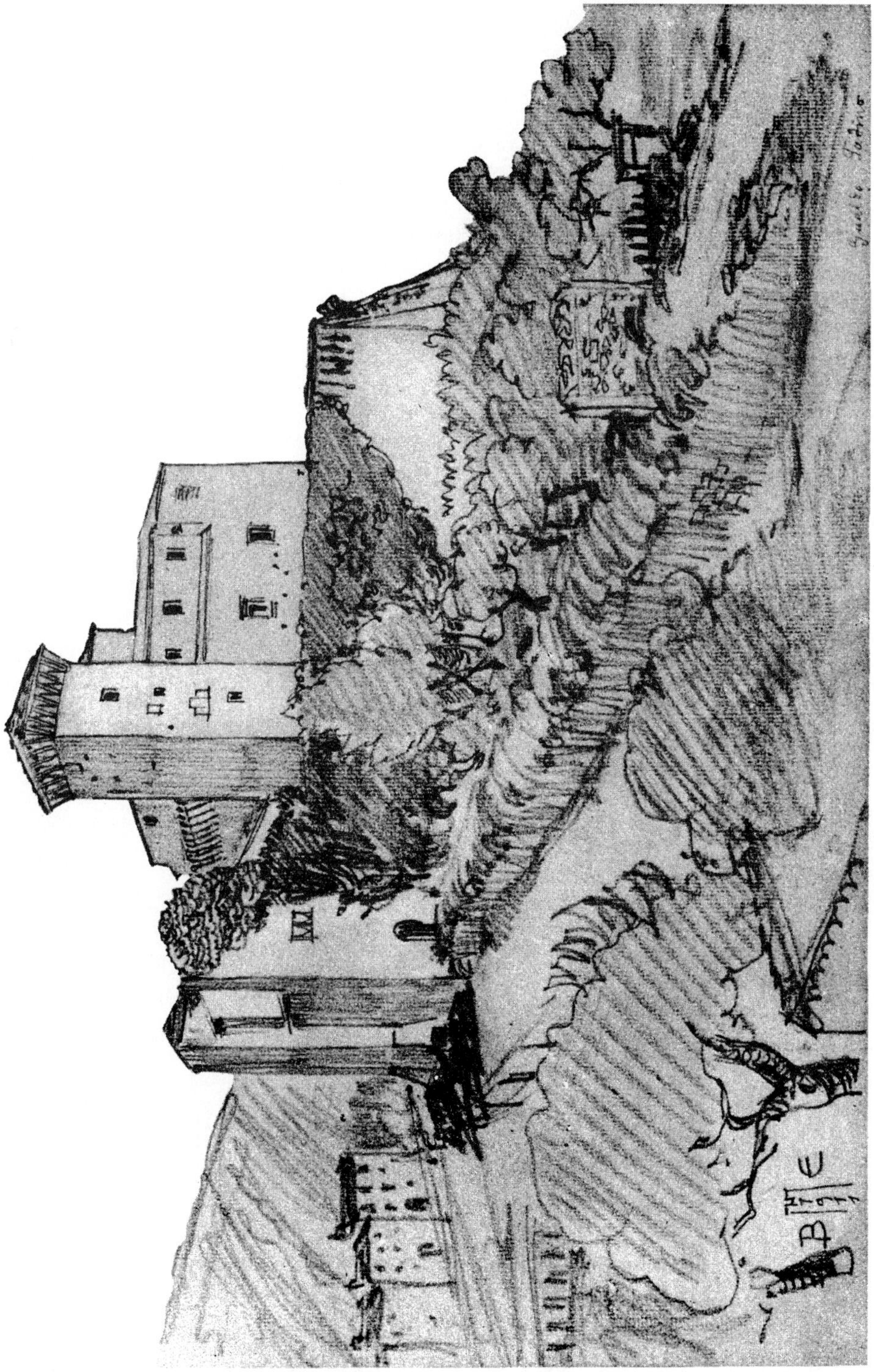

Burg Gualdo Tadino, Italien

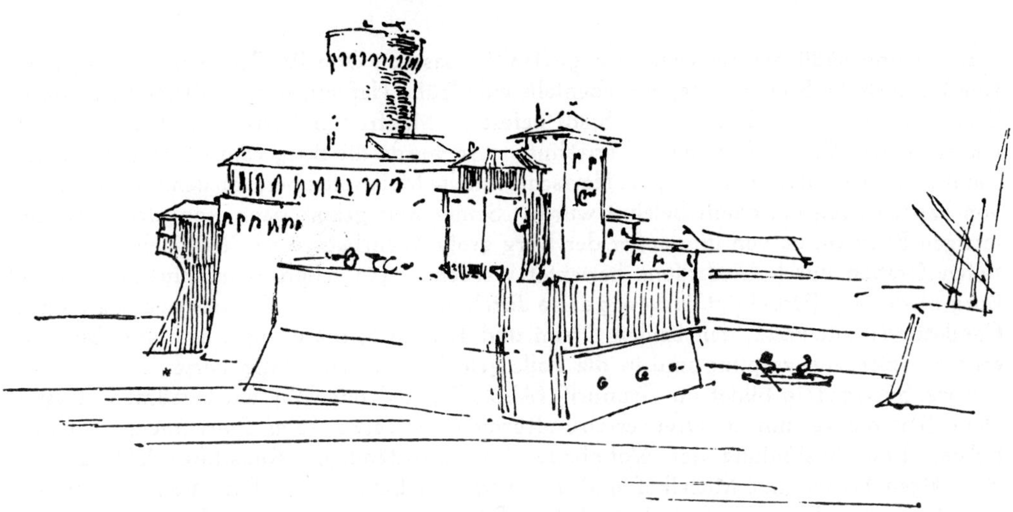

Abb. 288. Hafenburg Livorno an der Westküste Mittelitaliens. B. E. nach alter Darstellung.

Die gut erhaltene Burg bildet im Kern ein Rechteck von 45 : 24 m mit viereckigen Eck-türmen. In der Mantelmauer sind heute große Fenster eingebrochen. Die Türme zeigen starke Böschungen, als besondere Eigentümlichkeit derselben ist hervorzuheben, daß diese auf dem Grund quadratisch sind und durch die Böschungen in ein Achteck übergeführt werden. Gradara zeigt starke Dossierungen, darüber einen gedeckten Wehrgang auf rundbogigen Konsolen. Der Bergfried nimmt eine der Ecken ein, er überragt den Kern-bau und die übrigen 3 Ecken und ist mit Zinnen bewehrt. Die einfache Kapellenanlage wurde 1878 wiederhergestellt. Die Burg und Stadt umgebenden Mauern zeigen unregel-mäßigen Verlauf und sind durch viele vorspringende viereckige Türme verstärkt.

Südwestlich von Gradara liegt in den Marken landein Urbino[147]) auf steiler Berg-kuppe mit der gleichnamigen Burg, dem herzoglichen Palast, der im 15. Jahrh. erbaut worden ist. Der feste Wohnbau wird von 2 schlanken runden Türmen flankiert. 1578 und in neuerer Zeit wurden die Wiederherstellungen an dem hervorragenden Bau vorgenommen.

Im angeblichen Heimatort des großen Lehrmeisters der Baukunst, Vitruv, in der er für die Schwester des großen August die berühmte Basilika baute, in Fano[148]) hat ebenso wie in Gradara die Verwendung der Ziegelmassen zu einer planmäßigen höchsten Aus-bildung des Zweckmäßigen und Schönen geführt. Die Burg (fortezza), am Hafen ge-legen, besteht wesentlich heute noch aus einem mächtigen vieleckigen Turm mit Zinnen-kranz und mächtiger Böschungsmauer und einer rechteckigen Mantelmauer in der Ecke der alten Stadtmauer.

Die früher berühmte Hafenstadt war von alten Mauern und tiefem Wallgraben um-geben. Die Burg selbst war durch einen breiten, tiefen Meerwassergraben von der Stadt getrennt. Der Grundriß (Abb. 285) entstammt einer alten Zeichnung vom Staatsarchiv in Rom und gibt die alte Grundform wieder.

Man muß den Innenraum aber als eine vornehm fürstliche Behausung ansehen, denn wir wissen, daß hier noch im Jahre 1463 während der großen Belagerung der Stadt und Burg durch den Herzog von Urbino die Gattin, die Töchter und der Sohn des Sigismondo v. Malatesta, der Prinz Robert, Hof hielten und erst nach 4 Monaten die Burg und Stadt verließen. Darüber meldet uns ein Bericht[149]).

[147]) B. E.: Bg. It. VI, S. 63; v. Hofmann S. 157, 170. — [148]) Ebenda S. 156, 169; B. E.: Bg. It. VI, S. 24; III, Taf. 126, 143; IV, Taf. 153; Amati III, S. 605ff. — [149]) Castellani: L'assedio di Fano S. 29ff.

Das weiter südlicher gelegene Senigallia[150]), das von Otto IV. Zeiten bis zu Albornoz eine kriegerische Rolle spielte, war ebenfalls eine frühe Hafenburg am Adriatischen Meer. Schon in kaiserlicher Zeit war die Stadt befestigt, Manfred eroberte 1264 den Platz, den Dante in der „Divina Commedia" erwähnt. 1416 wurde die Burg vom Meer und von der Landseite angegriffen, 1445 ging die Herrschaft an die Malatesta über, von denen Sigismondo von Papst Eugen IV. damit belehnt wurde. Seiner Zeit gehört dann wohl der Kern der jetzigen Burg an, da von ihm außer der Burg große Wehrbauten an Stadtmauern, breiten tiefen Gräben durch Medaillone berichtet werden. 1459 schon nahm Pius II. ihm die Burg wieder ab. Berüchtigt ist Senigallia durch den Verrat Cesar Borgias an den 4 großen Condottieri: Vitellozzo, den beiden Orsini und Liverotto, die er als Gäste und Bundesgenossen glänzend empfing und in die Falle gelockt, nachher strangulierte.

Burg Senigallia bildet im Grundriß (Abb. 286, 287) ungefähr ein Quadrat von etwa 38 m Seitenlänge mit 4 Dreiviertelrundtürmen von etwa 16 m Durchmesser an den Ecken. Eine Ausbildung der Wohnbauten zur selbständigen Kunstform fehlt diesem viereckigen Kastell mit Mittelhof und den niedrigen Ecktürmen. Die Wohnräume sind so gut es ging der aus rein wehrbaulichen Rücksichten angeordneten Form eingepreßt, wie es sich nach den Umständen zufällig ergab.

In der jetzt als Gefängnis ausgebauten Burg liegt die Kapelle heute im 2. Obergeschoß oben auf der Höhe des flachen Daches. Wahrscheinlich handelt es sich um eine spätere Zutat.

Die nach Ravenna sehr bedeutende Hafenstadt Ancona zwischen den Gebirgen des Monte Astagno und Monte Guasco birgt ebenfalls eine Stadtburg, deren Reste auf den Bau von 1532 von Antonio de Sangallo zurückgehen, der die Burg auf Befehl Clemens VII. errichtete[151]). Der Bau gehört also nicht mehr der Burgenzeit an.

Auf einer Felsnase mitten im Ort über Offagna thront die gleichnamige, mächtige rechteckige Burg (400 : 100 m) mit den Außenwerken, mit quadradischen Ecktürmen und einem ebensolchen Bergfried mit starkem Unterbau. Auffallend ist die Höhe der fast von keiner Öffnung durchbrochenen gezinnten Mantelmauer und die sehr große Zahl von 17 Schichten Riegellöchern in ihrem Ziegelmauerwerk[152]). Die Ziegelsteine messen 0,06 : 0,12 : 0,30 m. Der Bau wird den Jahren 1454—1455 zugeschrieben.

Auch Fermo hatte eine Hafenbefestigung, ebenso das benachbarte Porto San Giorgio an der Küste mit mächtigem viereckigem Bergfried.

Acquaviva Picena bei San Benedetto zeigt noch einen guterhaltenen niedrigen runden Eckturm mit hoher Böschung und Konsolenwehrgang[153]).

Am rechten Ufer des Tronto gelegen hatte Ascoli nicht erst im Mittelalter, sondern schon in der Antike als Mittelpunkt der Völkerschaft der Picentiner große Bedeutung. Wie viele italienische Städte war auch Ascoli Piseno[154]) durch mehrere Burgen beherrscht. Schon Friedrich II. kannte die Wichtigkeit der Lage von Ascoli als wichtiger Sperrpunkt an der Heerstraße von Ascoli über Arquata und Monte Reale nach Aquila. In Ascoli waren es 2 Burgen: die Fortezza an der Porta maggiore, die 1349 erbaut worden ist, und die Burg La Pia, 1564 errichtet, also kaum noch burgartig. Dadurch war Ascoli sowohl von der Höhe wie von der Ebene aus schwer angreifbar bzw. wohlverteidigt.

Die hochgelegene Stadtburg war durch einen weiten, unbebauten Abhang von der Stadt selbst getrennt, aber die Stadtmauern ziehen sich von unten bis hoch zur Burg

[150]) B. E.: Bg. It. VI, S. 56; Amati VII, S. 483ff. — [151]) B. E.: Bg. It. VI, S. 6 vorzügl. Plan von Stadtmauern, Kirchen und Stadtburg zeigt v. Fürstenhoff v. 1680 (Staatsbibl. Berlin X, 2003. 2°. Bl. 127); D'Anchise, E.: Una pianta d'Ancona del sec. XVI. Feroso: Ancona. — [152]) B. E.: Bg. It. VI, S. 41. — Sacconi S. 291. — [153]) Für die letztgenannten Burgen siehe B. E.: Bg. It. VI, Register. — [154]) v. Hofmann S. 318f.; B. E.: Bg. It. VI, S. 7; III, Taf. 111, 140, 142.

Wohnturm der Burg P a t e r n o , Sizilien

Burg Monte S. Giuliano, Sizilien

hinauf, die die Stadt gegen die Angriffe von der Höhe deckte, solange weittragende Geschütze fehlten.

Die Stadt selbst soll ehemals 200 Türme gehabt haben, die z. T. bis ins 10. Jahrh. zurückgehen. Friedrich II. ließ 1242 viele Türme zerstören[155]).

Abruzzen

Normannen und Hohenstaufen bis zu Friedrich II. haben ebenso wie in Apulien auch im Hochland der Abruzzen einige großartige Bauten errichtet.

Schon vor dem Bau der Stadtburg war Aquila[156]) eine sehr feste Stadt mit 12 Toren und einer Mauerlänge von 5,5 km. Die Stadt war eine Neugründung Friedrichs I. in strategisch günstiger Lage. Man berichtet, daß die Stadtmauern über 10 m hoch waren. Von einer Stadtburg hören wir nichts Bestimmtes.

Die heute erhaltene, nicht mehr burgliche bastionierte Stadtfeste wurde aber erst 1534 von Karl V. erbaut unter Leitung des Malteserritters Pier Luigi di Scriva Valentino. Sie hat 4 starke gezinnte Bastionen und wird von weitem Graben und starken Quadermauern umgeben. Es fehlte dem Bau, wie schon so vielen vom 15. Jahrh. ab, die burglichen Bauten Bergfried, Pallas und damit eine ritterliche Zweckgestaltung.

Bewundernswert sind die unterirdischen Anlagen mit dem großen, außerordentlich geschickt angelegten Gängelabyrinth.

Die Burg der Orsini, Avezzano (Abb. 294), nahe dem Fuciner See wurde, ursprünglich dem 13. Jahrh. angehörend, von dem Architekten Francesco di Giorgio Martini 1490 errichtet. Im Grundriß bildet sie ein Rechteck mit 4 drei Viertel runden Ecktürmen und einem runden Bergfried. Der regelmäßige Burghof ist ohne große architektonische Durchbildung gestaltet. Späterer Zeit gehört der Wehrgang der Burg Avezzano an, der heute wohl völlig in Wohnräume eingebaut ist, aber dessen Anlage doch außen noch rings um die viereckige Mantelmauer und um die 4 Ecktürme erhalten ist[157]). Herrliche Wappenbären (Ursini) schmücken die Gewände des Haupttores.

Auf einem Hügel am heute ausgetrockneten Fuciner See liegt auf höchstem Gipfel die Hohenstaufenburg Celano[158]) über gleichnamiger Stadt, die 1223 von Friedrich II. verbrannt und später neu aufgebaut wurde. Der gewaltige Bau der heute noch erhaltenen Burg stammt aus dem 13. Jahrh. Er bildet ein Viereck mit 4 Ecktürmen, die fast gar nicht über die sie verbindende hohe Mantelmauer vorspringen, durch deren Größe der Formengebung und Schönheit ihrer Einzelausbildung Celano fast alle anderen Burgen Mittelitaliens überragt. Der Bau ist außerdem so einheitlich wie wenige andere geplant. Parallel zu den 4 Umfassungsmauern liegen innen die regelmäßigen Wohnbauten, die sich nach den schönen Säulenhallen öffnen, die den regelmäßig viereckigen Hof umschließen (Abb. 290, 291, 292).

Wie alle Vor- und Rücksprünge am Bau, selbst die 4 quadratischen Ecktürme, die den ganzen Bau ihren Stempel aufdrücken, sehr bescheiden bemessen sind, zeigt auch das vornehm-harmonisch gestaltete Haupteingangstor in der Mitte der Mantelmauer eine ganz feine Profilierung des Spitzbogens, der das sehr niedrige Tor umrahmt (Abb. 289, Taf. 52, XXVII).

Diese schlichte Lösung und kleine schmale Eingangsöffnung erinnert einerseits an die flachen Wandnischen der sarazenischen Cuba in Palermo, hat andererseits hier den Zweck, innerhalb der Mauer Platz für ein eisernes (!) Fallgatter anordnen zu können, ohne die

---

155) Köhler: I, S. 178, 271, 304. — 156) B. E.: Bg. It. III, Taf. 138; IV, S. 114, 132, 155; V, S. 173, 180, Abb. 654 u. VI, S. 6 weitere Quellen. — v. Hofmann: S. 317f. — 157) B. E.: Bg. It. III, S. 88; IV, S. 114, 132, 133, 137, 140, 141, 144, 147, 149 usw.; V, S. 173, 180, 181, 182, 185, 188, Abb. 526—29. — 158) Ebenda VI, S. 19; v. Hofmann S. 291, 323f.

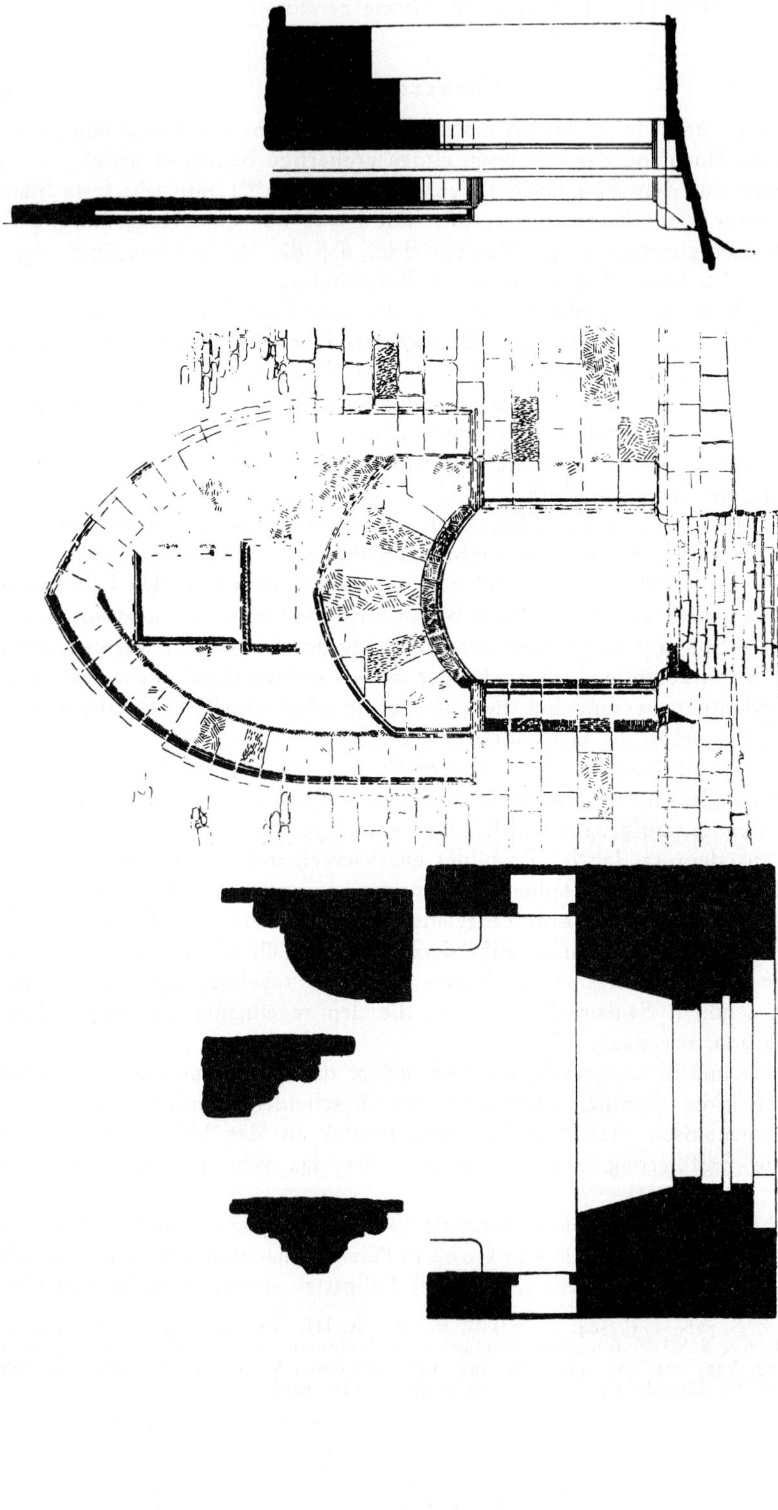

Abb. 289. Höhenburg Celano über dem Fuciner See, Abruzzen. Ansicht des Portals 1:100. B. E.

Burg Celano, Mittel-Italien

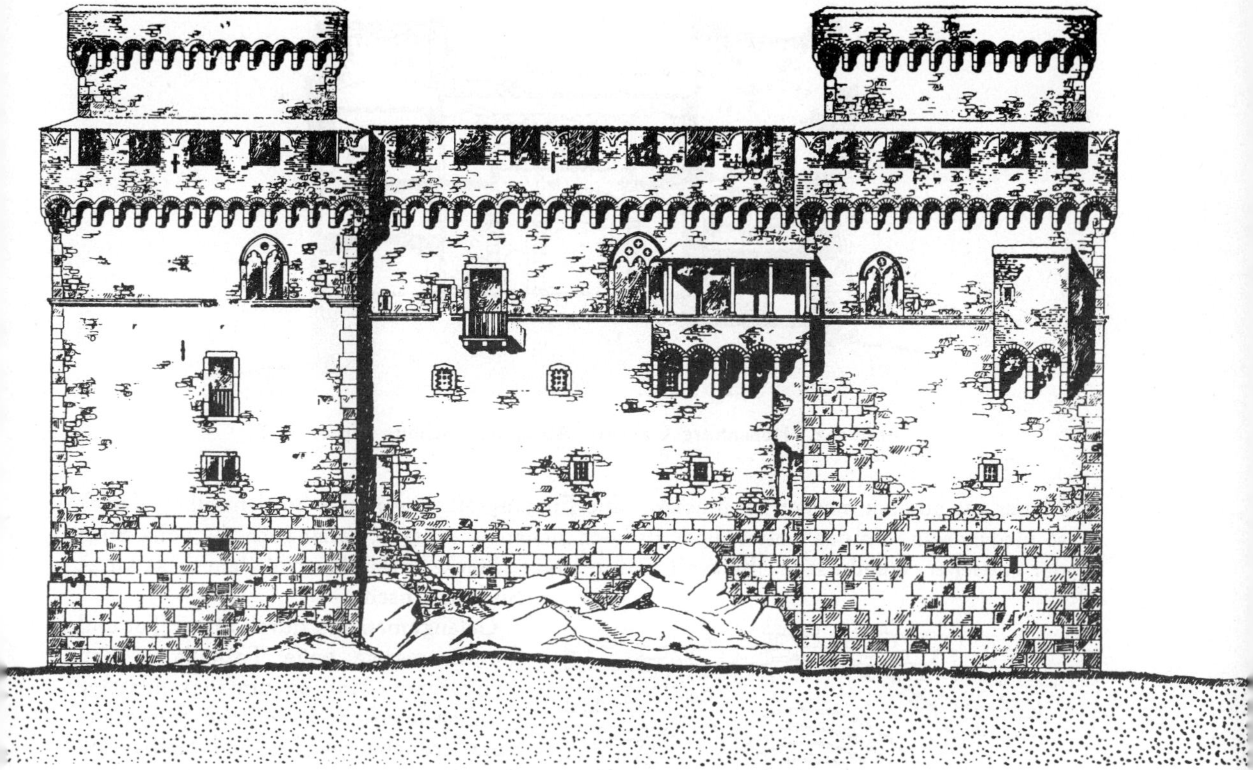

Abb. 290. Höhenburg Celano, Abruzzen. Ansicht B. E.

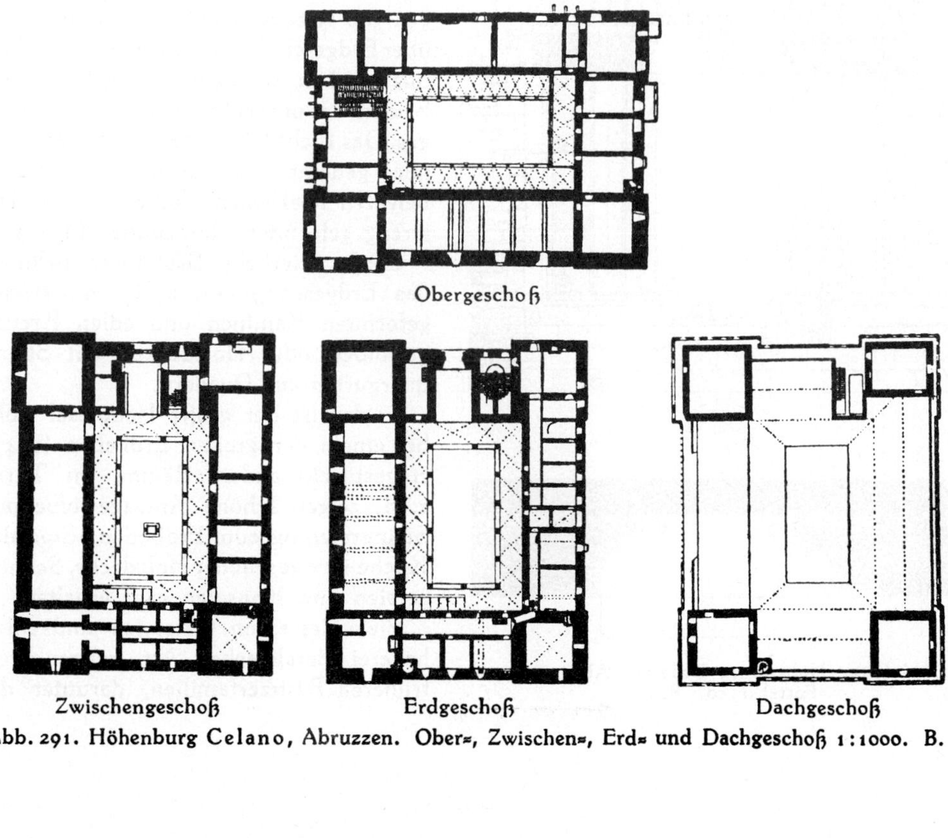

Abb. 291. Höhenburg Celano, Abruzzen. Ober=, Zwischen=, Erd= und Dachgeschoß 1:1000. B. E.

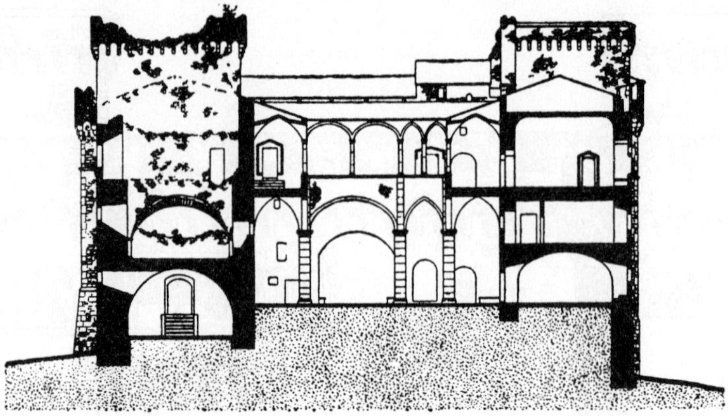

Abb. 292. Höhenburg Celano, Abruzzen. Schnitt 1:500. B. E.

Mauer gar zu dick machen zu müssen. Die Eingangsöffnung mußte zu demselben Zweck so niedrig sein, um das Gatter nicht zu hoch ziehen zu müssen, daher auch die hohe Stirn der gotischen Wandnische. Reizvoll und in stolzer Stärke wirkt aber trotzdem diese kurze Südoststirnseite.

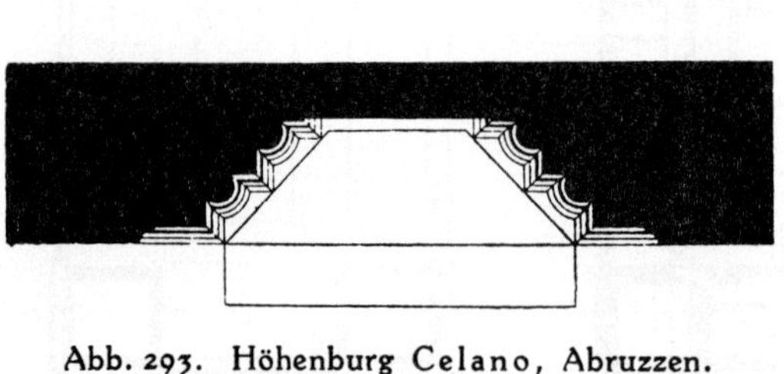

Abb. 293. Höhenburg Celano, Abruzzen. Portal 1:50. B. E.

Gelangt man nun durch dieses Tor und die dämmerige hohe Torhalle in den wunderbaren Hof, so umfängt uns eine wirklich feierliche kaiserliche Stimmung trotz Erdbebenschaden und Halbverfall des alten Baues. 14 wunderbare hohe Säulen mit frühen Knollenkapitälen tragen die Kreuzgewölbe der Hofumgänge über Erdgeschoß und Zwischenstock, darüber stehen 30 kleinere bogentragende Säulen des oberen Kreuzgewölbeumganges. Das Licht fällt selbst im Monat April noch gedämpft auf den mit Steinplatten belegten feierlichen Hofboden und den streng geformten Hofbrunnen (Taf. 51).

Große feierliche Saalräume nehmen das Erdgeschoß ein, z. T. mit streng geformten Kaminen und edlen Kreuzgewölben oder Holzdecken auf Steinquergurten aus Quadern.

Leider ist der große Hauptsaal wohl bei einem der großen Erdbeben (1647) eingestürzt, andere Räume im Turm z. B. zeigen schöne Kreuzgewölbe mit Steingraten bis zum Erdboden. Eine alte Küche ist mit schöner Holzdecke, Schnitzereien und Konsolen ganz erhalten.

Viele Reste von Malereien und Bildhauerei heraldischer Art zeugen von früheren Besitzerfamilien, darunter die

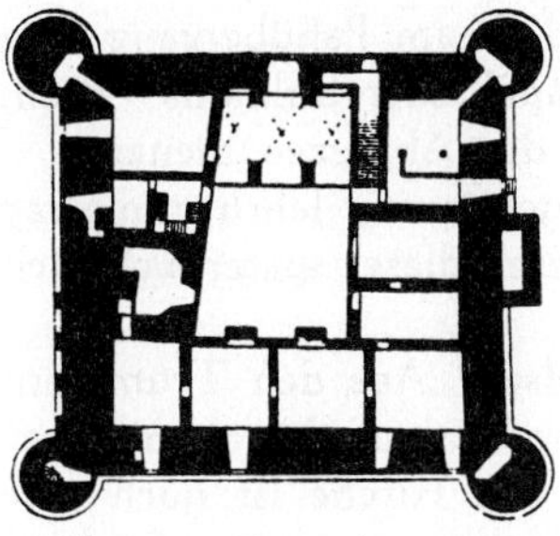

Abb. 294. Burg Avezzano, Abruzzen. Grundriß 1:1000. B. E.

Grafen von Celano (die Friedrich II. 1223 vertrieb), nach dem Sturz der Hohenstaufen die Ruggiero, dann später die Aragonesen und Piccolomini und andere Familien, endlich die Fürsten von Arezzo.

Dieser häufige Besitzwechsel hat seine Spuren auch am Bau hinterlassen, Fenster und Türformen zeigen grundverschiedene Formen (Taf. 52).

Neben einer rein deutschromanischen Kapellentür mit Rundbogen mit gestufter Leibung sehen wir strenge, flache Viereckstüren mit inmitten anwachsendem Steinsturz, Zweilichtfenster mit romanischer Mittelsäule und Kleeblatt- oder Dreipaß- und Eselsrückenbogen, ganz nüchterne Viereckfenster, an den ringsum erhaltenen Wehrgängen Vierkantzinnenhäupter aus Bruchsteinen und Ziegeln. Außer Quer- und senkrechten Schlitzscharten finden sich Kreuz- und späte Schlüsselscharten (Abb. 293, 295).

Rings um die rechteckige Kernburg ziehen sich lange Eingangszwinger mit Toren, z. T. heute durch Bauernhäuser überbaut, z. T. noch mit Mauertürmen und erhaltenen Wehrgängen versehen, auch Rundtürme mit Böschungsfüßen und mehrfachen Vortoren.

Als Baustoff finden wir marmorartigen Pietradura. Als Dach dienen Ziegel, Mönch und Nonne.

Zierliche Balkone mit hohen schlanken Säulen werden von 4—5fachen Kragsteinen getragen.

Celano bietet ein Beispiel für die Anwendung der frühen regelmäßigen viereckigen Form, die später im ausgehenden 15. Jahrh. wesentlich geändert wurde, da die Höhenentwicklung, die Celano noch zeigt, mehr und mehr eingeschränkt wird bis zu den niedrigen Formen von Volterra, Senigallia, Avezzano u. a.

Geschichtlich sowohl wie ihren Formen nach gehört Celano zum Königreich Neapel, aber die reichen Fenster der Burg, an denen deutscher und apulischer Einfluß erkennbar ist, gehören der süditalienisch-hohenstaufischen Schule an. Innerhalb der Bauten des mittelitalienischen Gebietes, wie wir es gefaßt haben, ist Celano ein Bau von seltenem Adel der Erscheinung und von einer solchen Liebe der Durchbildung bis in die kleinsten Einzelheiten, daß in Mittelitalien diesem Bau nichts an die Seite gesetzt werden kann.

Die Burg Tagliacozzo[159]) liegt 763 m hoch, ebenfalls am Fuciner See, am Ausgang einer Schlucht, aus der der Imelu hervorbricht. Sie wird von geringen Resten einer ältesten Burg „Castelvecchio" überragt. Die Ruine der alten Burg liegt annähernd 790 m hoch über dem Ort. Sie

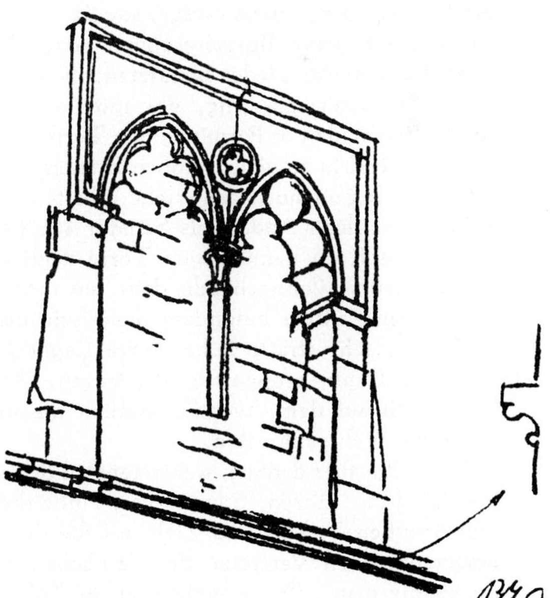

Abb. 295. Höhenburg Celano, Abruzzen. Spitzbogiges Zwillingsfenster.

[159]) B. E.: Bg. It. III, S. 88; V, S. 173, 180, 189; Colarosse-Mangini: Memorie storiche di Popoli S. 24, 60, 85.

bildete mit Celano, Avezzano und Scurcola und Orindoli am Paßübergang eine Burgengruppe, die wichtige Wegekreuzungen (Avezzano—Neapel oder Sulmona—Rom, Aquila) beherrschen, sie sollten aber auch zur Beherrschung der Abruzzen dienen.

Der Palazzo Ducale Orsini in Tagliacozzo wurde erst später im 14. Jahrh. um 1325 erbaut. Hervorzuheben sind die gefällige Ausstattung des Inneren dieser später wohnlich veränderten Burg und die schönen Holzdecken.

Die Burg Scurcola-Marsicana liegt 727 m hoch auf Felsen. Aus den Trümmern ragen noch 4 Türme, 1 runder Turm und eine Kirche empor, die aus der alten Burgkapelle des 13. Jahrh. im 16. Jahrh. hergerichtet wurde. In der Kirche ist noch eine Heiligenfigur zu sehen, die der blutige Karl v. Anjou zur Erinnerung an seinen Sieg bei Tagliacozzo stiftete[160]).

Gebiet um Rom

Kein anderer Teil Italiens macht die Eingliederung der Burgbauten in klar gekennzeichnete Arten, wie sie sich etwa im Pogebiet ohne weiteres herausschälen lassen, so schwer, wie das Gebiet um Rom. Die Erbauer der Burgen waren oft nicht bodenständig, weder die Bauherren noch die Architekten bildeten im frühen Mittelalter eine örtliche Schule. Auch die Tätigkeit einer baukundigen Familie, also von Vater und Sohn und Enkel, wie wir sie bei deutschen Baumeistern der Dome finden und auch anderen deutschen Baukünstlern, die im Auslande arbeiteten, wie die Meister am Dom in Burgos, können wir an den Wehrbauten Mittelitaliens des 11. bis 14. Jahrh. schwer nachweisen.

Auch überragte keine einzelne Herrschergestalt einheitlich und lange genug einen so großen Landesabschnitt Mittelitaliens, um einer Wehrbau„schule" oder einer Gruppe von Bauleuten aus den Resten eine einheitliche Entwicklung zu ermöglichen. Fremde, immer wechselnde Päpste bestimmten in Rom und dem wachsenden Kirchenstaat auch wechselnde Formen der Bauaufträge, soweit sie überhaupt wehrbaulich geschlossene und planmäßig durchdachte Burgengruppen errichteten und nicht ältere römische oder mittelalterliche Baureste wieder benutzten. Kaum mehr als einzelne Wehrtürme finden wir im römischen Stadtmauerring, die mittelalterlicher Wehrbauplanung entstammen[161]). Es muß auffallen, daß in Rom von den Torre Gentilizie so wenige auf unsere Tage gekommen sind, während in so vielen großen Städten, wie in Viterbo 200 erwähnt werden, namentlich in Bologna noch zahlreiche erhalten sind. Wir hören freilich, daß der Bologneser Brancaleone degli Andalo als Senator 140 (?) Türme des Adels zerstören ließ. Von den Türmen in Rom nennen wir: Torre degli Anguillara in Trastévere und das damit verbundene frühe Wohngebäude, dann um 1200 die starke Torre delle Milizie, der mit seinem schlankeren Aufbau besonders malerisch aussieht. Ferner sind zu nennen: Torre Cantarelli, die sehr straffe hohe Torre Capocci (um 1500 Besitz der Vanozza de Catanei), Torre de Conti, großenteils abgetragen. Aus der Zeit Innocenz III. stammt die Burg der Savelli auf dem Aventin, endlich die unbedeutende Casa e Torre Borgia mit ausgekragten Wehrgangresten.

Mansollte aber denken, wenigstens an den großen alten Heerstraßen, die von den Alpen bis nah Rom führen, Spuren von einheitlichem Wehrbauschaffen zu finden, da doch hier deselben Zwecke und Ziele auf die durchziehenden und im frühen Mittelalter auch längeransässigen Vertreter der deutschen Kaisermacht einen Einfluß ausgeübt hätten. So könnte man z. B. versucht sein, in Toskana eine hohenstaufisch-ghibellinische Wehr-

[160]) B. E.: Bg. It. VI, S. 56. — [161]) Siehe B. E.: Bg. It. VI, S. 51. Vgl. Gregorovius: Gesch. d. Stadt Rom im Mittelalter, S. 1407; Egger: Römische Veduten nennt noch Torre del Grillo, Torre Colonna nach Anton v. d. Wyngaerde.

Burg Mussomeli, Sizilien

Inselburg T r a p a n i , Sizilien

Burg B a j a , Süditalien

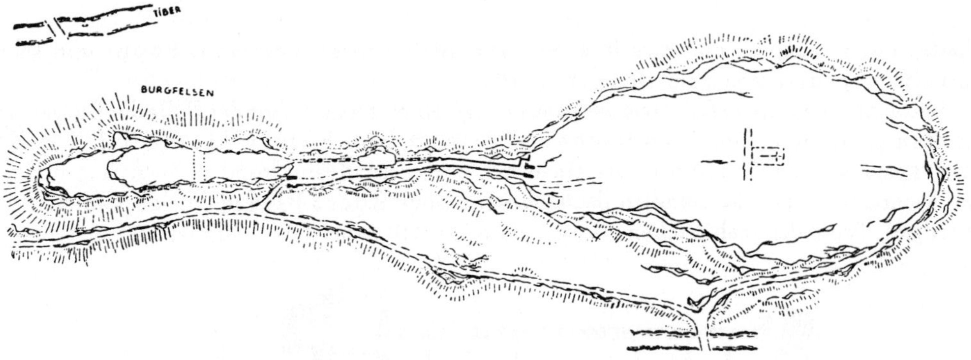

Abb. 296. Felsnasenburg Orte, zwischen Tiber und Nera. Lageplan 1:4000. B. E.

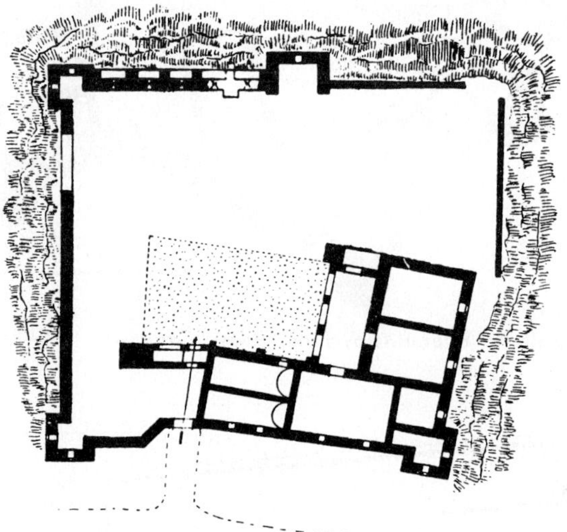

Abb. 297. Zeitweise Ordensburg Montefiascone, Prov. Rom. Grundriß 1:1000. B. E.

Abb. 298. Stadtburg Bolsena, am gleichnamigen See. Grundriß 1:1000. B. E.

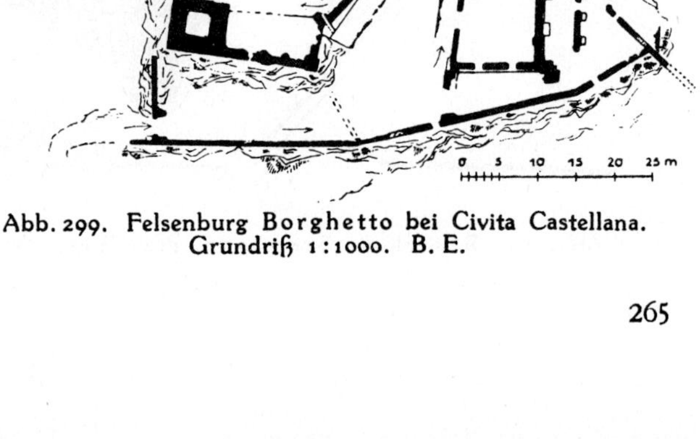

Abb. 299. Felsenburg Borghetto bei Civita Castellana. Grundriß 1:1000. B. E.

bauschule zu suchen, die etwa in Pisa, San Miniato al Tedesco, Poppi und selbst bis nach Verona und zum Brenner führte.

Betrachten wir einige Beispiele des römischen Gebietes näher. Aus der Fülle der Burgen und Ruinen greifen wir zunächst Bolsena am See von Bolsena heraus (Abb. 298, Taf. XXVIII). Die Feste war eine Stadtburg, die einen schräg=geradlinigen Grundriß zeigt, wie auch die an wichtiger Heerstraße ziemlich flach gelegene Burg Rocca Flea in Gualdo Tadino (Prov. Perugia). Von den zahlreichen Burgen, die die Ufer des Sees säumten, ist erstere eine

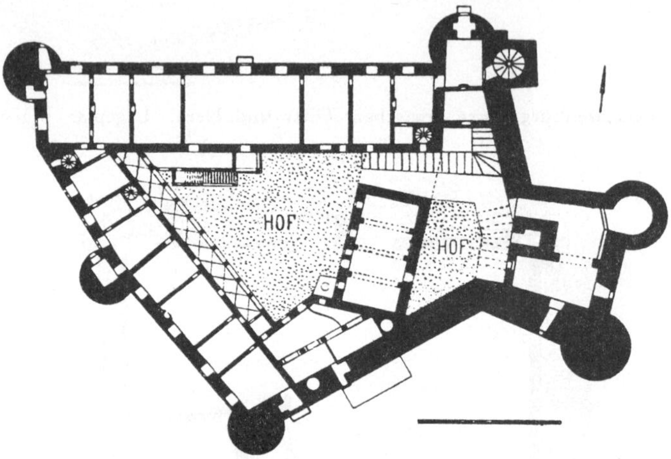

Abb. 300. Baronalfeste Bracciano, Prov. Rom. Grundriß Erdgeschoß 1:1000. B. E.

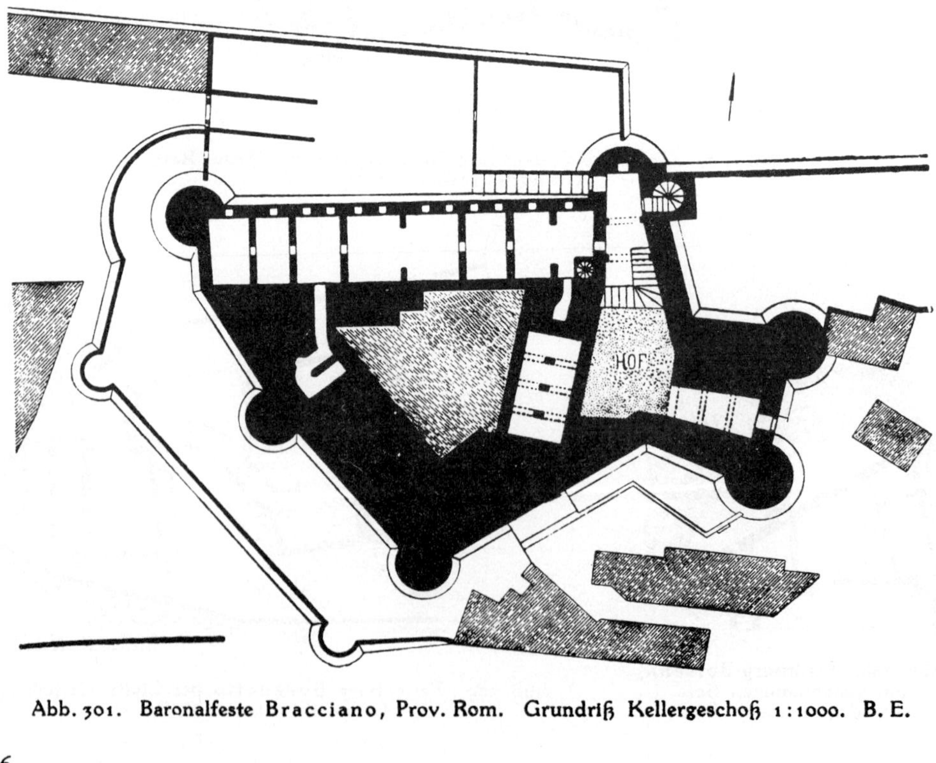

Abb. 301. Baronalfeste Bracciano, Prov. Rom. Grundriß Kellergeschoß 1:1000. B. E.

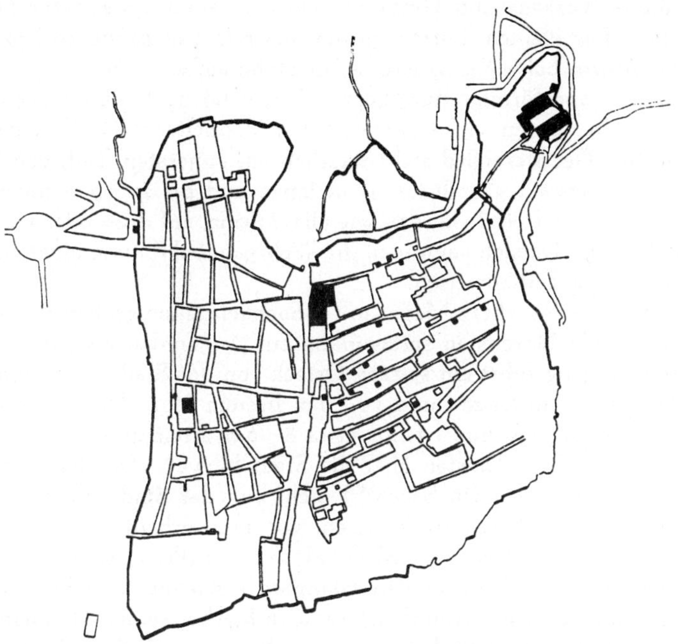

Abb. 302. Höhenburg Corneto dei Tarquinia a. d. Marta. Lageplan 1:10000.

Abb. 303. Höhenburg Corneto dei Tarquinia a. d. Marta. Grundriß 1:2000. B. E.

besondere Anlage. Sie erhebt sich auf einem Hügel in geringer Entfernung vom Seeufer und zeigt die in Toskana und Umbrien häufig vorkommende starke Höhenentwicklung der 4 Türme. Die kleinen Türme messen bei nur 4 m Breite 19 bzw. 22 m Höhe, während der Hauptturm bei 5,5 m Breite 29 m Höhe aufweist[162]).

Die unregelmäßig trapezförmige Burg liegt auf dem höchsten Punkt der gleichnamigen Stadt, unmittelbar über deren viel tieferliegendem doppelten NO.-Tor, dessen Verkehr sie völlig beherrscht. Der Bergfried steht westlich am äußersten Teil, von ihm aus zieht gegen Nordosten eine etwa 1,5 m dicke, 41 m lange und bis zu 19 m hohe Schildmauer ohne Öffnungen gegen das freie Feld, die, wie alle Türme, auf drei- oder vierfachen Kragsteinen Wehrgänge trug. Danach kann man die Wehrgangbekrönung nicht einer ursprünglich wohl sehr frühen Bauzeit zuweisen.

Der Stadt zu ist eine schwächere Mauer mit 3 hochgelegenen großen Fenstern errichtet, die von Südwesten nach Nordosten spitzwinklig zur Außenmauer steht.

Der einzige Burgeingang führt am spitzen Osteck von der Stadt aus durch 3 Tore bzw. 3 Vorhöfe, in den 14—12 m langen und 15—9 m breiten Hof. Der Pallas liegt südwestlich parallel dem Stadteingang und ist nur etwa 8—6 m breit und etwa 18 m lang, seine Außenfenster blicken nach Südwesten über die Stadt hinweg. Der Bau bot nur geringer Besatzung Raum, wurde auch nach Sacco[163]) nicht von der Stadt, sondern für die Stadt Orvieto und um den Handelsweg zu schützen, vor 1300 erbaut.

Die strategische Bedeutung der Burg Montefiascone (Prov. Rom)[164]) (Abb. 297) wird daraus erhellt, daß sie oft in bedeutenden Kämpfen erscheint, so wenn Kaiser Otto IV. sie stark befestigte und bei seiner Romfahrt 1209/10 hierher seinen Hauptstützpunkt verlegte, auch seine Beute hier anhäufte[165]) oder wenn Friedrich II. dem Deutschherrenorden die Burg verlieh mit vielen anderen Burgen offenbar in der Absicht, die deutsche Kaisermacht durch eine einheitlich und dauernd schlagkräftige Kriegsmacht im In- und Ausland zu stützen. Montefiascone erhielt wohl durch die Baugewohnheiten des Ordens die viereckige Gestalt, die in den bedeutenden, beklagenswert vernachlässigten romanischen Resten noch zu erkennen ist[166]). Baunachrichten über die Burg sind erhalten. 1215 verleiht Clemenz V. Viterbo den Gebrauch des päpstlichen Banners für seine Befreiung aus dem von Poncello Orsini belagerten Montefiascone („di assedio in arce Physconia munitissima")[167]).

In der Burg saß der Kanzler Christian von Mainz 15 Monate gefangen[168]), hier erfuhr Philipp von Hohenstaufen den Tod seines Bruders Heinrich VI. Hier sammelte 1243 der Graf v. Caserta für Kaiser Friedrich II. ein Heer zum Entsatze von Viterbo, das halb von den Päpstlichen eingenommen ist[169]). 1262 ließ Urban IV., nachdem der deutsche Ritterorden offenbar nach Friedrichs Tode verjagt war[170]) einen Pallas (domum habitationis) und einen Turm errichten (offenbar durch Umbau), um in der gesunden Höhe den Sommer hinzubringen. 1281, am 3. April, datiert hier Karl I. von Anjou, er ernennt den Radulfus de Gorlay zum Provisor Castrorum Sicilie[171]). 1285 verstärkte Martin IV.[172]) und Urban V. 1367 die Werke in Montefiascone („ristaurare et ampliare" und „ornare con mirabile larghezza"). Urban V. soll 1367 nicht nur in Montefiascone, sondern auch in Orvieto prächtige Paläste erbaut haben. Im Jahre 1416 floh Papst Johann XXIII. vor dem König Ladislaus von Neapel nach Montefiascone, auch Clemens VII. weilte hier auf der Flucht nach dem Sacco di Roma[173]). Julis II. befiehlt 1506 die Wieder-

[162]) B. E.: Bg. It. III, S. 89, 95; IV, S. 107, 108, 141, 144, 152. Taf. 132, Abb. 362, 369, 370, 489, 602, 603, 606. Literaturangaben siehe VI, S. 11 f. — [163]) Sacco: La Rocca di Bolsena. — [164]) B. E.: Bg. It. Abb. 388, Taf. 139, Abb. 580, 588. — [165]) Angolis: Commentario storico critio . . . d. Montefiascone 1841. — [166]) Abb. bei Blaeuw I. — [167]) Bussi: Storia di Viterbo P. I. L. 3 bei Angolis S. 167. — [168]) v. Hofmann S. 233. — [169]) Köhler I, 339. — [170]) Angolis S. 9. — [171]) Sthamer: Verwaltg. d. Kast. i. Kgr. Siz. Ergb. I, S. 154. — [172]) Angolis S. 10. — [173]) Ebenda S. 171.

Bolsena
B E
1911

Stadt-Burg zu Bolsena, Italien

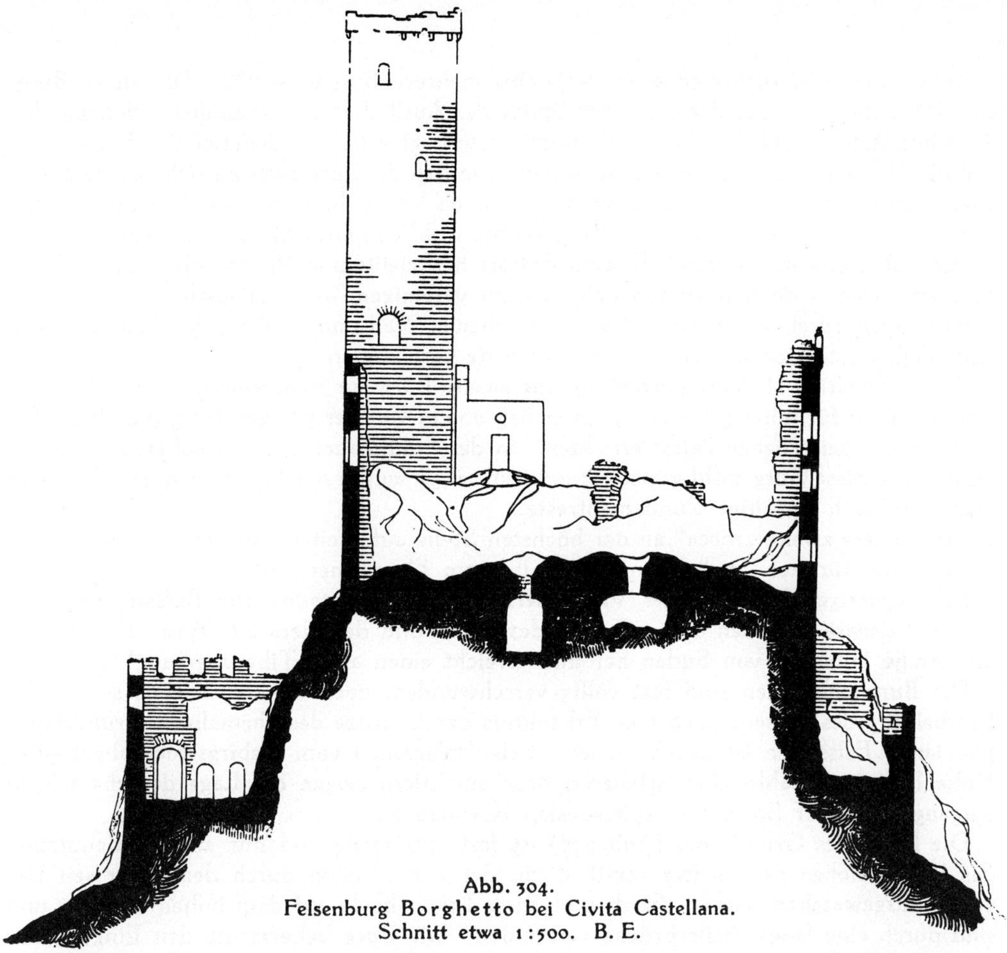

Abb. 304.
Felsenburg Borghetto bei Civita Castellana.
Schnitt etwa 1:500. B. E.

herstellung von Montefiascone (Bericht seines Zeremonienmeisters des Paride de Grassis). „Montemflasconem indepetiit arcemque semirutam (!) instaurari jossit."[174]) 1516 bis 1622 wurde die Burg dann von Leo II. durch den berühmten Baumeister Antonio da San Gallo neu erbaut.

Montefiascone liegt an einer Hauptstraße nach Rom an der alten Via Cassia, die auch im Mittelalter auf hohen Bergen entlangführte. Im quadratischen Plan und den romanischen Hochbauresten spürt man Anklänge an deutsche Ordensbauten, wenn auch schon nach dem Zusammenbruch der Hohenstaufen die italienisch-päpstlichen Bauverstärkungen eingegriffen haben mögen. Die noch in Blaeuws Großem Städtebuch dargestellten quadratischen Kernbauflügel erinnerten also nicht umsonst an heute noch ragende Deutschordensburgreste. Der Grundriß der Burg ist nicht vollkommen zentral durchgearbeitet, weil es sich um eine Stadtburg handelt, die auf die anstoßenden städtischen Werke Rücksicht nehmen mußte.

Am linken Ufer des Tiber folgt die Höhenburg Penna, in Bagnaia ist die Villa Lante aus dem 15. und 16. Jahrh. und der schlanke runde Turm der Stadtburg zu erwähnen.

Viterbo ist eine der wehrbaulich interessantesten Städte Italiens. Ehemals soll diese Stadt 200 Adelstürme gehabt haben. Erhalten sind u. a. noch heute die torre del Palazzo Communale, ein echter Wehrturm[175]), dann ein alter Turm im Quartiere di S. Pellegrino.

[174]) Angolis S. 168. — [175]) Siehe B. E.: Bg. It. Abb. 499.

Außer diesen Stadttürmen weist Viterbo mehrere Burgen auf[176]). Die ältere Burg, eine Höhenburg, lag auf der äußersten Spitze des Ausläufers des einen der 3 Höhenenden des Ciminischen Gebirges, die der Stadt ihre feste Lage gaben, an dem tief einschneidenden Tal des Urcianio im Umkreis der Stadtmauer, so daß die Burg zwar an sich sehr fest war, aber nach Ausdehnung der Stadt nicht genügende Verbindung mit der Außenwelt hatte. 1243 machte sich das fühlbar. Die Burg konnte wohl von Graf Simon von Teate gehalten werden, aber obwohl Friedrich II. zum Entsatz herbeieilte und Viterbo über einen Monat belagerte, war es doch nicht möglich, sich zu vereinigen, da die Päpstlichen die Stadtmauer außen durch einen mit Palisaden versehenen Wall und Graben, der auch die Burg einschloß, verstärkten und sich auf das tapferste verteidigten[177]).

Schon Friedrich II. hatte auch wohl eine zweite Burg zur Beherrschung der ewig meuternden Stadt für nötig gehalten, denn er ließ 600 m von der jetzigen Burg (heutigen Kaserne) einen kaiserlichen Palast errichten. In der Stadtmauer und am höheren Ende der Stadt hätte diese Burg wohl günstiger gewirkt. 1251 wurde der Palast zerstört, 1887 fand man aber noch gewaltige Fundamentreste.

Eine neuere zweite „rocca" an der höchsten Stelle auf breitem Rücken steht jetzt noch an der vielgetürmten Stadtmauer unmittelbar am Florentiner Tor.

Eine wichtige Kreuzung der Via Amerina gab Veranlassung zur Befestigung einer langen Felsnase zwischen den 2 Tälern des Tiber und der Nera zu Orte. Hier betritt die Straße Umbrien von Süden her und erreicht einen alten Tiberübergang[178]).

Die Burghochbauten sind fast völlig verschwunden, doch erlaubt die fast senkrechte Bearbeitung des Felsens noch eine Erkenntnis der Umrisse des ehemaligen Grundrisses. Die lange Felsspitze ist durch mehrere tiefe Halsgräben vom Gebirgsstock abgetrennt. Hohe Reste von zahlreichen schweren Brückenpfeilern zeigen die Lage des ehemaligen Zuganges von der Stadt zum spitz-ovalen Kernbau an.

Die Form des Grundrisses (Abb. 296) ist fast einzigartig und nur aus der Benutzung des langen hohen Felsenriffes verständlich, der auf 3 Seiten durch den Tiber seit Urzeiten ausgewaschen wurde. Stadt und Burg liegen beide auf dem hohen Felsgrat und sind durch eine lange Pfeilerbrücke verbunden. Die Burg beherrschte den Eingang zur Stadt.

Romanischer Frühzeit gehört in der weiteren Umgebung nördlich Roms die Burg der Markgräfin Mathilde in Corneto dei Tarquinia an[179]). Sie liegt im Norden der gleichnamigen Stadt am linken Ufer der Marta hoch über den Maremmen. Die Stadt Corneto ist die Nachfolgerin der Etruskerstadt Tarquinii Turchina. Die Tarquinier legten die Stadt selbst zum Schutze gegen die Araber an (Abb. 302, 303).

Die vorgestreckt auf einer Bergnase liegende Burg ist heute stark verstümmelt und verändert. Erhalten sind die Umfassungsmauern, eine große Sperrmauer an der Angriffsseite, 2 bedeutende Toranlagen und ein 30 m hoher Hauptturm. An Stelle ehemaliger Pallasbauten sind nur bescheidene, niedrige Steinhäuser vorhanden. Von einer Verteidigung der Burg gegen die Stadt, deren Möglichkeit sicher vorhanden war, ist nahe der Kirche über der Erde nichts mehr festzustellen. Die hohe Ringmauer umschließt nur den engen Bezirk einer Kernburg, die ein langes spitzes Dreieck bildete, in der nur Platz für die notwendigsten Wohnräume und Höfe ist. Diese Mauer hängt mit der Stadtmauer zusammen (Abb. 302).

Eine frühe und ungewöhnlich große Anlage ist die Burgkirche. Die heutige Höhe des Turmes dieser Kirche wird mit 6 × 6 m Grundfläche auf 50 m Höhe angegeben. Die

---

[176]) B. E.: Bg. It. III, Taf. 138; IV, S. 103, 120, 121, 130, 133, 137, 149, 150, 151, 152, 155; VI, S. 66. — [177]) Köhler I, S. 328ff. — [178]) v. Hofmann S. 201, 301; B. E.: Bg. It. IV, S. 107. — [179]) Ebenda VI, S. 22 nähere Angaben; v. Hofmann S. 192.

Abb. 305. Baronalfeste Bracciano, Prov. Rom. SW-Ansicht 1:1000. B. E.

Kirche liegt an der sichersten Spitze des Burgberinges, der den langen schmalen nordwestlichen Ausläufer des Hügels einnimmt. Sie soll um 1000 erbaut sein.

Bemerkenswert ist in der Stadt die große Zahl der etwa 28 Adelstürme.

Dem römischen Gebiet gehört auch die Burg Borghetto nahe dem Tiber bei Civita Castellana an. Sie ist auf steil abstürzendem Fels errichtet, der oben selbst fast quadratisch senkrecht abgearbeitet ist[180]). Die Felsnase ist an der Westseite durch einen breiten, künstlichen Halsgraben tief durchbrochen, so daß die Westmauer des fast quadratischen hohen Mantels als Schildmauer gedient haben muß. Heute ist sie ziemlich ganz eingestürzt, während die 3 übrigen Kernmauern noch erhebliche Reste zeigen (Abb. 299, 304).

Fast völlig aufrecht steht dagegen noch der quadratische, überschlanke Quader-Bergfried.

Auch auf der Süd- und Ostseite ist die äußere Mantelmauer auf den durchschnittlich etwa 10 m hohen Felsabsturz gestellt. Das Mauerwerk besteht aus dem gleichen braunen Sandstein wie der Felsen und ist in rohen Quadern von 30—40 cm Fugenhöhe im Durchschnitt ausgeführt.

Die Burg Borghetto ist zu verschiedenen Zeiten gebaut und umgebaut, so daß man Mauern abweichender Art neben und übereinander sieht.

Die Innenräume waren meist groß gewölbt, so daß an den Mauern der 3 Stockwerke gotische Gewölbeansätze mit Gratresten hervortreten. Wir haben hier also eine auch baukünstlerisch gelöste Schöpfung vor uns.

Wie die Bekrönung der Umfassungsmauern des Hauptgebäudes war, ist daraus zu beurteilen, daß ein Kranz von nicht sehr stark vorgekragten Steinkonsolen ringsherum geht, der einen Wehrgang trug; 5 Zinnenhäupter mit Mittelscharten sind hier noch erkennbar. Solche sind auch noch auf den weiten Zwingermauern erhalten.

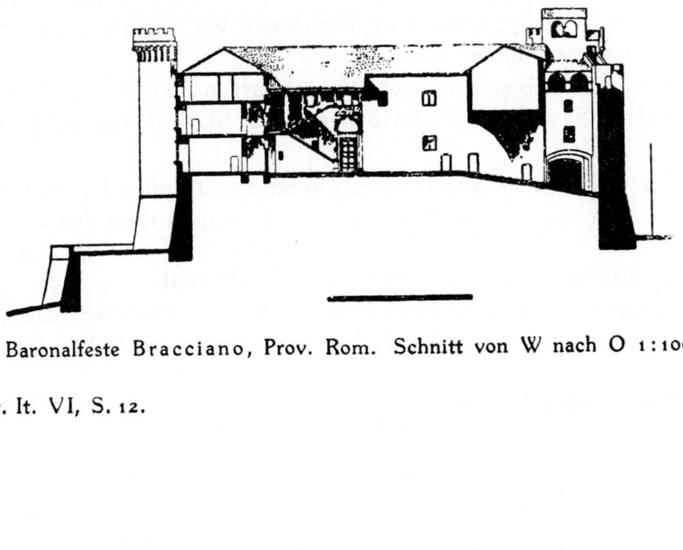

Abb. 306. Baronalfeste Bracciano, Prov. Rom. Schnitt von W nach O 1:1000. B. E.

---

180) B. E.: Bg. It. VI, S. 12.

Abb. 307. Burg Bracciano,
Prov. Rom. Muster einer Maschikulianlage.

Diese äußere Ringmauer scheint stellenweise auf der Innenseite einen hölzernen Wehrgang gehabt zu haben, außen zeigt sie keine Kragsteine; auf der Nordseite liegt der Wehrgang auf einem durch Auskragung nach innen verbreiterten Mauerabsatz.

In den Fensternischen des Hauptbaues blieben noch vielfach Reste von Bemalungen bestehen, meist geometrische Muster mittelalterlichen Ursprungs.

Im Borgo jenseits des Halsgrabens sind außer der Kapelle, Kellermauern und Gewölbereste erhalten. Es wird ein ganzes Dorf dort zum Schutz der Bevölkerung wie in Montignoso gestanden haben.

Der düstere Anblick der Ruine hat hier, näher dem römischen Einfluß, Fremdartiges und erinnert mehr an elsässische Burgen als an italienische.

Geschichtlich ist wenig überliefert trotz der strategisch wichtigen Lage an einer mittelalterlichen Hauptstraße (zur Römerzeit Via Flaminia und Brückenbau des Augustus) und an einer uralten Tiberfurt.

Auch im römischen Gebiet sind viele Küstenburgen zu nennen[181]). Die Burgen von Santa Marinella, San Severe, Palo (Abb. 308) und Civitavecchia, Astura sind solche.

Die schon der Renaissance angehörende, unter Papst Julius II. erbaute Fortezza San Gallos von Civitavecchia[182]) zeigt als ein spätes Beispiel ihrer Art die Form eines fast quadratischen Baues mit 4 Ecktürmen von achteckigem Grundriß und einem ebenfalls achteckigen Hauptturm in der Mitte der einen Quadratseite.

Eine der seltenen — schon 1234 als castrum erwähnt —, noch fast vollständig erhaltenen und deshalb für die Form später burglicher Wohnbauten wichtigen Burgen ist das Ca-

[181]) Weitere Küstenburgen Mittelitaliens siehe oben. — [182]) B. E.: Bg. It. VI, S. 21.

stello Orsini in Bracciano[183]). Der gewaltige Aufbau erinnert heute außen an französische Vorbilder. Als Baumeister wird für den Bau von 1480 Franzesco di Giorgio Martini genannt, der auch in Avezzana tätig war (Taf. XXIX, XXXII).

Dem unregelmäßigen Zuge der Mantelmauern aus Tuffstein, die an 5 Ecken durch Rundtürme verstärkt sind, folgen auch die Wohnbauten des Inneren, die im wesentlichen in 2 großen Langbauten bestehen, die in viele Einzelzimmer und Säle zerlegt sind. Der nördliche Bau ist der Hauptbau. Der Haupteingang führt um die Nordwestecke durch einen langen Torzwinger an der Nordseite entlang, durch den Nordostturm und durch den dahinter an der Ostseite tiefliegenden ersten Hof. Der Angreifer konnte also von 3 langen Seitenflächen beschossen werden. Eine zweite östliche Hauptpforte öffnet sich zwischen 2 Rundtürmen in einem vorgeschobenen Bollwerk und führt durch einen steigenden Gang in denselben ersten Hof.

Von diesem führt eine Treppe in den zweiten Hauptinnenhof, der durch einen Saalflügel quer gegen Osten abgeschlossen wird.

Wie Borsaro[184]) 1895 sagt, bietet Bracciano ein wahres Beispiel einer prachtvollen und großen Baronalfeste, erbaut (1470—80) kurz vor der Erkenntnis der Bedeutung der Pulvergeschütze[185]) (Abb. 300, 301, 305, 306, 307).

Wenn man annehmen will, daß alle heutigen Fenster ursprünglich sind, müßte man allerdings eher an ein Schloß als an einen Burgbau denken. Vieles Heutige ist allerdings auch spätere Zutat.

Aber auch sonst finden sich in Italien wenige burgartige Festen dieser Art. Auch die französisch getürmte Mantelmauer ist nicht häufig in Italien.

Hervorzuheben sind in Bracciano die schöne äußere Prunktreppe und die 4 Wendeltreppen im Inneren.

Burg Galera bei Rom liegt durch Malaria gänzlich verlassen[186]). Bei Bracciano thront auf einem Felsen die Burg der Rospigliosi Isola Farnese, eine geschlossene Anlage ohne Türme[187]).

Die vielen wehrhaften Städte Italiens mit ihren Stadtburgen als Kernwerk bieten natürlich eine unerschöpfliche Mannigfaltigkeit der Anordnung, der Form und der Bedeutung, wie z. B. Rom selbst mit der einzigartigen Engelsburg[188]). Der quadratförmige Unterbau von 84 m Seitenlänge trägt einen Zylinder von 64 m Durchmesser. Bis ins 19. Jahrh. hinein diente das Grabmal Hadrians als Feste (Abb. 312, Taf. 53).

Auch die Burg Capo di Bove[189]) (Abb. 309, 310, 311) ging aus einem Grabmal hervor. An den alten Denkmalbau, dessen runde Grundform dem Hadriansbau ähnelt, ist ein Pallas und ein großes Mauerrechteck angebaut, dessen Mauern und Türme dem Mauerring einer kleinen mittelalterlichen Stadt entsprechen. Die Lage des Denkmals begünstigte seine Benutzung als Burg, denn unmittelbar vor demselben steigt die Via Appia erheblich an, war wohl auch durch Gräben unterbrochen, östlich fällt das Gelände zur Campagna steil vor den Mauern ab. Südlich war anschließend

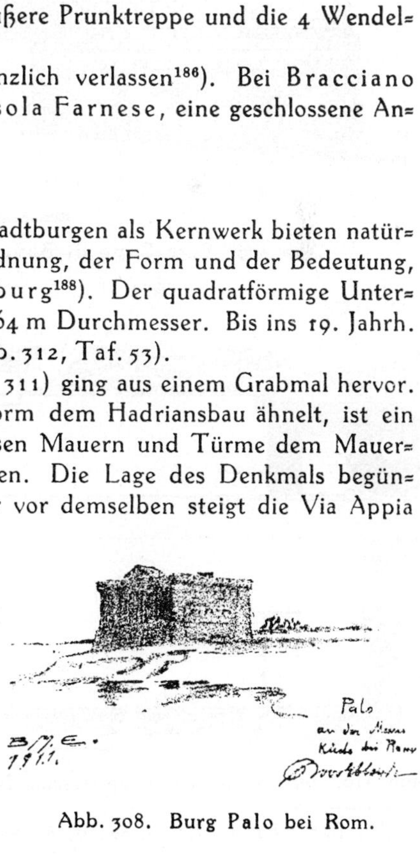

Abb. 308. Burg Palo bei Rom.

[183]) Ebenda VI, S. 9 nähere Angaben. — [184]) Borsaro: Il castello di Bracciano S. 32. — [185]) Burckhardt: Cicerone 1904, 9. Aufl., II, S. 140. — [186]) B. E.: Bg. It. VI, S. 27. — [187]) Ebenda S. 29. — [188]) Ebenda S. 51; Schneider: Rom u. Romgedanke im Mittelalter S. 63, 183f., 194. — [189]) B. E.: Bg. It. VI, S. 15. Vgl. Schneider a. a. O. Mothes, S. 717, spricht von einer Restaurierung des Burgfelsens Capo di Bove nebst der aus dem Grab hergestellten Burg durch Kardinal Pietro Gaetani i. J. 1296.

ein künstlicher Graben angelegt; die Via Appia selbst bildet die Längsachse der Feste, die runde Trommel des Grabmals vertritt den Bergfried, unmittelbar an diesen festen Teil lehnte sich der romanisch=gotische Kernbau.

Wer das Grabmal zur Burg umgebaut hat, ist nicht erwiesen. Anfang des 14. Jahrh. kam die Burg jedenfalls in den Besitz der Gaetani, der Kardinal Francesco Gaetani soll sie noch verstärkt haben und die dem Nicolaus von Bari geweihte Kirche erbaut haben, 1312 wurde Capo di Bove aber schon von Kaiser Heinrich VII. eingenommen und ging in Flammen auf.

Die später zum weitläufigen Schloß mit vielen schönen Räumen ausgebaute Ruine Arsoli stammt zum Teil aus dem 11. Jahrh. Der Bruchsteinbau liegt auf einer Bergnase hoch über dem Tal und Ort.

Besonders interessant ist die große Ruine Monte Celio[190]) bei Rom, die auf einer Tempelruine der römischen Kaiserzeit erbaut ist. Eine unregelmäßig vieleckige, teilweise

Abb. 309. Burg Capo di Bove (Cecilia Metella). Ansicht von W 1:500. B. E.

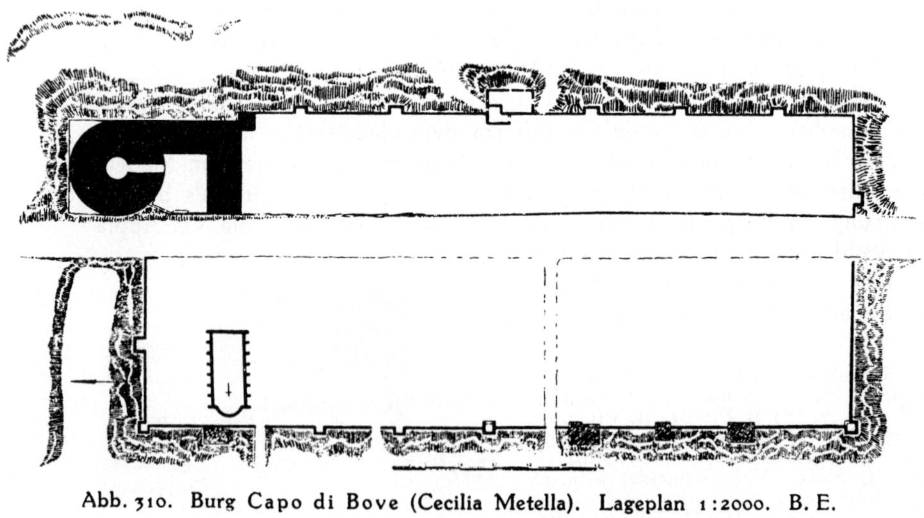

Abb. 310. Burg Capo di Bove (Cecilia Metella). Lageplan 1:2000. B. E.

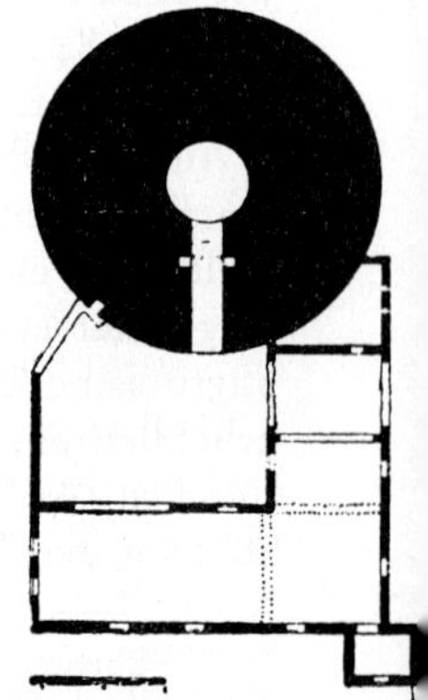

Abb. 311. Burg Capo di Bove (Cecilia Metella). Grundriß 1:1000. B. E.

[190]) B. E.: Bg. It. III, S. 92; V, S. 188, siehe Lgpl. Abb. 444.

Abb. 312. Engelsburg in Rom. Nach Merian 1688.

bis zu 2 m starke Ringmauer umschließt einen Burgbezirk von etwa 70 : 50 m. Darin befinden sich schlechterhaltene Wohnbauten. Die wehrbauliche Lage auf hohem Kegel hebt den Bau weit über die Umgebung. Ein mehrfach gewendeter Weg führt um den Kegel durch 2 Vorhöfe in die teils auf römischen Resten aufgebauten Mantelmauern.

Die Viertürmeburg St. Polo de Cavalieri steht heute mitten in der engen Bergstadt dieses Namens von schmalen Straßen umgeben. Die 4 Ecktürme sind schlank und nicht überragend stark, die Mantelmauern heute von vielen viereckigen Fenstern durchbrochen, so daß ein burgartiger Eindruck fast fehlt, der früher durch Burggraben oder Zwinger wohl stärker hervortrat[191]).

Im Teveronetal nennen wir die Talburg Lunghezza (Abb. 317) aus dem 15. Jahrh. Aus der gleichen Zeit stammt die Burg Ostia (Abb. 313) im gleichnamigen Ort mit ihrer gradlinigen Bastion.

Eine besonders vollendete Form einer viertürmigen Burg hat der Kriegsbaumeister der in der Südwestecke der Stadt Tivoli von Pius II. nach 1458 errichteten Rocca Pia gegeben, die auf einem heute fast verschütteten schmalen Bergvorsprung wohlerhalten emporragt[192]) (Abb. 314, 315, Taf. 54).

Eine natürliche Geländesenkung diente als langer breiter Graben gegen die Stadt. Süd= lich der Burg fällt die vom Monte Genaro herabziehende Berglehne ab, der Bauplatz war für eine Stadtburg also sehr günstig.

Das Burgbild wird durch die 4 ungleich mächtigen Rundtürme mit den kurzen Stücken der Mantelmauer dazwischen sehr wirksam. Der runde Bergfried überragt die 13 m hohe und 2,65 m dicke Mantelmauer um 12,50 m Höhe.

Die drohenden Gewaltmassen werden gekrönt durch auf glatten, abgeschrägten 1,20 m hohen Kragsteinen 55 cm vorgestreckten gezinnten Wehrgängen.

---

[191]) Ebenda III, S. 92, Taf. 141; IV, S. 137, 147, Taf. 156. — [192]) B. E.: Bg. It. VI, S. 60 nähere Angaben.

Nur 1 Hof von schwer lastenden, klug durch Scharten und Türen und Fenster durchbrochenen Wohnflügeln umschlossen, gliedert das Innere.

Das Mauerwerk zeigt schöne Quadern aus Kalkstein (Travertin?).

Auf einer Anhöhe bei Tivoli erheben sich Reste der Burg San Pastore (Abb. 316).

Auf steilem Berg über der Stadt Palestrina ragen auf pelasgischen Resten die Kalksteinruinen des Castel San Pietro mit frei im Inneren stehenden viereckigem Bergfried hohen Ringmauern und anderen Bauresten und einer Zwingermauer mit Rundtürmen[193]). Als vollständige Gipfelburg beherrscht sie weithin die ganze Landschaft. Der Bergfried, 1 Torturm, 1 starker Kernmauerturm verstärken die Burgmitte (Abb. 320).

Passerano bei Zagarola im Sabinergebirge auf einem Felsrücken im Tal zeigt einen lanzenförmigen Grundriß. Am höchsten — bis 20 m über der Vorburg — liegt die Kernburg von nur 20 m Breite und 110 m Länge, an deren Nordende sich ein alter Pallas erhebt, um den sich eine weite Vorburg bzw. ein Zwinger von 180 m Länge und 50 m Breite hinzieht. Das breitere Nordende liegt viel tiefer. Durch die Längsachse zieht sich ansteigend der Hauptumgang. Am Südende der oberen Kernburg steht ein zur Bastei ausgebauter römischer Mauerblock, der wie ein Schiffsschnabel den tiefliegenden Zwinger durchstößt (Taf. XXX).

Der Wohnbau der oberen Burg bewahrt eine unscheinbare Kapelle, die im 16. und 17. Jahrh. umgebaut wurde, sie ist nach Osten orientiert. Ein kleiner steinerner Glockenstuhl zeigt außen die Lage an. Innen ist ein einfacher Altar erhalten[194]).

Eine reine Gipfelburg Mittelitaliens ist die unregelmäßig gebaute Burg von Subiaco[195]), ebenfalls im Sabinergebirge gelegen, ein Besitztum des jeweiligen Papstes. Die Burg wurde im 11. Jahrh. von Abt Johannes V. 1068 erbaut, Gregor III. baute sie um, Kardinal Alexander Borgia ließ 1476 daran wiederherstellen. Nach der Zerstörung 1527 durch Papst Clemens VII. wurde Subiaco durch Pius VI. später erneuert (Abb. 321).

Die Burg, 800 m hoch liegend, überragt die Stadt gewaltig. Vorhanden sind große Eingangszwinger und ein großer, oft umgebauter Wohnbau. Mauertürme von halb=

Abb. 313. Hafenburg Ostia bei Rom.

[193]) B. E.: Bg. It. VI, S. 43. — [194]) Ebenda S. 43. — [195]) Ebenda S. 59.

Burgküche 6. IV. 1902

Burg B r a c c i a n o , Mittel-Italien. Burgküche

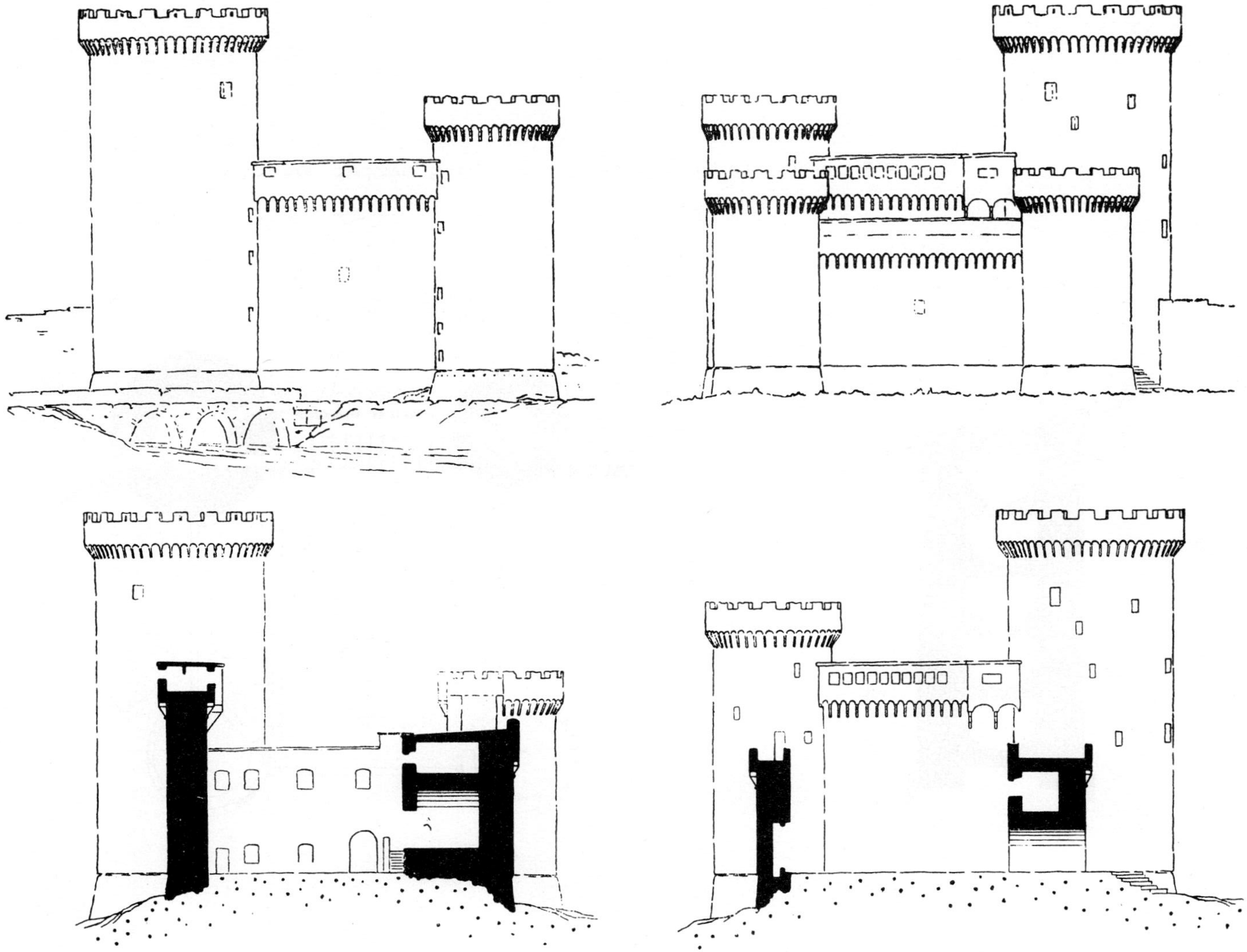

Abb. 314. Stadtburg Rocca Pia in Tivoli. Ansicht 1:500. B. E.

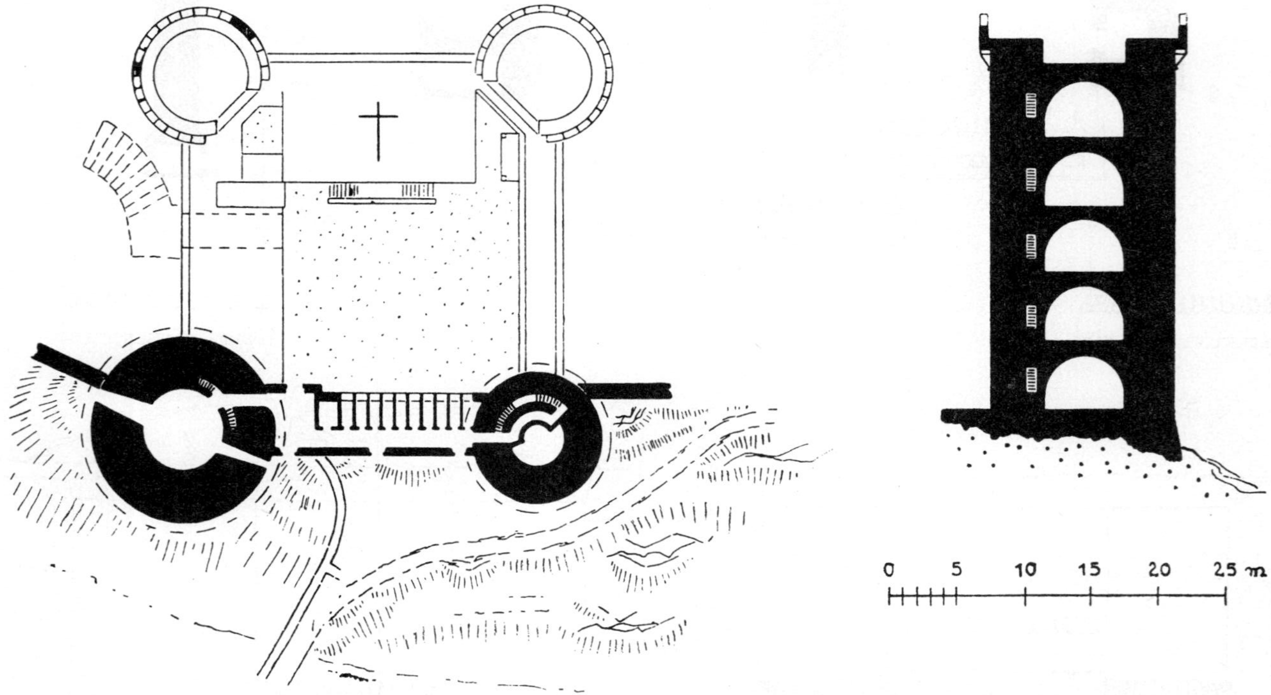

Abb. 315. **Stadtburg Rocca Pia in Tivoli. Grundriß** und Schnitt 1:500. B. E.

Abb. 316. Höhenburg San Pastore bei Tivoli. B. E.

runder oder viereckiger Grundform umgeben den Kernbau. Zwei Brunnen und eine Zisterne sorgen für Wasser. Die Kapelle befindet sich an der Nordseite. Ob sie immer dort gelegen hat, ist ungewiß.

Die Renaissanceumbauten riefen wesentliche Veränderungen der ganzen Burg hervor. Zinnen und sonstige Verteidigungswerke sind durch die verschiedenen Umbauten verschwunden. Doch blieb der Grundrißumriß durchaus burglich und der Bau in der Erscheinung wehrhaft. Ein dreifacher Zwinger umgibt die Kernburg, durch den der vielgeknickte Aufgang führt.

Außerdem befinden sich in Subiaco noch 2 befestigte Klöster[196]).

Segni[197]) (Abb. 324) im Volsker Gebirge auf niedrigem, bewachsenen Hügel weist noch umfangreiche Reste einer großartigen Burg auf; ein hoher viereckiger Bergfried ist so schlecht erhalten, daß man mit dem Einsturz täglich rechnen muß. Das Baumaterial bestand aus dunkelgrauem Ziegel, die Fenstereinfassungen aus Basalt.

Bei Segni liegt auch die Höhenburgruine Piombinara (Abb. 318) mit einem sehr hohen, viereckigen, glatten Bergfried.

Tief im Sumpfe liegt die verlassene Stadt Ninfa mit Stadtburg der Gaetani, 70 km südlich Rom; sie hat seit dem 13. Jahrh. keine Veränderung erfahren. Die romanischen Mantelmauerreste der quadratischen Kernburg sind an den 4 Ecken durch viereckige, diagonal gestellte Schalentürme verstärkt. In der Mitte des Mantelmauervieleckes erhebt sich ein quadratischer, ungefähr 20 m hoher Bergfried, der in 3 Stockwerken übereinander senkrechte Scharten von 1,5—2 m Höhe zeigt. Der Pallas lag an der Mantelmauer.

Die Formen der Burg machen einen germanischen Eindruck, heute liegen die Ruinen im Sumpfwasser der fieberdrohenden Pontinischen Sümpfe[198]).

Als einzigartige Anlage der Übergangszeit in Italien verdient die Burg Sermoneta besondere Beachtung[199]). Die Gaetaniburg, ein stolzes Denkmal trotziger Kampfzeit südlich Roms, liegt über dem Sisto auf schroffem Felsausläufer des Volskergebirges, hoch über den Pontinischen Sümpfen, in der halbverfallenen Stadt, die trotz ihrer Höhenlage von 257 m ü. d. M. wegen des Fiebers berüchtigt ist (Abb. 322, 323, Taf. 49).

Die Burganlage ist von bedeutendem Umfang, hohem Alter und reich an späteren Umbauten des 13., 15. und 16. Jahrh. Sie liegt an dem Wege von Rom nach dem Süden,

[196]) v. Hofmann S. 281. — [197]) E. B.: Bg. It. VI, S. 56. — [198]) B. E.: Bg. It. Abb. 394—407 Grdr. usw.; IV, S. 114, 177, 148, 149, 151. v. Hofmann: S. 283. — [199]) B. E.: Bg. It. VI, S. 56f., dort viele Abb. angegeben.

Abb. 317. Talburg Lunghezza.

der nach dem Verfall der Appischen Straße sich innerhalb der Pontinischen Sümpfe am Fuße des Burgberges von Sermoneta hinzog.

Die große Anlageform, die seit dem Umbau von 1499—1502 ein unregelmäßiges Vieleck darstellt, hebt sich scharf von allen benachbarten Burgen ab und erinnert trotz der romanischen Kernbauten an spätere Festungsanlagen (Abb. 323). Eine ziemlich gleich hohe Mantelmauer umfaßt die ganze Burg.

Der bedeutendste Kernbau ist heute der Bergfried, ein riesiger, plumper, quadratischer Turm, ein Drittel der Höhe ist durch steile Böschung verstärkt, dann steigt der Turm über einem Stabprofil senkrecht auf bis zu dem ausgekragten Wehrgang. Der Klotz steht als Bollwerk gegen die Stadt zu und beherrscht zugleich die Haupttoranlage. Mächtige, z. T. noch romanische Wohngebäude nehmen den Teil der Burg an 3 weiteren Seiten ein[200]). Darunter steht hervor der schöne, innen gewölbte Pallasflügel mit romanischen Fensterresten.

Ein bastionsförmiges, langes Bollwerk stammt aus der Zeit des Maschio. Dem Feinde zu und an 2 weiteren Seiten ist der tiefer erbaute Ort vorgelagert, der seinerseits mit mächtigen Bastionen, die z. T ziemlich weit unten am Berge liegen, gegen die Angriffsseite ausgerüstet ist.

Wir stehen am Ende der Burgenzeit, die hier in Italien früher beginnt festungsartige Wehrbauten allmählich für waagerechte Angriffszwecke auszugestalten. Noch bleiben hohe Bollwerksmauern, vorgekragte, aber schon schwere Wehrgänge, und Reste romanischer Pallasbauten. Es fehlen hohe schlanke Wehrtürme, aber der Gesamtgrundriß deutet schon auf Festungsformen. Nichtsdestoweniger gibt die krönende Burglage auf dem Berggipfel noch burgliche Erinnerungen.

Von der Inselburg Astura bei Nettuno am Meeresuferstrand der italienischen Westküste — wo Konradin von Hohenstaufen den Guelfen ausgeliefert worden ist — ist ein fünfeckiger Bergfried erhalten, der aus breiteren, mit Zinnen bekrönten viereckigen Mantelmauern emporwächst[201]). Freilich tragen nicht kleine Felsenriffe die Burg, — es sind starke Betonklötze, Grundmauerreste aus römischer Cäsarenzeit, die hier als wüste Reste prunkvoller Villen nach Zerstörung durch Menschen und Witterung übrigblieben.

Hier dürfen wir keine stolze Burg eines alten Geschlechtes suchen. Viel größer war die Baugruppe kaum als heute, wo um den plätteisengeformten Turm eine geringe Mantelmauer zieht, die heute durch eine einst wohl nur teilweise steinerne Brücke mit dem Ufer verbunden ist (Abb. 319).

---

[200]) B. E.: Bg. It. IV, Taf. 159 gibt geschichtliche Entwicklung der einzelnen Bauten Sermonetas wieder. — [201]) Ebenda VI, S. 8; v. Hofmann S. 285.

Burg P a s s e r a n o im Sabinergebirge bei Rom

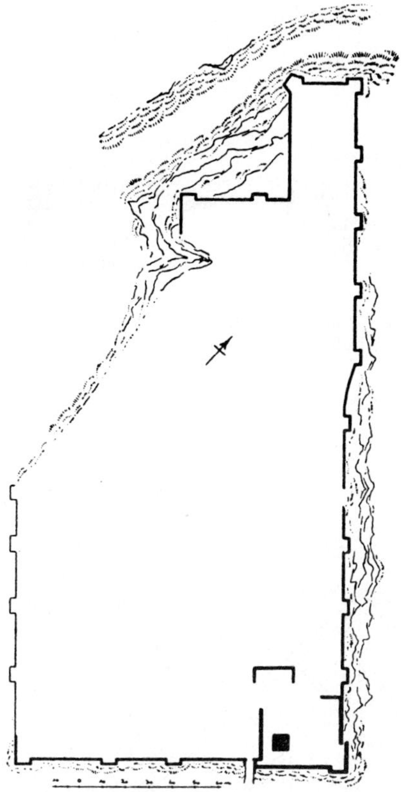

Abb. 318. Höhenburg Piombinara, Prov. Rom. Lageplan 1:3000 B. E.

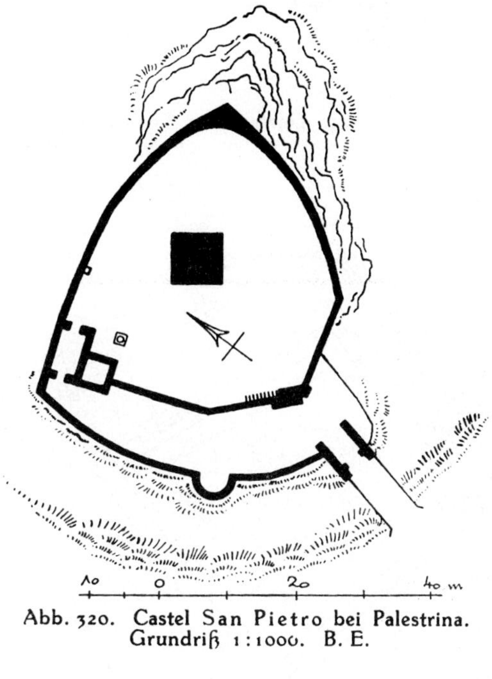

Abb. 320. Castel San Pietro bei Palestrina. Grundriß 1:1000. B. E.

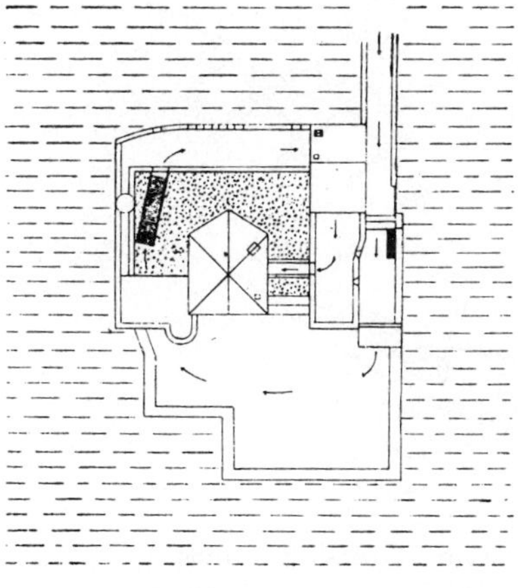

Abb. 319. Inselburg Astura bei Nettuno. Grundriß etwa 1:1000.

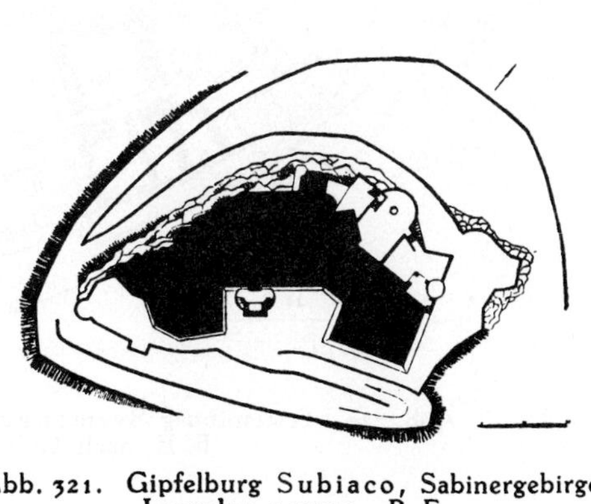

Abb. 321. Gipfelburg Subiaco, Sabinergebirge. Lageplan 1:2000. B. E.

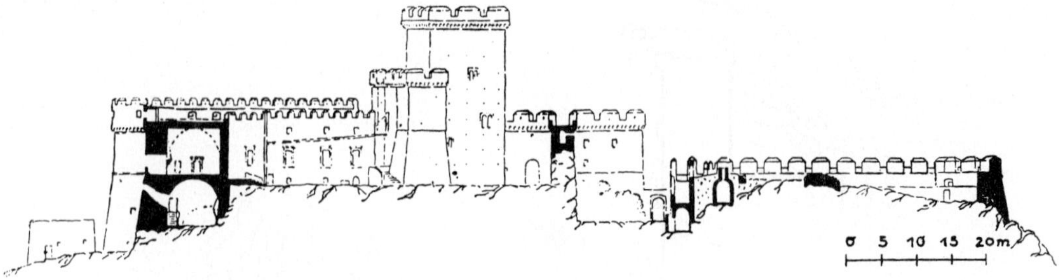

Abb. 322. Gaetaniburg Sermoneta, südlich Rom. Längenschnitt 1:1000.
B. E. nach Gelasio Caetani 1908.

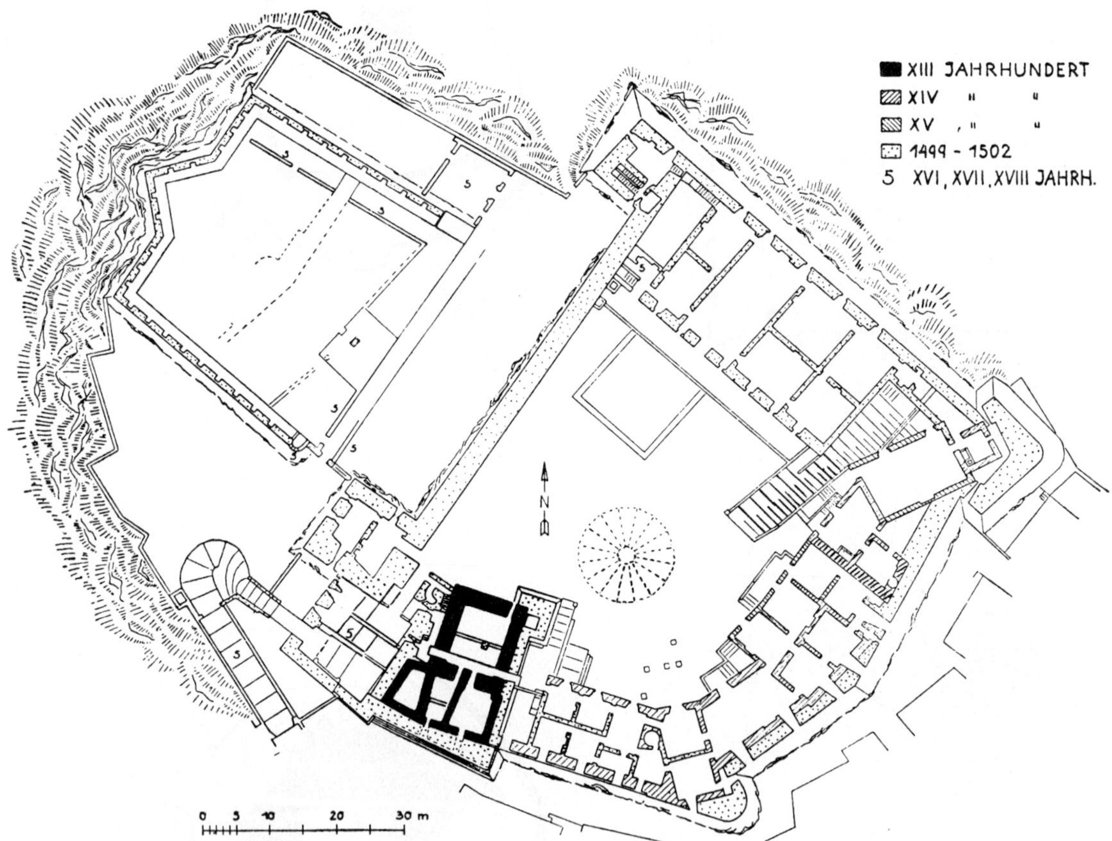

Abb. 323. Gaetaniburg Sermoneta, südlich Rom. Grundriß 1:1000.
B. E. nach Gelasio Caetani 1914.

Abb. 324. Höhenburg Segni im Volsker Gebirge bei Rom.

Die Feste, die durch den käuflichen Verrat der Grafen Frangipani in einer Schicksalsstunde — ein welterschütterndes Ereignis — die Auslieferung des edlen Konradin an die Räuber seines königlichen Erbes erlebte, war ehemals wohl nur ein Wartturm gegen Sarazenen und andere Seeräuber.

Wenn wir damit den Abschnitt Mittelitaliens schließen, so können wir den Anspruch auf eine allgliedrige Darstellung der Burgen dieser Mitte nicht erheben. Nur eine Gruppe von Wehrbauten, die wir möglichst verschieden und eigenwillig voneinander abweichend zusammenstellten, konnten wir benutzen, um die vielen zeitlichen und rassischen Quellen in den Schöpfungskreisen der wechselnden Bewohner dieses von der Natur so reich begabten Landes wenigstens anzudeuten.

Schulmäßig und näher verwandt haben wir nur die viereckig, rundbetürmten und flachen, klotzig gestalteten Wehrbauten des ausgehenden 15. Jahrh. gefunden, die weniger Stammeswohnbauten oder große deutsche Herrenburgen waren, als kleine Anfänge festungsartiger Kriegsbauten.

Süditalien und Sizilien

Politik und Schicksal der süditalienischen Herrschaftsgebiete sind seit dem Zusammenbruch des weströmischen Reiches bis in die Neuzeit durch dauernde Umsturzwellen erschütternd verworren und wechselnd gestaltet gewesen. Den Stürmen der Völkerwanderung — zuletzt nach dem Einbruch der Vandalen und Westgoten — folgen langobardische Staatsgründungen großen Stils, durchbrochen und abgelöst von byzantinischen, sarazenischen und normannischen Eroberungen, denen dann die großartigen Hohenstaufenzeiten folgen.

Aufbauend waren zuerst die Langobarden, deren große Bautätigkeit noch viel zu wenig in ihren Resten erforscht ist, die aber sicher als Burgenbauer auch in Süditalien wirksam waren. Wichtig wäre die Feststellung von tatsächlichen Baunachrichten über langobardische Werke und örtliche Feststellung, ob für dergleichen Bauten noch überzeugende Reste nachweisbar sind[202]).

Über den Zustand der Burgen der alten byzantinischen Machthaber können wir aus diesen Quellen ebensowenig umfassende Kenntnisse schöpfen wie über ältere Burgbauten der Langobardenherzöge, doch hören wir aus der allgemeinen Geschichte der Langobarden von ihren burglichen Bauten[203]).

Zahlreich waren sicher die Burgen germanischer Stämme von den Langobarden ab, die in den Herzogtümern Benevent, Neapel, Spoleto, Trient, Friaul, Salerno u. a. überall Steinbauten besaßen, meist in den Städten[204]).

Der Einbruch der Langobarden in Italien erfolgte 568. 643 legte Rothari germanische Gesetze fest. Die Päpste hetzten Langobarden und Franken gegeneinander bis zum Ende des Langobardenreiches nach über 200jährigem Bestande.

Ganz getrennt sind die Wehrbauten zu behandeln, die unter sarazenischem Einfluß entstanden. Wir finden solche auch noch für normannische Herrscher errichtet in Palermos Stadtburg der Reggia, in den pallasartigen rechteckigen Bauten La Cuba und La Zisa, in der Hafenstadt Cefalu und in dem festen Wasserschloß Favara (= Castello di Mare dolce) oder im Palazzo Rufolo über Capri in Ravello[205]).

---

202) Rivoira: Le Origine della Architettura Lombarda 2. Aufl. 1908. — 203) Mothes: S. 229ff. L'histoire di Paolo Diacono Segventi à quelle d'Eutropio. Venedig 1548. — 204) Vgl. Mothes S. 229ff. — 205) Cuciniello u. Bianchi: Viaggo pittorico nel regno delle due Sicilie Bd. III.

Burg über S p o l e t o , Mittel-Italien

Die sarazenisch bzw. ägyptisch-arabisch beeinflußten Bauten zeichnen sich vor anderen aus durch die großen Mauerstärken, durch klobige Massen der Gesamterscheinung und durch sehr enge Innentreppen und kleine Türen, wie wir sie auch in Spanien finden in Antequerra, Alcala de Guadaira oder Almeria und in der Alhambra. Dazu finden wir dort zierliche hufeisenförmige Fenster, Stalaktitengewölbe und farbigen und Mosaikschmuck.

Abb. 325. Stadtburg Lecce, Apulien. Torturm.

Einen gewissen Gegensatz durch die größere Roheit der Form und gelöstere Freiheit der Innenräume bietet ein Vergleich zwischen den normannischen Pallasbauten von Aderno oder Paterno und den genannten beiden La Zisa und La Cuba; immerhin bleibt eine entfernte Verwandtschaft.

Verfolgt man die sarazenischen Einflüsse weiter, so müßte man vielleicht auch die späteren Bauten der Sarazenen in Lucera daraufhin betrachten, doch ist hier in den Hauptwehrbauten der Hohenstaufenwille Friedrichs II. überwiegend.

Gegen die Sarazenen kämpften sowohl die langobardischen Herzöge wie die byzantinischen Griechen. Beide fanden Beistand in den wilden Seefahrern aus den Nordländern, den Normannen, die zuerst in kleiner Zahl an den Ufern Siziliens und Süditaliens erschienen.

Aus den gelegentlich angeworbenen Abenteurern wurden bald Verbündete und schließlich Ansiedler.

1027 verlieh Herzog Sergius von Neapel den Normannen die Herrschaft bei Neapel, in der die Normannen 1029 Aversa erbauten, das Rainolfo mit festen Mauern umgab. 1135 hören wir von mehrfacher völliger Zerstörung und von Wiederaufbauten[206].

Die Normannen eroberten dann 1040–43 Apulien, nachdem sie mit den Griechen 1038 die Sarazenen in Sizilien bekämpft hatten, aber von ihren Bundesgenossen verraten wurden.

Melfi wurde in der Basilicata Mittelpunkt ihrer Macht, der Kern dieser großartigen Burg zeugt noch heute von der Größe ihrer bedeutenden Werke[207].

Die Grafen Wilhelm 1042–46, Drogo bis 1051, Hunfried bis 1057 und Robert Guiscard als Herzog von Apulien und Calabrien bis 1071 waren die Begründer der normannischen Macht.

1072 wurde Neapel erobert und daran anknüpfend bis 1092 Sizilien endgültig unterworfen. Roger II. (1111–1154), der als König alle normannischen Herrschaften vereinigte, starb am 27. Februar 1154. Ihm folgten bis zum Ende der normannischen Herrschaft noch Wilhelm I. bis 1166, Wilhelm II. bis 1189 und Tankred bis 1194[208].

[206] Siehe unten. — [207] Siehe unten. — [208] Kutschmann S. 44.

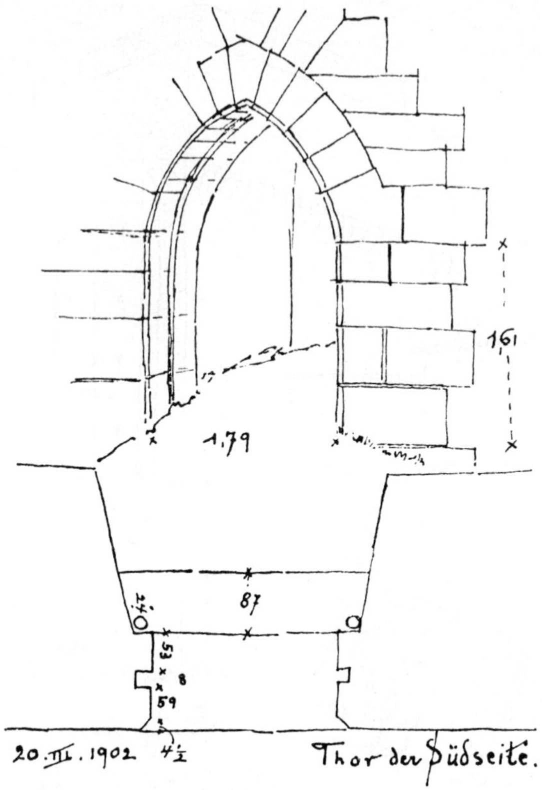

Abb. 326. Sarazenenburg Lucera, Apulien. B. E.

Während die Burgen Mittelitaliens die größte Abwechslung der Formen und Grundrißgestaltung auszeichnet, finden wir in Süditalien unter den, von den größten Burgenbaumeistern der Halbinsel errichteten Normannen- und Hohenstaufenburgen eine gewisse Einheitlichkeit. Die Anjou haben nach 1266 zwar auch ihrerseits viel gebaut, doch überwiegend Wiederherstellungen oder Ergänzungen und Verstärkungen durchgeführt.

Ganz neu ist unter den französischen Wehrbauten eigentlich nur das Castelnuovo in Neapel.

So ist es wohl berechtigt, neben den sizilianisch-hohenstaufischen Inselburgen auch die Festlandwerke im ganzen zu überblicken.

Großartig und einheitlich sind die quadratisch oder annähernd so geordneten Anlagen von Brindisi, Trani, Bari, Corigliano, Conversano, Tarent, Barletta, alle sind prunkvolle, wirklich kaiserliche Wehrbauten, zum größten Teil am Meer gelegen, Stadtburgen, hafenbeherrschend und ehemals von Meerwasser gefüllten Gräben umzogen. Fremd, obwohl hohenstaufisch beeinflußt, erscheint Gioia del Colle, es ist ganz früh und eigenartig hoch betürmt. Tarent, etwa im 15. Jahrh. verändert, zeigt dagegen niedrige, breite Rundecktürme, Barletta, noch später von Karl V. um alten Kern errichtet, erhielt späte, völlig neue Bastionen; auch die übrigen älteren oder neueren Burgen zeigen verwandte romanische und frühgotische Werke. Alle haben die breit und wuchtig gelagerten Umrisse — die viereckigen Türme und Kernmassen, fast alle sind edle Quaderbauten von größter künstlerischer und wehrhafter Wirkung.

Bewegter in Umrissen und Grundrissen — wenngleich auch noch vierkantig in Türmen und Kernbauten — sind die großen rechteckigen Burgen Lagopesole, San Nicandro, die turmreiche Bossenquaderburg in der Terra di Bari, oder die Perle unter den erhaltenen Prachtbauten Celano, auf Bergesgipfel in den Abruzzen gelegen.

Auffallend selten finden wir unter den Burgen Italiens Rundlinge oder zentrale Bildungen, denen wir z. B. in Deutschland oft begegnen. Kennzeichnend dafür ist in Italien der große Bau der Uferburg zu Termoli. Als glänzendes Beispiel solchen Grundrisses ist auch die zauberhafte Burg Friedrich II. von Hohenstaufen, Castel del Monte mit ihrem achteckigen Grundriß und den edelsten Einzelschmuckformen hervorzuheben, die scharf durchdachte Wehrbauzweckteile mit höchster Schönheit verbindet. Auch das hochgelegene Tropea, eine sechseckige Burg an der Südwestküste Italiens gehört hierher. In Apulien begegnen uns noch ähnliche kleine Rundbauten, z. B. in Bitonto, das aus starkem, breitem Rundturm besteht, umgeben von tiefem und breitem, in den flachen

Felsboden der apulischen Ebene gebrochenen Graben, ähnlich ist die kleine Burganlage Torre del Belloluogo angelegt[209]).

Aus den vorzüglichen Arbeiten von Sthamer[210]), die wir bei der Bearbeitung Süditaliens stark heranziehen müssen, geht hervor, daß nach einer Liste vom Jahre 1269 allein auf dem Festland des Königreichs Sizilien 102 Burgen genannt werden, die an den strategisch wichtigsten Stellen zur Beherrschung aller wichtigen Straßen errichtet waren.

Apulien und Basilicata

Lage und Maßstab der Ruinen von Lucera bieten heute noch einen tiefen Eindruck von Größe und Kraft der einstmaligen Hauptfestung Apuliens bzw. der Capitanata, die nach der Hohenstaufenzeit bis zum Zusammenbruch der großen Pläne Karls von Anjou infolge der Sizilianischen Vesper die größte strategische Bedeutung hatte[211]) (Abb. 370, Taf. 59).

Die Burg bzw. die „Festung" und die neue Stadt Lucera liegen auf beherrschender Höhe, die nach Westen als breite Bergnase weit vorspringend die gleichnamige Burg und Festung trägt. Zwischen Stadt und Festung liegt heute eine weite leere Fläche. Unklar ist, ob diese einst die Sarazenenstadt trug, die der große Friedrich für seine 20000 Sarazenen ab 1223—1233 erbaute, ebenso unklar ist, wieweit die „alte Burg", d. h. das Kastell Friedrichs ein quadratischer Zentralbau mit Mittelhof schon zu seiner Zeit mit dem jetzt Festung genannten Mauerring als eine einheitliche Burg und Vorburg oder Burg und Stadt zusammenhing. Für 20000 Sarazenen reichte der Platz kaum.

Die Bergnase ist durch einen tiefen und breiten Halsgraben von dem heute leeren Gelände abgetrennt, man kann annehmen, daß dieses Gelände in hohenstaufischer Zeit die Sarazenenstadt trug und daß die heutige Stadt entweder nur ein Teil der alten war oder nach der Empörung der Sarazenen gegen die blutige Gewaltherrschaft Karls I. von Anjou aus Sicherheitsgründen dorthin verlegt wurde.

Die Annahme, daß die alte Kernburg Friedrichs einst vereinzelt schief auf der Bergnase

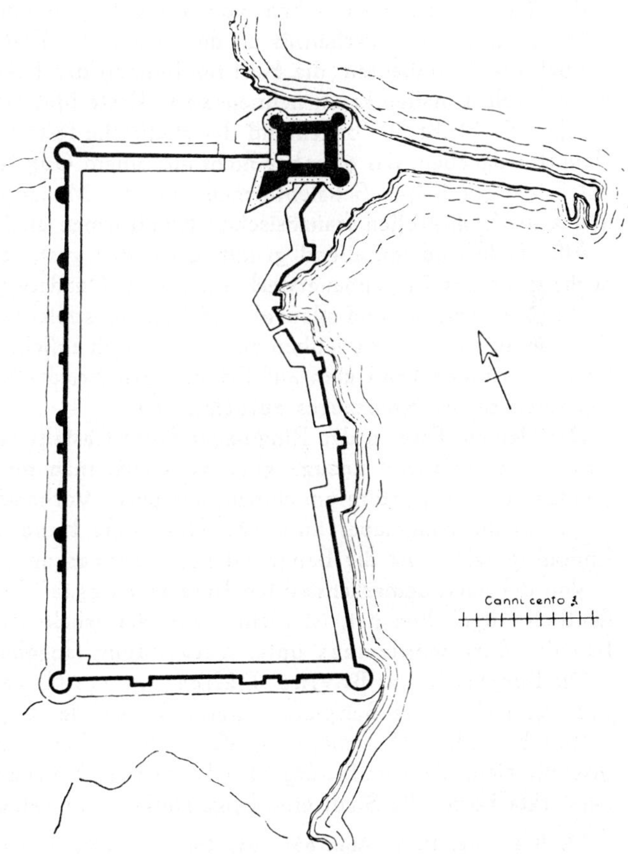

Abb. 327. Hafenburg Manfredonia in gleichnamiger Stadt. Nach Plan aus Bibl. Marciana in Venedig.

209) Siehe unten. — 210) Sthamer: Verwaltung d. Kastelle im Kgr. Siz. — 211) Ebenda: Ergbd. I, S. 21ff., weist besonders auf die strategisch wichtige Lage Luceras hin, das die Wege in die Abruzzen, Molise u. nach Campanien beherrschte. Vgl. Körte: Kastell Kaiser Friedrich II. in Lucera, S. 48ff.

stand, ist unhaltbar gegenüber den wehrbaulichen Gewohnheiten des 13. Jahrh.; einen kaiserlichen Wohn- und Wehrbau würde man nie ohne bedeutende Vorburgen so errichtet haben, daß ein Angreifer ohne Mühe an 3 Seiten auf bequem zu erreichender Hochebene sich festsetzen konnte. Die gesamte Bergnase war danach schon staufisch, wenn nicht schon eher befestigt.

Die staufische, quadratische Kernburg stellt in Lucera einen in Italien einzigartigen Wehrbau dar (Abb. 329), entfernt verwandt mit dem achteckigen Castel del Monte, wie dieses mit 2 reichgewölbten Wohngeschossen und Mittelhof, über großem Böschungssattelgeschoß, das auf allen Seiten zahlreiche Schießscharten zeigte, errichtet. Leider ist die Burg so zerstört, daß nur nach alten Abbildungen und Berichten ein vierflügeliger Bau mit oder ohne Ecktürme vermutet werden darf, der auch noch unterkellert war[212]).

Die vieleckigen hohen Ringmauern dürfen nicht allein den Franzosen Karl I. zugeschrieben werden. Karls Bauten waren wie an anderen Burgen nur Ergänzungs- und Wiederherstellungsarbeiten, oft großen Maßstabes. So erkennt man ohne weiteres die französischen Türme an der Angriffsseite und aus den Akten weitere Ausbesserungen und Erneuerungen nach den Zerstörungen der furchtbaren zweijährigen Belagerung und Erstürmung.

Die Großartigkeit der Festungsanlagen paßt zu der Größe des früheren hohenstaufischen Bauherrn, der 20000 Menschen plötzlich dort ansiedeln wollte. Nachdem, was wir aus den Akten Karls I. erfahren, war dessen Bemühen, aus der Gascogne französische Ansiedler nach Lucera zu ziehen, von nur geringem zahlenmäßigen Erfolg gekrönt, stand jedenfalls in keinem Verhältnis zu der Größe der Festung Lucera (Abb. 328).

Auch die Wohnbauten, die Karl im Inneren der Festung errichtete, darunter 2 Palazzi für sich selbst, haben kaum nennenswerte Reste hinterlassen. Unbedeutend war auch die Kirche. So bleibt nur bedeutend der staufische feste Pallas, die Zisternenanlage und das Haupttor daneben, das offenbar nicht aus einem Guß ist, und der Schildmauerring selbst mit seinen 15 hohen Schalentürmen und die Mauer mit ihren 7 spitzeckigen Türmen und 2 ungleich großen französischen Rundtürmen an beiden Ecken der Angriffsseite.

Alle Teile sind auffallend grundverschieden gestaltet, die Ringmauer sehr stark und hoch, meist aus Ziegelmauerwerk auf rohem Quader- und Bruchsteinfundament.

Die Mauertürme sind planvoll auf Seitenbestreichung eingerichtet, verschieden lange Scharten übereinander erlauben den Schuß nach außen. Diese um die Frühzeit ungewöhnliche Anordnung kann man auf Erfahrungen Friedrich II. an byzantinischen Bauten gelegentlich seines Kreuzzuges zurückführen.

Die kleinen Tore in der Ringmauer Porta Castelfiorentino, Porta Guardiola und Porta Troia sind auffallend unzugänglich gesichert, man muß auch aus diesem Grunde noch Zwinger und Außentore annehmen, auf deren Vorhandensein schon die Bodengestaltung rings um die Ringmauer hinweist. Das große Haupttor ist offenbar später verdoppelt. Endgültig geklärt ist die Baugeschichte Luceras noch nicht.

Von der einst bemerkenswerten Burg in Foggia[213]), in der Friedrich II. sich verschiedentlich aufgehalten hat, ist nicht mehr viel erhalten außer einem Torbogen. Mit dem Bau der Burg wurde 1223 unter Verwendung langobardischer Reste begonnen.

Die Burgen Troja, Bovino, Deliceto, Orta Nova und an der Küste Monte S. Angelo sind als einige Beispiele weiterer Burgen der Capitanata zu nennen.

Eine besondere Neuschöpfung Manfreds im Jahre 1263 ist auf der Ostseite der Halbinsel die Hafenstadt und -burg Manfredonia. Sie zeigt die quadratische, durch 4 Türme verstärkte Form, die Stadt eine lange starke rechteckige Ringmauer.

---

[212]) B. E.: Bg. It. V, Abb. 661—63, Taf. 203—205, S. 169ff., vgl. insbesondere Anmerkung auf S. 172f.; Haseloff: Bauten d. Hohenst. in Unterit., I. Textbd., S. 97ff., vgl. auch S. 45ff., I. Tafelbd. Taf. IV—XXX. — [213]) B. E.: Bg. It. VI, S. 26; Haseloff I. Textbd., S. 67ff.; Sthamer: Verwaltung d. Kastelle im Kgr. Siz. Ergbd. I, S. 8.

Nach Manfreds Sturz baute Karl I., der ebenso wie sein Vorgänger dessen östliche Machterweiterungspläne fortsetzte, rastlos an der Hafenstadt weiter bis die Sizilianische Vesper seinem habsüchtigen Streben ein Ende machte. Eine Fülle von persönlichen Unterschriften zeugen auf den Bauakten von Karls geiziger Art[214]).

Auffällig ist die hier gewählte gradlinige Grundform, die nur an der Wasserseite offenbar Grundmauerschwierigkeiten begegnete[215]) (Abb. 327). Erwähnt werden corbelli, Kragsteine, Zisternen, Balken, Estriche an Türmen, Mauern, volta-Wehrgänge. Unter den Meistern wird auch hier an erster Stelle Peter von Angicourt genannt, neben ihm ein Magister Jordanus.

Zu den im Kern normannischen Burgen gehört die von Melfi, die lange der Mittelpunkt normannischer Macht auf der Halbinsel war. Sie lag an einer wichtigen Straße von Apulien nach Campanien hoch über der alten Stadt mitten zwischen den Provinzen Avellino, Foggia, Potenza und Bari. Der Ort, in sehr gesunder Höhe, war also als Herrschaftsmittelpunkt von den Normannen gut gewählt und behielt auch später seine strategische Bedeutung. Schon 1153 baute König Roger in der Stadt eine Kathedrale. Die Hauptbauzeiten umfassen die normannische, staufische und Anjouzeit. Die Burg ist noch heute bewohnbar (Abb. 336).

Gaspare Lenzi bietet nach neueren Bauarbeiten in der Burg Melfi um 1930 einen Plan des Erdgeschosses, das in der Tat normannische Grundformen zeigt, wenn man an den Grundriß von Loches[216]) oder älteste englische keeps denkt[217]). Lenzi[218]) weist freilich besonders auf die Seitenbestreichung der Türme hin. Solche Anlagen kennen die frühesten donjons und keeps nicht, sie mögen aber trotzdem hier normannisch sein, da den Normannen hier byzantinische Vorbilder zweifellos bekannt waren.

Um diesen Kern sind dann in hohenstaufischer und der Zeit der Anjou Verstärkungen errichtet worden. Von Friedrich II. ist in bezug auf Melfi wenig zu berichten, da nach kurzer Zeit Karl von Anjou seine bedeutenden Umbauten vornahm. Lenzi[219]) glaubt mit Sicherheit annehmen zu dürfen, daß Friedrich II. den normannischen Kern vergrößert habe.

Urkunden aus den Jahren 1277, 1278, 1279, 1281 usw. berichten von der Bautätigkeit Karls I. an der Burg[220]). Genannt werden dabei als örtliche Bauleiter Richard von Foggia und als Obergutachter wieder Peter von Angicourt. Die Befehle an diese sind meist von Karl persönlich unterschrieben, er kümmert sich um jede Kleinigkeit, sogar darum, daß im „Palast" 2 Türen anzulegen sind, eine für das Zimmer des Königs und eine für das seiner viellieben Gattin. Jedes Zimmer soll auch „una privata" (einen Abort) erhalten. — Der Justiziar soll berichten über die Bauten am Palast und an den Türmen.

Die Kernburg wird 1695 in einem vorzüglichen Grundriß dargestellt[221]). Der Kern über dem normannischen Grundstock[222]) ist damals längst vielfach umgebaut, umfaßt aber noch den rechteckigen Pallas der Normannen.

Der Kernbau zeigt 12 Räume neben den Treppenhäusern und Fluren. Die Mehrzahl der Innenräume ist gewölbt. Hinter dem Kernbau liegt eine riesige Zisterne, deren Bedeutung in diesem trockenen und heißen Lande offenbar ist, dahinter liegen die erwähnten „Gemächer des Kaisers". Auf dem alten Plan von 1695 ist der Hauptsaal, flach vor der Nordseite der Kernburg, als „Sala de Ci Imperatore" bezeichnet (!)[223]).

---

[214]) Sthamer: Dokumente z. Gesch. d. Kastellbauten Capitanata, Ergbd. II, 1, S. 133ff. — [215]) B. E.: Bg. It. V, S. 165, 173, 183, 185, Taf. 184, 191; Haseloff I. Textbd., S. 387ff. — [216]) B. E.: Wehrbau I, S. 253, Abb. 297, S. 258, Abb. 301, 302. — [217]) Ebenda S. 151, Abb. 167, 168, 169 u. a. — [218]) Lenzi: Il Cast. d. Melfi; B. E.: Bg. It. VI, S. 34; Bertaux: Monum. medievali della Regione del Vulture S. VIIff. — [219]) Lenzi S. 61ff. — [220]) Sthamer: Dokumente z. Gesch. d. Kastellbauten II. Apulien und Basilicata S. 168ff. — [221]) Lenzi Taf. II. — [222]) Lenzi Taf. VII. — [223]) Haseloff nennt große Säle als Kennzeichen für Bauten Karls I.

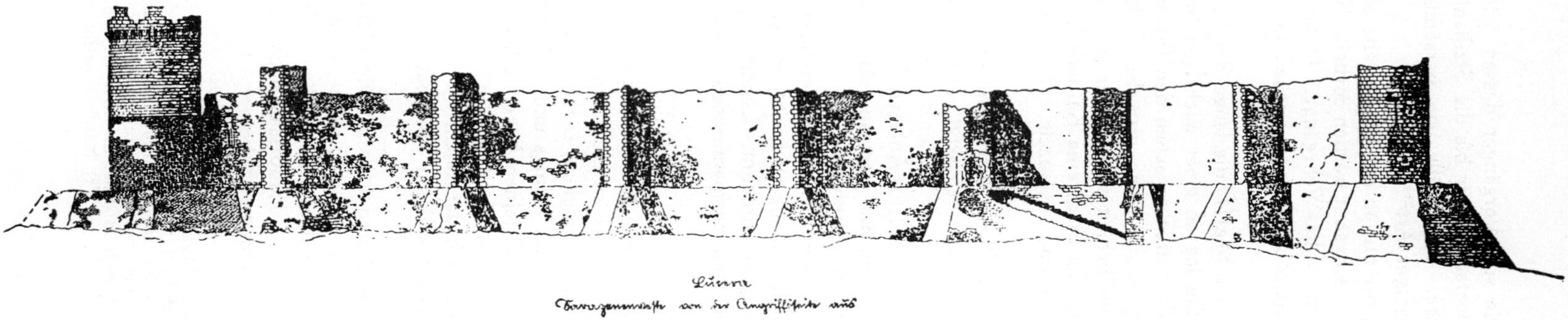

Abb. 328. Lucera. Gez. B. E.

Abb. 329. Sarazenenburg Lucera, Apulien.
Schnitt durch Kernwerk 1:500. B. E.

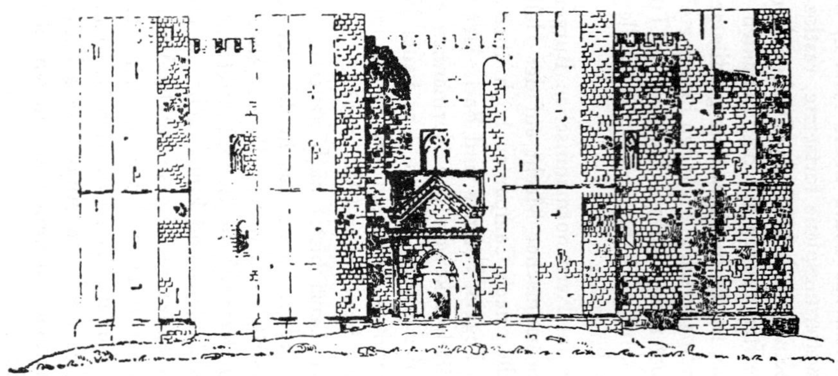

Abb. 330. Höhenburg Castel del Monte, Apulien.
Burg Friedrich II. 1:500. B. E.

Abb. 331. Stadtburg Bitonto, Apulien. Schnitt 1:500. B. E.

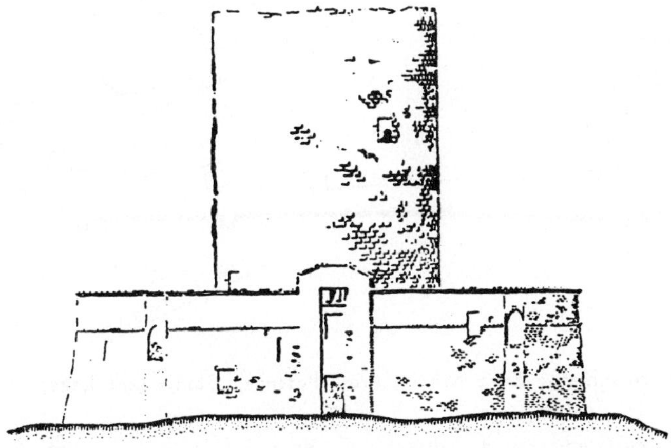

Abb. 332. Stadtburg Bitonto, Apulien. 1:500. B. E.

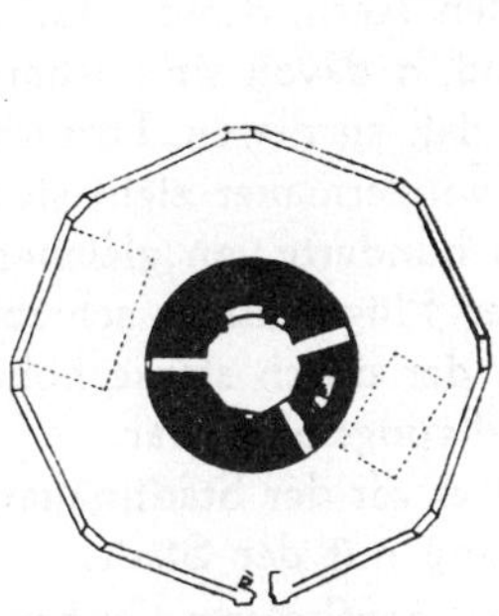

Abb. 333. Stadtburg Bitonto, Apulien. Grundriß.

Abb. 334. Torre del Parco. Schnitt. B. E.

Abb. 335. Torre del Parco. Grundriß. B. E.

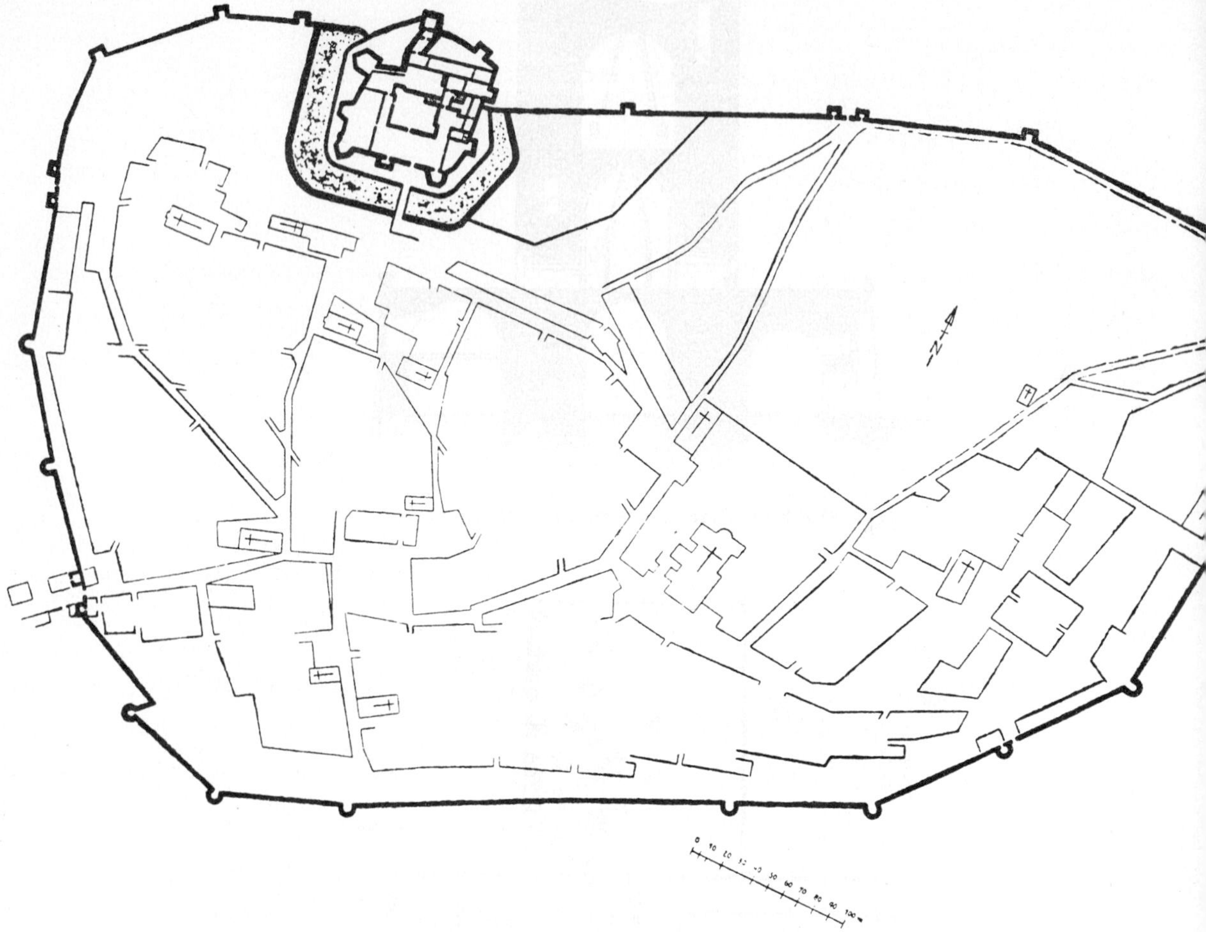

Abb. 336. Normannische Burg Melfi, Prov. Potenza. Stadt- und Lageplan 1:4000. B. E.

Der reichgestaltete Grundriß mit seinen 4 Höfen und seinen 10 Türmen weist auf die große Bedeutung der Burg Melfi. Ein weiter Zwinger umgibt den Kern, dessen starke und hohe Mauern durch 7 Seitenbestreichungstürme verstärkt sind, 3 davon sind scharf dreieckig gegen außen angespitzt. Wir hören aus Karls I. Akten, daß an diesen Türmen gebaut wurde. Um die durch die Türme vielgegliederte innere Zwingermauer zieht sich ein tieferliegender Außenzwinger, dessen spätere (?) Mauer durch hunderte von gleichen Scharten durchbrochen ist. Ein zweiflügelig rechteckig geknickter Flügelausbau schiebt sich hier zwischen den Zisternenhof und einen rechteckigen Hof, der durch starke hohe Mauern und 2 viereckige, innen offene Türme besonders verteidigungsfähig war.

Diese Nordseite der Burg liegt hoch über dem Ufer der Melfa, frei vor der Stadtmauer, und ermöglichte einen Verkehr mit der Außenwelt ohne Berührung mit der Stadt.

Um den äußeren tiefliegenden Zwinger zieht sich eine 10 m tiefe, gepflasterte Grabenböschung. An der Nordseite der Burg fällt der Graben fort. In der Mitte der Südseite überschreitet eine hohe Brücke mit Zugbrücke den Graben und führt auf das Haupttor zu zwischen 2 der schweren Mauertürme und dann in den primo cortile.

Tafel XXXII

Burg Bracciano, Mittel-Italien

Die Bauzeit der Burg Melfi in der Basilicata ist strittig. Nach inneren Zwisten unter den Normannenfürsten wurde 1043 in Melfi eine friedliche Teilung der eroberten Länder getroffen. Nur Melfi blieb Gemeingut, Parlamentsort und Konzilstadt[224]).

1059 verleiht Papst Nicolo II., also die Kirche, dem König Roger hier den Titel Herzog von Apulien und Calabrien und (zukünftig) von Sizilien, es folgen 5 weitere Konzile in Melfi. 1129 hält König Roger II. hier ein großes Parlament und 1130 hat dann Roger II. die Burg wieder aufgebaut, die freilich 1133—39 von Kaiser Lothar III. erobert wurde. Seit 1193 herrscht hier Heinrich VI., aber umstritten bleibt die deutsche oder normannische Herrschaft, bis Friedrich II. ab 1221 in den Besitz der Burg gelangt und 1231 die berühmte Constitution (Gesetzsammlung) herausgab. 1250 starb der Sohn Friedrichs II., Heinrich, hier in Melfi. Es folgte dann Manfred bis zur furchtbaren Schlacht bei Benevent, mit der die Franzosenherrschaft begann. Von nun an erst sind die zahlreichen Dokumente der Anjouzeit vorhanden[225]), die über Bau, Ausrüstung, Verwaltung, Reparatur, Finanzierung, Besatzung, Disziplin usw. erschöpfende Nachrichten bringen.

Für die Finanzierung der Erhaltung Melfis werden ungewöhnlicherweise die Orte Melfi, Monticuli, casalis S. Andree und Venusa bestimmt[226]), was auf die große Baulast des bedeutenden Wehrbaues hinweist. Die Besatzung der Burg Melfi bestand 1280 aus 1 miles, 20 servientes, also aus 1 Ritter (?) und 20 Knappen (?)[227]).

Die Ausrüstung ist nach den Inventaren, die ein neuer Rostaynus de Tarascono, also ein Franzose, durchführt, oft sehr mangelhaft[228]). Es wird anscheinend nur für den Ernst=

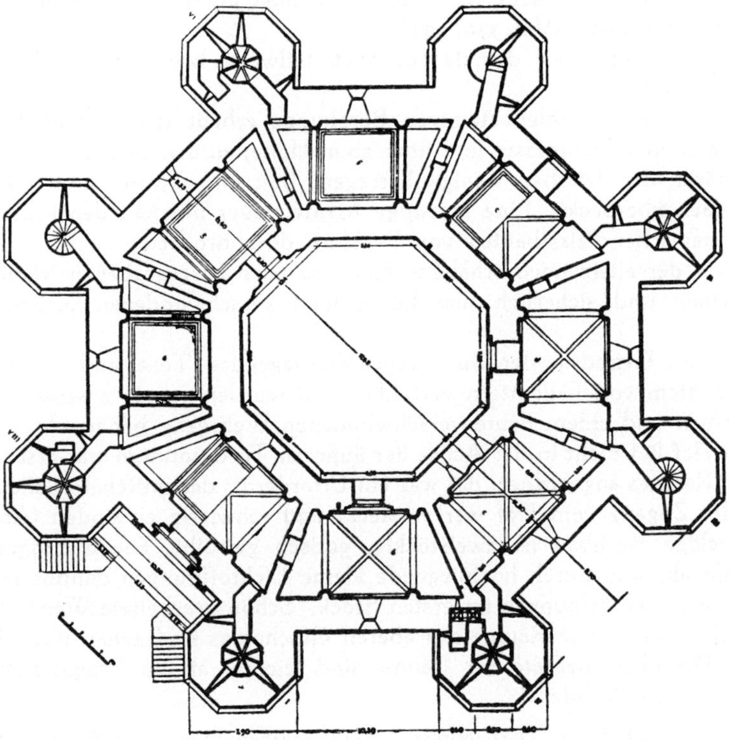

Abb. 337. Castel del Monte, Apulien. Grundriß 1:500. Nach Chierici

[224]) Lenzi S. 41. — [225]) Sthamer: Dokumente z. Gesch. d. Kastellbauten. Apulien u. Basilicata. Ergbd. III, II, S. 168ff. — [226]) Sthamer: Verwaltung d. Kastelle i. Kgr. Siz. Ergbd. I, S. 114/116, 77. — [227]) Ebenda S. 62. — [228]) Ebenda S. 78ff.

fall besser ausgerüstet mit Waffen (Armbrüsten usw.) und Lebensmitteln. Sthamer nimmt an, daß eine ähnliche Verwaltung der staatlichen, d. h. vom König abhängigen Burgen, schon zur Normannenzeit ebenso stattfand, soweit die Burgen unmittelbar vom Herrscher (der Curie) abhingen, d. h. also weder Baronialburgen noch Lehnsburgen waren. Wie bei Melfi wird bei allen anderen Burgen die königliche Verwaltung gehandhabt.

Südlich von Melfi liegt Lagopesole, das gewisse Ähnlichkeit mit Spoleto zeigt. Die Burg ist um 2 Höfe angeordnet und steht hoch in den Bergen der Basilicata bei Avigliano[229]).

Der erste Burghof ist an drei Seiten von Wohnbauten umgeben, die vierte Seite nur teilweise. Im zweiten Hof steht frei der klotzige Stumpf eines romanischen Bergfrieds. Die hochgelegene Eingangstür des Bergfriedes zeigt einen breiten Spitzbogen, der sich auch an anderen Bauteilen der Burg noch findet.

Obgleich nur wenige Bauten noch notdürftig bewohnbar sind, deuten viele Einzelheiten der Burg auf die ehemals hohe künstlerische Durchbildung des Baues.

Die benachbart liegende Burg Avigliano ist eine Wasserburg auf einer Insel.

Die Stadtburg von Acerenza (Castrum Acherontiae) gehört zu den 4 Kastellen, die 1269 unter kurialer Verwaltung stehen[230]). Nach der Liste von 1280 war die Burg sogar mit 60 Servientes besetzt[231]). Heute ist von der Burg nicht viel erhalten, ein Wirtshaus wurde in sie hineingebaut.

Die Krone der apulischen Burgen in künstlerischer Beziehung ist die Burg Castel del Monte[232]). Keine apulische Burg ist so vollendet praktisch und künstlerisch restlos gelöst und durchgebildet (Abb. 330, 337).

Friedrich II. errichtete sie damals auf noch teilweise bewaldeter Höhe auf weithin überragendem Kegel.

Auf der heute völlig kahlen steinigen Bergkuppe erhebt sich trutzig der achteckige Bau von etwa 42 m Durchmesser und über 20 m Höhe, an den Ecken durch 8 achteckige Türme verstärkt, die den Bau wenig überragen; Bau und Türme sind mit erneuertem Steinplattendach überdeckt. Eine mächtige Mantelmauer umzieht den achteckigen Bau, nach Art romanischer Palastbauten von Fenstern durchbrochen.

Ehemals war der allein noch erhaltene Kernbau nach ausgegrabenen Mauerresten von 3 Zwingerreihen und sicherlich mancherlei jetzt verschwundenen Nebenbauten umgeben.

Die beiden im Grundriß der Burg gegenüberliegenden Tore sind durch ein höchst geistreiches System von Fallgattern verteidigt und wurden von je 2 seitwärts davon gelegenen Türmen und einem heute verschwundenen Wehrgang beherrscht. Der Zugang zum inneren Hof lief nicht in der Achse der äußeren Tore, sondern war erst in der Achse des nächsten Raumes angeordnet; das war ein Erfordernis des mittelalterlichen Nahkampfes. Auch der Zugang vom Hof war versteckt und schwierig zu finden (Abb. 337).

Der achteckige Kernbau ist zweistöckig, gotisch gewölbt. Die 8 Erdgeschoßhallen, groß im Maßstab, sind durch hochliegende kleine Lichtöffnungen dämmerig beleuchtet. Ähnlich sind die Lichtöffnungen im ersten Stock. Schön gearbeitete Wendeltreppen verbinden die Geschosse. Die Räume des oberen Geschosses sind genau über dem unteren angeordnet. Die Gewölbegrate der Räume sind leichter als im Erdgeschoß. Marmorbänke umziehen die Wände.

---

[229]) B. E.: Bg. It. VI, S. 30. Dort weitere Literaturangaben. Vgl. auch Bertaux: Monum. medievali della Regione del Vulture S. XXff. — [230]) Sthamer: Verw. d. Kastelle i. Kgr. Siz. Ergbd. I, S. 16. — [231]) Ebenda S. 62. — [232]) Ich verweise auf meine eingehende Darstellung in Bg. It. Näheres siehe Bd. VI, S. 17, dort auch Literaturangaben, Bd. IV, Taf. 200; V, Taf. 201, 202, 210, Abb. 632, 642—45, 664—67. Vgl. ferner B. E.: Wehrbau I, S. 29f., vgl. Haseloff a. a. O., Sthamer a. a. O. Vgl. Geymüller: Burgwart 1910, Nr. 1—2, S. 10ff. Neuere eingehende Aufnahmen u. Darstellung bietet: I monumenti Italiani, Reale Accademia d'Italia. Fascicolo I. Castel del Monte, 1934.

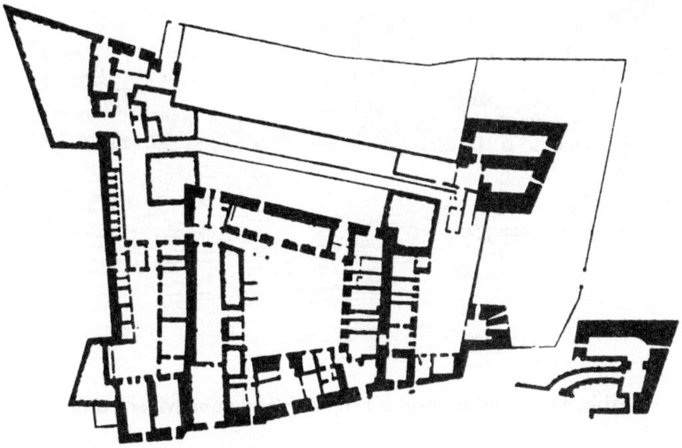

Abb. 338. Hafenburg Bari. Grundriß 1:1000. B. E.

Sehr hohe Lebensform verraten besonders die kleinen Gemächer in den 8 Ecktürmen. Vier davon enthalten Wendeltreppen, 4 zeigen kleine achteckige, fast kuppelartig überwölbte Gemächer. Von diesen behaglichen kleinen Räumen öffnen sich dann Aborte mit größter Sorgfalt aus Marmor hergestellt mit Wasserzuleitung und Entlüftung über Dach, auch sind Waschbecken in den Stein gehauen.

Schon bald nach der Hohenstaufenzeit ist Castel del Monte und mit ihm ganz Apulien mehr und mehr in eine Vergessenheit versunken, die aus dem prunkvollen Königsschloß eine öde Ruine machte.

Nördlich und nordwestlich von Castel del Monte lagen die Burgen Andria und Canosa di Puglia, die beide unter Friedrich II. erbaut sein sollen und später unter Karl I. von Anjou ausgebessert wurden. Eine Inschrift in der Burg Canosa nennt als Architekten den Meister Filippo Cinardo, dessen Nennung in diesem Fall französische Forscher zu der Folgerung verleitet hat, daß Friedrich II. für den Bau seiner Burgen hier französische Architekten benutzt habe[233]).

Als weitere Burgen der Terra di Bari nennen wir Ruvo di Puglia, Bitonto, Barletta, Trani, Bari, S. Nicandro, Conversano, Acquaviva.

In Ruvo di Puglia sind ein großer Turm und Überreste der ehemaligen Burg in ein Straßenwohnhaus eingebaut. Die Innenräume zeigen aber noch reich durchgebildete Türen und Fenster[234]).

Ein etwa 16 m starker, dreistöckig gewölbter Rundturm, der aus einem 36 m im Durchmesser messenden vieleckigen Unterbau mit 2 Stockwerken emporragt, bildet eine starke kleine Stadtburg unmittelbar am Stadttor von Bitonto[235]) in Apulien. Zum untersten Geschoß gehört das gleichfalls ehemals rundumlaufende Tonnengewölbe. Die oberen Turmmauern aus Bossenquadern sind etwa 5 m dick, darunter der tragende Kern hat 6 m starke Bruchsteinmauern, der untere gewölbte Ring zeigt äußere Mauern (mit Gußerkern) von 3 m Stärke und heute eine Höhe von etwa 4 m (Abb. 331, 332, 333).

Die Stadtmauer lief fast gleich hoch in den unteren Ring ein, an dem sich noch Mauer und Wehrgang abzeichnet. So zeigt die Burg einfachste Wehrbauform, die nach 2 reichen frühgotischen Quaderwandschrankrahmen dem 12. bis 13. Jahrh. angehört. Die etwa 7 m im Durchmesser messenden Turminnenräume zeigen 2 hohe Kaminmantelreste,

[233]) B. E.: Bg. It. VI, S. 6, 15. Vgl. Sthamer: Verwaltung d. Kastelle i. Kgr. Siz. Ergbd. I. — [234]) B. E.: Bg. It. VI, S. 52, IV, Taf. 197; V, Abb. 649. — [235]) B. E.: Bg. It. VI, S. 11; IV, Abb. 556—59.

Abb. 339. Hafenburg Bari. Ansicht vom Meere aus.

daneben Wandschränke in den 8–9 m hohen Kuppelgewölben aus Sandstein oder Tuff. Die Treppen liegen in den Mauerstärken.

Zisternen großen Maßstabes sind in den Burgen Apuliens vorhanden gewesen und vielfach noch vorhanden. Im mächtigen Rundturm von Bitonto liegt eine solche im tiefsten Geschoß, ebenso in dem kleinen einsamen Turm der Burg Termoli lag im untersten Turmgeschoß eine tonnengewölbte Zisterne, auch im Hafenturm von Manfredonia.

Ähnliche Anlagen wie Bitonto, aber noch kleiner, die nur aus schönen gezinnten, runden Quadertürmen in runden, in den Felsen gehauenen Gräben bestehen, finden wir bei Lecce und Barletta, z. B. Torre del Parco und der Torre del Belloluogo. Torre del Parco hat Wendeltreppen in 3 Geschossen (Abb. 334, 335).

Die Hafenstadt Barletta[236]) bietet Reste einer ehemaligen Burg, die ursprünglich von den Normannen errichtet worden ist, aber unter Karl I. von Anjou (1273–82) von Peter v. Angicourt wiederhergestellt wurde. 1537 zerstörte Karl V. die alten Teile und versah die Anlage mit neuen Bastionen und Ringgraben. 1584 wurde wiederum daran gebaut. Die Anlage erweist sich heute als viereckig mit Eckbastionen und mit einer großen, guterhaltenen Kapelle. In einer Zeichnung von 1740[237]) von v. Fürstenhof finden wir als Kern Umrisse angegeben, die als Reste des Hohenstaufenbaues betrachtet werden dürfen. Darauf läßt auch eine Besichtigung an Ort und Stelle schließen (Abb. 353).

Von Trani[238]), ebenfalls eine Küstenburg, ist uns eine bedeutungsvolle Inschrift erhalten, wodurch der Baubeginn auf das Jahr 1233 festgelegt werden kann.

Die edle Burg Trani ist um einen viereckigen Hof, ähnlich Bari und Gioia del Colle, Barletta und Brindisi erbaut mit 4 viereckigen Türmen an den Ecken. In späterer Zeit wurden um dieses Kernwerk Bastionen und kleinere Vorbauten gelegt, dann wurde Trani – wie viele italienische Burgen – zum Gefängnis herabgewürdigt. Die Stadt Trani, deren Kernwerk diese Burg bildete, war gleichfalls stark durch Mauern und Türme befestigt. Sie hatte 3 Tore mit Zugbrücken. Der Umfang der jetzt völlig zerstörten Mauern betrug annähernd 5 km. Auch der Hafen war befestigt und 1280 durch eine 112 m lange Kette verschlossen (Taf. 56).

Vier Flügel aus herrlichen Bossenquadern mit 4 romanischen Ecktürmen bilden den Kern der prachtvollen Hafenburg Bari, die 1136 zu normannischer Zeit König Roger dem deutschen Kaiser Lothar nach 40tägiger Belagerung übergeben mußte[239]) (Abb. 338, 339).

Die romanische Burg – 1169 von Wilhelm dem Guten und 1233 von Friedrich II. ausgebaut, ebenso zur Anjouzeit – ist ein verschobenes Viereck. Vier mächtige Ecktürme,

[236]) B. E.: Bg. It. VI, S. 9; Haseloff S. 162. Vgl. Sthamer: Verwaltung d. Kastelle i. Kgr. Siz. Ergbd. I. — [237]) B. E.: Bg. It. V, S. 161. — [238]) B. E.: Bg. It. VI, S. 62; IV, Taf. 193. — [239]) B. E.: Bg. It. VI, S. 9, dort nähere Angaben. IV, Taf. 183; V, Taf. 206, 207, 208, 209, 210.

einer davon verschwunden, wie auch kleinere Türme dazwischen, bilden den Kern des später von Karl I. ausgebesserten und von Isabella v. Aragon durch mächtige Bastionen bis 1524 verstärkten Gesamtwehrbaues (Abb. 340).

Der baukünstlerisch ungewöhnlich köstliche, durch schönen Fenster- und Torschmuck, Hofhallen und Säulen geschmückte Wehrbau ist, wie Trani, noch in ursprünglichem Kern erhalten.

Die Burg, früher von Meerwassergräben umgeben, liegt am Hafen im Nordwestwinkel der alten Stadt. Hohe Mantelmauern aus Bossenquadern fassen die Flügel außen ein, der Innenhof birgt eine wuchtige Tür und Treppenhalle mit reichen kapitäletragenden Säulen, die einst zu dem großräumigen ersten Stock emporführte. Die Räume erhielten Licht vom Hofe nach antiker Weise, während nur wenige Fenster die Mantel- und Turmmauern durchbrechen. Nur der nordwestliche Außenflügel schaute frei über das Meer und bildete zugleich die äußerste Wehr, geschützt von den Meereswogen.

In Bari wie in Brindisi, Trani, Barletta usw. finden wir die Quadratburgen, die uns auf Sizilien in Augusta Maniace (Syrakus), Marsala und Trapani und Castell Ursino (Catania) so oft begegnen als Hohenstaufenformen.

Eine der begeisterndsten hochragenden Burgen in gewaltigem Buckelquaderbau von höchster Schroffheit, höchster Türme und ernsthaftester Außenform ist Gioia del Colle.

Hier ist die Bauzeit überliefert: Riccardo Siniscalco (1081—1115), ein Neffe des großen Robert Guiscard, wird genannt[240]), der hier angeblich für die Benediktiner[241]) ein Kloster errichtete. Diesem Zweck diente der Bau aber erst in nachfriedrichscher Zeit. Es ist unwahrscheinlich, daß der heute vorhandene Bau davon noch wesentliche Reste birgt, doch deutet der Architekt der Wiederherstellung Ettore Bernich gewisse Reste, so ein „Triforium" (dreiteiliges spitzbogiges Fenster) als „benedettina".

Der skizzenhafte Grundriß Bernichs bietet fast ein Quadrat aus 4 Wohnflügeln und am Südflügel 2 mächtige Türme, einer quadratisch, einer rechteckig mit voll hochgeführtem, eigentümlich schmalem Anbau. Alles ist in prachtvollen Bossenquadern ausgeführt. Von ungeheurer Wucht ist der „Herrenturm", über 100 Schichten hoch. Offenbar ist der Turm nicht nachträglich, sondern von Grund auf in einem Zuge aufgeführt, ebenso der Wohnflügel.

Künstlerisch ganz hochbedeutende, ungewöhnlich geformte normannische, staufische, anjouinische, aragonische und benediktinische (?) Architekturbruchstücke sind in erstaunlicher Zahl bei Abbruch für spätere Einbauten gefunden worden. Sie und die Raumteilung sind für Ort und Zeit kennzeichnend. Wir finden nämlich Eingangshalle und

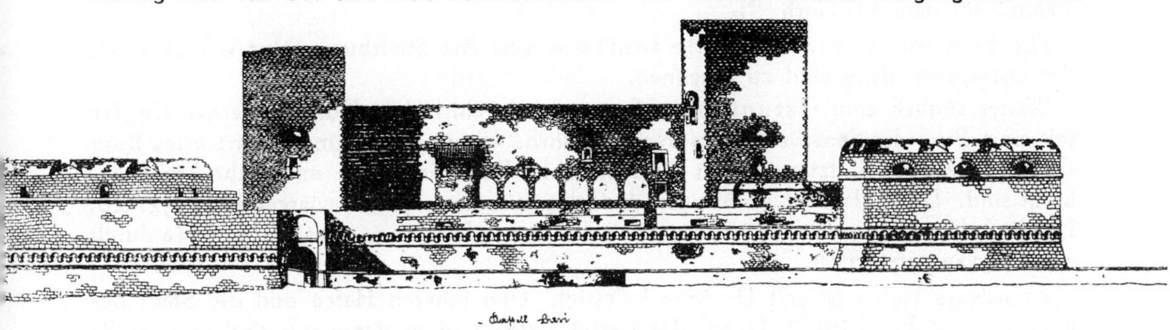

Abb. 340. Hafenburg Bari. Ansicht von der Landseite. 1:500. B. E.

[240]) Schubring: Schl. und Burgbauten d. Hohenstaufen i. Apulien. — Derselbe: Ztschrft. f. bild. K. Nr. 4, 1909, S. 73ff. — [241]) Kohlrausch: Münchener N. Nachrichten, 29. Dez. 1925. Im übrigen vgl. B. E.: Bg. It. VI, S. 28, dort nähere Angaben, V, Taf. 211—214.

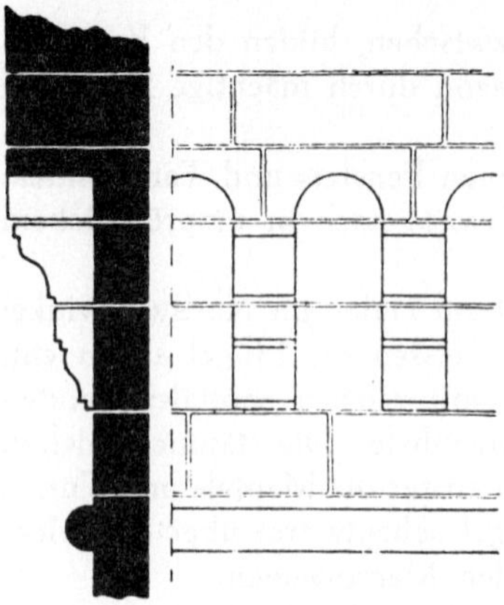

Abb. 341. Hafenburg Tarent. Wehrgangprofil. E. B.

Ställe, Thronsaal, Speisesaal, Frauengemach und Herrenturm und zahlreichere kleinere Gemächer, so daß die Burg Gioia del Colle (Freude des Hügels) ganz besonders lehrreich für die Leistungen der Frühzeit süditalienischen Wehrbaues ist (Taf. 57, 58).

Eine frühe Erscheinung ist auch die Burg San Nicandro di Bari[242]), die aus einem großen Mauerviereck besteht. Die große Mantelmauer sowohl wie die quadratischen Ecktürme bestehen aus prachtvollen Quadern. Sehr merkwürdig ist, daß nahe dem einen Eckturm noch ein Turm von Plätteisenform vorgezogen ist, dessen Bedeutung nicht ohne weiteres klar zutage tritt. Wertvoll ist San Nicandro für eine Untersuchung der hohenstaufischen Burgen, da wesentliche Merkmale der Bauzeit des Karl von Anjou nicht hervortreten. Auch fehlen an der Hauptfront der Burg bastionsartige Vorbauten, wie etwa in Bari und vielen anderen Burgen, die später Festungen wurden, wodurch sich die alten Formen grundlegend geändert haben.

Hier in San Nicandro di Bari ist vielmehr eine gewisse Verwandtschaft mit Gioia del Colle in den äußeren Umrissen unverkennbar[243]).

Die große ausgedehnte regelmäßige Burganlage Conversano[244]), etwa 20 km von Bari, liegt an der Stadtgrenze auf geringem Hügel 219 m ü. d. M., die Ebene beherrschend, sie ist noch von vielen Familien bewohnt.

Der Bau ist leidlich erhalten, besonders die Türme und die Außenmauern. Rohes Quadermauerwerk und ältere Bossen ohne Randschlag wirken bedeutend.

Die sehr ansehnlichen Reste zeigen im Kern noch Hohenstaufenformen, u. a. am starken rechteckigen Hauptturm ein reiches, frühes gotisches Fenster; ein runder Eckturm mit Maschikuli mag auch im Kern der frühen Zeit noch angehören, während der breite Rundturm mit seinen breiten Kanonenscharten aber wohl erst nach dem Türkensturm des 15. Jahrh. entstanden ist.

Die unregelmäßig gebildete Burg Rutigliano nahe bei Bari weist einen starken, großen viereckigen Turm mit auf einfach abgerundeten Steinen vorgekragten Wehrgang auf. Der untere Teil des Bergfriedes, um 1110 erbaut, ist durch Anbauten verdeckt, der obere Teil stammt aus dem 14. Jahrh.[245]).

Die Burg von Acquaviva delle fonti war eine Art Stadtburg. Nur wenige Reste der ehemaligen Burg sind zu erkennen.

Weiter südlich sind Ostuni mit 3 Burgen und zahlreichen Türmen, ferner Ceglie mit einer Burg der Sanseverino aus dem 16. Jahrh., Francavilla und die mächtige Burg Oria zu nennen. Letztere besitzt hohe schlanke Rundtürme, die mit Wehrgängen bekrönt sind. Die Anlage ist im übrigen dreieckig mit einem großen viereckigen Bergfried. Friedrich II. erbaute sie 1227 auf Resten einer alten Befestigung. 1897 wurde Oria durch einen Orkan zerstört[246]).

Brindisis Hafen ist seit Urzeiten befestigt. Den inneren Hafen und die Stadt beherrschte seit Friedrich II. (1233) das Castel Grande, eines der quadratischen Kastelle des großen Staufen mit viereckigen und runden Quadereckttürmen des Kernes, davon

[242]) vgl. B. E.: Bg. It. IV, Taf. 188. — [243]) Haseloff S. 228, Anm. 1 weist auf die Ähnlichkeit auch schon hin. — [244]) B. E.: Bg. It. VI, S. 22; IV, Taf. 189, 190. — [245]) B. E.: Bg. It. VI, S. 52; V Taf. 208. — [246]) Ebenda VI, S. 42; IV, Taf. 197, 199; V, Abb. 650.

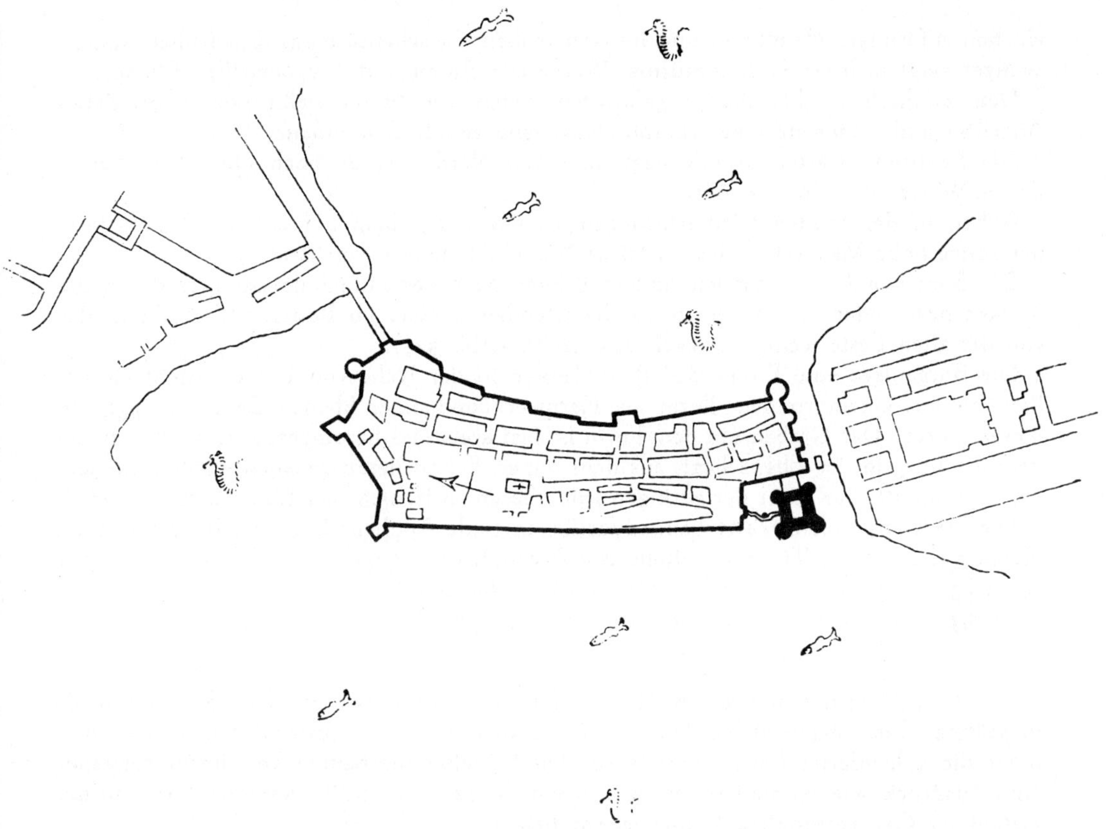

Abb. 342. Hafenburg Tarent. B. E. nach mittelalterlichem Plan.

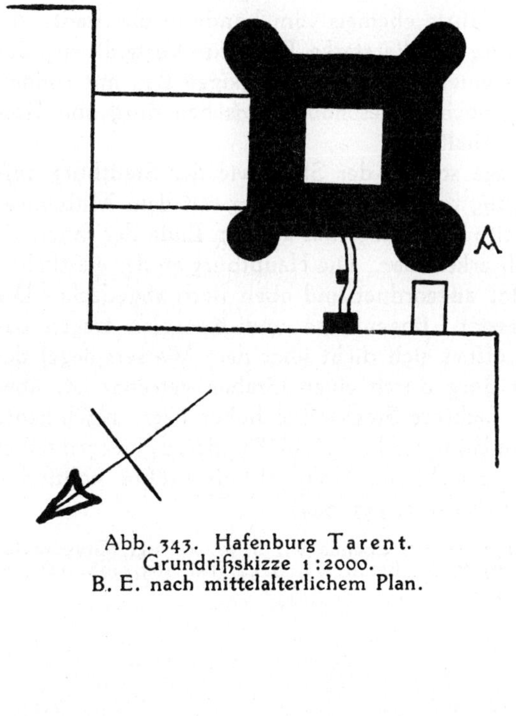

Abb. 343. Hafenburg Tarent.
Grundrißskizze 1:2000.
B. E. nach mittelalterlichem Plan.

Abb. 344. Hafenburg Tarent.
Grundriß des Eckturmes mit Schieß=kammern 1:500.
B. E. nach mittelalterlichem Plan.

ein donjonförmiger Hauptbau, und inneren frühen Zwischentürmen. Ein früher Außenzwinger zeigt niedrige Hufeisentürme, Werke der Anjou und Aragonen[247]) (Taf. 56).

Den wunderlich schlauchartig geformten Hafen umgibt die halbrunde Stadt, deren Angriffs- und Landseite eine frühmittelalterliche gerade Schildmauer bildet.

Die Stadtburg Castel Grande liegt an deren Nordwestende hoch über dem Hafen, dessen Wasser die Gräben füllte.

Außen in der breiten trichterförmigen Hafeneinfahrt liegt auf spitzer Dreiecksinsel der spitze hohe Mauerklotz des Castel „a Mare" Alfonsos I. von Aragon.

Die Burg von Lecce hat wie andere Burgen nach der Einnahme Otrantos durch die Türken bzw. unter Karl V. einen durchgreifenden Umbau im Bastionsstil erfahren der von der alten Feste wenig übriggelassen hat[248]) (Abb. 325).

Die Burganlage von Torre del Belloluogo in der Nähe von Lecce besteht eigentlich nur aus einem runden Turm als Kernwerk und einer kleinen Zwingeranlage um diesen Turm. Der Graben um den Turm ist fast kreisrund herumgezogen. Er hat, trotzdem die Burg in der Ebene liegt, aus dem reinen Felsen herausgehauen werden müssen, der hier unmittelbar unter der geringen fruchtbaren Erdschicht der Ebene zutage tritt[249]).

Die Stadtburg von Otranto am südöstlichen Ende Apuliens liegt auf der Anhöhe am Hafen mit 2 runden Türmen; Alfons von Aragonien befestigte die Burg neu. Reste der ehemaligen Stadtbefestigung sind auch noch vorhanden[250]).

In der Umgebung von Otranto befinden sich viele Türme.

Die Hafenburgen von Gallipoli und Tarent sind Wasserburgen. Sie sind beide in späterer Zeit umgebaut worden. In ihnen kommt wie im übrigen Italien mehr und mehr die vollendetste Form der gegliederten Verteidigungsbauten vor der Renaissance zum Ausdruck, wie wir sie bei den Burgen von Avezzano und in spätester Form an der Hafenburg Civitavecchia kennengelernt haben.

Die kleine Stadt Gallipoli[251]) findet gerade Raum auf einer Felseninsel im Meer und war nach Abbildung bei Merian rings von Mauern und Türmen umgeben. Die Burg, zwischen Stadt und Küste gebaut, hatte vor allem die Aufgabe, erstere gegen die Küste hin zu verteidigen. Nur eine Brücke führte ehemals vom Lande in die Stadt. An der Stelle, wo die Brücke die Insel erreichte, lag die starke Burg zur Verteidigung des Zuganges. Sie besteht im wesentlichen aus einem niedrigen viereckigen Bau mit runden Ecktürmen. Ein mächtiger Rundturm liegt noch vorgeschoben zwischen Burg und Ufer im Wasser. Das Vorwerk ist größtenteils erhalten.

In Tarent, das eine besonders feste Lage sowohl der Stadt wie der Stadtburg aufweist, liegt die Burg da, wo der Hafeneingang das sog. kleine Meer mit dem Mittelmeer noch heute verbindet (Abb. 342). Eine zweite Burganlage hat an dem Ende der innersten Stadtinsel bestanden. Ihre Reste sind noch erkennbar. Die Hauptburg an der westlichen Hafeneinfahrt ist um einen viereckigen Hof angeordnet und oben flach abgedeckt. Die Ecken sind mit starken Rundtürmen besetzt. Bogenfriese und Konsolen tragen das oberste Drittel der Turmwand. Ein Tor öffnet sich dicht über dem Wasserspiegel der Hafeneinfahrt, während die Stadt von der Burg durch einen Graben getrennt ist, über den eine Brücke zum Tor führt, das hier mehrere Stockwerke höher liegt. Noch heute ist Tarent wichtiger Hafen des italienischen Königreiches. Kein Wunder, daß wegen seiner ausgezeichneten Lage Tarent schon als griechische Kolonialstadt größte politische, strategische und Handelsbedeutung hatte (Abb. 341, 343, 344).

[247]) B. E.: Bg. It. VI, S. 13, Taf. 184, 185, 192. — [248]) Ebenda VI, S. 30. — Vgl. Gregorovius S. 494 ff. — [249]) B. E.: Bg. It. VI, S. 30. — [250]) B. E.: Bg. It. VI, S. 42, Taf. 183, 198, 199. — [251]) Ebenda VI, S. 27 nähere Angaben.

Campanien.

Campaniens Ebene, die Terra di Lavoro, war ziemlich dicht mit Burgen besetzt. Von der hochgelegenen ehemaligen Burg Arpino in der Terra di Lavoro ist fast nichts mehr erhalten. Nur mittelalterliche Mauern, mit Rundtürmen verstärkt, ziehen sich zur Stadt hinab.

Die schicksalreiche Burg Rocca d'Arce[252]) lag an wichtigem strategischem Punkt als Grenzburg gegen den Kirchenstaat an der Straße Rom—Cassino südlich Sora. Deshalb bemächtigten sich sowohl Heinrich VI. wie auch Friedrich II. dieser starken Feste. Auf dem Gipfel des Berges ragen noch die Reste der Burg, rings von Abgründen umgeben.

Vom Jahre 1328 wird berichtet, daß Herzog Karl von Kalabrien diese Burg und die Burgen Arpino, Castellacio, Fontana u. a. mit Gräben von bestimmter Breite und Tiefe versehen ließ.

Eine ganz selbständig entwickelte Felsenburg, gegen einseitigen Angriff gestaltet, auf halber Höhe zwischen der Stadt und dem festen Kloster Monte Cassino, ist Rocca Ja=nula in der Terra di Lavoro mit ihrem schönen fünfeckigen Quaderbossen=Bergfried von 9,95 : 14 m im Grundriß, in hoher reichgezinnter Mantelmauer[253]) mit ihren vielen Verstärkungstürmen und weit über die Stadt vorgeschobenem Rundturm, der nur über eine lange, wehrganggekrönte, nach beiden Seiten zu verteidigende Mauer erreich=bar ist.

Die für Süditalien ungewöhnlich einfache Burg war als Nordwest=Grenzburg gegen den Kirchenstaat stets höchst wichtig. Schon zwischen 949 und 986, zur Zeit des Abtes Aligerno von Monte Cassino als befestigt erwähnt[254]), spielt sie auch noch unter persön=licher Aufsicht Friedrichs II., d. h. curialer Verwaltung, die wichtigste Rolle. 1230 wurde ein Neubau begonnen. 1239 erhebt der Kastelan Tafuro von den Mönchen des Landes die Hälfte der jährlichen Einkünfte und zwingt die Bewohner des patrimonio di S. Be=nedetto zur Herstellung von „manganellis" und „Trabocchi"[255]).

Offenbar nur durch Vernachlässigung unter Manfred fällt die Burg vor dem Ansturm der halb verhungerten wilden Horden Karl von Anjous schon vor der Schlacht von Be=nevent in Karls Hände.

Die wenigen Nachrichten mögen nur als Andeutungen wirklicher Zustände auf den Burgen der Hohenstaufen= und Anjouzeit dienen.

Berühmt ist vor allen befestigten italienischen Klöstern Monte Cassino[256]), eben=falls bei der Stadt Cassino gelegen, das durch seine Lage fast uneinnehmbar war. Das Kloster hat eine lange Kriegsgeschichte hinter sich. 529 vollzog der hl. Benedikt die be=rühmte Gründung, 580 zerstörten die Langobarden Monte Cassino. Es folgten im Laufe der Geschichte immer wieder Aufbau und Zerstörung. 1504 haben die Franzosen vergeblich versucht, sich hier gegen die Spanier unter Gonzales von Cordova zu halten.

Der Torturm des Klosters, genannt Torre di San Benedetto, macht ganz den Eindruck eines Burgtores. Mächtige, heute vielfach von Fenstern durchbrochene Mauern mit starken Dossierungen umgeben das ganze Kloster, das wehrhaft selbst noch in heutiger Gestalt, weithin die ganze Landschaft überschaut.

Südöstlich lag an der Straße von Cassino nach Capua, am Ausgang des weiten Gari=glianotales die Burg Mignano. Welche wichtige strategische Bedeutung dieser Burg

---

[252]) Sthamer: Verwaltung d. Kastelle i. Kgr. Siz. Ergbd. I, S. 6; v. Hofmann: S. 290; Amati VI, S. 1045. — [253]) B. E.: Bg. It. VI, S. 29 nähere Angaben; vgl. IV, Taf. 172, 173. — [254]) Descr. istor. del sacro real monistero di. M. Cassino, Napoli 1775, S. 7. Storia della badia di M. C. von Tosti II, S. 277. — [255]) Haseloff S. 151. Vgl. Köhler: Entw. d. Kriegswesens u. d. Kriegführung I, S. 456, III, 1, S. 158. — [256]) B. E.: Bg. It. VI, S. 36; v. Hofmann S. 291 ff.; Haseloff S. 105, 120, 346.

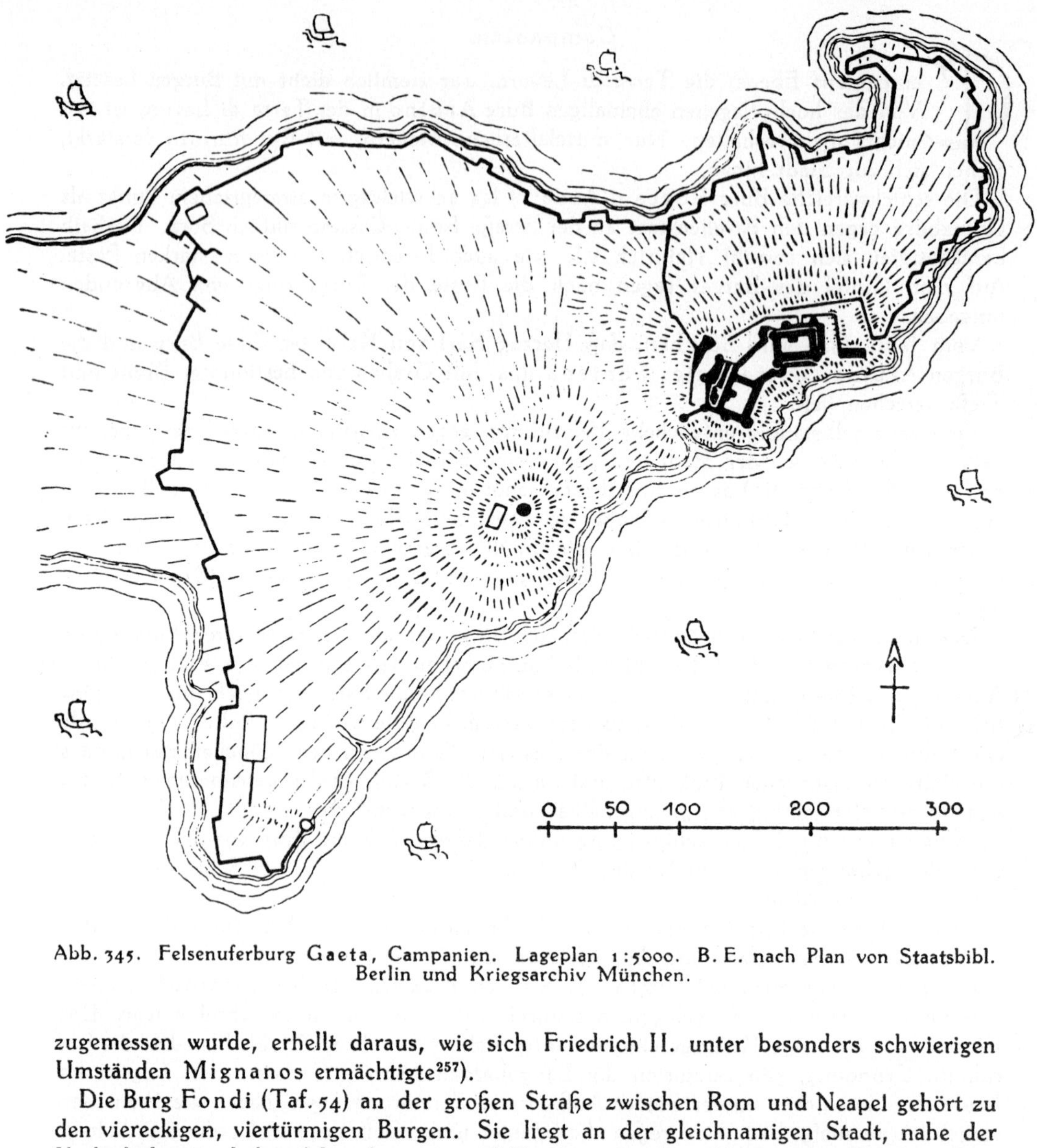

Abb. 345. Felsenuferburg Gaeta, Campanien. Lageplan 1:5000. B. E. nach Plan von Staatsbibl. Berlin und Kriegsarchiv München.

zugemessen wurde, erhellt daraus, wie sich Friedrich II. unter besonders schwierigen Umständen Mignanos ermächtigte[257]).

Die Burg Fondi (Taf. 54) an der großen Straße zwischen Rom und Neapel gehört zu den viereckigen, viertürmigen Burgen. Sie liegt an der gleichnamigen Stadt, nahe der Kathedrale, von hohen Mantelmauern und Türmen umgeben. Der trotzige Bau hat schon die Aufmerksamkeit des großen deutschen Zeichners Georg Houfnagel[258]) erregt, der in Braun und Hogenbergs Städtebuch eine prächtige Ansicht aus dem Jahre 1578 bringt. Die heutige Ruine bietet noch ein gutes Bild der ehemaligen Anlage mit ihren mächtigen Rundtürmen[259]).

Bis in die Neuzeit berühmt als unbezwingliche Feste ist die Felsenuferburg Gaeta. Lange Zeit war Gaeta eine freie Stadt[260]), uneinnehmbar für „Barbaren" und Sarazenen, bis die Burg im 12. Jahrh. von den Normannen erobert wurde. Friedrich II. ließ sie 1222

[257]) Sthamer: Verwaltung d. Kastelle i. Kgr. Siz. Ergbd. I, S. 7. — [258]) Braun u. Hogenberg V, S. 62. — [259]) Vgl. Sthamer: Verwaltung d. Kastelle i. Kgr. Siz. Ergbd. I, Mothes S. 721. — [260]) Avena: Mon. dell Ital. Meridional.

Abb. 346. Capua. Lageplan von Stadt und Burg nach v. Fürstenhoff um 1740.

neu befestigen[261]). Auch als wichtigste anjouinische Burg wird 1269 daran gebaut, wozu noch im November 1289 Peter v. Angicourt (miles) als Sachverständiger entsandt wird. Die Sorge hört bis zur Neuzeit nicht auf, noch im Dezember 1445 wird als Bauleitender ein Obermeister, der Maurer Franz v. Luca und Cava genannt[262]). Freilich ist von der Burg des 10. Jahrh. wenig auf unsere Tage gekommen, wie Reste der Ringmauer der späteren Burgkaserne und der Kern einiger Türme. Alte Pläne[263]) geben die älteste Kern=burg als rechteckigen Bau mit runden Ecktürmen, also mit französischen Anklängen, wieder[264]). Ein Plan von 1840 nennt die Burg „s. Carlo". Zwei alte Grundrisse von 1707 und 1840 zeigen großartige Burgreste auf dem 167 m hohen Felsen, der hakenförmig weit ins Meer vorspringt, das ihn an 3 Seiten umspült. Nur durch eine 280 m breite Land=enge hängt der Burgfelsen mit dem Lande, mit dem Monte Orlando zusammen.

Zwei rechteckige Baukörper mit Mittelhof und runden Ecktürmen beherrschen die Stadt, der tieferliegende, mit hochgeböschten Rundtürmen, deutet auf den Bau des Alfons von Aragona von 1440, der höhergelegene Kern zeigt an der hohen Mantelmauer starke senkrecht hochstrebende Mauertürme und einen starken runden Bergfried, in denen man Reste der normannischen und hohenstaufischen Zeit erblickt (Abb. 345).

Von den Burgen Alife und Teano sind heute keine Reste mehr erhalten. Auch sie lagen an strategisch bedeutsamen Stellen[265]). Ebenso sind wenig Reste von den Burgen Sessa, Mondragone, Bajae b. Pietramelara und Cajazzo sichtbar.

Eine der märchenhaftesten burglichen Bauten war das Brückenkastell della due Torri in der befestigten Stadt Capua am Volturno[266]) (Abb. 346), das Friedrich II. von Hohen=staufen 1233—1240 errichtete. Die neueren Ausgrabungen vor 1933 ergaben Reste von 2 dreiviertel kreisrunden Turmfundamenten aus ganz vortrefflich glatt bearbeiteten Quadern bzw. Bossenquadern, deren letztes Viertel der Toreinfahrt zuliebe gerade abgeschnitten ist. Drei Schichten sauber regelmäßig bearbeiteter Bossenquadern bilden die 3 tiefsten tragenden Schichten; über einem vielgegliederten Sockelprofil folgen dann 7 sehr ähn=liche Quaderschichten des sechseckigen oberen Fußes, von dem aus 6 zierliche Ab=schrägungen bis zum eigentlichen Rundturm führen. Von dem Dreiviertelrundturm sind nur noch etwa 5 bis 6 bis 7 glatte Quadern des eigentlichen Rundturms erhalten. Erkenn=bar ist noch eine fensterartige Tür eines Saales im ersten Stock. Wichtige Hinweise geben auch noch einige Bruchstücke von Säulensockeln und Profilsteinen aus demselben

Abb. 347. Castel del Ovo in Neapel. B. E.

261) Sthamer: Verwaltung d. Kastelle i. Kgr. Siz. Ergbd. I, S. 7; Haseloff S. 164. — 262) B. E.: Bg. It. VI, S. 27 dort nähere Literaturangaben. Vgl. v. Hofmann S. 296ff. — 263) Staatsbibl. Berlin und Heeresbücherei München, Staatsarchiv Florenz. — 264) Blaeuw IV. — 265) Sthamer: Verwaltung d. Kastelle i. Kgr. Siz. Ergbd. I, S. 6f. — 266) B. E.: Bg. It. VI, S. 15, dort nähere Literaturangaben.

Abb. 348. Castel del Ovo in Neapel.

Saale, die eine merkwürdige Ähnlichkeit mit Bruchstücken von der Burg Trifels in der Pfalz und Burg Wildenfels im Odenwald haben. In Vereinigung mit diesen mittelalterlichen romanischen Formen empfinden wir Reste römischer Tradition.

Die Ausgrabungsarbeiten wurden ausgeführt unter der Leitung des Direktors Orsini des Museo campano. Wir dürfen auf weitere Berichterstattung über die Ergebnisse hoffen[267]).

Auf der Mitte zwischen Capua und Neapel begründeten die Normannen als ersten festen Wohnsitz in Campanien die Stadt und Burg Aversa[268]) im Jahre 1029, die aber 1135 durch König Roger verbrannt wurden. Nach Richard v. S. Germano[269]) soll mit dem Bau der Burg 1223 von neuem begonnen worden sein. Vom Jahre 1345 wird die Ermordung des Andreas von Ungarn in dieser Burg berichtet.

Der Turm von Maddaloni, links der Bahn Rom—Neapel über der napolitanischen Campania, bildet mit der nahen Burg und einem zweiten, etwas höherstehenden Turm,

---

[267]) Chierici, La Porta di Capua. Miscellanea di Storia del Arte, Florenz 1933. — [268]) v. Hofmann S. 387. — B. E.: Bg. It. VI, S. 8. — [269]) Haseloff S. 21, Anm. 3. — Sthamer: Verwaltung d. Kastelle i. Kgr. Siz. Ergbd. I, S. 8.

eine Wehrbaugruppe, die strategische Straßen, die zu den 3 südlichen Mittelmeeren führen, beherrscht. Hier öffnen sich die Täler von S. Agata und das von Arienzo, hier teilen sich die Wege nach Neapel, Apulien und nach dem weiten Calabrien.

Den kleinen Turm auf der höchsten Stelle schreibt man langobardischer Zeit zu, späterer Bauzeit das nachher oft umgebaute Kastell. Weitere städtische Befestigungen sollen mehrfach verwüstet und wieder aufgebaut sein[270]).

Erst aus dem Ende des 9. Jahrh. wird dann der Name einer Burg Maddaloni genannt, ein Name, der arabischen Ursprungs sein soll. Als normannischer Besitz wird Maddaloni 1104 genannt. Im 12. Jahrh. wird die Burg Castrum Kalato Maddala genannt. 1134 wird durch König Roger von Maddaloni Besitz ergriffen. Von Bauten aus staufischer und Anjouzeit — der einzelne Zweilichtfenster im sog. „torrione" entstammen mögen — hören wir nichts Bestimmtes. In den Ungarischen Wirren dagegen wird der feste Platz oft genannt. 1348 greifen die ungarischen Verteidiger Maddaloni Averso an, um an dortigen Parteigängern den Mord des Königs Andreas zu rächen. 1390 wird ein Graf Artus belehnt und in den wilden Verschwörungen und Fehden des 14. Jahrh. hören wir immer wieder seinen und den Namen der Burg. Ein Graf Artus scheint auch größere Bauten daran ausgeführt zu haben[271]). Er baute den heute noch stehenden Turm aus, der sich in einem Zwingerringgraben erhebt. Drei Seitenbestreichungstürme verstärken die gezinnten Zwingermauern, 1 viereckiger Torturm trug die Zugbrücke, die zu dem hochgelegenen Toreingang führte.

Der starke runde Bergfried ragt 33 m empor ohne das noch 3 m höhere Wachttürmchen. Der Turm ruht auf einem regelmäßig vieleckigen 7 m hohen Grundstock von 13,20 m Durchmesser, über dem er kreisrund 25 m weiter ansteigt, von Stockwerk zu Stockwerk umgeben von 3 Steinringen und geschmückt durch das Wappen der Artus. Eine lange, senkrechte Schmarre an der Seite rührt von einem Blitzstrahl her. Der Turm zeigt 3 ungleich hohe gewölbte Stockwerke, deren unterstes auch noch durch eine senkrechte Mauer geteilt ist. Eine Hälfte umfaßt eine Zisterne. In das nächste gewölbte Stockwerk mündet die Zugbrücke, zu den weiteren führen bis zur Plattform Treppen in der Mauerstärke.

Die Formen der Fenster und Türen deuten auf eine Bauzeit um 1391 bis 1401.

Etwa 50 m bergan erhebt sich die unregelmäßig gestaltete Burg mit großem viereckigen Hauptturm, erbaut durch den gleichen Grafen Artus und im 15. Jahrh. verändert durch einen Ottino Caracciola.

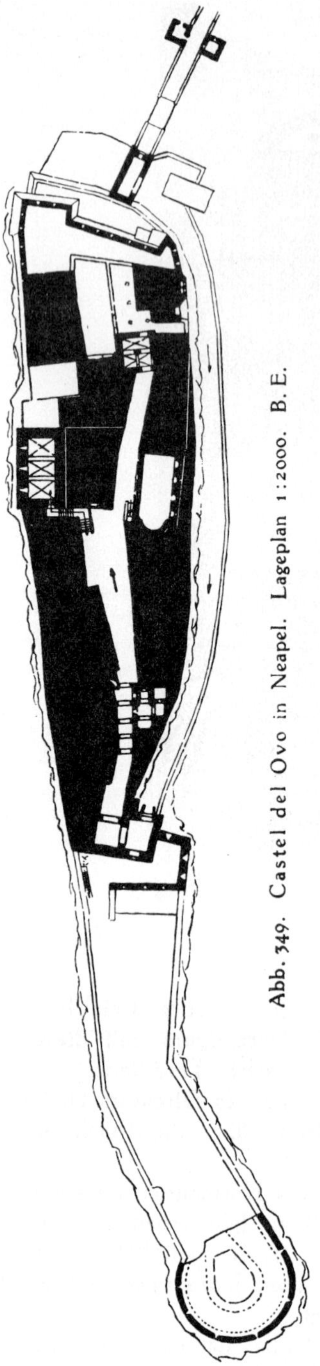

Abb. 349. Castel del Ovo in Neapel. Lageplan 1:2000. B. E.

[270]) Volpicella: Le Torri e il Castello di Maddaloni; Reumont: Karafa v. Maddaloni; B. E.: Bg. It. VI, S. 32. — [271]) Volpicella S. 10.

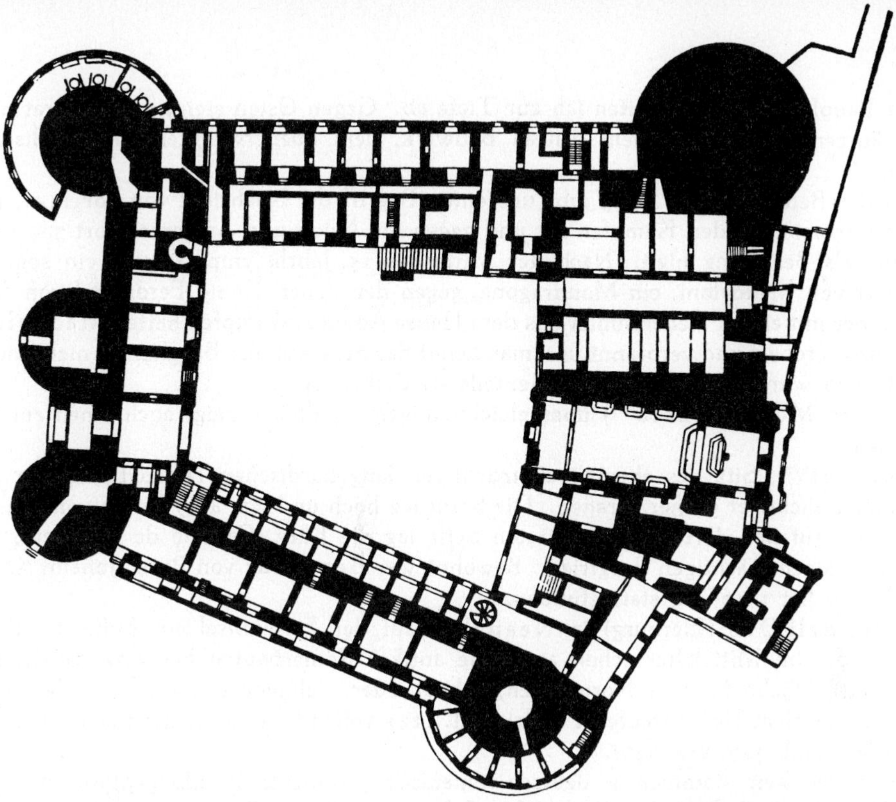

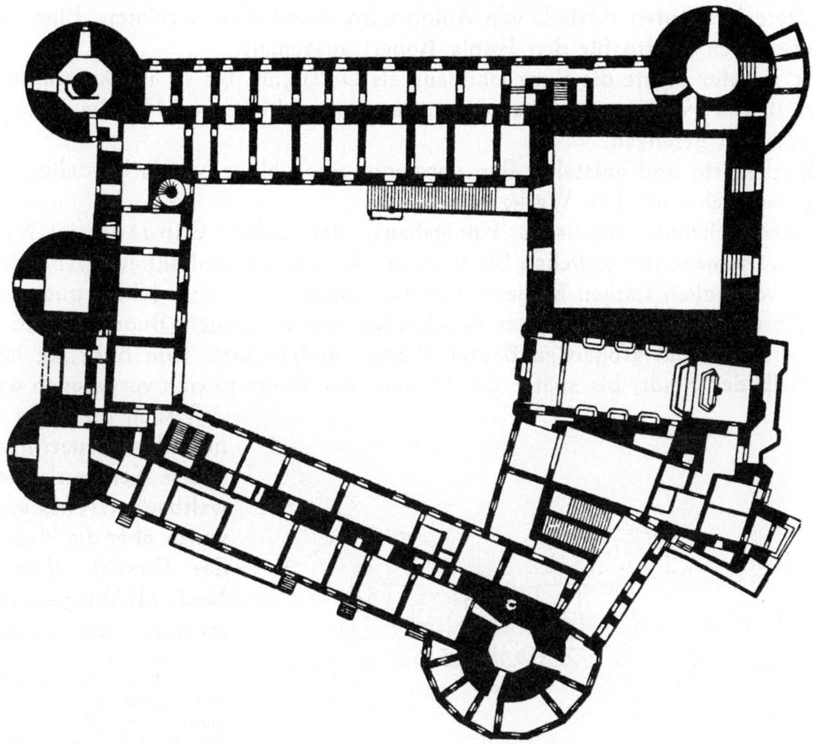

Abb. 350 u. 351. Castel Nuovo in Neapel. Grundriß Erdgeschoß und 1. Stock 1:1000.
B. E. nach amtlichem Plan aus Neapel.

Der Bauplatz fällt an 3 Seiten jäh zur Tiefe ab. Gegen Osten steigt der Felsgrat nach einer kurzen Senkung zu dem dritten Bauwerk, dem obenerwähnten langobardischen Turm.

Von der Bedeutung der Burg gibt uns einen Begriff die Nachricht von vor 1441, daß Ottino Caracciola in den Kämpfen für und gegen die Anjou und Aragonier dort 300 Fuß=soldaten als Besatzung hielt. Nach der Mitte des 15. Jahrh. empörte sich ein späterer Burgherr von Maddaloni, ein Mondragone, gegen den neuen König Ferdinand von Ara=gonien, der mit einem Nebenbuhler aus dem Hause Anjou zu kämpfen hatte. Maddaloni aber wurde erobert und verbrannt und man kennt das Schicksal der Burgherren nicht mehr.

Um 1900 wurde Maddaloni großenteils wiederhergestellt.

Die Burg Montesarchio[272]) über gleichnamigem Städtchen zeigt auch einen runden Bergfried.

Benevent[273]), Sitz des ehemaligen mächtigen langobardischen Herzogtums, war der Treffpunkt wichtiger großer Straßen. Die Stadt lag hoch und war an 3 Seiten von Wasser umgeben. Auf der vierten ungeschützten Seite lag die Burg, Castello de Manfredi, mit dem viereckigen mächtigen Bergfried. Bewohnt war Benevent von Papst Johann XXII. Ein Umbau hat 1316—24 stattgefunden.

Castel dell'Ovo (Eierburg) in Neapel[274]) auf der Felseninsel am Fuße des Pizzo Falcone, die im Mittelalter schon an Stelle antiker Römerbauten befestigt wurde, soll 1154 von Wilhelm I., dem Normannen, erbaut oder vielmehr begonnen worden sein, um dann von dem Hohenstaufen Friedrich II. 1221 vollendet und als Schatzhaus benutzt zu werden (Abb. 347, 348, 349).

Aus dieser Zeit stammen 2 deutsch=romanisch profilierte Rundbogentore, die den Innenlängsgang auf der langen, schmalen Felsenachse überwölben.

Über spätere Umbauten Karls I. von Anjou wird ausführlich berichtet. Eine der Ka=pellen wurde durch Giotto für den König Robert ausgemalt.

Manfreds Tochter diente die Burg jahrelang als Gefängnis, bis sie im Austausch gegen Karl II. erlöst und Königin von Aragon wurde. Später hielt Karl III. die Königin Jo=hanna I. 1381 dort gefangen.

Der vielgegliederte und entstellte Bau verdiente eine völlige Wiederherstellung seiner kirchlichen und wehrbaulichen Werke.

Das normannisch=hohenstaufische Königshaus, das Castel Capuano in Neapel, steht landeinwärts nahe der östlichen Stadtmauer. Es war ein weitläufiges Gebäude, frei=stehend und von hohen starken Mauern umgeben, begonnen im 12. Jahrh. und von Wil=helm dem Bösen nach den Plänen des Architekten und Bildhauers Buono erbaut. Auch Kaiser Friedrich II. hat großartige Bauten daran durchgeführt. Die Burg lag halb in, halb außerhalb der Stadt, bis später die Mauern der Stadt so weit vorgezogen wurden, daß auch die Burg inner=halb des Mauerringes lag.

Das Kernwerk aller Ge=waltbauten Karls v. Anjou wurde aber die Neue Burg, das Castel Nuovo in Neapel (Abb. 350, 351). Er erkannte die Wichtigkeit

Abb. 352. Inselburg Revigliano bei Castellammare. B. E.

[272]) B. E.: Bg. It. VI, S. 32. — [273]) Ebenda VI, S. 10; v. Hofmann, S. 331 ff. — [274]) B. E.: Bg. It. VI, S. 40, nähere Beschreibung siehe V, S. 166.

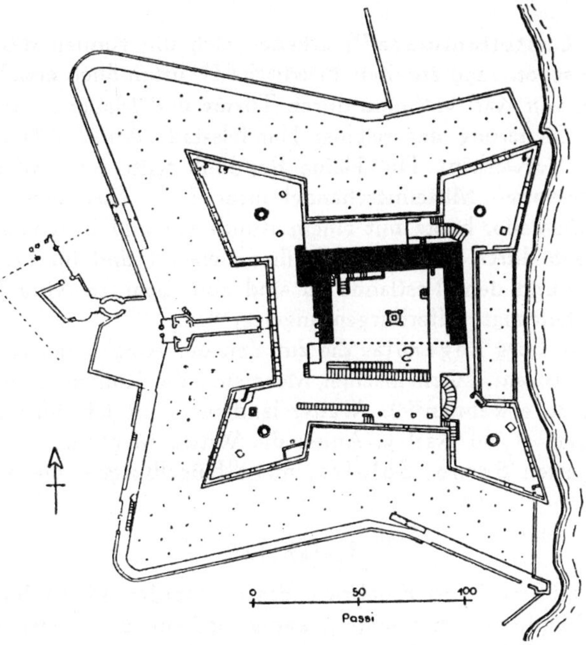

Abb. 353. Hafenburg Barletta. Grundriß. B. E.

des freien Zuganges zum Meere für die Verteidigungsmöglichkeit eines solchen Wehrbaues und ließ deshalb ab 1279 die gewaltige Feste unmittelbar am Hafen aufführen. Im Zusammenhang damit wurde noch ein Leuchtturm, der Turm St. Vinzens mit Zwingerumfassung ins Meer gestellt zur Beherrschung der Hafeneinfahrt. Die berühmte Verteidigung dieses Turmes durch die Franzosen erwies die Stärke des Wehrbaues auch noch in späterer Zeit.

Später wurde der mittelalterliche Kern des Castel Nuovo[275]) durch Bastionsanlagen des 16. und 17. Jahrh. umgeben. Den Kern seinerseits bildet ein unregelmäßig viereckiger großer Hof von 50 : 40 m, er ist von einer gewaltigen Mantelmauer umschlossen und an den 4 Ecken später verstärkt durch je einen starken Rundturm von 42 bzw. 33,60 m Höhe und 18,79 m Durchmesser. Die Rundtürme werden dem 15. Jahrh. zugeschrieben.

Die furchtbaren Kämpfe im Hause Anjou, unter den Aragoniern und später mit Spaniern und Franzosen haben über die Burg immer neue Zerstörungen und Wiederaufbauten gebracht, wodurch das erste Bild stark verwischt wurde[276]).

In dem einstigen großzügig durchgeführten französischen Bau erscheinen die Wohnräume eingezwängt in die gewaltige Mantelmauer und die Wehrtürme bis auf den nach französischer Sitte selbständig aufgeführten, fast quadratischen Rittersaal, eine recht hohe gewölbte Halle, die Karl v. Anjou auch in ältere Burgen, wie Lagopesole und Bari nachträglich einbaute.

Nordwestlich von Neapel liegt die Höhenburg Baja südlich des gleichnamigen Ortes am Meer, deren Außenwerke der Spätzeit des 16. Jahrh. angehören[277]). Ihr viereckiger Bergfried stößt zum Ufer vor (Taf. 64).

Bei Castellammare liegt auf einem Felsenriff im Meer die Inselburg Reviglianoi[278]) mit gut erhaltenem viereckigen bergfriedartigen Bau (Abb. 352).

[275]) B. E.: Bg. It. IV, Taf. 176, 177. — [276]) Ebenda VI, S. 40, siehe vor allem V, S. 167ff.; Filangieri: Castel Nuovo. 1934. — [277]) B. E.: Bg. It. VI, S. 8; IV, Taf. 185; V, Taf. 242. — [278]) Ebenda VI, S. 49; IV, Taf. 174.

Über der Stadt Castellammare[279]) erheben sich die Ruinen des späteren Castello Angioino, das aber schon 1230 zur Zeit Friedrichs II. urkundlich erwähnt wird; erst später wurde die Burg von Karl v. Anjou durch Türme und Mauern verstärkt.

Berühmt ist die Sicherung der reichen Handelsstadt Amalfi[280]) durch einen Kreis von wehrbaulichen Vorwerken. Die kleine Republik teilte sich mit Pisa in die Herrschaft über den gesamten Mittelmeerhandel ihrer Zeit. Das über der Stadt Amalfi liegende Castel Masaniello, heute mit einem Rundturm und Ringmauerresten als Ruine erhalten, wurde 1096 durch Roger von Sizilien belagert und im 12. Jahrh. durch Pisa zerstört. Am Meer und dem Festlande zu sind zum Schutze Amalfis ringsum gegen das Festland stark befestigte Uferburgen angelegt[281]).

Benachbart lag die Burg Pogerola, die zur Zeit der Aragonesen neu befestigt worden ist[282]). Über Salerno am Tyrrhenischen Meer sind die Ruinen einer ursprünglich langobardischen Burg zu erwähnen[283]). Weiter landein nenne ich noch die Burgen Roca Piemonte, Nocera — wo Karl v. Anjou die Witwe Manfreds 5 Jahre lang gefangn hielt — und die Festen Sarno, Solofra, meist Hügelburgen, die nur noch in Resten erhalten sind.

Kalabrien

Das gebirgig zerklüftete Land Kalabrien, das im Norden an die Basilicata grenzt, hat vom burglichen Standpunkt betrachtet, wenig bedeutende Wehrbauten aufzuweisen. Historisch hängt es seit dem 11. Jahrh., seitdem der Normannenherzog Robert Guiscard die Byzantiner vertrieb, mit dem Königreich Neapel zusammen[284]).

Zunächst nennen wir die Burgen Roseto, Cassano über gleichnamigem Städtchen, Castrovillari schon 1090 erbaut — und Corigliano im Osten der Halbinsel Kalabriens. Cosenza im Westen, ebenfalls über einem gleichnamigen Orte, wurde 1098 auf Befehl des Herzogs von Apulien zur Beherrschung dieser aufständischen Stadt erbaut. Direkt an der Küste folgen Fiumefreddo, Amantea und Nicastro am Bergeshang, wo Friedrich II. seit 1235 seinen Sohn Heinrich gefangenhielt. Die Burg lag an einer Straßenkreuzung in der Nähe des Passes von Tiriolo, dem Golf von Eufemia zu. An der östlichen Küste liegt bei Cotrone die gleichnamige Burg mit hohen Türmen. Südwestlich folgte Catanzaro aus der Zeit Robert Guiscards, Pizzo am Meer auf der Westküste und Monteleone landeinwärts, letztere Burg wurde wie viele kalabrische Burgen durch das Erdbeben von 1783 stark mitgenommen[285]).

Sizilien

Hauptsächlich stützen wir unsere Kenntnisse über die Burgen des Königreiches Sizilien zur Zeit Friedrichs II. und Karls von Anjou auf die ausgezeichneten Forschungsergebnisse Eduard Sthamers[286]), die ein Urteil über ihren Bau, ihren Zweck, ihre Verwaltung, ihre Besitzverhältnisse erlauben.

Besonders wichtig in bezug auf letztere und ihre politische Bedeutung ist die Teilung in Burgen des Lehnsadels und in solche, die in unmittelbaren Besitz des Kaisers Friedrich II. und später Karls I. standen.

Wir finden bestimmte Tatsachen über die Befehlshaber der kaiserlichen Burgen, über die Besatzung, Bewachung und Ausrüstung, über die Besoldung der Besatzungen, die

[279]) Ebenda VI, S. 17. — [280]) Ebenda VI, S. 6; v. Hofmann S. 380f. — [281]) B. E.: Bg. It. IV, Taf. 178, 179. — [282]) B. E.: Bg. It. VI, S. 46. — [283]) Schipa: Storia del principaso langobardo di Salerno. — [284]) Vgl. hierzu v. Hofmann S. 391ff. — [285]) Vgl. B. E.: Bg. It. VI. S. 51, 16, 19, 22, 6, 40, 23, 19, 46, 37. — [286]) Sthamer: Verwaltung der Kastelle i. Kgr. Siz., Ergbd. I. Vgl. auch: Agnello: L'architettura sueva in Sicilia.

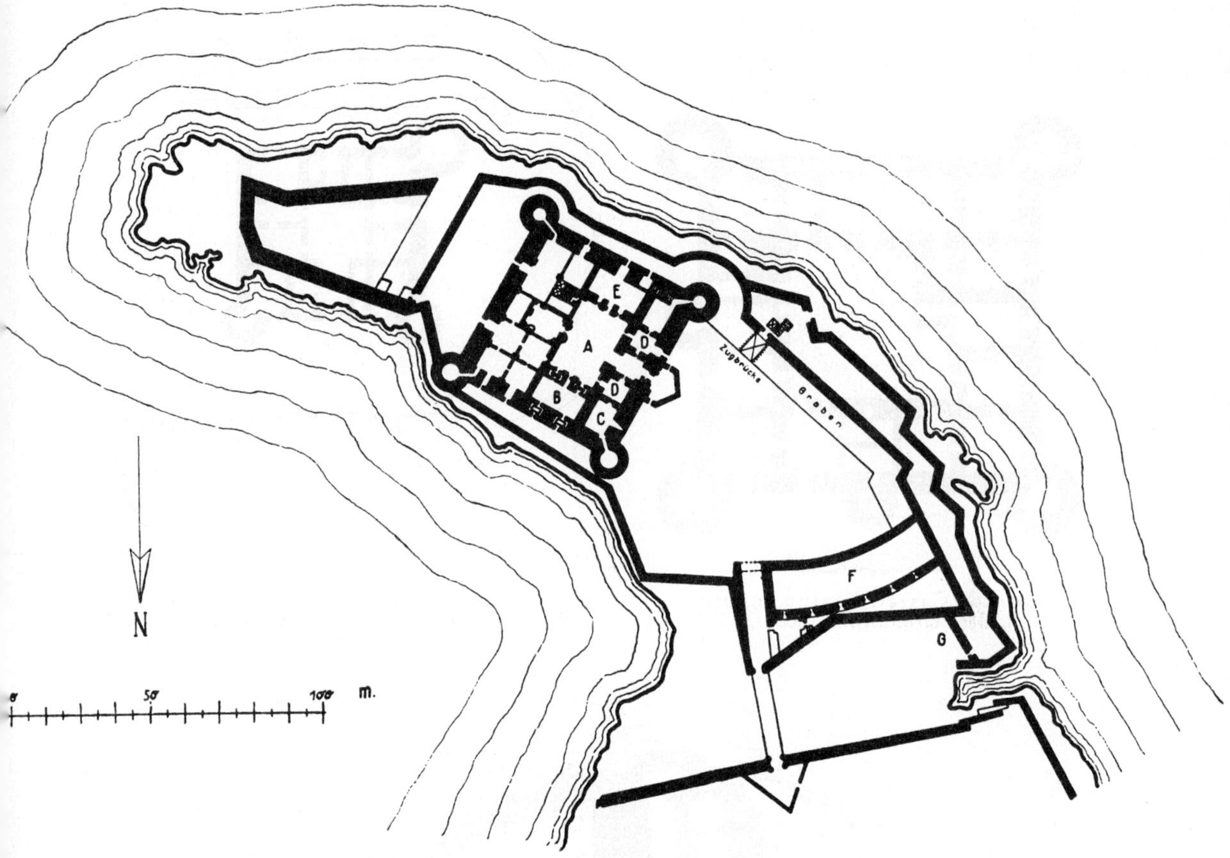

Abb. 354. Burg Friedrich II. Maniace i Syrakus, Sizilien. Lageplan etwa 1:2000.
B. E. nach Fürstenhoff und anderen Plänen.

Disziplin und vor allem über (Reparatur-) Erhaltungskosten und Verteilung dieser Lasten. Auch die Geschützmeister, die Magister balistariorum und ihre Aufgaben sind genau bekannt. Es gibt Kastellane, denen die Bewachung der Kastelle obliegt, und Conciergii für kleinere Burgen, später neben oder über den Kastellanen noch Provisores castrorum.

Wichtig für die Burgenkunde sind in erster Linie Nachrichten von den Um- und Ausbauten, die zahlreicher sind als solche über völlige Neubauten. Dazu finden wir in den Akten Friedrichs II. und Karls I. von Anjou reiche Quellen. Freilich behandeln diese Akten nur die Burgen, die unter staatlicher Verwaltung des Königreiches beider Sizilien standen.

Sthamer[287]) nennt in Sizilien für das Jahr 1274 22 Burgen diesseits des Flusses Salsum und 18 jenseits desselben, die in unmittelbarer Verwaltung der Kurie standen.

Unter den sizilianischen Burgen finden wir eine Reihe künstlerisch höchst wertvoller Schöpfungen, die in bedeutenden Resten wohlerhalten auf unsere Tage kamen. Dazu gehört u. a. auf der äußersten Südspitze der Insel Ortygia der modernen Stadt Syrakus die von Friedrich II. errichtete Burg Maniace auf so schmalem Felsrücken erbaut, daß zwischen der dicken Mantelmauer des vierflügeligen quadratischen Baues und den Meeres-

[287]) Sthamer: Verwaltung d. Kastelle i. Kgr. Siz., Ergbd. I, S. 11, 20f.

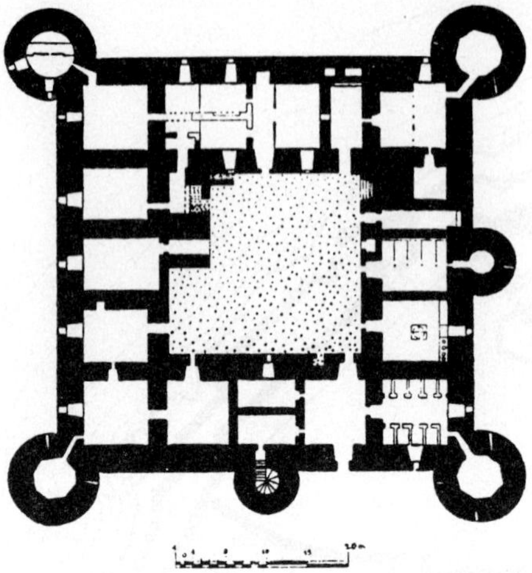

Abb. 355. Castell Ursino in Catania, Sizilien. Grundriß 1:1000. B. E.

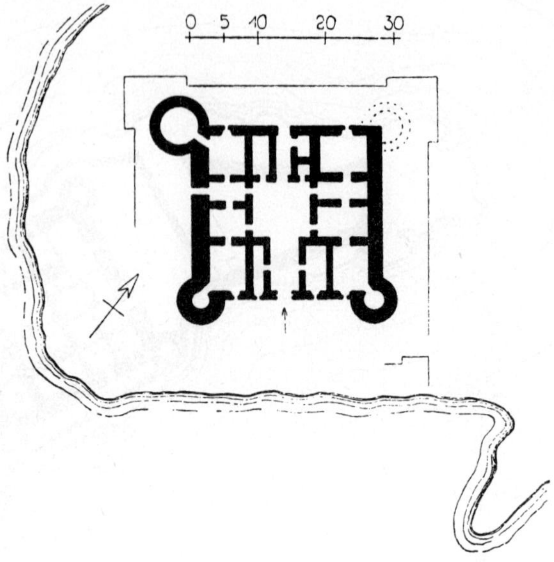

Abb. 356. Burg Bucola bei Catania. Grundriß 1:1000. B. E. nach alten Plänen der Staatsbibl. Berlin.

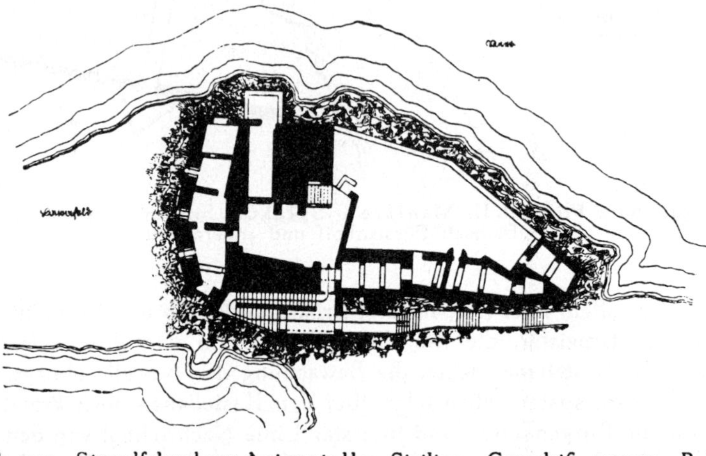

Abb. 357. Strandfelsenburg Acicastello, Sizilien. Grundriß 1:1000. B. E.

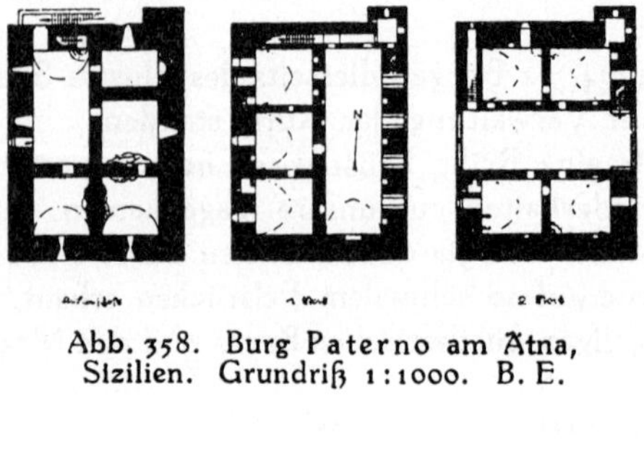

Abb. 358. Burg Paterno am Ätna, Sizilien. Grundriß 1:1000. B. E.

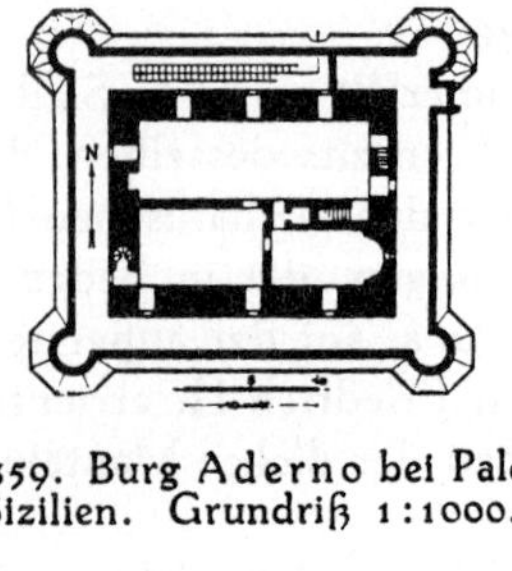

Abb. 359. Burg Aderno bei Palermo, Sizilien. Grundriß 1:1000.

Abb. 360. Castell Ursino in Catania, Sizilien. B. E.

Abb. 361. Strandfelsenburg Acicastello, Sizilien. N=Ansicht 1:500. B. E.

fluten kaum noch Platz für je einen schmalen Zwinger bleibt[288]). Ein tiefer breiter Graben, mit Meerwasser gefüllt, trennt die Felsinsel von der Stadt. Der Kernbau besteht aus 4 Flügeln, um den üblichen quadratischen Hof gelegt. Er entfaltet wahrlich die schönste Pracht königlicher Räume in gewölbten Quaderbauten, die nur in dem köstlichen Castel del Monte in Apulien ihresgleichen unter den Bauten des großen Staufenkaisers finden (Abb. 354, Taf. 58).

Die Burg wurde durch Riccardo de Lentino[289]) im Auftrage des Kaisers ausgebaut, doch wird schon um 1030 eine Normannenburg der Familie des Giorgio Maniace erwähnt.

Die schönen gotischen Kreuzgewölbe werden von halbrunden Wandsäulen mit reichen Blattkapitälen getragen, zu denen wir verwandte Formen in Castel del Monte, aber auch in der nicht kaiserlichen roheren Burg Mussomeli der Chiaramonti finden (Taf. 63).

Ein sehr schöner spanischer Grundriß der quadratischen Burg mit ihren 4 schlanken runden Ecktürmen ist uns aus der Zeit nach dem großen Erdbeben von 1693 erhalten[290]).

Der Nordwestteil zeigt noch die staufische Innenteilung; die leichten Mauern des Südostteiles scheinen spanische Wiederherstellungen aus der Zeit nach dem Erdbeben zu sein.

Wehrbauliche Reste zeigt die Stadtburg Augusta[291]) unweit Syrakus, eine Hauptgründung Friedrich II. vom Jahre 1232[292]). Ein einfacher Quadratbau mit Mittelhof innerhalb der 4 Flügel wird außen durch 4 Ecktürme verstärkt — 1740 waren es nur 3 — und mitten dazwischen durch rechteckige Mauertürme. Vier spitze Bastionen an den Ecken und weite Außenwerke wurden viel später hinzugefügt. Die Lage der Burg ist wohlüberlegt auf der gegen das Land gerichteten Spitze der Insel so gewählt, daß die Angriffsseite der Insel völlig beschützt und beherrscht wird.

Die Bossenquader eines älteren polygonalen Turmes sind ungleichmäßig gestaltet[293]).

Der grandiose Hohenstaufenbau mit seinen schweren Kreuzgewölben im Erdgeschoß ist noch heute der Kern der Zitadelle.

In Catania[294]) ist die heute Castel Ursino genannte Burg noch in bedeutendem Umfange erhalten. Zwar liegt sie nicht mehr am Meer, sondern wurde durch den Ausbruch des Ätna 1669 von Lavaströmen umflossen und durch spätere Bauten in die Stadterweiterung gerückt. Die auch hier quadratische Kernburg von etwa 50 m Seitenlänge ist durch mächtige Rundtürme bis zu 11 m Durchmesser an den 4 Ecken verstärkt, auch dazwischen sind in den Mantelmauern noch kleinere halbrunde Türme angeordnet, von denen zwei erhalten sind. Der Hof zeigt noch eine große rechtwinklig geknickte Freitreppe, die in den Hohenstaufenburgen, wie in Bari, Trani, Gioja del Colle u. a. allgemein angewandt zu sein scheint (Abb. 355, 360).

Das sehr verbaute Innere der später als Kaserne dienenden Burg umfaßt große Säle und eine Menge viereckiger Räume. Das Tor der Burg ist heute eine einfache spitzbogige Öffnung in der Hauptaußenmauer. Die Burg zeigt keine Vorwerke, die wohl durch die Lavaströme des 17. Jahrh. ebenso zerstört wurden wie der ehemalige Burggraben.

Erbaut wurde Catania 1239 für Friedrich II. nach einem Plan des Richard von Lentini. Wie sehr der Kaiser selbst an seinen Bauten interessiert war, geht daraus hervor, daß er Richard von Lentini zu sich befahl, der ihm mündlich Bericht über Länge, Breite und Dicke der Mauern der Burg Catania erstatten mußte[295]).

---

[288]) Vgl. Schillmann: Sizilien; v. Hofmann S. 415ff.; B. E.: Bg. It. VI, S. 33, 59, Abb. 695; V, Taf. 210. — [289]) Mothes S. 578f. — [290]) B. E.: Bg. It. V, Taf. 243, oben. — [291]) Ebenda VI, S. 8; V, Taf. 244, 245.; Sthamer: Verwaltung d. Kastelle i. Kgr. Siz., Ergbd. I. — [292]) Vgl. Haseloff S. 20f. Die Bauzeit muß sich nach dem Register von 1239—40 bis 1240 erstreckt haben. Bauinschriften nennen sogar noch das Jahr 1242 (vgl. Haseloff S. 21, Anm. 11 u. S. 36). — [293]) Haseloff S. 231. — [294]) B. E.: Bg. It. VI, S. 19; IV, Abb. 574—76; V, Abb. 631; Braun und Hogenberg, Abb. um 1580; v. Hofmann S. 418. — [295]) Haseloff S. 28, vgl. auch S. 36.

Die unregelmäßige Strandfelsenburg Acicastello[296]), unmittelbar an der See auf einem senkrecht abfallenden Felsblock, ist in ihrer Verteidigung unterstützt von den an drei Seiten um den Burgfelsen brandenden Wogen und durch die fast senkrechten Wände des Felsblockes, der die Burg trägt (Abb. 357, 361).

Die aus Lavaquadern und Kalksteinen erbaute, 1169 und 1329 von Erdbeben schwer betroffene Burg, die noch den letzten Bourbonenherrschern als Gefängnis diente, ist eine völlig unregelmäßige Anlage von etwa 60 m Länge und 35 m größter Breite. Der Zugang zur Ruine führt nordwestlich am senkrechten Fels entlang über eine Steinbrücke zur Höhe; die Schildseite ist dem Verteidiger abgewandt. Die Angriffsseite wurde durch einen besonders mächtigen Quaderbau verteidigt. Reste des Bergfrieds, der Kapelle und der Mantelmauer sind erhalten.

Die donjonartigen Burgen Paterno, Aderno und Motta S. Anastasia zeigen eine Art für sich, die in Sizilien nicht häufig ist. Wir haben sie als nordische Art von Normannenburgen angesehen (neuerdings wird Paterno einer späteren Zeit zugewiesen). Hier ist Bergfried, Pallas und Mantelmauer in eins zusammengezogen.

Die Burg Paterno[297]) liegt am Südabhang des Ätna auf einem schroffen, aus dem weiten Lavafeld aufsteigenden abgeplatteten Felskegel (Abb. 358, 362, Taf. 61). Der heute recht verloren auf dieser Felsplatte stehende Pallas bildete ursprünglich jedenfalls nur das Kernwerk der gesamten Befestigung. Außenwerke, die der Felskante folgten, sind zerstört. Das noch guterhaltene Kernwerk besteht aus einem auf dem Felsblock errichteten mächtigen Pallas von regelmäßig rechteckigem Grundriß von 18,55 : 24,65 m und einer Höhe von 25 m. Trotzig streben seine dicken Mauern gen Himmel. Die beiden unteren Stockwerke, zu denen nur eine schmale, hochgelegene Eingangstür führt, enthalten neben der Eingangshalle von 6 : 11,80 m vier gewölbte Räume, die von 2,60—3,00 m starken Außenwänden eingeschlossen werden. In mehreren Räumen tritt der Felsen spitz hervor. Das kleinste dieser halbrunden tonnengewölbten Gelasse (3,95 : 6,05 m) diente als Kapelle. Die Hauptwohnräume, ein großer Saal von 19,20 : 5,80 m und 6,10 m Höhe mit 3 Fenstersitznischen gegen Osten und 3 etwa 6 : 6 m großen Räumen gegen Westen liegen im 2. Stockwerke.

Der Bau ist mit einem Estrich flach gedeckt, der Zinnenkranz ringsum ist zerstört. Die Anlage zeigt bis auf die äußere Grundform und das flache Dach wenig Verwandtschaft mit den sarazenisch-normannischen Bauten. Die Grundform nähert sich dem befestigten Wohnbau, dem Pallas oder Wohnturm, den wir in Deutschland veredelter auch im Trifels antreffen.

Motta S. Anastasia[298]) auf einzelnem Bergkegel zeigt ebenfalls einen starken rechteckigen Turm von etwa 17 : 9 m, der das Hauptwerk einer kleinen Burg bildete, eine Mittelform zwischen Bergfried und Wohnturm in ungefüger viereckiger Gestalt. Daneben steht eine Kirche, die verwandte Stilformen aufweist. Im Inneren des Turmes waren Holzdecken, oben Spitzbogengewölbe mit leicht ansteigender Kappe, unten 3 Tonnengewölbe angeordnet (Abb. 364, 365).

Nahe bei Paterno erhebt sich Aderno[299]), angeblich 1084 von Roger I. errichtet. Der wohnturmartige Kernbau gleicht auffallend dem eben beschriebenen Paterno. Da in Aderno aber kein hoher Felsblock eine Art Vorburg oder einen Zwinger bildete, hat der Erbauer oder ein Späterer eine künstliche Stufe um den Kern gelegt, einen Zwinger bzw. erhöhten und verbreiterten stark geböschten Fuß, den wir auch auf dem Festlande in Bitonto und Termoli wiederfinden (Abb. 359, 363).

[296]) B. E.: Bg. It. VI, S. 5; V, Taf. 235, 236, Abb. 637—640; IV, Abb. 620. — [297]) B. E.: Bg. It. VI, S. 44; V, Abb. 560—63, Taf. 234; Schillmann S. 447. — [298]) B. E.: Bg. It. VI, S. 39; IV, Abb. 567—72. — [299]) Ebenda VI, S. 5; IV, Abb. 564—65; Mothes S. 525f.

Abb. 362. Burg Paterno am Ätna, Sizilien. Querschnitt durch Pallas 1:500. B. E.

Abb. 363. Burg Aderno bei Palermo, Sizilien. Wohnturm 1:500 B. E.

Abb. 364. Höhenburg Motta S. Anastasia, Sizilien. Schnitt und Ansicht 1:500. B. E.

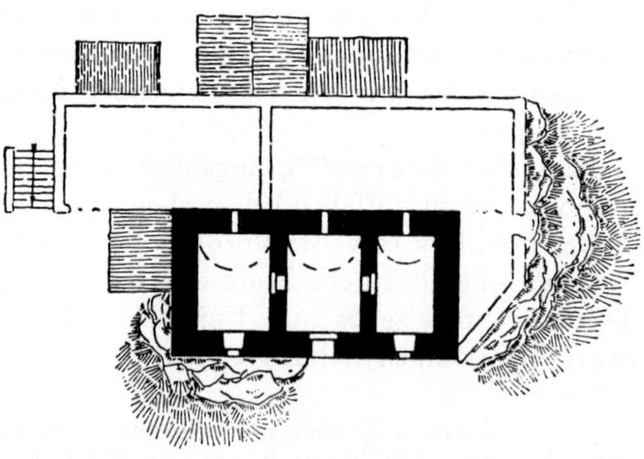

Abb. 365. Höhenburg Motta S. Anastasia, Sizilien. Grundriß 1:500. B. E.

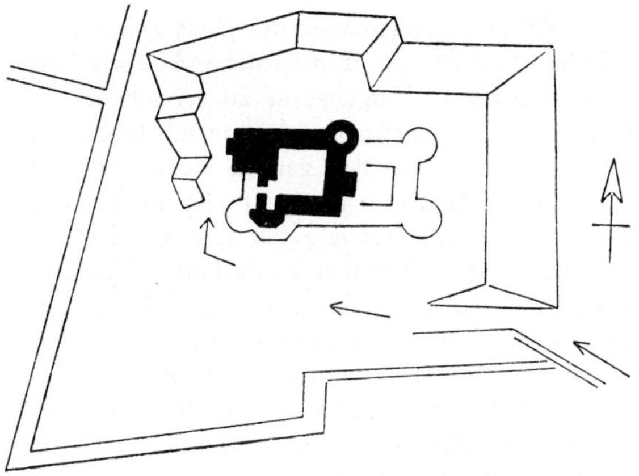

Abb. 366. Burg Matagrifone über Messina. Lageplan. B. E.

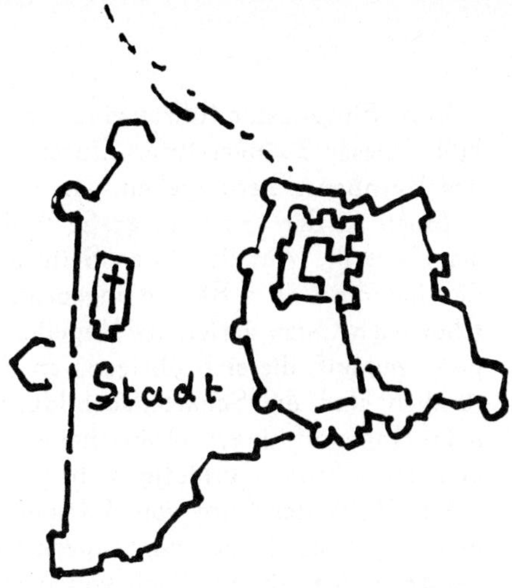

Abb. 367. Burg Milazzo, Sizilien. Faustskizze.

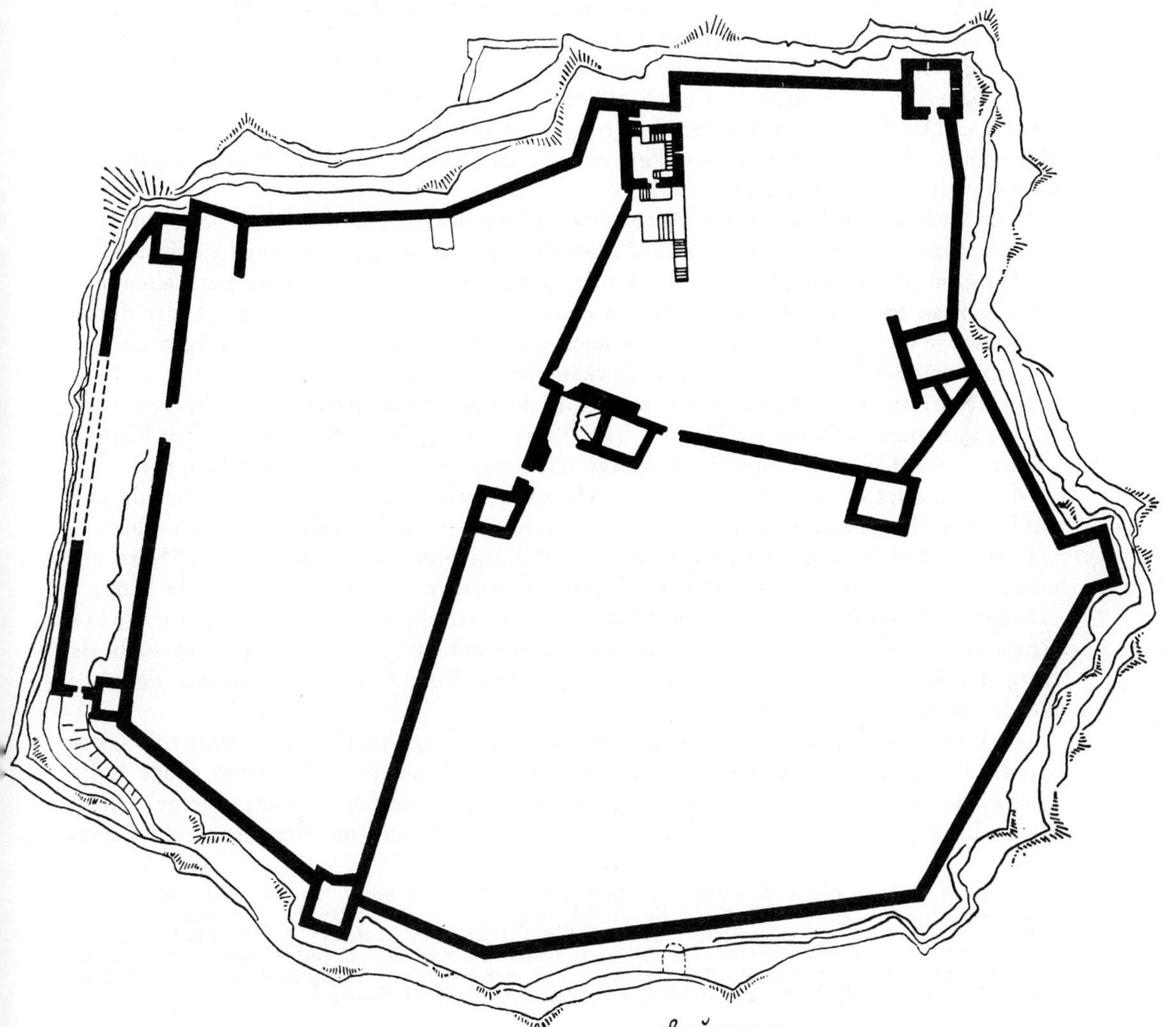

Abb. 368. Felsenburg Castrogiovanni in Sizilien. Grundriß 1:1000. B. E.

Vom Eingangstor führte eine Treppe parallel zur Längsmauer der Burg Aderno zur Höhe dieser Zwingerstufe. Durch den Zwinger mußte der Einlaßsuchende an 3 Seiten des Kernbaues herumgehen, um im Osten eine kleine Eingangstür zu erreichen.

Innen ist der 17 : 21 m große Wohnturm wie in Paterno durch eine mittlere Längswand geteilt. Auf der einen Seite nimmt eine lange Halle den ganzen Raum ein — auf der anderen sind 2 Räume angeordnet — einer davon wie in Paterno, ist die mit ihrem Chor nach Osten gerichtete Kapelle. Außen fällt die fächerartig gefaltete Form der Zwingertürme auf, die sich übrigens an der Neuen Burg in Neapel wiederholt. Sehr eigentümlich sind die Schartenausbildungen an dem frühen Wohnturm von Aderno, fast jede Zinnenöffnung war anscheinend mit einem Gußerker verkleidet, der den uns von deutschen Burgen geläufigen, herausgestützten Holzschirm in Stein übersetzt zeigt.

Die Reste der Burg von Taormina liegen 398 m hoch über der Stadt. Nach Sthamer[300]) gab es ein castrum superius und castrum inferius. Reste der weitläufigen Ringmauer finden wir nur noch von dem höher gelegenen Kastell.

Die Stadt selbst weist u. a. einen festen herzoglichen Palast von Taormina[301]) auf. Dieser — um 1308 gotisch schön geschmückt erbaut — zeigt im Untergeschoß keine Öffnungen, während im 2. und 3. Geschoß große Spitzbogenfenster reicher Ausstattung sich gegen außen öffneten. Sehr wenig ausgekragt war der Wehrgang, die Wehrgangbrüstung zeigt aber eine malerische Verzierung durch verschiedenartige Steine.

Nördlich von Taormina, auf schroffem Felskegel am Meer, liegt die Ruine Sant Alessio. Der Spätzeit gehört der abgetreppte Rundturm an. Die Burg zeigt auch späte Wehrgänge, die schon für neuere Feuerwaffen eingerichtet sind[302]). Weiter nördlicher folgt die Burg Scaletta Zanglea.

Über Messina wurde die Burg Matagrifone[303]) errichtet, von der heute noch ein Teil, wie der fünfeckige Bergfried und eine Mantelmauer, besteht. Diese bescheidenen Teile der Burg mögen auf die Mitte des 13. Jahrh. zurückgehen. Vor 1728 wird nach alten Abbildungen an Stelle der heutigen Dogana ein echter Hohenstaufenbau gezeigt, der durch Erdbeben so oft zerstört wurde, daß die noch vorhandenen Reste aus der Burgenzeit nur in ganz veränderter Gestalt auf uns überkommen sind (Abb. 366, 369).

Milazzo, an der Nordküste Siziliens, wird in der bereits erwähnten Liste von 1239 bis 1240 genannt[304]). Eine mächtige Anlage[305]), der heutige Kernbau ist in der Zeit Karl V. verändert worden und erfuhr auch später noch wesentliche Umbauten (Abb. 367).

Milazzo zeigt wie auch Sant Alessio sehr späte Wehrgänge, die schon zur Verteidigung mit Feuerwaffen eingerichtet sind, doch sind auch viereckige Zinnenhäupter noch erhalten.

Landein sind noch ganz spärliche Reste des Normannenbaues von Troina[306]) zu erwähnen. Die Normannen bemächtigten sich der gleichnamigen Stadt im Jahre 1062.

Sthamer[307]) führt unter den Kastellen „citra flumen Salsum" die Felsenburg Sperlinga an, die sich 790 m ü. d. M. unweit Nicosia erhebt[308]). Mothes erwähnt auch als Burg der Normannen die kurz nach 1074 genannte Burg Polizzi[309]), unweit Termini, die 917 m hoch gelegen ist.

Die mitten in der Insel auf hohem Felsen gelegene Burg zu Castrogiovanni[310]), die in den Kämpfen der Normannen bei der Eroberung Siziliens eine ebenso große Rolle spielte wie schon im Altertum beim Spartakusaufstand, umfaßt 3 weite unregelmäßige Höfe. Erhalten sind die weitläufigen Umfassungsmauern und die Reste von zahlreichen

300) Sthamer: Verwaltung d. Kastelle i. Kgr. Siz., Ergbd. I, S. 20,65. — 301) B. E.: Bg. It. VI, S. 59; V, Taf. 219—221. — 302) B. E.: Bg. It. VI, S. 54. — 303) B. E.: Bg. It. V, S. 162, Abb. 635; Blaeuw: III, Taf. 28. — 304) Haseloff S. 21. — 305) B. E.: Bg. It. V, Taf. 237. — 306) Mothes S. 524; Schillmann: S. 289. — 307) Sthamer: Verwaltung d. Kastelle i. Kgr. Siz., Ergbd. I, S. 58. — 308) Schillmann S. 419f.; Mothes S. 526. — 309) Ebenda S. 525; Sthamer: Verwaltung d. Kastelle i. Kgr. Siz., Ergbd. I, S. 21. — 310) B. E.: Bg. It. V, S. 176, Taf. 223—226; VI, S. 19.

Abb. 369. Höhenburg Matagrifone über Messina.

viereckigen Türmen. Der Zugang erfolgt durch einen langen, schmalen Torzwinger. Das zweite Tor führt aus dem Torzwinger in den ersten weiten Vorhof, aus diesem führt ein drittes in den zweiten Hof, der durch eine letzte innere Mauer, durch 2 Türme verstärkt, von der innersten Burg getrennt ist. Die Tore zeigen nur schlichte Öffnungen, außen einfach spitzbogig geschlossen, innen in einer größeren rundbogigen Nische gelegen[311]). In der innersten Burg scheinen links hinter dem Zugangstor Wohnbauten gestanden zu haben. Die Lage auf dem über dem Meer 997 m hochgelegenen Felsen und die Gestaltung des Felsblockes haben auf alle Fälle ebenso wie die Benutzung uralter Reste formbestimmend mitgewirkt (Abb. 368).

Caltanisseta zeigt noch hohe Ringmauerreste[312]). Die südöstlich hiervon gelegene Stadt Caltagirone wird von einem Kastell überragt, ebenso weist Donnafugata eine gleichnamige Burg auf mit guterhaltenem runden Eckturm[313]).

Wohl der malerischste Burgbauplatz Italiens, das wahrlich nicht arm an wilden Felsburgen ist, darf Mussomeli genannt werden, ziemlich in der Mitte der Insel 700 m ü. d. M. gelegen[314]) (Taf. 63).

[311]) Ebenda V, Taf. 224. — [312]) B. E.: Bg. It. VI, S. 14. — [313]) Ebenda VI, S. 14 u. 24. — [314]) Ebenda VI, S. 40, dort Hinweis auf nähere Beschreibung u. Abb.; Armo: Il Cast. di Mussomeli.

Ein völlig vereinzelt aus dem hohen Bergland emporschießender, schräger Felsen fällt an der Südseite wohl 80 m fast senkrecht ab und trägt auf der schärfsten oberen, etwa 70 m langen Kante zur Hälfte den machtvollen, romanisch=gotischen ältesten Pallas aus 4 schweren Kreuzgewölben bestehend. Östlich liegen spätere weiträumige Wohnbau=reste. Gegen Norden steigt der Felsen noch mehr an und trägt jenseits des Burghofes auf höchster Spitze den Stumpf eines rechteckigen romanischen Bergfriedes (Abb. 23, S. 27, Bd. I).

Dieser und die Schildmauer, die sich gegen Osten etwa 40 m an der Angriffsseite ent=lang zieht, machen einen Sturmangriff über die freilich auch nur wenig flachere Nord=seite des Felsabhanges unmöglich.

Steil ansteigend liegt an dieser Angriffsseite der dreimal umschwenkende Aufweg. Auf halber Höhe, in seiner Mitte, legt sich abermals schildförmig die dicke Außenmauer des 35 m langen und 8 m breiten Pferdestalles einem Angriff entgegen. Drei schwere Tore sperren den Aufweg bis zur inneren Kernburg. Der Bau gibt zu vielen Zweifeln über Begründer, Erbauer und Bauzeit Veranlassung. Eine sizilianische Quelle[315]) ver=legt die Erbauung in die sehr späte Zeit zwischen 1374—91 und nennt als Bauherrn Manfred III. von Chiaramonti, sie nennt den Ort ursprünglich Manfrede oder Mus=someli.

In Mussomelis Umgebung war ein Giovanni Chiaramonti um 1305 Grundherr, Manfred II. erbte von ihm 1342.

Nach den Kunstformen der Ruine vor der neuerlichen Wiederherstellung durch den heutigen Besitzer Fürst Lanza di Scalea möchte ich eine viel frühere Bauzeit annehmen. Die Blattkapitäle in der Kapelle, die Rippen, die Portalprofile und abgetreppten Tor=bogen mit ihren schlanken Ecksäulchen sind doch sehr nahe mit den gleichen Bauteilen im Castel del Monte in Apulien verwandt, also der Zeit um 1240. Fremd steht den letzteren freilich der normannische Zackenbogen am Pallas der Burg in Mussomeli gegenüber, aber auch ihn kann man kaum so spät, — nach 1342 schätzen.

Über die verschiedenen Bauzeiten ist also noch viel zu erforschen. Spätere Bauteile, wie der große Stall mit seinen Steinspitzbogen als Träger des Holzdachstuhles, erinnert an spanische Gewohnheiten, auch eine gröbere Ausführung gewisser Profile und Ornamente in dem sizilischen Bau ist zu beachten.

Wehrbaulich fehlt in Mussomeli jede Seitenbestreichungsmöglichkeit, die bei sizi=lisch=staufischen Burgen schon um 1220 üblich war, auch danach muß die Bauzeit ge=schätzt werden.

Die Stadt Cefalù, um ein Vorgebirge an der Nordküste der Sizilianischen Insel ge=lagert, wird bereits sehr früh genannt und stammt mit ihrem herrlichen Dome von den Normannen.

Auf dem Kalkfelsen des Vorgebirges über der Stadt liegen die Trümmer einer ehe=maligen Burg, eines verfallenen Normannenkastells.

Sthamer[316]) nennt die Burg 1273 als in Verwaltung der Krone stehend.

Wie nahe alle Burgen planmäßig über das Land zerstreut sind, ergibt schon ein Blick auf die Karte der Insel und auf die Namen und Lage der nachstehend genannten:

Die westlicher gelegene Burg Termini[317]), einst hoch über dem Ort auf dem Felsen thronend, wurde vor 1870 teilweise abgebrochen.

521 m ü. d. M. liegt auf schroffem Felsklotz die Burg Caccamo über dem Flusse S. Leonardo. Die große Anlage ist heute schloßartig ausgebaut und z. T. bewohnt[318]).

[315]) Giovanni: Sull'origine di Mussomeli S. 10, 13. — [316]) Sthamer: Verwaltung d. Kastelle i. Kgr. Siz., Ergbd. I, S. 20f., vgl. auch S. 78; Hoffweiler: S. 85. — [317]) Sthamer: Verwaltung d. Kastelle i. Kgr. Siz., Ergbd. I, S. 58; Mothes S. 526. — [318]) Mothes S. 547.

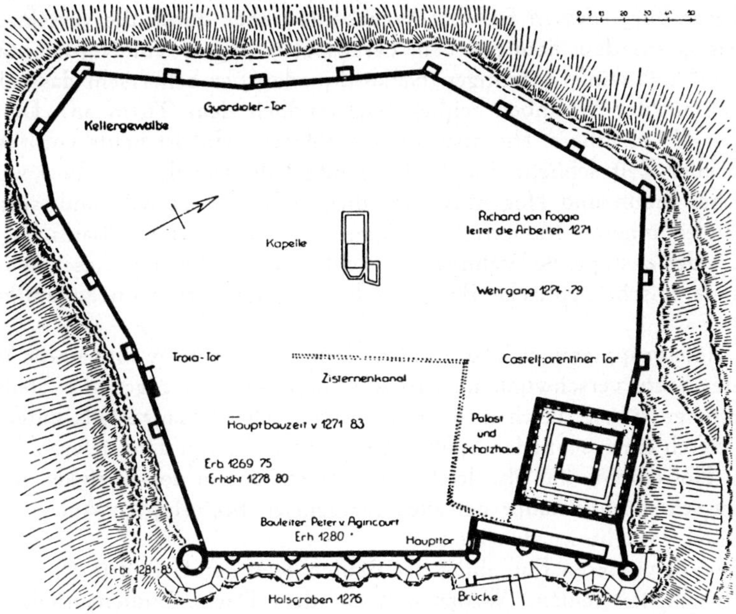

Abb. 370. Sarazenenburg Lucera, Apulien. Grundriß 1:3000. B. E.

Vicari ist als festes Kastell auf Felsen mit niedriger liegender Vorburg zu nennen. Bergfried und Pallas sollen ganz nordisch sein[319]). Die Burg wurde in der Sizilianischen Vesper von den Siziliern belagert und erstürmt.

Südlich Vicari folgt die Burg Margana[320]), die früher im Besitz der Deutschordens= ritter gestanden hat. Sie thront auf einem Felsen mit ihren beträchtlichen Ringmauer= und sonstigen Resten (Abb. 371).

Nordwestlich von Villafratti wäre dann das Castello di Diana in dem Ort Cefalà= Diana zu nennen, von dem noch der Bergfried und eine Wand des Pallas aufrecht stehen[321]).

Das Beispiel einer palastähnlichen Wasserburg in Sizilien bietet der berühmte Fürsten= sitz Favara[322]) am Abhang des Monte Griffone bei Palermo in einem jetzt ausgetrock= neten künstlichen See. Die unter sarazenischem Einfluß entstandene Burg gehört zu den Bauten der Normannenfürsten, sie ist aus Kalktuffquadern erbaut und war an 3 Seiten ehe= mals von Wasser umgeben. Die Grundform bildete ein Rechteck von 49 : 55 m mit ein= springendem Winkel an der Ostecke und umschließt einen gleichgeformten Hof. Der Eingang liegt auf der NW.=Seite, in deren Mitte die Kapelle steht. Südwestlich stößt ein Saal an an den wiederum ein Saal anschließt, es folgen weiter kleinere, meist gleichgroße Räume rundum (Abb. 374).

Favara diente Roger als Lustschloß, 1329 ging es in den Besitz des Deutschen Or= dens über.

Palermo selbst weist noch reiche burgliche Reste auf. Zunächst liegen auf dem höch= sten Punkte der Stadt die teils noch burglichen Reste des Palazzo Reale, die wie die

---

319) Mothes S. 584; Sthamer: I, S. 21, 127. — 320) B. E.: Bg. It. V, Abb. 681, 682. — 321) Mothes S. 526. — 322) Vgl. Goldschmidt: Normann. Königspaläste in Palermo S. 542 ff.; B. E.: Bg. It. VI. S. 24; V, Abb. 668.

Torre Pisana von den Normannen errichtet worden ist. Goldschmidt[323]) gibt einen Grundriß dieser Burg, dessen früheste Wehrbauten aber durch die verschiedenen Neu=bauten schwierig aus dem heutigen Plan herauszulesen sind. Im Norden steht der „Pi=sanische Turm" mit seinen mächtigen Kalktuffquadern, er beherrscht das nahe Stadttor, ein reichgeschmückter Wohnbau schließt sich südlich dem Turm an. Der bei Braun und Hogenberg[324]) sichtbare, abermals südlich gelegene Hof ist heute vorn verbaut, aber noch wie in alter Zeit schließt ihn die berühmte Pallaskapelle ab. Zwei weitere starke Türme, die bei Braun und Hogenberg vor diesem Bau dargestellt sind, sind heute nur noch in geringen inneren Mauerresten erkennbar. Sowohl der „Pisanische Turm" wie die „Joharra", der anstoßende Wohnbau, umschlossen im obersten Geschoß innen offene Höfe, die an arabisch=ägyptische Bauten anlehnen, die aber auch an antike Vorbilder erinnern.

Um diese Höfe gruppieren sich sowohl im Turm wie in dem Wohnbau die Wohnräume. Eine gezinnte, heute verschwundene Mauer schloß den Hof gegen die Stadt. Der Zu=gang zum Inneren führte durch in den Felsen gebrochene Gänge teils unter der Kirche her, endlich durch einen schmalen Spalt neben der Kirche von dem tieferen Außengelände zum inneren Hof empor, war also leicht zu beherrschen; in der Engigkeit der Verkehrs=wege im Bau scheint überhaupt bei allen sarazenisch beeinflußten Anlagen ein Haupt=sicherheitsmittel gesucht worden zu sein.

Die Eigenart der inneren Einteilung der Bauten zeigt der Grundriß[325]), in dem freilich burgliche Einzelheiten fehlen. Weder sind auf dem Dache Zinnen erhalten noch sind alte Scharten erkennbar. Selbst die Fensteröffnungen sind heute völlig neu, durchgreifende Umbauten haben aus der Burg ein Schloß gemacht[326]).

Die von Wilhelm I., Nachfolger Rogers, 1 km nordwestlich vom Palazzo Reale er=baute Zisa[327]) ist ein rechteckiger Block von 36,40 : 19,60 m mit vorspringenden Bauten auf den beiden Schmalseiten. Der feste Palast weist geringe äußere Gliederung auf. Nach der östlichen vorderen Langseite und den beiden kurzen Seiten öffnen sich 9 spitzbogige Türen von sehr verschiedener Größe, 5 davon zu einer großen Vorhalle, die die ganze Länge der Ostfront im Erdgeschoß einnimmt, 4 zu kleineren Räumen, denen sie zugleich das nötige Licht geben. Waren diese 3 Fronten an sich leicht zugänglich und daher wohl durch vorgeschobene Werke geschützt, so zeigt die vierte Westseite des Baues ganz burg=artige Ausbildung, auch unten eine Stärke bis zu 6,5 m gegenüber etwa 2 m der übrigen Außenmauern. Sie scheint also direkten Angriffen ausgesetzt gewesen zu sein.

Die Anordnung der inneren Räume wird durch die große Mittelhalle des Erdgeschosses beherrscht mit ihrer kunstvollen Ausstattung mit Marmor, Mosaiken und Stalaktiten=gewölben.

Hauptreize verleihen der Zisa die Wasseranlage; eine kühle Quelle entspringt in der Rückwand der Halle, fällt über eine kleine Kaskade herab und floß unter dem Fußboden des Mittelraumes und der Vorhalle hindurch in ein heute verschwundenes Wasserbecken, das vor dem Palaste lag. Von der Halle führen 2 schmale Gänge senkrecht zur Längs=entwicklung des Hauses, von denen der innere die Wendeltreppe enthielt, die allein den Verkehr mit dem Obergeschoß vermittelte.

War also das Erdgeschoß frei zugänglich und wohl nur durch Außenwerke allein ge=schützt, so war doch wie beim königlichen Palast der Aufgang neben der Kapelle zum inneren Hofe — hier der Zugang zum Obergeschoß leicht zu verteidigen. Die Treppe war eng und dunkel, so daß ein einzelner Mann sie sperren konnte.

---

323) Goldschmidt S. 547. — 324) Braun u. Hogenberg I, Taf. 49. — 325) Goldschmidt S. 547. — 326) B. E.: Bg. It. VI, S. 43; V, Taf. 215, 216. — 327) Goldschmidt S. 569 ff.; B. E.: Bg. It. VI, S. 43; V, Taf. 216, 222.

Sehr verwandt, aber weniger freundlich für den heutigen Betrachter ist die Anlage La Cuba[328]), die zuletzt erbaute normannische Burg. Ihre rechteckige Grundform 31,15 : 16,80 m war ehemals ringsum von Wasser umgeben. Der Eingang liegt auf der Südwestseite, zum größten Teil zerstört und nicht vollendet, später ausgebessert. Sämtliche Mauern sind auch hier wie beim Haupttor Celanos durch flache spitzbogige Blenden verziert.

Außerhalb Palermos lag, heute fast verschwunden, noch die Burg Menani[329]). Das Innere, wie die Zisa von einer Quelle durchflossen, deutet auf wohnliche Ansprüche.

Über Monreale liegt die wildzerrissene Ruine Castellaccio, deren Mantelmauerreste durch regelmäßig wiederkehrende viereckige Türme verstärkt ist. Auf der Angriffsseite erhebt sich der höchste Teil der Burg, der mächtige Block eines langgestreckten rechteckigen Wohnbaues. Sehr verstümmelt sind die Reste des großen Tores. In der gewaltigen Mauermasse der Angriffsseite zeigt sich nahe der einen Ecke eine große Rundbogennische von ganz ungewöhnlicher Höhe. In dieser erst ist — wohl 1 m zurückliegend — die spitzbogig geschlossene Toröffnung angeordnet, die etwa die Hälfte der Nischenhöhe erreicht. Die Anlage wird nur verständlich, wenn man sich äußere Gräben und Vortore als Verteidigungswerke hinzudenkt, die heute verschwunden sind. Auch eine Zisterne war in Castellaccio vorhanden[330]).

In Carini ist eine Burg der Chiaramonti erhalten. Von der Burg Alcamo[331]), etwa 5 km vom Meere entfernt, wird berichtet, daß Friedrich II. hier 1233 unter dem hochgelegenen Wehrbau Christen ansiedelte, die Burg selbst ist aus früherer Zeit datiert. Südwestlich folgt das Kastell Calatafimi, über gleichnamigem Städtchen thronend[332]) mit Ringmauer-, Turm- und Wohnbauresten. Weiter südlicher nenne ich noch Salemi, ebenfalls über einer gleichnamigen Stadt[333]).

Nordöstlich über Trapani liegt 3 Stunden entfernt und nicht weniger als 751 m hoch unmittelbar über dem Meere auf zerklüfteter Felsspitze die wiederhergestellte Riesenburg Monte S. Giuliano[334]) von der gleichnamigen Stadt getrennt durch eine breite Felsenschlucht (Taf. 62).

Eine hohe gezinnte, rechtwinklig gebrochene Mantelmauer mit breiten niedrigen Viereckstürmen und einem riesigen zweistufigen Bergfried umgeben die Kernburg, ein Bild ungeheuerer Wucht und Wehrhaftigkeit. Der Bergfried liegt an der Angriffsseite und zeigt wie die Burg Janula bei Monte Cassino Plätteisenform. Zwar ist in Monte S. Giuliano nur der Kern des Bergfriedes so geschnitten, während die unteren zwei Drittel der Höhe von einem stärkeren viereckigen Mauerklotz umgeben sind, der möglicherweise später hinzugefügt wurde. Die Zinnen scheinen durchweg erneuert zu sein.

Monte S. Giuliano ist malerisch überwältigend und als ein Beispiel kühnster Bauleistung bewunderungswürdig gestaltet. Es ist ein Beispiel der vielen über 7—800 m ü. d. M. errichteten sizilianischen Burgen, deren schönste die Burg der Chiaramonti auf dem Burgfelsen zu Mussomeli ist. Monte S. Giuliano, ursprünglich eine sarazenische Feste, ist heute noch bewohnt.

Trapanis Stadtplan von 1719 zeigt die spitze Sichelform einer weit ins Meer hinausragenden Hafenstadt[335]). An der Landseite schneidet ein breiter Halsgraben vom Festland ab und in der Nordostecke der Stadt liegt die schon am 17. November 1239 von Friedrich II. in einer Sparverordnung erwähnte Burg[336]). Sie ist kennzeichnend hohen-

[328]) Goldschmidt: S. 579ff.; B. E.: Bg. It. VI, S. 43; V, Taf. 216. — [329]) Goldschmidt: S. 563ff.; B. E.: Bg. It. VI, S. 34. — [330]) B. E.: Bg. It. VI, S. 17; V, Taf. 215, 217, 218, 223. — [331]) B. E.: Bg. It. VI, S. 5; Mothes: S. 521, 526. — [332]) Sthamer: Verwaltung d. Kastelle i. Kgr. Siz., Ergbd. I, S. 58; B. E.: Bg. It. VI, S. 14. — [333]) B. E.: Bg. It. VI, S. 52. — [334]) B. E.: Bg. It. V, Taf. 238/39, nähere Angaben VI, S. 62. — [335]) B. E.: Bg. It. V, Taf. 244, Plan v. 1719. — [336]) Sthamer: Verwaltung d. Kastelle i. Kgr. Siz. S. 68.

Abb. 371. Felsenburg Margana, südlich Vicari, Sizilien. B. E.

staufisch, quadratisch mit Mittelhof, geformt und durch 4 viereckige Ecktürme und 4 kleinere Mittel= türme dazwischen verstärkt. Um den mittelalterlichen Kern führte ein Graben, außerhalb desselben wurde später ein Außenwall mit 4 scharfen Bastionen angelegt. Der Stadtzugang scheint unmittelbar neben der Stadtburg durch eine lange Brücke über den mit Meer= wasser gefüllten Halsgraben ge= führt zu haben. Das Kastell ist nach 1516 mit sehr hoher gezinnter und betürmter Mantelmauer und einem starken bergfriedartigen Eckturm an der Angriffsseite dargestellt. Die Burg wird noch 1762 eine der Hauptfestungen des Königreiches genannt!

Braun und Hogenberg[337]) nennen in der Beschreibung eine zweite uneinnehmbare Turmburg Colombaro, die auf einer Felseninsel südwestlich von der Stadtspitze liegt und heute als Gefängnis dient. Aus einem hohen rundturm=verstärkten, heute zinnen= losen Mantelmauerring springt ein vieleckiger, sehr hoher Bergfried vor, diesem früh= mittelalterlichen Kern ist später eine weite flache Bastion vorgelegt. Das Ganze ist von höchst malerischer Wirkung.

Auch in Marsala stand ehemals eine Burg, wie aus einem Stich von etwa 1700[338]) hervorgeht. Sie wird am 17. November 1239 urkundlich erwähnt[339]).

Die Burg Mazzara[340]) in der ummauerten Hafenstadt gleichen Namens und an der Mündung eines gleichnamigen Flüßchens ist eine quadratische Anlage. Die Sarazenen landeten in Mazzara zuerst 827. 1073 wurde die Burg durch den Grafen Roger zur Be= herrschung von 100000 Sarazenen, die auch nach der Unterwerfung durch die Normannen noch das Mazzaratal bewohnten, erbaut oder aus ursprünglich sarazenischen Werken hergestellt[341]).

Vom Jahre 1239 wird berichtet, daß Mazzara zu den Burgen gehörte, die bewacht werden sollten, damit die Gebäude nicht verfielen. Die Kurie wollte aber keine Aus= gaben mehr dafür machen[342]).

Endlich seien noch genannt: Sciacca, eine ummauerte Hafenstadtburg hoch über der östlichen Südküste der Insel mit 2 Burgen[343]). 1273 wird eine Burg gleichen Namens als in direkter Verwaltung der Krone stehend genannt und nordöstlich noch Caltabel= lotta[344]), 930 m hoch, sie soll 1070 erbaut worden sein, sie stand auch noch 1273 in Ver= waltung der Krone wie das castrum Agrigenti (= Girgenti)[345]), und östlich von Gir= genti ist noch ein zweites Favara mit gleichnamiger Burg der Chiaramonti aus dem 14. Jahrh. zu nennen. Castello Donafugata, südwestlich von Syrakus, ist eine große, guterhaltene Palastburg.

Die Liste der sizilianischen Burgen ist damit noch nicht vollständig, wir haben aber versucht, wenigstens einige der wichtigsten kurz zu kennzeichnen, soweit der enge Rahmen,

[337]) Braun u. Hogenberg I, Blatt 49; Blaeuw: III, Bl. 34, gestochen v. Deur, der nachweisbar ist v. 1702—14. Ein Bruder Jacob ist nachweisbar seit 1709, er stach italien. Abbildungen. — [338]) B. E.: Bg. It. V, Taf. 245. — [339]) Sthamer: Verwaltung d. Kastelle i. Kgr. Siz., Ergbd. I, S. 68. — [340]) Mothes S. 524f. — [341]) Amati I, S. 495. — [342]) Sthamer: I, S. 21, 68. — [343]) B. E.: Bg. It. VI, S. 56; Sthamer: Verwaltung d. Kastelle i. Kgr. Siz., Ergbd. I, S. 21, 68. — [344]) Ebenda S. 21; Mothes: S. 524. — [345]) Sthamer: S. 20f.

den das gesamteuropäische Bild bieten konnte, es zuließ. Immerhin sind daraus die gewaltsamen Umwälzungen zu erkennen, denen die herrliche reiche Insel durch die byzantinischen, normannischen und im Höhepunkt hohenstaufischen Eroberer und Heldengeschlechter erlebte.

Wesentliche italienische Grundrißformen

Man wird es bei der Vielgestaltigkeit der Burgen Italiens für notwendig erachten noch einmal einen kurzen Überblick über die häufigsten und wesentlichsten Grundrißformen zu erhalten. Unser Augenmerk muß dabei besonders darauf gerichtet werden, ob die Grundrisse gewisse übereinstimmende Planungen erkennen lassen. Selbst in diesen Fällen aber können freilich die verschiedenen Bauzeiten jahrhunderteweit auseinanderliegen und äußerlich ganz verschiedene Schmuck= bzw. Stilformen für den Aufbau bedingen. Ebenso wird der Wechsel der Kriegstechnik sowohl für den Angriff wie für die Verteidigung vielgestaltig wirken. Zu allen Zeiten aber hatten die Baustoffe, die in den weit auseinanderliegenden Landesteilen gewonnenen und benutzten Steine, entscheidenden Einfluß auf die Form: in den gebirgigen Gegenden die Bruchsteine aus Marmor, Travertin, Granitquadern oder roher Kalk, in den Ebenen die Ziegel oder Backsteine. Mit allem Vorbehalt können wir also nur von ovalen, quadratischen, rechteckigen und dreieckigen Grundrissen sprechen.

Beispiele solcher Gruppen liegen merkwürdigerweise weder landschaftlich noch örtlich, noch sonst irgendwie planmäßig zusammen, sondern wie zufällig die zu Verteidigungszwecken brauchbaren Bauplätze, Baustoffe und völkische und rassische Einflüsse mitwirkten. Zur Erklärung der in derselben Gegend aus einer Grundform in die widersprechendste andere überwechselnde Bauart muß man auf die in fast 1000 Jahren sich wiederholenden Ein= oder Durchwanderungen von wechselnden Volksstämmen und Rassen und auf die politisch wirksamen Bauherren blicken. Die dauernden politischen Umwälzungen trugen das Ihrige zu diesem Wechsel im Wehrbau Italiens bei, aber auch landfremde Bauleute, Byzantiner, Ostgoten, Langobarden, Deutsche, Normannen, Sarazenen und Franzosen.

Im nordischen Tiefland sind wir gewöhnt in den kreisrunden Wasser= und Erdwallburgen die ältesten Wehrbauformen zu erblicken. Auch in England und Frankreich finden wir in den mounts oder motae frühe runde Gestaltung, d. h. überall da, wo gefügiger Boden den Menschen erlaubte, leicht regelmäßige runde klare Mauer= oder Wallführung aufzurichten. Selten ist dagegen diese Form auf der italienischen Halbinsel. Selbst in dem schmiegsamen Boden der Poebene hat sich die Rundform nicht durchgesetzt; daß sie auf den Höhen des steinigen wald= und erdarmen Apennin nicht vorkommt, ist begreiflicher.

Wir können also außer einzelnen Ausnahmen wie der deutsch beeinflußten Burg Monfalcone östlich von Venedig und ähnlichen wartturmartigen Anlagen, wie den Türmen mit Zwingermauerringen bei Canossa und Rossena oder bei Ripafratta, kaum eine italienische kreisrunde Anlage nennen. Wo runde Kerne vorkommen, sind es Reste römischer Denkmäler, wie bei der Engelsburg in Rom, dem Grabmal der Caecilia Metella = Capo di Bove und anderen ähnlichen Werken in der Nachbarschaft Roms. Auch weist Italien wenige zentrale Grundrißbildungen auf, wie z. B. das achteckige Castel del Monte.

Der ovale oder eiförmige Grundriß zeigt sich dagegen häufiger, aber meist nur an Teilen der Burgen, z. B. an der Kernburg, deren Außenwerke sich in jeder beliebigen Form den Bauplätzen oder späteren Wehrbaumoden anpassen. Das zeigt u. a. die ligurische

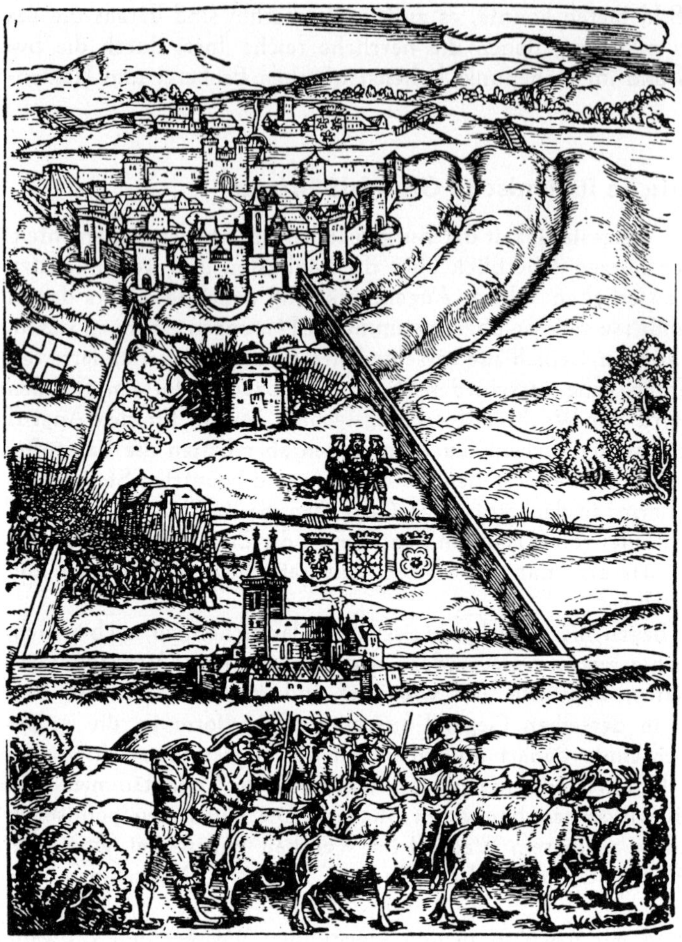

Abb. 372. Schlacht bei Pavia nach dem Holzschnittmeister der Mainzer Liviusillustration, hrsg. von A. Ruppel.

Burg Gavone. Die Mantelmauer ihres ältesten Kernes ist im Grundriß annähernd oval, während die weite Außenburgmauer, in deren Mitte der hohe Mantelmauerring frei steht, ein großes Rechteck mit 4 schweren runden Ecktürmen bildet.

Andererseits sind die Formen vieler Inselburgen, wie die Volterrajos auf Elba nur durch eine äußere ovale Mantelmauer bestimmt.

Ähnlich ist der weite Grundriß von Montebonello bei Pontassieve (Prov. Florenz), in deren Oval nur ein schlanker Bergfried steht. Die Stadtburg Soave ist im Kern eckigoval. Sie liegt zwischen einer dreieckigen und einer weiten verbogenen rechteckigen Vorburg. Hierher gehört auch die bedeutende bei Meldola liegende, heute dem Duce gehörige Burg Caminata mit ihrem gotischen Spitzbogentor[346]).

Die Höhenburg Monselice dagegen zeigt als Kern einen weiten, fast regelmäßig eirunden Mauerring, in dem frei der starke Bergfried steht. Diesen Kern umgibt ein schmaler Zwinger, um den sich tiefer noch ein abermals ovaler dritter Mauerring von großer Ausdehnung zieht.

Quadratische Burggrundrisse sind dagegen in allen Teilen Italiens häufig, kommen aber fast ausschließlich als Form innerer Burgkerne vor. Über die Bauzeit Bestimmtes zu sagen ist freilich schwer, da die stürmischen Schicksale dieser für dauernden Krieg errichteten Werke fortwährend bauliche Neugestaltungen verlangen.

Schon frühromanische Burgen erscheinen in dieser Form. Zu untersuchen wäre, ob man den Kern der Burg Ivrea trotz späterem Ausbau durch Amadeus VI. 1358 zu den alten quadratischen Burgen rechnen darf.

Bei der Stadtburg und der Stadt von Asola in der Poebene bei Brescia finden wir die Quadratform ebenso wie bei der Wasserburg von Riva (Abb. 181), die schon 1027 von Kaiser Konrad II. an den Bischof von Trient, 1124 als Lehen an die Grafen von Arco kommt.

[346]) B. E.: Bg. It. VI, S. 14.

Ganz allgemein wählt aber Friedrich II., der Hohenstaufe, die Quadratform in seiner ungeheuren Wehrbautätigkeit in Apulien, der Capitanata, in Sizilien, aber auch in Toskana. Prato ist eine echte Schöpfung des Geistes Friedrich II. Die apulischen Burgen Barletta, heute mit späten Bastionen, Bari, Tarent, Gioja del Colle, Trani, die Kernburg Lucera, Zungoli tragen alle diese quadratische Grundrißform; mit runden Ecktürmen ist die Form in Tarent vertreten, das von Ferdinand von Aragonien und Philipp II. von Spanien umgebaut wurde, mit viereckigen Ecktürmen in Bari, Gioja del Colle, Celano, Trani und Prato in Toskana.

In Sizilien sind quadratische Burgen Friedrichs noch allgemeiner. Wir nennen nur Augusta bei Syrakus mit viereckigen Ecktürmen, die Burg Ursini, Catania mit 4 runden Ecktürmen und 4 halbrunden Zwischentürmen, Castel Maniace in Syrakus, Marsale mit 4 Türmen, Trapani, ebenfalls viertürmig.

Die viertürmigen, quadratisch geformten Burgen der Hohenstaufenzeit erscheinen meist breitgelagerter als die noch zahlreichen früheren Vierturmburgen in Nord- und Mittelitalien. In Norditalien nannten wir schon Ivrea, auch das ausdrücklich so genannte Castello delle quatro torri in Toskana steht sehr schlank vor uns.

Kein Grundriß dieser frühen Burgen gleicht dem in Nord- und Mittelitalien später häufigen Quadratgrundriß, den ich erst dem Ende des 13. Jahrh. zuweisen möchte.

Diese quadratische Form scheint in ihrer nur aus Mantelmauer und einem Eckturm bestehenden einfachen Form frühestens dieser Zeit anzugehören, dem 14. Jahrh. dagegen die hochragenden viertürmigen Burgen der Pogegend und Toskanas, dem 15. Jahrh. die niedrigen quadratischen Bauten mit Mantelmauern und 4 mit ihr gleichhohen Rundtürmen von den glatten Ziegelburgen von Imola und Forli bis zu den furchtbaren Gewaltklötzen von Senigallia und Avezzano. Besonders aber Imola und Forli zeigen schon den Übergang zum modernen neuzeitlichen Festungsbau an.

Die reichsten Formen finden wir in der Lombardei mit Torrechiara, Pavia, Vigevano, Castel Gonzaga in Mantua oder Vignola und Ferrara oder in Toskana mit dem Castel Santa Reina. Hierher gehört auch der überwältigend reiche Prunkbau des Castel Sforzesco zu Mailand.

Die im Grundriß rechteckigen Burgen teilen wir zweckmäßig in romanische frühe Hausteinburgen der Alpenvorberge — als etwa Ussel im Val d'Aosta und ähnliche wie Trezzo an der Adda — in gotische Quaderbauten, wie Verres im Tal von Aosta, dann in rechteckige gotische Ziegelbauten der Poebene von Turin bis ans Ende der Emilia am Adriatischen Meer. Beispiele letzterer Lage sind Castelguelfo bei Parma und Soverzano bei Bologna, Vigolzone oder Fano an der Adria, dann die Toskanabauten in Poppi oder Magione (Prov. Perugia).

In Umbrien finden wir rechteckige Grundformen in Narni an der Nera und an der alten Via Flaminia. In der Höhe von Rom liegt östlich Celano über dem Fuciner See, an der alten Via Valeria, die prachtvolle, genau rechteckige Burg mit Mittelhof. Ihre romanischen und gotischen Formen leiten schon hinüber zu dem ungeheuren Burgengebiet Apuliens mit Lagopesole, Corigliano d'Otranto u. a.

Selbst Sizilien bietet rechteckige Burgen ohne Höfe aus der Normannenzeit in Paterno, Aderno, Motta Sant'Anastasia, und wir finden, daß diese Grundform des Hauses an sich und damit der Pallas schon Vorläufer in den sonst ganz wesensfremden normannisch-sarazenischen Pallasbauten La Cuba und La Zisa in Palermo hat.

Untereinander sind diese verhältnismäßig wenigen rechteckigen Anlagen sehr fremd. Die pallasartigen Burgen in Ussel und Poppi oder in Sizilien: Paterno, Aderno oder Motta Sant'Anastasia haben mit den Anlagen mit Mittelhöfen, wie Verres und Anlagen mit Vorburgen in der Poebene nichts gemein; daneben stehen die prächtigen Quader-

Abb. 373. Burg Serravalle bei Monsumano alto, Mittelitalien.

bauten in Apulien, die überhaupt die stolzesten Wehrbauten Italiens sind. Trotzdem er= scheinen diese im einzelnen oder im Gesamtumriß rechteckigen Burgen als die am klarsten geplanten Kunstwerke unter allen.

Dreieckige Anlagen sind in Italien sehr selten. Meist kann man nur die Gesamtumrisse der Burgen, die auf Bergnasen oder zwischen 2 Tälern liegen, allgemein als dreieckig bezeichnen. Erst späte Formen, wie jene der fast festungsartigen Burg von Sarzana zeigt ein scharfes Dreieck. Dreieckig kann man die Stadtburg von Crema, die Höhen= burg zu Rovereit, die Burg zu Lerici und andere nennen.

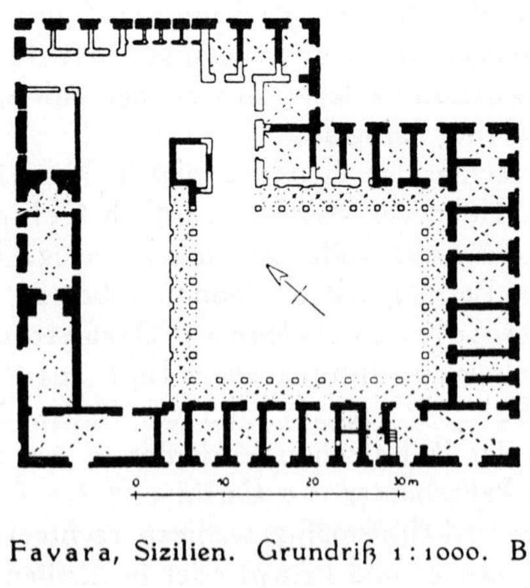

Abb. 374. Wasserburg Favara, Sizilien. Grundriß 1 : 1000. B. E. nach Goldschmidt.

Der Wehrbau Europas im Mittelalter

Die Marksburg ob Braubach am Rhein, von Süden

Die Deutsche Bibliothek – CIP-Einheitsaufnahme
Ebhardt, Bodo:
Der Wehrbau Europas im Mittelalter / Bodo Ebhardt
– Sonderausgabe – Würzburg: Flechsig, 1998
ISBN 3-88189-243-5

Umschlagabbildung: *Das Leben auf einer Ritterburg des 13. Jahrhunderts – der Ausritt zur Jagd* (Ausschnitt), Lithographie des 19. Jahrhunderts
Bildnachweis: bpk Bildarchiv Preußischer Kulturbesitz, Berlin.

Sonderausgabe für Flechsig-Buchvertrieb
Unveränderter Nachdruck der Ausgabe von 1939 (I), 1958 (II, III)

Umschlaggestaltung: Monika Götz
Printed in Spain

ISBN 3-88189-243-5

Bodo Ebhardt

Der Wehrbau Europas im Mittelalter

Band I

Unveränderter Reprint.

Herausgegeben
von der
Deutschen Burgenvereinigung.

FLECHSIG

INHALTSÜBERSICHT DES ERSTEN BANDES

Französische Burgen:

Deutsche Burgen:

Schweiz:

Bodo Ebhardt, Der Wehrbau Europas im Mittelalter.
Versuch einer Gesamtdarstellung der europäischen Burgen

Geleitwort zum zweiten Nachdruck 1998

Das hundertjährige Bestehen der Deutschen Burgenvereinigung zur Erhaltung der historischen Wehr- und Wohnbauten e. V. (DBV) im Jahre 1999 hat zu einer Aufarbeitung von Geschichte und Tätigkeit dieser ältesten überregionalen Initiative für den Denkmalschutz in Deutschland geführt. Ihr Initiatior und Motor war Bodo Ebhardt (1865 - 1945). Als Architekt und Burgenrestaurierer hinterließ er ein beachtenswertes Werk. Das in der Praxis geistig Erworbene und anhand historischer Studien Reflektierte gab er publizistisch weiter; 36 Bücher in der Liste seiner mehr als 200 Veröffentlichungen zeugen davon. Seit Gründung der DBV erschien der von ihm redigierte „Burgwart" als Fach- und Vereinsorgan, dem 1960 die wissenschaftliche Zeitschrift „Burgen und Schlösser" folgte. „Deutsche Burgen" (2 Bände, 1898 - 1908) war seine erste große Publikation. Ziel seiner Studienreisen waren auch die europäischen Länder, das Monumentalwerk „Die Burgen Italiens" (6 Bände, 1909 - 1927) sind ein wichtiges Ergebnis. Sie hielten ihm die Augen geöffnet für Europa als eine Kultur – trotz des Nationalismus der Weltkriegsepoche, von dem er selbst nicht immer frei blieb.

Bewundernswert ist, daß Ebhardt im Alter noch die Zusammenfassung seines Wissens in dem umfangreichen Werk „Der Wehrbau Europas" gelang. Der erste Band erschien 1939, der zweite Band in zwei Teilen, durch Kriegseinwirkung bedingt, erst 1958. Bereits in den Jahren 1977/80 erfuhr dieser Klassiker der Burgenkunde den ersten Nachdruck bei Weidlich, Frankfurt/ Main.

Zweifellos sind die Aussagen zu einzelnen Objekten oft überholt, weil Bauforschung und Mittelalterarchäologie in den letzten Jahrzehnten große methodische und technische Fortschritte gemacht haben. Aufgrund dessen ist auch die Gesamtentwicklung des Phänomens Burg vielfach neu oder anders zu sehen. Aber man greift immer noch zum „Wehrbau Europas", um sich schnell über eine Burg bzw. Burgengruppe in anderen Ländern und Regionen zu unterrichten. Ein vergleichbares Kompendium, das alle Länder Europas (außer Rußland) umfaßt, gibt es nicht – von einem einzelnen Autor wird es kein zweites vergleichbarer Qualität geben. Sein Wert liegt in der Homogenität von Text und Abbildung. Die Skizzen, dem Photo in vielem überlegen, Detailstudien, ausgearbeitete Zeichnungen von einprägsamer Deutlichkeit und eben auch die für das Architekturverständnis unerläßlichen Grundrisse und Schnitte in großer Zahl stammen alle von seiner Hand. Gründe genug für einen Reprint.

Der Verlag hat das erkannt – ihm ist dafür zu danken, daß er das Wagnis eingeht, dieses umfangreiche Werk wiederum den Burgenliebhabern zugänglich zu machen. Dank gebührt den Nachkommen Bodo Ebhardts, die nie aufgehört haben, die Arbeit der Deutschen Burgenvereinigung zu unterstützen, für ihre Bereitwilligkeit, den Nachdruck zu gestatten.

Dr. Busso von der Dollen
Leiter des Europäischen Burgeninstituts
der Deutschen Burgenvereinigung, Braubach/Rhein

Vorrede

Der Wehrbau Europas im Mittelalter, eine Bautätigkeit allergrößten Umfanges, steht am Ende einer langen Entwicklungsreihe vorgeschichtlicher Schutzbauten und der geschichtlichen Zeit bis zum sechsten oder siebenten Jahrhundert. Die Notwendigkeit, in Kriegszeiten Leben, Wohnstatt und Eigentum vor Raub und Zerstörungen zu schützen, führte von jeher zu großartigen Bauten, zu den vorgeschichtlichen Erd- und Steinwällen oft außerordentlichen Umfanges, die als Zuflucht oder sicherer Wohnsitz für ganze Volksgruppen dienten — außerdem schon im Altertum in den europäischen Mittelmeerländern zu großartigen Befestigungsbauten in Stein, endlich als Krönung städtischer Wehrbauten auch zu einer Art von Burgenbau: zur Errichtung der Akropolis oder Arx, der griechischen und römischen Städte.

Feste Städte und Stadtburgen sind aber nicht das, was wir unter Burgen verstehen. Die Städte waren feste Sitze großer Volkskreise, gewissermaßen unpersönlich. Nicht ein erlauchtes Geschlecht errichtete sich dort einen festen Sitz, bestimmt, einer langen Geschlechterfolge desselben Stammes als sichere Heimat zu dienen, sondern die Stadtburgen, die dem Namen nach den Burgen des Mittelalters entsprechen mochten, waren die Sitze der jeweils herrschenden Gewalten, der Stadtverwaltungen mit wechselnden Wahlführern, oder antiker Könige und Tyrannen. Die Stadtburg hatte meist neben dem Wohnsitz der Herrscher eine große Besatzung von Berufskriegern, fremden, bezahlten Söldnern aufzunehmen, deren Aufgabe nicht nur die Verteidigung der Städte gegen auswärtige Feinde, sondern auch die Beherrschung der Städte selbst war.

Den antiken städtischen Wehrbauten der Mittelmeerländer — Steinbauten großartigster Art — stehen im Norden die Wallburgen gegenüber.

Neben dem, was wir über Massensiedlungen hören, erfahren wir aber auch früh von gesicherten einzelnen Wohnsitzen in Nordeuropa, von festen Königs-Hallen, die namentlich in der Geschichte der skandinavischen Länder eine Rolle spielen. Es waren wohl Holzbauten in Ringwällen, im Wasser oder auf Hügeln mit Holzumzäunungen. Solche Hallen sind uns aus den ältesten, germanischen Dichtungen: Edda, Beowulf-Lied u. a. bekannt. Sie scheinen besonders germanischen Bewohnern Europas eigen zu sein, finden sich aber auch früh in Irland. In ihnen erblicken wir den Vorläufer des burglichen Wohnbaues, der seit der nachkarolingischen Zeit sich allmählich zu einer der glänzendsten und vielseitigsten Leistung der Baukunst entwickelt hat.

Der Begriff Burg ist für unsere Arbeit festzulegen: *Wir verstehen unter Burg einen Steinbau, den festen Sitz eines Geschlechtes* oder des Vertreters oder der Lehensträger kaiserlicher, königlicher Macht und landesherrlicher Gewalt. Für die Wahl des Bauplatzes war die günstigste Verteidigungsmöglichkeit ausschlaggebend. Der Bau verband mit der größtmöglichen Festigkeit sachlich und künstlerisch vollendet ausgebildete Wohn-, Hofhaltungs- und Wirtschaftsbauten. Zuverlässige Zeugen frühen Wohnbaues sind darnach nicht in alten Bauernhäusern, deren älteste auf uns gekommene Beispiele in Deutschland kaum über das 14. Jahrh. zurückreichen, sondern vielmehr in den frühesten Denkmalen der Burgenbaukunst zu suchen. Für die Kenntnis der höchsten Leistungen des Wohn= und Wehrbaues behalten diese Burgen ihren Wert bis zum Beginn des 16. Jahrh. Damit ist die Zeitspanne, die wir zu betrachten haben, auf etwa ein Jahrtausend festgelegt.

Unsere Betrachtung soll diesen Werken des Wehrbaues gewidmet sein, Bauwerken von im Ausland oft großem, in Deutschland meist geringem Umfange, die von einer beschränkten Anzahl von Kriegern verteidigt werden konnten. Wir werden sehen, wie der ursprüngliche Gedanke sich in den verschiedenen Teilen Europas je nach der Rasse, der Bodengestaltung und nach den klimatischen und sozialpolitischen Einflüssen wandelt. Seit der Steinbau früh im Burgenbau üblich wird, trägt er in jedem der europäischen Reiche das Gesicht des Volkes und des geologischen Zustandes der Landschaften. Die Rasse der Erbauer, selbst deren Wechsel im Laufe der Jahrhunderte prägt sich aus.

Zur Bestimmung des Alters der europäischen Burgen haben wir an Kunstformen, die dazu sonst die besten Handhaben bieten, für die Zeit vor 1000 wenig Anhaltspunkte. Erst aus romanischer Zeit stammen brauchbare Hinweise. Vorromanische Kunstformen sind an den älteren Burgenbauten kaum feststellbar. Die einzelnen Kunstformen spielen überhaupt in der Erscheinung der Burgen eine viel geringere, ja mit Ausnahme bei den formreichen großen französischen und englischen Anlagen eine fast unbedeutende Rolle gegenüber der großartigen Wirkung der Baumassen, deren inniges, schönes Zusammenwachsen mit dem Boden auch in den verschiedensten Erscheinungsformen, die Klima, Bauplatz, Volkszugehörigkeit der Erbauer verursachen, nicht fehlt. Bestimmen können wir das Alter aber nach den Zweckformen, nach Türmen, Zinnen, Scharten, Gräben, Außenwerken und der Grundrißbildung.

Man untersucht neuerdings die Burgen von früher unbeachteten Gesichtspunkten aus. Einst wurde jeder Bossenquadern=Viereckstum als römisch angesehen, heute sprechen vorgeschichtliche Entwicklungsreihen der Erd= und Holzburgen oder Steintrockenmauern für frühgermanische, gallische, irische und slawische Rassen als Schöpfer selbständiger Volksburgenstile. Gewiß sind solche Erd=, Holz= oder Trockenmauerburgen Vorläufer der mittelalterlichen Einzelherren=Burgen, aber sie sind nicht Burgen im mittelalterlichen Sinne.

Aus vorgefaßten Meinungen entspringen auch Versuche, die unzähligen Burgen wenigen bestimmten Schulen oder Formenkreisen zuzuweisen, z. B. sächsisch=germanischen und fränkisch=römischen Schulen, oder Turmburgen, Ringmaueranlagen. Diese Versuche müssen vergeblich bleiben, da die auf alle europäischen Länder verteilten Kulturkreise und deren Wechselbeziehungen untereinander einerseits so viel Beispiele grundverschiedener Art und andererseits so viele Ähnlichkeiten aus verschiedenen Zeiten und Ländern bieten, daß sie nicht zweckmäßig auf einige Formenkreise oder Schulen zurückgeführt werden können.

Alle Forschung sollte jedenfalls in allen Ländern von den Burgen selbst ausgehen. Dort findet der Forscher handgreifliche Tatsachen und Beweise. Sie bieten auf Grund kritischer Beurteilung alle Einzelheiten zur Erkenntnis der Rasse der Erbauer und zur Einreihung in das burgliche Gesamtbild. Notwendig ist dazu auch die Berücksichtigung der in den verschiedenen Jahrhunderten üblichen und möglichen Kriegs= und Kampfweisen.

Es ist begreiflich, daß eine umfassende Darstellung des gesamten, europäischen, mittelalterlichen Burgenbaues infolge der ungeheuren Schwierigkeiten noch nicht unternommen worden ist. Die Forschung hat sich in überwiegendem Maße der Untersuchung und Darstellung der kirchlichen Baukunst des Abendlandes zugewandt. Ebenso hat die Denkmalpflege kirchliche und fürstliche Bauschöpfungen so stark bevorzugt, daß darüber bis in die Neuzeit die Bewertung burglicher Bauten weit zurückstand.

Dagegen gibt es in den einzelnen Ländern umfassende Werke über burgliche Bauten, namentlich in Frankreich, England und Deutschland.

England ist vielleicht zuerst mit bewußten Anstrengungen für die Burgenpflege eingetreten. Wir erkennen dort schon Ende des 18. Jahrh. Bestrebungen von Altertumsfreunden, die sich weitgehend mit Burgen befassen.

Die Mitte des 19. Jahrh. brachte dann das Frankreich des Viollet=le=Duc.

In Deutschland und Holland herrschte eine romantische Auffassung des Burgenbaues, während in Italien, unter der ungeheuren Fülle des bodenständigen Kunstgutes, die Burgen in ihrer Gesamtheit keine Würdigung fanden.

In Spanien hat erst das 19. und 20. Jahrh. angefangen, sich mit dem Gegenstand zu beschäftigen, doch fehlen älteren wie jüngeren Werken vielfach technische Planunterlagen. Politische und Verkehrsverhältnisse des europäischen Südostens und der Balkanländer erschwerten die Erforschung der burglichen Bauten sehr.

Die Eigenart der Bauaufgabe brachte es überall mit sich, daß der größere Ernst und die immer wechselnden Erscheinungsformen der Burgen für den Kunstforscher weniger anziehend waren. Nicht wie beim Kirchenbau erlaubte die Aufgabe dem schöpferischen Meister, sich der Schönheit und einer reichen Entwicklung der Schmuckformen unbehindert zuzuwenden, sondern sein Schaffen war den eisernen Notwendigkeiten des Krieges unterworfen und mußte in erster Linie sachlichen Forderungen nach Stärke und Sicherheit der Bauwerke gehorchen.

Gerade die letzte Tatsache erschwert die Übersicht über die vielgestaltigen Leistungen, die nicht, wie die Kirchenbauten, alle von einem einzigen Gedanken aus nach wenigen Grundformen sich entwickeln, sondern durch die Notwendigkeit gezwungen waren, sich den örtlichen Bedingungen jedes einzelnen Bauplatzes völlig neu anzupassen.

Und doch liegt dem gesamten Burgenbau ein einheitlicher Gedanke zugrunde. Das Ergebnis einer ganz Europa umfassenden Betrachtung wird zeigen, daß die Abwendung der Burgenbauten von dem Vorgeschichtlichen und von dem Wehrbau des Altertums mit einer völligen Umschichtung der Bevölkerung Europas zusammenhing, mit den Anforderungen, die eine neue herrschende Rasse, die germanische, an ihre Bauten stellte. Die übliche Einzelbetrachtung der Burgen der verschiedenen Länder, die sich auf die Enge bestimmter Gebiete beschränkte, hat deren großartige Kraftäußerung und ihren entscheidenden Einfluß auf die Wehrbautätigkeit nicht klar werden lassen.

Der Umfang, den selbst der Versuch einer Gesamtdarstellung annehmen mußte, erschwerte weiterhin die Aufgabe.

Das Bild, das der Verfasser von dem Burgenbau Europas bietet, konnte sich nur aufbauen auf jahrelange Vorarbeiten, auf Reisen zum persönlichen Augenschein, auf eigene Vermessungen und Aufnahmen, auf Durcharbeitung und Ausschöpfung des bestehenden Schriftwerkes und auf eine Sammlung aller erreichbaren Pläne und bildlichen Darstellungen der Burgen der verschiedenen Länder. Gedankenaustausch mit im In= und Auslande ansässigen Forschern trat hinzu, dem der Verfasser Anregungen und Berichte verdankt, die höchst wertvoll waren.

Das Schriftwerk und vor allen Dingen die bautechnischen Unterlagen sind außerordentlich ungleichwertig. Die burglichen Bauten wurden meist durch Nichtfachleute überwiegend vom geschichtlichen oder formalen Gesichtspunkt beurteilt. Die Baufachleute scheinen selten genug Zeit für die Aufgaben übrig zu haben, die nicht durch technisches und künstlerisches Können allein gelöst werden.

Band I soll die Burgen der einzelnen Länder als Gesamterscheinung darstellen im Rahmen der rassisch, politisch, geologisch und landschaftlich abgegrenzten Gebiete. Die Grenzen entsprechen freilich keineswegs den geschichtlichen, rassischen oder wirtschaftlich bedingten Zuständen, die zur Erbauung der Burgen Anlaß gaben oder der Verteilung des Volkstums entsprachen.

Gute Pläne und Ansichten sollen dem Leser erlauben, ein eigenes Urteil zu bilden — denn — vor allem sollen die Bauten selbst sprechen.

Bei dem großen Umfang dieses Werkes konnten aus der unabsehbar großen Masse der Meisterwerke des Wehrbaues nur selten beispielhafte Nachrichten über Erbauung, Baumeister, wehrbautechnische Zwecke und Erfahrungen bei Belagerungen, Zerstörungen und Verfall erwähnt werden, Geschichte und besitzrechtliche Fragen nur, wenn dadurch Klärung über Zweck der Burgen und Gründe für die Wahl der Bauplätze, z. B. als Grenzschutz, Paßsperren, für Zollzwecke usw. gewonnen wird, wenn die Gestaltung der Burgen dadurch bestimmt wurde (Ganerben=, Bauern=, Kirchenburgen) oder, wenn große politische Entscheidungen, wie die Langobarden= und Hohenstaufenkämpfe in Italien, die Eroberung Englands durch die Normannen — Spaniens durch die Mauren und die Rückeroberung der Iberischen Halbinsel durch die Westgoten und ihre Nachfolger oder später die Türkengefahr in Deutschland einen erkennbar großen Einfluß auf den Burgenbau ausübten.

Kaum irgendwelche Bauten der Vorzeit sind dem Volke so ans Herz gewachsen wie die Burgen. Stolz thronen sie auf Berg= und Felsenhöhen oder träumen in stillen Wasserflächen. Den Völkern sind sie Inbegriff der Romantik, Schauplätze wilder Kämpfe und die Krönung jeden Landschaftsbildes.

Wir aber sehen sie noch anders, uns sind sie Zeugen einer heldenhaften Vergangenheit edler Rassen, Zeugen von viel Kampf und Streit, von innerem Zwist, aber auch von höchster Entwicklung der Sitte und Ritterlichkeit. Uns sind sie Beweise höchsten technischen Könnens, das mit einfachen Mitteln die Schwierigkeiten der gefährlichsten Baustellen überwand. Auf spitzem Felsen, an unzugänglichster Stelle oder in Wasser und Sumpf errichteten jene Bauleute Türme und Mauern, die nach fast einem Jahrtausend noch unerschüttert sind.

Das Wort Sachlichkeit wird oft mißbraucht. Wahre Sachlichkeit ist aber im Mittelalter für den Burgenbau maßgebend gewesen, ihr wurde jede andere Rücksicht geopfert, denn der stürmende Feind nützte jeden Verstoß gegen den einen Zweck, gegen die Sicherheit der Bauten und ihrer Verteidiger aus, und Tod und Leben standen auf dem Spiel, wenn der Baukünstler von der völligen Unterordnung aller Bauformen unter die Gesetze der Verteidigungsfähigkeit abwich.

Aber der mittelalterliche Burgenbauer Europas veredelte seine reinen Zweckbauten durch die höchste Schönheit des Gesamtumrisses und die feinfühligste Durchbildung der Zweckformen der einzelnen Bauteile.

Fragen wir nach dem Ursprung der Burgenbaukunst, so müssen wir das Bild Europas vom 6. Jahrh. an betrachten.

Bei Beginn der Burgenzeit saßen in allen Ländern Europas germanische Herrengeschlechter als mehr oder weniger alleinmächtige Oberschicht.

Spanien stand unter westgotischen Königen, deren Nachkommen auch nach dem furchtbaren Zusammenbruch des beginnenden 8. Jahrh. von Galizien und Asturien aus allmählich wieder die ganze Halbinsel den Mauren abrangen.

Frankreich war merowingisch=fränkisch und normannisch beherrscht. Italien stand unter ostgotischer, dann langobardischer Herrschaft, in England waren die Angelsachsen, dann die Normannen die Herren, und das durch die Völkerwanderung zum Teil von Germanen entblößte Deutschland wurde im Rückschlage des Pendels etwa vom 9. Jahrh. ab wieder von den slawischen Einwanderern des Ostens befreit. Als später die Grenzen germanischer Herrschaft durch die deutschen Ritterorden bis weit in das Baltenland vorgeschoben wurden, waren auch hier Germanen die Burgenbauer.

Die slawische und keltische Siedlungsweise, das enge Zusammenwohnen der Massen, das auch Iberer, Italiener und Gallier liebten, war ungermanisch. Wie die alten Germanen als freie — nur der Sippe verbundene — Männer auf einzeln liegenden Höfen saßen, so bauten sie und ihre Nachkommen auch gern ihre Burgen als einzelne Familiensitze der Ritter, d. h. der Nachkommen der Volksgenossen, die den Reichen und ihren Herrschern stets als Krieger zu Angriff und Verteidigung zur Verfügung stehen mußten.

Deutlich unterscheiden sich dann je nach dem schnelleren oder langsameren Aufsaugen des germanischen Blutes in den verschiedenen Ländern — also der jeweiligen Rassen=wandlung folgend — auch die Formen der Burgen. Da, wo die Germanen, wie in Deutsch=land, gleichstämmig zusammensaßen und die Volksart sich wenig wandelte, ist und bleibt die Familienburg der befestigte Herrensitz der Lehensträger von meist kleinerem oder mittlerem Umfange die Regel. Selten sind hier selbst die Königsburgen, die Pfalzen, und die Burgen der Fürsten und Dynasten größer, als für den Herrscher und seine nächste Umgebung nötig war.

Ganz anders steht es in Ländern, in denen eine Handvoll eiserner, germanischer Krieger=familien über unterworfene Mauren, Romano=Iberer, Kelten, Galloromanen oder Preußen und Slawen herrschte. Dort nehmen die Burgen gewaltige Formen und Abmessungen an.

In Frankreich zeigen die riesigen, normannischen donjons im Norden, daß schon beim Aufbau große Menschenmassen hier unter einem Herrenwillen wirkten und später zur Verteidigung zusammengeballt wurden.

Ähnlich in England, wo nur etwa 600 Burgen, dafür aber desto mächtigere Bauten von den englischen Forschern gezählt wurden, gegen vielleicht 2000 in Frankreich und fast 10000 Burgen im deutschen Sprach= und Einflußgebiet.

Auch die italienischen Burgen zeigen um so größere Abmessungen, je mehr das ger=manische Element von der ursprünglichen Rasse aufgesogen wurde.

In Deutschland werden nur in Siedlungsgebieten, wie in den Deutschordensherrschaften in Ostpreußen und in den Baltenländern, in den Sudetenländern, große Bauten — halb Klö=ster, halb Ritterkasernen — errichtet. Und je mehr wir im Südosten an die Grenzen vorstoßen, desto gewaltiger werden auch dort die deutschen burglichen Anlagen.

Ich versuchte auch, die bisher oft verkannte, sachliche und künstlerische, politische und rassisch siedlungsmäßige und wirtschaftliche Bedeutung der Burgen zu verstehen. — Neben den Einzeldarstellungen sind zur Klärung der letzten Gesichtspunkte Landkarten mit ein=getragenen Burgstellen und Übersichten der Erbauungszeiten der Burgen wünschens=wert.

Die Arbeit hat mich in diesem Sinne jahrzehntelang beschäftigt. Endlich ist die Druck=legung ermöglicht, und es geziemt sich hier, allen denen zu danken, die mein Werk durch Beschaffung von Plänen, Bildern und Nachrichten aus allen Ländern, oder durch Bereit=stellung von Mitteln gefördert haben.

Zunächst danke ich der Notgemeinschaft der Deutschen Wissenschaft, der heutigen Deutschen Forschungsgemeinschaft, die nach vielfacher Förderung meines Werkes „Ita=lienische Burgen" auch durch Zuwendung erheblicher Zuschüsse meine Studienreise durch Spanien im Jahre 1930 ermöglichte.

Ebenso danke ich den Herren, die für die Drucklegung mit dem Gewicht ihres Namens eingetreten sind und mir wertvolle Hinweise und Beiträge geliefert haben, dem Herrn Preußischen Finanzminister Professor Dr. Popitz, dem Herrn Konservator der Kunstdenk=mäler im Reichserziehungsministerium Dr. Dr.=Ing. e. h. Hiecke, Herrn Provinzialkonser=vator a. D. Geheimrat Professor Dr. Paul Clemen, dem Herrn Ministerialrat im Preußischen Finanzministerium Dr.=Ing. Nonn, Herrn Bibliotheksdirektor i. R. Dr. Chr. Krollmann,

Herrn Provinzialkonservator Oberregierungs= und Baurat Schmid, Marienburg, Herrn Walter Horwarth in Kronstadt (Rumänien) u. v. a.

Nicht zuletzt gilt mein Dank den vielen stillen für die Burgen begeisterten in= und ausländischen Mitarbeitern, die durch gelegentliche Mitteilungen, Bereitstellung von Plänen und Photos, durch Beschaffung von Literatur mir gefällig waren.

Bereitwillige Unterstützung und rührige Vermittlung verdanke ich den deutschen Herren Botschaftern und Gesandten in Athen, Belgrad, Brüssel, Budapest, Bukarest, Dublin, Haag, Helsingfors, Kopenhagen, London, Madrid, Paris, Prag, Rom, Sofia, Stockholm, Tirana und Warschau. Während ich in deutschen Landen selbst die wichtigsten Burgen besuchen, zeichnen und würdigen konnte, bedurfte ich für viele ausländische Werke namentlich in Kriegs= und Nachkriegszeiten der Hilfe dort tätiger Burgenforscher. Von solchen Burgenfreunden kann ich als Förderer nennen: Prof. Oman, Oxford; Dr. Pevsner, London; Harry Foster=Smith, London; Harold G. Leask, Inspektor der National Monuments, Dublin; K. M. O'Mahony, Dun Meadhon; Universitätsbibliothekar W. Douglas Simpson in Aberdeen; Direktor Prof. Georg Szabo, Agram; Oberregierungsrat Prof. Dr. Koloman Lux, Budapest; Prof. Martin Olsson, Stockholm; Dr. Erik Lundberg, Stockholm; Prof. A. Hahr, Upsala; Architekt Dr. M. Smidt, Kopenhagen; Prof. Jalmei Faakkola, Helsingfors; die Direktion der Rhätischen Bahn, Chur; M. le Comte Joseph de Borchgrave d'Altena; Konservator der Musées Royaux d'Art et d'Histoire, Brüssel; Exzellenz Prof. Arturo Farinelli, Dekan der Germanisten Italiens, Turin; Commandatore Carlo Nigra, Turin u. v. a.

Ferner habe ich zu danken den Bibliotheken und Archiven in Aberdeen, Bamberg, Berlin, Darmstadt, Düsseldorf, Frankfurt, Gotha, Haag, Hannover, Karlsruhe, Koblenz, Magdeburg, Marburg, München, Münster i. W., Oldenburg, Stuttgart, Wien, Wiesbaden, Würzburg und der Wehrkreisbücherei VII, München, die mir wertvolle Pläne zur Verfügung stellte.

Allen meinen Helfern an dieser Stelle meine Erkenntlichkeit auszusprechen, empfinde ich als eine angenehme Pflicht.

Abb. 1. Höhenbg. Hohenbaden v. S. 1 : 500. B. E.

Verkehrs-, politische und wirtschaftliche Bedeutung des Burgenbaues Europas im Mittelalter

Der burgliche Wehrbau war nicht nur für die einzelnen Burgbesitzer von Bedeutung, die ihre Lehen, ihre Amtssitze, ihre Wohnstätten und die ihrer Burgmannen befestigten, sondern für die Allgemeinheit in allen Kriegen von Volk gegen Volk, Rasse gegen Rasse und für das ganze bürgerliche, ländliche und wirtschaftliche Leben.

Die Burgen ermöglichten den Landesherren die Beherrschung und den Schutz ihrer Gebiete, sie verteidigten die Reichsgrenzen gegen auswärtige Feinde, so die Grenzen Frankreichs des 10.—16. Jahrh., besonders die Festlandsgrenzen gegen England, die Englands gegen Wales und Schottland, die Kataloniens, Navarras, Aragoniens und Kastiliens gegeneinander und gegen die sarazenischen Königreiche, die Deutschlands gegen seine zahlreichen Feinde ringsum: Dänemark, Preußen, Polen, Ungarn, die Balkanslawen, Italien, Frankreich u. a.

Diese Bestimmung prägt sich deutlich in der Lage großer Burgengruppen aus.

Deutschland errichtete an der Westgrenze des Elsaß gegen den Feind eine prachtvolle Burgenkette und schob einzelne Paßsperren, wie Mümpelgard, weit in Feindesland vor[1]). Alle Alpenstraßen bis nach Verona oder bis an die norditalienischen Seen hinunter wurden

[1]) Smlg. Ebh.; Essenwein: Hdb. d. Archit. S. 38f.; Ebh.: D. Burg. d. Elsaß (Vortrag 1904).

von Burgbauten begleitet, deren Herren oft noch heute deutsche Adelsgeschlechter sind, denn auch in seinen südlichen Tridentiner Teilen war Tirol noch im 16. Jahrh. deutsch=sprachig. In den Westalpen ist der Paß durch das Tal von Aosta zwischen Piemont und Savoyen durch eine Burgenkette edelster Art geschützt[1a]).

Auch die Gotthardstraße wurde von Burgen beherrscht (Chur, Riedberg, Wartenstein, Freudenberg, Sargans u. a. im Norden)[2]), ebenso der Semmering, den u. a. die Burgen Cham, Hartenstein verteidigten. Die deutsche Sprachgrenze gegen den Balkan zeigt in Kärnten und Steiermark und im Burgenland dasselbe Bild — wo der Ansturm gegen solche Grenzen drohte, schirmten gleiche Burgenmassen. Im Nordosten bauten die Deutsch=ordensritter, die Schwertbrüder u. a. ein deutsches Burgennetz[3]) weit in das später kurz=sichtig im Stich gelassene Baltenland hinein. Hier hatte das „dunkle" Mittelalter die deutsche Pflicht, für Siedlungsland, für den Volkszuwachs zu sorgen, besser erkannt und erfüllt als die neuere Zeit, in der nur die Hohenzollern durch die Gründung des Königreiches Preußen noch mit weitschauendem Blick den deutschen Lebensraum er=weiterten.

Die Burgen an den Grenzen Schlesiens gegen Böhmen zeigen, wie sorgfältig jede der vielen Paßstraßen in den Sudeten schon seit dem 12. Jahrh. durch Burgen gesperrt wurde. Dort schirmten Burgen wie Gröditzberg, Bolkoburg, Schweinhaus, Kynast, Frankenburg usf. die Grenzen[4]).

Mähren zeigt eine Menge großartiger Burgen, die noch bis in die Neuzeit kriegerische Bedeutung behielten[5]).

Im Südosten brach der Türkenansturm vor den Mauern deutscher Burgen und Städte zusammen. Es war die Mark Österreich, die deutsche Burgen und feste Orte bis nach Ungarn hinein vorschob[6]). Namen wie Feistritz, Hoch=Osterwitz, Landsee, Riegersburg, Graz, Hainburg, Gran, Semlin bedeuten ebenso viele Verteidigungs=stellen gegen die Ungläubigen. Bis Siebenbürgen drangen schon im 12. Jahrh. deutsche Sachsen, ihre Burgen widerstanden dem Feinde viele Jahrhunderte.

Aber auch die inneren, großen Handelsstraßen wurden durch Burgen geschirmt, und es mutet uns eigentümlich an, wenn noch heute die Tagesmeinung z. B. in den Burgen am Rhein, dieser größten, mitteleuropäischen Handelsstraße, nur Raubrittersitze sieht. Ausnahmen verwilderter Zeiten werden da als Regel ausgegeben.

Das alte Geleitrecht und die Geleitpflicht[7]) „des Reiches sicheres Geleit"[8]) verpflichtete die Erbauer und Bewohner der Burgen vielmehr zum Schutze der Reisenden auf den Straßen des Reiches, natürlich gegen Bezahlung. Dieses Recht wurde urkundlich vom Kaiser verliehen und zog naturgemäß viele Streitigkeiten zwischen Burgbesitzern und Reisenden nach sich.

Die Dinge im übrigen Europa lagen nicht anders. Die zahlreichen Küsten= und Hafenburgen in Spanien[9]), Holland[10]), England[11]), Schottland[12]) und Irland[13]) schirmten die Häfen und Schiffahrt ebenso wie das Binnenland gegen Seeräuber und feindliche Einbrüche.

Die Küstenburgen Italiens[14]) dienten diesem Zweck noch bis in die Neuzeit gegen Seeräuberei der Sarazenen und Marokkaner. Planmäßig legte der erhabene Hohenstaufe

---

[1a]) Giacosa: Cast. Valdostani zählt S. 5 ff. 72 Burgen. — [2]) Krieg von Hochfelden: Gesch. d. Militär=Archit. i. Deutschl. S. 74 f, 228, 231.; Statthalterei=Archiv Innsbruck. — [3]) Steinbrecht: Marienburg (1915) S. 1—10; derselbe: Ordensbg. d. Hochmeisterz. i. Pr. — [4]) Abschn. „Deutsche Burgen". — [5]) Prokop: D. Markgrafsch. Mähren Bd. I, z. B. S. 94 Buchlau, S. 277, Bd. II, S. 524 ff.; Pernstein, Busau II, 358. Aussee II, 358 Frain. — [6]) v. Cohausen: Befestigungsw. d. Vorz. u. d. Mittelalt. S. 195 f.; D. Burzenld., hrsg. v. Jekelius IV, 1 S. 10 ff. — [7]) Haberkern=Wallach: Hilfswörterb. f. Hist. S. 192. — [8]) Eigene Akten d. Marksburg 1294 (Abschr. d. 16. od. 17. Jahrh.) u. s. Nass. Urk. Buch I, 3, S. 254 (4. Juli 1349); Nass. Urk.=Buch I, 2, S. 468, N. 796. — [9]) Abschn. „Spanische Burgen". — [10]) Abschn. „Burgen des Tieflandes". — [11]) Abschn. „Englische Burgen". — [12]) Abschn. „Schottische Burgen". — [13]) Abschn. „Irische Burgen"; s. für Küsten= u. Hafenburgen d. Abschn. „Burgen=arten". — [14]) Ebh.: B. It. Bd. III, S. 98.

Tafel I Burg Steinsberg

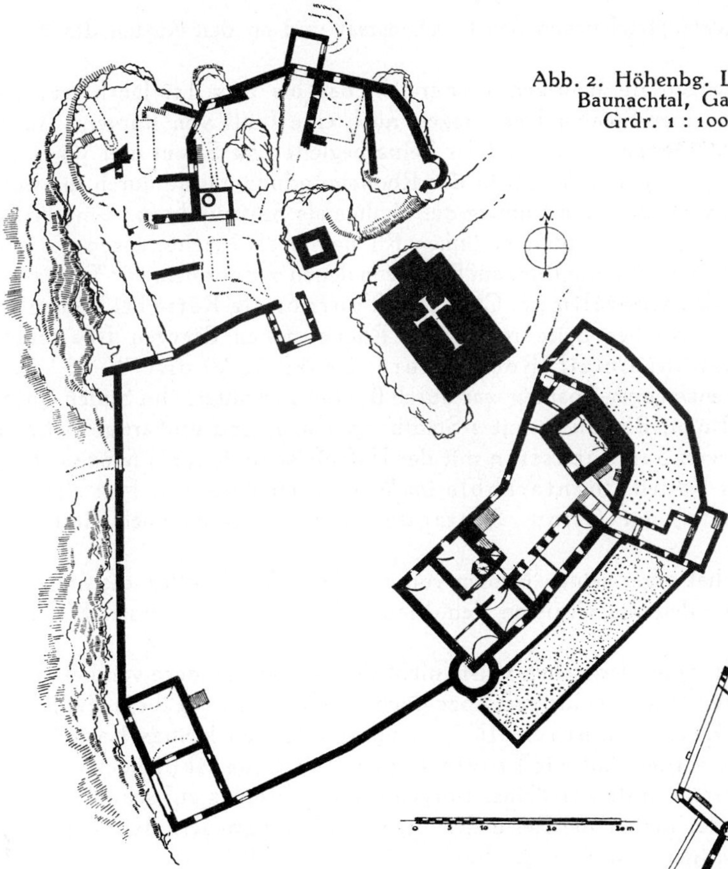

Abb. 2. Höhenbg. Lichtenstein, Baunachtal, Ganerbenbg., Grdr. 1 : 1000. B. E.

Abb. 3. Ehrenfelser Zoll a. Bingerloch, Lagesk. B. E.

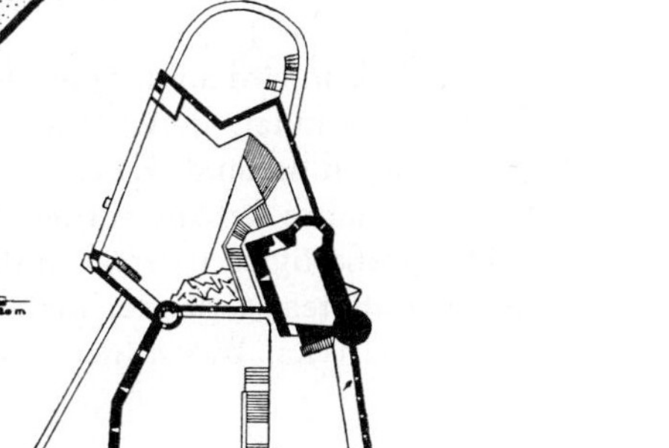

Abb. 4. Höhenbg. Gutenfels a. Rh., roman. quadrat. Kernbg., Grdr. Erdgesch. 1 : 1000. B. E.

Friedrich II. einen Burgengürtel gegen den Kirchenstaat und an den Küsten des Königreiches Sizilien an[15]).

Die wichtigsten Grenzen im heutigen Frankreich, das bis zum 15. Jahrh. ein vielgestaltiges Gebilde einzelner Staaten war, zeigen noch eine Fülle von Burgen. An der Rhone und in der Touraine, an der Loire oder Seine begleiten sie Strom und Weg. Der einzige Hafen des Königs von Frankreich in der Rhonemündung wurde durch die Burgstadt Aigues Mortes verteidigt, die Ludwig der Heilige als Stützpunkt für seine Kreuzzüge errichtete, und dann folgen auf dem linken Rhoneufer als Machtgrenzen des alten Römischen Reiches Deutscher Nation Burg auf Burg, von denen wir nur nennen: Tarascon, Mondragon, Grignan, Montélimar, Crussol, Tournon, la Bâtie bei Vienne und viele andere. Auf französischer Seite rechts der Rhone stehen dagegen Beaucaire, Villeneuve-les-Avignon, Leteil, Rochemaure, Cruas, la Voulte[16]).

Auch die Pyrenäengrenze gegen Spanien war durch Burgen geschützt. Im Süden Salce, weiter nördlich Pau, Foix, Bayonne mit 2 Stadtburgen u. a. sind großartige Beispiele. Am Golf von Biskaja lagen San Sebastian mit der Hafenfelsenfeste de la Mota auf dem Monte Urgull und das Kastell Fuenterabbia im Westen der Pyrenäen. Fast alle nordspanischen Hafenstädte — wie Gijon, Santander u. a. — zeigen noch Reste alter Hafenburgen.

Das Land Kastilien hat sogar seinen Namen von der Fülle der Castillos, die mit jedem neuen Fußbreit Boden, den die Christen den Mauren abrangen, zu dessen Sicherung erbaut wurden[17]).

Der Balkan wird an der jugoslawischen Küste nicht von Burgen, sondern von befestigten Städten geschützt, deren Widerstandskraft aber doch hauptsächlich in ihren Stadt- und Hafenburgen bestand, Zara[18]), Dubrovnik[19]) (Ragusa), oder von kleinen Kastellen, die bis ins 15. Jahrh. erbaut worden sind, wie Trogir, Ercegnovi, Sibenik (Sebenico) u. a.[20]).

Das großartigste Beispiel mittelalterlichen Burgenbaues, allerdings auf schon im Altertum befestigtem Gelände, bieten die Reste der Stadt und Burgmauern Korinths und Akrokorinths. Byzantiner, vom 6.—13., Franken vom 12. bis Mitte des 15. Jahrh., Vene-

Abb. 5. Stadtbg. Angers, Frkr., B. E. nach Stich v. Dheulland 1736.

[15]) Ebh.: B. It. Bd. V, S. 160ff.; Sthamer: Verw. d. Kast... unter... Friedr. II., S. 10ff. — [16]) Abschn. „Französische Burgen". — [17]) Abschn. „Spanische Burgen". — [18]) Feßler: Gesch. v. Ungarn 2. Bd., S. 104, 139. — [19]) Busch-Zantner: Burgw. 1936, S. 55ff. — [20]) Ausführlich i. Abschn. „Osteuropa".

zianer und Türken, bis in die Neuzeit, haben hier wunderbare Werke errichtet, die allein ein Bild der Geschichte des Wehrbaues im Mittelalter in zehn Jahrhunderten darbieten[21]).

Die Küsten der Adria und des östlichen Mittelmeers sowie der griechischen Inseln bis zum Hellespont zeigen Hafenburgen und Wachttürme wie Süditalien[22]).

Mächtige Werke sind hier zum Schutze ihres Handels von Venezianern errichtet oder weiter ausgebaut, wie Capo d'Istria, Castel nuovo, Cattaro, Corfu, Negroponte, Candia, Caneva und Napoli di Romania, deren Pläne vielfach noch in Venedig er= halten sind[23]). Diese Burgen wurden in erster Linie zum Besten des Handels mit der Levante erbaut, verloren daher auch mit Venedig nach der Entdeckung Amerikas viel von ihrer Bedeutung. Gewaltige byzantinisch=türkische Werke stehen ferner an den Meer= engen von Gallipoli bis zum Schwarzen Meer.

Zu den europäischen Burgen müssen vielleicht auch manche Kreuzfahrerburgen in Palästina gerechnet werden. Hier kreuzen sich jedenfalls morgenländisch=byzantinische[24]) und mitteleuropäische Einflüsse[25]). Die Aufgabe dieser Gewaltbauten in Damaskus, Aleppo, Alessandria, Jerusalem, Krak der Ritter u. a. war die Beherrschung eines frisch unterworfenen, von Feinden umdrohten Landes, ähnlich wie die der Ordensburgen des deutschen Nordostens[26]).

Die Burgen hatten, wie gesagt, neben der außenpolitischen Aufgabe des Schutzes der Grenzen und der Handelsstraßen auch die der Beherrschung und Verteidigung des Landes= innern. Der eindringende Feind fand jeden strategischen Punkt, jeden Bergpaß, jede ver= teidigungsfähige Höhe, auch an Nebenstraßen, mit Burgen besetzt. Das trifft auf die Tief= ebene Hollands, Belgiens, Westfalens und Frieslands bis nach Dänemark ebenso zu wie auf die Gebirgsgegenden[27]). Dort sperrten Wasserburgen, von vielen Gräben umgeben, Weg und Steg, namentlich in den Sumpfgegenden oder Seen Irlands, hier war Fels und steile Höhe bekrönt von Mauer und Turm.

So mußte jedes Heer Burgen brechen, von Schritt zu Schritt Belagerungsarbeiten unternehmen, um einen Landesteil erobern oder in Gewalt halten zu können[28]).

Ein Bild solchen Ringens um Burgen bietet die Tragödie der Kämpfe des großen Hohen= staufen Friedrich II. und seiner Erben Konrad, Manfred und Konradin mit dem Papst und den norditalienischen Städten[29]). Aber auch im Frieden wiederum mußten Friedrichs Burgen die Steuereinnahmen verwahren oder den Königsschatz sichern, wie die Eierburg in Neapel.

Friedrich schlug die Bedeutung vieler Burgen so hoch an, daß er ihre Verwaltung un= mittelbar der Krone unterstellte. In solche nahm er auch die fern an den Euganeischen Bergen auf einsamem Gipfel erbaute Burg Monselice sofort nach der Eroberung 1237. In seinem sizilischen Königreich bot er alles auf, um Burg auf Burg an die Krone zu bringen[30]).

Gleich nach seinem Regierungsantritt bzw. seiner Krönung 1220 brachte Friedrich Burgen in seinen Besitz, die Straßen und Pässe in seinem Königreich Sizilien beherrschten wie Rocca d'Evandro, die das Gariglianotal sicherte und Atina, das die Abruzzenstraße verschloß[31]).

Bei solcher Bedeutung der Burgen waren die Kaiser und Könige darauf bedacht, schon deren Bau von ihrer Erlaubnis abhängig zu machen.

---

21) Carpenter=Bon: The defenses of Acrocorinth. — 22) Abschn. „Die Burgen der Adria und der griechischen Inseln". — 23) Ebh.: B. It. Bd. VI, S. 15, 18, 19, 22, 40 und Staatsarchiv zu Venedig. — 24) Diehl: l'Afrique Byzantine (wichtig f. d. Gesch. d. Seitenbestreichung). — 25) Rey: Étude sur les monum. — 26) Kulke: D. mittelalterl. Burganl. d. mittl. Ostmark. — 27) Abschn. „Burgen des Tieflandes". — 28) Krieg v. Hochfelden: S. 228 ff. — 29) Ebh.: B. It Bd. I, S. 20. — 30) Ebh.: B. It. Bd. I, S. 20. — 31) Sthamer: Verw. d. Kast. ... unter ... Friedr. II., S. 5. (Dort auch er= schöpfende Nachweise über die Erhaltung und Geldversorgung u. Verwaltung der Kastelle unter Karl von Anjou.)

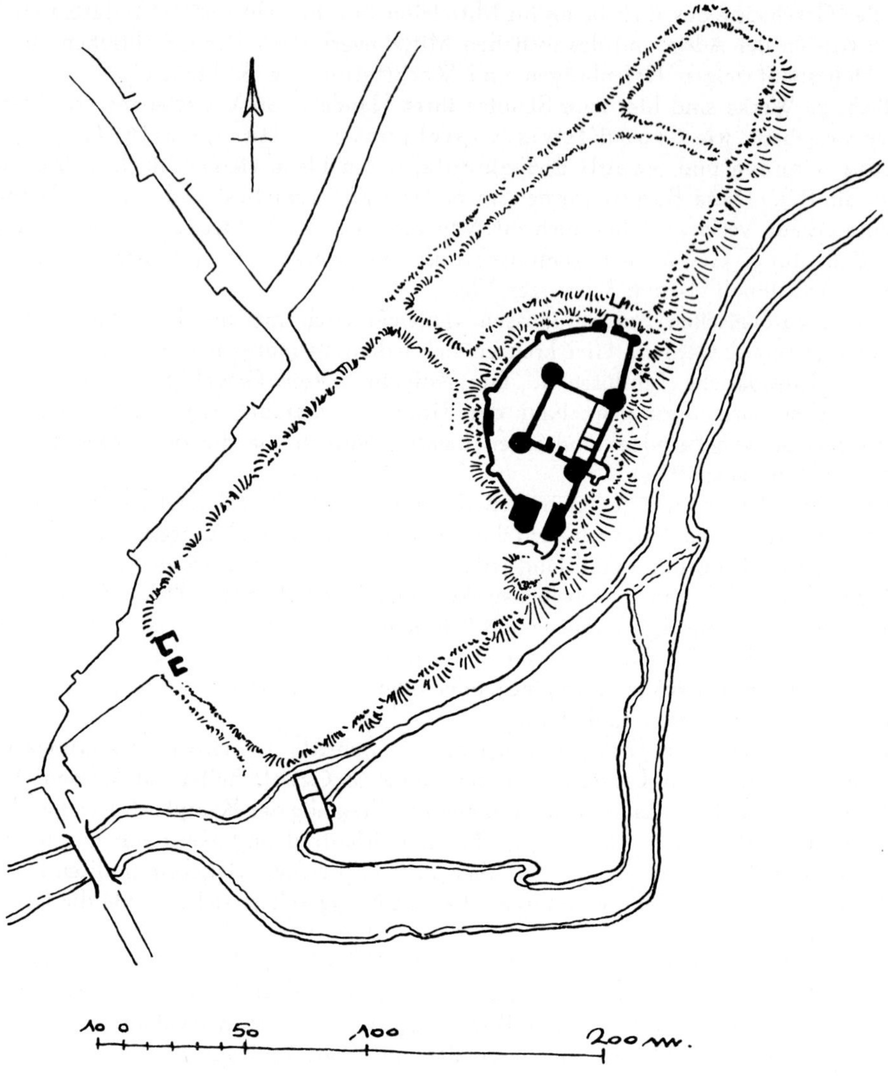

Abb. 6. Burg Kidwelly, Engld., früher quadrat. Kern, spät. Verstärk., Lgpl. 1 : 3000. B. E. nach Ralegh Radford 1935.

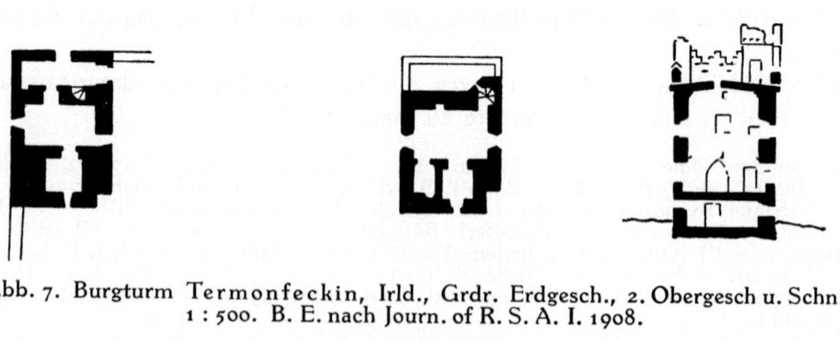

Abb. 7. Burgturm Termonfeckin, Irld., Grdr. Erdgesch., 2. Obergesch u. Schn. 1 : 500. B. E. nach Journ. of R. S. A. I. 1908.

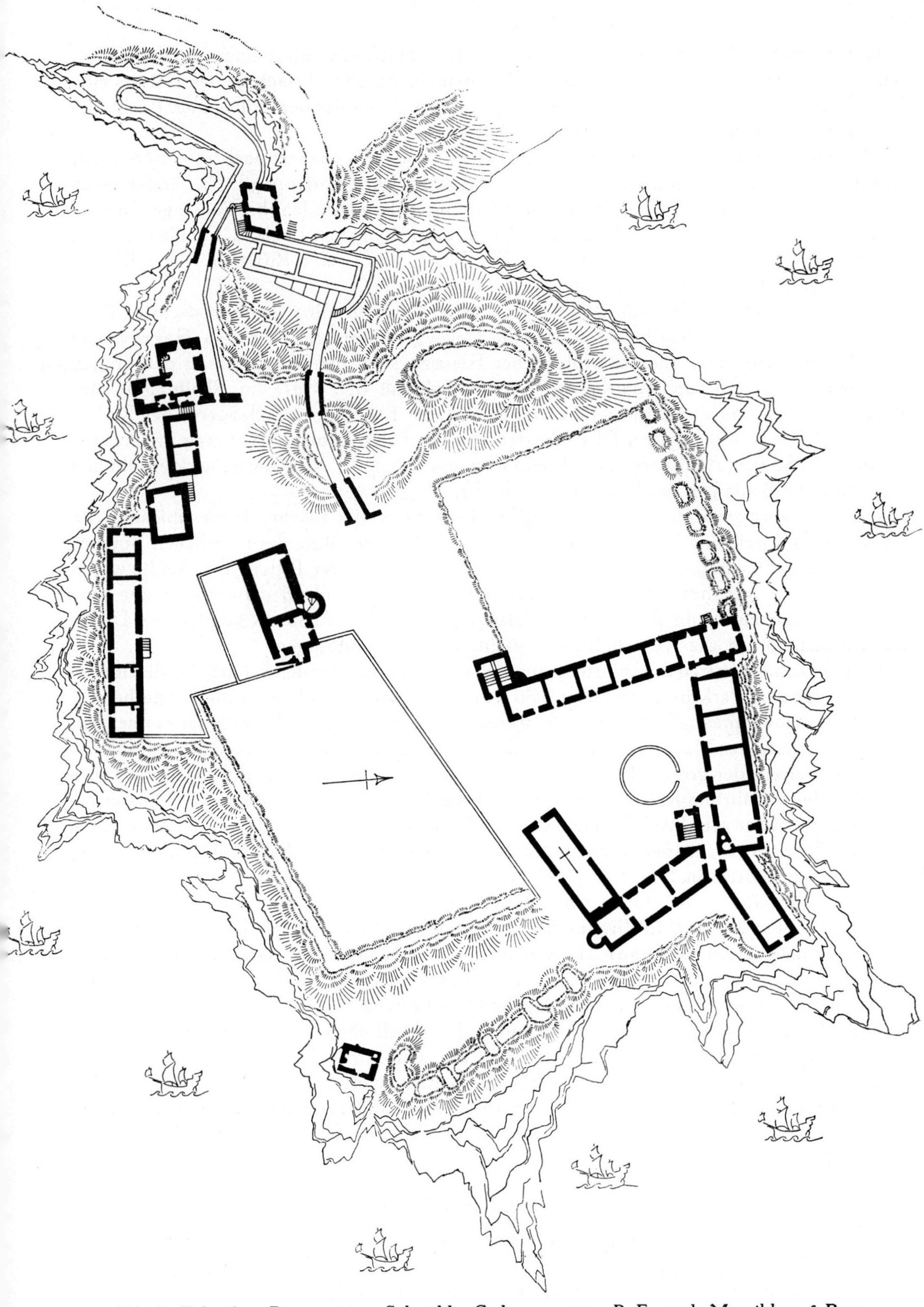

Abb. 8. Felsenbg. Dunnottar, Schottld., Grdr. 1 : 1000. B. E. nach Macgibbon & Ross.

Unter den Karolingern hören wir, daß Karl der Kahle nach 864 in einem Erlaß befiehlt, daß der Burgenbau nur ihm zustehe und daß niemand ohne Erlaubnis des Kaisers eine Burg bauen dürfe. Aber 877—879 mußte Ludwig der Stammler den Adligen das Recht zugestehen, auf eigenem Boden Burgen zu bauen[32]).

Ähnliche Bestimmungen kehren auch in anderen Ländern wieder; noch 1386 hören wir, daß der König von England die Erlaubnis zum Bau der Burg Bodiam gibt[33]). Andererseits mußte den Königen daran liegen, daß in bestimmten Landesteilen ihre Anhänger Burgen bauten, um diese Gebiete zu beherrschen. So gibt der König von England, um die englische Herrschaft dort zu sichern[34]), bestimmte Zuschüsse, wenn seine Ritter in Irland Burgen bestimmter Art und Stärke errichten.

Neben den strategisch wichtigen Punkten waren auch in allen Ländern wichtige Zollstätten und Pässe burglich befestigt, wie die vielen „Talschlüsse" (Chiusa, Serravalle) oder Klausen (so die berühmte Mühlbacher Klause), auch die Zollstätten an den großen Strömen, am Rhein, die Sperren am Cauber Zoll mit der Pfalz im Rhein und Burg Gutenfels, St. Goar mit Burg Rheinfels und die Ehrenfelser Zoll-Sperre bei Rüdesheim, die Martinsburg bei Oberlahnstein[35]), die Felsenhöhlenburg Lueg in Krain, an der Straße von Adelsberg nach Präwald u. a. m.[36]). An Meerengen wirkten ähnlich das dänische Schloß Kronborg am Sund[37]).

Die Zölle aber gehörten zu den wichtigsten Einnahmen der Reiche, da die Ablösung des Lehnwesens durch eine Besteuerung erst nach der höchsten Blüte des ritterlichen Burgenbaues erfolgte[38]). Bares Geld hatten weder der Bauer noch der Ritter. Die Städte waren wenig geneigt, mit ihrem Geld den Staaten oder in Deutschland dem Kaiser zur Verfügung zu stehen, wenn ihre eigenen Belange nicht auf dem Spiele standen. — Dieser Sachlage entsprach die wirtschaftliche Wichtigkeit der Zollburgen.

Dem Sinne nach waren die Zölle ursprünglich die Vergütung für den Schutz, den die Burgen aller Länder dem Verkehr boten. Aber bald wurde der Zoll, besonders für die Landesherren, eine Haupteinnahmequelle[39]). Deshalb waren sie bemüht, die Zollstätten zu vermehren.

Als Hauptsitz der Macht und der Verwaltung der Länder sind die ausgedehnten Hofburgen, die Pfalzen, der großen Landesherren zu erwähnen. In Deutschland zogen die Herrscher früherer Jahrhunderte, nicht nur die Karolinger, von einer Burg zur anderen[40]). Sie verfügten über prunkvolle Pfalzen, wie Ingelheim, Nymwegen, Aachen, Kaiserswerth, Eger usw., in den verschiedensten Landesteilen. Die Sachsenkaiser oder ihre Beauftragten bauten in Salzburg bei Neustadt an der fränkischen Saale, in Goslar, Lohra, Harzburg, die Hohenstaufen in Hagenau, Gelnhausen, die Welfen errichteten Dankwarderode in Braunschweig. Die englischen Könige bauten in größtem Maßstabe die Burgen Windsor, Tower of London und andere selten nur unbefestigte Saalbauten, wie die neuerdings ausgegrabene Pfalz Clarendon[41]). Der Tower of London ist wohl das bedeutendste burgliche Denkmal seiner Art[42]).

Die Normannen, französische Große und ihre englischen Vorgänger errichteten auf französischem Boden Riesenbauten in Loches, Chinon oder Coucy le Château, das den Louvre und die Bastille in Paris überbieten konnte, in Pierrefonds, Angers und Nantes nicht minder, und in Avignon schufen die Päpste eine Hofburg, für die sie alle irdischen Gewaltmittel aufboten, um diesen Sitz finsterer Geistesfesselung uneinnehmbar zu machen[43]).

---

[32]) Schuchhardt: S. 197. — [33]) Clark: Bd. I, S. 240. — [34]) Clark: Bd. I, S. 48ff. — [35]) Abschn. „Burgenarten"; Nass. Urk. Buch Bd. I, 3 Nr. 2545, 2546, 2560, 2563. — [36]) Piper: Burgenkde. S. 510; Smlg. Ebh. — [37]) Trap: Danmark. Bd. II, S. 40ff. — [38]) Küster: Reichsgut 1273—1313. — [39]) Sommerlad: Rheinz. i. Mittelalter. — [40]) Stephani: D. ält. deutsch. Wohnb. u. s. Einricht. Bd. II, S. 134ff.; für alle Pfalzen s. Abschn. „Deutsche Burgen". — [41]) Pevsner: Burgwart 1937. — [42]) Abschn. „Englische Burgen". — [43]) Abschn. „Französische Burgen".

Burg Thurnberg (Maus) am Rhein, von Süden

Burg Hohen=Geroldseck, Schwarzwald, der Pallas

Die spanischen Alcasare Toledos und Segovias oder die königliche Burg zu Alcala de Guadaira müssen zu solchen Burgen gezählt werden, wie auch die maurischen Königsburgen in Granada und Sevilla[44]).

Auch die Burgen Mailands, Pavias, Veronas, Castel Capuana und Castelnuovo in Neapel gehören hierher[45]). Alle vereinigten Pracht mit Festigkeit, weiträumige Prunk- und Lehnssäle mit reichen Wohnräumen, Wirtschaftshöfen und Verwaltungssitzen. Hier war der Sitz der Macht. Hier wurden die wichtigsten Staatsurkunden ausgestellt, Gesandte empfangen, Reichstage und Gerichte abgehalten und Feste gefeiert.

So hatten die Burgen Bedeutung für alle Äußerungen des kriegerischen, politischen und wirtschaftlichen Lebens der Völker; sie waren die festen Kernpunkte der politischen Kräfte, die Meisterwerke der Baukunst, die Heimat der bildenden Künste, der Dichtkunst, Musik und der vornehmen, ritterlichen Sitte[46]). Erst durch die planmäßigen Burgbauten sicherte Heinrich I. Deutschland gegen die Ungarn, Wilhelm der Eroberer die Herrschaft über England, vollbrachten christliche Ritter die Rückeroberung Kastiliens gegen die Mauren und vom 13. Jahrh. an die Eroberung Ostpreußens.

In Nord- und Osteuropa dürfte die Burgenbaukunst die ältere Lehrmeisterin der Städte gewesen sein. Kriegsgeschichtlich überwog die Bedeutung der Burgen die vieler Städte bis ins 13. Jahrh.[47]). Als Fürstensitze kommen letztere erst vom 16. Jahrh. ab zu ihrer überragenden Bedeutung, sie trugen zur Verteidigung des Landes gewollt oder ungewollt bei, waren aber mehr als die Einzelburgen Selbstzweck, Wohnsitz großer Massen und Handelsplätze, Märkte oder Umschlaghäfen. Von jeher wurden aber auch in ihnen, oder beherrschend über den Städten, Burgen und Türme als Sitze der örtlichen Machthaber errichtet, weltliche oder geistliche Fürsten bauten sich dort ihre Vesten, so die Erzbischöfe von Bremen[48]) oder die von Würzburg in der Feste Marienberg[49]) über der Stadt, oder die großen Geschlechter wehrhafte Stadttürme wie in Norditalien und in Regensburg in Deutschland.

Für den Verkehr bedeuteten die Städte Endpunkte, jedenfalls eine Haltestelle für längere oder kürzere Zeit. Wie wichtig aber trotzdem für die Städte die Burgen waren, ist daraus zu ersehen, daß z. B. die zwei Städte Solothurn und Straßburg den Grafen Wilhelm und Oswald v. Thierstein bedeutende Baugelder (3100 und 8000 Gulden rheinischer Währung) zum Aufbau der Hohkönigsburg im Elsaß als Darlehn gaben, sicher nicht ohne den eigenen Vorteil zu bedenken. Die Burg sollte ihren Handelszügen Schutz und Unterkommen bieten[50]). Dazu wurde ihnen erlaubt, die Vorburg zu betreten, wo ein großes Wirtshaus eigens für solche Gäste errichtet wurde.

Wer auf größeres Alter zurückblickt, die Stadt oder die Burg, muß in jedem Falle entschieden werden. Jedenfalls hat der Burgenbau nicht nur als kriegerischer Schutz, wie zu Zeiten Heinrichs I., sondern auch als Wegebereiter für den Städtebau gewirkt. Oft hat sich zu Füßen der Burg allmählich ein Ort gebildet, in dem Handwerker, Ackerbürger und Kriegsleute im Dienste der Burgherren seßhaft wurden, so ohne weiteres erkennbar in den kleinen, festen Städten am Mittelrhein und in den Siedlungsgebieten des deutschen Ostens[51]), oft hat auch ein Herrscher nach Unterwerfung einer Stadt die Burg recht ihr zum Trotz erbaut, z. B. Ludwig XI. in Dijon.

Je stärker das städtische Gemeinwesen wurde, je mehr lehnte es sich gegen die Burgherren auf. Lebensstarke Städte wie Bremen zerstörten wohl die Burgen in ihren Mauern, hier die des Erzbischofs, und errangen ihre volle Freiheit, wenn auch dem Namen nach der außer-

[44]) Abschn. „Spanische Burgen". — [45]) Abschn. „Italienische Burgen". — [46]) Schultz: D. höf. Leb. z. Zt. d. Minnes. Bd. I, S. 7ff. — [47]) Krieg v. Hochfelden: Gesch. d. Militärarchit. S. 220f. — [48]) Stephani: Bd. II, S. 467. — [49]) Glück: Feste Marienberg ob Würzbg. S. 15f. — [50]) Wolff: Els. Burgenlex. S. 150; Ebh.: D. Hohkönigsburg i. Els. — [51]) Heiligenthal: Deutscher Städtebau S. 20.

halb der Stadt hausende Erzbischof von Bremen noch lange als Herr in den Urkunden erwähnt wird[52]).

Nürnberg eroberte 1427 gewaltsam die berühmte Reichsburg, während die Hohen=zollern — aus der Burggrafenburg verdrängt — sich auf ihre Stammburg Kadolzburg zurückziehen mußten.

Der „Tower in London" war eine Zwingburg, in Verona gab es 3 Stadtburgen[52a]), Mailand, Pavia zeigen großartigste Wehrbauten, die nicht der Stadt, sondern dem Landesherrn dienten, nicht weniger fast alle berühmten spanischen Städte.

Das ganze Mittelalter ist von Kämpfen der Städte gegen die Burgen erfüllt.

Um die Gestaltung der Burgen, ihre Erbauung und Bedeutung zu verstehen, ist zu=nächst der Baustoff, der eng mit der geographischen Lage der Burg verknüpft ist, wichtig.

Immer wurde das bodenständige Gestein verwandt, im Schwarzwald und in den Vogesen Buntsandstein und Granit, am Ober= und Mittelrhein Grauwacke als Bruchstein, in Ost=preußen, im nordeuropäischen Tiefland und in der Ebene Norditaliens vorwiegend ge=brannter Ziegel, in den Alpenländern Granit, an den Hängen des Apennins Kalkstein, in Montorio rötlicher Marmor, in Trient der schön getönte Marmor dieser Gegend[53]), in Verona der berühmte Giallo Veronese. In Spanien baute man mit Tapia Lehmbeton, wie im Süden noch heute, oder mit dem Haustein der Gebirge des Nordens.

In Frankreich benutzte man den herrlichen Savonnieres Kalkstein, z. B. in Coucy, der bruchfrisch leicht zu formen ist und später sehr hart wird.

Überall gebrauchte man den an Ort und Stelle vorhandenen Baustoff. Selten wurde, wie bei Burg Kaiserswerth, durch die Wasserstraße verleitet, von weither Basalt und teilweise Drachenfelser Trachyt herangeschafft.

Dauer und Umfang der Burgen sind natürlich von Fall zu Fall grundverschieden.

Einige alte Quellen erlauben uns, über die Art der Erbauung Anhaltspunkte zu gewinnen. Zunächst galt es, Arbeitskräfte anzuwerben. Dazu gab es, genau wie es einen Heerbann gab, auch einen Burgbann oder Burgwerk, d. h. „Teilnahme an den Arbeiten zur Errich=tung und Unterhaltung sowie Bewachung der Festungsanlagen, wozu jeder Anwohner ver=pflichtet war". Seit dem 10. Jahrh. heißt dieses Burgwerk Burgbann „praefectura urbis". Im späten Mittelalter wurde diese Mithilfe meist in eine Abgabe umgewandelt[54]).

Bei Anlage der Grenzburgen des Oberpfälzer Waldes verfuhr Otto der Große ähnlich. Die Bewohner der Markgrafschaft mußten eine Art Leistungssteuer aufbringen, in dem sie zum Besten des Allgemeinwohles beim Burgenbau helfen und für Instandhaltung der Burgen sorgen mußten[55]).

Daß die Allgemeinheit zur Verteidigung, Erhaltung und Verpflegung verpflichtet war, ergibt sich z. B. auch aus den Akten der Marksburg[56]). Zur Verteidigung dieser Brubach genannten Feste waren zahlreiche Burgmannen des Adels der näheren und weiteren Umgebung verpflichtet, die dafür Burglehen erhielten. Als solche Lehensträger werden 1283 genannt: Hermann von Marterode und Heinrich von Aldendorf[57]) von Burg und Stadt Braubach, 1294 Ludwig von Sterrenberg und Sifrid Schenk von der halben Burg Liebenstein und einem Viertel des Ortes[58]). Das Castor=Kloster zu Koblenz, das in Braubach vor 1279 Grundbesitz hatte, hat bis 1279 im Kriegsfalle Bogenschützen stellen

[52]) Duntze: Gesch. d. fr. Stadt Bremen, Bd. I, S. 481 ff. — [52a]) B. E.: Wehrbauten Veronas. — [53]) Ebh.: B. I. Bd. II, S. 82. — [54]) Haberkern=Wallach: Hilfswörterb. f. Hist. S. 66. — [55]) Rieger: Grenzb. i. Nordgau S. 17. — [56]) Wiesbadener u. Marksburger Archive. — [57]) Nass. Urk.=Buch Bd. I, 2, Nr. 1017. — [58]) Ebenda Nr. 1184.

Aledo von Osten gesehen
28.II.30

Tafel II Burg Aledo, Italien

Abb. 9. Höhenbg. Alcala de Guadaira, Spanien. B. E.

müssen[59]). Bis in die Neuzeit lag der Stadt Braubach ob, aus ihren Waldungen alles auf der Burg nötige Eichenbauholz zu liefern.

Aus den Akten der Burg Marientraut bei Speyer geht hervor, daß der Bischof und die einzelnen Speyerer Stiftsherren Geld für den Burgbau gaben, die umliegenden Dörfer mußten Frondienste leisten, die Stadt Landau Steine liefern usw.[60]).

Wir sehen also, daß der Burgenbau, wenn er auch von einzelnen Mächtigen ausging, im Dienst der Gesamtheit stand, denn in Kriegszeiten sollten auch die Umwohnenden in der Burg Schutz suchen.

Über die Baumeister selbst ist wenig bekannt[61]. Ihr Name wird fast nie ausdrücklich genannt, oft wird der Baumeister mit dem Auftraggeber, dem Bauherrn, verwechselt. Eine früheste Nachricht haben wir aus Spanien, 674 wird der „duque" oder „gobernados" (= Führer oder Meister, magister operis?) namens Sala genannt, der die Alcantarabrücke in Toledo geschickt und klug wiederherstellte[62]). Das Kastell in Gibraltar[63]) soll nach einer arabischen Inschrift um 725 erbaut worden sein. Leider ist in dieser Inschrift der Name des Baumeisters ausgelöscht. Die Langobarden nennen 739 als Magister Commacinus Rodpertu[64]), der mit den Langobardenkönigen Luitprand und Eliprant einen Bauvertrag abgeschlossen haben soll. Langobardische Bauakten sind nicht selten.

In Deutschland wird Odo von Metz 781—791 als Erbauer des Aachener Münsters genannt[65]).

Plath zählt eine Reihe Baumeister für die merowingische und karolingische Zeit auf: Geimmo, Audulf, Rumoald, Daudulf, Magulf, Gerlaicus und Wido[66]).

---

[59]) Ebenda Nr. 956. — [60]) Hildenbrand: Schl. Marientraut ... S. 6f. — [61]) Schultz: D. höf. Leben z. Zt. d. Minnes. Bd. I, S. 11f. — [62]) Llaguno y Amirola Bd. I, Bl. XXIf. — [63]) Carter: Reise v. Gibr. n. Malaga I, S. 14f. — [64]) Haupt: D. Bauk. d. Germ. S. 161. — [65]) Hasak: Hdb. d. Arch. II. Teil, IV. Bd., 3. Heft, S. 81. — [66]) Plath: Merow. u. Karol. Bautätigk. (Deutsche Rundschau H. 5).

802 wird der Westgote Fioda oder Tioda als Baumeister erwähnt, der die Auszeichnung erfährt, bei einer Schenkung an die Kirche S. Salvador zu Oviedo als Zeuge aufzutreten[67]).

Im 10. Jahrh. wird der „arquitecto" Fatho ben Ibrahim als Wiederhersteller des Palastes bzw. der Burg de Maqueda genannt[68]).

Um das Jahr 1000 baute ein Architekt Gever oder Hever die Giralda de Sevilla[69]).

Vom Jahre 1010 wird berichtet, daß die Gemahlin des Grafen von Bayeux den berühmten Baumeister Landfred, der die Schlösser Ivry und Pithiviers erbaut hatte, enthaupten ließ, damit Landfred die Bauanlage nicht an die Feinde verraten könne[70]).

Der erste namentlich genannte Burgenarchitekt in England ist Bischof Gundulf, der den Tower und auch Rochester erbaut haben soll[71]). Fraglich ist, ob hier nicht wieder der Baumeister mit dem Bauherrn verwechselt worden ist.

1099 wurde von den Einwohnern von Modena ein „Zeichner", der den Dom erneuern soll, „ . . . tanti operis designator . . ." gesucht, gefunden wurde der „aedificator" Lanfranchus[72]).

Werden also Burgenbaumeister in dieser frühen Zeit selten genannt, so hören wir ab 1200, wo der Burgenbau seinen Höhepunkt erreicht, öfters von solchen, Henry de Elreton ist Architekt der Burgen Caernarvon und Beaumaris[73]), Meister Veit Hedbavny soll Burg Reichenstein in Mähren[74]) errichtet haben. 1357 stellte Erzbischof Gerlach von Mainz Henne Weckerlin als Baumeister und technischen Aufseher über alle Burgen des Erzstiftes an[74a]).

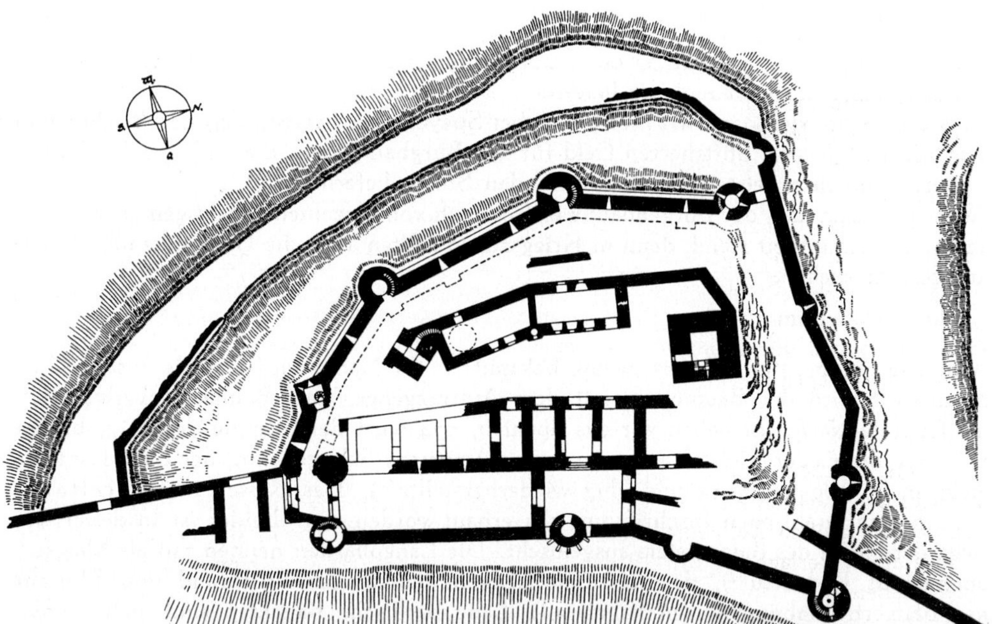

Abb. 10. Höhenbg. Prozelten a. Main, aus roman. Zeit, Grdr. 1 : 1000. B. E.

[67]) Llaguno y Amirola Bd. I, S. 5. — [68]) Robles: Cast. en España S. 47ff. — [69]) Llaguno y Amirola Bd. I, S. XVIII. — [70]) Schultz: Bd. I, S. 12. — [71]) Howe: Castles and abbeys . . . S. 36. — [72]) Muratori: Rer. ital. Script. Bd. IV, S. 90. — [73]) Abschn. „Englische Burgen". — [74]) Prokop: D. Grafschaft Mähren II, S. 363. — [74a]) Burgwart 1900 Nr. 11 S. 87.

Ein Bild von der wirtschaftlichen Lage der Burgherren geben die Burgfrieden[75]) insofern, als sie die Verfassung der Burg klären, Privilegien nachweisen, die die Selbständigkeit der Burg stärkten und ihre Einnahmen vermehrten.

Erbauseinandersetzungen der Ganerben, später die ausführlichen Abrechnungen und Bestandsaufnahmen vervollständigen dieses Bild[76]).

Da die Burg notwendig nur ein Ausgabenposten sein konnte, mußte mit ihr eine wirtschaftliche Unterlage verbunden sein. Meist gehörten Güter, Waldungen, Gärten, Renten, Zehnten usw. zur Burg, z. B. in Prozelten[77]). So brachte im Jahre 1483 dort die Nutzung der Wiesen jährlich 88 Gulden, die Schafweide zu Neubronn $6^1/_2$ Gulden 3 Albus, der Weinschank in Stadt Prozelten 25 Gulden, der Mainzoll 18 Gulden, die Eierlieferung der Mühle zu Faulenbach (1500 Stück) 2 Gulden usw. Daneben hatte die Burg in der Hauptsache Naturaleinnahmen.

1356 wird z. B. von der Pfandschaftsablösung der Madenburg[78]) berichtet, daß die Burg nebst „Furburg" und sämtlichen Gefällen und Nutzungen an den neuen Besitzer übergehen soll. Zum Besitze einer Burg gehören auch hier bestimmte Einnahmequellen.

Versuchen wir nun, uns ein Bild über die Besitzverhältnisse der Burg selbst zu machen. Die Burgen waren meist Lehen, herrschte doch seit dem 9. Jahrh. im fränkischen Reich ein „ . . . aus der Verbindung der römischen precaria mit der gallischen Vassalität und der germanischen Gefolgschaft entstandenes Leiheverhältnis . . .", das den Burgbewohner fast zum Besitzer machte[79]).

Die Burg mit zugehörigem Besitz konnte aber auch dem Benutzer verpfändet worden sein, wie es im 13. und 14. Jahrh. oft der Fall war. Der Pfandgläubiger mußte dann die Burg baulich instand halten. Wir finden, daß bei größeren Bauarbeiten die Wiedereinlösungssumme, um die Bausumme erhöht, dem Pfandschilling zugeschlagen wurde. So erlaubte Ludwig der Bayer 1338 dem Pfalzgraf Rudolf bei Rhein die Festen, die er vom Reich innehat — u. a. den berühmten Trifels —, „zu bauen und zu bessern, dergestalt das, was er kundlich darauf verwendet, der Pfandsumme zuwachsen soll"[80]).

Eine besondere Stellung nehmen die Reichsburgen ein. Verwaltungsmäßig unterstanden sie dem Landvogt, dem ihr Ausbau und ihre Instandhaltung oblag, gegen Entschädigung[81]). Ihre Besatzung wird oft vom Landvogt auf kaiserlichen Befehl angeworben. Er führt darüber im Frieden die Aufsicht und hat im Kriege die Führung.

So gibt z. B. das Nürnberger Salbüchlin[82]) den jährlichen Pfandnutzen, den das Reich aus der Burg Wolfstein im Speiergau zog — die für 4000 Florene an Heinrich von Sponheim verpfändet war —, mit 100 Mark an.

Flossenbürg und Parkstein nebst ihren Pertinenzen in der Oberpfalz brachten ebenfalls ziemlich bedeutende Abgaben[83]).

Einnahmen brachten auch — wie bei Prozelten erwähnt — die Zölle, hervorzuheben sind z. B. die großen Zolleinnahmen der Burg Kaub[84]) am Rhein, die bei Verpfändung der Burg als Widerlage für Mitgift der Fürstinnen und auch sonst eine bedeutende Rolle gespielt haben.

Die oft großen Einkünfte der Burginhaber dienten nun den Burgherren, die vielen Bedientesten und das Gefolge zu verpflegen und zu unterhalten. So wird berichtet, daß die

[75]) Kunstd. i. Großh. Hessen, Pr. Oberh., Krs. Friedberg S. 66f. — [76]) Kyllingeri: Ganerbis Castrorum . . . S. 193ff.; Ganerben von „Fridberg u. Gelnhausen". — [77]) Ebh.: D. B. S. 123. — [78]) Hagen: Urkdl. Gesch. d. Burg u. Herrsch. Madenburg S. 89. — [79]) Haberkern-Wallach: Hilfsw. f. Hist. S. 339. — [80]) Böhmer: Regesten Ludwig d. Bayern S. 121, Nr. 1936; Ebh.: Burg Trifels S. 14f. — [81]) Küster: Das Reichsgut i. d. J. 1273—1313 S. 82 (1338, Aug. 16). — [82]) Ebenda S. 30/31 (Böhmer: Act. sel. 450), Reg. Heinr. 456, (1312 Febr. 16). — [83]) Ebenda: S. 21, 113. — [84]) Vgl. Ebh.: D. B. Bd. II, S. 228f.

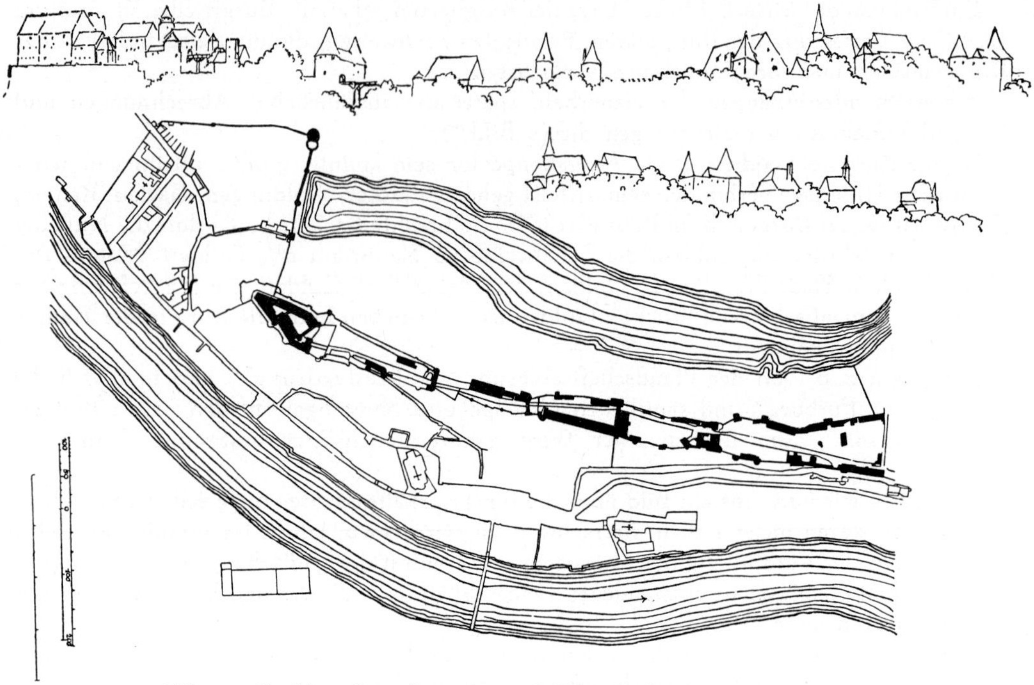

Abb. 11. Stadtbg. Burghausen a. d. Salzach, Lgpl. 1 : 10000. B. E.

Herren von Büdingen den Burgmannen (castrenses) oder ritterlichen Vasallen für ihre Burghutdienste Unterhalt und Sold oder Güter und Ämter zu Lehen gaben[85]).

Eine Darstellung des täglichen Lebens auf den Burgen würde in diesem Rahmen zu weit führen[86]). Man darf aber behaupten, daß die Lebenshaltung wohl geregelt war, wie viele Rechnungsbücher beweisen, die über Kleidung, Besoldung und Verpflegung, aber auch über die Pflichten der Burgmannen und Bedientesten berichten.

Auch waren die Inneneinrichtungen wohnlich und nicht so düster, wie sie oft geschildert werden[87]).

Berechtigt war die Vorzugsstellung der Burgherren, da sie jederzeit für ihre Lehnsherren zur Landesverteidigung bereit sein mußten. Dann war auch das Ansehen, das sich aus ihrer politischen Stellung ergab, bedeutend. Sie waren Berater und Rechtsträger, Richter im Frieden, Führer im Krieg; sie waren aber vor allem durch sorgfältige Wahl der Ehegenossen, Erziehung und Bildung Erhalter der Rasse und ihrer Bodenständigkeit[88]).

Seit der Mitte des 15. Jahrh. verliert der Adel aus den verschiedensten Gründen viel an Bedeutung, nicht die letzte Schuld trägt das artfremde Erbrecht, das von der Stadt aufs Land überging, dann die Vorherrschaft der Geldwirtschaft, die Entstehung der Söldnerheere, der steigende Einfluß der Städte durch ihre großen Handelsgewinne usw.

---

85) Kunstd. i. Großh. Hessen, Pr. Oberh., Krs. Büdingen S. 51. — 86) Näheres bei Schultz Bd. I, S. 129f. — 87) In der Hohkönigsburg u. a. Burgen; s. das reiche Inventar der Ordensburg Schlochau in dem Bericht von 1564; Steinbrecht: Ordensbg. d. Hochm.-Zeit i. Pr. S. 29ff.; Petri: Burgw. 1912 S. 152f. — 88) B. E. Führer durch d. Marksburg S. 42.

Aus allem Angeführten gewinnen wir eine Vorstellung des burglichen Lebens, das weder dem ideal romantisch gefärbten ritterlichen Abenteuer= und Minnedienst, noch dem zum Raubrittertum verfälschten Bilde, das noch immer dem Volke vorschwebt, gleicht.

Die politische, kriegerische und wirtschaftliche Bedeutung der Burgen hat bis gegen Ende des 13. Jahrh. ihren Höhepunkt erreicht. Vom Beginn des 16. Jahrh. geht der Burgenbau in den Festungsbau und Schloßbau über.

Aber kein neugewollter Zweckbau dieser späteren Zeiten ist bis heute so vollendet sach=lich, wie es die eiserne Notwendigkeit des Krieges, der Politik, der Verkehrstechnik und der Wirtschaft von der mittelalterlichen, europäischen Burg erforderte, ohne daß diese dabei an vollendeter Schönheit und Würde verloren hätte.

Abb. 12. Höhenbg. Phlixburg, Elsaß, rechteck. Mantelm. m. Schießscharten. B. E.

Burgenarten

Höhenburgen

Immer erforderte die Rücksicht auf die Lage auch besondere Bauformen. Nach Lage der Baustellen ergibt sich daher eine Unterscheidung der verschiedenen Burgenarten. Die bekannteste Burgenart ist die der Höhenburgen. Auf dem steilen Gipfel eines Berges oder auf dem scharfen Grat zwischen zwei Tälern, auf Felsenspitzen und am Steilrande größerer Hochebenen sind Baustellen ausgesucht, die durch schroffe Abhänge entweder an allen oder doch an mehreren Seiten von Natur die Annäherung eines Feindes erschwerten. Dabei liegt es nahe, ist aber nicht immer möglich, daß die Burgen die höchsten Punkte der Berge einnehmen. Wir finden bei den meisten mittelrheinischen Burgen[1]), daß ein Bauplatz zwischen zwei Tälern, auf scharf abfallendem Felsgrat, in geringer Höhe gewählt wurde, der gegen den höher ansteigenden Felsen durch hoch aufstrebende Bauten geschützt werden mußte.

Denn es kam bei der mittelalterlichen Verteidigung nicht allein darauf an, die Menschen von den Mauern und Toren fernzuhalten, ihnen war verhältnismäßig leicht durch Gräben und Mauern der Zugang zu erschweren[2]).

Wichtiger beinahe war es, von den gewaltigen Mauern die Belagerungsmaschinen so weit fernzuhalten, daß bei der verhältnismäßig geringen Tragweite der Schleudermaschinen sowohl wie der ersten Geschütze deren Anwendung unmöglich oder doch sehr erschwert war.

[1]) Katz und Maus, Gutenfels b. Kaub, Fürstenberg bei Bacharach. — [2]) Köhler: Entw. d. Kriegsw. u. d. Kriegsführ.

Gipfelburgen boten dazu die beste Gelegenheit. Wir finden daher auch, daß gerade von ihnen viele bis in die Neuzeit unzerstört blieben[3]).

Im Hegau boten die schroffen Basaltkegel Gelegenheit, ringsum freiliegende Burgen, wie Hohenstoffeln, Hohenkrähen und Hohentwiel, zu errichten[4]). Die Stärke des Hohentwieler Bauplatzes forderte geradezu den dauernden Ausbau bis zur Festung heraus, die erst am Ende des 18. Jahrh. durch die Franzosen zerstört wurde. Auch Hohenneuffen gehört vielleicht hierher[5]).

In der Regel weisen Gipfelburgen, die von Wall und Graben umschlossen sind, ein hohes Alter auf. Sie sind z. T. in vorgeschichtliche Wallburgen eingebaut.

Letzteres ist sichtlich der Fall bei der 1105 erwähnten, mehrfach, so 1447 verstärkten Frankenburg im Elsaß[6]), die auf einem vorgeschobenen, 703 m hohen Gipfel zwischen dem Weiler= und Lebertal liegend, in den Resten eines dreifachen Quader=Ringwalles errichtet wurde, ursprünglich ohne jede Seitenbestreichung mit rundem, frei in der Nord=ecke stehendem Bergfried.

Ebenda ist als Ruine die Phlixburg[7]) (Abb. 12) erhalten. Der Grundriß der auf 445 m hohem Gipfel erbauten Burg deutet auf frühe Erbauungszeit durch den tiefen Ring=graben, der die starke Mantelmauer ohne Zwingeranlagen davor unmittelbar umzieht. Der runde, 9,40—10 m starke Bergfried — über 20 m hoch erhalten — steht wie in Burg Steins=berg frei in der, eine verschieden hohe Fläche von rund 80×45 m umfassenden starken Mantelmauer, an die sich innen vielgeteilte Wohn= und Wirtschaftsbauten lehnten. West=lich des Bergfriedes ist eine Zisterne erhalten.

Auch der Eingang nördlich in der Mitte der rund 2 m starken Mantelmauer zeigt sehr frühe Formen — einfach abgerundete Ecken der Mauern. Vermutlich lag das eigentliche Tor wie bei der Unterburg des Kyffhäuser[8]) weiter rückwärts, damit ein stürmender Feind in dem Vorraum von drei Seiten beschossen werden konnte. Auch die geringen Abmessungen der Hausteine — Granit oder Quarz und Vogesensandstein — deuten auf hohes Alter.

Als sehr altes Beispiel diene Steinsberg[9]). Schon 1109 kommen gleichnamige Burg=mannen vor. Die Burg, bei Siersheim gelegen, zeigt einen achteckigen, vierstöckigen, romanischen Bergfried als starken Mittelpunkt der ganzen Anlage. Der Turm[10]) steht frei in der wehrgangbekrönten Mantelmauer, die in durchschnittlicher Stärke von 1,80 und 9,00 m Höhe den eckig eiförmigen Burgkern schützend umgibt. (Abb. 15)

An sie lehnen sich innen unregelmäßig geformte Wohnbauten. Den Zugang vermittelt ein Torturm mit spitzbogigem Tor. Kennzeichnend ist der Verzicht auf jede Seiten=bestreichung bei diesen älteren Mauern.

Um den inneren Mantel ziehen sich doppelte, nördlich dreifache Zwinger, zum Teil aus gotischer Zeit[11]).

Der Pallas im Kernbau enthält Küche, Wohnräume, Kapelle und einen Saal, dessen Fenster sich in der Mantelmauer nach außen öffnen, endlich Stallgebäude und Schmiede.

---

[3]) Koburg, Leuchtenburg b. Kahla, Hohenzollern, Marksburg, Wartburg, Breuberg, Hohentwiel, Riegersburg, Hochosterwitz. — [4]) Schuster: D. Burg. u. Schlösser Bad. S. 63ff.; Kunstd. d. Großherzgt. Baden, I. Bd. Krs. Konstanz S. 5—7; Kunstd. i. Königr. Württemberg, Schwarzwaldkr. S. 434ff.; Gagg: Hohentwiel i. Krieg u. Fried. — [5]) Kunstd. i. Königr. Württembg., Schwarzwaldkr. S. 204ff.; Reinöhl: Führer durchs Neuff. Thal; Dieterich: Hohenneuffen; Werner: Burgw. 1938, S. 10ff. — [6]) Wolff: Elsäß. Burg.=Lex. S. 67ff.; Essenwein: Hdb. d. Archit. 2. Teil, Bd. 4, 1. H., S. 65ff.; Smlg. Ebh. — [7]) Wolff: a. a. O. S. 271ff.; Ebh.: Burg. d. Elsaß S. 4, Abb. S. 8; Piper: Burgenkde. S. 687; Smlg. Ebh. — [8]) D. Kyffhäusergeb. u. Nationaldenkm., Reichsveste Kyffhus. u. Rothenb.; Smlg. Ebh.; Piper: a. a. O. S. 657; Bau= und Kunstd. Thüring. Fürstent. Schwarzb.=Rudolst. Heft V, S. 55ff. — [9]) Krieg v. Hochfelden: Gesch. d. Milit. Archit. S. 88ff.; Essenwein: a. a. O. S. 63ff.; Stocker: Steinsberg; Smlg. Ebh.; Schuster: Burg. u. Schlösser Bad. S. 346. — [10]) Wie bei anderen frühen Burgen, z. B. Breuberg. — [11]) Schuster: a. a. O. Burgruine und Grundr. S. 348.

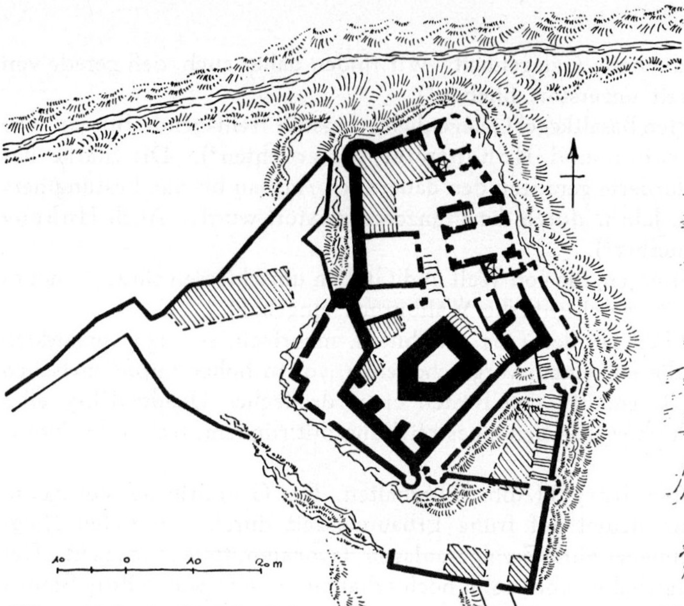

Abb. 13. Höhenbg. Hohlenfels, Nassau, Lgpl. 1 : 1000. B. E. nach B. u. K. d. Lahngeb. u. eig. A.

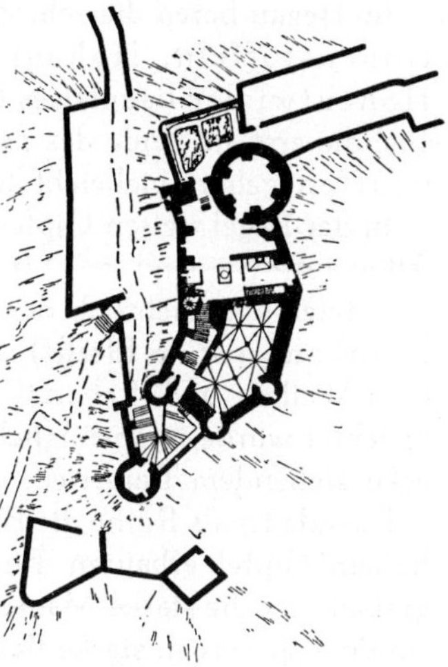

Abb. 14. Höhenbg. Katz (Neu-Katzenelnbogen) a. Rh., wiedergest., Grdr. etwa 1 : 1500. B. E. nach Dilich.

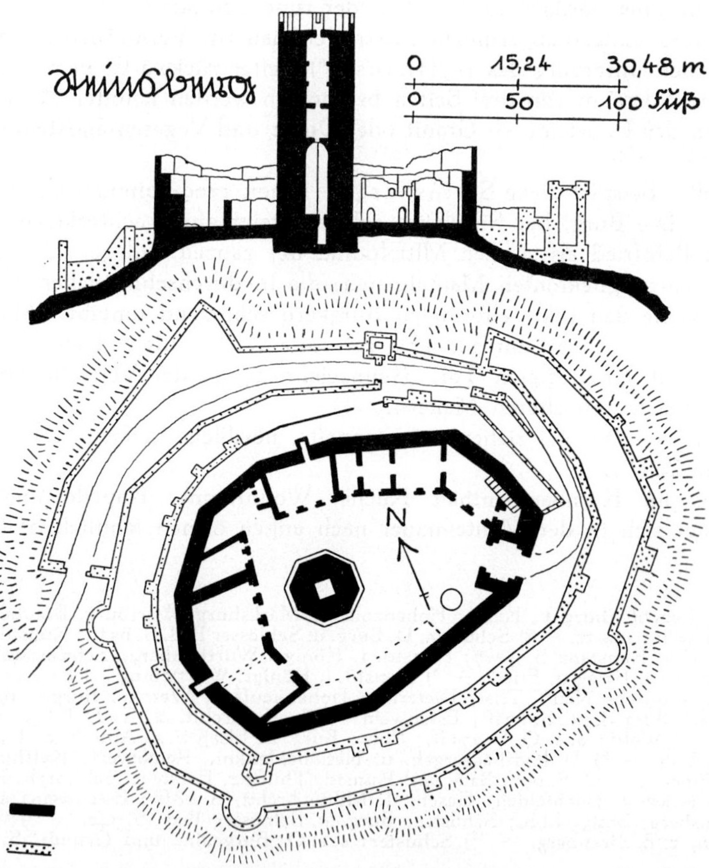

Abb. 15. Burg Steinsberg, Baden, Kernbg. 12. Jh., Zwinger 13. u. 15. Jh., Grdr. u. Schn. etwa 1 : 1000. B. E. nach Hartmann u. Schwarz.

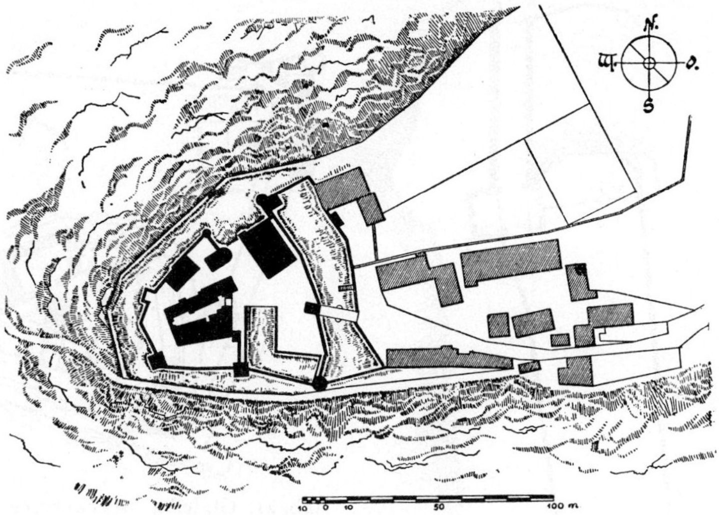

Abb. 16. Ganerbenbg. Stetten a. Kocher, auf Felsnase alte Bg. m. Schildm., i. NO. Barockbau. Lgpl. 1 : 3000. B. E.

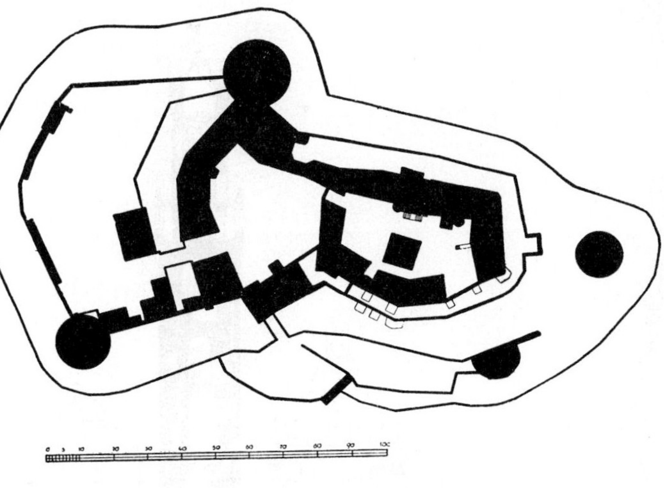

Abb. 17. Gipfelbg. Breuberg, Odenw., frühe Kernbg. m. Zubauten bis z. 17. Jh. Lgpl. 1 : 2000. B. E. nach B. u. K. u. eig. A.

Abb. 18 Höhenbg. Odenburg, Elsaß, v. N. 1 : 1000. B. E.

Abb. 19. Höhenbg. Odenburg, Elsaß, Querschn. N=S. u. Ans. S. 1 : 1000. B. E.

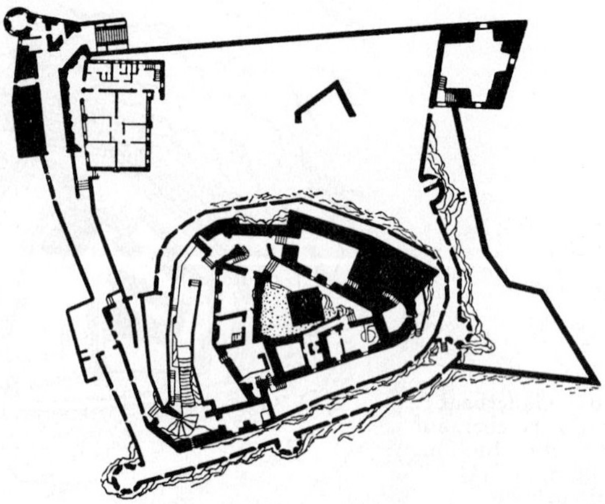

Abb. 21. Gipfelbg. Marksburg ob Braubach a. Rh.
Lgpl. 1 : 1250. B. E.

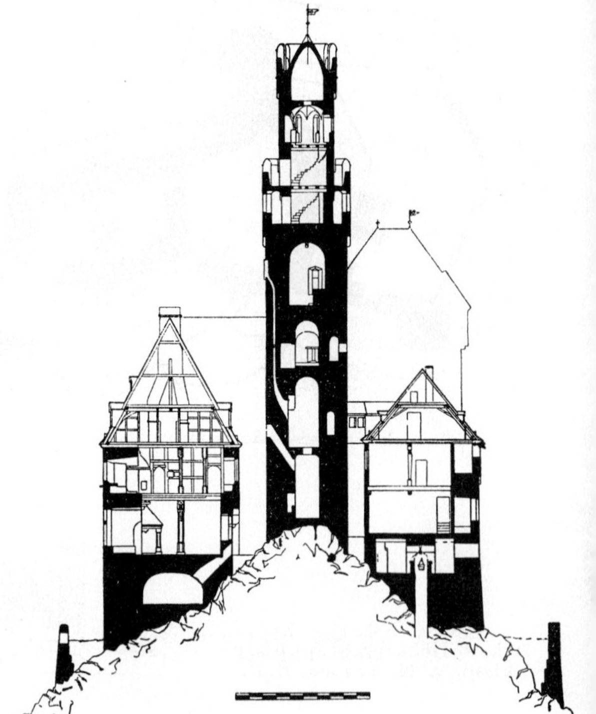

Abb. 22. Gipfelbg. Marksburg ob Braubach a. Rh.
Schn. durch Pallas, Bergfr. u. Rheinbau. Zustand 1935. B. E.

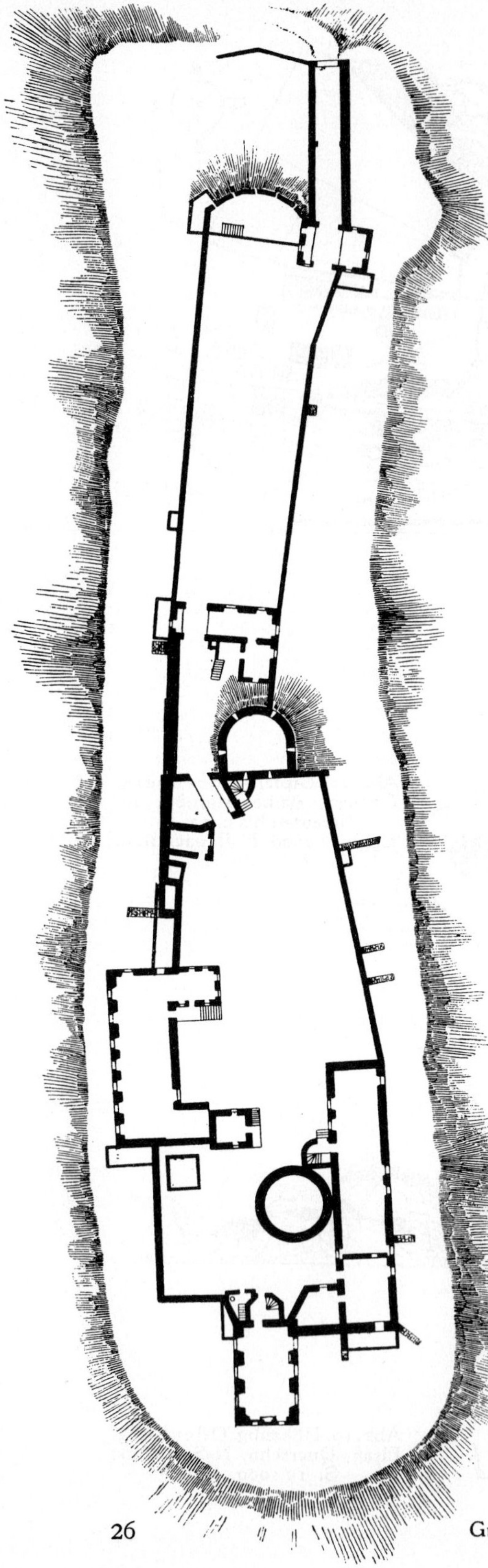

Abb. 20. Ausläuferbg. Altena a. d. Lenne,
Grdr. vor d. Neubau etwa 1 : 1000. B. E. nach altem Pl.

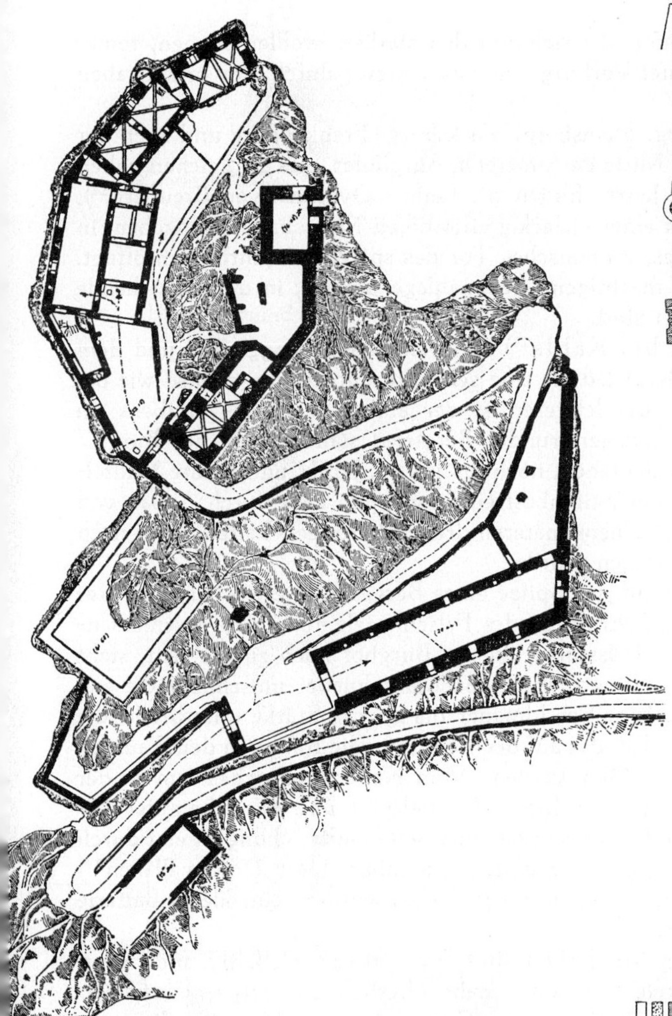

Abb. 23. Felsenbg. Mussomeli, Sizilien, Grdr. 1 : 1000. B. E.

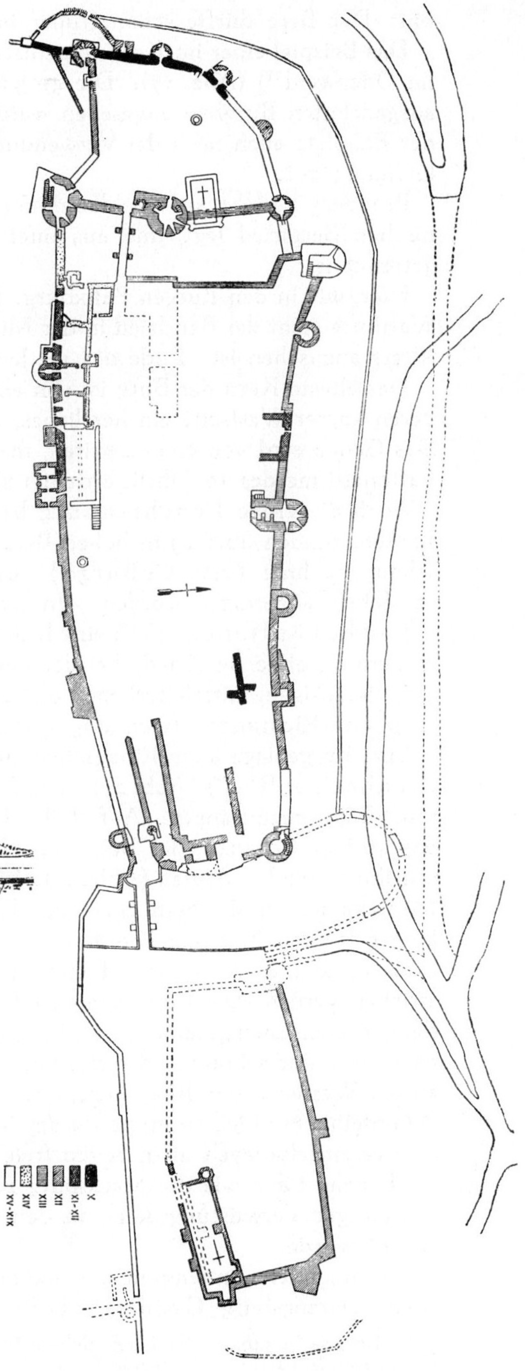

Abb. 24. Ausläuferbg. Chinon, Frkr., 3 gegeneinander bef. Abschn., Lgpl. 1 : 2000. B. E. nach Pepin u. eig. A.

Die Bauten des Kernes weisen auf das 12., die der Zwinger auf das 13. und 15. Jahrh. hin. Der Berg dürfte schon früher befestigt gewesen sein[12]) (Tafel I).

Das Beispiel einer im Kern romanischen Anlage ist die Burg Breuberg (1200 Bruberg) im Odenwald[13]) (Abb. 17). Die großartige Gipfelburg darf als kennzeichnend für einen ausgedehnten Burgbau angesehen werden, der sich bis ins 17. Jahrh. fortentwickelte, da der Bauplatz auch nach der Verwendung von Pulvergeschützen Möglichkeiten einer Verteidigung bot.

Breuberg besteht aus der Kernburg, die sich um den starken, wohlerhaltenen, romanischen Bergfried legt, und aus einer Vorburg, die von ersterer durch Tor und Graben getrennt ist.

Hier, wie in den Burgen Phlixburg, Steinsberg, Marksburg, Frankenburg und auch der Wartburg steht der Bergfried in der Mitte des innersten Burghofes, was als Zeichen hohen Alters anzusehen ist. Ende des 12. Jahrh. finden wir bereits Dynasten von Breuberg[14]).

Der älteste Kern der Burg ist von einer vieleckig eiförmigen Mantelmauer umgeben, in deren kurzer Westseite ein herrliches, romanisches Tor des späten 12. Jahrh. sich öffnet. Das Ganze wird von einer zweiten, mächtigen Grabenanlage umfaßt, in der freistehende Batterietürme des 16. Jahrh. errichtet sind.

Auch die große Leuchtenburg bei Kahla[15]) in ihrem tiefen Ringgraben und dem starken, runden über 25 m hohen Bergfried ist eine sehr alte Gipfelburg, ebenso wie die schon erwähnte Feste Coburg[16]). Bei letzterer ist der äußere Wall des Grabens im 19. Jahrh. abgetragen worden. Ihr riesiger, runder Bergfried stand frei in der Burg.

Im Elsaß ist Hohenack[17]) eine bedeutende, noch bis ins 17. Jahrh. umgebaute Mantelmauerburg ohne Bergfried, bei der der Seitenbestreichung schon früh durch Anbau von drei viereckigen, mittelalterlichen und einem späteren dreiviertelrunden Batterieturm nach allen vier Richtungen Rechnung getragen wurde.

Eine Burganlage ohne Ringgraben auf der Spitze eines Berges ist die Marksburg bei Braubach a. Rh.[18]) (Abb. 21). Die Schroffheit des Felsenkegels nötigte zu geschlossenstem Zusammendrängen. Auf steiler Felsspitze, die im Burghof noch zutage tritt, steht das höchste Bauwerk, der Bergfried. Eine dicke, hohe Mantelmauer umschließt die eng um ihn liegenden Bauten (Abb. 22). Eine Schildmauer bis zu 5 m Stärke unterbricht die Mantelmauer auf der Seite gegen das Tal, das auf der Landseite die Burg von den Taunusbergen trennt. Nur hier konnte angegriffen werden. Vom Kaiser-Heinrich-Turm an der Südecke konnte die einzige Fahrstraße zur Burg, der Felsgrat und das Rheinufer bestrichen werden. Das Bestreben nach Ermöglichung einer Seitenbestreichung ist erst durch die gotischen Zwingeranlagen und 4 großen Bastionen erkennbar. Nach Dilichs Plänen[19]) nach 1607 war schon vor den Bastionen, die 1643—47 gebaut wurden, eine kleine Batterie an der Westecke der Burg errichtet.

Gipfelburgen bleiben immer in der Minderheit, ihre Form ist aber vielfältig, auch wenn eine vereinzelte, nach allen Seiten freie Lage ohne nahe überhöhende Berge benutzt ist.

Ähnliche Lage wie die Marksburg zeigt die Burg Cochem a. d. Mosel[20]), die nach 200jähriger Verwüstungsdauer in den 70er Jahren des vorigen Jahrhunderts wiederaufgebaut wurde.

Als besonders umfangreich, baukünstlerisch wertvoll und reich muß dann die schlesische Herzogsburg Gröditzberg[21]) (Abb. 27) gewürdigt werden, die auf einem im

[12]) Ebenda S. 346. — [13]) Gieß: Schloß Breuberg; Kunstd. i. Großherzogt. Hessen, Pr. Starkenburg, Kr. Erbach S. 16ff. — [14]) Ebenda S. 17, 18; Piper: a. a. O. S. 600; Smlg. Ebh.; Naeher: D. deutsche Burg. — [15]) Smlg. Ebh.; Wehnemann-Muth: Thür. Bg. S. 35. — [16]) Ebenda S. 33; Ebh.: D. B. Bd. I, S. 130ff.; Bau- u. Kunstd. Thür. Bd. IV, S. 508ff.; Doering: D. Wiederherst. d. Veste Coburg. — [17]) Wolff: a. a. O. S. 132f.; Smlg. Ebh. — [18]) Ebh.: Marksburg; Ebh.: D. B. Bd. I, S. 16ff. — [19]) Rhein. Burg. nach Handzeichn. v. Dilich. S. 45ff. — [20]) Smlg. Ebh.; v. Eltester: Chronik d. Burg Cochem. — [21]) Siehe Abschn. „Deutsche Burgen".

flachen Lande einzeln emporragenden Basaltklotz im 15. Jahrh. noch völlig gotisch ausgebaut wurde. Hier liegt allerdings eine weite Vorburg neben der Kernburg mit ihrem mächtigen Bergfried und edlem (Basalt und Sandstein) Pallasbau auf der flachen Spitze.

Ovale, früher höhere Zwingermauern — durch 6 Halbrundtürme verstärkt — schließen die Burg Spangenberg[22]) in Hessen=Cassel ein und trennen ihre Mauern von dem 15 m breiten, tiefen Graben, der den Berggipfel rings umzieht. Der mächtige, im Kern sehr frühe Erdwall außerhalb des Grabens wurde später festungsartig umgebaut.

Der Umfang der Burgenanlagen ist sehr verschieden. Neben der auf spitzem Fels=kegel eng zusammengebauten Marksburg ist die großartige, später zur Festung aus=gebaute Taunusburg Königstein als Gipfelburg zu nennen[23]).

Ein spätes Beispiel bietet der Ausbau der viel älteren Burg auf dem 160 m hohen Berg=kegel Hochosterwitz[24]) dar. Der Grundriß zeigt um einen innen meist einstöckigen Wohnbau eine berühmte Vervielfältigung der Zwingertürme, Tore, Gräben und Zugbrücken davor, die allerdings erst nach 1570 durch Georg Khevenhüller errichtet wurden.

Ebenso zeigen natürlich die anderen europäischen Länder allseitig freiliegende Gipfel=burgen sehr verschiedener Art.

Dover[25]) z.B. ist ringförmig um den klotzigen „keep" befestigt, der mehr oder weniger den Mittelpunkt bildet.

In England sind sonst schroffe Bergkegel selten, man kann vielleicht die Burgen Harlegh und Corfe hier anführen, beide aber, dem Gelände entsprechend, einseitig verlagert.

Als spanisches Beispiel sei die später als Schatzkammer Pedros des Grausamen dienende Burg Almodovar am Guadalquivir, unweit Cordoba, angeführt[26]). Auch hier war Ver=teidigungsmittel eine sehr hohe und starke Mantelmauer, die den Gipfel vielgeknickt und durch Türme unterbrochen umzieht. Nach spanischer Sitte stand aber der 40 m hohe Hauptturm („Torre de Homenaje") nicht innerhalb dieses Granitmantels, sondern außen davor an der sichersten Stelle, nur über eine Brücke vom Wehrgang der Mantelmauer zugänglich. Im Innern sind massige Reste ehemaliger Wohnbauten erhalten. Zwinger, mächtige Zwingertürme und Außentore fehlen nicht[27]).

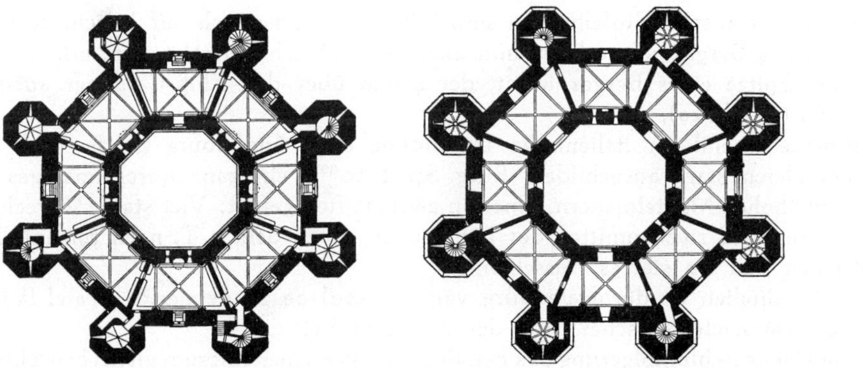

Abb. 25. Gipfelbg. Castel Santa Maria del Monte, Ital., Bauherr Friedr. II., Erdgesch. u. Obergesch., Grdr. 1 : 2000. B. E.

[22]) Ebenda; Siebald: Spangenberg. — [23]) Schulte v. Brühl: Taunusburg I; Nassauer: Burg. u. befest. Gutshöfe um Frankft. a. M. S. 15ff.; Smlg. Ebh. — [24]) Siehe „Deutsche Burgen". — [25]) Siehe Abschn. „Englische Burgen". — [26]) Pedal: Span. d. Cid Bd. I, S. 218. — [27]) Näheres in Abschn. „Spanische Burgen"; Davilier: Viaggio in Ispagna S. 300.

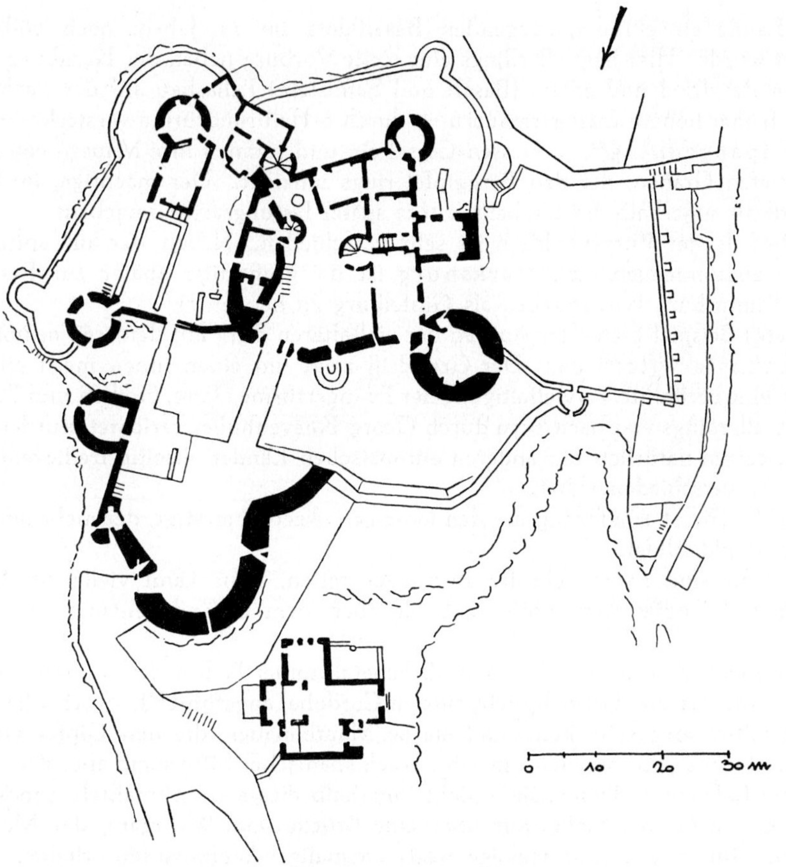

Abb. 26. Gipfelbg. Bonaguil, Frkr., Grdr. 1 : 1000. B. E. nach Lauzun 1897.

Andere spanische Gipfelburgen sind Morella[28]), das sich auf hohem Kegel aus der Mitte eines Bergkessels erhebt und auch unterirdisch befestigt war, und Cardona[29]), das die Spitze eines Berges krönt, der 450 m über den Fluß Cardoner aufsteigt, und Penafiel (Abb. 29).

Kennzeichnend für italienische Umbildung einer Gipfelburg ist die nach allen vier Seiten gleich stark ausgebildete Burg Spoleto[30]), ein ganz unregelmäßiges Rechteck mit sehr hohen Mantelmauern, innen in zwei Hälften geteilt. Vier starke Viereckstürme an den Ecken und zwei inmitten der Längsseiten geben dem z. T. noch romanischen, z. T. gotischen Bau ein starres Aussehen.

In Norditalien ist die ovale Burg von Monselice zu nennen[31]) (Tafel IV). In ihrer Mitte steht nach deutscher Sitte der Bergfried frei.

Die klarste Schlußfolgerung aus den Bedingungen einer ringsum gleich bedrohten Gipfelburg hat dann der große Hohenstaufe Friedrich II. beim Bau seines Castels Santa Maria del Monte gezogen, dessen völlig gleichmäßig achteckiger Grundriß (Abb. 25) mit seinen acht Türmen an den acht Ecken wohl einzig in der Burgenbaukunst Europas dasteht.

---

[28]) Smlg. Ebh. — [29]) Smlg. Ebh.; Lampérez y Romea: Arquitectura civ. Esp. Bd. I, S. 228, 324; Ebh.: Span. Burgenfahrt 1930, S. 40ff., Abb. 7, 8. — [30]) Ebh.: B. It. Bd. III, S. 89. — [31]) Ebh.: B. It. Bd. VI, S. 35.

Mit diesem Märchenbau aus roter Marmor=Brescie werden wir uns bei den italienischen Burgen noch beschäftigen[32]).

In Frankreich ist Bonaguil[33]) (Abb. 26) zu nennen, ferner Montségur[34]) und andere; doch ist hier die mehr oder weniger bewußt von einem Mittelpunkt aus regelmäßig ent=wickelte Gipfelburg selten.

Das wilde Bergland des Balkans bot dagegen mehrfach Gelegenheit zur Erbauung von Gipfelburgen, genannt seien Skutari[35]) und die Burg Alessio[36]) in Albanien. Skutari war nur von der Ostseite aus angreifbar, und dieser Zugang war stark verteidigt. Ähnlich liegt Alessio auf einem 200 m hohen Hügel, ebenfalls nur im Osten zugänglich.

Beide Burgen sind im Grundriß von länglich ovaler starker Ringmauer umschlossen, die durch Mauertürme verstärkt ist. Innen ist Skutari durch mehrere Quermauern in Vor=burgen und die Kernburg geteilt.

Auf Hügeln und Bergen, die nicht allzusehr mit dem Bergmassiv in Zusammenhang stehen, baute man mit Vorliebe im ehemaligen Königreich Kroatien=Slawonien. Als Bei=spiele mögen die Burgen Orahovica und Veliki Tabor dienen[36a]).

Auf einem Ausläufer gestaltet sich die Anordnung der Verteidigungsbauten anders. Waren auf den Spitzen höherer Berggipfel die Burgen von allen Seiten fast gleich starken Angriffen ausgesetzt, so waren hier nur einzelne Seiten durch Abschüssigkeit des Geländes unzugänglich. Angriffe mußten sich gegen die Stelle richten, wo der Ausläufer mit dem übrigen Gelände zusammenhing. Deshalb finden wir bei Höhenburgen auf Ausläufern an der Angriffsseite besonders starke und hohe Schildmauern. Mit Vorliebe wurde eine

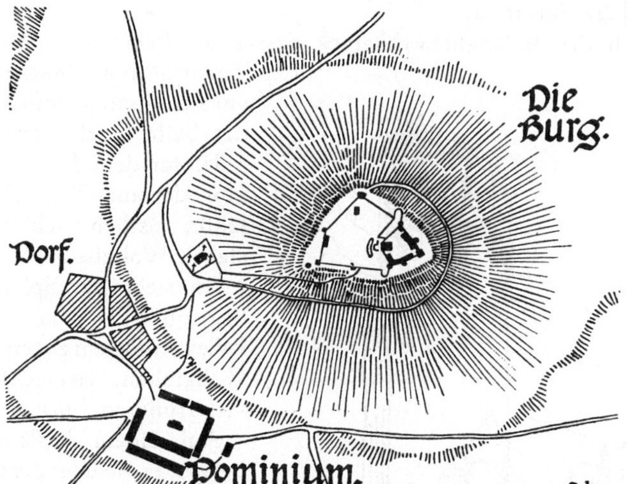

Abb. 27. Gipfelbg. Gröditzberg, Schlesien, 15. Jh. got. ausgeb., Lgpl. 1 : 15000. B. E.

[32]) Ebenda: Bd. V, S. 160ff. — [33]) V.=le=Duc: Dict. rais. Bd. III, S. 167ff. — [34]) Rahn: Kreuzz. gegen d. Gral S. 80. — [35]) Busch=Zantner: Südosteuropäische Burgen. Burgw. 1936; Ippen: Denkm. verschied. Altersstufen i. Albanien S. 47ff. — [36]) Ebenda S. 52ff. — [36a]) Nach einer Mitteilung von Prof. Szabo, Agram. Vgl. Szabo: Burgw. 1938, S. 69 ff.

möglichst schmale Berg= oder Landzunge, Bergnase oder ein Zipfel in Seen oder im Meer oder im Zusammenfluß zweier Wasser gewählt. In letzterem Falle ergibt sich meist eine klare Dreiecksform der Burgen, deren kürzeste Dreiecksmauer die Angriffsseite schützt.

Doch finden wir neben nur von einer Seite angreifbaren Bauplätzen auch Burgen auf Ausschnitten aus größeren Hochebenen, die nur an zwei Seiten durch steile Hänge ge=schützt sind.

Solchen Bauplatz nimmt die uralte, romanische Salzburg bei Neustadt an der Fränkischen Saale ein[37]) (Tafel XXV). An Stelle hoher Schildmauern und kurzer Quergräben, die die Angriffsseite verteidigen, erscheint hier eine lange Mauer, die, wie der Halsgraben, 45 m lang, sich in flachem Bogen um zwei Seiten eines Fünfecks herumzieht, dessen übrige Seiten durch steile Abhänge geschützt sind. Vier romanische Türme verstärken diese lange Verteidigungsmauer und ermöglichen sehr früh eine Seitenbestreichung; vor ihnen zieht sich ein Zwinger[38]) (Tafel 82, 83).

Das Innere des weiten Beringes teilen spätere Abschnittmauern; die äußerste Spitze verteidigte ein kleiner Bergfried hinter einer inneren Schildmauer gegen die übrige Burg.

Rein romanisch gestaltet ist Burg Wildenberg im Odenwald[39]). Sie liegt, von Hoch=wald umhüllt, über dem Mudautal, südlich von Amorbach, als eines der schönsten Baudenkmale deutscher, romanischer Kunst, erst gewürdigt seit meiner ersten bauver=ständigen Veröffentlichung[40]).

An der schmalen Angriffsseite steht hinter doppelten Halsgräben, die eine Vorburg vom übrigen Bergstock abtrennen, eine 8 m hohe und 28 m lange Sandstein=Buckel=quaderschildmauer mit schmalem Zwinger davor. Hinter ihr, über Eck gestellt, ragt der gewaltige, viereckige Bergfried.

Die Kernburg bildet ein längliches Viereck, dessen eine Ecke an der Angriffsseite um die Torturmbreite eingezogen ist, so daß da=vor sich ansammelnde Angreifer auch von der Seite beschossen werden konnten.

Abb. 28. Burg Ehrenfels a. Rh.,
Schildm. m. 2 Türmen um 1208. B. E.

Hinter dem Torturm liegt ein weiter Hof, der auch Wirtschaftsgebäude um=faßte; östlich neben dem Bergfried stehen Wohnbaureste.

An sicherster Spitze der Bergzunge liegt quer der edle, romanisch=gotische Pallas. Ringsum zogen sich Zwinger und Wallgraben, vielleicht der Rest einer viel früheren Burg.

Auf einem Ausläufer des Klusen=berges, 110 m über der Lenne, erhebt sich Burg Altena[41]) (Abb. 20), nach 1100 von den Grafen von Arnsberg erbaut.

[37]) v. Salzburg: Kaiserburg Salzburg; Schnell: Salzburgführer. — [38]) Ebh.: D. B. Bd. I, S. 82 ff. (eingehende Darstellung). — [39]) Bronner: Odenwaldbg. 3. Teil, S. 12 ff.; Droop: Burg Wildenberg; Hessler: 296 Burg. u. Schlöss. i. Unterfrank. . . . S. 135 f.; Hotz: B. Wildenberg S. 246 ff.; Kunis: Wildenberg, d. Gralsbg. i. Odenw. S. 30. — [40]) Ebh.: D. B. Bd. I, S. 26 ff. — [41]) Bau= u. Kunstd. v. Westf., Kr. Altena; zur Nieden: Ist Altena eine Stammburg d. Hohenz.?; Smlg. Ebh.; Dehio: Niedersachsen u. Westf. I, S. 335.

Castillo de la Mota bei Medina del Campo, Spanien

Burg Bourscheid, Ardennen, Luxemburg

Einen mittelalterlichen Kern zeigt die spätromanische Burg Stetten auf einer Bergnase, auf dem hohen Ufer des Kocher[42]) (Abb. 16). Beispielhaft ist ihre starke Schildmauer, die in 17 m Höhe noch einen überdeckten Wehrgang trägt und die hinter ihr auf der Bergnase errichteten Wohnbauten hoch überragt. An der Angriffsseite liegt auch hier, zwischen zwei den Bergrücken durchschneidenden Gräben, eine Vorburg.

Im rheinischen Schiefergebirge hat man oft einen scharfen Berggrat benutzt, so daß ringsum kein Fußbreit Weges blieb. Die Schildmauern sind hier vielfach als turmverstärktes Mauerstück in Form eines hohen Mantels ausgebildet.

Ein gutes Beispiel bildet für letzteres die frühromanische Schönburg bei Oberwesel[43]) (Tafel 57). Ein Halsgraben trennt die sehr alte Burg von der südlichen Hochfläche. Die mehrfach geknickte, hohe Mantelmauer gibt der Schönburg ihr wuchtiges Aussehen. Sie ist nachträglich um die verschiedenen älteren Bergfriede gezogen, die sehr unregelmäßig auf dem großen zerklüfteten Berge verteilt stehen.

Eine ebenso eigenartige Schildmauer besitzt die Burg Ehrenfels bei Bingen[44]) (Abb. 28) mit einer Verstärkung durch zwei Türme an der nördlichen Seite.

Hohlenfels[45]) (Abb. 13), eine Ausläuferburg auf zerklüftetem Kalkfelsen über dem Aartal, gibt ein Beispiel einer durch zwei Verteidigungstürmchen abgeschlossenen Schildmauer. Dicht hinter der Schildmauer steigt der zur Angriffsseite spitz vorstoßende Bergfried auf. Die Angriffsseite ist außerdem im Südwesten durch starken Mantelbau, durch Zwinger und Halsgraben geschützt.

Bei Burg Katz[46]) (Abb. 14) steigt gegenüber der Schildmauer, die noch durch den eingebauten Bergfried verstärkt ist, der Felsgrat so steil an, daß die Mauer sehr hoch sein mußte, ebenso bei Ehrenfels. Solche Lage hatte den Vorzug, daß es schwer war, Belagerungsmaschinen oder Artillerie so aufzustellen, daß ein erfolgreicher Schuß möglich war. Der Feind mußte es z. B. bei Belagerung der Burg Gutenfels noch 1504 erleben, daß die meisten Schüsse über Burg und Stadt Caub in den Rhein gingen[47]).

Auf steilem Grat gelegen, an zwei Seiten durch steile Felshänge, an der dritten Seite durch die Schärfe des Grates geschützt, von oben durch den stark ansteigenden Fels schwer zu nehmen, liegt Burg Gutenfels[48]) (Abb. 4). An der Angriffsseite war die viereckig-romanische Burg durch Halsgraben, Bergfried und früher wehrganggekrönte Mantelmauer geschützt.

Die großartigste Burganlage Deutschlands auf einem 1000 m langen schmalen Ausläufer ist Burghausen an der Salzach in Oberbayern[49]) (Abb. 11), zwischen Salzach und dem künstlich aufgestauten Wöhrsee gelegen[50]).

Quergräben bilden fünf Verteidigungsabschnitte, ein sechster Abschnitt ist da, wo die Mauer des an der Salzach liegenden Städtchens anstößt, ein quer über den Grat gestelltes „Zeughaus". Der ganze lange Bering ist von Mauern umschlossen und wird von 40 Türmen verteidigt[51]).

Auffallend ist das Fehlen eines vielleicht vor dem Umbau von 1480—88 vorhandenen Bergfriedes. Östlich zwischen Burg und Salzach lehnt sich das langgestreckte Städtchen Burghausen an. Von der Kernburg aus westlich sperrt eine hochinteressante Talsperre das lange Wöhrtal, zugleich als Verteidigungsmauer mit überwölbtem Gange zu einem

[42]) Ebh.: D. B. Bd. I, S. 57ff. — [43]) Doering: D. deutsche Burg S. 9, Abb. 15; Bau- u. Kunstd. d. Rheinpr., Reg.-Bez. Cobl. S. 632ff.; Oberwesel, eine mittelalterl. Rheinst. S. 82ff.; Ebh.: Bemerk. über D. B. S. 16. — [44]) v. Cohausen: a. a. O. S. 142; Ebh.: Bemerk. über D. B. S. 15. — [45]) Ebenda S. 15f., 18; Bau- u. Kunstd. Reg.-Bez. Wiesb. Bd. III, Lahngeb. S. 260ff. — [46]) Bau- u. Kunstd. d. Reg.-Bez. Wiesbaden Bd. V, S. 34ff.; Ebh.: Bemerk. über D. B. S. 26. — [47]) Bau- u. Kunstd. d. Reg.-Bez. Wiesbad. Bd. V, S. 51ff. — [48]) Ebh.: D. B. Bd. I, S. 219ff. — [49]) Doering: D. deutsche Burg S. 21, 29; Führer durch Burghausen S. 2. — [50]) Menrad: Gesch. Burghaus. S. 17ff. — [51]) Smlg. Ebh.

Abb. 29. Gipfelbg. Peñafiel, Spanien. B. E.

Batterieturm — bestimmt, das Wehr vor der Zerstörung und den Wöhrsee vor Ablaufen zu schützen. Der Batterieturm beherrschte auch das jenseitige Vorland[52]).

Burg Langenburg[53]) über dem Jagsttal liegt auf langem Bergsattel, der an drei Seiten steil abfällt, gegen Osten mit der Hochebene zusammenhängt — auf der schmalsten Spitze eines Felsenrückens vor dem gleichnamigen Städtchen. In der Gesamtanlage bilden Stadt und Burg ein langgestrecktes Dreieck; in dem engsten Winkel steht die typische Ausläuferburg. Auch Langenburg weist gen Osten Reste einer ehemaligen Schildmauer auf. Vor derselben liegen zwei Gräben, die Stadt und Burg trennten. Hinter einem dritten Graben stehen an den Ecken des Kernbaues zwei späte starke Bollwerktürme, zwei kleinere am entgegengesetzten schmalsten Ende des Baues.

Um den viereckigen Hof sind drei Schloßflügel, offenbar im Zuge einer alten Mantelmauer errichtet. Der mittelalterliche Kern ist erkennbar. Langenburg bietet ein wertvolles, trotz architektonischer Schönheit wenig beachtetes Beispiel eines festen Schlosses[54]).

Ähnliche Anlage wie Langenburg zeigt Tzschocha über Marklissa[55]) (Tafel 75) auf steil zum Queistal abfallendem Felsengrat. Ganz aus Granit gebaut, bergfriedüberragt, später oft um= und ausgebaut, bewahrt sie im Gesamtgrundriß in der kühnen Lage und rätselvollen inneren Gestaltung ganz das Bild einer Ritterburg.

Wie in Deutschland forderten auch im übrigen Europa strategische Punkte zur Wahl der Bergrücken als Bauplätze heraus.

So entstand in Frankreich Chinon[56]) (Abb. 24), dessen mächtige Wehrbauten sich auf langem, wenig hohem Ausläufer über der kleinen Stadt an der Vienne hinziehen. Zwei

[52]) Kunstd. Bay., Reg.=Bez. Oberbayern 1. Bd., S. 2444ff. — [53]) Ebh.: D. B. Bd. I, S. 40ff. — [54]) Die interessanten Anlagen des Zugangsweges und der verschiedenen Tore, die ihn verteidigen, s. in Abschn. „Tore". — [55]) Siehe Abschn. „Deutsche Burgen". — [56]) Cougny: Chinon; Smlg. Ebh.; Chinon ist eingehend in Abschn. „Französische Burgen" beschrieben.

Quergräben teilen sie in drei gegeneinander befestigte Abschnitte. Sie erinnert damit an Burghausen.

Die höchste Entwicklung französischer Burgenbaukunst zeigt Burg Coucy[57]) (Tafel XIII) auf einem Ausläufer der im übrigen von der kleinen festen Stadt eingenommenen Berghöhe.

In England bietet die Bodengestaltung allgemein keine schroffen Höhen und Gipfel; obgleich die meisten englischen Burgen als Höhenburgen anzusprechen sind, waren deren Höhen nur gering[58]).

Beispiel einer breiten Ausläuferburg bietet Ludlow[59]), eine der schönsten Wehrbauten Englands, nach „Doomsday book" 1083—86 erbaut. Die Burg lag auf breitem Winkel zwischen River Teme und Corve. Nord- und Westseite waren durch sumpfige Marschen geschützt, gegen die Hochebene bildet ein 9 m breiter und 3 m tiefer Graben einen Viertelkreis. Nord- und Westmauern der Kernburg sind jenseits etwa 70 m zum Schutze einer Vorburg verlängert, deren Ost- und Südmauern — 100 bzw. 170 m lang — einen fast rechten Winkel bilden. Die Angriffsseiten waren also fast 300 m lang. Das erforderte zahlreiche Verteidiger. Ludlow zeigt damit eine gewisse Ähnlichkeit mit der fränkischen bescheideneren Salzburg.

Noch mehr als Deutschland ist Italien ein Gebirgsland, das bedingte die große Zahl der Höhenburgen[60]).

Bis zu welcher Größe eine Burg auf Ausläufer anwachsen kann, wenn der Burgherr über genügend Krieger verfügte, um weit ausgedehnte Mauern zu besetzen, zeigt Burg Lucera[61]). Sie umfaßt einen fast stadtähnlichen Bezirk. Ähnlich, aber noch romantischer und großartiger wie bei der Salzburg oder dem spanischen Alcalá de Guadaira ist der über steilen Abhängen liegende Vielecksplatz der Burg. Der breite Halsgraben wird von gewaltiger Wehrmauer beherrscht, verstärkt durch zwei spätere runde Ecktürme und fünfzehn bügeleisenartige Mauertürme. Letztere Form finden wir an der Ringmauer der spanischen Burg zu Tortosa wieder.

Ein anderes Beispiel bietet Montechiarugolo[62]), von einer Mantelmauer umgeben, wie das spanische Coca aus hohem Flußufer, der Enza, herausgeschnitten. Die Angriffsseite wird durch starke Mantel-Mauertürme und einen mächtigen Graben verteidigt.

Ähnliche spanische Beispiele sind die Burgen Alcala de Guadaira, Aledo und Coca.

Alcala de Guadaira[63]) (Abb. 9) liegt hoch auf der rechten Seite des gleichnamigen Flusses auf einer Landecke. Auch ihr Grundriß zeigt die Dreiecksform der Ausläuferburgen, indem er sich gegen das ansteigende Vorland verbreitert.

Abweichend von allem, was wir kennen, ist hier die Verteidigung nicht auf eine lange Sperrmauer mit Halsgraben beschränkt, sondern drei Vorburgen legen sich vor die dreieckige Kernburg, alle durch starke, nicht hohe viereckige Türme meist aus Tapia, d. i. Lehmbetonmauerwerk, verstärkt. Die sechzehn Turmklötze bieten ein merkwürdiges Gesamtbild.

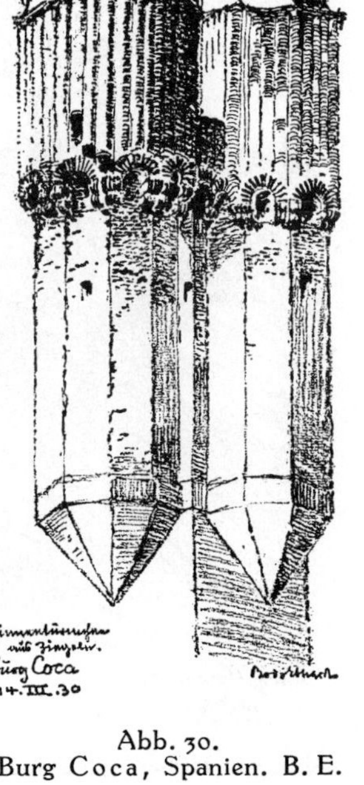

Abb. 30.
Burg Coca, Spanien. B. E.

[57]) Näheres „Französische Burgen". — [58]) Beispiele für Dreiecksburgen sind u. a.: Cockermouth, Carlisle, Richmond, Brougham. — [59]) Siehe Abschn. „Englische Burgen". — [60]) Ausläuferburgen sind: Pontremoli, Brisighella, Lerici, Montecarlo, Montelupo, San Pietro, San Felice, Vigoleno u. a. — [61]) Ebh.: B. It. Bd. III, S. 95. — [62]) Ebh.: B. It. Bd. III, S. 95, 97, Bd. VI, S. 36. — [63]) Lampérez y Romea: Arquitectura civ. Esp. Bd. I, S. 97, 293, 294; Smlg. Ebh.: gute Pläne und Skizzen.

Der Hauptturm liegt wie bei der Gipfelburg Almodovar[64]) (Tafel 10) an der Spitze des Dreiecks frei vor der Mantelmauer, nur über eine hohe Brücke zugänglich. Den unregelmäßigen Mauerkranz begleiten Zwinger, kleinere Türme und Toranlagen. An der breitesten Stelle der Angriffsseite steht als Wehrbau eine romanische Kirche. Alcala ist trotz offenbarer maurischer Einflüsse ein Beispiel, wie gleiche Bauplatzgestaltung gleiche Wehrformen bedingt.

Auch Aledo[65]) (Tafel II) auf einer dreiseitig senkrecht abfallenden Bergnase zeigt mau=rischen Einfluß. Die südliche Felsspitze nimmt ein maurischer Turmklotz (Wohnturm) ein. Der kleine, älteste Stadtteil ist in die weite, der Angriffsseite vorgelagerten Vorburg eingebaut und durch eine lange turmbewehrte Schildmauer geschützt.

Coca, nördlich von Segovia[66]) (Abb. 30), wurde im 15. Jahrh. aus Ziegeln erbaut, am hohen steilen Ufer des Eresma, der zwei lange Seiten und die Spitze der wunderbaren Burg schützt. Der Bauplatz ist durch tiefen Graben aus dem Hügelland herausgeschnitten. Der Kernbau, ein mächtiger torre de Homenaje (Lehnsturm), steht in der Nordostecke der Mantelmauer, weit aus ihr hinausgerückt hinter der Zwingermauer und zahlreichen Mauer=türmen. Merkwürdigerweise hat die späte Burg völlig quadratischen Grundriß, so daß der Graben fast drei Seiten schützen mußte. Man verließ sich also mehr auf die Stärke der Mauern und Türme und der Besatzung, als auf natürliche Festigkeit der Lage. Als sehr selten in Spanien ist der herrliche Ziegelbau hervorzuheben.

Kennzeichnend für den Einfluß der Bodengestaltung sind die wenigen Ausläuferburgen in Irland, Wasser= und Brückenburgen überwiegen.

Anders in Schottland. Ravenscraig=Castle[67]) z. B. erhebt sich auf einer Felsen=zunge und ist zum Festlande hin durch einen Halsgraben und zwei Türme verstärkt, Dundargue Castle durch tiefen Graben und eine gewaltige, 80 m lange Mauer vom Land abgeschnitten.

In den flachen, nordischen Gebieten: Holland, Dänemark, aber auch Schwe=den und Norwegen finden sich fast keine Ausläuferburgen; die Bodengestaltung bot dazu keine Bauplätze.

Anders in osteuropäischen Ländern. In Böhmen und Mähren wären die Burgen Klenau, Eichhorn, Teltsch Frain, Znaim u. a. zu nennen[68]).

Eine Ausläuferburg in Albanien ist die Feste Pertreila[69]) am linken Ufer des Flusses Arzen. Die Mauern der alten Festung bilden ein Dreieck.

Versuchen wir aus dieser Fülle merk=würdiger Schöpfungen des Wehrbaues ein Gesetz abzuleiten, das ihrer Ent=stehung und Formung zugrunde liegt, so stellen wir fest, daß es kein Gesetz

Abb. 31. Höhenbg. Sooneck a. Rh., auf Felsnase.

[64]) Siehe oben. — [65]) Siehe Abschn. „Spa=nische Burgen“. — [66]) Robles: Castill. en Esp. S. 41, Abb. 37; im übrigen s. f. alle spani=schen Burgen Abschn. „Spanische Burgen“. — [67]) Siehe Abschn. „Schottische Burgen“. — [68]) Smlg. Ebh.; s. Abschn. „Südosteuropa“. — [69]) Ippen: a. a. O. S. 65.

27.II.30.

Tafel III Burg Cox, Spanien

gibt. Wohl zeigen die Gipfelburgen einen gewissen Gleichklang der Grundrißlinien, im übrigen unterwarfen sich die Burgenbaumeister der jeweiligen Bodenform, wodurch der große Abwechslungsreichtum der Burgen, zumal der deutschen, entstanden ist. Viel abwechslungsreicher aber als die Gipfelburgen gestalten sich die Ausläuferburgen, deren immer wechselnd geformtes Vorland eine ebenso große Vielgestaltigkeit der Verteidigungsmittel wie der Angriffsmittel bedingte[70]).

Felsenburgen

Eine besondere Gruppe bilden die Felsenburgen. Als Bauplatz benutzten die Ritter der Pfalz und des Wasgenwaldes, der Fränkischen Schweiz, der bayerischen Oberpfalz und des Altmühltales oder auch Schottlands die merkwürdigsten Felsgebilde, die zum Teil durch ausgehauene Gänge, kleine Räume und große Hallen Wohn- und Wehrzwecken dienlich machten. Bevorzugt wurden leicht zu bearbeitende Sandsteinarten mit schroff abfallenden Wänden, die, hoch auf Bergrücken gelegen, schon von Natur fast uneinnehmbar waren. Solche Felsen sind je nach der Gesteinsart in den einzelnen Landesteilen sehr verschieden gestaltet. Dort, wo harte und weiche Schichten durcheinander liegen, sind in Jahrhunderten die weichen Teile verwittert und verschwunden — fortgeschwemmt — und harte Felslagerungen, oft turmartigen Nadeln gleichend, aufrecht stehengeblieben, die den schutzbedürftigen Menschen als Zufluchtsorte dienten, ja durch Jahrhunderte als hochragende unangreifbare Bauplätze für Wehrbauten benutzt wurden.

Wir finden Beispiele in allen Teilen Europas, aber nirgends so viele dieser eigenartigen Bauten beieinander wie in den Wasgaubergen, der Rheinpfalz und im Elsaß. Hier bildeten die ewigen Naturgewalten mit unheimlicher Gewalt eine Fülle von Felstürmen, vom bildsamen Sandstein bis zu granitharten quarzdurchsetzten Bänken. Nicht nur baute sich hier der Ritter oder Landesherr seinen sichtbaren hochragenden Pallas, Bergfried, die Zwingmauern und Tore auf wild hingeschleuderten Felsbrocken auf, sondern er durchbohrte und höhlte auch Sandsteinbänke für Aufgänge und Treppen, Gefängnisse und Keller, Schießkammern, Brunnen und Zisternen aus.

Die Pfalz zeigt die Kaiserburg Trifels, die Dahner Schlösser (Abb. 34), Schöneck, Hohenburg, Neuscharfeneck, Alt- und Neuleiningen und viele andere, alle liegen auf Felskämmen, sind mit diesen innig verwachsen durch angelehnte Treppentürme, ausgehöhlte Räume und Gänge. Alte Abbildungen geben einen Begriff von den malerischen Türmchen und Brücken, die zwischen den einzelnen Felsen errichtet sind[71]). Die über 300 m lange Hohkönigsburg[72]) (Abb. 69) steht ganz auf bis zu 20 m hohem Felsgrat, ähnlich Drachenfels[73]) und Ochsenstein[74]).

Die berühmteste dieser Burgen ist der Fleckenstein bei Weißenburg[75]) (Abb. 32, 33, 37) im Elsaß. Da dieses viel umstrittene Burggebilde, mehr oder weniger kritiklos nach der phantastischen Abbildung Specklins übernommen, falsche Vorstellungen verbreitet hat, sei auf Grund eigener Aufnahmen ausführlicher darüber gesprochen.

Der Felsblock des Fleckensteins bekrönt einen ziemlich steilen Hügel, der oben aus Schutt eingestürzter Vorwerke besteht. Über der Erde bleiben Turmreste sichtbar, darunter sind Reste zu vermuten, die Specklin erhalten darstellte. Der Fuß des 8 m breiten und 52 m langen Felsens ist von Zwingerresten und Vorwerken umgeben. Seine obere Kante trug Wohn- und Wehrbauten. Die geringen Hochbaureste erlauben gedankliche

[70]) Vgl. Abschn. „Verkehrs-, politische und wirtschaftliche Bedeutung des Burgenbaues Europas im Mittelalter". — [71]) Siehe Abschn. „Deutsche Burgen". — [72]) Ebh.: Hohkönigsburg; Wolff: a. a. O. — [73]) Einfeldt: Drachenfels; Baudenkm. i. d. Pfalz 2. Bd., S. 180ff. — [74]) Wolff: a. a. O. S. 248ff. — [75]) Ebenda S. 64ff.; Krieg v. Hochfelden S. 323ff.; Lehmann: Dreizehn Burgen; Ebh.: Burgenf. 1901, S. 65.

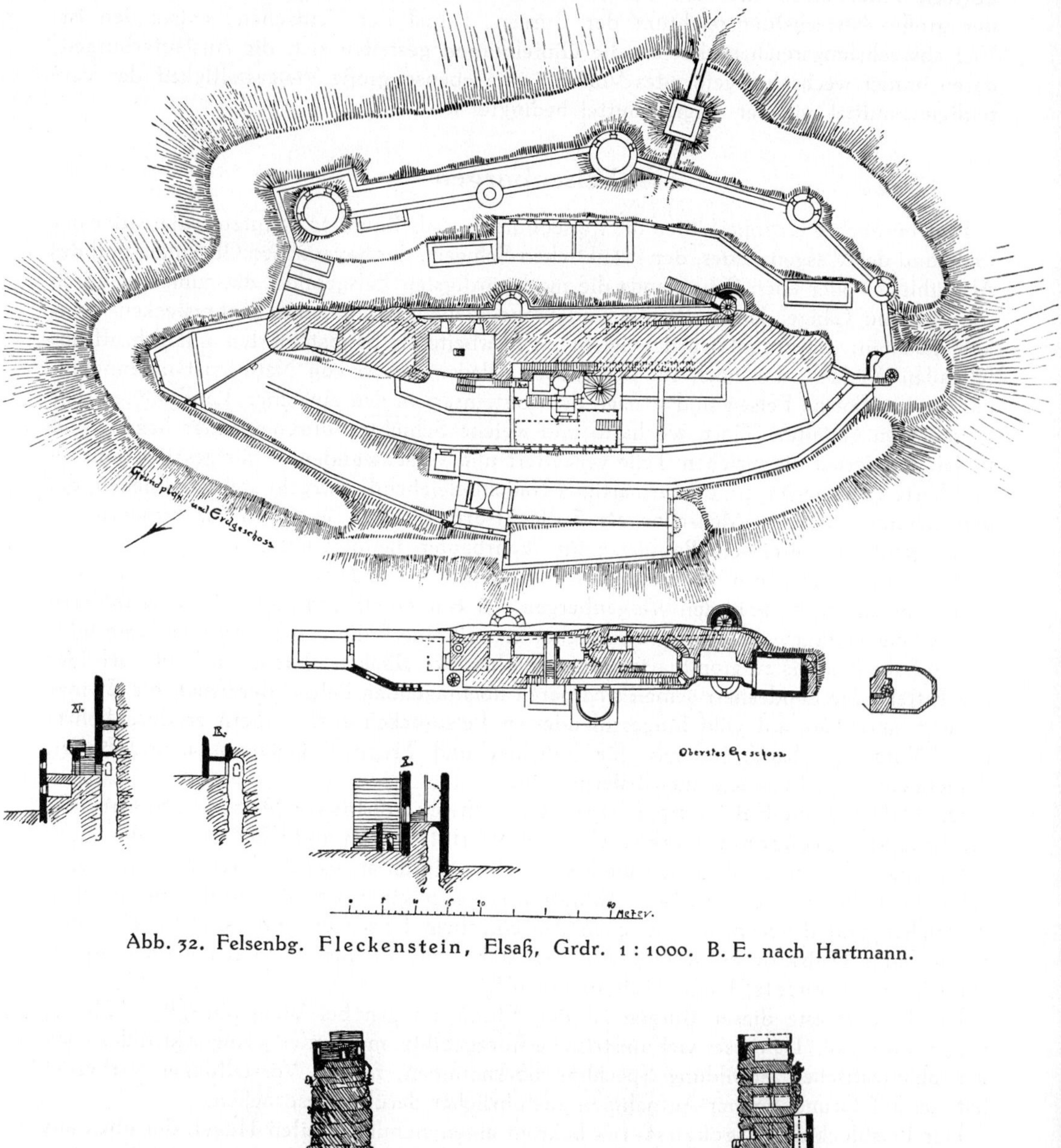

Abb. 32. Felsenbg. Fleckenstein, Elsaß, Grdr. 1 : 1000. B. E. nach Hartmann.

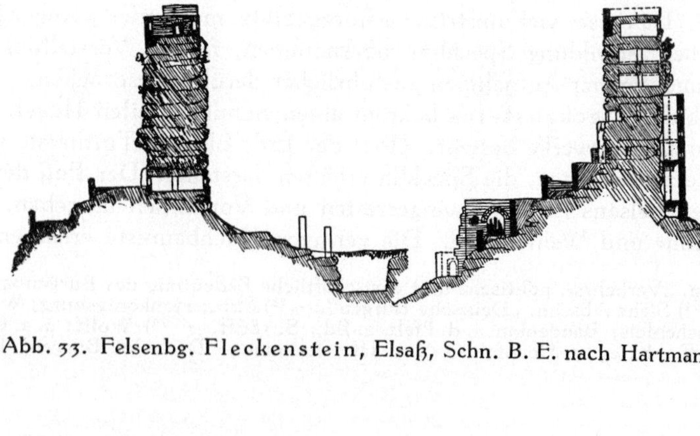

Abb. 33. Felsenbg. Fleckenstein, Elsaß, Schn. B. E. nach Hartmann.

Abb. 34. Dahner Schlösser, Pfalz, Ans. u. Schn. etwa 1 : 1000. B. E. nach Hartmann.

Abb. 35. Felsenbg. Pottenstein, Franken, auf Sandsteinfelskegel.

Ergänzung dieser verschiedenen Wohn= und Wehrbauten von je 10 zu 13 m oder von 7 zu 4 m Längs= und Breitenmaßen, im ganzen etwa 800—900 qm bebaute Fläche. Auch eine danebenliegende einzelne hochragende Felsspitze war befestigt. Von Nord nach Süd führt der Weg in einen ersten Vorhof von rund 24 zu 6 m, dann kurz rückdrehend durch einen zweiten Torzwinger ansteigend bis an ein gotisches Torgewölbe von 9,75 m Länge und 2,30 m Breite. Eine gewölbte Wachtstube unten neben dem gotischen Tor, aus schweren Quadern, beherrscht dieses und den Platz davor durch Schießscharten. Eine Stufenscharte gibt die Zahl 1429 an. Weiter ansteigend führt eine Quadermauer zu einem abgeteilten Wehrbau. Abermals rückwärts wendend, kommt man am Hauptfelsen entlang in einen dritten Vorhof und innerhalb der Zwingermauern an den Fuß des Felsens an der Südspitze. In der Mitte der Westseite führt am Hauptfelsen eine Wendeltreppe des 15. oder 16. Jahrh. empor. Im Felsen liegen zwei weitere ältere Aufgänge, der Burgbrunnen ist als Turm hochgeführt. Die Kammern im Felsen empfangen nur zum Teil von Westen und Osten Licht. Oft sind sie so groß, daß ein starker Mittelpfeiler die Last der oberen Massen tragen hilft. Des Felsens lange Ostseite ist größtenteils mit Quadern verblendet. Auch hier sind Halbtürme angelehnt, einer mit Wendeltreppe, der andere mit vielen Schieß=

Die Veste Hohensalzburg, altes Haupttor

Die Veste Coburg nach der Wiederherstellung

scharten. Der südliche, durch eine ausgemeißelte Felsentreppe ersteigbare Felsen zeigt oben geringe Mauerspuren, in Specklins geistreich übertriebenem Bild einen Turmaufbau.

In der bayerischen Oberpfalz stehen statt Sandstein mächtige Granitgipfel, von denen z. B. einer der Burg Flossenbürg[76]) (Abb. 36) bei Weiden einen überwältigend großartigen Sockel bietet.

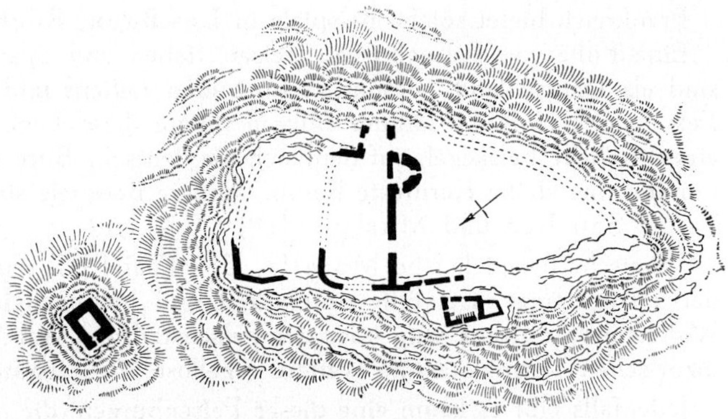

Abb. 36. Felsenbg. Flossenbürg, Oberpfalz. Lgpl. 1 : 2000. B. E. nach Linhardt.

Dem geschlossenen Granit steht ebenda der vielzerklüftete Dolomit-Kalkstein gegenüber, dessen natürliche innere Schluchten und Klüfte den Burgen — z. B. Heimhof bei Amberg[77]) — als Keller oder zu unterirdischen Gängen dienten.

Weißenstein[78]) auf dem Pfahl bei Regen im gleichen Gebiet steht dagegen auf schmalstem Quarzgrat in kühnster Form.

Die Kalkstein- und Sandsteinklippen der Fränkischen Schweiz ähneln Flossenbürgs Granitfelsen, sie zeigen in der Burg Zwernitz einen ähnlichen Bauplatz, aber auch der himmelanstrebende Sandsteinfelskegel, wie der der Burg Pottenstein (Abb. 35) dient als Bauplatz[79]).

Die Sandstein-, Gips- und Dolomitfelsen des Harzes ermöglichten beim Bau der Burg Regenstein oder der Burg Scharzfeld, unterirdische Keller, Gänge und Kasematten mit geringer Nachhilfe herzustellen.

Noch leichter konnte der weiche sächsische Elbsandstein ausgehauen werden, wie das alte Beispiel der 240 m langen, äußerst schmalen, vielzerklüfteten Burg Neurathen bei der Bastei an der Elbe[80]) zeigt. Während der gewaltige Klotz des Königsteins eine ganze Festung trug.

Als ausländische Felsenburgenbeispiele sind in Irland z. B. die Felsennester Dunluce und Dunseveric[81]) zu nennen. Die englischen Burgen sind der Bodenform entsprechend weniger auf steilen, als auf niederen Höhen erbaut. Anders ist es in Schottland. Dort veranlaßte die zerklüftete felsige Küste höchst malerische Felsenburgen, wie Yester Castle, Dunnottar Castle, Tantallon und andere[82]) (Abb. 8).

Abb. 37. Felsenbg. Fleckenstein, Elsaß. B. E.

[76]) Siehe Abschn. „Deutsche Burgen". — [77]) Ebenda. — [78]) Ebenda. — [79]) Ebenda. — [80]) Lindner: Burgw. 1935, S. 46ff. — [81]) Siehe Abschn. „Irische Burgen". — [82]) Siehe Abschn. „Schottische Burgen".

Frankreich bietet solche Beispiele in Les Baux, Rochemaure, Montségur u. a.[83]). Eine Fülle von Felsenburgen weisen Italien und Spanien auf, die mehr Gebirgsland sind als Deutschland. Besonders im Süden Italiens und Siziliens türmte sich Fels über Fels, und eine Reihe kühner Burgen nützte diese Lage strategisch geschickt aus. Der eigentümliche Felskegel, auf dem sich die deutsche Burg Arco erhebt, bot auf der Spitze nur für eine kleine Kernfeste Raum. Andere Beispiele sind Canossa und die gewaltigen Festen San Leo und Mussomeli[84]) (Abb. 23).

Spanische Beispiele sind Morella, Cox (Tafel III) und Zahara[84a]). Der Felsengipfel, der erstere trägt, ist völlig unterwühlt und bot noch in den neuesten Kriegen langen Widerstand. Zahara trug über der Felsenstadt auf langem wildzerklüfteten Kamm einen maurischen Turmklotz und weitere regellose Mauerbauten.

Jedenfalls gibt es kaum eine dieser Felsenburgen, die nicht künstlerisch und technisch befriedigend, ja bewunderungswürdig gestaltet worden wäre.

Höhlenburgen

Schon vorgeschichtlichen Menschen dienten Höhlen als Zufluchtsorte. Zahlreiche Aus=grabungsfunde beweisen, wie lange sie schon Mensch und Tier beherbergten. Kein Wunder, daß im Mittelalter auch Höhlen wehrverteidigungsfähig ausgebaut wurden.

Aus Spanien hören wir aus halb sagenhaften Nachrichten, daß der Westgotenkönig Pelayo in der berühmten Höhle Monte Ausena des asturischen Berglandes nach der Zer=trümmerung des germanisch=spanischen Reiches um 714 Zuflucht und den Ausgangspunkt der siebenhundertjährigen Rückeroberung der Iberischen Halbinsel fand.

Es konnte erwünscht erscheinen, eine vorhandene Höhle in schroffer Bergwand ver=teidigungsfähig zu einer Sperre zu machen. Das geschah vielfach in Graubünden.

So sind auch in Österreich und der Schweiz Burganlagen entstanden, deren Stärke darauf beruht, daß die Felsen gegen Schüsse und Würfe von allen Seiten, außer vom Eingang her, schützten. Es genügten wenige Mauern und Türme, um eine starke Wegesperrung zu errichten.

Ein Beispiel ist Burg Kronmetz in Tirol[85]). Die Burg, bestimmt, den Eingang des Val di Non gegen das Etschtal zu verteidigen, bestand aus einer etwa 120 m langen, flachen Höhlung in der Felswand, die vorne durch eine Mauer verteidigt wurde und deren etwa 10—15 m tiefes Innere noch heute Reste unbedeutender Wohn= und Verteidigungs=bauten bewahrt.

Ebenso das Puxer=Loch in Steiermark. Vor der 40 m breiten Öffnung liegen zwei Zwinger, während die Höhle selbst sich beinahe parallel mit der Außenwand im Berge hinzieht. Geringe Trümmer schließen die Höhle gegen außen[86]).

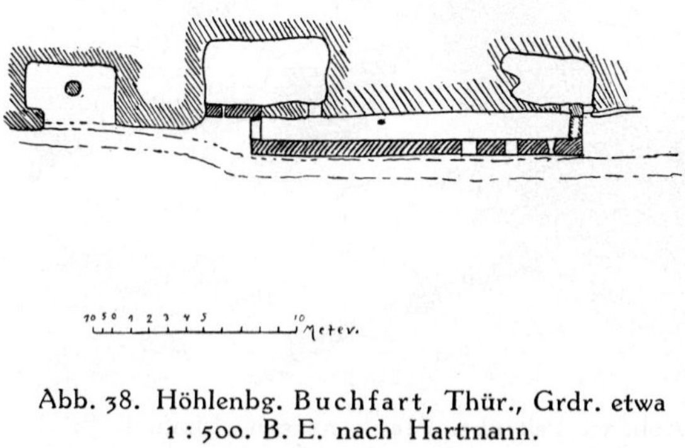

Abb. 38. Höhlenbg. Buchfart, Thür., Grdr. etwa 1 : 500. B. E. nach Hartmann.

Berühmter war die Burg zu Lueg[87]) an der Paßstraße von Salzburg nach Werfen, eine wichtige Talsperre, die manche Belagerung ausgehalten hat. Unter

[83]) Siehe Abschn. „Französische Burgen". — [84]) Siehe Abschn. „Italienische Burgen". — [84a]) Siehe Abschn. „Spanische Burgen". — [85]) Tiroler Adels=Stamms. S. 12; Steinitzer: Ge=schichtl. u. kulturgeschichtl. Wand. durch Tirol u. Vorarlb. S. 440; Piper: Österr. Bg. Bd. I, S. 144ff. — [86]) Piper: Burgenkde. S. 507ff. — [87]) Ebenda S. 510.

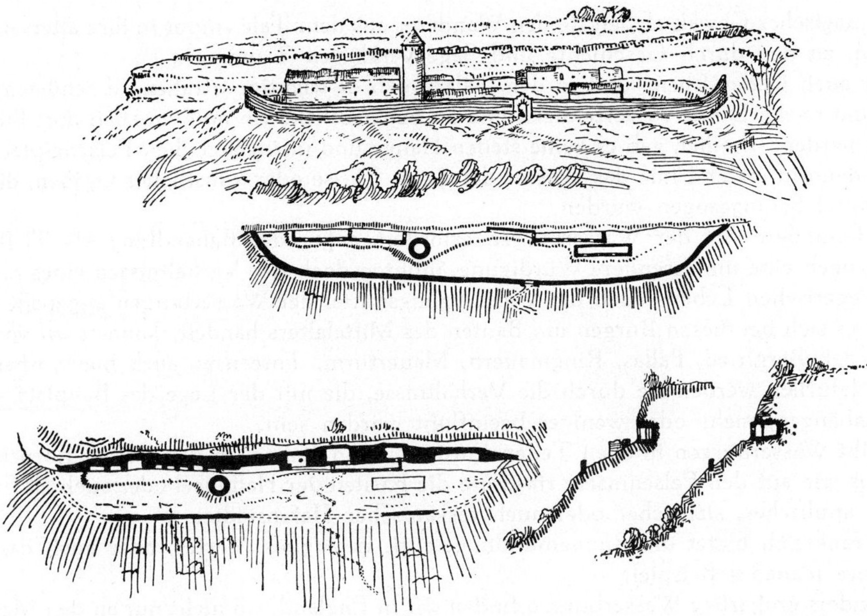

Abb. 39. Höhlenbg. Buchfart, Thür., Grdr., Ans., Schn. etwa 1 : 2000. B. E. nach Hartmann.

einer überhängenden Felswand liegt auch hier ein langer vormals vermauerter Bauplatz, der nicht sehr tief in den Berg eingreift.

In Norddeutschland finden wir eine Höhlenbefestigung bei Weimar, genannt Buchfart[88]) (Abb. 38, 39). Wie diese können die Berghöhlen im Weserland um Höxter und Minden und Hameln von Krieg und Not erzählen.

Die Burg Balm[89]) bei Solothurn in der Balmflue, 20 m über dem Fuß des Felsens, ist die größte Grottenburg der Schweiz. Die natürliche Höhlung ist noch bis 6,30 m Tiefe erweitert und durch eine 20—30 m lange Mauer geschlossen. Man nimmt an, daß sie nur zur letzten Zuflucht — nicht zum dauernden Bewohnen bestimmt war.

In Graubünden endlich liegt die Höhle von Marmels[90]), 1160 genannt, in der noch Reste eines Wohnbaues und einer Kapelle erhalten sind. Ebenda sind Kropfenstein, der finstere Fracstein, Rappenstein[91]) zu nennen.

In Bayern ist die Höhlenburg Stein[92]) in senkrechter Felswand des östlichen Traun=ufers sehr gut ausgebaut.

Frankreich birgt die wilden aus den Albigenser Kriegen berühmten Höhlenburgen um den Montségur[93]).

Wasserburgen

Weit in die Lande schauen die Burgen von den Gipfeln der Berge, von den schroffen Felskegeln und von den steilen Höhen der Ufer unserer großen Ströme, der Donau, des Rheins oder über die engeren Täler des Neckars oder der Weser.

88) Ebenda S. 513; Bau= u. Kunstd. Thüring. I. Bd. Weimar, S. 115ff. — 89) Hottinger=Schwab: Schweiz in ihren Ritterburgen S. 381ff. — 90) Pöschel: D. Burg. v. Graubünden S. 260f. — 91) Pöschel: D. Burg. v. Graubünden S. 235f., 266f., 173f. — 92) Siehe Abschn. „Deutsche Burgen". — 93) Rahn: Kreuzzug gegen d. Gral.

Mit magischer Gewalt ziehen sie den Wanderer aus dem Tale empor in ihre altersgrauen Mauern, zu den durch Geschichte und Sage verklärten Trümmern.

Aber auch in der Ebene und in den Tälern gab es wichtige Straßen zu schützen und weite und reiche Lande zu verteidigen und zu beherrschen. So mußten auch dort Burgen gebaut werden. Freilich gab es keine steilen Hänge und unzugänglichen Felsengipfel. Da war es denn in erster Linie das Wasser der Seen, Flüsse oder künstlicher Gräben, die als Wehrmittel herangezogen wurden.

Die besondere Art der Wasserburgen erfordert außer der Behandlung als Tieflandburgen noch eine umfassendere Würdigung, mußten doch den Verhältnissen eines rauhen und kriegerischen Lebens auch die Verteidigungsmittel der Wasserburgen angepaßt sein. Soweit es sich bei diesen Burgen um Bauten des Mittelalters handelt, können wir voraussetzen, daß Bergfried, Pallas, Ringmauern, Mauerturm, Tore usw. auch hier vorhanden sind. Natürlich werden sie durch die Verhältnisse, die mit der Lage des Bauplatzes zusammenhängen, mehr oder weniger beeinflußt worden sein.

Es gibt Wasserburgen in allen Teilen Europas, so in Italien, in den weiten Ebenen des Nordens wie auf den Felseninseln rings um die Küsten der Halbinsel oder auch als Stadtburgen apulischer, sizilischer oder auch toskanischer Hafenstädte.

In Frankreich bietet die Rhonemündung, z. B. in Aigues Mortes, oder auch das Tal der Loire manches Beispiel.

Besonders großartige Wasserburgen finden wir in England, wo nicht nur an den Meeresufern glänzende, mittelalterliche Wehrbauten errichtet wurden, sondern auch im Innern des Landes das Wasser — oft künstlich durch Stauwerke angesammelt — zur Verteidigung herangezogen wurde.

Auch in Griechenland und an der Adria boten die felsigen Küsteninseln Platz für Wasserburgen. Ebenso in Schweden, Finnland und Livland.

Die Gestaltung all dieser Burgen ist naturgemäß sehr abwechslungsreich, bedingt durch Klima, Bodengestaltung und vorhandene Baustoffe.

Art und Bedeutung der Burgen des nordeuropäischen Tieflandes sind in einem besonderen Abschnitt behandelt. Dort sind die Burgen Dänemarks, Norddeutschlands, Hollands und Belgiens eingehend dargestellt. Hier werden kurz die Tieflandburgen gestreift. Daneben bedarf es einer Darstellung der Wasserburgen im Gebirge.

Die Wasserburgen erforderten zur Zeit ihrer Gründung starke Abwehrmittel, um wenigstens kleineren Heerhaufen dauernd widerstehen zu können. Turm und Mauer mußten auch hier Wohnstätten der Burgherren schützend umgeben. An Stelle steiler Abhänge mußten andere Mittel natürlicher Verteidigung herangezogen werden, um dem Feinde das Nahen schon von weit her zu erschweren.

Für alte Volksburgen suchten schon vorgeschichtliche Gewalthaber mit Vorliebe Sümpfe auf, ihnen folgte das Mittelalter, z. B. Burgen wie Beaumaris und Caerphilly[94]). Man baute auf Inseln in Wasser und Mooren, durch die der Unkundige nur mit Lebensgefahr den Pfad finden konnte, oder man wählte Inseln im Meere, wie Ischia[95]), oder in Seen und Flüssen, die oft noch das ganze Mittelalter hindurch als Zuflucht dienten. Solche natürlichen Seen benutzten z. B. die Erbauer der malerischen Burg Lembeck in Westfalen[96]).

Wasserburgen sind in Holland, Belgien und Westfalen unzählbar, am Niederrhein ebenso. Die berühmte kölnische Gerichtsstätte Hülchrath (Abb. 41) oder die Burg Krieckenbeck oder auch z. B. die ehemalige Burg Dankwarderode (Abb. 43) sind Beispiele. Sie waren in einer Zeit nicht weittragender Geschütze schwer zu

[94]) Siehe Abschn. „Englische Burgen". — [95]) Ebh.: B. It. Bd. VI, S. 29. — [96]) Für westfälische und niederrheinische Burgen s. Abschn. „Tieflandburgen".

MONSELICE
vom äussern ZWINGER
von S.O. aus gesehen.

BURG zu VALEGGIO von der LANDSTR. NO. aus.

Tafel IV Oben: Burg Monselice, Italien Unten: Burg Valeggio, Italien

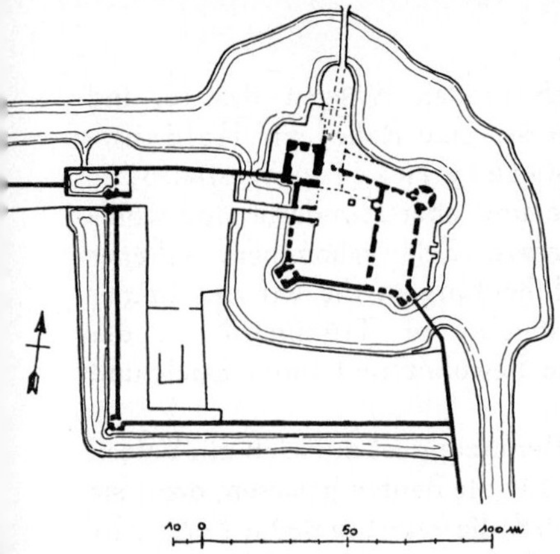

bb. 40. Stadt= u. Wasserbg. Lechenich, heinland, Lgpl. 1 : 3000. B. E. nach B. u. K. u. Renard.

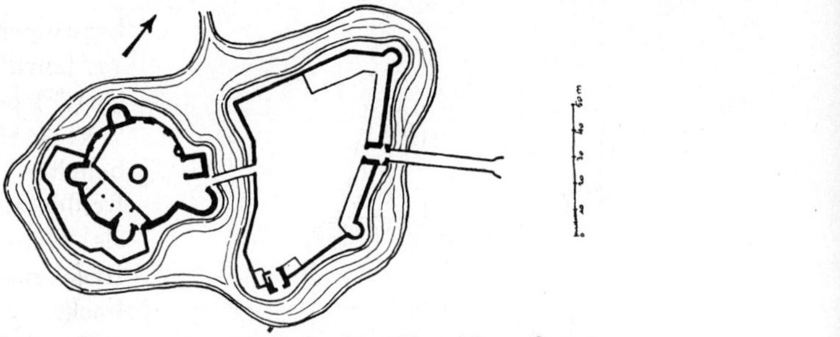

Abb. 41. Wasserbg. Hülchrath, Rheinld., auf mota erb., Lgpl. 1 : 3000. B. E. nach B. u. K. u. Renard.

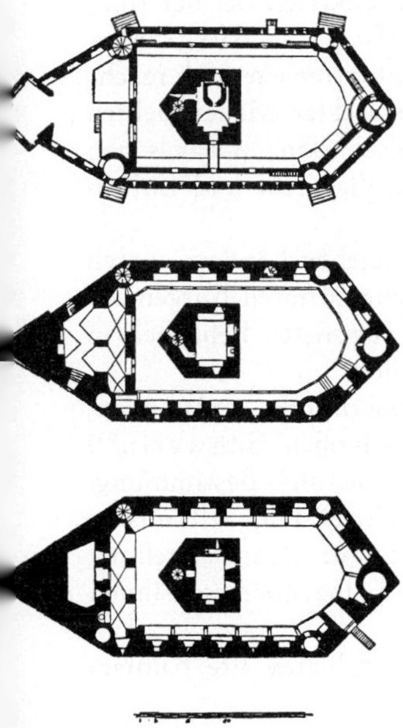

Abb. 42.
'falzgrafenstein b. Caub a. Rh., Zollstätte, Grdr. Erdgesch., . u. 2. Stockw. 1 : 1000. B. E.

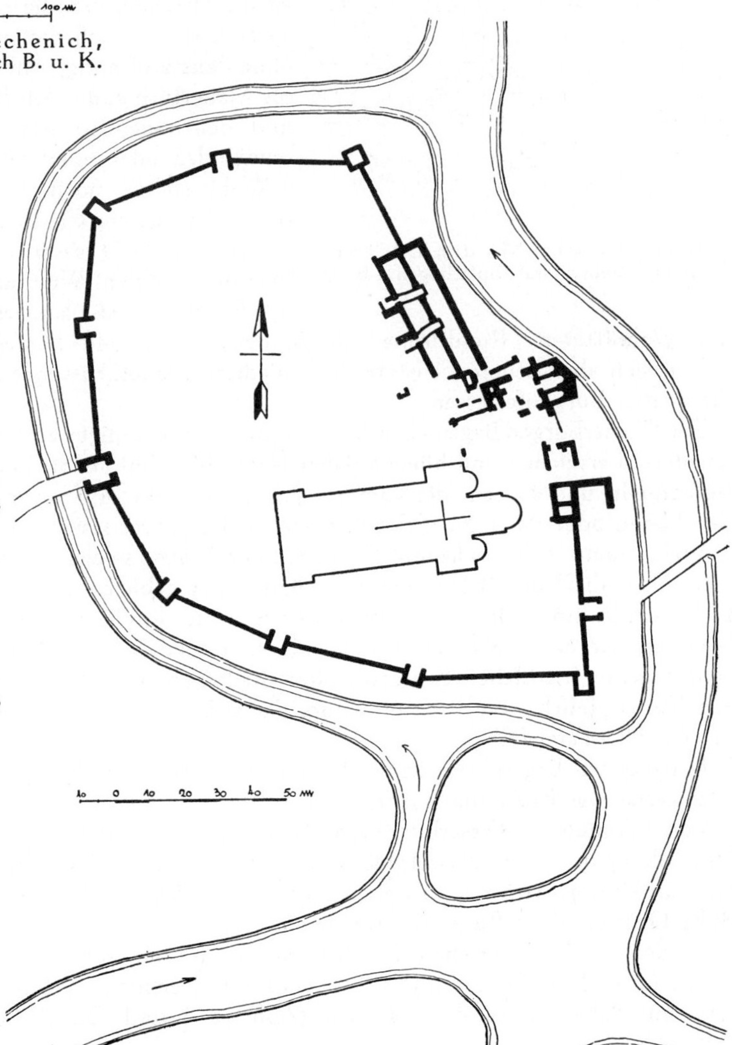

Abb. 43.
Wasserbg. Dankwarderode, Braunschweig, Lgpl. 1 : 2000. B. E. nach Winter.

Abb. 44. Wasserbg. Muiden a. d. Vecht, Holland, Wehrg. auf Spitzbogen. B. E.

bezwingen. Noch in den Kriegen des 16. und 17. Jahrh. spielen sie eine Rolle, wie Heldrungen[97]) oder Westerwinkel in Westfalen.

Viele Hunderte und aber Hunderte sind wohlbehalten auf unsere Zeit gekommen, seltener freilich als die Höhenburgen, die wir uns immer als Ruinen vorstellen, in Trümmern, in der Regel noch heute bewohnt und unter Dach und Fach.

Die dauernde Benutzung ist zugleich ein Vorteil und ein Nachteil für die Bauten gewesen, denn sie ist die Ursache, daß die rein burgliche Form zersprengt wurde, daß die starre, hohe Mantelmauer ohne Fensteröffnung, daß der stolze Bergfried und die Mauertürme, die den Höhenburgen ihre Größe und den ragenden Maßstab geben, meist verschwunden oder umgestaltet sind.

Wohl stehen noch Türme und ernste malerische Torbauten, wie in Frankreich bei der Burg Falaise[98]), in Drensteinfurt und Burgsteinfurt in Westfalen. Wohl unterbrechen noch mächtige Rundtürme die langgestreckten Mauerfluchten der Wohnbauten, Rundtürme mit Zinnen, Erker und Schießscharten. Dazwischen öffnen sich aber neuere Fensterreihen, niedrige Mauerbrüstungen, die Licht und Luft in die weiten Burghöfe lassen.

Die Wasserburgen liegen eben inmitten mehr oder weniger ertragreichen Ländern, waren leichter zu erreichen und blieben daher länger bewohnt als die hochgetürmten Burgen auf Berggipfeln und Felsen, die vom 16. Jahrh. ab mehr und mehr zugunsten behaglich in der Ebene oder doch im Tal gelegener Schlösser verlassen wurden.

Viele heute sehr bekannte Edelsitze sind aus solchen Wasserburgen entstanden, viele bis in die Neuzeit Herren- und Fürstensitze geblieben. Das Schloß in Schwerin[99]) z. B. verrät trotz aller Umbauten durch seine Insellage noch die alte Bestimmung. Nehmen wir alte Folianten zur Hand, so finden wir die kriegerischsten, seltsamsten Bilder heute friedlicher Schlösser oder Städtchen, von denen ich nur eine Darstellung aus dem 16. Jahrh. von Stadt und Burg Ratzeburg bei Braun und Hogenberg erwähnen möchte[100]) (Tafel IX).

Einen guten Begriff von der Fülle kleiner, fester Sitze in Holland bieten alte Kupferstichwerke wie Brabantia illustrata[101]).

Von Westfalens Wasserburgen nennen wir noch Vischering (Abb. 136, 139), eine Traumburg in sieben Wassergräben, oder Kemnade (Abb. 130) mit besonders burglich ernstem Umriß, Anholt, in weiten Seeflächen gelegen, oder das herrliche Schloß Velen, Burg Gemen oder Burg Myllendonk.

In den niederrheinischen Landen stehen mit an erster Stelle die Burgen Dieck (Abb. 145), Harff, Zons[102]), Frens mit Renaissance-Einbau oder als seltenere, rein burgliche Ruine Burg Linn (Abb. 142) und Burg Lechenich (Abb. 40).

[97]) Bau- u. Kunstd. d. Pr. Sachs. 9. H. Kr. Eckartsberga S. 43ff. — [98]) Siehe Abschn. „Französische Burgen". — [99]) Siehe Abschn. „Tieflandburgen". — [100]) Braun u. Hogenberg, Bd. V, S. 43; für Schleswig-Holstein u. Lauenburg s. Abschn. „Tieflandburgen". — [101]) Le Roy, Leyden 1725. — [102]) Otten: Zons a. Rh.; Kohl: Zons a. Rh., Beiträge z. Gesch.; Kunstd. d. Rheinprov. 3. Bd. Kr. Neuß S. 111.

Fleckenstein October 1901.
Bodo Ebhardt

Tafel V Burg Fleckenstein, Elsaß

Endlich die Wasserburgen Gymnich und Satzvey[103]). Bei Bonn liegt zauberhaft in wasserreichem Waldtal Schloß Gudenau[104]).

Besonders reich ist, wie gesagt, Holland[105]) an Wasserburgen, die freilich so einsam und verborgen liegen, daß wenige Besucher des Landes neben der Kunstfülle berühmter Städte auch diese ernsten und meisterhaft gestalteten Wehrbauten beachten.

Dabei spielen sie und ihre Bewohner in der Geschichte Hollands oft eine bedeutende Rolle. Da sind die Ruinen der vielgeteilten Wasserburg Brederode (Tafel 20), Muiden (Abb. 44), Doorwerth (Abb. 154) und zahlreiche kleinere und größere Wasserburgen wie Amerongen usw. Da ist endlich die wiederhergestellte Wasserburg Haarzuilen.

Von den Ostseeprovinzen und von Dänemark[106]) durch Schleswig-Holstein, Niedersachsen, Westfalen, Rheinprovinz und Holland bis weit nach Frankreich hinein ziehen sich in der gesamten Niederung an Ost- und Nordsee die Wasserburgen zu Hunderten und aber Hunderten hin.

Unter anderen örtlichen Bedingungen sind die Wasserburgen im Gebirge entstanden. In Deutschland ist eines der bekanntesten Beispiele die berühmte Kaiserpfalz Gelnhausen[107]), die eiförmigen Gesamtgrundriß zeigt. Sie nahm die oberste Spitze einer im Tal der Kinzig gelegenen größeren Insel ein, die durch zwei Flußarme gebildet wurde. Die innerste Burg, deren 2 m starke Mantelmauer noch ringsum in verschiedener Höhe erhalten ist, wurde von einem inneren Graben eingeschlossen, der sie auch von der weitläufigen Vorburg abtrennte[108]). Die Kinzig und der außerdem vorüberfließende Mühlgraben bilden außer der erwähnten Ringmauer die einzige heute noch erkennbare Verteidigung. Sicher haben wir aber noch mehrfache Außengräben anzunehmen, werden doch in einem Bericht von 1709 noch sechs Brücken genannt. Nach der Talmitte zu mag das ganze Gelände durch Sumpf ungangbar gewesen sein. Der runde, heute ganz verschwundene ungewöhnlich große Bergfried lag frei im Mauerring. Der berühmte Pallas der Hohenstaufenzeit liegt im Zuge der Kernburg-Ringmauer an der Nordseite.

Stromabwärts war die Vorburg durch Wall und Graben befestigt. Ihrem Verkehr mit dem Talgebiete und der Stadt Gelnhausen dienten drei Tore mit dazugehörigen Brücken; zur innersten Burg führte nur ein einziges Tor von der Vorburg aus. Zwei Vorburgbrücken bestehen noch, die „Stadtbrücke" wurde 1716 abgebrochen.

Die Wahl des wehrbaulich wenig günstigen Gelnhausen als Platz für Reichstage und für eine Kaiserpfalz erklärt sich nur aus der Lage an der großen, das Kinzigtal durchziehenden, alten Frankenstraße.

Die nahe ehemalige Wasserburg Wächtersbach liegt ähnlich[109]), das viel bedeutendere, teils noch romanische Büdingen, ein alter Rundling mit mächtigem Bergfried, dagegen ganz am Talschluß[110]).

So edle Anlagen waren im deutschen Tieflande — außer Dankwarderode — wohl wenige vorhanden. Die Bedeutung der Kunstformen und die Stellung im Verhältnis zu den übrigen Kaiserpfalzen wird an anderer Stelle gewürdigt.

Die Pfalz bei Kaub am Rhein[111]) (Abb. 42) ist keine Wohnburg, sondern diente als vorgeschobenes Festungswerk der Kauber Zollstätte mit der Burg Gutenfels dem Schutze des Rheinzolles[112]). Die Zollstreitigkeiten, die sogar zum Kirchenbann gegen den Burgherrn, den deutschen König Ludwig, führten, machten hier eine starke Feste notwendig.

---

[103]) Ebenda 4. Bd. Kr. Euskirchen S. 160ff. — [104]) Ebenda V. Bd. Stadt u. Kr. Bonn S. 297ff. — [105]) Für die genannten holländischen Burgen s. Abschn. „Tieflandburgen". — [106]) Ebenda. — [107]) Siehe Abschn. „Deutsche Burgen". — [108]) Bau- u. Kunstd. Reg.-Bez. Kassel I, S. 20. — [109]) Smlg. Ebh. — [110]) Siehe Abschn. „Deutsche Burgen". — [111]) Ebh.: D. B. S. 219ff. — [112]) Ebenda.

Immerhin sind in der Pfalz neben dem starken Bergfried in der Mantelmauer einige Wohnräume einfachster Ausbildung vorhanden. Ihre heutige, reizvolle Erscheinung ist das Ergebnis späterer Umbauten von höchstem Kunstgefühl[113]).

Zu erwähnen ist auch die verschwundene Kaiserpfalz H a g e n a u[114]) im Elsaß, die ganz von der Moder umflossen und, ähnlich Gelnhausen, durch breite Talsümpfe geschützt war.

Dort, wo im Norden Bayerns die „Gleichberge" emporragen, liegt in dem Tale beim Pfarrdorf I r m e l s h a u s e n[115]) (Abb. 46) auf einer Insel in der Milz die bereits sehr früh genannte Burg gleichen Namens. Offenbar haben die Burgherren die vielen Arme der Milz als ausreichendes Befestigungsmittel angesehen. Vielleicht konnte durch sie auch die ganze Umgebung der Burg unter Wasser gesetzt werden.

Die Mantelmauer der Burg steht auf Pfahlrosten und bildet — ursprünglich wohl einen Rundling — ein unregelmäßiges Vieleck. An sie sind innen die Wohnbauten angelehnt. Sie umschließen einen unregelmäßigen viereckigen Hof.

Drei verschieden starke Türme sind angebaut. Zwischen zweien führt der Weg durch die gewölbte Torhalle in den Hof, nachdem er Gräben und die Milz überschritten hat. Eine alte Abbildung stellt außerhalb des Grabens noch Wall und niedrige Mauer, Holzzaun und Palisaden dar.

Eine höchst malerische kleine Wasserburg ist M e s p e l b r u n n[116]) (Tafel 68) im Spessart. Sie liegt im engen Tal, in einem Stausee. Nur der runde Turm dürfte der ursprünglichen Burganlage angehören, die Wohnbauten dem 16. Jahrh.

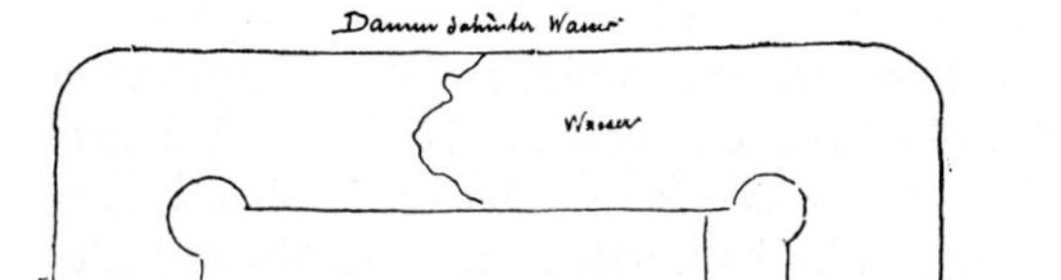

Abb. 45. Wasserbg. U n s l e b e n a. d. fränk. Saale. Erinnerungssk. B. E.

Abb. 46. Wasserbg. I r m e l s h a u s e n auf Pfahlrosten i. d. Milz, Lgpl. 1 : 2000. B. E.

[113]) v. Cohausen: Befestigungsw. d. Vorzeit S. 140; Doering: Deutsche Burg. S. 30. — [114]) Näheres über Hagenau und andere Pfalzen s. Abschn. „Deutsche Burgen". — [115]) Smlg. Ebh.; Gröber: Unterfränk. Burgen. — [116]) Smlg. Ebh.; Gröber: a. a. O. S. 91/92; Dehio: Bd. I Mitteld. S. 248.

Wasserburg Gondorf an der Mosel

Tafel 9

Veste Marienberg ob Würzburg, Zustand 16. Jh., nach Lorenz Fries

Ähnliche Wasserburgen finden sich zahlreich, so z. B. Unsleben[117]) (Abb. 45) im Tal der Fränkischen Saale, das neben Barockumbauten und Renaissancekapelle noch einen gotischen Fachwerkbau zeigt.

Die Brömserburg (Tafel 56) und die Stadtburg zu Eltville, die Martinsburg in Oberlahnstein (Abb. 85), der kleine Burgturm in Osterspai, die Stadtburg von Boppard (Abb. 90), alle erhielten das Wasser ihrer Ringgräben vom Rhein, dessen Ufer sie heute noch schmücken[118]).

Sehr reizvoll sind die drei kleinen, turmartigen Wasserburgen Roth=, Weiß= und Schwarzwasserstelz ohne Zwinger und Vorwerke auf Felsen im Rhein errichtet[119]).

Sehr hoch liegt die kleine Burg Balduinseck bei Kastellaun im Hunsrück[120]) (Tafel 11), ebenso die Entenburg bei Donaueschingen[121]).

An der Mosel liegt Gondorf, an der Lahn Langenau, am Bodensee Bodman[122]).

In Schlesien findet sich die Wasserburg Tepliwoda[123]) auf einem wohl künstlich aufgeschütteten Hügel.

Im Schweizer Bergland sind Wasserburgen nicht selten. Im Genfer See bietet die unübertrefflich schöne und reiche Burg Chillon[124]) (Tafel 13) ein edles und merkwürdiges Beispiel, wie wenige geeignet, die allmähliche Entwicklung einer mittelalterlichen Feste zu zeigen.

Die von Naef, Konservator des Kantons Waadt, mit wissenschaftlicher Gründlichkeit ausgeführten Untersuchungen und Ausgrabungen zeigten, daß schon in vorgeschichtlicher Zeit hier eine Ansiedlung bestand. Die Römer haben den strategisch wichtigen Platz befestigt, und auch während der Völkerwanderung bestand wohl hier eine ummauerte Feste.

Die nicht übermäßig starke Burg unterscheidet sich erheblich von Anlagen wie Irmelshausen, der Pfalz im Rhein oder Mespelbrunn.

Chillon kehrt dem Festlande, d. h. der Angriffsseite, eine Schildmauer zu, die Wohnbauten der Wasserseite. Die Mitte des langgestreckten Innenhofes, den er in der Mitte teilt, nimmt nahe hinter der Schildmauer der Bergfried ein. Der Eingang führt durch einen dritten, turmverteidigten Vorhof. Vor der Schildmauer zieht sich über tiefem Halsgraben eine durch drei halbrunde Türme verstärkte Zwingermauer hin, die südlich an den Vorhof, nördlich an einen romanischen, später verbauten Wohnbau stößt, an den sich an der Seeseite ein Turm mit schönen Innenräumen (Camera Domini)[125]) anschließt.

Wichtige Teile der Burg waren zwei vorgeschobene Türme. Sie sperrten die am See entlang ziehende Straße schon bei den nächsten, größeren Vorsprüngen des Seeufers so vollständig, daß der Feind die Burg erst nach deren Einnahme angreifen konnte. Was aber die Wichtigkeit und Uneinnehmbarkeit von Chillon vor allem sicherte, was während des ganzen Mittelalters die Ursache war, daß Chillon nie eingenommen wurde, während dieses Schicksal doch viel furchtbarer gelegenen, großartigen Burgen so oft zuteil wurde, das war nach den Studien von Naef[126]) das Vorhandensein einer Kriegsflotte, die seit der Mitte des 13. Jahrh. zeitweise aus vier großen, mit 60—110 Rudern besetzten Galeeren bestand. 1270—1360 wurde sie von Genuesern erbaut und befehligt und zu verschiedensten Zeiten erneuert[127]).

In der Schweiz ist u. a. noch die Wasserburg Hallwil[128]) (Tafel 89) zu nennen.

Sehr reich ist die norditalienische Poebene an aus Ziegeln erbauten Wasserburgen, von denen hier nur einige genannt werden sollen: die Rocca Malatesta in Rimini[129]).

[117]) Ebenda S. 365; Smlg. Ebh.; Gröber: a. a. O. S. 94. — [118]) Siehe Abschn. „Deutsche Burgen". — [119]) Piper: a. a. O. S. 701, 711. — [120]) Smlg. Ebh. — [121]) Piper: a. a. O. S. 360. — [122]) Smlg. Ebh. — [123]) Ebenda. — [124]) Naef: Chillon; Rahn: Restaurat .... de Chill.; Naef: Flot. de guerre d. Chillon. — [125]) Naef: Chillon, La Camera Domini. — [126]) Flot. de Guerr d. Chillon S. 9. — [127]) Nach den Urkunden im Turiner Archiv. — [128]) Siehe Abschn. „Schweiz". — [129]) Ebh.: B. It. Bd. VI, S. 49; ebenda Bd. II, Tafel 54, 55.

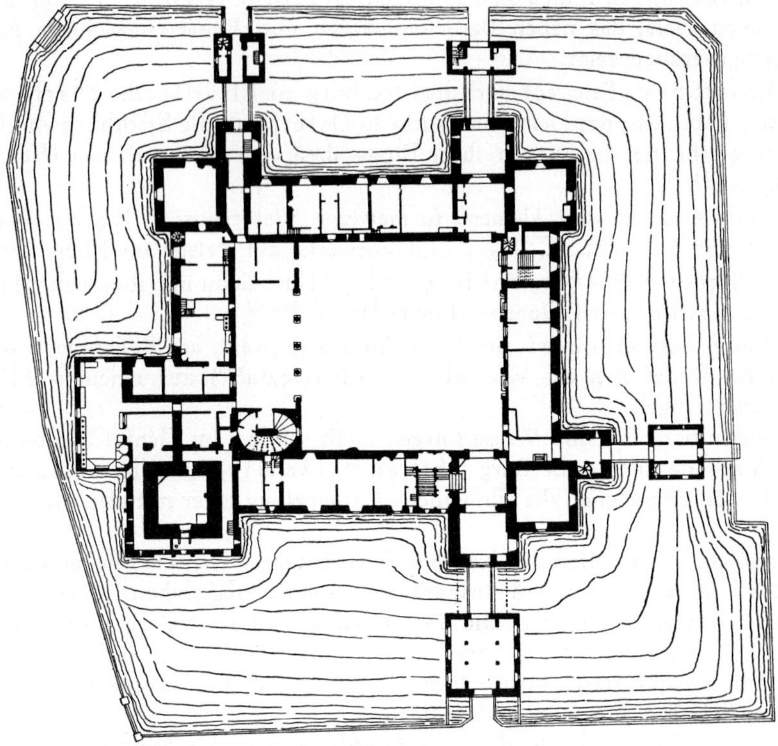

Abb. 47. Wasserbg. Ferrara, Italien, Grdr. 1 : 1000. B. E.

Abb. 48. Wasserbg. Adare, Irld., normann. viereck. keep auf Erdkegel., Grdrsk. 1 : 1000.
B. E. nach Journ. of R. S. A. I. 1907.

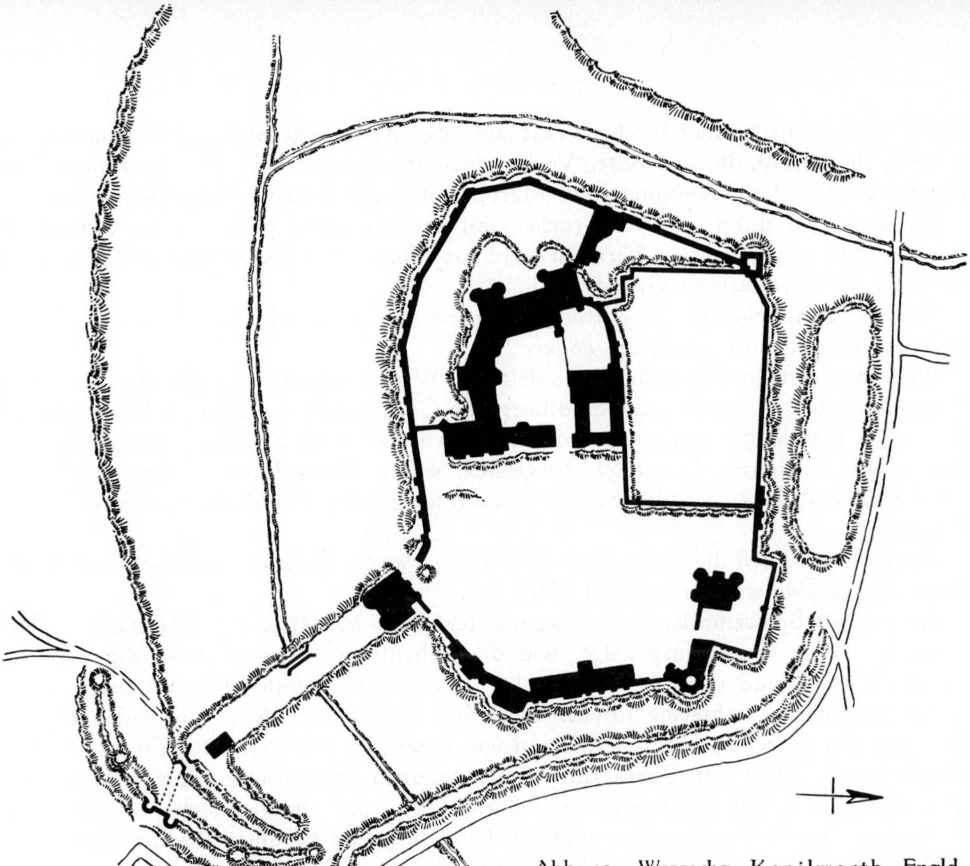

Abb. 49. Wasserbg. Kenilworth, Engld., künstl. Staudämme. Lgpl. 1 : 3000. B. E. nach Clark.

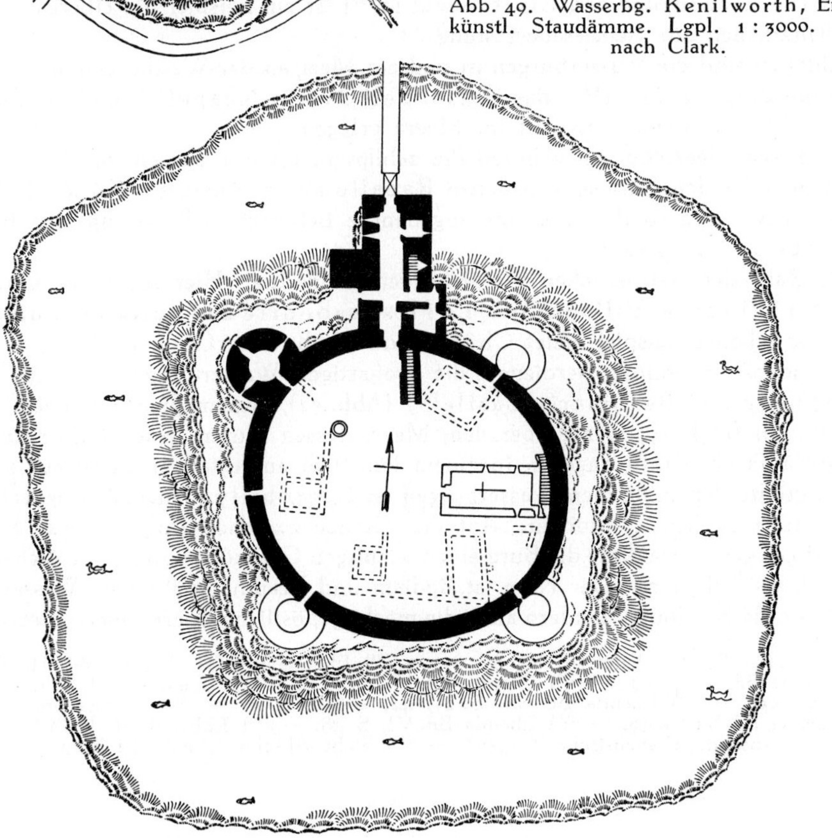

Abb. 50. Wasserbg. Rothesay, Schottld. 13. Jh., vgl. rd. Anl. v. Hülchrath, Grdr. 1 : 1000. B. E. nach Macgibbon & Ross.

Das Kastell ist nach einer Inschrift 1446 auf alten Resten errichtet und bestand aus einer inneren Hauptburg, die von weiten Vorburgmauern umgeben war. Burg und Stadt Rimini liegen zwischen den Mündungen der Marechia und der Ausa ins Adriatische Meer.

Die Burg war durch drei Zugbrücken mit der Stadt und dem äußeren Gelände verbunden. Die unregelmäßige Form ist wohl aus allmählicher Entstehung zu erklären. Das Gelände bot dazu keinen Grund.

Hier sei nur auf einzelne Wasserburgen hingewiesen: Fontanellato, Marano, Roccabianca, Cento und zahlreiche andere[130]).

Auch in norditalienischen Städten spielen die Wasserburgen eine Rolle, die Skaligerburg Castelvecchio in Verona, die Stadtburg von Crema und die Burg zu Mantua, selbst das große Kastell Sforzesco in Mailand, auch die große Stadtburg von Padua, von Ezzelin im 12. Jahrh. wesentlich ausgebaut, waren Wasserburgen. Eine regelmäßige, quadratische Anlage mit vier runden Ecktürmen ist die Stadtburg zu Asola, Provinz Mantua[131]).

Dazu gehörte auch die stolze Burg der Este in Ferrara, die zu den höchstentwickelten ihrer Art gezählt werden muß[132]) (Abb. 47).

Im reichen Schwemmland der Poebene liegt San Martino dei Manzoli in Soverzano[133]). Diese Wasserburg zeigt, wie die italienische Erinnerung an die Antike im 15. Jahrh. mehr und mehr Oberhand über germanische Burgformen gewinnt.

Ein regelmäßig rechteckig offener Hof, fast altrömischer Art, von säulengetragenen Bogengängen umgeben und umschlossen von niedriger, mit Gibellinen-Zinnen bekrönter Mantelmauer, bildet den Burgkern. An seiner einen Schmalseite öffnet sich ein reichgegliedertes Tor mit Zugbrücke und Turm. An der anderen steht ein ebenerdiger Wohnbau. Breite Wassergräben und stattliche Außenwerke umziehen die Burg[134]).

Die Hafenbefestigung von Civitavecchia[135]) ist ein Beispiel des Überganges von der mittelalterlichen zur Renaissancefestung.

Zahlreich sind die Wasserburgen in und am Meer an der Westküste Italiens. Genannt seien die Burg zu Ostia[136]), das Castel dell'Ovo in Neapel[137]) und die Burg Revigliano[138]), auf einem Felsenriff im Meere gelegen.

Zu diesen Meeresburgen gehören die zahllosen, oft nur aus einem starken niedrigen Turm bestehenden Burgen, von denen Rapallo an der Genueser Küste[139]) als Beispiel dienen möge, ebenso das bekannte sogenannte befestigte Kloster auf der Insel Sant' Onorata bei Cannes[140]).

Die Zahl der französischen Wasserburgen ist gering. Hier seien nur Château du Moulin in Lassay, Villandraut, Le Plessis-Bourré und Sully sur Loire genannt. Ein sehr schönes Beispiel bietet Château de La Brède, Gironde[141]).

Besondere Erwähnung verdienen die großartigen Wasserburgen Englands Bodiam, Caerphilly und Beaumaris Castle[142]) (Abb. 52), regelmäßige und doch malerische Bauten. In Anglesey, wenig über dem Meer, dessen Fluten seine Gräben füllten, liegt Beaumaris, Bodiam dagegen in einem künstlich aufgestauten Teich auf einer Insel.

Die größte der englischen Wasserburgen ist Caerphilly. Angeblich bedeckte sie mit ihren Außenwerken 45 Morgen. Auf der Grenze zwischen England und Wales, nahe Cardiff gelegen, verteidigte die Burg einen wichtigen Grenzübergang. Der Wehrbau diente zugleich als Talsperre. Der Kern ist Bodiam und Beaumaris ähnlich. Wasser umspülte nicht nur die Kernburg, sondern auch die mächtige, östliche Sperrmauer. Zwei- und drei-

[130]) Ebenda Bd. II, Tafel 86, 89, 87, 85. — [131]) Ebenda Bd. III, S. 98ff., Bd. II, Tafel 79. — [132]) Ebenda Bd. VI, S. 25. — [133]) Ebenda Bd. VI, S. 54, Bd. III, S. 99. — [134]) Ebh.: B. It. Bd. II, Tafel 54, 55. — [135]) Ebenda Bd. VI, S. 21, 42. — [136]) S. u. — [137]) Ebenda Bd. VI, S. 40. — [138]) Ebenda Bd. VI, S. 49. — [139]) Ebenda Bd. VI, S. 48. — [140]) Ebh.: B. It. Bd. VI, S. 55, 31. — [141]) Siehe Abschn. „Französische Burgen". — [142]) Siehe Abschn. „Englische Burgen".

Abb. 51. Wasserbg. Baldenau auf d. Hochebene d. Hunsrück. B. E.

fache Wassergräben umgeben auch die sorgfältig aufgeführten Quadermauern der Kernburg und eines sogenannten Hornwerkes. Die Kunst des Wasserbaues beweist hier ihre große Bedeutung für die Verteidigung.

Andere englische Beispiele sind: Raglan Castle[143]), Pembroke[144]), Fotheringhay, Maxstoke und Newark Castle[145]). Sehr bedeutend sind auch die Stauwerke für die Befestigung der berühmten Burg Kenilworth[146]) (Abb. 49).

Schottland hat wenige Wasserburgen aufzuweisen, z. B. Rothesay (Abb. 50), das eine gewisse Ähnlichkeit mit Hülchrath oder Leyden zeigt, oder Lochindorb auf einer Insel im gleichnamigen See. Ähnliche Inselburgen sind Lochleven, auch Caerlaverock ist an drei Seiten von Wasser umgeben[147]).

Beispiel einer irländischen Wasserburg ist Adare Castle, dessen Gräben vom River Maigue gefüllt werden (Abb. 48). Von Bedeutung war die Brückenburg Athlone in flacher Gegend, früher durch den heute trockengelegten See verteidigt. Wasser diente zur Verteidigung auch dem Turm Dundanier. Ähnlich liegt Clodach am Flusse Bride[148]).

Von den zahlreichen schwedischen Wasserburgen sei Glimmingehus[149]) erwähnt, das wohl schon im 14. Jahrh. die Form hatte, die ein Stich von 1680 zeigt. Der Hauptturm, ein langgestreckter Pallas, ist ein mächtiger Steinbau von 29×13 m Grundfläche und 26 m Höhe.

Dem Feinde zu zeigen die starken Umfassungsmauern kaum Öffnungen, nur im dritten Oberstock läuft ringsum ein Wehrgang, an den Längsseiten mit je sechs, an den Stirnseiten mit je zwei Schießluken.

Selbst dem Burghof zu sind fünf Öffnungen in den beiden untersten Stockwerken sehr klein. Vom Hof aus führt ein späteres (?) niedriges Tor in das Erdgeschoß, im zweiten

143) Oman: Castles S. 166ff. — 144) Ebenda S. 200ff. — 145) Mackenzie: Castles of Engld. Bd. I, S. 320ff., 357ff., 449ff. — 146) Siehe Abschn. „Englische Burgen". — 147) Siehe Abschn. „Schottische Burgen". — 148) Siehe Abschn. „Irländische Burgen". — 149) Lundberg: Herremannens Bostad Bd. I, S. 113, Abb. 104, Längs- u. Querschnitt; Hahr: Skand. Adelsborg S. 27ff. (mit Grdr. u. Ans.); Rydbeck: Glimmingehus, Ans., Grdr. u. Schnitte.

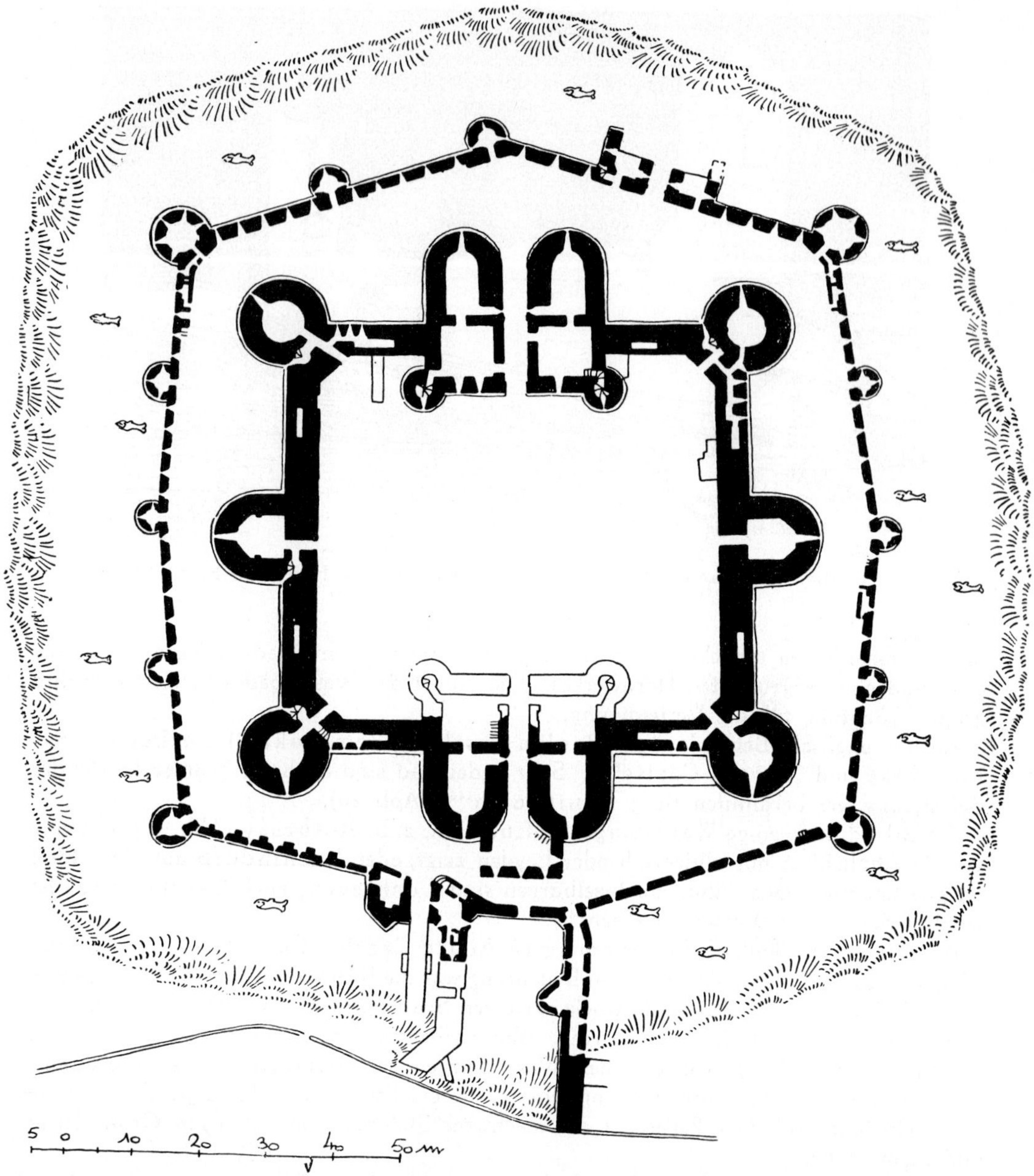

Abb. 52. Wasserbg. Beaumaris, Engld., „konzentrisch", Grdr. 1 : 1000. B. E. nach Hemp.

Stock eine ähnliche Öffnung. In der Achse darüber im Wehrganggeschoß liegt ein Guß-erker zur Verteidigung des Einganges.

Als bemerkenswertes Beispiel einer Wasserburg sei Burg Tockay in Ungarn[149a]) am Zusammenfluß der Bodrog und Theiß erwähnt. Die Burg — 1565 durch Lazarus von Schwendi erobert — ist mit dem Ufer durch zwei lange Brücken verbunden.

[149a]) Speckle: Architect. v. Vest. Ausgabe MDCVIII, S. 49/50; Dillich: Ungar. Chronika.

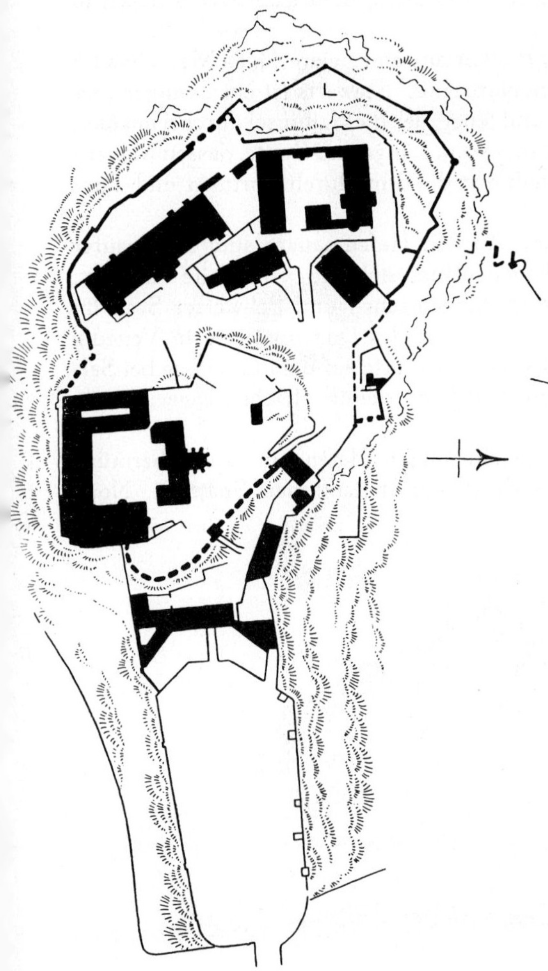

Abb. 52a. Höhenbg. Edinburgh, Schottld., spät. Ausbau z. Schloß, Lgpl. 1 : 3000, B. E. nach H. M. Office of Works.

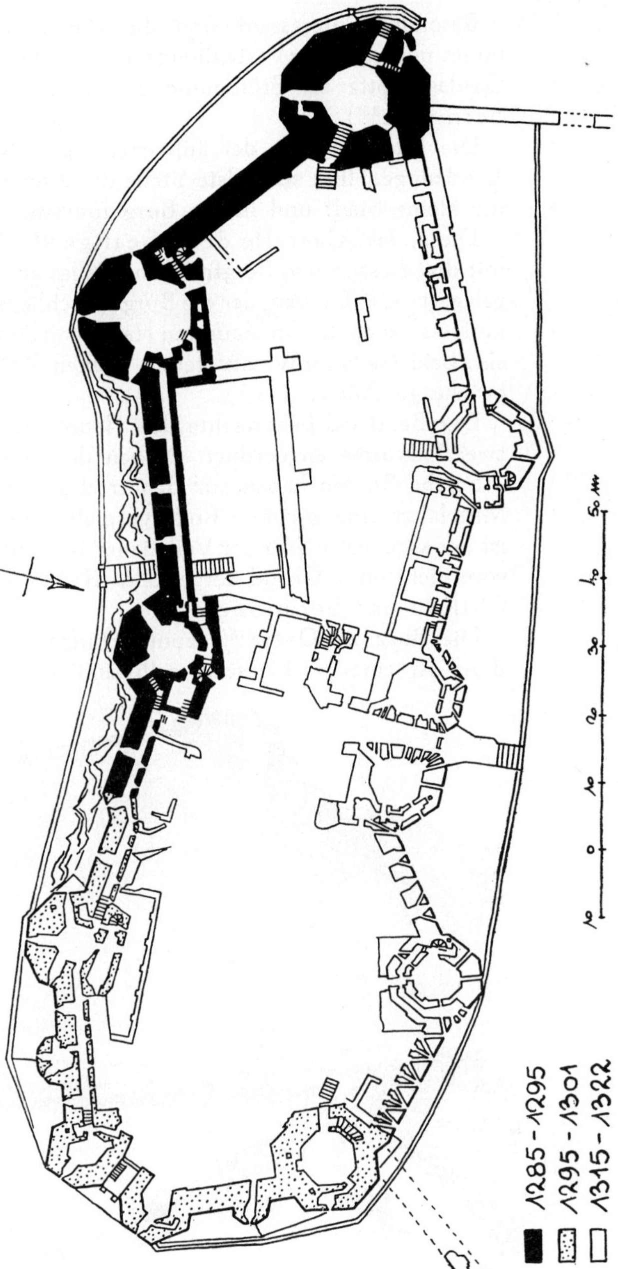

Abb. 53. Küstenbg. Caernarvon, Engld., vieltürmig, Grdr. 1 : 1000. B. E. nach Peers.

Hafenburgen

Besonders interessant sind die Hafenburgen. War schon Chillon[150]) Flottenstützpunkt und zu seiner Verteidigung auf die savoyische Flotte angewiesen, so ist der Zweck der Gardaseeflotte als Stützpunkt zu dienen, noch klarer bei der gotischen Skaligerburg Sermione[151]).

Die Burg liegt an der äußersten Spitze einer langen, später inselförmig erweiterten Landzunge. Ihre schmalste Stelle durchschneidet ein Graben, über den zwei Brücken in die kleine Stadt und in die Burg führten.

Diese, das „Castello degli Scaligeri"[152]), besteht aus einer viereckigen Mantelmauer mit drei Ecktürmen, Bergfried und Pallas an der Nordseite. Seewärts ist ein Zwinger vorgelagert. Der Graben, der die Burg umschließt, und jener, der die Halbinsel durchschneidet, umfassen auch den ummauerten Hafen von etwa 50 × 56 m Länge und Breite, dessen Mauern also beiderseits im Wasser stehen. Gegen die Stadt war die Burg durch Torturm und Zugbrücke geschützt.

Der Bergfried beherrschte den Haupteingang. An den Hafenmauern sind am Seeufer zwei Ecktürme angeordnet. Neben dem südlichen öffnet sich die 7 m breite Einfahrt.

Solche Burgen haben zur Beherrschung der oberitalienischen und Schweizer Seen im Mittelalter eine wichtige Rolle gespielt. Im Großen Saal des Dogenpalastes in Venedig ist der sagenhafte Sieg der Venetianer über die kaiserliche Flotte auf dem Gardasee bei Salvore nicht ohne Grund dargestellt. Riva[153]) am Gardasee diente gleichen Zwecken wie Chillon und Sermione.

Die Burg zu Ostia[154]) zum Schutze des gleichnamigen Hafens in der Tibermündung ist eine geschlossene, selbständige Wasserburg der italienischen Spätzeit. Noch

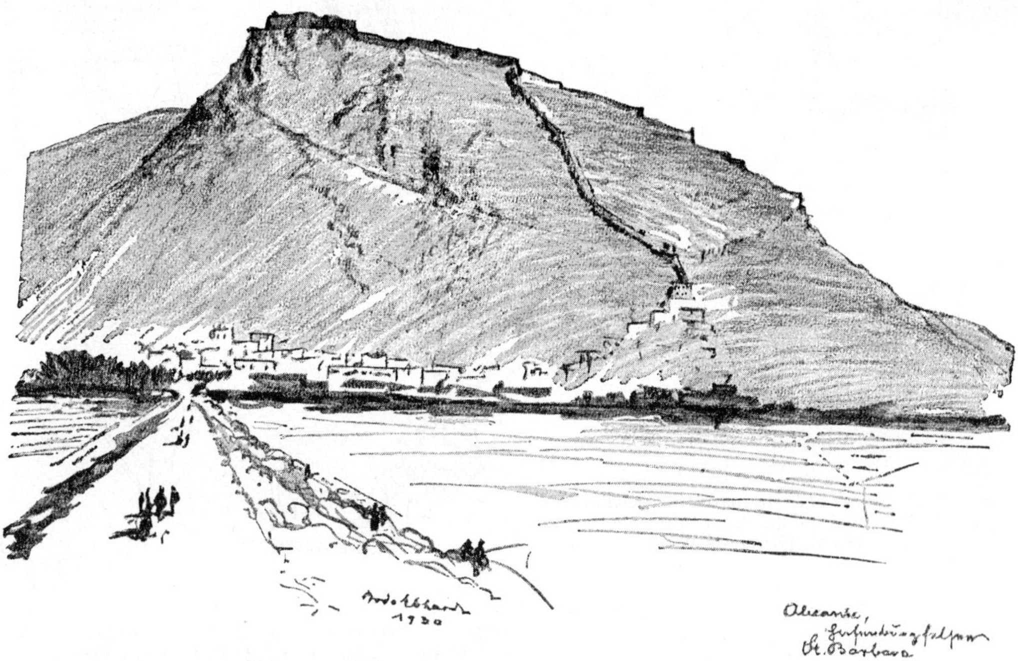

Abb. 54. Hafenbg. St. Barbara ob Alicante, Spanien.

[150]) Siehe oben. — [151]) Ebh.: B. It. Bd. VI, S. 56. — [152]) Ebenda Bd. II, S. 80 u. Taf. 39; Bd. II, Taf. 76, 82, Abb. 257, 312. — [153]) Ebh.: B. It. Bd. VI, S. 49. — [154]) Ebenda Bd. VI, S. 42, Bd. IV, S. 114.

Burg Almodovar bei Cordoba, Spanien, Schatzhaus Pedro des Grausamen

Burg Balduinseck, Hunsrück, der Pallas von Südosten

später, 1508, wurde die dem San Gallo zugeschriebene Feste am Hafen von Civitavecchio errichtet[155]).

Auch der berühmte Torre San Vincente[156]) im Hafen von Neapel — halb Leuchtturm, halb Bergfried — diente zur Verteidigung des Hafens.

Hafenschutz im weiteren Sinne waren viele Burgen an den Küsten des Atlantischen Ozeans, des Mittelmeers oder der Ostsee, Burgen nahe natürlichen Häfen auf stolzer Bergeshöhe oder auf Felseninseln, wie Montjuich bei Barcelona, der Burgberg St. Barbara bei Alicante (Abb. 54), die Burg auf dem Monte Urgulli, das Castillo de la Mota bei Medina del Campo[157]) (Tafel 4). Sie allein sind wohl die Ursache, daß die zu Füßen liegenden Häfen durch alle Stürme der Jahrhunderte sich erhalten haben, wie im Falle Barcelonas. Noch heute verdankt die zweitgrößte Stadt Spaniens und ihr Hafen dem Montjuich Blüte und Größe, ähnlich Gijon in Asturien.

Das Bild der Hafenburgen wäre unvollständig ohne einen Hinweis auf einige englische Burgen. In erster Linie Caernarvon[158]) (Abb. 53) in Nordwales zwischen dem Meere und auf dem nördlichen rechten Ufer des Flusses Saint durch Edward I. wie Conway und Beaumaris begonnen und von Edward II. vollendet. Der Grundriß der in Haustein ausgeführten Burg, ein langgestrecktes, ganz unregelmäßiges Vieleck in Sanduhrform, beherrschte — ohne Zwingeranlagen, unmittelbar aus dem Wasser aufsteigend — den Fluß und das Meeresufer. Der tragende Felsen erhebt sich kaum einen Meter über dem Wasserspiegel. Die stärkste Mauer liegt am Fluß entlang. Gänge in und auf der Mauerstärke boten drei Schützenreihen übereinander Platz, Fluß und Hafen zu bestreichen.

Conway[159]), an der Mündung des Conway ins Meer, zeigt viele Ähnlichkeiten. Eine Befestigung des Hafens ist ebensowenig wie in Caernarvon nachweisbar.

Edward I. brauchte Nachschub zur Sicherung der Häfen von Wales, da das unwegsame Bergland der Landseite schwer zu beherrschen war.

Als französische Hafenburgen müssen Aigues Mortes, Boulogne, Calais, Toulon u. a.[159a]) genannt werden.

Talsperren

(Klause, chiusa, serravalle)

Von den vielen Burgformen, die sich aus ihren Zwecken ergaben, seien auch die Talsperren, ihrer selbständigen Grundrißentwicklung halber, die die Vielseitigkeit der Burggestaltungen besonders beweist, erwähnt.

Berühmt wurden viele dieser Burgen durch schwere Kämpfe um ihren Besitz, so die Mühlbacher Klause in Südtirol[160]) (Abb. 57), deren kleiner Mauerbering an der engsten Stelle der großen Alpenstraße über Brixen nach Italien liegt. Der alte Grundriß erläutert die Absichten der Erbauer. Karl V. hat die Wichtigkeit dieser Talsperre kennengelernt.

Zu den großartigsten Talsperren gehört die uralte Burg Bellenz[161]) (Abb. 56). In Urkunden der Kaiser Otto II., (977), Heinrich II. (1002 und 1004) und Heinrich III. (1055) wird sie kennzeichnenderweise „porta" genannt, da sie in der Tat den Zugang nach Italien über den Gotthard verschließen konnte. Damals war Bellenz Eigentum von Como, 1294 von König Adolf an die Visconti verliehen, war es von 1400 ab Zankapfel zwischen Schweiz und Mailand, bis letzteres 1422 dort Herr wurde, aber nur, um den wichtigen Platz 1503 endgültig an die Urkantone zu verlieren.

[155]) Ebenda Bd. VI, S. 22. — [156]) Siehe Abschn. „Italienische Burgen". — [157]) Siehe Abschn. „Spanische Burgen".; Ebh.: Span. Burgenfahrt S. 128, 63. — [158]) Siehe Abschn. „Englische Burgen". — [159]) Ebenda. — [159a]) Siehe Abschn. „Französische Burgen". — [160]) Steinitzer: Geschichtl. u. kulturgeschichtl. Wand. durch Tirol u. Vorarlb. S. 355; Piper: Burgenkunde S. 292. — [161]) Ebh.: B. It. Bd. VI, S. 10; s. Abschn. „Schweiz".

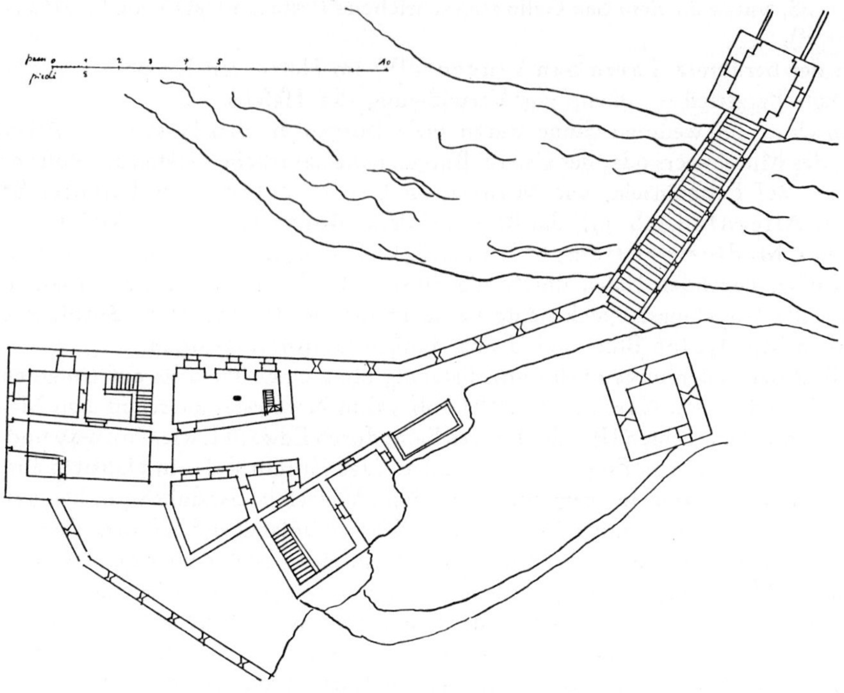

Abb. 55. Talsperre Finstermünz, Tirol, Grdr. 16. Jh., B. E. nach Statthaltereiarchiv, Innsbruck.

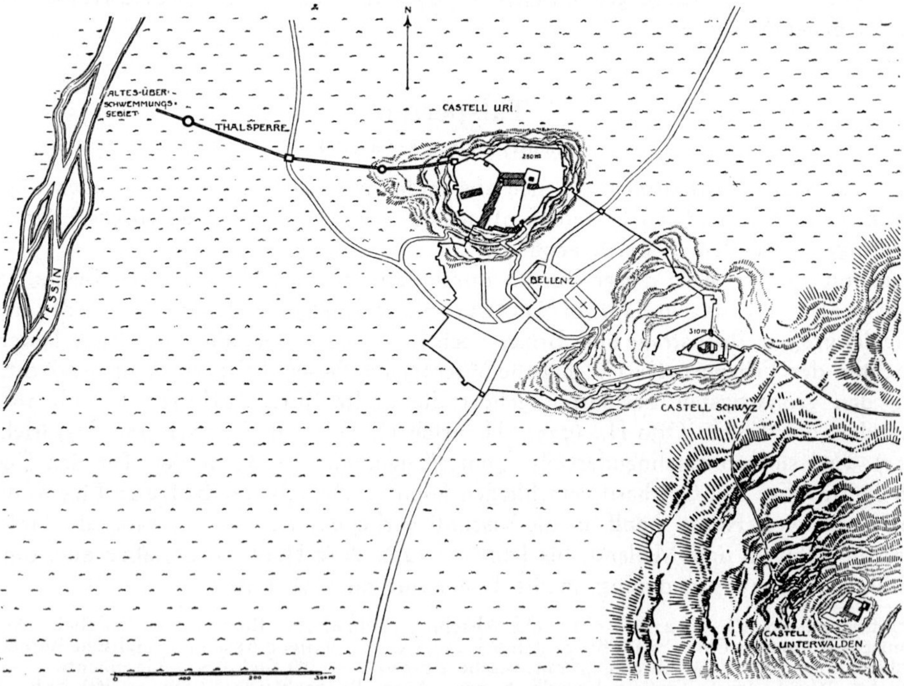

Abb. 56. Talsperre v. Bellenz, Schweiz, Burgen: Schwyz, Uri, Unterwalden. Lgpl. 1 : 10000. B. E.

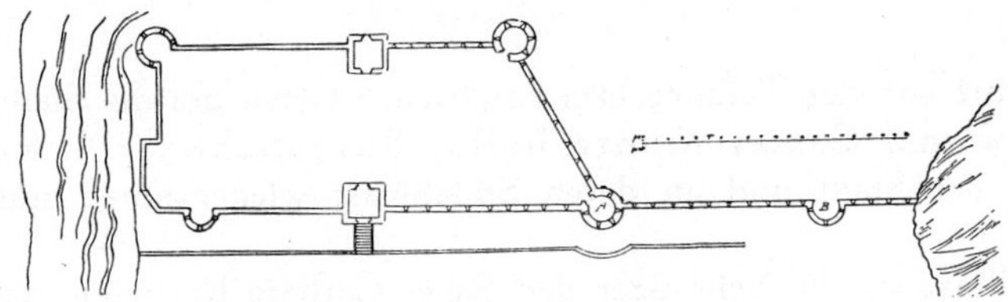

Abb. 57. Mühlbacher Klause, Tirol, Grdr. 16. Jh., B. E. nach Statthaltereiarchiv Innsbruck.

Herzöge von Mailand haben unter Benutzung älterer Burg=anlagen das breite Tal durch eine mächtige Quermauer ge=sperrt und beherrschten damit die Gotthardstraßen und den kleinen Bernardinpaß. An malerischer Wirkung auf das Auge des Burgenforschers sucht diese Talsperre ihresgleichen.

In der Stadt Bellenz, auf niedrigem Felsrücken, steht die älteste Burg, mit zwei hohen Bergfrieden, ausgedehnten Ring=mauern, Wohn= und Verteidigungsbauten, ein fester Fuß=punkt der Kette von Verteidigungswerken, die über Bellenz hoch am Berge empor und quer durch das breite Tal des Tessin bis zu den rechten Uferbergen reichen. Drüben endigt die Mauer in einem starken Batterieturm.

Von der ältesten, germanischen Burg, italienisch: Castello Grande, heute Kastell Uri, zieht sich die 3—4 m starke Sperrmauer durch Wehrgang und 297 Zinnen bekrönt nach Westen[162]).

162) Ebh.: B. It. Bd. III, S. 92.

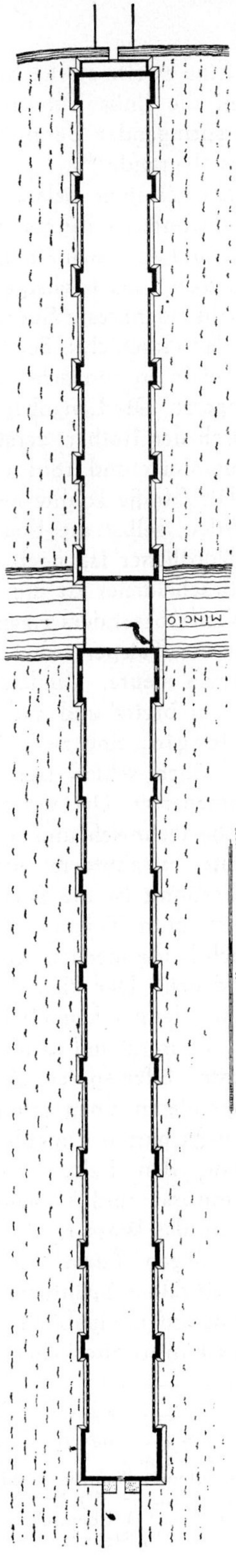

Abb. 58. Talsperre v. Valeggio am Mincio, Ital., Lgpl. 1 : 2500. B. E.

Eine zweite starke Mauer führt von der Talburg Uri herab nach Osten um die Stadt, steil die linke Talwand hinauf zum Castel Monte bello, Burg Schwyz[163]), auf vorspringender Bergnase über der Stadt und an deren Südabhang wieder hinab zum Castel grande[164]).

Da bei einer Belagerung Bellinzonas die Schweizer den Sasso Corbaro besetzten, der beide unteren Burgen und die Stadt überhöhte, wurde hier auf Befehl des Herzogs von Mailand an einem alten Turm ab 1479 eine italienische Burg Castel Corbaro, „Unter=walden", als höchstgelegener fester Punkt der Talsperre erbaut[165]).

Ausgedehnteste Sperrwerke umfaßt die Veroneser oder Berner Klause[166]), die so oft in der Geschichte der deutschen Kaiser eine verhängnisvolle Rolle spielte[167]).

Schon in römischer Zeit war die Klause 12 Meilen von Verona durch ein Castrum gesperrt. Die Langobarden verstärkten sie als Grenzfeste, ebenso die Karolinger, 1155 aber durch den Rotbart zerstört, wurde sie erst 1285 wiederhergestellt, 1796 von den Franzosen genommen und 1801 gesprengt.

Die Straße konnte noch im 17. Jahrh. durch eine Zugbrücke geöffnet und geschlossen werden, selbst die Etsch war durch eine Kette gesperrt[168]).

Nördlicher lag noch die Burg Crovara über einer breiteren Stelle des Passes[169]).

Bescheidener ist die Straßensperre am Lago d'Anfo[170]).

Ganz besonders eigenartig und technisch glänzend gelöst ist die von den Skaligern er=richtete Talsperre bei Valeggio[171]) (Abb. 58), eine Sperrmauer, die die Wasser des Mincio staute. Zugleich bildete diese beiderseits mit Gibellinenzinnen bekrönte, etwa 25,5 m breite und 550,6 m lange Mauer eine durch Tore und Türme gesperrte Burg. Valeggio, eine zweite Burg auf dem Mincio=Ufer, diente als Brückenkopf.

Endlich schloß sich eine 10 km lange Sperrmauer aus der Skaligerzeit[172]) mit dem ummauerten Ort Villafranca als Stützpunkt an.

Die technisch und wehrbaulich kühne Talsperre von Burghausen, die den Wöhrsee staute, erwähnte ich schon bei den Höhenburgen[173]).

Berühmt ist die Sperre von Finstermünz in Tirol[174]) (Abb. 55). Die alte Paßstraße führt tief im Tal am Inn entlang. Schroffe Felswände türmen sich an beiden Seiten empor. Noch heute machen die in dunkler Tiefe stehenden Turm= und Mauerreste einen finsteren Eindruck. Der Plan des 16. Jahrh. zeigt die Befestigungen.

Auf dem linken Ufer führt die Straße durch zwei Tore und einen Torturm auf eine 3,30 m breite und 22 m lange Holzbrücke, die das reißende Wasser schräg überquerte. Am rechten Ufer sperrte abermals ein Tor die Brücke. Dieses durchschreitend, gelangte der Reisende in einen schmalen Vorhof zwischen Uferfelsen und Wasser. Eine Mauer mit Schießscharten ermöglicht von dort Bestreichung des linken Ufers.

Aus den Felsen sind winklige Räume ausgehauen. Daneben eine Tränke der Saumrosse und Wagenpferde. — Rechts eine geräumige Torstube mit drei Scharten gegen das Wasser. Zwischen beiden führt der Weg endlich in einen festen, starken viereckigen Turm, hier abermals ein Tor. Hoch über Brücke und Paßstraße stand ein einzelner Spähturm.

Die auf unglaublich schwierigem Platz zusammengedrängte Anlage zeigt die vielseitige Kunst mittelalterlicher Meister.

---

163) Ebenda Bd. VI, S. 56. — 164) Zeller: Die Schlösser von Bellinzona, 1905 in Ztschr. f. Bau=wesen S. 439—466, dort weiteres Schrifttum. — 165) Ebh.: B. It.Bd. VI, S. 63. — 166) Ebh.: Wehr=bauten Veronas. — 167) Im Staatsarchiv von Venedig ruht eine Übersichtsskizze der im 17. Jahrh. vorhandenen Wehren; Ebh.: Wehrbauten Veronas, Tafel 26 u. S. 86ff. — 168) Ebenda S. 87/88; Smlg. Ebh. — 169) Ebh.: B. It. Bd. IV, S. 125. — 170) Staatsarchiv Venedig; Ebh.: B. It. Bd. IV, S. 126. — 171) Ebenda Bd. VI, S. 63, Bd. II, S. 81. — 172) Ebh.: B. It. Bd. VI, S. 58. — 173) Siehe oben. — 174) Steinitzer: a. a. O. S. 237; Statth.=Archiv Innsbruck.

Abb. 59. Ganerbenbg. Schauenburg, Schwarzw., Wiederherstellungsstudie. B. E.

Beispiele im Mittelgebirge sind nicht selten. Zu Füßen der Burg Meißen[175]) sperrt eine gewaltige Quermauer, zugleich Stadtmauer und Sperrmauer, mit großem Tor die Straße aus dem Seitental zur Elbe.

Auch zwischen Spanien und Frankreich gibt es Sperren. Die Werke von La Perthus sind bis auf geringe Reste verfallen. Im Norden lag nahe der Bidassoa der Paß von Maya an der Straße nach Pamplona und das berühmte feste Kloster im Tal Roncesvalles beim Engpaß von Roncevaux und das Kastell bei Tardets[176]).

Die große St.=Bernhard=Straße wurde schon von den Römern gesperrt. Sie führte zwi=schen Italien und Frankreich mitten durch das Castrum Aosta, dessen gewaltige Quader=tore heute noch erhalten sind[177]).

Ganerbenburgen

Die Entstehung der Ganerbenburgen erklärt sich aus Besitzverhältnissen des Mittelalters. Häufig gingen Burgen durch Erbteilung in Besitz verschiedener Familien über. Durch Ver=käufe und weitere Vererbung einzelner Burgsitze an mehrere vermehrten sich solche Be=sitzrechte immer weiter. Denn bei dem Mangel an flüssigem Geld war zur Zeit der Natural=wirtschaft der Verkauf eines wertvollen Burgbesitzes schwierig. Auch die Auszahlung von Miterben war nicht leicht.

Naturgemäß mußte eine Besitzgemeinschaft oft zu Streitigkeiten führen. Wir sehen daher, daß unter dem Namen Burgfrieden Vereinbarungen getroffen werden, um solche

[175]) Rauda: Burgberg zu Meißen; Radig: Heinr. I, S. 63ff. — [176]) Siehe Abschn. „Spanische Burgen". — [177]) Ebh.: B. It. Bd. VI, S. 6.

Streitigkeiten zu schlichten. Diese Burgfrieden spielen bis ins späte Mittelalter eine große Rolle. Für die Burgenkunde sind sie wichtig, da sie nicht selten wertvolle Nachrichten über den Zustand der betroffenen Burg, die wirtschaftliche Lage, die Verteidigungsmittel und Lebensverhältnisse zur Zeit ihrer Abfassung geben.

Ein Burgfrieden der Burg Prozelten[178]) von 1275 ist bekannt.

Die gemeinschaftlichen Besitzer, die mächtigen Grafen von Wertheim und Hanau, setzten den Frieden fest. Das frühe Beispiel enthält viele auch später gebräuchliche Bestimmungen und Verbote: Die Burgleute müssen allen Erben gemeinsam schwören; innerhalb von Burg= und Stadtgrenzen ist unter allen Umständen Frieden zu halten; wenn ein Ganerbe zugehörige Güter erwirbt, fallen diese auf Kosten des Erwerbers zur Hälfte auch an die anderen („denn er hätte ja sein Geld anders verwenden können"); niemand darf dem anderen zum Nachteil bauen usw.

Eindrucksvoll ist der Satz: „Wenn jemand unter uns oder unseren Nachkommen, vom Teufel verführt, in der Burg oder den dazugehörigen Gütern den andern oder seine Erben betrügt, wenn er, in Feindseligkeit beharrend, binnen eines Monats nicht diesen trügerischen Frevel wiedergutgemacht hat an der ihm auf Burg und Gütern nachfolgenden Partei, so darf er von dem andern (seines Anteiles) beraubt und nichtsdestoweniger ein Eidesbrecher und Meineidiger genannt werden"[179]). —

Die Hauptbestimmung, die immer wiederkehrt, ist, daß ein Teil nicht zum Nachteile des anderen bauen darf, d. h., daß Turm oder Pallas eines Ganerben nicht so hoch werden darf, daß die anderen dadurch wehrlos werden.

Auch über die Rechtsverhältnisse, Verkäufe, Vorkaufsrechte, über Ausrüstung der Burg mit Proviant, über Lieferung von Schießgewehren, Bogen, Armbrüsten nebst dazugehörigen Pfeilen, später auch von Büchsen, Pulver und Kugeln werden ausführliche Bestimmungen getroffen[180]). —

Vor dem 13. Jahrh. scheint das Ganerbentum noch nicht so ausgebildet zu sein, daß damals schon Grundriß und ganze Anlage entsprechende Formen angenommen hätten, vielmehr ist z. B. bei der Salzburg[181]) an der Fränkischen Saale deutlich kenntlich, daß eine alte, nach einheitlichem Plan erbaute Burg später einer Ganerbenschaft durch willkürliche Einbauten dienstbar gemacht ist[182]).

Ihr Burgfrieden von 1434 enthält folgende Bestimmungen:

„Unter den Ganerben Hans Voit von Salzburg, Albrecht und Otto von Brende, Heinrich von Steinau, Adolph Marschalk von Walpach, Hans und Jakob von Steinau und ihrem Gesinde soll Frieden in Worten und Werken gehalten werden. Keiner soll eines anderen Ganerben Feind in die Burg führen; die Ganerben räumen gegenseitiges Vorkaufsrecht ein; Söhne sollen mit 15 Jahren schwören; jeder Teil hält 10 Wochen abwechselnd den Torschlüssel, zugleich ist der Betreffende dann ‚Baumeister'; in Kriegsnöten soll jeder Ganerbe einreiten oder einen Ehrbaren vom Adel an seiner Statt schicken, so daß jeder Sitz mit einem Ganerben und fünf wehrhaften Mannen besetzt sei. Stets sind zwei wehrhafte Knechte in jedem Sitz zu halten", ferner (1434) je drei Handbüchsen, 20 Pfd. Pulver, „3 Armbrust, 1000 Pfeile, 20 Malter Mehl. 3 Schiedsrichter werden ernannt."

Der „Burgfrieden" umfaßt den Abhang an beiden Seiten und verschiedenes Ackerland, sowie im Tal den „Eselsbronnen" und die „Drengk" (Tränke).

Aufbewahrt wurde die Urschrift von Bürgermeister und Rat in Münnerstadt. Sie wird vom Oberlehnsherr, dem Bischof von Würzburg, bestätigt, der befiehlt, Turm und Tor der Salzburg zu bewahren und ein „porthus" bei demselben zu errichten. Überreste eines

[178]) Ebh.: D. B. Bd. I, S. 119ff. — [179]) Der Burgfrieden ist Gudenus: Urkundenbuch Bd. 4, S. 294 entnommen. Kgl. allg. Reichsarchiv, München. — [180]) Kyllinger: De Ganerbiis Castrorum ... gibt eine Reihe von Burgfrieden wieder. — [181]) Ebh.: D. B. Bd. I, S. 80ff. — [182]) Anders Piper: Burgenkunde S. 523, Anm. 4.

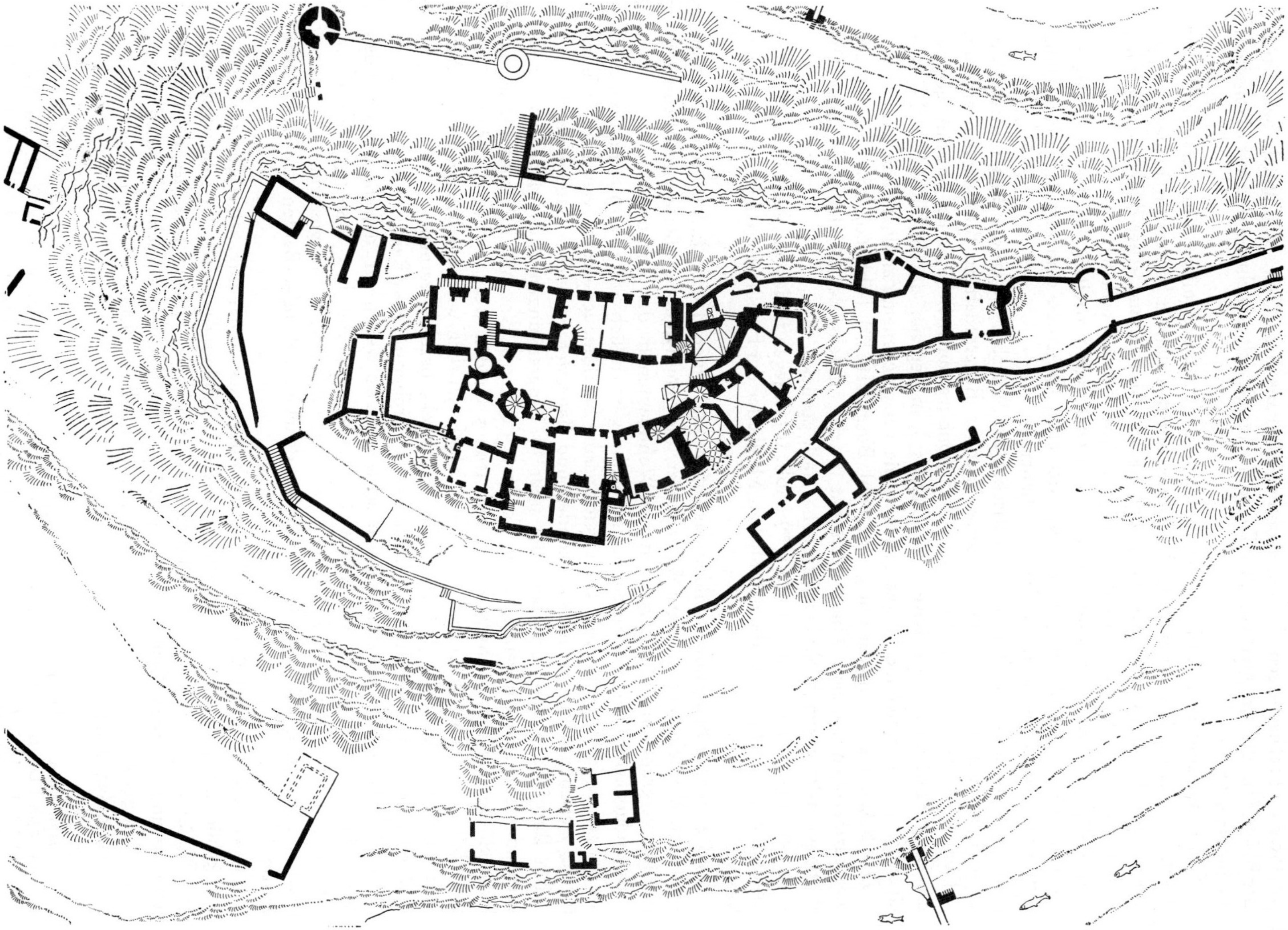

Abb. 60. Ganerbenbg. Eltz, Grdr. 1 : 1000. B. E.

Vortores und sechseckigen Turmes stammen wohl aus dieser Zeit. Wie üblich, behält sich der Bischof für die Notdurft vor, den Turm in seine Gewalt zu nehmen und mit Mannschaft zu besetzen[183]).

Zu romanischer Zeit wurde der weite Bering der Salzburg mit 7—8 turmartigen Bauten besetzt, die z. T. ohne Zerstörung der Zinnen auf den starken Umfassungsmauern stehen. Von dem Pallas in der Nordwestecke, der aus der Blüte romanischer Baukunst stammte, sind leider nur Grundmauern und einige schöne Fenster erhalten.

Es entspricht den Bestimmungen des Burgfriedens von Prozelten, daß die verschiedenen Türme ungefähr gleichwertig sind. Nur der allen Ganerben gemeinsame Torturm, der weit von den Ganerbensitzen steht, ist höher.

Die Ganerben sind wohl durch den Bischof von Würzburg, dem die Burg um 1000 von Otto II. geschenkt wurde, aus der umwohnenden Ritterschaft zu Burgmannen ernannt.

Dem berühmten Geschlecht derer von Schönburg, auch Schomburg genannt, gehörte die Burg Schönburg am Rhein[184]) (Tafel 57), in der vier einzeln für sich und gegeneinander zu verteidigende Werke standen, die verschiedenen Familien gehörten.

Die bekannteste Ganerbenburg ist wohl Burg Eltz[185]) (Abb. 60). Sie besteht aus vier turmartigen Spitzen. Diese Form hat ihr das ausgehende Mittelalter gegeben. Die Festigkeit tritt gegen Wohnbauansprüche stark zurück.

In der Burg Stetten am Kocher[186]) (Abb. 16) dagegen finden wir schon in den ältesten urkundlichen Nachrichten alle männlichen Mitglieder der Familie Stetten in gemeinsamem Besitz.

Zwei getrennte Baugruppen bilden das äußere und innere Haus. In letzterem umschloß eine enge Mantelmauer mehrere Wohnhäuser, die Schildmauer schützte ihre Stirnseiten, Familienvergrößerung führte zu weiteren Wohnbauten in der Vorburg.

Besonders kennzeichnend für eine Ganerbenburg ist endlich Schauenburg im Renchtal im Schwarzwald[187]) (Abb. 59). Eine gemeinsame Schildmauer deckte vier frühe Wohntürme, zwischen denen — nach Urkunden und Bauresten — leichte Bauten standen.

Ein Burgfrieden von 1433 berichtet über[188]) Umgrenzungen und Friedenszwang — vorhanden soll sein ein gemeinsamer Torwart, Förster, 4 Knechte, für jedes Viertel der Burg ein besonderer Wächter, 2 Büchsen, jede 3 Gulden wert, 2 Stegreif-Armbrusten, 500 Pfeile, ein Fuder Wein und ein Viertel Mehl. Jährlich wird ein Baumeister gewählt, dem von jedem Viertel 6 fl. jährlich für Bauzwecke bezahlt werden.

Unter den verzwickten Rechtsverhältnissen bei Eroberung oder Belagerung einer solchen Ganerbenburg richtig zu verfahren, war schwierig. So wissen wir, daß die Belagerer der Burg Guttenberg bei Kulmbach[189]) 1523 nur den Bau desjenigen Ganerben zerstören durften, dem die Fehde galt. In der Tat ist auch ein gotischer Wohnturm noch wohlerhalten, während die unmittelbar daneben stehenden Bauten damals zerstört wurden[190]).

Wie weit die Teilung bei solchen Ganerbenburgen manchmal ging, zeigt Münzenberg; dort gehörten $^{18}/_{48}$ dem Großherzogtum Hessen, $^{15}/_{48}$ Solms-Braunfels, $^{5}/_{48}$ Solms-Lambach und $^{10}/_{48}$ Stolberg[191]). Vorhanden sind zwei Bergfriede, der romanische Pallas, der Falkensteinbau und geringere Bauten, u. a. die Küche. Auch leichtere Fachwerkbauten mögen vorhanden gewesen sein. Trotzdem werden 48 Anteilhaber kaum alle Wohnungen auf der Burg gefunden haben.

---

[183]) Siehe oben u. Abschn. „Deutsche Burgen". — [184]) Doering: D. deutsche Burg S. 13 u. Abb. 15; Ebh.: Deutsch. Burg. als Zeugen deutscher Gesch. — [185]) Doering: a. a. O S. 14 u. Abb. 2, 3, 4; Piper: a. a. O. S. 524; Bau- u. Kunstd. Reg.-Bez. Coblenz S. 377ff. — [186]) Ebh.: D. B. Bd. I, S. 57ff. mit genauer Geschichte. — [187]) Ebh.: D. B. Bd. I, S. 178ff. mit genauer Geschichte. — [188]) Ebenda S. 185. — [189]) Piper: a. a. O. S. 630. — [190]) Smlg. Ebh. — [191])Ködding: Gesch. d. Stadt u. Herrsch. Münzenberg S. 62.

Liebenstein und Sternberg
bei Bornhofen a/Rhein
28. IX.
1901
B E

Tafel VI Burgengruppe Liebenstein und Sternberg am Rhein

Auch Burg Gelnhausen wurde Ganerbenburg[192]). Die Ganerben wohnten anfangs wohl nur in der Vorburg, die Einteilung der kaiserlichen Kernburg mit dem berühmten, schönen Pallas erfolgte auf Grund späterer ganz anderer Bestimmungen.

Steckelberg[193]), die Stammburg Huttens, gehörte einer Ganerbenschaft von fünf Köpfen, die urkundlich 1452 elf weitere Ganerben annehmen wollen[194]).

Die Ganerben der Hohkönigsburggruppe verpflichteten sich 1267 und 77 gegenseitig, daß keiner ohne Zustimmung des andern verkaufen dürfe[195]). Auf dem Bergkamm stand eine ganze Reihe von romanischen Pallassen.

Die Ganerbenschaft der Familien von Hohenstein und Rathsamhausen mag, wie bei Salzburg, hervorgegangen sein aus den zur Zeit der Hohenstaufen eingesetzten kaiserlichen Burgmannen, da die Hohenstaufen an diesem strategisch wichtigen Punkt schon zur Zeit der Kreuzzüge Türme besaßen[196]).

Burgengruppen

Vielfach wurden mehrere Burgen dicht beieinander errichtet, nicht immer als Werke, die auf gegenseitige Verteidigung angewiesen waren. Selten waren sie ein einheitliches Ganzes[197]).

Entweder war der Bauplatz so beschaffen, daß der ursprünglichen Burg ein Angriff von naher beherrschender Stelle drohte. Es galt dann, diese Stelle zu sichern. Da aber die Ausdehnung einer Ringmauer um den ganzen Bezirk zu große Baukosten verursacht und zu viele Verteidiger erfordert haben würde, baute man eine zweite Burg neben die erste. Beide kehrten oft ihre stärksten Verteidigungswerke gegeneinander, z. B. Liebenstein und Sternberg am Rhein. Es mag aber auch vorkommen, daß erbteilungshalber oder wegen der Größe der Familien eine Burg neben die andere gesetzt wurde.

Man kann schließlich auch Burgen wie Ortenberg (Abb. 64) und Ramstein (Abb. 65) als Burgengruppen bezeichnen. Ramstein ist aber gebaut zur Belagerung der Burg Ortenberg[198]). Beide liegen daher ziemlich auseinander.

Die Hohkönigsburg[199]) dagegen war ebenfalls bis Mitte des 15. Jahrh. eine Burgengruppe, Reste sind noch in der Odenburg und im Mauerwerk der heutigen Hohkönigsburg erhalten (Abb. 69).

So bestand die Anlage, den besonderen Umständen des schmalen, 1000 m langen Felsgrates entsprechend, aus einer Reihe von festen Pallassen nebeneinander. Um den langgestreckten Bauplatz nicht mit den geringen Mannschaften verteidigen zu müssen, die den Burgbewohnern in der Regel zur Verfügung standen, wurden nur seine Enden

Abb. 61. Höhenbg. Ulrichsburg (Rappoltst. Schl.), Elsaß, auf Felsnase. B. E.

[192]) Piper: a. a. O. S. 623; Bau= u. Kunstd. Cassel, Kr. Gelnhausen Bd. I, S. 15ff.; Hdb. d. Arch. Bd. II, 4, II, S. 24. — [193]) Krollmann: Burg Steckelberg S. 13; Krollmann: Burgw. 1899, S. 20ff., 34ff.; 1900, S. 59f. — [194]) Landau: Hess. Ritterbg. Bd. III, Angabe stimmt nicht mit der Originalurkunde überein. — [195]) Ebh.: Hohkönigsburg. — [196]) Ebenda. — [197]) Vgl. Krieg v. Hochfelden: Gesch. der Milit. Archit. S. 263; Köhler: Entw. d. Kriegswesens Bd. III, 1, S. 435. — [198]) Siehe auch Eltz; Ebh.: D. B. Bd. II, S. 257ff. — [199]) Smlg. Ebh.; Essenwein: a. a. O. S. 143; Piper: a. a. O. S. 531f.; Ebh.: Hohkönigsburg.

Burgengruppe: „Die feindlichen Brüder" bei Bornhofen a. Rh.

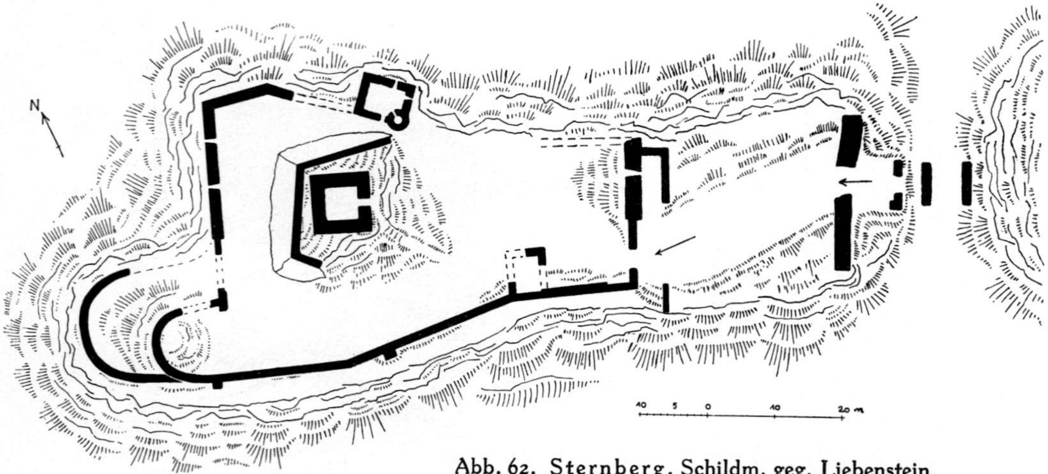

Abb. 62. Sternberg, Schildm. geg. Liebenstein, Grdr. 1:1000. B. E.

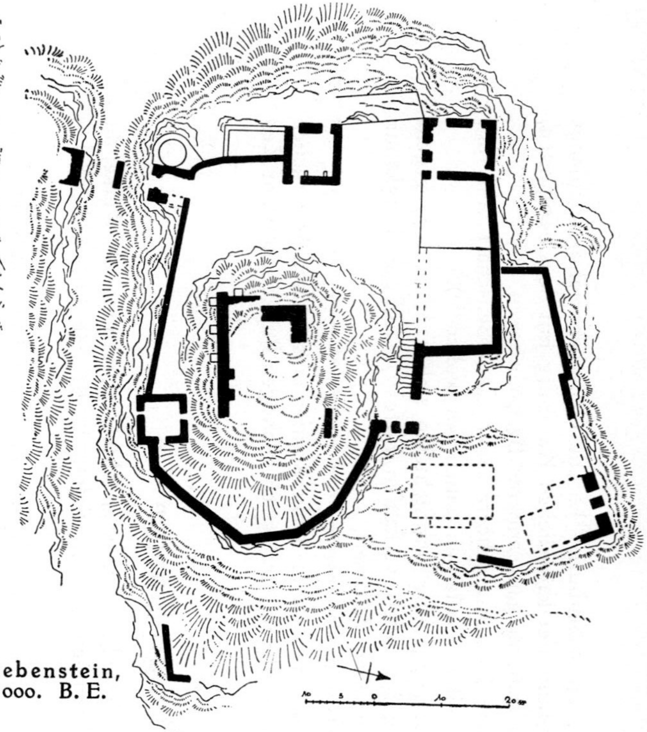

Abb. 63. Liebenstein, Grdr. 1:1000. B. E.

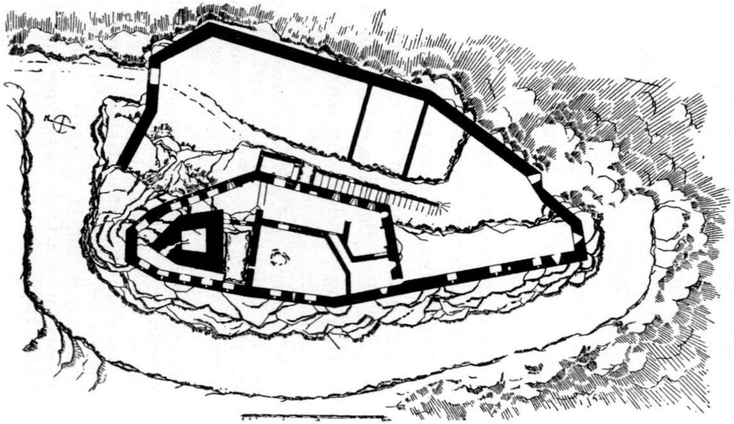

Abb. 64. Burg Ortenberg, Elsaß, Grdr. 1:1000. B. E.

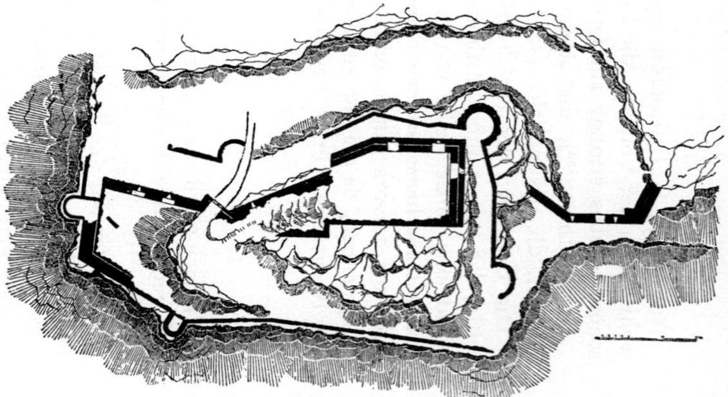

Abb. 65. Höhenbg. Ramstein, Elsaß, sw. v. Ortenberg, Grdr. 1:1000. B. E.

Abb. 66. Höhenbg. Hohrappoltstein, Elsaß. Grdr. 1:1000. B. E.

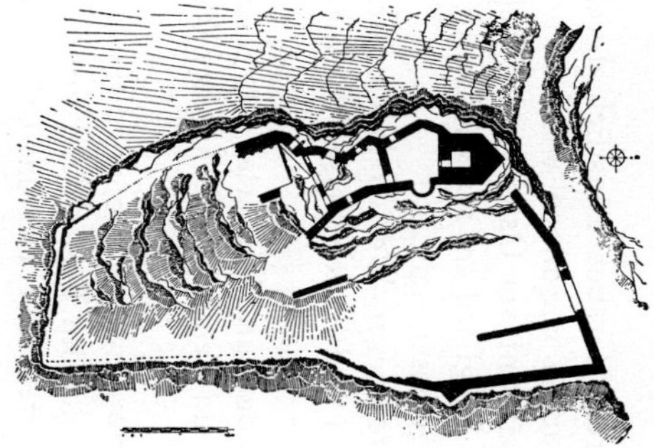

Abb. 67. Höhenbg. Giersberg, Elsaß, durch Schlucht v. Ulrichsburg getrennt, Grdr. 1 : 1000. B. E.

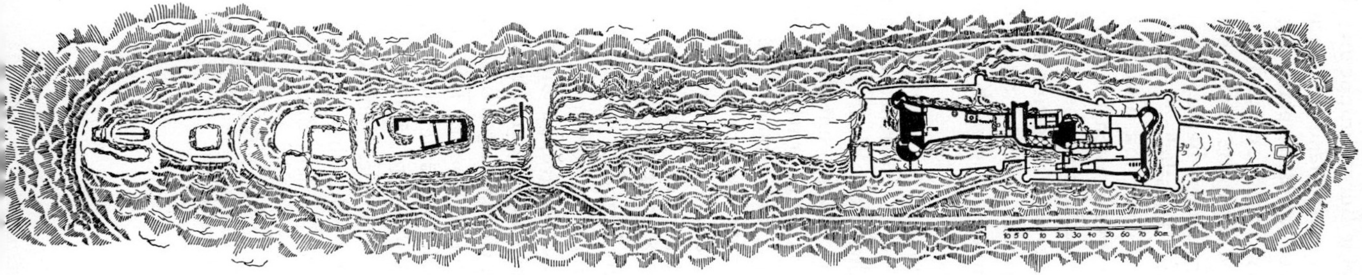

Abb. 69. Burgengruppe Hohkönigsburg u. Odenburg, Elsaß. Lgpl. 1 : 4000. B. E.

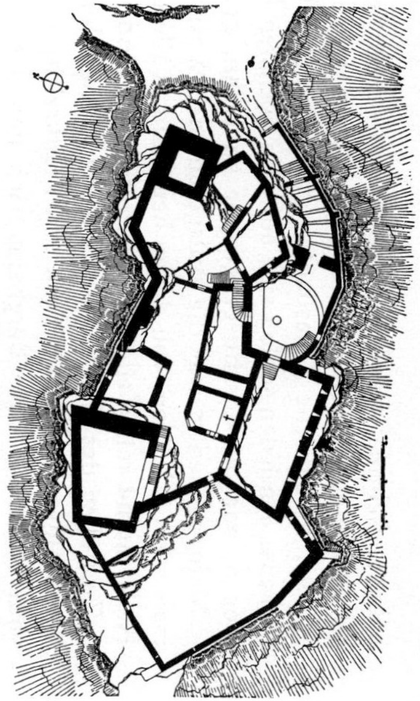

Abb. 68. Höhenbg. Ulrichsburg, Elsaß, sw. v. Giersberg, s. v. Hohrappoltstein, Grdr. 1 : 1000. B. E.

bebaut. Achtmal wurde der Felskamm durch tiefe und breite Gräben künstlich durchschnitten, aus denen zugleich Baumaterial für die Hochbauten gewonnen wurde.

Zwei romanische Pallasbauten standen durch Gräben getrennt am Ostende des Felsrückens. An jeden schloß sich auf dem höchsten Felsen ein Bergfried an, nur die Zwinger mögen, wie bei der Burgengruppe zu Dahn, gemeinsam gewesen sein.

Mehr gegliedert war die Anlage auf der Westseite. Weiter gegen Westen lagen nochmals 3 bis 4 Bauten, von denen heute nur Wälle und Gräben und in den Felsen gehauene Kellerräume mit Teilungsmauern sichtbar sind[200]).

Zu Füßen des Hohkönigsburgberges ziehen durch das Leber= und Weilertal sehr wichtige Straßen nach Lothringen und Frankreich,und westlich ein heute noch benutzter Weg vom Oberelsaß über Bergheim nach dem Lebertal.

Wenn aber eine Burgengruppe ursprünglich strategisch zusammengehörte, wird sie doch nicht immer in einer Hand geblieben sein. Selbst ursprünglich im Besitz der Kaiser befindliche Burgen wurden später Eigentum verschiedener ritterlicher Herren.

Die Dahner Schlösser sind als Burgengruppe und als Felsenburgen merkwürdig[201]) (Abb. 34). Den Bauplatz bildet ein etwa 200 m langer und 30 m breiter Felsenkamm, auf einem nicht hohen Berge etwa $1^1/_2$ km von der Stadt Dahn. Vom Felsen, der von Natur und durch künstliche Nachhilfe in drei Hauptteile und zwei kleinere Stücke zerlegt ist, wurden zwei Teile von Altdahn eingenommen, in der Mitte lag Grevendahn (Grafendahn) und am westlichsten Ende Tanstein (Dahnstein).

Die Anlage macht zunächst den Eindruck einer einheitlichen Burg durch die lange, ebene, einst zusammenhängende Zwingerfläche auf der Nordseite. Doch sind die Burgen auch gegeneinander befestigt durch breite Felsspalten und starke Abschlußmauern. An die älteren Bauten auf dem Kamm der Felsen sind im 15. Jahrh. starke Batterietürme angebaut.

Zwei Burgen, jedem Rheinfahrer bekannt, sind Sternberg und Liebenstein bei Bornhofen (Kreis St. Goarshausen) am Rhein[202]) (Abb. 62, 63). Beide liegen auf steilem Felsgrat zwischen dem Rhein und einem tief einschneidenden Bachtal. Dieser Grat ist durch mehrere Gräben unterbrochen. Eine mächtige Schildmauer von etwa 1,80 m Stärke und 10 m Länge erhebt sich auf der Südseite der Burg Sternberg gegen Liebenstein gekehrt; vor ihr sind Gräben und Zwinger angeordnet[203]). —

Auch Liebenstein wendet sein starkes Hauptwerk mit Scharten in zwei Geschossen übereinander der Nachbarburg zu.

Zwischen Liebenstein und dem höher ansteigenden Gebirge erschwert dann ein tiefer Felsgraben den Angriff. Die Erklärung für die scheinbar feindliche Einstellung einer Burg gegen die andere liegt aber wohl darin, daß ein Feind, der eine der Burgen gewonnen hatte, doppelt gefährlich für die andere werden mußte.

Eine ähnliche Baugruppe bilden die vier Landschadenburgen über Neckarsteinach. Auch sie mögen entstanden sein, als die erbberechtigten Familien zu zahlreich wurden, um in einer einzigen Burg zusammen zu wohnen. Auffallend ist allerdings, daß sie von drei Bistümern Speier, Trier und Worms[204]) zu Lehen getragen wurden.

Auf langem Bergausläufer liegen Vorder=, Mittel= und Hinterburg, die Vorderburg auf der äußersten Spitze, die Mittelburg frei auf dem Kamm und die Hinterburg dort, wo der schmale Rücken mit dem übrigen Gebirge zusammenhängt.

Die letzte, das Schwalbennest, liegt abseits am höheren Bergstock an den Abhang angelehnt und besteht, dem Bauplatz entsprechend, notwendigerweise nur aus einer hohen

[200]) Burgwart 1901; Ebh.: Baugesch. d. Hohkönigsburg. — [201]) Piper: a. a. O. S. 534; Smlg. Ebh.; Baudenkm. d. Pfalz I. Bd., S. 112. — [202]) Piper: a. a. O. S. 534; Bau= u. Kunstd. d. Reg.=Bez. Wiesbaden Bd. V, S. 136ff. — [203]) Smlg. Ebh. — [204]) Ebenda; Schulte v. Brühl: Dilsberg u. d. 4 Burgen zu Neckarsteinach.

Dolceaqua
23 IV
1905.

Tafel VII Burg D o l c e a q u a , Italien

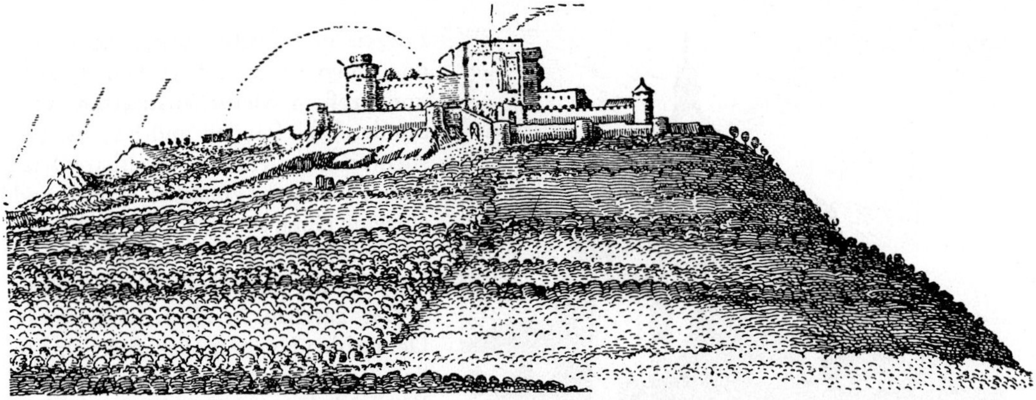

Abb. 70. Hohkönigsburg, Elsaß. B. E. nach Kupferst. v. 1633.

Schildmauer mit geringen Bauten dahinter. Die weite Übersicht über den vielgekrümmten Neckar ließ wohl diesen Bauplatz wählen.

Hier ist die Absicht, daß alle vier gemeinsam kriegerisch wirken sollten, anzunehmen. Die Hinterburg kehrt ihre stärksten Verteidigungsmittel von der freilich nicht nahen Nachbarburg ab.

Die Burgengruppe von Eberbach im Odenwald zeigt die Ruinen von drei Einzel=festen [204a]).

Die schönste Burgengruppe endlich bilden Hoh=Rappoltstein, Ulrichsburg und Giersberg im Elsaß [205]) (Abb. 66, 67, 68). Die weite Entfernung zwischen Hoh=Rappoltstein und Ulrichsburg verbietet eine Rücksichtnahme bei der Anlage der Befestigungswerke.

Näher liegen sich Giersberg und Ulrichsburg; aber auch sie wenden den stärksten Teil ihrer Befestigung, dem Gelände entsprechend, dem Bergabhange zu. Zwischen den Be=sitzern von Giersberg und Ulrichsburg herrschte 1443 Fehde, die mit der Erstürmung der Burg Giersberg und dem Tode ihres Besitzers endigte. Auch zwischen den Burgherren von Ulrichsburg und Hoh=Rappoltstein — zwei Brüdern — bestand 1428 Kriegszustand.

Nach allem ist zu schließen, daß die Absicht, die Burg einer Gruppe mit Hilfe der anderen zu verteidigen, bei der Erbauung nur selten vorgelegen haben dürfte. Gründe waren wohl eher, daß günstige Bauplätze nahe beieinander lagen oder die erbberechtigten Familien=mitglieder sich vermehrten oder die Absicht bestand, eine bestehende Burg zu erobern, oder es sollten, wie bei der Hohkönigsburg, ein größeres Gelände oder mehrere Pässe beherrscht werden.

Wenn freilich ein Feind, zwischen zwei Burgen liegend, eine davon belagerte, dürfte seine Lage ohne Unterstützung des Inhabers der zweiten eine sehr schwierige gewesen sein.

Befestigte Friedhöfe, Bauern- und Kirchenburgen und befestigte Klöster

Eine eigentümliche Form haben die „Bauernburgen" angenommen. Auch die Dorf=bewohner hatten in Zeiten der Selbsthilfe im Mittelalter Ursache, ihre Heimstätten zu sichern oder doch sich daneben Zufluchtsstätten zu schaffen. Die Belagerungen von

[204a]) Bronner: Odenwaldburgen 3. Teil, S. 74ff. — [205]) Ebh.: D. B. Bd. II, S. 275f.; Smlg. Ebh.; Piper: a. a. O. S. 533.

Abb. 71. Sächs. Wehrkirche Groß=Rückerswalde, nach Klengel.

Burgen und Städten waren schwierig und langwierig, mit großen Kosten und großem Menschenaufgebot ver=bunden[206]). Fehden und Rachekriege suchten daher leichter angreifbare Orte; man verwüstete zunächst Dörfer und einzelne Höfe, sei es, um die Anhänger der Bekriegten zu treffen, oder um die Verpflegung der Feinde zu schmälern.

Das geschah in allen Ländern, in Deutschland wie in der Schweiz, in den italienischen Kämpfen zwischen Friedrich II. und den lombardischen Städten[207]), ebenso in Frankreich und Spanien. Besonders bedroht waren aber die Deutschen im Osten durch Mongolen und ähnliche Landver=wüster und später durch die Türken.

Reste solcher „Bauernburgen" gibt es z. B. noch in Westfalen. Neben den Wohnhäusern errichtete man dickwandige Steinhäuser, die zur Zeit der Gefahr Menschen, Vieh und kost=bares Gut aufnahmen[207a]). Siebenbürgen weist ebenfalls solche Burgen auf: Keisd, Kelling, Michelsberg, Stolzenburg, Törzburg usw.[207b]).

In Deutschland und Osteuropa haben daneben aber die Dorfbewohner, um sich gegen Überfälle und Belagerungen zu verteidigen, oft Kirchhöfe oder Kirchen befestigt. Wir finden in allen Teilen des deutschen Sprachgebietes und besonders in Siebenbürgen Reste solcher An=lagen. Neuerdings sind in Franken wieder eine große Zahl Dorffestungen nachgewiesen[208]).

Suchen wir zunächst kennzeichnende Beispiele in unserer Nähe, und zwar in Franken. Ostheim vor der Rhön[209]) besitzt einen schönen festen Friedhof auf erheblicher Höhe innerhalb des Ortes, in seiner Mitte die Kirche. Zwei runde und zwei viereckige schlanke Türme stehen in der vieleckigen Kirchhofsmauer. Offenbar war diese Mauer früher noch durch einen Zwinger verstärkt, von dem ein niedriger Eckturm erhalten ist. Die Kirche zeigt einfaches Satteldach und hohe gotische Fenster. Der Turm ist später umgebaut, während die Ecktürme noch spitze Dach= und Fachwerkaufbauten zeigen. Der heutige Bau wird 1457 zuerst erwähnt, die Kirche 1410.

Von den festen Friedhöfen in Franken sind bemerkenswert: Serrfeld, Hirschaid, Kreuzwertheim, Goßmannsdorf bei Hofheim, Birkenfeld, Heidingsfeld, Sulzfeld u. a.[210]).

Die Bauzeit der fränkischen Kirchenburgen fällt meist ins 13. Jahrh. Man umzog die Kirche mit 5—10 m hohen, oft 1 m dicken Wehrmauern mit Schießscharten. An ihrer Innenseite waren sogenannte „Haden" angebracht für Lebensmittel im Falle der Not. Ecktürme und Torhaus schützten noch besonders. In der Ebene wurde sie mit Wasser=gräben umzogen. Im Mittelpunkt stand der mit Scharten bewehrte Kirchturm. 1403 erging wohl ein Landfrieden zum Schutze der Kirchen, trotzdem wurden viele zerstört, die ein=fachen Befestigungen schützten also wohl nur gegen schwache Gegner[211]). Zerstörungen

[206]) Schultz: Höf. Leben z. Zt. d. Minnesänger Bd. II, S. 363. — [207]) Köhler: Entw. d. Kriegswes. Bd. I, S. 161ff. — [207a]) Boese: Burgw. 1922, S. 18ff. — [207b]) Sigerus: Siebenb.=sächs. Burgen u. Kirchenkastelle. — [208]) Siehe Würzburger Anzeiger (Zeitungsausschnitt) Smlg. Ebh. — [209]) Fritze: Die Kirchenburg Ostheim a. Rhön, Burgw. 1909/10, S. 76ff.; Bau= u. Kunstd. Thüring., Sachs.=Weimar=Eisen. Heft 37, S. 244ff. — [210]) Karlinger: Bef. Friedh. i. Franken. Burgw. 1916, S. 4ff.; Birkenbihl: „Das Werk." Mai 1937, S. 165ff. — [211]) Smlg. Ebh.: Würzburger Generalanzeiger, Würzburg: Fränkische Kirchenburgen. Ein Stück vernachl. Heimatgesch. A. F.

sind berichtet von Geldersheim, Gochsheim, Aschfeld, Hundsfeld, Diebach a. d. Saale, Kleinlangheim, Mönchsondheim, Marktreinersheim u. a.[212]).

Berühmt ist der befestigte Kirchhof von Hunaweier[213]) im Elsaß. Ein Gelände von etwa 43 m Länge und 37 m Breite wird durch eine hohe, durch sechs halbrunde Türme verstärkte Ringmauer umschlossen. Ein Rundbogentor mit Schießscharten darüber war durch Graben und einen in Resten erhaltenen Torturm verteidigt.

Auf steilem Hügel oberhalb des Dorfes gelegen, bildet der Friedhof eine weithin sichtbare Landmarke. Im Bering östlich verschoben, steht die Kirche.

Ähnlich ist der Kirchhof in Hartmannsweiler[214]) durch breiten Wassergraben und starke Mauer befestigt, die durch drei Türme verstärkt war. Türme und Umfassungsmauer zeigen Schießscharten, die Mauer weist Kragsteine eines Wehrganges auf.

In Württemberg ist eine 1484 ummauerte Kirche in Groß-Sachsenheim (Oberamt Vaihingen) erhalten[215]).

Auch im Donaugebiet finden wir Beispiele, wie Weißkirchen und St. Michael an der Donau[216]), mit Zinnen, Scharten und einem burglichen Turm.

Ebenso ist die Kirchenruine von Stefling am Regen ein merkwürdiges Beispiel einer kleinen, festen Kirche der romanischen Zeit[217]).

Gleich alt sind drei weit voneinander liegende große Kirchenburgen: Komburg in Württemberg, Kastl[218]) in der Oberpfalz und Valeria[219]) (Abb. 72) im Schweizer Kanton Wallis. Bei allen dreien ist nicht die Kirche selbst das Kernwerk, durch Wehrgänge, Zinnen, Scharten verstärkt, sondern die Verteidigungswerke waren ringsum angeordnet. Mantelmauern, Zwinger, vielfache Tore, auch Gräben (Komburg), wurden benutzt.

Alle drei Kirchenburgen erheben sich auf steilen Höhen, sehr kühn namentlich die Kirchenburg St. Valeria über Sitten in der Schweiz, deren ernstes Äußere den wehrhaftesten Eindruck macht.

Sie ist ein sehr altes Beispiel. In angeblich römischen Resten ist die frühromanische Kirche auf hohem Berggipfel errichtet, deren Turm im obersten Geschoß die üblichen, romanischen Zinnen zeigt. Weitläufige Außenwerke umziehen die Burg.

Wie in den obengenannten Gegenden finden sich auch in Hessen Kirchenburgen, z. B. in Bruchköbel, Dörnigheim, Hausen, Heskem, Hochstadt, Hoheneiche, Kirchberg, Schwarzenberg, Zennern usf.[220]).

Kaum bekannte Kirchenburgen sind auch in Sachsen zu finden, wie Großrückerswalde, Lauterbach, Mittelsaida, Dörnthal. Sie sind ganz dem Landschaftsbild des mittleren Erzgebirges angepaßt[221]) (Abb. 71).

Abb. 72. Bef. Kirche St. Valeria über Sitten, Schweiz.

[212]) Ebenda. — [213]) Denkm. d. Baukunst i. Elsaß Tafel 68; Wolff: Elsäß. Burgenlex. S. 163. — [214]) Reichsld. Elsaß-Lothr. 3. Teil Ortsbeschrbg. S. 398. — [215]) Eine Abb. davon s. in Kunst- u. Altertumdenkm. Württemberg. Inventar S. 474. — [216]) Ebh.: Burgenf. 1901, S. 17; Binder: Niederösterr. Burg. u. Schlösser I, S. 35. — [217]) Smlg. Ebh.: Handzeichn. — [218]) Smlg. Ebh.; Müller: Komburg. — [219]) Siehe Abschn. „Schweiz". — [220]) Wenzel: Wehrbau i. Reg.-Bez. Kassel (Teildruck) S. 102f. — [221]) Smlg. Ebh.; Ullmann: Alte Wehrk. i. Sachs. 1935 in Der Freiheitskampf, Dresden; Klengel: Burgwart 1919, S. 66ff., 77ff.

An die Kämpfe der Kärtner Bauern gegen slowenische und magyarische Einfälle erinnert die mit Wehrmauer umgebene Kirche von Karnburg am Zollfelde[222]).

Die Kirchenwasserburg Koci bei Chrudim[222a]) stand ursprünglich frei inmitten des Kirchhofes, um den ein Graben fließt.

Schlesien weist zahlreiche Kirchenburgen und befestigte Friedhöfe auf[222b]).

Von allen diesen unterscheiden sich die Wehrkirchen im nordwestlichen Brandenburg, nur der Turm dient als Wehrbau[223]). Der älteste ist der von Hohennauen, nördlich von Rathenow[224]). Aus dem 13. Jahrh. stammt der Turm von Kuhsdorf, etwas jünger ist der Wehrturm von Zernitz bei Neustadt und der zu Demerthin bei Kyritz. Aus dem 14. Jahrh. stammt der Turm von Schweinrich bei Wittstock. Turm und Schiff der Kirchen — ausgenommen Hohennauen — sind wohl der Wehrfähigkeit halber gleich breit.

In den Elbherzogtümern Friesland und Schleswig-Holstein nennen wir St. Michael in Schleswig und St. Georg in Schlamersdorf[225]). Ähnliche Werke sind manchmal erst später wehrfähig gemacht, dienten auch neben Kriegszwecken als Stapel- und Zeughäuser[226]).

Beispiel einer befestigten Kirche mit Friedhof bietet Dörrenbach in der Pfalz[227]). Die Mauerstärke des Chores beträgt fast 2 m, am zweiten Turmgeschoß befinden sich Schießscharten. Besonders hervorzuheben ist die Friedhofsbefestigung, die fast gleichzeitig mit der Kirche errichtet worden ist und im Grundriß ein von Westen nach Osten gestrecktes Rechteck zeigt, dessen südliche Längsseite in der Mitte abgeknickt ist.

Verwandt sind die zahlreichen Siebenbürger Bauernburgen. Hier hatte ein kerniger, deutscher Volksstamm jahrhundertelang schwere Kämpfe um sein Volkstum zu bestehen. Die Kirche wurde dabei nicht nur geistiger Mittelpunkt der Gemeinde, sondern auch als Versammlungsort und stärkstes, wehrhaftes Bauwerk auf dem sichersten Platze erbaut.

Fast immer liegt die Kirche in der Mitte einer vieleckigen oder runden turmverstärkten Ringmauer, in der innen noch heute benutzte Vorratsräume für Getreide und dergleichen angebaut sind. Bei besonders starken Kirchenburgen zieht sich noch ein Zwinger ringsum. Die Kirchen mit und ohne Turm sind von Haus aus zur Verteidigung mit Wehrgängen und Schießscharten ausgestattet.

Als Beispiel ist Tartlau im Kronstädter Komitat zu nennen[228]). In der Mitte steht die Kirche aus dem 13. Jahrh. Ringsum zieht eine 3—5 m starke innere Ringmauer bis zu 12 m hoch, drei übereinanderliegende Stockwerke kleiner Kammern lehnen

222) Dehio: Österr. Bd. I, S. 37. — 222a) Weinelt: Grundriß der Schönhengster Burgenkunde S. 66ff. Andere Beispiele des Schönhengster Gebietes: Bohnau, Moraschitz, Heinzendorf, Laubendorf, Schönbrunn, Mähr.-Rothmühl, Strenitz, Mähr.-Hermersdorf, Meedl usw. — 222b) Siehe Verz. d. Kunstd. d. Prov. Schles. Bd. V, S. 53f. — 223) Mielke: Kirchl. Wehrtürme im nordwestlichen Brandenburg. Burgw. Jg. III, Nr. 3, S. 21ff. — 224) Ebenda S. 22. — 225) Haupt: Wehrkirchen i. d. Elbherzogt. Sonderdr. S. 268. — 226) Ebenda S. 267. — 227) Kunstd. v. Bayern, Reg.-Bez. Pfalz, IV. Bergzabern S. 162ff. — 228) Sigerus: Siebenbürg.-sächs. Burg. u. Kirchenk.; Braunschweig: Kirchenburg. i. Siebenb. Burgw. Jg. II Nr. 6 S. 45ff.; Smlg. Ebh. (Oberhausener Generalanzeig.) 17.3.36, Loof: Kirchenburgen i. Siebenbürg.; Engelmann: Verteidigungsb. d. siebenbürg. Sachs. Burgwart Jg. II, Nr. 13/14, S. 127ff.

Abb. 73. Höhenbg. Ulldecona, Spanien, mit Lehnsturm u. roman. Kirche.

1.IV.02 B.E. gez.

Tafel VIII Burg Assisi, Italien

Abb. 74. Kirchenbg. Draas, Siebenbürgen, Ans. Wiederherstellungsstudie. Grdr. 2. Stock Kirchturm 1 : 500 nach Horwarth.

sich innen an, darunter gewölbte Keller, die heute noch zum Aufbewahren von Nahrungs=mitteln benutzt werden.

Die von vielen Schießscharten durchbrochene Mauer ist verstärkt durch ausgebaute Türme. Zwinger und ein tiefer Graben ziehen sich um das Ganze. Als Eingang dient eine lange Brücke, die in den gleichfalls mit Kammern ausgestatteten Vorhof führt, dann geht es durch ein langes Torgebäude in den inneren Bering.

1552 überstand dieses Kirchenkastell siegreich Belagerungen durch die Woiwoden der Moldau, 1568 der Türken und 1704 der aufständischen Speckler[229]).

Die Ringmauer mit ihren Türmen ist hier der stärkste Teil der Befestigung, oft bildet aber die Kirche selbst die Hauptbefestigung. So die außerordentlich schöne Kirche in Keisd[230]). Turm und Kirchenschiff sind durch Wehrgänge bekrönt, getragen beim Turm von langen, nach italienischer Art ausgekragten Konsolen, beim Schiff von den Strebepfeilern. Zwischen Konsolen und Strebepfeilern öffnen sich Senkscharten, Maschi=kulis, in den Wehrgangbrüstungen zahlreiche Schlitze.

Zu erwähnen ist das Kirchenkastell zu Draas[231]) (Abb. 74) mit seinem mächtigen, wehrganggekrönten Kirchenturm und das auf einem Berge gelegene Kirchenkastell Birt=hälm und die Kirchenburg in Deutsch=Weißkirchen[232]).

In der oft siegreich verteidigten Bauernburg Stolzenburg im Hermannstädter Komitat[233]) fehlt die Kirche.

Noch etwa 150 Kirchen= und Bauernburgen sind in Siebenbürgen erhalten[234]), alles eigenartige, deutsche Wehrbauten, die hier jahrhundertelang deutsches Volkstum be=wahrten.

Völlig abweichend sind die manchmal fürstlichen Kirchen= und Klosterburgen West=europas.

In Jugoslawien sind die befestigte Kirche in Brinje und die von Morovic zu nennen. Bei letzterer schließt sich an den älteren romanischen Teil ein gotischer Zubau mit Turm, der mit Schießscharten statt Fenstern versehen ist[234a]).

Großartige Beispiele sind die im Meere liegenden von St. Michel in Frankreich (Nor=mandie) und St. Michaels in England.

Mont=Saint=Michel[235]) (Tafel 48) war im 4. Jahrh. ein kleines Kloster, im 8. Jahrh. wird zuerst eine Kirche errichtet, im 11. Jahrh. und durch Richard II. von der Normandie

[229]) Siebenbürg.=Sächs. Kirchenburgen i. „Bild" 1936, S. 12, Smlg. Ebh.; Gröber: Deutsche Kirchenburg. u. befest. Kirchhöfe, Smlg. Ebh. — [230]) Sigerus: Siebenb.=Sächs. Burg. u. Kirchen=kast. — [231]) Ebenda. — [232]) Ebenda. — [233]) Ebenda. — [234]) Horwarth: Siebenbürg.=Sächs. Kirchen=burg. S. 99—207; Beispiele: Nußbach, Rothbach, Marienburg, Brenndorf, Hellsdorf, Zeiden, Wolkendorf, Rosenau, Neustadt, Weidenbach, Petersberg, Honigberg, Probstdorf, Deutsch=Kreutz, Groß=Lasseln, Großschenk, Hamruden, Rohrbach, Scharosch, Steppendorf, Waldhütten, Braller, Kirchberg, Pretai u. a. — [234a]) Nach Mitteilung von Prof. Szabo in Agram. — [235]) Essenwein=Stiehl: Hdb. d. Arch. 2. Teil, Bd. 4, S. 34, s. Abschn. „Französische Burgen".

erneut. Militärisch wichtig wird der Burgfelsen zur Zeit der Normannenkriege gegen England.

St. Michaels Mount in Cornwall war ein von Eduard dem Bekenner erbautes Kloster, aber schon zur Zeit Richard Löwenherz' als Festung benutzt. Die Kirche liegt auf der Spitze des Berges, ringsum entstanden große Außenwerke[236]).

Die sehr früh befestigte Kirche St. Maries aux Mères in der Rhonemündung ist eine Burg des 12. Jahrh. Der Chor der Kirche war Hauptverteidigungswerk, nur der Zinnenkranz ist zerstört. Erwähnt muß hier auch werden der feste Stadtpalast des Erzbischofs von Narbonne, der mit Avignon an Großartigkeit wetteifert[237]).

Einen zinnengekrönten Wehrgang zwischen den Westtürmen zeigt die befestigte Kirche in Tournus[238]) an der Rhone. Im 11. und 12. Jahrh. erbaut, bildete sie mit dem nahen Doppelturmtor eine starke Wehranlage.

Auf dem rechten Ufer der Rhone erhebt sich die Kirchenburg von Cruas[239]) bemerkenswert durch die breiten Senkscharten, wie sie am Papstpalast von Avignon und ähnlich an siebenbürgischen Kirchen vorkommen.

Auch spanische Beispiele fehlen nicht. Wir nennen Almeria, Avila, Turegano. In der Stadt Almeria[240]) steht eine alte, wehrhafte Kathedrale mit vier mächtigen Ecktürmen und Zinnenkranz (Abb. 77). Der Chor der Kirche zu Avila[241]) erscheint mit doppeltem Wehrgang und Zinnen und Stadtmauerturm. Bei der 1116 erwähnten Kirchenburg Turegano[242]) bildet eine hohe Zwingermauer mit schlanken Vortürmen einen äußeren Wehrring, aus dem der Kernbau, die malerische Wehrkirche selbst, sich hoch und trutzig emporschiebt.

Die ungewöhnlich großen, romanischen wehrhaften Kirchen in den Burgen spanischer Ritterorden und Kirchenfürsten, wie Loarre, Cardona, Ulldecona, Altafulla, Alcaniz del Arzobisbo[243]) überwiegen im Gesamtbild nicht völlig, jedenfalls nicht

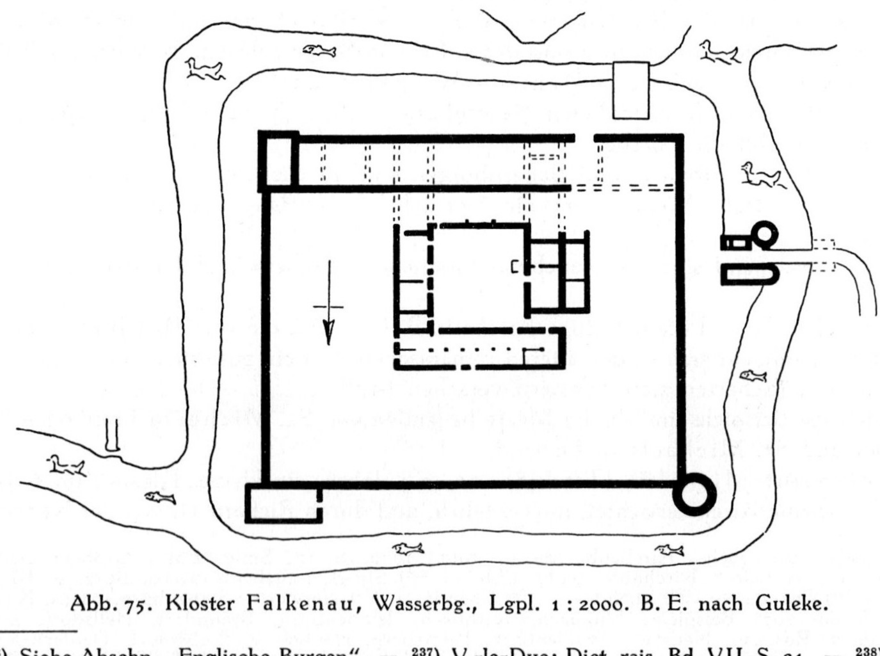

Abb. 75. Kloster Falkenau, Wasserbg., Lgpl. 1 : 2000. B. E. nach Guleke.

[236]) Siehe Abschn. „Englische Burgen". — [237]) V.=le=Duc: Dict. rais. Bd. VII, S. 21. — [238]) Siehe Abschn. „Französische Burgen". — [239]) Ebenda. — [240]) Siehe Abschn. „Spanische Burgen". — [241]) Ebenda. — [242]) Ebenda. — [243]) Ebenda.

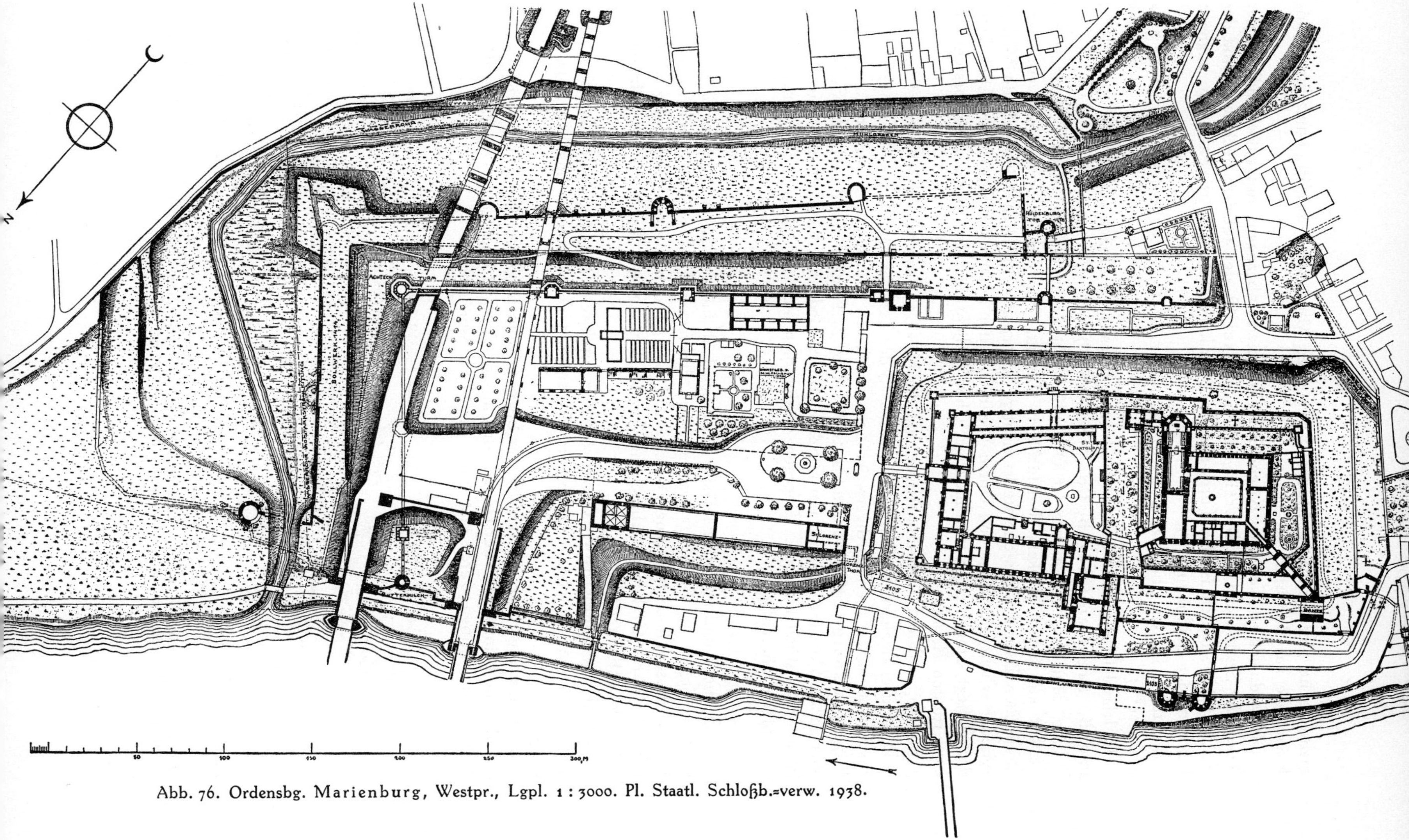

Abb. 76. Ordensbg. Marienburg, Westpr., Lgpl. 1 : 3000. Pl. Staatl. Schloßb.=verw. 1938.

mehr als bei der deutschen Marienburg oder Marienwerder[244]), immerhin beeinflussen sie das Burgbild.

Oft wird auch ein Teil einer Kirche in Wehrbauten einbezogen. In Deutschland z. B. der Turm der Stadtkirche St. Martin in Oberwesel[245]), der auf dem höchsten Punkt der Stadt steht. Ähnlich ist der Turm der Barbarakirche in Braubach a. Rh. zugleich Eckturm der Stadtmauer[246]).

In Italien ist der Chor der St.=Lorenzo=Kirche in Viterbo fast zur Batterie ausgestaltet[247]).

In Irland ist die St. Douloghs Church befestigt, 4 Meilen von Dublin entfernt[248]), und die Taghmen Church, Co. Westmeath[249]).

Eine dänische Kirchenburg ist Osterlars Kirke[250]) auf der Insel Bornholm. Sie besteht aus einem starken, dreistöckigen Umbau. Nur das unterste Stockwerk dient kirchlichen Zwecken, das oberste ist richtige Wehrplatte, in deren Mitte sich ein Mauerzylinder erhebt, der rings von einem Wehrgang, der unter der Traufe des großen Zeltdaches liegt, umgeben ist. Ein niedriger Chor schließt sich an. Auch dieser besteht aus zwei runden Räumen.

Ebenso, vielleicht noch großartiger sind die Ny=Lars und die Ny=Kirche[251]).

Diese drei eigenartigen Bauten, die Laske[252]) der Zeit der Einführung des Christentums zuschreibt, haben merkwürdigerweise Seitenstücke in Mähren, z. B. die St. Katharinen=Kapelle in Znaim, St. Barbara in Častohostice, St. Pantaleon in Pustiměř, St. Magdalena in Šebkovice u. a.[253]), nur mit dem Unterschied, daß die mährischen Rundkirchen keine Mittelstützen zeigen. Dagegen wiederholen sich in Mähren die merkwürdigen eiförmigen Choranlagen.

Auch reiche und mächtige Klöster begannen früh mit der Sicherung ihrer weitläufigen Bauten. Schon die Bauplätze wurden nach der festen Lage gewählt. In Subiaco in Italien, dessen höchstgelegenes Kloster del S. Speco wie eine Höhlenburg anmutet, führt der durch Gräben unterbrochene Weg zu dem einzigen Tor nur an steil abfallender Felswand entlang[254]).

Auch das berühmte Monte Cassino[255]) ist durch seine Lage fast uneinnehmbar und hat großen Stürmen widerstanden. Starke Mauern mit Dossierungen umgeben heute noch das Kloster.

Das Kloster von St. Gallen[256]) war bis 933 kaum befestigt. Ekkehardt berichtet, wie die Mönche beim Einfall der Ungarn sich in einen Verhau flüchteten. Der Mauerring mit Toren und Türmen wurde erst unter dem Abt Anno gebaut[257]).

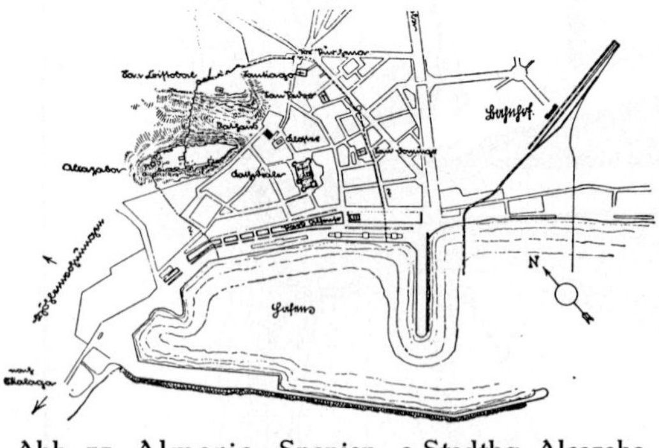

Abb. 77. Almeria, Spanien, 2 Stadtbg. Alcazaba u. San Christobal u. bef. Kathedrale. B. E.

244) Siehe Abschn. „Deutsche Burgen". — 245) Campignier: Oberweseler Liebfrauen u. St. Martinstift S. 24 (Bild). — 246) Wilhelmi: Mitteil. aus d. Gesch. d. Gemeinde Braubach S. 16. — 247) Ebh.: B. It. Bd. VI, S. 66. — 248) Joyce: Soc. hist. of anc. Ireld. Bd. I, S. 331. — 249) Leask (Smlg. Ebh.): „has a quasi fortified character". — 250) Trap: Danmark, Bd. IV, S. 622 ff. — 251) Laske: Die vier Rundk. auf Bornholm S. 18 f. — 252) Ebenda. — 253) Salm=Reifferscheidt: D. roman. Rundk. Mährens . . . Burgwart 1936, S. 62 ff. — 254) Ebh.: B. I. Bd. VI, S. 59, Bd. IV, S. 129. — 255) Ebenda Bd. IV, S. 129. — 256) Essenwein=Stiehl: Hdb. d. Archit. 2. Teil, Bd. 4, S. 33. — 257) Stephani: Ält. deutsche Wohnb. u. s. Einricht. Bd. II, S. 86.

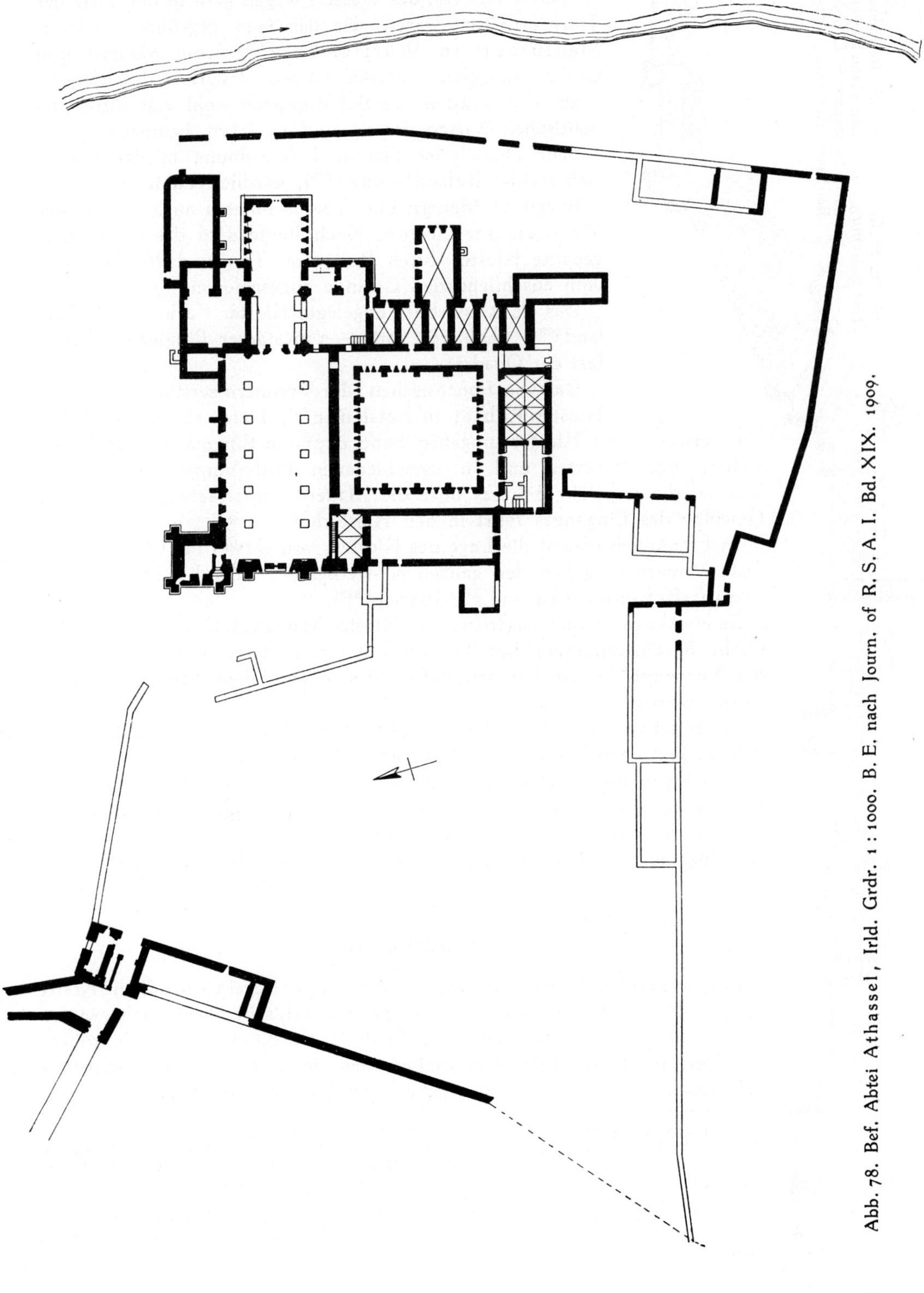

Abb. 78. Bef. Abtei Athassel, Irld. Grdr. 1 : 1000. B. E. nach Journ. of R. S. A. I. Bd. XIX. 1909.

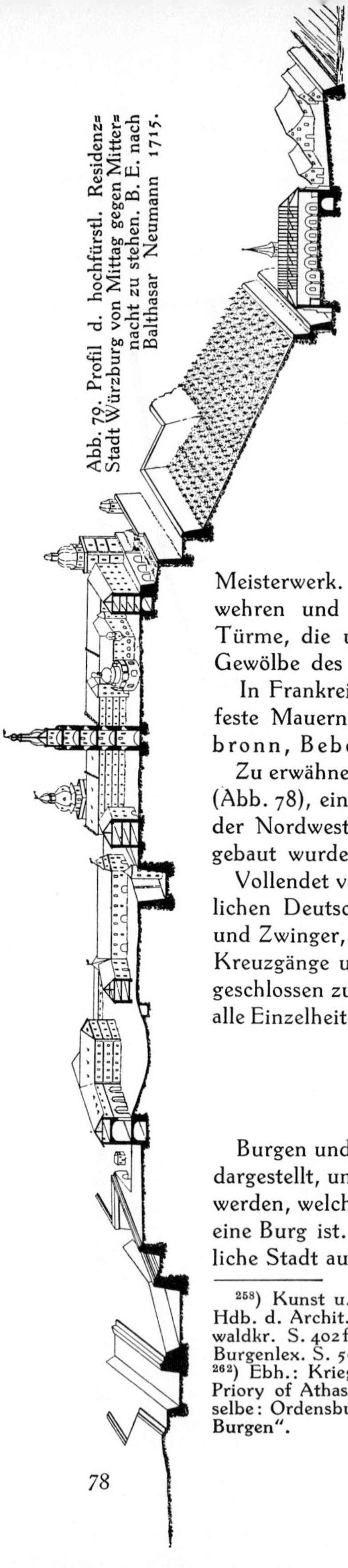

Abb. 79. Profil d. hochfürstl. Residenz=Stadt Würzburg von Mittag gegen Mitter=nacht zu stehen. B. E. nach Balthasar Neumann 1715.

Spätere Klöster, des Wassers wegen gern in der Tiefe der Täler errichtet, waren, wie das 1147 gegründete Kloster Maulbronn in Württemberg[258]), von Mauern und Gräben umgeben. Starke Türme verstärken die Mauern. Zum Teil wurden die Befestigungen wohl erst durch die politischen Wirren des 14. und 15. Jahrh. bedingt.

Sehr ähnlich ist Plan und Anordnung in der Cister=zienserabtei Bebenhausen[259]), nördlich Tübingen.

Burgliche Mauern und Tore schützten auch das Kloster Melk an der Donau. Noch heute wird das barock um=gebaute Kloster durch Reste von Tor= und Mauertürmen vom anschließenden Gelände abgeschlossen[260]).

Das als Wasserburg angelegte Kloster Falkenau in Liv=land[260a]) (Abb. 75), mit 2—3 m starker Ringmauer, bildet fast ein Quadrat.

Das von französischen Mordbrennern zerstörte großartige Kloster Poblet in Katalonien[261]) bietet ein hochgotisches Meisterwerk. Das Kloster umgeben hohe, doppelte Ringmauern mit Brust=wehren und Scharten und in verschiedenen Entfernungen zwölf große Türme, die ungefähr 6 Varas über die Mauern emporragen. Das düstere Gewölbe des Einganges führt in den Klosterhof.

In Frankreich gleicht die Lage des Klosters von Orval bei Charleville — feste Mauern umgaben den ganzen Klosterbezirk — der Lage von Maul=bronn, Bebenhausen und Heilbronn[262]).

Zu erwähnen ist auch das irländische Kloster Athassel, Co. Tipperary[263]) (Abb. 78), ein umfangreiches Bauwerk mit einem viereckigen Wehrturm an der Nordwestecke des Kirchenschiffes, das in eine ehemalige Burg hinein=gebaut wurde.

Vollendet verwirklicht ist der Gedanke fester Klöster endlich in den herr=lichen Deutschordensburgen Ostpreußens[264]). Kirche, Wohnräume, Türme und Zwinger, hier Parcham genannt, Refektorien, Schlafsäle der Ordensritter, Kreuzgänge und Vorburgen sind meisterhaft durchgebildet und zusammen=geschlossen zu Baukörpern von allergrößter Vollendung. Ebenso vollendet sind alle Einzelheiten der äußeren und inneren baukünstlerischen Ausgestaltung[265]).

Stadtburgen

Burgen und Städte des Mittelalters werden in der Regel als feindliche Kräfte dargestellt, und doch wuchsen sie aus einer Wurzel, selten kann nachgewiesen werden, welches der ältere Teil einer Stadt, deren Krone, z. B. in Nürnberg eine Burg ist. Unmöglich ist es freilich auch nicht, daß sich eine mittelalter=liche Stadt aus einer vorgeschichtlichen Volksburg entwickelte.

---

[258]) Kunst u. Altert.=Denkm. Württemb. Inventar S. 408ff. — [259]) Essenwein=Stiehl: Hdb. d. Archit. 2. Teil, Bd. 4, S. 30f.; Kunst= u. Altert.=Denkm. Württemb. Schwarz=waldkr. S. 402ff. — [260]) Lux: Donaufahrt Heft 28, S. 48. — [260a]) Löwis of Menar: Burgenlex. S. 56. — [261]) Justi: Span. Reisebriefe S. 290; Schäfer: Katalonien S. 91. — [262]) Ebh.: Krieg und Baukunst i. Frkr. u. Belg. S. 69ff. — [263]) Cochrane: Notes on ... Priory of Athassel S. 279ff. — [264]) Steinbrecht: Preußen z. Zt. d. Landmeister; der=selbe: Ordensburg d. Hochmeisterzeit in Preuß. — [265]) Siehe auch Abschn. „Deutsche Burgen".

Häufig mögen auch Städte dadurch entstanden sein, daß sich an eine vorhandene Burg erst eine Vorburg, dann eine wachsende Stadt anschloß, in die der Burgherr zur Verteidigung und Versorgung mit Feldfrüchten und Handwerkserzeugnissen nötige Mannschaften — als mehr oder weniger abhängige Bewohner — in seinen Dienst und Schutz nahm.

Wuchsen solche Städte, so wurden die Burgen mit den Stadtmauern sinnvoll in Zusammenhang gebracht, zum festesten Kern der Stadtbefestigung ausgebaut.

Oft aber auch baute der Landesherr zur Beherrschung und Verteidigung einer ihm untertänigen Stadt eine Burg in dieselbe, wie von den Hohenzollern in Berlin und 1454 von der Stadt Amberg und von der Stadtburg Ludwigs XI. in Dijon überliefert ist.

Solche Stadtburgen liegen in der Regel an der festesten Stelle der Umfassung, so daß der Burgherr jederzeit in die Stadt kommen, aber auch, ohne diese zu berühren, mit der Außenwelt verkehren konnte.

Sehen wir, wie sich die Stadtburg allmählich aus einer Zufallsschöpfung unter Benutzung älterer Bauten zu einem fast in keiner Stadt fehlenden festen Kern entwickelte, doch erwähnen wir dabei nicht die Formen und Burgteile, die diese Stadtburgen mit allen Einzelburgen gemeinsam haben.

Auch neue, mittelalterliche Burgen sind natürlich in ältere Städte hineingebaut.

Deutschland

Sehr früh entstand eine rein mittelalterliche Feste Marienberg über Würzburg[266]) (Abb. 79, 89), die eine der ältesten Stadtburgen Deutschlands ist, mit ihrer Rundkirche wird sie bereits 704 erwähnt. Die Burg liegt zwar nicht in der Stadt, sondern gegenüber auf dem linken Ufer des Mains auf hohem Bergausläufer. Schon früh verband die feste Mainbrücke Burg und Stadt. Erbitterte Kriege haben zwischen Burgherren und Städtern getobt.

Um den Bergfried der Feste Marienberg zieht sich ein vierflügeliger Schloßbau, wesentlich dem 15. Jahrh. angehörig. Teile der Ecktürme, Tore und Zwingeranlagen sind älter. Ein ältestes Vorwerk mit romanischem Doppeltor dürfte ehemals Haupteingang der Burg gewesen sein. Um den inneren Kern sind später immer großartigere Bastionen errichtet, die zur Wucht der Erscheinung dieser herrlichen Baugruppe und Stadtkrone mächtig beitragen[267]).

Eine ähnlich frühe, im Grundriß ursprünglicher erhaltene Anlage wie Würzburg ist Nürnberg[268]), deren Kernburganlage auf der Westseite des Felsens, auf dem sichersten Punkte des Geländes, errichtet wurde. Der fünfeckige Turm ist der älteste Teil der Befestigung. Hier ist auch der Platz der sogenannten Burggrafenburg. Die Kaiserburg stammt aus späterer Zeit. Über das Gemeinwesen von Burg und Stadt siehe Mummenhoff[268a]). Im 13. Jahrh. sind Stadt und Burg durch Mauer und Graben befestigt worden, der noch eine zweimalige Befestigung folgte.

Sehr wohlerhalten ist die reichgegliederte Stadtburg zu Ingolstadt mit dem trotzigen Neuen Schloß des 15. Jahrh. an der Donau in der Südostecke der Festung[269]).

Unter den vielen Stadtburgen, von denen uns alte Abbildungen gute Bilder geben, seien einige kleinere genannt, wie z. B. die schon im 12. Jahrh. als deutsche Kaiserpfalz berühmte romanische Burg zu Eger, die Merian darstellte. Sie liegt im sichersten Flußwinkel zur Verteidigung der Stadt und der Flußübergänge nahe der Handelsstraße, die von Nürnberg nach Böhmen führt[270]).

In der deutschen Stadt Zabern[271]) erhoben sich das obere (kleine) Schloß (Oberhof) und das neue bischöfliche Schloß, der Unterhof — beide waren 1417 Stadtburgen.

[266]) Glück: D. Feste Marienberg S. 7ff.; Diehl: D. Burg zu Würzburg S. 17. — [267]) Smlg. Ebh. — [268]) Siehe Abschn. „Deutsche Burgen". — [268a]) Mummenhoff: D. Burg zu Nürnberg. — [269]) Siehe Abschn. „Deutsche Burgen". — [270]) Schürer: Kaiserpfalz Eger S. 23; bauliche Einzelheiten s. „Deutsche Burgen". — [271]) Wolff: Elsäss. Burgenlex. S. 380ff.

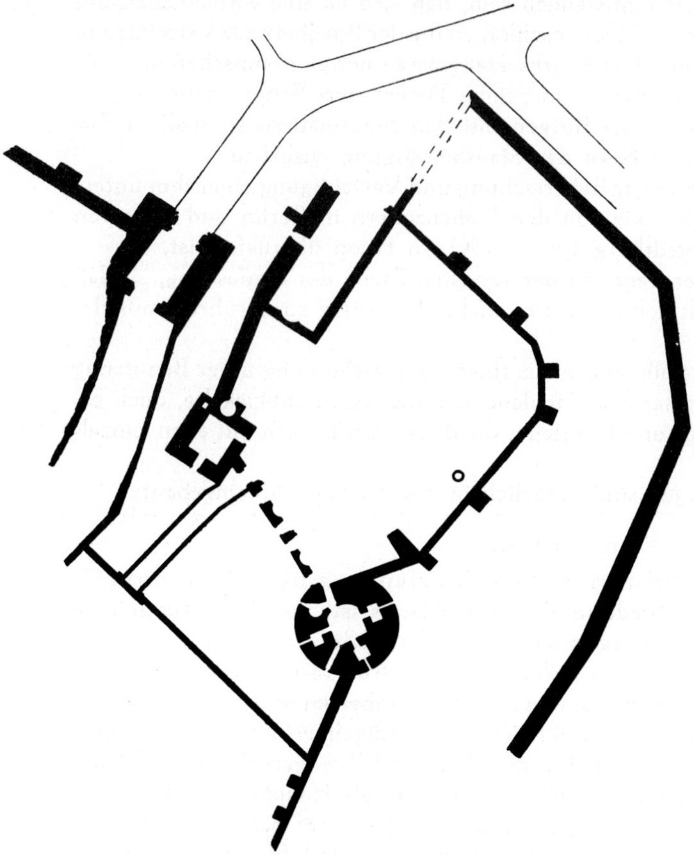

Abb. 80. Stadtbg. Andernach a. Rh. Lgpl. erzb. Bg. 1 : 1000. B. E. nach Pl. städt. Bauamt.

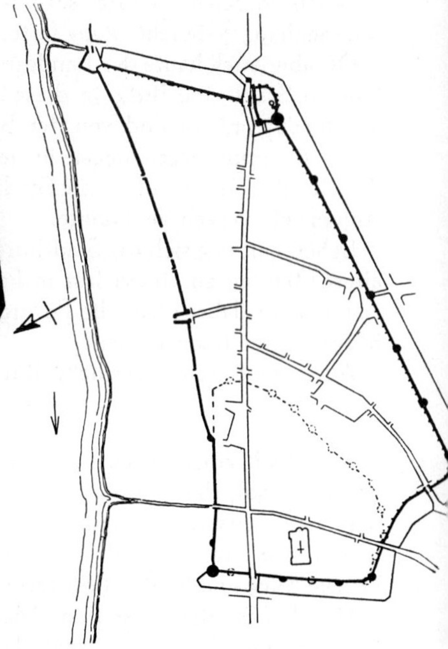

Abb. 81. Stadt Andernach a. Rh. m. Burg. Lgpl. 1 : 10000. B. E. nach Pl. städt. Bauamt.

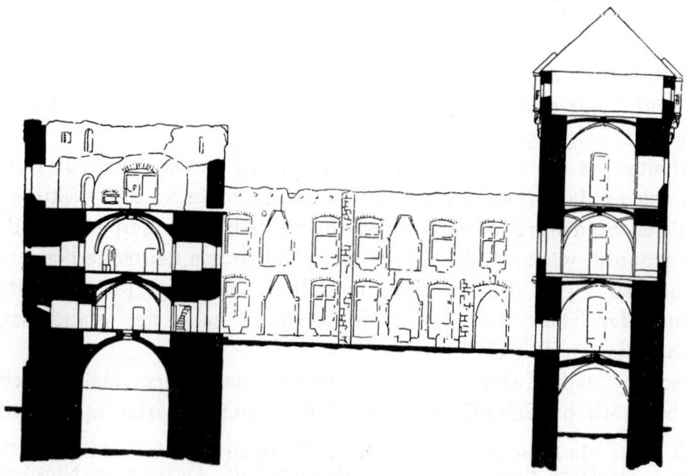

Abb. 82. Erzb. Burg Andernach a. Rh. Schn. 1 : 500. B. E. nach Pl. städt. Bauamt.

Abb. 83. Stadtbg. Martinsburg, Oberlahnstein a. Rh. O.=Seite 1 : 500. B. E.

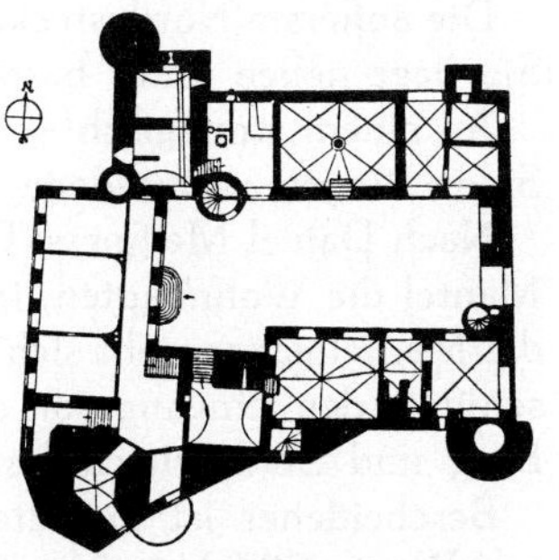

Abb. 84. Stadtbg. Martins=burg, Oberlahnstein a. Rh. Grdr. 1 : 1000. B. E.

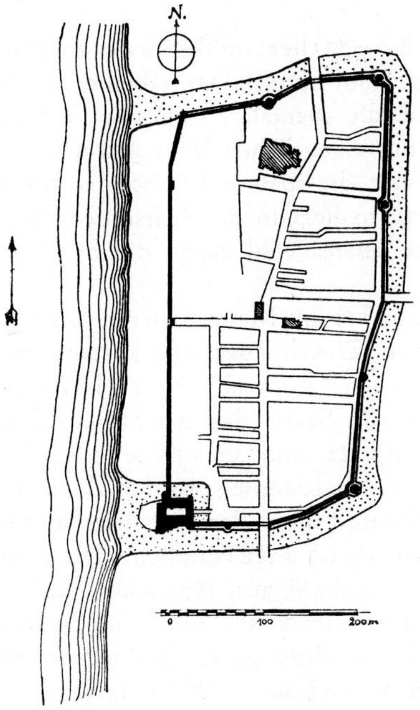

Abb. 85. Stadtbg. u. Zollstätte Martinsburg, Oberlahnstein a. Rh. Lgpl. 1 : 8000. B. E.

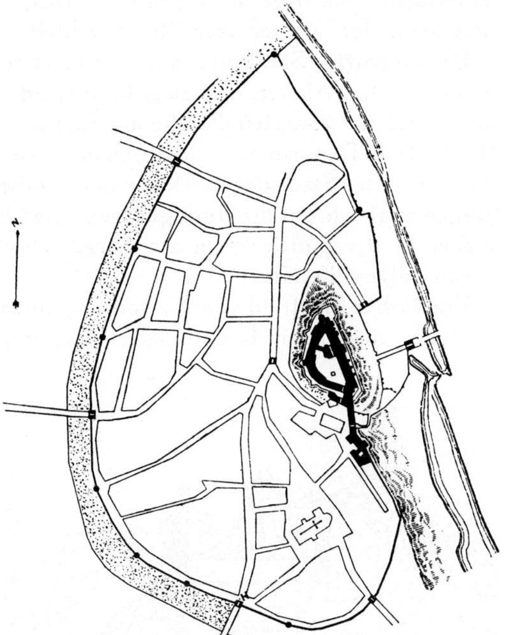

Abb. 86. Stadt u. Burg Kleve, Niederrhein. Lgpl. 1 : 10000. B. E.

Ein Plan, nach einer Handzeichnung Fürstenhoffs, stellt den mittelalterlichen Stadtmauerring dar in späteren Bastionsaußenwerken.

Die Ostecke der Altstadt wird vom „Schloß" eingenommen, das eine der alten Stadtburgen ist. Ein breiter Graben trennt die Burg von der inneren Stadt. Ein eigenes Tor mit Brücke über den Stadtgraben erlaubte ungehinderten Verkehr mit dem Vorlande.

Die äußerste Nordostecke ist zugleich Stadttor und größerer Wehrbau in der Unterstadt. Sie liegt neben einer bastionartigen Zitadelle in den Sümpfen der Talebene.

An einem strategisch — schon für die Römer — wichtigen Punkt liegt die eng mit der Stadt Bingen verbundene Burg Klopp[272]).

Nach Daniel Meißners Thesaurus philopoliticus und nach Merian[273]) umgab ein starker Mantel die Wohnbauten, in der Ecke gegen den äußeren Feind steht der Bergfried. Um die Mantelmauer zieht sich eine Zwingermauer, auch auf der Stadtseite; ein fester Torbau schützte den Eingang von dort. Die Zwingermauer setzt sich als Stadtmauer fort, so daß Burg und Stadt gleich fest geschützt waren.

Bescheidener ist die alte Mainzer Zollstätte, die Martinsburg zu Oberlahnstein am Rhein[274]) (Abb. 83—85) in der Ecke der Stadt stromaufwärts. Außen schützten sie der Stadtgraben und die Fluten des Rheins — der Stadt zu ein Graben —, trotzdem schließt sich die Stadtmauer mit ihrem Wehrgang an die innere Mantelmauer der Burg. Der Bergfried steht an der gefährdetsten Ecke[275]).

Anders die Burg in Boppard[276]) (Abb. 90), deren mächtiger Bergfried das Stadtbild beherrscht. Sie liegt mitten in der Stadt, einst auf allen vier Seiten von einem Graben umgeben, der Wasser vom Rhein erhielt.

Die großartige Stadtburg von Andernach[277]) (Abb. 80—82) liegt im Bezirk der ehemaligen römischen Mauer, und zwar in der Südwestecke der Stadt unmittelbar neben dem Tor, durch das die Hauptlandstraße am Rhein entlang durch die ehemalige römische Siedlung führt. Der Torturm ist nur durch den Zwinger von der eigentlichen Burg getrennt und diese von der Stadt durch Mauer und Graben. Wohl erst die spätere Zeit hat den Stadtgraben zugleich um die Burg gezogen. Der Hauptwehrturm liegt in der Achse der Stadtmauer in der Südwestecke der Burg, richtete sich also ebensowohl gegen die Stadt wie gegen äußere Feinde.

Erzbischof Siegfried von Westerburg umgab 1290 Zons[278]) mit Mauern, deren unterster Teil aus mächtigen Basaltquadern besteht, über denen Ziegelmauerwerk ansteht, und legte dort eine Burg an. Sein Nachfolger Friedrich von Saarweden machte aus Zons einen Zollplatz und verstärkte 1370—80 abermals die Befestigung, so daß Zons eine der stärksten Festen des Erzstiftes wurde.

Die Anlage ist ungewöhnlich. Die Stadt ist ein unregelmäßiges, längliches Viereck, aus dessen südöstlicher Ecke ein Sechstel der Stadt zur Burg geschlagen wurde, die abermals die südöstliche Ecke als geschlossenes Viereck einnahm.

Abb. 87. Schwanenburg, Kleve, alter Zustand.

[272]) Hockenbeck: Gesch. d. Schloß Klopp b. Bingen S. 3. — [273]) Smlg. Ebh. (Daniel Meißner, Bingen 1625). — [274]) Bau- u. Kunstd. Reg.-Bez. Wiesbaden V. Bd., S. 82 ff. — [275]) Ebh.: D. B. Bd. II, S. 241 ff. — [276]) Bau- u. Kunstd. d. Reg.-Bez. Coblenz S. 579. — [277]) Burgw. 1917 (Schwab: Entw. u. Bef.-Gesch. d. Stadt Andern). — [278]) Kunstd. d. Rheinprov. III. Bd. Kr. Neuß S. 419 ff.

Abb. 88. Erzb. Burg i. Höchst a. Main.

Erklärlich wird diese eigentümliche Anlage[279]) nur dadurch, daß offenbar Wert auf einen großen Vorburghof zur Aufnahme von Zollgütern gelegt wurde. Durch diesen führte auch der Hauptweg durch die Stadt, die dadurch von der Burg vollständig beherrscht wurde.

Die Lage der Stadtburg von Kleve[280]) (Abb. 86) ist heute nur erklärlich, wenn man sich die alten Zugangswege zur Stadt klarmacht, aber nicht nur die Fahrstraße, sondern vor allem auch die ehemalige Bedeutung des heutigen Spoykanals, des alten Rheinarmes.

So liegt die Burg auf einer mäßigen Erhebung zwischen Stadt und dem Wasserarm im Zuge der östlichen Stadtmauer.

Im Verhältnis zur Stadt ist die Burg ihrer geschichtlichen Bedeutung entsprechend sehr ausgedehnt. Sie umgab einen dreieckigen Innenhof und eine vieleckige Vorburg[281]).

Sehr wahrscheinlich lag ehemals der städtische Hafen im Winkel zwischen Burg und einem Stadtmauervorsprung. Drei mächtige Türme beherrschten den Hafen und die Stadt.

Wohlerhaltene Beispiele kleiner, mittelalterlicher Stadtburgen sind häufig und lehrreich.

Betrachten wir einige bildlich erhaltene schlesische Pläne des 17. Jahrh. Sie stellen geplante neue Festungswerke und zugleich die mittelalterlichen Wehrbauten dar.

Für Liegnitz[282]) sind von Säbisch drei Entwürfe von 1625, 1626 und 1642 erhalten — alle aus dem Dreißigjährigen Kriege.

Der älteste zeigt die mittelalterliche Stadt. Den Kernpunkt bildet das herzogliche Schloß. Der Stadtplan hat die bei deutschen Kolonialstädten des Ostens übliche Schachbretteinteilung, den zufälligen, örtlichen Verhältnissen angepaßt.

An der Nordwestecke des Mauerringes lag das Glogauische Tor, die stärkste Anlage der Stadt, unmittelbar beim Schloß, das außerdem durch eine lange Brücke mit dem Schloßgarten jenseits des Grabens verbunden war. Gegen die Stadt durch einen Wassergraben verteidigt, zeigt es mittelalterlichen Grundriß.

Der Plan von 1642 sieht 14 verschiedene, kleinere Bastionen vor, die sich dem Gelände mehr anfügen. Halbrunde Erdwerke des 16. Jahrh. bilden hier den mittelsten von drei Festungsringen.

Streben nach größerer Festigkeit verdanken zwei Pläne der Stadt Brieg[283]) von 1625 und 1630 ihre Entstehung. Die alte Stadtmauer wird umgeben von modernen Befestigungen, das Herzogsschloß dient als Stadtburg.

[279]) Ebenda — [280]) Ebh.: D. Schwanenb. zu Kleve, Sonderdr. — [281]) Ein unersetzlicher Verlust war der Abbruch des großen romanischen Saales, der an Bedeutung durchaus den Sälen der kaiserlichen Pfalzen entsprach. — [282]) Säbischer Atlas, Stadtbibliothek zu Breslau. Abb. siehe Burgw. 1907/08, S. 151f. — [283]) Ebenda S. 153; bei Säbisch zweimal.

Eine Zeichnung von 1596 von Neiße zeigt wieder Stadtmauer und Außengürtel, Beeinflussung des Stadtbildes durch Tore und das durchfließende Wasser sowie durch die mittelalterliche Stadtburg, das spätere fürstbischöfliche Schloß. Es liegt im Bastionsring besonders günstig[284]). Die breite Biele, die hier in die Glatzer Neiße mündet, schützt zwei

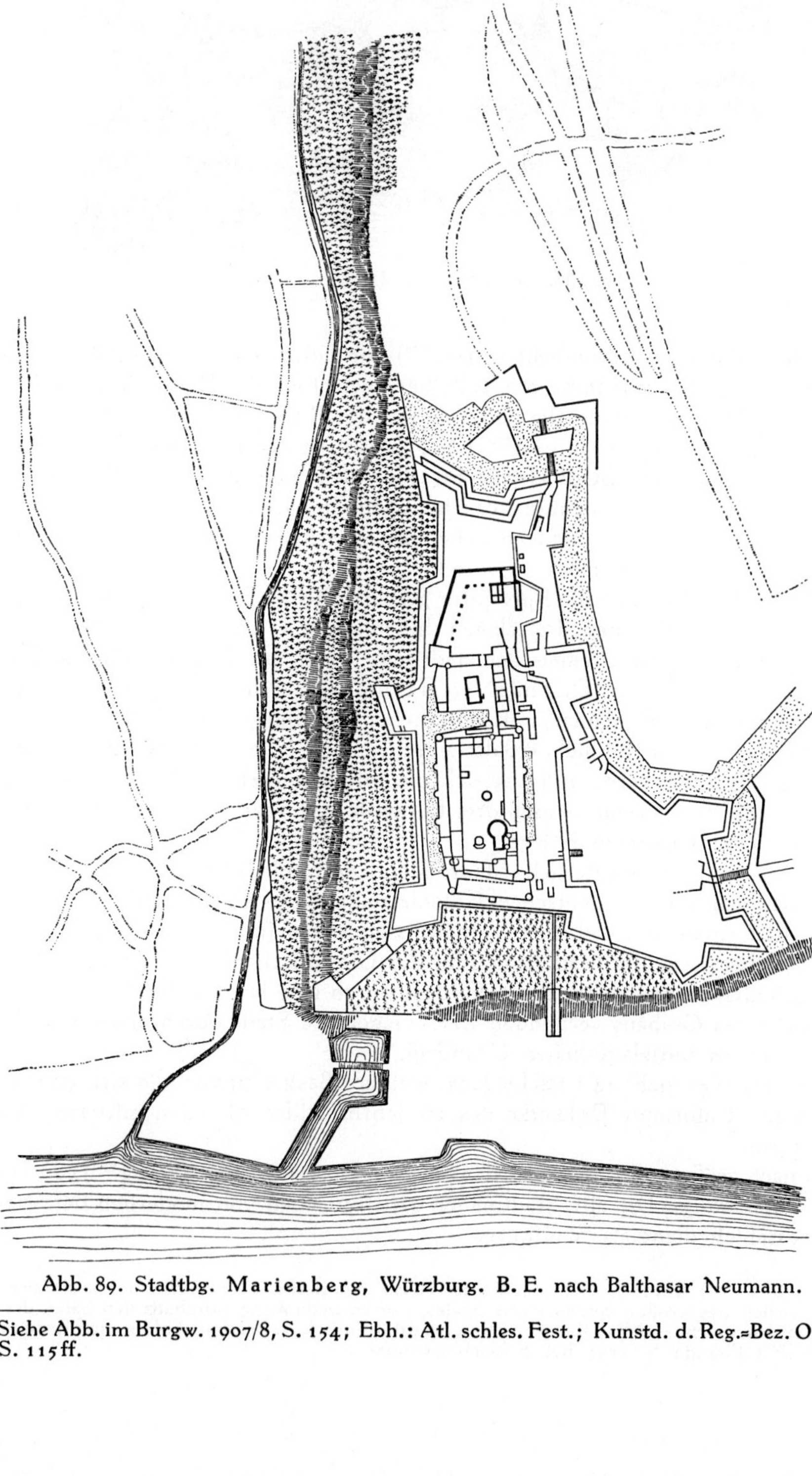

Abb. 89. Stadtbg. Marienberg, Würzburg. B. E. nach Balthasar Neumann.

[284]) Siehe Abb. im Burgw. 1907/8, S. 154; Ebh.: Atl. schles. Fest.; Kunstd. d. Reg.-Bez. Oppeln, Kr. Neiße S. 115ff.

Außenseiten der Burg, gegen die Stadt ist ein Graben angeordnet. Ein Burgtor führt unmittelbar ins Freie, rechtwinklig dazu ein zweites in die Stadt.

Im Plan von Glatz von 1622 ist die mittelalterliche Stadtmauer in einer äußeren Befestigung des 16. Jahrh. dargestellt. Die Lage der Stadtburg ist besonders kennzeichnend[285]).

Im Plan von Oppeln liegt das Schloß zwischen Oder und Mühlengraben mit der Stadt durch drei Brücken verbunden. Ein Wohnbau und ein großer, runder Turm sind kenntlich. Die Burg war seit 1163 Sitz der Herzöge von Oberschlesien. Der neuerdings zwecklos zerstörte, von doppelten Gräben umgebene Bau stammt von 1426 (Tafel 74).

Abb. 90. Stadtbg. Boppard a. Rh. B. E. 1901.

Ein Plan von 1608 gibt genauen Grundriß und Ansicht von Schloß und Stadt.

Keine der von Säbisch dargestellten Städte entbehrte die Stadtburg, solche dürfte ebensowenig in anderen deutschen Städten gefehlt haben.

Polen

Fürstenhoff gibt einen guten Lageplan von Kamieniek[286]). Das Städtchen liegt auf einer vom Fluß Smotritsch gebildeten Halbinsel. Der Stadt gegenüber liegt die Burg.

Italien

In ehemals römischen Städten benutzt das Mittelalter vorhandene, mächtige Baureste, wie das Amphitheater in Verona oder den Zeustempel daselbst, den man in eine Burg St. Peters umwandelte.

Ähnlich wurde die Engelsburg in Rom[287]) behandelt. Nach dem völligen Umsturz aller Machtverhältnisse in der Völkerwanderung wurde aus einem Grabmal eine Burg, deren Festigkeit auf der Unzerstörbarkeit der ungeheuren Steintrommel beruhte.

Selbst die Triumphbögen der Ewigen Stadt wurden befestigt, alte Stiche zeigen sie noch turmbekrönt.

Das finden wir in allen Teilen des ehemals römischen Reiches. Neue mittelalterliche Burgen sind in ältere Städte hineingebaut. Palermo bietet ein normannisches Beispiel, ein späteres Tarent, dessen Stadtburgen zugleich die Hafeneinfahrt sperrten[288]).

Eine bedeutende italienische Stadtburg zeigt Ferrara[289]) (Abb. 47). Herrschersitz des Hauses Este, bis ins 16. und 17. Jahrh. vielfach umgebaut, ohne die alte Grundform der regelmäßig viereckigen Wasserburg mit innerem Hof wesentlich zu ändern. Doppelte Gräben schließen die Burg außer den Außenwerken ein.

Vier Tortürme, frei im Wasser stehend, vermitteln den Verkehr mit der Stadt. Sie sind durch Wasser von Land und Kernburg getrennt, auch der Hauptturm ist im Keller von dem übrigen Bau abgelöst, während er oben (durch späteren Umbau?) mit der Kernburg

[285]) Siehe Abb. i. Burgw. 1907/8, S. 154; Ebh.: Atl. schles. Fest. — [286]) Smlg. Ebh. — [287]) Ebh.: B. It. Bd. IV, Abb. 454. — [288]) Ebh.: B. It. Bd. VI, S. 43, 59. — [289]) Ebh.: B. It. Bd. IV, S. 113.

zusammenhängt. Die heutige Lage — mitten in der Stadt — wäre unverständlich, wäre sie nicht durch die Stadterweiterung entstanden, ehemals lag die Burg an der freien, östlichen Stadtmauerecke.

Die Stadtburg Cesenas[290]) liegt frei von außen zugänglich auf bedeutendem Hügel über einer Stadtecke.

Schon in Kämpfen Friedrichs II. mit den lombardischen Städten spielte sie eine Rolle, heute noch setzen die gewaltigen Mauern den Besucher in Erstaunen[291]). Ein turmgeschmückter, unregelmäßiger, bis 4 m starker Mauergürtel umgibt die Hügelkrone. Innen stehen, ehemals nur über Zugbrücken von der Mauer und untereinander zugänglich, zwei starke Türme. Zur Beherrschung und zum Schutze der Stadt ist die Baustelle vorzüglich geeignet. Starke Verbindungsmauern führen zur Stadt und naheliegendem Übergang über den Savio.

Eine regelmäßige Anlage, die in Imola, Forli, Pesaro, Asola und vielen anderen Seitenstücke findet[292]), ist die Rocca di Brancaleone zu Ravenna[293]), nur aus durch vier Ecktürme verstärktem Mauerquadrat bestehend mit großer, länglich viereckiger Vorburg. Die Burg ist von den Venezianern um 1456 nordöstlich in die Stadtmauerecke gebaut. Ihre Form ist nur zu erklären durch ihre Bestimmung als venezianische Stadtzwingburg. Sie liegt an der Darsena Bacarini, war also vom Adriatischen Meer für venezianische Kriegs- und Handelsschiffe zu erreichen.

Ein besonders schönes Beispiel einer größeren, italienischen Pallasstadtburg ist der großartige Sitz der Signoria bis 1532, Palazzo Vecchio von Florenz[294]).

Der Hauptteil dieses um 1300 erbauten Kastells besteht aus dem gewaltigen, burgpallasartigen, ab 1298 aufgeführten vorderen Kernbau. Nach außen fast rechtwinklig viereckig, ist er oben mit einem doppelten Wehrgang bekrönt, aus welchem in kühnster Form auf der Vorderkante der Wehrgangkonsolen der schlanke Turm bis 94 m Höhe emporwächst, seinerseits abermals von kühn ausladendem Turmaufbau bekrönt.

Die Lage — heute inmitten der Stadt — ist zu deren Beherrschung wenig geeignet, nur in Verbindung mit dem Palazzo Pitti und der (späten) Porta S. Giorgio war der Baublock zeitweilig gegen eine aufständische Bevölkerung zu halten. Als Beispiel einer sehr frühen Stadtburg kennzeichnend. Der Ausweg über den Arno war immer schwierig.

Die 94 m Turmhöhe ist nur verständlich durch den Willen, den höchsten Stadtturm noch zu überbieten. Damit ist der Palazzo Vecchio eine Verbindung zwischen Burg und Rathaus, die in freien Städten im Mittelalter allgemein üblich war.

Vier Stadtburgen, die nie Rathäuser waren, sind in Neapel errichtet. Durch Lage am Meer bestimmt zur Hafenstadt und zugleich zum Königssitz, hatte es zwei Burgen am Wasser und zwei Burgen in der Stadt (Abb. 92).

Bei dem ältesten Castel dell' Ovo[295]) auf der Felseninsel — wurde auf bedeutenden römischen Resten der regellose Mantelbau der Burg mit romanischen und gotischen Kirchen und Pallassen errichtet.

In der Stadt erbaute Friedrich II. sein viereckig regelmäßig gegliedertes Castel Capuano[296]). Es beherrschte die Porta Capuana. Am Meer hat Karl I., der blutige Mörder Konradins, das französisch durchgebildete Castel Nuovo über dem Hafen gebaut. Es war durch eben diesen Hafen von der Stadt unabhängig. Endlich bekrönte die höchste Höhe über der Stadt das später umgebaute, Stadt und Meer beherrschende Castel St. Elmo.

---

[290]) Ebh.: B. It. Bd. IV, S. 104f. — [291]) Köhler: a. a. O. Bd. I, S. 281. — [292]) Ebh.: B. It. Bd. IV, S. 105. — [293]) Ebenda S. 113. — [294]) Ebh.: B. It. Bd. IV, S. 116; Smlg. Ebh. — [295]) Ebh.: B. It. Bd. IV, S. 103. — [296]) Ebh.: B. It. Bd. VI, S. 40.

Alle lagen an sich ungünstig, nur durch Rückhalt der Stadt gegen äußere Feinde geschützt und gegen jene im Aufruhrfalle stark. Durch den freien Ausgang zum Meer oder dem Vorland ist ihre Bedeutung zu verstehen.

Abb. 91. Stadtbg. Loja, Spanien.

Die größte italienische Stadtburg ist das Castel Sforzesco in Mailand. Der alte Stadtplan zeigt die überwiegende Größe dieses Bollwerkes, das zugleich eine der sachlichsten und künstlerisch bedeutendsten Burgbauten ist. Alles ist seiner Bestimmung als Stadtburg entsprechend gestaltet.

Drei Stadtburgen: die Höhenburg San Felice, das Castel S. Pietro, das zugleich Brückenkopf ist, und die Wasserburg Castel Vecchio sind die wichtigsten Stärkepunkte der mittelalterlichen Festung Verona. Sie sind in ganz verschiedenen Zeiten in den jeweils wichtigsten Punkten der Stadt errichtet und verteidigen die Stadt gegen das überragende Gebirge (S. Felice), beherrschen die Flußübergänge (S. Pietro und Castel Vecchio) und im letzten die niedere Stadt[297]).

In Padua liegt die romanische Stadtburg im Zusammenfluß zweier Arme, der Bacchiglione, einst an der südlichen Außenecke der Stadt in freier, unangreifbarer Lage. An der Heerstraße von Savona nach Turin und der oberen Poebene liegt jenseits der Paßhöhe der kleine Ort Millesimo, in einem schmalen Tal lang hingestreckt, an beiden Enden durch je eine Stadtburg verteidigt. Außerdem wird der Fluß von einer befestigten Brücke überspannt, deren Verteidigungsturm auf der Mitte der Brücke steht.

Spanien

Spanien bot wohl in jeder Stadt ein festes Haus des Herrschers, eine Stadtburg dar. — Noch heute steht überall „der" Alkazar (das Haus schlechtweg), d. h. hier das Haus des Fürsten, in seiner Pracht und Gewalt, als Beweis orientalischer Herrschaftsform anzusehen. Die Lage ist ungleich, in der Regel am Stadtrande, fest gegen äußere und innere Feinde.

So lag die teils maurische, teils von Alfons XI. 1328 erbaute, in Resten erhaltene Stadtburg von Cordoba[298]), am Guadalquivir, in der Südwestecke, wo die Stadtringmauer an den Strom stieß.

Freier liegt die Burg Granadas[299]), von drei Seiten sturmfrei hoch außerhalb der Stadtmauer. Der Alkazar[300]) — meist neben dem prächtigen Alhambra-Palast übersehen — nimmt die sicherste Spitze des Berges gegen die tiefer liegende Stadt ein.

Durch die überwiegende Gewalt seiner hohen Lage und Größe ist erklärlich, daß der Alkazar von Toledo auch in Trümmern noch unbesiegt sich erhebt, nur von dem tief eingeschnittenen Tal des Tajo war ein umständlicher Aufgang möglich[301]).

Beispielhaft ist auch die Lage des Castillos zu Segovia. Nur mit einer Schmalseite berührt es den Stadtbezirk. Hier sperrt einer der schönsten Gewalttürme Spaniens,

[297]) Ebh.: Wehrb. Veronas. — [298]) Ebh.: Span. Burgenf. S. 98. — [299]) Ebenda S. 77ff. — [300]) In den im 16. Jahrh. endlosen Familienkriegen der Könige von Granada kam es vor, daß gleichzeitig Vater und Sohn, König Chico und sein Vater Abderaman, jeder in der Burg des anderen „herrschte". — [301]) Ebh.: Span. Burgenf. S. 109ff.

als fast unüberwindliches Verteidigungswerk, den Zugang. Alle weiteren drei Seiten der Burg waren durch steilste Abhänge geschützt[302]).

Granada ähnlich — wie jenes auf Verteidigung durch Massen eingerichtet — ist die Hauptstadtburg zu Almeria. Die langgestreckten Alkazare sollten zeitweise 20000 Krieger aufnehmen[303]).

Berühmt und ein ältestes Beispiel ist die Stadtburg Gibralfaro über Malaga, wie Algeciras und Gibraltar von den Mauren gleich nach dem 711 erfolgten Einbruch gebaut[304]).

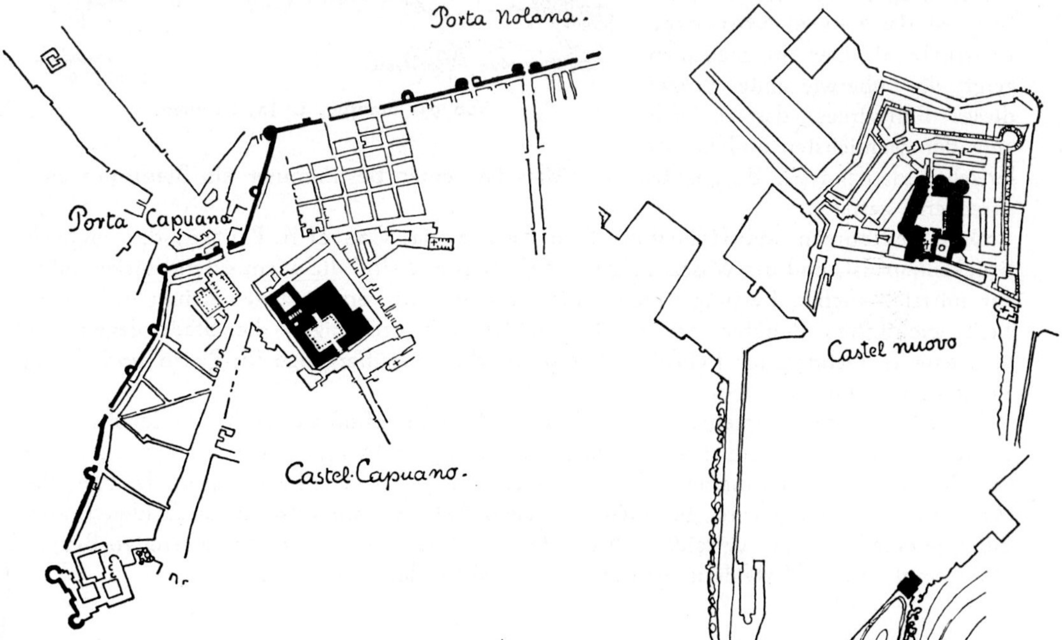

Abb. 92. Die Stadtburgen v. Neapel, Ital. Lgpl. 1 : 10000. B. E.

302) Ebenda S. 117f. — 303) Ebenda S. 69. — 304) Siehe Abschn. „Spanische Burgen".

Burg Rothesay, Schottland

Wasserburg Chillon, Schweiz

Zahlreich sind weitere Stadtburgen: über Loja, das Tal beherrschend (Abb. 91), ähnlich über Antequerra, dann die mächtige Ruine über Lorca. Im spanischen Norden zeigen Burgos, Lerida (Abb. 93), Saragoza mächtige, hundertmal umgebaute Festen. Murcias, Alicantes und Valencias Stadtburgen dienen heute verstümmelt als Kasernen oder Gefängnis.

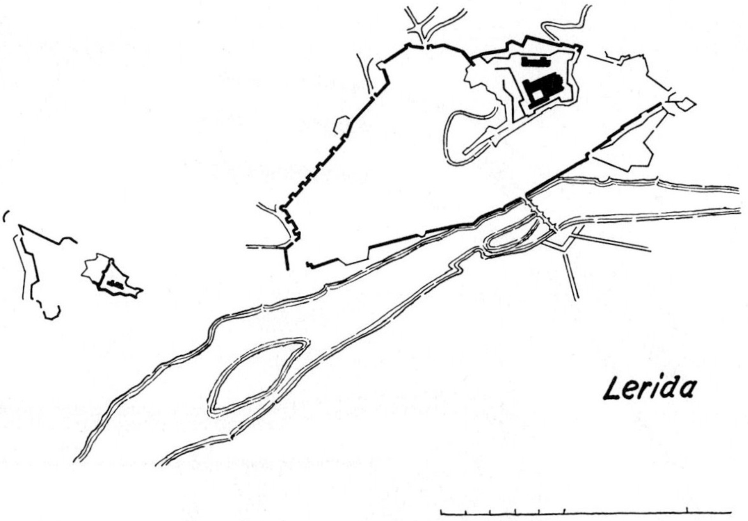

Abb. 93. Stadtbg. Lerida, Spanien. B. E. nach Kausler 1831.

Der Palast Pedros des Grausamen in Sevilla, noch von gezinnten Mauern und Türmen umgeben, nimmt gleichfalls den Platz der alten Stadtburg ein[305]).

Die Lage am äußersten Ende der Stadt stromab unweit des Guadalquivir zeigt, daß der Begründer dieser Königs- und Stadtburg, der Sultan Jusuf Abu Jakub, 1181, den Wert der freien Verbindung des Burgherrn mit der Stadt und der Außenwelt erkannt hatte.

Beherrschend lag die angeblich im Kern westgotische Stadtburg von Badajoz über der Festung, im Winkel zwischen dem Rio Guadiana und einem Nebenfluß.

Die Stadtburg von Merida ist von den Westgoten mit Benutzung römischer Reste unmittelbar an die berühmte Brücke gebaut. Stimmen diese Nachrichten spanischer Schriftsteller, so bestätigen sie den westgotischen Burgenbau für eine Zeit, in der aus Deutschland keine Nachrichten von Steinburgen melden[306]).

England

Die englischen Stadtburgen haben z. T. einen gewaltigen Maßstab, wie der Tower of London[307]), der geschichtlich und wehrbaulich zum Kernpunkt der Stadt geworden ist. Diese war schon von den Römern mit Mauern und Gräben umgeben. Erste Erdwerke dürften um 1066 von Wilhelm dem Eroberer am stromabgelegenen Ostende der Stadt, an Stelle abgerissener, römischer Stadtmauerteile errichtet worden sein. Von hier aus konnte Stadt und Einfahrt vom Meere beherrscht werden. Im Laufe der Zeit wurde diese große Stadtburg immer stärker ausgebaut[308]).

Portchesters großer „keep" steht mit seiner Vorburg einfacher in der Ecke der alten römischen Stadtmauer, die der quadratischen Lagerform folgt. Das Kennzeichen jeder Stadtburg fehlt nicht. An der Ostseite ist die anstoßende Mauer von einer Pforte zum unabhängigen Aus- und Einlaß zur Burg durchbrochen. Zur Stadt führt ein stark befestigtes Tor über den Burggraben. Diese Art der Stadtburg ist wohl die einfachste Form, auffallend ist aber, daß das einzige, landseitige Tor von der Burg nur sehr unvollkommen beherrscht wird (Abb. 94).

---

305) Ebh.: Span. Burgenf. S. 90ff. — 306) Siehe Abschn. „Spanische Burgen". — 307) Siehe „Englische Burgen". — 308) Näheres s. „Englische Burgen".

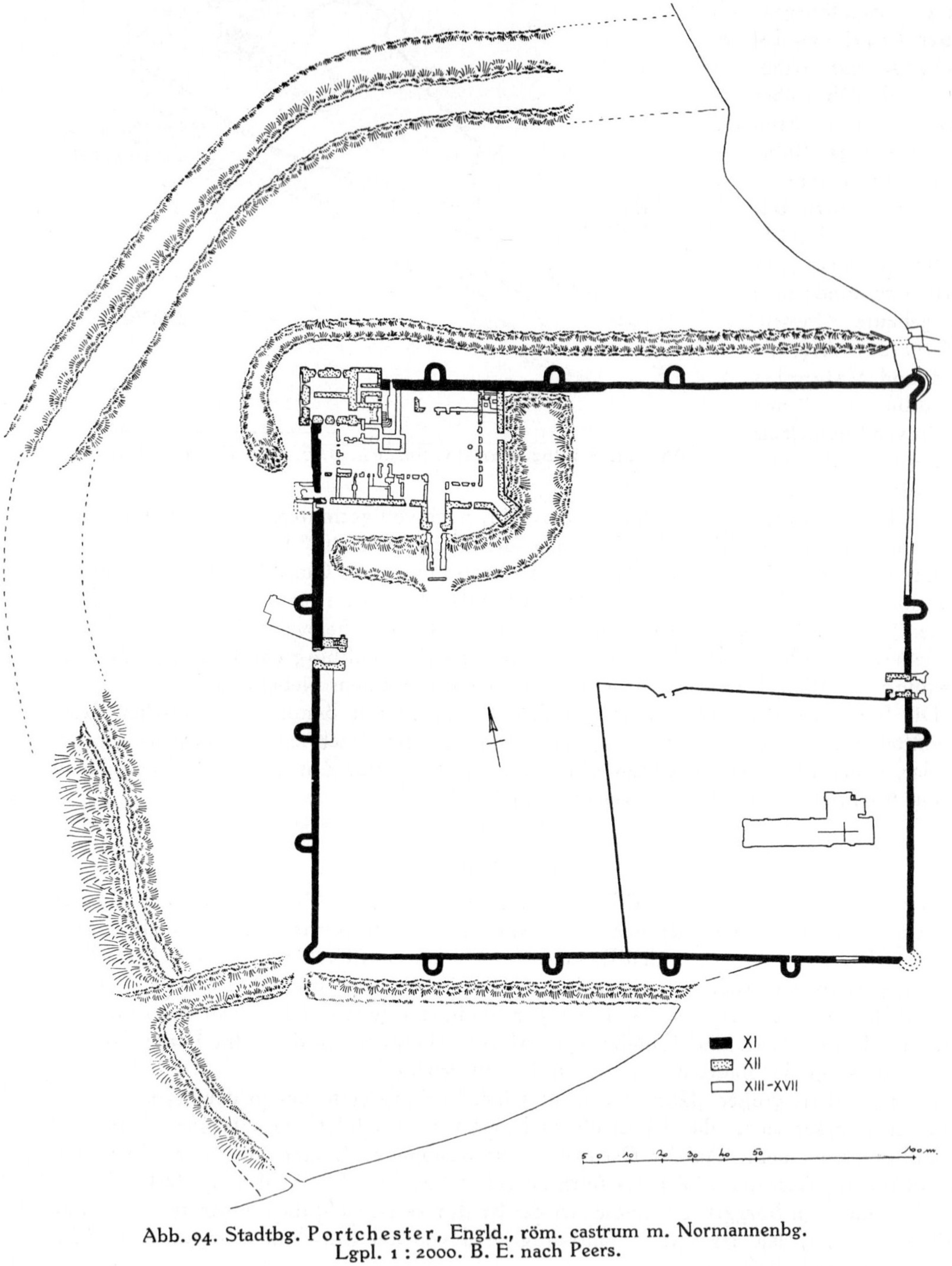

Abb. 94. Stadtbg. Portchester, Engld., röm. castrum m. Normannenbg.
Lgpl. 1 : 2000. B. E. nach Peers.

Auch Burg Colchester[309]) lag nach Darstellung von 1610 in einer Ecke der Stadt über dem hohen, zum Fluß Colney allmählich abfallenden Ufer. Die römischen Stadtmauern haben noch im Mittelalter als Stadtmauern gedient.

Conway, nach einheitlichem Plan erbaut und befestigt, liegt auf der äußersten, weit in die Flußmündung des Conway hinausragenden Felsenspitze. Ein merkwürdiges Tor und Wehranlagen verband sie mit der Stadt, die von einer durch 28 Halbrundtürme verstärkten Mauer umgeben war. Die Burg vermochte die Stadt freilich nur gegen die See zu schützen.

York — heute Gerichtsgebäude — und Durham hatten ebenfalls gewaltige Stadtburgen.

Kleinere Städte treten oft an Umfang und Bedeutung so weit hinter den riesenhaften Gewaltbauten der Burgen zurück, daß man letztere nicht mehr Stadtburgen nennen kann.

Irland

Reich an Stadtburgen ist Irland. Dublins[310]) normannische Stadtburg nimmt die Anhöhe an der ehemaligen Südostecke der Stadt ein, die sie im Norden und Westen umgrenzt. In der nördlichen Mantelmauer lag ein Torbau mit Zugbrücke, der den Graben an der Stadtseite überbrückte (Abb. 95).

Die bedeutendste Stadtburg war die von Limerick, an der Nordwestecke der alten Stadt, am linken Ufer des Flusses Shannon. Sie beherrschte die Stadt, vor allem die Brücke und den wichtigen Handelshafen.

Trim ist die größte irische Burg und liegt im Zuge der Stadtmauer, Stadt, Boyne-Fluß und abermals die Brücke beherrschend. Ein runder Torturm in der äußeren Mantelmauer führte von der Burg unmittelbar in das Vorland der Stadt.

Auch die Burg zu Drogheda liegt in der Stadtmauer.

Frankreich

Sehr zahlreich sind die französischen Stadtburgen[311]). Boulognes Stadtburg ist durch tiefe Gräben von der Nordostecke der oberen Stadt getrennt. Sie ist auf Resten eines römischen Kastells errichtet. Der gewählte Bauplatz ermöglichte vollständige Beherrschung der alten und der neueren unteren Stadt und des Hafens.

Bayonne besitzt zwei Stadtburgen im Scheitel der beiden Stadtmauerhalbkreise, die rechts und links des Flusses die alte und die neue (?) Stadt umschirmen.

Brest am Meere hat besonders feste und beherrschende Lage. Ebenso am Wasser, am Flusse Maine et Loire liegen Angers (Abb. 5) und Nantes. Beide zeigen wohlüberlegte und großartige Anlagen. Dem 15. Jahrh. gehörte die streng regelmäßige, völlig verschwundene Stadtburg von Dijon an. Die ebenfalls abgebrochene Stadtburg Louvre, wozu in Paris noch die Bastille und der Temple kamen, waren im Verhältnis zur Größe der Stadt weder bedeutend noch günstig genug gelegen, um die Pariser in späterer Zeit schützen oder beherrschen zu können.

Stadtburgen am Meere sind die jahrhundertelang von Engländern und Franzosen umstrittenen Caen und Dieppe, die zur Verteidigung besonders günstig lagen. Die Nordseite von Dieppe deckte das Meer, östlich floß der kleine Fluß Arques, südlich deckte dessen Wasser und ein breiter Sumpf. Nur an der schmalsten Westseite hingen Stadt und felsiges Festland zusammen.

---

[309]) Gurney Benham: Colch. S. 13, 27ff. — [310]) Siehe Leask (Smlg. Ebh.); für alle irischen Burgen vgl. Abschn. „Irische Burgen". — [311]) Ausführliche Beschreibungen in Abschn. „Französische Burgen".

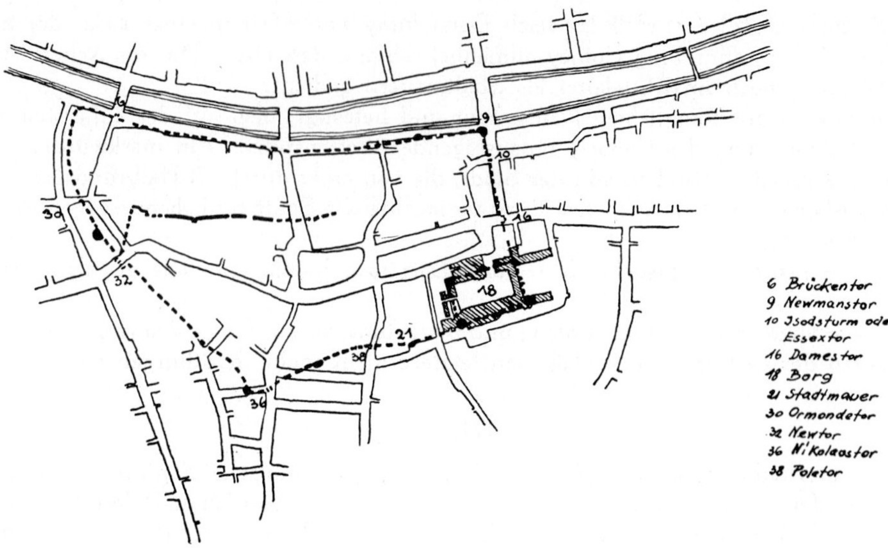

Abb. 95. Dublin, Irld., Mauerring d. Mittelalters u. Stadtbg. B. E. nach Pl. d. archäol. Inst. u. a.

Stadttürme

Es gab aber nicht nur die großen Stadtburgen, errichtet als Kernfesten und zur Be=herrschung der Städte, sondern auch innerhalb der Städte burgliche Bauten, die nur ihrem Besitzer sichere Wohnung boten, ja, die ihm erlaubten, mit seinen Nachbarn in der Stadt Krieg zu führen.

Auch in den Städten war Besitz und Leben oft genug bedroht, und manches Stadthaus wurde wie eine Burg ausgebaut. Eine Abbildung Wilhelm Dilichs in seiner Bremer Chronik von dem dortigen Rathaus zeigt ringsum in Traufhöhe einen Wehrgang mit Zinnen und Ecktürmchen. Dort erfahren wir auch, daß in Bremen die Burg eines einzelnen Privat=mannes stand. Ein richtiger Burgturm ist ferner der Rathausturm zu Würzburg.

Die eigenartigste Form der städtischen Geschlechterburgen stehen aber in den mächtigen Einzeltürmen vor uns. Das waren die berühmten, finsteren Gewalttürme, die noch heute vielen, namentlich italienischen Städten ein trotziges Aussehen aufprägen[312]).

In Deutschland sind solche Türme selten, nur Regensburg ist reich daran. Der be=kannteste Turm, zugleich einer der ältesten, steht im sogenannten Goliath=Haus[313]). Das Haus machte den Eindruck einer Burg. Zinnen umziehen das Dach. Der Mittelbau trägt vier achteckige Türmchen auf gegliederten Konsolen, die als Wachthäuschen dienten. Erbaut wurde es spätestens im letzten Viertel des 13. Jahrh., denn 1290 besaßen es die Tundorfer, während ein Schlußstein das Wappen der Zandt zeigt, die es nachweislich nach den Tundorfern nicht besaßen.

Auch der sogenannte „Goldene Thurm" ist ein richtiger Bergfried. Der Turm ist vier=eckig, ihm schließt sich ein Wohnhaus an.

Der schönste Turm Regensburgs ist der alte Baumburger Turm am Watmarkt, etwa 1250 bis 1270 erbaut. Die obersten vier Stockwerke zeigen ziemlich die alte Form. Gekuppelte, spätromanische Fenster mit Giebelprofilen darüber sind mit Blattwerk und figürlichem Schmuck verziert. Innen sind reiche Gewölbe mit Schlußsteinen, namentlich im Erdgeschoß. Der Turm zeigt neun Stockwerke.

[312]) Smlg. Ebh. — [313]) v. Walderdorff: Regensburg i. s. Vergangenh. u. Gegenwart S. 494ff.

Es kommt auch vor, daß mehrere Türme einen Hof umschlossen und so eine ausgedehntere Burg bilden.

Die schönsten und meisten Beispiele sind aber in Italien erhalten, so die berühmten Stadttürme in Bologna der Familien Garisenda und Asinelli. In dem kleinen Städtchen San Gimignano delle belle torri sind 13 Stadttürme erhalten[314]).

Diese Stadttürme spielten in den inneren Kämpfen der italienischen Städte eine bedeutende Rolle. Als allgemein vorhanden werden sie in den städtischen Statuten von Lucca, Brescia, Pisa schon im 12. und 13. Jahrh. erwähnt. Die Zerstörung wird verboten[315]).

Eine alte Ansicht Sienas[316]) zeigt die Stadt mit einer Fülle von dicht beieinander errichteten Türmen, die, wenn hier auch übertrieben dargestellt, doch im Stadtbild offenbar überwältigend waren.

Die Stadttürme hießen im 13. Jahrh. arcicasa = casatorre „dicte roche"[317]).

Muratori nimmt an, daß einige Türme schon im 10., die größte Zahl im 11. Jahrh. erbaut wurde. Savioli nimmt die Zeit der Ottonen an, nennt aber erst 1120 als bestimmte Jahreszahl.

In Ascoli, das sehr viele Türme besaß, eroberte und zerstörte Friedrich II. 1241 90 Türme[318]).

Fast in allen italienischen Städten gab es solche Türme. In Florenz sollen urkundlich im Jahre 1180 etwa 35 Geschlechtertürme, 1260 sogar 85 vorhanden gewesen sein[319]).

Entstehung und Zweck war allgemeine Unsicherheit und Herrschsucht einzelner Familien.

Die Höhen dieser Türme waren bedeutend. Heute mißt z. B. der Torre Asinelli in Bologna noch 97 m.

Die Errichtung von Wehrtürmen in den Städten ist kennzeichnend italienische Gewohnheit, so daß wir kaum in anderen Ländern bemerkenswerte Beispiele finden.

Die oben genannten italienischen Orte erschöpfen durchaus nicht die große Zahl der Städte, die durch den finsteren Turmbau ein besonders heroisches Bild bieten. Verona sowie zahlreiche andere können sich gleichen Schmuckes rühmen.

Die Schwierigkeiten eines friedlichen Zusammenlebens wurden aber infolge der vielen Türme in den Städten so groß, daß sich mit der Zeit eine vollständige Gesetzgebung über die kriegerische Verwendungsart der Türme herausgebildet hat, die in den Statuten zahlreicher Städte ihren Niederschlag fand[320]).

Vielgestaltigkeit der Burgen

Eine der bemerkenswertesten Eigentümlichkeiten des Burgenbaues ist die unvergleichliche Kühnheit und Sicherheit, mit der Bauherrn und Baumeister allen Schwierigkeiten des Geländes und der Bauplätze sich gewachsen zeigten.

Aus der Verschiedenheit der Aufgabe, für den Burgsitz die günstigste Form eines sicheren Wehrbaues zu finden, ergab sich eine Vielfältigkeit der Gestaltung, die wesentlich dazu beitrug, daß in allen Jahrhunderten die Begeisterung des Volkes für die Burgen bis in die Jetztzeit weiterlebt. Die eiserne Notwendigkeit war der beste Lehrmeister der Architekten.

---

314) Ebh.: B. It. Bd. IV, S. 120. — 315) Gozzadini: Delle Torri Gentilizie di Bologna S. 24ff. — 316) Ebh.: B. It. Bd. III, Tafel 120. — 317) Gozzadini: Delle Torri Gentilizie di Bologna ... S. 28ff. — 318) Ebenda S. 48. — 319) Ebh.: B. It. Bd. IV, S. 120; genaue Beschreibung der Wehrtürme s. ebenda. — 320) In Abschn. „Italienische Burgen" sind zahlr. Beispiele angegeben. Ausführl. in Plänen u. Abb. s. Ebh.: B. It.

In jedem europäischen Klima, in jeder kultischen Gestaltung des Volkslebens, mit allen Baustoffen, die Ort und Gelegenheit boten, wurden die Burgen errichtet, die bestimmt waren, den Kriegsstürmen zu widerstehen.

Ebenso sehr wie die Baumeister sich dem Gelände entsprechend wandlungsfähig zeigten, haben sich die Errichter der Burgen auch der fortwährenden Veränderung der Kriegs= führung, der Angriffs= und Verteidigungsmittel anpassen müssen. Es ist nicht der kleinste künstlerische Reiz der auf uns gekommenen erhaltenen Ruinen, daß sie in der Mehrzahl aller Fälle Bauteile aus 5 oder 6 Jahrhunderten nebeneinander zeigen, die sich, bei aller Er= füllung der sachlichen Forderung, zugleich zu höchst malerischen Baugruppen zusammen= schließen. Um so bedeutungsvoller und wichtiger ist es, der Burgenbaukunst forschend nachzugehen und die jahrhundertelang mißachteten glänzenden Meisterwerke ihrem wahren Werte nach künstlerischen, technischen, landschaftlichen und geschichtlichen Gesichts= punkten zu würdigen.

Ein besonderer Reiz der Betrachtung liegt aber darin, daß ein vergleichender Überblick über die Burgen der verschiedenen Länder und Völker, in denen sie emporgewachsen sind, zugleich in politischer und rassischer Beziehung die lehrreichsten Aufschlüsse gibt und daß mit der Erforschung der Burgbauten von der Völkerwanderung bis zum 16. Jahrh. eine Entwicklungsgeschichte der europäischen Völker von der Zeit der germanischen Vor= herrschaft bis zu der glänzenden Entwicklung der verschiedenen Völker Europas ver= bunden ist.

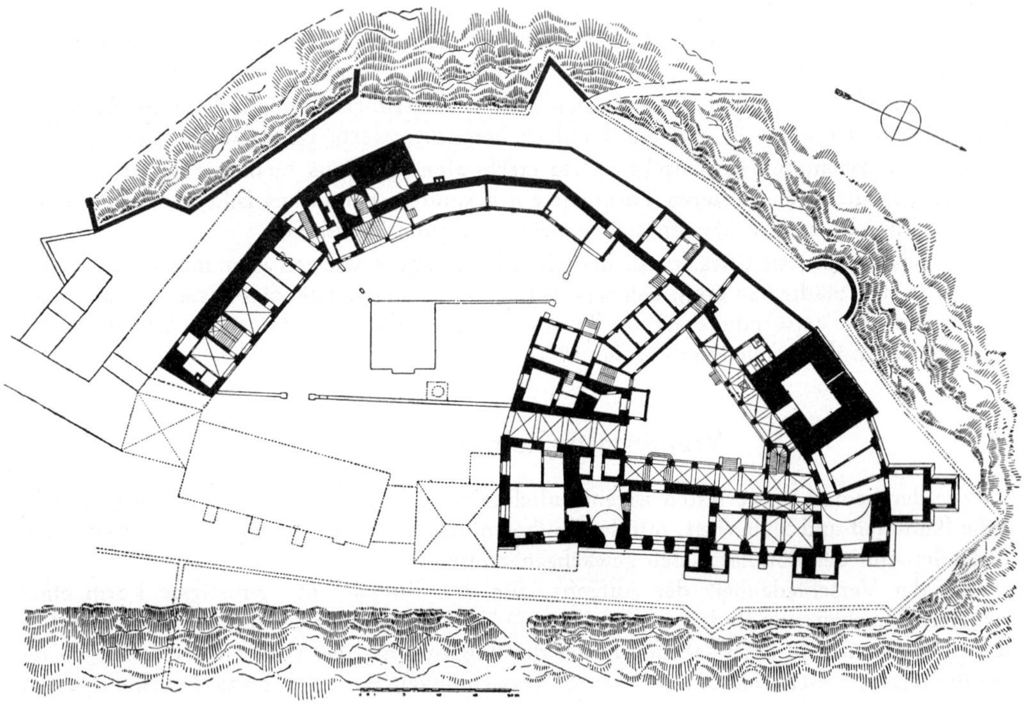

Abb. 96. Schwanenburg, Kleve, Grdr. Erdgesch. 1 : 1000. B. E.

Die Burgen des Tieflandes

Das Wesen der Tieflandburg

„Auf den Bergen die Burgen" — so beginnt ein altes Lied, das die schönen Ufer der Saale verherrlicht. Auf den Bergen die Burgen — sagt auch, wer des großen Reizes gedenkt, den die mächtigen Turm- und Mauerreste auf Bergeshöhen allen berühmten Landschaften verleihen.

Wenige denken daran, daß die Burgen einst, da sie notwendige Erscheinungen im wirtschaftlichen und politischen Leben der Völker waren, sich auch in den Ebenen in gleicher Zahl und Kraft erhoben haben müssen. Es gab auch dort reiche Lande zu beherrschen und zu beschützen. Mußte also nicht auch dort in Kriegszeiten ein Zufluchtsort für die Bewohner vorhanden sein? Auch dort liegen zahlreiche starke Festen, und ihre Reste sind bedeutender, als allgemein bekannt ist. Noch 1609 sagt Miraeus[1]), daß in den Niederlanden annähernd 210 mit Mauern, Gräben und Wällen versehene Städte seien außer den unzähligen Burgen der Fürsten und des Adels. Und wer Le Roys großes Foliowerk über die Brabanter Kastelle durchblättert, das weit über 100 Burgen in Kupfer gestochen enthält, wird das bestätigt finden[2]).

Wenn wir daher die Burgen Europas würdigen, dürfen wir nicht unterlassen, das für die Kenntnis der gesamten Burgenkunde wichtige Gebiet der Tieflandburgen zu betrachten[3]). Staunend werden wir dabei sehen, welche Fülle von Schönheit und Würde, welche hohe Entwicklung der Kunstform und der Wehrhaftigkeit in allen Teilen desselben bewiesen ist, welche kenntnisreichen Baumeister diese Bauten erstehen ließen, aus Sümpfen und aus Wasser ragend, am Meer und auf einsamer Heide.

Sie finden sich in Gegenden, deren flache Bildung und Einförmigkeit nicht geeignet war, Vergnügungs- und Erholungsreisende anzuziehen, und in denen, z. B. in Holland und Finnland, diese großartigen Bauten selbst Baukünstlern sogar dann fast unbekannt blieben, obgleich sie unmittelbar an den großen Heerstraßen des Weltverkehrs lagen.

Auch im Tieflande waren die Burgen eine kulturgeschichtliche und politische Notwendigkeit. Viele ihrer Namen treten in der Geschichte glanzvoll hervor, und sie spielen in Englands Marsch- und Irlands Sumpflanden in den Händeln der Zeit jahrhundertelang eine ebenso bedeutende Rolle wie die Höhenburgen an den Ufern von Rhein, Loire und Rhone und in Kastiliens Bergen.

So ist die Burg Heinrichs des Löwen Dankwarderode in Braunschweig[4]) oder sind die Burgen Kaiserswerth[5]) und Nymwegen[6]) am Niederrhein Bauten, die mit den mächtigen deutschen Herrschergeschlechtern, den Karolingern, Welfen und den sächsischen und den Hohenstaufenkaisern verknüpft waren[7]).

Nach den längst in Schlössern umgewandelten Wasserburgen Sonderburg[8]), Glücksburg und Augustenburg[9]) nennen sich heute noch Zweige fürstlicher Häuser.

In Hollands Burgen wie in Doorwerth[10]) weilte oft der Große Kurfürst. Wilhelms des Schweigers Lieblingssitz war die Burg Blumental bei Strombecke[11]). Die wiederhergestellte Burg Muyden[12]), ein trutziger Ziegelbau, Schauplatz der für die hollän-

[1]) Miraeus: Elogia Belgica. — [2]) Le Roy: Brabantia ill.; Le Roy: Castella et Praet. Nobil. Brabantiae. — [3]) Siehe d. Einzelabschnitte d. europäischen Länder. — [4]) Siehe unten. — [5]) Siehe unten. — [6]) Siehe unten. — [7]) Siehe Abschnitt „Deutsche Burgen". — [8]) Siehe unten S. 108. — [9]) J. P. Trap: Danmark 4. Aufl., Bd. IX, 1930, S. 550ff. — [10]) Siehe unten S. 130. — [11]) Smlg. Ebh. — [12]) Siehe unten S. 129f.

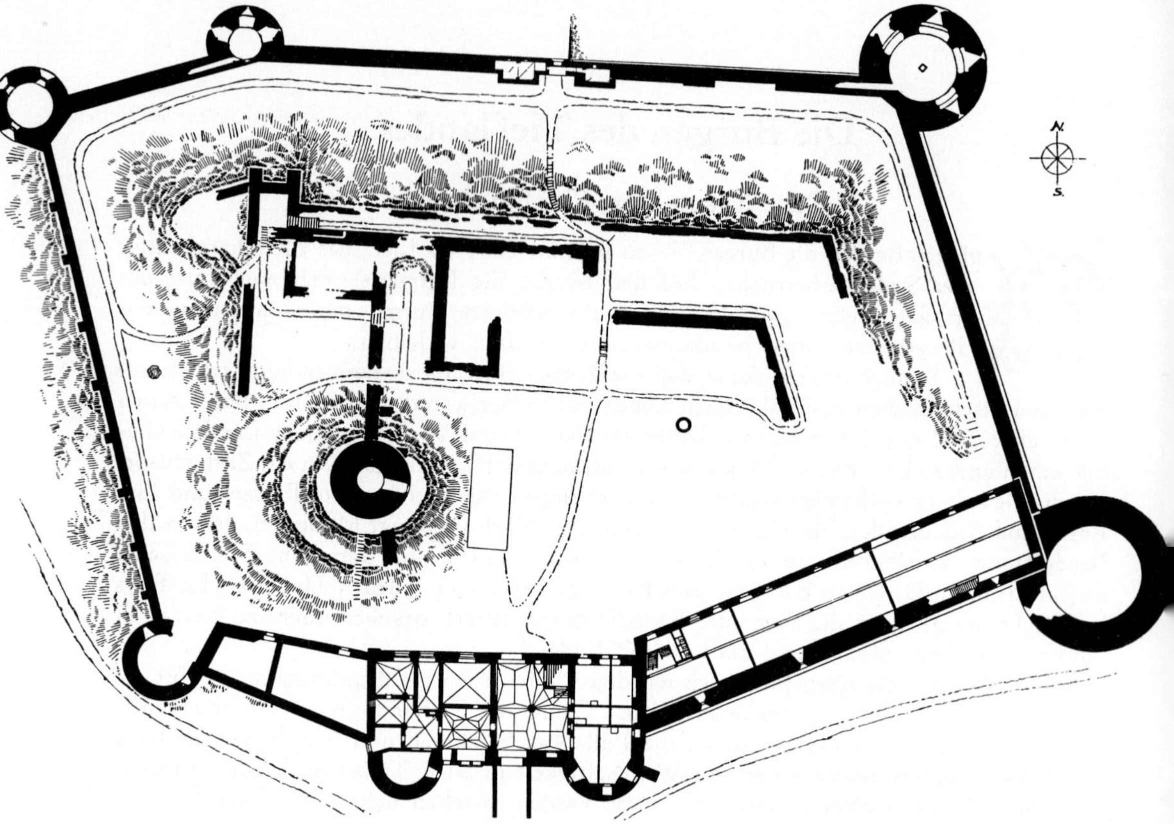

Abb. 97. Burg Eisenhart=Belzig, Ringm., Umbau d. XV. Jh. Grdr. 1 : 1000. B. E.

dische Geschichte bedeutenden Gewalttat gegen den Grafen Floris von Holland[13]) war später Hauptstützpunkt Karls des Kühnen am Zuidersee. Im Haag ist heute noch der Binnenhof der Sitz der politischen Macht. In Gent[14]) ist die Burgmantel=mauer der Grafen von Flandern, der 's Gravensteen, so bedeutend, daß sie als Wahr=zeichen der Stadt wiederhergestellt wurde. Oldenburg, Bückeburg und Delmen=horst[15]) tragen ihren bezeichnenden Namen noch in unseren Tagen. Der Adel des Niederrheins und Westfalens kann mit den schönsten und größten burglichen Schlös=sern prunken.

Dieser nahe Zusammenhang mit berühmten, politisch bedeutenden Geschlechtern ihrer Zeit beweist deren kriegerische Bedeutung.

Auch in flachen Gebieten suchte der Burgenbauer zunächst erhöhte Punkte, auf denen er seine Festen errichten konnte wie die alte Kaiserpfalz Karls des Großen in Nym=wegen[16]), die Schwanenburg in Kleve[17]) über dem alten Rheinarm. Auf den letzten Ausläufern der Gebirge gelegen, sind sie fast noch Höhenburgen.

Ausgeschieden mögen hier die Burgen der deutschen Ritterorden werden, die bis in die russischen Ostseeprovinzen hinauf zahlreiche Festen errichteten[18]).

[13]) Erbaut 1290 durch Graf Floris V. — [14]) Siehe unten S. 136f, — [15]) Siehe unten S. 111ff. — [16]) Siehe Abschnitt „Deutsche Burgen" unter Pfalzen. — [17]) Langendyk: De Stad Kleef, ausführ=liche Darstellung; s. Ebh.: D. Väter Erbe. — Bau= u. Kunstd. d. Rheinprov., Kr. Kleve S. 109ff. — [18]) Siehe Abschnitt „Deutsche Burgen".

Wasserburg Croy, Belgien

Burg Spöttrup, Dänemark

Weit genug bleibt das zu betrachtende Gebiet. Es erstreckt sich durch den ganzen Norden Europas. Hier, in Dänemark, Norddeutschland, Holland und Belgien ist die eigentliche Heimat der Wasserburgen des Tieflandes.

Die Mittel, die zur Errichtung und Verteidigung von Burgen zur Verfügung standen, waren bei den schwierigen Verkehrsverhältnissen früherer Jahrhunderte durchaus bodenständige. Man mußte überall sehen, das Baumaterial in der Nähe zu gewinnen oder herzustellen, also Feldsteine zu sammeln oder Ziegel zu brennen.

Der Ziegelbau ist infolge des Mangels an Hausteinen zu der höchsten Vollendung ausgebildet. Trotz gleicher Voraussetzung läßt sich aber erkennen, wie sich Rasse und Volkscharakter in den Bauten jener Zeit in den verschiedensten Ländern deutlich ausprägen[19]).

Zunächst war beim Bau für die Sicherheit zu sorgen. Es lag nahe, dort, wo keine Berge vorhanden waren, Höhen künstlich aufzuführen. So entstanden die Erdkegelburgen, kreisrund aufgeschüttete, künstliche Hügel, „Mota", „motte" oder „mounds" genannt. Wir finden sie in Deutschland am Niederrhein, z. B. in Dahlheim bei Erkelenz[20]), wo hohe kreisrunde Erdkegel auf künstliche Herstellung schließen lassen[21]). Ein gleicher erhebt sich mitten in der Stadt Leyden in Holland, hier weiter befestigt und mit den größten Kriegsereignissen verbunden. In Mecklenburg-Strelitz finden wir eine ähnliche Anlage, genannt die Marodei bei Feldberg. Auch auf der berühmten Tapete von Bayeux ist diese Urform der Burg dargestellt.

Natürlich ist uns von diesen ältesten Werken nur das überkommen, was nicht aus vergänglichem Material hergestellt war.

Das sind die Wallburgen, Ringwälle usw., uralte Befestigungsmittel im Hoch- und Tieflande, namentlich Volksburgen, also größere Anlagen von Festungsart. Sie sind dann mit dem Namen Burg nicht zu bezeichnen, dieser fehlt im Mittelalter auch fast ganz.

Dem Mittelalter, dessen wichtigstes Verteidigungsmittel der Wurf von oben herab war, war der Wall kein brauchbarer Wehrbau. Er verschwindet deshalb, und an seinen Platz treten hohe, senkrechte Mauern. Wälle erscheinen erst wieder, als an Stelle der Verteidigung von oben nach unten und des Angriffes von unten nach oben die waagerecht weittragenden Pulvergeschütze traten, und als sich diesen Geschützen gegenüber die Steinmauern zu schwach und zu spröde erwiesen.

Vom 16. Jahrh. ab werden, wie wir an Beispielen, wie Ratzeburg in Schleswig-Holstein[22]) (Tafel IX) sehen können, die Erdwälle oder, wie es in jener Zeit heißt, die geschütteten Wehren wieder verwandt, meist als äußere Gürtel um ältere Befestigungen des Mittelalters.

Die ältesten Wälle sind stellenweise den sogenannten Knicks ähnlich gewesen, durch die die Felder mancher Gegenden Norddeutschlands, z. B. Westfalens, noch heute eingefaßt werden. Ziemlich steile Erdwälle, oben mit dichtem Baumwuchs besetzt, so daß die Wurzeln die aufgeschüttete Erde fest zusammenhalten und darüber die Zweige und Stämme eine undurchdringliche lebende Hecke bilden. Es entstand also etwas Ähnliches wie jene Befestigungen, die wir im Rheingau und heute noch am Marksburgberg unter dem Namen Gebück kennen. Höchstwahrscheinlich waren auch viele Burgen des Tieflandes ehemals von solchen Knicks umgeben.

Ein drittes Mittel der Befestigung, das in den Tieflanden zu Gebote stand, und zwar das wichtigste, war das Wasser. Wohl gab es auch in den Berggegenden Wasserburgen[23]), aber man benutzte dort Inseln, einzeln aus dem Wasser hervorragende Felsen, wie für die

---

[19]) Siehe d. Ausführungen in den Abschnitten d. einzelnen Länder. — [20]) Vgl. Steeger: Die Heimat, Jg. 1938, Heft 2/3, S. 92ff., 295 und anhängende Karte. — [21]) Erdkegelburgen finden sich auch in Höhenburgen z. B. in Lohra. Bau- u. Kunstd. Sachsen, Nordhausen. — [22]) Braun u. Hogenberg, Bd. V, S. 43. — [23]) Siehe d. Abschn. Wasserburgen unter „Burgenarten".

Abb. 98. Burg Vordingborg auf Seeland, Gaaseturm, Mauert. d. Vorbg. nach Trap.

Pfalz bei Kaub am Rhein, oder Landzungen, die ein Strom an drei Seiten umfließt, wie in Wasserburg am Inn, oder man durchstach eine in das Wasser vorgestreckte Felsnase, wie bei Chillon im Genfer See[24]) und verwandelte durch einen künstlichen Graben an der Landseite die Felsnase in eine Insel.

Anders in den Tieflanden. Hier war es meist leicht, in den Sandboden der Geest oder in dem Erdreich der Marschen Gräben und Seen an jeder beliebigen Stelle und von jeder beliebigen Form auszuheben und mit Wasser zu füllen. Aus den Grundrissen einer Reihe von westfälischen, dänischen oder holländischen Burgen (Abb. 127 bis 137, 152) können wir sehen, bis zu welcher Vielseitigkeit diese Übung gediehen ist[25]). Man begnügte sich nicht damit, um die Mauern des Kernhauses einen Graben zu legen, man trennte jenes auch durch einen solchen von der Vorburg, umzog beide dann wieder mit einem dritten Wasserlauf, ja man sicherte außerdem noch Teile des Nachbargeländes durch gleiche Mittel und führte die Zugangswege so, daß nur über eine lange Reihe von Brücken die Burg erreicht werden konnte. Traten unruhige Zeiten ein, so waren die Brücken leicht gesperrt oder abgeworfen, wodurch feindliche Truppen weit von den Burgen abgehalten werden konnten.

Aus diesen weiten Wasserflächen oder Gewirren von Gräben oder aus Sumpf und Moor, wie bei Stotel[26]) steigen die eigentlichen Burgen des Tieflandes empor, Bauten, die selbst unter den Wasserburgen eine besondere Stelle einnehmen.

Wollen wir versuchen, uns ein genaueres Bild von den Tieflandburgen zu machen, wie sie während des Mittelalters ausgesehen haben, so stoßen wir auf größere Schwierigkeiten als bei den Burgen der Bergländer. Diese sind in größerer Zahl im alten Zustande erhalten, teils weil sie aus gutem Baustoff errichtet wurden und weil von diesem guten Baustoff noch große Mengen für spätere Bauten mühelos nahe einem neuen Bauplatz zu finden waren, teils weil viele hochgelegene Sitze vom 16. Jahrh. ab verlassen wurden, als Fürsten und Herren es vorzogen, am Fuße des Berges ihre Wohnsitze neu zu errichten. Die verlassenen Höhenburgen bewahrten dann, selbst in Trümmern klarer erkennbar, ihre mittelalterliche Gestalt.

In der Ebene dagegen waren die Baustoffe kostbarer. Es lag nahe, auch gebrauchte Steine verlassener oder zerstörter Burgen wieder zu verwenden und durch Abbruch aus der Zerstörung Vernichtung zu machen. Die Besitzer der Burgen des Tieflandes blieben auch häufiger in alten Sitzen wohnen und bauten sie um von Jahrhundert zu Jahrhundert. Die Außenmauern wurden niedergelegt, die Mantelmauern des Kernes von großen Fenstern durchbrochen, die Wälle eingeebnet, die Gräben zugeschüttet, auch wohl Türme abgetragen. So sind von den Hochbauten alter Anlagen oft wenig mehr als der Hauptwohnbau,

[24]) Naef: Chillon. — [25]) Bau- u. Kunstd. Westf.; Mejborg: Gamle Danske hjem. — [26]) Siehe unten S. 115.

der ehemalige Pallas oder einige starke Türme und Torbauten in mehr oder weniger veränderter Form erhalten. Kennzeichnend blieb aber der Bauplatz mit seinen Gräben, Rundkegeln und Grabenringen.

Von der unendlichen Zahl der Burgen des Tieflandes sind trotz aller ungünstigen Umstände doch noch viele Beispiele übrig, die eines das andere ergänzen.

Bei diesen Beispielen in Nord- oder Westdeutschland, in Dänemark, Holland und Belgien fällt auf, daß selten der Bergfried erhalten ist[27]).

Der Wohnbau ist daher heute der wichtigste Teil der Burgen des Tieflandes. Bald liegt er allein, seine stolzen Massen träumerisch in Wasserflächen spiegelnd, die ihn von Tor und Vorburg trennen, bald ist er durch Ringmauern mit Toren und Türmen zu einem größeren Baukörper vereinigt, bald sind mehrere Flügel von Wohnbauten zusammengerückt und schließen einen Hof zwischen sich ein.

Beispiele sind Borreby[28]) auf der Insel Seeland, Vischering[29]) in Westfalen, Doorwerth[30]) und Muiden[31]) in Holland, Gent[32]) in Belgien.

Zwingermauern sind nicht immer vorhanden. Schutz gegen Untergraben der Mauern und plötzliche Überfälle durch schwächere Kräfte, die Zwingermauern den Höhenburgen gewähren sollten, bot hier der mehrfache Ring von Wassergräben. Wichtiger und daher vielfältig ausgebildet sind die Torbauten, die häufig Hausform annehmen, so die Tore zu Bladenhorst[33]), zu Drensteinfurt[34]) oder das Vortor zu Burgsteinfurt[35]).

Von besonderem Reiz ist die oft eigentümliche Mischung von Burg- und Schloßbau, die das Ergebnis späterer Umbauten ist, jene Mischung von mittelalterlicher, ernster Wucht und Abwehr mit formenfrohen Bildungen der Renaissance oder gar des Barock. Der Entwicklung des Schloßbaues kann man daher nirgend besser nachgehen als an solchen allmählich entstandenen Bauten.

Ein merkwürdiger Zauber liegt über den Tieflandburgen. Der Reiz des Wasserspiegels, die umgebenden, stillen Wiesen von mächtigen Baumreihen umgrenzt oder knickartig zerlegt wie in Westfalen, die ruhigen Kanäle in Holland, einst die Hauptverkehrsstraßen zu diesen Burgen, oder die tiefen Förden, die in Dänemark oder in Schleswig-Holstein, von herrlichen Buchenwaldungen umschlossen, die festen Sitze bargen. Sie alle tragen dazu bei, die alten Edelsitze zu umkleiden mit dem poetischen Zauber träumerischen Vergessenseins und einem Schein von Stille und Verlassenheit, der sich dem Beschauer tief und dauernd einprägt.

Der rege Seeverkehr endlich zwischen allen Teilen der Nord- und Ostseeküsten und die Notwendigkeit, mit gleichem Material, den Ziegeln, zu bauen, hat eine gewisse Gleichmäßigkeit der Bauten Hollands, Norddeutschlands, Dänemarks und der baltischen Länder herbeigeführt, die im 16. Jahrh. auch in der Wohnbaukunst auffällt. Vielfach sind die einzelnen Burgen der verschiedenen Länder auch in bezug auf Anordnung der Bauteile und des inneren Ausbaus einander ähnlich. Die Gemeinsamkeit der germanischen Bauformen, die uns besonders aus den Renaissancebauten Deutschlands, Hollands, Dänemarks, Schwedens und den deutsch besiedelten Baltenländern bekannt ist, spricht sich dabei schon im Mittelalter aus. Diese Einheitlichkeit ist der beste Beweis für die enge germanisch-nordische Verwandtschaft dieser Völker und dafür, daß deren künstlerisches und baufachliches Können auf deutschem Boden geboren, ebenso alt und ebenso hochstehend wie das der Mittelmeervölker war. Grade in den burglichen Bauten jener Zeit spricht sich das deutlich aus, mehr als in den viel zu einseitig und ausschließlich betrachteten und verehrten Kirchenbauten,

---

[27]) In England fehlt er fast stets, s. dazu die Wasserburgen Beaumaris, Caerphilly, Bodiam usw. — [28]) Siehe unten S. 105. — [29]) Siehe unten S. 119. — [30]) Siehe unten S. 130. — [31]) Siehe unten S. 129f. — [32]) Siehe unten S. 136f. — [33]) Siehe unten S. 119. — [34]) Bau- u. Kunstd. Westf., Krs. Lüdinghausen S. 31ff. — [35]) Siehe unten S. 119.

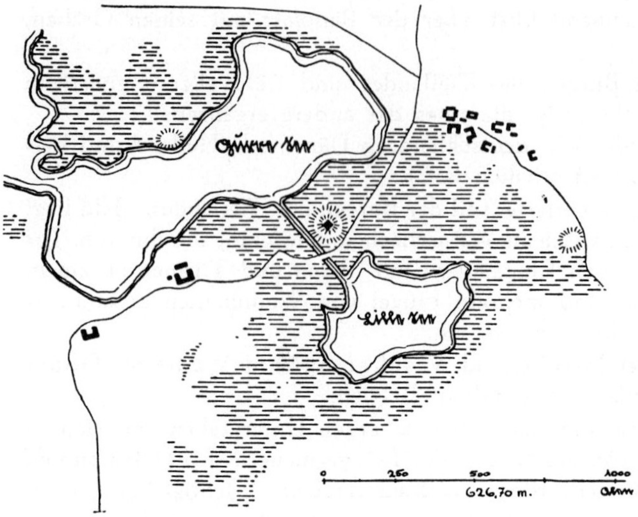

Abb. 99. Wasser= bzw. Sumpfbg. Gurre b. Helsingör, Dänem. Lgpl. 1 : 15000. B. E. nach Trap.

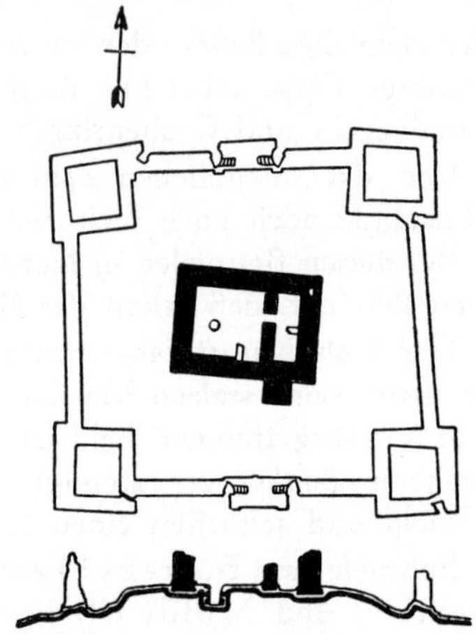

Abb. 100. Viereck. Bg. Gurre b. Helsingör, Dänem. Grdr. 1 : 1000. Wohnt. u. Mantelm. m. Ecktürmen. B. E. nach Trap.

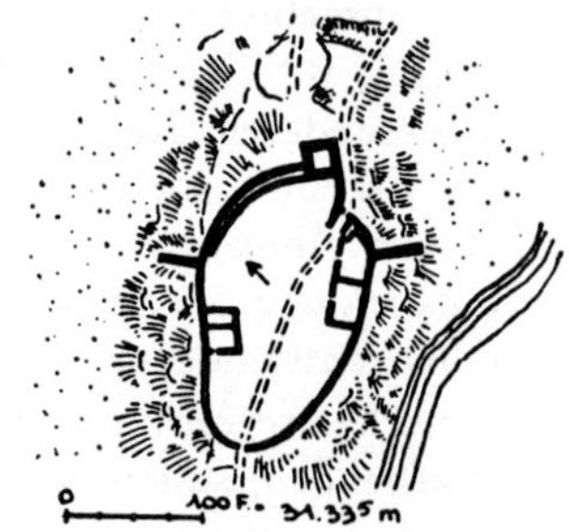

Abb. 101. Ovale Burg Lilleborg, Bornholm Lgpl. etwa 1 : 3000. B. E. nach Trap.

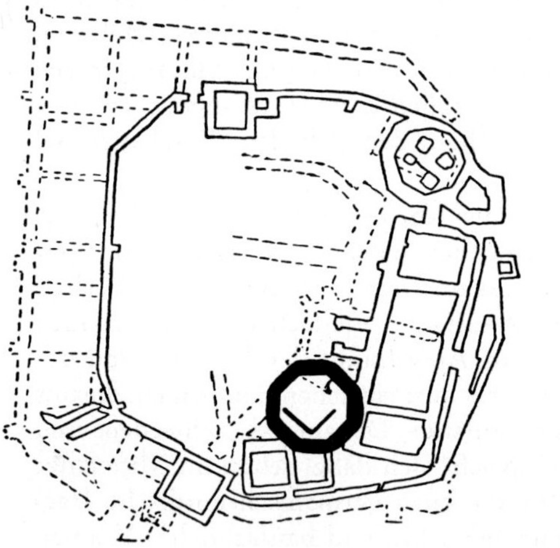

Abb. 102. Rundbg. Söborg auf Seeland. Grdr. 1 : 1000. B. E. nach Ausgrab. Smidt.

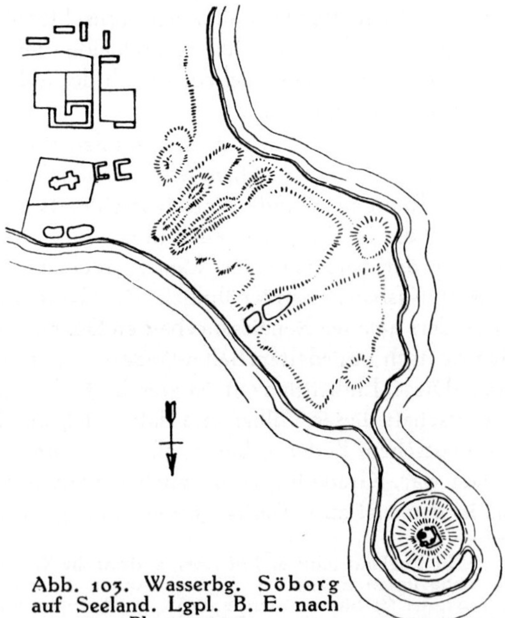

Abb. 103. Wasserbg. Söborg auf Seeland. Lgpl. B. E. nach Pl. v. 1790.

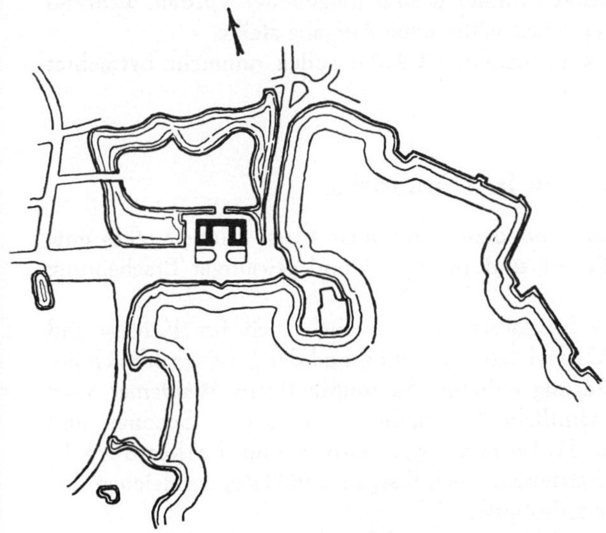

Abb. 104. Wasserbg. Aalholm, Laaland. Lgpl. B. E. nach Trap.

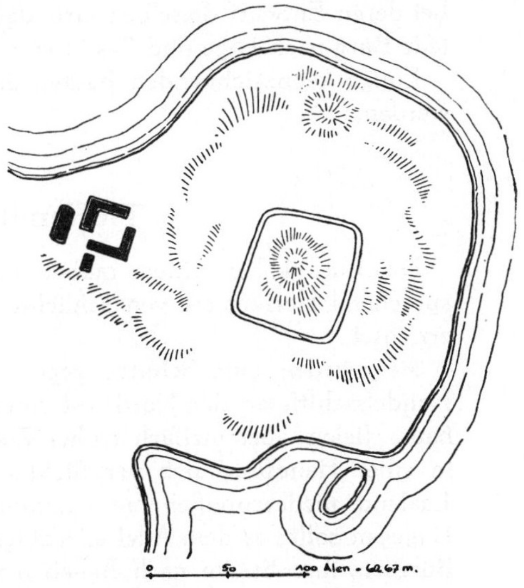

Abb. 105. Strateg. Lage d. Bg. Klejtrup, Dänem. Etwa 1 : 3000. B. E. nach Trap.

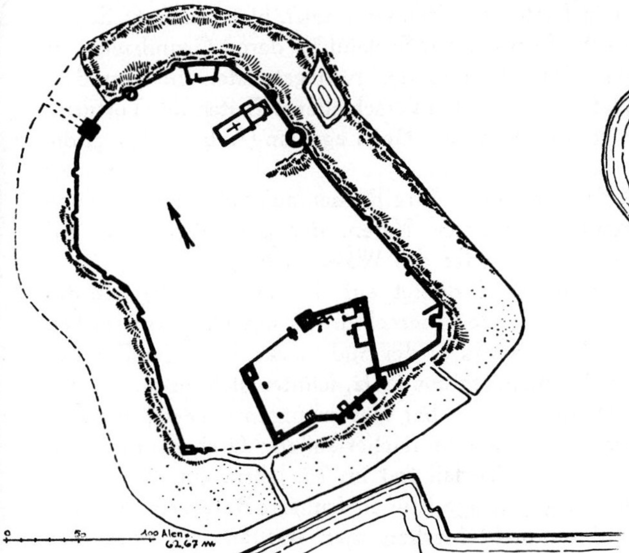

Abb. 106. Burg Vordingborg, Seeland, Mittelalt. Kernbg. i. Vorbg. m. Ringgraben. Lgpl. etwa 1 : 3000. B. E. nach Trap.

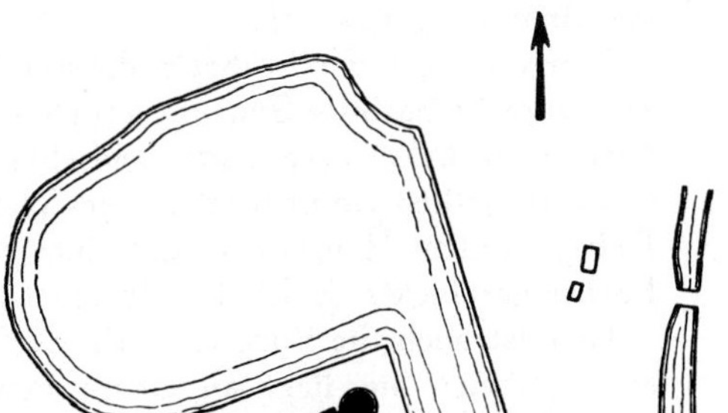

Abb. 107. Wasserbg. Nyborg auf Fünen. Lgpl. etwa 1 : 3000. B. E. nach Pl. v. 1722 n. Trap.

bei deren Entwurf dieselben Grundgedanken immer wieder umgebildet wurden, während jede Burg nach Lage und Bestimmung eine fast völlig neue Aufgabe stellte.

Einige kennzeichnenden Bauten der verschiedenen Länder sollen nunmehr betrachtet werden.

Tieflandburgen in Dänemark

Dänemark hat seinem rauhen Klima und dem kraftvollen Ernst seines Volkes entsprechend Herrensitze von schlichter Größe und machtvoll und gewaltiger Erscheinung errichtet.

Sie wurden zum Schutze gegen die Seeräuber und zur Sicherheit für Kriegs- und Handelsschiffe an den Nordwest- und Ostseeküsten Jütlands und der Inseln zahlreich gebaut, fielen aber vielfach früher Zerstörung anheim. So mußte König Waldemar 1326 in einer Handfeste sich verpflichten, sämtliche königlichen Schlösser in Schonen und Laaland niederzureißen, ausgenommen Helsingborg, Skanör und Falkenberg[36]). Dagegen sollte es dem Adel allerdings freistehen, seine Burgen und Höfe, desgleichen den Bürgern, ihre Städte nach Belieben zu befestigen.

Andererseits mußte zur Zeit der Königin Margarete der schwedische Adel sich verpflichten, keine neuen Burgen mehr zu bauen und alle in den letzten vierzig Jahren errichteten niederzureißen[37]). Dazu kamen häufige Brände. So ist z. B. Koldinghus viermal von zerstörenden Feuersbrünsten heimgesucht worden. Erst 1483 konnte sich der Adel über dieses Verbot hinwegsetzen und es wurde aufgehoben. Nun setzte naturgemäß ein allgemeiner Burgenbau ein.

Einige Burgen der Frühzeit, die nur in Resten erhalten sind, seien hier genannt. So die Uferburg in Sörburg Sun, die romanische Söborg auf Seeland[38]), deren Grundstein der Erzbischof Eskil 1150 legte, zwischen Gribskov und der Kattegatküste. Ihr Grundriß (Abb. 102)[39]) ist ein unregelmäßiges Vieleck mit Bauten verschiedener Zeiten mit Torturm, Pallas, rundem Hauptturm und einer runden Kapelle. Der Lageplan (Abb. 103) zeigt die höchst geschickte Wahl des Burgplatzes.

Hier ist auch die Burg Glambeck[40]) zu nennen. Ihre Ruinen auf Fehmarn sind 1908 ausgegraben. Sie liegt an einem heute versandeten Hafen, den sie beherrschte, auf schmaler, langer Landzunge[41]), nur über diese oder das Wasser zugänglich.

Die strenge Rechteckform 54 × 38 m messend deutet auf das 13. Jahrh.[42]). In der Nordostecke liegen Reste eines 11 × 11 m messenden Viereckturmes mit über 2 m starken Mauern. — Ein kleinerer, schwächerer Turm stand in der Südostecke, beide im Zug der Mantelmauer, auch die Wohnbauten, wahrscheinlich aus Holz, lehnten sich an diese.

Ein 5 m breiter Zwinger umzog die Hauptmauer — bei Wasserburgen ungewöhnlich —, um das Ganze ein tiefer, ausgemauerter innerer und ein flacher äußerer Graben. Lage von Tor und Zugbrücke ist noch feststellbar. Der Verfall trat im 16. Jahrh. ein.

Hammershus auf Bornholm[43]), dessen großartige Ruinen früheste Burgreste der 1159 erbauten Burg sind, gehört als Höhenburg nicht hierher, mag als dänische Burg hier erwähnt werden.

---

[36]) Siehe Abschn. (nordische) schwedische Burgen. — [37]) Allen: Gesch. Dänemarks S. 162 u. 187; Haupt: Dän. Burgenkd. S. 63ff.; Lorenzen: Studier i dansk Herregaards Arkitektur S. 15f. — [38]) Burgwart 36. Jg., 1935, Aufsatz v. August Hahr S. 1; Smidt: Gurre S. 2; Trap: Danmark Bd. II, S. 100—104. — [39]) Nach d. Ausgrabungsergebnissen v. Smidt, s. Smidt: Aerkebiskop Eskils Borganlaeg paa Søborg. — [40]) Burgwart IX, S. 81ff., Nr. 4; XVI, S. 109ff. Abb. 90, 91. — [41]) Haupt: Burgwart IX, S. 82. — [42]) Haupt: Burgwart XVI, S. 119. — [43]) Smidt: Forsvaret i danske Borge S. 30ff.; Trap: Danmark Bd. III, S. 607ff. mit Abb. u. Grundplan, 1291 Hamar, Castrum Hammerense, 1394 Hamershus.

Auf steiler Höhe ist sie auf drei Seiten durch tiefe Bodensenkungen geschützt. Außer einem kleinen, viereckigen Bau mit Stufengiebeln, dem Blumenturm, steht auf dem höchsten Punkt ein mächtiger Wohnturm, der Mantelturm. In ihm dürfen wir vielleicht das Urbild jener nordischen Burgen erkennen, die uns in den späteren Bauten, wie Borreby, durch Schönheit veredelt, entgegentreten.

Der mittelalterliche Bau, in dem im 16. Jahrh. fünfzig Jahre Lübecker Vögte wohnten, war sechsstöckig, das heutige, große Rundbogentor im Erdgeschoß ist sicher viel später eingebrochen.

Jünger war die Burg Gurre[44]) (Abb. 99, 100), deren Kern allein dem 12. Jahrh. angehört, während die auffallend regelmäßigen Vierecksmauern mit Ecktürmen im 14. Jahrh. entstanden. Die Burg liegt zwischen dem Gurre= und Lillesee, die ehemals ein See waren.

Die Ausgrabungen neuerer Zeit zeigen eine abweichende Art dänischer Burgengrundrisse. Das Wesentliche bei den späteren dänischen Burgbauten blieb immer die sehr geschickte Ausnutzung des Wassers zu ihrer Verteidigung. Auch in späteren dänischen Bauten sind noch viele burgliche Einzelheiten erhalten, vor allem in der Grundform der Wohnbauten.

An Hochbauten ist freilich wenig rein Mittelalterliches vorhanden. Kernhafte Türme zur Seitenbestreichung und durchaus burgartige Gesamtumrisse, Tore, Türme und Wehrgänge prägen aber auch den Werken des 16. Jahrh. noch kriegerische Formen auf.

Die natürlichen Seen des Landes dienen vielfach als Schutz, z. B. Hesselagergaards, das mit der Vorburg auf schmaler Landzunge zwischen zwei Seen im Wasser liegt. Künstliche Wasserläufe kommen hinzu bei Borreby, dessen unregelmäßig, mehrfach um die Burg gezogene Gräben offenbar künstlich sind, doch decken auch hier außerdem zwei größere Seen den Bauplatz. Die Burg Egeskov[45]) steht ganz im Wasser, die Wirtschafts= und Vorburg in einem zweiten Seeteil.

Einzelne Hochbauten verdienen, auch wenn später erbaut, eine Betrachtung vom wehrbautechnischen Gesichtspunkt aus.

So läßt sich die Anlage von Aalholm[46]) (Abb. 104, 108) auf einer Halbinsel bei Nysted auf Laaland auf das 12. Jahrh. zurückführen — 1581—88 — in neuester Zeit fanden durchgreifende Umbauten statt. Ursprünglich auf der Nord=, Ost= und Südseite von Wasser umgeben, mit Graben und Außenwerken versehen, ist der Grundriß rechteckig. Die Längsseite von Westen nach Osten mißt 100 m, die Querseite von Norden nach Süden 37,70 m.

Von den mittelalterlichen Türmen, deren es fünf, vier Ecktürme und einen Torturm auf der Südseite, gab, sind zwei erhalten. Diese mächtigen, noch fünf Stock hohen Ecktürme zeigen kleine Rundbogenfenster. Rundbogen wiederholen sich auch an den (überall alten?) Fenstern des Wohnflügels. Wehrgänge, wie sie die Türme sicher getragen haben, sind nicht erhalten. Der alte Bau ist durchweg in Ziegeln aufgeführt.

Aalholm — Sitz der Grafen Raben=Levetzau — ist vielleicht das älteste Gebäude in Dänemark.

Sehr früh, schon 1248, wird die von Herzog Abel als Grenzwarte auf Jütland angelegte Burg Koldinghus[47]) genannt, 1268 von Erik Glipping erweitert und befestigt. 1544—58 ließ Christian III. den östlichen, westlichen und südlichen Flügel aufführen. 1583 brannte der westliche und nördliche Flügel ab, schon 1597, 1658 und 1808 folgten wieder Brände. Von dem burglichen Hochbau sind infolge so häufiger Zerstörungen kaum Reste erhalten.

---

[44]) Smidt: Gurre S. 5; Trap: Danmark Bd. II, S. 68f. — [45]) Siehe unten S. 106f. — [46]) Trap: Danmark Bd. IV, S. 210ff., S. 54. — [47]) Lausitz de Thusah: Danske Vitruvius Bd. II, S. 218; Trap: Danmark Bd. VII, S. 516ff. m. Abb. d. Ruine u. d. früheren Zustandes (danach ist es unrichtig, daß ältere Namen von Koldinghus Arensborg, Ørneborg und Mitelborg gewesen seien); Umbauten unter Christian III. nach Trap 1546—1554.

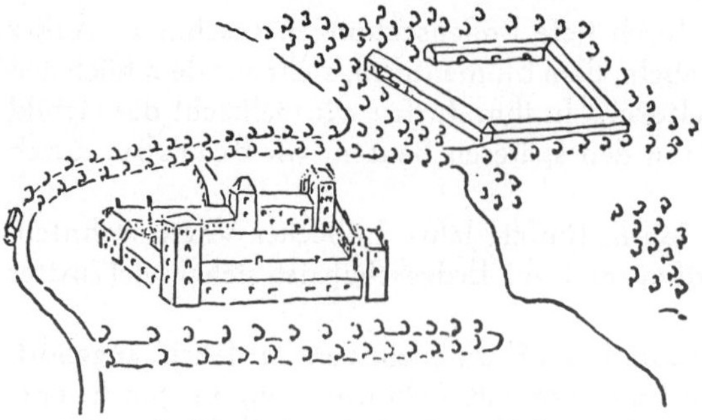

Abb. 108. Wasserbg. Aalholm auf Laaland, Ans. v. 1560, nach Trap.

Gegenüber dem grimmen Ernst einer Ruine wie Hammershus stehen dann in Dänemark jene Bauten, die trotz später Bauzeit noch Erinnerungen an die Würde des reinen Wehrbaues haben und große Ansprüche an Wohnlichkeit befriedigen, ohne auf die Sicherheit zu verzichten.

Ein solcher Bau ist Hesselagergaard[48]) (Abb. 112, 115), schon 1231 genannt, nach einer Inschrift am heutigen Bau 1538 vom Kanzler Johann Friis, dem Bauherrn von Borreby, in kräftigen Backsteinformen begonnen. Die Giebel sind die ersten im Lande mit Renaissanceformen. Der Baumeister war wahrscheinlich Martin Bussar[49]).

Trotz späterer Erbauungszeit ist Hesselagergaard noch wesentlich nach burglichen Grundsätzen geplant. Rings von mehrfachen Wassergräben umgeben, ist der Bau selbst bemerkenswert durch die Wucht seiner Bogenfriese und Wehrgänge, die den schweren Rechteckbau an beiden Längsseiten bekrönen. Der Schnitt zeigt, wie dieser Wehrgang, der um das ganze Dachgeschoß führt, Hauptgrund für die Gestaltung des Daches war, daß also die Wehrhaftigkeit der Anlage noch in erster Linie stand.

Die Wehrgänge haben wenige und kleine Scharten für den Fernschuß, dagegen für den Nahschuß nach unten an der Längsseite je elf bis dreizehn Fußscharten. Wie Francis Beckett im Wortlaut zu den vorzüglichen Aufnahmen in Danske Herreborge fra det 16de Aarhundrede meint, waren die Wehrmittel angebracht in Erinnerung an die Unsicherheit der Adelssitze während des Grafenkrieges um 1534—36, eines dänischen Bauernkrieges[50]).

Der Hauptbau bildet ein langgestrecktes Rechteck. In der Mitte der Südseite springen der schwere Treppenturm — ein Wendelstein — vor, an beiden Seiten der Nordseite vieleckige Türme. In den Schießluken liegen noch die Eichenquerhölzer mit Zapfenlöchern für die Auflage der Hakenbüchsen.

Auffallend sind die später eingebrochenen (?) großen Fensteröffnungen der unteren Stockwerke.

Die Innenteilung ist neu, ursprünglich wurden die Fußböden durch einen auf drei Pfeilern liegenden Unterzug getragen.

Immerhin gab die Gesamtanlage dem Herrenhause ein mittelalterliches Aussehen und eine erhebliche Festigkeit.

Ähnlich wie Hesselagergaard sind noch im 16. Jahrh. eine Reihe dänischer Burgen errichtet worden, so Rygaard[51]), Borreby[52]), Egeskov[53]), Nakkebølle[54]) schon mit vollständigen Renaissancegiebeln, Ørbaeklunde[55]) ebenfalls mit reichen Ziergiebeln. Nur Rygaard ist mit seinen gotisierenden Giebeln noch mehr mittelalterlich geformt. Bei anderen ist der deutsche Einfluß von Lübeck unverkennbar. Nur Rygaard

[48]) Holm: Danske Herreborge S. 2—9, 19, 28; Trap: Danmark Bd. IV, S. 789ff.; Lorenzen: Studier S. 290f. — [49]) Holm: a. a. O. S. 82; Lorenzen: a. a. O. S. 148, 159, 193f., 205. — [50]) Holm: a. a. O. S. 76; Haupt: Burg. i. Herzogt. Schleswig S. 18f. (Wehranlagen aus Tradition erklärt). — [51]) Siehe unten S. 105. — [52]) Siehe unten S. 105. — [53]) Siehe unten S. 106f. — [54]) Holm: a. a. O. S. 6f., 43ff. Trotz der vorhandenen Inschriften v. 1559 erbaut um 1580, vgl. hierzu S. 43f.; Trap: Danmark Bd. IV, S. 720f. m. Abb.; Lorenzen: a. a. O. S. 46, 148, 193, 230, 294; Lorenzen S. 193 nimmt an, daß Nakkebolle 1559 von Jakob Brockenhuus erbaut sei. — [55]) Holm: a. a. O. S. 4, 6—9, 55—62 (1593 durch den Neffen Joh. Friis', Nils Friis, erbaut); Mejborg: Gamle Danske Hjem. S. 10; Trap: Danmark Bd. IV, S. 827f. nimmt an, daß O. schon früher als 1593 erbaut worden sei, daß diese im Treppenturm über dem Eingang mit Nils Friis stehende Jahreszahl — auch im Westgiebel steht 1593 — nur auf einen Umbau hinweise.

RATZEN BVRGK
Furstlich Nider Sachsisch Waffen.
es Srifts Rat zenburg Waffen
Thumb Kirche
S. Peter in der Stat
S. Jorgen auffm Berge
Gerdt Hane 1588

Tafel IX Lageplan von Ratzeburg nach Braun und Hogenberg, 1588

Abb. 109. Lage d. Bg. Klejtrup, Dänem., nach Trap.

zeigt unmittelbar am Pallas drei Seitenflügel um einen geschlossenen, viereckigen Hof. Die anderen Pallasbauten stehen allein.

Borreby[56]) (Abb. 111) auf Seeland wird 1345 als Burgby genannt im Besitz des Adeligen Niels Jensen. Seit 1410 gehörte es dem Bischof von Röskilde. Durch die Reformation fiel es an die Krone zurück. Christian III. gab es 1556 seinem Kanzler Johann Friis. Auf ihn deutet eine Inschrift an der Mauer beim Burggraben hin: Qvi tenet a priscis maioribus Heslager idem — et Boreby dns. construxerat — ista Johan Friis — anno MDLVI"[57]).

Wir haben es hier wie bei den anderen genannten Bauten mit einer uralten Burgstelle zu tun, auf der der berühmte Kanzler sein stolzes Haus erbaute. Der Grundriß zeigt die uralte Pallasform des langen Vierecks mit Mittelstützen. Zur besseren Seitenbestreichung sind auf der einen Längsseite ein mächtiger Treppenturm, auf der anderen drei viereckige Türme angebaut. Der Pallas auf seiner von breiten Gräben umgebenen Insel wird durch zwei Vorburgen geschützt, die abermals von Gräben umgeben sind. Der Kernbau ist nur durch den Treppenbau zugänglich, so daß der Eingang von dem darüberliegenden Wehrgang aus bestrichen werden kann. Über kleinen Kellerfenstern in Geländehöhe haben beide Stockwerke große Fenster. Das Dachgeschoß mit Wehrgängen, Schieß- und Fußscharten bot zahlreichen Verteidigern Raum.

Der wehrhafte Eindruck wird auch hier erzielt durch die großen Bogenfriese, mit denen der erste Stock, Wehrgang und Dachgeschoß kräftig übersetzt sind. Einfache, straffe Giebel vervollständigen das Bild der Festigkeit und Kraft.

Rygaard[58]) (Abb. 114) auf Fünen, genannt 1372, ist gleichfalls im Wasser auf Pfählen erbaut. 1534 wurde das Herrenhaus von aufständischem Volk gestürmt und geplündert. Vor 1549 wurden drei Flügel wieder aufgebaut, die Treppentürme wahrscheinlich 1593 zugefügt. Der nördliche Flügel ist der älteste. Im obersten Stockwerk befand sich der noch wohl erkennbare Rittersaal mit Resten gotischer Kalkmalerien, am südlichen Flügel ein Portalausbau. Das Schloß gehört zum Majorat Moltkenborg.

Der hohe Pallas mit drei niedrigen Flügeln umzirkelt einen viereckigen Hof. Wehrgänge tragen Hauptbau und Haupttor.

Spöttrup[59]) in Jütland ist 1404 erwähnt, als Johann Skarpenberg es dem Bistum Viborg schenkte. 1534 in der Grafenfehde durch Schiffer Klement niedergebrannt, kam es 1559, nach der Reformation, an Otto Krumpen und 1570 als erbliches Lehen an Graf Günther von Barby.

Es liegt nahe der Küste an dem westlich angrenzenden, jetzt aus-

Abb. 110. Späte Bg. Skanderborg i. Aarhus, Jütld., nach Trap.

[56]) Holm: a. a. O. S. 2, 3, 6—10, 34 ff.; Lorenzen: a. a. O. S. 47, 140, 148, 192, 233, 292 f.; Mejborg: a. a. O. — [57]) Holm: a. a. O. S. 40; Trap: Danmark Bd. III, S. 218 f. — [58]) Holm: a. a. O. S. 2—5, 8 ff.; Trap: Danmark Bd. IV, S. 786 ff.; Lorenzen: a. a. O. S. 103, 130, 237. — [59]) Trap: Danmark Bd. VI, S. 115 ff.; Haupt: Burg. i. Herzogt. Schleswig S. 10; Lorenzen: a. a. O. S. 258. — Haupt: Burgw. 1921, S. 62 ff.

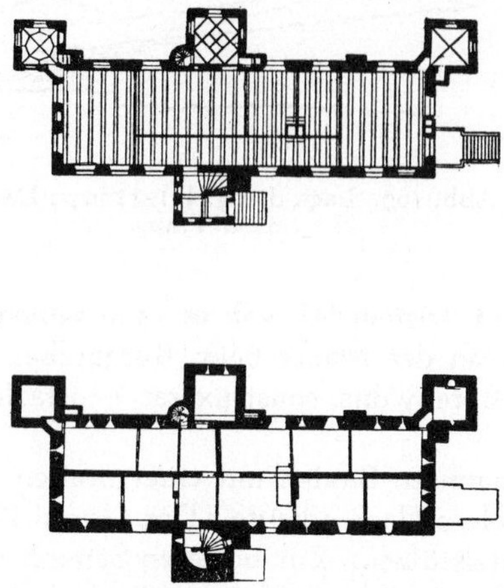

Abb. 111. Wasserbg. Borreby, Seeland. Grdr. d. Kernbg. m. Seitenbestreichungs=türmen, nach Beckett.

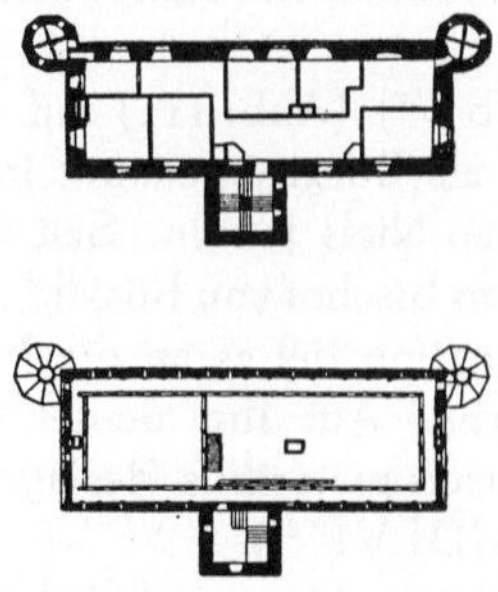

Abb. 112. Wasserbg. Hesselager=gaard auf Fünen. 2 Grdr. d. festen Pallas m. Seitenbestreichung. 1 : 1000, nach Beckett.

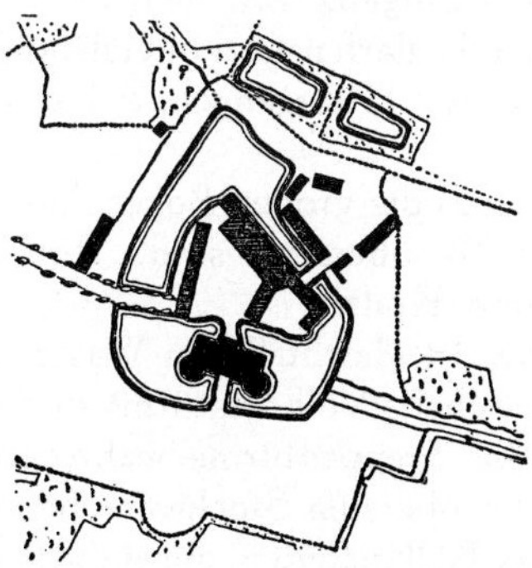

Abb. 113. Wasserbg. Egeskov auf Fünen. Lgpl., nach Beckett.

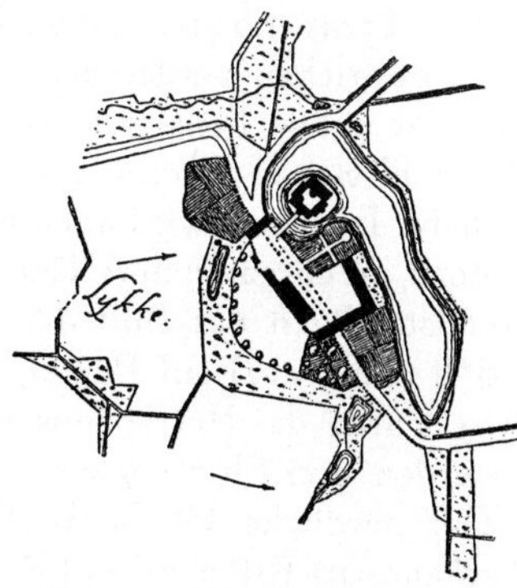

Abb. 114. Wasserbg. Rygaard auf Fünen, Rundbau. Lgpl., nach Beckett.

getrockneten Spöttrupsee, auf allen Seiten von doppelten Wällen und Gräben umgeben. Ein viereckiger Hof zeigt an drei Seiten einfache Wohnbauten. Zwei Treppentürme, ein runder und ein viereckiger, vermitteln Zugang zu den oberen Geschossen. Die kenn=zeichnend dänische Form des großen Pallas fehlt hier. Auf der Westseite sind Nord= und Südflügel durch eine sonst nicht übliche Mauer mit dem Wehrgang verbunden, der auch durch den dreistöckigen Torturm führt (Tafel 15).

Besondere Aufmerksamkeit verdient Egeskov[60]) (Abb. 113) auf Fünen, Svendborg Amt. 1554 von Frants Brokkenhus im See auf Eichenpfählen erbaut, jetzt Majorat der Familie Ahlefeld.

Burg und Vorburg liegen durch Graben getrennt in weiter Wasserfläche. Der mächtige Wohnbau aus Ziegeln mit Granitfindlingssockel ist zweischiffig, innen nicht wie Borreby und andere nur durch Pfeiler und Längsunterzug geteilt, sondern durch eine starke Mittel=mauer. Darüber zwei, am Südende durch Renaissance=, nördlich durch gotisierende Giebel

[60]) Holm: a. a. O. S. 2—10, 29ff.; Mejborg: a. a. O.; Trap: Danmark Bd. IV, S. 696; Lorenzen: a. a. O. S. 149, 160, 193, 299ff.

geschlossene Satteldächer. Wie sehr der Ziegelbau noch auf Verteidigung abgestellt ist, beweisen auch hier der oben ringsum gehende Wehrgang mit zahlreichen Schießluken und Fußscharten, ebenso die in Keller, Erdgeschoß und erstem Stock zwischen den Fenstern und den Türmen angeordneten Schießscharten. Der herrliche Bau trägt ein besonders trutziges Gepräge.

Erwähnenswert ist der gotische Kern des Schlosses Gjorslev[61]) auf Seeland, ein mächtiger Turm von quadratischem Grundriß mit kreuzförmig angebauten, z. T. noch gotischen Flügelbauten.

War dieser Bau auch ursprünglich nur festes Lustschloß, so ist doch ein Hinweis auf ihn berechtigt, da die erhaltene Raumgestaltung einen Begriff gibt, wie gotische Burgräume jener Zeit in Dänemark aussahen[62]).

Aus der Zeit Waldemar I. stammt Burg Vordingborg auf der Südspitze von Seeland[62a]) (Abb. 98, 106), von der nur noch Teile erhalten sind.

Skanderborg in Aarhus in Jütland[63]) (Abb. 110) gilt Ende des 12. Jahrh. als eine der bedeutendsten königlichen Burgen und wurde bis 1667 als solche oft benutzt. Trotz Umbauten ist das Schloß dann zerfallen, niedergerissen und auf Abbruch verkauft, erst Ausgrabungen von 1899 haben den mittelalterlichen Kern wieder freigelegt.

Von Nyborg[64]) (Abb. 107) gibt ein alter Grundriß von 1722 Nachricht; ein Wächtergang war noch bis 1728 erhalten. 1917/22 haben Wiederherstellungsarbeiten stattgefunden. Vom Äußeren gibt ein alter Stich in der Preußischen Staatsbibliothek Berlin einen Begriff.

Eine alte dänische Ringmauerburg, die mit sächsischen Häuptlingsburgen verglichen wird, ist Lilleborg auf Bornholm[65]) (Abb. 101) auf einem 15 m hohen Felsen im heute teilweise ausgetrockneten Borresee gelegen.

Burg Kalvø in Jütland[66]) (Abb. 116), 1313 zum erstenmal genannt, ist Ruine. Reste eines Bergfriedes von 12 m^2 mit 2,75 m starken Mauern liegen auf einem natürlichen Hügel, im Nordwesten, Nordosten und Südosten von Gräben umgeben, eine rechtwinklige Anlage von etwa 87:77 m. Die Hochbauten wurden 1672 abgerissen.

Klejtrup[67]) (Abb. 105) am Südwestende des Klejtrupsees stammt ebenfalls aus mittelalterlicher Zeit. Es wurde 1491 von Schiffer Delmant abgebrannt.

Abb. 115. Wasserbg. Hesselagergaard auf Fünen, fester Pallas um 1538, nach Meiborg.

[61]) Jensen: Gjorslev mit 40 Abb. u. 7 Taf. — [62]) Haupt: Gjorslev, Burgwart 1924, Jg. XXV, S. 62 ff.; Trap: Danmark Bd. III, S. 367 f.; Lorenzen: a. a. O. S. 61, 156; Haupt: Gjorslev, Burgwart 1924, Jg. XXV, S. 62 ff. — [62a]) Trap: Danmark Bd. III, S. 317 ff.; Nyerup: Det ef Kong Valdemar opbygte Vordingborg. — [63]) Trap: Danmark Bd. VII, S. 142 ff. — [64]) Trap: Danmark Bd. IV, S. 629 f. — [65]) Ebenda Bd. III, S. 594; Haupt: Burgwart 1935, Jg. XXXVI, S. 1. — [66]) Trap: Danmark Bd. VI, S. 689 ff., S. 690 Grundplan. — [67]) Ebenda Bd. VI, S. 182 f.

Die Umbildung dänischer Burgen zu verteidigungsfähigen Schlössern hat also noch besonders schöne Trutzbauten hervorgebracht. Erst die befestigten Königsschlösser Frederiksborg, Rosenborg und Kronborg stehen als reine Renaissancebauten außerhalb unseres Arbeitsgebietes.

Abb. 116. Hügelbg. Kalvø, Jütld., nach Trap.

Tieflandburgen der norddeutschen Ebenen

Schleswig-Holstein und Lauenburg

Im norddeutschen Tieflande, zumal in Schleswig und Holstein, treffen wir unzählige Wasserburgen, meist völlig umgestaltet, oft aber noch wehrhafter Erscheinung. Sie zeigen einen geschlossenen Burgkern und ausgedehnte Vorburgen (Wirtschaftshöfe).

Beginnen wir im Norden an der alten, vielumkämpften Grenze zwischen Dänemark und Schleswig. Dort war einer der wichtigsten Plätze die Wasserburg Sonderburg[68]), oft belagert, zerstört und wieder aufgebaut. Schon 1253 bemächtigte sich Christoph I. Schleswigs und zerstörte Sonderburg, dessen feste Lage auf einer weit in die See hinausgeschobenen Landzunge später den schleswigschen Landesfürsten einen Hauptstützpunkt bot. 1409 wurde sie abermals durch Abraham Brodersen, Feldherr des Königs Erich von Pommern, vergeblich bestürmt.

Traurige Berühmtheit gewann Sonderburg durch die siebzehnjährige Gefangenschaft des unglücklichen Königs Christian II. Noch zeigt man das tiefe Gefängnis in einem Eckturm.

Auch mit dem Hohenzollernhause ist Sonderburg verknüpft. Der Große Kurfürst führte im Kriege gegen Schweden seine und kaiserliche Truppen hierher, um die Schweden aus der Feste zu vertreiben.

Der Bau besteht aus vier Eckflügeln um einen unregelmäßigen Hof und ist durch Ecktürme verstärkt. Gezinnte Wehrgänge mit Schießscharten führten ehemals in den obersten Geschossen von einem Turm zum anderen. Die Mauern waren von großer Stärke. Im Innern ist eine bedeutende Gruftkirche neben anderen gewölbten Räumen erhalten.

1755 wurden der südöstliche Turm, ein starkes viereckiges Bollwerk, das der Stadt zugerichtet war, abgebrochen, die drei runden Ecktürme erniedrigt. So umgestaltet, ohne Vorwerke gegen die Stadt, dient die Burg heute als Kaserne[69]).

Von schleswig-holsteinischen Schlössern ist noch Gottorp[70]) zu nennen, schon 1159 für die Geschichte des Landes bedeutend. In dem Vierflügelbau um einen länglich viereckigen Hof erkennt man in den Grundmauern noch Reste des alten wehrhaften, mittelalterlichen Baues.

Wichtig für die Wehrsiedlung ist das vom dänischen König Göttrik angelegte uralte, 808 erwähnte „Danewerk". Wie überall an den Grenzen des deutschen Sprachgebietes,

[68]) Haupt: Burg. i. Herzogt. Schleswig S. 10f.; Smlg. Ebh.; Trap: Danmark Bd. IX, S. 521ff. m. Abb. über d. Geschichte S. 542ff.; Bau- u. Kunstd. Schlesw.-Holstein Bd. II, S. 425ff. m. Abb. u. Grdr. — [69]) Lausitz de Thusah: a. a. O. II, S. 229. — [70]) Haupt: Ebenda S. 11; Smlg. Ebh., Ansichten u. Grdr. nach Danske Vitruvius.

finden wir auch hier eine Häufung von Wehrbauten. Unter Benutzung der Sümpfe des Hadebexer Moores und der Seen sperrte man die Nordspitze der Halbinsel Jütland durch lange Wälle und Wallburgen ab. Den ersten Wall hat Waldemar der Große gewaltig ausgebaut, indem er vier „mächtige Mauern aus Backstein einfügte".

Vom Treenefluß, also vom Westen, führt der krumme Wall, teilweise durch Waldemars Mauer und den Burggraben verstärkt, bis zur Schlei bzw. der Schleswiger Förde, eine Strecke weit noch durch den Ostwall verstärkt.

Am Westende bei Hollingstedt und am Ostende erhoben sich ältere Wallburgen. Am Ostende ist eine solche erhalten, die den ehemaligen Hafenplatz südlich von Schleswig umschloß.

Am Ufer der Schlei liegen an besonders enger Stelle zwei weitere Wallburgen: Schwonsburg[72]) und Königsburg[73]). Wir wissen dagegen nichts von weiteren gemauerten Hochbauten.

Wallburgen sind auch bei Borby und natürlich an anderen Stellen nachgewiesen.

Burg Eutin[74]), von Adolf II., Grafen zu Holstein, erbaut, mußte dieser 1159 auf Begehren Heinrichs des Löwen dem Bischof von Oldenburg schenken. Später wurde Burg Eutin Besitz der Lübecker, 1535—1802 Residenz der Fürstbischöfe von Lübeck, 1689 brannte das Schloß ab, wurde aber vom Bischof wieder aufgebaut.

Die Burg auf einer Insel im Eutiner See war von einem im Wasser stehenden Palisadenzaun umgeben, die Wohnbauten ordneten sich vieleckig um einen Innenhof; ein starker Rundturm mit hohem Spitzdach stand an der Angriffsseite nahe dem gleichnamigen Ort. Die Rund=form der Kernburg finden wir bei älteren Anlagen immer wieder.

Tondern[75]) ist der älteste Ort des Herzogtums Schleswig=Holstein. Seine Stadt=burg war 1233 Tafelgut des Bischofs von Ripen, wurde 1271 geschleift, später wieder=hergestellt. 1519 und 1595 umfassend ausgebaut, 1676/77 mit den Festungswerken ge=schleift und 1750/51 gänzlich zerstört. Nur noch ein verbautes Torhaus ist erhalten.

Der alte Zustand der Burg und des umliegenden Landes im 16. Jahrh. ist bei Braun und Hogenberg wiedergegeben[76]). Außer der in nächster Nähe gelegenen „ArxTonderensis" sind noch drei Rantzauische Wasserburgen bzw. feste Schlösser dargestellt. Die Burg Tondern selbst bestand aus einem Kernbau mit zwei starken Rundtürmen, der durch zwei Zwinger gesichert war, die obere dieser Mauern anscheinend mit Kanonenscharten versehen. Der stärkste Wehrbau scheint der mächtige Torbau mit Zugbrücke gewesen zu sein (Abb. 117).

Ratzeburg[77]) wird schon 1062 erwähnt. 1143 war es Sitz der Grafen von Ratze=burg, später Residenz der Herzöge von Lauenburg. 1690 wurde die Burg abgebrochen und dafür die Stadt befestigt.

Eine ausgezeichnete Vorstellung der verschwundenen Burg gibt Braun und Hogenbergs Städtebuch[78]). Neben der Insel der Stadt lag auf einem runden kleineren Eiland im Ratzeburger See die burgliche Baugruppe um einen vieleckigen Hof (Tafel IX).

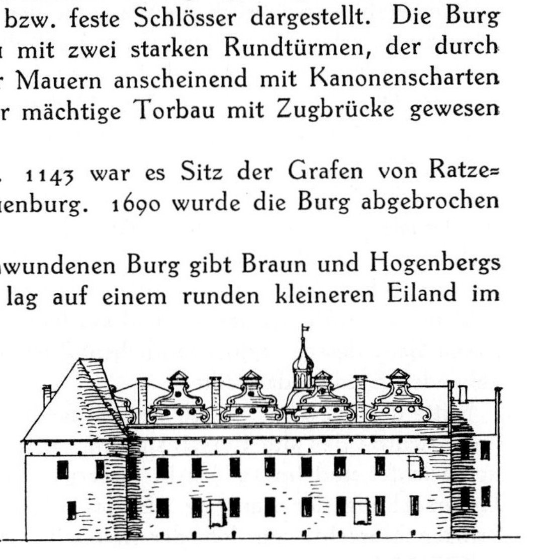

Abb. 117. Stadtbg. Tondern, Schlesw.=Holstein, Ans. 1 : 1000. Wiederherst.=Studie v. Haupt.

---

[71]) Haupt: Burg. i. Herzogt. Schleswig S. 5f., 8f.; Burgwart 1915, S. 109ff. — [72]) Haupt: Burg. i. Herzogt. Schleswig S. 16. — [73]) Ebenda. Mit Grundplan des Zustandes um 1895. — [74]) Smlg. Ebh., perspektivische Ansicht zu Braun und Hogenberg. — [75]) Haupt: Burg. i. Herzogt. Schleswig S. 11f. — [76]) Braun u. Hogenberg Bd. V, Taf. 34; Smlg. Ebh.; Trap: Danmark Bd. IX, S. 228 u. 251ff.; Bau= u. Kunstd. Schles=wig=Holstein S. 623ff. (mit Grdr. u. Abb.). — [77]) Bau= u. Kunstd. i. Lauenburg S. 3, 8, 144ff. — [78]) Braun u. Hogenberg Bd. V, Bl. 43.

Ein mächtiger, ebenfalls vieleckiger Bergfried beherrschte das Ganze. Daneben zur Rechten stand ein pallasartiger Bau, der links in einem schlankeren Wohnbau ein jüngeres (?) Gegenstück fand. Treppentürme und Erker belebten das Bild des Hofes dieser bischöflichen Residenz. — Ringsum zieht sich ein starker Erdwall, wohl im 16. Jahrh. durch kleine Steinbollwerke verstärkt. Man darf annehmen, daß solche Erdwerke hier ursprünglich eine uralte Wallburg bildeten.

Ähnlich lag die schon zur Zeit Heinrichs des Löwen 1160 erwähnte Burg in Schwerin[79]).

In Holstein liegt dagegen der merkwürdige Burghügel von Sägeberg[80]), auf dem sich eine stattliche Burg erhob, von der heute bis auf eine alte Zisterne und geringe Mauerreste wenig erhalten ist.

Ihrer Erwähnung um 1137 folgten zahlreiche Belagerungen und Zerstörungen, erst allmählich entstand das bei Braun und Hogenberg wiedergegebene schöne Bild, wohl nach dem Stadtbrande, nach der Lübecker Belagerung von 1534.

Trotzdem zeigt die Burg noch gotische Züge mit ihren Strebepfeilern, Stufengiebeln, schmalen, hohen Häusern und rundem Bergfried. Die Gesamterscheinung blieb also trotz späterer Fensteröffnungen noch burglich.

Pommern und Braunschweig

Kehren wir zu einigen erhaltenen Burgen im übrigen Norddeutschland zurück. Ein seltenes Beispiel einer Wasserburg hat sich in Pommern erhalten in der Burg Pansin[81]) (Abb. 119). Um 1235 erbaut, liegt sie in einem Kranz von kleinen Seen, ein viereckiger Kern, ehemals wohl in hohen Mantelmauern. Nur der Ostflügel zeigt (in vollständigem Neubau) noch gotische Wohnbaureste, während die Südwestecke von dem Stumpf eines ungeheuren Bergfriedes eingenommen wird.

Wasserläufe umschlossen auch die Vorburg. Die Ziegelbauten verraten sowohl mit den Ordensburgen des Ostens wie mit den Burgen Hollands verwandte Formen.

Die berühmte Burg Dankwarderode[82]) in Braunschweig, der stolze Fürstensitz Heinrichs des Löwen, angeblich schon 861 unter den Karolingern genannt, bestand wohl ursprünglich aus Wassergräben, Erdwällen und Holzfachbauten. 1125 finden wir den deutschen König Lothar von Suplinburg in Beziehungen zu Braunschweig, dann — zwischen 1150 und 1170 — als Erbauer der romanischen Burg dessen Enkel Heinrich den Löwen. Der welfische Kaiser Otto IV. machte die Burg zu seiner Residenz; ihre Glanzzeit um 1170 fiel also mit romanischer Kunstübung zusammen.

Sie gehörte zu jener Gruppe glanzvoller Palastburgen, die den strengen, früheren Kaiserpfalzen von Goslar, Nymwegen, Kaiserswerth folgte, einer Zeit formenfreudigen Prunkes. — Damals wurden von den Baukünstlern der Wartburg und Eger, von Dankwarderode, Gelnhausen und Wildenberg die schönen Wohn- und Saalbauten errichtet, die die künstlerisch höchste Stufe des ritterlichen Burgenbaues bedeuten.

Vom 14. Jahrh. ab verlor Dankwarderode an Bedeutung. Mehr und mehr zerfiel der stolze Bau, dessen wahrscheinlichen Zustand am Ende des 12. Jahrh. Winter nach eingehenden Studien darstellte.

Mitte des 13. Jahrh. durch eine Feuersbrunst vernichtet, die sich im 16. Jahrh. wiederholte, wurde der alte Fürstensitz im 17. Jahrh. als Schloß (Mußhau genannt) notdürftig hergerichtet und im 19. Jahrh. Kaserne. Eine Feuersbrunst 1873 gab Veranlassung zur Untersuchung der Baureste. Diese schenkte schließlich die Stadt Braunschweig dem Prinzen Albrecht, von dem der Bau seit 1886 wiederhergestellt wurde.

[79]) Kunst- u. Geschichtsd. Mecklenburg-Schwerin Bd. II, S. 521 ff., 602 ff. — [80]) Braun u. Hogenberg Bd. IV, 32; Bau- u. Kunstd. Schlesw.-Holstein Bd. II, S. 382. — [81]) Smlg. Ebh.: Notizen u. Bilder. — [82]) Winter: Burg Dankwarderode S. 3 ff.; Dehio: Nieders. u. Westf. Bd. I, S. 51 f.; s. Abschnitt „Pfalzen, Reichs- und Hofburgen“ in „Deutsche Burgen“.

Ständen heute außer dem edlen Pallas noch Burgkapelle, Nebenbauten, Ringmauern, Tore und Wehrtürme, so hätten wir hier eine romanische Wasserburg größten Maßstabes und ein eigenartiges Beispiel aus der Glanzzeit des Burgenbaues.

Immerhin bieten die Ergebnisse der Ausgrabungen[83]) die Möglichkeit, uns ein Bild eines burgbaulichen Fürstensitzes im 12. Jahrh. zu machen. Zwei Tore führen von Osten und von Westen in den unregelmäßigen etwa 200 zu 140 m messenden, eiförmigen Mauerbezirk, von Armen der Ocker rings umflossen. Dem Wasser war ganz wesentlich die Verteidigung überlassen, Zwinger und Vorwerke fehlten nicht völlig.

Die Ausgrabungen haben freigelegt: Die Grundmauern des 42 m langen und 15 m breiten Pallas[84]) in der Ostmauer, von der er einen Teil bildete. In der Mitte ist der länglich viereckige Raum der Länge nach durch eine starke Grundmauer geteilt, auf der sich die ursprünglichen noch erhaltenen Bogenstellungen, die einst die Säulen des großen Saales trugen, erhoben. Der Bau zeigt keine inneren Mauerteilungen, diente also wohl stets als Versammlungs= und Festhalle, deren reiche Fensterbogenstellung noch erkennbar war. Ihm schloß sich eine St. Jürgen und St. Gertrud geweihte Doppelkapelle an.

Unregelmäßige Grundmauerreste trugen wohl die fürstlichen Wohnbauten. Über den prachtvollen Saalbau ist an anderer Stelle eingehender zu reden. Er ist unverkennbar aus der altgermanischen, hölzernen Königshalle erwachsen.

Der weite Hof nahm Wohnungen der Burgmannen, Wirtschaftsgebäude und Stallungen auf, auch der von Heinrich dem Löwen erbaute Dom[85]) mit seinem Kreuzgang lag im Burgbering. Durch die von der Oker durchflossenen, sumpfigen Wiesen führten nur zwei Dammwege zur fürstlichen Burg.

Auffallend ist der Mangel an Seitenbestreichungstürmen und eines Bergfriedes. Winter sieht in seiner (Ostansicht) Wiederherstellungsskizze einen mächtigen Turm, dessen Grundmauern gefunden wurden, als seine Reste an, gibt ihm aber nur geringe Höhe.

Auch in der ehemals sächsischen Burg Jüterbog[86]) bei Berlin ist noch ein Bei= spiel erhalten. Über die Burg schreibt Sturtevant: 1226 befahl Bischof Albertus, das Schloß Jüterbog vor dem Frauentor aufzubauen. Es wurde mit einem breiten Graben um= geben und mit starken Türmen und Zugbrücken verwahrt. 1301 entschied Erzbischof Burchard I., daß 40 Ruten sowohl nach dem Wartezaun als nach den Stadthöhen hin zum Schloß gehören sollten. 1352 wird das Schloß in einer Urkunde „unser Haus" genannt, 1467 „Borch thu Jüterbuck".

Das eirunde Burggelände wurde durch zwei Wallgräben geschützt, über die eine Zug= brücke durch ein festes steinernes Tor auf den Schloßplatz führte. In den inneren Schloß= hof gelangte man durch eine überwölbte Einfahrt des Vorderhauses. Dieses trug einen Erker über der Einfahrt. In dem östlichen Seitenflügel stand der hohe, runde Wartturm aus Granitsteinen. 1400 wurde eine Schloßkapelle erbaut.

Bistum Bremen, Friesland und Oldenburg

Während in Westfalen die Großgrundherrn, namentlich vom 16. Jahrh. ab, auf den alten Burgstellen prachtvolle Schlösser errichteten, die von ihrem dauernden wirtschaft= lichen Übergewicht zeugen, sind im Gebiet des ehemaligen Bistums Bremen, in Friesland und dem oldenburgischen Gebiet wenig mehr als vereinzelte Ruinen von den zahlreichen Burgen übriggeblieben, die wir aus der mittelalterlichen Kriegsgeschichte dieses Landes kennen.

---

[83]) Winter: a. a. O.: vorzügliche Pläne u. Ansichten. — [84]) Ebenda S. 40. — [85]) Winter: a. a. O. S. 38. 1173 begonnen. S. 5 für einige Jahre Bau wahrscheinlich durch Heinrichs Verbannung (1182 bis 1185) unterbrochen, 1195 beendet, 1194 das Triumphkreuz errichtet, 1202 der nördliche Kreuzarm geweiht. Vgl. Dehio: a. a. O. S. 42ff. — [86]) Sturtevant: Chronik d. Stadt Jüterbog S. 52—58.

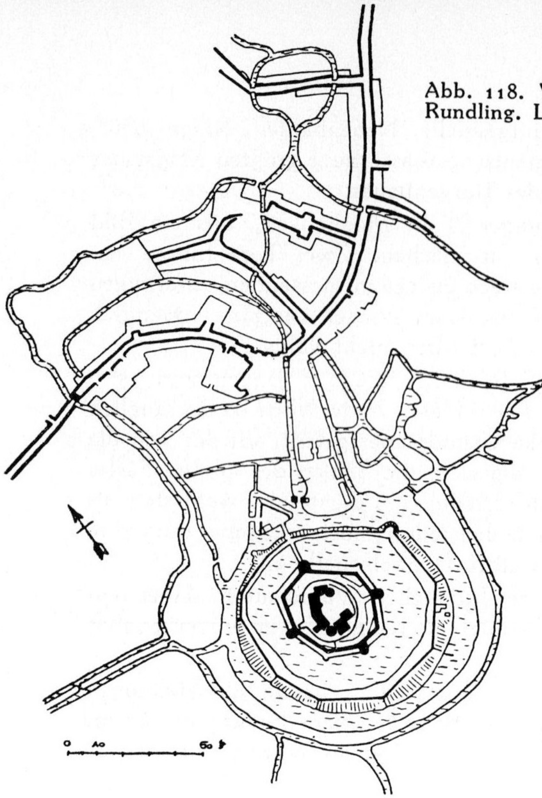

Abb. 118. Wasserbg. Delmenhorst, Oldenbg., Rundling. Lgpl. 1 : 2500. B. E. nach Pl. v. 1647.

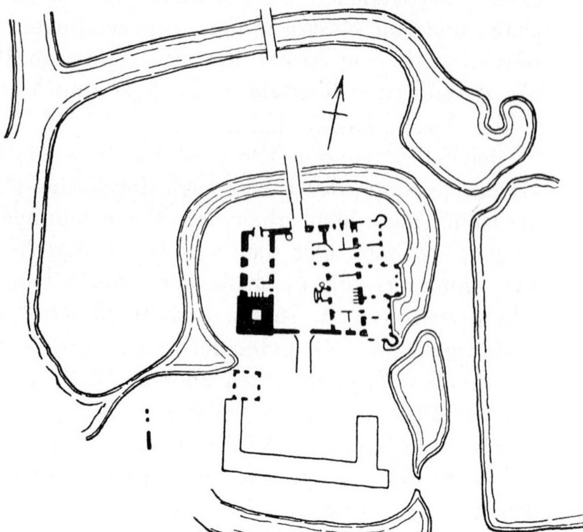

Abb. 119. Wasserbg. Pansin, Pommern, Ziegelbau. Lgpl. B. E. nach Archivpl.

Abb. 120. Bremer Wasserbg. Ottersburg a. d. Wümme, spätes Bastionswerk an alter Burgstelle. B. E. nach alt. Pl.

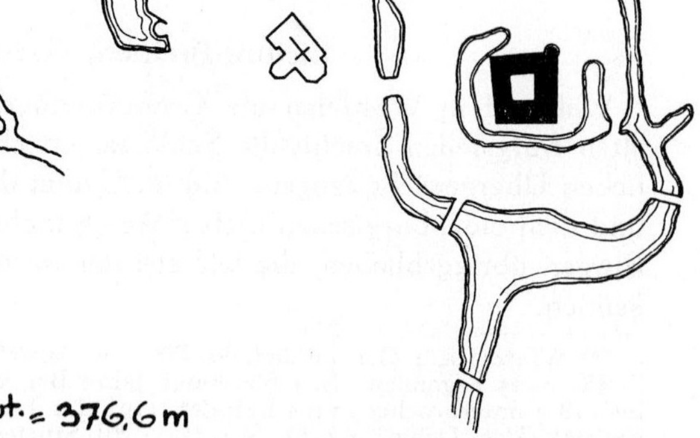

Abb. 121. Wasserbg. Bergedorf b. Hamburg, Zustand 1936. Lgpl. B. E.

Wasserburg Ammerzoden, Holland

Tafel 17

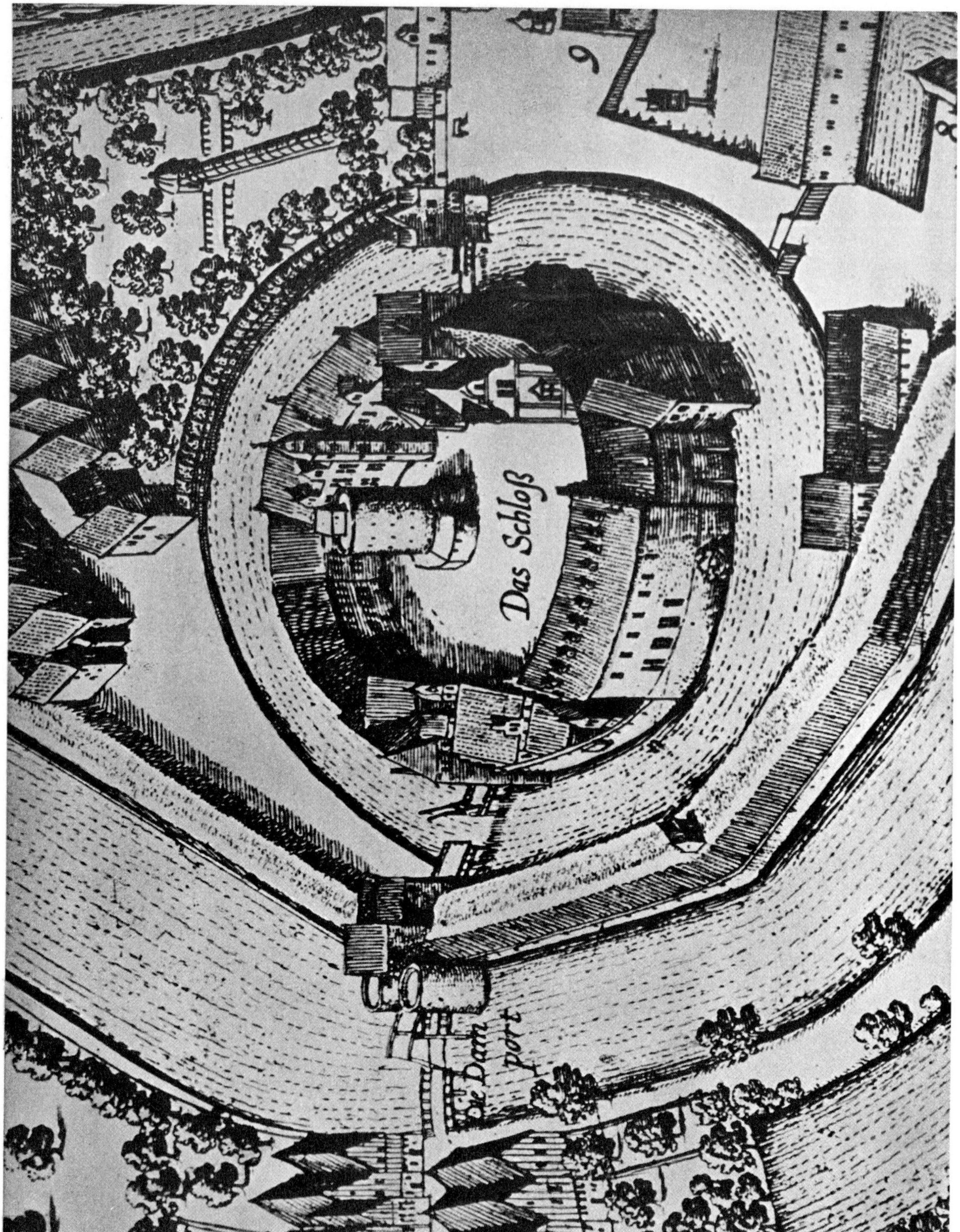

Wasserburg Oldenburg, Oldenburg, nach einem Kupferstich von 1682

Einige Beispiele dürfen aber doch nicht fehlen.

So war Delmenhorst[87]) (Abb. 118) eine oldenburgische Burg, errichtet zur Beherrschung der Oberstedinger. 1462 wurde sie von Bremen und dem Grafen Hoya, 1481 vom Bischof von Münster belagert und 1482 übergeben, 1547 von Oldenburg zurückerobert[88]), unter Graf Anton I. 1647 verstärkt. Die hohe Zahl von 388 Mann Besatzung mit 59 Geschützen deutet darauf hin, daß damals eine Stadt und nicht nur die Burg verteidigt werden sollte.

Im 18. Jahrh. wurde Delmenhorst unter dänischer Regierung allmählich abgebrochen. Nur der Grundriß ist noch erkennbar. Von ihm werden alte Pläne im oldenburgischen Staatsarchiv bewahrt[89]).

Danach handelt es sich um eine bedeutende Anlage. Zwei starke Rundtürme und ein gewölbter Viereckturm verteidigten den weitläufigen Kernbau, zwei lange Flügel, einer mit acht, der zweite mit zehn Kreuzgewölben und mehrere weitere Wohnbauten, lagen dazwischen[90]).

Diese großen Wohnräume dienten dem streitbaren Erzbischof Nicolaus von Bremen lange Jahre (noch 1441) als Zwangsaufenthalt.

Um die ganze Baugruppe zogen sich Wassergräben und Wälle mit Holzpalisaden.

Die hier bodenständigen Grafen von Friesland und Oldenburg kämpften dauernd um ihre Macht, die ihnen die Bischöfe von Bremen, Münster und Osnabrück, aber auch die großen Hansestädte wie Bremen streitig machten, während ihre eigenen, freiheitsstolzen Bauern sie ebenso anfeindeten. Alle brauchten daher Burgen.

So gab es auch in der Stadt Oldenburg zuerst 1108 urkundlich erwähnt eine Wasserburg, die nach einer Zeichnung von 1682 noch ganz mittelalterlich aussah[91]). Merkwürdig ist es freilich, daß nach dem Stich der Bergfried — ein starker, runder Turm — fast in der Mitte der kreisrunden Kernburg errichtet war, die Wohn- und Wirtschafts-

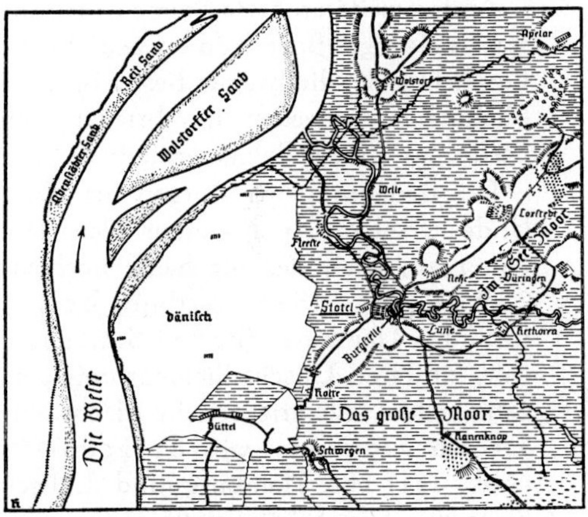

Abb. 122. Moorbg. Stotel, rechts d. Wesermündg., Lgpl. 1 : 200000. B. E. nach Karte um 1780.

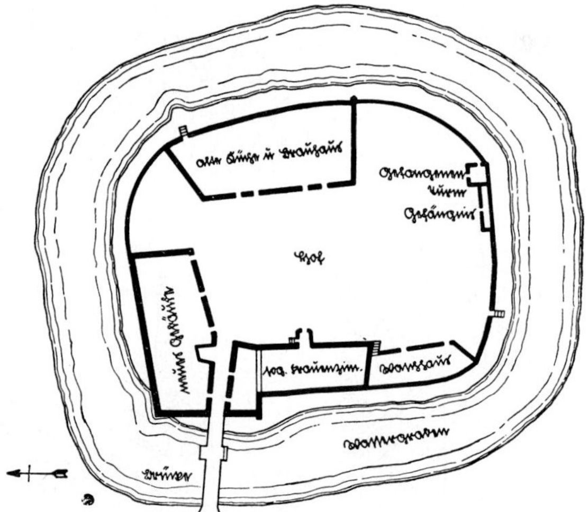

Abb. 123. Wasserbg. Oldenburg, Rundling, Lgpl. B. E. nach Pl. v. 1722.

[87]) Smlg. Ebh. — [88]) Duntze: Gesch. d. fr. Stadt Bremen Bd. II, S. 524f., 485, Bd. III, S. 209, Bd. IV, S. 350. — [89]) Siehe auch Bau- u. Kunstd. Oldenburgs. — [90]) Ebenda. — [91]) Tooneel d. v. Koopsteede Bl. 79. Staatsb. Berl. Pl. Staatsarch. Oldenburg.

bauten ringsherum. Vielleicht liegt die Lösung darin, daß ein viel älterer befestigter Spitzkegel, der zunächst nur einen Turm trug, der mittelalterlichen Burg vorausging.

Eine Darstellung vom Jahre 1682 zeigt natürlich auch spätere Bauten, wie Renaissancegiebel und zwei Wendeltürme, Tortürme haben dagegen mittelalterlichen Umriß (Tafel 17). Je einer ist rechts und links in dem Häuserring angeordnet. Zugbrücken führen über breite Ringgräben, eine durch ein jenseits gelegenes, zierliches Torhaus in die Stadt, die andere durch den Wall der Stadt und einen mächtigen Torbau mit zwei Rundtürmen. Von diesem führt eine zweite Zugbrücke als lange Holzbrücke über den sehr breiten Stadtgraben, hier war die Burg also durch zwei Gräben und zwei feste Tore geschützt.

Neben dem stadtwärts gerichteten Tor springt in den Burghof der gotische Chor einer Kapelle vor. In der Mitte sieht man einen großen mittelalterlichen Pallas und Saalbau. Ein danskerartiger Giebelbau ist über offenen Rundbogen auf drei Pfeilern in den Graben ausgebaut.

Abb. 124 stellt die Burganlage nach einer Zeichnung von 1698 und Abb. 123 nach einem Plan von 1722 dar.

Das ganze Tiefland war besetzt mit Burgen. Die Geschichte Bremens und des Erzbistums[92]) bestätigen das auf Schritt und Tritt und zeugen von dem jahrhundertelangen Kampf der Hansestädte gegen die benachbarten Grundherren.

1396 zog der Erzbischof von Bremen gegen die Ottersburg[93]) (Abb. 120), 1430 kämpfte die Stadt gegen den Friesenhäuptling Focke Uken, dann gegen den berüchtigten Stortebeker, der bei Varel die Burg Marienharm[94]) befestigte.

Die Zahl der friesischen Burgen war jedenfalls sehr groß. Die Vitalienbrüder legten Westerhaven in Nordfriesland an[95]). Selbst die Freiheit des Weserlaufes von Bremen bis zum Meere mußte die Hansestadt dauernd erkämpfen und dazu Burgen, wie die an der Lesum, die Bremen 1383 gewann, erhalten, oder die Friedeburg[96]) am Butjadinger Lande neu bauen, die aber 1424 wieder verlorenging.

Abb. 124. Wasserbg. Oldenburg, Ans. Vogelschau. B. E. nach Urzeichn. v. 1698.

Andererseits eroberte Bremen 1382 die stark befestigte Burg Bederkesa[97]) nahe Geestemünde, die Bremer Besitz bis 1654 blieb, bis Schweden im Frieden von Stade das ganze Gebiet erhielt.

Die Bedeutung der Burgen des Tieflandes ersehen wir aus einer Nachricht von 1420, nach der die heute noch als „Schloß" erhaltene Wasserburg Bergedorf bei Hamburg Sitz von Seeräubern war, zu deren Unschädlichmachung eine ganz bedeutende kriegerische Macht aufgeboten wurde. 1420 wird Bergedorf[98]) (Abb. 121) von Hamburg und Lübeck belagert. Die Städte stellten 600 Gewaffnete zu Pferd, 2000 zu Fuß und

[92]) Duntze: a. a. O. Bd. I, S. 494ff., Bd. II, S. 155ff. — [93]) Ebenda Bd. II, S. 261. — [94]) Ebenda S. 385. — [95]) Ebenda Bd. II, 256. — [96]) Buchenau: Hansestadt Bremen S. 14, 389. Danach 1424 durch einen Aufstand d. Friesen zerstört; Duntze: a. a. O. Bd. II, S. 291f., 331. — [97]) Ebenda Bd. II, 306; Buchenau: a. a. O. S. 386ff.; Dilich: Chron. Bremense, Abb. d. Burg. — [98]) Duntze: a. a. O. Bd. II 259.

800 Schützen. Bergedorf wird niedergebrannt, die Burg mit Büchsen heftig beschossen, bis ein Bollwerk am fünften Tage brannte, der Bau wird demnach aus Erdschüttungen und Holz bestanden haben. Nun zogen sich die Verteidiger in das Innere der Burg zurück, deren Mauern erstürmt wurden, dann erst erfolgte die Kapitulation. Merkwürdigerweise wurde freier Abzug der noch übrigen vierzig Mann gewährt, während sonst die Städte mit größter Grausamkeit oft hundert und mehr gefangene Seeräuber hinrichten ließen.

Unter diesen Burgen zwischen Elbe und Weser müssen wir uns meistens Sumpf- und Moorfesten vorstellen, die ihre Stärke in erster Linie der geschickten Wahl des Bauplatzes verdanken.

Wir haben ein ausgezeichnetes Beispiel an der Burg Stotel[99]) (Abb. 122) an der Lune, einem kleinen, rechtsseitigen Nebenfluß der Weser. Eine Karte um 1780 gibt eine Darstellung der Lage. Das kleine Flüßchen Lune durchbricht hier einen niedrigen Höhenzug, der weit und breit von Sumpf umgeben ist, so daß es namentlich in Zeiten, in denen der Wegebau noch stark im argen lag, fast unmöglich gewesen sein dürfte, der Burgstelle nahe zu kommen, ohne etwa neue, große Knüppeldämme durch das Moor zu bauen. Die wenigen kleinen Orte lagen ihrerseits auf zum Teil wohl künstlichen Wurten oder Geestinseln, die sich wenig über dem Moor erhoben. Eine spätere Zeit erst hat hier die Straßen ausgebaut.

Von der Burgstelle südwestlich Bremerhaven ist nur noch ein baumbepflanzter Hügel vorhanden, von einem Graben umgeben. Der angrenzende Ort zählt heute etwa 800 Einwohner.

Ähnlich mögen fast alle Burgen der Gegend auch westlich der Weser gelegen haben, so die verschwundene Falkenburg[100]) westlich Delmenhorst, so die Burg Bremervörde an der Oste[101]), von der der Burgplatz noch wohl zu erkennen ist, und auch Lunenberge im Osten der Wesermündung[102]) oder Cranenburg[103]) im Norden von Bremervörde, von der nichts mehr vorhanden ist.

Stellenweise sind freilich die Höhenunterschiede bedeutend, so beim Weserufer in Blumental[104]), wo zwei Burgen genannt werden. Nur von der einen sind noch Spuren vorhanden.

An der Burgstelle von Schönebeck[105]), die in der Bremer Geschichte eine Rolle spielt, erhebt sich heute ein Schloß.

Von ähnlichen wenig bekannten Burgen wollen wir nur noch aufzählen die Stinteburg, um 1400 in der Nähe der Geestemündung vom Bremer Erzbischof Johann erbaut und 1407 von den Wurstern zerstört, weiter die Burgen Monsove[106]), Vriegborg, Schluttern, Uteshorne, Rempempe[107]), Kikindeelve[108]), Siverdesborg, Wittenborg[109]), Bockelenburg[110]).

Westfalen

In Westfalen, in wenig bewegter, flacher Landschaft, liegen viele alte Herrensitze in ihren spiegelnden Wassergräben. Wie ein vergessenes Bollwerk aus ritterlicher Zeit erscheint

[99]) Duntze: a. a. O. Bd. I, 173; Buchenau: a. a. O. S. 388. — [100]) Duntze: a. a. O. Bd. I, S. 391, 472. — [101]) Ebenda Bd. I, S. 472, 405. Zeitschr. d. V. f. d. Gesch. u. Altert. d. Herzogt. Bremen u. Verden. NF. Heft I, 1911, S. 78, Heft II, 1913, S. 1 ff. — [102]) Buchenau: a. a. O. S. 388. — [103]) Ebenda S. 388. — [104]) Duntze: a. a. O. Bd. II, S. 306. — [105]) Buchenau: a. a. O. S. 388. — [106]) Von den Oststedingern bis auf den Grund zerstört. („Vielleicht ist ein Erdwall bei Kirchwiestedt, die Monsilienburg, die alte Burgstätte."); Rüthe: Burgenbau ... im Erzst. Bremen S. 70; Rode: Reg. Bon. Jur. Eccles. Bremensis. — [107]) Ebenda. — Rüthe: Burgenbau i. Erzst. Bremen. Von Erzbischof Gyselbert angelegt. — [108]) Ebenda. Von Erzbischof Borchard Grelle erbaut zur Bezwingung der Rehdinger, bald nach des Erzbischofs Tode zerstört. — [109]) Ebenda. Bei Reckum 1220 als erzbischöfliche Zollstation angelegt, bald v. d. Bremern zerstört. — [110]) Ebenda. Unweit der Elbe. Hier wurde Rudolf II. Graf v. Stade 1144 v. d. Dithmarschen erschlagen. Über diese u. andere Burgen s. Rode: Reg. Bon. Jur. Eccles. Bremensis. Burg soll nach der Sage um 1145 zerstört worden sein.

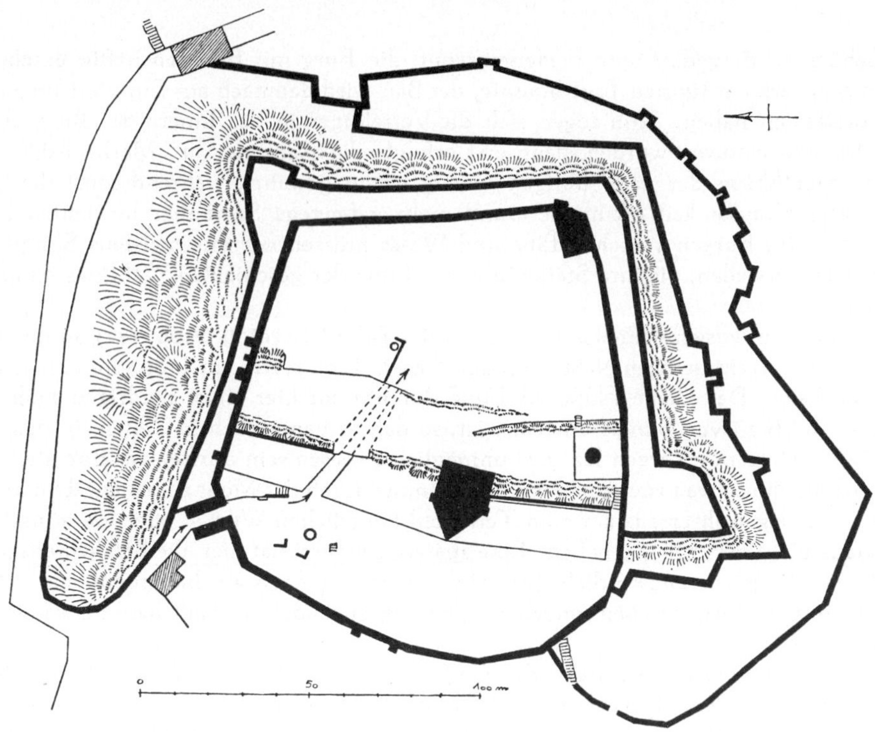

Abb. 125. Höhenbg. Tecklenburg, Osnabr., Gesamtgrdr. 1 : 2000. B. E.

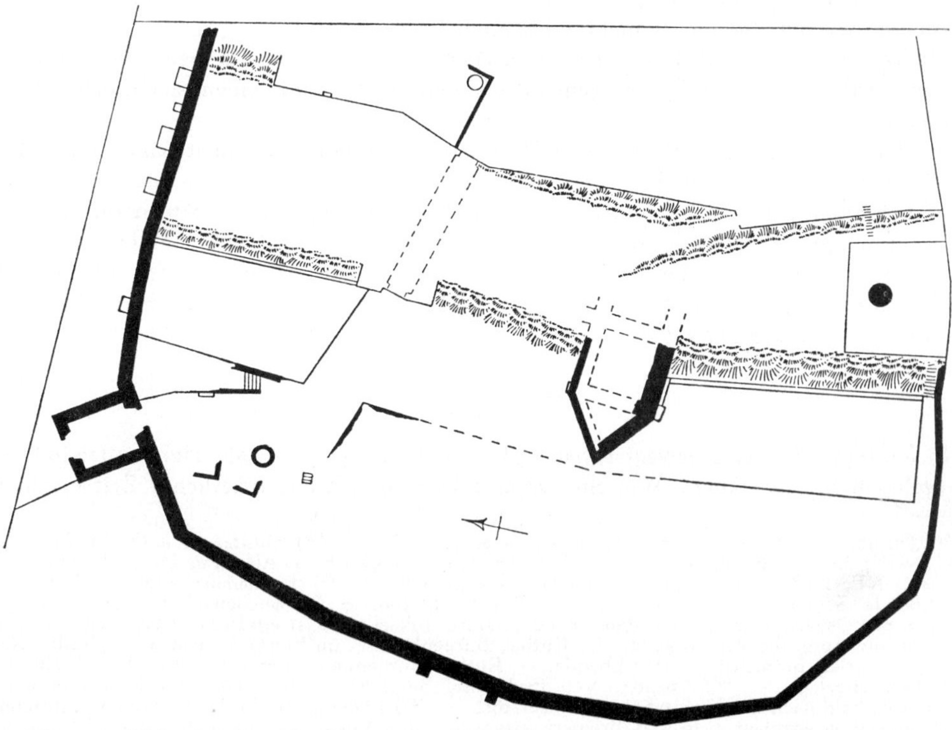

Abb. 126. Höhenbg. Tecklenburg, Osnabr., Grdr. d. W.=Flügels m. Bergfriedr. 1 : 1000. B. E. nach Pl. d. Kreishochbauamtes.

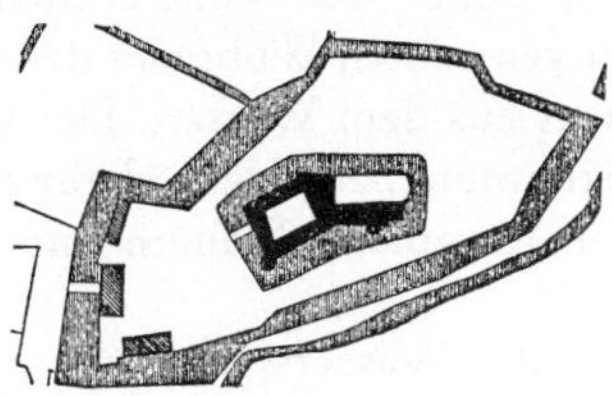

Abb. 127. Burg Assen.

Abb. 128. Burg Bodelschwingh.

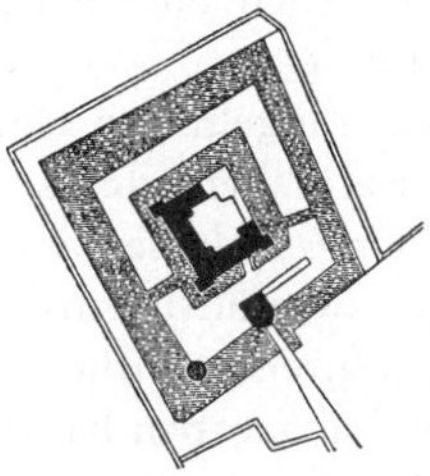

Abb. 129. Burg Bladenhorst.

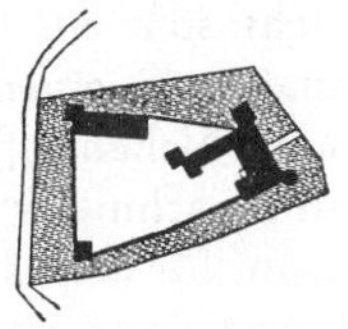

Abb. 130. Burg Kemnade.

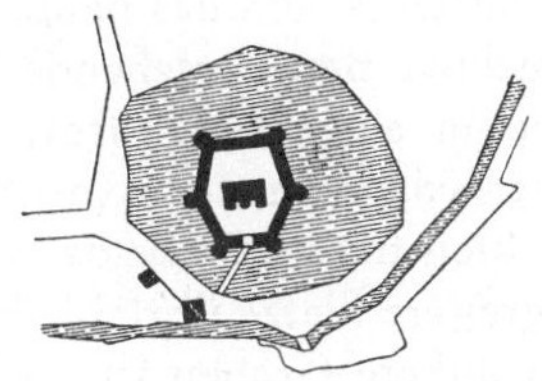

Abb. 131. Burg Kaunitz (Holte).

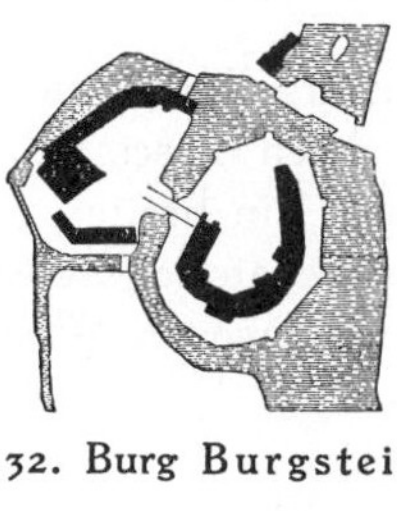

Abb. 132. Burg Burgsteinfurt.

Abb. 133. Burg Lüdinghausen.

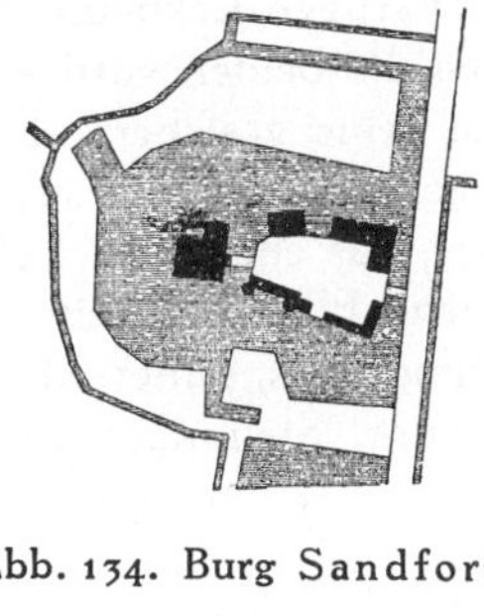

Abb. 134. Burg Sandfort.

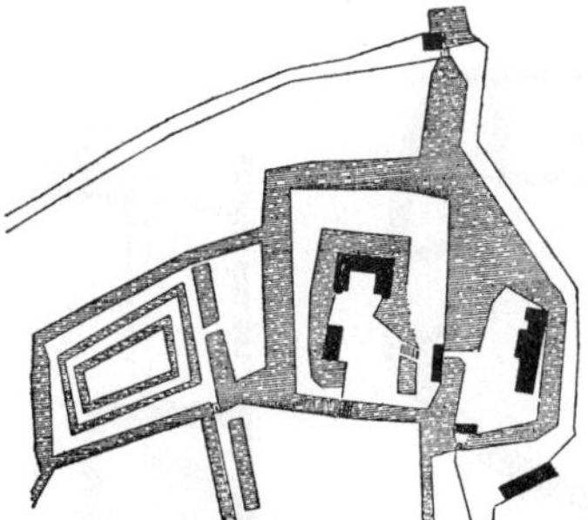

Abb. 135. Burg Ittlingen.

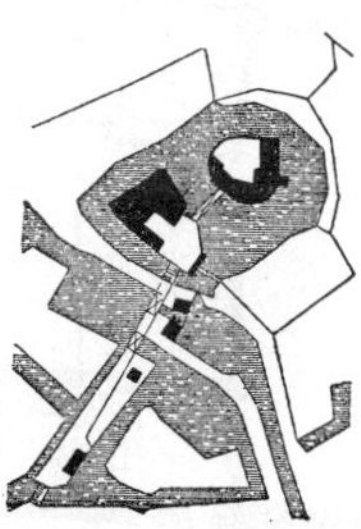

Abb. 136. Burg Vischering.

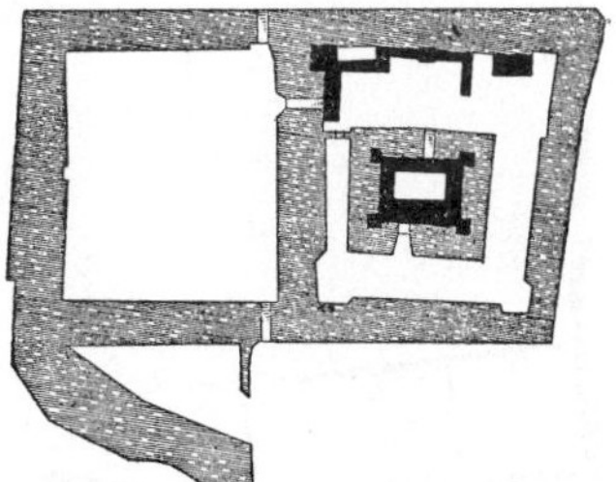

Abb. 137. Burg Westerwinkel.

Vergleichstafel der Grundrißentwicklung früher und später westfälischer Wasserburgen. Lgpl. 1:7500, nach B. u. K.

der mächtige Bau von Kemnade[111]) (Abb. 130). Schon der Name erinnert an die Kemenate, den geheizten, durch den Kamin wohnlich gemachten Wohnbau der Burg. Der feste Rundturm an der Vorderecke steigt ohne Zwinger aus dem Wasser. Der viereckige Turm an der nächsten Ecke zeigt mehr noch seine Bestimmung, zur Verteidigung zu dienen. Ein weiter Wassergraben ringsum scheidet den alten Burgplatz, Mauern und Türme von der Vorburg[112]).

Schöner noch steigt Assen[113]) (Abb. 127) aus den Wasserspiegeln empor. 1376 Lehen der Familie von Oldendorp. Jahrhunderte haben an den mächtigen Bauten gewirkt. Die heute zwischen den gotischen Türmen eingebrochenen Wohnfenster zeugen von Umbauten des 16. Jahrh. Obwohl der erhaltene Bau meist der Renaissancezeit angehört, dürfen wir annehmen, daß an derselben Stelle die alte Burg gleichen Namens angelegt war und daß die vielen Wassergräben für diese ausgehoben wurden.

Unmittelbar um das heute aus vier um einen Hof angeordneten Flügeln und einem vorgestreckten Bau bestehende Schloß zieht sich ein breiter Wassergraben, der seinerseits mitten in einer Insel liegt, die abermals von einem Graben eingeschlossen wird, dem Wasser von dem nahe vorüberfließenden Nebenfluß der Lippe zugeführt wurde. Nahe am Schloß trennt die beiden Gräben nur ein schmaler Erddamm, während nördlich und südlich größere Plätze übrigbleiben, die Raum für den Wirtschaftshof abgegeben haben. Auch dieser äußere Graben ist noch einmal wieder von unregelmäßigen Wasserzügen umgeben.

Noch interessanter als diese Anlage ist der Lageplan des Hauses Krassenstein, das gleichfalls einen Renaissancebau auf alter Burgstelle zeigt. Hier liegt der Hauptschloßbau mit bastionartigen Eckbauten in der Mitte eines Sees, zugänglich nur über drei Brücken, von denen die beiden vordersten über äußere Gräben führen, zwischen denen der Wirtschaftshof seine gesicherte Lage fand.

Breit gelagert ist die später sehr stark umgebaute Wasserburg Westerwinkel[114]) (Abb. 137), das ehemalige Lehnsgut der Grafen von Limburg. Auch dieses Schloß, vier fensterreiche Flügel um einen weiten Innenhof, liegt im Wasser. Ein breiter, seeartiger Graben umgibt es, seinerseits wieder von drei Seiten durch Erdwälle, an der vierten durch eine Vorburg, Stallungen usw. eingeschlossen. Alles ist von einer weiten Wasserfläche

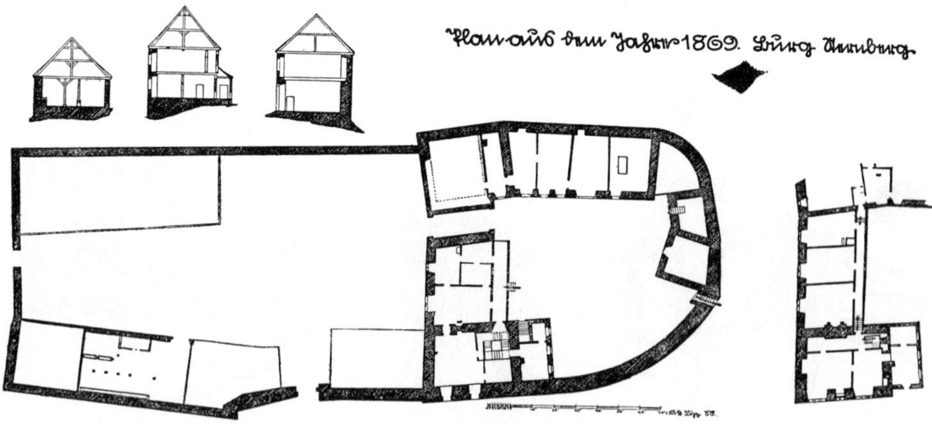

Abb. 138. Mantelmauerbg. Sternberg a. d. Lippe. Grdr. 1 : 1000. B. E. nach Pl. v. 1869.

[111]) Watenphul: Burgwart 1916 S. 133ff. — [112]) Bau- u. Kunstd. Westf. Krs. Hattingen S. 75 — [113]) Bau- u. Kunstd. Westf. Krs. Beckum S. 60, Taf. 53—56; Dehio: Nieders. u. Westf. 312. — [114]) Bau- u. Kunstd. Westf. Kr. Lüdinghausen S. 44.

eingefaßt und nur über einen breiten Vorplatz und zwei weitere Brücken zugänglich. Der Erdwall zeigt spätere, bastionartige Befestigungen[115]).

1151 ist ein Widekinus de Westerwinkel urkundlich bezeugt.

Ähnlich liegt Schloß Anholt[116]), dem Fürsten Salm-Salm gehörig, ursprünglich schon im 13. Jahrh. erbaut, an der holländischen Grenze, an der alten Issel. Ein Blick auf den Grundriß, der allein beschäftigen kann, zeigt dreifache Wassergräben und wie auch hier der Zugang nur möglich war über viele Brücken durch eine Vorburg, die ihrerseits wasserumgeben ist.

Burg Tecklenburg[116a]) (Abb. 125, 126) wird 1184 zuerst urkundlich erwähnt. Von der ehemaligen Anlage sind das Torhaus zwischen zwei Flankentürmen und Reste der Umfassungsmauern erhalten.

Bladenhorst[117]) (Abb. 129), schon 1226 als Blarenhorst erwähnt, ist ein Backsteinbau mit Fries von grünglasierten Formsteinen, gotisch mit Scharten und Falz für die Zugbrücke.

Von fast unberührter, mittelalterlicher Form und besonders malerischer Schönheit ist die uralte Burg Vischering[118]) (Abb. 136, 139) erhalten, schon 1271 nachweisbar im Besitz der Familie Droste. Ein unregelmäßiges Vieleck in einem kleinen See bildet den Kern der Anlage, zu der der einzige Zugang nur über viele unregelmäßige Wasserläufe mit Hilfe von fünf Brücken möglich ist. Über die vierte Brücke gelangt man auf ein Vorwerk, das mit der Hauptburg in einem etwa 137 zu 70 m großen See liegt und durch die fünfte längste Brücke (etwa 25 m lang) seinerseits wieder mit dem eigentlichen Schloß Vischering verbunden ist. Dieses bildet einen unregelmäßigen, ringförmigen Bau mit $1^1/_2$—2 m starken Umfassungsmauern. Seine südliche und östliche Seite sind von Wohnbauten der Burg eingenommen, die — aus dem 13. Jahrh. stammend — im 16. Jahrh. zuletzt eingreifende Umbauten erfahren haben. Das unterste Geschoß der Burg ist gewölbt, zum Teil noch aus älterer Bauzeit stammend. Ein Teil der oberen Räume ist mit gemalten gotischen Holzdecken, die aus dem 16. Jahrh. stammen sollen, ausgestattet. Eine Zugbrücke mit großen Schwungbalken ist noch erhalten. Das Ganze ist ein Kleinod unter den Burgen des Tieflandes.

Eine mächtige, frühmittelalterliche, runde Anlage ist Burgsteinfurt[119]) (Abb. 132) auf einer Insel in der Aa. Außer einer Vorburg auf einer zweiten Insel zeigt der Burgkern vielfach veränderte bedeutende Bauten. Schon 1129 erwähnt und nach Zerstörung 1164 durch Reinald von Dassel wieder aufgebaut, wurde sie damals durch einen Bergfried verstärkt, den man 1776 abbrach. Erhalten ist eine romanische Burgkapelle des 12. Jahrh. Ausnahmsweise ist um den Burgkern ein Zwingerring, durch Türmchen verstärkt, führten. Türme und Giebel aus den verschiedensten Zeiten erheben sich zwischen uralten Bäumen. Ein malerisches, gotisches Fachwerktorhaus steht im Wasser am Ende einer Brücke.

Noch heute im Besitz der alten Familien des Landes befinden sich Sandfort[120]) (Abb. 134, Tafel 18), Gemen[121]) und Bodelschwing[122])

Abb. 139. Wasserbg. Vischering, Westf., Grdr. 1 : 1000. B. E. nach B. u. K.

115) Dehio: a. a. Ort S. 357. — 116) Ebenda. S. 411. — 116a) Ebenda S. 456. Bau- und Kunstd. Westf., Krs. Tecklenburg, S. 97ff. — 117) Bau- u. Kunstd. Westf. Krs. Bochum-Land S. 18ff., Abb. Taf. 1, 3; Dehio: a. a. O. S. 331. — 118) Bau- u. Kunstd. Westf. Krs. Lüdinghausen S. 62f.; Dehio: a. a. O. S. 355; Smlg. Ebh. — 119) Bau- u. Kunstd. Westf. Krs. Steinfurt S. 19f., 30ff., Taf. 13—19, 25. Dehio: a. a. O. S. 417f. — 120) Bau- u. Kunstd. Westf. Krs. Lüdinghausen S. 76, 79; Dehio: a. a. O. S. 354. — 121) Ebenda S. 407f.; Bau- u. Kunstd. Westf. Krs. Borken. — 122) Bau- u. Kunstd. Westf., Krs. Dortmund-Land S. 17, 20, Taf. 2; Dehio: a. a. O. S. 330f.

(Abb. 128). Der Grundriß von Gemen zeigt die Kernburg nur über Brücken erreichbar, dann stehen wir vor hochragendem rundem Wehrturm, von kleinen Fenstern durchbrochen und mit eigenwilliger welscher Haube. An den Wehrturm stößt ein freundlicher Schloßflügel, den wieder der ernste mächtige, spitzgedeckte Rundturm überragt.

Die sehr abwechslungsreichen Grundrisse von Ittlingen, Westerwinkel, Kaunitz, Kemnade und Lüdinghausen (S. 117) zeigen die Sorgfalt, die bei solchen Anlagen angewandt wurde, auch wenn die Rundlinge der alten burglichen Sitze längst regelmäßigen späteren Schloßbauten Platz gemacht hatten. Einen natürlichen See benutzten die Erbauer der malerischen Burg Lembeck in Westfalen[123]). Obgleich später wohnlich ausgebaut, geben hier die Massen und merkwürdig gedrungenen Türme noch heute ein selten schönes Bild eines festen Burgsitzes in der Ebene.

Alle diese westfälischen Wasserburgen sind für die Burgenkunde durch ihre Lage in einem Kranz von Wassergräben merkwürdig. Man könnte die Zahl unendlich vermehren, wird aber selten rein burglich erhaltene Hochbauten finden. Eine vergangene Zeit ganz ungeheurer Baulust und -tätigkeit hat im 16. Jahrh. mit den Burgen aufgeräumt und eine Fülle glänzender Schlösser auf den alten Burgstellen innerhalb der Wasserringe errichtet. Auch aus teilweisen Zerstörungen entsprang nicht selten höchst reizvoll Neues. Der Gegensatz zwischen den ruhigen, ernsten Wehrbauresten und den neuen mitten darin errichteten prächtigen, freundlichen Schloßbauten bieten z. B. bei den Burgen Assen, Velen und Gemen in Westfalen die schönste Bereicherung des Gesamtbildes.

Rheinland

Die Tieflandburgen wären nicht vollständig geschildert ohne die Burgen des Niederrheins. Namentlich am Rhein dehnte sich ein altes Land der Schlachten an beiden Ufern des Stromes aus, das zwischen Gebirge und Meer keine natürlichen Verteidigungsmittel darbot außer dem Wasser.

Andererseits gaben die politischen und Grenzverhältnisse dauernd Anlaß zu Kämpfen aller gegen alle. Die geistlichen Kurfürsten und die großen Landherrn des Uradels lagen ständig in Fehde, deren Dauer oft von der Festigkeit der Burgen abhängen mochte, bis, wie bei Worringen 1288, eine Feldschlacht die Entscheidung brachte.

Eine besondere Stellung unter den Wasserburgen des Niederrheins nimmt die alte kaiserliche Pfalz zu Kaiserswerth[124]) (Tafel XXIV) ein, 1101 domus oder curtis nostra = Königshof, nach 1243 castrum genannt.

Näheres über die Hochbauten der Burg ist unter „Burgenarten" und „Pfalzen, Reichs- und Hofburgen" gesagt worden. Hier sei die Gesamtlage und die Heranziehung des Wassers zur Befestigung betrachtet. Darüber gibt der Lageplan Auskunft[125]).

In den Jahren 1899—1900 wurden durch sorgfältige Ausgrabungen alle feststellbaren Mauerreste freigelegt. Es ergab sich zwischen dem Rhein und einem sogenannten „Alten Graben" ein eiförmiger Gesamtgrundriß, dessen Spitze nach Norden stromab liegt. — Die Burg war, wie der Name sagt, ursprünglich auf einem Wörth = Werder = einer natürlichen Insel errichtet, die durch den Rhein und einen Nebenarm gebildet wurde. Aus einem Nebenarm wurde der „Alte Graben", an dessen Innenseite sich eine Zwingermauer erhob. Sie wird heute durch den Hochwasserdamm des Rheins durchschnitten. Dadurch wird das Bild stark verwischt, da grade hier der Haupteingang der Burg lag.

[123]) Dehio: a. a. O. S. 349. — [124]) Deiters: Belag. v. Kaiserswerth; Stiehl: Backsteinbau S. 60; Burgwart II. Jg., 1901, Nr. 7, 8, S. 67f., 73ff., 75. — [125]) Siehe Quellennachweis unter „Burgenarten" und unter „Pfalzen, Reichs- und Hofburgen" in Abschnitt „Deutsche Burgen", dort auch Abbildungen.

Wasserburg Sandfort, Westfalen

Wasserburg Muiden, Holland

Wasserburg Rechteren, Holland

Nach der Meißnerschen Abbildung zog an der Rheinseite noch ein äußerer Zwinger, dessen Enden stromauf und stromab durch kleinere Turm= bzw. Bastionbauten verstärkt waren.

Bei Merian ist die Mauer durch Erdwerke ersetzt. — Der Nordeingang (von der Stadt aus) führte durch den klevischen Turm über einen tiefen und breiten Graben, der ur= sprünglich wohl gleichfalls mit dem Rheinwasser zusammenhing.

Die Kernburg selbst besteht aus einem 50 m langen und 30 m breiten rechtwinkligen Mauerklotz, aus dem an der Nordostecke ein Viereck von etwa 10 zu 13 m ausgespart blieb. Der zur Rheinseite liegende eigentliche Pallas war bei 50 m Länge nur 17 m tief, innen 7,5 × 42 m messend, dort durch drei starke Quermauern in vier Räume geteilt. Rückwärts sind die Grundmauern eines etwa 17 × 17 m messenden Bergfriedes erhalten. Dieser Kern, dessen Ähnlichkeit mit dem kleineren Klotz der Brömserburg in Rüdesheim in die Augen fällt, war aber wohl in der Frühzeit auch noch von Wasser umspült, etwa so wie die alten Abbildungen der Brömserburg es noch im 18. Jahrh. zeigen.

Jahrhundertelang haben kriegerische und friedliche Ereignisse durch Beschädigungen und Wiederherstellungen den Bau verändert, endlich zu völliger Sprengung und Ver= schüttung der Reste geführt. Kein Wunder, daß auch die Ausgrabungen von 1899/1900 keine volle Klarheit über den ehemaligen Zustand bringen konnten.

Kaiserswerth hat auch keine Nachfolge am Niederrhein oder darüber hinaus gefunden. Wir finden vielmehr hier wieder die allmähliche Entwicklung von der Rundlingsburg, entstanden aus den Motahügeln, zur Vierecksburg der späteren gotischen Zeit, über die Wohnturmburg kleinerer Lehnsleute und die großen Burgen der weltlichen und geistlichen Landesherrn.

Die niederrheinischen Wasserburgen waren außerordentlich zahlreich. Fast jeder als Schloß erhaltene Herrensitz zeigt Reste von Verteidigungsbauten. Mächtige Türme, Tore und weitläufige Vorburgen bieten in unmittelbarer Verbundenheit mit später hinein= gebauten (und oft schon wieder verfallenen) Schlössern die reizvollsten Bilder.

Das Alter der Hochbauten reicht oft bis in romanische Zeit. Auch ist die Entstehung zahlreicher Burgen im 12. und 13. Jahrh. urkundlich bezeugt. Eine noch größere Zahl gehört dem 14. und 15. Jahrh. an[126]).

Die im 13. Jahrh. genannten kleineren Burgen zeigen aber heute selten noch burgliche Form. Mittelalterliche Ruinen sind dagegen die schönen bischöflich kölnischen Festen Linn und Lechenich. Unglücklich verbaut ist Hülchrath und Kerpen, leider auch die Halbruine der Stadtburg Zülpich.

Unter den niederrheinischen Burgen sind die Reste der Burg Randerath[127]) (Abb. 143) wichtig. Neben weitläufiger Vorburg liegt ein alter Rundling. Die Burg war Sitz eines alten, bedeutenden, 1084 genannten Geschlechtes. Die Benutzung einer Mota spricht für ein hohes Alter der Burg[128]).

Bedeutender war die Stadtburg von Erkelenz[129]) (Abb. 146), von der nur der dicke Berg= fried erhalten blieb. Nach einem alten Plan ist aber ihr mittelalterlicher Zustand und die Bedeutung ihrer Lage in dem Mauerkranz der Stadt zu erkennen. Abb. 147 bietet einen Überblick über die ehemaligen Befestigungen und zeigt, daß auch die Kernburg wesentlich bedeutender war, als die Reste vermuten lassen[130]).

---

[126]) Einige wichtige Namen u. Bauzeiten nach d. „Kunstd. d. Rheinpr." Bd. I, IV. Romanische Burgen Kleve 1021 bzw. 1341 (romanischer Pallas abgebr.), Vischenich 1189, ger. Reste, Kerpen 1122 gen. 1793 abgebr., oft belagert. — Münchhausen 893 bzw. 1248 gen. — Tuffsteinbau und Bruchstein. — Rheinbach, romanischer Torturm, Rundturm, Treppe in Mauerstärke. Burg 762 bzw. 1247 gen. — Bocholt 1096, nur Gotisches erh. Brüggem 1264, ältester Teil viel erh. — [127]) Bau= u. Kunstd. d. Rheinpr. Krs. Erkelenz u. Geilenkirchen S. 6, 187f. — [128]) Renard: Rh. Wasserburgen S. 12. — [129]) Piper: Burgenkunde S. 613; Fischer: Schloß Burg a. d. Wupper, Bau= u. Kunstd. d. Rheinpr. Kr. Erkelenz u. Geilenkirchen S. 54ff. — [130]) Fischer: a. a. O. S. 26, Plan nach Regierungsbau= meister Fischer.

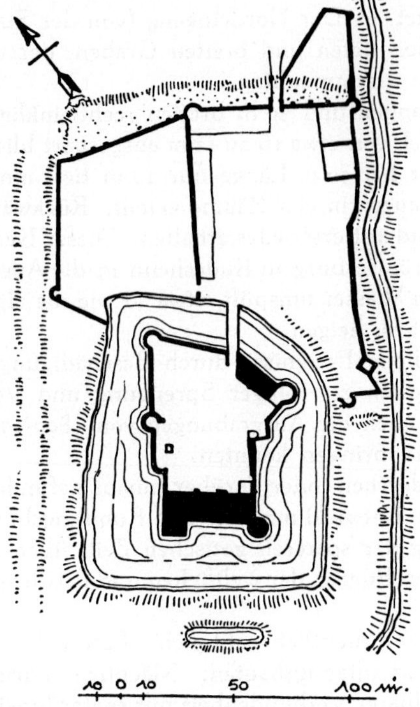

Abb. 140. Unregelmäß. Wasserbg. Veynau, Rhld., Lgpl. 1 : 3000. B. E. nach B. u. K.

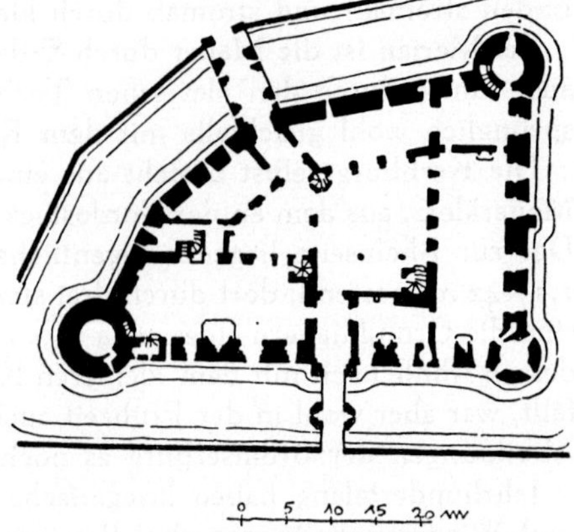

Abb. 141. Wasserbg. Kempen, Rhld., Stadtbg., Grdr. 1 : 1000. B. E. nach B. u. K.

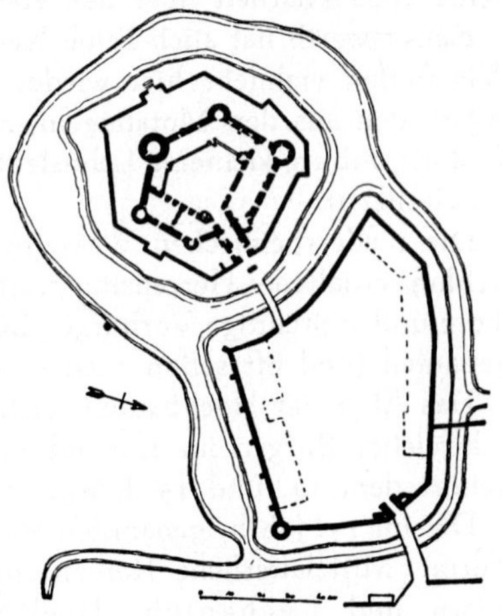

Abb. 142. Wasserbg. Linn, Rhld., Rundling, Lgpl. 1 : 3000. B. E. nach B. u. K.

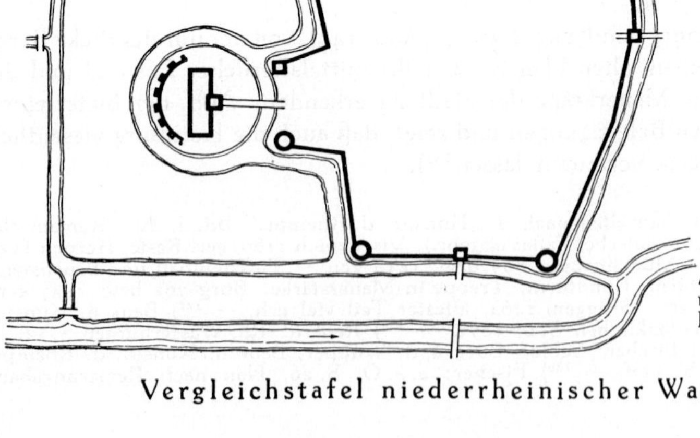

Abb. 143. Wasserbg. Rande= rath, Rhld., Reste frühen Rund= lings, Lgpl. nach Pl. d. 18. Jh. B. E. nach B. u. K.

Vergleichstafel niederrheinischer Wasserburgen.

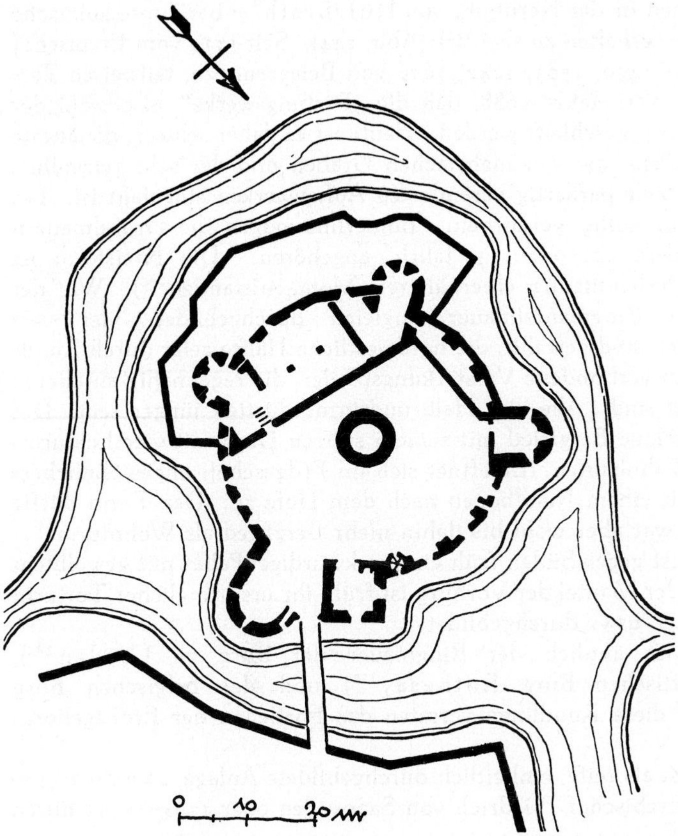

Abb. 144. Wasserbg. Hülchrath, Rhld., Rundling (alte mota), Grdr. 1 : 1000. B. E. nach B. u. K.

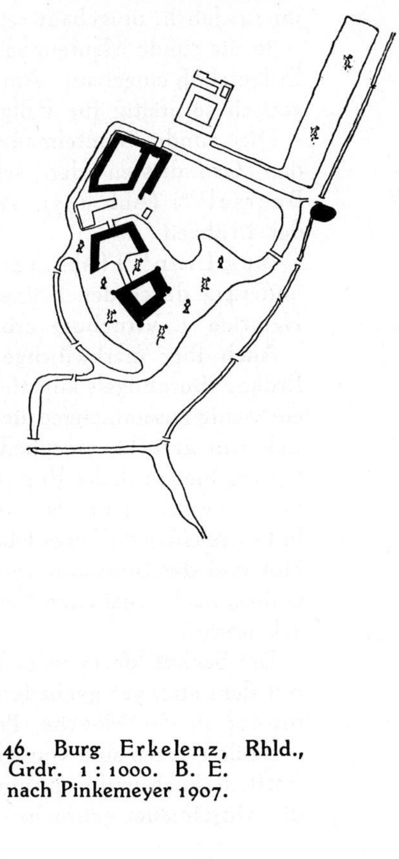

Abb. 145. Wasserschloß Dieck, Rhld., auf alter Burgstelle, Lgpl. etwa 1 : 5000. B. E. nach Pl. v. 1912 d. fürstl. Oberrentamtes.

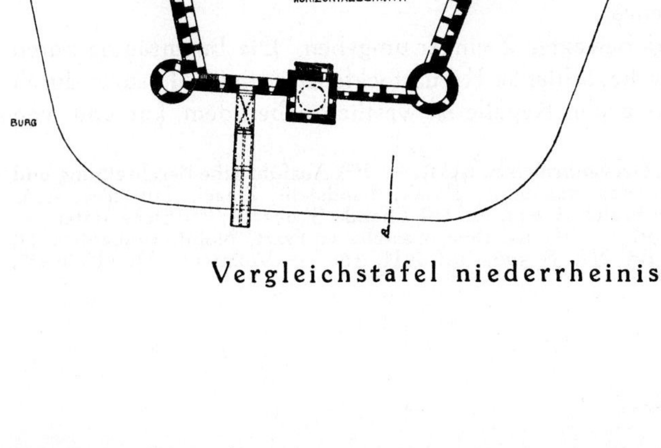

Abb. 146. Burg Erkelenz, Rhld., Grdr. 1 : 1000. B. E. nach Pinkemeyer 1907.

Vergleichstafel niederrheinischer Wasserburgen.

Älteste Hochbaureste scheinen in der Kernburg von Hülchrath — berühmte kölnische Gerichtsstätte, 1120 genannt — erhalten zu sein [131]) (Abb. 144). Seit 1314 vom Erzbischof von Köln erworben, hören wir 1499, 1583, 1642, 1676 von Belagerungen, teilweisen Zerstörungen und Wiederaufbau, vom Jahre 1688, daß die „Festungswerke", also wohl der Stadt und Außenwerke der Burg, geschleift werden. Heute ist es daher schwer, die älteste Form der Kernburg zu erkennen, die von mehrfachen Gräben und der sehr reizvollen, später ausgebauten Vorburg sowie parkartig veränderten Außenwerken eingefaßt ist. Ein neuzeitlicher Umbau hat alles völlig verdorben. Immerhin mögen die Grundmauern ihres kreisrunden Mantels dem 12. oder 13. Jahrh. angehören. Die Kreisform ist auch hier sicher durch Wiederbenutzung einer älteren Mota entstanden[132]). Wie der Grundriß[133]) zeigt, ist die Ringmantelmauer ungleich durchgebildet, vier verschiedene Schartenanordnungen sind gewählt, die nordwestliche Hälfte zeigt durch Rundbogen und gotische Spitzbogen verbundene Verstärkungspfeiler, die regelmäßig an älteren rheinischen Burgen verwendet sind. Alle vier Halbrundtürme dürften jünger sein. Der herrliche siebenstöckige, viereckige Bergfried mit seinem spitzen Dach mit vier Ecktürmchen ist umbaut von neuen Wohnbauten. Er öffnet sich im Erdgeschoß ungewöhnlicherweise fast in ganzer Breite mit einem Rundbogen nach dem Hofe zu. Der Turm dürfte im 14. Jahrh. umgebaut sein, war aber wohl bis dahin mehr Bergfried als Wohnturm.

In die runde Mantelmauer ist gegen Süden früh ein merkwürdiger Pallas mit gewölbtem Erdgeschoß eingebaut. Auch der Mantel der Vorburg ist früh, ihr ursprünglicher Torturm gotisch sorgfältig für Fallgatter usw. durchgebildet.

Die runde Mantelmauer ist ähnlich der Ringmauer der Burg zu Leyden[134]), den Grundrissen der schottischen Burg Rothesay[135]) und der belgischen Burg Beersel[136]) (Abb. 157). Alle diese Rundlinge verraten das Fortleben der Erdkegelform der Frühzeit.

Burg Linn[137]) (Abb. 142) ist als reife, einheitlich durchgebildete Anlage, zwischen 1370 und 1414 durch den Kölner Erzbischof Friedrich von Saarweden oder 1304—1332 durch Heinrich v. Virneburg erbaut.

Auch ihre merkwürdige Form entstand durch Wiederbenutzung eines alten, runden Erdkegelburghügels künstlicher Aufschüttung. Die Mantelmauer der Kernburg bildet darauf ein wenig zusammengedrücktes Sechseck, dessen kurze, flache Nordseite, an den westlichen Eckturm gerückt, eine bedeutende Toranlage aufnimmt.

Verschieden dicke Rundtürme verstärken die sechs Ecken, der bedeutendste mit 10 m Durchmesser dient als innen sehr geschickt durchgebildeter Bergfried. — Rechts und links des einzigen Tores lehnen sich schräg zur Torachse zwei fast gleiche Pallasse, die dem Hof und der Südsonne ihre großen Fenster zuwenden. Dadurch bleibt für den Hof ein frühes, nach erhaltenen Fensteröffnungen noch teilweise überbautes, verschobenes Sechseck übrig.

Die Sechseckform ist in Deutschland ungewöhnlich. Sie zeigt entfernte Verwandtschaft mit dem strenger gegliederten Grundriß der 1456—1470 erbauten spanischen Burg Belmonte in der Mancha, Prov. Cuenca.

Beide Burgen sind von einem stark bewegten Zwinger umgeben. Die Innenräume waren stattlich, hoch und weiträumig — große, schlanke Kreuzstockfenster sind z. T. sogar durch die Mittelmauer gebrochen. Eine reizvolle Kapelle ist westlich neben dem Tor und, von

[131]) Bau- u. Kunstd. d. Rheinpr. Krs. Grevenbroich S. 646ff. — [132]) Ausführliche Beschreibung und über die verschiedenen Arten d. verwendeten Bausteine, Basalt, Sandstein, Ziegel, Tuff usw. siehe Bau- u. Kunstd. d. Rheinpr. Krs. Grevenbroich S. 653. — [133]) Ebenda S. 652. — [134]) Siehe unten. — [135]) Macgibbon and Roß: Arch. of Scotl. — [136]) Le Roy: Castella et Praet. Nobil. Brabantiae II, S. 1, 18. — [137]) Kunstd. d. Rheinpr. Bd. III, S. 576, Taf. XII, 569. — Vollmer: „Die Heimat", Jg. 1938, Heft 2/3, S. 106ff.

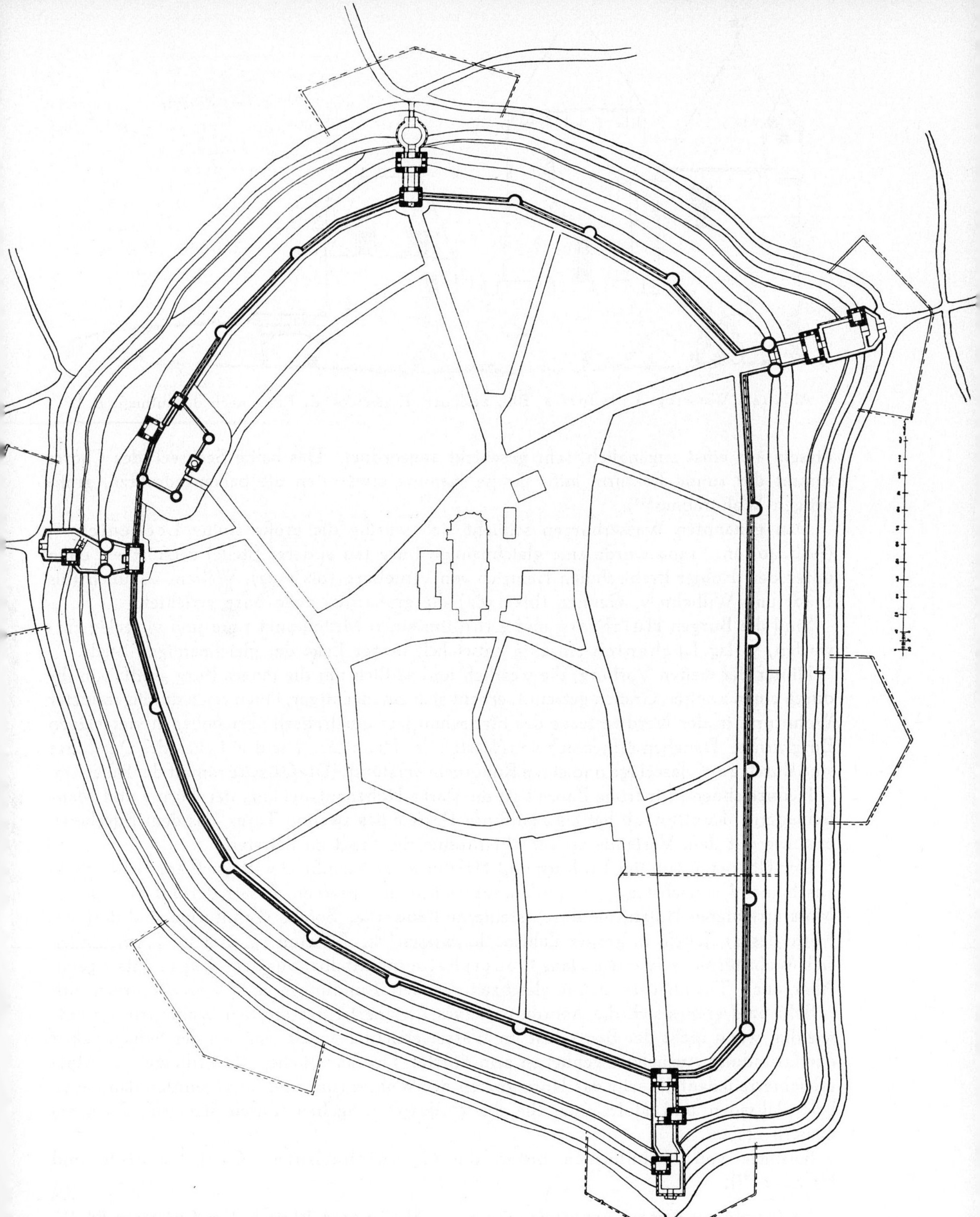

Abb. 147. Stadt u. Burg Erkelenz, Rhld., Lgpl. 1 : 3000.
B. E. nach Pinkemeyer.

Abb. 148. Wasserbg. Lülsdorf a. Rh., zeichner. Ergänzung d. Reste nach d. Aufmaß. B. E.

diesem aus einst zugänglich, sehr geschickt angeordnet. Das halbe Sechseck des Chores nimmt der runde Eckturm auf. Große Kamine erwärmten die balkengedeckten, großartigen Wohnräume[138]).

Den genannten Wasserburgen schließt sich würdig die große Ruine Lechenich[139]) (Abb. 40) an. 1309 wurde eine gleichnamige Burg (an anderer Stelle) zerstört — dann unter den Kölner Erzbischöfen Heinrich von Virneburg (bis 1332), Walram v. Jülich (bis 1349) und Wilhelm v. Gennep (bis 1362) die großartige neue Burg errichtet.

Sind die Burgen Hülchrath und Linn um einen Mittelpunkt rund und vieleckig entworfen, so lag Lechenich einseitig entwickelt in der Ecke der gleichnamigen Stadt.

Hinter der weiten Vorburg, die westlich und südlich um die innere Burg greift, von ihr durch einen zweiten Graben getrennt, erhebt sich ein mächtiger, innen reich durchgebildeter Wohnturm in der Nordwestecke des hier schon fast quadratisch verschobenen viereckigen Burgkernes. Daneben öffnet sich von Westen das Haupttor. Die drei Ecken des Quadrates sind durch zwei viereckige und einen Rundturm verstärkt. Die Ostseite nimmt der Pallas ein.

Kennzeichnend für frühe Bauzeit ist die starke Höhenentwicklung der Türme und Mantelmauern. Lechenich hat als Stadtburg Reste eines zweiten Tores, das dem Burgherrn erlaubte mit dem Vorlande zu verkehren ohne die Stadt zu betreten.

Der Übergang von der Erdburg und Holzburg zur Steinburg wirkt sich am Niederrhein anscheinend zunächst aus in den Wohnturmburgen, in einem Ersatz der auf der uralten Mota errichteten Holztürme durch steinerne Bauwerke. Solche Wohntürme sind dort seit Mitte des 11. Jahrh. in großer Zahl nachgewiesen[140]). Bis zum 13. und 14. Jahrh. finden sich Wohntürme, selten wie Haus Gödersheim unmittelbar aus dem Wasser aufsteigend. Aber auch Turmhäuser treten gleichzeitig neben Rundlingen und Vierecksburgen auf.

Sehr bald erwies sich die Anordnung eines Zwingers rings um den Wohnturm als notwendig, wenn nicht der Bau selbst im Wasser errichtet wurde, was bei der Schwierigkeit der Gründung Ausnahme geblieben sein dürfte. Der künstliche, alte Erdhügel der Mota erleichterte jedenfalls sehr das Untergraben der Wohnturmmauern. So wurden dann auch bald Palisaden und Holzzäune, die die Erdhügel umgaben, durch steinerne Zwingermauern ersetzt.

Beispiele von Wohntürmen bieten die Gymnicherburg, Groß-Vernich und Heyden[141]).

[138]) Lampérez y Romea: Arquit. civ. espagn. — [139]) Kunstd. d. Rheinpr. Krs. Euskirchen Bd. IV, S. 659 ff. — Wildemann: Rhein. Wasserburgen u. Wasserumwehr, Schloßb. — [140]) Renard: a. a. O. vgl. Wildemann: Zeitschr. „Die Heimat", Jg. 38, Heft 2/3, S. 227ff. — [141]) Ausführlicheres darüber Renard: a. a. O. S. 10.

Spätere Beispiele von Turmbauten sind: der Ramstein im Kylltal (1300—1307), der Hohe Turm von Baldeneck auf dem Hunsrück, 1. Hälfte des 14. Jahrh., auch Hamm in der Eifel und Gondorf an der Mosel gehören hierher. Kleinere, rheinische Anlagen werden erwähnt in Arloff, Kirspenich, Haus Overbach, Burg Welterode bei Eitorf[142]).

Die nächste Form ist dann die Viereck sburg mit ganzer oder teilweiser Umbauung des Hofes.

Sehr bedeutend war die Stadtburg von Zülpich[143]). In ihrer heutigen Gestalt war sie neben dem Schloß Kempen die besterhaltene kurkölnische Burg des 14. Jahrh. Im Laufe der Stadtmauer auf einem Hügel über der Stadt aufsteigend, ist sie keine Wasserburg, zeigt aber im Grundriß die Vierecksform mit vier Ecktürmen.

Sehr schön ist das wohlerhaltene, streng gotische Haupttor der Burg, dem sich drei prachtvoll markige Stadttore würdig anreihen.

Zur Wasserburg Kempen wurde 1316 vom Erzbischof Heinrich von Virneburg der Grundstein gelegt[144]), die Ausführung anscheinend jedoch erst unter Friedrich v. Saar=weden (1370—1414) von 1396—1400 durch Baumeister Jan Hundt vollendet.

Verschiedene Zerstörungen, Abbruch des Nordflügels 1807, Brand 1851 und vor allem der geistlose Ausbau als Gymnasium 1861—63 haben aus der prachtvollen Feste einen langweiligen Bau gemacht. Der Grundriß zeigt die ursprünglich großzügige Anordnung (Abb. 141).

Ungewöhnlich war die unregelmäßige Dreiecksform der ohne Zwinger aus dem Wasser aufsteigenden Mantelmauer. Die großen Fensteröffnungen scheinen zum Teil später er=weitert. Die nördliche Angriffsseite zeigt noch Scharten. Die Burg lag in der Ecke der Stadtmauer und war durch ein Vorwerk, später durch eine Bastion gegen Norden geschützt.

Viereckige, fast quadratische Formen nehmen nun fast alle späteren, niederrheinischen, holländischen und belgischen Burgen an, bis mit dem 16. Jahrh. sich daraus das regelmäßige Schloß entwickelt. Die gotischen Bauformen wurden meisterhaft verwendet, die Raum=gestaltung war großzügig und erfüllte weitgehende wohnliche Ansprüche. Die Ver=wendung von Backsteinen zwingt den Burgen eine Feinheit der Formen auf, der sich auch die Hausteinquadern, Fenster und Schartenfassungen, Tor= und Türmchenteile anschließen.

Hier, wie in allen Teilen Europas, fühlen wir eben den bestimmenden Einfluß von Baustoff, Baugelände und Klima auf die Gesamterscheinung und Formung der burg=lichen Bauten.

Der niederrheinische Burgenbau insbe=sondere hinterließ nicht nur in den wenigen genannten Beispielen Zeugnisse einer groß=artigen Gestaltungskraft, sondern das ganze reiche und eng bevölkerte Land war übersät mit Wehrbauten ähnlicher Art. Nur einige willkürlich gewählte Namen seien hier noch genannt, um diesen Reichtum von meist unbekannten Resten anzudeuten.

Schon 1094 wird Hermannus von Dicco genannt, was auf Bestehen der Burg Dieck hinweist[145]) (Abb. 145).

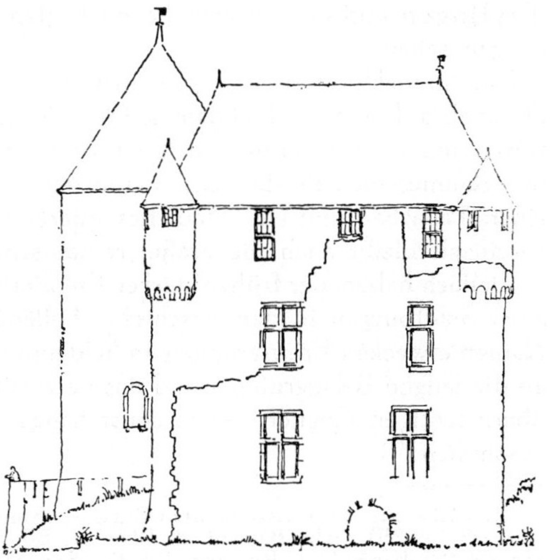

Abb. 149. Wasserbg. Lülsdorf a. Rh., zeichner. Ergänzung d. Reste nach d. Aufmaß. B. E.

[142]) Ebenda S. 13ff. — [143]) Kunstd. d. Rheinpr. Bd. IV, S. 773ff. — [144]) Kunstd. d. Rheinpr. Bd. I, S. 89ff. — [145]) Kunstd. d. Rheinpr. Bd. III, S. 616ff.

So wird Kervenheim 855 zuerst genannt, ursprünglich karolingisch, wenn auch heute nur Bauten des 17. Jahrh. erhalten sind. 1096 wird Bocholt erwähnt, ein früher Torbau und Ecktürmchen wie bei der italienischen Burg Montaldo Dora stehen noch. Der Name Krieckenbeck war 1104 schon genannt, das jetzige Schloß stammt wahrscheinlich aus dem 16. Jahrh. Von Hüls, das im 12. Jahrh. erscheint, sind nur zwei Mauern erhalten, ebenso wurde Rheinberg um 1293 erbaut. Der großartige Backsteinbau von Moyland, leider von Zwirner im Sinne seiner Zeit ausgebaut, erscheint 1307 zuerst. Ein Turmrest erinnert an die 1313 erwähnte Burg Oedt. — Boetzelar[146]), Kreis Kleve, das 1351 zerstört wurde, lag auf zwei Inseln. Von Issum gehört ein Torturm dem Bau von 1338 an. Das immer noch malerische Schloß Moers war im 13.—15. Jahrh. eine Burg. Selem wird 1373 als Burg und Ingenrath 1402 ebenso genannt, ein Fünfeckturm ist noch vorhanden. Bloemersheim zeigt noch die alte Zugbrücke des 15. Jahrh. Friemersheim wird 1487 zuerst genannt. Lauersfort vom 15. Jahrh. wurde 1830 verbaut. Wachtendonk 1588 zerstört und Sonsbeck 1641 von Franzosen eingeschossen. Von einem alten Bau in Dreven[147]) stehen noch zwei achteckige Türme und Mantelmauerreste einer späten, quadratischen Kernburg. Veynau (Abb. 140) und Zievel[148]) bieten noch bedeutendere Reste; dem 14.—15. Jahrh. gehören die Reste des Pallas von Lülsdorf an (Abb. 148, 149), und so könnten wir noch Hunderte von Ruinen oder Umbauten niederrheinischer Rittersitze anführen, die, mehr oder weniger erhalten, Zeugnis für eine ungeheure Wehrbautätigkeit ablegen.

Holländische Tieflandburgen

Mit westfälischen Anlagen haben holländische und belgische Wasserburgen die vielfache Verwendung von Gräben gemeinsam, denn das wasserreiche Land der Kanäle war gewiß das erste, das dazu überging, das Wasser zur Befestigung heranzuziehen.

Den Ebenen entsprechend, sind die älteren, niederländischen Burgen einfach und breit in den Formen und zeigen erst später reichere Gliederung der Baukörper. Hier, wie am nahen deutschen Niederrhein, treten statt schlanker Bergfriede der Höhenburgen mächtige Wohntürme auf. Auch die uralte Mota, der Spitzhügel mit Ringmauer, ist sehr oft nachweisbar. So darf man in der Ringmauer auf dem Burghügel der Stadt Leyden, der Burg Teylingen und den ausgegrabenen Resten von Oostvoorne Überreste früherer Rundburgen sehen.

Die Entwicklung ist im allgemeinen dieselbe wie in Norddeutschland. Auf die Rundlinge, die auch auf spätere Hochbauten ihren formgebenden Einfluß ausüben, folgen die Wohntürme und Vierecksburgen mit Ecktürmen und wechselnder Ausnutzung des eingeschlossenen Raumes für Pallasbauten. Vereinzelt stehen geteilte Anlagen, wie Ter Heyden, mit einem Pallasbau und einem auf besonderer Insel stehenden hohen, vielgegliederten Turm, vereinzelt bleibt auch die große, romanische Burg s' Gravensteen in Gent.

Vielfach haben, der frühen starken Entwicklung städtischer Gemeinschaften entsprechend, auch Stadtburgen in der Geschichte holländischen Wehrbaues eine Rolle gespielt. Ihre Namen erwecken Erinnerungen an heldenmütige Kämpfe der Niederländer gegen Spanien, an die langen Belagerungen und das verzweifelte Ringen des kleinen Landes gegen seinen übermächtigen Gegner. Auch sonst hängen viele seiner großen Namen mit den Burgen zusammen[149]).

---

[146]) Siehe für die letztgenannten Burgen: Kunstd. d. Rheinpr. Bd. I, S. 178, 8ff., 189ff., 47, 311, 118, 435. — [147]) Siehe Kunstd. d. Rheinpr. Bd. I, S. 174, 293, 566, 231, 266, 270, 285, 224, 319, 277. — [148]) Kunstd. d. Rheinpr. Bd. IV, S. 720ff., 745ff.; Bd. V, S. 824ff. — [149]) van Lennep en Hofdijk: Merkwaardige Kasteelen in Nederland Bd. I, S. 47ff.; van Nidek u. L. Long: Kab. v. Nederld. en Kleef. Oudheden (Ans. v. 1680); Wolff: Belg. u. Holland; s. auch Abschn. „Belgien".

Wasserburg Brederode, Holland

Belgiens Burgen sind den holländischen ähnlich. Doch erscheinen sie oft größer und reicher gegliedert und mit schlankeren Türmen geschmückt, vielleicht unter burgundischem Einfluß. Die Darstellungen in: Brabantia illustrata[150]) bieten auch in den Niederlanden als Grundform jene oben erwähnten viereckigen Kernburgen, von Wasser eingeschlossen und an den vier Ecken durch Türme verstärkt. Der innerste Hof ist bei der Mehrheit nicht an allen vier Seiten von Hochbauten umschlossen. Zwei oder drei Flügel genügen in der Regel dem Wohnbedürfnis. Tore sind meist in eigenen Türmen angeordnet, selten in der Mauerfläche des Wohnbaues. Einige Beispiele solcher holländischen und belgischen Kernburgen bietet Abb. 152.

Die nicht durch Bauwerke eingenommenen Seiten sind durch Mantelmauern, oft von erheblicher Höhe und mit Wehrgängen gekrönt, geschlossen. Die Kernburg wird über viele lange, hölzerne Brücken durch Vorburgen erreicht, die gegen die Kernburg offen sind und deren Wirtschaftsgebäude außen geschlossene, verteidigungsfähige, durch Türme verstärkte Mauern und einfachere Außentore zeigen. Auch sie sind nur über Brücken zugänglich. — Bei großen Anlagen kommen unregelmäßige Bildungen und Vervielfältigung der Abwehrmittel vor. Vorburgen und Außenwerke sind stets von eigenen Wassergräben umschlossen.

Die Formengebung ist in den Niederlanden, dem hauptsächlich verwendeten Ziegelbau entsprechend, streng und einfach, den niederrheinischen Arbeiten nahe verwandt.

Der klangvollste Name einer niederländischen Burg ist wohl Brederode (Tafel 20). Der Glanz hervorragender Taten der Burgherren umstrahlt die mächtigen Trümmer. Schon im 10. Jahrh. erhielt Ziffried, Sohn des Grafen Arnoult, von seinem Vater hier Ländereien nach der „breede roede" (= großen Rute) gemessen, daher angeblich der Name. Dirk von Brederode unterwarf 1288 die Westfriesen dem Grafen Floris V., 1488 verteidigte Franz von Brederode Rotterdam gegen Maximilian, 1566 war Heinrich von Brederode das Haupt der Geusen. So stellte die alte Familie dem Vaterlande ungezählte tapfere Männer, bis das Geschlecht 1679 ausstarb[151]).

Ihre Burg entstammt dem 13. Jahrh. Im 15. Jahrh. wurde sie von den Besitzern verlassen, 1426 durch die Kabeljauwschen in Brand gesteckt, 1573 von den Spaniern furchtbar zerstört. Die vielfach gegliederte Backsteinruine erhebt sich in den Dünen aus vielverzweigten Wassergräben. Der viereckige, innen offene Torturm mit Treppenanbau der Vorburg und Reste der östlichen und südlichen Umfassungsmauern der Kernburg, mit Wehrgängen auf runden Bogen, stehen in erheblicher Höhe über dem Wasser. Der Rittersaal ist noch zu erkennen. Einst bildete die innerste Burg ein Quadrat — ein Beispiel für viele Burgen —, das ein zweiflügliger Bau mit drei viereckigen Ecktürmen an zwei Seiten ausfüllte, während die beiden anderen durch Mauern und einen Rundturm geschlossen waren.

Die, wie die Hauptburg, von Wasser umgebene Vorburg von Hufeisenform war — gegen die Hauptburg offen — durch zwei lange Brücken von ihr und vom Vorlande zugängig. Durch späteren Einbruch großer Fenster ist die geschlossene, künstlerische Wirkung der Ruine gestört.

Auf ereignisreiche Vergangenheit blickt auch die Burg Muiden[152]) (Abb. 152), an der gleichnamigen Stadt am Einfluß der Vecht in den Zuidersee gelegen, zurück. 1296 wird berichtet, daß sie von Bischof Bertold von Utrecht belagert und erobert und daß später Graf Floris V. von Gerard v. Velzen auf die Burg, die er selbst 1290 befestigt hatte, gebracht und dort

[150]) Le Roy: Brabantia Ill. — [151]) Wolff: a. a. O. S. 95f., S. 192 Ansicht (Stich); Le Petit: Grande chronique etc. de Hollande, pag. 138; Cohausen: D. Befestigungsw. d. Vorz. u. d. Mittelalt. S. 265; Voorl. Liyst d. Nederl. Monumenten Bd. V, S. 332; van Lennep en Hofdijk: a. a. O. 1. Ser. Bd. I, S. 47ff.; van Nidek en Le Long: a. a. O. Bd. I, S. 338ff. — [152]) van Lennep en Hofdijk: a. a. O. 2 Ser. Bd. II, S. 37ff.; Merian: Topogr. S. 148 (m. Lageplan).

ermordet wurde[153]). 1356 wurde Muiden vom Bischof Jan van Arkel erstürmt, 1374 von den Staaten Utrechts belagert, 1462 Eigentum Karls des Kühnen und kam nach dessen Tode in den Besitz von Amsterdam[154]). 1577 unterwarf sich Stadt und Schloß Wilhelm von Oranien, 1607 (1609?) wurde dort der Dichter Pieter Hooft durch Moritz von Oranien als Drost angestellt (Tafel 19).

Muiden zeigt ähnlich wie Brederode einen fast quadratischen Grundriß, zwei Flügel davon sind Wohnbauten, zwei Seiten durch Mauern geschlossen. Vier runde Ecktürme von bedeutender Dicke und Höhe verstärken die Ecken. Die beiden rechtwinklig zusammenstoßenden Pallasgebäude liegen zwischen West= und Nordturm, gegenüber dem viereckigen Haupttorturm. Ein niedriges Gebäude schließt sich an zwischen Nord= und Ostturm.

Der Nordturm, das hohe Gebäude mit dem Rittersaal und der niedrige Küchenbau wurden um 1220 errichtet[155]). Ende des 13. Jahrh. fand eine Verlängerung des Hauptgebäudes statt, auch wurden West= und Südturm, Torturm und Ostturm mit Kapelle und eine Verbindungsmauer gebaut. Die aus Backsteinen erbaute Burg ist wiederhergestellt. Aus denselben Steinen bestehen auch die wenig hervorspringenden Konsolen der gezinnten Wehrgänge, deren erneuerte, viereckige Zinnen breit sind und in ihrer Mitte lange Schlitzscharten zeigen. Die großen Fenster innen und außen gehören dem ursprünglichen Bau nicht an. Ihre Formen deuten auf das 15. Jahrh.

Bemerkenswert ist die auch am Niederrhein als Träger der Wehrgänge häufige Verstärkung der Mantelmauern durch schwere Spitzbogen verbundene Pfeiler (Abb. 44). Die Vorburg ist schon bei Merian durch Bastionen ersetzt. Der ebenfalls befestigte Ort liegt entfernt von der Burg.

Hufeisenform zeigt Burg Doorwerth[156]) (Abb. 154), die Merian noch zu den bedeutendsten Schlössern der Arnheimer Gegend rechnet. Hohe vierstöckige und rechteckige Ziegelbauten steigen unmittelbar aus dem Wasser auf. Die Mauern, durch spätere (?) Viereckfenster durchbrochen, zeigen Spitzbogenfriese alter Wehrgänge. Ecktürme des linken Hufeisenflügels lassen kriegerische Bestimmung erkennen. Eine Zugbrücke über den inneren Graben führt von der gleichfalls von Wasser umgebenen Vorburg in die Kernburg. Renaissancegiebel zieren die Bauten des rechten Flügels, und zierliche Helme gleicher Zeit krönen die Türme.

Der mittelalterliche Grundriß schließt sich der einfachen Viereckform an.

Doorwerth lag im 13. Jahrh. am Rhein. Um 1400 wurde das burgliche Hauptgebäude errichtet, am Anfang des 17. Jahrh. wurde das Hochtor, in dem die Kapelle sich befindet, mitten im Schloßgraben aufgeführt.

Das Geschlecht der Doorwerth starb Anfang des 15. Jahrh. aus. 1636/37 war der spätere Große Kurfürst hier häufig Gast. Ende des 17. Jahrh. bezog die Gräfin Aldenburg=Bentinck das Hohe Haus. 1705 wohnte dort eine dänische Königin. Seit 1878 stand die Burg verlassen, jetzt Artilleriemuseum.

Eine Sonderstellung nimmt die Burg in Leyden[157]) ein. Ein kreisrunder Erdkegel, als Mota in uralten Zeiten aufgeschüttet, mit Steinmauern im 12. und 13. Jahrh. bebaut, trägt einen gezinnten Mauerkranz, der an englische shellkeeps erinnert. Der Hügel liegt in der Stadt im spitzen Winkel zwischen den Wassern des Rheins und des Neuen Rheins. Die offene Winkelseite war noch bei Merian[158]) durch einen Wassergraben gesichert. Merian stellt auch die Ringmauer mit Zinnen dar.

153) Koning: Slot to Muyden S. 28; Wolff: a. a. O. S. 284. — 154) Ebenda S. 284, 26 u. 152. — 155) Le Petit: a. a. O. Bd. I, S. 303; Cohausen: a. a. O. S. 264, m. Lagepl. u. Grdr. Bl. 53, Nr. 350a u. b. — 156) Merian: Topogr. Germ. inf. S. 81; Burgwart XIII. Jg., 1912, S. 36, 90, XIV. Jg., 1913, S. 37, 120; Werner: Geld. Kast.; Moes en Sluyterman: Nederl. kast. I. Teil, S. 214ff. — 157) Voorloop. Liyst d. Nederl. Monum. Bd. III, S. 189. — 158) Merian: Topogr.... S. 141ff., Stadtplan u. gr. Stadtbild; van Nidek u. Le Long: a. a. O. Stiche Rademachers vielfach nach alten Vorbildern; Thieme: Lex. d. bild. Künstl.

Innen ist der mächtige Mauerring leer. Schon Guicciardini schreibt 1588[159]), es gäbe darin keine Wohnungen, rühmt aber den guten und tiefen Brunnen (heute noch erhalten). Im Ringe läuft ein breiter Wehrgang auf schweren Ziegelsteinrundbogen, die zugleich die Mauer verstärken. Ein Barockportal mit prächtigem Wappenschmuck ziert den alten Haupteingang. Zinnen und innere Treppen sind nüchtern ergänzt. Alte Reste zeigen Formen des 12. und 13. Jahrh. 1889 wurde die Burg von D. Knuttel erneuert. Durchmesser des Kreises 37,40 m, Außenmauer 0,70 m dick. Wehrgang auf 22 Bögen ist 1,44 —1,60 m breit. Zwei Zugänge liegen einander gegenüber. 1889 wurde an der Südseite eine 1,80 m hohe und 0,60 m breite Ausfallpforte entdeckt. Eine römische Befestigung ist nicht erwiesen.

Die Gründung der Burg wird auf einen Saxofriesen des 7. Jahrh. zurückgeführt (?), durch einen Graben habe er Rheinwasser um die Burgstelle geleitet[160]), oder auf Harold ten Deen, der sie 836 gegen die Franken errichtet habe. Auch angelsächsischer Ursprung wurde behauptet. Eine Nachricht vom Jahre 1204 besagt, daß in Leyden Gräfin Ada von Holland von Philipp de Wassenaare belagert und gezwungen wurde, sich zu ergeben.

1368 urkundet Dierick von Wassenaar als „Borchgrave" von Leyden[161]). 1574 hielt sich Leyden heldenmütig sieben Monate gegen die Spanier[162]).

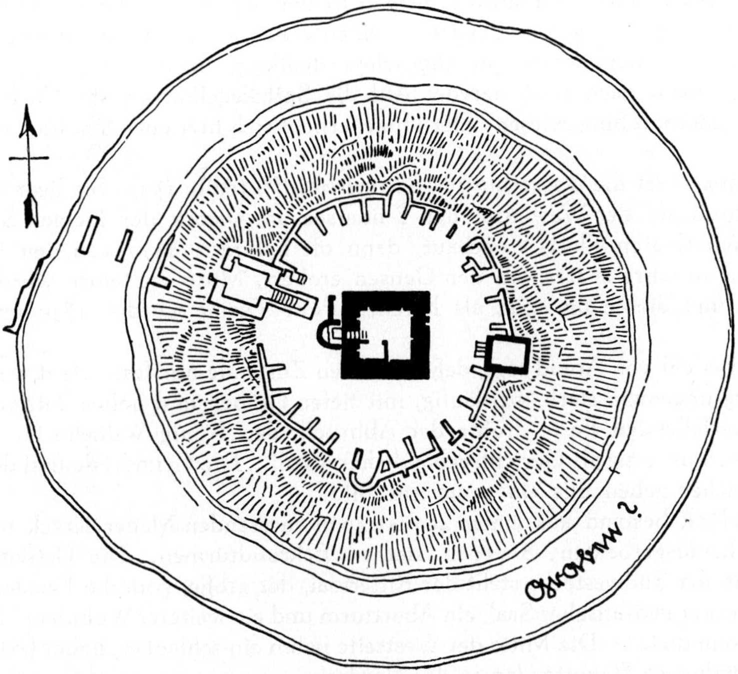

Abb. 150. Wasserbg. Oostvoorne, Holland, Rundling, Grdr. u. Schn. 1 : 1000. B. E. nach Calf.

[159]) Guicciardini: Descrittione S. 265. — [160]) Le Petit: a. a. O. Bd. I, S. 76 u. 199; Merian: a. a. O. S. 141. — [161]) Wolff: a. a. O. S. 320; Merian: a. a. O. S. 144. — [162]) Wolff: a. a. O. S. 120; Merian: a. a. O. S. 144.

Abb. 151. Wasserbg. Assemburg, Holland, später Ausbau. B. E.

Verwandt mit dem Leydener Mauerring erscheint die neuerdings ausgegrabene Burg zu Oostvoorne[163]) (Abb. 150). Kalf schreibt darüber: Auf ursprünglich von nassem Graben umgebenem, fast kreisrundem Hügel von etwa 69 m Durchmesser stand in der Mitte ein viereckiger Turm („donjon") von 12,6 m Seitenlänge, umgeben von einer flach achteckigen Ringmauer, 42 zu 37 m messend. — Eine 1,80 m breite Treppe verbindet die erhöhte Innenfläche mit dem 8,60×8,20 m messenden Torbau, der schräg zum Hauptturm liegt. Eine Brücke führt zur Vorburg. Zwei Halbrundschalentürme und ein Vierecksturm verstärkten die Ringmauer. An Leyden erinnern die langen Pfeiler, deren 27 Grundmauern man fand. Sie trugen auf Bögen — wie in Leyden — einen etwa 2 m breiten Wehrgang. Mit Recht hebt Kalf die Verwandtschaft mit englischen shellkeeps bzw. den ersten Normannenburgen in England nach 1066 hervor. Auf die Spitzkegelburgen am Niederrhein usw. haben wir wiederholt hingewiesen. Der Hügel erhebt sich hier etwa 8 m über dem Wasserspiegel.

Erwähnenswert ist die Wasserburg Medemblick[164]) (Abb. 153). Sie liegt in Westfriesland am Nordende der Westküste der Zuidersee am Osteck der kleinen Stadt, wurde um 1288 vom Grafen Floris V. erbaut, dann oft belagert, 1517 von den Friesen verbrannt, etwa 50 Jahre später von den Geusen erobert, Mitte 17. Jahrh. wurde der Pallas Predigthaus und diente bis 1743 als Kirche. Fünf Türme wurden 1850 und 1870 abgebrochen.

Ein alter Bericht von Arend sagt, daß vom alten Zustande nur festgestellt werden könne, daß die Burg ungemein stark, weitläufig, mit tiefen Gräben und hohen Türmen umgeben war. Der verfallenden Feste drohte der Abbruch, den König Wilhelm II. verhinderte. Im 19. Jahrh. wurde sie als Gerichtsgebäude hergestellt. Die Grundrisse und der alte Stich von Rademacher geben uns ein genaueres Bild.

Medemblick bestand aus einem 40×41,40 m messenden Mauerviereck mit fast vier völlig frei herausgerückten, 8—11 m starken Eckrundtürmen. Die Ostseite liegt am Zuidersee, an der Südwestecke steht der Rittersaal, der große, gotische Fenster hatte, östlich daneben ein quadratischer Saal, ein Aborttturm und ein weiterer Wohnbau. Die Mauern sind nur 1,30 m dick. — Die Mitte der Westseite nahm ein schlanker, hoher (Kirch=) Turm ein. Das spitzbogige Haupttor lag an der Nordseite.

Die Südansicht (Abb. 153) verrät noch den gotischen Bau, der wohl über der Traufe einst einen Wehrgang trug. Auffallend sind die sehr geringen Mauerstärken. Man verließ sich offenbar auf die zahlreichen Wassergräben, später auf die Bastionen.

Die Ruine Doornenburg[165]) bei Arnheim, ein Ziegelbau, ist lehrreich, da sie später nicht umgebaut wurde.

---

[163]) Kalf: Outgraving v. d. Burcht te Oostvoorne. — [164]) van Lennep en Hofdijk: a. a. O. 3. Ser. Bd. I, S. 79ff.; van Nidek u. Le Long: a. a. O. Bd. I, S. 120ff.; Wolff: a. a. O. S. 274; Merian: a. a. O. S. 146. — [165]) Voorloop. Liyst. d. Nederl. Monum. Bd. IV, S. 32; van Blockland, van Gelder: Nederl. Kast. II. Teil, S. 230ff. — Werner: Gelder. Kast. Bd. II, S. 289ff.

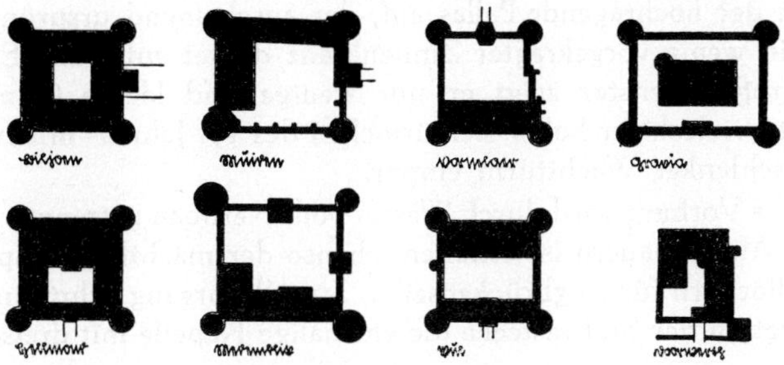

Abb. 152. Übersichtstafel holländischer und belgischer viertürmiger Vierecksburgen. Lgpl. 1 : 3000. B. E.

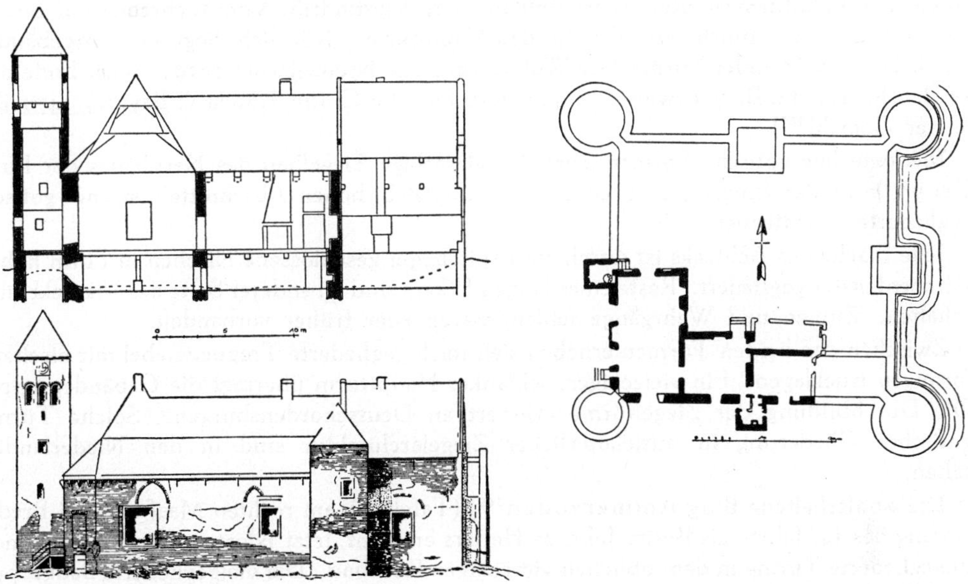

Abb. 153. Wasserbg. Medemblick am Zuidersee, starke Seitenbestreichung, Schn. u. Ans. v. S. 1 : 500, Grdr. 1 : 1000. B. E. nach Calf.

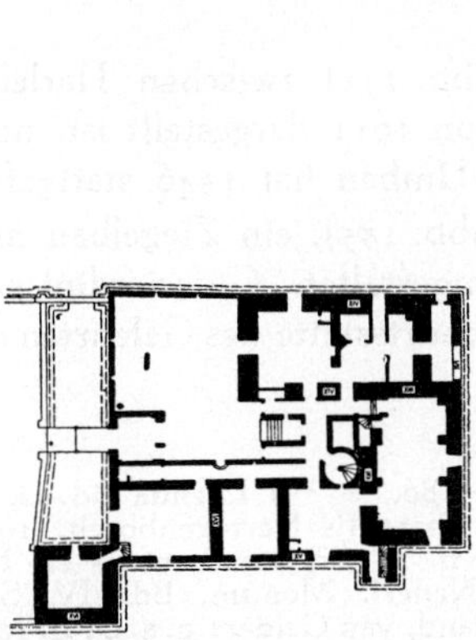

Abb. 154. Wasserbg. Doorwerth, Holland, alter Pallas m. späteren Anbauten, Grdr. Kernbau 1 : 1000. B. E. nach Cuipers.

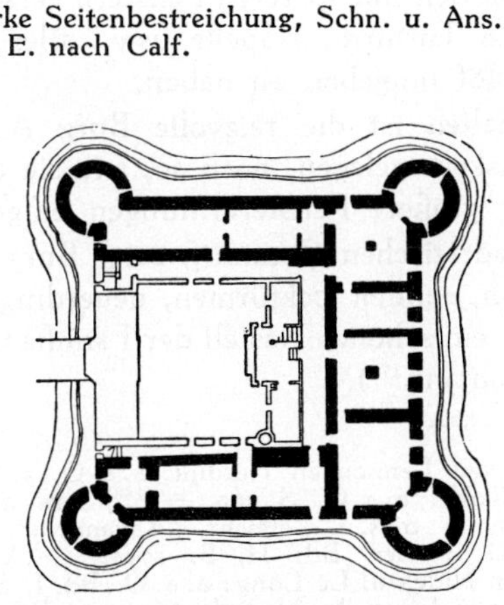

Abb. 155. Wasserbg. Helmond, Holland, Grdr. 1 : 1000. B. E. nach Hanrath.

Zunächst fällt der hochragende Pallas auf, der anscheinend ursprünglich nur die halbe Breite hatte. Ein wenig vorgekragter Zinnenkranz deutet auf frühe Entstehung hin. An Stelle später, großer Fenster zeigt er nur wenige und kleine Öffnungen. An seinen Ecken sind Reste vieleckiger hoher Ecktürmchen des 15. Jahrh. In der Mitte der Längswand ragt ein schlanker Wachtturm empor.

Eine weitläufige Vorburg wird durch Wasser vom Kernbau getrennt. Ein Teil der Wehrgänge auf ihren Außenmauern ist erhalten, ebenso der mächtige, doppeltürmige, gotische Torbau mit Radlöchern für Zugbrückenseile. Zum Wehrgang führt eine Steintreppe. Die wüste Ruine birgt an der Südwestecke die ehemalige Kapelle mit dreiseitig geschlossenem Chor.

Auch die Burg Teylingen bei Leyden ist heute eine wüste Ruine[166]). Die gerundete Ziegelringmauer nebst dem in gleich gebogener Flucht aus dem Wasser hochstrebenden länglichen Wohnturm ist älter als der übliche Vierecksgrundriß. Vom Wehrgang auf Bogen an der Ringmauer führte ein Tor in den Wohnturm. Nördlich liegt ein Torgebäude, westlich ein halbrunder Turm. Der Wohnturm zeigt Kreuzgewölbereste. Noch Ende des 15. Jahrh. war die Burg bewohnt. 1436 starb hier die Gräfin Jakoba v. Bayern, 1470 ihr letzter Gemahl[167]).

Merkwürdige gotische Formen zeigt der viereckige Ziegelbau des Kernbaues der Burg Croy[168]) an der Eingangsseite an zwei in ungleich hohen Abschnitten streng gotisch gegliederten Ecktürmen.

Jede Fläche des Achtecks ist durch zwei spitzbogig geschlossene Nischen in Form hoher Kirchenfenster gegliedert. Reste eines langen Erkers sind an anderer Seite des Viereckbaues erhalten. Zinnen und Wehrgänge fehlen, waren aber früher vorhanden.

Zwischen den beiden Türmen erheben sich reich gegliederte Treppengiebel mit nischenförmigen Rücklagen. Ein vieleckiger, schlanker Hauptturm überragt die Gebäudegruppe. Die Durchbildung der Ziegeltürme erinnert an Deutschordensburgen. Solche Türme gotischer Gliederung in mittelalterlicher Ziegelarchitektur sind in den Niederlanden selten.

Die wohlerhaltene Burg Ammerzoden[169]) (Tafel 16) am rechten Maaßufer bei Breda, Anfang des 14. Jahrh. als Besitz John de Herlars erwähnt, jetzt Kloster, zeigt starke, runde ungegliederte Türme in dem üblichen viereckigen Kernbau. Die vielgegliederte Baugruppe umfaßt den mit späteren Fenstern versehenen gotischen Pallas, spätere Turmspitzen, viereckigen Torturm, Kapelle usw., alles in breitem Wassergraben. Vier Flügel scheinen den Hof umgeben zu haben.

Erhalten ist die reizvolle Burg Assemburg[170]) (Abb. 151) zwischen Harlem und Heemskerk gelegen, noch so, wie sie auf einem Stich von 1611 dargestellt ist, nur sind später größere Fensteröffnungen eingebrochen[171]). Ein Umbau hat 1546 stattgefunden.

Quadratischen Grundriß zeigt Burg Helmond[172]) (Abb. 155), ein Ziegelbau mit vier starken, runden Ecktürmen, neuerdings zum Rathaus umgestaltet. Guicciardini erwähnt sie als ein schönes Kastell der Familie Cortenback und Geburtsstätte des Gelehrten Andrea Helmontano[173]).

---

[166]) van Lennep en Hofdijk: a. a. O. 3. Ser. Bd. II, S. 149—186. — [167]) Ebenda Bd. II, S. 173, 176; Wolff: a. a. O. S. 369. — [168]) van Sasse, van Isselt: Aufsatz ('s Hertogenbosch, 1921) II, S. 54ff. — dies. i. Zeitschr. „Taxandria" XXIV (1917), S. 91ff. — [169]) van Lennep en Hofdijk: a. a. O. 1. Ser. Bd. II, S. 175ff. — Voorloop. Liyst d. Nederl. Monum. Bd. IV, S. 3. — [170]) van Nidek u. Le Long: a. a. O. Bd. I, S. 328. — van Blockland, van Gelder: a. a. O. S. 126 ff. — Voorloop. Liyst de Nederl. Monum. Bd. V, S. 189. — [171]) Stich v. Kab. v. Rademacher in van Nidek u. Le Long: a. a. O. — [172]) Le Roy: a. a. O. Bl. 138; Guicciardini: a. a. O. S. 192. — [173]) van Blockland, van Gelder: a. a. O. 2. Teil, S. 156ff. — Voorloop. Liyst d. Nederl. Monum. Bd. IX, S. 156.

Von der Burg Rosendaal[174]) ist nur ein gewaltiger, runder Eckturm erhalten, der sich aus dem Wasser unmittelbar erhebt. Sein Alter wird bis in das 9. Jahrh. zurückversetzt.

Berühmt durch seine kriegerische Geschichte ist Löwenstein. Zwischen Waal und Maas am unteren Ende des Bommeler Werth gelegen gegenüber der Festung Worcorn. Der Stich von 1571 stellt die Erstürmung der Burg durch Alba dar[175]). 1570 verteidigt es der Patriot Hermann de Ruyter heldenmütig gegen die Spanier. In Löwenstein wurde der berühmte Hugo Grotius im Kerker gehalten, bis ihn seine Frau in einem Faß herauszuschmuggeln vermochte.

1935 sind durch „Arbeitsbeschaffung" die Grachten um Löwenstein ausgehoben, so daß sich die alten, trotzigen Mauern wieder in den stillen Wassern spiegeln.

Zu nennen wäre noch die aus dem 13. bis 14. Jahrh. stammende, vom Architekten Cuypers seit 1893 im Geiste seiner Zeit völlig wiederhergestellte Wasserburg Haarzuilen, das „Huis ter Haar", von großartiger Ausdehnung und Gestaltung.

Abb. 156. Wasserbg. Rechteren, Holland, Bergfr. v. NO. B. E.

Endlich sei noch die Burg Rechteren (Abb. 156 u. Tafel 19) in Overyssel erwähnt, die trotz starken Umbaues sich noch durch ihren schönen Bergfried auszeichnet. Ein Kupferstich von Lennep bietet eine Außenansicht[176]). Da die Unzahl holländischer Burgen, die vielfach zu Schlössern ausgebaut wurden, nicht näher behandelt werden kann, seien nur noch einige wenige Namen genannt, wie Amerongen, Apeldoorn, Bloemendal, Biljoen, Breda, Leede, Ruurlo, Vianen, Weldam u. v. a.

Belgische Tieflandburgen

Den holländischen Burgen schließen sich die belgischen Tieflandbauten an, nach Form und Baustoff zum Teil sehr ähnlich. Ihre Zahl war ungewöhnlich groß. Le Roy in seiner Brabantia illustrata[177]) stellt noch 1696 150 teils holländische teils belgische Burgen dar, fast ausschließlich Wasserburgen, oft heute noch bewohnt.

Die Burgenzeit war freilich damals — seit etwa 1500 — vorüber und der Wehrgedanke beim Bau neuer Landsitze nur noch beschränkt maßgebend, trotzdem sind die künstlerischen Darstellungen Le Roys für die Kenntnis des Burgenbaues wertvoll.

Der Kern ist bei der Mehrzahl als mittelalterlich erkennbar und für Gesamterscheinung und Baumassenverteilung noch maßgebend. Gräben, Zugbrücken, Torbauten und Haupttürme sind oft unverändert. — Auch die Vorburgen sind von wehrhaften Mauern und Türmen umgeben.

174) van Lennep en Hofdijk: a. a. O. 3. Ser., Bd. II, S. 1—70; Werner: a. a. O.; van Nidek u. Le Long: a. a. O. Bd. VI, S. 208. — 175) Ebenda Bd. IV, S. 77—78; van Lennep en Hofdijk: a. a. O. 3. Ser., Bd. I, S. 113—146; Bulletin (Jaarboek) S. 104. — Werner: a. a. O. Bd. I, S. 77ff. (Stich von 1571). — 176) van Lennep en Hofdijk: a. a. O. 2. Ser., Bd. I, S. 29—42; Bulletin (Jaarboek) III, 6. Jg., S. 115. — Robidé van der Aa: Oud Nederl. — Moes en Sluyterman: I. Teil, S. 154ff. — Voorloop. Liyst d. Nederl. Monum. Bd. VII. — 177) Le Roy: Brabantia ill.

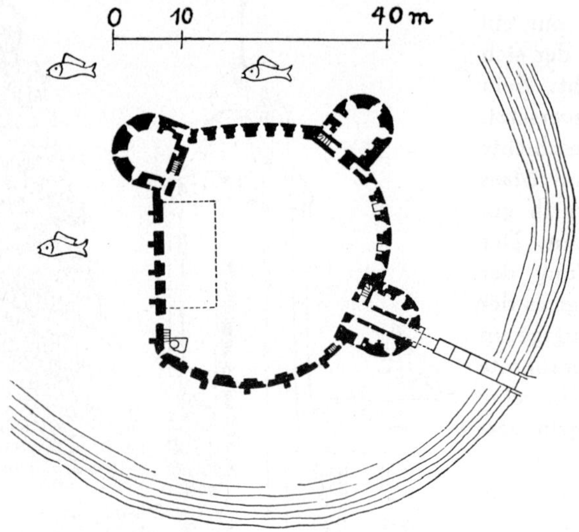

Abb. 157. Wasserbg. Beersel, Belg., Rundling mit späten hufeisenförm. Türmen. Grdr. 1 : 1000. B. E. nach Ech.

Diese Brabanter Burgen entsprechen in der Form holländischen und deutschen westfälischen Bauten, nur bei den wallonischen Baukünstlern ist französischer Einfluß zu spüren, so bei der Burg Vilvoorden[178]).

Ungewöhnliche Bildungen kommen vereinzelt vor. So zeigt Brab. ill. die Burg Terheyden[179]) einen noch heute erhaltenen, sehr merkwürdig gegliederten Turm, der fünf viereckige Vorbauten hat und für sich allein auf einer alten Motastelle im Wasser steht, ehemals mit dem Vorburgwohnbau nur durch eine Brücke verbunden.

Türme und Wohnbauten steigen in Flandern und Brabant höher auf, hohe Mantelmauern mit gleich hohen Verstärkungstürmen erinnern in Einzelfällen an Frankreich.

Völlig selbständig ist in Gent der „Steen" geformt, nur die runden Verteidigungserker auf senkrechten, schmaleren Strebepfeilern kommen wohl in Brabantia illustrata, so bei dem Kastell Vorsselaer (Tafel 22) vor.

Einige Beispiele seien näher betrachtet, an erster Stelle Gravensteen ('s Gravenkasteel) in Gent[180]) (Abb. 158). Die Gründung der Burg soll 867 durch Baldouin I., den Eisernen, gegen normannische Seeräuber erfolgt sein. Nach der Zerstörung 1128 fand durch Philipp von Elsaß bzw.[181]) die Grafen von Flandern ein Neubau statt, der ihr im wesentlichen die heutige Gestalt gab. Vor der Wiederherstellung im 19. Jahrh. boten die Reste etwa das Bild, das Abb. 6 im Burgwart 1903 Nr. 1 zeigt.

Den Bauplatz bildet, wie in Leyden, die Spitze zwischen zwei Wasserarmen, hier der Lieve.

In der Mitte erhebt sich als frühester Kernbau ein langer, schmaler Wohnturm (donjon, Meeste-Toren), vierstöckig, von ungewöhnlicher Ausführung und 27 zu 10 m Grundfläche bei etwa 30 m Höhe. Der Turm bot nur einen großen Raum in jedem Stockwerke. Nur das tiefste Geschoß zeigt vier romanische Mittelsäulen, die den Raum in zwei Schiffe teilen, darüber ein mächtiger Saal mit hochgelegten Fenstern, um ein Hineinschießen zu verhindern. Mächtige Balken tragen den Fußboden des nächsten Stockwerkes. Verbunden sind die Stockwerke durch steinerne, auf weit gespannten Bogen angeordnete Treppen. Die unterste Treppe, bis zum hohen Erdgeschoß, liegt in einem flachen Anbau an der Westmauer, die oberen Treppen innen an der südlichen Stirnmauer. Starke, von Kopfbändern gestützte Balken tragen die heute flachgedeckte „Wehrplatte". An die frühen donjons in Loches oder Portchester erinnert der westlich angebaute Treppenraum.

Dem hohen Wohnturm (donjon) sind in romanischer Zeit spätere Anbauten angefügt, an der Ostseite ein kleiner Saalbau, der sich wie ein offener Söller im Obergeschoß mit vier

[178]) s. unten. — de Cantillon: Vermekelykheden v. Brabant S. 16f. — [179]) Siehe unten S. 137 f. — [180]) Simon: Burgw. 1903, V. Jg., Nr. 1, S. 5—10; Merian: a. a. O. S. 143ff.; Graul: Altflandern Abb. 15, 16, S. 40f.; Belg. Kunstd. II. Bd. (herausg. v. Clemen) S. 64, Anm. 1. — [181]) Siehe d. Inschrift von 1180 b. Simon: a. a. O. S. 6.

Wasserburg Vorsselaer, Belgien

's Gravenkasteel in Gent, Belgien

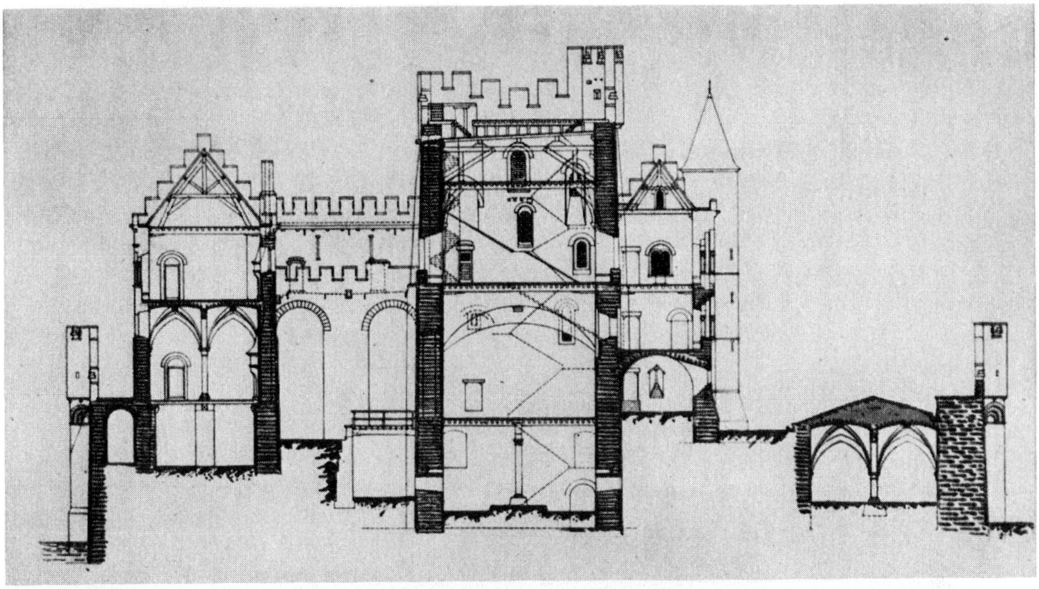

's Gravenkasteel in Gent, Belgien, Schnitt von Westen nach Osten

's Gravenkasteel in Gent, Belgien, nach Stich bei Sanderus, Flandria illustrata, 1664

Burg Colchester, England, der Keep von Südosten

großen, romanischen Rundbogen nach dem Haupttor zu öffnet, also wenig wehrhafte Absichten verrät.

An der nördlichen Stirnmauer steht, etwas nach Osten verschoben, der als Küche bezeichnete Anbau.

Eine Reihe von Strebepfeilern verstärken die an sich nicht überstarken Umfassungsmauern des Wohnturmes und zeigen mit den vier verschieden gebildeten Ecktürmen Verwandtschaft mit französischen und englischen donjons und keeps. Die Nachbildung ist aber sehr frei. Es fehlen z. B. die scharf durchdachten Raumaussparungen in der Mauerstärke.

Nur durch die Mauer verbunden, steht westlich vom Hauptbau ein zweischiffiger, schön gewölbter, romanischer Saalbau (Pallas?) dicht an der Ringmauer.

Diese Ringmauer ist der herrlichste Ausdruck wehrbaulicher Kunst. Überreich gegliedert durch fünfundzwanzig halbrundtürmchengekrönte Strebepfeiler steigt der Mantel senkrecht aus dem breiten Wasser empor. Reizvoll ist der Übergang vom schmalen, viereckigen Pfeiler durch schräggestellte Rundbogen gelöst. Mauer und Türmchen sind durch Viereckszinnen bekrönt. Der ganze eirunde Bezirk mißt etwa 80 zu 60 m. Die Gleichmäßigkeit der Zinnen und Turmbildungen erinnert etwas an Burg Penafiel in Spanien.

Ein starker, viereckiger Torturm bildet den Brückenkopf=Haupteingang. Von ihm aus streckt sich ein Vortor etwa 20 m weit über den Graben, vorn durch einen hohen, malerisch gegliederten Turm mit Strebepfeilern und rundbogengetragenen Ecktürmen geschlossen.

Die ganze stolze Anlage ist seit romanischer Zeit wenig verändert. Sie steht einzig da, hat auch in Belgien keinen Nachfolger gefunden (Tafel 23, 24).

Alt im Kern ist auch die erwähnte Wasserburg Terheyden[182]) bei Aerschot, einst Lehngut im Baronat Rotselaer. 1180 wird ein Arnold v. R. genannt, 1215 Arnulf, Seneschall v. R., 1385 Johannes, Erb=Drost v. R., 1445 starb das Geschlecht aus, 1515 befand sich Michael Croy, ein Verwandter, im Besitze der Burg.

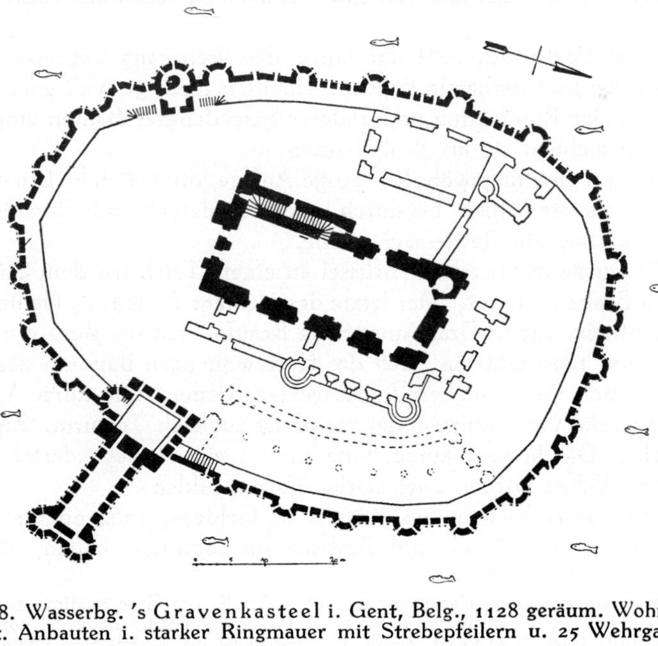

Abb. 158. Wasserbg. 's Gravenkasteel i. Gent, Belg., 1128 geräum. Wohnturm, roman. got. Anbauten i. starker Ringmauer mit Strebepfeilern u. 25 Wehrgangerkern.

[182]) Cantillon: a. a. O. Teil I, S. 38; Le Roy: Castella et Praet. Nobil. Brabantiae Teil I; derselbe: Brabantia ill. S. 14; Belg. Kunstd. Bd. II, S. 65; Gramaye: Brab. S. 57. —

Ihr wichtigster und eigenartigster Teil ist der oben erwähnte, reich gegliederte, alleinstehende, hohe Turm. Die Überleitung von der Rücklage zwischen den vorspringenden, viereckigen Turmgliedern zu dem eigenwillig gebildeten Turmknopf durch schräggestellte Rundbogen erinnert an ähnliche Bildungen am 's Gravensteen in Gent.

Unweit daneben steht ein stattlicher Wohnbau des 16. Jahrh., auch der eigenartige Turm mag damals in seinen höchsten Geschossen Umbauten erfahren haben, sein Kern blieb aber mittelalterlich.

Erwähnt sei auch Beersel[183]) (Abb. 157) zwischen Mecheln und Aerschot (Guicciardini nennt ein Bersel an der Emsch [Ems] bei Scarpenberg) — war ehemals Besitz der Herren von Witthem, ging dann aber an die Heerenberg und Cusance und schließlich an die Herzöge von Arenberg über. 1488 wurde das Kastell durch Brüssel zerstört, da der Besitzer für Maximilian, den späteren deutschen Kaiser, Partei nahm, Cantillon nennt es 1770 ein Kastell „na de oude manier". Es ist eine ungeteilte Anlage in Kreisform mit drei ausspringenden Dreiviertel-Rundtürmen, ein Seitenstück zu der runden Burg Hülchrath im Rheinlande und Rothesay in Schottland, jedenfalls eine frühe Anlage auf alter Mota (Tafel 21).

Hochstraaten[184]), bekannt als der Ort der Verschwörung gegen Spanien, nordöstlich von Antwerpen, war nacheinander Besitz der Gimnich, der Cuyk, Borselle, Culenburg, schließlich unter Karl V. 1518 des Antonius de Lalaing, der von 1518 bis 1540 die Kirche bauen und das Schloß erneuern ließ. Hochstraaten wurde 1581 durch Feuer, 1602 durch Aufrührer verwüstet, 1603 durch Prinz Moritz von Oranien eingenommen[185]).

Der Stich von F. Ertinger (1640—1710) in Le Roys Werk zeigt die breit gelagerte Wasserburg als Halbruine. Rechts von einem schlanken Eckturme streckt sich ein Flügel (Stallbau?), zunächst einstöckig, dann wohl der Hauptwohnbau zweistöckig, hin bis zu einem batterieartigen, vieleckigen breiten Eckturm, der von doppelten, oben verengten, gezinnten Wehrgängen und darüber von einem spitzen Zeltdach mit reichverzierter Spitze gekrönt wird.

Links des runden Eckturmes zieht eine lange, den Wehrgang tragende, gezinnte Mauer hin mit rundem Erker und stärkerem Eckbau. Über das niedrige Wehrgangs- und Stalldach ragen die Reste zweier Rundtürme und anderer ausgedehnter Bauten empor. Zahlreiche Schornsteine kennzeichnen sie als Wohnbauten.

Es handelt sich um eine ungewöhnlich große Anlage, die bei einer Erneuerung[186]) doch bedeutende Wehrbaureste behielt, bis durch immer wiederkehrende Zerstörungen aus dem stolzen Herrensitz 1809 ein Bettlerasyl wurde.

Bouchaut[187]) wurde nordwestlich Brüssel an einem Teich bei dem Städtchen Meysse vom Herzog von Brabant erbaut. Der letzte des Namens Bouchaut, Daniel V., fiel in der Schlacht bei Montlhéry 1466. Graf Amédée de Beaufort hat die Burg erneuert.

Das Aussehen um 1696 gibt ein Stich des Harrewijn nach Bauduin wieder. Um einen weiten Hof zieht sich eine annähernd rechteckige Mauer. Die kurze Vorderseite zeigt rechts und links starke Vierecktürme, der rechte ist zugleich Torturm. Zu ihm führt eine lange Holzbrücke. Die hintere kurze Seite nimmt ein vielgegliederter Schloßbau ein, dessen rückseitige Ecken wieder zwei starke Türme bilden.

Vilvoorden[188]), zwei Meilen von Brüssel in Geldern, 1362 oder 1375 von Herzog Wenceslaus gebaut, um Brüssel und Brabant im Zaum zu halten, diente zur Auf-

---

[183]) Le Roy: Brab. ill. II, S. 18; Cantillon: a. a. O. 2. T., S. 43; Guicciardini: a. a. O. S. 20; Chât. Feod. de Beersel 1929. — [184]) Cantillon: a. a. O. 3. T., S. 18 (Abb. nach S. 29). — [185]) Merian: a. a. O. S. 58; Le Roy: Castella et Praet. Nobil. Brabantiae Bl. 99. — [186]) Von Grund auf, Merian. — [187]) Le Roy: Brabantia ill. Bl. 22 (E 5), 23/24 (F) u. vgl. Bl. 86 (V 4) — Cantillon: a. a. O. 2. T. — [188]) Gramaye: Brab. S. 26; Merian: a. a. O. S. 76; Cantillon: a. a. O. 2. T., S. 16f. (Abb.); Le Roy: Brabantia ill. S. 65 (O).

bewahrung geheimer Staatsschriften, die man von Nivelle dorthin gebracht, später als Staatsgefängnis.

Der Grundriß ist rechteckig mit Ecktürmen und Türmen in den Mauern. Die Türme ähneln französischen Vorbildern, wie jenen von Pierrefonds, ebenso die mit ihnen gleich hohen Mantelmauern, also ein Beispiel französischen Einflusses.

Vorsselaer[189]) (Tafel 22), östlich von Antwerpen, war einst im Besitz der Rotselaer; Heinrich von Rotselaer starb 1500 kinderlos. Der Besitz kam durch seine Schwester Elisabeth an Cornelius von Bergen. 1555 erhielt es Johann von Ligne und seine Gemahlin Margarethe de la Marck Arenberg. 1663 verkaufte es Carl Eugen, Fürst von Arenberg, an Johann Proost, Senator von Brabant.

Le Roy zeigt eine gotisierende, fast quadratische Anlage. In der Mitte der einen kürzeren Seite steht ein starker Torturm, zu dem eine Holzbrücke über das Wasser führt, durch ihn gelangte man in den Burghof mit dem einflügeligen Wohnbau.

An allen vier Ecken der Umfassungsmauer stehen Rundtürme. Starke Strebepfeiler verstärken die Mauern außerdem. Vorsselaer bietet ein Bild der einfachsten, späteren Wasserburgenform.

Damit sei die Betrachtung der Burgen des Tieflandes geschlossen. Ihre Zahl ist unbegrenzt, ihre Mannigfaltigkeit groß, ihre künstlerische Gestaltung im Laufe der Stilwandlungen reich an schöpferischen Gedanken.

Rückblick auf die Grundrißgestaltung

Wenn wir am Ende unserer Betrachtung versuchen, die Burgen des Tieflandes nach Erbauungszeiten, Stilabschnitten und nach Landschaften und Bodenverbundenheit zu gliedern, so finden wir, soweit überhaupt von Gesetzen gesprochen werden kann, einige allgemeine Ergebnisse.

Dem Alter nach sind die Rundlinge, d.h. die im Grundriß kreisförmig oder vieleckig gebildeten Anlagen zu den frühesten zu zählen. — Das bleibt auch gültig, wenn ihre Hochbauten späteren Zeiten angehören.

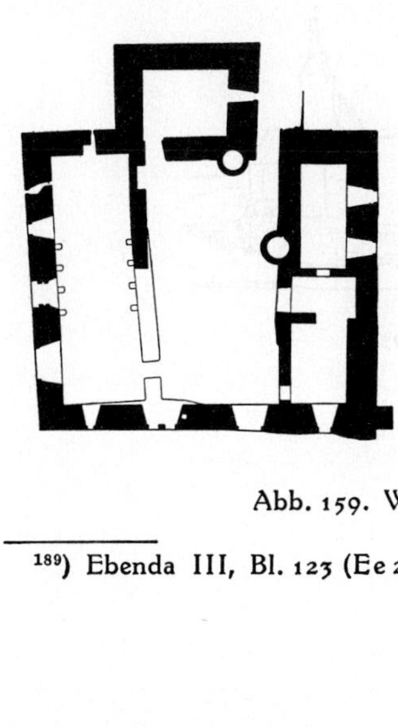

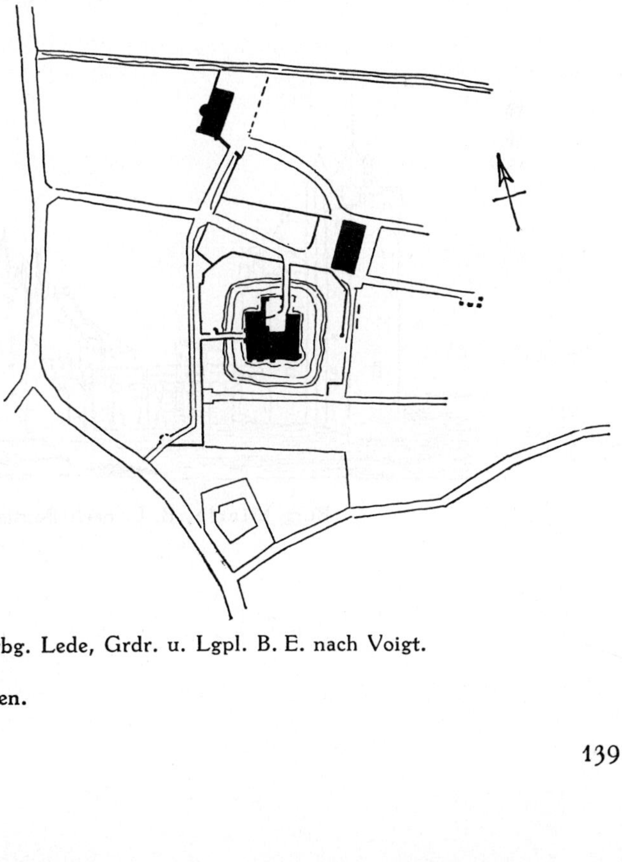

Abb. 159. Wasserbg. Lede, Grdr. u. Lgpl. B. E. nach Voigt.

189) Ebenda III, Bl. 123 (Ee 2) unten.

Dieser Form liegt die Erinnerung an die alten runden Erdkegelburgen (motae) zugrunde, die besonders in alten Darstellungen oft klar zutage tritt. Die ersten länglichen, viereckigen oder quadratischen Anlagen gehören wohl meist dem 13. Jahrh. an.

Je später, je mehr tritt im übrigen eine regelmäßige Grundformung der Hochbauten auf, bis vom 14. Jahrh. ab im Tiefland ein fast quadratischer Vierecksgrundriß der Kernburg zur Regel wird.

Nach Landschaften betrachtet, heben sich folgende Hauptformen ab:

In Dänemark fällt der Mangel eines Bergfriedes auf, den nur die wenigen nachgewiesenen frühen Anlagen zeigen. Dagegen hält sich die Form des Pallas, des festen Wohnbaues, bis ins 16. Jahrh.

Vorromanische Hochbauten deutscher Burgen des Tieflandes aus der Rundlingszeit sind im Norden kaum erhalten, doch deuten viele runde Grundrisse auf Wiederbenutzung alter Erdhügel. Die romanischen Burgen zeigen längliche, viereckige Saalbauten und starke, viereckige, seltener runde Bergfriede. Von gotischen Backsteinburgen sind viele Ruinen vorhanden, ihre Gliederung ist unregelmäßiger.

Der Ziegelbau war im Osten und Westen ebenso allgemein wie im Norden.

Die Burgen in Holland und Belgien erscheinen schon vom Beginn des 13. Jahrh. ab im Viereck angeordnet, zunächst ohne Ausbauten, später mit Eck= und Mitteltürmen zur Seitenbestreichung. Auffallend schwach sind dort die Mauern. Vorburgen sind ausgedehnt und unregelmäßig geformt.

Die Stile bzw. deren Gliederungen und Zierformen bieten in allen Ländern nur an be= sonders reichen Bauten Anhaltspunkte. Romanische Burgbauten mit Bergfried, Pallas und Kapellen sind durch spätere Umbauten fast ausnahmslos stark verwandelt. Reichere, gotische Bildungen finden wir im Norden selten, ebenso selten — von den Ordensburgen abgesehen — im östlichen Deutschland. Reich ist besonders der Niederrhein an be= deutenden romanischen und gotischen, mannigfach gegliederten Burgresten.

Burg Mierlo, B. E. nach Bouttats 1695.

Englische Burgen

Geschichtliche Entwicklung

In keinem europäischen Lande steht das Bild des Burgenbaues in so klaren Umrissen vor uns wie in England[1]).

Großartige Steinbauten hatten die Römer hinterlassen. Ihre Nachfolger, die Briten, Dänen und Angelsachsen benutzten wohl feste Städte, doch finden wir bis dicht vor der Eroberung durch die Normannen nur ganz vereinzelte Burgen; sogar das Wort „Buhr" bedeutet Borough = Stadt, und das feste Dover selbst war offenbar städtisch bewohnt, wenn wir danach urteilen, daß der Eroberer nach der Einnahme daraus zahlreiche Bewohner vertrieb[2]).

Alle die gewaltigen Könige aber, die seit der normannischen Eroberung die britischen Inseln beherrschten, haben dort bis zum Ende der Burgenzeit steinerne Zeugen ihrer Macht und Tatkraft errichtet, die stumme, aber erschütternde und überzeugende Berichte erstatten über Gewaltnaturen und Folgerichtigkeit und Großzügigkeit als Bauherren[3]).

Eine ungeheure Wehrbautätigkeit setzte mit der normannischen Eroberung ein. Jeder Schritt vorwärts wurde zunächst durch Erdkegel mit Holzwerken gesichert, und die den Angelsachsen in der Zeit ihrer eigenen Herrscher tief verhaßten Zwingburgen wurden sofort ein dauerndes Mittel der Beherrschung des gesamten Landes.

Bald folgten den ersten Erdwerken die mächtigen Steinkeeps, die Schalenkeeps[4]), die steinernen Ringmauern. Mächtiger und stolzer wuchsen dann Hunderte von festen Burgen empor, bald stand neben dem keep die altgewohnte germanische Halle in dem sicheren Mauerkranz. Sie hat sich gerade in England bis in die Neuzeit als kennzeichnendes Bauwerk erhalten.

Die Shakespeareschen Heldengestalten umkämpfen jahrhundertelang die berühmten Vesten. Furchtbare Trauerspiele sahen ihre Mauern, Königsmord, Brudermord und endlose Haft edler Fürsten bilden bis zur Hinrichtung der Maria Stuart eine Kette blutiger Ereignisse, deren Schauplatz die englischen Burgen waren.

Die größten Bauherren waren seit Wilhelm I. die normannischen Könige, vor allem Heinrich II. von Anjou. Ebenbürtig steht neben diesem Edward I., der gegen die wilden Bergleute von Wales 32 Burgen und gegen die Schotten ganze Ketten glänzender Vesten errichtete[5]).

Der romanische und der gotische Stil haben burgliche Bauten überliefert, und ebenso die Zeiten von den einfachsten schweren Gewaltbauten der normannischen Frühzeit bis zu den gotischen, frühenglischen oder Lancetbauten und spätgotischen Bauten des Geometrical, Flowing und Perpendicular stile.

Noch zu gotischer Zeit ging der Burgenbau allmählich in den Schloßbau über, endlich errichtete die Renaissance oft genug in den burglichen Mauern fröhliche, reiche Prachtbauten.

[1]) Hinweis auf spätere Ausführungen. — [2]) Siehe dazu: Oman: Castles S. 6ff. — [3]) Siehe S. 142ff. — [4]) Der Name keep für den Hauptturm (Wohnturm) und shellkeep für einen leeren, runden Mauerturm als Kernwerk der englischen Burgen wird von Armitage (Early norm. castles S. 259, 359f.), Mackay Mackenzie (Mediaeval Castle i. Scotld.) Appendix S. 230ff. u. a. eifrig bekämpft. Das Wort taucht erst im 16. Jahrhundert auf, angewendet wird es für verschiedene Bauteile. Es wird aber wie das in Deutschland ebenso eifrig bekämpfte Wort Bergfried allgemein verstanden und schließt, wie dieses, manche Mißverständnisse aus, die bei einfacher Verwendung des Wortes Tower oder Turm oft unvermeidlich wären. — [5]) Schottland und Irland wurden auch erst durch die Normannen mit Burgen versehen.

Völlig eigenartige englische Burgen sind überwiegend; die frühen Burgen Englands stehen dagegen in naher, politischer und rassenmäßiger Beziehung zu den gleichzeitigen germanischen Wehrbauten Nordfrankreichs; besonders in der normannischen Zeit sind die Wehrbauten auf dem Festlande und auf der Insel ähnlich gestaltet[6]). Auch spanische und belgische Vorbilder oder gleich empfundene Bauten der Spätzeit kann man feststellen. Aber Klima, Baustoffe und vor allem die Bodengestaltung führte im Durchschnitt zwangsläufig zu Bildungen, die rein englische sind und im übrigen Europa nicht gefunden werden.

Ein überreiches Urkundenmaterial und ein darauf fußendes reiches Schrifttum erlaubt es, Bauzeiten, Bauherren, oft auch die Architekten festzustellen und das geschichtliche Geschehen in den Burgen zu verfolgen.

Der Burgenreichtum ist so groß, daß es unendlich schwer ist, in einem gesamteuropäischen Überblick auch nur das Wichtigste über englische Burgen zu sagen[7]).

Der wißbegierige Leser findet aber in den von mir zusammengestellten Quellenschriften begeisterter englischer Burgenforscher eine Fülle von Schilderungen, denen nachzugehen der Mühe wert ist.

Erdkegel- und Wallburgen (motae)

In der Frühzeit finden wir die von den Franzosen mottes (motte), lat. mota, von den Engländern motte oder mound genannten Hügel, hohe aufgeschüttete Erdkegel, die rings von Gräben und Palisaden umgeben waren, und auf denen sich in der Frühzeit aus Holz hergestellte Türme erhoben.

Diese Erdkegelburgen — auf dem berühmten Teppich von Bayeux wiederholt dargestellt —, die auch in Nordfrankreich vom 8. Jahrh. an[8]) nicht selten sind und auch auf deutschem Gebiete vorkommen, wurden ehemals in England den Sachsen zugeschrieben. Die neuere Forschung sucht ihre und die Einführung von Burgen überhaupt in normannischem Einfluß[9]).

Daß die Normannen solche Befestigungen schrittweise, wie sie das Land erobert haben, errichteten, ist nachgewiesen. Um sich nach ihrem Einfall in England schnell feste Punkte zur Sicherung ihrer Herrschaft zu schaffen, haben sie überall Erdspitzkegel aufgeworfen und mit Holzwerken befestigt. Auch etwa vorhandene Hügel, sei es aus vorgeschichtlicher oder aus der Zeit der Sachsenkönige, mögen sie benutzt haben.

Diese Erdkegel waren durchaus keine unbedeutenden Werke. Schon die Abmessungen sind zum Teil so bedeutend, daß eine große Zahl von Arbeitern beschäftigt gewesen sein muß, um nur die Erdmassen zu bewegen. Galt es, die Erde aus einem kreisförmigen Graben auf die Mitte zu werfen und zu verkarren, endlich in größere Höhe zu tragen, so bot in Kriegszeiten bei Annäherung feindlicher Kräfte solcher Burgbau eine Kraftprobe ernster Art.

Inmitten der feindlichen Angelsachsen wurden für die Normannen dann als Zuflucht für den Troß, für neue Ansiedler oder normannische Parteigänger neben dem steilen Kegel

---

[6]) Siehe Bothwell Castle und Château de Coucy. Macgibbon and Ross: Cast. and dom. Arch. of Scotld. — [7]) Die Burgenformen sind etwa wie folgt einzuteilen: Roman. Zeit bis 1195, wenige sächs. Burgen, normann. Erdkegelburg = motte — mounds — normann. Wohntürme (keeps), Mantelmauern (shellkeeps). Gotische Zeit bis 1300, frühengl. Lancetstil, Edwardian Castles, Concentric Castles, Burgen mit reichen Wohnbauten, Hallen, endlich reiche Gotik. Decorated Flowing von 1300—1377, Perpendicular von 1377—1547, reiche weitläufige Anlagen mit Bauten verschiedener Zeiten, überwiegend Schloßbau. — [8]) Oman: a. a. O. S. 8ff. — Braun: Engl. Cast. S. 5ff. — [9]) Armitage: a. a. O. behandelt eingehend Art, Zahl und Entstehung der mottes. Nach ihr war den Angelsachsen der Burgbau völlig unbekannt und als volksfeindlich verhaßt. Als „Buhr" werden in alten Quellen nicht Burgen, sondern Städte (boroughs) bezeichnet. Nach Freeman schreibt Armitage: „In the eleventh century the Word castle was introduced in our language."

(motte) Vorburgen (bailey) nötig. Erdwälle schlossen auch diese ein, oft von sehr erheb=licher Ausdehnung[10]).

Kein Wunder, daß noch heute in den britischen Burgen vielfach bedeutende Reste solcher Hügel und Wälle erhalten sind.

Betrachten wir einzelne Wallburgen:

Sehr weit zurück, bis auf römische Reste, läßt sich die Burg Carisbrooke, Isle of Wight — berühmt durch die Gefangenschaft Karl I. — verfolgen. 530 schlugen die ein=brechenden Sachsen in diesem alten römischen Castrum die Inselbewohner. Der Erdspitz=kegel mit zwei Vorburgen ist nach dem Domesday=Book noch im 11. Jahrh. erbaut. Die Steinbauten sind in den Gesta Stephani vor 1136 ausdrücklich erwähnt[11]).

Der shellkeep dieser Zeit steht auf dem Erdkegel in der Nordostecke der starken Ring=mauer. Die normannischen Werke blieben bis zum 16. Jahrh. in Gebrauch. Neubauten reichen bis ins 17. Jahrh.

In Huntington Castle in Herefordshire[12]) (Abb. 163) bildete der Erdkegel die Haupt=befestigung einer größeren, heute verschwundenen Anlage, an ihn schließen sich nach Nordosten zwei Vorburgen an.

Der Bauplatz ist gut gewählt. Ein tiefer Graben umgibt die innere, höher liegende Vorburg an drei Seiten. Die vierte Nordwestseite deckt der steile Abhang zum Fluß. In der spitzen Südwestecke liegt ein Spitzkegel als Kernwerk. Ein Feind hatte also drei Hindernisse zu überwinden.

Die großartige mota der Burg Rockingham[13]) hat auf der flachen Spitze einen Durch=messer von 33 m, am Fuß fast 70 m und ist etwa 10 m hoch. Den kreisrunden Kegel umgab ein tiefer Graben. Eigenartig ist die Anordnung der Ringmauer der auf König Johanns Befehl anlehnend errichteten steinernen Burg. Jene steigt den Hügel hinauf,

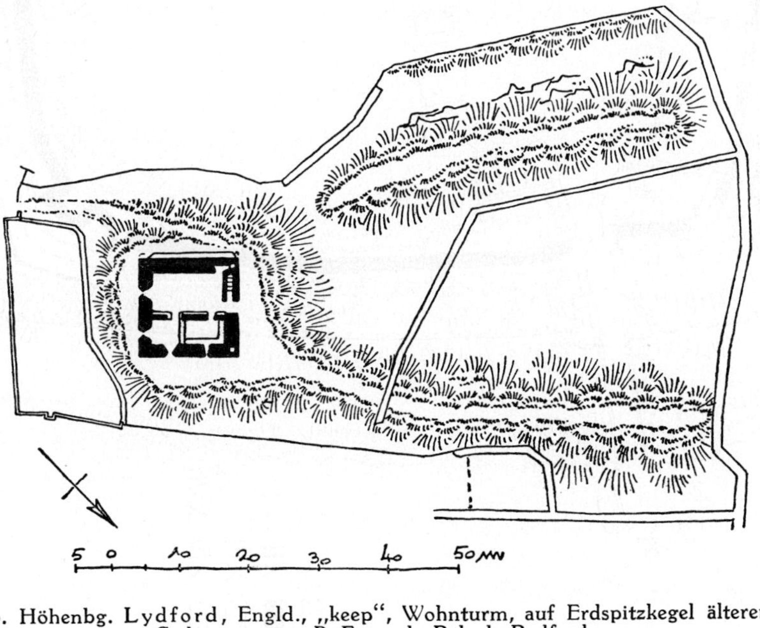

Abb. 160. Höhenbg. Lydford, Engld., „keep“, Wohnturm, auf Erdspitzkegel älterer mota, Grdr. 1 : 1000. B. E. nach Ralegh Radford.

[10]) Vollständige Zusammenstellung bei Armitage: a. a. O. — [11]) Mackenzie: Cast. of Engld. Bd. I, S. 198ff. Peers: Carisbrooke C. S. 11f. — [12]) Clark: a. a. O. Bd. II, S. 129; Mackenzie: a. a. O. Bd. II, S. 109f. — [13]) Clark: a. a. O. Bd. II, S. 423—446 m. Plan; Armitage: a. a. O. S. 201.

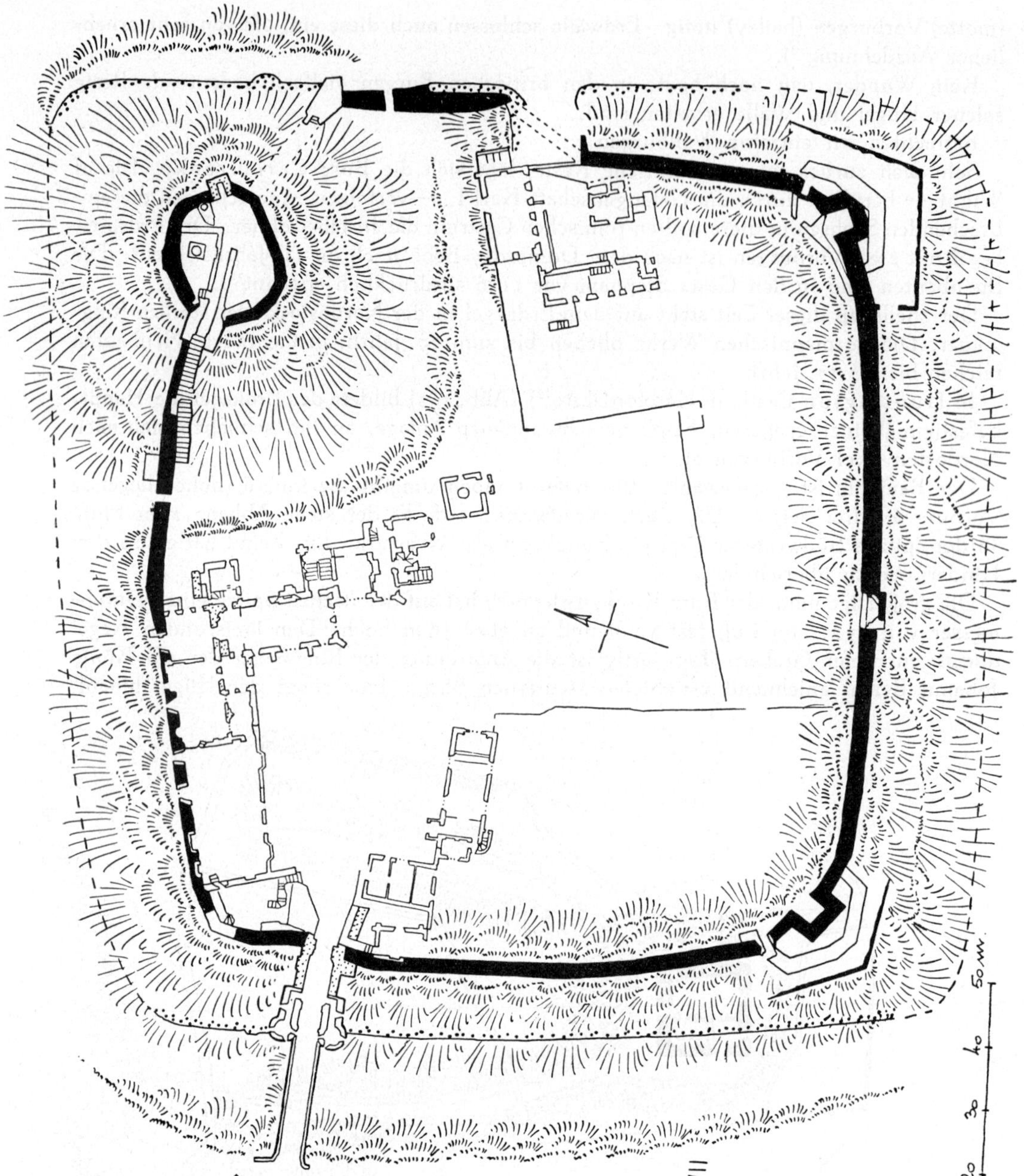

Abb. 161. Burg Carisbrooke, Engld., shellkeep auf Erdspitzkegel i. NO.=Ecke d. stark. Ringm. (s. verschied. Bauz.) Grdr. 1 : 1000. B. E. nach Peers.

Stadtburg Dover, England

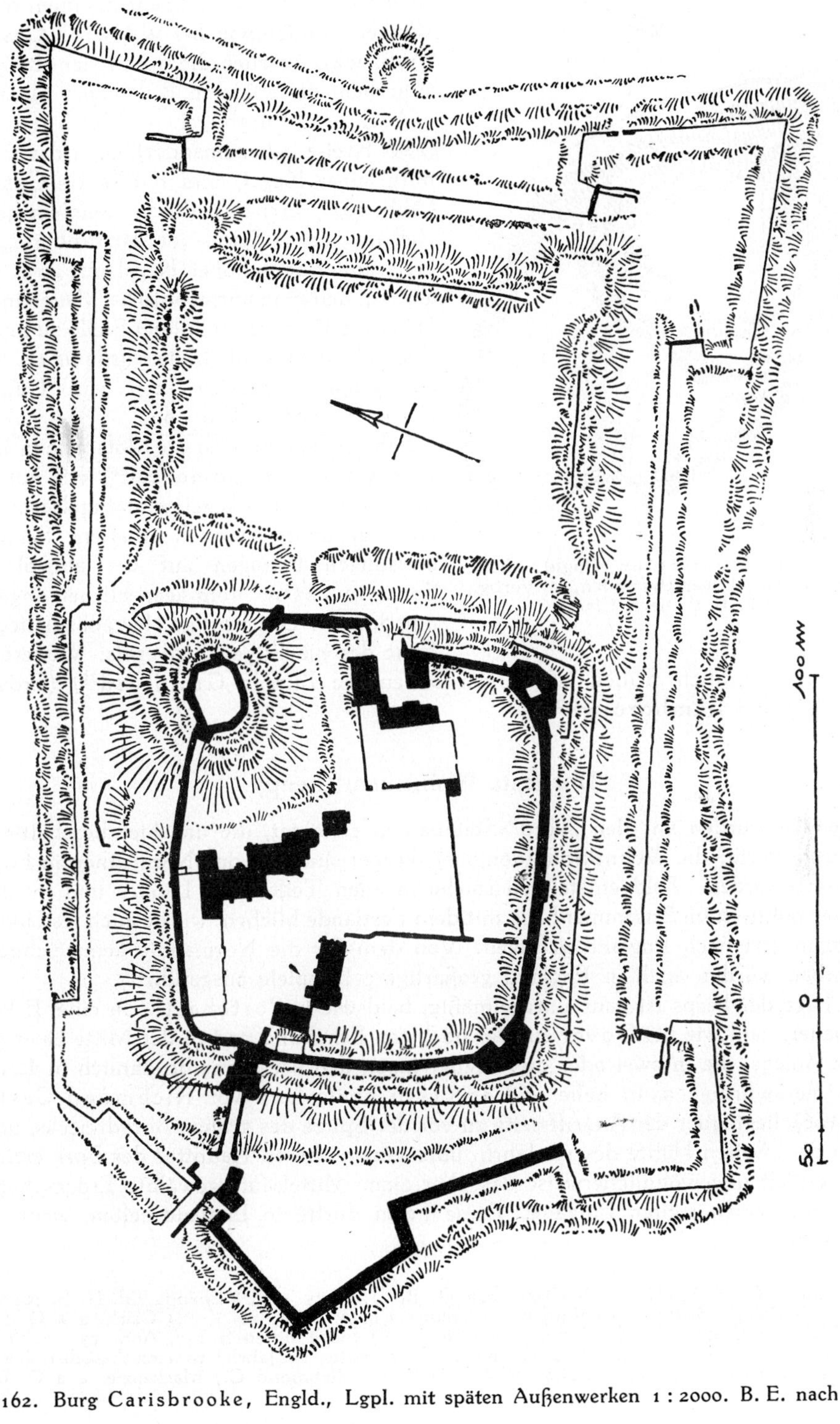

Abb. 162. Burg Carisbrooke, Engld., Lgpl. mit späten Außenwerken 1 : 2000. B. E. nach Peers.

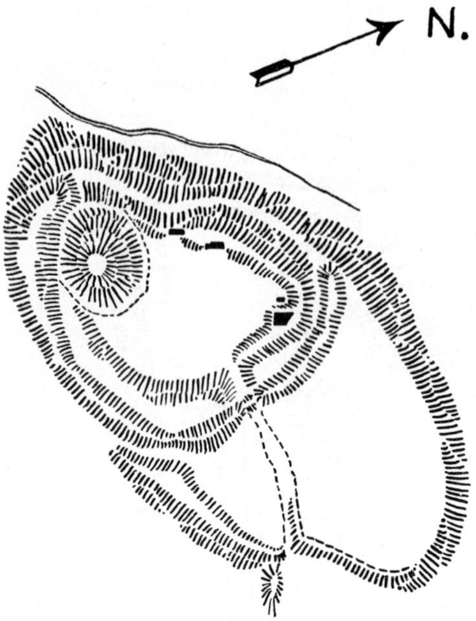

Abb. 163. Burg Huntington, Engld., ehem. Bg. auf Erdkegel verschwunden, 2 Vorbg., Lagesk. B. E. nach Clark.

läßt aber dessen Oberfläche außerhalb der Mauern, umgeht sie vielmehr in einem rechten Winkel, ähnlich wie bei Warwick Castle[14]) (Abb. 202), wo auch die Spitze der alten mota außerhalb der späteren Ringmauer blieb.

Auch die Burghügel in Mexborough[15]) (zwei Kreise nebeneinander), einer davon Vorburg, einer Kegel, und Richards Castle[16]) (Abb. 164), errichtet durch den Normannen Richard son of Scrop vor der Eroberung, ein kreisrunder 23 m hoher Kegel mit zwei Ringgräben, den eine normannische Mauer in zwei Hälften teilt, wären an dieser Stelle zu nennen. Ebenfalls in eine alte Mota wurde im 12. Jahrh. der große viereckige keep von Lydford Castle[17]) gesetzt. Abb. 160.

Sehr bedeutend sind die Motareste in Dunster Castle in Somerset[18]) ein künstlich steil gemachter Felskegel (west=angelsächsisch?, „tor“ genannt) ist noch erhalten. Seine Abmessungen betragen auf der abgeplatteten Spitze 12 × 23 m. Vom keep blieben angeblich nur Spuren. Das heutige Herrenhaus liegt am Fuße des mächtigen Erdkegels. Weitere Beispiele von angeblich frühen Erdwerken bieten die Burgen Guildford[19]) (Erdwerke sächsisch?) und Bamborough[20]).

Der feste Wohnturm (keep)

Erdwerke wurden vor den „keep“=Steinbauten errichtet, die uns hier beschäftigen[21]). Die älteste Form, die Wohntürme (donjons) (keeps) sind von den Normannen in England eingeführt worden. Bald entstanden solche in allen Teilen des Landes und — da die Eroberer politisch im Zusammenhang mit dem Festlande blieben, wurde auch festländische Befestigungsart nach England getragen. Von dem für die Normandie kennzeichnenden Donjonbau wurden auch in England großartigere Beispiele ausgeführt.

Die Lage der keeps ist ganz unregelmäßig, bald wie in Portchester in einer Ecke der Ringmauer, bald wie bei Dover auf der höchsten Erhebung und in der Mitte einer großartigen Anlage, die in zwei oder drei Mauerringen den keep umgibt, ähnlich in London.

Der merkwürdige 33 m hohe und 17 × 15 m breite keep von Richmond Castle[22]) (Abb. 166) liegt quer der Angriffsseite zu vor der Spitze des großen Burgdreiecks, und ist dort in der zweiten Hälfte des 12. Jahrh. über einem älteren Haupttor der Burg errichtet. Damit erhielt ungewöhnlicherweise das über einer Mittelsäule gewölbte Erdgeschoß des Kernturmes einen weiten Eingang. Diese Form dürfte in England selten, wenn nicht einzig sein.

---

[14]) Siehe unten S. 177 ff. — [15]) Clark: a. a. O. Bd. 1, S. 25. — [16]) Ebenda Bd. II, S. 401—4 m. Plan. — [17]) Ralegh Radford: Lydford C. — Braun: a. a. O. S. 33, 56. — [18]) Clark: a. a. O. Bd. II, S. 24, Plan 25; Oman: a. a. O. S. 60 m. 5 Abb. — [19]) Siehe unten S. 147, Anm. 23. — [20]) Siehe unten S. 177. — [21]) Armitage: a. a. O. rechnet bis Mitte 11. Jahrh. romanisch=sächsischen und 1050—1200 normannisch=romanischen Stil. — [22]) Peers: Richmond C.; Mackenzie: a. a. O. Bd. II, S. 246 ff.

Ganz frei steht der keep in Colchester, während er bei Berkeley und Conisborough Castle in der Hauptumfassungsmauer liegt.

Sehr merkwürdig ist die Lage des keep der Burg Middleham in Yorkshire.

Gegenüber den gewaltigen Keepanlagen tritt in England die Form des Bergfriedes als Kernwerk und letzte Zuflucht der Burgen vollständig zurück. Ich wüßte kein einziges Beispiel zu nennen, das diese in Deutschland so allgemeine Form aufweist.

Der einfache, altertümliche, rechteckige keep von Guildford Castle — 14 × 16 m und 20 m hoch — ist zu nennen[23]). Die Burg wird zwischen 872 und 885 als Eigentum König Alfreds erwähnt, bestand damals aber wohl vornehmlich aus Erdwerken.

Die frühe Erwähnung trifft nicht den vorhandenen keep, der auch nicht von Gundulf (Bischof und Architekt) für William Rufus erbaut ist, sondern erst unter dessen Nachfolger entstand.

Der Bau gehört der Zeit Heinrich II. an. Die erhaltenen Erdwerke werden dem Anfang des 10. Jahrh. zugeschrieben.

Der steinerne keep steht etwa 26 m über dem Tale auf einer alten mota. Er ist jünger als die Ringmauer, die als shellkeep angesehen werden könnte[24]). Wundervolle Ruinen, vom River Swele an drei Seiten umflossen, stehen noch stolz aufrecht. Der nach 1093 erbaute keep zeigt je drei flache Wandpfeiler an den Außenmauern.

Viereckige keeps haben die schon erwähnte Burg Richmond[25]) und die Burgen: Carlisle, Ludlow, Scarborough, Corfe, Goodrich, Rising, Nunney u. v. a.[26]).

In der später großartig ausgebauten Burg Kenilworth[27]) (Abb. 205) stehen noch drei Mauern des älteren, länglich-viereckigen Wohnturmes, dessen Ecktürme besonders stark hervorspringen. Der mächtige Steinkörper ist auf nur 3—5 m hohem Hügel erbaut. Seine Abmessungen sind sehr bedeutend, rund 21 mal fast 24 m Fläche ohne Anbauten bei 23 m Höhe.

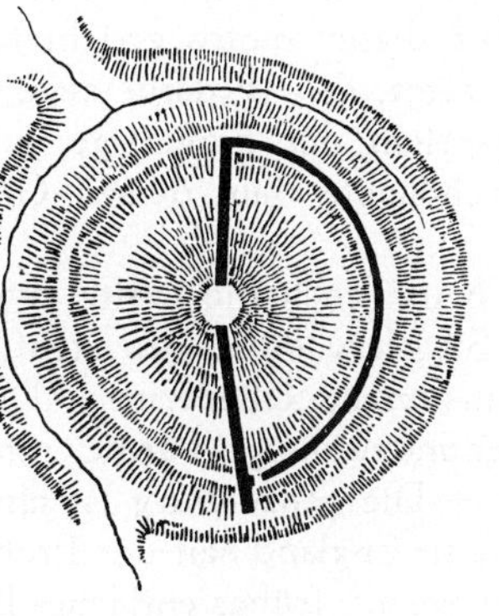

Abb. 164. Burg Richards, Engld., Erdkegel m. späteren normann. Mauern, Lgpl. etwa 1 : 4000. B. E. nach Clark.

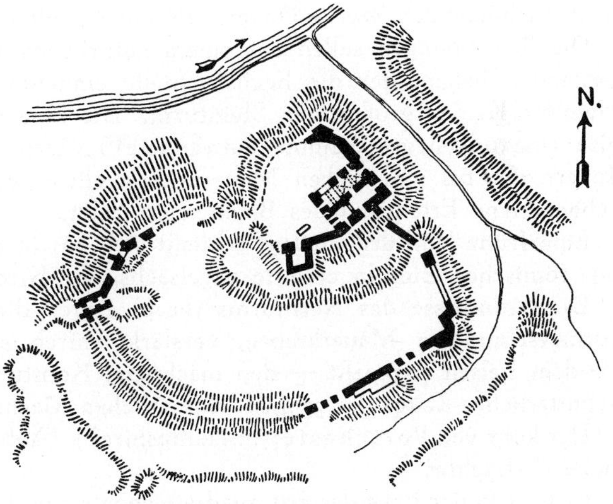

Abb. 165. Burg Norham, Engld., Lgpl. v. keep i. Kernbg. u. Vorbg. etwa 1 : 3000. B. E. nach Clark.

[23]) Clark: a. a. O. Bd. II, S. 53ff. Abb.; Mackenzie: a. a. O. Bd. I, S. 94ff. — Armitage: a. a. O. Bd. I, S. 32 m. Abb.; Domest. Arch. Bd. II, S. 18; Macgibbon and Ross: a. a. O. Bd. II, S. 18. — [24]) Armitage: a. a. O. S. 393. App. R. — [25]) Erb. durch Earl Allan, 2. Sohn eines alten Kämpfers Wilhelms I., siehe New Display: Bd. II, S. 125. — [26]) siehe unten. — [27]) Durch Einbruch großer Fenster ist der Eindruck dieses Baues ganz wesentlich zum „wohnlichen" verändert. Kenilworth ist auch in anderer Hinsicht ein Beispiel, wie durch Prachtliebe und Reichtum ein Burgbau zum Schloßbau wurde. S. 183ff. unten eingehender gewürdigt.

Man kann nicht sagen, daß die steinerne Normannenburg eine schlüssige Fortbildung der Erdkegelburg gewesen wäre. Wohl haben ihre Erbauer vorhandene Erdwerke benutzt, indem sie ihre neuen Steintürme auf die Spitze der alten Erdkegel oder in die alten Wälle setzten, aber wohl nur da, wo die alten Bauplätze an strategisch wichtigen und von Natur festen Orten lagen.

Sehen wir uns nun diese steinernen Kernwerke näher an. Fast immer umfaßt ein mächtiges Mauerviereck ein meist vierstöckiges Innere, das im untersten Geschoß durch eine Längsmauer in zwei Räume geteilt wurde. Diese unteren Räume dienten als Vorratsräume, auch ein Brunnen befand sich oft an dieser sichersten Stelle.

Die höheren Stockwerke beherbergten in den großen Wohntürmen die Besatzungen und weiter oben die Wohnung des Burgherrn und seiner Familie. An den vier Ecken treten flache, breite Pfeiler vor, die oben vielfach wie in Richmond vier Ecktürme trugen. In den großen Mauernischen lagen Wendeltreppen, Fensternischen, Aborte, Kamine usw.

Dieselben Grundformen wiederholen sich oft. Der viereckige keep von Dover Castle[28]) (Abb. 168) wurde, wie üblich, von viereckigen Ecktürmen überragt. Seine Innenteilung ist ungewöhnlich reich. Er zeigt, wie Portchester, eine offene Freitreppe und einen Anbau (Forebuilding), darin eine obere und eine untere Kapelle, zwei Wendeltreppen und zwei Brunnenschächte, die durch die verschiedenen Stockwerke gehen. Zahlreiche gewölbte Räume und Gänge sind zum Teil auch in den oberen Stockwerken in den Mauerstärken angeordnet (Tafel 26).

Dover Castle ist wie oben erwähnt einer der wenigen Plätze, deren Befestigung vor der Eroberung Englands sicher ist. Zeitgenössische Schriftsteller schildern allerdings diese Befestigung fast als die einer Stadt. So spricht William von Poitiers von einer unzählbaren Menge von Bewohnern, die der Eroberer nach der Einnahme vertrieb, und erwähnt, daß Wilhelm sofort neue Befestigungen ausführte. Naheliegend bleibt bei Beurteilung dieser Nachricht auch die Annahme, daß sich bei drohender Gefahr Umwohnende in die schützenden Werke Dovers, als einer großen Burg, geflüchtet hatten.

Die Befestigungen sollen aus einem natürlichen Erd- bzw. in diesem Falle Felskegel bestanden haben, der die höchste Stelle einnahm. Auf dieser motte errichtete dann Heinrich II. den großartigen Steinturm. Die Pipe Roll zeigt, daß er dafür 2000 Pfund, also eine ungeheure Summe aufwendete[29]). Dem entspricht der großartige, auch im Innern der bis 7 m dicken Mauern vielgegliederte durchdachte Bau, dessen Grundriß schon reiche Erfahrung des Baumeisters zeigt.

Eine frühe Vorburg (bailey) schließt sich an, in der heute noch die uralte, zum Teil aus römischen Ziegeln erbaute angelsächsische Kirche St. Mary de Castro steht.

Die Grundrisse des Kernturms (keep) zeigen die kunstreiche Gliederung. Doppelte turmgeschmückte Mauerkränze, verstärkt durch siebenundzwanzig Türme, umgeben — dem Felsen angepaßt — den mächtigen Kernturm. — Die ganze Burg ist ein unerschütterlicher Zeuge der großen, einheitlichen Machtfülle in England seit der Eroberung.

Der keep von Portchester in Hampshire[30]) (Abb. 94) sei als frühes einfaches Beispiel näher betrachtet.

Er liegt in der Ecke des fast quadratischen römischen Mauerbezirks. Der Ort bot schon zu Römerzeiten einen natürlichen guten Hafen. Sie nannten ihn portus castra oder portus magnus. Seiner dauernden Brauchbarkeit verdankt er Erhaltung und Ausbau der Wehrbauten auch in den folgenden Jahrhunderten[31]).

[28]) Clark: a. a. O. Bd. II, S. 4ff.; Mackenzie: a. a. O. Bd. I, S. 14ff. Armitage: a. a. O. S. 138ff.; New Display: Bd. I, S. 212. — [29]) Clark: a. a. O. Bd. I, S. 129, Bd. II, S. 4—17; D'Auvergne: Engl. Castles Bd. II, S. 26—93. — [30]) Peers: Portchester C. — [31]) Clark: a. a. O. Bd. II, S. 388ff. m. Grdr.; Mackenzie: a. a. O. Bd. I, S. 209ff.; Beautif. Britain Bl. 30; New Display Bd. II, S. 347, Ans. v. 1777.

Die Lage der beiden Tore des „Castrum" in der Mitte zweier gegenüberliegender Längsseiten entspricht römischem Brauch. Die hier erhaltenen Mauermassen gelten als die bedeutendsten römischen Reste Englands.

Die Größe des römischen Lagers beträgt rund 191 × 190 m, die Mauerhöhe wechselt zwischen 5 und 13 m, die Stärke zwischen 2 und 3 m. Anscheinend haben bereits die Römer die vorspringenden Mauertürme mit Schutt gefüllt, also dieselbe Befestigungsweise angewandt, die schon Vitruv und Dürer empfahlen. Dem römischen Bauwerk hat König Heinrich II. den rechteckigen keep in der Nordwestecke hinzugefügt.

Der mächtige Wohnturm besteht aus dem fünfstöckigen einheitlichen keep und einem Anbau, in dem sich — wie in Loches und Dover — Eingang und Kapelle befinden. — Seine Abmessungen betragen etwa 25 × 16 m und ursprünglich 13,70, später 18,80 m Höhe.

Eine lange unbedeckte Außentreppe führt zum hohen Erdgeschoß des Vorbaues, der Kernturm selbst hat quadratischen Grundriß und ist von West nach Ost durch eine starke Mittelmauer in zwei Schiffe geteilt. Je drei flache Strebepfeiler gliedern oder verstärken die Nord- und Westseite der rund 3,60 und 2 m starken Außenmauern. In allen fünf Stockwerken werden sie durch schmale Fenster durchbrochen, die Kellern und Wohnräumen Licht und Luft geben.

Zur Verbindung der Stockwerke vom Keller bis zum nächsten Geschoß dient eine Wendeltreppe in der verstärkten Südwestecke. In der Südostecke liegt ein Brunnenschacht.

Die oberen Stockwerke scheinen späterer Zeit zu entstammen als der untere. Die Stockwerke waren durch Balkenlagen getrennt, nur der Keller war gewölbt. Wir sehen die Gleichheit mit den vorgenannten Kerntürmen in allen wichtigen Anordnungen.

Das normannische Dach war vor der Erhöhung flach, das spätere — ähnlich wie beim Tower of London — angeordnet.

Da keine Kamine und Nebenräume nachweisbar sind, scheint der Bau durch offene Feuerbecken — inmitten der Räume aufgestellt — geheizt worden zu sein[32]).

In römischen Mauern, die hier ganz rund geführt sind, liegt auch die bedeutende Burg Pevensey[33]) (Abb. 173), ein ganz ungewöhnlich angeordneter Bau. Wohl einzig in England zeigt der viereckige keep 5 Ausbauten, die den römischen halbrunden Mauertürmen ähnlich, nur länglicher nach W., N. und O. vorgestreckt sind.

Bowes[34]) (Abb. 171) zeigt ebenfalls einen keep in römischer Anlage.

Unbedeutender ist der viel geänderte keep des großartigen Ludlow Castle[35]) (Abb. 172), etwa 13 × 14 m Seitenlänge messend, erhebt er sich am Haupttor der inneren Burg, die im Grundriß ein ummauertes Kreisviertel bildet. Mit dieser Stellung rückt er ungewöhnlicherweise in die Angriffsseite der Burg. Sein Innenraum ist ungeteilt.

Viereckigen keep weist die Dreiecksanlage Peveril[36]) (Abb. 170) an der Angriffsseite auf.

Norham Castle[37]) in Northumberland zeigt einen später veränderten keep, im Innern durch Mittelmauern längs geteilt. Die Burg wurde unter Wilhelm Rufus gegen die Schotten erbaut, 1138 durch diese zerstört, dann erst unter Heinrich II. durch den steinernen Kernturm verstärkt.

Reich gegliedert und technisch glänzend durchgebildet ist der keep von Rochester Castle[38]) (Abb. 169), erbaut in der Zeit Heinrichs I. zwischen 1126 und 1139. Der Bau verdient, da vorbildlich für reifere Lösung, besonderer Schilderung.

---

[32]) Noch 1905 hat Verfasser in Beaune Hopital in Burgund im großen, gotischen Krankensaal diese Art Heizung im Betriebe gesehen. — [33]) Peers: Pevensey C.; Mackenzie: a. a. O. Bd. I, S. 81 ff.; Clark: a. a. O. Bd. II, S. 359 ff. — [34]) Clark: a. a. O. Bd. I, S. 259 ff.; Simms: Bowes C.; Braun: a. a. O. S. 38. — [35]) Clark: a. a. O. Bd. II, S. 274 ff.; Oman: a. a. O. S. 134 ff. — [36]) O'Neil: Peveril C. — [37]) Clark: a. a. O. Bd. II, S. 322 ff.; Mackenzie: a. a. O. Bd. II, S. 408; Armitage: a. a. O. S. 172 ff.; d'Auvergne: a. a. O. S. 146—175. — [38]) Seit 673 erwähnt; Turner: a. a. O. Bd. II, S. 17 f.; Clark: a. a. O. Bd. II, S. 405 ff., 421; Mackenzie: a. a. O. Bd. I, S. 32; Armitage: a. a. O. S. 360; New Display: Bd. I, S. 195.

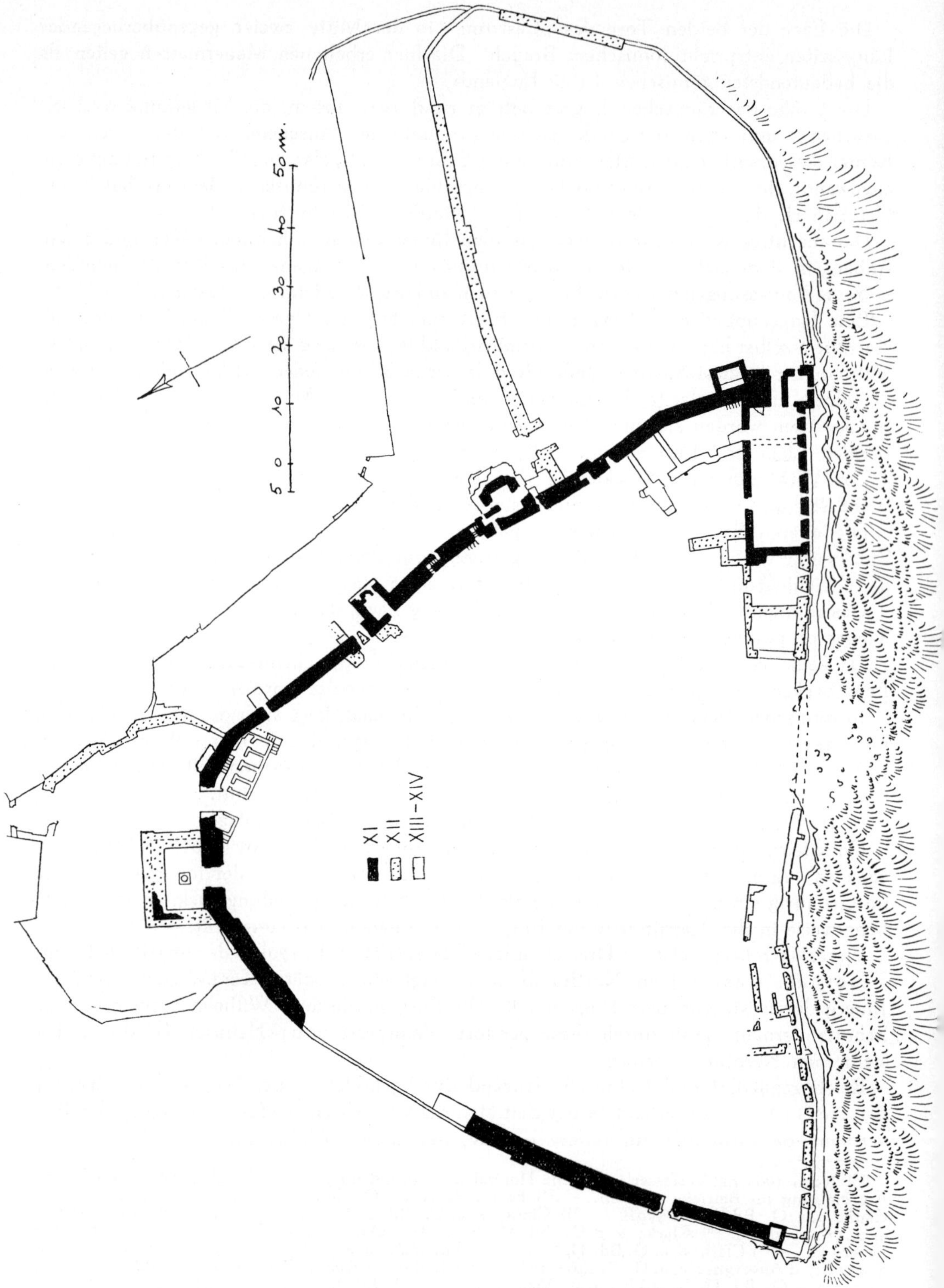

Abb. 166. Burg Richmond, Engld., viereck. keep über ält. Torbau, weiter Bering, wenig Seitenbestreichung. Grdr. 1 : 1000. B. E. nach Clark.

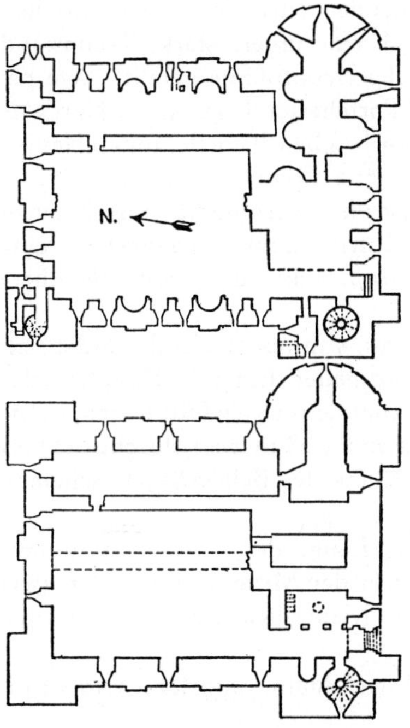

Abb. 167. Stadtbg. Colchester, Engld., freisteh. keep, Grdr. 1 : 1000. B. E. nach Clark u. eig. A.

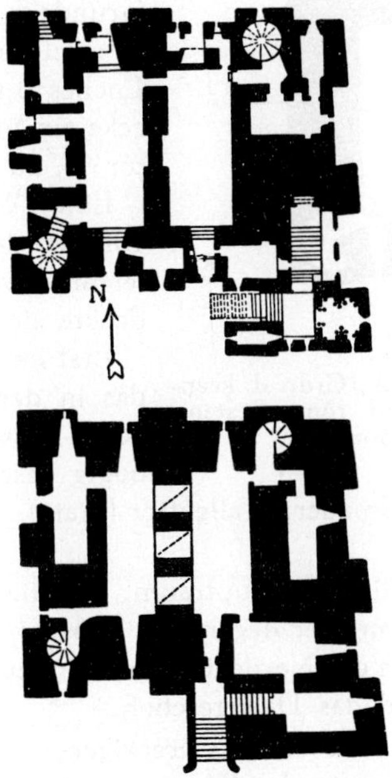

Abb. 168. Höhenbg. Dover, Engld., reichgegliederter keep, innen mit Kap. u. Krypta, Grdr. Erdgesch. u. I. St. etwa 1 : 1000. B. E. nach Clark.

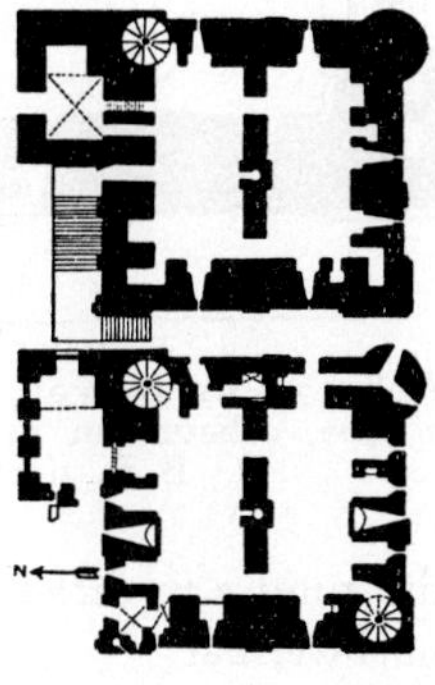

Abb. 169. Dreiecksuferbg. Rochester, Engld., reichgegliederter Grdr. d. keep etwa 1 : 1000. B. E. nach Clark.

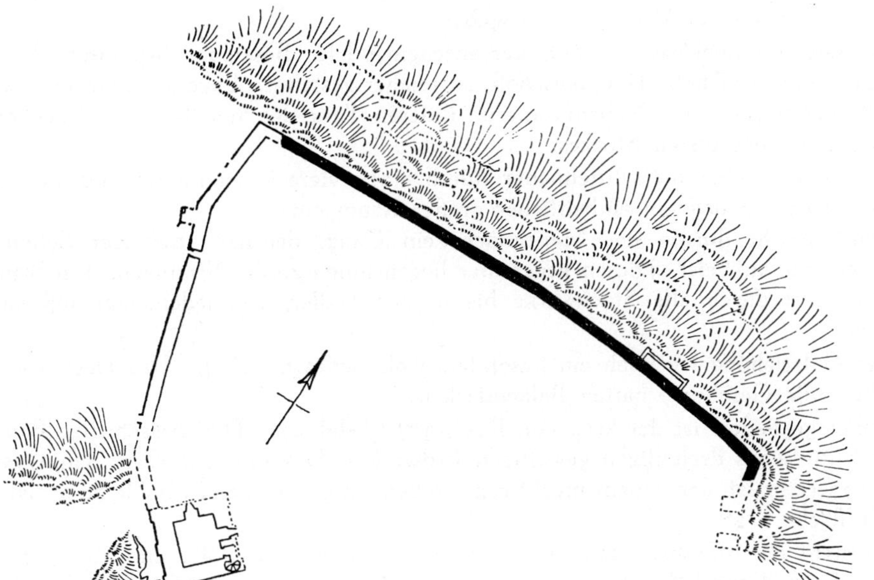

Abb. 170. Höhendreiecksbg. Peveril, keep a. d. Angriffsseite, Grdr. 1 : 1000. B. E. nach O'Neil.

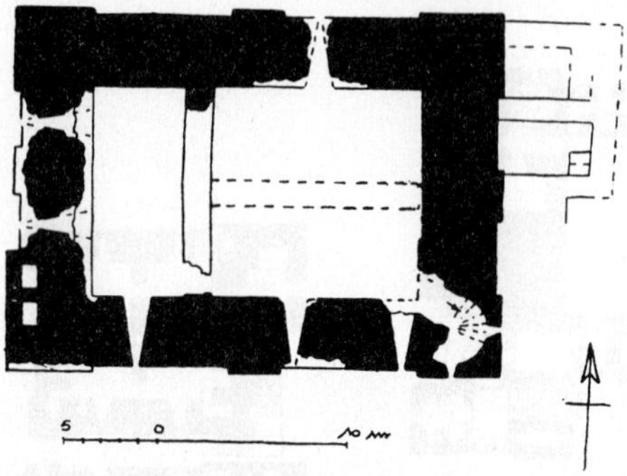

Abb. 171. Bg. Bowes, Engld., Grdr. d. keep 1 : 500, erbaut um 1174 auf röm. Resten. B. E. nach Simms.

Der freistehende Turm hat quadratischen Grundriß, durch eine innere starke Trennwand in zwei längliche Haupträume geteilt. Wie bei Loches[39]) und Portchester liegt an der Nordostecke ein Vorbau — oben Kapelle, unten Haupttor —, zu dem eine Freitreppe emporführt.

Eine Wolfsgrube verhindert ungebetenen Gästen den Zutritt zum Eingangstor; eine leicht abwerfbare Brücke oder Zugbrücke überdeckte sie.

Erst im Vorbau, 5 m über Gelände, findet sich das in der Nordmauer liegende Haupttor des keep. Es war, wie die meisten Öffnungen, rundbogig geschlossen; 1,98 m weit durchbricht es die rund 3 m dicke Nordmauer. Fallgatter (grate) und Rinne des Balkenriegels scheinen nachweisbar.

Man betritt den nördlichen Hauptraum, der die volle Länge des Turmes einnimmt. In der 3 m dicken Außenmauer liegen vier Fenster, dazu in der Mitte zwischen den zwei nördlichen ein Kamin. In der Nordostecke verbindet in der Mauerdicke eine Wendeltreppe alle vier Stockwerke und das Dachgeschoß.

Die Nordwestecke enthält einen viereckigen, gewölbten Raum, ungefähr 3,50×4 m, zugänglich durch Vorraum in der Westmauer.

Ein weiterer kleiner Nebenraum lag in der Ostwand nahe der Mittelmauer.

Ebenso sind die Erbauer in der südlichen Hälfte des ersten Stockes verfahren, vier Fenster, ein Kamin, Gänge in der Mauerstärke zerlegen auch hier die Massen.

Die großen Mauerstärken des keep von Rochester sind durchweg planmäßig für die Lebensbedürfnisse der Verteidiger ausgebaut.

Das erste, schmucklose Geschoß war anscheinend für Besatzung bestimmt, das zweistöckige, rund 11 m hohe Hauptgeschoß, ist reicher gestaltet. Lage der Fenster, Kamine, Tür, Wendeltreppen und Nebenräume im unteren Teile des hier liegenden Staatsraumes entspricht der des ersten Stockes.

Außerdem ist aber die Mittelmauer durch einen viereckigen Pfeiler und zwei starke Säulen ersetzt, so daß ein einheitlicher großer Raum entsteht.

Oben umzieht ihn in der Mauerstärke ein Gang, der nach den vier Seiten vierzehn Scharten aufweist. Diesen gegenüber liegen innen große Öffnungen. Ein Brunnenschacht führt durch alle Stockwerke bis in den Keller, von jedem Geschoß aus zugänglich.

Über Galeriehöhe lag noch ein besonders wohnliches Geschoß. Das Dach war flach gedeckt. Alle Geschosse hatten Balkendecken.

Reicher gegliedert ist der keep von Rising[40]) (Tafel 27). Der dreischiffige Bau steht in der Mitte eines dreiteiligen gewaltigen Erdwerkes. Das mittelste Werk, ein Oval von 61,14×73,12 m ist von einem mächtigen Graben umgeben, dessen Sohle 20 m tief unter der Hoffläche liegt.

Hier steht ein offenbar späterer Kernturm von nur 17 m Höhe und rund 23×20 m Fläche. Seine Grundrißaufteilung — künstlerisch reizvoll — zeugt von glänzender Erfahrung des Architekten. Schon im ersten Stock sind die darunter noch mächtigen Mauern

---

[39]) Siehe Abschnitt „Französische Burgen". — [40]) Clark: a. a. O. Bd. I, S. 366 angeblich 1176 erb.; Armitage: a. a. O.

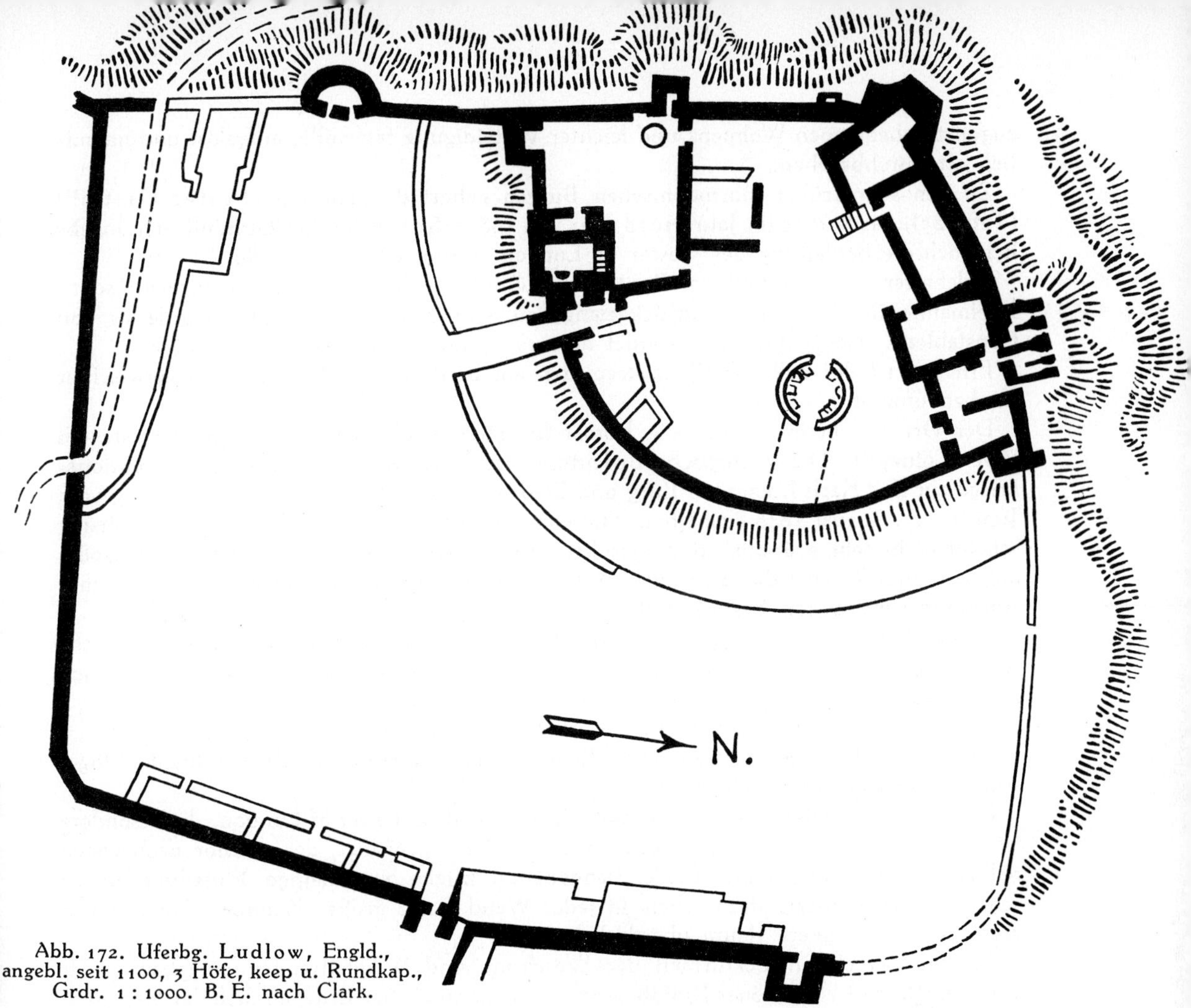

Abb. 172. Uferbg. Ludlow, Engld., angebl. seit 1100, 3 Höfe, keep u. Rundkap., Grdr. 1 : 1000. B. E. nach Clark.

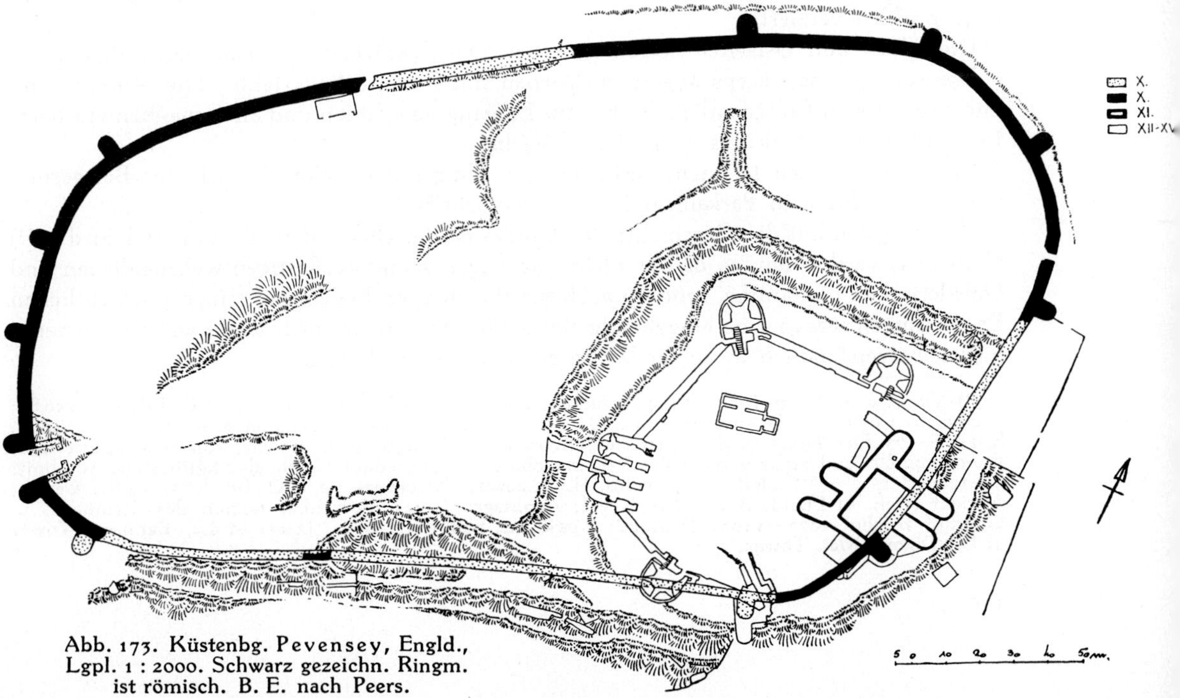

Abb. 173. Küstenbg. Pevensey, Engld., Lgpl. 1 : 2000. Schwarz gezeichn. Ringm. ist römisch. B. E. nach Peers.

zugunsten bequemen Wohnens und leichter Verteidigung fast völlig aufgelöst und unendlich oft durchbrochen.

Zu den sehr frühen normannischen Burgen gehört dagegen Colchester Castle[41]) (Tafel 25), das bereits im Jahre 1078 oder von 1080—85 von Bischof Gundulf, der angeblich auch die Bauleitung des Tower of London führte, errichtet wurde.

Colchester war unmittelbarer Besitz der Könige, an die es von einem normannischen Edelmanne im Jahre 1120 zurückgelangt zu sein scheint. Verwaltet wurde es von Constablern. König Johann urkundet dort 1203, 1205, 1209, 1212, 1214, 1216.

Erhalten ist der halb verfallene keep, den ein breiter, in Parkanlagen fast verwischter Graben umgibt.

Der Ort war bereits durch die Römer befestigt, noch heute stehen Mauerreste am River Colney[42]). Die strategische Bedeutung der Lage war groß, noch im Revolutionskriege zur Zeit Karls I. konnten Burg und Stadt eine berühmt gewordene Belagerung vom Juni bis 27. August 1648 aushalten. Die vom Parlament nach 1648 befohlene Zerstörung scheint nicht sehr gründlich durchgeführt zu sein, denn wir hören aus dem Jahre 1683, daß ein John Weeley die Burg zum Abbruch kaufte, die Arbeit aber nach gründlicher Ausplünderung wegen Festigkeit der Mauern aufgab.

Heute sind die Umfassungsmauern des keep noch ziemlich bis zur ehemaligen Dachtraufe erhalten. Der keep ist sehr groß, der Kern mißt außen 50 m von Norden nach Süden, von Osten nach Westen etwa 40 m (Abb. 167).

Die Ecktürme stehen zum Teil noch erheblich weiter vor.

Nur ein Teil dieses umfangreichen Baues ist noch überdacht. Zwei schmale Flügel sind als Museum eingerichtet.

Der Grundriß zeigt eine gewisse Ähnlichkeit mit dem Tower of London. Insbesondere ist wie im Tower an der Südostecke eine Kapelle angeordnet, deren Chor nach Osten halbkreisförmig vorspringt. Beide Längswände zeigen regelmäßige Einteilung durch schartenartige Fenster, dazwischen in jeder Wand Reste großer Kamine. Danach war einst der ganze innere Raum überdacht.

In den viereckigen Ecktürmen der Westfront sind Wendeltreppen eingebaut. Der Haupteingang — ein schönes Rundbogentor — liegt zu ebener Erde, ähnlich der Kapellentür in der Burg Ludlow mit normannischem Zickzackmuster und zurückgestuften Rundbogenprofilen verziert.

Die West- und Ostseiten zeigen zwischen den Ecktürmen schmale, flache Pfeiler.

Der sonst großen keeps angefügte Vorbau mit Treppenhaus fehlt. Die Mauern sind mit 3,50—9 m außerordentlich stark. Am Eingang von Süden und an Gewölben erscheint Fischgrätenmauerwerk aus römischen Ziegeln.

Von Außenwerken ist nichts erhalten, die Umgebung vielmehr nach der Belagerung und Umwandlung in Parkanlagen stark verwischt[43]).

Am innigsten mit der Geschichte des Landes ist der ehrwürdige Tower of London[44]) (Abb. 174) verflochten, so daß er nicht nur wegen seiner großartigen wehrbaulichen und künstlerischen Gestaltung, sondern auch der ungeheuren Bedeutung seiner geschichtlichen Erinnerungen wegen eine eingehende Betrachtung verdient, auch wenn wir der letzteren hier selbstverständlich in keiner Weise gerecht werden können.

---

[41]) Clark: a. a. O. Bd. I, S. 418ff.; Armitage: a. a. O. S. 354ff.; Mackenzie: a. a. O. Bd. I, S. 256ff.; Cromwell: Colch. C.; D'Auvergne: a. a. O. S. 26, 56, 193 Bd. II; Macgibbon & Ross: a. a. O. Bd, I, S. 11. — [42]) Das heute in der Burg eingerichtete Museum birgt zahlreiche, römische Altertümer, Funde von Ort und Stelle und aus der Nachbarschaft. — [43]) Bedeut. Colch. als Stadtb. siehe Abschnitt „Burgenarten". — [44]) Clark: a. a. O. Bd. II, S. 203ff.; Mackenzie: a. a. O. Bd. I, S. 104ff.; Carter: Ancient Arch. of Engld. S. 21, Taf. XXII; Armitage: S. 222, dort über Beginn des Steinbaues u. Gundulf Bischof 1077—1108; Fontane: Engld. u. Schottld.; Bell: Tower of L.; Benham: Tower of L.; Dixon: Maj. Tower.

Da London immer der Angelpunkt der englischen Geschichte war, mußte hier nach der Eroberung durch die Normannen eine starke Veste errichtet werden[45]). Nachdem Wilhelm der Eroberer 1066 mit Erdwerken begann, soll erst nach einem Jahrzehnt mit der Erbauung des steinernen keeps, des heutigen White=Tower, durch den Mönch und späteren Bischof von Rochester, Gundulf, begonnen sein[46]), dem Einfluß auf ähnliche Bauten in Rochester, Westmalling, Colchester und Norwich zugeschrieben wird. Der turmartige keep der Londoner Burg hat der ganzen Veste dann den Namen „Tower of London" verliehen. Wie alle Arten keeps bietet er noch keine Möglichkeit der Seiten=bestreichung.

Die ursprünglichen Anlagen haben dauernd Änderungen und Erweiterungen erfahren. Schon Heinrich III. errichtete den inneren Mauerring mit einem Teil der Verstärkungs=türme.

Aus der Mitte des 12. Jahrh. (1143) wissen wir, daß, als der Tower weiter verstärkt wurde, die Bewohner Londons, für ihre Freiheit fürchtend, einen Sturm versuchten, der aber von dem Burgvogt Geoffrey de Magnaville abgeschlagen wurde.

1155 hat angeblich Thomas Becket, der Kanzler des Königs Heinrich II. Plantagenet, Bauarbeiten an den Festungswerken geleitet.

Der Mauerring schloß neben dem keep auch eine Halle ein, sie besteht heute nicht mehr. Überhaupt hat der Tower durch Neubauten im 17. bis 19. Jahrh. unendlich ge=litten. Zur Unterbringung von Truppen und für Lagerräume sind viele alte Teile rück=sichtslos zerstört worden. So wirkt heute vieles anders, als wir uns die ursprüngliche Burg vorzustellen haben; von dieser geben alte Abbildungen ein leidliches Bild (Abb. 174).

Ziemlich dicht um die innere Ringmauer Heinrichs III., die schon auf Seitenbestrei=chung berechnet ist, erscheint eine weitere durch zwei große Torbauten verstärkte Mauer. Das eine der Tore, das noch bestehende sogenannte Verrätertor, für den Zugang von der Themse bestimmt, deren Wasser bis in die Torhalle hineinreichte, gehört der Zeit Ewards I. an. In der Torhalle führte eine breite Freitreppe zur Höhe des äußeren Zwingers. Ein nach der Stadt zu liegendes Tor war nur über einen geknickten Damm erreichbar, der, zu beiden Seiten von Mauern eingefaßt, durch den an dieser Stelle erweiterten Burggraben führte (Abb. 175). Vor der Stelle, wo der Damm endigt, unterbrach ein starker Torbau, der sogenannte Mittelturm, den Zugang. Ein drittes Tor, das sogenannte Iron Gate, führte stromab auf freies Feld.

Die zahlreichen Bauten können nur kurz behandelt werden. Der erwähnte alte keep in der Mitte der Burg, der White Tower, hat fast quadratische Grundfläche. Seine Längsseiten messen 38 × 32 m. Ungefähr in der Mitte ist in der Längsrichtung des Baues eine starke Teilungsmauer durchgeführt. An drei Ecken liegen Wendeltreppentürme, im äußeren durch die zu schlanken Türme kenntlich, die hier etwa 2,5 m über den Zinnen=umgang emporreichen (Tafel 28).

Die Nordecke der Ostseite nimmt der ausgebaute runde Haupttreppenturm ein, die südliche Ecke die ehrwürdige St. Johannes=Kapelle, eine romanische, dreischiffige, vom zweiten bis in den vierten Stock reichende Kirche, 20 × 11 m messend. Der halbrunde Ostchor tritt wie in Colchester außen turmartig vor. Über Dach ist auch hier ein Türm=chen angeordnet.

---

45) Bedeut. als Stadtburg siehe Abschnitt „Burgenarten". — Reste der römischen Stadtmauer sind vom südöstlichen Lanthorn Tower bis zum nördlichen mittelsten Bowyer Tower festgestellt. — 46) Die Annahme, daß ein Geistlicher zugleich Architekt gewesen sei, oder gar, daß es eine Zeit gegeben habe, in der Bauten überwiegend von Geistlichen ausgeführt seien, ist abzulehnen. Wenn in alten Quellen berichtet wird, ein Geistlicher oder ein hochstehender Machthaber habe einen Bau errichtet, so wird er stets nur als Bauherr oder Verwaltungsbeamter anzusprechen sein. Wir werden später sehen, daß es auch bei anderen englischen Burgen sehr schwer ist, Beamte und Architekten auseinanderzuhalten. Siehe dazu Clark: a. a. O. Bd. II, S. 251ff.

Der keep hat vier Stockwerke: ein sehr hohes, später gewölbtes Kellergeschoß[47]), darüber ein Wohngeschoß, dessen rundbogige Fenster wohl aus der Zeit des Christopher Wren stammen und früher schartenartiger waren. Über dem ersten Stock liegt das Hauptgeschoß. Es umfaßt zwei große viereckige Räume und die quer dazu gestellte Kirche. Letztere reicht noch in das vierte Geschoß. Unmittelbar darüber liegt heute das leichte flache Dach, auf freistehenden Holzpfosten mit Oberlichtern so angeordnet, daß zwei Satteldächer durch eine tiefe Rinne getrennt, den Raum zwischen den starken Umfassungsmauern überdecken. Schon 1212 wurde der Tower mit Blei abgedeckt[48]).

Nach einer alten Abbildung von 1597 scheint früh ein einheitlicher Sattel über das ganze Gebäude hin gereicht zu haben. Die vier Ecktürme trugen wahrscheinlich Zinnen, die zu Turmfenstern umgebaut sind[49]).

Je drei Strebepfeiler zwischen den Ecktürmen gliedern das Äußere der gewaltigen Baumasse. Die Mauerkrone trägt einen offnenen Zinnenumgang, darunter liegt ein zweiter in der Stärke der Mauer, der in der Höhe des vierten Stockes das ganze Gebäude umzieht und selbst durch die Kirche hindurchführt[50]).

Alte Bauformen haben sich nur im Keller und in einem Teil des ersten Geschosses erhalten und in der St. Johanneskirche. Diese Kirche, von schweren Formen und düsterem Ernst mit 4,42 m Mittelschiff= und 1,98 m Seitenschiffbreite, reicht mit dem tonnengewölbten Mittelschiff durch zwei Stockwerke[51]). Der Chor ist mit einer Halbkuppel geschlossen. Die Seitenschiffe sind zweigeschossig, ihr unterer Teil wird durch schwere romanische, durch Rundbogen verbundene Säulen vom Mittelschiff getrennt, darüber tragen klotzige, viereckige Pfeiler abermals Rundbogen.

1857 beabsichtigte man, aus der Kirche ein Kleidermagazin für die Heeresverwaltung zu machen. Statt dessen kam es zu einer Wiederherstellung, die die Abneigung gegen Wiederherstellungen begreiflich macht. Der Raum, der so erschütternde, für die Geschichte Englands wichtige Vorgänge gesehen hat, ist kahl und öde, aller alten Einbauten beraubt, zurückgeblieben.

Der keep des Tower of London (38 × 32 m) ist anderen englischen keeps entsprechend ausgebildet. Zum Vergleich seien die Abmessungen einiger keeps angeführt[52]):

Colchester: 40 × 50 m ohne Vorbauten	Dover: 30 × 29 m	Ludlow: 13 × 14 m
	Rochester: 21,40 × 24 m	Norwich: 30,5 × 28,95 m
	Kenilworth: 24 × 21 m	Duffield: 28,30 × 27,75 m

Der große runde shellkeep von Windsor hat einen Durchmesser von rund 38 m (er ist nicht ganz rund)[53]).

Die Einbauten, die die unschätzbaren Waffensammlungen im Tower beherbergen, sind nüchtern und notdürftig. Die Aufstellung der Waffen und ihre Vereinigung zu unschön wirkenden Ornamenten verstimmt den Fachmann. In nicht geringem Maße ist freilich an den Entstellungen des Tower schon Englands berühmter Baumeister Sir Christopher Wren schuld.

Der keep steht mitten in einem unregelmäßig sechseckigen Mauerbezirk, dessen rund 100 × 130 m große Grundfläche sechs größere Bauten aus verschiedenen Jahrhunderten Raum bietet. Burgenkundlich sind alle bedeutungslos, selbst die Kapelle St. Peters „ad Vincula", zuerst zur Zeit König Johns erwähnt, wurde spätgotisch (perpendicular style) umgebaut.

[47]) Armitage: a. a. O. S. 225. — [48]) Clark: a. a. O. Bd. II, S. 257. — [49]) Die Zwiebeldächer sind neueren Datums. Der Stich von 1597 ergibt, daß alle älteren Gebäude im Tower flache Dächer gehabt haben und mit Bleiplatten abgedeckt waren. — [50]) Armitage: a. a. O. S. 222ff. — [51]) Clark: a. a. O. Bd. II, S. 214f. — [52]) Clark: a. a. O. Bd. I, S. 423, Bd. II, S. 16, 409, 132, 277. — [53]) siehe unten.

Abb. 174. Der Tower i. London, noch ohne gr. Fenst. (vgl. Tafel 28—30 der falschen Erneuerung d. XIX. Jh.), Stich aus Beeverell 1727.

Der Mauerring selbst wurde durch 12 Halbrund- oder Rundtürme verstärkt[54]). Um ihn ziehen sich die mächtigen Mauern eines späteren, zweiten Ringes, an der Nord- und Westseite durch einen bezw. drei starke Batterietürme unterbrochen. Die Anlagen zeigen große Kanonenscharten des 16. Jahrh. (?). Diesen äußeren Ring trennt ein breiter und tiefer Wassergraben (heute trockengelegt) vom Vorlande.

Das erste Doppelturmhaupttor liegt in der Südwestecke, außerhalb des Grabens, das zweite in der äußeren Mauerecke. In den inneren Mauerring führt der wichtigste Einlaß dann links in der Südmauer am Wakefield Tower und gegenüber der Rückseite des Wassertores (Bloody Tower).

Die Turmbauten wurden alle mit trockenen Zinnen neuerer Zeit gekrönt. Die Türme, rund, halbrund oder viereckig, sind wehrbaulich von Bedeutung als Teile des im 13. Jahrh. üblichen concentrated „plan" der Burg. Durch ihre Geschichte sind sie aufs innigste mit der Vergangenheit Englands und dem tragischen Schicksal vieler seiner bedeutenden Männer verknüpft.

Wakefield Tower, außen kreisrund, im Innern achteckig, stammt angeblich[55]) aus der Zeit Stephans oder Heinrich II., ist also spätnormannisch. Der obere Aufbau soll der Zeit Heinrichs III. (1220—30) angehören.

Der jetzt zweigeschossige Turm wies ehemals drei Stockwerke auf. Das Erdgeschoß birgt eine achteckige Kammer mit drei tiefen Wandnischen, heute nur zum Teil in alter Form erhalten. An Stelle der Schießscharten sind größtenteils Fenster getreten. Der Eingang liegt in einer Wandnische.

54) Im ganzen werden 20 Türme genannt. — 55) Clark: a. a. O. Bd. II, S. 220ff., 224.

Als Geschoßteilung diente eine flache Holzdecke mit Mittelpfeiler aus dem 13. Jahrh. Bei der Wiederherstellung von 1867 wurde sie entfernt und der Raum gewölbt. Seitdem werden hier die Kronjuwelen aufbewahrt.

Das erste Stockwerk, das in Verbindung mit dem blutigen Turm steht, ist auch acht=eckig. Eine geplante Einwölbung ist nicht zur Ausführung gekommen. Bei der letzten Wiederherstellung wurde von hier zum St. Thomasturm eine Brücke gelegt.

Die vielfältig gestalteten Türme haben keine so regelmäßige Grundform. Bei allen finden wir zahlreiche Scharten zur Seitenbestreichung, in der Mauerstärke tiefe Schieß=kammern. Auch bei der laufenden Mauer zwischen den einzelnen Türmen wiederholen sich die Schießkammern.

Als Gefängnis am bekanntesten ist der hufeisenförmige Beauchamp=Tower (Tafel 29) in der Mitte der Westmauer des inneren Ringes, innen durch eine Mauer geschlossen und durch zwei viereckige Türme rechts und links belebt, die sich hoch über das flache Dach des Turmes erheben. Das Innere ist durch die zahlreichen Mauerinschriften bekannter

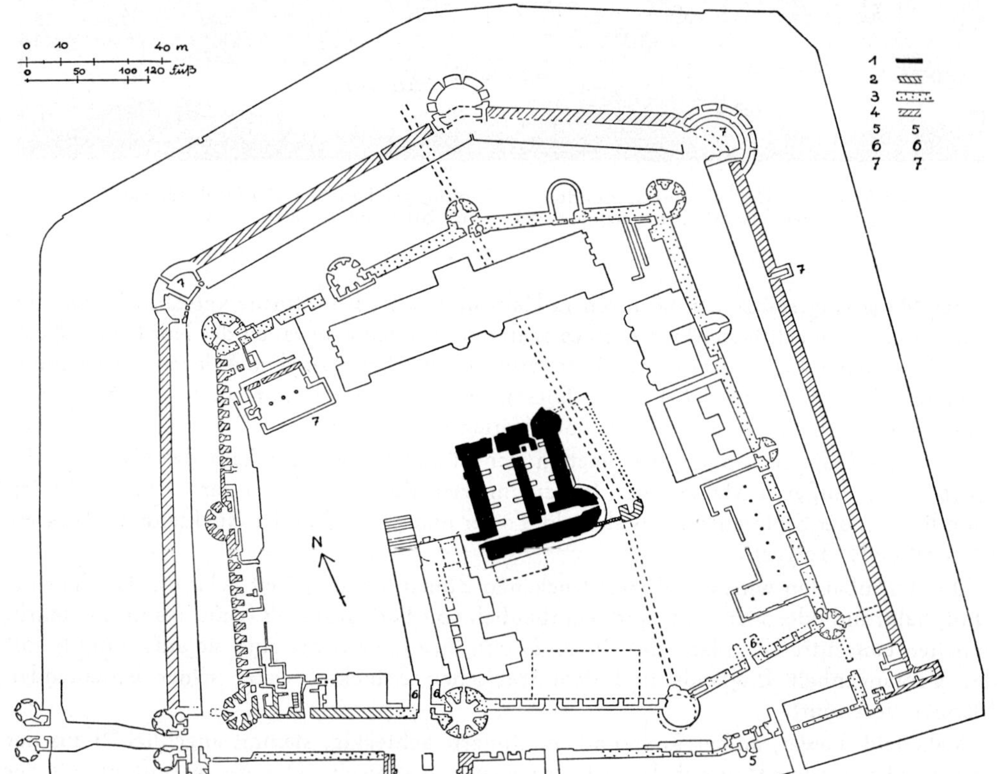

Abb. 175. Tower i. London, Lgpl. etwa 1 : 2000. B. E. nach Royal Com. on Hist. Mon., London 1930. Copyright H. M. Stat. Office. Bauzeiten: 1 William I. u. II., 2 Richard I., 3 Henry III., 4 Edward I., 5 Edward III., 6 Richard II., 7 Henry VIII.

Gefangener berühmt. Als Bauzeit wird die Regierung Edwards III.[56]) angegeben. Auch im Beauchamp Tower finden wir tiefe, mit geknickten Spitzbogen geschlossene Schießkammern. Der Turm zählt drei Stockwerke, mit flachem Metalldach gedeckt. Außen bestreicht er den Zwinger zwischen Hauptmauergürtel und Graben.

Zu erwähnen sind die der alten Stadt zu gelegenen Torgebäude. Das erste, Middle Tower, besteht wie das zweite, „Byward=Tower", aus zwei den Durchgang zwischen sich einschließenden Rundtürmen. Die oberen Aufbauten sind neu[57]).

Das dem blutigen Turm gegenüberliegende Verrätertor, heute trockengelegt, war ehedem zu Schiff von der Themse aus erreichbar.

Die Zugbrückenanlagen haben heutigen Verkehrsrücksichten weichen müssen. Früher jedenfalls an den Haupttorbauten, wie Middle=Tower und Byward=Tower, vorhandene Maschikuli sind nicht erhalten, am Haupttor dagegen ein starkes altes Fallgatter, das in steinernen Falzen läuft, ferner eisenbeschlagene Türen usw.

Alle Tore sind durch geknickte, niedrige Spitzbogen, Kennzeichen englischer Gotik, geschlossen.

Die Dächer bestehen großenteils aus Blei, die Fußböden heute aus Fliesen, Estrich oder Sandsteinplatten.

Die Steine für das Mauerwerk, zum geringen Teil an Ort und Stelle gebrochen, sind wohl meist auf dem Wasserwege herangeschafft. Ecken und Einfassungen der Scharten und Fenster bestehen aus z. T. erneuerten Quadern wie beim White=Tower, teils sind auch an den Türen der inneren Umwallung, wie dem Wakefield=Tower im Bruchsteinmauerwerk von Zeit zu Zeit senkrechte, nach beiden Seiten verzahnte Quaderstreifen angeordnet. Einzelne Türme, wie der Bywardturm (Tafel 30) und der Middleturm, sind vollständig aus Quadern errichtet.

Die Wehrgänge sind heute fast alle unbedeckt, nur die steinernen Brustwehren mit Zinnen haben sich erhalten[58]).

Sehr stören die vielen Öffnungen, die Christopher Wren in großen, schlecht geschnittenen Quadern gefaßt, am White=Tower und einzelnen Nebenbauten eingebrochen hat.

Der innere Ausbau der St. Johanns=Kapelle im weißen Turm ist aus scharrierten Quadern und im oberen Teil aus mauerrecht bearbeiteten Quadersteinen hergestellt, zum Teil jedenfalls neu.

In der Waffenhalle tritt unmittelbar neben den dürftigen Holzkonstruktionen das rohe Bruchsteinmauerwerk der Umfassungswände zutage.

Trotz vieler Stürme und Entweihungen durch unerwünschte Benutzung, trotz Entstellungen durch gutgemeinte Umbauten und Wiederherstellungsarbeiten hat der Tower of London seine wuchtige Gesamterscheinung bewahrt.

Die Großartigkeit des ersten Entwurfes des keep beweist die hohe Gesinnung, das Machtbewußtsein und den Herrscherwillen des Erbauers, niemand wird ohne Erschütterung die gewaltigen Baumassen auf sich wirken lassen oder in das dämmerungsumhüllte Innere der alten Johanniskirche im White Tower treten.

Bewundernswert ist die Vielfältigkeit der Lösung der Außenbauten der Türme und Tore und nicht zuletzt das trotz allem harmonische Gesamtbild des ehrwürdigen, geschehensreichen alten Baues, der durch alle Jahrhunderte ein königlicher Bau, eine unerschütterliche Burg geblieben ist.

---

[56]) Clark: a. a. O. Bd. II, S. 267, 231. — vgl. Dick: Short sketch of the Beauch. T. — [57]) Clark Bd. II. S. 244ff. — [58]) Alles stark glatt erneuert. Die in Deutschland häufigen, mit Holz bedachten Wehrgänge, die sehr viel zu dem malerischen Reiz unserer Burgen beitragen, sind in England selten.

Abweichung von viereckiger Keepform

Abweichungen von der viereckigen Form der keeps sind nicht selten. So ist in der Grenzburg gegen Wales in Skenfrith Castle[59]) (Abb. 176) in Monmouthshire ein runder keep von etwa 11 m Durchmesser und noch rund 12,18 m Höhe, anscheinend auf einer alten mota errichtet in viereckigen Ringmauern mit vier runden Ecktürmen, erhalten.

Ebenso steht der runde keep von Longtown auf rundem Erdhügel. Auch die Burg Pembroke enthält einen runden keep an der Angriffsseite der inneren Burg.

In großartigstem Maßstabe wiederholt sich die Rundform bei dem zwischen 1163—1201 erbauten glänzenden keep von Conisborough Castle[60]) (Abb. 178). Der kreisrunde, herrliche Bau, der 15,85 m Durchmesser hat, gehört zu den eindrucksvollsten Werken des englischen Wehrbaues. Die Mauerstärke des runden Kerns beträgt 4,12 m und ist verstärkt durch sechs mächtige trapezförmige Strebepfeiler. Der Bau diente Wohn= und Verteidigungszwecken zugleich. Innen bestanden vier Geschosse, von denen das unterste gewölbt ist. In der Mitte des Kellers liegt der Brunnen, in der Mauerstärke Treppen, Nebenräume, in einem mächtigen Strebepfeiler eine edle romanische Kapelle. Zwei edel geformte Kamine dienten zur Erwärmung der kreisrunden Räume. Ewloe (Abb. 198) weicht ebenfalls in seinem keep von der viereckigen Form ab.

Rund war ebenfalls der keep von Tretower Castle[61]) (Abb. 177).

Auch vieleckige Keepbauten und Türme mit unregelmäßiger Grundrißform kommen vor, wie der eigentümliche kreuzförmige keep von Warkworth in Northumberland[62]), erbaut Ende des 14. oder Anfang des 15. Jahrh., nur dem ähnlichen Bau zu Trim in Irland vergleichbar. Danach wäre die Kreuzform eine spätere Form.

Shellkeeps

Die Formen der keeps beschränken sich nicht auf die eben erwähnten, vielmehr geben die Engländer diesen Namen auch Bauten, die den Mantelmauern unserer deutschen Burgen gleichen. Sie nennen solche keeps, deren Inneres nicht vollständig überdacht war, shellkeeps, also Schalenkeeps. Ein frühes Beispiel, das lehrreiche wiederverwendete Erdwerke zeigt, ist Pickering Castle[63]) (Abb. 180) in Yorkshire.

Abb. 176. Uferbg. Skenfrith, Engld., rd. keep, frühe Seitenbestr. d. Rundt., Grdr. 1 : 1000. B. E. nach Clark.

Auf dem Rande des oben abgeplatteten Erdkegels sind Reste späteren Mauerwerkes des shellkeeps erhalten. Quer steigt in der Mittelachse je eine Mauer am Erdkegel hinauf als Trennmauer zwischen innerem und äußerem Burghof.

Der bekannteste dieser shellkeeps dürfte der von Windsor[64]) (Abb. 207) sein. Heinrich II. baute zwischen 1161—77 die steinerne Burg mit einem Aufwand von 1670 £ aus.

---

[59]) Clark: a. a. O. Bd. II, S. 467; Mackenzie: a. a. O. Bd. II, S. 90; Oman: a. a. O. S. 159. — [60]) Carter: a. a. O. S. 24, Taf. XXVI; Clark: a. a. O. Bd. I, S. 431 ff.; Mackenzie: a. a. O. Bd. II, S. 213 ff. — [61]) Clark: a. a. O. Bd. II, S. 499 ff. — [62]) Mackenzie: a. a. O. Bd. II, S. 430. — D'Auvergne: a. a. O. S. 176. — [63]) Clark: a. a. O. Bd. II, S. 368 ff. — [64]) Mackenzie: a. a. O. Bd. I, S. 180 ff.; D'Auvergne: a. a. O. S. 258, 262; New Display: Bd. I, S. 111 ff.

Der Tower zu London, White Tower

Der Tower zu London, Beauchamp Tower

Der keep besteht aus einer fast kreisrunden, neuzeitlich erhöhten Mauer und liegt ungefähr in der Mitte der langgezogenen Burganlage. Er ist 24 m hoch und hat einen Durchmesser von 38 m.

Windsor Castle hatte ursprünglich nicht die heutige Gestalt. Auf einem Erdwerk Wilhelms I. entstand zuerst der Steinbau des shellkeep, dann in der Zeit Heinrichs II. die steinerne Ringmauer der oberen Vorburg (upper ward). Gewaltig wirken die mächtigen Mauertürme daran.

In diesem älteren Bezirk liegen die St. Georgshalle, eine Kapelle und die Staatsräume.

Eduard III. (1327—77), der hier geboren wurde, baute nach Plänen Williams von Wykeham weitere Teile.

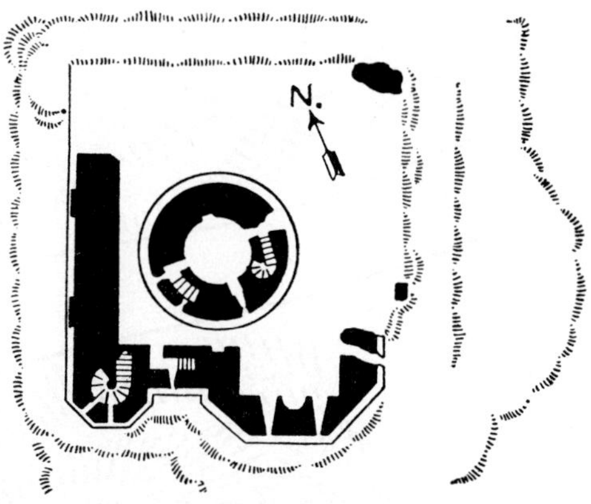

Abb. 177. Sumpfbg. Tretower, Engld., rd. keep i. geglied. Mantelm. Grdr. 1 : 1000. B. E. nach Clark.

Die St. Georgs-Kapelle in dem niederen Hof wurde von Eduard IV. um 1474 begonnen, ebenso die Klosterbauten, desgleichen bauten Heinrich VIII. und Karl II. Die Zeit Georgs IV. und das 19. Jahrh. brachten den wenig glücklichen Gesamtausbau.

Auch Lincoln-Castle[65]) (Abb. 179) besaß einen wahrscheinlich in der Zeit Heinrichs I. erbauten shellkeep von 3—4 m Mauerstärke.

Dort trägt eine zweite motte einen viereckigen keep, dessen normannische Grundmauern im 14. Jahrh. erhöht wurden.

Ähnlich war es in Berkeley Castle[66]) (Abb. 183). Hier wird die unregelmäßige Ringmauer durch drei halbrunde Mauertürme verstärkt. Wohnbauten bedecken nur etwa $^1/_4$ der inneren Fläche. Der Rest ist offener Hof.

Ein kreisrunder shellkeep auf hoher motte bildet ein Sonderwerk — von der Hauptburg durch Graben getrennt — in Berkhampstead Castle [67]) (Abb. 182), das auch große Erdwälle und doppelte Gräben zeigt.

Clark gibt mehr als 100 shellkeeps an. Die Form muß sich also wehrbaulich bewährt haben[68]).

Reicher gegliederte Burgen

Nach den gewaltigen Bauklötzen des 11. und 12. Jahrh., die mehr der tatenlosen Verteidigung dienten und z. B. die Seitenbestreichung, d. h. den Angriff auf dicht am Mauerfuß arbeitende Feinde nicht kannte, errichtete das 13. Jahrh. eine nach einheitlichem Gesamtplan gestaltete Burg. Später verschwindet der keep ganz, die Zahl fast gleichwertiger Türme wächst.

Während aber in Frankreich[69]) die Durchbildung der Burgen gegen Ende der Burgenzeit einheitlicher und regelmäßiger wird, werden in England die Hauptformen des Grundrisses

---

[65]) Clark: a. a. O. Bd. II, S. 194; Mackenzie: a. a. O. Bd. I, S. 434; Armitage: a. a. O. S. 167. — [66]) Berkeley Castle war schon unter der Regierung Wilhelms I. bekannt. Es ist noch heute bewohnt, infolgedessen oft umgebaut. Außer dem shellkeep ist noch eine Halle des 14. Jahrh. vorhanden, ferner eine bemerkenswerte Küche, berühmte alte Keller mit normannischen Pfeilern, zwei Kapellen und der oben erwähnte Turm, in welchem Eduard II. ermordet wurde. Clark: a. a. O. Bd. I, S. 228ff.; Mackenzie: a. a. O. Bd. I, S. 368; Oman: a. a. O. S. 84 ff. — [67]) Peers: Berkhampstead C. — Clark: a. a. O. Bd. I, S. 223ff. — [68]) Clark: a. a. O. Bd. I, S. 145ff. Als Grund der Beschränkung auf solche Schalenbebauung werden Bedenken gegen Tragfähigkeit der Erdhügel angenommen. — [69]) 1. Abschn. „Französische Burgen".

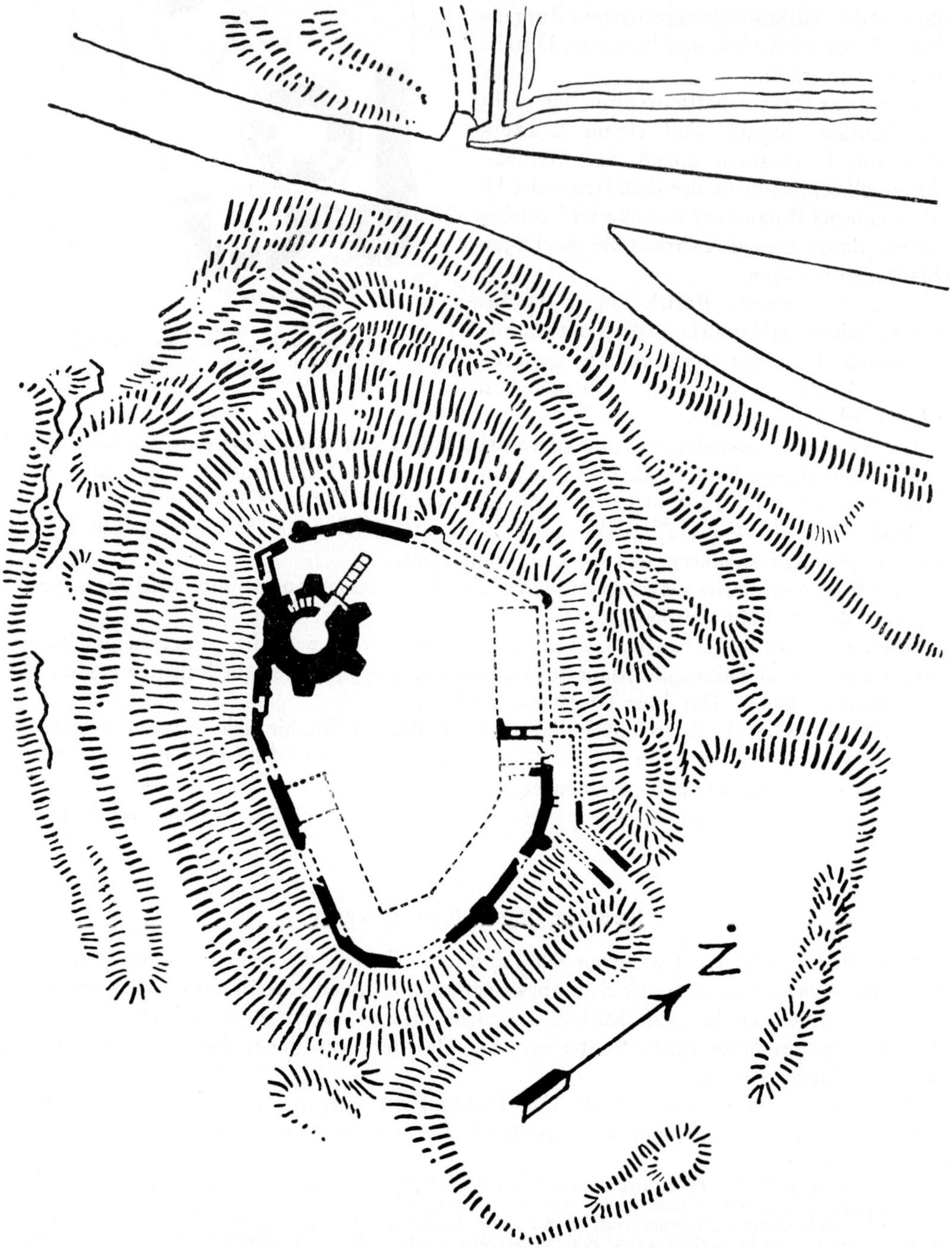

Abb. 178. Burg Conisborough, Engld., mächt. rd. vierstöck. keep, Grdr. 1:1000. B. E. nach Clark.

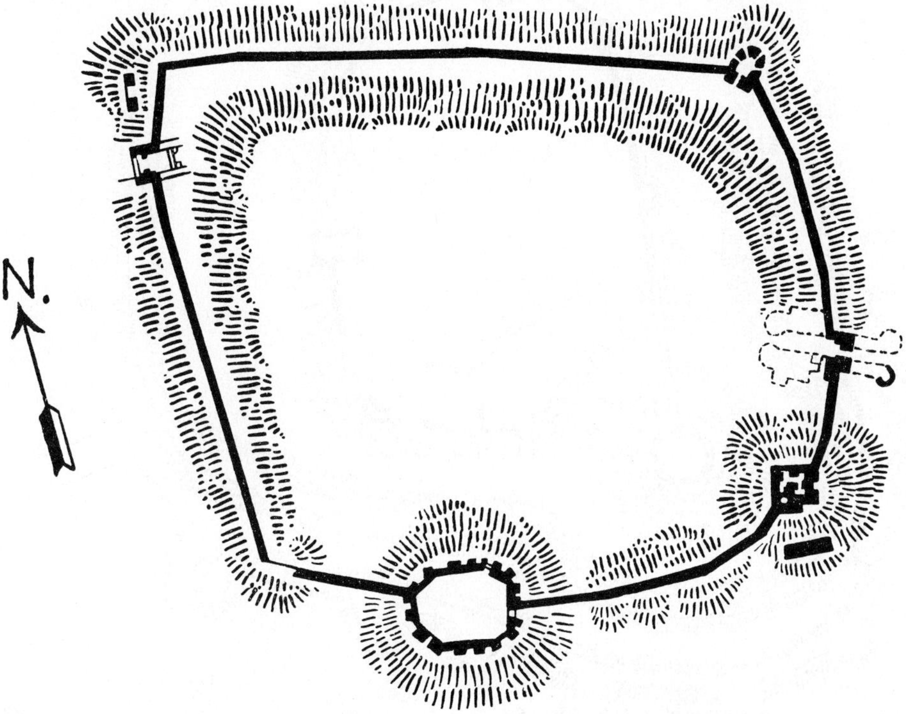

Abb. 179. Burg Lincoln, Engld., shellkeep u. viereck. keep, Lgpl. 1:2000. B. E. nach Clark.

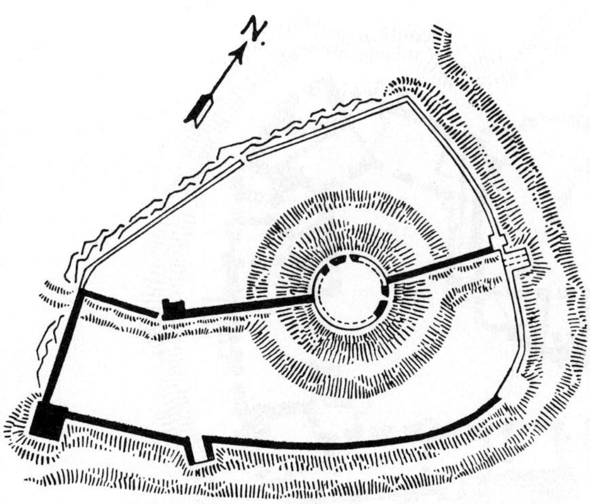

Abb. 180. Felsenbg. Pickering, Engld., Benutzung alter Motareste, frühe Seitenbestr., Lgpl. etwa 1 : 2000. B. E. nach Clark.

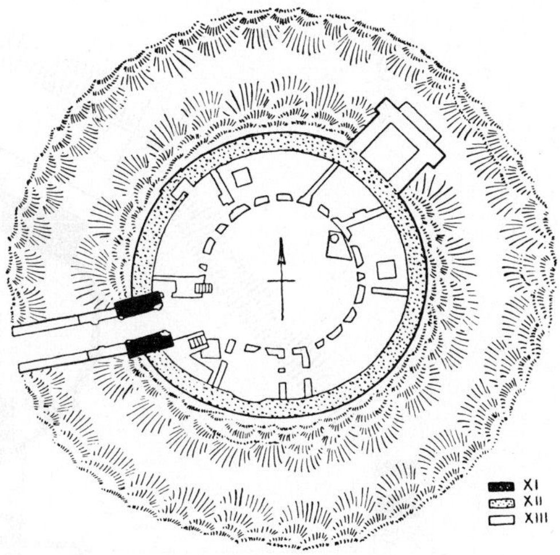

Abb. 181. Hügelbg. Restormel, Engld., Rundling auf Felsenmota, gezinnte Mantelm., Grdr. 1 : 1000. B. E. nach Radford.

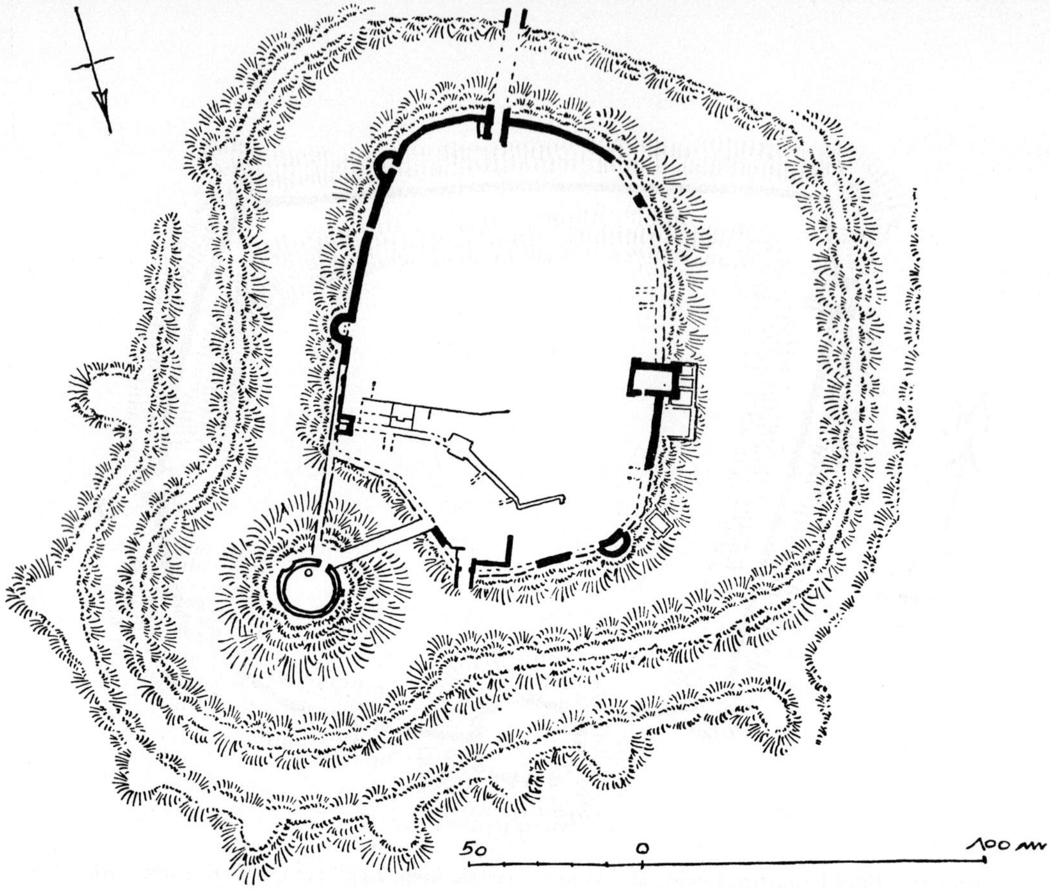

Abb. 182. Wasserbg. Berkhampstead, Engld., shellkeep auf mota, Lgpl. 1 : 2000. B. E. nach Peers.

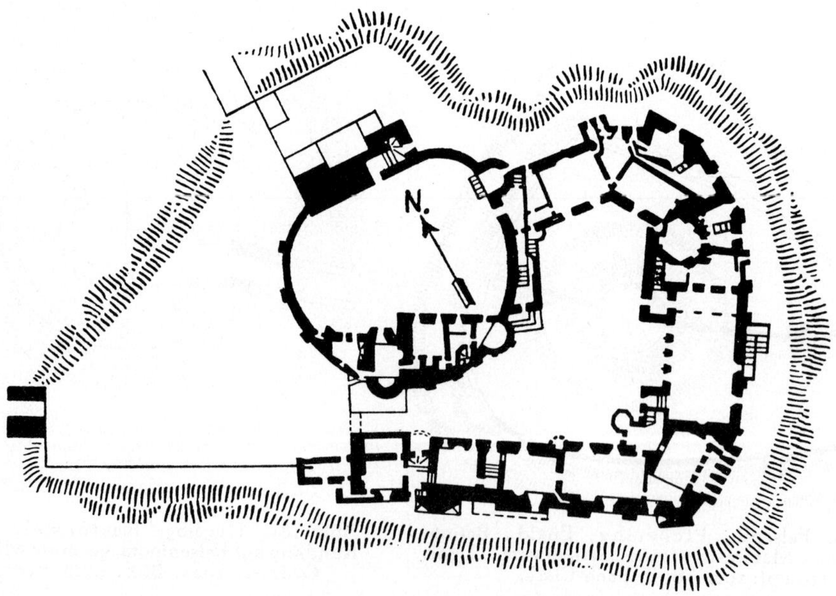

Abb. 183. Höhenbg. Berkeley, Engld., reich geglied., verschied. Bauzeiten, Grdr. etwa 1 : 1000. B. E. nach Clark.

und Aufbaues immer verschiedenartiger und reicher. Den großen unförmigen Kerntürmen folgten reich gegliederte turmbewehrte Mauergürtel, die sich den keeps anschließen, dieselben rings umfangen oder allein fast selbständige Burgen bilden. In solchen tritt in Edwards I. Zeit an Stelle des keep als Kernwerk die Torburg, d. h. eine Verbindung von Tor, Wohnbau und Halle.

Die Mauergürtel fügen sich dem Gelände sorgfältig an, vereinzelt nur kommt es zu regelmäßigen Formen, wie dem Mauerviereck mit vier starken Ecktürmen, das sowohl ohne wesentliche Außenwerke wie als Kernburg solcher erscheint.

Beispiel einer solchen regelmäßigen Anlage ist der 1259 erwähnte Manoz of Nunney[70]) (Abb. 190) mit seinen vier runden Ecktürmen, Ende des 14. Jahrh. erbaut, beinahe französisch wirkend.

Regelmäßig, aber doch selbständigen Grundriß weist Goodrich Castle in Herefordshire auf[71]) (Abb. 193), dessen Errichtung ins 13. Jahrh. versetzt wird. Drei Ecktürme sind rund, der vierte wird vom Torbau und dem angrenzenden Kapellenturm eingenommen.

Eine merkwürdige Abwandlung dieser Form bietet die Burg Flint[72]) (Abb. 194), am Meer in der Mündung des Flusses Dee. Hier sind nur drei Ecken der quadratischen Ringmauer durch kleinere Türme verstärkt. Vor der vierten Ecke aber ist ein stärkerer runder keep errichtet, der durch einen Graben von dem Mauerviereck getrennt ist. Die Mauerecke ist, wie in Aiguesmortes in Frankreich, ausgerundet. Tiefe Gräben an der Landseite dürften zum Teil älteren Werken angehören, zum Teil später ausgeführt sein.

Nach den Rechnungsbüchern hat Edward I. den Bau am 25. Juli 1277 begonnen. Es werden Löhne gezahlt für 950 Deicharbeiter (?) (wohl Tagelöhner zum Ausheben der Gräben), 100 Zimmerleute zum Bäumefällen, 230 Zimmerleute „with the army", wohl für Kriegsmaschinen, 200 Maurer und 320 Holzhauer. Diese Zahlen zeigen die Großzügigkeit, mit der Edward I. seine Burgbauten in Angriff nahm. Die Burg wurde trotzdem erst 1280 vollendet, 1283 werden Beschädigungen ausgebessert. Damals war die Burg besetzt durch 100 Bogenschützen und 8 Konstabler.

Ganz besonders regelmäßig ist wohl infolge des ebenen Bodens der um 1100 erbaute Rundling Restormel Castle in Cornwall[73]) (Abb. 181). Die sehr frühe Mantelmauer bildet einen vollständigen Kreis, in dem im 13. Jahrh. Wohnbauten um einen ebenfalls kreisförmigen Hof errichtet wurden. Ein dem 11. Jahrh. zugeschriebener Torturm ist willkürlich an die Mantelmauer gesetzt bzw. bei deren Errichtung wieder benutzt worden. Gegenüber, an der Nordseite, ist im 13. Jahrh. ein viereckiger Kapellenturm angebaut. Ein Vergleich mit ähnlichen Rundbauten am Niederrhein[74]) in Holland und Deutschland liegt nahe.

Zu den regelmäßigen, aber reicher gegliederten englischen Burgen gehören besonders die sogenannten „Concentric"-Burgen, Mantelmauerburgen mit Doppelturmtoren und Außenwerken.

Seltene Ausbildung zeigt Middleham Castle[75]) (Abb. 199). Um einen keep des 12. Jahrh. wurde vom 13. Jahrh. ab eine regelmäßige viereckige Mantelmauer errichtet, an deren Innenseite 3 Wohnflügel des 14. und 15. Jahrh. entstanden, eine fast schloßähnliche Anlage. Auffällig ist, daß selbst in dieser Zeit noch auf die Seitenbestreichung der Mauern fast verzichtet wurde.

Gutes Beispiel einer „concentrischen" Burg bietet die Wasserburg Beaumaris[76]) (Tafel 35) mit ihren kennzeichnenden zwei Doppelrundturm-Torwohnbauten und die unregelmäßige Wasserburg Caerphilly[77]).

[70]) Nunney C. (Official Guide) S. 4. — [71]) Ralegh Radford: Goodrich C. — [72]) Hemp: Flint C. S. 3ff.; Howe: a. a. O. S. 343. — [73]) Ralegh Radford: Restorm. C.; Oman: a. a. O. S. 109ff. — [74]) Siehe Abschnitt „Tieflandburgen". — [75]) Clark: a. a. O. Bd. II, S. 293ff.; Mackenzie: a. a. O. Bd. II, S. 236; Turner: a. a. O. Bd. II, S. 231; Peers: Middleham C. — [76]) Näheres siehe unten S. 183. — [77]) Siehe unten S. 182.

Ähnliche Anordnung wie Beaumaris zeigt Harlech[78]) (Abb. 203) in Nordwales. 1285 erbaut. Auch hier vier Eckrundtürme und ein Doppelturmhaus. Helmsley in Yorkshire[79]) (Abb. 196), das sich auf einem Felsen erhebt, hat annähernd rechteckigen Hof und an drei Ecken Rundtürme, der hufeisenförmige keep befindet sich in der Mitte der Ostmauer, auf der gegenüberliegenden Seite in einem einspringenden Winkel steht ein später quadratischer Turm.

Die Burg hat zwei Tore, einen Doppeltorturm in der Mitte der Nordseite und einen Viereckstorturm an der Südostecke. Vor diesem liegt ein bedeutendes, schildmauer=artiges Vorwerk des 13. Jahrh., ebenfalls mit Doppelrundtorturm. Das ganze umgeben doppelte Wallgräben.

Zu den halbkonzentrischen Burgen zählen Kidwelly[80]) (Abb. 187) und Grosmont[81]) (Abb. 192) Kidwellys Kern ist ein Quadrat mit vier Ecktürmen, um das später ein starker Halbkreis mit Doppeltorturm gelegt ist. Die östliche Grade deckt der Fluß Gwyndranth.

Bei den Bauten Edwards I. (1272—1307) in Wales, Caernarvon und Bodiam, tritt die Vielzahl der Türme kennzeichnend hervor (Tafel 33).

Caernarvon ist eine unregelmäßige, vieltürmige Anlage, 1284 am Meer erbaut. An jedem der drei Höfe sind drei bzw. vier Türme, fast als selbständige Werke in der Mantel=mauer errichtet. Außerdem führen in den äußeren Burghof zwei Doppelturmtore.

Eine andere vieltürmige Anlage ist Denbigh in North=Wales[82]) (Abb. 197), die aus einer frühen Mantelmauer des 13. Jahrh. mit vier Rundtürmen besteht und einer 150 m langen Halbrundmauer mit starken Vielecktürmen und einem geistreichen Dreiturmtor.

Bodiam, eine besonders regelmäßig „concentrische" Wasserburg zwischen Rother River und Kent Ditch, wurde 1386 auf Grund einer dem Sir Edward Dalygrugge erteilten königlichen „licence" errichtet.

Auch Conway, auf dem linken Ufer des gleichnamigen Flusses, gehört zu den viel=türmigen Burgen. Die Türme sind zylindrisch mit fast 12,5 m Durchmesser.

Der ungeheuren Bautätigkeit der ersten normannischen Könige und Barone folgte ein Stillstand. Auch in England fand sich der König (Heinrich III.) bewogen, den Abbruch gewisser Burgen zu verlangen, und das Recht, Zinnenkränze und Wehrgänge auf den Sitzen des Landadels zu errichten, von besonderer königlicher Erlaubnis abhängig zu machen[83]).

Neben den späteren, völlig neuartig geplanten Gewaltbauten Edwards I. sind die Burgen noch zu erwähnen, deren Kernwerk wohl der keep blieb, die aber weite Vorburgen mit starken Steinmauern erhielten. Dabei zwang das Gelände oft zu ganz unregelmäßigen Bildungen, wie z. B. Barnard Castle[84]) (Abb. 185), das, beherrschend 30 m hoch, über dem linken Ufer des Tees, der Grenze zwischen Durham und Yorkshire liegt. Ein Ring=graben deckt drei Seiten der innerhalb der Mauern etwa zwölf Morgen großen Anlage, die vierte der Fluß.

Ein später, kleiner runder keep steht an der nördlichen, kurzen Angriffsseite auf Felsen=grund hinter tiefem Halsgraben; starke Mauern, zwei viereckige und ein halbrunder Turm schließen sich an. Sie decken aber eine größere Vorburg (stadtwärts), während die 10 m höher liegende innerste Burg durch eine Art (shellkeep) halbrunde Schildmauer, die sich an den keep anschließt, so abgetrennt ist, daß sie mit zwei der Vorburgen Berüh=rung hat[85]). Mehr als die Hälfte des größten, ummauerten Bezirkes nimmt dann die äußerste Vorburg ein, mit der Stadt durch ein Tor verbunden.

[78]) Siehe unten Anm. 111. — [79]) Peers: Helmsley C. — [80]) Ralegh Radford: Kidwelly C. — Braun: a. a. O. S. 85, 87, 92, 95; Clark: a. a. O. Bd. I, S. 153ff. — [81]) Ebenda S. 51ff. Ralegh Radford: Grosmont C. — [82]) Hemp: Denbigh C. — Braun: a. a. O. S. 95. — [83]) Clark: a. a. O. Bd. I, S. 240. — [84]) Clark: a. a. O. Bd. I, S. 204ff.; Mackenzie: a. a. O. Bd. II, S. 337ff. — [85]) Clark: a. a. O. Bd. II, S. 206; Mackenzie: a. a. O. Bd. II, S. 338.

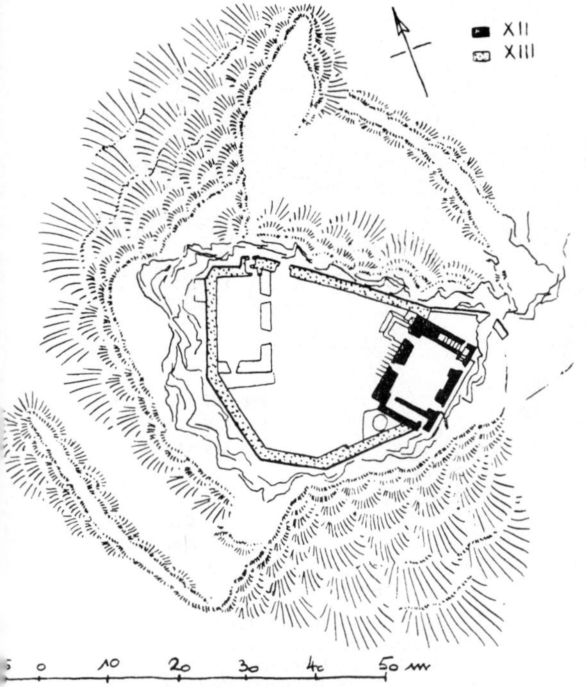

Abb. 184. Höhenbg. Dolwyddelan, Engld., 2 Wohnt. (keeps) d. 12. u. 13. Jh., Grdr. 1 : 1000. B. E. nach Radford.

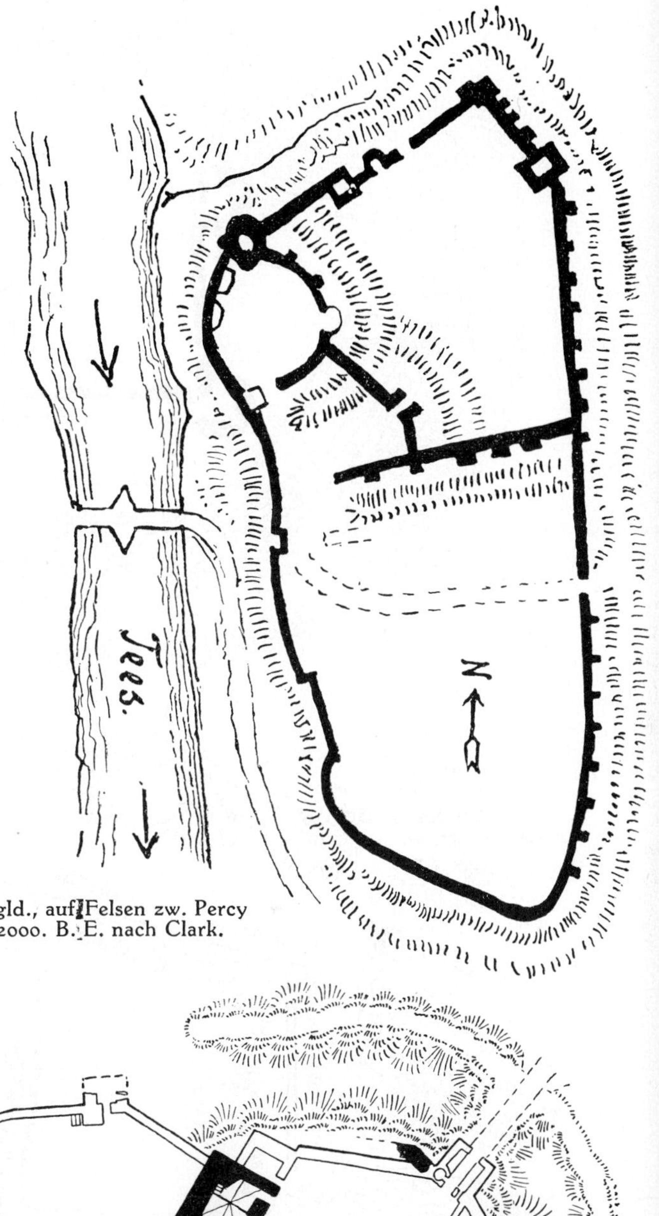

Abb. 185. Uferbg. Barnard, Engld., auf Felsen zw. Percy u. Tees, 3 Höfe, Lgpl. etwa 1 : 2000. B. E. nach Clark.

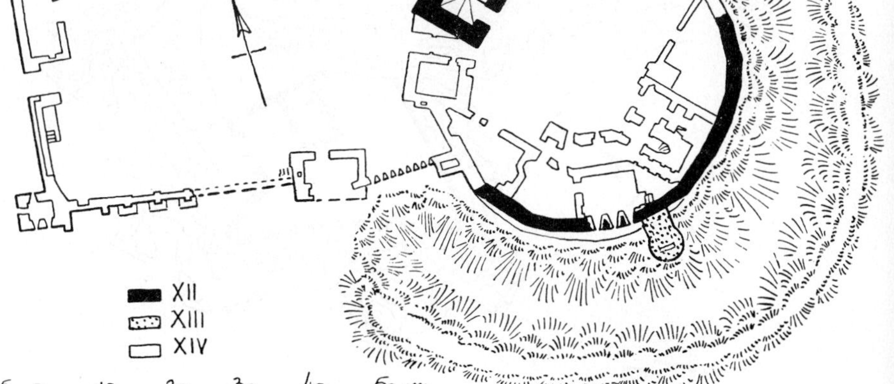

Abb. 186. Rundbg. Coity, Engld., 12. bis 14. Jh., Vorbg. mit Seitenbestr., Grdr. 1 : 1000. B. E. nach Radford.

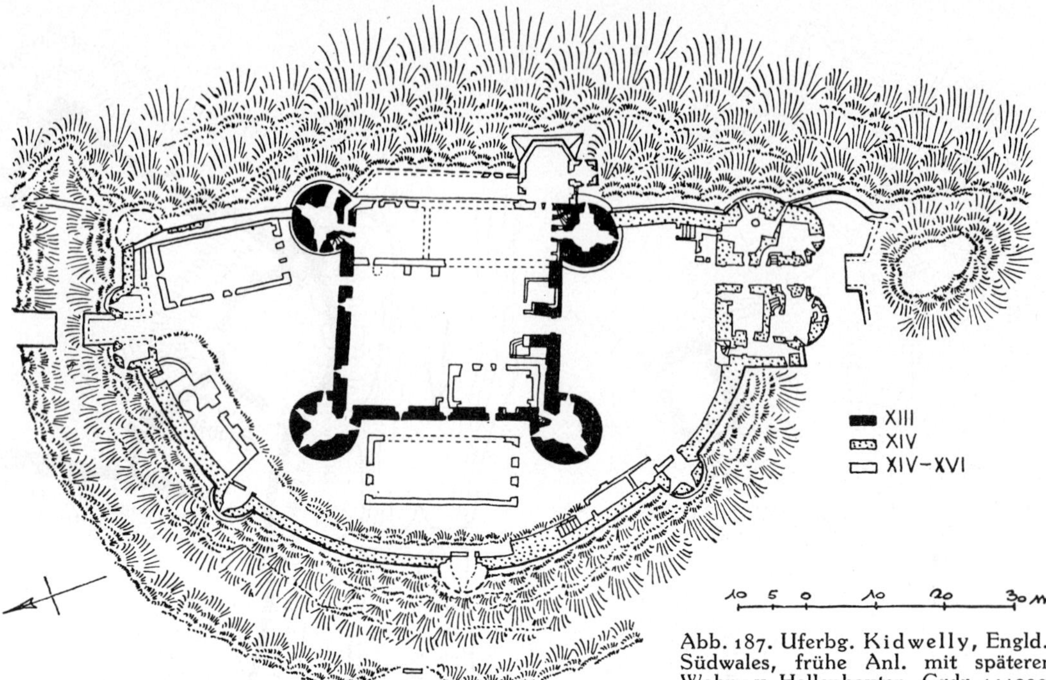

Abb. 187. Uferbg. Kidwelly, Engld., Südwales, frühe Anl. mit späteren Wohn= u. Hallenbauten. Grdr. 1:1000. B. E. nach Radford.

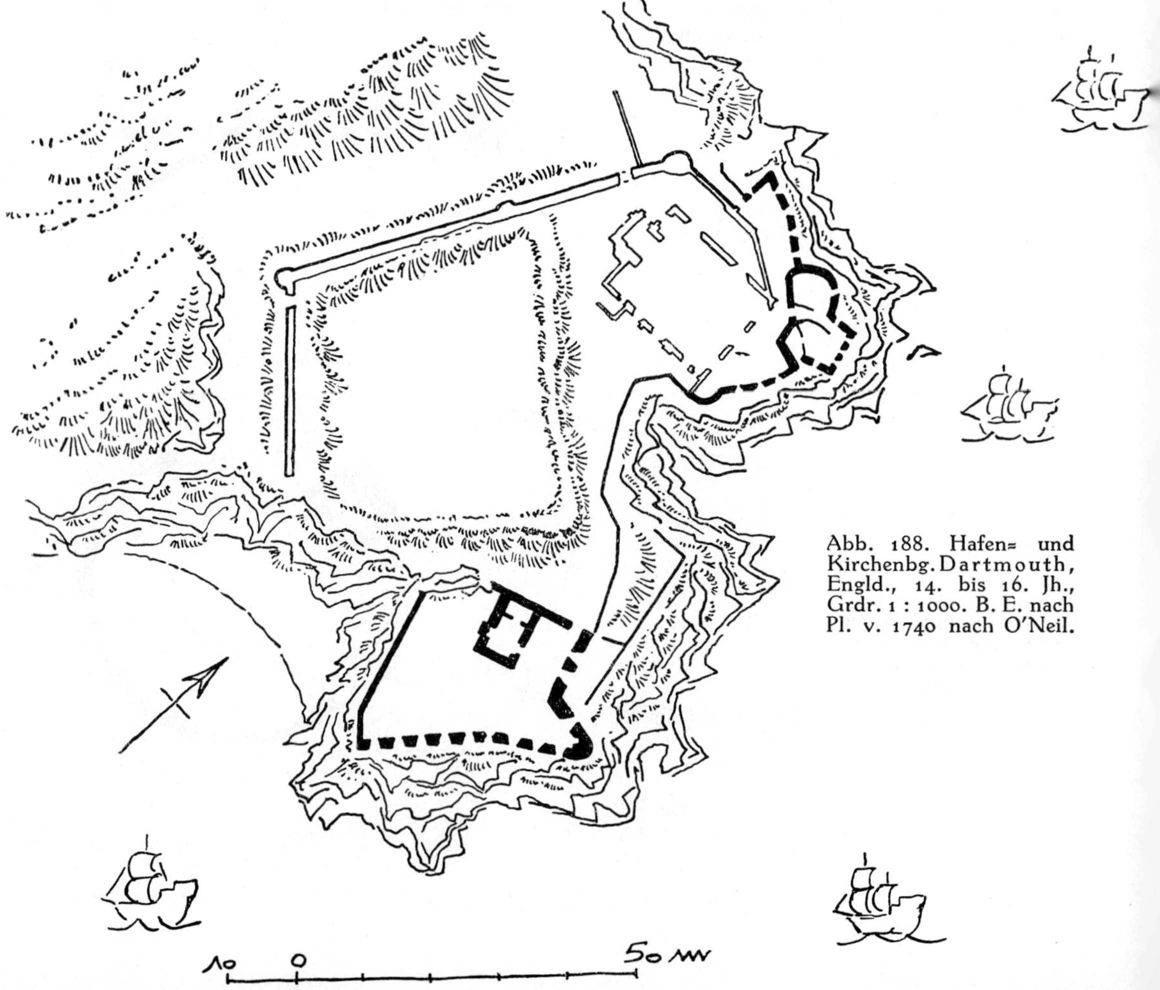

Abb. 188. Hafen= und Kirchenbg. Dartmouth, Engld., 14. bis 16. Jh., Grdr. 1 : 1000. B. E. nach Pl. v. 1740 nach O'Neil.

Der Tower zu London, Byward Tower

Burg Nunney, England

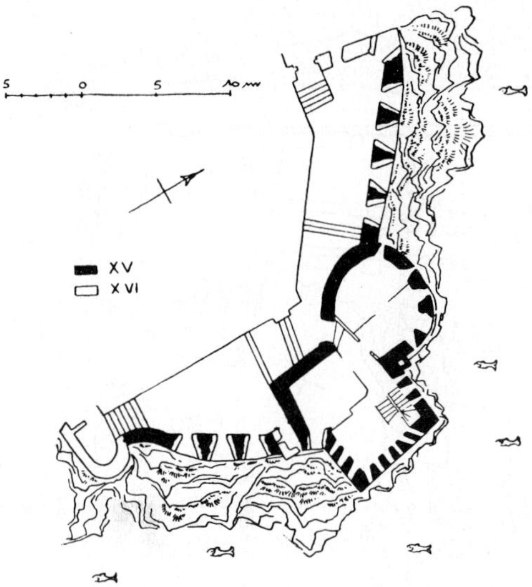

Abb. 189. Späterer Wehrb. d. Hafenbg. Dartmouth, Engld., Teilgrdr. 1:500. B. E. nach O'Neil.

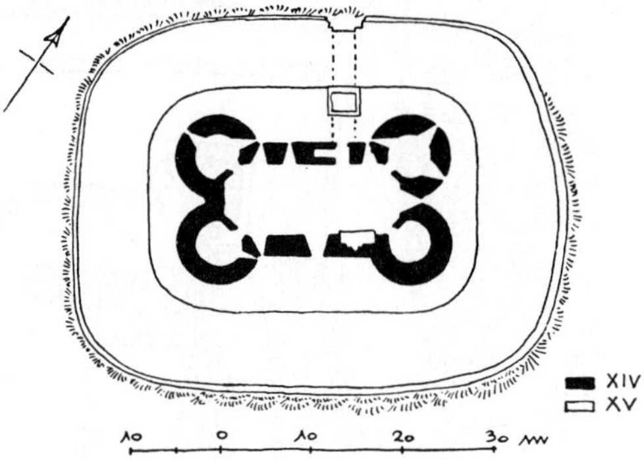

Abb. 190. Wasserbg. Nunney, Engld., Vierturmanl. ohne Außenwerke, Grdr. 1 : 1000. B. E. nach H. M. Office of Works.

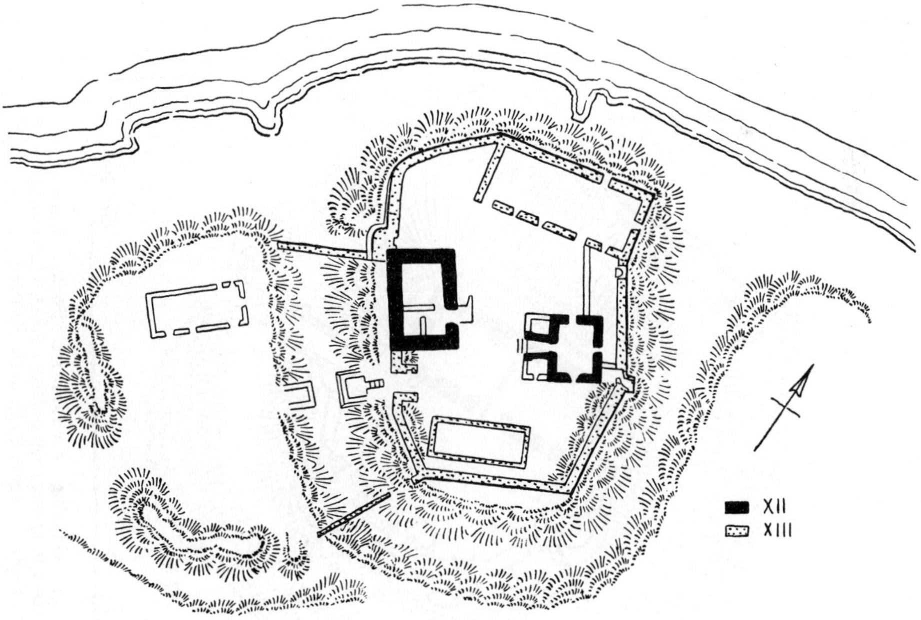

Abb. 191. Wasserbg. Ogmore, Engld., 1 Meile v. d. See, keep u. Halle, geringe Vorbg., 12. bis 13. Jh. Grdr. 1 : 1000. B. E. nach Radford.

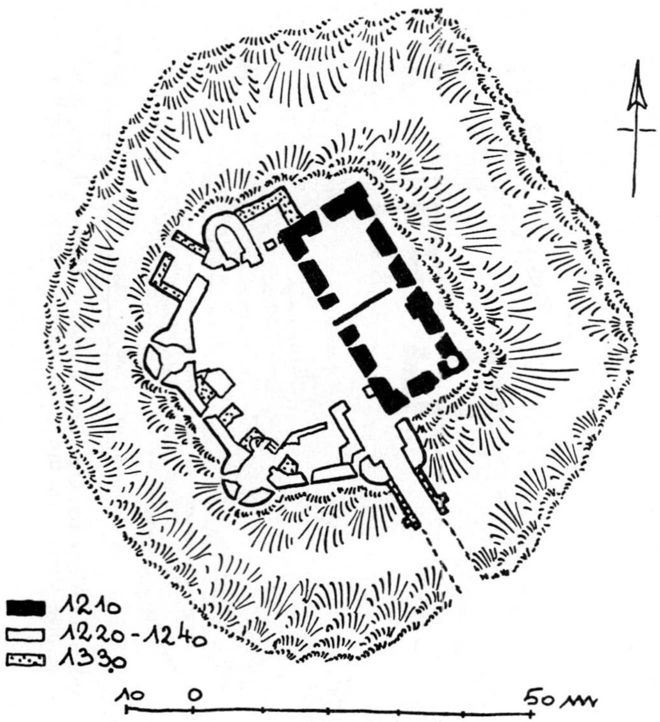

Abb. 192. Hügelbg. Grosmont, Engld., früher Hallenbau u. spätere Seitenbestr. durch Hufeisent., Grdr. 1 : 1000. B. E. nach Radford.

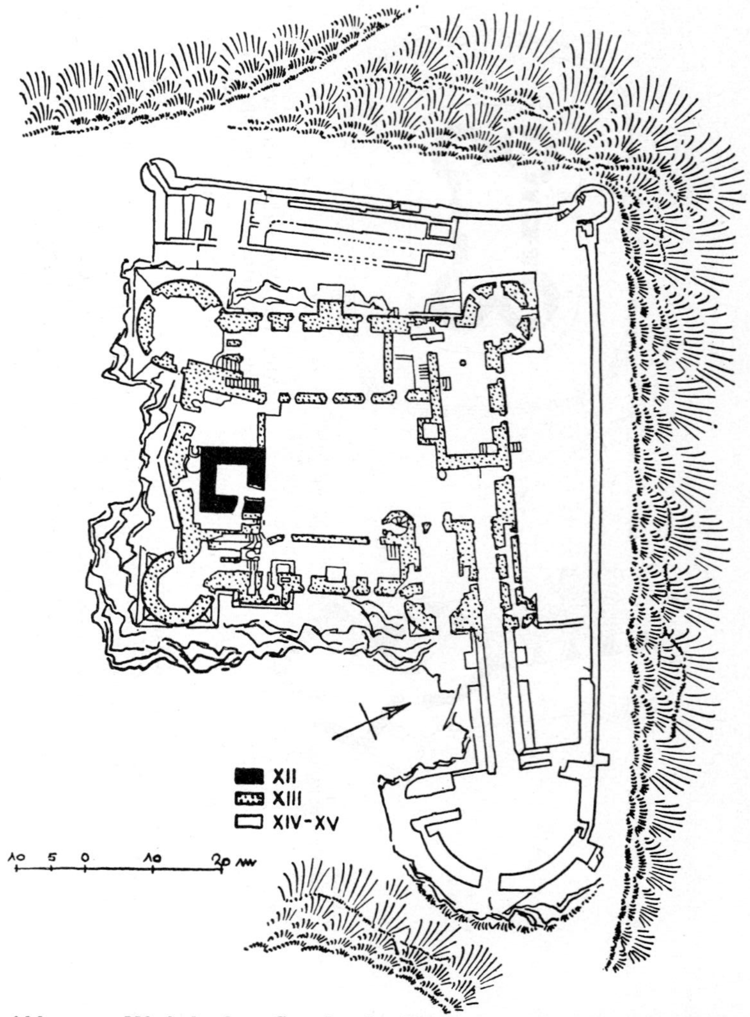

Abb. 193. Uferhöhenbg. Goodrich, Engld., viereck. Mittelhof, früher viereck. keep, rd. Eckt. zur Seitenbestr. Grdr. 1 : 1000. B. E. nach Radford.

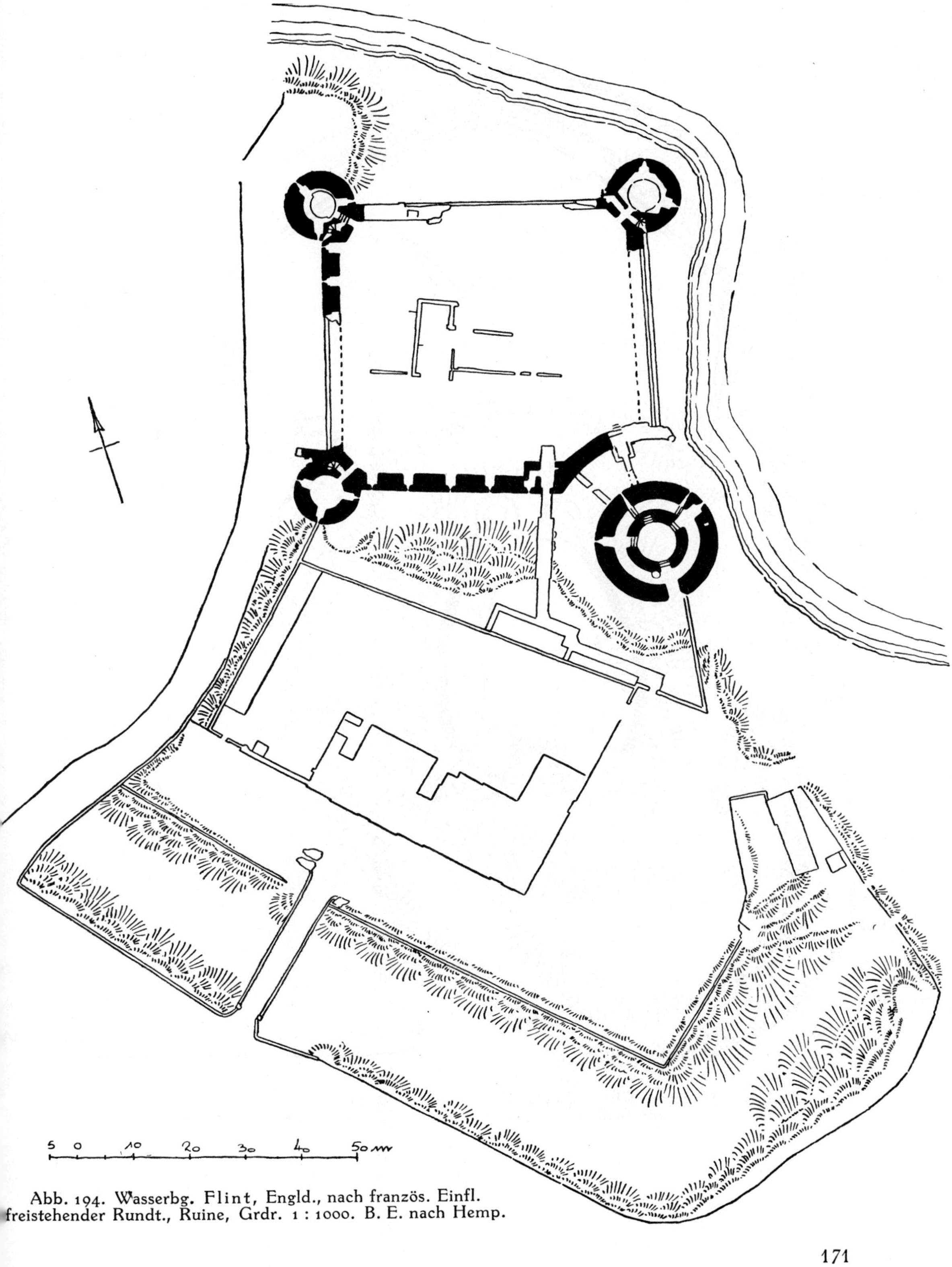

Abb. 194. Wasserbg. Flint, Engld., nach französ. Einfl. freistehender Rundt., Ruine, Grdr. 1 : 1000. B. E. nach Hemp.

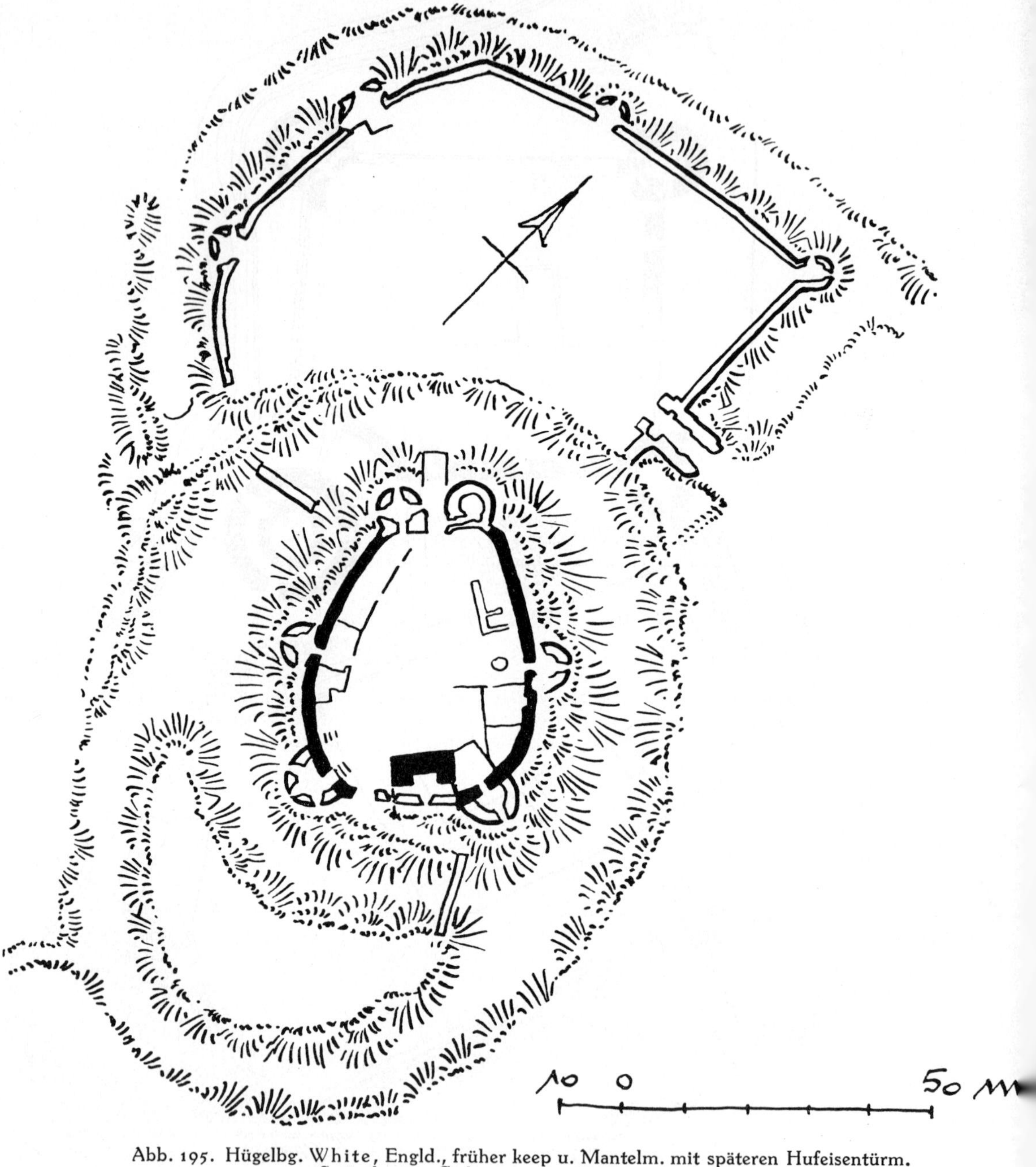

Abb. 195. Hügelbg. White, Engld., früher keep u. Mantelm. mit späteren Hufeisentürm. zur Seitenbestr., Grdr. 1 : 1000. B. E. nach Radford.

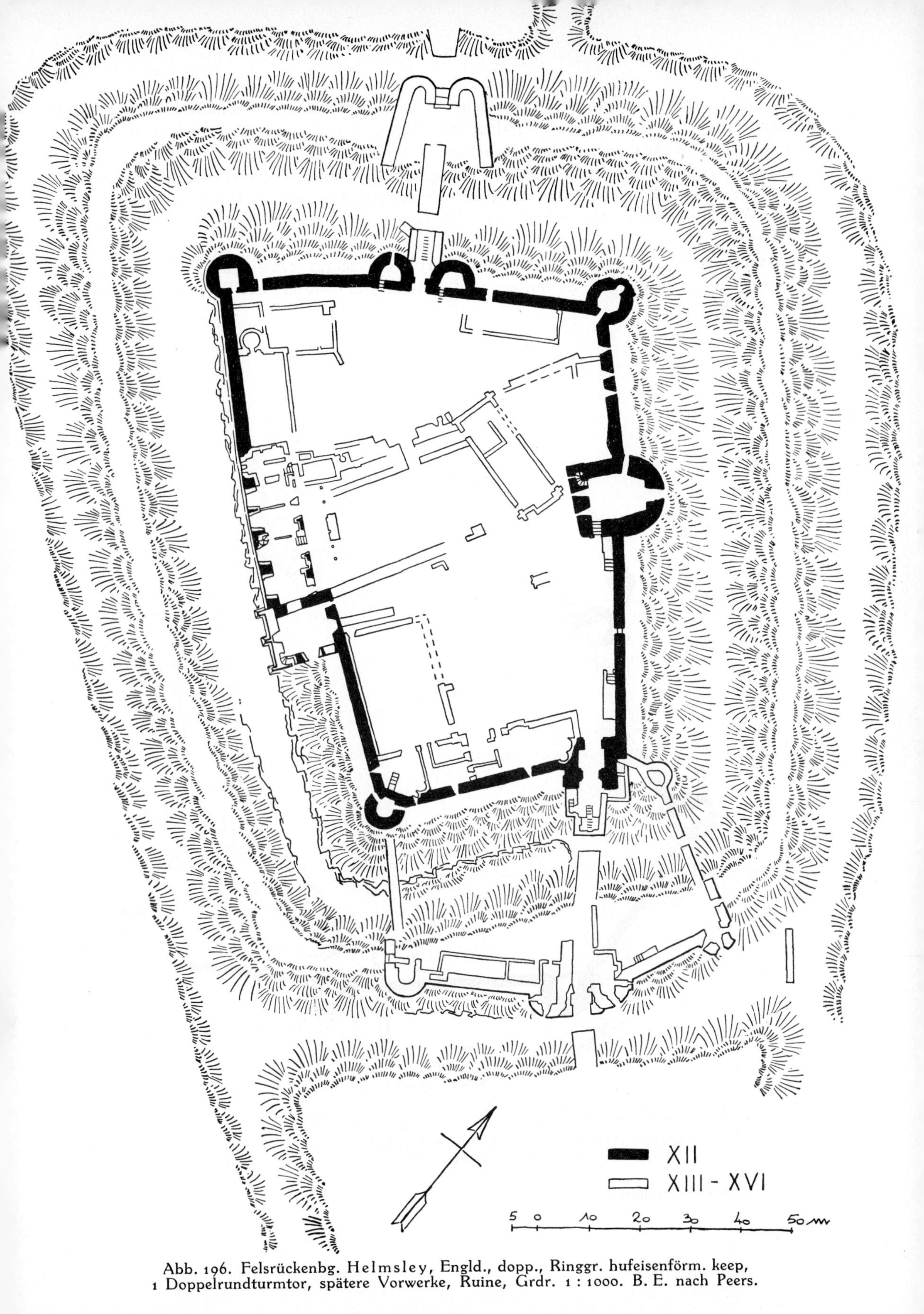

Abb. 196. Felsrückenbg. Helmsley, Engld., dopp., Ringgr. hufeisenförm. keep, 1 Doppelrundturmtor, spätere Vorwerke, Ruine, Grdr. 1 : 1000. B. E. nach Peers.

Ein zweites, rundbogig normannisches Tor, von der Stadt unabhängig, in der Nordmauer, führt in die Vorburg. Gräben mit Zugbrücken trennen die einzelnen Abschnitte. Vom inneren Ausbau ist nichts erhalten.

Ein Grundriß wie der in Abb. 185 dargestellte, kehrt mit vielen Abweichungen sehr oft wieder. Schon die alten Erdwerke zeigen Vorburgen, wie sie Gestaltung des Geländes und der Verteidigungszwecke erforderten. Oft genug sind deren Erdwälle durch Steinmauern ersetzt.

Criccieth in Caernarvonshire[86]) gehört trotz seines gewaltigen Torhauses zu den unregelmäßigen Burgen, da innerer und äußerer Hof vieleckig der Formation des Felsens angepaßt ist.

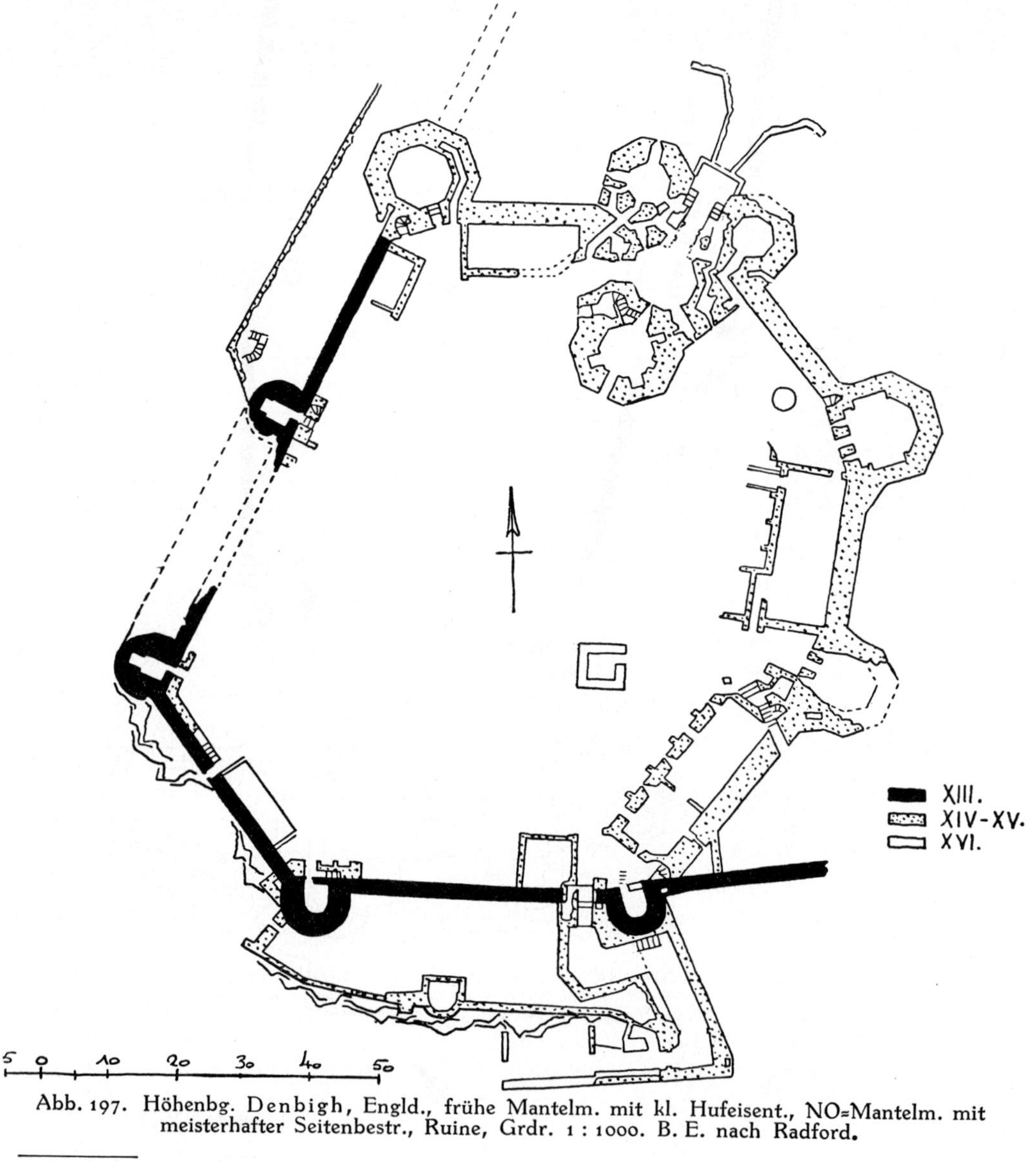

Abb. 197. Höhenbg. Denbigh, Engld., frühe Mantelm. mit kl. Hufeisent., NO=Mantelm. mit meisterhafter Seitenbestr., Ruine, Grdr. 1 : 1000. B. E. nach Radford.

[86]) O'Neil: Criccieth C.

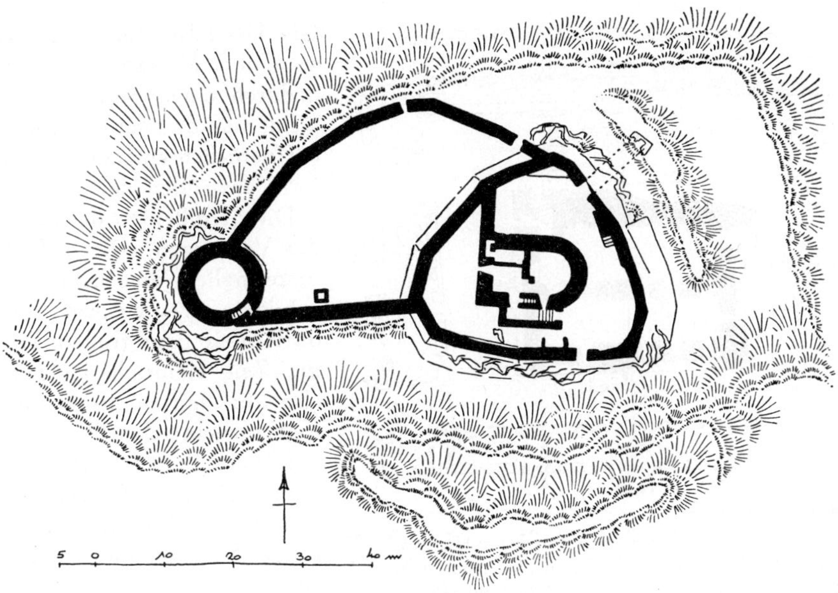

Abb. 198. Höhenbg. Ewloe, Engld., auf Bergnase, hufeisenförm. keep frei i. Ringm., Halsgr. i. S., Grdr. 1 : 1000. B. E. nach Hemp.

Ein gutes Beispiel einer unregelmäßigen Burganlage bietet Dartmouth[87]) (Abb. 188, 189).

Eiförmigen Mantelmauerkern mit Außenwerken zeigt die Höhenburg Burg White[88]) (Abb. 195) in Wales. Die Ausgabenbücher geben die Bauzeit mit 1184 an. Eine Vorburg im Norden und ein Hornwerk im Südwesten wurden wohl längere Zeit nur durch Wälle und Wassergräben verteidigt, bis dort Mauern im 13. Jahrh. entstanden. Der rechteckige keep erhebt sich am Südende der durch vier Türme und an der N.=Spitze durch ein Doppelturmtor verstärkten Mantelmauer.

Ogmore Castle muß auch hier erwähnt werden[89]) (Abb. 191).

Unregelmäßige Anlage weist Ewloe Castle in Flintshire[90]) auf. Der obere Hof wird vom Welsh Tower mit hufeisenförmigem Grundriß beherrscht, der untere Hof schließt im Osten auf einem Fels mit dem runden West Tower ab (Abb. 198).

Coity Castle[91]) (Abb. 186) hat wie Guildford einen viereckigen keep in der Nord=westmitte der unregelmäßig kreisrunden Mantelmauer, beides auf einem alten, von einem Graben umgebenen Erdrundling. Eine viereckige Vorburg des 14. Jahrh. ist westlich vor den keep gelegt.

Dolwyddelan Castle in Caernarvonshire[92]) weist ebenfalls einen viereckigen keep auf unregelmäßigem Felsen aus dem 12. Jahrh. auf, doch haben sich an ihn erst im 13. Jahrh. weitere Anlagen angeschlossen, darunter ein dem keep an Größe und Form sehr ähnlicher Westturm (Abb. 184).

Die reichgegliederte Burg Ludlow[93]) (Abb. 172) ist den Dreiecksburgen zuzurechnen. Sie ist eine der schönsten und stolzesten Wehrbauten Englands. Als Bauplatz hatte sich der eiserne Normanne Roger de Lacy den breiten Winkel zwischen den zusammenfließenden Wassern der Flüsse Teme und Corve gewählt, die zum Stromgebiet des Severn gehören.

[87]) O'Neil: Dartmouth C. — Braun: a. a. O. S. 109. — [88]) Ralegh Radford: White C.; Clark: a. a. O. Bd. II, S. 517ff. — [89]) Ralegh Radford: Ogmore C. — [90]) Hemp: Ewloe C. — [91]) Ralegh Radford: Coity C. — [92]) Derselbe: Dolwyddelan C. — [93]) Siehe S. 149, Anm. 35; Mackenzie: a. a. O. Bd. II, S. 137; New Display: Bd. II, S. 218.

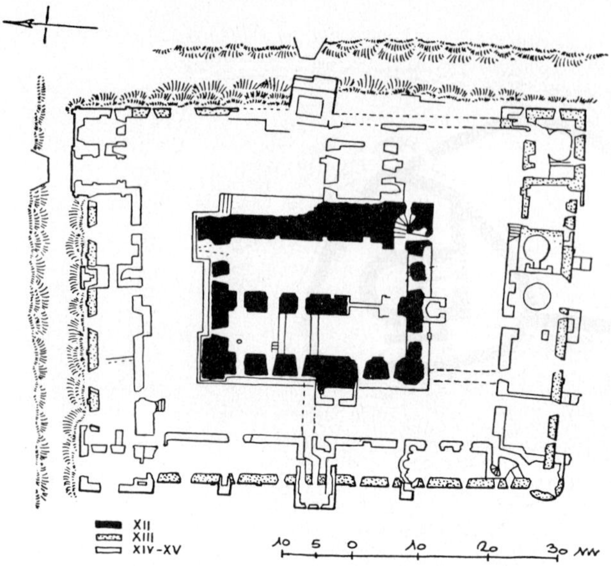

Abb. 199. Stadtbg. Middleham, Engld., frühroman. keep, einer d. größten Englds., um 1170, Mantelm., Grdr. 1 : 1000. B. E. nach Peers.

Die Uferfelsen erheben sich hier 30 m über Wassergleiche und bilden dadurch einen natürlichen Kegel, wenn man diesen Begriff überhaupt auf natürlich entstandene Geländeform anwenden darf.

Die Steinbauten des Kernes und der Vorburgen mögen Ersatz für ursprünglich aus Erde und Holz gebildete gewesen sein. Trotzdem dürften sie zum großen Teil bis in die Zeit Heinrichs I. (1100—35), also in normannisch-romanische Zeit zurückreichen[94]).

Edward IV., der Ludlow besonders liebte, und Heinrich VII. änderten und fügten hinzu. Folgende Angaben mögen annähernd zutreffen:

Erste Steinmauerburg des „Middle Ward" um 1150 errichtet[95]).

Der Zeit Heinrichs I. gehören an: runde Kapelle, spätnormannisch, 12. Jahrh., die Wohnbauten und die große Halle im Decorated Stil. Unter Edward II. entstanden nur Bauten der Mortimer, im 14. Jahrh. die letzten größeren Arbeiten unter Heinrich IV. Sir Henry Sydney erbaute in der Tudorzeit den noch bestehenden Torturm.

Der keep steht in der Südecke der inneren Burg, dem Feinde zugewandt, neben dem Haupttor, ihm schließt sich ein enger, innerster Hof an, der nach außen wie zu den zwei Nebenhöfen freien Zutritt erlaubte. Nördlich über den Flußtälern erhebt sich der großartige Wohnbau. Frei davor steht die 1136 begonnene kreisrunde normannische Kapelle.

Die großartigen Wohnbauten an der Nordmauer erreichen mit fünf Stockwerken eine mächtige Höhe und gewaltige Abmessungen; die Halle mißt 20×10 m. Die Küche bildet einen eigenen Bau.

Der älteste Bau nächst den Ringmauern ist vielleicht der viereckige keep. Sein Inneres wurde zweimal verändert, zuletzt in der Tudorzeit.

Eine Abbildung vom Jahre 1776 zeigt die Großzügigkeit der ganzen Burganlage.

Zur Zeit Georgs I. erfolgte der Abbruch der Wohnbauten und Verkauf des Bleies der Dächer. Die Reste sind aber heute noch landschaftlich und baukünstlerisch von höchster Bedeutung, besonders die normannische Rundkapelle mit ihrer schönen Bogentür[96]).

Eine gewisse Ähnlichkeit der Anordnung der verschiedenen Kernbauten bzw. Vorburgen besteht zwischen Ludlow und Barnard, namentlich in der Lage des sogenannten „Middle Ward", das deutet auf bewußte Wahl dieser Anordnung und gleiche Bauzeit hin.

Die reiche Schaffenskraft, die sich in selbständiger Durchbildung so vieler Grundrisse kundtut, ist für den englischen Wehrbau kennzeichnend, dazu kommt eine Größe der Baugesinnung sowie ein Reichtum schöpferischer Gedanken in der schönen und vielfältigen Gestaltung durch die Errichter, der Bewunderung verdient und die französische, nüchtern verstandene Regelmäßigkeit übertrifft.

94) Siehe oben. — 95) Ebenda. — 96) Oman: a. a. O. S. 139 erwähnt eine Schilderung Ludlows in der Ende des 13. Jahrh. geschriebenen Romanze des Fulk Fitzwarine.

Burg Conway, England

Abb. 200. Uferbg. Warwick, Engld., Ans. d. O=Seite mit Haupttor. B. E. nach Carter, vor 1800.

Höhenburgen

Die Bodengestaltung brachte es mit sich, daß die englischen Burgen überwiegend Höhenburgen waren, die „Höhen" sind aber nicht bedeutend. Nur an der Küste sind größere, steile Berg= oder Felsgebilde als Bauplatz häufiger. Ein Felsgebilde, so wild wie das von Tintangel Castle ist ganz selten. Auf ähnlichem Felsen liegen Dover[97]) (Tafel 26) und noch malerischer Bamborough.

Bamboroughs[98]) früheste Erwähnung soll auf das Jahr 547 zurückgehen. Die Anglo Saxon Chronic[99]) berichtet, daß damals König Ida den Felsenkopf an der Spitze starker englischer Kräfte eroberte und befestigte. Die alte Bezeichnung als burh deutet aber nicht auf eine Burg, sondern auf einen befestigten Ort hin. 993 und 1015 wird er von den Dänen erobert. Die normannische Burg ist erst der Zeit Wilhelms des Eroberers zuzuschreiben[100]). 1070 wird Bamborough als besonders starke Feste genannt.

Wohl oder übel mußte die Ringmauer der Gestaltung des Bodens folgen, so daß die Gesamtburg eine schmale lange, am Nordwestende spitze Form annahm. Tore öffnen sich an beiden spitzen Enden. Eine Quermauer trennt das nordwestliche Drittel als Vor= burg ab, durchbrochen vom sogenannten Schmiedetor.

In der Mitte des Restes steht der zur Zeit Heinrichs I. errichtete mächtige viereckige, durch vier Ecktürme verstärkte keep, am Südwestende eine große Kapelle.

Alle Bauten sind stark für Wohnzwecke des 19. Jahrh. verändert, doch macht die Burg durch die hohe einsame Lage am Meere und den Umfang noch immer einen bedeutenden Eindruck.

Im allgemeinen halten die englischen Burgberge keinen Vergleich aus mit den schroffen Höhen, auf denen deutsche und italienische Burgen so oft gebaut sind[101]). Meist liegen sie auf niederen Höhen, mehr oder weniger steil abfallend wie bei Ludlow und Warwick. Durch diese Bodengestaltung wurde ihre große Ausdehnung nicht erschwert, andererseits erforderte der natürlich nicht sehr feste Bauplatz bedeutende künstliche Verstärkung der Mauern.

Unter den so liegenden Burgen ist eine der schönsten und wohlerhaltensten das pracht= volle, noch bewohnbare Warwick Castle am Avon[102]) (Abb. 200—202).

[97]) Dover eingehend oben S. 148. — [98]) Turner: a. a. O. Bd. II, S. 19, 202; Mackenzie: a. a. O. Bd. II, S. 363; Armitage: a. a. O. S. 11; Smlg. Ebh. — [99]) Armitage: a. a. O. S. 11. — [100]) Armi= tage: a. a. O. S. 100. — [101]) Siehe Abschnitt „Burgenarten". — [102]) Carter: a. a. O. Taf. 67 B; Turner: a. a. O. Bd. II, S. 244; Howe: a. a. O. S. 81 ff.; Uhde: Baud. i. Gr.Brit. Bd. II, S. 1 ff.; Mackenzie: a. a. O. S. 231; D'Auvergne: a. a. O. S. 257 ff.; Oman: a. a. O. S. 80.

Abb. 201. Uferbg. Warwick, Engld., Ans. d. S=Seite. B. E. nach Carter, vor 1800.

An Stelle eines bereits durch die sächsische Königin Etholfleda oder Ethelfreda zum Schutze der römischen Straße von Bath nach Lincoln durch Erdwerke befestigten Ortes[103]) wurde hier auf dem Gelände eines sächsischen Klosters durch Wilhelm den Eroberer eine Burg erbaut, nach der „Pipe Roll" zur Zeit Heinrichs II. Ein großer Erdkegel ist an der Südwestecke erhalten. Leland[104] sah hoch oben noch Reste eines „dungeon", wohl der Grundmauern eines Holzkeeps. Jetzt liegt die Spitze außerhalb der Steinring=mauer. Alles Steinwerk ist später errichtet in ausgesprochen gotischen Formen.

Ein unregelmäßig längliches Mauerviereck stößt mit der Südwestecke an den Erdkegel. An der südöstlichen Längsseite erhebt sich unmittelbar aus dem Avon der Pallas, ein Pracht=bau. Die Flußseite, von einer Fülle gotischer Fensterreihen durchbrochen, enthält Wohn= und Prunkräume.

Die Nord= und die Nordostecken werden vom Guysturm und vom Cesarsturm ver=teidigt. Der runde Cesarsturm, etwa 45 m hoch, wird kaum mit Recht, dem 12. Jahrh. zugeschrieben. Vom Guysturm wissen wir, daß er 1394 für 395 £ 5 s 2 d erbaut wurde. Er ist 32 m hoch, bei 12 m Durchmesser, und zwölfeckig. Die Mauern der fünf ge=wölbten Stockwerke sind 3 m dick. Beide Türme tragen oben Maschikuli unter der gezinnten Brüstung. Zwischen beiden Türmen in der Mitte der kürzeren Seite des Gesamt=vierecks ist das prachtvolle dreifache Tor mit seinen hoch oben durch Brücke verbundenen, schlanken Begleittürmen und der reichen Vortoranlage (Abb. 200) eingebaut. Ein tiefer Graben umzieht die ganze Burg.

Das Tor wurde unter Edward III. erbaut. Schon Carter beklagt um 1800 „moderne" Schädigungen der ersten Erscheinung und den Abbruch der unmittelbar bei der Burg gelegenen Brücke über den Avon, doch zeigt eine Abb. von 1776, daß damals die alten Zinnen und Türme im wesentlichen erhalten waren. Nur die Zahl der Fenster in der Pallasmauer war geringer[105]).

Die Brücke — fünf Rundbogen — stand noch, und die Burgmühle trug steile Dächer an Stelle der neuen Zinnen. Nach dem Brande von 1871 wurde vieles nicht immer glücklich erneuert. Auffallend ist der Mangel aller Zwinger und Vorwerke. Der Bau bietet eine Fülle malerischer Bilder, das schönste vom gegenüberliegenden Ufer des Avon.

[103]) Doubleday and Page: Hist. of Warwickshire Bd. I, S. 402—404; Robinson: Milit. Arch. S. 11, 46ff. — [104]) Mackenzie: a. a. O. Bd. I, S. 362. — [105]) New Display Bd. II, S. 249.

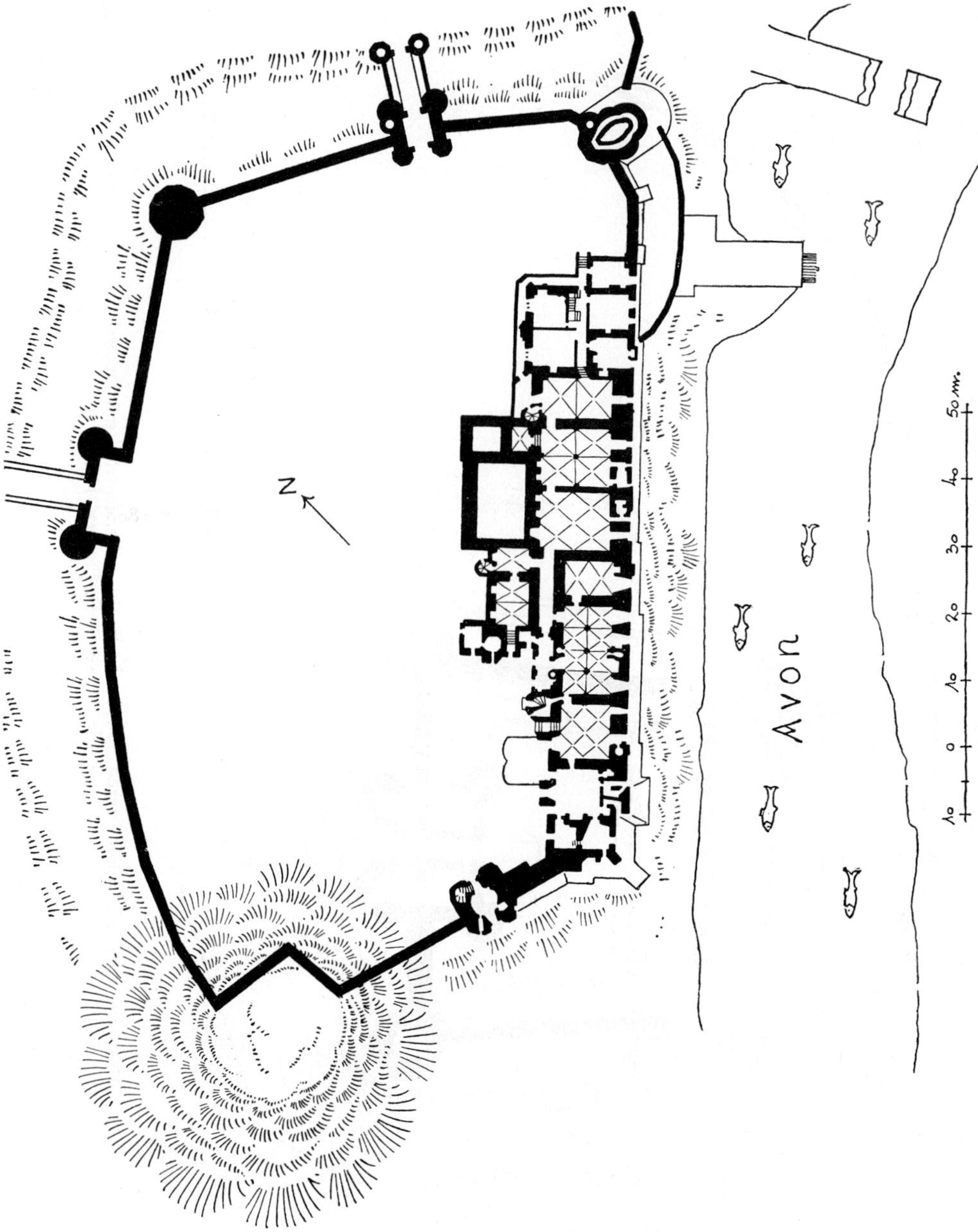

Abb. 202. Uferbg. Warwick, Engld., frühe mota u. got. Wohnb., Grdr. 1 : 1000. B. E. nach altem Pl. u. eig. Reiseskizzen.

Küstenburgen

Man sollte annehmen, daß auch die Verteidigung der Küsten die Errichtung zahlreicher Burgen verursacht hätte. Doch fehlt bis zur Zeit Heinrichs VIII. jedenfalls ein planmäßiges Vorgehen in dieser Richtung. Selbst die Burgen Harlech, Beaumaris, Conway und Caernarvon sind vielmehr zur Beherrschung des Walliser Hinterlandes, als zur Bekämpfung von Feinden, die zur See angreifen könnten, errichtet.

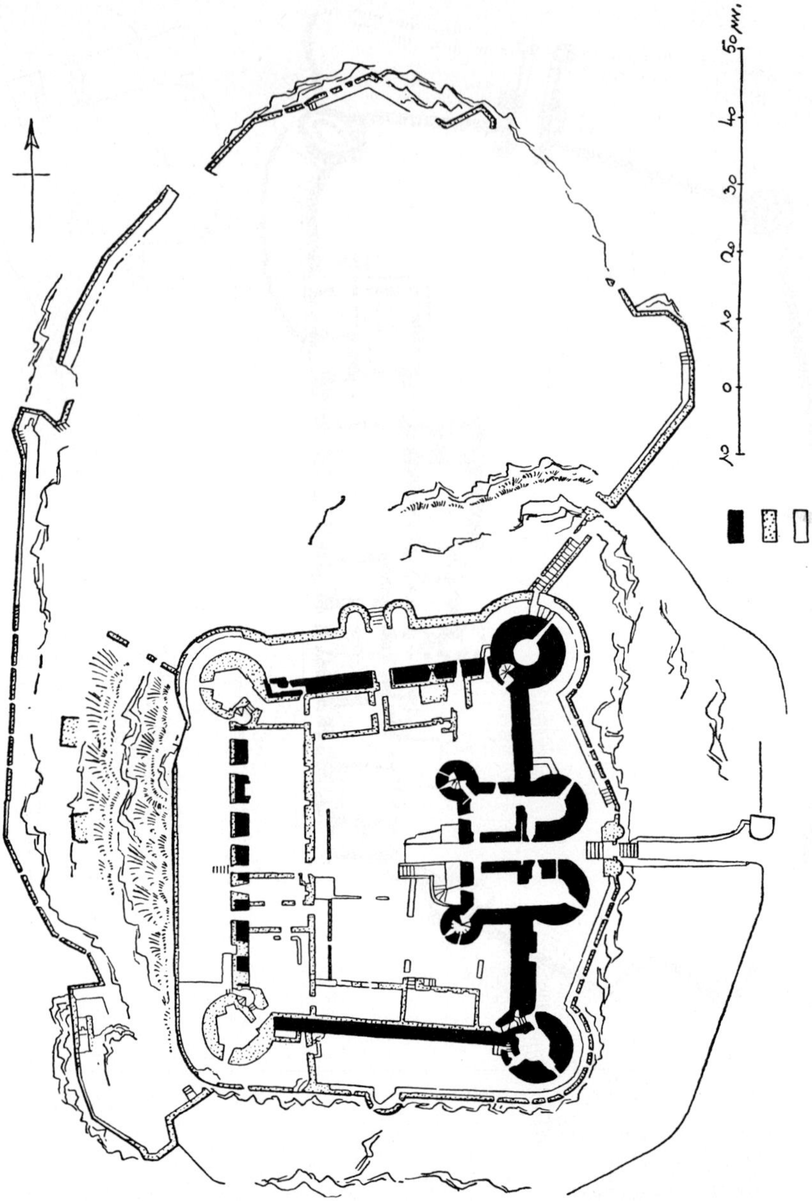

Abb. 203. Höhen=Mantelmauerbg. Harlech, Engld.; „Concentric" mit Doppelrundturm=Torwohnb., Grdr. 1 : 1000, B. E. nach Hemp.

Die eigenartigsten Anlagen sind Caernarvon[106]) (Abb. 53) und Conway[107]) (Tafel 32). Unmittelbar am Wasser liegt auch Scarborough[108]) (Abb. 204) an der Ostküste.

Burg und Stadt Conway in Nordwales am linken Ufer des Conway=Flusses gelegen, nahe dem Ausfluß in die Beaumaris=Bucht der irischen See, sind in so gutem Erhaltungs=zustand, daß in England keine Burg ein besseres Bild der Größe und Klarheit des Wehr=willens des königlichen Erbauers Edward I. bietet.

---

[106]) Peers: Caernarvon C.; Uhde: a. a. O. Bd. I, Gesamtansicht; Turner: a. a. O. Bd. II, S. 16, 20. — [107]) Clark: a. a. O. Bd. I, S. 453; Turner: a. a. O. Bd. II, S. 20f.; Beautif. Britain S. 51; Howe: a. a. O. S. 88ff. — [108]) Clark: a. a. O. Bd. II, S. 458ff.; Mackenzie: a. a. O. Bd. II, S. 252.

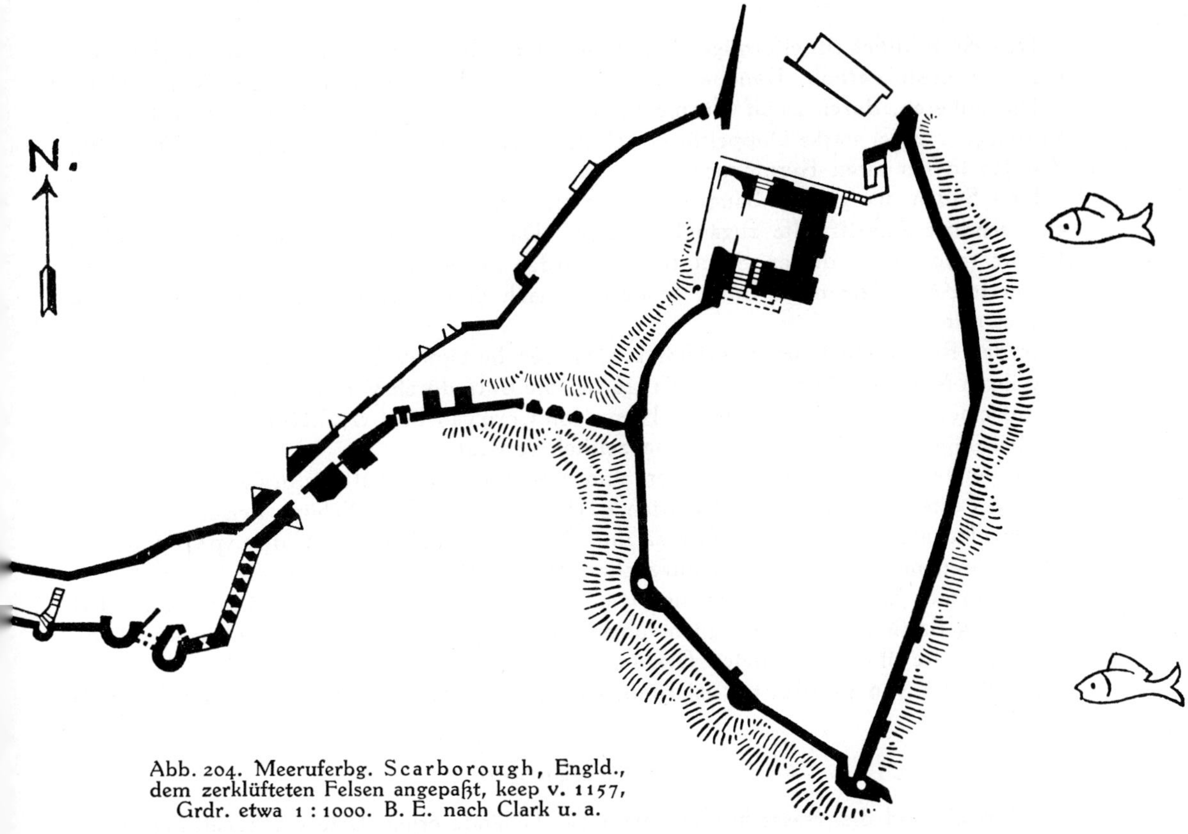

Abb. 204. Meeruferbg. Scarborough, Engld., dem zerklüfteten Felsen angepaßt, keep v. 1157, Grdr. etwa 1 : 1000. B. E. nach Clark u. a.

Um 1285 wurde Conway wie die sehr verwandte Burg Caernarvon nach den Plänen des königlichen Architekten Henry de Elreton errichtet. Die Mauer der Burg überragten acht fast gleichstarke Türme.

Kennzeichnend ist der völlige Mangel eines überragenden keeps, den die Zeit Edwards I. nicht mehr errichtete[109]).

Zwei mit der schmalsten Seite der Stadt zugewendete Rechtecke, geschieden durch eine Quermauer, die den großen von dem inneren Hof trennt, bilden die Burg.

Vier der acht in der Ringmauer stehenden und alle durch den Mauerwehrgang verbundenen Türme zeigen noch die hohen Wächtertürmchen, die einen weiten Umblick über Stadt, Land und Meer ermöglichten. Zinnen krönen Türme und Mauern.

Noch sieht man Fallgatterspuren in den Toren. Die Mauern sind 3,50—4,50 m dick, von der großen oder Llewellyn's Halle (von 40×10 m Größe) sind nur noch Mauerreste erhalten. Am Ostende lag die Kapelle. In Queen Eleanors Betkammer, dem Oratory im Königinturm, ist ein schönes gotisches Fenster erhalten.

Zu den Höhenburgen am Meeresufer gehören auch Corfe[110]) und das schon unter Edward I. erwähnte Harlech[111]) (Abb. 203), etwa 61 m über dem Meer an der Tremadoc Bay.

Erschütternd ist das Bild der ehemals herrlichen Burg Corfe in Dorset auf der Purbeck-Halbinsel gelegen. Eine wildere Zerstörung ist kaum denkbar als die, die Sprengungen der Cromwell-Zeit zurückgelassen haben [112]).

[109]) Bedeut. als Stadtburg, siehe Abschnitt „Burgenarten". — [110]) D'Auvergne: a. a. O. S. 94 — 145; Clark: a. a. O. Bd. I, S. 461 ff.; Mackenzie: a. a. O. Bd. I, S. 241; New Display S. 337. — [111]) Howe: a. a. O.; Clark: a. a. O. Bd. II, S. 72; Oman: a. a. O. S. 216; Peers: Harlech C. — [112]) Corfe C.: Plan S. 16.

Den Kern bildet ein eiförmiger Bezirk, in dem sich ein keep der viereckigen, altertümlichen Form stolz erhob. Daneben standen später errichtete Wohnräume um kleinere Höfe.

Die äußeren, durch zwölf Türme verstärkten Ringmauern umfaßten zwei weitläufige Vorburgen. Zwei starke Doppeltürme schützten das erste und das zweite Tor. Das dritte Tor lag in der alten Kernmauer.

Drei Seiten der großen Baugruppe wurden von Flußtälern umschlossen, so daß nur eine schmale Angriffsseite zugänglich blieb. Daher wird Corfe schon zur Zeit König Edgars (959—975), dessen Sohn hier ermordet wurde, als fester Platz erwähnt. 1153 belagerte König Stefan die Burg. Spätestens nach dieser Belagerung dürfte der keep errichtet sein.

In den Revolutionskriegen verteidigte sich hier die tapfere Lady Bankes mit fünf Mann und ihren Mägden erfolgreich. Erst 1646 fiel die Burg durch Verrat in Cromwells Gewalt.

Auf einer Insel im Meere an der Küste von Cornwall liegt St. Michaels Mount[113]), ein befestigtes Kloster, heute stark neuzeitlich verbaut.

Die letzte Form der Küstenburgen sind eine Reihe von batterieturmartig errichteten kleinen Festen, die erst unter Heinrich VIII. erbaut wurden. Schöne Beispiele sind die beiden Turmanlagen von St. Mawes und Pendennis über dem Hafen von Falmouth. Sie gehören nicht mehr zu den burglichen Bauten[114]).

St. Mawes besteht aus einem niedrigen runden Turm — keep —, um ihn herum drei halbrunde Bastionen. Ursprünglich führte eine Zugbrücke — heute Steinbrücke — von der Landseite über einen tiefen Graben zur Burg.

Die Anlage von Pendennis ist rund, ein runder keep inmitten einer runden Mantelmauer.

Wasserburgen

Zahlreich sind die Wasserburgen, denn das Gelände erleichterte die Schaffung künstlicher Stauanlagen.

Eines der schönsten Beispiele ist die durch Gilbert de Clare, Earl of Gloucester, kurz vor 1267—72 auf alter Burgstelle (?) begonnene gewaltige Wasserburg Caerphilly[115]) (Abb. 206). Die Burg liegt in einer breiten Talsenkung nahe dem Fluß Rhymny, unweit der Grenze zwischen dem Hügelland von Glasmorgan und dem Flachland an der Walliser Grenze.

Diese zu beschützen war der Riesenbau bestimmt, der mit seinen Außenwerken etwa 121410 qm einnimmt.

Den Kern bildet ein regelmäßig längliches Mauerviereck, dessen vier Ecken Rundtürme verstärken. Je ein Haupttorbau mit zwei Rundtürmen, zugleich Hauptwohnbau, durchbricht die West= und Ostmauer, nochmals gesichert durch ein ähnliches Vortor und breite Gräben. Auch eine große Halle wird als ursprünglicher Burgteil erwähnt.

Caerphilly lag nicht in einem natürlichen See oder Strom, sondern wie Kenilworth und Bodiam in künstlich aufgestautem, sumpfigem Becken. Das erklärt die merkwürdige, 7 bis 20 m hohe und etwa 300 m langgestreckte Schildmaueranlage, die die Ostseite der „concentric"=Kernburg schützt und zugleich den Staudamm verteidigt, dessen Wichtigkeit auf der Hand liegt.

Späterer Zeit dürfte das große, westlich vorliegende Hornwerk angehören. Möglich, daß es aus einem früheren Erdkegel entstand.

[113]) Mackenzie: a. a. O. Bd. II, S. 13ff.; New Display Bd. II, S. 388; Smlg. Ebh. — [114]) Oman: a. a. O. S. 113; Mackenzie: a. a. O. Bd. II, S. 7ff.; New Display Bd. II, S. 402; Drake: St. Mawes C. & Pendennis C.; St. Mawes wurde 1540—43, Pendennis 1546 gebaut. — [115]) Oman: a. a. O. S. 176, nach ihm nicht durch Eduard I., sondern 1267, fünf Jahre vor dem Tode Heinrichs III., begonnen; Clark: a. a. O. Bd. I, S. 315ff.; Mackenzie: a. a. O. Bd. I, S. 298ff.

Dem Kern der Burg Caerphilly ist Beaumaris (schöne Marsch) ähnlich[116]) (Abb. 52), dessen freie Entwicklung das flache Meeresufer begünstigte.

Zugleich aber zeigt dieser Grundriß die klarste Entwicklung der „konzentrischen" Burg. Erfahrungen verlangten die Aufgabe der keeps, der Wohntürme, ohne Seitenbestreichung. Die vielseitiger werdenden Bedürfnisse der Verteidiger erforderten Hof= und Vorratsräume, Säle = Hallen, vor allem Sicherung der Tore und Verkehrsmöglichkeiten bei Ausfällen oder fluchtartigem Rückzug. So entstanden Burgen einer vornehmlich auf England beschränkten Form.

Die wundervolle Wasserburg Beaumaris, durch den Architekten Henry de Elreton für Heinrich I. 1295—98 mit über 7000 £, nach heutigem Wert 5600000 RM., Kosten erbaut, bildet ein regelmäßiges Quadrat aus 13—16 m hohen und über 3 m dicken Mantelmauern (Tafel 35). An den vier Ecken sind starke Rundtürme angeordnet, zwei Seiten des Vierecks wurden von den Torburgen durchbrochen, die beiden anderen sind durch halbrund geschlossene, weit vorgestreckte Türme verstärkt.

Besondere Kennzeichen der Burgen dieser Zeit sind die großartigen Doppelrundturm=Torwohnbauten. Beaumaris zeigt deren zwei. Beide bestehen wie bei Caerphilly und Harlech aus je zwei mächtigen Türmen, vorn halbrund geschlossen, durch die Mantel=mauer hindurch geradlinig verlängert und im Hofe viereckig mit kleinen runden Ecktürmen vorspringend. Sehr selten findet man, wie bei Arundel[117]) und Caldicot[118]), die Türme außen viereckig.

In den Obergeschossen liegen großartige Wohnräume. Der Nordtorbau nimmt sogar die rund 21×7 m große Halle auf. Wir sehen also völlige Vereinigung von Torbau und Pallas, in mittelalterlicher Sprache, gemel tower genannt[119]).

Alle Türme sind wenig höher als die der Mantelmauern, die Tortürme überragen etwas die Ecktürme. Eine Burgkapelle liegt gegen Osten im ersten Stock des Mittelturmes der Mantelmauer.

Um die viereckige Kernburg zieht sich eine achteckige Zwingermauer, verstärkt durch zwölf verschieden starke Türme und durchbrochen von zwei kleineren Torbauten. Diese sind seitwärts verschoben, so daß ein Durchblick auf die inneren Haupttore verhindert ist.

Eine lange starke Sperrmauer zieht sich bis zum Meer, dessen Wasser die Gräben füllte. Errichtet zum Schutz und zur Verteidigung der Landungsstelle, trägt sie einen Wehrgang zwischen zwei gezinnten, mit Scharten versehenen Brüstungsmauern.

Zu den Wasserburgen gehört die schon erwähnte Burg Bodiam[120]) (Tafel 35). Von einem breiten Graben umgeben, zeigt sie fast viereckigen Grundriß mit Rundtürmen an jeder Mauerecke und viereckigen Türmen in der Mitte der Ost= und Westseite. Der große Eingangstorbau liegt mitten in der Nordseite.

Caerphilly, Beaumaris und Bodiam sind als Ruinen in verhältnismäßig wenig verändertem Zustande auf unsere Tage gekommen. Besondere Umstände haben aber anderen Burgen eine weit vielfältigere Entwicklung gebracht. Dafür bietet Kenilworth[121]) (Abb. 49) ein großartiges Beispiel.

Durch die Großartigkeit ihrer Reste und durch die ereignisreiche Geschichte der Bewohner, nicht zuletzt durch die Verklärung, die der Name durch den großen Walter Scott erfahren hat, ist Kenilworth wohl eine der bekanntesten Burgen Englands geworden.

[116]) Clark: a. a. O. S. 213ff. Bd. I; Turner: a. a. O. Bd. II, S. 314; Hemp: Beaumaris C. — [117]) Howe: a. a. O. S. 177; Mackenzie: a. a. O. Bd. I, S. 61ff.; Clark: a. a. O. Bd. I, S. 195; Smlg. Ebh. — [118]) Oman: a. a. O. S. 155; Mackenzie: a. a. O. Bd. II, S. 76ff. — [119]) Clark: a. a. O. Bd. I, S. 213ff.; Douglas Simpson: New survey of Kildr. C. S. 151. — [120]) Clark: a. a. O. Bd. I, S. 239ff. — Mackenzie: a. a. O. Bd. I, S. 64ff. — D'Auvergne: a. a. O. S. 205ff. — [121]) Turner: a. a. O. Bd. II, S. 244; Mackenzie: a. a. O. Bd. I, S. 352ff.; Oman: a. a. O. S. 71; Howe: a. a. O. S. 94ff.

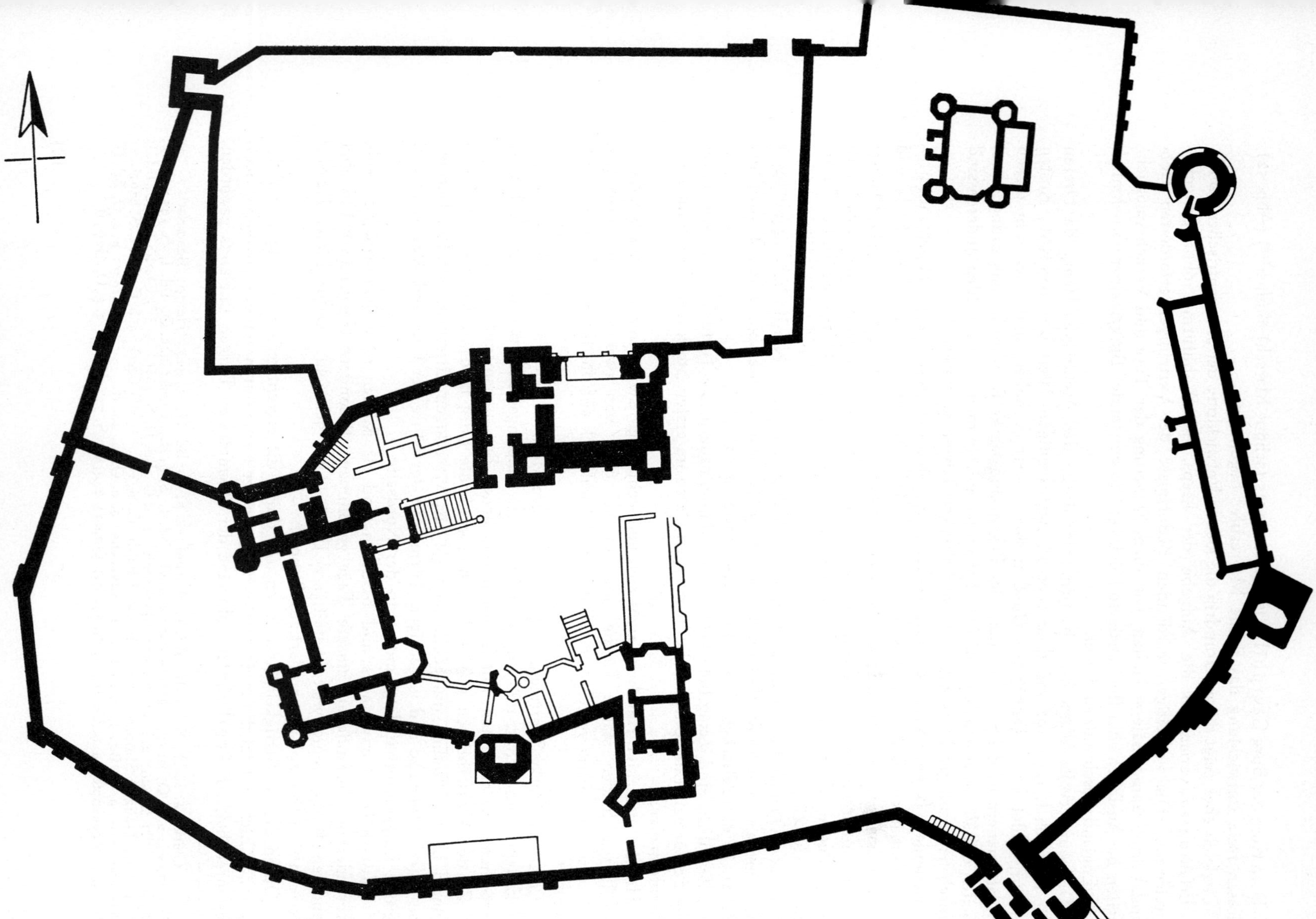

Abb. 205. Wasserbg. Kenilworth, Engld., großart. Kernbg. mit keep, Halle, Seitenbestr., weit ausged. Vorbg. u. Staum., Grdr. 1 : 1000. B. E. nach Clark u. a.

Burg Scarborough, England

Wasserburg Bodiam, England

Wasserburg Beaumaris, England

Ihre Baugeschichte, die sich vom ersten Viertel des 12. bis zum Ende des 16. Jahrh. erstreckt, bietet ein Bild der allmählichen Entwicklung des Wehr= und Wohnbaues der Großen jener Tage.

Ähnlich wie bei der Burg Caerphilly sollte die Verteidigung der Burg vor allem durch die ausgedehnten, durch künstliche Staudämme gebildeten Wasserflächen bewirkt werden. Die Verteidigung der Staudämme nötigte zu der großartigen Ausdehnung der Anlage.

Denn die Landschaft um Kenilworth bot von Natur wenig verteidigungsfähige Plätze. Der reiche Boden forderte aber die Anlage von Burgen heraus, bestimmt, den königlichen Besitzer vor dem Zugriff eroberungslustiger Nachbarn zu schützen. Die großen Mittel, die einem solchen Besitzer zur Verfügung standen, führten zu großartigen Bauwerken.

So wurde ein Bau errichtet, der sich als einer der wichtigsten militär=strategischen Plätze des Englands seiner Zeit erwies.

Große Wasserflächen umspülten den Fuß höchst widerstandsfähiger Ringmauern der weiten Vorburg. Die Kernburg lag in deren Mitte, ihrerseits in der Frühzeit noch einmal von einem Graben umgeben (Abb. 205).

Das reiche Land erlaubte eine große Besatzung zu halten, für die unbeschränkter Platz vorhanden war, auch für entsprechend große Vorratsräume war gesorgt. Für Wohnzwecke, ja für prachtvolle Hoffeste, wurde Kenilworth außerdem von Jahrhundert zu Jahrhundert glänzender ausgebaut.

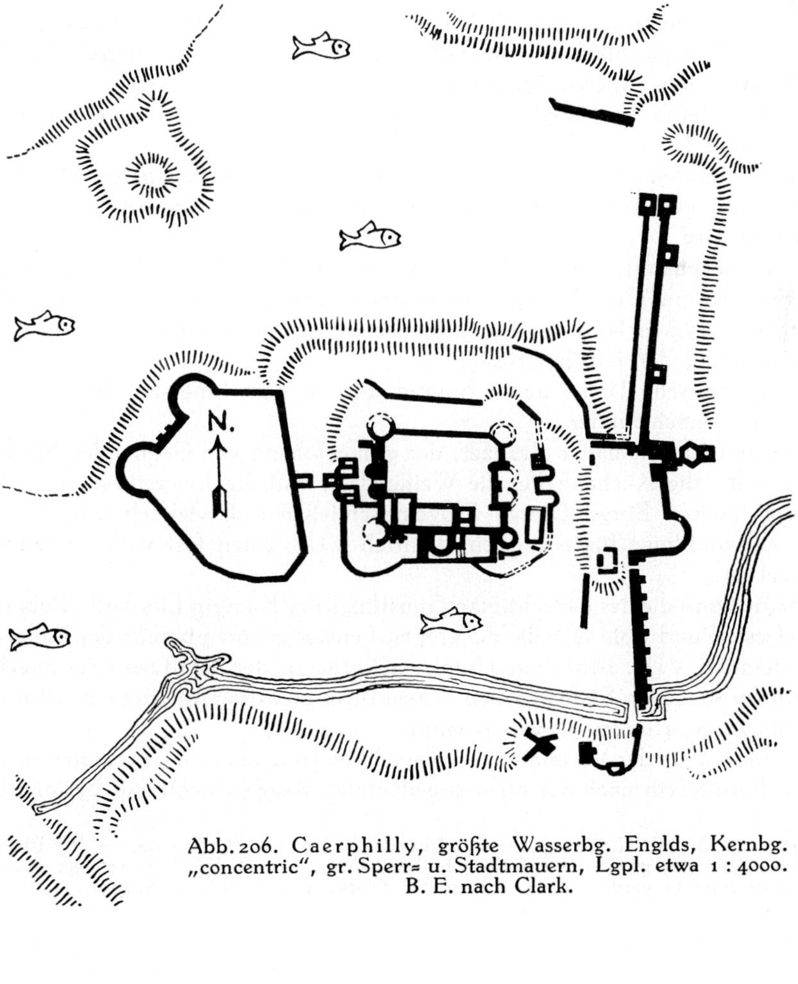

Abb. 206. Caerphilly, größte Wasserbg. Englds, Kernbg. „concentric", gr. Sperr= u. Stadtmauern, Lgpl. etwa 1 : 4000. B. E. nach Clark.

Der Bauplatz liegt zwischen zwei Zuflüssen des River Sow. Im Westen, Süden und Nordosten lag sumpfiges Gelände, das in Stauseen umgewandelt wurde. An der einzigen Verbindungsstelle mit dem höher anstrebenden Gelände hob man tiefe, doppelte Halsgräben aus und erhöhte mit dem Aushub den Kernplatz. Es entstand, was die Engländer ein „Concentric Castle" nennen, d. h. eine Burg, bei der der Angreifer mehrere Mauerringe, verstärkt durch Türme und Torbauten, Wasserflächen und Gräben überwinden mußte, in deren Mitte die Kernbauten lagen. Diese, besonders der mächtige keep, boten auch dann noch fast unüberwindliche Verteidigungsmöglichkeiten.

Von einem Erdkegel, wie sie von den Normannen nach der Eroberung in England, Irland und Schottland angelegt wurden, ist in Kenilworth nichts erhalten, als der steinerne keep auf einem nur 4—5 m hohen Hügel.

Er nimmt die nordwestlichste Ecke der Kernburg ein, ist also der Angriffsseite zugewandt. Er mißt etwa 24×21 m ohne Vorbauten und 23 m Höhe. Ecktürme, etwa 7—8 m breit, springen bis zu 2 m vor. Er gehört also zu den bedeutendsten Wohntürmen Englands. Der Gewaltbau wurde zur Zeit des Robert Dudley, Earl of Leicester, durch einen Umbau Wohnzwecken dienstbar gemacht.

Westlich ist ihm der übliche, normannische Vorbau angefügt. An diesen schließt sich im weiten Siebeneck eine später vielfach durchbrochene Mantelmauer, an deren Innenseite die prachtvollsten Wohnbauten angeordnet sind, während außen starke Türme vorspringen.

Die Küche ist, wie in der Frühzeit üblich, in einem besonderen Gebäude dicht am keep untergebracht. Der anschließende innerste Burghof ist etwa 41 ×27 m groß[122]). Er beträgt also ein Sechstel des äußeren Burghofes.

Die Kernburg (Abb. 205) zeigt die allmähliche Bauentwicklung von der mittelalterlichen Zeit bis zur Zeit Heinrichs VIII. und der Königin Elisabeth.

Ihre ältesten Bauten entstanden unter Heinrich I., Geoffrey de Clinton wird um 1120 als Erbauer des keep genannt[123]), der aber auch einem jüngeren 1170—80 lebenden Geoffrey zugeschrieben wird.

Der runde sogenannte Lunns-Tower an der Nordostecke in der äußersten starken Mantelmauer war ein Werk König Johanns oder seiner Zeit um 1200[124]). Die Ringmauer selbst ist etwa 685,8 m lang[125]). Es hatte also bereits die normannische Burg die ungeheure Ausdehnung der jetzigen Reste.

Eine frühe, gotische Halle, deren Spuren man in dem innersten Burghofe gefunden haben will, ist verschwunden.

1392 errichtete der damalige Besitzer, der große Johann von Gaunt, den Strong Tower, die Banketthalle, die Küchenhalle, die Weiße Halle und die Leicester Bauten[126]), alle an oder in der inneren Burg. Diesen Flügeln schließen sich vielfach umgebaute Wohngemächer an, und hier fügte endlich Heinrich VIII. einen fast völlig verschwundenen Schloßflügel an.

Seine Bauten und die des berüchtigten Günstlings der Königin Elisabeth, Robert Dudley, Earl of Leicester, und wohl fast alle die großen Fenster gehören bereits der Renaissance an.

Unter Heinrich VIII. baute ein Urenkel Clinton in der Nordwestecke angeblich den Schwanenturm sowie im Südosten den Wasserturm und das großartige, zweitürmige Torgebäude, später Mortimers Tower genannt.

Der Grundgedanke der Verteidigungsanlage blieb trotz aller dieser Zutaten unverändert, wenn auch Kenilworth nach der oben angedeuteten Baugeschichte ein Beispiel besonders

---

[122]) Clark: a. a. O. Bd. II, S. 140. — [123]) Ebenda S. 146. — [124]) Ebenda. — [125]) Ebenda S. 131 bis 141. Die Maße des großen Burghofes gibt Mackenzie: a. a. O. Bd. I, S. 356, an mit: 270 yards lang, 174 yards breit (1 yard = 0,9144 m). — [126]) Clark: a. a. O. Bd. II, S. 147.

reicher Entwicklung bietet. Ihre Festigkeit erwiesen die Werke schon unter Heinrich III., als dessen Gegner Simon de Montfort hier eine lange, schwere Belagerung 1265[127]) sieg=reich aushielt, und selbst noch in den Cromwellkriegen.

Die Trümmer Kenilworths, sowohl der großen Banketthalle wie der kleineren Bauten, zeigen neben höchst entwickelter gotischer Formenwelt eine Großartigkeit der Anlage, die kaum zu übertreffen ist.

Der Lageplan (Abb. 49) kündet am besten die große Aufgabe, die der Bauherr dem Kriegsarchitekten stellte, und die Großzügigkeit, mit der dieser die Aufgabe löste.

Zugrunde ging die herrliche Anlage durch die Habsucht der rohen Truppenführer, denen Cromwell die reichen Bauwerke schenkte. Sie ließen die Seen ablaufen, Teile der Gräben auffüllen und zum Verkauf von Holz, Steinen und Blei die Bauten zerstören.

Mit dieser Wasserburg und der Zeit ihrer letzten Erweiterung schließt die Tätigkeit der mittelalterlichen Burgenarchitektur Englands. Es folgt die Zeit der prunkvollen Schloß=bauten.

Übergang zum Schloßbau

Weniger zahlreich sind am Ende des 15. Jahrh. noch völlige Neubauten, die neben weit=gehenden Wohn= und Prachtansprüchen noch eine gewisse Festigkeit zeigen.

Als Beispiel kann Hurstmonceux Castle[128]) (Tafel 36) dienen. Schon die großen Fensteröffnungen neben den Verteidigungstürmen deuten darauf hin, daß zugunsten be=quemer Wohnlichkeit viel der Sicherheit geopfert wurde, der Grundriß zeigt eine schloß=artige Aufteilung.

Unregelmäßig aber auch schloßartig reich gegliedert ist der Grundriß der stattlichen Burg Raby[128a]).

Auf alle Fälle hat die Würde der alten Burgtürme und der gezinnten Mauern einen solchen Eindruck im englischen Volke hinterlassen, daß noch lange die Formen der großen Mehrzahl der schloßartigen Landsitze an burgliche Gedanken anklingen. Mehr oder weniger umgeformte Zinnen als oberer Abschluß der Umfassungsmauer sind auch in der Renaissancezeit ein Kennzeichen englischer Schloßarchitektur geblieben.

Als eine letzte Fortbildung der Burgen kann man vielleicht die Küstenfesten Heinrichs VIII. ansehen, die nicht mehr feste Wohnsitze ritterlicher Familien, sondern Küstenwachen sind, z. B. — schon oben erwähnt — Pen=dennis und St. Mawes.

Rückblick

Am Schlusse der obigen Darstellung liegt der Wunsch nahe, eine planmäßige Einteilung der englischen Burgen=formen zu versuchen. Gegen die Auf=stellung einer solchen spricht für viele Burgen (für die genauere Abgrenzung bestimmter Formgruppen) die Tat=sache, daß weder die im übrigen zahl=reichen Urkunden über Erbauungs=

Abb. 207. Burg Windsor, Engld., Ans. d. shellkeep. B. E.

127) Clark: a. a. O. Bd. II, S. 150ff. — 128) Mackenzie: a. a. O. Bd. I, S. 73ff.; D'Auvergne: a. a. O. Bd. IV, S. 205ff. — 128a) Mackenzie: a. a. O. Bd. II, S. 348ff. — Turner: a. a. O. Bd. II, S. 208. — Carter: a. a. O. Taf. LIII, S. 44.

zeiten, noch die Einflüsse der Bodengestaltung, noch gewisse Grundrißähnlichkeiten endgültig sichere Anhaltspunkte bieten.

Selbst für die Zeit Edward I., dessen Bauten nach 1280 die einheitlichste Grundform bieten, gilt solcher Vorbehalt. Neben dem Kernwerk von Caerphilly, das nach 1270 entstand, neben Harlech, neben Beaumaris (1295), tritt die 1377 errichtete Burg Bodiam in fast derselben Form auf, sodaß man die Burg für 100 Jahre älter ansehen möchte.

Nur schwer und mit gewissen Vorbehalten sind also Grenzlinien zu ziehen. Einmal erhielten die meisten Burgen ihre heutige Form nur allmählich und aus verschiedensten Beweggründen, wobei ältere Bauteile stehenblieben, andernteils erscheinen einzelne, bestimmte Bauteile, wie die keeps und Doppelturmtorwohnburgen, sowohl in regelmäßigen, wie durch die Bodengestaltung ganz unregelmäßigen Anlagen.

Als Beispiele einiger kennzeichnender Arten könnte man unterscheiden:

1. Rundlinge, Erdkegel mit Graben, Kreis und Oval:
   a) Mexborough
   b) Dunster

2. Runder Steinkeep auf Erdrundling:
   a) Berkhampstead
   b) Pickering
   c) Restormel

3. Viereckiger Steinkeep auf Erdrundling:
   a) Guildford
   b) Coity

4. Benutzte römische Anlagen = Keeps in römischen Anlagen:
   a) Pevensey
   b) Richborough
   c) Bowes
   d) Colchester
   e) Portchester

5. Erdrundlinge in späteren Wehrbauten:
   a) Carisbrooke
   b) Huntington
   c) Rockingham
   d) Warwick
   e) Richards
   f) Bamborough
   g) Berkhampstead

6. Ältere keeps in späterer Burganlage:
   a) Tower of London
   b) Dolwyddelan
   c) Dover
   d) Kenilworth
   e) Newcastle-upon-Tyne

7. Eiförmiger Mantelmauerkern in Außenwerken (mit und ohne keep):
   a) White
   b) Ogmore
   c) Ewloe
   d) Corfe
   e) Conisborough

8. „Concentric" - Burgen (Mantelmauerburgen mit Doppeltürmen und Außenwerken):
   a) Helmsley
   b) Middleham
   c) Beaumaris
   d) Harlech
   e) Caerphilly
   f) Bodiam

9. Halb-„Concentric"-Burgen:
   a) Kidwelly
   b) Grosmont

10. Dreiecksburgen:
   a) Richmond
   b) Peveril
   c) Carlisle
   d) Cockermouth
   e) Warkworth
   f) Ludlow

11. Vierecksburgen mit Ecktürmen:
   a) Flint
   b) Goodrich
   c) Nunney
   d) Skenfrith

12. Vieltürmige Burgen:
   a) Caernarvon
   b) Denbigh
   c) Conway
   d) Warwick

13. Völlig unregelmäßige Burgen:
   a) Criccieth
   b) Tintagel
   c) Dartmouth
   d) Barnard
   e) Norham
   f) Berkeley

14. Übergang zum Schloßbau:
   a) Hurstmonceux
   b) Raby

15. Beginn festungsartiger (batterieartiger) Burgen:
   a) St. Mawes
   b) Pendennis

Zum Schluß ist zur Beurteilung der Bauzeiten vielleicht ein Auszug aus den Pipe Rolls lehrreich über die von Heinrich II. erbauten oder vollendeten keeps[129]).

Scarborough	1157—1174	Newcastle	1167—1177	Peak	1172—1176
Windsor	1161—1177	Bowes	1171—1187	Canterbury	1172—1174
Oxford	1165—1172	Richmond	1171—1177	Arundel	1176—1182
Bridgenorth	1166—1173	Chilham	1171—1173	Tickhill	1178—1181

Die keeps des Tower of London und Colchester sollen die einzigen sein, die aus der Zeit Wilhelms des Eroberers stammen[130]). Guildford Castle wurde in der Regierungszeit Heinrichs II. sehr wahrscheinlich auch erbaut [131]).

Die englische Burgenkunde hat eine Menge von Forschern beschäftigt. Eine seltene Fülle von urkundlich sicheren Baunachrichten ermöglicht es, die Errichtung vieler Burgen und ihre Baugeschichte weit genauer festzustellen, wie es unter anderem bei den deutschen Burgen der Fall ist. Denn durch das reiche Schriftwerk, das die normannischen Eroberer zwecks glänzender Zusammenfassung aller Kräfte des Reiches ausarbeiten ließen, ist den heutigen Forschern hier die Möglichkeit gegeben, Bauzeiten und Namen zahlreicher Burgenerbauer festzulegen. Wir finden diese merkwürdige Vereinigung von kriegerischer Gewalt und bürokratischer Zusammenfassung vielleicht nur noch bei den französischen mittelalterlichen Fürsten in höchst entwickeltem Maße, z. B. bei Karl von Anjou, dem Thronräuber des Königreiches Sizilien, von dem wir Hunderte von Akten, sogar mit eigenhändiger Unterschrift, zur Baugeschichte seiner Burgen besitzen. Der Reichtum Englands und seine Abgeschlossenheit hinderten außerdem den Einfall kulturloser, räuberischer Horden, denen Deutschland jahrhundertelang ausgesetzt war, und damit die Zerstörung der kostbaren Burgbauten bis zu Cromwells Zeiten. Durch ihn sind zahlreiche Burgen Englands zugrunde gegangen. Aber obwohl die Kriege zwischen Karl I. und Cromwell unendlich viel verwüstet haben, ist doch England niemals solch barbarischer Zerstörungswut zum Opfer gefallen wie Deutschland zur Zeit des Dreißigjährigen Krieges, oder Frankreich zur Zeit Ludwigs XIV. und der Revolution.

Daher ist der Reichtum an wohlerhaltenen und zum Teil noch bewohnten Burgen in England trotz der geringen vorhandenen Gesamtzahl von angeblich etwa 660[132]) (unter Ausschluß von Schottland und Irland) ein verhältnismäßig großer. Und dieser Bestand weist baukünstlerische Schöpfungen auf, die technisch klare, planvolle Anordnungen mit höchster künstlerischer Gestaltung vereinigen. Die Kriegsbaumeister der mittelalterlichen Burgen Englands gehörten sicher mit zu den größten Meistern aller Zeiten.

---

[129]) Armitage: a. a. O. S. 366. — [130]) Gurney Benham: a. a. O. S. 26f.; Clark: a. a. O. Bd. II, S. 205. — [131]) Ebenda S. 56. Die Burg wird zwar nicht in den Pipe Rolls erwähnt, sondern nur die Stadt Guildford. — [132]) Mackenzie: a. a. O. Bd. I, Preface IX.

Irische Burgen

Gesamtüberblick

Die irische Insel war bereits in vorgeschichtlicher Zeit mit burglichen Bauten übersät, deren wechselnde Formen uns durch unzählbar erhaltene Reste von steinernen und Erdringwällen oder Rundhügeln überliefert sind.

Trotz aller Forschungen ist ihr Alter meist nicht genauer feststellbar. Ausgrabungen haben ergeben, daß irische Ringwälle von der mittleren Bronzezeit bis ins 17. Jahrh. benutzt wurden. Solche Werke werden in geschichtlicher Zeit vom 1. bis 12. Jahrh. erwähnt. Ihre Erbauer sind Könige und Herrscher über größere Gebiete, aber auch kleinere Grundherren gewesen, die nur ihren persönlichen Besitz und Wohnsitz verteidigungsfähig machen mußten.

Damit ist die verblüffend große Zahl der Wehrbauten zu erklären. An 30000 sogenannter „forts" sind nachweisbar, nach Größe, Form und Ausführungsart sehr verschieden. Manche bestehen nur aus einem Ringwall, aus aufgeschütteter Erde, manche zeigen bis zu fünf, sechs und mehr Wallringe. Erdwerke, Trockenmauerwerk und gewaltige Steinwälle erscheinen gleichzeitig. Manche Erdkegelburgen zeigen Höhen von 6—15 m, der obere Durchmesser schwankt zwischen 10—46 m[1]). Ein Beispiel ist der von Dun Aengus auf der North-Aran-Insel (Galway) erbaute Wall, der als bedeutendstes „fort" Europas gilt[2]).

An Mauerwerk zeigen sie „rude stonework" (rohes Bruchsteinmauerwerk) — Zyklopenwerk, beides schon in frühen forts „Hammer-work" —, roh hammerrecht behauene Steine, und andere Ausführungen[3]).

Diese Wehrbauten werden sehr verschieden bezeichnet: „rath" = befestigte Wohnung eines altirischen Häuptlings; „dun" (irisch) = Hügel, Berg, Bergfeste, Burg; „fort" = Schanze, Ringwall; „caher", „abatis" = Verhau[4]). Alle Bezeichnungen werden nebeneinander angewandt. Alle treffen für mittelalterliche Burgen, für die „castles", nicht zu.

Ein gewisser Zusammenhang besteht aber zwischen beiden Arten Wehrbau. Diejenigen alten Burgstellen, an von Natur unzugänglichen Orten, auf Inseln, steilen Höhen oder auf den vom Meer umspülten Uferfelsen, behielten auch im Mittelalter ihre Bedeutung. Hier wurden in die frühen Werke — in die Ringwälle — Wohntürme (keeps) gebaut, oder die Wälle wurden durch Mauern und Türme verstärkt.

So baute König Torlough O'Brien nach 1287 einen festen Turm auf eine kleine Insel in frühe Werke im Inchiquin Lough, in Clare (Abb. 208), andere Seen in derselben Grafschaft umschließen ähnliche Bauten[5]).

Noch im 13. Jahrh. wurde auch das bedeutende Desmond Castle zu Adare in Limerick in ein altes Erdwerk gebaut[6]).

Solche Beispiele ließen sich leicht vermehren. Allein in der Grafschaft Limerick finden wir neben 2000 vorgeschichtlichen „forts"[7]) etwa 400 mittelalterliche Burgen, die zum

[1]) Westropp: Anc. forts of Ireld. S. 588; Leask: Burgw. 1937, S. 55. — [2]) Journ. Roy. soc. ant. of Ireld. 1901, XI, S. 308, gibt an: Wallhöhe 18, 13 dick, erb. in 3 Absätzen, Durchmesser 150—140. Ringsum Steinmeer. — [3]) Westropp: a. a. O. S. 581. — [4]) Muret-Sanders: Engl.-deutsch S. 565, 258, 301, 2. — [5]) Westropp: a. a. O. S. 631. — [6]) Ebenda. — [7]) Westropp: a. a. O. S. 588.

großen Teil unter Wiederbenutzung älterer, fester Anlagen entstanden sein mögen. Die meisten älteren forts wurden aber wohl allmählich verlassen.

Verlassen wohl hauptsächlich nach Zerstörung durch Feindeshand in den unaufhörlichen inneren Kämpfen, die bis in die Neuzeit Irland immer wieder erschüttern und die Zusammenfassung einer starken, einheitlichen Macht, die ihren sichtbaren Ausdruck in großen und starken Wehrbauten gefunden haben würde, verhinderten.

H. G. Leask vertritt folgende Ansicht:

Der Burgenbau war vor Einbruch der Normannen keine irische Gewohnheit, auch verschiedene Jahrhunderte später noch nicht; so tritt nach dem Bau der großen normannischen Burgen im 12. und 13. Jahrh. eine große Pause ein.

Freilich ist die Zeitbestimmung sehr schwierig. Einzelne burgliche Bauten der Spätzeit werden noch im 17. Jahrh. gebaut. Dagegen sind Ringwälle durch Ausgrabungen — zum Teil sogar als aus der mittleren Bronzezeit stammend — festgestellt. Ringwälle (sehr viele) sind noch im Gebrauch im 8. bis 10. Jahrh. Legenden und Annalen erwähnen sie in geschichtlicher Zeit vom 1. bis 12. Jahrh. und später[8]).

Dann brachen die ersten normannischen Eroberer, wie Strongbow und andere, in Irland ein und beherrschten allmählich Ossory, Dublin, Neath und Down[9]).

Größere Steinbauten entstehen danach erst unter dem Einfluß der dänischen und normannischen Eroberer, die vom Anfang des 9. Jahrhunderts ab zuerst als einzelne Abenteurer, später unter normannischen und englischen Königen als zielbewußte Eroberer Irland teilweise beherrschten.

Gegen die Errichtung größerer Zwingburgen bestand eine Abneigung. Von deren Errichtung fürchteten die Iren die dauernde Bedrohung ihrer Freiheit. Sicherer sei der König in der Mitte seiner Untertanen, seiner Krieger, als in den Mauern einer Burg, die, vom Feinde erobert, das Mittel zu seiner Unterdrückung werden könne. Freilich bestand die irische Freiheit bis zum 15. Jahrhundert anscheinend oft genug in fortwährendem, gegenseitigem Kampf, Mord und Totschlag, Blendung und Verrat[10]).

Neben solchen völkischen und politischen Einflüssen war die Art des Burgenbaues örtlich bedingt durch die Gestaltung der Landschaft, die bald wild-felsige Baustellen an den Meeresküsten, bald Schutz durch unendliche Sümpfe und Moore, bald weite Wasserflächen der Seen bot, auf deren Inseln Burgen errichtet wurden.

Finden wir auch anscheinend wenig eigentliche Wasserburgen, so spielten in dem durch Sümpfe und Seen sehr wegearmen Land die für Heerstraßen brauchbaren wenigen Furten durch Moore und über Flüsse und später die Brücken eine bedeutende Rolle. Es gab daher eine auffallend große Zahl von Brückenburgen, die in allen Kämpfen, zum Teil noch in den Cromwellkriegen, wichtig wurden. Wir werden sehen, daß auch die großen Stadtburgen in Limerick, Trim, Drogheda, selbst in Dublin, ursprünglich nahe den beherrschenden Brücken lagen und wohl zu deren Sperrung errichtet wurden.

Ausdrücklich wird das schon sehr früh erwähnt bei der Nennung der Burg des Königs Turlough, Athlone am Shannon (Abb. 210). Jedes Jahr habe er dort eine Brücke über den Fluß erbaut, die er mit einer Burg (Brückenkopf?) befestigte, um seine Raubzüge in das Gelände von West Meath ausführen zu können. Viermal: 1120, 1129, 1140 und 1155 erbaut, wurde sie jedesmal nach einigen Jahren wieder zerstört[11]).

Der wichtige Übergang wurde auch zur Normannenzeit neu befestigt, und zwar 1210 durch den Justitiar John de Gray[12]). Damals wurde der achteckige keep errichtet, ein

[8]) Leask: Burgwart 1937, S. 53ff. — [9]) Nachweis bei Orpen: Ireld. und. Norm. Er nimmt an, daß diese Einbrecher „mote" und „baileys" bauten. Westropp und Orpen sind freilich verschiedener Meinung. Orpen schreibt die „motes" den Normannen zu, und zwar den ersten 50 Jahren ihrer Anwesenheit. — [10]) Orpen: a. a. O. Bd. I, S. 39ff. — [11]) Orpen: a. a. O. Bd. I, S. 42. — [12]) Armitage: Early norm. castles S. 323, 333.

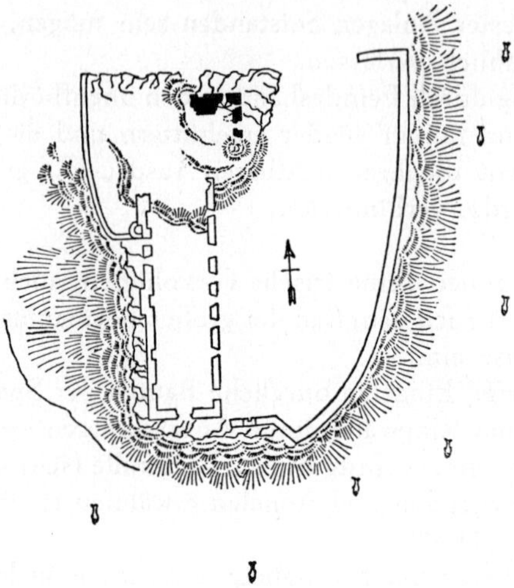

Abb. 208. Inselbg. i. Inchiquin See, Co. Clare, Irld., Turmrest, Wohnt. u. Vorwerke, Ruine, Grdr. 1 : 1000. B. E. nach Journ. of R. S. A. I. 1901.

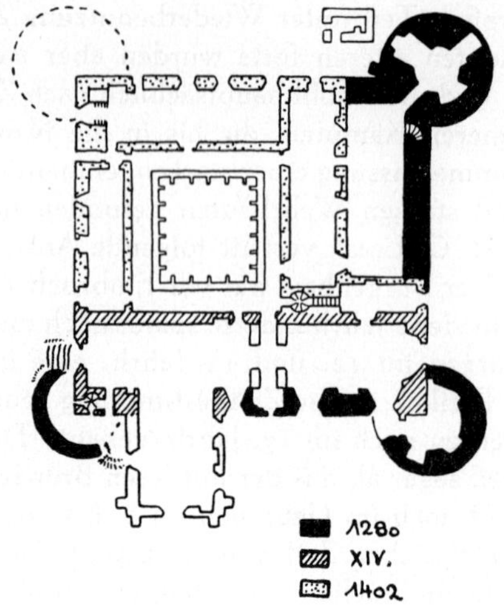

Abb. 209. Befest. Kloster Quin Friary, Co. Clare, Irld., ältere Viereckbg. mit 4 rd. Ecktürmen. Grdr. 1 : 1000. B. E. nach Westropp.

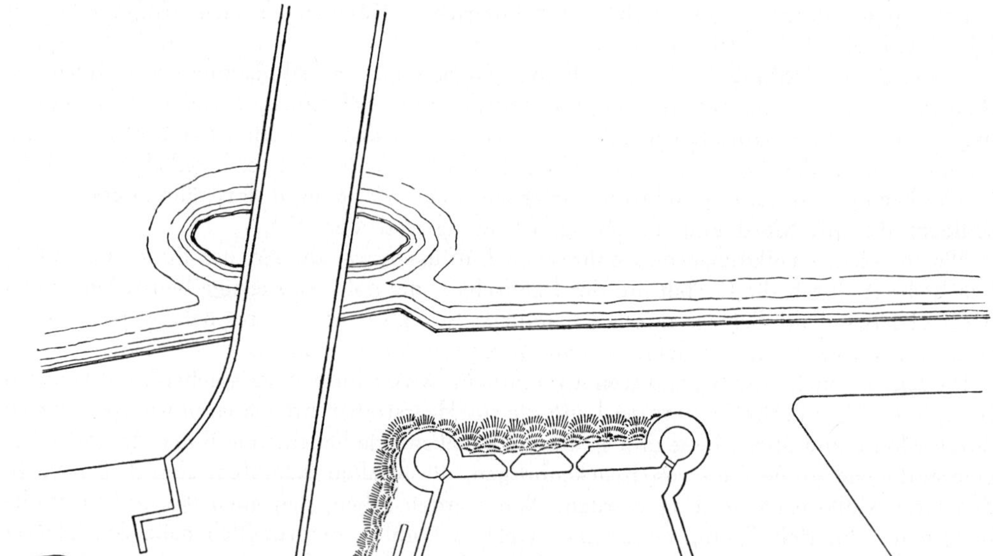

Abb. 210. Brückenbg. Athlone, Co. Roscommon, Irld., normann. keep u. spätere Außenwerke, beherrscht Paß zw. Connaught u. Meath, Gesamtgrdr. 1 : 1000. B. E. nach Journ. of R. S. A. I. 1907.

Burg Hurstmonceux, England

Burg Carrickfergus, Irland

Steinbau auf hohem Erd= oder Felsenhügel unmittelbar neben der Brücke. Auch diese selbst wurde durch den Conoughtower verteidigt[13]). Noch 1691 wird die Burg in einem Plan der damaligen Belagerung dargestellt[14]). Unterhalb Athlone dehnte sich damals ein 50 Meilen langer und 2—3 Meilen breiter Sumpf aus.

Weitere Brückenburgen werden unten erwähnt.

Im allgemeinen liegen die irischen Burgen selten so günstig, daß die Natur den Haupt=schutz durch steile Felsen und Höhen geboten hätte. Neben den oft kühnen schottischen Bauplätzen können nur wenige irische genannt werden.

Selbstverständlich ist bei Wehrbauten auch in Irland der Einfluß groß, den der jeweils vorhandene Baustoff auf Größe, Formen des Ganzen und einzelner Glieder, Verzierungen, Gewölbe und Balkendecken ausübt. Diese Einflüsse sind überall in Europa gleich spürbar und selbstverständlich. Sie sind nicht entfernt ihrer Bedeutung ent=sprechend gewürdigt, obwohl sie fast so stark wie die der rassischen Zugehörigkeit der Erbauer sind.

Einfluß übte auch die Kirche aus. Wir finden z. B. in Quin Friary, Grafschaft Clare (Abb. 209), und in anderen Bauten nahe Anlehnung von Klöstern und Gotteshäusern an burgliche Bauten. Klöster treten auch als Bauherren auf, so daß Baugruppen entstehen, die entfernt an (spätere?) schottische Werke, wie Linlithgow, oder bei Athasshell, Co. Tipperary, an deutsche Ordensburgen erinnern[15]).

Merkwürdig ist es, wie oben erwähnt, daß in einem so wasser=, moor= und sumpfreichen Lande nicht mehr ausgesprochene Wasserburgen zu finden sind, wie wir sie in Westfalen und den Niederlanden so zahlreich antreffen.

Der irische mittelalterliche Burgenbau durchlief im übrigen die Entwicklung wie der schottische. Irlands keltische Bewohner waren, wie die Angelsachsen und Welschen Eng=lands, vom 9. Jahrh. ab den Einfällen und Eroberungen durch Dänen und Normannen ausgesetzt, von denen sie sich erst gegen Mitte des 12. Jahrhunderts zeitweise befreien konnten. Von einem planmäßigen Burgenbau dieser Fremdlinge hören wir nichts Be=stimmtes.

Fünf irische Königreiche bildeten sich damals, die aber von 1169 ab unter dem An=sturm der Engländer durch Strongbow, Heinrich II. und unter dessen Nachfolgern zu=sammenbrachen. Die Normannen waren dann auch in Irland die Lehrmeister des Burgenbaues.

Entsprechend den Fortschritten ihrer Eroberungen wurden von diesen Siegern Erdkegel=burgen (mottes) errichtet und bald durch steinerne Burgen ersetzt. Vorher zählte man an steinernen Hochbauten auf der Insel nur etwa hundert frühe bei Kirchen und Klöstern errichtete Rundtürme, die als Glockentürme und Zuflucht für die Geistlichkeit gedient haben dürften[16]).

Wie bedeutend dagegen der Burgenbau im 12. und 13. Jahrh. wurde, zeigt folgende Übersicht[17]).

Burgen der Normannenzeit in Irland (fünf Klassen, nicht ganz genau):

Burgen mit rechteckigem keep, freistehend im Hof oder als Teil der Ringmauer:

Beispiele:
1. Carrickfergus, Co. Antrim, Ende 12. Jahrh.
2. Trim, Co. Meath, 12. und 13. Jahrh.
3. Adare, Co. Limerick, 13. Jahrh.
4. Maynooth, Co. Kildare, 13. Jahrh. und später.
5. Athenry, 13. Jahrh.

---

13) Journ. Roy. soc. ant. of Ireld. 1890/91, I, S. 375; ebenda 1907, XXXVII, S. 257ff. — 14) Beeverell: Del. d. l. Gr.Bret. & d. l'Irld. Bd. VIII, S. 1615. — 15) Journ. Roy. soc. ant. of Ireld. 1909, XXXIX, S. 279ff. — 16) Siehe dazu Armitage: a. a. O. S. 323ff. — 17) Die Zusammenstellung entnehme ich Mr. H. G. Leask, Inspector of ancient monuments im Freistaat Irland s. Burgw. 1937, S. 56.

Burgen mit rundem oder vieleckigem keep im Hof oder in der Ringmauer:

Beispiele: 1. Dundrum, Co. Down, Ende 12. Jahrh.
2. Shanid, Co. Limerick, 13. Jahrh.
3. Nenagh, Co. Tipperary, 13. Jahrh.
4. Castleknock, Co. Dublin, 13. Jahrh.
5. Athlone, Co. Westmeath, 13. Jahrh. und später.

Quadratische und rechteckige keeps mit runden Türmen an jeder Ecke:

Beispiele: 1. Ferns, Co. Wexford (viereckig mit 4 runden Türmen),
2. Enniscorthy, Co. Wexford,
3. Carlow, Co. Carlow,
4. Lea, Co. Offaly,
5. Quin, Co. Clare,
alle aus dem 13. Jahrh.

Große Burgen ohne keep, dafür Ringmauern mit Toren, Mauer- und Ecktürmen, die mehr oder weniger rechteckige Flächen umschließen.

Beispiele: 1. Dublin, 13. Jahrh., Stadtburg.
2. Limerick, 13. Jahrh., Stadtburg.
3. Kilkenny, 13. Jahrh., Stadtburg.
4. Roscommon, Ende 13. Jahrh.
5. Ballymote, Co. Sligo, 13. Jahrh.
6. Roscrea, Co. Tipperary, 13. Jahrh.
7. Ballintubber, Co. Roscommon, Ende 13. Jahrh.
8. Liscarroll, Co. Cork, Ende 13. Jahrh.
9. Ballyloughan, Co. Carlow, 13. Jahrh.
10. Castleroche, Co. Louth, 13. Jahrh.

Ungewöhnliche Grundrißbildungen.

Beispiele: 1. Carlingford, Co. Louth, frühes 13. Jahrh.
2. Castleconnell, Co. Limerick, zweifelhaft, wahrscheinlich 13. Jahrh.
3. Ballylahan, Co. Mayo, 13. Jahrh.
4. Dunamase, Co. Queens, 13. Jahrh. und später.
5. Rindúin, Co. Roscommon, 13. Jahrh.
6. Greencastle, Co. Down.
7. Cloughoughter, Co. Cavan.
8. Swords, Co. Dublin, 13. Jahrh.
9. Dunluce, Co. Antrim, Teil 13. Jahrh.

Diese Liste enthält nach Leask alle bemerkenswerten Burgen der normannischen Zeit[18]).

Irische Burgenbeispiele des 12.—15. Jahrh.

In den wichtigsten städtischen Orten erfolgte wohl zuerst der Bau von Steinburgen. Von den genannten wollen wir einige betrachten, zuerst die Burg Carrickfergus[19]) (Abb. 211).

Der Ende des 12. Jahrh. (zwischen 1180 und 1205) begonnene Bau[20]) liegt im Meere auf felsiger Halbinsel an der Nordküste des Belfast Lough. Die Burg wurde als eine der ersten Steinburgen von den Anglo-Normannen erbaut. Der keep, der nicht auf der äußersten Spitze steht, ist mit 18×17 m Grundfläche und 27,5 m Höhe der größte rechteckige in Irland. Seine Gestaltung folgt dem alten normannischen Vorbilde von Rochester usw., starke Umfassungsmauern, Zweiteilungsmauer im Innenraum, Brunnen im Keller und angebaute Treppe, in den Mauerstärken Wendeltreppen, Kamine, Aborte und Nischen (Tafel 37).

[18]) In dieser Abhandlung sind nur einzelne der Leaskschen Burgen ausführlicher besprochen, dagegen sind auch andere dargestellt, die Leask in seiner Übersicht nicht aufgenommen hat. — [19]) Guide to Carrickfergus C. — [20]) Durch John De Courcy oder Hugh De Lacy, s. Guide to Carrickfergus C. S. 5; Journ. Roy. soc. ant. of Ireld. 1905, XXXV, S. 315ff.; Orpen: a. a. O. Bd. II, S. 255.

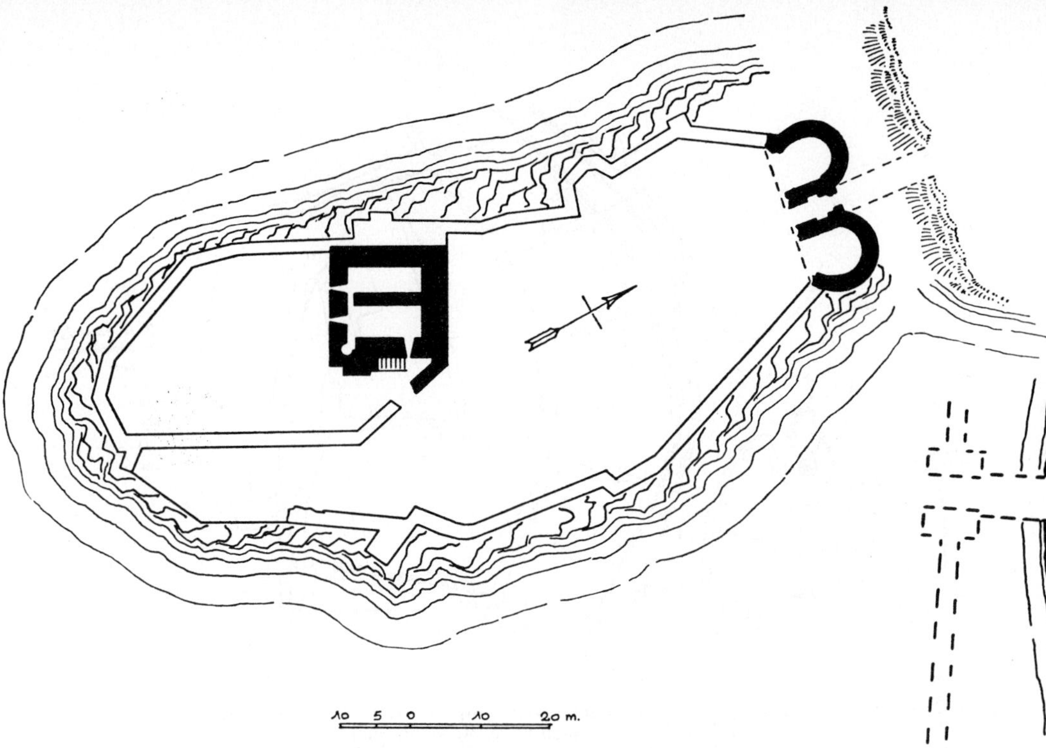

Abb. 211. Küstenbg. Carrickfergus, Co. Antrim, Irld., Steinbg. d. Anglonorm., Grdr. 1 : 1000. E. B. nach Leask.

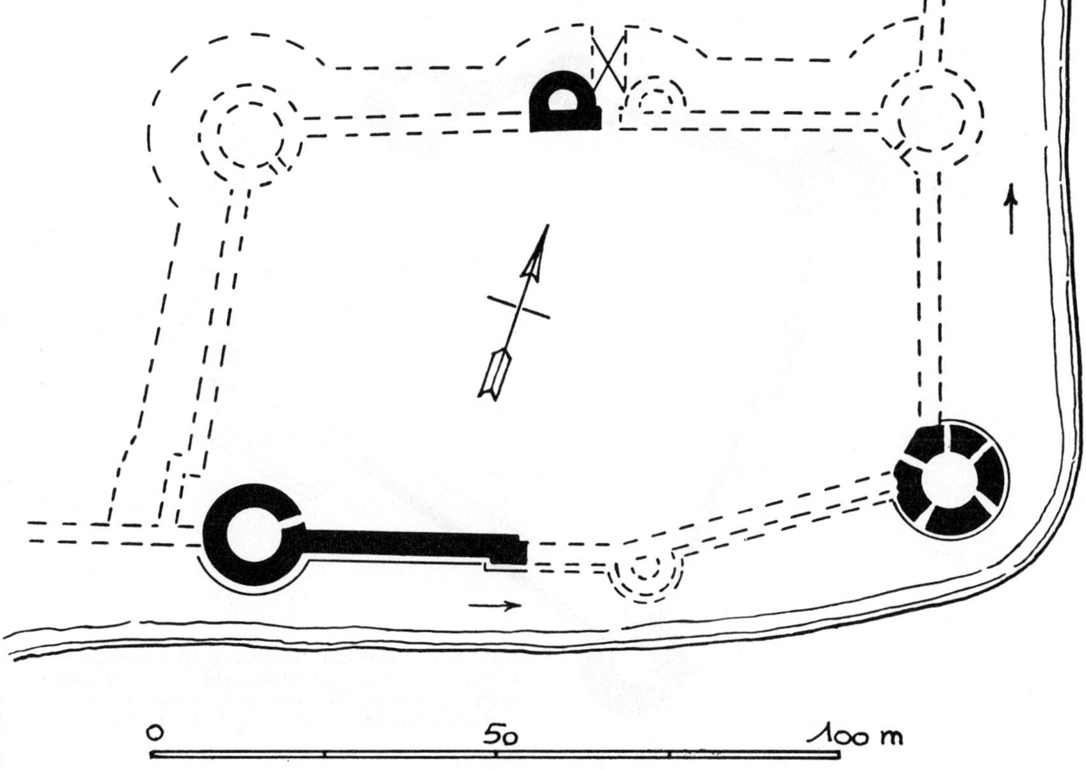

Abb. 212. Wasser- u. Stadtbg. Dublin, Co. Dublin, Irld., Mantelm. mit 5 Türmen u. Doppelrundturmtor, Zustand i. Mittelalter, Grdr. 1 : 1000. B. E. nach Journ. of R. S. A. I. 1905, 1923, 1928.

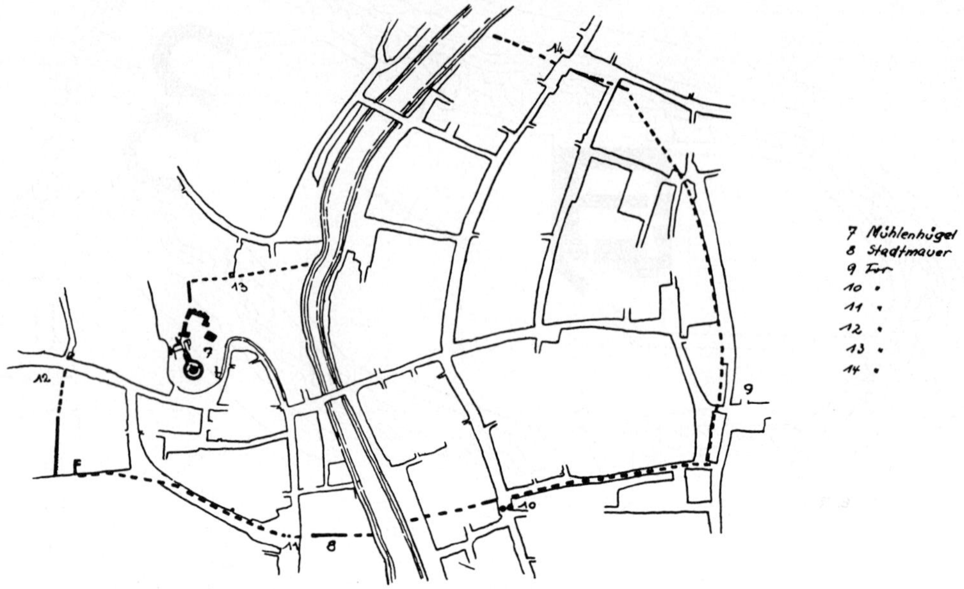

Abb. 213. Stadtpl. v. Drogheda, Co. Louth, Irld., mit Stadtbg. als Brückensperre auf d. „Mühlhügel". B. E. nach Pl. v. Archäol. Inst.

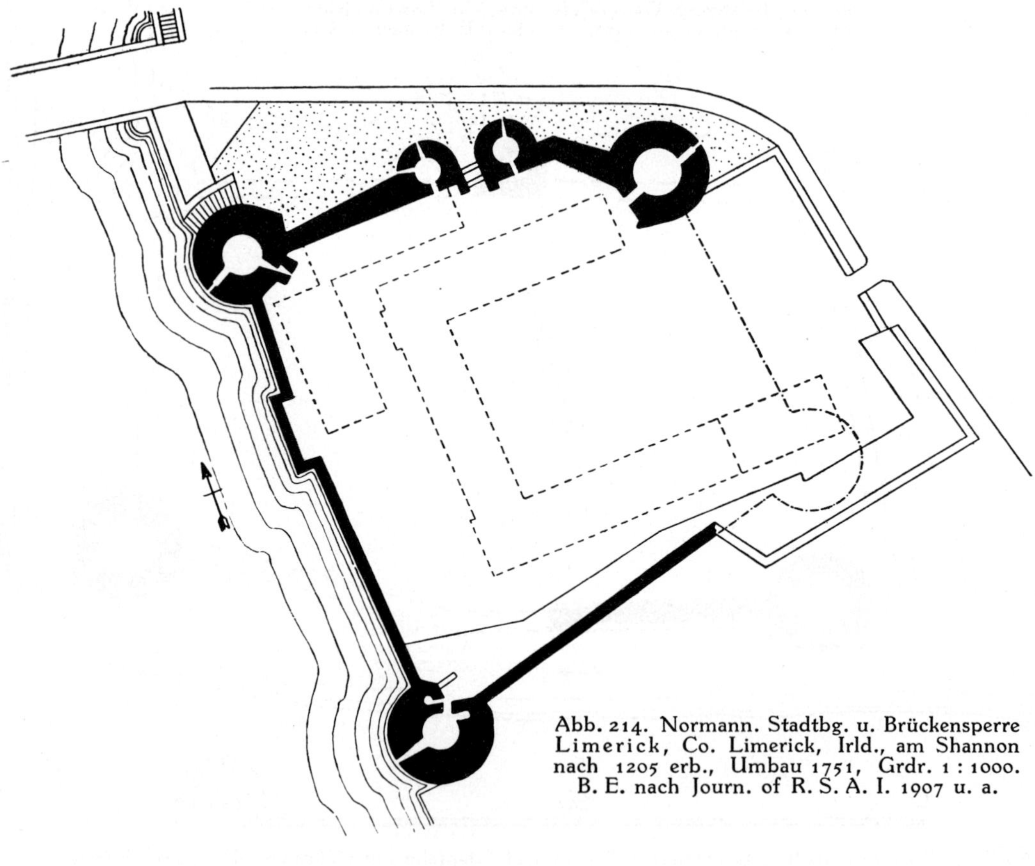

Abb. 214. Normann. Stadtbg. u. Brückensperre Limerick, Co. Limerick, Irld., am Shannon nach 1205 erb., Umbau 1751, Grdr. 1 : 1000. B. E. nach Journ. of R. S. A. I. 1907 u. a.

Zwischen ihm und der Felsspitze liegt der unregelmäßige, innerste Burghof, durch 2 m starke Mauern von der äußeren 120×50 m großen Vorburg getrennt. Deren viel verbaute Außenwehren folgen dem Felsumriß. Die schmale Nordspitze hängt rund 25 m breit mit dem Festland zusammen, gegen dieses gesperrt durch ein Doppelrundturmtor und tiefen Halsgraben[21]).

Der schon 834 genannte Ort Dublin[22]) war noch drei Jahrhunderte lang ein Spielball der Wikinger, Norweger, Dänen und Iren, bis der Normanne Strongbow, Earl of Pembroke, die Stadt eroberte.

In alten Plänen wird die von König Johann (1199—1216) errichtete Burg als ein längliches Viereck von rund 106×65 m Größe dargestellt. Der Befehl Johanns zum Burgenbau an den Justitiar von Irland Meiller Fitz-Henri erfolgte auf dessen Brief von 1205. Der König sagt darin: "But, you are first to finish one tower ..."[23]) Man wollte also zunächst durch einen Turm die Baustelle gegen plötzliche Überfälle sichern. Vollendet wurde die Burg anscheinend erst 1213[24]) durch den Erzbischof Loundres von Dublin (Abb. 212).

Eine Ansicht von 1581 zeigt den Eingang zur Burg, der über eine Brücke führt, das Tor liegt zwischen starken Türmen. Ein Fallgatter ist dargestellt und über dem halbrunden Torbogen ein gezinnter Wehrgang mit Senkscharten (Maschikuli). Eine Beschreibung von 1766 kennzeichnet den Bau noch näher[25]). Danach führte der Weg von der Stadt aus an der Nordseite über eine Zugbrücke zwischen zwei starken Rundtürmen hindurch (beide Türme waren 1766 schon niedergerissen), Fallgatter fehlten nicht. Innen standen dem Tore zwei schwere Geschütze, die es beherrschten, gegenüber. Von dem westlichen Torturm zog sich eine hohe Mantelmauer an der Burgstraße entlang bis zu einem im 17. Jahrh. Cork Tower genannten Turm an der Nordwestecke[26]). Von hier aus verlief eine gleich hohe Mantelmauer nach Süden bis zum Berminghamtower, dem stärksten Turm der Burg, und weiter nach Osten bis zum Wardrobe Tower, der 17 m Durchmesser hat. Zwischen beiden wurde die Mauer durch einen kleineren Turm verstärkt. Weiter wird noch ein Storehousetower genannt, von dem die Mauer bis zum Haupttor zurücklief. Fast alle diese Werke sind verschwunden.

Walter Harris erwähnt noch einen breiten, tiefen Graben, zum Teil mit Wasser durch die Flut und den River Dodder gefüllt, ferner zwei kleine Ausfallpforten. Seit 1224 wird ein Burgkaplan, später auch eine große Halle erwähnt. Über den Bauzustand wird dauernd geklagt. Abb. 95 gibt einen Begriff der Stellung der Burg im Stadtplan[27]).

Übrigens waren auch die ebenfalls von Johann erbauten Burgen Trim, Kilkenny, Limerick und Drogheda Stadtburgen. Alle fünf beherrschen zugleich Flußübergänge.

Die bedeutendste dieser Burgen war die Stadtburg von Limerick[28]) (Abb. 214) an der wichtigen Hauptbrücke über den Shannon, an dessen beiden Seiten sich heute die Stadt ausdehnt. Ihrer günstigen Lage am schiffbaren Strom entsprechend, war Limerick von jeher ein bedeutender Handelshafen. Schiffe bis 1000 Tonnen können bis hierher, 120 km vom Meere aus, den Fluß hinauffahren[29]).

Limerick wurde um 1195[30]) durch die Normannen wieder erobert, nachdem schon seit 1171 wiederholter Besitzwechsel zwischen Iren und normannischen Kriegern stattfand. Damals war vielleicht von den Normannen schon eine Erdkegelburg errichtet worden —

---

[21]) Guide to Carrickfergus C. S. 16; Joyce: Soc. hist. of anc. Ireld. II, S. 69. — [22]) Howe: Castl. & Abbeys S. 33; Journ. Roy. soc. ant. of Ireld. 1931, LXXXVIII, S. 328ff.; Beeverell: a. a. O. Bd. VIII, S. 1535ff. — [23]) Howe: a. a. O. S. 33; für die Besonderheit der Lage der irischen Stadtburgen vgl. „Stadtburgen" in Abschnitt „Burgenarten". — [24]) Orpen: a. a. O. Bd. II, S. 307. — [25]) Howe: a. a. O. S. 33 nach Walter Harris. — [26]) Ebenda: Cork Tower, weil nach 1624, nach einem Einsturz, vom Earl of Cork wieder aufgebaut. — [27]) Howe: a. a. O. S. 34; Journ. Roy. soc. ant. of Ireld. 1905, XV, S. 96; ebenda: 1923, LIII, S. 34ff.: eingehende Beschreibung der Kapelle. — [28]) Westropp: Anc. Castles of Limerick Nr. 5, S. 75. — [29]) Howe: a. a. O. S. 249. — [30]) Westropp: Anc. Castles of Limerick Nr. 5, S. 75.

stärker als die keltischen „forts" —, die meist kleine Ringwälle waren, von denen Westropp allein für die Grafschaft Limerick 2150 zählt, Befestigungen, die kaum mehr als 50 m Durchmesser und 3—6 m Wallhöhen haben[31]).

Der Bau einer Steinburg folgte erst einer abermaligen Eroberung durch die Iren nach 1197, und zwar wird kennzeichnenderweise der „Bridge" Tower als der älteste Teil betrachtet. Der Brückenschutz war auch hier, wie so vielfach in Irland, die wichtigste Aufgabe der Burg. 1216, 1227 und 1272 hören wir von Ausbesserungen. Der heute noch vorhandene Burgbau stammt wahrscheinlich aus dem Anfang des 13. Jahrh. 1226 war die Burg die einzige der Gegend, die noch in der Gewalt des englischen Königs war.

Wächter der Brückentürme und Bogenschützen daselbst werden 1272 genannt. 25 Jahre später wird eine starke Mauer gebaut.

Ununterbrochene Kämpfe tobten 1326, 1332 und 1369. Trotzdem hören wir 1322, 1326 und 1417 von größeren Bauarbeiten. 1611 werden schwere Unterspülungen durch den Strom gemeldet[32]).

Die häufigen Zerstörungen der Stadt und Burg, die Belagerung von 1691 und der Umbau zur Kaserne 1751 haben den Bau stark verändert, aber ihre malerische Größe nicht ganz vernichten können[33]). Die Burg nahm die Nordwestecke der Stadtmauer ein, alle vier Burgecken waren durch Rundtürme befestigt. Die Mantelmauer und fünf starke Türme, von denen zwei das Haupttor einschließen, sind erhalten.

Die größte Mauerstärke zeigt die Burg an der Nordseite, die quer zum Shannon errichtet ist. An ihr entlang führt die Straße zur Brücke. Wir dürfen annehmen, daß sie durch Torzwinger gesperrt werden konnte.

Zwei mächtige Türme verstärken die Nordost= und Nordwestecken der starken Mantelmauer, in deren Mitte zwischen zwei Halbrundtürmen das schöne Haupttor sich nach Norden öffnet. Der Nordwestturm, der Brückenturm, ist durch Beschießung stark beschädigt, der Nordostturm der besterhaltene Teil des Baues.

Die Mauer am Shannon entlang ist bedeutend schwächer, ihr Südende aber durch einen besonders mächtigen Turm verstärkt. Wieviel vom Rest der Ringmauer noch der normannischen Zeit angehört, wurde durch Umbauten schwer feststellbar, nur ein älteres Stück Mauerwerk zieht sich westwärts. 1611 wurde an der Südostecke eine Bastion errichtet[34]).

Die Grafschaft Limerick war überreich an Burgen. Im vorigen Jahrhundert wurden dort über 100 Burgruinen gezählt[35]).

Eine Stadtburg nordwestlich von Dublin ist auch Trim[36]) (Abb. 217). Die äußere Mantelmauer zeigt fünf halbrunde Schalentürme und der Stadt zu einen viereckigen Torturm. An der Nordecke, am Boynefluß, steht noch ein starker Viereckturm mit einer Ausfallpforte.

Am besten erhalten ist der keepartige Bau, angeblich von Heinrich II. um 1210 erbaut (Abb. 216), aus dessen quadratischem, innen wie üblich zweiteiligem, etwa 19×19 m messenden Kern nach allen Seiten kleine aber höhere Türme vorspringen. Drei sind vom Innern aus durch sehr merkwürdige rechtwinklig gebogene Gänge zugänglich[37]). Auf eine Verwandtschaft mit dem keep der englischen Burg Warkworth in Northumberland ist bereits hingewiesen.

Die vielen Zerstörungen beweisen die Wichtigkeit dieses Flußüberganges. Aus den Jahren 1108, 1143 und 1203 werden solche berichtet, die also schon vor dem Steinbau Heinrichs II. stattfanden. 1215 von der Familie de Lacy wieder aufgebaut[38]), wird Trim

---

31) Derselbe: Anc. forts of Ireld. S. 58. — 32) Derselbe: Anc. Castles of Limerick Nr. 5, S. 76ff. — 33) Beeverell: a. a. O. Bd. VIII, S. 1506f. — 34) Westropp: Anc. Castles of Limerick Nr. 5, S. 79. — 35) Chambers Encycl. VI, S. 136. — 36) Armitage: a. a. O. S. 346. — S. Abschn. „Burgenarten". — 37) D'Auvergne: Engl. C. S. 12. — 38) Armitage: a. a. O. S. 346; Journ. Roy. soc. ant. of Ireld. 1906, XXXVI, S. 449.

1650 durch Cromwell erobert, der diesen Punkt ebenso wie die früheren Eroberer beherr= schen mußte[39]) (Tafel 38).

Zu den Stadtburgen dieser Gegend — zwei Meilen über der Mündung des Flusses Boyne ins Meer — gehört die schon 1203 als „Vogtei der Brücke" (custody) und 1218 als Stützpunkt des Walter de Lacy erwähnte Burg Drogheda, Grafschaft Limerick. Leask betont, daß in Drogheda nahe der Küste die Normannen einen älteren tumulus benutzten, einen steilen Hügel, 9 m hoch mit flacher Spitze von 10 m Durchmesser, umgeben von einem Graben und einem Wall oder Damm[40]).

Erhalten sind in Drogheda Ruinen eines kreisrunden keep und hufeisenförmiger Neben= bauten (Abb. 213) an erhöhter Stelle über der wichtigen Brücke. Schöne zweitürmige Stadttore, darunter das St. Lawrencisgate und Bruchsteinmauerwerk beweisen die ehe= malige Stärke des Platzes[41]).

Am Fluß Maigue, der sich unterhalb Limerick in den Shannon ergießt, liegen die Reste einer Abtei und einer im 12. bis 13. Jahrh. erbauten, 1226 dem Geoffry de Mareys ge= hörigen, 1334 von John Darcy wieder hergestellten Burg Adare, die unmittelbar am Flusse liegt, dessen Wasser die Gräben füllen[42]) (Abb. 48).

In der innersten Burg, die durch Graben, Mantelmauer und Torturm mit Zugbrücke von der Vorburg und dem Nordostvorland abgetrennt war, steht der viereckige keep, kennzeichnend normannischer Bau auf älterem Erdkegel „rath"[43]).

Die starke, wehrgangbekrönte Mantelmauer zeigt viele Scharten. Die weite Vorburg wird an der langen Südseite durch den Fluß, gegen Westen und Osten durch starke Mauern mit schartenartigen Wehrgängen geschützt.

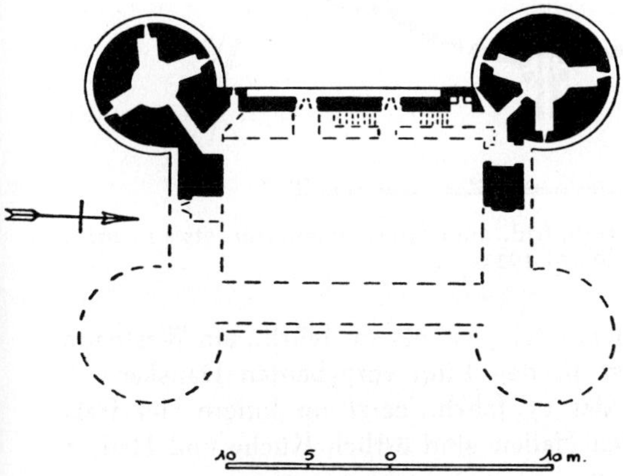

Abb. 215. Uferbg. u. Brückensperre Carlow, Co. Carlow, Irld., am Barrow, franz. Einfl., Grdr. 1 : 500. B. E. nach Leask.

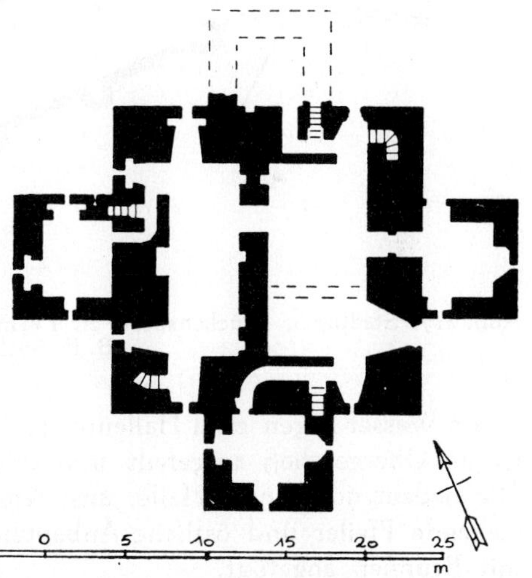

Abb. 216. Stadtbg. u. Brückensperre zu Trim, Co. Meath, Irld., keep mit 4 späteren Seitenbestr.= Türmen, Grdr. 1. Obergesch. 1 : 500. B. E. nach Arch. Journ. 1931.

39) Journ. Roy. soc. ant. of Ireld. 1907, XXXVII, S. 123ff. (Orpen: Motes and Norman castles in Ireland). — 40) Orpen: Ireld. und. Norm. Bd. II, S. 79, 119, 261; Journ. Royal soc. ant. of Ireld. 1908, XXXVIII, S. 246ff. — Leask a. a. O. — 41) Maher i. Journ. Royal soc. ant. of Ireld. 1934, S. 41ff.; Beeverell: a. a. O. Bd. VIII, S. 1566f. — 42) Orpen: a. a. O. Bd. II, S. 169; Beeverell: a. a. O. Bd. VIII, S. 1507; Westropp: Anc. Castles of Limerick Nr. 5, S. 68; Journ. Roy. soc. ant. of Ireld. 1907, XXXVII, S. 30 (Westropp). — 43) Ebenda: nach Westropp wurden in diesem Waffen und Altertümer des 9. Jahrh. gefunden.

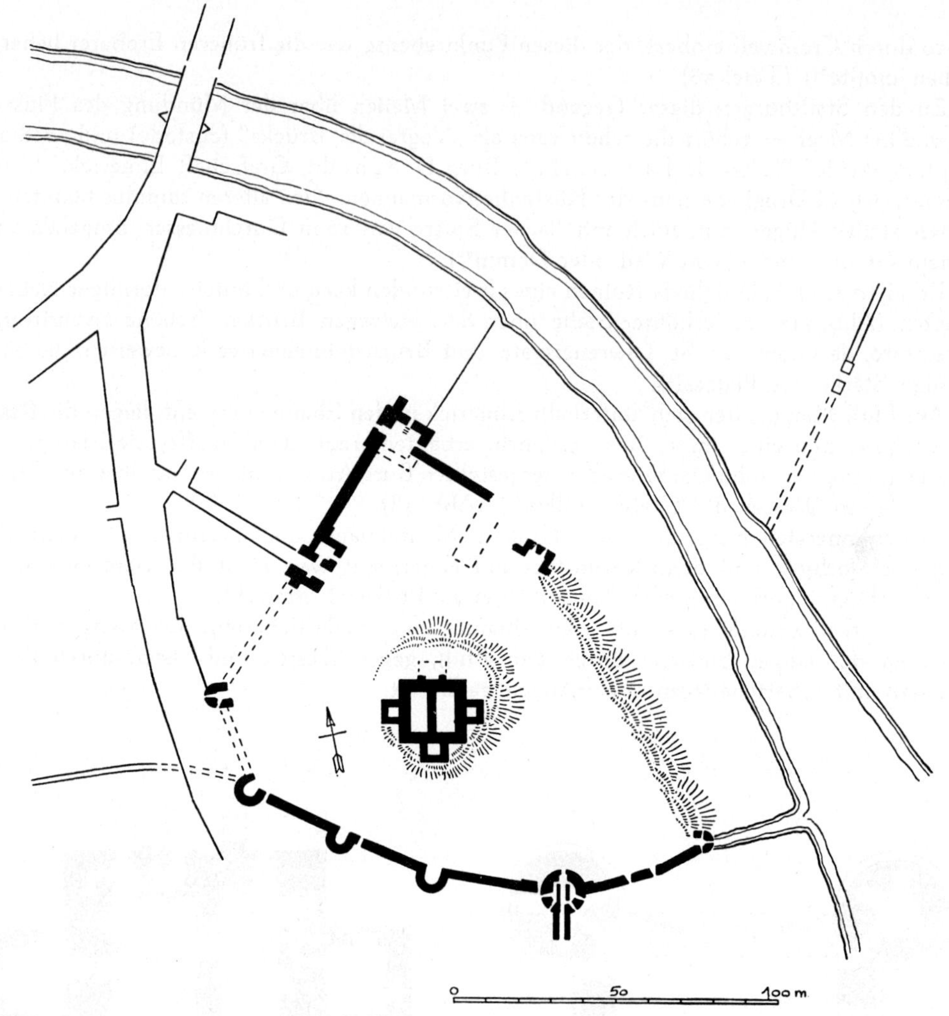

Abb. 217. Stadtbg. u. Brückensperre zu Trim, Co. Meath, Irld., am Boyne, Gesamtgrdr. etwa 1 : 2000. B. E. nach Arch. Journ. 1931.

Am Wasser liegen zwei Hallenreste, der kleinere ältere, 12. bis 13. Jahrh., am Westende ist im Obergeschoß aufgeteilt und zeigt einen in den Fluß vorgebauten Dansker. — Die bedeutend größere Halle, aus dem Ende des 13. Jahrh., zeigt im Innern vier freistehende Pfeiler und östliche Anbauten. Beiden Hallen sind östlich Küche und Häuser mit Brunnen angefügt.

Drei Tore, das östliche an einem starken Turm, öffnen sich von der Vorburg nach Nordwesten und Osten[44]).

Adare ist nach allem eine großartige Wasserburg an uralter Burgstelle, ein Beispiel der in Irland üblichen allmählichen Entwicklung von frühester Zeit der Erdkegelburgen (rath) bis zur Burg des 14. bis 15. Jahrh.

Die viertürmige Burg Carlow[45]) (Abb. 215) in der Grafschaft Carlow, über dem linken Ufer des Flusses Barrow, ist von neuen Bauten eingeschlossen. Auch sie liegt nahe einer Brücke wie so viele irische Burgen.

[44]) Ebenda. — [45]) Joyce: a. a. O. Bd. II, S. 61; Journ. Roy. soc. ant. of Ireld. 1897, XXVII, S. 52ff.

Burg Trim, Irland

Burg Roscommon, Irland

Die Westmauer und Reste der Süd= und Nordmauer sind erhalten, ebenso Teile eines rechteckigen Baues mit vier Türmen. Das spitzbogige Eingangstor liegt in der Nord=mauer nahe dem nordwestlichen Turm, dessen oberer Teil aus dem 15. oder 16. Jahrh. stammt.

Ungewöhnlicherweise sind die Türme mehr als zu drei Vierteln aus den Ecken des länglichen Vierecks vorgezogen. Der Zwischenraum ist an den Schmalseiten ungefähr so groß wie der Turmdurchmesser.

Außer den erwähnten Stadt= und Brückenburgen sind einige Burgen aus dem 12. bis 15. Jahrh. zu erwähnen, die im Wasser oder nahe daran liegen.

Ungewöhnliche, dem Felsen angepaßte Grundrißbildung zeigt die Burg Dunamase[46]) (Abb. 218), die den Paß in den Bergen des River Leix zwischen Maryborough und Stradbally be=herrscht, zuerst 1215 als Burg des William Marshall erwähnt, vielleicht von Strongbow erbaut[47]).

Der alleinstehende rechteckige keep ist später erbaut. Die Ostseite deckt ein kleiner dreieckiger Hof mit Außenwerk und erhöhter Vorburg mit doppelten Wällen. Auf der Nord=, West= und Südseite fällt der Felsen steil ab.

Der Grundriß der Burg Swords, Grafschaft Dublin, westlich vom Seebad Malahide an der Irischen See[48]) (Abb. 221), erinnert an New=Castle. Der weite Bering von fast 80 × 90 m bildet ein unregelmäßiges Fünfeck. Unmittelbar hinter dem Tore liegen rechts eine Kapelle, links Reste von Wohnbauten.

Der Nordturm enthält eine Treppe zum Wehrgang im Osten und eine zu den oberen Räumen und zum Dach im Westen. Auf der Ostseite der Burg lag wohl die große Halle. Die Burg wurde um 1200 erbaut.

Cloughoughter[49]) (Abb. 224) in der Grafschaft Cavan, auf einem Steinpfahlbau in einen See gebaut, wird zuerst 1326 erwähnt, stammt wahrscheinlich aus früherer Zeit. Der runde keep hat einen Durchmesser von 10,6 m mit fast 2 m dicken Mauern.

In völlig flacher Lage, nahe einem See, haben sich geringe Reste in der fast quadratischen Burg Ballyloughan in der Grafschaft Carlow[50]) erhalten (Abb. 220). Die Burg des 13. Jahrh. ist kaum sehr stark gewesen. Das Tor zeigt zwei nur 6 m starke Türme neben dem Eingang und einem viereckigen Anbau von 12 m Tiefe und 11 m Breite. Eine amtliche Karte von 1840 zeigt Reste einer verschwundenen Halle (?).

Die sehr bedeutende, im Grundriß klar durchgearbeitete, noch fast erhaltene Burg Rushen auf der Insel Man[50a]) (Abb. 219), rings grabenumgeben, zeigt denselben vier=eckigen älteren keep wie Trim. An den keep sind nach drei Seiten schwächere Türme und an der vierten ein Doppelturmtor angebaut. Die Burg ist aus dem sehr festen ört=lichen Kalkstein erbaut (Abb. 236).

Im starken Gegensatz zu der Unregelmäßigkeit eines Grundrisses wie jener der Burg Adara steht der Grundriß der Burg Roscommon[51]) (Abb. 222).

Der Platz wird 742 als wehrhaft erwähnt, die Engländer scheinen aber erst 1215 end=gültig Besitz ergriffen zu haben. In diesem Jahre befiehlt der König, an Philip von Angulo jährlich eine bestimmte Summe für Verwaltung des Bezirks (= cantred) von Roscommon auszuzahlen (Tafel 39).

Als 1262 ein englisches Heer unter Mac William Burke im Bezirk Roscommon war, wurde beschlossen, dort eine Burg zu errichten.

1269 wird gemeldet, daß die Burg gebaut wird, um den Engländern an der wichtigen Stelle sicheren Sitz zu gewährleisten[52]).

[46]) Mitteilg. v. Leask. — [47]) Armitage: a. a. O. S. 337. — [48]) Journ. Roy. soc. ant. of Ireld. 1914, XLIV, S. 257ff. — [49]) Ebenda; Journ. Roy. soc. ant. of Ireld. 1890/91, XX, S. 294ff. — [50]) Mitteilg. Leask in Smlg. Ebh. — [50a]) Journ. Roy. soc. ant. of Ireld. 1910, XXXX, S. 396ff. — [51]) Journ. Roy. soc. ant. of Ireld. 1890/1891, I, S. 546ff. (by Murphy). — [52]) Ebenda S. 548, 549 (nach Mitteilg. von Leask wurde die Burg erst um 1280 gebaut).

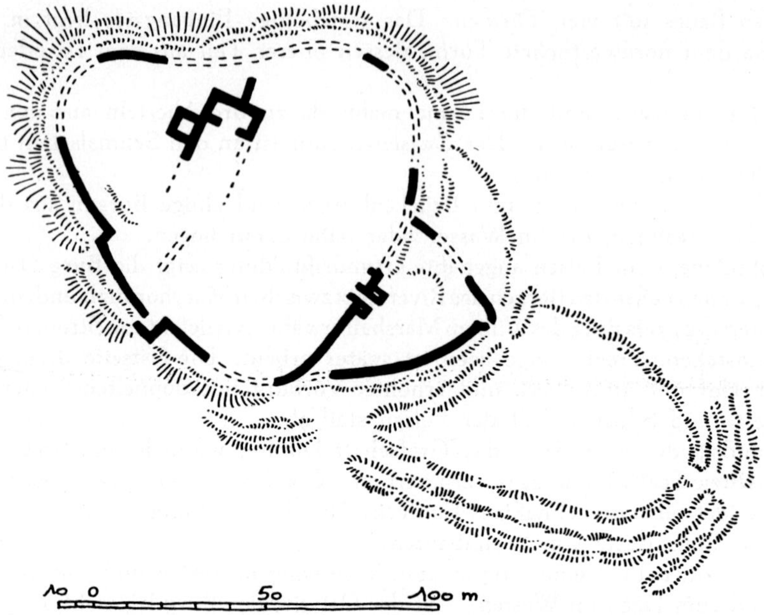

Abb. 218. Felsenbg. Dunamase, Irld., späterer Wohnb., doppelter Halsgr., Lgpl. 1 : 2000. B. E. nach Leask.

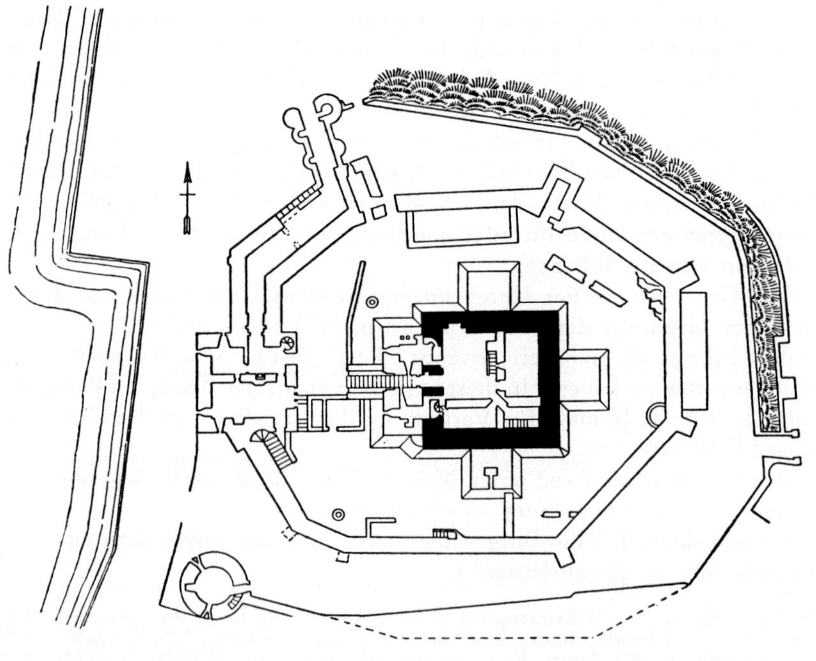

Abb. 219. Uferbg. Rushen, Insel of Man, Irld., keep mit späteren Seitenbestr.=Türmen u. Ringm., langer Torgang, Grdr. 1 : 1000. B. E. nach Journ. of R. S. A. I. 1910.

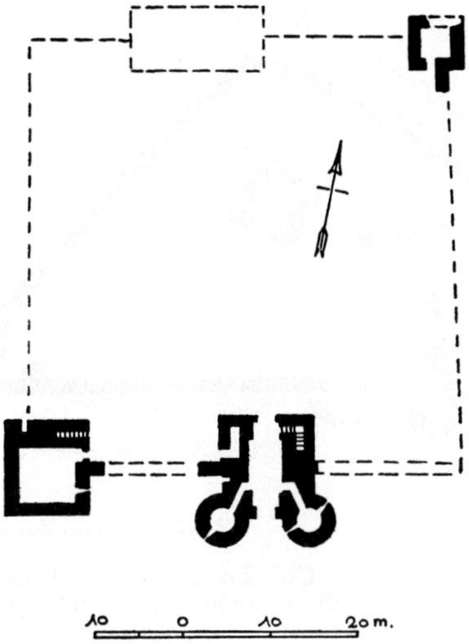

Abb. 220. Uferbg. Ballyloughan, Co. Carlow, Irld., regelm., Doppel=rundturm=Tor, Ruine, Grdr. 1 : 1000. B. E. nach Leask.

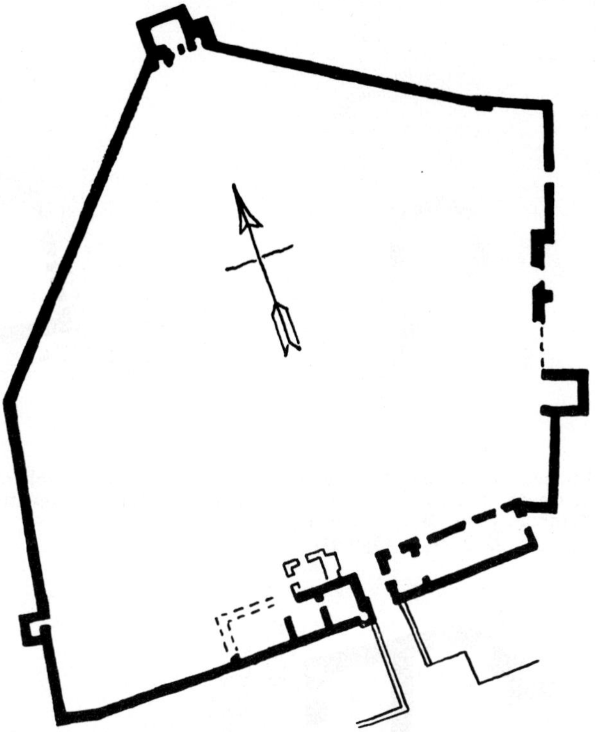

Abb. 221. Küstenbg. Swords, Co. Dublin, Irld., unregelm. Umfassungsm. mit Türmen, Halle u. Kap., Ruine, Grdr. 1 : 1000. B. E. nach Leask.

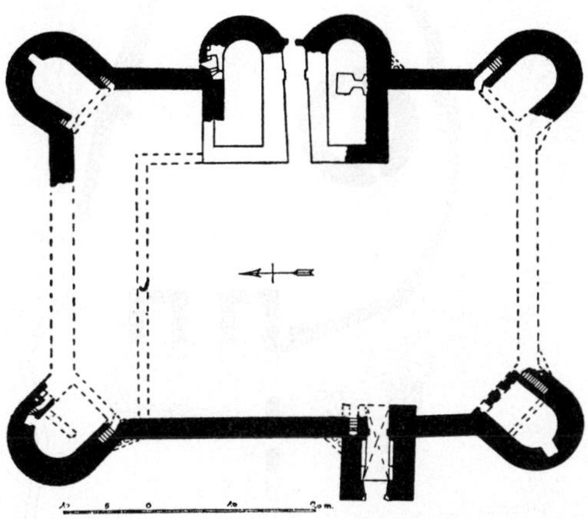

Abb. 222. Ehem. Wasserbg. Roscommon, Co. Roscommon, Irld., regelm. Doppelhufeisenturm=Tor u. 4 Hufeiseneckt., engl. Ursprung, Grdr. 1 : 1000. B. E. nach Murphy u. Leask.

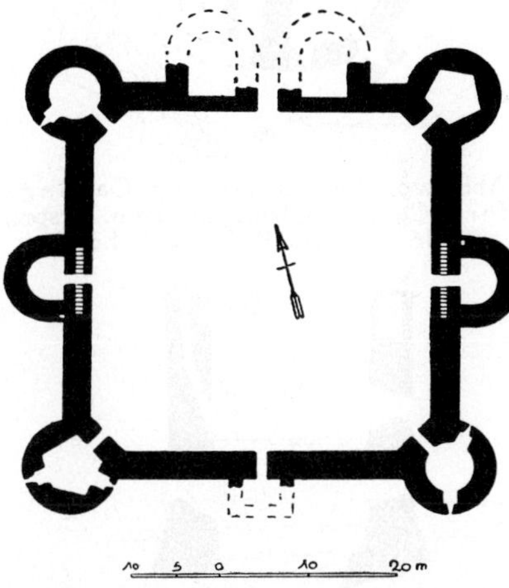

Abb. 223. Regelm. Bg. Ballymote, Co. Sligo, Irld., 4 Eckrundt. u. Doppel=hufeisenturm=Tor, Grdr. 1 : 1000. B. E. nach Leask u. Journ. of R. S. A. I. 1927.

„Des Königs Burg" zu Roscommon — wohl die in Ruinen erhaltene Steinburg — erscheint im Jahre 1281.

Die kriegerische Wichtigkeit des Platzes lag in der Beherrschung des umliegenden Landes, während die nahe Brückenburg Athlone[53]), am Südende des Sees, an einem

[53]) s. oben.

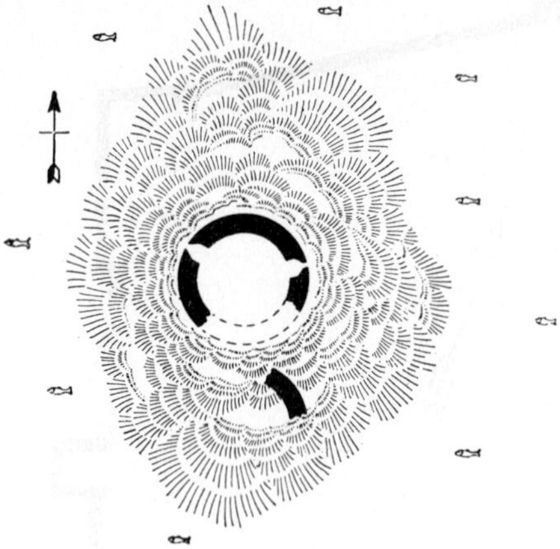

Abb. 224. Wasserbg. Cloughoughter, Co. Cavan, Irld., auf Steinpfählen i. See, Grdr. 1 : 1000. B. E. nach Journ. of R. S. A. I. 1890/91.

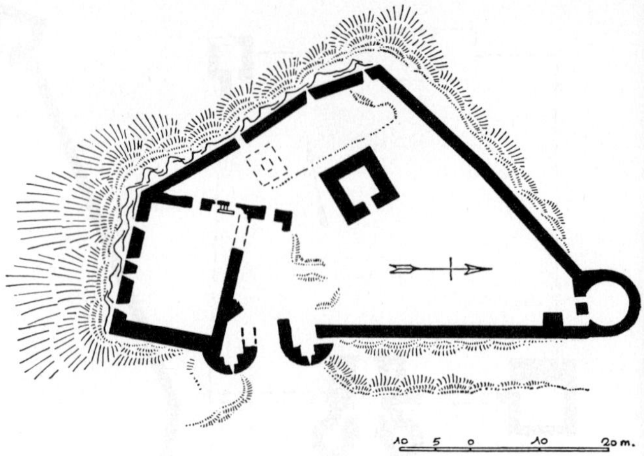

Abb. 225. Höhenbg. Roche, Co. Louth, Irld., Wohnb., Ringm., Doppelturm=Tor, Grdr. 1 : 1000. B. E. nach Leask.

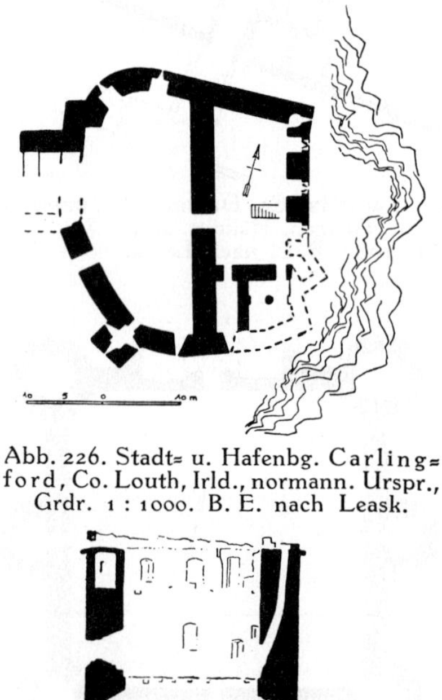

Abb. 226. Stadt= u. Hafenbg. Carlingford, Co. Louth, Irld., normann. Urspr., Grdr. 1 : 1000. B. E. nach Leask.

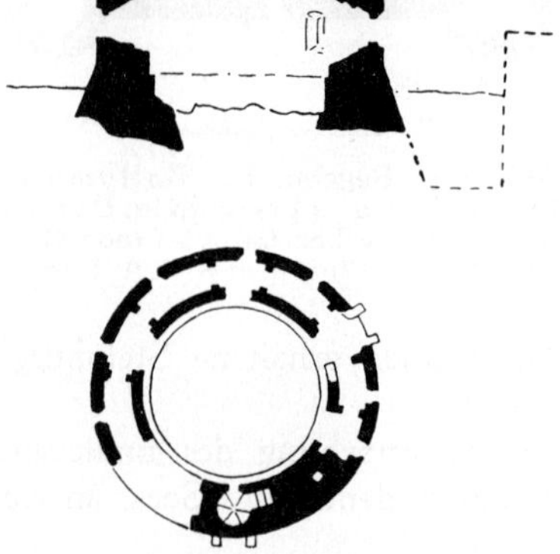

Abb. 227. Normann. Felsenbg. Dundrum, Co. Down, Irld., Grdr. u. Schn. d. keep 1 : 500. B. E. nach Journ. of R. S. A. I. 1905.

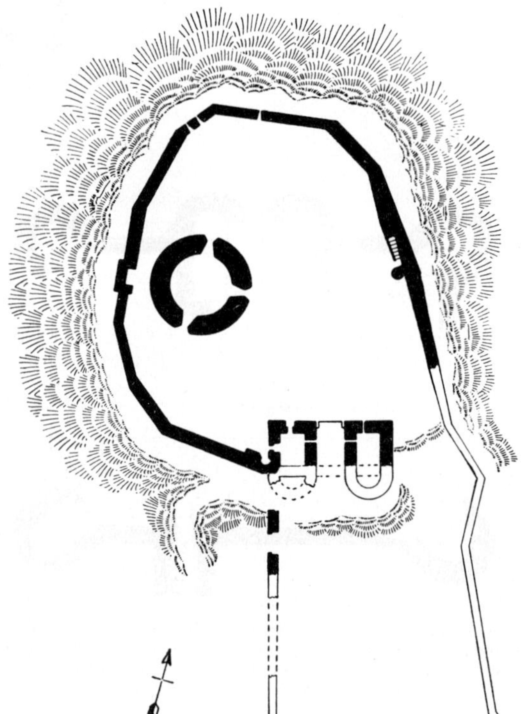

Abb. 228. Normann. Felsenbg. Dundrum, Co. Down, Irld., Felsgr., Doppelhufeisenturm=Tor, hohe Mantelm., franz. Einfl., Ruine, Grdr. 1 : 1000. B. E. nach Journ. of R. S. A. I. 1905.

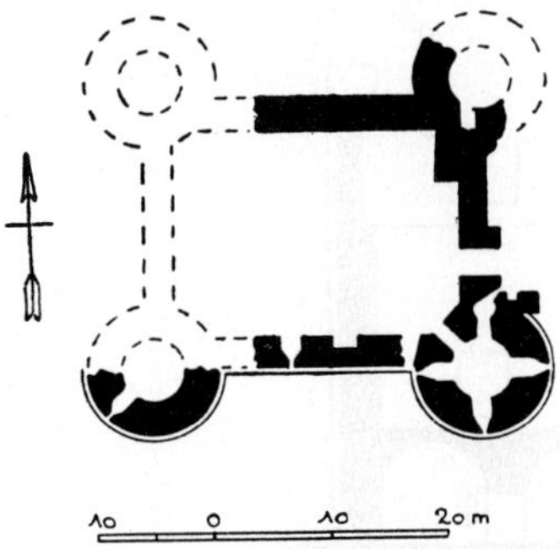

Abb. 229. Burg Ferns, Co. Wex=ford, Irld., regelm. Vierturmanl., hohe Mantelm., franz. Einfl., Ruine, Grdr. 1 : 1000. B. E. nach Leask u. Journ. of R. S. A. I. 1910.

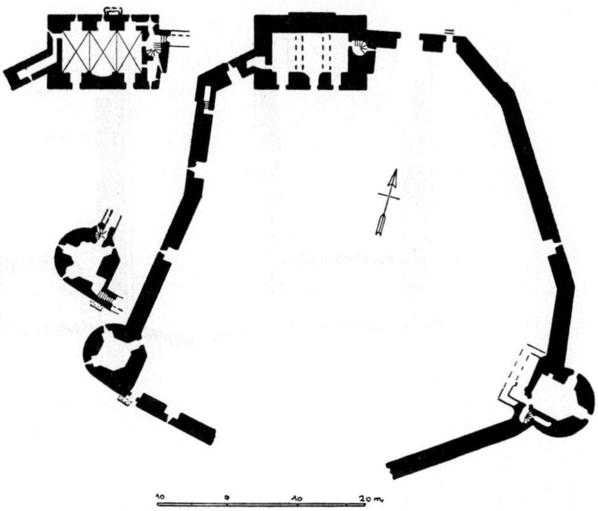

Abb. 230. Normann. Bg. Roscrea, Co. Tipperary, Irld., beherrscht Straße Dublin=Limerick, bewohnbarer Torbau. Gesamtgrdr. u. Grdr. d. 1. Stockw. d. SW=Turmes u. d. Torturmes 1 : 1000. B. E. nach Leask.

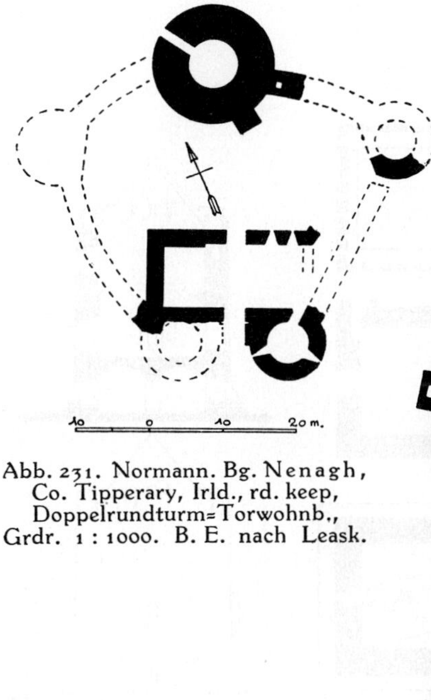

Abb. 231. Normann. Bg. Nenagh, Co. Tipperary, Irld., rd. keep, Doppelrundturm=Torwohnb., Grdr. 1 : 1000. B. E. nach Leask.

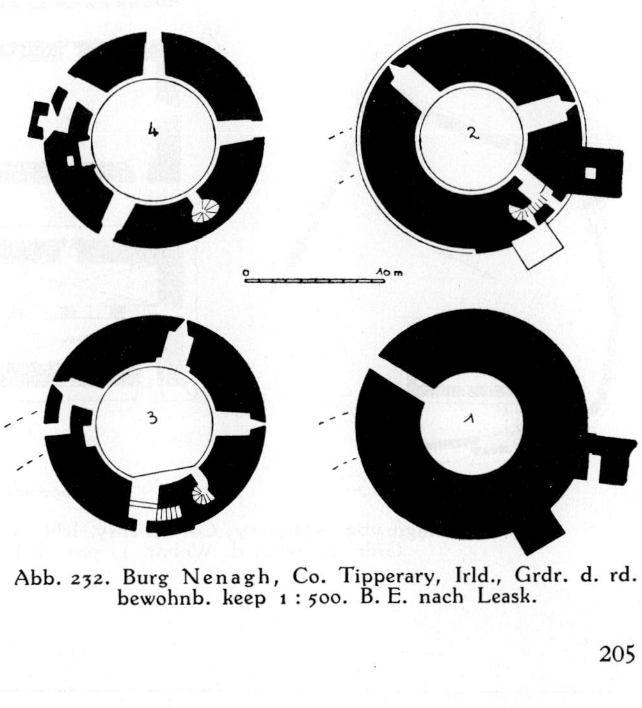

Abb. 232. Burg Nenagh, Co. Tipperary, Irld., Grdr. d. rd. bewohnb. keep 1 : 500. B. E. nach Leask.

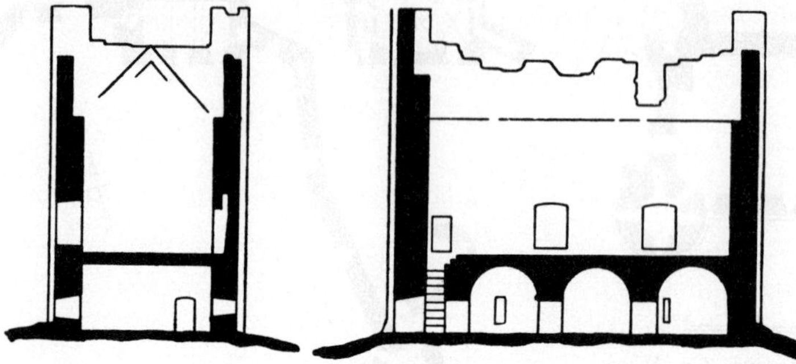

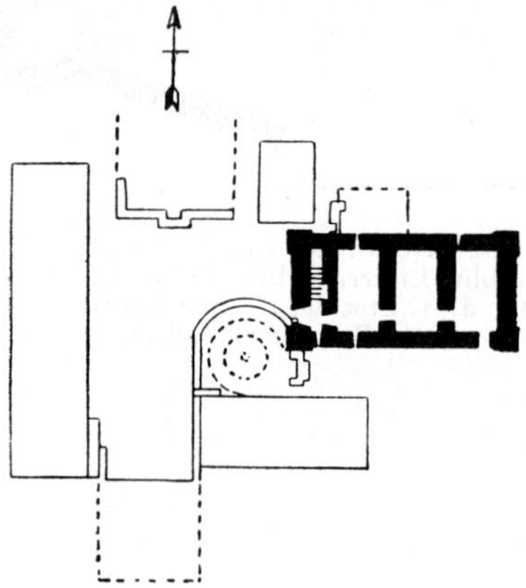

Abb. 233 u. 234. Burg Green, Co. Down, Irld., pallasart. Wohnb., 2 Schn. 1 : 500, Grdr. 1 : 1000. B. E. nach Journ. of R. S. A. I. 1893.

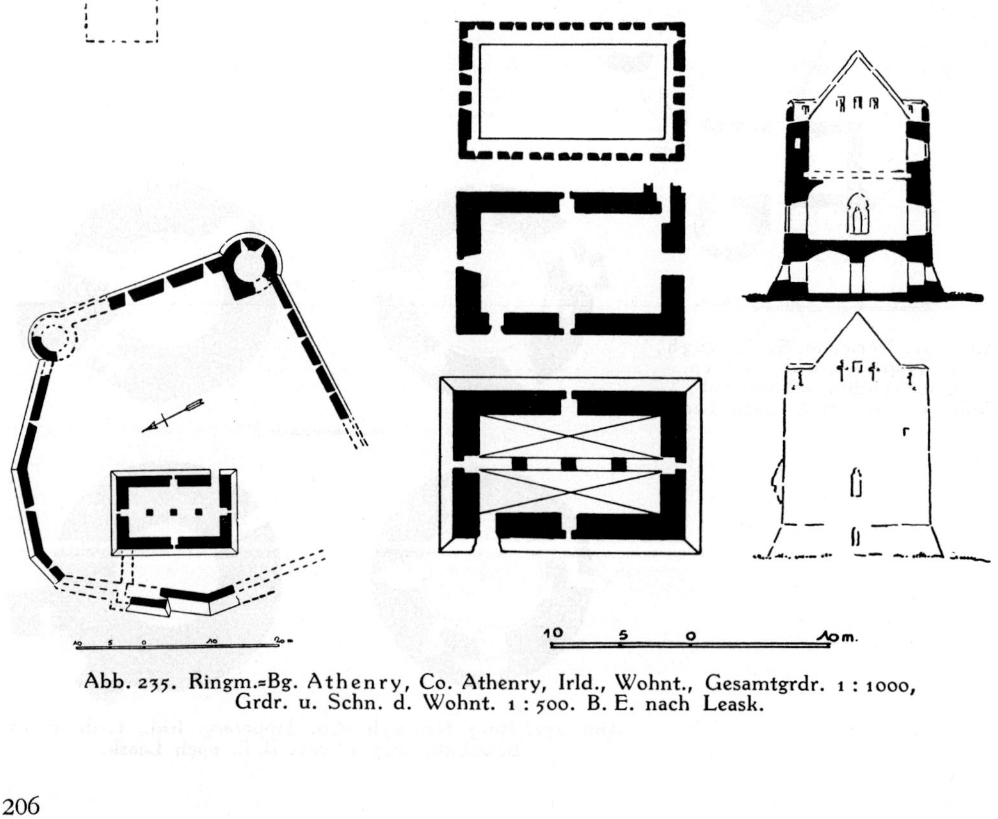

Abb. 235. Ringm.=Bg. Athenry, Co. Athenry, Irld., Wohnt., Gesamtgrdr. 1 : 1000, Grdr. u. Schn. d. Wohnt. 1 : 500. B. E. nach Leask.

wichtigen Übergang über den Shannon, die wehrbauliche Bedeutung der Brückenburgen in Irland neu bestätigt.

Mit der Bauzeit um 1269 und normannischem Einfluß stimmt der Grundriß von Roscommon überein, die Regelmäßigkeit, die hufeisenförmigen Ecktürme und die große Torburg mit Doppelrundtürmen sind ausgesprochen englisch. Die heutige Erscheinung mit großen Fensteröffnungen zeigt Umbauten späterer Zeit[54]).

Abb. 236. Küstenbg. Rushen, Isle of Man, Irld. B. E. nach Journ. of R. S. A. I. 1910.

Der Bau liegt in flacher Gegend und wurde einst durch Wälle, Gräben und das Wasser eines heute trocken gelegten Sees verteidigt. Noch 1652 hat die Burg Cromwells Scharen tapferen Widerstand entgegengesetzt[55]).

Sehr ähnlich dieser englischen Anlage ist der Grundriß von Ballymote in der gleichen Grafschaft Sligo, westlicher gelegen[56]) (Abb. 223). Es ist ein völlig symmetrischer Bau mit vier runden Ecktürmen.

Die um 1236 auf einem schroffen Felsvorsprung unregelmäßig erbaute Burg Roche in der Grafschaft Louth[57]) (Abb. 225), mit etwa 2800 qm Flächeninhalt, wird von Mantelmauern eingeschlossen. Bemerkenswert englisch sind das feste Torhaus mit halbrunden Türmen auf der Ostseite und im Süden die Reste einer zerstörten Halle (?). Ein alleinstehender viereckiger Bau im Burghof ist zweifelhaften Alters.

Zu den Burgen englischer Entstehung gehört Carlingford[58]) (Abb. 226); zuerst 1210 oder 1215 als Bau des Königs Johann erwähnt, ist sie auf einem viel älteren Bauplatz errichtet. Als eine der bedeutendsten Anlagen ihrer Art ragen mächtige Ruinen am Ufer des Carlingford Lough empor und beherrschen eine kleine Stadt und Hafen.

Die Kernburg besteht aus einem unregelmäßigen vieleckigen Mauerring von etwa 35×40 m. Die ungewöhnliche, fast 3 m starke Mantelmauer umschließt einen Hof und gegen Osten ein langes Gebäude von etwa 15 m Tiefe. Der Torturm ist eingestürzt.

Der in allen Teilen ungewöhnlich großzügigen Burg merkt man englischen Einfluß an[59]).

Burg Green[60]) (Abb. 233, 234, 237) in der Grafschaft Down stammt wahrscheinlich aus dem Anfang des 13. Jahrh. und gehört wie Carlingford zu den normannischen Burgen. Sie steht auf kleinerem Berggipfel über dem Carlingford See und besteht hauptsächlich noch aus einem rechteckigen Bergfried mit quadratisch an den Ecken vorspringenden Türmchen. Spuren sind von zwei Ecktürmen erhalten. Durch zahlreiche Umbauten angefügte Gebäude des 16. Jahrh. sind heute verfallener als die alte Kernburg.

---

[54]) Zahlreiche Baunachrichten im Journ. Roy. soc. ant. of Ireld. 1891, I, S. 551/52. — [55]) Ebenda S. 554. — [56]) Journ. Roy. soc. ant. of Ireld. 1927, S. 81 ff. — [57]) Journ. Roy. soc. ant. of Ireld. 1908, XXXVIII, S. 305. — [58]) Journ. Roy. soc. ant. of Ireld. 1908, XXXVIII, S. 310 ff.; Armitage: a. a. O. S. 334; Orpen: a. a. O. Bd. II, S. 251, 259, 261. — [59]) Wright: Antiquit. of Ireld. Book II, S. 6, Plate VII u. VIII. — [60]) Journ. Roy. soc. ant. of Ireld. 1893, S. 169 ff.; Mitteilg. von Leask in Smlg. Ebh.

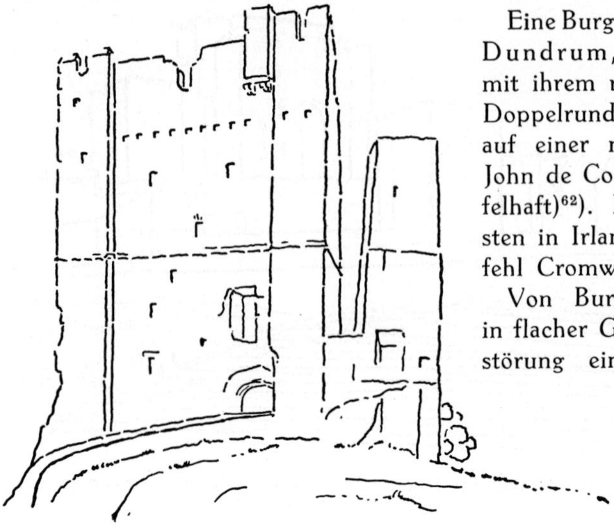

Abb. 237. Wohnt. d. Bg. Green, Co. Down, Irld., Ans. v. W. B. E. nach Journ. of R. S. A. I. 1893.

Eine Burg mit ebenfalls englischem Einfluß ist Dundrum, Grafschaft Down[61]) (Abb. 227, 228) mit ihrem runden keep und der Torburg mit Doppelrundtürmen. Sie wurde im 12. Jahrh. auf einer mota auf Basaltfelsen erbaut und John de Courcy zugeschrieben (letzteres zweifelhaft)[62]). Der keep ist einer der vollkommensten in Irland. Leider wurde er 1652, auf Befehl Cromwells hin, abgebrochen.

Von Burg Ferns[63]), Grafschaft Wexford, in flacher Gegend, wird bereits 1166 eine Zerstörung eines Steinhaufens König Dermots erwähnt, der wohl an Stelle der heutigen Burg stand. Die Ruine zeigt für eine Bauzeit um 1226 ungewöhnlich regelmäßigen Grundriß. Ein rechteckiger Mauerring von 29 × 23,5 m wird durch vier runde Ecktürme von 12 m Durchmesser verstärkt. Die Türme waren völlig gleich, der südöstliche besterhaltene ist 21,5 m hoch. Unbestimmt ist, ob das weite, ehemals dreistöckige Innere ganz überdeckt war (Abb. 229).

Bei der flachen Lage dieses turmartigen Baues sind äußere Verteidigungswerke (Zwinger) zu vermuten. Das Haupttor liegt dicht beim Eckturm der Ostwand. Dieser zeigt ein Hauptgeschoß, eine auf sechs Rippen gewölbte Kapelle mit zwei Fenstern und verzierten Kragsteinen.

Roscrea in der Grafschaft Tipperary[63a]) (Abb. 230) wurde in der Mitte des 13. Jahrh. gebaut. Die Anlage ist unregelmäßig mit zwei Dreiviertelrundtürmen in der SO.- und SW.-Ecke der Mantelmauer und mit einem rechteckigen Torbau im Norden.

Nenagh im Flußtal zwischen Limerick und Dublin[64]) (Abb. 231) gehört auch zu den normannischen Burgen englischen Ursprungs mit dem Doppelturm-Torwohnbau. Die unregelmäßige, vieleckige Mantelmauer wird durch zwei halbrunde Türme im Westen und Osten verstärkt. In der Mitte der abgerundeten nördlichen Mauer steht der ältere (?), etwa 17 m starke Bergfried.

Die Ausdehnung der Anlage von West nach Ost beträgt 57 m, von Nord nach Süd (d. h. in der Achse Torbau und Bergfried) 53 m.

Der „entstellte" keep, der höchste Irlands, zeigt spitzbogige Öffnungen, damit will das angebliche Baujahr 1205 schlecht stimmen. Treppen, Nischen und Gänge in den Mauerstärken sind sorgfältig durchdacht und durchgebildet, was gleichfalls für diese Zeit ungewöhnlich ist. Mauerstärken von 5 m Dicke und die Höhe von 23 m machen den keep zu einem sehr wehrhaften Bollwerk. In den durch Balken geteilten zweiten und dritten Stockwerken sind Kaminhauben erhalten (Abb. 232).

Athenry[65]) (Abb. 235), wahrscheinlich um 1250 erbaut, ebenfalls normannischen Ursprungs, zeigt einen rechteckigen Wohnturm in vieleckiger Mantelmauer.

---

[61]) Journ. Roy. soc. ant. of Ireld. 1905, XXXV, S. 294ff. — [62]) Armitage: a. a. O. S. 344; Journ. of Roy. hist. and archaeol. Ass. of Ireld. 1883, VI, S. 160ff. — [63]) Journ. Roy. soc. ant. of Ireld. 1910, S. 298ff.; ebenda 1895, S. 403ff.; Beeverell: a. a. O. Bd. VIII, S. 1530; Armitage: a. a. O. S. 338; Mitteilg. Leask in Smlg. Ebh. — [63a]) Ebenda. — Armitage: a. a. O. S. 328; Orpen: a. a. O. Bd. II (Roscrea wird erbaut, um die Verbindung Dublin und Kildare zu beherrschen). — [64]) Mitteilg. Leask in Smlg. Ebh. — [65]) Ebenda.

Nach der großen Kraftanstrengung der Normannen im 13. Jahrh. scheint in Irland eine Zeit der Erschöpfung beider Gegner — der Anglonormannen und Iren — eingetreten zu sein, die eine Unterbrechung des Burgenbaues mit sich brachte. Das 14. Jahrh. hat daher keine wichtigen burglichen Zeugen hinterlassen.

Irische Burgenbeispiele des 15.—17. Jahrh.

Erst das 15. Jahrh. bringt wieder eine lebhafte Burgenbautätigkeit, die merkwürdigerweise bis zum 17. Jahrh. andauert. Man berichtet, daß nicht nur der irische Adel viel und gern Burgen baute, sondern daß sogar König Heinrich VI. von England zeitweise jedem Iren, der an bestimmten Orten eine Burg baute, besondere Vorteile einräumte.

Die zahlreichen Neubauten des 15. Jahrh. sind aber ganz anderer Art. An Stelle der großen Burgen der mächtigen Anglonormannen und Könige entstehen jetzt kleinere Burgen, deren Hauptwerk der einfache keep ist. Er bleibt das Sinnbild der irischen Adelssitze bis weit ins 17. Jahrh. hinein.

Beispiele solcher Turmbauten sind sehr zahlreich und vielgestaltig.

Clara Castle, Co. Kilkenny[66]) (Abb. 239), ist besonders ein lehrreiches Beispiel mit einem fünfstöckigen Turm. Ein Drittel der Grundfläche nimmt ein vielgestaltiges Wendeltreppenhaus und ein kleines Kämmerchen ein. Zwei Drittel bleiben für einen Wohnraum in jedem Geschoß. Tiefe und breite Fensternischen erweitern diese Räume, während die bedeutenden Mauerstärken daneben Kamine, Aborte und eine geheime Kammer aufnehmen. Vier Stockwerke sind in einem spitzbogig überwölbtem Raum zusammengefaßt — siehe Schnitt (Abb. 239) —, der durch drei schwere Balkendecken geteilt ist, ebenso sind die kleinen Kammern unter einem gleich hohen Gewölbe vereint.

Kennzeichnend ist für diese Türme, daß die Außenmauern nach oben Anlauf haben (sich verjüngen), was dem Turm ein besonders standfestes Aussehen gibt. Ein Satteldach mit offenem Wehrgang ringsum überdeckte den fünften Stock. Die Zinnen des Wehrganges sind in sich abgetreppt und wirken dadurch sehr reich.

Weitere ähnliche Burgtürme sind: Termonfeckin[67]) (Abb. 7) Co. Louth, Castlepark, Co. Galway, 15. Jahrh.[68]), und Carrig-A Phuca, Co. Cork[69]). Reicher ist Fiddaun Castle, Co. Galway[70]) (Abb. 238), regelmäßig durchgebildet, fünfstöckig wie Clara Castle, und mitten in einem großen, stark ummauerten Hof gelegen. Auch ein strenges spitzbogiges Tor ist hier erhalten. Knockelly Castle, Co. Tipperary, Killenbraek, Co. Westmeath, Mullivan, Co. Galway, Moyhan, Co. Clare, Ross Castle, Co. Killarney, und Urlamnore, Co. Clare[71]) gehören alle derselben Schule an.

Burg Loughmoe[72]) (Abb. 240) in der Grafschaft Tipperary in der Ebene am Suir, zwischen Thurles und Templemore, gehörte ursprünglich der Familie Purcell.

Vom heutigen Schloß gehört nur der starke, rechteckige keep, der etwa 17 × 12 m und etwa 23 m Höhe mißt, dem Burgbau an. Der schloßartige Anbau ist viel später. Der keep hat abgerundete Ecken und in einer derselben eine Wendeltreppe. Außenwerke sind anzunehmen. Reste sind freilich nicht vorhanden.

Wie brauchbar diese Wohnturmformen noch lange nach dem Ende der Burgenzeit gefunden wurden, erhellen Nachrichten über Neubauten gleicher Art, z. B. Danganbrack[73]) aus dem 16. oder 17. Jahrh. oder Derryhivenny (Abb. 246, 251) mit

---

[66]) Mitteilg. Leask in Smlg. Ebh. — [67]) Journ. Roy. soc. ant. of Ireld. 1908, XXXVIII, S. 297f. — [68]) Mitteilg. Leask in Smlg. Ebh. — [69]) Journ. of the Cork hist. archaeol. soc. 1910, XVI, S. 130f. (by Lee). — [70]) Mitteilg. Leask in Smlg. Ebh. — [71]) Ebenda, Journ. of the Roy. soc. of ant. of Ireld. 1894, S. 83. — [72]) Journ. Roy. soc. ant. of Ireld. 1909, XXXIX, S. 70ff., 234ff. — [73]) Journ. Roy. soc. ant. of Ireld. 1905, XXXV, S. 414.

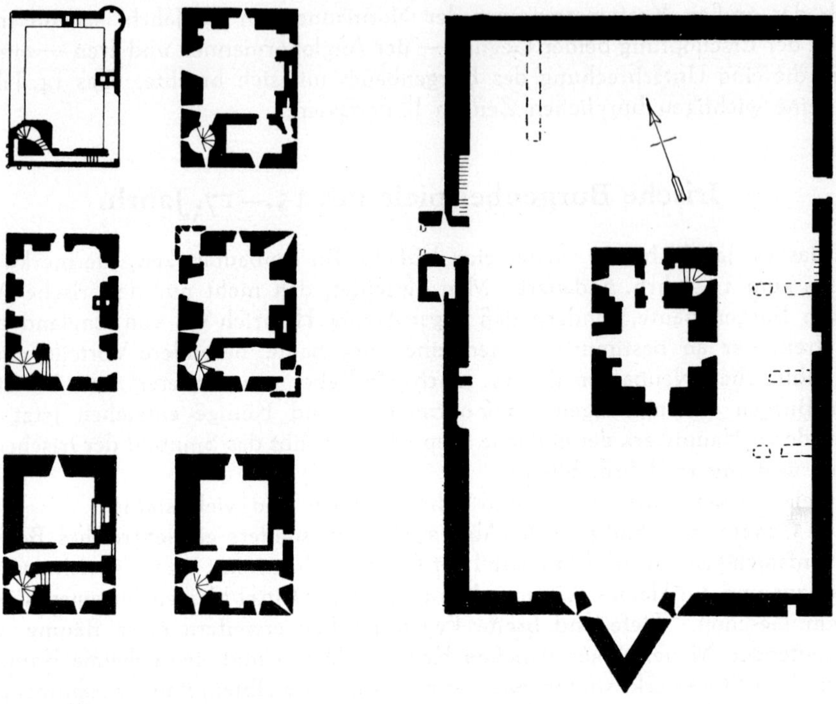

Abb. 238. Burg Fiddaun, Co. Galway, Irld., 5stöck. Wohnt. mit fester Ringm., Gesamtgrdr., Einzelgrdr. u. Schn. 1:500. B. E. nach Leask.

Inschrift am Wehrgang von 1641. Hier sind auch Außenwerke erhalten. Eine Ausnahme bilden zwei runde starke Türme von 10—11 m Durchmesser — Synone (Abb. 245) und Ballynahow Castle (Abb. 247). Wie wenig diese Form den Erbauern paßte, erkennt man daraus, daß innen die Hauptgeschosse, beide Male viereckig, also ganz unpassend, in die runde Außenmauer eingezwängt sind.

Die allerbescheidenste Form, nur einen Innenraum mit rundem Ecktreppenturm, zeigt Donore (Abb. 248). Reicher sind ausgestaltet Belvelly[74]) (Abb. 255) und Dalkey[75]). Burnchurch Castle[76]) (Abb. 244) besteht in der Hauptsache aus einem viereckigen Turm. Dieser dem 15. Jahrh. angehörige ehemals fünfstöckige Wohnturm zeigt wohl die höchste Entwicklung einer Ausnutzung der Mauerstärken zu Fensternischen, Treppen, Schießscharten, Kaminen

[74]) Journ. of the Cork hist. archaeol. soc. 1915, XXI, S. 105. — [75]) Journ. of the Cork hist. archaeol. soc. 1910, XVI, S. 105 ff.; Journ. Roy. soc. ant. of Ireld. 1909, XXXIX, S. 186 (by Fleming), 1896, XXVI, S. 403 ff. — [76]) Journ. Roy. soc. ant. of Ireld. 1909, XXXIX, S. 182 f. (by Fleming), 1893, III, S. 179 (by Lockwood).

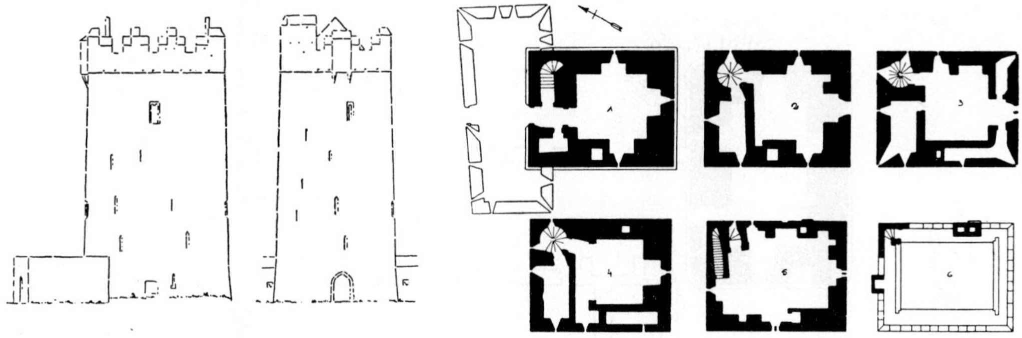

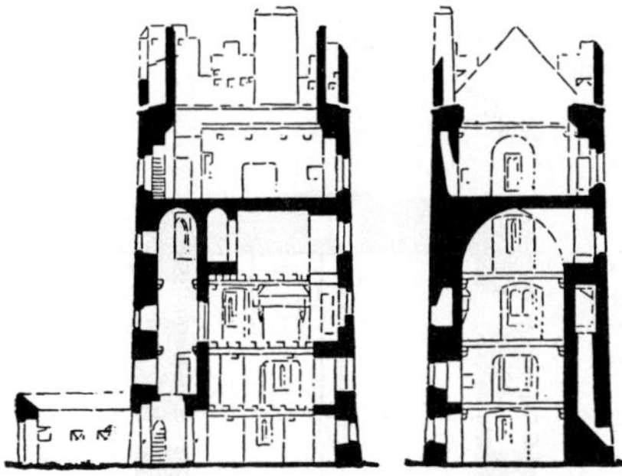

Abb. 239. Burg Clara, Co. Kilkenny, Irld., reichgeglied. Wohnt., Schn. u. Grdr. 1 : 500. B. E. nach Leask.

und Aborten. Auffallend ist die Lage der Haupt=eingangstür zu ebener Erde und die höchst malerische Ausbildung der Stirngiebel des Satteldaches als reiz=volle flache Aussichtstürme.

Unmittelbar neben dem keep, durch eine Mauer verbunden, ist ein kleinerer Rundturm erhalten (Abb. 250)[77]).

Dunsoghly[78]) (Abb. 249) besitzt ähnlich Bunratty vier viereckige Ecktürme.

Die für die Heerstraßen unentbehrlichen Brückenübergänge blieben auch weiterhin bei dem schwierigen, durch Seen, Sümpfe und Moraste verschiedenster Art unwegsamen Gelände der irischen Insel im Kriege besonders wichtig. Wir finden daher eine auf=fallende Menge von befestigten Brücken auch außerhalb der Städte.

Zu den bedeutendsten Brückenburgen gehört Askeaton[79]) (Abb. 243). Die in heutiger Gestalt wesentlich aus dem Umbau des Earl of Desmond von 1420—60 stammende Burg Askeaton ist auch ein ausgezeichnetes Beispiel einer Hügel= und Vorhofburg, in der der Hügel ein natürlicher Felsen ist. Der Kern der gotischen Steinbauten ist auf frühere Jahrhunderte zurückzuführen[80]). 1580 kennzeichnet der englische Heerführer der Königin Elisabeth, Lord Justice Pelham, die Lage der Burg: „in the midst of a deep river". In dieser Lage, mitten im Fluß Deel, liegt die Stärke von Askeaton[81]) (Tafel 40).

Ihre Bedeutung lag aber vor allem darin, daß die Burg die wichtigste Brücke über den Deel beherrschte und damit die Straße am Shannon entlang. Eine eiförmige Ringmauer umgibt die Insel, nur ein Tor unmittelbar an der Brücke gibt Zulaß zur Vorburg. Frei in dieser, auf einem Felsen, liegt die Kernburg, ebenfalls eiförmig von einer starken Mantel=mauer umgeben. Ein in großartigen Resten hoch aufragender Wohnturm beherrscht geringere Wohnbaureste.

In der westlichen Vorburgmauer liegen bedeutende Reste einer etwa 23 m langen, 12 m breiten Halle. Bemerkenswert ist die Trennung der Hallenanlage von der Kern=burg und der große Umfang der Burg und ihre einzigartige Lage. In der irischen Kriegsgeschichte, namentlich zur Zeit Elisabeths und Cromwells, spielt sie die wich=tigste Rolle[82]) (Abb 252).

---

[77]) Journ. Roy. soc. ant. of Ireld. 1892, S. 376. — [78]) Westropp: Anc. Castles of Limerick Nr. 5, S. 67. — [79]) Armitage: a. a. O. S. 332. — [80]) Armitage: a. a. O. S. 332. — [81]) Journ. Roy. soc. ant. of Ireld. 1903, XXXIII, S. 153f. (by Westropp); Westropp: Anc. forts of Ireld. S. 631; Journ. Roy. soc. ant. of Ireld. 1907, XXXVII, S. 39. — [82]) Journ. Roy. soc. ant. of Ireld. 1903, XXXIII, S. 159ff.

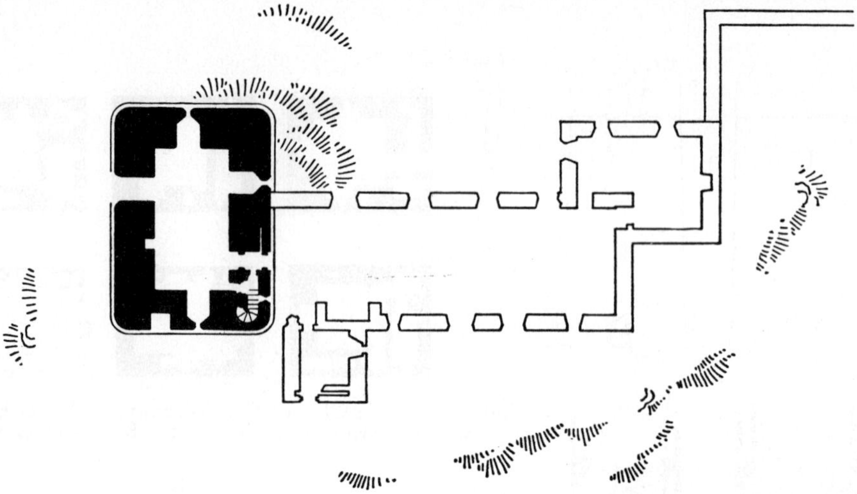

Abb. 240.

Abb. 240. Burg Loughmoe, Co. Tipperary, Irld., früher keep mit spät. Anb., Grdr. u. Schn. 1 : 500. B. E. nach Journ. of R. S. A. I. 1909.

Abb. 241. Keep d. Brücken= u. Wasserbg. Maynooth, Co. Kildare, Irld., Grdr. 1 : 500. B. E. nach Leask.

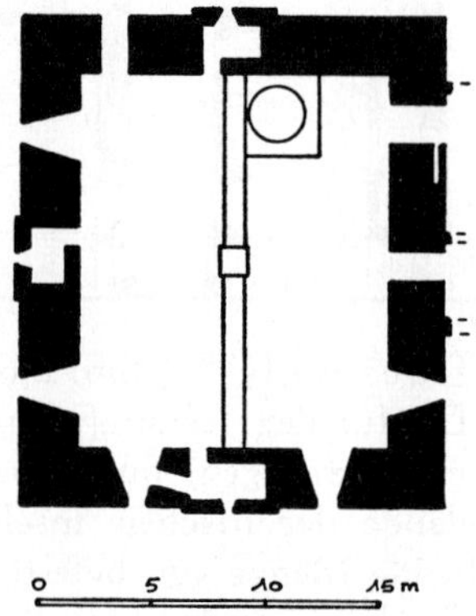

Abb. 240.

Abb. 241.

Eine weitere Brückenburg ist Carrigadrohid Castle[83]) in der Grafschaft Cork. Die Brücke wird durch einen gedrungenen Wohnturm verteidigt, der auf einer Insel im Wasser steht, in der Art schottischer Wohntürme gestaltet. Die Brücke führt über den Fluß Lee in ungleichem Bogen unmittelbar an dem von Diony Contae Mac Carthys angeblich um 1400 erbauten Wohnklotz vorüber, der zugleich als Pfeiler dient. Noch Cromwell hat 1650 die Brücke ausgebessert.

Kilcrea Castle[84]), Grafschaft Cork, liegt neben einer Brücke über den Fluß Bride. Erbauer war die Familie Mac Carthy um 1465, zerstört wurde die Burg um 1650 von Cromwell. 1922 wurde die Brücke im Bürgerkrieg zerstört.

Von dem Hauptwerk der Burg ist eine mächtige viereckige Turmruine mit wenigen, schartenartigen Öffnungen mit geringen Anbauten geblieben. Der Turm zeichnet sich durch sauberes Quadermauerwerk aus. Ein ernstes spitzbogiges Tor von etwa 3,50 m Höhe führt in das Innere. Man baute also Mitte des 15. Jahrh. noch streng gotisch. Eine merkwürdige Scharte sei besonders erwähnt[85]).

Älter ist die bereits vor den Bruceschen Befreiungskämpfen genannte Brückenburg Bunratty[86]). 1318 wurde sie von den Engländern wieder besetzt, 1397 von der Familie O'Brien wiederhergestellt. Bunratty liegt in der Grafschaft Clare am Ougarney.

---

[83]) Journ. of the Cork hist. archaeol. soc. 1912, XVIII, S. 57ff. — [84]) Mitteilg. Ph. G. Lee in Smlg. Ebh. — [85]) Journ. of the Cork hist. archaeol. soc. 1908, XIV, S. 159. — [86]) Westropp: Anc. Castles of Limerick Nr. 5, S. 67.

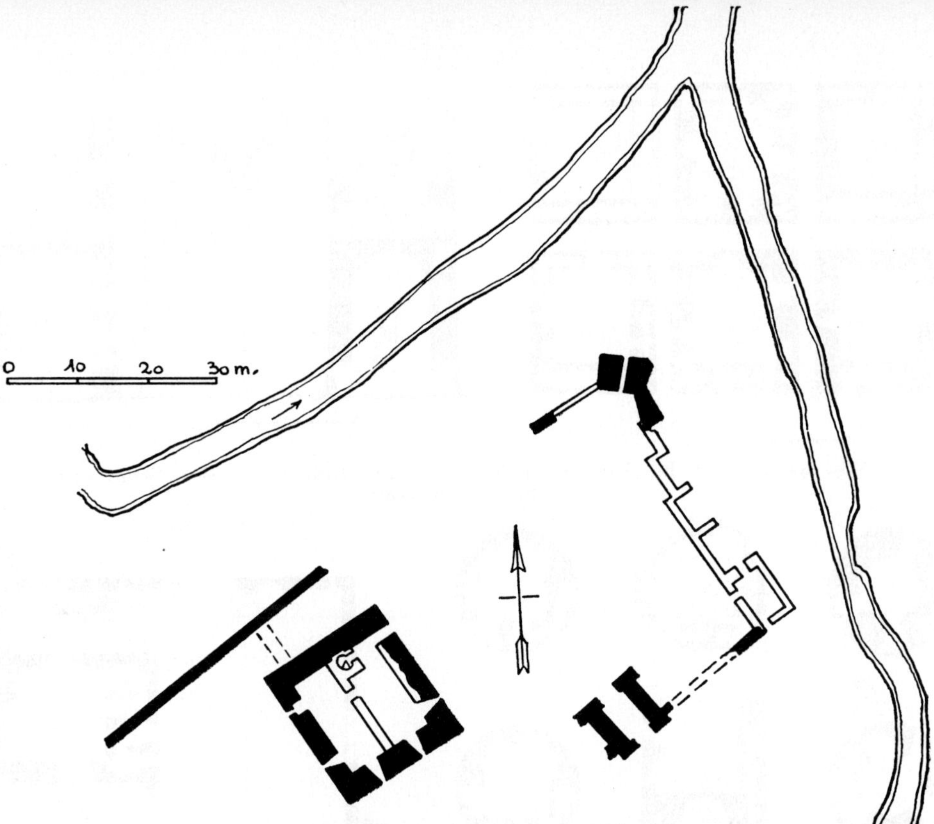

Abb. 242. Brücken= u. Wasserbg. Maynooth, Co. Kildare, Irld., Gesamtgrdr. 1 : 1000. B. E. nach Leask.

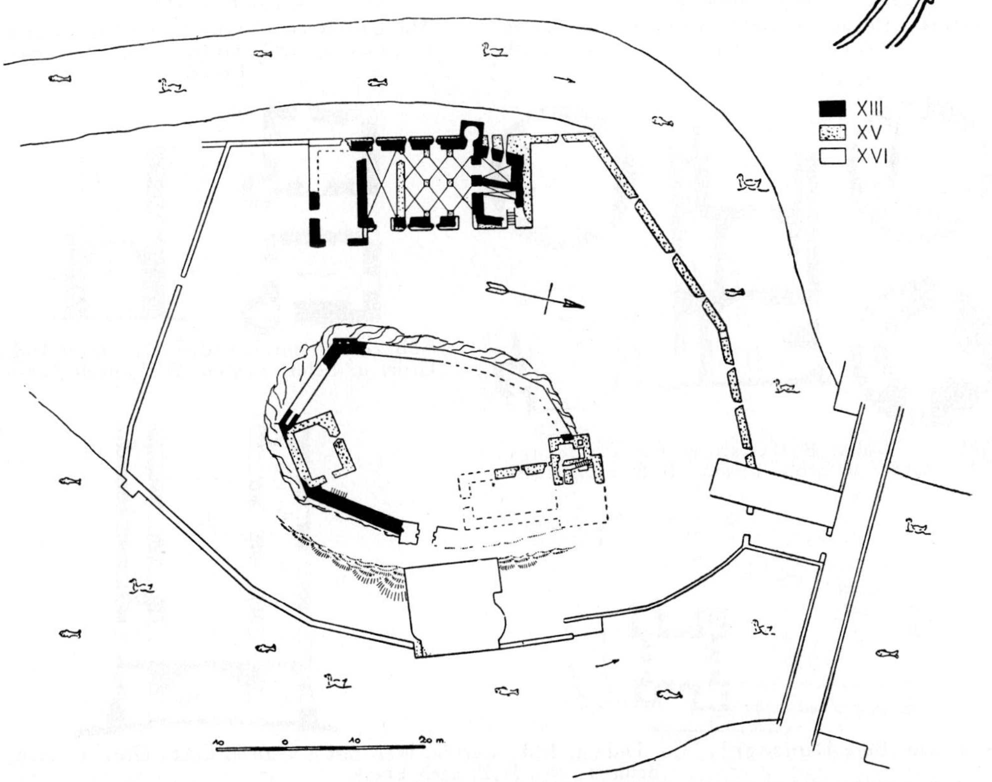

Abb. 243. Insel= u. Brückenbg. Askeaton, Co. Limerick, Irld., am Deel, gr. keep i. Kernbg., Halle i. Vorbg., Gesamtgrdr. 1 : 1000. B. E. nach Leask, Westropp u. Journ. of R. S. A. I. 1903.

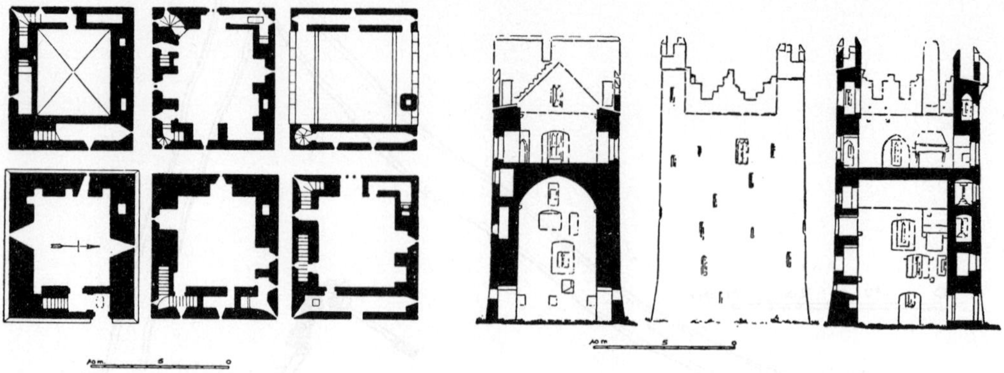

Abb. 244. Keep d. Bg. Burnchurch, Co. Down, Irld., Grdr., Ans. Schn. 1 : 500. B. E. nach Leask.

Abb. 245. Rd. keep d. Bg. Synone, Co. Tipperary, Irld., 5 Grdr. u. Schn. 1 : 500. B. E. nach Leask.

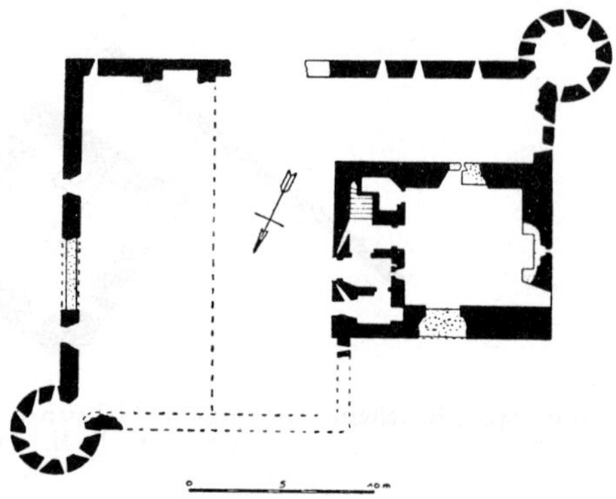

Abb. 246. Keep u. Vorbg. v. Derryhivenny, Co., Galway, Irld., Grdr. 1 : 500. B. E. nach Leask.

Abb. 247. Wohnt. Ballynahow, Co. Tipperary, Irld., Grdr. u. Schn. 1 : 500. B. E. nach Leask.

Abb. 248. Wohnt. Donore, Co. Meath, Irld., Grdr. u. Schn. 1 : 500. B. E. nach Leask.

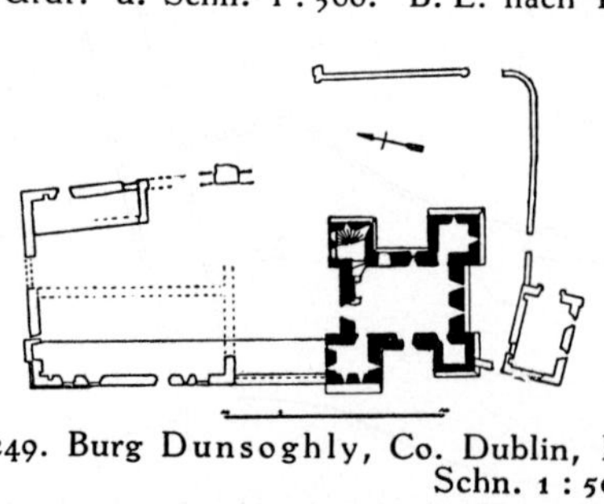

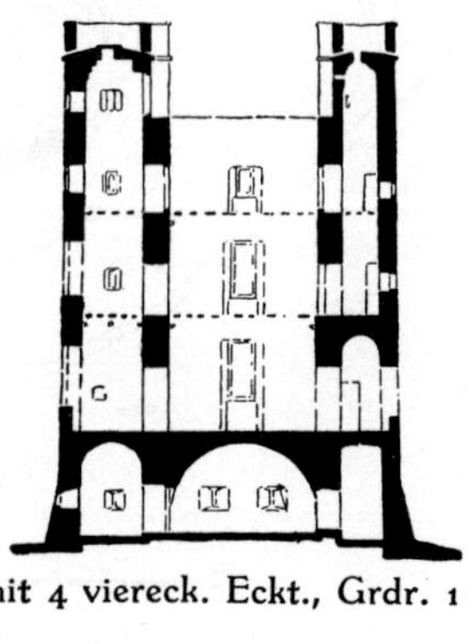

Abb. 249. Burg Dunsoghly, Co. Dublin, Irld., viereck. keep mit 4 viereck. Eckt., Grdr. 1 : 1000, Schn. 1 : 500. B. E. nach Leask.

Abb. 250. Burg Burnchurch, Co. Down, Irld. B. E. nach Journ. of R. S. A. I. 1893.

Ihr heutiger Zustand ist Folge der Wiederherstellung des großen Grafen Thomond von 1610[87]).

Höchst eigenwillig und malerisch ist der noch unter Dach befindliche eigentliche Burgbau, nahe dessen Außenwerken einst die große Straße vorüberführte. Vier Ecktürme sind in die vier Ecken des langgestreckten Wohnhauses eingebaut, zwei davon oben durch eine Brücke verbunden. Die großen Fenster in diesen vier Türmen mögen 1610 eingebrochen sein[88]) (Tafel 41).

Bemerkenswert ist unter den planmäßig an wichtigen Straßen errichteten Brückenburgen noch Glanworth, Co. Cork[89]), angeblich normannischer Bau der Familie Roche — über der zwölfbogigen Brücke über den Funcheon erbaut. Noch in den Cromwellkriegen spielte dieser Flußübergang eine wichtige Rolle.

Größere Ruinen mit Außenwerken und Anbauten an die Wohntürme sind Ballycarbery[90]), Carrigogunnel, Maynooth[91]) mit einem rechteckigen keep von rund 20×23 m, und viele andere (Abb. 241 und 242). Der keep von Maynooth stammt von 1200, die übrigen Gebäudereste sind aus dem 15.—17. Jahrh.

Die Burg Carrigogunnell[92]) (Abb. 253), wenig westlich von Limerick, gehört zu den ganz unregelmäßigen Anlagen. Ihre Bedeutung liegt in der Beherrschung des Shannon. Eine sehr weite Vorburg mit dem Gelände angepaßten Ringmauern fügt sich der vielgegliederten Kernburg an. Die wichtigste Ecke nahm ein heute fast gänzlich eingestürzter Rundturm, ein keep (?), ein. Spätere große Öffnungen zeigen, daß die Burg noch bis in die Neuzeit benutzt wurde.

87) Ebenda. — 88) Journ. Roy. soc. ant. of Ireld. 1890/91, I, S. 292. — 89) Journ. of the Cork hist. archaeol. soc. 1914, XX, S. 139; ebenda 1912, XVIII, S. 165ff. (by Byrne). — 90) Journ. Roy. soc. ant. of Ireld. 1910, XX, S. 56; Mitteilg. Ph. G. Lee in Smlg. Ebh. — 91) Mitteilg. Leask in Smlg. Ebh.; Joyce: a. a. O. Bd. II, S. 25. — 92) Journ. Roy. soc. ant. of Ireld. 1908, XXXVIII, S. 141ff. (by Westropp); ebenda 1907, XXXVII, S. 374ff., 157 (by Westropp).

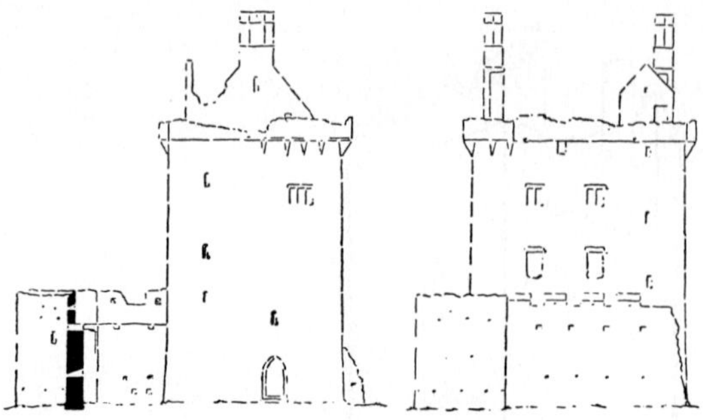

Abb. 251. Burg Derryhivenny, Co. Galway, Irld., Ans. 1 : 500. B. E. nach Leask.

Neben größeren Anlagen stehen Hunderte von Wohnburgen, die im Kern nur aus gedrungenen, oft verhältnismäßig niedrigen Wohntürmen bestehen. In erschütternder Einsamkeit und ihrem furchtbaren Verfall spiegeln sich die Geschicke der Zeit wieder.

Die Turmform überwiegt bei weitem; die Wohntürme stehen oft auf wenig festen Bauplätzen, ohne heute noch erkennbare Außenwerke, mitten in flaches Land gesetzt.

Newtown[93]) in der Grafschaft Kilkenny, eine mächtige fünfeckige Burg mit auffallend geraden und 2 m starken Mauern, zieht sich fast 40 m lang am See hin. Die übrigen Fünfeckseiten haben etwa je 25—30 m Länge. Landwärts (nordöstlich) stehen schwache Eckrundtürme, in der Mantelmauer im Osten ist der verschoben rechteckige keep angelehnt. Innere Mauerreste entstammen wohl dem 17. Jahrh. Auf diese Spätzeit weisen auch schön bearbeitete Steinreste. Wehrbaulich ist die Burg unbedeutend (Abb. 254).

Oft ist auch das Wasser zur Verteidigung benutzt, wie bei dem Turm von Dundanier[94]), dessen Ruinen im Zusammenfluß der Flüsse Bandon und Brinny in der Grafschaft Cork liegen.

Die unverändert erhaltenen älteren Wohntürme, wie der von Kilmurry[95]), haben wenige und schmale Schartenöffnungen; in späteren Umbauten sind vielfach größere, oft zierlich spätgotisch gegliederte Fenster in die alten Mauern gebrochen. Hinter den Scharten lagen in Dundanier große Schießkammern oder tiefe Fensternischen; derselbe Wohnturm hat starke Mauern, im Süden und Osten 3 m dick, im Norden und Westen 2 m bei 20 m Höhe und 11×15 m bebauter Fläche, so daß innen Wohnräume von nur 6×10 m verbleiben, wozu dann freilich die Wandnischen kommen[96]). Der Bau soll erst 1476 errichtet sein, die Schartenform spricht dagegen. Jedenfalls hat hier im 15. Jahrh. eine starke Bautätigkeit geherrscht[97]).

Die Burg Clodach — um 1450 erbaut — ist ganz ähnlich gestaltet. Sie liegt am Fluß Bride in flachem Gelände, so daß man verschwundene Außenwerke wohl voraussetzen darf. Dieser Wohnturm, wie der von Kilmurry, und das von Fitz Gerald angeblich um 1450 erbaute Mogeely Castle und viele andere zeigen in Wehrganghöhe vorgekragte, bald runde, bald viereckige Warttürmchen.

Wohntürme sind auch die Burgen Ballynacarragia, Co. Cork[98]), Belvelly Castle[99]) (Abb. 255) mit schönem Turm und

Abb. 252. Brückenbg. Askeaton, Co. Limerick, Zustand um 1586. B. E. nach Journ. of R. S. A. I. 1903.

[93]) Ebenda 1909, XXXIX, S. 184f. — [94]) Journ. of the Cork hist. archaeol. soc. 1897, III, S. 315ff. (by Gillman). — [95]) Mitteilg. O'Mahony in Smlg. Ebh. — [96]) Anm. 94. — [97]) Ebenda S. 321 f. — [98]) Journ. of the Cork hist. archaeol. soc. 1905, S. 105, 1906, S. 26. — [99]) Ebenda 1915, XXI, S. 105.

Brückenburg Askeaton, Irland

Brückenburg Bunratty, Irland

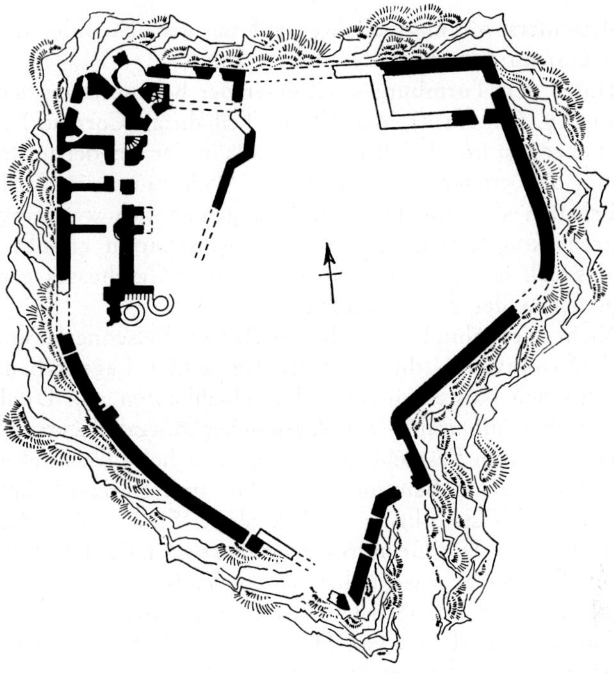

Abb. 253. Burg Carrigogunnell, Co. Limerick, Irld., unregelm. Anl., Grdr. 1 : 1000. B. E. nach Journ. of R. S. A. I. 1908.

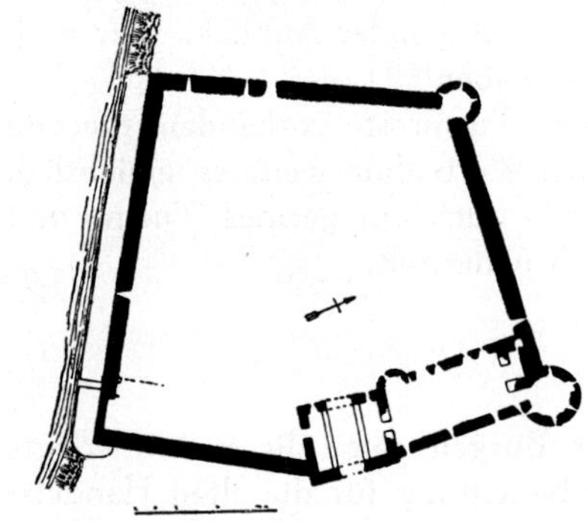

Abb. 254. Uferbg. Newtown, Co. Kilkenny, Irld., Grdr. 1 : 1000. B. E. nach Leask.

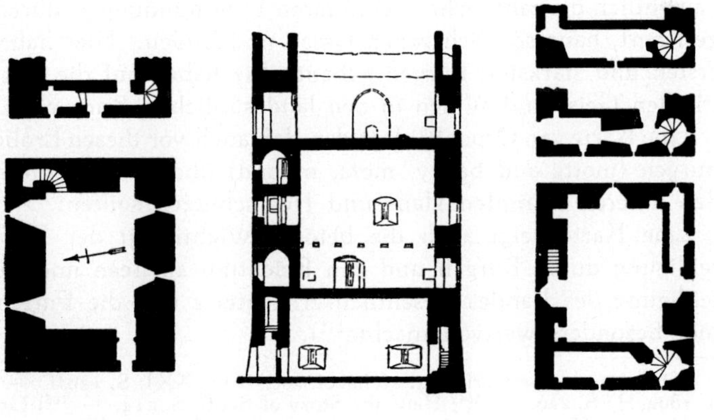

Abb. 255. Keep d. Bg. Belvelly, Co. Cork, Irld., Grdr. u. Schn. 1 : 500. B. E. nach Leask.

vielen Scharten, Castletown-Delvin keeps[100]) mit runden Ecktürmchen; der keepartige Klotz der Burg Cratloe[101]), Grafschaft Clare, am Shannon gelegen, wird dem 13. Jahrh. (1250) zugeschrieben.

[100]) Armitage: a. a. O. S. 334; Orpen: a. a. O. Bd. II, S. 87. — [101]) Smlg. Ebh. (Mitteilg. O'Mahony.)

Besonders wirkungsvoll liegt auf felsigem Steilufer der ungewöhnlich schlanke Turm von Conna Castle[102]).

Unter den Turmburgen ist einer der bekanntesten der schöne fünfstöckige Turm von Blarney Castle[103]), der älteste Teil durch Cormac Mc. Carthy errichtet, der größere Teil aber erst im 16. Jahrh. noch ganz in der Art der mittelalterlichen Burgen angefügt[104]). Kaum daß größere Fenster für die Wohnräume angeordnet wurden.

Erhalten sind am Turm noch ungewöhnlich weit vorgekragte Wehrgänge auf langen spitzen Kragsteinen, die ehemals Senkscharten erlaubt haben dürften. Der Turm ist fünf Stock hoch, im Innern des zweiten Geschosses gewölbt. Reste von Außenwerken sind neben der Burg erhalten.

Nicht unerwähnt bleiben dürfen die zwei Felsennester am Meere, Dunluce[105]) (Tafel 42) und Dunseveric, die, in großartig wilder Lage erbaut, an die finsteren Burgen der schottischen Küste erinnern. Die Hochbauten von Dunluce sind nur zum Teil spät[106]), aber sicher auf uralter keltisch=irischer Burgstelle errichtet[107]).

Der 7 m vom Festland getrennte, 34 m hohe Basaltfelsen von Dunluce trägt eine mächtige geschlossene Baugruppe mit Tor und starken Eckrundtürmen und Mauern, die im Süden und Osten bis 3 m dick sind. Eine große Halle (27×8 m) ist besonders bemerkenswert. Der Grundriß zeigt reiche Vielseitigkeit der Wohnbauten, die über einer unterirdischen Schiffseinfahrt stehen, heute noch ein überwältigender Anblick. Wie muß die Burg in ihrem höchsten Glanze zauberhaft gewirkt haben[108])!

Auf dem Uferfelsen von Dunseveric[109]) sind geringe Turmreste vorhanden, die von überwältigender Schönheit sind und den wehrbaulichen Wert ohne weiteres ersichtlich machen. Auch die kleine Felsenburg Kenbane, von der auch nur geringe Turm= und Ringmauerreste vorhanden sind, liegt am Meere ähnlich malerisch.

Die strategische und wirtschaftliche Verteilung der Burgen zeigt die wohlüberlegte zweckmäßige Wahl der Bauplätze. Der Versuch, ihre Bedeutung für die alten Handelsplätze und Heerstraßen zu verfolgen, ist erstmalig gemacht. An den Küsten sind namentlich die zahlreichen schiffbaren Flußmündungen durch oft großartige Hafenburgen gesichert, hauptsächlich gegen Osten und Süden. Hier haben auch die Normannen ihre ersten und stärksten Burgen gebaut. Sie haben auf die Dauer nicht vermocht, den rein irischen Geist und Willen in den landesüblichen Burgen zu verdrängen.

Eine Karte von Orpen[110]) legt dar, daß auch vor diesen Eroberern das Land mit Erdkegelburgen (motte and bailey, mota, mound) übersät war, die gegen äußere Feinde und in den inneren Kämpfen Haus und Hof schützen sollten.

Eine Karte zeigt auch die betonte Wichtigkeit der Flußübergänge und deren Verteidigung durch Burgen und den Reichtum an Seen und Sümpfen (bogs), der die Verteidigung des Landes wesentlich erleichterte und die Furten und Übergänge strategisch hier besonders wertvoll machte[111]).

---

[102]) Journ. of the Cork hist. archaeol. soc. 1915, XXI, S. 129ff. — [103]) Ebenda: 1896, II, S. 337ff. u. 1892, I, S. 220. — [104]) Hannah: Story of Scotl. S. 214. — [105]) Guide to Dunluce C. — [106]) Guide to Dunluce C. S. 3. Name „Dunluce" beweist dies. — [107]) Journ. Roy. soc. ant. of Ireld. 1905, XXXV, S. 312; Westropp: Anc. forts of Ireld. S. 631. — [108]) Guide to Dunluce C.: siehe Grundriß S. 12. — [109]) Westropp: Anc. forts of Ireld. S. 631. — [110]) Orpen: a. a. O. — [111]) Der Burgenreichtum Irlands war im Lande selbst wenig beachtet und noch nicht planmäßig gewertet worden. Um so mehr habe ich dem Herrn Konservator des Freistaates Irland, H. G. Leask in Dublin, für seine Hilfe bei meiner ersten Bearbeitung und die auf meine Anregung seinerseits erfolgte Bearbeitung der Burgen des 11. bis 13. Jahrh. zu danken. Ebenso verdient für Bereitstellung zahlreicher Pläne Herr O'Mahony K. M. in Dun Meadhon und für Besorgung einschlägiger gedruckter Quellen und vieler wertvoller Lichtbildaufnahmen unbekannter Burgen aufrichtige Anerkennung.

Schottische Burgen

Geschichtliche Entwicklung

Die Anfänge der mittelalterlichen, schottischen Burgenbaukunst fallen im wesentlichen mit den ersten großen Eroberungen der Normannen in England und der dortigen Einführung ihres Wehrbaues zusammen. Vorher brachte es anscheinend eine eigentümliche, fast nomadenhafte Lebensweise der Bewohner mit sich, daß auf dauernde Befestigung des Einzelbesitzes geringer Wert gelegt wurde. Außerdem vertrauten sie in ihrem unzugänglichen Lande mehr dem Bewegungskriege als Wehrbauten.

Vorgeschichtliche Ringwälle, „rees", „hill-forts" oder „duns", „brochs", „crannogs", waren auch in Schottland vorhanden und sind in vielen Resten auf uns gekommen.

Aber erst aus Anlaß des Feudalsystems, nach dem Vorbilde der normannisch-englischen Staatseinrichtungen, in dem der zu dauernden Wehrdiensten verpflichtete Krieger durch Belehnung mit Grund und Boden belohnt wurde, wurde es für den einzelnen Grundherrn notwendig, die Beherrschung und Verwaltung der ihm unterworfenen Gebiete durch Burgen in unserem Sinne zu sichern. Vom 11. Jahrh. ab können wir uns das Bild einer schottischen Burg vorstellen.

Zugleich gebot die Not, die Hauptverkehrsstraßen des Landes zu sichern. Man schützte daher die wichtigsten Pässe und Flußübergänge durch Burgen[1]).

Schon vor der Eroberung der schottischen Grenzgebiete durch die Engländer hatten schottische Piktenkönige angelsächsische Flüchtlinge und normannische und flämische Abenteurer aufgenommen und ihnen reichen Landbesitz zugewiesen. Das begann zur Zeit des Königs Malcolm Canmore, vielleicht unter dem Einflusse seiner englischen Gemahlin. Es kamen die Montgommeries und — als Vorfahren der Stuarts — die Fitz Allans, auch norwegische Abenteurer und fahrende Ritter. Der schottische König David I. (1124—1153), der vierzehn Jahre am englischen Hofe gelebt hatte, und seine Nachkommen bereiteten durch Heranziehung solcher Kräfte das Feudalsystem auch in Schottland vor[2]).

Aber erst durch Einbruch der Engländer und die häufigen Besetzungen Schottlands seit Heinrich II. im 12. Jahrh. wurde aus dem keltischen Stammesstaat endgültig ein Feudalstaat.

Wie sich bei der Eroberung Englands die Anglonormannen ihre Besitzungen durch sofort errichtete Erdkegelburgen sicherten, schützten sich die einzelnen Einwanderer Schottlands in derselben Art. Reste solcher „mottes and bailey" sind zahlreich nachzuweisen, teils später in steinerne Burgen einbezogen, teils zugunsten solcher verlassen[3]).

[1]) Douglas-Simpson: Early Castles of Mar; derselbe: Scott. Castle. — [2]) Armitage, S. 305, berichtet nach dem zeitgenössischen Ailred of Rievaulx: David I. schmückte Schottland mit Burgen und Städten. Armitage gibt S. 307ff. eine Liste von 38 solcher Abenteurer, auf deren Land mottes (Erdkegelburgen) gefunden wurden, die jenen in England und Frankreich glichen; Mackay Mackenzie: Mediaeval Castle i. Scotl. — [3]) Armitage: Early norm. castles; siehe auch Landkarte der alten Wege zwischen Mac und Moray bei Douglas Simpson: Auchindoir, Rhynie and Essie, sowie Karte von Mac 1929.

Wie in England, folgten den Erdhügelburgen auch in Schottland bald steinerne Anlagen, so bedeutend im Umfange und so ausgezeichnet in ihrer bautechnischen Ausführung, daß man annehmen muß, daß ihnen ganze Reihen steinerner Bauten auch auf schottischem Boden bereits vorausgegangen sind. Diese Werke zeigen die verschiedensten ausländischen Einflüsse. Von Frankreich stammt der großartige Maßstab z. B. der Burg Bothwell, von England etwas später die Edwardischen Formen der mauerturmgeschmückten „concentric"=Anlagen, insbesondere die schweren, großen Doppelturmtorburgen, die in England Harlech, Beaumaris u. a. schmücken und sich hier in Schottland in den Burgen Bothwell, Kildrummy Castle und anderen zeigen[4]).

Englisch-französischer Einfluß (13. Jahrh.)

Am deutlichsten erkennbar und am klarsten urkundlich nachgewiesen ist der französische Einfluß bei der großartigen Burgruine von Bothwell Castle in Lanarkshire. Die Verbindung mit der französischen Wehrbaukunst wurde hergestellt durch die Mutter des schottischen Königs Alexander III., eine Tochter des Erbauers von Coucy, Sieur, Enguerrand. Durch sie dürfte ein französischer Architekt an den Bauherrn von Bothwell Castle empfohlen worden sein[5]) (Tafel 43).

Die Burg steht auf einem steilen Felsvorsprung innerhalb einer Biegung des Flusses Clyde, etwa eine Meile von Bothwell=Bridge (Abb. 256).

Südlich und westlich wird der Bau verteidigt durch die steilen Abhänge zum Fluß, im Osten und Norden durch tiefe, künstliche Gräben.

An der Südwestecke eines langen Mauerrechteckes erhebt sich der mächtige, runde Hauptturm von 20 m Durchmesser, dessen Vorbild in Coucy=le=Château gesucht werden darf[6]). In Coucy steht er freilich in der Mitte der Angriffsseite, rings von einem tiefen Graben umgeben. In Bothwell Castle stehen drei Viertel des runden keep außerhalb der Hauptumfassungsmauer, unmittelbar über dem Felsabsturz, so daß hier ein Ringgraben nicht notwendig war. Vor dem letzten Viertel, das in den Burgbezirk eingreift, ist wie in Coucy ein tiefer Graben ausgehoben, eine sonst in schottischen Burgen ungewöhnliche Erscheinung.

An den Turm stoßen zwei strahlenförmig auf den Turmmittelpunkt gerichtete Mauern, nach kurzer Zeit endigend in einen Knick, von dem zwei etwa 45 m lange Mantelmauern nach Osten in etwa 28—25 m Entfernung voneinander bis zu der von Nord nach Süd gerichteten östlichen Abschlußmauer gehen. An dieser Ostmauer wurde später eine große Halle errichtet.

---

[4]) Einteilung der Burgen nach Macgibbon & Ross: Cast. and dom. Arch. of Scotld. Bd. I enthält eine erschöpfende Würdigung der unzählbaren schottischen Burgen mit klaren Grundrissen und technisch wertvollen Schnitten und Ansichten. Auf Grund dieser selten vollständigen Übersicht kommen die Verfasser zu einer Aufteilung der Burgenbauzeiten und Burgenformen in drei Abschnitte: Der erste Abschnitt von 1200—1300 zeigt Burgen im Stile Englands und Frankreichs: frühe Erdkegel= und Holzburgen, vorgeschichtliche brochs = keltische Steinwälle, ähnlich den irischen cashels sind vorhanden. Sie zeigen in Schottland oft Hohlräume in den starken Wällen. Normannische frühe Steinburgen mit großen keeps sind dagegen nicht erhalten, obwohl geschichtliche Nachrichten zahlreich sind. Wilhelm der Löwe baute z. B. 1179 zwei Burgen in Edindour und Dunskaith bei Cromarty. Der zweite Abschnitt von 1300—1400 zeigt völligen Wechsel der Erscheinung, eine Folge der Verarmung Schottlands seit den Eroberungskriegen Edwards I. Jetzt zeigen sich kleinere keeps mit Anbauten und eine allmähliche Entwicklung zu größerer Bequemlichkeit. Der dritte Abschnitt von 1400 bis Mitte des 16. Jahrh. zeigt etwas größere keeps als Kernbau. Die Nebenbauten bilden jetzt große, oft regelmäßige viereckige Höfe. Doppeltürme werden errichtet und die Hohlräume in den Mauerstärken reicher durchgebildet. Es erscheinen einfache keeps, keeps mit einem oder zwei Flügeln, keeps mit Anbauten in geschlossener Hofform, endlich die großen, schloßähnlichen Hofburgen der Könige und Kirchenfürsten. — [5]) Macgibbon & Ross: a. a. O. Bd. I, S. 93ff.; Douglas=Simpson: Arch. hist. of Bothwell Castle. — [6]) Ebh.: s. Abschnitt „Französische Burgen". Ebh.: Krieg u. Baukunst S. 13ff.

Das lange Rechteck entsprach aber nicht dem ursprünglichen Plan. Neuere Ausgrabungen[7]) haben ergeben, daß die nördliche, strahlenförmige Mauer einst noch etwa 50 m von Südwest nach Nordost und die östliche Abschlußmauer fast doppelt so weit wie heute reichte. Von Südost nach Nordwest laufend, schloß ein weiteres Mauerstück einen weiten Vorhof ab. An dessen Nordspitze war ein großer Torbau mit zwei Rundtürmen neben der mächtigen Toreinfahrt angeordnet, die englischen Vorbildern — in Harlegh Castle, Beaumaris usw. — entspricht. Die Burg bedeckte ehemals also fast die doppelte Fläche wie später. Die nörd=liche Parallelmauer gehört einer späteren Zeit an.

Die Geschichte bestätigt diese Annahme. Die im 13. Jahrh. durch die Familie Moravia (oder Murray) erbaute, von Walter de Moravia 1278 bewohnte Burg wurde bei Beginn der Eroberungskriege von den Engländern eingenommen. Sie sah nach dem Sturze des Königs Balliol 1296 Edward I. in ihren Mauern, wurde 1298/99 von den Schotten belagert und nach vierzehn Monaten überwältigt, aber nur, um schon 1301 von Edward I. nach einer berühmten Belagerung von nur vier Wochen[8]) abermals erobert zu werden. Nach der Schlacht von Bannockburn am 24. Juni 1314 stürmten die Schotten abermals die Burg, und Robert Bruce ließ sie zerstören. 1335/36 nahm Edward III. Bothwell den Schotten wieder ab[9]) und begann sofort mit Wiederherstellungsarbeiten. Angeblich wurde dann 1337 die Burg von den Schotten nochmals zerstört. Nach 1362 endlich ließ Archibald der Grimmige, Earl von Douglas, Bothwell stark verkleinert wiederherstellen. Wappen der Douglas am Bau berichten davon.

Hauptbauzeit war also die Mitte des 13. Jahrh., die endgültige Form brachte die erste Hälfte des 15. Jahrh.

Der Douglas ist auch der Erbauer der in Trümmern erhaltenen, oben schon erwähnten gotischen Halle von 22 × 11 m Größe, die an der östlichen verkürzten Mantelmauer liegt, ihre lange Fensterreihe im ersten Stock sieht gegen den Hof; tiefer, auf halber Höhe, ist eine große, spitzbogige Türöffnung erhalten. Drei gewölbte Vorratsräume lagen unter der Halle zu ebener Erde. Die neuen Grundrisse von Douglas Simpson[10]) geben den ursprünglichen und heutigen Zustand wieder.

Eine Zugbrücke, deren Rollenlöcher noch nachweisbar sind, führte zum donjon. Sie wird dem 13. Jahrh. zugeschrieben. Eine zweite, spätere Zugbrückenanlage, deren Reste am Nordostturm erhalten sind, entspricht italienischen oder französischen Beispielen[11]).

Nahe verwandt mit diesem, für Schottland ungewöhnlich großem Bau, sind zwei gleich=falls bedeutende Werke, die Burgen K i l d r u m m y in Aberdeenshire[12]) (Abb. 257), die eine Fläche von rund 80 × 70 m bedeckte, und D i r l e t o n in Haddingtonshire[13]).

Die Hauptbauzeit ist für beide zwischen 1223 und 1245 anzunehmen, als Bauherr Kil=drummys Gilbert von Moravia. Der romanischen Zeit gehört der größte Teil der Reste an. Auch hier ist ein großer donjon später, französischer Art errichtet. Er steht in der West=ecke zwischen zwei im Winkel zusammenstoßenden Außenmauern. Die nordöstliche hat eine Länge von etwa 50 m bis zur Nordecke der Burganlage, die durch einen zweiten, ge=ringeren Turm (Warden's Tower) verteidigt wird. Zwischen beiden Türmen liegen innen die große Halle und die Küche, an die sich gegen Osten schräg die romanische Kapelle schiebt, deren drei frühe Spitzbogenfenster sich nach Osten außerhalb der Ringmauer der Burg öffnen. Zwei hufeisenförmige, romanische Mauertürme liegen südöstlich und südwest=lich des donjons und des Warden's Tower.

[7]) Douglas=Simpson: A new survey of Kildrummy Castle. — [8]) Wertvoll ist die Nachricht, daß Edward zu dieser Belagerung 6800 Mann Soldaten, darunter 20 Maurer und 20 Bergleute, heranzog, vgl. Douglas Simpson: Arch. hist. of Bothwell Castle S. 168. — [9]) Siehe auch: Mackay Mackenzie: Mediaeval Castle i. Scotld. S. 51—57, Ans. 90, 132. — [10]) Douglas Simpson: Arch. hist. of Bothwell Castle S. 189, Fig. 9. — [11]) Macgibbon & Ross: a. a. O. Bd. I, S. 104, 105, Abb. 79 u. 80. — [12]) Lt. Nachweis von Douglas Simpson: A new survey of Kildrummy Castle; derselbe: Kil=drummy C. — [13]) Macgibbon & Ross: a. a. O. Bd. I, S. 114ff.

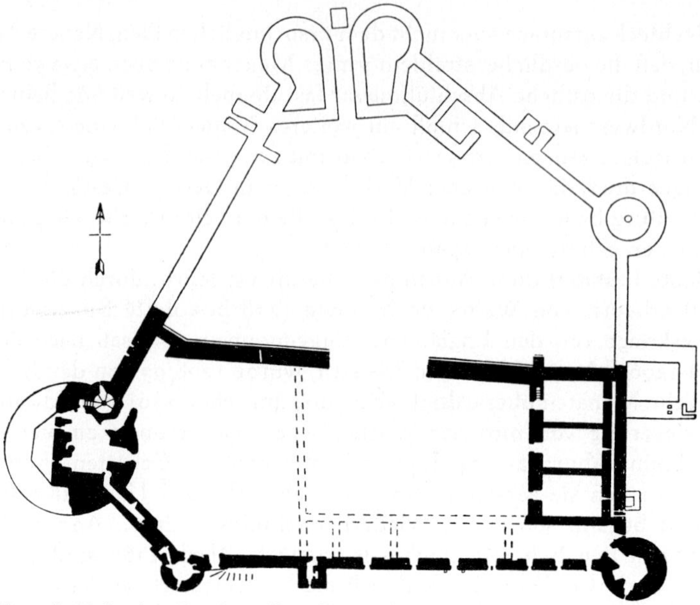

Abb. 256. Königl. Höhenbg. Bothwell a. Clyde, Schottld., Rest d. keep, später vermauert, Gesamtumfang verkleinert, Grdr. 1 : 1000. B. E. nach Dougl. Simpson.

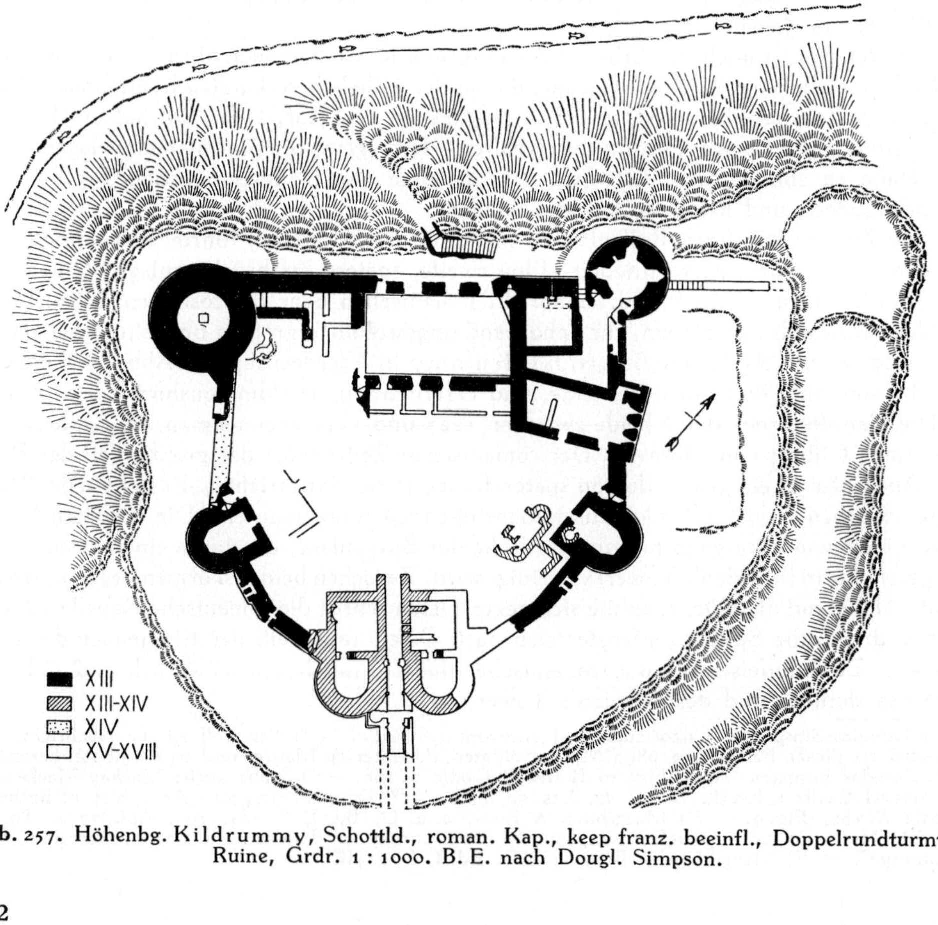

Abb. 257. Höhenbg. Kildrummy, Schottld., roman. Kap., keep franz. beeinfl., Doppelrundturmtor Ruine, Grdr. 1 : 1000. B. E. nach Dougl. Simpson.

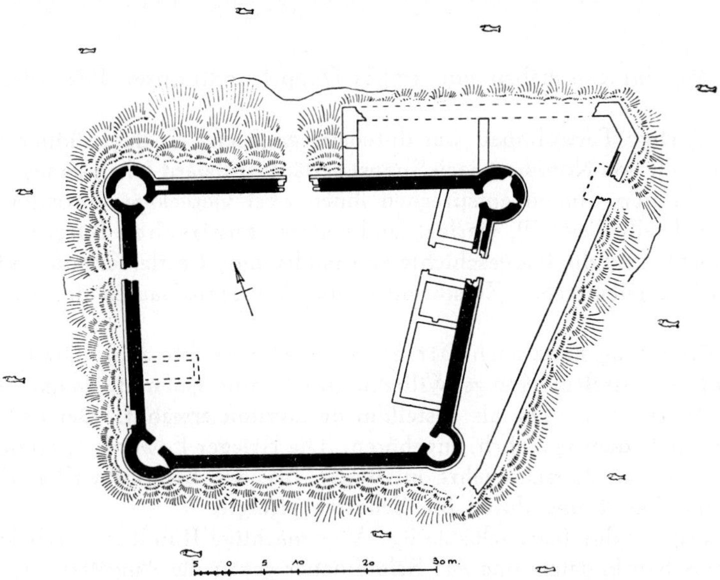

Abb. 258. Inselbg. Lochindorb, Schottld., Ruine, starke Mantelm. mit 4 rd. Eckt. u. spät. Halle, Grdr. 1 : 1000. B. E. nach Dougl. Simpson.

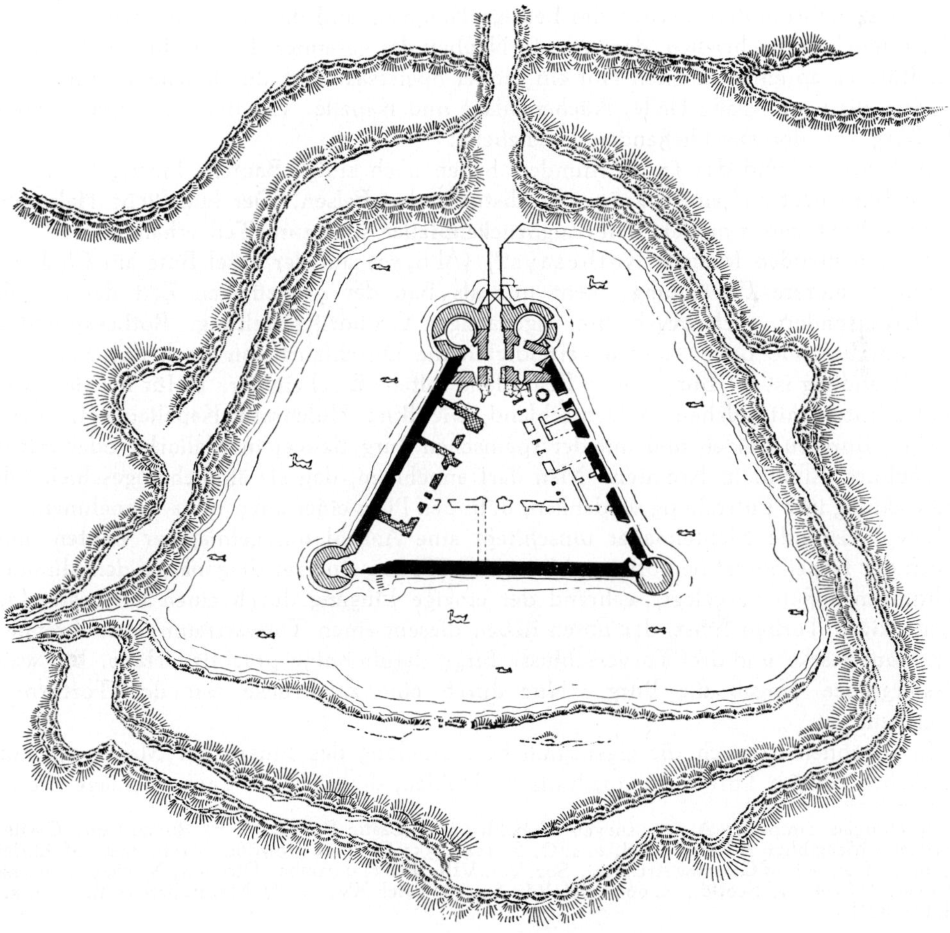

Abb. 259. Wasserbg. Caerlaverock am Solway, Schottld., dreieck. Anl., spät. Doppelrundturmtor, Ruine, Grdr. 1 : 1000. B. E. nach M. & R.

Neuere Ausgrabungen haben ein großes Doppelrundturmtor Edwardscher Bauweise freigelegt.

Dieser großartige Torwohnbau war durchaus englisch. Er liegt südlich in der Mittelachse der Burg, die von Nordwest nach Südost verläuft. Edward I. ließ seine Doppeltortürme etwa 1300 aufführen. Innen entsprechen ihnen zwei viereckige Vorbauten wie bei den Toren von Kidwelly Castle[14]), Harlegh und anderen englischen Burgen.

Die Geschichte und die Baugeschichte von Kildrummy Castle verlaufen wie in Bothwell Castle, auch hier entsprechen Zerstörungen und Wiederaufbauten denselben politischen Vorgängen.

Ähnliche Bedeutung hatte auch Dirleton Castle[15]) (Abb. 260). Die Burg wird schon zur Zeit des schottischen Königs Wilhelm des Löwen genannt, damals als Besitz des Wilhelm de Vaux, auch 1225 als castellum de Dyrlton erwähnt. Der erste Steinbau an dieser Stelle dürfte dem 13. Jahrh. angehören. Die Krieger Edwards I. eroberten die Burg 1298 und hielten sie dreizehn Jahre im Besitz, bis, wie bei Bothwell und Kildrummy, Eroberung und Zerstörung durch die Schotten erfolgte.

Der Grundriß ist durchaus selbständig. Vier mächtige Rundtürme mit kurzen Mauerstücken dazwischen bildeten eine Art Schildmauer gegen die Angriffsseite. Zerstörungen in den schottischen Befreiungskriegen mögen dann vollständigen Neubau notwendig gemacht haben, wobei die großen östlichen Türme bis auf die Grundmauern verschwanden.

Dem 14. Jahrhundert werden das heutige Haupttor und die Grundmauern des großen Hallenflügels zugeschrieben, dem 15. ein Neubau des gesamten Innern, hinter den beiden Rundtürmen an einem kleinen Hof ein großer Speisesaal und, durch schmale Flügel verbunden, die neue, große Halle, Küchenanlage und Kapelle. Ein tiefer Halsgraben trennt die Burg von der anschließenden Hochebene.

Auch das 16. und das 17. Jahrhundert haben noch einige Bauteile hinzugefügt.

Die Burg liegt auf einem 20—25 m abstürzenden Felsen. Der künstliche Halsgraben ist 16 m breit und 5 m tief. Die Zugbrückenpfeiler sind zum Teil erhalten.

Die bedeutenden Mauern Rothesays[16]) (Abb. 50) auf der Insel Bute am Clyde verdienen besondere Erwähnung, nicht nur als Bau der großzügigen Zeit des 13. Jahrhunderts, sondern auch wegen ihrer eigenartigen Grundrißgestaltung. Rothesay und die gegenüberliegende Burg Toward verteidigten die Durchfahrt von Loch Scrieven.

Als Rundling ist die Burg eine in Schottland seltene Erscheinung. Dafür hat sie gewisse Ähnlichkeiten mit solchen in Deutschland, wie Burg Hülchrath, Kapellendorf, oder in Holland Burg zu Leiden und mit der spanischen Burg Bellver in Mallorka, oder mit der Balkanburg Ribnik in Kroatien. Man darf annehmen, daß sie ähnlicher geschichtlicher Entwicklung ihre Entstehung verdanken, d. h. den Platz einer alten mota einnehmen.

Eine kreisrunde Mantelmauer umschließt eine Anzahl unregelmäßiger Bauten, unter denen der Kapellenrest hervortritt. Vier runde Türme sind ihr diagonal zu den Himmelsrichtungen außen vorgelegt, während der einzige Eingang durch einen langgestreckten, rechteckigen Torbau führt, der unten neben diesem einen Torwartraum, eine Treppe in der Mauerstärke und drei Torverschlüsse birgt, darüber eine prächtige Halle. Ein weiter Wassergraben umgab die Burg. Nur durch eine Zugbrücke war der Torturm zu erreichen.

Zu erwähnen ist noch die eigentümliche Aufteilung des Innern der Mauer des nordwestlichen runden Turmes in quadratische Höhlen, die wohl als Taubenschläge dienten.

[14]) Douglas Simpson: A new survey of Kildrummy Castle S. 154. — [15]) Richardson: Castle of Dirleton; Macgibbon & Ross: Bd. I, a. a. O. S. 114, 435; Douglas Simpson: Arch. hist. of Dirleton Castle i. Transact. of Glasgow Archaeol. Soc. Vol. VIII, Teil I; derselbe: Dirleton; Mackay Mackenzie: Mediaeval Castle i. Scotld., S. 96 Tafel XI, S. 118 Tafel XV. — [16]) Macgibbon & Ross: a. a. O. Bd. I S. 80 ff.

Burg Dunluce, Irland

Ins 13. Jahrh. gehört auch Lochindorb[17]) (Abb. 258). Die Burg, ein verschobenes Mauerviereck mit Dreiviertelrundtürmen an den Ecken, liegt im See von Lochindorb an der Grenze zwischen Moray und Nairn. In dem einfachen großen Mauerviereck waren Bauten errichtet. An der Ostmauer sind davon Kapellenreste ermittelt sowie ein Tordurchgang, der einem doppelten Torverschluß und einem großen Raum Platz gewährte. Außer dem Haupttor lag noch eine Ausfallspforte in der Westmauer und ein wohl späteres Haupttor in der Mitte der Nordmauer.

Nordöstlich, außerhalb des Haupttores, ist in späterer Zeit eine große Halle angebaut, die von einer starken Mauer umgeben war und sich an der Nordostmauer als Zwinger- oder Vorburghofmauer fortsetzt[18]).

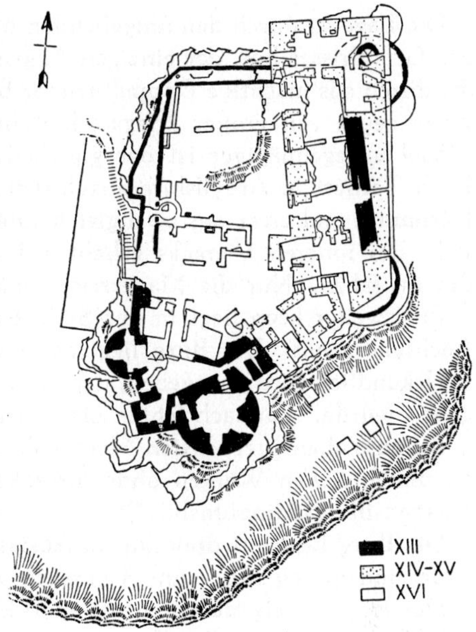

Abb. 260. Höhenbg. Dirleton, Schottld., reich geglied., starke Rundt. franz. beeinflußt, tief. künstl. Halsgr., Grdr. 1 : 1000. B. E. nach Richardson.

Ähnliche Formen zeigen verschiedene Inselburgen in den schottischen Seen, wie z. B. Inverlochy[19]) (Abb. 269). Die großartige Burg ist ein Viereck aus 3 m starken und einst 10 m hohen Mauern mit vier runden 10—12 m messenden Ecktürmen. Die Turmtreppen liegen in den Mauerstärken. Der wohl dem 13. Jahrh. entstammende unschottische Bau wurde im 15. Jahrh. auf Befehl König Johanns II. zerstört (1456).

Auch die Inselburg Lochleven[20]), als Gefängnis Maria Stuarts bekannt, besteht nur aus einer vieleckigen Ringmauer mit einem runden Turm an einer Ecke und einem Wohnturm an der Südostecke.

Caerlaverock[21]) (Abb. 259), am Solway gelegen, gehört im Kern noch der frühesten Zeit an. Merkwürdig ist der Grundriß, ein streng gleichschenkliges Dreieck, an drei Seiten von künstlich gestautem Graben umgeben, dessen Wasser durch eine Schleuse mit dem Sumpf in Verbindung steht. Edward I. dürfte diese älteste Burg belagert haben.

Die drei Umfassungsmauern gehören dem 13. Jahrh. an. An der Nordspitze des Dreiecks erhebt sich ein starkes Doppeltor aus der zweiten Bauzeit Edwards I. Wahrscheinlich wurden an diesem Tor in einer dritten Bauzeit Verstärkungen ausgeführt, noch sind die Spuren von zwei Fallgattern und von vier Torverschlüssen kenntlich. Sie, wie die Türme an den anderen Dreieckspitzen, gehören wohl der dritten Bauzeit an.

Einer vierten Bauzeit entstammen die Wohnräume an der Westmauer. Sie sind noch gotisch, zeigen aber schon weitgehende Rücksichten auf Wohnbedürfnisse.

Eine fünfte und sechste Bauzeit fügte Wendeltreppen und späte Wohnbauten des beginnenden 17. Jahrh. hinzu. Besonders ist eine große, heute fast völlig zerstörte Halle mit reicher Renaissancearchitektur zu nennen. Zur besseren Beleuchtung wurden die Außenwände durch Fenster durchbrochen, was der Festigkeit der Burg wesentlich Abtrag tun mußte.

---

[17]) Douglas Simpson: Lochindorb Castle; derselbe: Scott. Castle. — [18]) Macgibbon & Ross: a. a. O. Bd. I, S. 70. — [19]) Douglas Simpson: Scott. Castle; Macgibbon & Ross: a. a. O. S. 73, Bd. I; Douglas Simpson: Urquhart Castle S. 2. — [20]) Macgibbon & Ross: a. a. O. S. 146ff. Bd. I; Mackay Mackenzie: a. a. O. S. 45, 125f., 134. — [21]) Macgibbon & Ross: a. a. O. Bd. I, S. 127—136; Mackay Mackenzie: a. a. O. S. 50f.; Hannah, Story of Scotland in Stone S. 112, 122—125, 280, m. Abb.; Douglas Simpson: A new survey of Kildrummy Castle S. 136.

Die Lage ist durch den umgebenden Morast außerordentlich günstig. Die Dreiecksform des Grundrisses bot, der einzigen Angriffsseite zugewendet, nur eine schmale Spitze dar, die durch das mächtige Doppelturmtor besonders stark befestigt ist. Diese ungewöhnliche Form zeugt von großer kriegstechnischer Erfahrung des Architekten.

Viel unregelmäßiger ist der gleichfalls im 13. Jahrh. errichtete Bau zu Tarbert am Loch Tarbert in Argyllshire angelegt[22]). Er besteht aus einem verschobenen Viereck als Kernburg, und zwar aus zwei gleichlaufenden, starken Mauerringen. In der nordöstlichen Ecke des inneren Vierecks erhebt sich ein späterer (?), wohnturmartiger Bau, ein keep des 15. Jahrh. Nur die Mauerreste und die Hälfte des Wohnturmes sind erhalten.

Ein zweiter keep liegt in der Südostmauer der Vorburg, die sich nach der Küste des Lochfyne senkt. Die Burg liegt 20 m über der Seefläche.

Urkundlich wird angegeben, daß sie von Edward I. kurz nach 1292 König Balliol übergeben wurde. Baunachrichten sind in den Exchequer Rolls von 1326 erhalten.

Bis zum abenteuerlichsten Märchenbau versteigt sich der schottische Burgenbaumeister, zu unheimlichen Werken ohne ihresgleichen. Ein Beispiel solcher Laune ist die Burg Yester in Haddingtonshire[23]).

Die Burg liegt auf dreieckigem Ausläufer am Hopes Water. Ihre Mauerreste über der Erde sind gering, nur zum Teil noch 13 m hoch und über 2 m stark.

Der Reiz der eigenartigen und merkwürdigen Anlage besteht in den märchenhaft ausgebildeten unterirdischen Räumen, einer davon, eine schön gewölbte Halle, liegt in der Felsenspitze. Von ihr führt eine Treppe von 44 Stufen zu einem Brunnen hinab, ein gegenüberliegender Quergang ebenso zu einem geheimen Ausgang am Felsenabhang. Die unterirdische Halle war offenbar kein Keller, denn die starke Mantelmauer der Burg steht so, daß die sogenannte „Goblin Hall" außerhalb des Burgberinges im Felsen blieb. Erreicht wurde die Halle über eine heimliche lange, durch mehrere Tore gesperrte Treppe vom Innern der Burg aus. Über der Erde sind nur wenige Reste der Burg erhalten.

Mit solchen großartigen Bauten schließt der erste Abschnitt des schottischen Steinburgenbaues. In langwierigen Befreiungskriegen, aus deren Geschichte der Name Robert Bruce hervorleuchtet, erkämpfte Schottland seine Unabhängigkeit von den englischen Eroberern, aber das Land blieb politisch zerrissen und wirtschaftlich verarmt zurück.

Selbständig schottische Burgenbauten (14., 15. Jahrh.)

Dieser politische und wirtschaftliche Zustand Schottlands muß in Rechnung gezogen werden bei der Beurteilung des zweiten Abschnittes schottischen Burgenbaues, der die veränderte soziale und rassische Lage und die Machtpolitik der Burgenerbauer widerspiegelt. An Stelle der anglonormannischen großen Gewalthaber, die in England nach wie vor herrschten, traten in Schottland schwächere Herren. Ihre Macht wurde vielfach beeinträchtigt durch die immer unruhigen Führer der zahlreichen schottischen Clans, die sich auch untereinander mit tödlicher Erbitterung bekämpften.

Den kleineren Machtmitteln des einzelnen entsprechen die Abmessungen der Burgen des 14. und 15. Jahrh.; es sind aber dafür auf unsere Tage unendlich viele Werke dieser Zeit gekommen als Ruinen, oder noch bewohnbar. Sie verdienen die größte Beachtung, da sie eine durchweg selbständige schottische Durchbildung zeigen.

Die Bauweise hatte sich vollständig geändert. Zunächst treten einfache, verhältnismäßig kleine und schlanke Wohntürme auf. Vom normannischen keep bewahren sie nur die Turmform, doch weder die Größe noch die Stärke, von den Edwardischen Vorbildern

[22]) Macgibbon & Ross: a. a. O. Bd. I, S. 136—142; Douglas Simpson: Scott. Castle S. 10, Fig. 1, Nr. 12 (Grdr.). — [23]) Macgibbon & Ross: a. a. O. Bd. I, S. 116ff.

mit ihren mächtigen Ringmauern, Mauertürmen und Doppelturmtorburgen dagegen nichts. Offenbar sollten sie in erster Linie dem sicheren Wohnen der einzelnen Erbauer dienen, dem nicht entfernt die Hilfskräfte und Machtmittel zur Verfügung standen, um Burgen wie Kildrummy errichten oder verteidigen zu können.

Um und an diese Wohntürme mögen sich mehr oder minder starke Vorburgen gelehnt haben, vielleicht auch nur Erd= oder Holzwerke; vielfach fehlen Spuren solcher Anlagen bei den heute unvermittelt frei im Gelände stehenden Türmen. Hofmauern, ja feste Wohn=bauten um mehr oder weniger regelmäßige Höfe, werden erst spät die Regel.

Das Innere der Wohntürme umfaßte bei frühen Bauten oft nur je einen großen Raum mit tiefen Fensternischen (Beispiel Lochleven, wahrscheinlich vor 1335 erbaut)[24]). Mit der Zeit wurden seine starken Mauern mehr und mehr ausgehöhlt und für Nebenräume aller Art ausgenutzt. Gerade Treppen, Wendeltreppen, Schlafkammern, Aborte, Gefängnisse und geheime Verstecke finden Platz neben großen Kaminen und tiefen Fenstersitzen.

Es konnte nicht ausbleiben, daß dadurch allmählich die Widerstandskraft der Mauern gegen Beschießungen mehr und mehr abnahm und daß die eigentliche Verteidigung etwaigen Außenwerken zufiel.

Einzelne bedeutende Umbauten, wie die obenerwähnten von Dirleton und Kildrummy, oder Neubauten wie die von Stirling, Linlithgow und Edinburg, sind große Ausnahmen[25]).

Die kennzeichnendste Besonderheit der späten schottischen Burgen bringt aber die Fort=bildung der Wohnturmbauten.

Wachsendes Wohnbedürfnis wie der Wunsch der Besitzer, mit ihrer Familie in getrennten Räumen für sich zu leben, veranlaßte Anbauten, die aus naheliegenden Sicherheitsgründen meist die gleichen Höhen wie die vorhandenen Türme annahmen. Es entstanden also Doppeltürme, die gegeneinander verschoben, oft nur eine gemeinsame Treppe hatten. So baute man rechtwinklige Zweiturmgruppen mit Treppen in den sichersten Ecken, die eine Seitenbestreichung des Eingangs erleichterten. Auch Dreiturmgruppen kommen vor, später auch Wohntürme mit runden, kleinen Ecktürmen.

Die Grundrisse wechseln unendlich, bilden aber immer höchst malerische Gruppen.

Auch diese Turmgruppen stehen hin und wieder in älteren oder späteren Außenwerken (z. B. Borthwick) oder bilden, wie Craigmillar — mit späteren Flügeln um einen Hof — Teile schloßartiger Baugruppen.

Über 800 kleinere Burgen wurden an allen Pässen, Furten und großen Straßen, an Landungsplätzen und am Meer errichtet, sei es planmäßig oder der Not gehorchend. Ein einheitlicher Landesverteidigungsplan bei der Wahl der Bauplätze kann kaum bestritten werden[26]).

Kleinere Beispiele des 14. und 15. Jahrh. sind in Fülle vorhanden, von allereinfachsten bis zu reizvoll durchdachten Meisterwerken. Zu den einfachsten gehören die Wohntürme von Roy (Abb. 277), von Delgaty Castle in Aberdeenshire oder Torthorwald[27]), dessen wüste Trümmer auf älterer Motte stehen. Bedeutender ist der langgestreckte Turm von Dundonald[28]) in Ayrshire, mit zwei spitzbogig gewölbten Stockwerken, auf dessen oberen Gewölben sogleich das flache Steindach in einem gezinnten Wehrgang liegt (Abb. 270).

Vierstöckig ist der hohe Turm von Threave Castle am River Dee[29]), nur über den beiden unteren Stockwerken gewölbt. Die Burg wird umgeben von dem Flusse und einem von diesem gespeisten Wassergraben, sowie von späteren Zwingermauern mit vier niedrigen, runden Ecktürmen.

[24]) Macgibbon & Ross: a. a. O. Bd. I, S. 147. — [25]) siehe unten. — [26]) Mackay Mackenzie: a. a. O. S. 79 f. mit Beziehung auf Sir Charles Oman. — [27]) Macgibbon & Ross: a. a. O. Bd. II, S. 52, Bd. I, S. 176 ff. — [28]) Macgibbon & Ross: a. a. O. Bd. I, S. 167 ff. — [29]) Ebenda S. 159 f. (Lagepl. u. Grdr.); Mackay Mackenzie: a. a. O. S. 186, Tafel XXVI.

Abb. 261. Alloa 1 : 500.

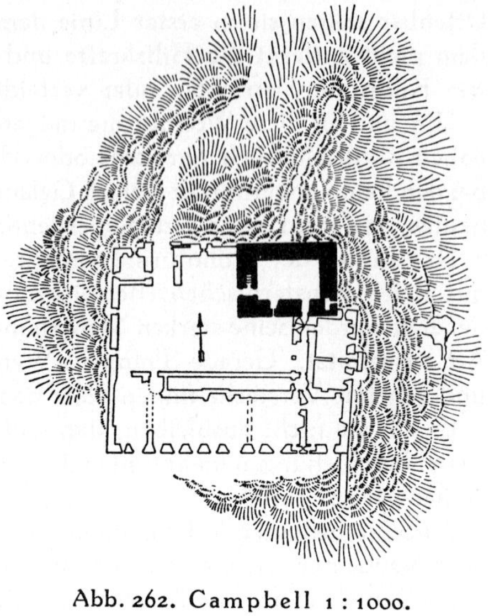
Abb. 262. Campbell 1 : 1000.

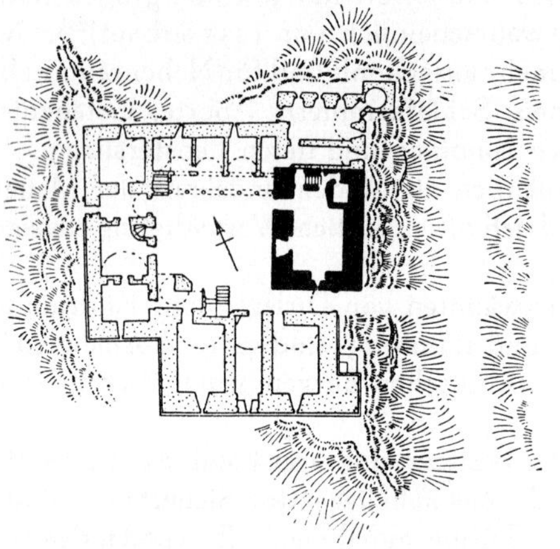
Abb. 263. Crichton 1 : 1000.

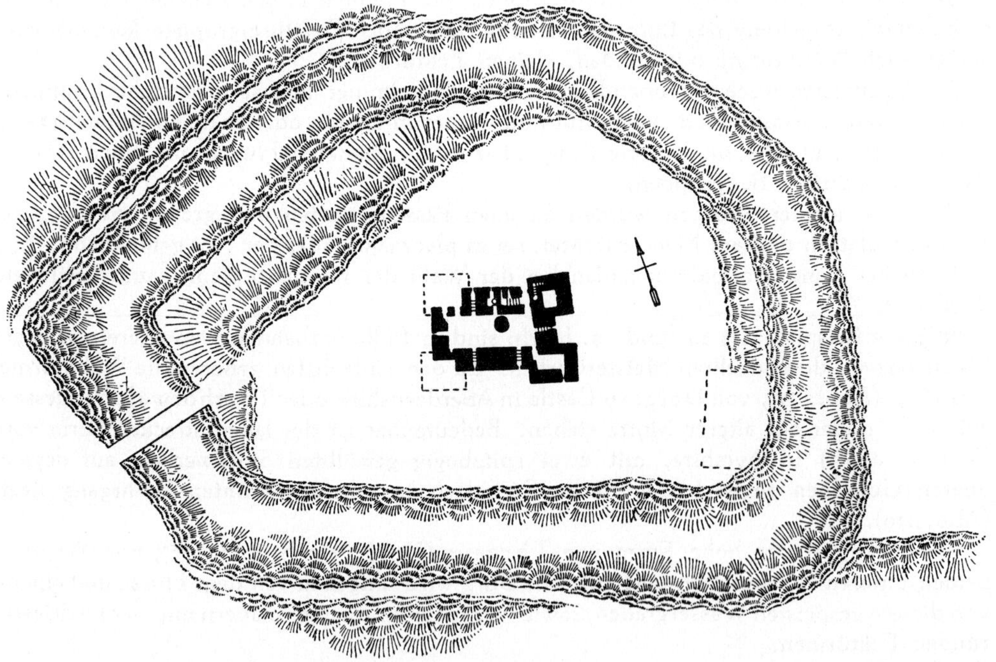
Abb. 264. Crookstone 1 : 1000.

Beispiele kennzeichnend schottischer Turmburgen des 14. u. 15. Jh. B. E. nach M. & R.

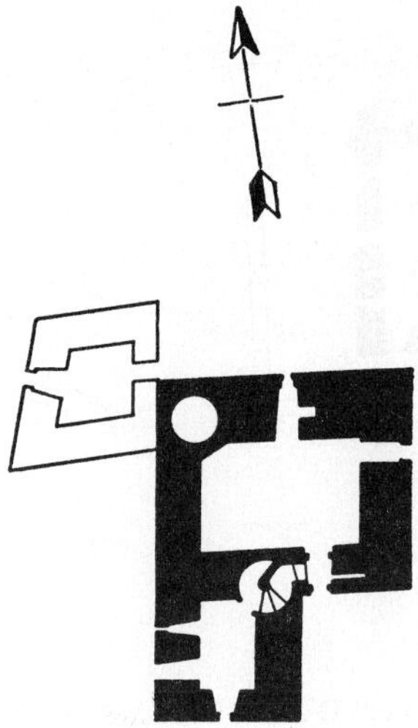

Abb. 265. Dundas 1 : 500.

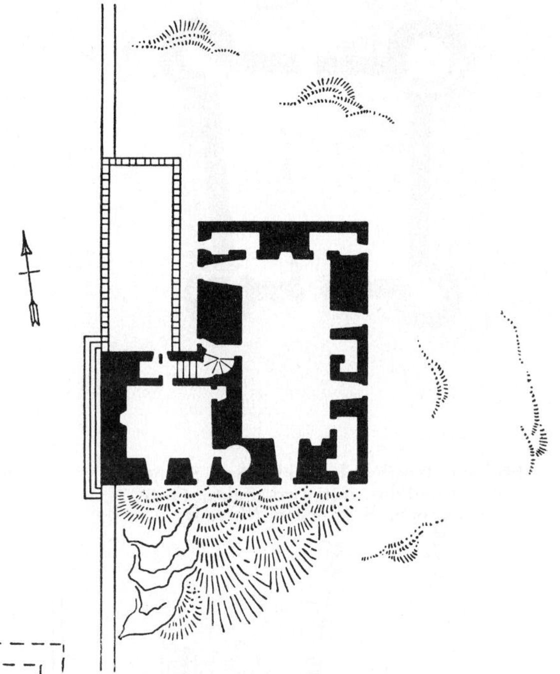

Abb. 266. Huntly (Perthshire) 1 : 500.

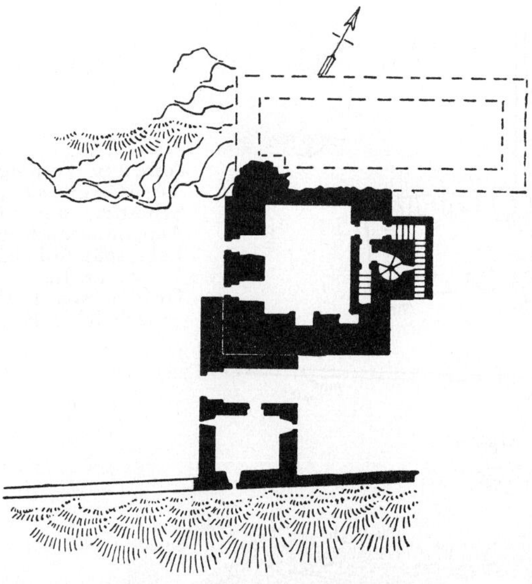

Abb. 267. Drummond 1 : 500.

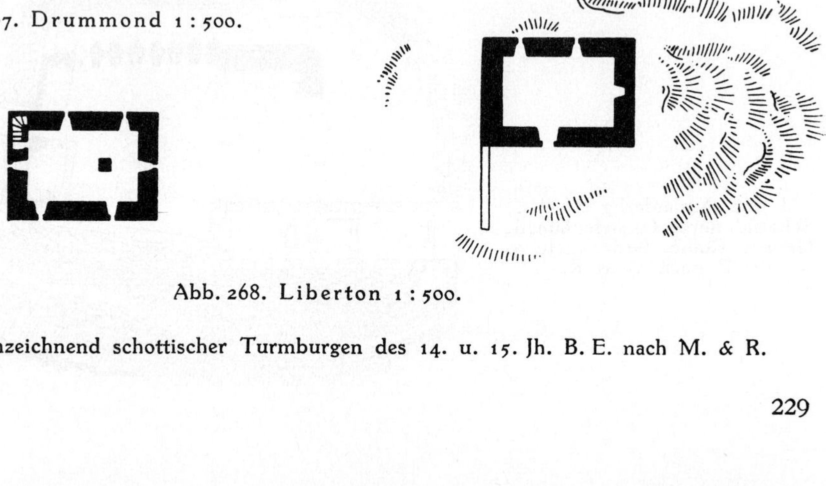

Abb. 268. Liberton 1 : 500.

Beispiele kennzeichnend schottischer Turmburgen des 14. u. 15. Jh. B. E. nach M. & R.

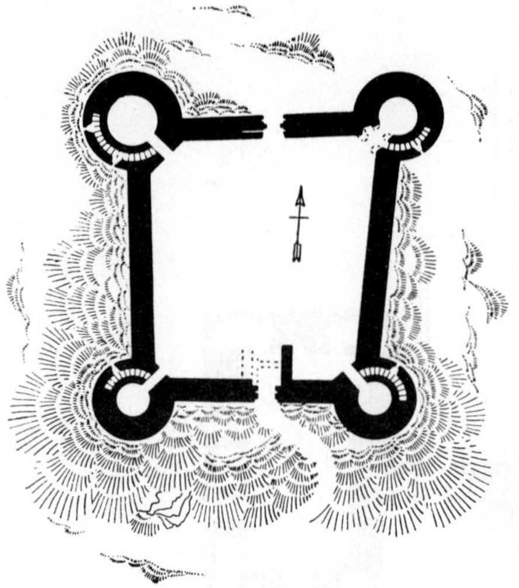

Abb. 269. Inselbg. Inverlochy, Schottld., hohe Mantelm. mit 4 rd. Eckt., Grdr. 1 : 1000. B. E. nach M. & R.

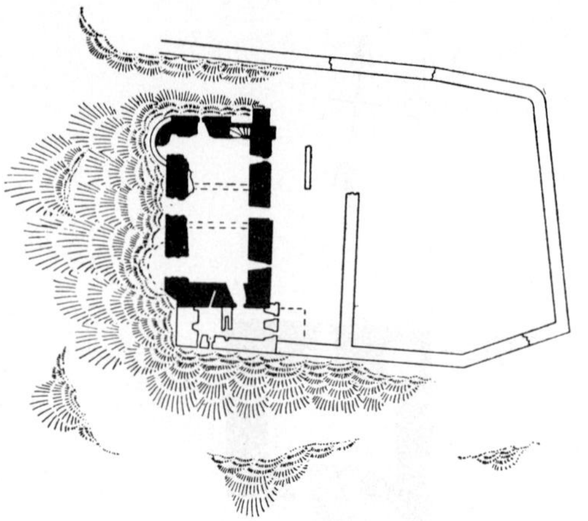

Abb. 270. Turmbg. Dundonald, Schottld., geringe Vorwerke, Grdr. 1 : 1000. B. E. nach M. & R.

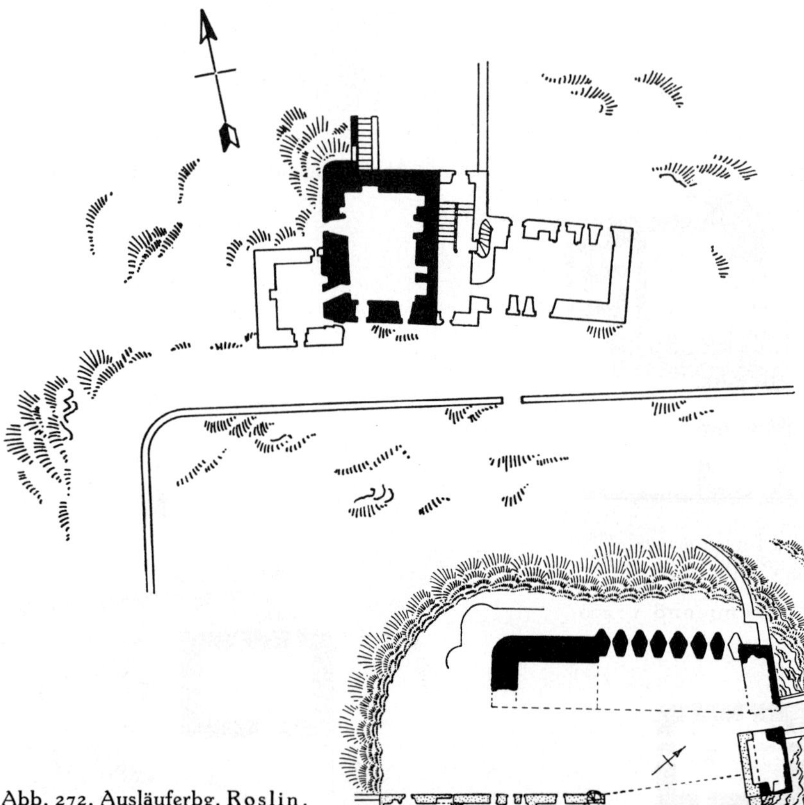

Abb. 271. Turmbg. Huntingtower, Schottld., am Fl. Almond, wenig feste Lage, spät. Anb. bis z. 17. Jh. Grdr. 1 : 500. B. E. nach M. & R.

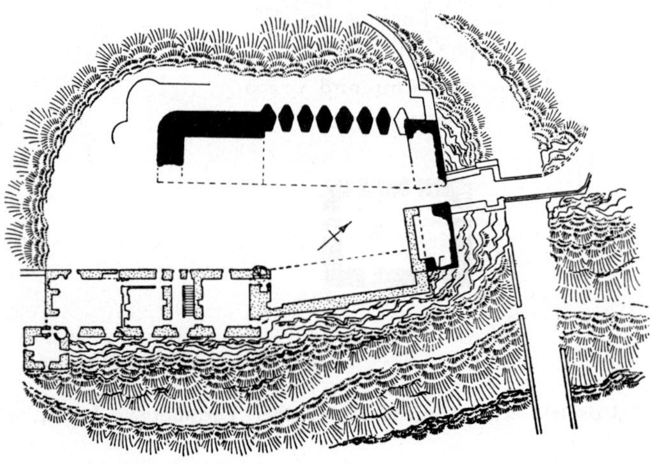

Abb. 272. Ausläuferbg. Roslin, Schottld., unregelm. tiefer künstl. Halsgr., Ruine, Grdr. 1 : 1000. B. E. nach M. & R.

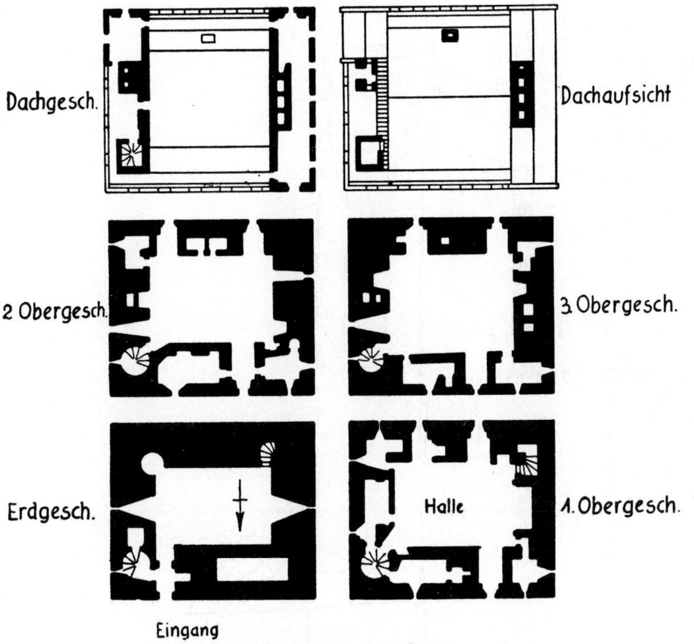

Abb. 273. Comlongan Grdr. 1 : 500.

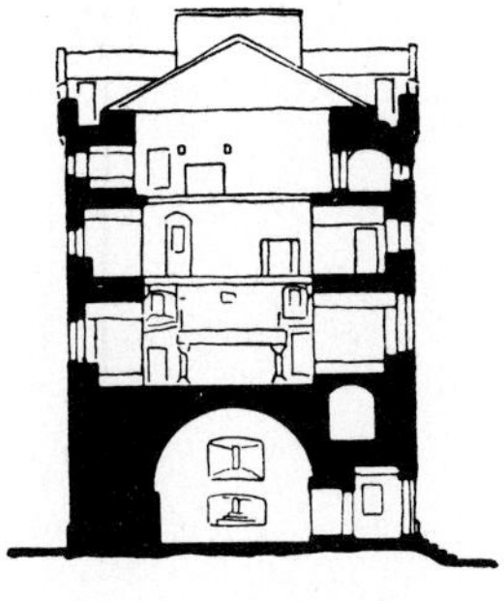

Abb. 274. Comlongan Schn. 1 : 500.

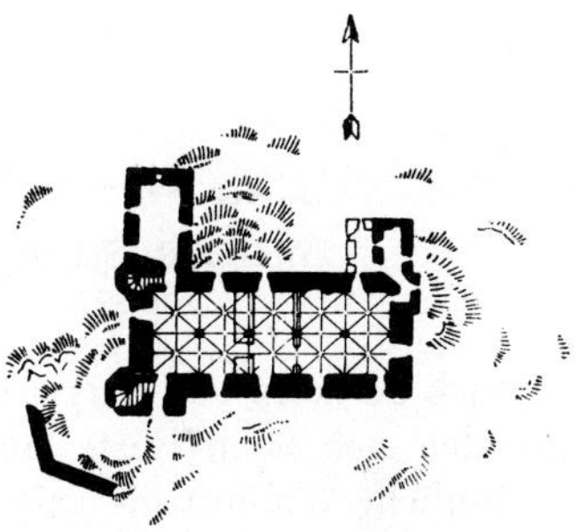

Abb. 276. Tulliallar. Grdr. 1 : 1000.

Abb. 275. Elphinstone Grdr. u. Schn. 1 : 500.

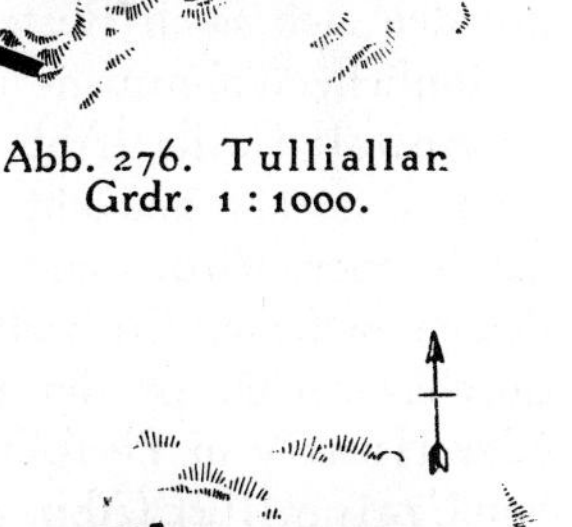

Abb. 277. Roy Grdr. 1 : 1000.

Beispiele reicherer schottischer Turmburgen 1 : 500, einfacherer Bauten 1 : 1000. B. E. nach M. & R.

Abb. 278. Schott. Turmbg. Huntly (Perthshire). B. E. nach M. & R.

Auch der keep von Duffus Castle[30]), auf alter Motte, ist in einen Mauerring eingefügt, um den sich noch Reste eines alten Ringwalles ziehen.

Ähnliche Wohntürme zeigen Leven, Alloa Tower (Abb. 261 und 284), der Kern von Campbell Castle (Abb. 262) — vierstöckig, dreifach gewölbt —, Crichton (Abb. 263) — zweistöckig gewölbt —, Crookstone (Abb. 264), das schon dem 13. Jahrh. zugeschrieben wird, zeigt zwischen fast 10 m dicken Mauern einen langen Hallenbau, an dessen östlicher Stirnseite zwei starke Vierecktürme angebaut sind. Innen sehr reich durchgearbeitet ist der merkwürdige, dreifache Turm von Dundas (Abb. 265 und 282) oder Huntly in Perthshire (Abb. 266 und 278)[31]). Auch der Kern der großartigen Ruine von Craigmillar (Abb. 289) ist ein Wohnturm. Wie hier, sind viele Türme später Mittelpunkt großer Erweiterungsbauten geworden.

Wohntürme, wie der bescheidene Hauptbau von Drummond[32]) (Abb. 267) über dem Earn River, oder Pitcaple[33]) sind häufig und bis ins 16. Jahrh. üblich, Abmessungen von 20×10—15 m aber schon groß.

Selten sind die gewölbten Hallen reicher ausgebildet. Die spätgotische Burg Tulliallan, Perthshire (Abb. 276), bildet eine Ausnahme. Ihr außen etwa 25×10 m messender Pallas ist zweischiffig und im Erdgeschoß auf drei Steinpfeilern und einer Querwand mit zehn Kreuzgewölben überspannt, die reich mit spätgotisch gegliederten Rippen verziert sind[34]).

[30]) Macgibbon & Ross: a. a. O. Bd. I, S. 279/80; Mackay Mackenzie: a. a. O. S. 45ff.; Armitage: a. a. O. S. 317. — [31]) Macgibbon & Ross: a. a. O. Bd. I, S. 328, m. Plänen u. S. 295, 155, 203ff., 210ff., 533, 328, 320f. — [32]) Smlg. Ebh.; Macgibbon & Ross: a. a. O. Bd. I, S. 285ff. — [33]) Douglas Simpson: Pitcaple Castle. — [34]) Macgibbon & Ross: a. a. O. Bd. I, S. 550ff.; Mackay Mackency: a. a. O. S. 147f., Taf. XX.

Burg Crookstone, Schottland

Burg Roslin, Schottland

Abb. 279. Turmbg. Huntingtower, Schottld. B. E. nach M. & R.

Verdreifacht ist die Turmform bei der im Grunde hufeisenförmigen, teils drei=, teils siebenstöckigen Burg Borthwick Castle[35]) (Abb. 281). Der spätgotische Bau zeichnet sich durch klare, einheitliche Durchbildung aus. Schnitte und Grundrisse verraten einen vollendeten Meister.

In anderer Weise ist im 15. Jahrh. Huntingtower[36]) (Abb. 271 und 279) verdreifacht erbaut. An den starken Kernturm sind zwei verschiedene, geringe Türme willkürlich angefügt.

Huntly Castle[37]) in Aberdeenshire (Abb. 285) verdient noch besonderer Erwähnung. Der längliche, viereckige spätere (15. Jahrh.) Pallas im Südwesten von etwa 23×11 m Kernlänge ist an der Südwestecke durch einen etwa 11 m dicken Rundturm verstärkt, dem an der schräg gegenüberliegenden Nordostecke ein etwa 5 m breiter, dünnwangiger (?) Turm entspricht. Ein mächtiger, normannischer Erdkegel (motte) erhebt sich 6—10 m hoch nordwestlich, obere, kreisrunde Fläche 25 m Durchmesser.

Bauten des 16. Jahrh. und späterer Zeit bildeten allmählich mit dem „greate olde" Tower, dem keep einen unregelmäßig viereckigen Hof. Ganz östlich liegt nochmals ein nor= mannisches Erdwerk.

Auf dem Pallas ist später ein höchst reizvolles Stockwerk errichtet, das neben den ernsten Massen des Kernbaues um so reicher und zierlicher wirkte. Schlanke, vielfenstrige Erker, Giebel oder Dachhauben, Schornsteine, Türmchen usw. bilden reiche, vierte und fünfte Stockwerke, deren verfallenen Zustand man innig beklagen muß.[38])

Die unendlich mannigfaltige Wandlung der Wohntürme wird noch bewunderungswür= diger, wenn wir die geistreiche Ausnutzung der Mauerstärken der Außenmauern betrachten. Fast alle Türme beherbergen, innen rundbogig oder spitzbogig, gewölbte Hallen neben den mit Holzbalken überdeckten Stockwerken. Das Dach ruht vielfach unmittelbar auf der obersten Wölbung. Beispiel Dundonald Castle (Abb. 270) oder Liberton Tower (Abb. 268, 283), Craigmillar Castle und Closeburn[39]).

[35]) Macgibbon & Ross: a. a. O. Bd. I, S. 344ff.; Mackay Mackenzie: a. a. O. S. 186, Taf. XXVI, S. 191ff. — [36]) Richardson: Huntingtower. — [37]) Douglas Simpson: Notes on Huntly 1932/33; derselbe: Huntly Castle 1930. — [38]) Douglas Simpson: History of Huntly 1921/22, hier nennt Douglas Simpson den Pallas noch „keep"; vgl. dazu Anm. 37. — [39]) Macgibbon & Ross: a.a.O. Bd. I, S. 167ff., 189ff., 227ff.; Mackay Mackenzie: a. a. O. S. 90, 184.

Abb. 280. Tulliallan.

Abb. 281. Borthwick.

Abb. 282. Dundas.

Abb. 283. Liberton.

Abb. 284. Alloa.

Beispiele schottischer Turmburgen. B. E. nach M. & R.

Die starken Mauern sind oft für Treppen, Gefängnisse, Küchen, Schornsteine, Kamine und tiefe, breite Fensternischen, Schlafräume, Aborte usw. ausgenutzt. Zwei reiche Beispiele geben die Abbildungen von Comlongan (Abb. 273 u. 274) und Elphinstone Castle (Abb. 275)[40].

Ein Doppelturm ist auch in der späten, oft — vor allem 1578—1621 — umgebauten Macbethburg von Glamis, 5 englische Meilen westlich Forfar[41]), nördlich von Dundee gelegen, zu erkennen.

Von der ursprünglichen Burg wird berichtet, daß sie im 11. Jahrh. Schauplatz zweier Königsmorde gewesen sei und 1033 König Malcolms II., 1040 König Duncans Tod gesehen habe. Solche halb sagenhaften Überlieferungen deuten jedenfalls auf ein sehr hohes Alter dieser Stelle als Burgbauplatz hin.

Um= und Anbauten, die dem stolzen Bau die reichen Formen des Endes der Burgenzeit geben, haben trotz schwächlicher Änderungen des 19. Jahrh. den sehr wehrhaften Eindruck nicht ganz verwischen können.

Die Reste der Burgen des 14. und 15. Jahrh. zeigen auch dann einfachste Grundformen, wenn es sich nicht um Wohntürme handelt. So die aus einem einfachen Mauerviereck bestehende, schon oben erwähnte Burg Roy[42]) (Abb. 277) in Inverness=Shire, oder die Mauervierecke mit vier runden Ecktürmen von Auchen Castle[43]) und Kinclaven[44]) (Abb. 286), Boyne Castle[45]) mit vier runden Ecktürmen und zwei Tortürmen in der Südseite und Tibbers[46]).

Etwas reicher gegliedert ist die ebenfalls im Grundriß fast quadratisch gestaltete, schon erwähnte Burg Inverlochy[47]) (Abb. 269) aus dem 13. Jahrh. Solche Burgen mit vier Eckrundtürmen würden in Deutschland dem 15. Jahrh. zugeschrieben werden.

Regelmäßigkeit ist im allgemeinen bei schottischen Burgen nicht häufig. Fast einer malerischen deutschen Burg gleicht z. B. Roslin Castle[48]) (Abb. 272), dessen Baumassen sich den Bewegungen des Bauplatzes überzeugend anschließen. Der schon im 11. Jahrh. erwähnte Bau wurde 1446 von William St. Clair, einem Gliede des ersten schottischen Hochadels, umgestaltet. 1447 und 1544 wüteten Brände und folgten Wiederaufbauten. Kein Wunder, daß die heutigen Reste manches Rätsel aufgeben.

Man erreicht das Innere auf einem Doppelbogen über eine tiefe, künstliche Schlucht, ein Übergang, den der Feind nach der Eroberung der großen Brücke über den Fluß North Esk erst bezwingen mußte. Die Länge des umbauten Raumes beträgt 70, die Breite 29 m, Mauerdicke bis 3 m.

Die Nordseite mit dem Haupttor zeigt noch mächtige Mauerreste mit Zinnen. Die starke Nordwestlängsmauer wird im Erdgeschoß durch sieben Fenster einer großen Kapelle zwischen eigentümlichen, abgerundeten Strebepfeilern durchbrochen. Daneben stehen Reste des ältesten Kernes des „keep", dessen Ecken ebenfalls abgerundet waren.

Der noch bewohnbare Flügel an der Südostecke am Fluß entlang wurde von Sir William St. Clair vor 1484 errichtet. Drei seiner fünf Geschosse liegen unter der Hofhöhe über der Schlucht des Flusses. Noch 1622 wurden weitere Arbeiten ausgeführt (Tafel 45).

---

40) Macgibbon & Ross: a. a. O. Bd. I, S. 237, 233. — 41) Beeverell: a. a. O. Bd. VI, S. 1301. Beautif. Britain, Bild 74; Macgibbon & Ross: a. a. O. Bd. II, S. 113ff. — 42) Macgibbon & Ross: a. a. O. Bd. I, S. 65ff. — 43) Douglas Simpson: Scott. Castle S. 10, Fig. 1, Nr. 4. — 44) Macgibbon & Ross: a. a. O. Bd. I, S. 67ff. — 45) Douglas Simpson: Banffshire Castles S. 69ff.; Macgibbon & Ross: a. a. O. Bd. II, S. 301ff. — 46) Mackay Mackenzie: a. a. O. S. 44, Fig. 5. — 47) s. oben S. 225. — 48) Macgibbon & Ross: a. a. O. Bd. I, S. 366ff.; Howe: Castles and Abbays: S. 152ff.; Smlg. Ebh.

Küsten- oder Felsenburgen

Aber die Wunder der schottischen Burgenbaukunst sind noch nicht erschöpft. Außer mächtigen Gewaltbauten des 13. Jahrh., den malerischen Anlagen und den Wehrturmburgen, birgt Schottland noch eine Reihe ehrwürdiger Ruinen, die schon durch Lage und Art des Bauplatzes den Besucher begeistern müssen.

Die felsige Küste bot landschaftlich großartige und wehrbaulich fast uneinnehmbare Felseninseln und Vorsprünge, die, schon in vorgeschichtlichen Zeiten befestigt, auch dem mittelalterlichen Burgenbaumeister besonders willkommen sein mußten.

Bei deren Benutzung war eine Regelmäßigkeit der Anlage nicht durchführbar; so entstanden wehrbautechnische Bauten von besonderem Reiz, höchst malerische Bilder.

Einige Beispiele mögen folgen:

So benutzten die Erbauer von Findlater Castle[49]) am Moray Firth, von Ravenscraig Castle[50]) (Abb. 285), das sich in hochbedeutender Lage auf einer Felsenzunge 27 m hoch über der Kirkcaldy Bay an der südlichen Ostküste des Firth of Forth erhebt, und von dem 1334 erbauten Dundarg Castle[51]) am Moray Firth lange, schmale Felsenspitzen als sichere Bauplätze.

Da, wo eine etwas breitere Verbindung mit dem Festlande bestand, wurde sie durch einen Halsgraben abgeschnitten, hinter dem z. B. bei Dundarg Castle eine mächtige Mauer von etwa 70 m Länge steht, bei Ravenscraig (Abb. 285) ein durch zwei Türme verstärktes späteres Bollwerk (1460—63).

Selten ist ein Grundriß wie der von der Burg Urquhart[52]) (Abb. 288), Inverness-Shire, bei der Stadt Inverness auf einem Felsenvorsprung im Loch Ness, 15—30 m über dem Wasser erbaut. 500 Mann Besatzung konnte die Burg aufnehmen; ihre bebaute Fläche mußte also groß sein. Ein Halsgraben von 8 m Breite und 5 m Tiefe trennt Burgfelsen und Hauptland. Die Ringmauer begleitet den Abgrundrand.[53])

Unregelmäßig sind die Bauten Urquharts dem Platz angepaßt. Der große Umfang — zwei Höfe, Upper und Nether Bailey — bestand schon in sehr früher Zeit, lag doch die Burg Urquharts zur Zeit der Könige der Canmorefamilie als wichtiger Beobachtungsposten an der Straße zwischen Ergadia und Moravia. Die Wehrhaftigkeit der Baustelle am Loch Ness muß nach Funden am Mottehügel schon in der Eisenzeit erkannt sein, und diese Bedeutung behielt die Burgstelle bis zum Ende der Burgenzeit. So finden wir hier neben einer alten Motte große Burgreste des 14. und 16. Jahrh.[54]). Die ältesten gemauerten Teile liegen an der Ostseite des tieferliegenden Burgteiles (Nether Bailey), wie die große Halle, die Küche und Wohnräume.

Die äußere Felsenspitze, an zwei Seiten vom Loch Ness umspült, nimmt der viereckige keep ein. Er mißt etwa 11 × 13 m Grundfläche, 3—5 m Mauerdicke, er ist etwa 16 m hoch und hat mit vier Stockwerken, den englischen keeps gegenüber, bescheidene Maße[55]) (Abb. 288).

1296 drang König Edward I. von England weit in die Provinz Moravia ein, besetzte auch Urquhart Castle. Vielleicht erinnert der Haupteingang, das Doppelrundturmtorhaus

[49]) Douglas Simpson: Banffshire Castles S. 81 ff. — [50]) Douglas Simpson macht auf die Ähnlichkeit der zweitürmigen Bollwerksanlage mit dem sogenannten großen Bollwerk der Hohkönigsburg im Elsaß aufmerksam. Die Heranziehung von gleichgeschulten Bauleuten aus Burgund für beide Burgverstärkungen macht er wahrscheinlich durch die Betonung der gleichen Bauzeit 1460—63 und 1479—81 und durch die Verwandtschaft der Gemahlin James II., Marie von Geldern, einer burgundischen Prinzessin. Näheres bei Douglas Simpson: Ravenscraig Castle; Macgibbon & Ross: a. a. O. Bd. I, S. 538. — [51]) Douglas-Simpson: Ravenscraig Castle S. 51. Lagepl. — [52]) Derselbe: Urquhart C. — [53]) vgl. Clark: Med. Mil. Archit. in Engld. Bd. II, S. 509 ff. — [54]) Douglas Simpson: a. a. O. gibt folgende histor. Daten: Bauzeit unter Wilh. d. Löwen 1165—1214, 1296 unter Edward I., 1303 durch Bruce erobert, 1333 tapfer verteidigt, 1428/29 und 1447/48 bedeutende Arbeiten, 1509 neuer Turm, 1545 geplündert, 1627 Ausbesserungen, 1644 geplündert. — [55]) Douglas Simpson: Urquhart Castle S. 27, Fig. 13.

mit Fallgatter und Zugbrücke, das dem beginnenden 16. Jahrh. zuzuschreiben ist, an die Torhäuser Edwardischer Burgen.

Eine ähnliche, noch großartigere Lage hatte die Felsenburg Dunnottar Castle[56]) (Abb. 8) an der Ostküste Schottlands südlich Aberdeen, bis zum 17. Jahrhundert die stärkste Feste Schottlands.

Die bebaute Fläche des sturmfrei im Meere liegenden, an 50 m hohen Felsens, der nur durch einen schmalen, tiefliegenden Felsenhals mit dem Festlande zusammenhing, war etwa 130×200 m groß. Die Verteidigungswerke des Zuganges entstammen späterer Zeit. Der sie beherrschende einzige keep ist ein Ende des 14. Jahrh. rechtwinklig zusammengebauter Doppelturm von etwa 14×12 m äußerer Seitenlänge[57]). Erwähnt wird Dunnottar 1165—1214 als sted of warranty, 1297 die Eroberung durch Wallace und neuer Besitzwechsel 1336 und 1347.

Trotzdem sind frühe bedeutende Burgbauten nicht erhalten.

Abweichend ist die Anlage der alten, schon im 12. Jahrh. als Gründung eines Flamen, des provost Mainard, erwähnten Bischofsburg St. Andrews, unweit Dundee[58]), eine der wichtigsten kirchlichen Sitze Schottlands. Ein geräumiger Felsenvorsprung an der Ostküste von Südschottland war völlig bebaut. Die wilden Ruinen der Ringmauern zeigen die Reste einer breit gelagerten Burg. An der Landseite war eine Schildmauer errichtet, in deren Mitte sich ein stärkerer Wohnturm erhebt. Erwähnt wird noch eine Zugbrücke mit zwei Schwunggerten.

Die Wohnräume dürften nach erhaltenen Resten (z. B. Kamin) zu urteilen, nicht ohne würdige Ausstattung gewesen sein. 1337 wurde die Burg den Engländern entrissen und völlig zerstört, gegen Ende des Jahrhunderts (1384—1401) durch den Bischof Traill wieder erbaut. 1547 durch die Franzosen, bzw. durch den Earl of Arran stark beschädigt, boten die Ruinen um 1727 schon ein trauriges Bild. Von den Belagerungsarbeiten Arrans zeugen noch zwei Minenstollen.

Ungleich gewaltiger wirken die Ruinen und der Burgfelsen von Tantallon, Haddingtonshire, am Südufer des Firth of Forth an der Nordsee[59]) (Abb. 287). Eine große Felsnase, deren Ränder an drei Seiten steil zu dem Meere abstürzen, wird an der vierten Seite von Abgrund zu Abgrund durch eine ungeheure Schildmauer von fast 100 m Länge und mehr als 20 m Höhe vom Festlande abgeschnitten, die zu den großartigsten Schildmauern Europas gehört. Vor ihr ist ein tiefer Graben landseits durch den Felsen getrieben. Hinter der Schildmauer lagen Wohnbauten um einen Hof von etwa 50×60 m, die sich auf der äußersten Kante des Felsens hoch über dem Meere erhoben. Sie sind fast vollständig abgestürzt und verschwunden, nur an der Nordseite sind geringe Reste erhalten.

Noch nicht genug mit dieser fast unbezwingbaren Lage, waren landwärts etwa 70 m vor der Schildmauer dem Feinde zu noch Wall und Graben angeordnet, später noch durch Bastionsarbeiten verstärkt. Dieser Graben zieht sich in Halbmondform von Ufer zu Ufer, so daß sein südliches Ende mit dem des inneren Grabens zusammenstößt.

Der Zugang zur Burg führte am Außengraben entlang bis fast zur Südecke, dann durch die Vorburg über eine Zugbrücke zur Mitte der Schildmauer. Hier war ein mächtiger Mittelturm von etwa 16 m Seitenlänge zugleich als Torturm errichtet. Einer späteren Zeit erschien gegen Geschützangriffe auch dieser Turm noch nicht stark genug, so daß noch ein abgerundetes Turmstück davorgelegt wurde. Seine Innenräume sind stark zerstört.

An der nordwestlichen und südöstlichen Ecke der Schildmauer erhoben sich zwei

56) Derselbe: Scott. Castle S. 12. — 57) Douglas Simpson: Dunnottar Castle; Beeverell: Delices de la Grand' Bretagne Bd. VII, S. 1305; Mackay Mackenzie: a. a. O. S. 171 ff. — 58) Macgibbon & Ross: a. a. O. Bd. I, S. 63, 464; Beeverell: Delices de la Grand Bretagne Bd. VI, S. 1283, m. Abb.; Douglas Simpson: A new survey of Kildrummy Castle S. 130, Anm.; Mackay Mackenzie: a. a. O. S. 51 f. — 59) Macgibbon & Ross: a. a. O. Bd. I, S. 429 ff.; Mackay Mackenzie: a. a. O. S. 66 ff.

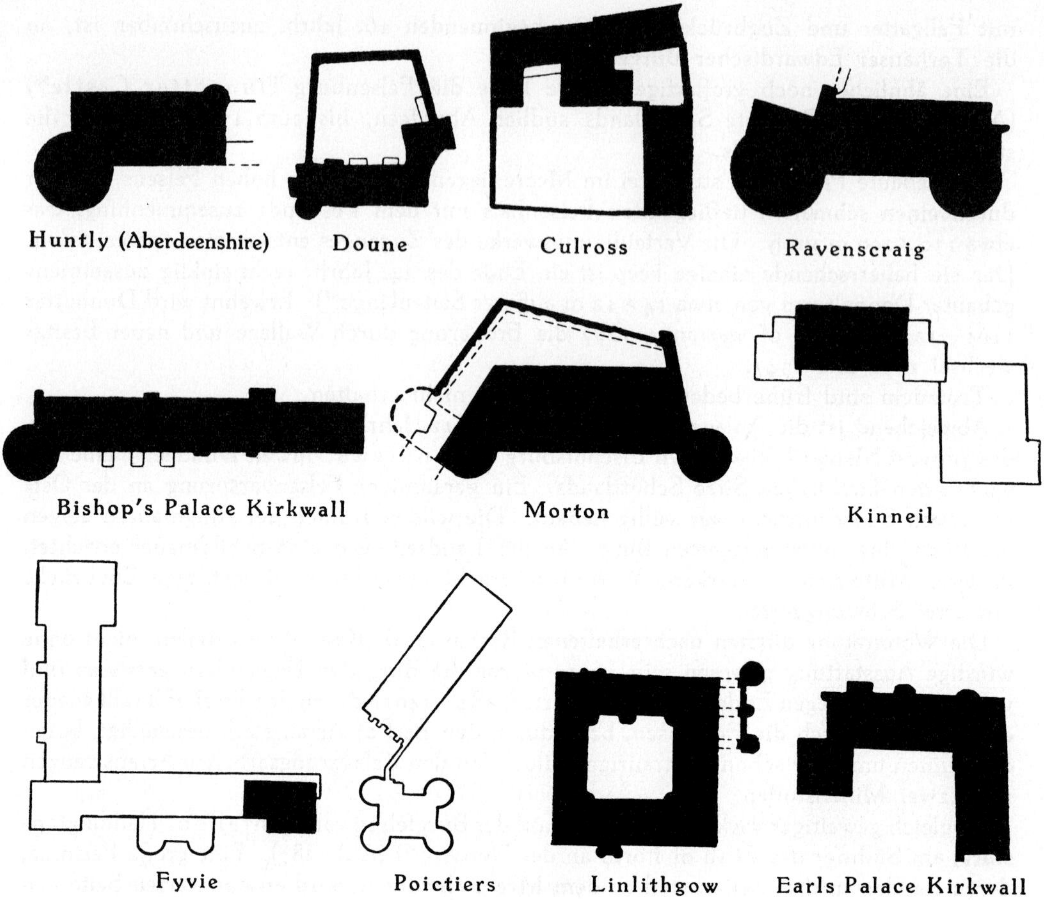

Abb. 285. Vergleichende Grundrißdarstellung einfacher schottischer Burgen, 2 ob. Reihen etwa 1 : 1000, die übrigen Grdr. etwa 1 : 2000. B. E. nach M. Mackenzie.

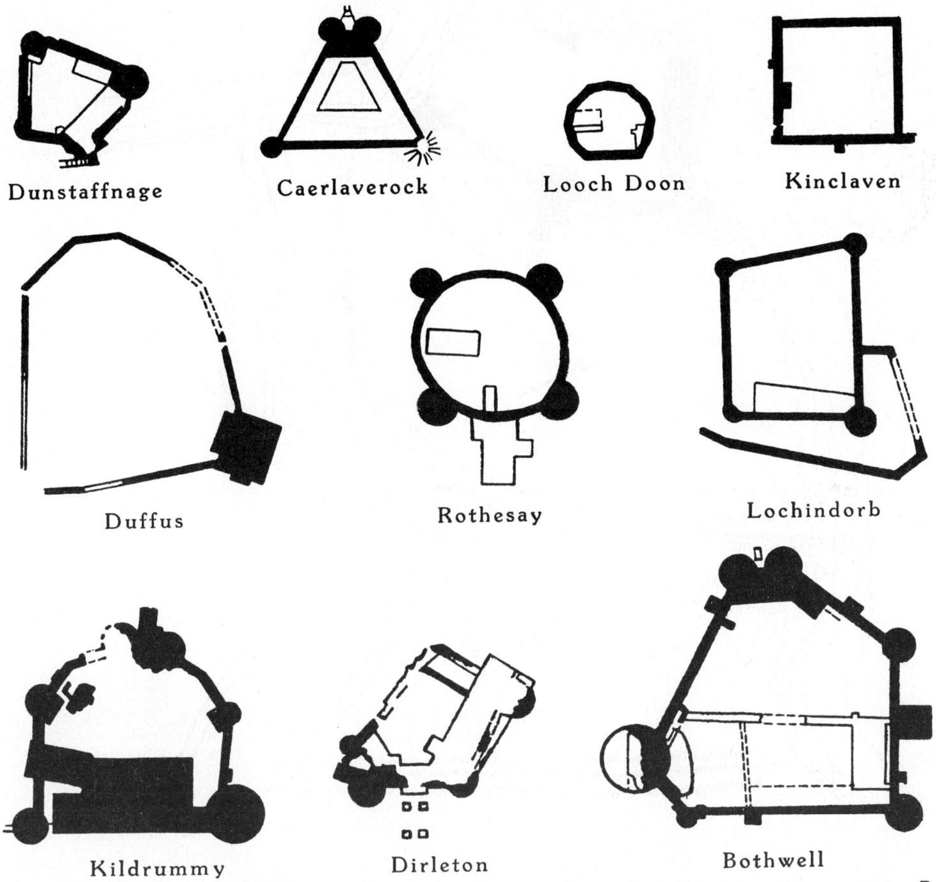

Abb. 286. Vergleichende Grundrißdarstellung reicherer schottischer Burgen, etwa 1 : 2000. B. E. nach M. Mackenzie.

Rundtürme. Der nordwestliche ist in Resten der Grundmauer erhalten, der südöstliche steht fast in voller Höhe, ist aber stark zerstört[60]).

Die Schildmauer war durch einen Wehrgang gekrönt und im Innern von zahlreichen Treppen und Gängen durchbrochen.

Kein Wunder, daß diese gewaltigen Werke, die dem Ende des 14., Anfang des 15. Jahrh. angehören, auch noch im 16. Jahrh. — 1528 — einer schweren Belagerung widerstanden. König James V. beschoß die Burg vergeblich „mit Kanonen groß und klein". Erst durch Bestechung kam er in den Besitz der dem Douglas gehörenden Burg. Heute bildet die stolze Ruine, vereint mit den wilden Uferfelsen, eines der großartigsten und malerischsten Bilder burglicher Baukunst Schottlands.

Die Hauptteile einiger weniger älteren Burgen sind auch um Höfe herumgelagert, so die Anlage von Craigmillar[61]).

Die Ruine ist ein prachtvolles, technisch wichtiges Beispiel mittelalterlichen Wehrbaues, weil — in Schottland ziemlich ungewöhnlich — die Bauten vom 14. bis 17. Jahrh. dem alten Wohnturm streng um den regelmäßig viereckigen Hof eingegliedert wurden.

---

[60]) Richardson: Tantallon. — [61]) Obige Darstellung folgt der Abhandlung von Douglas Simpson: Burgwart 1936, S. 37ff.; Mackay Mackenzie: a. a. O. S. 90 Taf. IX, 118f., 120, Taf. XVI, 127, 169ff.; Macgibbon & Ross: a. a. O. S. 189ff.

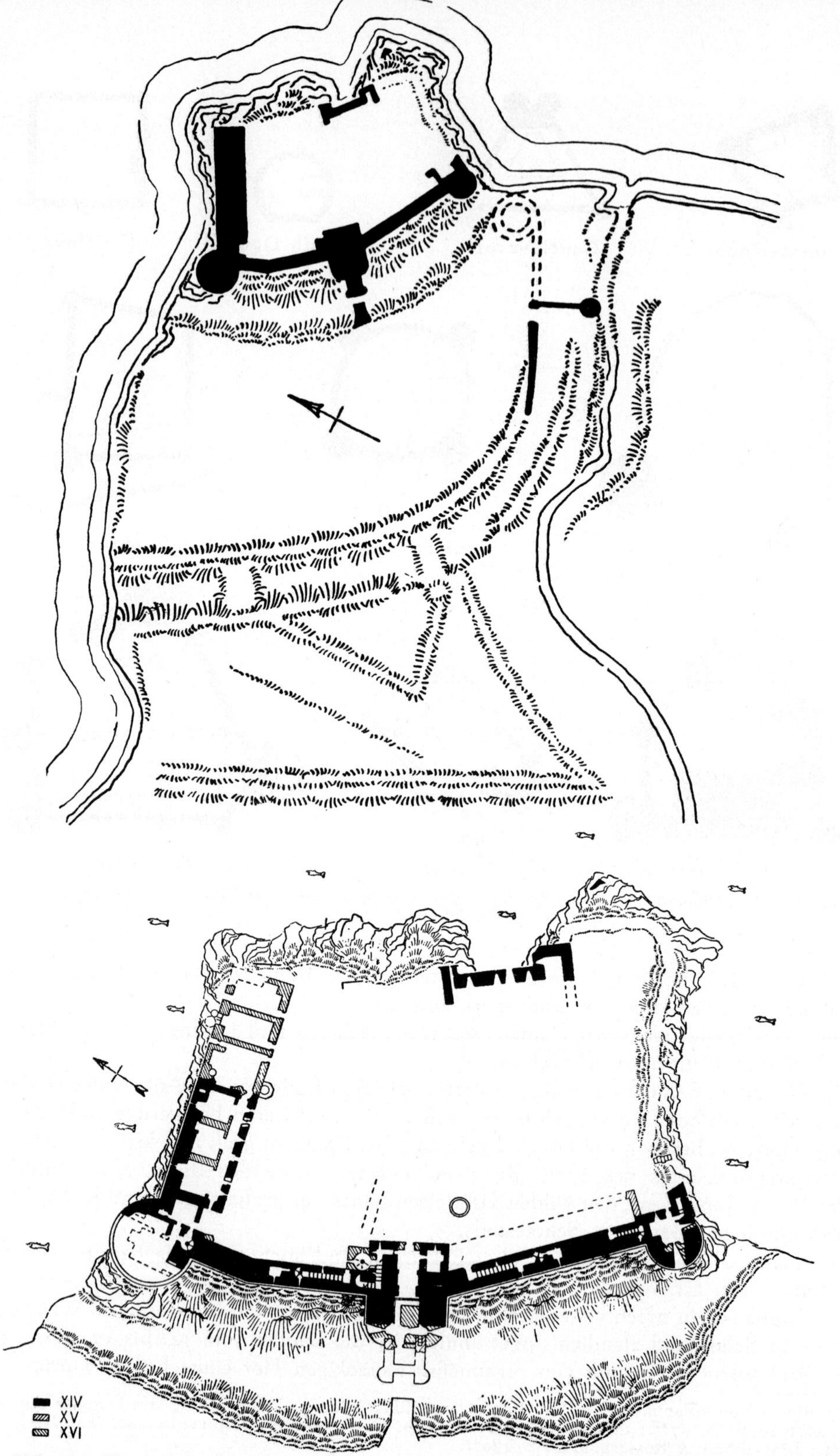

Abb. 287. Küstenfelsenbg. Tantallon, am Firth of Forth, Schottld., großart. Schildm., spät. Außenwerke, Lgpl. 1 : 2000. Grdr. 1 : 1000. B. E. nach M. & R.

Burg Edinburgh, Schottland

Burg Lavardin, Frankreich, Zustand 1887

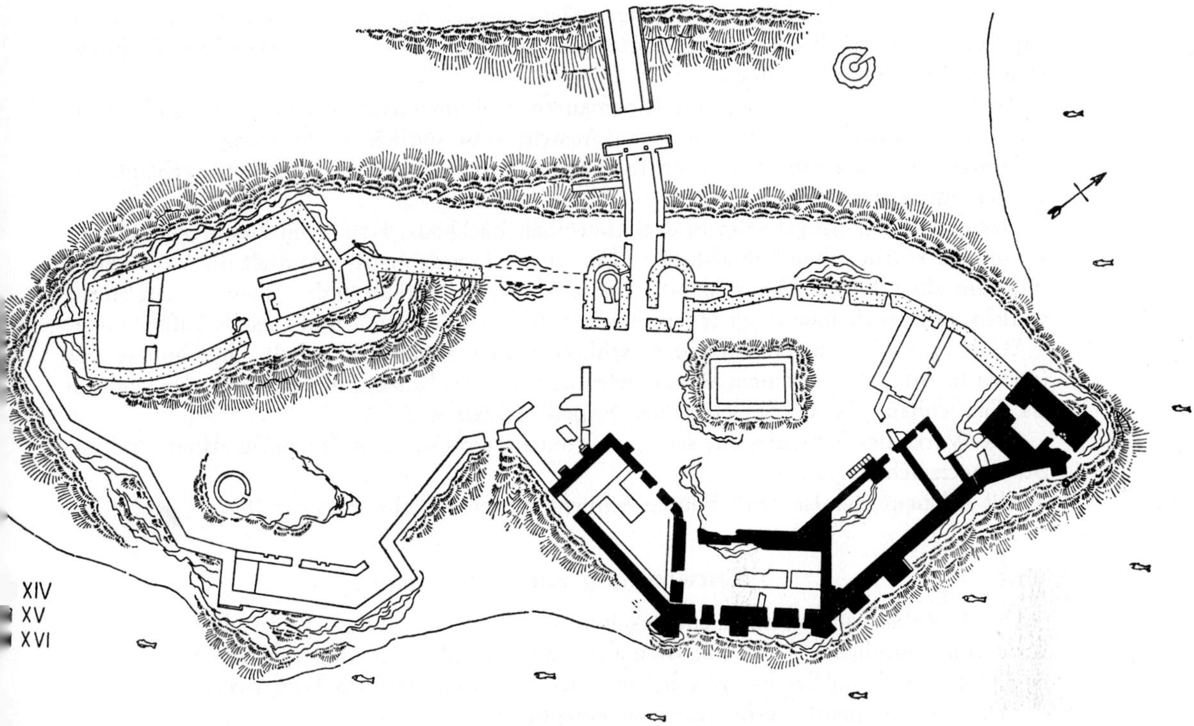

XIV
XV
XVI

Abb. 288. Felsenküstenbg. Urquhart am Loch Ness, Schottld., frühe mota, Doppelturm=Tor, Grdr. 1 : 1000. B. E. nach Dougl. Simpson.

1374 kam die Burg in Besitz des Ritters Sir Simon Preston von Gorton, kurz nachher wird der neue Herr den Wohnturm gebaut haben. 1544, bei dem fürchterlichen Überfall der Engländer unter Hertford, wurde neben der Hauptstadt auch das Schloß Craigmillar eingeäschert, geplündert und teils zerstört. 1660 wurde Craigmillar an Sir John Gilmour, den obersten Richter Schottlands, verkauft, der späteste Gebäude hinzufügte. Bis in das 18. Jahrh. blieb es bewohnt.

Burgkern (Abb. 289) ist der trutzige Wohnturm am Nordrande einer Felsenklippe, die jäh 9 m tief abfällt. Er ist rechteckig mit einem Anbau an der Südseite. Der Eingang liegt im eingehenden Winkel; zu ihm mußte man um drei Seiten des Turmes herum, endlich auf einem Pfad und einer hölzernen Brücke über eine tiefe Kluft am Felsenrand. Der Turm zeigt zwei tonnengewölbte Stockwerke, beide durch Holzböden geteilt, also vier Geschosse. Der Flügel mit fünf niedrigeren Stockwerken erhielt im 17. Jahrh. ein Giebeldach. Der Hauptturm ist mittelalterlich, flach, steinern abgedeckt, nur so viel geneigt, um das Regenwasser zu den Wasserspeiern abzuweisen. Die ganze Platt=form diente der Verteidigung. Die Zinnen sind nicht vorgekragt. Der Hauptsaal des Turmes, mit breitem Kamin und tiefen Fensternischen und Resten alter Bemalung, zeigt echt mittelalterliche Pracht.

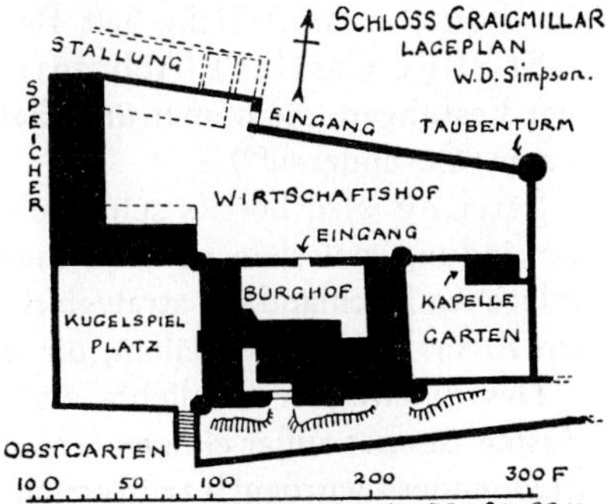

Abb. 289. Felsenbg. Craigmillar, Schottld., um frühen Kernt. spät. Vor=werke, Lgpl. 1 : 2000. Dougl. Simpson i. Burgw. 1936.

1427 wurde der Turm in ein mächtiges Mauerviereck mit runden Ecktürmen eingebaut. Eine auf schweren Steinen vorgekragte, gezinnte Brustwehr mit Gucklöchern in Buchstabenform krönt die Mauer.

An Nord- und Ostseite sind die Ringmauern, viel umgebaut, erhalten. Der südöstliche Turm zeigt unten ein Nebentor, oben Austritt zum südlichen Wehrgang.

Hinter den Ringmauern wurden in späterer Zeit noch erkennbare Nebengebäude errichtet, meist nach 1544.

Der gotische Ostflügel zeigt in drei Gewölben Backhaus, Keller, im Hauptgeschoß eine geräumige Küche, oben Schlafstuben. Ein weites Treppenhaus vermittelt die Verbindung mit dem alten Turm. Der schlicht gebaute Westflügel enthält in drei ungewölbten Stockwerken ganz nach modernen Ideen eine zweite Eßstube, Salon und Gesellschaftszimmer.

Weite, gut erhaltene Außenmauern schließen einen Wirtschaftshof ein. Das äußere Tor (rechts in Abb. 289) in einem Winkel wird durch einen Rundturm verteidigt, der zugleich als Taubenhaus dient. Speicher und Kapelle fehlen nicht.

Alle Werke des Schlosses aus schönem, grauem, am Ort gefundenem Sandstein sind mit Steinmetzzeichen geziért.

Mit solchen „gemischten" Bauten schließt die eigentliche Burgenzeit ab.

Entwicklung zum Schloßbau

Durch Anbau und Umbau entwickelten sich vielfach an alten Burgstellen und unter Benutzung burglicher Reste höchst malerische Schloßbauten, die wohl ihrer Lage nach noch eine burgliche Erscheinung haben, aber — soweit sie noch Kriegswert behalten — doch mehr und mehr Festungsformen annehmen.

Zu solchen Baudenkmalen gehören u. a. drei der geschichtlich und künstlerisch bedeutungsvollsten Baudenkmale Schottlands, die Schlösser Stirling[62]), Linlithgow[63]) und Edinburgh[64]).

Gemeinsam ist allen dreien die Durchbildung des Kernbaues für Wohnzwecke und zur Aufnahme eines glänzenden Hofhaltes.

Wohl erfolgte die Errichtung inmitten älterer Wehrmauern und in natürlich gesicherter Lage, aber die drei genannten Schlösser und viele andere, wie Falkland und Holyrood, wurden nun am Ende des 15. Jahrh. als Vierflügelbauten um einen mehr oder weniger regelmäßigen quadratischen Hof angeordnet.

Die unteren Stockwerke zeigen noch wenige und kleinere Öffnungen, aber die höheren zeigen nach außen so viele und große Fenster, Erker usw., daß dem Wohnzweck auf Kosten der Festigkeit und Sicherheit Rechnung getragen ist.

Stirling Castle[65]) (Abb. 293) wurde der „Schlüssel zu Schottland" genannt, eine der vier Festungen, die immer unterhalten werden sollten. Edinburgh, Roxburgh und Berwick waren die anderen[66]).

Stirling wird bereits sehr früh erwähnt[67]) und war nach seiner Lage an einer Hauptverbindung zwischen dem ehemaligen Königreich Lothian und dem nördlich des Forth gelegenen Hochland ein strategisch wichtiger Punkt. Die Burg liegt westlich von Edinburgh am River Forth, auf steilem, die gesamte Umgebung beherrschenden Felsen.

Dessen Größe ermöglichte eine erhebliche Ausdehnung der Wehrbauten. Von frühen Resten ist aber außer einigen Grundmauern wenig mehr bestimmt nachweisbar. Die ersten Steinmauern wurden[68]) 1288 errichtet, aber 1304 müssen sie schon bedeutend gewesen sein,

[62]) Siehe Anm. 65. — [63]) Siehe S. 245f., Anm. 72. — [64]) Siehe S. 246, Anm. 74. — [65]) Richardson u. Simpson: Castle of Stirling.; Macgibbon & Ross: a. a. O. Bd. I, S. 464ff.; Beautif. Britain Bl. 77. — [66]) Macgibbon & Ross: a. a. O. Bd. I, S. 464. — [67]) Howe: Castles and Abbeys S. 67. — [68]) Mackay Mackenzie: a. a. O. S. 39.

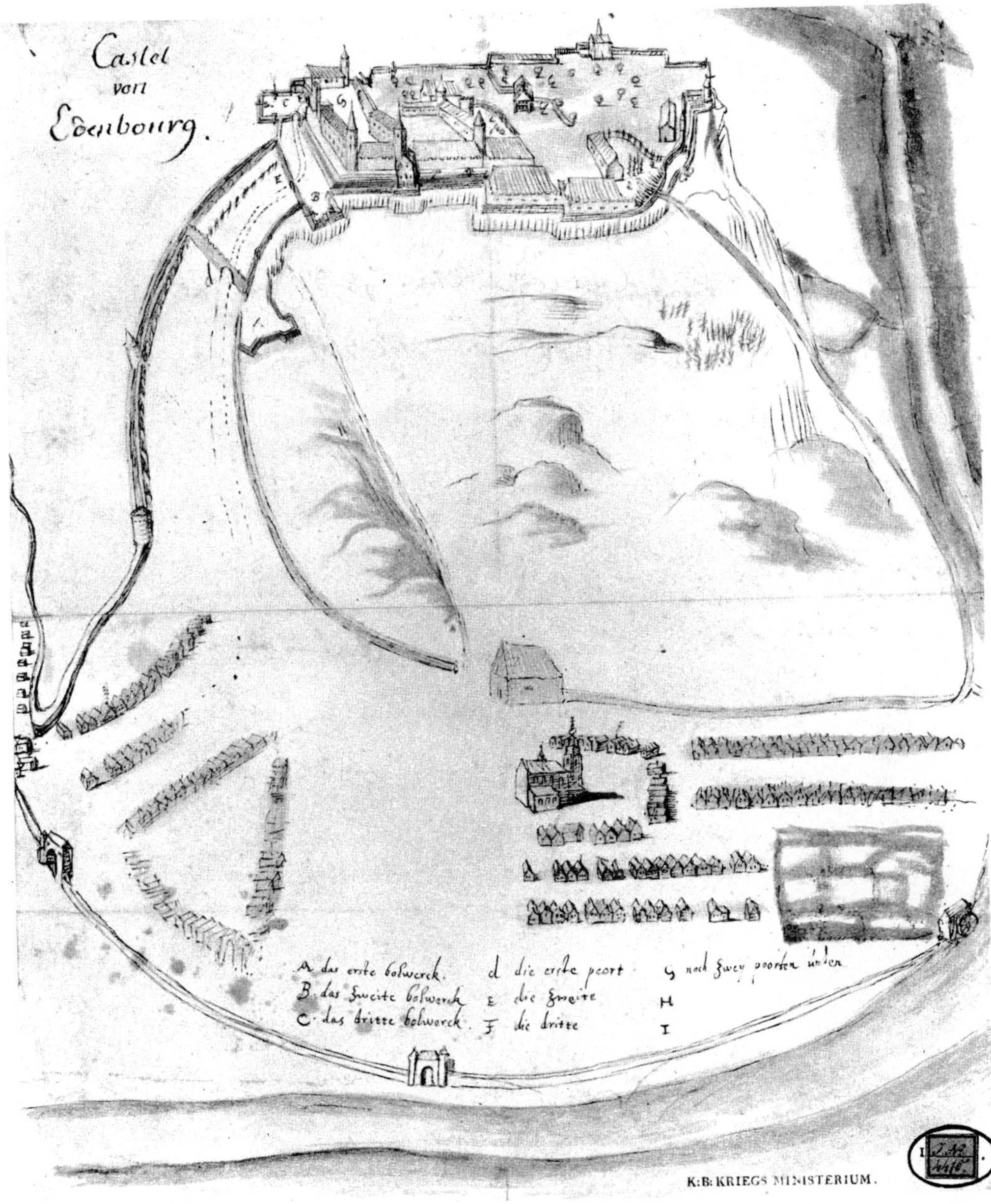
Castel
von
Edenbourg.
A das erste bolwerck.
B. das zweite bolwerck
C. das dritte bolwerck.
d die erste poort
E die zweite
F die dritte
G noch zwey poorten unden
H
I
K:B: KRIEGS MINISTERIUM.

Tafel X Burg Edinburgh, Schottland, nach altem Plan

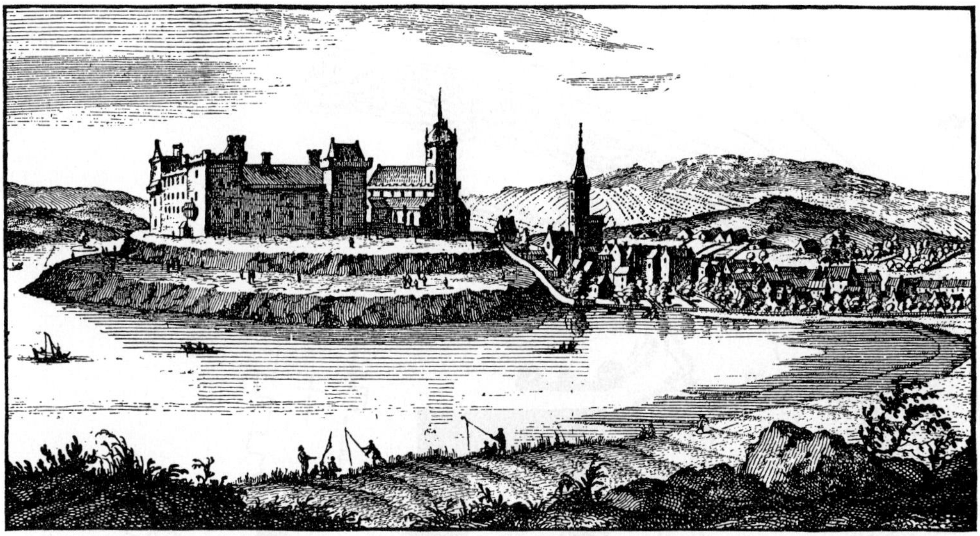

Abb. 290. Burgschloß Linlithgow, Schottld., nach Stich v. Beeverell 1727.

denn sie werden von den Engländern vergeblich mit schweren Steinen durch Schleudermaschinen beschossen. König Edward I. läßt daher[69]) benachbarte Kirchen abdecken, um aus dem gewonnenen Blei schwere Schleuderkugeln zu machen. Nach der Schlacht von Bannockburn 1314 zerstört der siegreiche Robert Bruce die von den Engländern besetzte Burg, und erst 1336 wird sie zur Unterstützung Edward Balliols durch den englischen König Edward III. wieder aufgebaut. Schon 1341 wurden die Schotten wieder Herren der Burg[70]).

Vieles, was damals errichtet wurde, war also nach zeitgenössischen Berichten nur Notbehelf[71]) — bald wieder entfernte Fachwerkbauten in einer steinernen Ringmauer —, das erklärt, daß an diesem Hauptwaffenplatz und Lieblingssitz der schottischen Könige heute nur noch Zeugen vom Ende des mittelalterlichen Wehrbaues stehen.

Die gotische Nordostpoterne mit langem, gewölbtem Torgang und mehrfachen Fallgatterschlitzen wird als ältester Teil angesehen.

Jetzt erhebt sich der Kern der Burg um zwei Höfe auf dem höchsten Teile des Burgfelsens zwischen zwei Vorburgen bzw. späteren Festungswerken. Der um 1496 begonnene Palast des Königs zeigt schon einen schloßartig reich gegliederten Grundriß mit vier Flügeln um einen dieser viereckigen Höfe. Viele große Fenster und eine reiche Prunktentwicklung des Äußeren stehen französischen Bauten des Überganges zwischen Spätgotik und Renaissance nahe.

Türme und Mauern des Palastes haben gleiche Höhe; um die Dachtraufe führt ein unbedeckter Wehrgang hinter sehr großen, reichen Zinnenhäuptern rechteckiger Form. Ein durch zwei kleine Rundtürme verstärkter Torbau in der äußeren Umfassungsmauer steht südlich frei daneben.

Ernster ist die schöne, spätgotische Parlamentshalle durchgebildet, gleichfalls mit offenem Wehrgang in Traufhöhe. Ein reicher gotischer Erker mit hohen Fenstern bildet ihre Hauptzierde.

---

[69]) Macgibbon & Ross: a. a. O. Bd. I, S. 464. — [70]) Mackay Mackenzie: a. a. O. S. 62f.: berichtet, daß Steine der alten Mauer abgebrochen und wieder verwandt wurden. Es wird eine Quermauer errichtet, eine Zugbrücke zwischen neuen Mauern wird erwähnt und innen eine Halle mit buttery, larder u. a., alles Holzwerk. — [71]) Ebenda.

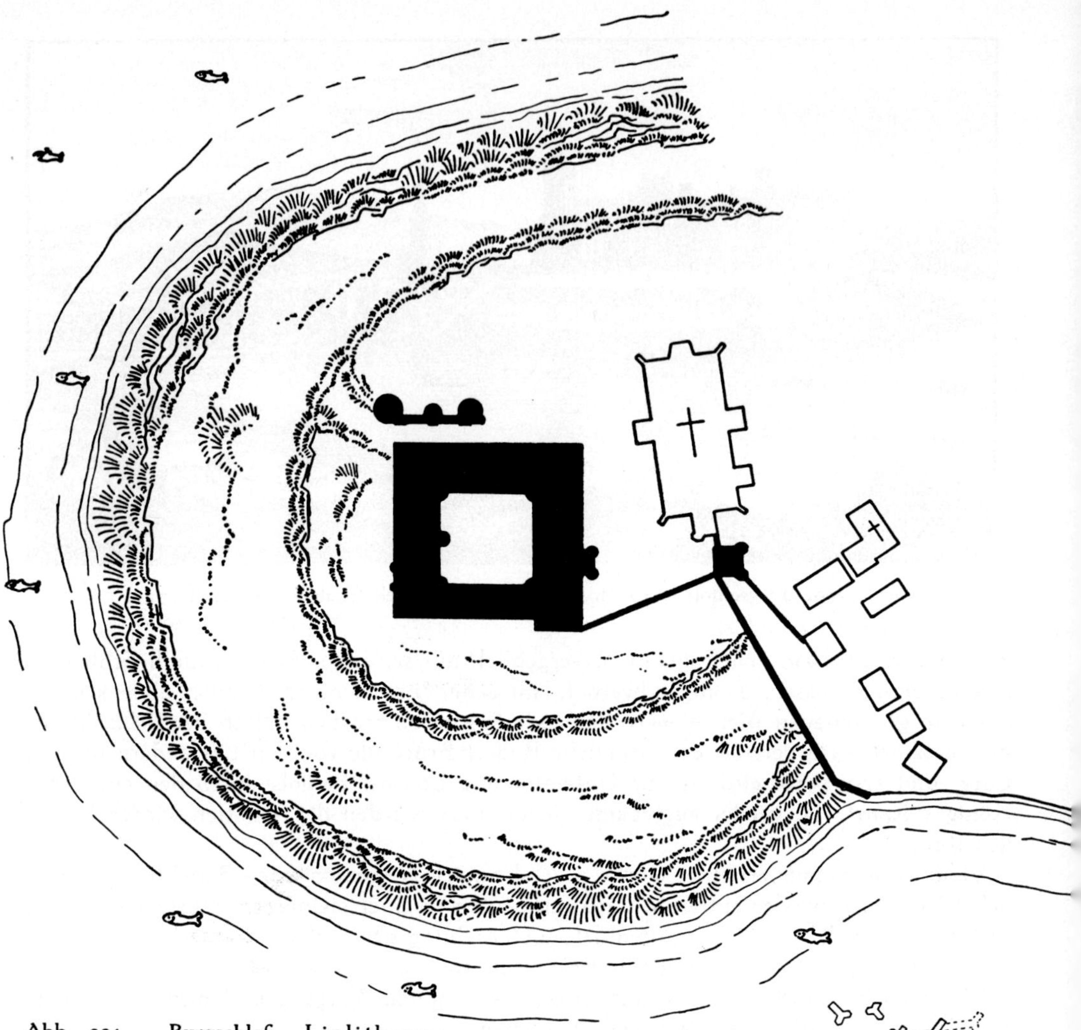

Abb. 291. Burgschloß Linlithgow, Schottld., aus 15. Jh. auf ält. Burgpl. am See, Lagesk. 1 : 2000, zusammengest. v. B. E. nach Beeverell 1727.

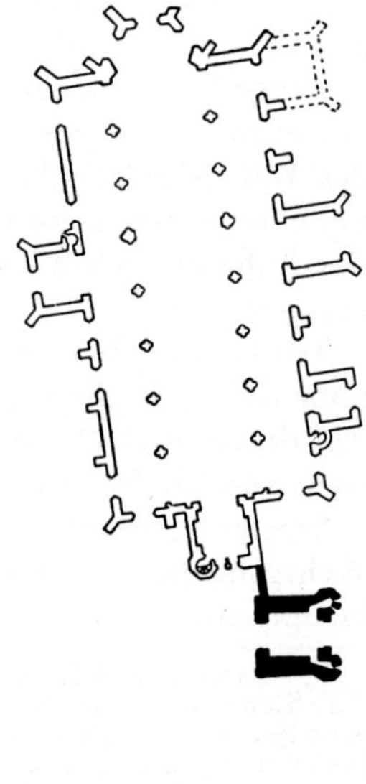

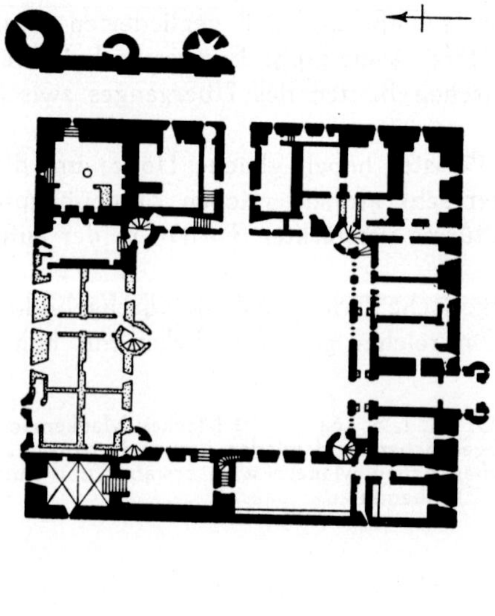

Abb. 292. Burgschloß Linlithgow, Schottld., Grdr. 1 : 1000. B. E. nach M. & R.

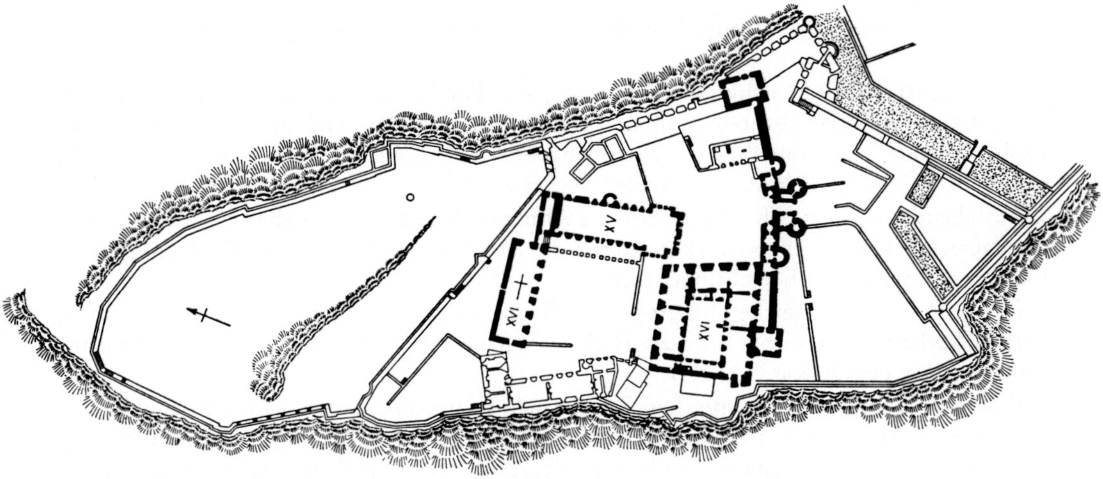

Abb. 293. Burg Stirling, Schottld., Lgpl. 1 : 2000. B. E. nach M. & R., Richardson u. Simpson.

Als schöner, letzter Ausklang des schottischen Burgenbaues, an dessen Stelle nun der Schloßbau trat, kann auch die großartige Ruine von Linlithgow angesehen werden[72]). Die Verwandtschaft mit Stirling ist unverkennbar. Auch hier ist französischer Einfluß unbestritten.

Die Burg liegt auf nicht sehr hohem Hügel, halbwegs zwischen Edinburgh und Stirling über einem See. Ein breiter Graben soll sie vor dem Feinde schützen. Er rührt großenteils wohl schon von einer älteren, an Stelle der heutigen, glänzenden Burg her.

Nach Urkunden König Davids I. stand bereits im 12. Jahrh. eine „Royal Burgh" an dieser Stelle, die 1301/02 der englische Edward I. längere Zeit bewohnte. 1299 war ein Sir William de Felton „governor", 1302 hören wir, daß Edward I. an dem „peel" Arbeiten ausführen ließ, anscheinend noch vielfach Erd= und Holzarbeiten[73]), was gegen ein bau= künstlerisch wertvolles Werk spricht. Dazu wurden 84 Gewappnete und 100 Fußsoldaten, letztere zugleich als Bauarbeiter, herangezogen (Abb. 290).

Auch Linlithgow wurde in den schottischen Befreiungskriegen 1313 erobert und zer= stört, erst David II. ließ um die Mitte des 14. Jahrh. Wiederherstellungsarbeiten ausführen. Durch einen großen Brand, der Stadt, Kirche und Burg traf, wurde 1424 auch unser Bau vernichtet. Und nun scheint James I. von 1425 an den gegenwärtigen Bau wiederauf= gerichtet zu haben. Aus der Mitte des 15. Jahrh. hören wir u. a. von bedeutenden Ausgaben, z. B. von 2440 £ durch John of Walton als Master of the Works. Das ganze Jahrhundert wurde an diesen Bauten gearbeitet. Selbst James V. hat vor seiner Vermählung mit Mary of Guise noch daran arbeiten lassen.

Bei der langjährigen Bauzeit ist es nicht auffällig, daß gewisse Ungleichheiten in den Formen hervortreten. So stehen sich in der Südostecke des Hofes die beiden Flügel durch= aus fremd gegenüber. Trotzdem macht der Grundriß (Abb. 292) einen verhältnismäßig einheitlichen Eindruck.

Die Traufe des Baues war wie bei Stirling Castle von einem unbedeckten Wehrgang umgeben, der zweifellos nicht nur zur Verzierung dienen sollte.

Spätere, französische Einflüsse wirken sich mehr in der Ausschmückung der Fassaden als im Baukörper selbst, der namentlich in seiner Süd= und Nordwestseite noch durchaus

[72]) Macgibbon & Ross: a. a. O. Bd. I, S. 508ff.; Mackay Mackenzie: a. a. O. S. 19f., 87, 91, 95, 160, 176; Beeverell: Delices de la Grand' Bretagne Bd. VI S. 1209. — [73]) Douglas Simpson: James de Sancto Georgio S. 35ff.

burglichen Eindruck macht, aus. Die vielfenstrige Nordseite ist schon als Schloßbau durchgebildet.

Auffällig ist, daß sehr nahe der Burg eine große Kirche errichtet ist, die eine ernsthafte Verteidigung sehr erschweren mußte. Sie entstand offenbar erst nach dem erwähnten großen Brande. Das mit ihr zusammenhängende Außentor mit seinen zwei Türmen ist mehr ein Schmuckstück als ein ernster Wehrbau.

Auffallend am Grundriß ist eine gewisse Ähnlichkeit mit den viel älteren Ordensburgen des deutschen Ostens. Beweisurkunden für die Mitarbeit dort geschulter Bauleute dürften freilich so spät kaum beizubringen sein.

Der Grundriß zeigt reiche und großartige Raumentwicklung. Die Säle, sowie die große, noch zu Parlamentssitzungen benutzte Halle, gehen weit über das hinaus, was in schottischen Burgen sonst üblich war.

Eine Schilderung der schottischen Burgen würde unvollkommen sein, falls das Schloß zu Edinburgh[74]) (Abb. 52a) nicht, trotz der späteren Umgestaltung halb zum Schloß, halb zur Festung, wenigstens erwähnt würde. Auf dem Gipfel eines stolzen, etwa 83 m hohen Felsens gelegen, bildet es in dem berühmten Stadtbilde Edinburghs einen wesentlichen Schwerpunkt. Es ist mit der Geschichte Schottlands so eng verknüpft, wie kaum ein anderes. Freilich ist die heutige Erscheinung durch jahrhundertelange, immer wiederholte Umarbeitungsbauten beeinträchtigt, so daß von dem mittelalterlich Burglichen nur noch geringe Teile vorhanden sind (Tafel 46).

Der Burgfelsen senkt sich östlich allmählich, während er nach den anderen Seiten fast senkrecht abstürzt. Heute erheben sich oben innerhalb malerischer Mauern schloß- und kasernenartige Bauten. Den Kern aber bildet die große Halle mit drei anstoßenden Flügeln, dem zur Zeit der Königin Anna erbauten Offizierswohnbau und dem Palast des 16. Jahrh. mit der königlichen Wohnung, dem Wohnbau der Königin Maria Stuart. Noch heute sperren vier Tore den Zugang zu diesem oberen Burgkern, auf dessen südlichster Spitze das älteste Gebäude — die uralte normannische Kapelle St. Margarete —, ein romanischer Bau des 11. oder 12. Jahrh., sich erhebt.

Gegen Westen sind im 18. Jahrh. und in der Neuzeit neue Kasernenbauten errichtet, nach Osten bastionsartige Werke. Dem höchsten Burgkern ist ein sogenannter Halbmond vorgelegt an Stelle eines alten Turmes aus der Zeit König Davids. Davor steht das sogenannte Warthaus.

Der hier nach Osten sanft abfallende Hügel ist durch einen tiefen und breiten Graben durchschnitten.

Die kriegerische Geschichte der Burg verläuft ähnlich wie die von Stirling Castle und Linlithgow. Wir sehen in der Frühzeit normannische Einflüsse, 1296 die Eroberung durch Edward I. von England, dann in den Befreiungskriegen 1313 eine Überrumplung durch den Grafen Moray. Edinburgh wird dann bis 1341 wiederholt von den Engländern erobert und gründlich zerstört (Tafel X).

Es erfolgten immer wieder Aufbauten. Belagerungen wiederholten sich 1570, 1650 (durch Cromwell), und selbst 1745 zur Zeit des Prätendenten Karl Eduard (Prinz Charlie) hatte sie noch eine Belagerung auszuhalten. Heute gilt sie als ein Symbol schottischer Wehrhaftigkeit, nicht unwert als Bauplatz für ein schottisches Ehrenmal, einen Erinnerungsbau an den Weltkrieg zu dienen, der gegenüber der großen Parlamentshalle als nationales Denkmal der Schotten errichtet wurde.

---

[74]) Macgibbon & Ross: a. a. O. Bd. I, S. 445 ff.; Beautif. Britain Bild 15; Beeverell: a. a. O. Bd. VI, S. 1215; Richardson: Edinburgh; Fontane: England u. Schottland S. 270 ff.

Rückblick

Der Reichtum Schottlands an Burgen ist außerhalb seiner Grenzen wenig bekannt. Ihre Reste sind aber nicht nur höchst wertvolle Zeugnisse für die geschichtliche und wehr=politische Entwicklung der schottischen Schicksale. Auch baukünstlerisch sind sie sowohl in ihren frühen, großen, oft von auswärts beeinflußten Beispielen, wie in den recht eigent=lich schottischen, bescheidenen Doppelturmanlagen der späteren Zeit wohlgebildet und gerade durch ihre schlichte, abgewogene Sachlichkeit, verbunden mit technischer Meister=schaft für die Kenntnis der schottischen Baukunst und für Rasse und Eigenart des schotti=schen Volkes, höchst bedeutungsvoll.

Dabei vereint sich im schottischen Wehrbau das Menschenwerk auf das schönste mit dem Gotteswerk der Natur. Die wilde Felslandschaft der Küsten, der Meere und Fjorde erhält gerade auch durch bescheidene Türme und Mauern erst einen Maßstab, der dem Beschauer die Größe der Naturwerke zum Bewußtsein bringt.

Die planvolle Wehrsiedlung des Landes zu beobachten, ist, wie in Deutschland, höchst lehrreich. Alle alten, großen Verbindungsstraßen sind heute noch gekennzeichnet durch Burgenketten, die wie Perlen den Busen der Berge schmücken.

Berühmt sind die Border=Burgen, jene Anhäufung von Wehrbauten im alten Kampf=gebiet der Schotten und Engländer, die zur Verteidigung allein zunächst errichtet, durch ihre Schutzwirkung auch zur dauernden, friedlichen Besiedlung Anlaß gaben.

Dem wilden Sinn der tapferen Schotten entsprechen auch die zur Verteidigung der Küste errichteten Felsennester, wie Tantallon, Dunnottar, Ravenscraig, Dundarque, St. Andrews, Dumbartin, die heute in ihren Trümmern noch begeisternde Denkmale großdenkender Bauherrn und eiserner Zeiten sind.

Wir können in dem engen Rahmen dieser Gesamtbetrachtungen des europäischen Wehr=baues leider nicht hoffen, ein nur annähernd erschöpfendes Bild der schottischen Burgen=baukunst zu geben. Die angezogenen Quellen aber werden es dem Forscher ermöglichen, tiefer einzudringen. Das reiche Schriftwerk wird dem Leser nicht nur ein Bild eigenartiger Kunst, sondern auch der Liebe bieten, die der Schotte sprichwörtlich seinem bonny Father=land entgegenbringt.

Linlithgow v. SO.

Abb. 294. Höhenbg. Crussol/Rhône, Frkr., halbabgestürzte Ruine über verlassener Stadt.

Französische Burgen

Der französische Wehrbau und seine Voraussetzung

In einer Betrachtung des Wehrbaues des Mittelalters in ganz Europa kann nur ein Überblick über die Entwicklungsgeschichte der französischen Burgen Platz finden.

Nach dem Zusammenbruch der karolingischen Herrschaft entwickelten sich die französischen Machtverhältnisse abweichend von den deutschen. Während hier unter den Sachsenkaisern sich die bodenständige Stammesgliederung des deutschen Kaiserreiches durchsetzte, mehr oder weniger hervorgewachsen aus den altgermanischen Völkerschaften und getragen von dem Willen einheitlicher Volksstämme, geriet innerhalb der Grenzen des heutigen Frankreich die Macht in die Hände vieler Feudalherren, die als Erben der germanischen Oberschicht, als Herzöge, Grafen oder Ritter fast unabhängig herrschten. Wir sehen solche in der Bretagne, der Normandie, in Anjou, Aquitanien (Guyenne), Gascogne, Burgund, Toulouse, Champagne und anderen Landesteilen. Daneben besaß das Königtum der Capetinger um die Isle de France als Träger der Lehnshoheit nur sehr geringe Macht[1]).

Unter diesen merovingischen, fränkischen und später normannischen Herrschergeschlechtern im Norden und den Westgoten im Süden lebten auch im Beginn der Burgen-

[1]) Die Westgrenze des Deutschen Reiches lag damals an der Rhône und westlich der Meuse.

zeit noch die Nachkommen der gallischen, keltischen und römischen Massen als Besiegte fort.

Die Folge waren dauernde innere Kämpfe, später die langen Kriege mit England, und neben der Machtlosigkeit des französischen Königtums eine bedeutende Machtentwicklung örtlicher Landes- und Grundherren neben Rechtlosigkeit breiter Massen.

Der kleine Adel war mehr als in Deutschland von den Herzögen und Grafen abhängig. Er diente in den Riesenburgen der großen Herren.

Diese Erbauer mächtiger Burgen übten eine weit größere Gewalt aus als die deutschen Burgenbauer, die in dem Freiheitsgefühl der Edelgeborenen, Rassereinen bei Errichtung ihrer Burgen mehr einen festen Wohnsitz für sich und ihre Familie schaffen wollten, als Wehrbauten zur Beherrschung größerer Land- und Volksmassen geistig und körperlich nicht ebenbürtiger Volksgenossen.

Selbst die Burgen der deutschen Kaiser waren gegen französische Bauten verhältnismäßig klein, ein Vergleich zwischen Italien und Frankreich zeigt dieselben Unterschiede.

Vergeblich suchen wir in beiden Ländern Anlagen in der Ausdehnung von Loches, Chinon, Angers, Coucy, Vincennes usw. Dem Herrn von Coucy[2]) gab seine Burg allen Anlaß, mit Stolz zu sagen:

Roy ne suys, ne Prince,
Ne Duc, ne Comte aussy,
Je suys Le Sire de Coucy.

Im Süden Frankreichs scheinen nicht so viele Burgen gleichgewaltigen Umfang gehabt zu haben, dort hat aber die geringere Kulturentwicklung und eine erstaunliche Entvölkerung eine unberührtere Erhaltung ursprünglicher, mittelalterlicher Anlagen ermöglicht. Dort finden sich neben den Burgresten, Mauergürtel und Ruinen ganzer Orte, die heute völlig oder teilweise verlassen sind.

In der zeitlichen Entwicklung der Wehrbauten können wir in Frankreich wie in Italien die römische Bautätigkeit nicht übersehen. Der Norden wie der Süden, der mit seinem warmen, winterlosen Klima den Römern eine willkommene zweite Heimat bot, bewahren zahlreiche römische Bauten, wenn solche auch nicht so oft wie in Italien für burgliche Zwecke umgebaut wurden.

Häufiger wurden römische Stadtmauern wieder benutzt, wie in Boulogne, Caen, Nîmes[3]) und Arles[4]), so daß dort römisches und mittelalterliches Mauerwerk nebeneinander erscheint. Solche römischen Reste sind auch in Carcassonne[5]) erhalten.

Die zahlreichen römischen Steinbauten haben das französische Volk früher als andere zur Fortbildung der gleichen Technik angeregt. Doch finden wir die frühesten gewaltigen Steinburgen nicht von Romanen aufgeführt, sondern im Norden, wo germanische Normannen mit eiserner Faust von mächtigen Steinbauten aus ein neues Reich zu verteidigen hatten, und darüber Lehrmeister mittelalterlichen Wehrbaues für alle ihre Nachbarn wurden.

Älteste mittelalterliche Form der französischen Burgen war die mota (motte)[6]), der künstlich aufgeschichtete oder natürlich vorhandene Hügel, auf dessen Spitze Hochbauten ursprünglich meist aus Holz sich erhoben. Ein Ringgraben, entstanden durch Auffüllen des Erdkegels, umgibt das ganze, und Palisaden unterstützen vielfach noch zur Normannen-

[2]) Alte Inschrift in Coucy. Colin: Chât. d. Coucy S. 17. — [3]) V.-le-Duc: Dict. Bd. VII, S. 314ff., behandelt die Anlage der Tore in Nîmes, Arles, de Langres, d'Autun, die auf römische bzw. gallorömische Zeit zurückgehen und in Anlage und Grundriß die gleichen sind. Derselbe Bd. IX, S. 478, spricht die Ansicht aus, daß der Gewölbebau unter starkem römischem Einfluß steht. — [4]) Ebenda Bd. I, S. 134, Nachweis des römischen Einflusses auf die Architektur Südfrankreichs (Arles) bis zum 12. Jahrh. — [5]) Siehe unten. — [6]) Vgl. für Loches Gautier: Hist. d. Donjon d. Loches S. 2, der dort eine mota in Verbindung mit den von Tacitus erwähnten unterirdischen Zufluchtsstätten kennt.

zeit die Verteidigung auch des oberen Hügelrandes[7]). Solche Anlagen sind in Frankreich[8]) ebenso wie in England und Irland, aber auch am deutschen Niederrhein[9]) erhalten. Burgen, die bereits 864 in einem Erlaß Karls des Kahlen erwähnt werden, hatten vielleicht diese runde Hügelform. Karl fordert, daß alle ohne seine Erlaubnis gebauten Burgen, Vesten (firmitates) und Gebücke (Haias) eingerissen werden sollen[10]).

Essenwein[11]) schreibt über die Burgen des 10. und 11. Jahrh. folgendes:

„Quadrat und Kreis bilden also die einzige rationelle Grundform für eine von allen Seiten gleich zugängliche Burg in der Ebene. Diese Grundformen sehen wir denn auch bei den Burgen des 10. und 11. Jahrh., welche aus Holz und Erde errichtet sind, angewandt. Solcher Burgen haben sich in England eine ziemliche Zahl erhalten, ebenso in Frankreich, nicht zwar in ihrer ursprünglichen Form, aber doch noch deutlich genug erkennbar. Sie tragen in Frankreich die Bezeichnung mottes (Erdhaufen); in England heißen sie mounds; der mittelalterliche lateinische Ausdruck ist mota. In Deutschland, wo man in den letzten Jahrzehnten deren auch eine beträchtliche Zahl nachgewiesen, hat man dafür den doch wohl nicht ganz richtigen Namen ‚Spitzwälle‘ eingeführt. Solche oben abgeplattete Motae hatten einen oberen Durchmesser von 10—30 m bei einer Höhe von 3—13 m. Die Erde wurde aus einem ringsum ausgehobenen Graben genommen, der entsprechend breit und tief war. Wo sich ein natürlicher Hügel fand, der nur zugerichtet zu werden brauchte, benutzte man ihn selbstverständlich gern.“

Solche Regelmäßigkeit ist freilich nur bedingt zuzugestehen. Auch in der Frühzeit dürfte die Beschaffung des vorhandenen Bauplatzes, außer in völlig flachem Gelände, für die Form ausschlaggebend gewesen sein. Begriff und Wort haben sich häufig im Namen, z. B. „Château de la Motte“ (bei Lyon, Dep. du Rhône) in „Castillo Mota“ in Medina del campo in Spanien erhalten. Die Quadratform möchte ich nicht als gleich früh angewandte ansehen.

Aus den krönenden Holztürmen haben die Normannen die gewaltigen donjons entwickelt. Riesenhafte viereckige Steintürme, die die Herrschaft der wenigen germanischen Gewaltherren über eine große Masse stammesfremder Untertanen sichern sollten, zeigen die älteste Form steinerner Burgbauten in Frankreich (namentlich in der Normandie), die auf uns gekommen ist[12]).

Mit ihrer Errichtung beginnt der eigentliche steinerne Burgenbau zugleich mit einem neuen Jahrtausend europäischer Geschichte.

Auch in der Touraine, im alten Herzogtum Anjou und in anderen Teilen Nordfrankreichs finden wir frühe Wohntürme. So sollen die Reste des älteren, aus „kleinen Steinen“ erbauten donjons der Burg L a n g e a i s[13]) aus dem Jahre 989 (984?), der donjon von M o n t b a z o n[14]) von 999, L o c h e s[15]) aus dem Jahre 1010[16]) und S a u m u r[17]) von 1020 stammen.

---

[7]) Ergänzende Ausführungen bei Köhler: Entw. d. Kriegswes. Bd. III, I S. 364ff. — [8]) Z. B. in der Gegend von Lasteur (neben einer keltischen Burg), vgl. Köhler: a. a. O. Bd. III, I S. 387 und sein Zitat nach M. de Verneilh Bull. monumental 30, 227; ferner nennt Köhler (S. 385) als alte Wallburgen: Cassagne bei Salies (Dep. Comminges), aber schon mit Mauerwerk, Gisors (Eure) und Boves (Sommes); Tusque bei Sainte-Eulalie d'Ambarès war nach V.-le-Duc: Dict. Bd. III, S. 63, auch ursprünglich motte. — [9]) Z. B. Merchem bei Dixmüde, vgl. Köhler a. a. O. Bd. III, I S. 368, und die dort zitierte Beschrbg. aus Joh. v. Colmieus Lebensgeschichte des Bischofs von Terouenne († 1130). — [10]) Boretius: Capitul. Reg. Franc.; Schuchhardt: D. Burg i. Wand. d. Weltgesch. S. 197. — [11]) Essenwein: Kriegsbaukunst, Handb. d. Arch. II, 4, I S. 44. E. erwähnt nicht die ihm unbekannten irischen motae, die auch nicht aus Erdhügeln bestehen. Siehe Armitage. — [12]) Clark: Milit. Arch. i. Engl. Bd. I, S. 35, sind kaum ein halbes Dutzend motas sicher nachweisbar, die in der Normandie vor dem Ende des 11. Jahrh. erbaut sind. Mrs. Armitage weist dagegen zahlreiche mottes nach. — [13]) Erbaut 990 von Foulques Nerra, Graf von Anjou „. . . en petites pierres cubiques . . .“; Bosseboeuf: Langeais et s. chât. S. 33; Smlg. Ebh.; Gautier: a. a. O. S. 12, gibt 989 an. — [14]) Ebenda S. 11f., 13, 16; erbaut 999 von Foulques Nerra, Grafen von Anjou; Köhler: a. a. O. Bd. III, I S. 405; Smlg. Ebh., danach erbaut um 1000 von Foulques Nerra, 1025 durch denselben belagert, verteidigt von Eude de Champagne, Graf von Tours und Blois. — [15]) Ebh.: Festschr. Handzeichn. Taf. 58; Smlg. Ebh.; V.-le-Duc: Arch. milit. S. 105; V.-le-Duc: Dict. (Sachverzeichnis); Gautier: a. a. O. S. 2ff.; Schuchhardt: a. a. O. S. 202/203. — [16]) Ausführliche Begründung der Zeitangabe bei Gautier: a. a. O. S. 12f. — [17]) Smlg. Ebh.; nach Gautier: a. a. O. S. 15f. ist Saumur 1025 von Foulques Nerra erobert.

Abb. 295. Mantelmauerbg. Saumur, Frkr., erw. 1025 n. Gautier, früh. Wohnt., spät ausgeb., Zustand 1812. B. E. nach Bodin.

Abweichende Beispiele wie Montargis[18]) (Abb. 296) mit rundem Schalendonjon, den Viollet=le=Duc als „germanisch" bezeichnet, und selbständigem Saalbau im NW. in der Ringmauer gelegen, sind hier seltener wie in England. Burgartige Türme werden auch schon in der Chronik Namenteuse erwähnt, z. B. S. 45 ein Turm in Nantes, den der Bischof Fulcher 889 baute.

Zu den ältesten Burgen Frankreichs gehörten ferner: ein verschwundener, im 10. Jahrh. erbauter donjon der Burg Blois[19]), der 1040 von Wilhelm, dem Onkel Wilhelms des Eroberers, erbaute donjon von Arques[20]), der viereckige donjon von Brangenery u. a.

Dem 10. und 11. Jahrh. werden Bauteile der Burgen Brionne (donjon)[21]), Castelnau[22]), ein Portal der Burg Chanteloup[23]), Châteaulin zugeschrieben[24]).

Im Jahre 926 baute Hérivée, Sohn eines Eudes, die Burg Chatillon sur Marne[25]). Im 10. Jahrh. entstehen ferner: Montrésor[26]), Teile der Stadtburg Nantes[27]). Dem 11. Jahrh. gehören an: Montrichard[28]) (Abb. 298), Senlis, Tournon, Vendome[29]) und viele andere. Man sieht, daß schon um das Jahr 1000 der Bau von bedeutenden Steinburgen in Frankreich begann.

Die Entwicklung der französischen Burgen entsprach der Fortgestaltung der Wehrbauten in anderen Ländern, doch dürften die großen Erfahrungen durch die fortwährenden Kämpfe in Frankreich zu einer beschleunigten Verbesserung der Wehrbauten geführt haben.

Zur schnelleren und großartigeren Entwicklung trugen auch der große Reichtum Frankreichs an ausgezeichneten und leicht zu bearbeitenden Hausteinen bei, und die große Machtfülle, die in dem reichen Lande in der Hand weniger mächtiger Bauherren vereinigt war.

So sehen wir, daß frühzeitig die Bedeutung der Seitenbestreichung für die Verteidigung der Burgen erkannt wurde. Die großen donjons nämlich boten wohl eine starke Widerstandsmöglichkeit, die Verteidiger konnten aber in vielen Fällen die Angreifer nicht wirkungsvoll beschießen, denn der Schuß mit Bogen und Armbrust wurde sehr schwierig, sobald der Angreifer sich am Fuße der Mauern im toten Winkel befand. So mußte sich die Verteidigung auf das Hinabstürzen von schweren Felsblöcken usw. oder auf Ausfälle beschränken.

[18]) V.=le=Duc: Dict. Bd. III, S. 104. — Köhler: a. a. O. Bd. III, 1 S. 411, 426, Bd. III, 2 S. 211. — [19]) Encycl. par l'image: Chât. d. France S. 20—24. — [20]) Gautier: a. a. O. S. 13 Anm. 1. — [21]) Köhler: a. a. O. Bd. III, 1 S. 403. — [22]) Encycl. par l'image S. 6. — [23]) Ebenda S. 44. — [24]) Le Bas: Dict. encycl. France Bd. V, S. 36. — [25]) Ebenda Bd. V, S. 51. — [26]) Encycl. par l'image S. 32. — [27]) Siehe unten S. 295ff. — [28]) Gautier: a. a. O. S. 11ff. — [29]) Smlg. Ebh. (alte Stiche).

Schon pfeilerartige Rundtürme an den Ecken der älteren donjons dienten wohl als erster Versuch einer Seitenbestreichung. Später werden dann vorspringende runde und viereckige Türme allgemein an allen Umfassungsmauern angeordnet, um alle Seiten bestreichen zu können. In besonders großartiger Form ist das Mitte des 13. Jahrh. in Aigues Mortes geschehen.

Sehr frühes Beispiel von Werken zur Seitenbestreichung bietet Burg Gaillard[30]). Der Kriegsbaumeister des Königs Richard Löwenherz schritt dort schon im Jahre 1196—97 zu ganz neuen und eigenartigen Gestaltungen.

König Richard errichtete diese Burg als Hauptschutz der Normandie und der Stadt Rouen an der Seine. Ihre Bedeutung war den Geschichtsschreibern jener Zeit voll bewußt, so daß die Eroberung des wichtigen Platzes im Jahre 1203—04 nach fast einjähriger Belagerung durch den französischen König Philipp August, zur Zeit des Nachfolgers Richards, seines falschen und feigen Bruders Johann ohne Land, Zeitgenossen zu ausführlichen Schilderungen herausforderte. Wir können uns danach ein Bild der angewandten Verteidigungsmittel machen.

Es wird behauptet, daß Gaillards Gestaltung Folge der Erfahrungen des Königs oder seiner Bauleute in den Kreuzzügen sei, von denen Richard 1193 zurückkehrte. Es mögen auch Ähnlichkeiten zwischen der Burg Gaillard und Kreuzfahrerburgen bestehen, eine unmittelbare Übertragung morgenländischer Formen dürfte daran aber schwer nachweisbar sein. Eine Betrachtung der bei Rey[31]) dargestellten Burgen beweist eher das Gegenteil.

Natürlich mußte ein Zusammenströmen erfahrener Kriegsleute aus allen Teilen Europas in Palästina auch zum Austausch der verschiedensten Kenntnisse im Burgenbau führen. Dazu kamen die Erfahrungen von der Belagerung byzantinischer Wehrbauten, die auf dem Balkan und in Kleinasien damals noch zahlreich waren[32]). Diese byzantinischen Burgen oder festen Lager zeigen vorgebaute Viereckstürme.

Schon die Mauern von Byzanz zeigten Mauertürme, die zur Seitenbestreichung dienten, großartige Anlagen, die auch im Burgenbau zu verwerten waren. In Palästina selbst erlaubten wirtschaftlich und machtpolitisch günstige Umstände die Heranziehung großer Menschenmassen zu Burganlagen von gewaltiger Größe. In der Tat sind Kreuzfahrerburgen wie Krak der Ritter und andere Meisterwerke von größter Wucht und Bedeutung. Die Einheit ihrer Erscheinung wird besonders dadurch gefördert, daß die Burgen in kurzer Zeit errichtet werden mußten, dauerte doch die Herrschaft der Kreuzfahrer im Orient nur vom Jahre 1099—1244[33]).

Bauart französischer Burgen

Wir sehen also verschiedene Entwicklungsstufen: 1. die Erdhügelburgen, 2. den donjon als viereckigen Mauerklotz ohne Seitenbestreichungsmöglichkeiten, innen für Wohnzwecke ausgebaut, 3. neben dem donjon Wohnbauten und Saalbauten als selbständige verteidigungsfähige Baukörper innerhalb einer Ring- oder Mantelmauer, 4. Anordnung von vielen halbrunden und viereckigen Mauertürmen zur Seitenbestreichung, 5. später im 13. bis 15. Jahrh. starke Mantelmauern mit gleich hohen Türmen und sich ausdehnenden steinernen Außenwerken.

Alle diese Bauteile zeigten nach außen wenige und kleine Öffnungen. Je mehr aber die wachsenden Außenwerke den unmittelbaren Angriff der Feinde von den Kernwerken

---

30) V.-le-Duc: Dict. Bd. III, S. 84, Bd. IV, S. 69, Bd. VII, S. 258; Deville: Hist. d. Chât. Gaillard; Dieulafoy: Chât. Gaillard; Köhler: a. a. O. Bd. III, I S. 432f.; Essenwein: a. a. O. II, 4, I S. 111; Cohausen: Befestigungsw. d. Vorzeit S. 318f. — 31) Rey: Monum. d. L'Arch. mil. d. crois. — 32) Wie allgemein die Mauertürme der Seitenbestreichung an byzantinischen Wehrbauten bereits waren, zeigt ein Blick auf Bauten derselben in Nordafrika; vgl. Diehl: L'Afrique Byzantine. — 33) Herre: Kampf um d. Herrsch. i. Mittelm. S. 49ff.

Abb. 296. Frühe Stadtbg. Montargis, Frkr., weitl. Anl., german. Einfl., 3 Tore, Mitteldonjon und gr. Saal, Grdr. nach V.=le=Duc.

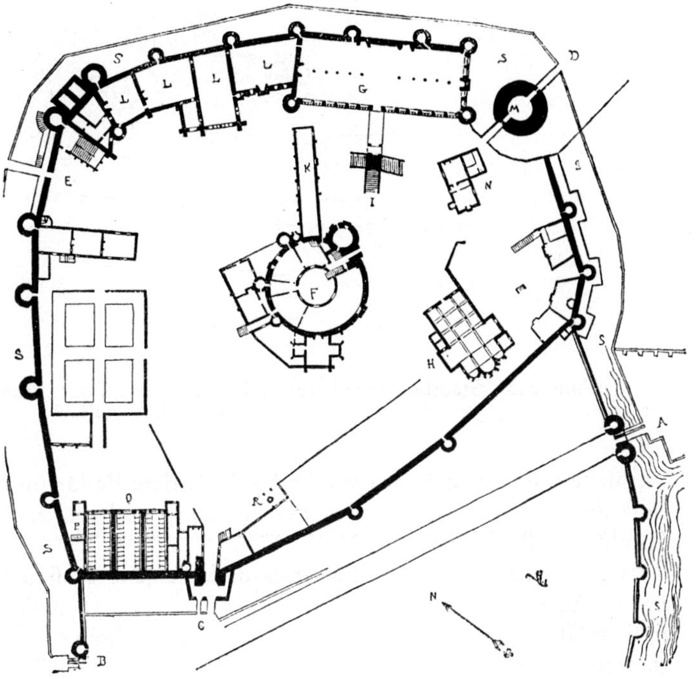

Abb. 297. Höhenbg. Loches, Frkr., Angriffss. v. SW, Grdr. d. ält. Bg. 1:1000. B. E. nach J. V. Radot u. eig. A.

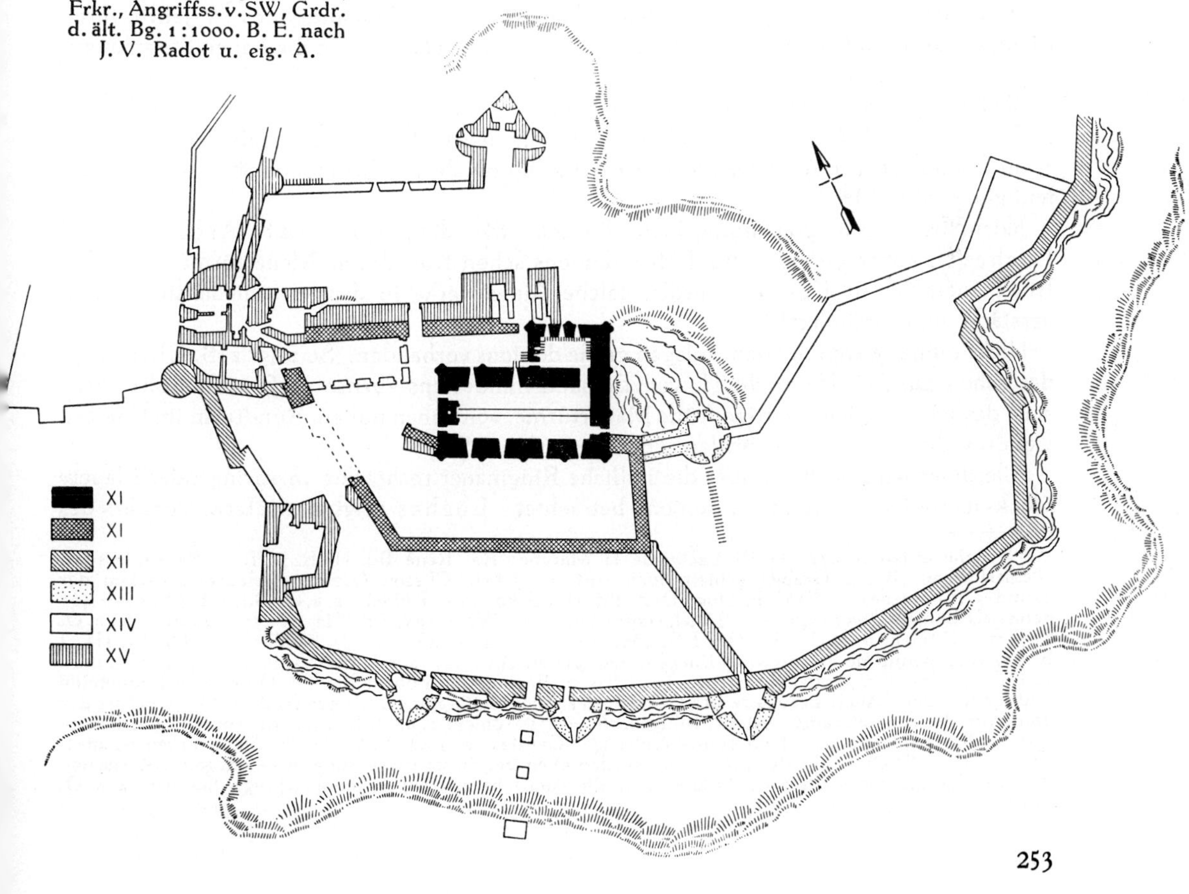

Abb. 298. Stadtbg. Montrichard a. d. Cher, Frkr., Ans.=sk. v. donjon u. Stadt. B. E. nach Labreuille.

fernhielten, um so mehr trugen die Bauleute dem Bedürfnis der Bewohner nach Licht und Luft durch Anordnung großer Fenster auch nach außen (nicht nur nach den inneren Burghöfen) Rechnung.

Es entwickelten sich als die letzte 6. Stufe jene großen festen Schloßbauten, die eine eigentümliche Mischung von Prunk und Wehrhaftigkeit darstellen. Bereits im 14. Jahrh. errichtet der Herzog von Berry in Poitiers unter Benutzung wesentlich älterer Reste seine glänzende Burg[34]). Ähnlich tritt das bei der Burg von Saumur in Erscheinung, die zur selben Zeit um= oder ausgebaut wurde[35]).

Diese Art zu bauen prägte noch vielen französischen Schloßbauten des 16. Jahrh. ihren Stempel auf, nachdem längst durch die weiter tragenden Geschütze die hohen Burgmauern unzweckmäßig geworden waren.

Bleiben wir zunächst bei Bauten bis zum 13. Jahrh.

Ringwälle und Gräben als äußere Verteidigungswerke von Höhenburgen scheinen — in Frankreich wie in Deutschland — Reste älterer Zeit zu sein, ein später seltenes Verteidigungsmittel[36]).

Jedenfalls zeigen grabenumgebene Burgen, wie das 1040 erbaute Arques[37]) und Loches[38]), außer Gräben und festen donjons schon früh durch Mauertürme verstärkte Ringmauern[39]). In Loches wurden solche Außenwerke in den verschiedensten Zeiten verstärkt und verändert[40]).

Nicht immer waren in alten Anlagen große donjons vorhanden. So zeigt z. B. Chinon[41]), das schon zur Zeit Heinrichs II. von England mindestens ebenso groß wie Loches war, statt dessen viele gleichwertige frühe Mauertürme, von denen nur ein Rundturm im Château Coudray die Größe eines mittleren donjons erreicht[42]).

Allerdings wird auch ein über die südliche Ringmauer rechteckig vorspringender Mauerblock als Rest eines geringen donjons betrachtet. Loches zeigt als späteres Vorwerk des

[34]) Siehe unten S. 272. — [35]) Lecoy de la Marche: Roi Renè Bd. II, S. 30ff. — [36]) Anders bei Wasserburgen. Breite Gräben erhielt noch Anf. 14. Jahrh. Clisson (Loire=inférieure) zwischen der 2. und 3. Ringmauer. — [37]) V.=le=Duc: Dict. Bd. III, S. 69, 170; Köhler: a. a. O. Bd. III, I S. 403—405 nennt als Baujahr 1039—43. — [38]) V.=le=Duc: Dict. Bd. IV, S. 185, Bd. VII, S. 477; Gautier: a. a. O. S. 35ff.; Köhler: a. a. O. Bd. III, I S. 403, 405, 407, 409, 482. — [39]) Köhler: a. a. O. Bd. III, I S. 499/500, nennt noch folgende Burgen, bei denen Anf. 14. Jahrh. der Verteidigungsschwerpunkt vom donjon zur Ringmauer verlegt wurde: Clisson, Baynac und Bourdeille a. d. Dordogne, Roquetaille und Tonquédec. Auch Beaucaire besitzt nach der Rhôneseite einen Zwinger (Abb. 318). Dort ist der donjon in die Mantelmauer gestellt; Smlg. Ebh. — [40]) Köhler: a. a. O. S. 482. Im 100jährigen Kriege war Loches bald englisch, bald französisch; vgl. Gautier: a. a. O. S. 38. — [41]) Siehe unten S. 264f. Anm. 83ff. — [42]) Diese „Fortes murailles" werden eben bei dieser Belagerung in einem zeitgenössischen Berichte (Guillaume=le Breton: Drapelain d. Ph. Aug.) bereits hervorgehoben; vgl. Gautier: a. a. O. S. 24.

donjon — an der Angriffsseite — eine niedrige Schildmauer, deren im Grundriß plätteisen=artige Türme im Halsgraben dem 13. Jahrh. entstammen (Abb. 297).

Bei späteren Anlagen umgeben häufig viele, dichtgestellte mächtige Türme die Burg, verbunden durch kurze, fast gleich hohe Mauern von großer Stärke, während sich dahinter die Wohn= und Wirtschaftsbauten, Burgkapellen usw. einordnen. Diese Bauart wurde zum besonderen Kennzeichen Frankreichs. Das bekannteste Beispiel ist die von Viollet=le=Duc wiederhergestellte Burg Pierrefonds.

Die auch in französischen Miniaturen[43]) immer wieder dargestellte Burgenform war seit dem 13. Jahrh. namentlich in Mittel= und Nordfrankreich gebräuchlich und wurde, wie Langeais und die Bastille zu Paris zeigen, zu höchster künstlerischer Vollendung entwickelt.

Dieser Form verwandt ist auch die von Peter von Agincourt, dem französischen Archi=tekten des Karl von Anjou, in Neapel errichtete „Neue Burg", das Castelnuovo[44]).

Geschichte und Wehrbau

Den geschichtlichen Hintergrund der großartigen Wehrbautätigkeit bildet das Herrscher=bedürfnis, die Eifersucht der französischen großen Grundherren untereinander und ihr jahrhundertelanges Ringen gegen die Macht ihrer eigenen und der englischen Könige.

Wohl spielen während dieser Kriege die Burgen oft eine weniger entscheidende Rolle als die großen Hauptschlachten von Crécy, Poitiers und Azincourt, doch wurden sie immer wieder betroffen von damit zusammenhängenden Belagerungen und Verteidigungen, die der Besitzergreifung, dem Eindringen oder Verlassen der zu erobernden Gebiete durch die Gegner vorangingen oder folgten. Eine Reihe dieser Belagerungen sind berühmt geworden, so die der Burg des Richard Löwenherz, Gaillard an der Seine, die 1203/4 durch den König Philipp August von Frankreich[45]) belagert und erobert wurde. Alle Könige mußten nicht nur selbst dauernd wieder Burgen aufbauen, sondern vor allem die ihrer großen Lehnsträger zerstören oder erobern. Wie sehr einer der habsüchtigsten, klügsten und schlechtesten Könige, Ludwig XI., gegen die französischen Großen in dieser Richtung durch Bestechung und Verrat, Mord und Betrug wirkte, beschreibt sein ver=trauter Rat Philippe de Commynes ausdrücklich in seinen Denkwürdigkeiten[46]). Später waren es Ludwig XIII. und sein Minister Kardinal Richelieu, die die unbeschränkte Herrschaft des Königtums in Frankreich am wirksamsten förderten und in den gewaltigen über das Land zerstreuten Vesten mit Recht Hauptstützen des unbotmäßigen hohen Adels erkannten. Richelieu wurde endlich in den Kriegen gegen die Fronde der größte Burgen=zerstörer Frankreichs.

Noch in den Religionskriegen des 16. und 17. Jahrh. haben freilich viele der alten Châteauforts eine Rolle gespielt[47]).

Vom 18. Jahrh. ab haben Kriege weniger zum Verfall der Burgen beigetragen als Ver=nachlässigung und Gleichgültigkeit eines Zeitalters ohne Denkmalpflege. Hat doch Frank=reich seit Niederwerfung der Hugenotten bis zur Revolution die meisten seiner Kriege auf

---

[43]) Siehe Magne: a. a. O. Burgenbilder aus dem Miniaturwerk „des Heures de Chantilly". — [44]) Ebh.: B. It. Bd. III, S. 99, Bd. IV, S. 103. — [45]) Ausführlich beschrieben von dem Kaplan Guillaume=le=Breton, vgl. bei V.=le=Duc: Arch. milit. S. 80ff. Gutes Beispiel der machiavellistischen These von der psychologischen Gefahr zu vieler Rückzugsmöglichkeiten. Diese Schilderung von Köhler: a.a.O. Bd. III, 3 S. 68ff. für unmöglich gehalten. — [46]) Commynes: Denkwürdigk. Ph. v. Com=mynes. — [47]) Beaucaire z. B. war 1576 Zuflucht der Protestanten. Es hat in der Folge sehr unter den Hugenottenkriegen gelitten. Auch Chinon, Azay=le=Rideau und l'Isle Bouchard waren zeitweilig in der Hand der Hugenotten (de Cougny S. 55). Niort wurde für seine calvinistische Gesinnung schwer bestraft, trotzdem von den Protestanten geplündert, als sie es 1588 wieder eroberten.

fremdem Boden, nicht zum wenigsten in Deutschland, ausgefochten. Endlich hat die Revolution an den Burgen deutliche Spuren hinterlassen.

Mehr und mehr dienten inzwischen die stolzen Mauern, sobald ihr kriegerischer Wert zu sinken begann, der Unterbringung von Gefangenen. Waren es unter Ludwig XI. Feinde des Königs, verdächtige Höflinge oder fremde Fürsten, wie Lodovico il Moro, so wurden auch die Opfer der Religions= und Bürgerkriege in den alten Festungen eingekerkert. Davon berichten überall Inschriften in den Mauern der Verließe und Keller.

Groß waren auch die Männer der Revolution im Füllen der alten Türme und Hallen mit unglücklichen Opfern. Die Türme von Avignon[48]) und Angers[49]) wissen davon zu be=richten.

Unterschied zwischen französischen und anderen Burgen

Endlich sei das Verhältnis der französischen Burgen zu denen anderer Länder erwähnt.

Zwischen den Burgen Frankreichs und Italiens besteht in der Spätzeit eine gewisse Grundrißähnlichkeit. Hier wie dort findet man das Viereck mit vier oder mehreren Eck= oder Mauertürmen und Mantelmauern mit gleich hohen Türmen, in Italien allerdings erst sehr spät und dann mit geringen Mauerhöhen. Der Hochbau ist aber im großen und ganzen völlig verschieden gestaltet.

Durchweg sind die französischen Burgen unvergleichlich größer als die anderer Länder, England ausgenommen. Auch ist der Schmuck in Frankreich viel reicher und zugleich viel gründlicher durchdacht und folgerichtiger gestaltet. Besonders kennzeichnend für Frankreichs Burgen sind die großen Rittersäle, die selbst in England nicht so allgemein sind.

Verwandtschaft besteht auch zwischen einzelnen Normannenbauten Nordfrankreichs und Siziliens.

Grundverschieden sind die französischen Burgen von den deutschen; mächtige Wohn=türme, donjons französischer Art, sind in Deutschland nicht anzutreffen. Wir haben vielmehr, der Örtlichkeit in stetem Wechsel liebevoll angepaßt, Bergfried, Wohnbau=Pallas, reiche Zwingeranlagen und Tore, in Frankreich dagegen in der Frühzeit den gewaltigen Wohnturm, „donjon", und später die Vereinigung von riesenhaften Mantelmauertürmen und Wohnbauten.

Außerordentliche Verwandtschaft besteht dagegen zwischen den frühen Burgen Nord=frankreichs und Englands. In beiden Ländern waren die Normannen die Herren; Bauten wie die donjons und keeps von Dover, Loches, Rochester und Heddingham[50]) zeigen im Grundriß und Aufbau große Ähnlichkeit[51]). Später entwickelten sich die englischen Burgen eigenwilliger und malerischer.

Sehr geringe Anklänge zeigen sich in den Grenzgebieten zwischen spanischen und fran=zösischen Burgen. Es konnte nicht ausbleiben, daß sich scharfe Unterschiede im spanischen Burgenbau herausbildeten, ist Spanien doch ein Land, dessen Bevölkerung sich aus iberisch=phönizischen, germanisch=westgotischen und arabischen Volksstämmen, also aus germanischen und orientalischen Rassen entwickelte und deren Verwandtschaft mit dem französischen Kulturkreis nur aus einer etwaigen gleichen Beeinflussung durch Reste römischer Erinnerungen herrührte.

---

[48]) Siehe S. 281 ff. — [49]) Siehe unten S. 294 f. — [50]) Siehe Abschn. „Englische Burgen". — [51]) de Cougny: Chinon S. 108. Auffallende Ähnlichkeit der viereckigen Mauertürme der Vorburg St. Georg mit denen der Burg von Dover, beide von Heinrich II. Plantagenet erbaut.

Loches.
12. 4. 1905

Tafel XI Burg Loches, Frankreich

Beispiele

Älteste Burgen

Das Schulbeispiel einer auf alter mota errichteten Steinburg ist nach Viollet=le=Duc der aus dem 12. Jahrh. stammende Turm Césars in Provins[52]) (Abb. 299). Über Grundriß und Aufriß schreibt Viollet=le=Duc: Der donjon von Provins, genannt ‚tour de César', wurde im 12. Jahrh. erbaut, er ist einer eingehenden Betrachtung wert; der Turm ist polygonal angelegt, flankiert von vier Türmchen, die in der Grundmauer mit dem Turm verbunden sind, die sich aber in den oberen Teilen von dem Hauptbau absetzen und einen Kampf nach allen Seiten erlauben. Der Bau kann wegen der verschieden zurücktretenden Stockwerke und der seitenbestreichenden Lage der Türmchen von sehr vielen Verteidigern besetzt sein ... Die Erdschüttung, die den donjon umfaßt, wurde im 15. Jahrh. von den Engländern gebaut, wahrscheinlich, um das Artilleriefeuer aufzufangen. Die Schüttung ruht an Stelle eines Zwingers mit äußerer Wehrmauer aus früherer Zeit ... Ehemals trat man vom Rundgang der Zwingermauer über vier Zugbrücken durch vier Ausfalltüren in den Saal des ersten Stockes des donjon. Von der ersten Etage stieg man in das Erd=geschoß hinab, das sonst keine Verbindung mit der Außenwelt hatte. Durch eine Tür gelangte man über einen Nebengang zu einem geheimen Brunnen."

Der Cäsarturm liegt in der Stadtmauer als Zitadelle des kleinen Ortes.

Von den von Viollet=le=Duc gegebenen Holzan= und =aufbauten ist nur die Galerie zwischen den vier Ecktürmen nachweisbar.

Man darf diesen Turm kaum als Beispiel bezeichnen, ich möchte darin eine Ausnahme sehen. Kennzeichnender sind die alten, länglich viereckigen Wohn= und Wehrtürme, die donjons.

Einer der ältesten ist der donjon, der schon 742 als mota erwähnten Burg Loches (Abb. 302). Die Baugruppe am linken Ufer des Indre ist von großer Schönheit und ge=waltiger Wucht.

Über die Erbauung hören wir:

„Et aedificavit plurima castella in sua terra quae remanserat deserta et nemoribus plena propter feritatem paganorum"[53]).

Heinrich II. von England erbte Loches um 1151, verlor 1189 die Burg an seinen Sohn Richard, der sie 1193 vertraglich dem König Ph. überließ[54]), 1194 wurde Loches von Richard bereits wieder belagert und eingenommen. 11 Jahre später, nachdem Johann ohne Land sie von seinem Bruder geerbt hatte, eroberte König Philipp August die Veste end=gültig für Frankreich. Sie blieb Besitz der Krone, und Karl VII., Ludwig XI. und Lud=wig XIII. haben oft hier Hof gehalten. Dementsprechend finden wir Erweiterungsbauten der verschiedensten Zeiten.

Bekannt ist Loches als Gefängnis namhafter Personen. Viele Inschriften solcher berichten darüber. Hier schmachtete der Sforza Lodovico il Moro, Herzog von Mailand, von 1500 bis er 1509 starb[55]). In Loches waren gefangen der Herzog von Alençon, Peter von Navarra, der Comte St. Vallier, ein Freund jenes Connetables von Bourbon, der als Feldherr Karls V. Rom erstürmen ließ. Doppelt verkettet mit Loches ist der Name des Cardinal La Balue, der für Louis XI. einen im untersten Verließ aufgestellten Käfig erfand, dessen Bewohner er eines Tages selber wurde.

Unter Ludwig XIV. waren hier Protestanten eingekerkert, und zur Zeit der Revolution diente Loches als Gefängnis für Priester, Nonnen und andere politisch Verdächtige. Heute noch ist ein älterer Teil Gefängnis, ein neuerer dient dem Unterpräfekten als Wohnung.

[52]) V.=le=Duc: Dict. Bd. V, S. 64, 65; V.=le=Duc: Arch. milit. S. 87—91, 105. — [53]) (Fragm. hist. Andeg.) nach Gautier: a. a. O. S. 7. — [54]) Ebenda S. 35ff. — [55]) Vgl. Gautier: a. a. O. S. 95ff.

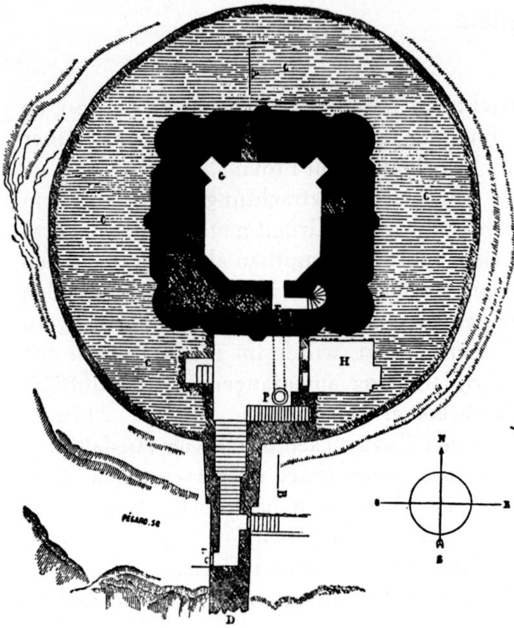

Abb. 299. Tour de César i. d. Stadtm. v. Provins, Frkr., auf mota errichtet, nach V.=le=Duc.

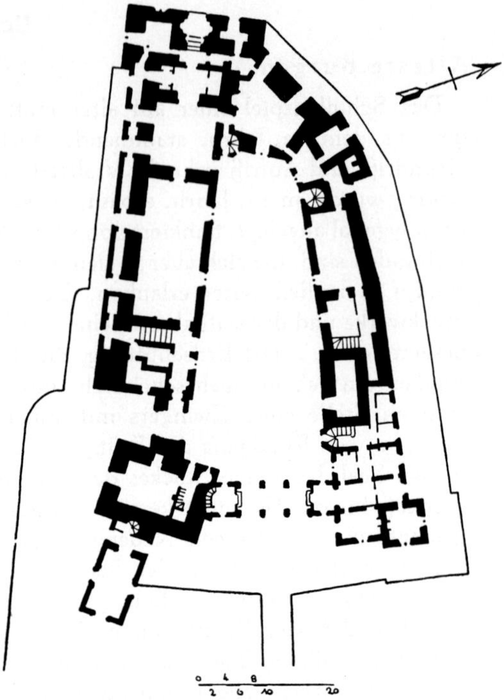

Abb. 300. Pyrenäenbg. Pau, Frkr., Kern 10. Jh. gegrd., viereck. Bergfr., Mantelm., spät. schloß=art. ausgeb., Grdr. 1:1000. B. E. nach Lafollye.

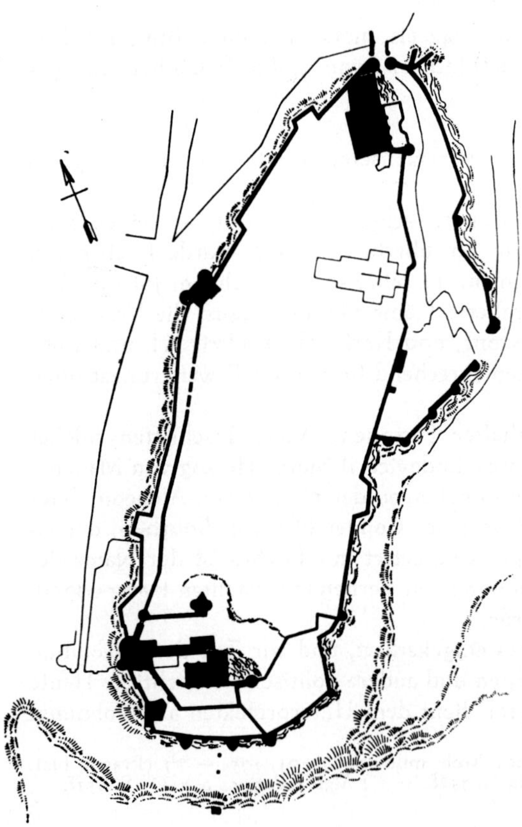

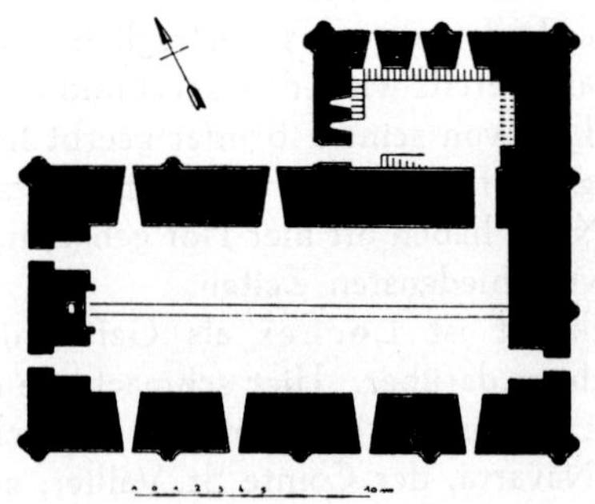

Abb. 302. Höhenbg. Loches, Frkr., Grdr. donjon 1:500. B. E. nach J. V. Radot u. eig. A.

Abb. 301. Höhenbg. Loches, Frkr., Ringm. a. Hügelrand, Lgpl. 1:2000. B. E. nach J. V. Radot u. eig. A.

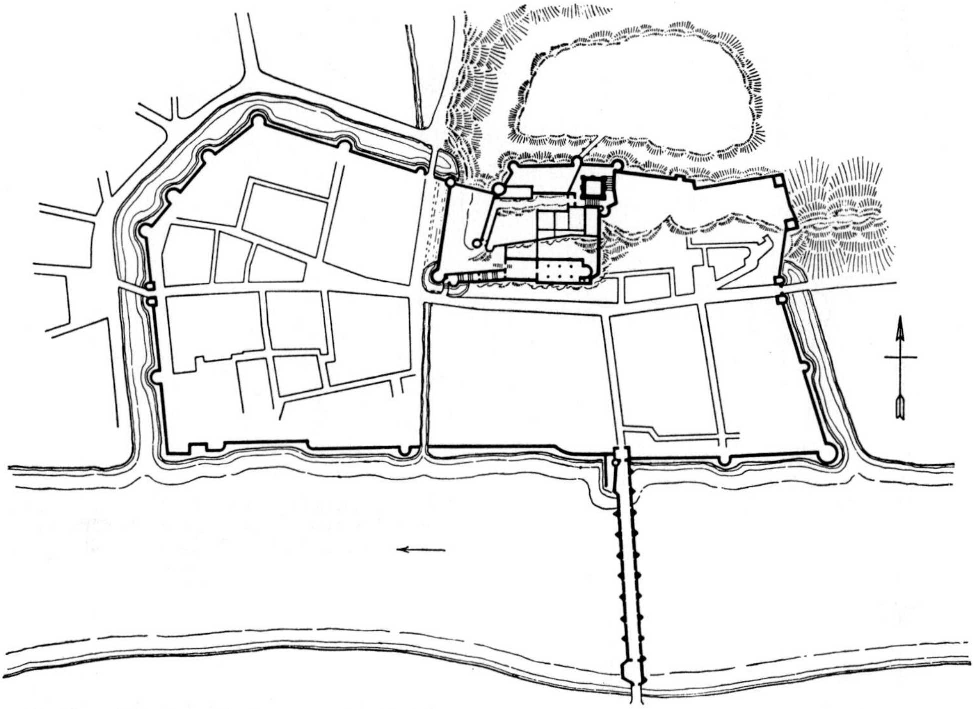

Abb. 303. Montrichard, Frkr., Lgpl. v. Burg, Stadt u. fester Brücke 1:5000. B. E. nach Labreuille u. eig. A.

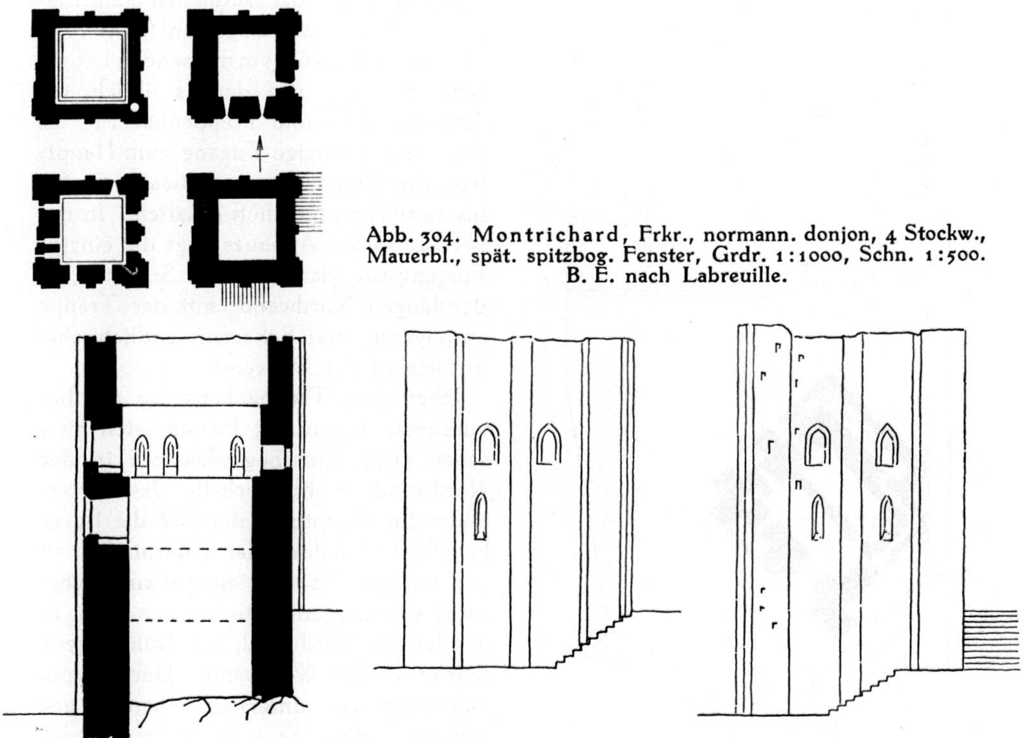

Abb. 304. Montrichard, Frkr., normann. donjon, 4 Stockw., Mauerbl., spät. spitzbog. Fenster, Grdr. 1:1000, Schn. 1:500. B. E. nach Labreuille.

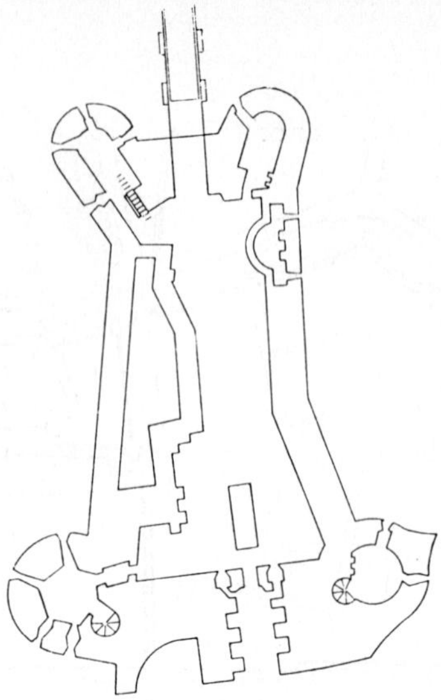

Abb. 305. Höhenbg. Arques, Frkr., auf Felsn. über 2 Flüssen, 4 eck. donjon m. Strebepf., Treppenanb., mächt. Vorwerke, zahlr. rd. Mauert. z. Seitenbestr., Grdr. 1:1000. B. E. nach Deville u. a.

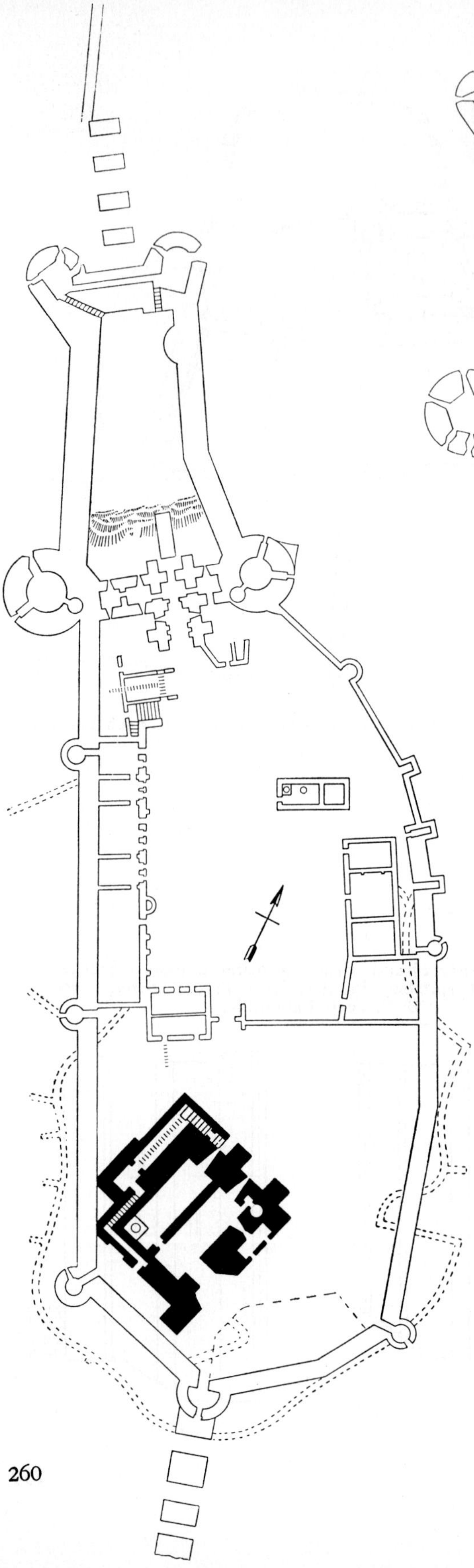

Betrachten wir zunächst den donjon. Er besteht aus einem länglich viereckigen Hauptturm an der südlichen Angriffs=seite der Burg (siehe Lageplan) (Abb. 301). Seiner nördlichen, 25 m messenden Längs=seite legt sich, wie damals üblich, ein niedriger Tor= und Treppenbau vor. In ihm ist der einzige Zugang zum Haupt=bau, eine Steintreppe von etwa 49 Stufen bis zum Hauptgeschoß erhalten. In der Westwand des Anbaues liegt die einzige Eingangstür, daneben zwei Scharten, in der langen Nordwand, mit der Treppe ansteigend, drei Scharten, endlich eine Scharte in der Ostwand.

Über dem Treppenhaus lag ein be=vorzugter Raum mit Kaminresten zwi=schen zwei Rundbogenfenstern in der Nordwand, wohl Vorhalle des Ritter=saales im Hauptbau, darüber die Burg=kapelle mit halbrunder Altarnische, in der kurzen Ostwand eine Wandnische. Zwei Rundbogenfenster öffnen sich in der langen Nordwand, ein Rundbogen=fenster in der Westwand. Der Haupt=bau zeigt ein unterstes, ehemals ge=wölbtes, etwa 14 × 25 m messendes

Stockwerk, in der Mitte durch eine Längsmauer geteilt. Die Längsmauer verringerte die Spannweite der Erdgeschoßgewölbe und ihren Druck auf die Außenmauern. Die drei höheren Stockwerke waren durch Balkenlagen getrennt. Im Untergeschoß lag ein tiefer Brunnen.

Außen an den Mauern fallen schön geformte halbrunde Strebepfeiler auf, romanische Halbsäulen, fünf davon an der Längswand ohne Anbau. Die Mauern zeigen gutbehauene Quadern ohne Bossen, auch wohl aus ährenförmigem Mauerwerk. Der Turm ist 37 m hoch[56]).

Die Stockwerke haben Höhen bis 7,5 m und mehr. Die geringen Fensteröffnungen sind zum größeren Teil im Halbkreis geschlossen, Kamine, Gänge und Treppen liegen in den Mauerstärken. In Höhe des Anbaues zieht sich außen am Hauptdonjon eine Reihe von Balkenlöchern und stellenweise ein tiefer Mauereinschnitt hin, vielleicht Spuren von späteren Wehrgängen (?) oder dergleichen[57]).

Unregelmäßig verteilte Rüstlöcher — in einer Stockwerkshöhe fünf bis sechs — beleben das Mauerwerk nach allen Seiten. Wir können danach die Zahl der Rüsthöhen ermitteln, die den Bauleuten als „Akkord"=Grundlagen dienen[58]). Von dem oberen Abschluß des Baues, der zur Kenntnis der Verteidigungsart wichtig wäre, ist nichts erhalten. Die 37 m hohe Mauerkrone ist unerreichbar, da sämtliche Gewölbe und Fußböden zerstört sind.

Die Hauptkennzeichen eines frühen donjons können nicht besser als an diesem Beispiel betrachtet werden. Dabei ist der Bau zweifellos kein Erstlingswerk, sondern das Ergebnis vieler vorausgegangener Erfahrungen.

In Arques[59]) (Abb. 305) ist nur die Grundform des donjons dieselbe, aber hier treten starke Strebepfeiler sehr hervor und zahlreiche Anbauten und Treppentürme[60]). Auch die donjons von Montbazon[61]), Montcoutour[62]), Loudun[63]) und Montrichard[64]) (Abb. 298 u. 303 u. 304) zeigen vier mehr oder weniger starke, viereckige Pfeilervorlagen; der erste rundbogig mit überwölbten Öffnungen, der zweite vielleicht schon spätere Fenster, Montrichard wohl ebenfalls spätere spitzbogige Mauerblenden zwischen Strebepfeilern. Bei allen ist die Gesamtanordnung die gleiche. Der obere Abschluß von Montcoutour mit Maschikuli auf dreiteiligen Konsolen gehört späterer Bauzeit an, während das Mauerwerk von Montbazon, namentlich in seinen unteren Teilen mit Fischgrätentechnik auf hohes Alter hindeutet. Eigentümlich ist bei dem donjon von Loudun der obere schräge Anlauf der Vorlagen an den Kern des Bauwerkes.

Einen nach sorgfältigen Erwägungen klar durchgeführten donjon bietet die im XIV. Jahrh. erbaute Burg Chambois[65]). Der länglich viereckige Bau ist durch vier pfeilerartige Ecktürme verstärkt, drei Stockwerke sind durch Balkenlagen überdeckt, darüber wahrscheinlich ein Satteldach, um dessen Fuß außen ein unbedeckter Wehrgang führte. In den Mauerstärken sind im ersten Stock fünf Wohnräume ausgespart, die ihr Licht durch schartenartige Fenster erhalten. Der Innenraum ist hier in allen Stockwerken ungeteilt.

Der offene Wehrgang in Traufhöhe ist auf den Abbildungen des 19. Jahrh. auf späteren (?) Kragsteinen vorgestreckt.

---

56) Vallery=Radot: Loches S. 24. — 57) Schuchhardt: a. a. O. S. 202 ff. behandelt diese Verteidigungsgalerie als sicher vorhanden, verlegt sie aber nach „ganz oben", wo sie nach dem sehr ungenauen Naeher bei seiner Abbildung S. 203 erscheint. Er spricht irrig von drei Stockwerken. Dagegen zeigen Abbildungen S. 16 und S. 40, Gautier: a. a. O., Spuren unter dem 3. Stockwerk in Höhe des Anbaues. — 58) Gozzadini: Delle Torri Gentil. di Bologna. — 59) Bei Dieppe=Seine=Inférieure. — 60) Vgl. Macgibbon u. Ross: a. a. O. Bd. I, S. 6 u. Armitage: a. a. O. — Clark: a. a. O. Bd. I, S. 186 ff. — 61) Siehe unten. — 62) Smlg. Ebh. — 63) Auch Foulques Nerra zugeschrieben; Lecoy de la Marche: Le roi Réné Bd. II, S. 37; Köhler: a. a. O. Bd. III, I S. 405. — 64) Gründung Foulques Nerras zwischen 1005 und 1010, die Spitzbogen später; Gautier: a. a. O. S. 11, 14; Köhler: a. a. O. Bd. III, I S. 405; V.=le=Duc: Dict. Bd. III, S. 77. — 65) V.=le=Duc: Dict. Bd. V, S. 48, 115; Lundberg: Herremannens Bostad I. S. 158 f. Ans., Schn., 4 Grdr.; Schuchhardt: a. a. O. S. 203 f.

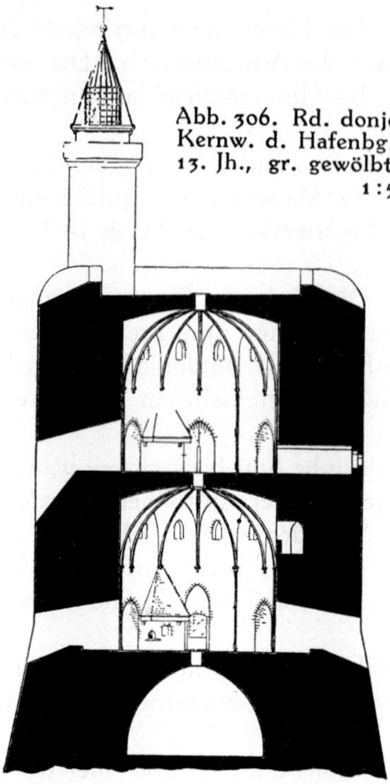

Abb. 306. Rd. donjon, Turm d. Konstanze, Kernw. d. Hafenbg. Aigues Mortes, Frkr., 13. Jh., gr. gewölbte Wohnr., Grdr. u. Schn. 1:500. B. E.

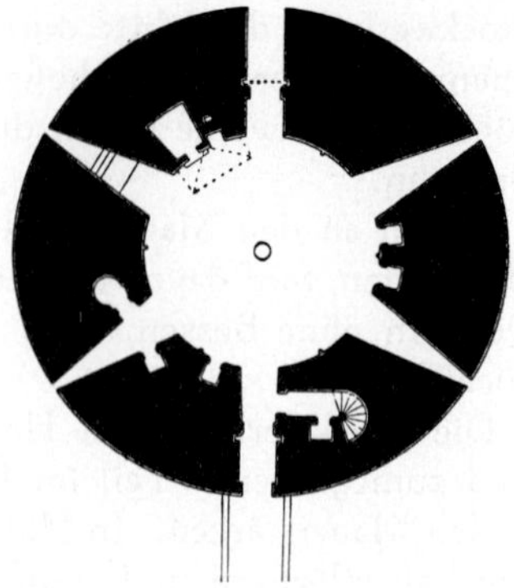

Abb. 307. Dreieck. donjon d. Bg Beaucaire, Rhône, Frkr., Grdr. u. Schn. 1:500. B. E.

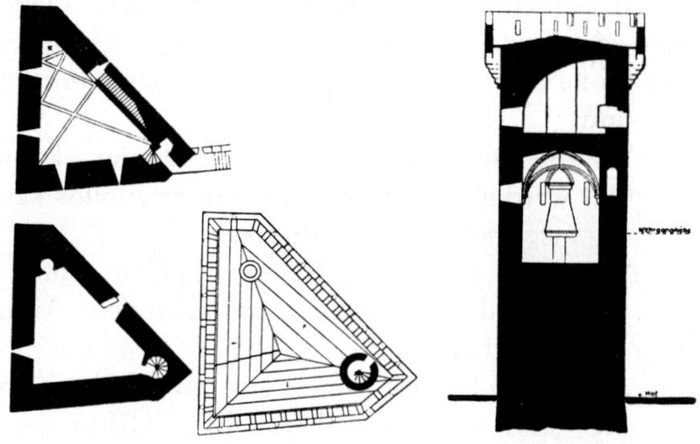

Besonders schön ist der donjon von Falaise[66]). Hoch oben liegen frühromanische Zwillingsfenster zwischen flachen Pfeilervorlagen, Fischgrätenmauerwerk auch hier. Die inneren halbrunden Fensternischenbogen erinnern an Kaiserswerth.

Der spätere donjon von Pouzauges[67]) in der Vendée zeigt vollständig massiv auf=geführte Rundtürme an den Ecken und in der Mitte der Seiten.

Ähnlich wie der von Pouzauges ist der doppelte donjon von Niort[68]) ausgeführt. Hier ist neben einem Hauptdonjon ein zweiter, ähnlicher Bau mit späteren Fenstern gesetzt. Zwischen beiden wurde in gotischer Zeit ein niedrigeres Gebäude errichtet. Vielleicht gibt die Bekrönung einen Begriff, wie wir uns solche oberen Abschlüsse zu denken haben. Zinnenbekrönung und Spitzbogen der Mauerblenden deuten auf die Zeit nach 1200 hin. Auffallend ist die Ähnlichkeit dieser Blenden mit jenen an der Papstburg in Avignon und an der Burg Cruas und am donjon von Gaillard.

Allen gemeinsam ist die Verwendung äußerer Strebepfeiler, die halbrund oder viereckig vorspringend, die hohen Wehrtürme verstärken. Erst der Spätzeit scheint ein donjon (Torturm) zu Druyes[69]) im Département Yonne anzugehören mit viereckigen Strebe=pfeilern, die unten weiter vorspringen als oben.

Ein großartiger donjon steht in Le Grand=Pressigny[70]), 50 km südlich von Tours. Flache breite Strebepfeiler steigen bis zum Fußboden des höchsten Stockwerkes auf. Ein

[66]) V.=le=Duc: a. a. O. Bd. I, S. 379, Bd. III, S. 77, Bd. V, S. 403, Bd. IX, S. 149. — [67]) Hist. d. France Bd. I, S. 94. — [68]) Um 1160 von Heinrich II. Plantagenet erbaut, 1588 von Protestanten er=obert (Favre: Hist. d. l. ville d. Niort); Hist. d. France Bd. I, S. 159. — [69]) Smlg. Ebh. — [70]) Donjon aus dem 12. Jahr., Schloß aus dem 17. Jahrh.

(späterer?) Maschikulikranz umzog oben den quadratischen Bau, den ein dünner Aufbau krönte. Sehr oft sind später schwächere Türme neben dem donjon errichtet.

Die Burg Turenne[71]), 160 km nördlich von Toulouse, hat außer dem mächtigen, auf steilem Felsrand stehenden Hauptdonjon einen zweiten, steinernen Turmstumpf, beide mit viereckigen Strebepfeilern. Außerdem steht am Westende des langen Rückens, der ausgedehnte Ringwallruinen trägt, ein schlanker, etwa 18 m hoher Rundturm.

Larochefoucauld[72]) zeigt einen donjonähnlichen Bergfried des 10. oder 11. Jahrh., der durch Blendbogen verbundene, schwache äußere Strebepfeiler aufweist (Abb. 349).

Spätere donjons

Alle diese mächtigen Wehr= und Wohntürme sind viereckig. Erst später, um 1246, wurde z. B. von Ludwig dem Heiligen als Eckverstärkung der Hafenburg Aigues=Mortes[73]) (Abb. 306) ein durch tiefen Graben von den Stadtmauern getrennter runder donjon angelegt, an der Nordwestecke des viereckigen Mauerbezirks, der 24 m Durchmesser, etwa 30 m Höhe und 6—7 m Mauerstärke hat. Seine alte Bekrönung ist durch Umbau der Plattform zur Aufnahme von Kanonen mit starker, im Viertelkreis abgerundeter Brustwehr mit Geschützscharten versehen, ein Kennzeichen des 16. Jahrh.

Das Innere des Turmes gehört durch Formenschönheit, Großartigkeit und Sorgfalt der Anlage zu den glänzendsten Wehrbauleistungen des 13. Jahrh.

Der Rest der Mauer mit den herrlichen Türmen entstand erst 1267—75.

Der runde ungewöhnliche donjon von Montargis[74]) ist anscheinend der einzige französische Schalenturm mit offenem, innerem Hof (Engländer sprechen von shellkeep). Viollet=le=Duc erwähnt hier merowingische Reste. Sehr eigenartig ist auch der donjon von d'Étampes, im Grundriß ein Vierblatt, wohl schon der Seitenbestreichung halber so gestaltet[75]).

Das großartigste Werk dieser Zeit aber war der riesige runde Turm von Coucy[76]). Der donjon wird später genauer besprochen.

Zu den erwähnenswerten späteren Donjonbauten gehört auch der viereckige, reich durchgebildete Turm Philipps des Schönen in Villeneuve=les=Avignon[77]) (Abb. 312) am Ufer der Rhône, der Papststadt Avignon gegenüber.

Neben dem donjon kommt in Frankreich seltener ein bergfriedartiger Hauptturm vor. So haben die Burgen von Pau[78]) einen viereckigen und Châteaudun[79]) einen 48 m hohen und fast 18 m dicken runden Bergfried. Die Burg Pau besitzt unter fünf Türmen einen viereckigen Ziegelturm von rund 35 m, einen zweiten von 33,50 m Höhe.

Die Burg Brancion[80]) (Abb. 354) weist ebenfalls einen Hauptturm von nicht sehr erheblicher Höhe und ziemlicher Breite auf, den man als Bergfried bezeichnen muß. Eigenartig ist der wohlerhaltene bergfriedartige Turm der Ruine Beaucaire[81]) mit dreieckigem Grundriß und merkwürdigem inneren Gewölbe (Abb. 307).

Haben wir bisher vorzugsweise den ältesten Burgteil, den donjon oder Bergfried, betrachtet, so bedarf es nun eines Überblickes über die Gesamtanordnung der verschiedenen Burgenarten, die sich mit den Erfahrungen fortschreitender Entwicklung herausbildete.

Neben dem donjon umfassen die Burgmauern vor allem die großen Hallen, die Rittersäle, dann Küchenbauten, Kapellen, Stallungen, Tor= und Mauertürme, Brunnen u. a.

[71]) Smlg. Ebh.: Turm stammt aus dem 13. Jahrh. und donjon aus dem 14. Jahrh. — [72]) Siehe unten. — [73]) Siehe unten S. 269 Anm. 93ff. — [74]) Siehe unten. — [75]) V.=le=Duc: Dict. Bd. V, S. 51; zwischen 1150 und 1170 gebaut; v. Cohausen: a. a. O. S. 308. — [76]) Siehe unten S. 265 ff. — [77]) V.=le=Duc: Dict. Bd. IX, S. 161; Smlg. Ebh.: erbaut 1307 durch Philipp d. Schönen. — [78]) Lafollye: Chât. d. Pau S. 101; Encycl. par l'image S. 48—50; erste Bauten 11. Jahrh. 1373—89 donjon umgebaut und 16. Jahrh., Geburtsort Heinrichs IV. — [79]) V.=le=Duc: Arch. milit. S. 91; V.=le=Duc: Dict. Bd. V, S. 311; Encycl. par l'image: S. 40ff.; v. Thibaut Dunois (10. Jahrh.) erbaut, heutige Burg aus der Zeit Jeanne d'Arcs, donjon aus dem 12. Jahrh.; Le Bas: Dict. Bd. V, S. 33. — [80]) Ebh.: Festschr. Handzeichn., Taf. 65. — Bazon: Brancion. — [81]) Siehe S. 277 Anm. 112.

Die Zwinger sind nicht so vielgestaltig wie in Deutschland, auch nicht so dem Gelände angepaßt. Die allen Burgen gemeinsamen Baubestandteile werden aber auch hier durch die mannigfaltigen Bauplätze in verschiedene Grundformen gezwungen.

Auch die französischen Burgen sind einzuteilen in Höhenburgen, Wasserburgen, Kirchen=burgen, Stadtburgen usw.

Die meisten Höhenburgen lagen in Frankreich nicht sehr hoch und wirkten mehr durch die Stärke ihrer Verteidigungswerke als durch die Unbesteigbarkeit ihrer Abhänge.

Selbst in den Pyrenäen finden wir kaum erheblich höhere Lagen, so liegt etwa 400 m über dem Meere Foix (Arriège) und Pau (Pyrenäen) etwa 200 m. Im allgemeinen ist die Lage der französischen wie der englischen Burgen daher angreifbarer; das zwang die Burgbesitzer zu stärkeren, massigeren Wehrbauten wie die anderer Länder (Tafel 48).

Hoch thronen nur wenige, wie Crussol und Rochemaure, auf steilstem Rhôneuferfelsen. Am höchsten aber haben südfranzösische Ritter der Albigenser Zeit die Burg Montségur in den Südpyrenäen erbaut, die erst 1244 nach furchtbaren Kämpfen zerstört wurde[82]).

Höchst entwickelte Gewaltbauten

Betrachten wir einige der wichtigsten Vesten näher. Waren in Deutschland die mehr=teiligen Burgen meist Sitze verschiedener Familien, also Ganerbenburgen, so scheint in Frankreich diese Art der Besitzteilung bzw. Gemeinschaftsbewirtschaftung nicht be=standen zu haben. Jedenfalls hat z. B. die dreiteilige Burg Chinon[83]) (Abb. 24) in der Touraine immer nur einem mächtigen Besitzer gehört. Ihre Form weicht von der in Frankreich üblichen ab.

Im 10. Jahrh. war Chinon Besitz der Grafen von Anjou und Blois. Eine Urkunde vom Jahre 1009 erwähnt eine St. Melaine=Kapelle auf der Burg[84]).

In Chinon war es, wo Heinrich II. seine verbitterten letzten Tage zubrachte. Besiegt von Richard Löwenherz, der im Bunde mit dem König von Frankreich den eigenen Vater bekämpfte, hatte er, tief verletzt und gedemütigt, für seine Söhne auf dem Sterbebette nur einen Fluch. Verlassen hauchte er am 3. Juli 1189 am Altar der Schloßkirche seinen letzten Seufzer aus[85]).

Kaum tot, raubte die Dienerschaft der Leiche Schmuck und Gewand, und erst auf die Kunde, daß Richard Löwenherz, von Reue erfaßt, herbeieilte, dachte man an Beisetzung.

1205 fiel Chinon nach einjähriger Belagerung dem König von Frankreich in die Hände[86]), und umsonst erneuerten die Engländer noch im 14. Jahrh. ihre Angriffe[87]).

Hier fand im Jahre 1429 das berühmte Erkennen des König Karl VII. durch die Jungfrau von Orleans statt. Richelieu ließ 1629 vieles zerstören, 1699 erfolgte der Abbruch des großen Saales[88]), aber noch bis zur Revolution hatte die Krone das Recht, Besatzung in die Veste zu legen (Tafel XII).

Die Burg steht auf der Stelle römischer Befestigungen, auf dem etwa 75 m hohen Rücken zwischen dem Tale der Vienne und einem gleichlaufenden Seitental über der alten Stadt Chinon. Zwei Quergräben teilen den Rücken in drei auch gegeneinander befestigte Abschnitte.

Der östlichste Teil wurde eingenommen von einem Waffenplatz und der St.=Georgs=Kirche. Dieser vorburgartige Abschnitt, von Heinrich II. erbaut, diente zur Unterkunft größerer Besatzung; an seinem Ostende erhob sich die Kirche. Ringwall= und Mauerreste zeigen noch die ehemalige Grundform an.

[82]) Vgl. Abschn. „Burgenarten". — [83]) Encycl. par l'image S. 9—11; römischer Lagerplatz. Mittel=schloß 11. Jahrh., heutige Form aus 15. Jahrh., häufige Königsresidenz; Smlg. Ebh.; Cougny: Chinon et ses monum.; Debraye: En Touraine S. 140ff.; Le Bas: a. a. O. Bd. V, S. 130; Hist. d. France ill. Bd. I, S. 240. — [84]) Cougny: a. a. O. S. 11. — [85]) Cougny: a. a. O. S. 19. — [86]) Am Tage des hl. Johannes, dem 24. Juni, vgl. Cougny: a. a. O. S. 25; französischer König war Philipp=August, der Chinon weiter ausbaute, befestigte und es zu seinem Hauptstützpunkt in der Touraine machte. Ebenda S. 26. — [87]) Cougny: a. a. O. S. 28f. — [88]) Ebenda S. 84/85.

CHINON 11·IV·05
TORTURM
VON OSTEN.

Tafel XII Burg Chinon, Frankreich

Hinter dem etwa 20 m breiten, sehr tiefen Teilungsgraben erhebt sich ostwärts eine feste schildmauerartige Toranlage. Der Bau, der etwa ein Viertel der Breite des Höhenzuges einnimmt, birgt das Haupttor. Seine Tiefe beträgt 5 m, die Breite 14,5 m.

Das Tor, seit dem 18. Jahrh. Uhrturm genannt, wird über eine heute feste, früher bewegliche Brücke erreicht. Der Schlitz eines eisernen Fallgatters ist erhalten. Der fünfstöckige Quaderbau wurde in seinen oberen Teilen (besonders der Maschikulikranz) im 14. oder 15. Jahrh. vollendet. Seitlich schlossen sich die etwa 10 m hohen Mantelmauern mit gegen den Graben gerichteten, innen in tiefen rundbogigen Nischen angeordneten Scharten an.

Der zweite Abschnitt selbst wird erst durch einen langen Torzwinger und ein zweites Tor erreicht. Er umfaßt ein Gelände von etwa 180 m Länge und 80 m Breite. Fünf zur Seitenbestreichung bestimmte Mauertürme der nördlichen und fünf Reste von solchen an der südlichen Seite der Umfassungsmauern sind meist nur bis Hofhöhe erhalten. Sie werden dem 12. und 13. Jahrh. zugeschrieben. Innere Hochbauten sind nur in geringen Resten übrig. Die mächstigsten Türme liegen an der wenig sturmfreien Nordseite, die Hauptwohnbauten auch aus gesundheitlichen Gründen, wie üblich, an der sicheren Südseite über Stadt und Fluß (Abb. 24).

Der stärkste, nördliche Turm war der noch dreistöckige, außen halbrunde „Hundeturm". Je vier bis 4 m lange Scharten sind in jedem Geschoß angeordnet. Das 2,30 m starke, durch fünf bandartige Streifen geteilte Mauerwerk darf dem 13. Jahrh. zugewiesen werden.

Nahe diesem Turm sind Wehrgangreste 3 m über innerem Gelände erhalten.

An der Nordwestecke der Nordmauern steht der Argentorturm — ein außen halbrund, innen gerade geschlossener dreistöckiger Quaderbau mit jüngeren Scharten in den 4 m starken Mauern — bekrönt von Maschikulikragsteinen des 14. Jahrh. Die Verbindungstreppen liegen in den Mauerstärken.

Über die sehr zerstörten, etwa 65 m langen und 12 m tiefen Wohnbauten gibt der Lageplan (Abb. 24) Aufschluß. In der Südmauer ist noch der mächtige Rest eines (älteren?) donjons (?) bemerkenswert, der jetzt als breiter Mauerturm wirkt.

Ein zweiter Graben von 20 m Breite, über den eine steinerne, ehemals gleichfalls aufziehbare Brücke führt, trennt den letzten Teil, Château du Coudray genannt, ab. An seiner Südostecke steht der vieleckige Turm de Boissy aus dem 13. Jahrh. Rechts der Brücke, in der Mitte der Angriffsseite, erhebt sich wie in Coucy der runde, vier Stock hohe und 12 m starke donjon von der Grabenschale bis über das innere Gelände.

Der Boissyturm erhielt an Stelle eines höchsten Geschosses falsche Zinnen. Seine alten Scharten sind, wohlüberlegt wie in den anderen Türmen, zur Seitenbestreichung verteilt. Ihm fiel die wichtige Verteidigung der südöstlichen Grabenecke zu.

Der weit vorgeschobene Mühlenturm an der Südwestecke der Gesamtburg ist durch Außenwerke geschützt. Innen fallen eigentümlich schwerfällige Gewölbe auf. Vier weitere Halbtürme verstärken die West- und Ostseite. Alle dürften dem 12. Jahrh. angehören.

Die sämtlichen Bauteile waren mit scharfsinnig erdachten Treppen in Türmchen oder Mauerstärken mit Ausfallpforten und Wehrgängen, Zugbrücken (auch in den Wehrgängen) versehen. Unterirdische Gänge sind heute noch erhalten, und die Einzelausbildungen an Toren, Türen, Scharten usw. entsprachen der Sorgfalt, die einer der wichtigsten Königsburgen des Landes würdig war.

Ein berühmtes Beispiel einer Burg aus der Blütezeit des französischen Wehrbaues war Coucy le Château[89]) (Tafel XIII). Genaue Erbauungszeit ist unbestimmt[90]).

[89]) V.-le-Duc: Dict. Bd. I, S. 370, 383, Bd. IX, S. 81, Bd. IV, S. 264, 145ff., Bd. V, S. 35ff., 75; V.-le-Duc: Descript. d. Chât. d. Coucy; Encycl. par l'image S. 178; Colin: Chât. d. Coucy S. 245; Köhler: a. a. O. Bd. III, I S. 440, 470ff.; Ebh.: Krieg u. Bauk.; Schuchhardt: a. a. O. S. 205f. —
[90]) Wahrscheinlich sehr früh. Siehe Colin: a. a. O. S. 5ff.; 486 Chlodwig, 10. Jahrh. an Reims.

Der Aufgang führt durch das Städtchen. Da mehrere wichtige Straßen teils am Berge vorbei, teils durch die Stadt hindurchführen, war die Burg, die die äußerste Spitze des Berges einnimmt, bestimmt, die Umgebung in weitem Umfange zu beherrschen.

Ihre Erbauer haben die strategische Bedeutung der Lage richtig erkannt. Auch im Weltkriege hat die alte, so oft von Kriegslärm umbrandete Burg schwere Tage durchgemacht.

Burg und Stadt Coucy bilden einen einheitlichen Wehrbau. Die Bergnase, die aus einer Hochebene in viel geschweifter Form zwischen drei Tälern weit vorspringt, ist durch zwei künstliche Gräben abgeschnürt. Dazwischen liegt die Stadt und auf der letzten Spitze die Burg. Ein dritter Graben teilte deren gewaltigen Umfang in Vorburg und Kernburg.

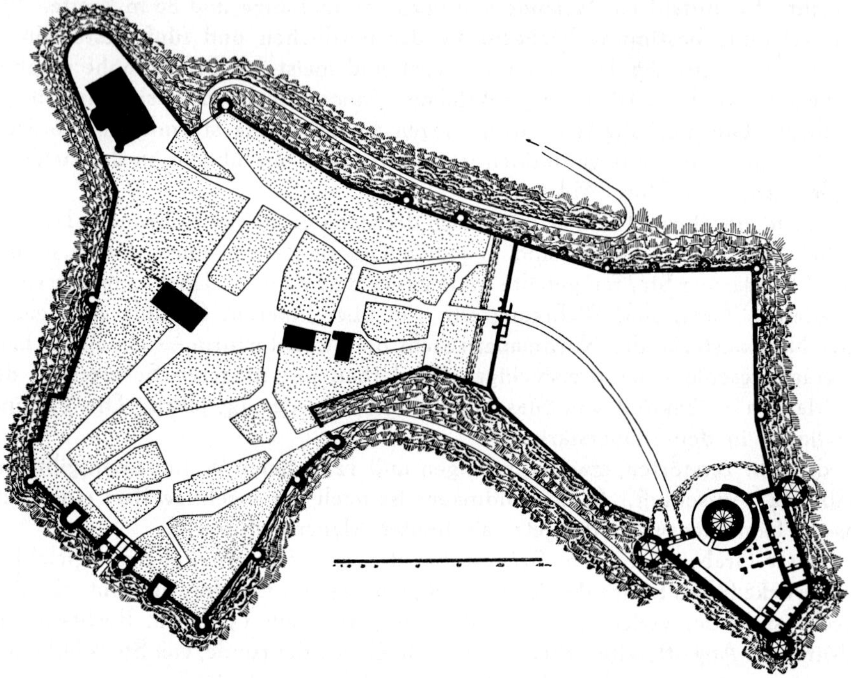

Abb. 308. Bg. Coucy, Lgpl. v. Stadt u. Bg. 1:5000, 1915 aufgen. v. B. E.

Starke Ringmauern, durch gleichmäßige dreiviertelrunde Quadertürme verstärkt, umgeben Stadt und Vorburg. Der geschwungenen Berglinie folgend, bieten sie schönste, malerischste Bilder. Alle waren bis 1918 bis zur Wehrganghöhe wohl erhalten und in ihrer Kraft und schlichten Größe ein Beispiel der echten, ritterlich-germanischen Kraftentfaltung eines fränkischen Herrschergeschlechtes.

Gegen die Hochebene hin ist die Stadtmauer mitten hinter dem Halsgraben verstärkt durch das Laoner Tor, bestehend aus zwei gewaltigen Rundtürmen, einem viereckigen inneren Wehr- und Wohnbau und zwei fast gleich starken nahe dabei errichteten Türmen.

Es ist alles riesenhaft an Coucys Bauten.

Durch drei Stadttore führen drei große Straßen. Über den inneren Halsgraben zwischen Stadt und Burg führte eine Zugbrücke, jetzt ein Damm zum zerstörten Haupttor der Vorburg.

Als letzte Spuren von zwei mächtigen Rundtürmen sehen wir an der Vorburgmauer die Ansätze der inneren Gewölbekuppeln und ihrer zerstörten Rippen.

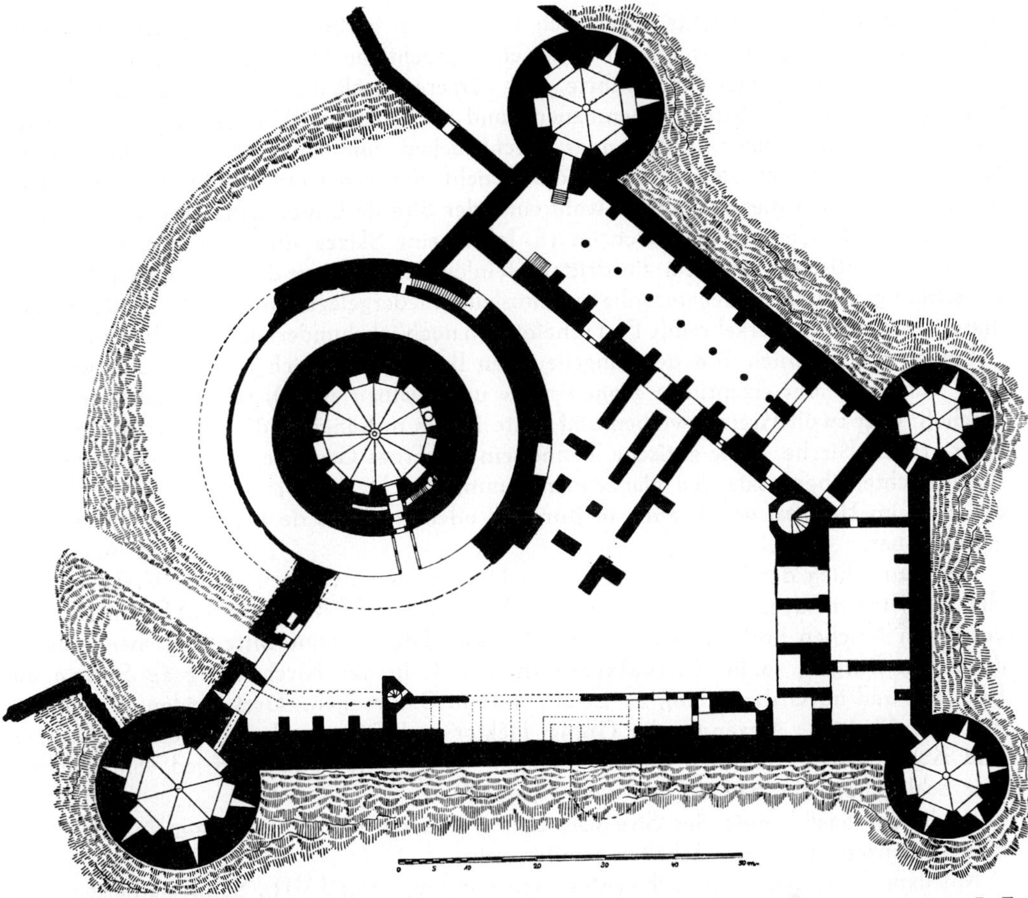

Abb. 309. Höhenbg. Coucy, Frkr., größter franz. donjon, Grdr. Erdgesch. 1:1000. 1915 aufgen. v. B. E.

Wüst ist auch der Einblick in das feste, schön und hochgewölbte Torhaus rechts hinter dem Eingang. Nur zwei markige gotische Spitzbogen sind von dem alten Torgewölbe geblieben.

In der Vorburg liegen einst ausgegrabene Grundmauerreste einer sehr alten Kirche, drei halbrund geschlossene Chorreste gegen den Mittelweg gekehrt. Hinter abermaliger mächtiger Grabenwehr folgt dann der größte aller französischen donjons.

Seine Lage ist sorgfältig überlegt. Hinter dem dritten Graben der Vor= und Kernburg erhob sich ein Mauerzylinder, in dem in einem vierten Graben erst der Bergfried steht. Abb. 308 gibt die Anordnung. Viollet=le=Duc hat seinen Grundriß von Du Cerceau übernommen, der 1576 Ansichten und Grundrisse des Erdgeschosses und ersten Stockes veröffentlichte. Meine Messungen haben einige Abweichungen ergeben. Sie zeigen die Kern=burg als ein unregelmäßiges Viereck (Abb. 309). Gegen die Vorburg gerichtet, steht der runde Bergfried in der Schildmauer (60 m hoch von der Grabensohle, 30 m Durchmesser, 7 m Mauerstärke). Die vier Burgecken sind durch gewaltige Rundtürme verstärkt. Alle Abbildungen geben einen schwachen Begriff von der Wucht dieser Bauten. Gegen Norden des inneren Burghofes lehnen sich zwischen drei Ecktürmen die großartigen Wohn= und Saalbauten an die Außenmauern. Tritt man durch das einzige Tor rechts zu Füßen des Bergfriedes ein, so gelangt man erst durch eine lange, bis auf geringe Spuren verschwundene

Torhalle in den Hof. Rechts zogen sich Bauten von geringer Tiefe an der gewaltigen Ostmauer hin, geradeaus erhob sich hinter einer prächtigen Plattform, zu der eine Staatstreppe wie in Montargis hinaufführte, ein kürzerer Saalbau, der Saal der Heldinnen (salle des Preuses)[91]. Seine Außenmauer stand noch bis zur Wehrgangshöhe, von zwei Reihen gotischer Fenster übereinander durchbrochen, und noch lassen die ringsum erhaltenen Mauern des Erdgeschosses die Wucht der schweren Wölbungen erkennen. Auf dem Altan vor diesem Bau hat wohl einst der Sire de Coucy seine großen Lehnstage abgehalten. Du Cerceau gibt noch im 16. Jahrh. eine Skizze eines von zwei Löwen getragenen Steintisches, auf dem ein dritter Steinlöwe thronte, zu dessen Füßen jedes Jahr die schuldigen Abgaben der unzähligen Lehnsleute niedergelegt wurden. Das Andenken an dieses alljährlich wiederkehrende Fest scheint sich noch jahrhundertelang erhalten zu haben.

Links, d. h. westlich von dem angedeuteten Bau, schließt sich — abermals zwischen zwei Türmen — der eigentliche große Prunk- und Saalbau an. Dieser lag über dem Erdgeschoß, über zwölf Kreuzgewölben und hatte bei 45 m Länge und 14 m Breite die Höhe einer großen Kirche. Eine gotische Tonne, ein hölzernes Gewölbe, das in den Dachstuhl hineinreichte, überdeckte den glänzenden Raum, eine Decke, wie sie sich in Frankreich oft, z. B. im Hospital von Beaune in Burgund oder im Palais de Justice in Poitiers noch erhalten hat.

Der Raum hieß der Saal der neun guten Helden, deren Statuen als die Verkörperung aller ritterlichen Tugenden in reich mit gotischem steinernem Maßwerk und Fialenschmuck verzierten Nischen hoch an den Pfeilern standen. Diese schöne Sitte trifft man auch in deutschen Burgen, so in Runkelstein in Tirol, in der Kirchenburg zu Sitten im Rhonetal und im Ordensschloß zu Lochstedt in Ostpreußen. Drei Heiden, drei Juden und drei Christen: Alexander der Große, Hektor und Cäsar — Josua, Judas Makkabäus und König David — endlich Karl der Große, König Arthus und Gottfried von Bouillon. Der Saal gehört der Bauzeit von 1225—30 an[92].

In diesem Saal konnte der Sire von Coucy tausend Vasallen versammeln, hier mag manch glänzender Hoftag gehalten worden sein.

Mit dem Erlöschen des Geschlechtes 1396 mit Enguerrand VII., Sohn Katharinas von Österreich, verblaßte auch die Pracht der Hofhaltung in der Burg zu Coucy. Seine Tochter Maria verkaufte 1400 die Herrschaft Coucy dem Herzog von Orleans. Nach dessen Ermordung 1407 wurde 1411 die Burg Coucy von den Burgundern belagert und erobert, wieder abgetreten und wieder erobert; 1423 haben auch die Engländer den Platz besetzt. Burg und Stadt Coucy kamen später an die Krone Frankreichs und blieben bei ihr bis zur Zerstörung 1652 in den Kriegen der Fronde. Nur gewaltige Mauerreste zeugen noch von der Größe des Hauses Coucy, das stolz verschmähen durfte, mehr als Sire de Coucy zu sein.

Zu den Wohnbauten waren die Innenräume der mächtigen Ecktürme hinzugezogen. Die Mauern derselben sind in drei Stockwerken durch große spitzbogige Nischen über dem Verließgeschoß gegliedert, die zu den bis 5 m langen Bogenscharten überleiten. Um diese Scharten außen abwechselnd verteilen zu können, sind innen immer die Pfeiler des oberen Geschosses auf die Bogenmitte des unteren gestellt. Die ehemals in jedem Geschoß vorhandenen Kuppelgewölbe sind in allen Türmen bis auf wenige erhaltene Räume eingestürzt.

In den Hof hineingebaut war eine neuere Burgkirche. Nach den Fundamenten ist der Grundriß klar. Nach den Resten der Säulenköpfe, Sockelrippen und Schlußsteine ist eine große frühgotische Anlage anzunehmen.

---

[91]) Hist. d. France ill. Bd. I, S. 156. Heldensaal Ende des 14. Jahrh. erbaut. — [92]) Hier sei auf die künstlerische und wehrbauliche Verwandtschaft der Burg Bothwell in Schottland mit Coucy und die Blutsverwandtschaft des Bauherrn mit dem Erbauer von Burg Coucy hingewiesen.

Coucy le Chateau
16. IV. 1915.
BodoEbhardt

Tafel XIII Burg Coucy, Frankreich

Der Umfang entspricht anderen Abmessungen der Burg (Länge 26 m, Breite 13 m). Eine große Burgküche lag in der Nähe, auch ihre Reste zeigen denselben großen Maßstab. Der Bergfried ist an Größe und Schönheit des Baugedankens und Klarheit der Ausführung das Gewaltigste, was man sich vorstellen kann. Außen schlicht in seiner Riesenmasse, ein mächtiger Quaderzylinder ohne Gliederung bis zum Wehrgang über seiner Plattform, wirkt der Turm doch künstlerisch befriedigend.

Auf vierfach vorgestreckten Kragsteinen lag ehemals der Wehrgang. Unbegreiflicherweise ist darüber noch der Steinzylinder fortgeführt. Der Zweck war offenbar schon Viollet-le-Duc nicht klar. Seine Wiederherstellungsskizze ist verwickelt und unwahrscheinlich.

Der Umgang oben auf der Mauerstärke hat noch Besonderheiten. Auf dem Turmzylinder mit seinen 7 m dicken Mauern steht, außen glatt hochsteigend, ein Mauerring von 3,50 m Stärke, durchbrochen von zwanzig riesigen, eigentümlich unecht wirkenden gotischen Öffnungen. Diese Durchlasse, ebenso wie die paar hundert Stufen der Wendeltreppen und das Deckgesims dieses letzten und höchsten Mauerringes, alles ist riesig.

Das Innere des Turmes — drei hohe Gewölbekuppeln — wurde 1652 durch den Ingenieur Ludwigs XIV., Métezeau, in die Luft gesprengt. Auf oder über Kämpferhöhe führt im zweiten und dritten Stock ein breiter und freier Umgang in der 7 m starken Mauer um den mittleren Raum. Jetzt sind alle Gewölbe gesprengt.

Derselben Schule gehört der starke Rundturm der Hafenstadt Aigues-Mortes[93]) (Abb. 306) an der Rhônemündung an, deren gewaltige Ringmauern die kleinen Wohnhäuser fast völlig verdecken. Die Befestigungen bilden ein unregelmäßiges Viereck, an dessen einer Ecke sich der runde Hauptdonjon als Kernbefestigung des Platzes erhebt. Die Stadt liegt innerhalb der alten Mauern, zwischen Flußarmen und Buchten, die ihren Namen, tote Wasser, mit Recht führen. Unendlich melancholisch wirkt es, wenn es Abend wird und der Fuß der düsteren alten Mauern von den flachen stillen Fluten nur noch undeutlich widergespiegelt wird[94]). Ludwig der Heilige errichtete diesen Wehrbau als Stützpunkt seiner Verbindung zwischen Palästina und Frankreich[95]). 1247 versammelten sich hier 60000 Kreuzfahrer, die von einer Flotte von 100 Schiffen aufgenommen wurden.

Philipp der Kühne, Ludwigs des Heiligen Sohn, baute bis 1270 an der Stadtmauer weiter.

Ein weltgeschichtliches Ereignis spielte sich in diesem heute fast vergessenen Orte ab, das Zusammentreffen Karls V. mit Franz I. im Jahre 1537.

Traurige Berühmtheit verdankt Aigues-Mortes seiner Benutzung als Gefängnis der Hugenotten, von denen manche hier Jahrzehnte in Kerkerhaft zubrachten.

Abb. 310 gibt einen Blick auf die kleine Stadtanlage, die wegen der glänzend ausgebildeten Seitenbestreichungswerke besondere Aufmerksamkeit verdient. In kurzen Abständen ist die Ringmauer unterbrochen von Türmen oder Torbauten, jeder einzelne eine Festung für sich. Sie ragen über dem breiten Wehrgang der Ringmauer empor, mit starken Zinnen bekrönt. Ihr Grundriß ist vielgestaltig. Innen, gegen die Stadt zu, zeigen sie glatte Rückseiten ohne Erker und Türmchen, während außen mehrfach das bewegte Motiv eines Tores zwischen zwei Türmen wiederkehrt. Die Tortürme mit Gußerkern und Ecktürmen sind kaum kleiner als eine kleine Burg.

An den Hauptecken der ganzen Stadt stehen mächtige Rundtürme mit senkrechten Scharten bis zu 4 m, ja bis zu 6 m Länge. Weder die Zinnen der Türme noch der Stadt-

[93]) Staatsbibliothek Berlin, Übers.-Plan v. 1680, nur Mauern (X 2003/2° Bl. 18); V.-le-Duc: Arch. milit. S. 106—114; V.-le-Duc: Dict. Bd. I, S. 13 u. 378, Bd. IX, S. 101, 184; Köhler: Entw. d. Kriegsw. Bd. III, I S. 446ff.; Hist. d'Aigues Mortes; Pietro: Hist. d'Aigues Mortes; Cohausen: a. a. O. S. 307. — [94]) Der donjon, Turm Ludwigs des Heiligen, auch „Tour de Constance“ genannt, ist oben S. 263 beschrieben. — [95]) Pagezy: Mém. sur le Port d'Aiguesmortes S. 94, 111ff.

Abb. 310. Hafenbg. Aigues Mortes, a. d. Rhônemündg., Frkr., Stadtm. am Meer, Türme z. Seitenbestr. B. E. 1905.

mauer sind auf Bogenfriesen oder Kragsteinen vorgekragt. Überall erhebt sich das Mauerwerk in älterer Form senkrecht vom Fuß der Mauern bis zur Spitze der Zinnen.

Verbunden sind Stadt und Wehrgänge durch großartige Freitreppen, die eine Verteidigung gegen innen unmöglich machten, da sie nicht, wie in Deutschland üblich, schnell entfernt werden konnten[96]). Nur die hohe Wichtigkeit dieses Platzes als Stützpunkt und Sicherung des einzigen, dem Könige eigenen Landungsplatzes am Mittelmeer kann den ungeheuren Aufwand und die Sorgfalt der Durchbildung dieser Wehrbauten erklären.

Durch gewaltige Befestigungswerke zeichnet sich auch die alte Bischofsstadt Carcassonne[97]) aus. Sie besitzt einen doppelten Befestigungsgürtel mit etwa 50 Rundtürmen und einer Burg. Die Anlagen wurden bereits im 5. Jahrh. von den Westgoten, die bis 713 Herren der Stadt waren, begonnen, 1239 kam Carcassonne an Frankreich, später mehrfach belagert, unter anderem 1355 vom schwarzen Prinzen. Von 1850—79 wurden die Befestigungswerke von Violett=le=Duc im Auftrage Napoleons III. und der französischen Regierung wiederhergestellt. Die Anlage ist durch seine Veröffentlichung so bekannt, daß ich mich hier auf eine Andeutung beschränken kann.

Jahrhunderte trennen uns von jenen Kämpfen, in denen alle diese gewaltigen Mauern ihre Aufgaben erfüllten, aber lebendig reden sie noch zu dem, der ihre Sprache versteht. Die sturmbewegte Vergangenheit eines leidenschaftlichen Volkes spricht aus allem.

Wer sie an Ort und Stelle besucht, wird begeistert ihre Kraft und Schönheit tief empfinden und erschüttert werden von den düsteren Gefängnissen eines Lodovico il Moro in Loches, eines Rienzi im düsteren Papstpalast von Avignon und wiederum künstlerisch beglückt durch Schönheit der Bauten einer Burg Coucy oder der Burg des guten Königs Réné in Tarascon.

Mit Coucy und den ähnlichen französischen Riesenburgen des hohen Adels schließt eine Bauspanne ab. Die Kreuzzüge hatten das Rittertum geschwächt und die Königsmacht gestärkt. Das spricht sich auch aus in den Burgenbauten von etwa 1300 ab.

---

[96]) Gleiche Treppen finden wir in Carcassonne, Tarascon und auch in Villeneuve=les=Avignon. — [97]) Köhler: a. a. O. Bd. III, I S. 446; V.=le=Duc: Dict. Bd. II, S. 206, Bd. I, S. 331, 355, Bd. IV, S. 376, Bd. V, S. 116 u. 401, Bd. VII, S. 317 u. 369, Bd. IX, S. 126; V.=le=Duc: La Cité d. Carcassonne; Poux: La Cité d. Carcassonne; Cohausen: a. a. O. S. 306.

Baugean del. et sculp.

Abb. 311. Turm Phil. d. Schönen b. Villeneuve=les=Avignon am Rhôneüberg. als Brückenkopf für Avignon errichtet, Stich v. Baugean um 1800.

Schon 1307 finden wir einen großen königlichen Wehrbau von besonderer politischer Bedeutung: die Burg St. André über Villeneuve=les=Avignon und daneben den „Turm Philipps des Schönen", der mit der Burg zusammenhing und den der König dem Papstpalast von Avignon und dem Rhôneübergang als Aufsicht und Brückenkopf gegenüberstellte[98]) (Abb. 313).

Der Turm mißt 13 × 15 m bei einer Höhe von 37 m. Seine Durchbildung und die Sorgfalt des glatten Quaderbaues zeugen für große Erfahrung und Zielsicherheit des Erbauers. Nur ein kleiner Eingang am Fuße des Turmes ist vorhanden, verteidigt durch einen Gußschacht und Gußerker, die Treppe führt von dort durch alle gewölbten Stockwerke bis zur Plattform. Ein höher geführter viereckiger Wartturm birgt ein Zimmerchen für den Ausguck (Abb. 312).

Die Außenwerke, noch auf Steindrucken des 19. Jahrh. dargestellt, wurden abgebrochen.

Die Burg St. André selbst bildet ein unregelmäßiges Fünfeck, dessen einer flacher Knickpunkt durch das schwere Doppelturmtor betont wird, dessen beide Rundtürme gewölbte Stockwerke umfassen, von je einer Wendeltreppe aus zugänglich (Abb. 313). Ein weiter, sehr starker Mauerring mit Wehrgängen umfaßt den ansteigenden Burghof, links vom Haupttor durch einen mächtigen Rundturm an der Ecke verstärkt. Eine viel ältere romanische Kapelle steht auf der höchsten Höhe. Gotische Türme und Fenster beweisen die spätere Bauzeit der eigentlichen Burg.

Wenig später entstand die Burg Curton[99]) (1320—25), deren wichtigster Teil der viereckige, 33 m hohe, fünfstöckige donjon mit sporenartigen Eckausbauten innerhalb von doppelten Ringgräben besonderes eigenartig gestaltet ist.

[98]) V.=le=Duc: Dict. Bd. IX, S. 161. — [99]) V.=le=Duc: Dict. Bd. IX, S. 147.

Auch die Burg Dinan, Côtes du Nord, entstammt dem 14. Jahrh.[100]), die Bastille von 1369, La Ferté=Milon mit vier großen Türmen neben dem viereckigen donjon von 1392 (im reichsten gotischen Schmuck), zugleich mit Vées, Béthisy, Mont=Epilloy und Crespy, alle letzteren durch den Herzog von Orleans[101]).

Und damit kommt für den französischen Burgenbau eine hohe künstlerische Blütezeit, der auch die große regelmäßige Anlage von Vincennes angehört, die freilich erst von Karl V. vollendet wurde.

Vincennes[102]) (Abb. 314) gehört dem 14. Jahrh. an, 1337 von König Philipp mit Errichtung des 52 m hohen donjon begonnen und unter Karl V. 1364—80 durch das 375 m lange und 175 m breite Mauerviereck vollendet. Die großartige Anlage darf als letzte Entwicklungsform des mittelalterlichen Burgenbaues betrachtet werden, die alle Mittel der Angriffs= und Verteidigungsweisen durch Seitenbestreichung und Abwurf von oben nach unten sowie Schuß mit Bogen und Armbrust und den ersten Pulverrohren berücksichtigte. Mit dem Ende der gotischen Bauweise fällt die schnelle Entwicklung der Pulvergeschütze zusammen. Ihrem waagerechten Angriff zu widerstehen, wurden andere Bollwerke nötig, wie solche ein Albrecht Dürer in seiner Lehre vom neuen Befestigungswesen durchdacht und dargestellt hat. Noch 1465 fand Ludwig XI. in Vincennes elf Monate sichere Zuflucht vor den Angriffen der Verbündeten der Herzöge von Berry und der Bretagne und anderer aufständischer Großer. Später diente die Burg nur noch als sicherer Wohnsitz oder Lustschloß französischer Könige.

Ein wertvolles Beispiel einer späten Anlage in der zweiten Hälfte des 14. Jahrh., unter Nutzung älterer Reste entstanden und im Maßstab wie in künstlerischer Vollendung Zeugnis großartiger Baugesinnung, ist die Burg des Königs, früher der Grafen von Poitou in Poitiers, heute Palais de Justice[103]).

Dort bestanden zwei Burgen. Eine Stadtburg war in der Nordwestecke der Stadt an einer schwachen Stelle der Ringmauer 1244—57 am Einfluß des Boivre in den Clain errichtet und später vom Herzog von Berry erneuert. Sie ist im Bilde in den berühmten Miniaturen der „Grandes Heures" erhalten. Offenbar eine Wasserburg, dreieckig, mit hohen Mantelmauern und drei runden Ecktürmen, von der auch Braun & Hogenberg in Bd. I, Tafel 9 eine deutliche Abbildung gibt.

Der Bau ist völlig verschwunden, in Nachrichten aber oft mit dem Palais Royal (heute Palais de Justice) verwechselt. Diese königliche Burg liegt auf dem höchsten Punkt der Stadt nahe der gallo=römischen Ringmauer, offenbar auf uralter Gerichts= und Machtstätte.

Darauf deutet der alte Name „Maubergeon" (Mallobergium) einer merowingischen Gerichtsstätte hin, ebenso das kleinsteinige Mauerwerk eines alten Turmes, auf dessen Grundmauern der Herzog von Berry seinen donjon des 14. Jahrh. baute. Die ältere riesige Halle, die schief zum donjon steht, hat allein noch ihre ursprüngliche Ausstattung des Endes des 12. Jahrh. bewahrt[104]).

Der Künstler ließ den langen Saalwänden ihre alte Gestalt, verlieh dagegen der südlichen Kaminwand einen unvergleichlich reich und schön gegliederten inneren Ausbau.

Neben diesem prachtvollen alten Beispiel einer königlichen Halle steht seit dem 14. Jahrh. der donjon des Herzogs, beide heute eingeschlossen von neueren Bauten. Die Zerstörung durch die Engländer 1346 und das Bedürfnis nach Wohnlichkeit, Pracht und Festigkeit eines königlichen Sitzes des ausgehenden 14. Jahrh. gaben dem Herzog von Berry Ver=

---

[100]) Le Bas: a. a. O. Bd. VI, S. 561. — [101]) V.=le=Duc: Dict. Bd. VIII, S. 272; für Mont=Epilloy siehe ebenda Bd. III, S. 131; ausführliche Angaben und Pläne siehe V.=le=Duc. — [102]) V.=le=Duc: Dict. Bd. I, S. 152, 380, 393, Bd. III, S. 464, Bd. V, S. 84, 550, Bd. VI, S. 449, Bd. IX, S. 106, 261, 269; Köhler: a. a. O. Bd. III, I S. 500; Merian: Topogr. Galliae, letzte Tafel S. 372; Fossa: Chât. hist. d. Vincennes. — [103]) Braun & Hogenberg: Bd. V, Taf. 18, dieser Stich zeigt keine Burg; Magne: Palais d. Justice d. Poitiers. — [104]) Ebenda S. 2.

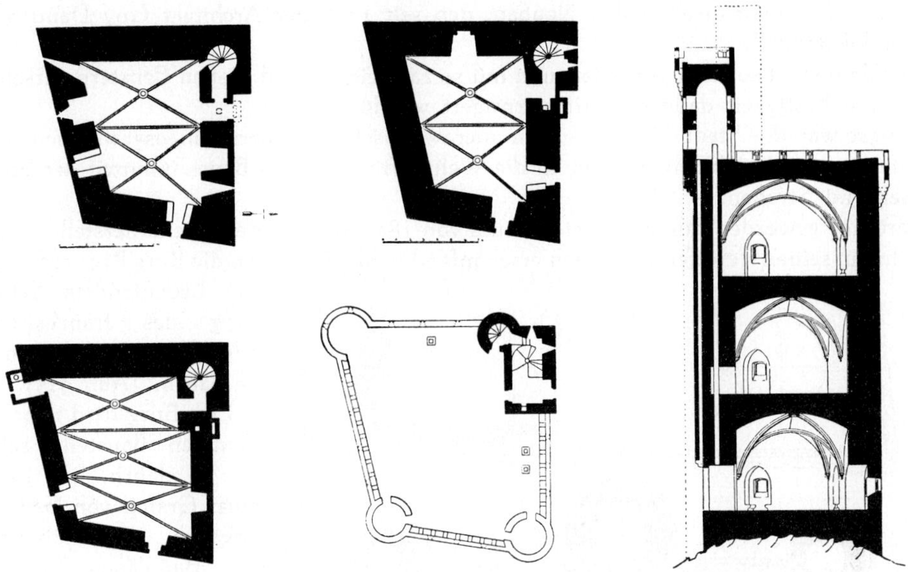

Abb. 312. Turm Phil. d. Schönen, Grdr. 3 Stockw., Zinnengesch. u. Schn. 1:500. B. E.

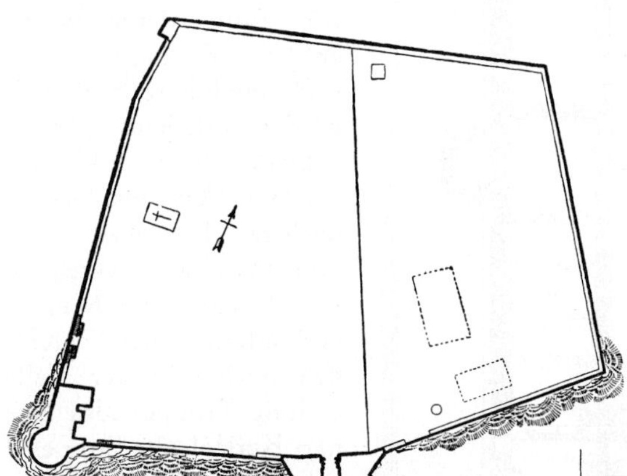

Abb. 313. Burg St. André über Villeneuve=les=Avignon, Lagesk. etwa 1:2000. B. E.

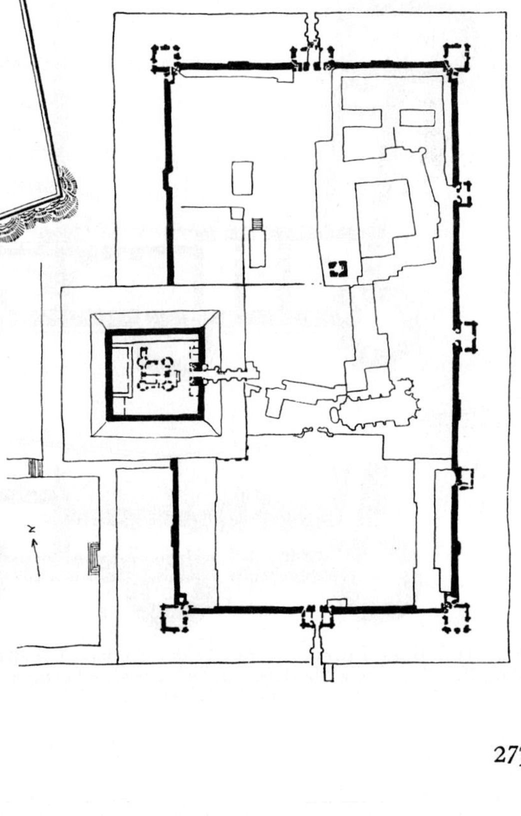

Abb. 314. Ehem. Wasserbg. zu Vincennes, Frkr., um 1364, donjon v. 1337, festes Lager, vorzügl. Seitenbestr., Lgpl. 1:2000, Grdr. donjon 1:1000. B. E. nach Fossa.

anlassung zu einem prunkvollen Neubau, den seit 1388 der Architekt Guy Dammartin († 1398) leitete[105]).

Der donjon ist so reich gegliedert und mit so zahlreichen und großen Fenstern versehen, daß seine Festigkeit dadurch stark verringert wurde.

Längst war die Stadt über die alten merowingischen Mauern hinausgewachsen, man dachte also wohl nicht mehr allein an die Wehrhaftigkeit eines Baues inmitten der Stadthäuser und Straßen.

Berühmt geworden durch Viollet-le-Ducs von 1857 ab erfolgter Wiederherstellung und von ihm in seinen Veröffentlichungen erschöpfend behandelt[106]) ist die Burg Pierrefonds, die bedeutendste Schöpfung des französischen Wehrbaues im 14. bzw. 15. Jahrh. (Abb. 315).

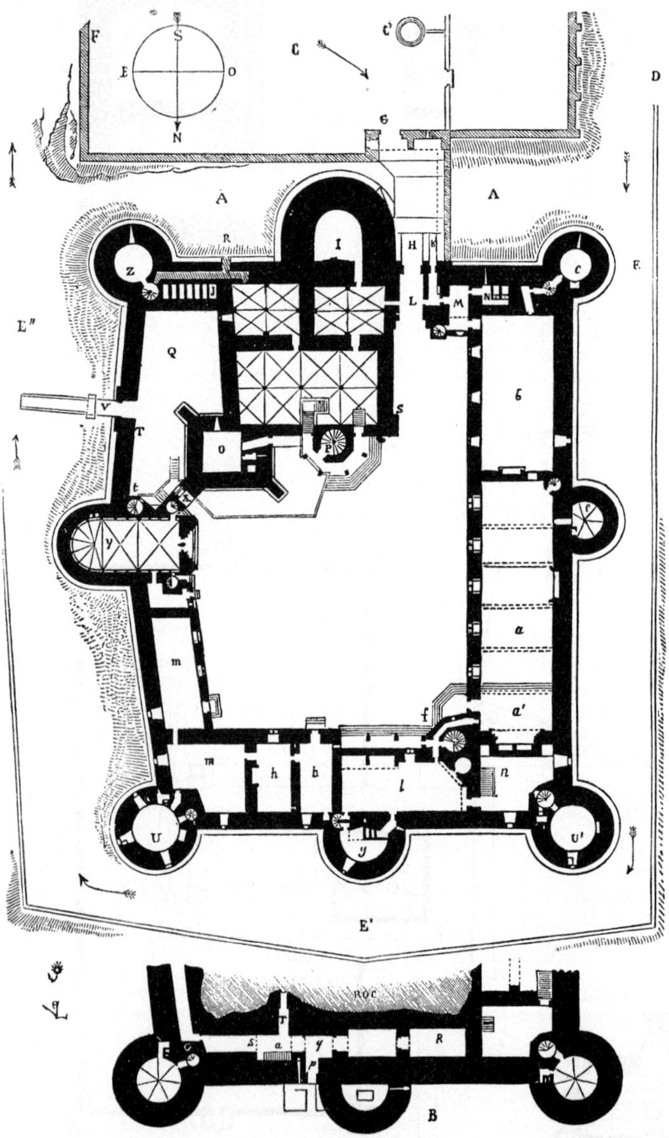

Abb. 315. Burg Pierrefonds, Frkr., donjon u. Pallas i. SO-Ecke (Angriffsseite), hohe Mantelm. m. Seitenbestr.-Türmen, Grdr. 1 : 1000, nach V.-le-Duc.

Eine Burg wird nahe der heutigen Baustelle schon im 12. Jahrh. als Besitz eines Grafen von Soissons erwähnt. 1390 hören wir von Bauplänen in günstigerer Lage, doch beginnt der Bau der heute erhaltenen Burg erst 1400. Für eine Burg, deren Werke auf Verteidigung von oben nach unten berechnet sind, ist das auffallend spät.

Der Bauherr Louis, Herzog von Orleans, wollte höchste Festigkeit und größten Glanz vereinen. Die Wucht der Mauern verhinderte aber nicht, daß noch vor der Vollendung Truppen des Königs Karl VI. die Burg einnahmen und (wohl nur teilweise) verbrannten. Orleans vollendete den Bau trotzdem. Pierrefonds scheint aber den Angriffsmitteln der Zeit nicht mehr gewachsen gewesen zu sein, oder gerade ihre Größe erschwerte die Verteidigung, wenn nicht unver-

[105]) Thieme: Allg. Lex. d. bild. K. Bd. VIII, S. 326. — [106]) V.-le-Duc: Dict. Bd. I, III, IV, VII, VIII, IX; derselbe: Pierrefonds.

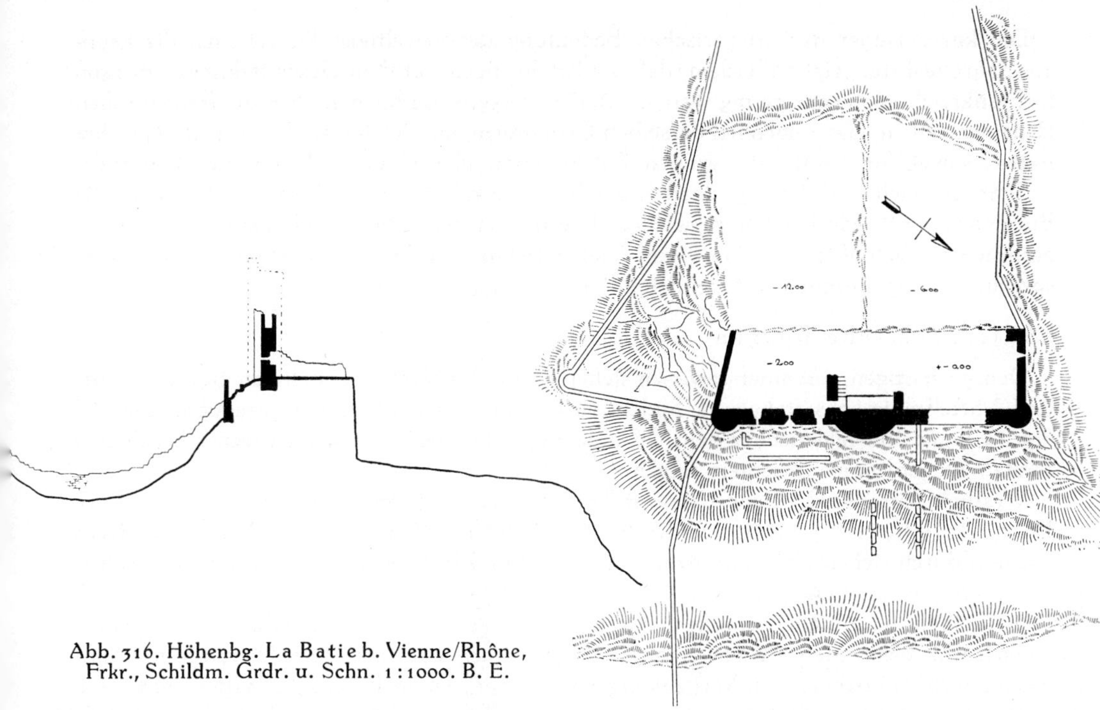

Abb. 316. Höhenbg. La Batie b. Vienne/Rhône, Frkr., Schildm. Grdr. u. Schn. 1:1000. B. E.

hältnismäßig viele Verteidiger den Riesenbau in allen Teilen besetzten, denn schon 1420 sehen wir Pierrefonds in den Händen der Engländer. 1589 hören wir abermals von einer Eroberung durch Champion Bonvouloir, 1591 von vergeblicher Belagerung und 1617 von endgültiger Entfestigung und Verfall bis 1857. Ruhmvoll ist die Kriegsgeschichte der Riesenfeste also nicht.

Der Grundriß (Abb. 315) bildet ein Rechteck mit vier Ecktürmen und je einem Mauerturm in der Mitte jeder der vier Seiten. Ein später, reichgegliederter donjon liegt in der Südostecke, zweischiffig, viereckig mit quadratischem Turmanbau. Das Haupttor wird durch ein gewaltiges Bollwerk verteidigt, westlich der Mitte der Südseite des Gesamtbaues unmittelbar neben dem donjon errichtet. An die Innenseite der West-, Nord- und Ostseite lehnen sich Flügel verschiedener Tiefe. Der innere Eckturm des donjon teilt den verbleibenden Hof in zwei ungleiche Teile. Die Abmessungen ergeben 65 m Breite bei 85 m Länge, ohne die Turmvorsprünge, die bis zu 15 m betragen[107]).

Die Mantelmauern sind 17—18 bzw. 23 m hoch, verhältnismäßig wenig überragt durch die im Kern fast gleich hohen sechs Mauertürme, deren verjüngte, runde Aufbauten wenig über die Dachfirste der inneren, großen vierstöckigen Saal- und Wohnbauten aufsteigen. Der Ostflügel enthält in zwei Obergeschossen die riesigen Säle der Burg. Ihre Länge beträgt fast 60 m bei nur 10 m Breite[108]). Der Gesamteindruck erinnert, wenn man die glatte Wiederherstellung abrechnet, an die alten französischen Burgformen der Pariser Bastille, an Poitiers oder Sully sur Loire u. a.

Diese wenig geistreiche Lösung der Gesamtform, d. h. das Begnügen mit dem einfachen Viereck mit Ecktürmen als Grundlage für die Burg, war in Nordfrankreichs überwiegend wenig bewegtem Gelände ebenso naheliegend wie in den Ebenen des Tieflandes, in denen dann noch das Wasser der Gräben als Verteidigungsmittel hinzukommt.

[107]) Vgl. Köhler: a. a. O. Bd. III, 1, S. 501 ff.; Encycl. par l'image S. 8ff. — [108]) V.-le-Duc: Dict. Bd. VIII, S. 86ff.

Die kurze Dauer der kriegerischen Bedeutung des gewaltigen Pierrefonds, die kaum 200 Jahre währte, zeigt außerdem, daß die Erfahrungen mit dem Geschützkriege um 1400 in Frankreich noch sehr gering waren. Merkwürdigerweise blieben auch die französischen Renaissancebaumeister noch bei derselben Grundform und den hohen Türmen als Abwehrmittel, soweit solche für die großen Prachtbauten überhaupt noch angestrebt wurden.

Sehr lehrreich sind die Einzelheiten der Burg Pierrefonds. Die Gesamtbilder geben die Burg nach der Wiederherstellung wieder. Die Innenansichten der Wohnbauten zeigen ausgesprochene Schloßformen. Die von Viollet-le-Duc im Innern beliebten Formen entsprechen wenig burglichen Eigenheiten[109]).

Südfranzösische Burgen

Den großartigen, mit einer gewissen sicheren Gleichmäßigkeit gestalteten Burgen Nord- und Mittelfrankreichs stehen im Süden, so im Rhônegebiet, Burgen gegenüber, die viel eigenwilliger und malerischer dem Gelände angepaßt sind. Von diesen wenig beachteten Bauten mögen einige Beispiele folgen.

Westlich seitwärts der Saône, unweit Tournus, liegt auf wenig fester Bergnase die Burg Berzé le Chatel[110]) in Burgund. In weitläufigen Außenzwingern (Abb. 320), deren Mauern durch sieben Halbrundtürme verstärkt sind, erhebt sich, noch bewohnt, der Pallas, heute von großen Fenstern erhellt. Die Anlage ist gegen den Bergrücken verteidigt durch zwei Gräben und weiter draußen durch ein starkes Doppelturmtor, alles aus kleinen, winkelrecht behauenen Bruchsteinen errichtet. Nach dem gotischen Haupttor für Fußgänger und Fuhrwerke mit Maschikuligang darüber, Doppeltoren, Fallgatterschlitz und kleineren, gotischen Spitzbogentürmen sowie Schlüsselscharten (neben alten Schießscharten) — darf als letzte Bauzeit das 15. Jahrh. angenommen werden. Die Bekrönung der Türme (Zinnen, Wehrgänge mit oder ohne Senkscharten) ist durchweg durch ziemlich flache Zeltdächer ersetzt. Die ganze Anlage mit mehreren Haupttürmen (fast bergfriedartig) weicht stärkstens von den üblichen reichen nordfranzösischen Burgen ab. Berzé le Chatel ist ein gutes Beispiel spätburgundischer, malerisch gestalteter Burgen (Abb. 321).

Auf einem Kegel, 408 m über den Tälern der Loire und der Saône, liegt, wenig fest, die schöne, gotische Ruine der Burg Brancion[111]) (Abb. 354), ein zweites burgundisches, malerisch gestaltetes Beispiel.

Der starke, viereckige Turm mit kleinem, rundem Wachttürmchen bildet den Kern. Auffallend ist der fast völlige Mangel jeder Öffnungen in dem kleinsteinig behauenen Bruch-

18. IV. 1905

Abb. 317. Mantelmauerbg. Abs (Augusta Alba) a. d. Rhône, Frkr., späterer Ausbau. B. E.

[109]) Robert: Pierrefonds. — [110]) Smlg. Ebh. (Reiseskizzen). — [111]) Siehe oben.

steinmauerwerk, nur Rüstlöcher sind mehr als zehnfach übereinander und vierfach nebeneinander in den Turmmauern sichtbar.

Der anstoßende Pallas liegt an einem geringen Innenhof, ausgezeichnet durch spätgotische schöne Steinmetzarbeiten an Spitzbogen, Türen, Maßwerkfenstern, Schlüsselscharten und dem großen Kamin. Seine zwei Geschosse waren durch Balkenlagen getrennt, die auf einem Haustein, Viertelstab=Gesims, auflagen. Eine breite, zum Teil erneuerte Steintreppe führt zum ersten Stock.

Die Burg stammt zum Teil aus vorgotischer Zeit, wofür u. a. die Verwendung von Fischgräten=Mauerwerk spricht. Auch finden sich alte Bogenschlitzscharten von 1,42 m senkrechter Höhe unten mit 24 cm breitem Dreiecksauslaß im Rundturm. Die gotischen Wohnbauten dürften Umbauten des 15. Jahrhunderts entstammen.

Unter den südfranzösischen Burgen verdient die von Beaucaire[112]) (Abb. 318) besondere Aufmerksamkeit. Ein vereinzelter Felsrücken im flachen, rechten Ufer der Rhône, die sich hier auf einige 50 km dem Mittelmeer und dem Hafen von Aigues Mortes nähert, trägt die weitläufige Burg. Die kleine Stadt liegt flach zu Füßen.

Erhaltene, bedeutende Reste einer hohen Mantelmauer des 12. Jahrh. mit steinernem Wehrgang und nicht vorgekragten Zinnen umschließen neben einem hohen, rundbogigen Tor der Rhône zu in der Mauerecke die romanische Burgkapelle mit kleinem Turm, dessen Schallöffnungen schöne Doppelrundbogenfenster sind. Ihr Schiff wird erleuchtet durch zwei Rundbogenfenster von nur 30 cm Lichtweite und 1,35 m senkrechte Seitenhöhe in den etwa 1,60 m starken Umfassungsmauern. Das Gewölbe setzt auf attisch gegliedertem Kämpferprofil auf.

Wehrbaulich ungewöhnlich ist der dreieckige donjon. Warum diese in Frankreich wohl einzige Grundrißform gewählt wurde, ist nicht ersichtlich. Die Außenmauern sind im ersten Stock 1,25—1,50 m stark. In einer Längswand führt eine 60 cm breite Treppe zum zweiten Stock, von dort eine Wendeltreppe auf das flache, mit Hausteinen (Abb. 307) gedeckte Dach. Bekrönt ist der Turm mit einem Zinnenkranz auf weit vorgestreckten, vierfachen Kragsteinen mit Senkscharten dazwischen.

Die Ringmauern ziehen sich bis zur Stadt hinunter, fast durchweg in schönem Quadermauerwerk gestaltet. An der Stromseite fällt der Felsen steil ab. Teilweise ist an der reichgezinnten Längsseite hier ein schmaler Zwinger vorgelegt. Die Wohnbauten des Innern sind völlig zerstört. Der weite, tiefer liegende Innenraum ist Park, daher Burgliches schlecht feststellbar.

Ebenso malerisch erheben sich die aus Quadern und rohem Bruchstein errichteten Burgen Crussol und Rochemaure oder die Ruinen Pilate (Abb. 322) und Abs (Abb. 317) im Rhônetal.

Hier fehlt jener herrliche Baustein Nordfrankreichs. Die Festen zeigen daher nichts von jener glatten Schönheit, reichen Pracht und Regelmäßigkeit, die bei den nordfranzösischen Burgen der Spätzeit mehr und mehr auftreten, ja, die manchmal bis zu übertriebenem Prunk gehen.

Crussol[113]) (Abb. 319) liegt auf verwitterten Kalksteinuferfelsen der Rhône, wo sich dieselben in fast senkrechtem Absturz bis auf etwa 200—300 m über dem Strom erheben, während unten eine fruchtbare Ebene ein großes Vorland bildet. Herren von Crussol werden seit 1215 genannt, ihr ganzer Burg= und Stadtbezirk — in unruhigen, kriegerischen Zeiten aus dem weichen Kalkstein des Gebirges hoch auf dem steilen Berge erbaut — ist heute ohne Bewohner, Vieh weidet zwischen Häuserresten der Stadt und in leeren Ringmauern, die sich an den steilen Hängen hinaufziehen. Eine tiefe Schlucht, die mit

[112]) V.=le=Duc: Arch. S. 23, 39—40; V.=le=Duc: Dict. Bd. I, S. 338, 349, Bd. VI, S. 205; Smlg. Ebh.; Rahn: Kreuzz. wider d. Gral S. 44f.; Ebh.: Festschr. Handz. Taf. 64; Beaucaire spielt im 12. Jahrh. in Schriften der Troubadours eine Rolle; 1215 an Simon von Montfort. — [113]) Anselme: Hist. géner. et chron. d. l. Mais. roy. d. Fr. 3. éd. T. 3, 762—773; Smlg. Ebh.

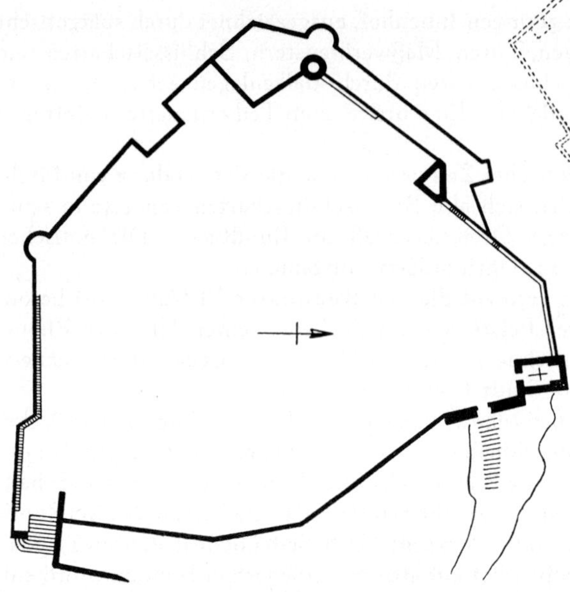

Abb. 318. Uferbg. Beaucaire auf Felsrücken i. d. Rhône, Frkr., weitläuf. Anl. m. Resten d. 12. Jh., donjon u. Kap., Lgpl. 1:5000. B. E.

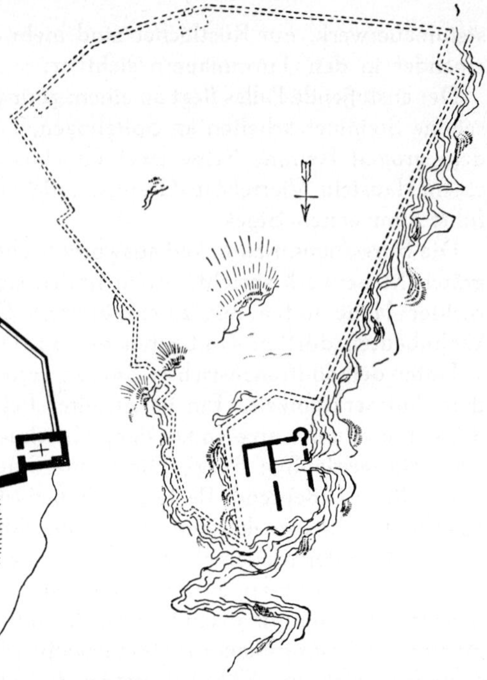

Abb. 319. Höhenbg. Crussol auf Kalksteinfels., Frkr., Lagesk., d. Pallas-ruinen u. Stadt. B. E.

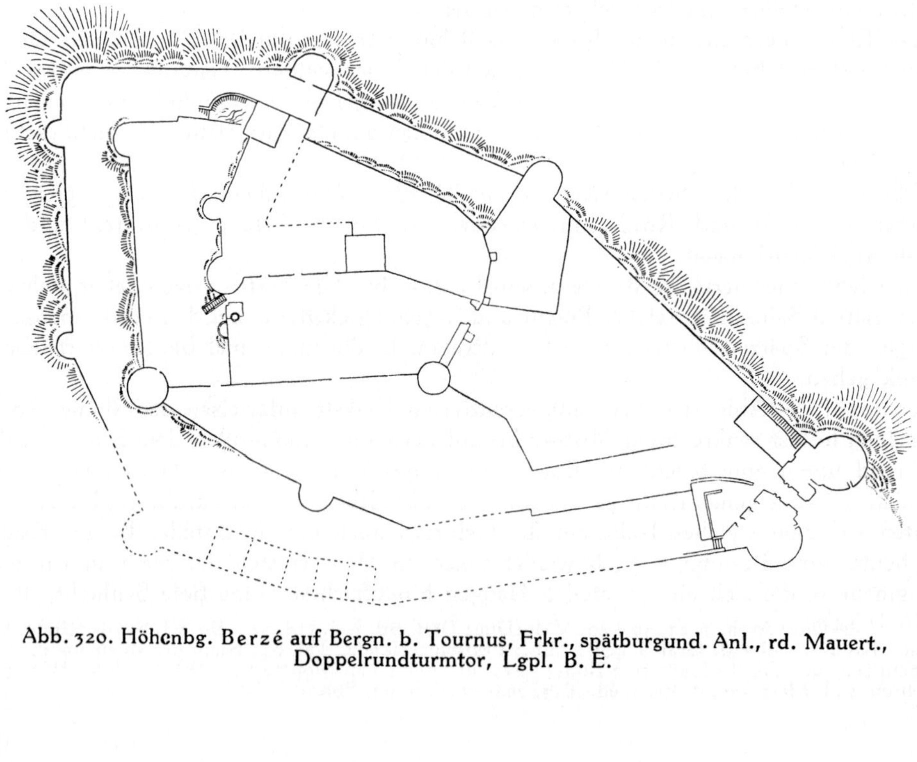

Abb. 320. Höhenbg. Berzé auf Bergn. b. Tournus, Frkr., spätburgund. Anl., rd. Mauert., Doppelrundturmtor, Lgpl. B. E.

der Rhône parallel läuft und in den Halsgraben über= geht, schützt auf der dem Strom abgewandten Seite die Burg. Erst auf der höch= sten Höhe ist das innerste Burghaus errichtet.

Abb. 321. Höhenbg. Berzé, Frkr. B. E.

Die Burg (Abb. 294) war von der ehemaligen Stadt durch die Steilheit der höch= sten Felsspitze, durch eine lange Schildmauer und vor= geschobene Zwingermauern abgetrennt. Die senkrechten Felsenabhänge nach der Rhône zu bestehen aus brüchigem, leicht verwitterndem Kalk= steinmaterial. So ist denn auch ein großer Teil der dortigen Außenmauern des Hauptwohn= baues der Burg mit dem Felsen in die Tiefe gestürzt; mitten im ehemaligen Wohnraum klafft ein gähnender Abgrund von 100 m Tiefe.

Der Burgkern zeigt einen gotischen Wohnbau des 14. bis 15. Jahrh., seine gesicherte Lage machte eine Mantelmauer nicht nötig. Weitere wichtige Bauteile, namentlich ein großer Hauptturm, sind eingestürzt.

Großartiger sind die Reste von Rochemaure[114]) (Tafel XIV) am gleichen Ufer der Rhône. Ein steiler Felsgrat parallel der Rhône, stromabwärts spitzkegelförmig, dann steil bis ins Tal abfallend, stromaufwärts durch niedrigen Sattel mit dem Gebirge zusammen= hängend, bot einen Bauplatz, wie ihn der Verteidiger nicht besser wünschen konnte. Der höchste, stromabgelegene Gipfel dieses Grates, ein mit gewaltiger Kühnheit steil auf= steigender Basaltblock, trägt den stärksten Burgkern (Abb. 323). Weitere starke Werke zogen sich auf dem Grat stromauf; leider erlaubte die vorgeschrittene Zerstörung nur die allgemeinen Formen der früheren Anlage festzustellen.

Abb. 322. Höhenbg. Pilate/Rhône, Frkr., Zustand 1905. B. E.

---

[114]) Ebh.: Festschr. Handzeichn. Taf. 59—61; Smlg. Ebh.; Quandt: Briefe aus d. mittäg. Fr.

Abb. 323. Felsenbg. Rochemaure/Rhône, Frkr., ursprüngl. Bef.=ring v. Burg bis z. Fluß.

Stellten diese Felsgratwerke schon eine mächtige Wehranlage dar, so wirkt der Anblick des ganzen Berges geradezu überwältigend, wenn man auch die ansteigenden Stadtmauern und die untere Burg und Stadt mit übersieht. Der ganze, etwa 100 m hohe Bergabhang bis zum Strome war ursprünglich ein Befestigungsring.

Eine kleine Stadt am Fuße des Abhanges beherrschte einst die wichtige Uferstraße, die mitten durch die Hauptgasse führte.

Ein zweiter Basaltkegel, neben der Straße emporsteigend, trug eine kleine Burg mit starkem Turm.

Auf halber Berghöhe zeugt eine stark verfallene malerische Kirche mit Kirchhof vom hohen Alter der ursprünglichen Siedlung. Das heutige Rochemaure, von dessen älteren Häusern kaum der zehnte Teil mehr bewohnt sein dürfte, entstammt dem 15. Jahrh. Nur unten am Flußufer zieht jetzt die breite Landstraße entlang, und eine Hängebrücke vermittelt den Verkehr nach dem gegenüberliegenden Montélimar mit neuzeitlichen Häuserreihen.

Der erwähnte Turm auf einem Felsklotz schirmte das Stadttor und beherrschte die Stadt, er belebte das Stadtbild auf das allermalerischste.

An den letzten Häusern entlang erreicht man auf halber Bergeshöhe das alte Kirchlein, heute noch Grabstätte der Familie Miravalle, die nach den Soubise und Ventadour Herren der Burg wurden (Abb. 324).

Von hier ab steigt die Stadtmauer im steilsten Winkel bergan, von Zeit zu Zeit durch Mauertürme verstärkt, die, stark verfallen, noch Wehrgänge und Zinnen zeigen. Hoch oben schließt die Mauer an den Felsenkamm der Burg an. Ein langgestreckter, schmaler Mauerring umzieht in wild zerrissenen und vielgeknickten Linien den Kamm, am Südende durch den Burgkern bekrönt.

Abb. 324. Roman. Kirche i. d. Ringm. am Burgberg v. Rochemaure, Frkr.

Durch eine über dem Abgrund liegende Zinne ist der höchste Kern zu erreichen. Eigentümliche Treppen führen dann in der Mauerstärke und über Kellergewölbe abermals hinauf zu einem engeren Turm über den unteren breiteren Teil. Der Turm ist im Grundriß brückenpfeilerartig zugespitzt.

Rochemaure 17. IV. 1905.

Tafel XIV Burg Rochemaure, Frankreich

Im Herzen Südfrankreichs finden wir also die malerische Bauweise und die Anpassungsfähigkeit an das Gelände, die deutschen Burgen eigen ist.

Abb. 325. Rhônebrücke St. Bénézet in Avignon, Frkr., v. erzb. Burg beherrscht. B. E.

Kirchenburgen

Kirchenburgen sind aus Bedürfnissen der geistlichen Machthaber hervorgegangen. Kein Wunder, hören wir doch von vielen streitbaren Bischöfen und Päpsten, die zu Rosse stiegen und selbst in den Kampf zogen. Frankreich ist an solchen Erscheinungen nicht arm. Die Geschichte der Albigenserkriege berichtet von ihnen als den grausamsten Verfolgern der unglücklichen Verfolgten, die sie 1244 unter der Burg Montségur zu Hunderten verbrennen ließen. Ihnen dienten auch Kirchen als Festungen. So können wir eine große Reihe kirchlicher Burgen und befestigter Kirchen und Klöster nennen.

Das Hauptwerk ist die päpstliche Burg in Avignon[115]) (Tafel XV). Es scheint, als hätte der Zweck, einen geistlichen Fürsten zu beherbergen, auch im Äußeren ausgesprochen werden sollen. Jene spitzbogigen, gotischen Mauerblenden mit Senkscharten dahinter, die dem Bauwerk sein eigenartiges Gepräge geben, sind in gleichem Umfange bei anderen französischen Burgen nicht angewendet.

Diese Maschikulianlage ist nicht dadurch entstanden, daß Kragsteine aus den Mauern vorgestreckt eine Zinnenbrüstung tragen, zwischen denen der Fußboden des Wehrganges offen ist, sondern es sind vor die Baukörper große Blenden vorgemauert, hinter denen sich lange Schlitze als Fußscharten nach unten öffnen. Der Fuß der Mauer ist zwischen den Pfeilern einige Meter hoch über dem Erdboden nach außen abgeschrägt, damit Steine und andere Wurfgeschosse, die durch die Senkscharten nach unten geschleudert wurden, von dem schrägen Mauersockel abspringend, zwischen die Angreifer schlugen.

Die Burg zu Avignon[116]), von Papst Johann XXII. im Jahre 1316 begonnen und von seinen Nachfolgern während der siebziger Jahre, in welchen die Päpste dort Hof hielten, ausgebaut, ist wohl einzig in ihrer Art. Sie befriedigt die Bedürfnisse eines großen Hofhaltes durch große Säle und zahlreiche Gemächer und die Ansprüche großer, beratender Körperschaften, der Kardinäle oder großer Kirchenversammlungen usw. Gottesdienstlichen Zwecken dienten eine größere Kirche und viele größere und kleinere Kapellen.

Zwei Bauzeiten der Burg sind erkennbar: die der ursprünglichen, oberen Burg, die heute für Archivzwecke benutzt wird, und die gewaltigen Bauten um den 1800 qm großen ersten Hof, der lange als Kaserne diente (Abb. 328).

Abb. 326. Papstbg. Avignon, Frkr., Palast Benedikts XII., 14. Jh., Hofans. B. E.

115) Duhamel: Palais d. Papes d'Avignon; V.-le-Duc: Dict. Bd. VII, S. 29, Bd. IV, S. 477, Bd. VI, S. 19, Bd. I, S. 391, Bd. IX, S. 192; V.-le-Duc: Arch. S. 124—128. — 116) Wichtige Architekten: Guillaume de Cucuron, Pierre Poisson, Pierre Obreri, Jean de Loupières, Raymond Guitbaud, Guillaume Nogayroly; nach Duhamel: a. a. O. S. 2; Monuments hist. Bd. III, S. 14; Maitre: Palais d. Papes d'Avignon; Lundberg: Herreman. Bostad. S. 119, 120; Girard: Avignon, ses Monum. usw. S. 188.

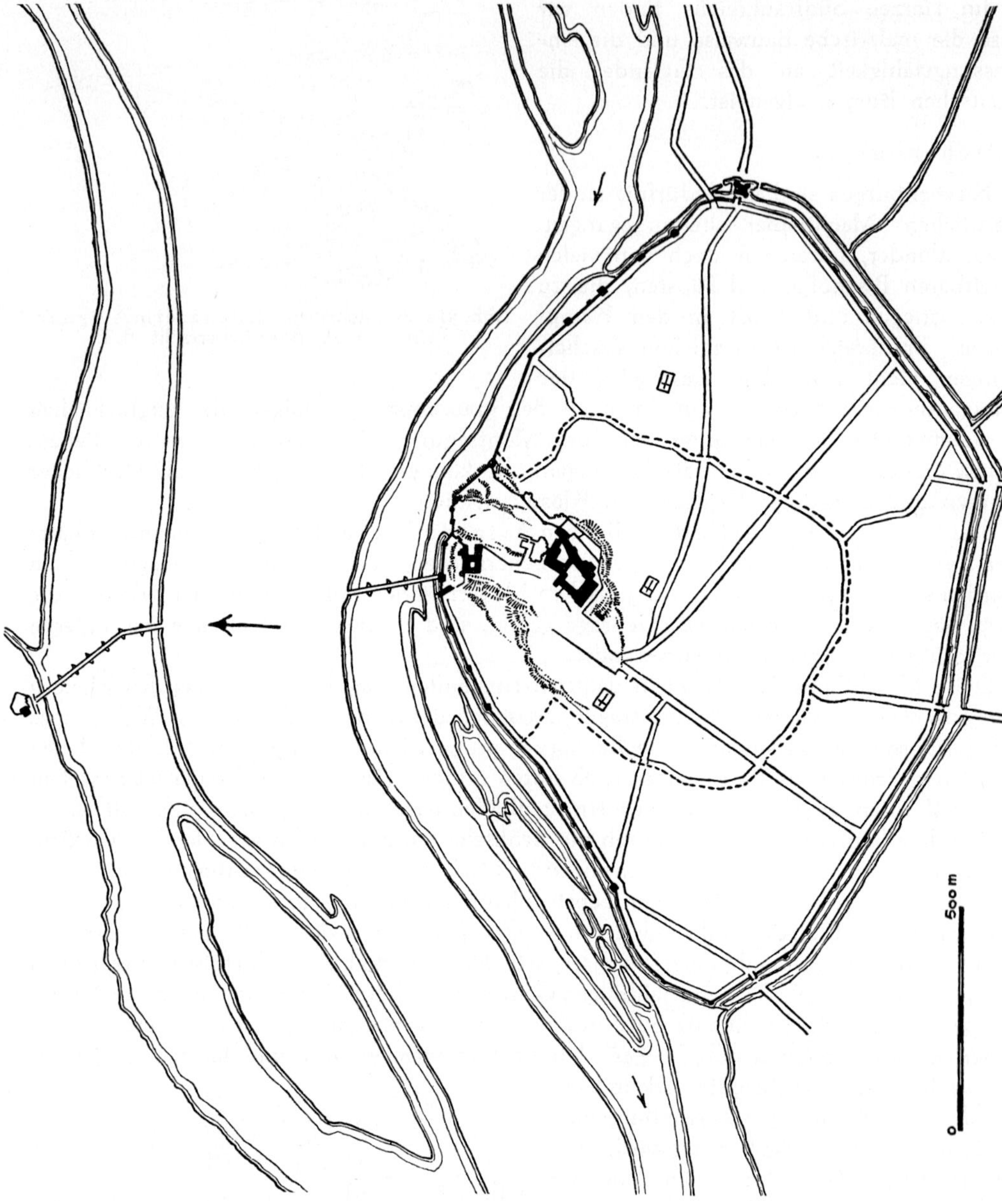

Abb. 327. Avignon, Frkr., Lgpl. v. Stadt u. päpstl. u. erzb. Bg. 1:15000. B. E. nach V.=le=Duc.

Der Zeit von 1335—42 gehören an: der Glockenturm, die Kapelle Benedikts XII., der 80 m hohe Turm de Trouillas (Trouille = Ölkuchen, hier wohl einst Weinkelter), der Turm de la Glacière (Eisturm?), der „Verbrannte Saal", d. h. die Große Kapelle Benedikts XII. (bei der Belagerung Benedikts XIII. von 1402 verbrannt), der innere Kreuzganghof und der Turm St. Johanns, also der nördlich und nordöstlich der Rhône zunächstliegende Teil.

Der Eingangsflügel, der Saal der Konklaven, der Engelsturm und der Turm St. Laurentius entstanden von 1342—65 unter den drei Päpsten Clemens VI., Innozenz VI. und Urban V.

Beide Teile sind unregelmäßig nebeneinander errichtet, wie die Form des Burgfelsens es verlangte. Der ältere mit dem Kreuzgang bildet eine geschlossene Baugruppe.

Das heutige Haupttor, Porte des Champeaux, führt mitten durch den neueren Flügel, „der hohen Würdenträger" von Nordwesten aus in den äußeren Hof.

Dieser Flügel springt mit der Kopfseite rund 30 m nach Nordwesten vor, so daß für einen unmittelbaren Aus= und Eingang am alten nordwestlichen Saalbau entlang — die Porte de Notre Dame — Platz blieb. Ein vermauertes, drittes Tor öffnete sich in der Süd=ostecke des neueren Hofes.

Die ältere Burg zeigt vier Flügel, verstärkt durch drei große und einen kleineren Turm, den Ölkuchenturm, den Glockenturm, den Eisturm, endlich den Küchenturm mit einer kleinen Pforte zum päpstlichen Garten und den Turm St. Johanns. Der neuere Teil besteht nur aus drei unregelmäßig nebeneinandergebauten Flügeln, dem südöstlichsten mit dem Engelsturm (Tour des Anges), dem St.=Lorenz=Turm und einer Reihe von kleineren Bau=körpern. Dem Engelsturm schließt sich nach Südosten ein besonderer Vorhof an.

Vor der gesamten südöstlichen Außenmauer der Papstburg sind ein oberer Zwinger und ein zweiter, tiefer liegender — einst beide als päpstliche Gärten benutzt — vorgebaut, deren Mauer sich bis zur Stadtmauer fortsetzte, während die entsprechende Nordwestseite durch neuere Fahrwege zu der Kirche Unserer Liebfrauen ihrer Außenwerke beraubt ist. Zum Haupteingang gelangt man daher unmittelbar von der öffentlichen Straße. Bis zum Anfang des 19. Jahrh. war er durch Torhalle und Torzwinger geschützt. Wir dürfen annehmen, daß einst auch ein tiefer Graben den Papstpalast gegen die Stadt Avignon und ihre oft aufsässigen Bürger verteidigte.

Der Lageplan der Stadt (Abb. 327) zeigt, daß der Bauplatz nicht willkürlich gewählt war, sondern daß ein bis zur Rhône 400 m lang und etwa 150 m breit vorgeschobener Felsen sehr glücklich benutzt wurde, der nach allen Seiten steil abfiel. Es war also möglich,

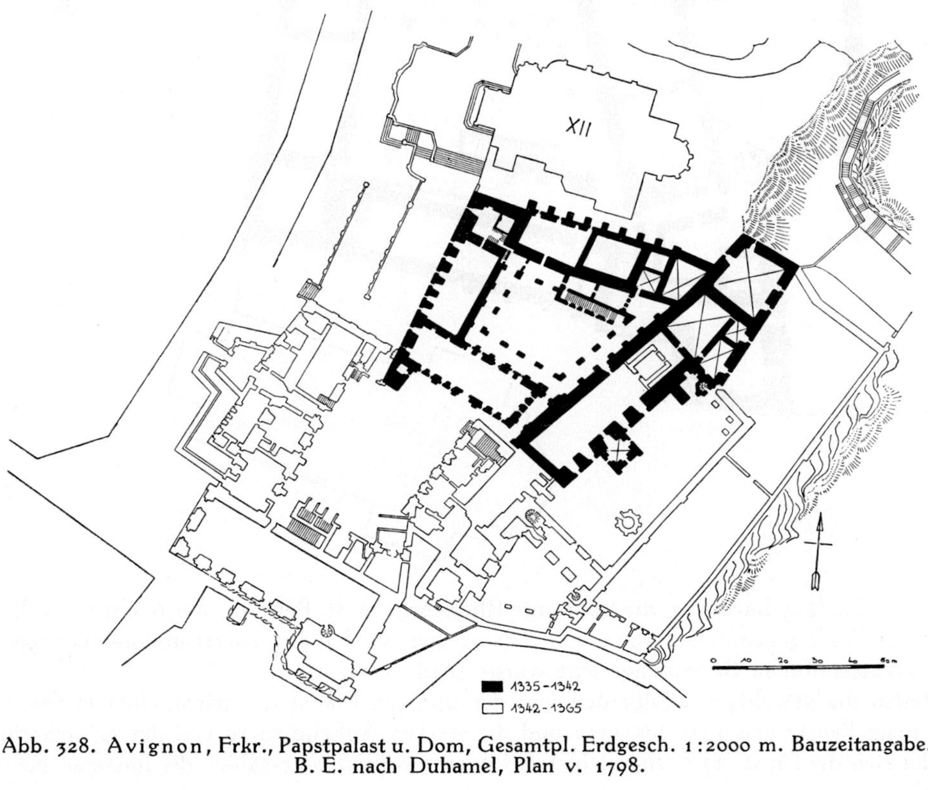

Abb. 328. Avignon, Frkr., Papstpalast u. Dom, Gesamtpl. Erdgesch. 1:2000 m. Bauzeitangabe. B. E. nach Duhamel, Plan v. 1798.

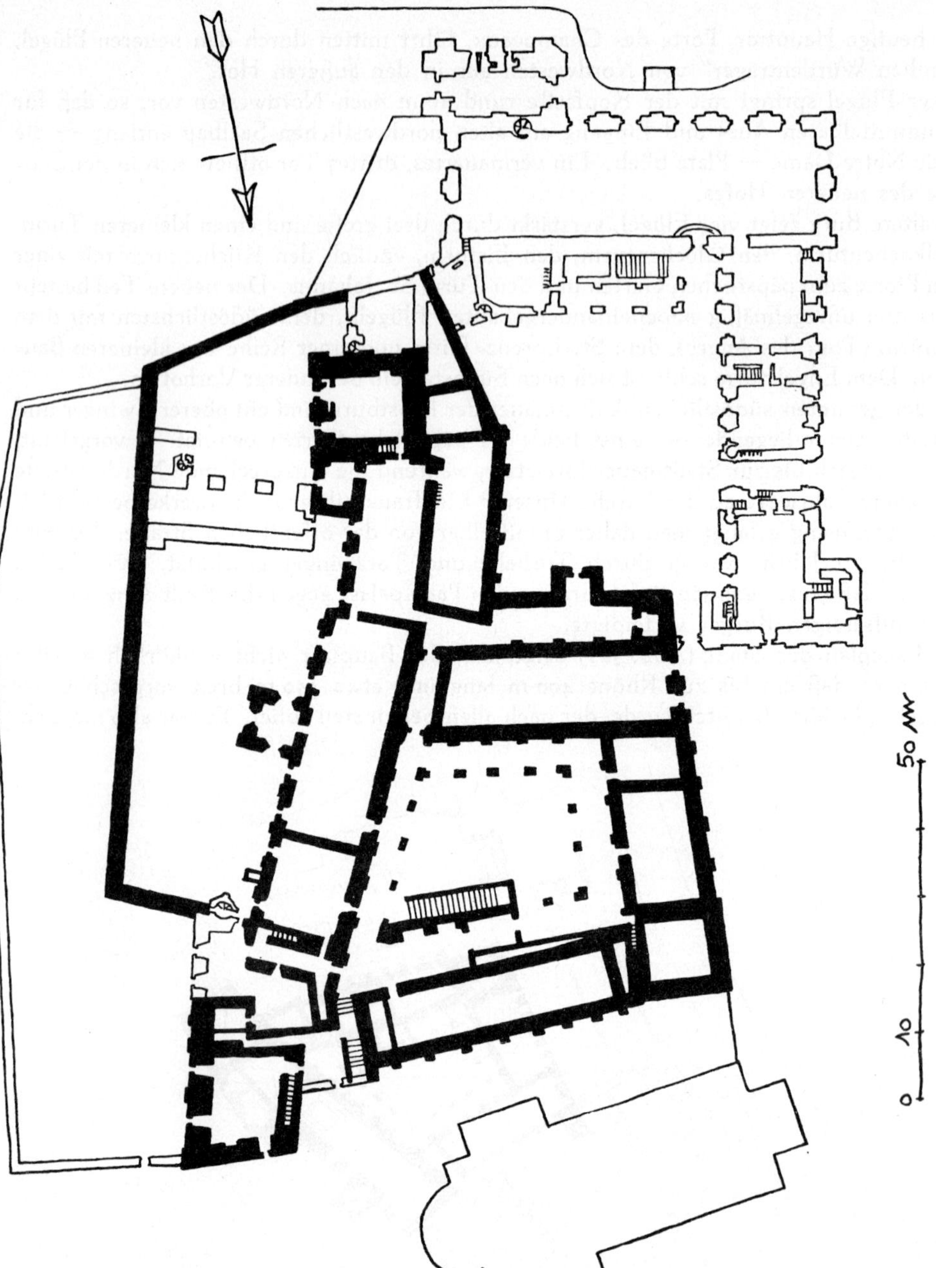

Abb. 329. Papstbg. Avignon, Frkr., oberer Bau ab 1316, unterer v. 1342–1370, Grdr. Erdgesch. 1:1000. B. E. nach Colombe.

ohne die Stadt zu berühren, die berühmte Rhônebrücke St. Bénézet zu erreichen, die ihrerseits der Stadt gegenüber durch einen ummauerten Vorhof abgesperrt und auch durch die alte erzbischöfliche Burg beherrscht wurde (Abb. 325).

Reden die gewaltigen Saalbauten von der üppigen Pracht der päpstlichen Hofhaltung der neun Päpste von 1316 bis 1377 und die starken Außenmauern von der Unsicherheit, in der sich die Päpste in Frankreich stets fühlen mochten, so erzählen die finsteren Keller=

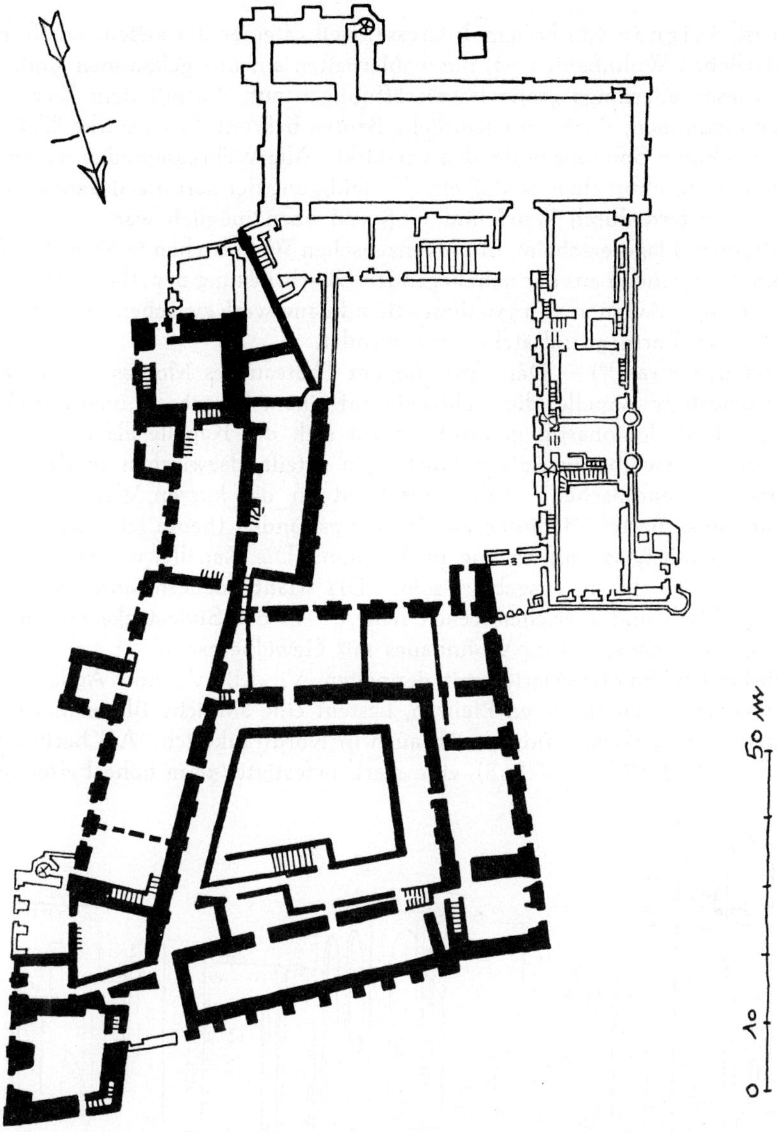

Abb. 330. Papstpalast Avignon, Frkr., Grdr. 1. Obergesch. 1:1000. B. E. nach Colombe.

gewölbe und Gefängnisse von der Gefangenschaft eines Rienzi, des Gegenpapstes und von furchtbaren Morden, bis zu denen des Machthabers von Avignon, Jourdan Coupe=Tête, zur Zeit der Revolution von 1791.

Kennzeichnend für Burgund und das untere Rhônetal ist die Dachdeckung durch flache Hausteine, die beinahe als Plattform wirken. An den Fugen leiten höhere Ränder das Wasser möglichst auf dem Steine selbst (siehe auch Beaucaire).

Auch die Haupttürme sind flach abgedeckt und durch Zinnen und Senkscharten bekrönt. Viele Teile haben im Laufe der Zeiten gelitten und ihre Zinnen verloren. Immerhin wirkt der düstere Palast auch heute noch machtvoll auf den Beschauer und darf als der eigen=artigste mittelalterliche Wehrbau in Frankreich bezeichnet werden[117]).

117) V.=le=Ducs Pläne Avignons in den Monum. hist. zeigen willkürliche Umänderungen des Baues, z. B. die Kathedrale, ein Umbauentwurf, der nicht zur Ausführung gelangte. Inzwischen sind große Wiederherstellungen ausgeführt.

Wehrbaulich ist Avignon von hohem Interesse, weil es einer der seltensten Reste von festen, mittelalterlichen Wohnbauten ist, die wohlerhalten auf uns gekommen sind. Saal= und Wohnbau wiesen allerdings große Fensteröffnungen auf, die mit dem Zweck einer Burg nicht übereinstimmen, doch sind sämtliche Bauten bekrönt durch starke Wehrgänge und durch die erwähnten Spitzbogenblenden verstärkt. Alle Wehrgangböden waren senk= recht zu den Mauern durchbrochen, so daß eine Verteidigung der darunterliegenden Wand= fläche mit ihren Fenstern durch Wurf und Guß von oben möglich war.

Diese Verteidigungsanlage erscheint an provenzalischen Wehrkirchen in ähnlicher Form. Ursprünglich wohl entstanden aus der naheliegenden Überbrückung der Abstände zwischen Strebepfeilern, wurde in Avignon ab 1336 dieses Blendmauerwerk zwischen breiten Pfeilern in besonders strenger Form grundsätzlich angewendet.

Ähnliches zeigt in Cruas[118]) — Dép. Ardèche, am Château des Moines — am rechten Rhôneufer eine befestigte Kapelle, die rechteckig auf einem Bergabsatz über der kleinen, alten Stadt liegt. Fast donjonartig geformt, erhebt sich die Kapelle als ein längliches Viereck, innen tonnengewölbt durch vier Gurtbogen geteilt, dazwischen an den Längs= wänden rundbogige Blendnischen. Außen erscheint an der kurzen Wand eine Spitz= bogenblende mit Senkscharten, dahinter an den Längswänden (heute teils zerstört) zwei verschieden hohe Blenden, so ähnlich wie in Avignon. Die Kapelle, ursprünglich wohl 12. Jahrh., dürfte im 14. Jahrh. ausgebaut sein. Die Mantelmauern sind voll erhalten (drei Stockwerke), Dach und Zwischendecken fehlen. An der Südostecke stehen recht= winklig die Erdgeschoßmauern eines Wohnbaues mit Gewölberesten.

Bei den Wehrkirchen Saintes=Maries mit doppelten, Vic=Mireval und Agde mit ein= fachen Rundbogen zwischen stärkeren Pfeilern, besteht eine ähnliche Blendanlage[119]).

Befestigte Kirchen und Klöster finden sich auch in Nordfrankreich. Am berühmtesten ist der Mont=St.=Michel[120]) (Tafel 48), eine stark befestigte, 50 m hohe Felseninsel an

Abb. 331. Papstpalast Avignon, Frkr. B. E.

[118]) V.=le=Duc: Dict. Bd. V, S. 170; Smlg. Ebh. (Reiseskizzen). — [119]) Clasen: Hochmeisterh. d. Marienburg S. 65, 95. — Flache Bogen zwischen Strebepfeilern finden wir an siebenbürgischen Kirchen, wie am Kirchenkastell in Denndorf und am Kirchenchor in Bussd, und an der Marienburg in Ostpreußen. Clasen folgert aus diesen im Grunde im einzelnen verwandten und in der Form grundverschiedenen Wehrgangsausführungen, daß der Architekt des Hochmeisterpalastes der Marienburg, Niclaus Fellenstein (nach 1380!), nach französischen Vorbildern gebaut habe. Der auf nur geringen Ähnlichkeiten beruhenden Vermutung kann man sich kaum anschließen. — Der Vergleich mit der Marienburg in Preußen muß künstlerich und wehrbautechnisch weitaus zugunsten der deutschen Ordensbautechnik ausfallen. — [120]) V.=le=Duc: Dict. Bd. I, S. 288, Bd. III, S. 203, 451, 456, Bd. V, S. 128, Bd. VII, S. 379, Bd. IX, S. 192.

der Küste der Normandie. Im frühen Mittelalter war der Felsen ein besuchter Wallfahrtsort. Den Entschluß, Kirche und Kloster auf der Felseninsel zu erbauen, hat aber scheinbar erst Abt Hildebert II. um das Jahr 1020 gefaßt.

Damals besaß die Abtei große Macht, nach der Eroberung Englands rüstete sie allein sechs Schiffe aus, um König Wilhelm, der seine Fahrzeuge bei der Landung in England verbrannt hatte, zurückzuführen.

Um 1314, in den Kriegen zwischen Frankreich und England, wurde der Mont-St.-Michel weiter planmäßig befestigt und überstand 1423 eine Belagerung durch die Engländer, eine Belagerung 1429, bei der 800 Verteidiger 20000 Belagerern gegenüberstanden, sowie einen 1434 versuchten Sturm.

1622 ging die Abtei an die Benediktiner über und mußte endlich im 18. Jahrh. Gefängniszwecken dienen. Unter Napoleon I. wurde der Prachtbau Korrektionshaus bis 1863. Seitdem nimmt sich der Staat seiner Pflege an[121]).

Der Grundriß der Klosterburg paßt sich dem Felsen an. In der Mitte auf der höchsten Stelle erhebt sich die großartige Kirche. Bedeutend tiefer liegen die Klosterbauten, die langgestreckte Wohnung des Abtes auf der Südseite, im Norden die großartigen Saalbauten, die mit ihren langen Strebepfeilern und Zinnenumgang an Avignon erinnern, ohne dessen herbe Strenge zu teilen. Reiche Gliederung durch Strebepfeiler gibt auch diesen vielstöckigen Bauten kirchlichen Charakter. Die großartigen Saalbauten des Refektoriums und der schöne Kreuzgang, der sich über dem südlichen Teil der Saalbauten erhebt, der Wechsel in den Bauformen vom Romanischen bis zum Spätgotischen und die Vielgeschossigkeit der Bauten, die sich aus der Ungleichheit des Geländes ergibt, machen die ganze Anlage zu einer der interessantesten und malerischsten Baugruppen Frankreichs.

Den Fuß der Felseninsel umfaßt eine mächtige, nicht hohe Festungsmauer mit zahlreichen Rundtürmen, die Anlagen des 15. Jahrh. entsprechen. Sie ziehen sich an der ganzen Südseite, unmittelbar aus dem Wasser aufsteigend, hin, steigen dann den Berg hinan, gegen Norden bilden die Saalbauten selbst die äußerste Verteidigungslinie, da hier der Bau durch die steilen Felsen genügend beschützt erschien. Hier wie in Avignon ist das Schwergewicht der Verteidigung auf die Wehrgänge verlegt, die die älteren Bauten oben umziehen.

Diesem Beispiel im äußersten Norden, das zum großen Teil einer verhältnismäßig späten Zeit angehört, müssen zwei Beispiele entgegengestellt werden, die die ganze Starrheit der Steinbauten der älteren Zeit atmen, von der wir in Südfrankreich überrascht werden, eine Starrheit und Schmucklosigkeit, die immer wieder an die würfelförmigen Steinklötze der Häuser des Orients erinnert.

Zunächst sei die uralte, schon 875 erwähnte, Kirche St.-Philibert de Tournus[122]) behandelt, die nach vielen Zerstörungen notdürftig verteidigungsfähig eingerichtet worden ist. Man ordnete im 13. Jahrh. zwischen den Türmen der Westfassade eine ausgekragte Zinnengalerie mit Maschikuli an, die den Platz hinter dem Stadttor beherrschte. Die Kirche bildete den Mittelpunkt eines Mauerringes, der seinerseits durch Rundtürme und einen erhaltenen Torbau mit zwei Rundtürmen verstärkt wurde. Die Verteidigung erfolgte auch hier hauptsächlich vom Dache aus, das flach in Steinen abgedeckt war. Spuren der alten Ringmauer haben sich ringsum erhalten. Das mächtige kirchliche Bauwerk dürfte zu den ältesten Mitteleuropas gehören.

---

[121]) Nach der Legende gegründet Ende des 8. Jahrh., verschiedentlich durch Kriege zerstört, 1203 unter königlicher Gewalt. Dem Abt Jourdain stellte Philipp-August eine beträchtliche Summe zu Wiederherstellungsarbeiten zur Verfügung, 1260 beendet; Thibiage: a. a. O. Bd. I, S. 216ff.; Gout: Mont-St.-Michel. — [122]) Monum. hist. Bd. II, Tafeln u. S. 1 (18); Smlg. Ebh.; V.-le-Duc: Dict. Bd. III, S. 499, Bd. VII, S. 73, 261.

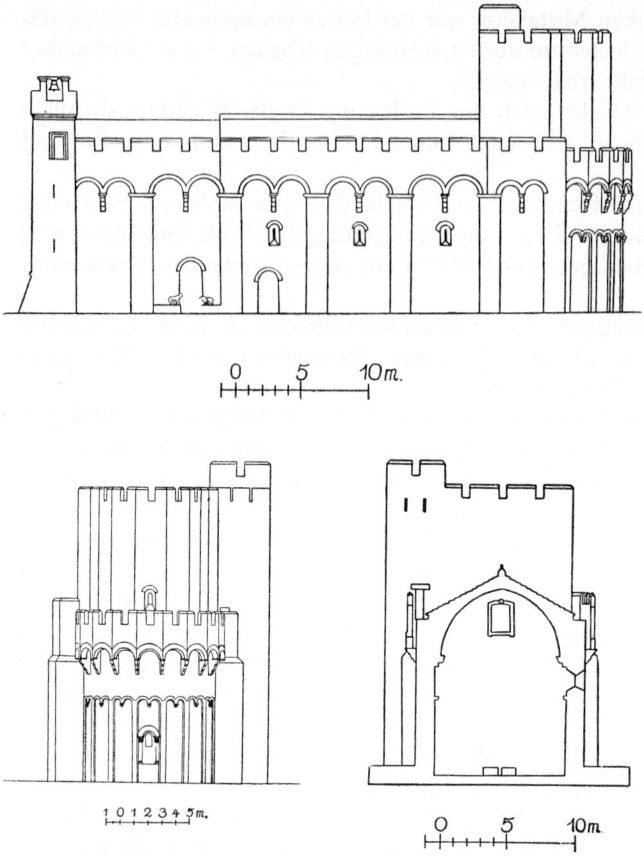

Abb. 332. Wehrkirche Saintes Maries aux Mères, Rhônemündg., Frkr., m. Wehrg. u. Maschikuli zw. d. Strebepfeilern, Ans. u. Schn. 1:500. B. E. nach Monum. hist.

Einen klaren Wehrbaugrundriß finden wir bei der oben erwähnten einsam gelegenen Kirche der Saintes Maries aux Mères[123]) (Abb. 332) an der Mündung der Rhône, die von vornherein als burgliches Bauwerk errichtet wurde.

Im 12. Jahrh. wurde die Kirche von der Gräfin Constance von Toulouse „wiederaufgerichtet". Danach blieb sie, abgesehen von einer späteren Vergrößerung, bis auf unsere Tage unverändert. Nur die Zinnen wurden in der Großen Revolution zerstört „comme rappelant des idées de féodalité".

Der ganze Bau besteht aus einem einzigen Schiff (Abb. 332) von etwa 40 m Länge und 15 m Breite. Der Chor (Abb. 332) ist zugleich Hauptverteidigungsturm, um den und das ganze übrige Gebäude sich in Traufhöhe des übrigen Daches ein Zinnenkranz auf Kragsteinen hinzieht, worüber sich noch ein schmälerer, mit Zinnen versehener Turm erhebt, der sich durch Hochführung des letzten Schiffsabschnittes zu einem viereckigen Gebilde mit halbrundem Vorbau der Chorform entsprechend entwickelt. Das Dach ist auch hier flach in Stein abgedeckt. Die Außenwände, die nur geringe und wenige Öffnungen aufweisen, sind gegliedert durch vorgelegte Pfeiler, zwischen diesen ziehen sich je zwei Rundbögen hin, in der Mitte von einer Konsole unterstützt, die zwischen sich den üblichen senkrechten Verteidigungsschlitz freilassen.

Auch das burgähnliche Kloster Lérins[124]) bei Cannes ist ein Beispiel kirchlicher Verteidigungsbauten. Das Kloster liegt auf einer Felseninsel im Meer in der Nähe von Cannes.

Die dem Ufer zugekehrte Angriffsseite ist durch eine Art Schildmauer geschützt. Der Eingang ist neben der vorspringenden Hälfte dieser Angriffsseite angeordnet, so daß er von vorn und von der Seite bestrichen werden konnte. Die Öffnungen gegen die Landseite sind sehr gering. Die eigentlichen Wohnbauten liegen dem Meere zugewandt.

Zu erwähnen ist unter den befestigten Klöstern Mont=Major[125]) bei Arles. Wieweit das Kloster ein einheitlicher Wehrbau war, ist aus den oft umgebauten Resten nicht ersichtlich; neben äußeren Befestigungen ragt ein ungeheurer, aus schönen Buckelquadern errichteter donjon hoch über den romanischen Kreuzgang. Schon die hochgelegene Baustelle

[123]) Monum. hist. Bd. II; V.=le=Duc: Dict. Bd. V, S. 171. — [124]) V.=le=Duc: Dict. Bd. V, S. 170; Smlg. Ebh. — [125]) V.=le=Duc: Dict. Bd. II, S. 445, Bd. V, S. 171; Smlg. Ebh.

Avignon
April 1905

Tafel XV Papstburg A v i g n o n , Frankreich

ist aus wehrbautechnischen Gründen gewählt. Auf sieben Kragsteinen übereinander ruht der Turmwehrgang, eigenartig sind seine runden Ecklösungen[126]).

Wasserburgen

Auch mittelalterliche Wasserburgen gibt es in Frankreich, obgleich die Bodengestaltung nicht in gleichem Maße wie in Norddeutschland oder Holland zu ihrem Bau herausforderte. Dafür boten aber die Flußufer vielfach Gelegenheit. Alle auch in anderen Ländern übliche Arten seiner Anwendung zur Abwehr sind benutzt worden. Später sind der für Alltagsleben und Verkehr bequemen Lage wegen viele Wasserburgen an den nordfranzösischen großen Flüssen zu Schlössern umgebaut. Es genügt, auf die berühmten Prachtbauten an den Ufern der Oise und Loire: Chantilly, Chenonceaux am Indre, Verger in Anjou, die 1500 völlig umgestaltete Burg Creil, auf einer Insel der Oise Château d'o (Orne), Villandry, Amboise, Blois, Châteaudun usw. hinzuweisen[127]).

Auch manche Stadtburgen sind Wasserburgen, wie die schöne Burg zu Tarascon an der Rhône[128]), deren Wasser die Gräben speiste, ebenso die Burgen zu Nantes[129]), Béthune[130]), oder der Louvre in seiner mittelalterlichen Gestalt[131]).

Wasserburgen sind auch folgende: Bei Lassay das Château du Moulin, nördlich Angers, ein kleiner, höchst malerischer Ziegelbau mit spätem, hochstrebendem Kernbau und zweitürmigem Torbau, an den sich ein Wirtschaftshof mit stärkerem Eckturm und ausgekragtem, gezinnten Wehrgang anschließt. Ein breiter Wassergraben schließt das Ganze ein[132]).

Viollet-le-Duc nennt „Château de plaine", die Burg Villandraut bei Bazas in der Gironde, als Bau der Mitte des 13. Jahrh. Eine quadratische Anlage mit vier runden, 27 m hohen Ecktürmen von 12—13 m Durchmesser und zwei runden ebenso starken Tortürmen in der Mitte einer Seite. An die Mantelmauer lehnten sich die zum Teil in spätgotischer Zeit veränderten Wohnbauten. Ein breiter Wassergraben umgab die Mauern[133]).

Auch Château de Rambures an der Somme aus dem 13. und 14. Jahrh. oder St. Germain de Livet, Mondragon, Mesnil-Guillaume, d'Avilly — 15. Jahrhundert — gehören hierher[134]).

Großartiger ist die durch den vertrauten Sekretär Ludwigs XI. — Jean Bourré — 1468 erbaute Burg Le Plessis-Bourré[135]) (Maine et Loire), unweit der Mündung letzterer. Der breitgelagerte, fast quadratisch viertürmige Bau ist in weitem Wasser errichtet. Seine niedrige Mantelmauer, heute durch Fenster durchbrochen, zeigt in den breiten Zinnenhäuptern und den starken Ecktürmen Schlüsselscharten (Tafel 50).

Ein viereckiger Torturm des 15. Jahrh. bewahrt die Schwunggertenschlitze für eine große und eine kleine Zugbrücke und darüber den Wehrgang mit Senkscharten. Ein schmaler Zwinger umzieht die ganze Burg.

Sie mißt von Norden nach Süden 59 m, von Osten nach Westen 68 m, der Hof etwa 1300 qm. Die bis 2 m starken Mauern bestehen aus Bruchsteinpackung, mit „Tuffstein" verkleidet. Der Südostturm, der donjon, war mit Maschikuliwehrgang und le „corps de garde" gekrönt; neben einem Eckturm liegt eine Kapelle der heiligen Anna[136]).

König Ludwig XI. starb am 29. August 1483 in der Burg Le Plessis-lès-Tours, ein Werk desselben Architekten. Er ließ gegen Ende seiner Tage starke Eisengitter um die Burg ziehen und an den vier Ecken eiserne Haubenlerchen (wohl Wachttürme) aufstellen. Die Zwingermauern bekrönte der von furchtbaren Gewissensnöten und Mißtrauen

[126]) Vgl. Abschnitt „Burgenarten" für die Kirchenburgen. — [127]) V.-le-Duc: Dict. Bd. III, S. 179, 185, 182, 177; Encycl. par l'image S. 44, 30, 20, 40. — [128]) Siehe unten S. 302ff. — [129]) Siehe unten S. 295ff. — [130]) Smlg. Ebh. — [131]) Siehe unten S. 290. — [132]) Debraye: a. a. O. S. 60, 67. — [133]) Nach V.-le-Duc: Dict. Bd. III, S. 140f.; d'Auvergne: English Castles S. 231 macht auf Ähnlichkeit mit dem Grundriß der allerdings viel reicheren englischen Burg Bodiam aufmerksam. — [134]) Eyriès: Les chât. hist. d. l. Fr. Bd. II, S. 191ff.; Smlg. Ebh. — [135]) Nordiska: Renaiss. Kunst S. 120; Smlg. Ebh.; Bossebœuf: Langeais et s. chât. S. 136. — [136]) Bossebœuf: a. a. O. S. 136f.

gefolterte König durch zahllose eiserne Spitzen mit Widerhaken. Je 10 Armbruster wurden in die vier Gräben befohlen, um auf jeden Eindringling sofort zu schießen[137]).

Bedeutender ist Burg Sully sur Loire[138]), 125 km südlich Paris (Tafel 49), die dem 14. Jahrh. angehört und wegen ihres herrlichen Holzdachstuhles berühmt ist.

Zwei Flügel mit anschließendem Hof bilden ein verschoben=längliches Viereck. Der Hauptwohnbau, ein schmales Rechteck, ringsum wehrgangbekrönt, zeigt, wie die viel prunkvollere Burg des Herzogs Berry in Poitiers, vier starke Ecktürme, die, der alten Dächer und Wehrgänge beraubt und durch rechteckige Fenster verunstaltet, doch noch Abglanz alten Stolzes bieten.

Ein zweiter, längerer Flügel ist in der Mitte durch den viereckigen Torbau durchbrochen. Seine sechs Räume und zwei der anstoßenden Türme boten dem berühmten Minister Heinrichs IV., dem reichen Herzog von Sully, Maximilian von Béthune, keinen glänzenden Sitz.

Alle drei letztgenannten Wasserburgen liegen im Loiregebiet.

Auch der Louvre in Paris war Wasserburg, ein reicher Bau, im Grundriß vielgegliedert. Ein quadratischer Hof war von vier Wohnflügeln umgeben. Rundtürme verstärkten die Ecken, drei Doppeltürme bewachten drei Tore, je in der Mitte dreier Seiten angeordnet, auch nach dem Hof zu weit vortretend. Ein gewaltiger, runder donjon erhob sich ausnahmsweise inmitten des Hofes, hatte also keine freie Verbindung mit dem Vorlande.

Nach der Seine zu lagen breite Zwinger und erhoben sich hohe Türme und Vortore, mit der von Philipp August erbauten Stadtmauer zusammenhängend (Abb. 333).

Sowohl um den Kern des Louvre wie um die Stadtmauer zogen sich Gräben in Verbindung mit der Seine. Ein breiter Wassergraben umgab endlich auch den donjon in der Mitte des Hofes, ein Bogengang ermöglichte vom Südflügel aus den Zugang. Alles ist heute verschwunden[139]).

Um die Stadt und in Paris selbst erhoben sich eine ganze Reihe von festen Burgen, außer dem Louvre das befestigte Kloster St.=Martin, der Temple, die Bastille, das große und das kleine Châtelet, als Torburgen im Norden und Süden und andere.

Merian überliefert uns ein schönes Bild der Wasserburg von Montereau=faut=Yonne, d. h. eines frühen donjons mit (späteren) Zwingermauern und Rundtürmen, die unmittelbar aus dem Wasser steigen[140]). Die Burg verteidigte die wichtige Brücke über Seine und Yonne, auf der einst Johann von Burgund von den Begleitern des späteren Königs Karl VII. von Frankreich ermordet wurde.

Die Zahl der Wasserburgen ließe sich leicht vervielfältigen; gegen die belgische Grenze hin nehmen sie auch die dort übliche Viereckform an, die mit einem, zwei, drei oder vier Flügeln den Wohnbedarf deckt. Starke Eigenheiten zeigen die Franzosen auf diesem Gebiete nicht.

Stadtburgen

Über Stadtburgen im allgemeinen ist im Abschnitt „Burgenarten" eingehend geschrieben. Hier werden ergänzend noch einige französische Beispiele erwähnt.

Wir nannten schon in Paris die Bastille und den Louvre vom Jahre 1204, das große und das kleine Châtelet und den Temple. Alle diese Pariser Bauten sind ihrer Lage nach nicht den beiden Aufgaben gewachsen, die eine Stadtburg in erster Linie erfüllen mußte: die Stadt zu beherrschen und jederzeit den Burgherren Zu= und Abgang ohne Berührung des Stadtgebietes zu ermöglichen.

---

[137]) Commynes: a. a. O.; Encycl. par l'image S. 20. — [138]) V.=le=Duc: Dict. Bd. III, S. 32, 162, 216; Thibiage: a. a. O. Bd. II, S. 20; Smlg. Ebh.; Eyriès: a. a. O. Bd. I, S. 15 ff.; vor Neubau des 14. Jahrh. schon Burg unter Pipin, donjon 1380—1420 abgetragen. — [139]) V.=le=Duc: Dict. Bd. III, 136, Grdr. Vogelschau u. ausf. Beschreibung, im übrigen siehe Reg. Bd. X; Smlg. Ebh., alter Stich und Grundriß; v. Cohausen: a. a. O. S. 320. — [140]) Merian: Topogr. Galliae 1660; Smlg. Ebh.

Viollet=le=Duc[141]) nennt zahlreiche kleine Städte, Guise, Château=Thierry, Châ=tillon=sur=Seine, Falaise, Meulan, Saumur, Bourbon=l'Archambault, Mont=fort=l'Amaury, Montargis, Boussac, Orange, Hyères, Loches, Chauvigny in Poitou, die Stadtburgen besitzen. In fast allen sind die Burgen bedeutender als die Städte. Wir müssen also andere Beispiele suchen und finden sie u. a. in vielen Hafenstädten der französischen Nordküste.

Merkwürdig ist die Stadtburg von Boulogne[142]), ein regelmäßiges, 45 m langes und 300 m breites, mauerumgebenes Viereck, durch Philippe Hurepel, Grafen von Boulogne, 1231 errichtet. Die zahlreichen Halbrundtürme dieser Mauern erreichen eine Höhe von 17 m. Von der ältesten Burg, in der Gottfried von Bouillon geboren wurde, steht nur der große Bergfried in 40 m Höhe. Besser erhalten ist die um (1227) 1231 erbaute, ur=sprünglich neuntürmige Burg[143]).

Die alte Stadtmauer wird von drei (früher von vier) Toren durchbrochen. Die davon ausgehenden Hauptstraßen verraten den Einfluß des römischen Lagers und seines üblichen Straßenkreuzes. Die mittelalterlichen Tore waren durch starke Außenwerke gesichert. Ein Zwinger mit drei runden Ecktürmen verdoppelte die Ringmauern der oberen Stadt, die, ähnlich Aigues Mortes im Süden, fast eine Burg genannt werden darf.

Die Kernburg — ein unregelmäßiger, achteckiger Bau um einen ebensolchen Innenhof auf dem höchsten Punkt gelegen —, durch einen Graben von der Stadt getrennt, war gegen außen durch einen Zwinger und Außenwerke verstärkt. Heute dient sie als Kaserne.

Die Grundrisse (Abb. 335) zeigen eine reich entwickelte Anlage. Zunächst tritt das öst=liche Doppelturmtor besonders hervor, nach innen setzen sich die Türme durch schräg zusammenlaufende Mauern fort, die im Keller drei längliche und zwei halbrunde Räume zwischen ungemein starken Mauern bilden. Nördlich des Torbaues liegt in beiden Ge=schossen ein zweischiffiger Saal, im Keller mit acht Kreuzgewölben auf drei Säulen, oben mit zwei Gewölben ohne Mittelpfeiler überdeckt. Nach Nordosten schließt sich schräg eine große, gewölbte Burgkapelle an. Die Außenmauer ist im Keller ganz ungewöhnlich stark, im Erdgeschoß läuft in ihr ein Wehrgang mit je sieben Scharten zwischen den Türmen. An die Kirche schließt sich im Erdgeschoß ein von sechs Kreuzgewölben überspannter Waffensaal an, der hinter drei Türmen entlangführt. Im Keller sind alle fünf Türme der Ostfront durchgehende Mauerblöcke, dahinter ziehen sich schmale Kellergewölbe ringsum.

Die Meriansche Darstellung von 1656 (Abb. 342) zeigt die beherrschende Lage der Oberstadt und rechts daneben die hochgebaute Burg, von deren neun Türmen noch vier Dächer haben, durch eine Schlucht von der oberen Stadt getrennt.

Nachdem Boulogne lange alle englisch=französischen Kriege, Belagerungen und Stürme siegreich überstand, wurde die reiche und feste Hafenstadt am 20. April 1477 von Lud=wig XI. besetzt, der damit das Erbe des vor Nancy gefallenen Karls des Kühnen antrat.

Nach 1500 wurde die gesamte Angriffseite samt allen fünf Türmen in einen ungeheuren Steinwall eingepackt, der von letzterem nur die Hohlräume übrigließ. Die Arbeiten dau=erten von 1513—1544[144]).

Bayonne besitzt zwei Stadtburgen, die in der „Großen Stadt" am linken, und in der „Kleinen Stadt" am rechten Ufer des Flusses Nive liegen, der sich unmittelbar danach in den Adour ergießt.

Die „alte Burg"[145]), angeblich im 12. Jahrh. durch Wilhelm Raimund von Sault, dem letzten Grafen von Bayonne, auf römischen Resten erbaut, zeigt ein Mauerquadrat mit vier runden, mittelalterlichen Ecktürmen. Fürstenhoff zeichnete (1732) den immer noch

141) Dict. Bd. I, S. 371. — 142) Héliot: Boulogne=sur=mer. — 143) Héliot: a. a. O., Abb. Grdr.; desgl. von v. Fürstenhoff. — 144) Die unregelmäßige, vieleckige Grundrißform mit schweren, runden Ecktürmen wiederholt sich auch bei anderen französischen Stadtburgen. — 145) Ducéré: Bayonne S. 16, 22; Staatsbibl. Berlin Fürstenhoff H 2003/2° Bl. 11.

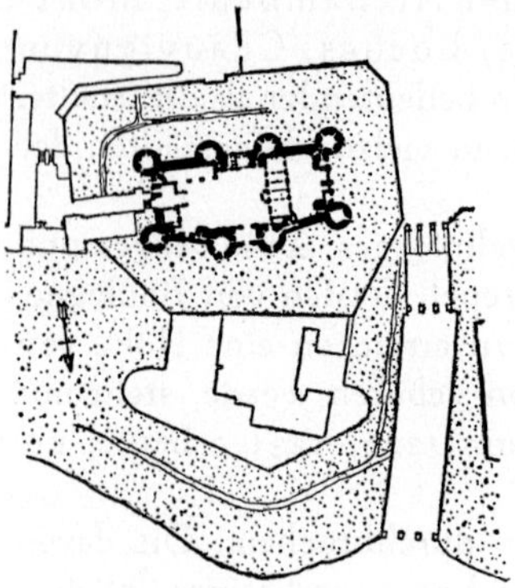

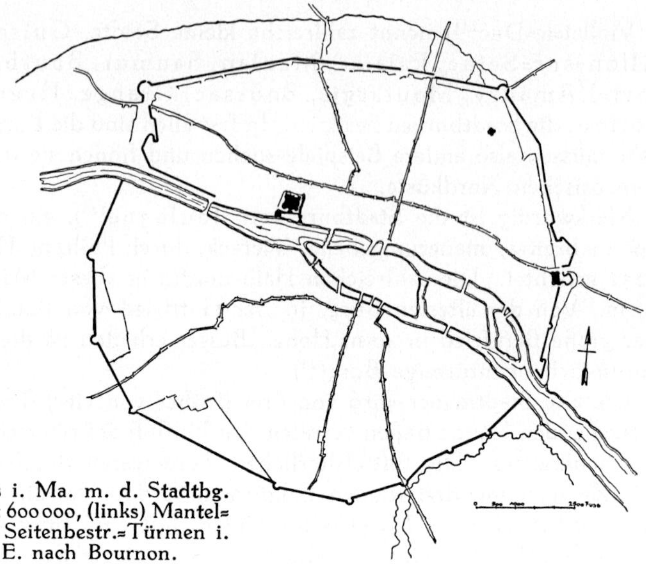

Abb. 333 (rechts). Plansk. v. Paris i. Ma. m. d. Stadtbg. Louvre u. Bastille, Frkr., etwa 1 : 600000, (links) Mantel=mauerbg. Bastille 1 : 2000 m. 8 Seitenbestr.=Türmen i. kennzeichn. franz. Form. B. E. nach Bournon.

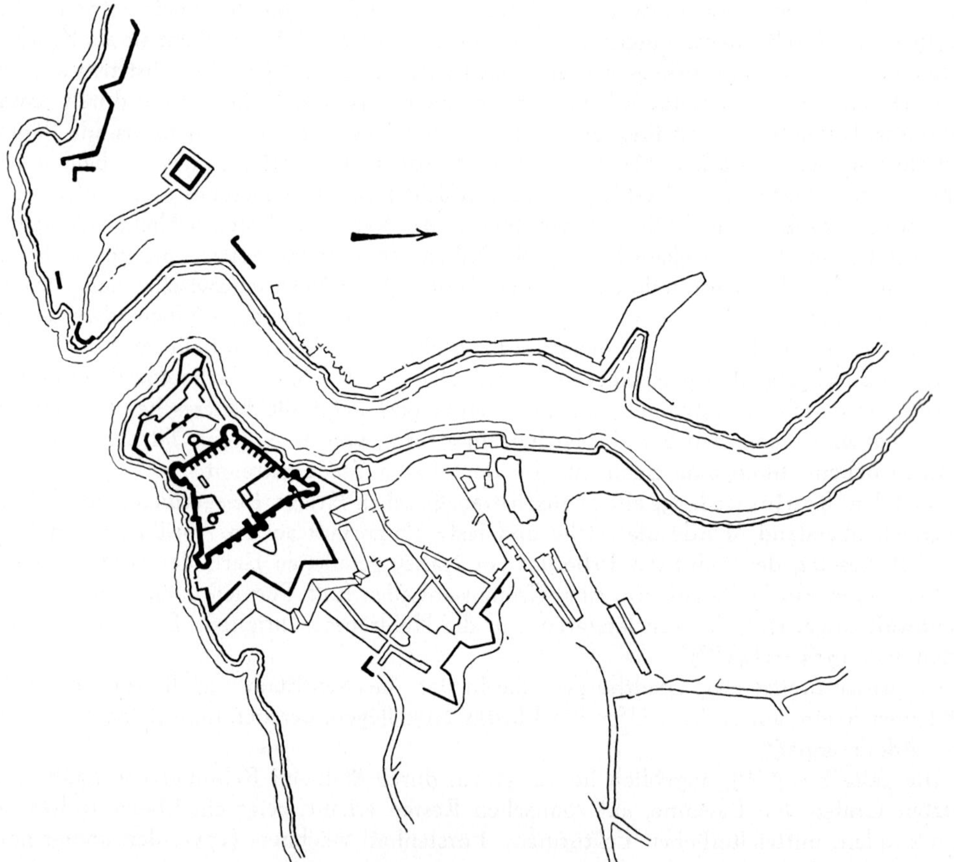

Abb. 334. Seehafenbg. Brest, Frkr., Mantelm.=bg., 4 starke Eckt., an Angriffsseite 5 halbrd. Mauert. u. Doppelrdturm=Tor, spät. Vorw., Lgpl. 1 : 10000. B. E. nach Pl. v. 1670 v. Levot.

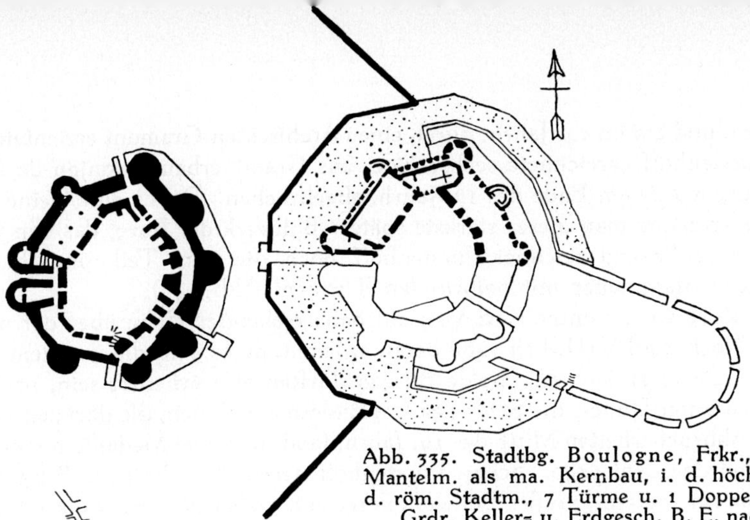

Abb. 335. Stadtbg. Boulogne, Frkr., Rundling, i. Mantelm. als ma. Kernbau, i. d. höchsten W.Ecke d. röm. Stadtm., 7 Türme u. 1 Doppelrdturm=Tor, Grdr. Keller= u. Erdgesch. B. E. nach Héliot.

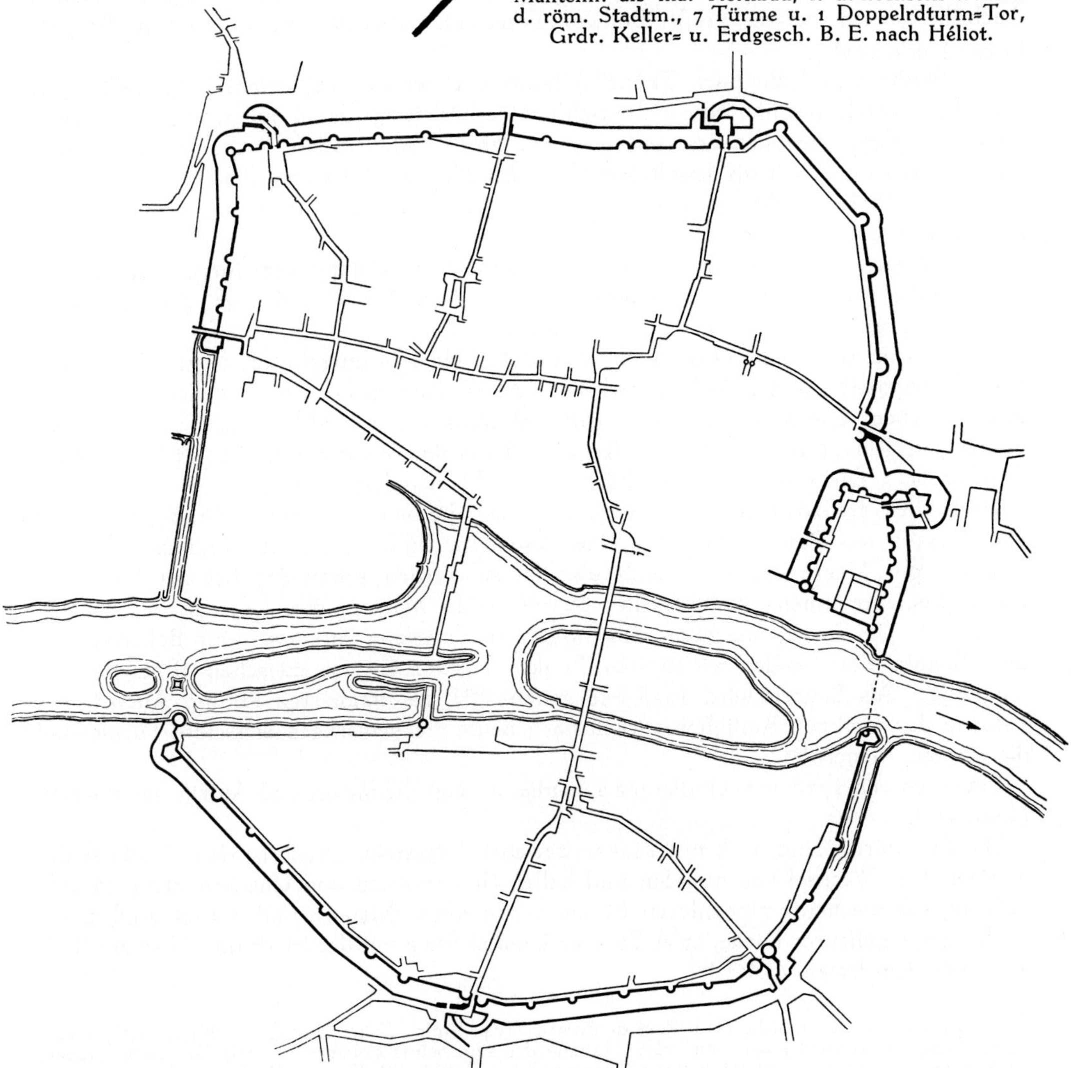

Abb. 336. Stadt u. Bg. Angers, Loiregeb., Frkr., ma. reichgeglied. Stadtm. u. Stadtbg., kennzeichnend d. franz. hohe Mantelm., 2 Doppelrdturm=Tore i. Kernbg. u. 13 halbrd. Mauert., Lgpl. 1:10000. B. E. nach Pl. v. Dheulland 1736.

tiefen Graben und ein im 14. Jahrh. durch einen Architekten Gramont errichtetes Vorwerk. Der von Fürstenhoff gezeichnete sechseckige, aus Granit erbaute donjon de Floripez im Hofe der Burg wurde am Ende des 17. Jahrh. abgebrochen. Durch eine kleine Pforte vom Burghof aus erreichte man dieses stärkste spätere Bollwerk der Burg, das den Graben beherrschte. Anschließend zeichnet Fürstenhoff noch die zum Teil römische, zum Teil mittelalterliche Stadtmauer mit halbrunden Türmen (Abb. 340).

Die neue Burg wurde unter Karl VII. auf beherrschender Höhe über der neuen Stadt ausgebaut. Noch Karl VIII. ließ 1489 daran arbeiten, da es galt, die neu dem Königreich angefügten Gebiete zu sichern. Beide Burgen dürften also erneuert sein, nachdem 1451 die Franzosen unter Dunois die Stadt den Engländern abnahmen, die dort seit 1153 Herren waren. Bei Abbrucharbeiten Mitte des 19. Jahrh. fand man eine Medaille mit dem Wappen der Stadt und der Zahl 1480. Schon Fürstenhoff nennt aber die neue Burg eine Ruine. Auch ihr war ein späteres, großes Bollwerk vorgelegt, vielleicht 1572 während der Bürgerkriege (Abb. 341).

Die Stadt- und Hafenburg Brest[146]) (Abb. 334) wurde 1065 wiederhergestellt. Das Flüßchen Penfeld hat hier eine Felsenschlucht gebildet, auf deren äußersten, 65 m hohen Mündungsufern angeblich erst seit dem 13. Jahrh. bedeutendere Wehrbauten errichtet wurden. Die Burg liegt auf dem linken Ufer. Ein Plan von Fürstenhoff aus dem 18. Jahrh. zeigt den mittelalterlichen großen Torbau, der dem von Beaumaris in Anglesay, England, ähnlich ist. Bauzeit 1295.

1342 bemächtigten sich die Engländer des großartigen Hafens, aber ihrem Einfluß mag die Hafenburg schon ihre verschobene viereckige Grundform verdanken. Ein Stadtplan von 1700 zeigt die allgemeine Lage der Burg.

Acht Türme sind heute noch, wenn auch durch Neubau umgeformt, erhalten. Die östliche Angriffsseite zeigt zwischen starken Ecktürmen außen noch fünf pfeilerartige Halbrundtürmchen. Die West- und Nordmauern sind innen durch elf bzw. zehn starke Strebepfeiler verstärkt. Fürstenhoff stellt den Umriß des donjons mit Kapelle mit halbrundem Ostchor dar. Die großen inneren Säle sind nicht angedeutet[147]).

Unter den französischen Stadtburgen nimmt die von Angers (Abb. 336) — einst Lieblingssitz des Königs René — eine besondere Stelle ein. Burg und Stadt liegen 175 km vom Meere entfernt. Stadt und Hafen werden schon 873 bei der Einnahme durch die Normannen erwähnt. Ihre überragenden Massen, ihre Lage am vielarmigen Nebenfluß der Loire, machten Angers jahrhundertelang zu einem zu Beherrschung und Schutz des Landes wichtigsten Punkte an der Grenze zwischen Bretagne und Touraine. Als Bauzeit wird 1228—38 genannt[148]), als Bauherren Philipp August und Ludwig der Heilige. Königlich wirken noch heute die gewaltigen siebzehn Türme und die starken Mauern[149]).

Ein Stich von 1736 von Guillaume Dheulland zeigt Grundriß und Aufriß der Burg[150]) (Abb. 344).

Die Rundtürme sind noch mit Zinnen bewehrt dargestellt. Auch ist dem Zeichner der merkwürdige Wechsel von dunklen und hellen Bruchsteinen und Quadermauerwerk aufgefallen, der die heute zinnenlosen Riesen auszeichnet. Mauern und Türme sind gleich hoch, von ungeheurer Dicke, zwei Tore verbanden Burg mit der Stadt und über ein Bollwerk mit dem freien Vorlande.

---

[146]) Levot: Hist. d. l. Ville et d. Port d. Brest S. 194; Smlg. Ebh.: Photogr. d. Planes v. Fürstenhoff; ebenda 1605 wird auch eine uralte Kapelle des sept saints erwähnt. — [147]) Den besten Überblick über das alte Brest bietet Merian in seiner Top. Galliae Bd. IX. — [148]) Lecoy de la Marche: Roi René Bd. II, S. 4ff. (1375—79 nahm Karl V., Herzog von Anjou, Ausbesserungen vor). — [149]) Lecoy de la Marche: a. a. O. Bd. II, S. 1ff.; Braun u. Hogenberg: Bd. V, Tafel 20; Plath: a. a. O. S. 96; Debraye: a. a. O. S. 170ff. — [150]) Smlg. Ebh. (Plan der Stadt Angers).

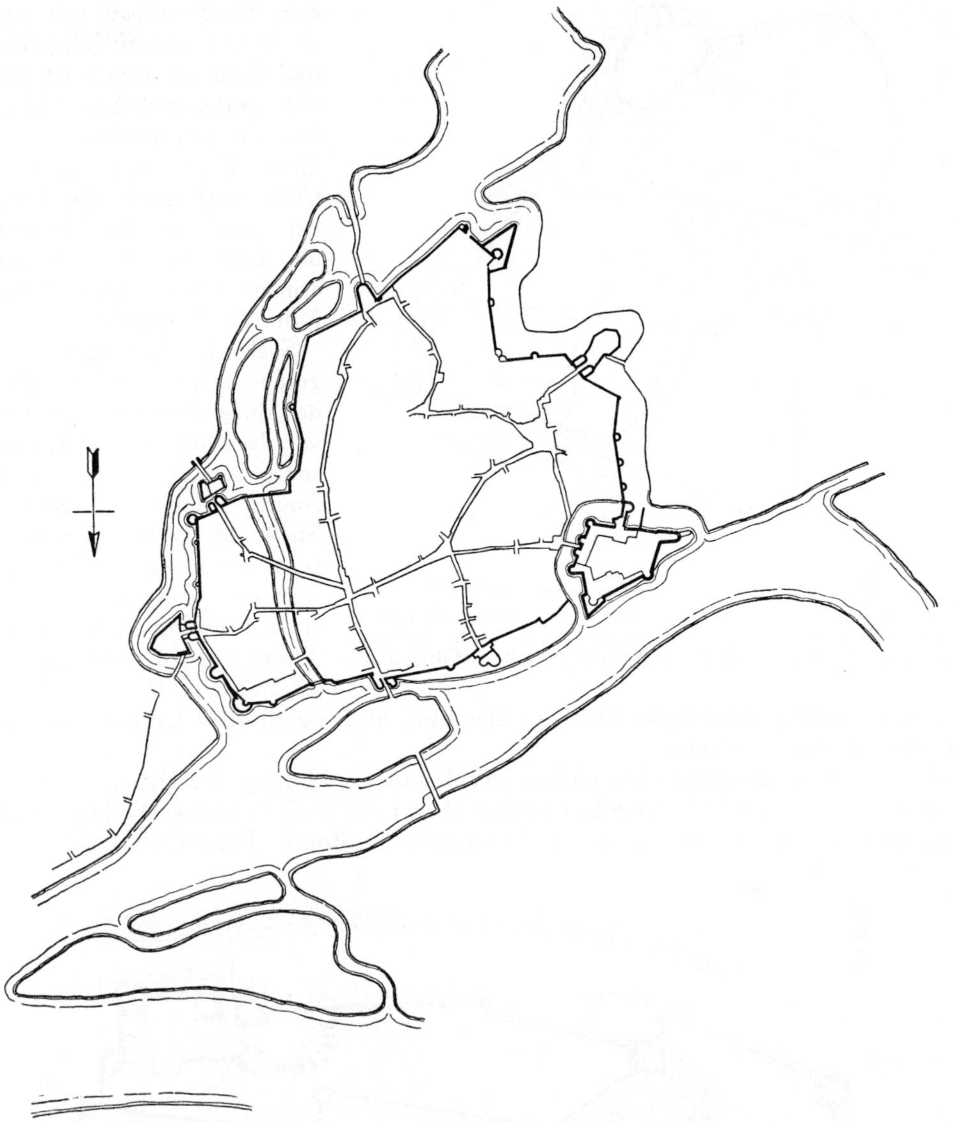

Abb. 337. Nantes a. d. Mündg. d. Erdre i. Loire, Frkr., Lgpl. v. Stadt u. Wasserbg., letztere m. Doppelrdturm=Tor z. Stadt. B. E. nach Pl. v. 1756.

Ein weiterer Hof bot Raum für Kriegsleute, die Ecke stromabwärts nahm das vierflügelig, um einen inneren Hof liegende späte Schloß auf. Ein Flügel (die Ecke dem Hof zu) barg die Burgkirche. Die Stadtmauern schlossen sich beiderseits an. Eine Sperrkette, beherrscht von der Burg, verschloß den Flußarm.

Ein Stich, etwa um 1800 entstanden[151]), der Stadtburg von Nantes (Loire inférieure) zeigt der Stadt zugewandt vier starke Rundtürme der schon 930 erwähnten, im 11. Jahrh. wohl neuerbauten Burg mit ausgekragten und gezinnten Wehrgängen. Zwischen zwei mittleren Türmen lag das Tor, zu dem heute eine feste Brücke führt. Seine Formen gehören

[151]) Franz. Burg. Smlg. 87 St., Stich 53 von Baugean nach Goblain.

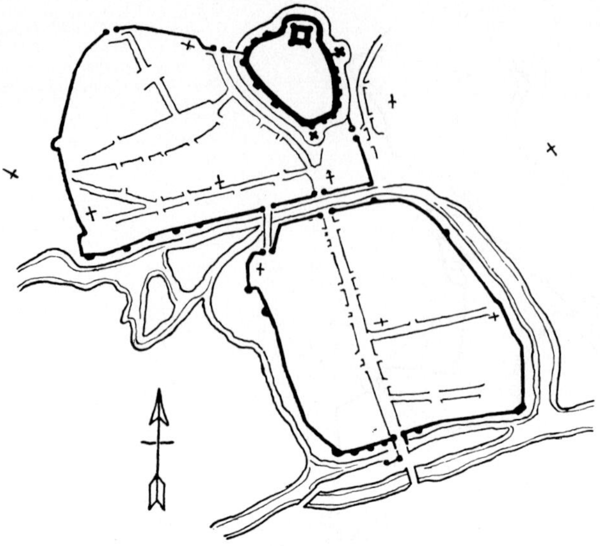

Abb. 338. Stadtbg. Caen a. d. Orne, Frkr., roman. donjon m. Strebepfeilern u. spät. Mantelm. u. 4 rd. Eckt., vieltürm. Vorbg., Lgpl. 1:20000. B. E. nach Pl. v. 1575 u. v. Fürstenhoff.

dem Wiederaufbau von 1466 an. v. Fürstenhoff[152]) hat Stadt und Burg um 1732 noch ganz mit mittelalterlichen Mauern und Türmen gezeichnet. Ein Grundriß[153]) von 1756—57 (Abb. 337) zeigt die Gunst der Lage an der Mündung der Erdre in die hier fünf=armige Loire. Sein Wasser füllte die Burggräben.

Sechs Brücken führten die große Heerstraße unterhalb der Burg über die Flußarme; von der südlichen, der Wasser=seite, konnte also kaum ein Angriff erfolgen. Gegen die Stadt, in deren Mauern die Burg nur wenig mit der Nord=westseite eingriff, schützten sie die erwähnten vier starken Türme, siebzehn weitere ver=stärkten die übrigen Mauern des unregelmäßig fünfeckigen Bezirkes. Der Burg blieb durch diese Lage immer freier Verkehr mit dem Vorlande.

Über die ältere Baugeschichte unterrichtet das Leben Ludwigs des Heiligen und Ur=kunden des Arch. nat.[154]). Nachdem Johann ohne Land auch Angers an Philipp August verloren hatte, erbaute dieser 1228—38 die mächtige Stadtburg. Damals, etwa gleichzeitig

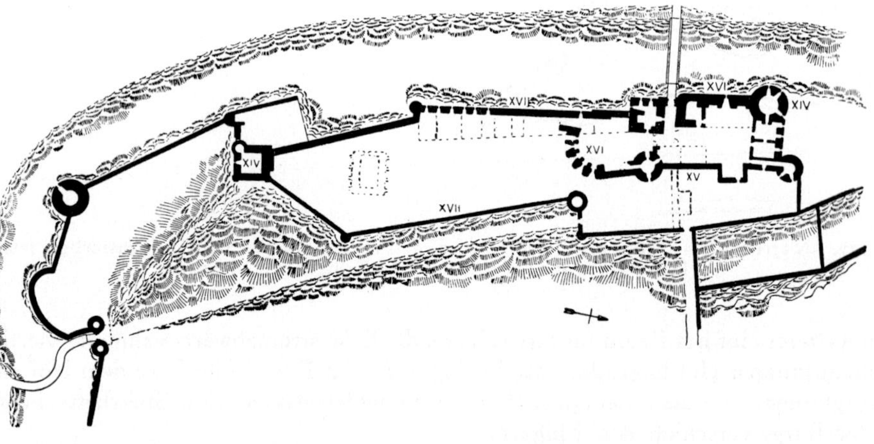

Abb. 339. Stadtbg. Dieppe hoch über Stadt, Frkr., Pl. d. Stadtbg. u. Stadtm. 1:2000. B. E. nach Couteau, Deshoulliers, v. Fürstenhoff.

152) Staatsbibl. Berlin Bl. 9, X 2003/2°. — 153) Smlg. Ebh. (Plan de la Ville de Nantes . . . par le S. François, Cacaut en 1756—57, gravé par Jean Lattré en 1759). — 154) Lecoy de la Marche: Vie de saint Louis S. 136; Thibiage: a. a. O. S. 46 (930 Burg gegen Normannen, im 11. Jahrh. Burg weiter ausgebaut).

mit Coucy, dürften die siebzehn Türme reicher ausgestaltet und höher gewesen sein. Um gegen Geschützangriffe gesichert zu sein, wurden im 16. Jahrh. die meisten bis auf die Mauerhöhe abgetragen.

Abb. 340. Alte Stadtbg. Bayonne, Frkr., B. E. nach Ducéré.

Umbauten werden aus der Zeit Herzog Karls V. von Anjou (1375—79) berichtet, aber erst unter der Gemahlin Ludwigs II. von Anjou, Yolanthe von Aragon, haben wir Nachrichten über größere Arbeiten. Yolanthe ließ nach 1408 Wohnbauten und Türme mit bodenständigem Schiefer neu decken, errichtete auch um 1410 die noch teils erhaltene schöne Kapelle an Stelle oder neben einer älteren, Johann dem Täufer geweihten.

Noch besser sind wir durch Auszüge Lecoys aus den Rechnungsbüchern Königs Renés und dem Inventar von 1471 unterrichtet.

Nach Verlust der Krone von Sizilien machte René Angers zu seinem Hauptsitz und baute die Burg glänzender aus.

Der Torbau wird reicher, Türmchen (tourelles) werden erhöht, die Zugbrücke usw. wird erneuert, mit Holz und Schiefer gedeckt. Neue Laufgänge aus Holz verbinden die Bauteile, so den Turm Buynard und die Wohnung des Königs, das Tor zur Stadt und die Wohnung des Seneschal, Gänge wurden mit Blei gedeckt. Die Versuche, Quellwasser in die Burg zu leiten, mißlingen.

Im Erdgeschoß liegen niedrige, gewölbte Räume, Kleiderkammern des Königs und der Königin, ein Ballspielraum, Wohnräume der Offiziere, die „chambres des crochets" und die Teppichkammer, die Wirtschaftsräume: Küche, Speisekammer, Bäckerei, Hofkellerei, Fruchtkammern und Dienerschaftsräume.

Im Torbau wohnte der Herzog von Calabrien, der älteste Sohn Renés. In den Mansarden lagen Waffenhallen, im „portail des Champs" Sitzungssäle.

Man sieht, das Hauptgewicht im Inventar ist auf bewohnte Räume gelegt; die Burgenzeit neigte sich ihrem Ende zu. Das 16. Jahrh. brachte den teilweisen Abbruch der Türme und neue Vorwerke für den Geschützkampf.

Caen[155]) (Abb. 338), Départ. Calvados unweit Bayeux, die alte Hauptstadt der Normandie, an der schiffbaren Orne, 14 km vom Meere gelegen, war jahrhundertelang von Engländern und Franzosen umstritten, u. a. 1417—50 englisch.

Die großartige Stadtburg ist aufschlußreich von v. Fürstenhoff dargestellt[156]). Den Kern bildet ein romanischer, geräumiger donjon, viereckig, mit schmalem Treppenanbau und zahlreichen Strebepfeilern. Trotz seiner breiten Kanonenscharten, bereits vor

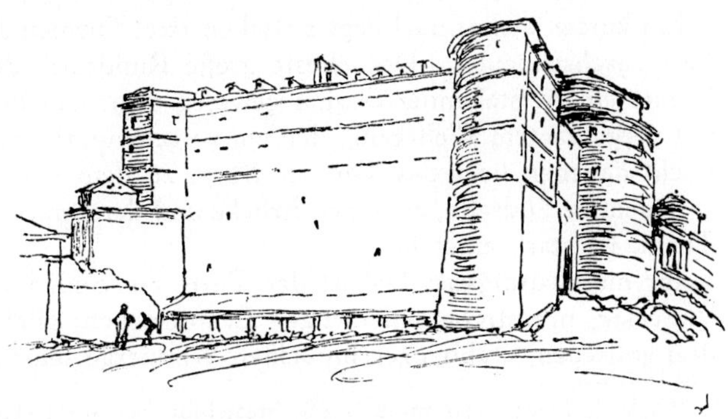
Abb. 341. Neue Stadtbg. Bayonne, Frkr. B. E. nach Ducéré.

[155]) Köhler: a.a.O. Bd. III, 1 S. 403; Carel: Hist. d. l. Ville d. Caen depuis Philipp=August . . .; derselbe: Hist. d. l. V. de Caen sous Charles IX . . . — Vgl. Mackay=Mackenzie: a.a.O. S. 239. — [156]) Staatsbibl. Berlin X 2003/2° Bl. 3.

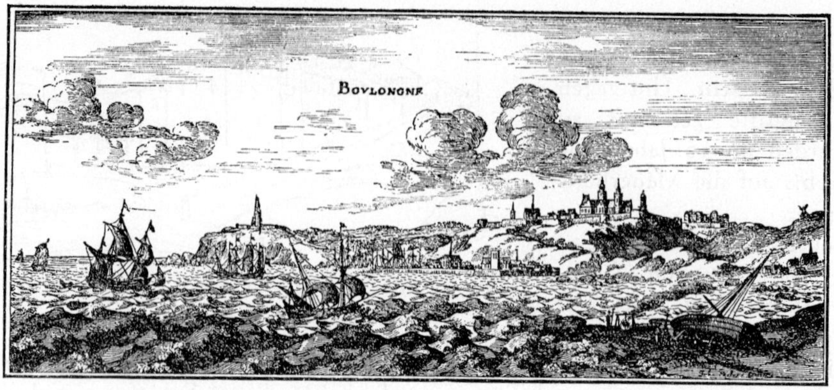

Abb. 342. Boulogne, Frkr., Darstellung nach Merian 1656.

Fürstenhoff aufgesetzt, erkennt man den Loches ähnlichen Bau der Frühzeit. Wilhelm dem Eroberer und seinem Sohn Heinrich I., 1066—87, wird die Erbauung zugeschrieben. Ihrer Zeit entspricht die Form.

Um den donjon wurde später eine quadratische Mantelmauer aus Kalksteinquadern mit vier starken, runden Türmen an den Ecken errichtet. Darin lagen Brunnen, Mühle und Bäckerei. Ein Graben, durch zwei Brücken überschreitbar, von denen eine ins Freiland vor der Stadt führte, umgab diese innere Burg, der sich eine weite unregelmäßige Vorburg anschloß.

v. Fürstenhoff gibt etwa sechzehn, meist viereckige Mauertürme an, daneben zwei starke Torburgen, je aus einem (späteren) viereckigen Mauerklotz mit vier runden Ecktürmen bestehend. Durch sie führten, rechtwinklig geknickt, die Brücken über die Gräben. Der Ausgang zur Stadt ist durch einen mächtigen Tor=Rundturm doppelt geschützt. Das zweite Tor, „Porte du Champs", führte auf das Vorland vor der Stadt.

In der weiten Vorburg ist noch ein schloßartiger Bau (des 15. Jahrh.), „Logis du Roy", verzeichnet, sowie Soldatenhäuser, eine St.=Georgs=Kirche, Gärten usw. Von dem Manoir des Gens d'Armes ist nur eine Mauer mit zwei eleganten Türmen mit Figuren zwischen den Zinnen, an der Porte de Bonsecour ein Maschikuliwehrgang erhalten.

In der Revolution stark beschädigt, diente die Burg später als Kaserne.

Eine herrliche Stadtburg stellt v. Fürstenhoff um 1760 auf seinem Plan von Dieppe dar[157]) (Abb. 339). Quer über die schmale Westseite wurde die langgestreckte, vieltürmige Burg erbaut, von der tiefer liegenden Stadt, die sie schon durch ihre Lage völlig beherrschte, durch steilen Felsabsturz getrennt, gegen das hohe, westliche Land durch künstlichen, tiefen Graben verteidigt.

Ein kurzer Wohnflügel liegt zwischen zwei Türmen am Halsgraben, der nordsüdlich den Fels durchschneidet. Der älteste große Rundturm des 14. Jahrh. an der Nordwestecke könnte ein freistehender donjon gewesen sein. An ihn schließt sich ein längerer Flügel mit vorgekragtem Wehrgang, den ein verschwundener, dritter Turm gegen Süden schloß. Dicht daneben liegt das Tor der Burg, zu dem eine Holz= und Zugbrücke führte.

Die kurze Südseite, zwischen Brücke und dem im Südosten erhaltenen, ehemals höheren Turm, ist stark entstellt.

Ihr merkwürdigster Teil ist der Turm am Südende der Burg, der Turm Saint=Rémi. Viereckig, mit strebepfeilerartigen Ecktürmchen, glich er einem donjon, wenn nicht die drei gotischen, krabbengeschmückten Wimperge seine Bestimmung für kirchliche Zwecke

[157]) V.=le=Duc: Arch. milit. S. 68; Staatsbibl. Berlin Fürstenhoff Plan 2° X 2003; frühe Gründung, 1195 von Ph.=August zerstört.

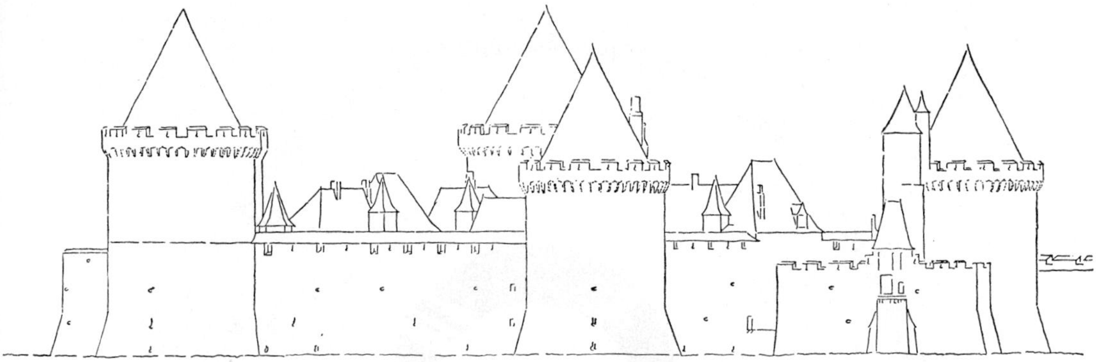

Abb. 343. Abgebrochene Stadtbg. i. Dijon, Frkr., Wiederherstellungsentw. 1:1000. B. E. nach Suisse.

(oder einen Umbau dazu) verrieten. Ihm war eine schon im 11. Jahrh. genannte Kirche angefügt, doch dient er seit 1614 kriegerischen Zwecken[158]). Sein Mauerwerk besteht aus Bruchstein mit eingelegten Ziegelschichten.

Auffallend ist, daß von der langgestreckten Ostseite der Burg, die dem Feinde gegenüberliegt, nur etwa 40 m des viertürmigen Kernbaues große Mauerstärken zeigen. Der malerische Eindruck, der hoch vom Felsen auf die Stadt schauenden Burg, ist durch ihre Unregelmäßigkeit und die zahlreichen Türme bedeutend. Die Burg ist Museum der Stadt Dieppe.

Die Bastille[159]) (Abb. 333) zu Paris lag im Laufe der Stadtmauer unmittelbar an der Porte St.-Antoine, von der sie nur ihr eigener Graben trennt. Der Grundplan zeigt die gegen die Angriffsseite einfache Rechteckform — hier nach außen vorgeknickt —, die in Frankreich üblich war.

Acht Rundtürme, vier an den Ecken in den Längsseiten, je zwei dazwischen — alle so nahe nebeneinandergestellt, daß die laufende Mantelmauer dazwischen oft nur die Turmbreite zeigt —, bieten mit der gleich hohen Mantelmauer das kennzeichnende Bild der französischen Gewaltbauten des 14. Jahrh.

Wehrbauten wurden hier an der Stelle älterer Werke 1356—58, nach der Schlacht bei Poitiers, durch die Pariser begonnen, Karl V. aber legte 1370 am 22. April durch den Prévôt Hugues Aubriot den Grundstein zur Bastille Saint-Antoine[160]).

Die Arbeiten dauerten bis 1382[161]) unter Karl VI. Obgleich unmittelbar neben dem Tor Saint-Antoine gelegen, besaß die Bastille in der östlichen (?) Schmalseite ein eigenes Tor zur Stadt und mitten in der Außenmauer ein Tor nach dem Vorland, der Beherrscher der Feste war damit nach beiden Seiten unabhängig.

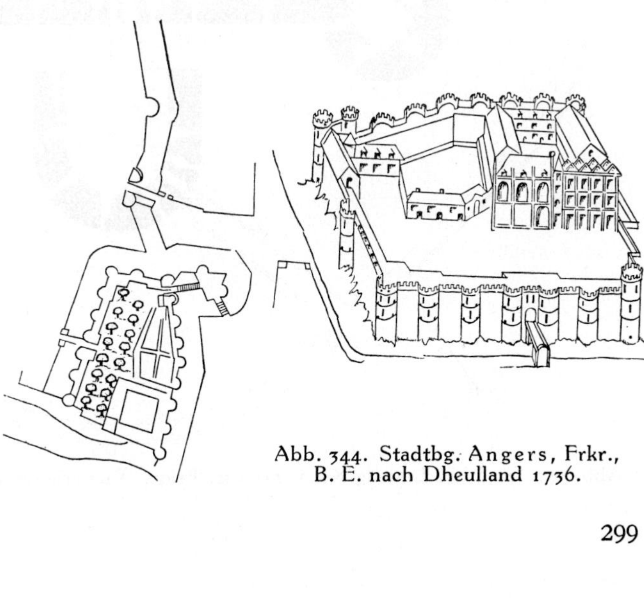

Abb. 344. Stadtbg. Angers, Frkr., B. E. nach Dheulland 1736.

[158]) Deshoulières: Dieppe S. 82. — [159]) Siehe oben. — [160]) Bournon: Hist. gén. d. Paris. La Bastille S. 4; Fougeret: Hist. gén. d. l. Bastille; V.-le-Duc: Dict. Bd. II, S. 172, 174, Bd. VI, S. 452; derselbe: Arch. milit. S. 66; Smlg. Ebh.; Schuchhardt: D. Burg. i. Wandel d. Weltgesch. S. 343; Cohausen: a. a. O. S. 320. — Arnould: Hist. de la B. — [161]) Bournon: a. a. O.

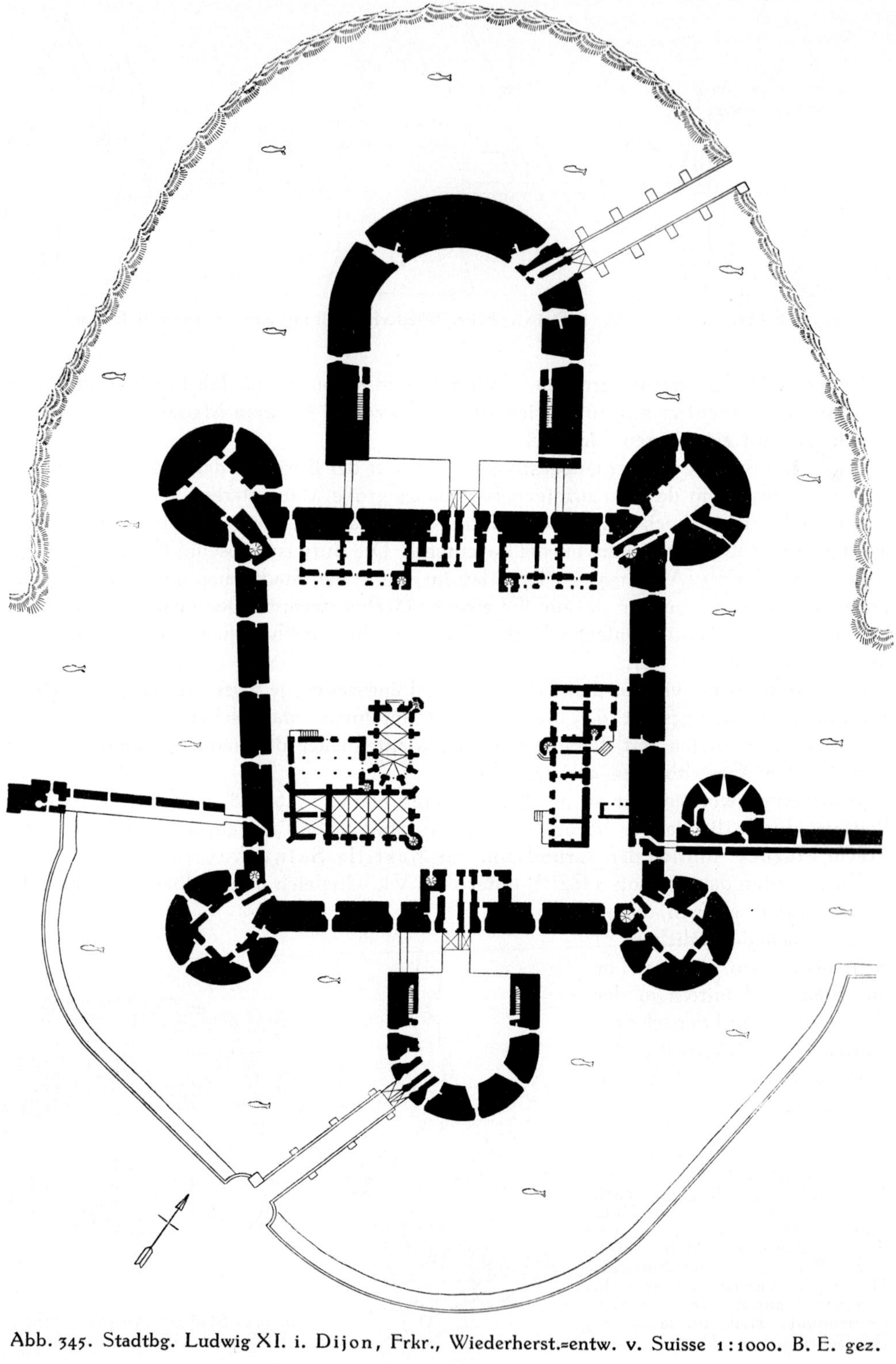

Abb. 345. Stadtbg. Ludwig XI. i. Dijon, Frkr., Wiederherst.=entw. v. Suisse 1:1000. B. E. gez.

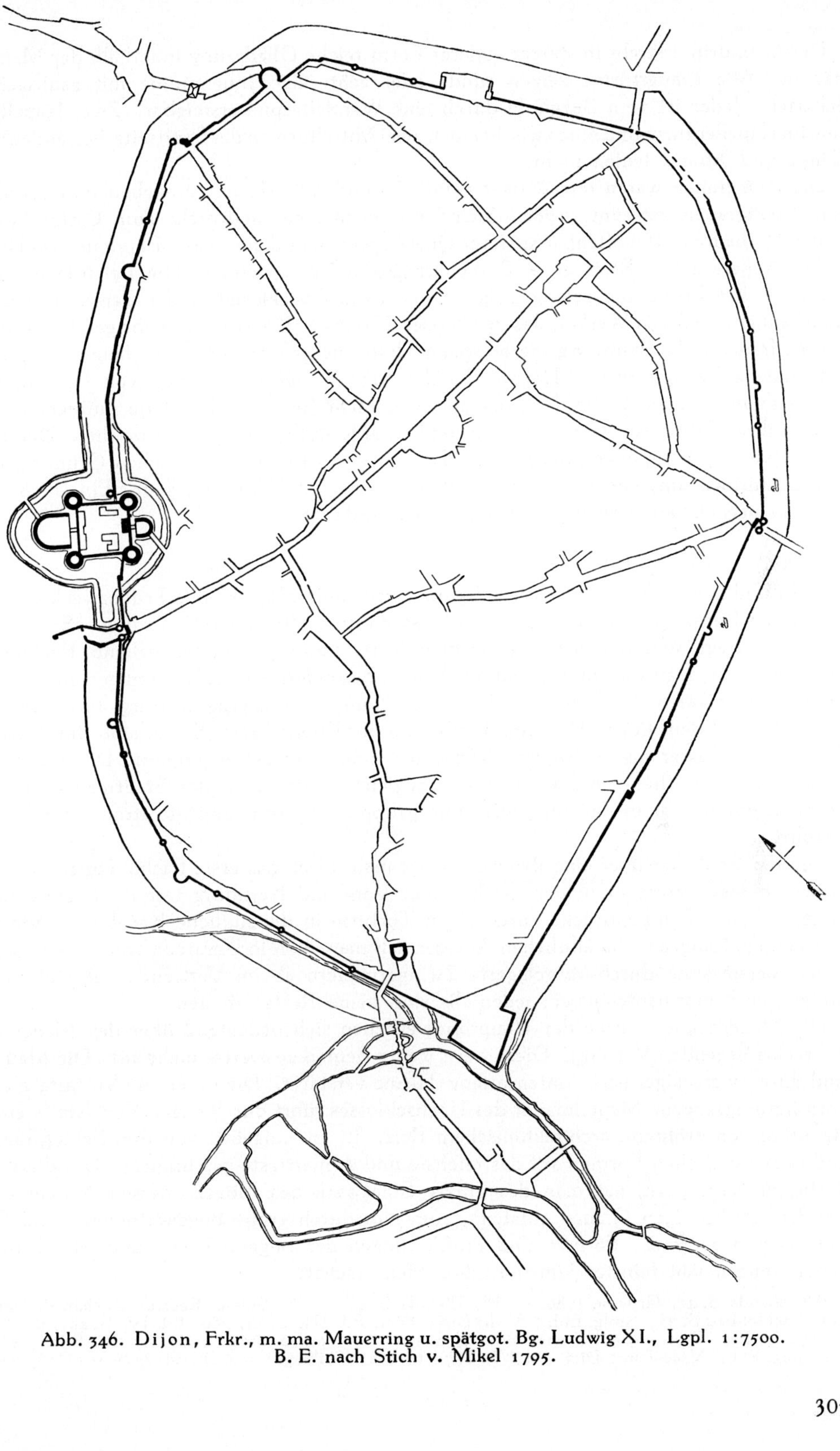

Abb. 346. Dijon, Frkr., m. ma. Mauerring u. spätgot. Bg. Ludwig XI., Lgpl. 1:7500. B. E. nach Stich v. Mikel 1795.

Der Grundriß erstrebt in starrer äußerer Form reiche Gliederung innerhalb der Mauerstärken. Alle Mauertürme zeigen runde oder achteckige Innenräume mit zahlreichen Scharten. Jeder ist vom Burghofe durch eine Wendeltreppe ersteigbar. Zwei Kapellen, eine im Kapellenturm und eine zwischen den zwei Mitteltürmen der Stadtseite, bestanden[162]). Gänge und Aborte fehlen nicht.

Die Ringgräben waren mit Wasser gefüllt[163]) und mit Mauern umgeben und dadurch vom Stadtgraben getrennt. 1789 bestand nur noch eine Zugbrücke zum Osttor hinter späten Vorbauten. Ein offenbar späterer Querflügel trennt den inneren Raum in zwei Höfe.

Das Äußere zeigte Reste eines Zinnenkranzes auf Kragsteinen. Die Leichtigkeit, mit der 1789 ihre Eroberung gelang, zeigt zugleich die Zwecklosigkeit der Zerstörung eines wehrbaulich wertlosen Werkes, das der Pariser „Freiheit" längst nicht mehr gefährlich war.

Eine französische Stadtburg, deren später Ursprung bekannt ist — die heute völlig verschwundene Zwingburg von Dijon[164]) (Abb. 343) —, wurde errichtet von Ludwig XI. als Zwingburg gegen die Städter, die durchaus nicht freiwillig den Raub guthießen, der sie von ihrer Erbherrin Maria von Burgund trennte und zu Franzosen machte. Der Bau dauerte von 1477 bis über 1495 hinaus. Die Burg weist den quadratischen Grundriß mit vier Ecktürmen auf, der uns sooft in Italien begegnet (Abb. 345, 346). Ein Stich von Baugean nach Chapuy zeigt die bedeutenden Reste[165]).

Übergang zum Schloßbau

Mehr und mehr tritt nun der Verteidigungszweck hinter Wohn- und Prunkzweck zurück. Aus festen Burgen werden allmählich Schlösser durch Um- oder Neubauten. Schon das 15. Jahrh. trägt Wohnzwecken neben dem Verteidigungswillen weitgehend Rechnung. Betrachten wir dazu die im 14. und 15. Jahrh., besonders ab 27. November 1400, durch Ludwig II., Grafen der Provence, den Vater König Renés, erbaute Burg Tarascon[166]) (Abb. 350) auf dem linken Ufer unmittelbar an der Rhône. Drei Seiten sind durch einen Graben, der Wasser aus der Rhône erhält, von der Stadt Tarascon getrennt. Die Abschlußmauer zwischen Rhône und Graben war zugleich Fortsetzung der Stadtmauer bis zur Burg. Diese zerfällt in den um zwei Höfe gruppierten Kern und die stromauf gelegene Vorburg.

Von der Stadt her über eine Brücke gelangt man durch das erste flache Tor in der östlichen Umfassungsmauer in den Graben, der Vor- und Kernburg trennt. Rechtwinklig biegt hier eine Treppenbrücke durch einen Torturm in die südliche Kernburg. Wie bei Pierrefonds, Langeais und ähnlichen Anlagen sah man auch in Tarascon von einer wesentlichen Verstärkung durch vorgelagerte Zwingermauern ab im Vertrauen auf Höhe und Stärke der Hauptmantelmauer; jedenfalls sind keine Reste erhalten.

Die Mauern und Türme der Hauptburg erheben sich bedeutend über den Mauerring der rechts liegenden Vorburg. Diese weist wenig Bemerkenswertes mehr auf. Die Mauern sind durch viereckige, nach hinten offene Türme verstärkt. Die gegen die Vorburg gleich hoch herumgezogene Mantelmauer des Hochschlosses führt durch engen Vorplatz in einen Haupthof von größtem, architektonischem Reiz. Er ist umgeben von drei Schloßflügeln und in spätgotischen Formen auf das reichste und großartigste geschmückt. Um die Hoffläche zu vergrößern, hat man das untere Stockwerk des Flügels, dessen Außenmauer aus dem stadtseitigen Graben aufsteigt, zum Hof durch große Bogenöffnungen und Gewölbeachsen geöffnet. Formen und Profilierungen der Bogen, Säulen und aller Einzelheiten zeugen von feinster künstlerischer Meisterschaft.

[162]) Ebenda S. 42, Grdr. v. 1789. — [163]) Ebenda S. 43. — [164]) Suisse: Restaur. d. chât. d. Dijon; Ebh.: Schloßbau S. 31; Smlg. Ebh.; V.-le-Duc: Dict. Bd. III, S. 34, 280, Bd. IV, S. 481, Bd. VII, S. 569; Le Bas: Dict. encycl. France Bd. VI, S. 554. — [165]) Frz. Burg. Smlg. 87 St., Stich 24. — [166]) Smlg. Ebh.; V.-le-Duc: Dict. Bd. VI, S. 73 u. 212; Thibiage: a. a. O. Bd. I, S. 183.

Das letzte Viertel des Flügels birgt die durch ein reiches Portal zugängliche untere Schloßkapelle. In höheren Geschossen sind fortlaufende Zimmerfluchten angeordnet, zwischen denen der Verkehr durch zahlreiche Wendeltreppen bis zum Dach vermittelt wird. Auch die vorspringenden Verteidigungstürme sind in reichster Weise zu Wohn=zwecken ausgebaut.

Abb. 347. Bg. Josselin, Frkr., ma. Uferans. B. E.

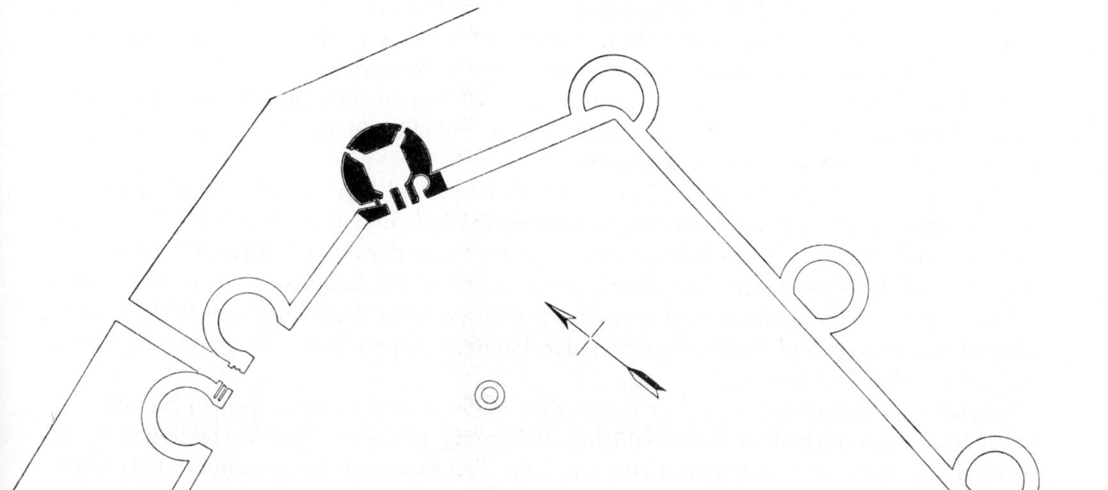

Abb. 348. Ergänzter Grdr. d. Uferbg. Josselin, Frkr., Doppelrdturm=Tor, spätgot. ausgeb., 1:1000. B. E. nach Grand.

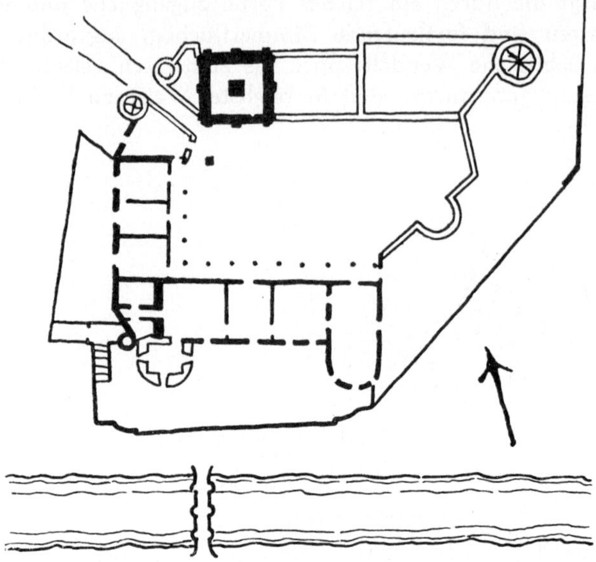

Abb. 349. Uferbg. Larochefoucauld, Frkr., früh. donjon, Reste schloßart. ausgeb., Grdr. etwa 1 : 1000. B. E. nach Eyriès.

Als Geschoßeinteilung dienen reiche Holzkassettendecken gotischer Profilierung des ausgehenden 15. Jahrh. Alle Räume haben großartige Steinkamine. Auch sie verraten in ihrer Profilierung die meisterhafte Beherrschung von Form und Baustoff der Architekten jener Zeit.

Das höchste Geschoß ist überwölbt und mit flachem Steindach abgedeckt. Es entspricht mit den erhöhten Rändern der einzelnen Steine dem der Archivflügel in Avignon und der deutschen Hohkönigsburg.

Mauern und Türme der Burg Tarascon umzieht eine neuerdings ergänzte Zinnenbrustwehr. Die westliche Mantelmauer der vierstöckigen Kernburg zeigt der Rhône zu einen viereckigen, stark vorspringenden Turm, im übrigen glatte Mauer, durchbrochen von zehn viereckigen Fenstern mit spätgotischen Verdachungen. Zwei Rundtürme verteidigen die beiden Ecken der Landseite. Die Mauerstärken betragen rund 3,50 m, die Höhe etwa 25 m. Glatte, nicht sehr große Quadern bilden das äußere Mauerwerk.

Reich und zahlreich sind Steinhauerarbeiten an Wappen, Kragsteinen, Gewölberippen und Schlußsteinen. Maßwerk zierlichster Art schmückt die Kirchentür im Hof, Reste schöner Schmiedearbeit die Fenstergitter.

Hohe Ansprüche an schönes und gesundes Wohnen sind hier erfüllt. Offenbar ist auch der unbeschreiblich schöne Anblick auf Rhônelandschaft und Burg Beaucaire bei Anordnung des Arbeitszimmers des Königs und Empfangssaales der Königin bewußt eingefangen. Kapelle und Königsgemach sind durch einen späteren (?) bequemen Gang verbunden. Die meisten Wohnzimmer sind mit Aborten ausgestattet, besonders sorgfältig Arbeitszimmer des Königs und Ankleidezimmer der Königin eingerichtet. Im Speisesaal befand sich eine große Waschanlage.

Obgleich so das Innere von Tarascon dem Wohnbedürfnis eines großen Schloßherrn genügt, ist doch auch dem Wehrbedürfnis Rechnung getragen. Auf Verteidigung durch Abwurf von oben nach unten sind ringsum zum Teil mehrfach übereinander angeordnete Maschikuli berechnet, Seitenbestreichung ist durch vorspringende Türme gesichert.

So vereint Tarascon mit einer ernsten, groß empfundenen wehrhaften Außenseite das reichste Innere, das Schönheit und Bequemlichkeit ersinnen kann.

Weitere Burgen, voll des Reizes der Vereinigung von burglicher mit freierer Architektur, sind Langeais[167], Josselin und Larochefoucauld.

Bei der ersten ist die hohe Mantelmauer an der Angriffsseite noch durchgeführt, (Abb. 353) bereits von zahlreichen Fensteröffnungen durchbrochen, darüber der Wehrgang, dessen Maschikuli und Konsolen künstlerisch zierlich gelöst sind. Dem Hof fehlt der Wehrgang,

[167]) Debraye: a. a. O. S. 105; Cohausen: a. a. O. S. 299; Köhler: a. a. O. Bd. III, I S. 405; Encycl. par l'image S. 12, 14.

Kirchenburg Mont St. Michel, Frankreich, nach v. Fürstenhoff

Burg Foix, Frankreich, nach v. Fürstenhoff

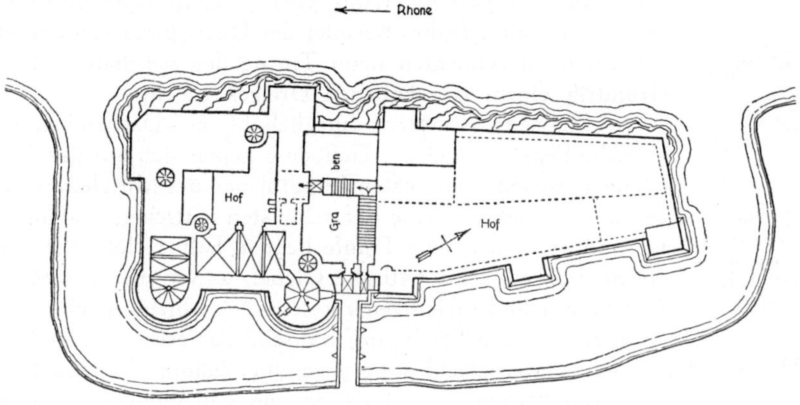

Abb. 350. Spätgot. Wasserbg. Tarascon, am Rhôneufer, Frkr., Grdr.=sk. B. E.

da der schon vom Grafen Fulquo Nerra von Anjou erbaute alte donjon die neue Hofseite schützte[168]).

Das alte Mauerwerk besteht von außen aus kleinen, viereckigen Steinen, innen aus Bruch=steinpackung. Rundbogen der (kleinen) Fenster sind aus Ziegelsteinen. Der alte donjon war 16,70 m lang und 7,10 m breit, dazu 12 m hoch.

Langeais zeigt damit neben Nogent=le=Retrou[169]) und Beaugency (Abb. 351) einen der ältesten donjons Frankreichs[170]).

Dauernde Besiedlung und Befestigung verdankte der Ort seiner strategischen Bedeutung als wichtigsten Übergangspunkt über die Loire zwischen Tours, Angers, Poitiers und dem Norden, ein oft umkämpfter Punkt. 1359 erzwangen die Engländer hier den Übergang, 1427 eroberten sie die Burg.

Ludwig XI. (1461—83) erkannte die strategische Bedeutung und beauftragte seinen Günstling Jean Bourré, östlich der alten Burg den Neubau zu er=richten. Drei Türme stehen dicht gedrängt in der gleich hohen Mantelmauer gegen Osten. Zwei Wohn=flügel bilden für einen König keine sehr große Wohnung.

Trotzdem genügte sie, um am 16. Dezember 1491 als Schauplatz glänzender Hochzeitsfeiern des Dauphin, späteren König Karls VIII., mit der Erbtochter des Herzogs der Bretagne zu dienen.

Die neue Burg aus grauen Kalksteinquadern wirkt nach außen noch wehrhaft, obgleich ehemals vorhan=dene Wassergräben verschwunden sind[171]).

Abb. 351. Burg Beaugency, Frkr., Skizze d. früh. donjons m. Strebe=pfeilern. B. E. 1905.

[168]) Über Erbauungszeit siehe oben. — [169]) V.=le=Duc: Dict. Bd. III, S. 77, erwähnt normannischen Einfluß. — [170]) Als Münzstätte wurde Langeais sogar schon zur Zeit der Merowinger genannt. — [171]) Jean Bourré, „contrôleur des Finances", der auch Plessis=Bourré baute, errichtete Langeais von 1464 ab. Diesem Verwaltungsmann werden außerdem zugeschrieben die „châteaux et maisons de plaisance" Longué, Jarzé, Vaulz, Couldray und Antrammes nahe Laval. Bossebœuf: a. a. O. S. 136.

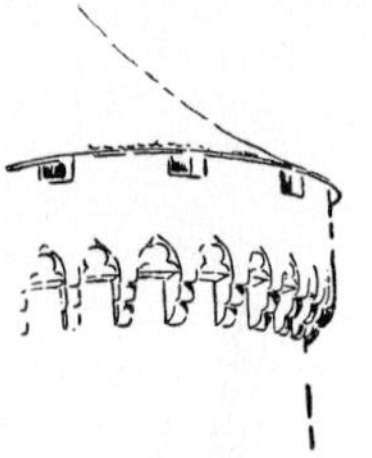

Abb. 352. Bg. Larochefoucauld, Frkr., Wehrg. m. Maschikuli. B. E. nach Eyriès.

Die Burg Josselin[172]) (Abb. 347) in der Bretagne bietet ein künstlerisch reizvolles, frühes Beispiel des Überganges von der Burg zum Schloß. Einst schirmten neun Türme den wehrhaften Platz, dessen Grundriß einem verschobenen Dreieck gleicht.

Die Flußseite ist streng burglich bis zur Dachtraufe, nur sechs gotische Fenstergiebel der Gauben erheben sich aus der Wehrgangsmauer zwischen drei ernsten Rundtürmen des Mittelalters. Dem Hof zu aber wendet sich eine der schönsten gotischen Schloßmauern des 14. und 15. Jahrh. Die Traufe liegt in halber Höhe der Fenster des ersten Stockes; zehn gotische Giebel, wenig über Fensterbreite mit Wimpergen und Fialen reich geschmückt, bieten noch den Fenstern eines zweiten Stockes Raum, während das ernste ruhige Erdgeschoß die feste Hauswand der gegliederten Dachlösung gegenüber betont. Vollendet einheitlich schließen sich die festen Rundtürme dem Bilde an, ein vollkommenes Bild gotischen Wohnbaues im burglichen Rahmen.

Der Grundriß (Abb. 348) zeigt die allmähliche Wandlung. Einem Ausbau des 14. Jahrh. gab der Connétable de Clisson noch burgliche Formen. Abbrüche des Herzogs Friedrich II. der Bretagne und Heinrich IV. zerstörten vieles, was neuerdings ergänzt wurde. Ein tiefer Halsgraben schützte die Angriffsseite[173]).

Unter Umbauten der ernsten Gewaltbauten mit der frei entfalteten Pracht französischer Schloßbauten der Gotik und Renaissance verdient Larochefoucauld[174]) (Abb. 349), der Sitz einer Reihe bedeutender französischer Staatsmänner, besondere Erwähnung.

Eine Hügelnase bildet den Bauplatz, ein tiefer Halsgraben trennt diesen vom Hügelrand. Zwei weitere Gräben und südlich der Fluß schützten ihn. Den ältesten Teil, den „tour carrè", den mächtigen turmartigen donjon, bespült der Fluß Tardoire. Sein Erdgeschoß wird dem 9. Jahrh. zugeschrieben. Zwei merkwürdige Rundbogenblenden verbinden drei schmale Strebepfeiler. Ein höherer Aufbau und zwei schlanke Tortürme gehören dem 15. Jahrh. an.

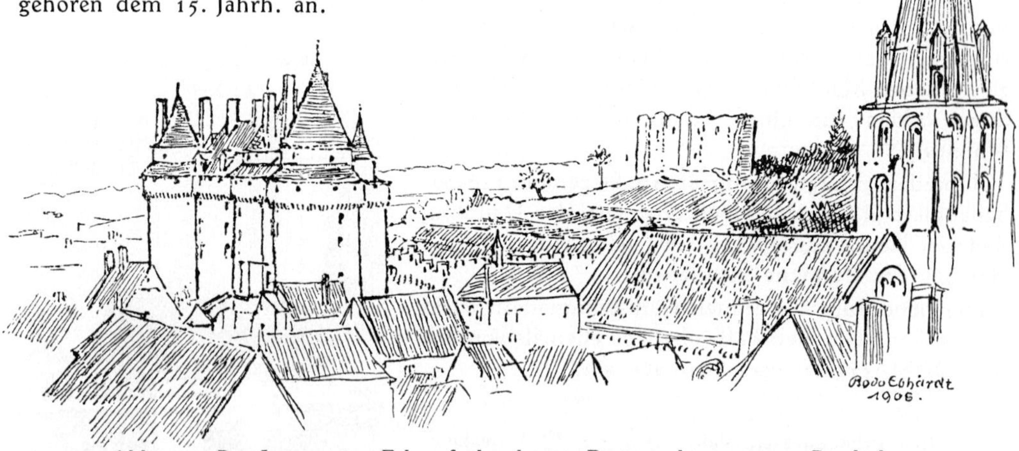

Abb. 353. Bg. Langeais, Frkr., frühe donjon=Reste rechts, spätgot. Bg. links.

[172]) Eyriès: Les chât. hist. d. l. Fr. Bd. I, S. 101 ff.; Smlg. Ebh.; Grand: Chât. d. Josselin S. 26; V.=le=Duc: Dict. Bd. II, S. 95, Bd. VI, S. 191; Hist. France illustr. Bd. I, S. 215; Burg ist am Anfang des 11. Jahrh. entstanden, 1008 (?), 1026 (?). — [173]) Le Bas: a. a. O. Bd. IX, S. 735. — [174]) Encycl. par l'image S. 48; Ebh.: Schloßbau S. 37; Sammelbd. Frz. Burg. 87 St., Stich 70; Smlg. Ebh.; Eyriès: a. a. O. Bd. I, S. 35 ff.

Das dritte Stockwerk des donjon wurde früher von einem schön gewölbten Saal ein=genommen. Im 14. und 15. Jahrh. folgten Um= und Ausbauten, die älteres Mauerwerk zeigen, nur der Kapellenturm ist in glatten, regelmäßigen Quadern wie der Bau des 16. Jahrh. ausgeführt. 1528 baute ein Graf de la Rochefoucauld die zwei Renaissanceflügel.

Man liebte es in Frankreich, die großen donjons und die runden, starken Ecktürme bei=zubehalten, in die man, wie in der Wasserburg Sully sur Loire, nachträglich große Fenster einbrach[175]).

Wir nennen als besonders kennzeichnend u. a. Châteaudun mit seinem Riesenrund=turm[176]), Pau, Foix mit hohen, alten Türmen. Rambures (Somme) zeigt dagegen, wie Ussé und Montreau=faut=Yonne, wohl noch Burgformen wie Wehrgänge auf Krag=steinen usw., aber doch wesentlich für Wohnzwecke mit großen Fenstern und anderen Öffnungen errichtet, so daß im Ernstfalle eine Verteidigung schwierig gewesen wäre.

Rückblick auf die geschichtliche Entwicklung

Die Entwicklung und die Schicksale der Burgen Frankreichs spiegeln die gesamte, ver=worrene Geschichte des Landes wider und sind bedingt durch die rassische Zusammen=setzung des Volkes.

Rein germanisch war gewiß der Anfang dieser Entwicklung, nachdem in den Kämpfen während des Zusammenbruches des Römischen Reiches und während der Völkerwanderung die Reste der gallorömischen Bevölkerung erschlafft und willenlos die germanischen Durch=züge und Einwanderungen der Westgoten, Vandalen und Franken hingenommen hatten.

Auch Merowinger und Franken verloren nach ungeheurem Aufschwunge der Zeit Karls des Großen ihre staatenbildende Kraft, und erst nach siegreicher Landnahme der Nor=mannen kamen neue Verfassung, Aufteilung des Landes, Kriegskunst und der Burgenbau zu ausschlaggebender Bedeutung.

Zuerst diente noch die Mota, Erdhügelburg, den eindringenden germanischen Eroberern als Rückhalt für ihre Herrschaft über unterworfene Landesbewohner.

Die dann folgenden knorrigen Gewaltbauten, die steinernen normannischen donjons von Loches oder Beaugency, Montbazon, Montrichard, Montcoutour (Deux Sévres), Grand=Pressigny oder Pouzauges (Vendée) entsprechen ganz dem gewalt=samen Wesen ihrer Erbauer. Trotz und Zähigkeit, Mißtrauen und Abenteurerlust kenn=zeichnen namentlich die Normannen, die aus Räubern und fahrenden Helden zu Staaten=bildnern und Gewaltherrschern erst auf nordfranzösischem, dann auch auf englischem Boden wurden.

Die Donjonform widerspricht nach äußerer und innerer Bildung allen römischen Türmen. Die veraltete Anschauung, hier germanische Schöpfungskraft zu leugnen, weil Hunderte von Jahren vorher römische Steinbauten für ganz andere Zwecke und Ziele in Gallien erbaut wurden, muß abgelehnt werden.

Die Wahl ihrer Bauplätze — sie siedelten zuerst nahe der Meeresküste, so daß sie jeder=zeit wieder auf das Meer ausweichen oder Nachschub von dort aufnehmen konnten — ist kennzeichnend für die Erbauer der Burgen in Dieppe, Caen, Boulogne oder Angers und Nantes.

Eine Burgenkarte Frankreichs zeigt klar die Mächteverteilung in räumlicher Beziehung. An der Nord= und Westküste häufen sich die Burgen als Schutz der Häfen.

In dem Gebiet der Seine und Marne zeugt die Fülle der Gewaltbauten von den unend=lichen Kämpfen zwischen den Normannen, später den Engländern und dem französischen

175) Siehe oben S. 290 Anm. 138. — 176) Siehe oben.

Königtum. Wie im Weltkriege fielen hier die Entscheidungen damals zwischen dem französischen König und England.

Die Herrschaft über Anjou und die Grenzen der Bretagne und Guyenne sicherte die Burgengruppe der Loire von Loches bis Langeais.

Die Grenze gegen das Deutsche Reich zeigte bis zum 15. Jahrh. an der Rhône und nördlich durch Burgund bis zu den Niederlanden, also von Arles bis Gent, eine große Burgenkette. Noch König René und sein Vater sicherten durch großartige Bauten in Anjou und dem Arelat, z. B. in Tarascon und Angers, ihre weit zerstreuten Gebiete. Für das schwache Königtum mußte noch Ludwig der Heilige, als er seinen Kreuzzug unternahm, etwas östlicher in Aigues Mortes die erste eigene, vom französischen König abhängige Hafenburg schaffen, da das Königtum damals und noch lange Zeit später hauptsächlich auf Paris und die Mitte des Landes beschränkt war.

Zwei Burgengruppen stehen sich in Angoulême, in Guyenne und im Gebiet der Garonne in der Gascogne gegenüber, endlich liegen Grenzburgen in den Pyrenäen und bis ans Mittelmeer in dem lange strittigen Gebiete von Bayonne über Pau, Foix bis Carcassonne und Narbonne. Hier sind verhältnismäßig wenig feste Plätze zwischen Frankreich und Spanien errichtet, da nur wenige Pässe zu schützen waren.

Spätere Burgen Frankreichs gestalteten sich allmählich aus den frühen donjons bis zu der entwickelteren Wehrbaukunst der Anjou, eines Richard Löwenherz und Philipp August. Das 12. und 13. Jahrh. sieht in Burgen wie Montargis und endlich in Coucy die unvergleichlichste Blüte.

Dieser schönste aller französischen Burgbauten, der auch die stolzeste Geschichte hat und von 1200 bis 1652, also 450 Jahre, allen Stürmen widerstand, der, wie wir bei der Betrachtung schottischer Burgen gesehen haben, auch im fernen Norden Schule machte, war nicht immer der Herrensitz eines germanischen Frankenritters. Schon 400 Jahre vorher, von 500 bis fast zum Jahre 1000, war hier kein einzelner Herr Besitzer, sondern die Reimser Kirche. Dann erst entstand allmählich der ungeheuerste Burgbau Frankreichs, der politischen und rassischen Umbildung von Land und Volk entsprechend. Die der Kirche folgenden Enguerrands wurden schon französische Fürsten, verschwägert mit den französischen und schottischen Königen und Gewalthaber über zahllose abhängige, nicht mehr germanische freie Lehensträger, die als Besatzung der Burg dienten. Die Burg wurde schon fast zur Festung.

Die gesamte Nord- und Westküste stand dagegen unter englischem Einfluß, wenn nicht unter dessen unmittelbarer Herrschaft. Die Häfen waren englisch: Calais von 1347 bis 1558, Boulogne von 1492 bis 1550, Dieppe war verschiedentlich englisch, so im 14. und 16. Jahrh., Rouen von 1066 bis 1449, Brest von 1322 bis 1397, La Rochelle von 1215 bis 1224 und von 1360 bis 1372, und Bayonne von 1153 bis 1451. Viele Gebiete, wie Anjou und die Bretagne, kamen erst im 15. Jahrh. dauernd unter unmittelbare, königliche Macht. Die Form und Art der Kette von Hafenburgen gibt von diesen Entwicklungen die besten Beweise.

Es folgt die Feudalzeit mit ununterbrochenen inneren Fehden und Kämpfen, die zum großen Teil um die Burgen toben. Wie wichtig ihr Besitz noch im 15. Jahrh. war, kann man aus zeitgenössischen Quellen sehen. Der Verräter an seinem Herrn Karl dem Kühnen und später Diener Ludwigs XI., Philipp von Commynes[177]), schildert des Königs Vorgehen, der freilich mehr mit Bestechung und Verrat als im ehrlichen Kampf eine Burg nach der anderen einnimmt, um sie dann sorgfältigst zu verstärken.

In den Jahrhunderten von 1250 bis 1500 werden die Grundrisse und Aufbauformen namentlich in Mittel- und Nordfrankreich immer einheitlicher, glatter und trotz riesenhaften Aufwandes geistloser bis zu den höchsten Entwicklungsstufen in Poitiers, dem

[177]) Commynes: a. a. O.

Louvre, Pierrefonds, Sully sur Loire, Langeais usw., um dann in den prachtvollen Schloßbauten der Renaissance allmählich unterzugehen.

Selbständiger bleiben die Formen im südlichen und westlichen Frankreich. Zu viele Einflüsse strömen hier zusammen.

Avignon mit päpstlichen Architekten, Tarascon durch König René erbaut, Rochemaure, Crussol, Brancion, Berzé und andere kleinere Burgen tragen der Rasse und Bodengestaltung offensichtlich selbständiger Rechnung. Auch Bonaguil[178]) (Abb. 26), an der Grenze zwischen Gascogne und Toulouse, ist eine selbständige Schöpfung, dem Gelände an Ort und Stelle ungewöhnlich bewegt angepaßt. Ebenso die Burgen gegen Spaniens Grenze in Narbonne[179]) und Perpignan[180]), Pau und Foix bis zu der späten Grenzfeste Salces[181]).

Mit dem Jahre 1500 ungefähr schließt die Burgenzeit auch in Frankreich. Schon die letzte Hälfte des 15. Jahrh. hat kaum völlig neue Bauten erstehen sehen: Luynes[182]), Montcornet[183]), Josselin, Ludwig des XI. Stadtburg zu Dijon zeigen sehr verschieden den Übergang zur Verteidigung gegen Geschütze auf der einen Seite, und Veräußerlichung mittelalterlicher Wehrgänge, Türme usw. zu Zierformen der Schlösser auf der anderen Seite, wie bei Ussé oder Vigny.

Die Burgen hatten ihre Aufgabe, das vielgeteilte Land zu schützen und zu beherrschen, erfüllt. Die Königsgewalt war mächtig gewachsen. Der furchtbare Ludwig XI. steht am Ende der Feudalzeit, am Ende des ritterlichen Wesens, am Ende der Zerrissenheit Frankreichs und am Beginn des unbeschränkten Königtums und des Großstaates Frankreich.

Abb. 354. Höhenbg. Brancion, zw. Loire u. Saône, Frkr., gr. viereck. donjon, Ausb. d. 15. Jh.

[178]) V.=le=Duc: Dict. Bd. II, S. 115, Bd. III, S. 167, Bd. V, S. 197; derselbe: Arch. milit. S. 157 bis 160; Smlg. Ebh.; Lauzun: Chât. d. Bonaguil (1271 urkundliche Erwähnung, heutige Ruine stammt vom Ende des 15. Jahrh). — [179]) Smlg. Ebh. (heute Ruinen der Bischofsburg aus dem 13. und 14. Jahrh.). Vgl. Prokop: Mähren Bd. II, S. 360. — [180]) Petit château im 14. Jahrh. erbaut. Plan v. Fürstenhoff i. Staatsbibl. Berlin (X 9256). — [181]) V.=le=Duc: Dict. Bd. IX, S. 122 (Turm 1497 bis 1503). — [182]) Encycl. par l'image S. 14. — Debraye: a. a. O. S. 102 f. — [183]) Smlg. Ebh.

Abb. 355. Höhenbg. Schallaburg b. Melk/Donau, i. 16. Jh. schloßart. ausgeb. B. E.

Deutsche Burgen

Einfluß der geologischen Formgestaltung des Bauplatzes

Kein Land Europas kann sich rühmen, so viele Burgen sein eigen zu nennen wie Deutschland.

Sie sind die unverfälschten Zeugen der deutschen Kultur und wirtschaftlichen Entwicklung, der Kriege und Fehden — des ritterlichen Lebens eines halben Jahrtausends. Noch heute Denkmale des höchsten technischen und künstlerischen Könnens, waren sie einst Träger landesherrlicher Gewalten bis in deren vielfachste örtliche Verästelungen.

So begleiten die Burgen die großen Ströme in allen Teilen deutschen Landes. Alle großen Heer- und Handelsstraßen bewachten sie und rahmen sie noch heute ein als Landmarken einer großen heldischen Vergangenheit.

Deutsche Burgen entstanden in Zeiten, in denen das Reichsgebiet weit über die heutigen Reichsgrenzen hinausgriff. Wir finden kennzeichnende deutsche Burggrundrisse und Umrisse in europäischen Ländern vom Balkan bis zur Ostsee und Finnland, vom norditalienischen Tiefland bis an das Danewerk und von Mümpelgard in Burgund bis Siebenbürgen[1]).

Deutsche Baumeister wirkten weit hinaus über die Reichsgrenzen der Ottonen, Hohenstaufen und Habsburger, so daß ihre Burgenformen bis Krakau, Verona, Agram gefunden werden und den heutigen Bewohnern bewußt als deutsche Werke bekannt sind.

Um deutsche Burgen darzustellen, müssen wir also weit ausgreifend auch die erwähnen, die als geschichtliche Grenzsteine deutscher Macht wirken, die mit der allmählichen

[1]) Strasser: D. Nordgerm. S. 138, 143; siehe Abschn. „Osteuropa".

Ausdehnung und Festigung des Reichsverbandes nach allen Seiten vorgerückt wurden, aber auch dem Vor= und Rückweichen deutscher Macht entsprechen. So finden wir die Grenze zur Zeit der Sachsen= und Frankenkaiser an der Oder, später jenseits Preßburg und Böhmen bis nahe an Agram und Istrien im Südosten. Im Westen zeigt das Land bis zur Rhône, Cambrai und Dordrecht[2]) deutsche Macht, und, als Zeugen des Rückganges zur kaiserlosen Zeit und unter den Habsburgern, den Raumverlust deutscher Menschen, indem die alten Wehrbauten auf fremd gewordenem Boden stehen blieben.

Burg Trezzo mit germanischem Bergfried, Monselice in den Euganeischen Bergen, St. Pietro über Verona, Kastelbarco am Brenner, sind ehemals germanisch beeinflußte Festen.

Unter den Hohenstaufen stampfen seit 1200 deutsche Ordensritter Burgen bis Riga und Reval aus dem Boden. In Apulien baut Friedrich II. zu gleicher Zeit Burgen mit deutschen Meistern, Richard von Foggia und anderen[3]). Kunstformen, wie sie Schwaben, das Elsaß, die Pfalz und der Schwarzwald oder der Odenwald zeigen, erscheinen auch an Staufenburgen in Apulien. Unbeschadet der viereckigen, vom römischen Hause über= nommenen Mittelhöfe zeigt Bari romanische Eckturmfenster, Castel del Monte Zwillingsfenster, Knospenkapitäle und Säulenfüße wie der Trifels[4]).

Selbst abgetrennt vom Reich behaupten sich deutsche Erinnerungen in Siedlungsinseln wie Siebenbürgen, dessen Kirchenburgen noch heute von Deutschen umwohnt sind[5]).

An allen deutschen Grenzen war dieser Kampf um Siedlungsgebiete und Macht zugleich ein Kampf der Rassen. Die Zeiten des Vorhandenseins können wir nach urkundlichen Erwähnungen der Burgen beurteilen. Über die Bauarbeiten selbst sind selten frühe Zeitangaben überkommen.

Für den Burgenbau ist die Frage, wann der Steinbau einsetzt, von Bedeutung. Neben der Kapelle in der Burg zu Nymwegen, der Vorhalle von Lorsch u. a.[6]) gab es vor 1000 Jahren schon steinerne Kirchen, Türme und Burgen. Namen sind uns bekannt. Über Nymwegens Zustand in der Frühzeit, schon 420/477 erwähnt und 777 neu befestigt, wissen wir ebenso wenig wie über die älteste Burg bzw. den Königshof zu Kaiserswerth von 778[7]). Als sehr frühen Steinbau dürfen wir die früh erwähnte Hohen= burg auf dem Odilienberg vermuten, erbaut in der berühmten alten Heidenmauer[8]).

Ebenso früh wird auf einem Bergkegel die Frankenburg im Elsaß entstanden sein, zwischen Weiler und Lebertal, inmitten steinerner Ringwälle[9]).

Auch der 774 genannte Königshof Kinzheim dürfte schon vor der mittelalterlichen Burg steinernen Wehrbau gezeigt haben[10]) (Abb. 356).

Ebenso war die 790 erwähnte Salzburg[11]) ein Steinbau und die 951 erwähnte Schön= burg bei Oberwesel[12]).

Es ist auch anzunehmen, daß die Wehrbauten der La=Tène=Zeit an der Marksburg nicht nur Holzbefestigungen waren; Ausgrabungen unter dem Kellerfußboden brachten kleinsteiniges Turmgemäuer zum Vorschein[13]).

Auch die Felsen der Rheinpfalz werden kaum Holztürme getragen haben, sehen wir doch nicht nur die Felsnadel Anebos beim Trifels ausgehöhlt und wie einen Bergfried benutzt[14]).

Diese Bauten und auch viele im nichtrömisch beherrschten Deutschland waren im 10. Jahrh. kaum mehr reine Holzbauten.

---

[2]) Siehe Abschn. „Französische Burgen" und „Burgen des Tieflandes". — [3]) Ebh.: B. It. — [4]) Ebh.: Der Trifels. — [5]) Sigerus: Siebenbürg.=sächs. Kirchenkast. — [6]) Haupt: Bauk. d. Germanen S. 227ff.; Walbe: V. Kloster Lorsch (Ztschr. d. Deutsch. Vereins f. Kunstw. Bd. IV, H. 2, 1937) S. 51ff. — [7]) Siehe „Pfalzen und Hofburgen". — [8]) Merian: Top. Als. S. 25; Piper: Burgenk. S. 45f. — [9]) Wolff: Els. Burgenlexikon S. 67ff. — [10]) Ebh.: D. B. Bd. I, S. 207ff. — [11]) Ebenda S. 80ff. — [12]) siehe unten. — [13]) Ebh.: D. B. Bd. I, S. 16ff. — [14]) Kunstd. v. Bayern Reg.=Bez. Pfalz BA. Bergzabern S. 11ff.

Jahrhundertelang waren besonders in den rheinischen Städten Boppard, Andernach, Köln u. a. römische Tempel, Villen, Stadtmauern, Türme errichtet. Vor dem Fall des Römerreiches wurden Germanen als Sklaven an Steinbauten beschäftigt, als Legionssoldaten und als Gesandte oder Gefangene sind sie zwischen Süden und Norden hin= und hergezogen, sie lebten diesseits und jenseits des Limes in Krieg und Frieden immer in Berührung mit den Römern. Sollten die hochbegabten nordischen Germanen dabei nicht, wie später die langobardischen Stammesgenossen, die Bedeutung des Steinbaues erkannt haben?

Daß die Deutschen im 8., 9. und 10. Jahrh. und noch lange nach 1000 nur in Holz gebaut haben, glauben wir also nicht.

Welche Nachrichten bezeugen nun frühen Burgenbau? Da erwähnt Thietmars Chronik 1015[15]), daß die Merseburg auf dem Berge südlich der königlichen Pfalz um 900 eine „Antiqua civitas" gewesen sei. Auf Grund des engen örtlichen Befundes dürfen wir civitas mit Burg übersetzen.

Dazu paßt auch die Nachricht, daß Heinrich I. „beide Burgen" mit Mauern verband, die dann 939 eine Belagerung aushalten konnten[16]).

Derselbe berichtet von der Höhenburg Nimptsch, daß deutsche Ritter in slawischem Solde den in ihrer Heimat üblichen Burgenbau hier anwendeten[17]).

Damit ist natürlich nicht gesagt, daß nicht zugleich Erdwälle, nasse und trockene Gräben und Holz, je nach dem örtlich leicht erreichbaren Stoff beim Wehrbau verwendet worden wären, das geschah vielmehr bis ins 16. Jahrh.

Steinerner Burgenbau wird auch — wie in anderen Ländern — durch die vielen Brände der hölzernen Königshallen gefördert sein, über die nordische, skandinavische Geschichts=schreiber[18]) berichten, gipfelt doch der Krieg der vielen Kleinkönige untereinander meist in der Brandlegung hölzerner Wohnsitze, die sicher mehr oder weniger auch Wehrbauten waren.

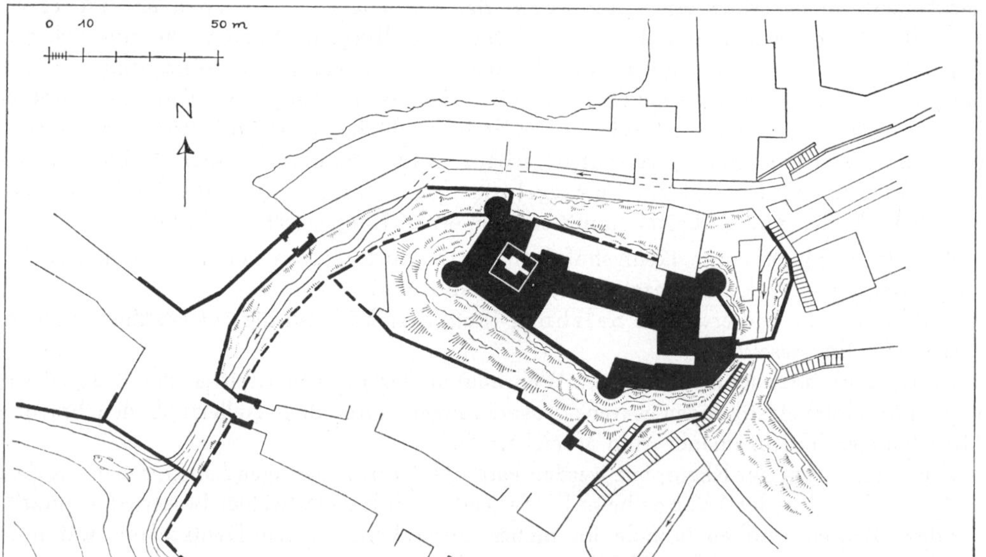

Abb. 355a. Burg Meersburg a. Bodensee, frühmittelalterl. Kern, spät. Ausb., Lgpl. 1:2000, B. E. nach Eiermann u. a.

15) Rademacher: Die urbs Mersburg i. X. Jh. Stephani: Wohnb. Bd. II, S. 427. — Vgl. Radig: Heinr. I. S. 44ff. — 16) Vgl. hierzu Radig: a. a. O. S. 50. — 17) Kunstd. d. Prov. Schlesien Bd. II, 3 S. 413. — 18) Strasser: D. Nordgerm. S. 143. — Vgl. Wrangel, Bok an Borgar. S. 74.

Wasserburg Le Plessis=Bourré, Frankreich

Im steinarmen Flachland freilich, in Sümpfen, Flüssen und Seen werden Wall= und Erdkegelburgen noch lange mit Holzbauten, Türmen, Planken und Zäunen gekrönt worden sein, erreichbar über Holzbrücken und Knüppeldämme, deren uralte Reste wir aus Moorfunden kennen.

Früher dürften Steinbauten in der trockenen Geest aus Findlingen, bald auch mit Mörtel oder Lehmpackung errichtet sein.

Bestimmte Eigenschaften deutscher Burgen haben sich dann aus den rassischen germanischen Lebensformen entwickelt. Vor allem waren sie nicht wie in England nach einheitlichen Plänen landfremder Eroberer angelegte Zwingfesten, sondern feste Wohnsitze eingesessener Familien[19]). Gern hauste der Germane allein, auch noch als mittelalterlicher Burgherr. Die Burgen blieben klein, die Abmessungen entsprachen ihrer persönlicheren Bestimmung gegenüber den englischen und französischen Zwingfesten.

In keinem Teile Europas ist auch die Trennung der einzelnen Burgteile so allgemein durchgeführt. Der Bergfried als höchster Bau ist fast immer reiner Wehrbau, selten so geräumig, daß er Wohnzwecken dienen kann. Er hat die Aufgabe, die gefährdetsten Teile der Burg zu schützen, dem Turmwächter weiten Ausblick zu gewähren, das sicherste Verließ zu umschließen und alle übrigen Bauten der Burg zu überhöhen und zu beherrschen.

Auch der Wohnbau, der Pallas, ist ein sturmfester Baukörper, Form und Ausdehnung richtete sich aber auch nach Anforderungen des Wohnbedürfnisses. Es fand trotz unerschöpflicher Vielgestaltigkeit eine klare Gliederung statt, die sich ebenso auf Mantelmauern und Kapelle, auf Tor und Zwinger erstreckte.

Man hat nun versucht, den deutschen Bergfried von der römischen specula abzuleiten und darin — wie in dem „donjon" (keep) eine Fortentwicklung römischen Wehrbaues — auch im Wirkungskreise deutschen Burgenbaues eine fränkische Burgenbauschule zu sehen.

Der „sächsische" Burgenbau soll dagegen den Römern nicht gefolgt sein, sondern von Wallburgen ausgehend eine sächsische Schule bilden[20]).

Dem widerspricht das gerade für ostdeutsche Burgen, die römischen Vorbildern besonders fern lagen, kennzeichnende Vorherrschen eines Turmes als Hauptwerk.

Daß ovale Burgform oder turmartig viereckige ein Zeichen sächsischer oder fränkischer Schule sei, kann also kaum bewiesen werden. Nur vom Bauplatz, von der geologischen Landschaftsbildung hängt die Burgenform im Westen, im Rheinland und Elsaß[21]) ebenso wie in der Provinz Sachsen oder in österreichisch beeinflußten Balkanländern ab.

Vergleichende Beobachtung des Bauplatz= und Baustoffeinflusses bietet eine einfache Begründung aller Burgengestaltungen, und erhellt die Tatsache, daß die Burgen neben den schon erwähnten rassischen Einflüssen eben nur dem Boden und dem Baustoff Form und Gestalt verdanken. Die Nachprüfung dieses Gedankens wird die Grundlagen, die Wurzeln namentlich der deutschen Burgenform enthüllen.

Eine Gliederung der Werke des Burgenbaues nach Schulen stößt ganz besonders im deutschen Sprach= und Einflußgebiet auf große Schwierigkeiten.

Einmal sind gewisse Grundformen, wie rundliche und eiförmige und die angeblich einer anderen Schule angehörenden rechteckigen Formen durcheinander in allen Stammesteilen des deutschen Sprachgebietes zu finden. Andererseits sind ebenda wieder die einzelnen Baukörperteile, Bergfriede, Wohntürme, Pallasformen, Torbauten, Zwinger und Türme in rundlichen, rechteckigen und völlig unregelmäßigen Burgen vertreten.

Dagegen wird ein Versuch, die deutschen Burgen auf Grund einer großen Vergleichsmenge von Grundrissen in fränkisch=normannische und germanisch=sächsische Baugruppen

---

19) Köhler: Entw. d. Kriegswes. . . . Bd. III, 1 S. 342. — 20) Vgl. Schuchhardt: D. Burg. i. Wandel d. Weltgesch. S. 166, 177ff.; Weinelt: Darst. u. Quellen z. schles. Gesch. Bd. XXXVI, S. 1ff. — 21) Frankenburg, Phlixburg im Elsaß, Schönburg, Kyffhäuser, Leuchtenberg und Feste Koburg.

zu gliedern, zu der Erkenntnis führen, daß die Grundformgestaltung sich in unendlicher Vielgestalt je nach Bauplatz, Baustoff und Zweck vollzogen hat. Weiche Bergformen, sanfte Hänge, breite Höhen und Täler verursachten breite Baugruppen um weite Höfe und ebensolche Vorburgen. Die Grundrisse mußten willkürlich, vielfach unregelmäßig sein. Dem durch das Gelände wenig erschwerten Angriff mußten besonders starke Mauermassen entgegengesetzt werden. Solche Bildungen finden wir zahlreich und vielgestaltig in der preußischen Provinz Sachsen[22]), während dicht dabei im ehemaligen Königreich Sachsen auf schroffen Höhen über den schmalen Tälern des Erzgebirges auch länglich schmale Burgen um enge Höfe mit langgestreckten Vorburgen entstanden[23]).

Ähnliche Unterschiede beobachteten wir im sudetendeutschen Sprachgebiet Böhmens und Mährens. Auch hier entsprechen die Burganlagen der Bodengestaltung[24]), wir sehen meist Höhenburgen von großem Umfang, wie überall dort, wo eine kleine Oberschicht ein zahlreiches Volk geringerer Kultur beherrschte. Solche Burgen blieben sowohl in Böhmen wie in Mähren noch lange nach mancherlei Um= und Ausbauten bewohnt. Als Beispiel diene die 1241—47 erbaute Burg Sternberg[25]), dem sturmfreien Felsen entsprechend eine lange Kammburg. Noch großartiger, in der Grundrißgestaltung breiter, ist die mächtige Trümmerstätte der Burg Klingenberg[26]), auf riesigem Felsklotz über der Mündung der Wotawa in die Moldau, nur durch engen Hals mit ansteigendem Berg verbunden. Der Grundriß bildet ein unregelmäßiges Dreieck mit der Spitze zur Angriffsseite.

Die Wasserburgen zeigen in Mähren und in Böhmen oft vier= oder fünfeckigen Grundriß oder, wie Ungarisch=Ostra[27]), Anklänge an deutsche Ordensburgen. Eine solche ist tatsächlich das heutige Rathaus von Komotau.

Wir sehen also, daß jeder Landesteil nach der geologischen Art der Baustelle seine Eigenform schafft und bewahrt, und daß trotzdem der deutsche Grundwille — das einsame feste Haus zu schaffen — diesen Wehrbauten einen deutschen Zug verleihen kann.

Völlig abweichende Formensprache erzwingt der rheinische Schieferbaustein, aber niemand wird ihn für nichtdeutsch halten; also Eigenart in der Vielgestaltigkeit.

Das trifft auch auf österreichische, schwäbische, niederschlesische, bayerische Festen und ostpreußische Ordensburgen zu, die selbst der oberflächliche Beobachter als deutsche erkennen wird. Die tiefe Innerlichkeit, die deutschen Werken des Mittelalters eigen ist, der klare, feste Wille der deutschen Meister, die wunderbare Schönheit, Schlichtheit und Wahrheit der Formen, macht die nicht mit kaltem Verstande und öder Prunksucht, nicht mit nüchterner Gleichheit und Regelknechtschaft geschaffenen, unendlich vielgestaltigen burglichen Meisterwerke zu köstlichen Edelsteinen im Kronschatze deutscher Baukunst.

Folgen wir diesen Gedanken. — Die alten deutschen Herzogtümer und Stammessitze entsprechen nicht nur zufällig der geologischen Gestaltung deutschen Bodens, ihre Grenzen sind durch die Bodengestaltung grundlegend bedingt, mögen auch später politische Ereignisse Änderungen verursacht haben.

Neben dem Einfluß der Bodenform für den Burgenbau läuft die Beeinflussung durch bodenständige Gesteinsarten.

War die Bodenform für den Grundriß von ausschlaggebender Bedeutung, dann war es die Gesteinsart für die äußere Form und Gesamtgestaltung der Hochbauten, für das mehr oder weniger malerische, liebliche oder trutzige Bild der Burg.

Dies kommt uns zum Bewußtsein, wenn wir nun die schönsten Beispiele der einzelnen deutschen Landschaftsgebiete nebeneinander betrachten.

---

[22]) Z. B. Beichlingen, Mansfeld, Weferlingen, Seeburg, Wolfsburg, Wanderslebener Gleiche, Oebisfeld, Gnandstein (also sowohl rundlich wie rechteckig). — [23]) Z. B. Wolkenburg, Rochsburg, Kriebstein, Arnstein. — [24]) Nähere Behandlung der böhmischen und mährischen Burgen im Abschnitt „Osteuropa". — [25]) Prokop: Markgrafsch. Mähren Bd. I, S. 235. — [26]) Prokop: Markgrafsch. Mähren Bd. I, S. 209. — [27]) Ebenda S. 95.

Hohen Rätien.
16. VII 1910

Tafel XVI Burg Hohenrätien, Schweiz

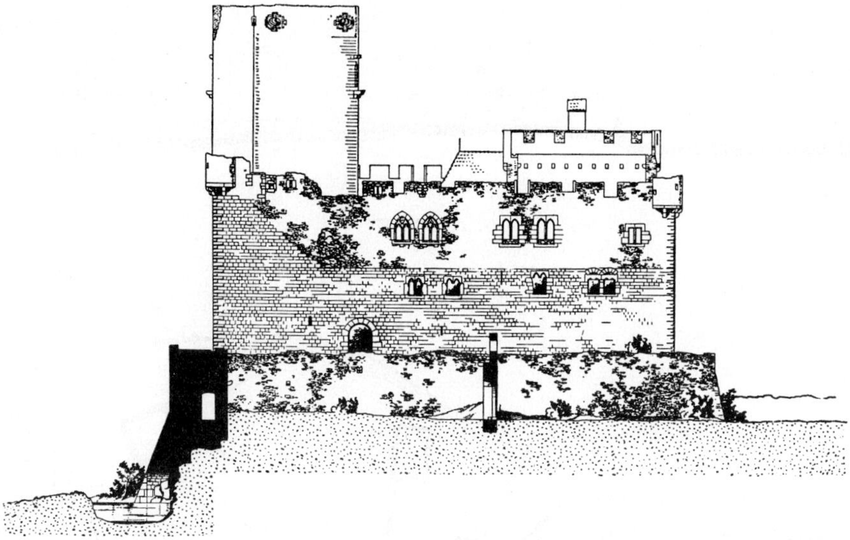

Abb. 356. Höhenbg. Kinzheim, Els., rd. Bergfr., Pallas u. Kapelle i. hoher rechteck. Mantelm., Ans. v. S. 1:500. B. E.

Rheingebiet

Unter den Burgen des Rheins verstehen wir alle Uferburgen von seiner Quelle bis zur Mündung.

Stets war der Rhein eine Völkerstraße. Seine Fluten haben die Wanderer, Kaufleute, Pilger und Krieger von tausend Stämmen, Rassen und Sprachen getragen, die in Krieg und Frieden Deutschlands Gaue durchzogen. Um diese Gaue im Frieden zu schützen, die Straßen zu schirmen, wurden an des Rheines Ufern die stolzen Burgen errichtet.

Quellgebiet des Rheins

Bereits im Quellgebiet, in den Graubündner Bergen, beginnt die große Burgenkette. Das bodenständige, schwer zu bearbeitende Gestein, meist Granit, Syenit, Diorit und Diabas, zwang zu einfacher Gestaltung. Die himmelhoch strebenden Talwände reißen die auf den schroffen Klippen errichteten Türme förmlich mit empor, wie wir das im Hochgebirge auch bei den schlanken Kirchtürmen mit noch schlankeren Dachspitzen beobachten.

Zum Burgenbau werden überwiegend Bruchsteine verwendet, die mit ihren scharfen Bruchkanten ein außerordentlich kräftiges Licht- und Schattenspiel verursachen.

Eine Verwendung von sorgfältig bearbeiteten Quadern, mit oder ohne Bossen, ist außer im Eckverband selten.

Der Bergfried zum Beispiel der schmalen langgestreckten Burg Baldenstein[28]) (Abb. 359) zeigt in unregelmäßigem Mauerwerk teils Bossenquadern. Heute ist der

[28]) Poeschel: D. Burgenb. v. Graubünden S. 198f.; siehe für Graubünden Jecklin: D. Burg. u. Schlösser i. „alt fry Rätia" H. 1, S. 1, H. 2, S. 1, L. 3, S. 2, L. 4, S. 3.

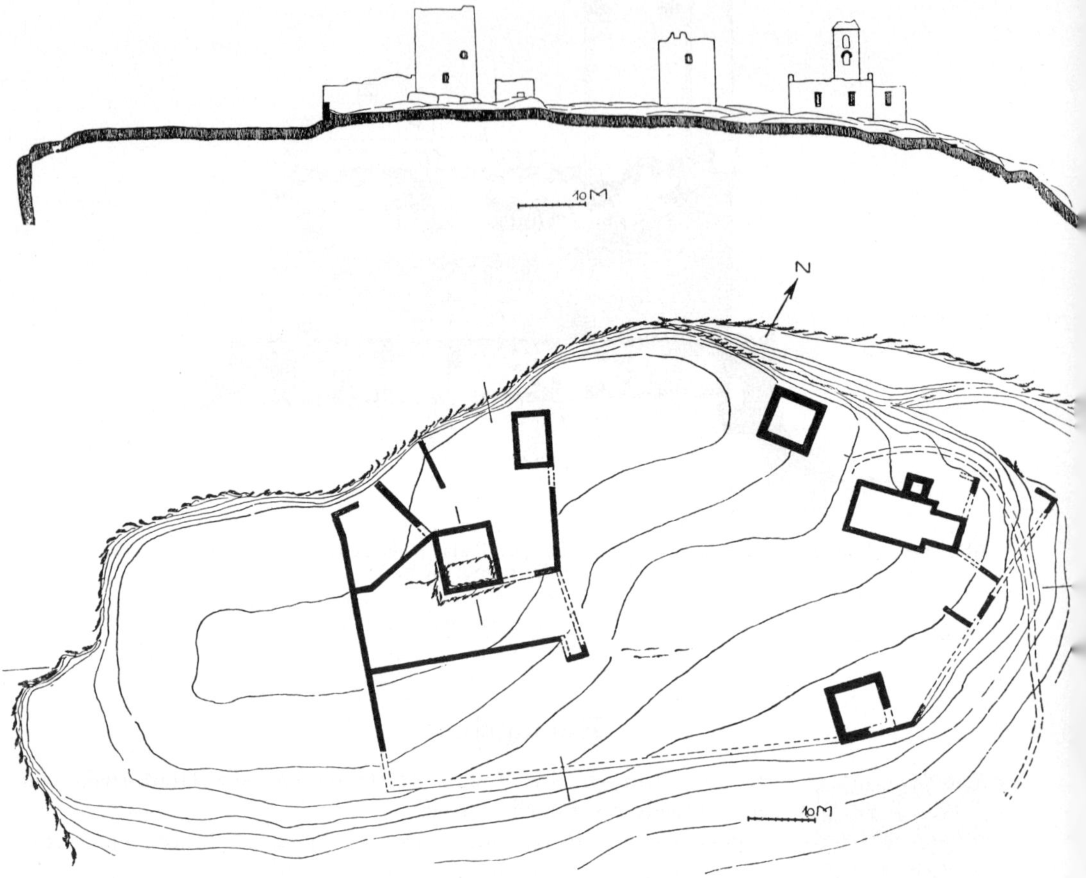

Abb. 357. Höhenbg. Hohenrätien, Graubünden, Grdr. u. Profil 1:1000, aus Poeschel: Burgenb. v. Graub.

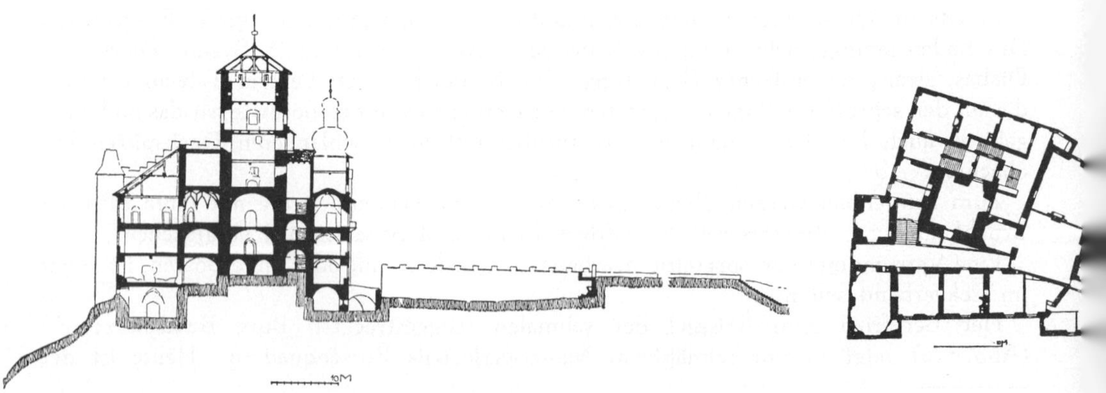

Abb. 358. Höhenbg. Ortenstein, Graubünden, Grdr. u. Schn. v. N.=S. 1:1000, aus Poeschel: Burgenb. v. Graub.

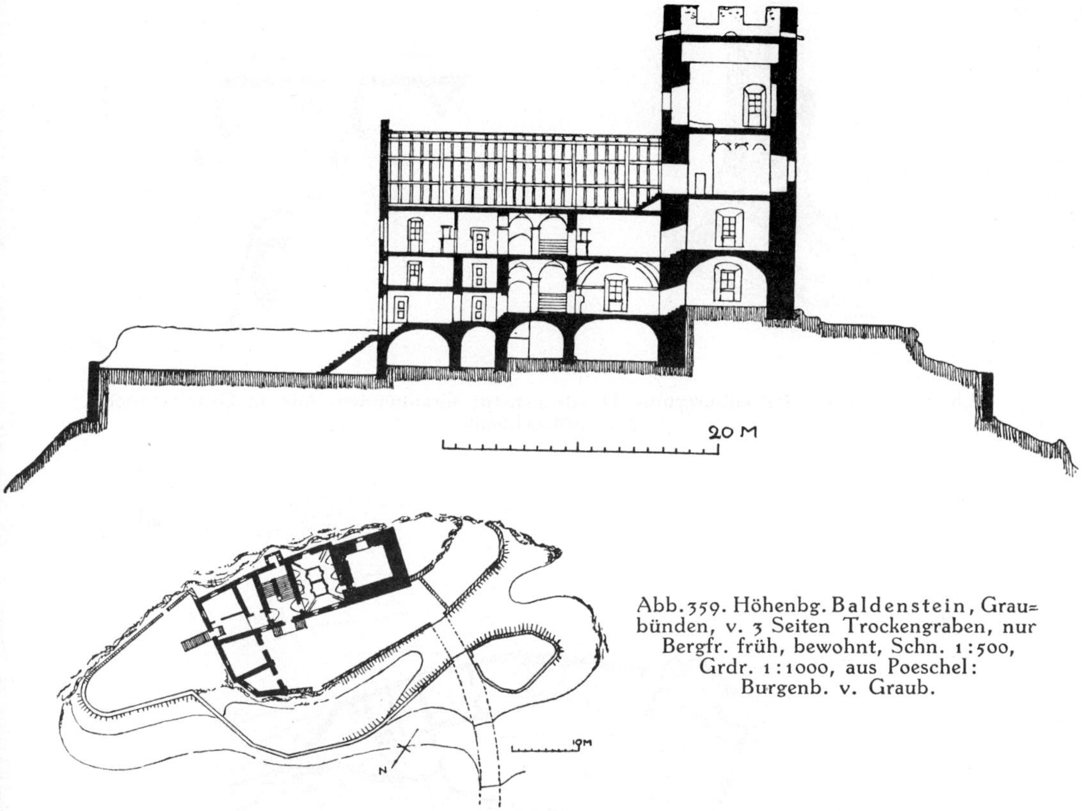

Abb. 359. Höhenbg. Baldenstein, Graubünden, v. 3 Seiten Trockengraben, nur Bergfr. früh, bewohnt, Schn. 1:500, Grdr. 1:1000, aus Poeschel: Burgenb. v. Graub.

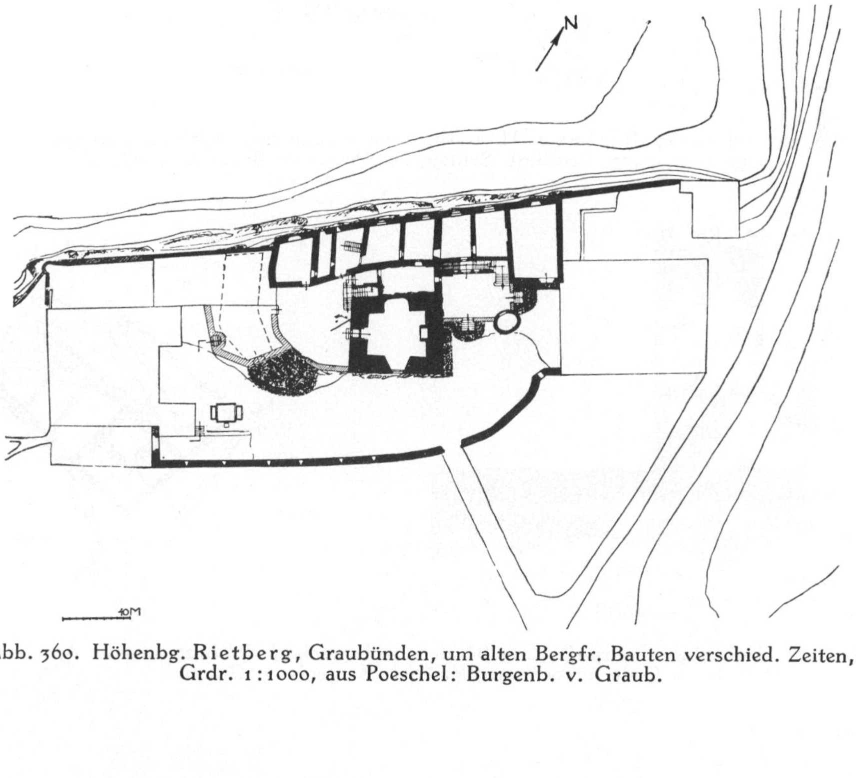

Abb. 360. Höhenbg. Rietberg, Graubünden, um alten Bergfr. Bauten verschied. Zeiten, Grdr. 1:1000, aus Poeschel: Burgenb. v. Graub.

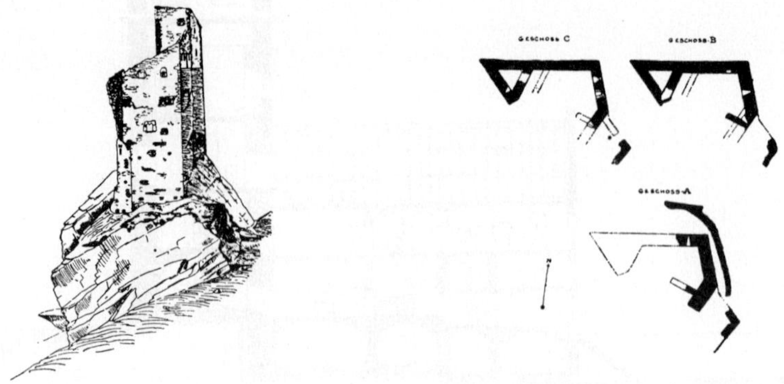

Abb. 361. Dreieck. Felsenburgruine Haldenstein, Graubünden, Ans. u. Grdr. 1:1000, gez. Bröckelmann.

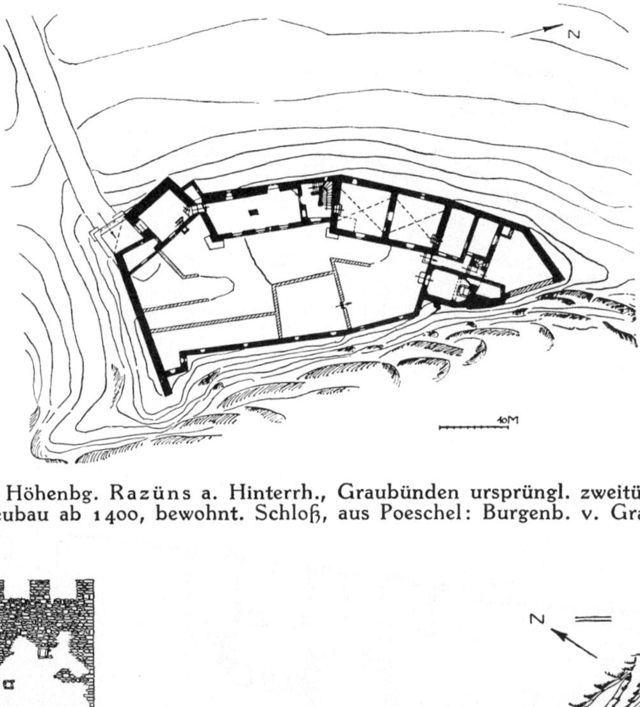

Abb. 362. Höhenbg. Razüns a. Hinterrh., Graubünden ursprüngl. zweitürmige Anl., Neubau ab 1400, bewohnt. Schloß, aus Poeschel: Burgenb. v. Graub.

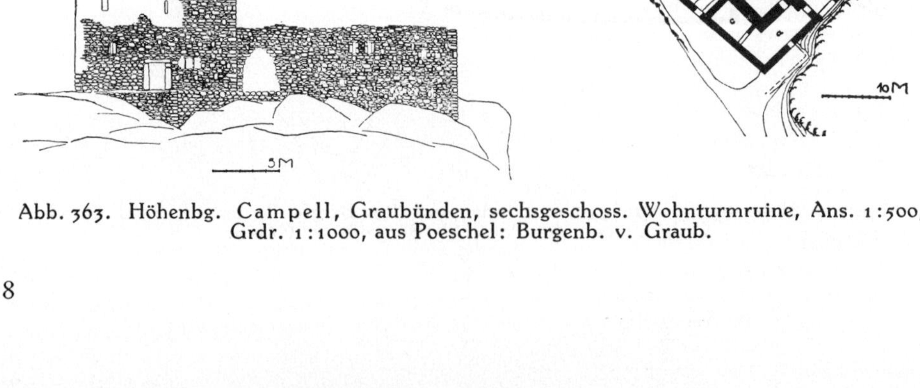

Abb. 363. Höhenbg. Campell, Graubünden, sechsgeschoss. Wohnturmruine, Ans. 1:500, Grdr. 1:1000, aus Poeschel: Burgenb. v. Graub.

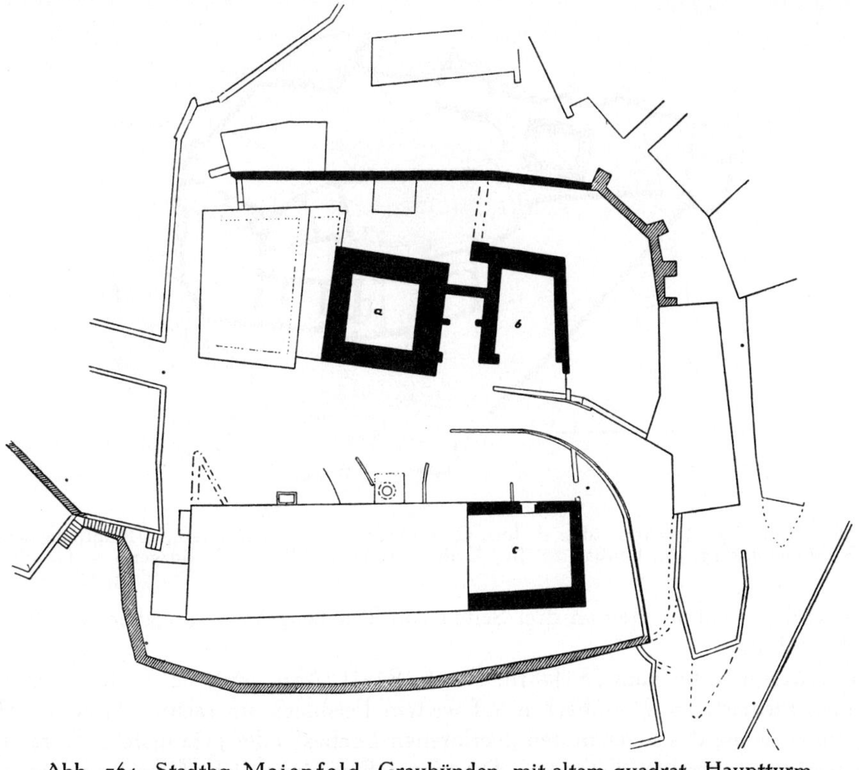

Abb. 364. Stadtbg. Maienfeld, Graubünden, mit altem quadrat. Hauptturm, Grdr. 1:500, aufgen. 1927, aus Poeschel: Burgenb. v. Graub.

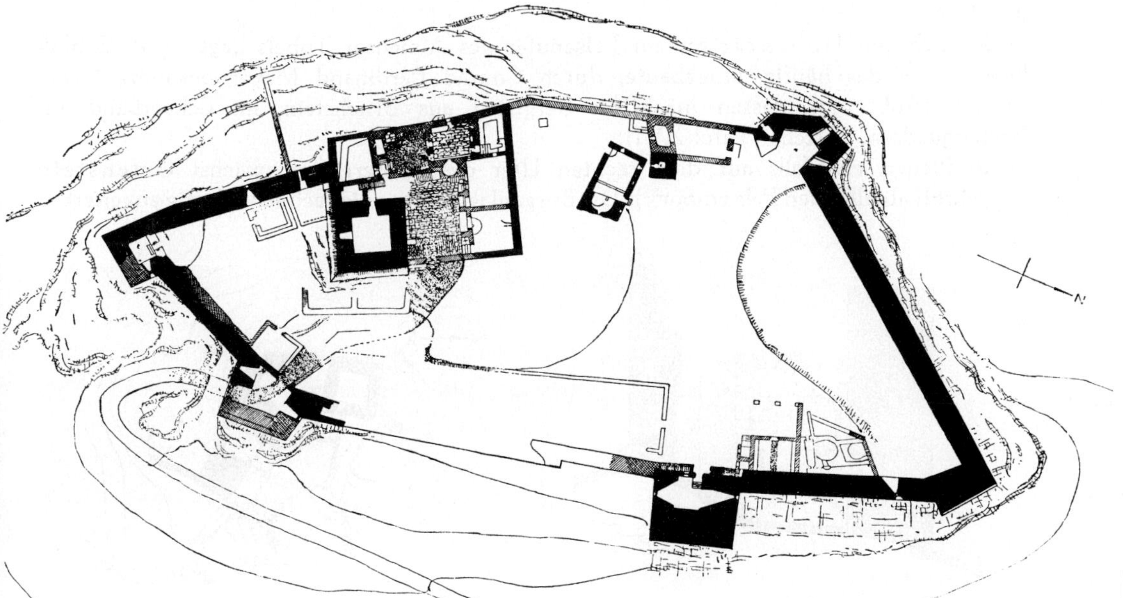

Abb. 365. Höhenburgruine Mesocco, Graub., frühe Kernbg. mit viereck. Bergfr., Pallas usw., gr. spätere Vorwerke mit Seitenbestr.=Türmen, Grdr. 1:1000, aus Poeschel: Burgenb. v. Graub.

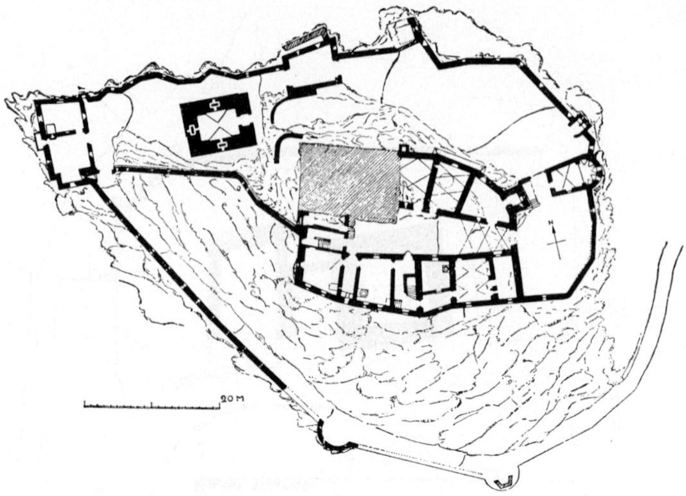

Abb. 366. Höhenbg. Tarasp, über d. Inn, Graubünden, ält. roman. Kap., „Haupthaus"=Turm, S.=Flügel aus 15. Jh., Umbau 20. Jh., Grdr. 1:1000, aus Poeschel: Burgenb. v. Graub.

hochstrebende bewohnte Bau an drei Seiten von Trockengräben umgeben, mit Steilwand gegen die Albula.

Hohenrätien[29]), bis zum 16. Jahrh. Hoch=Rialt (Abb. 357), steht mit seiner Vielheit von frühen turmartigen Wohnbauten auf weitem Felsblock am rechten Ufer des Hinter=rheins, am Ausgang des sogenannten „verlorenen Loches" oder „via mala". Es zeigt einen unregelmäßigen zerstreuten Grundriß. Die planmäßige einheitliche Gestaltung der reiferen Burgenzeit fehlt, doch sehen wir hier schon die in der Schweiz übliche breite Wohn=turmform.

Nördlich von Hohenrätien am Felsenufer des Almenser Tobels liegt — als Schloß bewohnt — das häufig umgebaute, durch Conrad Ferdinand Meyer bekannte Riet=berg[30]) (Abb. 360), dessen mächtiger Bergfried aus Bruchstein, im Eckverband mit Bossenquadern, besteht (Tafel XVI).

Nördlicher, ebenfalls auf dem rechten Ufer des Hinterrheins, wächst Ortenstein aus schroff abfallenden Fels empor[31]). Die Burganlage liegt — vielfach schloßartig erweitert —

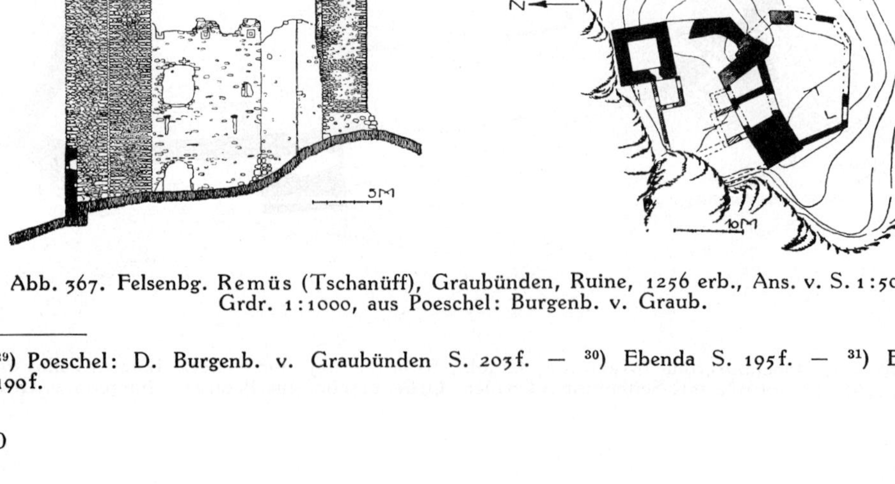

Abb. 367. Felsenbg. Remüs (Tschanüff), Graubünden, Ruine, 1256 erb., Ans. v. S. 1:500, Grdr. 1:1000, aus Poeschel: Burgenb. v. Graub.

[29]) Poeschel: D. Burgenb. v. Graubünden S. 203f. — [30]) Ebenda S. 195f. — [31]) Ebenda S. 190f.

Tafel 52

Burg Meersburg am Bodensee

um einen älteren quadratischen Bergfried aus dem 13. Jahrh. Auch hier wieder Bruchstein, im Eckverband mit Bossenquadern (Abb. 358).

Bemerkenswert ist die Ruine Haldenstein[32]) (Abb. 361), deren Pallas zwei Stockwerke tiefer liegt als der angebaute, außen dreieckige Turm.

Razüns, schon 960 urkundlich „Castellum" genannt[33]) (Abb. 362), ist eine langgestreckte ursprünglich zweitürmige Burg über dem linken Ufer des Hinterrheins. Die ältesten erhaltenen Reste stammen wahrscheinlich aus dem 13. Jahrh. Razüns wurde 1400 und im 16. Jahrh. schloßartig in einem Flügel an dem östlich offenen Hof ausgebaut. Ein Turm im Norden ist abgetragen.

Belmont[34]), auf vereinzeltem zweistufig hochragendem Felsklotz mit sehr weitem Blick, hat, dem Fels angepaßt, sehr schmalen, langen Grundriß. Nur Fundamentreste kennzeichnen den kühnen Bauplatz.

Fundamentreste einer langgestreckten Anlage zeigt auch Burg Cästris[35]) auf niedrigem Bergvorsprung rechts des Vorderrheins.

Zu einer langgestreckten Burganlage mit wohnturmartigem Bergfried zwang der östlich, südlich und nördlich steil abfallende Felshang Campells[36]) (Abb. 363), westlich hinter dem Halsgraben schließt sich die Hochebene an.

Die bedeutendste Ruine Graubündens ist Mesocco[37]) (Abb. 365), in prachtvoller Lage am kleinen Bernhardinpaß auf kühnem Fels, hoch über der Moësa. Auffallend ist die ungewöhnlich starke, spitzwinklig und langgestreckte Umfassungsmauer mit ihren vier Ecktürmen zur Seitenbestreichung, die dem 15. Jahrh. zuzuschreiben ist. Der Bergfried stand frei im Innern, nahe der westlichen Mauer. Er bildete mit Wohngebäuden den Kern.

Remüs oder Tschanüff — urkundlich schon 1526 erwähnt, ist unter den Burgen Graubündens von Bedeutung[38]) (Abb. 367). Sie erhebt sich auf ungeheurem Felsabsturz am linken Rand des Lavrancabaches, durch besonders hochragende Turm- und Schild-

Abb. 368. Höhenbg. Tarasp, Graubünden, aufgen. Stendel.

[32]) Ebenda S. 179f.; Smlg. Ebh. — [33]) Poeschel: D. Burgenb. v. Graubünden S. 184f., 15, 60. — [34]) Poeschel: a. a. O. S. 227f. — [35]) Ebenda S. 225. — [36]) Ebenda S. 200f. — [37]) Ebenda S. 215ff., 128. — [38]) Poeschel: a. a. O. S. 276f.; Ebh.: Eine Burgenfahrt 1901, S. 56.

mauern gekennzeichnet. Der Bergfried steht dem Angriff offen im Nordosten der Anlage, der Wohnbau ist von zwei unförmigen Mauern eingeschlossen. Der ganze Burggrundriß bietet ein zufällig gewordenes unregelmäßiges Bild (Abb. 367).

Auf dem rechten Ufer des Inn erhebt sich die spät ausgebaute, schon 1160 erwähnte Burg Tarasp[39]) (Abb. 366 u. 368). Um eine auf langgestrecktem Innenhof eiförmige Anlage ziehen sich weitläufige Zwingeranlagen.

Mitten im Rheintal, auf niedrigem Block, erhebt sich Burg Maienfeld[40]) (Abb. 364). Alter Bestand des 13. Jahrh. sind der wohnturmartige Bergfried, Teile der Umfassungsmauern, Pallas und Kapelle.

Südlich Maienfelds begleiten Burgen des St.-Gallener, Liechtensteiner, Appenzeller und Vorarlberger Gebietes den Rhein bis zum Bodensee.

Gegenüber, am linken Rheinufer, wachsen über dem Wildbad Ragaz die Ruinen Freudenbergs und Wartensteins empor.

Erstere[41]) (Tafel XVII), 1437 erobert und zerstört, krönt einen nicht schroffen, ins Tal vorgeschobenen Bergkègel. Eine weite Vorburg mit festem Rundturm, aber ohne Zwinger schließt sich genau dem Hügel an und deckt die enge Kernanlage mit dem rechteckigen Wohnturm. Braunes Bruchsteinmauerwerk und opus spicatum entstammt dem örtlichen Fels.

Die geringen Reste der dreistöckigen Kernburg von Wartenstein[42]) aus rundlich schwarzen Blöcken sind auf spitzem Felskegel eng zusammengedrängt, der die Grundrißform entscheidend bestimmt. Eine Vorburg liegt viel tiefer.

Es folgt die nicht bedeutende, aber gotisch malerische Burg Sargans[43]) über gleichnamigem Städtchen, links des Rheins auf einer Felsnase. Die Zinnen des großen Wohnturmes sind vermauert. Ein festes Dach krönt den Bau. Enge gotische Innenräume zeugen für Ansprüche auf wohnliche Unterbringung des Burgherrn.

Aus all den kurz angedeuteten Burgformen ist ein Schweizer Kern nicht zu ermitteln, es sei denn die Wohnturmform [43a]).

Nun wird der Rhein ein mächtiger Strom, der stürmisch bewegt dem Bodensee entgegeneilt.

Rechts führt die große Heerstraße über den Luciensteig, die alte befestigte und oft umkämpfte Paßhöhe nach dem Fürstentum Liechtenstein, dort beherrscht durch die Burg Gutenberg bei Balzers[44]), die schon im frühen Mittelalter erbaut, ehemals mit dem Luciensteig, dem „silva martis", eine Sperre bildete.

Der Hauptort des Landes ist Vaduz mit dem wiederhergestellten Burgsitz Vaduz oder Hohenliechtenstein[45]).

Breiter wird das Tal, und weiter treten die Berge zurück.

Für dieses Rheingebiet ist in Feldkirch die wuchtige, wohlerhaltene Schattenburg in Vorarlberg am Ill[46]) zu nennen, immer ein wichtiger strategischer Punkt und Stammburg der einstigen Landesherren, der Grafen von Montfort, Anfang des 12. Jahrh. erbaut und um 1420 verstärkt. Die langgestreckte Burg wird von dem wohnturmartigen rechteckigen Bergfried beherrscht.

Ebenso gut erhalten ist Burg Neu-Ems[47]) über Hohenems, 1343 von Ulrich von Ems erbaut.

Die nahe Ruine Alt-Ems[48]) soll ins 12. Jahrh. zurückreichen.

---

[39]) Ebenda S. 56f.; Poeschel: a. a. O. S. 280ff.; Rahn: Tarasp. — [40]) Poeschel: a. a. O. S. 159ff. — [41]) Hottinger-Schwab: D. Schweiz in ihren Ritterburgen Bd. II, S. 345f. — Felder: Burg d. Kant. St. Gallen u. Appenzell. 2. Teil. S. 37 ff. — [42]) Ebenda S. 40ff. — [43]) Ebenda S. 34ff. u. S. 14ff. Hottinger-Schwab: a. a. O. Bd. II, S. 354; Ebh.: Eine Burgenf. S. 62. — [43a]) Vgl. unten Abschnitt „Schweiz". — [44]) Siehe unten. — [45]) Siehe unten. — [46]) Siehe unten. — [47]) Siehe unten. — [48]) Ulmer: Burgw. 1925, S. 8ff.

Freudenberg 13. VII. 1910

Tafel XVII Burg F r e u d e n b e r g, Schweiz

Das Bodenseegebiet liegt in weicheren Gesteinsarten bis zum Diluvium. Diese Steine verleihen den Bauten weichere Umrisse, fordern zur Verwendung von Gesimsen und Schmuckwerk heraus an Toren, Türmen und Treppen.

Beispiele bieten an den Ufern des Bodensees Hohenbregenz auf dem Gebhardsberg bei Bregenz[49]) in noch erhaltenen Resten von Ringmauer, Bergfried und Erker, oder die Ruine Altbodman, auf Bergvorsprung über Bodman[50]), angeblich zur Sicherheit für eine karolingische Pfalz angelegt.

Großartige Lage weist die Burg Heiligenberg[51]) auf, im 13. Jahrh. begonnen, später zum Schloß ausgebaut, mit ihrem weiten Blick über Schwäbischen Jura, südlichen Schwarzwald, Bodensee, Thurgau, Schweizerischen Jura und Alpenkette.

In Meersburg ragt die angebliche „Dagobertsburg" mit megalithischen Mauern aus rohen Granit= und Porphyrblöcken[52]) (Abb. 355a) am mächtigen Bergfried und anstoßender Mauer. Unbehauen schauen die Findlinge aus dem Mörtelmauerwerk hervor. Zahlreiche spätere Anbauten, wie der Torbau mit vier runden Türmen und die Bauten beim mega= lithischen Turm, entstammen dem 16. Jahrh. Die Stadtmauern schließen sich beiderseits an die Burg (Tafel 52).

Unterhalb des Sees erhebt sich über Stein am Rhein die Burg Hohenklingen[53]) sowie die schöne Burg Laufen[54]) am Rheinfall bei Schaffhausen.

Schaffhausen trotzt mit dem mächtigen späten Bollwerk des Unot[55]), dann tritt der Rhein in die breite oberrheinische Tiefebene zwischen Wasgenwald, Pfalz und Schwarz= wald bis nach Mainz.

Elsaß

Wasgenwald wie Schwarzwald zeigen in ihren südlichsten Teilen Granit und anderes Urgestein. Selbst der Sandstein des Wasgenwaldes ist stark kristallinisch durchsetzt, fast nur mit Granitgeschirr zu bearbeiten. Seine Wetterbeständigkeit war Ursache vor= trefflicher Erhaltung zahlreicher Ruinen, den Einfluß des Baustoffes auf mehr oder weniger großen Formenreichtum vortrefflich beweisend.

Nach den Bauformen gehören die elsässischen und pfälzischen Burgen meist romanischer und frühgotischer Zeit an, namentlich die Hohenstaufen entfalteten hier den Burgenbau zur höchsten Blüte. Wenige Beispiele müssen uns leider zur Kennzeichnung dieser edelsten Burgenbaukunst genügen.

Die Ruine Hohlandsberg[56]), deren Entstehungszeit unbekannt ist, auf über 600 m hohem Berge aus roten Sandsteinquadern mit Bossen, teilweise Bruchsteinmauer= werk errichtet, fällt auf durch ihren rechteckigen Grundriß ohne Seitenbestreichung, vielleicht ein Zeichen sehr hohen Alters. Für ein solches sprechen auch Ringgrabenreste und lange Schlitzscharten. Nur ein schwaches, erst durch General Lazarus von Schwendi erbautes Vorwerk liegt nördlich des mächtigen, 70 × 100 m messenden bis 2,50 m starken Mauerrechteckes.

Von Lützelstein[56a]) (Abb. 369 u. 370), dem alten Stammsitz der gleichnamigen Grafen, sind nur der fünfeckige Turm und einige Mauerreste im späteren Schloß der Pfalzgrafen und in den Befestigungen des 17. Jahrhunderts erhalten.

Der Name der berühmten elsässischen Burgengruppe der drei Rappoltsweiler Schlösser[57]) — rappoldo villare — kommt schon 741 vor. Hoh=Rappoltstein, die

---

[49]) Siehe unten. — [50]) Weitzel: D. deutsch. Kaiserpf. u. Königshöfe S. 31 u. 45. — [51]) Martin: Heiligenberg einst und jetzt; Lübke: Schloß Heiligenberg; Kunstd. d. Großherz. Baden Bd. I, S. 427 ff. — [52]) Ebenda S. 530 f.; Smlg. Ebh. — [53]) Smlg. Ebh. — [54]) Ebenda. — [55]) Lang: D. Unot zu Schaffhausen. — [56]) Wolff: Els. Burgenlex. S. 154 ff.; Näher: Burgenkunde für Südwest= Deutschland. S. 140. — Ebh.: Bg. d. Elsaß. — [56a]) Wolff: a. a. O. S. 218 ff. — [57]) Siehe Abschn. „Burgenarten" S. 69.

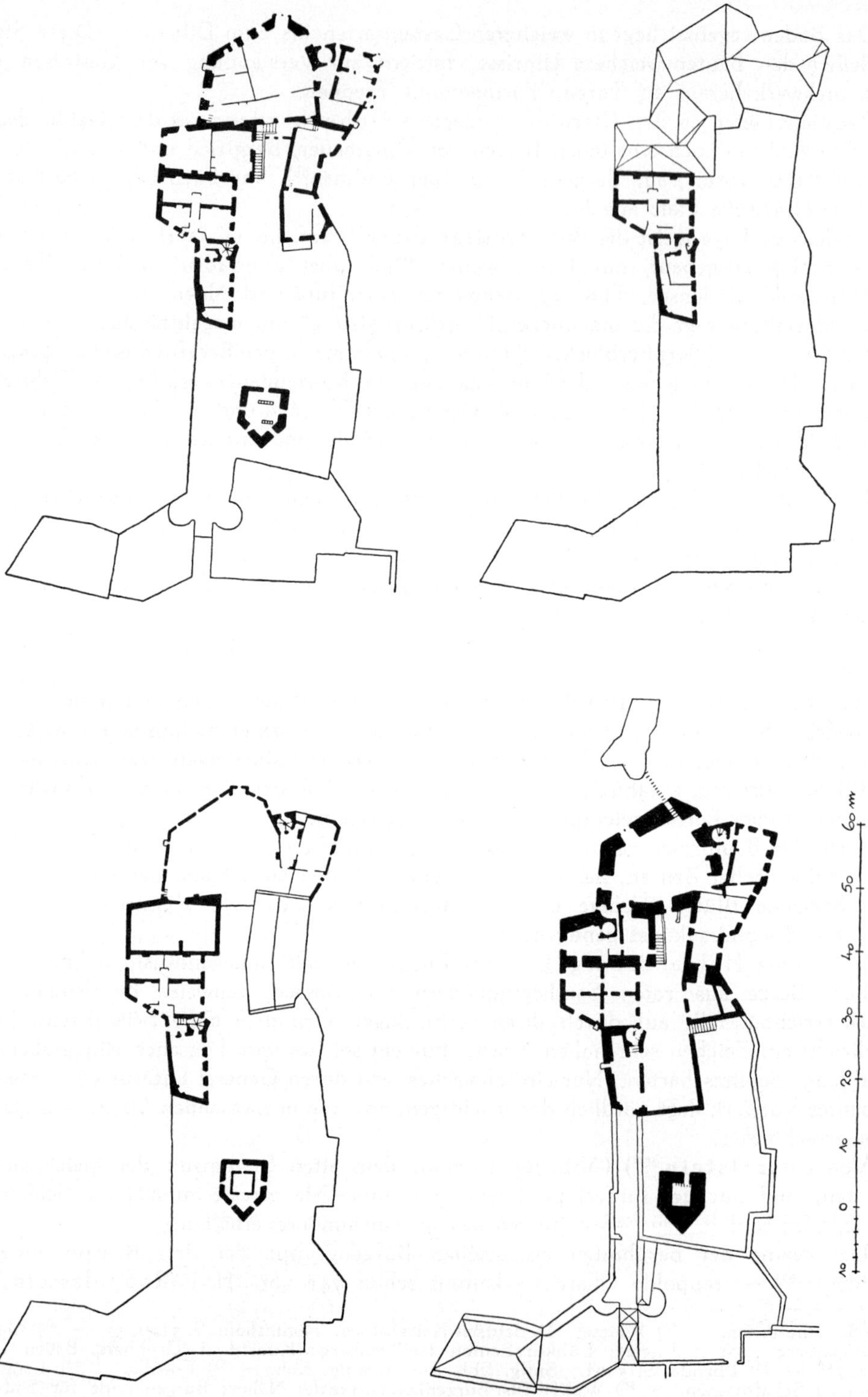

Abb. 369. Felsenbg. Lützelstein, Els., 4 Grdr. d. alten Burganl. d. oberen Gesch., 1:1000, B. E. nach Pl. d. Bayer. Kriegsarch. v. 1771.

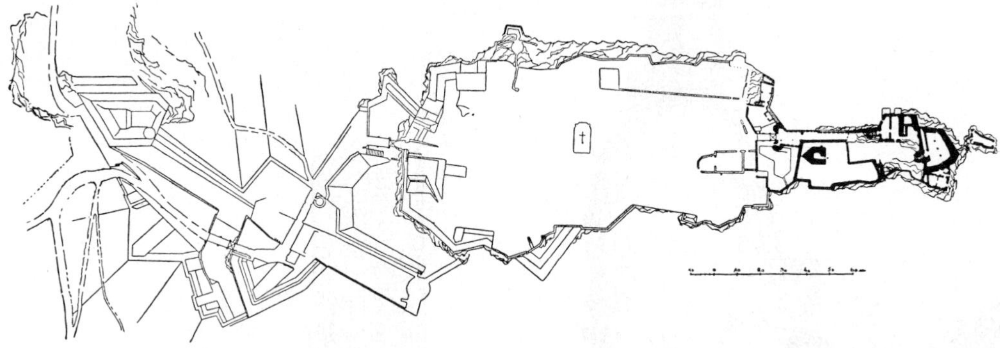

Abb. 370. Felsenbg. Lützelstein, Els., Lgpl. d. alten Bg. u. Festungsw. d. 17. Jh. 1:3000, B. E. nach Pl. d. Bayer. Kriegsarch. v. 1771.

Abb. 371. Höhenbg. Hohrappoltstein, Els., Ans. d. Kernw. u. Bergfr. 1:500 u. Längsschn. 1:1000. B. E.

Abb. 372. Felsenbg. Giersberg, Els., dritte d. Rappoltsteiner Burgen, Ans. v. N. 1:500. B. E.

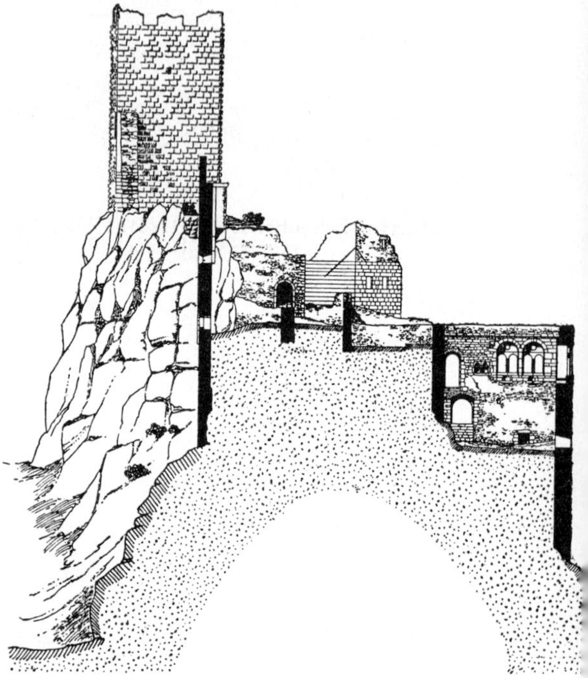

Abb. 373. Felsenbg. Ulrichsburg, Els. Querschn. durch Wohnb. u. Saal u. S.=Ans. 1:500. B. E.

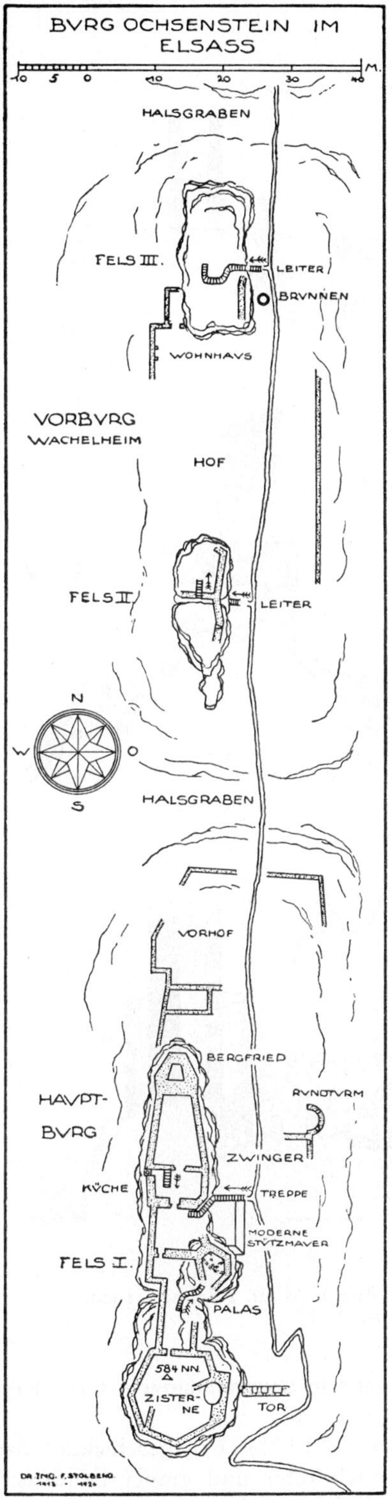

Abb. 374. Burgengruppe Ochsenstein, Els., Lgpl. 1:1000 v. Stolberg.

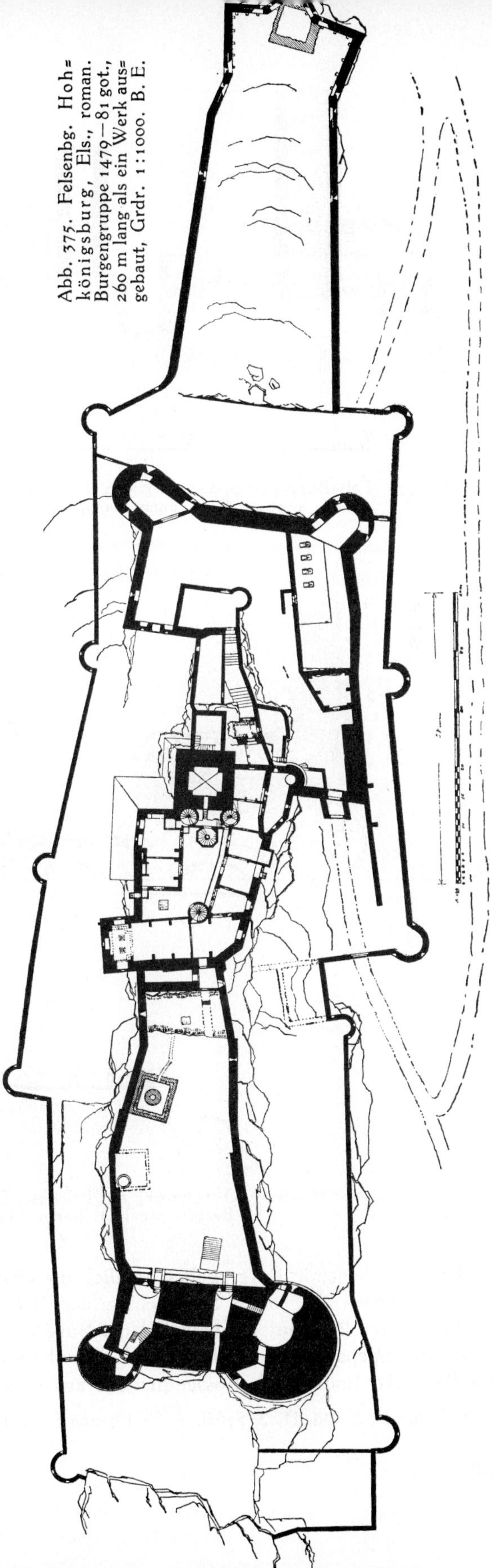

Abb. 375. Felsenbg. Hohkönigsburg, Els., roman. Burgengruppe 1479—81 got., 260 m lang als ein Werk ausgebaut, Grdr. 1:1000. B. E.

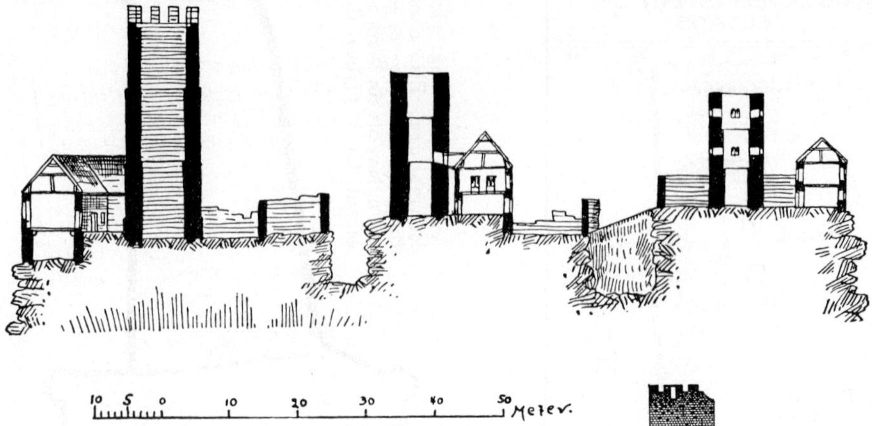

Abb. 376. Fels=Burgengruppe Drei Exen (Hoh=Egisheim) Els. Schn. 1:1000. B. E. nach Hartmann.

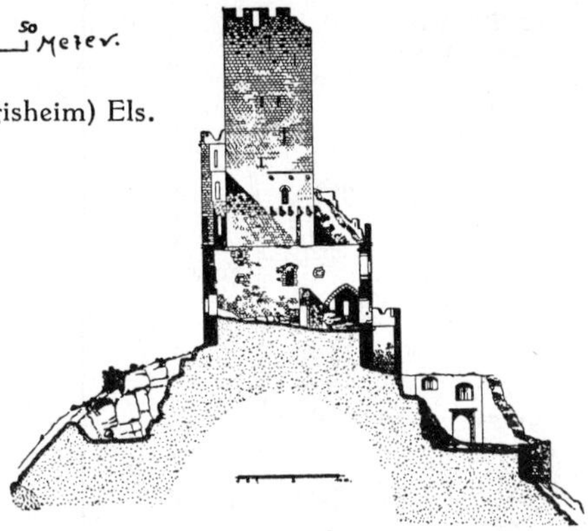

Abb. 377. Höhenbg. Ortenberg auf Felsnase, Els., Ans. v. W. u. 2 Schn. 1:1000, Bergfr. 5=eck. i. hoher Mantelm. B. E.

am höchsten liegende Burg, wahrscheinlich die ältere, ist von unregelmäßigem Grundriß, auf Granitfelsen aus rotem Sandstein erbaut[58]) (Abb. 371, 66).

100 m tiefer liegt auf kühnem Felsriff Burg Giersberg[59]) (Abb. 67), geschicktest der Felsform angepaßt. Baustoff ist auch hier hauptsächlich roter und grauer Sandstein, am Bergfried finden sich Bossenquadern aus Granit (Abb. 372).

[58]) Ebh.: D. B. Bd. II, S. 276ff. — [59]) Ebenda S. 281ff.

Die Hohkönigsburg im Elsaß, nach der Wiederherstellung 1908

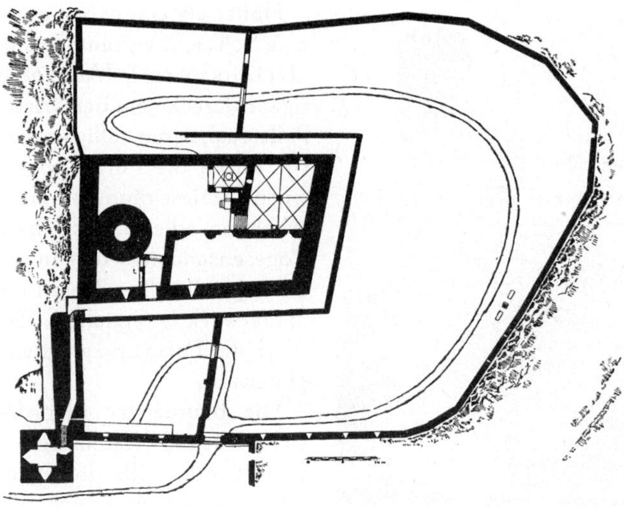

Abb. 378. Höhenbg. Kinzheim, Els., Grdr. 1:1000. B. E.

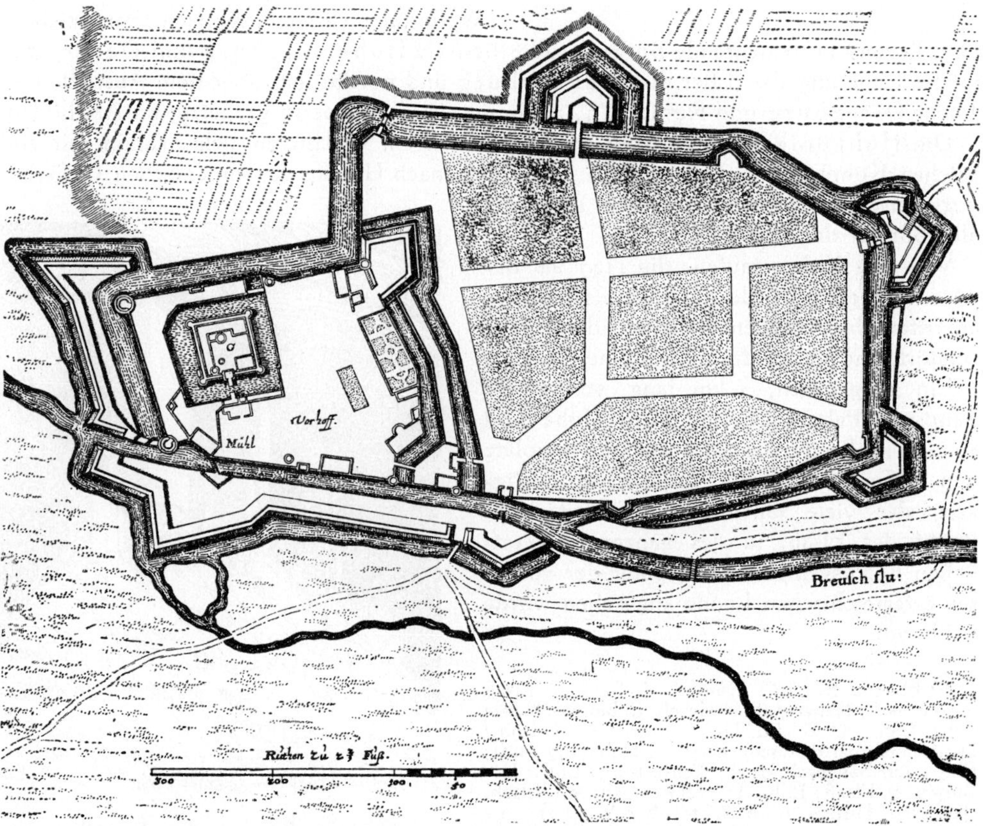

Abb. 379. Heute verschwundene Wasserbg. Dachstein, Els., Beispiel regelm. Anl., nach Merian.

Abb. 380. Höhenbg. Hohandlau b. Barr, Els., 2 Rundt. i. hoher Mantelm.

Höher als Giersberg — von dieser durch eine Schlucht getrennt — liegt die kunstreiche Ulrichsburg[60]) (Abb. 68 u. 373) mit mächtigem viereckigem Bergfried und romanischem Pallassaal, deren völlig unregelmäßiger Grundriß durch die Form des Felsens erzwungen wurde. Diese räumlich größte und am besten erhaltene edle Ulrichsburg ist aus rotem Vogesensandstein teils in großen Quadern mit Bossen, teils ohne Bossen und aus Bruchsteinmauerwerk[61]) errichtet. Sie zeigt höchsten Adel der Form und staunenswerte kühne Bauplatzwahl.

Die Baumeister aller drei Burgen folgen sicher keiner fränkischen oder sächsischen Schule oder Überlieferung, sondern allein den zwingenden örtlich gegebenen Umständen, trotzdem aber ringen sie noch Platz für einen großen Pallassaal ab, der zu den reifsten romanischen Schöpfungen gehört.

Westlich von Schlettstadt, wo Leber- und Weilertal wichtige Pässe nach Frankreich öffnen, liegen fünf bedeutende Burgen: südöstlich die Hohkönigsburg und Oedenburg, in der Gabelung der Täler die Frankenburg und nordöstlich über dem Austritt in die Ebene Ortenburg und Ramstein, zusammen eine Paßsperre großartigster Art bildend.

Die Hohkönigsburg[62]) (Abb. 375) ist auf ihrem gewaltigen Felsenkamm mit einer solchen Kühnheit errichtet, daß sie namentlich nach Umbau der romanischen Ganerbenburg durch den Grafen Thierstein 1479—81 alle Burgen des Elsaß übertrifft.

Von den Hohenstaufen, die 1147 als Besitzer auftreten, wurde die romanische Burg an ritterliche Familien verliehen, dann 1462 zerstört, ehe sie an die Thiersteiner kam.

Ein Bergrücken, 1 km lang, von einem Sandstein-Felsengrat von 20 m Höhe und 10—15 m Breite bekrönt, war ein Bauplatz von außergewöhnlicher natürlicher Festigkeit, der viele Jahrhunderte als stärkster Punkt des Elsaß, ja des ganzen südwestlichen Reichsgebietes und später der vorderen österreichischen Lande angesehen wurde (Abb. 70).

Abb. 381. Burgengruppe Drei Exen (Hoh-Egisheim).

[60]) Ebenda S. 284ff. Denkm. d. Bauk. i. Elsaß S. 71f. — [61]) Näheres über Gesch. u. Baugeschichte siehe Ebh.: D. B. Bd. II, S. 292f. — [62]) Ebh.: Denkschr. über d. Wiederherst. d. Hohkönigsburg; Ebh.: Zur Baugesch. d. Hohkönigsburg; Ebh.: Die Burgen d. Elsaß; Ebh.: D. Hohkönigsburg i. Elsaß. Baugesch. Unters. u. Berichte über Wiederherst.; im übrigen siehe Literaturangabe bei Wolff: Elsäss. Burgenlex. S. 144ff.

Die Ruinen, die vor dem Wiederaufbau (durch den Verfasser) — 1899—1908 — standen, gehörten dem 12., 13., und die höchsten Geschosse der Thiersteiner Bauzeit dem 15. Jahrh. an[63]) (Tafel 53).

Nirgends spricht sich der Wandel des Wehrbaues entsprechend den veränderten Anforderungen der Kriegführung an einem Bau klarer aus als hier. Die romanische Burggruppe bestand aus einem bzw. zwei viereckigen Bergfrieden auf dem höchsten Felsgipfel und mehreren durch einen Graben abgeteilten Pallasbauten. Jede Seitenbestreichung fehlte. Der Thiersteiner Umbau legte dagegen darauf und auf die Aufstellungsmöglichkeit von Pulvergeschützen den größten Wert. Vor= und Rücksprünge der Vorburgmauer und Türme, der Außenzwingermauern und halbrunden Schalen sind dessen Zeugnis. Gegen die Angriffsseite wurde ein ungeheures Bollwerk mit zwei Rundtürmen errichtet, wohl das stärkste im Elsaß (Tafel 54).

Abb. 382. Roman. Höhenbg. Landsberg, Els., quadr. Bergfr. spitz gestellt, hohe roman. Mantelm., Kapellenerker. B. E.

Die Scharten der Geschützstände verraten größten Scharfsinn in ihrer Verschiedenheit. Das schon bastionsartige Tiergartenvorwerk dürfte ein frühestes Beispiel sein.

Die gotischen Säle und Zinnen künden von der Hand hocherfahrener Meister. Herrliche romanische Buckelquader und scharfkantig, geistreich durchdachte Gewände gotischer Türme, Fenster und Scharten erheben den Bau zu einem Meisterwerk ersten Ranges.

Die Raumbildung der romanischen Zeit verrät noch die Oedenburg[64]) (Abb. 69 u. 388), die mit der Geschichte der Hohkönigsburg eng verknüpft ist. Sie entstammt späterer Bauzeit, ihre Bauformen wirken eleganter. Die frühe Anlage ist von einem in den Felsen gehauenen Graben mit äußerem Steinwall umgeben (Abb. 69), der auch hier als Zeichen hohen Alters gewürdigt werden muß.

Abb. 383. Höhenbg. Spesburg, Els., vieleck. Mantelm., viereck. Bergfr., geringe Vorwerke. B. E.

[63]) Bedeut. als Ganerbenburg siehe Abschn. „Burgenarten". — [64]) Ebh.: D. Hohkönigsburg. Baugesch. Unters. u. Berichte über d. Wiederherst. S. 4f.; Wolff: Elsäss. Burgenlex. S. 251ff. —

Abb. 384. Felsenbg. Wasigenstein, Els., erh. kl. Mantelmauerbg. u. durch künstl. Graben getrennt längere Höhenbg., geringe Zwinger. B. E.

Die Frankenburg[65]), Bau des 11. Jahrh., aus rauh bearbeiteten Vogesensandsteinquadern, außen kleine Bossensteine, innen glatt, zeigt eine unregelmäßige längliche, teils gerundete, 2,03 m starke Mantelmauer mit freistehendem mächtigen, rundem, noch 12 m hohem Bergfried aus Buckelquadern und kleiner gotischen Kapelle.

Die Ringmauer trug den Wehrgang, soweit nicht der Pallas darin liegt. Reste von vier Toren, teils mit Graben davor, und Zwinger dienen als Außenwerke. Eine äußerste Zwingermauer besteht aus mächtigen Felsblöcken. Zwei weitere Felsringwälle, ähnlich den Odilienbergwällen, umgeben den Gipfel.

An der nördlichen Ecke des Weilertales zur Rheinebene hin, auf schroffer Höhe, bildet Burg Ortenberg[66]) (Abb. 64 u. 377) ein einzigartiges Beispiel kühnster baulicher Anlage. Sie ist um 1200 aus einem Guß erbaut. Die sehr starken Mauern von Vorburg und der viel höher liegenden Hauptburg bilden fast ein Dreieck. An der Angriffsseite der Hauptburg steht mit scharfer Spitze der außen unregelmäßig fünfeckige, innen viereckige Bergfried, von dem zur nahen Mantelmauer hin verschiedene Strebebogen gespannt sind. Die Mauern bestehen aus glatten Granitquadern. Türen und Fenster sind in rotem Sandstein gefaßt. Seitenbestreichung fehlt, das Innere der Kernburg wurde fast ganz vom Pallas eingenommen.

Die Burg Ramstein, 1293 von Ochsenstein als Rückhalt bei Belagerung der Ortenberg erbaut, ist durch eine steile Schlucht von dieser getrennt[67]) (Abb. 65).

Abb. 385. Höhenbg. Landskron, Els., Bergfr. u. Pallas früh, spätere Bastionen. B. E.

Trotz der Nähe und des gleichen Baumaterials ist in der ganzen Anordnung ein Unterschied sichtbar, der sich aus der anderen Bodenform erklärt[68]). Die äußerste Kante des Plateaus trägt die Reste des gewaltigen Wohnturmes von unregelmäßigem Grundriß, das Kernwerk der Anlage. Um drei Seiten führt ein Graben, die vierte Seite fällt schroff ab. Beide Burgen sind vom ansteigenden Berg durch breite tiefe Gräben getrennt.

[65]) Ebenda S. 67 ff.; Essenwein: Hdb. d. Archit. II. Teil, Bd. IV, S. 65 ff.; siehe Abschnitt „Burgenarten". — [66]) Ebh.: D. B. Bd. II, S. 257—74 erschöpfend; Schoepflin: Als. Ill. Bd. II, S. 201 ff., 661; Wolff: Elsäss. Burgenlex. S. 255 ff.; Witte: D. ält. Hohenz. u. ihre Bezieh. z. Els. — [67]) Ebh.: D. B. Bd. II, S. 272; Wolff: a. a. O. S. 275. — [68]) Vgl. Abschnitt „Burgenarten".

Unmittelbar den Hohenstaufen verdankt die Veste Kaysersberg[69]) im Anfang des 13. Jahrh. ihre Entstehung, als Sitz für vierzig Ritter im Auftrage Friedrichs II. erbaut. Sie blieb Reichsburg bis das Elsaß französisch wurde. Hier begnügte man sich in engster Verbindung mit der festen Reichsstadt, einen runden Bergfried mit schürzenartigem Mauerring zu errichten.

Abb. 386. Höhenbg. Kinzheim, Els., Angriffsseite. B. E.

Überblicken wir die Grundrisse der mehr als 500 Burgen des Elsaß, von denen wir nur diese wenigen erwähnten, so wird die unendliche Verschiedenheit der Aufgabenlösung jeden Versuch einer schulmäßigen Einordnung vereiteln.

Neben sehr alten, einfachen, länglich-runden Mantel- oder Ringmauerburgen, wie Frankenburg, Ringelsburg, Wangenburg, finden wir einfache rechteckige Anlagen, wie Hohlandsberg, Phlixburg, beide Arten ohne vorspringende Türme oder Seitenbestreichung oder die ziemlich regelmäßig rechteckig angelegten Burgen Bernstein (Abb. 387) und Wasigenstein (Abb. 384).

Es erscheinen viereckige Grundrisse, wie Kinzheim (Abb. 378), und ältere, strenge, schmale Kernbauten im romanischen Landsberg (Abb. 382) in späteren, regelmäßigen Vorburgen, vieleckige Mantelmauerringe in Spesburg (Abb. 383) und Hohandlau (Abb. 380), oft mit (späteren) starken Seitenbestreichungsmauertürmen in Hohenack (Abb. 387a), endlich sehr viele Grundrisse von ganz regellos zerrissener Gestaltung in Hohbarr, Ulrichsburg, Ochsenstein (Abb. 374), Hochpfirt, Landskron (Abb. 385), Greifenstein und Girbaden oder Burgengruppen wie die drei Exen (Abb. 376) und märchenhafte Felsenfesten wie Fleckenstein. Daneben gibt es auch Wasserburgen mit regelmäßigen viereckigen Grundrissen, wie die heute verschwundene alte Burg Dachstein (Abb. 379).

Abb. 387. Roman. Höhenbg. Bernstein, Els., fünfeck. Bergfr., tiefer i. SO. Vorburg. B. E.

Dabei sind viele zu gleicher Zeit vor und nach 1200 erbaut, seltener später durchgreifend geändert, gleiche Baustoffe, gleichen Zwecken der Landes- und Grenzenverteidigung gewidmet; entscheidend für jeden einzelnen Bau scheint nur die Vielgestaltigkeit der Bauplätze auf Felsen, felsigen Abhängen, Gipfeln oder Bergkämmen, die stets wechselnde Aufgaben stellten.

[69]) Ebh.: D. Burg. d. Els., Vortrag, S. 7; Wolff: a. a. O. S. 177. Denkm. d. Bauk. i. Elsaß S. 72f.

1 Erste Tor.
2 Zweite Tor.
3 Vorhof.
4 Graben.
5 Kl. Fallbrücke.
6 Dritte Tor.
7 Turm.
8 Vierte Tor.
9 Mühle.
10 Brunnen.
11 Bergfried.
12 Eingang z. Pallas.
13—16 Pallas.
17 Kapellenturm.
18 Pferdestall.
19 Hexenturm.
20 Turm.

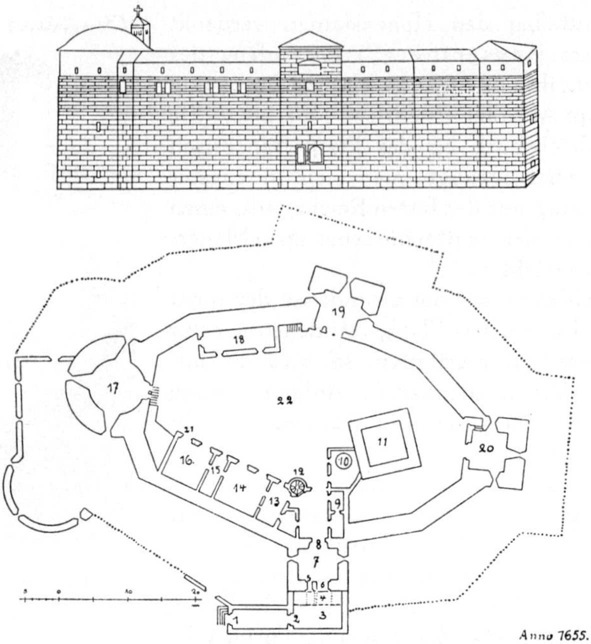

Abb. 387a. Höhenbg. Hohenack, Els., durch Mauert. verstärkte Mantelm., Ans. u. Grdr. 1:1000. B. E. nach Pl. v. 1655.

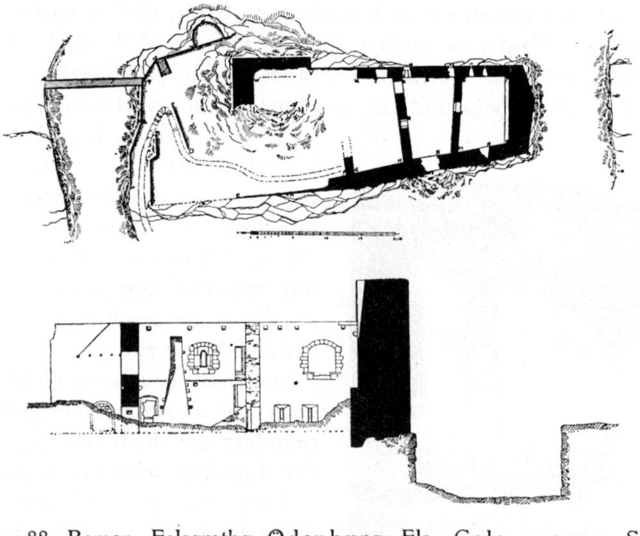

Abb. 388. Roman. Felsgratbg. Odenburg, Els., Grdr. 1:1000 u. Schn. d. Kernbg. v. O=W. 1:500. B. E.

Schwarzwald

Von der südlichsten, von Bodensee und Rhein umschlossenen Ecke des Schwarzwaldes liegen, nach Norden in langer Reihe errichtet, eine Fülle bedeutender Burgen.

Auf sicheren Höhen aufgetürmt sind u. a. die stolzen Mauern von Rötteln, Bärenfels, Sausenburg, Bürgeln, Badenweiler, Staufen, Zähringen, Hochburg, Horn=

Bŭrg Andlaŭ
B 1901 E
Innen Ansicht
gegen Westen
Elsass.

Tafel XVIII Burg Andlau, Elsaß

Abb. 389. Höhenbg. Hohenbaden, Schwarzw., obere frühe Kernbg. u. got. Wohnbau, Ergänzung d. Reste. B. E.

burg, Schramberg, Nippenburg, Schilteck, Geroldseck, Ortenberg, Fürsteneck und viele andere. Nicht zufällig entstanden sie an Paßübergängen und Vorbergen des Gebirges.

Gleich die erste, schon 751 als „Raudinlein" genannte Burg Rötteln[70]) (Abb. 395) ist beispielhaft für sachlich gewählten Bauplatz, von dem man das weite, reich besiedelte Wiesetal und das Rheintal bis Basel überblicken und beherrschen konnte, auch ein Beispiel für den formbildenden Einfluß des bodenständigen Steines und der bestimmenden Formen der bebauten Bergnase.

Auf kahlem Kalkfelsen errichtet, dessen Stein, zum Bau verwandt, nicht leicht schöne Quadern oder feinere Werkstücke bot, zeigt die Burg nur den Bergfried des 11. Jahrh.

[70]) Kunstd. d. Großherz. Baden. Bd. IV, 5. Kreis Lörrach, S. 34ff.; Karl Seith: D. Burg Rötteln im Wandel ihrer Herrengeschl., Sonderdr.; Wagner: Schloßr. Rötteln. Geogr. u. gesch. Überblick.

Abb. 390. Höhenbg. Hohenbaden, Schwarzw., Ans. v. NW. 1:500. B. E.

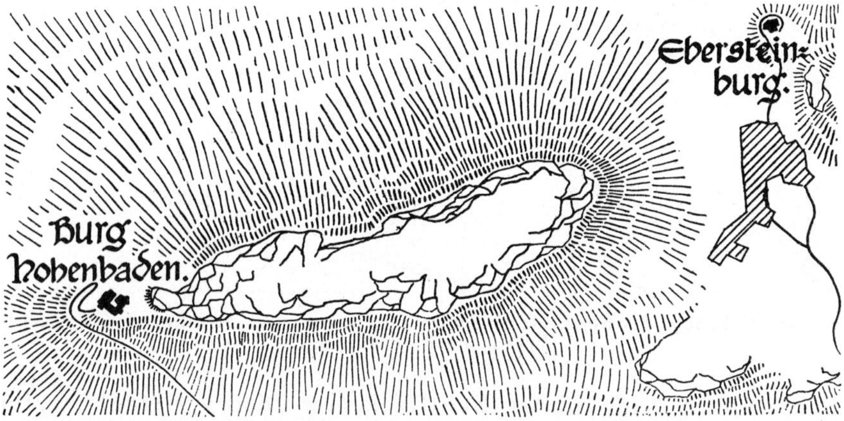

Abb. 391. Lagepl. Burg Hohenbaden und Ebersteinburg, 1:25000. B. E.

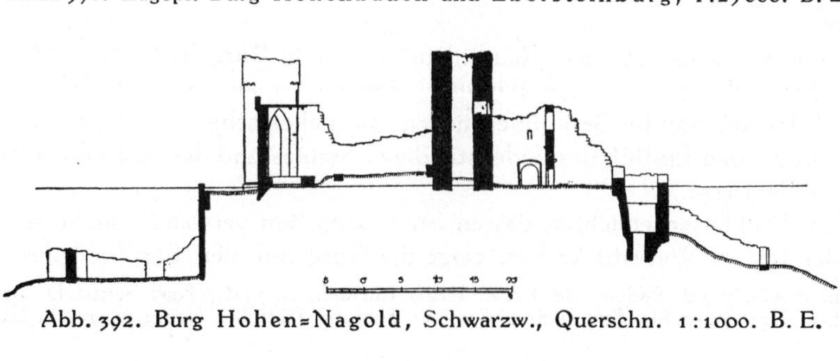

Abb. 392. Burg Hohen=Nagold, Schwarzw., Querschn. 1:1000. B. E.

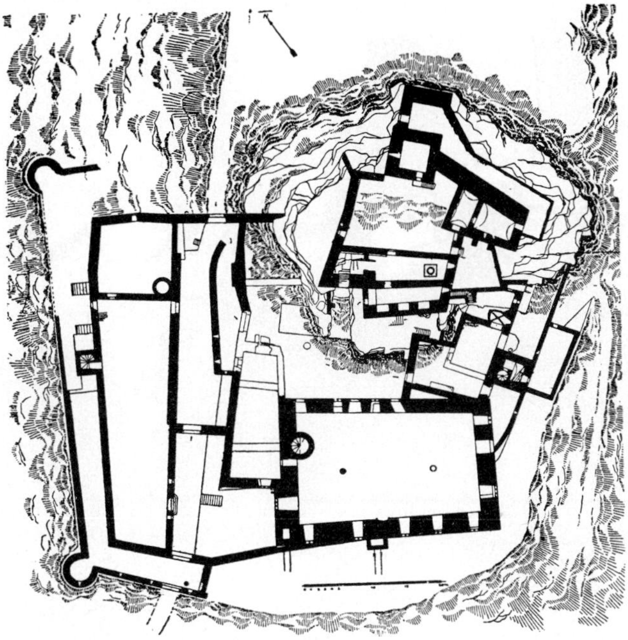

Abb. 393. Höhenbg. Hohenbaden, Schwarzw., Grdr. 1:1000. B. E.

Abb. 394. Ganerbenbg. Schauenburg, Schwarzw., Grdr. 1 : 1000. B. E.

Abb. 395. Höhenbg. Rötteln, Schwarzw., nach d. Natur gez.

und die Grundmauern des romanischen Pallas aus diesem Baustoff. Für Fenster, Tür= und Torgewände beschaffte man roten feinkörnigen Sandstein.

Die sehr starke Bruchsteinpallasmauer auf etwas geböschtem Quaderwerk gehört nach den Formen ihrer ältesten romanischen Fenster dem 11. oder dem Anfang des 12. Jahrh. an. Kennzeichnend lag der alte romanische „Rittersaal" im vierten Stock des Pallas.

Der Verteidigung der kurzen Nord= und Südseite diente außer dem Bergfried südlich ein viereckiger Turm neben dem Haupttor.

Der längliche, vieleckige und abgerundete Mauerring der Kernburg, meist aus rohen, gelben Bruchsteinen, steht auf rund 20 m höherer Felsstufe als die davon durch tiefe Schlucht getrennte Vorburg. Noch höher steht der Bergfried, etwa 25 m über der Sohle des Halsgrabens auf blankem Felsen.

Von der Burg Hohen=Nagold[70a]) (Abb. 392) auf steilem und schmalem Bergrücken sind Teile der Ringmauer und runde Bergfriede erhalten. Neuerliche Ausgrabungen haben die Anlage deutlicher gemacht.

Eine Gipfelburg von Schönheit und Kraft der Erscheinung, deren Form klar von der geologischen Beschaffenheit und Gestaltung des Bauplatzes abhängt, ist die von den Franzosen 1688 verbrannte Burg Hohengeroldseck, über Kinzig und Schuttertal bei Lahr im badischen Schwarzwald[71]) (Tafel 3). Die Burg ist wehrbaulich vortrefflich gelegen, auf allseitig steilen, unzugänglichen Felsengipfeln. Auf einen Bergfried konnte der hohen Wohnbaugestaltung halber verzichtet werden. Ein einheitlicher breiter Zwinger auf tieferer

---

[70a]) Schuster: Burgw. 1935, S. 40ff. Bericht seiner Untersuchungen auf Hohen=Nagold von 1932 u. 1933. — [71]) Steinhart: D. Burgr. Hohengeroldseck (D. Ortenau, 21. H. Burg. u. Schl. Mittelb.), S. 337; Naeher: D. Ortenau S. 14ff.; Siefert: Burgwart 1900, S. 25ff.

Felsstufe ist rings um die enge Kernburg angeordnet, in der die zwei Pallasbauten stehen, das alte und das neue „Hus" genannt, mit engem Hof dazwischen.

Der in die romanisch-frühgotischen Umfassungsmauern eingebaute Pallas aus groben Bruchsteinen ist vierstöckig, Türme, Fenster und Scharten zeigen fein bearbeitete Sandsteingewände. Drei seiner Außenmauern bilden zugleich die Mantelmauern. Der gotische Rittersaal lag im dritten Stock, darüber noch Wohnräume.

Der ringsum tiefer liegende Zwinger bot Platz für Wirtschaftsbauten, seine vielgeknickten Mauern folgen dem Felsen. Seitenbestreichung ermöglichten weder Kernburg noch Zwingermauern. Verwendbar ist dafür nur der (später?) außen an dem oberen Fels als starker Quaderbau 8 m hochgeführte Brunnenturm.

Langgestreckte schmale Kernburgen mit zwei Bergfrieden je am Ende zeigen auch Yburg[72]) und Alt-Windeck (letztere etwas kürzer). Beide Male ist der Bauplatz für den Burgbau entscheidend, nicht etwa volkseigene Übung sächsischer oder fränkischer Einwanderer oder Ursiedler.

Beide Festen zeigen starke Bergfriede, Alt-Windeck[73]) aus rohen Quadern ohne Randschlag, bis auf wenige Buckeleckquadern an einem der viereckigen Türme, die Yburg[74]) aus roh behauenen Porphyr- und Sandsteinquadern.

Yburg und Alt-Windeck umgeben verhältnismäßig wenige Zwinger und Außenwerke.

In nächster Nähe, jedenfalls in derselben Wehrkette, finden wir zerrissene, unregelmäßige Grundrisse auch bei Hohenbaden[75]) (Abb. 389—391, 393), der merkwürdig kühnen Lützelhardt[76]) auf drei Felsgipfeln und bei Schauenburg[77]) (Abb. 394) mit seinen Ganerbentürmen.

Lützelhardt, nach Funden schon vorgeschichtlich (in der Steinzeit?) besiedelt, kann als Gegenbeispiel für die Einteilung der Burgen in sächsische und fränkische Baustile dienen. Drei Felsengipfel trugen dicht beieinander drei Burgen, die bedeutendste, die östliche Burg, ist gegenüber den beiden anderen Anlagen unregelmäßig der Felsoberfläche angepaßt. Sie hat einen mächtigen viereckigen Bergfried, dreieckigen Hof mit sehr starken Mauern, nach Süden eine fast 4 m dicke Schildmauer und einen unregelmäßig eckigen Bau auf dem nordwestlichen Ende des Felsens. Viel tiefer liegt auf der Nordostseite ein größerer Zwinger, südlich ein merkwürdiger, halbmondförmiger Ringgraben zwischen zwei Steinwällen (Hinweis auf hohes Alter). Neben sehr frühen Resten finden sich schöne romanische und frühgotische Kamin- und Fensterstücke, merkwürdige Wasserbehälter und -leitung und prachtvolles Bossenmauerwerk.

Rheinpfalz

Formbestimmend für Art der Burgengestaltung wirkten Bauplatz und Baustoff der felsgekrönten Berge der Rheinpfalz, insbesondere des Haardtwaldes.

Märchenhafte Gebilde sind die herrlichen Burgen der romanischen und frühgotischen Zeit, die wohl alles übertreffen, was an inniger Verbindung von Baukunst und Natur erreicht ist.

Der edle rote Sandstein, die geheimnisvollen Felsbildungen auf den Kämmen oder Gipfeln der Berge forderten die Ausnutzung dieser unzugänglichen Bauplätze geradezu heraus[78]).

Vom Fleckenstein[79]) bis zum Trifels[80]), von Neuscharfeneck bis zur Hartenburg bei Bad Dürkheim, überall und in Hunderten von weiteren Felsenburgen

[72]) Naeher: D. Ortenau S. 27f.; Besler: D. Iburg (D. Ortenau, 21. H. Burg. u. Schlöss. Mittelb.) S. 150ff. — [73]) Naeher: D. Ortenau S. 25f. — [74]) Besler: a. a. O. S. 152. — [75]) Ebh.: D. B. Bd. II, S. 355ff.; Linde: D. Burg Hohenbaden (D. Ortenau, 21. H. Burg. u. Schlöss. Mittelb.) S. 67ff. — [76]) Hammel: Lützelhardt (D. Ortenau, 21. H. Burg. u. Schlöss. Mittelb.) S. 511ff. — [77]) Abschn. „Burgenarten". — [78]) Schäfer: Pfälzer Burgruinen. Burgwart 1906, Nr. 1. — [79]) Abschn. „Burgenarten" S. 37ff. — [80]) Siehe unter „Pfalzen und Hofburgen".

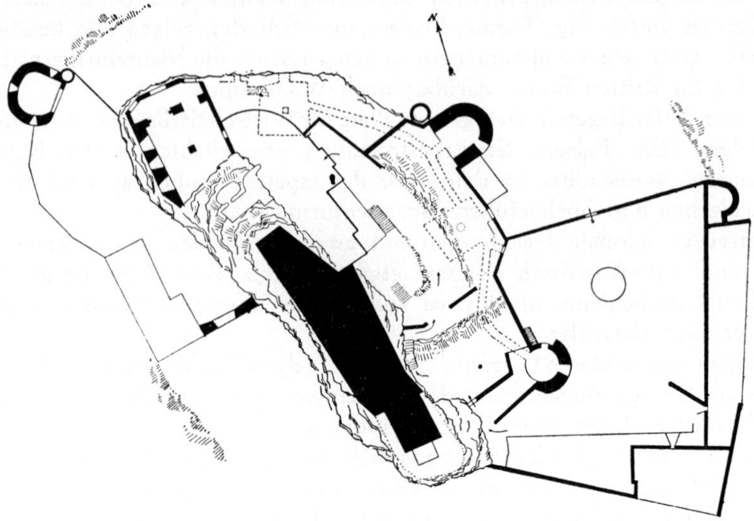

Abb. 396. Felsenbg. Berwartstein, Pfalz, Lgpl. etwa 1:1000. B. E.

Abb. 397. Burg Nanstein, Grdr. nach altem Pl. u. eig. Aufm. 1:1000. B. E.

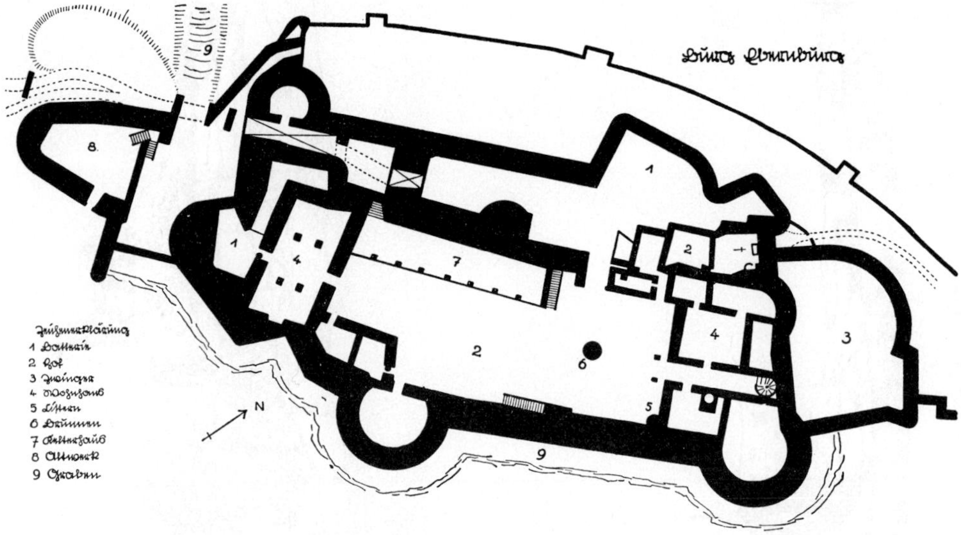

Abb. 398. Die Ebernburg, Nahe, Grdr. etwa 1:1000, nach Pl. v. Nik. Person um 1684 u. eig. Aufm. B. E.

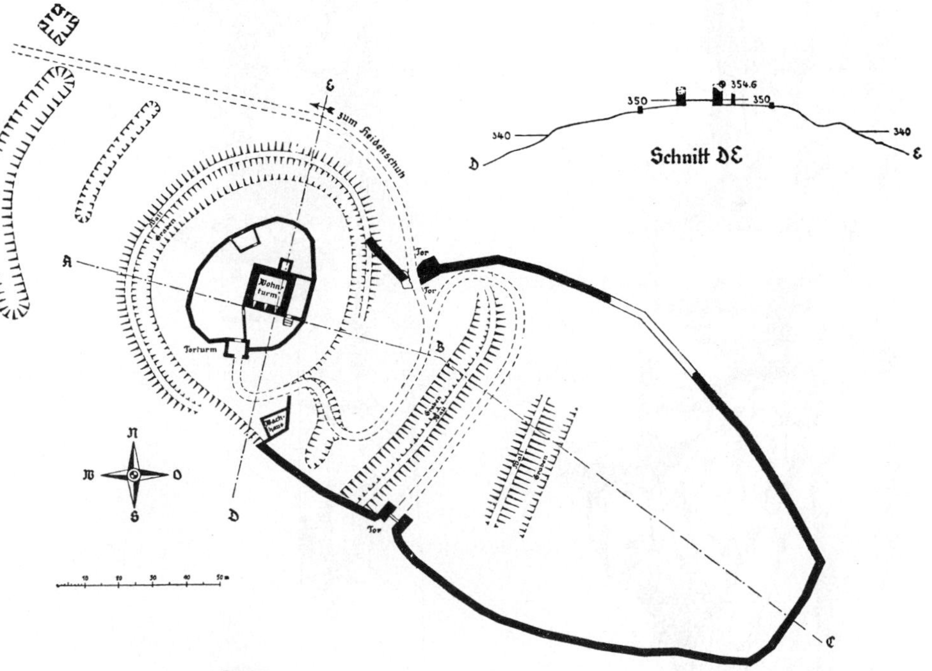

Abb. 399. Sehr frühe Höhenbg. Schlößl b. Klingenmünster, Wohnt. m. Ringgraben u. Wallresten, Lgpl. 1:2000, nach Sprater.

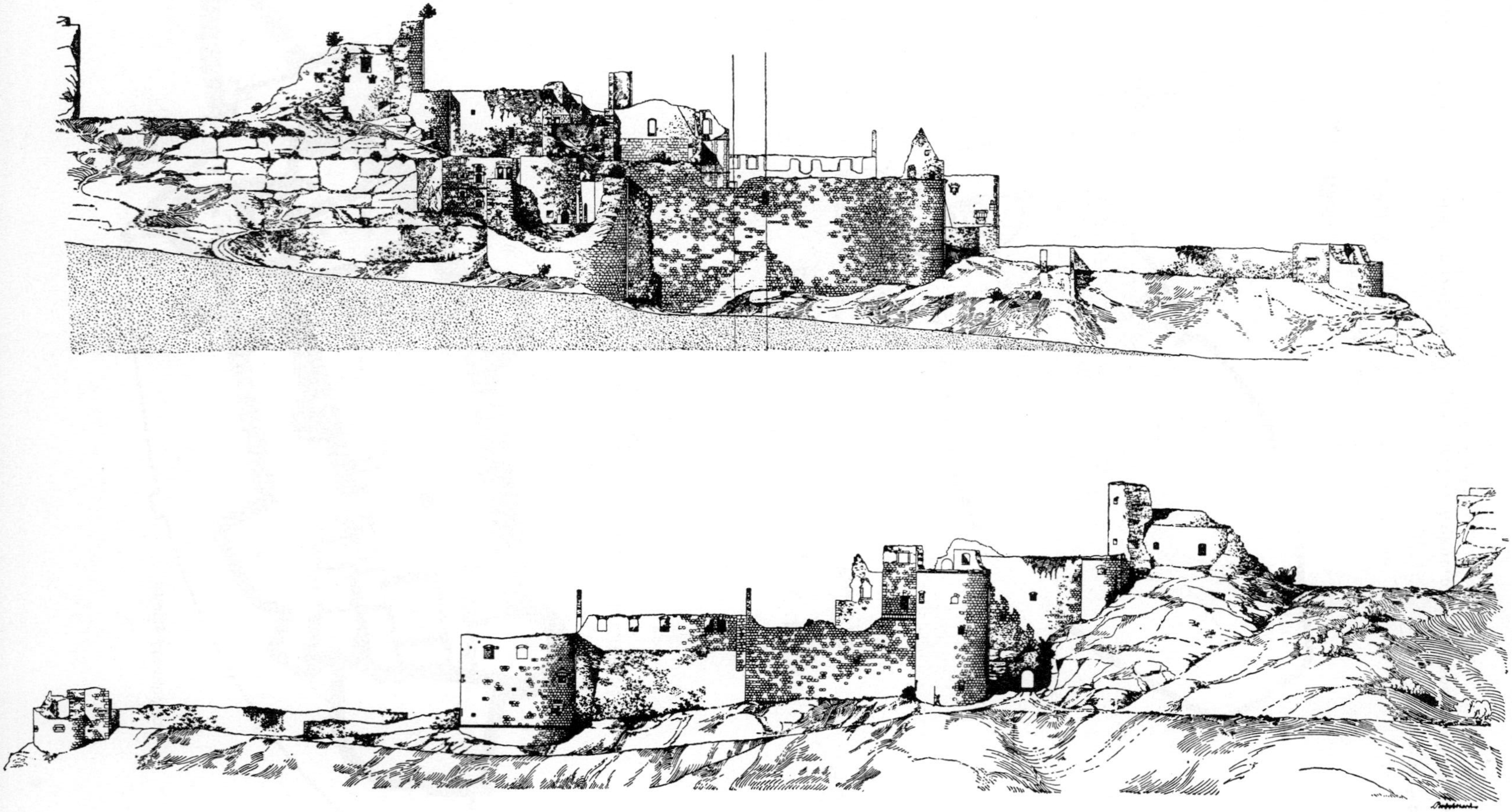

Abb. 400. Die Hartenburg, Pfalz, Ans. v. S. (oben) u. v. N. (unten), 1:1000. B. E.

Abb. 401. Die Hartenburg, Pfalz, früher Kern m. über künstl. Halsgraben vorgeschob. Batterieturm u. 2 gr. u. 3 kl. Ecktürmen, Grdr. 1 :1000. B. E.

Abb. 402. Die Hartenburg, Pfalz, Längsschn. durch d. unterird. Batterien, Gänge u. Gewölbe u. durch Vorbg. u. Halsgraben v. WO. 1:1000. B. E.

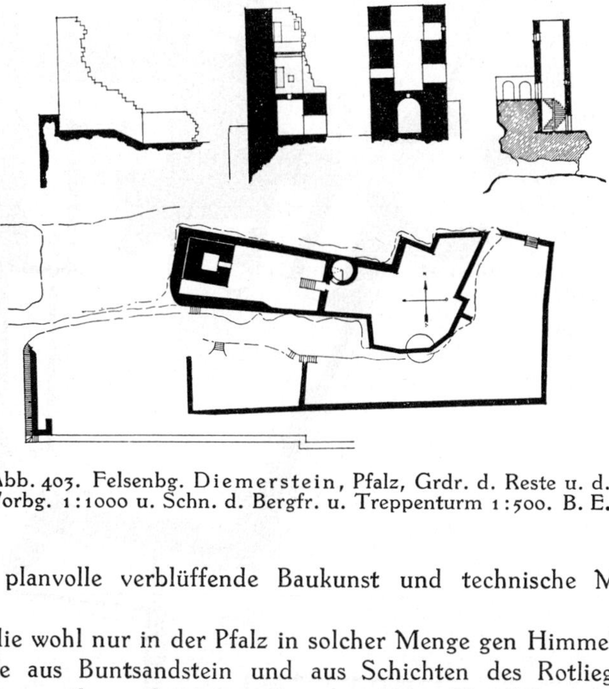

Abb. 403. Felsenbg. Diemerstein, Pfalz, Grdr. d. Reste u. d. Vorbg. 1:1000 u. Schn. d. Bergfr. u. Treppenturm 1:500. B. E.

finden wir eine planvolle verblüffende Baukunst und technische Meisterschaft der Ausführung.

Felsenkämme, die wohl nur in der Pfalz in solcher Menge gen Himmel ragen, bestehen in der Hauptsache aus Buntsandstein und aus Schichten des Rotliegenden, nur der Rheinebene zu liegen ältere Gesteine: Gneis, paläozoische Schiefer, Grauwacke und Granit[81]).

Weichere Schichten sind überall allmählich ausgewittert, die harten Schichten in kissenförmigen Blöcken übereinanderlagernd zurücklassend.

Die Zwischenräume unter den Steinkissen sind mit Mauerwerk geschlossen oder als Höhlen für Gänge und Treppen benutzt oder offen gelassen.

Die Felsen sind auch von vielen Gängen durchzogen. Hohlräume sind ausgehauen bei Neuscharfeneck[82]), den Dahner Burgen[83]) und Fleckenstein, vor allem beim Drachenfels bemerkenswert durch Zahl und Größe.

---

[81]) D. Rheinlde. Nr. 3. Der Pfälzerwald v. Häberle S. 17ff. — [82]) Kunstd. v. Bayern, Reg.-Bez. Pfalz, IV. Bergz. S. 332ff.; Lehmann: Urkdl. Gesch. d. Burg. u. Schlöss.... S. 170ff. — [83]) Siehe Abschn. „Burgenarten".

Die Brömserburg in Rüdesheim

Burg Schönburg bei Oberwesel am Rhein. Freig. v. R. L. M. 6. 4. 34

Burg Schönburg bei Oberwesel am Rhein

Der Fuß der Felsen, siehe Trifels, Fleckenstein und Berwartstein[84]) (Abb. 396), pflegt von Zwingermauern und Türmen umgeben zu sein.

Durch zahlreiche Tore, über Wolfsgruben, Holztreppen und Zugbrücken konnte allein der Zugang bewerkstelligt werden.

Die einstige Erscheinung solch turmhoch aufsteigender Burgen zeigt nicht die übertriebene, oft für bare Münze genommene Ansicht Specklins vom Fleckenstein, eher wohl Merians Dagsburg.

Betrachten wir die Verteilung der Burgen über die Rheinpfalz. Nach der Rheinebene zu liegen unter anderen auf den Vorbergen Kropsburg, Madenburg, die Hartenburg liegt wenig weiter hinein im Tal der Stenach, nur 200 m über dem Meer. An den wenigen Querstraßen, die die großen einsamen Waldgebiete durchschneiden, finden wir Burgen wie Diemerstein[85]) (Abb. 403), eine ziemlich regelmäßige, kleine Anlage, und Frankenstein[86]) im Tal der Hochspeyer. Gegen die Nahegegend erheben sich Alt= und Neuleiningen[87]), der Nanstein bei Landstuhl[88]), der Alte und Neue Wolfstein[89]) und Landsberg[90]).

Neben ausgesprochen klaren Formen der Dreiecksgrundrisse auf Bergnasen, wie der angeblich 1217 erbauten, später mehrfach erweiterten herrlichen Burg von Neu=Scharfeneck mit der ungeheuren Schildmauer, oder Hohenecken[91]) mit Querschildmauer und Plätteisenbergfried hinter Schildmauerfels, finden wir lange schmale, oft verworrene Grundrisse, zu denen wir Burg Falkenstein[92]) und den Trifels rechnen müssen, ähnlich ist die Burg Meistersel[93]).

Dreiecksform zeigt die Reichsveste Lindelbrunn[94]) mit besonders merkwürdiger Ausnutzung des tragenden Felsens.

Die herrliche Reichsburg des 12. Jahrh., Landeck[95]), bildet ein gestrecktes Vieleck, fast Eiform.

Der Nanstein des Franz von Sickingen dagegen bietet eine breit gelagerte Gruppe um rechtwinkligen Felsenkern mit mächtigen, späteren Batterietürmen und Außenwerken (Abb. 397).

Der Kern der Kropsburg[96]) zeigt fast quadratische Form mit viereckigem Bergfried frei hinter der westlichen Angriffsseite und halbrunde Türme außen. Südlich schließt sich eine rechteckige Vorburg an. Weit um beide zieht sich die Zwingermauer mit vielen Schalentürmen.

Völlig abweichend ist der großartige, ganz auf Seitenbestreichung abgestellte Grundriß der Hartenburg[97]) (Abb. 401), bereits 1214 als „Hardenberch" genannt.

Ein Fünfeck von 70×60 m und bis zu 5,50 m dicken Mauern bildet den Kern. Zwei kurze Seiten, zusammen 60 m breit, bilden eine Schildmauer gegen die Angriffsseite. Eine unten 14 m, oben nur 5 m starke Mauer mit inneren Treppen verbindet diese Kernburg mit einem mächtigen, 17,50 m vorgeschobenen Rundturm von 26,50 m Höhe, der das gesamte Angriffsgebiet nach drei Seiten beherrscht. Die späte Anlage ist in Deutschland einzig in ihrer Art geblieben (Abb. 400, 402).

[84]) Baud. i. d. Pfalz Bd. II, S. 168ff.; Hoffmann: Burgw. 1924, S. 9ff. — [85]) D. Baud. i. d. Pfalz Bd. II, S. 84ff. — [86]) Lehmann: Urkdl. Gesch. d. Burg. u. Bergschlöss. Bd. II, S. 393ff.; Baud. i. d. Pfalz Bd. I, S. 62ff. — [87]) Fuchs: Burgw. 1916; Naeher: Burgenk. Südwest=Deutschld. S. 168ff.; Baud. i. d. Pfalz Bd. I, S. 160ff., 182ff. — [88]) Ebenda Bd. III, S. 28. — [89]) Ebenda Bd. I, S. 56ff. — [90]) Ebenda Bd. II, S. 96ff. — [91]) Ebenda Bd. III, S. 8ff. — [92]) Naeher: Burgenk. i. Südwest=Deutschld. S. 160. — [93]) Kunstd. v. Bayern, Reg.=Bez. Pfalz, IV. Bergz. S. 320ff.; Lehmann: Urkdl. Gesch. d. Burg. u. Schlöss. Bd. II, S. 320ff. — [94]) Kunstd. v. Bayern, Reg.=Bez. Pfalz, IV. Bergz. S. 320ff. — [95]) Kunstd. v. Bayern, Reg.=Bez. Pfalz, IV. Bergz. S. 288ff.; Hagen: Burg u. Herrsch. Landeck i. d. Pfalz; Schäfer: Pfälzer Burgruinen (Burgw. 1906, Nr. 1). — [96]) Baud. i. d. Pfalz Bd. II, S. 224ff.; Lehmann: Urkdl. Gesch. d. Burg. u. Schlöss. Bd. II, S. 275ff. — [97]) Ebh.: D. B. Bd. II, S. 333ff. (dort auch nähere Quellenang.).

Die Ebernburg an der Nahe[98]) (Abb. 404), ein gotischer Sandsteinbau, war eine langgestreckte Anlage mit fünf starken, halb eingebauten Rundtürmen, auf frei im weiten Nahetal aufstrebendem Bergkamm, seit 1448 Sickingische Veste. Ihre fast regelmäßige Gestalt entspricht der Bergform, sie entbehrt ganz der Zwingeranlagen. An Stelle einer Vorburg sperren nur zwei Gräben, dazwischen ein Kanonenbollwerk den Zugang von der Angriffsseite. Mauern führten hinab zum kleinen Ort gleichen Namens (Abb. 398).

Der nahe nach Meissner vielgegliederte Rheingrafenstein bei Bad Münster am Stein[99]) überhöhte die steil zur Nahe abfallenden Porphyrfelsen. Sein Mauerwerk bestand größtenteils aus Bruchstein. Die im 12. Jahrh. genannte Kyrburg[100]) nimmt einen langgestreckten, 120 m langen und 80 m breiten Höhenzug ein.

Zum Schluß sei aus dem Reichtum der Pfalz noch die Barbarossapfalz Kaiserslautern[101]) im Mittelpunkt des Landes genannt. Kaiserslautern selbst und eine Reihe von umliegenden Burgen, wie Hohenecken, waren zur Bewachung der Kaiserpfalz angelegt. Die neueren Ausgrabungen verraten ehemalige Pracht und Größe.

Die Beispiele ließen sich noch stark vermehren, die Grundrisse sind so vielgestaltig und in den Einzelheiten so unähnlich, daß sie in keine „Schule" einzugliedern sind. Bergfriede bilden nicht immer das Kernwerk, der Pallas muß sich ganz den stets wechselnden Felsformen anpassen. Die Mantelmauer nimmt ihn oft auf, bei vielen, wie dem Trifels fehlt der Turm. Zwinger sind dort einseitig weitläufig vorgelagert. Wallgräben fehlen so gut wie überall.

Bauplatz und Baustoff erzwingen die Burgform, veranlassen den besonders in der Pfalz herrlichen Quaderbau, ermöglichen die reiche und schöne Entfaltung romanischer und gotischer Kunst.

Die Erbauungszeit ist selten auch nur annähernd genau zu bestimmen. Urkundliche Erwähnungen der Burgen selbst gehen in die Zeit der Sachsenkaiser zurück. Jahreszahlen sind meist später Zeit.

Kunstformen an Säulen, Toren, Türmen, Fenstern usw. erscheinen nicht an allen Burgen. Die ältesten dürften der frühromanischen Zeit angehören, obwohl burgliche Siedlungen in diesem schon vor der Römerzeit bewohnten, wohl nicht nur forstlich betreuten Waldgebiet, als Ringwälle und Höhlenburgen, schon viel früher vorhanden waren[102]). Aus diesen haben sich auch hier früh, wohl von karolingischer Zeit ab, Steinbauten entwickelt, deren Reste aber noch nicht bestimmt nachgewiesen werden konnten. Sehr frühe Beispiele eigentümlich straffer Art sind uns erhalten, z. B. Schlößl bei Klingenmünster (Abb. 399) [103]).

Künstlerisch sehr wertvolle Kapitäle, Gesimse, Gewände usw. boten neuerdings die Ausgrabungen auf dem Trifels. Romanische Reste vom Ende des 12. und solche der Übergangszeit, Anfang des 13. Jahrh., fanden sich in den Trümmern von Nebenbauten, Zwingern und Toren, besonders zahlreich im Schutt an der Ostseite der Ruine, scheinbar von einem überreichen Pallasbau[104]).

Die Blütezeit des ritterlichen Wehrbaues dauerte in der Pfalz vom 12. bis 14. Jahrh., also von romanischen Frühformen bis zur Hochgotik. Dann folgt eine wenig baulustige Zeit, bis die Renaissance wenigstens in Zutaten, An= und Umbauten sich wieder schaffensfreudig äußert. Sehr spät erhielten Ebernburg und Nanstein mit spätgotischen und

---

[98]) Ebh.: D. Ebernburg b. M. a. St.; Baud. i. d. Pfalz Bd. V, S. 1 ff.; Schulte v. Brühl: D. Ebernbg. — [99]) Kunstd. d. Rheinpr., Krs. Kreuznach Bd. XVIII, 1 S. 112 ff.; Kohl: Burgw. 1918, S. 29 f. — [100]) Kunstd. d. Rheinpr. Krs. Kreuznach Bd. XVIII, 1 S. 207 ff. — [101]) Eingehende Darstellung bei „Pfalzen und Hofburgen". — [102]) Häberle: D. Pfälzerw. Nr. 3 (D. Rheinlde.), S. 68 ff. — [103]) Fälschlich Walahstede genannt, s. Kunstd. v. Bayern, Reg.=Bez. Pfalz, IV. B. A. Bergzabern S. 464 ff. — Vgl. Sprater: Burgwart 1938 S. 1 ff. — [104]) Siehe „Pfalzen, Reichs= und Hofburgen" und Ebh.: Burg Trifels.

Abb. 404. Burg Ebernburg, Nahe, Wiederherstellungsentw. nach Abb. d. 16. u. 17. Jh. u. nach eig. Aufm. 1:1000. B. E.

reichen Renaissanceresten ihre endgültige Erscheinung, auch Hartenburg und Madenburg zeigen Umbauten des 15. und 16. Jahrh.

Alle diese Wehrbauten stehen am Ende einer Entwicklung edler Bauformen. Trotz aller Zerstörungen, die die Pfalz im Bauernkriege, im 30jährigen Kriege, in den französischen Raubkriegen mehr wie irgendein anderer Teil deutschen Landes erdulden mußte, bezeugen ihre Burgruinen noch heute den Stand höchster künstlerischer Entwicklung zur Zeit des ritterlichen Lebens und der Blüte der Burgenbaukunst.

Bergstraße

Von der Neckarmündung an treten die Höhen der Bergstraße näher an den Rhein.

Wie im Schwarzwald ist auch hier Berg an Berg mit Burgen besetzt, die die Straßen durch den Odenwald sperrten und die „Bergstraße" schützten.

Im Innern des Odenwaldes überwiegen die Höhenburgen auf Gipfeln des Urgesteins, die zum Bau großer Gipfelburgen, wie Breuberg[105]) (Abb. 17) und Otzberg[106]) (Tafel 55) oder kleineren, wie Reichenberg[107]) (Abb. 406), veranlaßten.

Schloß Erbach[108]), Ruine Lindenfels[109]), Freienstein[110]), Schönberg[111]) und die schloßartig späte Wasserburg Fürstenau[112]) (Abb. 405) liegen im Bereich des zweiten Zuges.

Die östlichen Felsen des Odenwaldes begleiten Neckar und Main. Wenige Wasserburgen, wie Nauses[113]) und ganz nördlich Dreieichenhain[114]) sind zu erwähnen.

Die acht wichtigsten Bergstraßenburgen[115]) sind Schauenburg, eine eiförmige Anlage mit Schildmauer, Strahlenburg, rechteckig mit nur geringen Resten. Windeck zeigt einen geschlossenen Kernbau um länglichen Hof mit starkem Bergfried an der nordöstlichen Angriffsseite. Starkenburg, angeblich von Kloster Lorsch schon zur Zeit

[105]) siehe Abschn. „Burgenarten"; Bronner: Odenwaldburg. 1. Teil, S. 20ff.; Anthes: Burgw. 1916, S. 102ff. — [106]) Bronner: a. a. O. 1. Teil, S. 7ff. — [107]) Ebenda S. 66ff.; Best: Burgw. 1925, S. 19f.; Kunstd. Ghz. Hessen. Pr. Starkenb. Krs. Erbach S. 220ff. — [108]) Bronner: a. a. O. 2. Teil, S. 110f.; Kunstd. Ghz. Hessen. Pr. Starkenb. Krs. Erbach S. 49ff. — [109]) Bronner: a. a. O. 2. Teil, S. 91ff. — [110]) Kunstd. Ghz. Hessen. Pr. Starkenb. Krs. Erbach S. 99ff. Bronner: a. a. O. 2. Teil, S. 105ff. — [111]) Ebenda S. 88ff. — [112]) Ebenda S. 119ff. Kunstd. Ghz. Hessen, Pr. Starkenb. Krs. Erbach S. 106ff. — [113]) Bronner: a. a. O. 1. Teil, S. 18ff. — [114]) Ebenda 2. Teil, S. 11ff. Kunstd. Ghz. Hessen, Pr. Starkenb. Krs. Offenbach S. 150ff. — [115]) Siehe für alle: Bronner: a. a. O. 1., 2., 3. Teil.

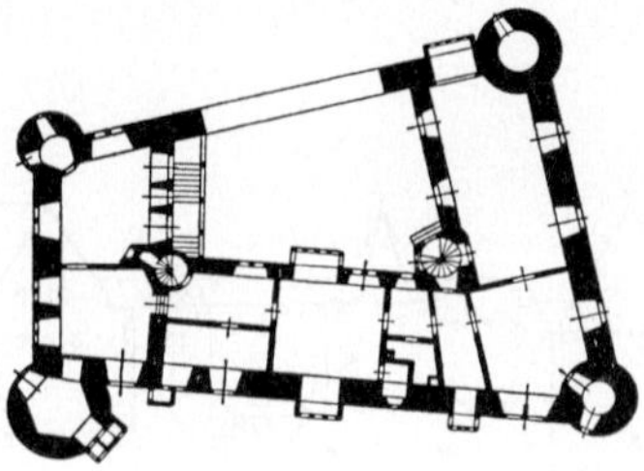

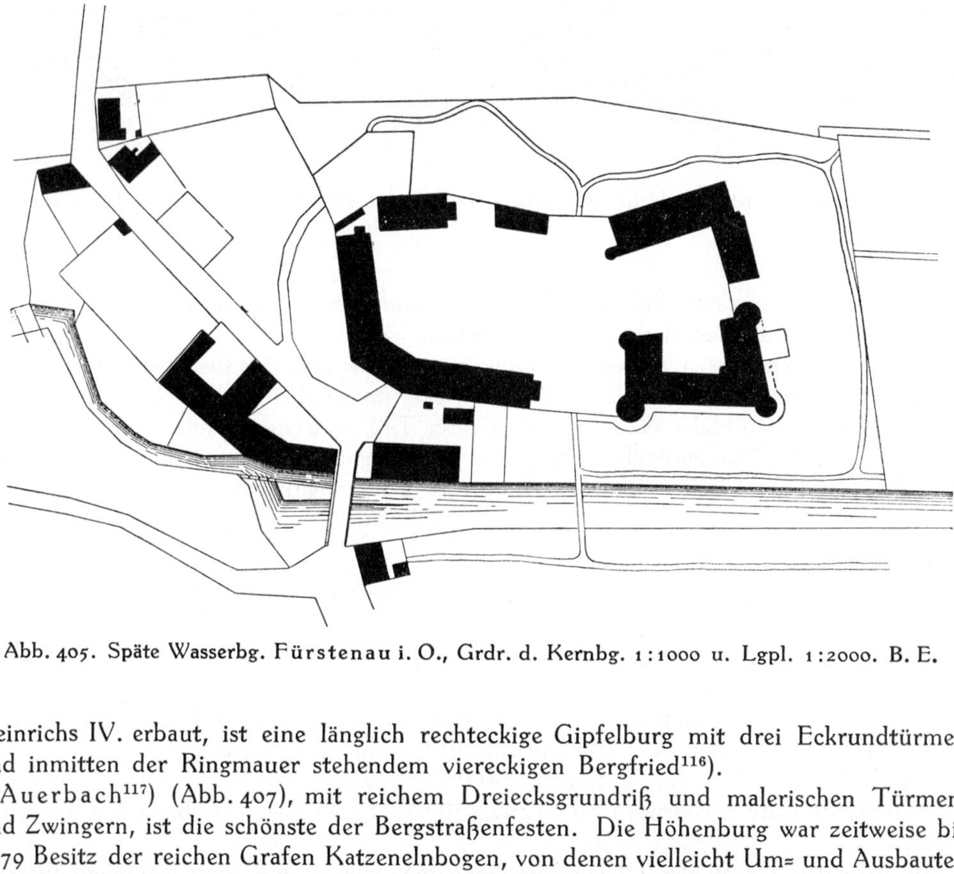

Abb. 405. Späte Wasserbg. Fürstenau i. O., Grdr. d. Kernbg. 1:1000 u. Lgpl. 1:2000. B. E.

Heinrichs IV. erbaut, ist eine länglich rechteckige Gipfelburg mit drei Eckrundtürmen und inmitten der Ringmauer stehendem viereckigen Bergfried[116]).

Auerbach[117]) (Abb. 407), mit reichem Dreiecksgrundriß und malerischen Türmen, und Zwingern, ist die schönste der Bergstraßenfesten. Die Höhenburg war zeitweise bis 1479 Besitz der reichen Grafen Katzenelnbogen, von denen vielleicht Um= und Ausbauten stammen, worauf verwandte Formen mit mittelrheinischen Burgen deuten.

Weniger Bedeutung hatte die Bergnasenburg Alsbacher Schloß, eine kennzeichnende, ziemlich breit entwickelte Dreiecksanlage mit rundem Bergfried an der Angriffsseite und Vorburg davor bis zum Halsgraben[118]).

Tannenberg[119]), auf 340 m hohem Bergrücken, ist auf der Nord= und Westseite von breitem Graben und Schutzwall umgeben. Der eiförmige Kerngrundriß umfaßte zerstreut stehende Bauten und den freistehenden runden Bergfried an der Ostseite.

Die Burg ist berühmt durch ihre Zerstörung 1399, wobei schon Feuerwaffen benutzt wurden — und die reichen Ausgrabungsergebnisse des Jahres 1849, die der Burg den Namen eines deutschen Pompeji eintrugen.

---

[116]) Giess: Starkenb. u. d. Stadt Heppenh. — [117]) Smlg. Ebh. (Aufmess.); Krauß=Beauclair: Schl. Auerb. a. d. Bergstr. — [118]) Bronner: a. a. O. 2. Teil, S. 49ff. — [119]) Ebenda S. 46ff.

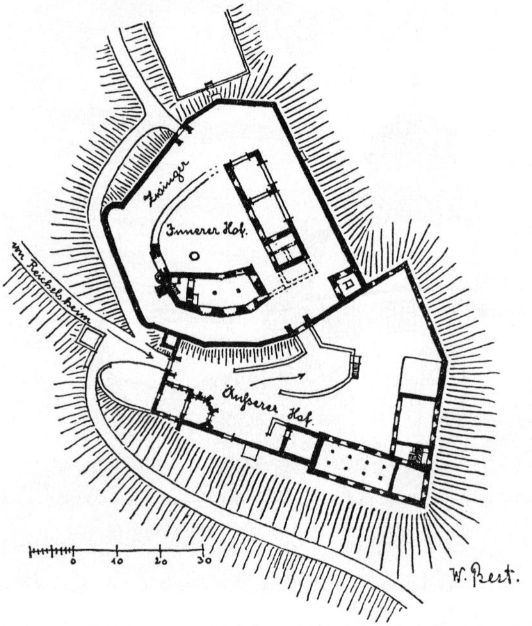

Abb. 406. Höhenbg. Reichenberg i. O., Bg. u. Vorbg., Grdr. 1:1500, nach Best.

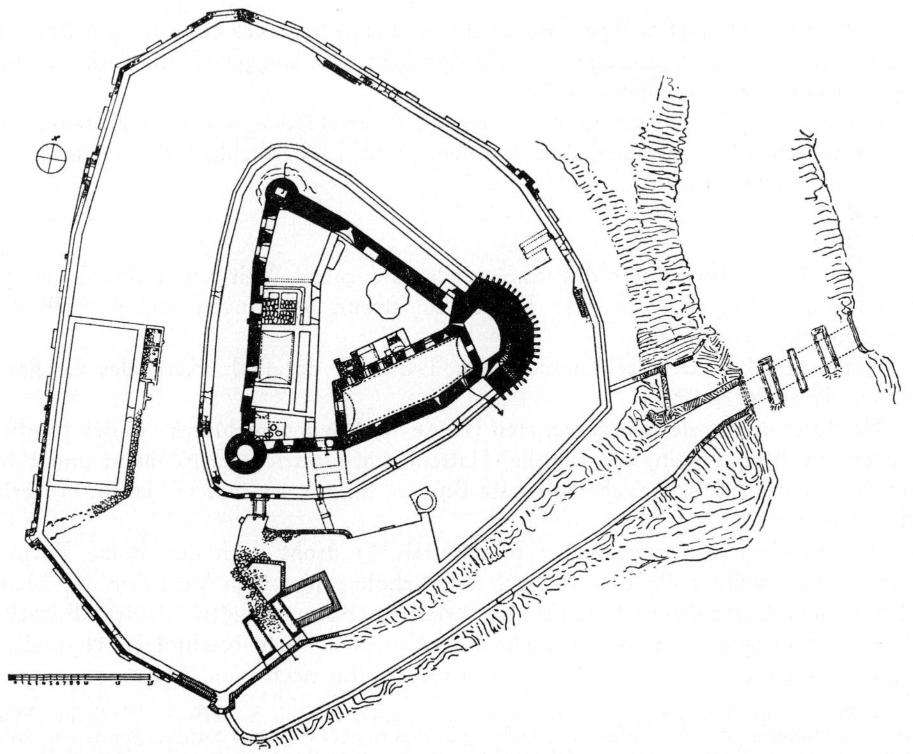

Abb. 407. Gipfelbg. „Auerbacher Schloß", Pallas i. Mantelm., vieleck. Bergfr. geg. Angriffsseite, weite Zwinger, Grdr. 1:1000, nach Krauß.

Abb. 408. Höhenbg. Breuberg i. O., Mantelm. d. Kernbg. m. spät. Fenstern, roman. Bergfr., B. E. 1898.

Frankenstein[120]) zeigt dagegen wieder ein längliches Sechseck ohne starken Bergfried, rings von weitem Zwinger umzogen, im Norden liegt eine langgestreckte Vorburg, durch die der Eingang zur Gipfelburg führt.

So sind alle acht Burgen gründlich voneinander verschieden, wie die Baustellen. Alle zeigen entsprechend große, schlichte Formen. Von Einheitlichkeit der Anlagen kann jedoch nicht die Rede sein.

Mittelrhein

Die eigentlichen Burgenufer des Rheins, die die ganze Welt kennt und bewundert, beginnen von Mainz stromabwärts. Der Rhein strömt bis Bingen nach Westen durch uraltes deutsches Kulturland.

Auf dem südlichen Ufer schlummern die Trümmer der Pfalz Karls des Großen im Städtchen Ingelheim[121]).

Am Nordufer neigen sich die gesegneten Hänge des Rheingaugebirges. In den traulichen Weinorten zu ihren Füßen, wie Eltville, Hattenheim, Oestrich, Geisenheim und Rüdesheim träumen alte Adelssitze, ehemals feste Burgen, im 15., 16. und 17. Jahrh. in zierliche Schlösser umgebaut.

Nicht alle waren so umgestaltet. In Eltville[122]) droht noch der stolze Turm der Stadtburg, ein Lieblingssitz der Mainzer Erzbischöfe, einst vom Verweser des Mainzer Erzstiftes, dem Burgenbauer Balduin von Trier, im Kampfe gegen Mainzer Bürger um 1328 erbaut, um jenen den Rheinverkehr abzuschneiden. Sein Nachfolger, Heinrich von Virneburg, setzte den Bau 1336 fort und erneuerte ihn nach dem Brande von 1339.

[120]) Möller-Krauß: Frankenst. a. d. B.; Bronner: a. a. O. 2. Teil, S. 32ff. — [121]) Siehe „Pfalzen, Reichs- und Hofburgen" — [122]) Eichholz: D. Burg d. Erzbischöfe v. Mainz z. Eltv., Sonderdr.; Milani: Über h. Gäste i. d. Burg ... (Nass. Heimatbl.) 1935, Nr. 1/2; Baud. i. Reg.-Bez. Wiesbaden, Lotz, S. 100f.; Milani: D. Burg zu Eltville (Nassauische Annalen 1936); Wagner: D. Name Eltville (Nassauische Annalen 1936).

Die großartige, wohlerhaltene Wasserburg, viereckig, von Gräben umgeben, ist auf der Nordseite durch ein Tor mit der Stadt verbunden. Der quadratische vierstöckige Berg=fried — mit bewunderungswürdigen Malereien, wahrscheinlich des 14. Jahrh. — aus Bruchstein von Budenheimer Kalk mit roten Sandsteineckquadern — von Heinrich von Virneburg als Wohnturm erbaut — ist noch der Stolz der Stadt.

Bei Kiderich erhebt sich die ältere, schon 1191 erwähnte Burg Scharfenstein[123]) mit rundem Bergfried aus Schieferbruchstein mit Sandsteingewänden, von den Erzbischöfen von Mainz erbaut.

Ab Rüdesheim und Bingen wächst die Zahl der Burgen. Nun rücken die Schiefergebirge näher an den Strom, schließen ihn eng und enger ein, so daß die mächtigen Wassermassen sich brausend durch die Felsen fressen.

Der Stein des rheinischen Schiefergebirges ist Grauwacke des unteren und mittleren Devon. Während im Buntsandsteingebiet die reichste und künstlerischste Durchbildung der Einzelglieder, Schmuck und Zier zu finden ist, tritt hier das ernste, blaugraue, fast schwarze Schiefergestein an Stelle der heiteren Gebilde der Buntsandsteine. Bruchstein beherrscht fast allein die Bauten, auch der Mosel und der Lahn. Die schroffe, scharf geschnittene Gestaltung der steilen Schieferhänge findet ihre Fortsetzung in den hoch=strebenden Türmen und Zinnen. Aber auch hier, trotz aller Schwierigkeiten der Bear=beitung, wußten sich die mittelalterlichen Baumeister zu helfen. Durch geschickte Ver=wendung kleiner Bruchsteine an Türmchen und Erkern, an Bogenfriesen gestalteten sie den spröden Stoff zu den reizvollsten Schmuckstücken. Es ist, als wenn die Fröhlichkeit der Weingegend durch große Handwerkskunst sich auch bei der Verwendung des an sich scharfen und finsteren Baustoffes durchzusetzen vermöge.

Wo aber der Bruchstein nicht mehr ausreichte, half man sich hier an der großen Wasser=straße mit der Heranschaffung von Tuffstein und Basalt aus der Eifel, rotem Sandstein aus der Maingegend, Säulenbasalt aus der Gegend von Linz und aus der Nähe des Sieben=gebirges. Mit Basalt faßte man Türen und Fenster, er fand an Kragsteinen, Treppen=stufen und Schlußsteinen Verwendung.

In Rüdesheim selbst steht ein finsterer mächtiger Klotz — die Niederburg[124]) (Tafel 56) —, fälschlich Brömserburg genannt, wahrscheinlich eine curtis regia, vor dem Jahre 1000 erbaut, vom 10. bis 13. Jahrh. im Besitz der Erzbischöfe von Mainz, dann Eigentum der Ritter von Rüdesheim, die ihre Wasserburg um 1282 dem Erzbischof von Mainz zu Lehen auftragen mußten. Der trotzige Bau wird, soweit es die eingebauten Türme betrifft, zu den ältesten Bauten Deutschlands gerechnet, er erfuhr Ende des 12. Jahrh. eine Um=wandlung durch drei Wohnflügel. Außenwerke fehlen heute. Er bietet in seiner recht=eckigen Anlage mit den gewaltigen 2,5—4 m starken Mauern, Gängen und Gewölben, engen Treppen und dem Hof ein unheimliches Bild. Der Kern der Mauern besteht aus Gußmauerwerk und auswendig aus Grauwackebruchsteinschichten und Quarzitgestein. Der vierseitige mächtige Bergfried ist nur verstümmelt erhalten, und eine mächtige Lücke klafft in der Mantelmauer[125]). Seitenbestreichung war nicht möglich, nur Verteidigung von oben nach unten. Aufschlußreich ist eine Darstellung von Wenzel=Hollar von 1632[126]), der die Burg mit erhöhtem Zinnenkranz und vorspringenden Ecktürmchen wiedergibt.

Noch zwei weitere Burgen haben sich in den Resten in Rüdesheim erhalten: die Ober= oder Mittelburg[127]), heute für Wohnzwecke umgebaut. Der heute noch

[123]) Baud. i. Reg.=Bez. Wiesbaden, Lotz, S. 399f.; Smlg. Ebh. — [124]) Bau= u. Kunstd. d. Reg.=Bez. Wiesbaden. I. Rheingau (1902) S. 31; Wenzel=Hollar S. 27. — [125]) Essenwein=Stiehl: Hdb. d. Arch. II, 4, II (1908), S. 90f.; v. Cohausen: Bef.=weis. d. Vorz. S. 167, 170, 172, 210; Piper: Burgenkde. S. 5; Bau= u. Kunstd. d. Reg.=Bez. Wiesbaden. I. Rheingau (1902) S. 24ff. — [126]) Wenzel=Hollar: Rheinlandsch. S. 12. — [127]) Bau= u. Kunstd. d. Reg.=Bez. Wiesbaden. I. Rheingau (1902) S. 24ff.

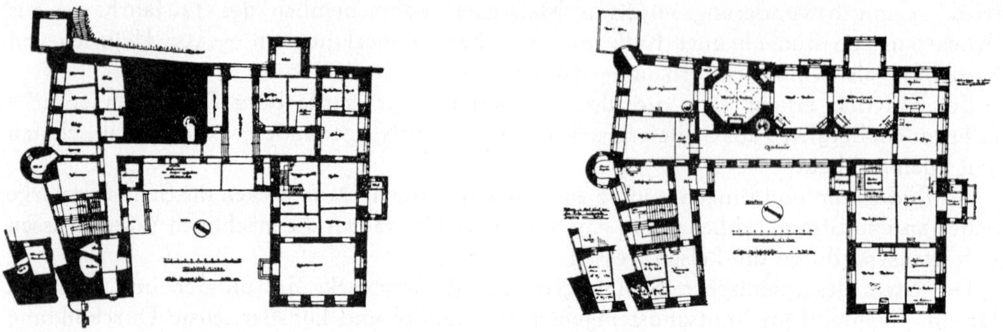

Abb. 409. Schloß Arienfels a. Rh., i. Kern Burgreste d. Bergfr. u. d. Seitenbestr.=Türme, Hauptumbauten vor 1660 u. 1852, Grdr. Erdgesch. u. 1. Stock. 1:1000. B. E.

Abb. 410. Schloß Arienfels a. Rh., Ans. d. Bergfr. v. W. nach Zwirners Umbau, 1:500. B. E.

Burg Beilstein an der Mosel

Gesamtburg Eltz von Westen

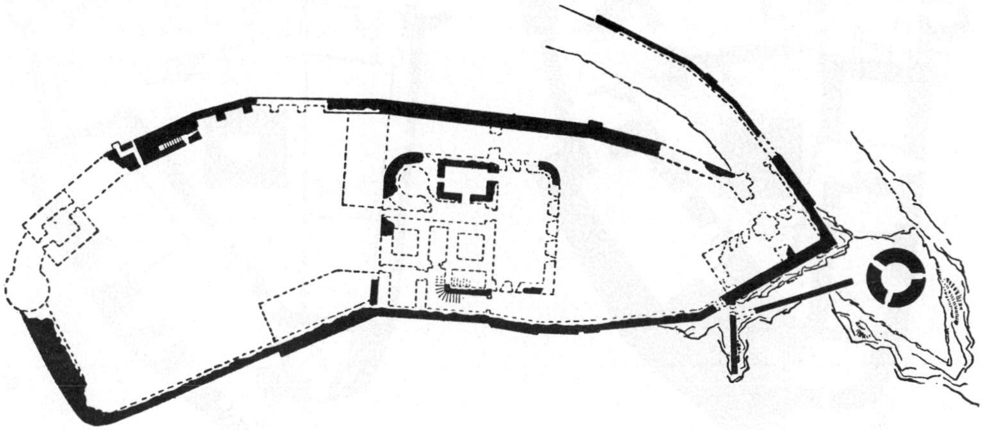

Abb. 411. Ruine Hammerstein a. Rh., viereck. Kernbau, Grdr. 1:1000, heutiger Zustand, B. E. nach Nies.

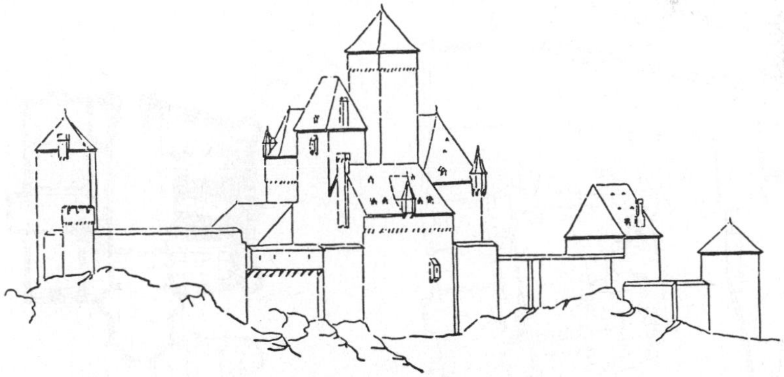

Abb. 412. Burgruine Hammerstein a. Rh., Wiederherstellungsumrisse nach Nies.

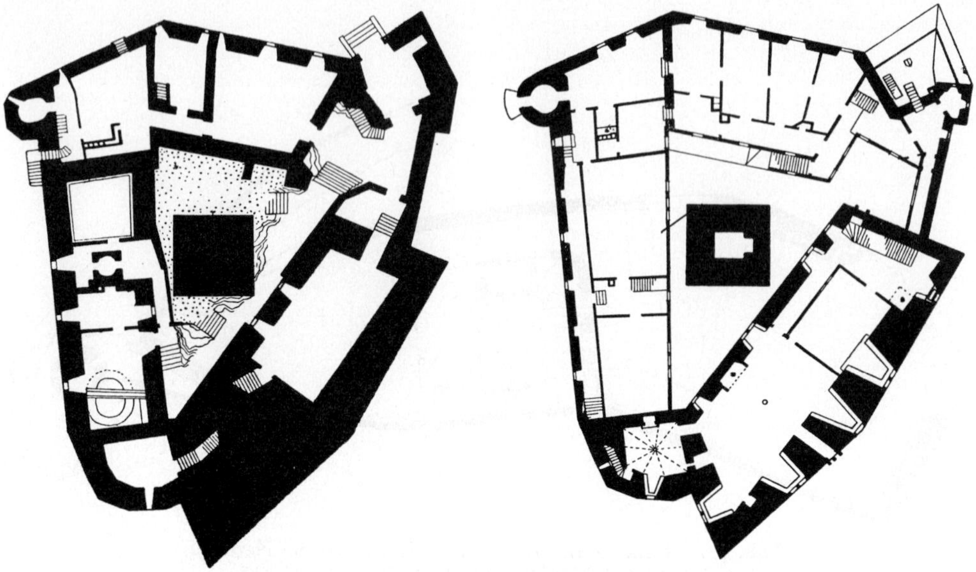

Abb. 413. Die Marksburg a. Rh., Bergfr., Mantelm. u. got. Pallas m. Schildm., Grdr. Keller u. 1. Stock, 1:500. B. E.

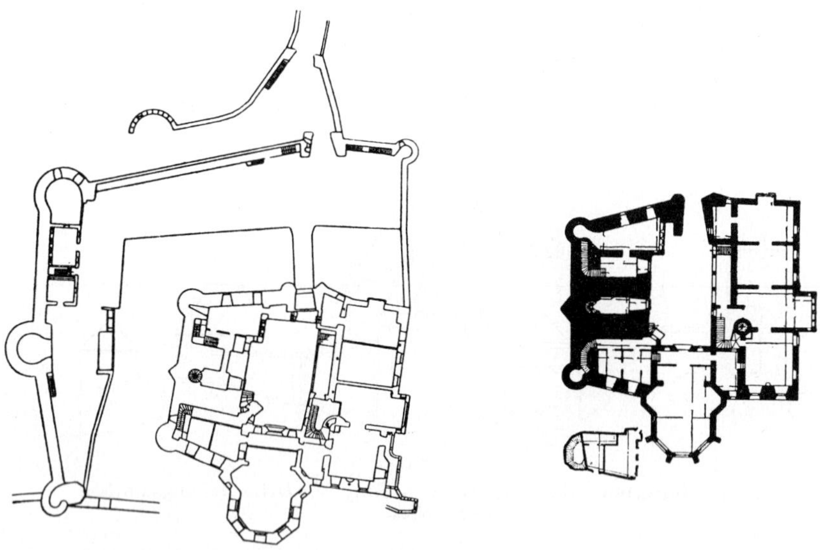

Abb. 414. Höhenbg. Lahneck a. d. Lahnmündg., 5eck. Bergfr., starke Mantelm., Burgkirche, Ausbau d. 20. Jh. dünnwandig, Lgpl. u. Grdr. 1:1000. B. E.

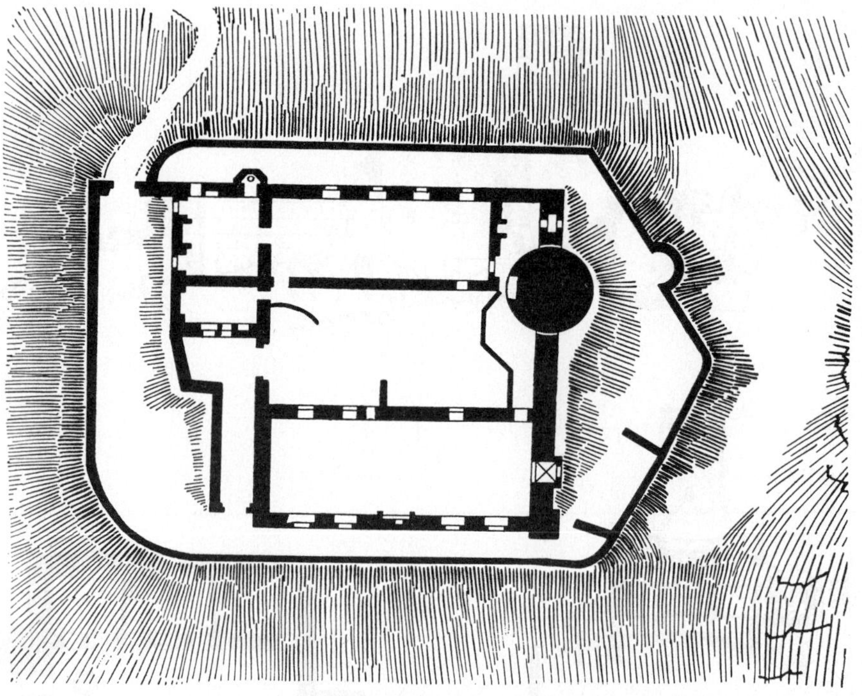

Abb. 415. Höhenbg. Thurnberg (Maus) a. Rh., i. Kern regelm. Viereckbg., Bergfr. a. Angriffsseite, Grdr. nach v. Cohausen.

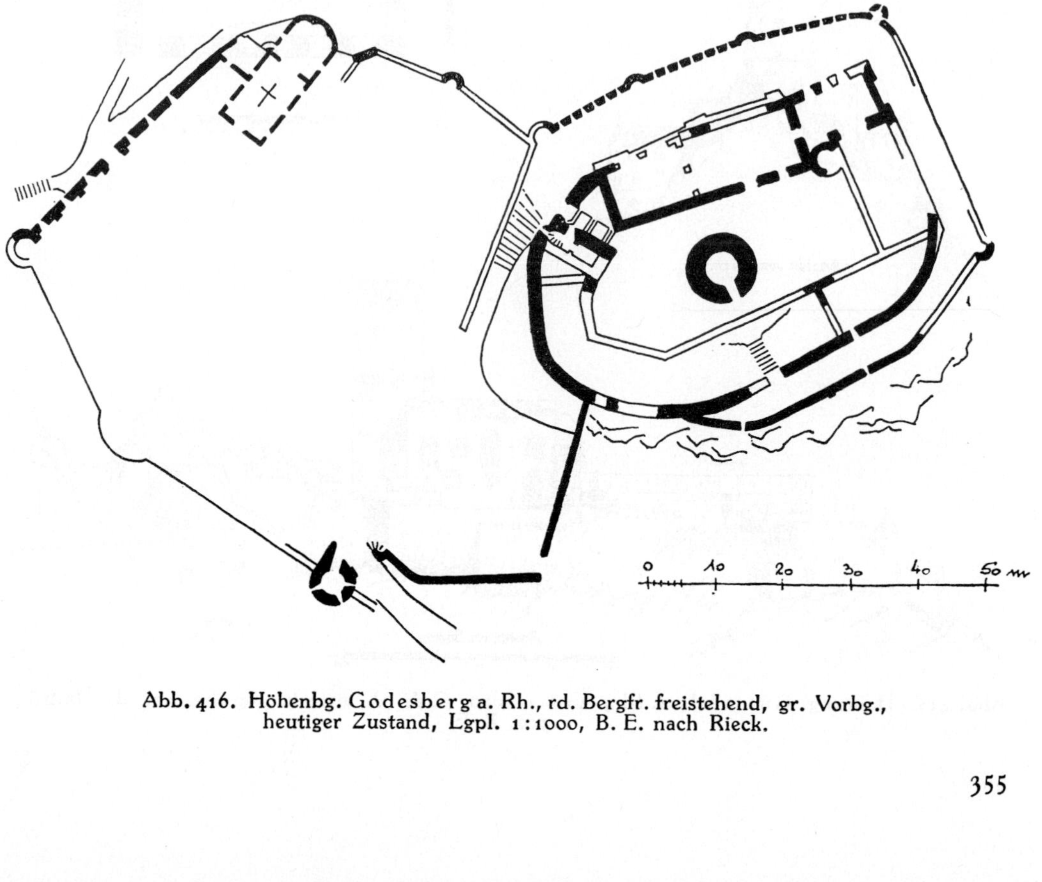

Abb. 416. Höhenbg. Godesberg a. Rh., rd. Bergfr. freistehend, gr. Vorbg., heutiger Zustand, Lgpl. 1:1000, B. E. nach Rieck.

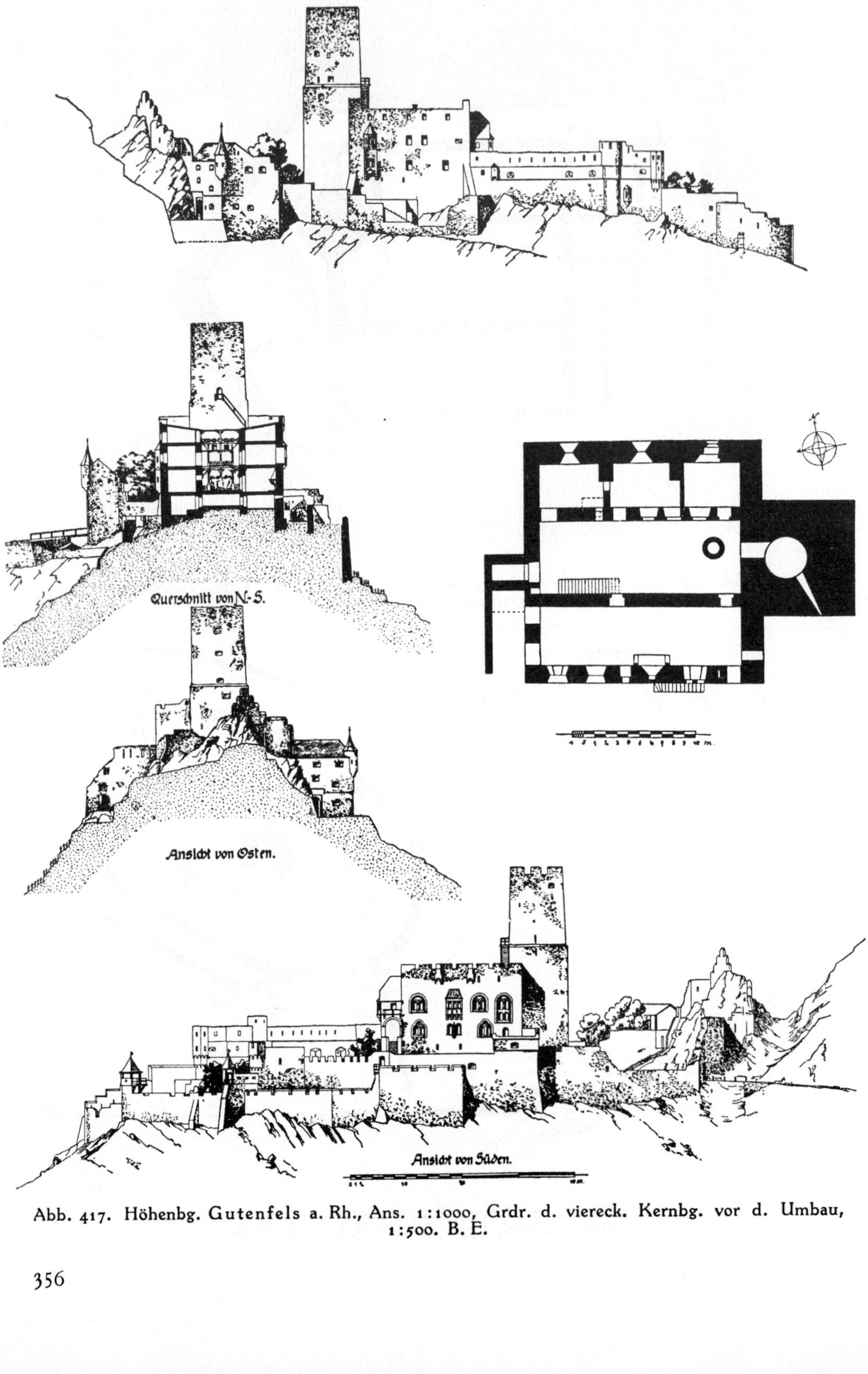

Abb. 417. Höhenbg. Gutenfels a. Rh., Ans. 1:1000, Grdr. d. viereck. Kernbg. vor d. Umbau, 1:500. B. E.

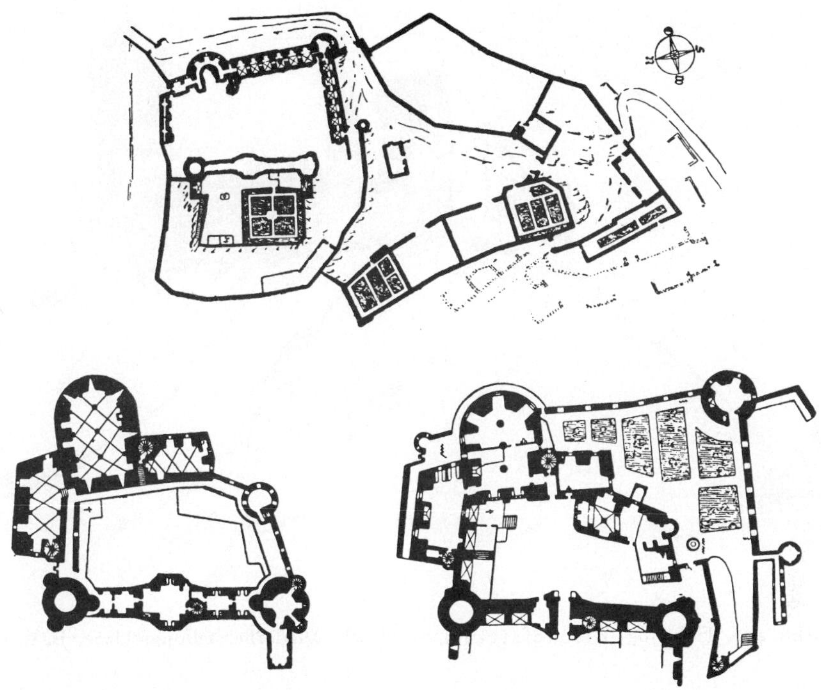

Abb. 418. Schildmauerbg. Reichenberg b. St. Goarshausen, frühe Batterien, Lgpl. 1:2000 u. Grdr. Erdgesch. u. 2. Obergesch. 1:1000, Zustand um 1603, nach Dilich.

Abb. 419. Höhenbg. Rheinfels a. Rh., um 1603 noch ma. Kern d. Feste m. Bergfr. u. früher Schildm., Lgpl. 1:2000, nach Dilich.

Abb. 420. Höhenbg. Bischofstein a. d. Mosel, Wiederherstellungsskizze. B. E.

vorhandene viereckige Turm — 1227 urkundlich genannt — steht seltsamerweise in einem etwa 3 m starken Mantel, der durch Gewölbe mit ihm verbunden ist, darum ziehen sich vier Wohnflügel und ein viereckiger Graben.

Die Vorderburg[128]) ist bis auf einen 10 m hohen Turmstumpf und ein gotisches Burghaus am Markt verschwunden.

Stolzer grüßt vom Binger linken Ufer die Burg Klopp[129]), im Winkel zwischen Rhein und Nahemündung errichtet, in der um Weihnachten 1106 der unglückliche Heinrich IV. von seinem Sohn gefangen gehalten wurde. Die strategische Lage, die schon die Römer erkannten — der Ort erschien schon 765 urkundlich als mittelalterliches „Castrum" —, ermöglichte die Sperre des Nahetales und Bewachung der Stadt, in deren höchster Ecke die Burg liegt.

Ruine Ehrenfels bei Aßmannshausen, von der wir aus dem 17. Jahrh. einen entzückenden Kupferstich aus Meißners thesaurus philopoliticus[130]) haben, wurde um 1200 auf Kosten des alten Geschlechtes der Vicedom von Bolanden für die Erzbischöfe von Mainz erbaut. Heute starrt noch die Schildmauer mit zwei stolzen Türmen von künstlerisch schönstem Umriß empor. Ehrenfels war wichtiger Zollplatz. Unten am Rheinstrom lag eine zweite Burg, durch schwimmende Ketten und Sperren mit dem Mäuseturm (Mauthturm) kurz vor dem berühmten Bingerloch verbunden (Abb. 3, 28).

Linksrheinisch liegt Burg Rheinstein[131]), auch sie wurde Anfang des 12. Jahrh. wegen des Rheinzolls vom Erzbischof von Mainz erbaut.

Es folgt die auf schärfstem Felsgrat in gewagtester Anpassung 1015 vom Erzbischof Willigis von Mainz erbaute Burg Sooneck[132]) (Abb. 421, 31), dann Reichenstein, heute Falkenburg genannt, eine ehemalige Reichsburg[133]).

---

[128]) Ebenda. — [129]) Siehe „Burgenarten". — [130]) Ebenda; Bau- u. Kunstd. d. Reg.-Bez. Coblenz. I. Rheingau S. 48 ff. — [131]) Bau- u. Kunstd. d. Reg.-Bez. Coblenz (Lehfeldt) S. 318. — [132]) Ebenda S. 636; Smlg. Ebh. — [133]) Bau- u. Kunstd. d. Reg.-Bez. Coblenz (Lehfeldt) S. 316.

Die Häufung der festen Häuser in Rüdesheim, Bingen und dann auf beiden Seiten des Rheins hängt eng mit der wehrpolitisch und wirtschaftlich hohen Bedeutung des Rheingaues, der wichtigen westöstlichen und nordsüdlichen Heerstraßen, die hier kreuzen, zusammen.

Rechts des Rheins wird Burg Nollicht (Nolling) schon 1110 genannt[134]), aus ungleichen, schiefrigen Bruchsteinen erbaut und innen durch ein Holzfachwerkgerippe geschützt.

Gegenüber ragt mit rundem Bergfried Ruine Fürstenberg[135]) (Tafel XIX) aus Pallas= resten und der mit rundem Eckturm erhaltenen Ringmauer. Nördlich davon schützt Stahleck[136]) das Städtchen Bacharach.

Der wichtigste Zollplatz von allen aber war „Kube" mit dem formvollendeten Pfalz= grafenstein (Abb. 42) der Pfalz im Rhein, beim Städtchen Kaub mit Burg Gutenfels[137]) (Abb. 417) auf scharf ansteigendem Schiefergrat. In der Burg erhielten sich romanische Säle mit prächtigen Kaminen und Zweilichtfenstern mit Kleeblattbogen und Rund= bogen nach der Rheinseite zu. Der Grundriß (Abb. 4) ist auffallend regelmäßig vier= eckig. Der Bergfried stößt mit der Westseite an den Pallas. Beide Bauteile stammen — den Fenstern nach zu urteilen — aus dem 12. Jahrh. Das Mauerwerk der Pfalz aus Schiefer= bruchstein wendet die Spitze aus roten Sandsteinquadern und schwarzem Niedermendiger Basalttuff flußaufwärts.

Hier wählten die Burgbaumeister abermals eine Gruppenlösung. Die romanische Burg Kube auf der Höhe und das ummauerte Städtchen sperrten die Uferstraße, die Pfalz den Strom, sachlich sind alle Teile vollendet durchdacht und aus dem bodenstän= digen Bruchstein und wenigem Haustein künstlerisch unübertrefflich schön gegliedert.

Schönburg[138]) (Tafel 57) auf der linken Rheinseite ist dagegen eine noch frühere Ganerbenburg, aus mehreren Türmen und festen Häusern bestehend hinter einer gemein= samen Riesenschildmauer. Welche Vielseitigkeit in einem engen Bezirk! Fällt Kaub durch Regelmäßigkeit der Kernburg auf, so sind hier die Bauteile ungewöhnlich willkürlich über den Felsrücken verteilt.

Die zur Festung angewachsene größte und wichtigste aller dieser starken Burgen, Rheinfels[139]) (Abb. 419), aus dem 12. Jahrh., und Neukatzenelnbogen, Katz ge= nannt[140]) (Abb. 14), aus dem 14. Jahrh., bildeten beide wieder eine Gruppenanlage, die noch bis ins 18. Jahrh. ein wichtiges Einfallstor gegen die Franzosen verteidigte.

Bei St. Goarshausen liegt Burg Reichenberg[140a]) (Abb. 418) auf einem von Ost nach West abfallenden Hügel. Gegen die Angriffsseite im Osten ist ein tiefer Halsgraben eingeschnitten. Die Hauptburg bildet ein gestrecktes Fünfeck, auf der Westseite ver= teidigt durch eine starke Schildmauer, die von 2 Rundtürmen flankiert wird.

Es folgen über Wellmich Deuernburg oder Thurnberg, im Volksmund Maus[141]) (Abb. 415, Tafel 2), eine quadratische Anlage auf steilem Schieferfelsen; grundsätzlich ähn= lich der Burg in Kaub; bei Bornhofen, feindlich gegeneinander abgeschlossen, Lieben= stein (Abb. 63) und Sternberg[142]) (Abb. 62, Tafel VI), dann die bis 1866 wehrbaulich benutzte, besterhaltene und älteste Burg am Rhein, die Marksburg[143]) (Abb. 21, 22, 413). Alle aus Grauwacke und Schieferstein erbaut, der keine bequeme Gelegenheit bot, künst= lerische Formen anzuwenden. Die wenigen romanischen und gotischen Architekturglieder bestehen daher aus Basaltlava[144]) (Tafel 1).

---

[134]) Bau= u. Kunstd. d. Reg.=Bez. Wiesbaden. I. Rheingau S. 123ff.; v. Cohausen: Bef. weis. d. Vorz. S. 159. — [135]) Bau= u. Kunstd. d. Reg.=Bez. Coblenz (Lehfeldt) S. 593. — [136]) Ebenda S. 637. — [137]) Siehe „Burgenarten" S. 47, „Verkehrs=, politische und wirtschaftliche Bedeutung" S. 19; Bau= u. Kunstd. d. Reg.=Bez. Wiesbaden. Bd. V, S. 65; Ebh. D. B. S. 227. — [138]) Siehe „Burgenarten" S. 33. — [139]) Grebel: Schloß u. Fest. Rheinfels. — [140]) Siehe „Burgenarten" S. 33. — [140a]) Michae= lis: Dilichs Rhein. Burg. S. 73ff. — Krollmann: Burgw. 1901. 2. Jg. S. 114. — Bau u. Kunst. d. Nass. Kr. V. Bd. S. 114ff. — [141]) Bau= u. Kunstd. d. Reg.=Bez. Wiesbaden. Bd. V, S. 102ff. — [142]) Siehe „Burgenarten" S. 68. — [143]) Ebenda S. 28. — [144]) Ebh.: D. Marksburg u. ihre Gesch. S. 20.

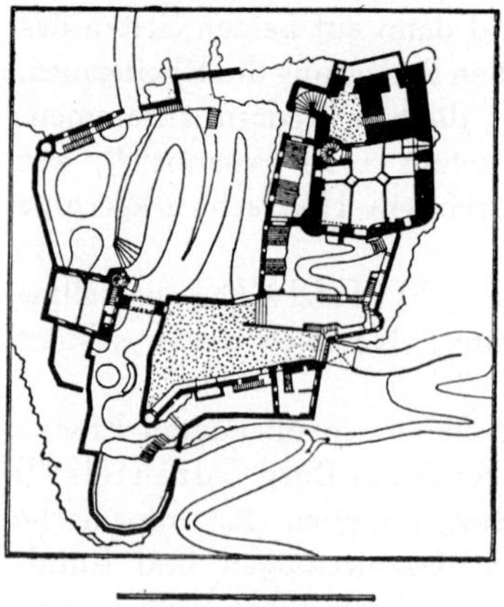

Abb. 421. Felsenbg. Soonecka. Rh., Bergfr. geg. Angriffsseite, ergänzt i. 19. Jh., Grdr. etwa 1:1000. B. E. nach Pl. d. 19. Jh.

Das Lahntal sperrte Burg Lahneck[145]) (Abb. 414), kurmainzischer Besitz, im 13. Jahrh. mit ungewöhnlich starkem Bergfried errichtet. Gegenüber liegt Burg Stolzenfels, deren alte Anlage noch wohl zu erkennen ist[146]).

Ab Koblenz läßt die Fülle der Burgen nach. Zu erwähnen ist wegen der besonderen Großartigkeit und gotischem Formenreichtum die Stadtburg zu Andernach[147]) (Abb. 80ff). Bedeutend ist die 1020 von Heinrich II. zerstörte Feste Hammerstein, seitdem Reichsburg, von Heinrich IV. 1070/71 wiederhergestellt[148]) (Abb. 412). Die im Grundriß sichelförmige Anlage weist Ringmauerreste und zwei Rundtürme auf, Gußmauerwerk von Bruchsteinen teils mit Quadern verkleidet (Abb. 411).

Schloß Arienfels über Arienfels und Hönningen am Rhein[148a]) (Abb. 409) nahm ursprünglich einen durchaus verteidigungsfähigen Platz ein. Der Grundriß des heutigen Schloßbaues zeigt in der willkürlich unregelmäßigen Umrißlinie des NW=Flügels mit dem Rundturm in der Mitte und im Aufbau in der starken Bastion, die das Schloß nach dem Rhein zu verteidigte, noch wehrbauliche Spuren (Abb. 410).

Die Burgen des Siebengebirges zeigen andere Baustoffe und Formen. Sie erheben sich auf Basalt=, Dolorit= und Trachytkegeln. Aus dem 12. Jahrh. stammen Drachenfels, Wolkenburg und Löwenburg.

Der Drachenfels[149]) auf Trachytkegel zeigt einen nur teilweise erhaltenen dreigeschossigen Bergfried mit großen Trachytquadermauern, die dem Bau den Stempel aufdrücken. Im Innern sind Tuff und Basalt verwendet.

Von Wolkenburg und Löwenburg ist nicht mehr viel erhalten[150]). Letztere war eine langgestreckte, der Felskuppe angepaßte Anlage.

Die Gipfelburg Godesberg[151]) (Abb. 416) zeigt ovalen Kernbezirk, in dessen Mittelhof der runde Bergfried frei steht. Er ist fünfstöckig mit 5 m innerer, lichter Weite und zeichnet sich durch die Reste eines Umganges auf $^3/_5$ Höhe und durch spätgotischen Kragsteinkranz auf dem höchstem Geschoß aus, mit Treppen in der Wandstärke und mehreren Kaminen in gewölbten Stockwerken. Die unregelmäßigen Außenanlagen gehören dem 14. Jahrh. an.

Als Baumaterial der ältesten Anlage — 1210 — sind Basalt mit Tuff, unregelmäßiges Bruchsteinmauerwerk, am Fuße des runden Bergfrieds Basalt, an dem Gesims Trachyt und als ältestes Mauerwerk Tuffziegel verwandt. Wie an der Marksburg und in Andernach, Oberwesel, Eppstein u. a. weist die obere Turmplatte noch einen verjüngten Aufsatz auf.

Abb. 422. Höhenbg. Thurnberg (Maus) a. Rh., Angriffsseite. B. E.

145) Bau= u. Kunstd. d. Reg.=Bez. Wiesbaden. Bd. V, S. 88ff. — 146) Bau= u. Kunstd. d. Reg.=Bez. Coblenz (Lehfeldt) S. 209. — 147) Siehe „Burgenarten". — 148) Burgw. 1927, S. 101 f.; Bau= u. Kunstd. d. Reg.=Bez. Coblenz S. 496; Stumpff: Keyser Heinrichs des vierdaen . . . 1556 S. 19/2. — 148a) Ebh.: Burgw. 1931. S. 26 ff. — 149) Kunstd. d. Rheinprov. V. Siegkreis S. 110ff. — 150) Ebenda S. 91 ff., 115 f. — 151) Kunstd. d. Rheinprov. Bd. V, 3. Stadt u. Kreis Bonn, S. 278ff.

Fürstenberg
3.9.1901.

Tafel XIX Burg Fürstenberg am Rhein

Ruine Ehrenburg bei Brodenbach, von Nordosten

Burg Nideggen in der Eifel

Hunsrück, Eifel, Taunus und Westerwald

Dem engeren Rheingebiet ähnlichen Burgenbau zeigen Hunsrück und Eifel.

Von Kastellaun[152]) (Abb. 423), auf Bergkegel in der Stadt, im 12. Jahrh. im Besitz der Grafen von Sponheim, 1226 genannt, sind der Pallas, ein viereckiger Turm, südliche und westliche Umfassungsmauer in Schieferbruchstein teilweise erhalten.

Zwischen Mastershausen und Buch erbaute der streitbare Balduin die regelmäßig rechteckige Burg Baldeneck oder Balduinseck[153]) als Stützpunkt gegen die Sponheimer. Bedeutend war die ebenfalls regelmäßig rechteckig angelegte alte Burg Waldeck[154]), von der nur wenige Trümmer zeugen.

Von diesen drei Burgruinen ist nur die mittlere noch in mittelalterlicher Wirkung erhalten, während Kastellaun und Waldeck durch späteren Schloßumbau mit großen Fenstern ihren wehrhaften Charakter verloren haben.

Baldeneck zeigt dagegen einen ungewöhnlich mächtigen vierstöckigen Wohnturm, der in kurzem hohem Rechteck mit vier runden Ecktürmen sowohl Bergfried wie Pallas vereinigte, so daß man an romanische Wohntürme denken könnte. Seltsamerweise ist auch hier ein Brunnen innerhalb des Turmes angelegt. Die Burg ist ein Bau des beginnenden 14. Jahrh. Wir wissen, daß Balduin 1325 die Einwilligung erhielt, einen Burgfrieden in der Gemarkung abzustechen und darin eine Burg zu errichten. So wurde Baldeneck in kürzester Zeit vollendet. Außer dem Turm bestand nur noch die wenig geräumige Vorburg, durch die der Eingang erfolgte, merkwürdigerweise auf der Spitze des Ausläufers (Tafel 11).

Südlich von Simmern, auf hohem Bergkegel, liegt die ungefähr kreisförmige Burg Koppenstein[155]) mit hohem, fünfeckigem Basaltbergfried.

Andere Hunsrückburgen seien noch kurz genannt. Im 12. Jahrh. soll Gemünden, das heute zum Schloß ausgebaut ist, entstanden sein. Burg Schöneck bei Hirschwiesen, auf einem Bergkegel im Tale der Ehr wird von starken Mauern und Ecktürmen umgeben [155a]).

Die Burgen Baldenau[155b]) (Abb. 424) und Schmittburg (Abb. 425), letztere bei Schneppenbach gelegen, zeigen einfache langgestreckte Grundrisse. Baldenau wird an der Schmalseite von einem gewaltigen Bergfried von 10,50 m Durchmesser und heute noch etwa 24 m Höhe verteidigt.

Unregelmäßige Grundrißform sehen wir wieder in Ruine Hunolstein, auf schwer zugänglichem Quarzitgestein angelegt [155c]).

Auf dem rechten Moselufer liegen die zerrissenen Trümmer der Burg Beilstein[156]) (Tafel 58). Der hohe fünfeckige Bergfried richtet seine Spitze gegen die Angriffseite, gegen die auch Vorwerke mit Resten zweier gotischer Rundtürme liegen. Thurandt[157]) (Abb. 426) bildet eine langgestreckte, rechteckige Anlage aus Tonschiefer mit zwei runden Bergfrieden, von denen einer Köln, einer Trier gehörte. Ebenfalls auf dem rechten Ufer lag Sierck in Lothringen (Abb. 433).

Das linke Moselufer begleiten auf ungewöhnlich großen Höhen Arras[158]), Cochem[159]) Winneburg[160]), Bischofstein (Abb. 420), dann die Ganerbenburg Eltz[161]) (Abb. 60

[152]) Bau= u. Kunstd. d. Reg.=Bez. Coblenz (Lehfeldt) S. 652, 654; Bredt: D. Burg Cast. Baldeneck u. Waldeck (Rhein. Verein f. Denkmalpfl. 3. Jg., H. 3, S. 197 ff.). — [153]) Ebenda S. 200 ff.; Bau= u. Kunstd. d. Reg.=Bez. Coblenz (Lehfeldt) S. 649. — [154]) Ebenda S. 680; Bredt: Rhein. Verein f. Denkmalpfl. 3. Jg., H. 3, S. 203 ff. — [155]) Bau= u. Kunstd. d. Reg.=Bez. Coblenz (Lehfeldt) S. 663 f. — [155a]) Hirschfeld: Schl. Schöneck S. 189 ff., Freih. v. Salis=Soglio: Schl. Gemünden S. 194 ff. (Rhein. Verein f. Denkmalpfl. 3. Jg., H. 3). — [155b]) Kunstd. d. Rheingr. Kr. Bernkastel S. 150 ff. — [155c]) Ebenda S. 213 f. — [156]) Urkd. u. Akten=Repertorium d. Reichsherrsch. Winneburg u. Beilstein 1270—1801 (Hdschr. n. Originalakt. i. Provinzialarchiv Koblenz). Vgl. Kunstd. d. Rheinpr. Kr. Zell a. d. Mosel S. 67 ff. — [157]) Bau= u. Kunstd. d. Reg.=Bez. Coblenz (Lehfeldt) S. 155; v. Cohausen: Bef.=weis. d. Vorz. S. 155. — [158]) Bau= u. Kunstd. d. Reg.=Bez. Coblenz (Lehfeldt) S. 756. — Kunstd. d. Rheinpr. Kr. Zell a. d. Mosel S. 46 ff. — [159]) Siehe Abschn. „Burgenarten" S. 28. — [160]) Bau= u. Kunstd. d. Reg.=Bez. Coblenz (Lehfeldt) S. 278; Urkd. u. Akten=Repertorium d. Reichsherrsch. Winneburg u. Beilstein 1270—1801 (Hdschrft. n. Originalakt. i. Provinzialarchiv Koblenz). — [161]) Siehe Abschn. „Burgenarten".

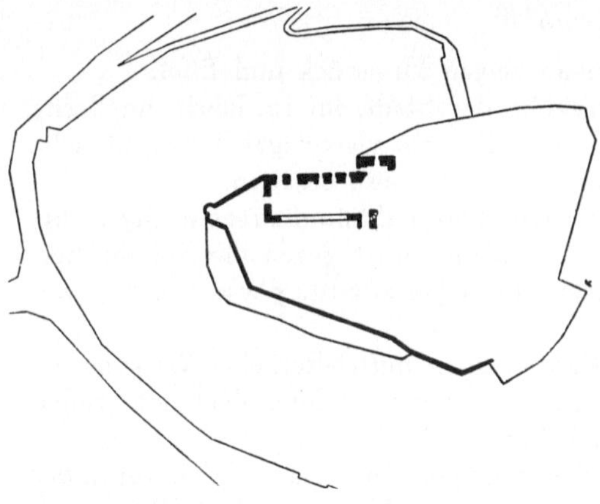

Abb. 423. Ruine Kastellaun, Hunsrück, schloßart. Rest. i. alt. Burgber., Lgpl. 1:2000. B. E. nach Gelzer 1897.

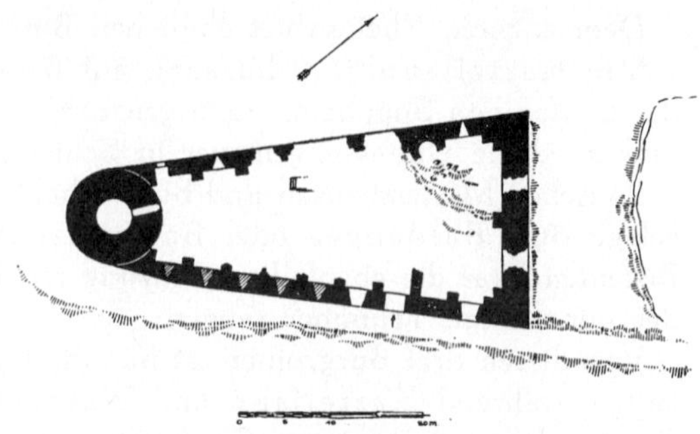

Abb. 424. Ehemal. Wasserbg. Baldenau, Hunsrück, mit rd. Bergfr. i. hoh. Mantelm. m. Schildm. a. d. Angriffsseite, Ruine, Grdr. 1:1000. B. E.

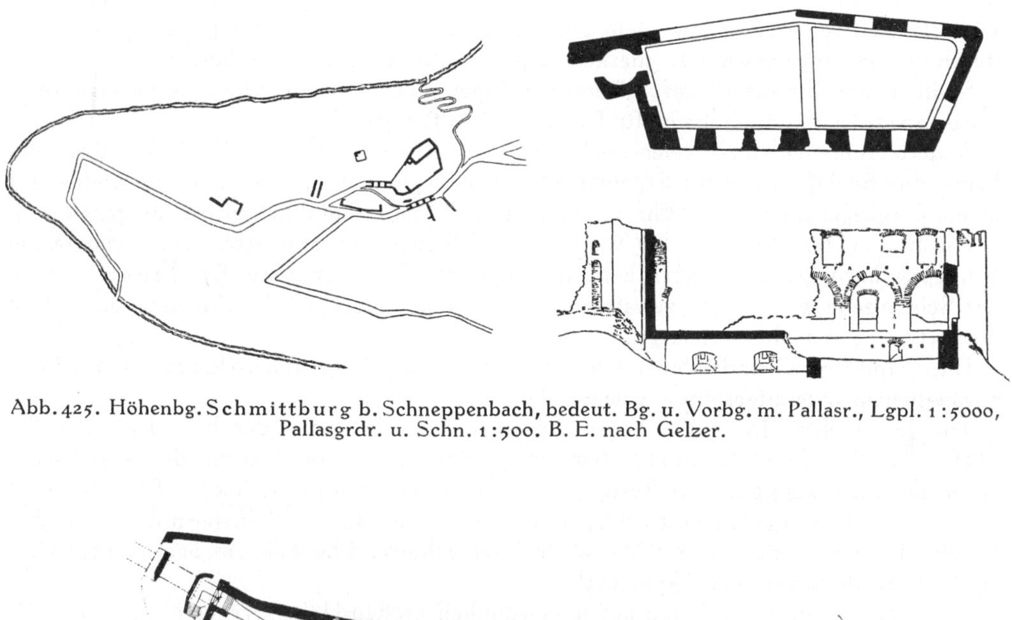

Abb. 425. Höhenbg. Schmittburg b. Schneppenbach, bedeut. Bg. u. Vorbg. m. Pallasr., Lgpl. 1:5000, Pallasgrdr. u. Schn. 1:500. B. E. nach Gelzer.

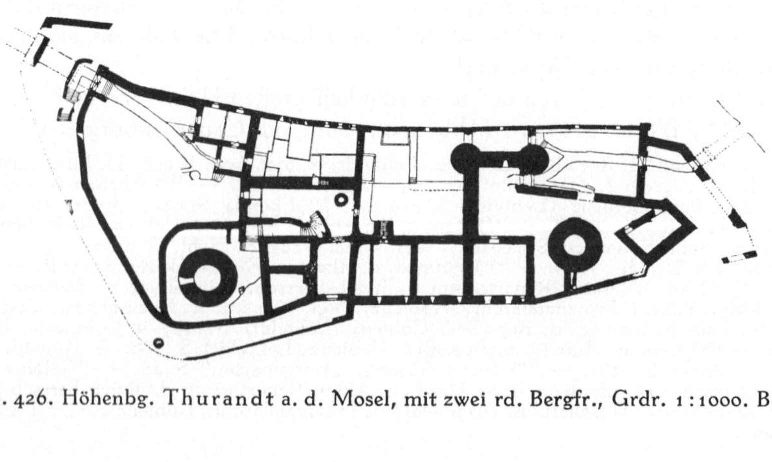

Abb. 426. Höhenbg. Thurandt a. d. Mosel, mit zwei rd. Bergfr., Grdr. 1:1000. B. E.

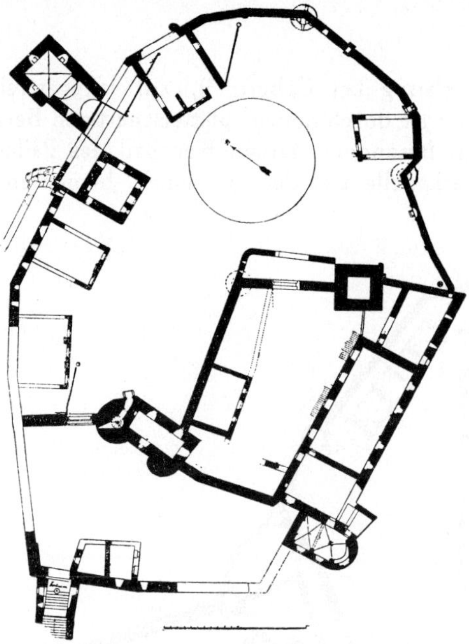

Abb. 427. Höhenbg. Kasselburg, Eifel, Doppelturmtor, Bergfr., Kap., Pallas, Kern= u. Vorbg., Ruine, Grdr. 1:1000, nach Daubach.

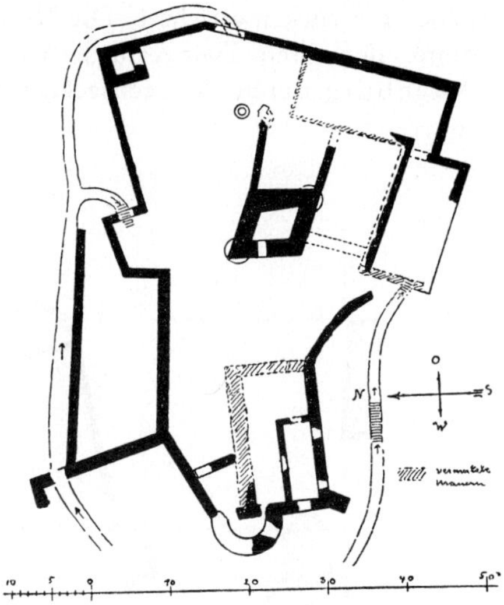

Abb. 428. Höhenbg. Obermanderscheid, Eifel, Reste v. Pallas, Bergfr. u. Zwinger, Grdr. 1:1000 nach Rh. V. f. Denkmalpfl.

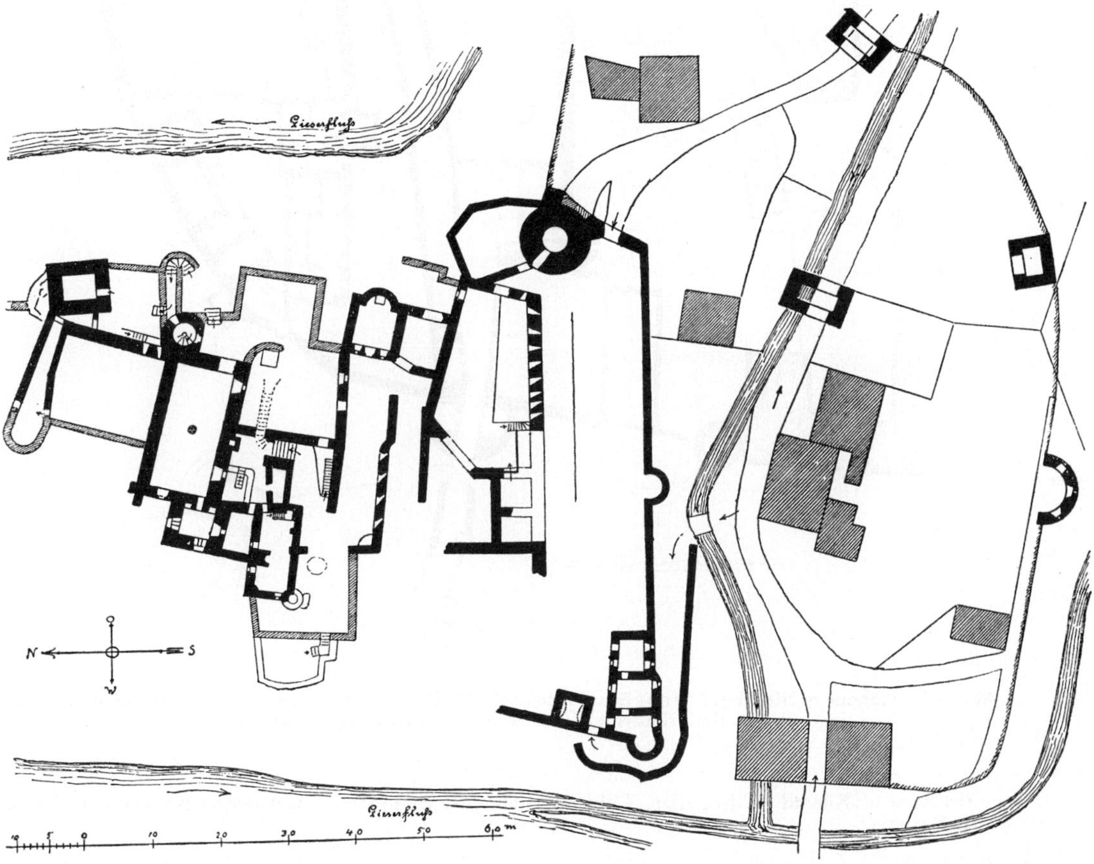

Abb. 429. Höhen= u. Talsperrbg. Niedermanderscheid, Eifel, Bergfr., Pallas u. Kap., weite Vorwerke bis z. Tal, Grdr. 1:1000 nach Rh. V. f. Denkmalpfl.

u. Tafel 59), die Altenburg und Neuerburg bei Cobern[162]), auf langgestrecktem hohen Felsrücken errichtet. Die Neuerburg ist durch hohen, plätteisenartigen Bergfried hinter doppelten Zwingermauern und dem besonders starken Kernbau des Pallas, die Altenburg durch die sechseckige Matthiaskapelle aus dem 13. Jahrh. bemerkenswert.

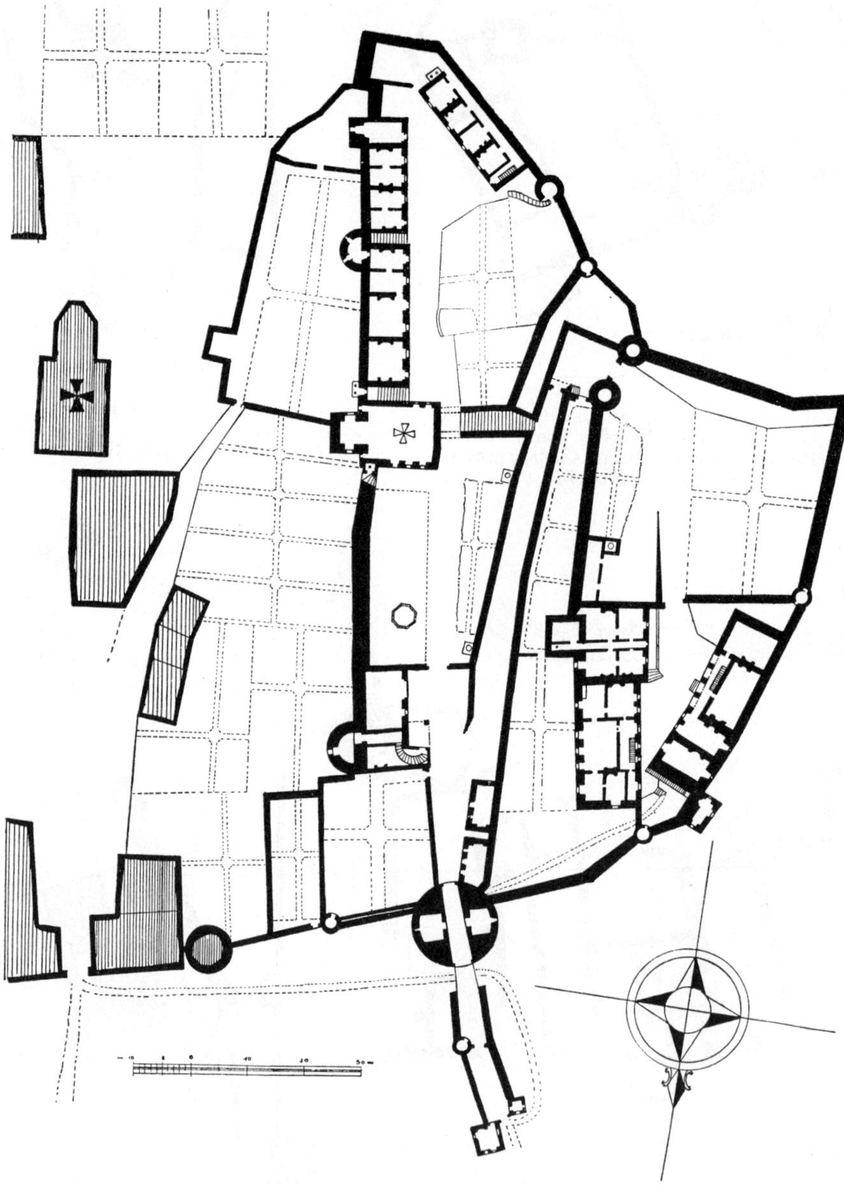

Abb. 430. Höhen= u. Stadtbg. Monschau, Eifel, sehr kl. Kernbg. m. Pallas, sehr gr. Vorwerke m. Kap. u. Batterietürme, Grdr. 1 : 1250, nach Burgw. 1922.

[162]) Bau= u. Kunstd. d. Reg.=Bez. Coblenz (Lehfeldt) S. 136ff.; v. Cohausen: Bef.=weis. d. Vorz. S. 156, 166.

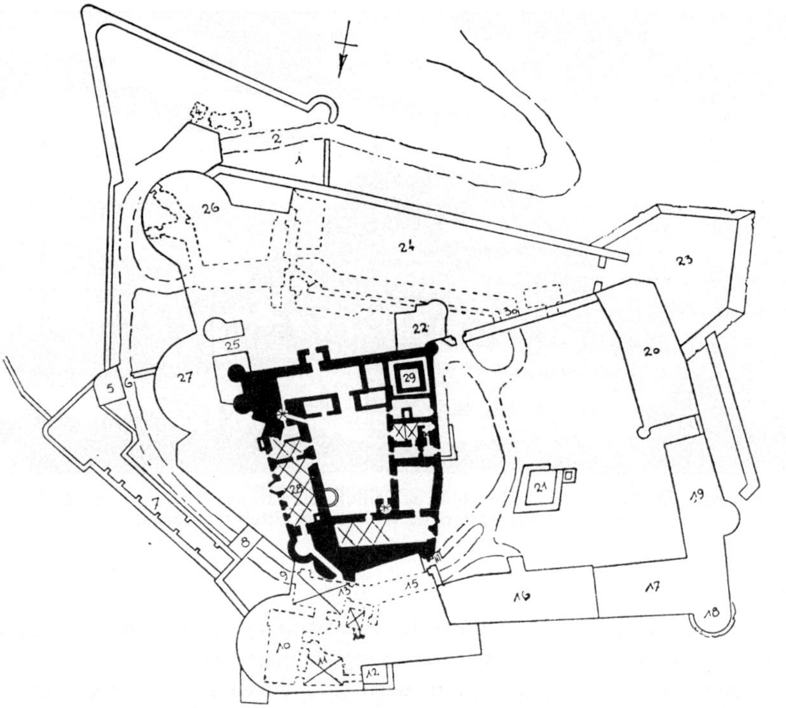

Abb. 431. Burg Königstein, Taunus, Kernbg. z. Hochschl. ausgeb., v. spät. Batterien u. Bastionen umgeben, Grdr. 1:1000. B. E. nach alt. Pl.

1. Aufg. z. Bg.
2. Eingangstor.
3. Wachtstube.
4. Feuerraum.
5. Hauptwache (n. vorh.).
6. Tor.
7. Zwinger.
8. Zugbrücke.
9. Tor.
10. Äuß. Rondell.
11. kl. Kasematte.
12. kl. Zwinger.
13. Tor.
14. Wachtstube.
15. Torweg.
16. Zeughaus.
17. Magazin.
18. Pulverturm.
19. Inf.=Kaserne.
20. Kav.=Kaserne.
21. Laufbrunnen.
22. Kutsche.
23. neue Bastion.
24. Burggarten.
25. Anbau.
26. Rondell.
27. Halbbastion.
28. Schloßküche.
29. Schloßturm.

Die bedeutendste Eifelburg ist die großartige hochgelegene Ruine Kasselburg bei Gerolstein[163]) (Abb. 427). Der Grundriß gibt ein Bild der umfangreichen Anlage, eine etwa 30 zu 35 m große viereckige Kernburg mit Pallas und an der Südwestecke angelehnter früher Kapelle (?), während an der schwachen Angriffsseite der Bergfried steht.

Zu den verschiedenen Merkwürdigkeiten der Anlage gehört vor allem das höchst eigen=artige Torgebäude, das wohl sehr früh zu einem doppelten Bergfried umgebaut wurde und auch als solcher noch unerklärlich bleibt. Die viel geknickte Ringmauer der Vorburg zeigt Reste eines Wohnturmes an der Nordseite und innen angebaut 4 einzelne Wirtschaftsgebäude.

In der Mitte der Nordseite ist der Brunnenturm weit aus dem Zingel hinausgebaut. Meist ist Bruchstein verwandt.

Jedenfalls ist die besonders hochstrebende Burg eine der merkwürdigsten und groß=artigsten der Eifel.

Westlich von Münstermaifeld ragt auf Felsen die Ruine Pyrmont[164]) — um 1250 er=baut —, eine unregelmäßige rechteckige Anlage mit rundem, 30 m hohem Bergfried. Auch hier hat ein später fensterreicher Schloßbau einen Teil der Burg eingenommen.

[163]) Hirschfeld=v. Behr: Rhein. Verein f. Denkmalpfl. 4. Jg., H. 3, S. 184ff. — Dehio: Hdb. d. deutsch. Kunstd. II S. 512 — [164]) Dehio: a. a. O. II S. 316. Pyrmont S. 236ff. (Rhein. Verein f. Denk=malpfl. 4. Jg., H. 3); Bau= u. Kunstd. d. Reg.=Bez. Coblenz (Lehfeldt) S. 268f.

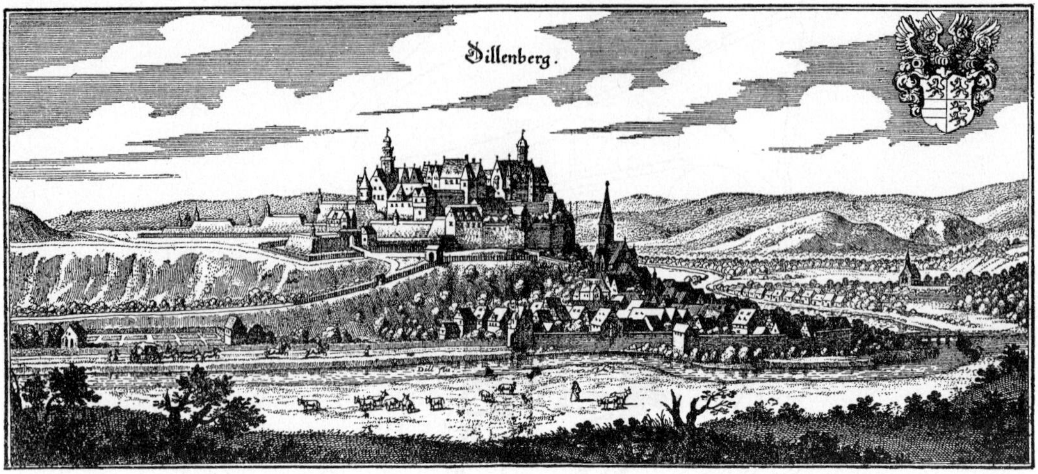

Abb. 432. Höhenbg. Dillenburg, Lahn, spät. z. Schloß u. Fest. ausgeb., oberird. Teile völlig zerstört, sehr bedeut. unterird. Wallgänge. Stich v. Merian.

Bemerkenswert ist die stattliche Lage des rechtwinklig gestalteten Wohnbaues, der sich an den runden Bergfried anschließt. Zwei unregelmäßige Vorburgen und mehrere Zwinger verteidigen den Zugang. Die Zwingermauern sind durch zwei ganz geschlossene Rundtürme verstärkt.

Nördlicher finden wir hochansteigend die sehr zerklüftete malerische Ruine Monreal[165]), Anfang des 13. Jahrh. von einem Grafen von Virneburg erbaut, mit rundem Bergfried und vorgeschobenem rundem Turm, und die Genovevaburg in Mayen[166]), die ursprüngliche, unregelmäßige, viereckige Anlage — heute modern verbaut — aus dem 13. Jahrh. hing mit den Stadtmauern zusammen.

Im Nettetal diente dem malerisch auf langgestrecktem Schieferfelsen errichteten Bürresheim[167]) (Abb. 437) als Baustoff der bodenständige Bruchstein. Die alte Kernburg liegt gegen Westen mit quadratischem Bergfried, die Osthälfte bietet bewohnte Flügel aus dem 15. und späteren Jahrhunderten mit Fachwerk bekröntem Rundturm.

Wernerseck[168]) im Maifeld, an drei Seiten von der Nette umflossen, ist eine um 1400 erbaute, ziemlich rechteckige Anlage mit 4 runden Ecktürmen. Die Westseite — der Eingang — wurde ehemals durch Vorburg und viereckigen Torturm geschützt. Der überragende gotische quadratische Bergfried gleicht einem Wohnturm, wurde anscheinend später erneuert.

Nahe liegt die Ruine Virneburg[169]) aus braunem Schieferbruchstein und, auf dem — nächst der Hohen Acht — höchsten Berg der Eifel, auf einem Basaltkegel, die Nürburg[170]). Hier, wie bei der Kasselburg, wird der Kernbau fast kreisförmig von der Vorburg umgeben, in deren nördlichster Ecke hinter starken Zwingermauern und innerem Graben abgetrennt sich die Ruinen der Hauptburg erheben.

---

[165]) Ebenda: S. 416f. — Dehio: a. a. O. II S. 313. — [166]) Stahl: Instands. u. Umbau d. Genovevaburg i. M. (Rhein. Verein f. Denkmalpfl. 15. Jg., H. 2/3, S. 52ff.); Borchmeyer: Burgw. 1928, S. 108. — [167]) Hirschfeld-Uhlenhaut: Bürresheim (Rhein. Verein f. Denkmalpfl. 4. Jg., H. 3, S. 167ff.); Pfitzner: Erh. u. Verw. v. Schloß Bürresheim (Jahrb. d. Rhein. Denkmalpfl. 13. Jg. 1936, S. 438ff. — [168]) Bau- u. Kunstd. d. Reg.-Bez. Coblenz (Lehfeldt) S. 443f.; Smlg. Ebh. — Dehio: a. a. O. II S. 322. — [169]) Hirschfeld-Uhlenhaut: Virneburg (Rhein. Verein f. Denkmalpfl. 4. Jg., H. 3, S. 247ff.). — [170]) Hirschfeld-Thielen: Nürb. (Rhein. Verein f. Denkmalpfl. 4. Jg., H. 3, S. 221ff.); Hillenkamp D. Nürb.; Kunstd. d. Rheinpr. Kr. Ahrweiler S. 455ff. — Dehio: a. a. O. II S. 307.

Der runde Bergfried besteht außen aus Säulenbasalt mit Schiefergestein, innen aus Basalttuffsteinquadern und Grauwacke, die um ihn liegenden Reste von Schildmauer und Pallas meist aus zutage tretendem Basalt.

Die eigentümliche unregelmäßige Grundrißgestaltung entspricht dem zerklüfteten Bergkegel.

Gegen Nordwesten ist eine zweifach geknickte Schildmauer errichtet. Der Eingang führt durch die Vorburg und zwei weitere Torabschnitte um die Kernburg herum, von Norden aus in das Innere.

Die zahlreichen, zur Seitenbestreichung errichteten 7 Rundtürme vor den Zwingermauern deuten etwa auf die Zeit, in der die Nürburger Herrschaft vom Kölner Erzbistum eingezogen wurde, 13. bis 14. Jahrh., während die Kernburg die spätere Seitenbestreichung nicht kennt.

Zwei politisch wichtige Burgen waren die Ober- und Niederburg zu Manderscheid[171]) in der hohen Eifel, 388 m hoch, in einer langen Flußschlinge der Lieser auf steilen Felsen aus blauen Schiefern und grauen, feinkörnigen Sandsteinen. Außer Mauerresten ist von der Oberburg rechts der Lieser (Abb. 428), die dem Stift Trier gehörte, noch der im Grundriß rhombische Bergfried erhalten nebst viel geknickter früher Ringmauer und Pallasresten.

Die größere Niederburg auf dem linken Ufer (Abb. 429), gegen die Oberburg angelegt, zeigt riesige Verteidigungswerke neben kleinen Wohnbauten. Sie stellt, an zwei Seiten von der Lieser umflossen, ihren festesten Wehrbau, den Bergfried, nördlich gegen die Höhe. Von West nach Ost gestreckt liegt südlicher der sehr bedeutende Pallasrest, verteidigt gegen die Bachtiefe durch drei stufenförmig absinkende Zwinger, durch die der einzige Zugang durch viele Tore zur Burg führte. In der letzten Tiefe schneidet eine 80 m lange Zwingermauer — von einem Lieserlauf bis zum andern, verstärkt durch ein Torhaus am Westende und starkem Rundturm am Ostende — die Burg von der Talsohle.

Auf einzelnem Felsgrat im hügeligen Hochland der Eifel, liegt die langgestreckte unregelmäßig angelegte Burg Neuerburg, Kreis Bitburg[172]) mit dem bemerkenswerten mächtigen Torbau im Osten, dem Hauptwohnbau auf der Südseite, dem Rundturm im Westen, Zwinger und Wehrgang im Norden. Das 16. Jahrh. legte Verstärkungen im Norden, Westen und Südwesten an.

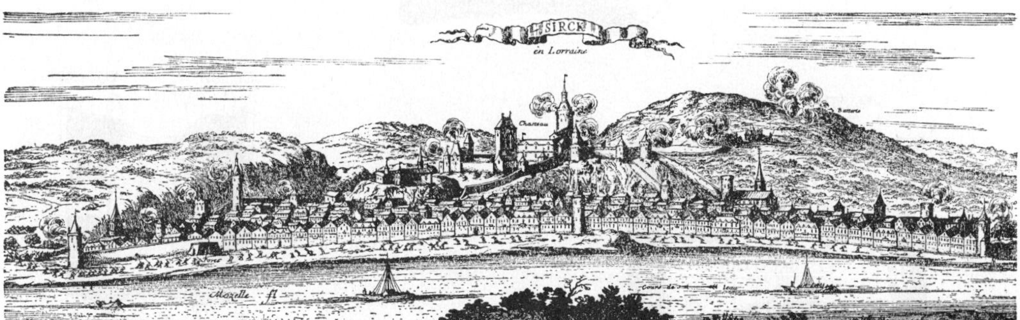

Abb. 433. Höhenbg. Sierck a. d. Mosel, Lothr., einst bedeut. Bergfr., nur Ruine erh., nach Stich d. 17. Jh. v. N. Cochin.

[171]) v. Behr: D. Burgen v. Manderscheid (Rhein. Verein f. Denkmalpfl. 4. Jg. H. 3, S. 202 ff.); Braun u. Hogenberg Bd. V, S. 25 f. — Dehio: a. a. O. II S. 502. Weins: Mandersch. (N. Beitr. z. Rhein. Gesch. H. 1, S. 7). — [172]) Kunstd. d. Rheinpr. Kr. Bitburg S. 205 ff., eingehende Darst.

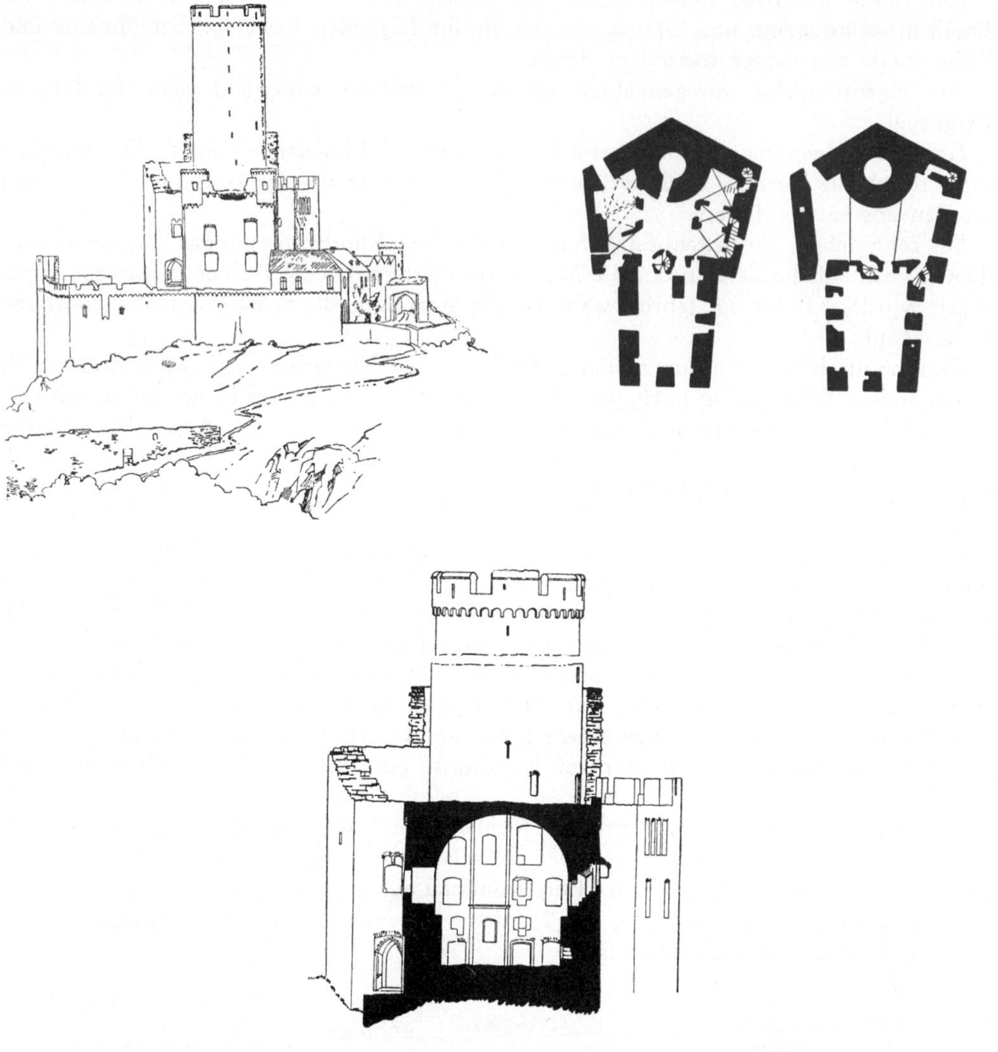

Abb. 434. Höhenbg. Schwalbach, Taunus, merkw. Bergfr. i. d. Schildm. gewölbter Wohnb., Ans. u. Grdr. 1:1000, Schn. 500.

Wasserburg Friedewald bei Hersfeld

Die Burg in Marburg

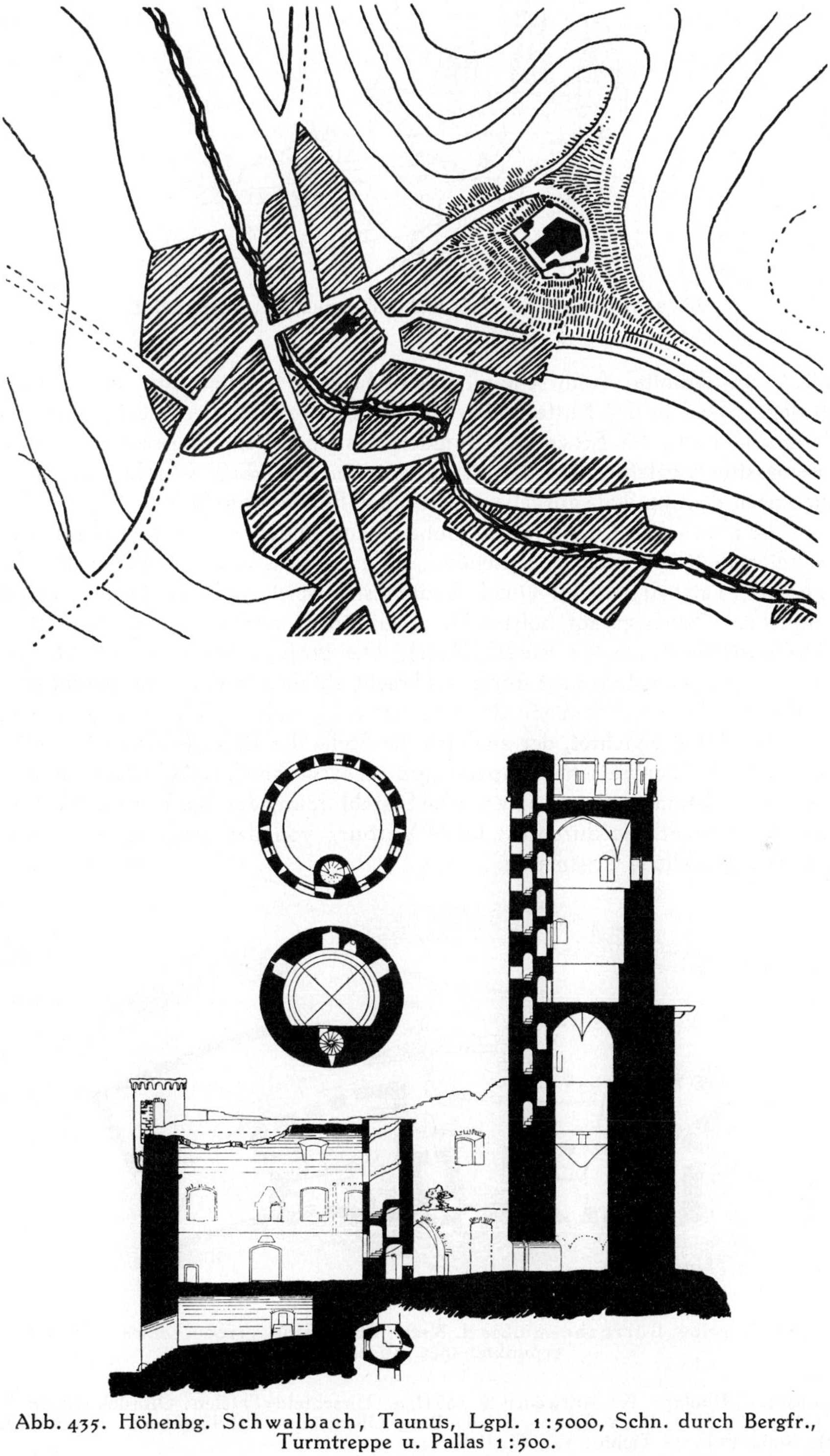

Abb. 435. Höhenbg. Schwalbach, Taunus, Lgpl. 1:5000, Schn. durch Bergfr., Turmtreppe u. Pallas 1:500.

Abb. 436. Burg Braunfels a. d. Lahn, neuzeitl. ergänzt. B. E.

Olbrück im Brohltal (wahrscheinlich 11. Jahrh.)[173]) zeigt eine abgerundet fünf=eckige Anlage. Der in der Mitte freistehende 34,10 m hohe rechteckige Bergfried aus Bruchsteinmauerwerk, die Ecken aus dunklen Basaltquadern, überragt den späten, mit großen in Basaltlava gefaßten Fenstern ausgestatteten Pallasbau, von dem aus eine Sperr=mauer sich nach dem im Tale ausgebauten runden Bollwerk zieht.

Noch in der nördlichen Eifel bzw. im Hohen Venn finden wir Sandstein mit Bruchstein und Basalteinzelheiten an der bedeutenden, im 12. Jahrh. erbauten glänzenden Hofburg Nideggen[174]) (Tafel 61), deren Quaderbauten sich stark von den bisher geschilderten Burgen abheben. Sie liegt auf hohem Ufer, auf einem mächtigen Sandsteinblock an der Hauptverkehrsstraße durch das Rurtal (Roer). Der große Wohnflügel mit 16 mächtigen gotischen Kreuzstockfenstern liegt durch senkrecht abfallende Felswand geschützt. Gegen die Angriffsseite, der gleichnamigen Stadt zu, ist ein gewaltiger Wohnturm (etwa 14:19 m und von 20 m Höhe) errichtet, der zugleich die Stelle des Bergfrieds vertritt. Die innere Raumgestaltung mit romanischer Kapelle und sechs Wohngemächern ist hochbedeutend. Der bildsame Sandstein gestattete eine reiche Durchbildung der Bauformen. Nideggen fand durch die kleine Stadt, die durch die weite Vorburg von der großartigen Kernfeste ge=trennt ist, eine glückliche Ergänzung.

Abb. 437. Hügelbg. Bürresheim über d. Nette, Eifel, Grdr. 1:1000, schwarz=Mittelalterl., gepunktet=spät. Ausbau. B. E.

[173]) Kunstd. d. Rheinpr. Kr. Ahrweiler S. 268 ff. — Hirschfeld=Thielen: Olbrück (Rhein. Verein f. Denkmalpfl. 4. Jg., H. 3, S. 231 ff.). — Streil: Burg Olbrück. — [174]) Huyskens: Burgw. 1928, S. 9 (Abb. 15); Smlg. Ebh. — Dehio: a. a. O. II S. 141.

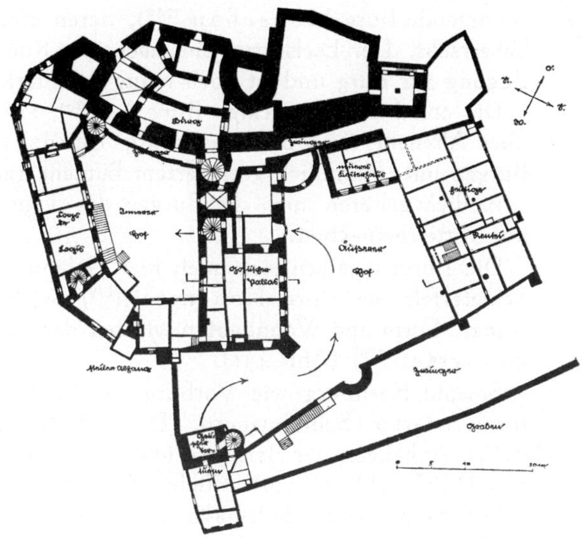

Abb. 439. Burg Runkel a. d. Lahn, Bg. m. 3 Bergfr., Schildm. u. spät. Vorbg.=bauten, Grdr. d. Obergesch. 1:1000. B. E.

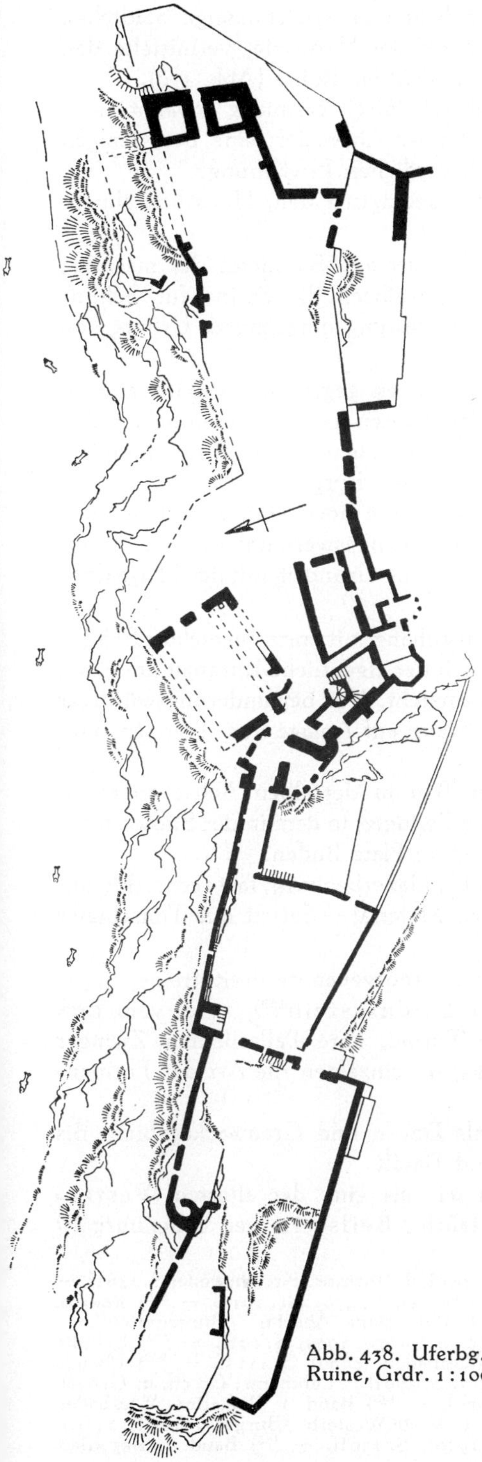

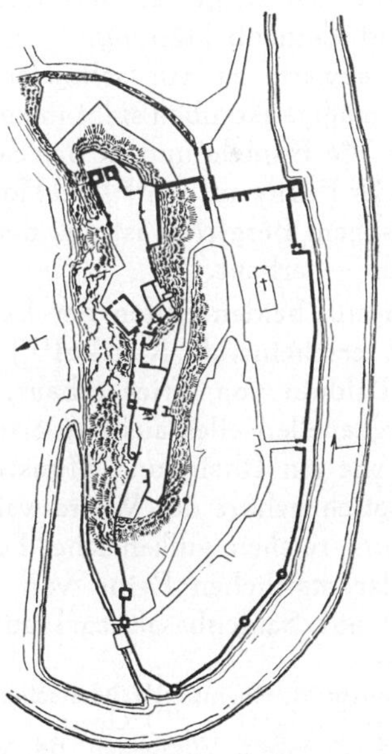

Abb. 438. Uferbg. Altwied, unregelm. Kernbg. u. viele Vorbg. u. Ortswerke, Ruine, Grdr. 1:1000, Lgpl. 1:5000. B. E. nach Krause u. Ullrich u. Pl. v. 1838.

Ebenfalls über dem Rurtal erhebt sich die in den ältesten Teilen aus dem 13. Jahrh. stammende Burg Monschau [174a]), deren stattliche Ruine das gleichnamige Städtchen beherrscht. Der Eselsturm, ein mächtiger Rundturm auf der Nordseite, vermittelte den Zugang zur Burg und ist noch heute der markanteste Teil der Ruine (Abb. 430).

Die annähernd viereckige Burg Are[175]), 1121 wahrscheinlich erstmalig erwähnt, hoch über Altenahr, und die Reichsburg Landskron[176]) über Ahrweiler, eine der wenigen Burgen mit urkundlich gesichertem Baujahr 1206[177]), verdienen Erwähnung.

Baulich gehören auch die Burgen des Taunus, der geologisch dem Hunsrück ähnelt, ins Mittelrheingebiet.

Die Burgen passen sich auch hier Gelände und Steinart an. So bietet der mächtige Schieferfels der Burg Hohenstein[178]) bei Langenschwalbach die Steine für Schild=mauer, Turm und Wohnbauten wie bei der später zur Festung umgebauten Urburg von Königstein[179]) (Abb. 431).

Sowohl Kernburg wie Vorburg von Hohenstein haben gegen die Angriffsseite zu turmverstärkte Schildmauern. Der Schutz der Wohnbauten ist im wesentlichen den steilen Abhängen der Bergnase überlassen. Ein tiefer Felsgraben schneidet den Bauplatz ab. Dilich gibt ein vortreffliches Bild der noch erhaltenen Burg.

Die Ruine Burg=Schwalbach[180]) (Abb. 435) zeigt heute noch eine ganz besonders durchdachte, aus einem Guß entstandene und niemals nennenswert umgeänderte Burg. Höchst selten finden wir wie hier einen regelmäßigen Gesamt=Grundriß mit der Längsachse gegen die Angriffsseite gerichtet.

Dort ist der runde, sehr hohe Bergfried im Zusammenhang mit spitz geknickter Schild=mauer auf höchstem Felsen errichtet, daran schließt sich der eigentliche Burgbau um einen kleinen Mittelhof, so daß ein breiter fünfeckiger Kern entsteht. Von bewunderungswürdiger Geschicklichkeit zeugt der Bergfried (Abb. 434) in bezug auf Anlage von Treppen, Ge=wölbe und Zinnenbekrönung.

Tiefer abwärts ist ein schmalerer unterkellerter Bau in derselben Achse angefügt. Der regelmäßige Kernbau steht in einem regelmäßigen Zwinger, in dem in der Südwestecke nur noch die Kapelle und in der Südostecke ein Torbau Platz finden.

Auch der Falkenstein[181]) bei Homburg vor d. Höhe, Ganerbenburg, fast rechteckig mit quadratischem Bergfried, ist aus dem bodenständigen Material — Sericit mit Tonschiefer durchsetzt — erbaut.

Burgen auf beiden Seiten der Lahn, wie das schon 1100 genannte dreitürmige, unge=wöhnlich erscheinende Runkel[182]) (Abb. 439) oder Balduinstein[183]), 1319, vom Erz=bischof Balduin von Trier erbaut, zeigen schwere Türme, Tore, Pallasbauten, Zwinger und Burgkapellen alles aus der örtlichen Grauwacke, im einzelnen die Art der Formen=bildung wie am Rhein und Hunsrück.

Geologisch gehört der Westerwald zum Rhein als Devon und Grauwackegebiet. Bis Westerburg reichen vulkanische Tuffe, Trachyt und Basalt.

Aus der stattlichen Reihe von Burgen nennen wir als eine der ältesten Wester=burg[184]) auf Säulenbasaltkegel aus dem 9.—10. Jahrh., Beilstein bei Dillenburg[185])

[174a]) Kunstd. d. Rheinpr. Kr. Monschau S. 52 ff. — [175]) Kunstd. d. Rheinpr. Kr. Ahrweiler S. 146ff. — [176]) Ebenda S. 394ff. — [177]) Goerz: Mittelrhein. Regesten Bd. II, S. 279, Nr. 1012. — [178]) Bau= u. Kunstd. d. Reg.=Bez. Wiesbaden Bd. V, S. 174ff. — [179]) Anm. siehe Abschn. „Burgenarten". — [180]) Baud. i. Reg.=Bez. Wiesbaden (1880) S. 51ff.; Smlg. Ebh.; Burgw. 1905, S. 19ff. — [181]) Schulte v. Brühl: Taunus Bg. I., S. 132ff.; Baud. i. Reg.=Bez. Wiesbaden (1880) S. 111ff. — [182]) Ebenda S. 389ff.; Doering: Perle d. Lahntales (Kath. Welt 1931, H. 7, S. 239ff.); Lehmann: Gesch. u. Geneal. d. Dyn. v. Westerb.; Ebh.: D. B. Bd. I, S. 1ff. (ausführl.). — [183]) Baud. i. Reg.=Bez. Wiesbaden (1880) S. 17f.; Smlg. Ebh. — [184]) Fuchs: Gesch. d. Burg u. Veste Westerb. (Burgw. 1918, S. 11ff.); Baud. i. Reg.=Bez. Wiesbaden (1880), S. 434f., Bd. IV (1910), S. 136ff. — [185]) Baud. i. Reg.=Bez. Wiesb. (1880) S. 22.

1911

Tafel XX Burg Langenau, Lahn

ein stattlicher Basaltbau, Grenzau[186]) bei Montabaur mit dreieckigem Bergfried.

Welchen Einfluß das Gestein auf die Formengebung hat, zeigen die wild zerrissenen Reste der Burg Greifenstein zwischen Herborn und Braunfels[187]).

Am Flüßchen Sayn ragen auf einer steil vorspringenden Bergspitze die großartigen, mehrfach geteilten, von Nordwesten nach Südosten erstreckten Ruinen der Ganerbenburg Isenburg[188]) aus dem 13. Jahrh. und die umfangreiche dreiteilige Anlage Sayn, dann die Burg Reichenstein[189]).

Die kleine Anlage Braunsberg (Braunsburg) bei Neuwied[190]) mit Pallas, Mantelmauer und Torbaureste und Altwied[191]) (Abb. 438) bei Wied sind Isenburgische Stammburgen wie Grenzau und Runkel.

Die Ruinen von Altwied ziehen sich von der Bergzunge als Wegsperre bis zum Flußufer. Bemerkenswert ist der plätteisenartige Bergfried.

Auch Burg Hartenfels mit rundem Bergfried bei Montabaur auf hohem Basaltkegel ist aus schiefrigem Basaltstein der Baustelle[192]) erbaut.

Die Mittelrheinufergebirge sind mit Burgen übersät, die selbst den Fachmann in ihrer unerschöpflichen Vielgestalt überraschen. Ganz regelmäßige quadratische Kernburgen wie Gutenfels bei Kaub oder eigenartige Längslösungen wie in Burgschwalbach stehen neben vielgegliederten Anlagen wie Altwied. Zentral angeordnete Grundrisse, wie die Marksburg erscheinen neben Kasselburg oder Wernerseck, Nürburg, Runkel und Olbrück — Manderscheid neben der Stadtburg zu Andernach oder endlich Rheinfels neben Nideggen — kann es größere Gegensätze geben!

Es sind also nicht willkürliche Formen, die die Baumeister am Rhein den deutschen Burgen geben, im Gegenteil, ihr echt deutsches Gefühl suchte und fand überall den nahesten Anschluß ihrer Bauten an Gestein und Formen der Landschaft.[193]). Nur eines ist nicht möglich, die Grundrisse dieser Burgen in bestimmte Schulen zu ordnen.

Abb. 440. Burg Neuenburg b. Freyburg/Unstrut, mächt. Bergfr., roman. Baur., Doppelkap. u. neuere Bauten. B. E.

[186]) Ebenda S. 195; v. Cohausen: Bef. weis. d. Vorz. S. 157; Gottschalck: D. Ritterb. Bd. IX, S. 334f. — [187]) Bau= u. Kunstd. d. Reg.=Bez. Coblenz (Lehfeldt) S. 706ff.; Burgw. 1913, S. 18, Grdr. u. Ans.; Hoffmann: Greifenstein u. d. Greifensteiner. — [188]) Gottschalck: D. Ritterb. Bd. IX, S. 335; Bau= u. Kunstd. d. Reg.=Bez. Coblenz (Lehfeldt) S. 500; Smlg. Ebh. — [189]) Bau= u. Kunstd. d. Reg.=Bez. Coblenz (Lehfeldt) S. 206f., 526; Smlg. Ebh. — [190]) Bau= u. Kunstd. d. Reg.=Bez. Coblenz (Lehfeldt) S. 474f.; Gottschalck a. a. O. S. 363. — [191]) Ebenda; Bau= u. Kunstd. d. Reg.=Bez. Coblenz (Lehfeldt) S. 469. — [192]) Smlg. Ebh.; Bau= u. Kunstd. i. Reg.=Bez. Wiesbaden (1880) S. 213f. — [193]) Niederrhein siehe „Burgen des Tieflandes".

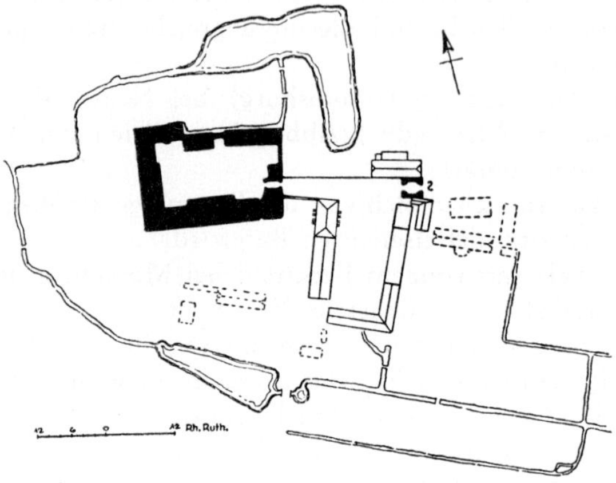

Abb. 441. Wasserbg. Hötensleben, spät. Ausbau. B. E. nach Pl. Staatsarch. Darmst.

Mitteldeutschland

Zwischen der norddeutschen Tiefebene, dem Mittelrhein= und Maingebiet, Böhmen und Schlesien liegt das mitteldeutsche Land, dessen Burgenbau bestimmt wird durch die geologische Bildung von Harz, Wesergebirge, Thüringer Wald, Rhön und Erzgebirge. Die Wasser der Oberweser, Werra und Fulda und die des westlichen Zuflußgebietes der Elbe (Mulde und Saale) bilden vielgestaltige Täler, deren liebliche und malerische Ufer weitberühmten Burgen als Bauplatz dienten.

Landschaftsbedingt in Grundriß und Aufbau unterscheiden sich Gruppen: Harzburgen, Weserburgen bis zur Rhön, Thüringerburgen rechts der Werra, sächsische Burgen des linksuferigen Elbegebietes, obersächsische des Erzgebirges und hessische, eigenartig ge= staltete Rhönburgen.

Harz

Die Harzburgen bieten wertvolle Beispiele, wie das Gebirge zur Errichtung eines ge= schlossenen Wehrbauringes um den Granitstock des Harzes aufforderte. Im Innern lagen frühe Jagdhäuser wie Bodfeld (Todesort Heinrich III.), Selkenfeld und Siptenfeld[194].

Von Goslar ausgehend, bietet sich ein geschlossener Kranz von Burgen, u. a. Harz= burg, Ilsenburg, Wernigerode, Regenstein, Blankenburg, Stecklenburg und Lauenburg, Ballenstedt, Falkenstein, Anhalt, Stollberg, Hohnstein, Sachsenstein, Scharzfels, Herzberg, Osterode (Abb. 451).

---

[194]) Herse: Burgw. 1936, S. 8.

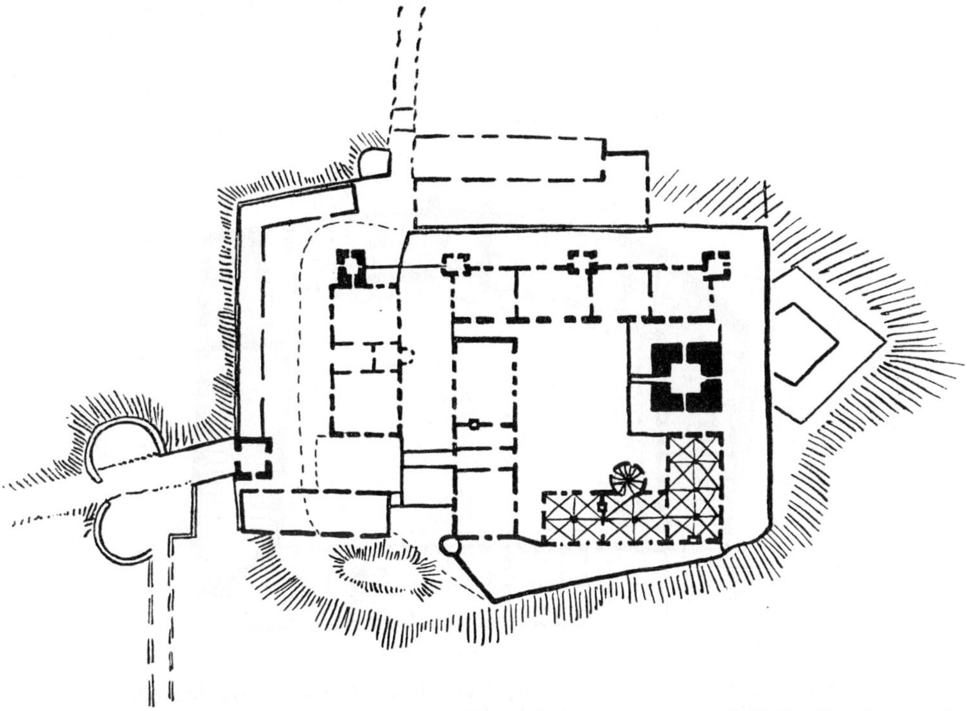

Abb. 442. Wasserbg. Hötensleben, mittelalterl. Zust., früh. Bergfr., got. Pallasb., Kernbg. quadrat. (bewohnt) feste Vorbg., 4 Seitenbestr.=türme. B. E. nach Hartmann.

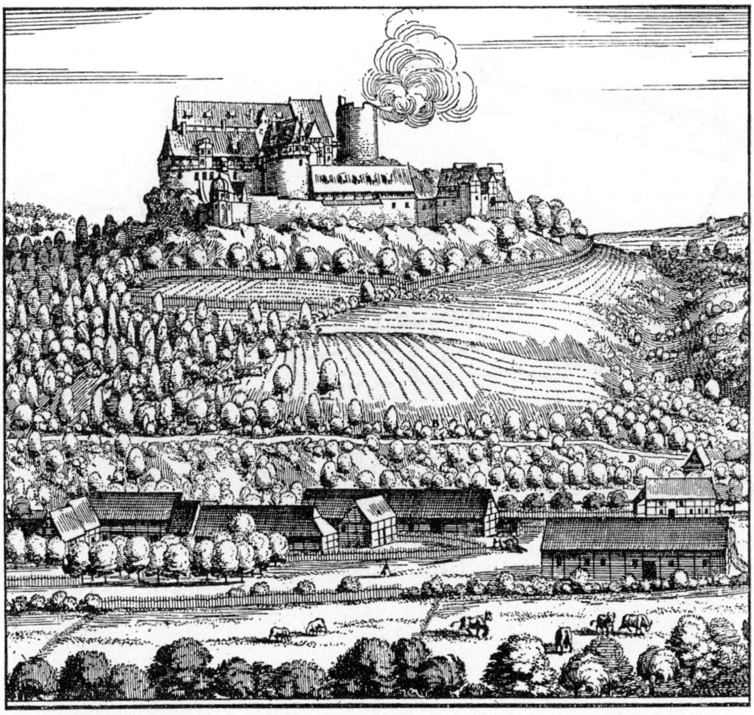

Abb. 443. Felsenbg. Scharzfels, Harz, heute Ruine, nach Merian.

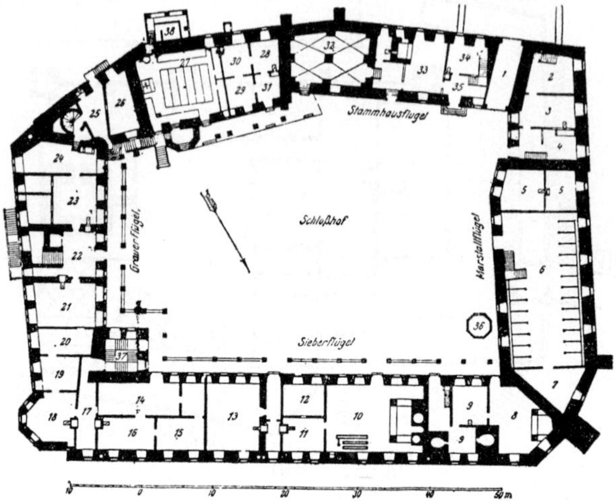

Abb. 444. Höhenbg. Herzberg, Harz, frühe Kernr., starke Mantelm., schloßart. ausgeb. (bewohnt), Grdr. 1:1000, nach Burgw. 1936.

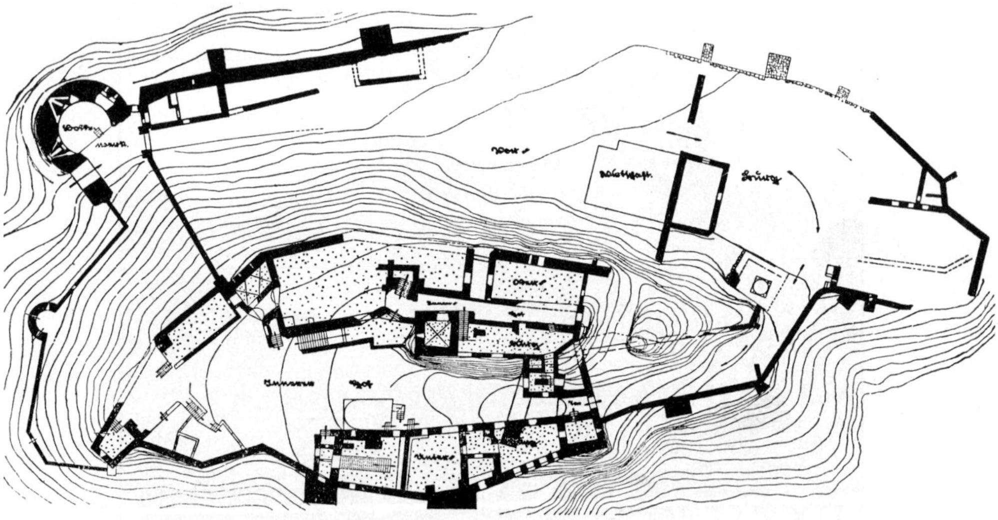

Abb. 445. Höhenbg. Hohnstein, Harz, Ruine, früh. Reste v. Seitenbestr., oft erweitert, Batterieturm d. 15. Jh., Grdr. 1:1000. B. E. nach Zeller u. eig. Aufn.

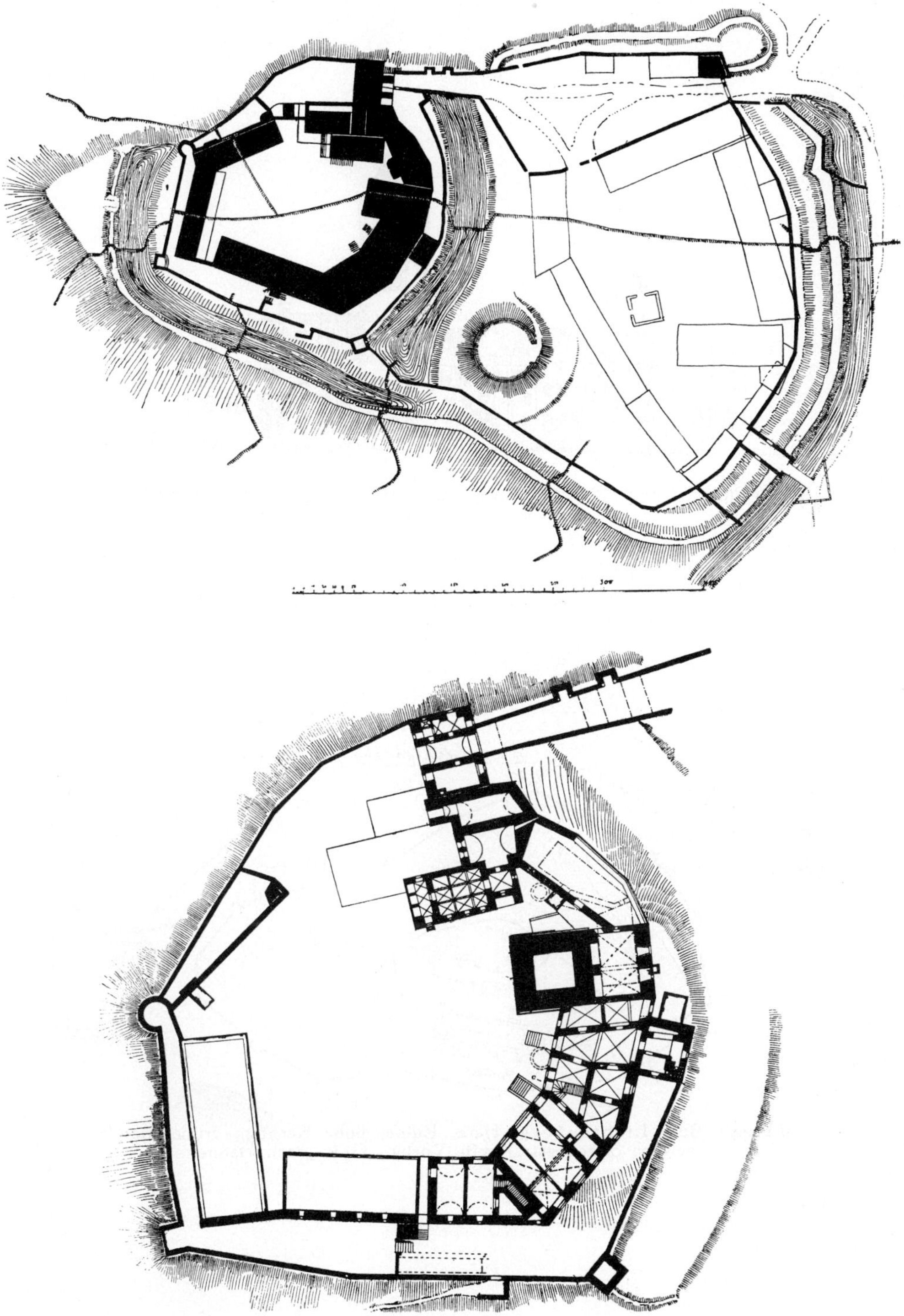

Abb. 446. Roman. Höhenbg. Lohra, Sachs., mächt. Bergfr., frühe Wohnbaur., roman. Doppelkap., starke Kernbg., gr. Vorbg., darin alte mota, keine Seitenbestr., Lgpl. 1 : 2000, Grdr. 1 : 1000. B. E. nach Hartmann.

Abb. 447. Höhenbg. Lohra, Sachs., Wiederherstellungsgedanke, 1:1000, nach Hartmann.

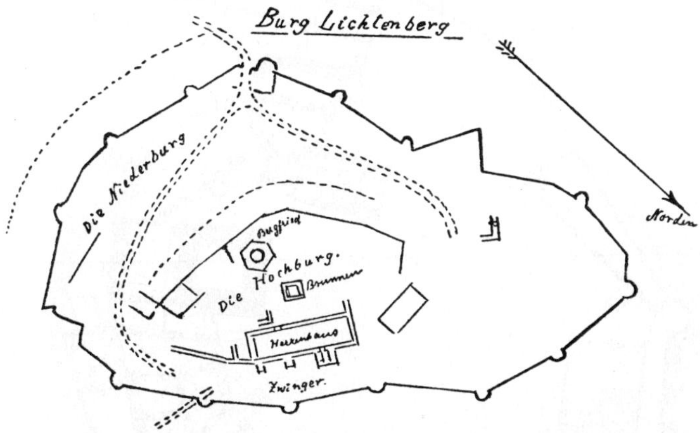

Abb. 448. Burg Lichtenberg, Harz, Ruine, hohe Kernbg., früher Bergfr., geringe Seitenbestr., weite Vorbg., Grdr. nach Hahne.

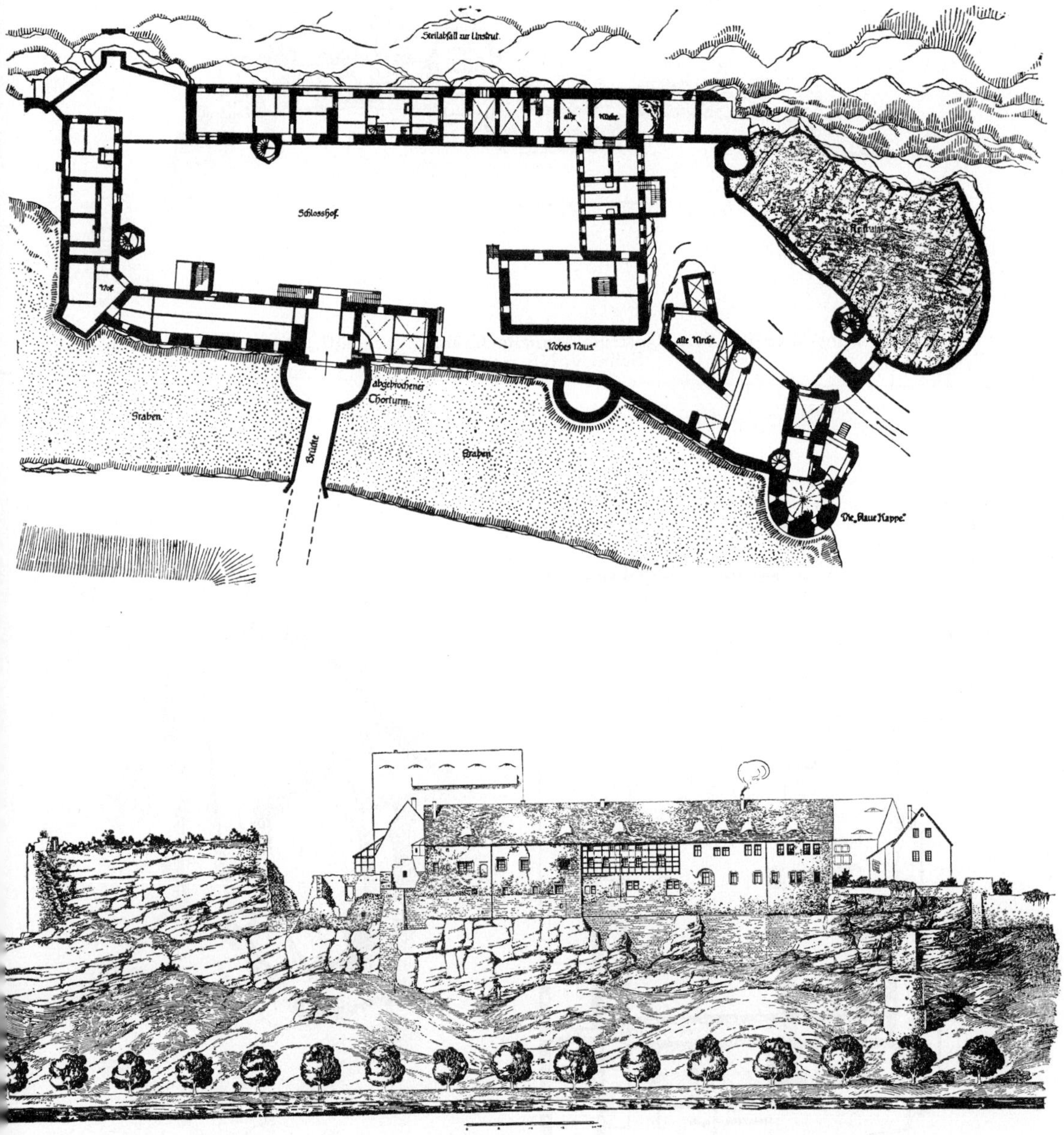

Abb. 449. Burg Wendelstein/Unstrut, früh. Kern auf Sonderfelsen, zerstört, Brunnenturm außen freisteh., Schloßausb. d. 16. Jh., Grdr. u. Ans. v. S. 1:1000. B. E.

Abb. 450. Burg Wendelstein/Unstrut, doppelte Gräb., 2 Schloßfl., Brunnenturm a. Abhang, Schn. v. NS. 1:1000. B. E.

Abb. 451. Schloß Ballenstedt, Harz, festes Kloster, roman. Reste, spät. Schloßausb., Grdr. etwa 1:1000. B. E.

Abb. 452. Die Hornburg, Harz, ovale Kernbg., rd. Bergfr., Ringm. m. rd. Seiten=bestr.=Türmen, schloßart. Reste, Lgpl. B. E.

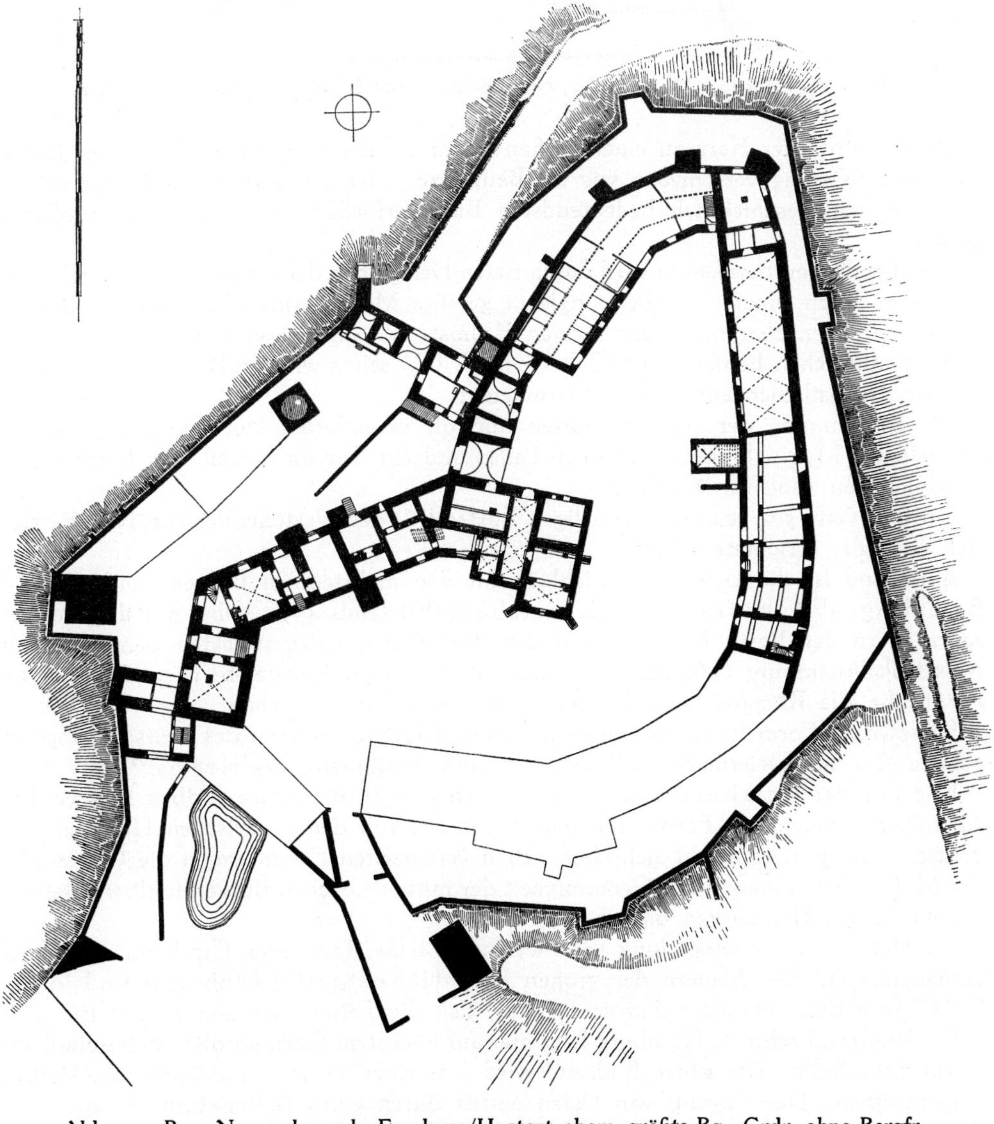

Abb. 453. Burg Neuenburg b. Freyburg/Unstrut, ehem. größte Bg., Grdr. ohne Bergfr., Schloßneub. Mitte 16. Jh., Grdr. 1:1000. B. E.

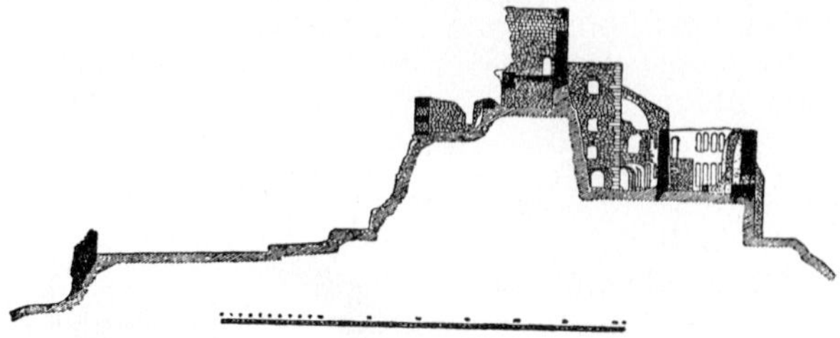

Abb. 454. Höhenbg. Hohnstein, Harz, Schn. durch Kernbg., 1:1000, nach Zeller.

Damit wurde der Harz zu einer großen Festung. Die Formen der einzelnen Burgen sind aber so völlig verschieden wie die Bauplätze. Der breite Berg der Harzburg[195]), der frühesten, geschichtlich bedeutendsten Burg, erforderte eine zweiteilige großartige Anlage.

Von dem langen Bergkamm wird durch tiefen Halsgraben der etwas sichelartig gebogene, längliche, durch inneren Graben ungleich geteilte Mauerbering abgeschnitten, der von der einheitlichen Ringmauer aus kleinen Kulmsteinen umschlossen ist.

Als Wahrzeichen hohen Alters (Zeit Heinrich IV.) sehen wir den Rest des Ringgrabens an, der den östlichen älteren Burgteil umzieht.

Die Bestimmung der stark zerstörten und oft veränderten Hochbaureste ist schwer feststellbar. Man will erkennen: einen Pallas und ein Tor im Ostteil, den Bergfried (?), angeblich von 1208 im Westteil.

Ein Bild von 1574 zeigt den damaligen Zustand[196]) des Westteils der von Kaiser Friedrich I. wieder errichteten Burg.

Auffallend ist die Grundrißähnlichkeit mit den mehrteiligen Burgengrundrissen von Beichlingen[197]), Kyffhäuser, Eckartsberga[198]) (Abb. 455), selbst mit dem romanischen Kern der Veste Koburg und der dreiteiligen, langgestreckten Sandstein- und Muschelkalksteinburg Greifenstein u. a., ähnlich auch Krayenburg und Schauenforst, die alle Ringgraben und länglich vieleckige Formen haben.

Diese frühe Form findet sich auch in ferner gelegenen Burgen des deutschen Sprachgebietes bis zur Steiermark, z. B. bei der 1160 erwähnten Burg Krems[199]).

Es fehlte der Harzburg und den genannten Burgen der stolze Aufbau innerer Teile auf höher ansteigenden Felsspitzen und damit viel von den malerischen Umrissen süddeutscher Burgen, es macht sich eben neben vereinzelten Felsenburgen die Gelassenheit der Mittelgebirgslinien in der Geräumigkeit der mitteldeutschen Burgen fühlbar. Betrachten wir einige Harzburgen und ihre Baustoffe.

Im Harz ist die Verwendung sehr weichen Steins, fast einer Gipskreide gleichend, verhängnisvoll. Die Mauern der großen Burg Hohnstein[200]) (Abb. 454) sind infolgedessen furchtbar verwittert und so formlos, daß die Zeitbestimmung schwer ist.

Die lange und schmale Kernburg liegt hier auf höchstem Grat, nördlich tiefer ein dritter Vorburgabschnitt. Die ganze Südseite wird von einer zweiten und äußersten Vorburg eingenommen. Der Zugang von Osten wurde durch einen Batterieturm — später zur Seitenbestreichung erbaut — gesperrt, führte dann rings um die Kernburg durch mindestens fünf Tore (Abb. 445).

[195]) Herse: Burgw. 1936, S. 8. — [196]) D. Harzb. u. ihr Gebiet, hrsg. v. Harzb. Alt.- u. Gesch.-V. S. 21; Nehring: D. Stätte d. alt. Harzbg.; Leonhard: D. Harzbg. u. ihre Gesch.; Schiller: Gesch. d. Harzbg. — [197]) Bau- u. Kunstd. d. Pr. Sachsen H. 9, S. 8ff. — [198]) Ebenda S. 26ff. — Wehnemann-Muth: Thüring. Burg. S. 27f., 8, 74. Siehe unten S. 392. — [199]) Baravalle-Knapp: Steir. Burgen H. 9, S. 278, 282. — [200]) Hoffmann: Burg- u. Bergfesten d. Harzes S. 78ff.; Ebh.: Burgw. 1927, S. 85ff.; Smlg. Ebh.; Meyer: Burg Hohnstein (Gesch. d. Burg. u. Kl. d. Harz.). — Zeller: Ztschrft. f. Bauw. 1920, S. 410ff.

Dem weitgespannten Harzburger Grundriß steht Scharzfels[201]) (Abb. 443) mit höchst geistreicher Überwindung schwierigen dolomitischen Felsenbauplatzes gegenüber; der Harz bietet sonst meist schwer formbare Schiefer=, Kreide=, Gips= und Grauwackesteine.

Geopolitische Siedlungen und alte Verkehrswege mögen die Gründung der Burg an dieser Stelle in grauen Vorzeiten (erst 1091 urkundlich erwähnt) und ihren langen Bestand (1761 durch Franzosen zerstört) beeinflußt haben.

Eine wichtige alte Straße führte durchs versumpfte Tal der Ocker über die Wasserscheide Weser=Elbe und verläuft schließlich im Leinetal an der alten Stammesgrenze Thüringen=Niedersachsen. Für letztere bildet Scharzfels den äußersten Eckpfeiler im Südosten der von ihnen bewohnten Gaue.

Ein Grundriß von 1762[202]) und Merians Bild von 1650 geben einen Begriff der Anlage (Abb. 443), neben festen Wehr= und Wohnbauten den mächtigen runden Bergfried. Heute ist alles zerstört, bis auf Felsenkeller und malerische Mauerreste alter Batterien, des Burgbrunnens usw.

Verwandt war der beherrschend, auf Sandstein gelegene Regenstein oder Reinstein bei Blankenburg[203]) mit seinen Felshöhen und Gängen, der trotz seiner wilden Großartigkeit von früheren Wehranlagen noch weniger bewahrte.

Die ernste rauhe Gestaltung des Harzes spiegelt sich in den älteren Burgen und hebt diese wesentlich ab von den freundlichen Höhenburgen des engeren Thüringens, die durch das Zuflußgebiet der Unstrut mit ihrem Keupergestein davon getrennt liegen. In diesem Gelände ist die reich gegliederte Neuenburg bei Freyburg a. d. Unstrut[204]) (Abb. 453 u. 440) mit ihrem riesigen Bergfried und der berühmten Doppelkapelle beachtenswert.

Die großartige Burg Wendelstein[205]) (Abb. 449) bei Querfurt, die auf das Unstruttal und das Kloster Memleben von hohem Kalksteinufer herabschaut, zeigt die breite Grundrißform der Provinz Sachsen. Große Pallasbauten, ein mächtiges Bollwerk, vielleicht an Stelle eines verschwundenen Bergfriedes, und ein schiefer Brunnenturm außerhalb des Burgberinges auf steilem Felshang erweisen die ehemalige Bedeutung. Die Ansichten (Abb. 449 u. 450) geben den heutigen Zustand nach Umbauten bis zum 16. Jahrh.

Querfurt[206]), nördlicher gelegen, zeichnet sich ganz besonders durch seine frühen markigen Türme, tiefe Gräben und Batterien des 15. Jahrh. aus. Im einst zweiteiligen Innern stehen teils neuzeitlich um= und ausgebaut, noch das „Fürstenhaus", der runde Bergfried, ein romanisch bewohnbarer Turm mit gekuppelten Rundbogenfenstern, als dritter Turm der sogenannte Hausmannsturm neben der romanisch=gotischen Kirche. Burglich wirkt noch heute das gotisch=spitzbogige „Thaldorfer Tor" mit Wappen, Kreuzigung und Heiligenschmuck.

Nordwestlich von Querfurt liegt die dreiteilige Baugruppe der Burg Allstedt hoch auf einer Bergzunge, die nach Norden, Westen und Süden steil abfällt[206a]).

Zu den Harzburgen dürfen wir noch Burg Lohra südwestlich Nordhausen an der Hainleite zählen, eine bedeutungsvolle Anlage auf felsigem Ausläufer (Abb. 446 u. 447)[206b]). Eine großartige Vorburg ist durch tiefe Gräben von der übrigen Hochebene abgeschnitten und von der Kernburg von 85×90 m hinter einem inneren Graben.

Der kreisrunde Bergkegel in der Vorburg deutet auf sehr frühe Befestigung. Heute ist die Vorburg von starken Ringmauern umgeben, die auch durch den inneren Graben bis zur Zwingermauer der Kernburg führen.

[201]) Smlg. Ebh.; Eckart: B. Scharzf. i. Gesch. u. Sag. — [202]) Kummer: Burgw. 1936, S. 23ff. Grdr. Abb. 40. — [203]) Steinhoff: D. Regenstein; Hoffmann: D. Burg. u. Bergf. S. 134ff. — [204]) Smlg. Ebh. (ausführl. Bauaufnahmen und Vermessungen); Wehnemann=Muth: Thüring. Burg. S. 9ff., 37, 67ff. — [205]) Ebenda S. 45, 63, 65; Ebh.: Burgw. 1907/08, S. 1ff.; Grössler: Burgw. 1908/09, S. 10ff. — [206]) Natteroth: Burgw. 1914, S. 28ff.; Voigt: B. Querfurt. — [206a]) Bau= u. Kunstd. Thüring. Gh. Sachs.=Weimar=Eisen. Verwaltungsbezirk Apolda S. 256f. — Wehnemann=Muth: a. a. O. S. 25. — [206b]) Wehnemann=Muth: a. a. O. S. 36. Bau= u. Kunstd. Prov. Sachsen H. 12, S. 101ff.

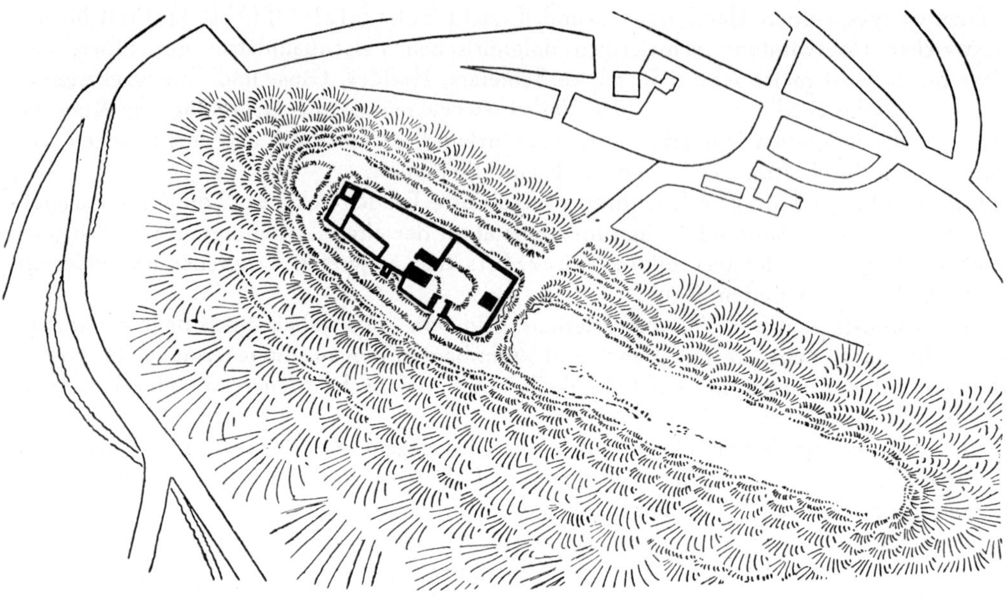

Abb. 455. Höhenbg. Eckartsberga, Prov. Sachs., längl., 2teilig. Grdr., 2 Bergfr., Mantelm. Pallasr., Lgpl. 1:5000.

Die Kernburg fällt in die hohenstaufisch=romanische Zeit mit ihrem 13:14 m messen=den ungewöhnlich großen Bergfried (Abb. 446). Der Pallas liegt an der Angriffsseite. Hervorzuheben ist die sehr reizvolle romanische Doppelkapelle mit ihren 9 Kreuzgewölben. Leider sind alle alten Mauern durch die geringe Haltbarkeit des verwendeten Steines (wie bei Hohnstein) stark zerstört.

Dem Harz am nächsten ragen zwei nahe beieinander liegende Mauerringe, die sehr alte Kyffhäusergruppe, hervor[207]). Die tiefer liegende zweiteilige, ausgegrabene Ruine hat Ähnlichkeit mit Harzburg, Greifenstein, Eckartsberga u. a. Auffällig und sehr früh erscheint das Haupttor dem Halsgraben zu mit seinen abgerundeten Ecken und tief=liegendem Eingang, fast an vorgeschichtliche Burganlagen erinnernd[208]).

Auch das Fehlen jeglicher Seitenbestreichung beweist frühe Errichtung.

Nördlich und nordwestlich des Harzes sind unter vielen anderen zu erwähnen: die gotische Wasserburg — ein Rundling — Wiedelah[209]), Hornburg[210]) (Abb. 452), Hötensleben[211]) (Abb. 441, 442) mit romanischen Resten, der ab 1172 genannte Wohl=denberg[212]), auf Rätkeuper und Sandstein erbaut, und Lichtenberg[213]) (Abb. 448), beides Höhenburgen, Liebenburg[214]), dann Oelber[215]) als gotische Wasserburg, Rund=ling mit Mittelhof.

Thüringen

Thüringen ist reich an noch bewohnten Festen, die vielfach bequem zugänglich liegen. Manche sind für die Geschichte des Landes sehr bedeutend, wie die Feste Koburg, die Krone Frankens (Abb. 465, 466).

[207]) Bau= u. Kunstd. Thüring., Fürstent. Schwarzb.=Rudolst. U.H. Bd. I, S. 55ff. — Die Aus=grabungsarbeiten der groß angelegten Burg sind noch nicht beendet. — [208]) Vgl. Kunstd. v. Bay., Reg.=Bez. Pfalz, IV. Bergzabern S. 464ff. — [209]) Smlg. Ebh. — [210]) Quellennachweis siehe Burgw. 1924, S. 72. — [211]) Smlg. Ebh. — [212]) Blume: Burgw. 1936, S. 30f. — [213]) Hahne: Burgw. 1936, S. 18ff. — [214]) Beckmann: Burgw. 1936, S. 20ff. — [215]) Smlg. Ebh.

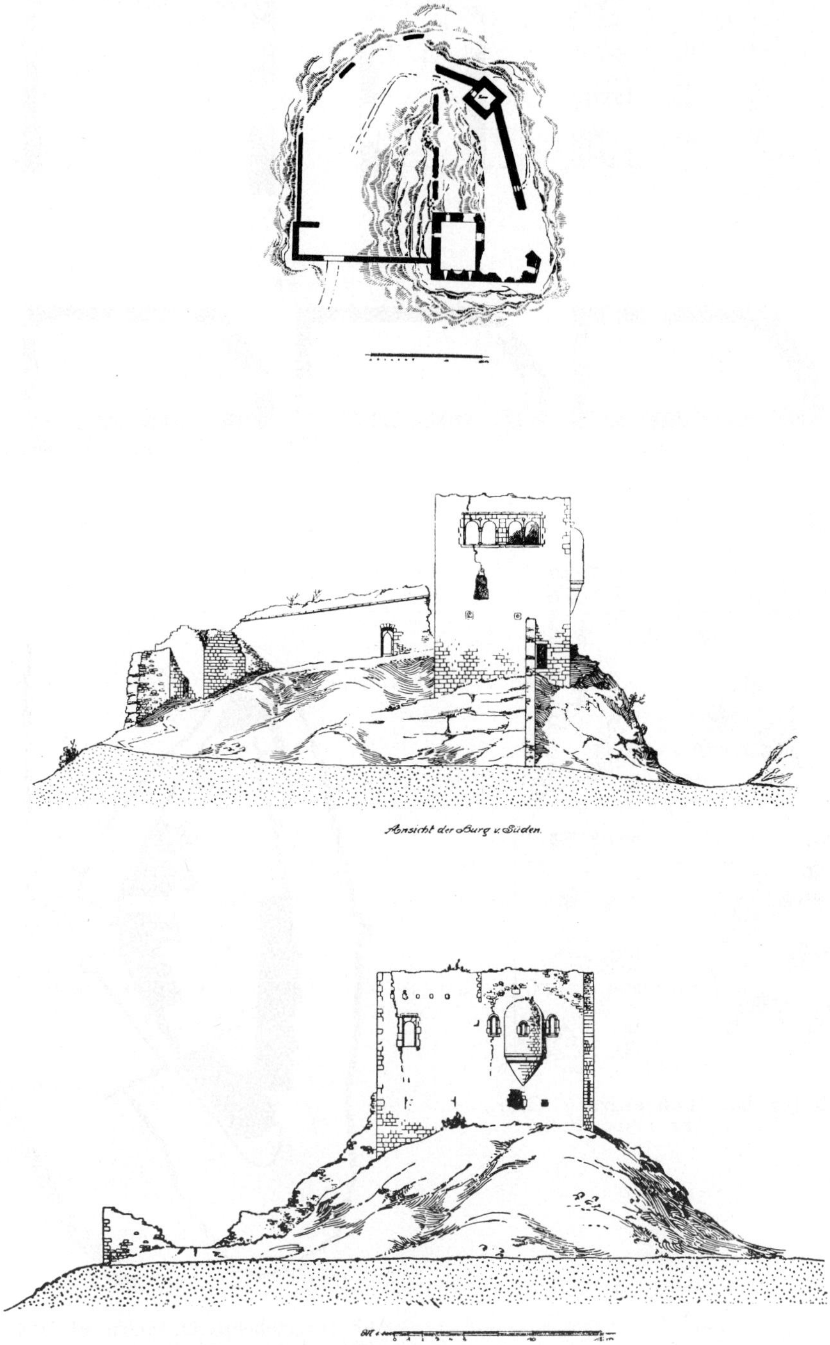

Abb. 456. Roman. Höhenbg. Lobdaburg, Thür., Grdr. 1:1000, Ans. v. S. u. O. 1:500. B. E.

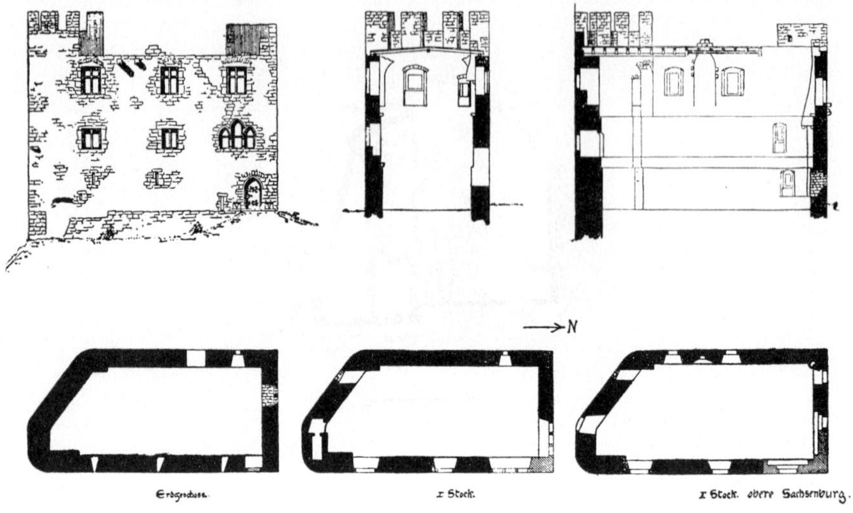

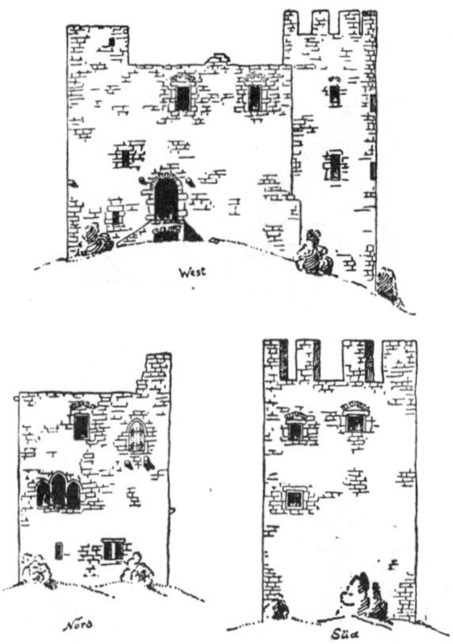

Abb. 457. Die Sachsenburg, Grdr., Schn. u. Ans. 1:500. B. E.

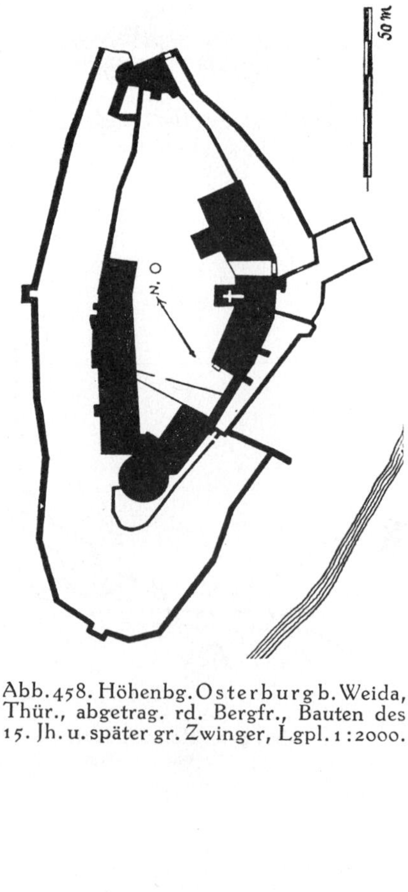

Abb. 458. Höhenbg. Osterburg b. Weida, Thür., abgetrag. rd. Bergfr., Bauten des 15. Jh. u. später gr. Zwinger, Lgpl. 1:2000.

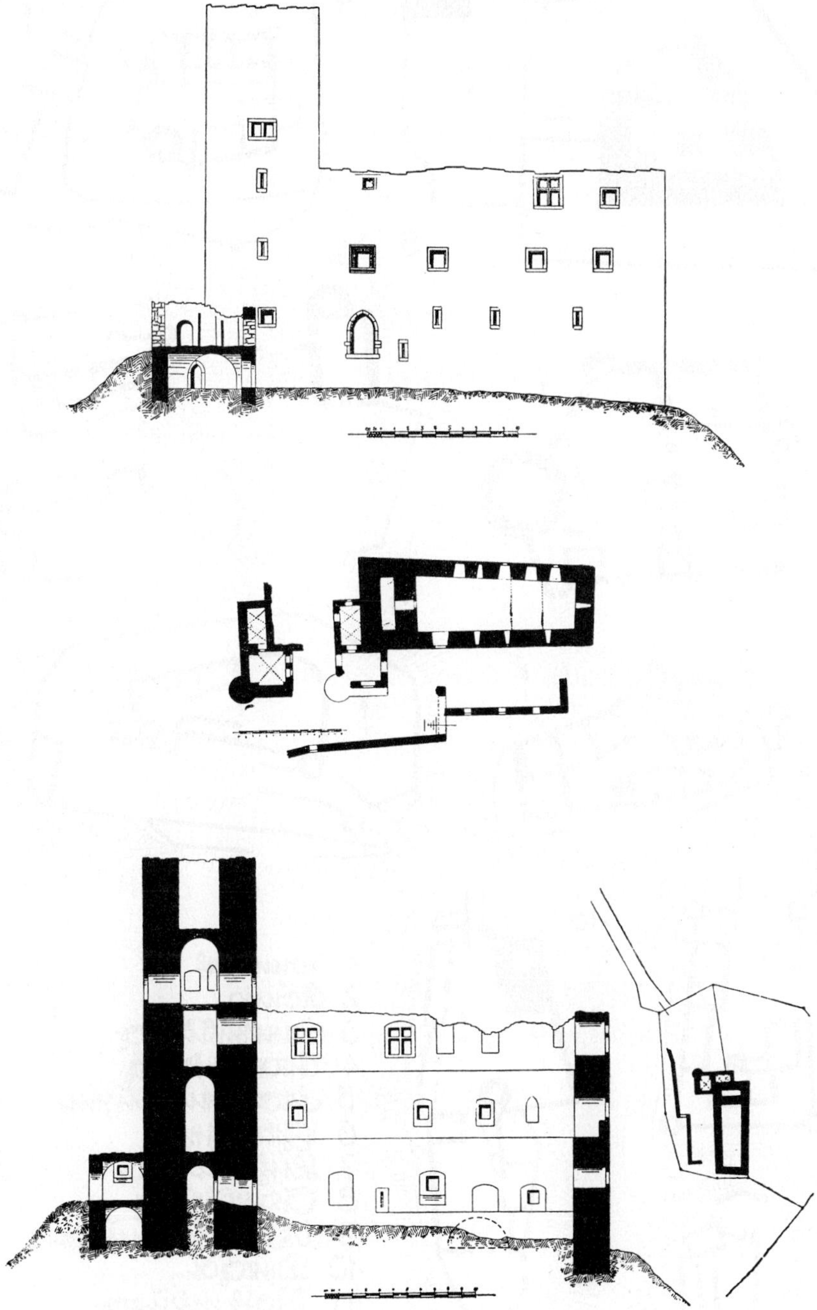

Abb. 459. Mantelmauerbg. Liebenstein Bez. Liebenst., Thür., Lgpl. 1:2500, Grdr. 1:1000, Ans. u. Schn. 1:500, Kernwerk aus Bergfr. u. Pallas. B. E.

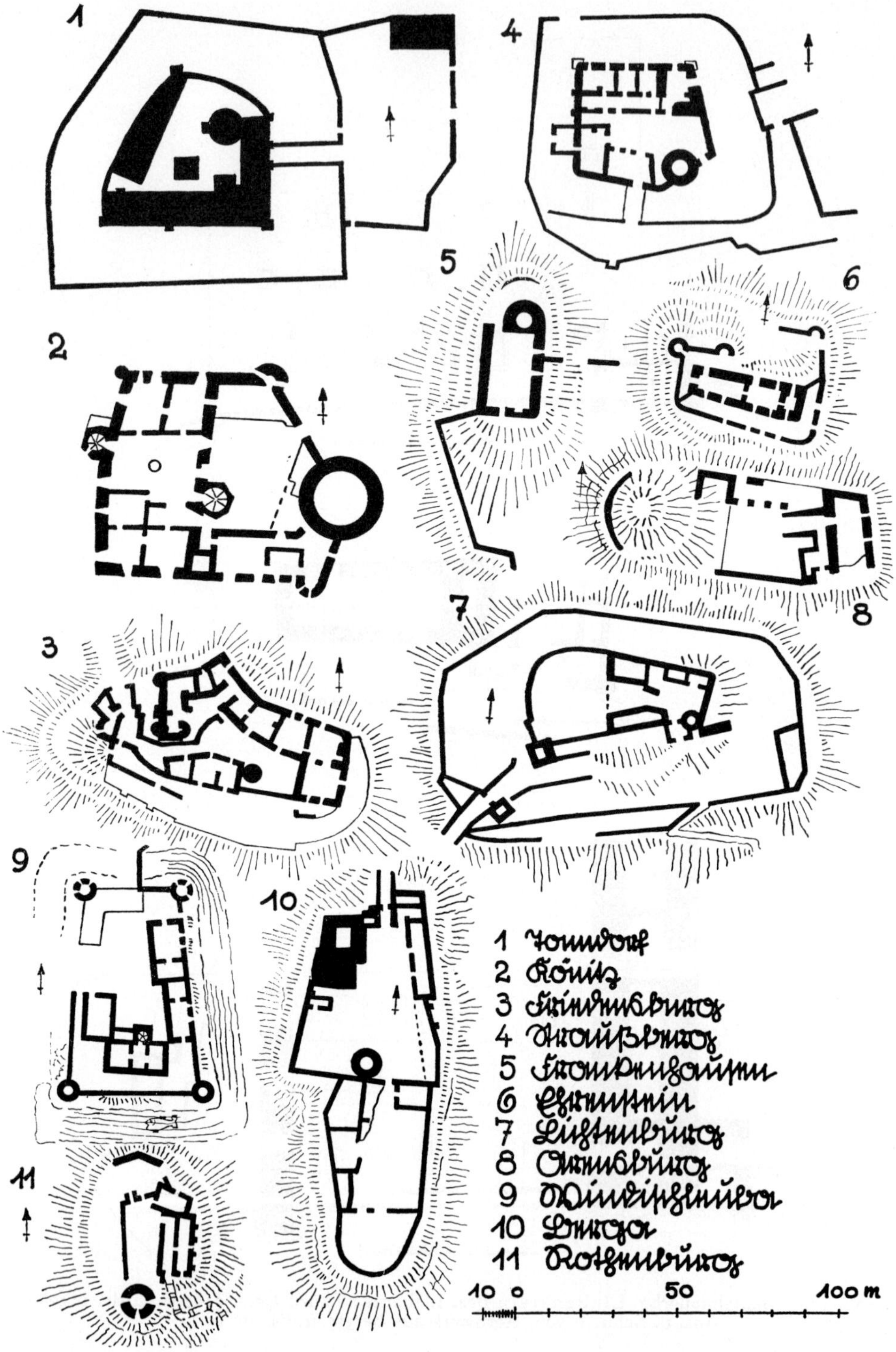

Abb. 460. Vergleichende Größen=Zusammenstellung v. 11 mitteldeutschen Burgen. (Nr. 1, 4, 9 sind Wasserburgen.) Grdr. 1:2000. B. E. nach B. u. K. Thür.

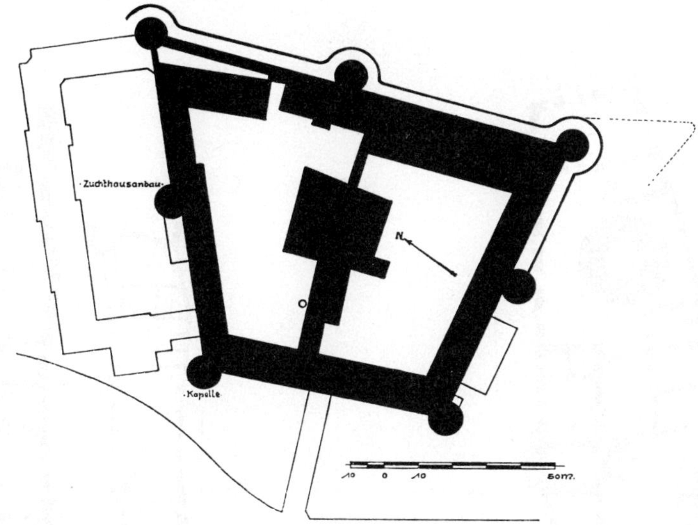

Abb. 461. Wasserbg. Untermaßfeld, Thür., Jahresz. 1446, spät. Ausb. 16. Jh., Seitenbestr.=Türme, Lgpl. 1:2000.

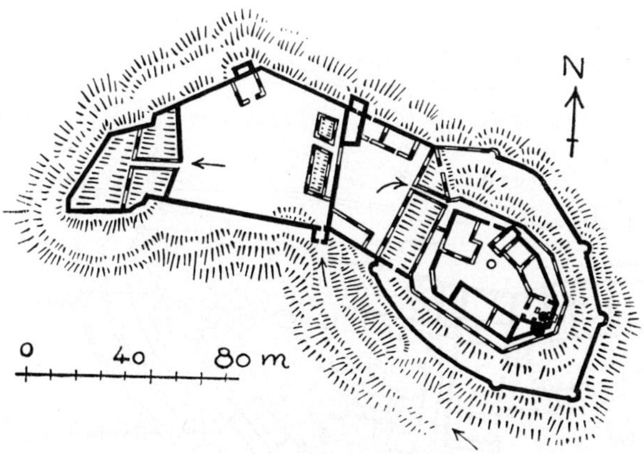

Abb. 462. Burg Greifenstein, Thür., 4teil. Anl., östl. Kernw., 3 innere Gräben, Mantelmauerr., gr. Zwinger, Lgpl. 1:3000. B. E.

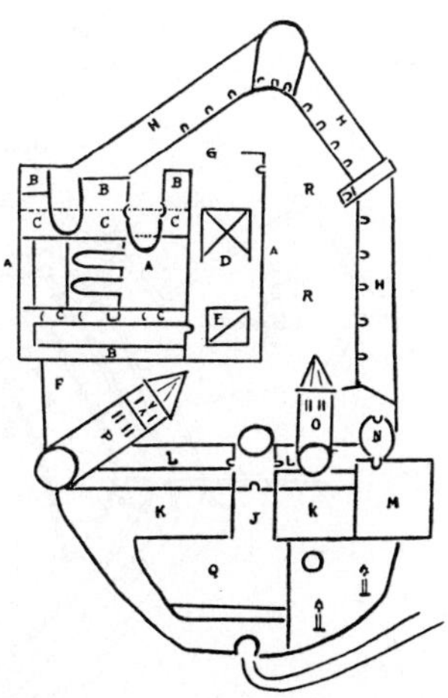

Abb. 463. Roman. Höhenbg. Krayenburg a.d. Werra, 2teil. ovaler Gesamtgrdr. m. Kernbg. u. Vorw., innerer Graben, Grdr. nach Pl. v. 1684.

A. Das große Wohnhaus.
B. ?
C. Innere Grundmauer.
D. Gewölbe unter der Vorder=stube.
E. Gefängnis.
F. Unterschiedsmauer.
G. Steinhaufen i. einem einge=stürzten Turm u. Steinhaus mit noch guten Kellern.
H. Ringmauer. I. Tor u. bau=fällige Brücke.
K. Graben.
L. Zwinger.
M. Das alte Amthaus.
N. Wendeltreppe.
O. Ein Turm i. Zwinger.
P. Turm.
Q. Der Vorhof.
R. Der Innenhof.

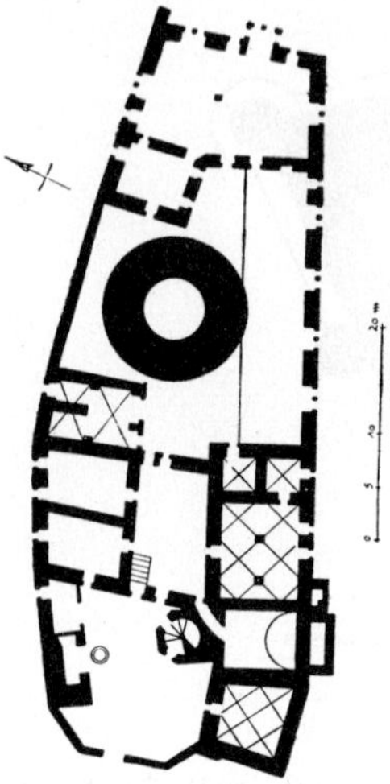

Abb. 464. Höhenbg. Kranichfeld (Oberbg.), Thür., Mantelm. um 2teil. Bg., gr. rd. Bergfr. freisteh., später Ausb., Grdr. 1:1000. B. E. nach B. u. K. Thür.

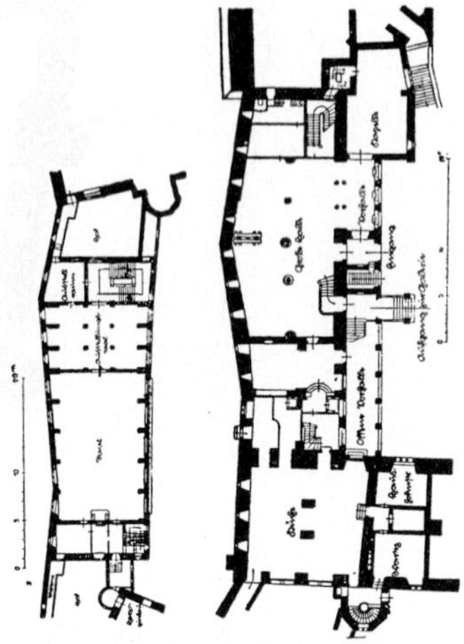

Abb. 465. Die Veste Koburg, Kongreßbau, Fürstenbau m. roman. Pallasresten, Grdr. 1:1000. B. E.

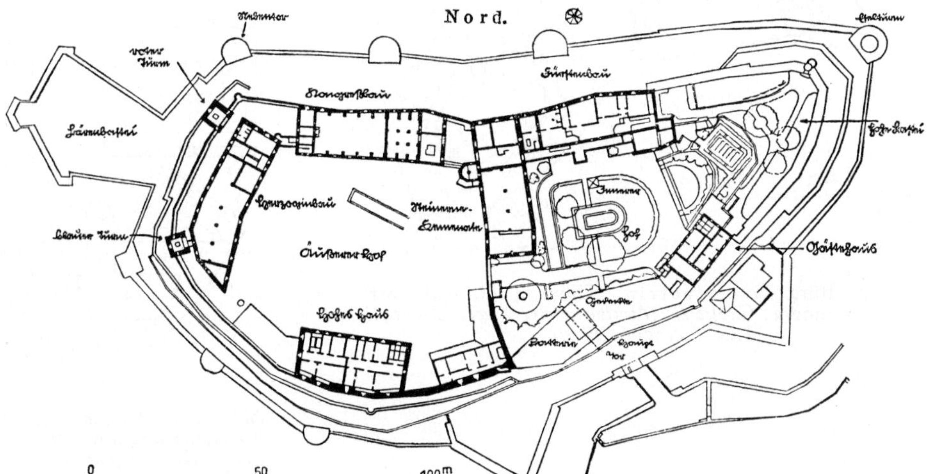

Abb. 466. Die Veste Koburg, zweit. Bg. roman., got., Renaissance, spät. Seitenbestr.=Türme u. Bast., Lgpl. nach d. Wiederherst. durch B. E., 1:2000.

Abb. 467. Mantelm.=bg. Hutsberg, Thür., früh. Kern m. rd. Seitenbestr.=Türmen a. Zwinger. B. E. nach Junker.

Derselben Zeit gehörte der edle romanische Pallas der Wartburg[216]) (Tafel 85) an. Wichtig ist die Osterburg bei Weida[217]) mit ihrem mächtigen runden Bergfried des 12. Jahrh. mit wahrscheinlich verjüngtem Aufbau (Abb. 458). Burg Posterstein zeigt ebenfalls auf dem alten runden Bergfried einen verjüngten Aufsatz.

Bei Betrachtung der thüringischen Burgen kommt man zu verschiedenen Grundriß=gruppen.

Einfache Formen zeigt die romanische Lobdaburg[218]) (Abb. 456), wahrscheinlich im 12. Jahrh. erbaut, die aus einer inneren Burg und den Resten einer Zwingeranlage besteht.

Der romanische turmartige, heute noch dreieinhalbstöckige Pallasbau von geringen Abmessungen ist der einzige Wohnhausrest. Seine östliche Stirnwand ist als Schildmauer der Angriffsseite zugekehrt und setzt sich nach Norden fast um die gleiche Länge fort. Hinter dieser Schildmauer lag auch die Kapelle, deren Altarerker außen vor die Schild=mauer halbrund in romanischer Weise vorspringt. Zwei Fensterreste beweisen im Nord=westen noch einen Turmstumpf mit dem Reststück einer alten Mantelmauer.

Die Grundform der unteren Sachsenburg, der sogenannten Hakenburg (Abb. 457), des Hausmannsturmes zu Frankenhausen[219]) (Abb. 460), ebenso die der Burg Liebenstein (Bez. Liebenstein)[220]) (Abb. 459) und des Ehrenstein bei Stadtremda[221]) (Abb. 460) oder der Burg Hutsberg bei Helmershausen (Abb. 467) sprechen wir als die einfachste Art Thüringer Burgen an. Sie bestehen nur aus einem länglich recht=eckigen Pallasbau geringer Abmessung, aus dessen Mantelmauer der runde oder eckige Bergfried ungetrennt emporwächst. Zwinger= und Außenwerke sind geringen Umfanges.

Bei einem zweiten Liebenstein bei Meiningen[222]) hängen Pallas und Bergfried in unregelmäßiger Form zusammen.

[216]) Siehe „Pfalzen, Reichs= und Hofburgen". — [217]) Bau= u. Kunstd. Thüring., Großh. Sachs.=Weimar=Eisen. Bd. III, S. 407ff.; Wehnemann=Muth: a. a. O. S. 38, 109; ders. auch für viele andere Thüring. Burgen. — [218]) Wehnemann=Muth: a. a. O. S. 36; Ebh.: Burgw. 1908, S. 21ff.; Bau= u. Kunstd. Thüring., Herzogt. Sachs.=Altenb. Bd. II, S. 10ff.; Smlg. Ebh.; Schmid: Lobdeburg b. Jena (1840). — [219]) Bau= u. Kunstd. Thüring., Fürstent. Schwarzb.=Rudolst. U. H. S. 28f. — [220]) Bau= u. Kunstd. Thüring., H. Sachs.=Cob. u. Gotha, Bd. II, S. 166ff. — [221]) Bau= u. Kunstd. Thüring., Fürstent. Schwarzb.=Rudolst., Bd. I. O.H. S. 103ff. — [222]) Bau= u. Kunstd. Thüring., H. Sachs.=Meining. S. 81ff.

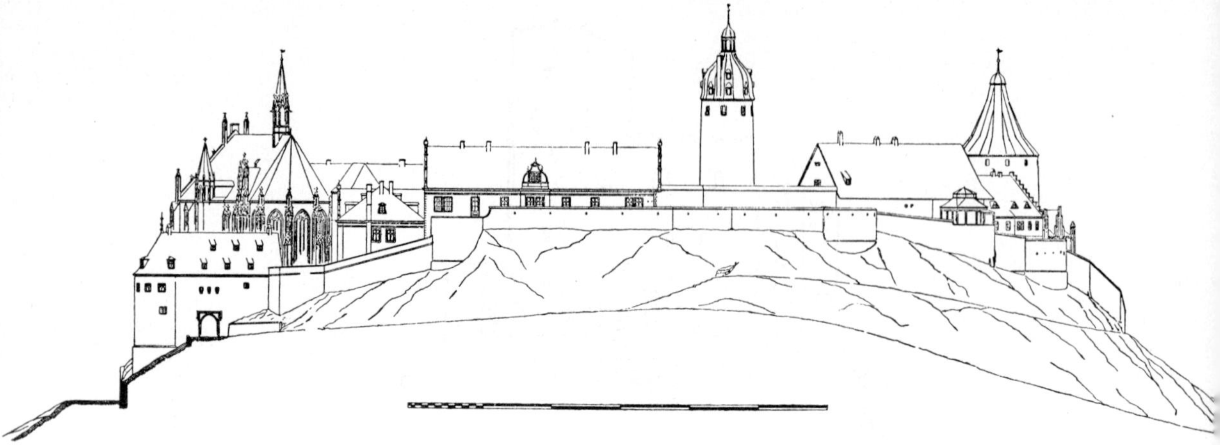

Abb. 468. Stadtbg. Altenburg, Sachs., ehem. Kaiserpf., Ans. d. Angriffsseite v. SO. 1:1000. B. E.

Orlamünde, Burgk a. d. Saale, Reinstedt b. Kahla, Ehrenburg b. Plauen und Ziegenrück a. d. Saale sind ebenfalls Wohnturmburgen.

Einen einfachen fünfeckigen Mauerring zeigt die Höhenburg Hainecke[223]) bei Nazza, 1385 als Grenzfeste besonders stark erbaut, mit zwei nach innen halbkreisförmig vor=tretenden Türmen.

Dem schon etwas reicher entwickelten rundlichen Kern der Hochburg Maienluft bei Wasungen[224]) ist eine unregelmäßig vieleckige Vorburg vorgelagert.

Architektonische Reste deuten auf gotische Erbauungszeit. Der viereckige Bergfried steht über Eck an der Angriffsseite der etwa 2—3 m hoch erhaltenen Ringmauer.

Über Helmershausen bei Meiningen erhebt sich auf Basaltkuppe die rechteckige Ruine der Höhenburg Hutsberg[225]), die aus einem 40,50×20 m großen, frühen Wohnbau und einer dreiseitig umfassenden, nach innen übergekragten Zwingermauer besteht.

Ein Bild von 1703[226]) zeigt ähnlichen Pallas und Turm wie Liebenstein und Ehren=stein.

Die großartige, anscheinend auch zweiteilige Lichtenburg bei Ostheim v. d. Rhön[227]) (Abb. 460), mit Ringgraben und weitem Zwinger, weist Reste rechteckiger Pallasbauten und einer Kapelle auf. Der viereckige Bergfried ist an die Ecke der inneren Ringmauer im Südwesten angebaut und ermöglichte schon Seitenbestreichung.

Eckartsberga auf der Finne, eine schmale rechteckige Burg, zeigt zwei Türme, der Seitenbestreichung ist hier schon durchaus Rechnung getragen (Abb. 455).

Nordwestlich auf dem Kyffhäusergebirge erhebt sich die Ruine Rothenburg bei Thalleben[228]) (Abb. 460). Die ursprünglich eiförmige Anlage von 1100 wird im Süden vom runden Bergfried, im Osten vom rechteckigen Saalbau durchbrochen, im Nordostbau lag vielleicht die Kapelle.

Späte Gestalt zeigt die unregelmäßige, reichere Anlage der Friedensburg zu Leuten=berg[229]) (Abb. 460) auf dreiseitig abfallendem Bergkegel; die ältesten Teile — der hohe

[223]) Bau= u. Kunstd. Thüring., H. Sachs.=Cob. u. Gotha, Bd. III, S. 72f. — [224]) Voß: Burgw. 1910, S. 62ff.; Bau= u. Kunstd. Thüring., H. Sachs.=Meining. S. 193ff. — [225]) Bau= u. Kunstd. Thüring., H. Sachs.=Meining., Krs. Meiningen S. 387ff. — [226]) Bau= u. Kunstd. Thüring., H. Sachs.= Meining., Krs. Meiningen S. 389. — [227]) Bau= u. Kunstd. Thüring., Gh. Sachs.=Weim.=Eisen., H. XXXVII, S. 277ff.; Smlg. Ebh. — [228]) Bau= u. Kunstd. Thüring., Fürstent. Schwarzb.=Rudolst. U.H. S. 51ff. — [229]) Bau= u. Kunstd. Thüring., Fürstent. Schwarzb.=Rudolst. O.H. Bd. I, S. 269ff.; Truppel: Friedensb. zu Leutenb.

Rundturm im Süden, der West- und Südwestflügel, ein Teil der Befestigung — entstammen dem 14., das übrige dem 15. und 17. Jahrh.

Noch vielgestaltiger ist die in der Grundform fast ovale Feste Heldburg[230]) (Abb. 475) auf einem Klingsteinbergkegel, später schloßartig ausgebaut.

Ruine Mühlberg bei Erfurt[231]), eine der „Drei Gleichen", Mitte des 13. Jahrh. erbaut, zeigt außer engen Ringmauerresten einen runden Bergfried von 6,60 m Durchmesser.

Ebenfalls Kennzeichen thüringischer Burgen ist die Mehrteiligkeit vieler Anlagen.

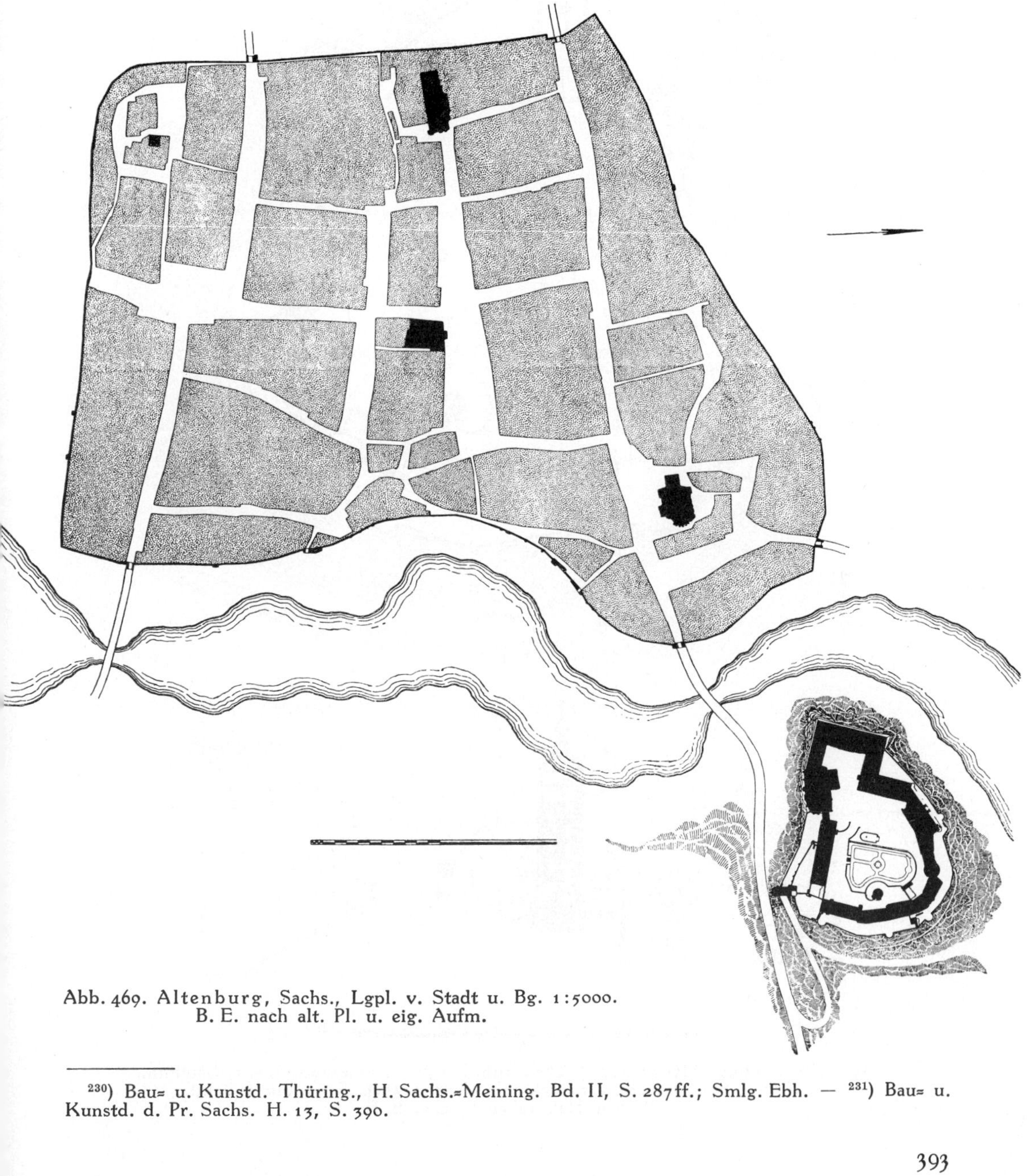

Abb. 469. Altenburg, Sachs., Lgpl. v. Stadt u. Bg. 1:5000.
B. E. nach alt. Pl. u. eig. Aufm.

[230]) Bau- u. Kunstd. Thüring., H. Sachs.-Meining. Bd. II, S. 287ff.; Smlg. Ebh. — [231]) Bau- u. Kunstd. d. Pr. Sachs. H. 13, S. 390.

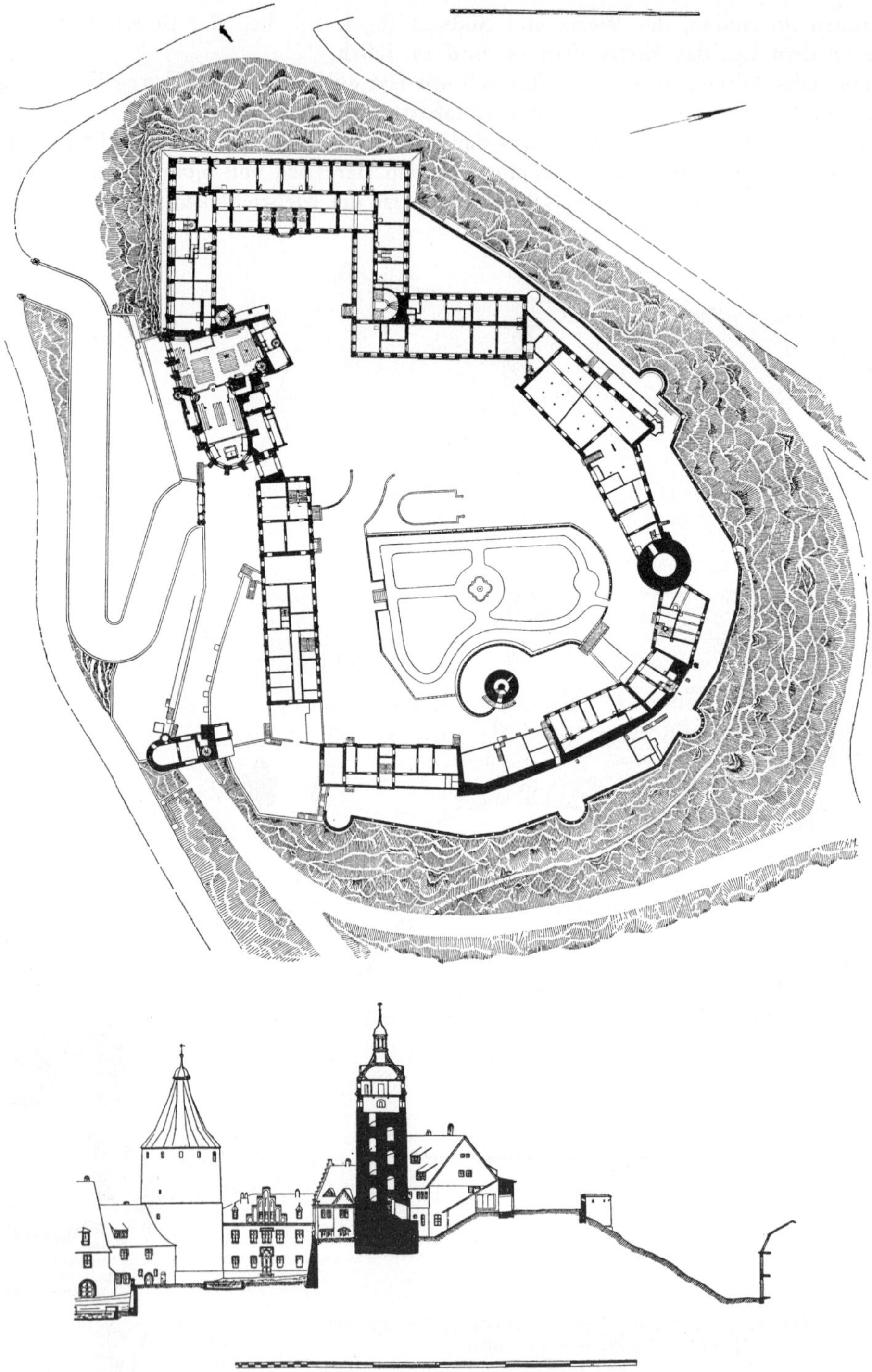

Abb. 470. Stadtbg. Altenburg, Sachs., früh. Bergfr. „Aschenturm", s. o. Schildm., got. Kirche, Renaissance= u. Barockschl., Grdr. 1:1500, Schn. durch Bergfr., Wall u. Halsgraben 1:1000. B. E.

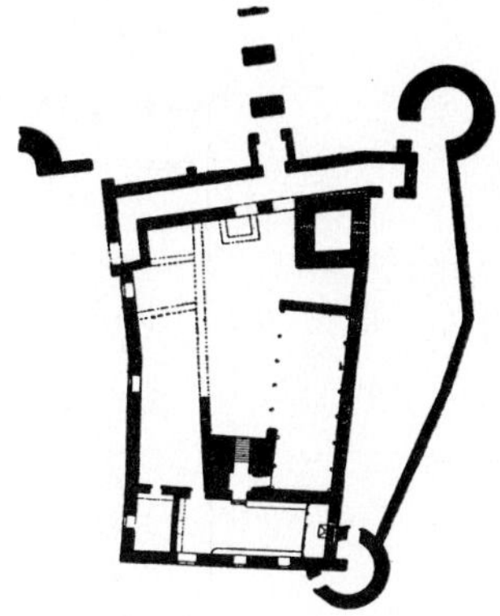

Abb. 471. Roman. Höhenbg. Rudelsburg a. d. Saale, Mantelm., Pallasreste, spät. Zwinger m. rd. Seitenbestr.=Türmen, Halsgraben, Grdr. 1:1000.

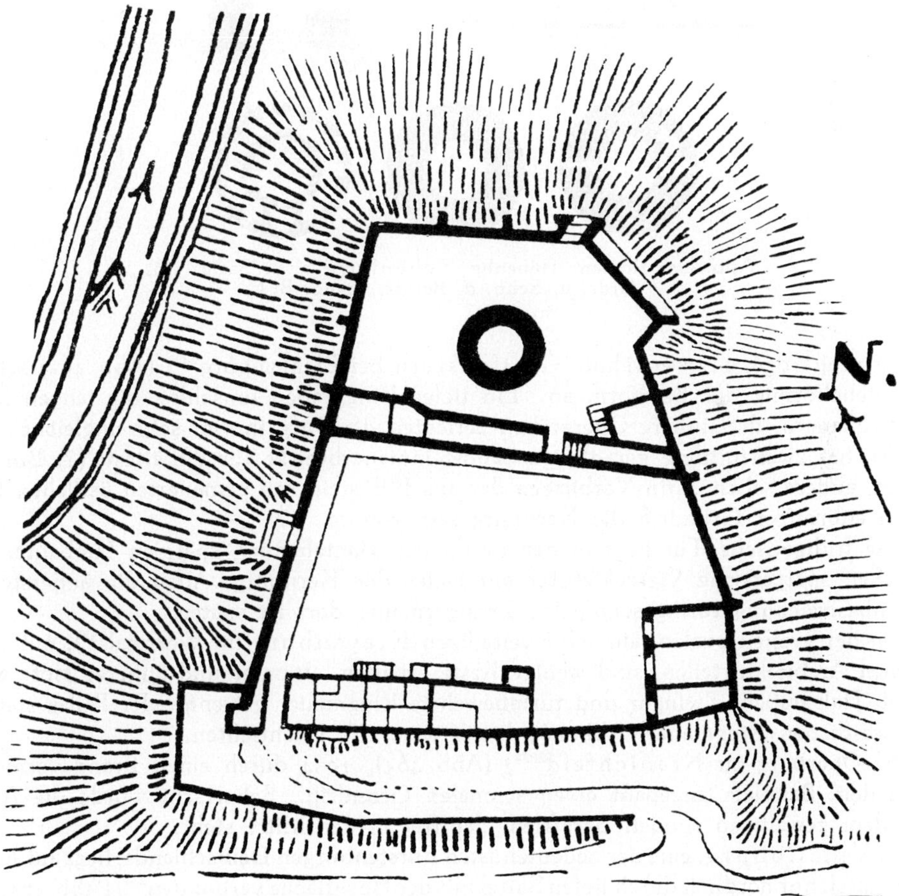

Abb. 472. Roman. Höhenbg. Schönburg a. d. Saale, Grdr. etwa 1:1000. B. E.

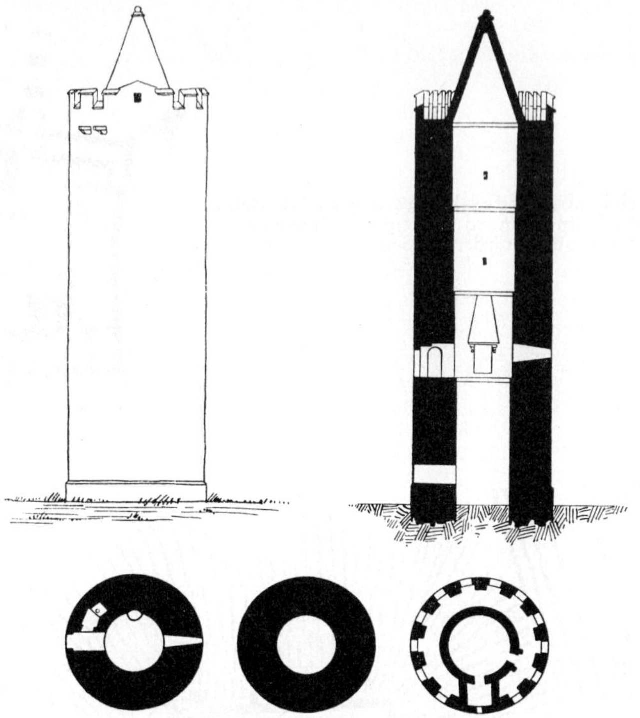

Abb. 473. Roman. Höhenbg. Schönburg a. d. Saale, Ans., Grdr. u. Schn. d. Bergfr. 1:500. B. E.

Der großartige, 1137 erwähnte Greifenstein bei Blankenburg[232]) (Abb. 462) schließt sich sichelförmig der Bergform an. Ein tiefer Ringgraben umschloß die langen hohen Mantelmauern, drei innere Quergräben zerlegten die Burg in vier sehr ungleiche Teile. Man hat zwei mittlere geradlinige Sandsteinmauerbezirke für die älteste (?) Burg gehalten, andere sehen darin Vorburgen der aus Kalkstein roh gemauerten östlichen Burg, deren eiförmiger Grundriß die Kernburg sein könnte.

Eine frühgotische Tür liegt in der westlichen Mantelmauer, späteren Umbauten entsprechen spätgotische Viereckfenster am Pallas der Kernburg. Auch die äußerste, zur Seitenbestreichung turmgeschmückte Zwingermauer dort ist später.

Von der großen ovalen, ähnlich zweiteiligen Krayenburg im Werratal[233]), mit romanischen Architekturteilen, sind wenige Reste erhalten. Innerer und äußerer Hofe waren durch Halsgraben, Zwinger und turmbewehrte Ringmauer getrennt, der Pallas stand in der westlichen Ringmauer, Abb. 463 bietet wertvolle Nachrichten.

Die Oberburg zu Kranichfeld[233a]) (Abb. 464), 1934 durch einen Brand vernichtet, zeigt dem Bauplatz angepaßt einen schmalen Grundriß. Beherrscht wurde die Anlage von dem gewaltigen runden Bergfried, der frei in der Mitte steht.

Die Veste Coburg, eine der bedeutendsten Fürstenburgen Deutschlands, liegt auf hohem Berggipfel, nur nördlich durch tiefen Sattel mit der Hochfläche verbunden[234]) (Abb. 465, 466).

[232]) Bau- u. Kunstd. Thüring., Fürstent. Schwarzb.-Rudolst. Bd. I, S. 7ff. — [233]) Bau- u. Kunstd. Thüring., Gh. Sachs.-Weim.-Eisen. Bd. IV, S. 48ff. Grdr. ist nach Plan v. 1684 (Staatsarch. Weimar) gezeichnet. — [233a]) Bau- u. Kunstd. Thüring., Gh. Sachs.-Weim.-Eisen. Vgl. Wehnemann-Muth: a. a. O. — [234]) Ebh.: D. B. Bd. I, S. 130ff.; ders.: der Väter Erbe S. 78ff.; Bau- u. Kunstd. Thüring., H. Sachs.-Cob. u. Gotha Bd. IV, S. 50f.; Doering: D. Wiederherst. d. Veste Coburg; ders.: Bodo Ebhardt: Ein deutscher Baumeister. — Vgl. Deutsche Bauztg. Mai 1922.

Eine eiförmige hohe Mantelmauer mit zwei schlanken gotischen Türmen, ohne Seiten=bestreichungsvorbauten, umschließt die um zwei Höfe geordneten Gebäudegruppen, die 200 zu 80 m Raum umfassen.

Zum Osthofe führt das gotische Haupttor; links dahinter wurden Fundamente eines roma=nischen Bergfriedes von 5 m Mauerstärke aufgedeckt. Geradeaus trennt das Steinerne Haus die Höfe.

In der Nordseite des Osthofes steht rechtwinklig dazu ein romanischer Pallas, der spätere Fürstenbau. Dieser brannte 1500 ab und wurde 1501—1507 als mächtiger Fachwerkbau wiederaufgebaut. Die romanische Südmauer blieb innen erhalten; östlich schließt sich die 1075 erwähnte ehemals romanische Doppelkapelle Peter und Paul an. Vielfach umgebaut, wurde sie im 19. Jahrh. gotisch, 1909 endgültig hergestellt.

Die westliche Baugruppe um den zweiten Hof umfaßte südlich das gotische Hohe Haus von 1482, westlich ein Kornhaus, nördlich einen baufälligen Wohnbau, östlich zwischen Ost= und Westhof den Steinernen Bau.

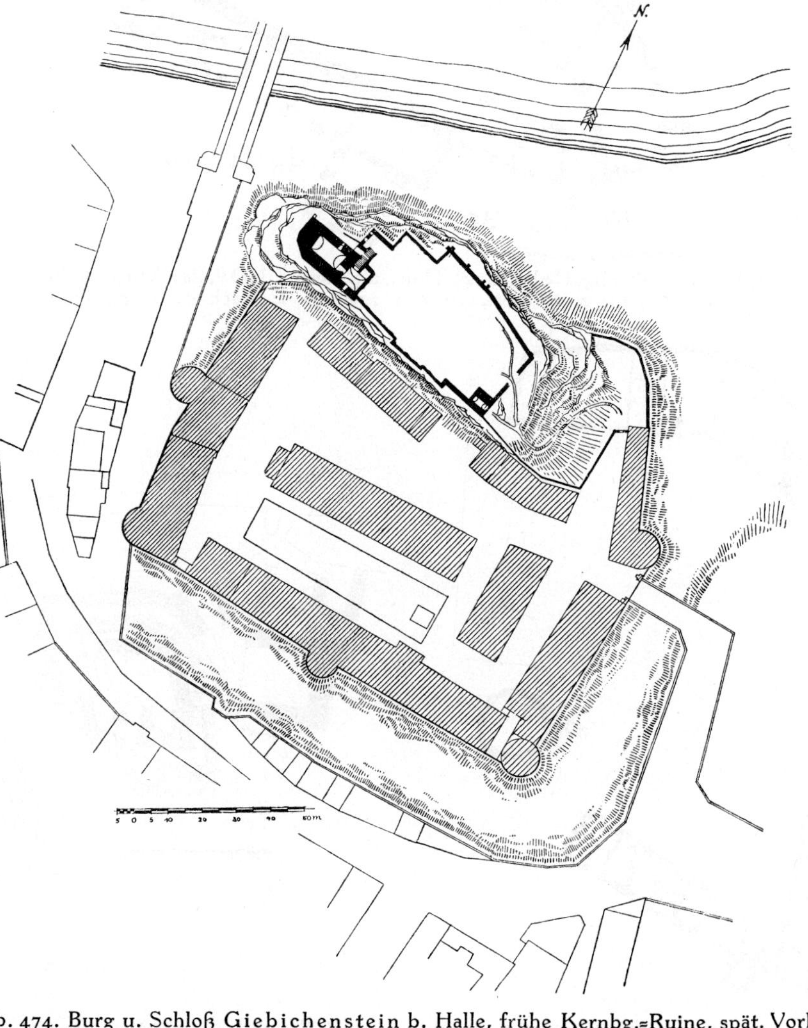

Abb. 474. Burg u. Schloß Giebichenstein b. Halle, frühe Kernbg.=Ruine, spät. Vorbg. ab 1442 m. rd. Seitenbestr.=Türmen u. Wirtschaftsbauten, Lgpl. 1:2000. B. E.

Um die beide Höfe einschließende Mantelmauer führte ein Zwinger, der im XV. Jahrh. durch Halbrundtürme für Seitenbestreichung verstärkt wurde; vor dem 30jährigem Krieg sicherte man die Burg durch 4 starke Bastionen.

Die baugeschichtlich lehrreiche Veste Coburg wurde von 1838 ab durch Heideloff unzulänglich, ab 1908—1924 durch Verfasser, — nach dem Kriege unter örtlicher Leitung seines Sohnes Fritz Ebhardt, — gründlich wiederhergestellt (Tafel 7, 66).

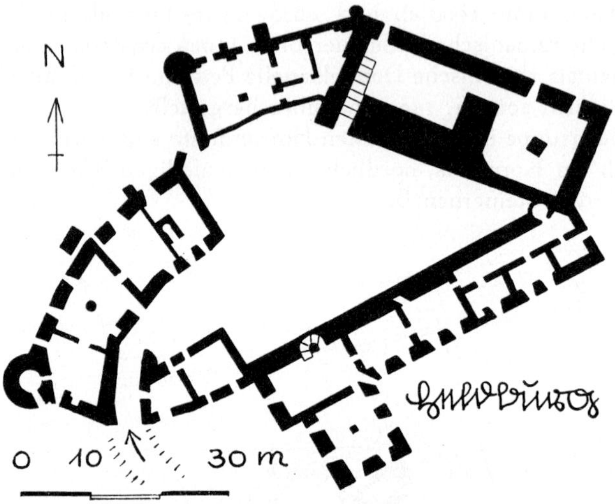

Abb. 475. Höhenbg. Heldburg, Thür., alt. Kern, i. NO Pallas, Mitte 16. Jh. stark ausgeb. bis z. Neuzeit, Grdr. 1:1000. B. E. nach B. u. K. Thür.

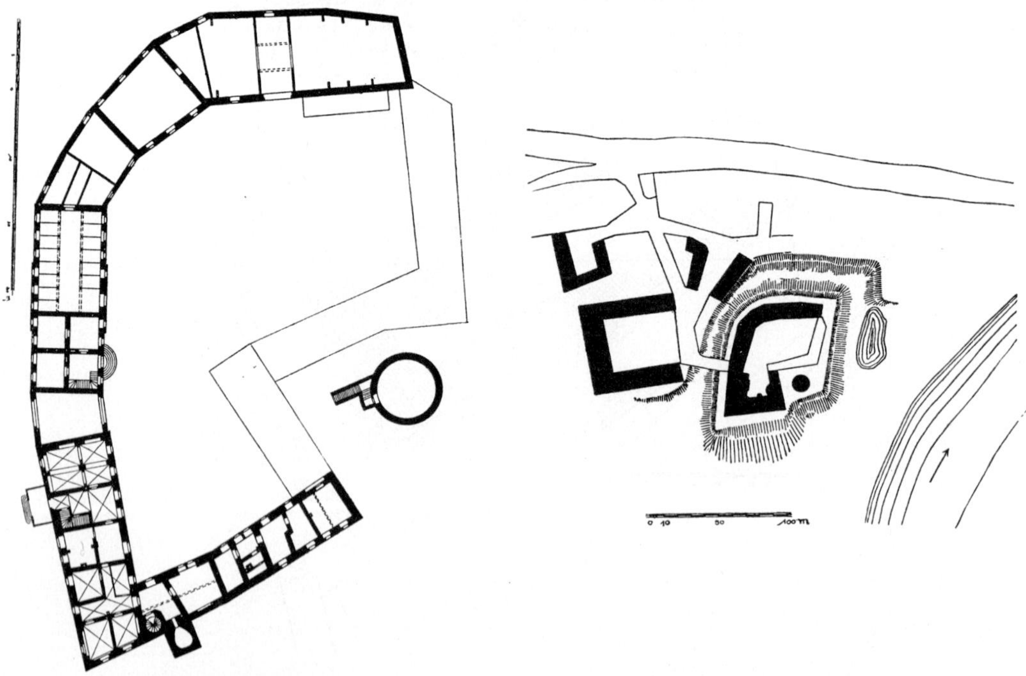

Abb. 476. Uferbg. Skopau a. d. Saale, ehemal. Wasserbg., mächt. rd. Bergfr., neuerer Wohnfl. auf alt. Mauern, Grdr. 1:1000, Lgpl. 1:5000. B. E.

Brandenburg[235]), eine Höhenburggruppe an der Werra, am Fuße des Rennsteiges, besteht aus zwei Burganlagen, die durch einen Felsen und zwei künstliche Gräben getrennt sind.

Die beiden Bergfriede — wahrscheinlich aus dem 11. und 12. Jahrh. — sind die ältesten Teile.

Die Ostburg ist am besten erhalten, an der Angriffsseite im Osten steht ein viereckiger Wohnturm, im Norden liegen Pallasreste, im Süden eine halbrunde Bastion.

Eine dritte charakteristische Gruppe thüringischer Burgen sind die ziemlich regelmäßig eckig oder rundlich angelegten wasser- oder grabenumgebenen Wehrbauten.

Die Wasserburg Kapellendorf bei Weimar[236]) auf einer Landzunge, die sich in die flache Mulde des Sulzbachtales zieht, ist fast rund, im 12. Jahrh. um einen ungefähr fünfeckigen Hof errichtet. Eine stark zerstörte Kernburg mit rundem Bergfriedrest und großartigem erhaltenen Quaderwohnturm liegt erhöht in dessen Nordhälfte. Die heutigen Bauten entstammen dem 14. Jahrh. und späterer Zeit.

Untermaßfeld an der Werra[236a]) (Abb. 461) ist eine verschoben viereckige Wasserburganlage mit Türmen an jeder Ecke und in der Mitte dreier Seiten. Diese turmbewehrten Mauern schließen einen rechteckigen Hauptbau ein.

Altenburg[237]) (Abb. 468), im 11. und 12. Jahrh. zur kaiserlichen Pfalz ausgebaut, soll im 6. und 7. Jahrh. eine serbische Ringwallbefestigung gewesen sein. Bis in die Neuzeit erlitt die Burg viele Umbauten (Abb. 469).

Trotz der barocken Veränderungen ist die mittelalterliche Burgform, die Verstärkung der Ringmauer an der Angriffsseite, der ungeheure Bergfried und vor allem ihre merkwürdige Lage, halb als Höhenburg, halb als Wasserburg noch wohl zu erkennen (Abb. 470). Der 1905 ausgebrannte Kirchensaal wurde in seinen ursprünglichen Formen des 16. Jahrh. von mir wieder ausgebaut.

Ungefähr quadratisch ist auch die in Bergfried und Pallas erhaltene Wasserburg Straussberg[238]) (Abb. 460), 1289 erbaut. Der runde, hohe, schlanke Bergfried im Süden ist der älteste Teil, westlich davon liegt die Kapelle; ein Beispiel der Wahl regelmäßigen Gesamtumrisses, sobald das Gelände sie erlaubte.

Bibra weist als Reste einer ehemaligen Wasserburg runde Ringmauertürme und Teile von Zwingern auf.

Nordöstlich von Altenburg ist die ebenfalls rechteckige, an den Ecken durch Türme verstärkte Wasserburg Windischleuba[239]) (Abb. 460), von Sumpf, Teich und Pleißearmen umgeben, zu nennen.

Ebenfalls von Graben umgeben ist der innerste Bezirk des fünfeckigen, von Osten nach Westen abfallenden Burgbezirkes von Tonndorf[240]) (Abb. 460), der zum Teil noch dem 12. Jahrh. angehört. In der Nordostecke erhebt sich der runde, 20 m hohe Bergfried. Spätere Bautätigkeit im 15./16. Jahrh.

Als Brückenkopf an der Werra liegt die abermals rechteckige Ruine Vacha[241]), 1260 oder 1261 erbaut, wahrscheinlich ehemals mit Graben, von der Werra gespeist.

Ähnlich wie die Wehrtürme der Stadt ist der runde Bergfried im Westen, dessen Eingang in 10 m Höhe liegt.

Unerschöpflich ist die Zahl weiterer Burgen, die sich den drei gekennzeichneten Formen — zweiteilig länglich ovale, vielgliedrig unregelmäßige Höhenburgen, fast quadra-

[235]) Bau- u. Kunstd. Thüring., Gh. Sachs.-Weim.-Eisen. Bd. III, S. 35ff.; Voss: Burgw. 1910, S. 62ff. — [236]) Bau- u. Kunstd. Thüring., Gh. Sachs.-Weim.-Eisen. Bd. I, S. 260ff.; Schmidt: Burgw. 1934, S. 18ff. — [236a]) Bau- u. Kunstd. Thüring., H. Sachs.-Meiningen S. 520ff. — [237]) Bau- u. Kunstd. Thüring., H. Sachs.-Altenb. Bd. I, S. 90ff.; Ebh.: Burgw. 1907, S. 93ff.; Elberling: Burgw. 1910, S. 90ff. — [238]) Bau- u. Kunstd. Thüring., Fürstent. Schwarzb.-Rudolst. U.H. S. 76f. — [239]) Bau- u. Kunstd. Thüring., H. Sachs.-Altenb. Bd. I, S. 267ff. — [240]) Bau- u. Kunstd. Thüring., Gh. Sachs.-Weim.-Eisen. Bd. I, S. 177ff. — [241]) Ebenda Bd. IV, S. 34ff.

tische oder kreisrunde Wasserburgen — einordnen[242]), romanische Grundformen sind fast durchweg bei der ersten Art erkennbar.

Im Saaletal sind zunächst Rudelsburg (Abb. 471) und Saaleck zu nennen. Letztere erinnert mit ihren zwei Rundtürmen an Andlau im Elsaß. Die zwischen den Türmen liegende zerfallene Mauer, die neuerdings aufgebaut ist, mag von einem Pallasbau stammen[242a]).

Die benachbarte, weit bekannte Rudelsburg zeigt einen verschoben viereckigen Grundriß mit viereckigem Bergfried. Die nahegelegene Kamburg weist nur noch einen 40 m hohen, starken, runden Bergfried auf.

Bei Naumburg, unmittelbar an der Saale liegt die stattliche Schönburg[242b]) (Abb. 472, 473). Die ebenfalls verschoben viereckige Anlage schließt einen freistehenden mächtigen runden Bergfried ein, der noch gut erhalten ist.

Auf unzugänglichem Felsen des rechten Saaleufers liegt Burg Giebichenstein[242c]) (Abb. 474). Gegen die Stadt Halle dehnt sich eine große Vorburg, die abermals von einem Graben umzogen wird. Der älteste Teil, die Kernburg, liegt hoch auf dem Felsen, von ihr ist fast nur noch ein viereckiger Turm erhalten.

Skopau[242d]) (Abb. 476) birgt noch einen runden Bergfried von 20 m Höhe und 11 m Durchmesser. Die drei Flügel des Schlosses sind in ihren Grundmauern auf den Mantel- oder Ringmauern der älteren Burg aufgerichtet. Der außerhalb des Ringgrabens gelegene Wirtschaftshof mag früher als wehrhafte Burg gedient haben.

Hessen

Das Hauptkennzeichen hessischer Burgen ist die reiche Gliederung und Vielseitigkeit in der Ausbildung der Höhenburgen und ziemliche Einheitlichkeit der Wasserburgen.

Diese geschlossenen Kernburgen in Tälern sind oft von Zwingermauern mit späten Ecktürmen umgeben.

Die gotische Zeit hat dagegen im Burgenbau reiche Werke hinterlassen.

Besonders die Krone der hessischen Burgen, die Burg in Marburg (Tafel 63, 64), entspricht dieser Kennzeichnung durch die schönste Ausbildung frühgotischen Pallassaalbaues, 34,50 × 14 m, der sich großen Saalbauten des deutschen Ordens oder Frankreichs würdig an die Seite stellt. Die Burg bietet eine der reichgegliedertsten Burgengruppen Deutschlands, eine stolze Stadtkrone im wahrsten Sinne des Wortes, auf einem Bergausläufer über eine der schönsten deutschen Städte.

Es fehlt im Umriß freilich der Bergfried, der aber im Mittelalter vorhanden war. Die runden Grundmauern eines „Neuen Bergfried" deuten die B. u. K. im Regierungsbezirk Kassel[243]) im Plan an, östlich zwischen dem sogenannten Neuen Bau und dem großen Saalbau.

Der Saalbau von 1285 selbst, zeigt außen 10 große gotische Spitzbogenfenster. Oben schließt die Dachtraufe die Nordwand ab, über der sehr starke, schlanke Dachtürmchen hochstreben. Dazwischen sind an der äußeren Längsseite auffallenderweise keine Wehrgänge; es befindet sich auch kein Zinnenkranz zwischen den Strebepfeilern, Mittelgiebel und Ecktürme sind vorgekragt.

---

[242]) Andere thüringische Burgen: Frankenberg b. Helmers, Henneberg, Könitz, Metilstein, Niederschloß zu Kranichfeld, Ronneburg b. Altenburg, Rosenau b. Coburg, Scharfenberg, Schaumburg, Stadtlengsfeld, Winterstein. — [242a]) Wehnemann-Muth: a. a. O. S. 40, 32f.; Lepsius: Rudelsburg u. Saaleck in ihren hist. Bezieh. — [242b]) Wehnemann-Muth: a. a. O. S. 41. — [242c]) Bau- u. Kunstd. Prov. Sachsen N. F. Bd. I, S. 486ff. — Krollmann: Burgw. 1902, Nr. 5, S. 39ff., vgl. Burgw. 1905, Nr. 10/11, S. 95f. — [242d]) Ebh.: Skopau b. Merseburg a. d. Saale. — Vgl. Bau- u. Kunstd. Prov. Sachs. H. 8, S. 226. — [243]) Wenzel: Burgw. 1912, S. 63ff.; Ders.: D. Wehrb. i. Reg.-Bez. Cassel, Diss. Teildr. 1928, S. 58ff.; Bau- u. Kunstd. i. Reg.-Bez. Cassel, VIII. Krs. Marburg-Stadt, 1. Teil, Atlas.

Die Burg in Marburg, der Saal

Burg Stein an der Mulde, Sachsen

Überhaupt sind heute an der ganzen Burg weder Wehrgänge noch Zinnen erhalten, dagegen sind die Außenwände aller Kernburgbauten durch zahlreiche, vielfach spätere Fenster durchbrochen.

Die Zwinger wurden gleichfalls immer wieder umgebaut und schließlich zu Stütz= und Brüstungsmauern erniedrigt.

Im Grundriß ist aber die mittelalterliche Burg mit Pallas, Saalbau, Burgküche, Land= grafenwohnung, „Frauenzimmer", Kapelle und Tor ebensowohl zu erkennen wie Zwinger, Vorburg, Torbauten und wie der Zusammenhang mit den Marburger Stadtmauern.

Oft reicht jedoch auch hier die Bauzeit hessischer Burgen weit zurück und bietet Reste verschiedener Zeiten.

So zeigt die Krukenburg[244]) auf Bergausläufer (Abb. 477), deren 12,87 m breite merk= würdige karolingische (?) Rundkuppelkapelle in Deutschland einzig dasteht, neben goti= scher Form der Wohnbauten, Ringgraben, Vortor und kleinsteinige frühe und gewandt geschnittene spätere Einzelheiten.

Wie Krukenburg an der Diemel liegt auf einem dreiseitig umflossenen Sandsteinfelsen die fünfeckige und fünftürmige Burg Trendelburg[245]) (Abb. 479), eine besonders groß= zügige Anlage, die der Landgraf von Hessen, Ludwig I., nach dem Brande ab 1445 wieder errichtete.

Neben Krukenburgs frühen Resten zeigt Trendelburg, ein Werk der Spätzeit, abgestellt auf Pulverwaffenverteidigung (Schlüsselscharten), auf vollendet durchdachte Seitenbestreichung, einen bescheidenen Wohnturm neben — trotz der Spätzeit — noch sehr hochgestrecktem Bergfried in der flachen Ecke der starken Schildmauer.

Die Baustelle auf flachem Bergkegel in der Flußschleife erforderte zur Verteidigung nach allen Seiten den Ringgraben, den zwei Zugbrücken überspannten.

Der Sandsteinquaderbau zeigt Gußerker, Scharten, Gußlöcher, Schießkammern und Wendeltreppen. Eine bescheidene Vorburg schützt den Weg auf der Bergnase zur Diemel= brücke.

Natürliche strategische Bedeutung veranlaßten noch 1761 zwei Beschießungen der Burg und Stadt.

Die im Reinhardswald vom Erzbischof von Mainz 1334—36 erbaute Sababurg[246]) (Abb. 480), auf einem Basaltfelsen, wurde im 15. Jahrh. zum Jagdschloß ausgebaut.

Die Burgen Hanstein und Ludwigstein beherrschen das Werratal bei Werleshausen. Hanstein zeigt einen eng auf dem Felsen zusammengedrängten Wehrbau mit weitläufigen Zwingeranlagen[246a]) (Abb. 481 u. 497). Zwei mächtige Türme charakterisieren den reiz= vollen Bau. Ludwigstein besteht aus einem Mauerrechteck mit einem Rundturm in der Ringmauer. Die Vorburg ist fast ganz verschwunden (Abb. 482 u. 496).

Die Dreiecksform des flachen Boyneburg=Berggipfels[247]) (Abb. 483) hat wohl schon vorgeschichtlich als Wehrbauplatz (Volksburg) gedient, war 1007 Grafensitz und später Reichsburg unter Barbarossa.

Selbst aber für die Machtmittel einer solchen war die Verteidigung des ganzen Bezirkes nicht möglich, nur die nördlichste Spitze ist — hinter doppelten Gräben — burglich ausgebaut.

---

[244]) Wenzel: Burgw. 1926, S. 50; ders.: Wehrb. i. Reg.=Bez. Cassel, Tafelbd. (Smlg. Ebh.) Abb. 104 bis 108; Happel: Burg. i. Niederhess. u. Werrageb. S. 55ff.; Fennel: Krukenb., Trendelb., Sabab. — [245]) Wenzel: Burgw. 1926, S. 49f.; ders.: Wehrb. i. Reg.=Bez. Cassel, Tafelbd. (Smlg. Ebh.) Abb. 206 bis 212; Nonn: Burgw. 1926, S. 67; Fennel: Krukenb., Trendelb., Sabab. S. 23ff.; Happel: Burg. i. Niederhess. u. d. Werrageb. S. 61ff. — [246]) Fennel: Krukenb., Trendelb., Sabab. S. 33ff.; Happel: Burg. i. Niederhess. u. d. Werrageb. S. 60; Ebh.: Burgw. 1926, S. 40ff.; Wenzel: Wehrb. i. Reg.=Bez. Cassel, Tafelbd. Abb. 161—164. — [246a]) Kortum: Burgw. 1904/05, Nr. 1, S. 1ff., Nr. 4, S. 36ff., Nr. 5, S. 44ff. — Vgl. Burgw. 1908, S. 113ff. — Wenzel: Burgw. 1926, S. 46ff. — Nonn: Burgw.: 1926, S. 61f. — Fey: Gesch. d. Burg Hanstein. — [247]) Wenzel: Wehrb. i. Reg.=Bez. Cassel, Diss. Teildr. S. 37; Happel: Burg. i. Niederhess. u. Werrageb. S. 139ff.; Smlg. Ebh.

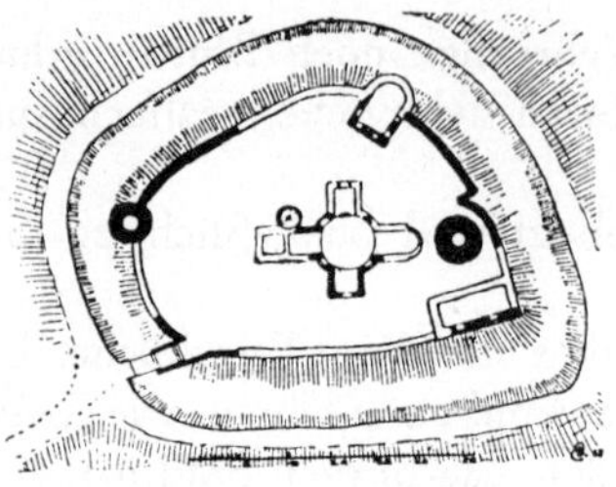

Abb. 477. Höhenbg. Krukenburg b. Karls=hafen, Ringgrab., Bergfrd., frühe Kuppel=kirche, Lgpl. 1:3000, nach Wenzel.

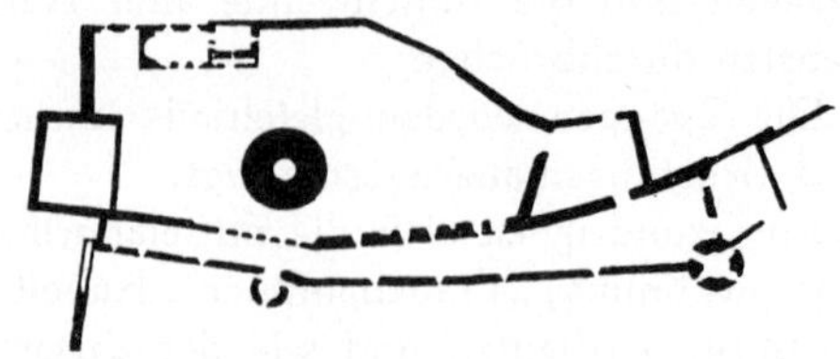

Abb. 478. Burg Felsberg, Hessen, unregelm. Gesamtgl., rd. Bergfr., nur Seitenbestr. a. langem Torzwinger, Grdr. 1:1000, B. E. nach Wenzel.

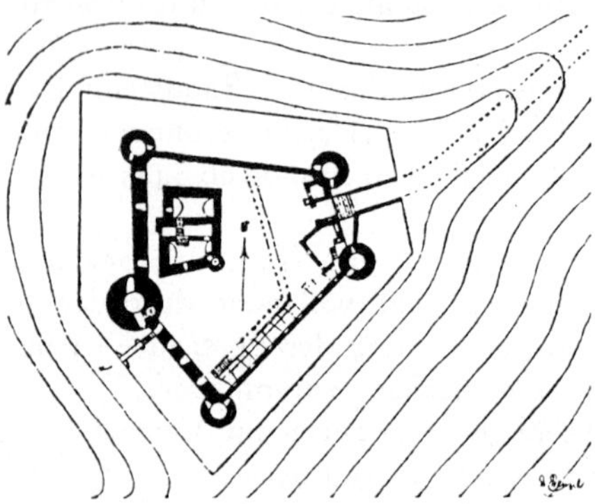

Abb. 479. Die Trendelburg, Hessen, spät. regelm. Anl., hohe Mantelm., Schildm. m. rd. Bergfr. u. 2 rd. Eckt., enger Pallas, Lgpl. 1:2000, nach Wenzel.

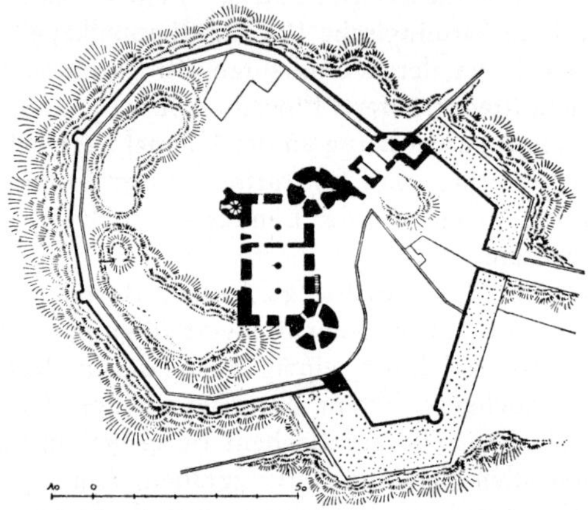

Abb. 480. Höhenbg. Sababurg, Hessen, auf flacher Bergkuppe, spätgot. Pallas m. rd. Eckt., weite Zwinger a. inneren u. äuß. Graben, Lgpl. 1:2000, B. E. nach Wenzel.

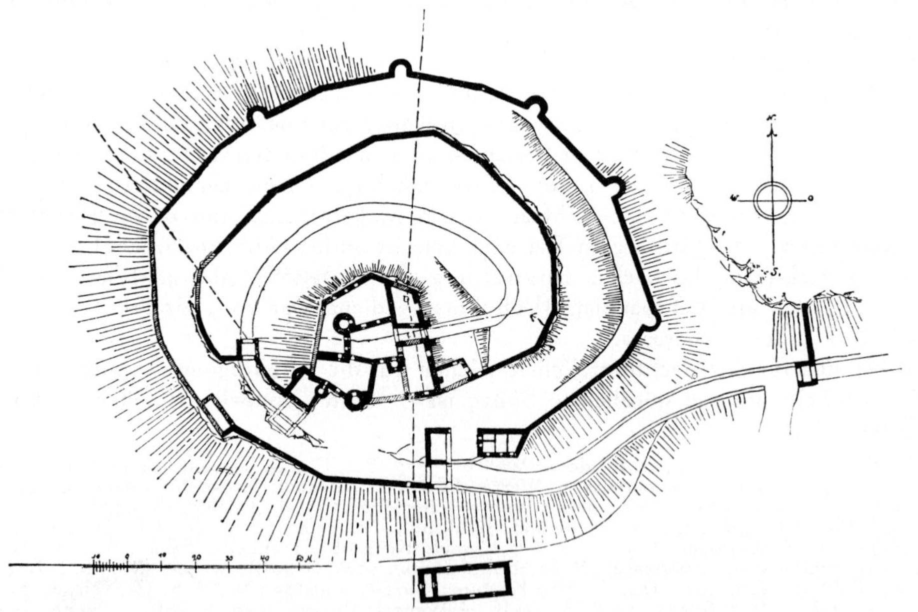

Abb. 481. Burg Hanstein, Hessen, vielgliedr. got. Kernbau i. doppelt. weiten Zwingern, nur geringe Seitenbestr. an äuß. Zwingerm., kein Bergfr., Lgpl. 1:2000.

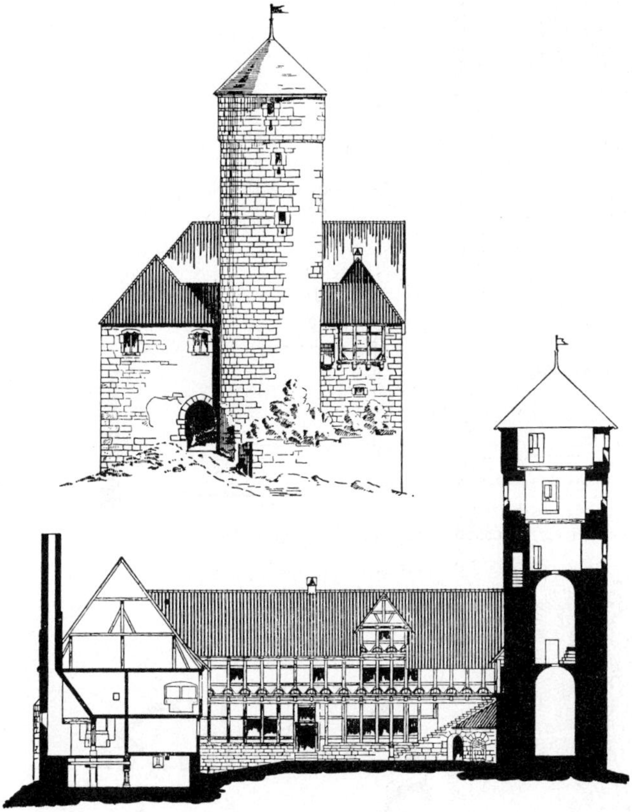

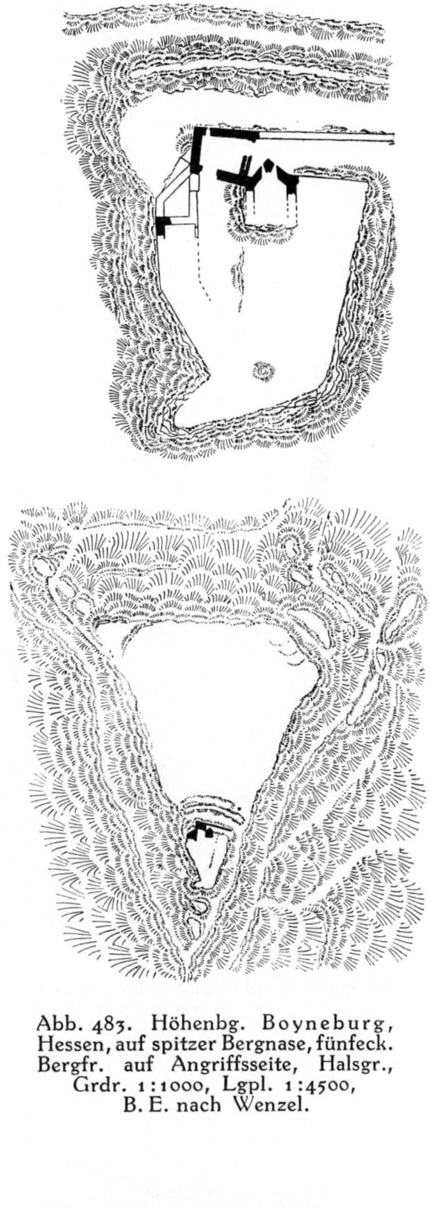

Abb. 483. Höhenbg. Boyneburg, Hessen, auf spitzer Bergnase, fünfeck. Bergfr. auf Angriffsseite, Halsgr., Grdr. 1:1000, Lgpl. 1:4500, B. E. nach Wenzel.

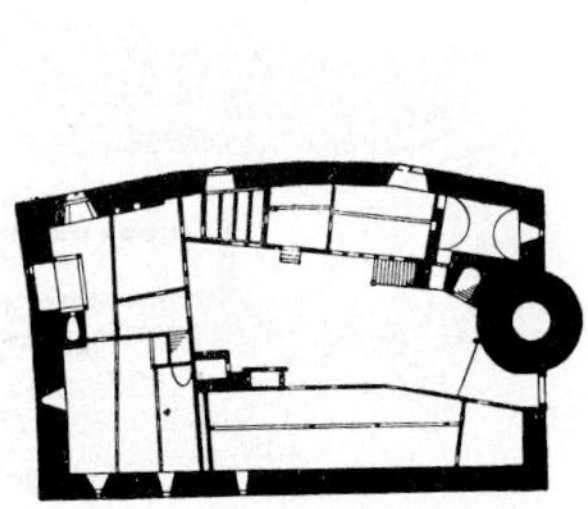

Abb. 482. Burg Ludwigstein, Hessen, regelm. viereck. hohe Mantelm., darin rd. Bergfr., spät. Fachwerkb., Ans. u. Schn. 1:500, Grdr. 1:1000. B. E.

Abb. 484. Gipfelbg. Spangenberg, Hessen, Ans. v. W. 1:500. B. E.

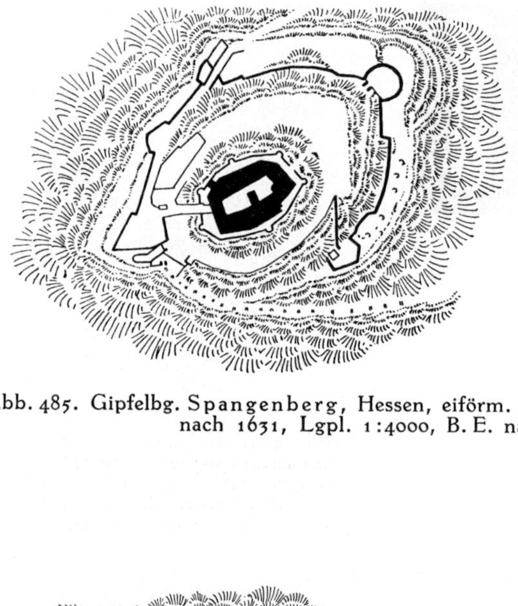

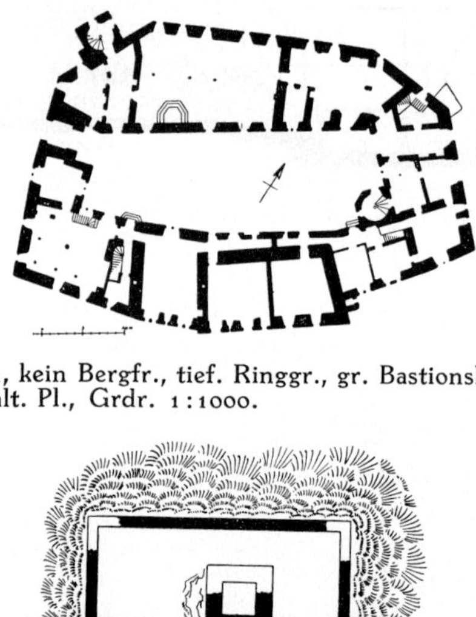

Abb. 485. Gipfelbg. Spangenberg, Hessen, eiförm. Kern, kein Bergfr., tief. Ringgr., gr. Bastionsb. nach 1631, Lgpl. 1:4000, B. E. nach alt. Pl., Grdr. 1:1000.

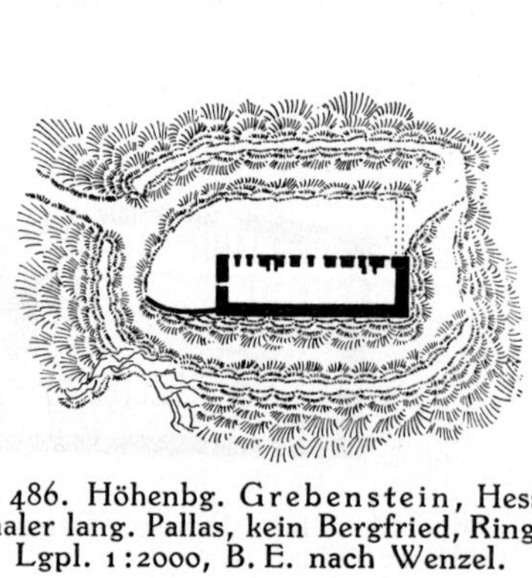

Abb. 486. Höhenbg. Grebenstein, Hessen, schmaler lang. Pallas, kein Bergfried, Ringgr., Lgpl. 1:2000, B. E. nach Wenzel.

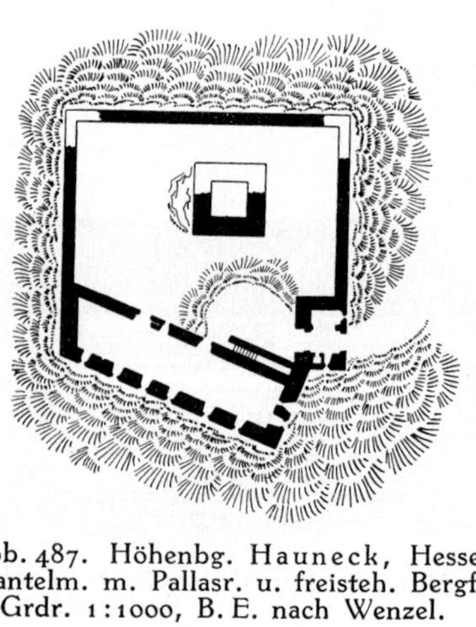

Abb. 487. Höhenbg. Hauneck, Hessen, Mantelm. m. Pallasr. u. freisteh. Bergfr., Grdr. 1:1000, B. E. nach Wenzel.

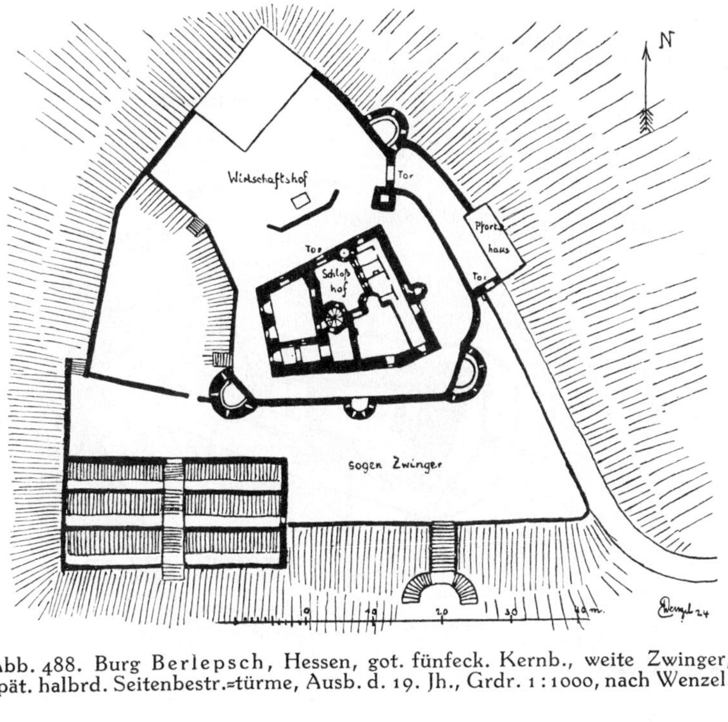

Abb. 488. Burg Berlepsch, Hessen, got. fünfeck. Kernb., weite Zwinger, spät. halbrd. Seitenbestr.=türme, Ausb. d. 19. Jh., Grdr. 1 : 1000, nach Wenzel.

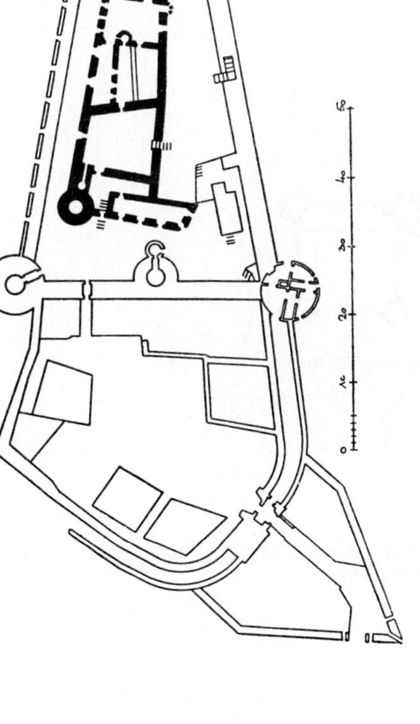

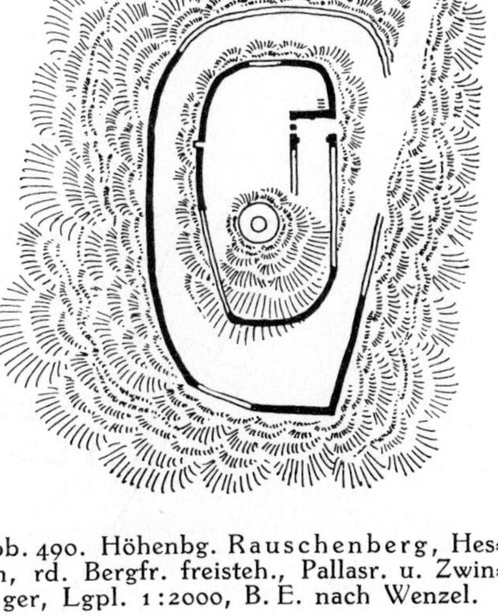

Abb. 490. Höhenbg. Rauschenberg, Hessen, rd. Bergfr. freisteh., Pallasr. u. Zwinger, Lgpl. 1 : 2000, B. E. nach Wenzel.

Abb. 489. Höhenbg. Herzberg, Hessen, frühe Kernbg. m. rd. Eckt., starke Viereckm. m. 4 Batteriet. z. Seitenbestr., Vorbg., Grdr. 1 : 1000. B. E. nach Pl. d. 17. Jh. u. Wenzel.

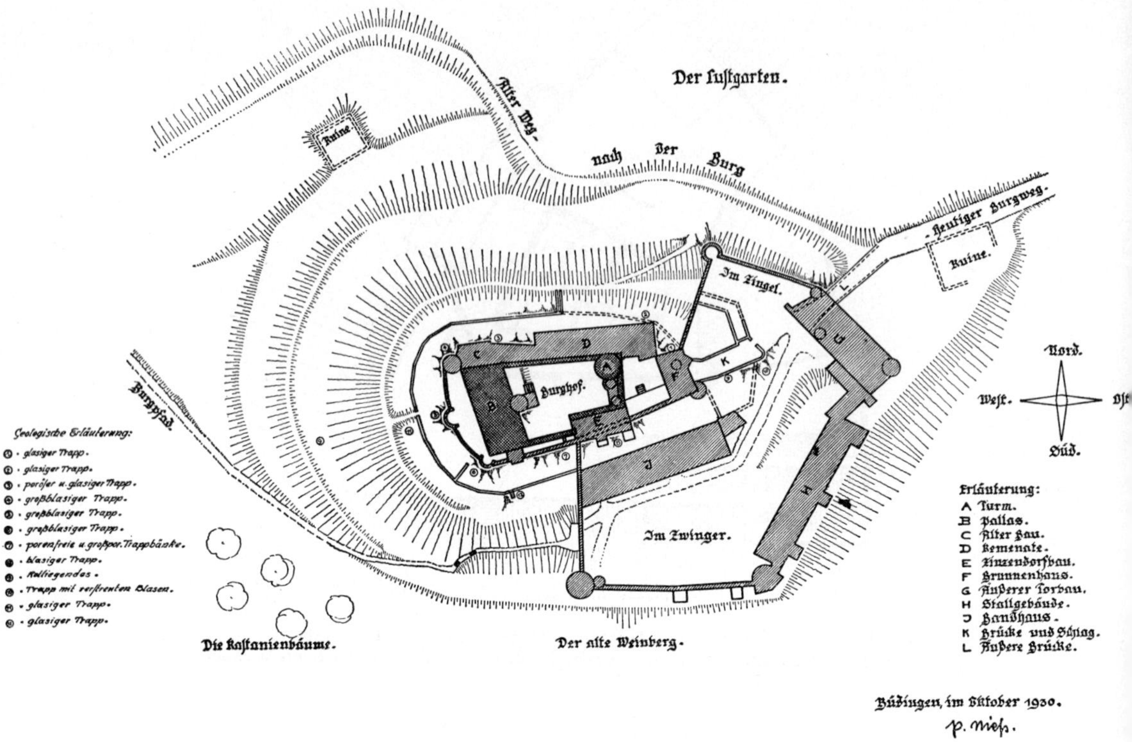

Abb. 491. Die Ronneburg, Vogelsberg, Kern d. 13. Jh., rd. Bergfr. spät. Spitze, 16. Jh. großart. ausgeb., weite Zwinger, Ringgr., Grdr. nach Nieß.

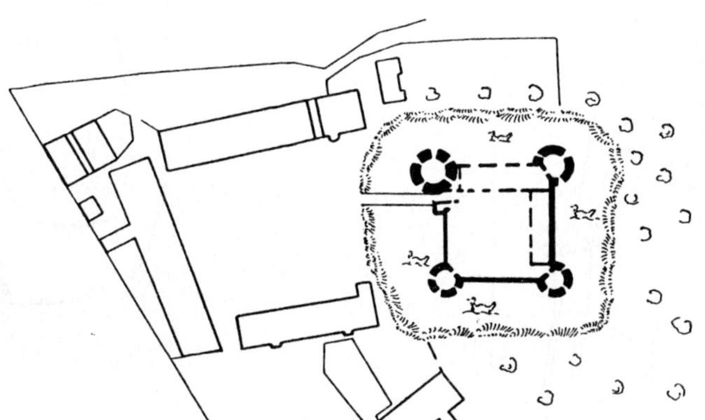

Abb. 492. Späte viert. Wasserbg. Friedewald, Hessen, regelm. Quadratb., Lgpl. 1:2000, B. E. nach Wenzel.

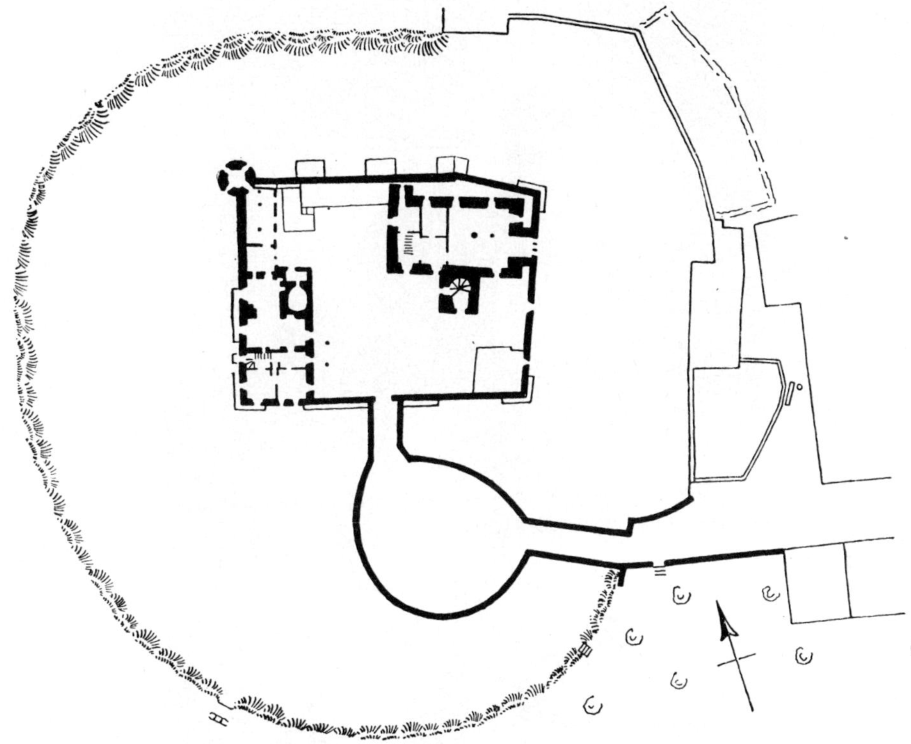

Abb. 493. Wasserbg. Mackenzell, Hessen, spät ausgeb. Pallas, Wirtschaftsb., Vorbg. i. weit. Ringgr., Grdr. 1:1000, B. E. nach Wenzel.

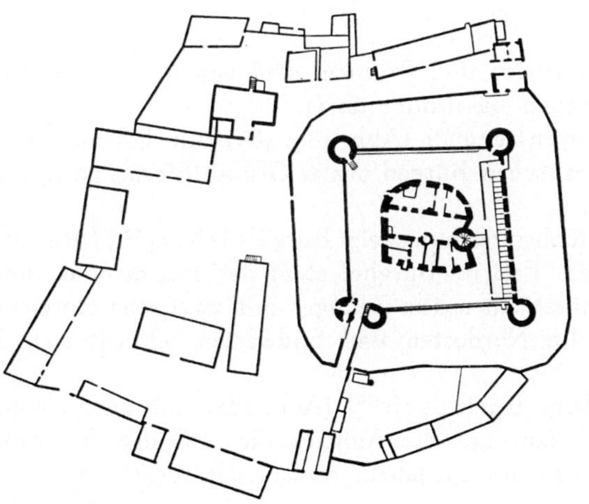

Abb. 494. Wasserbg. Wolkersdorf, Hessen, Lgpl. 1:2000, B. E. nach Wenzel.

Abb. 495. Wasserbg. Steinau, Hessen, fünfeck. spät. schloßart. Kernb. m. bastionsart. Eckb., Lgpl. 1:2000, B. E. nach Wenzel.

Abb. 496. Burg Ludwigstein, Hessen.

Der hohe fünfeckige Bergfriedrest, Torhaus und Brunnen sind von der geschichtlich hochbedeutenden, im Grundriß lehrreichen Basaltburg übrig.

Auch das schon besprochene Spangenberg[248]) (Abb. 484, 485) auf hohem Gipfel, eine der größten und besterhaltenen hessischen Burgen ovaler Grundrißform, ist in zwei Bauperioden entstanden.

Eine gestreckte ältere Anlage ohne Seitenbestreichung zeigt Burg Felsberg[249]) (Abb. 478) auf Basaltkegel am Rande des Edertales. Frei im Burghof steht der 27,4 m hohe runde Bergfried. Die Nordseite der Burg schützt ein später Zwinger mit zwei schartenreichen Rundtürmen zur Seitenbestreichung. Im Nordosten und Südwesten schließt sich die turmbewehrte Stadtmauer an.

Auf dem rechten Werraufer liegt Burg Berlepsch[250]) (Abb. 488) mit unregelmäßig fünfeckigem Kern, dessen drei Flügel dem 14., die Außenwerke und drei halbrunde Batterietürme dem 15. Jahrh. entstammen, im 19. Jahrh. romantisch ausgebaut.

[248]) Eberth: Burgw. 1910, S. 114ff.; Happel: Burg. i. Niederhess. u. Werrageb. S. 107f.; Bölke: Fest. Spangenberg; Siebald: Chronik v. Stadt u. Fest. Spangenb.; siehe „Burgenarten" S. 29; Wenzel: Wehrb. i. Reg.=Bez. Cassel, Tafelbd. Abb. 176—187. — [249]) Wenzel: Burgw. 1914, S. 163ff.; ders.: Wehrb. i. Reg.=Bez. Cassel, Tafelbd. Abb. 37—46; Happel: Burg. i. Niederhess. u. Werrageb. S. 94ff. — [250]) Ebenda S. 114ff.; Wenzel: Burgw. 1926, S. 48f.; ders.: Wehrb. i. Reg.=Bez. Cassel, Tafelbd. Abb. 14—16; Lücke: Burg., Schlösser u. Herrens. i. Geb. d. unt. Werra H. 2, S. 43ff.

Die Veste Coburg, Modell vor 1838

Burg Prunn an der Altmühl

Das Hochschloß trägt Fachwerkgeschosse (Abb. 498).

Grebenstein[251]), ein Bau Ludolphs V. von Dassel aus dem 13. Jahrh., liegt in altem Ringgraben auf isoliertem Basaltkegel auf dem rechten Ufer der Esse (Abb. 486).

Der ernste, lange schmale, vierstöckige, unterkellerte Pallas mit 10 Fenstern hofwärts, entstand angeblich 1400.

Auf dem rechten Hauneufer, auf spitzem Gipfel, liegt die Ruine Hauneck[252]) (Abb. 487), im Grundriß verschoben quadratisch.

Im Westen steht ein dreigeschossiger Wohnbaurest, teilweise unterkellert, frei im Hof ein viereckiger Bergfriedstumpf. Ein gotisches Doppeltor führt durch die Basaltringmauer zum Burghof. Mauern sind aus Basalt, Stürze, Gewände, Schießscharten und gotische Tore aus Sandsteinquadern. Auffallend ist der Mangel an Außenwerken.

Auf die Kaiserpfalz zu Kaufungen[253]), wahrscheinlich von Heinrich II. erbaut, sei nur hingewiesen, da durch Klosterumbauten das Burgliche bis auf einen Turm und Kapellengrundmauern verwischt ist.

Zwischen Knüll und Vogelsang steht die Ruine Herzberg[254]) (Abb. 489). Von der ältesten Anlage des 13. Jahrh., der schmalen rechteckigen Kernburg, ist nur die Kapelle noch unter Dach. Der Kernbau, von verschobenem rechteckigem Mantel — stellenweise 5 m Mauerstärke — umgeben, ist auf den Ecken durch Rundtürme zur Seitenbestreichung verstärkt. Südlich ist eine weite Vorburg vorgelagert und dieser eine dreieckige Bastion von 1600.

Mit zu den bedeutendsten Burgen Hessens zählt die Ronneburg[254a]) (Abb. 491) auf einem Basaltkegel im südlichen Vogelsberg. Der große Bergfried, der hohe Pallas mit dem stattlichen Rittersaal, Kapelle und Kirche sind gut erhalten.

Rauschenberg[255]) (Abb. 490), kleinstes Beispiel einfachster Anlage, zeigt länglich runden, doppelten Mauerring mit Resten freistehenden Rundbergfrieds und zweistöckigen gewölbten, frühgotischen Wohnbaues.

Abb. 497. Höhenbg. Hanstein, Hessen, Umrißskizze. B. E.

[251]) Neuber: Burgw. 1903, S. 73ff.; Happel: Burg. i. Niederhess. u. d. Werrageb. S. 66ff.; Wenzel: Wehrb. i. Reg.=Bez. Cassel, Tafelbd. Abb. 68—71. — [252]) Ebenda Abb. 78—80; Happel: Burg. i. ober. Hessen S. 117ff. — [253]) Siehe „Pfalzen, Reichs= und Hofburgen". — [254]) Happel: Burg. i. ober. Hessen S. 48ff.; Burgw. 1921, S. 57f.; Wenzel: Wehrb. i. Reg.=Bez. Cassel, Tafelbd. Abb. 86—88. — [254a]) Nieß: Ronneburg. — Ders.: Burgw. 1934, S. 9ff. — Haupt: Burgw. 1904, Nr. 4, S. 29ff., Nr. 5, S. 37ff. — Kunstd. i. Gh. Hessen, Prov. Oberhessen, Kr. Büdingen, S. 256ff. — [255]) Wenzel: Wehrb. i. Reg.=Bez. Cassel, Tafelbd. Abb. 157—158; Happel: Burg. i. ob. Hessen, S. 24.

Abb. 498. Höhenbg. Berlepsch, Hessen, vor d. Umbau d. 19. Jh., nach Stich um 1800.

Der geologischen Gestaltung entsprechend, weist Hessen meist Höhenburgen auf, doch finden wir auch wehrbaulich wie künstlerisch gut durchgebildete regelmäßige Wasser=burgen.

Mackenzell[256]) (Abb. 493) konnte zum Teil leicht rechteckig angeordnet werden. Der (späte) Pallasbau liegt in der Nordostecke der geräumigen ummauerten Insel, schräg gegenüber ein Wirtschaftsbau. Zugang war nur über eine runde Vorburginsel und zwei Brücken möglich.

Ähnliche Regelmäßigkeit zeigt die großartige Quaderburg Friedewald[257]) (Abb. 492) östlich von Hersfeld, ein Quadrat von etwa 37 m Seitenlänge, mit späteren, für Feuer=waffen eingerichteten Eckrundtürmen (Tafel 62).

Das 1811 abgebrochene Wasserschloß Wolkersdorf[258]) (Abb. 494) war ein mit zwei „Wendelsteinen" versehener Rundling in quadratischem Renaissancezwinger mit Eck=rundtürmen.

In der Nähe von Herzberg im Kreise Ziegenhain lag die Tal= und Wasserburg Hau=sen[259]) aus dem 12. Jahrh., die nach dem dreißigjährigen Kriege zum Schloß ausgebaut wurde, heute von trockenem Graben umgeben.

Die Gräben der gleichnamigen Wasserburg Hausen im Kreis Gelnhausen[260]) sind eben=falls zum Teil verschüttet. Das Kernwerk besteht aus vierstöckigem Wohnbau, wohl aus dem 15. Jahrh., um 1540 erneuert.

Andere Wasserburgen sind: Aue, Bergen, Berneburg, Burghaun, Kassel, Dorfelden, Eichhof, Elmarshausen, Gieselwerder, Großentaft, Langen=schwarz, Mäderich, Mansbach, Nassenerfurt, Neuhof, Niederurf, Oberuf=hausen, Rückingen, Sachsenburg, Schwebda, Sinzigburg, Steinau, Waldau, Wehrda, Ziegenhain u. a.[261]) (Abb. 495).

Neben den erwähnten, meist bescheidenen jüngeren Bauten dürfen großartige romanische Leistungen, wie Gelnhausen, Münzenberg und Büdingen[262]), Pfalzen und Hof=burgen der Hohenstaufenzeit, nicht übersehen werden.

256) Wenzel: Wehrb. i. Reg.=Bez. Cassel, Diss. Teildr. S. 68f.; Derselbe: Wehrb. i. Reg.=Bez. Cassel Tafelbd. Abb. 120—122. — 257) Ebenda: Abb. 48—50; Happel: Burg. i. ob. Hessen S. 110ff. — 258) Wenzel: Wehrb. i. Reg.=Bez. Cassel, Tafelbd. Abb. 230—233; Happel: Burg. i. ob. Hessen S. 25. — 259) Ebenda S. 47f.; Wenzel: Wehrb. i. Reg.=Bez. Cassel, Tafelbd. Abb. 84—85. — 260) Ebenda Abb. 81—83; Bau= u. Kunstd. i. Reg.=Bez. Cassel Bd. I, Text S. 148ff. — 261) Wenzel: Wehrb. i. Reg.=Bez. Cassel, Diss. Teildr. S. 68, Abb. im Tafelbd. — 262) Siehe Näheres in „Pfalzen, Reichs= und Hofburgen".

Eine besondere Stellung unter den deutschen Burgen nimmt die Reichsburg Friedberg[263]) ein. Ausgrabungen innerhalb des Burggeländes haben ergeben, daß hier zur Zeit Kaiser Augustus römische Befestigungen lagen.

In der Tat ist hier, einzig in Deutschland, die regelmäßige viereckige Form des römischen Castrums klar durch alle Um= und Neubauten der Jahrhunderte erhalten geblieben. Noch heute ist Friedberg ein Eisenbahnknotenpunkt, wie es im Mittelalter ein Treffpunkt wichtiger Handelsstraßen war — Hauptverbindung zwischen Weser und Oberrhein —, daher die große Bedeutung der Burg und ihre lange Dauer an dieser Stelle.

Unmittelbar an der politisch selbständigen Stadt liegt die alte Ganerbenburg, in dem 244×160 m messenden Mauerring auf der Nord=, Ost=, Westseite schroff abfallendem, von Lehm überzogenem Basaltblock. Im Süden schließt sich die Stadt ohne Höhenunterschied an.

Zwischen der Zeit der römischen Veste und dem Baubeginn der mittelalterlichen Burg klafft in den Nachrichten eine weite Lücke. Die Meinungen, ob Friedberg von Friedrich I. oder II. erbaut ist, gehen auseinander[264]).

1216 meldet eine Urkunde Friedrichs II. das Vorhandensein der Burg mit Burggrafen und Castrenses, 1226 eine Kaiserurkunde das Vorhandensein der Stadt Friedberg.

Wehrbaulich hat die Burg über die Bauernkriege hinaus wiederholten Belagerungen widerstanden. Wohnungen der Ganerben sind heute wenig kenntlich.

Eine Abbildung des 16. Jahrh.[265]) gibt den damaligen Zustand, der Grundriß nach Gruber die mittelalterlichen Befestigungen.

Der hervorragendste Wehrbau ist der runde, 49,10 m hohe, 12,30 m starke Bergfried, 1347 hinter 18,20 m hoher Ringmauer erbaut. Er hat über einem 13,40 m hohem Burgverließ vier runde Kuppelgewölbe, darüber im schmalen Aufbau fünf Geschosse mit Holzbalkendecken.

Ein spätes Bollwerk für Pulvergeschütze, der sogenannte „Dicke Turm", zeigt 18 m Durchmesser und 5,50 m Mauerstärke, im übrigen fehlt Stadt und Burg die Seitenbestreichung fast ganz.

Von mittelalterlichen Pallasbauten ist scheinbar nichts erhalten. Die innere Mauer, die Wohn= und Wirtschaftsbauten umzieht, wird von einem Zwinger umschlossen, der im Osten und Norden sehr breit ist, vom Südtor aus nach Osten bis zur Südostecke ziehen sich doppelte Zwinger. Um Süd=, West= und Nordseite läuft als Befestigung der sogenannte Hirschgraben[266]). Alles Mauerwerk besteht aus Bruchstein: Basalt, Quarzite und teilweise Sandstein, der Mörtel meist aus reinem, körnigem, quarzreichem Flußsand.

Sachsen

Auch im eigentlichen Sachsen, in Mitteldeutschland, müßte eine „sächsische" Gestaltung, eine gewisse Einheitlichkeit der Form zuerst gefunden werden, kurz die „sächsische Burg", oval, länglich=rund, wallburgartig (?), mit Bauten auf den Felsrändern in der Ringmauer, kein Überwiegen des Wohnturmes, das noch an der Weser und an anderen Stellen, z. B. in Adelebsen, in besonders scharfer, ja großartiger Form auftritt.

Der unübersehbare Entfaltungsreichtum der Grundrisse macht es aber auch hier unmöglich, fränkische oder sächsische Schulen abzugrenzen. Man vergleiche Rochsburg und Hornburg mit Polle, Hohnstein mit Kyffhausen, Scharfenstein mit Falkenstein oder mit Adelebsen, Oelpe mit Felchtingen oder Bibra.

---

[263]) Kunstd. i. Gh. Hessen, Kr. Friedberg S. 64ff., 106ff.; Dreher: D. maler. Friedberg; Derselbe: Friedb. i. H. in Wort u. Bild; Blecher: Wie u. wann entst. Burg u. St. Friedb.? — [264]) Gruber: D. Baugesch. d. Burg Friedb. i. d. Wetterau S. 13f. — [265]) Kunstd. i. Gh. Hessen, Kr. Friedberg S. 71. — [266]) Vgl. Gruber a. a. O.

Können die Hochbauten nach romanischer oder gotischer Zeit für die eine oder andere „Schule" nicht mehr zeugen, so müßte aber doch in Grundrissen ein Kern enthalten sein, der eine normannisch-fränkische oder sächsische Schule überzeugend nachwiese. Statt dessen sehen wir immer unbedingte Herrschaft des Bauplatzes und der Baustoffbeschaffenheit.

Die Burgen im ehemaligen Kurfürstentum Sachsen bilden von Elsterberg[267]) (Abb. 500) und Mylau[268]) aus nach Nordosten eine Grenzwacht, der die Burgen Stein, Wiesenberg, Hartenstein, Wildenfels, Glauchau, Wolkenburg, Rochsburg, Rochlitz, Colditz, Mildenstein u. a. angehören.

Weiter ins Erzgebirge hinein, nahe der böhmischen Grenze, liegen an der Zschopau Kriebstein, Ehrenberg, Sachsenburg, Rabenstein, Scharfenstein und noch weiter östlich unter anderem Frauenstein (Abb. 506) und Kukukstein, meist auf schroffen Höhen mit straffen Burgformen.

Als Baustoff diente im großen und ganzen Granit, kristallinisches Grundgestein und Porphyr, alles schwer zu bearbeitende Stoffe, die zu großen einfachen Formen führen, wenn nicht bildsamer Sandstein oder Ziegel für reichere Einzelheiten herangezogen werden.

Betrachten wir aus der Fülle der Beispiele nur einige näher.

Rochlitz[269]) (Abb. 502) erhebt sich ziemlich niedrig über dem rechten Ufer der Mulde am Ende einer langen Bergzunge aus Schiefergestein, 981 als Grenze des Meißner Bistums festgelegt. Die Burg war meist wettinisch, die Markgrafen von Meißen urkundeten hier oft.

Zum ältesten Teil von 1200 gehört der rundbogig geschlossene Haupteingang neben der späten gotischen Burgkapelle an der kurzen Ostseite, dort auch weiteres romanisches

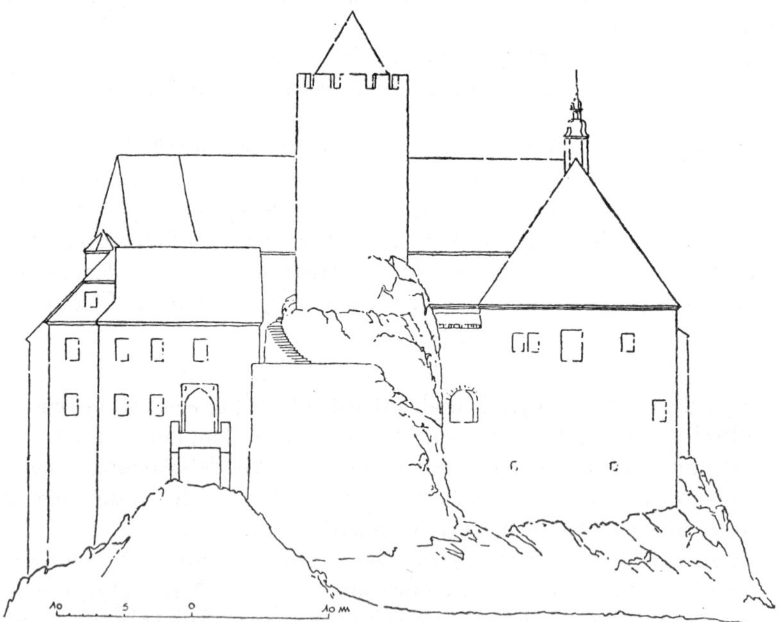

Abb. 499. Höhenbg. Scharfenstein, Sachs., Umriß d. Angriffsseite m. rd. Bergfr., Torbr. über d. Halsgr., Ans. v. S 1:500. B. E.

[267]) Bau- u. Kunstd. d. Königr. Sachs. H. 11, S. 8f. — [268]) Bau- u. Kunstd. d. Königr. Sachs. H. 11, S. 32ff. — [269]) Pfau: Burgw. 1914, S. 53ff.; Bau- u. Kunstd. d. Königr. Sachs. H. 14, S. 74ff.; Smlg. Ebh.

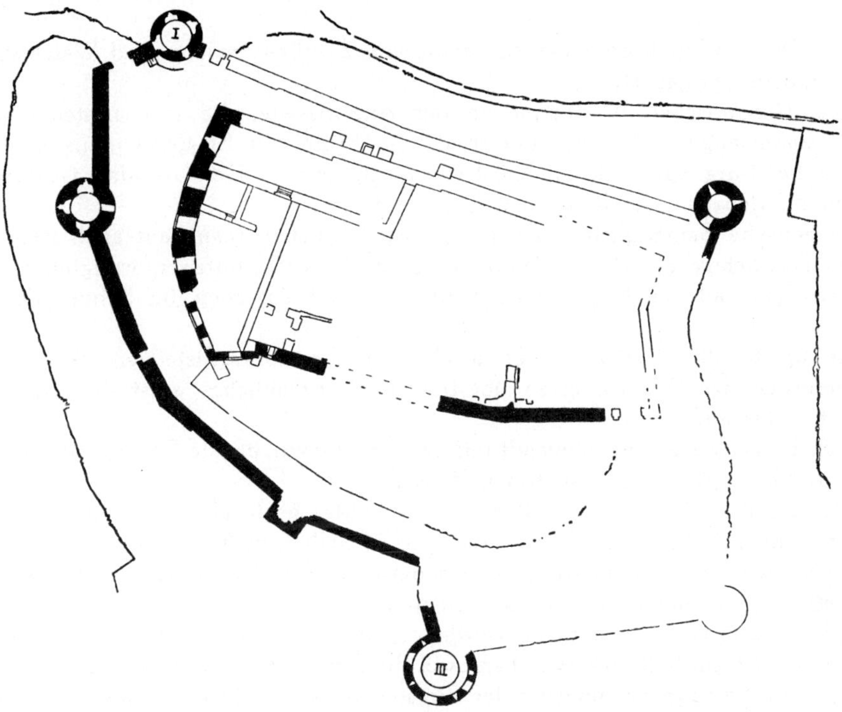

Abb. 500. Stadtbg. Elsterberg, Sachs., unregelm. Kernbg., kein Bergfr., starke Zwingerm. m. 5 Seitenbestr.=türmen, Grdr. 1:1000. B. E.

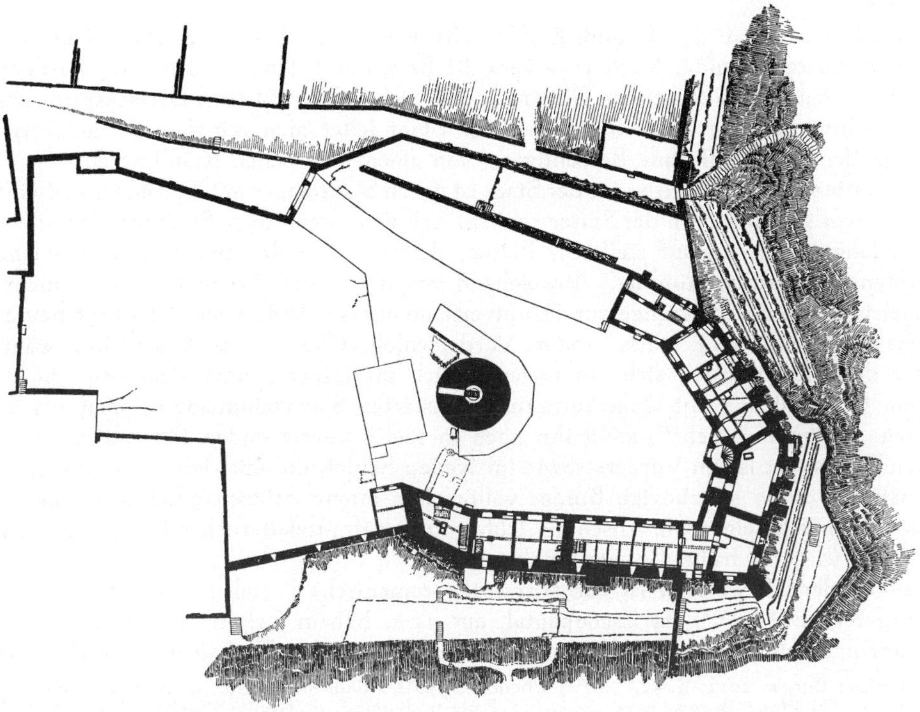

Abb. 501. Stadtbg. Zschopau, Sachs., bedeut. rd. Bergfr. spät. Ausb. d. Mantelm., Grdr. 1:1000, aufgen. 1833.

Mauerwerk. Romanisch bearbeitete Hausteine von Zwillingsfenstern und Wasserspeiern sind hier und da vermauert.

Die zwei frühgotischen Westtürme an der Angriffsseite, die sogenannten „Jupen" von 1390, waren angeblich beides Bergfriede, im Mittelalter Staatsgefängnisse.

Architekt der Burg war vielleicht Nicol von Straßburg[270]). Der Grundriß ist durchaus ungewöhnlich, vielleicht durch den fremden Baumeister.

Weitere gotische Bautätigkeit beginnt 1490 (Burgkapelle), man baut auch nach 1520 und 1525. Das Schwergewicht der Wohnbauten liegt östlich, hufeisenförmig angeordnet, der Haupteingang an der Angriffsseite hinter tiefem Halsgraben im Schutz der zwei Türme.

Südlich von Rochlitz liegt Wechselburg[271]), ein ehemaliges Zisterzienserkloster, 1228 dem Ritterorden der Deutschherren übertragen. Wehrbauliches weist die Anlage aus dieser Zeit nichts auf.

Die Rochsburger waren eng verwandt mit den Rochlitzern, älteste Erwähnung von 1190, ebenfalls in Abhängigkeit vom Wettiner Hause.

Ihr Sitz, die Rochsburg[272]), südlich von Rochlitz, hoch über dem linken Mulde=ufer, zeigt heute einen unregelmäßig viereckigen Mittelhof, zwischen vier, außen an drei Seiten vieleckigen, fast runden Flügeln. An der östlichen Angriffsseite steht der Berg=fried, offenbar später umgebaut, die übrigen drei Seiten wurden von Zwingern und Vor=burgmauern geschützt. Die Bauteile wurden spätgotisch und im 16. Jahrh. umgebaut. Bemerkenswert ist ein Bollwerk zwischen zwei Brücken im Osten, durch das durch einen tiefer liegenden Torzwinger zunächst der Zugang in die westlich liegende Vorburg und über abermaligen Graben in die heute schloßartige Kernburg führte.

Meister Arnolt von Westfalen, der auch am Kriebstein arbeitete, stand dem Bau bis 1475 vor[273]).

Bemerkenswert ist der Grundriß der 1081 genannten Burg und Stadt Leisnig[274]) an der Freiberger Mulde. Nach 1152 kam die Burg durch Kauf an Friedrich Barbarossa. Burg und Stadt liegen auf einem Höhenzug, der sich in der üblichen Dreiecksform immer mehr verbreitert. Die etwas höher liegende Stadt leitet man mit dem an die Burg an=schließenden Teil wohl ohne Berechtigung von einem slawischen Rundling ab.

Die breite südliche Angriffsseite der Stadt ist durch Stadtmauer mit Türmen und Zwinger=mauer davor gesichert. An der Spitze schließt sich dem dreieckigen Stadtgrundriß die etwa 100 m lange Burg an, auf steilstem Felsen, dessen Form den ungewöhnlichen langge=streckten Grundriß bestimmte. Abweichend von der gewöhnlichen Übung ist nicht die schmalste Stelle der Felszunge zur Hauptverteidigung gewählt, wenigstens liegt heute das sogenannte, wohl im 14. Jahrh. erbaute Vorderschloß völlig jenseits dieser Linie, während hinter der Einschnürung sich ein ungewöhnlich mächtiger runder Bergfried erhebt, in seinem Unterteil aus mit Quarzkörnern durchsetzten Sandsteinquadern, oben aus Back=steinen. Wilhelm Dilich[275]) stellt ihn noch in seiner überragenden Form dar.

Bemerkenswert ist im Vorder= sowie im Neuen Schloß die mittelalterliche Bildung der Dachstühle, deren spitzbogige Binder völlig ohne innere Stützen geschlossen sind.

Der Grundriß zeigt trotz Mischung früher und spätmittelalterlicher Einzel=Burgformen doch überwiegend frühe Gesamtgestaltung.

Baukünstlerisch wertvoll ist das sehr frühe romanische Portal der Burgkapelle.

Burg Kriebstein[276]) im Zschopautal, auf 34 m hohem Felsen, war durch die Lage fast uneinnehmbar. Nord= und Ostseite schützte ein starker Torbau und die Ringmauer.

[270]) Pfau: Burgw. 1914, S. 55. — [271]) Ebenda S. 56ff.; Bau= u. Kunstd. d. Königr. Sachs. H. 14, S. 95ff. — [272]) Pfau: Burgw. 1914, S. 59ff.; Bau= u. Kunstd. d. Königr. Sachs. H. 14, S. 82ff. — [273]) Ebenda H. 14, S. 83. — [274]) Ebenda H. 25, S. 111. — [275]) Bau= u. Kunstd. d. Königr. Sachs. H. 25, Beil. IV, S. 108. — [276]) Ebenda H. 25, S. 88ff.; Burgw. 1914, S. 88ff.

Die Hauptbauzeit der oft umgestalteten vielgliedrigen Burg liegt um 1400. Der Kern aber ist ein starkwandiger, hier ungewöhnlich hoher Wohnturm von 21,5 m zu 12,5 m Bodenfläche. Ein Bergfried fehlt.

1470 leitete Meister Arnolt dort Bauarbeiten[277]).

Im selben Tal erhebt sich auf Felsen die besonders stattliche Burg Zschopau[278]) (Abb. 501) mit mächtig rundem Bergfried in geschlossener Baumasse, ähnlich Scharfenstein, wie dieses schloßartig ausgebaut.

Letzteres liegt[279]) (Abb. 499, 505) auf ziemlich breitem Bergausläufer an der Heerstraße Prag—Leipzig, rechts der Zschopau. Die höchste Erhebung auf der Angriffsseite trägt den runden Bergfried. Der Halsgraben schneidet die Burg von dem wenig höher ansteigenden übrigen Berg ab. Eine Zugbrücke führt an das einzige Eingangstor, dicht neben dem Bergfriedfelsen. Umbauten haben den Gesamteindruck verändert. Der tiefer als der Bergfried liegende eigentliche Burgkörper, dessen Außenmauern auf der alten Ringmauer stehen, mit Ausnahme des späteren Ostflügels, bildet fast einen Dreiviertelkreis.

Wehrhaften Eindruck machen das Haupttor und der starke in das Schloß eingebaute Halbrundturm. Nach einem Brande 1921 wurde die Burg großenteils von mir wiederhergestellt. Die dabei bloßgelegte Tragekonstruktion des Wohnflügels, zum Teil dem alten Pallas angehörend, erwies sich als nachmittelalterlich.

Burg Wolkenstein[280]) (Abb. 503, 504), auf einem schroff abfallenden Felsen, südlich von der gleichnamigen Stadt, ist von dieser durch einen Wallgraben getrennt. Die Dilichsche Abbildung gibt einen ausgezeichneten Begriff der gotisch hochstrebenden Burg[281]).

Von einem der äußersten Ausläufer des Erzgebirges, einem Porphyrfelsen im Wyhratal, beherrschte die frühe Burg Gnandstein[282]) (Abb. 507) die Straße von Böhmen nach Bayern. Die Anlage bildet ein langgestrecktes Rechteck mit zwei Pallassen und schöner später Burgkapelle. Inmitten des höheren Burgteiles steht frei der 35 m hohe runde Bergfried als ältester Bauteil.

Südlich von Pirna über Liebstadt erhebt sich Burg Kukukstein[283]), angeblich aus der Zeit Heinrichs I., geschickt der Felsbildung angepaßt. Die Angriffsseite im Nordosten ist durch Turm, Wallgraben und Wehrgang geschützt.

Nach Zerstörung 1402 wurde der untere Teil der Anlage erneuert, der obere im 16. Jahrh. vernichtet.

Bei Zeitz liegt die Höhenburg Haynsburg[284]) — in einem Bogen der Elster —, eine ziemlich regelmäßige rechteckige Anlage, zum Teil von Gräben umgeben, ursprünglich wohl aus dem Ende des 11. Jahrh.

Die bewohnte Burg wird von dem frei im Hof stehenden runden, 40 m hohen Turm überragt. Den 12 m hohen Unterbau umgibt ein Wehrgang, darauf der hohe schlankere Aufbau. Die vier Flügel sind durch zahlreiche spätere Umbauten ihrer wehrbaulichen Formen vielfach beraubt.

Beachtenswert ist die fast kreisrunde Burg Droyssig[285]), auf nördlichem Höhenrücken über der Elster, ursprünglich von doppeltem Mauerring mit vorspringenden Halbrundtürmen zur Seitenbestreichung umgeben. Die schwer zu nehmende Burg soll angeblich keinen Bergfried (?) gehabt haben.

Nördlich von Zeitz liegt, ehemals von zwei Wassergräben und Wall eingeschlossen, Etzoldshayn[286]) auf altem Rundkegel in vorgeschichtlicher Wallburg, im 11. oder

277) Bau- u. Kunstd. d. Königr. Sachs. H. 14, S. 83. — 278) Bau- u. Kunstd. d. Königr. Sachs. H. 6, S. 87. — 279) Ebh.: Burgw. 1922, Nr. 1 u. 2, S. 2ff.; Bau- u. Kunstd. d. Königr. Sachs. H. 5, S. 28ff. — 280) Ebenda H. 5, S. 32f. — 281) Ebenda S. 32, Beil. IV. — 282) Bruck: Burgw. 1914, S. 49ff.; Smlg. Ebh.; Bau- u. Kunstd. d. Königr. Sachs. H. 15, S. 47ff. — 283) Ebenda H. 1, S. 48ff; Smlg. Ebh. — 284) Bau- u. Kunstd. d. Königr. Sachs. H. 1, S. 9ff.; Brinkmann: Über Burganl. b. Zeitz S. 27ff. — 285) Brinkmann: a. a. O. S. 43ff. — 286) Ebenda S. 21ff.; Bau- u. Kunstd. d. Pr. Sachs. H. 1, S. 8.

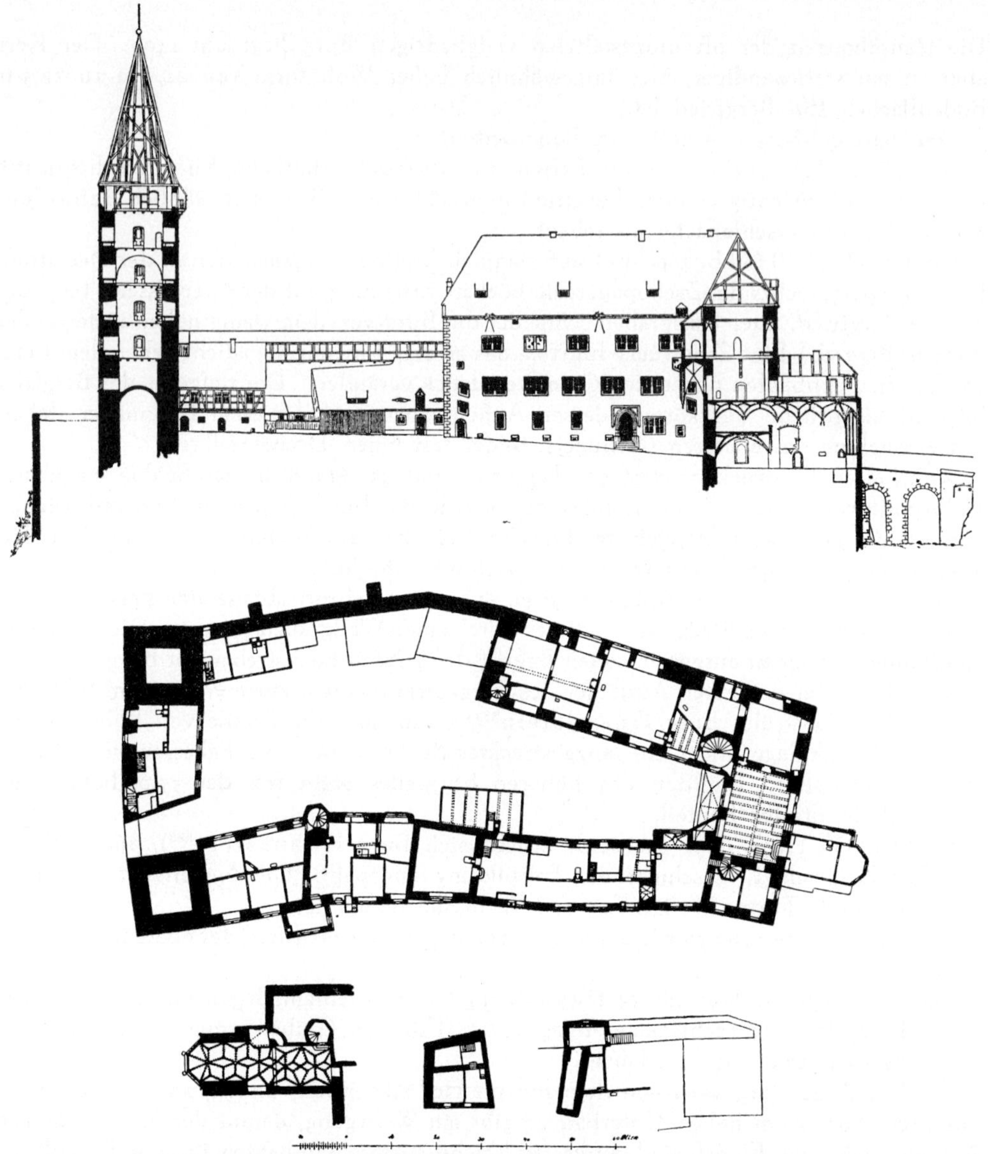

Abb. 502. Burg Rochlitz, Sachs., Mantelm., a. Angriffsseite 2 Bergfr., Ausb. teils später, Längsschn. u. Grdr. 1:1000. B. E.

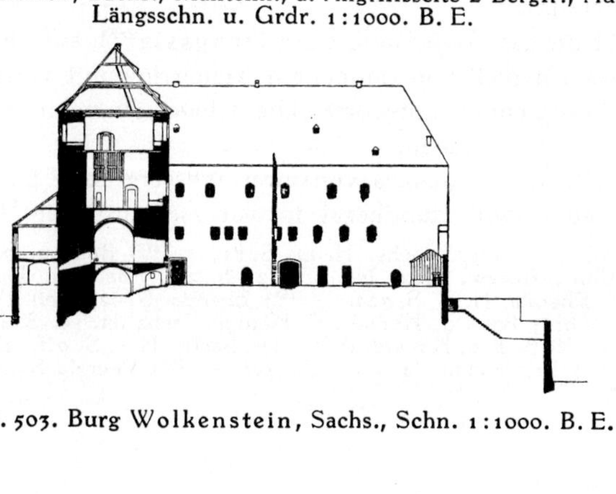

Abb. 503. Burg Wolkenstein, Sachs., Schn. 1:1000. B. E.

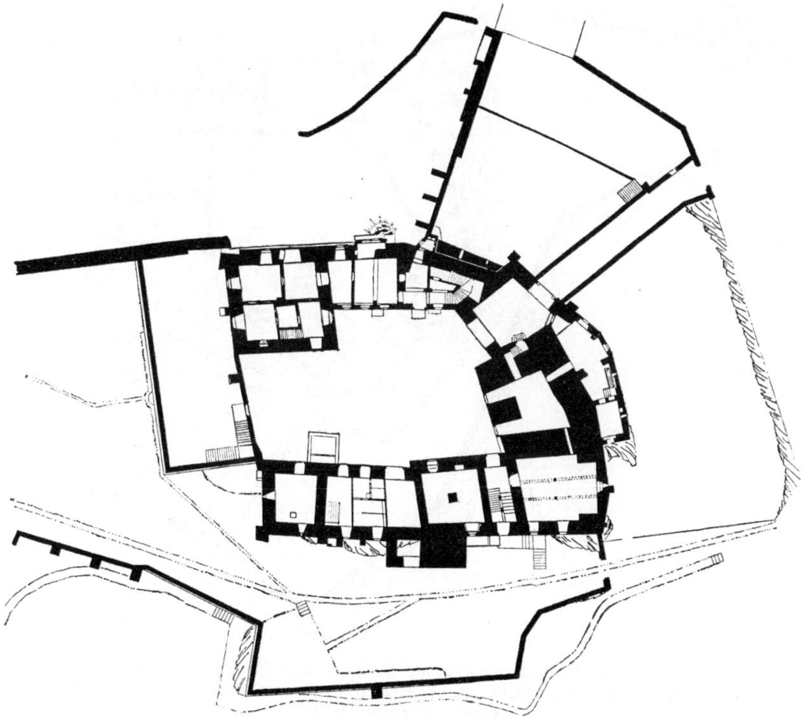

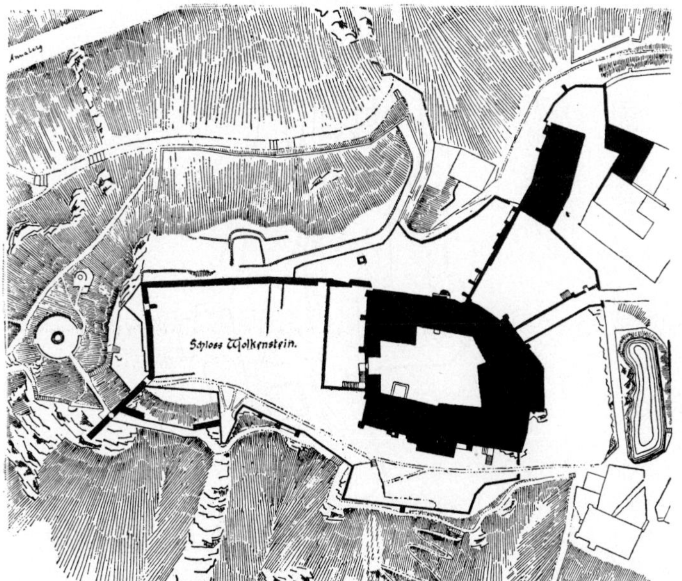

Abb. 504. Burg Wolkenstein, Sachs., tiefer Halsgr., stark. Mantelm., Wohnt. teils wohnl. später ausgeb., Grdr. Erdgesch. 1:1000, Lgpl. 1:2500, Zust. 1842. B. E.

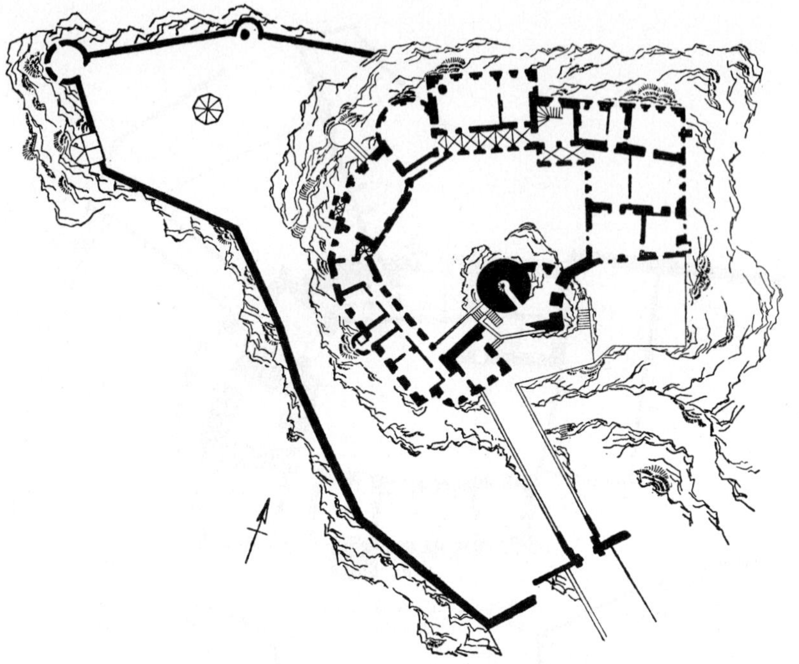

Abb. 505. Höhenbg. Scharfenstein, Sachs., auf Bergn., rd. Bergfr., Tort., Halsgr., weite Zwingermantelm., nach Brand 1921 durch B. E. wiederhergestellt, Grdr. 1:1000. B. E.

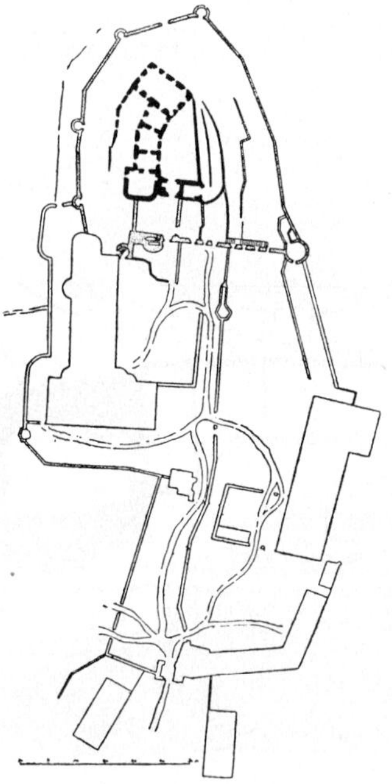

Abb. 506. Höhenbg. Frauenstein, Sachs., got. Burgruine, Schl. i. ehemal. Vorburg, Lgpl. 1:3000. B. E.

12. Jahrh. erbaut. Der erhaltene viereckige fünfgeschossige Bergfried entstammt späterer Zeit.

Merkwürdig ist die trapezförmige Anlage der Wasserburg Heuckewalde[287]) mit ihrem rechteckigen Bergfried und später umgebauter, auffallend regelmäßiger Anlage.

Der spätesten Burgenzeit gehört die reichste und schönste Burg des Landes an, — die Burg zu Meißen[287a]), die seit 1485 Albrechtsburg genannte Feste über der Stadt. Nur die NW=Ecke neben dem Dom nimmt die 80 m lange, gotisch vielgegliederte Burg ein, ein wehrbauliches Meisterwerk. Trotz vieler weiter Spitzbogenfenster ist der Wehr= und Verteidigungswillen an den bis zu 4 m starken Mauern und deren gleichstarke Hoch= führung bis fast zur halben Dachhöhe klar erkennbar.

Das Bild der mitteldeutschen Burgen wird also von der Landschaft bestimmt und nicht von diesem oder jenem „Typus".

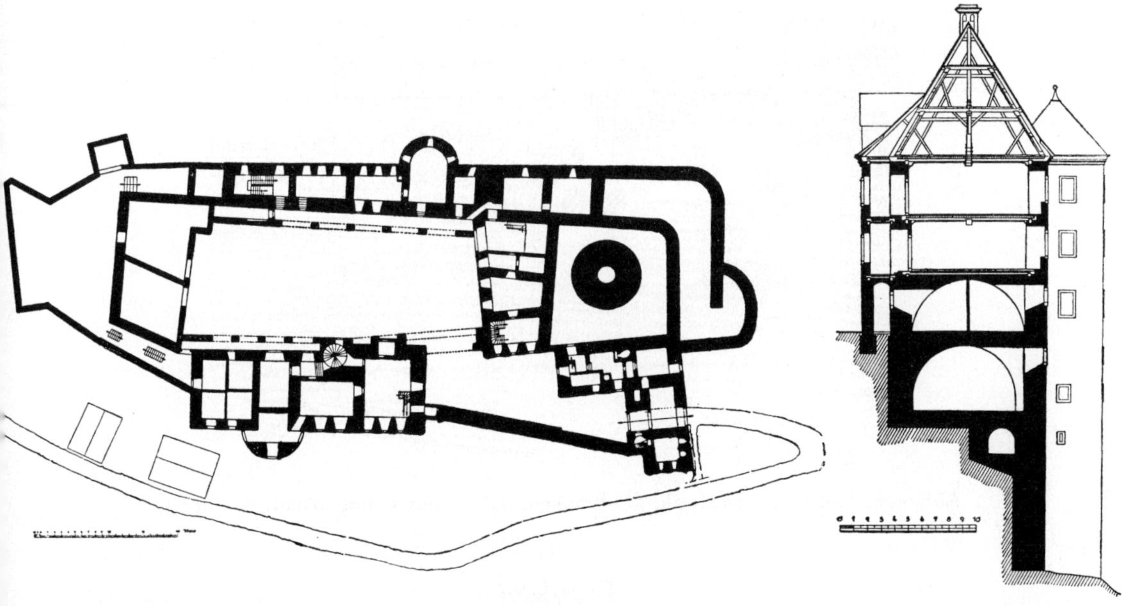

Abb. 507. Höhenbg. Gnandstein, Sachs., Mantelm., stark. rd. Bergfr., roman. u. spät. Pallas, bedeut. got. Kap., Grdr. 1:1000. B. E.; Schn. durch Hauptwohnb. 1:500. B. E. nach Heinker.

---

287) Ebenda S. 12; Brinkmann: a. a. O. S. 50ff. — 287a) Radig: Heinr. I., der Burgenbauer S. 63ff. u. Tafel XIX bis XXI.

Abb. 508. Höhenbg. Saaleck, U.=Franken, spät. Bauten um mächt. rd. Bergfr.

Franken

Kaum ein anderes Gebiet in Deutschland ist so reich an Burgen und Schlössern wie die heute in dem bayerischen Ober=, Mittel= und Unterfranken vereinigten alten fränkischen Lande. Allein in Unterfranken zählt man 296 Burgen und Schlösser[288]). So verschieden landschaftlich und geologisch die Bodengestaltung ist, so war doch das Basaltgebiet der Rhön, das Sandsteingebiet am Main, das Kalksteingebiet des Fränkischen Jura gleichmäßig günstig für den Burgenbau.

Das Gebiet umfaßt ein großes Dreieck, dessen Ecken durch drei Städte, Aschaffenburg am Main, Hof nahe der sächsischen Grenze und Eichstädt im Altmühltal gekennzeichnet wird.

Drei sehr verschiedene Kulturkreise sind dadurch zusammengefaßt. Stark unterscheidet sich das fruchtbare und sonnige Gebiet des Maintales und seiner Nebenflüsse von den rauhen Höhen Oberfrankens, des Fichtelgebirges und seinen Graniten. Von beiden grundverschieden ist das Dolomitkalkfelsengebiet des Fränkischen Jura von der Fränkischen Schweiz bis zum malerischen Altmühltal.

[288]) Heßler: 296 Burg. u. Schlöss.

Die Burgen richten sich auch hier in ihren Formen nach der geologischen Beschaffenheit der Bauplätze. Die sonnenreiche, obst= und weingesegnete Landschaft am Main zeigt künstlerisch die freundlichste Gestaltung. Der leicht zu bearbeitende Sandstein führte in Wertheim[289]) und Prozelten, in Miltenberg, der Burg Wildenberg im Oden=wald[290]), der Wasserburg Mespelbrunn[291]) (Tafel 68) zu den glänzendsten baukünst=lerischen Schöpfungen des Burgenbaues, die wir in Deutschland haben. Unregelmäßigen Grundriß zeigt die sehr frühe Burg Wertheim am Main über gleichnamigem Städt=chen. An die obere älteste Anlage mit Buckelquader=Bergfried, Pallas und Kapelle schließt sich nach dem Tale zu die Untere Burg an. Die Außenburg im Südosten ist durch einen künstlichen Graben, „die Schlucht", von der Hauptburg getrennt. Im Laufe der Jahr=hunderte hat die Burg, eine der großartigsten des Maingebietes, verschiedene Umbauten und Erweiterungen erfahren.

Burgruine Freudenberg (Abb. 512)[291a]) über dem gleichnamigen Städtchen am Main liegt auf einer Bergzunge, die durch einen Halsgraben vom Bergrücken abgeschnitten ist. Der quadratische Bergfried von 15 m Seitenlänge, der einen verjüngten Aufsatz trägt, nimmt die höchste Stelle des Felsens ein. Den zu beiden Seiten anschließenden Mauern sind Pfeiler vorgelegt. In der NW=Ecke ragen die Mauerreste des rechteckigen Pallas. Hinter dem Pallas nach Norden zu schließt sich die tiefergelegene Vorburg an.

Burg Külsheim[291b]) ist eine unregelmäßig viereckige Anlage, von einem tiefen Gra=ben umzogen, der durch eine hohe Mauer mit drei nach innen geöffneten Rundtürmen verstärkt ist. Der im NO stehende runde Bergfried bildet den ältesten Teil der Burg. Die übrigen Bauten sind bedeutend jüngeren Datums (Abb. 513).

Prozelten[292]) (Abb. 515, 516) zwischen Wertheim und Miltenberg auf einem Sandstein=bergausläufer rechts des Mains gelegen, bildet, der Form des Felsens angepaßt, fast ein Dreieck mit zwei langgestreckten romanischen Pallasbauten, an den Angriffsseiten im Osten durch einen viereckigen Bergfried und Halsgraben, im Süden durch einen schlankeren runden Turm verteidigt. Mit ihren gotischen Tor=, Zwinger= und Turmbauten ist die Burg später auch für Pulververteidigung und Seitenbestreichung eingerichtet (Abb. 514, 10).

Die romanischen Teile der edlen Burg Miltenberg[293]), über gleichnamiger Stadt am Main, stammen aus der Zeit um 1200, vor allem der Bergfried, ein herrlicher

Abb. 509. Höhenbg. Abenberg, Franken, roman., mächt. Mantelm. m. Pallasr. u. Türmen. B. E.

[289]) Kunstd. d. Gh. Baden Bd. IV, 1 S. 196ff.; Wibel: Die alte Burg Werth. a. M.; dazu: Piper: Burgr. Werth. a. M.; Smlg. Ebh. — [290]) Siehe „Pfalzen=, Reichs= und Hofburgen". — [291]) Siehe „Burgenarten" S. 48. — [291a]) Kunstd. d. Gh. Baden Bd. IV, 1, S. 101ff. — [291b]) Kunstd. d. Gh. Baden Bd. IV, 1 S. 140ff. — [292]) Ebh.: D. B. Bd. I, S. 112ff.; siehe „Burgenarten" S. 62. — [293]) Smlg. Ebh.; Heyck: Miltenb. („Daheim", Aug. 1900).

Abb. 510. Höhenbg. Berneck, Franken, Pallasr. u. starke Zwingerm. got., Tor.= u. Baur., nach 1499 viereck. Seitenbestr.=Türme.

Buckelquaderbau aus rotem Sandstein. Der nach Osten gerichtete Pallas gehört dem 14. Jahrh. an.

Burg Saaleck b. Hammelburg in Unter=franken liegt auf einem steil nach NW ab=fallenden Bergvorsprung. Der mächtige runde 22 m hohe Bossenquader=Bergfried stammt aus dem 12. Jahrh., im übrigen erhielt die Burg ihr heutiges Aussehen durch den Um=bau von 1867. — [293a]) (Abb. 508).

Ebenfalls in Unterfranken liegt die von weitläufiger Ringmauer umschlossene Burg Rieneck a. d. Sinn [293b]) (Abb. 525) mit zwei vieſeckigen Bergfrieden; einer derselben birgt in seiner Mauerstärke des 3. Stockwerkes eine Kapelle.

Verschieden wie nach klimatischer und geologischer Art ist das Gebiet in Geschichte und Kultur, auch diese beiden hängen eng zusammen mit der geologischen Gestaltung und den großen Straßen, die seit urvordenk=lichen Zeiten durch die gleichen Flußtäler und über die gleichen Gebirgsübergänge in Krieg und Frieden laufen.

Die strategischen Bedingungen waren da=her bestimmend für die Wahl der Burgbau=plätze und nach der Lage war die Aufgabe der Burgen verschieden.

Hierher paßte als Verteidiger des Deutschtums das tüchtige Geschlecht der Hohenzollern, das die Fichtelgebirgslandschaft, die Fürstentümer Bayreuth und Ansbach, jahrhunderte=lang beherrschte, von denen das letztere schon weit nach Mittelfranken hineinreicht.

Die gesegneten Auen des unterfränkischen Maingebietes boten dagegen Platz für die üppigen kirchlichen Herrschaften.

Ernster wieder als die schönen Rotsandsteinbauten jener sind die Burgen im Basalt= und Kalksteingebiet der Rhön, des Grabfeldes und der Kissinger Gegend. Sie gehören zu den wertvollsten Beispielen sehr früher Burgenbaukunst. Da ist vor allem die Salz=burg[294]) bei Neustadt an der Fränkischen Saale zu nennen.

Auch die entzückende Wasserburg Irmelshausen[295]) (Abb. 46) dürfte zu dem Reiz=vollsten gehören, was Deutschland an altem Familienbesitz aufzuweisen hat.

Weiter östlich, nach Koburg zu, liegen die schönen Burgen im Baunachtal: Burg Wild=berg nahe der Quelle, Bettenburg, Rotenhahn[296]), die Burgen Altenstein, Lich=tenstein und schließlich die Stufenburg nahe dem Einfluß der Baunach in den Main.

Altenstein[297]), hoch auf dem östlichen Zug des Baunachufer, ist eine der größten Anlagen Frankens, sehr unregelmäßig reich gegliedert. Im Norden erhebt sich noch eine Wand des quadratischen, in Buckelquadern ausgeführten Bergfrieds, daneben

[293a]) Kunstd. d. Kgr. Bayern Bd. III Unterfranken S. 103 f. — [293b]) Heßler: a. a. O. S. 50 ff. — Smlg. Ebh. — [294]) siehe „Burgenarten" S. 32. und „Pfalzen, Reichs= und Hofburgen". — [295]) Siehe „Burgenarten" S. 48. — [296]) Heßler: 296 Burg. u. Schl. Unterfr. — Kunstd. d. Kgr. Bayern, Bd. III, Heft V, S. 11, Heft XIII, S. 166 f. — [297]) Oelenheinz: Drei fränk. Ruinen (Denkmalpfl. 17. Jahrg., Nr. 6, 1915, S. 41 ff.); Gröber: Unterfränk. Burg. S. 99, Grdr.

schöne gotische Kapellenreste und viele Vorwerke. Ein Doppelturmtor an der Angriffs= seite ist bemerkenswert, ebenso die zwei runden Ecktürme.

Das Gegenstück der Ganerbenburg Altenstein, der nahe Lichtenstein[298]) (Abb. 2) auf einem Bergvorsprung, der nach Westen und Norden schroff abfällt, zerfällt in drei Teile, im Norden die in Trümmern liegende romanische Anlage, im Osten in zwinger= artigem Raum eine Barockkirche und drittens im Südosten eine geschlossene, noch be= wohnte Mantelmauerburg.

Wertvoll ist darin der dicke, fachwerkgiebelbekrönte Wohnturm (Abb. 519).

Im Itzgrund ragt die unvergleichlich großartige Veste Koburg[299]). Abermals weiter öst= lich, an der Bahnstrecke Berlin—Jena—Probstzella, der ehemals thüringischen Grenze, liegt die zur Festung ausgebaute Burg Rosenberg bei Kronach[300]), von einem Aus= läufer des Frankenwaldes herab das Kronach= und Haslachtal beherrschend. Obgleich erst 1246 urkundlich erwähnt, gehören Teile im Unterbau des „Hauses Rosenberg" viel früheren Zeiten an. Höher im Gebirge liegt der späte Bau des Lauenstein[301]).

Burg Guttenberg b. Kulmbach ist eine ziemlich rechteckige Anlage, die teilweise nach der Zerstörung durch den Schwäbischen Bund 1523 wieder aufgebaut wurde. Von der zur gleichen Zeit zerstörten Burg Alt=Guttenberg sind noch wenige Grundmauern sichtbar[301a]) (Abb. 518).

Im Tale des Weißen Maines steht über Kulmbach die auf alten Resten nach der Zer= störung 1554 noch vielfach burglich wieder errichtete, baukünstlerisch in ihrem schönen Renaissance=Hof unübertroffene Plassenburg[302]) (Abb. 521), deren kampfumtobte Mauern vom kriegerischen Geist fränkischer Hohenzollern berichten. Gelber und roter Sandstein ist zu ihrem Quaderbau verwandt (Abb. 522).

Damit sind wir über die Grenze zwischen Unter= und Oberfranken hinausgelangt, die außer Ansbach=Bayreuther Gebiet große Teile der Bistümer Würzburg und Bamberg um= fassen.

Am Rande des Steigerwaldes muß die gut erhaltene Burg Lisberg (Abb. 527) mit ihrem runden Bergfried aus unbehauenem Stein er= wähnt werden.

Die Granite des Fichtelgebirges haben eine eigene ernste Bauweise verursacht, von denen die Burgen Hirschstein, Sparneck[303]) und Berneck[304]) (Abb. 510) gute Beispiele geben. Von der vorderen Burg Berneck aus grünem

Abb. 511. Felsenbg. Streitberg, Franken, heutiger Zust.

[298]) Ebh.: D. B. Bd. I, S. 167ff.; Oelenheinz: a. a. O. S. 42ff. — [299]) In Abschn. „Mitteldeutsch= land" näher beschrieben. — [300]) Hummel: Füh= rer durch d. Feste Rosenb.; Sieghardt: Burg u. Schl. d. bayer. Ostmark S. 114f. — [301]) Ebenda. S. 118f. — [301a]) Ebenda S. 110f. — Smlg. Ebh. (eigene Aufn. u. Vermessungen). — [302]) Ebh.: Burg. d. Hohenzollern (Sonderdr. Hohenz.=Jahrb. 1905, S. 265); Mielke: Burgw. 1911, S. 1ff.; Mer= ker: Burgw. 1928, S. 60ff.; Mader: Bau= u. Kunstgesch. d. Plassenb.; Ruckdeschel: D. Erb. d. Plassenb. u. ihre Ahnen; Limmer: Das Raum= bild 1. Jahrg., H. 6, S. 130f. — [303]) Ruinen, Alterth. u. noch steh. Schl. auf u. an d. Fichtelgeb. 1795 (ohne Verf.) S. 69ff., 103ff. — [304]) Schmidt: Burgw. 1918, S. 72ff.; Ruinen, Alterth. u. noch steh. Schl. auf u. an d. Fichtelgeb. 1795 (ohne Verf.) S. 143ff. — Sieghardt: a. a. O. S. 68f.

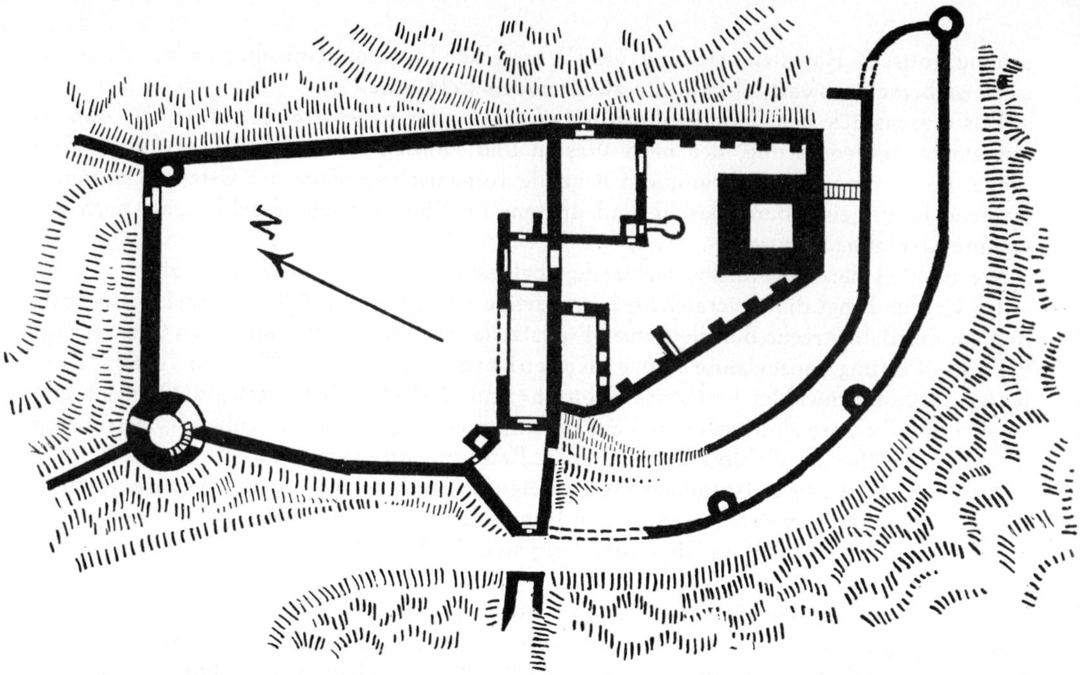

Abb. 512. Höhenbg. Freudenberg, Baden, viereck. Bergfr. i. Mantelm., Angriffsseite, Halsgr., nördl. spät. Vorbg., keine Seitenbestr., Grdr. 1:1000. B. E. nach K. Baden.

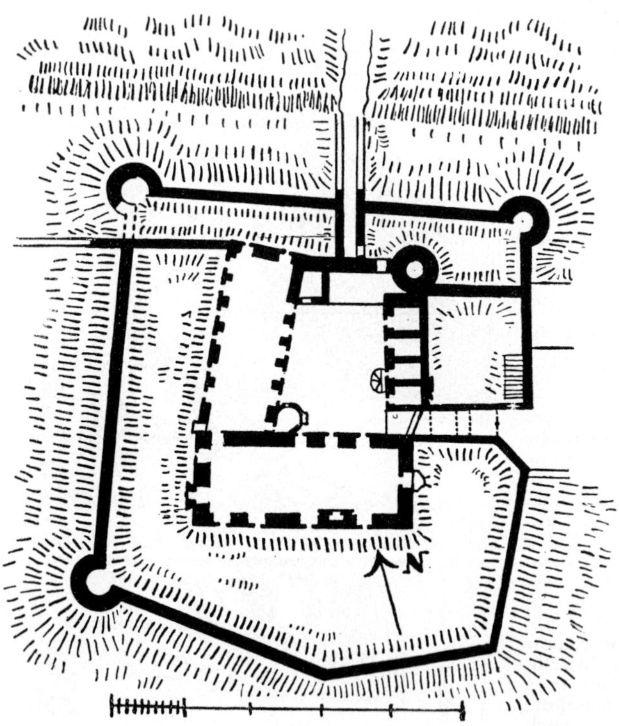

Abb. 513. Stadtbg. Külsheim, Baden, tief. Grb., rd. Bergfr. 12. Jh., got. Pallas, Erker, spät. Baut., geringe Seitenbestr. d. Zwingert., Grdr. 1:1000. B. E. nach K. Baden.

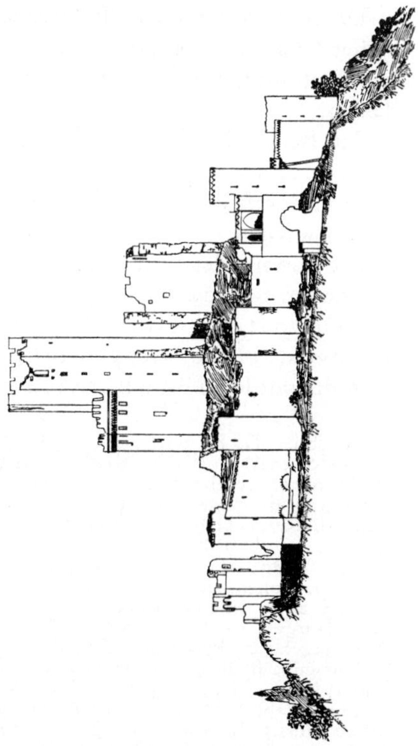

Abb. 514. Höhenbg. Prozelten a. Main, Ans. v. SW 1:1000. B. E.

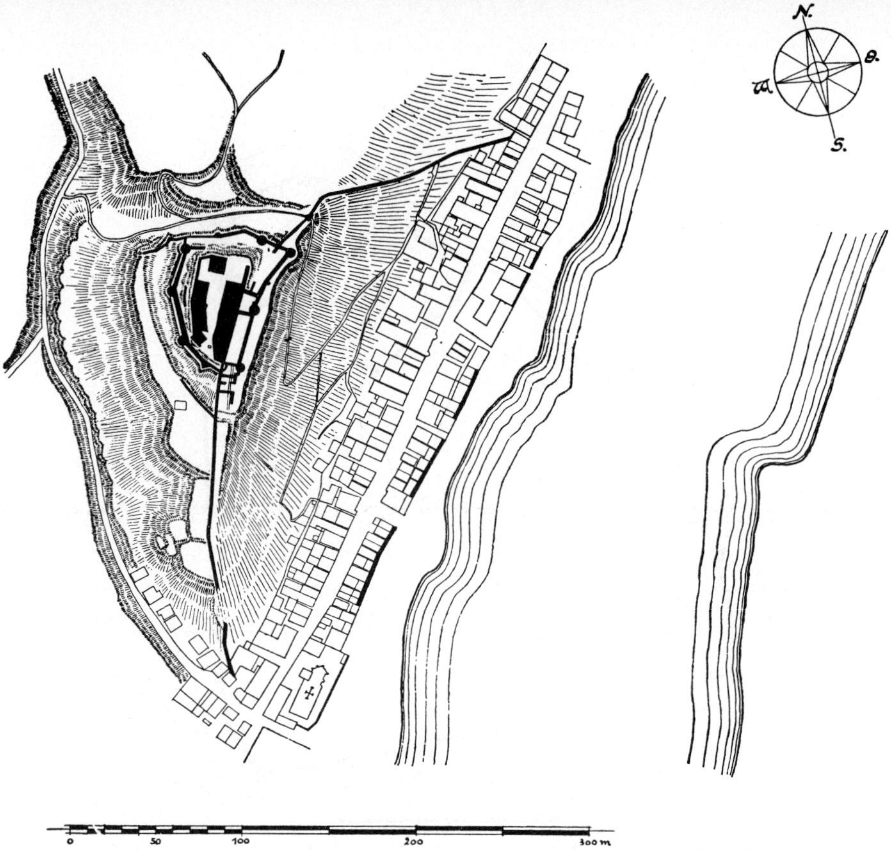

Abb. 515. Höhenbg. Prozelten a. Main, roman. Kern, got. Außenw. m. Seitenbestr., 2 Bergfr. verschied. Zt., hohe Mantelm., Lgpl. 1 : 4000. B. E.

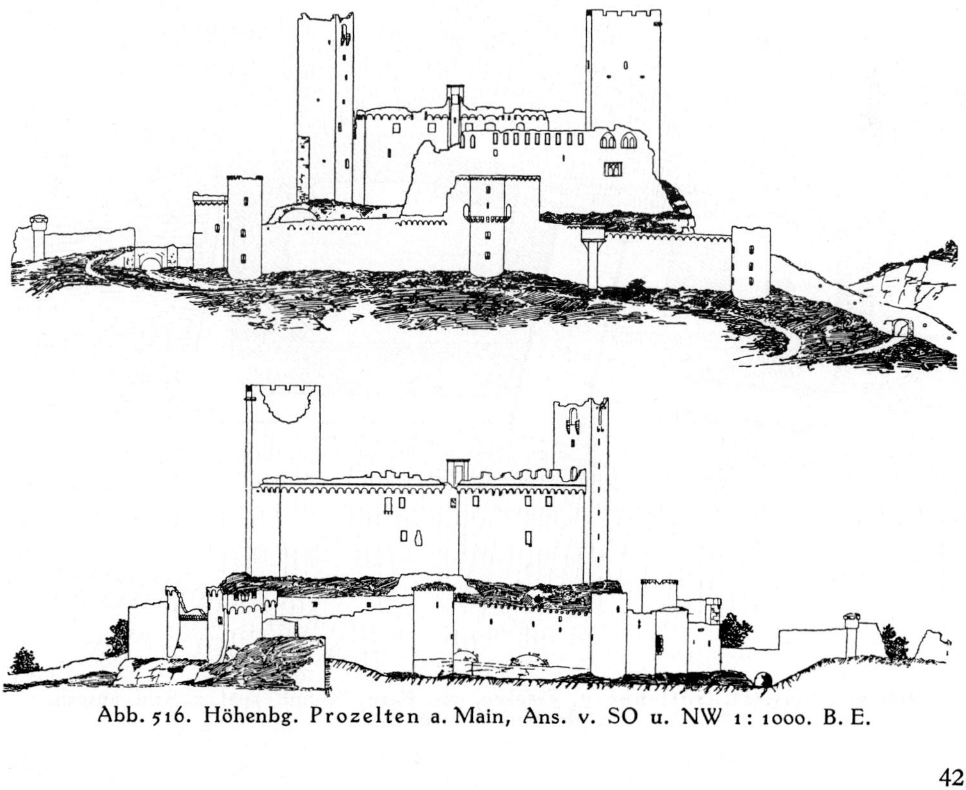

Abb. 516. Höhenbg. Prozelten a. Main, Ans. v. SO u. NW 1 : 1000. B. E.

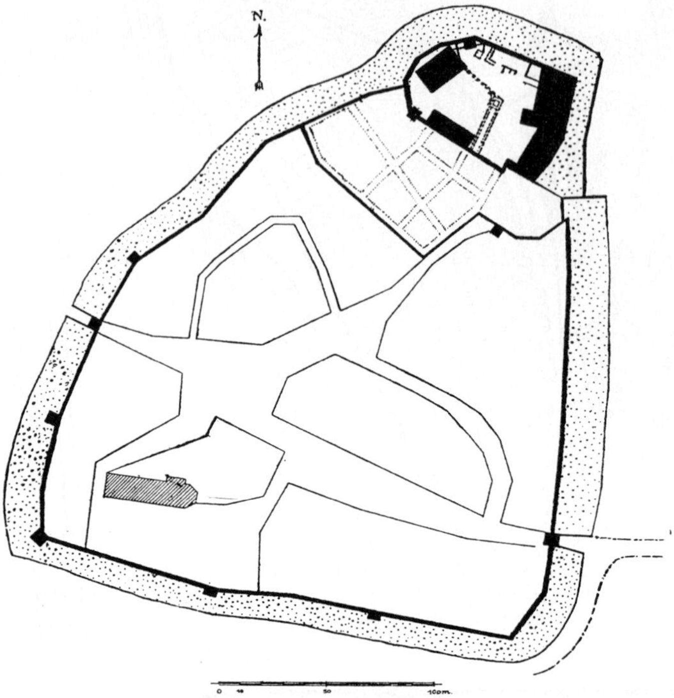

Abb. 517. Stadtbg. Abenberg, Franken, Lgpl. etwa 1 : 3000. B. E.

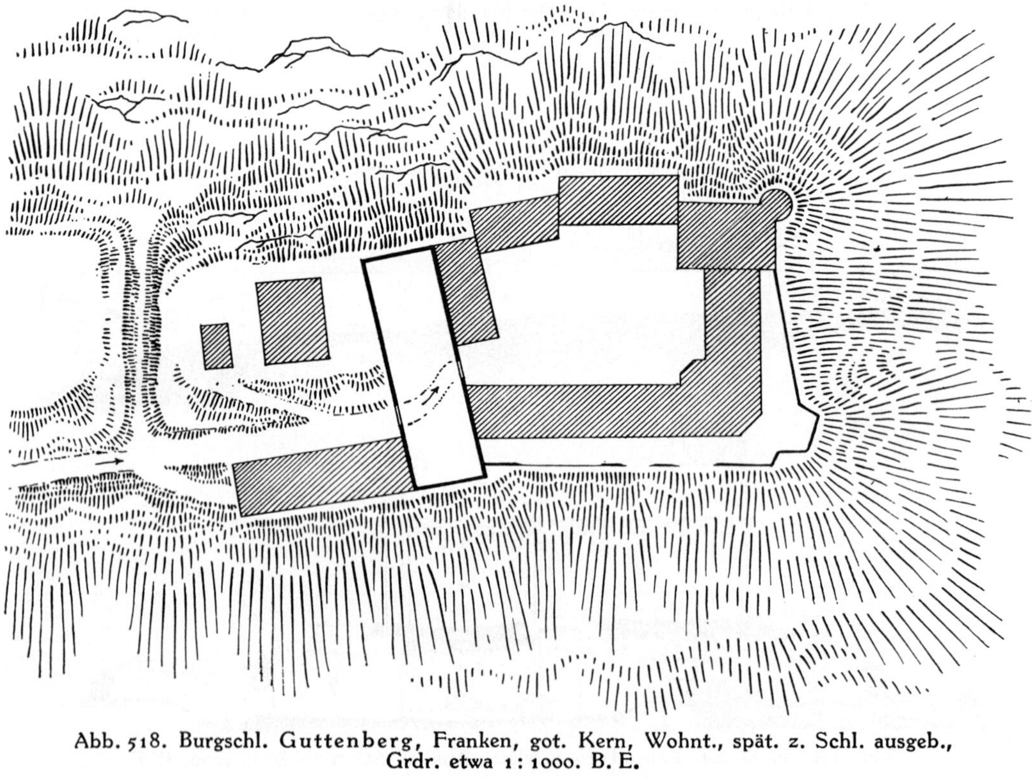

Abb. 518. Burgschl. Guttenberg, Franken, got. Kern, Wohnt., spät. z. Schl. ausgeb., Grdr. etwa 1 : 1000. B. E.

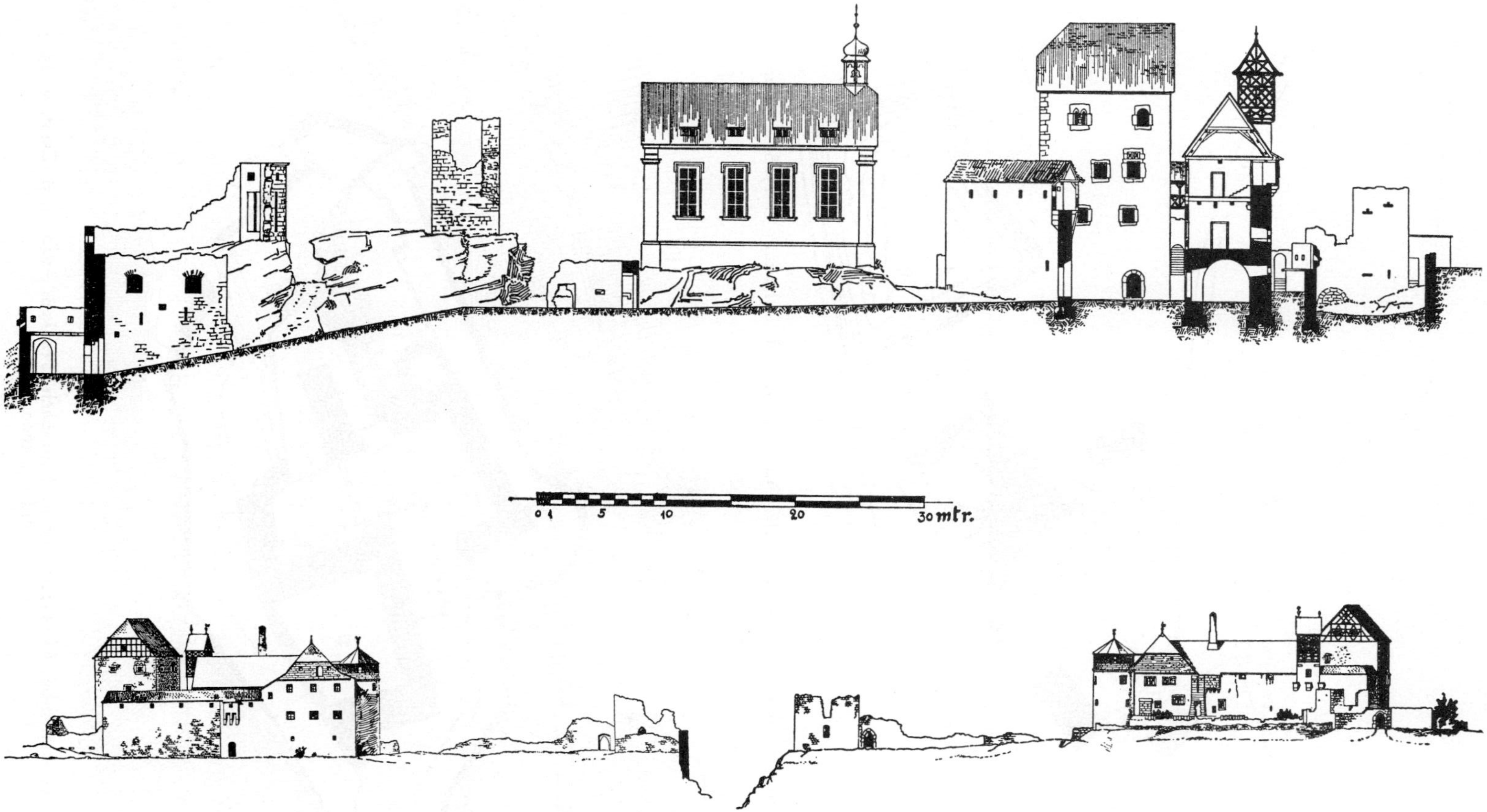

Abb. 519. Ganerbenbg. Lichtenstein i. Baunacht., Franken, Gesamtschn. v. S—N 1 : 500, 2 Ans. d. bewohnt. Bg. 1 : 1000. B. E.

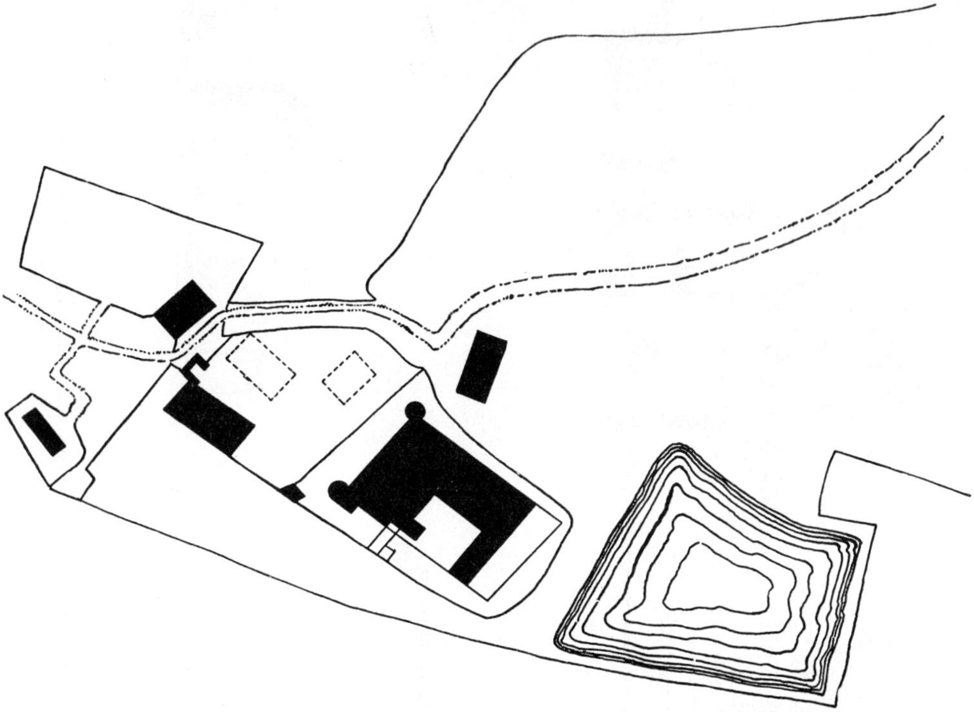

Abb. 520. Wasserbg. Kunreuth, Franken, Pl. n. d. Urbarium v. 1728, 1 : 2000.

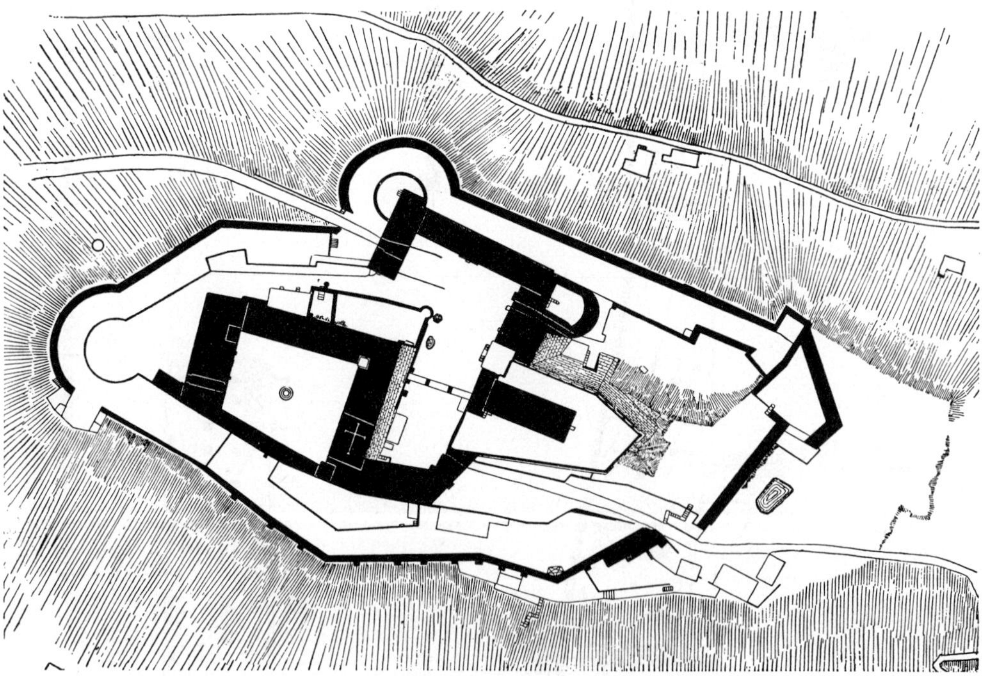

Abb. 521. Höhenbg. Plassenburg b. Kulmbach, Franken, Ausb. n. d. Zerst. v. 1554, Lgpl. 1 : 3000. B. E.

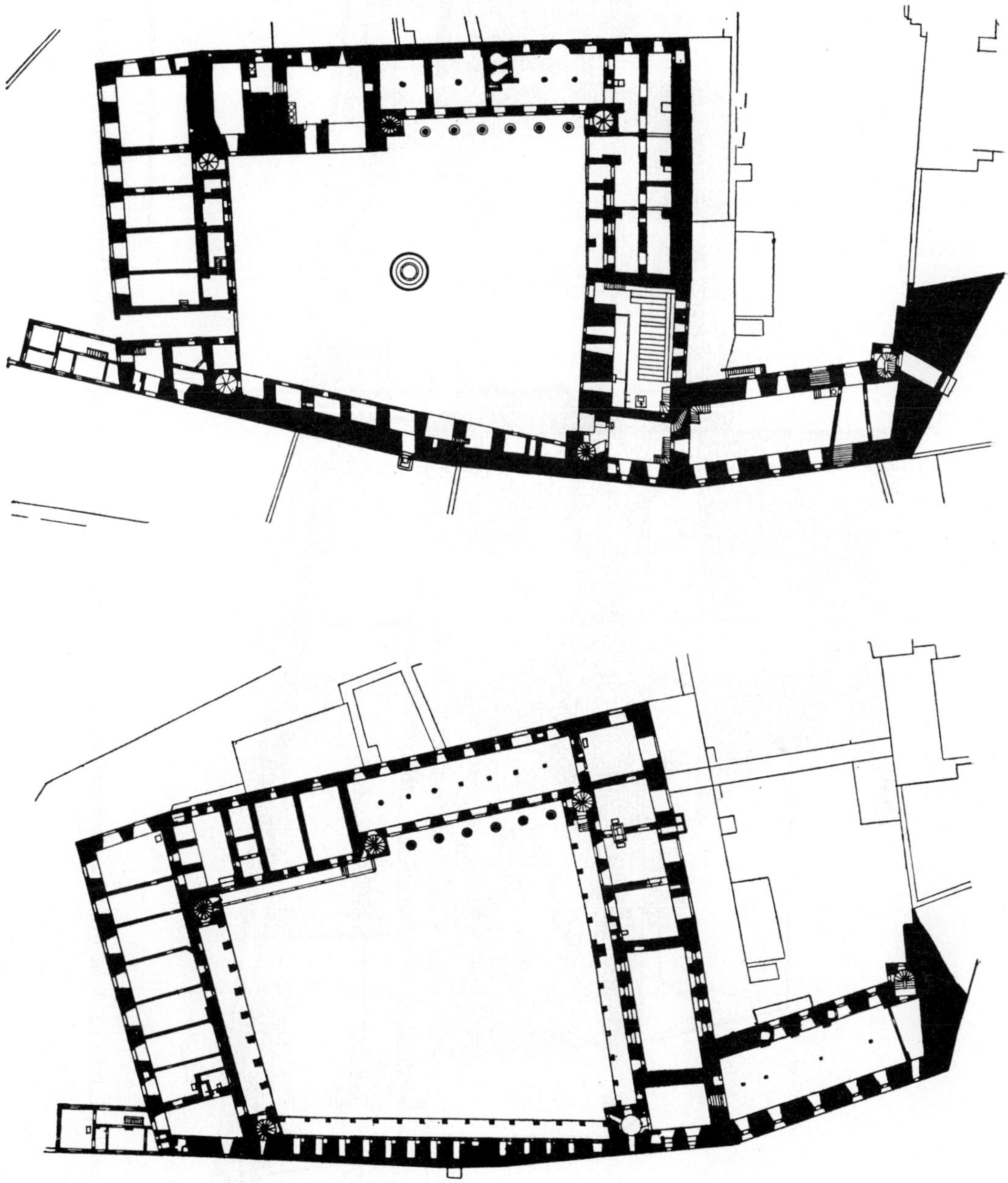

Abb. 522. Höhenbg. Plassenburg, Grdr. Erdgesch. u. 1. Stock 1: 1000. B. E.

Abb. 523. Höhenbg. Kadolzburg, hohe Mantelm., kein Bergfr., got. Pallas, nur 1 spät. Seitenbestr.=Zwingerm.=Turm, Grd., Ans. 1 : 500. B. E.

Abb. 524. Burg Thurnau, Franken, hoh. got. Wohnt. u. spät. Schloßb., Zust. um 1830. B. E.

Diabasgestein und Sandstein ist nur noch der sogenannte Uhrturm und ein Teil der Ringmauer erhalten. Zwischen vorderer und hinterer Burg lag eine wehrhafte Kapelle. Burg Berneck sperrte den Paß nach den nordwestlichen Teilen des Fichtelgebirges.

Wiederum eigenartige Gestaltung weisen die zahlreichen Burgen der Fränkischen Schweiz auf. Die schroffen, wildzackigen Dolomitwände forderten zum Burgenbau heraus. So nahm Bergfried und Wohnbau von Zwernitz, eine der höchstgelegenen Dolomitkalk=burgen der Fränkischen Schweiz auf wildüberhängenden Felsmassen ganz abenteuerliche Formen an[305]) (Abb. 528).

Anfang des 12. Jahrh. wurden Neideck und Streitberg[306]) (Abb. 511), östlich und westlich des Wiesenttales, errichtet. Beide passen sich eng dem Gelände an. Neideck er=streckte sich einstmals über 300 m; ebenso sind Rabenstein, auf 44 m hohem Kalkstein=felsen (Abb. 531), und Rabeneck (Abb. 530) zu nennen[307]). Rabenstein ist eine der größten Burgenanlagen der Fränkischen Schweiz.

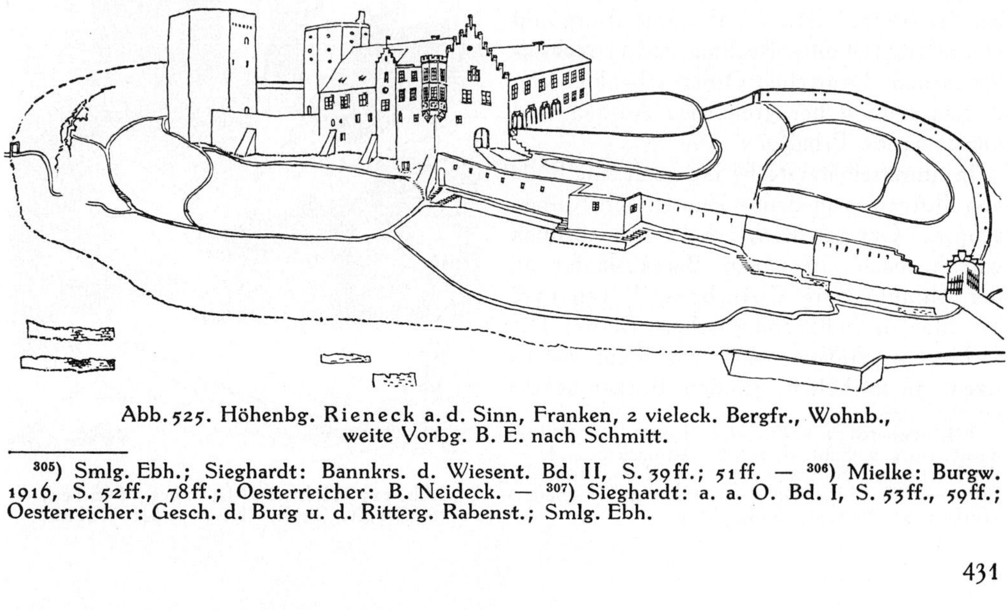

Abb. 525. Höhenbg. Rieneck a. d. Sinn, Franken, 2 vieleck. Bergfr., Wohnb., weite Vorbg. B. E. nach Schmitt.

[305]) Smlg. Ebh.; Sieghardt: Bannkrs. d. Wiesent. Bd. II, S. 39ff.; 51ff. — [306]) Mielke: Burgw. 1916, S. 52ff., 78ff.; Oesterreicher: B. Neideck. — [307]) Sieghardt: a. a. O. Bd. I, S. 53ff., 59ff.; Oesterreicher: Gesch. d. Burg u. d. Ritterg. Rabenst.; Smlg. Ebh.

Abb. 526. Deutschordensbg. Virnsberg, Franken, spät. Ausb.

Burg Aufseß in der nordwestlichen Fränkischen Schweiz ist der Stammsitz des hier seit 900 Jahren blühenden Geschlechtes der Freiherrn gleichen Namens[308]), der viereckige Bergfried, der sogen. „Meingotz-Turm", bildet den ältesten Teil. Erhalten ist auch noch die 15 m hohe Ringmauer (Abb. 529).

Besonders merkwürdig ist die Felsenburg Pottenstein, deren höchster Kern, ein Pallasgebäude, auf hohem Kalkfelsen errichtet, nur durch überwölbte Felsentreppen und über Brücken erreichbar[309]) ist (Abb. 35).

Am östlichen Abhang des Fränkischen Jura ist die reizvolle, schloßartig umgebaute Burg Thurnau[310]) (Abb. 524) der uralten Grafen von Giech zu nennen, deren Stammburg Giech als mächtige Ruine von der Höhe unweit Bamberg herabgrüßt. Thurnau ist eine unregelmäßige achttürmige Anlage aus verschiedenen Bauzeiten.

Damit kommen wir nach Mittelfranken. Unweit Ansbach, nach Westen gelegen, steht, wenig bekannt, großartig und noch bewohnt, Burg Virnsberg[311]) (Abb. 526). Einen hohen Turm umschließt die hochragende Kernburg, ursprünglich von Rittern von Virnsberg erbaut und bis in die Hohenstaufenzeit zurückreichend. Der Bedeutung eines solchen Platzes entsprechend, sind die ausgedehnten Anlagen der Vorburg angeordnet.

1235 kam Virnsberg an den Burggrafen Konrad II. von Nürnberg, dessen Nachkomme Konrad III., der Fromme, Burg und Herrschaft mit allen Rechten und Gerechtigkeiten dem Deutschen Orden schenkte. Von diesem stammt der großartige Ausbau und die dauernde Erhaltung.

In unmittelbarer Nähe lag noch eine Fülle von Burgen, von denen kaum noch Ruinen zeugen. Gut erhalten, erhebt sich nördlich von Ansbach auf einem Bergausläufer an der Altmühl Burg Colmberg[312]) von 1318 bis 1806 in hohenzollernschem Besitz. Die rechteckige Anlage wird von dem mächtigen, 30 m hohen, runden Buckelquader=

Abb. 527. Höhenbg. Lisberg, Franken, rd. Bergfr., Tort., Halsgr., spät. Wohnb.

[308]) Sieghardt: a. a. O. Bd. I, S. 97 ff. — [309]) Sieghardt: Burg u. Schl. d. bayer. Ostmark S. 42 f. — [310]) Herrmann: Burgw. 1913, S. 41 ff. — [311]) Smlg. Ebh. — [312]) Ebh.: Burg. d. Hohenz. (Hohenz.-Jahrb. 1905, S. 271); Smlg. Ebh.

Bergfried überragt, der durch eine Holzbrücke mit dem gedeckten Wehrgang verbunden ist. Zweiflügeliger Pallas, Kapelle, Vorburg und Außenwerke sind noch gut erhalten.

Ebenso reich ist die Umgebung Nürnbergs, da nicht nur Nürnberger Patrizier eine Veste nach der anderen aufkauften oder erbauten, sondern auch die Stadt selbst großen Wert auf den Besitz fester Wehrbauten, oft Wasserburgen, in der Umgebung legte[313]). Besonders beschäftigen muß uns hier, als feindlicher oder freundlicher Nachbar Nürnbergs, der Wohnsitz der Hohenzollern bzw. des burggräflichen Zweiges derselben, die Kadolzburg westlich Fürth[314]) (Abb. 523).

Die wohlerhaltene, gewaltige Quaderburg eigener Prägung, eine fast eiförmige Anlage, besteht aus Vorburg, innerer und hinterer Burg. Gewaltige Ring= und Mantelmauern, in den ältesten Teilen durchweg aus gebuckelten Sandsteinquadern, tragen alte Wehrgänge. Der so eindrucksvolle Bergfried fehlt. Im Innern sind gotische Pallasbauten mit alter Ausstattung mit schweren, gotischen Bohlenwänden und Decken erhalten. Prachtvolle gotische Steinkamine und Erker zeigen innen und außen hohe Entwicklung des Wohnbaues, kunstvoll gemeißelte Wappenbilder schmücken die reichen romanischen und gotischen Tore und Mauern und melden von Verbindungen der Hohenzollernburggrafen mit den Häusern Sachsen und Bayern. Urkunden über Kadolzburg gehen bis 1157 zurück. 1246 vermählte sich Burggraf Friedrich III. mit der Herzogin Elisabeth von Meran und erbte zwei Jahre später von Konrad dem Älteren Bayreuth und Kadolzburg. Erlauchte Fürsten sind durch das alte, romanische Tor eingeritten, wie Herzog Erich von Braunschweig (1262) und der unglückliche, letzte Hohenstaufe Konradin, der hier auf seinem Zug nach Italien weilte.

Die Burgkapelle wurde 1379 umgebaut, neun Jahre, bevor in immerwährenden Fehden

Abb. 528. Felsenbg. Zwernitz, Franken, i. Kern roman., früh. rd. Bergfr., 2 Tore z. tief. Vorbg.

Abb. 529. Höhenbg. Aufseß, Franken, 4eck. Bergfr., Wohnb., spät. Schl.

[313]) Siehe „Pfalzen, Reichs= und Hofburgen".
[314]) Ebh.: D. B. Bd. II, S. 422ff.; Derselbe: Burg. d. Hohenz. (Hohenz.=Jahrb. 1905, S. 253ff.).

Abb. 530. Felsenbg. Rabeneck, Franken, früher Wohnt., Burgkap., Halsgr. B. E.

mit Nürnberg die stolze Burg von den Städtern in Brand gesteckt wurde.

Die schlimmsten Schäden erlitt die Burg während des Dreißigjährigen Krieges indem Kadolzburg abwechselnd von Gustav Adolf und Wallenstein besetzt wurde. Zweimal, 1633 und 1639, wurde sie von den Kaiserlichen geplündert (Tafel XXI).

Gegen die großartige Geschichte der Kadolzburg bleiben die Ereignisse, die mit weiteren Hohenzollernburgen verknüpft sind, zurück. Baulich großartig war die romanische, etwa aus gleicher Zeit stammende Burg Abenberg[315]) (Abb. 509, 517), unweit Roth bei Nürnberg auf 439 m hoher Bergkuppe. Ebenso wie in Kadolzburg wird die gleichnamige Stadt ursprünglich Vorburg gewesen sein. Stadt und Burg bilden fast ein Dreieck, auf dessen nördlicher Spitze die Burg mit ihrem großen Pallas, dem rechteckigen Turm und den hohen Mantelmauern liegt.

Hohenzollerisch ist auch Stauf[316]), mit dem Ludwig IV. 1372 die Burggrafen von Nürnberg belehnte. Von der 1459 zerstörten Burg ist noch ein mächtiger Turm übrig.

In der Nähe liegt als Ruine die ebenfalls 1459 zerstörte Burg Landeck[317]).

Auch die südlichsten Teile von Mittelfranken bergen Burgen, die dem Charakter der Landschaft entsprechende Formen annehmen. Da ist die Stammburg der Pappenheimer Grafen, an der Altmühl nahe Solnhofen, auf einem aus Jurakalk geschichteten Hügel, mit starkem viereckigem Bergfried[318]), dann rechts und links des vielgewundenen Flußbettes auf märchenhaften Kalksteinfelsen Burgen, wie der eigentümliche, ruinengekrönte und ummauerte Dollnstein[319]), und stromabwärts die trotzigen Reste des Arnsberg[320]), auf hohem Steilufer über der Stadt Kipfenberg, die vom Verfasser 1914—24 wiederhergestellte Burg Kipfenberg[321]), auf nadelspitzem Felsen, ein Beispiel unvergleichlicher Kühnheit der Bauleute des Mittelalters.

Viereck-Bergfried und Kapellenbau stammen aus romanischer Zeit, ebenso der tiefe Felshalsgraben. Doch entspricht der heutige Baukörper nicht mehr dem Umfang der Burg um 1869.

Waren die Bayreuther Burgen Grenzburgen gegen Tschechen und Hussiten, die Burgen der Maingegend festliche Wohnburgen der geistlichen und weltlichen Landesherren zur Beherrschung der Landschaft und Bollwerke gegen von Westen durch die Pforte des Maintales in Deutschland einbrechende Feinde, so dienten die Burgen der Altmühl der Beherrschung der östlichen Gebiete.

Dieser verschiedenen Bestimmung entspricht die Gestaltung der drei Gruppen, die zugleich grundverschieden beeinflußt werden durch das Urgestein des Granites in den Fichtelgebirgsgegenden, durch den spröden, schwer zu bearbeitenden Dolomitkalkstein des

[315]) Schott: Ein Hohenzollernschl.; Ebh.: Burg. d. Hohenzoll. (Hohenzoll.-Jahrb. 1905, S. 262ff.) — [316]) Ebenda S. 271. — [317]) Ebh.: Burg. d. Hohenz. (Hohenz.-Jahrb. 1905, S. 271). — [318]) Smlg. Ebh.; Lehner: Mittelfr. Burg. u. Schl. S. 143. — [319]) Ebenda S. 153ff. — [320]) Ebenda S. 151ff. — [321]) Smlg. Ebh.; Taeschner: Gesch. d. Burg Kipfenberg.

Abb. 531. Felsenbg. Rabenstein, Franken, teils bewohnt, teils Ruine, frühe Umfassungsm., Halsgr.

Fränkischen Jura und den farbenfrohen, künstlerisch leicht und reich zu bearbeitenden Sandstein der Maingegenden, der auch die baukünstlerisch edelste Gestaltung der groß=mächtigsten Wehrbauten veranlaßte.

Neckar- und Quellgebiet der Donau

Das schöne Bergland um das Zuflußgebiet des Neckars ist eine der burgen=reichsten Landschaften Deutschlands. Dem verschiedenen Bestand an Bausteinen, den verschieden steilen Bergen oder Ufern von Neckar, Kocher, Jagst usf. entsprechen die Formen. Vom Mainsandsteingebiet bis zum Basaltgebiet des Hegaus wechselt der Baustoff zwischen Sandstein im Oehringischen und am Neckar selbst und Muschelkalk an den Ufern der Kocher und Jagst und schwarzem, braunem und weißem Jurakalk.

Am Neckarunterlauf erheben sich auf langer Bergzunge zwischen Neckar und Steinach die Burgen von Neckarsteinach, 1122 Landschaden genannt[322]).

Vorderburg, Mittelburg und auf der wichtigsten Verteidigungsstelle die mit der Spitze gegen Norden gerichtete Hinterburg und die kleinste, Schadeck oder „Schwalbennest", ergeben eine Gruppe von vier Vesten, die mit dem Ort eine Einheit bildeten. Schwalben=nest besteht aus viereckigem Mauerring, dessen Bergseiten eine hohe Schildmauer bekrönt, durch Wehrgang und zwei Ecktürmchen geschützt. Die starke Hinterburg, von hoher Mantelmauer — wie sie im ganzen Neckargebiet üblich wird — und dreifachem Zwin=ger umgeben, zeigt nach meinem Aufmaß ein edles romanisches Tor, schöne Fenster gleicher Zeit und einen viereckigen Sandstein=Buckelquader=Bergfried[323]), der seine scharfe Ecke dem Angriff zukehrt. Die Anlage des Haupttores zeigt die Absicht, den

[322]) Siehe Abschn. „Burgenarten". — [323]) Ebh.: Burgw. 1903, S. 105ff. — siehe. Grdr. d. Hinter=burg S. 106.

Zugang durch Seitenbestreichung, durch Einrücken der Mantelmauer zu erschweren, eine jetzt allgemein werdende Übung, die auch Rechberg, Zwingenberg, Wildenberg u. a. zeigen.

Die schöne Burgruine Hirschhorn[324] (Abb. 532), auch sie ursprünglich romanisch, auf sehr scharfer Bergnase, bildet mit der tief am Neckar liegenden Stadt eine Ufersperre.

Zwei 2,40 m starke Schildmauern, in verschiedener Höhe fortgesetzt, schützen gegen W und N die Angriffsseite, ein schlanker Turm bekrönt das Westende einer dritten höchsten Schildmauer, die zugleich Außenmauer des romanischen Pallas war. Zu den den Felsen kühn angegliederten romanischen Hochbauten und Zwingern sind durchweg rote Sand=steinquadern, in der Renaissance oft Bruchsteinmauerwerk mit Eckquadern verwendet.

Von der wohlerhaltenen Sandsteinburg Zwingenberg[325]), 1326 urkundlich zuerst er=wähnt, gibt Abb. 534 das Bild eines auf schmalster Bergnase zwischen Neckar und Wolfschlucht errichteten, sehr festen Mantelmauer=Baues. Der steile Anstieg des Grates erforderte an der Angriffsseite außer dem Halsgraben eine hohe, im spitzen Winkel ge=knickte sehr hohe Schildmauer. Der viereckig romanische, sehr bemerkenswerte Bergfried ist — seine scharfe Kante gegen den Feind gerichtet — in den spitzen Knick gesetzt. 7 m tiefer liegen der enge Burghof und 10 m tiefer die 1424 und 1572 in der alten Mantelmauer erneuerten vierstöckigen Wohnflügel. Eine ungewöhnlich starke weite Zwingermauer mit 3 runden Ecktürmen umgiebelt die Kernburg.

Die Verteidigung von Zwingenberg gegen die Talseiten erfolgt wie bei Hirschhorn durch Vorburg und Zwinger. Die malerische Wirkung ist, obwohl alles streng nach wehr=baulichen Notwendigkeiten angeordnet, eine große.

Die nahe Minneburg[326]) liegt behäbiger, hoch am Berg. Ein mächtiger Halsgraben, dahinter starke dreitürmige Zwingermauern von 1522 decken West= und Südseite der Burg.

Die Mantelmauer des 13. Jahrh. bildet mit der Schildmauer ein etwa 35 × 23 m messendes verschobenes Siebeneck.

Durch die östlich tiefliegende Vorburg und innere Tore gelangt man zur Ostseite der Kernburg, von dort durch ein letztes Tor in der Mantelmauer ins Innere.

Der starke viereckige Bergfried steht am nördlichen Ende der Schildmauer, deren Südende den späten Giebel des die Südseite einnehmenden Pallas trägt. Der Wohnraum war gegen=über den starken Wehrmauern und Türmen gering.

Sandsteinquader= und Bruchsteinmauerwerk zwangen zu breitgelagerten Formen. Die heu=tige Gestalt erhielt die Burg erst 1522 durch den Baumeister Hans Steinmüller, der auch auf dem Breuberg wirkte. Der Spätzeit entspricht die Zwingermauerstärke und die Massigkeit der runden, zur Seitenbestreichung bestimmten Bollwerke.

Diese drei Burgen, aus gleichem Baustoff errichtet, namentlich Zwingenberg und Minneburg, haben ähnliche Grundrisse, jeweils bedingen jedoch Felsungleichheit und verschiedene Bauzeit starke Abweichungen.

Bedeutend ist die 1184 urkundlich erwähnte Halbruine Hornberg[327]) aus Granit und Sandstein, auf ungewöhnlich langer Bergzunge über Neckarzimmern, vielfach zerstört und umgebaut, noch heute in wehrhafter Form (Tafel 69).

Ein hoher Mantel gegen die nördliche Angriffsseite und die südliche große Vorburg, schildmauerartig verstärkt, umgeben als verschobenes Vieleck den Pallas und den an die

---

[324]) Ebh.: D. B. Bd. II, S. 306ff., Quellen ebenda S. 332; Bronner: Odenwaldb. 3. Teil, S. 66ff. — [325]) Bronner: Odenwaldb. 3. Teil, S. 86ff.; Kunstd. d. Großh. Baden Bd. IV, Abt. 4, S. 186ff. — [326]) Kunstd. d. Großh. Baden Bd. IV, 4, S. 16ff.; Stocker: B. Minneb.; Baumgärtner: Neckart. b. Neckargerach; Bronner: Odenwaldb. 3. Teil, S. 95ff. — [327]) Krieger: Hornberg a. N.; Zeller: B. Hornberg a. N.; Smlg. Ebh.; Petri: Burgw. 1912, S. 152f.; Bronner: Odenwaldb. 3. Teil, S. 103ff.

Kadolzbürg 1905 B.ERHARDT fec.

Tafel XXI Burg Kadolzburg, Franken

Angriffsseite gestellten Bergfried. Rundturmverstärkte Zwinger ziehen sich mehrfach um den Felskegel, der sich über Angriffs= und Vorburgseite bis 22 m erhebt.

Die vorburgtragende Bergnase schießt südlich noch über 90 m vor, am Schluß verteidigt durch den ungewöhnlich starken pallasartigen „Mantelbau", einen vorgeschobenen, selbständigen, quergestellten Wehrbau. Zwischen Halsgraben und Ausläuferspitze dehnen sich äußere Zwinger, 170 m lang und im Mittel 40 m breit. Umgebaut wurde in Gotik und Renaissance.

Zahlreiche vorgeschobene späte Rundtürme dienen der dem Kernbau fehlenden Seitenbestreichung. Merians Darstellung gibt ein vortreffliches Bild. Baunachrichten sind von 1341, 1422, 1434, 1452 und später erhalten.

Die Ufer des Neckars blieben lange wehrbaulich wichtig, diente doch das Flußtal als Heer= und Handelsstraße. Besonders wurde daher an der Vereinigung von Neckar, Jagst und Kocher Wimpfen schon früh durch starke Befestigung betont und sogar zur Kaiserpfalz erhoben. Mächtige Mauern und zwei Bergfriede sichern die auf hohem Felsmassiv liegende Burg und Stadt[328]). Entsprechend der Lage zwischen Sand= und Kalksteingebiet sind beide Steinarten verwendet, am roten Turm gelblicher Sandstein und Kalktuff, am blauen Turm bläulicher Kalkstein. Von den leider geringen edlen romanischen Resten muß man auf prachtvolle Größe der staufischen Pfalz schließen.

Nun folgen aufwärts im Gebiet von Jagst und Kocher Möckmühl[329]), über dem Städtchen in einer Jagstwindung gelegen, mit rundem Bergfried, Wohnbau und fünfeckigem, rundturmverstärktem Zwinger, an den die Stadtmauern stoßen, dann Jagsthausen[330]), beides in der Spätzeit Burgen Götz von Berlichingens.

Leofels[331]) (Abb. 533), die romanische Ruine, ist Beispiel einer kleinen Mantelmauerburg aus Muschelkalkstein mit schönen, zweilichtigen Fenstern auf scharfer Bergnase zwischen Jagsttal und einer Klinge (Abb. 546).

Bedeutend ist das zum Schloß zwischen mächtigen, späteren Batterietürmen ausgebaute Langenburg[332]) (Abb. 535) auf für die Gegend kennzeichnender langer Felsnase.

Morstein[333]) Werdeck und Burleswagen[334]) folgen. Von letzterer sind Bergfried, Zwinger und Bastionen erhalten.

Burg Rechenberg[335]) (Abb. 536) besteht aus 2 Flügeln. An der NW=Ecke des neuen Flügels von 1571 springt ein achteckiger Turm vor.

Von den Kocherburgen Forchtenberg, Ingelfingen (heute Barockschloß), Lichteneck ist die Ganerbenburg Kocherstetten[336]), mit prächtiger Schildmauer, die wichtigste. (Abb. 16 u. Abb. 541.) Hier, wie bei allen genannten Burgen, ist Seitenbestreichung erst durch späte Zwingertürme angestrebt.

Ganz fehlt solcher Versuch bei der fast nur aus einem achteckigen Wohnturm bestehenden Burgruine Geyersberg[337]).

Inmitten dieser wehrhaften Häuser und nahe der fast völlig verschwundenen Burg Oberlimburg über Schwäbisch=Hall liegt dann auf sanfterem Hügel das wundervolle, befestigte romanische Gotteshaus Komburg[338]).

Zwischen Kocher und Rems finden wir die berühmte Ruine Weinsberg (Weibertreu)[339]) mit viereckigem Bergfriedrest, Tor, Zwinger und rundem Batterieturm, deren unregelmäßige Vieleckringmauer dem freiragenden Berggipfel folgt.

---

[328]) Siehe „Pfalzen, Reichs= und Hofburgen" und „Burgenarten". — [329]) Kunstd. Württemb. Neckarkr. S. 447. — [330]) Ebenda S. 444. — [331]) Ebh.: D. B. Bd. I., S. 71 ff., Quellen S. 79. — [332]) Siehe Abschnitt „Burgenarten". — [333]) Kunst= u. Altert.=Denkm. i. Kgr. Württemb., Jagstkrs. S. 250f. — [334]) Ebenda S. 245 ff., 78 ff. — [335]) Ebenda 76f. — [336]) Siehe Abschn. „Burgenarten". — [337]) Kunst= u. Altert.=Denkm. i. Kgr. Württemb., Jagstkr. S. 655 ff. — [338]) Siehe Abschnitt „Burgenarten". — [339]) Koch: D. Ritterb. u. Bergschl. i. Kgr. Württemb. — Neckarkr. S. 514f.; Dillenius: Weinsberg Smlg. Ebh.

Beilstein[340]) (Abb. 538, 548), romanisch, mit mächtiger Kalksteinquader=Mantelmauer und fünfeckigem Bergfried, Lichtenberg[341]) (Abb. 537), auf einer Bergnase mit mächtigem Buckelquadervierecks=Bergfried und starker Mantelmauer, folgen. Die letztere ist eine wohlerhaltene Burg des 12. und 13. Jahrh. über dem Bottwartal, wendet ausnahmsweise die Breitseite dem ansteigenden Berg zu. Pallas mit Rittersaal, Kapelle und Torturm sind erhalten, jenseits des Ringgrabens zeigt die Burg nur geringe Vorburgentwicklung.

Geringe Trümmer der ehemals hochbedeutenden Burg Dilsberg — urkundlich 1142 erwähnt — liegen über 300 m hoch[342]. Kriegsgeschichtlich hat sie mit dem zugehörigen Städtchen bis zu den Revolutionskriegen (1799) noch eine Rolle gespielt. Sie bestand aus Kernburg, Vorburg und Zwinger und war durch eine runde Schildmauer und Hals=graben vom Ort getrennt. Berühmt ist der etwa 120 m tief in den Felsen gehauene Brunnen. Eine rechtwinklig geknickte Mauer, ein erneuerter Wohnturm und Reste eines achteckigen Turmes sind allein von der starken Veste übrig. Die Lage erklärt die ehemalige Bedeutung.

Kennzeichnend für die schönen Keuperquaderbauten von Neipperg[343]) mit 2 Berg=frieden der Deutsch=Ordensburg Stocksberg[344]), Blankenhorn[345]) und Hofen[346]) am Neckar sind die starken Bergfriede der beiden ersteren und die geraden Schildmauern der letzteren.

Stocksberg, eine fast quadratische Ordensburg (!!), ist an zwei Seiten, Hofen un=gewöhnlicherweise an drei Seiten durch Gräben aus der Bergseite herausgeschnitten.

Die in diesem Gebiet seltene Form großer, rechteckiger Wohntürme der Frühgotik finden wir an Wildeck[347]) und Helfenberg[348]).

Helfenbergs dreistöckiger Muschelkalk=Buckelquaderturm mißt 10 × 14 m, bei Mauer=stärken von 2 und 3 m. Die Höhe des mittleren Hauptstockwerkes beträgt 8,20 m, die Ge=samthöhe rund 20 m. Eine Schildmauer schloß die kurze westliche Angriffsseite, davor ein Halsgraben in der langen Bergnase.

Der Wohnturm von Wildeck bei Abstatt ist ähnlich, nur gedrungener, vierstöckig mit zwei schräg übereck gestellten Gußerkern.

Erwähnung verdient Burg Wartstein[349]) (Abb. 540) im Lautertal, ursprünglich wohl eine zweiteilige Anlage, die sich völlig der Bodengestalt angepaßt hat. Hervorzuheben ist die auf dem Felsen errichtete Schildmauer von 5,50 m Dicke. Dahinter liegt das verschoben=rechteckige Hochschloß. Das Mauerwerk besteht meist aus weißem Jura mit Tuffstein.

Sehr bedeutend ist die erst im 14. Jahrh. genannte Burg Hohenrechberg[350]) (urkund=liche Namenserwähnung 1179), auf weißem Jurafelsen — der Pallas an der sichersten Spitze —, durch breiten Halsgraben von dem weiter ansteigenden Felsengrat getrennt.

Der romanische Burgkern ist im Grundriß ähnlich Zwingenberg angeordnet, die Vor=burg gering. Prachtvolles Quadermauerwerk, die Hauptbauten aus braunem Jurasandstein, zeichnet die Pallasreste aus. Erhalten sind schöne Kellergewölbe, romanische Doppellicht=Rundbogenfenster und Rundbogentürme.

Dem frühen Kern fehlt Seitenbestreichung, nur am Haupttor war durch Einrücken der Mantelmauer die Beherrschung des Zuganges durch sieben Scharten möglich, eine frühe Form der Seitenbestreichung. Tor= und Vorburgzwinger sind (im 15. Jahrh.) halbrunde Batterietürme angefügt.

Eine lange Steinbrücke führt an Stelle einer hölzernen über den breiten Außengraben, ein äußerer, hier unentbehrlicher Brückenkopf, fehlt heute. Eine zweite Holzbrücke ver=

[340]) Ebenda; Gradmann: Burgw. 1911, S. 45. — [341]) Ebenda S. 45; Smlg. Ebh. — [342]) Schulte von Brühl: Dilsberg; Smlg. Ebh.; Bronner: Odenwaldb. 3. Teil, S. 61 ff. — [343]) Kunst= u. Altert.=Denkm. i. Kgr. Württemb., Neckarkrs. S. 121 ff. — [344]) Ebenda S. 132 f. — [345]) Ebenda S. 114. — [346]) Ebenda S. 150. — [347]) Kunst= u. Altert.=Denkm. i. Kgr. Württemb., Neckarkr. S. 263. — [348]) Ebenda S. 368. — [349]) Koch: Burgw. 1927, S. 67 u. 100. — [350]) Kunst= u. Altert.=Denkm. i. Kgr. Württemb., Jagstkrs. S. 454 ff.; D. B. Hohen=Rechberg u. ihre Gesch. (ohne Verf.); Koch: D. Ritterb. u. Bergschl. i. Kgr. Württemb. Bd. II, S. 129 ff.

bindet Burg und Vorburg. Ein ausgezeichnetes Flugbild zeigt die stolze Lage und doppelten Zwingerkranz, der die steilen Burgfelsen, durch Schalentürme verstärkt, tief unten umgibt. Es fehlt, angeblich seit 1660, der Bergfried. Die mächtigen Reste des festen Hauses des noch blühenden edlen Geschlechtes bieten eines der schönsten Beispiele deutschen Wehrbaues.

Diese Gruppe von Burgen zeigt die zwingende Gewalt, die die Landschafts- und Berggestaltung sowie der bodenständige Baustoff — hier Sand- und Kalkstein — nicht nur auf die Grundrisse ausübt, sondern auch auf die mittelalterlichen Formen an romanischen und gotischen Türen und Fenstern.

Am Nordwestrand der Schwäbischen Alb, in der Nähe des Hohenstaufen, liegt die Ruine Lauterburg[350a]) (Abb. 543), deren Überreste gering sind. Erstaunlich ist auch hier wieder, wie geschickt der Burgenbaumeister sich dem Gelände anzupassen verstand.

Eine völlig anders gestaltete Gruppe bilden im oberen Neckarstromgebiet die bedeutenden Gipfelburgen Hohenzollern, Hohenstaufen, Hohenneuffen und Hohenurach, denen sich weiter südlich im angrenzenden obersten Donaugebiet die Basaltgipfelburgen des Hegau anschließen. Ein Vergleich der Grundformen der obigen vier ist lehrreich.

Es ist kein Zufall, daß alle Gipfel sehr früh genannt, sicher noch früher besiedelt wurden. Die Burg Zollern[351]) — Name 1061 erwähnt, aus dieser Zeit stammen die figürlichen Flachreliefs der ältesten Kapelle — liegt 860 m über dem Meere. Der Berggipfel wie der des Hohenstaufen ragt unnahbar über das sanft geschwungene Mittelgebirge.

Maß der Hohenstaufen[352]) 140×40 m, so maß der Burgbering von Hohenzollern, länglich-rund und ohne die späteren Bastionen, etwa 150×35 m.

Burgen solchen Umfanges konnten nur von mächtigen Geschlechtern erbaut werden. Beide tragen daher stolze Namen. Beide haben aber auch so viele und schwere Zerstörungen durchgemacht, daß wir nur über einzelne Bauteile Feststellungen machen können.

Burg Hohenstaufen, 683 m hoch gelegen — Friedrich Rotbart urkundet hier am 25. Mai 1181 —, zeigt eine den Thüringer Burgen ähnliche Zweiteilung. Unwürdige Gleichgültigkeit hat bis heute erschöpfende Erforschung verhindert, doch wissen wir aus Krusius Beschreibung[353]) des 16. Jahrh. und kleineren Grabungen von zwei hohen Viereckstürmen einer starken Ringmauer, einer Kapelle u. a.

Die Reste weisen jedenfalls auf von den Neckarburgen abweichende Anordnungen.

Burg Hohenzollern liegt langgestreckt. Im Burgfrieden von 1402 hören wir von einer Kapelle, einem Brunnen, Vorhof und Ringmauer mit Wehrgang, die der länglich-ovalen Bergform gefolgt sein dürfte. Die alte Kapelle liegt, wie in der romanischen Burg zu Nürnberg, östlich am Wohnflügel, das Haupttor an der Ostspitze. Die Halbrundtürme an der Mantelmauer, die der Seitenbestreichung dienten, entstammen offenbar dem 15. Jahrh., Bergfried fehlt, zwei Tortürme sind angegeben.

Ähnlich dürfen wir uns den Hohenstaufen vorstellen, denn so verlangten es beide Bauplätze.

Hohenurach[354]) (Tafel 70), Hohenneuffen[355]), im 12. Jahrh. erwähnt, zeigen im

---

[350a]) John: Burgw. 1927 S. 76ff. — [351]) Ebh.: Hohenz.-Jahrb. 1905, S. 286ff.; Zingeler: Zöller. Burgen; Nachr. über d. Königl. Stammb. Hohenz. 1863; Bau- u. Kunstd. i. d. Hohenz. L. S. 138ff. — [352]) Nägele: D. alte Kaiserb. auf d. Hohenst. (Bl. d. Schwäb. Albv. 5. Jahrg., Nr. 12, S. 242ff., 7. Jahrg., Nr. 8, S. 140ff., Nr. 10, S. 174ff., 37. Jahrg., Nr. 3, S. 33ff., 40. Jahrg., Nr. 3, S. 83); Hotz: „Das Bild" 1937, S. 106ff.; Koch: D. Ritterb. u. Bergschl. i. Kgr. Württemb. Bd. I, S. 85ff. — [353]) Nägele: a. a. O. — [354]) Koch: D. Ritterb. u. Bergschl. i. Kgr. Württemb. Bd. IV, S. 47ff.; Giesecke: Burgw. 1922, S. 28ff.; Statist. Landesamt: Beschreib. d. Oberamts Urach; Schwenkel: Heimatb. d. Bez. Urach; Kunst- u. Altert.-Denkm. i. Kgr. Württemb., Schwarzwaldkrs. S. 468ff. — [355]) Ebenda S. 204ff.; Giesecke: Burgw. 1922, S. 28ff.; vgl. Werner: Burgw. 1938 S. 10ff. — Reinöhl: Führer durchs Neuff. Thal; Dieterich: Hohenneuffen; Koch: D. Ritterb. u. Bergschl. i. Kgr. Württemb. Bd. III, S. 3ff.; Smlg. Ebh.: (Wintterlin: D. Hohenneuffen, „Württemberg", Sept. 1937).

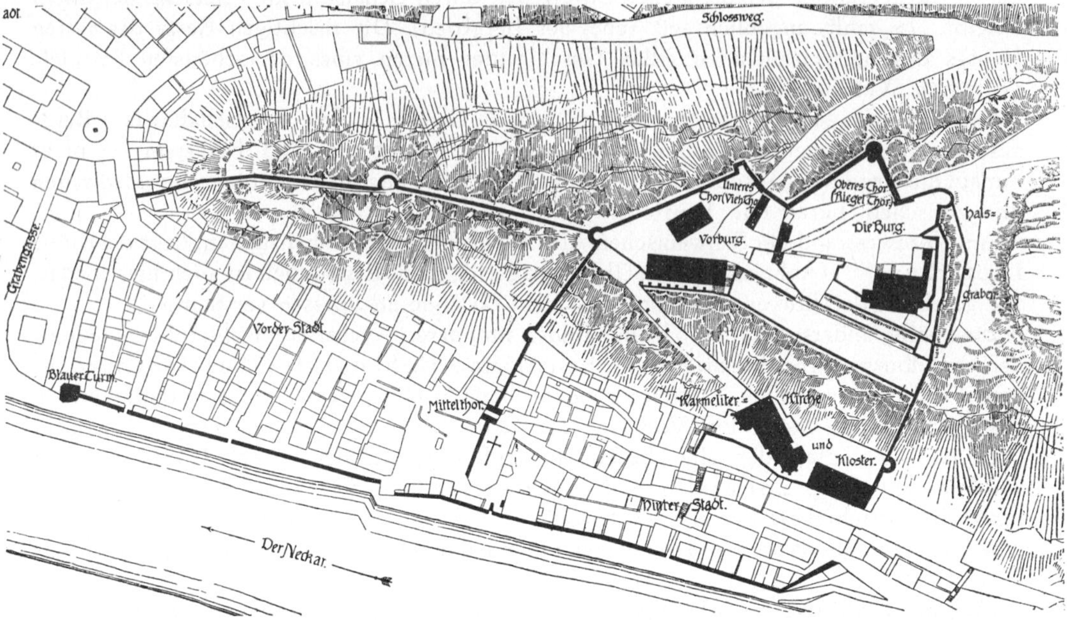

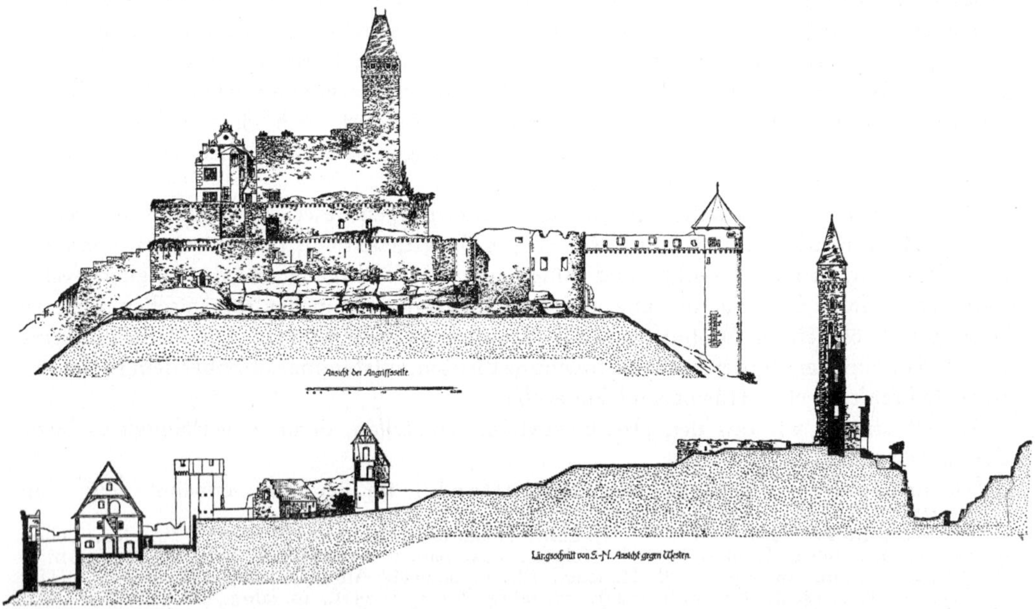

Abb. 532. Lgpl. v. Bg. u. Stadt Hirschhorn a. Neckar, 1:3000, Ans. d. Schildm. u. Schn. 1:1000, roman. Schildm., Turm- u. Pallasr., tiefer Halsgr., weite Vorbg. B. E.

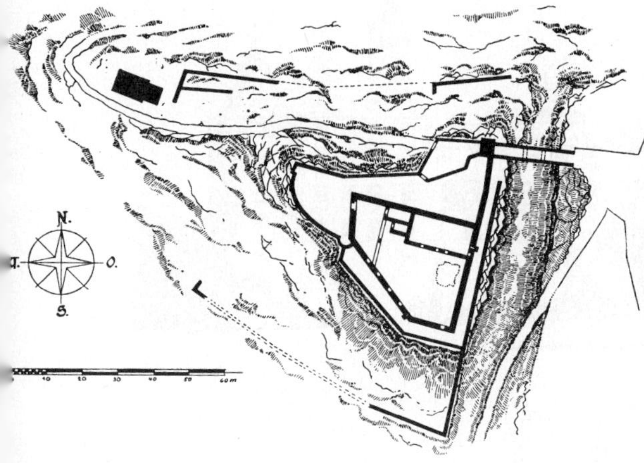

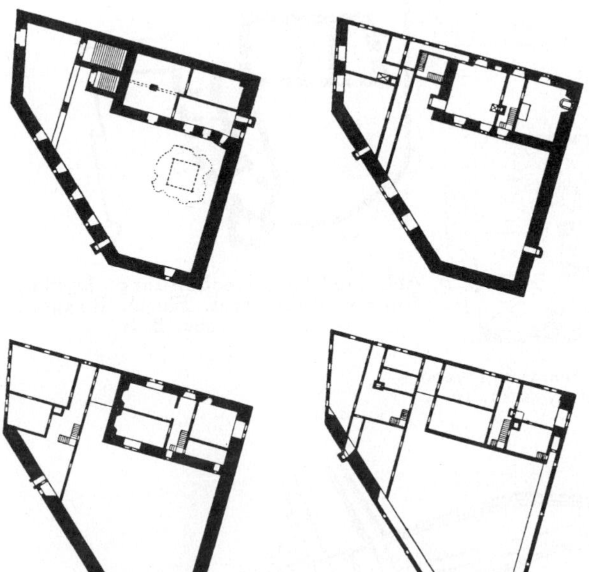

Abb. 533. Felsenbg. Leofels a. d. Jagst, auf scharfer „Klinge", roman. Mantelm., darin ehem. Bergfr., Pallasr., tiefer Halsgr., Lgpl. 1:2000, Grdr. 1:1000. B. E.

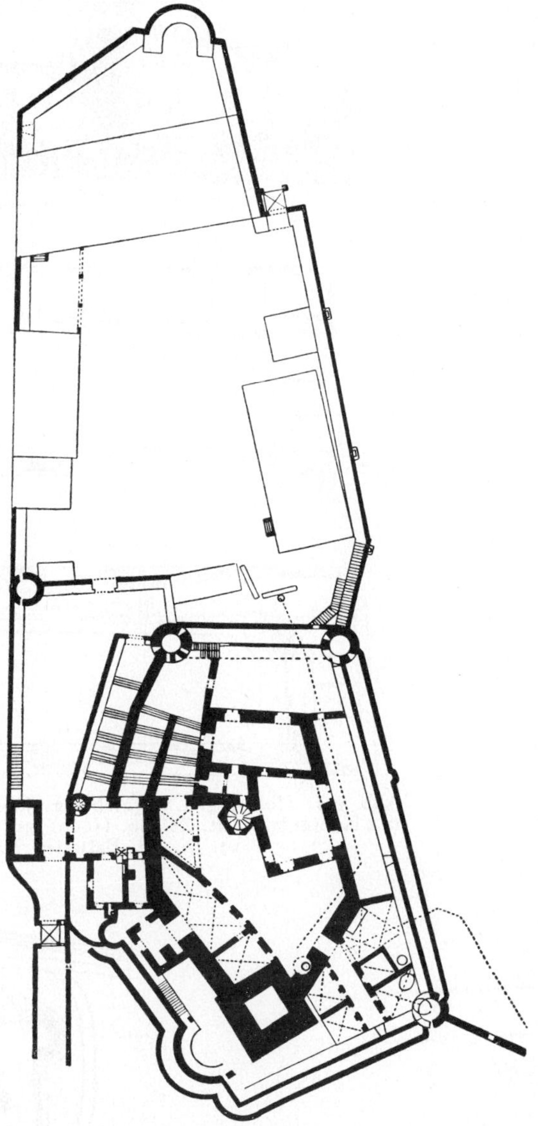

Abb. 534. Höhenbg. Zwingenberg a. Neckar, auf Bergn., stark. Bergfr. a. Angriffsseite u. hohe Mantelm., 3 Pallasfl., weite Vorbg., Grdr. 1:1000. B. E. nach Pl. d. 18. Jh.

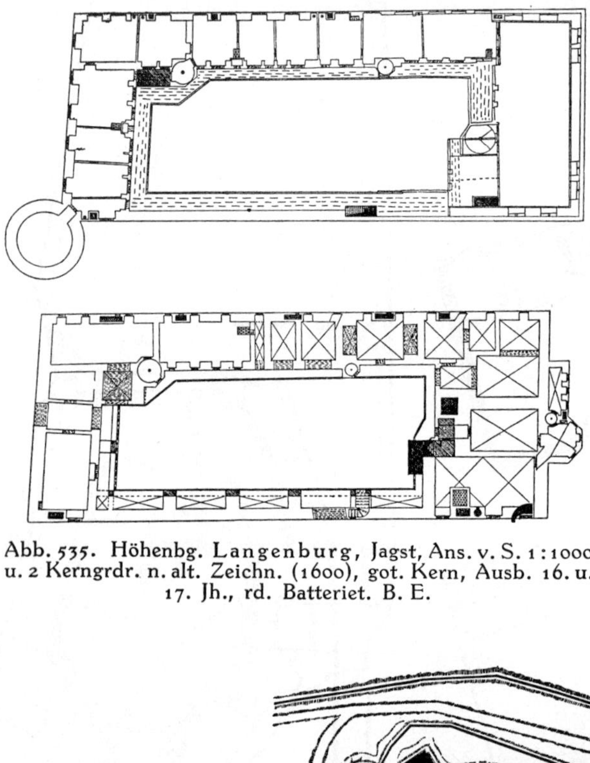

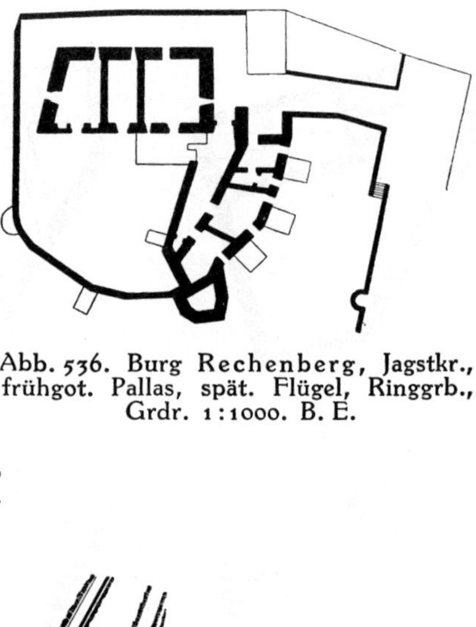

Abb. 536. Burg Rechenberg, Jagstkr., frühgot. Pallas, spät. Flügel, Ringgrb., Grdr. 1:1000. B. E.

Abb. 535. Höhenbg. Langenburg, Jagst, Ans. v. S. 1:1000 u. 2 Kerngrdr. n. alt. Zeichn. (1600), got. Kern, Ausb. 16. u. 17. Jh., rd. Batteriet. B. E.

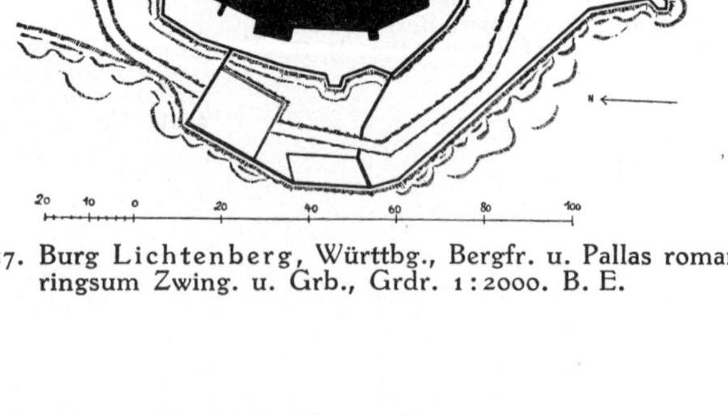

Abb. 537. Burg Lichtenberg, Württbg., Bergfr. u. Pallas roman., ringsum Zwing. u. Grb., Grdr. 1:2000. B. E.

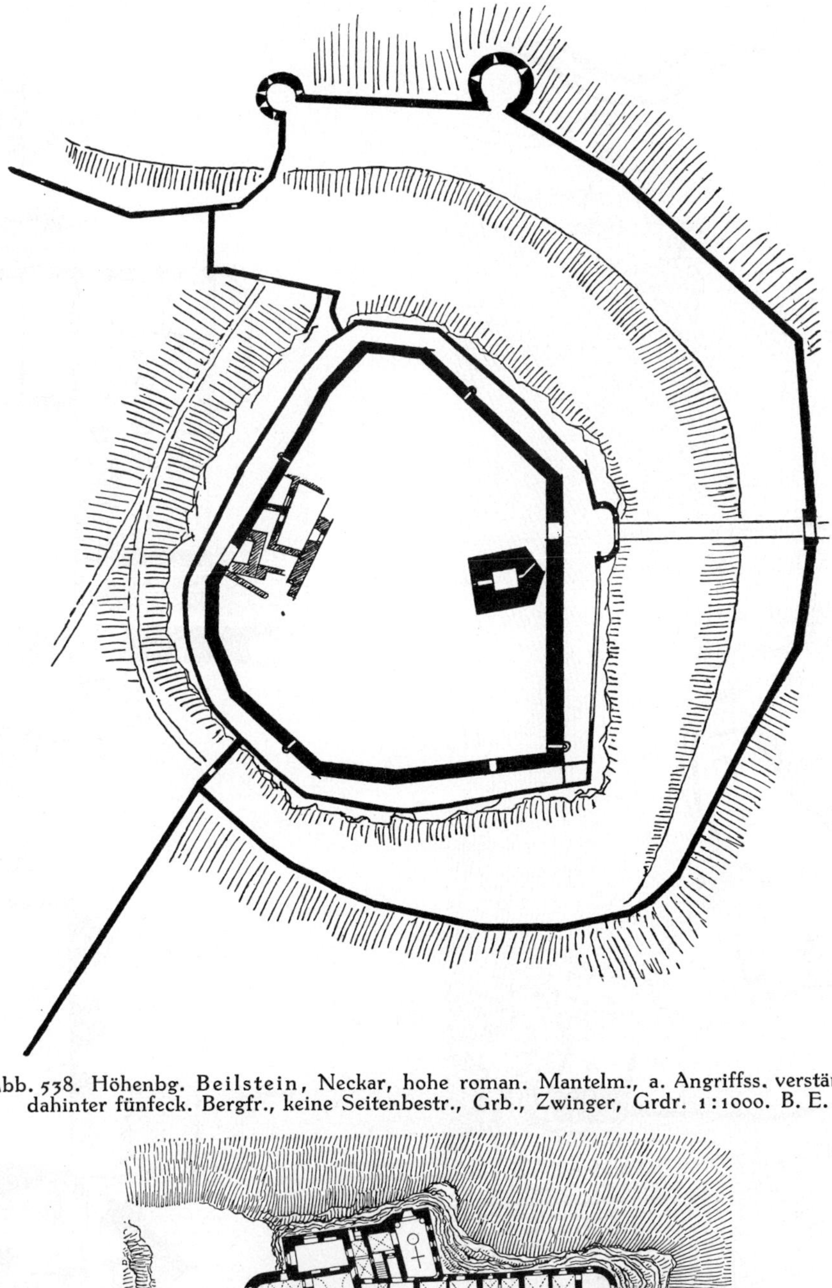

Abb. 538. Höhenbg. Beilstein, Neckar, hohe roman. Mantelm., a. Angriffss. verstärkt, dahinter fünfeck. Bergfr., keine Seitenbestr., Grb., Zwinger, Grdr. 1:1000. B. E.

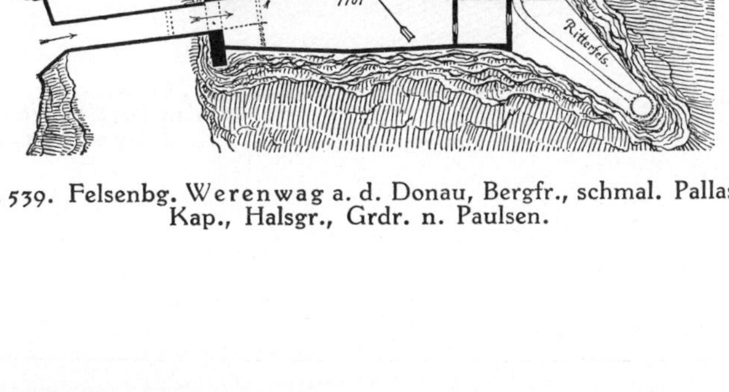

Abb. 539. Felsenbg. Werenwag a. d. Donau, Bergfr., schmal. Pallasb., Kap., Halsgr., Grdr. n. Paulsen.

Abb. 540. Felsenbg. Wartstein, Württbg., ganz regellos. Wohnb., dicke kurze Schildm., Halsgr., Grdr. 1:1000, n. Koch.

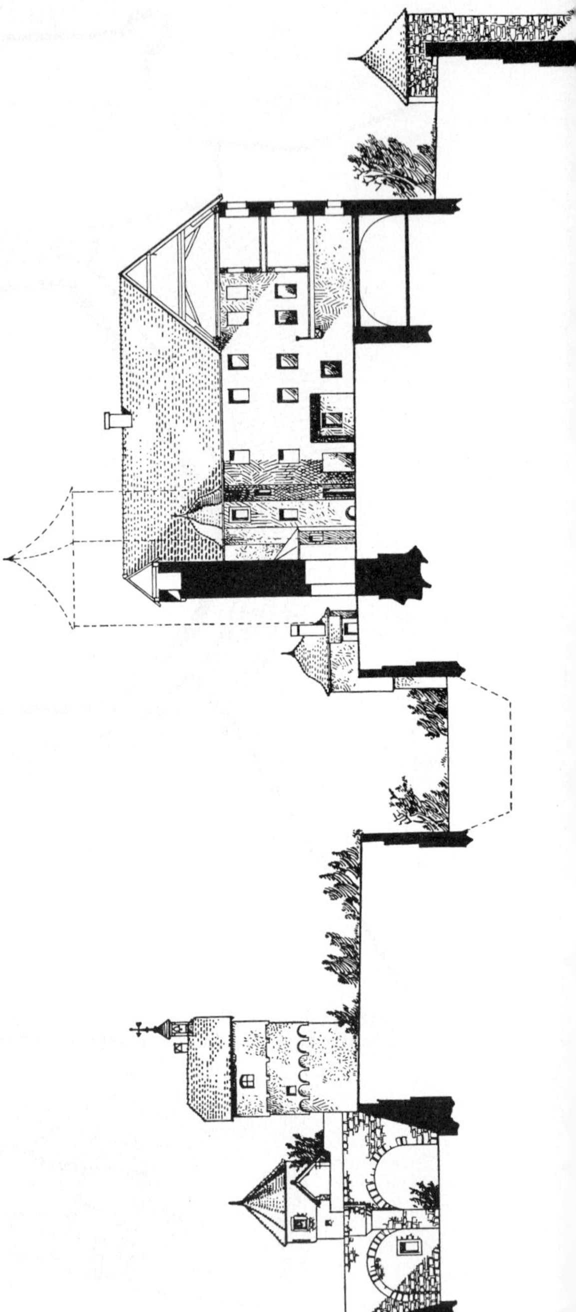

Abb. 541. Ganerbenbg. Stetten, 2 Halsgrb., Schildm. m. Bergfr., Wohnb., 3 rd. Batteriet., Längsschn. 1:500. B. E.

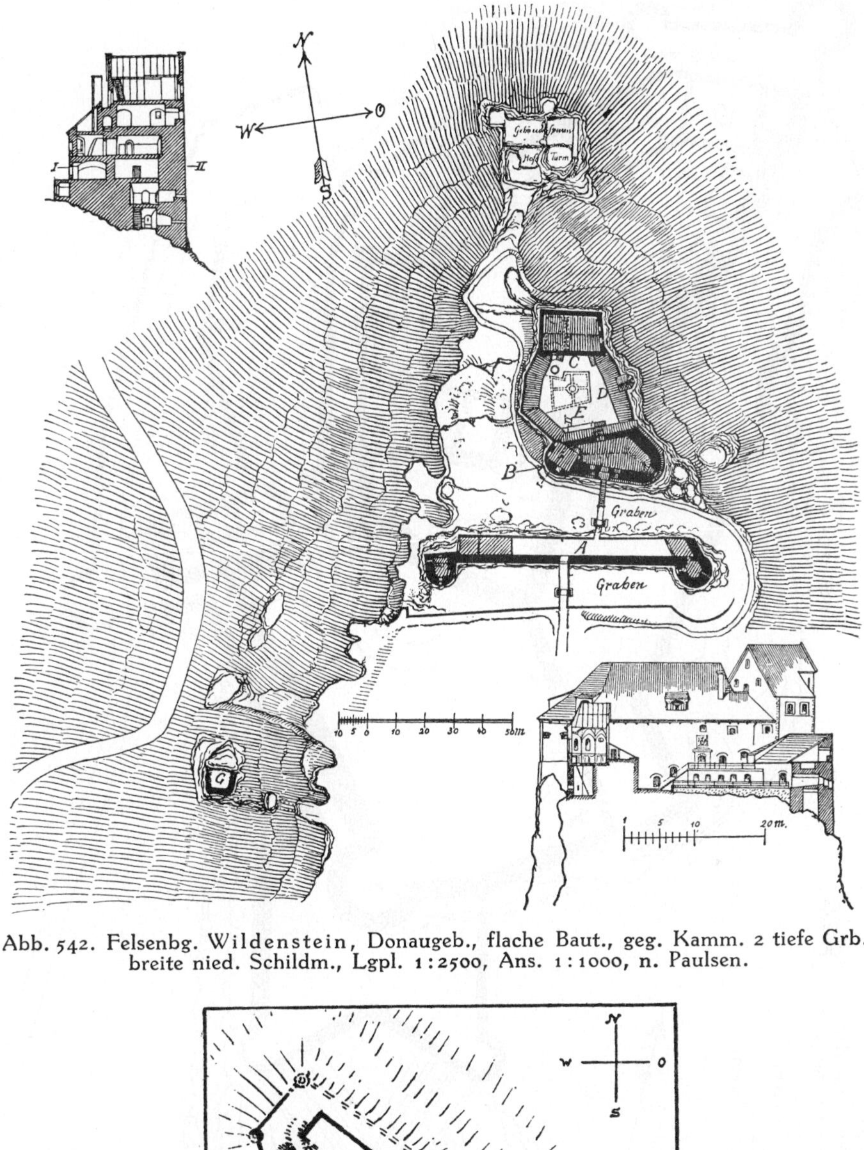

Abb. 542. Felsenbg. Wildenstein, Donaugeb., flache Baut., geg. Kamm. 2 tiefe Grb., breite nied. Schildm., Lgpl. 1:2500, Ans. 1:1000, n. Paulsen.

Abb. 543. Burgruine Lauterburg, Lg.=Skizze 1:2500, n. John.

B. gr. Saal.
C. Rostgewölbe.
E. Backofen.
F. Hofküchen, Stuben u. Kammern.
G. Ritterstuben.
I. Zeughaus.
L. Gr. Pulverturm.
M. Badhaus.
P. Brunnengarten.
x. Upfinger Turm.
y. Scharpfenegk.
30. kl. Gräben, aus denen das Tal bestrichen wer= den konnte.
3. Tor u. Zwinger.
5. Pulverturm.
6. Dettinger Turm.

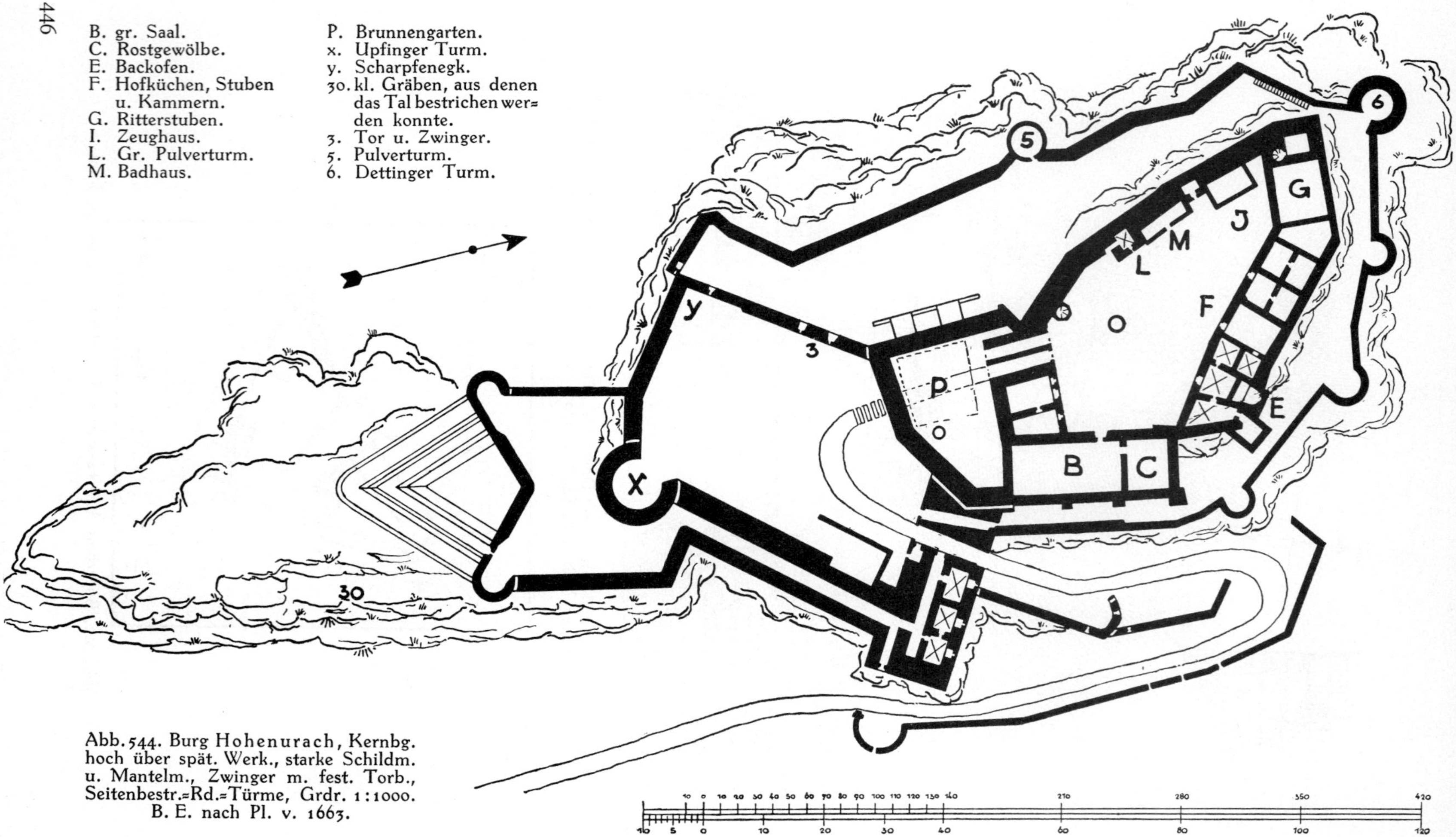

Abb. 544. Burg Hohenurach, Kernbg. hoch über spät. Werk., starke Schildm. u. Mantelm., Zwinger m. fest. Torb., Seitenbestr.=Rd.=Türme, Grdr. 1:1000. B. E. nach Pl. v. 1663.

Abb. 545. Felsenbg. Werenwag, Donau, früh. Zust. m. alt. Turmdach u. Tor, nach Koch.

Kern geschlossene Urform ohne Seitenbestreichung, beide sind später durch halb= oder dreiviertelrunde Batterietürme, lange Torgewölbe zu Festungen umgewandelt.

Hohenurach wurde früh, angeblich von einem Egino von Urach im 11. Jahrh., erbaut — Wurster[356]) gibt 1025 an —, im 12. Jahrh. werden die Grafen von Urach erwähnt. Ein Plan von 1663[357]) (Abb. 544) zeigt in späteren Außenwerken den alten Kern auf höchster Felsplatte, gegen Westen geschützt durch eine lange, 4 m starke Schildmauer. Ringsum laufen Zwinger mit den oben fehlenden Rundtürmen zur Seitenbestreichung (15. Jahrh.). In der unteren Burg über steilem Fels stand die Kapelle, darüber ein Wehrbau mit späteren runden Bollwerkstürmen und einem hohen Torturm, auf dem höchsten Felsen der Pallas=bau, von dem gotische Dreilichtfenster noch erhalten sind. Der Hauptturm war durch Gräben von der unregelmäßig vieleckigen Kernburg — diese wieder von einem Zwinger umgeben — getrennt.

Beim Hohenneuffen machte der Bauplatz eine längliche Form unmöglich, ob=wohl er nahe Hohenzollern und Hohenstaufen liegt und wie diese aus Kalkstein besteht. Von der alten Burg des 11. Jahrh. stammt wohl nur ein Rest der halbrunden Mantelmauer. Die Bauten müssen nach den Akten damals nach außen an der vollkommen geschlossenen Ringmauer gestanden haben. Ungeheure Bollwerkstürme gehören späteren Befestigungen an[358]).

Die Fülle der Burgen südlich Tübingens und östlich des oberen Neckars — Gerolds=eck mit den schönen vierteiligen Spitzbogenfenstern, Lichtenegg und die schöne Ruine Herrenzimmern und Lichtenstein[359]) — sind vielgestaltig, teils aber doch den übrigen Juraburgen verwandt.

[356]) Wurster: Hohen=Urach (Handschrft.=Smlg. Ebh.). — [357]) Stuttgarter Staatsarchiv. — [358]) Ein Beweis mehr gegen die Lehre von fränkischen und sächsischen Burgenbauschulen, gegen die beim Hohenstaufen außerdem die zwei Viereckshaupttürme sprechen. Oder gibt es eingebaute fränkische Türme in sächsischen Rundmauerburgen? — [359]) Kunst= u. Altert.=Denkm. i. Kgr. Württemb., Schwarzwaldkrs. S. 353f., 217f., 339, 264f.

Abb. 546. Burg Leofels, Jagst, Ans. v. N., B. E.

Haigerloch[360]) eine reizvolle Baugruppe, entstand aus Umbauten des 16. Jahrh. auf einer schmalen zugespitzten Felsnase. Nur die Reste starker Bossenquadern und der feste Oberstadtturm aus Sand= und Kalksteinquadern sind von der alten Burg übrig.

Völlig abweichend sind dagegen — abermals geologisch bedingt — die Felsenburgen des Hegau.

Ein Beispiel ist die aus dem Phonolith des Bergkegels mit wenig späten Zierstücken aus Sandstein errichtete Burg Mägdeberg[361]).

Mehrfache, völlig regellos dem Fels angepaßte Zwinger mit unbedeutenden späteren Halbrundtürmen zur Seitenbestreichung z. B. des Tores und des Torwegs mußten erst genommen sein, bevor man sich dem Kern der Burg mit dem Bergfried auf höchster Spitze nähern konnte.

Hohenhöwen[362]), im 12. Jahrh. genannt, liegt ähnlich, aber ganz langgestreckt auf schmalem Fels. Man will am Nord= und Südende je einen viereckigen Turm in dem Basaltbruchstein=Mauerwerk erkennen. Auch am Berge anstehender Sandstein ist zu Zierquadern verwendet.

Hohenkrähen[363]), 848 m ü. d. Meere, auf einem hohen Phonolithkegel, bietet einen reichentwickelten Grundriß mit vielen Toren und Turmresten. Die Burg, die bis 1512, bis zu Frundsbergs Angriff durch 8000 Mann, als uneinnehmbar galt, ist seit dem Dreißigjährigen Kriege Ruine. Trotz fester Lage auf jähem Fels bedurfte sie künstlicher Wehrbauten.

Der Hohentwiel[364]) (Abb. 549) bietet eines der beklagenswertesten Beispiele deutscher Burgenschicksale. Auf älteren Resten im 10. Jahrh. erbaut, berühmt durch Geschichte, Sage und Dichtung wie keine andere deutsche Burg, bietet sie uns heute nur ein Gewirr späterer, seit 1800 wild zertrümmerter Ruinen oder Festungsumbauten des 16. und

[360]) Schmohl=Gradmann: Volkst. Kunst aus Schwab. S. 57; Bau= u. Kunstd. i. d. Hohenz. Ld. S. 86ff. — [361]) Kunstd. d. Großh. Baden Bd. I, S. 42f.; Smlg. Ebh. — [362]) Kunstd. d. Großh. Baden Bd. I, S. 4f. — [363]) Ebenda S. 46f. — [364]) Kunst= u. Altert.=Denkm. i. Kgr. Württemb., Schwarzwaldkrs. S. 435ff.; Giesecke: Burgw. 1922, S. 32ff.; Gagg: Hohentw. i. Krieg u. Frieden; Schönhuth: Gesch. d. ehem. Bergf. H.; Frölich: Festungsruinen H.

Burg Wiesentfels in Franken

Wasserburg Mespelbrunn in Franken

Burg Hornberg am Neckar

17. Jahrh. Auch diese haben der Wucht und Größe des Bauplatzes Rechnung tragen müssen und sind vom Kernfelsen dem Angriff entgegen immer mehr vorgeschoben.

Wo die letzten Neckarzuflüsse mit den ersten Donauwassern sich berühren, liegen u. a. die Burgen Hohenkarpfen[365]), Lupfen[366]) und Aasen[367]).

Abb. 547. Burg Sigmaringen. B. E.

Auf den Muschel= und Jurakalkberge an der obersten Donau selbst fordern die langen, schmalen Klippen entsprechend schmale Burggrundrisse, von denen das noch bewohnte, spät ausgebaute Werenwag[368]) (Abb. 539, 545) ein schönes Beispiel gibt.

Auch das wenig bedeutende Hausen[369]) liegt ähnlich hoch über dem Fluß. Ein spätes, aber berühmtes Beispiel des Burgenbaues ist endlich Wildenstein[370]), dessen letzter Ausbau den Zeitgenossen schon Grund zur Bewunderung gab[371]). Specklin hat von Wildenstein wie von Fleckenstein berühmte übertriebene Darstellungen gegeben.

Uns kann heute noch die Kühnheit begeistern, mit der die von Natur schon unzugäng= liche Felsnase durch Abschroffen des Steines und Vertiefen der Gräben noch unerreich=

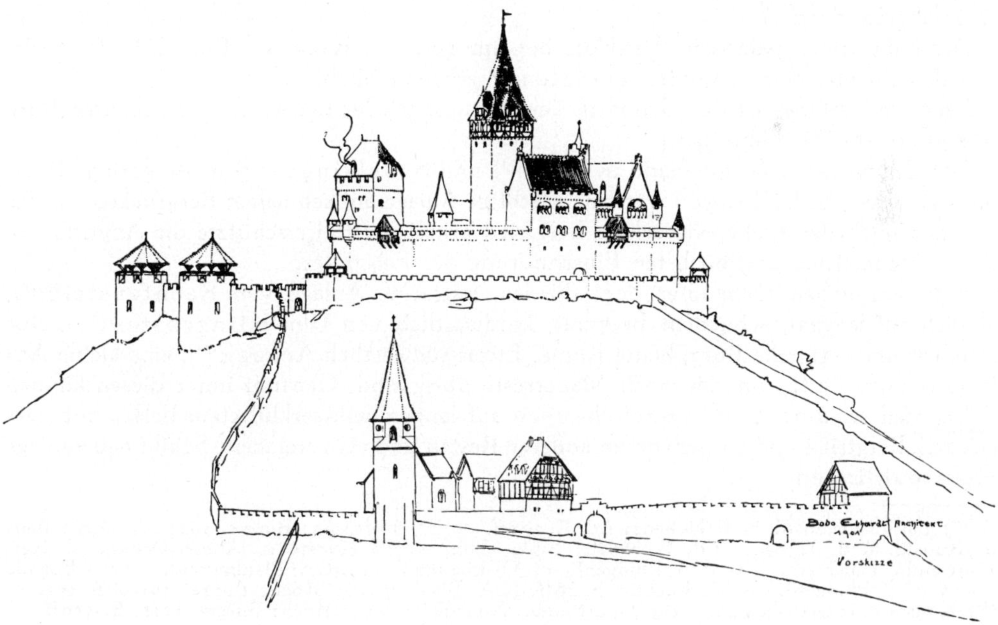

Abb. 548. Herstellungsstudie d. Bg. Beilstein, Württbg.

365) Kunst= u. Altert.=Denkm. i. Kgr. Württemb., Schwarzwaldkrs. S. 438. — 366) Ebenda S. 447. — 367) Kunstd. d. Großh. Baden Bd. II, S. 4. — 368) Paulsen: Burgw. 1924, S. 37; Kunstd. d. Großh. Baden Bd. I, S. 408ff. — 369) Kunstd. d. Großh. Baden Bd. I, S. 385. — 370) Ebenda S. 411ff. — 371) Barack: Zimmer. Chron. Bd. IV, S. 180; Paulsen: Burgw. 1924, S. 35f.

Abb. 549. Burgruine Hohentwiel, alte Ans.

barer gemacht wurde. Kennzeichnend für die Spätzeit ist die gewollte Flachheit der Werke, deren Stärke in der Abweisung waagerechten Geschützangriffes bestand.

Der Grundriß Wildensteins (Abb. 542) zeigt die spitze, dreieckige Form, die breiteste Stelle nimmt der erste Halsgraben ein, dahinter ist aus langem, schmalem Fels eine niedrige Schildmauer mit zwei Eckbollwerkstürmen und Kanonenstand angeordnet.

Eine zweite, tiefe Felsschlucht trennt das Kernwerk, das dem Angriff noch zwei Geschützbollwerke entgegenstreckt. Dahinter liegt ein vieleckiger Hof und ganz draußen ein schlichter, fester Wohnbau. Eine tiefste Felsspitze trägt noch Haus- und Turmreste, wohl einer älteren Burg.

Der linksufrige, malerische Felsklotz bot nur geringen Raum für Burg Dietfurth[372]) von der ein viereckiger, breiter Turmstumpf erhalten blieb.

Lang und schmal ist der Grundriß der unlängst wieder neuzeitlich ausgebauten Burg Sigmaringen[373]). (Abb. 547.)

Von der nächsten Gruppe sind in Briel[374]) und Schelkingen[375]) heute geringe Reste noch erhalten. Schelkingen war eine mächtige Anlage auf schmalem Bergrücken, an der fast nur noch der große, viereckige Bergfried erhalten ist. Er schützte die Angriffsseite auf der schmalsten und höchsten Einschnürung des Felsgrates.

Auf dem linken Donauufer liegt die langgestreckte Anlage von Rechtenstein[376]), ähnlich auf langem, schmalem Berggrat, nordwestlich von Ulm Klingenstein[377]), eine ziemlich umfangreiche Burg, heute Ruine. Etwas südwestlich Arnegg[378]), eine kleine Anlage, weniger fest, von der noch Mauerreste übrig sind. Genannt unter diesen kühnen Felsbauten seien noch Hohengehrhausen auf langem wildzerklüftetem Felsen mit viereckigem Bergfried und ausgedehnten anderen Resten und als vereinzelte Schildmaueranlage Neusteußlingen.

---

[372]) Bau- u. Kunstd. i. d. Hohenz. Ld. S. 205 ff. — [373]) Hebeisen: Burgw. 1924, S. 26 ff.; Bau- u. Kunstd. i. d. Hohenz. Ld. S. 266 ff.; Smlg. Ebh. — [374]) Kunst- u. Altert.-Denkm. i. Kgr. Württemb., Donaukrs. S. 55 (OA. Ehingen). — [375]) Ebenda S. 112 (OA. Blaubeuren). — [376]) Ebenda S. 186 (OA. Ehingen). — [377]) Ebenda S. 86 ff. (OA. Blaubeuren); Koch: Burgw. 1916, S. 151. — [378]) Kunst- u. Altert.-Denkm. i. Kgr. Württemb., Donaukrs. S. 65; Koch: Burgw. 1916, S. 156 ff.

F U R S T E N B
Hausen
Kirchen
Aulfingen
Stetten
Walterdingen
Dorf
Tengen
Thalen
Statt
Tengen
Weil
Blumenfeld
Neu
Bisel
Ortbalden
Uttenhofen
Altdorf
Bislingen
Büren
Hohenstoflen
Weiterdingen
Humbel
Schlatt
Merishausen
Bittenhard
Oberbargen
Bargen
Beckingen
Schleitheim
Grimetshofen
Fierheim
Epfenhofen
Blumeck

Tafel XXII Ansicht von Hohentwiel aus einer Landkarte. Handzeichnung von 1731

Bayerisches Donaugebiet

Das Stromgebiet der oberen Donau nimmt östlich von Ulm und der Iller besondere Formen an. Ebene und flache Hügellandschaften füllen im Norden den Raum zwischen Jura und Bayerischem Wald und den Voralpen, im Süden dem Inn.

Nördlich treten die Berge nahe an den Strom heran, so daß eine Burgenkette alle Zuflußtäler und Straßen nach Norden sperren konnte.

Nahe Ulm liegen das reizende schloßartige Leipheim[379]), Burg Ehrenstein (Abb. 553), dann, spät ausgebaut, Günzburg[380]), an der Mündung der Günz in die Donau. Es folgen an alter Burgstelle das großartige Renaissance=Schloß Neuburg über der Donaubrücke, dann Donauwörth mit der (zerstörten) Burg Mangoldstein, die das Wörnitztal sperrte, Harburg, Ingolstadt, die große Ruine Vohburg[381]) Weltenburg und Kehlheim. Sie sichern den Eingang der Donaubrücken und Seitentäler bis zur Altmühl.

Jenseits Regensburg stromab beginnt die Burgenkette mit dem uralten Donaustauf, es folgen u. a. Wörth, Bogenberg an der Bogenmündung, Offenburg und die 1103 erwähnte Burg Egg[382]). Letztere hufeisenförmig angelegt, mit quadratisch freistehendem Granitbergfried an der Angriffsseite, ist von doppelten Zwingermauern umgeben.

Nahe Vilshofen liegt die Ruine Hilgartsberg[383]) (Abb. 564), deren Bergfried zwar abgebrochen, deren Mauerreste aber noch von einstiger Größe zeugen.

Eine lange Burgenkette verteidigt also die Donauübergänge und den Zugang zu den nördlichen Nebentälern. Den Abschluß der großartigen Kette bilden die malerisch und wehrbaulich bedeu=tendsten der Donauburgen, die Passauer Vesten.

Südlich der Niederbayerischen Ebene ist die Zahl der Burgen geringer. Hier boten die Alpen Schutz, es galt nur die Pässe zu sichern. Immerhin sind auch Vorberge burggekrönt: so Fluhenstein bei Sonthofen an der Iller, Burg Falken=stein bei Füssen[384]), Füssen selbst, Hohenschwangau an der einst öster=reichischen Grenze, Werdenfels nörd=lich von Garmisch, Hohenwaldeck öst=lich vom Schliersee, Falkenstein bei Fischbach am Inn[385]), Karlstein bei Reichenhall[386]) und andere.

379) Smlg. Ebh. — 380) Burgw. 1924, S. 55. — 381) Grueber: D. Kaiserb. z. Eger (Beitr. z. Gesch. Böhm.) S. 16; Kunstd. d. Kgr. Bayern, I. Oberbayern L. 2, S. 142f. — 382) Bei Deggen=dorf; Grueber: D. Kaiserb. z. Eger (Beitr. z. Gesch. Böhm.) S. 15. — Sieghardt: Burg. u. Schl. d. bayer. Ostmark S. 176f. — 383) Ebenda S. 194f. — 384) Ritter v. Lama=Roggenhofer=Müller: S. 114. — 385) Pückler=Limburg: Burgw. 1935, S. 44f. — 386) Smlg. Ebh.

Abb. 550. Burg Trausnitz b. Landshut, Teilans.

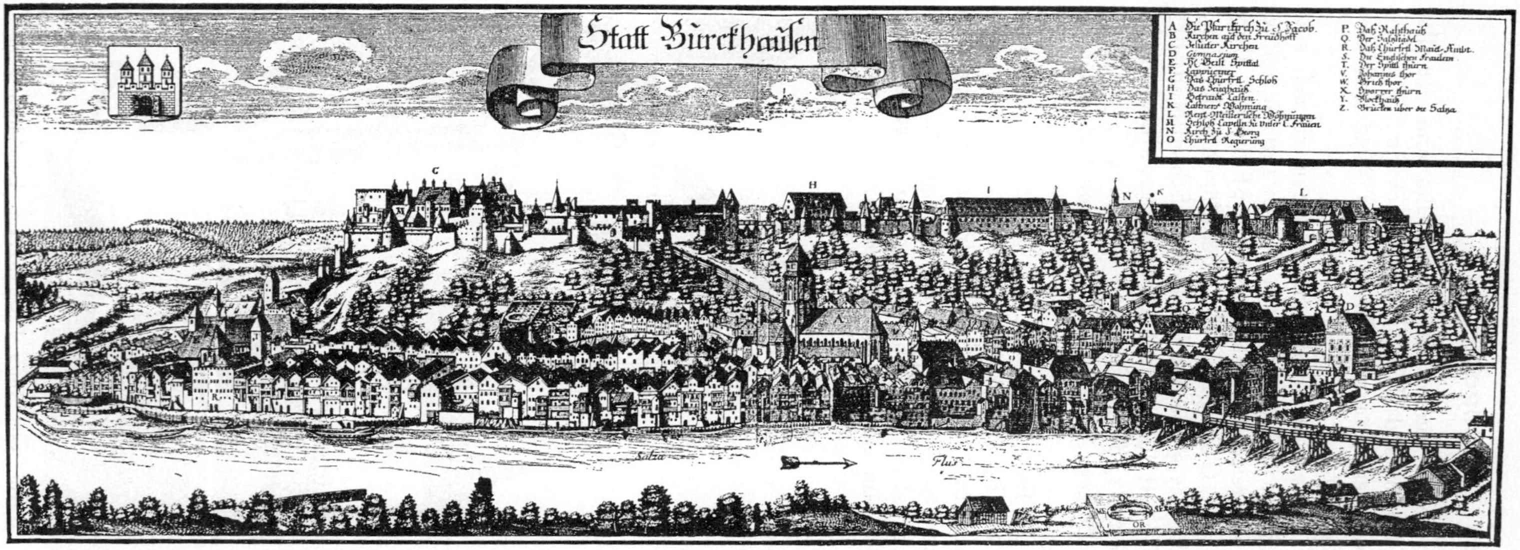

Abb. 551. Burghausen a. d. Salzach, nach alt. Stich.

Abb. 552. Burg Donaustauf, nach Merian 1664.

Diese Verteidigung der Pässe war offenbar sorgfältig ausgebaut. Wir wissen aus festgestellten Resten von Türmen und kleinen Burgstellen, daß außer den großen Burgen eine ganze Reihe Nebenwerke vorhanden waren, so sind besonders alte Befestigungen in Oberbayern ermittelt[387]); an der Landstraße von Holzkirchen nach Tölz bei dem Dorfe Sachsenkam erhoben sich die Reste einer kleinen Burg. Ferner wurde eine Burgstelle bei Frasdorf (Ldg. Prien) nachgewiesen, die noch heute bei dem Volke das „Burghölzel" heißt. Sie sind Befestigungen der Herrschaft Aschau. Allgemein führt Hartmann[388]) bei dieser Gelegenheit aus, daß die Grafschaften und größeren Herrschaftsgebiete des Gebirges nicht nur in ihren Burgen kleine Befestigungen besaßen, sondern auch an den Grenzen und an bestimmten Straßenpunkten befestigt waren. In einer Nachricht des Marquardsteiner Gerichtes ist schon 1308—13 ein „torwärtl" beurkundet.

In der Grafschaft Hohenaschau wurde dann eine Reihe von Warttürmen schon 1180[389]) nachgewiesen. Ähnliche Bauten, wohl nur aus Türmen und Erdschanzen bestehend, waren auch bei Gribling und bei Vachendorf (Ldg. Prien) vorhanden. Danach dürfen wir auf alle übrigen Paßstraßen schließen.

Die Salzach beherrschten Tittmoning und Burghausen. An der Traun liegt endlich in dem Nagelfluhfelsen die unterirdische Burg Stein[390]). Wehrgänge, deren Scharten die Felswand durchbrechen, große Hallen und Wohnräume, ein tiefer Brunnen, eine Küche, auch Fliehgänge, zu versteckten Ausgängen führend, zeigen wohldurchdachte Planung. Ähnliche Anlagen, sogenannte Erdställe, bestehen vielfach in Bayern.

Oberhalb der Mündung des Inn in die Donau liegt dann die bedeutende Grenzveste Neuburg[391]) (Abb. 556). Den Eingang zur großzügigen Anlage des 14. Jahrh. schützten zwei rechteckige Türme und die weite Vorburg, die von der ovalen Kernburg durch tiefen Halsgraben getrennt ist. West- und Ostseite sind von Zwinger umgeben, an der Ostseite schließen die Wohnbauten den Bering. Ein bergfriedartiger Turm steht neben dem Tor der Kernburg.

Es wäre falsch, anzunehmen, die zwischen beiden Bergketten liegende niederbayerische Ebene sei burgenarm gewesen.

Die Ruinen Zusameck und Wolfsburg an der Zusam, die ganz großartige Trausnitz ob Landshut, Grünberg am Strogen östlich von Freising und nahe Schloß Taufkirchen, ebenso Isareck westlich Freising sind alte Burgstellen.

Die Mehrzahl heutiger Schlösser und Gutshöfe der Ebene zeigen ebenfalls Wehrbaureste. Die Burgformen sind auch hier durch die Baustoffe bedingt. Ziegelstein wird im Tertiärgebiet der Ebene verwandt, Jurakalkstein an der Donau und nördlich Regensburg, an den Voralpen Keuper und Kreide.

Einige wenige kennzeichnende Burgen wollen wir kurz betrachten.

Die Harburg[392]) (Abb. 555), eine besonders großartige, später viel umgebaute Anlage, erhebt sich nördlich der Donau auf hohem Flußufer der Wörnitz im Rieskessel. Sie sperrte die Straße nach Nördlingen. Den breiten Burgbering schützten an der südwestlichen Angriffsseite Halsgraben, Zwingermauer und eine hohe Mantelmauer.

Die inneren Bauten der schon um 1093 genannten Burg gehören meist der öttingischen Spätzeit an. Die 1150 genannte staufische Burg zeigte vieleckige Rundform, in der heute neben späteren Saalbauten, frühmittelalterliche Buckelquadertürme aus Jurakalk und Torbauten mit Fallgatter sich malerisch abheben.

---

[387]) Hartmann: Burgst. u. alte Befest. i. Oberbayern. Sonderdr. aus 34. Bd. des Oberbayer. Archivs S. 1. — [388]) Hartmann: a. a. O. S. 5. — [389]) Mon. Boica Bd. VII, S. 407, zitiert bei Hartmann S. 6. — [390]) Sieghardt: Burgw. 1927, S. 46ff.; Kunstd. v. Bayern, II. S. 556. — [391]) Denkmalpfl. 12. Jahrg., 1910, S. 38; Kunstd. v. Bayern, Bd. IV Niederb., IV Passau, S. 164ff. — [392]) Diemand: Burgw. 1924, S. 57ff.; Paulsen: Burgw. 1924, S. 39f.

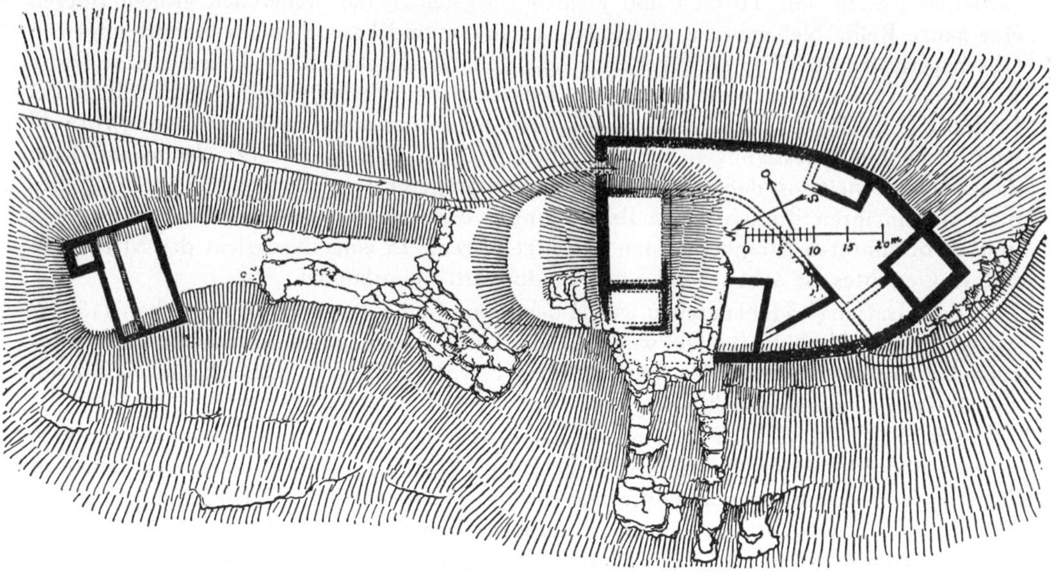

Abb. 553. Felsenbg. Ehrenstein b. Ulm, Wohnb. i. Mantelm., Bergfr. spitz. geg. Angriffss., Grdr. 1:1000, nach Koch.

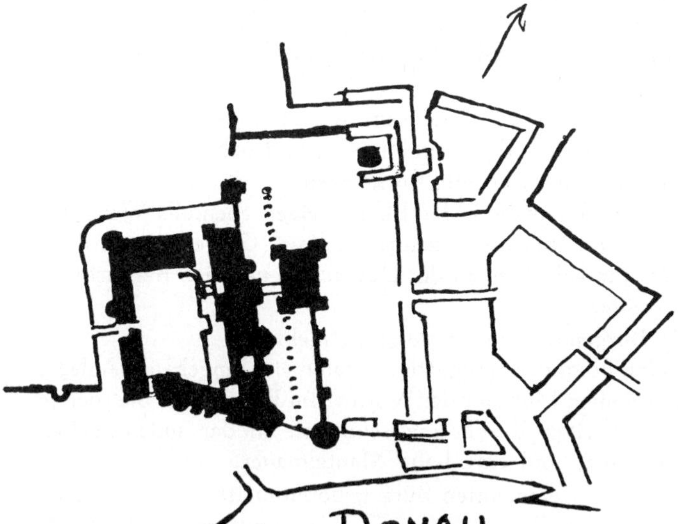

Abb. 554. Stadtbg. Ingolstadt, 4 Flüg., got., zahlr. Türme, geg. Angriffss. Einzel=Turmb., mehrf. Grb., spät. Bastion, Lgpl. etwa 1:2000. B. E. nach Pl. v. 1723.

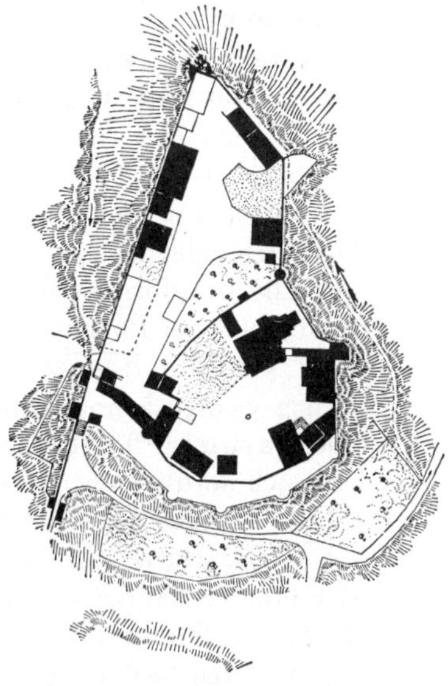

Abb. 555. Höhenbg. Harburg a. d. Wörnitz, auf Bergn., tief. Halsgrb. u. Zwinger, 2teil. alte Ringm., neuer. Saalb., Kirche, Vorbg., Lgpl., nach Diemand.

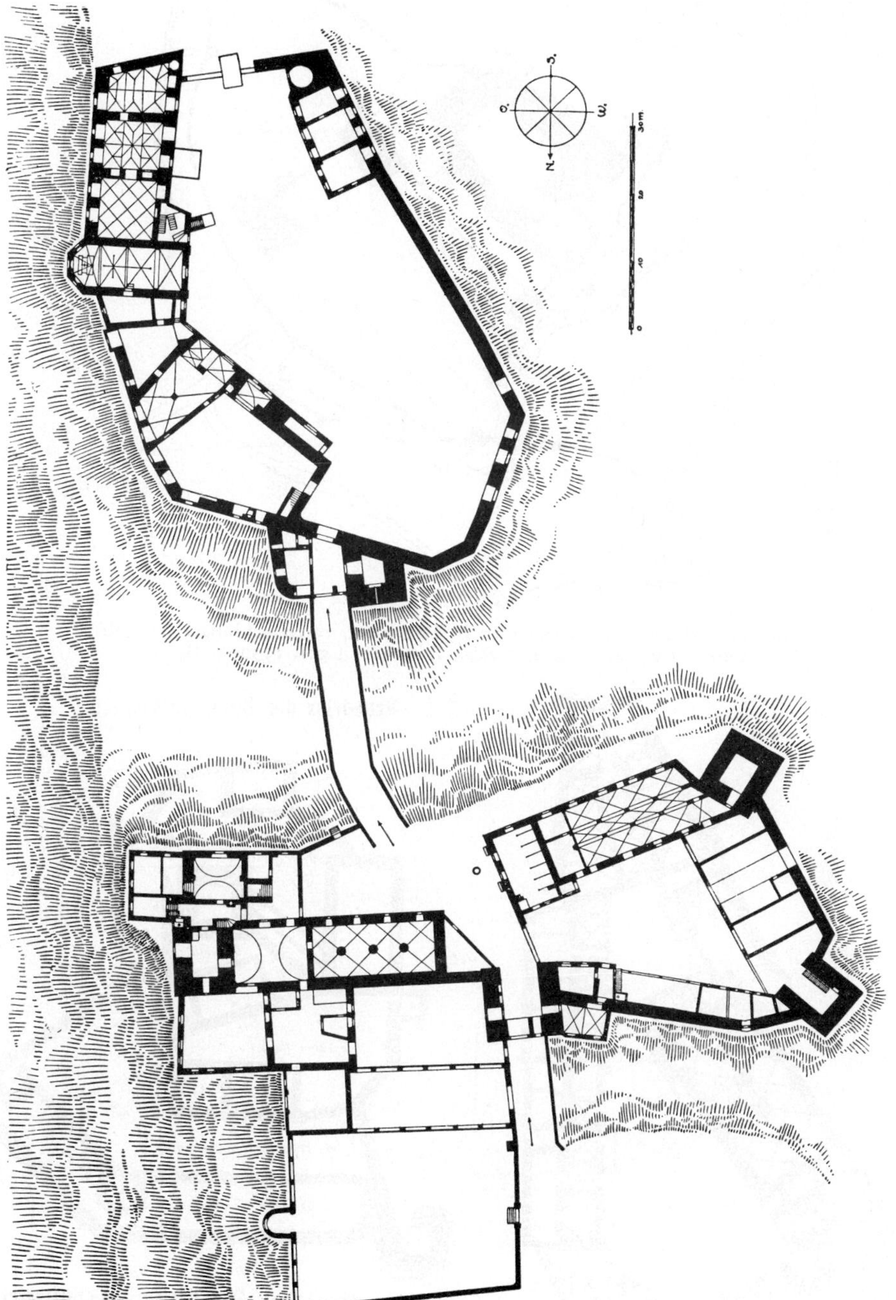

Abb. 556. Höhenbg. Neuburg a. Inn, bedeut. 2teil. Anl., inn. Bg. älter, 4türm. Vorbg., breit. Teilungsgrb., keine Seitenbestr., Grdr. 1:1000. B. E.

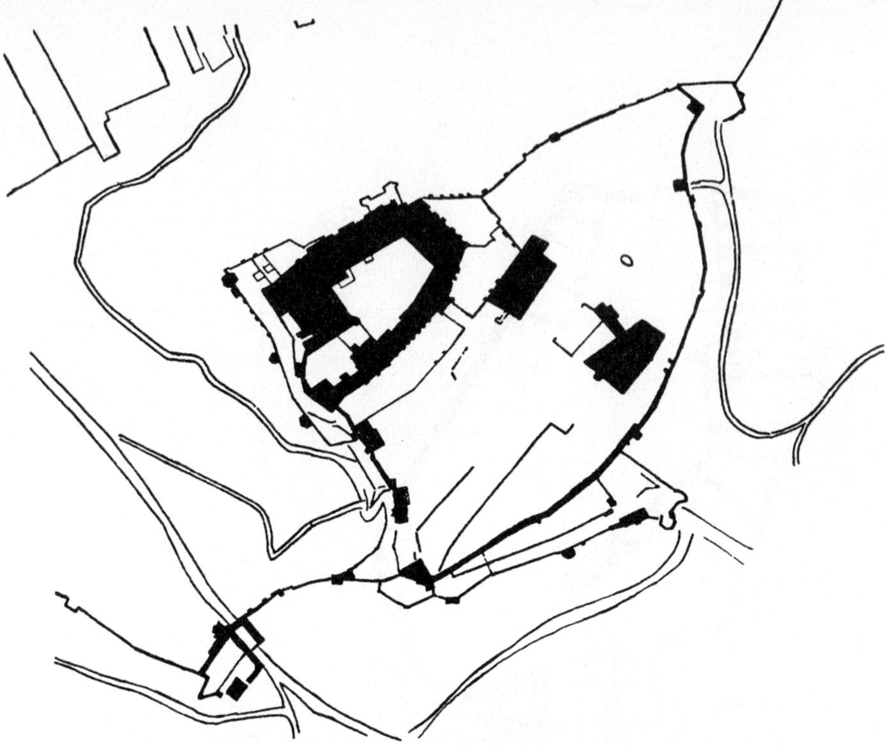

Abb. 557. Höhenbg. Trausnitz b. Landshut, reich schloßart. ausgeb., sehr w. Vorbg., Tore, Gräb., Zwinger, Lgpl. 1:3000. B. E.

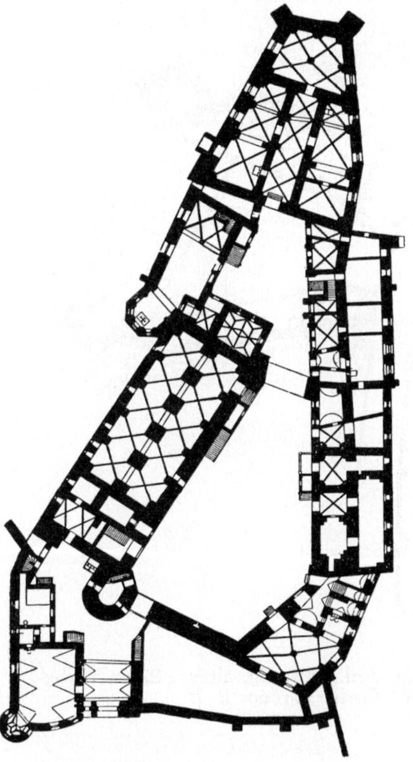

Abb. 558. Burghausen, mächt. got. Pallasb., Kernbg. auf Bergn., 2 Höfe, Grdr. 1:1000. B. E.

Grundriss der Burg zu Wellheim.

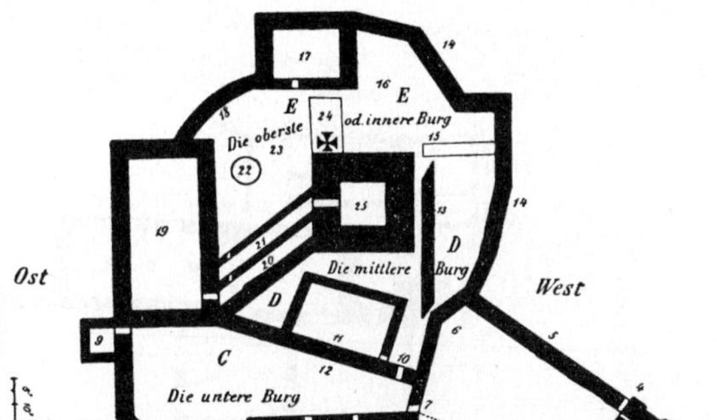

Abb. 559. Höhenbg. Wellheim, Schuttertal, ob., mittl. u. unt. Bg., 4eck. Bergfr., Zwinger u. Halsgr. Lgpl. v. 1857, nach Burgw. 1934.

Burg Hohenurach. Freig. d. d. R. L. M.

Burg Wörth an der Donau

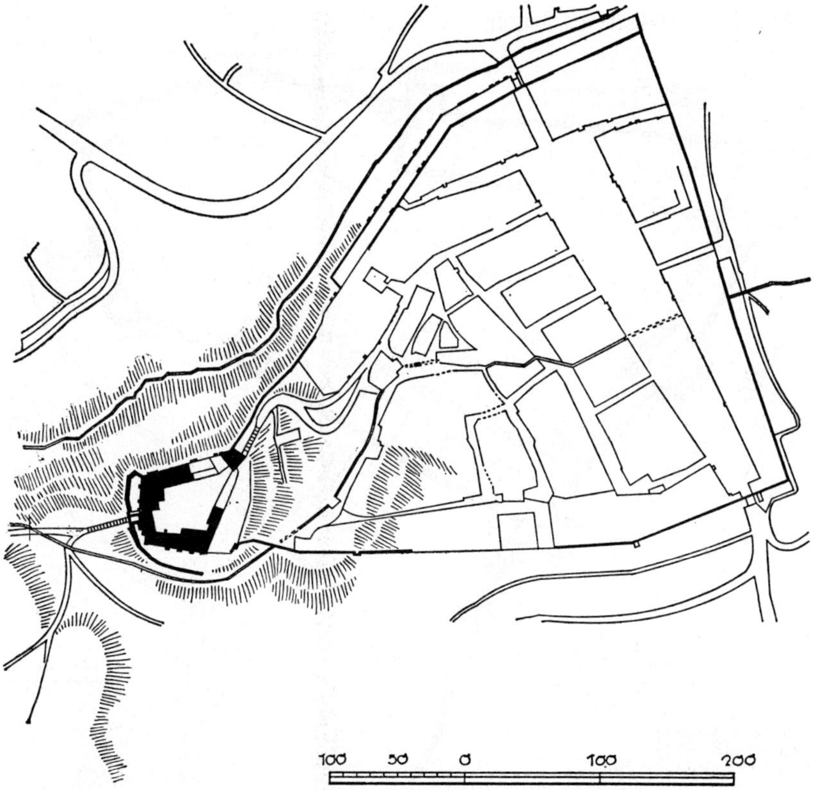

Abb. 560. Stadt u. Bg. Tittmoning a. d. Salzach, frühe Mantelm.=Bg., gr. Pallasr., Kap., Halsgr., Torzwinger, M. z. Stadt, Lgpl. 1:5000. B. E. nach amtl. Karte.

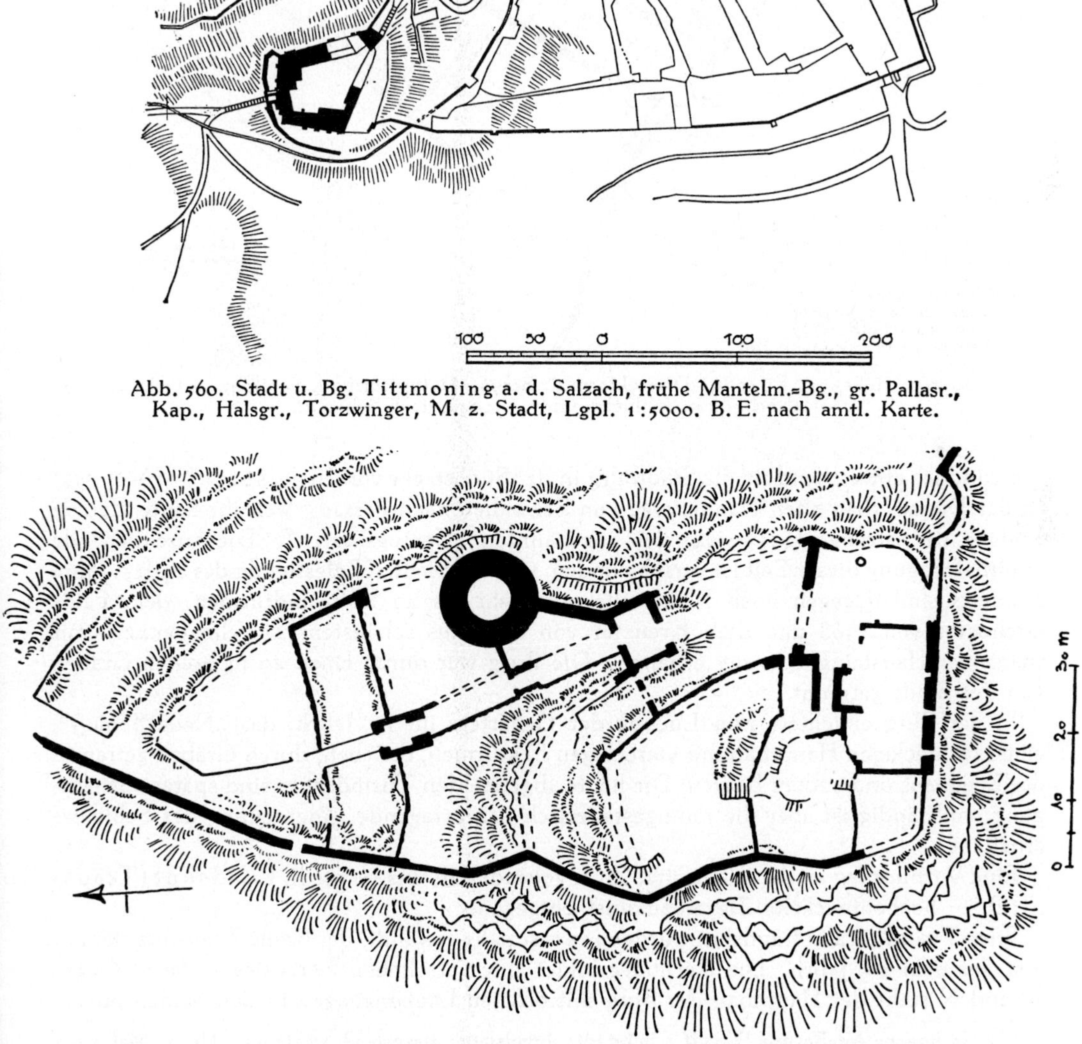

Abb. 561. Gipfelbg. Donaustauf, mehrf. Grb. u. Wälle, 6 Tore bis Kernbg., rd. Batteriet., frühroman. Kap., hohe Kernbg., Pallasr., Lgpl. 1:1000. B. E. nach K. Bay. u. Pl. v. 1673.

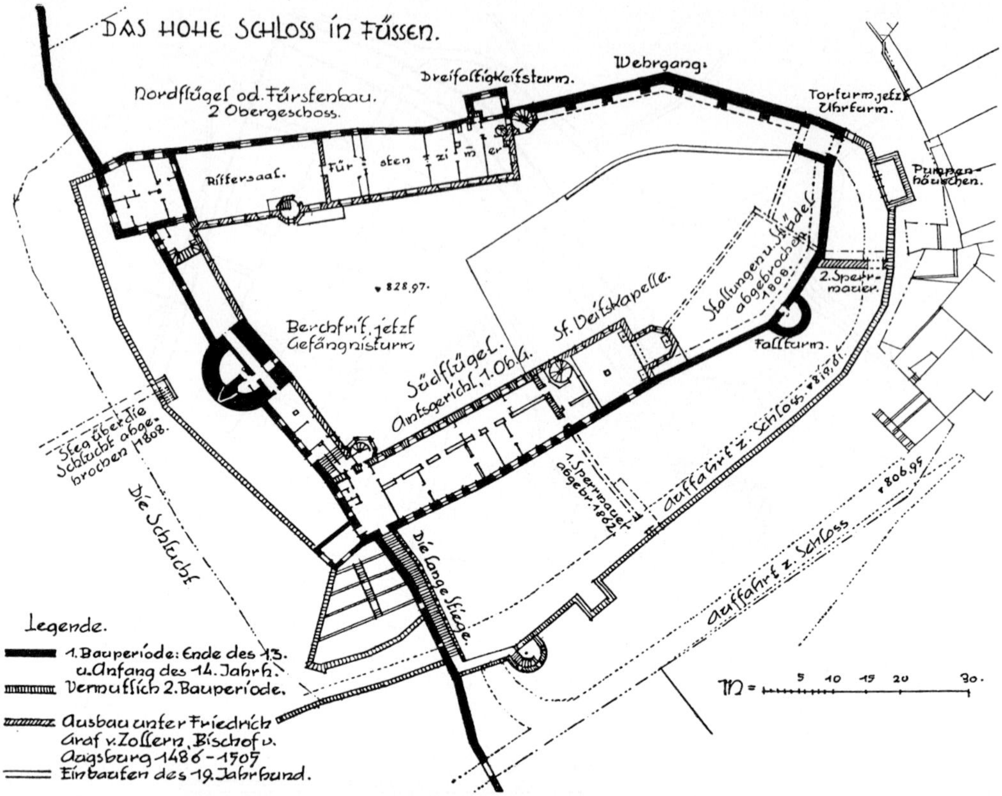

Abb. 562. Höhenbg. Füssen, Dreieckform d. Bergn., Halbrdtürme i. Schildm., 2 Pallasb., Halsgrb. bzw. Schlucht, Grdr. 1 : 1000, nach Schmautz.

Gründlich abweichend ist die Stadtburg in der Südostecke von Ingolstadt[393]) (Abb. 554) an der Donau, dem alten Handelsweg von Schwaben nach Passau. Von ihr baute Herzog Ludwig der Strenge (1253—94) den sogenannten „Herzogskasten". Die anschließende Stadtbefestigung dieser Zeit ist verschwunden, von der zweiten Befestigung des 14./15. Jahrhunderts sind dagegen noch Mauerteile mit mehr als 40 Halbrundtürmen, dem Feldkirchentor von 1368 und dem Kreuztor von 1385 aus schönstem Ziegelmauerwerk mit sparsamer Hausteingliederung erhalten. Die Burg war durch einen 20 m breiten Graben von der Stadt getrennt.

In der Burg errichtete nun Ludwig der Gebärtete im 15. Jahrh. das „Neue Schloß", einen rechteckigen Hauptbau mit viereckigen Ecktürmen, daneben, durch Gräben getrennt, das Zeughaus und andere Bauten. Die heute abgeflachten Turmdächer sind spätere Schädigung, vollständig ist aber die raumgestalterisch hervorragende Innenteilung des Schlosses erhalten.

Eine Vorburg lag an der Stadtseite. In Ingolstadt tritt uns — wie in Landshut (Trausnitz) — hochentwickelte Ziegelbaukunst entgegen.

Burg Trausnitz in Landshut wurde 1183 erstmalig erwähnt, der Name Trausnitz stammt erst aus dem 16. Jahrh. Die Kernburg bildet eine verschoben viereckige Anlage. Gegen W und N steht der Hauptbau der Burg mit offenen Laubengängen in den beiden oberen

[393]) Karlinger: Alt-Bayern S. 34ff.; Schmidt: Ingolstadt; Bayerland 37. Jahrg., Nr. 9, Mai 1926, u. 43. Jahrg., Nr. 6, März 1932; Kunstd. v. Bayern, I. Oberbayern 1, S. 11ff. — Viele ältere Pläne von Ingolstadt mit der Stadtburg befinden sich in der Wehrkreisbücherei VII, München.

Stockwerken. Hervorzuheben ist die spätromanische St.-Georgskapelle, die 1518 gotische Gewölbe erhielt[394]) (Abb. 550 u. 557).

Bei München wäre Burg Grünwald im Isartal (Abb. 563) zu nennen mit 2 viereckigen Türmen.

Im Schuttertal, nordwestlich von Ingolstadt, erhebt sich auf zerklüfteter Dolomitkuppe die Burg Wellheim[395]). Die romanische Anlage wird von dem viereckigen Bergfried, außen teils aus gebuckelten Dolomitquadern, im Innern aus glatten Quadern, überragt. Im Osten lag der Pallas, im Süden soll ein zweiter Wohnbau gelegen haben. Die Nordseite war ehemals durch Zwinger verstärkt (Abb. 559).

Späte Umschöpfung einer frühmittelalterlichen Burg ist die Veste in Wörth[396]) (Tafel 71). Um den Stumpf eines mächtigen — später umgebauten — Bergfriedes und einen länglich-viereckigen Hof ist ein langer Rechteckbau mit vier gewaltigen Eckrundtürmen errichtet, an der Ostseite von breitem Graben, an den übrigen Seiten von Zwingeranlagen umgeben. Das Ganze zeigt in der Großräumigkeit des Inneren, in Resten reicher Renaissanceausstattung und wuchtigen Hofgalerien schon Übergang zum Schloßbau.

Bemerkenswert unter den Donauufervesten ist die Gipfelburg Donaustauf[397]) (Abb. 552). Ihre großartige, das Donautal weithin beherrschende Lage, auf vereinzelt vorspringendem Bergkegel — 422 m ü. d. M. —, verlieh der schon im 10. Jahrh. (?) genannten Burg[398]) noch bis zum Dreißigjährigen Krieg wehrpolitische Bedeutung. Erst am 11. Februar 1634 wurde Stauf von den Schweden zerstört.

Auch diese Burg verteidigte eine wichtige Donaubrücke, die in die fruchtbare, einst sumpfige Ebene führte.

Abb. 563. Höhenbg. Grünwald b. München, n. Liebermann.

[394]) Sommerrock: Burgw. 1913, Nr. 4, S. 61 ff.; Karlinger: Alt-Bayern S. 29 f.; Sieghardt: a. a. O. S. 208 f. — [395]) Lehner: Burgw. 1934, S. 30 ff.; Smlg. Ebh. — [396]) Smlg. Ebh.: Kunstd. d. Kgr. Bayern, II. Oberpf. u. Regensb. H. XXI, S. 184 ff. — [397]) Smlg. Ebh.: Kunstd. d. Kgr. Bayern, II. Oberpf., Bez.-Amt Stadtamhof S. 41 ff. — [398]) Ebenda S. 48; Sieghardt: a. a. O. S. 168 f.

Ein Plan von 1673, etwa vierzig Jahre nach der Zerstörung entstanden (Abb. 561), zeigt den unregelmäßig-länglichen Grundriß und Durchschnitt durch den stufenweise ansteigenden Kern.

Die höchste Erhebung der Anlage an der Westseite des Berges steigt bis zur Südspitze an, sie umfaßt den ältesten Teil, dort lag der Pallas. Im Norden, wo der Berg steil abfällt, schützt eine Art Halsgraben. Den flachen Ostabhang nimmt ein großer Zwinger ein mit erstem Tor an der Flußseite. Nördlich steigt der Weg zum zweiten starken Torbau hinter tiefem Graben, dann durch zweiten Torzwinger zwischen höheren, westlichen Mauern und rundem Bollwerksturm bis zur Südseite der höchsten Kernburg.

Über deren innerstem sechsten Tor stehen merkwürdige Reste der frühen quadratischen Burgkapelle, drei kleine frühromanische Pfeiler mit Würfelkapitälen und Dreibogenstellung, sowie Wandnischenreste lassen auf einen durch neun Kreuzgewölbe überdeckten Raum mit vier Mittelsäulen schließen, der zu den ältesten Teilen der Burg gehört.

Daneben zeigt der Plan von 1673 einen Saal über einem Keller, westlich den Wohnbau. Das untere gotische Tor deutet auf Bauten des 14. Jahrh.

Bemerkenswert ist der wahrscheinlich aus romanischer Zeit stammende runde, noch 9 m hohe Turm an der Ostseite mit fast 5 m Mauerstärke. Bis zu 3 m Höhe ist er in glatten Quadern, dann in gebuckelten mit Randschlag aufgeführt. Seine Abmessungen, Mauerdicke usw. entsprechen den Bergfriedresten in Koburg und Gelnhausen.

Burgenkundlich merkwürdig ist Tittmoning[399]) (Abb. 560) an der Salzach. Der Bauplatz bedingt als Bergnase einen Dreiecksgrundriß, die Spitze ist der gleichnamigen Stadt zugewandt; dort liegt, sonst ungewöhnlich, ein großes Tor. Die breite Angriffsseite wird durch tiefen Graben, Zwinger und hohe Mantelmauer geschützt, die das ganze Dreieck umzieht.

Tittmoning wird urkundlich 798—821 genannt. Nachrichten über die Burg gehen auf 1234, über Stadt und Burg auf 1242 zurück.

Eisenbeschlagene, stattliche Tore, in der Angriffsseite mit Vortor, frühe Wehrgänge und Scharten des 15. Jahrh., ein über gewölbtem Erdgeschoß zweibalkengeschossiger, pallasartiger Getreidekasten aus der Mitte des 16. Jahrh., an der Angriffsseite noch unter Dach, und zwei lange Grabenholzbrücken bieten noch heute ein wehrhaftes Bild.

Zu einfachen wuchtigen Formen zwangen die Bruchstein- und Tuffsteinquadern.

An strategisch wichtiger Stelle liegt auch Burghausen an der Salzach, 1130—32 zuerst urkundlich genannt. Baustoff ist bodenständiger Nagelfluh, grober Salzachkiesel und Bruchsteinmauerwerk[400]) (Abb. 558). Auch Tuffquadern und Sandstein kommen vor. Der wenig bildsame Stoff vereinfachte die Gestaltung. Der Gesamtumriß ist wie der aller oberbayerischen Burgen schlicht, aber wuchtig (Abb. 551).

Von den reichen Dachgestaltungen des Holzmodells von 1574 von Jakob Sandtner sind viele verschwunden, wohlerhalten dagegen Holzwehrgänge mit eigenartigem Schutz durch den den Zinnen der innersten Schildmauer vorgehängten Balkenschirm, eine Einrichtung, die wir im großen Maßstabe auf Hohensalzburg, Moosheim in den Tauren und Burg Heimhof bei Amberg wiederfinden.

Innig verwachsen mit der Burg sind die Befestigungen der Stadt. Die reißende Salzach war nordöstlich ein schwer zu überwindendes Hindernis, an der Nordwestseite schützte der Wöhrsee.

Der Burggrundriß endet auf der Spitze des zwischen beiden Wassern fast 1000 m langen Rückens in einer Dreiecksanlage um engen Hof aus dem 12. und 13. Jahrh.

[399]) Kottmayr: Burgw. 1913, S. 73ff.; Karlinger: Alt-Bayern S. 35 u. Abb. 71; Ebh.: Eine Burgenfahrt 1901, S. 9f. — [400]) Kunstd. Bayern, Reg.-Bez. Oberb. Bd. I, S. 2444ff.; Menrad: Gesch. Burghausen S. 2; Doering: D. Deutsche Burg S. 21, 29; Smlg. Ebh.: Denkmalpfl. 1. Jahrg., 1899, S. 46ff.; „Burgenarten"; Stechele: Burg z. Burgh. (Sonderdr.); Stechele: Burgw. 1913, S. 45ff., 1915, S. 72ff.

1364 baute Herzog Friedrich von Landshut, 1422—27 hören wir von größeren Bauarbeiten, die 1480—88 von Herzog Georg dem Reichen fortgesetzt, die heutige Erscheinung ergaben.

Damals wurde der westliche Flügel der innersten Burg durch Verbreiterung vergrößert und die dortige Schildmauer ausgestaltet.

Im Kernbau lag der bedeutendste Saal, die Durnitz, über schwere Pfeiler gewölbt, wohl zum Aufenthalt des Gefolges und für Landtage und Versammlungen bestimmt.

Südwestlich stößt eine der drei Burgkapellen an, und in der äußersten Spitze ein gleichfalls im Untergeschoß schwer gewölbter, dreischiffiger Bau, endlich ein gewölbter Raum mit starker Mittelstütze.

Merkwürdig ist der mächtige Geschützturm und die Talsperrmauer zum Aufstauen des Wöhrsees (Abb. 11).

Nur ein großer Landesherr konnte eine solche Anlage schaffen und erhalten, und nur als Mittelpunkt seiner Macht hatte sie Kriegswert. Schon die Ausdehnung erforderte große Besatzung, für deren Verpflegung und Bewaffnung Kornkasten, Lagerkeller, Zeughäuser und Kriegsvorräte vorhanden waren.

Wesentlichen Verteidigungswert hatten die Türme an fünf Grabenabschnitten. Sie sind es, die heute noch, unterstützt durch die stufenweise um die innerste Burg gelegten Zwingermauern, dem Ganzen den wehrhaften Ausdruck verleihen, das Entzücken jedes künstlerisch gesinnten Besuchers. Zur Wirkung trägt die Rauheit des verwendeten Tuffsteins wesentlich bei. Gewaltige Balkendecken und Stützen wetteifern mit den Steinmassen, alle Teile, selbst das große Kanonenbollwerk, zeigen durch wohlgeformte Massen, klug angeordnete Treppen, Tore und Fenster das Bestreben, künstlerisch wirksame Einzelheiten zu bieten[401]).

Zur Auswertung aller Möglichkeiten der Seitenbestreichung zwang die langgestreckte Baustelle. Von ursprünglichen Verteidigungsmöglichkeiten, zum Werfen von oben nach unten, ist wenig übriggeblieben. Das Ende des 15. Jahrh. stellte schon Ansprüche zur Verteidigung in waagerechter Linie durch Pulvergeschütze.

Die alten Straßen über Garmisch-Partenkirchen und Füssen geben, wie jeder Weg über die Alpen, Anlaß, Grenzburgen zu errichten.

Vor Murnau-Garmisch im Loisachtal erhebt sich Ruine Werdenfels[402]) in ausgezeichnet günstiger Lage. Auf dem Ende des weit vorgestreckten Ausläufers steigt ein Felskegel bis 788 m an hinter natürlichem Halsgraben, im Süden durch das breite Tal der Loisach, im Osten und Norden durch ein weites Seitental geschützt. Alle größeren Höhen liegen weitab.

Vom großen, vieleckig runden, vom Bauplatz erzwungenen Mauerring stehen noch auf dem höchsten Gipfel Stücke unter späteren Mauern mit großen Fensterhöhlen, Torzwinger liegen der Angriffsseite zu. Ein Bergfried fehlt der ehemals fürstbischöflich freisingischen Burg.

Bedeutender ist am Paß Füssen—Reutte die wohlerhaltene spätgotische Burg Füssen[403]) (Abb. 562) mit reichen Innenräumen. Gering erhebt sich der Burghügel über der Stadt, dessen spitze Form den dreieckigen Grundriß bestimmte.

Auch hier fehlt ein Bergfried, die Hauptwehr ist ein mächtiger Halbrundturm inmitten der Schildmauer hinter Zwinger und tiefer Schlucht gegen Südwesten.

Ein hoher Mantel, an der Nord- und Südseite vielfach durch Fenster von gotischen Wohn- und Saalbauten durchbrochen, umschließt die Burg, durch innen bogenverbundene Strebepfeiler verstärkt, die den Wehrgang tragen. Hier liegt der einzige stattliche Torturm,

[401]) Ausführliche zeichnerische Darst. u. Beschreib. Kunstd. d. Kgr. Bayern, Reg.-Bez. Oberb. S. 2444—2499. — [402]) Kunstd. d. Kgr. Bayern III; Rock: Werdenfelser Land i. früh. Z. S. 41ff.; Smlg. Ebh. — [403]) Keller: Aus Füss. Vergangenheit 1. Teil; Schmautz: D. hohe Schl. i. Füssen, Hdschr.; Denkmalpfl. 2. Jahrg., 1900, S. 7f.; Smlg. Ebh.; Ritter v. Lama-Roggenhofer-Müller: S. 24ff.

durch weiten Torzwinger zugänglich. Die Schildmauer setzt sich als Stadtmauer nach Norden und Süden fort.

Hochragend bietet der turmreiche Bau, vom Bischof Friedrich II. von Augsburg im 14. Jahrh. erbaut, einen wehrhaften Eindruck. Ein Umbau durch Friedrich von Hohen=zollern 1497—1503 gab die heutige Form und die schönen Wandmalereien im Hof.

Sehr geschickt gewählt ist der Bauplatz der Burg Schwanstein (Hohenschwangau)[404]) auf einem Ausläufer zwischen Schwansee und Albsee und dessen Abfluß zur Ebene, 865 m ü. d. M., auf einem Kegel errichtet und liebenswürdig und „romantisch“ ausgebaut, noch höher lagen die Trümmer von Vorderhohenschwangau.

Eine beherrschende Lage nimmt die 1277 m hoch gelegene, 1059 errichtete, bischöf=lich=augsburgische Burg Falkenstein[405]) bei Füssen ein, deren Pallasruinen weithin die Landschaft überragen.

Nicht weit davon erheben sich die Ruinen der Nesselburg[406]) und Sulzberg über die Straße ins Allgäu.

Alle sperrten die Mündungen der Alpenpässe.

Ähnliche Lagen haben die Ruinen Eisenberg und Hohenfreiberg[407]). auch Stau=feneck[408]) bei Reichenhall und das neuaufgebaute Hohenaschau[409]). Von der mittelalter=lichen, langgestreckten Anlage sind Umfassungsmauern, Bergfried und Wände der Kapelle erhalten, das meiste entstammt dem 16. Jahrh..

Die wenig bekannten südbayerischen Burgen liegen meist abseits der großen Straßen, oft völlig eingewachsen oder wie Falkenstein auf hohem Berge. Die Größe der Hochgebirgs=landschaft raubt den Ruinen die überragende Wirkung, die sie in der Landschaft der Mittel=gebirge haben.

Die Burgen sind planmäßig am Nordrande der Alpen, als Sperren der Pässe und Täler, verteilt.

Wir wissen auch, daß in vielen der großen Gutshäuser der in der Frühzeit vielfach sumpfigen südbayerischen Ebene Reste mittelalterlicher Burgen stecken, Burgen also, die das flache Land ebenso verteidigten wie die Pässe im Süden und die Seitentäler der Donau im Norden.

Abb. 564. Ruine Hilgartsberg a. d. Donau.

[404]) Denkmalpfl. 1. Jahrg., 1899, S. 80; v. Hormayer: Hohen=Schwangau . . . — [405]) Smlg. Ebh. — [406]) Ebenda. — [407]) Ritter v. Lama=Roggenhofer=Müller: S. 114. — [408]) Burgw. 1913, S. 141f. — [409]) Burgw. 1913, S. 142f.; Karlinger: Burgw. 1913, S. 77ff.; Kunstd. d. Kgr. Bayern, Oberbay. S. 1606ff.

Dafür sprechen auch die Stadtburgen, wie die Trausnitz bei Landshaut oder die wohlerhaltene Burg in Wasserburg. Ein hohes Alter verschiedener Burgen, wie Donaustauf oder Harburg im Ries, ist urkundlich nachgewiesen, die besonderen Verhältnisse begünstigten namentlich an den Berghängen solche frühen Wehrsiedelungen.

Vergeblich ist es auch, in diesem Gebiet irgendwelche Regeln für die Einteilung der Burgen nach Grundrißformen durchzuführen, man stelle nur etwa Staufeneck und Füssen neben Burghausen und Ingolstadt oder Donaustauf. Dreieckige Mantelmauerburgen wie die beiden erstgenannten, zu denen noch Tittmoning zu zählen wäre, stehen neben ganz willkürlich gegliederten, wie Neuburg am Inn oder der Oberburg zu Passau.

Oberpfalz

Die bayerische Oberpfalz und Ostmark ist erst seit dem Dreißigjährigen Kriege dem bayerischen Staate angegliedert. Land und Leute sind auch heute noch grundverschieden von bayerischer Art.

Die Gewalt der Burgenkette im Osten — schon zur frühen Hohenstaufenzeit zum Schutz des alten Nordgaues angelegt, ist nur aus der kampfreichen Geschichte dieses immer von Böhmen bedrängten Gebietes zu verstehen[410]).

Geologisch besteht mit Franken und dem Altmühlgebiet eine Verwandtschaft, deren Dolomitkalkfelsen denen des Nab-Donau-Gebietes gleichen und ähnliche Burgbauten bedingen[411]). Dazu kommen aber große Granitgebiete.

Gegen Böhmen standen Burgen, die zum Teil sogar Reichsburgen waren: östlich des Fichtelgebirges auf dunklem Basalt Burg Thierstein[412]), mit 34 m hohem Turm, im Quellgebiet der Nab Falkenberg und Waldeck. Es folgen Flossenbürg, Parkstein und Weiden vor dem Fichtelgebirge, südöstlich davon Vohenstrauß und Leuchtenburg, im Tale der Pfreimd Trausnitz, im Schwarzachtal Schwarzenberg und an der Nab die Nabburg, die einstige Residenz des Markgrafen[413]), Wernberg und Wolfsegg, bei Parsberg liegt Burg Lupburg. Als Endpunkt der großen Burgenkette gegen die Böhmen steht die grabenumgebene Granitruine der Gipfelburg Runding und die einst politisch wichtige, befestigte Stadt Cham am Regen[414]).

Südlicher zeigt das Regengebiet auf hohen, zerrissenen Klippen in der Ruine Weißenstein die kühnste Anpassung einer Burg an den haarscharfen Grat einer Quarzrippe „des Pfales"[415]). Auf 700 m hoher Bergkuppe erheben sich der viereckige Bergfried und der sogen. „Kasten" oder „das neue Schloß". Die Besitzer, die Grafen von Bogen, starben 1242 aus, und die Burg fiel an die Herzöge von Bayern, sie spielte noch im österreichischen Erbfolgekriege 1742 eine Rolle.

Nach Passau zu finden die Grenzburgen breitere geologische Gestaltung. Hier steht breitgelagert der granitene Wohnturm der Saldenburg mit Außenwerken auf ungeheuren Granittrümmern, der, abgesehen von seinen späten Fenstern, an englische keeps erinnert[416]).

Zwischen Donau, Regen, Nab, Vils, Lauterach und Laber liegen eine Menge uralter, großer Oberpfälzer Burgen, wie Kallmünz, Burglengenfeld, Heimhof, Wolfstein, Neuhaus, Hohenfels usw.

[410]) Rieger: Grenzb. i. Nordgau S. 7ff. — [411]) Jahrb. f. fränk. Landesforsch. (hrsg. v. Institut f. Fränk. Landesforsch. a. d. Univ. Erlangen) 1935, 1, S. 40ff. — [412]) Hofmann-Arzberg: Burgw. 1935, S. 25ff. — [413]) Derselbe: Burgw. 1932, S. 2ff.; v. Hofmann: Oberpfälz. Heimatb. S. 22ff.; Schaffner: Türme und Wolken. — [414]) Kunstd. d. Kgr. Bayern, Reg.-Bez. Oberpf. u. Regensburg Bd. II, Heft VI, S. 34ff. — [415]) v. Buttlar: Burgw. 1934, S. 21ff.; Sieghardt: a. a. O. S. 178f. — [416]) Burgw. 1935, S. 70 u. S. 69, Abb. 107. — Sieghardt: a. a. O. S. 180.

Aus der Fülle dieser Burgen können wir nur wenige kennzeichnende Beispiele kurz behandeln.

Die gewaltige Granitburg Leuchtenberg[417]) (Tafel 73) bei Weiden beherrscht weithin das ganze Gebirge. Ihre langgestreckte, unregelmäßige Vorburg und auf höherem Fels Kernburg, 1124 urkundlich erwähnt, besitzt mächtigen, viereckigen Buckelquader=Berg=fried — auf der Südseite bedeutende frühgotische Pallasreste, große romanische Burgkapelle, rundum Zwinger des 15. Jahrh. aus Bruchsteinmauerwerk — mit vier Halbrundtürmen.

Die kaiserliche Hohenstaufenveste Flossenbürg[418]) (Abb. 36), eine in der Ferne von Leuchtenberg sichtbare Grenzburg im Osten, um 1100 (?) als „castrum flozze" erwähnt, bietet mit nach Westen auf höchster Felsspitze vorgeschobenem Wohnturm ältester Zeit auf kahler Granitkuppe trotz wildester Felsen eine planvolle Anlage. Der nach Norden frei vorgeschobene, viereckige Bergfried besteht aus edlen Granitquadern, teils mit Bossen, wahr=scheinlich hohenstaufische Schöpfung des 12. Jahrh.[419]). Zwischen Abgrund, Pallas auf höchster Felsspitze und Bergfried liegen schwere Vorburgmauern mit späten Halbrundtürmen.

An der Pfreimdtalsperre liegt die kleine, etwa fünfeckige Burg Trausnitz im Tal[419a]) (Abb. 565), ein dreiflügeliger Wohnbau mit viereckigem Bergfried in der NW=Ecke. Die fast 2 m starken Außenmauern der Wohnbauten ersetzten eine Ringmauer. Gegen den Berg ist die Burg durch einen Halsgraben geschützt.

Die im Waldnabtal über gleichnamigem Ort liegende wohlerhaltene Ruine Falken=berg[420]) auf Granitfelsen wurde bis zum 15. Jahrh. ausgebaut. Auf engem Felsklotz erheben sich in der Mantelmauer der viereckige Bergfried, die Wohnbauten, zum Teil außen abgerundet, im Süden der viereckige Tor= oder Kapellenturm. Der Grundriß wirkt im Gegensatz zu Leuchtenberg geschlossen.

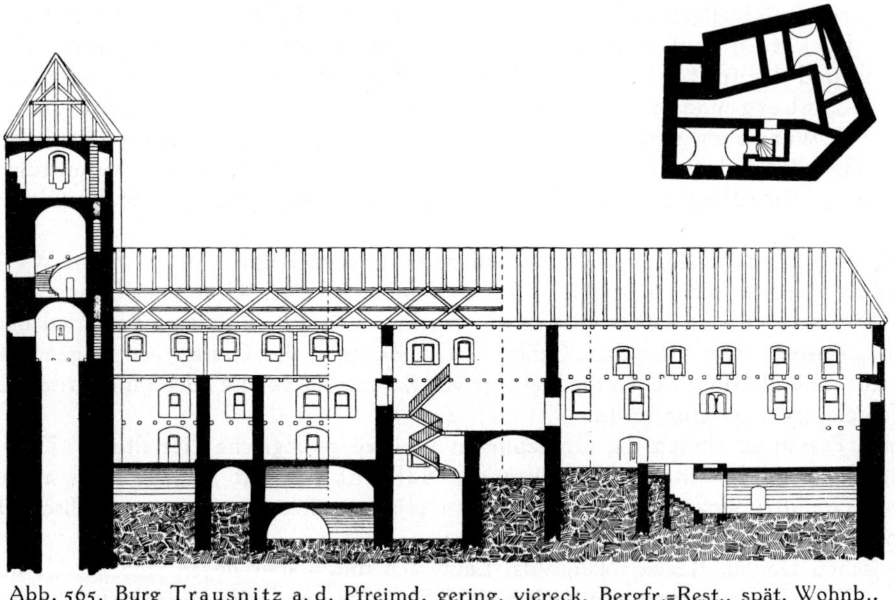

Abb. 565. Burg Trausnitz a. d. Pfreimd, gering. viereck. Bergfr.=Rest., spät. Wohnb., starke Mantelm., Grdr. 1:1000, abgewickelter Schn. 1:500. B. E.

[417]) Ebenda S. Rieger: S. 57 ff.; Dunkel: Leuchtenb. u. s. Landgr.; Hofmann=Arzberg: Burgw. 1932, S. 7f.; Brunner: Oberpfälz. Heimatbuch S. 243 ff. — [418]) Rieger: S. 45 ff.; Hofmann=Arzberg: Burgw. 1932, S. 8f.; Smlg. Ebh.; Klughardt: Oberpfälz. Heimatb. S. 219 ff. — Kunstd. d. Kgr. Bayern, Reg.=Bez. Oberpfalz, IX, B.=A. Neustadt a. Wn., S 32ff. — [419]) Schürer: Die Kaiserpfalz Eger S. 75, Anm. 3. — [419a]) Smlg. Ebh.; Sieghardt: a. a. O. S. 130 f. — [420]) Rieger: S. 35 ff.; Hofmann=Arzberg: Burgw. 1932, S. 10; Smlg. Ebh.

Ruine Kallmünz an Naab und Vils

Ruine Leuchtenberg in der Oberpfalz

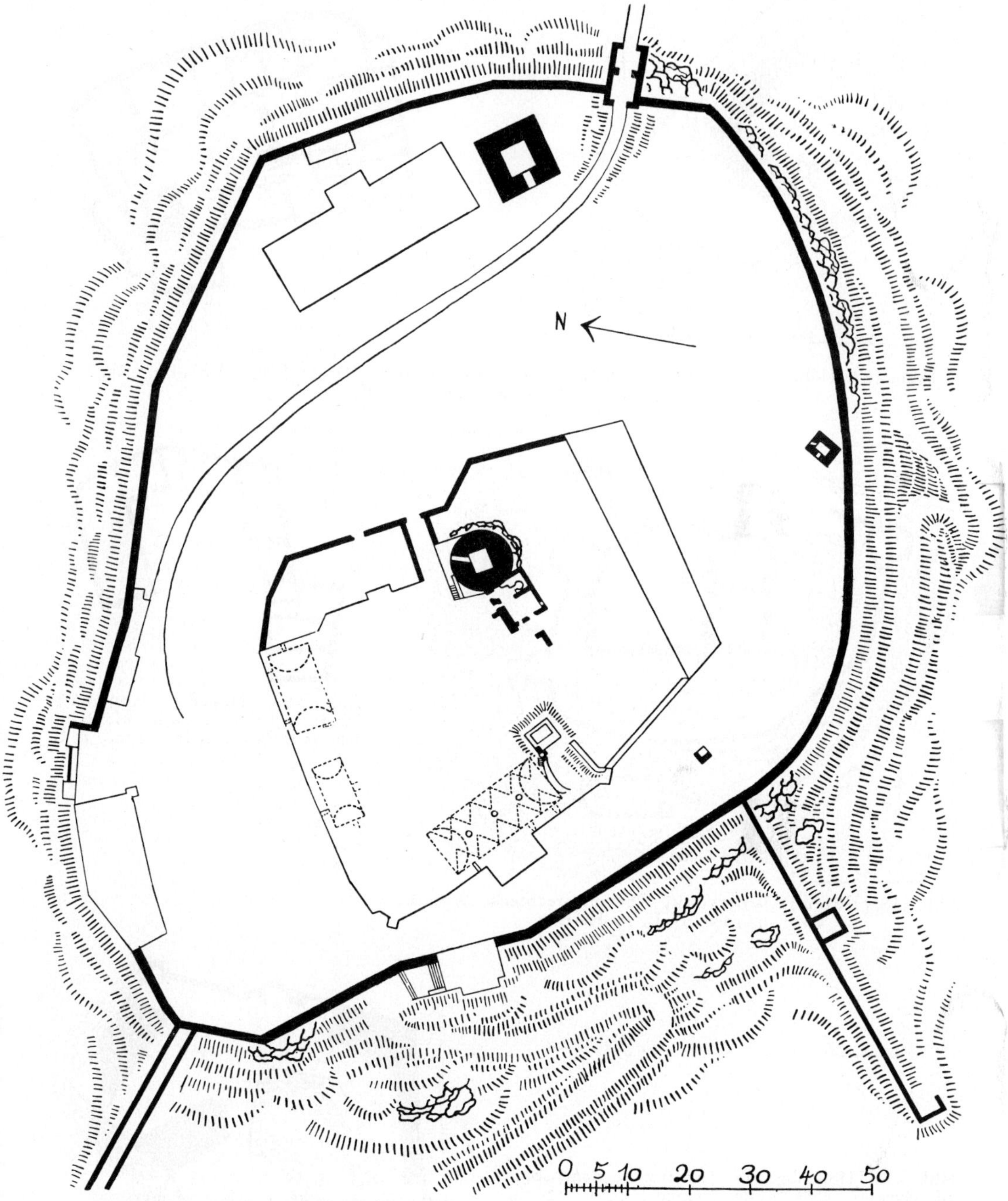

Abb. 566. Höhenbg. Burglengenfeld, 1 rd. u. 1 viereck. Bergfr., bedeut. Pallasr., Keller, um gr. Kernbg. weit Ringm., Mauern z. Stadt, Grdr. 1:1000. B. E. n. Pl.

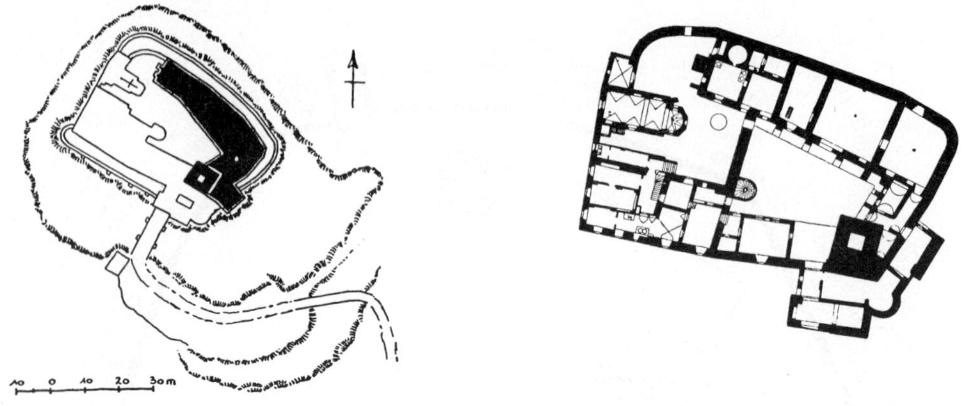

Abb. 567. Höhenbg. Wernberg, Oberpf., Ringgrb., viereck. Bergfr., spät. Wohnflg., Kap., Lgpl. 1:2000, Grdr. 1:1000. B. E.

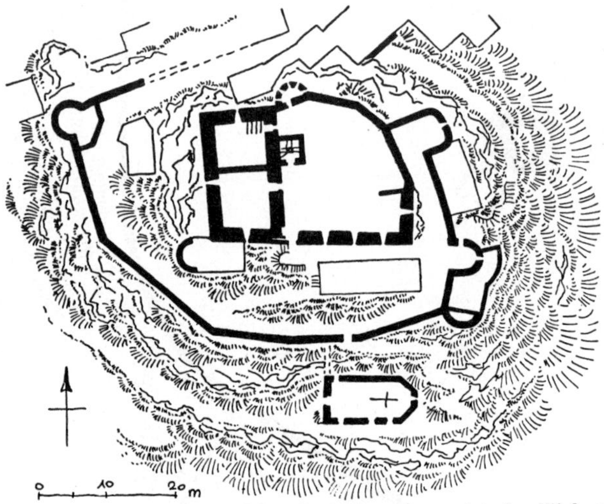

Abb. 568. Hügelbg. Wolfseck, Oberpf., rechteck. Wohnt., Grdr. 1:1000. B. E. n. K. Bay.

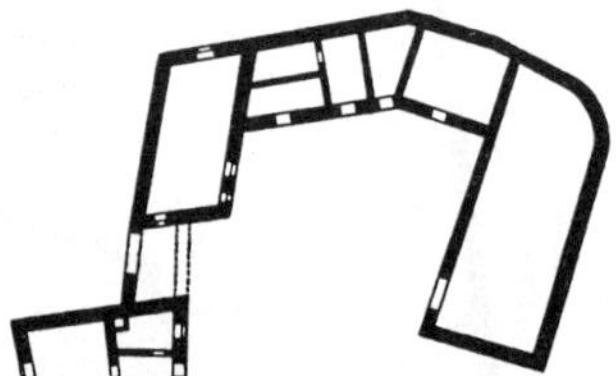

Abb. 569. Hügelbg. Lupburg, Oberpf., Pallas i. stark. Mantelm. erh., got. Reste, Grdr. 1:1000. B. E.

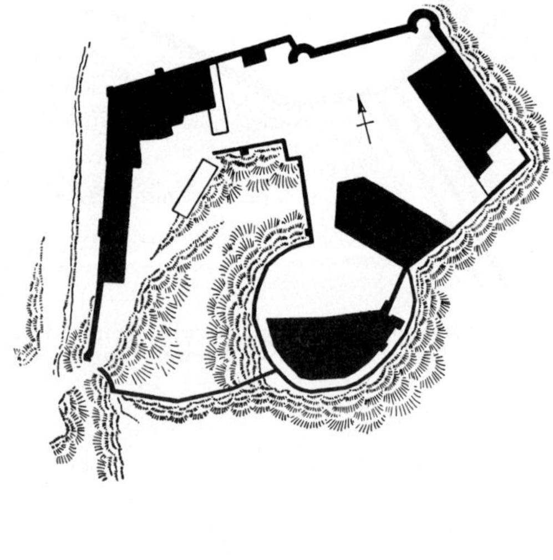

Abb. 570. Höhenbg. Schönberg b. Regensbg., rd. Kernbg., spät. weite Zwinger, Lgpl. 1:2000, B. E. n. Pl. d. fürstl. Rentk.

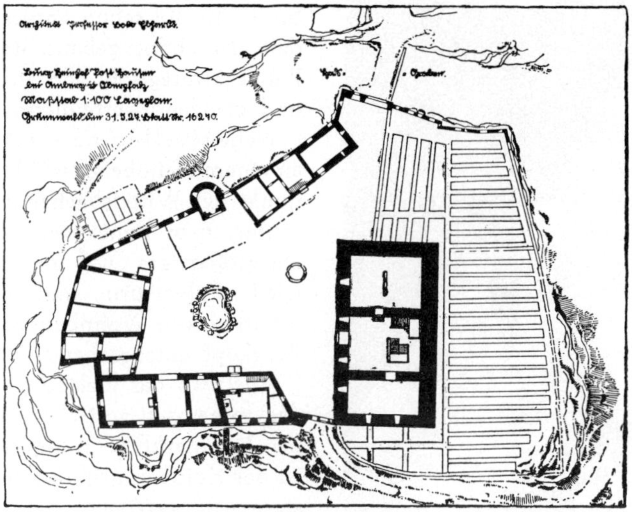

Abb. 571. Felsenbg. Heimhof, Oberpf., schwer. Wohnt., spät. Wirtschaftsb., weite Ringm., Halsgrb., Grdr. 1:1000. B. E.

Auch die kleine, fast rechteckige Granitruine von Neuhaus[421]), mit mächtigem runden Bergfried mit Aufsatz von geringerem Durchmesser war wie Weißenstein Grenzburg gegen Böhmen, beide liegen im Waldnabgebiet, ebenso Wallenrode und Waldstein.

Die schon genannte Burg Wernberg[422]) (Abb. 567) zeigt einen Wohnbau und malerische Bogengänge im Burghof aus dem 16. Jahrh. Der quadratische Bergfried entstammt dem 13. Jahrh.

Burg Wolfseck (Abb. 568) ist zum Teil aus Ziegeln erbaut. Ein eigenartiger rechteckiger Wohnturm bildet den Hauptteil der Anlage, die von unregelmäßiger Zwingermauer umgeben ist.

Die Nähe von Amberg ist reich an Burgen; im Hausener Tal liegt die bewohnbare Burg Heimhof[423]) (Abb. 571), ein mächtiger, fast wohnturmartiger Pallas steht frei hinter dem Halsgraben in starker Ringmauer auf breitem Dolomitkalkfelsen, der sich quer in das Tal des Hausener Baches vorschiebt. Ein Schloßflügel entstand später an der Ostseite.

Über mächtigem Felsenkeller mißt der vierstöckige Pallas 14,65 zu 27,25 m und zeigt frühgotische und spätere Malereien. Er trug unter der Dachtraufe vor starken Zinnenmauern eine ausgekragte Holzschürze wie Burghausen.

Der Name kommt urkundlich 871 vor, 1250 „Haimenhover," als Geschlechtsname, schon damals bestand die Steinburg.

Nahe liegen an der Lauterach auf steilem Dolomitkalkfelsen Ruine Pfaffenhofen[424]) mit dem charakteristischen Bergfried und das stark befestigte Kloster Kastl[425]) mit romanischer Domkirche und Grabstätten der mächtigen Grafen von Sulzbach.

Über dem Zusammenfluß von Nab und Vils in einer der schönsten Landschaften ragt 100 m hoch die Kalksteinruine Kallmünz[426]) (Tafel 72) breit mit Bergfried und Pallas.

---

[421]) Pohlig: Oberpfälz. Heimatb. S. 686ff.; Hofmann-Arzberg: Burgw. 1932, S. 10f.; Smlg. Ebh. — Kunstd. d. Kgr. Bayern a. a. O. S. 76 ff. — [422]) Sieghardt: a. a. O. S. 138ff. — [423]) Ebh.: Oberpfälz. Heimatb. S. 498ff.; Smlg. Ebh.; Hofmann-Arzberg: Burgw. 1932, S. 3ff. Ebh.: Burg Heimhof; Oberndorff: Bl. d. Bay. V. f. Familienkde. 1931, Nr. 5, S. 53ff.; Kunstd. d. Kgr. Bayern, Reg.-Bez. Oberpf. u. Regensb. Bd. II, H. XVII, S. 125ff. — [424]) Ebenda S. 233ff. — [425]) Ebenda S. 183ff.; Hofmann-Arzberg: Burgw. 1932, S. 12. — [426]) Schauwecker: Oberpfälz. Heimatb. S. 768ff.; Hofmann-Arzberg: Burgw. 1932, S. 14.

Abb. 572. Felsenbg. Flossenbürg, Oberpf., Wohnt. u. Pallasm.=Reste.

Sie ist in die schon vorgeschichtlich besiedelte Berghöhe gebaut. Immer war dieser Punkt strategisch von größter Bedeutung und glänzend verteidigungsfähig.

Neben Kallmünz war Burglengenfeld an einem Nabübergang[427]) (Abb. 566) Stützpunkt der Wittelsbacher im Nordgau. Ein weiter, 6 m hoher Mauerring umschließt ein großartiges Oval mit viereckigem Bergfried, Pulverturm und einem Rundturm inmitten von Wohnbauresten, dem breiten Bergkopf entsprechend.

Auch wo das Gelände, wie die Bergnase der romanisch=gotischen Burg Wolfstein bei Neumarkt[428]) ruhigere Formen zeigt, ist der Ruinenumriß durch den rohen Kalkstein wild zerrissen.

Durch zwei breite, halbmondförmige Gräben geschützt, zeigt die Angriffsseite der Kernburg einen runden Bergfried, der das Tor beherrscht, nördlich den klotzigen Pallas, nordwestlich in derselben Mantelmauer die romanische Burgkapelle und kleinere Bauten.

Nach Nordwesten und Norden steht die Mantelmauer auf Fels, südlich und östlich liegt ein späterer Zwinger, davor zwischen zwei Gräben die etwa 160 m lange Vorburg.

Baustoff ist der unhandliche Kalkstein in rohen Quadern (am fast 10 m starken Bergfried) und Bruchsteinen wie überall in der Oberpfalz.

Bei Cham ragt auf hohem, isoliertem, rundlichem Felsen die Ruine Runding[429]), eine ausgedehnte Anlage, von Gräben umgeben. Von dem Wohnbau im Nordwesten sind drei Stockwerke erkennbar.

Vom großen Wohnturm im Südwesten sind kaum Spuren vorhanden. Die Burg ist aus größeren und kleineren Quadern, an der Nordseite aber aus regelmäßig größeren Granitquadern errichtet.

Bei Karsberg erhebt sich die wiederhergestellte Burg Lupburg. (Abb. 569.)

In der rauhen Oberpfalz fühlen wir fast zwingend den heldischen Geist trotziger Rittergeschlechter. Die Kämpfe gegen Böhmen erforderten hier schon vor der Zeit Friedrich Rotbarts und Heinrichs VI. von Eger, dem Lieblingsplatz Heinrichs, bis Passau eine dichte Kette wehrhafter Häuser. Dazu kam, daß die Oberpfalz mit ihren Eisengruben und Waffenschmieden, den vielen Hammermühlen auch eine wichtige Kraftquelle bis zum Dreißigjährigen Kriege war. — Ein eisernes Geschlecht ließ hier die großartigen Trümmer der Burgen als Zeugen seiner gewappneten Wehr zurück.

---

[427]) Ebenda S. 12; Huber: Oberpfälz. Heimatb. S. 760ff. — [428]) Kunstd. d. Kgr. Bayern, Reg.=Bez. Oberpf. u. Regensb. Bd. II, H. XVII, S. 293ff.; Hofmann=Arzberg: Burgw. 1932, S. 12. — [429]) Kunstd. d. Kgr. Bayern, Reg.=Bez. Oberpf. u. Regensb. Bd. II, H. VI, S. 122ff.

Schlesien

Wesentlich unter germanischem Einfluß und unter entsprechender natur- und bodengebundener Formgestaltung steht das nordeuropäische Tiefland, wie im Abschnitt „Die Burgen des Tieflandes" gesagt ist.

Schwieriger wird die gleiche Erkenntnis im östlichen Grenzgebiet, in Schlesien, wo Bodengestaltung und politische Lage keine klaren Grenzen zwischen den Rassen der Siedler erzwangen.

Die unheilvolle Schutzlosigkeit der deutschen Grenzen, ohne trennende Gebirge oder Meeresküsten, bedingt daher auch hier, südlich der Ordensburgen, in anderer Weise Form und Art des Burgenbaues.

Verhängnisvoll ist die südwestliche Nachbarschaft des immerwährenden Unruheherdes Böhmen. An Einfalltoren durch die Sudeten nach Deutsch-Schlesien mangelt es nicht, der hohe Kern des Iser- und Riesengebirges, der Glatzer Berge und des Altvatergebirges kann östlich durch die Mährische, westlich durch die Lausitzer Pforte umgangen werden. Außer der Landshuter Pforte bieten auch Innersudetische Pässe Übergänge ins Reich.

Alle diese Pässe galt es zu sperren. Pudelko[430]) nennt als Schutzburgen zur Zeit Herzog Bolkos I. Ende des 13. Jahrh. u. a. die Stadtburg Patschkau an der Neißestraße, Kynsburg auf steil nach drei Seiten abfallendem Gneiskegel an der Straße Breslau—Prag, Hornsberg (Hornschloß), schon 1497 gebrochener Burgstall, und Waldenberg (=Neuhaus) an der Waldenburger Straße. Die Zeisburg und Burg Fürstenstein[430a]) (Abb. 575) schützen die Straße von Schweidnitz zur Landeshuter Pforte.

Häufler[431]) nennt auch Städte, die damals Befestigungen erhielten: z. B. Münsterberg, Strehlen, Nimptsch, Frankenstein mit Stadtburg, Reichenbach, Hirschberg, Bolkenhain mit Stadtburg. Im „Sperrgürtel" gegen Böhmen zählt er vor diesen Städten die herzoglichen Burgen Kliczdorf, Griffenstein, Kinast, Walkenstein, die Wasserburgen Conradeswalde und Swarczenwalde, Hornsberg, Kynsburg und Waldenberg auf.

Den Hussitenkriegen von 1419 ab bis 1436 haben diese Burgen nicht immer standhalten können. Daß den Zeitgenossen Bedeutung und Kriegswert dieser Burgengruppen aber durchaus klar war, sehen wir aus einem Schreiben des Papstes Innozenz IV., der 1245 22 Grenzburgen des Bistums Breslau, darunter Lähn, aufzählt[432]).

Zwischen dem Isergebirge, Riesengebirge und Eulengebirge auf der südwestlichen Seite und den ungeschützten formlosen Flächen des Nordostens — zwischen Polen und Böhmen — konnte Schlesien zu einer reinrassigen, klaren Gestaltung nicht gelangen. Auch die geologische Gestaltung ist nicht so klar wie am Rhein. Weit von der einzigen berggeschützten Südwestseite fließt die Oder durch ein breites, ebenes Tal.

Berg und Tal bieten grundverschiedene Baustoffe und ebenso verschiedene Burgenbilder.

Am Berge stehen kühne Trutzburgen aus Granit, die hochstrebende, gotische Burg Tzschocha, Bolkoburg aus quarzdurchsetztem Schiefergestein, oder Kynast fast durchweg aus Bruchstein, das die Schmucklosigkeit bestimmt. Den zerklüfteten Felsenumrissen angeschlossen, bilden sich ganz unregelmäßige Grundrisse. In den weiten Talebenen finden wir dagegen regelmäßige quadratische, geputzte Ziegelbauten in Wassergräben.

---

[430]) Pudelko: Wehrgeographie der Innersudetischen Pässe (Schles. Monatshefte Juni 1924, H. 6, S. 207); Häufler: Gesch. d. Grundherrsch. Waldenb.-Neuhaus S. 22. — [430a]) Kunstd. d. Prov. Schles. Bd. II, L. 2, S. 237ff. Kerber: Gesch. d. Schl. u. d. Freien Standesherrsch. Fürstenst. i. Schles. — [431]) Häufler: S. 22. — [432]) Kunstd. d. Prov. Schles. Bd. III, L. 3, S. 502; nach Grünhagen, Reg. d. Schl. Gesch. 637.

An der Oder, in der Mitte des flachen Tales, wurden von alters her Burgen und Städte gebaut, um wichtige Flußübergänge zu schützen und zu beherrschen. Wir finden auch Wasserburgen auf Flußinseln, zwischen Nebenflüssen und der Oder.

Am Oderlauf seien die verschwundenen oder völlig umgebauten Burgen Rogau, Krappitz, Ottmuth, Cosel, Ratibor und Landeck auf Sandsteinfelsen am Einfluß der Oppa in die Oder genannt[433]).

Abb. 573. Gipfelbg. Gröditzberg, Schles., Ringm. u. Hauptturm d. Kernbg., Zeichn. d. Wiederherst. 1:300. B. E.

[433]) Maruschke: Burg. u. Wehrb. i. Oberschl. (Oberschl., Sept. 1934).

Abb. 575. Höhenbg. Fürstenstein, Schles., Lgpl. 1 : 2000. B. E. n. Pl. v. etwa 1600.

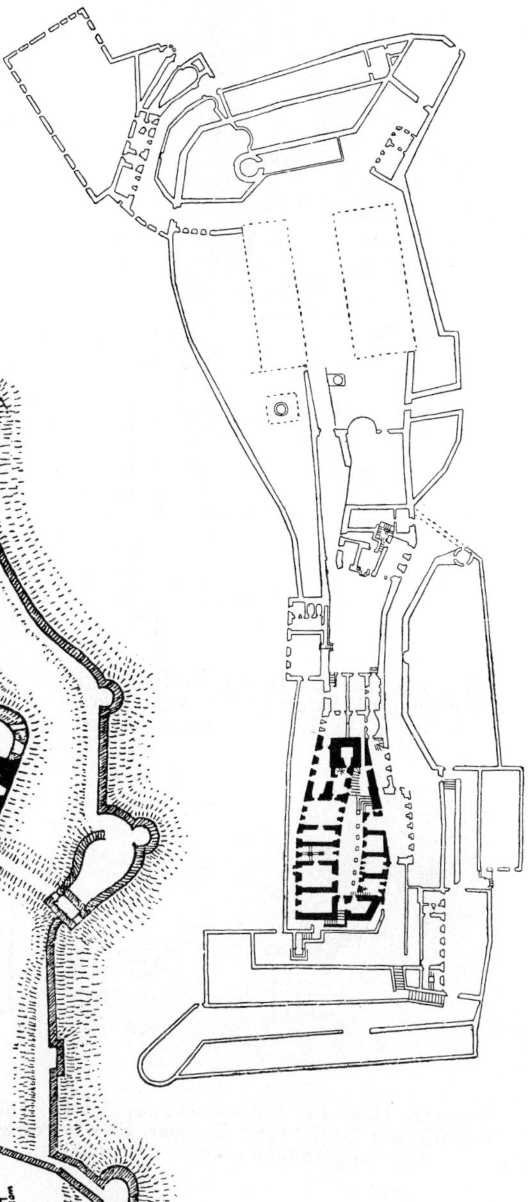

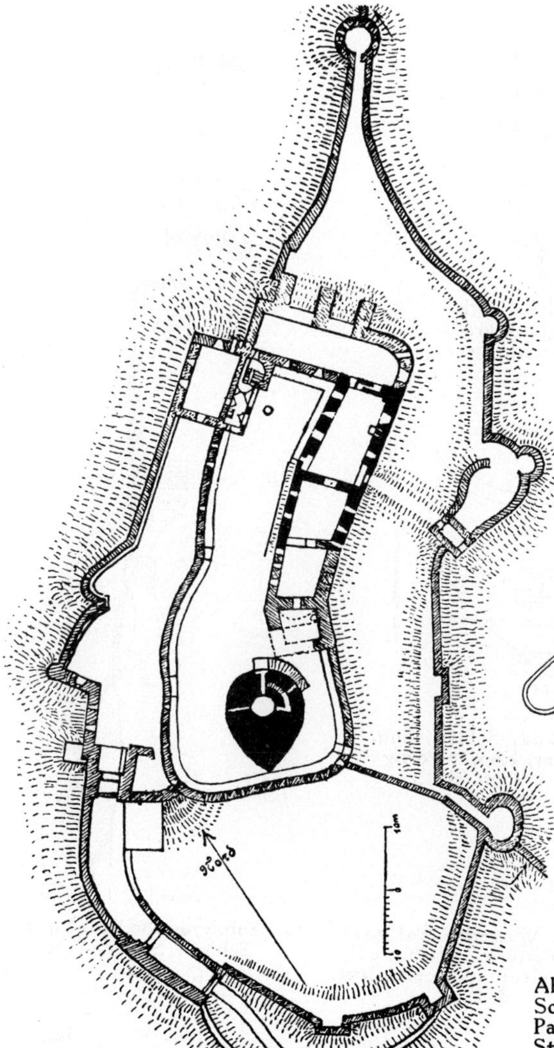

Abb. 574. Stadthöhenbg. Bolkoburg, Schles., Bergfr. spitz geg. Angr.=Seite, Pallas früh, Zwingerm. spät., Anschl. a. Stadtm., Grdr. 1:1000. B. E. n. Bautze.

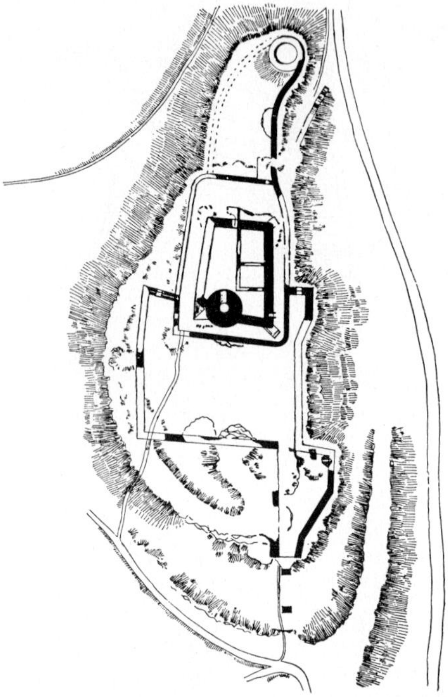

Abb. 576. Die Zeisburg, Schles., enge Mantelm., rd. Bergfr., Pallas, geg. Angr.= Seite Vorbg., Lgpl. 1 : 2000. B. E. n. Stange.

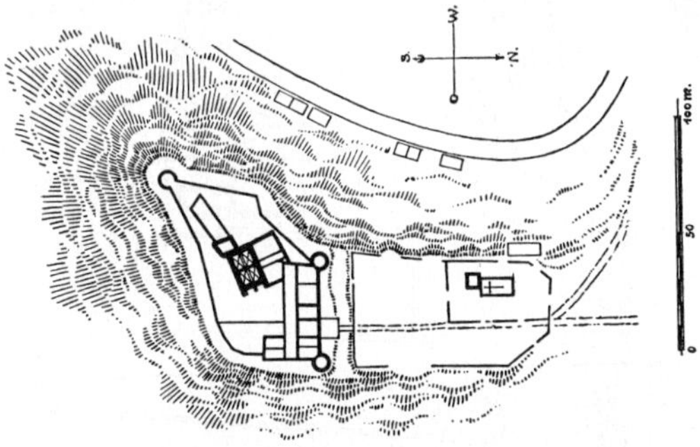

Abb. 577. Höhenbg. Schweinhaus, Schles., hoh. Wohnt., spät. Schl., weite Zwinger, Kap. i. Vorbg., zweitürm. Schildm., Lgpl. 1 : 4000. B. E.

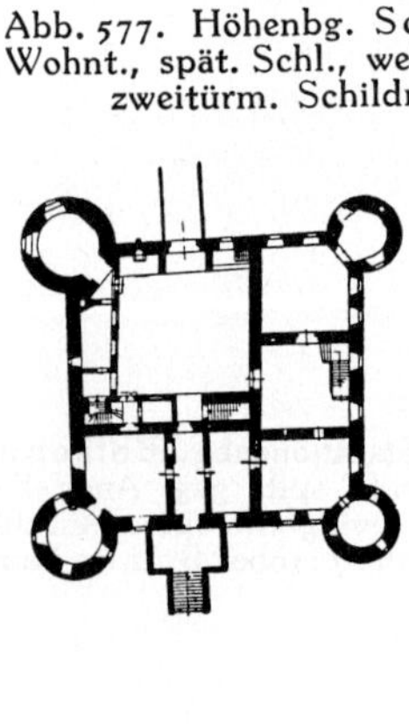

Abb. 578. Wasserbg. Sallgast, Schles., viertürm. regelm., 2 flg. Wohnb., Gr. 1 : 1000, alt. Zust. B. E.

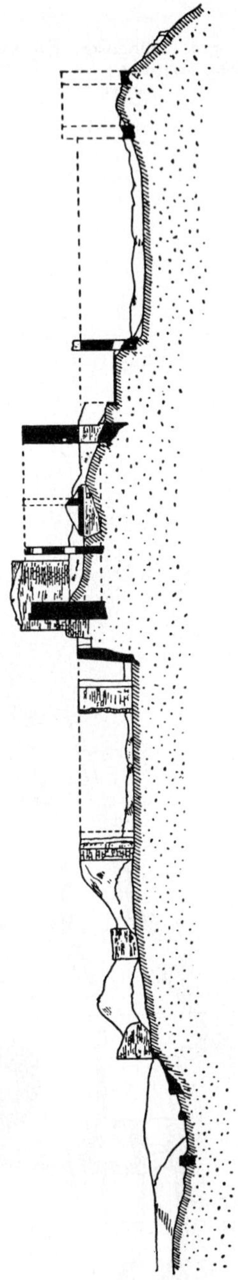

Abb. 579. Die Zeisburg, Schles., Schn. 1 : 1000. B. E.

Burg Bolkoburg in Schlesien

Die Burg in Oppeln vor dem Abbruch. Zustand im Jahre 1900

Burg Tzschocha in Schlesien. Zustand nach der Wiederherstellung

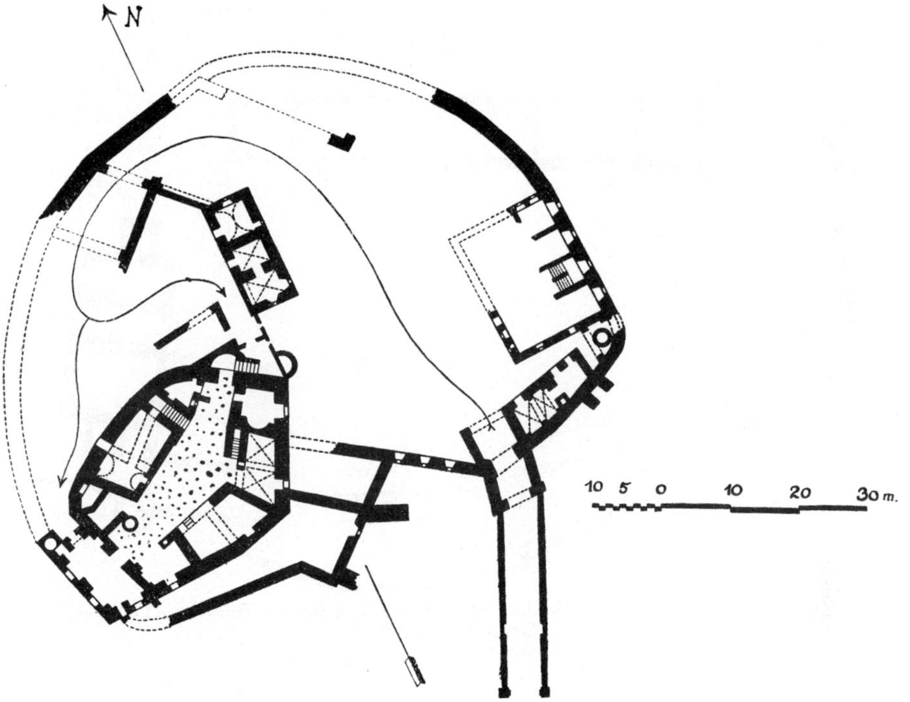

Abb. 580. Höhenbg. Greiffenstein, Schles., eif. Mantelm.=Kernbg., viereck. Bergfr., Kap., weite starke Zwing., Grdr. 1:1000. B. E. n. Pl. d. gräfl. Bauverw. Hermsdorf.

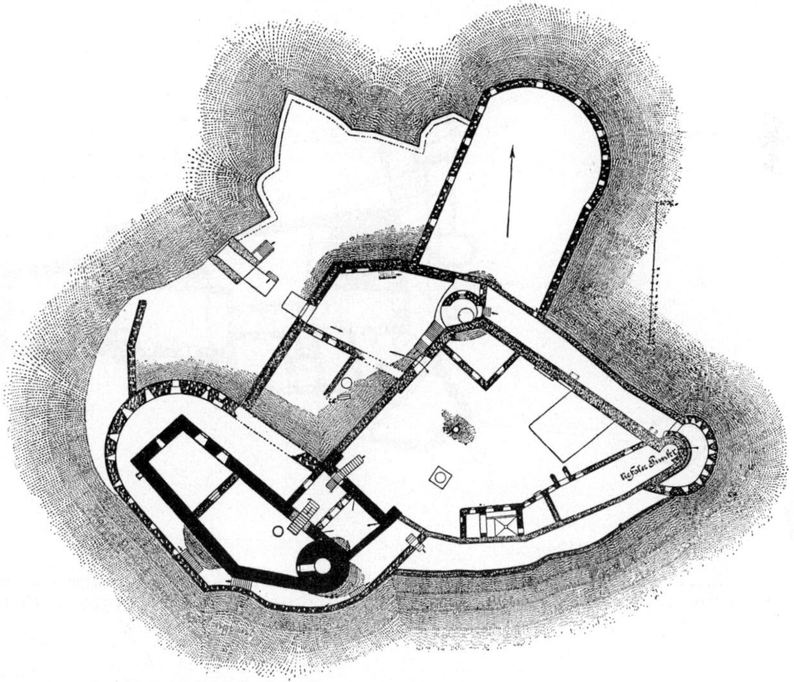

Abb. 581. Felsenbg. Kynast, Schles., enge Mantelm., Hochbg. m. rd. Bergfr., 3 Vorbg., Batteriet., Grdr. 1:1000. B. E. n. B. u. K.

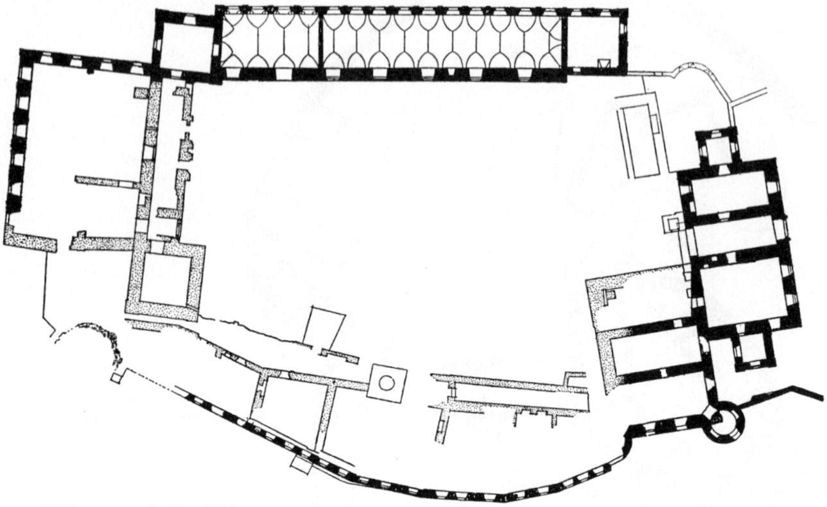

Abb. 582. Schloß Tost, Schles., Renaissanceb. i. gering. Burgr. u. Zwinger, Grdr. 1:1000. B. E.

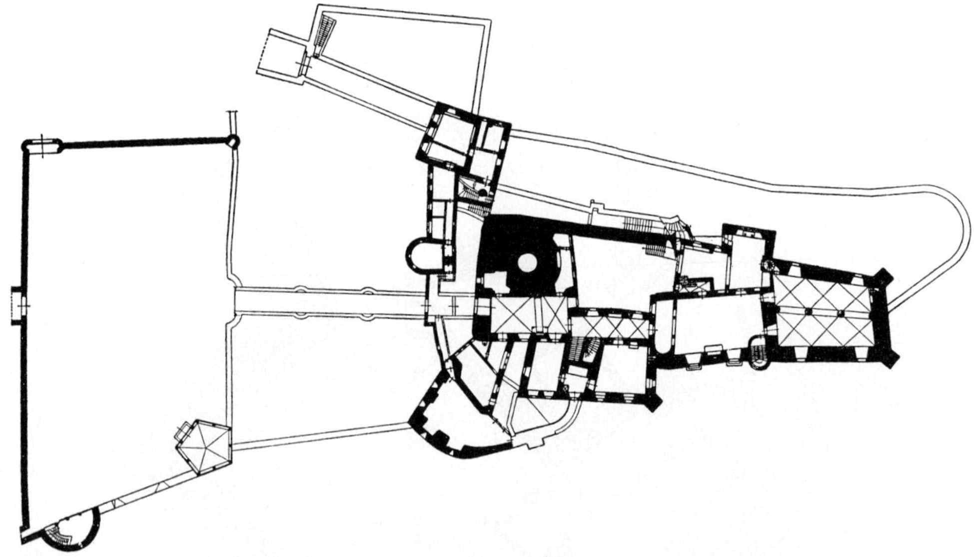

Abb. 583. Felsenbg. Tzschocha, Schles., 2 Vorbg., br. Halsgrb., rd. Bergfr., Pallas auf äuß. Spitze, alle Umf.=mauern m. Raumteilg., Grdr. d. Wiederherst. durch B. E. 1912—1920, 1:1000. B. E.

Eine Anzahl davon ist in Säbischs Atlas dargestellt[434]). Fast alle sind Wasserburgen, nur Landeck liegt auf Felsen.

Links der Oder ist der Kreis Leobschütz reich an Burgruinen, wie Branitz, Bladen, Stirnau, Füllstein oder die Ordensburg Kreuzhof in Leobschütz[435]).

Wichtig war im Mittelalter Oppeln, dessen Burgturm auf einer Insel allein neuzeitlicher Zerstörungswut widerstanden hat[436]).

Ursprünglich war als Schutzburg für Oppeln erst im 15. Jahrh. die Wasserburg Chrzelitz[437]) bei Schelitz erbaut, mit ehemals mächtigem Bergfried und dem achtseitigen Eckturm.

Schlesiens Steinbau soll erst nach Rückwanderung der Germanen in Aufnahme gekommen sein[438]). Wie viele dieser Burgen aber frühe Steinbauten waren, wäre noch festzustellen.

Zu den ältesten Bergburgen aus Stein gehören Tzschocha (12./13. Jahrh.), Bolkoburg (1277) mit Bergfried, Kynast (1353—64) 1315, Kynsburg[439]), dann Schweinhaus[440]) (Abb. 577) mit Wohnturm, endlich Gröditzberg mit neuem Bergfried und Pallas von 1473.

Ein wertvolles Beispiel einer Höhenburg ist Bolkoburg[441]). Die Bauten werden als spätmittelalterlich angesehen, doch wird die Burg schon Ende des 13. Jahrh. unter den Sperrburgen des Herzogs Bolko I. genannt. Ihr Bergfried an der Angriffsseite, ein Rundturm mit scharfer Spitze, ist gegen die Niederburg gewendet. Die Kernburg wird von langer, rechteckiger Mauer mit drei abgerundeten Ecken umfaßt. Die wehrganggekrönte Ringmauer trägt auch die Außenmauer des älteren, 10×45 m messenden Pallas, zum Teil, wie der Bergfried, frühester Bauzeit, kurz nach 1277 errichtet, die Form weist auf frühere Zeit. Mantelmauer und östlicher Verbindungsbau, 10×18 m, sind jünger (Abb. 574).

Südöstlich liegt ein langer Zwinger, durch den der wenig steile Weg von der Stadt führt, neben dem Zwingertor ein eigenartiges Vorwerk. An der Südwestmauer und der Niederburg entlang führt die lange Torauffahrt empor. An der äußersten Nordostecke treffen sich die Zwingmauerspitzen in einem Rundturm, an den die Stadtmauer anschließt.

Östlich ist die Burg durch die Stadt, die lange Nordwestseite durch einen steilen Abhang und die wütende Neiße gedeckt (Tafel 74).

Das Bruchsteingemäuer aus stark mit Quarz durchsetztem Schieferstein war zeitweise verputzt. Der unhandliche Baustoff verbot reichere Gestaltung. Kennzeichnend für italienischen Einfluß in Schlesien sind Schwalbenschwanzzinnen auf der Mantelmauer.

Herrschte im Kern der Bolkoburg noch eine gewisse Regelmäßigkeit, so ist die angeblich 1292 erwähnte, wohl zwischen 1353—64 erbaute oder verstärkte Burg Kynast um so vielgestaltiger[442]) (Abb. 581). Der Grundriß spricht gegen obige Zeiten, es ist eben unsicher, das Burgenalter nach Urkunden allein zu bestimmen.

Die Lage auf steilen Granitfelsen zwang zu malerischer Gliederung. Die Kernburg, ein unregelmäßig rechteckiger Pallas von 27×12,50 m mit Rundzinnen, dessen östliche Stirnwand durch runden Bergfried ersetzt wird, liegt hoch über Zwinger und geräumiger Vorburg. Halbkreisrund ist die etwa 2 m starke Nordwestzwingermauer über dem Felsabsturz. Rohes Bruchsteinmauerwerk bot der bodenständige Granit.

[434]) Ebh.: Burgw. 1908, S. 151ff.; Staatsarchiv Breslau. — [435]) Maruschke: Burg. u. Wehrb. i. Oberschl. (Oberschl., Sept. 1934, S. 500). — [436]) Ebh.: Burgw. 1908, S. 151ff., dort auch Pläne der befestigten Städte. Kunstd. d. Reg.=Bez. Oppeln Bd. IV, L. 2, S. 238f.; Abschn. „Burgenarten". — [437]) Bimler: Piastenburg i. Schelitz (Oberschl. 1935, H. 4, S. 212ff.). — [438]) Maruschke: Burg. u. Wehrb. i. Oberschl. (Oberschl., Sept. 1934, S. 502). — [439]) Kunstd. d. Reg.=Bez. Breslau Bd. II, 1, L. 2, S. 247ff.; Häufler: Gesch. d. Grundherrsch. Waldenb.=Neuhaus S. 23. — [440]) Kunstd. d. Reg.=Bez. Liegnitz Bd. III, 1, L. 3, S. 366ff. — [441]) Textband z. Schles. Kunstdenkm. S. 119—122, Grdr.; Kunstd. d. Reg.=Bez. Liegnitz Bd. III, L. 3, S. 351f.; Feit: Burgw. 1913, S. 95ff. — [442]) Textband z. Bilderw. Schles. Kunstd. S. 123—124; Kunstd. d. Reg.=Bez. Liegnitz Bd. III, 3, S. 452ff.; Nentwig=Warmbrunn: Burgw. 1908, S. 143ff., m. Abb.

Eine weite, unregelmäßig dreieckige Vorburg, östlich unter den Bergfried verschoben, hängt mit dem Kern durch kleinen Vorhof zusammen.

Aus der Vorburg führt der Weg nach Westen durch abermaligen Vorhof und Torhaus zur Zufahrtstraße. Ein spätes Bollwerk liegt östlich, westlich neben dem Torhaus eine spitze Bastion.

Regelmäßig ist die 1155 erwähnte, im 15. Jahrh. festungsartig ausgebaute Burg Gröditzberg gestaltet[443]) (Abb. 27). Das große Oval der oberen Bergfläche von ungefähr 220×120 m Größe wird zu zwei Dritteln von der Vorburg eingenommen[444]), von der die Kernburg durch tiefen Graben abgetrennt wird.

Die siebeneckige Kernburg ist von starken hohen, durch Türme verstärkten Mantelmauern umgeben. Der mächtige viereckige Bergfried — der Bauvertrag ist am 4. November 1473 abgeschlossen[445]) — steht mit verjüngtem Anbau und Senkschartenkranz neben dem Haupttor auf der Angriffsseite, der geknickte spätgotische Pallas in der Flucht der Mantelmauer (Abb. 573). Der Pallas zeigt nach der SO=Seite große Fenster, außen nordwestlich geringe Öffnungen in der unten 4 m, oben 1,50—2,00 m starken Mantelmauer. Er wurde von mir bis 1906 völlig wiederhergestellt, ebenso wie die zwei Türme und das innere Haupttor.

Die Hochbauten sind durch Umbau im 15. Jahrh. entstanden, doch deuten nicht nur die um die Bergeshöhe laufenden Wallgräben darauf, daß dieser strategisch höchst wichtige Punkt schon vorgeschichtlich befestigt war.

Trotz später Bauzeit ist die Burg ganz mittelalterlich, fast ausschließlich auf Verteidigung von oben nach unten gestaltet.

Mauern und Türme bestehen aus Basalt, nur die edlen Architekturglieder, Kragsteine, die reichen Netzgewölberippen, Türgewände und Säulen im Inneren sind aus bildsamem Sandstein gehauen, neben Kaiserswerth einer der seltenen Basaltbauten.

Früher entstand Burg Tzschocha[446]) (Abb. 583), ein enger Granitbau hoch über dem Queißtal auf einer spitz auslaufenden Felszunge. Der rund Granitbergfried steht an der Westecke der südlichen Angriffsseite hinter tiefem und breitem Graben zwischen Vorburg und Kernburg. An der nördlichsten Ecke steht der wohnturmartige Pallas mit 2 m dicken Mauern. Die wehrbaulich sehr günstige Lage und die mächtigen Granitmauern und Gewölbe des Innern haben zur Erhaltung bis in die Neuzeit beigetragen, erst ein Brand 1793 zerstörte die mittelalterliche Form, die damals barock und vor 1914 durch Verfasser wie Gröditzberg mit Dachform wiederhergestellt wurde. Die mittelalterlichen Keller, geheime Treppen sind höchst geschickt angeordnet bzw. verborgen. Neben Granit ist der Gneis des Berges und Sandstein verwendet (Abb. 584 u. Tafel 75).

Die gewaltig große Burg Greiffenstein[447]) (Abb. 580) erhebt sich 460 m ebenfalls auf einem Basaltrücken über dem Queißtal. Die älteste Anlage — um 1100 (?) — ist die oberste Burg, die sich um einen langgezogenen Hof ordnet. Mauerreste aus Basalt, Glimmer und Granitgestein sind noch erhalten. Die Anlage der Mittelburg und die der gotischen Kapelle gehen aufs 13./14. Jahrh. und die der unteren Burg aufs 16./17. Jahrh. zurück.

An der alten Landstraße von Freiburg über Landshut nach Böhmen liegt die 1243 erwähnte Ruine Zeisburg[448]) (Abb. 576), auf Kalksteinfelsen, eine längliche Anlage mit rechteckiger Kernburg, in deren Südostwand der gewaltige Bergfried noch 2 m über die Wehrmauer reicht (Abb. 579).

[443]) Textband z. Bilderw. Schles. Burg. S. 122; Kunstd. d. Reg.=Bez. Liegnitz Bd. III, L. 2, S. 303ff. Vgl. Abschn. „Burgenarten". — [444]) Ebh.: D. B. Bd. II, Abb. 429; Gottschalck: D. Ritterb. u. Bergschl. Deutschl. Bd. IV, S. 215ff.; Smlg. Ebh.; Reiner: Burgw. 1908, S. 134ff. — [445]) Ebh.: D. B. Bd. II, S. 402. — [446]) Kunstd. d. Reg.=Bez. Liegnitz Bd. III, L. 4, S. 630ff.; Ebh.: Skizzen u. Vermess.; Paeschke: Burgschl. Tzschocha. — [447]) Kunstd. d. Reg.=Bez. Liegnitz Bd. III, L. 3, S. 492f.; Reichelt: Schles. Burgen (Niederschl. Heimatbl. Nr. 40, Okt. 1935). — [448]) Smlg. Ebh.: Kunstd. d. Reg.=Bez. Breslau Bd. II, L. 2, S. 260f.

Abb. 584. Felsenbg. Tzschocha, Schles. B. E.

Die genannten und viele weitere schlesische Burgen lagen auf etwa 300 m Bergeshöhe gegen Böhmen gewandt, dessen unruhige Bevölkerung Verteidigung der schlesischen Pässe erforderte.

Auch im ehemaligen Polen liegen Burgen, die ihren deutschen Charakter nicht verleugnen, z. B. Oswiecim, Grojek, Lipowiec, die Bendziner Burg und die Wasserburg Siewierz[449]).

Zum Schluß sei noch eine sehr bedeutende oberschlesische Burgruine Tost[450]) (Abb. 582) auf 60 m hohem Berg über der Ebene genannt. Von der alten unregelmäßig viereckigen Anlage sind nach Schloßumbau nur noch Bergfried, Ringmauer, zwei Tore, Pallas- und Kapellenreste feststellbar.

Unter den sehr unregelmäßigen schlesischen Burgengrundrissen kann man kennzeichnende Anlagen, etwa Burgen mit Bergfried und mit Pallas und Wohnturmburgen, erkennen. Beide Formen kommen dicht beieinander vor, daneben zerrissene und regelmäßig quadratische Grundrisse, alle durch die Gestalt der Bauplätze bestimmt.

Auf Grund der Schuchhardtschen Theorie der sächsischen und fränkischen Anlage will man beweisen, daß Burgen fränkisch-normannischen Typs von mitteldeutschen Siedlerschichten, den Flandrenses, gebaut worden sind, die ihre heimische Bauweise anwandten[451]), so z. B. im Freiwaldauer Bezirk[452]), wo viele Turmburgen und regelmäßig angelegte Wasserburgen von deutschen, ritterlichen Siedlern stammen sollen.

Im sächsisch-germanischen Stil sollen im selben Gebiet vom Bistum Breslau aus Höhenburgen errichtet sein, die Grenzburgen gegen Mähren und die Grafschaft Glatz waren[453]).

Diese Trennung der Burgenarten läßt sich nicht durchführen. Immer ist die Burgform vom Bauplatz beeinflußt. Das beweist Weinelt in seiner Arbeit durch die Quingburg, wo er betont, daß sie rechteckig in der Anlage, aber „die Wahl der Burgstelle" so sächsisch wie nur möglich ist[454]), d. h. eine strategisch wichtige Lage habe, die für Wohnzwecke wenig geeignet sei.

[449]) Maruschke: Überreste alt. Burg. u. Wehrb. (Oberschl. Sept. 1934, S. 502). — [450]) Hach: Burgw. 1927, S. 56ff.; Smlg. Ebh. (Aufmess. 1925); Kosubek: Toster Chron. — [451]) Weinelt: Probl. schles. Burgenk. gez. a. d. Burg. d. Freiw. Bez. Bd. 36 (Darst. u. Quellen z. Schles. Gesch. S. 11, 63ff.). — [452]) Die schlesischen Burgen dieses Gebietes werden im Abschn. „Südosteuropa" behandelt. — [453]) Weinelt: Probl. schles. Burgenk. S. 18ff. — [454]) Weinelt: Probl. schles. Burgenk. S. 52ff.

Ordensburgen Preußens

Von allen so unendlich vielgestaltigen Burgen heben sich die Burgen des Deutschen Ordens nach Grundriß und Aufbau ganz selbständig ab. Ihnen ist bewußte Regelmäßigkeit und Ausrüstung nach einheitlichen Gesetzen durchweg zu eigen.

Als Burgen halb mönchischer Ritter, von einer fest geschlossenen Körperschaft nach einheitlichem Plane und für gleiche Zwecke auf durchweg verwandten Baustellen errichtet, stimmen sie in allen wesentlichen Teilen überein.

Kein felsiges Gelände bot die wenig bewegte Hügel- und Meeresuferlandschaft Ostpreußens, leicht füllten Flüsse und Seen die Burggräben, nirgends standen der Beibehaltung regelmäßiger Grundformen der Kernburgen wesentliche Schwierigkeiten gegenüber.

Auch die Baustoffe: Granitfindlinge und Ziegel, waren überall dieselben, und letztere boten ein gefügiges Mittel für einfachste wie überschwenglich reichste Gestaltung der zahlreichen Klosterburgen, die wir noch in ihren Trümmern mit Ergriffenheit und Bewunderung betrachten.

In Livland, Estland und Kurland nur wurden rohe Quadern und Bruchsteine mit vorzüglichem Silurkalk verwendet, im Süden Granitfindlinge und Backsteine. Die Vielheit der Baustoffe und die andersartigen Baustellen zwingen dort zu größerer Beweglichkeit der Grundrißbildung.

Dabei war der Grundriß der Ordensburgen trotz Regelmäßigkeit der Kernbauten durchaus wandlungsfähig, sobald die Anpassung der Außenwerke an das Gelände nötig war.

Überwiegend an Zahl sind im ostdeutschen Ordenslande, das zur Burgenzeit die Küstenländer und ganz Livland umfaßte, die quadratischen Konventshäuser.

Die verschobenen Vielecke sind Ausnahmen in Balga, Roggenhausen und Graudenz. Mehr Rechteck als Quadrat ist die Anlage von Brandenburg.

Abb. 585. Ordensbg. Neidenburg. B. E.

Im alten Livland zeigen Fellin, Windau, Ermes, Adsel, Pernau und Arensburg Quadrate[455]).

Die Größe der Ordensburgen ist nach Bedeutung und Lage sehr verschieden. Culm umfaßt 60000, Elbing 42000, Birgelau und Lochstedt mit Vorburgen nur 12000 qm.

Dagegen haben die Konventshäuser nur Abmessungen zwischen 46×45 m oder wie Brandenburg 65,40×52 m, also etwa 3400 qm[456]).

Es liegt nahe, nach dem Ursprung der in Europa einzigen Bauformen der Deutschordensritter zu suchen. Ob die Bewohner des Landes um das Jahr 1000 schon Steinburgen kannten, ist zweifelhaft. Wir können jedenfalls

[455]) Vgl. Krollmann: Polit. Gesch. d. Deutschen Ordens; Löwis of Menar: Burgenlex. f. Alt-Livld. S. 57f., Nr. 26, S. 125, Nr. 78, S. 55, Nr. 23, 25, S. 44, Nr. 9, S. 91, S. 46, Nr. 10—14; Schmid: Burg. d. Deutsch. Ritterord. i. Kurl. — [456]) Steinbrecht: Pr. z. Z. d. Landm. S. 108.

kaum das Vorhandensein irgendwelcher Vorbilder für Ordensburgen annehmen. Man schreibt die Bauweise östlichem Einfluß zu. Was spricht dafür?

1198 wurde in Palästina der Deutsche Ritterorden gegründet, dann wurde dieser nach vierzehnjährigem vergeblichem Versuch, im Burzenlande einen neuen Wirkungskreis zu finden, im Osten Deutschlands zur Eroberung neuer Gebiete, zur Ausbreitung des christlichen Glaubens und deutscher Sitte eingesetzt[457]).

Der Hohenstaufe Friedrich II. und sein beauftragter Staatsmann Hermann von Salza haben nach der höchsten Blüte der Deutschherren im Orient 1228—29 mit ihnen einen Vorstoß zur Landnahme im Osten unternommen, der an Bedeutung, planmäßiger Vorbereitung und jahrhundertelanger Entwicklung alle germanischen Staatsgründungen in Europa übertraf.

Friedrich, der wohl den Zusammenbruch im Heiligen Lande voraussah — 1271 ging Montfort (Starkenberg), 1291 Accon verloren[458]) —, schuf daher dem Orden ein neues großes Arbeitsgebiet, nachdem Vorarbeiten durch bremische Kaufleute vorausgingen, und im Jahre 1201 der deutsche Bischof Albert den Marktflecken Riga gründete. Den ersten kriegerischen Schutz bot der 1202 begründete Livländische Schwertbrüderorden (Fraternitas militiae Christi), der 1237 im Deutschen Orden aufging[459]).

Wir könnten also in Palästina, im Burzenland und Livland nach Vorbildern oder Ähnlichkeiten der Konventshäuser und der quadratischen Burgkerne suchen.

Im Heiligen Lande scheinen solche nicht errichtet zu sein. Rey[460]) gibt keinen einzigen auch nur entfernt ähnlichen Grundriß. Selbst die Deutschordensburg Montfort (Starkenberg) zeigt nur einen einflügeligen Konventsbau[461]).

Die spätere Ordensburg Marienburg[462]) im Burzenland dagegen zeigt einen dem Hügel angepaßten ovalen Grundriß. Dem Gelände angepaßt ist auch die unregelmäßige Anlage der dortigen Kreuzburg[463]).

In Livland finden sich, dem Baugelände entsprechend, Wasser- und Höhenburgen. Wasserburgen, auch wohl quadratischer Form, Höhenburgen, in den Außenwerken meist unregelmäßig oval, oft ohne Parcham, Zwinger, sogar ohne Außenwerke, aber auch Ausläuferburgen mit unregelmäßig langgestreckten Grundrissen zeigen sich hier[464]).

Bei Betrachtung dieser zu verschiedenen Zeiten errichteten Burgen finden wir also noch keinen Leit-

Abb. 586. Ordensbg. Soldau, SO-Flg., heut. Zust. B. E.

457) Das Burzenld. Bd. IV, Teil 1, S. 37ff.; Hartung: Deutsche Adelsbl. Nr. 47, 1936, S. 1574ff. — 458) Heyck: D. Kreuzz. u. d. Hl. Land (Monograph. z. Weltgesch. XII). — 459) Löwis of Menar: Burgw. 1919, S. 31. — 460) Rey: Etude s. l. monum. hist. — 461) Ebenda Plan XV; Clasen: D. mittelalterl. Kunst i. Geb. d. Deutschordensst. Pr. I, S. 6f. — 462) D. Burzenld. Bd. IV, Teil 1, S. 44ff., Abb. 40—44. — 463) D. Burzenld. Bd. IV, Teil 1, S. 47ff., Abb. 45—47. — 464) Löwis of Menar: Burgenlex. S. 41: Dondangen, Neuenburg, Marienburg, Marienhausen, Lode; Schmid: Burg. d. Deutsch. Ritterord. i. Kurl.

Abb. 587. Ordensbg. Balga, a. Fr. Haff, Turm u. Mantelm. d. Vorbg. B. E.

faden, woher der regelmäßige vierflügelige Kernbau, meist quadratisch um ebensolchen Hof angeordnet, oder die Einzelheiten stammen, die auch bei verschobenen Grundrissen wiederkehren.

Quadratische Grundrisse zeigen im kleinen ja auch viele Tieflandburgen bis nach Holland und Belgien hin, selbst bei Höhenburgen fehlt diese Form nicht, man denke nur an Dürnstein a. d. Donau oder Gutenfels b. Kaub. Trotzdem fehlt jede Ähnlichkeit.

Man hat versucht, Vorbilder für Ordensburgen außer im Heiligen Land auch in Frankreich, in dem späten Avignon, zu finden.

An Hand von Ähnlichkeiten einzelner Baugedanken will Clasen den Grundplan des Hochmeisterpalastes der Marienburg von Avignon beeinflußt sehen. Angeblich paßt „der Marienburger Palastflügel mit seiner Grundform in die deutsche Entwicklungslinie nicht hinein“[465]), mir scheint doch wohl noch weniger in den Formenkreis Avignoner Architekten. Dort wurde von 1336 an der Palast erbaut und um 1375 fertig. Wann der Marienburger Hochmeisterpalast hergestellt wurde, ist umstritten, Steinbrecht u. a. nehmen Ende des 14. Jahrhunderts an[466]).

1309 war das Mittelschloß im großen ganzen fertig, 1400 die Gebietigerwohnung[467]). Forschen wir nach dem Baumeister, den man in einem Niclaus Fellensteyn erkennen will. Dieser kommt Ende des 14. Jahrh., etwa 1380[468]) oder in den neunziger Jahren[469]) vom Rhein nach Ostpreußen. Er wird als Architekt des Hochmeisterpalastes genannt, doch fehlt ein schlüssiger Nachweis, nach dem Treßlerbuch ist er am 15. Januar 1400 vom Hochmeister fest angestellt.

Clasen[470]) hält es nun nicht für unmöglich, daß Fellensteyn am Avignoner Palast mitarbeitete, denn „Gestaltungsprinzipien, die in Frankreich im 14. Jahrh. aufkamen, erblicken wir in Marienburg in völlig ausgereifter Form“. Der Papstpalast in Avignon, der in der Entwicklung des Wehrsystems eine eigene Rolle spielte, wurde von 1336 an erbaut, dürfte also erst nach seiner Vollendung in der zweiten Hälfte des Jahrhunderts um 1375 einen weitgehenden Einfluß ausgeübt haben[471]). Clasen will nun nach eigener Anschauung beim deutschen Baumeister „eine enge Vertrautheit mit französischen Vorbildern“ voraussetzen[472]).

465) Clasen: D. Hochmeisterpal. d. Marienb. S. 45; derselbe: Mittelalterl. Kunst i. Geb. d. Deutschordensst. Pr. Bd. I; Schmid: D. Ordensb. Preußens i. Lichte neuerer Forsch., Sonderdr. S. 36f. — 466) Clasen: D. Hochmeisterpalast d. Marienb. S. 93ff.; Steinbrecht: Ordensb. d. Hochmeisterz. S. 47ff.; derselbe: Schl. Marienb. 1915, S. 6; Schmid: Schloß Marienb. S. 11. — 467) Ebenda S. 9. — 468) Clasen: S. 95. — 469) Schmid: Niclaus Fellenstein S. 4. Der erste urkundliche Beweis seiner Bautätigkeit fällt in das Frühjahr 1402. — 470) Clasen: S. 96ff. — 471) Ebenda S. 95. — 472) Ebenda S. 96.

1928

Tafel XXIII Ordensburg Marienwerder

Dem kann ich mich nicht anschließen. Nach eigener Kenntnis Avignons und vieler französischer Saal-, Burg- und Kirchenbauten, besonders auch der unteren Rhône, weicht die Gesamtwirkung des Hochschlosses in jeder Beziehung und auch im Grundriß des Westbaues, von den dürren Saalbauten Avignons und den Rhônebauten so stark ab, daß auch bei dem völlig eigenartigen Ordensbau deutscher Formwille überzeugend in Erscheinung tritt.

Abb. 588. Ordensbg. Lochstedt, a. Fr. Haff, Hauptb. v. S. B. E.

Clasen sagt übrigens selbst in seiner anregenden Arbeit, daß es die von ihm behauptete persönliche Verbindung mit Frankreich noch nachzuweisen gelte.

Man könnte auch versucht sein, bei den Ritterorden Spaniens Vorbilder zu suchen, z. B. im Kastell Loarre oder in Alcaniz, der Burg der Ritter von Calatrava, oder Albalate del Arzobisbo (zwischen 1237—1314 erbaut)[473]) oder bei der romanischen Kirchenburg Cardona. Alle diese umschließen große Säle und Kirchen, aber durchweg willkürlich den wilden Felsen angepaßte und nicht formenverwandte Grundrisse.

Wir müssen in den Ordensburgen von Elbing bis nach Narva an der östlichsten Grenze Altlivlands gegen Rußland deutsche Schöpfungen sehen, aus tiefster Frömmigkeit, stolzem Kampfesmut und unerschütterlichem Beharrungsvermögen entsprossen, Denkmale höchster künstlerischer Schaffenskraft und liebevollster Durchbildung.

Ist die schlichte Größe der kleineren Ordensbauten auch im Osten selten reich geziert, so verraten doch alle Einzelformen, die gotischen Giebel, Portale, Remter und Kapellen den höchsten Stand wehrbaulichen, künstlerischen und technischen Könnens.

Erstaunlich ist die ungeheure Bautätigkeit in der Landmeisterzeit. In der kurzen Zeitspanne von 1235 bis 1300 zählt Steinbrecht[474]) im deutschen Gebiet 25 Neubauten, dazu kommen in der Hochmeisterzeit, 1310—1410, noch verschiedene neue Komtureien und Vogteien, die alten wurden vielfach umgebaut.

Bei der folgenden Einzelbehandlung der Ordensburgen der Deutschordensritter in Ostpreußen stütze ich mich für Deutschland vornehmlich auf Steinbrecht, der in unendlicher Kleinarbeit den Wehrbau des Ostens erforscht und dargestellt hat[475]).

1230 traf Herrmann Balk, zum Landmeister in Preußen ersehen, mit etwa 10 Rittern

[473]) Ebh.: Span. Burgenf. S. 37. — [474]) Steinbrecht: Pr. z. Z. d. Landm. S. 129; derselbe: Ordensb. d. Hochmeisterz., Vorwort. — [475]) Ebenda; Steinbrecht: Pr. z. Zt. d. Landm.

Abb. 589. Bischofsbg. Heilsberg, Wasserbg., Hauptb. B. E.

und Gefolge an der Weichsel ein; er bezog das Blockhaus Vogelsang, gegenüber dem späteren Thorn[476]), und gründete noch weitere Burgen auf dem linken Weichselufer[477]).

Eine Meile weichselabwärts wurde bald die heute verschwundene Burg Nessau gebaut, deren Kerngebäude ungefähr ein Quadrat von 56 m bildete.

Von Nessau überschritten die Ritter die Weichsel und gründeten Thorn, 1231. Die hier 1236 errichtete Burg zeigt als Merkmal ältester Anlagen in Preußen unregelmäßigen Grundriß[478]).

Unterhalb Thorn, über dem Weichseltal, liegt Birgelau (Abb. 593), deren erster Bau um 1260 und deren zweiter um 1305 errichtet wurde. Das Baudatum von 1260 wird auf den Ausbau in Stein deuten[479]).

Das Burggelände ist „... durch zwei rechtwinklig aufeinanderstoßende Taleinschnitte" von der Hochebene getrennt, „... auf zwei Seiten durch natürliche Abhänge gesichert, während gegen Osten und Norden künstliche Gräben gezogen werden mußten"[480]). Die Hauptburg, auf dem äußersten Abhang, ist rundum von Parcham und Graben umgeben, dadurch auch von der Vorburg getrennt. Über dem Eingang zur Vorburg steht ein mächtiger, in seiner unteren Hälfte noch alter Turm. Die Hauptburg bildet ein unregelmäßiges Fünfeck.

Größere Bedeutung als Birgelau hat Culm gehabt, das 1232 von den Rittern erobert wurde[481]). „1239 wird die Stadt von der Höhe ... an den Fuß des Berges, und 1251—53 weichselabwärts auf die jetzige Stadtstelle verlegt."

Anderthalb Stunden stromauf liegt die Burg Culm, 1232 gegründet und „... zum Haupthaus des Ordens in Preußen bestimmt"[482]). Nach der Planskizze von Giese[483]) bildet die fast verschwundene Hauptburg ein unregelmäßiges Fünfeck mit drei ausnahmsweise großen Vorburgen. Steinbrecht schließt auch aus diesem unregelmäßigen Grundriß auf hohes Alter.

Papau, zwischen Culm und Schönsee an kleinem See gelegen, ist „nach den Bauformen" vor 1288 entstanden. Die Burg, quer in schmalen Talgrund gebaut, unterhalb durch den See, oberhalb durch Sumpf gedeckt, zeigt schon quadratische Form[484]). Die erhaltenen

[476]) Steinrecht: Pr. z. Z. d. Landm. S. 3ff. — [477]) Clasen: Mittelalterl. Kunst i. Geb. d. Deutschordensst. Pr. Bd. I. — [478]) Steinbrecht: Pr. z. Z. d. Landm. S. 9, Abb. 4; derselbe: Thorn i. Mittelalter. — [479]) Steinbrecht: Pr. z. Z. d. Landm. S. 10. — [480]) Ebenda S. 11 u. Abb. 8. — [481]) Steinbrecht: Pr. z. Z. d. Landm. S. 14f. — [482]) Ebenda S. 19ff. — [483]) Ebenda S. 19, Abb. 23. [484]) Ebenda S. 20ff., S. 19 Abb. 25, S. 22 Abb. 26.

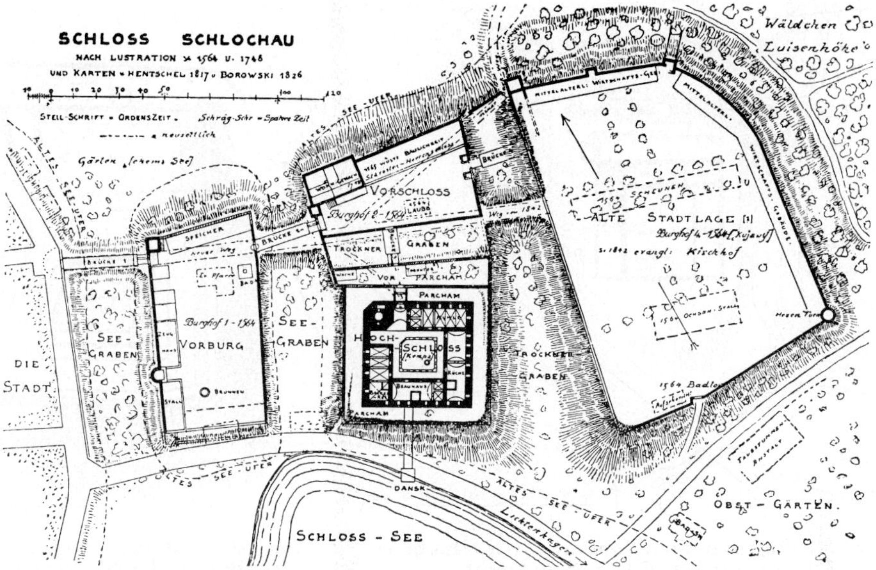

Abb. 590. Ordensbg. Schlochau, Komturei, alt. Zust., 2 inn. Grb., dreiteil., keine Seitenbestr., Lgpl. 1:3000, n. Steinbrecht.

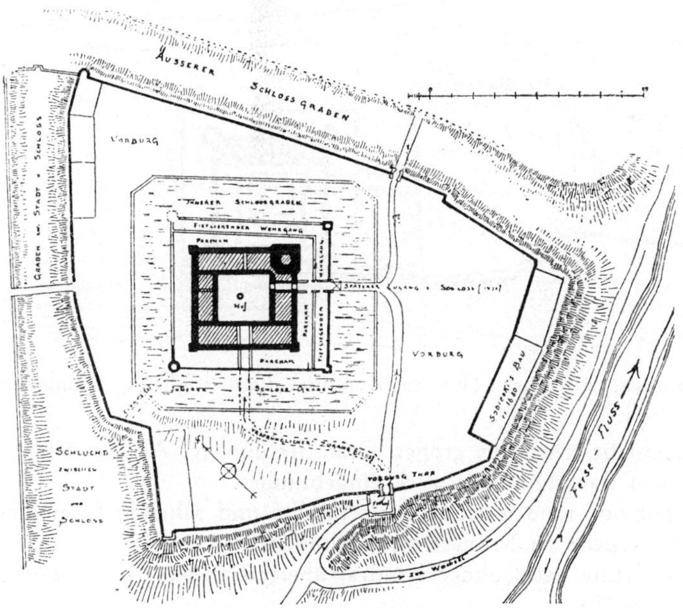

Abb. 591. Ordensbg. Mewe, Komturei, Wasserbg., viereck. Kernbg., inn. Grb. m. weit. unregelm. Vorbg., keine Seitenbestr., Lgpl. 1:3000, n. Steinbrecht.

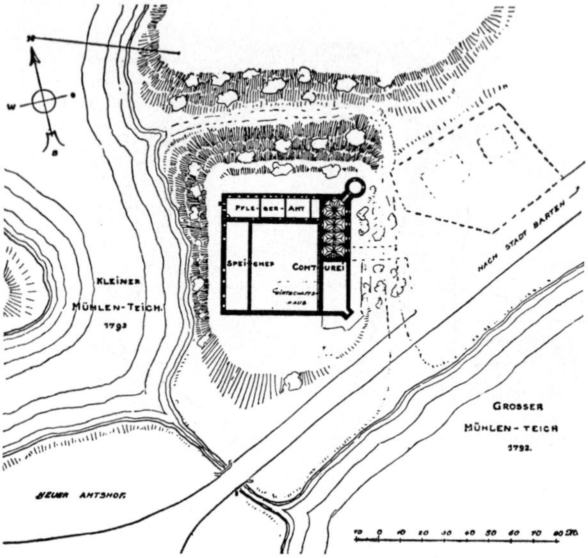

Abb. 592. Ordensbg. Barten, Wasserbg., nur Hauptb. m. Halsgrb., Lgpl. 1:3000, n. Steinbrecht.

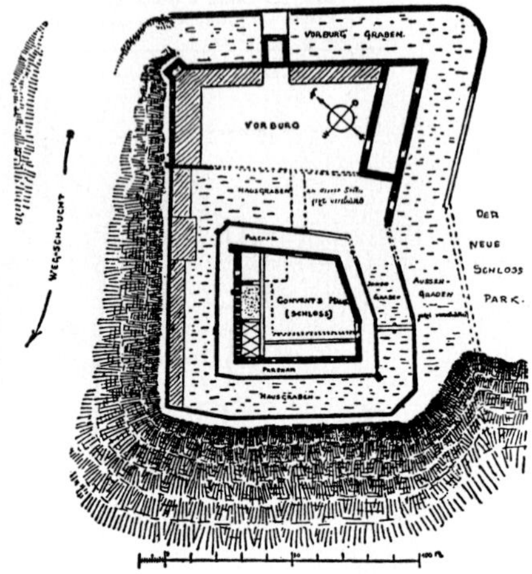

Abb. 593. Ordensbg. Birgelau, Komturei, Burgst. durch rechtwinkl. Grb. aus d. Hügel geschn., unregelm. Kernbg., keine Seitenbestr., Lgpl. 1:3000, n. Steinbrecht.

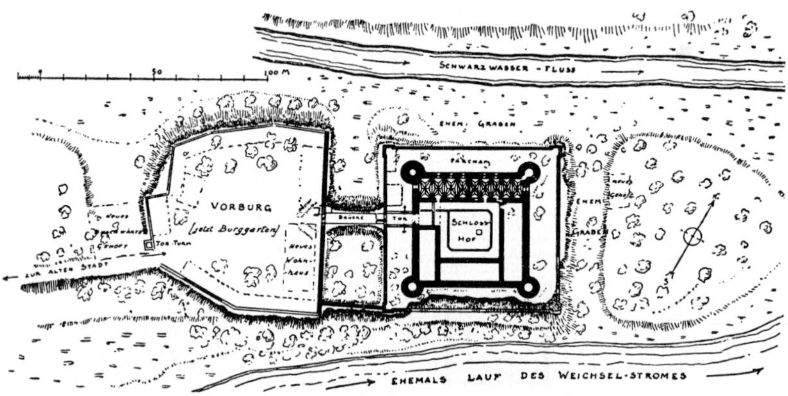

Abb. 594. Ordensbg. Schwetz, Komturei, Lgpl. 1:3000, n. Steinbrecht.

Umfassungsmauern bestehen aus großen Granitfindlingen. An Gewölben, Fenstern und Nischen war innen Backsteinmauerwerk eingebunden.

Auf die Bauzeit vor 1290 weisen Kreuzgewölbe und schmale Form der Fenster hin, denen der alten Kapelle zu Marienburg ähnlich.

Leipe, in der Mitte des Culmer Landes, übertraf Papau durch natürliche Festigkeit der Lage bedeutend[485]).

Die Burg, auf schmaler Halbinsel in morastigem Seeufer, ist auf der äußersten Spitze durch Granitmauern an 15 m über dem Wasser herausgehoben.

Das Konventshaus, ein Quadrat, maß etwa 39 m Seitenlänge.

[485]) Steinbrecht: Pr. z. Z. d. Landm. S. 25f.

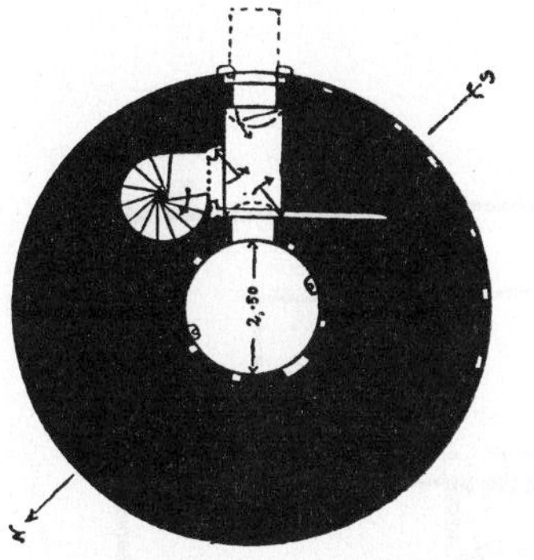

Abb. 595. Allein erh. Turm d. Ordensgipfelbg. Graudenz, Eingangsgrdr. 1:200, n. Steinbrecht.

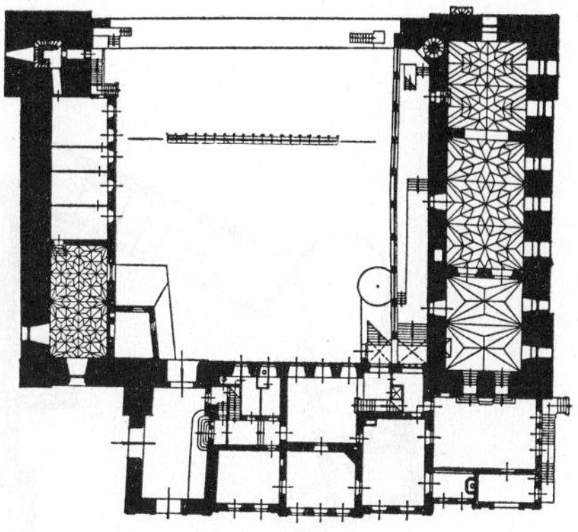

Abb. 596. Bischofsbg. Allenstein, Ermld., Grdr. 1:1000.

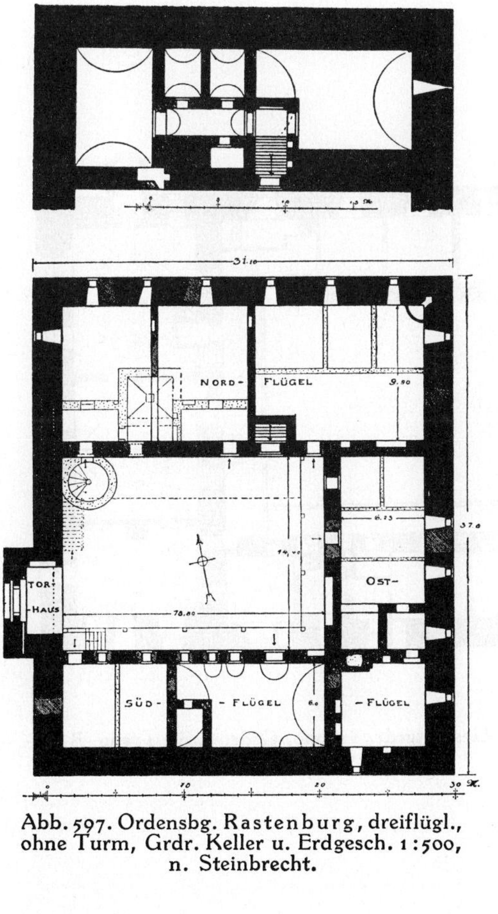

Abb. 597. Ordensbg. Rastenburg, dreiflügl., ohne Turm, Grdr. Keller u. Erdgesch. 1:500, n. Steinbrecht.

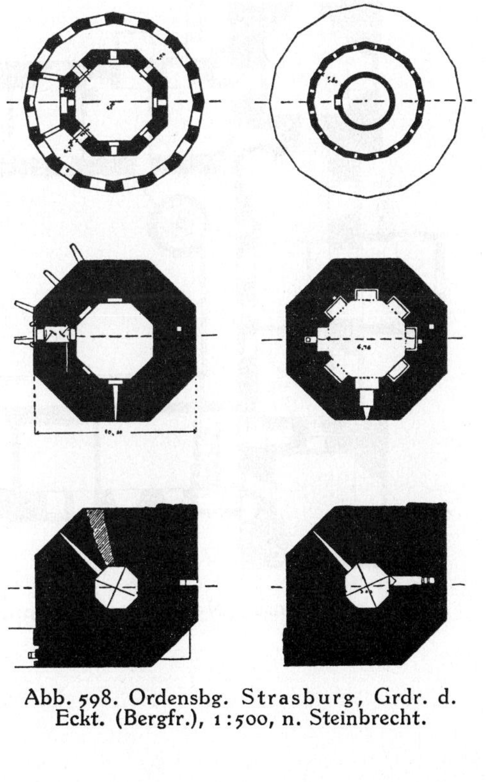

Abb. 598. Ordensbg. Strasburg, Grdr. d. Eckt. (Bergfr.), 1:500, n. Steinbrecht.

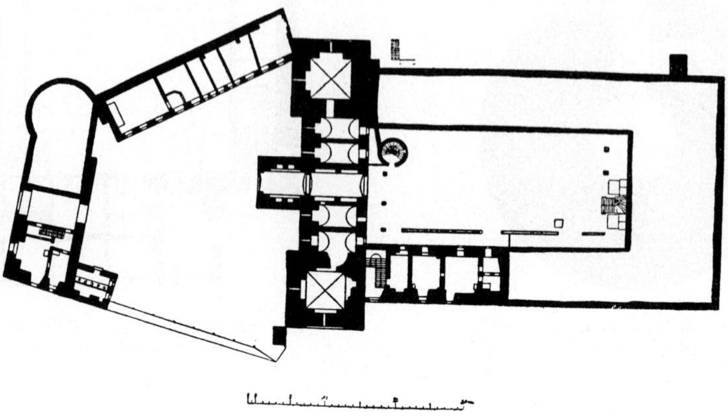

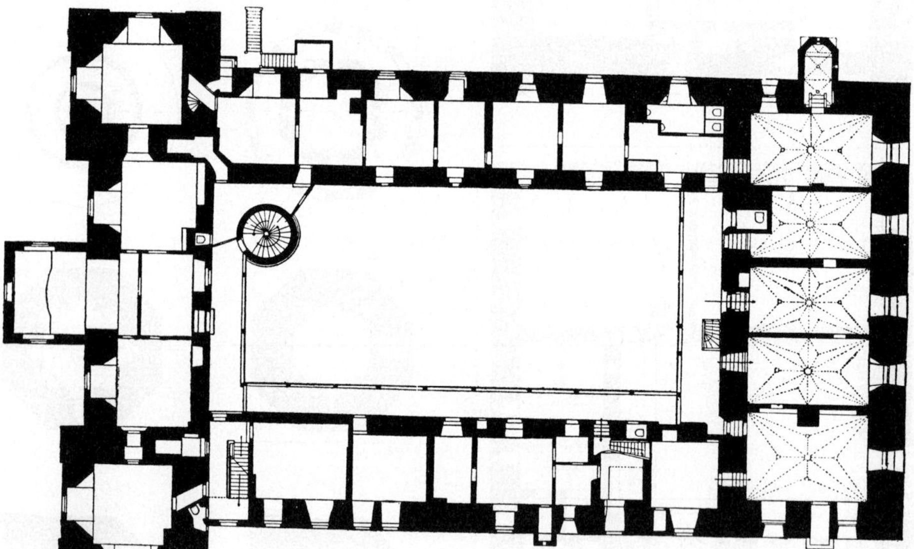

Abb. 599. Ordensbg. Neidenburg, Ostpr., Gesamtgrdr. 1:1000, Grdr. 1. St. 1:500. B. E.

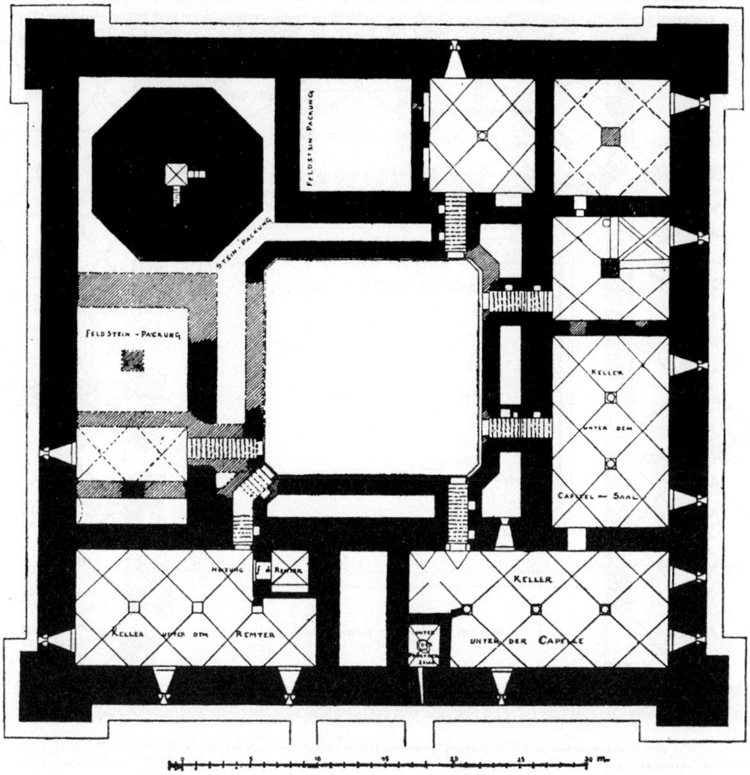

Abb. 600. Burg Reden, Bergfr. i. d. Mantelm., keine Seitenbestr., Grdr. Kellergesch. 1:500, n. Steinbrecht.

Auch Schönsee[486]), im Osten des Culmer Landes, am Einfallstor der feindlichen Sudauer und Littauer, war wahrscheinlich schon 1250 und 1298 in Stein als Viereck mit vier Flügeln und Ecktürmen ausgebaut.

Weiter östlich wurde Schloß Golub, auf schmalem Felsen, der steil zum Drewenztal abfällt[487]), im letzten Jahrzehnt des 13. Jahrh. als Grenzschutz gegen Polen gebaut.

Die Anlage ähnelt Leipe[488]), dessen Hauptburg aus Keller, Erdgeschoß, Haupt= und Wehrganggeschoß bestand. Die Keller können im Belagerungsfalle sogar Vieh sichern. Das Hauptgeschoß umfaßte Kapelle, Remter, Kapitelsaal, Wohnräume, Schlafräume usw.[489]). Nur die Kapelle reichte bis zur Wehrgangshöhe.

Steinbrecht nennt zwei Aufgänge zum Wehrgang, neben der Kapelle und am Remter. An der Südwestecke des Wehrganges führte „eine fliegende Brücke" zu dem runden, alleinstehenden Außenturm, der als der Bergfried anzusehen ist, Zugang war wie bei anderen Ordensburgen nur vom Wehrgang möglich.

Graudenz, das zur Kette der Grenzburgen Roggenhausen, Engelsburg, Reden und Strasburg gehört, liegt auf Bergkegel über der Weichsel.

Um 1222 polnische Burg, erscheint es Mitte des 13. Jahrh. als Ordensburg und Komtu=rei[490]) (Abb. 595), leider völlig zerstört bis auf den wunderbaren Klimek, den allein im Hofraum stehenden, vom Schloßwehrgang zugänglichen, aus roten Ziegeln erbauten Turm.

[486]) Ebenda S. 26ff. — [487]) Ebenda S. 28ff. — [488]) Ebenda Abb. 37. — [489]) Ebenda S. 33 Abb. 42. — [490]) Steinbrecht: Pr. z. Z. d. Landm. S. 41ff.

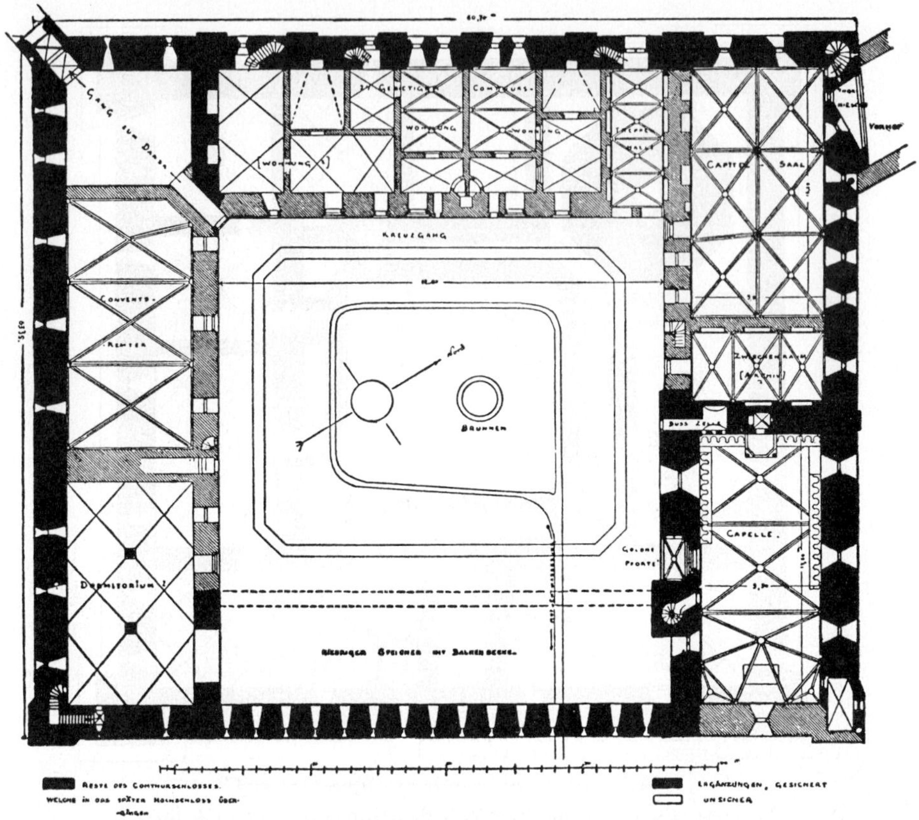

Abb. 601. Ordensbg. Marienburg als Komturei, Grdr. Konventh. vor Erricht. d. Hochschl. 1:500, n. Steinbrecht.

Steinbrecht[491]) gibt einen Plan nach Kupferstich von Puffendorf von 1656 und nach Lustrations= und Visitationsprotokollen von 1667 und 1739 und beschreibt die Burg nach polnischen Berichten der Starostei Graudenz von 1739. Danach hatte die Ordensburg unregelmäßig viereckigen Grundriß, war von der Vorburg und diese von der Stadt durch Gräben getrennt. Die Schloßflügel wiesen die Räume wie alle Ordensburgen auf.

Nordöstlich von Graudenz liegt Roggenhausen, auf einer Bergzunge[492]). Seit 1285 kommen Komture von Roggenhausen vor. Die Burg muß also schon ausgebaut gewesen sein.

Auffallend ist die 30000 qm große, durch Graben getrennte Vorburg (Abb. 602). Ein quadratischer Torturm führt in den länglichen, von Hauptmauern umzogenen Hof, dessen Ecken durch Türme verstärkt waren. Das wahrscheinlich viereckige Konventshaus wird auf dem hinteren Teil des Plateaus vermutet. Zwischen Torturm und Schloßgraben lag ein 12 m breiter Zwinger.

Engelsburg, zwischen Graudenz und Reden, 1237 von den Ordensrittern besetzt, nach 1278 ausgebaut[493]), liegt auf niederem Bergrücken. Auf der Spitze das verschoben sechseckige oberste Haus, „der nächste anschließende Bergplatz trug das mittlere Haus" und der drittniedrige die Vorburg[494]). Gräben trennen die Abschnitte.

[491]) Ebenda S. 44 Abb. 60. — [492]) Ebenda S. 48ff. — [493]) Steinbrecht: Pr. z. Z. d. Landm. S. 52ff. — [494]) Ebenda S. 53 Abb. 68.

Die Ordensburg Marienburg in Westpreußen, von der Nogatseite

Die Ordensburg Marienburg in Westpreußen, die Hochburg

Die erste Burganlage von Reden, heute eine malerische Backsteinruine an der Heerstraße von Graudenz nach Strasburg, wahrscheinlich statt älterer Erdwerke errichtet, und zwar wurde nach Steinbrecht zuerst der Turm an der Nordwestecke, dann Außenmauern und Innenbau ausgeführt[495]) (Abb. 600).

Eine Pfahlbrücke führte zum Schloß. Ein breiter, rechtwinklig gebogener Graben schließt an See und Stadtgraben an. Am Nordende stand das quadratische Konventshaus, davor zur Stadt hin lag die Vorburg, nur Umfassungsmauerreste, ein 12 m breiter Parcham, sind erhalten.

An der Nordwestecke liegen getrennt Fundamente eines achteckigen Haupttturmes, um den sich die Mauer als Mantel legte, Zugang in halber Höhe vom Wehrgang aus[496]).

Strasburg, an der Drewenz, ist angeblich 1285 als Warte und Wehr der Straße von Litauen ins Culmer Land angelegt[497]) (Abb. 598). Erhalten ist der Schloßturm. Nach Steinbrecht ist die innere Burg viereckig, von Gräben umzogen, auf eine Ecke der Burg=

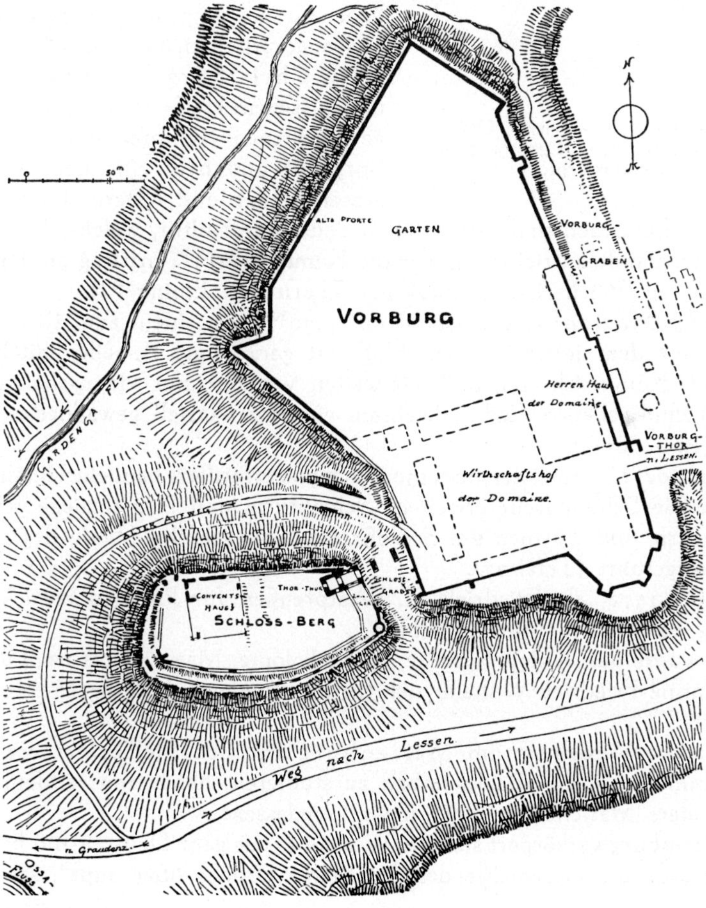

Abb. 602. Ordensbg. Roggenhausen, ungew. gr. unregelm. Vorbg., Lgpl. 1:4000, n. Steinbrecht.

495) Ebenda S. 56ff. — 496) Steinbrecht: Pr. z. Z. d. Landm. S. 74 Abb. 100 versucht ein Gesamt=bild zu geben. — 497) Ebenda S. 75ff.

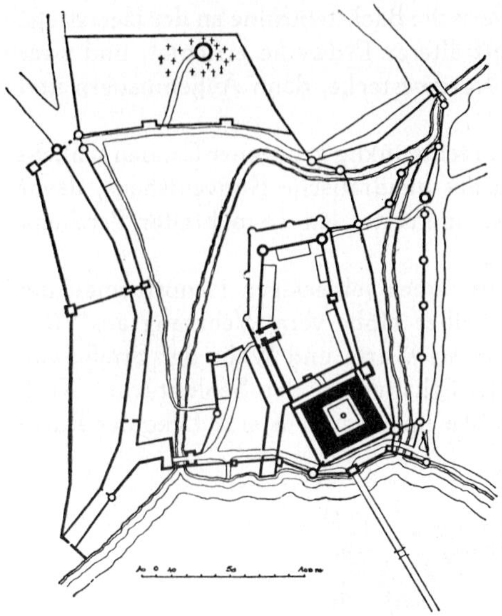

Abb. 603. Wasserbg. Insterburg, Ostpr., ursprgl. als Komturei erb., Lgpl. 1:5000. B. E. n. Katasterpl.

insel gesetzt, hakenförmig von der Vorburg umschlossen. Aus 10 m breitem Parcham springt an der Flußseite ein 7 m breiter „Dansker" vor.

Schwierig war die Eroberung Pomesaniens. 1240—51 erobern die Ritter Elbing, dann Christ=burg (= Stütze des Landwegs ins Culmer Land), um 1270 erst Marienburg, zum Schutze des Wasserweges, 1281 durch Schenkung das Land um Mewe[498]).

Elbing, 1237 gegründet, „erschloß den See=weg ins Ordensland und wurde neben Thorn das zweite Tor für die deutsche Besiedelung Preu=ßens"[499]), 1251—1309 Haupthaus des Ordens, dann trat Marienburg an seine Stelle. Die Kernburg lag vom Elbingfluß, von drei künst=lichen Gräben umgeben, und war wahrscheinlich von quadratischem Grundriß[500]).

Die Christburg — zwischen Marienwerder und Frischem Haff — wurde 1234 gebaut. Nach verschiedenen Kämpfen gibt der Orden diese Burg auf und baut eine neue nördlicher, „in besserer Lage und festerer Gestalt" (1248).

„Eine der Hauptburgen und Pflanzstätten deutscher Kultur, welche die Ritter in dem eroberten Pruzzenlande aufrichteten, war die Komturei Marienburg an der Nogat: eine Wegeburg auf der Weichselstraße zwischen Thorn und Elbing"[501]).

Die Komturei Marienburg entstand um 1270[502]) aus einem zum Ritterkonvent ein=gerichteten Haus, dem jetzigen Hochschloß mit geräumiger Kapelle, mit Remtern und Gemächern der Konventsherren und mit weiten Vorrats= und Mannschaftsräumen, alles um einen hallenumgebenen Hof, „gleichsam ein zum Kastell gewandeltes Kloster dar=stellend"[503]) (Abb. 601).

Die Verlegung des Hochmeistersitzes 1309 nach hier erforderte bauliche Umänderungen[504]).

1335 wurde die Schloßkirche erweitert, Schloßturm und Nogatbrücke gebaut und ein Ring von Mauern und Türmen um Schloß und Stadt geführt, Ende des 14. Jahrh. das Hochschloß ausgeführt (Tafel 77).

Von 1460 bis 1772, als Friedrich II. Westpreußen für Preußen zurückgewann, war Marienburg königlich polnisches Schloß.

Nach 1772 wurde das Schloß Kaserne, Weberkolonie, Magazin, bis nach den Freiheits=kriegen Kronprinz Friedrich Wilhelm sich für die Wiederherstellung Marienburgs ein=setzte[505]).

Ganz besondere Verdienste um Marienburg hat sich Steinbrecht erworben. 1880 dorthin gekommen, um den Backsteinbau zu studieren, haben ihn seitdem die Ordens=burgen, besonders Marienburg, nicht mehr losgelassen.

„In der Marienburg verkörpert sich das Wesen des aus ganz Deutschland hervorgegange=nen Ordensstaates, die Geschichte des Deutschen Ordens überhaupt", sagt Steinbrecht 1896[506]).

498) Ebenda S. 84. — 499) Ebenda. — 500) Ebenda S. 85 Abb. 117. — 501) Steinbrecht: D. Wieder=herst. d. Marienb. Schlosses S. 3. — 502) Derselbe: Schloß Marienburg i. Pr. S. 4ff. — 503) Ebenda S. 4f., S. 5 Abb. 2. — 504) Steinbrecht: Pr. z. Z. d. Landm. S. 90; Clasen: Mittelalterl. Kunst i. Geb. d. Deutschordensst. Pr. Bd. I, S. 4. — 505) Steinbrecht: Ordensb. d. Hochmeisterz. S. 47; Näheres über die Wiederherstellung siehe auch bei Schmid: D. Wiederherst. d. Marienb. — 506) Ebenda S. 37.

Eine eingehendere Darstellung der Ordensburg soll in etwa die Bedeutung dieser groß=artigen Anlage erhellen[507]):

Die Burg entwickelte sich also aus dem ursprünglichen quadratischen Ordensbau, dem „Hochschloß", das von einem Zwinger umgeben ist, dann aus der inneren Vorburg, dem Mittelschloß. Dessen offene Hufeisenseite war dem Hochschloß zugekehrt, so daß der Hof vom Hochschloß beschossen werden konnte. Von dem Hochschloß war das Mittelschloß durch einen Graben getrennt. Es folgt dann die Vorburg mit Scheunen, Ställen, Lager=häusern usw., die durch das Plaue Werk verstärkt wird. Im ganzen ziehen sich vier Gräben um die Kernburg. Drei umfassen das Mittelschloß, zwei die Vorburg. Der letzte, der Mühlgraben, schützt die gesamte Burg und die Stadt (Abb. 76).

Die Gesamtanordnung ist einfach. Die Nogat deckt die lange NW=Seite, Hochschloß und Mittelschloß nehmen die Mitte des etwa 1000 m langen, 280 m breiten ummauerten Bezirks ein. Im NO liegt, rund 350 m lang, die rechtwinklige Vorburg, im SW die etwa 400 m lange Stadt, 250 m bleiben für Hochschloß und Mittelschloß. Die Stadt umzieht eine turmverstärkte Mauer, bei der auf Seitenbestreichung wenig Wert gelegt ist. Nur 8 Türme, darunter der Töpfertorturm, verstär=ken die SO=Längsseite. Die SO=Mauer zeigt nur einen Mauerturm, die Wasser=seite gar keinen. Die innere SO= und NO=Vorburgmauer ist durch acht ge=ringe Türme verstärkt; darunter ist das Schnitztor allein bergfriedartig stärker ausgebaut.

Das äußerste „Plaue Bollwerk", das die SO= und NO=Seiten deckt, ist allein durch sieben schwere, 1411 er=richtete hufeisenförmige Türme ver=stärkt, von denen aus die Mauer be=strichen werden konnte. Dem Nah=kampf wurde hier mehr Rechnung getragen.

Wehrbaulich Neues bieten weder Hochschloß noch Mittelschloß. Der Orden vertraute auf die Stärke und Höhe der prachtvollen Mauern. Schar=ten finden wir auffallend selten, außer in den Zwingermauern und eine nicht

Abb. 604. Rastenburg, Ostpr., feste Georgskirche u. Wartt. d. Stadt.

507) Clasen: D. Hochmeisterp. d. Ma=rienb.; Schmid: D. Befestigungsanl. d. Marienb.; derselbe: D. Remtergew. i. d. Marienb. (Sonderdr.); derselbe: Burgw. 1929 Nr. 1 S. 1 ff.

übergroße Zahl von Fenstern. Die Zinnen der Wehrgänge zeigen vor allem die kriegerische Bestimmung.

Ein Höhepunkt von künstlerischer und wehrbaulicher Bedeutung ist dagegen der an der Nogatseite beherrschend vorgestreckte Palastbau („Meisters Sommer und Winter Remter").

Sein Bauplatz ist wohl nicht nur der gegen Landangriffe sicheren Lage und des freien Blickes auf Fluß und das weite Ufer gegenüber gewählt, sondern vielleicht auch um die gesamte Nogatseite der Burg nach NO und SW hin bestreichen zu können (Tafel 76).

Die Landseite beherrschte man, wenn man vom Kirchendach der Ostecke des Hochschlosses schoß. Der damals neu angebaute Chor zeigt ungewöhnlich große Mauerstärke, er war also gegen Beschießung gesichert.

Der Palast des Hochmeisters zeigt neben zwei 4 m starken Eckpfeilern drei durch auffallend viele (bis zwanzig) Fenster durchbrochene Flächenwände. Er unterscheidet sich damit weit von den schweren, fast fensterlosen Saalbauten in Avignon. Auch die quadratischen Säle innen kommen in Avignon nicht vor. Zur Verteidigung diente am Palast des Meisters nur der Wehrgang und die Eckerker in Höhe der Dachtraufe. Von ihm konnte man gesichert schießen und durch die langen Fußschartenschlitze Steine abwerfen.

Ganz im Gegensatz zu den selbst in Poitiers viel massigeren Mauern und zu den fast ganz fensterlosen Mauern in Avignon sind auch die völlig in Fenster und Säulenstellungen aufgelösten Wände der oberen Stockwerke in Marienburg französischen Saalbauten, z. B. wie Poitiers, fremd.

Endlich gibt es an vielen deutschen Burgen schon in romanischer Zeit Palastsaalbauten mit Wehrgangverteidigung, wie z. B. Ödenburg nahe der Hohkönigsburg, Wildenberg im Odenwald (?), Marksburg a. Rh., Gröditzberg in Schlesien, Burgschwalbach, Gutenfels b. Kaub a. Rh. und Kinzheim.

Die Verwandtschaft zwischen französischen Saalbauten und Meisters Palast ist also wohl nur eine zufällige Ähnlichkeit in der Lösung ähnlicher, aber nicht gleicher Aufgaben.

Südlich von Marienburg, rechts der Weichsel, liegen in der preußischen Landschaft Pomesanien die bedeutenden Burgen Marienwerder und Schönberg. Letztere bildet eine viereckige Anlage von 72:97 m mit zehn Türmen und stellt gegenüber den anderen Ordensburgen eine Ausnahme dar, allein schon dadurch, daß hier Kernwerk und Vorburg nicht getrennt sind[508]) (Abb. 607). Marienwerder[508a]) stellt ebenfalls eine Besonderheit dar durch die gewaltige Kathedrale, die mit dem Schloß zu einer Einheit verschmolzen ist (Tafel XXIII).

Durch Schenkung erhielt der Orden 1281 das Land links der Weichsel um Mewe. Mewe, heute Ruine, wahrscheinlich als Steinburg errichtet — Steinbrecht schließt es aus der günstigen Lage am Wasser[509]) (Abb. 591) —, erlitt 1422 bedeutende Umbauten.

Das Burggebiet, auf der Südostspitze eines Höhenausläufers von Mauern umzogen, war durch Vorburgturm und Vorburg, in der die quadratische Kernburg lag, zugänglich und ringsum von Gräben und Parcham geschützt, letzterer an den Ecken mit Türmen versehen.

Die Einrichtung war die übliche. Zu erwähnen ist der zwischen Doppelmauern liegende Wehrgang und der in den Schloßkörper eingebaute Hauptturm[510]).

Das Gebiet zwischen Passarge, Pregel und Haffufer war im Süden begrenzt durch das seen- und waldreiche Gebiet Galindiens.

Ausgangspunkt und Stützpunkt war Balga am Frischen Haff. 1250 begann sein Ausbau in Stein[511]). Das Konventshaus — durch zwei Gräben, zwischen denen die Vorburg liegt, aus dem vorspringenden Ufer herausgeschnitten — lag auf höchster Erhebung am Frischen

---

[508]) Schmid: Burgw. 1922 S. 42ff. (dort nähere Quellenangabe). — [508a]) Schumacher: Burgw. 1929 Nr. 1 S. 13ff. — [509]) Steinbrecht: Pr. z. Z. d. Landm. S. 92ff. — [510]) Steinbrecht: Pr. z. Z. d. Landm. S. 97 Abb. 134. — [511]) Ebenda S. 98ff.

Haff, nach Ausgrabungen von 1885 ein unregelmäßiges Sechseck. Zur Vorburg hin an der dem Haff abgewendeten Seite müssen die Haupträume gelegen haben[512]) (Abb. 587).

Da Balga seiner insulären Lage wegen leicht blockiert werden konnte, wurde nach dem Verschwinden der Lenzenburg an der Frischingmündung Brandenburg ins Frische Haff 1266 gebaut[513]).

Aus dem Haffufer — rechts der Frischingmündung — ist durch hakenförmigen Graben das Burggebiet herausgetrennt. Niedriger als das Festland gelegen, war es durch Gräben und Kanäle gesichert und die Kernburg von der Vorburg durch Graben getrennt.

Das viereckige Hauptschloß[514]) war von einem Parcham umgeben.

In der Anordnung ähnelt Brandenburg Reden, doch ist es größer, „es ist überhaupt das größte Konventshaus des Deutschen Ordens ...".

Abb. 605. Ordensbg. Labiau, a. Kur. Haff, Wasserbg. B. E.

Im Landbezirk Samland, dem Gebiet zwischen Pregel, Deime, See- und Haffufer, war Königsberg[515]) als erster Stützpunkt 1225 unter Beihilfe Ottokars von Böhmen angelegt. 1257 erfolgt Verlegung des Burgplatzes und Erwähnung des Steinbaues[516]). Von 1256 bzw. 1257 bis 1525 war Königsberg Sitz der Hochmeister.

Vom Mittelalter ist weniger erhalten in Lochstedt, das zur Sicherung der Haff-Ostsee-Mündung und Verwaltung der Bernsteinfischerei als Warte über die Wasserstraßen des Haffs nach 1263 angelegt wurde[517]). Als Komturschloß besaß es Kapelle, Remter und Kapitelsaal (Abb. 588).

Die Burg ähnelt Brandenburg[518]). Auf dem höheren, dem Tief zu gelegenen Teil stand die quadratische Kernburg, grabenumgeben, durch Graben auch von der quadratischen Vorburg getrennt[519]).

West- und Südflügel des Hauptschlosses sind erhalten, ersterer nicht unterkellert. Bedeutend ist die Kapelle.

Der Osten des Samlandes wird von dem frühzeitig in Stein ausgeführten Tapiau beherrscht[520]). Die Reste gehören der Zeit um 1280—90 an.

Das Burggebiet am rechten Pregelufer ist durch hufeisenförmigen, von der Deime abgezweigten Graben aus der Niederung geschnitten. Von der Vorburg und der durch Graben abgetrennten quadratischen Hauptburg sieht man noch einige Keller und einen Flügel bis zum Hauptgeschoß.

---

[512]) Ebenda S. 102ff. nähere Ausgrabungsergebnisse. — [513]) Ebenda S. 106ff. — [514]) Steinbrecht: Pr. z. Z. d. Landm. S. 108 Abb. 152b, S. 109 nähere Ausgrabungsergebnisse. — [515]) Ebenda S. 112 (kurz, ohne Pläne). — [516]) Bau- u. Kunstd. d. Pr. Ostpr. Heft VII, S. 20f. — [517]) Steinbrecht: Pr. z. Z. d. Landm. S. 112. — [518]) Ebenda S. 113. — [519]) Steinbrecht: Pr. z. Z. d. Landm. S. 114ff. Abb. 157. — [520]) Ebenda S. 123ff.; Bau- u. Kunstd. d. Pr. Ostpr. H. II, S. 180ff.

Ebenfalls an der Deime liegt die Wasserburg Labiau[520a]) (Abb. 605), das einzige Domänenvorwerk der Komturei Ragnit. Die Burg wurde 1277 in Stein ausgebaut.

Die Landmeisterzeit hatte das Gebiet zwischen Weichsel und Haff: Pomesanien, Warmien, Natangen und Samland erobert[521]).

In der Hochmeisterzeit entstanden links der Weichsel die Komtureibezirke Danzig, Schwetz, Schlochau, Tuchel, die Vogtei Dirschau und die Pflege Bütow.

Rechts blieben die kleinen Konventshäuser, wie Nessau, Leipe, Graudenz usw., bestehen[522]).

Neue Komtureien entstanden 1310—1410 an den Grenzen, im Süden Osterode, gegen Polen Soldau und Neidenburg, im Osten Ragnit und die Burgen an der Memel[523]). Die Staatsaufgaben des Ordens waren in der Hochmeisterzeit andere geworden, die auch Änderungen im Bau verlangten. Der viereckige Grundplan wurde durchweg beibehalten, das Ganze aber großzügiger gebildet.

Eine der vier Komtureien in Pommerellen — Danzig[524]) — wurde 1340 an Stelle der alten Herzogsburg in Stein errichtet. Nach altem Plan von 1600 war die verschwundene Burg quadratisch, im Norden und Westen von der Vorburg umgeben.

Besonders wichtig als Zeuge der vielbewegten Geschichte des Grenzschutzes gegen Polen ist auf hohem Ufer der Weichsel Burg Schwetz[525]) (Abb. 594), stets Brennpunkt des Verkehrs und der Wacht. Die Ruine wird noch heute überragt von dem prachtvollen Hauptturm, der einen bemerkenswerten Zinnenkranz über seinem achten Stockwerk bewahrt hat.

Von der prachtvollsten Burg der Ordenszeit, Schlochau[526]) (Abb. 590), sind außer dem herrlichen Turm nur die Grundmauern der quadratischen Kernburg erhalten. Nicht weniger als dreizehn in ihrer Höhe und Ausbildungsart sehr verschiedene Geschosse sind im Turm angeordnet, deren Mauern nach oben wenig schwächer werden. Die untersten zweieinhalb Stockwerke liegen tiefer als der umgebende Erdboden. Schießscharten, Treppen, Fenster und Türen, Kamine und Aborte zeugen von der Sorgfalt, mit der der Orden seine Bauten ausführte. Zu den untersten Stockwerken verwandte man, um Untergrabung zu erschweren, Granitfindlinge.

Selbst die trümmerhaftesten Reste des vereinzelt stehengebliebenen Turmes von Preußisch-Mark[527]) mit seinen sorgfältigst geplanten sieben Stockwerken auf der Halbinsel im Singersee, nötigen uns größte Achtung ab.

Ebenso Bütow[528]), die jüngste, stärkste und abweichend gelöste Ordensburg in Preußen, 1396 erbaut. Ihr ziemlich breites Rechteck hat nur einen ausgebauten Flügel an der Südwestflanke, im übrigen stehen in der starken Umfassungsmauer nur Bauten späterer Zeit.

Osterode[529]), eine wenig erhaltene regelmäßige Anlage, und die Ruine Soldau[530]) waren quadratisch, letztere nur mit drei Wohnflügeln ausgebaut, gegen die Stadt stand der mächtige viereckige Turm (Abb. 586).

Burg Neidenburg[531]) (Abb. 585), die als Grenzschutz mit Soldau immer in enger Beziehung gestanden hat, ist ganz ungewöhnlicherweise rechteckig mit breitem Westflügel, der Amtsstube, Remter und Kapelle enthält, und zwei schmalen Nord- und Südflügeln und einem schmalen Ostflügel mit Torbau in der Mitte und zwei starken viereckigen Ecktürmen an der hohen Mantelmauer angelegt. Neidenburg ist als ein kleineres

[520a]) Ebenda Heft I, S. 70. — [521]) Steinbrecht: Ordensburgen d. Hochmeisterz. S. 1. — [522]) Ebenda S. 51. — [523]) Steinbrecht: Ordensb. d. Hochmeisterz. S. 3. — [524]) Ebenda S. 5ff. — [525]) Ebenda S. 15ff. — [526]) Ebenda S. 28ff. — [527]) Steinbrecht: Ordensb. d. Hochmeisterz. S. 52ff.; Burgw. 1932, S. 15ff. — [528]) Smlg. Ebh.; Steinbrecht: Ordensb. d. Hochmeisterz. S. 39ff. — [529]) Ebenda S. 54ff. — [530]) Ebenda S. 59ff. — [531]) Ebenda S. 66ff. — Ebh.: Burgw. 1921, Nr. 5 und 6, S. 49ff. — Krollmann: Burgw. 1916, Nr. 7, S. 128ff.

Beispiel wertvoll, da fast in allen Teilen Wehrgang, Türme und Dachstuhl erhalten sind. Die Grenzfeste, auf einem einzelnen erheblichen Hügel über der Stadt und außerhalb deren Ummauerung und Gräben errichtet, wurde etwa 1380 vollendet. Burg und Stadt waren durch breites Sumpfgebiet an drei Seiten geschützt (Abb. 599).

Infolge Ausnutzung einer Wasserkraft bildet auch die Kirchenburg St. Georg in Rastenburg eine Ausnahme[532]) (Abb. 604). Die Burg besteht aus drei Flügeln, die vierte Hofseite ist durch die Mantelmauer geschlossen. Kirchenburg und Ordensburg nehmen die Südost- und Südwestecke des verschoben viereckigen Stadtgrundrisses ein.

Abb. 606. Bischofsbg. Allenstein, Ermld. B. E.

Regelmäßig quadratisch ist wieder Barten[533]) (Abb. 592), dessen östlich erhaltener runder Flankierungsturm, im Gegensatz zu anderen Haupttürmen, nur zwei vom Schloßinnern zugängliche Geschosse zeigt. Das Hauptgeschoß enthält vier Schießkammern mit Scharten für Schießpulverwaffen. Steinbrecht sieht darin Vorläufer der Bastionstürme.

Eindrucksvoll ragt noch heute das gleich 1336 oder 1337 massiv ausgebaute quadratische Ordensschloß Insterburg[534]) mit der langgestreckten Vorburg über dem Mühlensee. Abb. 603 zeigt die bedeutenden ehemaligen Vorwerke mit inneren und äußeren Gräben, Zwingern, Türmen und Toren, Brücken, Mühlen und Schleusen. Die großartige Anlage, deren Außenwerke fast bedeutender erscheinen als die Kernburg selbst, zeigt, wie der Orden hier die Tiefenlage auszunutzen verstand. Die Burg wurde 1457 von den Polen ausgebrannt, leider auch der Hauptbau, doch wurde die Burg bald wieder nutzbar gemacht.

Bei Haus Ragnit an der Memel[535]) bot der leicht bewegliche Boden auch einer quadratisch angelegten regelmäßigen Vorburg kein Hindernis.

Im Ermland muß Heilsberg[536]) (Abb. 589), auf einer schmalen Halbinsel am Einfluß der Simser in die Alle, erwähnt werden. Südost- und Nordseite wird von einem breiten Graben umzogen. Die südliche weite Vorburg war von der fast quadratischen Hauptburg durch einen Graben getrennt. Wie bei anderen Ermlandburgen auch, war der Bergfried in die Nordostecke der Kernburg gebaut.

Allenstein[536a]) (Abb. 596, 606) wurde vom Domkapitel in Frauenburg 1353 gleichzeitig mit der Stadt begründet. Beide waren gemeinsam verteidigungsfähig. Ursprüng-

---

[532]) Steinbrecht: Ordensb. d. Hochmeisterz. S. 71ff. — [533]) Ebenda S. 76ff. — [534]) Ebenda S. 82ff.; Bau- u. Kunstd. d. Pr. Ostpr. H. V, S. 37ff.; Smlg. Ebh. — [535]) Steinbrecht: Ordensb. d. Hochmeisterz. S. 85ff.; Bau- u. Kunstd. d. Pr. Ostpr. H. V, S. 108ff. — [536]) Krollmann: Burgw. 1903, Nr. 4, S. 40ff.; Wolf: Burg. u. Schlöss. i. Ostpr.; Simpson: The castl. of Heilsb. and Rössel i. Erml.; Poschmann: Siedlung. i. d. Kr. Braunsb. u. Heilsb.; Schmid: Ordensb. Pr. i. Lichte neuer. Forsch.; Clasen: D. mittelalterl. Kunst i. Geb. d. Deutschordensst. Pr. Bd. I. — [536a]) Burgw. 1917, Nr. 1, S. 10ff. — Nonn: Burgw. 1929, Nr. 3/4, S. 46ff.

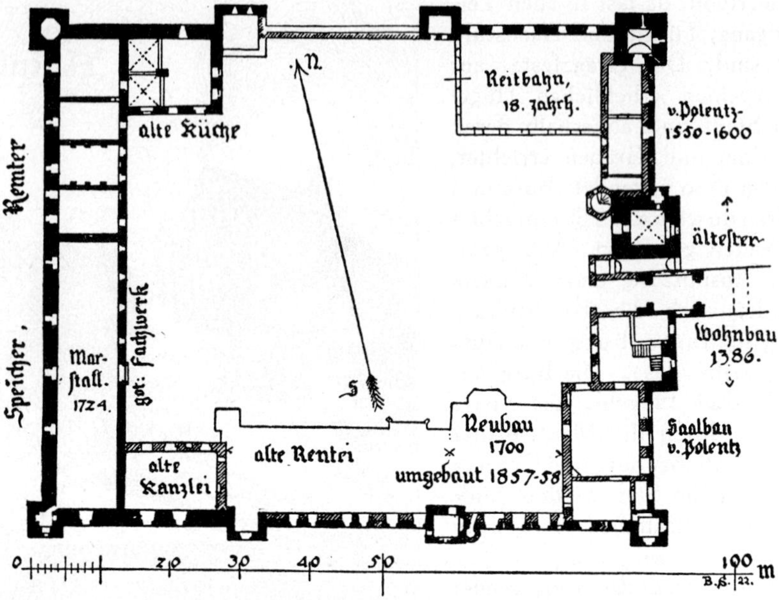

Abb. 607. Burg Schönberg, Westpr., ungewöhnl. Grdr., keine Seitenbestr., Grdr. 1:1000, n. Schmid.

lich bestand die Burg aus zwei parallel liegenden Bauten. Der dazwischenstehende Wohnflügel entstammt dem 18. Jahrh.

Ein Vergleich der Grundrisse überrascht durch den Reichtum in der Lösung der einheitlich gestellten Aufgabe. Dabei ist auffallend, daß die ältesten Anlagen, wie Thorn, Birgelau, Culm, Graudenz u. a., unregelmäßig im Grundriß sind, im Gegensatz zu den jüngeren meist regelmäßigen viereckigen oder quadratischen Burgen.

Unermüdlich wandelten die Ordensbaumeister die Einzelformen, namentlich der Türme und Vorwerke, aber auch der Kapellen, Kapitelsäle, Konventsräume und Komturwohnungen. Größten Reichtum erlaubte der bildsame Baustoff: die musterhaft gebrannten Backsteine in immer wechselnden Gliederungen. Wandmalereien, schönes Holzwerk und Mosaiken zeugen mit anderem Schmuck von der hohen Kunst, die hier zu Hause war. Doch benutzten die wehrbaulichen Einzelheiten nicht alle Erfahrungen ihrer Zeit.

Durch das Festhalten an den Vierecksformen für die Kernburgen verzichtete man auf jede Seitenbestreichung, selbst wo die Ecktürme vorspringen, wie bei der 1310 erbauten Neidenburg, ist im Vorsprung keine Scharte angebracht. Erst sehr spät, in Bütow 1396, finden wir dergleichen planmäßig durchgeführt. Es blieb sonst nur das Turmzinnengeschoß, um an der Mauer entlang zu schießen.

Die schon erwähnten Senkscharten finden wir an der Hochmeisterwohnung der Marienburg[537]) zwischen den Strebepfeilern und am runden Eckturm der 1349 vollendeten Burg zu Schwetz.

Einfach sind Wehrgänge und Zinnen, sehr einfach fast immer die Tore. In der Marienburg und Ragnit finden wir Fallgatter, sonst sehr selten.

[537]) Essenwein-Stiehl: Hdb. d. Archit. Bd. II, 4, II S. 106, Abb. 100.

Pfalzruine Seligenstadt

Kaiserpfalz Kaiserswerth, Längenschnitt nach Erkens

Kaiserpfalz Kaiserswerth, Grundriß nach Erkens

Ordensburgen der Baltenländer Kurland, Livland und Estland.

Ein gleicher politischer Wille des 1202 gegründeten Schwertbrüder=Ordens in den Baltenländern schuf auch ähnliche künstlerische Bauten wie in Ostpreußen.

Der Deutsche Orden fand daher dort 1237 ältere Gründungen vor, die er benutzte. Schmid[538]) sieht in der teilweise einfacheren Formensprache Livlands eine „ganz verschiedene Wesensart" gegenüber den preußischen Ordensburgen, da die Wurzeln des livländischen Ordenszweiges geistig in Westfalen, in Niedersachsen und nicht wie die des preußischen am Rhein und in Oberdeutschland zu suchen sind. Zugegeben, die livländischen Burgen weichen in Einzelheiten von den preußischen ab, so stimmen sie doch im Grundriß vielfach überein.

Trotz Krieg und Zerstörungen sind auch eine Reihe herrlicher Ordensbauten erhalten. Löwis of Menar[539]) zählt zwischen Memel und Narva etwa 60 Ruinen. Das Ordenszinsbuch von 1411[540]) gibt in Kurland 15, in Liv= und Estland 39 Burgen an, die dem Orden gehören.

Von der ältesten livländischen Burg Riga[541]), um 1202 erbaut, ist nur der Südflügel aus graugelbem Sandstein und die Konventskirche St. Georg erhalten. Das quadratische Haupthaus von 22 m Seitenlänge war in drei gewölbten Geschossen aufgetürmt. Aus Kriegsgründen lag die Kapelle im ersten Obergeschoß, durch den runden Bleiturm geschützt. Der Kapitelsaal hatte hier eine besondere Größe.

Rechteckigen Konventsbau zeigen die Ruinen Ascheraden (Abb. 609) rechts der Düna, Hapsal in der Wiek, Bersohn, Dondangen in Kurland u. a.[542]).

Quadratische Konventshäuser haben die schon genannten: Fellin, Windau, Ermes, Adsel, Pernau, Arensburg, Marienburg.

Unregelmäßig viereckigen Grundriß von 56×31 m weist die erst 1443 aus Kalkstein erbaute Vogtei Bauske[543]) (Abb. 610) auf (Parcham und Außenwerke fehlen), ebenso die Erzbischofsburg Treyden[544]) (Abb. 611) und Segewold, letztere mit großer äußerer und innerer Vorburg[545]).

Ovalen Burgbering — der auf Benutzung älterer Anlagen hinweist — sehen wir bei der erst im 14. Jahrh. genannten Ordensburg Rujen[546]) (Abb. 608), die man danach fälschlich sächsisch=germanisch nennen könnte.

Die starke Burg Fellin[547]) (Abb. 615), heute Ruine, wurde nach 1237 Hauptstützpunkt des Deutschen Ordens. Die wehrbaulich merkwürdige Anlage zeigt auf der äußersten

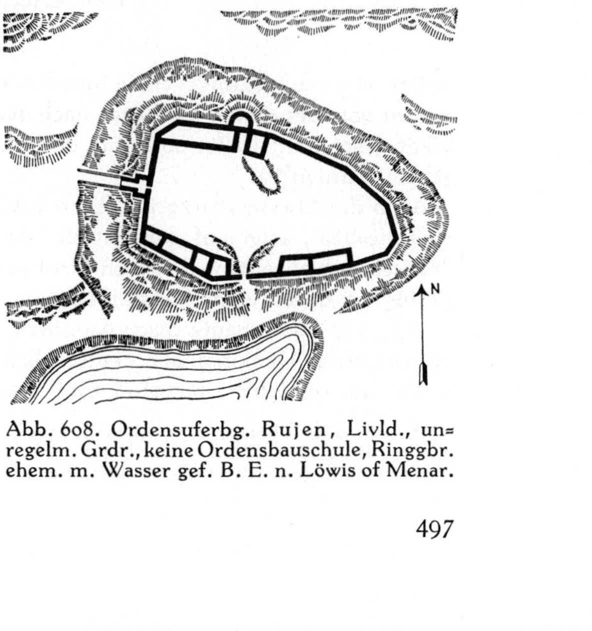

Abb. 608. Ordensuferbg. Rujen, Livld., unregelm. Grdr., keine Ordensbauschule, Ringgbr. ehem. m. Wasser gef. B. E. n. Löwis of Menar.

[538]) Schmid: Burg. d. deutsch. Ritterord. i. Kurl. S. 201. — [539]) Löwis of Menar: Burgw. 1901, Nr. 15, S. 137ff. — [540]) Schmid: Burg. d. deutsch. Ritterord. i. Kurl. S. 202. — [541]) Löwis of Menar: Burgw. 1902, Nr. 3, S. 21ff.; derselbe: Burgenlex. f. Alt.=Livl. S. 99ff.; Essenwein=Stiehl: Hdb. d. Archit. Bd. II, 4, II S. 41; Guleke: Baud. v. Livl., Estl., Kurl. u. Oesels 5. Lfg., F. I, 6. Lfg. F. II. — [542]) Löwis of Menar: Burgenlex. S. 47, 61f., 48f.; derselbe: Burgw. 1919, S. 32f.; Schmid: Burg. d. deutsch. Ritterord. i. Kurl. S. 211ff. — [543]) Ebenda S. 205; Löwis of Menar: Burgenlex. S. 48; derselbe: Burgw. 1919, S. 33. — [544]) Derselbe: Burgenlex. S. 117, Nr. 65—66; Guleke: 2. Lfg., F. I, Taf. LVII. — [545]) Ebenda 2. Lfg., F. II, Taf. XXVIb u. e, 6. Lfg., F. II, Taf. XXVIa, d, e; Löwis of Menar: Burgenlex. S. 112, Nr. 62. — [546]) Ebenda S. 108f. — [547]) Burgw. 1909, S. 18; Guleke: 2. Lfg., F. II, Taf. XIV, XXV, 6. Lfg., F. II, Taf. XIVa, XXVa, b.

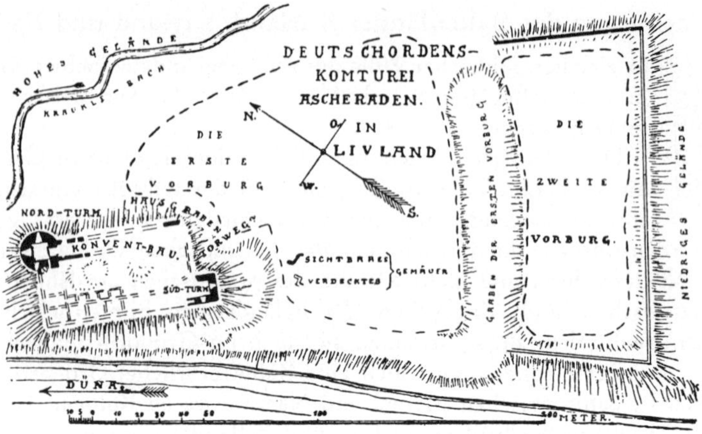

Abb. 609. Ordensbg. Ascheraden, Livld., enger Konventsb. 2 gr. Vorbg., 3 Grb., Lgpl. 1:3000, n. Löwis of Menar.

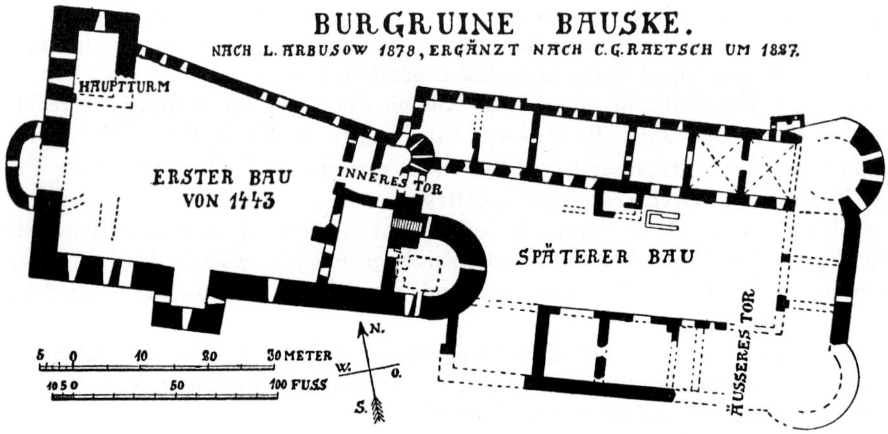

Abb. 610. Ordensbg. Bauske, Kurld., unregelm., viereck. Bergfr., Seitenbestr., Grdr. 1:1000, n. Löwis of Menar.

Spitze einer Landzunge einen quadratischen Konventsbau von 55 m Länge, nach Süd=westen von der ersten Vorburg, nach Nordosten durch zwei weitere Vorburgen und die Stadt geschützt. Fellin soll eine der wenigen Burgen sein, die auf alter Wallburg auf=gebaut wurden[548]).

Auch die Marienburg im Osten Livlands[549]), in hügeliger Gegend auf einer Insel des Aluksne=Sees, zeigt auf der Ostseite der langgestreckten fünfeckigen Anlage einen qua=dratischen Konventsbau, dessen Ostmauer zugleich Umfassungsmauer der Burg ist. Der Bering ist durch acht Türme, Torbau und Zwinger im Norden verstärkt.

Die 1338—62 erbaute Bischofsresidenz Arensburg[550]) (Abb. 614) auf Oesel ist als her=vorragendstes Denkmal der deutsch=baltischen Ordensbaukunst wohlerhalten, da sie bis Ende des 19. Jahrh. bewohnt und neuerdings wiederhergestellt wurde. Der mächtige

548) Löwis of Menar: Burgenlex. S. 57f. — 549) Derselbe: Burgw. 1911, S. 21ff. — 550) Löwis of Menar: Burgenlex. S. 46; derselbe: Burgw. 1906, S. 37ff.; Guleke: 4. Lfg., F. IX, Taf. II, IIa; v. Rosen — v. Engelhardt: Osts. u. Ost. Bd. I Stadt u. Land S. 47.

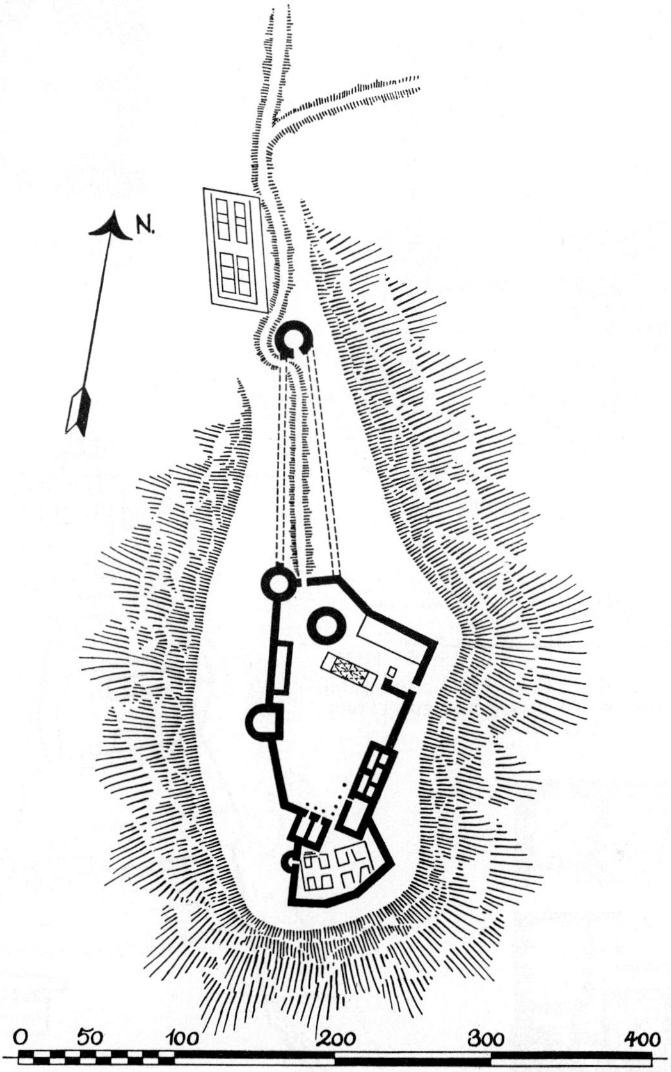

Abb. 611. Erzb. Bg. Treyden (=Fredewald), auf lang. Höhe, früh. rd. Bergfr. frei i. Hof, rd. Batteriet. B. E. n. Löwis of Menar.

Bauklotz bildet ein reines Quadrat mit Hofkreuzgang, Pfeilern, Kragsteinen, Rippen im Remter. Kapelle und Maßwerkfenster bestehen aus Haustein. Die Mantelmauer, der große und kleine Eckturm zeigen fast 3 m Stärke und ganz geringe Scharten und Öffnungen. Wehrgänge und Zinnen wurden durch späte Dächer und Außenwerke unkenntlich. Man benutzte zum Bau große Quadern aus Oeselschem Silurkalkstein, daneben nur wenig Backsteine.

Die großartigen Ruinen der Burg Wenden[551]) (Abb. 612) zeigen teils verschobenen dreiflügeligen Kernbau und drei ihn umgebende Vorburgen. Spätestens 1209 soll der

[551]) Smlg. Ebh.; Guleke: 6. Lfg., F. II, Taf. VI—Xb, 2. Lfg., F. II, Taf. VII—X; Löwis of Menar: Burgw. 1919, S. 46ff.; derselbe: Burgenlex. S. 122ff., Nr. 71.

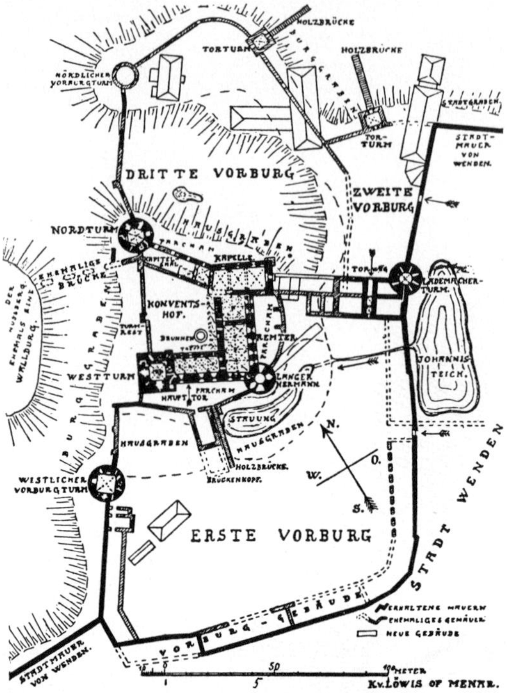

Abb. 612. Ordensbg. Wenden, Livld., unregelm. Kernbg., weit. Vorbg., teils Wassergrb., Lgpl. 1 : 3000, n. Löwis of Menar.

Abb. 613. Schloßkap. Neuhausen, Livld., Grdr. 1 : 500, ähnelt Trifels. B. E. n. Guleke.

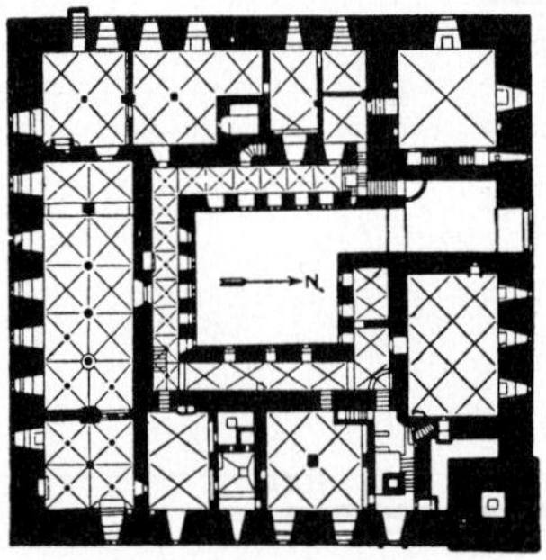

Abb. 614. Bischofsbg. Arensburg, Livld., Grdr. Ordensvorbild, 2 Eckt. wohlerh., Grdr. 1 : 1000. B. E. n. Löwis of Menar.

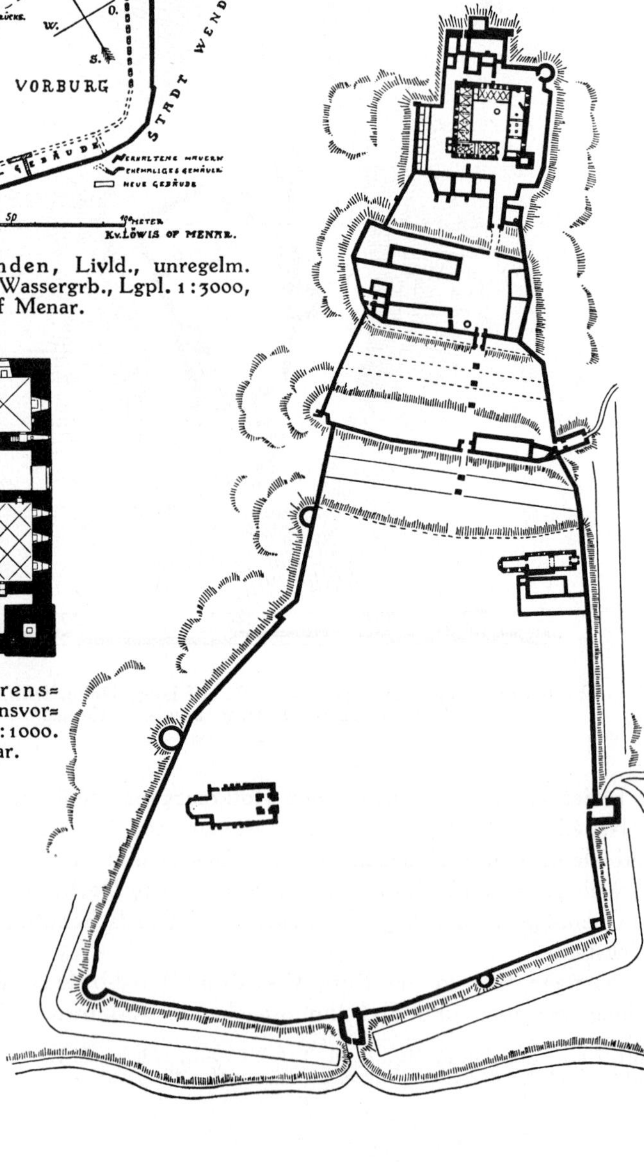

Abb. 615. Deutschordensburg Fellin, Livld., auf lang. Bergspitze, viereck. Kernbg. m. Bergfr., weite Vorbgn., 2 Kap., Lgpl. n. Löwis of Menar.

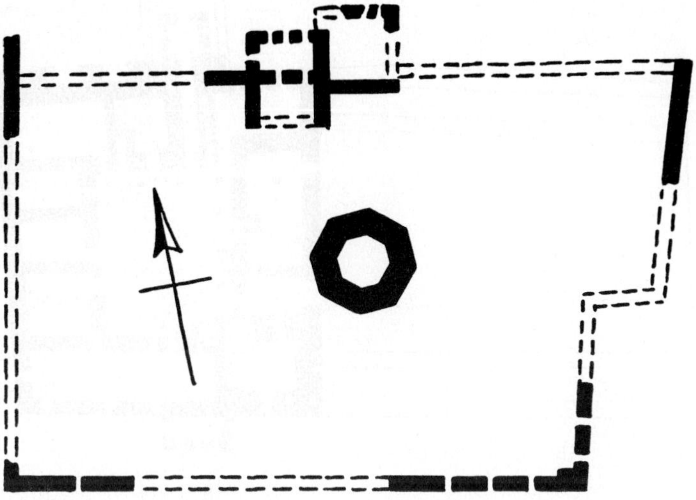

Abb. 616. Burg Weißenstein, Livld., achteck. Bergfr., Tort., Grdr. 1:1000. B. E. nach Guleke.

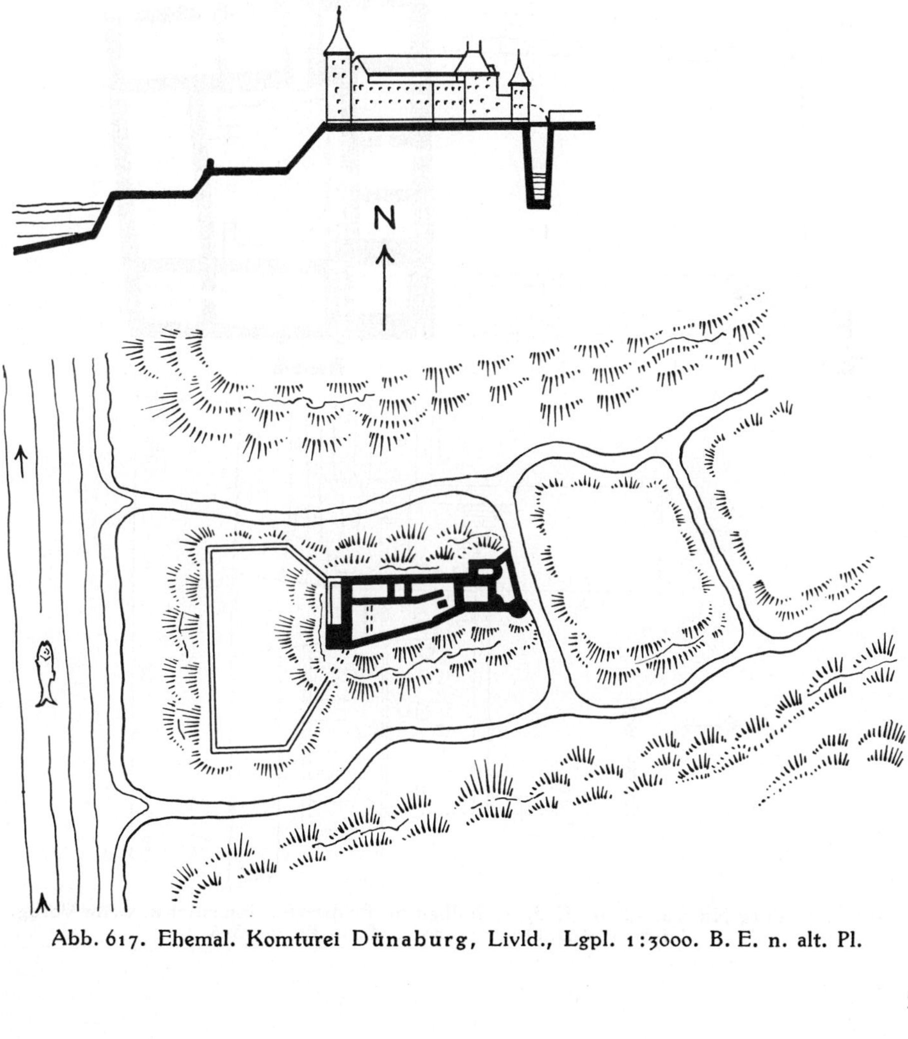

Abb. 617. Ehemal. Komturei Dünaburg, Livld., Lgpl. 1:3000. B. E. n. alt. Pl.

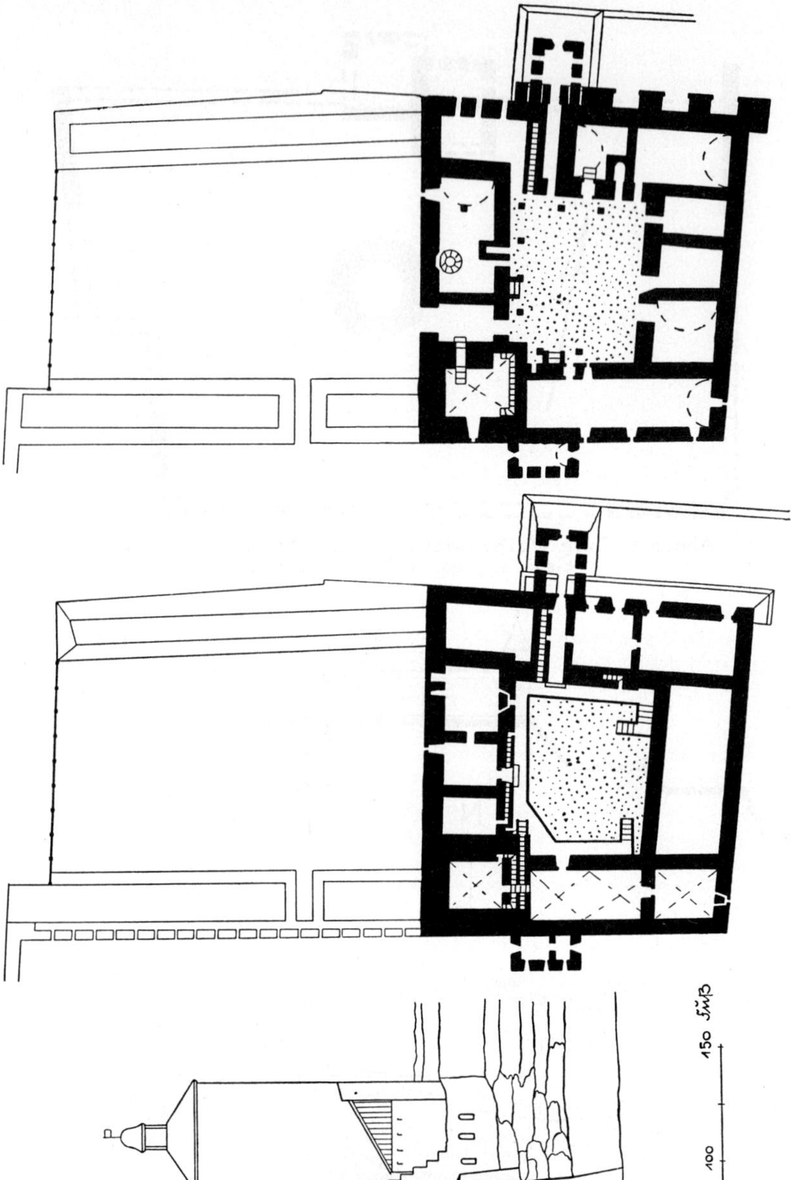

Abb. 618. Burg Narva, Livld., Ordensschulbau m. Eckbergfr., Innenhof u. weite Vorbg., Grdr. u. Ans. etwa 1:1000. B. E. n. Pl. v. 1846.

Ausbau in Stein stattgefunden haben. Die einschiffige Kapelle, der zerstörte Kapitelsaal und der daranstoßende Nordturm sind wahrscheinlich die ältesten Reste. Das übrige gehört der Spätgotik an, vor allem das meisterhafte Sterngewölbe im Westturm.

Die letzte Grenzbefestigung im Osten Livlands war die auf hohem Felsenufer am gleichnamigen Fluß liegende, noch benutzte Burg Narva[552]) (Abb. 618), im 13. Jahrh. von Dänen und Deutschen errichtet, seit 1347 beim Deutschen Orden, mit quadratischem Komturkernbau mit Dansker. Vorburg und 15 m langer Tortunnel, sowie der viereckige Hauptturm mit 3,50 m starken Mauern aus Kalkstein und Mantelmauer sind erhalten. Merkwürdigerweise zeigt auch die gegenüber auf dem linken Narowaufer errichtete russische Burg Iwangorod eine verwandte Quadratkernburg in weitem viereckigem Zwinger.

Strategische Bedeutung hatte in allen Jahrhunderten die auf dem Toompea hochgelegene Burg zu Reval[553]), auf der Stelle einer ehemaligen Estenburg Lindanisa erbaut. Es ist schwierig, aus den verschiedensten erhaltenen bedeutenden Befestigungsresten das Bild der mittelalterlichen Burg zu erkennen, die die Dänen nach der Eroberung 1219 begannen; — nach 1346 baute der Deutsche Orden das viereckige kennzeichnende deutsche Konventsgebäude mit Mittelhof in die alte Anlage, wohl unter Beibehaltung der bisherigen Massenverteilung und erweiterte und verstärkte die Burg durch Ringmauern und Türme. Ein Grundriß von 1828 gibt ein Bild der Raumverteilung, auch der der Vorburgflügel[553a]).

Pernaus Burglage[554]) zeigt auffällige Ähnlichkeit mit Reval, hier wie dort liegt das quadratische Konventshaus in länglich-viereckigen — hier sogar doppelten — Mantelmauern, die durch zahlreiche Ecktürme verstärkt waren.

Burg Neuhausen in Livland, 1342 unter dem Namen Frauenburg gegründet, war geschickt vor dem Zusammenfluß zweier Flüsse angelegt; Ausgrabungen der Ruine haben die Anlage geklärt[554a]). Erwähnenswert ist die Burgkapelle mit einer Mauerstärke bis zu 4 m (Abb. 613).

Ordensburgen auf der Insel Oesel waren die im 13. Jahrh. erbaute Burg Peude[555]), von der nur noch der Südflügel, die Kirche, erhalten ist, und die Soneburg (Sühneburg)[556]) aus dem 14. Jahrh., deren viereckige Grundform mit vier Türmen noch kenntlich ist.

Zusammenfassend ergibt sich, daß auch im baltischen Einflußgebiet des Deutschen Ritterordens die Bedingungen der verschiedenen Bauplätze maßgebend für die Gestaltung der Gesamtanlagen der Burgen sind.

Wohl sind quadratische Konventshäuser zahlreich, aber durchweg passen sich auch bei diesen die Außenwerke allen Unregelmäßigkeiten des Bodens an.

Zahlreich sind aber auch Burgen mit ganz frei gestalteten Grundrissen, von denen ich nochmals nenne: Bauske (um 1443 erbaut), zweiteilig mit Batterietürmen, Ermes als Viereck und die Bischofsburg Hapsal (1279 Sitz des Domkapitels Oesel-Wiek), längliche Burg mit Dom und sehr weiter Vorburg, an drei Seiten Ringmauern von vieleckiger Eiform, Marienhausen, ähnlich mit Mauertürmen, Rujen, weite eiförmige Ringmauer mit unregelmäßigen Einbauten und breitem Ringgraben an drei Seiten, Segewold, sehr unregelmäßig, Wolmar, auf Ausläufer und Treyden und Weißenstein (Abb. 616), mit freistehenden Bergfrieden in vielgegliederten weiten Burgberingen u. a. mehr.

---

[552]) Löwis of Menar: Burgenlex. S. 84ff.; Smlg. Ebh.; Löwis of Menar: Burgw. 1919, S. 36ff., Nr. 42, 43. — [553]) Löwis of Menar: Burgenlex. S. 95; Tuulse: Zur Baugesch. d. Talinner Burg; Nottbeck-Neumann: Gesch. d. Kunstd. d. Stadt Reval. — [553a]) Tuulse a. a. O. S. 32, Abb. 19. — [554]) Löwis of Menar: Burgenlex. S. 91f. — [554a]) Guleke: F. III, Taf. XXV, XXVa–d. — Löwis of Menar: Burgenlex. S. 86f. — [555]) Ebenda S. 92; derselbe: Burgw. 1901, Nr. 15, S. 139. — [556]) Löwis of Menar: Burgenlex. S. 115.

Die altlivländischen Beispiele zeigen also gleiche Bauart wie Ostpreußen, aber nicht streng durchgeführte Grundrißbildung. Auffallend sind die großen weiten Vorburgen, die geschickt das Gelände zur Verteidigung ausnützten und jeder Ordensburg — trotz mehr oder weniger eintönigem Grundriß der Konventshäuser — eine besondere Gestalt gaben.

Hohenstaufenburg Gelnhausen und die Marienkirche

Tafel 81

Die Burg in Nürnberg

Pfalzen, Reichs- und Hofburgen

Vor den Karolingern besaßen die Merovinger zahlreiche Pfalzen, im Gebiet des heutigen Frankreichs etwa 150, ihre Reste werden neben den dortigen großartigen späteren Burgen weniger beachtet.

Unter den deutschen Burgen nehmen die kaiserlichen Pfalzen, Reichsburgen und Hofburgen dagegen eine hervorragende Stellung ein. Erbaut vom 8. bis 13. Jahrh., wurden sie seit Karl dem Großen Schauplatz weltbewegender Ereignisse, so daß sich mit ihren oft in den Kaiserurkunden erwähnten Namen im Volksbewußtsein aller Glanz und alle Pracht des Reiches verbinden.[557])

Urkunden Karls des Großen bezeugen u.a. seine Anwesenheit in Ingelheim 774, in Nimwegen 777, in Aachen Weihnachten 788[557a]). Diese 3 Pfalzen gehören zur frühesten karolingischen Gruppe, ebenso die von Altötting[558]) mit der wohlerhaltenen Palastkapelle, die Moosburg[559]) und die Karnburg[560]) in Kärnten, die als Pfalzen Arnulf von Kärntens genannt werden.

Von Pfalzen fränkischer und hohenstaufischer Kaiser hören wir vom 11. Jahrh. ab. Auch sie waren Bauten, die neben Wohnzwecken der Prachtentfaltung eines kaiserlichen Hofes dienten, aber damit nicht immer wehrbauliche Sicherheit vereinigten. Naheliegend ist daher eine Teilung nach unbefestigten und befestigten Kaiserpfalzen.

Zur ersten Gruppe der unbefestigten frühen Pfalzen gehören:

Ingelheim, Aachen } aus karolingischer Zeit.
Goslar aus fränkischer, Seligenstadt aus hohenstaufischer } Zeit.

Die zweite Gruppe der befestigten Kaiserpfalzen beginnt mit Nimwegen, dem Kaiserswerth nahesteht. Die Bauzeiten fallen zusammen mit den Zeiten höchster Machtentfaltung der Karolinger, Salier und Hohenstaufen. Es werden folgende Zeiten angegeben:

Nimwegen, 777 karolingisch.
Kaiserswerth, 1011 salisch, dann hohenstaufisch.
Eger, 1061 und 1150—75 gräflich-vohburgisch, dann hohenstaufisch.
Hagenau, 1027—35 und 1153—64, salisch und hohenstaufisch.
Gelnhausen, 1190—1200, hohenstaufisch.
Kaiserslautern, 1152, karolingisch, salisch und hohenstaufisch.
Wimpfen, (1170?), 1218—24 hohenstaufisch.

Eine dritte Gruppe bilden die Reichsburgen[561]), die in Form und Bestimmung von den genannten abweichen. Sie werden nur willkürlich Kaiserpfalzen genannt. Viele

---

[557]) Neuerdings wurde in England, 4 km östlich von Salisbury, eine unbefestigte Pfalz ausgegraben, die einzige Pfalz, die wir in England kennen. Im Gegensatz zu den spärlichen deutschen Baunachrichten bieten die englischen Urkunden über Clarendon (Abb. 635) reiche Auskunft (siehe Pevsner: Burgw. 1937 S. 48—52). Der Umfang der gefundenen Reste beträgt 180·240 m. Die Baugruppe liegt auf gegen N. abfallender Fläche. Nachgewiesen sind locker nebeneinanderliegend von W. nach O.: Wohnräume, Küche mit Nebenräumen, daneben große dreischiffige Halle des 12. Jahrh. (95:62 Fuß), Königskammern, eine Antiochiakammer, südlich anstoßend ein Hof, daneben schön gepflasterte Räume, dann Garten der Königin usw. Eine Kapelle scheint noch nicht gefunden zu sein, eine solche ist 1237 über dem Antiochia-Zimmer erwähnt. — [557a]) Stephani: D. älteste deutsche Wohnbau u. s. Einrichtung Bd. II, S. 178ff., 195ff., 134ff. — [558]) Kunstd. v. Bayern, I. Oberbay., BA. Altötting L. 23, S. 2379ff. Außer der Zentralkapelle und einem 17000 qm großen Platz, unter dem sich bis jetzt keine Pfalzfundamente fanden, ist von der Karolingerpfalz nichts erhalten. — [559]) Kohla: Burgw. 1927, S. 3; Ginhart: Kunstd. Kärntens Bd. V, 2, S. 554f. — [560]) Ebenda S. 576ff. Man will nach neuesten Ausgrabungen, die noch fortgesetzt werden sollen, in der Kirche einen Teil der Pfalz erkennen. — [561]) Hotz: D. stauf. Reichsb. (Deutsches Volkst. Hamb., Okt. 1937, S. 713ff.).

waren kaiserliche Burgen, aber nach Bauplatz und Umfang zur Veranstaltung von Reichstagen, Versammlung der Volksführer oder zum dauernden Verweilen eines großen Hofstaates nicht geeignet. Reichsburgen sind:

Salzburg an der fränk. Saale, 790 zuerst genannt, karolingisch (?) und ottonisch.
Nürnberg, 1050 zuerst erwähnt, fränkisch, hohenstaufisch.
Trifels, 1081 zuerst erwähnt, salisch und hohenstaufisch.

Mit mehr oder weniger Berechtigung werden den Pfalzen Hofburgen großer Reichsfürsten oder hoher Reichsbeamten, namentlich der Staufenzeit, eine vierte Gruppe zur Seite gestellt:

Dankwarderode, 1150—70 (Heinrich d. Löwe).
Wartburg, 1080 (Landgr. v. Thüringen).
Münzenberg, 1166—74 (Hohenstaufische Ministerialen).
Büdingen (1131) (Hohenstaufische Ministerialen).
Vianden, 12. Jahrh., urkundlich erst 1248 (?) (Grafen von Vianden).
Wildenberg, um 1200 (Hohenstaufische Ministerialen).

Als wichtigste Bauteile der Kaiserpfalzen, Reichsburgen und Hofburgen wiederholen sich Pallas mit großem Saal und Kapelle, oft Doppelkapelle(!), nicht immer auch der Bergfried (Vianden, Trifels, Schwanenburg i. Kleve).

Eine frühe Kunde von dem, was dagegen die Zeitgenossen als zu einer Kaiserpfalz gehörig ansehen, gibt Eckhart nach dem Chartario Farnensi[562]). Er führt folgende Räume als notwendig auf:

1. Vorhof, das ist der Platz vor dem Palast.

2. Empfangsraum, das ist der Ort, der für die Begrüßungsförmlichkeiten bestimmt ist, neben dem größeren Hause gelegen.

3. Verhandlungsraum, das ist das „große, weite Haus" im Palast, wo die Streit- und Rechtssachen verhört und verhandelt wurden; das Konsistorium hat seinen Namen „Stehen", weil dort die Richter und Beamten stehen mußten, sooft sie Rechtshändel anhörten und entschieden.

4. Speisesaal, das ist das für die Gastmähler bestimmte Haus, worin drei Reihen Tische stehen, und nach den drei Chören, d. h. drei Reihen der Speisenden seinen Namen hat.

5. Winterräume, das sind die für den Winter sich eignenden Zimmer.

6. Der Ruhesaal, das ist das Haus, worin Weihrauch und Gewürze ins Feuer gelegt werden, damit sich die Herrschaften an mannigfachem Duft erfrischten, wenn sie sich eben in diesem Hause in „wiederholter" Reihenfolge niedersetzten.

7. Bäder, das ist der Ort für die warmen Bäder.

8. Gymnasium, das ist der Ort für die Disputationen und verschiedene Arten von Übungen.

9. Küche, das ist das Haus, wo die Zukost und Speisen gekocht werden.

10. Kloake, das ist der Ort, wo das Wasser hineinfließt.

11. Reitbahn, das ist der fürs Reiten bestimmte Platz im Palast.

Es fehlt in der Liste also ein Bau, der in erster Linie Wehrbau war wie der Bergfried.

Folgende Übersicht gibt Namen, Bauzeit bzw. erste Erwähnung, Länge und Breite des Saalbaues, Lage der Kapelle und Quellen zu diesen Angaben[563]).

---

[562]) Ebh.: D. B. Bd. I, S. 95. — [563]) Nur die angegebenen Quellen sind benutzt.

Entstehungszeit und Maße der Saalbauten und Lage der Kapelle

Name	Zeit	Länge	Breite	Lage der Kapelle	Quellen
		des Saalbaues			
Aachen	um 800			Münster, südlich vom Hauptgebäude (Zentralbau)	1. Stephani: Bd. II, S. 134ff.
Ingelheim	787 (?)	29,13	14,55	Zu ebener Erde, östlich vom Saal. Zwischen Saal und Kirche weiter Hofraum	1. Zeller: Forsch. an karoling. Bauten i. Rheingau u. i. Rheinhessen. 1., 2. Heft. Berlin 1935/36. 2. Rauch: D. Königspf. Karls d. Gr. zu Ingelheim. 3. Stephani: Bd. II, S. 178ff. 4. v. Cohausen: Palast Karls d. Gr. S. 5.
Goslar	1190 bis 1197	49,00	17,50	Nördlich vom Saal die Liebfrauenkirche, doppelgeschossig, 1034—1038. Südlich vom Saal die Ulrichskapelle, doppelgeschossig, 1106—1125 (Zentralbau)	1. U. Hölscher: D. Kaiserpf. Goslar. 1927. 2. Stephani: Bd. II, S. 429ff. 3. Kunstd. d. Prov. Hannover Reg.-Bez. Hildesheim S. 14. 4. v. d. Gabelentz: Burgwart 1936, S. 34. 5. Essenwein-Stiehl: Hdb. d. Archit. II, 4, II, S. 69. 6. U. Hölscher: Burgwart 1936.
Seligenstadt	Anfang des 13. Jh.	46,00	13,00	Fraglich	1. Kunstd. Ghz. Hessen, Prov. Starkenburg ,Krs. Offenbach, S. 211 ff. 2. v. d. Gabelentz: Burgwart 1936, S. 34.
Nimwegen	777 (12. Jh.)	43,00	9,00	In Nordwestecke, klein, 16eckig (Zentralbau)	1. Stephani: Bd. II, S. 194ff. 2. Plath: Het Valkhof to Nijmegen.
Kaiserswerth	1184 (?)	50,40	17,30	Fraglich	1. Bau- u. Kunstd. d. Rheinpr. Bd. III, S. 130. 2. Heck: Gesch. v. Kaiserswerth. 3. Kelleter: Urkdb. d. Stiftes Kaiserswerth.
Eger	1180 bis 1190	24,50	9,80	Doppelkapelle, freistehend, südlich des Ostteils des Pallasbaues	1. Schürer: D. Kaiserpf. Eger. 2. Schürer: Gesch. v. Burg u. Pfalz Eger. 3. Jonas: Bericht über Ausgrab. auf d. Kaiserburg z. Eger i. J. 1911. 4. Winter: Dankwarderode, S. 70. 5. Prokop: Markgrafschaft Mähren Bd. I, S. 61.
Hagenau	1152 (1153)			Mitten in der Burg, dreigeschossig (Zentralbau)	1. Ebhardt: Burg d. Els. (Vortr.). 2. Wolff: Els. Burgenlex. S. 98ff. 3. Hanauer: La Burg Imp. 4. Witte: Ursprg. v. Burg u. Stadt Hagenau. 5. Guerber: Hist. polit. et relig. de Haguenau. Tome I.
Kaiserslautern	1153 (?)			Doppelkapelle, quer zum Saalbau	1. Bremer: Die Ausgrab. an der Barbarossapfalz zu Kaiserslautern. 1937. 2. Schürer: D. Kaiserpf. Eger, S. 10. 3. Baud. Pfalz Bd. I, S. 32f. 4. Wenzel: D. Wehrbau i. Reg.-Bez. Kassel. Diss.

Abb. 619. Burg Trifels i. d. Pfalz, Kapellent., Saalbaur., Brunnent., Vorburgr., Grdr. 1:500. B. E. 1938.
(Weiteres Planmaterial in Bodo Ebhardt: Burg Trifels. Untersuchungen zur Baugeschichte. Burgverlag Marksburg ob Braubach a. Rhein 1938).

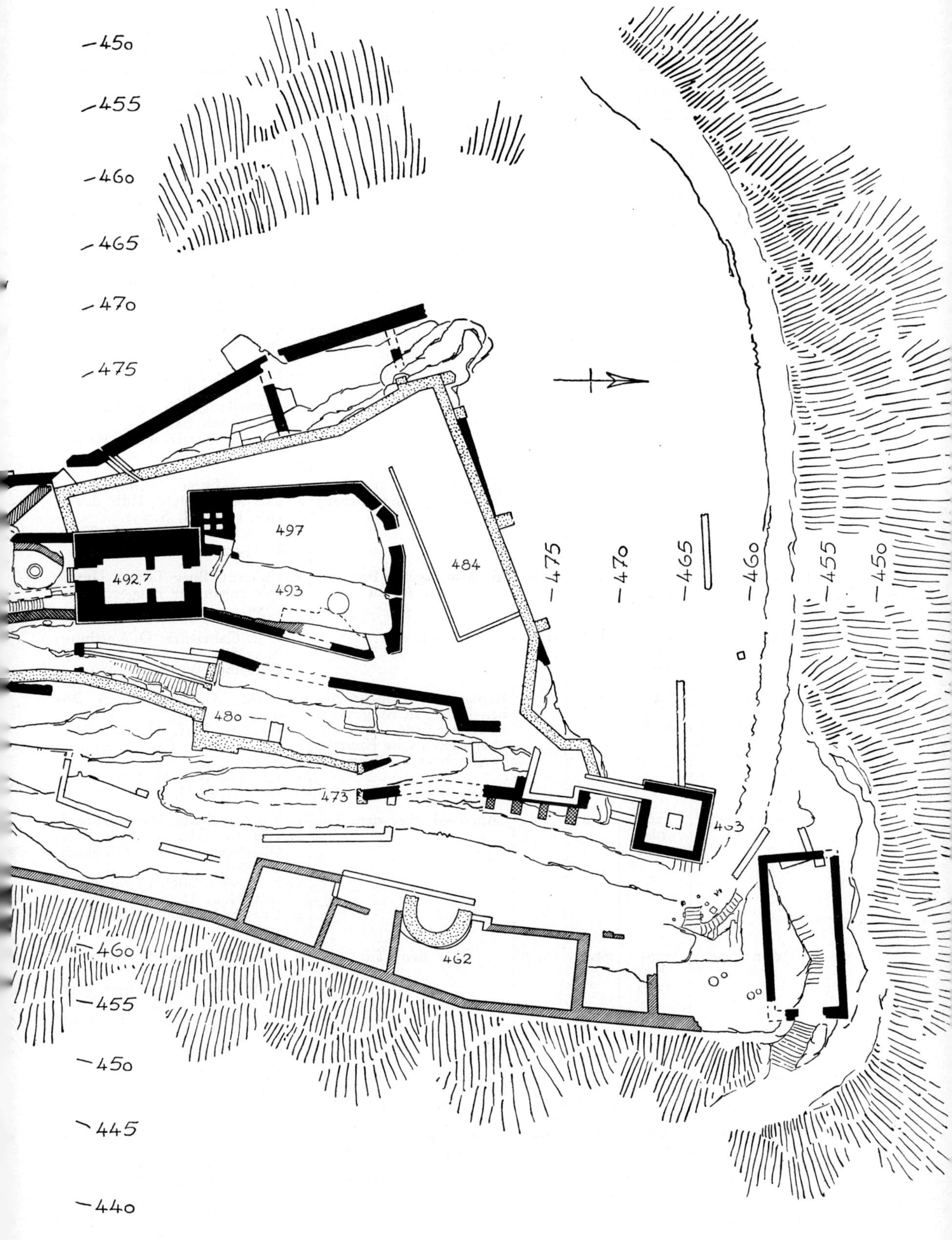

-450
-455
-460
-465
-470
-475
497
492,7
493
484
480
473
463
462
-475
-470
-465
-460
-455
-450
-460
-455
-450
-445
-440

Entstehungszeit und Maße der Saalbauten und Lage der Kapelle

Name	Zeit	Länge	Breite	Lage der Kapelle	Quellen
		des Saalbaues			
Gelnhausen	1190 bis 1200	27,50	12,50	Unbekannt. Über dem Tor??	1. Bau= u. Kunstd. Reg.=Bez. Kassel Bd. I, S. 3ff., 15ff. 2. Essenwein=Stiehl: Hdb. d. Archit. II, 4, II, S. 73f. 3. Wenzel: D. Wehrb. i. Reg.=Bez. Kassel. Diss. S. 30. 4. v. d. Gabelentz: Burgwart 1936, S. 34.
Wimpfen	um 1180 (?)			Östlich neben Saal	1. Kunstd. Ghz. Hessen, Prov. Starkenburg, Wimpfen, S. 130. 2. Kautzsch: Kunstd. i. Wimpfen a. Neckar S. 10f. 3. Anthes: Burgwart 1917.
Salzburg	romanisch (hohenstauf.)	35,00	16,00	Unbekannt	1. Ebhardt: Deutsche Burgen Bd. I, S. 80ff. 2. Schnell: Gesch. d. Salzburg a. d. Fränk. Saale. 3. v. Salzburg: D. uralte Kaiserburg b. Neustadt a. d. Saale.
Nürnberg	12. Jh.			Doppelkapelle am Saal (Turm ist gleich Chorbau)	1. Hampe=Lutze: Nürnberg. 2. Essenwein=Stiehl: Hdb. d. Archit. II, 4, II, S. 337. 3. Schürer: D. Kaiserpf. Eger, S. 94.
Trifels	vor 1194	21,00	16,00	Am Saal, eigener Bau, vor 1174 erbaut	1. Ebhardt: Burg Trifels. Untersuchungen zur Baugeschichte. 1938.
Wartburg	1172 bis 1190	36,00	12,00	Unsicher	1. v. d. Gabelentz: D. Wartburg, S. 23ff. 2. Derselbe: Burgwart 1936.
Büdingen	Mitte des 12. Jh.	23,50	7,20	Romanische Kapelle neben Pallas, an Ringmauer zu ebener Erde, im 15. Jh. über romanische Kapelle, noch eine erbaut	1. Faust: Das Schloß in Büdingen. 2. Kunstd. Ghz. Hessen, Prov. Oberhessen, Krs. Büdingen, S. 51. 3. Essenwein=Stiehl: Hdb. d. Archit. II, 4, II, S. 26.
Münzenberg	1166 bis 1174	13,00	8,00	Am Saal über dem Tor	1. v. d. Gabelentz: Burgwart 1936. 2. Kunstd. Ghz. Hessen, Prov. Oberhessen, Krs. Friedberg, S. 168ff. 3. Essenwein=Stiehl: Hdb. d. Archit. II, 4, II, S. 26. 4. Faust: D. Schloß i. Büdingen. 1928.
Wildenberg	1235 bis 1240	25,00	13,00	Über dem Tor	1. Ebhardt: Deutsche Burgen Bd. I, S. 31. 2. Hotz: Burg Wildenberg. Herausgeg. v. Droop. S. 41ff. 3. Derselbe: in Deutsche Kunst und Denkmalpflege 1936 Heft 9.
Vianden		30,00	10,00	Doppelkapelle im Südosten neben kleinem Pallas (Zentralbau)	1. Ebhardt: Deutsche Burgen Bd. II, S. 474ff.
Dankwarderode	um 1175	42,00	15,00	Doppelkapelle, weit nach Osten vorgeschoben	1. Winter: Burg Dankwarderode, S. 3ff. 2. Essenwein=Stiehl: Hdb. d. Archit. II, 4, II, S. 67.

Versuchen wir, allgemeingültige Kennzeichen der Kaiserpfalzen durch vergleichende Betrachtung zu finden.

Die Aachener Kaiserpfalz[564]) ist bis auf die Palastkapelle Karls, den heutigen Aache= ner Dom, nur in Grundmauern erhalten, die unter Benutzung merowingischer Baustücke aufgeführt wurden![565]) Im Rathaus finden sich Reste des Kaisersaales. Kaiserliche Emp= fangs= und Wohnbauten nahmen daneben — nach römischer Art regelmäßig angeordnet — weiten Raum um rechtwinklige Höfe ein. So lag östlich der Kapelle wahrscheinlich die

Abb. 620. Das Palatium u. Rathaus zu Aachen, n. Stich i. Merians Topogr. Westf.

[564]) Krieg v. Hochfelden: Gesch. d. Milit. Archit. S. 191 ff.; Stephani: Bd. II, S. 134 ff.; Essen= wein=Stiehl: II. 4, II, S. 15; Huyskens: Burgw. 1928, S. 7 ff.; Nordhoff: Holz= u. Steinbau Westf. S. 154. — [565]) Im Grundriß und Aufbau Ähnlichkeit mit der Aachener Pfalzkapelle weist die von Altötting auf (877 erbaut), doch fehlt der doppelgeschossige Umgang, dafür zeigt Altötting im Innern hinter den Achteckseiten halbkreisförmige Nischen. Dieselben Nischen hat auch die im 10. Jahrh. erbaute Marienkapelle in Mettlach. Vgl. Kunstd. v. Bay. I. Oberbay., BA. Altötting, L. 23, S. 2395 ff.

domus pontificis, die außer der Wohnung des obersten Hofgeistlichen einen großen Saal gehabt haben muß, da 817 und 836 dort Synoden abgehalten wurden.

Die Aachener Pfalz war von schwachen Mauern umgeben. Als mittelalterlicher Wehrbau ist solch höfischer Prachtbau nicht anzusehen (Abb. 620). Zur Zeit seiner Errichtung bedurfte es keiner Burgmauern, um Kaiser und Paladine zu schützen. Steter örtlicher Wechsel der Hofhaltung verhinderte auch, daß feindliche Besitzergreifung solcher kaiserlichen Pfalz entscheidenden Eindruck auf die Machtlage des Herrschers ausübte.

Die gegen Burgbauten schwachen Mauern konnten aber die Jahrhunderte in einer Stadt mit ewig umtreibender und wachsender Bevölkerung nicht überdauern. Deshalb ist heute wenig Sicheres über die ehemalige Pfalz zu sagen.

Wie Aachens Reste, zeigt nach neuesten Ausgrabungen auch Ingelheim, daß die Kaiserpfalz kein Wehrbau war. Die Karolingerbauten waren schlechthin unbefestigt, schon der flache Bauplatz hier war nicht wehrbaulich gewählt. Maßgebend war wohl die warme, schöne Lage in fruchtbarster Gegend, wichtig der reiche, gesunde ober- und unterirdische Wasserzustrom, der heute unterirdisch noch lebendig ist. Bei Ansammlung vieler Menschen, z. B. in großen Klöstern, wurde mit Vorliebe eine Lage gewählt, in der ein fließendes Wasser zur Fortspülung allen Unrats stets wirksam war[566]) (Abb. 621).

Ingelheim wurde nach Zellerschen Forschungen[567]) in deutlicher Anlehnung und unter Benutzung römischer Vorbilder und Reste zunächst von den Merowingern für die Bedürfnisse von Hofhaltung und Kirche verwandt. Die Karolinger erneuerten die Anlage vollständig im Gesamtplan höchst großzügig um drei regelmäßige Höfe, wahrscheinlich schon zur Zeit Karls d. Gr. von einem Graben umgeben[568]) (Abb. 622). Die Hauptachse zeigt von Osten nach Westen. An den Südwest- (kleineren) Hof hat der Architekt Karls den 14,55 m breiten und 29,13 m langen (man beachte das Maß!) „Reichssaal" gelegt, auf die Ostseite eine fünfschiffige (?) Kirche von 30:25 m. Saal, Hof mit Säulengängen und Kirche bildeten öffentliche Versammlungs- und Prachträume. An der Nordseite des größeren Hofes lagen weitläufige Wohnflügel, um den halbrunden Vorhof Verwaltungsräume.

Spätere Zeiten brachten zwei Umbauten der karolingischen Pfalz. Nach etwa 400 Jahren errichtete Friedrich Rotbart über ihrer inzwischen verfallenen oder zerstörten Basilika eine romanische Kirche. Auch einen Teil der Stadtmauern dürfte er aufgeführt haben. Unter den Hohenstaufen, besonders unter Friedrich Barbarossa, muß Ingelheim sowohl wie Nimwegen verstärkte Wehranlagen erhalten haben, denn Rahewin, Notar des Bischofs Otto von Freising, der die Chronik „de gestibus Friderici imperatoris"[569]) ab 1156 fortsetzte, berichtet, daß die Pfalzen Nimwegen und Ingelheim „opera quidem fortissima" waren und daß Barbarossa sie aufs schicklichste wiederherstellen ließ „quam vetustate fessa decentissime reparavit". Noch später wurde der Mauerring an der Südseite erweitert, als aus der kaiserlichen Prunkstätte eine feste Kleinstadt wurde.

Zu den nichtbefestigten Pfalzen gehört auch die der salischen Kaiser zu Goslar[570]) (Abb. 623). Die früheste Erwähnung stammt von 922.

Von der Peter und Paul 1289 abgebrannten Pfalz ist nur das sogenannte Kaiserhaus noch erhalten, dessen Kern die Versammlungshalle bildet. Nach Norden schließt sich ein

---

[566]) Siehe die Klöster Heilbronn, Maulbronn, Val d'or in Frankreich u. a. — [567]) Zeller: Forsch. an karoling. Baut. i. Rheingau u. i. Rheinh. Heft 2, S. 62. — [568]) Ebenda Heft 1 u. 2; v. Cohausen: Palast Karls d. Gr., S. 5; Krieg v. Hochfelden: S. 195ff.; Rauch: D. Königspfalz Karl d. Gr. zu Ingelheim a. Rh. S. 12f. — [569]) Plath: Het Valkhof te Nijmegen, S. 101. — [570]) Kunstd. d. Prov. Hannover, Reg.-Bez. Hildesheim, S. 22ff.; Hölscher: Burgw. 1936, S. 10ff.; derselbe: Die Kaiserpfalz Goslar; v. d. Gabelentz: Burgw. 1936, S. 33ff.; Hotzen: Kaiserh. zu Goslar (Vortrag).

Die Salzburg an der fränkischen Saale, von Süden. Nach einem Aquarell von Richter=Rheinberg 1899

Die Salzburg an der fränkischen Saale, die Münze

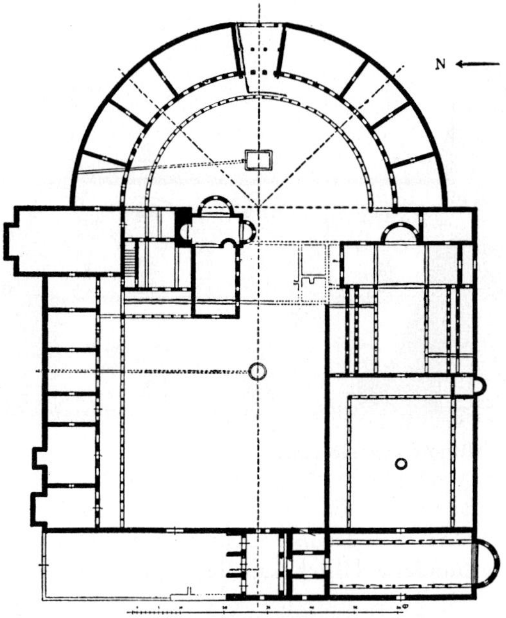

Abb. 621. Karol. Königspfalz Ingelheim, Grdr. 1:1250 auf Grund d. Ausgr. hergest. u. ergänzt v. Rauch.

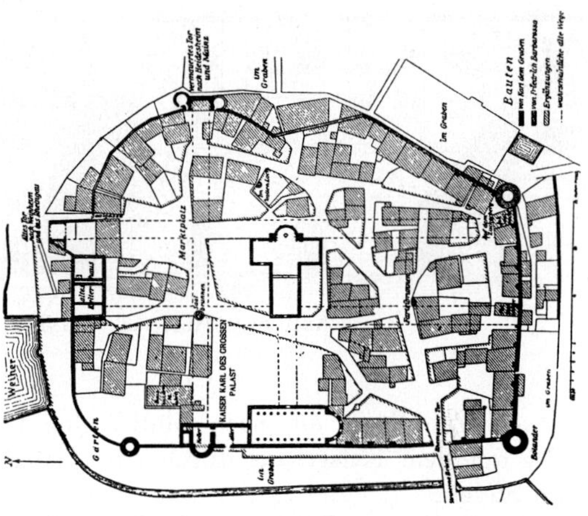

Abb. 622. Karoling. Königspfalz u. Stadt Ingelheim, Lgpl. 1:3000, n. v. Cohausen aus Zeller, Karol. Forsch.

Abb. 623. Die Kaiserpf. Goslar, Ans. um 1230, n. Rekonstruktionsvers. v. Hölscher.

Abb. 624. Kaiserpf. Goslar, n. Mithoff aus Hölscher.

neuer Wohnflügel an, nach Süden eine Durchfahrt mit darüber befindlichem Raum. Die mit dem Kaiserhaus durch eine Galerie verbundene Ulrichskapelle steht ebenfalls im Süden.

Der Saalbau im Obergeschoß öffnet sich nach der Sonnenseite durch große Rundbogen und war gegen die Wetterseite und die beiden Stirnseiten durch geschlossene Mauern oder Anbauten geschützt. Das Untergeschoß ist heute in sieben Räume geteilt, bildete ehemals wahrscheinlich auch nur eine große Halle mit Holzdecken (Abb. 624, 625).

Außer der erhaltenen zentralen doppelgeschossigen Ulrichskapelle fanden sich im Osten des Nordflügels des Kaiserhauses Fundamente der ebenfalls doppelgeschossigen, aber quadratischen Liebfrauenkirche, 1034—38 erbaut.

Von der schönen Ruine der unbefestigten Pfalz Seligenstadt endlich[571]) (Tafel 78 sind am erhöhten Mainufer langgestreckte Keller- und Erdgeschoßmauern aus großen, glatten Quadern erhalten, nach deren spätromanischen Formen der Bau in das beginnende 13. Jahrh. gesetzt wird. Der Saal zeigt 13 m Breite und (einst geteilt) 46 m Länge. Befestigungen sind nicht nachweisbar, später scheint Anschluß an die Stadtmauer gesucht zu sein. Gegenüber den mächtigen offenen Bogen des Goslarer Saales und seinen frühen, strengen Formen zeigt Seligenstadt mit schön gebildeten kleinen Fenstern den Versuch, wohnlichere, gegen die Witterung fester abschließbarere Räume zu schaffen. Alle späteren Pfalzsäle zeigen kleinere Öffnungen[572]) und reichere Gestaltung, ja eine freundlichere,

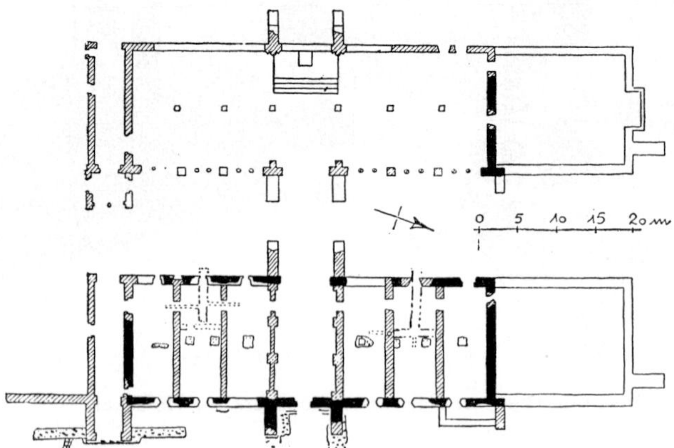

Abb. 625. Kaiserpf. Goslar, schwarz=ält. Reste, Grdr. Ober= u. Erdgesch. 1:1000, n. Hölscher.

[571]) Kunstd. Ghz. Hessen, Pr. Starkenb., Kr. Offenbach, S. 211 ff. Näheres über den Bauherrn siehe ebenda; Bruhns: Hohenstaufenschlösser, S. 9, 46f. — [572]) Ganz besonders kleine Öffnungen hat der Büdinger Pallas.

lebensfrohe Stimmung in den köstlich geschmückten romanischen Säulen, Fenstern und Türen der Hohenstaufenzeit[573]).

Diese vier nicht wehrhaften Saalbauten sind Vorläufer und Zeitgenossen befestigter Kaiserpfalzen, von denen die ältesten burglichen Nimwegen und Kaiserswerth sind. Beide gehören zu den erlauchtesten Erinnerungsstätten deutscher Herrscherschicksale aus größter Zeit des Reiches.

Die große Macht Karls, sein starker Hofstaat, bedurfte weitläufiger Wohn=, Empfangs= und Verwaltungsräume. Selbst in Nimwegen[574]) (Abb. 626) — in burglich sicherer Lage —, in starken römischen Mauern errichtet, zeigt der in altem Plan noch vorhandene Grundriß, daß die breite Offenheit regelmäßiger Höfe in erster Linie den Anforderungen großartiger Wohn= und Empfangsgelegenheiten Rechnung tragen sollte. Von Karl d. Gr. angefangen, der hier 777 seinen 35. Geburtstag feierte, beherbergte Nimwegen viele deutsche Kaiser und Fürsten.

Verglichen mit dem Ingelheimer Grundriß, ist der karolingische Gesamtplan Nimwegens ausgesprochen römisch beeinflußt, indem der Baumeister in das Rechteck des Römerkastells ein Kreuz mit ungleich langen Armen hineinpaßte. Der Nordarm umfaßte königliche Wohnung und Speisesaal, der Ostarm die Küche, der Südarm den Reichssaal, der Westarm den späteren „Riesenturm" und die Pfalzkapelle.

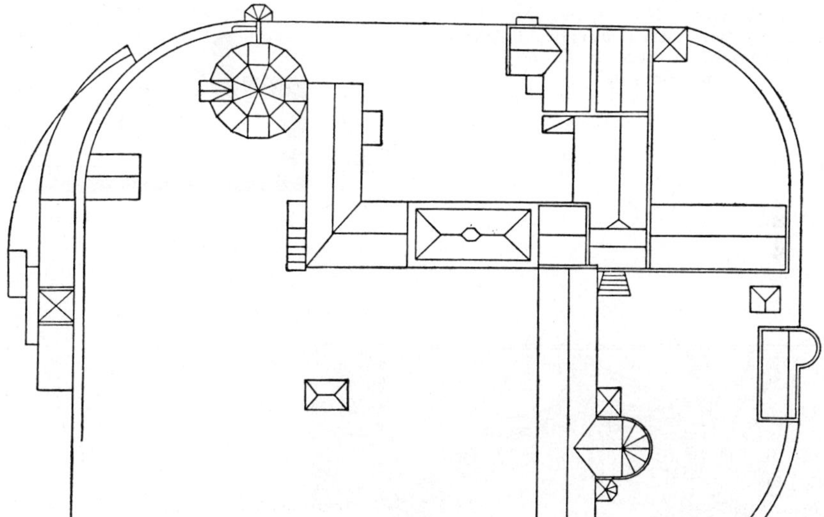

Abb. 626. Kaiserpf. Nimwegen, Grdr. etwa 1:1000. B. E. n. Pl. v. 1725 gefunden v. Plath.

[573]) Prokop: D. Markgrafsch. Mähren Bd. I, S. 61f. Übersicht Fenstergliederung. — [574]) Plath: Het Valkhof te Nijmegen; Derselbe: Burgw. 1908/09, S. 110ff.; Stephani: Bd. II, S. 194ff.; Werner: Geldersche Kastellen Bd. II, S. 157ff.; Wolf: Belg. u. Holl. S. 169ff.; van Nidek= Le Long: Kab. v. Nederl. en Kleef. Oudh. VI, S. 224ff.; Hoefer: Burgw. 1908/09, S. 80ff.

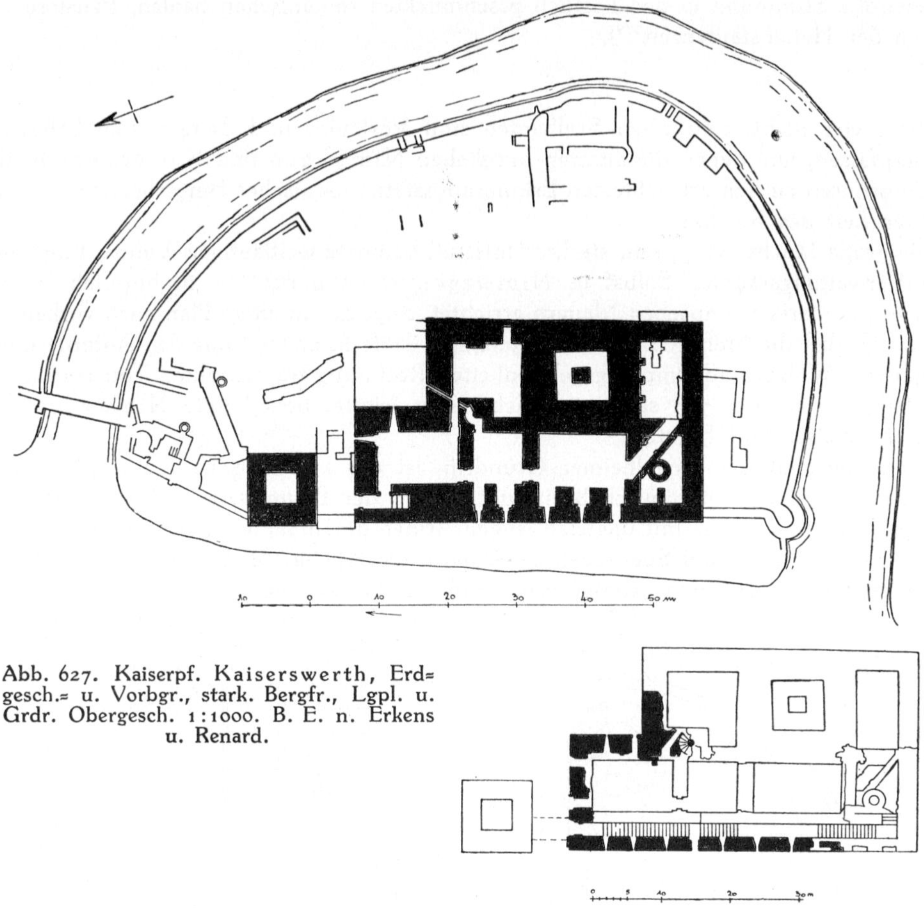

Abb. 627. Kaiserpf. Kaiserswerth, Erd=gesch.= u. Vorbgr., stark. Bergfr., Lgpl. u. Grdr. Obergesch. 1:1000. B. E. n. Erkens u. Renard.

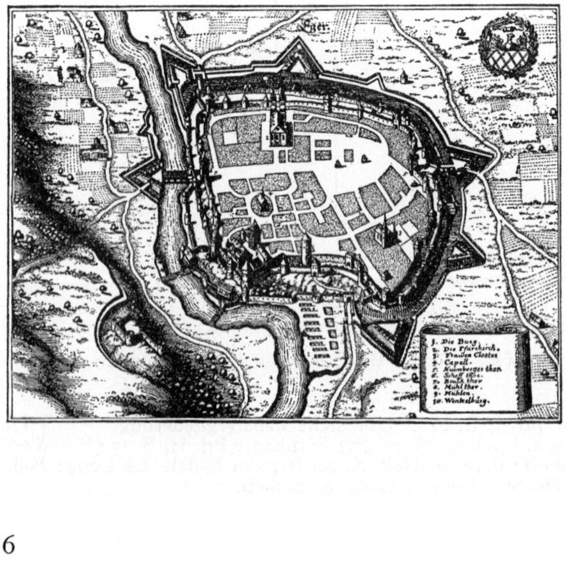

Abb. 628. Kaiserpf. u. Stadt Eger, n. Merians Topogr. Bohemiae 1650.

Bodo Ebhardt
3.3.36 Kaiserswerth.

Tafel XXIV Pfalz Kaiserswerth am Rhein

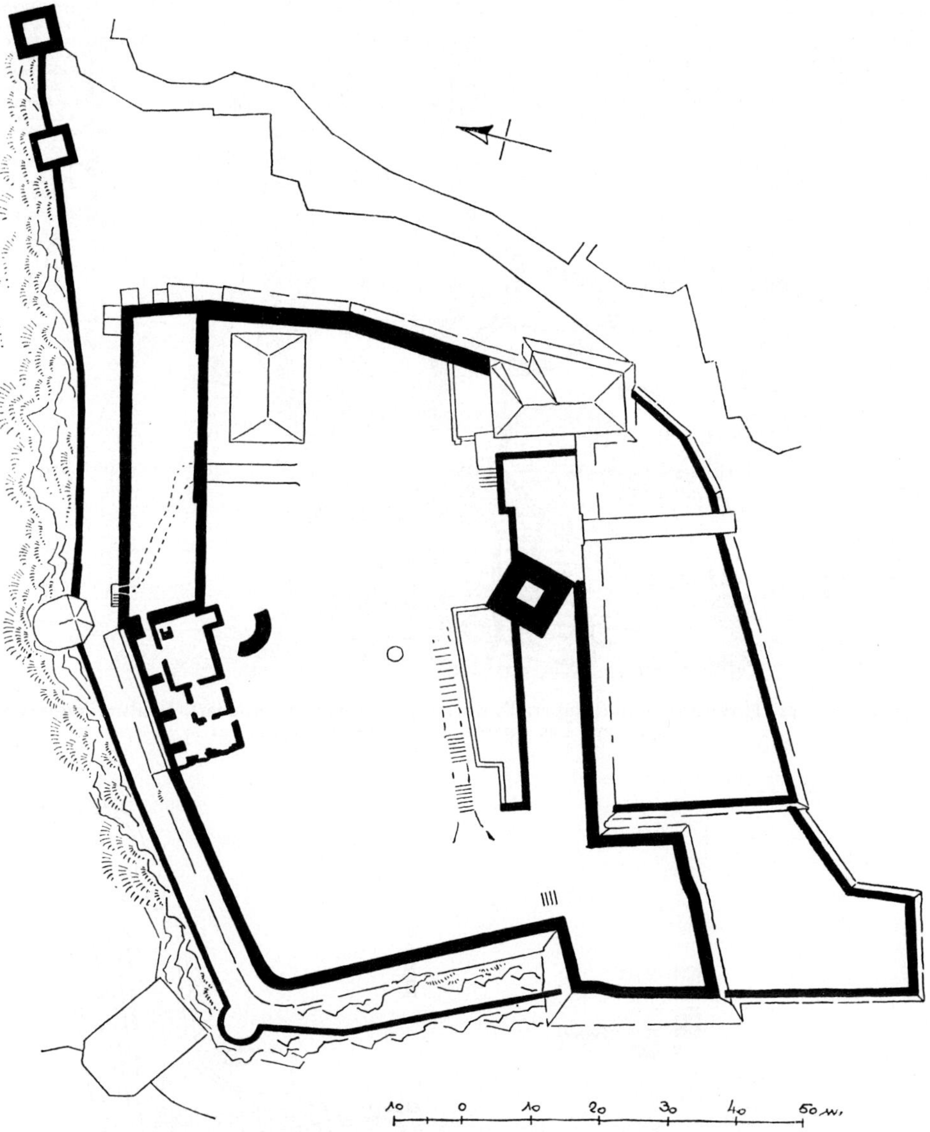

Abb. 629. Kaiserpf. Eger, Bergfr. a. Tor, Pallas NW=Ecke, spät. Bast., Grdr. 1:1000. B. E. n. Schürer.

Viel malerischer wirkt der Aufbau in den schönen Stichen von H. Hoogers (1747—1814), die dieser 1784 vor dem Abbruch anfertigte.

Völlig widerspruchsvoll in dem breit geplanten Grundriß liegt der unvergleichliche Riesenturm, der Bergfried oder Wohnturm, von 17 m Länge und 9 m Breite. Er stammt vielleicht aus der Zeit Barbarossas, der 1155 hier weilte. Von allen Bauten nimmt der von Barbarossa errichtete, 43 m lange und 9 m breite Reichssaal die erste Stelle ein. Leider fiel auch er dem unverständlichen Abbruch im 18. Jahrh. zum Opfer.

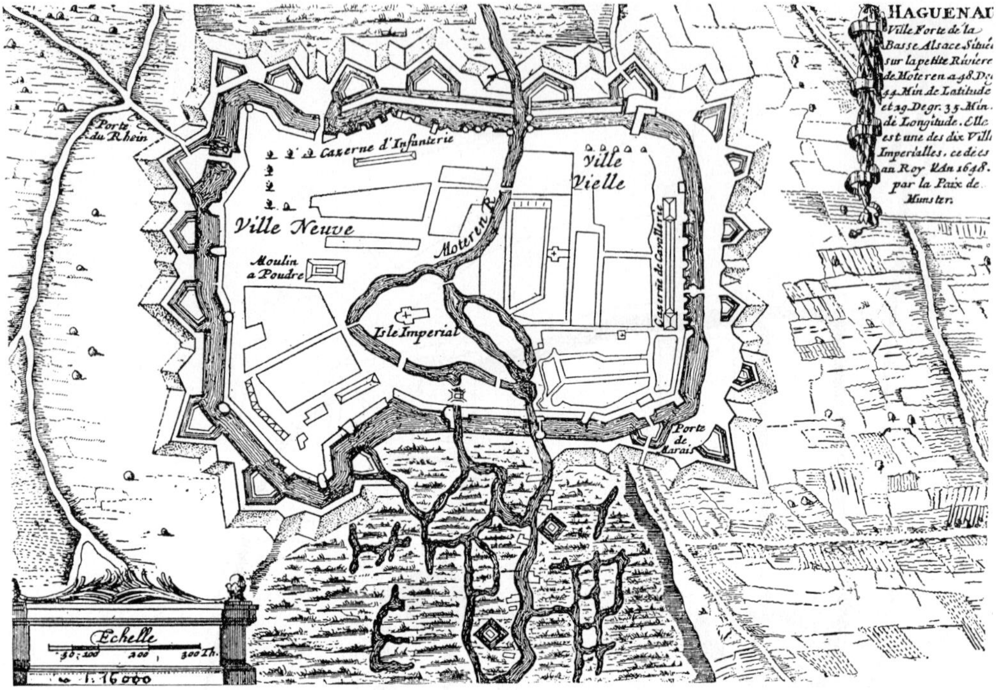

Abb. 630. Kaiserpf. Hagenau, ‚Isle Imperial', durch 3 Moderarme gesichert, Stadtm. mittelalterl., Lgpl. aus Las Fuercas de la Europas 1700.

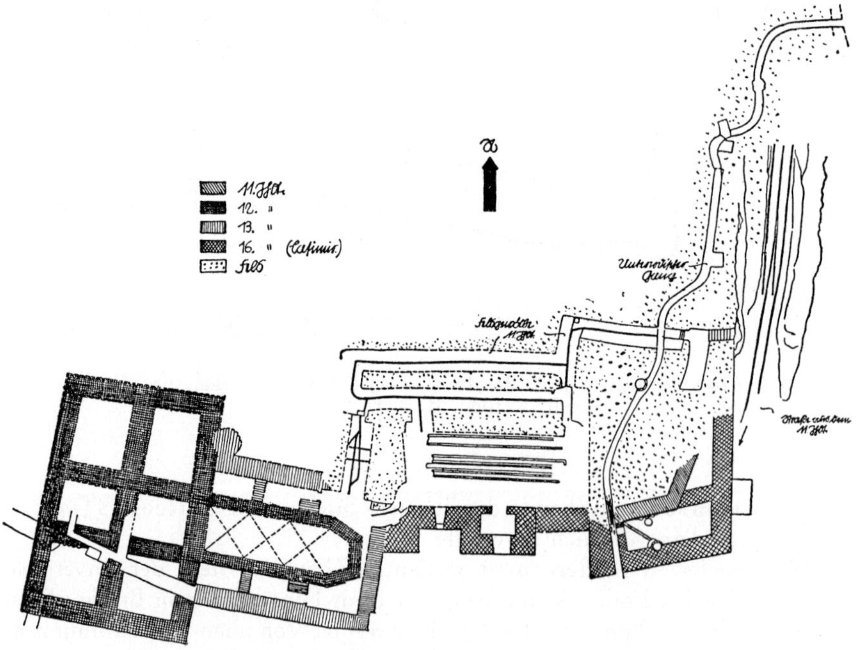

Abb. 631. Kaiserpf. Kaiserslautern, rätselh. Pallas u. Kap., Grdr. n. Grab. v. Graf aus Bremer.

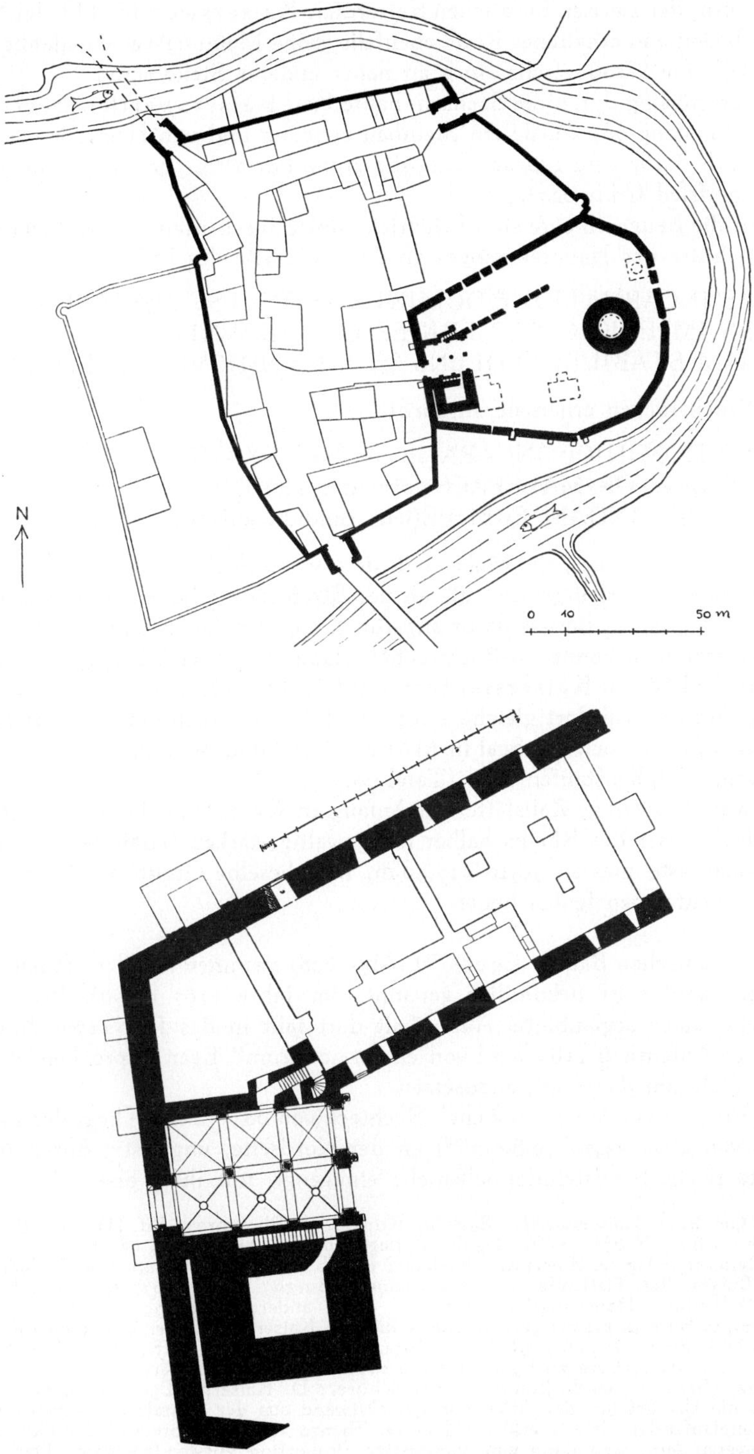

Abb. 632. Die Pfalz Gelnhausen, Kernbg. u. Vorbg., v. d. Kinzig umfl., erh. Pallas= u. Turmr., Lgpl. 1:2000, Grdr. 1:500. B. E. n. Katasterpl. u. n. Bickell.

Über die Form der zweiten burglichen Kaiserpfalz Kaiserswerth[575]) (Tafel XXIV) bestehen trotz bedeutend erhaltener Reste ebenfalls große Meinungsverschiedenheiten. Man nimmt an, daß eine karolingische Burg an naher anderer Stelle stand.

778, nach Zerstörung durch die Sachsen, baute Karl Kaiserswerth neu auf. Nach der Normannenzerstörung 864 wurde ein Steinbau errichtet und von Heinrich III. erweitert. Erst Friedrich Barbarossa gab der Burg die große Form[576]). Er erbaute auch wohl den gewaltigen Bergfried (Abb. 627).

Wichtig für die Baugeschichte sind Friedrichs stolze Inschriften, die beide das Jahr 1184 nennen. Am Sturz des Haupteinganges an der Nordseite des Pallas:

„ANNO AB INCARNATIONE DOMINI NOSTRI IESV CHRISTI MCLXXXIIII HOC DECVS IMPERIO CESAR FRIDERICVS ADAVXIT",
„IVSTICIAM STABILIRE VOLENS ET VT VNDIQVE PAX SIT",

und die in Bruchstücken erhaltene Inschrift:

„AB ANNO DOMINICE INCARN(ationis MCLXXXIIII)"
„IVSTICIE CVLTOR MALEFAC(ti providus ultor)"
„CESAR ADORNANDAM FREDER(icus condidit aulam)."[577])

Die hohe Lage des Saales, die Meisner in dem vortrefflichen Stich von 1650 gibt, der auch hohe Türme und Mauern und die an der Stromseite erhaltenen Fenster der mächtigen Treppe zeigt, ist als Beweis dafür angeführt, daß der dargestellte Bau nicht von den Hohenstaufen stammen könne. Mit Unrecht! Haben wir doch auch in einer Zeichnung von 1740, die die Pfalz zu Kaiserslautern mit hochliegenden, romanischen Saalfenstern darstellt, den Beweis, daß dort gleiche Lage gewählt war. Auch der Wartburgsaal liegt im Dachgeschoß, hoch auch der Saal in Münzenberg und Nürnberg. Kaiserswerth behält also seinen Hohenstaufenruhm (Tafel 79).

Die Pfalz war als wichtige Zollstätte von Anfang an Wehrbau, daher und der Bedrohung durch die Hochwasser des Rheins halber die gewaltig starken Basaltmauern[578]). Die erhaltenen Saalbaureste messen 50,40×17,30 m, fast dieselbe Größe wie Goslar. Schöne, romanische Kunstformen fehlen heute.

Auch die romanischen Bauten Egers[579]) (Abb. 628) stammen aus der Hohenstaufenzeit. Der Ort Eger wird 1061 urkundlich genannt. Im Jahre 1167 erwarb Friedrich I. das Egerland, sein erster beglaubigter Aufenthalt dort fällt in das Jahr 1179. Aber erst bei seinem zweiten Aufenthalt 1183 wird von einem „castrum" Eger gesprochen; demnach ist der Bau der Pfalz um diese Zeit anzusetzen.

Im Burgbering — einem verschobenen Rechteck von 98×72 m — liegt der zweistöckige Pfalzsaalbau von etwa 24,50×9,80 m[580]) an der Nordseite, ungünstig durch die südlich davorgestellte reiche Sandsteindoppelkapelle eingeengt, mit ihrer oberen Kapelle durch

[575]) Heck: Gesch. v. Kaiserswerth; Bau- u. Kunstd. d. Rheinprov. Bd. III, Düsseldorf, S. 130; Clemen: Burgw. 1901, S. 67f., 73ff.; Denkmalpflege 1903, S. 51, 68, 82, 98; Krieg v. Hochfelden: S. 183, 312; Deiters: Belag. v. Kaisersw.; Kelleter: Urkdb. d. Stiftes Kaisersw. — [576]) Siehe „Burgenarten" und „Burgen des Tieflandes". — [577]) Clemen: Burgw. 1901, S. 67; derselbe: Kaiserswerth. Unters. — [578]) Bruhns: Hohenstaufenschlösser S. 5, ist anderer Meinung. — [579]) Siehe vor allem Schürer: Gesch. v. Burg u. Pfalz Eger, und derselbe: D. Kaiserpfalz Eger. Vgl. auch die älteren Arbeiten, die durch Schürer überholt sind: Piper: Österr. Burg. Bd. II, S. 42ff.; Jonas: Bericht über Ausgrabungsarb. auf d. Kaiserburg zu Eger im Jahre 1911; Winter: Dankwarderode S. 70; Grueber: D. Kaiserb. z. Eger (Beitr. z. Gesch. Böhm.). — [580]) Schürer: D. Kaiserpf. Eger S. 29, 81; Schürer legt dar, daß man die Verrückung der Arkade in der Ostwand aus der Mittelachse gegen Norden nicht mit einer entlanglaufenden Galerie erklären könnte. Ebenso könnte im Süden keine Galerie dem Saal vorgelagert gewesen sein, weil dann eine ungünstige Proportion entstanden wäre. Der Saal mußte also die ganze Geschoßtiefe 24,5 : 9,8 m eingenommen haben. Nach Prokop: Bd. I, S. 61 (25×11,10 m); nach Piper: Österr. Burg. Bd. II, S. 44 (9 m Breite).

Burgruine Trifels bei Anweiler in der Pfalz, von Nordosten, Pallas und Kapellenturm. Zustand 1938

Die Wartburg bei Eisenach

eine Holzbrücke in Verbindung. Der Quaderbau der Kapelle ist erstaunlich gut erhalten und wirkt trotz der neuzeitlichen Dachlinien groß und würdig. Die drei viersäuligen Hauptsaalfenster schauen nach der kalten Nordseite. Auf der Südseite der Kapelle stand ein dritter — brückenverbundener — Bau. Die Hohenstaufenpfalz ist in die alte Burgstelle der Vohburger gebaut. Die anscheinend ältere Bauweise des größtenteils dunklen Basaltlavabuckelquader-Bergfriedes an der südlichen Angriffsseite hat dazu geführt, dessen Erbauung den Vohburgern zuzuschreiben. Doch Schürer verwirft diese Annahme[581]) (Abb. 629). Der heutige unerwünschte Eindruck der Burg wurde durch Umbau zur Festung hervorgerufen, deren große Bastionen den Maßstab des tiefer liegenden Saalbaues erschlagen. Die Schleifung der Festung hat die innere Gestaltung völlig verwischt.

Ungefähr zur selben Zeit wurde das durch Wasser und Sumpf stark geschützte Hagenau[582]) (Abb. 630) hohenstaufisch zur Pfalz ausgebaut. Nach Schürer[583]) war es die erste Barbarossas, bald nach seinem Regierungsantritt 1152 begonnen. Die älteste Anlage darf man aber doch wohl in die Zeit Konrads II. und Heinrichs III. zurückverlegen und den Etichonen Graf Ludwig von Mümpelgard als Erbauer ansehen[584]).

Strategisch lag sie vorteilhaft auf einem vor der alten südlichen Stadt vorgeschobenen, an zwei Seiten von der Moder umflossenen Dreieck — wie die Burg zu Gelnhausen inmitten sumpfiger Wiesen (ein Plan Fürstenhoffs zeigt die Lage) —, nur von der dritten Seite aus über festes Land erreichbar. Hier aber im Osten schnitten zwei weitere Moderarme die Burginsel ab. Später — noch im Mittelalter — wurde nördlich die „neue" Stadt um die Burg gebaut.

Friedrich I., der siebenmal (auch 1158) dort weilte, hat die Burg Hagenau, die zeitweise die Kroninsignien wie Trifels bewahrte, stark befestigt.

Nach Gebwiller[585]) soll auch die berühmte kaiserliche dreistöckige Kapelle von Friedrich erbaut sein[586]).

Nach Merian[587]) hat Friedrich I. 1153 „mit rothem Marmorstein seinen Pallast erbauet". „... obgemeldeter Kayserlicher Pallast (Burg) oder die alte Pfaltz" ist „sehr eng und alt", „auff welche hart zusteigen ist. Zu höchst oben ist der Gerichtstul" und „Unden in dieser Burg ist die Kirche gewesen".

Die Pracht der Kaiserpfalz weckte das Staunen der Zeitgenossen. Hier war Abhaltung eines Reichstages nahe der Pfalz auf den großen Talwiesen möglich. Die Wasserburg selbst konnte zahlreiche Fürsten aufnehmen. Soviel können wir aus alten Plänen ersehen. Von der Anlage ist über der Erde leider nichts mehr erhalten. Doch würden Ausgrabungen wahrscheinlich sehr ergebnisreich sein, da noch etwa ein Viertel der Fundamente unberührt sein sollen[588]).

Die karolingischen Überreste Kaiserslauterns[589]) (Abb. 631), einst rings von Wald umgeben, sind dicht mit salischen Grabstätten überdeckt. Auch diese Pfalz soll (1153) von Friedrich I. aus roten Sandsteinquadern ausgebaut worden sein und ungeheure Pracht gezeigt haben. Otto von Freising[590]) berichtet in „de gestibus Friderici imperatoris", daß „Lutra" in roten Steinen mit nicht geringer Pracht sorgfältig erbaut ist und daß es von starker Mauer, Fischteich, See und Wald umgeben ist. Letzteres war für die Versorgung der Pfalz mit Fischen und Wild von wesentlicher Bedeutung.

---

[581]) Schürer: S. 24ff., 74ff. Bergfried und Pfalz sind zu gleicher Zeit entstanden, etwa 1180—90. — [582]) Ebh.: Burg. d. Els.; Wolff: Els. Burgenlex. S. 98ff.; Guerber: Hist. polit. et relig. de Haguenau Bd. I. — [583]) Schürer: S. 9. — [584]) Witte: Ursprg. v. Burg u. Stadt Hagenau S. 407. — [585]) Hanauer: La Burg Imp. S. 36; siehe auch Abschn. „Burgenarten". — [586]) Nähere Beschreibung der Kapelle: B. E. Wehrb. Europas Bd. II., Abschn. „Burgkapellen"; Schoepflinus: Als. Ill. Germ. Gall. S. 353. — [587]) Merian: Top. Als. S. 22. — [588]) Witte: S. 410, Anm. 1. — [589]) Wenzel: D. Wehrb. i. Reg.-Bez. Cassel. Diss. S. 34ff.; Bremer: Ausgrab. an d. Barb.-Pfalz Kaisersl.; Baud. d. Pfalz Bd. I, S. 32f.; Schürer: S. 10, Anm. 1. — Feistel-Rohmeder: Aufs. in „Das Bild", 1938, Heft 3. — [590]) Plath: a. a. O. S. 101.

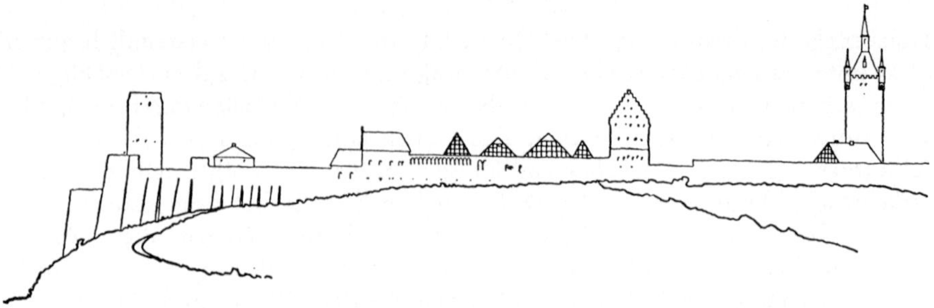

Abb. 633. Kaiserpf. Wimpfen, Bergfr. i. Ringm., Pallasr., Kap., Stein. Haus, Lgpl. 1:2000. B. E.

Der Lageplan Bremers zeigt eine mitten im Quellgebiet des Lauter und in einer Tal=senkung gelegene, dicht vom Wasser umgebene Felseninsel, auf der die Pfalz sich erhob. Die Bedeutung des Platzes hing an der Lage Kaiserslauterns an der großen, ostwest=lichen alten Handelsstraße, die, von Worms kommend, nach Frankreich und England weiterführte.

Der Grundriß, heute vielgegliedert und unübersichtlich, bildete einst einen weitläufigen Hof, an dessen Nordseite der hohenstaufische Pallas und die Kirche lagen. Dem Pallas schlossen sich gegen Westen später schloßartig veränderte Bauten an.

Ein Plan von 1780 zeigt die Pfalz in der Südostecke der Stadt in späteren Bastionen. Jedenfalls war die Anlage noch im 17. und 18. Jahrh. von erheblichem Umfang und strate=gischem Wert[591]).

Eine Zeichnung von 1740 gibt reiche Auskunft über die Ruine des romanischen Pallas und die Kapelle. Sie stellt je drei frühe romanische Rundbogenfenster im höchsten Ge=schoß des Pallas dar, daneben gotische, frühe Spitzbogenreihen, so daß wir auf zwei reiche Prunkbauten schließen, deren Formen und Bestimmung im einzelnen allerdings noch völlig rätselhaft sind. Besonders bleibt ein späterer Kirchen(?)=Einbau in den früh=gotischen Pallas ganz unerklärlich. Die ausgegrabenen Grundmauern bestätigen, daß hier zwei Bauten ineinanderstehen.

Bruchstücke romanischer Säulenbasen, Blatt= und Knospenkapitelle — bei großartigen neuerlichen Ausgrabungen gefunden — zeigen so genaue Übereinstimmung mit Bruch=stücken vom Trifels, daß wir eine Hand und gleiche Zeit beim Bau beider Burgen an=nehmen müssen, so grundverschieden Bauplatz und Lage auch sind.

Nach 1190 erst wurde (in älterer Wasserburg?) die Kaiserpfalz zu Gelnhausen[592]) (Abb. 632) erbaut. Friedrich I. kann als ihr Gründer, Heinrich VI. aber muß als ihr Voll=ender angesehen werden. Die Kernburg ist architektonisch am reichsten von allen deutschen Pfalzen durchgebildet[593]). Ihr Grundriß zeigt vieleckige Eiform. In der 2,10 m starken Ringmauer liegen: Bergfried, Pallas, Torhalle, daneben zweiter Bergfried und Nebenbauten (Tafel 80).

Ihrer Bestimmung entsprechend war dem Saalbau von etwa 27,50 × 12,50 m[594]) die höchste Aufmerksamkeit zugewandt. Er ist mit seinen schönen Rundbogenfenstern nach Süden gerichtet, Verzahnungen an der Nordmauer deuten auf innere Unterteilungen. Über dem Kellergeschoß erhoben sich Wohn= und Saalgeschosse.

[591]) Wehrkreisbücherei VII, München I.=Nr. 3064; Smlg. Ebh. — [592]) Bau= u. Kunstd. Reg.=Bez. Cassel, Gelnhausen, Bd. I, S. 3ff., 15ff. — [593]) Über die Verteidigungswerke siehe „Burgenarten"; Wenzel: D. Wehrb. i. Reg.=Bez. Cassel. Diss. S. 34ff. — [594]) v. d. Gabelentz: Burgw. 1936, S. 34; Bau= u. Kunstd. i. Reg.=Bez. Cassel, Gelnhausen, Tafelbd. Taf. 18. Bezügl. der Lage siehe Näheres in „Burgenarten".

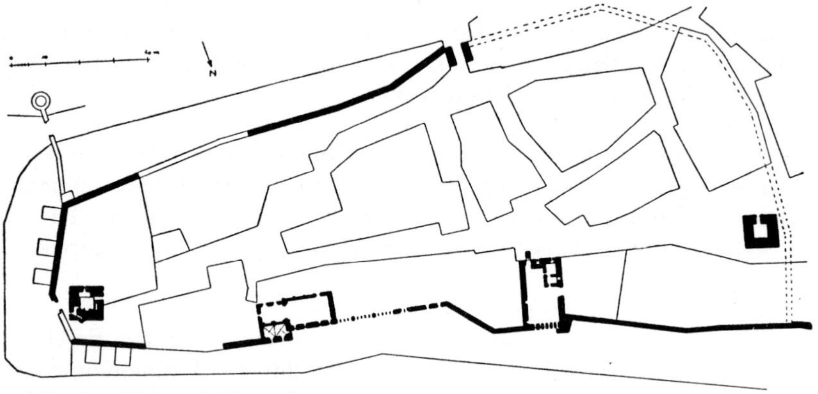

Abb. 634. Kaiserpf. Wimpfen a. Berg, Ans. v. N 1:2000. B. E. n. Pl. v. 1907.

Auffallend ist, daß eine hölzerne Decke die Last höherer Geschoßteilungen tragen mußte, das konnte nur durch Vermittlung von (Holz?) Pfeilern geschehen, da eine 11—12 m frei gespannte Balkendecke dazu kaum stark genug gewesen wäre. Bickells Pläne[595]) nehmen tragende Steinsäulen an[596]).

Zur Sicherung der kaiserlichen Wohnung stand nach ausgegrabenen 5 m starken Grundmauern neben dem Saalbau ein ungewöhnlich großer, runder Bergfried[597]). Der über der Haupttorhalle an der Westseite gelegene, von sechs Kreuzgewölben überspannte Raum wird als Kapelle (?) oder Fürstenzimmer bezeichnet. Daneben steht zur Verteidigung des Tores der zweite viereckige Turm.

Im ganzen ist der Raum für einen kaiserlichen Hofhalt wie in anderen späteren Pfalzen bescheiden. Man muß annehmen, daß die eigentlichen Reichstagsversammlungen außerhalb stattfanden. Die Pfalz konnte zu Beratungen und Festen wohl nur die führenden Persönlichkeiten aufnehmen[598]).

Hier ist nicht Raum, um die hochbedeutenden romanischen Kunstformen und ihre enge Verwandtschaft mit Trifels, Wildenberg und anderen Pfalzen zu untersuchen, hingewiesen sei aber auf die Tatsache, daß die Hohenstaufenpfalzen nicht nur künstlerisch, sondern auch strategisch nach einheitlichem Plane entstanden.

Ähnlichkeit mit Eger weist die zur Zeit Friedrichs I. und Heinrichs VI. erbaute Pfalz Wimpfen[599]) (Abb. 633, 634) auf, die durch ihre Höhenlage und zwei Bergfriede (Buckelquadernbauten mit Randschlag aus Keupersandstein) größere Wucht verrät. Sie bildet ein gestrecktes Vieleck über steilem Abhang, von einer Mauer umgeben, ungefähr 215 m lang und 85 m breit, im Westen durch einen Graben geschützt. Nahe der Mauer erhebt sich im Osten und Westen je einer der Türme. Ursprünglich war die Burg auch gegen die Stadt befestigt. Vom hochberühmten, romanischen Pallas ist außer der in edelsten Formen reichgegliederten Nordseite, die wohl als Lichtgaden für den Saal gedient haben mag, die an Eger erinnernde Kapelle und das sogenannte steinerne Haus erhalten. Alle liegen in der späteren Stadtmauer. Das Innere ist völlig verbaut.

[595]) Bau- u. Kunstd. i. Reg.-Bez. Cassel, Gelnhausen, Tafelbd. Taf. 18. — [596]) Zweckmäßig hatte man dagegen in der Wartburg den Saal ins oberste Stockwerk gelegt und das Holzgewölbe bis in das Dach hinaufgezogen, auch in Kaiserswerth und Wildenberg. — [597]) Wie auch in Büdingen. Bickell sieht in dem Rundbau die Möglichkeit einer Rundkapelle. — Schürer: D. Kaiserpfalz Eger S. 76 will nach einer Mitteilung des Bearbeiters der Gelnhausener Pfalz, Dr. Karl Nothnagel, den Bau des Bergfriedes wesentlich früher als den Pallasbau setzen, im Gegensatz zu Eger. — [598]) Bruhns: Hohenstaufenschlösser S. 8. — [599]) Kunstd. i. Ghz. Hessen, Pr. Starkenburg, ehem. Krs. Wimpfen S. 130ff.; Anthes: Burgw. 1917, S. 125ff.; Smlg. Ebh.: Auszüge aus Archiven u. Urkd.; Schürer: S. 115; Bruhns: S. 7f.; Hotz: „Das Bild" H. 4, 1937, S. 106ff.

Im Gegensatz zu den meisten Pfalzen bestand Wimpfen aus vielen Einzelbauten, es diente nur kurze Zeit als Pfalz, denn schon 1346 hält hier zum letztenmal ein König Hof, 1391 ist hier Sitz des kaiserlichen Landgerichts.

Erwähnung verdient die heute fast verschwundene, wahrscheinlich seit 1008 erbaute Pfalz zu Kaufungen[600]). Ein sechseckiger — ursprünglich frei —, heute in der Mauer stehender Turm in schönem Quaderwerk ist noch erhalten. Der Saal wird mitten im weiten Hofbezirk vermutet, eine doppelte und eine Einzelkapelle sind nachzuweisen.

Zusammenfassend kommen wir auch bei der zweiten Gruppe zu dem Ergebnis, daß bei den Pfalzen der Wehrbau zurücktritt, denn die geschichtliche Bestimmung dieser Bauten war, den Kaisern zu vorübergehendem Aufenthalt zu dienen. Hier hielten die Kaiser ihre Hoftage ab, und dabei war wohl ihre Gefolgschaft so stark, daß sie auf eine Verteidigung hinter Mauern nicht angewiesen waren. Dem Versammlungsbedürfnis dienten die großen Saalbauten, die wir in allen Pfalzen finden, in ihren Formen eine rein germanische Schöpfung, deren Schönheit Ähnliches kaum an die Seite gestellt werden kann.

Große Säle waren im 11. und 13. Jahrh. auch in Burgen Frankreichs und Englands notwendig, auch diese entstanden offenbar aus der Halle der germanischen Heerkönige[601]). Immer brauchten die Herrscher große Versammlungsräume für sich und ihre Mannen, und die Größe der Säle mußte der Machtfülle entsprechen.

Die deutschen Kaiserpfalzen haben nach Sturz der Hohenstaufen nur noch selten als Herrschersitz gedient. Namen und Ansehen blieb zunächst, auch blieben sie noch Verwaltungssitze, aber sie kamen bald in die Hände der Landesfürsten, der Städte oder größerer Grundherren. Statt eines Wahrzeichens kaiserlichen Glanzes wurden sie ein Bild jener Machtzersplitterung, die dem Reiche so verhängnisvoll war.

Neben den Pfalzen entstehen als dritte Gruppe die Reichsburgen.

Der rätselhafte Bau der Salzburg an der Fränkischen Saale[602]) (Tafel XXV) weicht von allen anderen Pfalzen und Reichsburgen ab, ist aber zweifellos die älteste derselben, jedenfalls den Bauresten nach, wenn auch nicht feststeht, daß unsere Salzburg in der Nachricht des Einhart[603]) gemeint ist, nach der Karl der Große 790 Main und Saale herauffuhr „ad Saltz palatium suum".

An wenig sturmfreier Lage auf einer Bergnase des hohen fränkischen Saaleufers liegt der sehr frühe Kalksteinquaderbering in Dreiecksform, wehrgang- und zinnenbekrönt, ein 10700 qm großes Gebiet (Abb. 638)[604]).

Hohes Alter der Ringmauer ist auch ohne Urkunde erwiesen durch streng romanische Türme und Wohnbauten mit rundbogigen Fensterreihen, die auf der karolingischen (?) oder ottonischen (?) Ringmauer errichtet sind, ohne die alten Zinnen zu zerstören. Reste eines bedeutenden, fast 35 × 16 m großen, romanischen Saalbaues (Pallas) entstammen der Hohenstaufenzeit, doch schenkte schon Otto III. die Burg oder Pfalz (Castellum et Curtem) im Mai 1000 dem Bischof von Würzburg[605]) (Tafel 82, 83).

---

[600]) Bau- u. Kunstd. i. Reg.-Bez. Cassel IV. Kassel Land, Text S. 25f., 180ff., Abb. 10, Taf. 80; Wenzel: Wehrb. i. Reg.-Bez. Cassel, Tafelbd. Abb. 96; derselbe: Wehrb. i. Reg.-Bez. Cassel. Diss. S. 34. — Siehe Abschn. „Mitteldeutschland." — [601]) V.-le-Duc: Dict. rais. de l'arch. Bd. III, S. 104, sieht in der großen Halle von Montargis germanische Erinnerungen: „. . . un dernier souvenir des moeurs du chef germain et de ses compagnons." — [602]) Ebh.: D. B. Bd. I, S. 80ff. — [603]) Ebenda S. 108, S. 90 über die Frage, welches Salce. — [604]) Bezgl. der Lage siehe Abschn. „Burgenarten." — [605]) Ebh.: D. B. Bd. I, S. 91; Bayerland 45. Jg. 1934, Nr. 22.

Salzburg vom Bahnhof Neustadt
18 99

Tafel XXV Die Salzburg an der fränkischen Saale

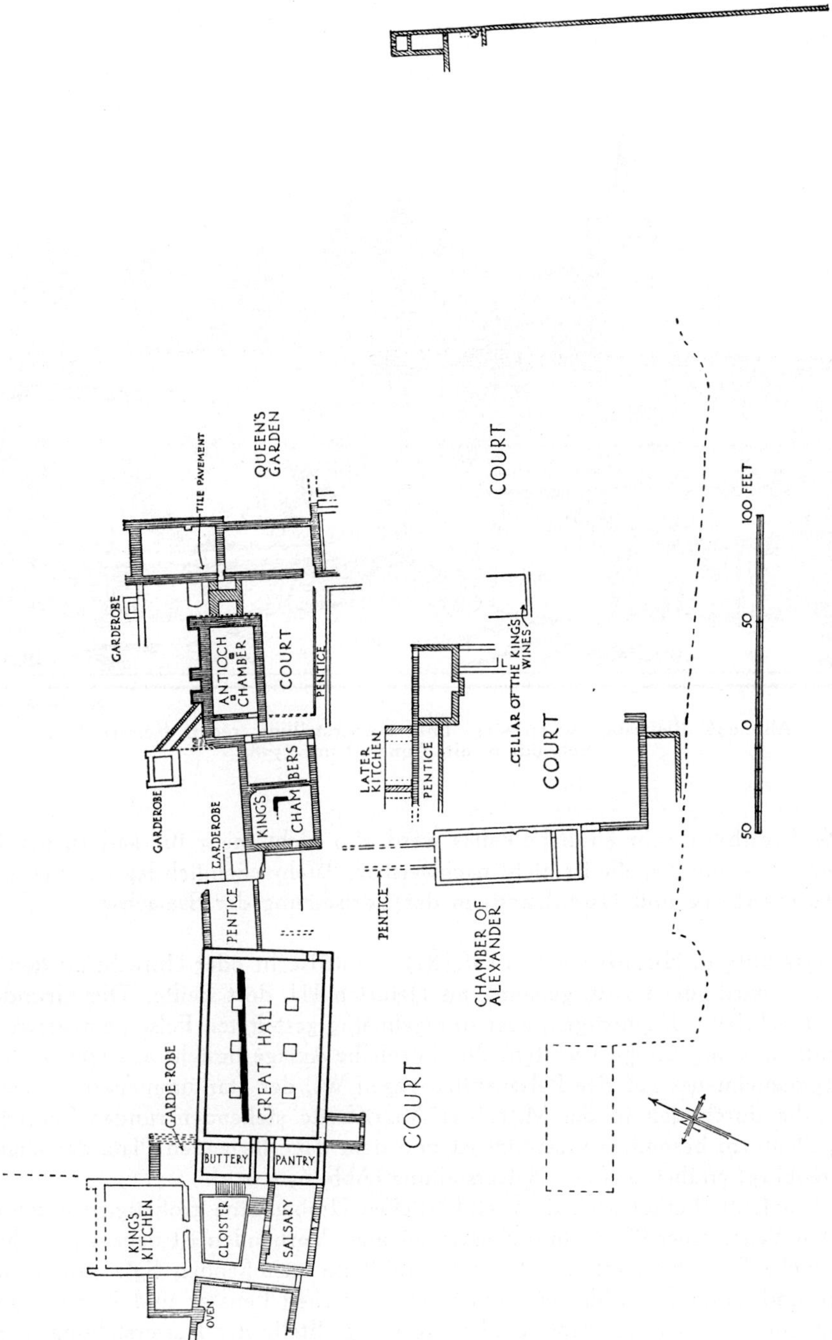

Abb. 635. Pfalz Clarendon, Engld., Grdr. n. Pevsner.

Abb. 636. Reichsbg. Nürnberg, links Kaiserstallung, rechts Kaiserl. Bg., Schmidt n. alt. Aquarell um 1538.

Der Wildenberg sehr ähnliche Pallas ward also nicht mehr für kaiserlichen Hofhalt eingebaut. Eine alte Kapelle ist nicht nachweisbar. Wahrscheinlich lag sie, wie in Vian=den, Münzenberg und Nürnberg, in der Fortsetzung der Saalachse.

Die Kaiserburg in Nürnberg[606]) (Tafel 81) — mit Recht oder Unrecht zu den Pfalzen gerechnet — wird zuerst 1050 genannt, als Heinrich III. dort weilte. Der Grundriß war durch den wehrbaulich günstigen, aber unregelmäßig gestalteten Felsen eingeengt, so daß die Hauptsäle wenig Größe verraten. Die burgliche Anlage besteht aus vier Teilen: Der Kernburgmantelmauer auf der Felsenspitze gegen W., der starkummauerten viereckigen Vorburg, die durch den in der Mitte der Angriffseite stehenden runden Bergfried und den Kapellenturm besonders geschützt ist und dem davorliegenden Platz der ehemaligen Burggrafenburg, endlich aus der Kaiserstallung (Abb. 636, 637).

Vor allem fehlt (heute) nach dem willkürlichen Umbau eine großzügige Betonung des wichtigsten Teiles einer Pfalz, eines Kaisersaalbaues. Vorhanden ist dagegen die herrliche Doppelkapelle St. Margarethen. Die zwei an diese anstoßenden Säle sind neuerdings nüchtern und ohne die üblichen romanischen reichen Fenster und Kamine gestaltet.

Freilich soll nach Lazarus Holzschuher[607]) an der Stelle der Kaiserstallung, außerhalb der Kernburg, 1247 ein Saalbau eingestürzt sein. Bei der nahen Beziehung der Burg zum

---

606) Mummenhoff: D. Burg z. Nürnberg; Ebh.: Burg. d. Hohenz. (Hohenz.=Jahrb. 1905, S. 252ff.); Essenwein: Hdb. d. Arch. II, 4, I, 1889, S. 80ff.; Essenwein=Stiehl: Hdb. d. Arch. II, 4, II, S. 337. — 607) Hampe=Lutze: Nürnberg S. 25.

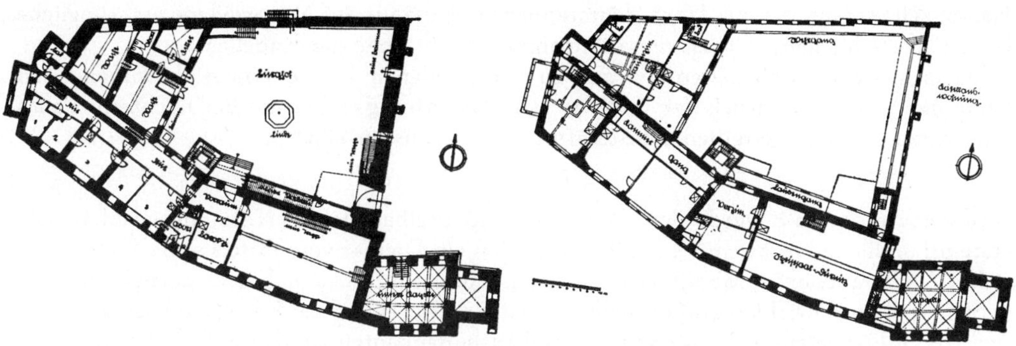

Abb. 637. Reichsbg. Nürnberg, Grdr. Erd= u. Obergesch. 1:1000, Zust. n. neuem Ausb. 1938, n. Lincke.

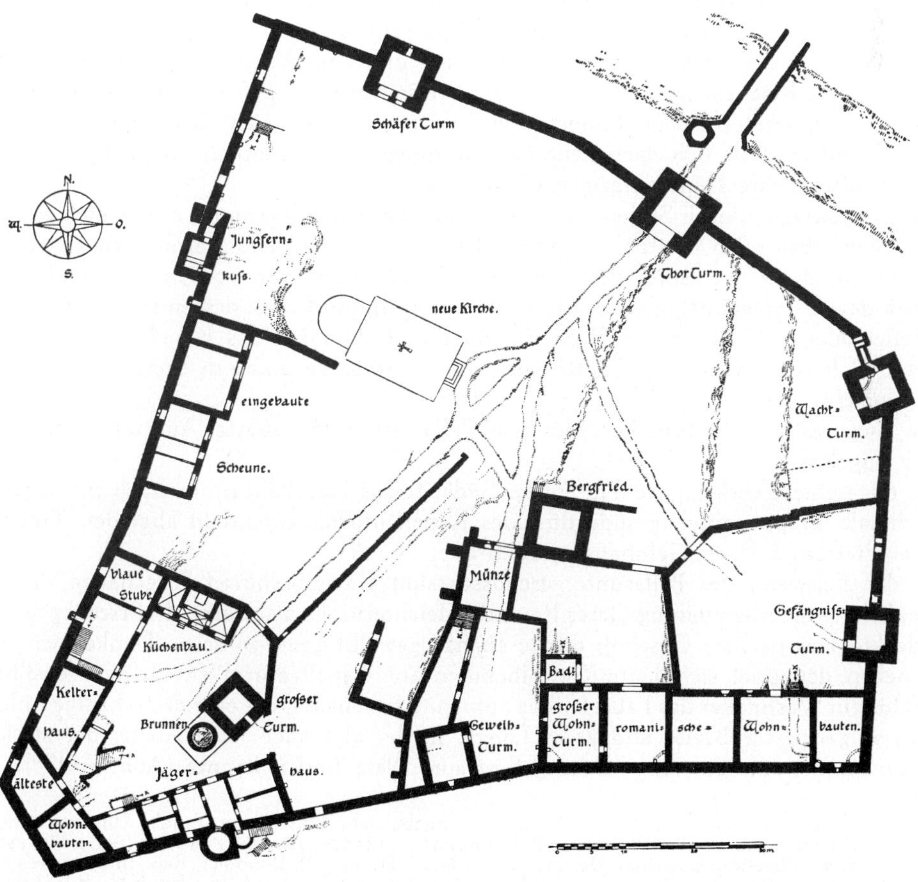

Abb. 638. Reichsbg. Salzburg a. d. fränk. Saale, Dreiecksform n. d. Bergn., roman. Ringm., Ganerbent., Mauer um 4 Türme a. Angriffss. hint. Halsgrb., Grdr. 1:1000. B. E.

Kaiser seit Anfang des 11. Jahrh. könnte man dort daraus auf eine größere ursprüngliche Pfalzanlage schließen. Gegen diese Annahme spricht aber die Kapellenlage.

Die zahlreichen wehrhaften Türme, zu verschiedenen Zeiten erbaut, bewirken noch heute den starken Eindruck der Burg, ja ganz Nürnbergs, den nur der nüchterne Pallas mit seinen schlecht verteilten Fensteröffnungen vermissen läßt[608]).

Besondere Sorgfalt wurde dem Kapellen= und Saalbau des Trifels zugewendet. Die erste urkundliche Nachricht[609]) meldet 1081, daß ein Diemar von Trifels seine Burg Heinrich IV. überantwortet, womit vielleicht altes Königsgut an den Kaiser zurückkam.

Sichere Baunachrichten gibt es nicht. Aus der Anwesenheit der hohenstaufischen Kaiser und aus Stilvergleichungen mit anderen Hohenstaufenbauten ist aber auf zwei romanische Bauzeiten zu schließen: Friedrich I. urkundet 1155 und 1174 auf Trifels[610]), Heinrich VI. 1194[611]). Letzterem möchte ich die Hauptbauten neben dem Kapellenturm usw. zuschreiben (Tafel 84).

Eine dritte, namentlich aus den Ergebnissen neuester Grabungen erkennbare, jüngere Bauzeit wird dem Anfang des 13. Jahrh. und Philipp von Schwaben zugewiesen. Für seine Anwesenheit auf Trifels — und seine Bautätigkeit dort — fehlen aber urkundliche Belege. Die Kunstformen sprechen für Friedrich II.[612])

Jedenfalls war die Burg seit 1081 Reichsbesitz und beherbergte seit 1125 mit Unterbrechungen die Reichsinsignien bis 1298, wurde also sicher baulich nicht nur sorgfältig instand gehalten, sondern, nach Fundstücken von 1937, sogar reich ausgebaut.

Der Grundriß stellt sich nach neuesten Aufmessungen wesentlich großartiger dar, als bisher veröffentlichte Pläne aufzeigen (Abb. 619).

Die langgestreckte, nach Süden immer schmaler werdende Kernburg erhebt sich auf der 10 m hohen, etwa 16 m breiten und 150 m langen Felsbank. Die Kernbauten erstrecken sich über 50 m, in der Mitte der berühmte Kapellenturm von 10×13 m Grundfläche, nördlich davon unregelmäßig vieleckig, 21×16 m groß, der Pallas, dessen schmalere Hälfte als Keller oder Vorhalle in der Höhe des unteren Fußbodens des Kapellenturmes liegt, während sich auf der anderen Hälfte noch eine 16 m lange und 9 m breite höhere Felsbank hinzieht.

Die Zugangsfrage zu Kapellenturm und Pallas ist trotz neuester Ausgrabungen noch immer ungelöst.

Die ungeschickt verkleinerte Tür an der Südseite des Kapellenturmes erscheint fraglich, der schmale Treppenaufgang südöstlich des Kapellenturms entspricht aber den Treppen anderer Pfalzen, z. B. in Gelnhausen, an Breite.

An der Felswand des Pallasuntergeschosses sind Gewölbespuren ausgehauen, die die gedankliche Wiederherstellung dieses Raumes erleichtern. Er war durch drei Kreuzgewölbe überdeckt. Das nächste Geschoß dürfte ebenso gewölbt gewesen sein. Denken wir uns aber neben den zwei sichtbaren Gewölbelinien am Kapellenturm ein drittes gewölbtes Schiff bis zur Westmauer des Pallasfelsens gespannt, so erhalten wir eine dreischiffige Anlage von 14 m geringster Breite und 21 m Länge, in der also auch nach Abzug der starken Mantelmauern immerhin ein würdiger Festraum Platz finden konnte (Abb. 639)[613]).

608) Lincke: Burgw. 1935, S. 12ff. — 609) Quellenangabe siehe Ebh.: Burg Trifels. Untersuchungen zur Baugeschichte 1938. — 610) Böhmer: Reg. imp. 911—1313, S. 124, Nr. 2355, S. 137, Nr. 2570; Acta Academiae Theodoro=palatinae Bd. II, S. 72, Nr. VII. — 611) Böhmer: Reg. imp. 911—1313, S. 151, Nr. 2822, 2823; Würdtwein: Subsidia diplomatica Bd. V, S. 259ff., Bd. XII, S. 126ff. — 612) Siehe Ebh.: Burg Trifels 1937, Urkd. 1215. — 613) Neben der eigentlichen Burg Trifels muß die gesamtwehrbauliche Anlage, die durch die zwei vorgeschobenen Vesten Anebos und Scharfenberg entstand, eingehend betrachtet werden. Es entstand hier eine für Reichsburgen ganz ungewöhnliche Burgengruppe.

Burg Rovereit, Tirol. Nach Ansicht des 16. Jahrh. im Museum Ferdinandeum in Innsbruck

Burg Runkelstein in Tirol

Neben Kaiserpfalzen und Reichsburgen stehen sogenannte Hofburgen, ein Ausdruck, der ohne historische Bedeutung, in neuerer Zeit für Burgen mächtiger Herren, die großen Hofhalt führten, üblich wurde. Die Burgen haben gewisse Ähnlichkeit mit den Pfalzen durch große Saalbauten, Doppelkapellen usw.

Dem Jahr 1080 gehört die erste Erwähnung der Wartburg an[614]) (Tafel XXVI). Der Gesamtgrundriß der Burg ist durchaus wehrbaulich bestimmt. Die Verlegung der wichtigsten Teile — des Pallas — auf die unzugänglichste Stelle des Felsens, die Errichtung zweier (oder dreier) Bergfriede, die langen Wehrgangmauern der Vorburg, der starke Torturm beweisen das überzeugend (Abb. 641).

Der berühmte Pallas, der die schwierige Aufgabe hatte, Wehr- und Wohnbau zugleich zu sein, wird dem 12. Jahrh. zugeschrieben, entstand unter Landgraf Hermann I., er ist mit manchen Veränderungen an Bauplan und Ausführung wohl erst 1217 vollendet worden. Sein dritter Stock entstand vielleicht im ersten Viertel des 13. Jahrh.[615]). Auf der Wartburg sowohl wie in Goslar nehmen die obersten Stockwerke die Hauptsäle auf.

Der schönste der deutschen romanischen Saalbauten auf der Wartburg steht trotz großer Prachtentfaltung unter maßgebendem Einfluß der Wehrnotwendigkeiten. An der Hofseite entlang führen — das wiederholt sich bei Wimpfen — in zwei Stockwerken offene Gänge. Dahinter erst liegt der Saal im zweiten Oberstock. Er greift in das Dach selbst ein. Darunter sind zwei Wohngeschosse angeordnet (Abb. 642).

Auffallend ist, daß in der Wartburg weder eine einfache noch eine Doppelkapelle nachzuweisen ist. (Eine alte Kapelle wird schon im 16. Jahrh. als Ruine im westlichen Teil des innersten Hofes gemeldet). Die heutige Kapelle im ersten Geschoß ist jedenfalls erst um 1300 eingebaut worden (Tafel 85).

Es ist anzunehmen, daß in Büdingen schon vor dem 12. Jahrh. eine Wasserburg — ein früher Rundling — vorhanden war, obgleich urkundliche Erwähnung erst von 1219 stammt[616]) (Abb. 640). Die Burg war Reichslehen und den Herren von Büdingen kraft ihres Amtes als Hütern des Bannforstes verliehen[617]).

Die runde Grundform ergab sich aus der Talgestaltung. Sie weist im Grundriß außerdem Anklänge an das nordwestlich gelegene Gelnhausen auf, auch an Einzelformen von Münzenberg. Der romanische Bau wird danach am Ende des 12. Jahrh. vollendet gewesen sein.

Der Pallas mißt 7,2:23,5 m. Gleich Münzenberg und Gelnhausen hat Büdingen Keller- und Erdgeschoß. Wahrscheinlich nahm der Saal das erste Obergeschoß ganz ein, da er der Mantelmauer folgte, zeigt er geknickte Form.

Hervorzuheben ist die ungewöhnliche Lage der romanischen Kapelle zu ebener Erde, doch kann man nach den heutigen Resten nicht annehmen, daß es sich um eine Doppelkapelle handelte[618]). Weitere Bauten in dem alten Mauerringe stammen aus späterer Zeit.

Mit Gelnhausen und Büdingen ungefähr gleiche Entstehungszeit und verwandte Kunstformen zeigt Münzenberg (Abb. 645). Offenbar sind hier Saalbauten und gotische Kapelle nachträglich in die ältere Burg — der vielleicht die bis 29 m hohen Bergfriede schon angehörten — eingebaut, sie wurde auch später wehrbaulich durch bedeutende Türme, Tore und Vorwerke verstärkt. Die beiden mächtigen Bergfriede verteidigen beide Enden des länglichen Ovals der starken Mantelmauer. Die Außenwände der Saalbauten

[614]) v. d. Gabelentz: D. Wartburg (2. Aufl.) S. 23ff. — [615]) v. d. Gabelentz: Palasse v. Goslar u. Wartburg. Burgw. 1936; Essenwein-Stiehl: Hdb. d. Arch. Bd. II, 4, II, S. 70ff. — [616]) Kunstd. Ghz. Hessen, Prov. Oberhessen, Krs. Büdingen, S. 51. — [617]) Ebenda, S. 28. — [618]) Faust: D. Schl. i. Büd. S. 7f.

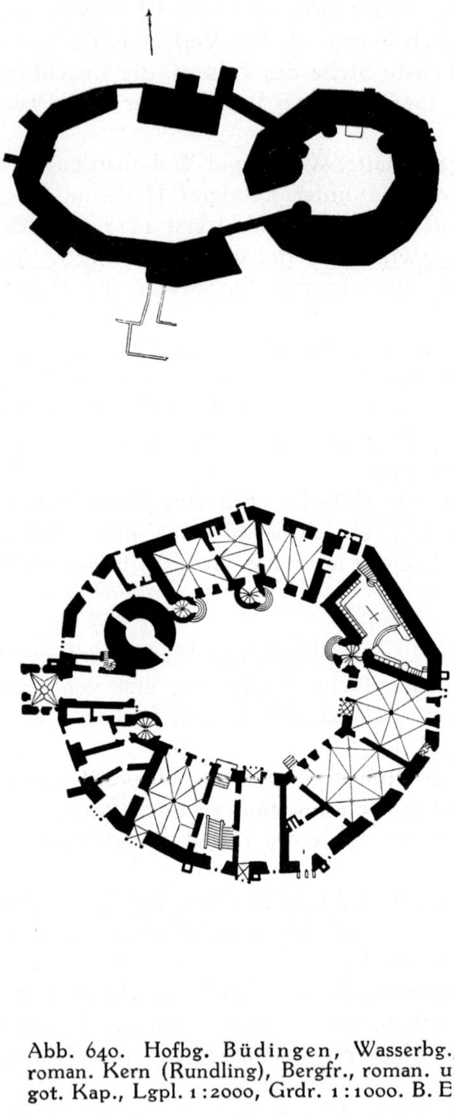

Abb. 640. Hofbg. Büdingen, Wasserbg., roman. Kern (Rundling), Bergfr., roman. u. got. Kap., Lgpl. 1:2000, Grdr. 1:1000. B. E.

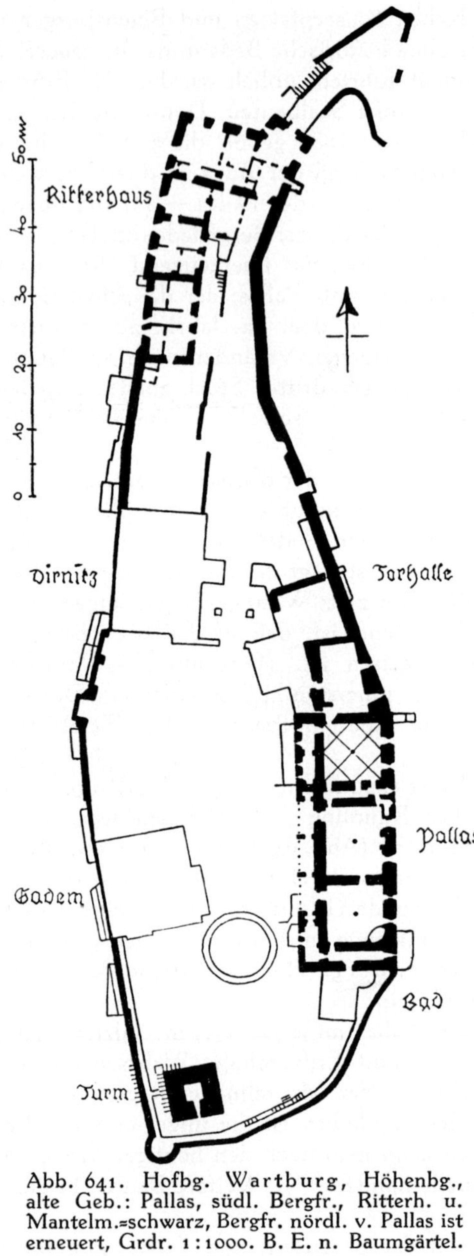

Abb. 641. Hofbg. Wartburg, Höhenbg., alte Geb.: Pallas, südl. Bergfr., Ritterh. u. Mantelm.=schwarz, Bergfr. nördl. v. Pallas ist erneuert, Grdr. 1:1000. B. E. n. Baumgärtel.

stehen auf dieser. Ihre Vielheit zeigt, daß nach 1256 mehrere Ganerben Münzenberg bewohnten.

Die erste Erwähnung, 1166, fällt in die Zeit Friedrichs I., dessen Reichserbkämmerer Cuno von Minzenberg war. Für ein höheres Alter der Ringmauer spricht u. a. der Wechsel der Steinart, Basalt und Sandstein[619]).

[619]) Kunstd. Ghz. Hessen, Prov. Oberhessen, Kr. Friedberg, S. 169.

BE
1891.
am 27. Juni 1891.
Wartburg vom Fahrwege aus.

Tafel XXVI Die Wartburg

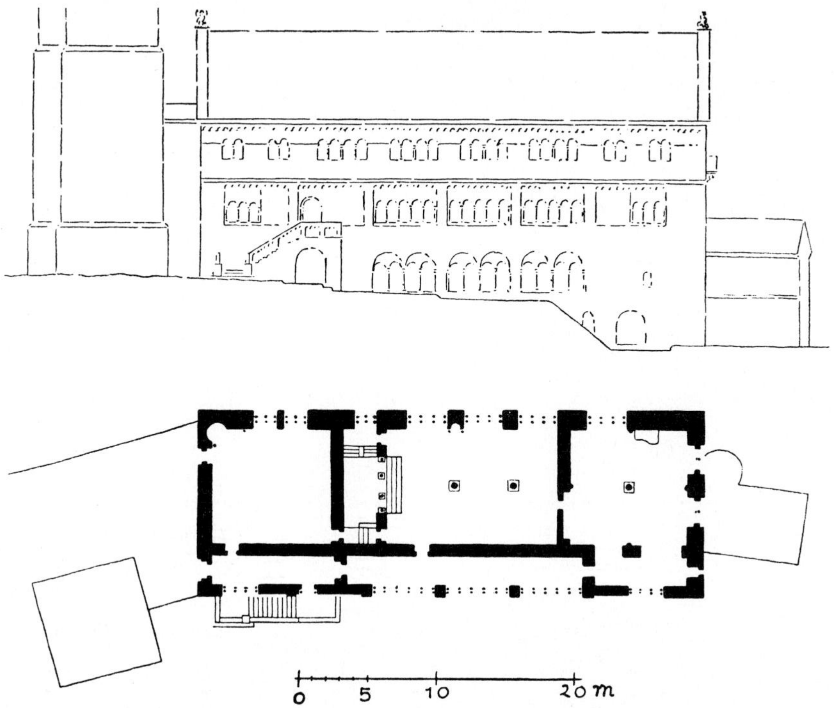

Abb. 642. Hofbg. Wartburg, Höhenbg., Ans. u. Grdr. d. Pallas, 1:500. B. E. n. Baumgärtel.

Der südliche Pallas ist Ende des 12. und Anfang des 13. Jahrh. in der Blütezeit der hohen=staufischen Macht und des romanischen Stiles erbaut — die Südmauer des Pallas besteht aus Buckelquadern —, der frühgotische Falkensteiner Bau entstand im letzten Viertel des 13. Jahrh. Die Bergfriede werden dem 12. Jahrh. zugeschrieben, das Altstädter Tor und andere Vorwerke dem 15.[620]), der starke Batterieturm dem 15. oder 16. Jahrh.[621]).

Keine deutsche Burg bringt die heldische Wehrbaukunst in so innigen Gleichklang mit höchster künstlerischer Formvollendung und in so ergreifender Geschlossenheit zum Aus=druck.

Wildenberg[622]) (Abb. 643), auf Bergausläufer, in ein etwa 90:40 m großes Rechteck starker Mantelmauern eingeschlossen, ist künstlerisch dem Kreise der Pfalzen Geln=hausen, Seligenstadt, Wimpfen, Kaiserslautern und Hagenau, aber auch der Reichsburg Trifels eng verwandt. Blatt= und Knospenkapitelle und Profilsteine gleicher Art wurden hier wie dort gefunden.

Wie Münzenberg und Büdingen, verdankt es sein Entstehen einer der großen Beamtenfamilien, den Herren von Durne, die unter der straffen Regierung der großen schwäbischen Kaiser, in deren engster Umgebung lebend, als zuverlässige Mitarbeiter des Herrschers an die Stelle der eigenwilligen großen Landesfürsten treten. Der Saalbau Wildenbergs ordnet sich dem Pfalzbilde ein. Fensterformen des Erdgeschosses, Säulen=bündel u. a. gleichen im Untergeschoß jenen am romanischen Saalbaurest der fränkischen

[620]) Kunstd. Ghz. Hessen, Prov. Oberhessen, Krs. Friedberg, S. 187ff. — [621]) Ebenda, S. 182; Essenwein=Stiehl: Hdb. d. Arch. Bd. II, 4, II, S. 74f. — [622]) Näheres über ihre Gestalt als Aus=läuferburg siehe Abschn. „Burgenarten".

Abb. 639. Burg Trifels i. d. Pfalz, Ans. v. O. 1:500. B. E. 1938.

20
30
Februar 1938.

Abb. 643. Hofbg. Wildenberg i. O., Ans. d. SW.=Wand i. Pallas, 1:100, Zustand 1896.

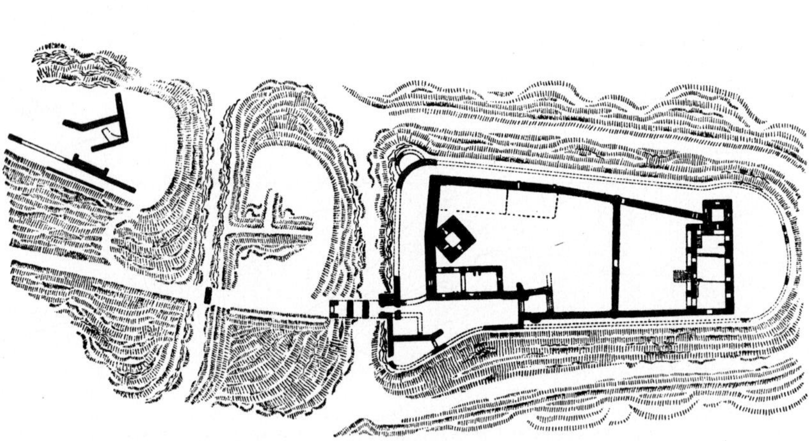

Abb. 644. Hofbg. Wildenberg i. O., Höhenbg., 2 Halsgrb., Schildm., Mantelm., Bergfr., Torkap., Pallas, Lgpl. 1:2000. B. E. n. eig. Aufn. u. Hotz,

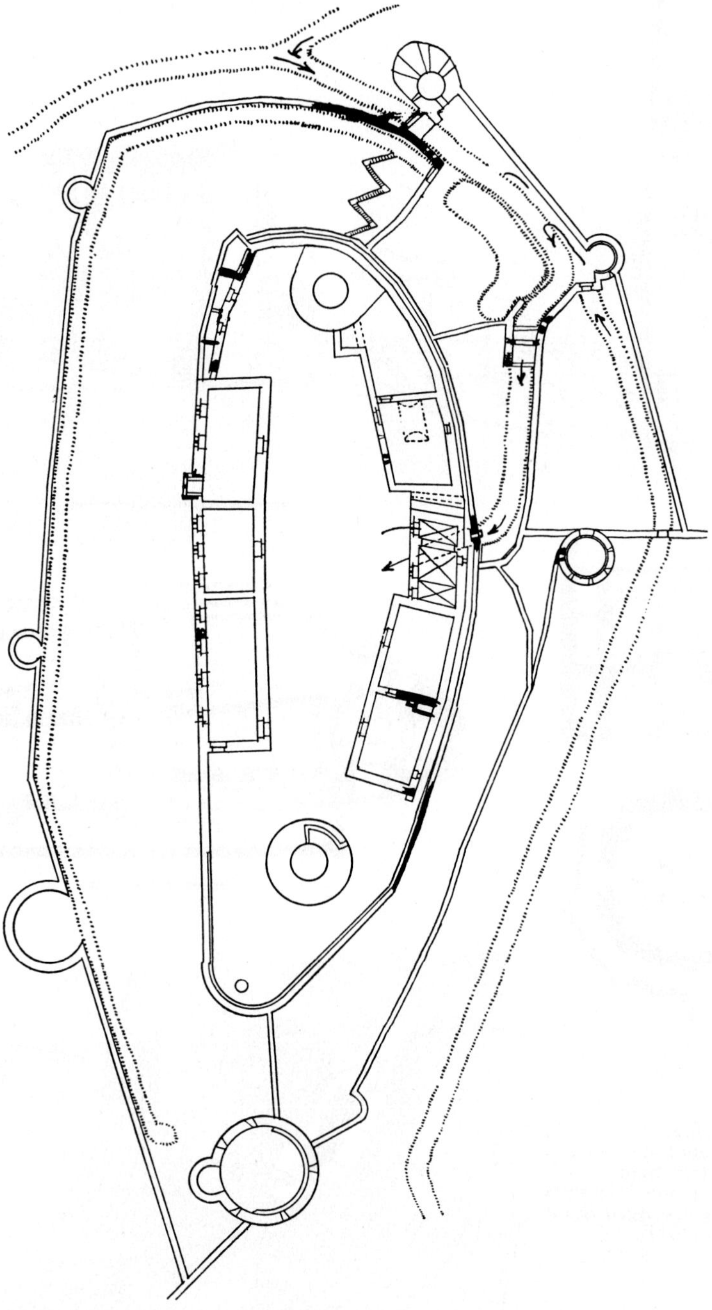

Abb. 645. Hofbg. Münzenberg/Wetterau, Mantelm., 2 Bergfr., Pallas, ohne Seitenbestr., spät. weite Ringm. m. Seitenbestr., Grdr. 1:1000, B. E. n. Hartmann.

Salzburg. Die Kapelle liegt aber nicht am Saal, sondern im Obergeschoß des Torbaues mit einem dem Trifels verwandten Altarerker[623]).

[623]) Ebh.: D. B. Bd. I, S. 31ff.; Hotz: Burg Wildenberg (Diss.); derselbe: Burg Wildenberg (in Deutsche Kunst- u. Denkmalpfl. 1936, Heft 9.

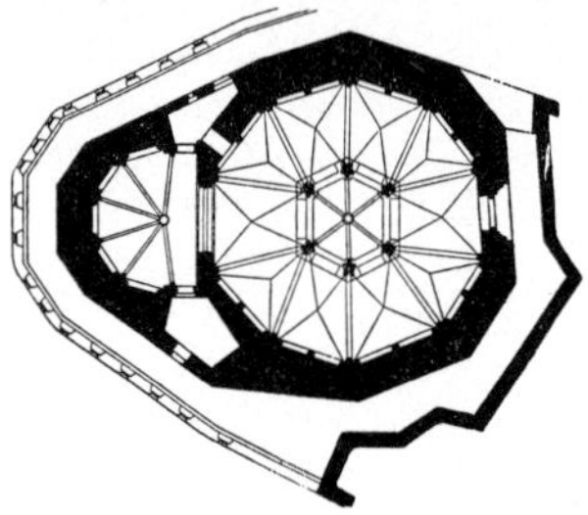

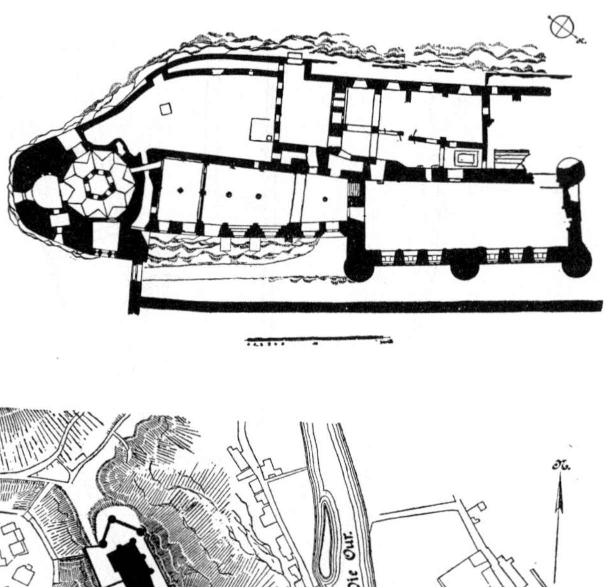

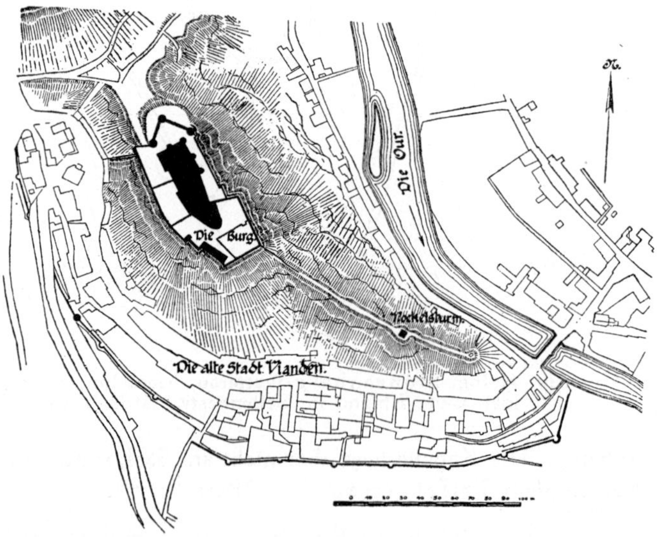

Abb. 646. Hofbg. Vianden, Luxembg., 2 Pallassäle, Ans. v. NO. 1:500, Grdr. u. Schn. v. NS. d. Doppelkap. 1:500, Gesamtgrdr. 1:1000, Lgpl. v. Bg. u. Stadt 1:4000. B. E.

Abb. 647. Hofbg. Dankwarderode, Baut. Heinr. d. Löw. 1150—70, Grdr. 1:1000. B. E. n. Ausgrb. v. Winter.

Wildenbergs Gesamtgrundriß mit Schildmauer, herrlichem Bergfried und Torturm ist dagegen einer der straffsten, wehrbaulichen Leistungen dieser Zeit (Abb. 644).

Münzenberg, Büdingen und Wildenberg sind in erster Linie wehrbaulich ausgebaut. Die Prunksäle nehmen im Verhältnis zu den Mantelmauern und Bergfrieden geringen Raum ein.

Die hohenstaufischen Burgen — nicht alle an den großen Hauptstraßen und Grenzen gelegen — dienten in erster Linie dem Schutze und der Beherrschung des breiten Landes von Elsaß bis nach Böhmen, der Sicherung der Träger kaiserlicher Ämter und ihres Familienbesitzes, die Säle eher prunkvollem Lebensgenuß als politischen Versammlungen. Der Grundriß ist wehrbaulich sorgfältig überlegt, die Torbauten sind stark. In Münzenberg und Wildenberg liegen die Kapellen darüber.

Aber sehen wir uns weiter unter deutschen Burgsaalbauten um, so sind zu nennen: Vianden und Ulrichsburg im Westen des Reiches. Am Niederrhein war ehemals auch Cleve[624]) (Abb. 86) durch einen großartigen, romanischen Saalbau geschmückt.

Die erste Erwähnung der luxemburgischen Burg Vianden[625]) (Abb. 646) ist ungewiß. Der Ort Vianden wird 698 und 870 im Vertrag zu Mersen genannt. In einer Urkunde wird die Burg selbst erst 1248 genannt. Vianden zeigt neben strengen, frühromanischen Bauten des 12. Jahrh. auch hochentwickelte romanische und, z. B. im Oberstock des jüngeren, größeren Saales, frühgotische Formen, auch Umbauten nach 1351. Wichtig ist die Großartigkeit der hier vorhandenen zwei Säle und deren Zusammenhang mit der Burgkapelle. Der Saal des kleineren Pallas mißt 30 m Länge. Die Halle im Erdgeschoß des gotischen ist 10 m breit und 30 m lang, ursprünglich mit einer Balkendecke überspannt, später überwölbt. Die im Südosten errichtete Doppelkapelle bildet ein Zehneck, in das ein Sechseck eingebaut ist. Vom unteren Geschoß führten ringsum fünf Türen in wallgangartige Kammern, die Verteidigungszwecken dienten (Abb. 646). Die romanischen Tore und Fenster zeigen Ähnlichkeiten mit Gelnhausen, Münzenberg und Wildenberg, — gotische Zutaten sind gering.

[624]) Ebh.: D. Schwanenburg zu Cleve. — Näheres über die Ulrichsburg siehe oben „Rheingebiet". — [625]) Ebh.: D. B. Bd. II, S. 459ff. Dort erschöpfende Pläne, Nachrichten und Beschreibungen.

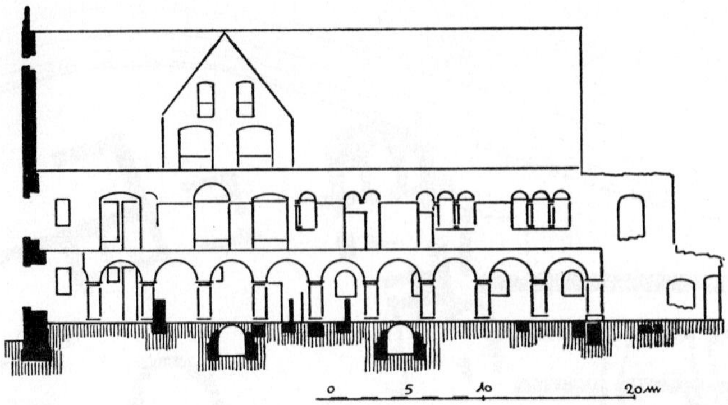

Abb. 648. Hofbg. Dankwarderode, Schn. durch Pallas 1:500. B. E. nach Winter.

Heinrich der Löwe wetteiferte in seinem Fürstensitz Dankwarderode[626]) (Abb. 647) an Prunk und Größe der Baumassen mit dem älteren Goslar. Der Welfenfürst beansprucht dieselbe Macht und Prachtentfaltung wie die Kaiser. Hier wie dort stand in breitem Bezirk neben dem Saal eine große Hof= und Grabkirche, der Wohnbau zeigt weitläufige Vorräume u. a. m. Schutz boten hinter breiten Wassergräben, wie in Goslar, die Mauern seiner Hauptstadt mit mächtigen Türmen und Toren.

Burg und Stadt werden in der Sage früh genannt, doch fängt ihre Geschichte erst 1002 an[627]). Die Hauptbauzeit dürfte zwischen 1150 und 1175 fallen.

Heinrichs zweigeschossiger Saalbau mißt 15×42 m[628]). Ausgegrabene Reste anschließender unregelmäßiger, starker Steinbauten lassen die überragende Wucht des Herzogssitzes erkennen (Abb. 648).

Rückblick.

Die Saalbauten von Aachen, Ingelheim, Goslar, Braunschweig und Seligenstadt boten ungewöhnlich reich ausgestattete Räume von edlem Gleichklang der Öffnungen und Pfeiler, Säulen und Bogen. Reich waren auch die edel geformten Bildhauerwerke, Menschen= und Tierdarstellungen oder Ranken und Blattwerk.

Die späteren Werke der befestigten Saalburgen bilden die Höchstleistungen des künstlerisch veredelten deutschen Burgenbaues. In keinem unserer späten Wehrbauten wurde der gleiche Ausdruck der Macht, Vornehmheit und Festigkeit wieder erreicht.

Als wichtigste Stützpunkte der Kaisermacht waren die Bauplätze gewählt an wirtschaftlich und strategisch wichtigen Plätzen, an großen Handelsstraßen auf dem Lande: Aachen, oder in Mitteldeutschland die kürzlich freigelegte Pfalz Tilleda[628a]) als Grenzschutz gegen Slawen und Ungarn oder an den Strömen (Rhein): Kaiserswerth und Ingelheim, — Seligenstadt (Main), Gelnhausen (Kinzig), Salzburg (Fränkische Saale), Wimpfen (Neckar), an den Grenzen des Reiches: Nimwegen, Eger, Kaiserslautern, Hagenau. Dynastenburgen, wie Münzenberg, Wildenberg und Büdingen, lagen über das innere westliche Reichsgebiet verstreut.

Die Pfalzen hatten nicht nur die Aufgabe, Wohnsitz der Kaiser, Stätten der Reichstage zu sein, sie sollten auch dauernd die Kaisermacht im Reiche fühlbar machen.

---

[626]) Winter: B. Dankwarderode S. 3ff.; Meier=Steinacker: Bau= u. Kunstd. d. Stadt Braunschweig, S. 61f. — [627]) Winter: a. a. O. — [628]) Essenwein: Hdb. d. Archit. II, 4, I, S. 59ff. Näheres siehe im Abschn. „Die Burgen des Tieflandes". — [628a]) Auf dem Pfingstberg zu Füßen des Kyffhäusergebirges. Ein Pallasbau von 40:12 m mit Resten einer einst prachtvollen Säulenhalle wurde ausgegraben. Außerdem legte man einen Bergfried, Toranbau und einen weiteren Gebäudekomplex frei. Doppelte Ringmauern, Wälle, und Gräben gaben der Pfalz ein wehrhaftes Aussehen.

Blicken wir nochmals über die lange Reihe dieser Werke zurück: Palatien mit großen Sälen an regelmäßigen Höfen bauten die Karolinger in Aachen, Ingelheim und Nimwegen.

In Goslar und Braunschweig überragen die Saalgrößen; von den späteren Pfalzen zeigt nur Seligenstadt unbefestigte Saalreste. Kaiserswerth und Kaiserslautern dagegen mit ihren hochgelegenen Sälen vereinten Wehrbau und Prachtbau bewußt.

In Hagenau ist die achteckige, dreistöckige (?) Kapelle vor allem zu nennen. Egers, Wimpfens, Münzenbergs, Nürnbergs und Büdingens Saalbauten stehen in den dem Gelände angepaßten, unregelmäßigen Mauergürteln.

Nur Gelnhausen und Wildenberg scheinen aus einem Guß zur Hohenstaufenzeit neu erbaut, ersteres, ohne daß der Saal den Gesamtplan beherrschte.

Jeder Bauplatz war den Erbauern recht, es entstanden Pfalzen in Wasserburgen, Höhenburgen, Felsenburgen und Stadtburgen.

Die Kapellenlage ist in Gelnhausen und Wartburg nicht nachweisbar, in den übrigen Pfalzen bald am Ostende des Saales, bald frei im Burgbering oder im Torturm.

Aus der Mannigfaltigkeit des Ganzen erkennen wir den Saalbau als beherrschende Einheit. Dem großen Gedanken der Vereinigung der Führer und des Volkes verliehen die älteren Bauten Ausdruck. Die Erinnerung an die uralte germanische Königshalle und die Volksversammlung unter freiem Himmel war im Herzen des deutschen Volkes und seiner Herrscher zur Zeit der Errichtung bestimmend lebendig, wie namentlich Goslars Kaisersaal bekundet.

Im ganzen und im Rahmen ihrer Zeit gesehen, sind die Kaiserpfalzen Bauten, die der künstlerischen Gestaltung den Vorrang vor dem reinen Wohn= und Wehrzweck einräumen. Die romanischen Werke zeugen von der Macht und Kraftfülle des größten deutschen Kaisergeschlechtes der Hohenstaufen, das, noch heute vielfach unverstanden von seinem Volke, das Reich auf die größte Höhe politischer Macht, räumlicher Ausdehnung, künstlerischer und dichterischer Schöpferkraft führte. Würdig dieser Größe und im nicht hohenstaufischen Europa damals unerreicht, zeugen selbst ihre Reste noch für die große Gesinnung ihrer Bauherren.

Die große rassenmäßige und völkische Erhebung in Deutschlands glänzendster, der hohenstaufischen Kaiserzeit, konnte allein der Träger solcher Macht, solchen Wohlstandes, solcher Kunstliebe und solcher Meisterwerke als Frucht stolzen Selbstbewußtseins sein.

Hofburg Vianden, Luxembg., nach Stich von 1643, der irrtümlich als Dagsburg bezeichnet ist.

Abb. 649. Höhenbg. Hinterhaus b. Spitz/Donau, Ruine. B. E.

Österreich

Überblick

Dem Deutschen Reich gehörten zur Burgenzeit alle österreichischen Lande an, in denen ungezählte Ruinen und viele erhaltene zum Teil noch be= wohnte oder schloßartig umgebaute Burgen von einer machtvollen Ritter= schaft zeugen[629]). In Oberösterreich, in Niederösterreich, in Kärnten, in Steiermark und Salzburg, in Tirol und in Vorarlberg boten die Länder nach ihrer Bodengestaltung Raum für alle Burgenarten.

Nachrichten über die älteren gehen weit zurück. Wird doch von Burg Moosburg bei Klagenfurt eine urkundliche Erwähnung aus der Karolingerzeit von 888 gemeldet[630]). Wehrbaulich wichtig war für das Deutschtum wegen der Ungarn= gefahr das Land bis weit hinter Laibach. Auch der romanischen Zeit, dem 12. Jahrh., gehören im heutigen Deutsch=Österreich Meisterwerke des Wehrbaues an.

Geologisch begünstigten die überall reichlich vorhandenen Baustoffe, Stein und Holz, die Errichtung fester Wehrbauten. Die strategische Lage war durch die großen Straßen stark beeinflußt, die durch Österreich führen, uralte Handels= und Heerstraßen nach dem Osten. Für die wichtigste, von Westen nach Osten durch Ober= und Niederösterreich, bietet von Passau bis Preßburg das Donautal Platz, das schon die Helden der Nibelungen= sage durchzogen, um am Hofe Attilas bitteren Tod und unsterblichen Ruhm zu finden[631]).

[629]) Binder: D. Niederösterr. Burgen u. Schlösser II, S. 141 spricht von 1000 ehemaligen Burgen „des Landes", davon 40 noch Burgen, 350 umgebaut benutzt, ferner 80 Burgställe. — [630]) Siehe Abschn. „Pfalzen, Reichs= und Hofburgen". — [631]) Sommer: D. Nibelungenwege.

Bis zur ungarischen Grenze begleitet diese deutsche Schicksalsstraße mit ihren Burgen den mächtigen Strom.

Südlicher führt von Westen nach Osten, vom Bodensee aus durch Vorarlberg, Tirol, Kärnten und Steiermark die Straße Bregenz, Landeck, Innsbruck, Salzburg über den Tauern-Paß (oder Innsbruck—Bruneck) nach Spittal, Villach, Klagenfurt und Graz.

Wenige nordsüdliche Pässe verbinden beide West-Ost-Straßen; Innsbruck—Franzensfeste oder Salzburg—Gastein—Villach, endlich Wien—Bruck a. d. Mur nach Klagenfurt oder Graz. Alle drei sind ebenfalls alte Heerstraßen und damit die Linien der wichtigsten Burgenketten, die sich im Hochgebirge, wie das ganze Leben immer in den Tälern, zusammendrängten. Natürlich wurden auch zahlreiche Burgen an Nebenstraßen errichtet.

Jedes der oben genannten Länder hat seine eigenen Formen. Ein großer Zug geht durch alle, besonders die niederösterreichischen und die weit östlichen Wehrbauten. Der einst reiche und mächtige Adel der vielfach wenig bevölkerten Waldgebirge baute mit großen Mitteln. Die Türkengefahr verursachte später, daß die Burgen noch lange erhalten und verstärkt wurden.

Die steilen Berge Tirols dagegen und die politische Gliederung der Bevölkerung bewirkten hier den Bau mittelgroßer und kleinerer Burgen. Bedeutende Festen wie Siegmundskron bei Bozen sind dort Ausnahmen. Der freundliche Eindruck des Landes prägt sich auch in schönen Umrissen der Burgbauten aus.

Das Land Salzburg zeigt in den festen und kunstreichen Burgen Hohensalzburg und Hohenwerfen liebenswürdige Formen trotz der Vorherrschaft sachlich gewaltiger Wehrzwecke. Einfachere Burgen wie Kaprun oder Golling überwiegen.

Ernster formen die düsteren Glockner- und Tauernberge mit den Burgen Moosham und Mauterndorf und die Gailtaler Alpen und Karawanken im Süden das Gesicht der Kärntner Burgen, von Groppenstein und Falkenstein vor Villach über Klagenfurt bis zur Friesacher Burgengruppe an der Steiermärker Grenze vor dem Neustadter Sattel.

Abb. 650. Burgl. Schloß Greinburg/Donau, bewohnt.

Steiermark zeigt schon den Zug zur Vergrößerung der Burgen, die als Schutz der östlichen Grenzen dem Deutschtum dienten in der Stadtburg von Graz und der Grenzburg Riegersburg. Im Burgenland endlich spricht sich dieser Zug ins Große ganz besonders aus. Werke wie Landsee, Forchtenstein u. a. sind dessen Zeuge.

Solch kurze allgemeine Kennzeichnung wird den einzelnen Burgen nicht gerecht; betrachten wir zunächst einige Beispiele der verschiedenen Gebiete. Auch damit kann freilich keine erschöpfende Bearbeitung der zahlreichen österreichischen Wehrbauten erreicht werden. In einem so weit gespannten Forschungskreis, wie ihn der Zweck dieses Werkes fordert, wird man nur versuchen können, ein Gesamtbild aus der Betrachtung wesentlichster Beispiele zu gewinnen.

Ober- und Niederdonau

In Oberösterreich an der Donaustraße drängen sich zuerst die Uferburgen auf.

Hinter Passau erhebt sich auf dem linken Ranna-Ufer aus dem Granit- und kristallinischen Grundgebirge, das von Passau bis zur Einmündung des Kamp reicht, die Ruine Falkenstein[632]), urkundlich im 12. Jahrh. erwähnt — eine im Osten auf der Bergseite breite Mantelanlage, die sich nach Westen bis zum fünfeckigen Bergfried zuspitzt. Merkwürdigerweise ist der Halsgraben im Osten mit Wasser gefüllt, das überhöhende Gelände wurde durch einen mächtigen, runden Turmbau verteidigt, der zugleich eine Brunnenstube mit Quelle schützt.

Viele schon im 11. und 12. Jahrh. genannte österreichische Burgen sind später vergrößert und zu Schlössern umgebaut, so das die Mündung der Ranna in die Donau beherrschende Rannariedl[633]), ein Schloß mit mittelalterlichem Rundturm und Bauten des 16. Jahrh., auch Marsbach[634]), links der Donau, ist eine Schloßanlage des 16. Jahrh. Wehrbauliches ist nur im viereckigen Bergfried und zwei Rundtürmen erhalten. Bei beiden Festen ist aber die strategische Lage lehrreich. Gegenüber auf der rechten Donauseite liegt die Burgruine Wesen[635]), von der nur Mauerreste die alte Anlage erkennen lassen.

Bedeutend ist dagegen Schaunberg (Schaumburg[636]), eine sehr weit gegliederte Ruine am Steilabsturz einer Bergnase gegen die Donauebene, die im Nordwesten mit dem Bergrücken zusammenhängt. Die in der Südostspitze liegende mantelmauerumgebene Kernburg schließt sich, durch 2 Gräben getrennt, einer sehr weiten Vorburg an. 4 Torbauten und 4 Gräben sperrten einst den Zugang zur Burg. Seitlich hinter dem letzten steht der Rest des gotischen fünfeckigen, teils aus Blöcken, teils aus Quadern erbauten Bergfrieds mit gotischem Dreipaßbogenfries. Nordöstlich der in Österreich selten so regelmäßig rechteckige, gotisch erneuerte (?) Pallas mit vielen (späteren) Fenstern; aus der Mitte der Längsachse der eiförmigen Kernburg springt der gotische Chor der Kapelle vor. Ein merkwürdiges Werk, ein ganz außen ans Ende der Vorburg vorgeschobener starker Turm mit starken, seitlichen Mauerstücken (Turmresten?) schützt die spitze westliche Angriffsseite.

Von der Burg Neuhaus[637]) am linken Donauufer — ab 1282 erbaut, teils im 16. Jahrh. abgetragen — sind ein fünfeckiger, bedeutender Bergfried und ein Tor mit steinernem Wehrgang des 14. Jahrh. erhalten. Das alte Schloß selbst ist spät gotisch ausgebaut, der Hauptflügel stammt aus dem 16. Jahrh.

---

[632]) Piper: Österr. B. I, S. 87ff.; Dehio: Österr. II, S. 459. — [633]) Dehio: Österr. II, S. 551f.; Die Burgv. u. Ritterschl. II, S. 195ff. — [634]) Dehio: Österr. II, S. 522. — [635]) Ebenda II, S. 165. — [636]) Piper: Österr. B. IV, S. 174ff. ausführl. mit sehr schlechten Abb.; Dehio: Österr. II, S. 581; Burgv. u. Ritterschl.: I, S. 221ff. — [637]) Ebenda: III, S. 139ff.; Dehio: Österr. II, S. 531.

Nördlich am Ufer der Großen Mühl in Oberösterreich erhebt sich, 1170 (?) genannt, Pürnstein[638]) als hoher sechseckiger Baublock mit innerem Hof, der schwere Mantelmauer=Pallas mit fünftürmigem Zwingerring bildet die gotische Kernburg. Die tiefer, auf Felsvorsprung liegende, unbedeutende Vorburg ist damit durch eine Treppe verbunden. Eine lange Brücke führt über den östlichen Graben. Die Kapelle entstand 1490. Selten sind in Österreich so geschlossene, verhältnismäßig kleine starke Anlagen. Der Angriffsseite war die dreiflächig geknickte SO.=Seite mit 3 Zwingertürmen zugewandt.

Ottensheim[639]) liegt auf einer zur Donau vorspringenden Felsspitze mit mächtigem, viereckigen Bergfried und stark erneuerten Wohnflügeln.

Spielberg[640]) unterhalb Linz, von Donau und Nebenwassern umflossen, wird 1159 urkundlich genannt, Ende 15. Jahrh. erfolgte gotischer Umbau des seltenen Beispiels einer Wasserburgruine. Die rundliche vieleckige Hauptburg wird im Südosten, Süden und Westen von einer zwingerförmigen Vorburg zweiseitig umgeben. Der 35 m hohe gezinnte, quadratische Bergfried und die anschließenden, großfenstrigen Wohnbaureste, auch Reste der romanischen Kapelle mit gotischem Maßwerkfenster von 1490, sind noch erhalten.

Zu den oberösterreichischen Donauburgen gehören Klam[641]) und Werfenstein[642]) bei Struden.

Klam, links der Donau steil aufsteigend, ist eine bedeutende, unregelmäßige, mittelalterliche Anlage, die, wie so viele österreichische Burgen, im 15./16. und 17. Jahrh. ausgebaut wurde. Bemerkenswert ist der sechsgeschossige Wohnturm der Hauptburg. Ein runder Bergfried beherrscht die Vorburg.

Von der östlicher auf überhängendem Uferfelsen der Donau liegenden Ruine Werfenstein sind geringe, malerische Reste erhalten, unter anderem ein rechteckiger Bergfried. Der Strom, hier von Felsen eingepreßt, begünstigte eine Mauthanlage;

Abb. 651.

---

[638]) Ebenda II, S. 550; Piper: Österr. B. I, S. 177ff. — [639]) Dehio: Österr. II, S. 539. — [640]) Piper: Österr. B. IV, S. 220ff.; Dehio: Österr. II, S. 591. — [641]) Ebenda S. 494. — [642]) Ebenda S. 604; Piper: Österr. B. III, S. 238ff.; Burgv. u. Ritterschl.: III, S. 193ff.

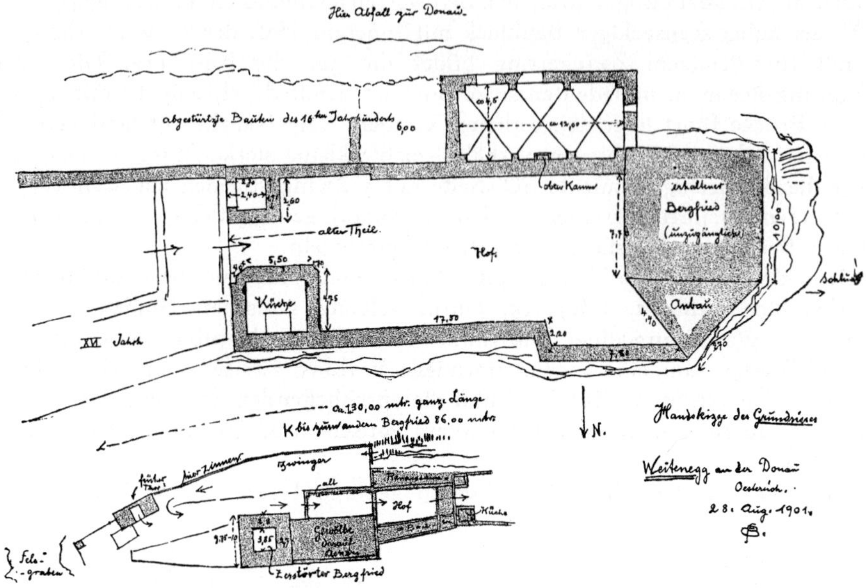

Abb. 652. Burg Weitenegg, Österr., Grdr. Erinnerungsskizze d. Ruine. B. E.

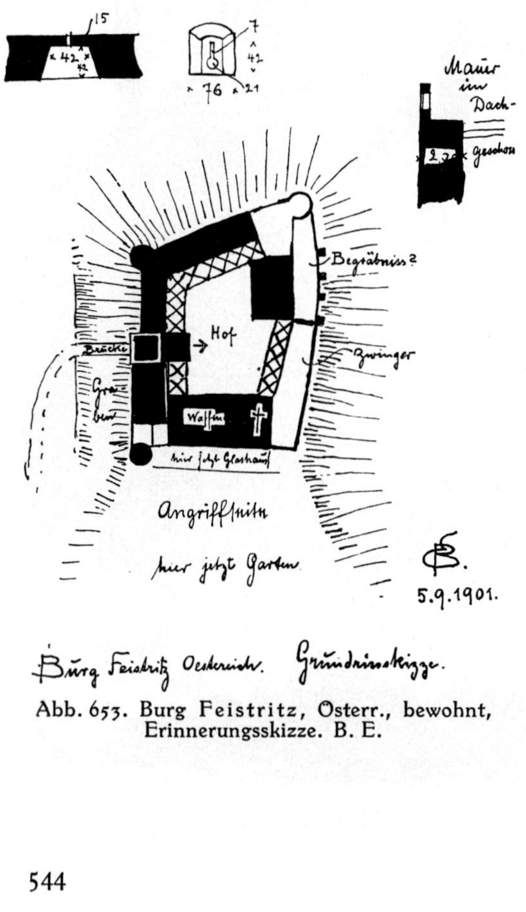

Abb. 653. Burg Feistritz, Österr., bewohnt, Erinnerungsskizze. B. E.

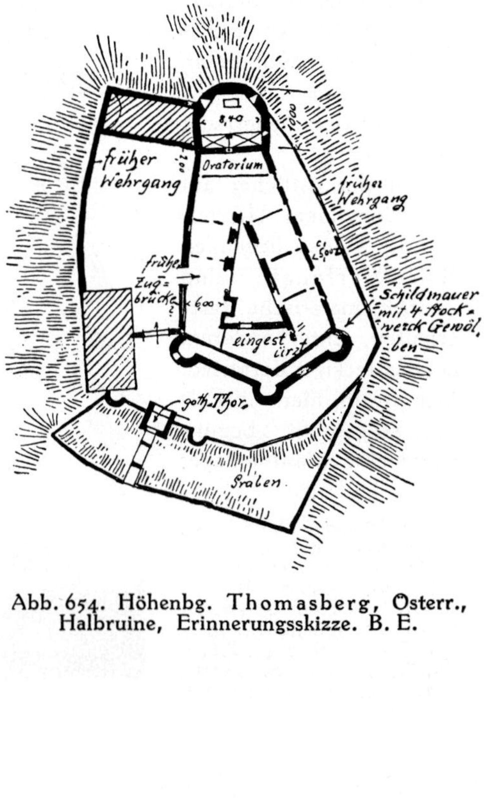

Abb. 654. Höhenbg. Thomasberg, Österr., Halbruine, Erinnerungsskizze. B. E.

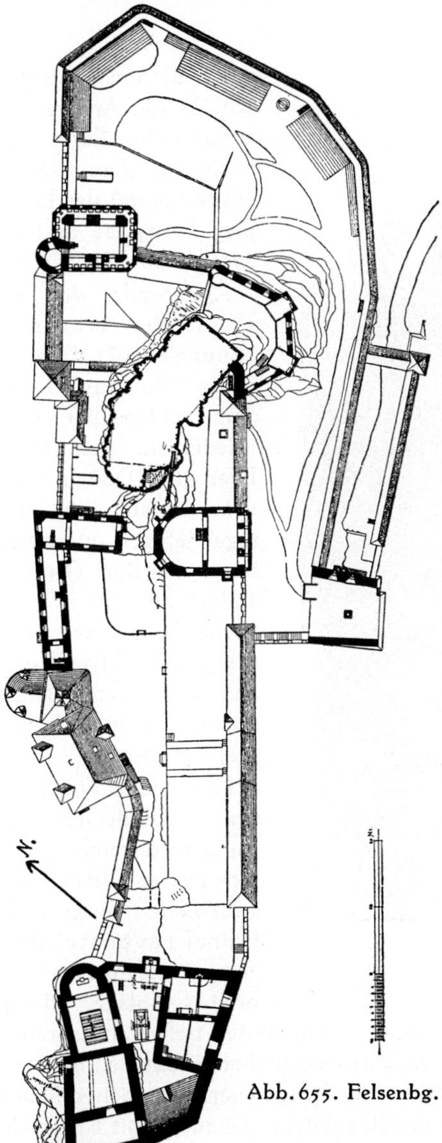

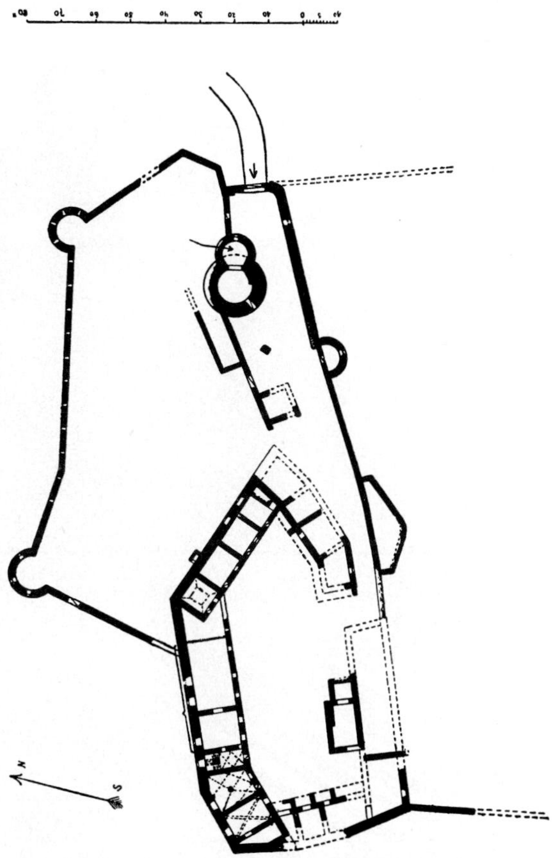

Abb. 656. Höhenbg. Starhemberg, Österr., rd. Turmkap. i. d. Vorbg., Seitenbestr.=Türme a. d. Vorgb., Ruine, Lgpl. 1 : 2000, n. Kreutzbruck.

Abb. 655. Felsenbg. Aggstein/Donau, Ruine. Grdr. 1 : 1000, n. Reithmayer.

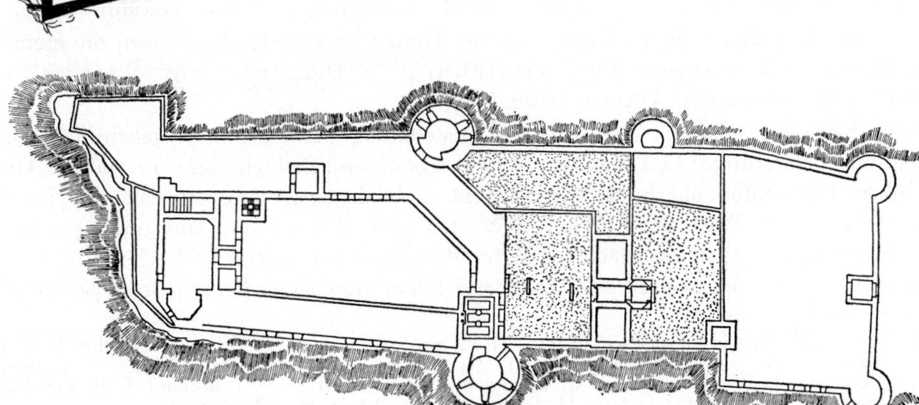

Abb. 657. Burg Hohenegg b. Prinzersdorf, Grdr.=Skizze n. Handskizze v. 1901. B. E.

Abb. 658. Burg Kirchschlag, Österr.

nur diesem Zwecke scheint die Anlage, die außer dem Turm nur noch aus dem kleinen Mauermantel der knappen Felsspitze besteht, gedient zu haben.

An Stelle der im 11. Jahrh. erwähnten „Sunnelburg" steht heute Wallsee[643]) auf dem rechten, hier schon niederösterreichischen Ufer der Donau, erst 1364 erbaut, ein unregelmäßiger, nur wenig burglicher Bau. Oft verändert, bewahrt er 3 gotische Tortürme, viereckigen Bergfried und den 12 m tiefen Halsgraben, Kapelle und große Bastion.

Gegenüber Werfenstein, auf der rechten, niederösterreichischen Donauseite liegt auf schmalem Bergrücken Ruine Freyenstein[644]), eine 170 m lange bis 20 m breite Anlage, deren im Grundriß plätteisenartig gestalteter Bergfried seine Spitze hinter tiefem Halsgraben gegen die Angriffsseite im Nordwesten wendet. 100 m südwestlicher erhebt sich die etwa 8 m tiefer liegende Hauptburg, deren Pallas-, Schild- und Ringmauerreste noch erhalten sind. Der Grundriß zeigt den zwingenden Einfluß des Bauplatzes, der nicht mit Rücksicht auf die Grundrißmöglichkeiten, sondern der sturmfreien Lage halber gewählt wurde.

Über der Stadt Grein liegt auf dicht an die Donau herantretenden Felsen die ziemlich regelmäßige, stark erneuerte Burg Greinburg[644a]) (Abb. 662) mit 5 großen, unregelmäßig vorspringenden Türmen (Abb. 650).

Persenbeug[645]), seit 863 als deutsche Ansiedelung genannt, hatte jahrhundertelang strategische Bedeutung. Das heutige Schloß entstammt jedoch dem 17. Jahrh. Dicht am linken Donauufer oberhalb Melk erhebt sich dagegen langgestreckt der kernige Granitbau der Burg Weitenegg[646]), von Westen nach Osten 160 m lang und 14 m breit. Am Westende steht quer ein mächtiger alter Bergfried mit späterer scharfer Spitze nach Norden (Abb. 652), ein zweiter, sehr zerstörter hoher viereckiger Bergfriedrest deckte 86 m

[643]) Ebenda III, S. 180ff.; Dehio: Österr. II, S. 398; Binder: I, S. 17f. — [644]) Ebenda S. 19; Piper: Österr. B. IV, S. 26ff.; Dehio: Österr. II, S. 155. — [644a]) Ebenda S. 474. — [645]) Ebenda S. 304f.; Binder: I, S. 19ff.; Burgv. u. Ritterschl.: I, S. 190ff. — [646]) Binder: I, S. 24; Ebh.: Burgenf. 1901, S. 14f.; Dehio: Österr. II, S. 409; Piper: Österr. B. VI, S. 214ff.

weiter östlich den Haupt=zugang. Zwischen den beiden Bergfrieden lagen die Höfe und Wohnbau=ten, von denen Umfas=sungsmauerreste stehen. Die schmale Länge des Burgfelsens zwischen Do=nau und dem Weitenbach gab Anlaß zu einer Vier=teilung der Anlage. Ein 40 m langer Torzwinger nimmt den von Osten kommenden Besucher auf und erreicht südlich des Bergfrieds einen zweiten, kurzen Abschnitt zwi=schen zwei Toren.

Der dritte und vierte Abschnitt sind durch Wohnbaureste und zwei alte Küchenschlottürme getrennt. In und an die mittelalterlichen Mantel=mauern waren im 16. Jahr=hundert und später schloß=artige Wohnbauten mit großen Türen und Fen=stern gebaut.

Abb. 659.

Bergfriede und Mauer=kern der 1108 erwähnten Burg mögen bis ins Romanische zurückreichen (Abb. 716).

In völliger Weltabgeschiedenheit, vom Dunkelsteinerwald umrauscht und selten be=treten, liegen die großartigen Trümmer der Burg Hohenegg[647]) (Abb. 651). Gewaltige Mauern, durch fünf spätere, mächtige Rundtürme verstärkt, umgeben den Wohnbau und die beiden Vorburgen, die durch zwei tiefe Gräben voneinander getrennt sind. Selten sind die Reste der Zugbrückenanlage so klar erhalten wie hier. In den Hauptbauten, aus der Zeit von 1571—1594, ist noch viel Mittelalterliches vorhanden, vom Bergfried aber keine Spur, was Piper dafür ansieht[648]), ist ein durchbrochener Torturm. Unter hohen Schindeldachresten haben sich gotisierende Balkendecken, halb eingestürzte Hoch=renaissance=Prachtsäle, reichste Stuckarchitektur und Rokokomalereien erhalten. Die gotisierende Kapelle ist eingestürzt (Abb. 657).

Auch die Schallaburg[649]) (Abb. 355), wie Hohenegg auf Bergnase gelegen, ist großen=teils Schloß des 16. Jahrh., in Bruchstein, Ziegel und Putz ausgeführt, besonders der ent=zückende Hof mit Bogengängen aus rotem Sandstein. Vom alten Wehrbau sind der ehe=mals fünf= bzw. sechsstöckige Wohnturm als Ruine und Torbauten und Zwingermauern erhalten. Eine gewaltige Vorburg streckt sich gegen die Angriffsseite hin mit bemerkens=werten Gußerkern und Zinnen.

[647]) Ebh.: Burgenf. 1901, S. 15f.; Binder: I, S. 127f.; Dehio: Österr. II, S. 203. — [648]) Piper: Österr. B. V, S. 37ff. — [649]) Ebh.: Burgenf. 1901, S. 16f.; Binder: I, S. 132f.; Dehio: Österr. II, S. 345f.

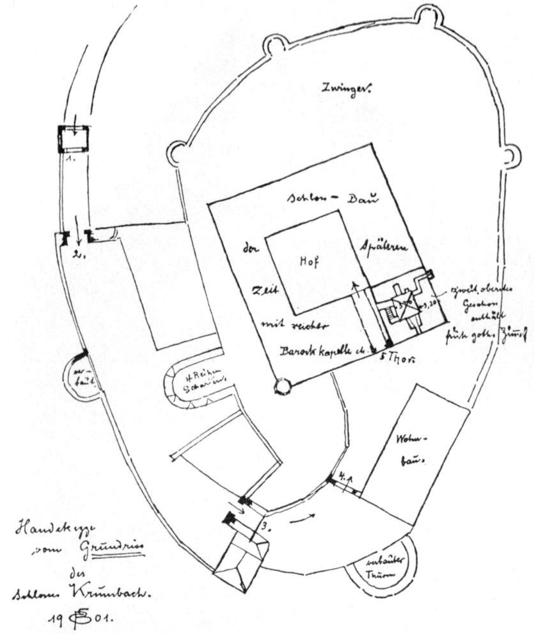

Abb. 660. Höhenbg. Krumbach, Österr. B. E.

Burg Wolfstein[650]), 1286 (?) erbaut, zeigt Wohn= und Wehrbaureste eines Tor= turmes, Pallas mit 2 m dicken Mauern, Teile der gezinnten Ringmauer und die unbedeutende Kapelle des 16. oder 17. Jahrh.

Nördlich davon erhebt sich eine der malerischsten, berühmtesten Burgen Öster= reichs, aus vortrefflichen Gneisplatten er= baut, die vielgliedrige, langgestreckte Ruine Aggstein[651]) (Abb. 655) auf langem, durch tiefe Gräben zerrissenen Felsgrat, 300 m über der Donau. Die Burg wird urkundlich im 12. Jahrh. erwähnt. Das heute Erhal= tene ist vielfach im 15. Jahrh. erbaut. Kein geringerer als Albrecht Dürer hat diese kühne Zwingfeste gezeichnet. Wie viele österreichische Burgen, ist sie vielgliederig den schmalen zerklüfteten Felsspitzen auf= gezwängt und fast uneinnehmbar.

Vorhanden sind hauptsächlich Torbau= reste, 2. und 3. Tor, eine 6 m dicke, 11 m hohe Schildmauer, Halsgraben und Berg= friedreste.

Die langgestreckte Ruine Hinterhaus[652]) (Abb. 649) bei Spitz an der Donau wird erst 1243 erwähnt. Ein rundbogiges Tor mit zwei Türmen führt zur gotischen, langgestreckten Vorburg, von dort ein zweites Tor zum inneren Hof, wo sich Wohnbaureste befinden. Auf der Angriffsseite steht der romanische, viereckige Bergfried. Dahinter eine Schild= mauer mit zwei Rundtürmen.

Es folgen links der Donau die befestigten Kirchen St. Michael und Weißenkirchen[653]). Westlich davon Schloß Ober=Ranna[654]), im 12. Jahrh. Burg, im 16. Jahrh. umgebaut.

Die durch Richard Löwenherz Gefangenschaft — 1193 — berühmte, malerisch zerklüf= tete Ruine Dürnstein[655]), urkundlich 1002 und 1019 genannt, ragt hoch über der gleichnamigen Stadt und war durch Mauern mit ihr verbunden. Die erhaltenen Reste geben nur schwer ein Bild des ehemaligen Zustandes. Die heute noch sichtbare Burganlage zeigt einen fast quadratischen inneren Kern, der in drei Flügeln Kapelle, Pallas und andere Wohnräume enthielt. Ein runder Bergfried wird inmitten des Hofes vermutet.

Den Donauverkehr sperrten, wie den Rhein, zahlreiche Zollstellen. Nach Werfen war Ruine Stein bei Krems[656]), die frühe Höhenburg, auf steilem Burgfelsen, eine solche.

In der Stadt Krems[657]) lassen sich 4 Burgbauten nachweisen; die strategische Bedeutung der Lage veranlaßte schon 995 Leopold I., gegen die Ungarn eine älteste Feste zu erbauen. Ein „Herzogshof" wurde 1156 am Südwesteck errichtet — 1288 verkauft Herzog Albrecht

[650]) Binder: I, S. 28; Dehio: Österr. II, S. 415. — [651]) Ebenda S. 108f.; Binder: I, S. 29ff.; Piper: Österr. B. II, S. 4ff.; Schachinger: Führer durch Ruine A.; Reithmayer: Burg A. a. d. Donau i. N.; Dürer S. XXIX, v. Scherer, Stuttgart 1906, Klassiker d. Kunst Bd. IV. — [652]) Dehio: Österr. II, S. 369; Binder: I, S. 33f. — [653]) Dehio: Österr. II, S. 338, 402; Ebh.: Burgenf. 1901, S. 17; Binder: I, S. 35. — [654]) Ebenda; Dehio: Österr. II, S. 295f. — [655]) Piper: Österr. B. III, S. 8ff., Plan ungenau; Binder: I, S. 36; Burgv. u. Ritterschl.: I, S. 42ff.; nach Franz Biberschick, Burgw. 1938 S. 65ff. (dort auch weitere Quellenangabe) hatte Dürnstein ursprüngl. 3 Burgen: die älteste stand am Donauufer, die 2. oberhalb der Kletterfelsen, sie ist heute verschwunden, die 3., heute als Hauptburg bezeichnete, soll kurz nach 1200 erbaut worden sein. In der Uferburg soll Richard Löwenherz gesessen haben. — [656]) Binder: I, S. 38; Dehio: Österr. II, S. 371. — [657]) Binder: I, S. 38f.; Dehio: Österr. II, S. 232ff.

einen Burghof am donauseitigen Stadttor und Mitte des 13. Jahrh. wurde eine beherrschende Burg vom Kremser Stadtrichter Gozzo errichtet, deren Kern heute noch steht.

Während hier die Landesherren bauten, hat auch die Kirche, das Bistum Passau, in der Burg Greifenstein[658]) über der Donau einen Wehrbau schon im 11. Jahrh. errichtet, eine kleine Anlage, die im 16. Jahrh. erneuert wurde. Alt ist der viereckige Bergfried und Torbau.

Nördlich der Donau grenzt Niederösterreich an Böhmen/Mähren, die alte Völker=scheide ist durch eine Burgenkette gekennzeichnet, in der eine der größten Ruinen Österreichs Burg Kollmitz[659]) liegt. Die mährische Thaya beschreibt hier eine große Schleife und umfließt an drei Seiten den Burgplatz. Die äußerste südliche Spitze nimmt die dreieckige Burg ein. Der nach Norden laufende Felsenkamm ist durch die 160 m lange sogenannte Böhmische Mauer gekrönt. In der Nordspitze und Mitte der langen Ostmauer unweit davon erheben sich zwei runde Bergfriede, starke Ringmauern beherrschen die von Norden nach Süden weisende dreieckige Felsnase. Der für sich befestigte südlichste Teil zeigt weitläufige späte, großfenstrige Wohnbaureste. Die nörd=liche Vorburg hatte einen eigenen Pallas früher Rechteckform[660]). Ein Halsgraben schließt das Dreieck gegen Norden ab.

Die Nord=Süd=Verbindung Wien—Wiener Neustadt—Graz geht über den Semmering nach Steiermark. Im Ausstrahlungsgebiet Wiens sind aber noch eine Reihe politisch und baulich wichtiger Burgen zu finden.

Zunächst südlich Wiener Neustadt zur Befestigung des Saumweges liegen auf Jurakalk und Keupergestein entlang der Schneebergbahn an altem Saumpfad von Brünn zur Salza die Burgen Rothengrub, Stolzenwörth, Buchberg, Losenheim, Schratten=stein, Kirchschlag (Abb. 658) u. a., die die deutsche Ostmark gegen Ungarn schützten[661]).

Dann ist Starhemberg[662]) (Abb. 656) als strategischer Kernpunkt des Burgenschutzes des Piestingtales zu nennen. Die Burg ist aus Tuff, Kalkstein und Ziegeln erbaut und gehörte zum Befestigungsgürtel der karantanischen Mark —, in drei Bauzeiten entstanden mit rundem Bergfried, im unteren Teile eine frühe, aus dem runden Bergfriedgeschoß und $^3/_4$=Rundchor bestehende Kapelle. Eine zweite Annakapelle liegt südlich im Burghof. Im Westen der Hauptburg lag der romanische Pallas, wie der Bergfried sehr zerstört. Ein Umbau des 16. Jahrh. hat die ursprüngliche Anlage stark verwischt durch lange, späte Flügelbauten des westlichen Burgteiles. Der Südteil zeigt noch romanische Rundbogen und zwei Doppellichtfenster mit Mittelsäule.

Das Sierningtal sperrte die 1182 erwähnte Burg Stixenstein[663]) mit rechteckigem Quaderbergfried, Pallasbrandrest und Kapelle, noch teilweise bewohnt.

Emmerberg[664]) am nördlichen Torpfeiler der Prossetschlucht, hatte neben Starhem=berg große Bedeutung, eine gewaltige Anlage mit 3 Toren und Batterieturm und Vor=werken. Die Hochburg mit über 3 m starker Schildmauer, die Kapelle romanisch recht=eckig in gediegener Quadertechnik.

Die schönste Burg des südlichen Pittentales war Seebenstein[665]). Auf langer schmaler Felsspitze liegen die beiden Baugruppen in einem vielgegliederten Zwinger=kranz.

---

[658]) Binder: I, S. 40f.; Dehio: Österr. II, S. 173. — [659]) Dehio: Österr. II, S. 230; Piper: Österr. B. III, S. 97ff.; Binder: II, S. 99. — [660]) Das zwischen Wien und der deutschen Sprachgrenze liegende Burgenland wird weiter unten behandelt. — [661]) Binder: I, S. 86f.; Halmer: Burgw. 1937, S. 39ff.; Ebh.: Burgenf. 1901, S. 21: Kirchschlag ist eine ausgedehnte vielteilige Ruine auf Berg=ausläufer. Der Bergfried beherrscht die Angriffsseite. — [662]) Ebenda; ders.: Burgw. 1937, S. 30ff.; Piper: Österr. B. I, S. 198ff. Grundriß ungenau; Binder: I, S. 78ff.; Dehio: Österr. II, S. 370. — [663]) Halmer: Burgw. 1937, S. 39ff.; Binder: I, S. 87; Dehio: Österr. II, S. 375; Piper: Österr. B. VI, S. 205. — [664]) Dehio: Österr. II, S. 147; Binder: I, S. 83f.; Halmer: Burgw. 1937, S. 39ff. — [665]) Ebh.: Burgenf. 1901; Dehio: Österr. II, S. 356f.; Piper: Österr. B. II, S. 215ff.; Binder: I, S. 94ff.

Durch Torturm und über Grabenbrücke und zweites Tor erreicht man einen südlichen Vorhof. Westlich links erhebt sich die höchstgelegene alte Burg, zu der ein Tor zwischen Halbrundtürmen führt. Links dahinter liegt auf einer von Osten nach Westen laufenden Klippe ein langes Mauerrechteck mit tiefen Senkscharten, die den Zugang beherrschten. Höher darüber steht der noch mit Spitzdach versehene, im Grundriß eiförmige Bergfried. Östlich des unteren Vorhofes steht die erhaltene, wohl nach 1600 veränderte Burg um einen geräumigen Hof, in den ein langer, geknickter Torgang führt. Die beiden westlich und östlich des Hofes liegenden Wohnbauten sind noch benutzbar, ganz östlich die scharfe äußerste Spitze umschließt die dreieckige, von vier Dreiecksgewölben überspannte gotische Burgkapelle. Die hohe, stolze Lage mußte die Burg besonders schwer einnehmbar machen.

Abb. 661.

Die Felsenburgruine Klamm am Semmering[666]) (Abb. 661), an der Paßsperre von Schottwien, ehemals eine wichtige Grenzburg zwischen Österreich und Steiermark, ist auf stufenweise ansteigendem Felsen völlig regellos erbaut. Mächtige Umfassungsmauern sind erhalten, tief liegt das gotische Außentor, auf $^3/_4$-Höhe die wieder hergestellte Kapelle von 1451 und der Pallas. Bemerkenswert ist auf der höchsten Stufe der im Grundriß seltsam geformte Bergfried: Zwei sich achtförmig schneidende Kreise, durch die zwei Turmschächte entstehen. Vorburg und Kernburg sind durch Mauern und verschieden hohe Lage getrennt.

Krumbach[666a]) (Abb. 659 u. 660) ist ein großartig befestigtes Schloß auf einem Bergkegel. Ein vierflügeliger Kern umschließt einen quadratischen Hof, angelehnt an einen mächtigen, 25 m hohen Bergfriedrest. Um den Kern legen sich spiralförmige, teils verfallene Zwingeranlagen großer Ausdehnung mit sieben halbrunden Batterietürmen.

Im Südostzipfel Niederösterreichs erhebt sich auf steiler Bergnase der gotische Kalksteinbau Thomasberg[667]), ganz im Wald verborgen. Die Burg, eine große, wüst zerfallene

[666]) Piper: Österr. B. I, S. 135ff.; Dehio: Österr. II, S. 219; Binder: I, S. 91f. — [666a]) Ebenda S. 104f.; Dehio: Österr. II, S. 240; Ebh.: Burgenf. 1901, S. 21. — [667]) Ebh.: Burgenf. 1901, S. 20; Dehio: Österr. I, S. 382; Binder: I, S. 103f.; Piper: Österr. B. III, 1904, S. 227ff., meine dort angezweifelte Schilderung von 1901 ist durchaus zutreffend, wie Pipers Zeichnungen und sein nach meiner Skizze ergänzter Grundriß bezeugen.

Anlage, zeigt an der kurzen Seite des dreieckigen Grund=risses eine geknickte Schild=mauer mit inneren Gängen und Kammern und drei gleich=hohen Halbrundtürmen gegen den Angriff gerichtet, ringsum läuft ein Zwinger, der sich westlich zum Vorhof erweitert. Dahinter liegen im dreieckigen Hof Trümmerberge von Wohn=bauten und an der äußersten Spitze im dicken Rundturm die Kapelle mit gotischen Ge=wölben, im Torzwinger ein von Bauern bewohnter Bau und großes wohlerhaltenes Gewölbe.

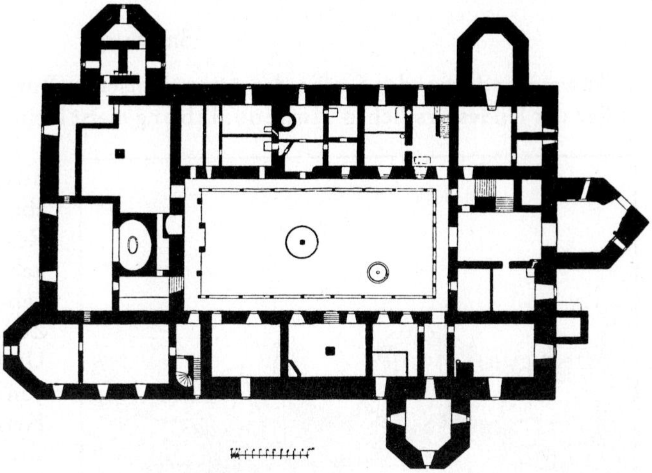

Abb. 662. Burg Greinburg/Donau, mächt. Seitenbestr.=Türme, kein Bergfr., Grdr. 1:1000. B. E.

Das benachbarte, im 17. und 19. Jahrh. umgebaute Feistritz[668]) zeigt feste Lage auf einer Bergnase. Den Zugang verteidigt ein Tor mit Wippzugbrücke. Ein annähernd viereckiger Hof wird von vier Wohnbauten umschlossen, gegen die Angriffsseite schützt die hohe 2 m starke Schild= bzw. Mantelmauer mit Wehrgang und Schlüsselscharten, im Südosten liegen Bergfriedreste, im Süden die Burgkapelle (Abb. 653).

Damit sind wir auf der nördlichen West=Ost=Straße nahe der ungarischen Grenze angelangt. Suchen wir nun aus der Vielzahl der ober= und niederösterreichischen Burgen das Kennzeichnende herauszufinden: zeitlich beginnt der Burgenbau in der Ostmark bereits mit den Karolingern.

Die ältesten Formen sehen wir vielleicht in gewissen Rundkirchen, klar erkennbar in romanischen Tür=, Fenster= und Kaminformen, viele gotische Umbauten folgen.

Der Rasse nachforschend, kann nur eine selbständige germanische Entwicklung erkannt werden. Römische oder andere ausländische Einflüsse sind ganz selten, wenn überhaupt nachweisbar.

Das Klima fordert schräge, meist steile Dächer, erst der Palastbau des 16. Jahrh. weicht manchmal ab.

Die Baustoffe, viele rohe Bruchsteine, Granit und Urgestein, Kalkstein — ganz selten Ziegel — fordern schwere, oft plumpe Massen.

Die Bauplätze bedingen — selbst oft wildzerrissen und vielgestaltig —, eine unüber=sehbare Regellosigkeit der Lösungen, so runde, vier= und fünfeckige Bergfriede, bis zu sechsstöckigem Pallas und Wohntürme, Mantel= und schweren Schildmauern, große und kleine Vorburgen und Zwinger, lange Zugänge durch zahlreiche Tore und Außen=werke, große Küchenbauten.

Die ursprünglich dünne Besiedelung der großen Waldgebirge und die Vereinigung großer Landgebiete in wenigen Händen führten zu überwiegend großen Anlagen.

Späte schloßartige Umbauten durch sehr bemittelte Bauherren haben endlich die mittelalterlichen Pallas= und Wohnbauten bei den meisten Burgen völlig verändert und auch den heutigen Ruinen durch große, zahlreiche Fensteröffnungen eine veränderte Gesamtwirkung gegeben.

---

668) Ebh.: Burgenf. 1901, S. 19; Dehio: Österr. II, S. 152; Binder: I, S. 101 f.

Salzburg

Abweichend von der Größe der österreichischen Burgen finden wir im Salzburgischen außer der landesfürstlichen Hohensalzburg meist kleinere und weniger zahlreiche Vesten.

Abb. 663. Höhenbg. Golling, Salzburg, n. alt. Abb.

Die Entwicklung Hohensalzburgs ist aus dem Grundriß gut abzulesen[669]). Der älteste Teil, dessen Reste bis Ende des 11. Jahrh. zurückgehen, war das von tiefem Graben umgebene alte Schloß, das in gotischer Zeit stark verändert wurde durch die Umbauten Leonhards von Keutschach von 1495 bis 1519. Zugleich mit diesem Kernbau dürfte die Schloßbastei, „der alte Zwinger", ehemals vom innersten Graben umgeben, entstanden sein, während die Feuertürme und der dreiviertel runde Zwingermauerturm Zutaten von 1461 (?) waren (Abb. 665, 666). In dem viereckigen Vorbau der Nordostecke der Kernburg will man Reste eines ältesten Bergfrieds sehen.

Die Kernburg liegt heute in dem zweiten, von Osten nach Westen wohl 200 m langen und an 80 m breitem Vorburgring, an dessen Außenmauer eine Fülle von Bauten — Zeughaus, Schüttkasten, Ställe, Speicher und andere Bauten — lagen, darunter an der Nordseite die schöne spätgotische Burgkirche St. Georg. Über der Haupteinfahrt von 1460—80, die an der Südostecke in einem Turm lag, wurde schon 1500 der Turm verändert und 1540 das Große Zeughaus errichtet[669a]). Sieben runde, viereckige, vieleckige und ganz unregelmäßig ge=

Abb. 664. Burg Hohensalzburg, Stich n. Merian.

[669]) Smlg. Ebh.; Hettwer: Burgw. 1927, S. 41ff.; Dehio: Österr. I, S. 158ff. — [669a]) Diese Mitteilung verdanke ich Herrn Landesplaner R. Schlegel, Salzburg.

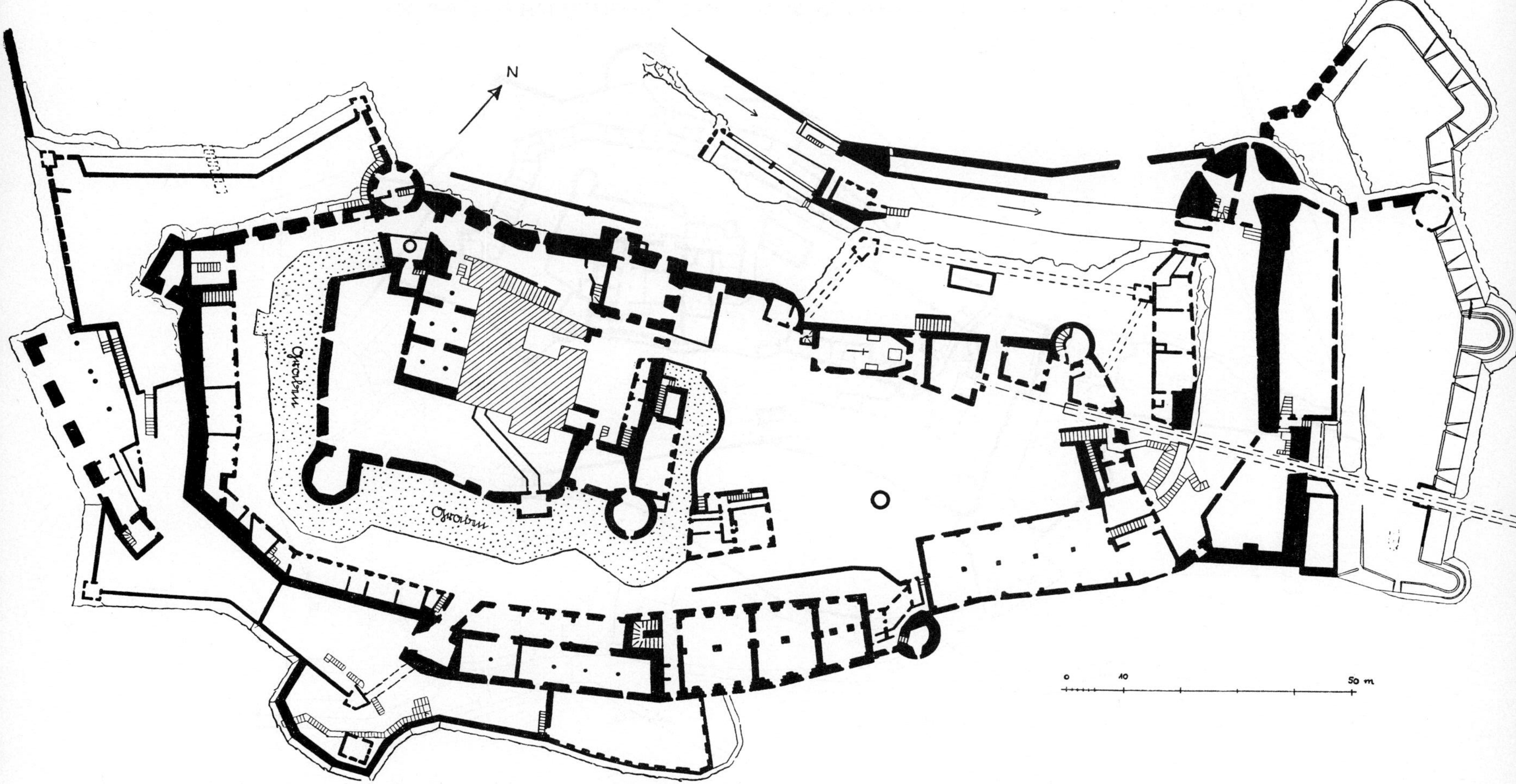

Abb. 665. Burg Hohensalzburg, Grdr. n. Pl. v. 1899 u. v. 1921 (Landesst. f. Raumf.) 1:1000. B. E.

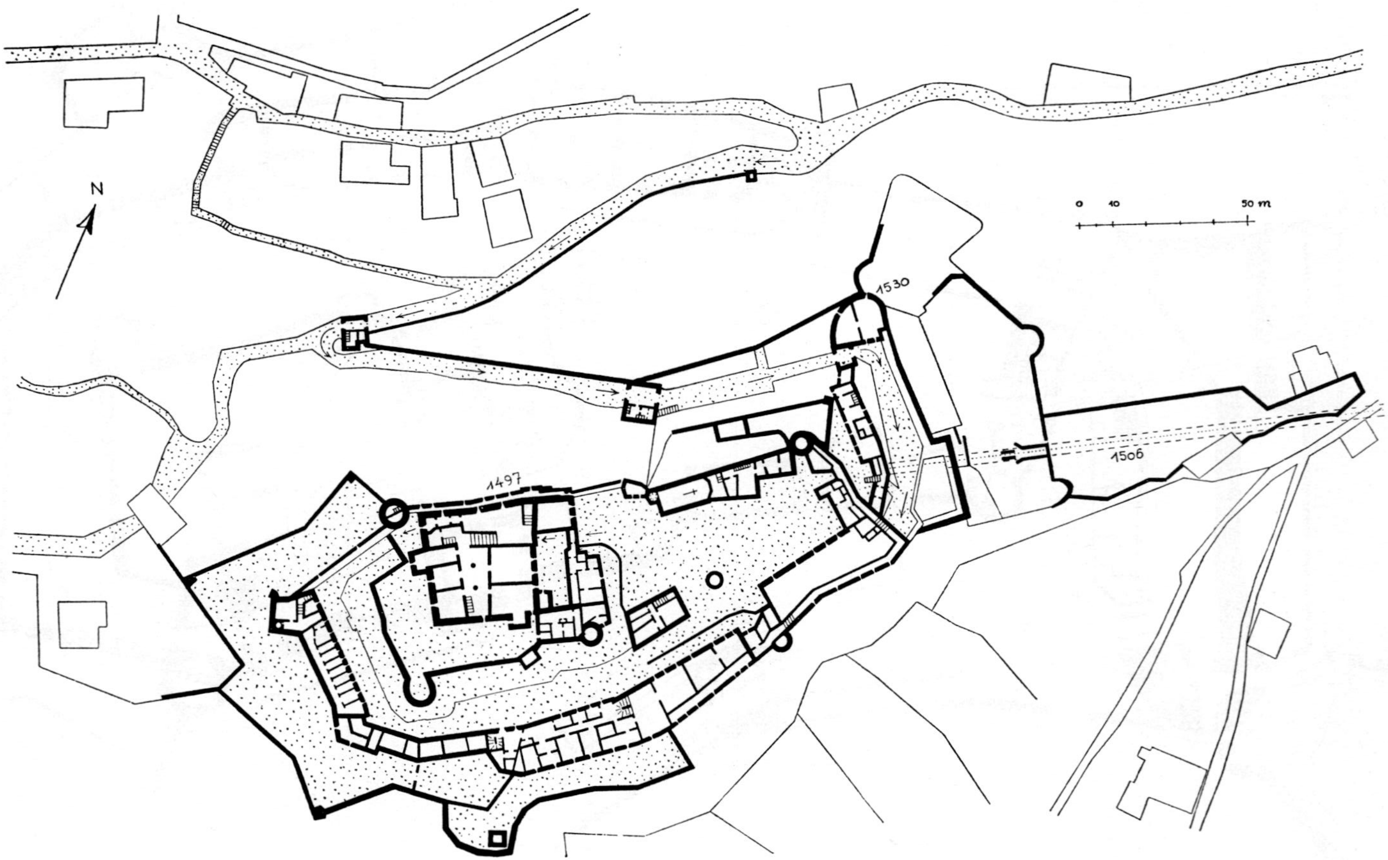

Abb. 666. Burg Hohensalzburg, Lgpl. n. Pl. d. Militärbauabt. u. Linearskizzen v. 1899 1:2000. B. E.

staltete Türme beherrschten die Ringmauer und bilden auch noch heute den herrlichen malerischen Umriß der Feste. Im 17. Jahrh. fügte dann Fürstbischof Lodron noch Sperrbogen (Tore) und Bastionen hinzu (Tafel 6).

Das Innere des ehemaligen Pallas, einst überreich, bietet noch heute köstliche spätgotische Holz- und Marmorarbeiten, Säle und Zimmer, eine kleine Hauskapelle. Innen und außen reden zahlreiche Inschriften und Wappen. Holz- und Steinwehrgänge bewahren in den vor die Zinnen gehängten Holzbalken-Schutzwänden alte Formen wie in Burghausen und Heimhof in Bayern (Abb. 664).

Hohenwerfen[670]) liegt inmitten der nördlichen Kalkalpen auf steilem, quer in das Tal vorgeschobenem Fels, durch zwei Vorburgen verstärkt. Nach Hohensalzburg war Hohenwerfen eine der wichtigsten Landesburgen. Um einen fast quadratischen innersten Burghof liegen im Osten der Pallas, an den sich im Süden der quadratische viergeschossige Kapellenturm anschließt, im Südwesten der runde Bergfried. Von hier läuft ein Zwinger zum Nordwohnbau.

Golling (Abb. 663) erhebt sich auf mäßiger Anhöhe um einen kleinen Hof. Die ebenfalls kleinere Anlage der 1287 urkundlich erwähnten Burg Kaprun zeigt ziemlich rechteckigen Grundriß. In der Südostecke steht der mächtige rechteckige Bergfried[670a]).

Moosham und Mauterndorf sind ebenfalls salzburgische Wehrbauten, die aber beide im 19. Jahrh. stark wiederhergestellt wurden. Von der ehemaligen Burg Plain bei Salzburg stehen nur noch ein Torturm und die Umfassungsmauern. Hochneukirchen ist ein unregelmäßig langgestreckter Bau. Burg Saalhof bei Zell am See ist ein typisch Salzburger Ansitz. Die Bauten von Schloß Lichtenberg bei Saalfelden, ebenfalls im 19. Jahrh. wiederhergestellt, ordnen sich um einen quadratischen Hof[670b]).

Kärnten

Die südliche West-Ost-Straße durch Kärnten[670c]) erforderte mit ihren Verzweigungen die Errichtung noch zahlreicherer Burgen. Sie führte zunächst von Salzburg bis zum Paßübergang über Gastein durch die Mallnitzer Tauern (oder noch südlicher über Innsbruck, Franzensfeste und Bruneck) nach Klagenfurt und weiter nach Graz.

Beide West-Ost-Talstraßen werden durch eine Fülle von Burgen verteidigt, die unter sich grundverschiedene Gestaltung zeigen.

An der Gastein-Villacher Straße im Möll- und Drautal finden wir beim Eintritt der Mallnitz in das Mölltal die schöne Baugruppe der Burg Groppenstein, 1254 genannt, ein Bau des 15. Jahrh., nur der romanische, gedrungene, viereckige Bergfried des 12. Jahrh. ist älter. Ein Gang verbindet ihn mit den gotischen, neuzeitlich wiederhergestellten Wohngebäuden[671]).

Ziemlich hoch an der Tauernbahn sperrten ein viereckiger Bergfried und einige Mauern der Burg Oberfalkenstein[672]) und das viel spätere, tiefer liegende Schloß Unterfalkenstein das Tal. Am östlichen Abhang bei Penk erhebt sich die geschlossene kleine Burg Mölltauer, bei Pusarnitz die Ruine Feldsberg, weiter die Freisingerfeste Hohenburg.

Den geschichtlichen wie geographischen Mittelpunkt Oberkärntens bildet Spittal, wo sich die Tiroler Straße mit den Paßstraßen der Tauern kreuzt. Hier liegt zwischen zwei

[670]) Klaus Ebh.: Burgw. 1927, Nr. 2, S. 22; Dehio: Österr. I, S. 123f.; Mayr: V. Hohenwerfen. — [670a]) Dehio: Österr. I, S. 118, 126; Piper: Österr. B. VI, S. 57ff., II, S. 99ff. — [670b]) Dehio: Österr. I, S. 135f., 133f., 139, 137, 130, 142. — [670c]) Dehio: Österr. I, zählt für Kärnten etwa 38 Burgen und Ruinen und für Salzburg 10. — Viele der nachfolgenden Einzelheiten bez. Kärnten verdanke ich der freundlichen Mitteilung von Herrn Major Kohla, Klagenfurt. — [671]) Dehio: Österr. I, S. 24; Ginhart: Kunstd. Kärntens Bd. I, 1, S. 33ff. — [672]) Ebenda S. 45f.; Smlg. Ebh.

Schluchten die Burg Ortenburg[673]), Sitz eines erlauchten Geschlechtes, das der Grafschaft ihren Namen gab. Die wild zerklüfteten, sehr verfallenen Burgreste lassen die langgestreckte Anlage einer Ausläuferburg erkennen. In dem sehr breiten Halsgraben stehen drei Brückenpfeiler, die enge Vorburg, die ehemals über diese Brücke erreicht wurde, liegt auf getrenntem Felsklotz, hinter zweitem Graben folgt ein Zwinger vor dem mächtigen unregelmäßigen Wohnturm. Der längliche, heute zerklüftete mit Schuttbergen gefüllte Hof ist von späten Wohnbauresten umgeben, die Kapelle mit halbrunder Apsis liegt auf der äußersten Nordostecke, darin Spuren von gotischen Malereien. Schutz und Herr=schaft der deutschen Ostsiedlung bot Ortenburg durch 400 Jahre.

Die Nachfolger der Ortenburger erbauten sich im gegenüberliegenden Spittal a. d. Drau im 16. Jahrh. einen prachtvollen Renaissancebau[673a]).

Es folgt bei Villach Finkenstein[674]), eine zerfallene höchst malerische Ruine, schon 1142 urkundlich genannt, langgestreckte Bruchsteinanlage, südöstlich mit qua=dratischem Bergfried. Bemerkenswert ist der stilvolle Eingangsturm und die Westwand des Pallas, deren fünf Saalfenster in spätgotischem Kielbogen teilweise noch erhalten sind.

Eine großartige, am Ossiacher See beherrschend gelegene Ruine bietet Landskron[675]) (Abb. 667), bei Vil ach, ältere Burg nach 1351 erbaut, Neubauten im 16. und 19. Jahrh. — Der Grundriß ist heute nicht mehr mittelalterlich burglich. Gräben und Zwinger an der Nordost= und Westseite sind völlig verwildert, die Wohnbauten 1842 ausgebrannt und ein=gestürzt. Der hohe Turm ähnelt dem von Hohenegg. Landskron war die erste Feste des Landes, die auf Feuerwaffen eingestellt wurde.

Sternberg, Hochwart[676]) und das schon 860/78 genannte Treffen[677]) liegen benach=bart. Die beiden letzteren waren ausgedehnte Anlagen, die nur in Resten erhalten sind. Die frühe Erwähnung deutet auf planmäßiges Vorrücken des Wehrbaues zusammen mit der deutschen Siedlung. Treffen zeigt noch runden Bergfried.

Um Klagenfurt liegt, der strategischen und Verkehrsbedeutung der Lage nördlich der Karawankenpässe nach Triest und Venedig entsprechend, ein ganzer Kranz von Burgen: südlich über dem Ufer der Drau die bewohnte Hollenburg (1142 genannt)[678]), deren burgliche Reste 1516 vielfach noch gotisch schloßartig umgebaut wurden. Sie be=herrscht die Draubrücke und die südwärts von Klagenfurt über den Loiblpaß führende Straße und bildete mit Burg Rosegg[679]) im Rosental und der bei St. Jakob ge=legenen, fast ganz zerfallenen Burg Altensaß hier einen Teil der Verteidigungskette Kärntens.

Westlich von Klagenfurt am Wörther See nennen wir am Südufer Reifnitz und am Nordufer Leonstein[680]). Letztere ist die übliche langgestreckte Ruine mit aus der Schild=mauer an der Angriffsseite im Süden vortretendem Bergfried. Wahrscheinlich entstand diese Form aber immer erst durch schloßähnliche Umbauten des 15. und 16. Jahrh. — an=schließend Wohnbaureste. Die tiefer liegende Niederburg bildet, wenn auch mit der Ober=burg verbunden, eine Burg für sich. Die benachbarte Seeburg, die politisch mit Leonstein zusammenhing, ist seit dem 14. Jahrh. vollständig verfallen.

---

[673]) Dehio: Österr. I, S. 61, 87; Kl. Ebh.: Burgw. 1927, S. 23; Piper: Österr. B. IV, S. 98ff.; Smlg. Ebh. (eign. Aufn. 1901); Ebh.: Burgenf. 1901, S. 29; Ginhart: Kunstd. Kärntens I, 2, S. 125. — [673a]) Ebenda I, 2, S. 112ff.; Dehio: Österr. I, S. 88. — [674]) Dehio: Österr. I, S. 12; Piper: Österr. B. VI, S. 19ff.; Smlg. Ebh.; Ginhart: Kunstd. Kärntens III, S. 345f. m. Abb. u. Grdr. — [675]) Ebenda S. 308f.; Smlg. Ebh.; Dehio: Österr. I, S. 47; Ebh.: Burgenf. 1901, S. 29; Piper: Österr. B. II, S. 104ff.; Kl. Ebh.: Burgw. 1927, S. 25. — [676]) Dehio: Österr. I, 316f., 34; Ginhart: Kunstd. Kärntens III, S. 318f. — [677]) Ebenda S. 311; Dehio: Österr. I, 94. — [678]) Ginhart: Kunstd. Kärntens V, 2, S. 625; Dehio: Österr. I, S. 34; Kl. Ebh.: Burgw. 1927, S. 26. — [679]) Burgw. 1927, S. 40; Dehio: Österr. I, S. 66. — [680]) Kohla: Burgw. 1927, S. 3; Piper: Österr. B. IV, S. 84f.; Smlg. Ebh.; Burgv. u. Ritterschl.: I, S. 154ff.; Ginhart: Kunstd. Kärntens V, 2, S. 601.

Bodo Ebhardt
19.1.25

Schroffenstein b/ Landeck.
Tirol

Tafel XXVII Burg Schroffenstein, Tirol

Nördlicher liegt Moosburg, nach Dehio[681]) als karolingisch bereits 888 genannt, die 1190 als romanische Burg urkundlich vorkommt. Die Ruinen liegen auf felsigen Moorinseln[682]). Mauerreste eines quadratischen, romanischen Turmes sind noch erhalten.

Ganz bedeutend ist der Bestand an Burgen um St. Veit, etwas nördlicher an dem wichtigen Süd=Nord=Weg Klagenfurt—Friesach—Bruck a. d. Mur—Wien bzw. Graz. St. Veit war bis 1518 Hauptstadt des Landes und somit politischer und kultureller Mittelpunkt[683]).

Dazu gehört Hardegg[684]) (1124—1264 oft erwähnt) mit zwei turmartigen Bauten um kleinen trapezförmigen Hof. Der nördliche, romanische Teil mit großer Mauerstärke steht noch in drei Geschossen mit großem Saal. Der südwestliche Teil ist stark zerstört. Der südliche runde romanische Vorwerksturm ist wohlerhalten.

Näher an St. Veit liegt Karlsberg[685]). Von der alten Burg sind ein romanisch rechteckiger, fünfgeschossiger Bergfried und ein kleiner, quadratischer Turm aus Magneteisenstein erhalten. Das tiefer gelegene Schloß ist ein Bau des 17. Jahrh.

Westlich davon zeigt Liebenfels[686]) (Abb. 668) — erst seit dem 15. Jahrh. genannt — zwei quadratisch romanische Bergfriede aus Bruchsteinmauerwerk und um den höherstehenden, östlichen Turm ausgedehnte Wohnbauten des 15./16. Jahrh.

Nördlich breitet sich die sehr ausgedehnte Herzogburg Freiberg aus[686a]).

Die hochgelegene Ruine Nußberg[687]) ist dagegen eine spätgotische Anlage um fast quadratischen Hof, 1496 erbaut.

Von der ursprünglichen Burg Taggenbrunn[688]) (Abb. 672) — 1143 urkundlich erwähnt — ist angeblich wenig erhalten. Die heutige ausgedehnte Ruine um unregelmäßigen Hof mit starken zur Seitenbestreichung geeigneten Rundtürmen an drei Ecken und Zinnenringmauer stammt von 1497, erbaut von Fürsterzbischof Leonhard v. Keutschach. Es ist aber wahrscheinlich, daß die mittelalterlichen Grundmauern für die Form bestimmend blieben. Namentlich der Kern der Burg — länglich viel geknickte Eiform — entspricht einer Grundform, die im 13. Jahrh. im oberen Neckargebiet häufig ist, freilich fehlt ein Bergfried.

Das berühmte Hochosterwitz[689]) (Abb. 682) überragt als ganz später, bedeutender, burglicher Gipfelbau alle Festen um St. Veit. Um den 150 m aufragenden Triaskalkfelsen streckt sich in Schneckenform die aus Kalkstein, Bruch= und Quaderstein errichtete Anlage mit wenig mittelalterlichen meist neueren Befestigungen. Die heutige Gestalt erhielt die Burg im 16. Jahrh. Aus dieser Zeit stammen die einstöckigen Wohnflügel der Kernbauten. Der Aufstieg führt durch 14 Tore. Alle hatten eigene Formen, viele Torgräben und Zugbrücken, Basteien mit Schartenformen wie bei Hohensalzburg, Zinnen mit schartendurchbrochenen Wimpergen, Schießscharten in unendlicher Zahl und Vielfältigkeit. Eine frühe Kapelle fehlt nicht. Der Baumeister der herrlichen Anlage ist unbekannt (Abb. 674).

Unmittelbar bei St. Veit liegt die ehemals starke Wasserburg Weyer[690]). Die Bauten von 1585 haben rechteckigen Grundriß und Ecktürme.

---

[681]) Siehe „Pfalzen, Reichs= und Hofburgen"; Dehio: Österr. I, S. 59. — [682]) Kohla: Burgw. 1927, S. 3; Ginhart: Kunstd. Kärntens V, 2, S. 553f. — [683]) Ders.: Burgw. 1927, S. 49ff. — [684]) Ginhart: Kunstd. Kärntens VI, 2, S. 805; ders.: Burgw. 1927, S. 51f.; Dehio: Österr. I, S. 30; Piper: Österr. B. III, S. 42. — [685]) Burgv. u. Ritterschl.: VI, S. 103; Dehio: Österr. I, S. 37; Ginhart: Burgw. 1927, S. 52f.; ders.: Kunstd. Kärntens VI, 2, S. 807. — [686]) Ebenda S. 773f.; Ginhart: Burgw. 1927, S. 53; Dehio: Österr. I, S. 37; Burgv. u. Ritterschl.: VI, S. 123ff.; Piper: Österr. B. II, S. 125ff. — [686a]) Ebenda VII, S. 57ff.; Ginhart: Kunstd. Kärntens VI, 2. — [687]) Dehio: Österr. I, S. 60; Ginhart: Burgw. 1927, S. 54. — [688]) Ebenda; Dehio: Österr. I, S. 92; Piper: Österr. B. II, S. 241ff.; Burgv. u. Ritterschl.: II, S. 228ff. — Kohla: Burgw. 1927, S. 2f. — [689]) Ginhart: B. Hochosterwitz i. Kärnten (Österr. K. Bd. 50); ders.: Burgw. 1927, S. 52; ders.: Kunstd. Kärntens VI, 2, S. 816f.; Piper: Österr. B. VII, S. 104ff.; Grueber: B. Hochosterwitz; Dehio: Österr. I, S. 32f.; Ebh.: Burgenf. 1901, S. 26. — [690]) Dehio: Österr. I, S. 104; Ginhart: Kunstd. Kärntens VI, 2, S. 804.

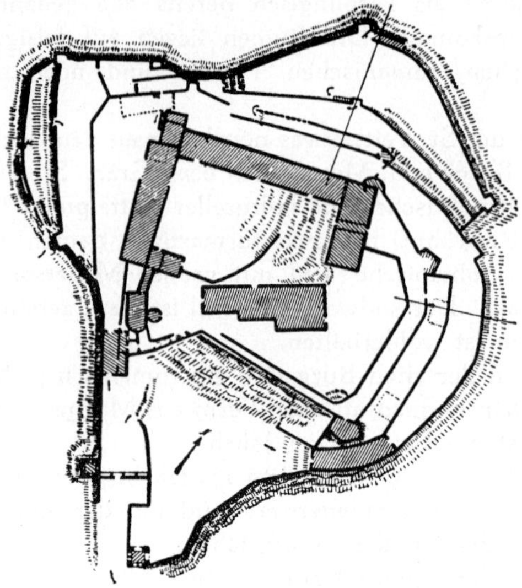

Abb. 667. Burg Landskron, Kärnten, Lgpl. 1:2000, n. Ginhart.

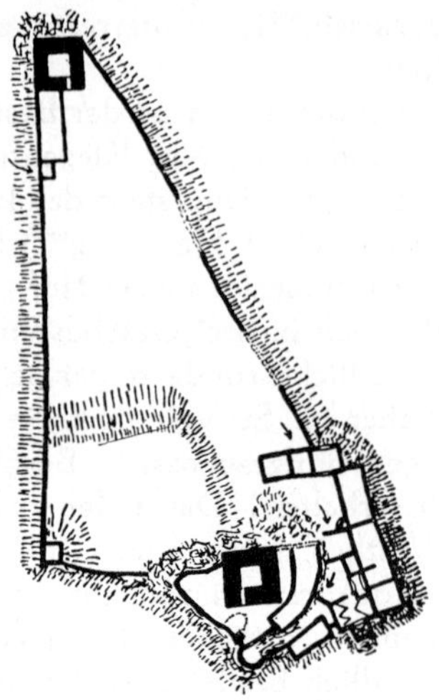

Abb. 668. Burg Liebenfels, Kärnten, Lgpl. 1:2000, n. Ginhart.

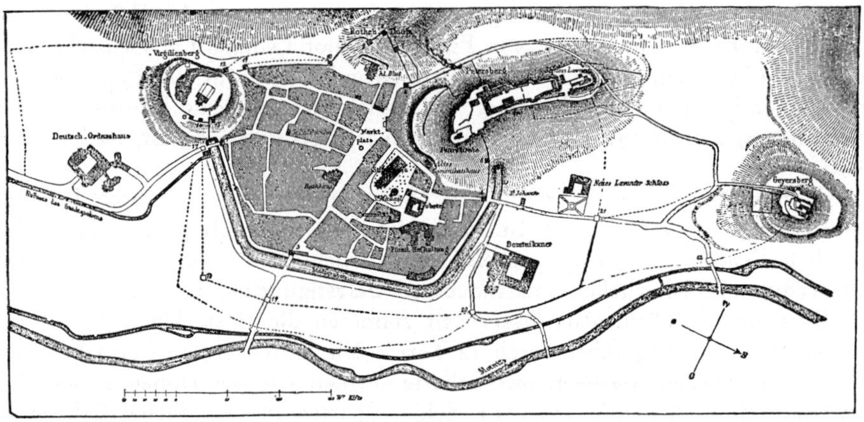

Abb. 669. Stadtbg. Friesach u. Bg. Petersberg, Kärnten, Lgpl. n. Essenwein.

Mannsberg[691]) (Abb. 673), einsam auf einem Bergausläufer, gehört zu den Burgen mit mächtigem, vieleckigem, fünfstöckigem Wohnturm, die ohne Bergfried mit hohen, Mantel=mauer=umgebenen Nebenflügeln, eine breit gelagerte Masse bilden. Viele Fenster deuten auf späte Umbauten der schon 1065 genannten Feste. Sie gehörte damals den Brixener Bischöfen.

Hungerbrunn[692]) ist ein mittelgroßer Bau des 16. Jahrh. über rechteckigem Grundriß, an den Schmalseiten zwei Rundtürme.

---

[691]) Ebenda S. 831; Ginhart: Burgw. 1927, S. 53f.; Dehio: Österr. I, S. 50; Ebh.: Burgenf. 1901, S. 24f.; Burgv. u. Ritterschl.: IV, S. 151ff. — [692]) Ginhart: Burgw. 1927, S. 52; ders.: Kunstd. Kärntens VI, 2, S. 799; Dehio: Österr. I, S. 35.

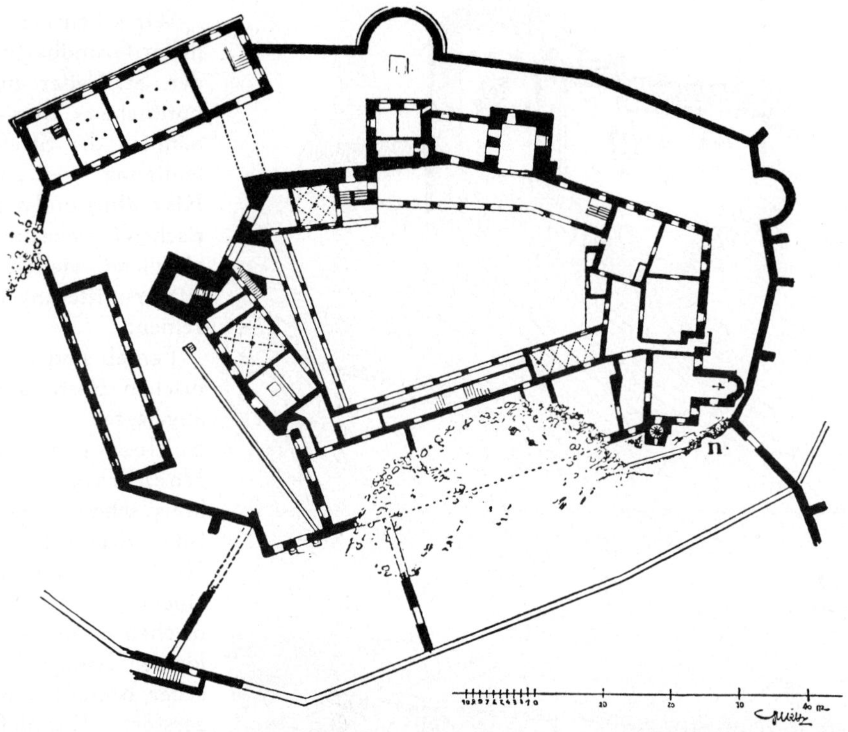

Abb. 670. Höhenbg. Straßburg, Kärnten, viereck. Bergfr., ausgeb. Kap., Seitenbestr.=Türme, Grdr. 1:1000, n. Grueber.

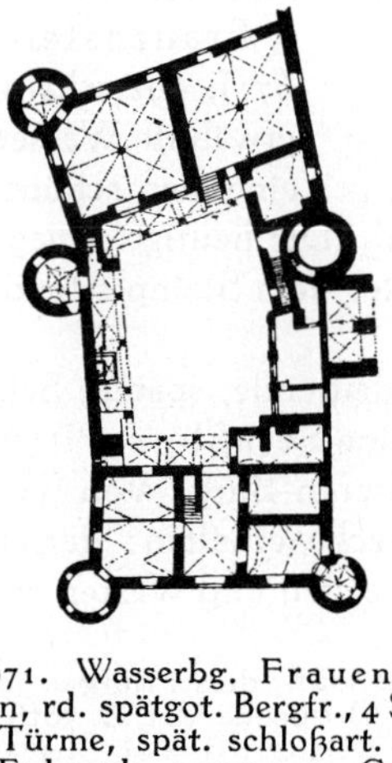

Abb. 671. Wasserbg. Frauenstein, Kärnten, rd. spätgot. Bergfr., 4 Seiten=bestr.=Türme, spät. schloßart. Ausb., Grdr. Erdgesch. 1:1000, n. Grueber.

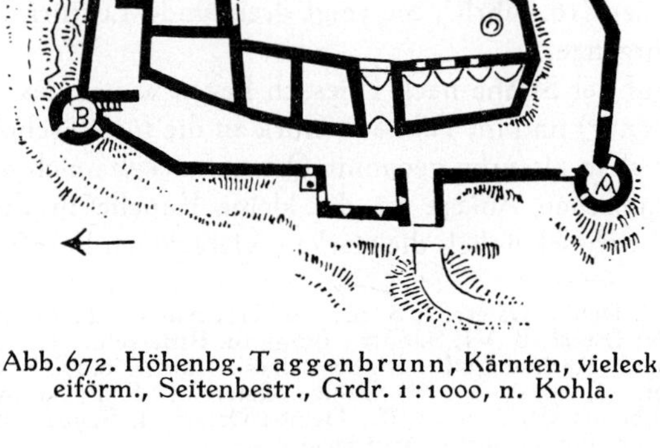

Abb. 672. Höhenbg. Taggenbrunn, Kärnten, vieleck. eiförm., Seitenbestr., Grdr. 1:1000, n. Kohla.

Abb. 673. Höhenbg. Mannsberg, Kärnten, gr. Wohnt. u. Mantelm. B. E.

Wir sehen bei einheitlicher Grundbestimmung der St. Veiter und der nördlichen Burgen — nämlich der Straßenverteidigung — zwischen Klagenfurt und der Steierischen Grenze die mittelalterliche, vielfältige Besitzersplitterung im einzelnen.

Fernab sind die romanischen Reste der kühn angelegten Kraiger Schlösser zu suchen. Hochkraig oder Altkraig, schon seit 11. Jahrh. Sitz der Herrn von Kraig[693]), besteht aus einem quadratisch, romanischen Bergfried, einem kleinen Zwinger und gotischer Kapelle, alles teils zerstört. Das tiefer liegende Niederkraig, aus dem 14. Jahrh. nachweisbar, zeigt mächtigen, quadratischen, fünfgeschossigen Bergfried (romanisch!), ausgedehnte, gotische Anbauten, große Zwinger und Hochburg.

Frauenstein[694])(Abb. 671), gut erhaltene, 1174 erwähnte Wasserburg, ist eine der schönsten spätgotischen Burgen Österreichs mit starkem, rundem Bergfried. Die heutige Anlage stammt aus dem 16. Jahrh. Sie zeigt drei runde Ecktürme und unter dem Steinplattendach noch Wehrgänge.

Auf der Straße nach Friesach liegen weiter das wenig bedeutende, spätere Schloß Althofen[695]) und im Tal nach Gurk zu die fürstbischöfliche Ruine Straßburg[696]) (Abb. 670). Der 1130 als urbs genannte Ort entwickelte sich aus der älteren Burg. Von der ältesten, romanischen Anlage ist die kleine Kapelle in der Südostecke erhalten; derselben Zeit sind wahrscheinlich die starken, viereckigen Bergfriede im Norden und Westen zuzuschrei=

[693]) Dehio: Österr. I, S. 46; Ginhart: Kunstd. Kärntens VI, 2, S. 802f.; ders.: Burgw. 1927, S. 53; Piper: Österr. B. VI, S. 86ff.; Burgv. u. Ritterschl.: III, S. 7ff. — [694]) Ebenda VII, S. 76ff.; Ginhart: Kunstd. Kärntens VI, 2, S. 800; ders.: Burgw. 1927, S. 50f.; Piper: Österr. B. VII, S. 48ff.; Dehio: Österr. I, S. 13. — [695]) Dehio: Österr. I, S. 2; Ginhart: Kunstd. Kärntens VI, 2, S. 821ff. — [696]) Ebenda VI, 1, S. 737ff.; Dehio: Österr. I, S. 90f.; Burgv. u. Ritterschl.: VII, S. 192ff.; Merian: Topogr. Provinciarum Austriacaru.

ben, dem 14. Jahrh. entstammt die Anlage um den unregelmäßigen, viereckigen Hof, das 16. und 17. Jahrhundert brachte ebenfalls An= und Umbauten.

Abb. 674. Kegelbg. Hoch=Osterwitz, Kärnten, n. Merian 1645.

Die wundervolle, wohlerhaltene Wehrbaugruppe — 860 schenkte Ludwig d. D. dem Erzbischof von Salzburg den Hof „Friesach" — der festen Stadt Friesach[697]), die bis 1803 salzburgisch blieb, mit den Burgen Petersberg, (1077 erbaut), Lavant (gotisch), Geiersberg und dem wohl auch früher befestigten Virgilienberg, gehört zu den erwähnten, mit den frühen deutschen Siedlern gen Osten vorrückenden Wehrbauten, die im Ostreiche bis ins 17. Jahrh. ihre Aufgabe immer wieder erfüllten. — Lavant und Petersberg liegen auf gleichem Felsgrat, der spitz zur östlich liegenden Stadt sich an drei Seiten frei nach Westen, etwa 260 m lang vorstreckt. Von der ersteren, der Bischofsburg, sind außer der Kirche geringe Reste erhalten; um so mächtiger wirkt die Burg Petersberg durch ihren herrlichen Wohnturm, 28,30 m hoch, einer der schönsten, romanischen Türme des gesamten, deutschen Sprachgebietes (Abb. 669).

Im Äußeren sind hoch oben rundbogige Zweilichtfenster mit Mittelsäule erhalten, innen ist im 4. Geschoß die romanische Ruperti=Kapelle, der Trifelskapelle sehr ähnlich, mit Resten früher Malerei bemerkenswert.

An den stolzen, einem erzbischöflichen Fürstensitz durchaus würdigen Kapellenturm von 1130 an der Angriffsseite schloß sich ein rechteckiger Bau um rechteckigen Hof, unter 45 Grad zu den Himmelsrichtungen. Südost= und Nordostflügel sind fast verschwunden, die beiden anderen vielfach umgebaut. Der 130 m lange, schmale, ringmauerumschlossene, höchste Burgteil diente wohl nur der Verteidigung. Wir finden also in der Friesacher Burg eine Baugruppe, die von allen übrigen völlig abweicht und in keine Schule einzuweisen ist.

Das burgenreiche Kärnten schließt mit der schönen Friesacher Wehrbaugruppe im wesentlichen ab. Hier seien neben gut erhaltenen Kirchenburgen, befestigten Klöstern und Höhlenburgen noch einige wenige Beispiele genannt: die drei Burgruinen in Trixen, Neudenstein, Eberstein und die Ruinen Griffen und Federaun. Die große Straße führt nun zur Steiermark.

Steiermark

Als erste Burg in Steiermark an der großen Straße besuchte ich 1901 die wehrbaulich bedeutend gelegene Burg Dürnstein, 1144 als „Castrum Dierenstain" erwähnt[698]). Sie liegt in Trümmern auf steilem Fels und bildet eine Grenzsperre zwischen Steiermark und Kärnten über dem Olsatal. Die dreieckige Anlage zeigt an derNordostecke einen seltsam spitzrunden Turm und in der Mitte der Nordseite einen zur Seitenbestreichung vorgeschobenen Halbrundturm. Parallel dem Ostabhang, von diesem durch Zwinger getrennt,

[697]) Ebenda; Dehio: Österr. I, S. 13ff.; Zedrosser: Stadt Friesach i. K.; Essenwein: Hdb. d. Archit. II, 4, I (1889), S. 85ff., 166. — [698]) Dehio: Österr. I, S. 196f.; Piper: Österr. B. IV, S. 20ff.; Ebh.: Burgenf. 1901; Smlg. Ebh.

laufen Wohnbauten, ebenso an der westlichen Ecke des Dreiecks. Von mittelalterlichem Burgenbau haben vielfache Umbauten außer gewölbten Torhallen und Erdgeschoßräumen wenig übriggelassen.

In den Felsenschluchten zwischen Kärnten und Steiermark liegen noch — heute meist als Ruinen — Reste ehemaliger Burgen, wie Neidegg, Neu- und Altschloß Lind, Alt- und Neuteufenbach, am Rand des Murtales Pux, Saurau und die im 16. Jahrh. umgebaute Burg Katsch, Höhlenschloß Schallaun oder Puxerlueg, im Wölzertal Rotenfels bei Oberwölz, die Ruinen Schrattenberg, die Reste der Burg Schachenturn bei Scheifling[699]). Nicht umsonst liegen diese Rittersitze hier beisammen — es galt eine wichtige Paßstraße zwischen Kärnten und Steiermark zu beherrschen.

Die Doppelburg Forchtenstein[700]), 1899 frei wieder hergestellt, verband durch Mauern zwei Wehrbauten. Im Nordwesten steht ein mächtiger, viereckiger Bergfried, von dem aus der Fels noch 12 m in den Hofraum abfällt.

Abseits liegt eine der höchstgelegenen ausgedehntesten Burgen des Landes, Stein[701]), 1130 genannt, mit zwei Vorburgen im Osten und Nordwesten der breiten Anlage. Die höher liegende Kernburg trägt über dem ringsum abfallenden Gelände verschiedene Gebäudeteile. Der südöstliche Wohnbau und die Vorburgmauern zeigen fünf vorspringende Halbrundtürme und gegen die Südost-Angriffsseite ein starkes „Rondell".

Noch großartiger ist die 1248 erwähnte Frauenburg[702]) (Abb. 676) des Minnesängers Ulrich von Liechtenstein bei Unzmarkt. Gotische und Renaissanceteile sind stark zerstört, die romanischen Bauten gut erhalten. Ein Doppeltor mit Scharten und Pechnase führt von Norden in den Zwinger etwa 40 m unter dem unteren Burghof, zu diesem steigt man in der an 100 m langen Nord-Süd-Achse unter einem beherrschenden Felsen entlang zum unteren, von diesem weiter etwa 5 m höher zum oberen Hof empor, an dem ein späterer, langer Ostflügel liegt. Gradeaus sehen wir das Hauptkennzeichen der Frauenburg, den ungewöhnlich mächtigen, turmartigen romanischen Pallas, etwa 18 m lang und 12 bzw. 9 m breit. Wegen seiner Lage an der Angriffsseite ist er an 20 m hoch, oben zinnengekrönt, dahinter ehemals mit Pultdach abgedeckt. Der Pallas ersetzt also den fehlenden Bergfried. Vier sehr frühe Zweilichtfenster mit Rundbogen und Mittelsäule zeigen die romanische Bauzeit des mächtigen, vierstöckigen Baues (Abb. 681).

Unmöglich ist es, alle meist sehr großen Burgen bis Bruck und Graz nur zu erwähnen[703]). Kurz sei Ruine Landskron in Bruck a. d. Mur[704]), an der Nordostecke der viereckigen Stadtummauerung auf der Höhe gelegen, Rabenstein auf hohem Felsen[705]) (Abb. 679), Alt-Pernegg[706]) über der Mur mit geringen mittelalterlichen Resten genannt.

Lichteneck[707]) (Abb. 675), fest geschlossene Anlage von 1395, später umgebaut, gliedert sich um einen engen Hof, Halsgraben und Torturm, schmaler Zwinger im Südosten und zwei Halbrundtürmen sind vorhanden.

Gallenstein[708]) im Ennstal, aus Tuffsteinquadern, erscheint merkwürdig durch einen keepartigen Wohnturm von 15×18 m.

Genannt sei auch Ruine Kammerstein[709]) auf besonders steilem Felsen bei Kammern oder die 190 m lange, im Kernbau aber nur etwa 15×45 m messende Burg Waldstein, nordwestlich Feistritz, mit dreieckigem Bergfried[710]).

---

[699]) Wonisch: Burgw. 1927, S. 33; vgl. Baravalle-Knapp: Steir. Burg. u. Schl. Bd. II, S. 308ff., 301ff., 296ff., 291f. — [700]) Dehio: Österr. I, S. 205; Piper: Österr. B. III, S. 23ff. — [701]) Dehio: Österr. I, S. 343; Piper: Österr. B. II, S. 233ff. — [702]) Dehio: Österr. I, S. 208; Piper: Österr. B. I, S. 106ff.; Ebh.: Burgenf. 1901, S. 22f.; Wonisch: Burgw. 1927, S. 33ff.; Baravalle-Knapp: a. a. O. II, S. 278ff. — [703]) Dehio: Österr. I, nennt ungefähr 40 Burgruinen. — [704]) Baravalle-Knapp: a. a. O. II, S. 50ff.; Dehio: Österr. I, S. 189f. — [705]) Ebenda I, S. 297. — [706]) Ebenda I, S. 289. — [707]) Ebenda I, S. 361; vgl. Baravalle-Knapp: a. a. O. II, S. 87ff. (dort ausführl. Darstellung); Piper: Österr. I, S. 213. — [708]) Ebenda VI, S. 42ff.; Dehio: Österr. I, S. 213. — [709]) Ebenda I, S. 252; Piper: Österr. B. II, S. 94ff; Baravalle-Knapp: a. a. O. II, S. 140ff. — [710]) Piper: Österr. B. V, S. 176ff.; Dehio: Österr. I, S. 360.

Als Tieflandburg ist die regelmäßig rechteckige späte Burg Gabelkhofen bei Judenburg zu beachten, in rechteckigem Zwinger mit vier Ecktürmen und breitem Trockengraben gelegen[711]) (Abb. 677).

Die mittelalterliche Burg von Graz[712]) auf dem Schloßberg — ein quadratischer Bau mit zwei Ecktürmen und mächtigem Bergfried an der Nordseite, der 1531 durch Blitzeinschläge ziemlich zerstört worden war — wurde im 16. Jahrh. bei Anlage neuer Festungswerke niedergerissen. Graz als landesfürstliche Residenz für Innerösterreich erhielt ein neues Schloß — heute „Burg" genannt.

An einer wichtigen Straßengabelung von Obersteiermark und Kärnten erbaute das Erzbistum Salzburg die Burg Krems bei Voitsberg. Die heutige Ruine zeigt eine langgestreckte Anlage mit dem ältesten Teil, einem Turm von unregelmäßig rundlichem Grundriß im Westen und einem mächtigen Viereckturm aus dem 14. Jahrh. Die vielen Schlüssel= und Geschützscharten deuten auf späteren Umbau der Burg[712a]) (Abb. 680).

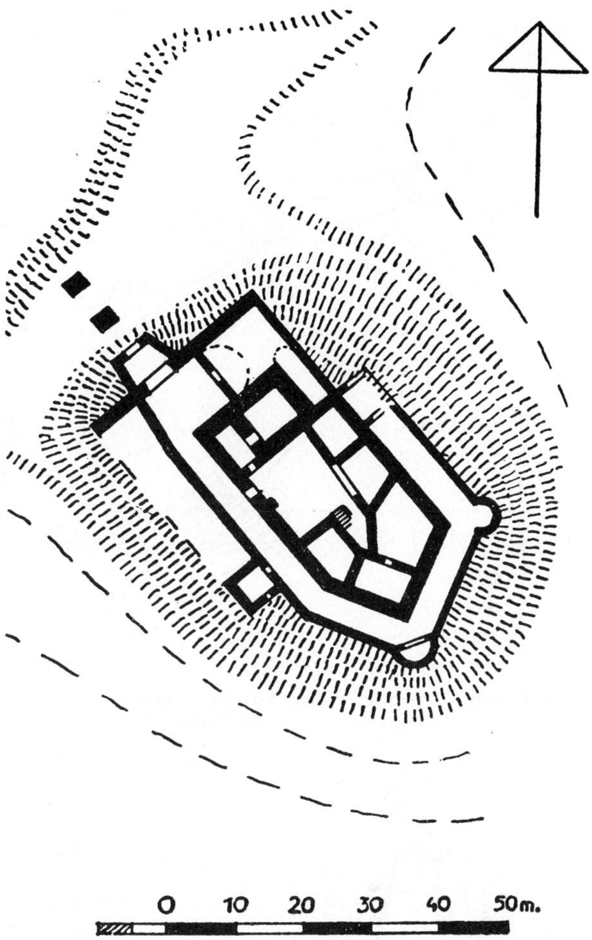

Abb. 675. Höhenbg. Lichteneck, Steierm., Kern ohne, Zwingerm. mit Seitenbestr., Grdr. 1:1000, n. Knapp.

Ruine Gösting[713]) (Abb. 678), nördlich von Graz, senkrecht 567 m über dem Murtal auf Dolomitgestein, liegt langgestreckt wie so auffallend viele österreichische Burgen. Als ältester Teil ist die Doppelkapelle im Osten anzusprechen, durch Gang mit dem quadratischen, 20 m hohen Bergfried verbunden, dieser wiederum mit einem der fast verschwundenen Wohnbauflügel; im Norden und Nordwesten liegt die Vorburg mit siebeneckigem Wehrbau, einem Wohnbau über späteren Bastionen.

Westlich von Graz erhebt sich eine der gewaltigsten Burgen des deutschen Ostens, die Riegersburg[714]) (Abb. 682) auf einem Basaltmassiv, unvergeßlich stolz und kühn errichtet; im 12. Jahrh. urkundlich genannt, bestand sie aus der höher gelegenen Burg Kronegg und der tieferen Liechtenegg. Der Umbau zur frühen großartigsten, uneinnehmbaren Festung vollzog sich erst im 16. Jahrh. Von Liechtenegg blieben damals nur Reste,

711) Ebenda I, S. 211 f.; Piper: Österr. B. I, S. 120; Baravalle=Knapp: a. a. O. II, S. 196 ff. — 712) Dehio: I, S. 219 ff.; Baravalle=Knapp: Steir. Burg. u. Schl. Bd. I, S. 395 ff.; Thiel: D. Landesf. B. i. Graz (Bd. III Beitr. z. Kunstgesch. St. u. K.). — 712a) Dehio: Österr. I, S. 259; Baravalle=Knapp: a. a. O. I, S. 277 ff. — 713) Ebenda I, S. 344 ff.; Schwach: D. Ruine Gösting b. Graz; Dehio: Österr. I, S. 217 f.; Piper: Österr. B. VII, S. 61 ff.; Baravalle: Burgw. 1927, S. 73 ff. — 714) Sprenger: Markt u. Veste Riegersb.; Dehio: Österr. I, S. 303; Piper: Österr. B. IV, S. 148 ff.; Zeller: Österr. Burgenw. 3. Jg., Nr. 3 (Juli 1934).

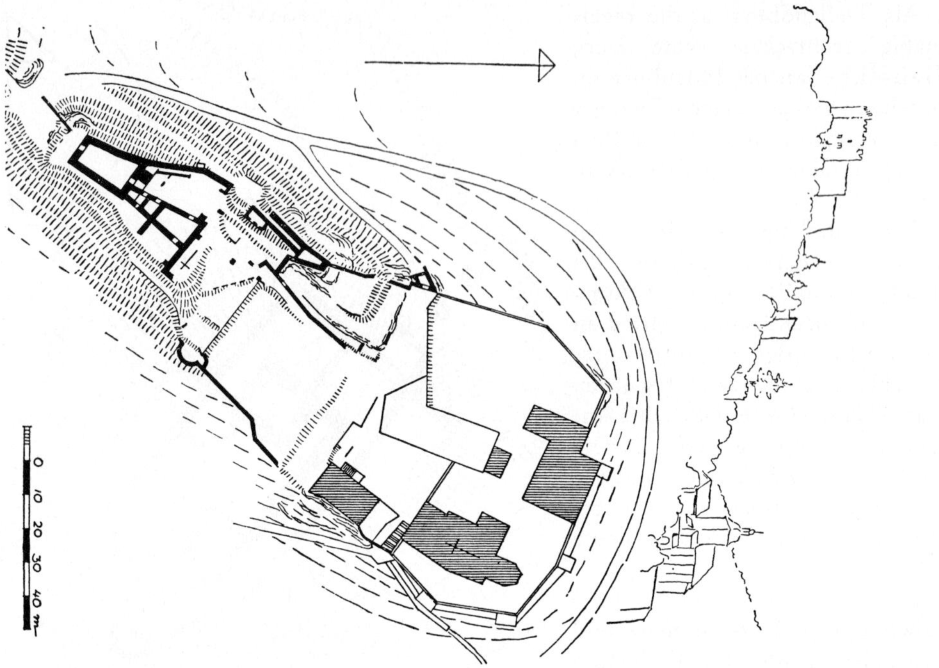

Abb. 676. Höhenbg. Frauenburg b. Unzmarkt, Steierm., roman. Pallas, ohne Seitenbestr., weite Vorbg., Lgpl. 1:2000, n. Knapp.

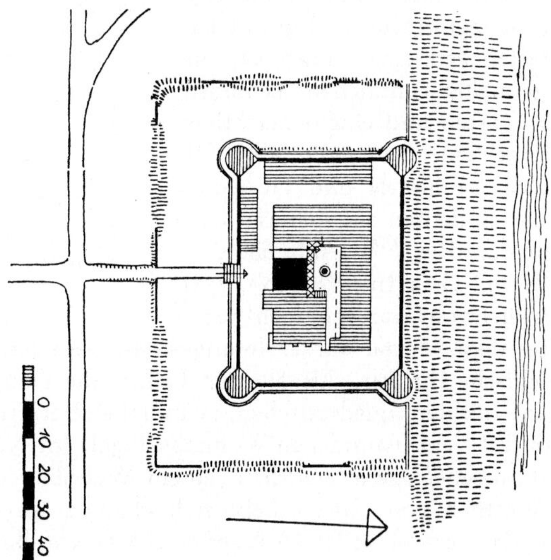

Abb. 677. Fest. Schl. Gabelkhoven, Steierm., ält. Kern, Trockengraben, Lgpl. 1:2000, n. Knapp.

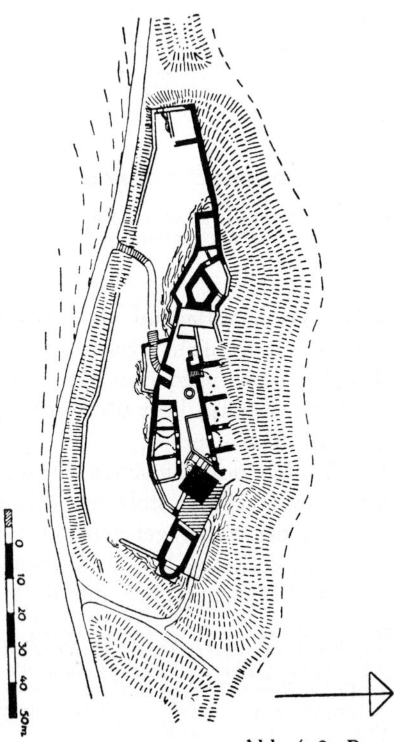

Abb. 678. Burg Gösting, Steierm., Lgpl. 1:2000, n. Knapp.

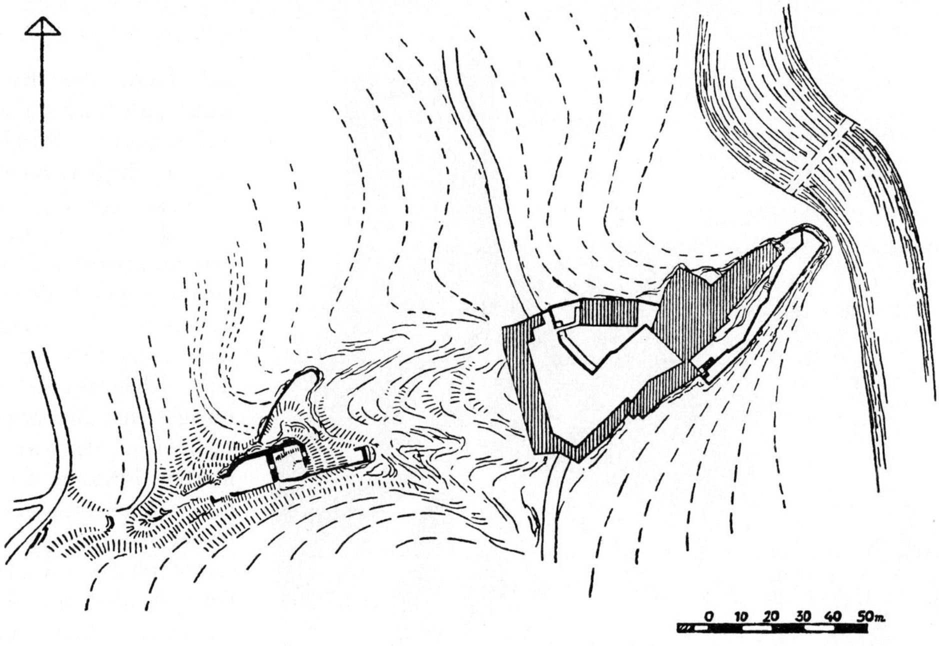

Abb. 679. Felsenbg. Rabenstein, Steierm., höh., ält. Ruine got. u. spät. Bauten, bewohnt, Lgpl. 1:2000, n. Knapp.

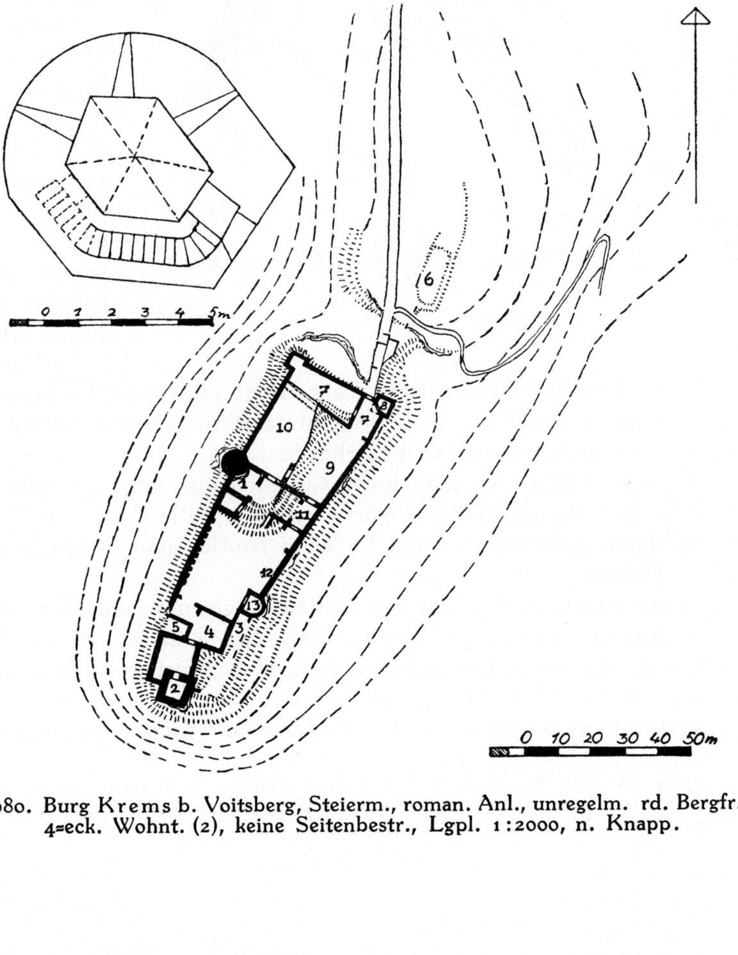

Abb. 680. Burg Krems b. Voitsberg, Steierm., roman. Anl., unregelm. rd. Bergfr. (1), 4=eck. Wohnt. (2), keine Seitenbestr., Lgpl. 1:2000, n. Knapp.

Abb. 681.

der Kern der Burg wurde, wie fast bei allen bedeutenden Burgen Österreichs, lang, rechteckig, schloßartig, hier um zwei Höhen gelegen, umgebaut und mit vielen großen Fenstern versehen. So wenig vom eigentlich burglich Mittelalterlichen übrig ist, hat die waagerechte Linie der bastionierten Festung doch den hochstrebenden überwältigenden Gesamteindruck, weder beim Anblick aus der Ferne, noch beim Aufstieg über den blanken Basaltfelsen, schmälern können.

An der Südbahn bei St. Georgen lagen die Burgen Blumenstein, Anderburg, die 1145 genannte, im 15. Jahrh. umgebaute Burg Reifenstein und Reichenegg; die letztere ist mit viereckigem Bergfried als Ruine erhalten[715]).

Im Norden am Semmering liegt die 1171 genannte romanische Burg Hohenwang bei Langenwang[716]), abermals der Bergbildung entsprechend, eine langgestreckte romanische Anlage mit tiefergelegener Vorburg. Umfassungsmauern sind erhalten.

Westlich von Graz erhebt sich auf einem Ausläufer des von Gratwein nach Süden ziehenden Kugelberges die vielkantig längliche Kernburg Plankenwart[716a]) über einer langen Vorburg, deren östliches schmales Ende im Norden und Süden je ein stattlicher Eckrundturm verteidigte.

Südlich von Graz bildete an der Mur der Wildoner Berg mit seinen Burgen, Schlössern und Türmen: Schwarzenegg, Wildon, Ful, St. Margarethen, Freibüchel, Hengstiburg usw. eine ausgedehnte Befestigung in Mittelsteiermark[716b]).

Wesenstein, Deutschlandsberg, Hollenegg, Weinburg, Arnfels, die vielgeteilte Burgengruppe von Seggau, nicht zu vergessen die lange Gratburg von Strechau

---

[715]) Piper: Österr. B. VII, S. 217ff. — [716]) Dehio: Österr. I, S. 260f.; Piper: Österr. B. IV, S. 49ff. — [716a]) Dehio: Österr. I, S. 290f.; Baravalle-Knapp: a. a. O. I, S. 337ff. — [716b]) Ebenda I, S. 230ff.; Dehio: Österr. I, S. 366. —

und viele andere, die bei Baravalle=Knapp[716c]) genannt und zum Teil dort in vortrefflichen Lageplänen dargestellt werden, geben von der Wehrhaftigkeit dieses Grenzlandes gute Anschauung. Die Einzelformen von Batterietürmen und späten Schlüsselscharten zeigen, wie lange der Burgenbau noch bis ins 14. Jahrh. hinein dauerte.

Zahlreich kommen in Steiermark viereckige Bergfriede vor. Aber eine Gesamtform der Anlage, die sich oft wiederholt, ist in Steiermark nicht zu erkennen.

Burgenland

Die besondere Bestimmung des Burgenlandes als Grenzland, das die natürlichen Wälle der letzten Alpenvorberge gegen Osten seit dem Anfang des 10. Jahrh. zur Verteidigung des Deutschtums gegen den Osten benutzte, führte zur Errichtung einer Burgenkette, die sinngemäß der Vogesenkette im Westen entsprach.

Ein Vergleich der östlichen mit den westlichen Burgen zeigt aber sogleich deren völlige Verschiedenheit. Seit vorromanischer Zeit herrlich entwickelt, sind die straffen Turm= und Pallasquaderbauten des Elsaß, die nur wenige übergroße Gewaltbauten umfassen, im einzelnen aber die wehrhafteste Größe und die mittelalterliche Form erstaunlich erhielten. Wenige oder gar keine dieser Burgen kamen unzerstört oder später wieder aufgebaut auf unsere Zeit. Im Burgenland finden wir dagegen fast nur mittelalterliche Reste selbst früher Burgen, spät schloßartig oder durch weitere Außenbastionen ausgebaut, besonders bedeutend z. B. in Lockenhaus (13. Jahrh.). Die Türkengefahr hat hier wie im österreichischen Osten seit dem 16. Jahrh. durchweg zu großartigen Verstärkungen geführt, bei denen meist nur der stehengebliebene Bergfried den burglichen Eindruck bewahrte.

Auch sind bedeutende Burgen nicht sehr zahlreich, genannt werden Scharfenegg und Hornstein am Leithagebirge[717]), die großartige Burg Forchtenstein am Rosaliengebirge, Landsee über dem Stobertal, Lockenhaus, Bernstein, Schlaining in den Günser Bergen und Güssing[717a]).

Es fragt sich, ob trotz versagender Urkundenquellen die ältesten Anlagen nicht weiter als bis zum 13. Jahrh. zurückgehen, muß man doch annehmen, daß bald nach der Schlacht am Lechfeld im Jahre 955 das neu eroberte Gebiet bis zum Neusiedlersee auch wehrbaulich gesichert werden mußte. Freilich sind jene älteren Burgen wohl immer wieder zerstört und aufgebaut, jeweils in romanischen, gotischen und späteren Stilformen.

Den altertümlichsten Grundriß zeigen neben Schlaining[718]) (Abb. 684) Lockenhaus und Landsee. Schlaining ist in Bruchstein aus grünlichem Chloritschiefer zum Teil in gotischen Formen malerisch erbaut, der runde Bergfried gehört früherer Zeit, dem 13. Jahrh. an, wohl auch der viereckige Turm an der Südspitze. Um 1450 fand ein großer Umbau durch Andreas Baumkirchner statt. Der Grundriß zeigt vortreffliche Anordnung (Abb. 684). Ein breiter, tiefer Halsgraben schneidet nördlich den Bauplatz von dem Berge ab. Über die lange Brücke führt der Zugang durch ein erstes Tor in der Zwingermauer noch über einen zweiten Graben in den stark bewehrten Vorhof der Burg, der von der Kernburg abermals durch tiefen Graben und runden, frühromanischen Bergfried und fast 6 m starke Schildmauer mit Hohlräumen (Schießkammern) abgeschlossen ist. Der spätere Wohnbau, noch mit romanischen Innenräumen und Kapelle, liegt an der sichersten Nordostecke[719]).

Sehr merkwürdig ist die beherrschend gelegene wilde Ruine Landsee, anscheinend in gotischer Zeit (mit Ziegeln!) umgebaut (13. Jahrh.). Bergfried und Pallas sind in einem

[716c]) Ebenda I, S. 195, 245f., 361, 186, 337f., 346f.; Baravalle=Knapp: I, S. 214ff., 191ff., 186ff., 105ff., 135ff., 40ff., 22ff. — [717]) Frey: D. Burgenland S. V. — [717a]) Vgl. Knapp: Burgw. 1938, S. 45ff. — [718]) Knapp: Burgw. 1936, S. 40ff.; Frey: S. XXVIf.; Dehio: Österr. II, S. 672f. — [719]) Nach Grundriß von Siegris in Frey: S. XXVII.

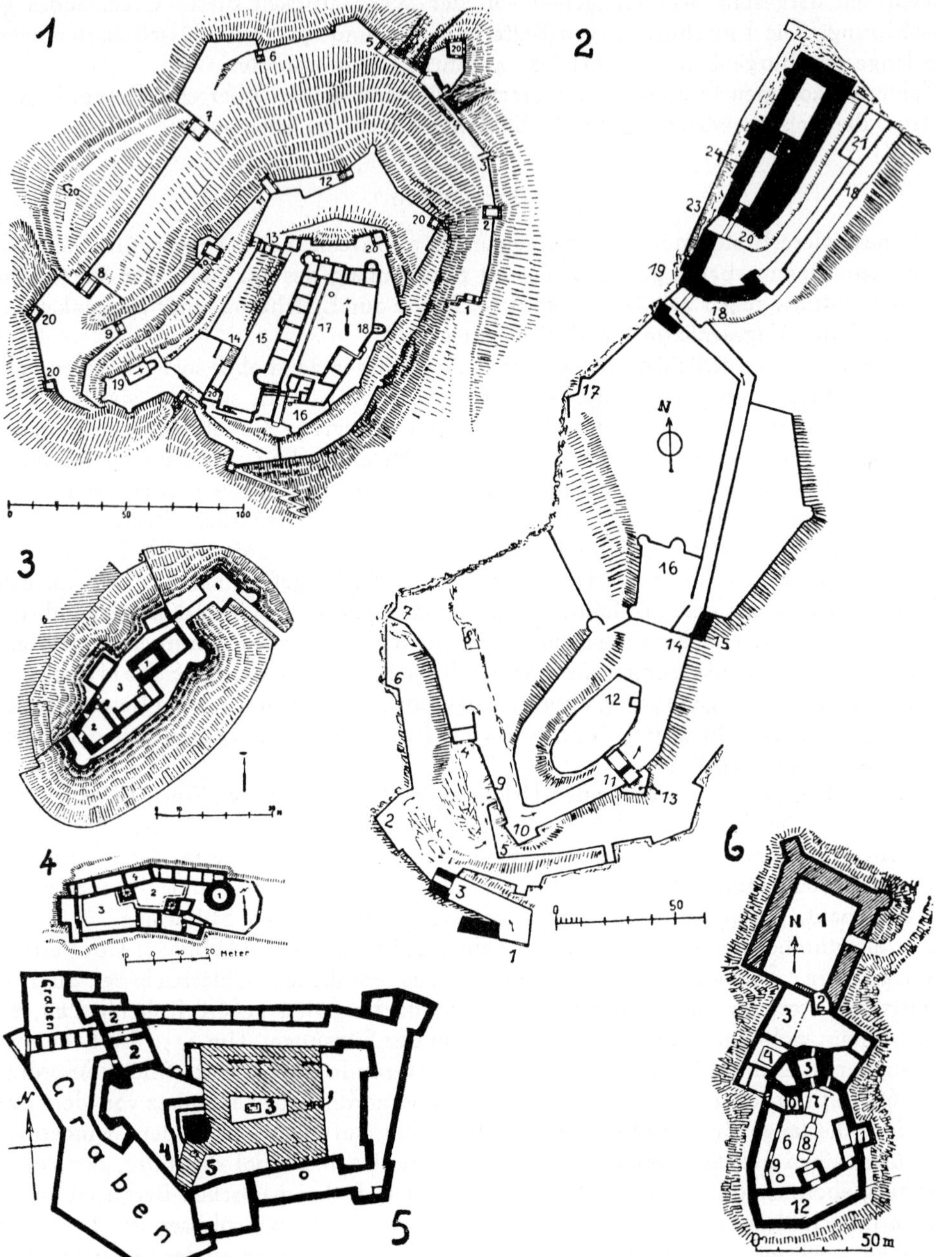

Abb. 682. Größenvergleichsübers. 6 österr. Burgen: 1. Hochosterwitz, 2. Riegersburg, 3. Schattenburg, 4. Matzen, 5. Forchtenstein, 6. Lockenhaus. Beisp. d. Vielgestaltigk., Lgpl. etwa 1:3000. B. E. n. Dehio.

schiffsbugförmigen Bruchsteinmauerblock mit mächtigem, fast 10 m tiefen Sporn vereinigt. Um diesen hat man gegen die westliche Angriffsseite vier mittelalterliche und spätere Mauern ohne Seitenbestreichung — dazwischen drei tiefe Gräben — gelegt, merkwürdigerweise auch den langen Hauptausgang über 3 Brücken, um die ganze im Grundriß pilzförmige Burg dann eine äußerste Mauer mit kleinen Bastionen. Seit 1772 ist Landsee verlassen[720]) (Abb. 685).

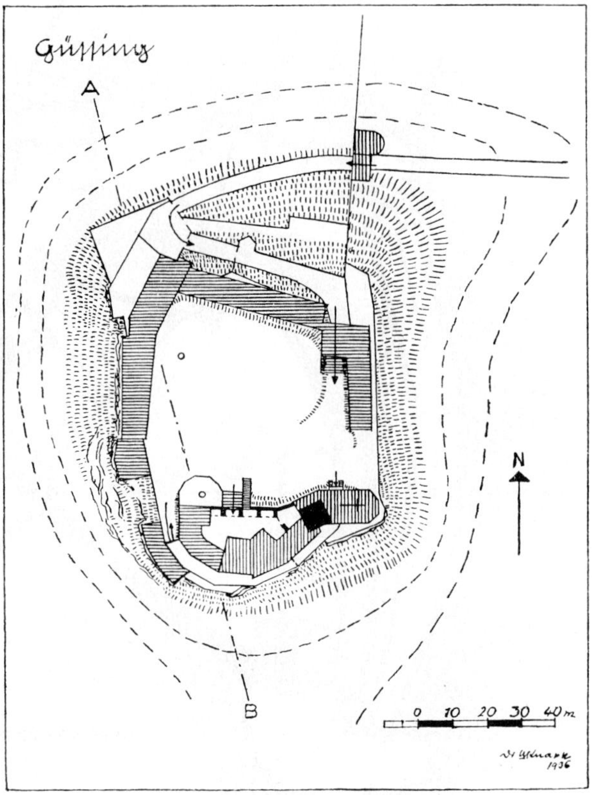

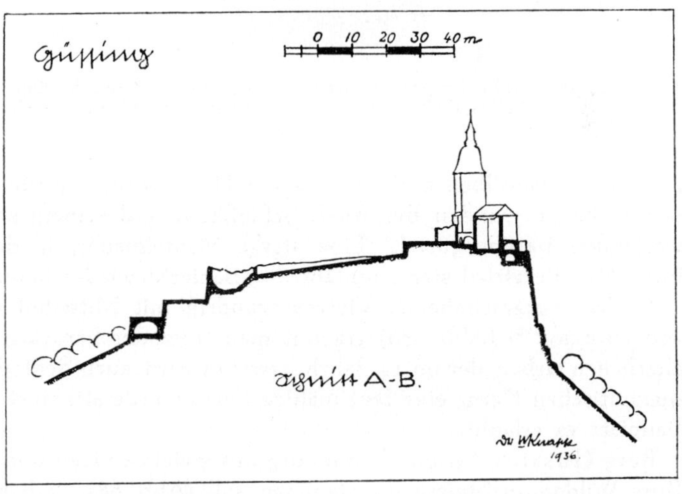

Abb. 683. Höhenbg. Güssing, Burgenld., südl. Kernbg., nördl. Vorbg., Lgpl. u. Schn. 1:2000, n. Knapp.

Die bedeutendste Burg des Burgenlandes ist Forchtenstein[720a]) am Osthang des Rosaliengebirges (Abb. 682). Aus frühen, rein burglichen Anfängen ist im Laufe der Jahrhunderte die prachtvolle Feste geworden, die um einen mächtigen runden Bergfried früher Bauzeit Wohn- und Wehrbauten des 17. Jahrh. (Umbauten der Esterhazy 1635 bis 1637, 1652 Bau der Bastionen) zeigt.

Außenwerke, prachtvolle Bastionen und Batterietürme, barocke innere Saalbauten mit ihrem kostbaren Inhalt an alten Waffen, Kriegsgerät und Bildern machen Forchtenstein noch heute zum Kleinod burgenländischer Wehr- und Wohnbaukunst.

Lockenhaus, noch unter Dach (um 1200 bezeugt)[721]) (Abb. 682), mit Bergfried und frühgotischem Quaderkapellenturm mit Dreilichtfenstern und zwei Säulchen, zweischiffig mit 13 plumpen

[720]) Frey: S. XXf.; Dehio: Österr. II, S. 654f.; Ebh.: Burgenf. 1901, S. 21; Smlg. Ebh. — [720a]) Knapp: Burgw. 1938, S. 48ff.; Dehio: Österr. II, S. 645f.; Frey: S. XIX u. Abb. 65—69. — [721]) Frey: S. XXV, Abb. 109—111; Dehio: Österr. II, S. 655f.

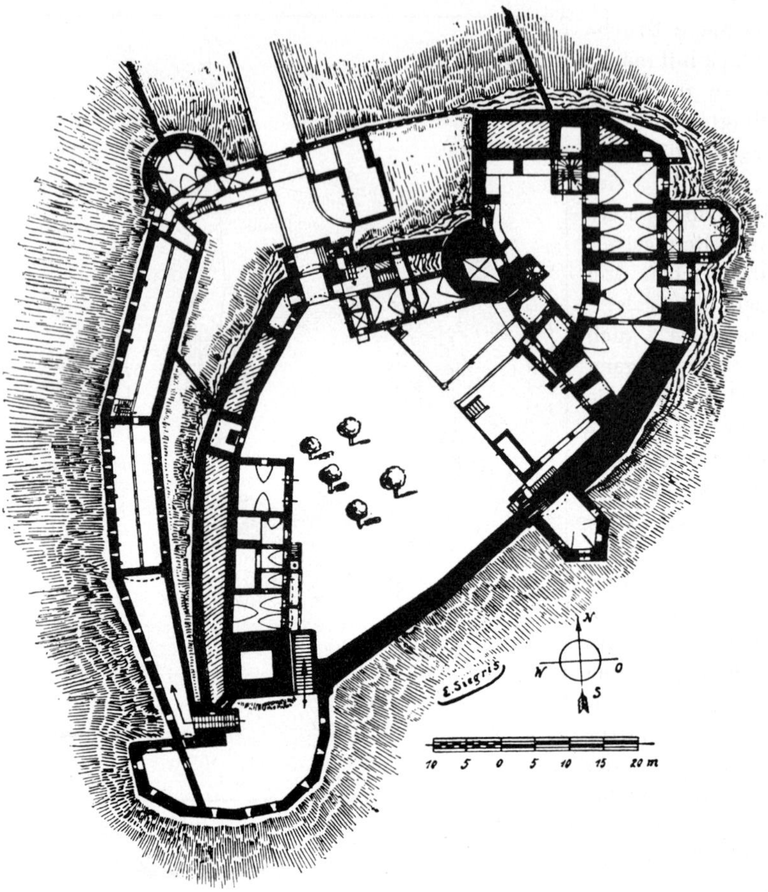

Abb. 684. Höhenbg. Schlaining, Burgenld., Zwing., Vorbg., inn. Grb., starke Kernbg. m. Pallas u. Schildm., spät. Seitenbestr.=Türme, Grdr. 1:1000 n. Siegris.

Kreuzrippengewölben und überwölbter Halle, wirkt altertümlicher wie Forchtenstein mit seinem hohen, runden Bergfried, Schloßkern und seinem starken im Gesamtbild über= wiegenden Bastionsgürtel. Eine starke Mantelmauer, in der auf der Angriffsseite der fünfeckige Bergfried steht, umfaßt die „schlecht wieder hergestellte" Kernburg.

In dem vorgeschobenen Vierecksgrundriß mit Mittelhof der ehemaligen Wasserburg von Eberau[722]) (Abb. 686) erkennt man trotz der barocken Fassaden noch den mittel= alterlichen Urbau, der im 14. Jahrh. erwähnt wird, auch Schloß Eisenstadt[723]) hat solchen quadratischen Kern; eine regelmäßige Form wurde also auch hier angewandt, sobald der Bauplatz es erlaubte.

Burg Güssing[724]), die Stammburg des gleichnamigen und alten Geschlechtes, das von Burg Wildon in Steiermark stammen soll (Abb. 683), erhebt sich auf vorgeschobenem Basaltkegel, steil über dem Stremtal, inmitten eines Sumpf= und feuchten Weide= geländes, im Südosten schützt ein See die Feste; hier nutzte man also eine strategisch ausgezeichnete Lage aus. Eine gotische Kirche mit dem gotischen Hochschloß bildeten

722) Dehio: Österr. II, S. 639f.; Frey: Abb. 56—158, Plan 8. — 723) Ebenda Plan 2; Dehio: Österr. II, S. 642. — 724) Dehio: Österr. II, S. 648f.; Frey: S. XXIX, Abb. 147—148; Knapp: Burgw. 1936, S. 40ff.; Bavaralle: Burgw. 1927, S. 73ff.

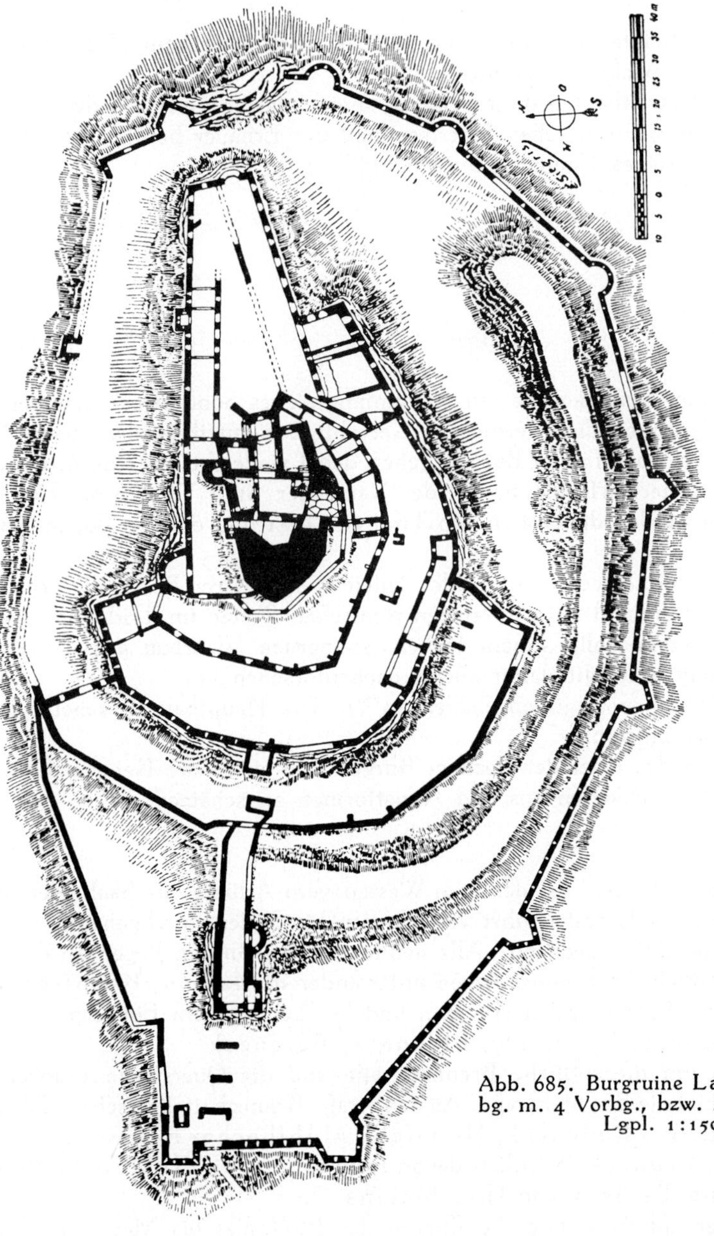

Abb. 685. Burgruine Landsee, Burgenld., Kern=bg. m. 4 Vorbg., bzw. Zwingern a. d. Angriffss., Lgpl. 1:1500, n. Siegris.

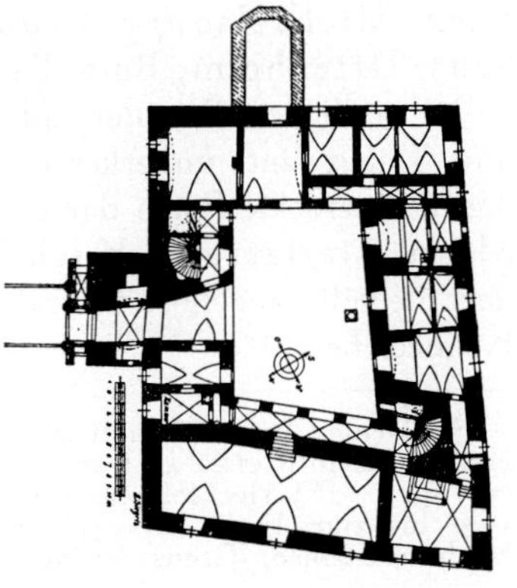

Abb. 686. Wasserbg. Eberau, Burgenld., Grdr. 1:1000, n. Siegris.

die ursprüngliche Anlage. Letzteres wurde im 15. und 16. Jahrh. umgebaut. Das 16. und 17. Jahrh. brachte mächtige Backsteinbastionen.

Die Großartigkeit der Gewaltbauten dieses Grenzgebietes, dessen Größe in den politischen Verhältnissen und in der rassischen Überlegenheit der Erbauer beruht, berechtigt dieses Land zur Führung seines Namens „Burgenland".

Tirol

Bei dem Burgenreichtum Tirols könnte nur ein umfangreiches Sonderwerk den wehrbaulichen und baukünstlerischen Einzelleistungen Gerechtigkeit zuteil werden lassen[725]).

Die ältesten Nachrichten über Tiroler Burgen gehen dabei vielleicht bis zum 6. Jahrh. zurück[726]). Um 960 wird nach Hechfellner[727]) der Name der Burg Thaur bei Hall—Toura—genannt, freilich werden die Grafen von Tirol erst 1141 und die von Eppan 1116 erwähnt.

Aber die Burgen dieser Geschlechter sind alle vielleicht auf älterer Burgstelle erbaut.

Hier im „steinreichen" Bergland mit zahlreichen römischen Resten im Tridentinischen und Veronesischen vor Augen sollte einem frühen, steinernen Wehrbau aus der Zeit zwischen Völkerwanderung und Mittelalter zuerst nachzuforschen sein.

Mayr-Adlwang gibt in seinen Regesten Zahlen an[728]). Die Hauptbauzeit scheint das 12. und 13. Jahrh. gewesen zu sein.

Weingartner[729]) versucht das Alter der Bozener Burgen und eine klare Kennzeichnung der dafür bestehenden Möglichkeiten aus den Kunstformen zu schätzen.

Nordtirol wird von einer langen Talader vom Westen vom Arlberg bis Saalfelden im Osten durchzogen. Die Brennerstraße führt von Norden bis Süden durchgehend in der Mitte bei Kufstein rechtwinklig davon ab. Alle nennenswerten Burgen liegen an diesen Tälern und Pässen. Nördlich des Brenner liegen unter anderem Matzen, Kropfsberg, Mariastein, Kufstein, Tierberg bei Kufstein und bei Landeck am Finstermünzpaß Schroffenstein, Wiesberg, Kronburg, Bideneck, Bäreneck.

Südtirol gliedert sich um die südliche Brennerstraße und die Querstraße Franzensfeste—Bruneck—Lienz und die Etschtalstraße. An der Straße Bruneck (italienisch)—Sillian—Lienz liegen u. a. die Burgen Rodeneck, Heimfels, Mühlbacher Klause, Ehrenburg, Michaelsburg, Bruneck. Nördlich davon im Taufertal die Kehlburg, Neuhaus, Uttenheim, Burg Taufers und Haus Malans.

Die südlichen Brennerpaßburgen und die Burgen des Etschtales bis Mezzolombardo und Trient sind unverkennbar mit den Nordtiroler Burgen verwandt. Hier und dort die hochgereckte Form der starren, viereckigen Bergfriede: Kropfsburg und Goien bei Meran, Mariastein, Hocheppan, Karneid und Freundsberg am Inn. Hier wie dort die völlig regellose Grundriß- und malerische Umrißgestaltung, ebenfalls germanisches Kennzeichen.

---

725) Dehio: Österr. I zählt im heutigen Tirol 30—40 Burgen und Ruinen, Weingartner: Boz. Burg. gibt in Südtirol etwa 40 Burgen u. Ruinen an. — 726) Paulus Diaconus, hist. Langobardorum. C III. cap. 30. — 727) Hechfellner: Gesch. d. Schl. Thaur. S. 2. — 728) Reg. zur Tirol. Kunstgesch. Von 1161 bis zum Ende des 13. Jahrh. nennt er eine Fülle von Baunachrichten an Burgen, darunter: Madruz, Stenico, Tisens, Visiaun, Bisein, Langeck, Pao usw. — 729) Weingartner S. 12.

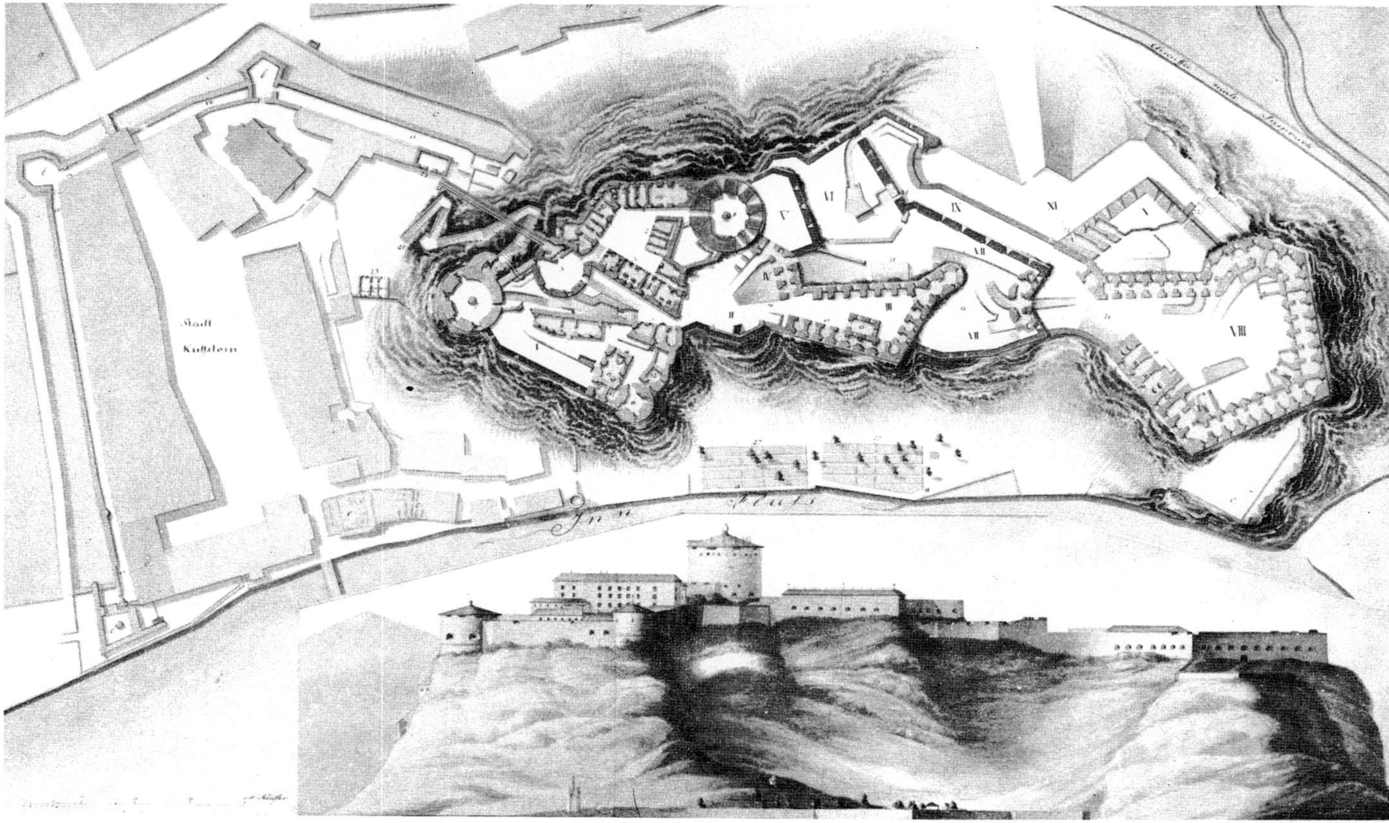
Stadt
Kufstein
Inn Fluss

Tafel XXVIII Burg Kufstein, Tirol, nach altem Plan

Vom 16. Jahrh. ab dringen italienische Formen nordwärts vor. Die Stadtburg von Trient (Cast. Buonconsiglio)[730]) ist für beide Formen und ihre zeitliche Folge ein überzeugendes Beispiel.

Auch merkwürdig abweichende und doch deutsche Bauten sind hier vorhanden. Eines der wildesten Burgenbilder Tirols bietet dafür die Ruine der Haderburg im Etschtal[731]) (Abb. 702). Zwei Felskegel, von denen der höher liegende allmählich in die ansteigende, schroffe Wand übergeht, schießen aus einer ungeheuren, dürren, steilen Schutthalde empor, auf dem höchsten Kegel ist die alte Kernburg angeblich um 900[732]) mit größter Kühnheit errichtet. Fast nur der verschoben rechteckige, viergeschossige Bergfried und die Außenmauern sind noch erhalten. Die Nord= und Ostmauern müssen Außenseiten der Wohnbauten gewesen sein, die an den Bergfried sich anschlossen. Aber auch in der Mitte der Anlage sind Mauerreste festzustellen, an der Nordwestseite des Bergfriedes läuft eine starke Mauer gen Osten.

Am südlichen Ende der Brennerstraße bietet Rovereith ein schönes Beispiel einer deutschen Burg, die zwar später unter italienischem Einfluß ausgebaut worden ist. Sie liegt auf steiler Höhe eines von der Enz umflossenen Bergvorsprungs. Gegen die Stadt diente der steile Abhang sowie eine turmbesetzte Mauer zur Verteidigung, während andererseits die Stadtburg selbst mit den Wehrbauten der Stadt zusammenhing[732a]) (Abb. 708 u. Tafel 86).

Arco[732b]) (Abb. 690) wurde angeblich 1140 als Talsperre erbaut (erst 1186 als Burg erwähnt), sie erhebt sich 284 m hoch auf einem Felskegel.

Von der Feste Bisein oder Beseno[733]) fand ich 1909 im Ferdinandeum zu Innsbruck eine ganze Sammlung von Darstellungen aus dem 16. Jahrh., darunter die offenbar genaue Darstellung von etwa 1550 für die Außenansicht (Abb. 697); vergleiche den ausgezeichneten Grundriß (Abb. 689). Das Gesamtbild macht keinen streng burglichen Eindruck, vielmehr den einer bescheidenen Festung des 16. Jahrh., die sich merkwürdig breit dem Etschtale zuwendet, aber keine nennenswerte Tiefe zeigt, da der dem Seitental quer vorgelagerte Burgberg oben mehr als 200 m über dem Tale nur einen schmalen Hahnenkamm hat. Die Bedeutung liegt in den beiden Breitseiten, die zahlreichen Geschützen Platz boten. So breite und lange Mauerzüge erforderten eine für Burgen ungewöhnliche Besatzung.

Man steigt von der östlichen Rückseite bergan, geht dann um die ganze lange Westseite und abermals kehrend um die Südecke zum Tor. Zinnen in der Ostansicht von 1550 und die zahlreich angedeuteten Mauertürme weisen auf Spuren der schon 1172 genannten Burg. Die Hochbauten zeigen spätgotische und Renaissanceformen, also nichts Burgliches mehr. Von Westen gesehen zeigt sich unten auf der Sohle des Etschtales eine Talsperre und ein kleines Kastell mit mächtigem Wohnturm am Südtalrand. Erst mit diesen Wehren zusammen betrachtet versteht man an Ort und Stelle den Zweck gut.

Im Süden bei Bozen liegt 601 m ü. d. M. Burg Boimont[734]) (Abb. 702) im Etschtal auf breitem Buckel, der an der Ostseite steil abfällt und im Norden durch eine Senkung von dem Angriffsort getrennt ein romanisch regelmäßig viereckiger Wehrbau, der lebhaft an deutsche Burgen wie Gelnhausen oder Wildenberg anklingt. Hier finden wir einen quadratischen Bergfried in der Nordwestecke neben dem Haupttorgewölbe, über diesem, wie bei Wildenberg, die Kapelle, daneben wohl die Sakristei und anschließend

[730]) Gerola: II, Rest. del. Buonconsiglio; ders.: II, Cast. de Buonconsiglio; Schmölzer: D. Fresk. d. Cast. del Buon Cons. i. Trient; Atz: Kunstgesch. v. Tirol u. Vorarlberg S. 153. — [731]) Weingartner: S. 67ff. — [732]) Piper: Österr. B. IV, S. 31ff. — [732a]) Ebh.: B. Ital. VI, S. 51; Steinitzer: S. 346ff. — [732b]) Ebenda S. 456ff.; Ebh: B. Ital. VI, S. 6f. (näher beschrieben). — [733]) Piper: Österr. B. VIII, S. 5ff.; Ebh.: B. Ital. Bd. VI, S. 11. — [734]) Steinitzer: Gesch. u. kulturg. Wand. durch Tirol u. Vorarlberg, S. 423; Weingartner: S. 28ff.; Buch: Eppaner Höhenb. u. Schl. S. 151ff.; Erber: Burg u. Schl. i. d. Umgeb. v. Bozen S. 61ff.; Piper: Österr. B. I, S. 17ff.; Smlg. Ebh.; Clemen: Tyroler Burg=Mittheil. d. K. K. Central=Kommission XIX. Jahrg. S. 122f.

einen Rittersaal wie in der Ulrichsburg im Elsaß. Der fast pfalzartige Bau mit seinen schönen, romanischen Bogenfenstern vereint hohe Kunstentwicklung mit Festigkeit. Alle Wohnbauten und die beiden viereckigen Türme sind in die Mantelmauer gerückt. Als Baustoff diente heller und dunkelroter Sandstein, zum Teil zu rohen Buckelquadern behauen.

Die Erbauungszeit Boimonts ist urkundlich nicht belegt. Weingartner[735]) lehnt eine erste Erwähnung 1220 und Wiederherstellung 1228 ab, nach ihm ist 1237 der Wohnbau für die fünf Brüder Korb errichtet worden, auch nach Mauertechnik und Stilform solle die ganze Burg nicht viel früher entstanden sein.

Burg Tirol[736]) (Abb. 696), das Etsch= und Vintschgautal beherrschend, ist viel mehr dem schwierigen (zur Zeit durch Absturz veränderten) Bauplatz angepaßt.

Die romanischen Fenster — sowohl die schlitzartigen der Kapelle, wie die schweren Sattelsteine auf den Säulen der berühmten Zweilichtfenster des Pallas —, die Türformen und ihr hochbedeutender bildhauerischer Schmuck deuten auf frühe Bauzeit des 12. Jahrh. 1141 nennen sich die Gaugrafen vom Vintschgau zum erstenmal Grafen von Tirol, um diese Zeit ist also der Bau anzusetzen[737]). Um den Hof liegen: der alte, mächtige, quadratische Bergfriedstumpf, von 11 m Seitenlänge an der Nordseite mit regelmäßigen, teils ausgebrochenen Quadern im Sockelgeschoß und eine große Scheuer an der Angriffsseite. Links vom Hoftor steht eine Bauernwohnung, rechts ein Wohnbau aus zwei rechtwinklig aneinanderstoßenden Flügeln, im Winkel in der Südostecke die schöne Doppelkapelle. Alles nüchtern „restauriert".

In der Nähe von Burg Tirol liegt Burg Dürrenstein mit einem viereckigen Bergfried und Neubau des 18. Jahrh. (Abb. 687).

Abb. 687. Höhenbg. Dürrenstein, Tirol, kennz. viereck. Bergfr. B. E.

[735]) Weingartner: S. 32f.; vgl. hierzu Mayr=Adlwang: a.a.O. S. 10. Boimont wurde 1235 erbaut. — [736]) Atz: S. 153, 159; Weingartner: Kunstd. d. Etschl. Bd. IV, S. 203ff.; Steinitzer: S. 264ff.; Piper: Österr. B. I, S. 208ff.; Mayr: D. Erb. d. Stammschl. Tirol u. d. Grdg. d. Kl. Steinach.; Ebh.: Burgenf. 1901, S. 48f.; Seidl: Wand. durch Tirol u. Steyerm. S. 241ff. — [737]) Nach den neuesten Forschungen Weingartners, Kunstd. d. Etschl. Bd. IV, S. 212, ist die bisher angenommene Identität des röm. Teriolis mit Tirol abzulehnen, ebenso die Annahme, Burg Tirol sei ehemals ein Kloster gewesen; Knapp: Burg. um Meran (Zeitschr. d. deutsch. Vereins f. Kunstwissensch. Bd. 4, H. 3, S. 133).

Burg Maretsch in der Ebene ist, nach ihrer regelmäßigen, fast quadratischen Anlage zu urteilen, ehemals eine Wasserburg gewesen. Die vier Ecken weisen runde bzw. dreiviertelrunde Türme auf. Der viereckige Hauptturm in der Nordwestecke, der vom Pallas umschlossen wird, enthält fünf Geschosse[737a]) (Abb. 701).

Unter den Südtiroler Burgen zeichnet sich durch unbeschreiblich kühne Lage auf steilem Porphyrfelsen und merkwürdigen Grundriß, der an norddeutsche Beispiele erinnert, die Ruine Greifenstein aus[738]) (Abb. 702). Der Hauptbau, ein langer Pallas, der die Hälfte der Anlage einnimmt, findet in Hessen in Burg Grebenstein entfernte Ähnlichkeit; sein östliches Ende mag als angebauter Bergfried ausgestaltet gewesen sein. Die Südwestseite der Anlage umzieht die durch drei Fenster mit Seitensitzen durchbrochene Ringmauer, an deren Südostecke Reste eines Baues mit Bogenöffnungen im Erdgeschoß noch vorhanden sind. Im ganzen ist Greifenstein eine ziemlich einfache und klare Anlage, wahrscheinlich aus der Mitte des 12. Jahrh.

Eine Südtiroler Burg von besonderer Würde und germanisch kennzeichnender turmreichen Form ist Karneid[739]) (Abb. 701) bei Bozen. Ihre unvergleichliche Lage auf schroffem Felsen über der Eggentaler Schlucht zwang zu reicher Grundrißgliederung. Wahrscheinlich von Greifensteinern im 13. Jahrh. erbaut[740]). Der Bergfried aus Porphyr mit granitnen Fenster- und Türfassungen — ein längliches Viereck — steht verkantet gegen die Angriffsseite, vor ihm liegt die Kapelle (!) und ein Wohnflügel, der zwar starke Mauern aber ungewöhnlich viele, spätere Fenster zeigt. Der heutige dreistöckige Pallas schließt sich wohl später angeordnet, fünfeckig an den Bergfried an. In dem westlichen, wohnturmartigen Bau sehen wir wahrscheinlich den älteren Pallas. Trotz Umbauten des 16. Jahrh. läßt Karneid heute noch die ursprüngliche Anlage erkennen.

Runkelstein[741]) (Abb. 701) genießt durch seine malerische Lage im Sarntal und durch die, trotz zeitweiser Vernachlässigung und Zerstörungen, noch erhaltenen reichen Malereien einen ungewöhnlichen

Abb. 688.

[737a]) Steinitzer: S. 191; Weingartner: Boz. Burg., S. 113f.; Piper: Österr. Bg. VII, S. 145ff. — [738]) Weingartner: Boz. Burg. S. 56ff.; Steinitzer: S. 297ff.; Erber: Burg. u. Schl. i. d. Umgebung v. Bozen S. 131ff.; Smlg. Ebh.; Clemen: XIX. Jahrg., S. 121. — [739]) Weingartner: S. 98ff.; Steinitzer: S. 172ff.; Erber: S. 91ff.; Clemen: XIX. Jahrg., S. 183. — [740]) Weingartner, S. 101, schließt dies aus den seitlichen Fensterbänken, die in Südtirol im 12. Jahrh. unbekannt sein sollen. — [741]) Clemen: S. 181; Weingartner: S. 149ff.; Piper: Österr. B. VIII, S. 127ff.; Steinitzer: S. 196f.

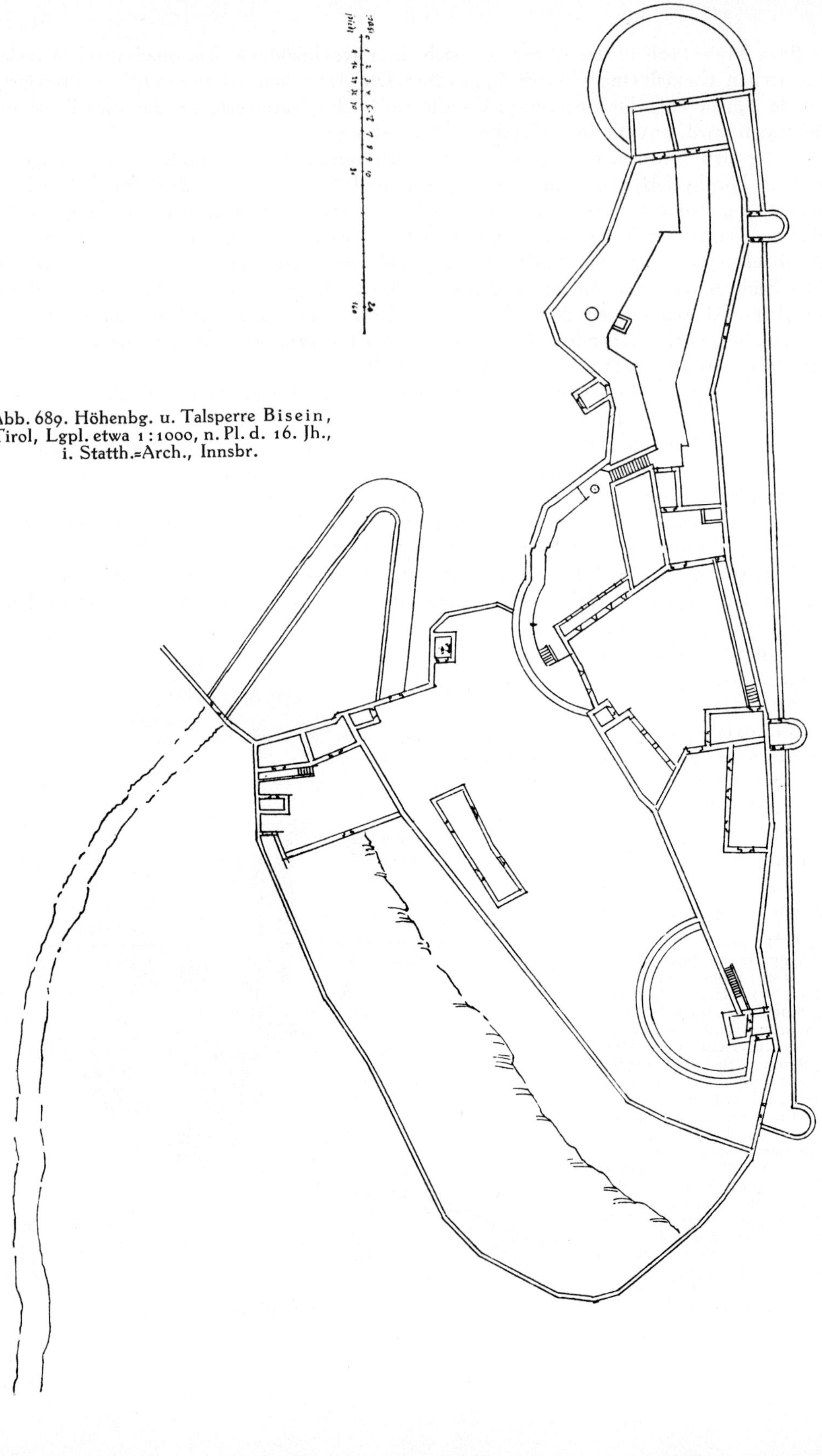

Abb. 689. Höhenbg. u. Talsperre Bisein, Tirol, Lgpl. etwa 1:1000, n. Pl. d. 16. Jh., i. Statth.-Arch., Innsbr.

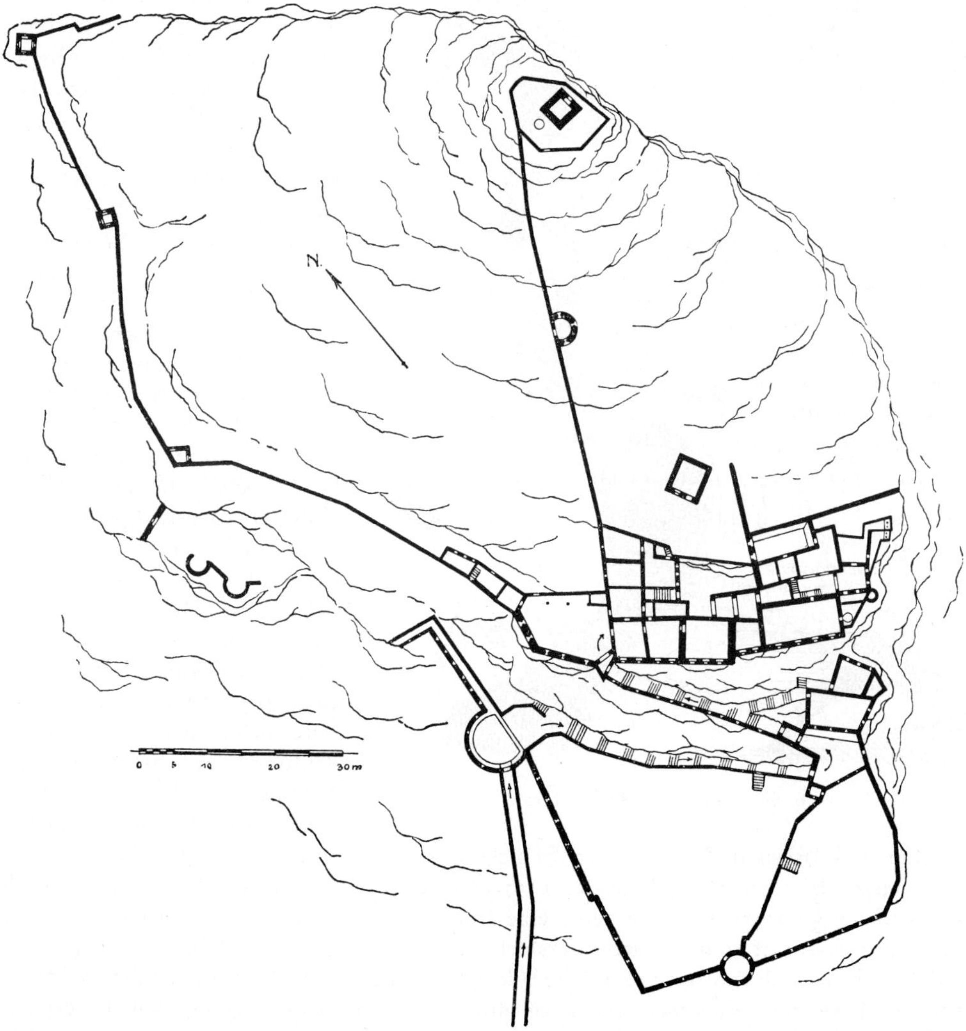

Abb. 690. Felsenbg. Arco, Tirol, Lgpl. etwa 1:1000, B. E. n. Pl. d. 16. Jh. i. Statth.=Arch., Innsbr.

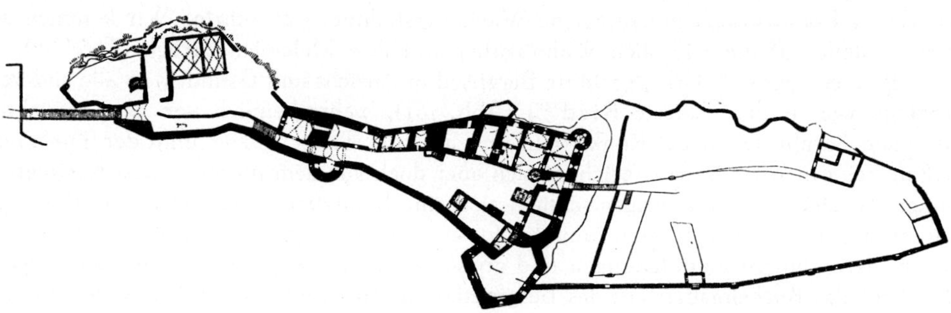

Abb. 691. Höhenbg. Rodenegg, Südtirol, kennz. Form d. Bergnase, Lgpl. 1:2000. B. E. n. Pl. i. d. Bg.

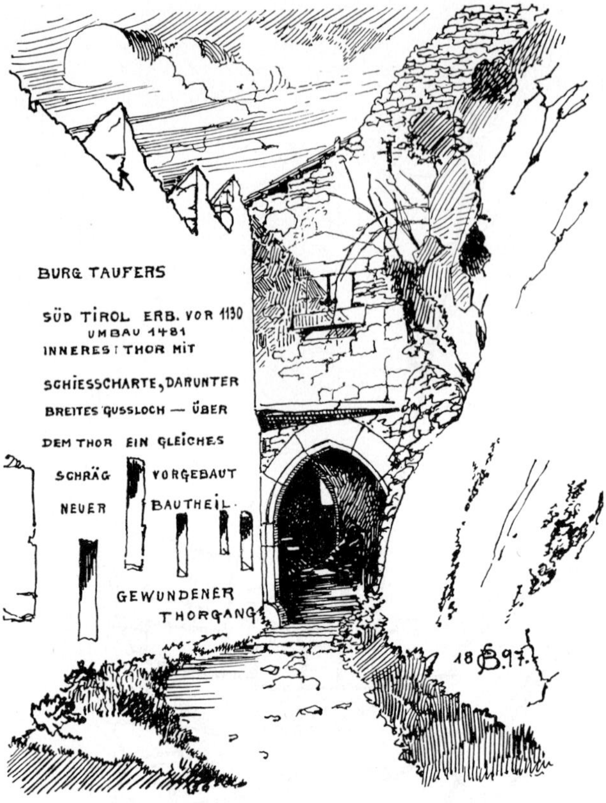

Abb. 692. Burg Taufers, Tirol.

Ruf. Burglich zeichnet es sich dadurch aus, daß der in Tirol sonst nie fehlende starke Bergfried hier nicht erhalten ist. Dagegen steht in der Westflucht, der unregelmäßig eiförmigen Mantelmauer, der berühmte, im Oberstock reich ausgemalte Pallas. Einem großenteils erneuerten Wohnflügel an der nördlichen Spitze der Grundriß=Eiform schließt sich die östliche Baugruppe, bestehend aus Küche, Kapelle, Wohnbau und bescheidenem Turm, an. Die Südbreitseite ist stärker befestigt und durch tiefen Halsgraben verteidigt, alle übrigen Seiten schützte der steile Abfall des Burgfelsens in die Schluchten. Daher fehlen auch Zwinger und bis auf geringe Sicherung des ansteigenden Zugangsweges an der Südangriffsseite auch Außenwerke von Bedeutung. Die höchst malerischen Hofbilder und Holzanbauten begeistern jeden empfänglichen Besucher und lassen die stürmischen Schicksale der Burg vergessen (Abb. 698).

Wir wissen hier genau die Bauzeit. 1237 erteilte Bischof Aldrich von Trient Friedrich und Beral von Wangen die Erlaubnis, eine Burg zu Runkelstein zu erbauen, die aber schon 1274 erstürmt und teilweise zerstört wurde. Unter den späteren Besitzern sind die Brüder Vintler ab 1388 als gründliche Wiederhersteller zu beachten, denen die Schrofensteiner und Metzner als Erben und nach einem Verkauf an die Herzöge von Österreich verschiedene landesfürstliche Pfleger, darunter Jörg von Frundsberg, folgen. 1520 zerstörte eine Pulverexplosion die Torbauten, Vernachlässigungen führten zum Absturz der Außenwand des Sommerhauses usf., bis 1884—88 der Dombaumeister Schmidt aus Wien für den Kaiser Franz Joseph umfangreiche Wiederherstellungen ausführte. Wir kommen an anderer Stelle auf die reizvollen Wohnbauten und ihre Malereien zurück (Tafel 87).

Selten überwiegt der starke, gezinnte Bergfried in Ansicht und Grundriß so alle anderen Burgteile wie in der Talfeste Ried[742]) (Abb. 701), wahrscheinlich vor 1237 errichtet auf einem Porphyrfelsen bei Runkelstein im Laufe der Talfer. Dabei mißt der Turm nur 8×8 m bei 3 m Mauerstärke, zeichnet sich aber doch vor dem übrigen meist nur meterstarken Gemäuer aus. Im übrigen schließt sich eine Mantelmauer vieleckig der Form des Felsens an, nur gegen Westen umschließt ein Torzwinger im Halbrund die Wohnbauten, deren innere Raumteilungen und große Fensteröffnungen wenig burglich wirken. Man hebt das Buckelmauerwerk des Bergfriedes als Ausnahme in Tirol hervor, während eine lückenlose Buckelquaderverkleidung von Bergfrieden in Deutschland sehr häufig

[742]) Clemen: S. 181; Weingartner: S. 143ff.; Piper: Österr. B. VIII, S. 196, 211; Steinitzer: S. 199.

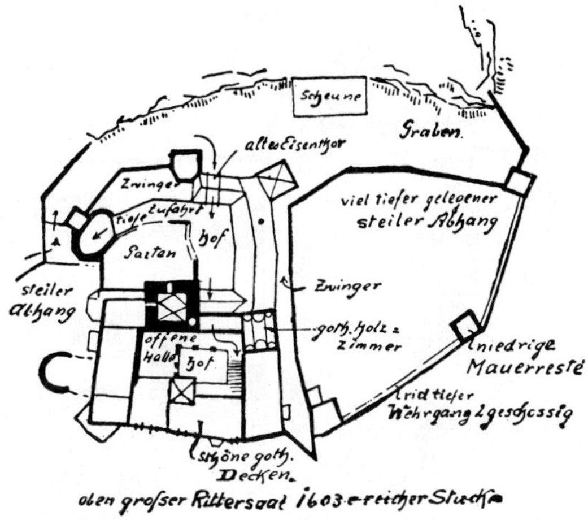

Abb. 693. Höhenbg. Trostburg, Südtirol, kennz. viereck. Bergfr., Erinnerungsskizze. B. E.

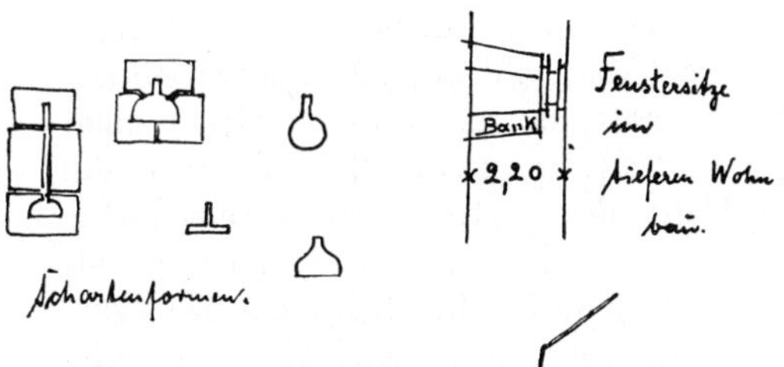

Abb. 694. Bg. Heimfels, Tirol, Erinnerungsskizze.

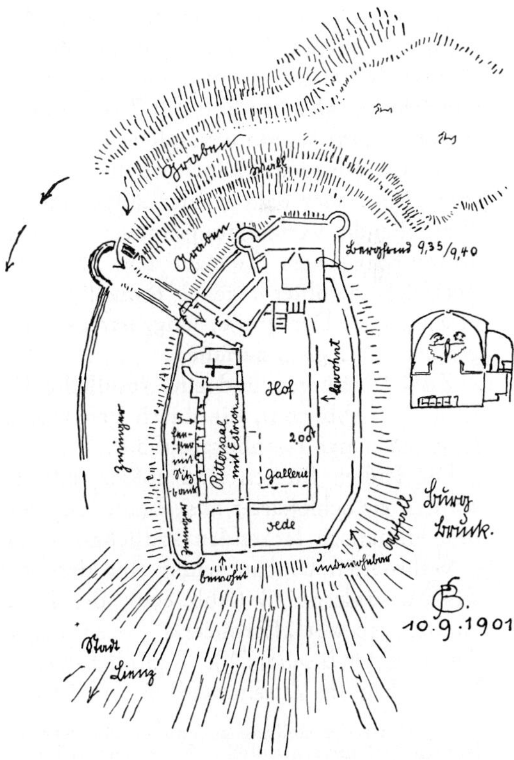

Abb. 695. Bg. Bruck b. Lienz, Tirol, Erinnerungsskizze.

Abb. 696. Burg Tirol, Südtirol, Ans. n. Wörndte 1852.

nachweisbar ist[743]). Einst war die Burg rings von der Talfer umflossen, noch heute bietet sie mit der benachbarten Burg Runkelstein (Abb. 698) ein malerisches Bild.

Zu den älteren Turmburgen auf steiler Porphyrfelsnase, deren Vorbilder sicher nicht römisch=fränkische specula oder donjons sind, gehört Hocheppan[744]) (Abb. 701), das ungefähr zur gleichen Zeit mit Tirol in der ersten Hälfte des 12. Jahrh. erbaut sein dürfte. Im Jahre 1131 wurde urkundlich die Kapelle eingeweiht, doch schon im 12. Jahrh. wurde die stolze Burg von Heinrich dem Löwen wieder zerstört, wahrscheinlich auch der Berg=fried, dann aber bald wieder aufgebaut. Der Grundriß zeigt drei wenig klare, einander überhöhende Verteidigungslinien: einen späteren Batterieturm auf wallartiger Vorburg hinter schwachem Zwinger bzw. Schildmauer, dann einen spitzgestellten fünfeckigen Bergfried, dahinter regellos romanische Wohnbauten und Ringmauerreste bis zur Berg=nasenspitze. Der große, langgestreckte Pallas am Abhang der Westseite ist teilweise ab=gestürzt und ganz zerfallen.

Zwei Vorburgen und eine rundliche Hauptburg zeigt Burg Leuchtenburg in Süd=tirol[744a]) (Abb. 702), die durch den zusammengedrängten Grundriß und die selten hohe Ringmauer der Kernburg auffällt.

Die frühen Burgen sind später teils durch neue Wehrbauten verstärkt worden, teils wurden sie schloßartig ausgebaut, letzteres namentlich im fruchtbaren und landschaftlich und klimatisch lockenden südlichen Tirol.

Wehrhaften Umbau erfuhr eine der ältesten Südtiroler Burgen im 15. Jahrh., die Burg Sigmundskron[745]) (Abb. 699), die Herzog Sigismund 1473 vom Bischof von Trient kaufte. 956 war „Formicaria“ — so hieß die Burg bis zum 15. Jahrh. — schon im Besitz des Trienter Bischofs[746]). Räumlich war sie eine der größten Tiroler Burgen, auf breitem Bergrücken im Zusammenfluß von Etsch und Eisack. Zwischen den großen Vorburgen

[743]) Diese Feststellung gegenüber der gegenteiligen Annahme des verehrten Verfassers der „Bozner Burgen“ ist unvermeidlich. Siehe Ulrichsburg, Wertheim, Breuberg u. v. a. — [744]) Weingartner: S. 81 ff.; v. Radinger: Burgw. 1915, S. 44 ff.; Piper: Österr. B. VIII, S. 36 ff.; Steinitzer: S. 302 ff.; Smlg. Ebh.; Clemen: S. 25 f.; Atz: S. 155 f. — [744a]) Weingartner: S. 108 ff. — [745]) Weingartner: S. 160 ff; Ebh.: Burgenf. 1901, S. 47 f.; Smlg. Ebh. — [746]) Weingartner: S. 163; Clemen: S. 119 f.

im Norden und Süden erhebt sich auf Felsrücken die frühe Hochburg, in deren Mitte die Kapelle — wahrscheinlich der älteste Teil — liegt, daran muß sich der Pallas angeschlossen haben. Am Rand des äußersten Felsens ist noch ein viergeschossiger Wohnbaurest erhalten, mit romanischen Dreilichtfenstern, durch zierliche Säulen geteilt. Die im Nordwesten tiefer liegende Vorburg mit dem viereckigen, hohen Bergfried ist wahrscheinlich ein Teil der romanischen Anlage. Gewaltige 5,05 m starke Ringmauern mit zwei Batterietürmen (nach Art und Zeit wie auf der Hohkönigsburg) liegen gegen die Angriffsseite (Abb. 702 u. 704).

Als Gegenstück diene die im 16. Jahrh. palastartig ausgebaute Trostburg[747]) (Abb. 711). Steil über schroffem, schwer ersteigbarem Felsabsturz gelegen, wirkt der Bau sehr malerisch durch den viereckigen Bergfried mitten im Kernwohnbau, dessen Inneres spät wohnlich, dessen äußere Mantelmauer dagegen trotz zahlreicher (späterer) Fenster noch burglich erscheint.

Die vielgegliederten Außenwerke (Abb. 693), aber auch das höchste Turmgeschoß werden von ganz ungewöhnlich weiten Scharten durchbrochen, die nur selten an deutschen Burgen als späte Zutat erscheinen. Kennzeichnend für Trostburg sind der mächtige Bergfried, die starke Mantelmauer — als Außenmauer des dreiflügeligen Wohnbaues anstatt der alten Pallasform —, Halsgraben und Vorburg, geringe Zwinger und tiefe Zufahrt. Die Außenwerke bestehen aus hochgelegenem Rundturm und 100 m langen Vorwerken am Halsgraben mit Vortor. Außen ist die Burg verputzt und mit Renaissancequadern und Ornamenten bemalt. Der innere, reiche, gotische Holz- und Renaissancestuckschmuck macht die Burg zu einem glänzenden Edelsitz.

Andere bemerkenswerte Südtiroler Burgen sind Goien[748]) über dem Naiftal bei Meran aus dem 12. Jahrh. oder Churberg[749]) im oberen Vintschgau, eine ausgedehnte Anlage auf wenig geschütztem Bergvorsprung. Der quadratische Bergfried mit Schwalben=

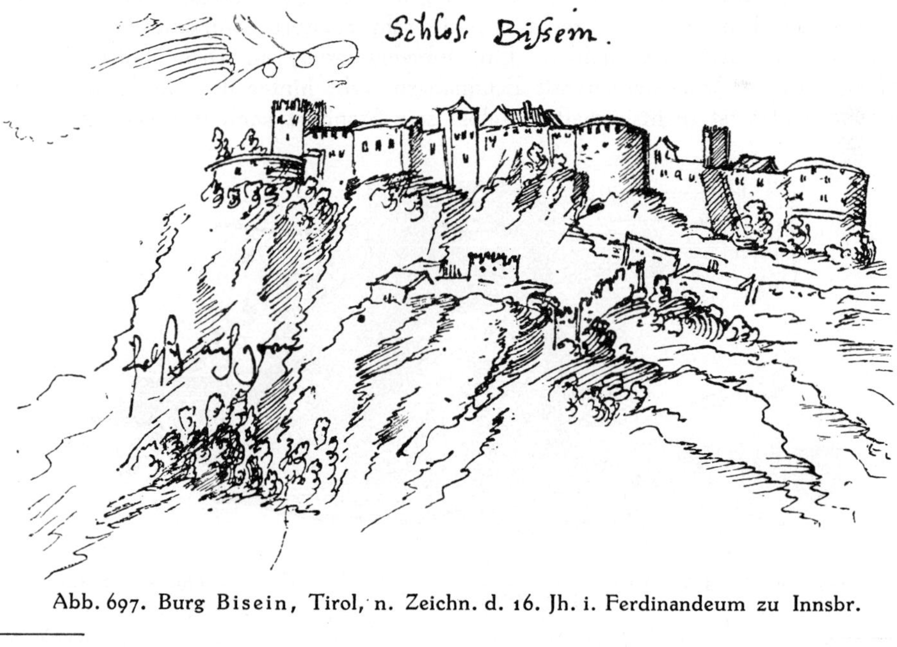

Abb. 697. Burg Bisein, Tirol, n. Zeichn. d. 16. Jh. i. Ferdinandeum zu Innsbr.

[747]) Steinitzer: S. 169ff.; Piper: Österr. B. VII, S. 207ff.; Ebh.: Burgenf. 1901, S. 43f.; Smlg. Ebh.; Seidl: Bd. I, S. 172ff. — [748]) Knapp: S. 131ff. — Weingartner: Kunstd. d. Etschl. Bd. IV, S. 166ff. — [749]) Ebenda S. 342ff.; Steinitzer: S. 349; Piper: Österr. B. VII, S. 26ff.

Abb. 698. Die Burgen Runkelstein und Ried, B. E.

schwanzzinnen, teils mit Buckelquadern, überragt die gut erhaltene und wiederholt erneuerte Burg[750]) mit ausgedehnten späteren Zwinger= und Gartenanlagen.

Unmittelbar an einer neuzeitlichen Bergstraße, die durch den alten Halsgraben führt, dicht bei Meran streckt sich über den brausenden Wassern der Passerschlucht ein schroffer Felsen vor, der — besonders unzugänglich — für eine mittelalterliche Burg, die Zenoburg[751]), ein günstiger Bauplatz war. Der ausgedehnte Bering ist heute von einer nur in Resten erhaltenen, gegen die nördliche Angriffsseite stärkeren, etwa 1,60 m dicken Mantelmauer geschützt. Der Nordostseite liegen noch Zwingerreste vor. Östlich und südlich fällt der Burgfelsen senkrecht ab, die sehr zerstörte Südwestecke ist auch gedanklich schwer wiederherzustellen. Ein unbedeutender, an 10 m hoher Bergfriedstumpf aus groben Bruchsteinen mit Eckquadern steht hinter der Nordecke der Ringmauer, vom Pallas ist nichts erhalten, selbst sein Standort kann nur vermutet werden,

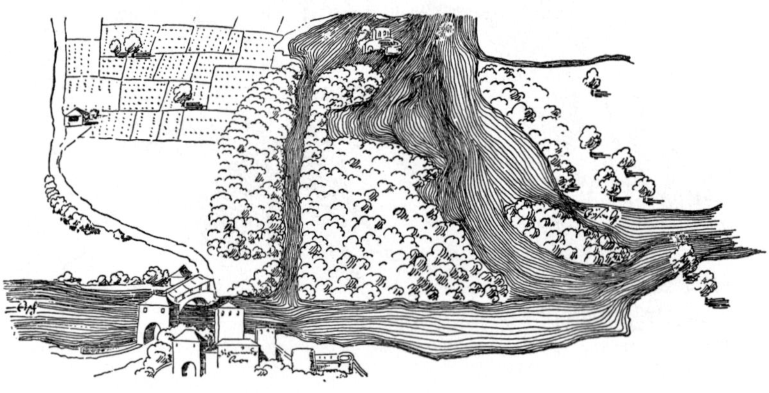

Abb. 699. Burg Sigmundskron a. d. Etsch, Tirol. B. E. n. Zeichn. d. 16. Jh. i. Statth.=Arch., Innsbr.

[750]) Ebenda S. 28f. Schwalbenschwanzzinnen zeigt auch das benachbarte Fürstenberg. — [751]) Piper: Österr. B. VIII, S. 190ff.; Steinitzer: S. 285; Smlg. Ebh.: Eig. Aufn.; Knapp: S. 131ff. — Weingartner: Kunstd. d. Etschl. IV, S. 156f.

vom Torturm blieben geringe Reste. Von der einstigen Größe der 1140 genannten fürstlichen Hofburg zeugen die Maße, an 100 m Länge und bis 40 m Breite.

Die meisten Rätsel hat allen der doppelte Kapellenbau aufgegeben. Die zwei fast quadratischen Räume nebeneinander, beide ehemals hoch, mit zwei Apsiden, sind aber wohl nur das Ergebnis immer wiederholter planloser Umbauten. Auf eine frühe Bauzeit deuten dagegen die beiden Reihen schmaler Rundbogenfenster und die schöne, viel ausgebesserte, mit Arbeiten in Burg Tirol verwandte frühromanische Rundbogentür.

An der Grenze zwischen Süd- und Nordtirol ist Heimfels[752]) (Abb. 705) bei Sillian hervorzuheben, mit verschoben rechteckigem Grundriß. Die Kernburg zeigt einen mächtigen viereckigen Bergfried mit anschließendem, fast gleichhohem Wohnturm[753]) mit auffallend großen Stockwerkhöhen, den Dehio als Pallas bezeichnet. Daran schließt sich die Kapelle mit Spuren mittelalterlicher Wandbilder und drei spätere Wohnbauflügel um einen viereckigen Hof. Die umgebende Ringmauer zeigt Scharten in großer Zahl und wunderlicher Form, darüber waagerecht weit ausladende, eingemauerte, überquergelegte Hölzer als Sturmabwehr. Spätgotische Formen deuten auf das 15. Jahrh. (Abb. 694).

Ebenfalls im Pustertal liegen Michaelsburg[754]), ein hohes umfängliches Gebäude und die in der äußeren Erscheinung wuchtige Burg Bruneck[755]) (Abb. 700).

Burg Bruck bei Lienz ist gegen das Gebirge durch zwei Gräben und kleinen See verteidigt. Der mächtige romanische Bergfried steht an der Angriffsseite. Dahinter zieht sich ein langgestreckter Burghof, um den ein geschlossener vierstökkiger Bau steht. Zu erwähnen ist die zweigeschossige romanische Kapelle[755a]) (Abb. 695).

An Großartigkeit der Hohkönigsburg verwandt ist die langgestreckte Baugruppe der Burg Rodenegg[756]) (Abb. 691) ohne Bergfried auf langer, gegen Süden senkrecht abstürzender Bergzunge. Zugang liegt auf der Angriffsseite, rechts neben einem mächtigen Bollwerk mit Stufenscharten für Geschütze. Der Weg führt weiter durch ein Tor in den ersten Hof und einen zweiten Hof, den im 16. und 17. Jahrh. geänderte Wohnbauten umgeben. Dieser zweite Hof schließt mit einem Querflügel

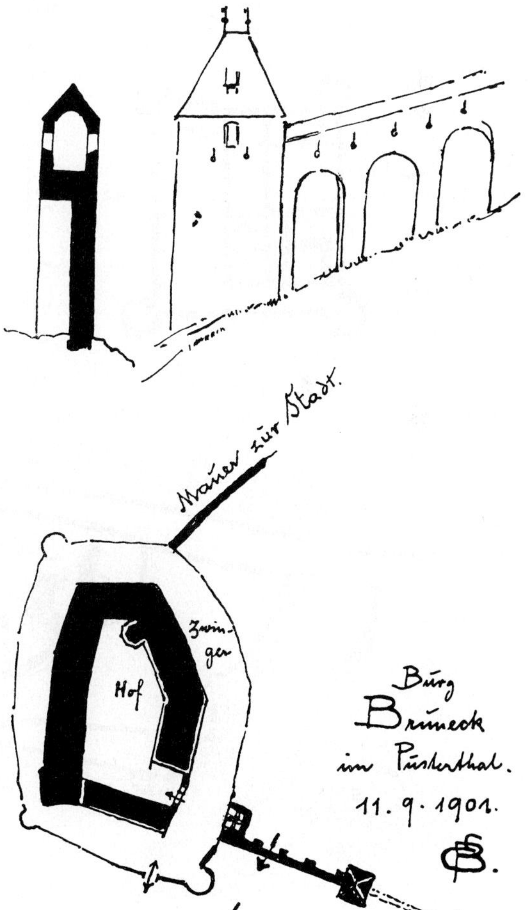

Abb. 700.

[752]) Atz: S. 164; Steinitzer: S. 378; Smlg. Ebh.; Piper: Österr. B. III, S. 61ff.; Ebh.: Burgenf. 1901, S. 30f. — [753]) Dehio: Österr. Bd. I, S. 395. — [754]) Piper: Österr. B. III, S. 135ff.; Steinitzer: S. 361. — [755]) Ebenda S. 361ff.; Ebh.: Burgenf. 1901, S. 38f. — [755a]) Ebenda S. 39; Dehio: Österr. I, S. 444f.; Steinitzer: S. 379ff. — [756]) Ebenda S. 39f.; Steinitzer: S. 356ff.; Piper: Österr. B. III, S. 180ff.; Smlg. Ebh.

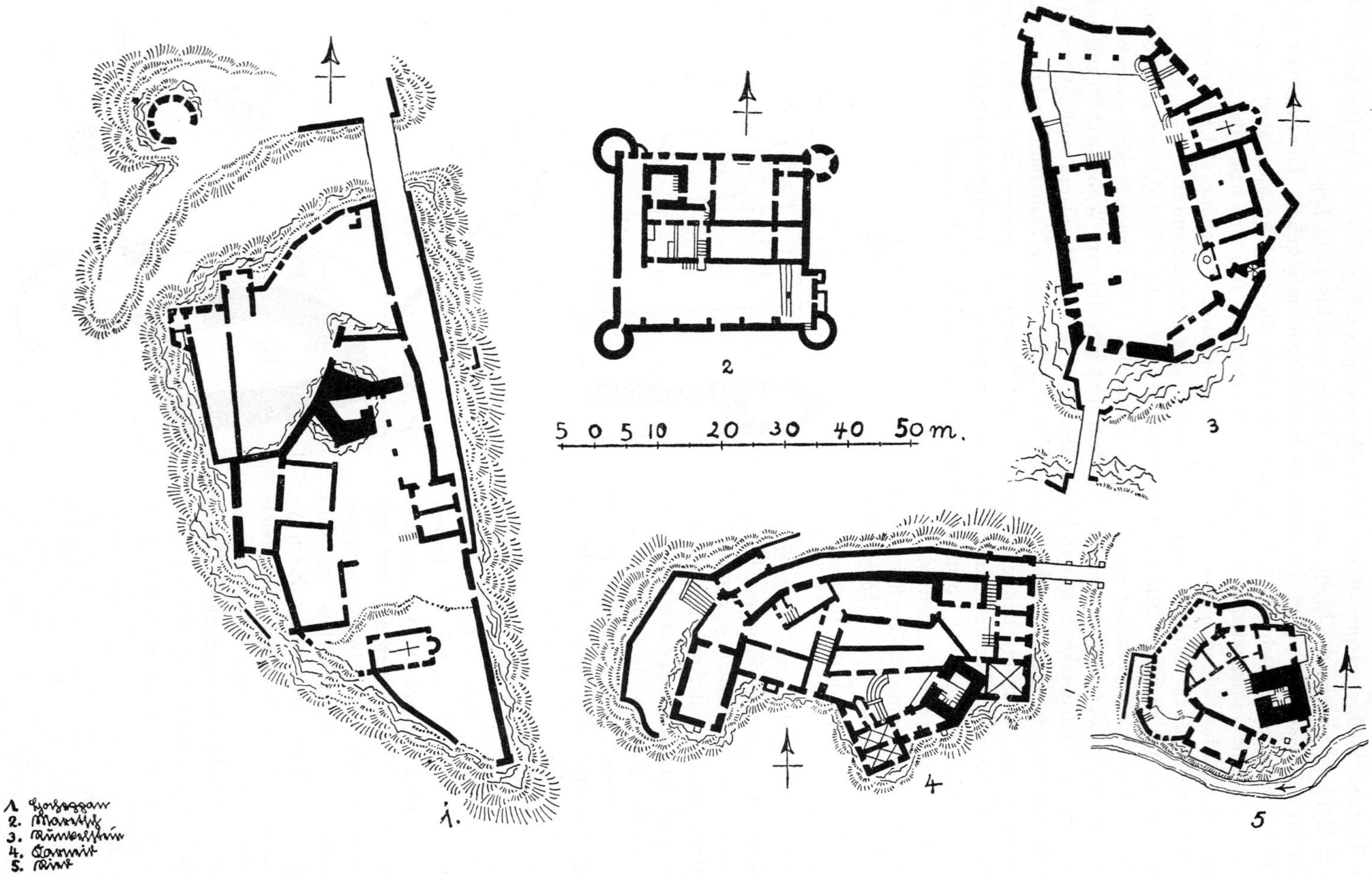

Abb. 701. Größen= u. formvergl. Grdr. Tiroler Burgen, B. E. n. Weingartner u. eig. Aufn., Grdr. etwa 1:1000.

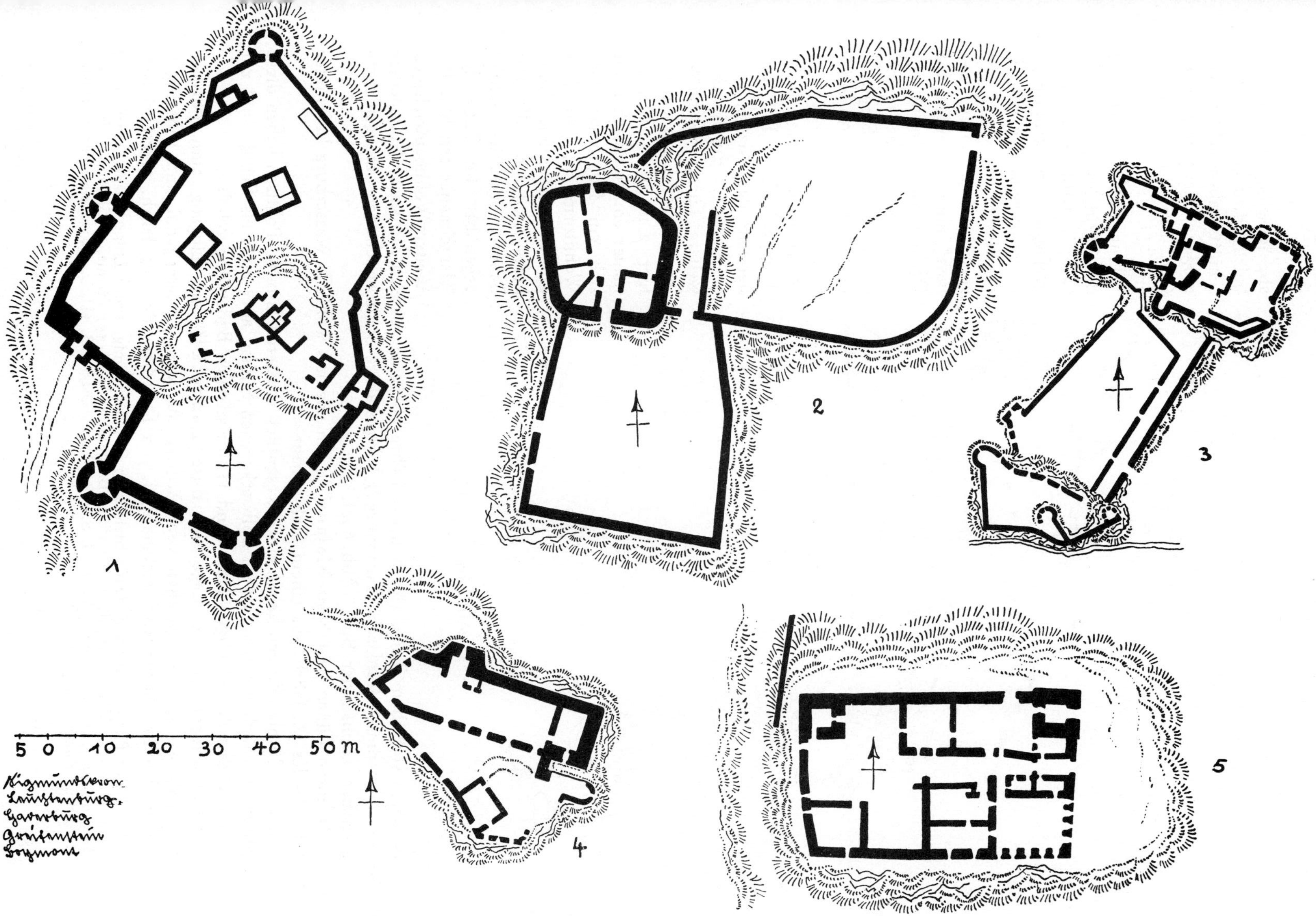

Abb. 702. Größen= u. formvergl. Grdr. Tiroler Burgen. B. E. n. Weingartner u. eig. Aufn., Grdr. etwa 1:1000.

Abb. 703.

ab, jenseits, über einem holzüberbrückten Ab=schnittsgraben, schließt ein großer, mauerumgebener Garten bis zur Bergspitze an (Abb. 688).

Eine starke Einengung des Ahrntales sperrt Taufers[757] (Abb. 703), eine großartige, um frühromanische Kernbauten gotisch erweiterte Burg, eine „Tal=sperre auf schroffer Fels=nase", nur von Norden und Osten schwer zugänglich. Der mächtige, teils zer=störte viereckige Bergfried in der Ostecke der Angriffs=seite, 10×11 m, hat 3 m starke Mauern, in ihnen Treppenläufe. Er be=herrscht das einzige, vor=geschobene, durch zwei weitere Türme geschützte Tor. Nördlich schließt die hier 2 m dicke Mantel=mauer an. Westlich lehnt sich ein frühromanischer Wohnturm an, dem jen=seits des geräumigen Burg=hofes noch ein pallasähn=licher „Kornkasten" schräg gegenüber im Zuge der Mantelmauer errichtet ist. Weitere Wohnbauten liegen an deren südlichem Teile. (Nach neuer Lehre also eine zugleich sächsische Ringmauer= und normannisch=fränkische Turmburg?) Vielgestaltige Schlüsselscharten bezeugen spät=gotischen Umbau der Burg (Abb. 692).

Zu ihren Füßen liegt Neu=Malans[758]), ein ehemals wohl als Wasserburg befestigter Edelsitz des 16. Jahrh. aus einem Guß erbaut.

Die nordtiroler Burgen haben einen wesentlich ernsteren Umriß. Politisch haben diese Burgen nördlich des Brenner als Bollwerk gegen Süden, aber auch als Schutz und zur Beherrschung der wichtigen Heer= und Handelsstraßen Bedeutung gehabt.

Kennzeichnend ist die Lage der Burg Landeck[759]) am Eingang zum Finster=münzpaß, wo sich die Straßen vom Arlberg aus dem Unterengadin und Vintschgau treffen. Die Errichtung wird Meinhard II. von Tirol bzw. dem 13. Jahrh. zugeschrieben.

[757]) Ebh.: Burgenf. 1901, S. 32ff.; Steinitzer: S. 366ff.; Smlg. Ebh.; Ebh.: Burgw. 1912, S. 22; Piper: Österr. B. VIII, S. 167ff. — [758]) Ebh.: Burgenf. 1901, S. 35; Steinitzer: S. 368. — [759]) Ebh.: Burgenf. 1901, S. 54; Dehio: Österr. I, S. 438; Piper: Österr. B. III, S. 109; Steinitzer: S. 220ff.; Hofmann: Burgw. 1925, S. 64ff.

Die geräumige Burg zeigt nach vielen Umbauten einen viereckigen Bergfried, an den sich der dreigeschossige Pallas anschließt, drei Seiten des Kernes deckt Zwinger und Wehrmauer mit Rundturm an der Nordostecke. An der Angriffsseite liegt, durch Graben getrennt, die Vorburg, weiter vorgestreckt ein schmales Mauerrechteck mit Ecktürmen. Den Zugang deckten drei Tore.

In unmittelbarer Nähe erheben sich die Burgen Wiesberg, Schroffenstein, Kronburg, Bideneck und Bäreneck[760].

Die Turmburg Schroffenstein[761]) (Tafel XXVII) nahe Landeck bietet auch in Trümmern noch ein heldenhaftes Bild. Auf schmalem, langem Felskamm erhebt sich westlich ein rechteckiger Bergfried mit sechs Stockwerken, wahrscheinlich später erhöht und östlich ein vierräumiger, dreigeschossiger Pallas, tiefer am Hang ein achteckiger Wartturm. Seltsamerweise ist der hochgelegene Eingang zum Bergfried über eine Brücke auf der Angriffsseite angebracht.

Abb. 704. Burg Sigmundskron, Südtirol.

Das breitgelagerte Bideneck[762]) und das langschmale Bäreneck (oder Berneck)[763]) gruppieren sich ebenfalls um Landeck. Die ältesten Besitzer werden im 14. bzw. 13. und 15. Jahrh. genannt.

Bideneck wird von dem gewaltigen, viereckigen Bergfried überragt, an dessen Südseite sich ein schmaler Pallas hinzieht. Im Osten ist ein Zwinger und im Osten und Süden nochmal ein Außenzwinger vorgelagert. Der Hofraum im Norden und Osten erweitert sich ebenfalls zwingerartig.

Der Bergfried Bärenecks steht an der Angriffsseite gegen Westen und deckt mit 11 m Breite die dahinterliegende schmale Anlage im Norden und Osten.

Kronburg am rechten Innufer, auf 1052 m hohem Bergkegel[764]), ist eine der umfangreichsten Ruinen Nordtirols, die aus einzelnen Baugruppen ohne Ringmauer besteht. Die Kernburg zeigt einen viereckigen, viergeschossigen Bergfried, im Westen den trapezförmigen Hof und viereckigen Pallas im Osten.

---

[760]) Hofmann: Burgw. 1925, S. 63; Maschler: Burgw. 1926, S. 11ff. — [761]) Dehio: Österr. I, S. 492f.; Steinitzer: S. 224; Piper: Österr. B. II, S. 209ff.; Ebh.: Lucaskalender 1929. — [762]) Piper: Österr. B. II, S. 209ff.; Dehio: Österr. I, S. 383; Maschler: Burgw. 1926, S. 17. — [763]) Ebenda S. 17ff.; Dehio: Österr. I, S. 426. — Piper: Österr. B. III, S. 1ff. — [764]) Dehio: Österr. I, S. 432; Steinitzer: S. 220; Maschler: Burgw. 1926, S. 14f.

Abb. 705.

In der Kette der Nord=tiroler Burgen am Inn sind von Altstarkenberg[765]) nur wenige Reste erhal=ten; Klamm[766]) wurde wiederhergestellt, ebenso Petersberg[767]).

Abseits des Oberinn=tales liegt nahe der Schwei=zer Grenze die Burg Naudersberg[767a]) (Abb. 709), für Tirol ungewöhn=lich regelmäßig als langes Rechteck gebildet. Die Kernburg umschließt in einer starken, hohen Man=telmauer zwei Wohnbau=ten, die durch einen Mit=telhof getrennt sind. Rings um die Burg läuft ein schmaler Zwinger. In der Mitte der einen Längs=seite verteidigte ein huf=eisenförmiger starker Bat=terieturm die doppelte Zugbrücke des Haupt=tores.

Auf einer Insel des Fernsees, nördlich Lan=decks, liegt die schönste aller Siegmundsschlösser, die Siegmundsburg[768]), wahrscheinlich die einzige Neuschöpfung Herzog Siegmunds. Der Grundriß ist regelmäßig rechteckig 20 × 15 m mit vier Eckrundtür=men und östlich ausspringender dreigeschossiger Kapelle; er läßt sich trotz Zerstörung noch klar erkennen. Die Pflegübergabsurkunden und deren Inventare aus dem 15. und 16. Jahrh. berichten ziemlich ausführlich[769]).

Das berühmte Schloß Ambras[770]), dessen Anfänge ins 11. Jahrh. zurückgehen, liegt südlich von Innsbruck. Die heutige Anlage ist eine Schöpfung des 16. Jahrh., des Erzherzogs Ferdinand II., der die ehemalige Burg bedeutend erweiterte und im Re=naissancestil umbaute.

Südlicher liegt die ebenfalls später erneuerte Burg Trautson in Matrei[771]) aus dem 13. Jahrh., eine längliche Anlage, deren älteste Teile der quadratische Bergfried im Nor=den und der südlich anstoßende Pallas sind. Die Innenräume zeigen Verwüstungen des

[765]) Dehio: Österr. I, S. 497. — [766]) Ebenda S. 451; Piper: Österr. B. I, S. 135. — [767]) Stei=nitzer: S. 216f. — [767a]) Ebenda S. 239; Dehio: I, S. 453. — [768]) Hammer: Burgw. 1925, S. 39ff.; Dehio: Österr. I, S. 381. — [769]) Hammer: Burgw. 1925, S. 40ff. — [770]) Garber: Schl. Ambras. Dehio: Österr. I,; S. 371 Steinitzer: S. 92f.; Hofmann: Burgw. 1925, S. 62f. — [771]) Ebenda S. 60; Steinitzer: S. 120f.; Dehio: Österr. I, S. 447f.; Piper: Österr. B. V, S. 100ff.

Weltkrieges. Alle anderen Bauten entstammen jüngerer Zeit, die Burgkapelle mit zwei Türmen dem 17. Jahrh.

Bei Volders am Inn zeigt das 1295 erwähnte Friedberg trotz Neubau noch manches Burgliche[772]), so auch hier einen starken quadratischen Bergfried und Nordostteil des Wohnbaues.

Die Umgebung von Schwaz weist eine Reihe schöner Burgbauten auf.

An der Ostseite ragt Ruine Freundsberg — oder Siegmundsfried[773]) —, der Stammsitz der Familie Georgs von Frundsberg. Die Lage war wehrbaulich günstig gewählt, auf 150 m hohem, allseitig abfallendem Hügel. Erhalten ist ein viereckiger, romanischer Bergfried mit östlichem Erker auf Kragsteinen, Wohnung und Küche. Ihn soll Herzog Siegmund zeitweise bewohnt haben. Durch einen Hof getrennt liegt eine neuere Kapelle, auf deren Stelle früher der Pallas gestanden haben dürfte. Im Nordosten steht die eigentliche Burgkapelle.

Gegenüber auf der anderen Talseite des Inn errichtete Herzog Sigmund, der große Burgenbauer des ausgehenden 15. Jahrh., auf einem Bergvorsprung am Ausgang des Vompertales über dem Dorf Vomp um 1470 Schloß Sigmundslust[774]), heute stark erneuert.

Tratzberg, östlich davon, eine kostbare Perle unter Tirols Burgen, seit dem 12. Jahrh. urkundlich genannt, wurde um 1500 und im 16. Jahrh. prunkvoll erneuert[775]).

Dicht beieinander auf dem rechten Innufer folgen dann Matzen und Liechtenwörth und die Feste Kropfsberg, an der Grenze dreier Länder. Der Inn floß früher anders, daher hatte die Lage der Burgen strategisch auch andere Bedeutung.

Matzen[776]) ist eine der besterhaltenen Tiroler Burgen, urkundlich 1176 genannt, eine langgestreckte zweihöfige Anlage von etwa 60×25 m, deren ältester Teil, der romanische Bergfried — für Tirol eine Ausnahme, rund ist. Die Wohnbauten sind spätmittelalterlich und schließen die Höfe ein, die von teils spitz-, teils rundbogigen Gängen umgeben sind.

Talaufwärts auf einer Insel des Inn, gegenüber Matzen, liegt Burg Liechtenwörth (= Lichtwehr)[777]); eine einfache Burg romanischer Bauart mit starken Viereckstürmen und hoher Wehrmauer mit wohlerhaltenem Wehrgang.

Alle Burgen Nordtirols überragen die Ruinen der bedeutenden Anlage der Erzbischöfe von Salzburg, der Feste Kropfsberg[778]) (Abb. 706), deren Kern aus dem 13. Jahrh., Zubauten aber aus dem 16. und 18. Jahrh. stammen. Gegen Westen ist ein alleinstehender, ummauerter Bergfried aus sorgfältig gereihten Handquadern vorgeschoben. Im Süden und Osten bot eine Ringmauer Schutz, die Nordseite schützte der steile Bergabhang und der Inn. Die Kernburg besteht aus unregelmäßigem Vieleck und einem breiten halsartigen Vorsprung, der den freistehenden, viereckigen Bergfried einschließt. Der umgebende Zwinger endet in einem Torgebäude. Zwischen den zwei ursprünglich fünfgeschossigen Vierecktürmen im Südwesten und Südosten der Kernanlage steht die Kapelle, an der Westseite Wohnbaureste, von dem nördlichen Pallas sind nur wenige Mauerreste vorhanden.

---

[772]) Dehio: Österr. I, S. 508; Piper: Österr. B. VIII, S. 29ff.; Steinitzer: S. 43. — [773]) Steinitzer: S. 43; Dehio: Österr. I, S. 480f.; Piper: Österr. B. VIII, S. 22ff.; Inama v. Sternegg: Burgw. 1925, S. 33. — [774]) Ebenda; Dehio: Österr. I, S. 509; Hammer: Burgw. 1925, S. 39. — [775]) Hofmann: Burgw. 1925, S. 56f.; Dehio: Österr. I, S. 422ff.; Steinitzer: S. 32f.; Prokop: Schl. Tratzb. in Tyrol. — [776]) Steinitzer: S. 29; Dehio: Österr. I, S. 377f.; Inama v. Sternegg: Burgw. 1925, S. 29f.; Piper: Österr. B. VIII, S. 87ff.; Schwarz: I. Heft, S. 123ff. — [777]) Dehio: Österr. I, S. 378; Inama v. Sternegg: Burgw. 1925, S. 30; Steinitzer: S. 29. — [778]) Piper: Österr. B. IV, S. 66ff.; Dehio: Österr. I, S. 378; Steinitzer: S. 29; Weingartner: Burgw. 1925, S. 34ff.; Inama v. Sternegg: Burgw. 1925, S. 31; Schwarz: I. Heft, S. 159ff.

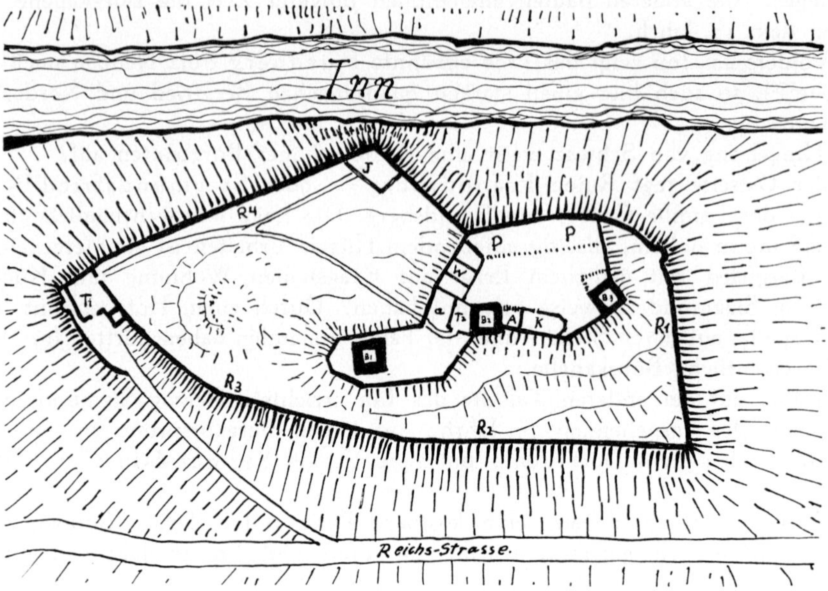

Abb. 706. Burg Kropfsberg, Nordtirol, unregelm. vieleck., viereck. Bergfr., Lgpl. etwa 1:2000, n. Weingartner.

Abb. 707. Stadt u. Bg. Rattenberg a. Inn, ma. Stadtm. u. Tore. B. E. nach alter Karte d. Bg. v. d. Zerst.

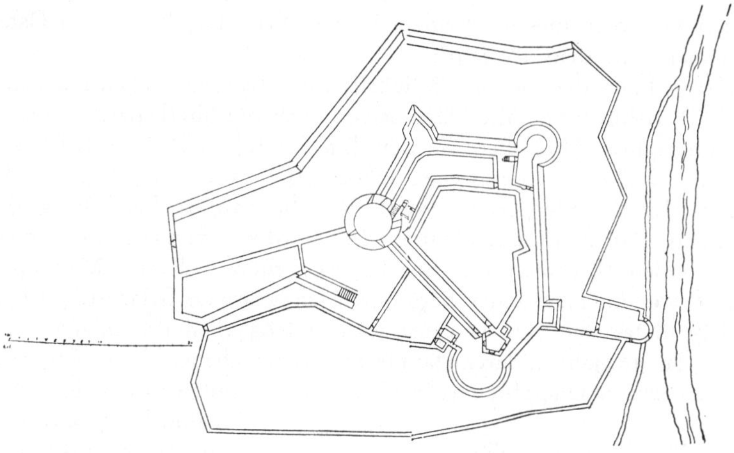

Abb. 708. Burg Rovereith, Tirol, ma. Kern ohne Seitenbestr., Batteriet. u. spät. Vorw., Pl. n. d. Statthalt.=Arch., Innsbr.

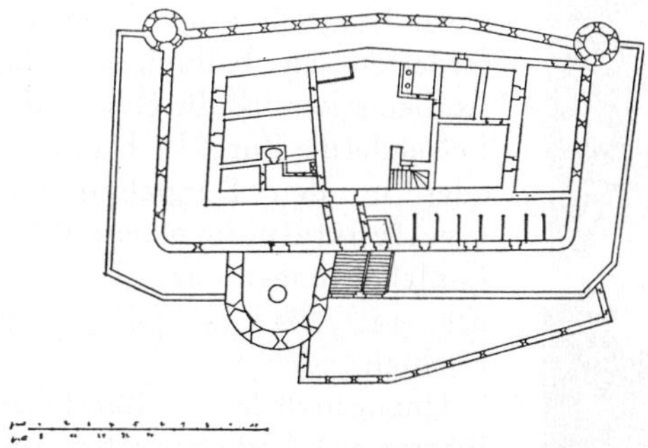

Abb. 709. Burg Naudersberg, Tirol, früh. Kern ohne Seitenbestr., Zwingerm., Eckt. u. Bastei m. Seitenbestr., B. E. n. alt. Pl. d. Statth.=Arch., Innsbr.

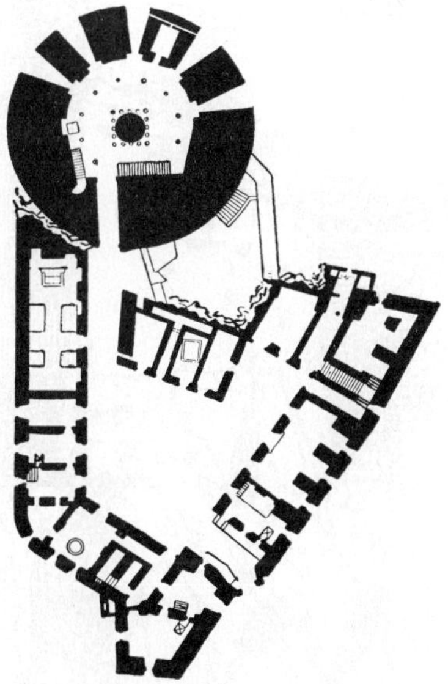

Abb. 710. Burg Kufstein, Tirol, frühe Kernbg. m. spät. Batteriet., Grdr. 1:1000. B. E. n. alt. Pl.

Am linken Innufer, Kufstein gegenüber, ragt Burg Tierberg empor, wahrscheinlich aus dem Anfang des 14. Jahrh. Ein mächtiger, viereckiger Bergfried ist erhalten, Reste der Ringmauer sind erneuert[779]).

Burg Mariastein[780]), wie Tierberg von den Freundsbergern im 14. Jahrh. erbaut, besteht hauptsächlich aus einem im Grundriß unregelmäßig sechseckigen mächtigen

[779]) Steinitzer: S. 21; Inama v. Sternegg: S. 26; Dehio: Österr. I, S. 514; Piper: Österr. B. IV, S. 226ff.; Schwarz: Tirol. Schl. I. Heft, S. 15ff. — [780]) Ebenda S. 25ff.; Piper: Österr. B. VIII, S. 82ff.; Steinitzer: S. 22; Dehio: Österr. I, S. 445; Inama v. Sternegg: S. 27.

Wohnturm auf Felsvorsprung über einem kleinen See. Die Bauten im Osten und Süd= osten entstammen teils dem 16. Jahrh.

Sehr zerstört ist heute die noch im 18. Jahrh. wohlerhaltene straßensperrende Felsenburg Rattenberg[780a]) (Abb. 707). Alte Pläne zeigen noch die überlegte Ausnutzung des Fels= klotzes, der am rechten Ufer dicht an den Inn vorstößt. Rattenberg war genau wie Kufstein seiner wichtigen Lage wegen später zur Festung ausgebaut worden.

Die Feste Kufstein oder Geroldseck[781]) (Abb. 710) schließt die großartige Kette der Innburgen ab. Auf Felskuppe dicht am Inn, wird sie 1205 zuerst urkundlich erwähnt, als ursprünglich den Bischöfen von Regensburg gehörig. Kaiser Maximilian gestaltete die Burg zur Feste um nach einer berühmten langwierigen Belagerung (Tafel XXVIII).

Im Grundriß bietet sich eine langgestreckte, reichgegliederte Anlage, eine charakteri= stische Festung des 16. Jahrh., deren Hauptwerk der ungeheuere Batterieturm am Ende ist.

Irgend eine Gesetzmäßigkeit für Tiroler Burgen herausfinden zu wollen, dürfte vergebliche Mühe bedeuten. Klima, Bauplatz und Baustoffe bestimmten jeweils die Form, die Grundrißbildung ist für jeden Platz eine andere, auch die einzelnen Bauteile sind grundverschieden gestaltet. Dem glücklichen Klima verdanken Südtirols Burgen die freundliche Offenheit der Wohnbauten, die sich schon in den weiten Bo= genfenstern der romanischen Burg Boimont und später in den offenen Bogengängen so vieler Burghöfe zeigt. Bauplätze forderten zu Kühnheiten des Aufbaues heraus, die etwa in der Felsnadel der Burg Helfenstein oder in den Burgfelsen von Greifenstein die glänzendsten Gipfelleistungen der Bauleute des 12. bis 14. Jahrh. er= reichten.

Unzugängliche Baustellen führten zu scharf überlegten, weit vorgestreckten Außenanlagen wie bei Haderburg und Trost= burg oder später zu schweren

Abb. 711.

[780a]) Dehio: Österr. I, S. 465; Schwarz: Tirol. Schl. I. Heft, S. 85ff.; Steinitzer: S. 24ff. — [781]) Ebenda S. 26; Steinitzer: S. 16ff.; Dehio: Österr. I, S. 433ff.; Piper: Österr. B. VIII, S. 208, 223; Hofmann: Burgw. 1925, S. 50ff.; Knöpfler: Belag. u. Erob. Kufst. durch Kg. Maximilian i. J. 1504; Prem: Kufst. Festschr.; Schwarz: I. H., S. 1ff.; Sinwel: Tirol. Heimatbl. 3. Jg., H. 6; Smlg. Ebh.

Batteriebauten, wie sie bei Sigmundskron die breiten Angriffsseiten beherrschen.

Die Baustoffe, Stein und Holz, standen im Überfluß zur Verfügung; der Steinbau ist trotzdem nicht „meisterhaft", Bruchsteinwerk, meist Kalkstein, überwiegt bei weitem, selten, außer bei Fenstern und Türgewänden, sieht man Quaderbau oder Eckquaderungen, später viel Putz. Wenige gotisch gewölbte Innenräume wie in Landeck. Romanische oder gotische Kunstformen wie in der Burg Tirol oder Zenoburg sind ebenfalls sehr selten bis auf die beliebten schlanken Fensterteilungssäulchen.

Auffallend ist die fast restlose Ausstattung mit starken, quadratischen Bergfrieden als ältesten Kernbauten, nur Treuenstein, Matzen und wenige andere Burgen zeigen runde Bergfriede.

Abb. 712. Burg Landeck, Tirol. B. E.

Der Pallas ist sehr selten als selbständiger, rechteckiger, regelmäßiger Bau gestaltet, und wenn, mehr als Wohnturm wie bei Taufers. Klarer erscheint der Pallas in der Südostecke des regelmäßigen Rechteckbaues Boimont. Meist sind die Wohnbauten in starken, unregelmäßigen Mantelmauern in verschiedenen turmartigen Flügeln um Höfe angeordnet. Baukünstlerisch bemerkenswerte Kapellen sind außer in den Burgen Tirol und Zeno kaum erhalten.

Es bleibt aber dem Lande Tirol, besonders dem Süden, der Ruhm, das burgenreichste Land des deutschen Sprachgebietes zu sein, zugleich ein Schatzkästlein der schönsten Landschafts- und Burgenbilder, die die Berge und Felsen überreich bekrönen.

Vorarlberg und Liechtenstein[782])

In Vorarlberg und Liechtenstein tritt die Zusammendrängung der Wohnstätten und der Burgen ganz besonders hervor. Von der Tiroler Grenze bis Bregenz über Bludenz, Feldkirch, Dornbirn ziehen sie sich in einer Kette hin. Viele davon wurden durch die wiederholten Einfälle der benachbarten Schweizer zerstört[783]).

Vom Arlberg aus kommend, stößt man bald auf die bedeutendste Burg des Landes, die Schattenburg über Feldkirch[784]) (Abb. 682). Die urkundliche Erwähnung von „Montfort" in der Zwiefaltener Chronik von 1135—38 bezieht sich sehr wahrscheinlich auf die Schattenburg. Vor diese Zeit darf man nur einen ersten Burgenbau verweisen. Umbauten fanden nach den Appenzeller Kriegen 1406 statt, nachdem die Schattenburg eine achtzehnwöchige Belagerung und Verbrennung erduldet hatte. Die Anlage erstreckt sich rund 100 m über den nach drei Seiten steil abfallenden Berg. Der mächtige rechteckige Bergfried (Wohnturm!) von 17 × 11 m bei 3,50 m Mauerstärke steht in der Mitte und beherrscht den ernsten Wehrbau, südlich erhebt sich trapezförmig der 17 × 19 m große Pallas.

---

782) Burgenkundlich wird Liechtenstein am günstigsten bei den österreichischen Burgen behandelt; Dehio: Österr. I zählt für Vorarlberg etwa 10 Ruinen und Burgen; Ulmer: D. Burg. u. Edels. Vorarlb. u. Liechtenst. gibt für Vorarlberg ungefähr 40 (einschließlich der verschwundenen) und für Liechtenstein etwa 14 an. — 783) Atz: Kunstgesch. v. Tirol u. Vorarlberg S. 170. — 784) Ulmer: D. Burg. u. Edels. Vorarlb. u. Liechtenst.; ders.: Schl. Feldkirch-Schattenb. (Sonderdr.); Dehio: Österr. I, S. 526ff.; Piper: Österr. B. II, S. 188ff.; Steinitzer: S. 479ff.; Kleiner: I. Heft: Zur Geschichte d. Schl. Feldkirch (Schattenb.) i. d. Zt. von 1778—1825; Hofmann: Burgw. 1925, S. 76ff.

Bergfried und Pallas sind östlich durch einen späteren (?) Wohnflügel verbunden, der Küche oder Kapelle enthielt. Dem durch diese drei Bauten gebildeten Hof ist an der Westseite jenseits der Ringmauer der Kernburg ein 14,50×8 m großer, gotischer Bau vorgelagert. Nördlich des Bergfriedes liegen unter einem Dach zwei Wohn= bzw. Tor= bauten. Ein Zwinger mit zwei Halbkreisbatterietürmen am Süd= und Nordende deckt die gesamte Ostseite. Nördlich jenseits des Grabens ist ein Außentorbau als Vorwerk (14×16 m) errichtet, an der südlichen Rückseite offen, durch das der einzige Zugangsweg führt. Fünf turmartige Bauten in Rechteck= oder Trapezform standen wohl ursprünglich frei nebeneinander, was dem Ganzen noch heute eine starre gotisch wirkende Form gibt. Innen ist reichlich späteres Holzfachwerk und gotisches Täfelwerk verwendet. Zwei Mauern verbinden die Burg mit der Stadt (Abb. 713).

Bei Götzis folgen dann die Trümmer der Burgen Alt= und Neu=Montfort[785]). Von letzterer ist nur noch ein rechteckiger Bergfried aus groben Bruchsteinen erhalten, sie diente im 13. Jahrh. als Straßensperre; auch sie wurde im Appenzeller Krieg 1406 zerstört.

In unmittelbarer Nähe, bei Koblach, trägt ein kleiner Hügel die ausgedehnten Ruinen der Neuburg[786]). Die rechteckige, feste Kernburg wird durch einen starken, ebenfalls rechteckigen Bergfried verteidigt, dem ein verschoben rechteckiges Mauervorwerk vor= gelagert ist. Der sehr zerstörte Nordwestteil zeigt Reste eines Pallas, der nach alten Ab= bildungen durch eine Brücke mit dem Bergfried verbunden war, gegenüber ragen ebenfalls Mauerreste.

Die wenig bedeutende Burg Glopper (Neu=Ems)[787]) (Abb. 715) ist noch erhalten und bewohnt. Die fast dreieckige Anlage, deren Kernburg in der Nordspitze liegt, zeigt einen im Grundriß bemerkenswert gestalteten Bergfried, schmal, rechteckig mit abgeschrägten Ecken. Unmittelbar verbunden steht nordöstlich der Pallas, der seine Grundrißform dem engen Raum verdankt.

Benachbart liegt die neben Neuburg größte Ruine Alt=Ems[788]), wahrscheinlich aus dem Anfang des 12. Jahrh., durch ihre von Südosten nach Nordwesten, angeblich über

Abb. 713. Die Schattenburg, über Feldkirch, Vorarlbg.

785) Ulmer: D. Burg. u. Edels. Vorarlb. u. Liechtenst. S. 81 ff., 95 ff., 110 ff.; Dehio: Österr. I, S. 531; Atz: S. 170; Steinitzer: S. 476 ff. — 786) Ebenda S. 476; Dehio: Österr. I, S. 533; Ulmer: D. Burg. u. Edels. Vorarlb. u. Liechtenst. S. 221 ff., 292 ff.; Piper: Österr. B. III, S. 142 ff. — 787) Piper: Österr. B. I, S. 127 ff.; Dehio: Österr. I, S. 532; Steinitzer: S. 474; Ulmer: Burgw. 1925, S. 8 ff.; ders.: D. Burg. u. Edels. S. 273 ff. — 788) Dehio: Österr. I, S. 532; Ulmer: Burgw. 1925, S. 8 ff.; ders.: D. Burg. u. Edels. S. 267 ff.; Steinitzer: S. 474; Atz: S. 170.

Abb. 714. Burg Liechtenstein über Vaduz. B. E.

340 m langgestreckte, ganz ungewöhnliche Form ausgezeichnet. Der Minnesänger Rudolf von Ems[789]) erwähnt sie folgendermaßen:

„... Manie veste wol bereit"
„Nach vilicher werdeheit"
„Viel werlich und rich erchant ..."

Von der von 1078—1647 strategisch sehr wichtigen Burg Hohenbregenz[790]) sind nur noch Ringmauerreste vorhanden. Der ehemalige Pallas wurde wahrscheinlich 1723 zur St. Gebhartskirche umgebaut; die bei Kirchenbauten sehr seltenen Buckelquadern könnten darauf schließen lassen.

Eine ausgesprochene Dreiecksform hat die auf Bergnase hinter 10 m breitem künstlichem Halsgraben gelegene Ruine Neu-Schellenberg, wahrscheinlich 1200—1250 erbaut[791]). Der viereckige Bergfried, von dem nur Spuren blieben, nimmt fast die Mitte der Anlage ein, die Wohnräume lagen gegen Norden. Die mächtigen Mantelmauern, die den inneren Hof schützten, sind zum Teil noch erhalten. Von der westlicher gelegenen kleinen Burg Alt-Schellenberg — 1150—1201 erbaut — ist heute fast nichts vorhanden.

Bekannt durch schönen Umriß und Gipfellage — auf 70 m hoher Felskuppe — ist das 1906—1910 wiederhergestellte Gutenberg[792]) bei Balzers. Die alte Hauptburg nahm den 10 m höher steigenden nackten Felsen ein und hatte in ihrem ältesten Bestand eine rundliche Form. Bemerkenswert ist, daß der Bergfried im Gegensatz zu den meisten Burgen jüngeren Datums ist. Das Gelände war allerdings von Natur auch ohne Turm gesichert.

Neben Gutenberg ist Vaduz[793]) (Abb. 714) in Liechtenstein im 20. Jahrh. unter künstlerischem Einfluß des großen Kunstförderers Grafen Wilczek restauriert worden. Die ursprüngliche Erbauung ist vor 1300 anzusetzen. Die erste Anlage bestand wahrscheinlich nur aus Bergfried und den im Norden und Süden anschließenden Wohnbauten. Um- und Neubauten fanden im 15. Jahrh. statt.

Heute bildet die Kernburg ungefähr ein Dreieck, um das sich im Süden und Norden zwei gewaltige Rondells aus dem 16. Jahrh. legen. Immerhin müssen wir hier schwei-

---

[789]) Piper: Österr. B. II, S. 22f. — [790]) Ebenda S. 87ff.; Steinitzer: S. 472; Dehio: Österr. I, S. 524; Ulmer: D. Burg. u. Edels. S. 63ff. — [791]) Ulmer: D. Burg. u. Edels. S. 941ff. — [792]) Ebenda S. 924ff. — [793]) Ebenda S. 893ff.; Hofmann: Burgw. 1925, S. 69f.; Kraetzel: D. Fürstenth. Liechtenst. ... S. 143.

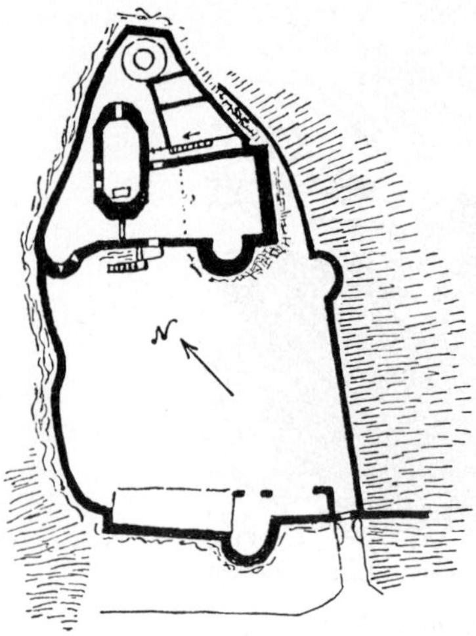

Abb. 715. Gipfelbg. Neu=Ems (Glopper) Vorarlbg., früh. Wohnt.i. Kernbg., eingeb. Pallas u. Brunnen, Mantelm., weite Vorbg. m. Halsgrb., Grdr. 1:1000, n. Piper.

zerischen Einfluß feststellen, der früh die ritterliche Vorherrschaft durch die Macht der „Bünde" oder die Städte ablöste und die Fortentwicklung des burglichen Wehrbaues verhinderte.

Formgestaltung der österreichischen Burgen

So bilden sich, den geologischen Bergformen an= gemessen, durch ganz Osterreich und Tirol trotz der unerschöpflichen Vielgestaltung einige Formen= gruppen.

Wesentlich in frühen Formen erhaltene romanische Burgen sind Frauenburg bei Unzmarkt in Steier= mark und Petersberg in Kärnten und Boimont in Tirol, drei völlig verschiedene Werke.

Mächtige Vorburganlagen neben großen Kernburgen zeigen fast alle Burgen Ober= und Niederösterreichs.

Burgen, die um romanischen und gotischen Kern allmählich zu Barockfestungen ausgestaltet wurden, weist vor allem das Burgenland auf.

Phantastische Felsgipfelburgen, zum Teil lang und schmal, deren lange Seiten von Natur unersteiglich waren und die deshalb leicht von wenigen Kriegern verteidigt werden konnten, deren kurze Querabschnitte dagegen be= sonders stark befestigt wurden, sind Aggstein an der Donau, Alt=Ems in Vorarlberg Bisein in Südtirol.

Zierlichere, malerische, vielfach noch bewohnte Burgen, meist um einen quadratischen älteren Bergfried, finden wir in Tirol.

Mächtige Gipfelburgen für starke Besatzungen waren z. B. die reiche, formveredelte Landesherrenfeste Hohensalzburg im gesicherten deutschen Hinterlande und Riegers= burg auf Basaltklotz, rein wehrbaulich großzügig ausgebaut mit engem Wohnbaukern im gefährdeten östlichen Grenzland. Ein frühes Beispiel in Tirol — wohl das einzige seiner Art — einer romanisch=gotischen Burg, die für Geschützverteidigung am Ende des 15. Jahrh. ausgebaut wurde, ist Sigmundskron.

Auffallend ist, daß im österreichischen Burgenbau die älteste Burgenform, der Rundling, nicht vorkommt. Selbst Wasserburgen wie Weyers bei St. Veit zeigen sie nicht. Es ist nicht unmöglich, daß das mit späterer germanischer Besiedlung der Ostmark zusammen= hängt.

Dagegen finden wir vieleckige Burgen, wie Taggenbrunn u. a., die eine gewisse Verwandtschaft mit schwäbischen Burgen des oberen Neckarbezirkes zeigen, aber die runden Gesamtgrundrisse mit Ringgräben und später mit Steinburgen überbaute Ring= wälle scheinen ganz zu fehlen.

Da sämtliche geologische Formationsgruppen in den Ländern der alten österreichischen Monarchie vertreten waren, finden wir auch alle Gesteinsarten beim Burgenbau verwandt. Vorherrschend ist Kalk=, Dolomit= und Granitgestein, daneben Porphyr und Sandstein. Selten sind Ziegelsteine verwendet; Bauten wie die Ordensburgen oder die Burgen des Niederrheins oder des nordischen Tieflandes, nur aus Backsteinen, fehlen, bis auf die Backsteinbastionen der Burg Güssing im Burgenland, fast ganz.

Wenig ergiebig sind auch die Burgen des alten Osterreich an Prunkarchitekturen der Zeit der Hohenstaufenburgen des Deutschen Reiches, trotz des nahen Eger. Wir müssen daher zur Beurteilung der Bauzeiten der verschiedenen Burgen überwiegend die wehr=baulichen Gewohnheiten und Formen heranziehen.

Bergfriede dürfen fast ausnahmslos der frühesten Zeit, dem 10. bis 11. Jahrh. angehören, frühe Pallasse oder Wohntürme finden wir infolge der erwähnten vielen Umbauten des 16. Jahrh. nur selten, Seitenbestreichungstürme erst spät, meist erst im Zeitalter der halb=runden Batterietürme des 15. und sogar 16. Jahrh. Schildmauern sind ebenfalls selten, durchweg sind aber wohldurchdachte Zugangswege mit zahlreichen Toren, Vortoren, Gräben mit Zugbrücken und Zwingern üblich und erhalten. Ein spätes Beispiel höchster Vollkommenheit solcher Anlagen bietet Hochosterwitz mit seinen 14 Toren, die den Zugang sperrten. Maschikuli sind seltener, als bei der Nähe Italiens erwartet werden dürfte.

Ende des 16. Jahrh. nach Verwüstungen dauernder Kriege, erwachte auf den Burgen, begünstigt durch glänzenden Wohlstand der ritterlichen Besitzer und die wachsende Macht des österreichischen Kaiserhauses, eine ungeheure Bautätigkeit. In dieser Zeit entstanden fast alle die großfenstrigen und mehrstöckigen Prunkpaläste, die die alten Pallasbauten in den Burgen veränderten oder ganz zerstörten.

Ein großer Zug liegt aber in den meisten Burgen dieser deutsch=österreichischen Ost=mark und ein tiefer Ernst, der z. B. himmelweit entfernt ist von den zierlich=fröhlichen Umrissen der Rheinuferburgen. Österreichs Burgen schirmten das Deutschtum gegen Südosten von der Karolinger Zeit bis durch die Türkenkriege und erfüllten damit Deutsch=Österreichs große geschichtliche Aufgabe.

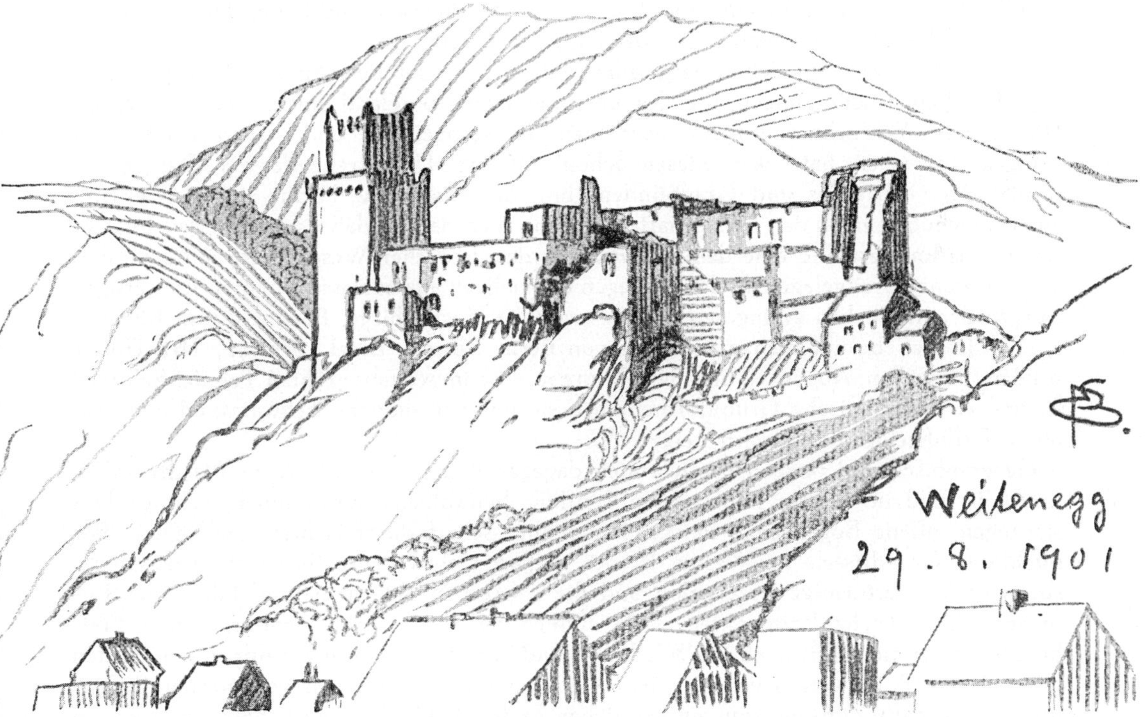

Abb. 716. Burg Weitenegg/Donau. B. E.

Schweiz

Geschichtliche und politische Einflüsse des schweizer Burgenbaues

Der überwältigende Zauber vieler Schweizer Burgen liegt in dem großen Ernst ihrer Formen und in der überzeugenden Sachlichkeit, mit der sie sich allen Forderungen von Krieg und Frieden unterwerfen und sich trotzdem gleichklingend ihrer gewaltigen Bergweltumgebung einfügen.

Dabei wird jeder, der sich eingehend mit dem Wehrbau der Schweiz beschäftigt, mit Überraschung feststellen, daß in diesem seit Jahrhunderten der Volksherrschaft anhängenden Lande Hunderte von Burgen ragen, von denen unerwartet viele noch bis Ende der Zeiten der Landvögte wohl erhalten waren und bis um 1800 tatsächlich bei der Erhaltung eines scharfen Regimentes über die Vogteien benutzt wurden. Viele von ihnen fielen zur Zeit der Französischen Revolution bäuerischer Zerstörungswut zum Opfer.

Nun hat jede europäische Burgengruppe eigene Formen, je eigener, je mehr sichere Grenzen, Meere und Gebirge die Länder von ihren Nachbarn trennten. Es liegt aber nahe, daß der Burgenbau eines kleineren Gebietes, wie der Schweiz, inmitten mächtiger und großer Nachbarn nicht so unbeeinflußt bleiben konnte, daß nicht nachbarliche Werke verschiedener Rassen nachgeahmt wurden.

Die Schweizer Burgen zeigen auch dementsprechend zwischen den großen Kulturkreisen Italiens, Frankreichs und des überwiegend bodenständigen deutschen Sprachgebietes eine dreifaltige Entwicklung.

Sie verraten den trotzig-selbständigen Sinn der Bewohner und spiegeln jene Lebensbedingungen, die das uneinnehmbare Bergland mit seinen großartigen Höhen und Schluchten, seinem herrlichen Wasserreichtum und seinen fruchtbaren Hängen entwickelt hat. Wir wiesen schon auf das Hochstrebende der Burgen im Gebiet des Oberrheins und Graubündens hin, deren schroffe Türme sich den ebenso hochstrebenden Linien der Landschaft anpassen, auch darauf, daß der rauhe Baustoff des Urgesteins im Kernland eine dem tiefen Ernst des deutschen Wesens verwandte Gestaltung erzwang. Breitgelagert drohen dagegen die vielfach aus Molasse erbauten turmartigen Burgen der nördlichen geringeren Höhen zwischen Hochgebirge, Bodensee und Rhein.

Hier in den burgenreichen Gebieten von Bern, Zürich, Basel, Schwyz, Uri, Unterwalden, St. Gallen, Appenzell und dem Thurgau, also im weitaus größten Teil der Schweiz, finden wir alemannische Grundformen, wie sie uns der südliche Schwarzwald oder das obere Zuflußgebiet des Neckar zeigen[794]).

Geographisch und rassenmäßig verraten dagegen Bauten im Süden: im Waadtland[795]), in Wallis und im Tessin italienischen Einfluß, Schwalbenschwanzzinnen, schräge Dosierungen, offene Bogengänge in den Höfen und scharf durchdachte, regelmäßige, fast nüchterne Grundrisse. Im Westen ist der großartig entwickelte Burgenstil Frankreichs spürbar, das viertürmige Burgschloß und die gewisse Nüchternheit und Glätte der Romanen. Der gleiche Formenkreis wirkt südlich Solothurn im Neuenburger und Freiburger Gebiet zum Teil noch im Waadtland und Wallis nach, weniger nur in den Bauten der Zeit Peters II. von Savoyen. Genf war von etwa 36 westlich verwandten Burgen umgeben, die die Zugänge zum südwestlichen Ende des Genfer Sees beherrschten, davon sind etwa noch 15 erhalten. So erhoben sich im ganzen, kaum erwartet, in der Schweiz

---

[794]) Man vgl. z. B. d. Grundriß d. Burg Laupen mit dem d. Burgen Hohenrechberg oder Minneburg am Neckar. — [795]) Siehe Burg Vufflens.

21. V. 1901.

Tafel XXIX Burg Chillon am Genfer See, Raum des 13. Jahrh.

Chillon
18. V. 1901

Tafel XXX   Burg Chillon am Genfer See

fast 400 großartige Burgen aus der Zeit, in der Ritterstand und Geist der deutschen Rasse auch in den Schweizer Burgen überwiegend herrschte, kämpfte und führte[796]).

Die Urkunden zeigen bis zu des ländergierigen Rudolf von Habsburg und seiner Nachkommen verderblichen Einfluß auf die Reichseinheit, Deutsche Kaiser als Herrscher, denen die durch zahlreiche Burgen gesicherten Alpenpässe für ihre italienischen Ansprüche unentbehrlich waren, und vielfach erscheinen ritterliche Burgenbesitzer als kaiserliche Lehensträger.

Wir finden später im Westen und Süden den starken Peter II. von Savoyen als Burgenbauer und im Nordosten die Werdenfelser, die Toggenburger, im nördlichen Bernergebiet die Grafen von Lenzburg und Kyburg, Verwandte der Habsburger, an der Birs im Nordwesten die Burgen der Grafen Tierstein, Angenstein, Farnsberg, Tierstein, Dorneck als größte der Schweizer Burgen, endlich Pfeffingen über Rheinfelden. Etwa 30 Burgen erhoben sich um Basel, im Berner Gebiet Aarburg und Burgdorf, bei Winterthur Kyburg und das Burgendreieck Lenzburg, Wildegg und Habsburg, weiter in der Westschweiz die Fülle der Festen im Jura. In der Ostschweiz, in der Nähe der Gemeinde Kirchberg, liegen 19 Burgstellen — ein Dutzend im Umkreis von St. Gallen, am Bodensee: Roggwil, Arbon, Luxburg, Mammertshofen, Hagenwil und Toß[797]) u. a.

Die savoyisch-französisch beeinflußten Burgen des Waadtlandes, Estavayer (Stäffis), Neuenburg, Romont, Bulle, Gruyères usw. heben sich von jenen deutschen klar ab. Deutsch erscheinen die städtischen Wehrbauten von Murten, Grandson, Solothurn und Freiburg, im Süden dagegen, am Genfer See, steht bereits die Stadtburg von Lausanne und Vufflens mit ihren Mordgängen und Schwalbenschwanzzinnen unter italienischem Einfluß. Endlich vereint die schönste der Uferburgen, das sagen- und dichtungsverklärte Chillon, die verschiedensten Formen in gesamtdeutscher äußerer Fassung.

Auch im Rhônetal aufwärts, im Kanton Wallis, sind über 40 erhaltene Burgen und Ruinen nachweisbar und über 20 geschichtlich bekannte Burgstellen, unter ersteren Aigle, im Rhôneknie La Batia (Martigny), die Talsperre St. Maurice, weiter die romanische Wehrkirche Valeria, über Sitten (Notre Dame de Valère), ihr gegenüber die 1294 erbaute Burg Tourbillon.

Wenden wir uns nach der Ostschweiz, dorthin, wo der junge Rhein aus den Bergen heraus zum Bodensee drängt, so sehen wir seine Ufer Schritt für Schritt umsäumt durch die burglichen Bauten Graubündens, die wir mit den Rheinuferburgen schon behandelten[798]).

Südlich, wo die Schweizer Berge sich gen Italien neigen, fehlt es ebensowenig an großartigen Wehrbauten, bestimmt, das Bergland vor dem Süden oder die Ebene gegen von Norden andringende Feinde zu schützen.

Am St. Gotthard sind auf der Nordseite zwischen Urner See und der Paßhöhe 9 Burgen oder Ruinen erhalten, Kunde haben wir von 3 verschwundenen Burgstellen. Auf der Südhälfte des Paßüberganges zählen wir dagegen über 20 Burgen und Ruinen und 15 öde Burgstellen. Italienische Formen zeigt unter diesen die Burgengruppe um Locarno und die großartige Talsperre Bellinzona.

Deutscher Einfluß

Die nördlichsten Schweizer Burgen liegen in der im Mittelalter Sisgau genannten Landschaft zwischen den blauen Jurakämmen und dem grünen Rhein, zwischen der Birs im

---

[796]) Siehe Burgenkarte d. Schweiz (Offiz. Karte d. Schweiz. Burgenv.). — Vgl. die Hefte „Die Burgen und Schlösser der Schweiz", die von der Schweiz. Vereinigung zur Erhaltung der Burgen und Ruinen (Burgenverein) herausgegeben wurden. — [797]) Felder: D. Burgen d. Kantons St. Gallen und Appenzell. I. u. II. Teil. — [798]) Siehe Abschnitt Rheinburgen. Nach der Burgenkarte der Schweiz (Offiz. Karte d. Schweiz. Burgenv.) gibt es im Rheintal der Schweiz etwa 15 erhaltene Burgen, 52 Ruinen und 41 verschwundene Burgen.

Westen und dem mächtigen Grenzstein der Geißfluh und den von ihr nordwärts verlaufenden Höhenzügen im Osten: „...ein welliges Gelände, selten durch eine breitere Niederung oder ein größeres Hochflach unterbrochen, dafür um so mehr von waldigen Kuppen und jähen Felshängen durchsetzt"[799]).

Das wege= und wasserreiche, oft steil abstürzende Bergland bot Gelegenheit für alle Arten Höhen= und Höhlenburgen, für Wasser= und Stadtburgen. Wasserburgen zeigen heute am wenigsten eigene, bodenständige Formen, sie sind oft erneuert und schloßartig ausgebaut. Burg Binningen bei Basel[800]) (Abb. 720), 1299 erwähnt, eine regelmäßig, quadratische Anlage mit Mittelhof ohne Bergfried, zeigt z. B. durch ihr dickes Mauerrechteck mit ehemals 2 runden Ecktürmen die alte Pallasform und weitere mittelalterliche Reste, das übrige entstammt der Neuzeit. Ring= oder Zwingermauern sind verschwunden.

Wie eine westfälische oder holländische Wasserburg mutet Bottmingen[801]) (Abb. 721) an, schon um 1300 als Burg erwähnt, ein quadratischer Bau mit 3 Eckrundtürmen[802]). Der Südwestflügel des aus weiter Wasserfläche aufstrebenden Schlosses, auf alten Fundamenten erbaut, erfuhr im 18. Jahrh. durch Johann Deucher Um= und Ausbau.

Bei Äsch[803]) finden sich dagegen 3 beieinanderliegende Burgreste des 13. Jahrh. auf wildem, von Gräben künstlich durchbrochenem Felsenkamm.

Mehr ist von der schon um 708 im Klostereigentum Hohenburg (Odilienberg) im Unterelsaß stehenden, ab 1239 dem Bistum Basel gehörigen benachbarten Höhenburg Birseck [Birsegge[804])] (Abb. 722) erhalten. Auf einem Bergvorsprung stehen Außenmauern, runder

Abb. 717. Höhenbg. Angenstein/Schweiz, auf Bergn., n. Wagner, um 1838.

799) Merz: Burg. d. Sisgaus I, S. V. — 800) Ebenda I, S. 105ff. Burg. u. Schl. d. Schweiz. L. IVa, S. 48ff. — 801) Ebenda S. 71ff. Merz: I, S. 186ff.; Smlg. Ebh. — 802) beweist, wie ähnliche Grundformen entstanden, wenn die Bauten auf gleichem Gelände, hier im Wasser der Talebene, entstanden. Nicht nur Holland, Westfalen und die Schweiz bauen da dieselben Burgen, ohne daß sich ein sächsischer oder fränkischer Kern nachweisen ließe. — 803) Merz: I, S. 65ff. — 804) Ebenda I, S. 137ff.; Burg. u. Schl. d. Schweiz. L. IVa, S. 58ff. (siehe dort d. Lagepl. S. 60).

Bergfried und Kapelle. Wohn- sowie Torbauten sind 1793 von trunkenen Bauernhaufen verbrannt. Wir können aber den alten Zustand feststellen.

Den Burgkern der reizvollen Anlage bildet ein turmartig hochgezogener Pallas mit gegen Südwesten gerichteter starker, an den Ecken gerundeter Mantelmauer, 25 × 13,5 m groß, mit bis 2,50 m dicken Mauern. Den nordöstlich daranliegenden Hof schützte gegen Norden eine hufeisenförmige Schildmauer, in deren Westende der runde Bergfried steht. Ein tiefer Grabenzwinger umgab die 3 anderen Seiten dieses Kernes, über ihn führte von Osten aus eine lange Brücke zu dem dicht neben dem Pallas an der Schildmauer liegenden Tor, das mit Zugbrücke mit Schwunggerten versehen war. Nördlich, außerhalb der Schildmauer, liegt ein ummauerter Vorhof, südlich Gärten. Das hohe, starke Hufeisenmauerwerk der Schildmauer sowie der flache, lange Wohnturm sind wehrbauliche Sonderbildungen.

Die ältesten Teile der südlicher gelegenen pfirtisch, österreichisch und bischöflich Baseler Burg Angenstein[805]) (Abb. 717) gehen bis vor 1271 zurück. Angenstein bildete auf schmal vorspringender Felsnase, wo sich die Birs zwischen Felsen in die Rheinebene hinauszwängt, eine Sperre zwischen Sisgau und Sundgau und besteht aus den jetzt leeren 4 Mauern des aus Kalk- und Tuffstein erbauten, viergeschossigen, 14×19 m langen und noch 18 m hohen mächtigen Wohnturms, und später zu verschiedenen Zeiten angebauten Wohnbauten, die mit der alten Kapelle eine besonders schöne Baugruppe bilden. Niemals waren die Zwinger und Außenwerke sehr umfangreich, wir haben also eine in der Schweiz nicht seltene reine Turmburg vor uns, die aber weder außen noch im Innern eine Ähnlichkeit mit französischen donjons aufweist. Bodenständiger Baustoff forderte zu dieser einfachen Form heraus, die hier früher als in der Normandie erscheint (Abb. 724).

Abb. 718. Höhenbg. Laupen, Schweiz, n. Wagner, um 1830.

805) Ebenda L. 7, S. 21ff. Merz: I, S. 1ff.; Smlg. Ebh.

Abb. 719. Burg Münchenstein b. Basel, Schweiz, heute nur geringe Reste, Ans. Zustand 1783 n. Büchel.

Schon diese vier nahe benachbarten Beispiele sind untereinander grundverschieden. Obwohl gleicher Erbauungszeit und zum Teil gleichen Erbauern angehörig, kann man sie keiner Art Schule zuweisen.

In der Nähe im Birstal, auf dem Ausläufer eines Kalkgebirgskammes, liegen die Ruinen des aus Bruchsteinen, mit rohen Köpfen erbauten Wohnturmes der Burg Pfeffingen und ihrer Vorburgen[806]) (Abb. 723). Der Bau, wahrscheinlich dem frühen 12. Jahrh. angehörend, ist jedenfalls im 13., 14. und 16. umgebaut.

Nach einer Handskizze nach dem alten Bild von meinem verewigten Freunde Heinrich von Geymüller vom 14. Januar 1903 war der von den Grafen Tierstein bewohnte Sitz einst reich gegliedert. Vor dem mächtigen Wohnturm eiförmiger Grundrißbildung lag die weite Vorburg mit gotischem Wohnbau, das Ganze anscheinend über 3 Zugbrücken zugänglich. Danach könnte man sich auch den Angensteiner Wohnturm als dem 11. Jahrh. angehörig denken.

Reichenstein[807]) (Abb. 725), auf bewaldetem, steil abfallendem Bergrücken auf einzelnem Felsblock, bestand in der Hauptsache ebenfalls aus einem frühen 5stöckigen Wohnturm mit nordwestlich tiefer liegender Vorburg. Am südlichen Ende des unregelmäßig gerundeten Wohnturmes ist auf der höchsten Erhebung ein kleiner, runder Turm angebaut. Vielleicht dürfen wir in dieser ungeschickten regellosen Form eine besonders frühe Bauart vermuten.

Auf dem Dornacher Schlachtholzschnitt von 1500 ist Reichenstein als viereckiger Bau mit flachem Dach, das bis zu Zweidrittelhöhe des Wohnturmes reicht, der im oberen Teil Fenster enthält, dargestellt. Auf der Südseite ist eine rundbogige Tür gegen einen kleinen Vorplatz angeordnet.

Die wehrbaulich wohl bedeutendste Schweizer Burg des Nordwestens ist Dorneck[808]) (Abb. 726). Auf dem nördlichsten Ende einer Felsrippe, östlich der Birs, beherrscht sie mit Angenstein, Pfeffingen, Birseck, Reichenstein und Münchenstein (Abb. 719) die Zugänge zu dem Kanton Solothurn durch das Birstal.

Wie alle diese Burgen zeigt Dorneck deutsches Gepräge und gehört zum alemannischen Stammesgebiet, dessen Formen bei den weiter östlichen Burgen noch mehr hervortreten. Spät, erst nach 1356, tritt die Burg in das Licht der Geschichte, damals mag eine ältere Burg der Grafen Tierstein zerstört, der Neubau aber kurz danach in hier bis dahin fremder Form errichtet worden sein. Den tragisch erlöschenden Tiersteinern folgten die

[806]) Inventar: Baseler Staatsarchiv 1445. Smlg. Ebh.; 2 Inventare im Anz. f. Schweizerische Altertumskunde, N. F.; Bd. IV. 1902—03, S. 198ff. Burg. u. Schl. d. Schweiz. L. IVb, S. 49ff. u. S. 134ff. — [807]) Ebenda S. 83ff. Probst: Burgw. 1899, S. 12f. — [808]) Merz: I, S. 242ff.; Wagner: Ans. v. Burg., Schl. u. Ruin. S. 4f.; Smlg. Ebh. (Bild d. Schlacht v. Dornach). Burg. u. Schl. d. Schweiz. L. III, S. 37ff.

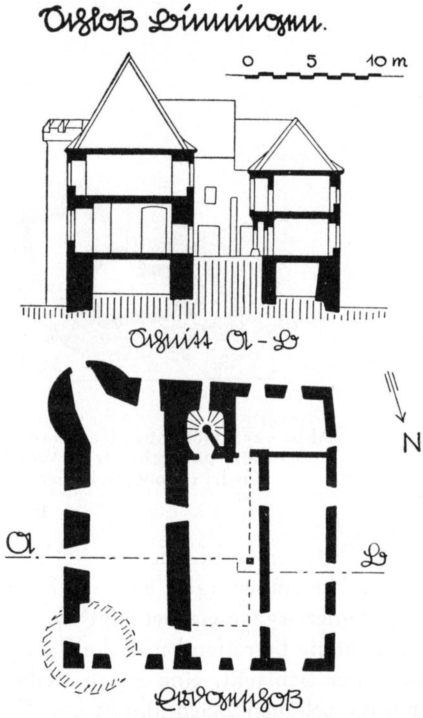

Abb. 720. Wasserbg. Binningen, Schweiz, regelm. Kern ohne weitläuf. Nebenb. d. Vor= bgen, Grdr. u. Schn. 1:500, B. E. n. Grüninger.

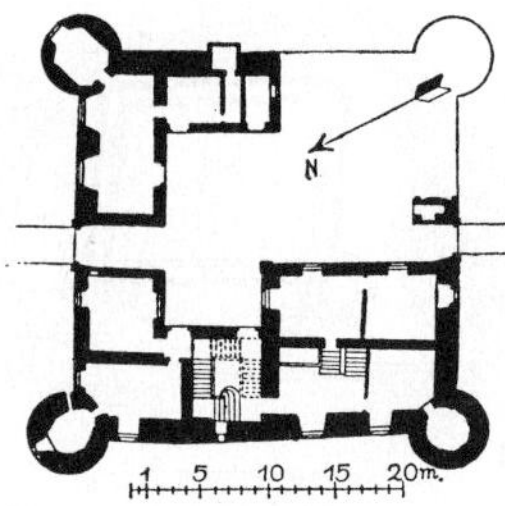

Abb. 721. Wasserbg. Bottmingen, Schweiz, regelm. Anl. ohne Zwinger, Grdr. 1:1000. B. E. n. Merz.

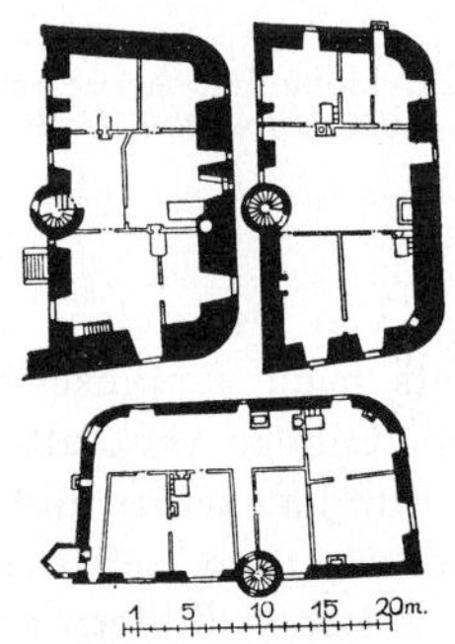

Abb. 722. Höhenbg. Birseck, Schweiz, Grdr. Wohnt. 1:1000, B. E. n. alt. Pl. b. Merz.

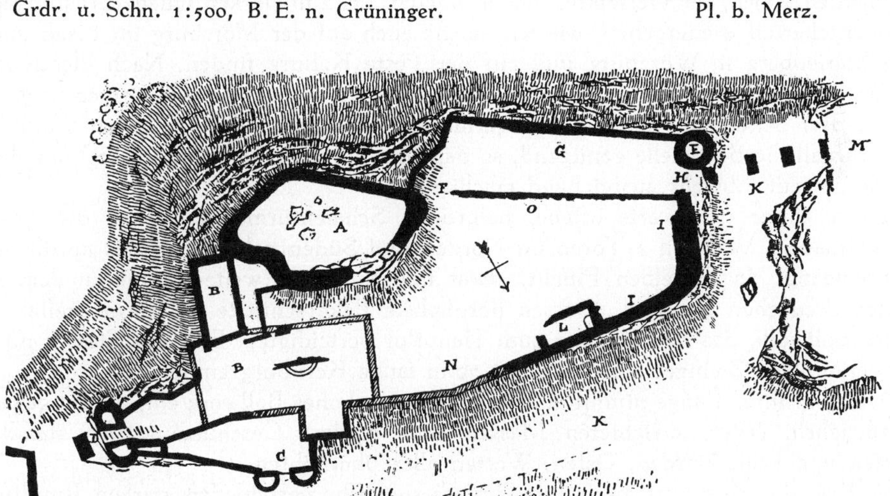

Abb. 723. Höhenbg. Pfeffingen, Schweiz, unregelm. früh. Kern, Wohnt., spät. Torzwinger, Grdr. 1:1000, n. Probst.

A. Wohnturm.	E. Flankierungst.=Hexent.	I. Schildm.
B. Schloßgeb. v. 1570—80.	F. Mutmaßl. Tor.	K. Graben.
C. Nördl. Tor.	G. Zwinger.	L. Gebäude u. Sodbrunnen.
D. Östl. Tor.	H. Westl. Haupttor.	N. u. O. Ehemal. Wirtschaftsb.

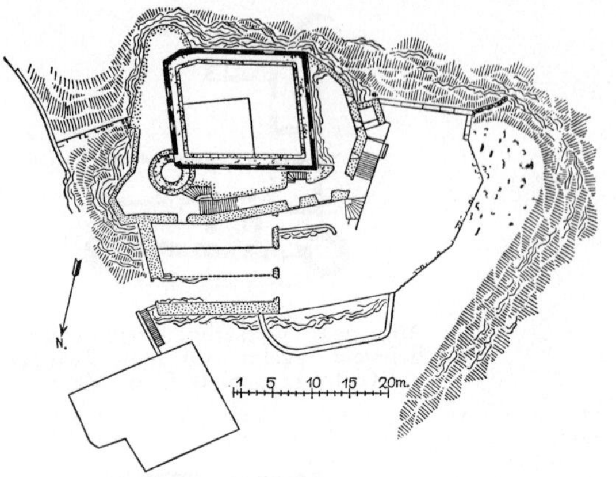

Abb. 724. Höhenbg. Angenstein, Schweiz, mächt. Wohnt., spät. Vorwerke, Grdr. 1:1000. B. E. n. Merz.

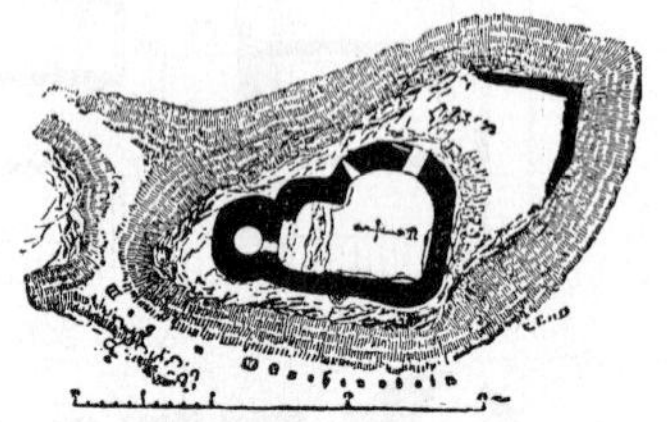

Abb. 725. Höhenbg. Reichenstein, Schweiz, unregelm. früh. Wohnt., Grdr. 1:1000, n. Probst.

Herzöge von Österreich, die Burg und Land an die Efringer verpfändeten, die Dorneck ihrerseits nach verwickelten Besitzzuständen am 18. November 1485 an Solothurn für 1900 rh. Gulden verkauften, doch blieben die Tiersteiner irgendwie beteiligt[809]).

Der Burgbau selber gibt das Alter der einzelnen Bauteile betreffend manche Rätsel auf. Es sind seit 1499, seit dem Holzschnitt der Dornacher Schlacht, eine ganze Reihe von zeitgenössischen Bildern erhalten. Spät entstanden die schönen Zeichnungen von E. Büchel von 1754, die aber wohl noch den Zustand des Endes des 16. Jahrh. mit den kennzeichnenden außen, im Viertelkreis abgerundeten, bis 2 m starken Quaderbrüstungen mit Kanonenscharten wiedergeben, wie wir solche auch auf der Mörsburg im Elsaß und der Burg Marienberg in Würzburg und auf der Feste Koburg finden. Nach diesen Abbildungen war die Burg für und gegen Pulvergeschütz mit starken Batterietürmen ausgestattet und an drei Seiten von starken Zwingermauern umgeben. Nur im Osten schützte ein steiler Abfall die Burgstelle genügend, so daß hier die zum Teil 2 m starke Mantelmauer des Kernes zur Abwehr ausreichend erschien.

Drei mächtige, rückwärts offene, halbrunde Schalentürme verstärken die westliche Zwingermauer. Von den 2 Toren im Norden und Süden beherrschte das nördliche den Haupteingang. In derselben Flucht, etwas höher, lag ein weiteres Tor zu dem gegen Norden dreifachen Zwinger. Dessen nördlichste Ecke schützte ein 15 m breites, halbrundes Bollwerk, das den Zugang zum Haupttor verteidigte. Erst aus diesem nördlich sehr geräumigen Zwinger steigt die fast 70 m lange Kernburg empor.

Etwa 27 m ihrer Länge nimmt abermals ein 14 m hohes Bollwerk ein, dessen gewaltige, im 16. Jahrh. (1546) errichteten Massen auch starken Geschützangriffen standhalten konnten und nach Norden, Osten, Westen alles überhöhten.

Der Rest der Kernburg bildet ein Trapez mit sehr verschieden starken Rundtürmen an den 4 Ecken, davon ist der Nordwestrundturm zur Aufnahme des Haupttores verdoppelt. Der verhältnismäßig kleine Wohnbau der Riesenanlage nimmt das sicherste südliche Ende ein.

Die Rundtürme bergen zum Teil geringe Innenräume, Schießkammern, dazu bestimmt, Geschütze sicher aufzunehmen, die durch die wenigen Scharten nur zur Beschießung bestimmter Angriffspunkte dienen konnten. Jedenfalls ist Dorneck nahe verwandt mit

809) Merz: I, S. 250.

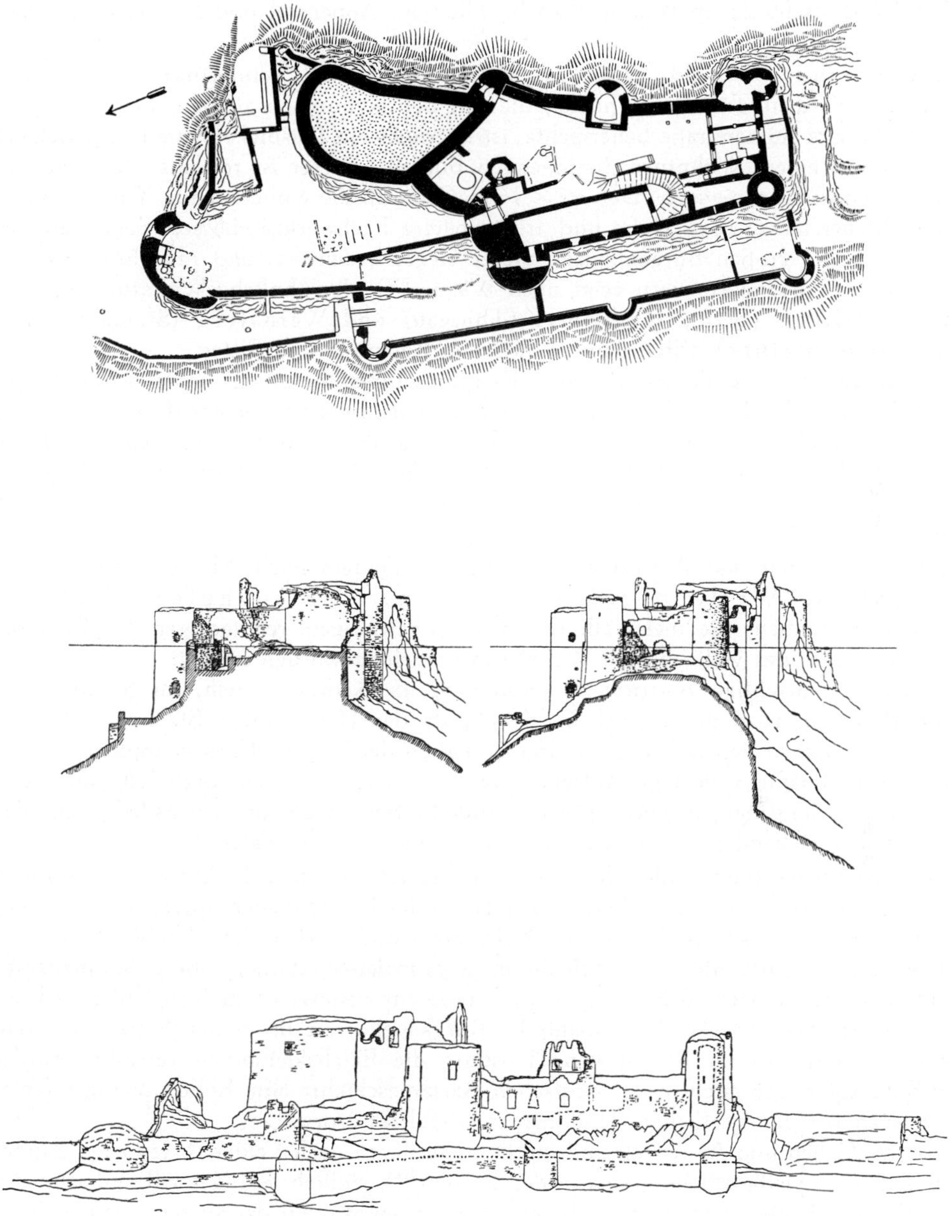

Abb. 726. Höhenbg. Dorneck, Schweiz, unregelm. spät. Ausb., Grdr., 2 Schn., Ans. v. W. 1:1000. B. E. n. Helliot.

dem noch klarer, aber doch nach gleichen Regeln entwickelten Umbau (im 15. Jahrh.) der Hohkönigsburg.

Die Nordostschweiz im Kanton Zürich, Thurgau, Appenzell und St. Gallen ist eben=falls reich an Burgen.

Die Mörsburg[810]) (Abb. 729), eine Höhenburg unweit Winterthur, am wichtigen Übergang aus dem Töß= ins Thurtal, die mit der Kyburg zusammen die Straße nach Zürich die alte Römerstraße beherrschte, ist abermals ein Beispiel für die in der Schweiz häufigen, aus einem Wohnturm bestehenden Burgen. Dieser ist roh aus Findlingen auf grauem Sandstein gemauert. Der 16 × 16 m Grundfläche einnehmende Turm zeigt bis 4,50 m Mauerstärke, 19 m Höhe und trägt spätere Fachwerkgeschosse. Sein Kern soll um 1100 in der großen Burgenbauzeit dieser Gegend, dem 11. und 12. Jahrh., errichtet sein. Geringe Zwingermauern zeigt noch Wagner[811]), der ähnliche Wohnturmansichten von Strättligen (Bern), Hagenwyl (Thurgau) und Weinstein (St. Gallen) gibt, ähnlich Burg Steinach (Steinerburg) zwischen Bodensee und Sitter.

Ein durch den reizvoll dreistöckigen Fachwerkaufbau besonders malerisches Beispiel bildet die Burg Zuckenriet, die aber erst 1228 genannt wird. Später durch die Appen=zeller gestürmt[812]) und in Fachwerk wiederhergestellt, ist der heute zwingerlose, mit schönen Walmdächern überdeckte Bau noch bewohnt. Alle diese Turmburgen waren aus=gebaute Sitze kleiner adliger Geschlechter. Die Besatzung wird aus wenigen Männern bestanden haben.

Im Thurgau sind aus der Fülle der Burgen besonders noch Mammertshofen, Liebenfels, Wellenberg, Weinfelden, Diessenhofen, Bürglen, Arbon zu nennen, die meist alle durch ihren gewaltigen, rechteckigen Bergfried aus=gezeichnet sind, der vielfach zum Wohnturm umgebaut worden ist[812a]).

Anders die mächtige Kyburg[813]) (Abb. 728) im Kanton Zürich, im Südosten von Winterthur, um 1027 der eigentliche Kernbesitz der Habsburger. Sie liegt auf einem Ausläufer zwischen den tiefeingeschnittenen Tälern der Töß und des Kemptbaches. Die ganze unregelmäßig vieleckige Anlage, etwa 65 m lang und 50 m breit, ist von starker Mantelmauer umgeben, in deren Flucht sämtliche Bauten bis auf den östlich, nahe dem einzigen Tor stehenden viereckigen Bergfried erhalten sind (Tafel 88).

Ungewöhnlicherweise bildet der Pallas mit seiner östlichen Längswand eine Innen=mauer des Torzwingers. Drei Tore, das letzte in der Mantelmauer, sperrten den Zugang, der auf langer Brücke über doppelten Halsgraben und zwei weitere Gräben führte.

Die Südostangriffsseite war durch die etwa 55 m lange, starke, hohe Schildmauer ge=schützt. In der Südecke des Beringes stand 1499 ein weiterer dreiteiliger Pallas, während die vorgestreckte Ostecke die romanische Burgkapelle mit ihren berühmten Malereien aufnahm, in der durch Rudolf von Habsburg die Reichskleinodien verwahrt wurden. Die Burg spielt also auch in der deutschen Kaisergeschichte eine Rolle. Zwinger fehlen, doch lagen vor der westlichen Schildmauer erhebliche Vorwerke.

Um St. Gallen und Appenzell und im Thurgau liegen nach Felder[814]) etwa 141 Burgen. Von vielen ist wenig erhalten, so von der ältesten[815]), südlich von Gähwill, auf schmalem Bergrücken erbauten Alt=Toggenburg, 1044 genannt, und der später erbauten Neu=Toggenburg[816]), auf 1086 m hoher Felskuppe.

---

[810]) Nonn: Burgw. 1930, S. 21ff.; Hauser: D. Mörsburg. — [811]) Wagner: Ans. v. Burg., Schl. u. Ruin. d. Schweiz. — [812]) Felder: I. Teil, S. 33f. — [812a]) Burg. u. Schl. d. Schweiz. L. VI, S. 27ff., 13ff., 90ff., 85ff. und L. V, S. 44ff., 35ff., 20ff. — [813]) Nonn: Burgw. 1930, S. 22ff.; Stauber: Schl. Kyburg i. Vergangenheit u. Gegenw.; Lehmann: Burgw. 1930, S. 1ff.; Ders.: D. Kyburg u. ihre Umgeb.; Pfau u. Kinkel: Beschreib. d. Kyburg; Hottinger=Schwab: Bd. II, S. 85ff.; Krieg. v. Hoch=felden: S. 98ff. — [814]) Felder: I. Teil, S. 10. — [815]) Ebenda S. 36f. — [816]) Ebenda S. 43f.; Hottinger=Schwab: Bd. II, S. 325ff.

Vuflens b/Morges
am Genfer See.
17. V. 1901.
Hof in der Burg.

Tafel XXXI Burg V u f f l e n s, Schweiz

Die südwestliche Burg Iberg[817]), um 1240 zwischen zwei Schluchten auf steilem Hügel bei Wattwil erbaut, beherrschte das Thurtal. Sie wurde im 13. und 15. Jahrh. zerstört. Ihr quadratischer Bergfried, an den nach Schweizer Sitte (Habsburg, Lanzburg u. a.) ein kleiner Pallas unmittelbar angebaut war, besteht nur in Resten, obwohl nach Zerstörung durch die Appenzeller 1405, die heimlich in die Vorburg eindrangen, ein Wiederaufbau stattfand und die Burg bis ins 19. Jahrh. bewohnt blieb.

Im gleichen Kanton erhebt sich südlich auf steiler Felsnase über dem Rhein die fast viereckige Ruine des einst bewohnbaren Bergfriedes der bescheidenen Burg Blatten[818]), in der Südwestecke steht der quadratische fünfstöckige Turm. Die strategisch wichtige Burg, zur Überwachung der Römerstraße wohl schon früh befestigt, diente noch bis 1799 einem St. Galler Obervogte zur Wohnung.

Bei Oberriet a. Rh. finden wir Reste der Höhlenburg Wichenstein[819]), damit auch von dieser Burgenart, die in der Schweiz naturgemäß nicht selten ist, ein Beispiel genannt werde. Die Höhle war nur nach vorn offen und dort zum Teil vermauert. Nach Resten vorgestreckter Außenmauern diente die Anlage auch als Talsperre.

Am Züricher See ist Rapperswil[819a]) (Abb. 727) zu nennen, das 1229 von Graf Rudolf von Rapperswil an Stelle der auf dem anderen Seeufer gelegenen Burg Alt=Rapperswil erbaut wurde. Die Halbinsel Endingen, auf der Rapperswil in dreieckiger Grundrißform erbaut wurde, war eine handelspolitisch wichtige Stelle. Hervorzuheben ist der geräumige 30 m lange, vierstöckige Pallas.

Es lag nahe, daß die Schweizer in ihren wilden Gebirgen Höhlen noch bis zum Ausgang des Mittelalters als Zufluchtsorte benutzten, wie wir schon bei Betrachtung Graubündener Burgen erwähnten. Marmels, Grottenstein oder Fragstein sind mehr oder weniger bedeutende, unter sich verschieden angeordnete Höhlenburgen anderer Kantone.

Machtpolitisch spielt in der Schweiz Bern eine besondere Rolle. Schon vor der Gründung der Stadt durch Herzog Bertholt V. von Zähringen bestanden in ihrem Gebiet zahlreiche Burgen des Adels, dem Kaiser Rudolf von Habsburg aber konnte die Stadt im 13. Jahrh. siegreich widerstehen und im 14. Jahrh. sich vom Adel völlig frei machen. Ihrerseits begannen nun die Berner ein immer wachsendes Gebiet zu unterwerfen, das vom Nordufer des Genfer Sees bis zur Habsburg und bis Königsfelden, also fast bis zum Rhein, — und vom Schweizer Jura bis nach Meiringen an der Aare im Hasletal reichte und u. a. den Kanton Freiburg völlig einschloß. Planmäßig wurden Burg um Burg durch Vertrag oder Gewalt erworben.

Die Burgen verloren damit baulich mehr und mehr die Formen ritterlicher Stammessitze, wurden vielmehr, namentlich nach 1500, vielfach zu kleinen Festungen ausgebaut. Betrachten wir einige der bedeutendsten:

Die Gegend um Brugg an der Aare war früh ein wichtiges Siedlungsgebiet. Die Feste Habsburg[820]) (Abb. 730), der Stammsitz des Hauses Österreich, auf nicht übergroßer Bergnase des

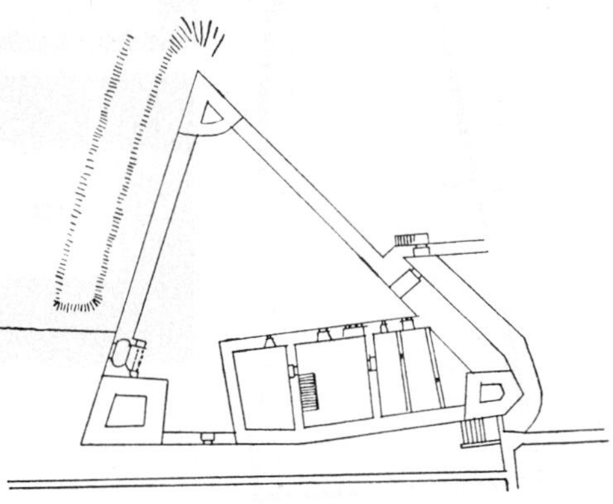

Abb. 727. Stadtbg. Rapperswil, Schweiz, selt. Dreiecksform, 3 Eckt., Grdr. 1:1000, B. E. n. Hartmann.

[817]) Ebenda Bd. I, S. 323 ff.; Felder: I. Teil, S. 44. — [818]) Felder: I. Teil, S. 21 f. — [819]) Ebenda. — [819a]) Ebenda II. Teil S. 62 ff. — Burg. u. Schl. d. Schweiz. L. II S. 40 f. — Piper: Burgenkunde S. 393 f. — [820]) Merz: D. mittelalterl. Burganl. u. Wehrb. d. Kant. Argau I, II, S. 199 ff.; Ders.: D. Habsburg (Studie); Krieg v. Hochfelden: D. Veste Habsb. i. Aargau; Nonn: Burgw. 1930, S. 19 ff.; Fuchs: Burgw. 1919, S. 61 ff.; Hottinger=Schwab: D. Schweiz i. ihren Ritterb. u. Bergschl. I, S. 43 ff.; Smlg. Ebh.

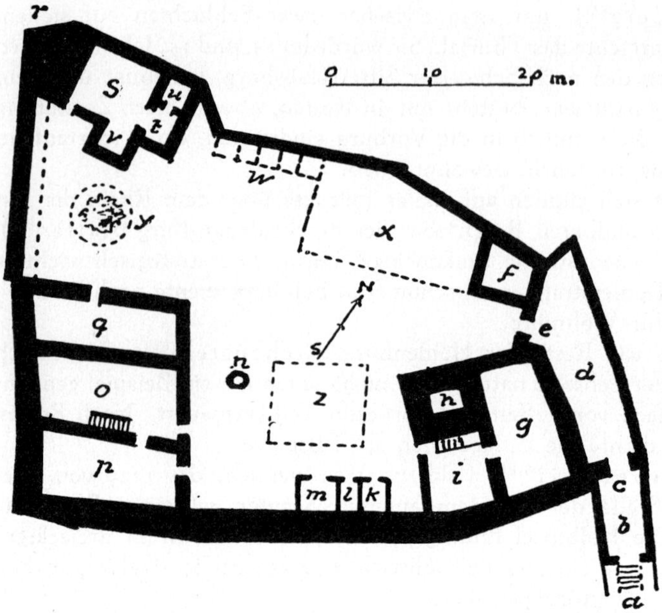

a), b), c) d), e) Zugbr., Zwinger u. Tore.
f) vord. Turm.
g) Pallas.
h) Bergfr.
i), k), l), m) Küchenh. usw.
n) Ziehbrunnen.
o), p), q) Ritterh.
r) hint. Turm.
s), t), u), v) Kap.
w), x) Wirtschaftsb.
z) Garten.

Abb. 728. Höhenbg. Kyburg, Schweiz, starke Mantelm., roman. Kap., vermutl. Grdr. vor 1499, nach Lehmann.

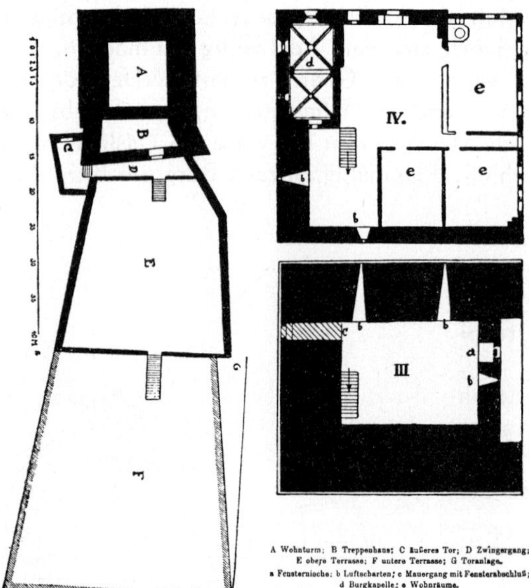

A Wohnturm; B Treppenhaus; C äußeres Tor; D Zwingergang; E obere Terrasse; F untere Terrasse; G Toranlage.
a Fensternische; b Luftscharten; c Mauergang mit Fensterabschluß; d Burgkapelle; e Wohnräume.

Abb. 729. Höhenbg. Mörsburg, Schweiz, Gesamtgrdr. 1:1000, Einzelgrdr. Wohnt. 1:500, n. Mittl. d. Ant. Ges.

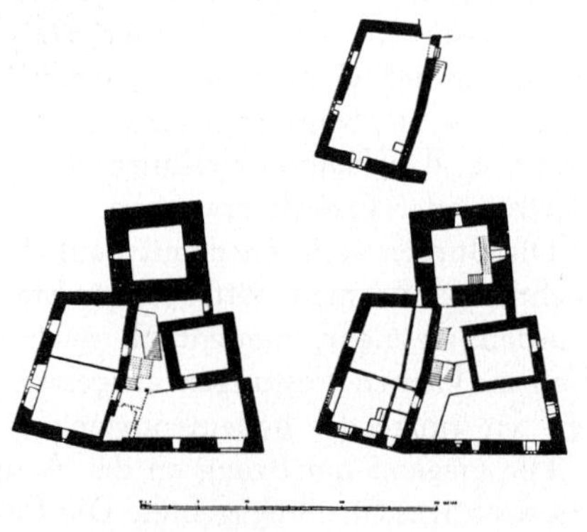

Abb. 730. Höhenbg. Habsburg, Schweiz, Grdr. 1:1000, n. Fuchs.

Burg Kyburg, Schweiz, Kanton Zürich

Wasserburg Hallwil, Schweiz, Kanton Aargau

Abb. 731. Höhenbg. Habsburg, Schweiz, Stich v. Schmuzer n. Mejer v. Winterthur 1734.

Wülpelberges, ist heute nur kleinenteils erhalten. Etwa 100 m von der Spitze eines Ausläufers wird die Bergzunge von einem breiten Graben durchschnitten, dem ehemals weitere Gräben und Sperren folgten. Das deutet auf frühere größere Ausdehnung der Burg. Heute ist der starke, 24 m hohe, im Grundriß unregelmäßig viereckige Bergfried der älteste Teil, dem sich bescheidene Pallasbauten anschlossen. Aus rohen, schweren Kalksteinquadern mit rund 2 m starken Mauern errichtet, steht er als höchster Bauteil auf der schmalen Nase. Neben ihn schiebt sich südöstlich ein Wohn= oder Wirtschaftsbau, entlang der breiteren Baustelle springt nordöstlich ein schwächerer Turm etwas vor. Dazwischen liegt ein winkliger Hof, in dessen Nordostecke ein weiterer Wohnbau stand, seine Ostwand und die Stirnwand des südlichen Wohnbaues schneiden wie eine schwache Schildmauer quer die übrige Bergnase ab. Heute verstümmelt ein spätes Pultdach den großen und kleinen Turm und den Umriß der Burg, die einst ihrer politischen Bedeutung entsprechend viel reicher gestaltet war.

Während des Konstanzer Konzils nahmen die Berner die Verhängung des Kirchenbannes und der Reichsacht über Herzog Friedrich von Österreich zum günstigen Vorwand, die Habsburger Lande zu rauben. Sie belagerten auch die Habsburg, nahmen sie und brachen mehr als zwei Drittel ab, damit der rechtmäßige Eigentümer sich dort nicht wieder festsetzen könne. So zeugen nur noch die erwähnten schweren Turm= und Pallasreste von einstiger Größe und Macht (Abb. 731).

Das benachbarte Wildegg[821]) (Abb. 735), das wie Brunegg[822]) zum Burgensystem gehörte, dessen Scheitelpunkt die Habsburg war, wurde schon 1020 vom Bischof Werner von Straßburg erbaut. Von jener Zeit sind Baureste kaum mehr nachweisbar, doch hat die strategische Lage der Burg noch bis ins 17. Jahrh. Wert verliehen.

[821]) Merz: D. mittelalterl. Burganl. u. Wehrb. d. Kant. Argau I, II, S. 564ff.; Lehmann: Die Burg Wildegg u. ihre Umgeb.; Nonn: Burgw. 1930, S. 20. — [822]) Merz: I, II, S. 163ff.

Auf einer scharfen Bergspitze, südlich ehemals durch den Halsgraben geschützt, erhebt sich mit wenigen Öffnungen, 26 m hoch, der dickwandige, rechteckige Bergfried durch sein wohnbauliches Dach außen kaum noch von burglichem Aussehen. Grade seine Form ist aber für frühe Bauten der deutschen Nordschweiz kennzeichnend[823]). Ein Pallas von gleich starker Mauer, heute durch viele große Fenster nutzbar gemacht, schließt unmittelbar an.

Ein schmaler Zwinger umgibt drei Seiten der Anlage, die vierte steile Seite über dem Abhang nehmen später Wohnbauten ein. Außenbauten sind nach Einebnung der Gräben neueren Bedürfnissen angepaßt, auch der schwere Kernbau wurde nach einem großen Brande im 16. Jahrh. ausgebaut. Trotzdem blieb dem Ganzen der burgliche Zug. Das mit köstlichem Hausrat gezierte Innere verrät den Kunstsinn der Besitzer, deren letzte Überlebende die Burg mit ihrem weiten Besitz und allen Schätzen dem Vaterlande schenkte.

Die umfangreiche Lenzburg[824]) (Abb. 732), ein länglich-ovaler Wehrbau, von 1036 an genannt, ist an der Aare ebenso auf breitem, von einer steilen Felsbank gekröntem Hügel errichtet. Ihre durch Turm- und Wohnbauten vielfach unterbrochene Ringmauer zieht sich, wie oft bei großen Gipfelburgen, langgestreckt eiförmig um den Felskamm (Abb. 736) (vgl. Veste Koburg, Hohenstaufen usw.).

Es fehlt ein die große, wohl erst nach und nach völlig befestigte Berghöhe überragender Bergfried, doch bestanden zwei Türme, ein südlicher und ein früh verbauter, als Tor und Aufzugraum benutzter nördlicher Turm. An den südlichen, etwa 11 × 11 m starken Turm mit seinen starken Mauern schloß sich ein früher Wohnturm als ältester Pallas von etwa 14 × 9 m Grundfläche und 19 m Höhe an.

Viel behäbiger ist das gotische Ritterhaus des 14. Jahrh. mit 17 m Breite und 27 m Länge, dessen Ruinen, die östliche, südliche und nördliche Hauptmauer, im 16. Jahrh. von den Bernern um- und ausgebaut wurden.

Vorbernisch, d. h. bis 1509, bestanden die drei Hauptmauern des Ritterhauses mit zahlreichen schönen Spitzbogenfestern, unten elf schmale, oben fünf großartige Maßwerkfenster mit Sitzbänken in 4,30 m hohen und an 2 m breiten Spitzbogen, die auf einen prunkvollen Pallas schließen lassen. Jedenfalls war die 1173 vom Kaiser Friedrich I. seinem vierten Sohne Otto geschenkte Burg ein fürstlicher Sitz[825]). Als dem ursprünglichen Bestand der Zeit der Grafen von Lenzburg angehörig sind aber nur noch die beiden Türme und der an den südlichen angelehnte, aus Sandstein und Bruchstein gemauerte Pallas nachweisbar. Eine Kapelle lag an dem halbrunden Batterieturm der Südseite. Alte Reste stecken auch im Torbau, in der Landvogtei und den Ringmauern. Dem 17. Jahrh., 1642—1646, endlich gehört eine gewaltige Bastei an, die neben der Landvogtei gegen „den Goffersberg", 11 m

Abb. 732. Die Lenzburg, Schweiz, n. Stich d. 18. Jh.

[823]) Siehe auch Werdenburg. — [824]) Merz: Die mittelalterl. Burganl. u. Wehrb. d. Kanton Argau I, II, S. 325ff.; Merz: Die Lenzburg: Wagner: Ans. v. Burg. u. Schl. u. Ruin.; Smlg. Ebh. — [825]) Merz: Die Lenzburg.

hoch, errichtet und mit Kanonenbrustwehr und Scharten bekrönt wurde. — Dauernde Umbauten beeinflußten das Gesamtbild bis heute. Daher stammt auch wohl der uneinheitliche Gesamteindruck, den die saubere Neuzeit noch verstärkt hat. Die einzelnen Bauten stehen beziehungslos nebeneinander, was ursprünglich kaum der Fall gewesen sein wird[826]). Der Wandel sozialer und machtpolitischer Verhältnisse in der Schweiz am Ende der Ritterzeit hat sich nicht nur an diesem Burgbau ausgesprochen.

Die erste Anlage der teils wohlerhaltenen Wasserburg Hallwil[827]) (Abb. 733), nahe dem gleichnamigen See, auf einer von der Aa umflossenen Insel, ist als Riegel vor die wichtige Verkehrsstraße zum Rhein gelegt. Sie stammt wahrscheinlich aus dem 11. Jahrh. Der schwere, rechteckige, im 19. Jahrh. geschleifte Bergfried — besser Wohnturm — soll bereits um das Jahr 1000 erbaut worden sein[828]). Er war der wehrbaulich bedeutendste Teil der Burg. Durch einen Hof davon getrennt, aber wehrgangverbunden, entstand im 11. Jahrh. östlich der länglich schmale Pallas. Im 12. Jahrh. vereinigte man die Nordostecke des Bergfrieds mit der Nordwestecke des Pallas, erhöhte letzteren um ein Stockwerk und legte an seiner Südseite ein Torgebäude an. Aus romanischer Zeit stammt noch das Bruchstück eines Fenstergewändes. Da die Burg den fortschreitenden Angriffsmitteln nicht widerstehen konnte, verstärkte man sie abermals im 13. Jahrh. durch Mauern und Gräben, befestigte auch eine östlich liegende Insel als Vorburg und bebaute sie im 13. und 14. Jahrh. mit Turm, Kapelle, Pallas und Wirtschaftsbauten. Von der Kernburg blieb sie durch Gräben getrennt, die ihr Wasser vom Aabach erhielten, der beide Inseln umfließt. Die Kernburg umschließt im Südwesten und Norden ein breiter Zwinger (Tafel 89).

Nach Eroberung des Aargaues richtete Bern sein Hauptaugenmerk auf die Arburg[829]) (Tafel 90), eine Gründung der Herren von Froburg aus dem 11. Jahrh. Die ursprüngliche Anlage nahm nur den westlichen Teil der Bergkuppe ein, vom alten Turm bis zum sog. Roßeisen oberhalb der Kirche. Der ungefähr quadratische Turm von 10,15 × 10,35 m äußerer Seitenlänge und 22 m Höhe besteht aus Jurakalksteinblöcken. Westlich schloß sich der langgesteckt-viereckige Pallas an. Südlich von beiden zog sich ein mit hoher Mauer bewehrter Zwinger hin, an dessen westlichem Ende eine Fallbrücke den Zugang zum Pallas vermittelte. Ein Vorwerk erhob sich westlich. Nachdem im Laufe der Jahrhunderte viel an der Arburg verändert war, veranlaßte der Bauernkrieg ihren vollständigen Ausbau zur Festung, bestimmt, die Verbindung des unteren und oberen Aargaus strategisch zu sichern. Gegen Osten, wo am leichtesten ein Zugang möglich war, wurden starke Werke, immer eins höher als das vorangehende, und jedes durch Graben und Tor abgeschlossen, errichtet und alles bis ins 18. Jahrh. hinein weiter gesichert, auch das Innere verändert, trotzdem ergab sich die Arburg 1798 den Franzosen ohne erheblichen Widerstand.

Burgdorf[830]) (Abb. 736) war seit 1384 bernischer Amtssitz, nordöstlich von Bern an der Gr. Emme auf einem Molassesandsteinfelsen errichtet, der im Süden und Osten steil abfällt und im Norden und Westen durch Ringmauer und Wallgraben geschützt war. Außer den Steinen des Burgfelsens sind hier ganz ausnahmsweise auch einmal für Türme und zwei starke Mauern Backsteine verwendet. Die ovale Anlage entstammt dem 12. Jahrh., wahrscheinlich der Zeit vor 1152, und die romanischen Doppelfenster an der Ostseite des Hauptturmes zeigen deutsche Formen. Eine Bauzeit „vor 1152" stimmt mit den kreisrunden Fenstern der Kapelle überein. Außer dem viereckigen Bergfried

---

[826]) Alte Abb. nach Wagner: Ans. v. Burg., Schl. u. Ruin. d. Schweiz. — [827]) Merz: D. mittelalterl. Burganl. u. Wehrb. d. Kanton Argau I, II, S. 222ff.; Lithberg: Schloß Hallwil. — [828]) Ebenda S. 14. — [829]) Merz: D. mittelalterl. Burganl. d. Kant. Argau I, II, S. 55ff.; v. Rodt: Bern. Burg. S. 51; Wagner: Ans. v. Burg., Schl. u. Ruin. d. Schweiz. — [830]) v. Rodt: S. 32; Baugesch. d. Schl. Burgdorf m. Plänen v. Architekt Bürki; Türler: Bern. Schl. u. Amtssitze, Vortrag 1928, S. 6f.; Merian: Topogr. Helvetiae, Rhaetiae, et Valesiae S. 28 u. Abb.

steht auch ein Wohnturm von 25 × 12 m Grundfläche in der Hauptangriffsseite, die gegen Westen noch durch die tiefer liegende Vorburg geschützt wurde.

Nebeneinander erscheinen also hier zwei Bauten, die sonst einzeln als Kernwerke genügend erachtet wurden, weitere Wohnbauten östlich der genannten Werke sind allmählich entstanden. Ein kurzer und ein langer Flügel, etwa aus der Zeit um 1430, liegen an der durch zwei halbrunde Seitenbestreichungstürme verstärkten südlichen und nördlichen Mantelmauer. Der dahintergelegene Pallas mit Rittersaal und gotischen Decken und Holzwerk, wohlerhaltene Wehrgänge (Letzi), ein stattlicher Torturm in der westlichen Ecke der Vorburg gehören noch der früheren Wehrbaukunst an. Auffällig, aber bei dem schroffen Burgfelsen begreiflich, ist der Mangel von jeder Art Zwinger.

Südlich von Bern auf kühner Felsspitze im Sensetal liegt die an 180 m lange, bis 40 m breite, größte Ruine des Kantons Bern, die Grasburg[831]) (Abb. 734), von der am Nordostende ein viereckiger Bergfried von 9 m Seitenlänge und anstoßende Wohnbau= und Ringmauerreste erhalten sind. 45 m von dem gegenüberliegenden spitzen Ende stehen drei Wände des 20 m langen, ehemals an 12 m breiten Pallas.

Ein 8 m tiefer, 20 m breiter Graben schneidet die Felsspitze von der übrigen Burg ab. Der gesamte, zwischen dem Bergfriedrest und dem Graben 80 m lange und 40 m breite Felsrücken ist leer und nur die rund 1,50 m starke, nördliche Ringmauer ist erkennbar. Die Grasburg soll Rudolf von Habsburg als Stützpunkt bei seinen Belagerungen von Bern 1288/89 gedient haben, also etwa in der Art wie die Burg Ramstein zur Belagerung der Ortenburg im Elsaß erbaut wurde[832]). Die stehenden Reste der Grasburg zeigen ungewöhnlich regelmäßige große Bossensteine (keine Buckelquadern mit Randschlag), die den Eindruck romanischen Mauerwerks machen.

Die berühmte Burg Laupen[833]) (Abb. 718, 734) verteidigte gegen Südwesten den Zugang Berns. Noch heute ist die Verkehrslage am Zusammenfluß dreier bedeutender Täler wichtig. Die Burg soll nach Türler[834]) durch Rudolf II. von Burgund um 930 erbaut sein, sie wird aber erst 1015 urkundlich genannt. Ein tiefer Halsgraben, über den ein Ostzugang führt, trennt die Burg von dem östlich höher ansteigenden Felsen. Die Birnform ihres Grundrisses und der ihr folgende Mantelmauerring von 2,85 bis 3,20 m Stärke erinnert an Burgen des oberen Neckarzuflußgebietes. Ein quadratischer Bergfried von 1,70 m Mauerstärke, dessen Verließ noch 1747 bezeugt wird, steht unmittelbar neben erneuerten Wohnbauten in der Nordostecke der Mantelmauer des Ringes. Der ältere Pallas an der westlichen Spitze hat 2 m dicke Mauern, in denen romanische Fenster erhalten sind. In dem alten, hohen Rittersaal sind nun Gefängnisse eingebaut.

Schmale Zwinger verteidigen die langen Treppenaufgänge der Haupttore, die sich in der Schweiz vielfach finden. Das leicht verwitternde Kieselmauerwerk und Tuffgestein des Sense= und Saanebettes machte freilich viele Erneuerungsarbeiten und Anbauten notwendig. Trotz der vielen Um= und Ausbauten hat aber die fest ummauerte Kernburg noch das ursprüngliche mittelalterliche Gesicht. Ein fester, weit vorgeschobener Gefängnisturm, der zugleich den Aufgang von Westen schützt, trägt zu dieser Wirkung bei. Zur Verstärkung der Westseite war dort eine kleine Vorburg angelegt. Mit den Mauern der kleinen Stadt ist die Burg nördlich und westlich verbunden. Berühmt ist die Belagerung von 1339 und der rechtzeitige Entsatz durch die Berner.

---

[831]) v. Rodt: S. 31 ff., 145 ff. — Burri: Die Grasburg. (Arch. d. Hist. V. d. K. Bern. Bd. XX 1. Heft, S. 45 ff.). Siehe S. 64 ff.: Baugesch. beginnt 1310, stützt sich auf 46 savoyische Vogtsrechnungen, deren Originale sich im Turiner Archiv und in der Fotokopie im Berner Staatsarchiv befinden. — Burri: Die einstige Reichsfeste Grasburg. — [832]) Ebh.: D. B. II, S. 257 ff. — [833]) v. Rodt: S. 64, 77, 137; Balmer: Führer d. Laupen; Separatdr. Schl. Laupen (Bern. Taschenb. 1925); Wagner: Ans. v. Burg., Schl. u. Ruin. d. Schweiz. — Burg. u. Schl. d. Schweiz. L. VII S. 78 ff. — [834]) Türler: Bern. Schlöss. u. Amtss. (Vortrag 1928) S. 5.

Eine ältere Wasserburg am Bieler See im Nordwesten der Schweiz ist Nidau[835]) (Abb. 737), um 1180 durch Graf Ulrich III. von Neuenburg erbaut, 1196 wird die Burg erstmalig genannt. Ungewöhnlich ist der 9×10 m Grundfläche messende, etwa 40 m hohe mächtige Hauptturm. Nördlich des Bergfrieds soll sich der Pallas erstreckt haben, von dem heute jede Spur fehlt. Von der gewaltigen Ringmauer zeugen noch Reste im Westen und Norden. Eine breite Vorburg legt sich um den Bergfried und späteren Wohnbau, dem Wasser zu durch zwei schlanke Eckrundtürme verstärkt.

Südlich von Bern ist die Ruine von Schloßwil[836]) zu erwähnen, von der nur noch der mächtige, im Erdgeschoß 3,4 m mauerdicke Turm als mittelalterlicher Rest erhalten ist, der auch in Hagenwil den Burgkern bildet. Der Pallas muß sich auf der Ost=, Süd= und Westseite angeschlossen haben.

Am Thuner See liegen u. a. die Burgen Wimmis[837]) und der viereckige Bossen=quaderturm von Spiez[838]) (Abb. 736). Wimmis erlitt im 16. und 17. Jahrh. Erweite=rungen. Der viereckige Bergfried an der hohen Angriffsseite hinter dem Halsgraben, über den der alte Zugang führte, und die höchstgelegenen Teile des Wohnbaues sind ursprünglicher Bestand. Der staffelförmig aufsteigenden Baugruppe zwang der gegen Osten stark abfallende Bauplatz diese Form auf.

Burg Spiez hat außer dem 38 m hohen Bergfried noch die starken Umfassungsmauern eines schiefwinklig fünfeckigen Wohnturms und eines zwischen diesem und dem Berg=fried stehenden Pallas und neuere Schloßbauten in malerischer Baugruppe. Eine urkund=liche Nachricht von Spiez ist vor dem 13. Jahrh. nicht nachzuweisen.

Einen viereckigen Turm wie Spiez zeigen Thun und Strättligen[839]), ebenfalls am Thuner See gelegen. Der kräftige Wohnturm von 1182 der Höhenburg Thun ist an den vier Ecken durch schlanke hohe Rundtürme verstärkt, eine Anordnung, die sonst in der Schweiz ungewöhnlich ist. Ehemals umgab nicht nur ein Zwinger mit überdecktem Wehrgang diesen Kernbau, auch zum Ort hinunter zogen sich Außenwerke. Strategisch war die Lage an der Aare immer von Bedeutung, noch heute ist Thun Haupt=waffenplatz der Schweiz. An die ehemalige Burg Strättligen erinnert nur noch die Burg=stelle, die auf eine große Anlage schließen läßt und in die der heutige Turm hinein=gestellt ist.

Leider ist es nicht möglich, von den etwa 170 Burgen und Ruinen um Bern auch nur die kennzeichnendsten Beispiele hervorzuheben. Genannt seien aber noch: Aarberg, Aarwangen, Oberhofen, Schloßberg[840]).

Südwestlich Berns ist der Burgenreichtum nicht geringer.

Man darf vermuten, daß die Stadtburg Murten[841]) (Abb. 736) sehr früh errichtet wurde. Urkundlich wird sie erst 1228 genannt. Die heutige Feste wurde um die Mitte des 13. Jahrh. durch den Grafen Peter II. von Savoyen erbaut, der auch in Martigny, Chillon u. a. als tatkräftiger Bauherr erscheint.

Die Burg mit ihren Mauern aus rohen mittelgroßen Quadern liegt am Nordosteingang der Stadt, der sie den gezinnten, viereckigen Bergfried zuwendet[842]). Ihre Wohnbauten (Pallas) sind dreiflügelig an die hohe starke Mantelmauer angelehnt, die ihrerseits durch

---

[835]) Türler: Bern. Schl. u. Amtssitze (Vortrag 1928) S. 6; Wagner: Ans. v. Burg., Schl. u. Ruin. d. Schweiz. — Burg. u. Schl. d. Schweiz. L. VIII, S. 6ff. — [836]) Türler: Bern. Schl. u. Amtssitze (Vortrag 1928) S. 7; v. Rodt: S. 111. — Werder: Schl. u. Herrsch. Wil. — [837]) v. Rodt: S. 66f.; Türler: Bern. Schl. u. Amtssitze (Vortrag 1928), S. 8f.; Wagner: Ans. v. Burg., Schl. u. Ruin.; Burg. u. Schl. d. Schweiz. L. XIXb, S. 81ff. — [838]) Ebenda L. IXb, S. 20ff. — Türler: Das Schl. Spiez, S. 14ff. Smlg. Ebh.; v. Cohausen S. 312. — [839]) Krieg v. Hochfelden S. 348f.; v. Cohausen: S. 310ff. Burg. u. Schl. d. Schweiz. L. 9b, S. 41ff. u. S. 30ff. — [840]) Mülinen: Verz. d. Burg., Schl. u. Ruin. i. Kanton Bern deutschenteils; v. Rodt: Bern. Burg. (siehe dessen Burgenkarte). — [841]) Burg. u. Schl. d. Schweiz. L. XIV, S. 26ff. — [842]) Merian: Topogr. Helvetiae, Rhaetiae, et Valesiae (Abb.), S. 35.

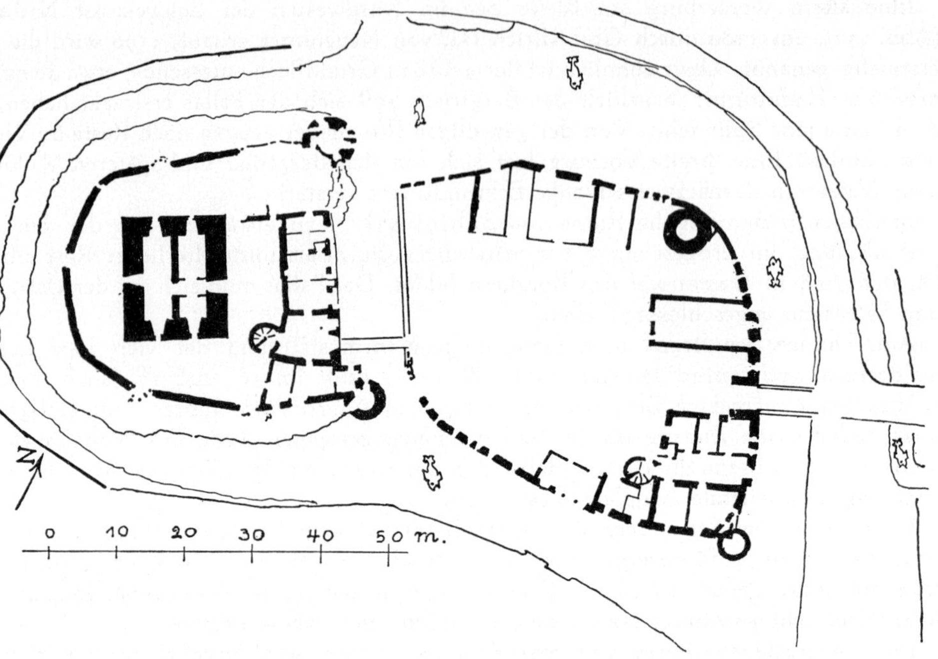

Abb. 733. Wasserbg. Hallwil, Schweiz, Kernbg. m. Wohnt. u. neuerem Flügel, Vorbg., ringsum Wasser, Grdr. 1:1000. B. E. n. Meyer Zschokke.

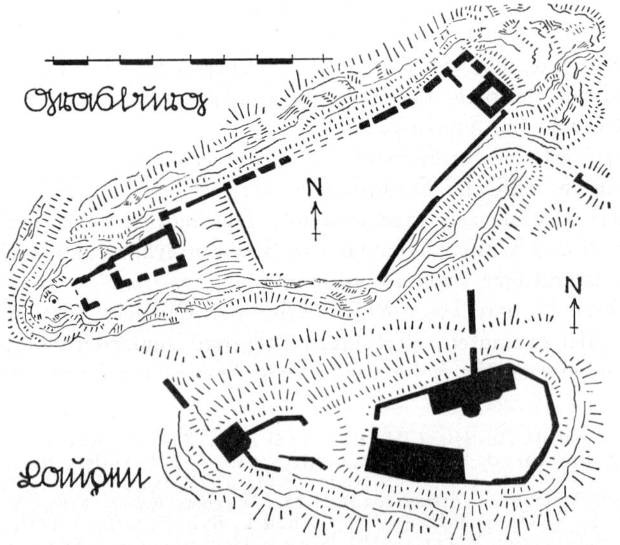

Abb. 734. Höhenbgen Grasburg u. Laupen, Schweiz, Größenvergl. Lgpl. 1:2000. B. E. n. Rodt.

zwei runde Ecktürme gesichert wird. Noch 1734 umgaben den Kernbau zum Teil doppelte, durch zwei Rundtürme verstärkte Zwingermauern, die auch das unmittelbar anschließende Stadttor schützten. Die unregelmäßige Grundform und Einzelformen zeigen deutschen Einfluß.

Am Neuenburger See liegt Burg Grandson[843]), durch die Schlacht der Schweizer 1476 gegen Karl den Kühnen bekannt, angeblich schon um 1000 erbaut, 1050 wird sie aber erst urkundlich genannt. Im 13. Jahrh. muß aber ein Neubau der Burg stattgefunden haben. Merian erwähnt dort ein „gewaltiges Schloß", das heute noch bewohnt wird. Grandson ist eine unregelmäßig rechteckige Anlage mit 3 Rundtürmen und 2 Halbrundtürmen an der Ringmauer. Bergfried und Kapelle sind nicht mehr nachzuweisen.

Burg Moudon[844]), die aus dem Anfang des 12. Jahrh. stammt, zeigt einen viereckigen Turm aus groben Quadern — also durchaus frühgermanisches Gepräge — mit teils deutschen Steinmetzzeichen.

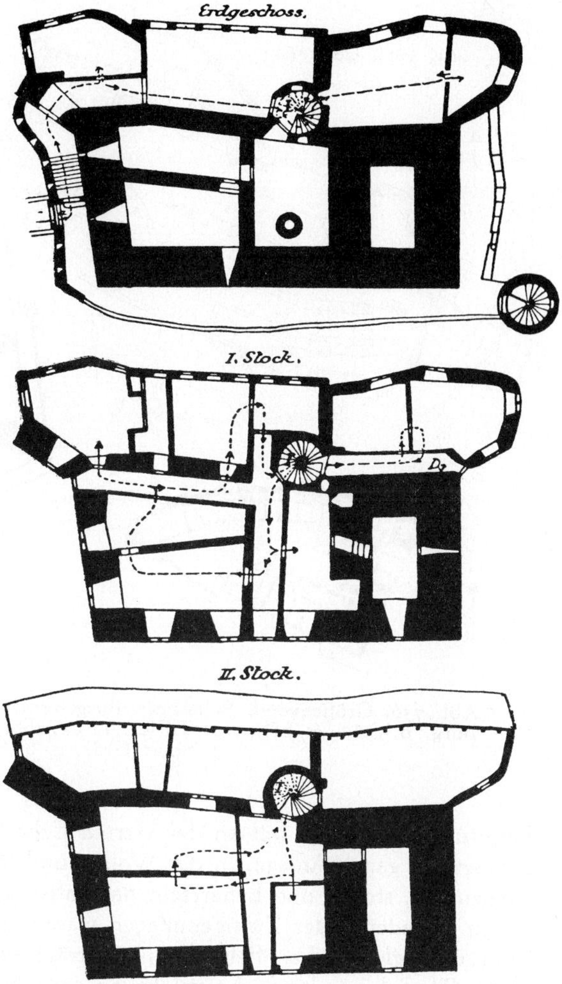

Abb. 735. Höhenbg. Wildegg, Schweiz, wohnt.-art. Bergfr. Pallas u. spät. Bauten, Grdr. 1:500, n. Lehmann.

Der Kanton Wallis, der sich an das Ostende des Genfer Sees anschließt, wird vom Montblanc bis Monterosa durch die Höhenkette, von der die Wasser zur Rhône fließen, vom italienischen Einfluß abgeschlossen. Der westliche Teil des Tales, etwa bis Martigny, zeigt etwas französischen Einfluß, während der östliche Oberlauf geschichtlich in alemannisch-deutschschweizerischem Lande liegt. Wir zählen dort noch über 40 erhaltene und zerstörte Burgen und über 20 Burgstellen.

Die strategische Bedeutung der alten Talstraße vom Genfer See über den Grimselpaß nach Andermatt oder Meiringen bedingte diese zahlreichen Trutzbauten. Noch 1799 wurde hier zwischen Österreichern und Franzosen gekämpft.

Unter den Rhôneburgen seien einige wichtigste genannt: Aigle, St. Triphon, St. Maurice und die Sittener Gruppe: Valeria, Tourbillon, Majorie usw.

Aigle, flach gelegen, besitzt wohlerhaltene Burgmauern mit gedeckten Wehrgängen und drei runde spitzgedeckte, fast gleich hohe Ecktürme[845]) (Tafel 91). Ein quadratischer

---

[843]) Burg. u. Schl. d. Schweiz. L. XII, S. 8ff.; Merian: S. 34. — [844]) Burg. u. Schl. d. Schweiz. L. XII, S. 34ff. — [845]) Ebenda L. XI, S. 14ff.; Wagner: Ans. v. Burg., Schl. u. Ruin. d. Schweiz; v. Cohausen: Bef.-weis. d. Vorzeit S. 309.

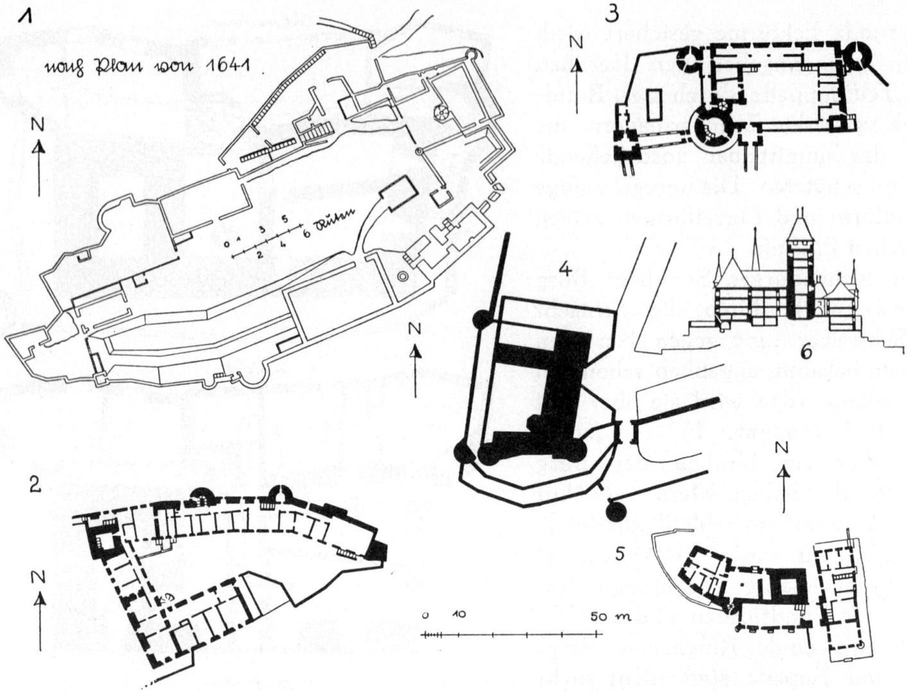

Abb. 736. Größenvergl. Schweizer Burgengrdr. 1:2000, B. E. nach Willading, Bürki, Burg. u. Schl. d. Schw. u. Türler, 1. Lenzburg. 2. Burgdorf. 3. Stäffis. 4. Murten. 5. Spiez Grdr. u. 6. Spiez, Schn.

Hauptturm, Bergfried, mit an der vierten Ecke später angebautem runden Treppenturm überragt die ganze Anlage, in der Wohn= und Wirtschaftsbauten, zum Teil mit Stufen=giebelzinnen, stehen und beherrscht das gotische, durch einen Gußerker verteidigte Tor. Spuren unbedeutender Zwingeranlagen waren ehedem erhalten.

Ein unvergleichlicher Felsenbauplatz trägt gegenüber der Stelle, wo die Rhône im rechten Winkel aus der Südwestrichtung nach Nordwesten umbiegend fließt, die Höhen=burg La Batia[846]). Rhône ab= und aufwärts überschaut der 11,66 m starke runde Berg=fried mit 3,90 m Mauerstärke das Tal bis über St. Maurice und über Sitten hinaus. La Batia sperrte die Paßstraße über den Großen St. Bernhard bei ihrem Eintritt ins Rhônetal.

Naef nimmt einen sehr frühen Burgbau an dieser Stelle an, obwohl erst 1233 die Burg als Eigentum des Bischofs von Sitten und dessen Burgmann Amadeus da Rarogne genannt wird. Peter II., dessen eiserner Schritt hier überall Stapfen hinterließ, belagerte und eroberte La Batia, die erst 1268 dem Bischof zurückgegeben wurde.

Südlich und südöstlich fällt der Fels unersteiglich ab. Der westlichen Angriffsseite steht der Bergfried gegenüber, vor ihm ein grades Stück Mantelmauer. Diese Mantel=mauer umzieht siebeneckig die inneren Bauten. Spuren von Zerstörungen (1260) und Wiederaufbau (1281 und später) sind erkennbar, ebenso Brandspuren von 1518. Von diesem Jahre ab blieb La Batia eine herrliche, malerische Ruine.

Mauern und Turm bestehen aus ziemlich rohen Bruchsteinen. Der runde Bergfried, sonst im Wallis ungewöhnlich, findet seinesgleichen in Saxon und Saillon. Naef schreibt

846) Naef: Anz. f. Schweiz. Altertumsk. Bd. II, 1900, S. 188ff.

Burg Aarburg, Schweiz, Kanton Aargau

Burg Aigle, Schweiz, Kanton Wallis

Burg Romont, Schweiz, Kanton Freiburg

Burg Bulle, Schweiz, Kanton Freiburg

Burg Rolle, Schweiz, Kanton Waadt

diese drei Türme Peter II. zu, also savoyischem Einfluß, dem sonst die unregelmäßige Burg, die keine Zwingerreste zeigt, nicht unterliegt.

Etwa 28 km stromauf finden wir ein selten eindrucksvolles Schauspiel ritterlich wehrhaften Bauens in den beiden Festen Tourbillon und der Wehrkirche St. Valeria[847]) (Tafel 95). Auf zwei Felsengipfeln, zwischen denen die älteste Stadt Sitten lag, erheben sich Burg und Kirche. Die große, frühromanische, später oft veränderte Kirche aus dem 9. bis 13. Jahrh. steht auf der höchsten Spitze in einem länglich runden Mauerkranz, auf dessen sehr frühen (römischen?) Zinnen die Außenmauern der Wohn= und Wirtschaftsbauten standen, die die Vorburg bzw. Zwinger bilden. Am Ostende steht die Zwingermauer auf dem blanken Felsen gegen Norden durch einen viereckigen Schalenturm verstärkt. Ein rohes Rundbogentor in der Zwingermauer bildet den Hauptzugang. Der Kirchturm neben dem Ostchor ist zinnenbekrönt, ebenso ein Teil des nördlichen Seitenschiffes.

Alles Mauerwerk besteht aus Bruchsteinen, an der Kirche finden sich wenige Hausteingliederungen. Eine romanische Rundbogentür im zweiten Joch des Nordschiffes erinnert an rheinische Kirchentüren. Der südlich kahle Burgfelsen macht die Baugruppe höchst malerisch. In der Nordostecke der Zwingermauer steht ein zweites, romanisches, kleines Kirchlein, dessen Turm zugleich wehrbaulich verwertet werden konnte.

Die zerrissene Ruine der Burg Tourbillon[848]) (Tafel 95) ist wehrbaulich viel reicher gegliedert, 1293 durch den Bischof Boniface de Challant wieder aufgebaut, sehr vielkantig, langgestreckt, mit hinten offenen Schalentürmen in den nicht hohen gezinnten Ringmauern, die seit dem Brande von 1788 ein leeres Innere bergen. Eine vorgestreckte Mauer sperrt den Zugang, von einem Rundbogentor durchbrochen, über dem ein breiter Maschikuli=Erker der Abwehr dient. Ein einfaches Rundbogentor führt durch die Ringmauer. Die Nordseite bildet eine schildmauerartige, gezinnte Mauer, die quer über den Felsrücken liegt. Dahinter stehen Reste höherer Wohnbauten. Eine kleine Burgkapelle mit romanisch gezierten Rundbogentürsäulen lehnt mit der kurzen Chorseite an die Ringmauer. Ein Hauptturm fehlt, ein großer Pallas mit Sälen „von königlichen Abmessungen" stand bis zum Brande von 1788.

Oft, im 14. und 15. Jahrh., war Tourbillon Schauplatz der Kämpfe der freiheitsliebenden Walliser mit den Savoyer Herzögen. Der Eindruck des durch die düsterfarbigen Baustoffe stark beeinflußten Ganzen ist überwiegend deutsch.

Von den übrigen, etwa 60 erhaltenen, zerstörten und verschwundenen Burgen des oberen Rhônetales sind baulich keine sehr bedeutend, aber manche kennzeichnend für den alemannischen Schlag der Talbewohner.

Französischer Einfluß

Im Kanton Freiburg und Waadtland macht sich im Burgenbau französischer Einfluß bemerkbar, obgleich auch noch Wehrbauten genug mit deutsch wirkenden Umrissen erscheinen.

Den Bieler und Neuenburger See umgürten und verschönern viele bedeutende Burgen, unter denen die Neuenburg[849]) an erster Stelle steht. Im Nordwesten der gleichnamigen Stadt gelegen, entstammt die vielgegliederte Feste in ihren ältesten Teilen dem 12. Jahrh., in den späteren An= und Umbauten spätgotischer und Renaissancezeit. Auch während Berns größter Machtentfaltung blieb Neuenburg in seinen Bauformen selbständig. Getrennt in Vorburg, Kirche und Burgkern wirken die vielen schlanken Türme mit den neuzeitlichen Fenstern nüchtern, der große Umfang und die beherrschende Lage zwischen der tiefer liegenden Stadt und dem bergseitigen Halsgraben machen aber

[847]) Ebh.: B. It. Bd. VI, S. 63; Smlg. Ebh.; Monod: Le Valais, Sion. Les Mayens. — [848]) Ebenda; Smlg. Ebh. (eig. Aufnahmen). — [849]) Smlg. Ebh. (Pläne); Wagner: Ans. v. Burg., Schl. u. Ruin. d. Schweiz.

das Burgbild immer noch eindrucksvoll. Merian[850] gibt ein vorzügliches Bild von Burg und Stadt, das Lage und Bedeutung klärt.

Am Ostufer des Neuenburger Sees liegt überraschend romantisch und großartig Stäffis (Estavayer[851])) (Abb. 736), der Stammsitz der gleichnamigen Familie. Eine älteste Burg ist heute verschwunden, ebenso eine zweite, erhalten ist nur die dritte, die Burg de Chenaux, wahrscheinlich auch die größte. Ihr ziemlich rechteckiger Grundriß entstammt dem 13. Jahrh. Ursprünglich von der Stadt durch Gräben und Mauern getrennt, beherrscht sie deren Südwesttor. In der Südwestecke steht der formschöne, mächtige — wie bei den meisten französisch beeinflußten Schweizer Festen — runde, 22 m hohe Bergfried, der hufeisenförmige Pallas bildet die nördliche Langseite seewärts. Außenmauerteile der Wohnbauten im Norden und Westen entstammen der ersten Anlage, die vierte Südseite wurde durch eine hohe, heute abgerissene Mauer geschlossen. Im 14. und 15. Jahrh. muß die Burg verfallen oder zerstört worden sein, 1475 brannte sie bis auf die Mauern ab. Wahrscheinlich bald danach — in Freiburger Besitz — wieder aufgebaut, erhielt sie ihr heutiges streng gegliedertes Aussehen. Im 18. Jahrh. wurden Umbauten vorgenommen, die letzte Wiederherstellung 1915—1920.

Besonders reich sind die merkwürdigen turmgeschützten Tore mit ihren langen Zugangsbrücken und Senkschartenreihen (Maschikuli). An den Ecken der nördlichen Seeseite sind zwei weitere, fast freistehende Rundtürme errichtet. Alle Formen zeigen die Neigung, eine hochaufstrebende Wirkung der Baumassen zu erreichen.

La Molière[852]), im Broye-Bezirk, zeigt noch Grundmauern einer großen Anlage und einen viereckigen Bergfried, angeblich dem 12. Jahrh. entstammend, während die erste urkundliche Nennung erst 1301 und 1314 erfolgte. Die Burg war schon im 16. Jahrh. Ruine, trotzdem verdient sie des ungewöhnlich bedeutenden, viereckigen Bergfriedes (Wohnturmes?) mit senkrechten, langen, französischen Schlitzscharten halber Erwähnung. Man wird auch diese „Turmburg" nicht römisch-normannischen Erinnerungen zuschreiben dürfen, vielmehr den zahlreichen Gefolgsleute fordernden Machtverhältnissen und Lebensgewohnheiten der Besitzer. Das Baustoffvorkommen förderte in der Schweiz ohne Mühe die Errichtung mauerstarker, klotziger Türme, die aber sowohl räumlich wie künstlerisch und im Raumbedürfnis unendlich fern den normannisch stolzen donjons (keeps) blieben.

Die nahe Burg Montagny[853]) (Montenach), einst Eigentum des gleichen, schon 1146 erwähnten Geschlechtes, zeigt dagegen den hier üblichen runden Bergfried. Die Anlage muß sehr fest gewesen sein, denn 1147 gelang es den Freiburgern trotz teilweiser Brandstiftung nicht, sie einzunehmen.

Die bedeutende Höhenburg Lucens[854]) ist eine zweiteilige Burganlage. Der runde, rohe Quaderbergfried, französischer Form, von 13 m Durchmesser, und ein älterer Pallas liegen auf dem höchsten Gipfel und sind von der übrigen Burg durch einen 9 m breiten und 5 m tiefen Graben und durch eine starke Schildmauer getrennt. Gegen die Angriffsseite liegen dem Bergfried zwei Zwinger vor, von denen der äußere auch um die neue Vorburg sich herumzieht, in der ein zweiter Pallas steht. Heute ist seine Außenmauer nach der Talseite durch viele neue Fenster durchbrochen. Der Rest der äußeren Burg ist durch die wehrgangbekrönte Mantelmauer eingeschlossen. Auf späteren französischen Einfluß sind die zahlreichen runden und spitz gedeckten Ecktürmchen — sowohl an den beiden Pallas- wie Mantelmauerecken — zurückzuführen.

---

850) Merian: S. 73. — 851) Burg. u. Schl. d. Schweiz. L. XIV, S. 69ff.; Merian: S. 28. — 852) Wagner: Ans. v. Burg., Schl. u. Ruinen d. Schweiz; Burg. u. Schl. d. Schweiz. L. XIV, S. 12ff. — 853) Ebenda S. 18ff. — 854) Ebenda L. XII, S. 15ff.; Wagner: Ans. v. Burg., Schl. u. Ruin. d. Schweiz; Naeher: Militärarchit. Anl. d. Ritterb. d. Feudalz. S. 72ff. —

Corbaro
Castel Unterwal-
den
Bellinzona
oberste Burg der
Thalsperre.
30, IX, 1902

Tafel XXXII Talsperre Bellenz, Schweiz

Nach der Talseite und zur Stadt hinunter dehnen sich noch weite Außenzwingermauern. Der Burgweg führt von der Stadt an der Südostecke zwischen einem Mauerturm und einer freistehenden Burgkapelle empor.

Auch die große Höhenburg Romont[855]) ist eine regelmäßige rechteckige, von hoher Mantelmauer umgebene Feste, die viele Umbauten, Brände und Wiederherstellungen — die letzte 1921—1929 — erfahren hat. Die ältere Baugeschichte ist unklar, doch dürfte die Burg nach Form und Art aus der Zeit des Grafen Peter II. von Savoyen stammen, der 1240 den Titel eines Grafen von Romont annahm (Tafel 92).

Der älteste Teil ist auch hier ein runder Kalksteinbergfried an der Südwestecke, nahe dem südlichen Tore, das mit großer und kleiner Zugbrücke mit Schwunggerten ausgestaltet war. Von frühen Wohnbauten (Pallas) ist nichts erkennbar, doch ist der alte Burgbering in den hohen Resten der rechteckig langen Mantelmauer erhalten.

Bedeutender ist die französisch anmutende, gut erhaltene Burg Bulle[856]) mit einer etwa 25 m hohen von den Bischöfen von Lausanne im 13. Jahrh. erbauten Mantelmauer mit dem starken, runden 33 m hohen donjon in einer Ecke mit gewölbtem Untergeschoß. An den drei übrigen Ecken erheben sich runde Warttürme, deren tragende Rundecken im oberen Geschoß ansetzen. Mehrere Flügel der Pallasbauten liegen an der Mantelmauer, die zwischen den runden Ecktürmen alle vier Seiten gleichmäßig umschließen. Hier ist eine frühe Kernform angeordnet, die vielleicht Trezzo und anderen Grenzburgen verwandt ist (Tafel 93).

Derselben Schule gehören die viereckigen Burgen Yverdon[857]) (Abb. 738) und Morges[858]) am Genfer See an. Das Gebiet um Yverdon ist ein uraltes Siedlungsgebiet, was zahlreiche

Abb. 737. Wasserbg. Nidau, Schweiz, nach Wagner, um 1838.

[855]) Burg. u. Schl. d. Schweiz. L. XIV, S. 47ff.; Nonn: Burgw. 1930, S. 32; Genoud: Vues de Fribourg S. 12 u. Taf. XXIV. — [856]) Nonn: Burgw. 1930, S. 32; Genoud: Vues de Fribourg S. 12 u. Taf. XXI; Naeher: S. 78f.; Burg. u. Schl. d. Schweiz. L. XIII, S. 39ff. — [857]) Näheres siehe: Burg. u. Schl. d. Schweiz. L. XII, S. 95 ff. u. S. 105 f. — [858]) Naeher: S. 70ff.; Wagner: Ans. v. Burg., Schl. u. Ruin.; Burg. u. Schl. d. Schweiz. L. XII, S. 28ff.

Abb. 738. Burg Yverdon, Schweiz, nach Wagner, 1839.

vorgeschichtliche Funde bezeugen. So ist es nicht erstaunlich, daß sich in diesem Gebiet heute noch Reste von 29 ehemaligen Burgen nachweisen lassen. Yverdon selbst soll von Peter II. von Savoyen an diesem wichtigen Kreuzungspunkt zahlreicher Straßen errichtet worden sein. Rechnungen des Architekten Pierre Mainier, der auch in Chillon beschäftigt war, geben für die Zeit 1261—62 wichtige Aufklärungen. Yverdon weist in seiner recht= eckigen Grundforn die charakteristische savoyische Anlage auf. Morges, eine Wasser= burg, zeigt an einer Quadratecke den starken Bergfried (10 m Durchmesser), rund wie die übrigen kleinen drei Ecktürme. Kanonenscharten in den Mauern; in der schweren Viertelkreisbrüstung des Bergfriedes sind spätere Zutaten.

Burg St. Triphon im Bezirk Aigle[858a]) hat von der großartigen Anlage nur den großen viereckigen Bergfried aus glatten Quadern mit weitausladenden Kragsteinen eines in $^{2}/_{3}$ der Gesamthöhe umlaufenden Wehrganges aufzuweisen.

Burg Rolle ist eine dreiseitige Anlage im Gegensatz zu dem quatratischen Typ der savoyischen Burgen[858b]) (Tafel 93).

Am Genfer See liegen noch viele verwandte Festen, der umkämpften Wichtigkeit dieser bedeutenden Völkerstraßenecke entsprechend. Die Burgen Blonay, hochgelegen mit quadratischen donjon, Allaman und Aubonne (hatte ursprünglich auch einen runden Turm) oder bei Genf Aire, Coppet, und noch etwa 14 weitere erhaltene Burgen beherrschten oder sperrten das gesegnete Land[858c]). Bei Villeneuve endlich trotzt noch heute herrenmäßig die Krone der südlichen Schweizer Burgen, die Felsen= und Wasser= feste Chillon[859]) (Abb. 739).

[858a]) Ebenda L. XII, S. 73ff. — [858b]) Ebenda L. XII, S. 52ff. — [858c]) Ebenda L. XI, S. 43ff., 20, 22ff., 74f. — [859]) Bez. d. Lage s. „Burgenarten"; Naef: Les châteaux suisses. Chillon; Ders.: Flot. de guerre de Chillon; Ders.: La chambre du Duc à Chillon; Rahn: Une rest. modèle... au chât. d. Chillon; Naef: Les châteaux suisses. Chillon S. 6.

Nicht umsonst ist Chillon neben der Wartburg einer der berühmtesten Wehrbauten Europas. Umrahmt von den gewaltigsten Bergriesen, meisterhaft dem felsigen Ufer angepaßt, erhebt sich die harmonisch gegliederte und im einzelnen künstlerisch durchgebildete Baugruppe aus den smaragdspiegelnden Fluten des Genfer Sees, zu dessen blühenden Ufern seit Jahrhunderten Freunde der Natur und berühmte Künstler strömten. Kein Wunder, daß der große Reisende und Dichter Lord Byron die Mauern poetisch verherrlichte, freilich in einer romantischen Fabel über den Hungertod des Gefangenen Bonivard und seiner Söhne, der in Wahrheit nur als streitlustiger Pfarrer zwei Jahre ab 1530 dort in bequemer Haft war und später noch lange und behaglich in Genf lebte.

Chillon bedarf solcher Märchen nicht, seine „Steine reden" von mehr als 1000 Jahren, von fünf Bauzeiten, der römischen, merowinigischen, dann von zwei Formkreisen vor der um 1005 einsetzenden romanischen Kunst, der die Kernbauten angehören, endlich von den herrlichen Bauten Peters II. von Savoyen und seiner Erben. Die Berner, die Chillon 1536 eroberten, haben künstlerisch nichts hinzugetan.

1155 wird die Burg urkundlich genannt. Ihre besondere, ja überraschende Bedeutung kennzeichnet ihr feingeistiger Wiederhersteller und gründlicher Durchforscher, mein dahingegangener Freund Albert Naef, wenn er sagt: „Während des ganzen Mittelalters beruhte die wahre Stärke Chillons in seiner Kriegsflotte"[860]). Aber zunächst blicken wir auf das Gebliebene:

Der äußeren Schönheit entspricht die wehrbauliche Einzeldurchbildung. Der Kern des beiderseits spitzen, von Norden nach Süden entwickelten Ovals ist der wohl um 1017 erbaute und genannte viereckige donjon, der sonst stets turris oder magna turris genannte Bergfried von 11 × 9 m Grundfläche und rund 25 m Höhe. Einige Meter unter der heutigen Traufe sieht man, daß der Turm unter Belassung älterer Zinnen nachträglich erhöht wurde. Er steht frei hinter der Mitte der etwa 50 m langen Schildmauer, der gegen Osten, gegen den Halsgraben, noch eine sehr starke Zwingermauer vorgelegt ist.

Drei schöne, hufeisenförmige Türme verstärken diese äußerste Wehrmauer, die nur noch der tiefe, vom See gespeiste Felsengraben von der einst flacheren und entfernteren Uferstraße, die beiderseits durch vorgeschobene Sperrtore gesichert war, trennt (Abb. 740). Die Südinselspitze nimmt ein Torturm und eine gedrängte Menge älterer und späterer Wehrbauten ein, unter deren Mitte sich bei Naefs Ausgrabungen die Krypta

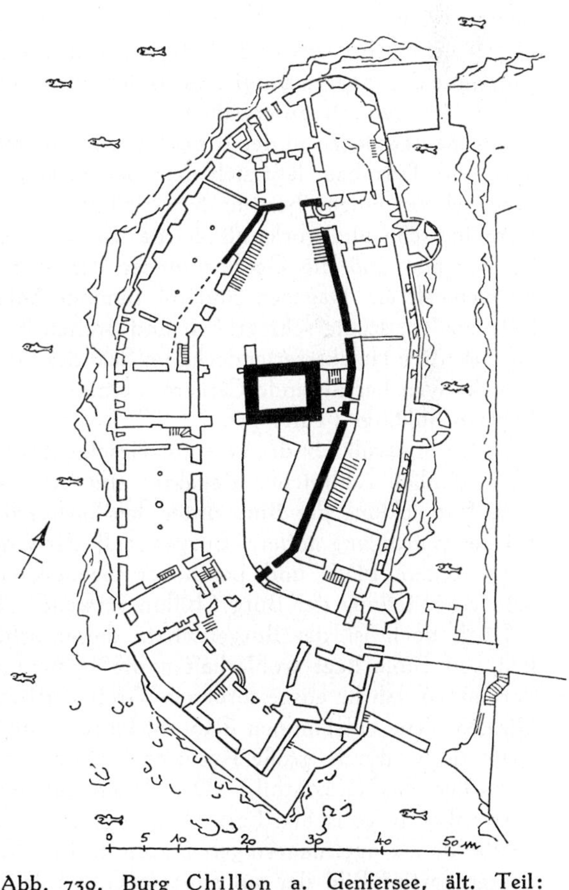

Abb. 739. Burg Chillon a. Genfersee, ält. Teil: Bergfr. und Schildm. = schwarz, seewärts roman. Pallasb. ohne Seitenbestr.=Türme, 3 solche hufeisenförm. Türme spät. a. Halsgrb., Grdr. 1:1000. B. E. n. Naef.

860) Naef: La Flot. d. Guèrre d. Chillon S. 9.

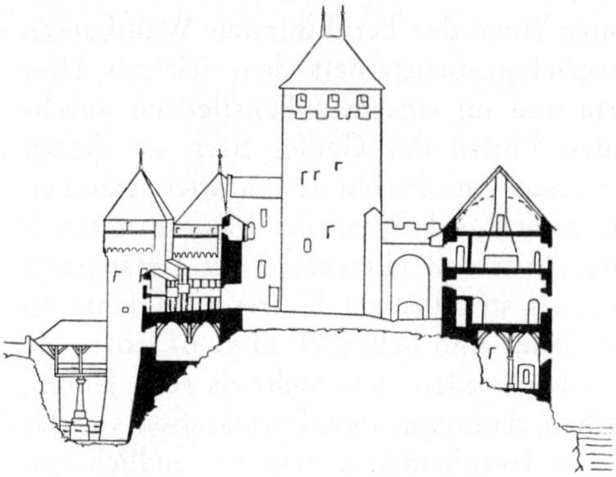

Abb. 740. Burg Chillon, Schweiz, Hufeisen=türme, Halsgrb., Bergfr., Pallas. Schn. 1:1000. B. E. n. Naef.

einer sehr frühen Kapelle fand. Uralte und unregelmäßige östliche Außenmauerreste zei=gen, daß hier einst die Burg viel kleiner war.

Die lange westliche Seeseite nehmen die ab 1224—1256/59 durch Thomas I. von Savoyen und seinen Sohn Peter II. von Savoyen er=richteten Pallasbauten, große, mit länglich rechteckigen, auf herrlichen Edelkastanien=holzsäulen gestützte Mittelunterzügen ver=sehene Saalbauten ein, dazwischen locken kleinere Räume frühromanischer Kunst. Die Bauzeiten der nördlichen Hälfte mit dem fast auf Seespiegel liegenden, von romani=schen Kreuzgewölben auf sieben Säulen überdeckten „Gefängnis des Bonivard" sind nach den Zweilichtfenstern romanisch, zum Teil gotisch; noch zeigt man hier Spuren der in den Felsen ausgetretenen Furchen des angeblich hier (nach Byron) hungernden Bonivard. Die südliche Hälfte wird von gewölbten Räumen eingenommen, ihnen schließt sich turmartig ein im 12. Jahrh. geschaffener, im 13. bis 14. Jahrh. stark veränderter, wohnturmartiger Bau an. Nördlich vom Bergfried am Nordende des inneren Burghofes ist der Turm Peters II. mit der reizenden Camera domini, dem Herrengemach, zu erwähnen[861]).

Alle Bauten liegen in der Ring= bzw. Mantelmauer. Die Burg ist also zugleich Saalbau=burg und Turmbau, läßt sich demnach in keine Schule vorgefaßter Meinung einordnen, auch schwer einem bestimmten Siedlervolk zuweisen. Römisch=frühchristliche Reste, merovingische und vorkarolingische Spuren werden vermutet. Die frühen romanischen Fenster erst und die Gesamtumrisse des Äußeren schließen sich eng an die deutsche Formenwelt an. Dagegen sind im Inneren Anklänge an französisch=savoyische Einflüsse festzustellen, so die sehr großen und breiten Kamine der herrlichen Säle, fremd ist auch die mächtige Holzkassettendecke im Saal des Gerichts, während die reizvolle von Peter II. von Savoyen herrührende Camera domini in der Wandmalerei an sehr frühe italienische Formen anklingt (Tafel 13).

Bedeutungsvoll für die gesamte Geschichte des Wehrbaues ist das Vorhandensein von ungewöhnlich zahlreichen Bauakten (im Staatsarchiv von Turin), die die gesamte bau=liche Entwicklung der Burg unter den Savoyern widerspiegeln und so auch Rückschlüsse bei der Würdigung anderer Burgen, z. B. der Grasburg, erlauben. Diesen Schatz hat Naef mit größtem Fleiß und peinlicher Genauigkeit gehoben und für seine musterhafte Wiederherstellung der Burg Chillon verwandt (Tafel XXIX u. XXX).

Doch noch ist der Burgenschatz dieser schönen Landschaft nicht erschöpft! Süd=lich von Bulle liegt wohlerhalten die Höhen= und Stadtburg Gruyères[862]) (Greyerz) der im 16. Jahrh. ausgestorbenen Grafen gleichen Namens in prachtvoller Höhe. Ihre ältesten Teile entstammen dem 10. Jahrh. Ein früher, runder Bergfried und ein breiter, spätgotisch, durch große Kreuzstockfenster durchbrochener Pallas des 15. Jahrh. be=herrschen das Gesamtbild. Die Wohnbauten sind wohlerhalten und mit allem Gerät vortrefflich in gotischen Formen ausgestattet. Bedeutende, durch Türme und Wehrgänge verstärkte Zwingermauern gehen zum Teil in die Stadtmauern über, Tortürme bereichern das großartige Bild der auf stolzem Gipfel errichteten Burg.

[861]) Naef: Chillon. La Camera Domini. — [862]) Nonn: Burgw. 1930, S. 22, 32; Burg. u. Schl. d. Schweiz. L. XIII, S. 82ff.

Auch zwischen Neuenburger und Genfer See sind außer vielen anderen die Höhenburg La Sarraz aus dem 13. Jahrh., mit viereckigem Bergfried und schloßartigen, großen Fenstern am rechteckigen Pallas, die viereckige Wohnturmruine Les Clées u. v. a. zu nennen[863]).

Italienischer Einfluß

Auch unter den Süd= und Südostburgen der Schweiz läßt sich italienischer Einfluß erkennen, der sich in schlanken Türmen, Schwalbenschwanzzinnen, langen Mordgallerien (Maschikulis), schrägen Grundmauern und regelmäßigen Grundrissen erkennbar macht. So geformte Bauten liegen verstreut um den Genfer See, um die südlichen Alpen=abhänge, an der Gotthardstraße, im südlichen Graubünden und an den italienischen Seen um Locarno und so fort. Auch der an der Rhône, nahe dem Genfer See liegende Teil des Kanton Wallis zeigt noch fremde Einflüsse.

Unter Graubündener Burgen sind die schlanken Türme von S. Maria di Calanca, von S. Vittore, von Boggiano (Abb. 742), alle an der Möesa, zu nennen, ebendort auch der durch Schwalbenschwanzzinnen bekrönte Torre Fiorenzano[864]).

Am Südabhang der Gotthardstraße liegt auch Burg Muralto, nach der ein Simone Muralto als Sieger zu Gorgonzola über König Enzo genannt wird, und Bironico, 1418 von Rusco dei Rusconi erbaut, und viele andere[865]).

Bedeutendere Bauten italienischen Einflusses stehen am Genfer See. So Vufflens, das mit seinen Schwalbenschwanzzinnen auf den ersten Blick ganz besonders italienisch wirkt[866]) (Tafel XXXI). Es ist zwischen 1395—1420 an Stelle einer alten Burg erbaut, schon im Grundriß völlig unschweizerisch. Von Westen nach Osten langgestreckt, erhebt sich über 60 m hoch in einem Zwinger zuerst der überstarke quadratische Bergfried (13 m Seitenlänge), schwalbenschwanzzinnengekrönt, genau wie die Ziegelburgen der Lom=bardei. Vier niedrige quadratische Ecktürme schließen innere Zwinger ein. Es folgt der offene, ebenso rechteckige Hof und sodann ein mächtiger Pallas mit innen massiven, über Dach ragenden schlanken, runden Ecktürmen! Sowohl Pallas wie Zwingermauern und Türme zeigen Maschikuli und Schwalbenschwanzzinnen.

Auf dem nördlichen Hügel der Stadt Lausanne[867]) (Abb. 741) erhebt sich die groß=artige, 1397—1406 von Wilhelm de Menthonay zum größten Teil erbaute, um 1406 von Bischof von Challant fortgesetzte ehemalige bischöfliche Burg, die seit 1536 Sitz der Landvögte von Lausanne wurde. Aymon de Montfalcon (1491—1517) soll die Burg um ein Backsteinstockwerk erhöht haben. Er veränderte ebenfalls das Innere.

Die Anlage besteht aus einem 20 m Seitenlänge messenden viereckigen donjon aus großen, glatten, grauen Molassequadern, auf die der Backsteinoberbau mit den runden Erkertürmchen aufgesetzt wurde. Meines Erachtens stammt dieser Backsteinbau nicht von dem obener=wähnten Montfalcon, sondern schon von Challant, der ein Graf von Aosta war und seine heimatliche Bauweise, die Verwendung von Ziegeln zu den Schwalbenschwanzzinnen und die Wehrgangbrüstung hierher übertrug (Tafel 94).

Die Grundform der vielveränderten, französisch und italienisch beeinflußten Burg ist hier ausnahmsweise fast normannischen donjons ähnlich. Ein späterer (?) Mittelgang führt durch den wohnturmähnlichen Pallas, der dadurch dreischiffig geteilt war. Ein selbständiger Bergfried scheint nicht vorhanden gewesen zu sein.

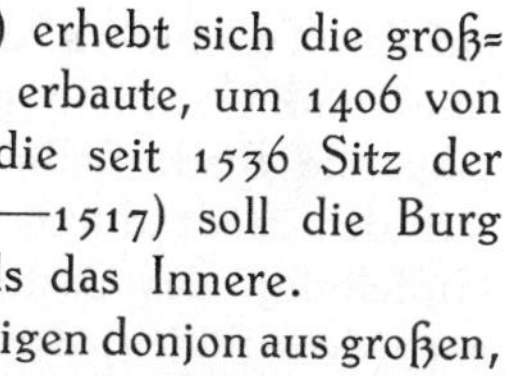

Abb. 741. Erzb. Bg. i. Lausanne, Schweiz, Grdr. 1. Stock 1:1000, n. Pl. v. Stadtbauamt 1915.

863) Siehe Wagner: Ans. v. Burg., Schl. u. Ruin. d. Schweiz; Burg. u. Schl. d. Schweiz. L. XII, S. 61 ff., L. XI, S. 68 ff. — 864) Poeschel: Burgenb. v. Graub. S. 219, 221, 223. — 865) Amati: Dizionario Corografico Dell'Italia Bd. V, S. 491; Bd. I, S. 814. — 866) Wagner: Ans. v. Burg., Schl. u. Ruin. d. Schweiz; v. Cohausen: S. 310; Naeher: S. 75 ff.; Burg u. Schl. d. Schweiz. L. XII, S. 87 ff. — 867) Reymond: Lausanne S. 154 ff.; Naeher: S. 75 ff.; Smlg. Ebh.; v. Cohausen: S. 310; Merian: S. 29.

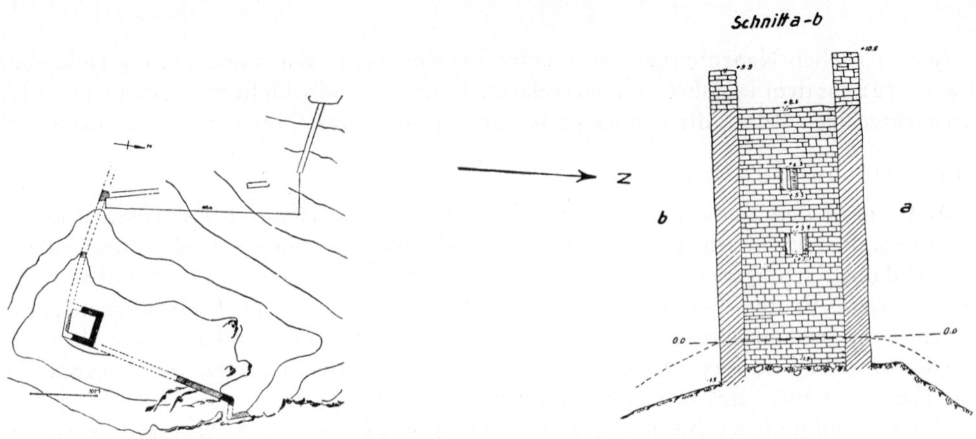

Abb. 742. Höhenbg. Torre Boggiano, Graub., Grdr. 1:1000 u. Turmrestans. 1:250, nach Poeschel, Burgenb. v. Graub.

Der besonders starke Wohnturm schließt sich aber auch der großen Reihe schwerer einräumiger Wohntürme, die in allen Teilen der Schweiz vorhanden sind, an. Man muß wohl in dieser Grundform die älteste Lösung des Burgbaues erblicken, die hier an Stelle der sonst üblichen Zweiteilung von Bergfried und Pallas üblich war.

Viel bestimmter sprechen die italienischen Formen des Tessingebietes, von denen eine Gruppe von 7 Burgen unmittelbar um Locarno und fast ein Dutzend ober= und unter= halb Lugano die Straßen am Lago maggiore und am Luganer See sperrten.

Als das bedeutendste Werk dieser italienischen Schule ist hier die im Kern noch ger= manische, aber erst später zur Talsperre von Bellenz[868]) (Abb. 56) entwickelte An= lage an einem wichtigen strategischen Punkt, am Zugang in die südlichen Alpentäler zu nennen. Sie wird von drei trotzigen Burgen beherrscht.

Der Grundgedanke der ganzen Anlage war die Sperrung des einzigen gangbaren Weges auf den Tessinufern, der zwischen den Hügeln des Castello Montebello (= San Mar= tino) und Castello grande (= San Michele) durch die dazwischenliegende mauern= gesperrte Stadt Bellinzona führte. Beide unteren Burgen sind aber untereinander und mit der Stadt durch Mauern und Türme verbunden. 1479 wurde durch die höchste Gipfelburg, das Castello Sasso Corbaro (= Krähenschloß) den Schweizern der Weg nach dem Süden, den sie oberhalb der eben genannten Gruppe suchten, abgeschnitten.

Castello grande hat die stärksten Veränderungen erlitten. Der geschichtlichen Ent= wicklung, ebenso wie Grundriß und Aufrißform entsprechend, möchten wir die „große Burg" in der Stadt noch dem germanischen Einfluß zuschreiben, von dessen Wehrbau schon Paulus Diaconus meldet als von dem Platz eines Schlachtfeldes zwischen Lango= barden und Franken. Auch die Ottonen urkundeten hier noch als Herren im 10. Jahrh.[869]). Vor allem zeigt die Burg selbst kennzeichnend nordische Züge. Zwei starke Bergfriede, anschließende, im Kern oft veränderte Wohnbauten, malerisch verteilt um eine weite, vielgeknickte Ringmauer mit früheren und späteren Turmverstärkungen erscheinen noch unitalienisch.

Auch der länglich unregelmäßige Kern der mittleren Burg Montebello wirkt trotz aller späteren Umbauten mit Schwalbenschwanzzinnen und Maschikuli=Wehrgängen durch die Mantelmauerform mit Bergfried in der Mitte noch deutsch wie die Burg Mon= selice bei Padua.

868) Zeller: Die Schlöss. v. Bellinzona (Zeitschr. f. Bauw. 1905, S. 439ff.); Ebh.: B. It.; v. Cohausen: S. 155, 158, 238; Smlg. Ebh.; für die strategische Lage s. „Burgenarten". — 869) Zeller: S. 439.

Die Burg in Lausanne, Schweiz

Burgruine Tourbillon und befestigte Kirche St. Valeria über Sitten, Schweiz, Kanton Wallis

Befestigte Kirche St. Valeria über Sitten, Schweiz, Kanton Wallis

Später aber, seit den Visconti (1294) und der Mailänder Herrschaft, wird italienisch gebaut. Dieser Zeit gehört die Castello St. Barbara oder Corbaro genannte Burg (jetzt Hotel) an, die hoch auf der Kante einer nach drei Seiten abfallenden Bergkuppe liegt und italienisch viereckig und regelmäßig die ganze Sperre krönt.

Im Südwesten der Stadt Locarno erhebt sich die alte Burg der Visconti[870]).

Der Name Locarno (Luggaris) wird zuerst 808 urkundlich genannt, und am 15. Januar 998 verkauft Bischof Liutfrid von Tortona an Herzog Otto „castrum... quod clamatur Lexa Leocarni". Also muß damals schon eine Burg bestanden haben. 1156 nehmen und zerstörten die Mailänder Locarno, wieder aufgebaut gab 1189 Bischof Anselmo Raimundi v. Como die Burg den Bertramo und Gaffo Muralti zum Lehen. 1262 abermals eingenommen und verbrannt, besetzte nach nochmaligem Aufbau Matteo Visconti 1312 die Burg, die er durch weiteren Ausbau fast unbezwingbar machte. 1340 „castrum fortissimum constructum fuit". Anfang des 15. Jahrh. nahm wohl Franchino Rusca einen Neu= oder Ausbau vor. Doch muß gegen Ende des Jahrhunderts Locarno wieder in schlechterem Zustand gewesen sein, denn es wurde in Erwägung gezogen, die Burg zu schleifen, was 1522 geschah.

Die Burg Locarno muß damals aus zwei Teilen — der Rocca, als ältesten Feste, und dem Palazzo, als Sitz der Rusca — bestanden haben. Beide Teile, im 15. Jahrh. durch Ausbau verbunden, hatten besondere Tore und unterirdische Gänge.

Die westliche Hälfte des unregelmäßigen Rechteckes bildete die heute verschwundene Rocca, deren Ostseite durch einen Ravelin K. L. M. und seine erhöhte Lage über dem Ufer gedeckt war; Gräben schützten die drei anderen Seiten.

Erhalten ist der unregelmäßig viereckige Palazzo, dessen zwei Flügel den Süden und Osten des Hofes begrenzen, die West= und Nordseite decken starke Mauern. Die westliche, 2,50 m stark, war mit Wehrgang bekrönt, von dem ein Teil neben einem Eckrundturm erhalten ist, dessen waagerechte Brüstung auf einem Mordgange vorkragt. Der Boden dieses Wehrganges liegt 7,50 m über dem zwischen Schloßhof und Rocca befindlichen Graben. Den Südflügel des Palazzo bildet der Dreiviertelrundturm mit anstoßendem Eckraum und Treppenhaus. Das oberste Turmgeschoß trägt Schwalbenschwanzzinnen auf vierfach abgestuften, durch Flachbögen verbundenen Konsolsteinen, die wie die Zinnen aus Bruchsteinmauerwerk waren.

Vom wehrhaften Gesamtgrundriß ist also nur ein großer Teil der sehr starken Ring= bzw. Mantelmauer erhalten. Ein Blick auf die Landkarte zeigt den Grund der Aufgabe der Burg, nämlich die von der Maggia weit in den Lago Maggiore vorgeschwemmte Geröllmasse, die aus einer Uferburg (Hafenburg) eine über diese Mündungsebene leicht angreifbare Stadtburg machte. Klarheit über die einst gewollte Burggrundform geben die malerisch höchst reizvollen Reste nicht.

Rückblick

Das Bild des Schweizer Burgenbaues wird durch den dreifachen Reichtum rassischer Entfaltung lehrreich. Hier stoßen die Kulturkreise dreier Völker zusammen, die in größtem Maße selbst von Schaffenskraft durchtränkt, bei den lebenswichtigsten Kriegszügen fast ein Jahrtausend lang auf die Straßen durch die Schweiz angewiesen waren. Diese Straßen allein ermöglichten auch den größten Handelsverkehr zwischen Norden und Süden, solange die Schiffahrtskunde noch mühsam an den Küsten klebte.

Am wichtigsten war die reichsdeutsch=kaiserliche Schweiz in strategischer Hinsicht, solange die Römerzüge deutscher Kaiser eine der merkwürdigsten, aber auch unvermeid=

[870]) Anz. f. Schweiz. Altertumskde. 21. Jahrg. 1888—91, S. 542ff.; ebenda Bd. II. Neue Folge, 1900 S. 206f.: v. Liebenau, Zur Gesch. d. Schl. Locarno.

lichsten Auswirkungen mitteleuropäischer Machtpolitik und überquellenden Lebensdranges waren, solange der Überdruck der deutschen Volksmassen, bis zum Dreißigjährigen Kriege, immer wieder nach Süden durchbrach, angezogen und gerufen und noch von Dante als Heil eines zeitweise entarteten, von fremden Rassen überschwemmten Landes empfunden. Die Schweiz wurde dadurch und im Austausch von Kultur und Handelsgütern bis in die Neuzeit mit dem deutschen Reichsland verbunden.

Nur in der ersten Burgenzeit, in der Zeit der ritterlichen Kriegs- und Lehnsverfassung war die Schweiz als burgenbauendes Land von großer Schaffenskraft, ohne freilich neben den drei übersprudelnden Kraft- und Erfahrungsquellen seiner großen Nachbarn eine eigene Formensprache im Burgenbau gebären zu können. Weit überwiegend blieb dabei unter diesen dreien der den Bergbewohnern volksverwandteste deutsch-nordische Burgenbau.

Doch reich genug bleiben daneben die zwei italienischen und französischen Einflußgebiete, um dem nicht auf ein engeres Einzelgebiet Europas angewiesenen Forscher zu höchst aufschlußreichen Vergleichen anzuregen.

Verzeichnis des benutzten Schrifttums

van der Aa, Robidé: Oud=Nederland. Nijmegen 1846.

Acta Academiae Theodoro=palatinae. Bd. II.

Histoire d'Aiguesmortes. Millau 1903.

Allen, C. F.: De tre nordiske Rigers Historie. 1497—1536, 5 Bde. Vejøbenhavn 1864—72.

A new display of the beauties of England or a description of the most elegant or magnificent public edifices, royal palaces, noblemen's and gentlemen's seats, and other curiosities, natural or artificial, in the different parts of the king=dom. 2 Bände. London 1776.

Amati, Amato: Dizionario corografico dell'Italia. 8 Bände. Milano 1878.

Anselme, P.: Généalogie de France... 3. Ausgabe. Bd. I—VIII. Paris 1726—1733.

Anthes: Der Breuberg im Odenwald. Burgwart 1916. 17. Jhg., Nr. 6.

Anthes: Die Pfalz in Wimpfen am Neckar. Burg=wart 1917. 18. Jhg., Nr. 7.

Anzeiger für Schweizerische Altertumskunde. Zürich 1900, 1902—03.

Armitage, Ella S.: Early norman castles of the british isles. London 1912.

Arnould, du Pujol, Maquet: Histoire de la Bastille depuis sa fondation 1344 jusqu'à sa destruction 1789. 5 Bände. Paris 1844.

Atz, Karl: Kunstgeschichte von Tirol und Vor=arlberg. Bozen 1885.

d'Auvergne, Edmund: The english castles, 2. ed., London 1926.

Barack, Karl August: Zimmerische Chronik. 4 Bände. 2. Aufl. Freiburg i. B. und Tübingen 1881—1882.

Baravalle, Robert: Burg Güssing im Burgenland. Burgwart 1927. 28. Jhg., Nr. 5/6.

Baravalle, Robert und Knapp, Werner: Stei=rische Burgen und Schlösser. I., II. Band. Graz 1938 und 1939.

Baumgärtner, F.: Das Neckartal bei Neckar=gerach und Zwingenberg. Burgen und Sagen. Neunkirchen o. J.

Das Bayerland. Illustrierte Halbmonatsschrift für Bayerns Land und Volk. Herausgegeben von Fridolin Solleder, Ludwig Deubner. 36. Jhg. Nr. 8, 37. Jhg. Nr. 9, 43. Jhg. Nr. 6, 45. Jhg. Nr. 22. München 1926 und 1932.

Bazon, Louis: Brancion. Mâcon 1908.

Beautiful Britain. The scenery and the splendours of the united kingdom. London o. J.

Beckmann: Die Liebenburg. Burgwart 1936. 37. Jhg.

Beelaerts van Blockland, W. A., van Gelder, H. E., Wynaendts van Resandt, W. en Sluyterman, K.: Nederlandsche kasteelen en hun Historie. 2. und 3. Teil. Amsterdam 1914/1915.

Le château féodale de Beersel et ses seigneurs. Herausgegeben von Ligues des amis du château de Beersel. Bruxelles 1929.

Beeverell, James: Les delices de la Grand'Bre=tagne, & de L'Irlande. 8 Bände. Alcide 1727.

Benham: The Tower of London. London 1906.

Best, W.: Der Reichenberg im Odenwald. Burg=wart 1925. 26. Jhg. Nr. 1/2.

Biberschick, Franz: Die Burgen von Dürnstein in der Wachau in Niederösterreich. Burgwart 1938. 39. Jhg.

Bimler, Kurt: Die Piastenburg in Schelitz. Der Oberschlesier. Monatsheft für das heimatliche Kulturleben. 17. Jhg. 1935. Heft 4.

Binder, Georg: Die niederösterreichischen Burgen und Schlösser. Erster und zweiter Teil. Öster=reichische Bücherei. Herausgegeben von Eme=rich Schaffran und Friedrich Walter. Sonder=band II. Wien und Leipzig o. J.

Birkenbihl, Michael: Das wehrhafte deutsche Dorf. Eine kulturhistorische Studie. In „Das Werk". Mai 1937.

Blecher, Georg: Wie und wann entstanden Burg und Stadt Friedberg? Friedberg 1936.

Blume, Hermann: Der Wohldenberg. Der Werde=gang einer ostfälischen Burg. Burgwart 1936. 37. Jhg.

Bobrowsky, Walter: Riegersburg. Österreichi=scher Burgenwart. 3. Jhg. Nr. 3. 1934.

Böhmer: Regesta imperii 911—1313. 1831.

Böhmer: Die Regesten Ludwig des Bayern. Frankfurt 1841.

Bölke, A.: Veste Spangenberg. Wilmersdorf 1900.

Boretius: Capitularia Regum Francorum. Han=nover 1890.

Boese: Die lippischen Bauernburgen im Vergleich mit anderen norddeutschen Steinwerken. Burg=wart 1922. 23. Jhg. Nr. 1 und 2.

Bosseboeuf, L.=A.: Langeais et son chateaux. Monuments et souvenir. Tours 1893.

Bournon, Fernand: Histoire Générale de Paris: La Bastille. Histoire et description des bâti=ments — Administration — Régime de la Prison — Evénements historiques. Paris 1893.

Box, John: Chronicles of the Castle of Amebroy or Ammerzode. London 1870.

Braun, Hugh: The english castle. London (1936).

Braun und Hogenberg: Civitates orbis terrarum. 6 Bde. Coloniae Agr. 1572—1618.

Braunschweig, Max: Kirchenburgen in Sieben=bürgen. Burgwart 1900. II. Jhg. Nr. 6.

Bremer: Die Ausgrabungen an der Barbarossa=pfalz zu Kaiserslautern. Kaiserslautern 1937.

Brinkmann: Über Burganlagen bei Zeitz. Wissen=schaftliche Beilage zum Jahresbericht des Königl. Stiftsgymnasiums zu Zeitz über das Schuljahr 1895/96.

Bronner, C.: Odenwaldburgen. 3 Teile. Groß=Umstadt 1924 — Mainz 1927.

Bruck, Robert: Sächsische Schlösser und Burgen. Dresden 1913.

Bruck, Robert: Burg Gnandstein. Burgwart 1914. XV. Jhg. Nr. 3.

Bruhns, Leo: Hohenstaufenschlösser. Königstein im Taunus und Leipzig o. J.

Buch, Aug. Emil: Eppaner Höhenburgen und Schlösser und Begebenheiten um und in Eppan aus der Geschichte Tirols. Beiträge zur Ge=schichte der Höhenburgen und Schlösser in Ueberetsch. Bozen 1903.

Buchenau, Franz: Die Freie Hansestadt Bre=men. Bremen 1934.

Führer durch Burghausen und seine Umgebung. Burghausen o. J.
Die Burgvesten und Ritterschlösser der österreichischen Monarchie. 8 Teile in 4 Bänden. Brünn 1819—1820.
Der Burgwart. Zeitschrift für Wehrbau, Wohnbau und Städtebau. Jahrbuch der Vereinigung zur Erhaltung deutscher Burgen. Herausgeber: Professor Bodo Ebhardt, Architekt. Jhg. 1—40. Burgverlag, G. m. b. H., Marksburg b. Braubach a. Rhein.
Burri, Friedrich: Die Grasburg. Ihre Baugeschichte und ihr einstiges Bild. In Archiv des Historischen Vereins des Kantons Bern. XX. Bd. 1. Heft. Bern 1912.
Burri, Friedrich: Die einstige Reichsfeste Grasburg. Geschichte, Rekonstruktion, Einkünfte. Archiv des Historischen Vereins des Kantons Bern. Bd. XXXIII. Heft 1. 1935.
Busch-Zantner, Richard: Südosteuropäische Burgen. Der Burgwart 1936. 35. Jhg.
v. Buttlar, Freiherr Richard: Die Burgruine Weißenstein im Bayerischen Wald. Burgwart 1934. 35. Jhg.

Campignier, Stefan: Das Oberweseler Liebfrauen- und St. Martinsstift. Ein Beitrag zu ihrer Geschichte, Einrichtung und wirtschaftlichen Grundlage. Oberwesel a. Rh. 1932.
De Cantillon: Vermekelykheden van Brabant en deszelfs onderhoorige Landen. Amsterdam 1770.
Carel: Histoire de la ville de Caen depuis Philippe-Auguste jusqu'à Charles IX. Paris 1886.
Carel: Histoire de la ville de Caen sous Charles IX., Henri III. et Henry IV. Caen 1887.
Carpenter, Rhys and Bon, Antoine: Corinth results of excavations conducted by the american school of classical studies at Athens. Volume III, Part II. The defenses of Acrocorinth and the lower town. Cambridge 1936.
A Guide to Carrickfergus Castle. Published by H. M. Stationery Office on behalf of the Government of Northern Ireland. Belfast 1928.
Carter, Franz: Reise von Gibraltar nach Malaga im Jahre 1772. Erster Teil. Leipzig 1779.
Carter, John: The Ancient Architecture of England. London.
Chambers Encyclopaedia. A dictionary of universal knowledge for the people. Vol. VI. London 1864.
Clark, Geo. T.: Mediaeval military Architecture in England. 2 Bde. London 1884.
Clasen, Karl Heinz: Der Hochmeisterpalast der Marienburg. Königsberg Pr. 1924.
Clasen, Karl Heinz: Die mittelalterliche Kunst im Gebiete des Deutschordensstaates Preußen. Erster Band: Die Burgbauten. Königsberg 1927.
Clemen, Paul: Tyroler Burgen. Mittheil. d. K. K. Central Kommission. XIX. Jhg. 1893. Wien 1893. XX. Jhg. Wien 1894.
Clemen, Paul: Kaiserswerth, Untersuchung, Ausgrabungen und Sicherung der Hohenstaufenpfalz. V. und XIII. Jahrb. d. Prov. Kommission für Denkmalpflege in der Rheinprovinz. Bonn 1900, 1909.
Clemen, Paul: Untersuchungen und Ausgrabungen der Hohenstaufenpfalz in Kaiserswerth. Burgwart 1901. II. Jhg. Nr. 7 und 8.
Cochrane, Robert: Notes on the Augustinian Priory of Athassel, County Tipperary. The Journal of the Royal society of Antiquaries of Ireland. Vol. XXXIX 1909, Dublin.
Codex Diplomaticus Nassoicus. Nassauisches Urkundenbuch. Herausgegeben v. Menzel-Sauer. I. Bd., 3 Teile. Wiesbaden 1886—1887.
v. Cohausen, August: Der Palast des Kaiser Karl des Großen in Ingelheim und die Bauten seiner Nachfolger daselbst. Mainz 1852.
v. Cohausen, August: Die Befestigungsweisen der Vorzeit und des Mittelalters. Herausgegeben von Max Jähns. Wiesbaden 1898.
Colin, Antoine: Le Château de Coucy. Aperçu Historique Description Notes de Droit Féodal. Paris 1909.
Commynes, Philippe: Die Denkwürdigkeiten Philipps von Commynes Herrn von Argenton. Übersetzt und eingeleitet von Dr. S. Aschner. München 1920.
Topographical and Historical Guide to Corfe Castle In The Island of Purbeck, Dorsetshire. London o. J.
de Cougny, M. G.: Chinon et ses monuments. Notice historique et archéologique. Troisième Édition. Chinon 1889.
Cromwell: History of Colchester Castle. London 1825.

Davilier, Carlo Barone: Viaggio In Jspagna. Milano 1874.
Debraye, Henry: En Touraine et sur les bords de la Loire. Grenoble (1929).
Dehio, Georg: Handbuch der deutschen Kunstdenkmäler. Neubearbeitet von Ernst Gall. 1. Band Niedersachsen und Westfalen. Berlin 1935.
Dehio, Georg: Handbuch der deutschen Kunstdenkmäler. Zweite Abteilung: Österreich. Zwei Bände. Herausgegeben von Dagobert Frey und Karl Ginhart. Wien—Berlin 1935.
Deiters, Heinrich: Die Belagerung von Kaiserswerth durch den Kurfürsten Friedrich III. von Brandenburg im Jahre 1689. Düsseldorf 1900.
Die Denkmalpflege. Herausgegeben von der Schriftleitung des Zentralblattes der Bauverwaltung. XII. Jhg. 1910, Berlin. I. Jhg. 1899, Berlin. II. Jhg. 1900, Berlin.
Deshoulières, F.: Dieppe. Petites monographies Bd. 48. Paris 1929.
Deville, A.: Histoire du château-Gaillard et du siège qu'il soutint contre Philippe Auguste en 1203 et 1204. Rouen 1849.
Dick, W. R.: A short sketch of the Beauchamp Tower, Tower of London. London o. J.
Dieffenbach, Ph.: Die Glauburg. Historisch-antiquarisches Fragment. Archiv für hessische Geschichte und Altertumskunde. Darmstadt 1841.
Diehl, August: Die Burg zu Würzburg. Würzburg 1934.
Diehl, Charles: L'Afrique Byzantine. Histoire de la Domination Byzantine en Afrique. 1896.
Diemand, A.: Schloß Harburg. Burgwart 1924. 25. Jhg. Nr. 5/6.
Dieterich, K.: Hohenneuffen. In Ruhm und Glanz. Bilder aus der Vergangenheit der Festung. Stuttgart 1894.
Dieulafoy, M.: Le château Gaillard et l'architecture militaire au XIIIe siècle. Paris 1898.
Dilich: Chronica urbis Bremae. Cassel 1604.
Dilich: Rheinische Burgen nach Handzeichnungen Dilichs (1607). Herausgegeben von Karl Michaelis mit Beiträgen von C. Krollmann und Bodo Ebhardt. Berlin o. J.
Dillenius, F. L. J.: Weinsberg, vormals freie Reichs-, jetzt württembergische Oberamtsstadt. Stuttgart 1860.

Dillich, W.: Ungarische Chronika Ober und Nieder Ungarn. Cassel 1600.

Dixon, William Hepworth: Der Tower von London. Berlin 1870.

Doering, Oskar: Die deutsche Burg. Nr. 21: Die Kunst dem Volke. München 1915.

Doering, Oskar: Bodo Ebhardt. Ein deutscher Baumeister. Berlin=Grunewald 1925.

Doering, Oskar: Die Wiederherstellung der Veste Coburg durch Professor Bodo Ebhardt 1898 bis 1924. Berlin o. J.

Doubleday, H. A. and Page, W.: A History of Warwickshire (= The Victoria History of the Counties of England.) 2 Bde. 1904, 1908.

Drake, Daphne: St. Mawes Castle and Pendennis Castle. London. His Majesty's Stationery Office 1934.

Dreher, Ferdinand: Das malerische Friedberg. Friedberg i. Hessen 1919.

Dreher, Ferdinand: Friedberg i. H. in Wort und Bild. Friedberg 1925.

Droop, Fritz: Burg Wildenberg. Die Gralsburg im Odenwald. Amorbach i. Odenw. 1936.

Ducéré, E.: Bayonne historique et pittoresque. Bayonne 1843.

Duhamel, L.: Une visite au palais des papes d'Avignon. Montpellier 1904.

Dunkl, Hans: Leuchtenberg und seine Landgrafen. Weiden/Oberpf. o. J.

Dunluce Castle. A Guide to Dunluce Castle, Co. Antrim. (Government of Northern Ireland.) Belfast: Published by H. M. Stationery Office 1930.

Duntze, Johann Hermann: Geschichte der freien Stadt Bremen. 4 Bände. Bremen 1845—1851.

Dürer: Klassiker der Kunst. Bd. IV. v. Scherer, Stuttgart 1906.

Eberth, Rud. H.: Stadt und Feste Spangenberg. Burgwart 1910. XI. Jhg. Nr. 6.

Ebhardt, Bodo: Deutsche Burgen. 2 Bde. Berlin 1898.

Ebhardt, Bodo: Einige Bemerkungen über deutsche Burgen. Sonder=Abdruck aus der Zeitschrift für Architekten und Ingenieurwesen. Hannover 1898.

Ebhardt, Bodo: Denkschrift über die Wiederherstellung der Hohkönigsburg bei Schlettstadt im Elsaß. Berlin=Grunewald 1900.

Ebhardt, Bodo: Zur Baugeschichte der Hohkönigsburg. Burgwart 1901. II. Jhg. Nr. 7.

Ebhardt, Bodo: Die Grundlagen der Erhaltung und Wiederherstellung deutscher Burgen. Vortrag. Berlin 1901.

Ebhardt, Bodo: Eine Burgenfahrt. Tagebuchblätter von einer im Herbst 1901 im Allerhöchsten Auftrage Sr. Majestät des Deutschen Kaisers unternommenen Studienreise. Berlin o. J.

Ebhardt, Bodo: Führer durch die Hohkönigsburg. Berlin 1902.

Ebhardt, Bodo: Die Hinterburg bei Neckarsteinach. Burgwart 1903. IV. Jhg. Nr. 12.

Ebhardt, Bodo: Die Burgen des Elsaß. Vortrag 1904. Berlin 1904.

Ebhardt, Bodo: Burgen der Hohenzollern. Hohenzollernjahrbuch 1905. Berlin=Leipzig.

Ebhardt, Bodo: Der Wendelstein. Bericht über die Besichtigung der Burg am 13. März 1907. Burgwart 1907/8. IX. Jhg. Nr. 1.

Ebhardt, Bodo: Der Kirchensaal im herzoglichen Schloß zu Altenburg. Burgwart 1907. VIII. Jhg. Nr. 5.

Ebhardt, Bodo: Der Atlas schlesischer Festungen. Ein Beitrag zur Kenntnis des Städtebaues im Mittelalter und zur Zeit der Spätrenaissance. Burgwart 1907/8. 9. Jhg. Nr. 6.

Ebhardt, Bodo: Die Hohkönigsburg im Elsaß. Baugeschichtliche Untersuchung und Bericht über die Wiederherstellung. Berlin 1908.

Ebhardt, Bodo: Der Väter Erbe. Berlin 1909.

Ebhardt, Bodo: Burg Skopau bei Merseburg an der Saale. Berlin 1909.

Ebhardt, Bodo: Die Burgen Italiens. Baugeschichtliche Untersuchungen über die Entwicklung des mittelalterlichen Wehrbaues und die Bedeutung der Burgenreste für die Kenntnis der Wohnbaukunst im Mittelalter. 6 Bände. Berlin 1909—1927.

Ebhardt, Bodo: Die Schwanenburg zu Kleve. „Der Väter Erbe." Berlin 1909.

Ebhardt, Bodo: Steinerne Zeugen. Wehrbauten Veronas. Grunewald=Berlin 1911.

Ebhardt, Bodo: Der Schloßbau. Burgwart 1912. XIII. Jhg. Nr. 2, 4, 7 und 1913. XIV. Jhg. Nr. 7.

Ebhardt, Bodo: Der Schloßbau. Eine Betrachtung über Neubau und Wiederherstellung von Schlössern. Berlin=Grunewald 1914.

Ebhardt, Bodo: Krieg und Baukunst in Frankreich und Belgien. Berlin=Grunewald 1915.

Ebhardt, Bodo: Die Ebernburg bei Münster am Stein. Baugeschichtliche Untersuchung. Berlin=Grunewald 1917.

Ebhardt, Bodo: Brand und Wiederherstellung von Schloß Scharfenstein im Erzgebirge. Burgwart 1922. 23. Jhg. Nr. 1 und 2.

Ebhardt, Bodo: Deutsche Burgen als Zeugen deutscher Geschichte. Berlin (1925).

Ebhardt, Bodo: Zum Plan besserer Erhaltung der Burg Hohnstein am Harz. Burgwart 1927. 28. Jhg. Nr. 5/6.

Ebhardt, Bodo: Burg Heimhof im Hausener Tal bei Amberg in der Oberpfalz. Berlin=Grunewald 1928.

Ebhardt, Bodo: Schloß Arienfels bei Hönningen am Rhein. Burgwart 1931, 32. Jhg.

Ebhardt, Bodo: Spanische Burgenfahrt 1930. Ein Reisebericht. Marksburg ob Braubach am Rhein (1934).

Ebhardt, Bodo: Die Marksburg und ihre Geschichte. Ein neuer Führer. Marksburg ob Braubach am Rhein 1935.

Ebhardt, Bodo: Burg Trifels. Untersuchungen zur Baugeschichte. Marksburg ob Braubach am Rhein 1938.

Ebhardt, Bodo: Handzeichnungen. Festschrift. Herausgegeben von der Vereinigung zur Erhaltung deutscher Burgen e. V. Berlin o. J.

Ebhardt, Bodo: Foliomappen und Fotosammlung. (Aufmessungen, Grundrisse, Zeichnungen, Fotografien, Notizen und Berichte, eine Sammlung, die einen Zeitraum von mehr als 40 Jahren umschließt.) Standort: Privatbücherei Geheimer Hofbaurat Prof. Ebhardt, Marksburg a. Rh.

Ebhardt, Klaus: Die Burgenfahrt durch Salzburg, Kärnten und Steiermark. Burgwart 1927. 28. Jhg. Nr. 2.

Eckart, Theodor: Burg Scharzfeld in Geschichte und Sage. (Geschichte Südhannoverscher Burgen und Klöster. II.) Leipzig o. J.

Eichholtz, P.: Die Burg der Erzbischöfe von Mainz zu Eltville. Annalen des Vereins für Nassauische Altertumskunde und Geschichtsforschung. Bd. XXXIII, 1. Heft.

Einfeldt, V.: Chronik der Burg Drachenfels bei Königswinter am Rhein. München 1907.
von Eltester, Leopold: Chronik der Burg Cochem. 1878.
Encyclopédie par l'image (Frankreich). Les châteaux de France. Corbeil 1927.
Engelmann, A.: Die Vertheidigungsbauten der siebenbürgischen Sachsen. Burgwart 1901. II. Jhg. Nr. 13/14.
Erber, Othmar: Burgen und Schlösser in der Umgebung von Bozen. Innsbruck 1895.
v. Essenwein, August: Handbuch der Architektur. Zweiter Teil: Die Baustile. Historische und Technische Entwickelung. 4. Band: Die romanische und die gotische Baukunst. Erstes Heft: Die Kriegsbaukunst. Darmstadt 1889.
v. Essenwein, August — Stiehl, Otto: Handbuch der Architektur. Zweiter Teil: Die Baustile. Historische und technische Entwickelung. 4. Band: Die romanische und gotische Baukunst. Zweites Heft: Der Wohnbau. 1. und 2. Aufl. Darmstadt 1892, 1908.
Eyriès, G. et P. Peret: Les châteaux historiques de la France. 3 Bände. Paris 1877—81.

Faust, Hans: Das Schloß in Büdingen. Darmstadt 1928.
Favre: Histoire de la ville de Niort. Niort 1880.
Fehleisen, Georg: Schwäbisch Hall. Burgwart 1911. XII. Jhg. Nr. 3.
Feistel=Rohmeder, B.: Von der Barbarossapfalz am großen Kreuz der Wege von Meer zu Meer. „Das Bild." Heft 3. Karlsruhe (Baden) 1938.
Feit: Die Bolkoburg. Burgwart 1913. XIV. Jhg. Nr. 5.
Felder, Gottlieb: Die Burgen der Kantone St. Gallen und Appenzell. Erster und zweiter Teil. St. Gallen 1907 und 1911.
Fennel, H.: Krukenburg, Trendelburg, Sababurg in Wort und Bild. Marburg a. d. Lahn 1926.
Fessler, Ignatius Aurelius: Geschichte von Ungarn. 2 Bände. Leipzig 1867, 1869.
Fey, Adolf: Geschichte der Burg Hanstein. Kassel 1908.
Fischer, G. A.: Schloß Burg an der Wupper. Die Burgen des Mittelalters und das Leben auf denselben. Düsseldorf 1892.
Fontane, Theodor: Aus England und Schottland. Berlin 1900.
de Fossa, F.: Le château historique de Vincennes à travers les âges. Bd. II. Monographie des divers Bâtiments du Château. Paris 1908.
Fougeret: Histoire générale de La Bastille depuis sa fondation 1369 jusqu'à sa destruction 1789. 2 Bde. Paris 1834.
Frey, Dagobert: Das Burgenland. Seine Bauten und Kunstschätze. Wien 1929.
Fritze: Die Kirchenburg Ostheim a. Rhön. Burgwart 1909/10. 11. Jhg. Nr. 4/5.
Frölich, H.: Die Festungsruinen Hohentwiel und ihre Umgebung. Stuttgart o. J.
Fuchs, Karl: Die Habsburg. Burgwart 1919. 20. Jhg. Nr. 7.
Fuchs, Oskar: Leiningische Burgen einst und jetzt. Burgwart 1916. XVII. Jhg. Nr. 4.

von der Gabelentz, Hans: Die Wartburg. Ein Wegweiser durch ihre Geschichte und Bauten. München o. J.
von der Gabelentz, Hans: Die Palasse von Goslar und Wartburg. Der Burgwart 1936. 37. Jhg.
Gagg, Gebhard: Der Hohentwiel im Krieg und Frieden. Singen=Hohentwiel o. J.
Garber, Josef: Schloß Ambras. „Die Kunst in Tirol." Bd. 14. Wien=Augsburg 1928.
Gautier, Edmond M.: Histoire du donjon de Loches. Chateauroux 1881.
Genoud, Augustin: Vues de Fribourg. Ville et canton. Freiburg 1929.
Gerola, Guiseppe: Il restauro del Buonconsiglio. Bollettino d'Arte, April. Milano=Roma 1924.
Gerola, Guiseppe: Il restauro del Buonconsiglio. Trento 1925.
Gerola, Guiseppe: Il castello del Buonconsiglio. Trient 1931.
Giacosa, Giuseppe: I Castelli Valdostani. Milano 1905.
Giesecke, Albert: Die Burgen und Vesten Ulrichs von Württemberg. Burgwart 1922. 23. Jhg. Nr. 3/6.
Gieß, Heinrich: Die Starkenburg und die Stadt Heppenheim. Heppenheim o. J.
Gieß, Heinrich, Schloß Breuberg im Odenwald und die germanischen und römischen Denkmäler in seiner Umgebung. Heppenheim 1893.
Gillissen, Max: Kaiserswerth im Spiegel der Vergangenheit und Gegenwart. Kaiserswerth o. J.
Ginhart, Karl: Die Burgen und Schlösser in der Umgebung St. Veits. Burgwart 1927. 28. Jhg. Nr. 3/4.
Ginhart, Karl: Die Burg Hochosterwitz in Kärnten. Wien=Augsburg 1927. Österreichische Kunstbücher. Band. 50.
Girard, Joseph: Avignon, ses monuments, ses hôtels, ses trésorts d'art. Marseille 1930.
Glück, Paul: Die Feste Marienburg ob Würzburg. Geschichtlicher Führer. Würzburg 1926.
Gottschalck, Friedrich: Die Ritterburgen und Bergschlösser Deutschlands. 9 Bände. Halle a.S. 1815—1835.
Gout, Paul: L'histoire et l'architecture française au Mont Saint=Michel. Paris 1899.
Gozzadini, Giovanni: Delle Torri Gentilizie di Bologna e delle famiglie alle quali prima apparennero. Bologna 1880.
Gradmann, Eugen: Zur Burgenfahrt in Württemberg. Burgwart 1911. XII. Jhg. Nr. 3.
Gramaye, Joh. Bapt.: Antiquitatibus Ducatus Brabantiae 1708.
Grand, R.: Le château de Josselin. Petites monographies Bd. 63. Paris 1930.
Graul, Richard: Alt Flandern, Dachau 1915.
Grebel, Alexander: Das Schloß und die Festung Rheinfels. Ein Beitrag zur Rheinischen Geschichte. St. Goar 1844.
Gröber, Karl: Alte Kunst in Bayern. Unterfränkische Burgen. Herausgegeben vom Landesamt für Denkmalpflege. Augsburg 1924.
Größler, Hermann: Zur Geschichte des Wendelsteins an der Unstrut. Burgwart 1908/9. X. Jhg. Nr. 1.
Gruber, Armin: Die Baugeschichte der Burg Friedberg i. d. Wetterau. Friedberg=Hessen 1923. Maschinenschrift. [Staatsarchiv Friedberg i. d. Wetterau (Hessen).]
Grueber, Bernhard: Die Kaiserburg zu Eger und die an dieses Bauwerk sich anschließenden Denkmale. Beiträge zur Geschichte Böhmens. Prag=Leipzig 1864.
Grueber, Paul: Die Burg Hochosterwitz. Klagenfurt 1925.
Gudenus: Codex diplomaticus IV. Frankfurt und Leipzig 1758.
Guiçciardini, Ludovico: Descrittione, Di Tutti I Paesi Bassi, Altrimenti Detti Germania Inferiore. Antwerpen 1588.

Guleke, Reinhold, Alt=Livland. Mittelalterl. Baudenkmäler Liv=, Est=, Kurlands und Oesels. 8 Lieferungen. Leipzig 1896.
Guerber, V.: Histoire Politique et Religieuse de Hagucnau. Tome I. Rixheim 1876.
Gurney Benham, W.: Guide to Colchester and its environs. 10. Aufl. Colchester o. J.

Haberkern, Eugen und Wallach, Joseph Friedrich: Hilfswörterbuch für Historiker. Mittelalter und Neuzeit. Mit einem Geleitwort von Hermann Oncken. Berlin=Grunewald 1935.
Häberle, Daniel: Der Pfälzerwald. Ein Beitrag zur Landeskunde der Rheinpfalz. Nr. 3. Die Rheinlande in nuturwissenschaftlichen und geographischen Einzeldarstellungen. Herausgegeben von Dr. C. Mordziol. Braunschweig und Berlin 1913.
Hach, Otto: Burgruine Tost O./S. Burgwart 1927. 28. Jhg. Nr. 3/4.
Hagen: Burg und Herrschaft Landeck in der Pfalz. Annweiler 1926.
Hagen: Urkundliche Geschichte der Burg und Herrschaft Madenburg. Landau 1923.
Hahne, Otto: Burg Lichtenberg. Burgwart 1936.
Hahr, August: Skandinaviska Adelsborgar från senare medeltid och nyare tidens Början. Forna Förbindelser Mellan Svenskt Och Danskt. Uppsala=Leipzig 1927.
Hahr, August: Schwedische Burgen aus dem Mittelalter und der älteren Wasazeit. Eine kurze Übersicht. Burgwart 1935. 36. Jhg.
Halmer, Felix: Die Burgen im Gebiete des Schneeberges und der Hohen Wand (Niederösterreich). Burgwart 1937. 38. Jhg.
Halmer, Felix: Die Feste Starhemberg in Niederösterreich. Burgwart 1937. 38. Jhg.
Hammer, Heinrich: Siegmundsburg. Burgwart 1925. 26. Jhg. Nr. 3/4.
Hampe, Theodor und Lutze, Eberhard: Nürnberg. Leipzig (1934).
Hanauer, A.: La Burg Impériale de Haguenau. Strasbourg 1905.
Hannah, Jan. C.: Story of Scotland in Stone. 1934.
Happel, Ernst: Mittelalterliche Befestigungsbauten in Niederhessen. Kassel 1902.
Happel, Ernst: Die Burgen in Niederhessen und dem Werragebiet. Marburg 1903.
Happel, Ernst: Die Burgen im oberen Hessen. Marburg 1905.
Hartmann, August: Burgstellen und alte Befestigungen in Oberbayern. 34. Band des Oberbayerischen Archivs.
Hartung, Oskar: Der Deutsche Ritterorden im Burzenland. Deutsches Adelsblatt. Zeitschrift der Deutschen Adelsgenossenschaft für die Aufgaben des christlichen Adels. Nr. 47. 14. November 1936. 54. Jhg.
Die Harzburg und ihr Gebiet. Herausgegeben vom Harzburger Altertums= und Geschichtsverein. Goslar a. Harz 1922.
Hasak, Max: Der Kirchenbau des Mittelalters. „Handbuch der Architektur." Zweiter Teil, 4. Band, Heft 3. 2. Aufl. Leipzig 1913.
Häufler, Ludwig: Forschungen zur Geschichte des Waldenburger Berglandes. I. Teil: Die Geschichte der Grundherrschaft Waldenburg=Neuhaus unter besonderer Berücksichtigung der Industrielandgemeinde Dittersbach. Breslau (1931).
Haupt, Albrecht: Die älteste Kunst insbesondere die Baukunst der Germanen von der Völkerwanderung bis zu Karl d. Großen. Leipzig 1909.
Haupt, Richard: Von der Ronneburg. Burgwart 1904. V. Jhg. Nr. 4, 5.
Haupt, Richard: Dänischer Burgenbau: Die Burg Glambeck auf Fehmarn. Burgwart 1907/08. IX. Jhg. Nr. 4.
Haupt, Richard: Wehrkirchen in den Elbherzogtümern. Zeitschrift der Gesellschaft für Schleswig=Holsteinische Geschichte. Band 32.
Haupt, Richard: Burgen im Herzogtum Schleswig. Schleswig 1915. XVI. Jhg. Nr. 6 und 7.
Haupt, Richard: Dänische Burgenkunde. Burgwart 1921. 22. Jhg., Nr. 5 und 6.
Haupt, Richard: Gjorslev und andere dänische Burgen. Burgwart 1924. 25. Jhg. Nr. 5/6.
Hebeisen, Gustav: Schloß Sigmaringen. Burgwart 1924. 25. Jhg. Nr. 1/2.
Heber: Pottenstein. Leitmeritz 1859.
Hechfellner: Geschichte des Schlosses Thaur. Innsbruck 1901.
Heck, Karl: Geschichte von Kaiserswerth. Chronik der Stadt, des Stiftes und der Burg, mit Berücksichtigung der näheren Umgebung. 3. Aufl. Düsseldorf 1936.
Heiligenthal, Roman: Deutscher Städtebau. Ein Handbuch für Architekten, Ingenieure, Verwaltungsbeamte und Volkswirte. Heidelberg 1921.
Helfrecht, I. Th. B.: Ruinen, Altertümer und noch stehende Schlösser auf und an dem Fichtelgebirge. Ein Versuch. Hof 1795.
Héliot, Pierre M. L.: Le château de Boulogne=sur=Mer. Petites monographies Bd. 67. Paris 1933.
Hemp, W. J.: Ewloe Castle. London: His Majesty's Stationery Office 1929.
Hemp, W. J.: Flint Castle. London. His Majesty's Stationery Office 1929.
Hemp, W. J.: Beaumaris Castle. Anglesey, Wales. London: His Majesty's Stationery Office 1935.
Herre, Paul: Der Kampf um die Herrschaft im Mittelmeer. Leipzig 1909.
Herrmann: Thurnau. Burgwart 1913. 14. Jhg. Nr. 3.
Herse, W.: Die Burgen des Harzes als Wahrzeichen deutscher Geschichte. Burgwart 1936. 37. Jhg.
Heßler, A.: 296 Burgen und Schlösser in Unterfranken und den angrenzenden Gebieten von Mittelfranken, Württemberg und Baden. Würzburg 1909.
Hettwer, Emil: Kurze Beschreibung der Festung Hohensalzburg als Begleitwort zum historischen Plane. Burgwart 1927. 28. Jhg. Nr. 3/4.
Heuwieser, M.: Passau. Burgwart 1924. 25. Jhg. Nr. 1/2.
Heyck, Ed.: Miltenberg. „Daheim." Berlin, 4. August 1900.
Heyck, Ed.: Die Kreuzzüge und das heilige Land. (Monographien zur Weltgeschichte. XII.) Bielefeld und Leipzig 1900.
Hildenbrand, Joh. Friedr.: Schloß Marientraut bei Hanhofen unfern Speier a. Rh. (1414 bis 1804). Speier a. Rh. 1922.
Histoire de France Illustrée. Bd. I. Paris o. J.
Hockenbeck, J. H. A.: Geschichte des Schlosses Klopp bei Bingen nach vorhandenen Nachrichten und angestellten Untersuchungen zusammengestellt. Bingen 1882.
Hoefer, F. A.: Einzelne Notizen über Nimwegen. Burgwart 1908/09. X. Jhg. Nr. 4/5.
Hölscher, Uvo: Die Kaiserpfalz Goslar. Denkmäler deutscher Kunst. Herausgegeben vom deutschen Verein für Kunstwissenschaft. Die deutschen Kaiserpfalzen. Erster Band. Berlin 1927.

Hölscher, Uvo: Die alte Kaiserpfalz Goslar. Auszug aus dem auf der Burgenfahrt in Goslar gehaltenen Vortrag. Burgwart 1936. 37. Jhg.
Hoffmann, Fr.: Die Burgen und Bergfesten des Harzes und der nächsten Umgegend. Quedlinburg und Leipzig 1836.
Hoffmann, I. Hr.: Greifenstein und die Greifensteiner. Vortrag. Herborn 1892.
Hoffmann, Theodor: Burg Berwartstein. Burgwart 1924. 25. Jhg. Nr. 1/2.
Hofmann-Arzberg, Hans: Die Oberpfalz ein verkanntes deutsches Burgenland. Burgwart 1932. 33. Jhg.
Hofmann, Albert: Fahrt in den deutschen Süden. Burgwart 1925. 26. Jhg. Nr. 5/6.
Hofmann-Arzberg, Hans: Bayerische Ostmarken. Burgwart 1935. 36. Jhg.
Die Burg Hohenrechberg und ihre Geschichte. Herausgegeben vom Gräfl. Rechberg'schen Rentamt in Donzdorf.
Nachrichten über die Königliche Stammburg Hohenzollern. Ohne Verfasser. Berlin 1863.
Holm, Hans J.: I danske Herrenborge fra det 16de Aarhundrede. (Teksten Af Francis Beckett.) Kopenhagen 1904.
v. Hormayr: Hohen-Schwangau, die Burg d. Welfen, d. Hohenstauffen, d. Wittelsbacher. Berlin 1836.
Horwarth, Walter: Siebenbürgisch-sächsische Kirchenburgen. Baugeschichtlich untersucht und dargestellt. Hermannstadt 1931.
Hottinger, J. J. und Schwab, Gustav: Die Schweiz in ihren Ritterburgen und Bergschlössern historisch dargestellt von vaterländischen Schriftstellern. 2 Bde. Chur 1828, 1830.
Hotz, Walter: Burg Wildenberg. Dissertation. Gießen 1935.
Hotz, Walter: Burg Wildenberg (in „Deutsche Kunst und Denkmalpflege" 1936, 9). Deutscher Kunstverlag Berlin und Wien.
Hotz, Walter: Die staufischen Reichsburgen. Deutsches Volkstum, Hamburg 1937.
Hotz, Walter: Hohenstaufenburgen. „Das Bild." Heft 2, 3, 4. Karlsruhe (Baden) 1937.
Hotzen, Adelbert: Das Kaiserhaus zu Goslar. Vortrag gehalten in der IV. Hauptversammlung des Harz-Vereins für Geschichte und Alterstumskunde am 30. Mai 1871 zu Goslar. Halle 1872.
Howe, W. H.: Castles et Abbeys of Great Britain and Ireland. Their History and Legendary Lore. Illustrations by Harry Evans. London 1902.
Hummel, G.: Führer durch die Festung Rosenberg und das städtische lokalhistorische Museum dortselbst. Kronach o. J.
Huyskens, Albert: Aachen und die Burgen und Landsitze am Nordrand der Eifel. Burgwart 1928. 29. Jhg. Nr. 1.

Inama v. Sternegg, Karl: Die Festungen, Burgen und Schlösser Nordtirols. Burgwart 1925. 26. Jhg. Nr. 3/4.
Ippen, Theodor: Denkmäler verschiedener Altersstufen in Albanien. Wien 1907.
Jahrbuch für fränkische Landesforschung. Herausgegeben vom Institut für fränkische Landesforschung an der Universität Erlangen. I. Erlangen 1935.
Jecklin, Dietrich: Die Burgen und Schlösser in „alt fry Rätia", deren Abbildungen und kulturhistorisch-topographische Beschreibung. Erste Serie, Heft 1, 2, 3, 4. Glarus 1870, Cur 1872.
Jekelius, Erich (Herausgeber): Das Burzenland. Vierter Band: Die Dörfer des Burzenlandes, I. Teil. Kronstadt 1929.
Jensen, Chr. Axel: Gjorslev. Roeskildebispens Borg. Kopenhagen 1924.
John, H.: Die Lauterburg, eine Gründung aus der Staufenzeit. Burgwart 1927. 28. Jhg. Nr. 5/6.
Jonas, J. E.: Bericht über die Ausgrabungsarbeiten auf der Kaiserburg zu Eger im Jahre 1911. Jahrbuch des Kunsthistorischen Institutes der K. K. Zentralkommission für Denkmalpflege. Heft I—IV. 1912.
The Journal of the Royal Historical and Archaeological Association of Ireland. Vol. VI. Dublin 1883.
The Journal of the Royal Society of Antiquaries of Ireland. Dublin. Vol. I 1890/91. Vol. III 1893. Vol. XI 1901. Vol. XXXIII 1903. Vol. XXXV 1905. Vol. XXXVI 1906. Vol. XXXVII 1907. Vol. XXXVIII 1908. Vol. XXXIX 1909. Vol. XXXX 1910. Vol. LIII 1923, Vol. LVII 1927. Vol. LXXXVIII 1931.
Journal of the Cork Historical Archaeological Society. Cork. Vol. II 1896. Vol. III 1897. Vol. XI 1905. Vol. XII 1906. Vol. XIV 1908. Vol. XVI 1910. Vol. XVIII 1912. Vol. XX 1914. Vol. XXI 1915.
Joyce, P. W.: A social history of ancient Ireland. 2 Bände. London 1903.
Justi, Carl: Spanische Reisebriefe. Bonn 1923.

Kalf, Jan: De ontgraving van den Burcht te Oostvoorne. „Oudheidkundig Jaarboek." Vierde Serie vom het Bulletin van den Nederlandschen Oudheidkundigen Bond. IV. Jhg. Aflevering 2, 1935.
Karlinger, Hans: Schloß Hohenaschau. Burgwart 1913. XIV. Jhg. Nr. 4.
Karlinger, Hans: Alt-Bayern und Bayrisch-Schwaben. Dachau-München 1914.
Karlinger, Hans: Befestigte Friedhöfe in Franken. Burgwart 1916. 17. Jhg. Nr. 1.
Kaubisch, Oskar: Wehrbauten der Tiefe. Beitrag zur Heimatphotographie. „Photographische Rundschau." 68. Jhg. 1931/Heft 9. Halle 1931.
Kautzsch, Rudolf: Die Kunstdenkmäler in Wimpfen am Neckar. 4. Aufl. Wimpfen 1925.
Keller, Joseph: Aus Füssens Vergangenheit. 1. Teil. Füssen 1933.
Kelleter, H.: Urkundenbuch des Stiftes Kaiserswerth. Bonn 1904.
Kerber, P.: Geschichte des Schlosses und der freien Standesherrschaft Fürstenstein in Schlesien. Breslau 1885.
Kleiner, Viktor: Zur Geschichte des Schlosses Feldkirch (Schattenburg) in der Zeit von 1778 bis 1825. Feldkirch 1906.
Klengel, A.: Die sächsischen Wehrkirchen. Burgwart 1919, 20. Jhg., Nr. 7 und 8.
Knapp, Werner: Burgen im Burgenland. Burgwart 1936. 37. Jhg. 1938, 39. Jhg.
Knapp, Werner: Burgen um Meran. Zeitschr. d. Vereins für Kunstwissenschaft. Band 4/Heft 3. Berlin 1937.
Knöpfler, J. Fr.: Die Belagerung und Eroberung Kufsteins durch König Maximilian im Jahre 1504. Festschrift zur 400. Wiederkehr. Kufstein 1904.
Koch, A.: Die Ritterburgen und Bergschlösser im Königreiche Württemberg. 6 Bände. Cannstadt 1828.
Koch, K. A.: Süddeutsche Burgen. Burgwart 1916. 17. Jhg. Nr. 8.
Koch, K. A.: Burgruine Wartstein. Burgwart 1927. 28. Jhg. Nr. 3/4, 5/6.

Ködding, Heinrich L. N.: Geschichte der Stadt und Herrschaft Münzenberg von der Steinzeit bis zur Gegenwart. Münzenberg 1933.
Kohl, Claus: Zons am Rhein. Beiträge zur Geschichte der Stadt Zons. Zons 1904.
Kohl, Otto: Das Rheingrafenschloß bei Kreuznach und sein hölzerner Wappenhalter. Burgwart 1918. 19. Jhg. Nr. 3.
Kohla, Franz: Zur Burgenfahrt durch Kärnten. Burgwart 1927. 28. Jhg. Nr. 1.
Köhler, G.: Die Entwickelung des Kriegswesens und der Kriegführung in der Ritterzeit von Mitte des 11. Jahrhunderts bis zu den Hussitenkriegen in 3 Bänden und Registerband. Breslau 1886—1890.
Koning, Jakobus: Geschiedenis vom het Slot to Muiden en Hoofts heven op hetzelve door. Amsterdam 1827.
Kortum: Der Hanstein. Burgwart 1904. VI. Jhg. Nr. 1.
Kosubek, Richard: Toster Chronik. Heimatführer durch Tost O./S. Tost 1923.
Kottmayr, M.: Stadt und Burg Tittmoning. Burgwart 1913. XIV. Jhg. Nr. 4.
Kraetzl, Franz: Das Fürstenthum Liechtenstein und der gesammte Fürst Johann von und zu Liechtenstein'sche Güterbesitz. 6. Aufl. Brünn 1898.
Krauß, Karl und de Beauclair, A. W.: Schloß Auerbach an der Bergstraße. Darmstadt o. J.
Krieg von Hochfelden: Die Veste Habsburg im Aargau. Zürich 1857.
Krieg von Hochfelden, G. H.: Geschichte der Militär-Architektur in Deutschland mit Berücksichtigung der Nachbarländer von der Römerherrschaft bis zu den Kreuzzügen. Stuttgart 1859.
Krieger, Fr.: Die Burg Hornberg am Neckar. Heidelberg 1869.
Krollmann, Christian: Beiträge zur Geschichte der Burg Steckelberg. Burgwart 1899/1900. I. Jhg. Nr. 3, 5, 8.
Krollmann, Christian: Burg Steckelberg. Die Stammburg Ulrichs von Hutten. Berlin 1901.
Krollmann, Christian: Zur Geschichte der Burg Reichenberg bei St. Goarshausen. Burgwart 1901. II. Jhg. Nr. 12.
Krollmann, Christian: Der Giebichenstein. Burgwart 1902. III. Jhg. Nr. 5.
Krollmann, Christian: Ermländische Burgen. I. Heilsberg. Burgwart 1903. Nr. 4.
Krollmann, Christian: Geschichtliche Nachrichten von der Ordensburg Neidenburg. Burgwart 1916. 17. Jhg. Nr. 7.
Krollmann, Christian: Politische Geschichte des Deutschen Ordens. Königsberg 1932.
Kulke, Erich: Die mittelalterlichen Burganlagen der mittleren Ostmark. Frankfurt/Oder 1934.
Kummer: Die Burg Scharzfels im Südwestharz. Burgwart 1936. 37. Jhg.
Kunis, Hans: Wildenberg, die Gralsburg im Odenwald. Leipzig 1935.
Kunstdenkmäler:
Die Kunstdenkmäler des Großherzogtums Baden. I. Bd.: Kreis Konstanz. Freiburg i. B. 1887. II. Bd.: Kreis Villingen. Freiburg i. B. 1890. III. Bd.: Kreis Waldshut. Freiburg i. B. 1892. IV. Bd.: Kreis Mosbach. Freiburg i. B. und Tübingen 1896—1906. V. Bd.: Kreis Lörrach. Tübingen und Leipzig 1901.
Die Kunstdenkmale des Königreiches Bayern. I. Bd.: Regierungsbezirk Oberbayern. Herausgegeben von Bezold und Riehl. II. Bd.: Regierungsbezirk Oberpfalz. Herausgegeben von Georg Hager. III. Bd.: Regierungsbezirk Unterfranken. Herausgegeben von Felix Mader. IV. Bd.: Regierungsbezirk Niederbayern. Herausgegeben von Felix Mader.
Die Kunstdenkmäler von Bayern. Regierungsbezirk Pfalz. IV. Bezirksamt Bergzabern. Bearbeitet von Anton Eckardt. München 1935.
Belgische Kunstdenkmäler. Herausgegeben von Paul Clemen. 1./2. Bd. München 1923.
Die Bau- und Kunstdenkmäler im Regierungsbezirk Kassel. I. Bd.: Kreis Gelnhausen. Text und Tafelband. Marburg 1901. IV. Bd.: Kreis Cassel-Land. Marburg 1910. VIII. Bd.: Kreis Marburg-Stadt. Kassel 1934.
Denkmäler der Baukunst im Elsaß. Herausgegeben von Dr. S. Hausmann und Professor Dr. E. Polaczek. 100 Lichtdrucktafeln. Straßburg i. E. o. J.
Die Kunstdenkmäler der Provinz Hannover. Regierungsbezirk Hildesheim. 1. und 2. Stadt Goslar. Bearbeitet von A. v. Behr und U. Hölscher. Hannover 1901.
Die Bau- und Kunst-Denkmäler in den Hohenzollern'schen Landen. Bearbeitet von Karl Theodor Zingeler und Wilhelm Friedrich Laur. Stuttgart 1896.
Kunstdenkmäler im Großherzogtum Hessen. Provinz Starkenburg. Bearbeitet von Georg Schaefer. Kreis Offenbach. Darmstadt 1885. Kreis Erbach. Darmstadt 1891. Ehemaliger Kreis Wimpfen. Darmstadt 1898. Provinz Oberhessen. Bearbeitet von Heinrich Wagner und Rudolf Adamy. Kreis Büdingen. Darmstadt 1890. Kreis Friedberg. Darmstadt 1895.
Die Kunstdenkmäler Kärntens. Herausgegeben von Karl Ginhart. 8 Bde. Klagenfurt o. J.
Die Bau- und Kunstdenkmäler im Kreise Herzogtum Lauenburg. Bd. I. Dargestellt von Richard Haupt und Friedrich Weysser. Ratzeburg 1890.
Die Kunst- und Geschichts-Denkmäler des Großherzogthums Mecklenburg-Schwerin. Bearbeitet von Friedrich Schlie. Bd. II. Schwerin 1899.
Die Bau- und Kunstdenkmäler des Herzogthums Oldenburg. I. Heft. Oldenburg 1896.
Die Bau- und Kunstdenkmäler der Provinz Ostpreußen. Bearbeitet von Adolf Boetticher. Heft I: Das Samland. Königsberg 1898. Heft II: Natangen. Königsberg 1898. Heft VII: Königsberg. Königsberg 1897. Heft V: Litauen. Königsberg 1895.
Die Baudenkmale in der Pfalz. Herausgegeben von der Pfälzischen Kreisgesellschaft des bayerischen Architecten- und Ingenieur-Vereins. I. Bd.: Ludwigshafen a. Rh. 1884—1889. II. Bd. Ludwigshafen a. Rh. 1889—1892. V. Bd.: Ludwigshafen a. Rh. 1895 und 1897.
Inventarium der Baudenkmäler im Königreiche Preußen. Provinz Hessen-Nassau. Reg.-Bez. Wiesbaden. Bearbeitet von W. Lotz. Herausgegeben von Friedrich Schneider. Berlin 1880.
Die Kunstdenkmäler der Rheinprovinz. I. Bd.: Kreise Kempen, Geldern, Moers und Kleve. Herausgegeben von Paul Clemen. Düsseldorf 1891, 1892.
Die Kunstdenkmäler der Rheinprovinz. II. Bd. Kreise: Rees, Duisburg, Mülheim, Ruhrort, Essen. Herausgegeben von Paul Clemen. Düsseldorf 1892, 1893.

Die Kunstdenkmäler der Rheinprovinz. III. Bd.: Stadt und Kreis Düsseldorf, Städte Bar=
men, Elberfeld, Remscheid und der Kreise Len=
nep, Mettmann, Solingen, Kreis Neuß, Städte und Kreise Gladbach und Krefeld, Kreis Gre=
venbroich. Herausgegeben von Paul Clemen. Düsseldorf 1894—1897.

Die Kunstdenkmäler der Rheinprovinz. IV. Bd. Kreise: Köln, Rheinbach, Bergheim, Eus=
kirchen. Herausgegeben von Paul Clemen. Düsseldorf 1897—1900.

Die Kunstdenkmäler der Rheinprovinz. V. Bd. Kreise: Gummersbach, Waldbroel, Wipper=
fürth, Mülheim am Rhein, Stadt und Kreis Bonn, Siegkreis. Herausgegeben von Paul Clemen. Düsseldorf 1900, 1901, 1905, 1907.

Die Kunstdenkmäler der Rheinprovinz. VI. Bd., I. und II. Abteilung: Die Kunstdenkmäler der Stadt Köln. Herausgegeben von Paul Clemen. Düsseldorf 1906.

Die Kunstdenkmäler der Rheinprovinz. VIII. Bd.: Kreis Jülich, Erkelenz, Geilenkirchen, Heinsberg. Herausgegeben von Paul Clemen. Düsseldorf 1902, 1904, 1906.

Die Kunstdenkmäler der Rheinprovinz. XI. Bd.: Kreis Monschau. XII. Bd.: Kreise Bitburg, Prüm. XV. Bd.: Kreis Bernkastel, Landkreis Trier. XVI. Bd.: Kreis Altenkirchen. XVII. Bd.: Kreis Ahrweiler. XVIII. Bd.: Kreis Kreuz=
nach. XIX. Bd.: Kreis Zell a. d. Mosel. Her=
ausgegeben von Paul Clemen. Düsseldorf 1927 bis 1938.

Die Bau= und Kunstdenkmäler der Rheinpro=
vinz. Reg.=Bez. Coblenz. Herausgegeben von Paul Lehfeldt. Düsseldorf 1886.

Beschreibende Darstellung der älteren Bau= und Kunstdenkmäler der Provinz Sachsen und an=
grenzender Gebiete. I. Bd.: Stadt Halle und Saalekreis. Halle a. d. S. 1886. 5. Heft: Amts=
hauptmannschaft Marienberg. Dresden 1885. 6. Heft: Amtshauptmannschaft Flöhra. Dresden 1886. 8. Heft: Kreis Merseburg. Halle a. d. S. 1883. 9. Heft: Kreis Eckartsberga. Halle a. d. S. 1883. 11. Heft: Amtshauptmannschaft Plau=
en. Dresden 1888. 13. Heft: Stadt Erfurt und Erfurter Landkreis. Halle a. d. S. 1890. 14. Heft: Amtshauptmannschaft Rochlitz. Dresden 1890. 15. Heft: Amtshauptmannschaft Borna. Dresden 1891. 25. Heft: Amtshauptmann=
schaft Döbeln. Dresden 1903.

Kunstdenkmäler der Provinz Schlesien. II. Bd.: Reg.=Bezirk Breslau. III. Bd.: Reg.=Bezirk Liegnitz. IV. Bd.: Reg.=Bezirk Oppeln. V. Bd.: Sach=, Künstler= und Werkmeister= und Orts=
register. Kunstgeschichtliche Regesten. Her=
ausgegeben von Hans Lutsch. Breslau.

Die Bau= und Kunstdenkmäler Schleswig=
Holstein. Bd. II. 1887—89.

Bau= und Kunstdenkmäler Thüringens. Her=
zogtum Sachsen=Altenburg. I. Bd.: Verwal=
tungsbezirk Altenburg (Ostkreis). Jena 1895. II. Bd.: Verwaltungsbezirk Altenburg (West=
kreis). Jena 1888.

Bau= und Kunstdenkmäler Thüringens. Für=
stentum Schwarzburg=Rudolstadt. Bd. I: Ober=
herrschaft. Jena 1894. Heft V: Unterherrschaft. Jena 1889.

Bau= und Kunstdenkmäler Thüringens. Her=
zogtum Sachsen=Meiningen. I. und II. Band. Jena 1910, 1904.

Bau= und Kunstdenkmäler Thüringens. Her=
zogtum Sachsen=Coburg und Gotha. Bd. I—IV: Amtsgerichtsbezirk Gotha, Landratsamtsbezirk Ohrdruf, Landratsamtsbezirk Waltershausen, Landratsamtsbezirk Coburg. Jena 1891, 1898, 1907.

Bau= und Kunstdenkmäler Thüringens. Groß=
herzogtum Sachsen=Weimar=Eisenach. I. Bd.: Verwaltungsbez. Weimar. Jena 1893. II. Bd.: Verwaltungsbez. Apolda. Jena 1892. III. Bd.: Verwaltungsbez. Neustadt und Eisenach. Jena 1897 und 1917. IV. Bd.: Heft XXXVII. Jena 1911.

Die Bau= und Kunstdenkmäler des Regierungs=
bezirks Wiesbaden. Herausgegeben v. Ferdi=
nand Luthmer. I. Bd.: Der Rheingau. Frank=
furt a. M. 1902. III. Bd.: Lahngebiet. Frank=
furt a. M. 1907. IV. Bd.: Kreise Biedenkopf, Dill, Ober=Westerwald und Westerburg. Frank=
furt a. M. 1910. V. Bd.: Kreise Unter=Wester=
wald, St. Goarshausen, Untertaunus und Wies=
baden Stadt und Land. Frankfurt a. M. 1914.

Die Bau= und Kunstdenkmäler von Westfalen. Bearbeitet von A. Ludorff. Kreise: Altena, Beckum, Bochum=Land, Borken, Dortmund=
Land, Hattingen, Lüdinghausen, Steinfurt, Tecklenburg. Münster i. W. 1893—1911.

Die Kunst= und Altertums=Denkmale im König=
reich Württemberg. Neckarkreis, Schwarz=
waldkreis, Jagstkreis, Donaukreis. Stuttgart 1889, 1897 und Eßlingen a. N. 1907, 1912.

Küster, Wilhelm: Beiträge zur Finanzgeschichte des Deutschen Reichs nach dem Interregnum. I. Das Reichsgut in den Jahren 1273—1313 nebst einer Ausgabe und Kritik des Nürnberger Salbüchleins. Diss. Leipzig 1883.

Das Kyffhäusergebirge mit Nationaldenkmal, Reichsveste Kyffhusen und Rothenburg. Her=
ausgegeben vom Deutschen Reichskriegerbund (Kyffhäuserbund) e. V. Berlin 1936.

Kyllingeri, Jacobi Wernheri: De Ganerbiis Ca=
strorum, Sive De Arcium Pluribus communium Condominis: Von den Ganerben und Burg=
männern gemeiner Schlösser, Vösten oder Bur=
gen: Discursus. Tubingae, Anno M. DC. XX.

Lafollye, A.: Le château de Pau. Paris 1882.

Lampérez y Romea, Vicente: Arquitectura Civil Española De Los Siglos I Al XVIII. 2 Bände. Madrid 1876.

Landau, G.: Die hessischen Ritterburgen und ihre Besitzer. 4 Bde. Cassel 1832—1839.

Lang, Robert: Der Unot zu Schaffhausen. Ge=
schichte seiner Entstehung und Erhaltung. 16. Neujahrsblatt des Historisch=antiquarischen Vereins und des Kunstvereins Schaffhausen 1909/10. Schaffhausen o. J.

Langendyk, Pieter: De Stad Kleef, haar gesond=
heidbron, en omlegende Landsdouwen in Kunst=
prenten verbeeld. Haarlem (um 1747).

Laske, F.: Die vier Rundkirchen auf Bornholm und ihr mittelalterlicher Bilderschmuck. Berlin 1902.

Lausitz de Thusah: Den Danske Vitruvius. In deholder Grundtegninger, Opstalter, og Gien=
nensnitter af da merwaerdigste Bygnungen i kongeriget Danemark, samt de kongelige Tydske Provintzer, tilligemed en kort Beskrische over Ufer Bygning i saer. Deelt in toende Deele. Bd. I. (Kopenhagen). Bd. II. (Übriges Däne=
mark und Schleswig=Holstein). Kiøbenhavn 1746 bzw. 1749.

Lauzun, Philippe: Le château de Bonaguil en Agenais. Agen 1897.

Leask, H. G.: Irische Burgen. Übersetzt von Bodo Ebhardt. Burgwart 1937. 38. Jhg.

Le Bas, Ph.: Dictionnaire encyclopédique. France. Bd. V.
Lecoy de la Marche, A.: Le Roi René. 2 Bde. Paris 1875.
Lecoy de la Marche, A.: Saint Louis, son gouvernement et sa politique. Tours 1887.
Lehmann, Hans: Die Burg Wildegg und ihre Umgebung. Zürich 1922.
Lehmann, Hans: Die Kyburg und ihre Umgebung. Zürich 1928.
Lehmann, Hans: Die Kiburg. Burgwart 1930. 31. Jhg. Nr. 1/2.
Lehmann, Johann Georg: Dreizehn Burgen des Unter-Elsasses und Bad Niederbronn. Straßburg 1878.
Lehmann, J. G.: Urkundliche Geschichte der Burgen und Bergschlösser in den ehemaligen Gauen, Grafschaften und Herrschaften der bayerischen Pfalz. Zweiter Band. Kaiserslautern o. J.
Lehner, M. J.: Mittelfrankens Burgen und Herrensitze. Nürnberg 1896.
Lehner, Josef: Die Burg Wellheim im Schuttertale. Burgwart 1934. 35. Jhg.
Leonhard, E. J. G.: Die Harzburg und ihre Geschichte. Helmstädt 1825.
J. van Lennep en W. J. Hofdijk: Merkwaardige Kasteelen in Nederland. Amsterdam 1854 bis 1860. 3 Serien in 2 Bänden.
Le Petit, P. F.: La grande chronique ancienne et moderne de Hollande. 2 Teile. Dordrecht 1601.
Lepsius, Karl Peter: Die Ruinen der Schlösser Rudelsburg und Saaleck in ihren historischen Beziehungen nach urkundlichen Nachrichten dargestellt. Herausgegeben von A. Schulz (San-Marte). Magdeburg 1854.
Le Roy: Castella et Praetoria Nobilium Brabantiae. Antwerpen 1696.
Le Roy: Brabantia illustrata. Leyden 1725.
Levot, P.: Histoire de la ville et du port de Brest. 5 Bände. Brest 1864—1875.
Liebenau, Th. von: Zur Geschichte des Schlosses Locarno. Anzeiger für Schweiz. Altertumskunde. Herausgegeben von dem Schweizerischen Landesmuseum in Zürich. Neue Folge. Bd. II. Zürich 1900. S. 206—207.
Limmer, Fritz: Die Plassenburg. „Das Raumbild." 1. Jhg. Heft 6. Diessen am Ammersee 1935.
Lincke, Julius: Die Wiederinstandsetzung der Nürnberger Kaiserburg im Jahre 1934. Burgwart 1935. 36. Jhg.
Lindner, Herbert: Felsenburg Neurathen bei der Bastei (Sächs. Schweiz). Burgwart 1935. 36. Jhg.
Lithberg, Nils: Schloß Hallwil. Basel 1926.
Llaguno y Amirola, Eugenio: Noticias de los arquitectos y arquitectura de España desde su restauracion. Tomo I. Madrid 1829.
Loof, Fritz: Kirchenburgen in Siebenbürgen. Rhein.-Westfälische Zeitung. 17. März 1936.
Lorenzen, Wilhelm: Studier i dansk herregaards arkitektur i det 16. og 17. Aarhundrede. Kopenhagen-Hagerup 1921.
v. Löwis of Menar, Karl: Zur livländischen Burgenkunde im 19. Jahrhundert. Burgwart 1901. II. Jhg. Nr. 15.
v. Löwis of Menar, K.: Die älteste Ordensburg in Livland. Burgwart 1902. IV. Jhg. Nr. 3.
v. Löwis of Menar, K.: Schloß Arensburg auf Ösel und seine Wiederherstellung. Burgwart 1906. VII. Jhg. Nr. 5.
v. Löwis of Menar, K.: Marienburg in Livland. Eine Komturei des Deutschen Ordens 1342 bis 1560. Burgwart 1911. XII. Jhg. Nr. 2.
v. Löwis of Menar, K.: Fünf Burgen Alt-Livlands. Burgwart 1919. 20. Jhg. Nr. 4, 5.
v. Löwis of Menar, Karl: Burgenlexikon für Alt-Livland. Riga 1922.
Lübke, W.: Schloß Heiligenberg. In Lübkes Geschichte der deutschen Renaissance. 2. Aufl. Stuttgart 1882.
Lücke, Heinrich: Burgen, Schlösser und Herrensitze im Gebiete der unteren Werra. Heft 3. Nörten i. Hann. 1924.
Lundberg, Erik: Herremannens Bostad. Studier Över Nordisk Och Allmänt Västerländsk Bostadsplanläggning. I. Före 1700 — Talets Mitt. Stockholm 1935.
Lux, Joseph Aug.: Hendschels Luginsland Heft 28. Donaufahrt Passau—Linz—Grein—Melk—Krems—Wien. Frankfurt a. M. 1912.

Macgibbon, David and Ross, Thomas: The castellated and domestic architecture of Scotland. 2 Bände. Edinburgh 1887.
Mackenzie, James D.: The castles of England. Their story and structure. 2 Bände. London 1897.
Mackay Mackenzie, W.: The Mediaeval Castle in Scotland. London 1925—26.
Mader, Heinrich: Bau- und Kunstgeschichte der Plassenburg. Beiträge zur fränkischen Kunstgeschichte. Herausgegeben von Friedrich Haack. Neue Folge. Dritter Band. Erlangen 1933.
Magne, Lucien: Le Palais de Justice de Poitiers. Étude sur l'art français an XIVe et au XVe Siècles. Paris 1904.
Le Maitre, M.: Le palais des papes d'Avignon. Paris 1912.
Martin, Theodor: Heiligenberg. Einst und jetzt. Lindau 1876.
Maruschke, Alfons: Überreste alter Burgen und Wehrbauten in Oberschlesien. Der Oberschlesier, Kolonnowska September 1934.
Maschler, Josef: Die Burgen in der Umgebung von Landeck. Burgwart 1926. 27. Jhg. Nr. 1/2.
Mayr, M.: Veste Hohenwerfen. Ein geschichtlicher Führer. Innsbruck 1903.
Mayr, W.: Die Erbauung des Stammschlosses Tirol und die Gründung des Klosters Steinach. Innsbruck 1899. Separatdruck der Ferdinandeums-Zeitschrift III. Folge, 43. Heft.
Mayr-Adlwang, M.: Regesten zur tirolischen Kunstgeschichte. (Ferdinandeums-Zeitschrift. III. Folge. 42. Heft.) Innsbruck 1898.
Mejborg, Reinhold: Gamle danske hjem i det 16. de, 17. de og 18. de Aarhundrede. Billeder med text. København 1888.
Menrad, J.: Geschichte des bayerischen Herzogschlosses (nunmehr königliche Burg) in Burghausen. Burghausen o. J.
Merian: Topographia Provinciarum Austriacarum. Frankfurt a. M. 1649.
Merian: Topographia Germaniae inferioris. Frankfurt a. M. 1659.
Merian: Topographia Galliae. Amsterdam 1660.
Merian: Topographia Alsatiae. Frankfurt a. M. 1663.
Merian: Topographia Helvetiae, Rhaetiae, et Valesiae.
Merker, Ernst: Kulmbach und die Hohenzollernveste Plassenburg. Burgwart 1928. 29. Jhg. Nr. 3/4.
Merz, Walther: Die Habsburg. Aarau 1896.

Merz, Walther: Die Lenzburg. Aarau 1904.
Merz, Walther: Die mittelalterlichen Burganlagen und Wehrbauten des Kantons Argau. I. und II. Band. Aarau 1905/1906.
Merz, Walther: Die Burgen des Sisgaus. Erster Band. Aarau 1909.
Meyer, Karl: Die Burg Hohnstein. Nach urkundlichen Quellen. II. Geschichte der Burgen und Klöster des Harzes. Leipzig 1897.
Mielke, Robert: Die kirchlichen Wehrtürme im nordwestlichen Brandenburg. Burgwart 1901. III. Jhg. Nr. 3.
Mielke, Robert: Die Plassenburg. Burgwart 1911. XII. Jhg. Nr. 1.
Mielke, Robert: Zwei Frankenburgen. Burgwart 1916. 17. Jhg. Nr. 3.
Milani, A.: Über hohe Gäste in der Burg der Erzbischöfe und Kurfürsten von Mainz zu Eltville. Nassauische Heimatblätter. 36. Jhg. Nr. 1/2.
Milani, A.: Die Burg zu Eltville. Eine baugeschichtliche Studie. Nassauische Annalen. Jahrbuch des Vereins für Nassauische Altertumskunde und Geschichtsforschung. 56. Band. Wiesbaden 1936.
Miraeus, Aubetius: Elogia Belgica. 1609.
Möller, W. und Krauß, K.: Der Frankenstein a. d. B. in Wort und Bild. Darmstadt 1925.
Moes, E. W. en K. Sluyterman: Nederlandsche Kasteelen en hun Historie. 3 Bde. Amsterdam 1912—1915.
Monod, Jules: Le valais Sion. Les Mayens Val d'Hérens, Vallée d'Héremence, Evolène, Arolla. Sion o. J.
Mülhaupt, Berthold: Burgennachrichten aus der Rheinpfalz. Natürliche und künstliche Bergfriede. Burgwart 1935. 36. Jhg.
v. Mülinen, W. F.: Verzeichnis der Burgen, Schlösser und Ruinen im Kanton Bern deutschenteils. Bern 1894.
Müller, H.: Schloß Komburg, die Wiege des Vaters Seiner Majestät des Königs Wilhelm II. von Württemberg, Seiner Kgl. Hoheit des Prinzen Friedrich. Schwäb. Hall o. J.
Mummenhoff, Ernst: Die Burg zu Nürnberg. Dritte Auflage. Nürnberg 1913.
Muratori, L. A.: Rerum italicarum scriptores etc. Bd. IV.

Naef, A.: Martigny. Rapport sur le Château de la Bâtia. Anzeiger für Schweizerische Altertumskunde. Herausgegeben von dem Schweizerischen Landesmuseum in Zürich. Neue Folge. Bd. II. 1900. Zürich 1900. S. 188ff.
Naef, Albert: La chambre du Duc à Chillon. Lausanne 1902.
Naef, A.: La Flotille de Guerre de Chillon aux XIIIe et XIVe siècle. Lausanne 1904.
Naef, Albert: Chillon. Tome I. La Camera Domini. La Chambre des Comtes et des Ducs de Savoie à Chillon. Genève 1908.
Naef, Albert: Les châteaux Suisses. Chillon. Photographies de Fred. Boissonnas. Genève 1922.
Nägele: Die alte Kaiserburg auf dem Hohenstaufen. Blätter des Schwäbischen Albvereins. Tübingen. V. Jhg. Nr. 12., VII. Jhg. Nr. 8, 10, 37. Jhg. Beilage zu Nr. 3, 40. Jhg. Nr. 3.
Naeher, Julius: Die deutsche Burg, ihre Entstehung und ihr Wesen insbesondere in Süddeutschland. Berlin 1885.
Naeher, Julius: Die Ortenau, insbesondere deren Burgen, Schlösser, Klöster, Festungen und bedeutendste Baudenkmäler. Ein Beitrag zur Kenntnis des badischen Landes. Lahr 1888.
Naeher, Julius: Die militärarchitektonische Anlage der Ritterburgen der Feudalzeit. Dachau-München 1893.
Näher, Julius: Die Burgenkunde für Süd-West-Deutschland. München 1901.
Nassauer, Siegfried: Burgen und befestigte Gutshöfe um Frankfurt a. M., deren Geschichte und Kriege. Frankfurt am Main 1916.
Natteroth, Friedrich: Burg Querfurt. Burgwart 1914. XV. Jhg. Nr. 2.
Nehring: Die Stätte der alten Harzburg und ihre Geschichte. Harzburg 1905.
Nentwig-Warmbrunn: Zur älteren Geschichte der Burg Kynast. Burgwart 1908. IX. Jhg. Nr. 6.
Neuber, C.: Die Burg Grebenstein. Burgwart 1903. IV. Jhg. Nr. 9.
Matthaeus Brouërius van Nidek en Isaak Le Long: Kabinet van Nederlandsche en Kleefsche Oudheden. Mit Stichen von Abraham Rademaker. 6 Bände. Dordrecht 1770—1771.
zur Nieden: Ist Altena eine Stammburg der Hohenzollern. Berlin o. J.
Nieß, Peter: Die Ronneburg, ein Edelstein i. Kranze deutscher Burgen. Burgwart 1934. 35. Jhg.
Nieß, Peter: Die Ronneburg. Eine Fürstlich Ysenburgische Burg und ihre Baugeschichte. Braubach am Rhein (1936).
Nonn, Konrad: Weser-Burgenfahrt 1926. Burgwart 1926. 27. Jhg. Nr. 5/6.
Nonn, Konrad: Die Burgenfahrt 1929 nach Ost- und Westpreußen und der Freien Stadt Danzig. Burgwart 1929. 30. Jhg. Nr. 3/4.
Nonn, Konrad: Die Schweizer Burgenfahrt 1930. Burgwart 1930. 31. Jhg. Nr. 3/6.
Nordhoff, I. B.: Der Holz- und Steinbau Westfalens in seiner culturgeschichtlichen und systematischen Entwicklung. 2. Auflage. Münster 1873.
Nordiska: Renaissance Kunst. Upsala 1913.
v. Nottbeck, Eugen und Neumann, Wilhelm: Geschichte und Kunstdenkmäler der Stadt Reval. Erste Lieferung: Die Geschichte der Stadt bis zum Beginn der Schwedenherrschaft, Burg- und Stadtbefestigung. Reval 1896.
Nunney Castle. Somersetshire. Official Guide. His Majestys Office. London o. J.
Nyerup, R.: Det ef Kong Valdemar opbygte Vordingborg. In Antiko Bd. I.

Oberndorff, Graf L.: Dr. Michael Loefen von Heimhof und Ebermannsdorf und seine Nachkommen. Blätter des Bayerischen Landesvereins für Familienkunde. 9. Jhg. Nr. 5 1931. München.
Oberpfälzisches Heimatbuch. Herausgegeben von Karl Winkler. Kallmünz 1929.
Oberwesel eine mittelalterliche Rheinstadt. Herausgegeben vom Rheinischen Verein für Denkmalpflege und Heimatschutz. Düsseldorf 1922.
Oelenheinz: Drei fränkische Ruinen. (Die Denkmalpflege. 17. Jhg. Nr. 6. Berlin, 5. Mai 1915.)
Oman, Charles: Castles. London 1926.
O'Neil, B. H.: Criccieth Castle. Caernarvonshire. His Majesty's Stationery Office 1934.
O'Neil, B. H.: Dartmouth Castle. His Majesty's Stationery Office. London 1934.
O'Neil, B. H.: Peveril Castle. Derbyshire. London: His Majesty's Stationery Office 1934.
Orpen, Goddard H.: Ireland under the Normans. 2 Bde. Oxford 1911.
Die Ortenau. Veröffentlichungen des historischen Vereins für Mittelbaden. 21. Heft: Burgen und Schlösser Mittelbadens. Offenburg i. B. 1934.

Oesterreicher, Paul: Die Burg Neideck. Bamberg 1819.
Oesterreicher, Paul: Geschichte der Burg und des Rittergutes Rabenstein. Bamberg 1836.
Otten, A.: Zons am Rhein. Düsseldorf 1903.

Pagezy, I.: Mémoires sur le port d'Aigues mortes. Paris 1879.
Paeschke, Paul: Burgschloß Tzschocha. Ein Beitrag zur Orts- und Heimatkunde Niederschlesiens. Friedeberg/Queis und Leipzig 1922.
Paulsen, F.: Die Burgenfahrt 1924. Burgwart 1924. 25. Jhg. Nr. 3/4.
Pedal, Ramon Menendez: Das Spanien des Cid. 1. Bd. München 1936.
Peers, Charles: Berkhampstead Castle. His Majesty's Stationery Office. London o. J.
Peers, Charles: Caernarvon Castle. London. His Majesty's Stationery Office. 1933.
Peers, Charles: Middleham Castle. Yorkshire. London. His Majesty's Stationery Office 1933.
Peers, Charles: Pevensey Castle. London: His Majesty's Stationery Office 1933.
Peers, Charles: Carisbrooke Castle. Isle of Wight. London. His Majesty's Stationery Office 1934.
Peers, Charles: Harlech Castle. His Majesty's Stationery Office. London 1934.
Peers, Charles: Helmsley Castle. Yorkshire. London. His Majesty's Stationery Office 1934.
Peers, Charles: Richmond Castle. Yorkshire. London. His Majesty's Stationery Office 1935.
Peers, Charles: Portchester castle. Hampshire. London: His Majesty's Stationery Office 1936.
Petri, Adolf: Die Ausstattung zweier badischer Schlösser im Mittelalter. Burgwart 1912. 13. Jhg. Nr. 7.
Pevsner, Nikolaus: Clarendon Palace, eine Pfalz der englischen Könige. Der Burgwart 1937. 38. Jhg.
Pfau und Kinkel: Beschreibung der Kyburg. Zürich 1870.
Pfau, C.: Rochlitz, Wechselburg, Rochsburg. Burgwart 1914. XV. Jhg. Nr. 3.
di Pietro, F. Em.: Histoire d'Aigues Mortes. Paris 1849.
Piper, Otto: Die Burgruine Wertheim a. M. Würzburg 1896.
Piper, Otto: Burgenkunde. Bauwesen und Geschichte der Burgen zunächst innerhalb des deutschen Sprachgebietes. Zweite Auflage. München 1905.
Piper, Otto: Österreichische Burgen. 8 Bände. Wien 1902—1910.
Plath, Konrad: Merowingische und karolingische Bauthätigkeit. „Deutsche Rundschau." Herausgegeben von Julius Rodenberg. 20. Jhg. Heft 5. Berlin 1894.
Plath, Konrad: Het Valkhof te Nijmegen en de nieuwste opgravingen. Amsterdam 1898.
Plath, Konrad: Nimwegens Kaiserpfalz. Burgwart 1908/09. X. Jhg. Nr. 6.
Poeschel, Erwin: Das Burgenbuch von Graubünden. Zürich und Leipzig 1930.
Poschmann, Adolf: Die Siedlungen in den Kreisen Braunsberg und Heilsberg. Braunsberg Ostpr. 1913.
Poux, Joseph: La cité de Carcassonne. Toulouse 1925.
Prem, S. M.: Kufstein. Festschrift zur Feier der vor 500 Jahren erfolgten Erhebung des Ortes zur Stadt, 12. bis 14. August 1893. Kufstein 1893.
Prokop, August: Das Schloß Tratzberg in Tirol. Vortrag. Brünn 1889.
Prokop, August: Die Markgrafschaft Mähren in kunstgeschichtlicher Beziehung. Grundzüge einer Kunstgeschichte dieses Landes mit besonderer Berücksichtigung der Baukunst. 4 Bde. Wien 1904.
Propst, Eugen: Über Burgen in der nordwestlichen Schweiz. Burgwart 1899. I. Jhg. Nr. 1 und 2.
Pückler-Limburg, Graf S.: Die Ruine Falkenstein. Burgwart 1935. 36. Jhg.
Pudelko, Alfred: Wehrgeographie der innersudetischen Pässe. Eine wehrgeographische Betrachtung. „Schlesische Monatshefte." Heft 6. Breslau 1934.

v. Quandt, J. G.: Briefe aus dem mittägigen Frankreich über Menschen, Natur und Kunst. Leipzig 1853.

Rademacher, O.: Führer durch die Stadt Merseburg mit geschichtlichen Rückblicken. Merseburg o. J.
Radig, Werner: Heinrich I. Der Burgenbauer und Reichsgründer. Führer zur Urgeschichte. Herausgegeben von Hans Reinerth. Band 14. Leipzig 1937.
v. Radinger, Karl: Hocheppan. Burgwart 1915. XVI. Jhg. Nr. 3.
Rahn, J.-R.: Une restauration modèle et les dernières découvertes faites au château de Chillon. Lausanne 1898.
Rahn, J. R.: Schloß Tarasp. Mitteilungen der Antiquarischen Gesellschaft in Zürich. Band XXVII, Heft 1. Zürich 1909.
Rahn, Otto: Kreuzzug gegen den Gral. Freiburg i. Brg. (1933).
Ralegh Radford, C. A.: Coity Castle. His Majesty's Stationery Office. London o. J.
Ralegh Radford, C. A.: Denbigh. The castle. The town walls. His Majesty's Stationery Office. London 1935.
Ralegh Radford, C. A.: Dolwyddelan Castle. Caernarvonshire. London. His Majesty's Stationery Office 1934.
Ralegh Radford, C. A.: Goodrich Castle. Herefordshire. London. His Majesty's Stationery Office 1933.
Ralegh Radford, C. A.: Grosmont Castle. His Majesty's Stationery Office. London o. J.
Ralegh Radford, C. A.: Kidwelly Castle. Carmarthenshire. His Majesty's Stationery Office. London 1935.
Ralegh Radford, C. A.: Lydford Castle. Devon. His Majesty's Stationery Office. London 1935.
Ralegh Radford, C. A.: Ogmore Castle. His Majesty's Stationery Office. London o. J.
Ralegh Radford, C. A.: Restormel Castle. Cornwall. London. His Majesty's Stationery Office 1935.
Ralegh Radford, C. A.: White Castle. His Majesty's Stationery Office. London o. J.
Rauch, Christian: Die Königspfalz Karls des Großen zu Ingelheim am Rhein. „Neue deutsche Ausgrabungen." Münster in Westfalen 1930.
Rauda, Fritz: Der Burgberg zu Meißen. (Bau- und Handwerkskunst Sachsens. Sächs. Bauarchiv. Abteilung I, Lieferung 1.) 1925.
Das Reichsland Elsaß-Lothringen. Dritter Theil: Ortsbeschreibung. Straßburg 1901—1903.
Reimer, Otto: Burg Gröditzberg. Burgwart 1908. IX. Nr. 6.

Reinöhl, Paul: Führer durchs Neuffener Thal auf den Hohen=Neuffen. Neuffen 1891.
Reithmayer, E.: Burg Aggstein an der Donau in Niederösterreich. Wien 1911.
Renard, Edmund: Rheinische Wasserburgen. Bonn 1922.
Rey, G.: Étude sur les monuments de l'architec=ture militaire des croisés en Syrie et dans l'île de Chypre. Paris 1871.
Reymond, Maxime; Dubois, Fr.=Th.; Faes, H.: Lausanne. Promenades historiques et archéologiques. Préface de Charles Gilliard, professeur d'histoire à l'Université. Lausanne=Genève=Neuchatel=Vevey=Montreux=Berne=Bale 1931.
Richardson, J. S.: The Castle of Dirleton (East=Lothian). Edinburgh 1934. His Majesty's Stationery Office.
Richardson, J. S.: The Castle of Edinburgh. Ancient Monument and Historic Buildings. H. M. Office of Works. Edinburgh 1935.
Richardson, J. S.: Huntingtower, Pertshire. Offi=cial Guide. Ancient Monuments and Historic Buildings. H. M. Office of Works. Edinburgh o. J.
Richardson, J. S.: Tantallon. East Lothian. Ancient Monuments and Historic Buildings. H. M. Office of Works. Edinburgh 1932.
Richardson, J. S. and Margaret E. B. Simp=son: The castle of Stirling. Ancient Monu=ments and Historic Buildings. H. M. Office of Works. Edinburgh 1936.
Rieger, Kurt: Grenzburgen im Nordgau. Leipzig 1936.
Ritter von Lama, C. und Roggenhofer, G.: Neubearbeitet v. H. E. Müller: Führer durch Füssen, Hohenschwangau, Neuschwanstein, Linderhof, Reutte, Plansee und Umgegend. Füssen 1934.
Robert, A.: Le Château de Pierrefonds. (Notice historique et descriptive.) Paris o. J.
Robinson, Geo. T.: The Military Architecture Of The Middle Ages: As Illustrated By Kenil=worth, Warwich, And Masetoke Castles, And The Other Military Remains In The County. London 1859.
de Robles, Federigo Carlos Sainz: Castillos en Espana. Barcelona=Madrid 1932.
Rock, Eduard: Werdenfelser Land in früherer Zeit. Partenkirchen 1934.
Rode, Johannes: Registrum Bonorum et Iurium Ecclesiae Bremensis (Johann Roden Bok). Hrsg. v. Dr. R. Capelle. Bremerhaven 1926.
von Rodt, Eduard: Bernische Burgen. Ein Bei=trag zu ihrer Geschichte. Bern 1909.
von Rosen, Hermann, und Freiherr W. von Engelhardt: Ostsee und Ostland. Heraus=gegeben von Dr. Otto Grautoff. I: Die Bal=tischen Provinzen. Bd. 1: Stadt und Land. Berlin=Charlottenburg 1916.
Ruckdeschel, J.: Die Erbauer der Plassenburg und ihre Ahnen. Berlin=Grunewald 1915.
Rüthe, Heinrich: Burgenbau ... im Erzstift Bremen. Jahrbuch der Männer von Morgen=stern, Jhg. XXII. 1924/25.
Rydbeck, Otto: Glimmingehus. Stockholm 1927.

Salm=Reifferscheidt, Christian: Die romanischen Rundkirchen Mährens mit besonderer Berück=sichtigung ihrer Beziehungen zum Wehrbau. Der Burgwart 1936. 37. Jhg.
von Salzburg, Freiherr August Voit: Die uralte Kaiserburg Salzburg bei Neustadt an der Saale. Bayreuth 1833.
van Sasse van I Esselt, A.: Aufsatz in der Zeit=schrift „Taxandria" XXIV. 1917.
van Sasse van I Esselt, A.: Afbeeldingen van ker=ken en kasteelen in oostelijk Noordbrabant. s'=Hertogenbosch, 1921. II.
Schachinger, M. Coelestin: Führer durch die Ruine Aggstein mit einer kurzen Geschichte dieser Veste. Schönbühel 1896.
Schäfer, Heinrich: Catalonien. Leipzig, Darm=stadt (1829).
Schäfer, R.: Pfälzer Burgruinen. Burgwart 1907. VIII. Jhg. Nr. 1.
Schaffner, Jakob: Türme und Wolken. Eine Burgenfahrt. Hamburg (1937).
Schaetzke, Viktor: Schlesische Burgen und Schlösser. Ein Beitrag zur Burgenkunde mit Abbildungen. Schweidnitz 1912.
Schiller, Karl: Geschichte der Harzburg. Goslar 1861.
Schmautz: Das Hohe Schloß in Füssen. Ge=schichte und Führer. Handschrift. Füssen o. J.
Schmid, Ed.: Die Lobdeburg b. Jena. Jena 1840.
Schmid, Bernhard: Niclaus Fellensteyn, ein Ma=rienburger Baumeister vor 500 Jahren. Die Denkmalpflege. 21. Jhg. 1919, Nr. 11 und 12.
Schmid, Bernhard: Die Burgen des deutschen Ritterordens in Kurland. Zeitschrift für Bau=wesen. 71. Jhg., 7. bis 9. Heft. Berlin 1921.
Schmid, Bernhard: Burg Schönberg in West=preußen. Burgwart 1922. 23. Jhg. Nr. 3/6.
Schmid, Bernhard: Schloß Marienburg in Preu=ßen. Amtlicher Führer. Berlin 1928.
Schmid, Bernhard: Die Befestigungsanlagen der Marienburg. Berlin 1928.
Schmid, Bernhard: Die Ordensburgen Preußens im Lichte neuerer Forschungen. „Altpreußische Forschungen." Jhg. 6, Heft 1. Königsberg Pr. 1929.
Schmid, Bernhard: Die Wehrgänge auf den Häu=sern der Marienburg. Burgwart 1929. 30. Jhg. Nr. 1.
Schmid, Bernhard: Die Wiederherstellung der Marienburg. Königsberg i. Pr. 1934.
Schmid, Bernhard: Die Remtergewölbe in der Marienburg. „Preußisch=Hansische Beiträge" (Elbinger Jahrbuch 14, 1). Festgabe zur 60. Jahresversammlung des Hansischen Ge=schichtsvereins und 56. Jahresversammlung des Vereins für niederdeutsche Sprachforschung in Elbing 1937.
Schmidt, Alb.: Burg Berneck im Fichtelgebirge. Burgwart 1918. 19. Jhg. Nr. 7.
Schmidt, Hermann: Ingolstadt. Deutsche Kunst=führer. Herausgegeben von Adolf Feulner. Band. 14. Augsburg 1928.
Schmidt, Hermann: Steinmetzzeichen und Haken=kreuze in der Wasserburg Kapellendorf. Burg=wart 1934.
Schmohl, Paul und Gradmann, Eugen: Volks=tümliche Kunst aus Schwaben. Eßlingen a. N. 1908.
Schmölzer: Die Fresken des Castells del Buon Consiglio in Trient und ihre Meister. Inns=bruck 1901.
Schnell, Otto: Salzburg=Führer. Würzburg 1900.
Schnell, Otto: Geschichte der Salzburg an der fränkischen Saale. Mit besonderer Rücksicht auf die Zeit von der Übergabe der Burg an Bischof Heinrich von Würzburg bis auf den heutigen Tag. Würzburg o. J.
Schönhuth, O. F. H.: Geschichte der ehemaligen Bergfeste Hohentwiel. Tuttlingen 1842.

Schoepflinus: Alsatia Illustrata Germanica Gallica. 1761.
Schott, Eduard: Ein Hohenzollernschloß und eine erhabene Ahnfrau des Kaisers. Berlin 1912.
Schubert, Heinrich: Beschreibung und Geschichte der Burg Kynast im Riesengebirge. Nach urkundlichem Material bearbeitet. Breslau 1890.
Schuchhardt, Carl: Die Burg im Wandel der Weltgeschichte. Potsdam 1931.
Schumacher, Bruno: Schloß Marienwerder. Burgwart 1929. 30. Jhg. Nr. 1.
Schulte vom Brühl: Die Ebernburg. Leipzig o. J.
Schulte vom Brühl: Der Dilsberg und die vier Burgen zu Neckarsteinach. Deutsche Schlösser und Burgen. Heft 5. Leipzig o. J.
Schulte vom Brühl: Taunus Burgen. I. Königstein, Falkenstein, Cronberg. Leipzig o. J.
Schultz, Alwin: Das Höfische Leben zur Zeit der Minnesinger. 2 Bände. Leipzig 1889.
Schürer, Oskar: Die Kaiserpfalz Eger. Denkmäler deutscher Kunst. Herausgegeben vom deutschen Verein für Kunstwissenschaft. Die deutschen Kaiserpfalzen. Abteilungsleiter: Paul Clemen. Zweiter Band. Berlin 1934.
Schürer, Oskar: Geschichte von Burg und Pfalz Eger. Schriften der Deutschen Akademie in München Nr. 18. München 1934.
Schuster, Eduard: Die Burgen und Schlösser Badens. Karlsruhe o. J.
Schuster, Felix: Bericht über die Grabungen auf Hohen=Nagold im Sommer 1932 und 1933. Burgwart 1935. 36. Jhg.
Schwab: Die Entwicklungs= und Befestigungsgeschichte der Stadt Andernach am Rhein. Burgwart 1917. 18. Jhg. Nr. 8.
Schwach, Konrad: Die Ruine Gösting. Graz 1927.
Schwarz, Kaspar: Tirolische Schlösser. I. Heft. Innsbruck 1907.
Die Burgen und Schlösser der Schweiz. Herausgegeben unter Mitwirkung der Schweiz. Vereinigung zur Erhaltung der Burgen und Ruinen (Burgenverein) Redaktion Eugen Probst. Basel.
Schwenkel, Hans: Heimatbuch des Bezirks Urach. Herausgegeben von Hans Schwenkel. Urach in Württemberg 1933.
Seidl, Joh. Gabr.: Wanderungen durch Tyrol und Steyermark. 2 Bände. Leipzig o. J.
Seith, Karl: 1. Wehrverfassung in den Herrschaften Rötteln und Sausenberg in den Jahren 1517, 1618 und 1672. „Das Markgräflerland“ 1. Jhg. Heft 4. Schopfheim 1930. 2. Die Burg Rötteln im Wandel ihrer Herrengeschlechter. „Das Markgräflerland“ 3. Jhg. Heft 1. Schopfheim 1931.
Siebald, Wilhelm: Chronik von Stadt und Festung Spangenberg. Neubearbeitet und herausgegeben von Wilhelm Voigt. Marburg (1902).
Siebelt, A.: Die Burg Kynast, ihr Ursprung und ihre Geschichte bis zur Gegenwart. Warmbrunn 1921.
Siebenbürgisch=Sächsische Kirchenburgen. „Das Bild.“ 1936. Heft 1. Karlsruhe 1936.
Siedler, Jobst: Märkischer Städtebau im Mittelalter. Berlin 1914.
Siefert, Alfred: Die rechtsrheinische Nachbarin der Hohkönigsburg im Elsaß: Burg Hohengeroldseck in der Ortenau. Burgwart 1900. II. Jhg. Nr. 4.
Sieghardt, August: Im Bannkreis der Wiesent. Kultur=, Geschichts= und Landschaftsbilder aus der Fränkischen Schweiz. I. und II. Band. Nürnberg 1925.
Sieghardt, August: Die Höhlenburg Stein am Traun. Eine der merkwürdigsten Burganlagen Deutschlands. Burgwart 1927. 28. Jhg. Nr. 3/4.
Sieghardt, August: Burgen und Schlösser der bayerischen Ostmark. Ihre Landschaft, ihre Entstehung, ihre Geschichte. Bayreuth (1938).
Sigerus, Emil: Siebenbürgisch=Sächsische Burgen und Kirchenkastelle. Hermannstadt 1901.
Simms, R. S.: Bowes Castle. Yorkshire. London: His Majesty's Stationery 1934.
Simon, Karl: 's Gravenkasteel in Gent. Der Burgwart 1903. V. Jhg. Nr. 1.
Simpson, W. Douglas: The Excavation Of Coull Castle, Aberdeenshire. „Proceedings of the Society of Antiquaries of Scotland“, Vol. X., Fifth Series, Session 1923—24.
Simpson, W. Douglas: The Scottish Castle. Edinburgh 1924.
Simpson, W. Douglas: The Architectural History of Bothwell Castle. „Proceedings of the Society of Antiquaries of Scotland“, Vol. XI., Fifth Series, Sessions 1924—25.
Simpson, W. Douglas: Pitcaple Castle. „The Aberdeen University Review“, Vol. 15, Nr. 1, November, 1927.
Simpson, W. Douglas: A New Survey Of Kildrummy Castle. „Proceedings of the Society of Antiquaries of Scotland“, Vol. II., Sixth Series, Session 1927—28.
Simpson, W. Douglas: The Early Castles of Mar. (First Paper). „Proceedings of the Society of Antiquaries of Scotland“, Vol. LXIII. (Vol. III. Sixth Series), Session 1928—29. Edinburgh.
Simpson, W. Douglas: James de Sancto Georgio, Master of Works to King Edward I. in Wales and Scotland. „Anglesey Antiquarian Society and Field Club's Transactions“, 1928.
Simpson, W. Douglas: Urquhart Castle. A Paper read to the Gaelic Society of Inverness, on Friday, 15th February, 1929.
Simpson, W. Douglas: The Architectural History Of Huntly Castle. „Proceedings of Antiquaries of Scotland“, Vol. VIII., Fifth Series, Session 1921—22.
Simpson, W. Douglas: Huntly Castle. Huntly 1930.
Simpson, W. Douglas: Three Banffshire Castles. „Transactions of The Banffshire Field Club.“ Oktober 1931.
Simpson, W. Douglas: Dunnottar Castle. Historical and Descriptive. Aberdeen 1931.
Simpson, W. Douglas: Further Notes On Huntly Castle. „Proceedings of the Society of Antiquaries of Scotland“, Vol. LXVII. (Vol. VII, Sixth Series), Session 1932—33.
Simpson, W. Douglas: Ravenscraig Castle. „Transactions of the Glasgow Archaeological Society“, New Series, Vol. VIII., Part IV; April 1934.
Simpson, W. Douglas: Auchindoir, Rhynie and Essie. „Transactions of the Banffshire Field Club.“ 1934.
Simpson, W. Douglas: Lochindorb Castle. Elgin 1935.
Simpson, W. Douglas: Schloß Craigmillar. Burgwart 1936. 37. Jhg.
Simpson, W. Douglas: The castles of Heilsberg and Rössel in Ermland, East Prussia. The Journal of the British Arch. Ass. Nottingham 1936.
Simpson, W. Douglas: The castle of Lochstädt in Samland, East Prussia. Nottingham 1936.

Simpson, W. Douglas: The Architectural History of Dirleton Castle. „Transactions of the Glasgow Archaelogical Society." New Series Vol. VIII.
Simpson, W. Douglas: Dirleton: its castle, parish church, chaples and college. „The Transactions of the East Lothian Antiquarian and Field Naturalists" Society=Volume III.
Sinwel, Rud.: Tiroler Heimatblätter 3. Jhg. H. 6. Kufstein 1925. Herausgegeben vom Verein für Heimatschutz Tirol.
Smidt, C. M.: Gurre. Nationalmuseets arbejdsmark. Kopenhagen 1933.
Smidt, C. M.: Forsvaret i danske Borge, Grave, Flanketaarne, Vaegtergange. „Fra Nationalmuseets Arbejdsmark." 1934.
Smidt, C. M.: Aerkebiskop eskils borganlaeg paa Søborg. Kopenhagen 1934.
Sommer, Robert: Die Nibelungenwege von Worms über Wien zur Etzelburg. Ein deutsches Wanderbuch. Gießen 1929.
Sommerlad, Theo: Die Rheinzölle im Mittelalter. Halle a. S. 1894.
Sommerrock, H.: Das Schloß Trausnitz bei Landshut a. Isar. Burgwart 1913. XIV. Jhg. Nr. 4.
Speckle, Daniel: Architectura von Vestungen. Straßburg 1608.
Spies, W.: Wenzel Hollar. Rheinlandschaften aus der Zeit des Dreißigjährigen Krieges. Düsseldorf 1926.
Sprater, Friedrich: Schößl und Schloßeck, zwei pfälzische Burgruinen der Salier= und Hohenstaufenzeit. Burgwart 1938. 39. Jhg.
Sprenger, Albert: Markt und Veste Riegersburg. Riegersburg 1925.
Stauber, E.: Schloß Kyburg in Vergangenheit und Gegenwart. Töß 1902.
Stechele, Karl: Burghausen. Ein Gang durch Stadt und Burg. Burgwart 1913. XIV. Jhg. Nr. 3.
Stechele, Karl: Die Burg zu Burghausen. Ein Beitrag zur Baugeschichte der Burg, mit 12 Zeichnungen nach Sandtners Modell. „Altbayerische Monatsschrift" Heft 3, Bd. XIV. München 1918.
Steeger, Albert: Burg und Stadt am Niederrhein im Altertum und im frühen Mittelalter. „Die Heimat." Zeitschrift für niederrheinische Heimatpflege. Festschrift. Juni—September 1938, Krefeld.
Steinbrecht, C.: Thorn im Mittelalter. Ein Beitrag zur Baukunst des Deutschen Ritterordens. Berlin 1885.
Steinbrecht, C.: Die Burgen des Deutschen Ritterordens. Preußen zur Zeit der Landmeister. Berlin 1888.
Steinbrecht, C.: Die Wiederherstellung des Marienburger Schlosses. Berlin 1896.
Steinbrecht, C.: Schloß Marienburg in Preußen. Führer durch seine Geschichte und Bauwerke. Berlin 1899.
Steinbrecht, C.: Schloß Marienburg in Preußen. Führer durch seine Geschichte und Bauwerke. Berlin 1915.
Steinbrecht, C.: Die Ordensburgen der Hochmeisterzeit in Preußen. Marienburg 1920.
Steinhoff, R.: Der Regenstein. Blankenburg am Harz 1905.
Steinitzer, Alfred: Geschichtliche und Kulturgeschichtliche Wanderungen durch Tirol und Vorarlberg. Innsbruck 1905.
Stiehl, O.: Der Backsteinbau romanischer Zeit. Leipzig 1898.
Stephani, K. G.: Der älteste deutsche Wohnbau und seine Einrichtung. I. Band: Der deutsche Wohnbau und seine Einrichtung von der Urzeit bis zum Ende der Merowingerherrschaft. Leipzig 1902. II. Band: Der deutsche Wohnbau und seine Einrichtung von Karl dem Großen bis zum Ende des XI. Jahrhunderts. Leipzig 1903.
Sthamer, Eduard: Die Bauten der Hohenstaufen in Unteritalien. I. Die Verwaltung der Kastelle im Königreich Sizilien unter Kaiser Friedrich II. und Karl I. von Anjou. Leipzig 1914.
Stocker, C. W. F. L.: Die Ruine Steinsberg und ihre Umgebung. Heilbronn 1875.
Stocker: Die Burg Minneberg. Historisch=topographisch beschrieben. 2. Aufl. Karlsruhe 1885.
Strasser, Karl Theodor: Die Nordgermanen. Hamburg (1933).
Stumpff, Johann: Keyser Heinrichs des vierdaen Hertzogen zu Francken vnd am Rhyn ... Zürych M.D.LVI.
Sturtevant, Erich: Chronik der Stadt Jüterbog. Jüterbog 1935.
Suisse, Charles M.: Restauration du château de Dijon. Architecture militaire Bourguignonne. Paris 1876.

Taeschner, Franz: Geschichte der Burg Kipfenberg. Zur 10jährigen Wiederkehr des Einweihungstages des Wiederaufbaues. Eichstätt i. Bay. 1935.
v. Thibiage, M.: Geschichte der berühmtesten Ritterburgen und Schlösser Frankreichs, Englands, Deutschlands, der Schweiz etc. Deutsch von Ludwig Hain. Merseburg 1846. 1. Band.
Thiel, Viktor: Die landesfürstliche Burg in Graz. Bd. III. Die Beiträge zur Kunstgeschichte Steiermarks und Kärntens. Wien, Graz, Leipzig 1927.
Thieme, Ulrich (u. Felix Becker): Allgemeines Lexikon der bildenden Künstler von der Antike bis zur Gegenwart. 32 Bände. Leipzig 1907 bis 1938.
Tiroler Adels=Stammsitze. Kurze Schlösser=Burgen=Chronik. Bozen 1907.
Authorised Guide to the Tower of London. His Majesty's Stationery Office. London 1936.
Trap, J. P.: Danmark. 4. Aufl. Bd. II. Kopenhagen 1920. 4. Aufl. Bd. III. Kopenhagen 1923. 4. Aufl. Bd. IV. Kopenhagen 1923. 4. Aufl. Bd. VI. Kopenhagen 1925. 4. Aufl. Bd. VII. Kopenhagen 1926. 4. Aufl. Bd. IX. Kopenhagen 1930.
Truppel, C.: Die Friedensburg bei Leutenberg. Leutenberg 1906.
Türler, H.: Bernische Schlösser und Amtssitze. Vortrag. Bern 1928.
Türler, H.: Das Schloß Spiez. In Neues Berner Taschenbuch auf das Jahr 1934. 39. Jhg. Bern 1933.
Turner, H.: Domestic Architecture in England. Bd. I, II. Oxford 1853.
Tuulse, Arnim: Zur Baugeschichte der Tallinner Burg. Publications du cabinet d'histoire de l'art de l'université de Tartu. Tartu 1937.
Tuulse, Armin: Das Schloß zu Riga. Publications du cabinet d'histoire de l'art de l'université de Tartu. Tartu 1939.

Uhde, Konstantin: Baudenkmäler in Groß Britannien. 1894.
Ullmann, Arno: Alte Wehrkirchen in Sachsen. „Der Freiheitskampf." Dresden 1935.

Ulmer, Andreas: Die Burgen und Edelsitze Vorarlbergs und Liechtensteins. Historisch und topographisch beschrieben. Dornbirn 1925.
Ulmer, Andreas: Die Burgen Alt=Ems und Neu=Ems (Glopper) in Vorarlberg. Burgwart 1925. 26. Jhg. Nr. 1/2.
Beschreibung des Oberamtes Urach. Herausgegeben v. K. Statistischen Landesamt. Stuttgart 1909.

Vallery=Radot, Jean: Loches. Paris 1926.
Viollet=le=Duc, E.: Description du Château de Coucy. Paris o. J.
Viollet=le=Duc: Château de Pierrefonds. Paris o. J.
Viollet=le=Duc: Essai sur l'architecture militaire au moyen âge. Paris 1854.
Viollet=Le=Duc: La Cité de Carcassonne. Nouvelle Édition. Paris o. J.
Viollet=Le=Duc: Dictionnaire Raisonné de l'Architecture Française du XIe au XVIe Siècle. 10 Bde. Paris 1875.
Voigt, H. G.: Burg Querfurt. Ihre Anlage und Entwicklungsgeschichte. Querfurt 1915.
Vollmer, Bernhard: Eine Burg= und Kellnereiordnung von Linn vom Jahre (1500). Zur Beziehung zwischen Burg und Amt. „Die Heimat." Zeitschrift für niederrheinische Heimatpflege. Juni bis September 1938, Krefeld.
Voorloopige Liyst der Nederlandsche Monumenten. Bd. III, IV, V, IX. Utrecht 1909.
Voß: Die Burgen auf der Fahrt von Eisenach nach Coburg. Burgwart 1910. XI. Jhg. Nr. 4—5.
Voyage pittoresque de la France. Herausgegeben von Osterwald aîné. 87. Stiche von Baugean.

Wagner, J.: Die Schloßruine Rötteln. Geographischer und geschichtlicher Überblick. Lörrach 1901.
Wagner, J. F.: Ansichten von Burgen, Schlössern und Ruinen der Schweiz, nach der Natur gezeichnet. Bern o. J.
Wagner, Paul: Der Name Eltville. Ein Wortschicksal. Nassauische Annalen. Jahrbuch des Vereins für Nassauische Altertumskunde und Geschichtsforschung. 56. Bd. Wiesbaden 1936.
Walbe, Heinrich: Vom Kloster Lorsch. Ztschr. des Deutschen Vereins für Kunstwissenschaft. Band 4/Heft 2. Berlin 1937.
von Walderdorff, Hugo Graf: Regensburg in seiner Vergangenheit und Gegenwart. Regensburg 1896.
Watenphul, Heinrich: Wasserburgen im Ruhrtal. I. Haus Kemnade. Burgwart 1916. 17. Jhg. Nr. 7.
Wehnemann, Paul, Muth, Max: Thüringer Burgen. Burgenkundlicher und geschichtlicher Überblick, Chronik der einzelnen Burgen. Weimar (1931).
Weinelt, Herbert: Probleme schlesischer Burgenkunde, gezeigt an den Burgen des Freiwaldauer Bezirkes. 36. Bd. Darstellungen und Quellen zur schlesischen Geschichte. Herausgegeben vom Verein für Geschichte Schlesiens. Breslau 1936.
Weinelt, Herbert: Grundriß der Schönhengster Burgenkunde. „Mitteilungen zur Volks= und Heimatkunde des Schönhengster Landes." Jhg. 1937. Mähr.=Trübau.
Weingartner, Josef: Bozner Burgen. Innsbruck 1922.
Weingartner, Josef: Kropfsberg. Burgwart 1925. 26. Jhg. Nr. 3/4.
Weingartner, Josef: Die Kunstdenkmäler des Etschlandes. IV. Bd. I. Teil: Das Burggrafenamt. II. Teil: Vintschgau. Wien=Augsburg 1930.
Weitzel, W.: Die deutschen Kaiserpfalzen und Königshöfe vom achten bis zum sechzehnten Jahrhundert. Halle a. S. 1905.
Wenzel, Ernst: Marburg an der Lahn. Burgwart 1912. XIII. Jhg. Nr. 3.
Wenzel, Ernst: Die Burg Felsberg in Hessen. Burgwart 1914. XV. Jhg. Nr. 8.
Wenzel, Ernst: Die Burgen Hanstein, Ludwigstein, Berlepsch, Ziegenberg, Arnstein, Trendelburg, Krukenburg und Sababurg. Burgwart 1926. 27. Jhg. Nr. 3/4.
Wenzel, Ernst: Der Wehrbau im Regierungsbezirk Kassel. Dissertation: Halle=Wittenberg. Eisenach 1928 (Teildruck).
Werder, Ernst: Schloß und Herrschaft Wil. Ein Beitrag zur Geschichte des Amtes Konolfingen. Bern 1938.
Werner, H.: Neuere Untersuchungen über die bauliche Entwicklung des Hohen=Neuffen. Der Burgwart 1938. 39. Jhg.
Werner, H. M.: Geldersche Kasteelen. 2 Bd. Zutphen 1905—1908.
Westropp, Thomas Johnson: The ancient forts of Ireland: being a contribution towards our knowledge of their types, affinities, and structural features. „The Transactions of the Royal Irish Academy." Volume XXXI. — Part XIV. Dublin 1902.
Westropp, Thomas Johnson: The ancient castles of the county of Limerick (North=eastern baronies). „Proceedings of the Royal Irish Academy." Volume. XXVI., Section C, Nr. 5. Dublin 1906.
Westropp, Thomas Johnson: The ancient castles of the county of Limerick (Central and south=eastern baronies). „Proceedings of the Royal Irish Academy."VolumeXXVI., Section C, Nr. 9. Dublin 1906.
Wibel, F.: Die alte Burg Wertheim am Main. Freiburg i. B. 1895.
Wildemann, Theodor: Rheinische Wasserburgen und wasserumwehrte Schloßbauten. Köln 1937.
Wildemann, Theodor: Die Burg am Niederrhein und ihre Beziehungen zum deutschen und italienischen Burgenbau. „Die Heimat." Zeitschrift für niederrheinische Heimatpflege. Juni/September 1938, Krefeld.
Burg Wildenberg. Die Gralsburg im Odenwald. Herausgegeben von Fritz Droop. Amorbach im Odenwald 1936.
Wilhelmi, J.: Mitteilungen aus der Geschichte der Gemeinde Braubach. Oberlahnstein 1884.
Winter, L.: Die Burg Dankwarderode. Braunschweig 1883.
Witte, Heinrich: Die ältern Hohenzollern und ihre Beziehungen zum Elsaß. Festschrift zur Einweihungsfeier des Kaiser=Friedrichs=Denkmals bei Wörth. Straßburg 1895.
Witte, Heinrich: Ursprung von Burg und Stadt Hagenau. Zeitschrift für die Geschichte des Oberrheins. Neue Folge. Herausgegeben von der Badischen Historischen Kommission. Band XIII. Heft 3 (unter dem Titel „Der heilige Forst und seine ältesten Besitzer" veröffentlicht). Karlsruhe (1898).
Wolf, Hans: Burgen und Schlösser in Ostpreußen. Oestergaards Monatshefte. Heft 6. Berlin=Schöneberg 1931.

Wolff, F.: Elsässisches Burgen=Lexikon. Verzeichnis der Burgen und Schlösser im Elsaß. Straßburg i. E. 1908.
Wolff, L. O. B.: Belgien und Holland. Leipzig 1880.
Wonich, Othmar: Ulrich von Liechtenstein und die Frauenburg. Burgwart 1927. 28. Jhg. Nr. 2.
Wrangel, Ewert: Vårt Fasta Försvar Under den Äldre Medeltiden. En Bok an Borgar. Malmö (1938).
Wright, Thomas: Louthiana: or, an introduction to the antiquities of Ireland. Book I, II, III. London 1758.
Würdtwein: Subsidia diplomatica Bd. V, XII. Heidelberg 1781—1792.
Wurster: Hohen=Urach. Urach. (Handschrift. 6 Seiten Maschinenschrift.)

Zedrosser, Thomas: Die Stadt Friesach in Kärnten. Friesach 1926.
Zeitschrift des Vereins für die Geschichte und Altertumskunde des Herzogtumes Bremen und Verden. NF. Heft I, 1911. Heft II, 1913.
Zeller, Adolf: Burg Hornberg am Neckar. Leipzig 1903.
Zeller, Adolf: Die Schlösser von Bellinzona. Zeitschrift für Bauwesen 1905.
Zeller, Adolf: Forschungen an karolingischen Bauten im Rheingau und in Rheinhessen. 1. Heft: Die Auswertung des Befundes früher Bauanlagen im Saale in Ingelheim. Reichssaal und Kaiserwohnung. 2. Heft: Die Kreuzkirche im Saale zu Ingelheim, die Wehrbauten und die Reste sonstiger Anlagen; Beschreibung und baugeschichtliche Auswertung. Berlin 1935 und 1936.
Zingeler, K. Th. und Buck, Georg: Zollerische Schlösser, Burgen und Burgruinen in Schwaben. Berlin 1906.

Nachweis der Fotos:

Universität Aberdeen: Tafel 46. — Oskar Auraß, Dresden: Tafel 65. — Bilderdienst Bittner: Tafel 67, 71—73, 80. — Fred Boissonnas: Tafel 13. — Jan Calf: Tafel 14. — Cliché Musées Royaux d'Art et d'Histoire, Bruxelles: Tafel 21, 22. — Bodo Ebhardt: Tafel 6, 10, 83, 95. — Foster=Smith, London: Tafel 25, 36. — F. F. & Co.: Tafel 12, 42—45. — E. Goetz, Luzern: Tafel 89. — Dipl.=Ing. Gottmann: Tafel 75. — Hansaluftbild G.m.b.H., Frankfurt a. Main: Tafel 57 (oben). — Hist. Museum d. Pfalz, Speyer: Tafel 84. — Inst. f. Raumpolitik a. d. Universität Köln: Tafel 5. — J. Kuhn, Paris: Tafel 49, 50. — H. G. Leask, Dublin: Tafel 39, 40. — H. Lehmann: Tafel 88. — Gedruckt mit Genehmig. d. Controller of His Majesty's Stationery Office, London (Engl. Krone behält sich Nachdruck vor): Tafel 26—31, 33—35. — Luftfoto K. L. M.: Tafel 19. — Marburger Foto: Tafel 3, 77, 78, 90. — Libr. Ch. Morel, Bulle: Tafel 93. — National Museum of Ireland: Tafel 38, 41. — Dr. Pevsner, London: Tafel 32. — A. Roßteutscher, Coburg: Tafel 7. — Staatl. Bildstelle, Berlin: Tafel 1, 2, 11, 51, 58—61, 64, 68 (unten), 76, 81. — Luftbild H. Sting jr. Nr. 12/6739. Freig. d. R. L. M., Franckh=Verlag, Stuttgart: Tafel 70. — Luftverkehr Strähle, Schorndorf (Württbg.): Tafel 55, 85. — Dr. Paul Wolff, Frankfurt a. Main: Tafel 68 (oben), 69.

Krieg.

Verzeichnis

Abkürzungen:

Abb. = Abbildung
bef. = befestigt
Belg. = Belgien
Bg. = Burg oder Ruine
Burgenld. = Burgenland
Dänem. = Dänemark
Deutschld. = Deutschland
Engld. = England
Ermld. = Ermland
Estld. = Estland
Fl. = Fluß
Frkr. = Frankreich
Grf. = Graf
Graubd. = Graubünden
Holld. = Holland
Irld. = Irland
Ital. = Italien
Jütld. = Jütland
Kg. = König
Kgin. = Königin
Kurld. = Kurland
Livld. = Livland
Oberpf. = Oberpfalz
Odenw. = Odenwald
Oldenbg. = Oldenburg
Österr. = Österreich
Pr. = Preußen
Rh. = Rhein
Rheinld. = Rheinland
Rheinpf. = Rheinpfalz
Sa. = Sachsen
Salzbg. = Salzburg
Sauerld. = Sauerland
Schles. = Schlesien
Schl. = Schloß
Schottld. = Schottland
Schwarzw. = Schwarzwald
Span. = Spanien
Stdt. = Stadt
Stadtt. = Stadtturm
Stdtbg. = Stadtburg
Steierm. = Steiermark
Thür. = Thüringen
Vorarlbg. = Vorarlberg
Weserbergld. = Weserbergland
Westerw. = Westerwald
Westf. = Westfalen
Württbg. = Württemberg

Benutzte Abkürzungen für die Abbildungsunterschriften

Abschn. = Abschnitt
a. = am
Anb. = Anbau
angebl. = angeblich
Anl. = Anlage
Ans.=sk. = Ansichtskizze
aufgen. = aufgenommen
Aufm. = Aufmaß
Ausb. = Ausbau
ausgeb. = ausgebaut
ausged. = ausgedehnt
Ausgrb. = Ausgrabung
Batteriet. = Batterieturm
Baur. = Baurest
Bauz. = Bauzeit
B. u. K. = Bau= und Kunst=denkmäler
bef. = befestigt
Bergfr. = Bergfried
Bergfriedr. = Bergfriedrest
B. E. = Bodo Ebhardt
br. = breit
Bg. = Burg
Burgber. = Burgbering
Burgw. = Burgwart
Co. = County (Graf=schaft)
Eckt. = Eckturm
ehem. = ehemalig
eig. A. = eigene Aufmes=sung
Einfl. = Einfluß
Entw. = Entwurf
erb. = erbaut
erh. = erhalten
Erinnerungssk. = Erinnerungs=skizze
erw. = erwähnt
erzb. = erzbischöflich
Felsn. = Felsnase
Fenst. = Fenster
Fest. = Festung
Festungsw. = Festungswerke
Fl. = Fluß
gef. = gefüllt
geglied. = gegliedert
gegrd. = gegründet
Gesch. = Geschoß
gez. = gezeichnet
got. = gotisch
Grb. = Graben
gr. = groß
Größenver=gleichsübers. = Größenver=gleichsübersicht
Grdr. = Grundriß
Grdrsk. = Grundrißskizze
Halsgr. = Halsgraben
Hufeisent. = Hufeisenturm
Inst. = Institut
Jahresz. = Jahreszahl
Kaiserpf. = Kaiserpfalz
Kap. = Kapelle
Kernt. = Kernturm
Kernw. = Kernwerk
kl. = klein
K. = Kunstdenk=mäler
Kupferst. = Kupferstich
Lgpl. = Lageplan
Lagesk. = Lageskizze
M & R = Macgibbon & Ross
Ma (ma) = Mittelalter (mit=telalterlich)
m. = mit
Mantelm. = Mantelmauer
Mauerbl. = Mauerblende
Mauert. = Mauerturm
n. = nach
N. = Norden
nö. = nordöstlich
nw. = nordwestlich
O. = Osten
ö. = östlich
Pallasr. = Pallasreste
Pl. = Plan
Plansk. = Planskizze
regelm. = regelmäßig
Rh. V. f. Denk=malpfl. = Rheinischer Ver=ein für Denkmal=pflege
Ringgr. = Ringgraben
rd. = rund
Rundt. = Rundturm
Schildm. = Schildmauer
Schl. = Schloß
Schloßfl. = Schloßflügel
Schn. = Schnitt
Seitenbestr. = Seitenbe=streichung
Stadtm. = Stadtmauer
Statth.=Arch. = Statthalterei=Archiv
Staum. = Staumauer
Strebepf. = Strebepfeiler
S. = Süden
s. = südlich
sö. = südöstlich
sw. = südwestlich
Umf.=mauern = Umfassungs=mauern
u. a. = und andere
Urspr. = Ursprung
V.=le=Duc = Viollet=le=Duc
Vorbg. = Vorburg
Wehrb. = Wehrbau
Wehrg. = Wehrgang
weitl. = weitläufig
W. = Westen
w. = westlich
Wiederherst. = Wiederher=stellung
Wohnb. = Wohnbau
Wohnr. = Wohnraum
Wohnt. = Wohnturm
wohnt.=art. = wohnturmartig
Zerst. = Zerstörung
Zust. = Zustand
zw. = zwischen